Langenscheidt
Fachwörterbücher

Langenscheidt

Краткий **экономический** словарь

РУССКО – НЕМЕЦКИЙ
НЕМЕЦКО – РУССКИЙ

Составили
Ирина Яковлева
Вячеслав Салищев
Ханнес Дикс

Langenscheidt

Berlin · München · Wien · Zürich · New York

Vorwort

Bei der Bearbeitung des vorliegenden Fachwörterbuchs war das Hauptziel, für Fach- und Führungskräfte, Wissenschaftler und Studenten in übersichtlicher Form alle relevanten, wirtschaftswissenschaftlichen Fachbegriffe zu bieten. Auch beim Lesen moderner, aktueller Texte sowie beim Bearbeiten von Geschäftsbriefen oder Erstellen von E-Mails soll es den Benutzern ein nützliches Nachschlagewerk sein. Diese Kriterien waren entscheidend für die Auswahl der Stichwörter.

Die deutschen und russischen Fachterminologien haben sich in Zeiten des weltweiten Handels, des elektronischen Geschäftsverkehrs und der Internettechnologien auch auf den Gebieten Wirtschaft, Finanzen, Börse, Marketing, Management und Umwelt rasant entwickelt. Auch die Erweiterung der Europäischen Union und die Expansion der russischen Wirtschaft ließen eine ganze Reihe neuer Institutionen entstehen. Wesentliche Änderungen im Sozial- und Wirtschaftsrecht, neue Dienstleistungen am Arbeitsmarkt sowie das Eindringen der Informationstechnik in alle Bereiche der Wirtschaft erforderten nunmehr eine gründliche Überarbeitung.

Die Globalisierung mit einer Vielzahl von angloamerikanisch geprägten Begriffen beeinflusste unübersehbar die Terminologie im Russischen ebenso wie im Deutschen. Wirtschaftsfachleute übernahmen diese Termini oftmals direkt aus dem Englischen, und im Allgemeinen sind sie auch ohne Übersetzung verständlich. Sie wurden teilweise in der ursprünglichen Form oder in der üblichen russischen Transkription im Wörterbuch berücksichtigt. Die neu aufgenommen Begriffe sind mit zusätzlichen Informationen über deren Anwendungsbereiche bzw. mit einem Fachgebietshinweis versehen.

Während die Bedeutungen von deutschen und englischen Abkürzungen in vielen Wörterbüchern vorhanden sind, sind russische oft schwer zu finden. Um diese Lücke zu schließen, wurden im Anhang umfangreiche Listen der meistverbreiteten Abkürzungen, insbesondere die Akronyme von vielen Institutionen, beigefügt.

Das vorliegende Werk basiert auf der jeweils 1. Auflage der Gabler Wirtschaftswörterbücher Russisch-Deutsch von Wjatscheslaw Salistschew † und Deutsch-Russisch von Wjatscheslaw Salistschew und Hannes Dix. Die Autorin hat diese anhand von moderner Fachliteratur wie auch ihrer langjährigen Erfahrung als Fachdolmetscherin und Übersetzerin in Wirtschaft, Technik und Management gründlich überarbeitet. Hilfreich waren dabei außerdem ihre Verbindungen zu Hochschulen und Unternehmen in ihrer Heimatstadt St. Petersburg sowie zur Deutschen Management Akademie Niedersachsen.

Ein Fachwörterbuch kann auf den Gesamtschatz der Sprache und der Themengebiete bezogen immer nur eine verkürzte Anzahl von Stichwörtern bearbeiten. So auch in diesem Fall. Anregungen zu Ergänzungen und Verbesserungen des Wörterbuches sind daher jederzeit willkommen. Bitte richten Sie diese an: Langenscheidt KG, Langenscheidt Fachverlag, Postfach 401120, 80711 München.

Braunschweig, Januar 2008 *Irina Jakovleva*

Предисловие

При переработке данного специализированного словаря главной целью было предложить специалистам, менеджерам, ученым и студентам в обзорной форме все важнейшие экономические термины. Он может быть также полезным справочником при чтении современных текстов и написании деловых писем или электронных сообщений. Эти критерии были решающими при выборе терминов.

Немецкая и русская терминология в период глобальной торговли, электронных бизнес-процессов и информационных технологий интенсивно развивалась также в сфере экономики, финансов, биржевой деятельности, маркетинга, менеджмента и экологии. Вследствие расширения Европейского Союза и развития российской экономики появился целый ряд новых организаций. Существенные изменения в социальном и экономическом праве, новые услуги на рынке труда, а также проникновение информационных технологий во все сферы экономики сделали необходимой существенную переработку.

Глобализация торговли с огромным количеством англоамериканских понятий существенно повлияла как на русскую, так и на немецкую терминологию.
Специалисты часто перенимают эти термины напрямую с английского, они как правило понятны и без перевода. Частично они были включены в исходной форме или просто в русской транскрипции. Многие вновь включенные понятия снабжены дополнительной информацией о сфере их применения.

В то время как значения немецких и английских сокращений есть во многих словарях, найти русские сокращения достаточно сложно. Чтобы заполнить этот пробел в качестве приложения появился краткий список наиболее часто употребляемых сокращений, в частности аббревиатуры многих организаций.

Данная работа базируется на 1-м издании русско-немецкого экономического словаря Вячеслава Салищева † и соответственно немецко-русского Вячеслава Салищева и Ханнеса Дикса.

При составлении словаря подспорьем автору была современная специальная литература, многолетний опыт работы переводчика в сфере экономики, техники и менеджмента. В работе помогли также тесные связи с вузами и предприятиями родного города автора Санкт-Петербурга и с Немецкой Академией Менеджмента Нижней Саксонии.

В сравнении с богатством языка и различной тематикой в полном объеме специализированный словарь может охватить лишь часть терминов. Как и в данном случае. Пожелания о дополнениях и улучшениях словаря будут приняты с благодарностью. Пожалуйста, направляйте их по адресу: Langenscheidt KG, Langenscheidt Fachverlag, Postfach 401120, 80711 München.

Брауншвейг, январь 2008 *Ирина Яковлева*

Benutzungshinweise
О пользовании словарём

Den Stichwörtern schließen sich innerhalb der Wortnester die weiteren Bestandteile (Adjektive, Verben, Präpositionen) in alphabetischer Reihenfolge an.

Im Nest werden die Stichwörter durch eine Tilde ~ ersetzt, wenn sie in unveränderter Form gebraucht werden. In veränderter Form werden sie durch einen waagrechten Strich – mit der jeweiligen Endung ersetzt. Im Stichwort wird diese Grenze durch einen senkrechten Strich | angezeigt.

Beispiele • Примеры

Abänderung *f* изменение *n*, переделка *f*, исправление *n*, поправка *f*; **eine ~ treffen** принять решение об изменении; **-en vorbehalten** оговорить возможность изменений

Abfindungs|angebot *n (Fin)* предложение *n* о выплате компенсации *(выбывающим акционерам)*; **-betrag** *m (Fin)* сумма *f* компенсации *(отступного)*; **-bilanz** *f (Fin)* внеочередной баланс *m* как основа для расчета компенсаций

абонемент *m* Abonnement *n*, Zeitkarte *f*; **отказываться от -а** das Abonnement aufgeben; **продлить ~** das Abonnement erneuern (verlängern); **годичный ~** Jahresabonnement *n*

абсолютн|ый absolut; **-ое большинство** *n* absolute Mehrheit *f*

( ) Synonyme, Varianten sowie Erläuterungen zu Übersetzungen stehen in runden Klammern.
Синонимы, варианты, а также пояснения к переводу стоят в круглых скобках.

( ) Fachgebietsangaben stehen in kursiven, runden Klammern.
Указания об области применения стоят в круглых скобках курсивом.

Beispiele für die alphabetische Ordnung
Примеры расположения по алфавиту

abbrechen
    die Arbeit ~
    die Beziehungen ~
    die Verhandlungen ~
abbröckeln
Abbruch
    auf ~ kaufen
Abbruch|anordnung
    -arbeiten
    -erlös
    -kosten
    -taste
    -verfügung
abbuchen
    vom Konto ~
Abbuchung
    durch ~ einziehen
    eine ~ vornehmen
Abbuchungs|auftrag
    -auftragsverfahren
    -verfahren
ABC-Analyse

банкомат
    банкрот
    объявить (себя) -ом
    стать -ом
банкротств|о
объявлять о -е
    оказаться на грани -а
предотвращать -о
    -о банка
    -о компании
    преднамеренное -о, умышленное -о
    фиктивное -о
    финансовое -о государства
-о фирмы
    баннер
баннерообмен
    бардепот
    бар-код
баржа
    барометр
    ~ конъюнктуры
бартер

Abkürzungen • Сокращения

(Engl)	Englisch
adj	Adjektiv
f	Femininum
m	Maskulinum
n	Neutrum
pl	Plural
v	Verb

Fachgebietskürzel • Условные сокращения областей применения

(Admin)	Verwaltung	административный термин
(Bank)	Bankwesen	банковское дело
(Bö)	Börse	биржевой термин
(Buchh)	Buchhaltung	бухгалтерия
(Büro)	Büro	канцелярский термин
(Comp)	Computer & Internet	компьютер и Интернет
(EU)	Europäische Union	Европейский Союз
(Fin)	Finanzen	финансовый термин
(Handel)	Handel	коммерческий термин
(Imp/Exp)	Import/Export	импорт/экспорт
(Ind)	Industrie	промышленный термин
(Lager)	Lager- und Materialwirtschaft	складское и материальное хозяйство
(Manag)	Management	менеджмент
(Media)	Massenmedien	СМИ
(Pat)	Patentwesen	патентное дело
(Pers)	Personalführung	управление персоналом
(Pol)	Politik	политический термин
(QM)	Qualitätsmanagement	система управления качеством
(Recht)	Recht	юридический термин
(Soz)	Sozialwesen	социальная сфера
(Steuer)	Steuerwesen	налоговый термин
(Transp)	Transport & Logistik	транспорт и логистика
(Umwelt)	Umwelt	экологический термин
(V&M)	Verkauf & Marketing	маркетинг
(Versich)	Versicherung	страхование
(WiWi)	Wirtschaftswissenschaften	экономический термин

Russisch – Deutsch
русско – немецкий

А

а-конто a conto
а дато a dato
абандон *m* Abandon *m*
аб иницио ab initio
аб ово ab ovo
аболиция *f* Abolition *f*, Verbot *n*, Abschaffung *f*, *(Recht)* Einstellung *f* eines Strafverfahrens
абонемент *m* Abonnement *n*, Zeitkarte *f*; **отказываться от -а** das Abonnement aufgeben; **продлить ~** das Abonnement erneuern (verlängern); **годичный ~** Jahresabonnement *n*
абонементн|ый Abonnements-; **-ая плата** *f* Abonnementsgebühr *f*
абонент *m* Abonnent *m*, Bezieher *m*; **привлекать -ов** Abonnenten werben; **новый ~** Neuanschluss *m*; **~ сотовой связи** Inhaber *m* des Mobiltelefonanschlusses, Mobiltelefonteilnehmer *m*; **~ телефонной сети** Telefonteilnehmer *m*, Inhaber *m* eines Telefonanschlusses; **~ фиксированной связи** Inhaber *m* eines Festnetzanschlusses
абонентская задолженность *f* Verbindlichkeiten *pl* aus Abschlagszahlungen
абонировать abonnieren, beziehen
аброгация *f (Recht)* Abrogation *f*, Abschaffung *f* des veralteten Gesetzes
абсентеизм *m* Absenteismus *m*
абсолютн|ый absolut; **-ое большинство** *n* absolute Mehrheit *f*
авалировать avalieren, Wechselbürgschaft leisten; **~ обязательства** für Verbindlichkeiten bürgen
авалист *m* Avalbürge *m*, Avalgeber *m*, Avalist *m*, Avalkreditgeber *m*, Wechselbürge *m*
аваль *m* Aval *m*, Wechselbürgschaft *f*; **получать ~** einen Aval erhalten; **предоставлять ~** einen Aval bestellen; **ставить ~ на векселе** Wechselbürgschaft leisten; **~ банка по поручению поставщика** Anzahlungsaval *m*; **банковский ~** Bankaval *m*; **безусловный ~** unbedingter Aval *m*; **условный ~** bedingter Aval *m*
аванс *m (Bank, Fin)* Vorschuss *m*, Anzahlung *f*, Vorleistung *f*, Vorauszahlung *f*, Abschlag *m*, Abschlagszahlung *f*, Akontozahlung *f*; **вносить ~** eine Anzahlung machen (leisten), anzahlen; **возвращать ~** den Vorschuss rückzahlen; **выдавать (выплачивать) ~** (Geld) vorschießen, einen Vorschuss gewähren, Vorschuss leisten (zahlen); **получать ~** Vorschuss bekommen (erhalten); **предоставлять ~** einen Vorschuss bewilligen (einräumen); **просить ~** um einen Vorschuss bitten; **банковский ~** Bankvorschuss *m*; **безвозвратный ~** nicht rückzahlbarer Vorschuss *m*; **беспроцентный ~** unverzinslicher Vorschuss *m*; **~ в счёт гонорара** Honorarvorschuss *m*; **~ в счёт заработной платы** Gehaltsvorschuss *m*, Lohn|abschlag *m*, -vorschuss *m*; **денежный ~** Geldvorschuss *m*; **~ на командировочные расходы** Reisekostenvorschuss *m*; **~ наличными** Barvorschuss *m*; **под ~** gegen Vorschuss; **~ покупателя** Vorleistung *f*; **~ срочный** fester Vorschuss *m*; **~ фрахта (фрахтовый ~)** Fracht|vorlage *f*, -vorschuss *m*
аванс-задаток *m* Anzahlung *f*
авансирование *n* Bevorschussung *f*, Vorschusszahlung *f*, Vorfinanzierung *f*; **денежное ~** Geldvorschuss *m*; **~ бизнеса** Finanzierung *f* der Geschäftstätigkeit, Businessfinanzierung *f*; **~ натурой** Naturalvorschuss *m*
авансировать bevorschussen, vorschießen, Vorschuss leisten (zahlen), anzahlen, vorauszahlen
авансов|ый Vorschuss-; **-ый отчёт** *m* Abrechnung des Vorschusses; **-ый платёж** *m* Vorauszahlung *f*, Vorschusszahlung *f*
авансодатель *m* Vorschussleistende *m*, Vorschusszahler *m*
авансом vorschussweise, als Vorleistung (Vorschuss)
авансополучатель *m* Vorschussempfänger *m*, Vorschussnehmer *m*
авантаж *m* günstige Lage *f* (Situation *f*)
аварийн|ый Havarie-, Not-; **-ый бонд** *m* **(-ая подписка *f*)** Havariebond *m*; **-ый взнос** *m* Havariebeitrag *m*; **-ый комиссар** *m* Havariekommissar *m*; **-ый сертификат** *m* Havariezertifikat *n*

авария *f* Havarie *f*, Haverei *f*, Unfall *m*, Panne *f*, Störung *f*; Notfall *m*; **извещать об -и** die Havarie anmelden; **потерпеть -ю** einen Unfall erleiden (haben); **автомобильная -я** Autounfall *m*; **крупная -я** schwerer Unfall *m*; **малая -я** kleine Havarie *f*, Teilschaden *m*; **морская -я** Average *m*, Havarie *f*, Seeschaden *m*; **-я на производстве** Betriebsstörung *f*, (mit Personenschaden) Betriebsunfall *m*; **свободный от любой -и** frei von jeder Havarie; **общая -я** große Havarie *f*, Havariegrosse *f*; **-я с материальным ущербом** Sachschadenunfall *m*; **тяжёлая -я** schwerer Unfall *m*; **частная -я** *(Seerecht)* besondere Havarie *f*, Partikularhavarie *f*

авераж *m* Average *f*, Mittelwert *m*

аверс *m* Avers *n*; Vorderseite *f* der Münze (der Medaille)

авиа- Flug(zeug)-, Luft-; **-билет** *m* Flugticket *n*;**-движение** *n* Flugbetrieb *m*; **-ипотека** *f* Flugzeughypothek *f*; **-каско** *n* Flugzeug|kasko(versicherung *f*) *m*; **-карго** *n* Luftfracht *f*; **-компания** *f* Flug|gesellschaft *f*, Luftverkehrs|gesellschaft *f*, -unternehmen *n*; **-линия** *f* Fluglinie *f*; **-пассажир** *m* Fluggast *m*; **-перевозки** *pl* Luftbeförderung *f*, Luft(verkehrs)transport *m*, Luftfrachtbeförderung *f*, Lufttransporte *pl*, Luftcargo *m*; **-перевозчик** *m* Luftfrachtführer *m*, Luftverkehrsgesellschaft *f*; **-почта** *f* Luftpost *f*; **-промышленность** *f* Flugzeugindustrie *f*; **-транспорт** *m* Flugverkehr *m*, Luft|transport *m*, -verkehr *m*

авиация *f* Luftfahrt *f*, Flugwesen *n*; **гражданская ~** Zivilluftfahrt *f*, zivile Luftfahrt *f*; **коммерческая ~** Verkehrsluftfahrt *f*

авизо *n* Avis *m*, Anzeige *f*, Anzeigebrief *m*, Benachrichtigung *f*; **отправлять (посылать) ~** einen Avis (eine Anzeige) senden; **получать ~** einen Avis erhalten; **банковское ~** Bankavis *m*; **дебетовое ~ (~ о дебетовании)** Belastungsanzeige *f*, Debet|anzeige *f*, -avis *m*, -nota *f*, Lastschriftanzeige *f*; **инкассовое ~** Inkasso|anzeige *f*, -avis *m*; **кредитовое ~** Gutschrift(anzeige) *f*; **~ не поступало** kein Auftrag; **~ о начислении процентов** Zins|avis *m*, -note *f*; **~ о занесении суммы на счёт** Buchungsanzeige *f*; **предварительное ~** Voranzeige *f*, Voravis *m*; **сводное ~** Sammelavis *m*; **согласно ~** laut Avis; **срочное ~** Eilavis *m*; **телеграфное ~** Drahtavis *m*; **фальшивое ~** gefälschter Avis *m*

авизование *n* Avisierung *f*, Benachrichtigung *f*; **~ аккредитива** Avisierung eines Akkreditivs

авизовать avisieren, benachrichtigen; **~ аккредитив** ein Akkreditiv avisieren

авизовка *f* Anzeigebrief *m*

а виста, ависто bei Sicht, Sichtwechsel *m*, a vista, bei Vorlage

автаркический autark

автаркия *f* Autarkie *f*

автовоз *m* Autotransporter *m*

автобанк *m* Automobilbank *f*

автобус *m* Autobus *m*, Bus *m*, Omnibus *m*

автовокзал *m* Busbahnhof *m*

автозавод *m* Auto(mobil)fabrik *f*, Automobilwerk *n*

автократия *f* Autokratie *f*

автокредитование *n (Bank, Fin)* Autofinanzierung *f*

автолавка *f* **(автомагазин)** Verkaufswagen *m*

автомагистраль *f* Autobahn *f*, Fernverkehrsstraße *f*

автомат *m* Automat *m*; **банковский ~** Bankautomat *m*, Geldautomat *m*; **~ для выдачи наличных денег** Bargeldautomat *m*, Geldautomat *m*; **торговый ~** Verkaufsautomat *m*

автоматизаци|я *f* Automatisierung *f*, Automation *f*; **проводить -ю** automatisieren, die Automatisierung durchführen; **-я банковских операций** *(Bank, Comp)* Automatisierung *f* der Bankprozesse; **полная -я** Vollautomatisierung *f*; **-я производства** Automatisierung *f* der Fertigung (Produktion); **частичная -я** Teilautomatisierung *f*

автоматизированн|ый automatisiert, computergestützt; **-ая система управления производством** computergestützte Fertigung *f* (Herstellung *f*), CAM

автоматический automatisch, selbsttätig; **полностью ~** vollautomatisch
автомобилевоз *m* Autotransporter *m*
автомобилестроение *n* Kraftfahrzeugbau *m*, Automobilbau *m*
автомобил|ь *m* Auto(mobil) *n*, Kraftfahrzeug (Kfz) *n*, Kraftwagen *m*; **брать -ь напрокат** ein Auto (einen Wagen) mieten; **ввозить (импортировать) -и** Autos einführen (importieren); **покупать -ь** ein Auto kaufen; **продавать (реализовывать) -и** Autos verkaufen; **производить -и** Autos herstellen (produzieren); **ремонтировать -ь** ein Auto instand setzen (reparieren); **сдавать -и напрокат** Autos vermieten; **экспортировать -и** Autos ausführen (exportieren); **бюджетный -ь** Low-Budget-Car; **годовалый -ь** Jahreswagen *m*; **грузовой -ь** Last(kraft)-wagen (Lkw) *m*, Laster *m*; **демонстрационный -ь** Vorführwagen *m*; **-ь для доставки грузов** Liefer|auto *n*, -fahrzeug *n*, -wagen *m*; **легковой -ь** Personen(kraft)wagen (Pkw) *m*; **малолитражный -ь** Klein(kraft)wagen *m*, Kleinauto *n*; **-ь напрокат** Leihwagen *m*; **новый -ь** Neuwagen *m*; **подержанный -ь** Gebrauchtwagen *m*; **спортивный -ь** Sportwagen *m*; **-ь среднего класса** Mittelklassewagen *m*
автомобильн|ый Auto(mobil)-, Kraft(-fahrzeug)-, Kraftwagen-; **-ое движение** *n* Autoverkehr *m*, Kraftverkehr *m*; **-ый налог** *m* Kraftfahrzeugsteuer *f*; **-ая промышленность** *f* Auto-(mobil)industrie *f*, Kraftfahrzeugindustrie *f*; **-ый транспорт** *m* Kraft-(wagen)|verkehr *m*, -transport *m*
автономия *f* Autonomie *f*; **~ тарифной политики** Tarifautonomie *f*; **финансовая ~** Finanzautonomie *f*
автономн|ый autonom, selbstständig; **-ый бюджет** *m* autonomer Haushalt; **-ый тариф** *m* autonomer Tarif
автоперевозки *pl* Kraft(wagen)verkehr *m*, -transport *m*, Transport per (mit) Lkw; **~ грузов** Güter|beförderung *f*, -transport *m* im Straßenverkehr per (mit Lkw), Güterkraftverkehr *m*; **~ пассажиров** Personenkraftverkehr *m*
автопоезд *m* Lastzug *m*, Sattelzug *m*
автор *m* Autor *m*, Urheber *m*, Verfasser *m*; **~ изобретения** Erfinder *m*
авторециклинг *m* Automobilentsorgung *f*, Autorecycling *m*
авторизация *f* Autorisierung *f*
авторитаризм *m* Autoritarismus *m*
авторитарный autoritär; **~ стиль руководства** autoritärer Führungsstil
авторитет *m* Ansehen *n*, Autorität *f*; **пользоваться большим -ом** in hohem Ansehen stehen, Autorität genießen; **признавать ~** die Autorität anerkennen
авторитетный maßgebend, kompetent, anerkannt, bestimmend
авторск|ий Urheber-, Verfasser-; **-ий гонорар** *m* Honorar *n*, Tantieme *f*, Erfolgshonorar *n*; **-ий коллектив** *m* Urhebergemeinschaft *f*; **-ое право** *n* Urheberrecht *n*, Verfasserrecht *n*
авторство *n* Urheberschaft *f*
автострада *f* Autobahn *f*, Fernverkehrsstraße *f*
автотранспорт *m* Kraftverkehr *m*, Kraftwagentransport *m*
автоцистерна *f* Tankwagen *m*
авуары *pl* Bankguthaben *pl*, Guthaben *pl*, Geldmittel *pl*, Habenbestände *pl*; **блокированные ~** Sperrguthaben *pl*; **~ в иностранной валюте** Fremdwährungsguthaben *pl*; **~ в ценных бумагах** Wertpapierguthaben *pl*; **иностранные ~** Auslandsguthaben *pl*
агенда *f* (zu besprechender) Problemkreis *m*, Tagesordnung *f*, Agenda *f*
агент *m* Agent *m*, Vertreter *m*, Händler *m*, Außendienstmitarbeiter *m*; **~ банка** Bankvertreter *m*; **биржевой ~** Börsenvertreter *m*; **~, вербующий клиентов** Akquisiteur *m*; **генеральный ~** General|vertreter *m*, -bevollmächtigte *m*; **~-делькредере** Delkrederevertreter *m*; **~ заграничный сбытовой** ausländischer Handelsvertreter (Verkaufsvertreter, Vertriebsbeauftragte); **консигнационный ~** Kommissionsagent *m*, Verkaufskommissionär *m*; **коммерческий ~** Handelsvertreter *m*; **~ Ллойд** Lloyd-Agent *m*; **местный ~** Bezirksvertreter *m*; **монопольный ~** Alleinvertreter *m*, Exklusivvertreter *m*; **морской ~** Hafenagent *m*; Schiffs-

agent *m*; **~-оптовик** Händler *m*, Kaufmann *m*; **~ по грузовым авиаперевозкам** Luftfrachtagent *m*; **~ по закупкам** Einkaufsagent *m* (auch im Ausland); **~ по морскому страхованию** Seeversicherungsagent *m*; **~ по покупке и продаже иностранной валюты** Devisenbroker *m*, Forexbroker *m*, Währungsbroker *m*, Discountbroker für Währungen; **~ по посредничеству** Vermittlungsagent *m*; **~ по продаже** Handelsvertreter *m*, (über eBay) Verkaufsagent *m*; **~ по продаже недвижимости** Immobilienmakler *m*; **~ по размещению займа** Underwriter *m*; **~ по сбыту** Verkaufs|agent *m*, -repräsentant *m*, -vertreter *m*; **~ по снабжению** Einkäufer *m*, Einkaufsagent *m* (Einkauf und Aufbewahrung von Rohstoffen und Zukaufteilen); **~ по фрахту** Schiffsmakler *m*; **~ по экспорту** Ausfuhragent *m*, Exportmanager *m*; **~ производителя** (regionaler) Handelsvertreter (des Herstellers); **~-резидент** Resident Agent *m*; **рекламный ~** Annoncenakquisiteur *m*, Werbeagent *m*, Mitarbeiter einer Werbeagentur, Werbungsvertreter *m*; **~ с эксклюзивным правом представительства** autorisierter Vertreter, Handelsvertreter mit Ausschließlichkeitsrecht, Exklusivvertreter *m*, Exklusivhändler *m*; **страховой ~** Versicherungs|agent *m*, -kaufmann *m*, -vertreter *m*; **таможенный ~** Zollagent *m*; **торговый ~** Handels|agent *m*, -beauftragte *m*, -bevollmächtigte *m*, -vertreter *m*, Handlungsagent *m*; **торговый ~ промышленной фирмы** Handelsvertreter einer Herstellerfirma; Konzessionsverkäufer *m*; **транспортный ~** Spediteur *m*; **~, уполномоченный заключать договора купли-продажи** Abschluss|agent *m*, -vertreter *m*

агент-банк *m (Bank, Fin)* Agent Bank *f*

агентирование *n* Agenturübernahme *f*; **~ судов** *f* Agentierung *f*

агентск|ий Agentur-, Vertreter-; **-ое вознаграждение** *n* Agenturprovision *f*, Vertreterprovision *f*; **-ий договор** *m* **(-ое соглашение** *n***)** Agenturvertrag *m*, Ausschließlichkeitsvertrag *m*, Handelsvertretervertrag *m*, Vertretervertrag *m*

агентство *n* Agentur *f*, Handelsvertretung *f*, Vertretung *f*; **открывать ~** eine Agentur (Vertretung) eröffnen (gründen); **~ банка** Bankagentur *f*; **коллекторское ~** Agentur für Schuldeneintreibung *f*; **маркетинговое ~** Marketingagentur *f*; **морское ~** Schiffsagentur *f*

„Агентство по страхованию вкладов" Agentur für Einlagenversicherung

агентство: рейтинговое ~ Ratingagentur *f*; **рекламное ~** Werbeagentur *f*; **судовое ~** Schiffsagentur *f*; **торговое ~** Verkaufsagentur *f*, Handelsvertretung *f*; **транспортно-экспедиторское ~** Spedition *f*; **эксклюзивное ~** Handelsvertretung mit Ausschließlichkeitsrecht

агентура *f* Agentenkreis *m*, Agenten *pl*

агломерация *f* Ballung *f*, Zusammenballung *f*, Agglomeration *f*

аграрий *m* Agrarier *m*, Großgrundbesitzer *m*; *(Pers)* Beschäftigter in der Landwirtschaft

аграрн|ый Agrar-, Boden-, Landwirtschafts-, landwirtschaftlich; **-ый кризис** *m* Agrarkrise *f*; **-ая политика** *f* Agrarpolitik *f*; **-ая продукция** *f* Agrarerzeugnisse *pl*, landwirtschaftliche Erzeugnisse; **-ая страна** *f* Agrarland *n*

агрегат *m* Aggregat *m*; **денежный ~** Geldaggregat *m*; **~ денежной массы** Geldmengenaggregat *m*

агрегирование *n* Zusammensetzung *f*, Aggregation *f*; **~ рынка** Marktaggregation *f*

агроиндустрия *f* Agrarindustrie *f*

агроном *m* Agronom *m*, Landwirt *m*

агротехника *f* Agrotechnik *f*

ад валорем ad valorem, vom Wert

адаптация *f* Anpassung *f*, Adaptierung *f*; **~ базы данных** Datenbankanpassung *f*, Datenbankmodifizierung *f*; **временная ~** zeitliche Anpassung; **организационная ~** organisatorische Anpassung; **структурная ~** strukturelle Anpassung

адвайзер *m* Berater *m*, Konsultant *m*

адвалорн|ый Ad-valorem-, Wert-; **-ая пошлина** *f* Ad-valorem-Zoll *m*, Wert-

zoll *m*; **-ый таможенный тариф** *m* Ad-valorem-Zolltarif *m*
адвокат *m* Anwalt *m*, Rechtsanwalt *m*; **быть представленным -ом** durch einen Anwalt vertreten sein; **нанять -а** sich einen Anwalt nehmen; **~ по налоговым проблемам** Anwalt in Steuersachen; **~ с правом работы в суде** bei Gericht zugelassener Anwalt
аддендум *m* Addendum *n*
аджастер *m* Schadensregulierer *m*
административн|ый Verwaltungs-, administrativ; **-ый акт** *m* Verwaltungsakt *m*; **-ый сбор** *m* Verwaltungsgebühr *f*; **-ый суд** *m* Verwaltungsgericht *n*; **-ая юрисдикция** *f* Verwaltungsgerichtsbarkeit *f*
администратор *m* Administrator *m*, Verwalter *m*; **~ базы данных** *(Comp)* Datenbankadministrator *m*, **конкурсный ~** Konkursverwalter *m*; **~ сети** *(Comp)* Netzadministrator *m*; **уполномоченный ~** bevollmächtigter Manager *m*
администрация *f* Administration *f*, Verwaltung *f*; Verwaltungsbehörde *f*; **~ города** *(Admin)* Stadt *f*, Stadtverwaltung *f*; **конкурсная ~** Konkursverwaltung *f*; **~ порта** Hafenverwaltung *f*; **~ предприятия** Betriebs|leitung *f*, -verwaltung *f*; **~ ценных бумаг** *(Bank, Fin)* Wertpapierverwaltung *f*
администрирование таможенное Verwaltungsprozesse in der Zolltätigkeit
администрировать administrieren, verwalten, gestionieren
адрес *m* Adresse *f*, Anschrift *f*; **давать (указывать) свой ~** seine Anschrift angeben; **изменять ~** seine Adresse ändern; **~ банка** Bankadresse *f*; **домашний ~** Privatadresse *f*; **~ на случай** Ersatzadresse *f*, Kontaktadresse *f*; **~ отправителя** Absender *m*, Versandanschrift *f*; **~ отправки** Versandanschrift *f*; **~ поставки** Lieferanschrift *f*; **почтовый ~** Postanschrift *f*; **~ предприятия (фирмы)** Geschäftsanschrift *f*; **служебный ~** Geschäftsadresse *f*; **телеграфный ~** Drahtanschrift *f*, Kabeladresse *f*; **фактический ~** tatsächliche Adresse *f*; **юридический ~** Sitz *m*, Wohnsitz *m*; **юридический ~ компании** Sitz der Gesellschaft; **юридический ~ лица** (offizieller) Firmensitz *m*, Domizil *n*; **электронный ~** E-Mail-Adresse *f*
адресант *m* Absender *m*, Adressant *m*
адресат *m* Adressat *m*, Empfänger *m*; **~ выбыл** Empfänger verzogen
адресовать adressieren
адриттура *f* Adrittura *n*
ажио *n* Agio *n*, Aufgeld *n*, Aufschlag *m*, Ausgabeaufgeld *n*, Ausgabeaufschlag *m*, Aufpreis *m*, Aufzins *m*; **банковское ~** Bankagio *n*; **~-конто** *n* **(-счёт** *m***)** Agiokonto *n*
ажиотаж *m* Agiotage *f*; **биржевой ~** *(Bö)* Börsen|spekulation *f*, -spiel *n*, Run *m*
ажиотёр *m* Agioteur *m*, Börsenspekulant *m*
ажиотировать agiotieren
ажур *m (Buchh)* Tagfertigkeit *f*
айпио *n (Bö)* Börsengang *m*, IPO
аквизитор *m (Handel, V&M)* Akquisiteur *m*, Kundenwerber *m*; *(Versich)* Versicherungsagent *m*
аквизиторский akquisitorisch; **~ потенциал** *m* akquisitorisches Potenzial
аквизиция *f* Akquisition *f*, Kundenwerbung *f*; Unternehmensübernahme *f*, Unternehmenskauf *m*
аккомодация *f* Akkommodation *f*; **~ денежного обращения** Geldakkommodation *f*
аккорд *m* Akkord *m*; **групповой ~** Gruppenakkord *m*; **индивидуальный ~** Einzelakkord *m*
аккордн|ый Akkord-, Stücklohn-; **-ая заработная плата** *f* Akkordlohn *m*, Stücklohn *m*, Leistungslohn *m*; **-ая работа** *f* Akkordarbeit *f*
аккредитация *f* Akkreditierung *f*
аккредитив *m (Bank)* Akkreditiv *n*, Bankakkreditiv *n*, Bankanweisung *f*, Kreditbrief *m*; **авизовать ~** ein Akkreditiv avisieren; **аннулировать ~** ein Akkreditiv annullieren; **возобновлять ~** ein Akkreditiv erneuern; **выставлять ~** ein Akkreditiv ausstellen; **изменять условия -а** ein Akkreditiv abändern; **открывать ~** ein Akkreditiv eröffnen (erstellen); **отзывать ~** das Akkreditiv widerrufen; **переводить ~** ein Akkreditiv übertra-

gen; **подтверждать ~** ein Akkreditiv bestätigen; **пролонгировать ~** ein Akkreditiv verlängern; **авизованный ~** avisiertes Akkreditiv, Spezialkreditbrief *m*; **безотзывный ~** unwiderrufliches Akkreditiv; **бессрочный ~** unbefristetes Akkreditiv *n*; **возобновляемый ~** revolvierendes Akkreditiv; **делимый ~** teilbares Akkreditiv; **денежный ~** Barakkreditiv *n*; **документарный ~** Dokumentenakkreditiv *n*, Rembourskredit *m*; **долгосрочный ~** langfristiges Akkreditiv; **дорожный ~** Reiseakkreditiv *n*, Travellerscheck *m*; **именной ~** Inhaberkreditbrief *m*; **коммерческий ~** Handelsakkreditiv *n*; **компенсационный ~** Gegenakkreditiv *n*; **наличный ~** verfügbares Akkreditiv; **неподтверждённый ~** unbestätigtes Akkreditiv; **непокрытый ~** nicht gedecktes (garantiertes) Akkreditiv; **отзывный ~** widerrufliches Akkreditiv; **переводной ~** übertragbares Akkreditiv; **подтверждённый ~** bestätigtes Akkreditiv; **разовый ~** einmalig gestelltes Akkreditiv; **револьверный ~** revolvierendes Akkreditiv; **резервный ~** Beistandsakkreditiv *n*; **~ с красным условием** Vorschussakkreditiv *n*; **~ с отсрочкой платежа** Nachsichtakkreditiv *n*; **~ с платежом по предъявлении** Sichtakkreditiv *n*; **товарный ~** Einkaufsakkreditiv *n*, Warenakkreditiv *n*; **туристический ~** Reise|akkreditiv *n*, -kreditbrief *m*, Travellerscheck *m*; **циркулярный ~** Zirkularkreditbrief *m*

аккредитив|ный Akkreditiv-; **-ная форма расчётов** *f* Akkreditivverfahren *n*

аккредитиводатель *m* Akkreditivsteller *m*

аккредитовать akkreditieren; beglaubigen

аккумулирование *n* **(аккумуляция** *f***)** Akkumulation *f*; **~ капитала** Akkumulation des Kapitals, Kapitalanhäufung *f*; **~ средств** Geldakkumulation *f*

аккумулировать aufspeichern, akkumulieren, anhäufen

а-конто a conto

акселерация *f* Akzeleration *f*, Beschleunigung *f*

аксессуары *pl* Zubehör *n*

акт *m* Akt *m*; Akte *f*; Handlung *f*; Protokoll *n*; Urkunde *f*; **закреплять -ом** protokollieren; **оформлять ~** ein Protokoll (eine Urkunde) ausfertigen; **составлять ~** ein Protokoll aufnehmen, eine Urkunde aufsetzen; **административный ~** Verwaltungsakt *m*; **административный ~ о распространении норм тарифных соглашений на прочих работодателей и наёмных рабочих** Allgemeinverbindlichkeitserklärung *f*; **банковский ~** Bankakt *m*, Bankgeschäft *n*; **~ гражданского состояния** *(Admin)* Personenstand *m*, Zivilstand *m*; standesamtliche Akte; **~ изъятия** Beschlagnahmeprotokoll *n*; **~ инвентаризации** Inventur *f*; **~ инкорпорирования** *(Admin)* staatliche Genehmigung für Unternehmensgründung; **ипотечный ~** Hypotheken|brief *m*, -urkunde *f*; **~ испытания** Prüfungsprotokoll *n*; **коммерческий (торговый) ~** Geschäftsakt *m*; **~ купли-продажи** Kaufvertrag *m*; **нотариальный ~** notarielle Urkunde; **~ об уступке (требований)** Abtretungsurkunde *f*; **нормативный ~** *(Recht)* Normativakt *m*; **официальный ~** Amtshandlung *f*; **~ передачи** Übergabeprotokoll *n*, Übertragungsurkunde *f*; **правовой ~** Rechts|akt *m*, -handlung *f*; **подлинный ~** Originalurkunde *f*; **~ передачи (передаточный ~)** Übertragungsurkunde *f*; **~ приёмки-сдачи** Abnahme|bescheinigung *f*, -protokoll *n*, Übernahmeprotokoll *n*; **~ проверки** Prüfungsprotokoll *n*; **~ протеста (по векселю)** Protesturkunde *f*; **~ ревизии** Revisions|bescheinigung *f*, -bericht *m*, -protokoll *n*; **~, скреплённый подписями и печатями сторон** Vertragsurkunde *f*; **страховой ~** Versicherungsakt *m*; **юридический ~** Rechts|akt *m*, -handlung *f*

актив *m* Aktivseite *f*, Aktiva *pl*; **-ы** *pl* Vermögen *n* (des Unternehmens), Vermögenswerte *pl*; **~(ы** *pl***) и пассив(ы** *pl***)** Aktiva und Passiva; **базовый ~** *(Bö)*

Börsenware als Vertragsgrundlage; Basiswert *m*, Basisinstrument *n*; **суммарный ~** Gesamtkapital *n*

активация *f* Aktivierung *f*

активизация *f* Aktivierung *f*

активн|ый aktiv, Aktiv-; **-ая операция банка** *f* Aktivgeschäft *n*; **-ое сальдо** *n* Aktivsaldo *m*, Überschuss *m*; **-ая статья баланса** *f* Aktivposten *m*; **-ый счёт** *m* Aktivkonto *n*, Bestandskonto *n*; **-ая часть баланса** *f* Aktiva *pl*, Aktivseite *f*

активность *f* Aktivität *f*, Tätigkeit *f*; **повышать ~** die Aktivität erhöhen (steigern); **снижать ~** die Aktivität senken; **усиливать ~** Aktivitäten verstärken; **деловая ~** Geschäfts|aktivität *f*, -tätigkeit *f*, geschäftliche Aktivität(en); **инвестиционная ~** Investitionstätigkeit *f*; **экономическая ~** wirtschaftliche Aktivität, Konjunktur *f*

актив|ы Aktiva *pl*, Aktivbestand *m*, Guthaben *n*, Habenbestände *pl*, Vermögen *n*, Vermögensgegenstände *pl*, Wirtschaftsgüter *pl*; **отражать -ы в балансе** Aktiva in der Bilanz ausweisen; **оценивать -ы** Aktiva bewerten; **предоставить -ы в залог** Vermögensgegenstände verpfänden (beleihen lassen); **управлять -ами** Vermögen managen (verwalten); **антиципированные -ы** antizipative Aktiva; **-ы банка (банковские -ы)** Bankaktiva *pl*, Vermögenswerte einer Bank; **валютные -ы** Währungsguthaben *n*; **взаимозаменимые -ы** fungible Aktiva; **внеоборотные -ы** festliegende Aktiva; **высоколиквидные -ы** hochliquide Aktiva; **денежные -ы** Bar|mittel *pl*, -vermögen *n*; **доходные -ы** ertragreiche Aktiva; **замороженные -ы** gefrorene Aktiva (Guthaben); **зарубежные (иностранные) -ы** ausländische Aktiva, ausländisches Vermögen, Auslands|-vermögen *n*, -werte *pl*; **-ы и пассивы** Aktiva und Passiva; **истощимые -ы** abnutzbare Wirtschaftsgüter; **кассовые -ы** Barvermögen *n*; **клиринговые -ы** Clearingguthaben *n*; **краткосрочные -ы** kurzlebige Wirtschaftsgüter; **легко реализуемые (ликвидные) -ы** flüssige (leichtverwertbare, realisierbare) Aktiva, flüssige (geldnahe) Vermögenswerte; **материальные -ы** Sach|anlagen *f*, -kapital *n*, -vermögen *n*, Substanz *f*, materielle Vermögenswerte *pl*, Realvermögen *n*, Anlagevermögen *n*; **мёртвые -ы** unproduktive Kapitalanlage; **надёжные -ы** sichere Kapitalanlage; **наличные -ы** verfügbare Aktiva; **незаложенные -ы** verfügbare Aktiva; **неликвидные -ы** festliegende Aktiva; **нематериальные -ы** immaterielle Aktiva (Vermögensgegenstände); **нетто -ы** Nettovermögen *n*; **непрофильные -ы** Unternehmensvermögen, das nicht zur Kerntätigkeit gehört; **оборотные -ы** Umlaufvermögen *n*; **переходящие -ы** transitorische Aktiva; **-ы предприятия** Betriebsvermögen *n*, Unternehmensvermögen *n*; **прочие -ы** sonstige Aktiva; **реализуемые -ы** flüssige (realisierbare) Vermögensgegenstände; **резервные -ы** Reserven *pl*, Rücklagen *pl*, offizielle Währungsreserven; **свободные -ы** frei verfügbare Guthaben; **собственные -ы** Aktivvermögen *n*; **текущие -ы** Umlaufsvermögen, Wirtschaftsgüter des Umlaufsvermögens; **устойчивые -ы** ständige Aktiva; **финансовые -ы** Finanzanlagen *pl*; **чистые -ы** Reinvermögen *n*

акторы бизнеса *pl* Geschäftsleute *pl*, Schlüsselpersonen der Businesswelt

актуализация *f* Aktualisierung *f*

актуализировать aktualisieren

актуальность *f* Aktualität *f*, Relevanz *f*; **приобрести ~** an Aktualität gewinnen

актуариат *m (Versich)* Versicherungsmathematik *f*

актуарий *m (Versich)* Versicherungsmathematiker *m*

актуарные расчёты *pl (Versich)* Versicherungsmathematik *f*

акцепт *m* Akzept *n*, Annahme *f*; **датировать ~** das Akzept datieren (mit Datum versehen); **передавать ~** das Akzept weitergeben; **~ банка (банковский ~)** Bankakzept *n*, eigenes Akzept; **безоговорочный ~** allgemeines (bedingungsloses) Akzept; **безусловный ~** uneingeschränktes Akzept; **бланковый ~** Blanko|akzept *n*, -annahme *f*; **~ в порядке посредничества** Avalakzept *n*; Bürgschaftsakzept *n*; **~ векселя** Wechsel|akzept *n*, -annahme *f*, -hereinnahme *f*; **~ векселя для спасения кредита векселедателя** Wechselintervention *f*, Akzept per Intervention; **возобновляемый ~** verlängerungsfähiges Akzept; **~, выставленный в иностранной валюте** Valutaakzept *n*, Währungsakzept *n*; **дружеский ~** Gefälligkeitsakzept *n*; **за отсутствием -а** mangels Akzept; **~ за честь** Ehren|akzept *n*, -annahme *f*, Akzept ehrenhalber; **коллатеральный ~** Ehren|akzept *n*, -annahme *f*; **~ коммерческих векселей** Annahme von Handelswechseln; **молчаливый ~** stilles Akzept; **~ на оплату** Akzept|obligo *n*, -verbindlichkeiten *pl*; **неликвидный ~** illiquides Akzept; **неоплаченные -ы** Akzepte im Umlauf; **неполный ~** Teilakzept *n*; **общий ~** allgemeines Akzept; **открытый ~** offenes Akzept; **~ оферты** Angebotsannahme *f*; **~ переводного векселя** Trattenakzept *n*; **положительный ~** offenes Akzept; **последующий ~** Nachakzept *n*; **предварительный ~** Vorakzept *n*; **пролонгационный ~** Prolongationsakzept *n*; **~ с оговоркой** Annahme unter Vorbehalt, bedingtes Akzept; **телеграфный ~** Drahtakzept *n*; **товарный ~** Warenakzept *n*; **условный ~** bedingtes (eingeschränktes) Akzept, Annahme unter Vorbehalt; **финансовый ~** Finanzakzept *n*; **частичный ~** Teilakzept *n*; **~ чека** Scheckannahme *f*; **чистый ~** reines Akzept

акцептант *m* Akzeptant *m*, Annehmer *m*; **~-поручитель за честь** Ehrenakzeptant *m*, Honorant *m*; **~ векселя** Wechselakzeptant *m*; **~ карточки** Kartenakzeptant *m*

акцептационный срок *m* Akzeptfrist *f*

акцептн|ый Akzept-, Annahme-; **-ый дом** *m* Akzeptbank *f*; **-ый кредит** *m* Akzeptkredit *m*, Rembourskredit *m*; **-ая операция банка** *f* Akzeptgeschäft *n*

акцептовани|е *n* Akzept *n*, Anerkenntnis *f*, Annahme *f*, Akzeptleistung *f*; **отказывать в -и** das Akzept verweigern; **предъявлять (представлять) к -ю** zum Akzept vorlegen, ein Akzept einholen; **безоговорочное -е** vorbehaltlose Annahme; **-е векселя** Wechsel|akzept *n*, -annahme *f*, -hereinnahme *f*; **общее -е** allgemeine (bedingungslose) Annahme; **-е счёта** Annahme einer Rechnung; **условное -е** bedingte Annahme

акцептованн|ый akzeptiert, angenommen, mit Akzept versehen; **-ый вексель** *m* akzeptierter Wechsel, Wechselakzept *n*; **-ые векселя** *pl* Akzeptverbindlichkeiten *pl*; **-ое платёжное поручение** *n* akzeptierte Zahlungs|anweisung *f*, -order *f*, akzeptierter Zahlungsauftrag; **-ая тратта** *f* akzeptierte Tratte, Dokumententratte *f*; **-ый чек** *m* akzeptierter Scheck

акцептовать annehmen, akzeptieren, honorieren, mit einem Akzept versehen; **~ вексель** einen Wechsel akzeptieren (annehmen, honorieren); **~ тратту** eine Tratte akzeptieren (honorieren); **~ чек** einen Scheck einlösen (akzeptieren)

акцессорный akzessorisch, hinzukommend, zusätzlich

акциз *m* Akzise *f*, Verbrauchssteuer *f*; **вводить ~** eine Verbrauchssteuer einführen; **взимать ~** eine Verbrauchssteuer erheben; **облагать -ом** mit einer Verbrauchssteuer belegen; **освобождать от уплаты -а** von der Verbrauchssteuer befreien; **повышать ~** eine Verbrauchssteuer erhöhen; **снижать ~** eine Verbrauchssteuer senken (herabsetzen); **уплатить ~** eine Verbrauchssteuer bezahlen (entrichten); **~ на газ** Gasverbrauchssteuer *f*; **~ на нефть** Ölverbrauchssteuer *f*; **облагаемый -ом** einer Verbrauchssteuer unterliegend; **универсальный ~** Generalakzise *f*, Universalakzise *f*

акционер *m* Aktienbesitzer *m*, Aktieninhaber *m*, Aktionär *m*, Anteilseigner *m*, Anteilsinhaber *m*; **регистрировать -ов** Aktionäre im Aktienbuch eintragen; **~-бенефициар** wirtschaftlicher Eigentümer *m*; **~ банка** Bankaktionär *m*; **внешний ~** außenstehender Aktionär; **~-держатель акций первого выпуска** Altaktionär *m*; **~-держатель**

контрольного пакета акций Mehrheitsaktionär *m*; **зарегистрированный ~** eingetragener Aktionär; **зарубежный ~** ausländischer Aktionär; **крупный ~** Großaktionär *m*, Großanleger *m*; **мажоритарный ~** Mehrheitsaktionär *m*; **мелкий ~** Kleinaktionär *m*; **миноритарный ~** Minderheitsaktionär *m*; **~-резидент** *m* inländischer Aktionär; **~-член трудового коллектива** Belegschaftsaktionär *m*

акционерн|ый Aktien-; **-ый капитал** *m* Aktienkapital *n*; **-ое общество** *n* Aktiengesellschaft *f*; **-ое право** *n* Aktienrecht *n*; **-ый сертификат** *m* Aktienzertifikat *n*

акционирование *n* Umwandlung (eines Unternehmens) in eine Aktiengesellschaft

акци|я *f* Aktie *f*; Anteilschein *m*; Aktion *f*; **-и** Aktien *pl*, Werte *pl*; **владеть -ями** Aktien besitzen; **выдавать именные -и** Aktien auf den Namen ausstellen; **выкупать -и** Aktien einziehen (zurückkaufen); **выпускать -и** Aktien ausgeben (begeben, emittieren); **депонировать -и** Aktien hinterlegen; **держать -и** Aktien halten; **допускать -и к официальной торговле** Aktien zum amtlichen Handel zulassen; **закладывать -и** Aktien beleihen (lombardieren); **-и котируются высоко** Aktien stehen hoch im Kurs; **обменивать -и** Aktien (um)tauschen; **оплачивать -и** Aktien bezahlen (einzahlen); **определять стоимость -й** Aktien bewerten; **передавать -и** Aktien übertragen (transferieren); **подписываться на -и** Aktien zeichnen; **покупать -и** Aktien kaufen; **получать -и по подписке** Aktien beziehen; **признавать -ю недействительной** die Aktie kaduzieren; **приобретать -и** Aktien erwerben; **продавать (реализовывать) -и** Aktien verkaufen; **производить котировку -й** Aktien notieren; **размещать -и** Aktien platzieren; **распределять -и** Aktien verteilen (zuteilen); **распродавать -и** Aktien abstoßen; **регистрировать именные -и** Aktien im Aktienbuch eintragen; **сбывать -и** Aktien absetzen; **торговать -ями** mit Aktien handeln; **штемелевать -и** Aktien abstempeln; **-и автомобильных компаний** Automobilwerte *pl*; **-и администраторов** Pflichtaktien *pl*; **-и банка (банковские -и)** Bank|aktien *pl*, -werte *pl*; **безголосая -я** nicht stimmberechtigte (stimmrechtslose) Aktie, Aktie ohne Stimmrecht; **-я без указания номинальной (нарицательной) цены** Aktie ohne Nennwert, nennwertlose Aktie, Quotenaktie *f*; **бесплатная -я** Freiaktie *f*; **-и-близнецы** *pl* Zwillingsaktien *pl*; **-и в обращении** im Umlauf befindliche Aktien *pl*; **-я в условной консигнации** *(Bö)* Aktie per Erscheinen; **винкулированная -я** vinkulierte Aktie; **временная -я** Aktienpromesse *f*, Interimsaktie *f*, Zwischenschein *m*; **второочередные -и** Nachzugsaktien *pl*; **второстепенные (второклассные) -и** Nebenwerte *pl*; **выпущенные -и** ausgegebene (emittierte) Aktien; **выкупленная -я** eingezogene (zurückgekaufte) Aktie; **высокодоходная -я** Aktie mit hoher Rendite; **глобальная -я** Globalaktie *f*, Sammelaktie *f*; **голосующая -я (-я, дающая право голоса)** stimmberechtigte Aktie, Stimmrechtsaktie *f*; **-и горнопромышленных компаний** Bergwerksaktien *pl*, Montanaktien *pl*, Kuxe *pl*; **-я, дающая право на получение дополнительного дивиденда** Aktie mit zusätzlicher Dividendenberechtigung; **-я, дающая право на получение новых акций** Aktie mit Bezugsrecht; **-я, дающая право на участие в управлении** stimmberechtigte Aktie, Stimmrechtsaktie *f*; **-я-двойник** Zwillingsaktie *f*; **дифенсивная -я** *(Bö)* defensive Aktie; **долевая -я** Anteilschein *m*; **дополнительная -я** Aufstockungsaktie *f*, Berichtigungsaktie *f*, Gratisaktie *f*, Zusatzaktie *f*; **-я, допущенная к торговле на бирже** zum Börsenhandel zugelassene Aktie, amtlich eingeführte Aktie; **дробная (неполная) -я** Bruchteilsaktie *f*; **зарегистрированная -я** eingetragene Aktie, Namensaktie *f*; **защищенная -я** geschützte Aktie *f*; **именная -я** Namensaktie *f*, auf den Namen lautende (ausgestellte) Aktie; **именная привилегированная -я** bevorrechtigte Namensaktie; **-я, имеющая котировку на бирже** (börsen)notierte Aktie; **-я, имеющая номинальную стоимость** Aktie mit Nennwert; **-я, имеющая хождение в одной стране** inländische Aktie; **индивидуально котируемая -я** Stückwertaktie *f*; **иностранная -я** ausländische Aktie; **казначейские -и** *pl* eigene Aktien *pl*; **-и коммунальных предприятий** Versorgungswerte *pl*, Tarifwerte *pl*; **конвертируемая -я** konvertierbare Aktie; **корпоративные -и** Aktien von Privatunternehmen; **-я, котирующаяся на бирже** (börsen)notierte Aktie, amtlich eingeführte Aktie; **кумулятивная привилегированная -я** kumulative Vorzugsaktie; **-я, курс которой колеблется в зависимости от банковской процентной ставки** zinsreagible Aktie; **-и-лидеры** *pl* führende Werte *pl*; **льготные -и** *pl* Gratisaktien *pl*; **-и менеджеров** Pflichtaktien *pl*; **многоголосая -я** Aktie mit mehrfachem Stimmrecht, Mehrstimmrechtsaktie *f*; **-я на предъявителя** Inhaberaktie *f*, auf Inhaber lautende Aktie; **-я на твёрдо установленную сумму** Summenaktie *f*; **-и, находящиеся в распоряжении правления общества** Pflichtaktien *pl*, Verwaltungsaktien *pl*; **-я, не дающая право на приобретение новых акций** Aktie ohne Bezugsrecht; **недействительная -я** kaduzierte Aktie; **-я, не имеющая котировки** nicht notierte Aktie; **неоплаченная -я** ausstehende (nicht eingezahlte) Aktie; **нереализованные -и** Spitzen *pl*; **новая -я** junge Aktie; **-и нового выпуска** Bezugsaktien *pl*, neu auszugebende Aktien; **обыкновенная (ординарная) -я** Stammaktie *f*; **-я, объявленная недействительной** kaduzierte Aktie; **оплаченная -я** bezahlte (eingezahlte) Aktie; **основная -я (-я первого выпуска)** alte Aktie; **первоклассные -и** *pl* erstklassige Aktien, Blue Chips; **погашенная -я** eingezogene Aktie; **полностью оплаченная -я** vollbezahlte (volleingezahlte) Aktie; **-и, пользующиеся наибольшим спросом** Blue Chips, Spitzenwerte *pl*, umsatzstarke Aktien; **-и, пользующиеся устойчивым спросом** Standard|aktien *pl*, -werte *pl*; **предварительная -я** Anrechtsschein *m*; **предъявительская -я** Inhaberaktie *f*; **премиальная -я** Freiaktie *f*, Genussaktie *f*; **преференциальные -и** Vorzugsaktien *pl*, **привилегированные -и** *pl* Prioritätsaktien *pl*, Stammprioritäten *pl*, Vorrechtsaktien *pl*, Vorzugsaktien *pl*, bevorrechtigte Aktien *pl*, privilegierte Aktien *pl*; **привилегированная обычная -я** bevorrechtigte Stammaktie; **-и предприятий** Unternehmensanteile *pl*; **-и промышленных предприятий** Industriewerte *pl*; **простая -я** Stammaktie *f*; **простая именная -я** einfache Namensaktie; **разводнённые -и** *pl* Wasseraktien *pl*; **-и, разрешённые к выпуску** autorisiertes Kapital; **-и, распространяемые по подписке** gezeichnete Aktien; **растущие -и** *pl* steigende Aktien; **-и (быстро)растущих компаний** Wachstumsaktien *pl*, Wuchsaktien *pl*; **резервные -и** *pl* Verwertungsaktien *pl*, Vorratsaktien *pl*; **-и роста** Wachstumsaktien *pl*; **-я с гарантированным дивидендом** Aktie mit Dividendengarantie; **-и, сданные на хранение и управление в банк** Depotaktien *pl*; **-я с завышенным (заниженным) курсом** überbewertete (unterbewertete) Aktie; **-я с курсом на повышение** Wuchsaktie *f*, steigende Aktie; **-я с номинальной ценой** Aktie mit Nennwert, Nennwertaktie *f*; **собственные -и компании** eigene Aktien; **-я с ограниченным правом передачи** vinkulierte Aktie; **-я с отсроченным дивидендом** Nachzugsaktie *f*; **-я с правом** Aktie mit Bezugsrecht; **-я с правом участия в прибылях** gewinnberechtigte Aktie; **-я с твёрдо установленной стоимостью** Summenaktie *f*; **-и**

страховых компаний Versicherungswerte *pl*; **согласованная -я** konzertierte Aktion; **торгуемая -я** gehandelte Aktie; **-я, торгуемая на неофициальном рынке** im Freiverkehr gehandelte Aktie; **-и трудового коллектива** Belegschaftsaktien *pl*; **устойчивые -и** Standardaktien *pl*; **учредительская -я** Gründer|aktie *f*, -anteil(schein) *m*; **ходкие -и** *pl* börsengängige Aktien; **частично оплаченная -я** teilbezahlte (teileingezahlte) Aktie; **эмитированные -и** *pl* ausgegebene (emittierte) Aktien

алиенация *f* Alienation *f*, Entfremdung *f*, Veräußerung *f*, Verkauf *m*

алименты *pl* Unterhalt *m*, Unterhaltsgeld *n*, Alimente *pl*; **платить ~** Unterhalt zahlen; **получать ~** Unterhalt beziehen

аллокация *f* Allokation *f*, Zuteilung *f*, Zuweisung *f*; **~ ресурсов** Ressourcenverteilung *f*

аллонж *m* Allonge *f*, Anhang *m*, Ansatzstück *n*, *(Bö, Fin)* Ergänzungsblatt zum Wechsel

альпари al pari, zum Nennwert

альтернатив|а *f* Alternative *f*; **выявлять -ы** Alternativen aufzeigen; **разрабатывать -ы** Alternativen erarbeiten

альтернативн|ый alternativ, Alternativ-; **-ый источник энергии** *m* alternative Energiequelle *f*; **-ый план** *m* Alternativplan *m*; **-ая экономика** *f* alternative Ökonomie *f* (Wirtschaft)

альянс *m* Allianz *f*; **стратегический ~** strategische Allianz

амальгамация *f* Fusion *f*, Zusammenschluss *m*

аманко manko

амбалаж *m* Emballage *f*, Verpackung *f*; *(Handel)* Wareneinkaufskosten *pl*

амортизационн|ый Abschreibungs-, Amortisations-, Tilgungs-; **-ая ипотека** *f* Amortisationshypothek *f*, Annuitätenhypothek *f*, Tilgungshypothek *f*; **-ый капитал** *m* Amortisatonsfonds *m*; **-ые отчисления** *pl* Abschreibungen *pl*; Amortisationsabzüge *pl*; **-ый период** *m* Abschreibungs|dauer *f*, -zeitraum *m*; Amortisations|dauer *f*, -zeitraum *m*; **-ый платёж** *m* Amortisationszahlung *f*; **-ые расходы** *pl* Abschreibungsaufwand *m*; **-ый фонд** *m* Abschreibungsrücklage *f*; Amortisationsfonds *m*

амортизаци|я *f* Abschreibung *f*; Amortisation *f*; Abnutzung *f*, Tilgung *f*; **прерывать -ю** die Abschreibung aussetzen; **проводить -ю** eine Abschreibung durchführen (vornehmen); **балансовая -я** bilanzmäßige Abschreibung, Buchwertabschreibung *f*; **-я в зависимости от срока службы** Zeitabschreibung *f*; **внеплановая -я** außerplanmäßige Abschreibung; **дегрессивная -я** degressive Abschreibung; **калькуляционная -я** kalkulatorische Abschreibung; **косвенная -я** indirekte Abschreibung; **линейная -я** lineare Abschreibung; **-я оборудования** Abschreibung auf Betriebsanlagen; **-я, определяемая на основе учёта производительности** leistungsabhängige (leistungsbedingte) Abschreibung; **-я основного капитала** Abschreibung auf Sachanlagen; **-я основного капитала и стоимости капиталовложений** Abschreibung auf Anlagevermögen; **пассивная -я** passive Abschreibung; **паушальная -я** Gesamtabschreibung *f*, Pauschalabschreibung *f*; **плановая -я** planmäßige Abschreibung; **-я по восстановительной стоимости** Abschreibung auf Wiederbeschaffungswert; **-я по сроку пользования** digitale Abschreibung; **-я по степени износа** verbrauchsbedingte Abschreibung; **прогрессивная -я** progressive Abschreibung; **прямая -я** direkte Abschreibung; **-я ссуды** Amortisation (Tilgung) einer Anleihe; **-я стоимости зданий** Abschreibung auf Gebäude; **ускоренная -я** beschleunigte (verkürzte) Abschreibung

амортизировать abschreiben; amortisieren, tilgen; **~ основной капитал** auf Sachanlagen abschreiben; **-ся** sich amortisieren

амлиация *f* Kopie *f* der Auszahlungsbestätigung

анализ *m* Analyse *f*; Auswertung *f*; Untersuchung *f*; **проводить ~** eine Analyse durchführen; **~ акций** Aktienanalyse *f*; **балансовый ~** Bilanzanalyse *f*; **~ безубыточности** Break-Even-Analyse *f*; **~ возникновения узких мест** Engpassanalyse *f*, Schwachstellenanalyse *f*; **~ временных рядов** Zeitreihenanalyse *f*; **~ графический** grafische Analyse; *(Bö)* Chart-Analyse; **~ движения государственных доходов и поступлений** Abgabenanalyse *f*; **~ движения денежных средств, ~ денежных потоков** Cashflow-Analyse *f*; **дисперсионный ~** Varianzanalyse *f*; **~ доходности** Ertragsanalyse *f*; Renditeanalyse *f*; **~ доходов** Einkommensanalyse *f*; **~ затрат** Kostenanalyse *f*; **~ затрат времени и трудовых движений** Zeitstudien *pl*; **~ затрат и результатов** *(WiWi)* Kosten- und Ergebnisanalyse; **~ и обобщение результатов опыта** Versuchsauswertung *f*; **~ издержек** Kostenanalyse *f*; **инвестиционный ~** Investitionsanalyse *f*; **~ конъюнктуры** Konjunkturanalyse *f*, Marktanalyse *f*; **~ кредитных вложений** Investitionsanalyse *f*; **мотивационный ~** Motivationsanalyse *f*; **~ наличия (запасов)** Bestandsanalyse *f*; **народнохозяйственный ~** Volkswirtschaftsanalyse *f*; **~ оборота** Umsatzanalyse *f*; **~ операций на рабочем месте** Arbeitsplatzuntersuchung *f*; **~ организационной структуры** Organisationsanalyse *f*; **~ отклонений** Abweichungsanalyse *f*; **~ отчётности** Berichtsanalyse *f*; **первичный ~ рынка** Primärforschung *f*; **~ платежеспособности** Liquiditätsanalyse *f*; **~ платёжных и кредитных операций** Geldstromanalyse *f*; **~ показателей работы отрасли** Branchenanalyse *f*; **~ портфеля ценных бумаг** Portfolioanalyse *f*; **~ поставщиков** Lieferantenanalyse *f*; **~ потребителей** Konsumentenanalyse *f*; **~ предложений** Bewertung (Auswertung) von Angeboten; **~ прибыли** Gewinnanalyse *f*; **~ проекта** Projektanalyse *f*; **~, проводимый при выборе местоположения предприятия** Standortanalyse *f*; **~ производственного процесса** Arbeitsablaufanalyse *f*; **~ процесса (последовательности операций)** Ablaufanalyse *f*; **~ рабочего места** Arbeitsplatzanalyse *f*; **~ рентабельности** Break-even-Analyse *f*, Rentabilitätsanalyse *f*, Ergebnisanalyse *f*; **~ риска** Risikoanalyse *f*; **~ рынка** Marktanalyse *f*; **~ сбыта** Absatzanalyse *f*, Verkaufsanalyse *f*; **~ себестоимости** Selbstkostenanalyse *f*; **~ сильных и слабых сторон** Stärken-Schwächen-Analyse *f*, SWOT-Analyse *f*; **сравнительный ~** Vergleichsanalyse *f*; **сравнительный ~ деятельности предприятий** Betriebsvergleich *m*; **статистический ~** statistische Analyse; **стоимостный ~** Wertanalyse *f*; **~ тенденции развития** Trendanalyse *f*; **технический ~** *(Bö)* technische Analyse; **~ трудовой деятельности** Arbeitsanalyse *f*; **~ узких мест** Engpassanalyse *f*, Schwachstellenanalyse *f*; **~ фактического состояния** Ist(zustands)analyse *f*; **~ финансовой устойчивости** Liquiditätsanalyse *f*; **финансовый ~** Finanzanalyse *f*; **фундаментальный ~** *(Fin)* Fundamentalanalyse *f*; **~ хозяйственной деятельности предприятия** Betriebsanalyse *f*, Ergebnisanalyse *f*; **~ цен** Preisanalyse *f*; **~ ценных бумаг** Wertpapieranalyse *f*; **~ чувствительности** Empfindlichkeitsanalyse *f*, Sensibilitätsanalyse *f*; **экологический ~** Umweltvertäglichkeitsanalyse *f*; **экономический ~** Wirtschaftsanalyse *f*; **~ эффективности** Wirtschaftlichkeitsanalyse *f*; **~ эффективности затрат** Kosten-Nutzen-Analyse *f*

анализировать analysieren; untersuchen; zergliedern

аналитик *m* Analytiker *m*, Analyst *m*

аналитическ|ий analytisch; **-ая оценка труда** *f* analytische Arbeitsbewertung; **-ий учёт** *m* analytische Rechnungsführung

андерлаинг *m (Bö, Fin)* Basiswert *m*, Underlying *m*

андеррайтер *m* Übernehmer einer Effektenemission, Underwriter *m*; **~ по размещению займа** Anleihegarant *m*

андеррайтинг *m* Garantie *f* für die Platzierung einer Effektenemission, Wertpapieremissionsgeschäft *n*, Underwriting *n*
андинование *n* Andienung *f*, Lieferungsangebot *n*
анкета *f* Fragebogen *m*; **~ для определения личных (деловых) качеств** Beurteilungsbogen *m*
анкетирование *n* Umfrage *f*
анклав *m* Enklave *f*
аннуитант *m (Fin)* Rentenempfänger *m*
аннуитет *m* Annuität *f*; Annuitätenanleihe *f*; **пожизненный ~** unkündbare Annuität; **срочный ~** fallende Annuität
аннулирование *n* Annullierung *f*, Aufhebung *f*, Kündigung *f*, Löschung *f*, Nichtigkeitserklärung *f*, Rückgängigmachung *f*, Stornierung *f*, Storno *m*; Außerkraftsetzung *f*, Kraftloserklärung *f*; Wandelung *f*, Widerruf *m*; Zurückziehung *f*; **~ внешнего долга** Rückzahlung von Auslandsschulden; **~ денежных знаков** Außerkurssetzung *f*; **~ договора** Aufhebung (Kündigung) eines Vertrages, Rücktritt vom Vertrag, Vertragsaufhebung *f*; **~ заказа** Annullierung eines Auftrags, Rückgängigmachung einer Bestellung, Zurückziehung eines Auftrags; **~ кредита** Kreditkündigung *f*; **~ лицензии** Lizenzentzug *m*, Widerruf einer Lizenz; **~ прав акционера** Kaduzierung *f*; **~ соглашения** Aufhebung eines Abkommens; **~ товарного знака** Warenzeichenlöschung *f*
аннулировать annullieren, aufheben, kündigen, rückgängig machen, stornieren, zurückziehen; außer Kraft setzen; für ungültig erklären; **~ договор** einen Vertrag aufheben, vom Vertrag zurücktreten; **~ заказ** einen Auftrag streichen (zurückziehen), eine Bestellung stornieren, abbestellen; **~ сделку** ein Geschäft rückgängig machen
аннуляция *f (Fin)* Annullierung *f* (eines verlorenen Wertpapiers); Annullierung *f* (der Aktionärsrechte)
анонимность *f* Anonymität *f*
анонс *m* Annonce *f*, Anzeige *f*, Inserat *n*
анонсировать annoncieren, inserieren
антидатирование *n* nachträgliche Datierung
антидемпинг *m* Antidumping *n*
антиинфляционн|ый antiinflatorisch, Antiinflations-; **-ая политика** *f* Antiinflationspolitik *f*
антиквар *m* Antiquitätenhändler *m*
антиквариат *m* Antiquitäten *pl*, Antiquariat *n*; **торговать -ом** mit Antiquitäten handeln
антикварн|ый antiquarisch, Antiquitäten-; **-ая вещь** *f* Antiquität *f*; **-ый магазин** *m* Antiquitätenladen *m*
антиколлектор *m* Schuldnerberater *m*
антиконкурентн|ый wettbewerbsfeindlich, wettbewerbsschädlich, wettbewerbswidrig; **-ая практика** *f* wettbewerbswidrige Praktiken
антимонопольн|ый Antimonopol-; **-ое законодательство** Kartellrecht *n*; **-ый комитет** Antimonopolkomitee *n*
антиреклама *f* Anti-Werbung *f*
антисоциальный antisozial
антитрестовск|ий kartellfeindlich; **-ое законодательство** *n* Kartellrecht *n*
антициклическ|ий antizyklisch; **-ое регулирование экономики** antizyklische Wirtschaftspolitik
антиципация *f* Antizipation *f*
антиципированн|ый antizipativ; **-ые статьи** *pl* antizipative Posten *pl*
антрепренер *m* Entrepreneur *m*, Unternehmer *m*
апатрид *m* Apatride *m*, *f*; Vaterlandslose(r) *m*, Staatenlose(r) *m*
апорты *pl* Vermögensgegenstände als Bezahlung für Aktien
апостиль *m (Recht)* Apostille *f*, amtliche Unterschriftsbeglaubigung *f* einer Amtsperson
аппарат *m* Apparat *m*, Gerät *n*, Anlage *f*; Personal *n*; **денежно-счётный ~** Geldzählmaschine *f*; **кассовый ~** Registrierkasse *f*; **копировальный ~** Kopierer *m*, Kopiergerät *n*; **телефонный ~** Fernsprechapparat *m*, Telefon *n*; **управленческий ~** Verwaltungs|apparat *m*, -personal *n*; Management *n*; **факсимильный ~** Fernkopierer *m*, Faxgerät *n*, Fax *n*
аппаратура *f* Apparatur *f*, Anlage(n) *f (pl)*
аппелянт *m* Berufungskläger *m*, Revisionskläger *m*
аппеляционный Berufungs-; **~ срок**

m Berufungsfrist *f*, Rechtsmittelfrist *f*, Revisionsfrist *f*; **~ суд** Berufungsgericht

аппеляци|я *f* Berufung *f*, Rechtsmittel *n*, Revision *f*; **отклонять -ю** eine Berufung verwerfen; **подавать -ю** Berufung (Revision) einreichen, ein Rechtsmittel einlegen; **удовлетворять -ю** einer Berufung stattgeben

апробация *f* Approbation *f*

арбитр *m* Schiedsrichter *m*, Schlichter *m*; **назначить -а** einen Schiedsrichter bestellen (ernennen)

арбитраж *m* Arbitrage *f*, Arbitragegeschäft *n*; Schiedsgericht *n*, Schiedsstelle *f*, Einigungsstelle *f*; **обращаться в ~** das Schiedsgericht anrufen; **проводить ~** Arbitrage betreiben; **создать ~** ein Schiedsgericht gründen; **улаживать спорные вопросы в -е** Streitigkeiten auf schiedsrichterlichem Wege regeln; **биржевой ~** Börsenarbitrage *f*; Börsenschiedsgericht *n*; **валютный ~** Devisenarbitrage *f*, Sortenarbitrage *f*, Valutenarbitrage *f*, Wechselkursarbitrage *f*; **внешнеторговый ~** Außenhandelsschiedsgericht *n*; **дифференциальный ~** Differenzarbitrage *f*; **международный ~** internationales Schiedsgericht; **морской ~** Seeschiedsgericht *n*; **~ по торговым конфликтам** Handelsarbitrage *f*; **~ по трудовым конфликтам** Schiedsgericht für Arbeitsstreitigkeiten; **процентный ~** Zinsarbitrage *f*; **товарный ~** Warenarbitrage *f*; **фондовый ~** Effektenarbitrage *f*, Wertpapierarbitrage *f*; **ценовой ~** Preisarbitrage *f*; **~ ценных бумаг** Effektenarbitrage *f*

арбитражёр *m* Arbitrageur *m*

арбитражн|ый Arbitrage-; schiedsgerichtlich, schiedsrichterlich, Schiedsgerichts-; **-ая комиссия** *f* Schiedskommission *f*, Schiedsstelle *f*; **-ый комитет** *m (Bö)* Schiedskomitee *n*; **-ая оговорка** *f* Schieds(gerichts)klausel *f*; **-ое разбирательство** *n* Schiedsgerichtsverhandlung *f*; **-ый сбор** *m* Schiedsgerichtsgebühr *f*; **-ая сделка** *f* **(операция** *f***)** Arbitragegeschäft *n*; **-ый суд** *m* Schiedsgericht *n*; **-ое судопроизводство** *n* Schiedsgerichtsverfahren *n*

аренд|а *f* Miete *f*, Pacht *f*; Mieten *n*, Pachten *n*; Leasing *n*; Mietverhältnis *n*, Pachtverhältnis *n*; **брать в -у** mieten, pachten, in Miete (Pacht) nehmen, leasen; **предоставлять (передавать, сдавать) в -у** vermieten, verpachten, in Miete (Pacht) geben, leasen; **сдавать судно в -у** verfrachten; **долгосрочная -а** langfristige Miete (Pacht); **земельная -а (-а земли)** Landpacht *f*; **операционная -а** Operationsleasing *n*; **пожизненная -а** Pacht auf Lebenszeit; **-а с двойным изменением цены** internationales Leasing, wobei beide Parteien als Eigentümer gelten; **-а с переоценкой** Miete mit Neubewertung des Objekts; **-а с полным обслуживанием** Full-Service Leasing; **смешанная -а** gemischte Pacht; **-а типа „безопасная гавань"** „Safe-Harbor"-Leasing; **-а типа продажи** *s.* **лизинг типа продажи**; **финансовая -а** Finanzleasing *n*

арендатор *m* Mieter *m*, Pächter *m*, Leasingnehmer *m*; **~ жилья** Mieter *m*, Hausmieter *m*, Wohnungsmieter *m*; **крупный ~** Großpächter *m*; **мелкий ~** Kleinpächter *m*

арендн|ый Miet-, Pacht-; **-ый договор** *m* Mietvertrag *m*, Pachtvertrag *m*; **-ая плата** *f* Miete *f*, Mietzins, Pacht *f*, Pachtpreis *m*, Pachtzahlung *f*; **-ое право** *n* Pachtrecht *n*

арендованн|ый gemietet, gepachtet, Miet-, Pacht-; **-ое имущество** *n* Pachtgut *n*; **-ое предприятие** *n* Pachtbetrieb *m*

арендовать pachten, mieten, in Pacht (Miete) haben (nehmen); **~ помещение под офис** Büroflächen mieten; **~ ферму (хозяйство)** einen Hof pachten

арендодатель *m* Vermieter *m*, Verpächter *m*, Leasinggeber *m*

арест *m* Arrest *m*, Beschlag *m*, Beschlagnahme *f*; Pfändung *f*, Zwangsvollstreckung *f*; Festnahme *f*, Verhaftung *f*; **добиваться -а** einen Arrest erwirken; **налагать (накладывать) ~** mit Arrest belegen, die Beschlagnahme anordnen, in Beschlag nehmen; **отменять (снимать) ~** den Arrest aufheben; **требовать -а** einen Arrest erwirken; **вещный ~ (~ имущества)** dinglicher Arrest, Vermögensbeschlagnahme *f*; **~ на активы** Vermögensbeschlagnahme *f*; **~ на вклад (счёт)** Kontosperre *f*; **предварительный ~** vorläufige Festnahme

арестованный gepfändet, beschlagnahmt; festgenommen, verhaftet

арестовать beschlagnahmen, in Beschlag nehmen, pfänden; festnehmen; **~ импортные товары** Einfuhren beschlagnahmen (pfänden); **~ имущество** Vermögen beschlagnahmen

арматура *f* Armatur *f*, Zubehör *n*, Ausrüstung *f*

артель *f* Genossenschaft *f*, Artel *n*; **промысловая ~** gewerbliche Genossenschaft

артерия *f (Transp)* Weg *m*, Arterie *f*; **транспортная ~** Verkehrsweg *m*

артикул *m* Artikel *m*, Warenartikel *m*

архив *m* Ablage *f*, Archiv *n*; **сдавать дела в ~** Akten ablegen

архиватор *m (Comp)* Archivierungsprogramm *n*

архивирование данных *(Comp)* Datenarchivierung *f*

архитектура безопасности *(Comp)* Sicherheitsarchitektur *f*

ассигмент *m* (*engl.* Assignment) Benachrichtigung des Optionsverkäufers (über Optionsnutzung und Optionsprämie)

ассигнация *f* Geldschein *m*, Banknote *f*

ассигновани|е *n* Bereitstellung *f*, Bewilligung *f*, Zuweisung *f*, Zuwendung *f*; Zuschuss *m*; bereitgestellte (bewilligte) staatliche Mittel; **получать -я** Mittel (einen Zuschuss) erhalten; **предоставлять -я** Mittel bewilligen; **расходовать -я** Haushaltsmittel ausgeben; **бюджетные -я** Haushalts|bewilligung(en *pl*) *f*, -mittel *pl*, -zuweisungen *pl*, -zuwendungen *pl*, im Haushalt bewilligte (bereitgestellte) Mittel, Bewilligung von Haushaltsausgaben; **-е денежных средств** Geldbewilligung *f*; **дополнительные -я** Ergänzungszuweisungen *pl*; **компенсационные -я** Ausgleichszuweisung *f*; **-е дополнительных средств** Bewilligung zusätzlicher Mittel; **-я на социальные нужды** Sozial|budget *n*, -haushalt *m*

ассигновывать anweisen, bereitstellen, bewilligen, zuweisen; **~ денежные средства** Geldmittel bereitstellen (bewilligen)

ассигновка *f* Geldanweisung *f*

асимметрический, ассиметричный asymmetrisch

ассортимент *m* Sortiment *n*, Angebot *n*, Auswahl *f*, Palette *f*; **включать в ~** in das Sortiment aufnehmen; **иметь богатый ~** ein reichhaltiges Sortiment (Angebot) führen; **производить широкий ~** ein breites Sortiment erstellen (herstellen); **расширять ~** das Sortiment ausweiten (erweitern); **упорядочивать ~** das Sortiment bereinigen; **богатый ~** reichhaltiges (umfangreiches) Sortiment; **большой ~** große Auswahl; **~ в рамках производственной программы** Produkt-Mix *n*; **дополнительный ~** Zusatzsortiment *n*; **~ изделий (продукции)** Produkt|angebot *n*, -palette *f*, -verbund *m*, Produktionssortiment *n*, Sortimentszusammensetzung *f*; **предлагаемый ~** Angebotssortiment *n*; **~ товаров** Waren|angebot *n*, -auswahl *f*, -sortiment *n*; **~ фирменной продукции** Produktionsprogramm *n*, Markenfamilie *f*; **широкий ~** breites Sortiment, breite Palette

ассоциаци|я *f* Verband *m*, Verein *m*, Vereinigung *f*; **быть членом -и** einem Verband angehören; **вступать в -ю** einem Verband beitreten; **регистрировать -ю** einen Verein eintragen; **создавать -ю** einen Verband gründen; **отраслевая -я** *(Handel, Ind, WiWi)* Wirtschaftsverband *m*; **отраслевая страховая -я** *(Versich)* Berufsgenossenschaft *f*

атака *f (Comp)* Hacker-Attacke *f*; *(Handel)* Preisattacke *f*

атмосфера *f* Atmosphäre *f*; Klima *n*; **деловая ~** Geschäftsklima *n*; **~ на предприятии** Betriebsklima *n*; **~ потребления** Konsumklima *n*; **рабочая ~** Arbeitsklima *n*

атомистичность рынка *(WiWi)* atomistischer Markt *m*
атрибут *m* Attribut *n*, Merkmal *m*
аттентизм *m* Attentismus *m*, Kaufzurückhaltung *f*, abwartende Haltung
аттестация *f* Attestierung *f*, Assessment *n*, Audit *m*, Beurteilung *f*, Bewertung *f*, Eignungsprüfung *f*, Zertifizierung *f*; **отрицательная ~** Negativattest *n*; **~ персонала** Personalbeurteilung *f*; **~ поставщика** Zuliefereraudit *m*; **~ сотрудников** Mitarbeiterbeurteilung *f*
атторней *m (Recht)* Rechtsberater *m*
аудит *m* Audit *m*, Wirtschaftsprüfung *f*, Buchprüfung *f*, Revision *f*, Bilanzprüfung *f*; **назначать ~** einen Audit ankündigen; **проводить ~** einen Audit durchführen (vornehmen), auditieren; **внешний ~** außerbetriebliche Revision (Wirtschaftsprüfung); **внутренний ~** betriebsinterne Revision, Innenrevision *f*; **независимый ~** unabhängiger Audit, unabhängige Wirtschaftsprüfung
аудитор *m* Auditor *m*, Abschlussprüfer *m*, Bilanzprüfer *m*, Buchprüfer *m*, Wirtschaftsprüfer *m*, Revisor *m*; **назначать -а** einen Auditor (Buchprüfer, Wirtschaftsprüfer) bestellen
аудиторск|ий Prüfungs-, Revisions-; **-ое заключение** *n* Prüfungsvermerk *m*, Bestätigungsvermerk eines Abschlussprüfers; **-ий отчет** *m* Prüfungsbericht *n*; **-ая проверка** *f* Audit *m*, Buchprüfung *f*; **-риск** *m* Prüfungsrisiko *n*; **-ий сертификат** *m* Wirtschaftsprüfer-Zertifikat *n*, Lizenznachweis des Wirtschaftsprüfers; Audit-Zertifikat *n*; **-ая фирма** Prüfungsgesellschaft *f*, Auditfirma *f*
аудиторство *n* Wirtschaftsprüfungswesen *n*
аукцион *m* Auktion *f*, Versteigerung *f*; **выставлять на -е** zur Auktion (Versteigerung) geben; **назначать ~** eine Auktion (Versteigerung) anberaumen (ausschreiben); **объявлять ~** eine Auktion (Versteigerung) ankündigen; **покупать на -е** bei einer Auktion (Versteigerung) kaufen; **посещать ~** eine Auktion (Versteigerung) besuchen; **приобретать на -е** bei einer Auktion (Versteigerung) ersteigern; **проводить ~** eine Auktion (Versteigerung) abhalten (durchführen); **продавать с -а** auktionieren, ausbieten, versteigern; **продаваться с -а** zur Versteigerung kommen; **снимать с -а** von der Auktion (Versteigerung) absetzen; **устраивать ~** eine Auktion (Versteigerung) veranstalten; **английский ~** englische Versteigerung; **добровольный ~** außergerichtliche (freiwillige) Auktion; **еженедельный ~** wöchentliche Auktion; **закрытый ~** geschlossene Auktion; **открытый (публичный) ~** öffentliche Versteigerung; **открытый ~ по сделкам на продажу и последующий выкуп ценных бумаг, проводимый центральным банком** Mengentender *m*; **принудительный ~** gerichtliche Auktion, Zwangsversteigerung *f*; **международный ~** internationale Auktion; **пушной ~** Rauchwarenauktion *f*; **фиктивный ~** Scheinauktion *f*
аукционист *m* Auktionator *m*, Versteigerer *m*
аукционн|ый Auktions-, Versteigerungs-; **-ый каталог** *m* Auktions|katalog *m*, -liste *f*, Versteigerungs|katalog *m*, -liste *f*; **-ый лот** *m* Auktionsposten *m*; **-ые правила** *pl* Auktionsordnung *f*; **-ая продажа** *f* Versteigerung *f*; **-ый сбор** *m* Auktionsgebühr *f*, Versteigerungsgebühr *f*; **-ый товар** Versteigerungsware *f*; **-ые торги** *pl* Auktion *f*, Versteigerung *f*; **-ая фирма** *f* Auktionshaus *n*, Versteigerungsfirma *f*; **-ая цена** *f* Versteigerungspreis *m*
аустеллер *m* Aussteller eines Solawechsels
аутентификация *f* Autentifizierung *f*
аутентичность *f* Authentizität *f*, Echtheit *f*
аутентичный authentisch, echt
аутрайт *m* Outright *n*, Outright-Termingeschäft *n*
аутсайдер *m* Außenseiter *m*, Außenseiterfirma *f*
аутсорсинг *m* Outsourcing *n*
ауттрейд *m (Fin, Handel)* nicht zustande gekommenes Geschäft
афёра *f* Betrug *m*, Schwindelgeschäft *n*; **финансовая ~** betrügerisches Finanzgeschäft
аферист *m* Betrüger *m*, Schwindler *m*

афиша *f* Anschlag *m*, Blickfang *m*, Plakat *n*

а форфэ a forfait; ohne Regress (Rückgriff); Tel-quel-Klausel *f*

аффидавит *m* Affidavit *n*, eidliche Erklärung; *(Media)* juristisches Dokument über Sendezeiten der Werbung; **дать письменный ~** eine schriftliche eidliche Erklärung abgeben; **принять ~** ein Affidavit entgegennehmen

аффилиация *f* Affilierung *f*

аффилированн|ый affiliert; **-ая компания** *f* affilierte Gesellschaft *f*; **-ое лицо** *n* affilierte Person *f*

аэровокзал *m* Flughafengebäude *n*

аэропорт *m* Flughafen *m*; **узловой ~** Hub-Flughafen *m*

Б

багаж *m* Gepäck *n*; **сдавать в ~** das Gepäck abfertigen (aufgeben); **бесплатный ~** Freigepäck *n*

баз|а *f* Basis *f*, Grundlage *f*; *(Handel, Transp)* Materiallager *n*, Warenlager *n*, Zentrallager *n*; **расчитывать налогооблагаемую -у** die Besteuerungsgrundlage bemessen; **валютная -а** Währungsbasis *f*; **-а данных** *(Comp)* Datenbank *f*; **информационная -а** *(Comp)* Informationsbasis *f*; **клиентская -а** Kundendatenbank *f*; **-а контракта** *(Bö)* Basisware *f*; **материально-техническая -а** materiell-technische Basis *f*; **налоговая -а, налогооблагаемая -а (-а налогообложения)** *(Fin, Steuer)* Besteuerungsgrundlage *f*; Steuerbasis *f*; **нормативно-правовая -а** *(Recht)* rechtliche Basis; **оптовая -а** *(Handel)* Großhandelsniederlassung *f*; Abholmarkt *m*; **ресурсная -а** Ressourcenbasis *f*, Ressourcen *pl*; **сбытовая -а** Auslieferungslager *n*; **сырьевая -а** Rohstoffbasis *f*

базар *m* Markt *m*, Wochenmarkt *m*; Basar *m*

базис *m* Basis *f*, Grundlage *f*; *(Bö)* Basiswert *m*; **валютный ~** Geldbasis *f*, monetäre Basis; **~ для расчёта прямых налогов** Steuermessbetrag *m*; **~ налоговых расчётов** Steuerbemessungsgrundlage *f*; **~ поставки** Lieferbasis *f*; **расчётный ~** Berechnungsgrundlage *f*; **фрахтовый ~** Frachtbasis *f*; **экономический ~** wirtschaftliche Grundlage

базисн|ый Basis-, Bezugs-, Grundlagen-, Stich-; **-ый год** *m* Basisjahr *n*, Bezugsjahr *n*; **-ый курс** *m* Basiskurs *m*, Stichkurs *m*; **-ая цена** *f* Basispreis *m*

базов|ый Basis-, Grundlagen-; **-ая отрасль промышленности** *m* Basisindustrie *f*; **-ая ставка** *f* Basissatz *m*

бак-бэк *(Fin, Handel, Imp/Exp)* Kompensationsgeschäft *n* (Bezahlung der Maschine mit den damit hergestellten Produkten)

баланс *m* Bilanz *f*; Gleichgewicht *n*; **вносить в ~** in die Bilanz einsetzen; **искажать ~** die Bilanz fälschen; **консолидировать ~** die Bilanz konsolidieren; **оздоровлять ~** die Bilanz sanieren; **оценивать ~** eine Bilanz bewerten; **подводить ~** die Bilanz ziehen; **подчищать ~** die Bilanz frisieren (verschleiern); **показывать (отражать) в -е** in der Bilanz ausweisen; **принимать (одобрять) ~** die Bilanz genehmigen (bestätigen); **проверять ~** die Bilanz prüfen; **сводить ~** die Bilanz zusammenfassen; **составлять ~** bilanzieren, eine Bilanz aufstellen; **составлять ~ по текущей (номинальной) стоимости** zu Barwerten (Nennwerten) bilanzieren; **уравновешивать ~** eine Bilanz ausgleichen; **утверждать ~** die Bilanz bestätigen (feststellen); **учитывать в -е** in der Bilanz festhalten; **числиться на -е** in der Bilanz (buchmäßig) ausgewiesen werden; **активный ~** aktive Bilanz; **активный платёжный ~** aktive Zahlungsbilanz; **~ активов и пассивов** Vermögensbilanz *f*; **~ банка** Bankbilanz *f*; **~ бесплатных услуг** Bilanz der unentgeltlichen Leistungen; **бухгалтерский ~, в котором по каждой статье приводится оборот за соответствующий период** Summenbilanz *f*; **валютный ~** Devisenbilanz *f*; Währungsgleichgewicht *n*; **внеплановый ~** außerordentliche Bilanz; **внешнеторговый ~** Außenhandelsbilanz *f*; **~ времени оборудования** *(Buchh, Ind, Fin)* Auslastungsgrad der Anlage; **вступительный ~** Eröffnungsbilanz *f*; **генеральный ~** totale Bilanz; **годовой ~** Jahresbilanz *f*; **годовой заключительный ~** Jahresabschluss *m*; **~ движения капиталов и кредитов** Kapital(verkehrs)bilanz *f*; **дополнительный ~** Ergänzungsbilanz *f*; **~ доходов с капитала** Kapitalertragsbilanz *f*; **~ доходов и расходов** Finanzbilanz *f*; **~ доходов и расходов по процентам** Zinsertragsbilanz *f*; **единый ~** Einheitsbilanz *f*; **~ задолженности** Verschuldungsbilanz *f*; **заключительный ~** Abschluss(bilanz *f*) *m*, Schlussbilanz *f*; **~ имущественного состояния** Vermögensübersicht *f*; **~ имущественного состояния банкрота** Konkursstatus *m*; **~ имущественного состояния товарищества при выходе одного из компаньонов** Abschichtungsbilanz *f*; **инвентаризационный ~** Inventurbilanz *f*; **инвестиционный ~** Investitionsbilanz *f*; **итоговый ~** Abschluss(bilanz *f*) *m*, Schlussbilanz *f*; **квартальный ~** Vierteljahresbilanz *f*; **консолидированный ~** Gesamtbilanz *f*, konsolidierte Bilanz; **кредитно-денежный ~** Währungsgleichgewicht *n*; **ликвидационный ~** Abwicklungsbilanz *f*, Liquidationsbilanz *f*; **~ ликвидных средств** Liquiditätsbilanz *f*; **материальный ~** Materialbilanz *f*, Stoffbilanz *f*; **~ международной задолженности** Analyse der internationalen Schulden; **месячный ~** Monatsbilanz *f*; **налоговый ~** Steuerbilanz *f*; **~ на определённый день** Tagesbilanz *f*; **~ на отчётную дату** Stichtagsbilanz *f*, stichtagbezogene Bilanz; **~ на 31 декабря** Bilanz zum 31. Dezember; **народнохозяйственный ~** volkswirtschaftliche Gesamtrechnung; **начальный ~** Eröffnungsbilanz *f*; **~ невидимых услуг** Bilanz der unsichtbaren Leistungen; **нетто-~** Nettobilanz *f*; **~ обанкротившегося предприятия** Vermögensaufstellung *f*; **~ оборачиваемости капитала и кредитов** Kapitalbilanz *f*, Kapitalverkehrsbilanz *f*, Bilanz des Kapitalsverkehrs; **~ оборота** Umsatzbilanz *f*; **одобренный ~** genehmigte Bilanz; **~ основных средств, ~ основных фондов** Sachanlagenbilanz *f*; **откорректированный ~** berichtigte Bilanz; **основной ~** Grundbilanz *f*; **~, отражающий чистую задолженность предприятия** Überschuldungsbilanz *f*; **пассивный платёжный ~** Unterbilanz *f*, passive Zahlungsbilanz; **пассивный торговый ~** passive Handelsbilanz; **первоначальный ликвидационный ~** Liquidationseröffnungsbilanz *f*; **~ переводов и платежей** Übertragungsbilanz *f*; **плановый ~** Planbilanz *f*; **~ платежей по клиринговым расчетам** Verrechnungsbilanz *f*; **платёжный ~** Zahlungsbilanz *f*; **подчищенный ~** verschleierte Bilanz; **предварительный (пробный) ~** Probebilanz *f*, Rohbilanz *f*, Umsatzbilanz *f*, Zwischenbilanz *f*, vorläufige Bilanz; **~ предприятия** Betriebsbilanz *f*; **проверенный ~** geprüfte Bilanz; **производный ~** abgeleitete Bilanz; **промежуточный ~** Teilbilanz *f*, Zwischenbilanz *f*, Interimsbilanz *f*; **промежуточный ~ банка** Zwischenausweis *m*; **~ рабочего времени** Arbeitszeitbilanz *f*; **раздельный ~** Abschichtungsbilanz *f*; **расчётный ~** Verrechnungsbilanz *f*; **ревизорский ~ обанкротившегося предприятия** Vergleichsbilanz *f*; **результативный ~** Erfolgs|bilanz *f*, -rechnung *f*, Ergebnisrechnung *f*; **сальдовый ~** Saldenbilanz *f*; **санационный ~** Sanierungsbilanz *f*; **сводный ~** Gesamtbilanz *f*, Sammelbilanz *f*, zusammengefasste Bilanz; **сводный ~ движения имущества и капитала** Bewegungsbilanz *f*; **сводный ~ товаров, услуг и оборачиваемости капитала и кредитов** Grundbilanz *f*; **сводный ~ концерна** Konzernbilanz *f*, konsolidierte Bilanz *f*; **~ снабжения населения продовольственными товарами** Versorgungsbilanz *f*; **~, составляемый в связи с изменением структуры**

капитала компании Sanierungsbilanz *f*; **~, составляемый по особому случаю** Sonderbilanz *f*, Spezialbilanz *f*; **~, составляемый при изменении правовой формы предприятия** Umwandlungsbilanz *f*; **~, составляемый при слиянии предприятий** Übergabebilanz *f*; **специальный ~** Sonderbilanz *f*, Spezialbilanz *f*; **~ спроса и предложения** Gleichgewicht zwischen Nachfrage und Angebot; **текущий платежный ~, ~ текущих операций** Zahlungsbilanz des Landes; **~ товаров и услуг** Leistungsbilanz *f*; **товарный ~** Warenbilanz *f*; **торговый ~** Handelsbilanz *f*, Warenbilanz *f*; **~ трансфертных платежей** Übertragungsbilanz *f*; **~ трудовых ресурсов** Arbeitskräftebilanz *f*; **уравновешенный ~** ausgeglichene Bilanz; **~ услуг** Dienstleistungsbilanz *f*; **утверждённый ~** bestätigte Bilanz, festgestellte Bilanz; **финансовый ~** Finanzbilanz *f*; **~ финансовых ресурсов** Finanzbilanz (der Russischen Föderation) *f*; **частичный ~** Teilbilanz *f*; **экологический ~** Ökobilanz *f*; **энергетический ~** Energiebilanz *f*

балансирование *n* Bilanzierung *f*, Ausgleich *m*; **~ фонда** *(Bank, Fin)* Fondsbilanzierung *f*

балансировать *(Buchh)* bilanzieren, eine Bilanz aufstellen, (eine Bilanz) ausgleichen; ins Gleichgewicht bringen, abgleichen; **~ счета** Konten abgleichen

балансов|ый bilanzmäßig, buchmäßig, Bilanz-, Buch-; **-ая прибыль** *f* Bilanzgewinn *m*, Buchgewinn *m*; **-ая стоимость** *f* Bilanzwert *m*, Buchwert *m*; **-ая стоимость акции** Bilanzkurs *m*; **-ый счёт** *m* Bilanzkonto *n*; **-ые убытки** *pl* Bilanzverlust *m*, buchmäßiger Verlust

балдж *m* kurzfristige Preiserhöhung *f*

балл *m* Punkt *m*

баллот *m* Auslosung bei Überzeichnung

баллотировка *f (Bö)* Abstimmung *f*

бандероль *f* Banderole *f*, Kreuzband *n*, Steuerstreifen *m*, Zollstreifen *m*, Streifband *n*, Streifbandsendung *f*; Päckchen *n*; **таможенная ~** Zollbanderole *f*

бандерольный сбор *m* Banderolensteuer *f*

банк *m* Bank *f*, Bankinstitut *n*, Kreditinstitut *n*, Bankhaus *n*; **депонировать ценные бумаги в -е** Wertpapiere bei einer Bank hinterlegen; **забирать деньги из -а** Geld von der Bank abheben; **закрывать ~** eine Bank schließen; **иметь счёт в -е** ein Konto bei einer Bank haben; **основывать ~** eine Bank gründen; **переводить деньги через ~** Geld durch die Bank überweisen; **положить деньги на счёт в -е** bei einer Bank einlegen, Geld auf die Bank bringen (legen); **автоматизированный ~ классификаторов** Automatisierte Datenbank der Klassifikatoren **~-акцептант, акцептный ~** Akzeptbank *f*, annehmende Bank; **акционерный ~** Aktienbank *f*; **~-андеррайтер** Anleiheübernahmebank *f*; **~ банков** *(Bank, Fin)* Bank der Banken, Zentralbank *f*; **ведущий ~** führende Bank; **~, ведущий счёт** kontoführende Bank; **всемирный ~** Weltbank *f*; **~, выпускающий заём** Anleiheemittent *m*; **~-гарант (поручитель)** Bürgschaftsbank *f*; **государственный ~** Staatsbank *f*; **~-депозитарий** Wertpapiersammelbank *f*, Kassenverein *m*; **депозитный ~** Depositenbank *f*, Depotbank; **~ держателя карточки** Kartenemittent *m*; **~-дисконтёр (дисконтный ~)** Diskont|bank *f*, -haus *n*, diskontierende Bank; **домашний ~** Hausbank *f*; **Европейский ~ реконструкции и развития** Europäische Bank für Wiederaufbau und Entwicklung; **-и-заёмщики** Adresse *f*; **крупные -и -заёмщики** erste Adresse; **мелкие -и-заёмщики** zweite Adresse; **~, занимающийся подготовкой ценных бумаг к котировке на бирже** Einführungsbank *f*; **зарубежный ~** Auslandsbank *f*, ausländische Bank; **земельный ~** Landeszentralbank *f*; **~, извещающий бенефициара об открытии аккредитива** avisierende Bank; **~ импортёра** Importeurbank *f*; **инвестиционный ~**

Finanzierungsbank *f*, Effektenemissionsbank *f*, Investitionsbank *f*; **~-инкассатор** Inkassobank *f*, einziehende Bank; **ипотечный ~** Hypothekenbank *f*, Pfandbriefanstalt *f*, Realkreditinstitut *n*; **ипотечный ~, предоставляющий ссуды под залог судна** Schiffs(hypotheken)bank *f*; **~-исполнитель** abwickelnde (ausführende, auszahlende, beauftragte) Bank; **клиринговый ~** Clearingbank *f*; **коммерческий ~** Geschäftsbank *f*, Handelsbank *f*, allgemeine Bank; **кооперативный ~** Genossenschaftsbank *f*, Volksbank *f*; **~-корреспондент** Korrespondenzbank *f*, korrespondierende Bank; **кредитный (ссудный) ~** Kreditbank *f*; **~-кредитор** Gläubigerbank *f*, kreditgewährende (krediteröffnende) Bank; **крупный ~** Großbank *f*; **Международный ~ реконструкции и развития** Internationale Bank für Wiederaufbau und Entwicklung; **~ международных расчётов** Bank für den Internationalen Zahlungsausgleich; **местный ~** Lokalbank *f*; **многофилиальный ~** Filialbank *f*, Bank mit mehreren Zweigstellen; **мобильный ~** Banking per Mobiltelefon; **~-мост** Brückenbank *f*; **муниципальный ~** Stadtbank *f*; **надёжный ~** zuverlässige Bank; **~ на дому** Home banking; **народный ~** Volksbank *f*; **национальный ~** Nationalbank *f*; **неплатёжеспособный (обанкротившися) ~** zahlungsunfähige Bank; **~-нерезидент** Bank im Ausland; **~, открывающий аккредитив** anweisende (avisierende) Bank; **оффшорный ~** Offshore-Bank *f*; **~-партнёр** Partnerbank *f*; **первоклассный ~** erstklassige Bank; **~, переводящий средства** überweisende Bank; **~-плательщик** auszahlende Bank; **~-получатель** Empfängerbank *f*; **~-поручитель** Bürgschaftsbank *f*; **~ потребительского кредита** Konsumkreditbank *f*, Kundenkreditbank *f*, Teilzahlungsbank *f*, Verbraucherbank *f*; **почтово-сберегательный ~** Postbank *f*; **провинциальный ~** Provinzbank *f*; **~, производящий выплаты по аккредитиву** avisierende Bank; **~ прямого общения с клиентами (не имеющий филиалов на местах)** Direktbank *f*; **публично-правовой ~** öffentlich-rechtliche Bank; **региональный ~** Regionalbank *f*, Provinzbank *f*; **~ развития** Entwicklungsbank *f*; **рамбурсированный ~** *(Bank, Imp/Exp)* Remboursbank *f*; **резервный ~** Reservebank *f*; **~-резидент** Inlandsbank *f*; **~-ремитент** Einreicherbank *f*; **рентный ~** Rentenbank *f*; **~-реципиент** Empfängerbank *f*; **~ России** Bank Russlands; **сберегательный ~** Sparbank *f*; **сельскохозяйственный кредитный ~** Raiffeisenbank *f*; **специализированный ~** Spezialbank *f*; **~ средних размеров** mittelständische Bank; **ссудный ~** Darlehensbank *f*; **теле-, телефонный ~** *(Bank)* Direktbank *f*; **~-трассат** bezogene Bank; **универсальный ~** Universalbank *f*, Geschäftsbank *f*; **уполномоченный ~** beauftragte Bank; **учётный ~** Diskont|bank *f*, -haus *n*, diskontierende Bank, Wechselbank *f*; **федеральный ~** Bundesbank *f*; **центральный ~** Zentralbank *f*; **частный ~** Privatbank *f*; **~-член расчётной палаты** Clearingbank *f*; **эмиссионный ~** Emissionsbank *f*, Notenbank *f*; **~-эмитент (кредитных карт)** Kreditkartenemittent, herausgebende Bank

банкассюранс *m* Allfinanz *f*, Bankassurance *f*

банкир *m* Bankier *m*, Banker *m*

банкнот|а *f* Banknote *f*, Note *f*, Geldschein *m*; **выпускать -ы** Banknoten ausgeben; **изымать -ы из обращения** Banknoten aufrufen (einziehen, aus dem Verkehr ziehen); **подделывать -ы** Banknoten fälschen; **разменивать -ы** Banknoten einlösen (einwechseln); **иностранная -а** Sorte *f*; **-а, находящаяся в обращении** umlaufende (im Umlauf befindliche) Banknote

банковск|ий Bank-, Banken-, bankmäßig; **-ий капитал** *m* Bankkapital *n*; **-ий кредит** *m* Bankkredit *m*; **-ая операция** *f* Bankgeschäft *n*, bankmäßige Transaktion

банкомат *m* Bankomat *m*, Bankautomat *m*, Geldautomat *m*
банкрот *m* Bankrotteur *m*, Konkursschuldner *m*, Zahlungsunfähige *m*; **объявить (себя) -ом** (sich) bankrott (für zahlungsunfähig) erklären; **стать -ом** in Konkurs gehen (geraten)
банкротств|о *n* Bankrott *m*, Konkurs *m*, Insolvenz *f*, Pleite *f*, Zahlungsunfähigkeit *f*, Ruin *m*, Zusammenbruch *m*; **объявлять о -е** den Bankrott (Konkurs) anmelden (ansagen, erklären); **оказаться на грани -а** vor dem Bankrott (Konkurs) stehen; **повлечь -о (приводить к -у)** den Bankrott (Konkurs) herbeiführen; **предотвращать -о** den Bankrott (Konkurs) abwenden; **-о банка** Bank|crash *m*, -krach *m*, -zusammenbruch *m*; **-о компании** Gesellschaftskonkurs *m*; **преднамеренное -о, умышленное -о** betrügerischer Bankrott; **фиктивное -о** Scheinbankrott *m*; **финансовое -о государства** Staatsbankrott *m*; **-о фирмы** Zusammenbruch einer Firma, Firmenpleite *f*
баннер *m (Comp, V&M)* Banner *m*
баннерообмен *m (Comp)* Bannertausch *m*
бардепот *m* Bardepot *n*
бар-код *m* Barcode *m*, Strichcode *m*
баржа *f* Lastkahn *m*, Schleppkahn *m*
барометр *m* Barometer *n*; **~ конъюнктуры** Konjunkturbarometer *n*
бартер *m* Bartergeschäft *n*, Barterhandel *m*, Kompensationsgeschäft *n*, Kompensationshandel *m*, Tauschhandel *m*
бартерн|ый Barter-, Kompensations-, Tausch-; **-ая сделка** Bartergeschäft *n*, Kompensationsgeschäft *n*, Tauschgeschäft *n*; **-ая торговля** Barterhandel *m*, Kompensationshandel *m*, Tauschhandel *m*
барыш *m* Profit *m*, Gewinn *m*
барьер *m* Barriere *f*, Hindernis *n*, Schranke *f*; **создавать -ы** Schranken setzen; **устранять -ы** Hemmnisse beseitigen; **-ы для вхождения в отрасль** *(V&M)* Eintrittsbarrieren *pl*, Zugangsbarrieren *pl*, Zugangsbeschränkungen *pl*; **-ы для конкуренции** Wettbewerbsbeschränkungen *pl*; **торговые -ы** Handels|hemmnisse *pl*, -schranken *pl*; **таможенный ~** Zollschranke *f*
басорама *f* Lichtwerbung auf dem Auto
бастовать streiken
батрак *m* Landarbeiter *m*
бегство Flucht *f*; **~ крестьян из деревни** Landflucht *f*; **~ капитала** Kapitalflucht *f*
бедност|ь *f* Armut *f*, Elend *n*; Mittellosigkeit *f*, Misere *f*; **жить в -и** in ärmlichen Verhältnissen leben; **абсолютная -ь** absolute Armut *f*; **массовая -ь** Massenarmut *f*
беднота *f* Armut *f*, Elend *n*; Armen *pl*
бедный arm, mittellos, unvermögend; Armer *m*, Mittelloser *m*
бедствие *n* Katastrophe *f*, Not *f*, Notlage *f*, Unglück *n*; **стихийное ~** Naturkatastrophe *f*
безаварийн|ый störungsfrei, unfallfrei; **-ая работа** *f* störungsfreie Arbeit, störungsfreier Betrieb
безакцептный ohne Akzept, unakzeptiert
безвизовый sichtvermerkfrei, visafrei
безвозвратн|ый nicht rückzahlbar; nicht wiederverwendbar; unkündbar; **-ая ссуда** *f* unkündbares Darlehen; **-ая тара** *f* nicht wiederverwendbare Verpackung
безвомездный kostenlos, unentgeltlich, ohne Entgelt (Vergütung), gratis
безвредный unschädlich; **~ для здоровья человека** unschädlich für die menschliche Gesundheit, unbedenklich
безграничный unbegrenzt, unbeschränkt
бездействие *n* Untätigkeit *f*; Ausfall *m*, Stillstand *m*
бездействовать untätig sein; ausfallen, außer Betrieb sein, stillstehen
бездействующий außer Betrieb, stillgelegt
безденежный geldknapp, ohne Geld; bargeldlos, geldlos
безденежье *n* Geld|knappheit *f*, -mangel *m*, -not *f*
бездефектный fehlerfrei; einwandfrei
бездефицитный defizitlos, ohne Defizit
бездомный obdachlos; Obdachloser *m*

беззаконие *n* Gesetzlosigkeit *f*, Gesetzwidrigkeit *f*
безземелье *n* Landlosigkeit *f*, Landmangel *m*
безземельный landlos, ohne Land
безлицензионный lizenzfrei
безнадёжн|ый (к получению) uneinbringlich; **-ые долги** *pl* uneinbringliche Forderungen (Schulden)
безналичный bargeldlos, unbar; **~ платёж** *m* bargeldlose Zahlung, Zahlung in unbar; **~ расчёт** *m* bargeldloser (unbarer) Zahlungsverkehr
безоговорочный bedingungslos, vorbehaltlos, ohne Vorbehalt
безопасность *f* Sicherheit *f*; **~ движения** Verkehrssicherheit *f*; **общественная ~** öffentliche Sicherheit; **~ производства** Betriebssicherheit *f*; **~ труда** Arbeitsschutz *m*, Arbeitssicherheit *f*; **~ эксплуатации** Betriebssicherheit *f*
безопасный sicher, ungefährlich, gefahrlos, Sicherheits-
безостановочный ununterbrochen, kontinuierlich
безответственность *f* Verantwortungslosigkeit *f*
безответственный verantwortungslos, unverantwortlich
безотзывный unwiderruflich; **~ аккредитив** *m* unwiderrufliches Akkreditiv
безотказный störungslos, störungsfrei, ohne Versagen
безотлагательный dringlich, unverzüglich
безотходный abfallfrei
безработиц|а *f* Arbeitslosigkeit *f*, Erwerbslosigkeit *f*; **временная -а** vorübergehende Arbeitslosigkeit; **-а, вызванная конъюнктурой рынка** konjunkturelle Arbeitslosigkeit; **высокая -а** hohe Arbeitslosigkeit; **длительная -а** Langzeitarbeitslosigkeit *f*, anhaltende Arbeitslosigkeit; **массовая -а** Massenarbeitslosigkeit *f*; **растущая -а** zunehmende Arbeitslosigkeit; **сезонная -а** saisonbedingte Arbeitslosigkeit; **скрытая -а** latente (verdeckte) Arbeitslosigkeit; **-а среди женщин** Frauenerwerbslosigkeit *f*; **-а среди молодёжи** Jugendarbeitslosigkeit *f*; **страдающий от -ы** von Arbeitslosigkeit gebeutelt; **структурная -а** strukturelle Arbeitslosigkeit; **частичная -а** Kurzarbeit *f*
безработн|ый arbeitslos, erwerbslos, beschäftigungslos; Arbeitslose *m*, Erwerbslose *m*; **зарегистрироваться -ым** sich arbeitslos melden; **зарегистрированный -ый** gemeldeter Arbeitsloser; **частично -ый** Kurzarbeiter *m*
безрезультатный ergebnislos, erfolglos
безубыточность Gewinnschwelle *f*, Break-Even-Point *m*
безубыточный kostendeckend, ohne Verlust, verlustlos
безупречный einwandfrei
безусловный bedingungslos, unbedingt, uneingeschränkt
безуспешный erfolglos
бенефит *m* Versicherungsleistung *f*
бенефициар *m* Begünstigte *m*, Bezugsberechtigte *m*, Leistungsempfänger *m*
бенчмаркинг *m* Benchmarking *n*
бербоут-чартер *m (Transp)* Bereederung *f*
бережливость *f* Sparsamkeit *f*, Wirtschaftlichkeit *f*, sparsame Bewirtschaftung
бережливый sparsam, wirtschaftlich
беречь aufbewahren, sparen, wahren, schonen
беседа *f* Besprechung *f*, Gespräch *n*, Unterredung *f*; **аттестационная ~** Beurteilungsgespräch *n*; **конфиденциальная ~** vertrauliche Unterredung; **~ при приёме на работу** Einstellungsgespräch *n*; **предварительная ~** Vorgespräch *n*; **~ с целью установления контактов** Kontaktgespräch *n*
бесконтрольный unbeaufsichtigt, unkontrolliert
бескормица *f* Futtermangel *m*
бескорыстие *n* Uneigennützigkeit *f*
бескорыстный uneigennützig
бесперебойный störungsfrei, ungestört, ununterbrochen
беспересадочный durchgehend
бесплановый planlos

бесплатно *(Fin)* kostenlos, unentgeltlich; gebührenfrei; gratis
бесплатный *(Fin)* kostenlos, unentgeltlich; gebührenfrei
бесплодный fruchtlos, unfruchtbar
бесполезность *f* Nutzlosigkeit *f*
бесполезный nutzlos
беспорядок *m* Missstand *m*, Unordnung *f*, Chaos *m*
беспошлинн|ый abgabenfrei, unverzollt, zollfrei; **-ый ввоз** *m* abgabenfreie Einfuhr; **-ые товары** *pl* unverzollte (zollfreie) Waren
беспрерывный kontinuierlich, ununterbrochen
бесприбыльность *f* Ertraglosigkeit *f*, Unwirtschaftlichkeit *f*
бесприбыльный ertraglos, nicht gewinnbringend, nicht rentabel, unwirtschaftlich
беспроцентн|ый unverzinslich, zinsfrei, zinslos, ohne Zinsen; **-ый аванс** *m* unverzinslicher Vorschuss; **-ый заём** *m* unverzinsliche Anleihe; **-ая ссуда** *f* zinsloses Darlehen
бесспорн|ый unbestritten; **-ое право** *n* unbestrittenes Recht; **-ые требования** *pl* unbestrittene Ansprüche
бессрочн|ый fristlos, unbefristet; jederzeit kündbar (rückzahlbar); **-ая ссуда** *f* unbefristetes Darlehen
бесхозн|ый herrenlos; unbewirtschaftet; **-ое имущество** *n* herrenloses Gut
бесхозяйственность *f* Misswirtschaft *f*
бесхозяйственный unwirtschaftlich
бесценный wertvoll, kostbar
бета Betawert *m*; **~ без левереджа** Beta des unverschuldeten Unternehmens
библиотека файлов *f (Comp)* Dateibibliothek *f*
биддинг-синдикат *m (Bö)* Underwriter-Syndikat *n*
бизнес *m* Business *n*, Geschäft(e) *n(pl)*, Gewerbe *n*; Unternehmertum *n*; **заниматься -ом** ein Geschäft (Gewerbe) betreiben, ein Gewerbe ausüben; **банковский ~** Bankgeschäft *n*, Bankgewerbe *n*, Banking, Bankwesen *n*; **большой (крупный) ~** Big Business; Großindustrie *f*; **~ в области универсальных банковских услуг** Allfinanzgeschäft *n*; **~ в Сети** E-Business *n*, Internet-Business *n*; **вялый ~** wenig Geschäft; **~ для бизнеса** *(Fin, Handel, Ind)* Business-To-Business (B2B); **~ для потребителя** Business to Customer (B2C); **инвестиционный ~** Investitionsgeschäft *n*; **малый ~** Kleingewerbe *n*, Kleinunternehmen *n*; **малый и средний ~** mittelständische Wirtschaft; **основной ~** Grundgeschäft *n*; **отельный ~** Hotelwirtschaft *f*; **оффшорный ~** Offshore-Geschäft *n*; **сетевой ~** Netzbusiness *n*; **страховой ~** Versicherungsgeschäft *n*; **торговый ~** Handels|geschäft *n*, -gewerbe *n*; **туристический ~** Reisegewerbe *n*; **челночный ~** Pendlerhandel *m*; **электронный ~** E-Business *n*, Internet-Business *n*
бизнес-единица *f* Business-Unit, Businesseinheit *f*
бизнес-консультирование *n* Coaching *m*
бизнес-концепция *f* Business-Konzept *n*, Businesskonzept *n*
бизнесмен *m* Geschäftsmann *m*, Unternehmer *m*
бизнес-план *m* Businessplan *m*, Businessplanung *f*
бизнес-приложение *f (Comp)* betriebliche Anwendung (Business Application)
бизнес-решение *f (Comp)* Business Solution
бизнес-сегмент *m* Geschäftsfeld *n*
бизнес-сопровождение *n* Businessbegleitung *f*
бизнес-школа *f* Business-Schule *f*
билет *m* Karte *f*, Ticket *n*; **заказывать ~** eine Fahrkarte bestellen (buchen); **покупать ~** eine Fahrkarte lösen (kaufen); **банковский ~ (~ банка)** Banknote *f*, Geldschein *m*, Note *f*; **бесплатный ~** Freikarte *f*; **~ в один конец** einfache Fahrkarte; **входной ~** Eintrittskarte *f*; **выигрышный ~** Gewinnlos *n*; **групповой проездной ~** Sammelfahrschein *m*; **казначейский ~** Banknote *f*, Geldschein *m*; **ломбардный ~** Leihschein *m*; **лотерейный ~** Los *n*, Lotterielos *n*; **~ на самолёт** Flugkarte *f*, Flugschein *m*; **обратный ~** Rückfahrkarte *f*; **проезд-**

ной ~ Fahrkarte *f*, Fahrschein *m*; **сезонный проездной ~** Abonnementsfahrkarte *f*, Zeitkarte *f*

биллборд *m* Werbetafel *f*

биллинг *m (Buchh, Fin)* Billing *n*, Fakturierung *f*, Rechnungsstellung *f*

билль-брокер *m* Wechselmakler *m*

биметаллизм *m* Bimetallismus *m*, Doppelwährung *f*

бирж|а *f (Börse)* Börse *f*; **закрывать -у** die Börse schließen; **открывать -у** eine Börse eröffnen; **продавать на -е** an der Börse verkaufen; **спекулировать на -е** an der Börse spekulieren; **бартерная -а** Warentauschbörse *f*, Barterbörse *f*; **валютная -а** Devisenbörse *f*; **неофициальная -а** (ungeregelter) Freiverkehr *m*, Telefonverkehr *m*, Vorbörse *f* und Nachbörse *f*; **котирующийся на -е** börsen|fähig, -gängig, -notiert; **опционная -а** Optionsbörse *f*; **-а остатков и отходов (химического) производства** Abfallbörse *f*; **официальная -а** Börse *f*, amtlicher Börsenmarkt; **полуофициальная -а** geregelter Freiverkehr (Markt); **специализированная -а** Spezialbörse *f*, Fachbörse *f*; **специальная товарная -а** Punktmarkt *m*; **сырьевая -а** Rohstoffbörse *f*; **товарная -а** Warenbörse *f*, Produktenbörse *f*; **товарная -а по сделкам на срок** Warenterminbörse *f*; **товарно-сырьевая -а** Waren- und Rohstoffbörse *f*; **-а труда** Arbeits|amt *n*, -vermittlung *f*, Stellenmarkt *m*; **-а удаленной работы** e-Börse *f*; **фондовая -а** Effektenbörse *f*, Wertpapierbörse *f*, Umlaufmarkt *m*; **фрахтовая -а** Fracht(en)börse *f*, Schifffahrtsbörse *f*; **-а финансовых фьючерсов** Finanzterminbörse *f*; **фьючерская -а** Terminbörse *f*, **-а ценных бумаг** Wertpapierbörse *f*

биржевик *m* Börsianer *m*, Börsenspekulant *m*

биржев|ой börsemäßig, börslich, Börsen-; **-ой арбитраж** *m* Börsenarbitrage *f*; **-ой бюллетень** *m* Börsen|bericht *m*, -zettel *m*, Kurs|bericht *m*, -blatt *n*, -zettel *m*; **-ое дело** *n* Börsenwesen *n*; **-ой день** *m* Börsentag *m*; **-ая деятельность** *f* Börsenbetrieb *m*; **-ой крах** *m* Börsen|krach *m*, -zusammenbruch *m*

благ|о *n* Gut *n*; Wohl *n*, Wohlergehen *n*; **вещественное -о** Gut *n*, Vermögen *n*; **всеобщее -о** allgemeines Wohl, Wohl der Allgemeinheit; **-а, запас которых практически неограничен** Ubiquitäten *pl*; **материальные -а** Wirtschaftsgüter *pl*, materielle Güter; **на -о** für das Wohlergehen; **нематериальные -а** Immaterialgüter *pl*

благоденствие *n* Prosperität *f*, Wohlstand *m*

благополучие *n* Wohl *n*, Wohlergehen *n*, Wohlstand *m*

благополучатель *m* Spendenempfänger *f*

благоприятствование *n* Begünstigung *f*, Förderung *f*; **наибольшее ~** Meistbegünstigung *f*

благосостояние *n* Prosperität *f*, Wohlstand *m*; Wohlfahrt *f*; **повышать ~** den Wohlstand vermehren; **всеобщее ~** allgemeiner Wohlstand; **растущее ~** wachsender Wohlstand

благотворитель *m* Spender *m*, Wohltäter *m*, Sponsor *m*

благотворительность *f* Wohlfahrt *f*, Wohltätigkeit *f*; **заниматься -ю** Wohltätigkeit betreiben

благотворительн|ый karitativ, wohltätig; gemeinnützig; **-ое учреждение** *n* karitative Einrichtung, Wohltätigkeitsorganisation *f*; **-ый фонд** *m* karitative Stiftung; **-ые цели** *pl* wohltätige Zwecke

бланк *m* Formblatt *n*, Formular *n*, Vordruck *m*; blanko; **заполнять ~** ein Formular (einen Vordruck) ausfüllen; **покупать (продавать) в ~** in blanko kaufen (verkaufen); **~ бухгалтерского учёта** Buchführungsformular *n*; **~-ваучер** Leistungsbeleg *m*, Lieferschein *m*; **~ векселя** Wechselformular *n*; **~ заказа** Bestell|formular *n*, -karte *f*, -schein *m*, -zettel *m*; **~ заявки** Anmeldungsformular *n*; **~ заявления** Antragsformular *n*; **(не)заполненный ~** (nicht) ausgefülltes Formular; **~ квитанции** Quittungsformular *n*; **~ отчёта** Berichtsbogen *m*; **~ перевода** Überweisungsformular *n*; **~ платёжного**

поручения Einzahlungsformular *n*; **почтово-чековый переводный ~** Zahlkarte *f*; **регистрационный ~** Anmeldungsformular *n*; **сопроводительный ~** Begleitadresse *f*; **стандартный ~** Standardformular *n*; **~ страхового полиса** Versicherungsformular *n*; **-и строгой отчетности** *pl (Buchh)* spezialregistrierte und -aufzubewahrende, abrechnungspflichtige Dokumentenformulare oder Zahlungsbelege; Außerbilanzposten für spezialregistrierte Zahlungsbelege; **типовой ~** Einheits|formular *n*, -vordruck *m*; **~ учёта** Erfassungsformular *n*, Erhebungsbogen *m*; **учётный ~ экспорта товаров** Ausfuhranmeldung *f*; **фирменный ~** Firmenbriefbogen *m*; **-и ценных бумаг** Wertpapierformulare *pl*; **чековый ~** Scheckformular *n*; **чистый ~** Leerformular *n*, nicht ausgefülltes Formular

бланко-вексель *m* Blankowechsel *m*

бланков|ый blanko, Blanko-, nicht ausgefüllt; **-ый документ** *m* Blankourkunde *f*; **-ый индоссамент** *m* Blankogiro *n*, Blankoindossament *n*; **-ая подпись** *f* Blankounterschrift *f*

бланко-чек *m* Blankoscheck *m*

блистер-упаковка *f (V&M)* Blister *m*, Blisterverpackung *f*, Sichtverpackung *f*

блицопрос *m (V&M)* Blitzumfrage *f*

блок *m* Block *m*; **стерлинговый ~** Sterlingblock *m*

блокад|а *f* Blockade *f*; Sperre *f*; **снять -у** die Blockade aufheben; **ужесточить -у** die Blockade verschärfen; **устанавливать -у** einer Blockade unterwerfen, eine Blockade verhängen; **экономическая -а** wirtschaftliche Blockade, Wirtschaftsblockade *f*

блокирование *n* Sperre *f*, Sperrung *f*; **~ карточки** *(Bank, Fin)* Kartensperre *f*; **~ счёта** Kontosperre *f*, Sperrung eines Kontos

блокированный gesperrt, Sperr-; **~ счёт** gesperrtes Konto, Sperrkonto *n*

блокировать sperren; blockieren; **~ дорогу (улицу)** eine Straße sperren; **~ счёт** ein Konto sperren; **~ чек** einen Scheck sperren

блок-схема *f (Comp)* Programmablaufplan *m*

блючипс *m* Blue Chips, Spitzenwerte *pl*, Standardwerte *pl*

богатеть reich werden, Reichtum erlangen (erwerben)

богатство *n* Reichtum *m*, Vermögen *n*; **владеть -м** Reichtum (Vermögen) besitzen; **приобретать ~** Reichtum (Vermögen) erwerben; **вещественное (материальное) ~** materielle Güter; **национальное ~** Volksvermögen *n*

богатый reich, vermögend; Reiche *m*, Vermögende *m*

богач *m* Reiche *m*, Vermögende *m*

бодмерея *f* Bodmerei *f*

бой *m* Bruch *m*

бойкот *m* Boykott *m*; **устанавливать ~** den Boykott verhängen; **экономический ~** Wirtschaftsboykott *m*

бойкотировать boykottieren, mit Boykott belegen; **~ товары** Waren mit Boykott belegen

больница *f* Krankenhaus *n*; **заводская ~** Werkskrankenhaus *n*

больничн|ый Kranken-; **-ая касса** Krankenkasse *f*; **-ый лист** Krankenschein *m*

большинство *n* Mehrheit *f*, Majorität *f*, Mehrzahl *f*; **получать ~** die Mehrheit erzielen; **абсолютное ~** absolute Mehrheit; **~ в две трети (голосов)** Zweidrittelmehrheit *f*; **необходимое ~** erforderliche Mehrheit; **~, необходимое для принятия решения** beschlussfähige Mehrheit; **простое ~** einfache Mehrheit

бон *m m* Gutschein *m*, Papiergeld *n*; **-ы казначейские** *(Bö)* mittel- und langfristige Staatsanleihen *pl*

бонд *m* Bond *m*, Schuldverschreibung *f*, Obligation *f*, festverzinsliches Wertpapier; **аварийный ~** *(Steuer)* Havarie-Verpflichtungsschein *m*

бонитет *m* Bonität *f*, Kreditwürdigkeit *f*; **~ почвы** Bodenbonität *f*; **фиктивный ~** Scheinbonität *f*

бонитировка (почвы) *f* Bodenbewertung *f*, Bodenbonitierung *f*

бонификаци|я *f* Bonifikation *f*, Vergütung *f*, Treuerabatt *m*, Provision *f*; **платить -ю** eine Bonifikation zahlen; **взаимная -я** Rückvergütung *f*; **-я**

наличными Barvergütung *f*; **экспортная -я** Exportvergütung *f*

бонус *m* Bonus *m*, Sondervergütung *f*, Extradividende *f*, Prämie *f*, Gratifikation *f*; **выплачивать ~** einen Bonus zahlen; **экспортный ~** Exportbonus *m*

бонус-малус *m (Versich)* Bonus-Malus-System *n*

бонусная скидка *f* Bonus *m*

бордеро *n* Bordereau *m*, Verzeichnis *n*

босс *m* Boss *m*

борт *m* Bord *m*, Schiffsseite *f*; **доставлять груз на ~** die Ladung an Bord verbringen; **~ судна** Schiffsseite *f*

борьба *f* Kampf *m*; **~ доверенностей** Kampf um Aktionärsstimmen, Proxy-Fight *m*; **~ за повышение заработной платы** Lohnkampf *m*; **~ за рынки сбыта** Kampf um Absatzmärkte; **~ за увеличение доли в общем сбыте** Quotenkampf *m*; **конкурентная ~** Konkurrenzkampf *m*

брак *m* Ausschuss *m*, Ausschussware *f*; Fehlleistung *f*; **допускать ~ в работе** Herstellungsfehler machen; **обнаруживать ~** Ausschuss feststellen; **устранять ~** einen Mangel beheben; **~ в производстве** Buchführungsposten „Produktionsausschuss"; **~ материала** Materialfehler *m*; **~ продукции** fehlerhaftes (mangelhaftes) Produkt, Ausschuss *m*; **~ продукции внешний** sichtbare Produktmängel; **~ продукции внутренний** versteckte Mängel; **производственный ~** Herstellungsfehler *m*, Ausschuss *m*

бракёр *m* Warenprüfer *m*, Qualitätsprüfer *m*

бракераж *m* Qualitätsprüfung *f*, Warenkontrolle *f*, Warenprüfung *f*

бракование *s.* **выбраковка** *(Handel)* Warenbeanstandung *f*

бракованный Ausschuss-; **~ товар** *m* Ausschussware *f*, beanstandete Ware

браковать aussondern, aussortieren; Ausschuss feststellen; verwerfen, beanstanden, zu Ausschuss erklären

браковщик *m* Gütekontrolleur, Qualitätsprüfer *m*

бракодел *m* Ausschusserzeuger *m*

брать nehmen; **~ в долг (взаймы)** leihen, borgen, sich Geld ausleihen; **~ в залог** als Pfand nehmen; **~ на испытательный срок** auf Probe einstellen; **~ на комиссию** in Kommission nehmen; **~ патент** patentieren lassen; **~ со счёта** vom Konto abheben

бреди-бонд *m (Bö, Fin)* Brady Bonds

бренд *m (V&M)* Marke *f*; *(V&M)* Handelsmarke *f*

брендинг *m (V&M)* Branding *n*

бренд-менеджер *m* Markenmanager *m*

бремя *f* Bürde *f*, Last *f*; **~ налогов (налоговое ~)** Abgabenbelastung *f*, Steuer|belastung *f*, -last *f*, steuerliche Belastung; **непосильное ~** Überlast *f*; **~ расходов по выплате процентов** Zinslast *f*

бригада *f* Gruppe *f*

бригадир *m* Vorarbeiter *m*, Meister *m*

бридж-финансирование *n (Fin)* Überbrückungsfinanzierung *f*

бриф *m (V&M)* kurzes Lastenheft für Werbekampagne

брифинг *m (Media)* kurze Pressekonferenz *f*

бродсайт *m (V&M)* Poster *m*

брокер *m* Broker *m*, Börsenagent *m*, Börsenhändler *m*, Makler *m*, Wertpapierhändler *m*, Vermittler *m*; **аукционный ~** Auktionsmakler *m*; **биржевой ~** Börsenmakler *m*, Kursmakler *m*; **вексельный ~** Wechsel|agent *m*, -makler *m*, -sensal *m*; **лицензионный ~** Lizenzbroker *m*; **~, допущенный к операциям на официальной бирже** zur Börse zugelassener Makler, amtlicher Makler; **кредитный ~** *(Bank, Fin)* Kreditbroker; **~, не допущенный к операциям на официальной бирже** nicht zur Börse zugelassener Makler, freier Makler; **~ по операциям с ценными бумагами** Effekten|händler *m*, -makler *m*, Wertpapierhändler *m*; **присяжный ~** vereidigter Makler; **таможенный ~** Zollbroker *m*; **фрахтовый ~** Fracht|broker *m*, -makler *m*

брокераж *m* Brokerage *f*, Maklergebühr *f*, Courtage *f*

брокер-дилер *m (Bö)* Broker-Dealer *m*, Makler-Händler *m*

брокер-комиссионер *m (Bö)* Floor Broker *m*

брокерная комиссия *f* Courtage *f*, Maklergebühr *f*

брокерское представительство *n* Maklerkammer *m*

бронирование *n* Buchung *f*, Platzbestellung *f*, Reservierung *f*, Vorbestellung *f*; **~ номера в гостинице** Hotelzimmerreservierung *f*

бронировать im Voraus buchen, reservieren, im Voraus bestellen; **~ номер в гостинице** ein Hotelzimmer reservieren

броня *f* Reservierung *f*

бросов|ый Schleuder-; **-ый товар** *m* Schleuder|artikel *m*, -ware *f*; **-ая цена** *f* Schleuderpreis *m*

брошюра *f* Broschüre *f*, Schrift *f*; **рекламная ~** Werbeschrift *f*, Werbeprospekt *n*

брутто brutto; **~ за нетто** brutto für netto

брутто-дивиденд *m* Bruttodividende *f*

брутто-доход *m* Bruttoertrag *m*

брутто-кэш-флоу Brutto-Cashflow *m*

брутто-оборот *m* Bruttoumsatz *m*

брутто-объём *m* Bruttovolumen *m*

брутто-пенсия *f* Bruttorente *f*

брутто-премия *f* Bruttoprämie *f*, Bruttobeitrag *m*

брутто-прибыль *f* Bruttogewinn *n*

брутто-ставка *f* Bruttosatz *m*

букинг-нот *(Transp)* Buchungsanzeige *f*

буклет *m* Werbebroschüre *f*, Booklet *n*

буллет-стратегия *f (Fin)* Strategie des Tilgungsaufschubs

бум *m* Boom *m*, wirtschaftlicher Aufschwung, Geschäftsaufschwung *m*, Hochkonjunktur *f*; **переживать ~** einen Aufschwung haben, einen Boom erfahren; **биржевой ~** Börsenhausse *f*; **инвестиционный ~** Investitionsboom *m*; **потребительский ~** Konsumwelle *f*; **продолжительный ~** anhaltender Boom; **фиктивный ~** Scheinblüte *f*; **экономический ~** Wirtschaftsboom *m*

бумаг|а *f* Papier *n*; Aktenstück *n*, Schriftstück *n*; **вкладывать ценные -и** Wertpapiere anlegen; **вкладывать капитал в ценные -и** Geld in Effekten (Wertpapieren) anlegen (investieren); **владеть ценными -ами** Wertpapiere besitzen; **выдавать ссуды под залог ценных ~** Wertpapiere beleihen (lombardieren); **выпускать ценные -и** Wertpapiere emittieren; **депонировать ценные -и** Wertpapiere in ein Depot verbringen; **допускать ценные -и к официальной котировке** Wertpapiere zur amtlichen Notierung zulassen; **допускать ценные -и к биржевым операциям** Wertpapiere zum Handel zulassen; **закладывать ценные -и** Wertpapiere lombardieren lassen (beleihen); **изымать ценные -и из обращения** Wertpapiere außer Kurs setzen; **объявлять ценные -и недействительными** Wertpapiere für kraftlos erklären; **отдавать ценные -и под залог** Wertpapiere beleihen (lombardieren lassen); **официально регистрировать ценные -и на бирже** Wertpapiere an der Börse notieren; **передавать ценные -и** Wertpapiere übertragen; **погашать ценные -и** Wertpapiere einlösen (einziehen); **подписываться на ценные -и** Wertpapiere zeichnen; **покупать ценные -и** Wertpapiere kaufen; **предлагать ценные -и широкому кругу клиентов** Wertpapiere öffentlich (beim Publikum) anbieten; **продавать ценные -и** Wertpapiere verkaufen; **размещать ценные -и** Wertpapiere unterbringen; **распределять ценные -и** Wertpapiere zuteilen; **торговать ценными -ами** Wertpapiere handeln; **управлять портфелем ценных ~** Wertpapiere verwalten; **хранить ценные -и в банке** Wertpapiere verwahren; **агрессивные ценные -и** gewinnträchtige (aber riskante) Wertpapiere; **актовая (гербовая) -а** Stempelpapier *n*; **активные ценные -и** *(Bö)* aktive Wertpapiere, gefragte Wertpapiere; **взаимозаменимые ценные -и** austauschbare (fungible) Wertpapiere; **входящая -а** einlaufendes (eingehendes) Papier (Dokument, Schreiben); **высокодоходные ценные -и** Wertpapiere mit hoher Rendite; **гербовая -а** Stempelpapier *n*; **государственные ценные -и** Staatspapiere *pl*; **деловые -и** Geschäftspapiere *pl*; **долгосрочные ценные -и** Langläufer *pl*, Wertpapiere mit längerer Laufzeit; **именные ценные -и** Namenspapiere *pl*; **иностранные ценные -и** Auslandswerte *pl*, ausländische Effekten (Werte, Wertpapiere); **исходящая -а** ausgehendes Papier (Dokument, Schreiben); **краткосрочные ценные -и** Kurzläufer *pl*, Wertpapiere mit kurzer Laufzeit; **неликвидные ценные -и, ненадёжные ценные -и** notleidende Wertpapiere; **неразмещённые ценные -и** nasse Stücke; **обёрточная -а** Einwickelpapier *n*, Packpapier *n*; **особо надёжные ценные -и** mündelsichere Wertpapiere; **отечественные ценные -и** Inlandswerte *pl*, einheimische (inländische) Werte (Wertpapiere); **первоклассные ценные -и** erstklassige (mündelsichere) Wertpapiere; **передаваемые ценные -и** übertragbare Wertpapiere; **почтовая -а** Briefpapier *n*; **предъявительские ценные -и** Inhaberpapiere *pl*; **препроводительная -а** Anschreiben *n*; **привилегированные ценные -и** mit Vorrechten ausgestattete Wertpapiere; **сопроводительные -и** Abfertigungspapiere *pl*; **товаросопроводительная -а** Warenbegleitschein *m*; **упаковочная -а** Packpapier *n*; **ценная -а** Wertpapier *n*; **ценные -и** Effekten *pl*, Stücke *pl*, Werte *pl*, Wertpapiere *pl*, Wertschriften *pl*, Titel *pl*, Valoren *pl*; **ценные -и без указания номинальной стоимости** Wertpapiere ohne Nominalbetrag; **ценные -и, изъятые из обращения** außer Kurs gesetzte Wertpapiere; **ценные -и как объект портфельных инвестиций** Anlagepapiere *pl*; **ценные -и, котирующиеся на бирже** Börsenwerte *pl*, amtlich notierte (börsennotierte) Werte; **ценные -и, курс которых зависит от процентной ставки** zinsreagible Werte; **ценные -и, могущие служить залогом** beleihungsfähige (lombardfähige) Wertpapiere; **ценные -и, находящиеся в биржевом обороте** an Börsen gehandelte Werte; **ценные -и, находящиеся во внебиржевом обороте** Freiverkehrswerte *pl*, Telefonwerte *pl*, im Freiverkehr (Telefonverkehr) gehandelte Wertpapiere; **ценные -и, обеспеченные активами** forderungsbesichertes Wertpapier *n*; **ценные -и, отвечающие требованиям биржи** reine Stücke; **ценные -и, пользующиеся спросом на бирже** börsengängige Wertpapiere; **ценные -и, пользующиеся наибольшим спросом** Spitzenwerte *pl*; **ценные -и, помещённые под залог** beliehene (lombardierte) Wertpapiere; **ценные -и, пригодные для инвестиций** zur Kapitalanlage geeignete Wertpapiere; **ценные -и, приносящие дивиденды** Dividendenwerte *pl*; **ценные -и, продаваемые с условием будущей поставки** Terminpapiere *pl*; **ценные -и промышленных компаний** Industrie|titel *pl*, -werte *pl*; **ценные -и со свободно колеблющейся ценой** variable Werte; **ценные -и с твёрдым процентом** Renten(werte) *pl*, festverzinsliche Wertpapiere; **ценные -и, являющиеся собственностью банка** eigene Effekten; **экзотические ценные -и** exotische Werte

буржуазия *f (WiWi)* Bourgeoisie *f*

бухгалтер *m* Buchhalter *m*, Buchhaltungsfachmann *m*, Rechnungsführer *m*; **~-аудитор** Buchhalter-Wirtschaftsprüfer *m*; **главный ~** Hauptbuchhalter *m*, Chefbuchhalter *m*; **~, имеющий право на составление балансового отчёта** Bilanzbuchhalter *m*; **~-калькулятор** Kostenrechner *m*; **~ по учету издержек** *(Buchh)* Betriebsbuchhalter *m*, Kostenbuchhalter *m*, Cost Accountant; **~-ревизор** Buchprüfer *m*

бухгалтерия *f* Buchhaltung *f*, Buchführung *f*; **банковская ~** Bankbuchhaltung *f*; **двойная ~** doppelte Buchführung, Doppik *f*; **~ предприятия** Betriebsbuchhaltung *f*

бухгалтерский Buchführungs-, Buchhaltungs-, buchhalterisch; **~ учёт** Buchführung *f*

бык *m (Bö)* Bulle *m*, Haussier *m*, Haussespekulant *m*

быстроизнашивающи|йся schnell verschleißend, kurzlebig; **-еся детали** *pl* Verschleißteile *pl*

быстрореализуемый leicht verkäuflich, schnell verkäuflich

быт *m* Lebenshaltung *f*, Lebensweise *f*, Alltag *m*

бэк-офис *m* Backoffice *m*

бюджет *m* Budget *n*, Etat *m*, Haushalts(-plan) *m*; **исполнять ~** den Haushaltsplan verfolgen; **консолидировать ~** das Budget (den Etat, den Haushalt) konsolidieren; **отчислять в ~** an den Haushalt abführen; **превышать ~** das Budget (den Etat, den Haushalt) überschreiten (überziehen); **предусмотреть в -е** im Budget (Etat, Haushalt) vorsehen (einplanen); **разрабатывать (составлять) ~** budgetieren, ein Budget (einen Etat, einen Haushaltsplan) aufstellen (erstellen); **санировать ~** den Etat (Haushalt) sanieren; **сбалансировать ~** den Etat (Haushalt) ausgleichen; **сократить ~** das Budget (den Etat, den Haushalt) kürzen; **утверждать ~** ein Budget (einen Etat, einen Haushalt) bewilligen (verabschieden); **финансировать из -а** aus dem Haushalt finanzieren; **административный ~** Verwaltungshaushalt *m*; **альтернативный ~** Eventualhaushalt *m*; **~ брутто** Bruttoprinzip *n*; **~ ведомства (учреждения)** Etat eines Amtes; **военный ~** Budget für Militär- und Rüstungsausgaben; **годовой ~** Jahres|budget *n*, -etat *m*; **государственный ~** Staatshaushalt *m*, öffentlicher Haushalt; **-ы государственных и муниципальных органов власти и учреждений** öffentliche Haushalte; **~ денежных средств** *(Fin)* Einnahmen-Ausgaben-Planung *f*; **дополнительный ~** Ergänzungshaushalt *m*, Nachtrags|etat *m*, -haushalt(splan) *m*; **затратный ~** öffentliche Defizitfinanzierung; Deficit spending; **земельный ~** Landeshaushalt *m*; **имущественный ~** Vermögenshaushalt *m*; **инвестиционный ~ (~ капиталовложений)** Investitions|budget *n*, -etat *m*, Kapitalbudget *n*, Finanzierungsplan *m*; **местный ~** Gemeindehaushalt *m*; **~ муниципального образования** Kommunalbudget *n*, Kommunalhaushalt *m*; **муниципальный ~** Stadthaushalt *m*; **~ на научно-исследовательские работы** Forschungsetat *m*; **~ на нулевой основе** *(Buchh, Fin, WiWi)* Nullbasis-Budgetierung *f*; **~ на социальные нужды** Sozial|budget *n*, -etat *m*, -haushalt *m*; **непрерывный ~** aktualisiertes Budget; **(не)сбалансированный ~** (un)-ausgeglichener Etat (Haushalt); **~ нетто** Nettoprinzip *n*; **~ органов управления** Verwaltungshaushalt *m*; **~ отдела маркетинга** Marketingbudget *n*; **~, отражающий режим экономии** Sparhaushalt *m*; **~ полной занятости** *(WiWi)* Vollbeschäftigungsbudget *n*; **потребительский ~** Konsumentenbudget *n*; **~ развития** Entwicklungsbudget *n*, Entwicklungshaushalt *m*; **~ семьи (семейный ~)** Familienbudget *n*; **~ страны** Staatshaushalt *m*; **~ субъектов Федерации** *(Admin)* Budget der Föderationssubjekte; **~ текущих расходов** *(Buchh)* Budget für laufende Kosten; **федеральный ~** Bundes|etat *m*, -haushalt *m*, föderaler Haushalt *m*; **чрезвычайный ~** außerordentlicher Haushalt

бюджетн|ый budgetär, etatmäßig, haushaltsmäßig, Budget-, Etat-, Haushalts-; **-ые предположения** *pl* Etatansatz *m*; **-ый титул** *m* Etattitel *m*, Haushaltstitel *m*; **-ый учёт** *m* budgetäre Erfassung; **-ые учреждения** *pl* Haushaltseinrichtungen *pl*, öffentliche Einrichtungen *pl*, aus dem Staatshaushalt finanzierte Einrichtungen *pl*

бюллетень *m* Anzeiger *m*, Bulletin *n*, amtliche Bekanntmachung, Blatt *n*, Zettel *m*; Krankenschein *m*; **биржевой ~** Börsen|bericht *m*, -zettel *m*, Kurs|bericht *m*, -blatt *n*, -zettel *m*; **~ для публикации официальных сообщений** Publikationsorgan *n*; **курсовой ~ для неофициально котируемых ценных бумаг** Kurszettel für Freiverkehrswerte; **информационный ~** Anzeiger *m*, Informationsblatt *n*; **~ курсов иностранных**

валют Devisenkurszettel *m*, Wechselkurszettel *m*; **~ курсов наличной иностранной валюты** Sortenzettel *m*

бюро *n* Büro *n*; Amtsraum *m*; Amt *n*, Amtsstelle *f*, Dienststelle *f*; **закрывать** ~ das Büro schließen; **открывать** ~ ein Büro eröffnen; **~ взаимных расчетов** Büro für gegenseitige Verrechnungen; **~ заказов** Bestellagentur *f*, Bestelldienst *m*; **инженерное (техническое)** ~ Ingenieurbüro *n*; **инкассаторское** ~ Inkassobüro *n*, Inkassostelle *f*; **конструкторское** ~ Konstruktionsbüro *n*; **~ кредитных историй** Kreditgeschichtenbüro *n*; **маклерское (посредническое)** ~ Maklerbüro *n*; **~ находок** Fundbüro *n*; **~ по трудоустройству** Arbeits|amt *n*, -vermittlung *f*; **посредническое** ~ Vermittlungsstelle *f*, Kontaktbüro *n*; **проектное** ~ Entwicklungsbüro *n*; **проектно-конструкторское** ~ Ingenieurbüro *n*; **справочное** ~ Auskunftsbüro *n*, Auskunftei *f*; **туристическое** ~ Reisebüro *n*, Verkehrsverein *m*; **Центральное ~ учёта банковских кредитов** Evidenzzentrale *f*

бюрократ *m* Bürokrat *m*

бюрократизм *m* Amtsschimmel *m*

бюрократия *f* Bürokratie *f*

В

вагон Wagen *m*, Waggon *m*; **грузить в** ~ in den Waggon verladen; **разгружать** ~ einen Waggon ausladen (entladen); **грузовой (товарный)** ~ Güterwagen *m*; **гружёный** ~ Vollwagen *m*, beladener Wagen (Waggon); **железнодорожный** ~ Eisenbahnwagen *m*; **крытый** ~ gedeckter Waggon; **пассажирский** ~ Reisezugwagen *m*; **~-рефрижератор** Kühlwagen *m*; **спальный** ~ Schlafwagen *m*; **~-цистерна** Kesselwagen *m*, Tankwagen *m*

вагонооборот *m* Waggonumschlag *m*

вагоностроение *n* Waggonbau *m*

важный wichtig, wesentlich, aktuell

важность *f* Wichtigkeit *f*

вакансия *f* freie (unbesetzte) Stelle, unbesetzter Posten, Vakanz *f*; **заполнять -ю** eine Stelle besetzen; **~ на обучение в учебном заведении** Studienplatz *m*

вакантн|ый frei, nicht besetzt, unbesetzt; **объявлять конкурс на замещение -ой должности** eine Stelle ausschreiben; **-ая должность (-ое место)** freie (unbesetzte) Stelle, unbesetzter Posten

валидация *f* Validierung *f*

валидность *f* Validität *f*

валов|ый brutto, Brutto-, Roh-, Gesamt-; **-ая выручка** *f* Bruttoerlös *m*; **-ый доход** *m* Brutto|einkommen *n*, -ertrag *m*, Roh|einkommen *n*, -ertrag *m*, Gesamt|einkommen *n*, -ertrag *m*; **-ый оборот** *m* Bruttoumsatz *m*, Rohumsatz *m*, Gesamt|umsatz *m*, -umschlag *m*; **-ая прибыль** *f* Bruttogewinn *m*, Gesamtgewinn *m*, Rohgewinn *m*; **-ая продукция** *f* Bruttoproduktion *f*; **-ое производство** *n* Brutto|erzeugung *f*, -produktion *f*

валоризация *f* Aufwertung *f*, Valorisation *f*

вальвация *f* Valvation *f*, Schätzung *f*, Abschätzung *f*

вальвировать valvieren, (ab)schätzen

валют|а *f* Devisen *pl*, Sorten *pl*, Valuta *f*, Währung *f*; **девальвировать -у** eine Währung abwerten; **зарабатывать -у** Devisen (Valuta) erwirtschaften; **конвертировать -у** Devisen konvertieren (umtauschen); **обменивать -у** Devisen (Valuta) umtauschen; **платить -ой** mit (in) Devisen (Valuta) (be)zahlen (entrichten); **покупать -у** Devisen (Sorten) (an)kaufen; **покупать за -у** gegen (mit) Devisen kaufen; **приобретать -у** Devisen beschaffen; **продавать -у** Devisen (Sorten) verkaufen; **расходовать -у** Devisen (Valuta) ausgeben; **ревальвировать -у** eine Währung aufwerten; **торговать -ой** mit Devisen (Sorten) handeln; **-а базисная** Basiswährung *f*; **-а баланса** Bilanzvaluta *f*; **бумажная** ~ Papierwährung *f*; **ведущая -а** Leitwährung *f*; **-а векселя** Wechsel|valuta *f*, -währung *f*; **-а данной страны** inländische Währung; **девальвированная -а** abgewertete Währung; **-а денежных обязательств** Zahlungswährung *f*; **двойная -а** Doppelwährung *f*; **-а займа** Anleihewährung *f*; **законная -а** gesetzliche Währung; **замкнутая -а** nicht konvertierbare (geschlossene) Währung; **золотая -а** Goldwährung *f*; **индексируемая -а** Indexwährung *f*; **-а инкассо** Inkassowährung *f*; **иностранная -а** Devisen *pl*, Fremdwährung *f*, Valuta *f*, ausländische (fremde) Währung; **-а клиринговая** Clearingwährung *f*; **ключевая -а** Leitwährung *f*, Schlüsselwährung *f*; **-а коллективная** kollektive Währung; **-а компенсирована** Valuta kompensiert; **конвертируемая -а** konvertierbare (konvertible) Währung (Valuta); **-а контракта** Währung des Vertrages; **-а кредита** Kreditvaluta *f*; **купонная -а** Kuponwährung *f*; **-а на инкассо** Wert zum Einzug (Inkasso); **наличная иностранная -а** Sorten *pl*; **национальная -а** Nationalwährung *f*, Landeswährung; **неконвертируемая (необратимая) -а** nicht konvertierbare (unkonvertierbare) Währung (Valuta); **неустойчивая -а** weiche Währung (Valuta); **обесцененная -а** entwertete (abgewertete) Währung; **обратимая -а** frei konvertierbare Währung; **основная -а** Leitwährung *f*; **параллельная -а** Parallelwährung *f*; **-а платежа** Valuta (Währung) der Zahlung; **-а поддержки карточки** *(Bank, Fin)* Kartenwährung *f*; **-а получена** Valuta kompensiert, Wert erhalten; **расчётная -а** Verrechnungswährung *f*; **регулируемая -а** gesteuerte (manipulierte) Währung; **резервная -а** Reservewährung *f*; **-а сделки** Vertragswährung *f*; **-а с заниженным курсом** unterbewertete Währung; **-а с ограниченной обратимостью** begrenzt konvertierbare Währung *f*; **-а страны-должника** Währung des Schuldnerlandes; **-а страны-кредитора** Währung des Gläubigerlandes; **твёрдая -а** Hartwährung *f*, harte (feste) Währung (Devisen, Valuta); **-а торговли** Handelswährung *f*; **-ы третьих стран** Drittwährungen *pl*; **устойчивая -а** stabile (feste, harte) Währung (Valuta); **-а цены** Preiswährung *f*; **частично конвертируемая (обратимая) -а** beschränkt konvertierbare Währung; **«экзотическая» -а** *(Fin)* exotische Währung *f*; **якорная -а** *(Fin)* Ankerwährung *f*

валютировани|е *n* Valutierung *f*, Wertstellung *f*; **дата -я** *f* Valuta(tag *m*) *f*, Valutierungstag *m*, Wertstellung(sdatum *n*) *f*, Tag der Wertstellung; **срок -я** *m* Valutierungsfrist *f*

валютировать valutieren, Wertstellung vornehmen

валютн|ый Devisen-, Valuta-, Valuten-, Währungs-; **-ый коридор** *m* Wechselkursbandbreite *f*; **-ая оговорка** *f* Valutaklausel *f*, Währungsklausel *f*; **-ая система** *f* Währungssystem *n*; **-ый счёт** *m* Valutakonto *n*, Valutenkonto *n*, Währungskonto *n* Devisekonto *n*, Fremdwährungskonto *n*

валютно-кредитн|ый Fremdwährungskredit-; **-ая операция** *f* Fremdwährungskreditgeschäft *n*

валютно-финансов|ый Währungs-; **-ый кризис** *m* Währungskrise *f*; **-ая реформа** *f* Währungsreform *f*; **-ая система** *f* Währungssystem *n*

вариант *m* Variante *f*; **разрабатывать -ы** Varianten erarbeiten; **предварительный ~ баланса** Bilanzansatz *m*; **~ решения** Lösungsvariante *f*

вариаци|я *f* Variation *f*; **коэффициент -и** Variationskoeffizient *m*

варрант *m* Docklagerschein *m*, Lagerschein *m*, Orderlagerschein *m*, Warrant *m*; **бессрочный ~** unbefristeter Aktien-Warrant, unbefristeter Optionsschein; **валютный ~** Währungswarrant *m*; **доковый ~** Docklagerschein *m*; **~ на акцию** Aktiensoptionsschein *m*; **складской ~** Lagerschein *m*

ваучер *m* Privatisierungsscheck *m*

введение *n* Einführung *f*, Einleitung *f*; **~ в должность** Einführung in ein Amt; **~ в заблуждение налоговых органов** Steuerbetrug *m*; **~ новых правил** Neuregelung *f*; **~ во владение** *s.* **ввод во владение**; **~ плавающего курса валют** Wechselkursfreigabe *f*

ввод *m* Einführung *f*, Eingabe *f*, Input *m*; **~ в действие** Inbetriebnahme *f*, Inbetriebsetzung *f*, Fertigstellung *f*; **~ в обращение** Inverkehrbringen *n*, Inumlaufsetzen *n*; **~ в эксплуатацию** Inbetriebnahme *f*, Inbetriebsetzung *f*, Indienststellung *f*; **~ во владение** Besitzeinweisung *f*, Besitzeinräumung *f*; **~ информации** Dateneingabe *f*; **~ новых мощностей** Inbetriebnahme der neuen Kapazitäten

вводить einführen, eingeben; **~ в действие** in Betrieb nehmen (setzen); **~ в должность** in das Amt einführen; **~ в обращение** in Umlauf bringen (setzen), in Verkehr bringen; **~ в эксплуатацию** in Betrieb nehmen (setzen), in Dienst stellen; **~ во владение** in den Besitz einführen (setzen); **~ данные (информацию)** Daten (Information) eingeben; **~ новые мощности** neue Kapazitäten in Betrieb nehmen

ввоз *m* Einfuhr *f*, Import *m*; **контролировать ~** Einfuhr überwachen; **ограничивать ~** die Einfuhren (den Import) beschränken; **сокращать ~** Einfuhren (den Import) drosseln; **беспошлинный ~** abgabenfreie (zollfreie) Einfuhr; **временный ~** vorübergehende Einfuhr; **~ (иностранных) товаров** Einfuhr (Import) von Waren; **~ капитала** Kapitaleinfuhr *f*; **контрабандный ~** Bannbruch *m*, Schmuggel *m*; **льготный ~** begünstigte Einfuhr; **обратный ~** Reimport *m*; **прямой ~** direkte (unmittelbare) Einfuhr, direkter Import; **свободный ~** freie Einfuhr; **~ услуг** Einfuhr von Dienstleistungen, unsichtbare Einfuhr

ввозить einführen, importieren; **~ товары в страну** Waren in das Land einführen

ввозн|ый Einfuhr-, Import-; **-ая пошлина** *f* Einfuhr|abgabe *f*, -zoll *m*, Importzoll *m*

веб-браузер *m (Comp)* Webbrowser *m*, Browser *m*

веб-дизайн *m (Comp)* Webdesign *n*, Webgestaltung *f*

веб-портал *m (Comp)* Portal *n*

веб-ресурс *m (Comp)* Webangebot *n*

веб-сайт *m (Comp)* Website *f*

веб-сервер *m (Comp)* Webserver *m*

веб-страница *f (Comp)* Webseite *f*

ведение *n* Führung *f*, Leitung *f*, Verwaltung *f*; **бесплатное ~ счетов** gebührenfreie (kostenlose) Führung von Konten; **~ бухгалтерского учёта** Buchführung *f*; **~ дел** Geschäfts|besorgung *f*, -führung *f*, Führung der Geschäfte; **~ домашнего хозяйства** Haushaltung *f*, Haushaltsführung *f*; **~ кассы** Kassenführung *f*; **~ переписки** Korrespondenzabwicklung *f*; **~ регистра (реестра)** Registerführung *f*; **совместное ~ дел** Gesamtgeschäftsführung *f*; **~ счетов** Kontenführung *f*, Kontoführung *f*, Führung von Konten; **~ учёта** Rechnungsführung *f*; **~ хозяйства** Haushaltsführung *f*, Wirtschaftsführung *f*, Bewirtschaftung *f*; **~ хозяйственной деятельности** Betreiben *n* eines Geschäftes, Geschäftsbetrieb *m*, Geschäftstätigkeit *f*

ведомость *f* Aufstellung *f*, Liste *f*, Verzeichnis *n*, Bogen *m*, Zettel *m*, Nachweis *m*, Meldung *f*; **оформлять ~** einen Bogen (eine Liste, eine Meldung) ausfertigen; **составлять ~** eine Liste (ein Verzeichnis) aufstellen (erstellen); **~ активов и пассивов** Vermögensaufstellung *f*; **вспомогательная ~** Hilfsliste *f*; **годовая сводная ~** Jahresverzeichnis *n*; **дефектная ~** Schadens|liste *f*, -meldung *f*; **~ для разграничения затрат** Abstimmungsbogen *m*; **~ заказов** Bestellbogen *m*; **~ заключенных сделок** *(Bö)* Liste der geschlossenen Börsengeschäfte; **инвентарная ~** Bestandsverzeichnis *n*; **инвентаризационная ~** Inventar(liste *f*) *n*; **ликвидационная ~** Abschlussbogen *m* Liquidationsliste *f*; **накопительная ~** Sammel|liste *f*, -nachweis *m*; **~ наличия** Bestands|liste *f*, -nachweis *m*; **оценочная ~** Taxations|liste *f*, -verzeichnis *n*; **платёжная ~** Lohn(zahlungs)liste *f*, Auszahlungsliste *f*; **погрузочная ~** Ladeliste *f*; **~ производственного учёта** Betriebsabrechnungsbogen *m*; **расчётная ~** Abrechnungs|bogen *m*, -tabelle *f*, Abschlussbogen *m*; **сводная ~** Sammel|nachweis *m*, -verzeichnis *n*; **сличительная ~** Vergleichsliste *f*; **сопроводительная ~** Begleitschein *m*; **~ учёта** Erfassungsbogen *m*; **~ учёта времени** Zeitaufstellung *f*; **~ учёта запасов** Bestandsverzeichnis *n*; **~ учёта затрат по видам изделий** Kostenträgerabrechnungsbogen *m*

ведомственн|ый behördlich, ressortmäßig, Amts-, Behörden-, Ressort-; **-ая компетенция** *f* Behördenzuständigkeit *f*, Ressortzuständigkeit *f*; **-ые проблемы** *pl* Ressortangelegenheiten *pl*

ведомство *n* Amt *n*, Behörde *f*, Ressort *n*; **налоговое ~** Steuerbehörde *f*; **патентное ~** Patentamt *n*; **федеральное ~** Bundesamt *n*; **Федеральное ~ по надзору за деятельностью кредитных учреждений** Bundesamt für das Kreditwesen; **Федеральное ~ по надзору за деятельностью страховых компаний и сберегательных учреждений** Bundesamt für Versicherungswesen; **финансовое ~** Finanzamt *n*

ведущ|ий führend, leitend, Leit-; federführend; **-ая валюта** *f* Leitwährung *f*; **-ая отрасль промышленности** *f* Schlüssel|branche *f*, -industrie *f*; **-ее предприятие отрасли** *n* Branchenführer *m*; **-ий производитель** *m* führender Hersteller *m*

векселедатель *m* Wechselaussteller *m*, Trassant *m*, Assignant *m*, Aussteller eines Wechsels

векселедержатель *m* Wechselinhaber *n*

векселеполучатель *m* Wechselbezogene *m*, Trassat *m*

векселепредъявитель *m* Wechselinhaber *m*

вексел|ь *m* Wechsel *m*; **акцептовать -ь** einen Wechsel akzeptieren (annehmen, honorieren); **выдавать (выписывать, выставлять) -ь** einen Wechsel ausstellen (trassieren, ziehen); **выпускать -ь в обращение (путём индоссирования)** einen Wechsel ausgeben (begeben); **дисконтировать -ь** einen Wechsel diskontieren; **домицилировать -ь** einen Wechsel domizilieren; **индоссировать -ь** einen Wechsel girieren (indossieren); **инкассировать -ь** einen Wechsel einziehen; **оплачивать -ь** einen Wechsel bezahlen (einlösen); **оплачивать -ем** mit einem Wechsel bezahlen; **(о)протестовать -ь** einen Wechsel protestieren lassen, einen Wechsel zu Protest gehen lassen; **отдавать -ь под залог ссуды** einen Wechsel beleihen (lombardieren); **отказывать в акцептовании -я** die Annahme eines Wechsels verweigern; **отказывать в оплате -я** die Zahlung eines Wechsels verweigern; **отклонять -ь** einen Wechsel platzen lassen; **оформлять -ь** einen Wechsel ausfertigen; **переводить -ь** einen Wechsel trassieren (ziehen); **передавать -ь** einen Wechsel weitergeben; **переучитывать -ь** einen Wechsel rediskontieren (weitergeben); **подать в суд на оплату -я** die Zahlung eines Wechsels einklagen; **покупать -ь** einen Wechsel ankaufen (aufkaufen, diskontieren); **поручаться за -ь** für einen Wechsel bürgen; **предоставлять обеспечение для -я** Deckung für einen Wechsel anschaffen; **представлять -ь к оплате (платежу)** einen Wechsel zur Zahlung einreichen; **представлять -ь к учёту** einen Wechsel diskontieren lassen; **предъявлять -ь к акцепту** einen Wechsel zum Akzept präsentieren (vorlegen); **принимать -ь к учёту (для инкассирования)** einen Wechsel zum Diskont (Inkasso) (herein)nehmen; **пролонгировать -ь** einen Wechsel prolongieren (verlängern); **просрочивать -ь** einen Wechsel verfallen lassen; **расчитываться по -ю (уплатить по -ю)** einen Wechsel bezahlen (einlösen); **учитывать -ь** einen Wechsel ankaufen (aufkaufen, diskontieren, in Diskont nehmen); **авансовый -ь** Vorschusswechsel *m*; **акцептованный -ь** akzeptierter (angenommener) Wechsel *m*, Wechselakzept *n*; **банкирский -ь** Bankakzept *n*; **безусловный -ь** Sichtwechsel *m*; **бланковый -ь** Blankowechsel *m*,

Wechselblankett *n*, offener Wechsel; **-ь в иностранной валюте** Auslandswechsel *m*, Fremdwährungswechsel *m*; **-я в обращении** im Umlauf befindliche Wechsel; **встречный -ь** Gegenwechsel *m*, Rückwechsel *m*; **-ь, выписанный в комплекте** Wechsel in mehrfacher Ausfertigung; **-ь, выпущенный в обращение** begebener (weitergegebener) Wechsel; **-ь, выставленный на дебитора** Debitorenziehung *f*; **гарантийный (гарантированный) -ь** avalierter Wechsel; **датированный -ь** Tagwechsel *m*; **долгосрочный -ь** langfristiger Wechsel; **домицилированный -ь** domizilierter Wechsel, Domizilwechsel *m*, Zahlstellenwechsel *m*; **дружеский -ь** Gefälligkeitswechsel *m*, Leerwechsel *m*; **дутый -ь** Kellerwechsel *m*, Reitwechsel *m*; **-ь, заложенный под обеспечение ссуды** Depotwechsel *m*, lombardierter Wechsel, Lombardwechsel *m*; **именной -ь** Namenswechsel *m*, Rektawechsel *m*; **индоссированный -ь** indossierter Wechsel; **инкассационный -ь** Inkassowechsel *m*; **иногородний -ь** Distanzwechsel *m*; **иностранный -ь** Auslandswechsel *m*, im Ausland zu zahlender Wechsel, auf das Ausland gezogener (ausländischer) Wechsel; **казначейский -ь** Schatzwechsel *m*; **коммерческий -ь** Handelswechsel *m*, Kundenwechsel *m*, Warenwechsel *m*; **комиссионный -ь** Kommissionswechsel *m*; **-ь к платежу** Passivwechsel *m*, Schuldwechsel *m*, zu zahlender Wechsel; **-я к платежу** Wechselverbindlichkeiten *pl*; **-ь к получению** Aktivwechsel *m*, Besitzwechsel *m*, einzulösender Wechsel; **-я к получению** Wechselforderungen *pl*; **краткосрочный -ь** kurzfristiger Wechsel; **-ь на определённую дату** Tagwechsel *m*; **-ь на предъявителя** Inhaberwechsel *m*, Sichtwechsel *m*; **-ь на срок** Präziswechsel *m*; **-ь на срок, установленный торговым обычаем** Usowechsel *m*; **неоплаченный -ь** nicht bezahlter (nicht eingelöster, nicht honorierter) Wechsel, notleidender Wechsel; **непокрытый -ь** ungedeckter Wechsel; **неучётоспособный -ь** diskontunfähiger (nicht bankfähiger, nicht diskontfähiger) Wechsel; **местный (одногородний) -ь** Platzwechsel *m*; **-ь «на себя»** Solawechsel *m*; **обеспеченный -ь** gedeckter Wechsel; **обеспечительский -ь** Kautionswechsel *m*, Sicherheitswechsel *m*; **оборотный -ь** begebbarer Wechsel; **обратный (переводной) -ь** Rikambio (-wechsel) *m*, Rückwechsel *m*, Retourwechsel *m*; **(о)протестованный -ь** geplatzter (protestierter, zu Protest gegangener) Wechsel; **оплаченный -ь** bezahlter (eingelöster, honorierter) Wechsel; **ордерный -ь** Orderwechsel *m*; **-ь, отданный в залог** verpfändeter Wechsel; **отечественные -я** Diskonten *pl*, Inlandswechsel *pl*, inländische Wechsel; **первоклассный -ь** Bankwechsel *m*, Primawechsel *m*, erstklassiger Wechsel; **первоклассные -я, акцептованные банком** Primadiskonten *pl*; **переводной -ь** Tratte *f*, gezogener (trassierter) Wechsel; **переучтённый -ь** rediskontierter Wechsel; **поддельный -ь** gefälschter Wechsel; **-ь, подлежащий оплате в определённый срок после предъявления** Nachsichtwechsel *m*; **покупательский -ь (~ покупателя)** Kundenwechsel *m*; **-ь поставщика** Lieferantenwechsel *m*; **-ь по предъявлению** Inhaberwechsel *m*, Sichtwechsel *m*; **-ь, представленный в залог под сумму** lombardierter Wechsel; **-ь, принимаемый банком к учёту** bankfähiger (diskontfähiger) Wechsel; **пролонгационный -ь** Prolongationswechsel *m*; **просроченный -ь** abgelaufener (notleidender, überfälliger, verfallener) Wechsel; **простой -ь** Eigenwechsel *m*, Solawechsel *m*, eigener Wechsel; **-ь с жироакцептом банка** Bankwechsel *m*; **-ь собственному приказу** Wechsel an eigene Order; **-ь с платежом после предъявления** Datowechsel *m*; **среднесрочный -ь** mittelfristiger Wechsel; **-ь со сроком** Präziswechsel *m*; **-ь со сроком, исчисленным со дня выдачи** Datowechsel *m*, Tagwechsel *m*; **-ь со сроком платежа на определённый день** Präziswechsel *m*, befristeter Wechsel, Nachsichtwechsel *m*; **учтённый -ь** Diskontwechsel *m*, angekaufter (diskontierter) Wechsel; **учётоспособный -ь** bankfähiger (diskontfähiger) Wechsel; **фиктивный -ь** Kellerwechsel *m*, Reitwechsel *m*; **филиальный переводной -ь** Kommanditwechsel *m*; **финансовый -ь** Finanzwechsel *m*, Leerwechsel *m*; **-ь чужому приказу** Wechsel an fremde Order; **экспортный переводной -ь** Exporttratte *f*

вексельн|ый Wechsel-; **-ый брокер** *m* Wechsel|agent *m*, -makler *m*, -sensal *m*; **-ая метка** *f* Wechselklausel *f*; **-ое право** *n* Wechselrecht *n*; **-ые реквизиты** *pl* Wechselangaben *pl*; **-ый срок** *m* Wechsellaufzeit *f*; **-ая строгость** *f* Wechselstrenge *f*; **-ая форма** *f* Wechselform *f*

величин|а *f* Größe *f*, Wert *m*, Betrag *m*; **достигать рекордной -ы** einen Rekordwert (eine Rekordhöhe) erreichen; **-а активов** Vermögenswert *m*; **базовая (исходная) -а** Bezugsgröße *f*; **допустимая -а** zulässiger Wert; **допустимая -а запасов** zulässige Bestandshöhe; **заданная -а** Sollwert *m*, Nennwert *m*, vorgegebener Wert; **-а задолженности** Schuld|betrag *m*, -summe *f*; **-а запасов** Bestandshöhe *f*; **-а капитала** Kapitalvolumen *n*; **конечная -а** Zielgröße *f*; **максимальная -а** Spitzenwert *m*; **номинальная -а** Nennwert *m*, Nominalwert *m*; **ориентировочная -а** Richtgröße *f*; **оценочная -а** Schätzgröße *f*; **предельная -а** Grenzwert *m*; **-а предприятия** Betriebsgröße *f*; **-а прибыли** Gewinn|lage *f*, -menge *f*; **сопоставимая (сравнительная) -а** Vergleichswert *m*; **средняя -а** Durchschnittsgröße *f*; **фактическая -а** Istgröße *f*

вендорлиз *m* Importleasing *n*

венчур внешний *m* Wagniskapital-Beteiligungsgesellschaft *f*, Wagniskapitalfinanzierung mit Fremdfinanzierung; **~ внутренний** *m* Wagniskapitalfinanzierung ohne Fremdfinanzierung; Innovationsfinanzierungsgesellschaft *f*

венчурн|ый капитал *m* Risikokapital *n*, Wagniskapital *n*, Venture-Kapital *n*, risikobehaftetes Kapital; **-ый капиталист** *m* Risikokapitalgeber *m*, Wagniskapitalgeber *m*, Risikounternehmer *m*, risikofreudiger Investor *m*; **-ое финансирование** *n* Wagnisfinanzierung *f*; Wagniskapitalfinanzierung *f*

вербовать anwerben, werben; **~ рабочих** Arbeitskräfte anwerben

вербовка *f* Anwerbung *f*, Werbung *f*

верификация *f* Verifizierung *f*; **~ подписи** Unterschriftsvergleich *m*, Unterschriftsverifizierung *f*

верность *f* Treue *f*; **~ клиенту (клиента)** Kundentreue *f*

вернуть zurückerstatten, zurückgeben, zurückzahlen, zurücksenden; **~ деньги** Geld zurückerstatten; **~ долги** eine Schuld abtragen (zurückzahlen); **~ товары** Waren zurückgeben (zurücksenden)

вероятность *f* Wahrscheinlichkeit *f*; **~ возникновения убытков (~ повреждения)** Verlustwahrscheinlichkeit *f*; Schadenswahrscheinlichkeit *f*

вероятный wahrscheinlich

верфь *f* Schiffswerft *f*, Werft *f*

вершина, двойная Doppelspitze *f*

вертикальный vertikal, Vertikal-; **~ концерн** *m* Vertikalkonzern *m*

вес *m* Gewicht *n*; **проверять ~** das Gewicht nachprüfen, nachwägen; **~-брутто** *m* Bruttogewicht *n*, Gesamtgewicht *n*, Rohgewicht *n*; **~ груза** Gewicht der Ladung; **~ груза брутто** Versandgewicht *n*; **живой ~** Lebendgewicht *n*; **избыточный (излишний) ~** Mehrgewicht *n*, Übergewicht *n*; **максимальный ~** Höchstgewicht *n*; **минимальный ~** Mindestgewicht *n*; **неоплачиваемый ~ (~, не подлежащий оплате)** Freigewicht *n*; **недостающий ~** Fehlgewicht *n*, Gewichtsmanko *n*, Mindergewicht *n*, fehlendes Gewicht; **~-нетто** *m* Nettogewicht *n*, Reingewicht *n*, Eigengewicht *n*; **нормальный ~** Normalgewicht *n*; **общий ~** Gesamtgewicht *n*; **объёмный ~** Raumgewicht *n*; **отгрузочный (погрузочный) ~** Abladegewicht *n*; **полный ~** volles Gewicht; **предельный ~** Gewichtsgrenze *f*, Höchstgewicht *n*; **расчетный ~** kalkulatorisches Gewicht *n*; **сдаточный ~** Ablieferungsgewicht *n*; **собственный ~** Eigengewicht *n*; **средний ~** Durchschnittsgewicht *n*, Normalgewicht *n*; **сухой ~** Trockengewicht *n*; **таможенный ~** Zollgewicht *n*; **~ тары (упаковки)** Leergewicht *n*, Tara *f*, Verpackungsgewicht *n*; **~ товара при отправке** Abladegewicht *n*; **торговый ~** handelsübliches Gewicht; **точный ~** genaues Gewicht; **тройский ~** Troygewicht *n*; **фактурный ~** Fakturagewicht *n*; **чистый ~** Nettogewicht *n*, Reingewicht *n*, Eigengewicht *n*

весить wiegen, schwer sein

весовой Gewichts-, Wäge-, Waage-; **~ допуск** Gewichtstoleranz *f*; **~ сертификат** Gewichts|bescheinigung *f*, -zertifikat *n*

вести führen, betreiben, treiben; **~ бухгалтерские книги** Bücher führen; **~ дело** ein Geschäft betreiben; **~ кассу** die Kasse führen; **~ переговоры** verhandeln, Verhandlungen führen; **~ протокол** protokollieren, das Protokoll führen; **~ торговлю** handeln, Handel treiben; **~ учёт** erfassen; **~ хозяйство** die Wirtschaft führen

вес|ы *pl* Waage *f*; **взвешивать на -ах** auf einer Waage wiegen

вето *n* Einspruch *m*, Einspruchsrecht *n*, Veto *n*; **наложить ~** Einspruch (Veto) einlegen; **снять ~** Veto zurückziehen

вещественный stofflich, substanziell

вещество *n* Stoff *m*, Substanz *f*, Material *n*, Mittel *n*

вещно-правовой sachenrechtlich, dinglich

вещн|ый dinglich, Ding-, Sach(en)-; **-ое обеспечение** *n* dingliche Sicherheit; **-ое право** *n* dingliches Recht, Sachenrecht *n*

вещ|ь *f* Ding *n*, Sache *f*, Gegenstand *m*; Gepäckstück *n*; **антикварная -ь** Antiquität *f*; **-и движимые** Mobilien *pl*, mobile Gegenstände; **заменимые -и** vertretbare Sachen; **-и, которые можно внести под залог** lombardfähige Gegenstände; **личные -и** Gegenstände des persönlichen Gebrauchs, persönliche Sachen; **-и недвижимые** Immobilien *pl* (inkl. staatlich registrierte Schiffe und Flugzeuge); **незаменимые -и** nicht ersetzbare Sachen

взаимност|ь *f* Gegenseitigkeit *f*; **основываться на -и** auf Gegenseitigkeit beruhen; **при условии -и** unter der Voraussetzung der Gegenseitigkeit

взаимн|ый gegenseitig, wechselseitig, auf Gegenseitigkeit beruhend, beiderseitig; **-ый зачёт встречных требований** *m* Aufrechnung *f*; **-ая защита капиталовложений** *f* gegenseitiger Schutz *m* von Kapitalanlagen; **-ые претензии** *pl* gegenseitige Ansprüche *pl*; **-ые расчёты** *pl* Verrechnungsgeschäft *n*, Clearingverkehr *m*, gegenseitige Abrechnung (Verrechnung); **-ое страхование** *n* Versicherung *f* auf Gegenseitigkeit; **-ое участие** *n* wechselseitige Beteiligung *f*

взаимовыгодный beiderseitig (gegenseitig) vorteilhaft

взаимодействие *n* Wechselwirkung *f*, Zusammenwirken *n*, Zusammenarbeit *f*, Interaktion *f*

взаимодействовать zusammenwirken, zusammenarbeiten, gemeinsam wirken

взаимодополняемость *f* Komplementarität *f*

взаимодополняем|ый komplementär, Komplementär-; **-ые товары** *pl* Komplementärgüter *pl*

взаимозависимость *f* Wechselbeziehungen *pl*, wechselseitige Abhängigkeit *f*, Verflechtung *f*, Interdependenz *f*; **~ цен** Preisinterdependenz *f*

взаимозаменяемость *f* **(взаимозаменимость** *f***)** Austauschbarkeit *f*, Fungibilität *f*, Substitution *f*

взаимозаменяем|ый (взаимозаменимый) austauschbar, fungibel, substituierbar, Substitutions-; **-ые вещи** *pl* fungible Sachen *pl*; **-ые детали** *pl* austauschbare Teile *pl*; **-ые товары** *pl* Substitutionsgüter *pl*; **-ые ценные бумаги** *pl* austauschbare (fungible) Wertpapiere *pl*

взаимозачёт *m* Aufrechnung *f*, gegenseitige Verrechnung *f*

взаимозачитываться sich ausgleichen
взаимообмен *m* wechselseitiger Austausch
взаимоотношения *pl* Beziehungen *pl*, Wechselbeziehungen *pl*; **торговые ~** Handelsbeziehungen *pl*; **экономические ~** wirtschaftliche Beziehungen
взаимопогашение *n* **платежей** Clearing *n*
взаимопомощь *f* gegenseitige Hilfe (Unterstützung), gegenseitiger Beistand; **экономическая ~** gegenseitige Wirtschaftshilfe
взаимопонимание *n* Verständigung *f*
взаимоприем *m* Interoperabilität *f*, gegenseitige Kartenakzeptanz *f*
взаиморасчёт *m* gegenseitige Abrechnung (Verrechnung)
взаимосвяз|ь *f* Wechselbeziehung *f*, Interdependenz *f*, wechselseitige Verbindung; Plausibilität *f*; **деловые -и** geschäftliche Beziehungen (Verbindungen); **производственные -и** Produktionsverflechtung *f*, Produktionsverbindungen *pl*
взаимосогласовывать abstimmen, koordinieren
взаймы auf Borg, auf Kredit; **брать ~** leihen, borgen, sich Geld ausleihen; **давать (предоставлять) ~** (aus)leihen
взамен anstatt, an Stelle, als (zum) Ersatz
взвешенный gewogen, gewichtet
взвешивание *n* Abwägen *n*, Wägen *n*, Gewichtung *f*; **~ рисков** Risikogewichtung *f*
взвешивать abwägen, wägen, gewichten
взвинчивание цен *n* Preisauftrieb *m*, Preistreiberei *f*
вздорожание *n* Preissteigerung *f*, Teuerung *f*, Verteuerung *f*
взимание *n* Beitreibung *f*, Eintreibung *f*, Einziehung *f*, Erhebung *f*; **~ в бюджет** Abführung an den Haushalt; **~ взносов** Beitrags|erhebung *f*, -einziehung *f*, -eintreibung *f*, Einziehung von Beiträgen; **~ налогов** Abgabenerhebung *f*, Steuer|beitreibung *f*, -erhebung *f*, Beitreibung von Steuern, Erhebung von Abgaben, steuerliche Beitreibung; **~ налогов на доходы по месту их получения** Steuererhebung (Abzug der Steuer) an der Quelle; **незаконное ~ и присвоение налогов и сборов** Abgabenüberhebung *f*; **~ пошлины** Zoll|erhebung *f*, -eintreibung *f*; **принудительное ~ (налогов)** Zwangs|beitreibung *f*, -einziehung *f*; **~ процентов** Verzinsung *f*; **~ сборов** Abgabenerhebung *f*, Einziehung von Gebühren
взимать betreiben, eintreiben, einziehen, erheben; **~ налоги** Steuern betreiben (einziehen, erheben, vereinnahmen); **~ сборы** Abgaben (Gebühren) einziehen (erheben)
взлёт *m* Auftrieb *m*, Aufschwung *m*; **~ деловой активности** Geschäftsaufschwung *m*; **~ конъюнктуры** Hochkonjunktur *f*, konjunktureller Aufschwung; **~ курсов** Kurs|aufschwung *m*, -auftrieb *m*, -hausse *f*
взлом *m* **таможенной пломбы** *m* Verschlussverletzung *f*
взнос *m* Abführung *f*, Abgabe *f*; Beitrag *m*, Einlage *f*, Einzahlung *f*, Prämie *f*; Zahlung *f*, Entrichtung *f*; **делать ~** einen Beitrag entrichten, einzahlen; **взимать ~** einen Beitrag einziehen; **возмещать ~** einen Beitrag ersetzen; **выплачивать страховые -ы** Versicherungsprämien zahlen; **определять размер -а** einen Beitrag bemessen; **платить (уплачивать) ~** einen Beitrag entrichten (zahlen); **повышать размер -а** einen Beitrag erhöhen; **аварийный ~** Havariebeitrag *m*; **~ денег в банк** Geldeinlage (Einzahlung) bei der Bank; **~ в натуре** Beitrag in Naturalien; **~ в погашение ссуды** Tilgungsrate *f*; **~ в фонд** Einzahlung (Beitrag) in den Fonds; **вступительный ~** Beitrittsgebühr *f*, Eintrittsgebühr *f*, Einstands|gebühr *f*, -geld *n*; **гарантийный ~ наличными** Bareinschuss *m*; **гарантийный ~ при заключении биржевых сделок** Einschuss *m*; **годичный ~** Jahres|beitrag *m*, -rate *f*; **годичный страховой ~** Jahresprämie *f*; **денежный ~** Geldbeitrag *m*, finanzieller Beitrag; **долевой ~** Geschäftsanteil *m*, Ein-

zahlung des Geschäftsanteils; **дополнительный ~** Ergänzungsbeitrag *m*, zusätzliche Zahlung; **дополнительный страховой ~** Zuschlagsprämie *f*; **единовременный ~** Einmalbeitrag *m*; **единовременный страховой ~** Einmalprämie *f*; **ежегодный ~** Jahres|beitrag *m*, -rate *f*; **ежемесячный ~** Monats|beitrag *m*, -rate *f*, monatlicher Beitrag; **максимальный ~** Höchstbeitrag *m*; **минимальный ~** Mindestbeitrag *m*; **-ы на социальное страхование** Sozialversicherungsbeiträge *pl*, Beiträge zur Sozialversicherung; **неуплаченный ~** ausstehender Beitrag; **обязательный ~** Pflichtbeitrag *m*; **очередной ~** fällige Rate; **очередной ~ в сберегательную кассу** Sparrate *f*; **паевой ~** Anteilbeitrag *m*, Geschäftsanteil *m*; **первичный ~** Erstbeitrag *m*; **первичный страховой ~** Erstprämie *f*; **последующий страховой ~** Folgeprämie *f*; **постоянный страховой ~** feste Prämie; **предварительный ~** Abschlagszahlung *f*, Anzahlung *m*, Vorschuss *m*; **принудительный ~** Zwangsbeitrag *m*; **профсоюзный ~** Gewerkschaftsbeitrag *m*; **страховой ~** Versicherungs|beitrag *m*, -prämie *f*; **уплаченный ~** eingezahlter Beitrag; **членский ~** Mitgliedsbeitrag *m*, Beitrag für die Mitgliedschaft; **чистый страховой ~** Nettobeitrag *m*

взыскание *n* Beitreibung *f*, Eintreibung *f*, Einziehung *f*, Einzug *m*; Strafe *f*, Disziplinarstrafe *f*; **предъявить вексель к -ю** einen Wechsel zum Einzug vorlegen; **административное ~** Ordnungsstrafe *f*, Strafe für administratives Vergehen; **бесспорное ~ платежей** Abbuchung fälliger Steuern und Abgaben; **~ долговых требований** Forderungseinzug *m*, Einzug von Forderungen; **~ задолженности** Einziehung von Außenständen; **~ налога у источника** Quellenbesteuerung *f*; **~ налогов** Steuerbeitreibung *f*; **~ неустоек** Einziehung (Einzug) von Vertragsstrafen; **принудительное ~** Zwangs|beitreibung *f*, -eintreibung *f*, -einziehung *f*; **~ платежей** Zahlungseintreibung *f*; **~ просроченных платежей** Eintreibung von rückständigen Zahlungen; **~ ссуд** zwangsweise Abdeckung von Krediten

взыскивать abbuchen, beitreiben, eintreiben, einziehen; (be)strafen, maßregeln; **~ в бесспорном порядке** durch Abbuchung einziehen; **~ в принудительном порядке** zwangsweise eintreiben; **~ в судебном порядке** einklagen; **~ долги (задолженность)** Außenstände eintreiben (einziehen), Schulden beitreiben (eintreiben); **~ плату** Gebühren einziehen; **~ платёж по иску** Zahlung einklagen

взятие *n* Entnahme *f*; Übernahme *f*; **~ в аренду** Miete(n) *f* (n), Pacht(en) *f* (n); **~ на себя гарантии (поручительства)** Bürgschaftsübernahme *f*, Garantieübernahme *f*; **~ на себя обязательств по векселю** Eingehung von Wechselverbindlichkeiten; **~ проб** Probenahme *f*, Probeziehen *n*, Entnahme von Stichproben

взятка *f* Bestechung *f*, Bestechungsgeld *n*, Schmiergeld *n*; **брать (получать) -у** sich bestechen lassen, Bestechung annehmen; **давать -у** bestechen, Schmiergelder geben

взяточник *m* bestechlicher Mensch

взяточничество *n* Bestechlichkeit *f*, Bestechung *f*, Käuflichkeit *f*, Korruption *f*, Angebot und Annahme von Bestechungen, korrupte Praktiken

вид *m* Art *f*, Form *f*, Gattung *f*; Ansicht *f*, Aussehen *n*; Anschein *m*, Schein *m*; **определять (устанавливать) ~** die Art feststellen; **~ баланса** Bilanzart *f*; **~ вклада** Einlageart *f*; **~ доходов** Art der Einkünfte, Einkommensart *f*; **~ занятий** Beschäftigungsart *f*; **~ затрат (издержек)** Kostenart *f*, Aufwandsart *f*; **~ изделий** Art der Erzeugnisse; **~ налога** Steuerart *f*; **~ на жительство** Aufenthaltsgenehmigung *f*; **-ы на урожай** Ernteaussichten *pl*; **~ платежа (платежей)** Zahlungsart *f*, Zahlungsmodus *f*; **~ продукции** Art der Erzeugnisse; **~ производства** Betriebsart *f*; **~ работы** Arbeitsart *f*; **~ страхования** Versicherungsart *f*, Art der Versicherung; **~ товара** Artikel *m*,

Waren|art *f*, -gattung *f*; **~ транспорта** Verkehrsträger *m*; **~ упаковки** Verpackungsart *f*; **~ цен** Preisart *f*; **~ энергии** Energieform *f*
видеокассета *f* Videokassete *f*
видеоконференция *f* Videokonferenz *f*
видеомагнитофон *m* Video|rekorder *m*, -gerät *n*
видимый sichtbar; **~ импорт** sichtbare Einfuhr; **~ экспорт** sichtbare Ausfuhr
видоизменение *n* Abänderung *f*, Änderung *f*, Veränderung *f*; Abart *f*, Modifikation *f*
видоизменять abändern, ändern, verändern, modifizieren
виз|а *f* Sichtvermerk *m*, Visum *n*; Gegenzeichnung *f*, Unterschrift *f*, Paraphe *f*; **выдавать -у** ein Visum ausstellen (erteilen); **отказывать в выдаче -ы** das Visum verweigern; **получать -у** das Visum erhalten; **продлевать -у** das Visum verlängern; **ставить -у** gegenzeichnen, zeichnen; **ходатайствовать о получении -ы** ein Visum beantragen; **выездная -а** Ausreisevisum *n*; **въездная -а** Einreisevisum *n*; **групповая -а** Sammelvisum *n*; **консульская -а** Konsulatssichtvermerk *m*; **многократная -а** Mehrfachvisum *n*; **транзитная -а** Durchreisevisum *n*
визирование *n* Gegenzeichnung *f*, Zeichnung *f*
визировать gegenzeichnen; **~ договор** den Vertrag gegenzeichnen
визит *m* Besuch *m*; **наносить ~** einen Besuch abstatten (machen), besuchen; **откладывать ~** den Besuch verlegen (vertagen); **деловой ~** Geschäftsbesuch *m*; **дружеский ~** Freundschaftsbesuch *m*; **официальный ~** offizieller Besuch
визуализатор *m (Comp)* Visualisierungsprogramm *n*
визуализация *f (Comp)* Visualisierung *f*
вин|а *f* Schuld *f*, Verschulden *n*; **вменять в -у** die Schuld beimessen; **возлагать -у** die Schuld geben; **доказывать -у** ein Verschulden nachweisen; **нести -у** die Schuld tragen, Schuld haben; **признавать свою -у** seine Schuld anerkennen (bekennen, eingestehen, zugeben), ein Schuldbekenntnis ablegen; **не по -е продавца** ohne Verschulden des Verkäufers; **не по моей -е** ohne mein Verschulden; **общая -а** Mitschuld *f*; **по -е** durch Verschulden; **по нашей -е** durch unsere Schuld; **по собственной -е** durch eigenes Verschulden; **сознающий свою -у** schuldbewusst
виндикация *f* Herausgabeanspruch *m*, Restitutionsanspruch *m*, Vindikation *f*
винить Schuld geben, beschuldigen
виноватый schuldhaft, schuldig
винкулированн|ый vinkuliert; **-ая акция** vinkulierte Aktie
винкулировать vinkulieren
винкуляция *f* Vinkulation *f*
виновник *m* Schuldige *m*, Urheber *m*, Täter *m*; **быть -ом** verschulden; **~ несчастного случая** der Schuldige am Unfall
виновность *f* Schuld *f*, Schuldigkeit *f*, Verschulden *n*
виновн|ый schuldhalt, schuldig; Schuldige *m*; **быть -ым** Schuld haben, schuldig sein, verschulden; **признать себя -ым** sich schuldig bekennen; **признать -ым** schuldig sprechen, für schuldig erklären; **-ая сторона** der schuldige Teil
винчестер *m (Comp)* Festplatte *f*
виремент *m (Bank)* Virement *n*
витрин|а *f* Schaufenster *n*; **выставлять на -е** im Schaufenster ausstellen; **оформлять -у** ein Schaufenster (aus)gestalten
вицепредседатель *m* stellvertretender Vorsitzender, Vizevorsitzende *m*
вицепрезидент *m* Vizepräsident *m*
вклад *m* Einlage *f*, Deposit *n*, Guthaben *n*; **делать (вносить) ~** eine Einzahlung machen, Geld einlegen; **начислять проценты на -ы** Einlagen verzinsen; **принимать -ы** Einlagen entgegennehmen; **снимать -ы** Einlagen abheben; **банковский ~ (~ в банке)** Bank|einlage *f*, -guthaben *n*; **бессрочный ~** Sichteinlage *f*, täglich fällige Einlage; **валютный ~** Valutaeinlage *f*, Fremdwährungs|einlage *f*, -guthaben *n*, Währungseinlage *f*; **~ в виде ценных бумаг** Wertpapier|einlage *f*, -depot *n*; **~ государственных**

и муниципальных органов власти и учреждений Einlagen der öffentlichen Hand; **денежный ~** Bareinlage *f*, Geldeinlage *f*; **депозитный ~** Deposit *n*; **~ до востребования** Sichteinlage *f*, täglich fällige Einlage; **долгосрочный ~** langfristige Einlage; **имущественный ~** Sacheinlage *f*; **инвестиционный ~** Investitionseinlage *f*; **~ коммандитиста** Kommanditeinlage *f*; **краткосрочный ~** kurzfristige Einlage; **максимальный ~** Höchstbeitrag *m*; **минимальный ~** Mindesteinlage *f*; **~ на покрытие** Deckungsbeitrag *m*; **~ на предъявителя** anonyme Geldanlage *f*, auf den Inhaber lautende Spareinlage; **~ на текущем счету** Kontokorrentkontoeinlage *f*, Einlage (Guthaben) auf Kontokorrentkonto; **~ на 3 месяца** Einlage mit einer Laufzeit von 3 Monaten; **~ накопительный** Spareinlage *f*; **~ наличными** Bareinlage *f*; **~, находящийся в управлении по доверенности** Treuhandeinlage *f*; **пенсионный ~** Rentnersparkonto *n*; **первичный ~** Einschuss *m*; **прямой ~** direkte Einlage; **сберегательные -ы** Spar|(kassen)einlagen *pl*, -depositen *pl*; **срочный ~** Festgelder *pl*, Termin|einlage *f*, -gelder *pl*, befristete Einlage; **срочный ~ клиента** Kundentermineinlage *f*; **~ с уведомлением об изъятии** Einlage mit Kündigungsfrist, kündbare Einlage, Kündigungsgelder *pl*; **условный ~** bedingt verfügbare Einlage, bedingt verfügbares Guthaben; **целевой сберегательный ~** Zwecksspar|einlage *f*, -guthaben *n*; **частный ~** Privateinlage *f*

вкладн|ой Einlage(n) -, Depositen -; **-ая книжка** *f* Einlagebuch *n*; **-ое свидетельство** *n* Depositenzertifikat *n*, Einlagenzertifikat *n*

вкладчик *m* Anleger *m*, Einleger *m*, Einzahler *m*, Deponent *m*, Konteninhaber *m*, Hinterleger *m*; **привлекать -ов** Einleger werben; **мелкий ~** Kleinsparer *m*; **крупный ~** Großanleger *m*; **~ сберегательной кассы** Spareinleger *m*, Sparer *m*; **~ стройсберкассы** Bausparer *m*

вкладывать anlegen, investieren; deponieren, einlegen; **~ деньги** Geld einlegen; **~ капитал** Kapital anlegen

включать aufnehmen, einbeziehen, einfügen, eingliedern; **~ в список** in eine Liste eintragen; **~ в стоимость** in die Kosten einbeziehen, den Kosten zuordnen; **~ в счёт** in Rechnung stellen, einrechnen; **~ статью в договор** eine Klausel in den Vertrag aufnehmen (einfügen)

включая eingerechnet, einschließlich, inbegriffen, inklusive, miteinbegriffen, miteingerechnet; **~ прибавочную стоимость** inklusive Mehrwertsteuer; **~ расходы по отправке** einschließlich Versandkosten; **~ фрахт до места назначения** frachtfrei

включение Aufnahme *f*, Einbeziehung *f*; **~ в котировочный список** Börseneinführung *f*; **~ в счёт** Einrechnung *f*, Inrechnungstellung *f*

владел|ец *m* Besitzer *m*, Inhaber *m*, Eigentümer *m*, Eigner *m*; **быть -ьцем** Besitzer (Eigentümer, Inhaber) sein; **сменить -ьца** den Besitzer wechseln; **-ец автомобиля** Besitzer eines Autos, Autobesitzer *m*; **-ец акций** Aktien|besitzer *m*, -inhaber *m*; **-ец векселя** Wechselinhaber *m*; **-ец вещи, находящейся в распоряжении другого лица** mittelbarer Besitzer; **-ец гостиницы** Hotel|besitzer *m*, -inhaber *m*; **добросовестный -ец** gutgläubiger Inhaber; **-ец дома** Haus|-besitzer *m*, -eigentümer *m*; **-ец завода** Fabrikbesitzer *m*; **законный (правомерный) -ец** rechtmäßiger Besitzer (Eigentümer, Inhaber); **-ец земельного участка** Grundstückeigentümer *m*; **-ец капитала** Kapitaleigner *m*; **-ец квартиры** Wohnungsinhaber *m*; **-ец кредитной карточки** Kreditkarteninhaber *m*, Inhaber einer Kreditkarte; **-ец магазина** Laden|besitzer *m*, -inhaber *m*; **-ец на правах собственности** Eigenbesitzer *m*; **неправомерный -ец** unrechtmäßiger Besitzer (Eigentümer, Inhaber); **-ец опциона** Optionär *m*, Optionsinhaber *m*; **-ец паспорта** Passinhaber *m*; **-ец патента** Patentinhaber *m*; **-ец предприятия** Inhaber eines Unternehmens, Geschäftsinhaber *m*; **прежний -ец** früherer (vorhergehender) Inhaber, Vor|besitzer *m*, -eigentümer *m*; **-ец судна** Reeder *m*, Schiffseigner *m*; **-ец счёта** Kontoinhaber *m*; **-ец (таможенного) склада** Lagerinhaber *m*; **-ец товара** Warenbesitzer *m*; **-ец товарного знака (торговой марки)** Inhaber eines Warenzeichens; **-ец фабрики** Fabrikbesitzer *m*; **фактический -ец** unmittelbarer Besitzer; **-ец фирмы** Firmeninhaber *m*, Inhaber einer Firma, Geschäftsinhaber *m*; **-ец ценных бумаг** Effektenbesitzer *m*, Wertpapierbesitzer *m*, Inhaber von Wertpapieren; **частный -ец** Privateigentümer *m*

владелица *f* Besitzerin *f*, Eigentümerin *f*, Inhaberin *f*

владени|е *n* Besitz *m*, Besitztum *n*, Besitzung *f*, Gut *n*, Landgut *n*; **вводить во -е** in den Besitz einführen (setzen); **вступать во -е** den Besitz antreten, in Besitz kommen (gelangen); **лишать права -я** den Besitz entziehen; **отказываться от -я** den Besitz aufgeben; **передавать во -е** in Besitz übergeben; **переходить во -е** in Besitz übergehen; **получать -е вещью** in Besitz nehmen, Besitz ergreifen (nehmen); **-е акциями** Aktienbesitz *m*, Besitz an Aktien; **добросовестное -е** gutgläubiger Besitz; **единоличное -е** persönliches Besitzrecht; Einzelunternehmen *n*, Einzelinhaberschaft *f*; **земельное -е** Besitzung *f*, Grundbesitz *m*, Länderei *f*; **-е земельным участком** Besitz an einem Grundstück; **-е на правах собственности** Eigenbesitz *m*; **-е недвижимостью** Immobiliarbesitz *m*, Immobilienbesitz *m*; **недобросовестное -е** bösgläubiger (böswilliger) Besitz; **непосредственное -е** unmittelbarer Besitz; **неправомерное (незаконное) ~** rechtswidriger Besitz; **нераздельное -е** Bruchteilsgemeinschaft *f*; **-е портфелем ценных бумаг** Portefeuillebesitz *m*; **правомерное (законное) -е** berechtigter (rechtmäßiger) Besitz; **совместное -е** Mitbesitz *m*, Miteigentum *n*, Eigentum zur gesamten Hand; **~ состоянием** Besitz von Vermögen; **частное ~** Privatbesitz *m*, privater Besitz

владеть besitzen, im Besitz haben, innehaben, beherrschen; **~ акциями** Aktien besitzen; **~ большим состоянием** ein großes Vermögen besitzen; **~ правомерно** rechtmäßig besitzen; **~ фирмой** eine Firma besitzen; **~ ценными бумагами** Wertpapiere besitzen

влажность *f* Feuchtigkeit *f*; **~ воздуха** Luftfeuchtigkeit *f*

власт|ь *f* Gewalt *f*, Macht *f*, Amtsgewalt *f*; **иметь -ь** in seiner Gewalt haben; **подчинять своей -и** unter seine Gewalt bringen; **получать -ь** in seine Gewalt bekommen, Macht gewinnen; **употреблять свою -ь** seine Macht aufbieten; **государственная -ь** Staats|gewalt *f*, -macht *f*; **законодательная -ь** gesetzgebende Gewalt, Legislative *f*; **исполнительная -ь** vollziehende Gewalt; Exekutive *f*; **-ь политическая** politische Macht *f*; **-ь судебная** gerichtliche Gewalt *f*, Judikative *f*

вливание капитала *n* Kapitalspritze *f*

влияние *n* Einfluss *m*, Einwirkung *f*; **иметь (оказывать) ~** Einfluss haben (ausüben), beeinflussen, einwirken; **использовать своё ~** seinen Einfluss geltend machen; **приобретать ~** an Einfluss gewinnen; **утрачивать ~** an Einfluss verlieren; **~ издержек** Kosteneinfluss *m*; **решающее ~** ausschlaggebender Einfluss

влиятельный einflussreich

влиять beeinflussen, Einfluss ausüben, (ein)wirken

влияющий на результат erfolgswirksam

вложени|е *n* Anlage *f*, Investition *f*, Einlage *f*; **ограничивать -я (капитала)** Investitionen bremsen; **проводить (осуществлять) -я (капитала)** anlegen, Investitionen durchführen, investieren; **стимулировать (увеличивать) -я (капитала)** Investitionen fördern; **финансировать -я (капитала)** Kapitalanlagen (Investitionen) finanzieren; **-е денежных средств** Anlage von Geldern, Geldanlage *f*; **долгосроч-**

ные -я (капитала) langfristige Anlagen; -е (капитала) в акции Anlage in Aktien; -е в капитал общества Kapitaleinlage *f*; -е (капитала) в недвижимость Anlage in Grundbesitz; -е (капитала) в основные средства производства Anlageinvestition *f*; -е капитала Kapital|anlage *f*, -investition *f*; капитальные -я Anlagen *pl*, Anlageninvestitionen *f*, Investitionen *pl*, Kapital|anlagen *pl*, -investition *f*; -е средств Mittelbindung *f*; краткосрочные -я kurzfristige Anlagen; удельные капитальные -я Kapitalintensität *f*; финансовые -я Finanzinvestitionen *pl*

вложенн|ый angelegt, investiert; **-ые денежные средства** *pl* angelegtes Geld *n*

вместе взятый zusammengenommen

вместимость *f* Aufnahmefähigkeit *f*, Fassungsvermögen *n*, Kapazität *f*, Gehalt *m*, Inhalt *m*, Raumgehalt *m*, Rauminhalt *m*, Volumen *n*; **брутто-~ (судна)** Bruttoraumgehalt *m*; **нетто-~ (судна)** Nettoraumgehalt *m*; **~ нетто** Nettoinhalt *m*; **одновременная ~** Aufnahmefähigkeit *f*, Zahl der Plätze; **~ судна** Raumgehalt eines Schiffes, Tonnage *f*

вмешательство *n* Eingreifen *n*, Eingriff *m*, Einmischung *f*, Intervention *f*; **~ государства в экономику** Eingreifen (Eingriff) des Staates (Staatsintervention) in die Wirtschaft; **~ центрального банка** Zentralbankintervention *f*

вмешиваться eingreifen, sich einmischen, intervenieren

вмещать aufnehmen, fassen, enthalten

внебалансовый außerhalb der Bilanz, nicht in der Bilanz ausgewiesen

внебиржев|ой außerbörslich, außerhalb der Börse; **-ой курс** *m* Freiverkehrskurs *m*, Telefonkurs *m*, außerbörslicher Kurs; **-ой оборот ценных бумаг** *m* Freiverkehr *m*, Telefonverkehr *m*, außerbörslicher Wertpapierumlauf; **-ой рынок ценных бумаг** *m* Freiverkehr *m*, Telefonverkehr *m*, außerbörslicher Wertpapiermarkt; **-ая торговля ценными бумагами** *f* außerbörslicher Handel, Telefonhandel *m*

внедрение *n* Einführung *f*, Überleitung *f*, Übernahme *f*, Durchsetzung *f*; **~ в производство** Überleitung in die Produktion; **~ новых технологий** Einführung von neuen Technologien

внедрять einführen, überleiten, übernehmen, durchsetzen; **~ новый товар на рынок** einen neuen Artikel auf den Markt einführen

внезаводской außerbetrieblich

внеоборотн|ый festliegend; **-ые активы** *pl* festliegende Aktiva, Anlagevermögen, Sachanlagen *pl*

внеочередн|ой außerordentlich; **-ое собрание акционеров** *n* außerordentliche Hauptversammlung

внепланов|ый außerplanmäßig; **-ое списание** *n* außerplanmäßige Abschreibung

внесение *n* Einzahlung *f*, Eintragung *f*; **~ в депозит** Hinterlegung *f*; **~ в кадастр** Katasteraufnahme *f*; **~ в протокол** Aufnahme in das Protokoll; **~ в торговый реестр** Handelsregistereintragung *f*; **~ доли (пая)** Einzahlung eines Geschäftsanteils; **~ залога** Hinterlegung einer Sicherheit; **~ на рассмотрение** Vorlage zur Diskusion; **~ поправки** Abänderungsantrag *m*; **~ удобрений** Düngung *f*, Düngerzufuhr *f*

внесудебн|ый außergerichtlich; **-ая мировая сделка** *f* außergerichtlicher Vergleich; **-ым порядком** außergerichtlich

внешнеторгов|ый Außenhandels-; **-ый дефицит** *m* Außenhandelsdefizit *m*; **-ый политика** *f* Außenhandelspolitik *f*; **-ое право** *n* Außenwirtschaftsrecht *n*; **-ые связи** *pl* Außenhandelsbeziehungen *pl*

внешнеэкономическ|ий außenwirtschaftlich, Außenwirtschafts-; **-ая политика** *f* Außenwirtschaftspolitik *f*; **-ие связи** *pl* Außenwirtschaftsbeziehungen *pl*

внешн|ий äußerer, auswärtig, Außen-, Auslands-; **-яя задолженность** *f* Auslandsverschuldung *f*; **-ий рынок** *m* Außenmarkt *m*, Auslandsmarkt *m*, ausländischer Markt; **-ие связи** *pl* Außenbeziehungen *pl*; **-яя торговля** *f* Außenhandel *m*

внештатный nebenamtlich, nebenberuflich, nicht fest angestellt

вноситель *m* Einzahler *m*
вносить ausführen, eintragen, einzahlen, entrichten; **~ в бюджет** an den Haushalt abführen; **~ в депозит (для хранения)** deponieren, hinterlegen, in ein Depot geben; **~ в протокол** protokollieren, zu Protokoll bringen; **~ в срок** fristgemäß (fristgerecht) einzahlen; **~ взнос** Beitrag entrichten (zahlen); **~ деньги в банк** Geld bei der Bank einlegen; **~ долю в капитал общества** den Geschäftsanteil einzahlen; **~ задаток** eine Anzahlung leisten, anzahlen; **~ залог** eine Sicherheit hinterlegen, eine Kaution stellen; **~ исправления (коррективы)** korrigieren, Korrekturen einarbeiten; **~ предложение** vorschlagen, einen Vorschlag machen; **~ удобрения** düngen, Dünger einbringen
внутренн|ий Innen-, Binnen-, Inlands-, inländisch, innerer; **-ие воды** *pl* Binnengewässer *pl*; **-ий долг** *m* Inlandsverschuldung *f*; **-ий заём** *m* Inlandsanleihe *f*; **-ие потребности** *pl* Inlandsbedarf *m*; **-яя ревизия** *f* Innenrevision *f*, innenbetriebliche Revision; **-ий рынок** *m* Binnenmarkt *m*, Inlandsmarkt *m*, Heimmarkt *m*, inländischer Markt; **-ий рынок труда** *m* inländischer Arbeitsmarkt; **-яя упаковка** *f* Innenverpackung *f*
внутризаводской innenbetrieblich, innerbetrieblich
вод|а *f* Wasser *n*, Gewässer *n*; **очищать -у** Wasser reinigen; **подавать -у** Wasser zuführen; **снабжать -ой** mit Wasser versorgen; **внутренние -ы** Binnengewässer *pl*; **водопроводная -а** Leitungswasser *n*; **загрязнённая -а** verunreinigtes Wasser; **промышленные сточные -ы** Industrieabwasser *n*; **сточная -а** Abwasser *n*; **территориальные -ы** Eigengewässer *pl*, Hoheitsgewässer *pl*; **техническая -а** Betriebswasser *n*
водитель *m* Fahrer *m*, Kraftfahrer *m*, Führer *m*
водн|ый Wasser-, Schiffs-; **-ый путь** *m* Wasser|straße *f*, -weg *m*; **-ый транспорт** *m* Schiffs|transport *m*, -verkehr *m*; **-ое хозяйство** *n* Wasserwirtschaft *f*
водоём *m* Wasserbecken *n*, Gewässer *n*, Staubecken *n*
водоизмещение *n* Wasserverdrängung *f*
водопользование *n* Wassernutzung *f*
водопровод *m* Wasserleitung *f*
водоснабжение *n* Wasserversorgung *f*
водохранилище *n* Stausee *f*, Staubecken *n*
возбуждать anregen, anreizen, erregen, anstrengen, einleiten; **~ дело** ein Verfahren einleiten, einen Prozess anstrengen; **~ иск** Klage erheben, klagen
возведение *n* Aufbau *m*, Errichtung *f*
возврат *m* Erstattung *f*, Rückgabe *f*, Rückführung *f*, Rückerstattung *f*, Rücklieferung *f*, Rücksendung *f*; Rückvergütung *f*, Rückzahlung *f*; **~ имущества** Rückgabe von Eigentum; **~ кредита** Kreditrückzahlung *f*, Rückgabe des Kredits; **~ на инвестиции** Rentabilität von Investitionen, Kapitalrendite *f*, Rendite des investierten Kapitals, Return on Investment; **~ на основной капитал** Rendite des Eigenkapitals; **~ найденных вещей** Rückgabe von Fundsachen; **~ наличными** Barerstattung *f*; **~ налогов** Steuer|(rück)erstattung *f*, -rückzahlung *f*, Rückzahlung von Steuern; **подлежащий -у** rückzahlbar; **~ пошлин** Erstattung (Rückvergütung) der Zölle, Zollrückerstattung *f*; **~ премии** Prämien|rückerstattung *f*, -rückgabe *f*; **~ процентов** Zinserstattung *f*; **с условием -а** gegen Rückgabe; **~ стоимости покупки** Rückerstattung des Kaufpreises; **~ страховой премии** *(Versich)* Prämienrückerstattung *f*; **~ товаров** Warenrücksendung *f*, Rücksendung der Waren
возвратность *f* Rückzahlbarkeit *f*; **~ кредита** Rückzahlbarkeit eines Kredits
возвратный rückzahlbar
возвращать erstatten, (zu)rückerstatten, rückvergüten, zurückgeben, zurückzahlen, zurückliefern, zurücksenden
возвращаться zurückkehren, zurückkommen
воздействие *n* Einfluss *m*, Einwirkung *f*, Druck *m*; **оказывать ~** beeinflussen,

einwirken, Einfluss ausüben (nehmen); **~ на окружающую среду** Beeinflussung der Umwelt; **~ спроса на курс** Abgabedruck *m*; **~ финансовой политики на распределение доходов** Inzidenz *f*

возделывание *n* Anbau *m*, Bestellung *f*; **~ земли (почвы)** Bodenbewirtschaftung *f*

возделывать anbauen, bestellen

воздержавши|йся (при голосовании) *m* Stimmenthaltung *f*; **при трёх -хся** bei 3 Enthaltungen

воздерживаться sich enthalten; zurückhalten; **~ от покупки** mit dem Einkauf zurückhalten; **~ при голосовании** sich der Stimme enthalten

возмездно entgeltlich, gegen Bezahlung

возмещать abfinden, decken, entschädigen, ersetzen, erstatten, rückvergüten, wiedergutmachen; **~ дорожные расходы** Reisekosten erstatten (vergüten); **~ затраты (издержки)** Aufwendungen (Kosten) erstatten; **~ расходы, вызываемые проживанием отдельно от семьи** Trennungsentschädigung zahlen; **~ свои расходы** seine Ausgaben (Aufwendungen, Auslagen) erstattet bekommen, auf seine Kosten kommen; **~ убыток** entschädigen, Schaden ersetzen, einen Verlust ersetzen

возмещени|е *n* Abfindung *f*, Entgelt *n*, Entschädigung *f*, Ersatz *m*, Erstattung *f*, Rückvergutung *f*, Vergütung *f*; Kompensation *f*; **выплачивать -е** eine Abfindung (Vergütung) zahlen; **договориться о -и** eine Abfindung (Entschädigung, Vergütung) vereinbaren; **отказывать в -и** eine Abfindung (Entschädigung) aberkennen (verweigern); **получать -е** eine Abfindung (Entschädigung, Vergütung) bekommen); **соглашаться на -е** eine Abfindung (Entschädigung, Rückvergütung) zugestehen; **требовать -я** Entschädigung (Rückvergütung) beanspruchen; **в виде -я** als Entgelt (Ersatz); **-е в денежной форме** Schadensersatz in Geld, Entschädigung in Geld; **единовременное -е затрат** Aufwandspauschale *f*; **-е за ожидание** Karenzentschädigung *f*; **-е затрат** Aufwendungsersatz *m*; **-е издержек** Kosten|erstattung *f*, -rückzahlung *f*; **-е наличными** Bar|abfindung *f*, -erstattung *f*, -vergütung *f*; **номинального ущерба** (gerichtlich zuerkannte) Vertragsstrafe *f*; **паушальное -е** Pauschalabfindung *f*; **-е по восстановительной стоимости объекта страхования** Neuwertentschädigung *f*; **полное -е** voller Ersatz, volle Erstattung; **-е расходов** Aufwandsentschädigung *f*, Ausgabenerstattung *f*, Auslagen|ersatz *m*, -erstattung *f*, Entschädigungszahlung *f*, Kostenerstattung *f*; **-е расходов связанных с проживанием без семьи** Trennungsentschädigung *f*; **страховое -е** Versicherungs|entschädigung *f*; **-е текущих и капитальных затрат на содержание государственных квартир** Kostenmiete *f*; **-е убытков (ущерба)** Schadensersatz *m*; **-е ущерба в натуральной форме** Naturalersatz *m*; **частичное -е** teilweiser Ersatz, teilweise Erstattung

возможност|ь *f* Möglichkeit *f*, Gelegenheit *f*, Chance *f*; Potenz *f*; **давать -ь** die Möglichkeit bieten (geben), ermöglichen; **иметь -ь** die Möglichkeit haben; **использовать -и** die Möglichkeiten wahrnehmen (nutzen); **исчерпать ~ и** das Potenzial erschöpfen; **рассмотреть -ь** die Möglichkeit in Betracht ziehen; **упускать -ь** eine Gelegenheit verpassen (versäumen); **-ь делать сбережения** Sparmöglichkeit *f*; **-ь достижения компромисса** Vergleichsmöglichkeit *f*; **по -и** nach Möglichkeit; **потенциальная ~ обслуживания кредитов** Kapitaldienstgrenze *f*; **~ пересмотра условий (договора) с согласия сторон** Abdingbarkeit *f*; **-и поставок** Liefermöglichkeiten *pl*; **-ь применения** Anwendungsmöglichkeit *f*, Einsatzmöglichkeit *f*, Verwendungsmöglichkeit *f*, Verwertungsmöglichkeit *f*; **-и реализации** Realisierungschancen *pl*; **-ь регресса** Rückgriffsmöglichkeit *f*; **-и сбыта** Absatzmöglichkeiten *pl*

возможн|ый möglich, potenziell; **делать -ым** ermöglichen, möglich machen

вознаграждать bezahlen, entlohnen, vergüten, auszeichnen; **~ за услуги** Leistungen vergüten

вознаграждение *n* Abfindung *f*, Belohnung *f*, Entgelt *n*, Entlohnung *f*, Vergütung *f*, Honorar *n*, Bonifikation *f*, Auszeichnung *f*; **выплачивать ~** eine Abfindung (Belohnung) zahlen, entlohnen, vergüten; **назначать ~** eine Belohnung aussetzen; **получать ~** eine Abfindung (Belohnung, Entlohnung, Vergütung) erhalten; **авторское ~** Autorenhonorar *n*; **агентское ~** Agentenhonorar *n*, Agentenprovision *f*; **аудиторское ~** Honorar von Wirtschaftsprüfer; **денежное ~** Geldprämie *f*; **дополнительное ~** zusätzliche Vergütung *f*, Zusatzvergütung *f*; **единовременное ~** einmalige Abfindung (Vergütung); **за ~** gegen Entgelt, entgeltlich; **~ за делькредере** Delkredereprovision *f*; **~ за андеррайтинг** *(Bank)* Übernahmeprovision *f*, *(Fin)* Übernahmeprovision *f*; **~ за инкассацию векселей** *(Bank)* Diskontspesen für Wechselinkasso; **~ за менеджмент** Management-Fee, Verwaltungsgebühr *f*; **~ за переработку** Veredelungslohn *m*; **~ за посредничество** Vermittlungsprovision *f*; **~ за сверхурочную работу** Überstundenvergütung *f*; **~ комиссионеру за получение, хранение и доставку товара** Auslieferungsprovision *f*; **комиссионное ~** Provision *f*; **комиссионное ~ торговому агенту (представителю)** Vertreterprovision *f*; **лицензионное ~** Lizenzgebühr *f*; **~ маклеру** Makler|gebühr *f*, -lohn *m*, -vergütung *f*; **материальное ~** materielle Vergütung; **паушальное ~** Pauschalabgeltung *f*; **~ по результатам труда (по труду)** Entlohnung nach Leistung; **~ предпринимателя** Unternehmerlohn *m*; **~ рабочих и служащих** *(WiWi)* Vergütung der Arbeitnehmer; **~ судовладельцу (грузовладельцу)** *s.* **диспач**

возникновение *n* Entstehung *f*, Eintreten *n*; **~ издержек** Kostenentstehung *f*

возобновление *n* Erneuerung *f*, Wiederaufnahme *f*; **~ подписки** Erneuerung des Abonnements; **~ производства** Wiederaufnahme der Produktion; **~ страхования** *(Versich)* Versicherungsverlängerung *f*

возобновлять erneuern, wieder aufnehmen; **~ заказ** eine Bestellung erneuern; **~ переговоры** neu verhandeln, die Verhandlungen wieder aufnehmen; **~ поставки** die Lieferungen wieder aufnehmen; **~ производство** die Produktion wieder aufnehmen; **~ процесс (судебное разбирательство)** das Verfahren wieder aufnehmen; **~ страхование** die Versicherung wieder in Kraft setzen

возражать einsprechen, einwenden, Einspruch (Einwand, Einwendung) erheben

возражение *n* Einspruch *m*, Einwand *m*, Einwendung *f*; **снимать ~** einen Einspruch zurückziehen; **~ ответчика против иска** Einwendung *f*

возраст *m* Alter *n*, Lebensalter *n*; **достигать -а** das Alter erreichen; **~ оборудования** Anlagenalter *n*; **пенсионный ~** Pensionsalter *n*, Rentenalter *n*; **предельный ~** Altersgrenze *f*; **средний ~** Altersdurchschnitt *m*, Durchschnittsalter *n*; **трудоспособный ~** erwerbsfähiges Alter

возрастание *n* Ansteigen *n*, Anstieg *m*, Anwachsen *n*; **~ доходов** Einkommensanstieg *m*, Ertragssteigerung *f*; **~ задолженности** Anwachsen der Schulden, Schuldenanstieg *m*; **~ капитала** Kapitalzuwachs *m*; **~ стоимости** Wert|anstieg *m*, -steigerung *f*, -zuwachs *m*; **~ цен** Preis|anstieg *m*, -erhöhung *f*, -steigerung *f*

возрастать ansteigen, anwachsen, steigen, zunehmen

возрастн|ой Alters-; **-ая группа** *f* Altersgruppe *f*; **-ая структура** *f* Altersaufbau *m*

война *f* Krieg *m*; **торговая ~** Handelskrieg *m*; **~ цен** Preiskrieg *m*; **экономическая ~** Wirtschaftskrieg *m*

вокзал *m* Bahnhof *m*; **главный ~** Hauptbahnhof *m*

волатильность *f (WiWi)* Volatilität *f*
волокита *f* Amtsschimmel *m*
вооружённость *f* Ausrüstung *f*, Ausstattung *f*; **техническая ~** technische Ausstattung
вопрос *m* Frage *f*, Problem *n*, Angelegenheit *f*; **-ы местного значения** *(Admin)* Aufgaben der Kommune (der Gemeinde); **финансовые -ы** finanzielle Angelegenheiten; **экономические -ы** wirtschaftliche Angelegenheiten
вопросник *m* Fragebogen *m*
воркфер *m (Soz)* Workfare
воротничок обыкновенной акции Kombination von Cap und Floor einer Aktie, Bandbreitenoption einer Aktie
восполнение *n* Wiederherstellung *f*, Auffüllung *f*
воспрещение *n* **платежа** *(Fin)* Zahlungsverbot *n*
воспроизводить reproduzieren, wiedergeben, nachbilden
воспроизводство *n* Reproduktion *f*; **~ капитала** Kapitalreproduktion *f*; **простое ~** einfache Reproduktion; **~ рабочей силы** Reproduktion der Arbeitskraft; **расширенное ~** erweiterte Reproduktion
воссоединение *n* Wiedervereinigung *f*
восстанавливать wiederaufbauen, wiederherstellen, wiedereinsetzen; wiederanstellen, wiedereinstellen; **~ разрушенный город** die zerstörte Stadt wiederaufbauen; **~ работоспособность** die Arbeitsfähigkeit wiederherstellen; **~ в своих правах** in seine Rechte wiedereinsetzen
восстановление *n* Wiederaufbau *m*, Wiederherstellung *f*; Wiedereinsetzung *f*; Wiederanstellung *f*; Restitution *f*; **~ в должности** Wiedereinsetzung in die frühere Stellung; **~ в правах** Wiederherstellung der Rechte; **~ в прежнем состоянии** Naturalherstellung *f*; **~ кредитов** Kontenglattstellung *f*; **~ на работе** Wieder|anstellung *f*, -einstellung *f*; **~ нефтяной промышленности** Wiederaufbau der Erdölindustrie; **~ равновесия платёжного баланса** Wiederherstellung des Zahlungsbilanzgleichgewichts; **~ рынка** Retracement, Marktkorrektur *f*; **~ трудоспособности** Wiederherstellung der Arbeitsfähigkeit; **~ экономики** wirtschaftlicher Wiederaufbau
востро-конто *n* Vostrokonto *n*, Lorokonto *n*
вотум *m* Votum *n*; **~ недоверия** Misstrauensvotum *n*
вписывать einschreiben, eintragen
врач *m* Arzt *m*; **вызывать -а** den Arzt rufen; **обращаться к -у** einen Arzt aufsuchen; **~ больничной кассы** Kassenarzt *m*; **заводской ~ (на предприятии)** Betriebsarzt *m*
вред *m* Schaden *m*, Nachteil *m*; **наносить ~** Schaden anrichten (stiften); **причинять ~** Schaden zufügen; **имущественный ~** Schaden *m*, Vermögensschaden *m*; **моральный (неимущественный) ~** immaterieller Schaden; **~, причинённый здоровью** Personenschaden *m*
вредитель *m* Schädling *m*, Saboteur *m*
вредить schaden, schädigen, Abbruch tun, Schaden zufügen; beeinträchtigen, benachteiligen
вредн|ый schädlich, nachteilig; **-ый для здоровья** gesundheitsschädlich; **-ые отходы** schädliche Abfälle; **-ое производство** gesundheitsschädliche Produktion
временн|ый einstweilig, vorläufig, vorübergehend, zeitlich, zeitweilig, provisorisch, Aushilfs-, Interims-, Übergangs-, Zeit-, Zwischen-, auf Zeit; **-ая акция** *f* Interimsschein *m*, Zwischenschein *m*; **-ый импорт** *m* vorübergehende Einfuhr; **-ая мера** *f* Übergangsmaßnahme *f*; **-ая нетрудоспособность** *f* vorübergehende Arbeitsunfähigkeit; **-ый страховой полис** *m* vorläufiger Versicherungsschein; **-ое положение** *n* Übergangs|bestimmung *f*, -vorschrift *f*; **-ые работники** *pl* Aushilfskräfte *pl*, Arbeitskräfte auf Zeit, Zeitarbeitnehmer *pl*; **-ое распоряжение** *n* einstweilige Verfügung; **-ое свидетельство** *n* Interimsschein *m*, Zwischenschein *m*
врем|я *f* Zeit *f*, Dauer *f*, Frist *f*, Zeitraum *n*; **замерять -я** Zeit messen; **затрачивать -я** Zeit aufwenden; **ограничивать во -ени** zeitlich be-

grenzen; **согласовывать -я встречи** einen Termin vereinbaren; **устанавливать -я работы** die Arbeitszeit festlegen; **экономить -я** Zeit (ein)sparen; **в назначенное -я** zur vereinbarten Zeit; **во внерабочее -я** außerhalb der Arbeitszeit; **-я вылета** Abflugzeit *f*; **-я действия** Geltungsdauer *f*, Gültigkeitsdauer *f*, **-я до погашения** Restlaufzeit bis zur Fälligkeit; **затраченное -я** aufgewendete Zeit; **~, затраченное на производство единицы продукции** Stückzeit *f*, Zeit je Erzeugniseinheit; **-я изготовления** Fertigungs|dauer *f*, -zeit *f*, Herstellungs|dauer *f*, -zeit *f*, Produktions|-dauer *f*, -zeit *f*; **календарное рабочее -я** Kalenderarbeitszeit *f*; **машинное -я** Maschinenzeit *f*; **местное -я** Ortszeit *f*; **~ на изготовление единицы продукции** Stückzeit *f*, Zeit je Erzeugniseinheit; **на определённое -я** für eine bestimmte Zeit; **-я, необходимое для производства** Produktionszeit *f*; **нерабочее -я** Ruhe|pause *f*, -zeit *f*; **-я несения риска** *(Versich)* Versicherungsdauer *f*, Gefahrtragungsdauer *f*; **нормативное -я** Normalzeit *f*; **-я обработки** Bearbeitungs|dauer *f*, -zeit *f*; **-я обращения** Umlaufzeit *f*; **-я обращения товаров** Warenumschlagzeit *f*; **-я обучения** Ausbildungszeit *f*; **-я обслуживания** Abfertigungszeit *f*, Servicezeit *f*; **-я ожидания** Wartezeit *f*, Karenzzeit *f*; **основное -я на наладку** Rüstgrundzeit *f*; **основное рабочее -я** Grundzeit *f*; **-я отдыха** Erholungszeit *f*, Ruhezeit *f*; **-я отправления** Abfahrtszeit *f*, Abgangszeit *f*; **-я оформления** Abfertigungszeit *f*; **-я перевозки** Beförderungszeit *f*; **-я погрузки (погрузочное -я)** Lade|frist *f*, -zeit *f*; **подготовительно-заключительное -я** Rüstwertzeit *f*; **-я пользования** Nutzungsdauer *f*; **-я поставки** Liefer|zeit *f*, -zeitraum *m*; **-я пребывания** Aufenthaltsdauer *f*; **-я продажи** Verkaufszeit *f*; **-я простоя** Ausfallzeit *f*, Stillstandszeit *f*, Standzeit *f*; **-я пуска** Anlaufzeit *f*; **рабочее -я (-я работы)** Arbeitszeit *f*, Dienstzeit *f*, Geschäftszeit *f*, Tätigkeitszeit *f*; **-я рабочее неполное** Teilzeit *f*; **-я разгрузки** Entladezeit *f*; **сверхурочное -я** Überstunden *pl*; **свободное -я** freie Zeit, Freizeit *f*; **среднеевропейское -я** Mitteleuropäische Zeit, MEZ; **-я стоянки (судна)** Liegezeit *f*; **-я установки** Aufstellzeit *f*; **установленное рабочее -я** festgelegte Arbeitszeit; **-я хранения** Lager|dauer *f*, -frist *f*; **-я эксплуатации** Betriebs|dauer *f*, -zeit *f*

вручать aushändigen, ausliefern, einhändigen, übergeben, überreichen; **~ документы** Dokumente aushändigen (übergeben); **~ премию** einen Preis übergeben; **~ товар** Waren ausliefern (abgeben)

вручение *n* Aushändigung *f*, Auslieferung *f*, Einhändigung *f*, Übergabe *f*, Überreichung *f*, Vergabe *f*, Übergabe *f*, Überreichung *f*, Vergabe *f*; **~ документов** Aushändigung (Übergabe) der Dokumente; **~ премии** Vergabe des Preises; **~ товара покупателю** Übergabe der Ware an den Käufer

вручную manuell, von der Hand

всемирный Welt-, weltweit; **~ банк** Weltbank *f*

всеобщ|ий allgemein, Allgemein-; **-ее образование** *n* Allgemeinbildung *f*

всё или ничего alles oder nichts

вспомогательн|ый Hilfs-, Neben-; **-ые бухгалтерские книги** Hilfsbücher *pl*, Nebenbücher *pl*; **-ая мера** Hilfsmaßnahme *f*; **-ый материал** Hilfsmaterial *n*

вставка *f* Einfügung *f*, Einschaltung *f*, Einsetzung *f*, Einsatz *m*; **рекламная ~ на радио и телевидении** Werbespot *m*; *(Comp)* Unterbrecherwerbung *f*, Werbung zwischen Webseiten

встречн|ый Gegen-; **-ый иск** Gegenklage *f*; **-ые перевозки** Gegenverkehr *m*; **-ый проект** Gegenentwurf *m*; **-ая сделка** Gegengeschäft *n*

вступать eintreten; **~ в должность** ein Amt (eine Stelle, eine Stellung) antreten (übernehmen); **~ в переговоры** in Verhandlungen (ein)treten; **~ во владение** in Besitz nehmen, in den Besitz gelangen, Besitz ergreifen; **~ в силу** in Kraft treten; **~ в объединение (союз)**

in einen Verein eintreten; **~ в совместное владение** in Mitbesitz kommen, mitübernehmen; **~ в строй** in Betrieb genommen werden; **~ на пост** einen Posten (eine Stellung) übernehmen

вступительный Beitritts-, einleitend; **~ взнос** *m* Beitrittsgebühr *f*, Eintrittsgebühr *f*, Einstands|gebühr *f*, -geld *n*

вступлени|е *n* Eintritt *m*, Beitritt *m*; **добиваться -я** sich um den Beitritt bewerben; **-е во владение** Besitzergreifung *f*, Besitznahme *f*; **-е в договорные отношения** Kontrahierung *f*; **-е в должность** Amtsantritt *m*; **-е в силу** Inkrafttreten *n*; **до -я в силу** vor Inkrafttreten; **-е соглашения в силу** Inkrafttreten eines Abkommens

вторичн|ый sekundär, Sekundär-; **-ые издержки** sekundäre Kosten; **-ый рынок** Sekundärmarkt *m*, Effektenbörse *f*, Wertpapierbörse *f*; **-ое сырьё** Alt|material *n*, -stoff *m*, Sekundärrohstoff *m*; **-ая энергия** Sekundärenergie *f*

второстепенн|ый Neben-, nebensächlich; **-ые акции** *pl* Nebenwerte *pl*

второсортный (von) zweiter Güte (Wahl, Qualität); **~ товар** *m* Ware zweiter Qualität

вход *m* Eingang *m*, Eintritt *m*; **~ в порт (гавань)** Hafeneinfahrt *f*; **главный ~** Haupteingang *m*; **~ на рынок** *(V&M)* Martkeintritt *m*

входить eingehen, eintreten; **~ в дело** als Teilhaber eintreten; **~ в долги** Schulden eingehen; **~ в порт** anlaufen, einlaufen; **~ в состав комиссии** dem Ausschuss angehören; **~ с предложением** einen Vorschlag unterbreiten (machen), einen Antrag stellen

входящая einlaufendes (eingehendes) Papier (Schreiben)

въезд *m* Einfahrt *f*, Einreise *f*, Einzug *m*; **~ в новую квартиру** Einzug in eine neue Wohnung; **~ в страну** Einreise in ein Land

выбирать auswählen, wählen, aussuchen

выбор *m* Auswahl *f*, Wahl *f*, Auslese *f*; **не иметь -а** keine Wahl haben; **предлагать на ~** zur Auswahl vorlegen; **проводить -ы** Wahlen durchführen; **(с)делать ~** eine Auswahl (Wahl) treffen; **богатый ~ товаров** reiche Auswahl an Waren; **дополнительные -ы** Nachwahlen *pl*; **~ места обучения** Wahl der Ausbildungsstätte; **~ места работы** Arbeitsplatzwahl *f*; **по -у** nach Wahl; **по -у покупателя** nach Käufers Wahl; **~ поставщиков** Lieferantenauswahl *f*; **предварительный ~** Vorauswahl *f*; **~ профессии** Berufs|findung *f*, -wahl *f*; **прямые -ы** direkte Wahlen; **тайные -ы** geheime Wahlen; **~ технологии** Verfahrensauswahl *f*; **широкий ~ товаров** reichhaltiges Waren|angebot *n*, -sortiment *n*

выборка *f* Auswahl *f*, Auszug *m*, Stichprobe *f*; **аудиторская ~** stichprobenartige Wirtschaftsprüfung; Auszugsliste zu prüfender Dokumente; **репрезентативная ~** Repräsentativerhebung *f*

выборность *f* Wählbarkeit *f*

выборочн|ый Stichproben-, stichprobenweise; **-ое исследование** *n* Stichprobenerhebung *f*; **-ый контроль** *m* Stichprobe *f*, Stichprobenprüfung *f*

выбраковка *f* Aussonderung *f*, Aussortierung *f*, Ausmusterung *f*

выбраковывать aussondern, aussortieren, ausmustern; **~ товары** Artikel aussortieren

выбывать abgehen, ausscheiden

выбывание (выбытие) Abgang *m*, Abgänge *pl*, Ausscheidung *f*; **~ и поступление** Abgänge und Zugänge; **~ основных фондов (основного капитала)** Abgang von Anlagegegenständen, Anlagenabgänge *pl*; **~ персонала** Abgänge in der Belegschaft; **~ товарных запасов** Bestandsabgang *m*

выверк|а *f* Abstimmung *f*, Eichung *f*, Einstellung *f*, Prüfung *f*; **проводить -у** abstimmen; **-а сальдо** Saldenabstimmung *f*, Abstimmung der Salden; **-а счетов** Kontenabstimmung *f*, Abstimmung der Konten

выверять abstimmen, eichen, einstellen, prüfen; **~ счета** Konten abstimmen

вывеска *f* Schild *m*, Werbeschild *m*;

фирменная ~ (~ фирмы) Firmenschild *n*

вывод *m* Fazit *n*, Schluss *m*, Schlussfolgerung *f*; **делать -ы** Schlüsse (die Konsequenzen) ziehen; **~ из эксплуатации** Außerbetriebnahme *f*, Außerbetriebsetzung *f*; **организационный ~** organisatorische Maßnahme

выводить schließen, Schluss ziehen; **~ из эксплуатации** außer Betrieb setzen; **~ по балансу** bilanzmäßig ausweisen, in der Bilanz ausweisen; **~ сальдо** den Saldo ermitteln (feststellen, ziehen), saldieren

вывоз *m* Ausfuhr *f*, Export *m*; Abfuhr *f*, Abholung *f*; **сокращать ~** Ausfuhr drosseln; **стимулировать ~** die Ausfuhr (den Export) fördern; **увеличивать ~** den Export erhöhen; **беспошлинный ~** zollfreie Ausfuhr; **бросовый ~** Dumping *m*; **~ капитала** Kapitalausfuhr *f*; **~ отходов** Abfuhr von Müll, Müllabfuhr *f*; **прямой ~ (~ без посредников)** direkte (händlerfreie) Ausfuhr; **~ промышленных товаров** Ausfuhr von Industriewaren; **свободный ~** freie Ausfuhr; **~ со склада** Lagerentnahme *f*; **~ сырья** Rohstoffausfuhr *f*; **~ товаров с фирмы** Abholung der Waren vom Haus

вывозить ausführen, exportieren; abfahren, abtransportieren, abholen; **~ товар(ы)** Waren abholen

вывозн|ой Ausfuhr-, Export-; **-ая пошлина** *f* Ausfuhrzoll *m*

выговор *m* Tadel *f*, Verweis *m*; **(с)делать (объявлять) ~** einen Verweis erteilen; **получать ~** einen Verweis einstecken

выгод|а *f* Nutzen *m*, Vorteil *m*, Gewinn *m*, Profit *m*; **блюсти свою -у** seinen Vorteil wahrnehmen; **добиваться -ы** Vorteil erlangen; **извлекать -у** einen Gewinn erarbeiten (erwirtschaften), Profit machen; **иметь -у** Nutzen haben; **получать -у** einen Gewinn erzielen, Profit machen; **приносить -у** Nutzen (Vorteil) bringen; **продавать с -ой** vorteilhaft (mit Gewinn) verkaufen; **абсолютная -а** absoluter Vorteil; **взаимная -а** beiderseitiger (gegenseitiger) Vorteil; **налоговая -а** Steuervorteil *m*; **собственная -а** Eigennutz *m*; **упущенная -а** entgangener Gewinn (Profit); **экономическая -а** wirtschaftlicher Vorteil

выгодность *f* Nützlichkeit *f*, Rentabilität *f*

выгодн|ый nutzbringend, günstig, vorteilhaft, einträglich, gewinnbringend, rentabel; **быть -ым** von Vorteil sein, sich auszahlen; **-о купить** vorteilhaft einkaufen; **-ое дело (занятие)** *n* einträgliches Gewerbe; **-ое предложение** *n* vorteilhaftes Angebot; **-ая сделка** *f* einträgliches Geschäft

выгодоприобретатель *m* Begünstigte *m*, Nutznießer *m*

выгружать abladen, ausladen, entladen, löschen

выгрузка *f* Abladung *f*, Ausladung *f*, Entladung *f*, Löschen *n*, Löschung *f*

выдавать aushändigen, ausgeben, übergeben, überreichen, erteilen, ausstellen; **~ аванс** vorschießen, Vorschuss leisten (zahlen), einen Vorschuss gewähren; **~ аккредитив** ein Akkreditiv ausstellen; **~ вексель** einen Wechsel ausstellen (trassieren, ziehen); **~ возмещение** entschädigen; **~ заработную плату** das Gehalt (den Lohn) aus(be)zahlen; **~ гарантию** bürgen, garantieren, eine Garantie geben (gewähren), Bürgschaft (Garantie) leisten, Garantie stellen, die Bürgschaft (Garantie, Gewähr, Gewährleistung) übernehmen, die Gewähr bieten; **~ доверенность** eine Vollmacht ausstellen; **~ заказ** einen Auftrag erteilen; **~ кредит** einen Kredit bereitstellen (einräumen, gewähren); **~ лицензию** lizenzieren, eine Lizenz ausgeben (erteilen); **~ патент** ein Patent erteilen; **~ расписку** bescheinigen, quittieren, eine Quittung ausstellen; **~ ссуду** ein Darlehen gewähren; **~ ссуду под залог дома** ein Haus beleihen; **~ товар** die Waren abliefern (ausliefern); **~ торговую доверенность** Prokura erteilen; **~ удостоверение** einen Ausweis (eine Bescheinigung) ausstellen

выдача *f* Aushändigung *f*, Ausgabe *f*, Ausstellung *f*, Übergabe *f*, Erteilung *f*, Zuteilung *f*; **~ гарантии** Bürgschafts|-

bestellung *f*, -übernahme *f*, Garantie|leistung *f*, -übernahme *f*; ~ **груза** Ablieferung der Güter; ~ **денег** Geldausgabe *f*; ~ **заказа** Auftragserteilung *f*, Auftragsvergabe *f*; ~ **заказов и подрядов** Auftragswesen *n*; ~ **заработной платы** Gehaltszahlung *f*, Lohn(aus)zahlung *f*; ~ **кредита** Kredit|bereitstellung *f*, -einräumung *f*, -gewährung *f*, -vergabe *f*; ~ **лицензии** Lizenz|ausgabe *f*, -erteilung *f*, -vergabe *f*; ~ **на руки** Aushändigung *f*; ~ **наличных** *(Bank, Fin)* Bargeldausgabe *f*; ~ **патента** Patenterteilung *f*; ~ **подрядов** Auftragsvergabe *f*; ~ **покупок** Ausgabe von Käufen; ~ **справок** Auskunftserteilung *f*; ~ **ссуд под залог векселей** Wechsellombard *m*; ~ **ссуд под залог ценных бумаг** Effektenlombard *m*, Wertpapier|beleihung *f*, -lombard *m*; ~ **товара** Warenausgabe *f*

выдвигать кандидатуру einen Kandidaten nominieren

выдвижение *n* Beförderung *f*, Berufung *f*, Nominierung *f*; ~ **на более высокую должность** Berufung auf einen höheren Posten

выдел *m* Abfindung *f*; ~ **наследников** Abfindung der Erben

выделение *n* Aussonderung *f*, Ausgliederung *f*, Ausgründung *f*; Bereitstellung *f*, Zuweisung *f*; ~ **бюджетных ассигнований** Bewilligung (Bereitstellung) von Haushaltsmitteln; ~ **из компании подразделения** Ausgliederung (Ausgründung) eines Unternehmensteils, Outsourcing *n*; ~ **из конкурсной массы** Aussonderung aus der Konkursmasse; ~ **квот** Kontingentierung *f*, Quotenzuteilung *f*; ~ **кредита** Kredit|bereitstellung *f*, -einräumung *f*, -gewährung *f*, -vergabe *f*; ~ **средств** Bereitstellung (Zuweisung) von Mitteln

выделенный ausgesondert, ausgegliedert; bereitgestellt; ausgezeichnet, markiert

выделка *f* Anfertigung *f*, Bearbeitung *f*, Verarbeitung *f*

выделывать anfertigen, bearbeiten, verarbeiten

выделять abfinden, aussondern; ausgliedern, ausgründen, auslagern; bereitstellen, zuweisen; ~ **бюджетные ассигнования** Haushaltsmittel bewilligen (bereitstellen); ~ **часть предприятия** einen Unternehmensteil ausgliedern (ausgründen), auslagern; ~ **из конкурсной массы** aussondern; ~ **кредиты** Kredite vergeben (bereitstellen, einräumen, gewähren); ~ **наследников** Erben abfinden; ~ **средства** Mittel bereitstellen (zuweisen)

выдержанный abgelagert

выдерживать ablagern; aushalten, ertragen; ~ **для улучшения качества** ablagern lassen; ~ **на складе** ablagern

выдержка *f* **на складе** Ablagerung *f*

вызов Aufforderung *f*, Aufruf *m*; Herausforderung *f*; Ladung *f*, Vorladung *f*; Ruf *m*, Anruf *m*; ~ **свидетеля** Aufruf eines Zeugen

вызревать ausreifen, reifen, reif werden

вызывать auffordern, aufrufen; herausfordern; laden, vorladen; anrufen, rufen; ~ **в качестве свидетеля** als Zeugen (vor)laden; ~ **на погашение** zur Tilgung aufrufen; ~ **по телефону** anrufen; ~ **свидетеля** einen Zeugen aufrufen

выигр(ыв)ать gewinnen, einen Gewinn machen; ~ **время** Zeit gewinnen; ~ **приз** einen Preis gewinnen

выигрыш *m* Gewinn *m*; ~ **времени** Zeitgewinn *m*; **денежный** ~ Geldgewinn *m*; ~ **по займу** Anleihegewinn *m*; ~ **по лотерее** Lotteriegewinn *m*

выигрышный vorteilhaft, gewinnbringend, Gewinn-; ~ **заём** *m* Losanleihe *f*, Lotterieanleihe *f*

выкладка *f* **товара** Warenauslage *f*

выкладки *pl* Berechnungen *pl*

выкуп *m* Ablösung *f*, Auslösung *f*, Einlösung *f*, Rückkauf *m*; ~ **акций** Aktienrückkauf *m*; ~ **векселя** Einlösung des protestierten Wechsels; **внешний** ~ **компании (предприятия)** Unternehmenskauf durch Manager außerhalb der Gesellschaft, Management-Buy-In; ~ **государственного долга** Rückkauf von Staatsanleihen; ~ **закладной (ипотеки)** Ablösung einer Hypothek; ~ **займа** Einlösung einer Anleihe; ~ **контрольного пакета**

акций компании ее администрацией, ~ предприятия его менеджерами Unternehmenskauf *m* durch das Management der Gesellschaft, Management-Buy-out *n*; **~ предприятия в частные руки** Unternehmensprivatisierung *f*

выкупаемый ablösbar, einlösbar, rückkaufbar

выкупать ablösen, auskaufen, einlösen, (zu)rückkaufen; **~ акции** Aktien zurückkaufen; **~ долю (пай)** den Anteil abkaufen; **~ закладную (ипотеку)** eine Hypothek ablösen; **~ залог** ein Pfand auslösen; **~ заложенную вещь** einen verpfändeten Gegenstand einlösen; **~ пай компаньона** einen Teilhaber auskaufen (ausbezahlen); **~ привилегированные акции** Vorzugsaktien zurückkaufen

выкупн|ой Ablösung-, Einlösungs-, Rückkauf-; **-ая сумма** Ablösungsbetrag *m*, Einlösungsbetrag *m*, Rückkaufwert *m*

вымерять abmessen, ausmessen, durchmessen

вымогательство Erpressung *f*, Nötigung *f*

выморочн|ый erblos, herrenlos; **-ое имущество** erbloses Vermögen *n*

выносить aushalten, ertragen, vertragen; annehmen, fällen, fassen; **~ приговор** ein Urteil fällen; **~ резолюцию** eine Entschließung annehmen; **~ решение** einen Beschluss fassen, eine Entscheidung treffen

выписк|а *f* Auszug *m*, Aufstellung *f*, Ausstellung *f*; **сделать -у** einen Auszug (eine Aufstellung) machen; **-а из бухгалтерских книг** Buchauszug *m*, Auszug aus den Geschäftsbüchern; **-а из дела (документов)** Auszug aus den Akten; **-а из депозитного счёта** Depot|aufstellung *f*, -auszug *m*; **-а из протокола** Protokollauszug *m*; **-а из реестра ценных бумаг** Auszug aus Wertpapierregister; **-а из (со) счёта** Kontoauszug *m*, Rechnungsauszug *m*; **-а из торгового реестра** Handelsregisterauszug *m*; **-а по счету депо** Depot|aufstellung *f*, -auszug *m*; **-а счёта** Ausstellung einer Rechnung; **-а счетов-фактур** Fakturierung *f*

выписывать ausfertigen, ausschreiben, ausstellen; abonnieren, beziehen; Auszug machen; **~ вексель** einen Wechsel ausstellen; **~ документ** eine Urkunde ausfertigen; **~ счёт** eine Rechnung ausstellen; **~ фактуру** fakturieren

выплат|а *f* Abzahlung *f*, Auszahlung *f*, Zahlung *f*, Ausschüttung *f*; **гарантировать -у** Auszahlung (Zahlung) garantieren (sichern); **задерживать -у** mit Zahlungen im Verzug sein; **производить -у** auszahlen, zahlen, Zahlung ausführen (leisten, vornehmen); **-а возмещения** Abfindungszahlung *f*, Entschädigungsleistung *f*, Ersatzleistung *f*; **-а вознаграждения** Auszahlung eines Entgelts (einer Belohnung, einer Vergütung); **-а выигрыша** Auszahlung eines Gewinns; **-а выходного пособия** Zahlung der Entlassungsabfindung; **-а денег** Geldauszahlung *f*; **-а дивидендов** Dividenden|ausschüttung *f*, -zahlung *f*; **-а долгов** Schuldenzurückzahlung *f*, Abzahlung von Schulden; **-а долгов и процентов по ним** Schuldendienst *m*; **-а доли наследников** Abfindung der Erben; **дополнительные -ы** Zusatzleistungen *pl*; **-а единовременного вознаграждения** einmalige Abfindung; **ежегодная -а** Annuität *f*, Jahreszahlung *f*; **-а задолженности по процентам** Zinsnachzahlung *f*; **-а заработной платы** Gehaltszahlung *f*, Lohn(aus)zahlung *f*, Auszahlung der Löhne; **компенсационная -а** Abfindungszahlung *f*, Ersatzleistung *f*; **-а командировочных расходов** Tagegeldleistungen *pl*; **-ы по безработице для неимеющих права на пособие по безработице** Arbeitslosenhilfe *f*; **-а по частям** Abbezahlung *f*, Ratenzahlung *f*; **-а пособия** Unterstützungszahlung *f*; **-а пособия по временной нетрудоспособности** Krankengeldauszahlung *f*; **-а прибыли** Auszahlung des Gewinns; **-а процентов** Zinszahlung *f*; **-а процентов по займу** Anleihedienst *m*; **регулярная -а** regelmäßige Zahlung; **-ы социальные** Sozialleistungen *pl*,

Sozialzahlungen *pl*; **-ы социального характера** Aufwendungen sozialen Charakters; **-а страхового возмещения** Versicherungsleistung *f*

выплачивать abzahlen, auszahlen, bezahlen, zahlen, ausschütten; **~ в рассрочку** in Raten (aus)zahlen; **~ вознаграждение** eine Abfindung (Belohnung) zahlen, entlohnen, vergüten; **~ дивиденды** Dividenden ausschütten (zahlen); **~ долги** Schulden abzahlen (zurückzahlen); **~ по частям** abbezahlen, in Raten (aus)zahlen

выполнение *n* Erfüllung *f*, Realisierung *f*, Verwirklichung *f*, Abwicklung *f*, Ausführung *f*, Erledigung *f*, Implementierung *f*; **обеспечивать ~** die Erfüllung sichern; **~ заказа** Auftrags|abwicklung *f*, -ausführung *f*, -erledigung *f*; **надлежащее ~** ordnungsgemäße Erledigung; **~ нормы** Normerfüllung *f*; **~ обязанностей** Erfüllung der Pflichten; **~ обязательств** Einhaltung (Erfüllung) der Verpflichtungen; **~ плана** Plan|ausführung *f*, -durchführung *f*, -erfüllung *f*, Realisierung (Verwirklichung) eines Plans, Sollerfüllung *f*; **~ поставленной цели** Zielerfüllung *f*; **~ работы** Arbeitsausführung *f*, Leistungserstellung *f*; **своевременное ~** fristgemäße (termingerechte) Ausführung; **~ строительных работ** Bauausführung *f*; **~ таможенных формальностей** zollamtliche Abfertigung; **~ условий** Erfüllung der Bedingungen; **частичное ~ поручений на покупку** Geldrepartierung *f*

выполнять erfüllen, realisieren, verwirklichen, abwickeln, ausführen, erledigen, implementieren; **~ надлежащим образом** ordnungsgemäß erledigen; **~ обязанности** Pflichten erfüllen; **~ план** einen Plan erfüllen (realisieren, verwirklichen); **~ требование** einen Anspruch (eine Forderung) erfüllen; **~ условия** Bedingungen erfüllen

выпуск *m* Ausstoß *m*, Erzeugung *f*, Herstellung *f*, Produktion *f*; Ausgabe *f*, Begebung *f*, Emission *f*; Herausgabe *f*, Auflage *f*; Zollfreigabe *f*; **планировать ~** die Produktion (Ausgabe, Emission) planen; **расширять ~ продукции** die Produktion ausbauen; **увеличивать ~** die Produktion erhöhen (steigern); **~ акций** Aktien|ausgabe *f*, -emission *f*; **~ банкнот** Noten|ausgabe *f*, -emission *f*; **~ в свет** Veröffentlichung *f*; **валовый ~** Brutto|erzeugung *f*, -produktion *f*; **годовой ~** Jahres|ausstoß *m*, -produktion *f*; **~ денег** Geldschöpfung *f*; **дополнительный ~ продукции** Mehrproduktion *f*; **~ займа** Anleiheemission *f*, Ausgabe einer Anleihe; **~ и размещение займа** Anleihegeschäft *n*; **~ инвестиционных сертификатов** Ausgabe von Investmentzertifikaten; **незаконный ~ продукции под чужой фирменной маркой** Markenpiraterie *f*; **~ облигаций** Ausgabe von Schuldverschreibungen; **~ оборудования** Anlagen- und Maschinenbau; **первый ~** Erst|ausgabe *f*, -emission *f*; **~ по лицензии** Lizenz|-fertigung *f*, -produktion *f*; **~ продукции** Herstellung *f*, Produktion *f*, Produktionsausstoß *m*; **~ продукции за год** Jahres|leistung *f*, -produktionsausstoß *m*; **~ продукции отдельными партиями** Losfertigung *f*; **~ продукции под чужой фирменной маркой** Markennachahmung *f*, Produktpiraterie *f*; **серийный ~** Reihen|fertigung *f*, -produktion *f*, Serien|-fertigung *f*, -herstellung *f*, -produktion *f*, Losfertigung *f*; **~ товаров (в свободное обращение)** *(Imp/Exp)* Zollfreigabe *f*; **~ ценных бумаг** Effektenemission *f*, Wertpapieremission *f*, Ausgabe von Wertpapieren; **~ ценных бумаг по номинальному курсу** Pariemission *f*; **~ ценных бумаг по курсу выше номинала** Überpariemission *f*; **~ ценных бумаг по курсу ниже номинала** Unterpariemission *f*

выпускать ausstoßen, erzeugen, herausbringen, herstellen, produzieren; ausgeben, begeben, emittieren, herausgeben, auflegen; **~ акции** Aktien ausgeben (begeben, emittieren, herausgeben); **~ в обращение** in Umlauf bringen (setzen); **~ в продажу** in den Handel bringen, auf den Markt bringen; **~ заём** eine Anleihe auflegen (ausgeben, begeben, emittieren, herausgeben, lancieren); **~ на рынок** auf den

Markt bringen; **~ оборудование** Anlagen herstellen (produzieren); **~ по лицензии** in Lizenz herstellen; **~ продукцию** ausstoßen, produzieren; **~ серийно** serienmäßig herstellen; **~ специалистов** Fachleute ausbilden; **~ ценные бумаги** Wertpapiere ausgeben (emittieren)

выпускник *m* Abgänger *m*, Absolvent *m*; **~ школы** Schulabgänger *m*; **~ вуза** Hochschulabsolvent *m*

вырабатывать ausstoßen, erzeugen, herstellen, produzieren; ausarbeiten, erarbeiten

выработк|а *f* Arbeitsleistung *f*, Leistung *f*, Leistungsabgabe *f*, Ausstoß *m*, Produktion *f*, Produktionsleistung *f*, Produktionsmenge *f*, Ausarbeitung *f*, Erarbeitung *f*; Arbeitsproduktivität *f*; **в зависимости от -и** leistungsabhängig; **годовая -а** Jahres|ausstoß *m*, -leistung *f*; **минимальная -а** Mindestarbeitsleistung *f*; **-а на одного работника** Pro-Kopf-Leistung *f*; **почасовая -а** Ausstoß pro Arbeitsstunde; **сменная -а (-а за смену)** Schichtleistung *f*; **собственная -а** Eigenleistung *f*; **средняя -а** Durchschnittsleistung *f*, Leistungsdurchschnitt *m*; **суточная -а** Tagesleistung *f*; **чистая -а** Nettoproduktion *f*; **-а электроэнергии** Elektroenergieerzeugung *f*

выравнивание *n* Angleichung *f*, Ausgleich *m*; **~ баланса** Bilanzausgleich *m*; **~ доходов** Einkommensangleichung *f*, Angleichung der Einkommen; **~ затрат** Lastenausgleich *m*; **социальное ~** sozialer Ausgleich; **~ (по) стоимости** Wertausgleich *m*; **финансовое ~** Finanzausgleich *m*; **~ цен** Preis|angleichung *f*, -ausgleich *m*, Angleichung der Preise

выравнивать angleichen, anpassen, ausgleichen; **~ уровень доходов** Einkommen angleichen

выражать ausdrücken, zum Ausdruck bringen

выражение *n* Ausdruck *m*; **стоимостное ~** Wertausdruck *m*; **численное ~** zahlenmäßiger Ausdruck

выращивание *n* Anbau *m*, Aufzucht *f*, Zucht *f*

выращивать anbauen, züchten

выручк|а *f* Erlös *m*; **получать -у** Erlöse erwirtschaften (erzielen); **увеличивать -у** den Ertrag verbessern; **-а-брутто, валовая -а** Brutto|erlös *m*, -ertrag *m*, Gesamt|erlös *m*, -ertrag *m*, Rohertrag *m*; **валютная -а** Währungserlös *m*; **дневная (суточная) -а** Tageskasse *f*; **дополнительная -а** Mehr|erlös *m*, -ertrag *m*; **кассовая -а** Kassen|eingänge *pl*, -einnahmen *pl*; **ликвидационная -а** Liquidationserlös *m*; **-а маржинальная** Grenzerlös *m*; **-а на единицу продукции** Stückerlös *m*, Erlös je Stück; **-а-нетто** Nettoerlös *m*; **общая -а** Gesamt|erlös *m*, -ertrag *m*; **-а от продажи металлолома** Schrotterlös *m*; **-а от продаж, -а от реализации** Verkaufs|erlös *m*, -ertrag *m*, Absatzerlös *m*, Erlös aus dem Verkauf; **-а от экспорта** Ausfuhrerlös *m*, Exporterlös *m*, Erlös aus Exporten; **расчётная -а** kalkulatorische Erlöse; **совокупная -а** Bruttoerlös *m*, Gesamterlös *m*; **сокрытая -а** nicht erfasste Erlöse; **торговая -а** Handelserlös *m*; **фактическая -а** tatsächlicher Erlös *m*; **чистая -а** Netto|erlös *m*, -ertrag *m*, Rein|erlös *m*, -ertrag *m*; **чистая валютная -а** Nettodevisenerlös *m*; **чистая -а от продаж (реализации)** Nettoverkaufserlös *m*

высвобождать freimachen, freisetzen, freistellen; **~ время** sich Zeit nehmen; **~ рабочую силу** Arbeitskräfte freisetzen (freistellen); **~ средства** (finanzielle) Mittel freisetzen (freimachen)

высвобождение *n* Freimachung *f*, Freisetzung *f*, Freistellung *f*; **~ персонала** Personalfreisetzung *f*, Personalabbau *m*; **~ рабочей силы** Freisetzung von Arbeitskräften; **~ ресурсов** Ressourcenfreisetzung *f*; **~ средств** Freisetzung von (finanziellen) Mitteln, Mittelfreisetzung *f*

выселение *n* Aussiedlung *f*, Ausweisung *f*; **~ жильца** Räumung (der Wohnung) *f*

выселять aussiedeln, ausweisen; räumen lassen

выслуга лет *f* Dienstalter *n*, Dienstjahre *pl*, (die gesetzlich für Renten- und Privilegienerhalt berechtigen)
высокодоходный einträglich, ertragreich, gewinnbringend, rentabel
высококачественн|ый hochwertig, von hoher Qualität; **-ое оборудование** *n* hochwertige Ausrüstung (Ausstattung); **-ый продукт** *m* Qualitäts|-erzeugnis *n*, -produkt *n*; **-ый товар** *m* Qualitätsware *f*, hochwertige Ware
высококвалифицированный hoch qualifiziert; **~ рабочий** *m* hoch qualifizierter Arbeiter; **~ специалист** *m* hoch qualifizierter Fachmann
высококлассный hochkarätig; **~ менеджер** *m* hochkarätiger Manager
высокооплачиваемый hoch bezahlt
высокопродуктивный ertragreich
высокопроизводительный (hoch)-leistungsfähig, Hochleistungs-
высокоразвит|ый hoch entwickelt; **-ая промышленность** *f* hoch entwickelte Industrie
высокотехнологичн|ый Hochtechnologie-; **-ые изделия** *pl* Hochtechnologiegüter *pl*, Hightecherzeugnisse *pl*
высокоурожайный ertragreich
высокоэффективный hochwirksam, Hochleistungs-
высота *f* Höhe *f*
выставитель *m* Aussteller *m*; **~ векселя** Wechselaussteller *m*, Aussteller eines Wechsels; **~ ценной бумаги** Aussteller eines Wertpapiers
выставк|а *f* Ausstellung *f*, Messe *f*, Schau *f*; Auslage *f*; **открывать -у** eine Ausstellung (Messe) eröffnen; **проводить -у** eine Ausstellung (Messe) abhalten; **устраивать -у** eine Ausstellung (Messe) veranstalten; **автомобильная -а** Automobilausstellung *f*; **международная -а** internationale Ausstellung (Messe); **-а-продажа** Verkaufs|ausstellung *f*, -messe *f*; **промышленная -а** Industrie|ausstellung *f*, -messe *f*; **специализированная -а** Fach|ausstellung *f*, -messe *f*; **-а товаров** Warenauslage *f*; Warenausstellung *f*; **художественная -а** Kunstausstellung *f*
выставление *n* Ausstellung *f*; **~ аккредитива** Akreditiv|eröffnung *f*, -gestellung *f*; **~ векселя** Ausstellung (Trassierung, Ziehung) eines Wechsels, Wechsel|ausstellung *f*, -ziehung *f*; **~ счёта** Rechnungs|ausfertigung *f*, -ausstellung *f*; **~ фактуры** Fakturierung *f*
выставленн|ый ausgestellt; **быть -ым на продажу** ausliegen; **-ый на предъявителя** auf den Inhaber ausgestellt
выставлять ausstellen, eröffnen, auslegen; ausfertigen; trassieren, ziehen; **~ аккредитив** ein Akkreditiv ausstellen (eröffnen); **~ вексель** einen Wechsel ausstellen (trassieren, ziehen); **~ счёт** eine Rechnung ausfertigen (ausstellen); **~ товары на витрине** Waren im Schaufenster auslegen
выставочный Ausstellungs-; **~ комитет** *m* Ausstellungsausschuss *m*
высчит(ыв)ать abrechnen, ausrechnen, abziehen; berechnen, errechnen; **~ из зарплаты** vom Lohn abziehen (einbehalten)
высш|ий höchst, höher, Höchst-, Hoch-; **-ее качество** beste Qualität; **-ее образование** Hochschulbildung *f*, akademische Bildung; **-ая процентная ставка** Höchstzinssatz *m*; **-ая школа** Hochschule *f*
высылать abschicken, absenden, versenden; **~ по почте** mit der Post absenden (versenden); **~ товары** Waren absenden (versenden)
вытеснение *f* Verdrängung *f*; **~ снижением цены** Verdrängungswettbewerb *m*
выторго(вы)вать abhandeln, aushandeln; **~ (приемлемые) цены** Preise aushandeln; **~ скидку** einen Preisnachlass aushandeln
выход Anfall *m*, Ausbeute *f*, Ausbringung *f*; Ertrag *m*; Ausgang *m*, Austritt *m*; Ausscheiden *n*, Aussteigen *n*, Ausstieg *m*; Erscheinen *n*; **заявить о своём -е** seinen Austritt erklären; **аварийный ~** Notausgang *m*; **~ в отставку** Versetzung in den Ruhestand; **~ в печати (свет)** Erscheinen *n*; **~ готовой продукции** Ausbringung *f*; **~ из кризиса** Krisenbewältigung *f*; **~ из состава членов общества** Austritt aus dem

Verein; **~ из страхования** Versicherungskündigung *f*; **~ из строя** Ausfall *m*; **~ компаньона (из дела)** Ausscheiden (Austritt) eines Gesellschafters (Teilhabers); **~ на рынок** Markt|-einstieg *m*, -eintritt *m*; **~ продукта** Ausbeute *f*; **~ (готовой) продукции** Ausbringung *f*, Ausstoß *m*; **~ продукции из единицы сырья** Produktausbeute *f*; **~ чистого продукта** Reinausbeute *f*

выходить ausgehen, ausscheiden, aussteigen, austreten; **~ в свет** erscheinen; **~ из гавани (порта)** auslaufen; **~ из дела** aus dem Geschäft aussteigen (austreten); **~ из компании** aus der Gesellschaft austreten; **~ из кризиса** die Krise bewältigen; **~ из обращения** aus dem Umlauf kommen; **~ из строя** ausfallen; **~ на работу** die Arbeit aufnehmen; **не ~ на работу** der Arbeit fernbleiben

вычет *m* Abzug *m*, Absetzung *f*, Abrechnung *f*, Abstrich *m*; **производить ~** zur Abrechnung (in Abzug) bringen, abrechnen, absetzen; **за -ом** nach Abrechnung (Abzug), abgerechnet, abzüglich; **за -ом издержек** nach Abrechnung (Abzug) der Spesen (Kosten), abzüglich der Kosten; **за -ом налогов (сборов)** Abgaben abgerechnet, abzüglich Steuern, nach Abzug der Steuern; **за -ом скидки** abzüglich Skonto; **-ы из валовой прибыли** Abzüge vom Bruttogewinn; **-ы из заработной платы** Lohnabzüge *pl*, Gehaltsabzüge *pl*, Abzüge von Arbeitslohn; **~ капитализированной суммы ежегодного налога из покупной цены имущественного объекта, налог на который уже уплачен** Steuerkapitalisierung *f*; **~ налогов** Steuerabzug *m*; **~ налогов по месту получения доходов** Steuerabzug an der Quelle; **при условии -а** unter Abzug; **~ убытков из суммы налога** Verlustabzug *m*

вычисление *n* Berechnung *f*, Errechnung *f*, Kalkulation *f*; **производить ~** eine Berechnung anstellen (durchführen), berechnen, kalkulieren; **~ расходов** Kostenanschlag *m*, Kostenberechnung *f*

вычислительн|ый Rechen-; **-ый центр** *m* Rechenzentrum *n*; **электронно--ая машина** *f* Elektronische Datenverarbeitungsanlage (EDVA) *f*, Computer *m*, Rechner *m*

вычислять berechnen, errechnen, kalkulieren

вычитать abrechnen, absetzen, abziehen, zur Abrechnung bringen, in Abzug bringen; **~ как производственные издержки (расходы)** als Betriebskosten absetzen; **~ из суммы налога** von der Steuer absetzen

выше линии *(V&M)* above-the-line

вышестоящ|ий übergeordnet; **-ая инстанция** *f* übergeordnete Behörde (Instanz), Dachorganisation *f*

выявление *n* Aufdeckung *f*, Klärung *f*; **~ дефектов** Aufdeckung von Mängeln

выявлять aufdecken, klären

выяснение *n* **убытков (ущерба)** Schadenfeststellung *f*

вьювер *m* Visualisierungsprogramm *n*

Г

габарит *m* Größe *f*

габариты *pl* Abmessungen *pl*, Außenabmessungen *pl*; **~ груза** Lademaß *n*, Ladeprofil *n*

габаритные размеры *pl* Außenabmessungen *pl*

гавань *f* Hafen *m*; **~ налоговая** Steueroase *f*

газ *m* Gas *n*; **добывать природный ~** Erdgas fördern (gewinnen); **снабжать -ом** mit Gas versorgen; **топить (обогревать) -ом** mit Gas (be)heizen; **транспортировать природный ~** Erdgas befördern (transportieren); **природный ~** Erdgas *n*, Naturgas *n*

газгольдер *m* Gasbehälter *m*

газет|а *f* Zeitung *f*; **выписывать -у** eine Zeitung bestellen (beziehen); **помещать объявление в -е** eine Annonce in die Zeitung setzen; **прекращать подписку на -у** eine Zeitung abbestellen; **ежедневная -а** Tageszeitung *f*; **местная -а** Lokalzeitung *f*; **экономическая (деловая) -а** Wirtschaftszeitung *f*

газетн|ый Zeitungs-; **-ая бумага** Zeitungspapier *n*; **-ый киоск** Zeitungskiosk *m*; **-ая реклама** Zeitungswerbung *f*

газифицировать mit Gas versorgen

газификация *f* Anschluss an das Gasversorgungsnetz, Gasversorgung *f*

газовый Gas-; **-ая плита** *f* Gasherd *m*

газопровод *m* Gasleitung *f*; **прокладывать (строить) ~** eine Gasleitung bauen (verlegen); **магистральный ~** Erdgasfernleitung *f*, Gasfernleitung *f*, Erdgaspipeline *f*

галантерейн|ый Kurzwaren-; **-ые изделия (товары)** *pl* Kurzwaren *pl*; **-ый магазин** *m* Kurzwarenladen *m*

галантерея *f* Kurzwaren *pl*

гамма *f* Gamma *f*

гарант *m* Bürge *m*, Garant *m*, Garantiegeber *m*, Gewährsmann *m*; **быть -ом** bürgen, garantieren; **выступать -ом по кредиту** die Kreditbürgschaft übernehmen (eingehen); **предоставлять -а** einen Bürgen stellen; **~ по векселю** Wechselbürge *m*, Notadresse *f*; **~ размещения займа** Anleihegarant *m*, Underwriter *m*, Übernehmer einer Effektenemission (Wertpapieremission); **солидарный ~** Mitbürge *m*, Solidarbürge *m*

гарантийн|ый Bürgschafts-, Garantie-, Gewährleistungs-; **-ый капитал** *m* Garantiekapital *n*; **-ый кредит** *m* Bürgschaftskredit *m*; **-ое обязательство** *n* Garantie|erklärung *f*, -pflicht *f*, -verpflichtung *f*, -zusage *f*, Gewährleistungs|garantie *f*, -verpflichtung *f*; **-ое письмо** *n* Bürgschaftserklärung *f*, Garantie|brief *m*, -erklärung *f*; **-ый риск** *m* Gewährleistungswagnis *f*; **-ое свидетельство** *n* Garantieschein *m*; **-ый талон** *m* Garantiekarte *f*

гарантирование *n* Garantieleistung *f*, Garantieübernahme *f*, Garantieverpflichtung *f*, Garantiezusage *f*; **~ экспортных кредитов** Garantieleistung für Exportkredite, Exportkreditversicherung *f*

гарантированн|ый garantiert, (ab)gesichert, sicher; **-ый доход** *m* abgesichertes (sicheres) Einkommen; **-ый минимум заработной платы** *m* garantierter Mindestlohn, Garantielohn *m*; **-ый кредит** *m* garantierter Kredit; **-ые минимальные цены** *pl* garantierte Mindestpreise

гарантировать bürgen, garantieren, gewährleisten, haften, sichern, sicherstellen, zusichern, eine Garantie geben (gewähren), Bürgschaft (Garantie) leisten, Garantie stellen, die Bürgschaft (Garantie, Gewährleistung, Gewähr) übernehmen, die Gewähr bieten, Sicherheit leisten (gewähren); **~ качество товара** die Qualität der Ware zusichern; **~ оплату** die Zahlung garantieren; **~ платёжеспособность клиента (покупателя)** das Delkredere übernehmen; **~ приёмку (товара)** die Abnahme garantieren (sichern)

гаранти|я *f* Bürgschaft *f*, Garantie *f*, Garantieübernahme *f*, Gewähr *f*, Gewährleistung *f*, Haftung *f*, Sicherheit *f*, Sicherstellung *f*, Sicherung, Zusicherung *f*; **(вы)давать -ю** bürgen, garantieren, Bürgschaft (Garantie) leisten, Garantie stellen, die Bürgschaft (Garantie, Gewähr, Gewährleistung) übernehmen, eine Garantie geben (gewähren), die Gewähr bieten; **иметь -ю** Garantie haben; **обеспечивать -ю** eine Garantie gewährleisten; **оформлять -ю** eine Garantieerklärung ausfertigen; **получать -ю** die Bürgschaft erhalten; **предоставлять -ю** die Bürgschaft bestellen, eine Garantie geben (gewähren); **принимать на себя -ю** die Bürgschaft (Garantie, Gewähr, Gewährleistung) übernehmen; **требовать -ю** eine Bürgschaft (Garantie) fordern; **банковская -я** bankmäßige Sicherheit, Bank|aval *m*, -bürgschaft *f*, -garantie *f*; **без -и** ohne Gewähr (Obligo); **-я векселя** Wechselbürgschaft *f*; **-я вкладов** Sicherheit der Einlagen; **-я возврата аванса (авансового платежа)** Anzahlungsgarantie *f*, Rückzahlungsgarantie *f* für die (geleisteten) Vorschüsse; **-я выплаты дивидендов** Dividendengarantie *f*; **государственная -я** Staatshaftung *f*, Bundes|bürgschaft *f*, -garantie *f*, Regierungsgarantie *f*; **дополнительная -я** Zusatzgarantie *f*, zusätzliche Sicherheit; **-я занятости** Beschäftigungsgarantie *f*; **-я испол-**

нения Erfüllungsgarantie *f*, Performance-Bond; **-я исполнения (технических условий) контракта** Leistungsgarantie *f*; **-я качества** Qualitäts|garantie *f*, -sicherung *f*, Gewährleistung für Sachmängel; **-я кредита** Kreditgarantie *f*, gesicherte Kreditzusage; **-я лояльности** Loyalitätsgarantie *f*; **-я оплаты** Zahlungsgarantie *f*; **обычная банковская -я** banküblіche Sicherheit; **-я от нанесения ущерба** Harmless Warrant; **-я оферты** Bietungsgarantie *f*; **-я паритета** Kurssicherung *f*; **-я перевода** Transfergarantie *f*; **письменная -я** schriftliche Garantie; **-я платежа** Zahlungsgarantie *f*; **-я платёжеспособности покупателя** Delkredere *n*; **-я по векселю** Wechselbürgschaft *f*, Aval *m*; **под -ю** unter Garantie; **-я по кредиту** Kreditbürgschaft *f*; **-я подписи** Unterschriftsgarantie *f*; **-я получения процентов** Zinsgarantie *f*; **правительственная -я** Bundesbürgschaft *f*, Regierungsgarantie *f*; **-я приёмки** Abnahmegarantie *f*; **-я размещения выпуска ценных бумаг** Garantie einer Effektenemission, Underwriting; **реальная -я** Realgarantie *f*; **-я риска инвестиций** Investitionsrisikogarantie *f*; **-я риска экспорта** Exportrisikogarantie *f*; **с -ей** mit (unter) Garantie; **с -ей на год** mit 1 Jahr Garantie; **-я стабильности цены** Preisgarantie *f*; **тендерная -я** Bietungsgarantie *f*; **-я уплаты процентов** Zinsgarantie *f*

гармонизация *f* Angleichung *f*, Harmonisierung *f*; **~ налогов** Steuer|angleichung *f*, -harmonisierung *f*; **~ стандартов** Normenharmonisierung *f*; **~ таможенных пошлин** Zollharmonisierung *f*

гармоничность *f* **товарной номенклатуры** Harmonie der Warennomenklatur

гастроном *m* Lebensmittelgeschäft *n*, Feinkosthandlung *f*; Feinschmecker *m*

гастрономия *f* Gastronomie *f*

гектар *m* **(га)** Hektar *n* (ha)

генеральн|ый General-, Gesamt-; **-ый агент** *m* General|agent *m*, -bevollmächtigte *m*, -vertreter *m*; **-ый директор** *m* Generaldirektor *m*; **-ая оговорка** *f* Generalklausel *f*; **-ое соглашение по тарифам и торговле** *n* Allgemeines Zoll- und Handelsabkommen

география *f* Geographie *f*, Erdkunde *f*; **экономическая ~** Wirtschaftsgeographie *f*

гербов|ый Stempel-; **-ая бумага** *f* Stempelpapier *n*; **-ая печать** *f* Dienstsiegel *n*; **-ый сбор** *m* Stempel|gebühr *f*, -steuer *f*

Германия *f* Deutschland

германский deutsch

Гермес *m* Hermes-Versicherung *f*

гибель *f* Untergang *m*, Verfall *m*; **полная ~** Totalschaden *m*; **~ судна** Schiffsuntergang *m*; **~ товара** Untergang der Ware

гибкий elastisch, flexibel; anpassungsfähig; **~ курс обмена (валют)** *m* flexibler Wechselkurs

гибкость *f* Elastizität *f*, Flexibilität *f*; **~ управления** Flexibilität des Managements

гигиена *f* Hygiene *f*; **промышленная ~ (~ труда)** Arbeitshygiene *f*, Berufshygiene *f*; **профессиональная ~** Berufshygiene *f*

гид *m* Reiseführer *m*, Stadtführer *m*

гидроэлектростанция *f* Wasserkraftwerk *n*

гидроэнергетика *f* Wasserkraftwirtschaft *f*

гиперинфляци|я *f* Hyperinflation *f*, galoppierende Inflation; **остановить -ю** die Hyperinflation bremsen

гиперссылка *f (Comp)* Hyperlink *m*

гипертекст *m (Comp)* Hypertext *m*

гипотеза эффективного рынка *f* Effizienzmarkthypothese *f*

гистерезис *m* Remanenz *f*; **~ затрат** Kostenremanenz *f*

гистограмма *f* Histogramm *n*, Balkendiagramm *n*

глава *f* Chef *m*, Leiter *m*, Vorstand *m*; Abschnitt *m*, Kapitel *n*; **~ делегации** Delegationsleiter *m*; **~ домашнего хозяйства** Haushaltsvorstand *m*; **~ семьи** Familienoberhaupt *n*

главн|ый Chef-, Haupt-, Ober-; **-ый акционер** *m* Hauptaktionär *m*; **-ый бухгалтер** *m* Chefbuchhalter *m*; **-ый**

кассир *m* Hauptkassierer *m*; **-ая книга** *f* Hauptbuch *n*; **-ый представитель** *m* Hauptvertreter *m*

глобализация *f* Globalisierung *f*

глубина *f* **переработки** Veredelungsgrad *m*, Verarbeitungstiefe *f*

гнёт *m* Druck *m*, Last *f*; Unterdrückung *f*; **налоговый ~** Steuer|druck *m*, -last *f*

год *m* Jahr *n*; **базисный ~** Stichjahr *n*, Basisjahr *n*; **~, берущийся для сравнения** Vergleichsjahr *n*; **бюджетный ~** Haushaltsjahr *n*, Rechnungsjahr *n*; **-ы, в которые не предусмотрено погашение** tilgungsfreie Jahre; **в среднем за ~** im Jahresdurchschnitt; **високосный ~** Schaltjahr *n*; **~ выпуска** Ausgabejahr *n*; **~ изготовления** Herstellungsjahr *n*; **истекший ~** abgelaufenes Jahr; **календарный ~** Kalenderjahr *n*; **~ ожидания** Karenzjahr *n*; **операционный ~ банка** Geschäftsjahr einer Bank; **~ основания** Gründungsjahr *n*; **отчётный ~** Berichtsjahr *n*, Rechnungsjahr *n*; **плановый ~** Planjahr *n*; **~ постройки** Baujahr *n*; **~, принёсший убытки** Verlustjahr *n*; **прошедший (прошлый) ~** Vorjahr *n*, vergangenes Jahr; **~ работы (службы)** Arbeitsjahr *n*, Dienstjahr *n*; **расчётный ~** Abrechnungsjahr *n*; **рыночный ~** Marktjahr *n*; **сельскохозяйственный ~** Wirtschaftsjahr *n*; **страховой ~** Versicherungsjahr *n*; **текущий ~** laufendes Jahr; **учебный ~** Schuljahr *n*, Studienjahr *n*; **финансовый ~** Finanzjahr *n*, Haushaltsjahr *n*, Rechnungsjahr *n*; **фискальный ~** Haushaltsjahr *n*, Rechnungsjahr *n*, Steuerjahr *n*; **хозяйственный ~** Geschäftsjahr *n*, Wirtschaftsjahr *n*; **~ экономического спада** Flautenjahr *n*

годичный Jahres-; **-ое собрание** *n* Jahresversammlung *f*

годный geeignet, tauglich; fähig; **~ для перевозки по железной дороге** bahnmäßig; **~ для перевозки по морю** see|mäßig, -tüchtig; **~ для переработки** wieder verwertbar; **~ для приёмки** abnahmefähig; **~ к переучёту** rediskontfähig; **~ к транспортировке** transportfähig, transportabel; **~ к учёту** bankfähig, diskontfähig; **~ к эксплуатации** betriebsfähig

годов|ой Jahres-, jährlich; **-ой доход** *m* Jahresertrag *m*; **-ой оборот** *m* Jahresumsatz *m*; **-ой отчёт** *m* Jahres|-abrechnung *f*, -abschluss *m*, -bericht *m*; **-ая процентная ставка** *f* Jahreszinssatz *m*; **-ые проценты** *pl* Jahreszinsen *pl*; **-ой темп роста** *m* Jahreszuwachsrate *f*; **-ой транш** *m* Jahrestranche *f*

головн|ой Dach-, Leit-, Spitzen-; **-ое общество** *n* Dachgesellschaft *f*; **-ое объединение** *n* Spitzenverband *m*; **-ая организация** *f* Dachorganisation *f*; **-ое предприятие** *n* Leitbetrieb *m*

голограмма *f* Hologramm *n*

голод *m* Hunger *m*, Hungersnot *f*; Knappheit *f*, Mangel *n*; **валютный ~** Devisen|knappheit *f*, -mangel *m*; **кадровый ~** (akuter) Personalmangel *m*; **товарный ~** Waren|knappheit *f*, -mangel *m*

голодовка *f* Hungerstreik *m*

голос *m* Stimme *f*; **отдать свой ~** seine Stimme abgeben; **~ против** Gegenstimme *f*; **решающий ~** entscheidende Stimme; **совещательный ~** beratende Stimme

голосовани|е *n* Abstimmung *f*, Stimmabgabe *f*; Urnengang *m*; **воздержаться от -я** sich der Stimme enthalten; **проводить -е** abstimmen; **ставить на -е** zur Abstimmung stellen (bringen); **участвовать в -и** sich an der Abstimmung beteiligen; **открытое -е** offene Abstimmung *f*; **-е по доверенности** Abstimmung durch Vollmacht; **-е поднятием руки** Abstimmung per Handerheben, Abstimmung per Handzeichen; **путём -я** durch Abstimmung *f*; **тайное -е** geheime Abstimmung; **электронное -е** elektronische Abstimmung *f*

голосовать abstimmen, seine Stimme abgeben, votieren

гомогенный homogen

гонорант *m* Honorant *m*, Intervenient *m*

гонорар *m* Honorar *n*, Tantieme *f*; **выплачивать ~** ein Honorar zahlen, honorieren; **начислять ~** ein Honorar abrechnen; **определять размер -а** ein Honorar berechnen; **получать ~**

ein Honorar beziehen (erhalten); **авторский ~** Honorar *n*, Autorenhonorar *n*, Autorentantieme *f*, Erfolgshonorar *n*; **~ адвоката** Anwaltshonorar *n*; **~ аккордный** einmaliges Autorenhonorar *n*; **~ врача** Arzthonorar *n*; **~ консультанта** Beraterhonorar *n*; **паушальный ~** Pauschalhonorar *n*; **~ члена наблюдательного совета** Aufsichtsratsvergütung *f*

гонорат *m* Honorat *m*

горизонт *m* Horizont *m*; **~ планирования** Planungshorizont *m*

горизонтальн|ый horizontal, Horizontal-; **-ый концерн** *m* Horizontalkonzern *m*; **-ое слияние** *n* horizontaler Zusammenschluss

горнодобывающ|ий Bergbau-, Montan-; **-ее предприятие** *n* Bergbauunternehmen *n*, Bergwerksgesellschaft; **-ая промышленность** Bergbau *m*, Montanindustrie *f*; **-ая металлургическая промышленность** *f* Montanindustrie *f*; **-ая техника** *f* Bergbautechnik *f*

горнопромышленн|ый Bergbau-, Bergwerks-, Montan-; **-ая компания** *f* **(-ое общество** *n***)** Bergwerksgesellschaft *f*

горнорабочий *m* Bergarbeiter *m*, Bergmann *m*, Grubenarbeiter *m*

горн|ый Berg-, Bergbau-, Bergwerks-; **-ое дело** *n* Bergbau *m*; **-ый инженер** *m* Bergingenieur *m*; **-ая промышленность** *f* Bergbau *m*; **-ое предприятие** *n* Bergwerk *n*, Bergbauunternehmen *n*

горняк *m* Bergarbeiter *m*, Bergmann *m*, Grubenarbeiter *m*, Kumpel *m*

город *m* Stadt *f*; **крупный ~** Großstadt *f*; **мелкий ~** Kleinstadt *f*; **портовый ~** Hafenstadt *f*; **промышленный ~** Fabrikstadt *f*, Industriestadt *f*; **~-спутник** Satellitenstadt *f*; **~ федерального значения** Stadt der föderalen Bedeutung *(Moskau und St. Petersburg)*

городск|ой Stadt-; **-ая администрация** *f* Stadtverwaltung *f*; **-ое планирование** *n* Stadtplanung *f*; **-ый транспорт** *m* Stadtverkehr *m*; **-ое хозяйство** *f* Stadtwirtschaft *f*

горюч|ее *n* Brennstoff *m*, Treibstoff *m*, Kraftstoff *m*; **заправлять -им** mit Brennstoff (Kraftstoff) versehen, tanken; **снабжать -им** mit Brennstoff (Kraftstoff) versorgen; **дизельное -ее** Dieselkraftstoff *m*; **жидкое -ее** flüssiger Brennstoff; **твёрдое -ее** fester Brennstoff; **ядерное -ее** Kernbrennstoff *m*

гос- Staats-, staatlich, öffentlich; **-бюджет** *m* **(государственный бюджет)** Staatshaushalt *m*, öffentlicher Haushalt; **-заём** *m* **(государственный заём)** Staatsanleihe *f*, öffentliche Anleihe; **-заказ** *m* **(государственный заказ)** Regierungsauftrag *m*, Staatsauftrag *m*, öffentlicher Auftrag; **-имущество** *n* **(государственное имущество)** Staats|eigentum *n*, -vermögen *n*; **-кредит** *m* **(государственный кредит)** Staatskredit *m*, öffentlicher (staatlicher) Kredit; **-надзор** *m* **(государственный надзор)** staatliche Aufsicht

господство *n* Beherrschung *f*, Herrschaft *f*; **~ на рынке** Marktbeherrschung *f*

господствовать beherrschen, dominieren, herrschen; **~ на рынке** den Markt beherrschen

господствующ|ий beherrschend, dominierend, herrschend; **-ий на рынке** marktbeherrschend; **-ее положение** *n* beherrschende Stellung

гос- Staats-, staatlich, öffentlich; **-предприятие** *n* **(государственное предприятие)** Staatsbetrieb *m*; **-служащий** *m* **(государственный служащий)** Staats|beamte *m*, -diener *m*, Angestellter im öffentlichen Dienst

гостиниц|а *f* Hotel *n*; **заказать номер в -е** ein Hotelzimmer bestellen; **жить в -е** in einem Hotel wohnen; **останавливаться в -е** in einem Hotel absteigen

государственн|ый Staats-, staatlich, öffentlich, staatseigen, Regierungs-; **-ое вмешательство** *n* Staatsintervention *f*, staatlicher Eingriff, Eingreifen (Eingriff) des Staates; **-ый долг** *m* Staatsschulden *pl*; **-ый заказ** *m* **(подряд)** Regierungsauftrag *m*, Staatsauftrag *m*, öffentlicher Auftrag; **-ые расходы** *pl* Staatsausgaben *pl*, öffentliche Ausgaben; **-ая субсидия** *f*

Staatszuschuss *m*, staatlicher Zuschuss; **-ые ценные бумаги** *f* Staatspapiere *pl*

государств|о *n* Staat *m*, Land *n*; **-о (всеобщего) благоденствия** Wohlfahrtsstaat *m*, Sozialstaat *m*; **-о-должник (дебитор)** Schuldnerland *n*; **-о-кредитор** Gläubigerland *n*; **-о назначения** Bestimmungsland *n*; **-о отправления** Versandland *n*; **-о, подписавшее договор** Vertragsstaat *m*; **правовое -о** Rechtsstaat *m*; **принадлежащий -у** staatseigen; **промышленно развитое ~** Industrieland *n*; **федеративное ~** Bundesstaat *m*

готовить vorbereiten; ausbilden, heranbilden; **~ специалистов** Fachkräfte ausbilden (heranbilden)

готовность *f* Bereitschaft *f*; **~ взять на себя риск** Risikobereitschaft *f*; **~ к инвестициям** Anlagebereitschaft *f*, Investitions|bereitschaft *f*, -neigung *f*; **~ к исполнению обязательства** Leistungsbereitschaft *f*; **~ к отгрузке** Versandbereitschaft *f*; **~ к отпуску товара (продукции)** Abgabebereitschaft *f*; **~ к погрузке** Ladebereitschaft *f*; **~ к поставке** Lieferbereitschaft *f*; **~ к приёмке-сдаче** Abnahmebereitschaft *f*; **~ к принятию решений** Entscheidungsbereitschaft *f*; **~ к работе** Arbeitsbereitschaft *f*; **~ к серийному производству** Serienreife *f*; **~ к строительству** Baureife *f*; **~ к эксплуатации** Betriebsfähigkeit *f*, Einsatz|bereitschaft *f*, -fähigkeit *f*; **~ к электронизации** E-Readiness *f*; **~ пойти на компромисс** Kompromissbereitschaft *f*, Vergleichsbereitschaft *f*; **~ покупать** Kaufbereitschaft *f*; **~ производить капиталовложения** Anlagebereitschaft *f*, Investitions|bereitschaft *f*, -neigung *f*; **~ произвести платёж** Leistungsbereitschaft *f*, Zahlungsbereitschaft *f*

готовый bereit, fertig; **~ к выгрузке** abladebereit; **~ к загрузке** zur Verladung bereit; **~ к заселению** bezugsfertig; **~ к отгрузке** versandbereit; **~ к печати** druckreif; **~ к погрузке** lade|bereit, -fertig; **~ к поставке** liefer|bar, -bereit, auf Abruf; **~ к (у)потреблению** gebrauchsfähig; **~ к приёмке** abnahmebereit; **~ к работе (эксплуатации)** betriebs|bereit, -fähig, -fertig; **~ к сдаче** schlüsselfertig; **~ к транспортировке** transportfähig

градация *f* Abstufung *f*, Einstufung *f*; **возрастная ~ счетов к получению** Forderungen nach Fälligkeit; **~ кредитоспособности** Bonitätseinstufung *f*; **~ по степени качества** Qualitätseinstufung *f*; **~ секретности** Geheimhaltungseinstufung *f*

градостроительный städtebaulich

градостроительство *n* Städtebau *m*

гражданин *m* Bürger *m*, Staatsangehörige *m*, Staatsbürger *m*

гражданск|ий Bürger-, bürgerlich, Zivil-, zivil; **-ая авиация** *f* Zivilluftfahrt *f*; **-ое право** *n* bürgerliches Recht, Zivilrecht *n*

гражданско-правов|ой bürgerrechtlich, zivilrechtlich; **-ая ответственность** *f* zivilrechtliche Haftung *f*

гражданств|о *n* Staatsangehörigkeit *f*, Staatsbürgerschaft *f*; **лишать -а (отказывать в -е)** die Staatsangehörigkeit aberkennen; **отказаться от -а** die Staatsangehörigkeit aufgeben; **получать -о** eingebürgert werden, eine Staatsangehörigkeit erwerben; **двойное -о** doppelte Staatsangehörigkeit

грамота *f* Urkunde *f*, Schreiben *n*; **охранная ~** Schutzbrief *m*; **патентная ~** Patenturkunde *f*; **почётная ~** Ehrenurkunde *f*

границ|а *f* Grenze *f*; Schranke *f*, Limit *n*; **закрывать -у** die Grenze sperren; **нарушать -у** die Grenze verletzen; **открывать -у** die Grenze öffnen; **пересекать (переходить) -у** die Grenze überschreiten; **устанавливать -ы** Schranken setzen; **государственная -а** Staatsgrenze *f*; **депозитная -а** Depotgrenze *f*; **за -ей** im Ausland; **предельные -ы колебания курсов валют** Schwankungsbreite der Wechselkurse; **морская таможенная -а** Seezollgrenze *f*; **таможенная -а** Zollgrenze *f*

грант *m* Zuschuss *m*, Stipendium *n*; **получать ~** einen Zuschuss erhalten;

предоставлять ~ einen Zuschuss bewilligen; **благотворительный ~** Mittel für Wohltätigkeitsprogramme; **единовременный ~** einmaliger Zuschuss, **мировой ~** internationales Stipendium

гратис gratis

гратификация *f* Gratifikation *f*, Extrazahlung *f*

графа *f* Spalte *f*

график *m* Diagramm *n*, Schaubild *n*, grafische Darstellung; Chart; Plan *m*, Zeitplan *m*; **соблюдать ~** einen Zeitplan einhalten; **составлять ~** einen Zeitplan aufstellen (erarbeiten, erstellen); **~ безубыточности** Gewinnschwellendiagramm *n*; **гибкий ~ рабочего времени** flexible Arbeitszeit; **~ движения** Fahrplan *m*; **~ движения рынка** Chart *m* (Diagramm); **календарный ~** Zeitplan *m*; **~ монтажа** Montageplan *m*; **операционный ~** Ablaufplan(ung *f*) *m*; **~ отпусков** Urlaubsplan(ung *f*) *m*; **производственный ~** Fertigungsablaufplan *m*; **~ работ** Arbeitsplan *m*, Arbeitsablaufplan *m*; **~ обслуживания долга** Schuldendienstplan *m*; **~ постепенного погашения кредита** Tilgungsplan für ein Darlehen; **~ перерывов в работе** Pausenplan *m*; **~ сбережений** Sparplan *m*; **сетевой ~** Netzplan *m*; **скользящий ~ работы** Gleitarbeitszeit *f*, gleitende Arbeitszeit; **~ сменности** Schichtplan *m*; **~ строительства** Bau|ablaufplan *m*, -zeitplan *m*; **суточный ~** Tagesplan *m*; **~ тиков** Tick-by-Tick-Chart *m*

грационные дни *pl* Respekttage *pl*

грация *f* **вексельная** Zurückstellung des Wechsels

гривенник *m* Griwennik *m*, 10-Kopeken-Münze *f*

гривна *f* Griwna *f*

Гринпис *m* Greenpeace *n*

гриф *m* Namensstempel *m*, Vermerk *m* (über Vertraulichkeitsgrad)

громоздк|ий sperrig; **-ие грузы** sperrige Güter, Sperrgüter *pl*

гроссбух *m* Hauptbuch *n*

грош *m* Groschen *m*

гружён|ый beladen; **-ый вагон** *n* beladener Wagen (Waggon), Vollwagen *m*; **-ая машина** *f* beladenes Fahrzeug; **тяжело -ый** schwer beladen

груз *m* Fracht *f*, Frachtgut *n*, Frachtladung *f*, Gut *n*, Kargo *m*, Ladung *f*; **брать ~** Ladung einnehmen (aufnehmen); **выгружать ~** entladen, Ladung löschen; **грузить (загружать) ~** (auf)-laden, beladen, einladen, verladen, Ladung aufnehmen, Fracht einladen (verladen); **оплачивать перевозку -а** Fracht bezahlen; **отправлять ~** Güter (Fracht, eine Ladung) absenden (verschicken, versenden); **перевозить ~** Güter (Fracht, eine Ladung) befördern (transportieren); **отправить ~ по железной дороге** als Fracht per (mit der) Bahn aufgeben (versenden); **принимать ~** Ladung aufnehmen; **принимать, оформлять и отправлять ~** (Güter) abfertigen; **складировать ~** Güter einlagern; **хранить ~** Güter aufbewahren; **авиационный ~** Luftfracht(-gut *n*) *f*; **~ большой скорости** Eil|-fracht *f*, -gut *f*, Expressgut *n*; **бондовый ~** Ware unter Zollverschluss; **-ы в пути** auf dem Transport befindliche Waren; **вагонный ~** Wagenladung *f*, Waggonladung *f*; **возвращаемые -ы** *pl* (ohne Veränderung) zurückzuführende Güter, reexportierte (reimportierte) Waren (Güter); **генеральный ~** Stückgut *n*; **громоздкий (негабаритный) ~** sperriges Gut, Sperrgut *n*; **дополнительный ~** Beiladung *f*, Zuladung *f*; **железнодорожный ~** Bahnfracht *f*; **легковесный ~** Leichtgut *n*; **~ малой скорости** Frachtgut *n*; **массовый насыпной ~** Massen|-(fracht)gut *n*, -ladung *f*; **массовый наливной ~** flüssiges Massengut; **массовый штучный ~** Massenstückgut *n*; **навалочный ~** loses (lose verladenes) Gut, Massenschüttgut *n*; **обрабатываемый ~** Umschlagsgut *n*; **опасный ~** Gefahrgut *n*; **перевозимый ~** Frachtgut *n*; **насыпной (сыпучий) ~** Schütt|gut *n*, -ladung *f*; **наливной ~** flüssiges Gut; **-ы, находящиеся в залоге на таможенном складе** Verschlussgüter *pl*; **невостребованный ~** nicht abgeholte Güter; **(не)оплаченный ~** (nicht) bezahlte Fracht; **~ перевозимый на автомобиле** Lastwagenladung *f*; **сборный ~** Sammel|gut *n*, -ladung *f*; **скоропортящийся ~** leicht verderbliches Gut; **судовой ~** Schiffsladung *f*; **таможенный ~** Zollgut *n*; **транзитный ~** Durchgangsgüter *pl*, Transitgut *n*; **тяжеловесный ~** Schwergut *n*; **штучный ~** Stückgut *n*; **экспортный ~** Ausfuhrgut *n*, Ausfuhrladung *f*

грузить (auf)laden, befrachten, beladen, einladen, verladen, Fracht einladen (verladen), Ladung aufnehmen; **~ в вагон** in einen Waggon laden; **~ навалом** lose verladen; **~ судно** ein Schiff befrachten (beladen); **~ товары на автомобиль** Waren auf ein Fahrzeug aufladen

грузовик *m* Lastauto *n*, Laster *m*, Last(kraft)wagen (Lkw) *m*; **перевозить на -е** mit einem Lkw befördern

грузовместимость *f* Beladungsfähigkeit *f*, Ladefähigkeit *f*, Ladeinhalt *m*, Ladekapazität *f*, Laderaum *m*, Ladungsraum *m*

грузов|ой Fracht-, Lade-, Last-; **-ой автомобиль** Lastauto *n*, Laster *m*, Last(kraft)wagen (Lkw) *m*; **-ой вагон** Güterwagen *m*; **-ые документы** Ladepapiere *pl*; **-ые перевозки** Frachtverkehr *m*, Güterverkehr *m*; **-ое судно** Frachtschiff *n*

грузооборот *m* Frachtumschlag *m*, Frachtverkehr *m*, Güter|bewegung *f*, Güterumschlag *m*, Güterverkehr *m*; **внутренний ~** Binnengüterverkehr *m*; **складской ~** Lagerumschlag *m*

грузоотправитель *m* Ablader *m*, Absender *m*, Befrachter *m*, Frachtabsender *m*, Verfrachter *m*, Verlader *m*, Verschiffer *m*, Versender *m*

грузоперевозка *f* Fracht(gut)-beförderung *f*, Frachtverkehr *m*, Güterbeförderung *f*, Gütertransport *m*, Güterverkehr *m*

грузоподъёмность *f* Ladefähigkeit *f*, Ladegewicht *n*, Ladekapazität *f*, Nutzlast *f*, Tragfähigkeit *f*

грузополучатель *m* Frachtempfänger *m*, Ladungsempfänger *m*, Warenempfänger *m*

грузопоток *m* Güterstrom *m*, Warenbewegung *f*, Warenfluss *m*, Warenstrom *m*

грузчик *m* Ablader *m*, Ladearbeiter *m*, Ladekraft *f*, Stauer *m*

грунт *m* Boden *m*, Grund *m*; **открытый ~** Freiland *n*

групп|а *f* Gruppe *f*; **делить на -ы** (ein)gruppieren; **образовывать (составлять) -у** eine Gruppe bilden; **-а А** Gruppe A (Produktion von Betriebsmitteln); **ассортиментная -а** Sortimentgruppe *f*; **-а В** Gruppe B (Produktion von Konsumgütern); **возрастная -а** Altersgruppe *f*; **-а изделий** Erzeugnisgruppe *f*; **-а инвалидности** Invaliditätsgruppe *f*; **исследовательская -а** Forschungs|gruppe *f*, -team *n*; **контактная -а** Kontaktgruppe *f*; **неформальная -а** informelle Gruppe; **-а носителей информации (опрашиваемых)** Panel *f*; **-а покупателей** Käufergruppe *f*; **профессиональная -а** Berufsgruppe *f*; **рабочая -а** Arbeits|gruppe *f*, -kreis *m*; **~ различных товаров одной фирмы** Produktmix *n*; **-а родственных изделий** Produktfamilie *f*, Produktgruppe *f*; **социальная -а** gesellschaftliche (soziale) Gruppe; **-а специалистов, работающих над проектом** Projektteam *n*; **-а счетов** Kontengruppe *f*; **товарная -а (-а товаров)** Warengruppe *f*, Artikelgruppe *f*; **финансовая -а** Finanz|gruppe *f*, -konzern *m*; **целевая -а** Zielgruppe *f*

группировать gruppieren, ordnen

группировка *f* Gruppierung *f*

группов|ой Gruppen-, Sammel-; **-ой метод работы** *m* Gruppenarbeit *f*; **-ой проездной билет** *m* Sammelfahrschein *m*; **-ое страхование** *n* Gruppenversicherung *f*, Sammelversicherung *f*

грюндерство *n* Gründungszeit *f*, Aufbau der Marktwirtschaft

гудвилл *m* Firmenwert *m*, Geschäftswert *m*, Goodwill *m*, Unternehmensmehrwert *m*

гульден *m* Gulden *m*

гурт *m* Münzrand *m*

гэп-анализ *m* Gap-Analyse *f*, Lückenanalyse *f*

Д

давальческ|ий beigestellt, Lohnveredelungs-; **-ий материал** *m* beigestelltes Material; **-ая сделка** *f* Lohnveredelung *f*, Lohnveredelungsgeschäft *n*; **-ое сырьё** *n* beigestelltes Material; **-ие условия** *pl* Lohnveredelungsbedingungen *pl*

да(ва)ть geben, aufgeben, ergeben; **~ анализ** analysieren; **~ в долг (займы)** ausleihen, leihen, verleihen, ein Darlehen (einen Kredit) einräumen (geben, gewähren); **~ в придачу** zugeben; **~ взятку** bestechen; **~ в кредит** ausleihen, leihen, verleihen, ein Darlehen (einen Kredit) einräumen (geben, gewähren); **~ гарантию** garantieren, bürgen, eine Garantie geben (gewähren), Garantie (Bürgschaft) leisten, Garantie stellen, die Bürgschaft (die Garantie, die Gewährleistung) übernehmen, die Gewähr bieten; **~ дотации** dotieren, stützen, subventionieren, Subventionen (Zuschüsse) gewähren; **~ заказ** einen Auftrag (eine Bestellung, eine Order) erteilen; **~ на комиссию** in Kommission geben; **~ напрокат** verleihen, vermieten; **~ поручение (приказ)** eine Anweisung (einen Auftrag) erteilen, beauftragen; **~ поручительство** bürgen, Bürgschaft leisten, die Bürgschaft bestellen, die Bürgschaft übernehmen; **~ работу** anstellen, beschäftigen, Arbeit geben; **~ расписку** bescheinigen, quittieren, eine Quittung ausstellen; **~ распоряжения** Anordnungen (Verfügungen) treffen; **~ справку** Auskunft erteilen (geben); **~ ссуду** ein Darlehen geben (gewähren, bewilligen); **~ ссуду под залог** lombardieren lassen, beleihen; **~ ссуду под товары** Waren beleihen; **~ указания** Anweisungen erteilen (geben), Hinweise geben; **~ ход** einleiten

давление *n* Druck *m*; **испытывать ~** unter Druck kommen; **оказывать ~** unter Druck setzen; **~ издержек** Kostendruck *m*; **~, оказываемое конкурентами** Konkurrenzdruck *m*, Wettbewerbsdruck *m*; **экономическое ~** wirtschaftlicher Druck

давност|ь *f* Verjährung *f*, Verjährungsfrist *f*; **возражать против действия срока -и** Verjährung einwenden; **подпадать под действие закона о -и** der Verjährung unterliegen; **прекращаться по -и** verjähren; **прерывать срок -и** die Verjährung unterbrechen; **приостанавливать срок -и** die Verjährung hemmen; **исковая -ь** Klageverjährung *f*; **неподсудный за -ью** verjährt; **-ь по трудовым спорам** Verjährungsfrist bei Arbeitsstreitigkeiten

дайджест *m (Media)* Übersicht *f*, Zusammenfassung *f*; **~ новостей** Nachrichtenübersicht *f*

дальность *f* **перевозки** Transportweg *m*

дама *f (Bö)* Aktie „Mauerblümchen"

дамнификация *f* Verlusttragung *f*

дамно *n* Damno *m*, Kurs|einbuße *f*, -verlust *m*, Einbuße *f*, Verlust *m*, Schaden *m*

дампо *n* Bankspesen *pl* für Wechselinkasso der Wechsel aus anderen Städten

данны|е *pl* Angaben *pl*, Daten *pl*, Informationen *pl*, Werte *pl*, Unterlagen *pl*; **запрашивать -е** Angaben (Auskunft, Daten, Informationen, Unterlagen) einholen (anfordern); **обмениваться -ми** Angaben (Daten, Informationen) austauschen; **обрабатывать -е** Angaben (Daten, Informationen, Unterlagen) bearbeiten (verarbeiten); **передавать -е** Angaben (Daten, Informationen, Unterlagen, Werte) übermitteln (weitergeben); **получать -е** Angaben (Daten, Informationen) erhalten; **предоставлять -е** Angaben (Auskunft, Informationen) erteilen; **собирать -е** Angaben (Daten, Informationen, Werte) einholen (erfassen, sammeln); **сохранять -е** Daten (Informationen) speichern; **анкетные -е** Personalien *pl*; **-е бухгалтерского учёта** Buchführungsdaten *pl*, Angaben (Unterlagen) für die Buchführung; **выходные -е** Impressum *n*; **-е для расчёта издержек** Kalkulationsdaten *pl*; **исходные -е** Ausgangs|daten *pl*, -werte *pl*; **исходные -е калькуляции** Kalkulationsunterlagen *pl*; **-е контроля** Überwachungsdaten *pl*;

необходимые -е erforderliche (erwünschte) Angaben (Daten, Informationen, Unterlagen); **неполные -е** unvollständige Angaben (Daten, Informationen); **-е об издержках** Kostendaten *pl*; **-е о кредитоспособности** Bonitätsauskunft *f*, Kreditauskunft *f*; **-е о продаже (реализации)** Verkaufs|zahlen *pl*, -ziffern *pl*; **-е осмотра** Befund *m*; **опытные -е** Versuchsdaten *pl*; **ориентировочные -е** Orientierungsdaten *pl*; **отчётные -е** Berichts|angaben *pl*, -daten *pl*; **первичные -е** Primärdaten *pl*, primäre Daten; **предварительные -е** vorläufige Angaben; **проектные -е** Projektdaten *pl*; **расчётные -е** Berechnungswerte *pl*; **секретные -е** geheime Angaben (Informationen, Unterlagen); **сопоставимые (сравнительные) -е** Vergleichswerte *pl*; **статистические -е** statistische Angaben; **табличные -е** Tabellen|angaben *pl*, -werte *pl*; **точные -е** genaue Angaben (Informationen); **цифровые -е** zahlenmäßige Angaben, Zahlen *pl*

дань *f* Tribut *m*, Schuldigkeit *f*

дар *m* Gabe *f*, Geschenk *n*, Schenkung *f*

дарение *n* Schenkung *f*

даритель *m* Schenker *m*

дарить schenken

даром kostenlos, unentgeltlich, gratis

дарственная *f* Schenkungsurkunde *f*

дат|а *f* Datum *n*, Termin *m*, Tag *m*; **определять -у** das Datum festsetzen; **(по)ставить -у** datieren, mit Datum versehen; **указывать -у** das Datum angeben; **без -ы** ohne Datum, undatiert; **-а валютирования** Valuta *f*, Valutierungstag *m*, Wertstellung(sdatum *n*) *f*; **-а выдачи** Ausstellungsdatum *n*; **-а вступления в силу** Datum des Inkrafttretens; **-а выпуска** Ausgabedatum *n*; **-а выставления векселя** Ausstellungsdatum *n*, Datum der Wechselausstellung; **-а дебетования** Datum der Lastschrift; **-а действия** Gültigkeitsdatum *n*;**-а заказа** Bestelldatum *n*; **-а исполнения сделки** *(Bö)* Datum der Orderausführung, Tag des Abschlusses, Abschlusstag *m*; **исходная -а** Anfangsdatum *n*; **-а конверсии** *(Bö, Fin)* Wandeldatum *n*; **критическая -а** Stichtag *m*; **-а наступления срока** Verfalltag *m*, Fälligkeitsdatum *n*; **неверная -а** falsches Datum; **-а объявления** Tag der Meldung; ex-Dividenden-Datum *n*; **-а окончания** Ablauftermin *m*, Ablaufdatum *n*; **-а окончания опциона** Optionsfälligkeit *f*; **-а оплаты купонов** Kupontermin *m*; **-а отгрузки** Verlade|datum *n*, -termin *m*, Verschiffungstermin *m*, Versand|datum *n*, -termin *m*; **-а отправки** Abgangsdatum *n*, Versand|datum *n*, -tag *m*, -termin *m*; **-а оценки** Bewertungstag *m*; **-а платежа** Zahlungstermin *m*; **-а погашения** Rückzahlungsdatum *n*, Tilgungstermin *m*, Fälligkeit der Schuldverschreibung; **-а подачи налоговой декларации** Abgabe|tag *m*, -termin *m*; **-а подтверждения заказа** Datum der Auftragsbestätigung; **-а поставки** Liefer|datum *n*, -termin *m*, Ablieferungsdatum *n*; **-а поступления (получения)** Eingangsdatum *n*, Empfangsdatum *n*; **-а поступления на склад** Einlagerungsdatum *n*; **-а почтового штемпеля** Datum des Poststempels; **-а приёмки-сдачи** Abnahmedatum *n*; **-а проводки** Buchungs|datum *n*, -tag *m*; **-а продажи** Verkaufsdatum *n*; **-а продления** Prolongationstag *m*; **-а разгрузки** Abladetermin *m*; **-а регистрации (акционера)** Stichtag *m*; **-а составления векселя** Ausstellungsdatum des Wechsels; **-а счёта** Rechnungsdatum *n*; **точная -а** genaues Datum; **-а упаковки** Verpackungsdatum *n*

дата-вексель *m* Datowechsel *m*

датирование *n* **(датировка** *f***)** Datierung *f*; **~ задним числом** Nachdatierung *f*; **~ предстоящим числом** Vordatierung *f*

датировать datieren, das Datum (den Zeitpunkt) angeben; **~ задним числом** nachdatieren, zurückdatieren; **~ предстоящим числом** vordatieren

дато dato; Datowechsel *m*

дача *f* **взятки** aktive Bestechung *f*

движение *n* Bewegung *f*, Verkehr *m*; **блокировать ~** den Verkehr behindern; **приводить в ~** bewegen, in Bewegung bringen (setzen);

приходить в ~ in Bewegung geraten (kommen); **регулировать ~** den Verkehr regeln; **~ в часы пик** Feierabendverkehr *m*, Verkehr in der Spitzenzeit, Stoßverkehr *m*; **грузовое ~** Güterverkehr *m*; **~ денег** Geldstrom *m*; **~ денежных средств** Geldmittelbewegung *f*; Cashflow *m*; **дорожное ~** Straßenverkehr *m*; **железнодорожное ~** Bahnverkehr *m*, Eisenbahnverkehr *m*; **~ запасов** Bestandsbewegung *f*; **~ капитала** Kapital|bewegung *f*, -fluss *m*; **~ ликвидности** Cashflow *m*; **обратное ~ капитала** Kapitalrückfluss *m*; **пассажирское ~** Personenverkehr *m*; **~ по инстанциям** Instanzenweg *m*; **рабочее ~** Arbeiterbewegung *f*; **~ складских запасов** Lagerbewegung *f*; **~ средств (сумм) по счетам** Kontobewegung *f*, Kontenbewegungen *pl*; **~ сырья и материалов** Materialbewegung *f*; **~ товаров** Waren|bewegung *f*, -verkehr *m*; **~ товарных запасов** Bestandsveränderung *f*; **транзитное ~** Transitverkehr *m*; **~ транспорта** Verkehr *m*; **уличное ~** Straßenverkehr *m*

движимость *f* Fahrnis *f*, Mobiliar *n*, Mobilien *pl*, bewegliche Sachen, bewegliches Vermögen (Gut); **владеть -ю** Mobilien besitzen; **страховать ~** Mobilien versichern; **торговать -ю** mit Mobilien handeln; **~ в личном пользовании** zum persönlichen Gebrauch bestimmtes bewegliches Vermögen

движимое имущество *n* Fahrnis *f*, Mobiliar *n*, Mobilien *pl*, bewegliche Sachen, bewegliches Vermögen (Gut)

двойн|ой Doppel-, doppelt; **-ая бухгалтерия** *f* Doppik *f*, doppelte Buchführung; **-ое налогообложение** *n* Doppelbesteuerung *f*; **-ое страхование** *n* Doppelversicherung *f*

двор *m* Hof *m*; **крестьянский ~** Bauernhof *m*, Hof *m*, Farm *f*; **монетный ~** Münzhof *m*; **товарный ~** Ladeplatz *m*

двухгодичный zweijährig

дву(х)сторонний bilateral, zweiseitig; **~ договор** *m* zweiseitiger Vertrag *m*

двухлетний zweijährig

двухместный номер *m* Doppelbettzimmer *n*

двухступенчатый zweistufig, Zweistufen-

дебентура *f* Debentur *f*, Rückzollschein *m*

дебет *m* Debet *n*, Soll *n*, Sollseite *f*; **заносить в ~ счёта** in das Debet bringen, im Soll buchen, debitieren; **~-авизо** Debetanzeige *f*, Belastungsanzeige *f*, Lastschriftanzeige *f*; **~ и кредит** Debet und Kredit, Soll und Haben; **~ счёта** Sollseite *f*; **~-нота** Debetnota *f*

дебетование *n* Belastung *f*, Lastschrift *f*, Debetbuchung *f*, Sollbuchung *f*; **~ в бесспорном порядке (прямое ~)** Abbuchung *f*; **~ счёта** Belastung eines Kontos

дебетовать belasten, debitieren, in das Debet bringen, im Soll buchen; **~ в бесспорном порядке** abbuchen; **~ счёт** ein Konto belasten

дебетов|ый Debet-, Soll-; **-ое авизо** *n* Debetanzeige *f*, Belastungsanzeige *f*, Lastschriftanzeige *f*; **-ая карточка** *f* Debitkarte *f*; **-ая проводка** *f* Debetbuchung *f*; **-ое сальдо** *n* Sollsaldo *m*, Debetsaldo *m*; **-ая сторона** *f* **счёта** Sollseite *f*

дебитор *m* Debitor *m*, Schuldner *m*; **контролировать счета -ов** Debitoren überwachen; **контокоррентный ~** Kontokorrentdebitor *m*

дебиторск|ий Debitoren-; **-ая задолженность** *f* Außenstände *pl*, Debitoren *pl*, Forderungen *pl*

дебит-спрэд *m* vertikaler Spread *m* mit unterschiedlichen Basispreisen, Debit Spread *m*

деблокировать freigeben; **~ блокированный счёт** eingesperrtes Konto (Sperrkonto) freigeben; **~ средства на счёте** Gelder freigeben

девальваци|я *f* Abwertung *f*, Devaluation *f*, Devalvation *f*; **проводить -ю валюты** die Valuta (eine Währung) abwerten; **-я валюты** Valutaabwertung *f*, Währungsabwertung *f*, Abwertung einer Währung

девальвированный abgewertet

девальвировать abwerten; **~ валюту** die Valuta (eine Währung) abwerten

девелопер *m* Immobilienentwickler *m*,

Bauherr *m*; *(Comp)* Softwareentwickler *m*

девелопмент *m* Immobilienentwicklung *f*

девиз *m* Slogan *m*; **рекламный ~** Werbe|slogan *m*, -spruch *m*

девизы *pl* ausländische Zahlungsmittel, Devisen *pl*

деградация *f* Verfall *m*

дегрессивн|ый degressiv, sich stufenweise vermindernd; **-ая амортизация** *f* degressive Abschreibung

дегрессия *f* Degression *f*; **~ издержек** Kostendegression *f*; **налоговая ~** Steuerdegression *f*

дедвейт *m* Eigengewicht *n*, Leergewicht *n*

дееспособность *f* Geschäftsfähigkeit *f*, Handlungsfähigkeit *f*, Rechtsfähigkeit *f*, Dispositionsfähigkeit *f*; **неограниченная ~** unbeschränkte (volle) Geschäftsfähigkeit; **ограниченная ~** beschränkte Geschäftsfähigkeit

дееспособный geschäftsfähig, handlungsfähig, dispositionsfähig, rechtsfähig; **ограниченно ~** beschränkt geschäftsfähig

дежурить Dienst haben

дежурный Diensthabende *m*; Bereitschafts-, Dienst-

дежурство *n* Dienst *m*, Wachdienst *m*; **ночное ~** Nachtdienst *m*

де(з)индустриализация *f* Deindustrialisierung *f*

дезинвестиции *pl* Desinvestitionen *pl*

дезинтермедитация *f* Desintermeditation *f*

дезинфляция *f* Desinflation *f*

дезинформация *f* Desinformation *f*

дезорганизация *f* Desorganisation *f* Zerrüttung *f*

действенность *f* Effektivität *f*, Wirksamkeit *f*, Geltung *f*; **~ рекламы** Werbe|wirksamkeit *f*, -wirkung *f*

действенн|ый effektiv, wirksam; **-ые меры** wirksame Maßnahmen

действи|е *n* Aktion *f*, Handlung *f*, Handeln *n*, Operation *f*, Wirkung *f*, Geltung *f*; **оказывать -е** Einfluss ausüben, beeinflussen; **приводить в -е** in Gang bringen (setzen); **приходить в -е** in Gang kommen; **совершать -е** eine Handlung vollziehen; **-е на собственный риск** Handeln auf eigene Gefahr; **недозволенное -е** unerlaubte Handlung; **незаконные -я в пользу несостоятельного должника** Schuldnerbegünstigung *f*; **неправомерное -е** rechtswidrige Handlung; **-е непреодолимой силы** Force majeure, höhere Gewalt *f*; **-я, несовместимые с чувством долга** pflichtwidriges Handeln; **обратное -е** Rückwirkung *f*; **-я, противоречащие условиям договора** vertragswidriges Handeln; **согласованные -я** abgestimmte Aktionen

действительн|ый effektiv, tatsächlich, wirklich, gültig, Effektiv-, Ist-; **быть -ым** Gültigkeit besitzen (haben), gültig sein; **-ая величина** *f* Istgröße *f*; **-ые потребности** *pl* wirklicher Bedarf; **-ая стоимость** *f* effektiver Wert, Effektivwert *m*

действовать handeln, operieren, wirken; gelten, gültig sein; laufen, funktionieren, im Betrieb sein; **~ в судебном порядке** den Rechtsweg einschlagen

действующ|ий handelnd, wirkend; geltend, gültig; **-ий тариф** *m* geltender Tarif; **-ие цены** *pl* gültige Preise

декада *f* Dekade *f*

декартелизация *f* Dekartellierung *f*, Entflechtung *f*, Kartellentflechtung *f*

деквалификация *f* Disqualifikation *f*

декларант *m* Deklarant *m*; **таможенный ~** Zolldeklarant *m*

деклараци|я *f* Anmeldung *f*, Deklaration *f*, Erklärung *f*; **заполнять -ю** ein Erklärungsformular ausfüllen; **подавать -ю** eine Anmeldung (Deklaration, Erklärung) abgeben; **представлять -ю** eine Erklärung vorlegen; **банковская -я** Bankerklärung *f*; Affidavit *n*; **валютная -я** Zollerklärung *f* über mitgeführte Devisen; **ввозная (импортная) -я** Einfuhr|anmeldung *f*, -deklaration *f*, -erklärung *f*, Importerklärung *f*; **вывозная (экспортная) -я** Ausfuhr|anmeldung *f*, -erklärung *f*, Export|deklaration *f*, -erklärung *f*; **-я на груз** Ladeliste *f*; **-я на подоходный налог** Einkommenssteuerklärung *f*; **-я на товары для уплаты таможенной пошлины** Warenanmeldung *f*;

налоговая -я Steuer|anmeldung *f*, -erklärung *f*; **-я об имущественном состоянии** Vermögensangabe *f*; **совместная налоговая -я супругов** gemeinsame Steuererklärung; **-я о доходах** *s.* **налоговая декларация** *f*; **таможенная -я** Zoll|anmeldung *f*, -deklaration *f*, -erklärung *f*

декларирование *n* Einreichung von Erklärungen (Deklarationen); **-е отходов** Deklarierung *f* von Abfällen; **-е цен** Preisdeklarierung *f*

декларированный deklariert; **(не) ~ груз** *m* (nicht) deklarierte Ladung *f*

декларировать deklarieren, erklären; **~ грузы** Waren deklarieren

деконцентрация *f* Dekonzentration *f*, Entflechtung *f*

декорт *m* Dekort *m*

декрет *m* Erlass *m*

делатель *m* **рынка** Market-Maker *m*

делегант *m* anweisender Schuldner *m*, Delegant *m*

делегат *m (Fin)* Angewiesener *m*, Delegat *m*; *(Pol)* Delegierte *m*; **назначить -ом** einen Delegierten bestimmen (benennen)

делегаци|я *f (Pol)* Abordnung *f*, Delegation *f*; *(Fin)* Schuldentransfer *m*; **возглавлять -ю** eine Delegation leiten; **входить в состав -и** einer Delegation angehören; **направлять -ю** eine Delegation entsenden; **составлять -ю** eine Delegation zusammenstellen; **торговая -я** Handelsdelegation *f*

делегировать abordnen, delegieren, übertragen; **~ полномочия** Befugnisse (Kompetenzen, Vollmacht) delegieren (übertragen); **~ функциональные обязанности** Aufgaben delegieren (übertragen)

делегирование *n* Delegation *f*, Delegierung *f*, Übertragung *f*; **~ полномочий и ответственности** Delegierung (Übertragung) von Kompetenzen und Verantwortung; **~ права принятия решений** Delegierung (Übertragung) der Entscheidungsbefugnis; **~ функций** Delegierung (Übertragung) von Aufgaben

делёж *m* Aufteilung *f*, Teilung *f*; **~ прибыли** Aufteilung des Gewinns

деление *n* Teilung *f*, Unterteilung *f*; **~ банкнот по достоинству** Notenstückelung *f*; **~ наследства** Erbschaftsteilung *f*, Teilung des Nachlasses; **~ общих издержек на постоянные и пропорционально произведённые** Kostenauflösung *f*; **~ прибыли** Gewinn|ausschüttung *f*, -verteilung *f*; **~ рынка** Marktaufteilung *f*

делец *m* Geschäftemacher *m*, Profitmacher *m*; **биржевой ~** Börsenspekulant *m*

деливери-ордер *m* Auslieferungsschein *m*, delivery order

деликт *m* Delikt *n*, rechtswidrige (strafbare) Handlung, unerlaubte Handlung, Straftat *f*; **гражданско-правовой ~** zivilrechtliches Delikt

делистинг *m (Bö)* Delisting *n*

делить aufteilen, teilen, unterteilen; **~ рынок** den Markt aufteilen; **~ сумму** den Betrag (die Stimme) (auf)teilen

дел|о *n* Geschäft *n*, Gewerbe *n*; Angelegenheit *f*, Sache *f*; **в -ах застой** das Geschäft flaut ab; **вести -о** ein Geschäft besorgen (betreiben, führen), einem Gewerbe nachgehen; **взять на себя ведение -а** ein Geschäft übernehmen; **иметь собственное -о** eigenes Geschäft haben; **ликвидировать -о** ein Geschäft schließen; **начинать -о** ein Geschäft aufnehmen; **оживлять -о** das Geschäft ankurbeln; **открывать (основывать) -о** ein Geschäft aufbauen (eröffnen, gründen); **продолжать вести -о** das Geschäft fortführen; **улаживать -а** Angelegenheiten erledigen (regeln); **участвовать в -е** sich an einem Geschäft beteiligen; **банковское -о** Bank|fach *n*, -geschäft *n*, -gewerbe *n*, -wesen *n*, Banking, Kredit|geschäft *n*, -gewerbe *n*; **биржевое -о** Börsenwesen *n*, Börsenkunde *f*; **главное -о** Grundgeschäft *n*; Hauptsache *f*; **издательское -о** Verlagsgeschäft *n*; **имущественные -а** Vermögensangelegenheiten *pl*; **-о косвенное** Übernahme der Rückversicherung; **кредитное -о** Kredit|gewerbe *n*, -wirtschaft *f*; **личные -а** persönliche Angelegenheiten; **новое -о** Neugeschäft *n*; **официальные (служебные) -а** Amtsgeschäfte *pl*, dienstliche Angelegenheiten; **по личному -у** in eigener Angelegenheit; **по служебному -у** in dienstlicher Angelegenheit; **прибыльное -о** rentables Geschäft; **собственное -о** eigenes Geschäft; **срочное -о** dringende Angelegenheit; **страховое -о** Versicherungs|geschäft *n*, -gewerbe *n*, -wirtschaft *f*; **строительное -о** Bau|gewerbe *n*, -wirtschaft *f*; **текущие -а** laufende Angelegenheiten (Geschäfte); **транспортное -о** Transportwesen *n*, Verkehrswesen *n*; **транспортно-экспедиционное (экспедиторское) -о** Spedition *f*, Speditions|geschäft *n*, -gewerbe *n*, Transport|geschäft *n*; **финансовые -а** finanzielle Angelegenheiten; **частное банковское -о** Private Banking

деловитость *f* Sachlichkeit *f*; Geschäftsgeist *m*, Geschäftssinn *m*

делов|ой geschäftlich, Geschäfts-; **-ой интерес** *m* Geschäftsinteresse *n*; **-ое совещание** *n* geschäftliche Besprechung

делопроизводитель *m* Schriftführer *m*, Sachbearbeiter *m*

делопроизводство *n* Schriftführung *f*, Sachbearbeitung *f*

делькредере *n* Delkredere *n*; **брать на себя ~** das Delkredere übernehmen

дельта *f* **(опциона)** Delta *f*

дельта-нейтральная позиция *f* Delta-Neutral

дельта-хеджирование *n* Delta Hedging

демаркация *f* Abgrenzung *f*

демаркетинг *m* Demarketing *n*, Anti-Marketing *n*

демередж *m* Überliegegeld *n*, Überstandzeit *f*

демилитаризация *f* Demilitarisierung *f*

демонетизация *f* Außerkurssetzung *f*, Demonetisierung *f*

демонитизировать außer Kurs setzen

демонстрационный Demonstrations-, Vorführ-, Vorführungs-; **~ автомобиль** *m* Vorführwagen *m*; **~ проект** *m* Demonstrationsprojekt *n*

демонстрация *f* Ausstellung *f*, Demonstrierung *f*, Vorführung *f*; Darlegung *f*; **~ новых моделей** Vorführung von neuesten Modellen

демонстрировать ausstellen, demonstrieren, vorführen; darlegen; **~ новый продукт** ein neues Produkt vorführen

демонтаж *m* Demontage *f*, Abbau *m*, Ausbau *m*

демонтировать demontieren, abbauen, abmontieren, ausbauen

демпинг *m* Dumping *n*, Export zu Schleuderpreisen; **практиковать ~** Dumping betreiben; **валютный ~** Valutadumping *n*; **социальный ~** soziales Dumping; **ценовой ~** Preis|-dumping *n*, -schleuderei *f*

демпинговать Dumping betreiben

денационализация *f* Privatisierung *f*, Reprivatisierung *f*

денационализировать (re)privatisieren

денежн|ый geldlich, Geld-, pekuniär, monetär; **-ый агрегат** *m* Geldaggregat *n*; **-ые вопросы** *pl* **(проблемы** *pl***)** Geldangelegenheiten *pl*; **-ый знак** *m* Geldzeichen *n*; **-ый кризис** *m* Geldkrise *f*; **-ая масса** *f* Geldmenge *f*; **-ый начёт** *m* Geldbuße *f*; **-ое пожертвование** *n* Geldspende *f*; **-ая система** *f* Geldwesen *n*, Währungssystem *n*; **-ые средства** *pl* Geldmittel *pl*; **-ый ущерб** *m* Geldverlust *n*; **-ый фактор** *m* Geldfaktor *m*; **-ая форма** *f* Geldform *f*

денежно-кредитная политика *f* Geldpolitik *f*

деноминация *f (Bö)* Denominierung *f*, Stückelung *f*

деноминировать denominieren, stückeln

денонсация *f*, **денонсирование** *n* Kündigung *f*; **~ государственного договора** Kündigung eines Staatsvertrages

денонсировать kündigen

день *m* Tag *m*; **назначать ~** den Tag (einen Termin) festsetzen (festlegen); **биржевой ~** Börsentag *m*; **будничный ~** Werktag *m*; **в течение дня** im Laufe des Tages; **~ внесения записей в бухгалтерские книги** Buchungstag *m*; **~ выдачи** Ausstellungstag *m*; **~ выдачи (выплаты) заработной платы** Lohnzahltag *m*; **~**

выпуска (эмиссии) Ausgabetag *m*; **~ исполнения обязательства** Fälligkeits|tag *m*, -datum *n*; **~ исполнения фьючерса** Erfüllungstermin eines Futures; **календарный ~** Kalendertag *m*; **назначенный ~** festgesetzter Tag, Termin *m*; **~, на который составляется баланс** Bilanzstichtag *m*; **нерабочий ~** arbeitsfreier Tag, dienstfreier Tag; **операционный ~** Buchungstag *m*; **операционный ~ банка** Arbeitstag einer Bank; **~ оплаты векселя** Wechselverfalltag *m*, Fälligkeits|datum *n*, -tag *m* eines Wechsels; **первый ~ уведомления** erster Anzeigetag der Andienung, *(Bö)* erster Benachrichtigungstag; **~ платежа** Zahlungstag *m*; **платёжный ~** Abrechnungstag *m*, Zahltag *m*; **полный рабочий ~** voller Arbeitstag; **последний ~ месяца** Ultimo *m*; **~ поставки** Ablieferungstag *m*, Liefertag *m*; **праздничный ~** Feiertag *m*; **~ проведения аукциона** Versteigerungstermin *m*; **~ проведения калькуляции** Kalkulations|tag *m*, -zeitpunkt *m*; **рабочий ~** Arbeitstag *m*, Werktag *m*; **расчётный ~** Abrechnungstag *m*; **свободный ~** (dienst)freier Tag; **со дня** ab dato, vom Tage; **со дня выдачи** vom Tage der Ausstellung; **~ урегулирования платежей** Abrechnungstag *m*

деньги *pl* Geld *n*; **брать ~ в долг (взаймы)** Geld leihen, borgen; **взыскивать ~** Geld einkassieren (eintreiben, einziehen); **вкладывать ~** Geld anlegen; **вносить ~** Geld einzahlen; **возвращать ~** Geld zurückzahlen (zurückerstatten); **выплачивать ~** Geld auszahlen; **давать ~ в долг (взаймы)** Geld (aus)leihen; **занимать ~** Geld aufnehmen (leihen); **зарабатывать ~** Geld verdienen; **изымать ~ из обращения** Geld einziehen; **иметь ~** Geld besitzen; **иметь ~ на счёте в банке** Geld auf der Bank haben; **копить ~** Geld sparen (horten); **отправлять ~ переводом (переводить ~)** Geld anweisen (überweisen); **подделывать ~** Geld fälschen; **получать ~** Geld beziehen (einnehmen); **помещать ~** Geld anlegen; **помещать ~ на депозит** Geld deponieren; **потерять ~** Geld verlieren; **разменивать ~** Geld einwechseln; **растрачивать (чужие) ~** Geld unterschlagen (veruntreuen); **расходовать (тратить) ~** Geld ausgeben; **снимать ~ со счёта** Geld vom Konto abheben; **собирать ~** Geld (ein)kassieren (eintreiben); **считать ~** Geld zählen; **экономить ~** Geld sparen; **~ банковского оборота** Bankgeld *n*, Buchgeld *n*, Giralgeld *n*; **безналичные ~** Überweisungsgeld *n*; **бумажные ~** Papiergeld *n*; **~ в обращении** Geld im Umlauf *n*; **~, вложенные за границей** im Ausland angelegtes Geld; **~, данные взаймы** (aus)geliehenes Geld; **депозитные ~** Bankengeld *n*, Buchgeld *n*, Depositengeld *n*, Giralgeld *n*; **дешёвые ~** billiges Geld; **длинные ~** langfristiger Kredit *m*; **дорогие ~** teures Geld; **короткие ~** kurzfristiger Kredit, kurzfristiges Darlehen; **кредитные ~** Kreditgeld *n*; **металлические ~** Hartgeld *n*, Metall|geld *n*, -währung *f*; **наличные ~** Bargeld *n*, bares Geld, passendes Geld; **~ на развитие** Entwicklungsgelder *pl*; **отпускные ~** Urlaubs|entgelt *n*, -geld *n*; **поддельные ~** gefälschtes Geld; **~, полученные взаймы** aufgenommene Gelder, geliehenes Geld; **разменные ~** Kleingeld *n*, Wechselgeld *n*; **свободные (наличные) ~** flüssiges Geld; **товарные ~** Warengeld *n*; **фальшивые ~** gefälschtes Geld; **цифровые ~** Digitalgeld *n*; **чековые ~** Scheckgeld *n*; **электронные ~** elektronisches Geld *n*

департамент *m* **экономической безопасности** Department *n* für Wirtschaftssicherheit

депо *n (Bank)* Depot n

депозит *m* Deposit(engeld) *n*, Einlage *f*, Depot *n*, Guthaben *n*; **вносить ценности в ~** Wertsachen in ein Depot geben (deponieren); **привлекать -ы** Einleger werben; **размещать -ы в банке** Depositen bei der Bank anlegen; **валютный ~** Währungseinlage *f*; **банковский ~** Bankdepot *n*, Bankeinlage *f*; **бессрочный ~** sofort abrufbare Einlage *f*, Sichteinlage *f*; **блокированный ~** gesperrte Spareinlage *f*; **-ы бюджетных организаций** Einlagen der öffentlichen Hand; **~ в виде наличных денег** Bardepot *n*; **возвратный ~** Kaution *f*; **гарантийный ~** Mindesteinlage *f*; **-ы до востребования** taglich fällige Depositen; **индивидуальный ~** Einzeldepot *n*; **~ по общей аварии** Havarie-grosse-Einschuss *m*; **собственные -ы в других кредитных учреждениях** Eigendepot *n*; **срочные -ы** befristete Depositen, Termineinlagen *pl*, Zeitdepositen *pl*, Festgeld *n*; **страховой ~** Sicherheitsdepot *n*; **трёхмесячный ~** Einlage mit einer Laufzeit von 3 Monaten

депозиты *pl* Depositen *pl*, Einlagen *pl*, Guthaben *pl*; **~ банков** Bankeinlagen *pl*

депозитарий *m* Depot *n*, Hinterlegungsstelle *f*, Verwahrer *m*; **банк-~** Wertpapiersammelbank *f*; **~ инвестиционного фонда** Investmentfondsdepot *n*

депозитн|ый Depositen -, Depot-; **-ая операция** *f* Depositengeschäft *n*; **-ые ресурсы** *pl* Depositengelder *pl*; **-ое свидетельство** *n* **(-ый сертификат** *m***)** Depositenzertifikat *n*; **-ое страхование** *n* Depositenversicherung *f*

депозитор *m* **(депонент** *m***)** Deponent *m*, Einleger *m*, Einzahler *m*, Hinterleger *m*; Depotinhaber *m*

депонирование *n* Deponierung *f*, Hinterlegung *f*; **глобальное ~** *(Bank, Fin)* Globaldepot *n*, globale Aufbewahrung *f*; **совместное ~** Sammel|depot *n*, -verwahrung *f*; **закрытое ~** reguläres Depot; **нумерованное ~** *(Bank)* Sonderverwahrung *f*; **обязательное ~ части иностранного кредита** Bardepotpflicht *f*; **~ отходов** *(Umwelt)* Mülldeponierung *f*; **специальное ~** Sonderdepot *n*; **~ ценных бумаг** Effektendepot *n*, Wertpapierdepot *n*

депонировать deponieren, einlegen, hinterlegen, in Depot (Verwahrung) geben; **~ сумму денег** einen Geldbetrag deponieren (hinterlegen); **~ ценные бумаги** Wertpapier in Depot (Verwahrung) geben

депорт *m* Deport *m*, Kursabschlag *m*; Deportgeschäft *n*

депремирование *n* Prämienentzug *m*

депрессия *f* Depression *f*, Flaute *f*; **затяжная ~** anhaltende Flaute

деревня *f* Dorf *n*; Land *n*

деревообработка *f* Holzbearbeitung *f*

деревообрабатывающая промышленность *f* Holzindustrie *f*; holzverarbeitende Industrie *f*

дерегулирование *n* Deregulierung *f*

держава *f* Macht *f*, Staat *m*; **великая ~** Großmacht *f*; **индустриальная ~** Industrie|macht *f*, -staat *m*

держатель *m* Besitzer *m*, Inhaber *m*, Halter *m*; **~ акций** Aktien|besitzer *m*, -inhaber *m*, Aktionär *m*, Besitzer von Aktien; **~ векселя** Wechselinhaber *m*; **~ вклада (депозита)** Depotinhaber *m*; **~ денежных средств** Besitzer von Geldmitteln; **~ залога** Pfand|besitzer *m*, -halter *m*; **~ ипотеки** Hypothekengläubiger *m*; **~ карточки** Karteninhaber *m*; **~ лицензии** Lizenzinhaber *m*; **~ облигаций** Obligationär *m*, Obligationsinhaber *m*; **предыдущий ~** vorhergehender Inhaber *m*, Vorinhaber *m*; **~ реестра** Registrierstelle *f*; **~ счёта** Kontoinhaber *m*; **~ титула** Titelinhaber *m*; **~ ценных бумаг** Effektenbesitzer *m*, Wertpapierbesitzer *m*; **~ чека** Scheckinhaber *m*

дериватив *m* Derivat *n*

детал|ь *f* Einzelteil *n*, Teil *n*, Werkstück *n*; Detail *n*, Einzelheit *f*; **обрабатывать -ь** ein Werkstück bearbeiten; **взаимозаменимые -и** Austauschteile *pl*, austauschbare Teile; **готовая -ь** Fertigteil *n*; **комплектующая -ь** Zulieferteil *n*

детезаврация *f* Enthortung *f*

детерминанта *f* **валютного курса** Determinante eines Währungskurses

дефект *m* Defekt *m*, Fehler *m*, Mangel *m*; **нести ответственность за ~** für einen Mangel haften; **обнаруживать ~** einen Defekt (Fehler, Mangel) feststellen (entdecken); **уведомлять о -е** einen Mangel anzeigen; **устранять ~** einen Defekt (Fehler, Mangel) beheben (beseitigen); **без -а** fehlerfrei, mangelfrei; **~ изготовления** Fabrikationsfehler *m*, Herstellungsfehler *m*; **~ изделия** Produktfehler *m*; **~ исходного материала** Materialfehler *m*; **качественный ~** Qualitätsmangel *m*; **неустранимый ~** nicht ausbesserungsfähiger Fehler; **~ прибора** Defekt an der Anlage; **скрытый ~** verborgener (verdeckter) Fehler (Mangel); **устранимый ~** ausbesserungsfähiger Fehler; **явный ~** offener (erkennbarer, sichtbarer) Mangel

дефектный defekt, fehlerhaft, mangelhaft

дефицит *m* Defizit *n*, Fehlbetrag *m*, Passivsaldo *m*, Mangel *m*; **обнаруживать (показывать) ~** ein Defizit (einen Passivsaldo) aufweisen; **покрывать ~** ein Defizit decken; **сбалансировать ~** ein Defizit ausgleichen; **увеличивать ~** das Defizit erhöhen; **уменьшать ~** das Defizit verringern; **~ баланса** Bilanzdefizit *n*; **бюджетный ~** Budgetdefizit *n*, Etatdefizit *n*, Haushalts|defizit *n*, -fehlbetrag *m*; **валютный ~ (~ валюты)** Devisen|defizit *n*, -mangel *m*; **~ валового национального продукта (ВНП)** BIP-Defizit *n*; **~ внешней торговли** Außenhandelsdefizit *n*; **~ времени** Zeitmangel *m*; **годовой ~** Jahresfehlbetrag *m*; **~ денежных средств** Geldknappheit *f*; **~ дохода** Ertragsdefizit *n*; **~ жилья** Wohnungs|knappheit *f*, -not *f*; **кассовый ~** Kassen|defizit *n*, -fehlbetrag *m*, -manko *n*; **~ материальных ресурсов** Defizit an materiellen Ressourcen; **~ предложения** Angebots|engpass *m*, -lücke *f*; **~ платёжного баланса** Zahlungsbilanzdefizit *n*, Passivsaldo der Zahlungsbilanz; **привычный ~** Normaldefizit *n*; **~ рабочей силы** Arbeitskräfteengpass *m*, Mangel an Arbeitskräften; **~ ресурсов** Ressourcen|knappheit *f*, -verknappung *f*; **~ снабжения** Versorgungsengpass *m*; **скрытый ~** verschleiertes Defizit; **~ текущего счета** Defizit *n* des laufenden Kontos; **~ текущих статей платёжного баланса** Leistungsbilanzdefizit *n*; **~ товаров** Waren|defizit *n*, -knappheit *f*, -mangel *m*, -verknappung *f*; **~ торгового баланса** Handelsbilanzdefizit *n*, Passivsaldo der Handelsbilanz; **~ факторов производства** Knappheit an Produktionsfaktoren; **финансовый ~** Finanz|defizit *n*, -knappheit *f*; **чистый ~** Nettodefizit *n*

дефицитн|ый defizitär, Defizit-, unzureichend; **-ый товар** *m* Mangelware *f*; **-ое финансирование** *n* Defizitfinanzierung *f*, Finanzierung durch Staatsverschuldung

дефлятор *m* Deflator *m*

дефляционн|ый deflationär, deflationistisch; **-ые меры** *pl* deflationäre Maßnahmen; **-ая политика** *f* Deflationspolitik *f*

дефляция *f* Deflation *f*; **кредитная ~** Kreditdeflation *f*

дефолт *m* Default, Zahlungsunfähigkeit *f*

децентрализация *f* Dezentralisation *f*; **~ производства** Dezentralisation der Fertigung; **~ управления производством** Standortspaltung *f*, Dezentralisierung *f* der Produktionssteuerung

децентрализованный dezentral

децентрализовать dezentralisieren

дешеветь billig(er) werden, sich verbilligen

дешевизна *f* niedrige Preise

дешёв|ый billig, preiswert, zu niedrigen Preisen, niedrig im Preis; **-о покупать (продавать)** billig kaufen (verkaufen); **-ые деньги** billiges Geld; **-ая рабочая сила** billige Arbeitskräfte; **-ые товары** billige Waren

деятельность *f* Tätigkeit *f*, Beschäftigung *f*, Betätigung *f*, Operation *f*, Aktivitäten *pl*; **заниматься -ю** eine Tätigkeit ausüben (betreiben); **начинать ~** eine Tätigkeit aufnehmen; **прекращать ~** eine Tätigkeit einstellen; **разворачивать ~** die Tätigkeit entfalten; **усиливать ~** Aktivitäten forcieren (verstärken); **административная ~** Verwaltungstätigkeit *f*; **банковская ~ (~ банка)** Bank|betrieb *m*, -verkehr *m*; **благотворительная ~** Wohltätigkeit *f*; **~ в области маркетинга** Marketingaktivität *f*; **коммерческая ~** Geschäfts|betrieb *m*, -tätigkeit *f*, geschäftliche Tätigkeit,

Handelstätigkeit *f*, kaufmännische Tätigkeit *f*, wirtschaftliche Betätigung *f*; **некоммерческая (общеполезная)** ~ gemeinnützige Arbeit (Tätigkeit); **организационная** ~ Organisationswesen *n*; **основная** ~ hauptberufliche Tätigkeit; ~ **по всему миру** weltweite Operation; **посредническая** ~ Vermittlung *f*; **предпринимательская** ~ Unternehmertätigkeit *f*; **производственная** ~ Produktionstätigkeit *f*; **профессиональная** ~ Berufstätigkeit *f*, berufliche Tätigkeit; **рекламная** ~ Werbung *f*; **рекламная ~ предприятия с целью не допустить уменьшения оборота** Erhaltungswerbung *f*; **свободнопрофессиональная** ~ freiberufliche Tätigkeit *f*; **совместная** ~ Gemeinschaftstätigkeit *f*; **торговая** ~ Handelstätigkeit *f*; **торгово-сбытовая** ~ Absatz|tätigkeit *f*, -wirtschaft *f*; **трудовая** ~ Erwerbstätigkeit *f*; **управленческая** ~ Verwaltungstätigkeit *f*, Management *n*; ~ **фирмы по формированию общественного мнения** Öffentlichkeitsarbeit *f*; **хозяйственная (экономическая)** ~ Wirtschaftstätigkeit *f*, wirtschaftliche Tätigkeit

джоббер *m* Jobber *m*

диаграмма *f* Diagramm *n*, Schaubild *n*, grafische Darstellung *f*, Chart *m*

диапазон *m* Bereich m *f*, Breite *f*, Bandbreite *f*, Spannweite *f*; ~ **колебаний** Schwankungs|bereich *m*, -breite *f*; ~ **колебаний курсов** Schwankungsbereich der Kurse; ~ **колебания цены на товар в течение определённого периода времени** Preisband *m*; **торговый** ~ gehandelter Kursbereich; ~ **цен** Preisspanne *f*

диверсификаци|я *f* Diversifikation *f*, Diversifizierung *f*, Streuung *f*; **проводить -ю** diversifizieren; **-я инвестиций (капиталовложений)** Anlagenstreuung *f*, Vermögensaufspaltung *f*; **-я по вертикали** vertikale Diversifikation; **-я по горизонтали** horizontale Diversifikation; **-я портфеля акций** Streuung des Aktienbesitzes; **-я портфеля ценных бумаг** Streuung von Wertpapieren; **-я программы производства** Erweiterung des Produktionsprogramms; **-я продукции** Produktdiversifikation *f*; **-я рисков** Risiko|streuung *f*, -verteilung *f*; **-я экспорта** Diversifikation der Ausfuhren (Exporte) Exportdiversifizierung *f*

диверсифицированн|ый diversifiziert, aufgefächert, gestreut; **-ый портфель** *m* **акций** breitgestreuter Aktienbesitz; **-ое предприятие** *n* diversifiziertes Unternehmen; **-ая программа** *f* **производства** breitgefächertes Produktionsprogramm

диверсифицировать diversifizieren, auffächern, streuen; ~ **инвестиции** verschiedenartig anlegen; ~ **программу производства** das Produktionsprogramm erweitern; ~ **торговлю** den Handel auffächern

дивиденд *m* Dividende *f*; **выплачивать** ~ eine Dividende ausschütten (zahlen); **начислять** ~ eine Dividende abrechnen; **объявлять о выплате -а** eine Dividende angeben (ankündigen, festsetzen); **определять размер -а** eine Dividende festsetzen; **определять размер добавочного -а** den Bonus festlegen; **отменять выплату -а** die Dividende streichen; **получать** ~ eine Dividende beziehen (erhalten); **приносить** ~ eine Dividende bringen; **сокращать размер -а** eine Dividende kürzen; **увеличивать размер -а** eine Dividende aufstocken (erhöhen, verbessern); **без -а** ohne Dividende, ex Dividende; ~ **в виде бесплатных акций** Dividende in Form von Gratisaktien; ~ **в виде материальных ценностей** Sachwertdividende *f*; ~ **в виде временных сертификатов** Dividende in Form von Zwischenscheinen; ~ **в виде облигаций** Dividende in Form von Schuldverschreibungen; **~, выплаченный наличными** Bardividende *f*; **~, выплачиваемый в натурально-вещественной форме** Sachdividende *f*; **высокий** ~ hohe Dividende; **добавочный (дополнительный)** ~ Sonderdividende *f*, Überdividende *f*,

Zusatzdividende *f*, Bonus *m*; **кумулятивный ~** kumulative Dividende; **лимитированный ~** limitierte Dividende; **~ на каждую акцию** Dividende je (pro) Aktie, Stückdividende *f*; **накопленный ~** aufgelaufene Dividende; **невыплаченный ~** ausgefallene (ausstehende) Dividende; **объявленный ~** erklärte (festgesetzte) Dividende; **окончательный ~** Schlussdividende *f*; **остаточный ~** Restdividende *f*; **отсроченный ~** Dividende mit aufgeschobener Fälligkeit; **поквартальный ~** Vierteljahresdividende *f*; **полученный ~** abgehobene Dividende; **предварительный (промежуточный) ~** Abschlagsdividende *f*, Zwischendividende *f*; **привилегированный ~** Vorzugsdividende *f*; **реинвестированный ~** wieder angelegte Dividende; **с включением -а** mit Dividende; **увеличенный ~** erhöhte Dividende; **чистый ~** Nettodividende *f*

дивидендный Dividende-; **~ купон** *m* Dividenden|abschnitt *m*, -schein *m*

дизажио *n* Abschlag *m*; Disagio *n*; **~ от выкупа облигаций** Rückkaufsdisagio *n*

дизайн *m* Design *n*; **промышленный ~** industrielle Formgebung

дизайнер *m* Designer *m*; **~ в области рекламы** Werbegraphiker *m*; **~ по интерьерам** Innenarchitekt *m*

диктат *m* **потребителей** Nachfragemacht *f*, Verbrauchermacht *f*

диктовк|а *f* Diktat *n*; **записывать под -у** Diktat aufnehmen; **после -и документа отбыл, не подписав его** nach Diktat verreist

дилер *m* Dealer *m*, Eigenhändler *m*, Händler *m*, Wertpapierhändler *m*; **валютный ~** Devisenhändler *m*; **мелкий ~** Klein|dealer *m*, -händler *m*

дилинг *m* Dealing *n*, Handel *m*, Geschäft *n*

дилюция *f* Verwässerung *f*; **~ капитала** Kapitalverwässerung *f*

динамика *f* Dynamik *f*, Entwicklung *f*; **~ биржевых курсов** Kursentwicklung *f*, Börsenverhalten *n*; **~ доходности** Rentabilitätsentwicklung *f*; **~ запасов** Bestandsdaten *pl*; **~ издержек** Dynamik der Kosten, Kostenentwicklung *f*; **~ изменения качества** Qualitätsentwicklung *f*; **~ имущественного положения** Vermögensentwicklung *f*; **~ поступления доходов** Ertragsentwicklung *f*; **~ прибыли** Gewinnentwicklung *f*; **~ процентных ставок** Zinsentwicklung *f*; **~ реализации (сбыта)** Absatzentwicklung *f*; **~ спроса** Nachfrageentwicklung *f*; **~ стоимости** Wertentwicklung *f*; **~ уровня заработной платы** Lohnentwicklung *f*; **~ цен** Preis|bewegung *f*, -entwicklung *f*, Dynamik der Preise; **~ экономического развития** wirtschaftliche Dynamik

диополия *f* Dyopol *n*; **~ покупателей** Nachfragedyopol *n*

диплом *m* Diplom *n*; **выдавать ~** ein Diplom ausstellen; **получать ~** ein Diplom erwerben; **~ о высшем образовании** Hochschuldiplom *n*

дипломированный Diplom-; **~ инженер-экономист** *m* Diplom-Wirtschaftsingenieur *m*

директив|а *f* Direktive *f*, Richtlinie *f*, Weisung *f*; **издавать -у** eine Direktive (Richtlinie) erlassen; **принимать -у** eine Direktive (Richtlinie) annehmen (verabschieden)

директмаркетинг *m* Direktmarketing *m*

директор *m* Direktor *m*, Geschäftsführer *m*, Leiter *m*; **назначить -ом** zum Direktor ernennen; **административный ~** Verwaltungsdirektor *m*; **генеральный ~** Generaldirektor *m*; **~ завода** Werks|direktor *m*, -leiter *m*; **исполнительный ~** geschäftsführender (leitender) Direktor; **коммерческий ~** kaufmännischer Direktor (Geschäftsführer); **~ магазина** Verkaufsstellenleiter *m*; **~ по персоналу (ХР-директор *m*)** Personaldirektor, Personalchef; **~ по сбыту** Absatzleiter *m*, Vertriebslerter *m*; **~ предприятия** Betriebs|direktor *m*, -leiter *m*; **~-распорядитель** Geschäftsführer *m*, geschäftsführender (leitender) Direktor; **технический ~** technischer Direktor, Chefingenieur *m*

директорат *m* Direktorium *n*, Vorstand *m*

директорский Direktoren-; **~ пост** *m* Direktorenposten *m*

дирекция *f* Direktion *f*, Leitung *f*; **~ завода** Werksdirektion *f*; **коммерческая ~** kaufmännische Direktion (Leitung); **~ предприятия** Betriebsleitung *f*, Unternehmensleitung *f*; **техническая ~** technische Direktion (Leitung); **~ фирмы** Leitung einer Firma

дирижизм *m* Dirigismus *m*; **~ на рынке капиталов** Dirigismus am Kapitalmarkt

дирижистск|ий dirigistisch; **-ие меры** dirigistische Maßnahmen

дисбаланс *m* Missverhältnis *n*, Ungleichgewicht *n*, Unausgewogenheit *f*; **бюджетный ~** Haushaltsungleichgewicht *n*; **~ между предложением и спросом** Missverhältnis zwischen Angebot und Nachfrage

дисквалификация *f* Disqualifikation *f*, Disqualifizierung *f*, Ausschluss *m*

дисквалифицировать disqualifizieren, ausschließen, für unfähig erklären

дисконт *m* Diskont *m*; **~ векселя** Wechseldiskont *m*

дисконтёр *m* Wechselmakler *m*, Diskontbank *f*

дисконтирование *n* Diskont *m*, Diskontierung *f*; **представлять на ~** zur Diskontierung einreichen, diskontieren lassen; **~ векселей** Wechseldiskont(ierung *f*) *m*, Diskont(ierung) von Wechseln; **~ чека** Scheckdiskontierung *f*

дисконтировать diskontieren; **~ вексель** einen Wechsel diskontieren

дисконтируемый diskontierbar

дисконтирующий множитель *m* Diskontierungsfaktor *n*

дисконтный банк *m* Diskontbank *f*

дискриминационн|ый Diskriminierungs-; **-ые меры** *pl* Diskriminierungsmaßnahmen *pl*

дискриминация *f* Diskriminierung *f*, Benachteiligung *f*, unterschiedliche Behandlung; **налоговая ~** Steuerdiskriminierung *f*, steuerliche Benachteiligung

дискриминировать diskriminieren, benachteiligen

диспач *m* Eilgeld *n*

диспаш|а *f* Dispache *f*, Schadenaufmachung *f*, Schadenberechnung *f*; **составлять -у** die Dispache aufmachen

диспашёр *m* Dispacheur *m*

диспенсер *m (Handel)* Dispenser *m*, Ausgabevorrichtung *f*; Wasserspender *m*; Display *m*

дисперсия *f* Dispersion *f*, Varianz *f*

диспетчер *m* Dispatcher *m*

диспетчирование *n* Dispatching *n*

диспозитивн|ый dispositiv; **-ое право** *n* dispositives Recht

диспонент *m* Disponent *m*, Geschäftsführer *m*, Abteilungsleiter *m*

диспропорциональность *f* Disproportionalität *f*

диспропорци|я *f* Disproportion *f*, Disparität *f*, Missverhältnis *n*; **обнаружи(ва)ть -и** Disproportionen aufdecken; **устранять -и** Disproportionen beseitigen; **~ доходов** Einkommensdisparität *f*; **-я между спросом и предложением** Disproportionalität zwischen Nachfrage und Angebot

дистрибьютор *m* Distributor *m*, Eigenhändler *m*, Vertriebsstelle *f*; **назначить -ом** zum Distributor ernennen; **уполномоченный ~** Vertragshändler *m*, autorisierter Distributor; **эксклюзивный ~** Alleinvertreter *m*

дистрибуция *f* Distribution *f*, Absatz *m*, Vertrieb *m*

дисциплин|а *f* Disziplin *f*; **нарушать -у** die Disziplin verletzen; **соблюдать -у** die Disziplin einhalten; **договорная -а** Vertragstreue *f*; **платёжная -а** Zahlungs|disziplin *f*, -moral *f*; **-а расходов** Ausgabendisziplin *f*, Kostendisziplin *f*

дифференциальн|ый Differential-; **-ые издержки** *pl* Differentialkosten *pl*; **-ая система** *f* **оплаты труда** Differentiallohnsystem *n*

дифференциация *f* Differenzierung *f*, Schichtung *f*, Gliederung *f*; **~ продукции по качеству** Qualitätsdifferenzierung *f*; **социальная ~** soziale Differenzierung; **~ тарифов** Tarifdifferenzierung *f*; **~ цен** Preis|abstufung *f*, -differenzierung *f*

дифференцированный gestaffelt, Staffel-; **-ые проценты** *pl* Staffelzinsen *pl*, gestaffelte Zinsen; **-ый тариф** *m* Staffeltarif *m*; **-ые торговые наценки** Staffelspannen *pl*; **-ые цены** *pl* Staffelpreise *pl*

длительность *f* Dauer *f*, Zeit *f*; **~ аренды** Pachtdauer *f*; **~ действия** Gültigkeitsdauer *f*; **~ действия договора** Vertragsdauer *f*; **~ обработки** Bearbeitungsdauer *f*; **~ пребывания** Aufenthaltsdauer *f*; **~ работы** Arbeitsdauer *f*; **~ рабочей недели** wöchentliche Arbeitszeit; **~ страхования** Versicherungsdauer *f*; **~ хранения (на складе)** Lagerdauer *f*

дневник *m* Tagebuch *n*, Journal *n*

дневн|ой Tages-; **-ая выручка** *f* Tages|einnahmen *pl*, -erlös *m*, -kasse *f*; **-ой оборот** *m* Tagesumsatz *m*

дни *pl* Tage *pl*; **грационные (льготные) ~** Respekttage *pl*; **~ ожидания** Karenztage *pl*

дно *n* **двойное** Doppelboden *m*, Doppelboden-Formation *f*

добавк|а *f* Zusatz *m*, Zusatzstoff *m*; **пищевые -и** Lebensmittelzusätze *pl*

добавление *n* Ergänzung *f*, Hinzufügung *f*, Zusatz *m*

добавочный zusätzlich, ergänzend, Ergänzungs-, Zusatz-

добровольн|ый freiwillig; **-ый взнос** freiwillig gezahlter Beitrag, Spende *f*; **-ое страхование** freiwillige Versicherung

добросовестность *f* Gewissenhaftigkeit *f*, Gutgläubigkeit *f*, Sorgfalt *f*; **~ при истолковании и исполнении обязательств** Treu und Glauben

добросовестн|ый gewissenhaft, gutgläubig, nach bestem Wissen und Gewissen, vertrauenswürdig; **-ое ведение** *n* **дел** gewissenhafte Führung der Geschäfte; **-ый владелец** *m* gutgläubiger Inhaber

добротность *f* Güte *f*, Qualität *f*, Haltbarkeit *f*

добротный gut, hochwertig, haltbar

добывать abbauen, ausbeuten, fördern, gewinnen; erwerben; verschaffen; **~ нефть** Erdöl fördern (gewinnen); **~ открытым способом** im Tagebau gewinnen; **~ полезные ископаемые** Bodenschätze abbauen (ausbeuten); **~ природный газ** Erdgas ausbeuten (fördern); **~ сырьё** Rohstoffe gewinnen

добывающая промышленность *f* Grundstoffindustrie *f*, rohstofferzeugende Industrie, Rohstoffgewinnungsindustrie *f*

добыч|а *f* Abbau *m*, Ausbeutung *f*, Förderung *f*, Gewinnung *f*, Produktion *f*; **вести -у** abbauen, ausbeuten, fördern, gewinnen; **начинать -у** den Abbau (die Ausbeutung, die Produktion) aufnehmen; **прекращать -у** die Förderung (Gewinnung, Produktion) einstellen; **развивать -у** die Förderung (Gewinnung) ausbauen; **стимулировать -у** die Förderung (Gewinnung) ankurbeln; **увеливать -у** die Förderung (Gewinnung) steigern; **уменьшать -у** die Förderung (Gewinnung) drosseln (einschränken); **-а внутри страны** Inlandsförderung *f*, inländische Förderung; **-а золота** Goldgewinnung *f*; **мировая -а** Weltfördermenge *f*; **-а нефти** Erdöl|förderung *f*, -gewinnung *f*, Produktion von Öl; **подземная -а** Abbau unter Tage; **-а полезных ископаемых** Abbau (Ausbeutung, Förderung, Gewinnung) von Bodenschätzen; **-а природного газа** Erdgasförderung *f*, Produktion von Gas; **суточная -а** Tagesförderung *f*; **-а сырья** Rohstoffgewinnung *f*, Gewinnung von Rohstoffen; **-а угля** Kohleförderung *f*, Kohleabbau *m*

доверенност|ь *f* Vollmacht *f*; **аннулировать -ь** die Vollmacht widerrufen; **выдавать -ь** eine Vollmacht (Ermächtigung) ausstellen (erteilen); **изымать -ь** die Vollmacht entziehen; **получать -ь** eine Vollmacht erhalten; **предъявлять -ь** die Vollmacht vorlegen (vorweisen, vorzeigen); **управлять по -и** als Treuhänder verwalten, treuhänderisch verwalten; **-ь банка** Bankvollmacht *f*; **генеральная -ь** Generalvollmacht *f*; **коллективная -ь** Kollektivvollmacht *f*; **-ь на получение кредита** Vollmacht zur Kreditaufnahme; **-ь на пользование счётом** Kontovollmacht *f*; **-ь на совместное ведение дела** Kollektivprokura *f*; **-ь на управление филиалом** Filialprokura *n*; **общая -ь**

Blankovollmacht *f*, Generalvollmacht *f*, Gesamtprokura *f*; **общая торговая -ь** Prokura *f*; **по -и** durch Bevollmächtigung, in Vollmacht; **-ь, потерявшая силу** erloschene Vollmacht; **специальная ~** Sondervollmacht *f*, **торговая -ь** Handelsvollmacht *f*

доверенн|ый beauftragt, bevollmächtigt, ermächtigt; Beauftragte *m*, Bevollmächtigte *m*, Treuhänder *m*

доверенное лицо *n* Beauftragte *m*, Bevollmächtigte *m*, Treuhänder *m*, Treunehmer *m*, Vollmachtinhaber *m*; Vertrauensperson *f*; **назначить ~** einen Treuhänder bestellen; **~ торгового предприятия (фирмы)** Handlungsbevollmächtigte *m*, Prokurist *m*

доверие *n* Vertrauen *n*; **взаимное ~** gegenseitiges Vertrauen

доверитель *m* Vollmachtgeber *m*, Treugeber *m*; **~, дающий поручение комиссионеру** Kommittent *m*

доверительн|ый treuhänderisch, Treuhand(s)-; Vertrauens-, vertraulich; **-ые операции** *pl* **(сделки** *pl***)** Treuhandgeschäfte *pl*, fiduziarische Rechtsgeschäfte; **-ые отношения** *pl* Vertrauensbeziehungen *pl*; **-ое управление** *n* Treuhandverwaltung *f*, treuhänderische Verwaltung

договариваться abmachen, übereinkommen, verabreden, sich einigen, vereinbaren, verhandeln; **~ о встрече** ein Treffen verabreden, einen Termin vereinbaren; **~ о поставке товара** über die Lieferung einer Ware verhandeln; **~ о цене** den Preis abmachen (absprechen, vereinbaren), sich über den Preis einigen

договаривающи|йся vertragsschließend; **-еся стороны** *pl* vertragsschließende Parteien (Seiten)

договор *m* Abkommen *n*, Vertrag *m*, vertragliche Vereinbarung, Übereinkommen *n*, Übereinkunft *f*; **вести переговоры о заключении -а** einen Vertrag verhandeln; **включать в ~** in den Vertrag aufnehmen; **~ вступает в силу** der Vertrag tritt in Kraft; **выполнять условия -а** einen Vertrag erfüllen; **заключать ~** ein Abkommen (einen Vertrag) (ab)schließen; **изменять условия -а** einen Vertrag ändern; **изменять текст -а** einen Vertrag neu fassen; **нарушать ~** einen Vertrag brechen (verletzen), vertragsbrüchig sein (werden); **одобрять ~** den Vertrag genehmigen; **оспаривать положения -а** einen Vertrag anfechten; **оформлять ~** einen Vertrag abfassen; **подпис(ыв)ать ~** ein Abkommen (einen Vertrag) gegenzeichnen (unterzeichnen); **подпадать под действие -а** unter ein Abkommen (einen Vertrag) fallen; **продлевать (пролонгировать) ~** das Abkommen (den Vertrag) verlängern; **присоединяться к -у** einem Vertrag beitreten; **расторгать ~** den Vertrag außer Kraft setzen (annullieren, aufheben, aufkündigen, auflösen, lösen), vom Vertrag zurücktreten; **соблюдать условия -а** ein Abkommen (einen Vertrag) einhalten; **составлять ~** einen Vertrag aufsetzen; **агентский ~** Agenturvertrag *m*, Ausschließlichkeitsvertrag *m*, Handelsvertretervertrag *m*, Vertretervertrag *m*; **акцессионный ~** *(Pol, Recht)* Akzessionsvertrag *m*; **акцессорный ~** *(Pol, Recht)* akzessorischer Vertrag; **арендный ~ (~ аренды)** Mietvertrag *m*, Pacht|kontrakt *m*, -vertrag *m*, Leasingvertrag *m*; **бессрочный ~** unbefristeter (kündbarer) Vertrag; **взаимный ~** gegenseitiger Vertrag; **~ в письменном виде** schriftlicher Vertrag; **~ в пользу третьих лиц** Vertrag zugunsten Dritter; **генеральный ~** Generalvereinbarung *f*; **~ дарения** Schenkungsvertrag *m*; **двусторонний ~** zweiseitiger Vertrag; *(Pol)* bilateraler Vertrag; **~, действие которого ограничено сроком** befristeter Vertrag; **действующий ~** gültiger (wirksamer) Vertrag; **долгосрочный ~** langfristiger Vertrag; **~ жилищного найма** Mietvertrag *m*; **~ займа** Darlehensvertrag *m*; **~ залога** Pfandvertrag; **~ инвестирования** Investitionsvertrag *m*; **индивидуальный трудовой ~** Einzelarbeitsvertrag *m*; **~ ипотеки** Hypothekenvertrag *m*; **истёкший ~ страхования** abgelaufene Versicherung; **кабальный ~** Knebelungsvertrag *m*; **картельный ~** Kartellvertrag *m*; **коллективный (трудовой) ~** Betriebsvereinbarung *f*, Tarifvertrag *m*; **~ комиссии** Kommissionshandelsvertrag *m*; **консигнационный ~** Konsignationsvertrag *m*; **концессионный ~** Konzessionsvertrag *m*; **краткосрочный ~** kurzfristiger Vertrag; **~ кредита (кредитный ~)** Kreditvertrag *m*; **~ купли-продажи** Kauf|vertrag *m*, -brief *m*; **лизинговый ~** Leasingvertrag *m*; **лицензионный ~** Lizenzvertrag *m*; **международный ~** internationaler Vertrag; **~ между предприятиями** Unternehmens|vereinbarung *f*, -vertrag *m*; **~ морского страхования** Seeversicherungsvertrag *m*; **~ на издание** Verlagsvertrag *m*; **~ на импорт** Einfuhrvertrag *m*; **~ на перевозку** Beförderungsvertrag *m*, Frachtvertrag *m*, Speditionsvertrag *m*, Transportvertrag *m*; **~ на перевозку груза морским путём** Seefrachtvertrag *m*; **~ накопления на индивидуальное строительство, приобретение или ремонт жилья со специализированным кредитным учреждением** Bausparvertrag *m*; **~ на представительство** Vertretervertrag *m*; **~ на сбыт продукции** Absatzvereinbarung *f*, Vertriebsvertrag *m*; **~ на экспорт** Ausfuhrvertrag *m*; **нотариально заверенный ~ купли-продажи** notarieller Kaufvertrag; **~ об аннулировании (прекращении) трудового соглашения** Aufhebungsvertrag *m*; **~ об ассоциировании** Assoziationsabkommen *n*; **~ об условиях выплаты гонорара** Honorarvertrag *m*; **~ об учреждении коммандитного товарищества** Kommanditvertrag *m*; **~ об учреждении общества (товарищества)** Gesellschaftsvertrag *m*; **~ об учреждении фирмы** Gründungsvertrag *m*, Organisationsvertrag *m*; **общий ~** Rahmenvertrag *m*; **~ о взаиморасчётах с помощью контокоррентного счёта** Kontokorrentvertrag *m*; **~ о выдаче лицензии на ведение дел под маркой и по технологии головного предприятия** Franchisevertrag *m*; **~ о доминирующем положении** Beherrschungsvertrag *n*; **~ о единоличном (эксклюзивном) представительстве** Alleinvertretungsvertrag *m*; **~ о комиссионной торговле** Kommissionshandelsvertrag *m*; **~ о кооперации (сотрудничестве)** Kooperationsvertrag *m*; **~ о назначении наследника** Erbvertrag *m*; **~ о найме на работу** Anstellungsvertrag *m*, Arbeitsvertrag *m*, Dienstvertrag *m*; **~ о переводе (перечислении) прибыли** Gewinnabführungsvertrag *m*; **~ о покупке предприятия** Übernahmevertrag *m*; **~ о передаче грузов на хранение** Lagervertrag *m*; **~ о передаче залогового права на имущество для обеспечения требований кредитора** Pfandvertrag *m*; **~ о передаче ноу-хау** Know-how-Vertrag *m*; **~ о передаче предприятия (в аренду)** Betriebsüberlassungsvertrag *m*; **~ о пересмотре размера квартирной платы** Staffelmiete *f*; **~ о поставках** Lieferungsabkommen *n*, Liefervertrag *m*; **~ о предоставлении гарантии (поручительства)** Gewährleistungsvertrag *m*; **~ о профессиональном обучении** Berufsausbildungsvertrag *m*; **~ о сдаче ценных бумаг на хранение** Depotvertrag *m*; **~ о слиянии** Fusionvertrag *m*, Verschmelzungsvertrag *m*; **~ о создании фирмы** Gründungsvertrag *m*; **~ о сотрудничестве** Partnerschafsvertrag *m*; **особый (отдельный) ~** Sonderabkommen *n*; **~ о трансферте** Transferabkommen *n*; **~ о фрахтовании судна** Chartervertrag *m*, Frachtvertrag *m*; **~ о хранении грузов на складе** Lagerhaltungsvertrag *m*; **~ перевозки** Speditionsvertrag *m*, Beförderungsvertrag *m*, Frachtvertrag *m*, Transportvertrag *m*; **~ перестрахования** Rückversicherungsvertrag *m*; **по (согласно) -у** vertragsgemäß, laut Vertrag; **~ подряда** Werkvertrag *m*; **~ подряда на выполнение заказа из материала изготовителя** Werklieferungsvertrag *m*; **~ поручения** Geschäftsbesorgungsvertrag *m*, Auftrag *m*; **~ поручительства** Bürgschaftsvertrag *m*, Gewährleistungsvertrag *m*; **предварительный ~** Vorvertrag *m*; **~ предоставления кредита** Kreditvertrag *m*; **противоречащий -у** vertragswidrig; **рамочный ~** Rahmenvertrag *m*; **~ с издательством** Verlagsvertrag *m*; **~ с учреждением, хранящим сберегательные вклады** Sparvertrag *m*; **~, составляемый по определённой форме** formbedürftiger Vertrag; **~ страхования** Versicherungsvertrag *m*; **таможенный ~** Zollvertrag *m*; **типовой ~** Mustervertrag *m*, Standardvertrag *m*, Einheitsvertrag *m*; **типовой ~ о найме** Mustermietvertrag *m*; **торговый ~** Handelsvertrag *m*, Kaufbrief *m*; **транспортный ~** Frachtvertrag *m*, Transportvertrag *m*; **~ трудовой ~** Anstellungsvertrag *m*, Arbeitsvertrag *m*, Dienstvertrag *m*; **устный ~** mündlicher Vertrag; **~, утративший силу** nichtiger Vertrag; **учредительский ~** Gründungsvertrag *m*; **~ фрахтования** Frachtvertrag *m*, Chartervertrag *m*, Charter *m*; **~ фрахтования всего судна** Vollcharter *m*; **~ фрахтования части судна** Teilcharter *m*; **хозяйственный ~** Wirtschaftsvertrag *m*; **~ хранения** Depotvertrag *m*, Verwahrungsvertrag *m*; **частно-правовой ~** privatrechtlicher Vertrag

договорённост|ь *f* Abmachung *f*, Abrede *f*, Absprache *f*, Vereinbarung *f*, Verabredung *f*, Arrangement *n*; **достичь -и** eine Abmachung (Absprache, Vereinbarung) treffen, eine Abmachung zustande bringen; **нарушать -ь** die Abmachung (Vereinbarung) verletzen; **оспаривать -ь** die Abmachung (Vereinbarung) anfechten; **подтверждать -ь** die Abmachung bestätigen; **соблюдать -ь** eine Abmachung (Verabredung, Vereinbarung) einhalten, bei der Abrede bleiben; **вертикальные -и** vertikale Absprachen; **взаимная -ь** gemeinsame Absprache; **в соответствии с -ью** verabredungsgemäß, gemäß (laut) Abmachung (Vereinbarung); **письменная -ь** schriftliche Vereinbarung; **устная -ь** mündliche Vereinbarung

договорн|ый vertraglich, vetragsgemäß, vertragsmäßig, Vertrags-; **-ые обязательства** *pl* Vertrags|bindung *f*, -verpflichtungen *pl*; **-ые отношения** *pl* Vertragsbeziehungen *pl*, Vertragsverhältnis *n*; **-ые санкции** *pl* Vertragssanktionen *pl*; **-ые условия** *pl* Vertragsbedingungen *pl*; **-ая цена** *f* vereinbarter Preis

догружать zuladen

дожитие *n* Erlebensfall *m*

доза *f* Dosis *f*

дозирование *n* Dosierung *f*

док *m* Dock *m*; **ремонтный ~** Reparaturdock *m*

докер *m* Hafenarbeiter *m*

доказательство *n* Beweis *m*, Beweismittel *n*, Nachweis *m*, Beleg *m*; Beweisführung *f*; **приводить ~** einen Beweis vorbringen (anführen), belegen; **вещественное ~** Beweisstück *n*; **документальное ~** belegmäßiger Nachweis, Urkundenbeweis *m*; **~ подлинности** Beweis der Echtheit; **~ (понесённого) ущерба** Schadensnachweis *m*

доклад *m* Bericht *m*, Referat *n*, Vortrag *m*; **делать ~** einen Vortrag halten; **отчётный ~** Rechenschaftsbericht *m*

докладчик *m* Berichterstatter *m*, Referent *m*, Vortragende *m*

документ *m* Dokument *n*, Urkunde *f*, Aktenstück *n*, Schriftstück *n*, Beleg *m*, Belegschein *m*; **вручать (выдавать) ~** ein Dokument (eine Urkunde) aushändigen (ausstellen); **заверять ~** eine Urkunde beglaubigen; **оформлять ~** ein Dokument (eine Urkunde) ausfertigen; **передавать ~** ein Dokument (eine Urkunde) übergeben; **подтверждать -ом** belegen, dokumentieren; **представлять (предъявлять) -ы** Dokumente (Papiere, Urkunden) vorlegen, Belege einreichen; **проверять ~** ein Dokument (eine Urkunde) einsehen; **составлять ~** ein Dokument (eine Urkunde) aufsetzen; **хранить -ы** Akten (Unterlagen) aufbewahren; **банковский ~** Bankbeleg *m*; **бухгалтерские -ы** Buchungsunterlagen *pl*; **~, бухгалтерский** Buchungsdokument *n*; **внешние -ы** ausgehende Dokumente *pl*; **~ выставленный частным лицом** Privaturkunde *f*; **грузовые -ы** Ladepapiere *pl*; **денежный ~, денежный оправдательный ~** Ausgabenbeleg *n*, Auslagenbeleg *m*, Zahlungsbeleg *m*; **именной (непередаваемый) ~** Namenspapier *n*, Rektapapier *n*; **ипотечный ~** Hypotheken|brief *m*, -urkunde *f*; **исполнительный ~** vollstreckende Urkunde, Vollstreckungstitel *m*; **кассовый ~** Kassenbeleg *m*; **конфиденциальный ~** vertrauliches Dokument; **~ на импорт товаров** Einfuhrdokument *n*; **~ на инкассо** Lastschrift *f*; **~ на предъявителя** Inhaberpapier *n*; **-ы на перевозку (перевозочные -ы)** Frachtpapiere *pl*, Transportpapiere *pl*; **нотариально заверенный ~** notariell beglaubigte Urkunde; **~ о назначении на должность** Bestallungsurkunde *f*; **~ об аренде** Pachturkunde *f*; **оборотный (ордерный) ~** Orderpapier *n*; **отчётные -ы, прилагаемые к счёту** Belege für die Rechnung, Rechnungsbelege *pl*; **отчётный ~** Buchungsbeleg *m*, Buchführungsbeleg *m*; **официальный ~** öffentliche Urkunde; **первичный ~** Erstbeleg *m*, Urbeleg *m*; **платёжно-банковские -ы** Zahlungsunterlagen *pl*; **платёжный ~** Zahlungsbeleg *m*, Lohnbeleg *m*; **погрузочные -ы** Verladedokumente *pl*; **поддельный ~** gefälschtes Dokument, gefälschte Urkunde; **~, подтверждающий акт дарения** Geschenkgutschein *m*; **предъявительский ~** Sichtpapier *n*; **-ы приложены (прилагаются)** Dokumente anbei; **-ы при уплате** Dokumente gegen Kasse; **-ы против акцепта** Dokumente gegen Akzept; **расчётные -ы** Abrechnungsunterlagen *pl*; **сводный ~** Sammel|beleg *m*, -urkunde *f*; **секретный ~** Verschlusssache *f*; **~, скреплённый печатью** versiegeltes Dokument; **сопроводительные -ы** Abfertigungspapiere *pl*, Begleitpapiere *pl*; **таможенный сопроводительный ~** Zollbegleitschein *m*; **товарораспорядительный ~** Dispositionspapier *n*, Traditionspapier *n*, Warenwertpapier *n*; **товаросопроводительный ~** Waren|begleitschein *m*, -papier *n*; **учётный ~** Buchführungsbeleg *m*, Erfassungsbeleg *m*, Geschäftsbeleg *m*

документальн|ый urkundlich, Dokumenten-, Beleg-; **-ый отчёт** Belegnachweis *m*; **-ая проверка** Belegprüfung *f*; **-ый учёт** Belegerfassung *f*

документарный Dokumenten-; **~ аккредитив** Dokumentenakkreditiv *n*

документаци|я *f* Dokumentation *f*, Unterlagen *pl*, Belegwesen *n*; **вести учётную -ю** Aufzeichnungen führen; **затребовать -ю** Unterlagen anfordern; **подготовить -ю** die Dokumentation (Unterlagen) bereitstellen (erstellen); **предъявлять -ю** die Dokumentation (Unterlagen) vorlegen; **проверять -ю** die Dokumentation (Unterlagen) einsehen; **разрабатывать -ю** die Dokumentation (Unterlagen) erarbeiten; **составлять -ю** die Dokumentation (Unterlagen) zusammenstellen; **банковская -я** Bankbelege *pl*; **бухгалтерская -я** Buchführungsunterlagen *pl*, Unterlagen für die Buchführung; **деловая (коммерческая) -я** geschäftliche Unterlagen, Geschäftsunterlagen *pl*; **-я для оформления кредита** Kreditunterlagen *pl*; **договорная -я** Vertragsunterlagen *pl*; **конструкторская -я** Konstruktionsunterlagen *pl*; **конфиденциальная -я** vertrauliche Unterlagen; **плановая -я** Planungshandbuch *n*; **-я по контролю и обеспечению качества продукции** Qualitätsdokumentation *f*; **проектная -я** Projektierungsunterlagen *pl*, Projektdokumentation *f*; **производственная -я** Betriebsunterlagen *pl*, betriebliche Dokumentation (Unterlagen), Produktionsunterlagen *pl*; **расчётная -я** Abrechnungsunterlagen *pl*, Kalkulationsunterlagen *pl*; **техническая -я** technische Dokumentation (Unterlagen); **технологическая -я** Fertigungsunterlagen *pl*; **учётная -я** Aufzeichnung *f*; **учётная -я по экспортным поставкам** Ausfuhrnachweis *m*

документировать belegen, dokumentieren

документооборот *m* Dokumentenumlauf *m*

долг(и) *m(pl)* Schuld(en) *f(pl)*, Verbindlichkeiten *pl*; Pflicht(en *pl*) *f*; **брать (взять) в ~** leihen, Schulden eingehen (machen), borgen; **брать на себя -и другого лица** Schulden übernehmen; **вернуть ~** eine Schuld abtragen (zurückzahlen); **взимать -и** Schulden (Außenstände) eintreiben (einziehen); **выплачивать -и** Schulden decken (abzahlen, zurückzahlen); **выплачивать ~ по частям** eine Schuld abbezahlen; **выполнять (исполнять) свой ~** seine Pflicht erfüllen, seiner Pflicht nachkommen; **давать в ~** (aus)leihen, borgen; **делать -и** Schulden machen; **иметь -и** Schulden haben; **обслуживать -и** Schulden bedienen; **обременять -ами** mit Schulden belasten, überschulden; **оплачивать ~** eine Schuld (Forderungen) bezahlen; **оставлять -и** Schulden hinterlassen; **оста(ва)ться в -у** in der Schuld stehen; **отвечать по -ам** für Schulden haften; **погашать -(и)** eine Schuld (Forderungen) ablösen (abtragen, begleichen, löschen, tilgen); **списывать ~** eine Schuld (Forderung) abschreiben; **~ банку** Verbindlichkeiten gegenüber einer Bank; **безнадёжные -и** uneinbringliche Schulden (Außenstände, Forderungen); **~ взыскиваемый по месту жительства должника** Holschuld *f*; **-и, взыскиваемые по судебному иску** einklagbare Schulden; **внешний ~** Auslandsschulden *pl*; **-и, выплачиваемые по частям** in Raten rückzahlbare Schulden; **государственный ~** Staats|schulden *pl*, -lasten *pl*; **-и государственных и муниципальных учреждений и предприятий** Schulden der öffentlichen Hand; **денежный ~** Geldschuld *f*; **документально подтверждаемые -и** verbriefte Schulden, Briefschuld *f*; **долгосрочный ~** langfristige (fundierte) Schuld; **ипотечный ~** Briefgrundschuld *f*, Grundschuld *f*, Hypothekenschuld *f*, hypothekarische Belastung; **ипотечный -, подтверждённый ипотечным актом** Briefgrundschuld *f*; **ипотечный ~ собственника недвижимости** Eigentümergrundschuld *f*; **-и компании (общества)** Gesellschaftsschuld *f*; **-и, которые невозможно взыскать** uneinbringliche Schulden; **-и конкурсной массы** Masseschulden *pl*; **консолидированные -и** konsolidierte Schulden; **краткосрочный ~** unfundierte Schuld; **кредитный ~** Kreditbelastung *f*; **-и кредитных институтов** Forderungen an Kreditinstitute; **накопленные -и** aufgelaufene Schulden; **неконсолидированные -и** schwebende Schulden; **непогашенные -и** ausstehende (offene, rückständige) Schulden; **неуплаченный ~** unbezahlte (schwebende) Schulden; **~, обеспеченный залогом недвижимости** Grundschuld *f*, Sicherungsgrundschuld *f*; **обременённый -ами** mit Schulden belastet, schuldenbelastet; **общий ~** Gesamtschuld *f*, Mitschuld *f*; **отсроченные -и** gestundete Schulden; **погашаемый ~** ablösbare Schuld; **~, погашаемый путём возврата вещи определённого вида** Gattungsschuld *f*, Stückschuld *f*; **~, подлежащий уплате по месту жительства кредитора** Bringschuld *f*; **просроченные -и** verjährte Schulden; **рентный ~** Rentenschuld *f*; **сомнительные -и** dubiose Schulden, zweifelhafte Forderungen; **списанные -и** abgeschriebene Forderungen; **спорный ~** streitige Forderungen; **-и, срок уплаты которых наступил** fällige Schulden; **старые -и** Altschulden *pl*; **текущий ~** schwebende Schulden; **федеральный ~** Bundesschuld *f*; **фундированный ~** fundierte Schuld

долговечность *f* Langlebigkeit *f*, Lebensdauer *f*, Haltbarkeit *f*

долговечный langlebig

долгов|ой Schuld-; **-ое обязательство** *n* Schuldbrief *m*, Schuldschein *m*, Schuldverschreibung *f*; **-ая расписка** *f* Schuldschein *m*

долгосрочн|ый langfristig; **-ый долг**

m langfristige (fundierte) Schuld; **-ый заём** *m* langfristige Anleihe; **-ые инвестиции** *pl* langfristige Anlage, langfristig angelegtes Kapital; **-ый кредит** *m* langfristiger Kredit

долев|ой Anteil-, Beteiligungs-, anteilmäßig; **-ое участие** *n* Beteiligung *f*

должник *m* Schuldner *m*, Forderungsschuldner *m*, Debitor *m*, Kreditnehmer *m*; **долевой ~** Teilschuldner *m*, Mitschuldner *m*; **злостный ~** böswilliger Schuldner; **надёжный ~** sicherer Schuldner; **неисправный ~** in Verzug geratener (säumiger) Schuldner; **несостоятельный ~** insolventer Schuldner; **несостоятельный ~ нескольких кредиторов** Gemeinschuldner *m*; **~, относительно имущества которого открывается судебное разбирательство** Vergleichsschuldner *m*; **~ по векселю** Wechselschuldner *m*; **~ по ипотеке** Hypothekenschuldner *m*; **солидарный ~** Gesamtschuldner *m*, Mitschuldner *m*

должностн|ой amtlich, Amts-; **-ое лицо** *n* Amts|inhaber *m*, -person *f*, -träger *m*, Beamte *m*; **-ой оклад** *m* Dienstbezüge *pl*, Gehalt *n*

должност|ь *f* Amt *n*, Dienst *m*, Dienststellung *f*, Posten *m*, Stelle *f*, Stellung *f*; **вводить в -ь** in das Amt einführen; **вступать в -ь** ein Amt (den Dienst, eine Stellung) antreten, ein Amt (einen Posten) übernehmen; **выдвигать на -ь** für das Amt nominieren; **занимать -ь** ein Amt (einen Posten, eine Stellung) bekleiden (innehaben), einen Posten haben, eine Stelle besetzen; **назначать на -ь** in ein Amt einsetzen; **объявлять конкурс на замещение вакантной -и** eine Stelle ausschreiben; **отказаться от -и** ein Amt (einen Posten, eine Stellung) ablehnen; **освобождать от -и** von einem Amt abberufen, des Amtes entheben; **предлагать -ь** einen Posten (eine Stelle, eine Stellung) anbieten; **принимать -ь** ein Amt (einen Posten, eine Stellung) annehmen (übernehmen); **работать на -и** ein Amt ausüben, einen Posten haben; **сохранять за собой -ь** den Posten (die Stellung) behalten; **уходить с -и** aus dem Amt ausscheiden, den Posten niederlegen, die Stelle (Stellung) aufgeben; **участвовать в конкурсе на замещение -и** sich um ein Amt (eine Stelle) bewerben; **вакантная -ь** freie (offene) Stelle; **замещаемая -ь** zu besetzende Stelle; **ответственная -ь** Vertrauensstellung *f*, verantwortungsvolle Position; **официальная -ь** öffentliches Amt; **почётная -ь** Ehrenamt *n*; **руководящая -ь** leitende Stellung; **штатная -ь** Planstelle *f*

доллар *m* Dollar *m*; **в пересчёте на -ы** in Dollar umgerechnet

долларов|ый Dollar-; **-ые авуары** *pl* Dollarguthaben *n*; **-ая банкнота** *f* Dollar|note *f*, -schein *m*; **-ая зона** *f* Dollarzone *f*; **-ые инвестиции** *pl* Dollaranlage *f*

дол|я *f* Anteil *m*, Teil *m*, Quote *f*; **владеть -ей участия, дающей право контроля** mit Mehrheit beteiligt sein; **иметь -ю** Anteil(e) haben (halten); **предлагать -ю** einen Anteil anbieten; **расширять свою -ю рынка** seine Marktanteile ausbauen; **увеличивать -ю** den Anteil (die Quote) aufstocken (erhöhen); **удерживать -ю рынка** Marktanteile halten; **уступать свою -ю** seine Anteile abtreten; **-я в основном капитале** Beteiligung am Grundkapital; **-я в предприятии** Anteil an einem Geschäft, Geschäftsanteil *m*; **-я внешней торговли в валовом национальном продукте** Außenhandelsquote *f*; **выкупленная -я** aufgekaufter Anteil; **-я выручки (дохода)** Anteil am Ertrag; **гарантированная -я** verbriefter Anteil; **-я задолженности в общих расходах государства** Verschuldungsquote *f*; **-я заработной платы в национальном доходе** Lohnquote *f*; **-я издержек** Beteiligung an den Kosten, Kostenanteil *m*; **-я импорта** Importanteil *m*; **-я капитала** Kapitalanteil *m*, Geschäftsanteil *m*; **квотированная -я** Quotenanteil *m*; **минимальная -я** Minimalanteil *m*; **минимальная -я покрытия** Mindestdeckungsbeitrag *m*; **-я мирового рынка** Weltmarktanteil *m*; **-я нало-**

гов в валовом национальном продукте Steuerquote *f*; **-я налогов в совокупном общественном продукте** Steuerlastquote *f*; **-я наследства** Erbteil *m*; **-я обеспечения** Besicherungsquote *f*; **-я оборота** Umsatzanteil *m*; **относительная -я** verhältnismäßiger Anteil, Quote *f*; **-я покрытия издержек** Kostendeckungsbeitrag *m*; **-я постоянных издержек в общих расходах предприятия** Fixkostenkoeffizient *m*; **-я прибыли** Anteil am Gewinn, Gewinnanteil *m*; **-я производственных издержек** Kostenbeitrag *m*; **пропорциональная -я** Quote *f*; **процентная -я** prozentmäßiger (prozentualer) Anteil; **-я рынка** Anteil am Markt, Marktanteil *m*; **-я сбережений** Spar|anteil *m*, -quote *f*; **-я собственных средств** Eigenkapitalquote *f*, Eigenmittelquote *f*; **-я стоимости** Wertanteil *m*; **-я убытков** Anteil am Verlust, Verlustanteil *m*; **-я управленческого персонала** Manageranteil *m*; **-я участия** Beteiligungs|anteil *m*, -quote *f*; **-я участия, дающая право контроля** Mehrheitsbeteiligung *f*; **-я финансирования** Finanzierungsanteil *m*; **-я экспорта товаров и услуг в валовом национальном продукте страны**, Exportquote *f*; **-я экономически активного населения в общей численности населения страны** Erwerbsquote *f*

дом *m* Haus *n*, Heim *n*; **закладывать ~ для получения ссуды** ein Haus beleihen; **иметь собственный ~** sein eigenes Haus haben (besitzen); **банкирский ~** Bankhaus *n*; **~ быта** Dienstleistungszentrum *n*; **высотный ~** Hochhaus *n*; **~ для инвалидов и престарелых** Altersheim *n*; **сборный ~** Fertighaus *n*; **жилой ~** Wohnhaus *n*; **многоквартирный ~** Mehrfamilienhaus *n*; **собственный ~** Eigenheim *n*, eigenes Haus; **торговый ~** Geschäftshaus *n*, Handels|firma *f*, -haus *n*; **учётный ~** Diskonthaus *n*

домен *m (Comp)* Domain *f*; **~ верхнего уровня** Top-level-Domain *f*

доминирование *n* Beherrschung *f*, Vorherrschaft *f*, Dominanz *f*; **~ на рынке** Markt|beherrschung *f*, -dominanz *f*

доминировать beherrschen, vorherrschen

доминирующий beherrschend; **~ на рынке** marktbeherrschend

домицилиат *m* Domiziliat *m*

домицилиант *m* Domiziliant *m*

домицилий *m* **(домициль** *m***)** Domizil *n*, Zahlstelle *f*, Zahlungsort *n*; **~ по векселю** Wechseldomizil *n*; **юридический ~** Gerichtsstand *m*

домицилирование *n* Domizilierung *f*, Zahlbarstellung *f*

домицилированный domiziliert, Domizil-, zahlbar gestellt; **~ вексель** *m* Domizilwechsel *m*, Zahlstellenwechsel *m*

домицилировать domizilieren; **~ вексель** *m* einen Wechsel domizilieren

домовладение *n* Hausbesitz *m*

домовладелец *m* Hausbesitzer *m*, Hauseigentümer *m*

домостроение *n* Wohnungsbau *m*, Hausbau *m*

домоуправитель *m* Hausverwalter *m*

домохозяин *m* Hausbesitzer *m*, Hauseigentümer *m*

донор *m* Spender *m*, Geberregion *m*

доплат|а *f* Nach(be)zahlung *f*, Nachvergütung *f*, Nachgebühr *f*, Zulage *f*, Zuschlag *m*, Zuzahlung *f*, zusätzliche Zahlung; **получать -у** eine Zulage erhalten; **производить -у** eine Nachzahlung leisten; **-а за выполнение грязной работы** Schmutz|zulage *f*, -zuschlag *m*; **-а за качество** Qualitätsprämie *f*; **-а за работу в ночное время** Nachtarbeitszuschlag *m*; **-а за сверхурочную работу** Überstundenzuschlag *m*; **-а за транспортировку тяжеловесного груза** Schwergutzuschlag *m*; **-а к заработной плате** Gehalts|zulage *f*, -zuschlag *m*, Lohn|zulage *f*, -zuschlag *m*; **-а к пособию по уходу за ребёнком** Zuschuss zum Mutterschaftsgeld; **-а налога** Steuernachzahlung *f*; **-а в связи с повышением цен** Teuerungs|zulage *f*, -zuschlag *m*

доплачивать nach(be)zahlen, nachvergüten, zuzahlen, zusätzlich zahlen

дополнение *n* Ergänzung *f*, Nachtrag *m*, Zusatz *m*; **~ к договору (соглашению)** Vertragsergänzung *f*, ergänzende Vereinbarung
дополнительн|ый ergänzend, Ergänzungs-, Mehr-, Nach-, nachträglich, Nachtrags-, zusätzlich, Zusatz-; **-ое вознаграждение** *n* Zusatzvergütung *f*; **-ые выплаты** *pl* Zusatzleistungen *pl*; **-ый заказ** *m* Zusatzauftrag *m*; **-ая нагрузка** *f* Zusatzbelastung *f*; **-ые налоги** *pl* Ergänzungsteuern *pl*; **-ый платёж** *m* zusätzliche Zahlung; **-ые положения** *pl* ergänzende Regelungen, Ergänzungsbestimmungen *pl*; **-ый спрос** *m* Ergänzungsbedarf *m*, Zusatzbedarf *m*; **-ое страхование** *n* Nachversicherung *f*, Zusatzversicherung *f*; **-ые условия** *pl* Zusatzbedingungen *pl*
дополнять ergänzen, komplettieren
допоставка *f* Nachlieferung *f*
допоставлять nachliefern
допуск *m* Zulassung *f*; Toleranz *f*; **отказывать в -е** die Zulassung entziehen; **получать ~** die Zulassung erhalten; **соблюдать -и** Toleranzen einhalten; **ходатайствовать о -е** die Zulassung beantragen; **весовой ~** Gewichtstoleranz *f*; **~ к биржевым операциям** Börsen|zugang *m*, -zulassung *f*; **~ образцов** Musterzulassung *f*; **предельный ~** Toleranzgrenze *f*; **~ таможенными службами транспортных средств для перевозки грузов под пломбой** Verschlussanerkenntnis *f*; **~ ценных бумаг к официальной котировке** Zulassung von Wertpapieren zur amtlichen Notierung, Börsenzulassung *f*
допускать zulassen; **~ к экзамену** zu einer Prüfung zulassen; **~ официально** amtlich zulassen; **~ ценные бумаги к биржевым операциям** Wertpapiere zum Börsenhandel zulassen
допустимость *f* Zulässigkeit *f*
допустим|ый zulässig; **-ая нагрузка** *f* zulässige Belastung
дорабатывать ausbessern, nacharbeiten, aufarbeiten
доработка *f* Ausbesserung *f*, Nacharbeit *f*, Aufarbeitung *f*; Nachbereitung *f*; **окончательная ~** Endfertigung *f*
дорога *f* Bahn *f*, Straße *f*, Weg *m*; **автомобильная ~** Autostraße *f*; **железная ~** Eisenbahn *f*, Bahn *f*
дороговизна *f* Teuerung *f*, Verteuerung *f*
дорог|ой teuer, hoch im Preis (Kurs), kostspielig; **-ие деньги** *pl* teures Geld
дорогостоящий teuer, kostspielig
дорожание *n* **акции** Aktienkursanstieg *m*
дорожать teuer werden, sich verteuern
досматривать kontrollieren
досмотр *n* Beschau *f*, Inspektion *f*, Kontrolle *f*; **про(из)водить ~** eine Beschau (Inspektion, Kontrolle) durchführen; **выборочный ~** stichprobenweise Inspektion (Kontrolle); **личный ~** Personenkontrolle *f*, körperliche Durchsuchung *f*; **таможенный ~** Zoll|beschau *f*, -kontrolle *f*, zollamtliche Prüfung; **~ товаров** Beschau von Waren
досрочный vorfristig
доставк|а *f* Ablieferung *f*, Anlieferung *f*, Auslieferung *f*, Einlieferung *f*, Lieferung *f*, Zufuhr *f*, Zustellung *f*; **-а на дом** Freihauslieferung *f*; **оплата при -е** zahlbar bei Ablieferung (Auslieferung); **-а почты** Postzustellung *f*; **-а по почте** Zustellung durch die Post; **-а и продажа товаров на дому** Haustürgeschäft *n*; **срочная -а** Eil|beförderung *f*, -zustellung *f*; **-а товаров** Auslieferung der Waren, Waren|beförderung *f*, -lieferung *f*
доставлять abliefern, anliefern, ausliefern, einliefern, liefern, zustellen
достаток *m* Wohlstand *m*
достаточность *f* **капитала** ausreichendes Kapital *n*, ausreichende Kapitaldecke *f*
достигать erreichen, erzielen; **~ взаимопонимания** eine Verständigung erzielen; **~ места назначения** den Bestimmungsort erreichen; **~ хороших результатов** gute Ergebnisse erzielen; **~ цель** ein Ziel erreichen
достижени|е *n* Errungenschaft *f*, Erfolg *m*, Leistung *f*; Erreichung *f*; **высшее -е** Bestleistung *f*, Spitzenleistung *f*; **научные -я** wissenschaftliche Errungenschaften (Leistungen); **~ постав-**

ленных целей Erreichung der vorgegebenen Ziele; **по -и 60 лет** bei Erreichung des 60. Lebensjahres; **~ цели** Ziel|erfüllung *f*, -erreichung *f*

достоверность *f* Richtigkeit *f*, Echtheit *f*, Glaubwürdigkeit *f*, Ordnungsmäßigkeit *f*, Wahrheitstreue *f*; **~ информации** Informationszuverlässigkeit *f*

достоверный richtig, echt, glaubwürdig, ordnungsmäßig, wahrheitsgetreu

достоинство *n* Nennbetrag *m*; **~ денежного знака** Nennbetrag eines Geldzeichens

достояние *n* Eigentum *n*, Vermögen *n*; **общенародное ~** Volksvermögen *n*

доступ *m* Zugang *m*, Zutritt *m*; **ограничивать ~** Zugang einschränken; **получать ~** Zugang (Zutritt) erhalten (erlangen); **предоставлять ~** Zugang (Zutritt) gewähren; **~ к бухгалтерским книгам** Zugang zu den Büchern; **~ к сети Интернет** Internetzugang *m*; **~ на биржу** Börsenzugang *m*; **~ на рынок** Zugang (Zutritt) zum Markt, Markt|zugang *m*, -zutritt *m*; **~ на предприятие** Zugang zum Betrieb; **свободный ~** freier Zugang

доступность *f* Zugänglichkeit *f*; **~ транспортная** Verkehrszugänglichkeit *f*; **~ транспортных услуг** Zugang zu Transportdienstleistungen

доступн|ый zugänglich; **-ый по цене** erschwinglich; **по -ым ценам** zu erschwinglichen Preisen

досылать nachsenden, nachschicken

досье *n* Akte *f*, Dossier *m*, Personalakte *f*; **~ на клиента банка, получившего кредит** Kreditakte *f*

дотаци|я *f* Beihilfe *f*, Dotation *f*, Subvention *f*, Zuschuss *m*, Zuwendung *f* (nicht zweckgebunden); **выдавать (выплачивать) -ю** eine Beihilfe (Subvention, einen Zuschuss, eine Zuwendung) auszahlen; **получать -ю** eine Beihilfe (Subvention, einen Zuschuss) erhalten; **предоставлять -и** dotieren, Subventionen (Zuschüsse) gewähren; **бюджетная -я** Überbrückungs(bei)hilfe *f*; **государственные -и** öffentliche (staatliche) Beihilfen (Subventionen, Zuschüsse), Bundeszuschüsse *pl*; **-и для поддержания уровня цен** Kostenausgleichsbetrag *m*; **-я для сохранения (выживания) предприятия** Erhaltungssubvention *f*; **-я на материальные приобретения** Sachkostenzuschuss *m*; **общий размер -и** Gesamtzuschuss *m*

Дотком *m* Dotcom *n*

доход *m* Einkommen *n*, Erlös *m*, Ertrag *m*, Rendite *f*; **-ы** Einkünfte *pl*, Einnahmen *pl*, Erlöse *pl*, Erträge *pl*; **давать ~** einen Ertrag (Rendite) abwerfen; **давать сведения о своих -ах** sein Einkommen angeben, Einkünfte ausweisen; **выравнивать уровень -ов** Einkommen angleichen; **иметь ~** ein Einkommen haben; **обеспечивать (твёрдый) ~** ein (festes) Einkommen (eine Rendite) absichern; **облагать ~ налогом** das Einkommen (Einnahmen) besteuern; **платить налог с -а** ein Einkommen (Einnahmen) versteuern; **подсчитывать ~** einen Ertrag berechnen; **получать -(ы)** ein Einkommen (Einnahmen) beziehen, einen Ertrag (Rendite) erzielen (vereinnahmen); **получать -ы от хозяйственной деятельности** Einkünfte (Einnahmen, Erlöse, einen Ertrag) erwirtschaften (erzielen), Rendite erwirtschaften; **приносить ~** einen Ertrag bringen; **увеличивать -(ы)** den Ertrag (Einkünfte) verbessern (steigern); **акционерный ~** Einkünfte aus Aktien; **антиципированные -ы (-ы будущих периодов)** antizipative Einnahmen; **~, берущийся для сравнения** Vergleichseinkommen *n*; **~ брутто (валовый ~)** Brutto|einkommen *n*, -einnahmen *pl*, -erlös *m*, -ertrag *m*, -rendite *f*, Roh|einkommen *n*, -ertrag *m*, Gesamt|einkommen *n*, -ertrag *m*, -rendite *f*, Roh|einkommen *n*, -ertrag *m*; **-ы бюджета** Staatseinnahmen *pl*, Einnahmen *pl* der öffentlichen Hand; **-ы в виде дивидендов** Dividenden|-einkommen *n*, -erträge *pl*; **-ы в иностранной валюте** Deviseneinnahmen *pl*; **~ в расчёте на душу населения** Pro-Kopf-Einkommen *n*; **вмененный ~** anzurechnendes Einkommen *n*, Einkommenspauschale *f*; **внеплановые -ы** außerplanmäßige Einnahmen (Erträge); **вторичные -ы**

Sekundäreinkommen *n*; **гарантированный ~** abgesichertes (sicheres) Einkommen; **годовой ~** Jahres|einkommen *n*, -einkünfte *pl*, -ertrag *m*; **государственные -ы** Staatseinnahmen *pl*, Einnahmen des Staates, öffentliche Einnahmen; **денежный ~** Geldeinnahmen *pl*; **дополнительный ~** Zusatzeinkommen *n*, außerordentliche Einnahmen, Mehr|einnahmen *pl*, -erlös *m*, -ertrag *m*; **ежемесячный ~** monatliches Einkommen; **-ы, зависящие от результатов труда** Leistungsbezüge *pl*; **запланированные -ы** geplante Einnahmen; **инвестиционный ~** Kapitalertrag *m*, Ertrag aus Kapitalanlagen; **индивидуальный ~** Individualeinkommen *n*; **комиссионные -ы** Kommissionsertrag *m*; **-ы лиц свободных профессий** Einkünfte aus einem freien Beruf (aus freiberuflicher Tätigkeit), freiberufliche Einkünfte; **лицензионные -ы** Lizenz|einnahmen *pl*, -erträge *pl*; **максимальный ~** Ertragsspitze *f*, Spitzeneinkommen *n*; **маржинальный~** Grenzertrag *m*; **-(ы) местных органов власти** Gemeindeeinnahmen *pl*, Kommunaleinnahmen *pl*; **минимальный ~** Mindest|einkommen *n*, -rendite *f*; **~ на акцию** Gewinn je Aktie; **-ы наличными** Bareinnahmen *pl*; **налоговый ~** Steuerertrag *m*; **натуральный ~** Natural|bezüge *pl*,-einkommen *n*; **национальный ~** Volkseinkommen *n*, Nationaleinkommen *n*; **-ы, не облагаемые налогом** steuerfreie Einkünfte (Einnahmen); **-ы, не подлежащие удержанию** unpfändbare Einkünfte; **-ы, не связанные с хозяйственной деятельностью** Übertragungseinkommen *n*; **~, облагаемый налогом** versteuerbares Einkommen; **общий (совокупный) ~** Gesamt|einkommen *n*, -einnahmen *pl*, -ertrag *m*, -rendite *f*; **общий ~ на вложенный капитал** Gesamtkapitalrendite *f*; **операционные -ы** Geschäftseinnahmen *pl*, **операционный ~** Betriebseinkommen *n*; **-ы, определяемые как превышение поступлений над расходами на профессиональную деятельность** Überschusseinkünfte *pl*; **~ от владения имуществом** Besitzeinkommen *n*; **~ от вложений капитала** Ertrag aus Kapitalanlage; **-ы от долевого участия** Erträge aus Beteiligungen; **-ы от занятия свободной профессией** freiberufliche Einkünfte, Einkünfte aus einem freien Beruf (aus freiberuflicher Tätigkeit); **-ы от землевладения** Bodeneinkommen *n*; **~ от имущества** Einkommen (Einkünfte) aus Vermögen, Vermögensertrag *m*; **-ы от капиталовложений** Ertrag aus Finanzanlagen, Investitionserträge *pl*; **-ы от комиссионных** Einkünfte aus Provisionen; **-ы от коммерческой или производственной деятельности** Einkünfte aus Gewerbebetrieb; **-ы от концессии** Konzessionseinnahmen *pl*; **-ы от побочной деятельности** nebenberufliche Einkünfte (Einnahmen); **-ы от предоставления капитала и имущества в аренду** Vermögenseinkommen *n*; **~ от продаж** Verkaufserlös *m*; **~ от продажи лицензий** Lizenz|ertrag *m*, -erlös *m*; **~ от работы по найму** Einkommen (Einkünfte) aus unselbstständiger Arbeit; **-(ы) от самостоятельной деятельности** Einkommen (Einkünfte) aus selbstständiger Arbeit; **-(ы) от сдачи внаём и в аренду** Einkünfte aus Vermietung und Verpachtung; **~ от сертификатов инвестиционных фондов** Ertrag aus Investmentanteilen; **~ от ценных бумаг** Wertpapier|-ertrag *m*, -rendite *f*, Ertrag aus Wertpapieren; **~ от ценных бумаг с фиксированным процентом** Rentenrendite *f*; **побочный ~** Neben|einkommen *n*, -einkünfte *pl*, -erwerb *m*, -verdienst *m*; **-ы, подлежащие обложению подоходным налогом** lohnsteuerpflichtige Einkünfte; **~ покупателя** Konsumentenrente *f*; **постоянный (регулярный) ~** sicheres (festes) Einkommen, regelmäßige Einkünfte (Einnahmen), fixe Erlöse; **-ы, поступившие из-за границы** Transfereinkommen *n*; **предельный ~** Grenz|erlös *m*, -ertrag *m*; **предпринимательский ~** Einkommen aus Unternehmertätigkeit, Unternehmergewinn *m*; **~ предприятия** Betriebs|einkommen *n*, -einnahmen *pl*, -ertrag *m*, Unternehmens|einkommen *n*, -ertrag *m*; **~, представляющий собой разницу между выручкой и затратами** Überschusseinkommen *n*; **прочие -ы** sonstige Einkünfte; **реальный ~** Realeinkommen *n*; **рентный ~** Renteneinkommen *n*; **~ с земли** Bodenertrag *m*; **~ с капитала** Einkünfte aus Kapitalvermögen, Kapital|einkommen *n*, -einkünfte *pl*, -ertrag *m*, Rente *f*; **~ с вложенного капитала** Rendite *f*, Effektivverzinsung *f*, Ertrag aus Zinsen; **~ с капитала, образовавшегося в результате сбережений** Sparerrente *f*; **~ с оборота ценных бумаг** Umlaufrendite *f*; **~ семьи** Familieneinkommen *n*, Haushaltseinkommen *n*; **совместный ~ супругов** gemeinsames Einkommen der Eheleute; **специфические -ы** Einzeleinnahmen *pl*; **средний ~** Durchschnitts|einkommen *n*, -erlös *m*, -ertrag *m*, durchschnittliches Einkommen; **таможенные -ы** Zoll|einkünfte *pl*, -einnahmen *pl*; **твёрдый ~** festes Einkommen, fester Ertrag; **текущие -ы** laufende Einnahmen; **торговый ~** Handelserlös *m*; **трудовой ~** erarbeitetes Einkommen, Arbeits|einkommen *n*, -einkünfte *pl*; **упущенные -ы** entgangene Einnahmen (Erträge); **фискальный ~** Steuer|einnahmen *pl*, -ertrag *m*; **частные -ы** Privateinnahmen *pl*; **чистые денежные -ы** Nettobezüge *pl*; **чистый ~** verfügbares Einkommen, Netto|einkommen *n*, -ertrag *m*, -rendite *f*, -verzinsung *f*, Rein|einkommen *n*, -erlös *m*, -ertrag *m*; **чистые денежные -ы** Nettobezüge *pl*; **чистый дисконтированный ~** Kapitalwert *f*; **чистый операционный ~** Reinertrag *m*; **чрезвычайные -ы** außerordentliche Einnahmen

доходополучатель *m* Einkommensbezieher *m*, Einkommensempfänger *m*

доходность *f* Rentabilität *f*, Einträglichkeit *f*, Ertrag *m*, Ertragsfähigkeit *f*, Rendite *f*; **повышать ~** Rendite steigern; **~ акций** Aktienrendite *f*; **высокая ~** hohe (gute) Rendite; **~ депозитов** Einlagenrendite *f*; **~ инвестиций (капиталовложений)** Return on Investment, Rentabilität von Investitionen, Kapitalrendite *f*, Rendite des investierten Kapitals; **колеблющаяся ~** schwankender Ertrag; **максимальная ~** Ertragsspitze *f*; **минимальная ~** Mindestrendite *f*; **низкая ~** geringe Rendite; **~ облигаций (~ по облигациям)** Rentenrendite *f*, Effizienz der Obligationen; **общая ~ вложенного капитала** Gesamtkapitalrentabilität *f*; **~ по займу (~ займа)** Anleiherendite *f*; **предельная ~** Grenzertrag *m*; **~ сберегательных вкладов** Spareinlagenverzinsung *f*; **~ собственного капитала** Rendite des Eigenkapitals; **текущая ~** laufender Ertrag, laufende Rendite; **~ ценных бумаг** Wertpapierrendite *f*; **~ ценных бумаг с фиксированным процентом** Rentenrendite *f*

доходн|ый einträglich, ertragbringend, ertragreich, ertragsfähig, rentabel; **-ое дело** *n* **(занятие** *n***)** einträgliches Geschäft (Gewerbe); **-ые капиталовложения** *pl* ertragbringende Kapitalanlagen; **-ое предприятие** *n* rentables Unternehmen

драгоценность *f* Wertsache *f*, Wertgegenstand *m*, Juwel *n*

драгоценный edel, Edel-, wertvoll; **~ камень** *m* Edelstein *m*, Juwel *n*; **~ металл** *m* Edelmetall *n*

древесина *f* Holz *n*; **хвойная ~** Nadelholz *n*

дробить zersplittern, zerstückeln, aufteilen

дробление *n* Zersplitterung *f*, Zerstückelung *f*, Aufteilung *f*; **~ акций** Splitting *n*, Aktien|aufteilung *f*, -split(ting) *n*, -stückelung *f*; **~ займа на серии (транши)** Aufteilung einer Anleihe in Tranchen; **~ рисков** Risiko|streuung *f*, -verteilung *f*

дубликат *m* Duplikat *n*, Doppel *n*, Zweitschrift *f*; **~ векселя** Wechsel|duplikat *n*, -zweitschrift *f*; **~ квитанции** Duplikatquittung *f*, Quittungsdoppel *n*; **~ коносамента** Duplikatkonnossement *n*; **~ накладной** Fracht-

briefdoppel *n*; **~ счёта** Rechnungsdoppel *n*
дублировани|е *n* Parallelarbeit *f*, Doppelerfassung *f*; **избегать -я** Doppelarbeit vermeiden
Дума *f*, **Государственная Дума** *f* Staatsduma *f*
дуополия *f* Duopol *n*
дух *m* Geist *m*; **~ времени** Zeitgeist *m*; **~ предпринимательства** Unternehmergeist *m*
душ|а *f* **на -у** pro Kopf, je Person
душеприказчик *m* Testamentsvollstrecker *m*

Е

евро *m* Euro *m* (EUR, €)
евроакция *f* Euroaktie *f*
евробонд *m* Eurobond *m*
евробумаги *pl* Europapiere *pl*
евровалюта *f* Eurodevisen *pl*, Eurowährung *f*
евровклады *pl* Euroeinlagen *pl*
евродепозиты *pl* Euroeinlagen *pl*
евродоллар *m* Eurodollar *m*
еврозаём *m* Euroanleihe *f*
еврозона *f* Eurozone *f* Euroraum *m*, Euroland *n*
евро-коммерческая бумага *f* Euro-Commercial Paper
еврокредит *m* Eurokredit *m*
евронота *f* **глобальная** Global Note
еврооблигации *pl* Eurobonds *pl*
Европейская банковская федерация (ЕБФ) European Banking Federation (EBF)
Европейская валютная единица *f* European Currency Unit (ECU), Europäische Währungseinheit *f*
Европейская комиссия *f* Europäische Kommission *f*
Европейская Конвенция *f* **о защите прав человека и основных свобод** Europäische Menschenrechtskonvention (EMRK), Konvention zum Schutze der Menschenrechte und Grundfreiheiten
Европейская межбанковская ставка *f* **предложения** Euro Interbank Offered Rate (EURIBOR)
Европейская Система *f* **Центральных Банков (ЕСЦБ)** Europäisches System der Zentralbanken (ESZB)
Европейская счетная палата *f* Europäischer Rechnungshof *m* (EuRH)
Европейский Europäisch
Европейский банк *m* **реконструкции и развития** Europäische Bank für Wiederaufbau und Entwicklung
Европейский инвестиционный банк *m* Europäische Investitionsbank
Европейский пакт *m* **стабильности и роста** Stabilitäts- und Wachstumspakt *m*, Euro-Stabilitätspakt *m*
Европейский парламент *m* Europäisches Parlament *n*
Европейский Союз *m* Europäische Union *f*
Европейский Социальный Фонд *m* Europäischer Sozialfonds *m* (ESF)
Европейский суд *m* Europäischer Gerichtshof *m* (EuGH)
Европейский фонд *m* **регионального развития** Europäischer Fonds *m* für regionale Entwicklung (EFRE)
Европейский центральный банк *m* Europäische Zentralbank (EZB)
Европейское Сообщество *n* **(ЕС)** Europäische Gemeinschaft *f* (EG)
Европейское Сообщество *n* **по атомной энергии** Europäische Atomgemeinschaft *f* (EAG oder heute EURATOM)
еврорынок *m* Euromarkt *m*; **~ краткосрочных кредитов** Eurogeldmarkt *m*; **~ долгосрочных кредитов** Eurokapitalmarkt *m*
Евросистема *f* Eurosystem *n*
Евросоюз *s.* **Европейский Союз** *m*
еврочек *m* Euroscheck *m*
единица *f* Einheit *f*; **административная ~** Verwaltungseinheit *f*; **базовая ~ в кадастре** Flurstück *n*; **валютная ~** Währungseinheit *f*; **~ веса** Gewichtseinheit *f*; **~ времени** Zeiteinheit *f*; **~ выработки** Leistungseinheit *f*; **~ груза** Kollo *n*; **денежная ~** Münzeinheit *f*, Währungseinheit *f*; **~ изделий (готовой продукции)** Erzeugniseinheit *f*; **~ измерения** Maßeinheit *f*; **~ количества** Mengeneinheit *f*; **~ мощности** Kapazitätseinheit *f*; **~ налогового обложения** Steuereinheit *f*; **организационная ~** Organisati-

onseinheit *f*; **~ оценки** Bewertungseinheit *f*; **~ продукции** Produkteinheit *f*; **~ производительности** Leistungseinheit *f*; **производственная ~** Betriebseinheit *f*, Produktionseinheit *f*; **~ рабочего времени** Arbeitszeiteinheit *f*; **расчётная ~** Recheneinheit *f*, Rechnungseinheit *f*; **самостоятельная ~** eigenständige Einheit; **~ стоимости** Werteinheit *f*, Kosteneinheit *f*; **счётная ~** Recheneinheit *f*; **~ товара** Wareneinheit *f*; **условная расчётная ~** Verrechnungseinheit *f*; **~ учёта труда** Arbeitseinheit *f*; **учётная ~ (~ учёта)** Erhebungseinheit *f*, Rechnungseinheit *f*; **хозяйственная ~** Wirtschaftseinheit *f*, wirtschaftliche Einheit; **штатная ~** Planstelle *f*

единичн|ый einzeln, Einzel-; **-ое изготовление** *n* Einzelfertigung *f*; **-ое явление** *n* Einzelerscheinung *f*

единовременн|ый einmalig, pauschal, Pauschal-; **-ое вознаграждение** *n* einmalige Abfindung, Pauschalabfindung *f*; **-ый взнос** *m* einmaliger Beitrag; **-ый платёж** *m* einmalige Zahlung, Pauschale *f*

единогласн|ый einstimmig; **решать -о** einstimmig entscheiden; **принято -о** einstimmig angenommen; **-ое решение** einstimmige Entscheidung

единоначалие *n* Alleingeschäftsführung *f*, Einzelverantwortung *f*

единство *n* Einheit *f*; **~ по вопросу о тарифах** Tarifeinheit *f*

един|ый einheitlich, Einheits-; **-ая котировка** *f* **(-ый курс)** Einheitskurs *m*; **-ое руководство** *n* einheitliche Leitung; **-ый рынок** *m* Einheitsmarkt *m*; **-ая система** *f* **налогообложения** Einheitsbesteuerung *f*; **-ый тариф** *m* Einheitstarif *m*; **-ые условия** *pl* einheitliche Bedingungen *pl*; **-ые цены** *pl* einheitliche Preise *pl*, Einheitspreise *pl*

ежегодник *m* Jahrbuch *n*; **статистический ~** statistisches Jahrbuch

ежегодный jährlich, Jahres-, alljährlich; **~ взнос** *m* Jahresrate *f*, Jahresbeitrag *m*; **~ отпуск** *m* Jahresurlaub *m*; **~ платёж** *m* Jahreszahlung *f*

ежедневн|ый täglich, Tages-, alltäglich; **-ое заключение** *n* **записей** Tagesabschluss *m*; **-ая сверка** *f* **бухгалтерских записей с документами** Tagesabstimmung *f*

ежемесячн|ый monatlich, Monats-, allmonatlich; **-ый отчёт** *m* Monats|aufstellung *f*, -bericht *m*; **-ая сверка** *f* **бухгалтерских записей с документами** Monatsabstimmung *f*

еженедельн|ый wöchentlich, Wochen-; **-ый базар** *m* **(рынок** *m***)** Wochenmarkt *m*; **-ая сводка** *f* Wochenausweis *m*

ёмкий aufnahmefähig; **~ рынок** *m* aufnahmefähiger Markt

ёмкость *f* Aufnahmenfähigkeit *f*, Kapazität *f*; **~ рынка** Markt|aufnahmefähigkeit *f*, -volumen *n*; **~ склада** Lagerkapazität *f*

естественн|ый natürlich, Natur-; **-ое право** *n* Naturrecht *n*; **-ый продукт** *m* Natur|erzeugnis *n*, -produkt *n*

Ж

жалоб|а *f* Beschwerde *f*, Klage *f*; **отклонять -у** eine Beschwerde (Klage) abweisen (verwerfen, zurückweisen); **подавать -у** eine Beschwerde einlegen (erheben, führen), Klage einreichen (erheben, erbringen); **принимать -у** eine Beschwerde (Klage) entgegennehmen; **рассматривать -у** die Beschwerde (Klage) prüfen; **удовлетворять -у** der Beschwerde (Klage) abhelfen; **апелляционная -а** Revisionsbeschwerde *f*; **кассационная -а** Berufung *f*; **-а клиента** Beschwerde eines Kunden; **необоснованная -а** unbegründete Beschwerde; **-ы потребителей** Verbraucherbeschwerden *pl*

жалобщик *m* Beschwerdeführer *m*, Kläger *m*

жалование *n* Gehalt *n*, Salär *n*, Gage *f*; **выплачивать (платить) ~** ein Gehalt ausbezahlen; **получать ~** ein Gehalt beziehen

жаловаться sich beschweren, eine Beschwerde führen (einbringen, einlegen, einreichen, erheben, vorbringen)

желани|е *n* Wunsch *m*; **выполнять -я** Wünsche erfüllen; **удовлетворять -я** Wünschen entgegenkommen;

учитывать -я Wünsche berücksichtigen; **-я клиентов** Kundenwünsche *pl*; **по -ю** nach Wunsch; **по собственному -ю** auf eigenen Wunsch
железн|ая дорог|а *f* Bahn *f*, Eisenbahn *f*; **ездить по -ой -е** mit der Bahn (Eisenbahn) fahren; **отправлять грузы по -ой -е** Güter per Bahn versenden
железнодорожник *m* Eisenbahner *m*, Eisenbahnangestellte *m*
железнодорожн|ый Bahn-, Eisenbahn-; **-ые перевозки** *pl* Bahn|transport *m*, -verkehr *m*, Eisenbahn|transport *m*, -verkehr *m*; **-ый путь предприятия** Betriebsgleis *n*; **-ое сообщение** *n* Bahnverbindung *f*, Eisenbahnverbindung *f*; **-ая станция** *f* Bahnhof *m*, Bahnstation *f*
железо *n* Eisen *n*
железобетон *m* Stahlbeton *m*; **сборный ~** Montageelemente aus Stahlbeton
Женевские конвенции *pl* Genfer Wechsel- und Scheckrechtsübereinkommen; Genfer Einheitliches Wechselabkommen
жеребьёвк|а *f* Auslosung *f*; **производить -у** auslosen
животновод *m* Tierzüchter *m*, Viehzüchter *m*
животноводство *f* Tierzucht *f*, Vieh|wirtschaft *f*, -zucht *f*; **заниматься -м** Viehzucht treiben
животн|ое *n* Tier *n*; **содержать -ых** Tiere (Vieh) halten (züchten)
жизненн|ый Lebens-; **-ые потребности** *pl* Lebensbedürfnisse *pl*, lebenswichtige Bedürfnisse; **-ый цикл** *m* Lebenszyklus *m*
жизнеспособность *f* Lebensfähigkeit *f*, Existenzfähigkeit *f*
жизнеспособн|ый lebensfähig, existenzfähig; **-ое предприятие** *n* lebensfähiges (existenzfähiges) Unternehmen
жизнь *f* Leben *n*; **зарабатывать себе на ~** seinen Lebensunterhalt verdienen; **общественная ~** öffentliches Leben; **трудовая ~** Arbeitsleben *n*, Berufsleben *n*; **хозяйственная (экономическая) ~** Wirtschaftsleben *n*, wirtschaftliches Leben
жилец *m* Bewohner *m*, Einwohner *m*
жилище *n* Wohnung *f*, Haus *n*
жилищн|ый Wohn-, Wohnungs-; **-ый вопрос** *m* Wohnungsfrage *f*; **-ое строительство** *n* Wohnungsbau *m*; **-ые условия** *pl* Wohn|bedingungen *pl*, -verhältnisse *pl*; **-ое хозяйство** *n* Wohnungs|wesen *n*, -wirtschaft *f*
жил|ой Wohn-; **-ой дом** *m* Wohnhaus *n*; **-ое здание** *n* Wohn|block *m*, -gebäude *n*; **-ой квартал** *m* Wohnviertel *n*; **-ая площадь** *f* Wohn|fläche *f*, -raum *m*; **-ое помещение** *n* Wohnraum *m*
жилплощадь *f* Wohnfläche *f*, Wohnraum *n*
жильё *n* Wohnung *f*, Haus *n*, Wohnraum *m* **социальное ~** Sozialwohnungen *pl*
жират *m* Girat *m*, Indossatar *m*
жирант *m* Girant *m*, Indossant *m*; **вексельный ~** Wechselgirant *m*; **последующий ~** nachfolgender Girant (Indossant); **предыдущий ~** vorhergehender Girant (Indossant)
жирировать girieren, indossieren; **~ вексель** den Wechsel girieren (indossieren)
жиро *n* Giro *n*, Indossament *n*; Giroverkehr *m*
жиробанк *m* Giro Bank *f*
жиробланк *m* Blankogiro *n*, Blankoindossament *n*
жирокасса *f* Girokasse *f*
жирооборот *m* Girogeschäft *n*, Giroverkehr *m*, Überweisungsverkehr *m*; **~ в системе сберегательных касс** Spargiroverkehr *m*; **~ ценных бумаг** Wertpapiergiroverkehr *m*
жирооперации *pl* **(жирорасчёты** *pl***)** Girogeschäfte *pl*, Giroverkehr *m*
жироотдел *m* **(банка)** Giroabteilung *f*
жироперевод *m* Giroüberweisung *f*
жироприказ *m* Giroauftrag *m*, Überweisungsauftrag *m*
жирорасчёт *m* bargeldloser Zahlungsverkehr
жиросистема *f* Girosystem *n*
жиросчёт *m* Girokonto *n*
жироцентрал *m* Girozentrale *f*, Verrechnungsstelle *f*
жиро-чек *m* Verrechnungsscheck *m*
житель *m* Einwohner *m*, Bewohner *m*; **городской ~** Stadtbewohner *m*; **сельский ~** Landbewohner *m*

жить leben, wohnen; **~ в меблированной квартире** möbliert wohnen
журнал *m* Journal *n*, Tagebuch *n*; **делать проводку в -е** im Journal buchen; **заносить (записывать) в ~** in das Journal eintragen, Eintragungen im Journal machen; **ежемесячный ~** Monats(zeit)schrift *f*; **кассовый ~ (~ кассовых операций)** Kassenjournal *n*; **приходный ~** Eingangsbuch *n*; **приходный кассовый ~** Kasseneingangsbuch *n*; **расходный кассовый ~** Kassenausgangsbuch *n*; **регистрационный ~** Primanota *f*; **сводный ~** Sammel|journal *n*, -buch *n*; **складской ~ регистрации поступления и выдачи грузов** Lagerjournal *n*; **~ учёта** Geschäftsbuch *n*; **~ учёта закупок** Einkaufsbuch *n*; **~ учёта продаж** Ausgangsfakturenbuch *n*
жюри *n* Jury *f*

З

забастовать in den Streik treten, die Arbeit niederlegen
забастовк|а *m* Streik *m*, Ausstand *m*, Arbeitsniederlegung *f*; **объявлять -у** einen Streik ausrufen; **прекращать -у** einen Streik abbrechen; **-а в знак протеста** Proteststreik *m*; **всеобщая -а** Generalstreik *m*; **предупредительная -а** Warnstreik *m*; **-а с требованием пересмотра действующего тарифного соглашения** Tarifstreik *m*; **-а солидарности** Sympathiestreik *m*
забастовщик *m* Streikende *m*
заблуждение *n* Irrtum *m*, Täuschung *f*; **вводить в ~** irreführen
заблокировать blockieren, sperren; **~ счёт** ein Konto sperren
заболеваемость *f* Krankenstand *m*, Morbidität *f*
заболевание *n* Erkrankung *f*, Krankheit *f*; **профессиональное ~** Berufskrankheit *f*
забракованный Ausschuss-, beanstandet; **~ товар** *m* Ausschussware *f*, beanstandete Ware
забраковать beanstanden, aussondern; **~ товары** die Waren beanstanden
заведение *n* Anstalt *f*, Wirtschaft *f*; Etablissement *n*; **высшее учебное ~** Hochschule *f*; **среднее специальное учебное ~** Fachschule *f*; **учебное ~** Lehranstalt *f*, Bildungsanstalt *f*; **частное высшее учебное ~** Privathochschule *f*
заведование *n* Leitung *f*, Verwaltung *f*; Gestion *f*; **~ складом** Lagerverwaltung *f*
заведовать leiten, verwalten, managen; gestionieren; **~ кассой** die Kasse führen; **~ отделом** eine Ableitung leiten
заведующ|ий *m* Leiter *m*, Chef *m*, Geschäftsführer *m*, Verwalter *m*, Manager *m*; **назначить -им** zum Leiter (Geschäftsführer) ernennen (berufen); **-ий лабораторией** Laborleiter *m*; **-ий отделом** Abteilungsleiter *m*; **-ий секцией** Sektionsleiter *m*; **-ий складом** Lagerverwalter *m*, Lagerist *m*
заверение *n* Beglaubigung *f*; Versicherung *f*, Zusicherung *f*
заверенн|ый beglaubigt; **нотариально -ая подпись** *f* notariell beglaubigte Unterschrift
завершать abschließen, vollenden, fertig stellen, zum Abschluss bringen; **~ обучение (учёбу)** Ausbildungszeit vollenden; **~ хозяйственный год с прибылью (убытками)** das Geschäftsjahr mit Gewinn (Verlust) abschließen
завершение *n* Vollendung *f*, Fertigstellung *f*; **~ подписки** Zeichnungsschluss *m*; **~ создания внутреннего рынка** Vollendung des Binnenmarktes
заверять beglaubigen; versichern, beteuern; **~ документ** eine Urkunde beglaubigen; **~ письменно** verbriefen
завещани|е *n* Testament *n*, Vermächtnis *n*; **включать в -е** im Testament bedenken; **оспаривать -е** ein Testament anfechten; **сделать -е** sein Testament machen; **общее -е супругов** gemeinschaftliches Testament; **по (согласно) -ю** testamentarisch; **собственноручное -е** eigenhändiges Testament

завещатель *m* Erblasser *m*, Testator *m*
завещательн|ый testamentarisch; **-ое распоряжение** *n* testamentarische Verfügung
завещать vererben, (testamentarisch) vermachen; **~ имущество (состояние)** ein Vermögen vererben
зависеть abhängen, abhängig sein
зависимост|ь *f* Abhängigkeit *f*, Dependenz *f*; **находиться в -и** abhängen; **-ь от импорта нефти** Abhängigkeit von Erdöleinfuhren; **экономическая -ь** wirtschaftliche Abhängigkeit
зависим|ый abhängig; **-ое положение** *n* abhängige Stellung
зависть *f* **к конкурентам** Konkurrenzneid *m*
завод *m* Werk *n*, Fabrik *f*, Betrieb *m*; **закрывать ~** das Werk (die Fabrik, den Betrieb) schließen (stilllegen); **основывать ~** ein Werk (eine Fabrik, einen Betrieb) gründen; **отгружать с -а-поставщика** ab Werk (Fabrik) verladen; **открывать ~** ein Werk (eine Fabrik, einen Betrieb) eröffnen; **переносить ~ на другое (новое) место** die Fabrik (einen Betrieb) verlagern; **(по)строить ~** ein Werk (eine Fabrik) bauen (errichten); **сдавать ~ под ключ** eine Fabrik schlüsselfertig übergeben; **управлять -ом** ein Werk (eine Fabrik) leiten; **авиационный ~** Flugzeugfabrik *f*; **автомобильный ~** Auto(mobil)fabrik *f*; **бетонный ~** Betonwerk *n*; **~-изготовитель** Herstellerwerk *n*; **кабельный ~** Kabelwerk *n*; **кирпичный ~** Ziegelbrennerei *f*, Ziegelwerk *n*; **машиностроительный ~** Maschinenfabrik *f*; **металлургический ~** Eisenhüttenwerk *n*; **механический ~** Maschinenfabrik *f*; **молочный ~** Molkerei *f*; **моторостроительный ~** Motoren|fabrik *f*, -werk *n*; **нефтеперерабатывающий ~** Erdölverarbeitungswerk *n*; **нефтеперегонный ~** Raffinerie *f*; **пивоваренный ~** Brauerei *f*; **~-поставщик** Lieferfirma *f*, Lieferant *m*; **приборостроительный ~** Gerätebauwerk *n*; **~-производитель** Herstellerwerk *n*; **прокатный ~** Walzwerk *n*; **с -а-поставщика** ex works, ab Fabrik (Werk); **сборочный ~** Assemblingwerk *n*; **сталелитейный ~** Stahl|gießerei *f*, -werk *n*; **станкостроительный ~** Werkzeugmaschinenfabrik *f*; **судостроительный ~** Werft *f*; **~ транспортного машиностроения** Fahrzeug(bau)werk *n*; **франко-~ поставщик** (frei) ab Fabrik (Werk); **цементный ~** Zementfabrik *f*; **являющийся собственностью -а** werkseigen
заводск|ой Werk(s)-, Fabrik -, werkseigen, fabrikmäßig; **-ой двор** *m* Fabrikhof *m*; **-ой контроль** *m* Werksprüfung *f*; **-ая марка** *f* Fabrikmarke *f*; **-ой номер** *m* Fabriknummer *f*; **-ой рабочий** *m* Fabrikarbeiter *m*; **-ая столовая** *f* Werkskantine *f*
завоз *m* Belieferung *f*, Zufuhr *f*, Zuführung *f*; **кольцевой ~** Ringbelieferung *f*; **~ сырья и материалов** Materialbelieferung *f*; **~ товаров** Warenbelieferung *f*
завозить beliefern, zuführen
завышать zu hoch (fest)setzen, überhöhen; **~ стоимость** überbewerten, den Wert zu hoch festsetzen
завышение *n* Überhöhung *f*; **~ стоимости** Überbewertung *f*; **~ цен** Preisüberhöhung *f*, Überteuerung *f*
завышенн|ый überhöht; **-ая цена** *f* überhöhter Preis
завязывание *n* Anbahnung *f*, Anknüpfung *f*
завязывать anbahnen, anknüpfen; **~ отношения (связи)** Beziehungen anknüpfen
заглавие *n* **(заголовок** *m***)** Titel *m*, Überschrift *f*, Schlagzeile *f*
заготовитель *m* Einkäufer *m*, Einkaufsagent *m*
заготовк|а *f* Beschaffung *f*, Anschaffung *f*; Halbzeug *n*, Platine *f*, Rohling *m*, Werkstück *n*; **производить -у** beschaffen, sich mit der Beschaffung befassen, Anschaffungen machen; **-а сырья** Rohstoffbeschaffung *f*; **-а товаров** Warenbeschaffung *f*
заготавливать beschaffen, anschaffen, Vorräte anlegen, bevorraten
заграница *f* Ausland *n*
заграничн|ый ausländisch, Auslands-; **-ый банк** *m* Auslandsbank *f*; **-ая ко-**

мандировка *f* Auslandsdienstreise *f*; **-ый филиал** *m* Auslands|filiale *f*, -niederlassung *f*

загружать auslasten, belegen, belasten; beladen, einladen; **~ вагон** einen Waggon beladen; **~ груз** Fracht (Güter) einladen; **~ мощности (предприятие) полностью** Kapazitäten (das Werk) voll auslasten; **~ оборудование** Maschinen belegen

загруженность *f* Auslastung(sgrad *m*) *f*, Belastung *f*

загруженный beladen; **полностью ~** voll beladen

загрузка *f* Auslastung *f*, Belegung *f*; Beladung *f*, Ladung *f*; *(Comp)* Laden *n*; **ежесуточная ~** tägliche Auslastung; **максимальная полезная ~** Höchstzuladung *f*; **минимальная ~** Mindestauslastung *f*, Minimalbelastung *f*; **~ оборудования** Anlagenauslastung *f*, Maschinen|auslastung *f*, -belegung *f*; **плановая ~** Planbeschäftigung *f*; **полная ~** Vollauslastung *f*; **постоянная ~** konstante (ständige) Auslastung; **предельная ~** zulässige Auslastung; **~ производственных мощностей** Auslastung der Produktionskapazitäten, Kapazitätsauslastung *f*; **сменная ~** Schichtauslastung *f*; **частичная ~** Teilbelastung *f*

загрязнение *f* Verschmutzung *f*, Verunreinigung *f*; **~ воды** Wasser|-verschmutzung *f*, -verunreinigung *f*; **~ воздуха** Luft|verschmutzung *f*, -verunreinigung *f*; **~ окружающей среды** Umwelt|belastung *f*, -verschmutzung *f*

задавать vorgeben, aufgeben

задани|е *n* Aufgabe *f*, Auflage *f*, Soll *n*, Vorgabe *f*; Aufgabenstellung *f*, Auftrag *m*; **вы(да)вать -я** Auflagen (Vorgaben) erteilen; **выполнять -я** Auflagen (Aufgaben, das Soll) erfüllen; **изменять -я** Aufgaben (Auflagen, Vorgaben) ändern; **определять -я** Aufgaben (Auflagen, das Soll, Vorgaben) festlegen; **годовое -е** Jahresplan *m*; **дневное -е** Tagesaufgabe *f*; **-е на проектирование** Projektierungsauftrag *m*; **плановое -е** Auflage *f*, Plan|-soll *n*, -vorgabe *f*, -ziel *n*; **-е по выработке** Leistungsangabe *f*; **проектное -е** Projektaufgabe *f*, Projektierungsauftrag *n*; **производственное -е** Produktions|auflage *f*, -soll *n*

задат|ок *m* Anzahlung *f*, Akontozahlung *f*, Abschlagszahlung *f*, Handgeld *n*, Vorschuss *m*, Vorschusszahlung *f*; **вносить -ок** eine Anzahlung leisten, anzahlen; **получать -ок** eine Anzahlung erhalten; **безвозвратный -ок** nicht rückzahlbare Kaution; **в качестве -ка** als Anzahlung; **выплаченный -ок** geleistete Anzahlung; **~ клиента (покупателя)** Kundenanzahlung *f*; **-ок наличными** Barvorschuss *m*, Vorschuss in bar; **полученный -ок** erhaltene Anzahlung

задач|а *f* Aufgabe *f*, Problem *n*; **брать на себя решение -и** die Aufgabe übernehmen; **решать -у** die Aufgabe (ein Problem) lösen (bewältigen)

задел *m* Vorlauf *m*, Vorsprung *m*; **наработать ~** einen Vorlauf erarbeiten; **~ заказов** Auftragsüberhang *m*; **производственный ~** Leistungsvorsprung *m*; **страховой ~** Sicherheitsvorlauf *m*

задержание *n* Beschlagnahme *f*, Arrest *m*; **~ судна** Arrest in ein Schiff

задерживать beschlagnahmen, mit Beschlag belegen; hinausschieben, verzögern, im Verzug sein; **~ платежи** mit Zahlungen im Verzug sein; **~ поставку** mit der Lieferung im Verzug sein

задержк|а *f* Verzögerung *f*, Verzug *m*, Rückstand *m*, Verspätung *f*; **вызывать -у** die Verzögerung verursachen; **избегать -и** Verzögerungen vermeiden; **без -и** unverzüglich, umgehend; **-а в приёмке (товара)** Abnahmeverzug *m*; **-а платежа** Zahlungs|verzögerung *f*, -verzug *m*; **-а поставки** Liefer|rückstand *m*, -verzug *m*

задолженность *f* Schuld *f*, Verschuldung *f*, Verbindlichkeiten *pl*, Zahlungsrückstand *m*; **ликвидировать (погасить) ~** eine Schuld abtragen (tilgen); **сокращать ~** die Verschuldung abbauen; **~ банка** Bankverschuldung *f*; **~ банку (банкам)** Bank|schuld *f*; **~ в расчёте на душу населения** Pro-Kopf-Verschuldung *f*; **взаимная ~ коммерческих бан-**

ков Interbankverschuldung *f*; **внешняя ~** Auslands|passiva *pl*, -verschuldung *f*, -verbindlichkeiten *pl*. -schulden *pl*; **внутренняя ~** Inlandsverschuldung *f*; **~ государства** Staatsverschuldung *f*, Verschuldung des Staates, Staatsschulden *pl*; **~ государственных и местных органов власти и учреждений** Verschuldung der öffentlichen Hand; **дебиторская ~** Debitoren *pl*, Forderungen *pl*, Außenstände *pl*; **денежная ~** Geldschulden *pl*; **ипотечная ~** Hypothekenschuld *f*; **кредитная ~ (~ по кредиту)** Kreditverschuldung *f*; **кредиторская ~** Kreditoren *pl*; **необеспеченная ~** nicht gedeckte Verbindlichkeiten; **непогашенная ~** Außenstände *pl*; **новая ~** Neuverschuldung *f*; **общая ~** Gesamtverschuldung *f*; **~ по платежам** Zahlungsrückstände *pl*; **~ по взносам** rückständige Beitrage; **~ по квартирной плате** Mietrückstand *m*, rückständige Miete; **~ по займу** Anleihe|schuld *f*, -verschuldung *f*; **~ по заработной плате** Lohn-und Gehaltsrückstande *pl*; **~ по налогам** Steuer|rückstande *pl*, -schuld *f*, rückständige Steuern; **~ по платежам** Zahlungsrückstände *pl*; **~ по платежам в счёт погашения** rückständige Tilgungszahlungen; **~ по поставкам и услугам** Verbindlichkeiten aus Lieferungen und Leistungen; **~ по процентам** rückständige Zinsen, Zinsrückstände *pl*, Zinsschulden *pl*; **~, погашаемая вновь выпущенным займом** Anleiheablösungsschuld *f*; **чистая ~** Nettoverschuldung *f*, Überschuldung *f*; **чистая внешняя ~** Nettoauslandsverschuldung *f*; **чистая ~ по кредиту** Nettokreditaufnahme *f*; **чистая ~ по новым кредитам** Nettoneuverschuldung *f*

за|ём *m* Anleihe *f*, Darlehen *n*, Aufnehmen von Geld; **брать -ём** eine Anleihe (ein Darlehen) aufnehmen; **выдавать -ём** ein Darlehen vergeben; **выпускать -ём** eine Anleihe auflegen (ausgeben, begeben, emittieren, herausgeben, lancieren); **гарантировать размещение -йма** eine Anleihe fest übernehmen; **объявлять подписку на -ём** eine Anleihe zur Zeichnung anbieten (auflegen); **платить проценты по -йму** eine Anleihe bedienen; **погашать -ём** eine Anleihe (ein Darlehen) ablösen (tilgen, zurückzahlen); **подписываться на -ём** eine Anleihe zeichnen; **получать -ём** ein Darlehen erhalten; **превышать запланированную сумму -йма** eine Anleihe überzeichnen; **предлагать облигации -йма широкому кругу подписчиков** eine Anleihe öffentlich (beim Publikum) anbieten; **предоставлять -ём** ein Darlehen bewilligen (gewähren); **размещать -ём** eine Anleihe placieren (unterbringen, vergeben); **(с)делать -ём** eine Anleihe aufnehmen; **торговать облигациями -йма** eine Anleihe handeln; **банковский -ём под заклад векселей** Pensionsgeschäft *n*; **беспроцентный -ём** unverzinsliche(s) Anleihe (Darlehen), zinsloses Darlehen; **бессрочный -ём** Rentenanleihe *f*, Anleihe ohne Tilgungszwang (Rückzahlungstermin); **вечный -ём** ewige Anleihe; **-ём в иностранной валюте** Fremdwährungsanleihe *f*; **-ём в крупных выпусках** Globalanleihe *f*; **внешний -ём** Auslandsanleihe *f*, ausländische Anleihe; **внутренний -ём** Inlandsanleihe *f*, inländische Anleihe; **выигрышный -ём** Losanleihe *f*, Lotterieanleihe *f*, Prämienanleihe *f*; **выпущенный -ём** emittierte Anleihe; **государственный -ём** Staatsanleihe *f*, öffentliche Anleihe; **денежный -ём** Gelddarlehen *n*; **-ём для финансирования инвестиционных проектов** Anleihe zur Finanzierung von Investitionsvorhaben; **долгосрочный -ём** langfristige(s) Anleihe (Darlehen); **золотой -ём** Goldanleihe *f*; **индексированный -ём** Indexanleihe *f*; **иностранный -ём** Auslandsanleihe *f*, ausländische Anleihe; **ипотечный -ём** Hypotheken|anleihe *f*, -kredit *f*, Pfandbriefdarlehen *n*; **-ём капитала** Kapitalaufnahme *f*; **коммунальный (местный, муниципальный) -ём** Kommunalanleihe *f*, Stadtanleihe *f*; **конверсионный -ём** Wandelanleihe *f*, Konversionsanleihe *f*, Konvertierungsanleihe *f*; **конвертируемый -ём** *(Fin)* Aktienanleihe *f*; **консолидированный -ём** Konsolidierungsanleihe *f*, Fundierungsanleihe *f*, konsolidierte (fundierte) Anleihe; **краткосрочный -ём** kurzfristige(s) Anleihe (Darlehen); **опционный -ём** Optionsanleihe *f*; **погашаемый -ём** ablösbare Anleihe; **-ём, погашаемый потиражно** Auslosungsanleihe *f*; **-ём, погашаемый равными долями** Ratenanleihe *f*; **-ём, погашаемый целиком в установленный срок** Zinsanleihe *f*; **-ём, погашение которого происходит в строго установленные сроки** Ablösungsanleihe *f*, Tilgungsanleihe *f*; **-ём под залог судна (фрахта)** Bodmerei *f*; **-ём под льготные проценты** zinsgünstige(s) Anleihe (Darlehen); **-ём под низкие проценты** zinsverbilligtes Darlehen; **-ём под твёрдый процент** festverzinsliche Anleihe; **принудительный -ём** Zwangsanleihe *f*; **промышленный -ём** Industrieanleihe *f*; **процентный -ём** verzinsliche Anleihe, Zinsanleihe *f*; **размещённый -ём** gezeichnete Anleihe; **рентный -ём** Rentenanleihe *f*, Anleihe ohne Tilgungszwang (Rückzahlungstermin); **-ём с изменяющимся процентом, с переменной ставкой** Staffelanleihe *f*, Anleihe mit variabler Verzinsung, variabel verzinsliche Anleihe; **с твердой процентной ставкой** festverzinsliche Anleihe; **сводный -ём** Sammelanleihe *f*; **-ём сроком на 5 лет** Anleihe mit fünfjähriger Laufzeit; **срочный -ём** befristetes Darlehen; **товарный -ём** Sachwertanleihe *f*; **федеральный -ём** Anleihe des Bundes, Bundesanleihe *f*; **-ём федерального почтового ведомства** Postanleihe *f*; **фундированный -ём** Fundierungsanleihe *f*, Konsolidierungsanleihe *f*, fundierte (konsolidierte) Anleihe; **целевой -ём** zweckgebundenes Darlehen; **частный -ём** Privat|anleihe *f*, -darlehen *n*, private Anleihe

заёмн|ый Anleihe-, Fremd-, Kredit-; **-ый капитал** *m* Fremdkapital *n*, fremdes Kapital, Anleihekapital *n*; **-ые средства** *pl* Fremdmittel *pl*, fremde Mittel, Kreditmittel *pl*

заёмщик *m* Anleiheschuldner *m*, Darlehensnehmer *m*, Darlehensschuldner *m*, Darlehensempfänger *m*, Kreditkunde *m*, Kreditnehmer *m*; **первоклассные -и** erste Adresse; **~ по ипотечному кредиту** Hypothekenschuldner *m*

заимодавец *m* Darlehensgeber *m*, Darlehensgläubiger *m*, Geldgeber *m*, Geldverleiher *m*, Kreditor *m*, Kreditgeber *m*

заимообразно leihweise

заимствовани|е *n* Aufnehmen von Geld, Darlehensaufnahme *f*, Kreditaufnahme *f*, Ziehung *f*; **публичные -я** Publikumsanleihen *pl*

заинтересованность *f* Interesse *n*; **проявлять ~** Interesse zeigen; **~ в покупке** Kaufinteresse *n*, Käuferinteresse *n*; **личная ~** persönliches Interesse

заинтересованн|ый interessiert; **-ое лицо** *n* Interessent *m*; **-ая сторона** *f* Interessent *m*

заинтересовать das Interesse wecken, interessieren

займ *m s.* **заём** *m*

займодатель *m* Darlehensgeber *m*, Darlehensgläubiger *m*, Geldgeber *m*, Geldverleiher *m*, Kreditgeber *m*, Kreditor *m*; **~, дающий ссуду под залог** Pfandgläubiger *m*

займодержатель *m* Darlehensinhaber *m*

займополучатель *m* Anleiheschuldner *m*, Darlehensempfänger *m*, Darlehensnehmer *m*, Darlehensschuldner *m*

заказ *m* Auftrag *m*, Bestellung *f*, Order *f*; **аннулировать ~** einen Auftrag (eine Bestellung, eine Order) annullieren (kündigen, stornieren), einen Auftrag abberufen (abbestellen); **брать ~** einen Auftrag (eine Bestellung) annehmen (entgegennehmen); **выдавать ~** einen Auftrag erteilen, eine Bestellung aufgeben (machen), bestellen, ordern; **выдавать повторный ~** nachbestellen; **выполнять ~** einen Auftrag (eine Bestellung, eine Order) abwickeln (ausführen); **делать ~** einen Auftrag erteilen, eine Bestellung machen (tätigen), bestellen, ordern; **запрашивать**

-ы Aufträge einholen, sich um Aufträge (Bestellungen) bemühen; **зарегистрировать ~** einen Auftrag (eine Bestellung) (ver)buchen (vormerken); **изготавливать по -у** nach Bestellung anfertigen; **искать ~** einen Auftrag akquirieren; **искать -ы** Aufträge einholen, sich um Aufträge (Bestellungen) bemühen; **обрабатывать ~** einen Auftrag (eine Bestellung) bearbeiten; **объединять -ы** Aufträge (Orders) zusammenfassen; **объявлять конкурс на получение -а** einen Auftrag ausschreiben; **отклонять (отказаться от -а) ~** einen Auftrag ablehnen; **отменять ~** einen Auftrag (eine Bestellung) widerrufen (abbestellen, annullieren, stornieren); **подтверждать получение (выдачу) -а** einen Auftrag bestätigen; **получать ~** einen Auftrag erhalten (verbuchen); **принимать ~** einen Auftrag (eine Bestellung, ein Order) annehmen (entgegennehmen); **работать на ~** auf Bestellung arbeiten; **размещать ~** einen Auftrag vergeben, eine Bestellung aufgeben, in Auftrag geben; **(с)делать повторный ~** nachbestellen; **~ в письменной форме** schriftliche Bestellung; **взаимосвязанные -ы** gekoppelte Aufträge; **внутренний ~** Binnenauftrag *m*, Innenauftrag *m*, Inlandsauftrag *m*, Auftrag aus dem Inland; **выданный ~** erteilter Auftrag; **выполненный ~** erledigter Auftrag; **государственный ~** Staatsauftrag *m*, Regierungsauftrag *m*, öffentlicher Auftrag; **дополнительный ~** Anschlussauftrag *m*, zusätzliche Bestellung, Zusatzauftrag *m*; **~ до востребования** Bestellung auf Widerruf; **заводской ~-наряд** Fabrikationsauftrag *m*; **зарегистрированный ~** verbuchter Auftrag; **зарубежный ~** ausländischer Auftrag, Auslandsauftrag *m*, Auftrag aus dem Ausland; **индивидуальный ~** Einzelauftrag *m*; **~ клиента** Kunden|auftrag *m*, -bestellung *f*; **мелкий ~** Kleinauftrag *m*; **~ международного телефонного разговора** Anmeldung eines Ferngesprächs; **~ на закупку** Beschaffungsauftrag *m*, Einkaufsauftrag *m*; **~ на материалы** Materialbestellung *f*; **~ на работу, выполняемую на комиссионных началах** Lohnauftrag *m*; **~ на экспорт** Auslandsauftrag *m*; **~-наряд на изготовление** Produktionsauftrag *m*, Fertigungsauftrag *m*, Fabrikationsauftrag *m*; **невыполненный ~** unerledigter Auftrag; **непрерывный ~** laufender Auftrag; **~ от клиентов внутри страны** Binnenauftrag *m*, Innenauftrag *m*, Auftrag aus dem Inland, Inlandsauftrag *m*; **по -у** auf (nach) Bestellung; **повторный ~** Anschlussauftrag *m*, Nach|bestellung *f*, -order *f*; **~ по почте** postalische Bestellung; **~ по телефону** telefonische Bestellung; **~ по факсу** Bestellung per Fax; **правительственный ~** Regierungsauftrag *m*; **предварительный ~** Vorbestellung *f*; **пробный ~** Probenauftrag *n*; **производственный ~** Produktionsauftrag *m*; **сводный ~** Sammel|auftrag *m*, -bestellung *f*; **специальный ~** Sonder|auftrag *m*, -bestellung *f*; **срочный ~** Eil|auftrag *m*, -bestellung *f*, dringende Bestellung; **твёрдый ~** feste Bestellung; **требование-~** Warenbestellung *f*; **частичный ~** Teilauftrag *m*; **экспортный ~** Exportauftrag *m*

заказанный bestellt

заказн|ой eingeschrieben, Einschreibe-; **-ое письмо** *n* eingeschriebener Brief, Einschreibebrief *m*, Einschreiben *n*

заказник *m (Umwelt)* Naturschutzgebiet *n*

заказчик *m* Auftraggeber *m*, Besteller *m*, Kunde *m*, Abnehmer *m*; **генеральный ~** Hauptauftraggeber *m*

заказывать bestellen, in Auftrag geben, ordern, eine Bestellung tätigen (machen), anmelden; **~ заранее (предварительно)** im Voraus bestellen, vor(aus)bestellen; **~ междугородний телефонный разговор** ein Ferngespräch anmelden; **~ номер в гостинице** ein Hotelzimmer bestellen; **~ по телефону** telefonisch bestellen (ordern); **~ товары** Waren bestellen

заканчивать (ab)schließen, beendigen,

beenden, vollenden, absolvieren; **~ институт** eine Hochschule absolvieren; **~ работу** seine Arbeit abschließen; **~ хозяйственный год** das Geschäftsjahr abschließen

заклад *m* Pfandbestellung *f*, Verpfändung *f*, Lombardierung *f*; Pfand *n*, Pfandgegenstand *m*, Pfandsache *f*; **вторичный ~** abermalige Verpfändung; **~ движимого имущества** Faustpfand *n*; **под ~** gegen Pfand; **~ ценных бумаг в банке с правом собственности последнего до их выкупа** Aberdepot *n*, Aberverwahrung *f*

закладка *f* **на хранение** Einlagerung *f*

закладка *f* **фундамента** Grundsteinlegung *f*

закладн|ая *f* Pfandbrief *m*, Hypothek *f*, Realobligation *f*; **аннулировать (погашать) -ую** eine Hypothek löschen; **выпускать -ые** Pfandbriefe ausgeben (emittieren); **торговать -ыми** mit Pfandbriefen handeln; **закрытая -ая** voll belastete Hypothek; **корабельная -ая** Schiffspfandbrief *m*; **-ая на движимое имущество** Mobiliarhypothek *f*; **-ая на недвижимость** Grundschuldbrief *m*; **первая -ая** erste (erststellige) Hypothek; **последующая -ая** im Rang nachstehende Hypothek; **предшествующая -ая** im Rang vorgehende Hypothek; **-ая с переменной ставкой** Hypothek mit beweglichen Sätzen **~ с фиксированной процентной ставкой** Festschreibung *f*

закладной Pfand-; **~ лист** *m* Pfandbrief *m*; **ипотечный ~ лист** *m* Hypothekenpfandbrief *m*

закладчик *m* Pfandgeber *m*, Pfandschuldner *m*, Verpfänder *m*

закладывать verpfänden, versetzen, in (zum, als) Pfand geben, lombardieren, beleihen; **~ акции под залог ссуды** Aktien beleihen (lombardieren); **~ имущество под залог (ипотеку)** mit einer Hypothek belasten; **~ на хранение** einlagern; **~ фундамент** den Grundstein legen; **~ ценные бумаги в банк** Effekten bei einer Bank lombardieren (beleihen)

заключать abschließen, schließen; **~ бухгалтерские книги** die Bücher abschließen; **~ в скобки** einklammern; **~ договор** einen Vertrag (ab)schließen; **~ сделку** ein Geschäft abschließen (machen, tätigen); **~ счёт** eine Rechnung (ein Konto) abschließen

заключение *n* Abschluss *m*, Schluss *m*; Schlussfolgerung *f*; Gutachten *n*, Befund *m*; **да(ва)ть ~** ein Gutachten erstatten; **запрашивать (затребовать) ~** ein Gutachten einholen; **подготавливать (составлять) ~** ein Gutachten erstellen; **~ аудитора** Bestätigungsvermerk *m*, Testat *n*, Wirtschaftsprüfungsgutachten *n*; **~ бухгалтерских книг** Abschluss der Bücher; **~ внешнего ревизора** Revisionsbescheinigung *f*; **~ договора (контракта)** Abschluss eines Vertrages, Vertrags(ab)schluss *n*; **~ договора (контракта) в письменной форме** schriftlicher Vertragsschluss; **~ договора (контракта) между отсутствующими** Vertragsschluss unter Abwesenden; **~ бухгалтерских записей** Buchungsschluss *m*; **~ компромисса** Vergleichsabschluss *m*; **~ контрактов (договоров)** Vertrags(ab)-schluss *m*, Kontrahierung *f*; **~ мировой сделки в судебном порядке** Ausgleichsverfahren *n*; **~ новой сделки** Neuabschluss *m*; **~ о результатах ревизии** Prüfungsvermerk *m*; **~ о результатах таможенного досмотра** Zollbefund *m*; **~ ревизора** Bestätigungsvermerk *m*, Testat *n*; **санитарно-эпидемиологическое ~** *(Transp)* sanitär-epidemiologisches Gutachten; **~ сделки** Abschluss eines Geschäftes, Geschäftsabschluss *m*; **~ сделки купли-продажи** Kaufabschluss *m*; **~ сделки на продажу** Verkaufsabschluss *m*; **~ соглашения** Abschluss eines Abkommens, Vertrags(ab)-schluss *m*; **~ счетов** Rechnungsabschluss *m*, Kontoabschluss *m*; **~ экспертов** Expertengutachten *n*, Sachverständigengutachten *n*, Befund *m*

заключительн|ый abschließend, Abschluss-, Schluss-; **-ый баланс** *m* Abschlussbilanz *f*; **-ый отчёт** *m* Abschlussbericht *m*; **-ое соглашение** *n* Abschlussvereinbarung *f*

закодировать verschlüsseln, kodieren

закон *m* Gesetz *n*; Recht *n*; **~ вступает в силу** das Gesetz tritt in Kraft; **действовать по -у** den Rechtsweg beschreiten; **издавать ~** ein Gesetz erlassen; **изменять (дополнять) ~** ein Gesetz ändern (novellieren); **нарушать (преступать) ~** ein Gesetz verletzen; **отменять ~** ein Gesetz aufheben; **подпадать под действие -а** unter ein Gesetz fallen; **применять ~** ein Gesetz anwenden; **принимать (утверждать) ~** ein Gesetz verabschieden; **~ теряет силу** das Gesetz tritt außer Kraft; **в силу -а** kraft Gesetzes; **в соответствии с -ом** gesetzmäßig, von Rechts wegen; **~ о защите от необоснованных увольнений** Kündigungsschutzgesetz *n*; **~ о картелях** Kartellgesetz *n*; **~ об операциях с ценными бумагами** Aktiengesetz *n*; **-ы о конкуренции** Wettbewerbsrecht *n*; **~ о монополиях** Monopolgesetz *n*; **~ о налогах** Steuergesetz *n*; **~ о регистрации уставов торгово-промышленных предприятий** Betriebsverfassungsgesetz *n*; **~ об оценке имущества и взимании с него налогов** Bewertungsgesetz *n*; **основной ~** Grundgesetz *n*, Verfassung *f*; **~ о таможне** Zollgesetz *n*; **-ы о труде** Arbeitsgesetze *pl*; **по -у** nach dem Gesetz, gesetzmäßig, von Rechts wegen; **по -у и справедливости** nach Recht und Billigkeit; **~ спроса и предложения** Gesetz von Angebot und Nachfrage; **~ природы** Naturgesetz *n*; **противоречащий -у** gesetzwidrig, rechtswidrig; **~, содержащий общие положения** Rahmengesetz *n*; **~ убывающей доходности** Ertragsgesetz *n*; **~ убывающего плодородия почвы** Bodenertragsgesetz *n*

законн|ый gesetzlich, Gesetzes-, rechtmäßig, rechtlich, Rechts-, legitim; **-ый владелец** *m* rechtmäßiger Eigentümer (Inhaber); **имеющий -ую силу** rechtskräftig; **на -ых основаниях** aus rechtlichen Gründen; **-ый представитель** *m* gesetzlicher Vertreter; **-ая сделка** *f* rechtskräftiger Abschluss; **-ая сила** *f* Rechtskraft *f*

законодательство *n* Gesetzgebung *f*; **внести изменения в действующее ~** bestehende Gesetze abändern; **антимонопольное (антитрестовское) ~** Antitrust-Gesetzgebung *f*, Kartellgesetz *n*, Monopolgesetzgebung *f*; **~ в области охраны труда** Arbeitsschutzgesetzgebung *f*; **вексельное ~** Wechselrecht *n*; **налоговое ~** Steuergesetzgebung *f*, Abgabenordnung *f*; **торговое ~** Handelsgesetzgebung *f*, Handelsrecht *n*; **трудовое ~** Arbeitsgesetze *pl*, Arbeitsrecht *n*

закономерность *f* Gesetzmäßigkeit *f*

закономерный gesetzmäßig

законопроект *m* Gesetzentwurf *n*

закрепление *n* Befestigung *f*, Festigung *f*; Festlegung *f*, Bindung *f*, Sicherung *f*; Verbriefung *f*

закреплять befestigen, festigen; festlegen, binden, sichern; verbriefen

закрывать abschließen, auflösen, aufheben, löschen; sperren; stilllegen; **~ бухгалтерские книги** die Bücher abschließen; **~ дело** ein Geschäft aufheben; **~ завод (предприятие)** ein Werk (eine Fabrik, den Betrieb) schließen; **~ проезд по улице (дороге)** eine Straße sperren; **~ счёт** eine Rechnung (ein Konto) abschließen (auflösen)

закрываться schließen

закрытие *n* Abschluss *m*, Schließung *f*; Aufhebung *f*, Auflösung *f*, Löschung *f*; Stilllegung *f*; **~ аккредитива** Löschung eines Akkreditivs; **~ биржи** Börsenschluss *m*; **~ бухгалтерских книг** Abschluss der Bücher; **~ завода (предприятия)** Betriebs|schließung *f*, -stilllegung *f*, Schließung einer Fabrik (eines Werks); **~ кредита** Kredit|kündigung *f*, -sperre *f*; **~ позиции** Schließen der Position; **~ производства** Stilllegung der Produktion; **~ сделки** Geschäftsabschluss *m*; **~ счетов** Kontenabschluss *m*, Konto|abschluss *m*, -auflösung *f*, Rechnungsabschluss *m*, **~ торговой сессии** Abschluss des Börsentages

закрытый geschlossen; **~ инвестиционный фонд** geschlossener Investmentfonds

закупать abnehmen, ankaufen, einkaufen, kaufen, anschaffen, beziehen; **~ материал (и сырьё)** Material einkaufen (beschaffen); **~ оптом** über den Großhandel beziehen (einkaufen), beim Grossisten einkaufen, im Großhandel kaufen

закупк|а *f* Ankauf *m*, Aufkauf *m*, Einkauf *m*, Kauf *m*, Abnahme *f*, Anschaffung *f*, Bezug *m*; **воздерживаться от -и** mit dem Einkauf zurückhalten; **делать (производить) -у(и)** Einkäufe (eine Anschaffung) besorgen (machen), ankaufen, aufkaufen, einkaufen; **ограничивать -у (и)** Einkäufe einschränken; **посредничать в -е** einen Kauf vermitteln; **ажиотажные -и** Panikkäufe *pl*; **государственные -и** Regierungskäufe *pl*; **-и для создания запасов** Vorratskauf *m*; **-а за свой счёт** Ankauf für eigene Rechnung; **-а зерна** Aufkauf von Getreide; **крупные -и** Großeinkauf *m*; **массовая -а** Massen|ankauf *m*, -einkauf *m*; **-а материалов (и сырья)** Einkauf von Material, Material|beschaffung *f*, -einkauf *m*; **монопольные -и** Alleinbezug *m*; **оптовая -а** Grosseinkauf *m*, Bezug über den Großhandel; **-а предпринимателем основных материалов для изготовления предмета поставки** Werklieferung *f*; **прямая -а** Direkteinkauf *m*; **-а с целью создания запасов** Hortungskauf *m*; **-а товаров** Waren|beschaffung *f*, -bezug *m*, -einkauf *m*, Aufkaufhandel *m*; **централизованные -и** Zentraleinkauf *m*

закупочн|ый Ankaufs-, Einkaufs-; **-ый картель** *m* Einkaufskartell *n*; **-ая цена** *f* Einkaufspreis *m*, Ankaufspreis *m*

закупщик *m* Aufkäufer *m*, Einkäufer *m*

закусочная *f* Cafeteria *f*, Imbissraum *m*, Snackbar *f*

зал *m* Saal *m*, Raum *m*, Halle *f*; **~ биржевой** Börsensaal *m*; **торговый ~** Verkaufsraum *m*

залежалый (залежавшийся) товар *m* Ladenhüter *n*, unverkäufliche Ware

залежи *pl* Lager *n*, Lagerstätte *f*, Vorkommen *n*; **~ нефтяные** Ölvorkommen *n*, Ölfeld *n*, Erdöllagerstätte *f*; **~ руды** Erz|lagerstätte *f*, -vorkommen *n*

залёживаться keinen Absatz finden

залог *m* Kaution *f*, Sicherheit *f*, Sicherheitsleistung *f*, Pfand *n*, Sicherheitspfand *n*; Sicherungsgegenstand *m*, Sicherungsgut *n*; **брать в качестве -а** als (zum) Pfand nehmen; **вносить ~** ein Pfand hinterlegen (liefern), eine Kaution erlegen (hinterlegen, leisten, stellen, vorlegen); **вносить в качестве -а** als Sicherheit hinterlegen; **вносить денежный ~** eine Kaution verauslagen (zahlen); **возвращать ~** eine Kaution zurückerstatten; **выкупать ~** ein Pfand auslösen; **(пере)давать в ~** verpfänden, versetzen, in Pfand geben; **давать в качестве -а** zum Pfand geben; **оставлять в ~** zum Pfand geben; **отдавать в ~** beleihen, in Pfand geben; **принимать в ~** zum Pfand nehmen; **ссужать деньги под ~** Geld gegen Sicherheiten leihen; **актовый ~** Briefhypothek *f*; **~ в счёт квартирной платы** Mietkaution *f*; **генеральный ~** Gesamtpfand *n*; **~ движимого имущества** Faustpfand *n*; **заверенный ~** Registerpfandrecht *n*; **~ земельного участка с обязательством регулярного погашения ипотечного долга** Reallast *f*; **~ легко реализуемых ценностей** Kuranthinterlegung *f*; **могущий внести ~** kautionsfähig; **~ недвижимого имущества, ~ недвижимости** Hypothek *f*; **под ~** gegen Pfand (Kaution); **~, подтверждённый ипотечным актом** Briefhypothek *f*; **рыночный ~** Kuranthinterlegung *f*; **фидуциарный ~** fiduziarische Sicherung *f*

залогов|ый Kautions-, Pfand-, hypothekarisch, Hypotheken-; **-ый индоссамент (индоссамент по -у)** Pfandindossament *n*; **-ая облигация** Pfandbrief *m*; **-ая операция** Pfandgeschäft *n*; **-ое свидетельство** Pfandschein *m*; **-ый сертификат** Hypothekenbrief *m*; **-ая стоимость** Pfandwert *m*

залогодатель *m* Pfandgeber *m*, Verpfänder *m*, Pensionsgeber *m*

залогодержатель *m* Pfand|halter *m*, -gläubiger *m*, -nehmer *m*, Pensionsnehmer *m*

заложенный под недвижимость hypothekarisch belastet

замедление *n* Verlangsamung *f*; **~ темпов проведения реформ** Verlangsamung der Reformen

замена *f* Ersatz *m*, Ersetzung *f*, Substitution *f*, Auswechslung *f*, Wechsel *m*, Austausch *m*, Umtausch *m*; Vertretung *f*; Ablösung *f*; Ersatzstoff *m*; **~ дефектных деталей** Teileaustausch *m*; **~ исполнения одного обязательства другим** Leistung an Erfüllung statt; **~ карточки** Neuausstellung einer Kreditkarte; **~ оборудования** Neuanschaffung *f*; **~ со склада** Lagerumtausch *m*

заменимость *f* Austauschbarkeit *f*, Ersetzbarkeit *f*, Fungibilität *f*, Substituierbarkeit *f*

заменимый austauschbar, auswechselbar, fungibel, substituierbar; vertretbar

заменител|ь *m* Ersatz *m*, Ersatzmittel *n*, Ersatzstoff *m*, Substitut *n*; **разрабатывать (создавать) -и** Ersatzmittel (Ersatzstoffe) entwickeln

заменять austauschen, auswechseln, ersetzen, substituieren; vertreten, einspringen; **~ больного коллегу** einen kranken Kollegen vertreten; **~ дефектные детали** defekte Teile auswechseln; **~ упаковку** die Verpackung ersetzen

заместител|ь *m* Vertreter *m*, Stellvertreter *m*; **назначить -ем** zum Stellvertreter ernennen; **-ь генерального директора** Vizegeneraldirektor *m*, stellvertretender Generaldirektor; **-ь директора** stellvertretender Direktor, Stellvertreter des Direktors; **-ь директора по маркетингу** Marketingdirektor *m*; **-ь председателя правления** stellvertretender Vorstandsvorsitzender

заместительство *n* Stellvertretung *f*

замечание *n* Bemerkung *f*; Verweis *m*

замещать ersetzen, substituieren; vertreten; besetzen; ablösen; **~ должность** eine Stelle besetzen

замещение *n* Ersatz *m*, Ersetzung *f*, Substitution *f*; Vertretung *f*; Besetzung *f*; Ablösung *f*; **~ должностей** Besetzung von Ämtern, Stellenbesetzung *f*; **~ затрат** Kostensubstitution *f*; **~ импорта** Importsubstitution *f*; **~ на время отпуска** Urlaubsvertretung *f*

замораживание *n* Einfrieren *n*, Stopp *m*; **~ заработной платы** Lohneinfrierung *f*, Lohnstopp *m*; **~ цен** Preisstopp *m*

замораживать einfrieren, festlegen, sperren; **~ кредит** einen Kredit sperren

замороженный кредит *m* eingefrorener Kredit

занесение *n* Eintragung *f*; **~ в дебет (счёта)** Belastung *f*, Lastschrift *f*, Sollbuchung *f*; **~ в кредит (счёта)** Gutschrift *f*; **~ в список** Eintragung in eine Liste; **~ в торговый реестр** Eintragung ins Handelsregister

занижать (стоимость) unterbewerten, zu niedrig bewerten

занижение *n* **курса** Kursschnitt *m*

занимать einnehmen, belegen, besetzen, innehaben; borgen, leihen; beschäftigen; **~ деньги** borgen, leihen, sich Geld ausleihen; **~ должность (пост)** eine Stelle (Stellung) besetzen (einnehmen), einen Posten (eine Stellung, ein Amt) bekleiden (innehaben); **~ место** eine Stelle (einen Platz) einnehmen; **~ позицию** eine Position einnehmen

заниматься betreiben, treiben; sich beschäftigen, sich befassen; **~ бизнесом** einem Gewerbe nachgehen; **~ коммерцией (торговлей)** den Handel betreiben; **~ промыслом** ein Gewerbe betreiben

заносить einschreiben, eintragen; buchen, verbuchen; aufnehmen; **~ в дебет** belasten, im Soll buchen, ins Soll eintragen, zu Lasten buchen; **~ в книги** in die Bücher aufnehmen; **~ в кредит** im Haben buchen, gutschreiben, erkennen, zu Gunsten buchen; **~ в протокол** in das Protokoll aufnehmen, protokollieren; **~ в список** in eine Liste aufnehmen (eintragen)

занятие *n* Beschäftigung *f*, Betätigung *f*, Tätigkeit *f*; Geschäft *n*, Gewerbe *n*; Unterricht *m*; **~ бизнесом (промыслом)** Gewerbeausübung *f*; **времен-**

ное ~ aushilfsweise Beschäftigung; **основное ~** Haupt|beschäftigung *f*, -tätigkeit *f*; **побочное ~** Neben|beschäftigung *f*, -tätigkeit *f*; **сезонное ~** Saison|beschäftigung *f*, -geschäft *n*; **случайное ~** gelegentliche Beschäftigung

занятия *pl* **(учебные)** Unterricht *m*

занятость *f* Beschäftigung *f*; **временная ~** vorübergehende Beschäftigung; **неполная ~** Kurzarbeit *f*, Unterbeschäftigung *f*, Teilzeitbeschäftigung *f*; **полная ~** Vollbeschäftigung *f*; **постоянная ~** Dauerbeschäftigung *f*, regelmäßige Beschäftigung; **~ среди женщин** Frauenbeschäftigung *f*; **~ среди молодёжи** Beschäftigung Jugendlicher; **средняя ~** Normalbeschäftigung; **чрезмерная ~** Überbeschäftigung *f*

занятый beschäftigt, tätig, besetzt; Beschäftigte *m*; **~ неполный рабочий день** Kurzarbeiter *m*; **~ полный рабочий день** Vollbeschäftigte *m*

заорганизованность *f* Überorganisation *f*

запаздывание *n* Verspätung *f*, Verzögerung *f*

запакованный verpackt; **плохо ~** schlecht verpackt

запаковывать abpacken, einpacken, packen, verpacken; **~ товары** Waren abpacken (einpacken, verpacken)

запас *m* Vorrat *m*, Bestand *m*, Reserve *f*; **держать (иметь) -(ы)** einen Vorrat haben, Bestände führen, Reserven halten; **держать (иметь) в -е** in Reserve haben, in Vorrat halten, vorrätig haben; **ликвидировать -ы** Reserven (Vorräte) auflösen; **накапливать -ы** Bestände (Vorräte) aufstocken; **образовывать ~** Reserven bilden, Vorräte anlegen; **покупать про ~** auf Vorrat kaufen; **пополнять -ы** Bestände (Reserven, Vorräte, das Lager) auffüllen; **расходовать -ы** Reserven (Vorräte) aufbrauchen; **реализовывать -ы** Reserven (Vorräte) auflösen; **создавать ~** bevorraten, Reserve bilden, Vorräte anlegen (ansammeln); **сокращать (уменьшать) -ы** Bestände (Reserven, Vorräte) abbauen (verringern); **увеличивать -ы** den Bestand (Vorräte) aufstocken; **аварийный ~** Notvorrat *m*; **~ банкнот** Banknotenvorrat *m*; **буферный (резервный) ~** Pufferbestände *pl*, Marktreserve *f*; **гарантийный ~** Sicherheits|bestand *m*, -vorrat *m*; **деловые -ы** Lagerbestände (im Land, in der Welt) *pl*; **денежный ~** Geldreserve *f*; **достаточный ~** ausreichende Bestände (Reserven, Vorräte); **достоверные -ы** nachgewiesene Vorräte; **золотой ~ (~ золота)** Gold|bestand *m*, -reserve *f*, -vorrat *m*; **избыточные -ы** Überschussbestände *pl*, überhöhte Bestände; **имеющийся в -е** vorrätig; **истощённые -ы** erschöpfte Bestände (Vorräte); **~ капитала** Kapitalreserve *f*; **коммерческие -ы нефти** kommerzielle Ölvorräte; **ликвидные -ы** liquide Reserven; **максимальный ~** Höchstbestand *m*, Maximalbestand *m*; **минимальный ~** Mindest|bestand *m*, -reserve *f*, -vorrat *m*, Minimalbestand *m*; **мировые -ы** Weltreserven *pl*; **мировые -ы нефти** Welterdölreserven *pl*; **-ы на случай поддержания цен** Interventionsbestände *pl*; **~ наличности** Bar|bestand *m*, -geldreserve *f*; **наличные -ы** vorhandener Bestand; **начальный ~** Anfangsbestand *m*; **незначительные складские -ы** niedrige Lagerbestände; **неприкосновенный ~** eiserner Bestand; **-ы нефти** Erdölvorräte *pl*; **нормальные -ы** Normalbestand *m*; **оборотные -ы** laufender Bestand; **переходящие товарные -ы** Endbestand *m*; **-ы полезных ископаемых** Vorräte an Bodenschätzen; **-ы продовольствия** Lebensmittelvorräte *pl*, Vorräte an Lebensmitteln; **производственные -ы материальных ценностей** Materialvorrat *m*; **резервные -ы** Reserve|bestände *pl*, -lager *n*, Ausgleichslager *n*; **складские -ы** Lagerbestände *pl*; **средний ~** Durchschnittsbestand *m*; **стратегический ~** Stockpile; **стратегический ~ нефти** strategische Ölreserve; **страховой ~** Sicherheits|bestand *m*, -vorrat *m*; **страховые -ы** Reservebestände *pl*; **сырьевые -ы**

Rohstoff|reserven *pl*, -vorrat *m*, Rohmaterialvorräte *pl*, Bestand an Rohstoffen; **-ы сырья и материалов** Material|bestand *m*, -puffer *m*, -reserve *f*; **текущий ~** laufender Bestand; **товарные -ы** Bestände (Vorräte) an Waren, Stock *m*, vorrätige Artikel, Waren|bestände *pl*, -vorrat *m*; **-ы товарно-материальных ценностей** Vorräte *pl*, Materialbestand *m*; **~ финансовой прочности** (relative) Sicherheitsspanne *f*; **чистые -ы** Nettobestand *m*

запасать bevorraten, Vorräte anlegen (ansammeln)

запасн|ой (запасный) ~ Ersatz-, Reserve-; **-ая деталь** *f* **(часть** *f***)** Ersatzteil *m*; **-ой склад** *m* Reservelager *n*; **-ой экземпляр** *m* **акции** Ersatzaktie *f*

запатентованн|ый patentiert; **-ая технология** *f* patentiertes Verfahren

записка *f* Vermerk *m*, Notiz *f*; **биржевая ~ о заключении сделки** Schlussnote *f*; **брокерская (маклерская) ~ о заключении сделки** Schluss|note *f*, -schein *m*, Kaufabrechnung *f*; **докладная ~** Denkschrift *f*, Memorandum *n*

записывать einschreiben, eintragen; buchen, verbuchen; aufschreiben, aufzeichnen, notieren; **~ в приход** als Einnahme verbuchen; **~ в реестр** im Register eintragen; **-ся на курсы** sich für den Kursus einschreiben; **~ на счёт** in Rechnung stellen, anrechnen, buchen

запис|ь *f* Aufzeichnung *f*, Notiz *f*; Eintragung *f*, Vermerk *m*; **делать -ь** aufzeichnen, eintragen, eine Eintragung vornehmen; **вести -и** Aufzeichnungen führen; **ликвидировать -ь** eine Eintragung löschen; **сторнировать -ь** eine Buchung stornieren; **бухгалтерская -ь** Buchung *f*, Verbuchung *f*; **-ь в дебет** Belastung *f*, Lastschrift *f*, Sollbuchung *f*; **-ь в кредит** Gutschrift *f*; **-ь в бухгалтерскую (торговую) книгу** Bucheintragung *f*, Geschäftsbeleg *m*; **исправительная -ь** Berichtigungs|buchung *f*, -posten *m*; **-ь о начислении процентов** Zinsgutschrift *f*; **-ь о приёме на работу** Einstellungsvermerk *m*; **-ь об увольнении** Entlassungsvermerk *m*; **сторнирующая -ь** Gegenbuchung *f*

запломбировать plombieren, versiegeln, verplomben

заповедник *m* Naturschutzgebiet *n*

запоздание *n* Verzögerung *m*, Verzug *m*, Verspätung *f*; **приходить с -м** mit Verspätung kommen

заполнение *n* Ausfertigung *f*, Ausfüllung *f*; Einfüllen *n*; **~ бланка (формуляра)** Ausfüllung eines Formulars

заполнять ausfüllen, ausfertigen; **~ бланк** ein Formular (einen Vordruck) ausfüllen; **~ таможенную декларацию** eine Zollinhaltserklärung ausfüllen

запрашивать abfragen, anfragen, eine Anfrage richten, anfordern; ersuchen, beantragen; **~ кредит** einen Kredit beantragen; **~ информацию** Informationen anfragen, um Auskunft ersuchen; **~ по факсу** per Fax anfragen; **~ телеграммой** telegrafisch anfragen

запрет *m* Verbot *n*, Untersagung *f*, Sperre *f*; **налагать ~** ein Verbot erlassen, eine Sperre verhängen; **нарушать ~** ein Verbot übertreten (verletzen); **подлежать -у** einem Verbot unterliegen; **снимать (отменять) ~** ein Verbot (eine Sperre) aufheben; **соблюдать ~** ein Verbot beachten; **~ на заключение договоров, ограничивающих конкуренцию** Verwendungsbeschränkung *f*; **~ на занятие промыслом** Untersagung des Gewerbebetriebes; **~ на ввоз (импорт)** Einfuhr|verbot *n*, -sperre *f*, Importverbot *n*; **~ на картель** Kartellverbot *n*; **легальный ~ на конкуренцию** gesetzliches Wettbewerbsverbot; **~ на конкуренцию** Konkurrenzverbot *n*, Wettbewerbsverbot *n*; **~ на новые выпуски ценных бумаг** Emissionssperre *f*; **~ на отчуждение (реализацию)** Veräußerungsverbot *n*; **~ на перепродажу** Wiederverkaufsverbot *n*; **~ на поставки** Liefersperre *f*; **~ на проведение платежей** Zahlungs|sperre *f*, -verbot *n*; **~ на продажу** Verkaufsverbot *n*; **~ на рекламу** Werbeverbot *n*; **~ на строительство** Bau|sperre *f*, -verbot *n*; **~ на торговлю** Handelssperre *f*; **~ на экспорт (вы-**

воз) Ausfuhr|sperre *f*, -verbot *n*; **~ на эмиссию** Emissions|sperre *f*, -verbot *n*
запретн|ый Sperr-, verboten; **-ая зона** *f* Sperrgebiet *n*
запрещать verbieten, untersagen, eine Sperre (ein Verbot) verhängen; **~ продажу** den Verkauf verbieten
запрещение *n* Verbot *n*, Untersagung *f*, Sperre *f*, Stopp *m*, Prohibition *f*; **~ конкуренции** Wettbewerbsverbot *n*, Konkurrenzverbot *n*; **~ конкуренции, зафиксированное в договоре** vertragliches Wettbewerbsverbot; **~ конкуренции после окончания действия договора** nachvertragliches Wettbewerbsverbot; **~ конкуренциии при условии выплаты компенсации** entgeltliches Wettbewerbsverbot; **~ монополий** Monopolverbot *n*; **тайное ~ конкуренции** geheimes Wettbewerbsverbot; **~ строительства** Bau|sperre *f*, -verbot *n*
запрещённ|ый verboten; **-ые методы рекламы** verbotene Werbemethoden, unlauterer Wettbewerb
запродавать abgeben, vorverkaufen
запродажа *f* Abgabe *f*, Vorverkauf *m*
запрос *m* Anfrage *f*, Anforderung *f*, Forderung *f*; Erfordernis *n*, Bedürfnis *n*; **обрабатывать (отвечать на) ~** eine Anfrage bearbeiten; **обращаться с письменным -ом** anschreiben; **передавать ~** eine Anfrage weiterleiten; **сделать ~ о состоянии счёта** den Kontostand abfragen; **~ информации (сведений)** Auskunftsersuchen *n*; **~ клиента** Kundenanfrage *f*; **~ о наличии предложений** Angebotsanforderung *f*; **~ о предоставлении кредита** Kreditanfrage *f*; **~ о состоянии счёта** Abfragen des Kontostandes; **письменный ~** schriftliche Anfrage; **по -у** auf Anfrage
запросы *pl* Ansprüche *pl*, Bedürfnisse *pl*; **удовлетворять ~** Ansprüche (Bedürfnisse) befriedigen (erfüllen)
запуск *m* Anlauf *m*, Aufnahme *f*, Anfahren *n*, Start *m*; **~ в производство** Produktions|anlauf *m*, -aufnahme *f*, Anlauf der Produktion
запускать anlaufen, anfahren, starten; vernachlässigen; **~ в обращение** in Umlauf (Verkehr) bringen; **~ в производство** die Produktion anlaufen lassen; **~ дела** seine Pflichten vernachlässigen
запчасти *pl* Ersatzteile *pl*
зарабатывать verdienen, erarbeiten; **~ деньги** Geld verdienen; **~ себе на жизнь (пропитание)** seinen Lebensunterhalt verdienen; **~ состояние** sich ein Vermögen erarbeiten
заработанн|ый verdient, erarbeitet, erworben; **-ые деньги** *pl* erarbeitetes (verdientes) Geld
заработная плата *f* **(зарплата** *f***)** Arbeitslohn *m*, Arbeitsentgelt *n*, Lohn *m*, Gehalt *n*
заработ|ок *m* Verdienst *n*, Einkommen *n*, Arbeitseinkommen *n*, Arbeitslohn *m*, Arbeitsverdienst *n*, Erwerb *m*; **не иметь -ка** ohne Erwerb sein; **получать -ок** ein Einkommen beziehen, einen Verdienst erzielen, verdienen; **дневной (ежедневный) -ок** Tagesverdienst *m*; **дополнительный -ок** Mehrverdienst *m*, zusätzlicher Verdienst; **(еже)месячный -ок** Monatsverdienst *m*; **(еже)недельный -ок** Wochenverdienst *m*; **побочный -ок** Neben|verdienst *m*, -erwerb *m*; **-ок от работы по найму** Einkommen aus unselbstständiger Arbeit; **случайный -ок** Gelegenheitsverdienst *m*; **средний -ок** durchschnittliches Einkommen; **упущенный -ок** entgangener Verdienst; **фактический -ок** effektiver Verdienst; **чистый -ок** Nettoverdienst *m*
зарегистрировать einschreiben, eintragen; **~ общество фирму в торговом реестре** eine Gesellschaft ins Handelsregister eintragen (lassen)
зарегистрироваться sich eintragen (einschreiben) lassen; **~ безработным** sich arbeitslos melden
зарплата *f* Arbeitslohn *m*, Arbeitsentgelt *n*, Lohn *m*, Gehalt *n*; **~ к выплате** Nettolohn *m*; **невыплаченная ~** rückständiger Lohn
зарубежн|ый ausländisch, Auslands-, fremd; **-ый заказ** *m* Auslandsauftrag *m*, ausländischer Auftrag; **-ые инвестиции** *pl* Auslandsinvestitionen *pl*, ausländische Investitionen; **-ый ин-**

вестор *m* Auslandsanleger *m*, ausländischer Investor; **-ый клиент** *m* Auslandskunde *m*, ausländischer Kunde; **-ые страны** *pl* fremde Länder

засвидетельствование *n* Beglaubigung *f*, Beurkundung; **нотариальное ~** notarielle Beglaubigung

засвидетельствовать beglaubigen, beurkunden

заседани|е *n* Sitzung *f*, Tagung *f*; **вести -е** eine Sitzung leiten; **назначать -е** eine Sitzung (Tagung) anberaumen (ansetzen, einberufen); **проводить -е** eine Sitzung (Tagung) abhalten (durchführen); **присутствовать на -и** an einer Sitzung teilnehmen; **заключительное -е** Schluss|sitzung *f*, -tagung *f*; **закрытое -е** nicht öffentliche Sitzung, Sitzung unter Ausschluss der Öffentlichkeit; **открытое -е** öffentliche Sitzung; **пленарное -е** Plenarsitzung *f*; **судебное -е** Verhandlung *f*; **очередное -е** ordentliche Sitzung

заселённость *f* Bevölkerungsdichte *f*

заселённый besiedelt

засилие иностранного капитала Kapitalüberfremdung *f*

застой *m* Flaute *f*, Stagnation *f*, Stillstand *m*; **переживать ~** stagnieren; **~ в делах** Geschäfts|flaute *f*, -stillstand *m*; **~ в сбытовой деятельности** Absatzstagnation *f*; **~ в экономике** wirtschaftliche Stagnation, Wirtschafts|flaute *f*, -stagnation *f*

застраивать bebauen; **~ земельный участок** ein Grundstück bebauen

застрахованн|ый versichert; Versicherte *m*; **быть -ым на 2 миллиона евро** mit 2 Millionen Euro versichert sein; **могущий быть -ым** versicherbar; **(не) -ый автомобиль** (nicht) versichertes Auto; **-ое лицо** versicherte Person; **-ый от несчастных случаев** unfallversichert; **-ый от повреждений при транспортировке** versichert gegen Transportschäden

застраховать versichern; **~ коммерческие риски** Geschäftsrisiken versichern; **~ свою жизнь** sein Leben versichern; **-ся от кражи** sich gegen Diebstahl versichern; **-ся от риска** ein Risiko abdecken; **~ транспортировку товаров** den Transport der Ware versichern

застроенный bebaut; **~ земельный участок** bebautes Grundstück

застройка *f* Bebauung *f*

застройщик *m* Bauherr *m*

засчитывать aufrechnen; **~ взаимные требования** Forderungen und Verbindlichkeiten aufrechnen

затаривание *n* Abfüllung *n*, Abpacken *n*; **~ в мешки** Absacken *n*

затаривать abfüllen, abpacken; **~ в мешки** absacken

затоваривание *n* Anhäufung übermäßiger Warenbestände, Marktübersättigung *f*, überschüssige Warenbestände, Überschussbestände an Waren

затраты *pl* Aufwand *m*, Aufwendungen *pl*, Ausgaben *pl*, Auslagen *pl*, Kosten *pl*, Kostenaufwand *m*; **балансировать ~** Aufwendungen bilanzieren; **возмещать (компенсировать) ~** Aufwendungen (Ausgaben, Auslagen, die Kosten, die Spesen) ersetzen (erstatten, zurückerstatten); **документально подтверждать свои ~** seine Auslagen belegen; **исчислять ~** Kosten errechnen (berechnen); **контролировать ~** Kosten kontrollieren; **нести ~** (die) Kosten bestreiten (tragen); **ограничивать ~** Ausgaben begrenzen (einschränken); **окупать (покрывать) ~** Aufwendungen ausgleichen; **оплачивать ~** Aufwendungen abgelten; **определять ~** Kosten ermitteln (errechnen), Ausgaben (die Kosten) berechnen; **осуществлять (производить) ~** Aufwendungen (Ausgaben) machen (tätigen); **распределять ~ по статьям расходов** Kosten zuordnen (zurechnen); **расчитывать (калькулировать) ~** Kosten (Spesen) berechnen (errechnen); **снижать (сокращать) ~** Ausgaben (Kosten) kürzen (reduzieren, senken); **сопоставлять ~** Kosten gegenüberstellen; **учитывать ~** Kosten buchen (verbuchen); **амортизационные ~** Abschreibungsaufwand *m*, Abnutzungsaufwand *m*; **вероятные потерянные ~** Opportunitätskosten *pl*; **внеплановые ~** außerordentlicher Aufwand, außerplanmäßige Kosten; **возмещаемые ~** zu erstattende Auslagen; **возникшие ~** entstandene Ausgaben (Auslagen); **~ времени** Zeitaufwand *m*, Aufwand an Zeit; **вторичные ~** sekundäre Kosten; **денежные ~** Geld|aufwendungen *pl*, -ausgaben *pl*; **дополнительные ~** zusatzlicher Aufwand, zusätzliche Aufwendungen, Neben|ausgaben *pl*, -kosten *pl*; **единовременные ~** einmaliger Aufwand, einmalige Ausgaben (Aufwendungen); **запланированные ~** geplante Kosten (Ausgaben); **~ капитала** Kapital|aufwand *m*, -aufwendungen *pl*, -ausgaben *pl*; **капитальные ~** Investitions|aufwand *m*, -aufwendungen *pl*; **косвенные ~** indirekte Kosten; **материальные ~** Sach|aufwand *m*, -kosten *pl*, -kostenaufwand *m*; **~ на амортизацию** Abschreibungsaufwand *m*, Abnutzungsaufwand *m*; **~ на возмещение основного капитала** Ersatzinvestitionen *pl*; **~ на выполнение проекта** Projektkosten *pl*; **~ на единицу продукции** Kosten je Produkteinheit; **~ на издание** Verlagskosten *pl*; **~ на капитал** Kapitalkosten *pl*; **~ на освоение месторождения** Erschließungskosten *pl*; **~ на проведение маркетинга** Marketingaufwendungen *pl*; **~ на реализацию** Realisierungskosten *pl*; **~ на рекламу** Werbe|aufwendungen *pl*, -kosten *pl*; **~ на ремонт** Instandsetzungskosten *pl*, Reparaturkosten *pl*; **~ на строительство** Bau|aufwand *m*, -kosten *pl*; **~ на текущий ремонт** Instandhaltungskosten *pl*; **~ наличными** Bargeldausgaben *pl*; **~, не относящиеся к отчётному периоду** periodenfremde Kosten; **непредвиденные ~** außerordentliche Ausgaben; **непроизводительные ~** unproduktiver Aufwand; **номинальные ~** Istkosten *pl*; **общие ~** gesamte (totale) Kosten, Gesamt|aufwand *m*, -aufwendungen *pl*, -ausgaben *pl*, -kosten *pl*; **плановые ~** Sollkosten *pl*; **постоянные ~** fixe Kosten, Fixkosten *pl*; **первичные ~** primäre Kosten, Primärkosten *pl*; **переменные ~** variable Kosten; **предельные ~** Grenz|aufwand *m*, -kosten *pl*; **~ предприятия** Gesamtkosten des Unternehmens; **приведённые ~** reduzierte Aufwendungen; **производимые (осуществляемые) ~** anfallende Kosten; **произведённые ~** angefallene (aufgewendete) Kosten; **производственные ~ (~ на производство)** produktionsbedingter Aufwand, betriebliche Aufwendungen, Betriebs|aufwand, -aufwendungen *pl*, -kosten *pl*, Produktions|aufwand *m*, -aufwendungen *pl*; **пропорциональные ~** anteilige Kosten; **прочие ~** sonstiger (übriger) Aufwand, sonstige Aufwendungen; **прямые ~** direkter Aufwand, direkte Kosten; **прямые материальные ~** Einzelmaterialkosten *pl*, Materialeinzelkosten *pl*; **~, связанные с образованием общества** Gründungsaufwand *m*; **~, связанные с реализацией продукции** Absatzkosten *pl*, Vertriebs|aufwendungen *pl*, -kosten *pl*; **средние ~** durchschnittliche Kosten, Durchschnittskosten *pl*; **текущие ~** laufende Kosten; **~ труда** Arbeitsaufwand *m*; **~ труда в расчёте на единицу продукции** Arbeitsaufwand je Erzeugniseinheit; **удельные ~** Einheitskosten *pl*; **условно-постоянные ~** fixe Kosten; **фактические ~** Istaufwand *m*, tatsächlicher Aufwand, effektive Kosten; **фактические ~ труда** tatsächlicher Arbeitsaufwand; **~ хранения** Lagerkosten *pl*; **целевые ~** Zweckaufwand *m*

затруднени|е *n* Schwierigkeit *f*; **испытывать -я** Schwierigkeiten haben, in Schwierigkeiten geraten; **-я с импортом** Einfuhr|behinderungen *pl*, -hemmnisse *pl*; **-я со сбытом** Absatzschwierigkeiten *pl*, Vertriebsschwierigkeiten *pl*; **-я со снабжением** Versorgungsschwierigkeiten *pl*; **-я с поставками** Lieferschwierigkeiten *pl*; **-я с проведением платежей** Zahlungsschwierigkeiten *pl*; **-я с реализацией** Verkaufsschwierigkeiten *pl*; **-я с удовлетворением спроса** Nachfragedruck *m*; **финансовые -я** finanzielle Schwierigkeiten, Geldnot *f*

затруднять erschweren, hemmen,

Schwierigkeiten bereiten; **~ импорт** Einfuhren erschweren

затягивание *n* Verzögerung *f*

затягивать verzögern

захоронение *n* **отходов** *(Umwelt)* Mülldeponierung *f*

зачёт *m* Aufrechnung *f*, Anrechnung *f*, Verrechnung *f*, Ausgleich *m*; **проводить ~** aufrechnen, anrechnen, die Aufrechnung (Anrechnung, Verrechnung) vornehmen (durchführen); **требовать -а** eine Aufrechnung geltend machen; **~ взаимных требований** Aufrechnung *f*, Kompensation *f*; **~ взаимных банковских требований через расчётную палату** Clearing *n*; **~ взаимных встречных требований** Aufrechnung *f*, Skontration *f*; **взаимный ~ чеков** Scheckabrechnung *f*; **~ встречного требования** Anrechnung einer Gegenforderung; **~ налогов, уплаченных за границей** Steueranrechnung *f*; **~ убытков при уплате налога за прошлый период** Verlustrücktrag *m*

зачисление *n* Anrechnung *f*; Buchung *f*, Einrechnung *f*

зачислять anrechnen, in Anrechnung bringen; buchen, eintragen

зачитывать aufrechnen, verrechnen, anrechnen, in Anrechnung bringen; **~ взаимные требования** Forderungen gegeneinander aufrechnen, Gegenforderungen anrechnen

защит|а *f* Schutz *m*; Verteidigung *f*; **взять под -у** in Schutz nehmen; **находиться под -ой** unter Schutz stehen; **предоставлять -у** Schutz gewähren; **-а вкладчиков** Einlegerschutz *m*; **-а владения** Besitzschutz *m*; **-а данных** Datenschutz *m*; **-а добросовестных третьих лиц** Schutz gutgläubiger Dritter; **-а должника от несправедливо сурового исполнения кредитором судебного постановления** Vollstreckungsschutz *m*; **-а инвестиций** Anlageschutz *m*, Investitionsschutz *m*; **-а интересов** Interessenwahrung *f*; **-а интересов вкладчиков (инвесторов)** Anlegerschutz *m*; **-а информации** Datenschutz *m*; **-а капиталовложений** Investitionsschutz *m*; **нуждающийся в -е** schutzbedürftig; **-а окружающей среды** Umweltschutz *m*; **-а права собственности** Eigentumsschutz *m*; **-а прав потребителей** Verbraucherschutz *m*, Schutz der Verbraucherrechte; **правовая -а** Rechtsschutz *m*; **правовая -а должника** Schuldnerschutz *m*; **правовая -а промышленной собственности** gewerblicher Rechtsschutz; **правовая -а образцов** Musterschutz *m*; **социальная -а** sozialer Schutz, sozialer Ausgleich; **страховая -а** Versicherungsschutz *m*

защитник *m* Verteidiger *m*, Anwalt *m*, Rechtsanwalt *m*

защитн|ый Schutz-; **-ые мероприятия** Schutzmaßnahmen *pl*; **-ая оговорка** Schutzklausel *f*

защищать schützen, verteidigen; **~ интересы** Interessen sicherstellen (wahren); **~ права потребителей** Verbraucherrechte schützen

заявитель *m* Antragsteller *m*, Bewerber *m*, Anmelder *m*, *(Recht)* Anzeigeerstatter *m*

заявк|а *f* Anforderung *f*; Anforderungsschein *m*; Anmeldung *f*, Antrag *m*, Bestellung *f*; Bestellzettel *m*; Bewerbung *f*; **аннулировать -у** eine Anmeldung (einen Antrag) zurücknehmen; **выполнять (обрабатывать) -у** einen Antrag bearbeiten; **отклонять -у** die Anmeldung zurückweisen; **подавать (сделать) -у** anfordern, anmelden, beantragen, den Bedarf angeben; **подавать -у на кредит** einen Kredit beantragen; **принять -у** eine Anmeldung (einen Antrag) entgegennehmen; **сделать -у на получение патента** zum Patent anmelden; **кредитная -а** Kreditantrag *m*; **-а на ассигнование** Mittelanforderung *f*; **-а на выполнение проекта (проектирование)** Projektantrag *m*; **-а на лицензию** Lizenzantrag *m*; **-а на материал** Anforderung von Material, Materialanforderung *f*; **-а на покупку** Kauf|antrag *m*, -auftrag *m*; **-а на получение акций** Antrag auf Zuteilung von Aktien; **-а на получение наличности** Bargeldanforderung *f*; **-а на получение кредита** Kreditantrag *m*;

-а на получение ликвидности Liquiditätsantrag *m*; **-а на получение патента** Anmeldung zum Patent, Patent|anmeldung *f*, -anspruch *m*; **-а на регистрацию в торговом реестре** Anmeldung zur Eintragung in das Handelsregister; **-а на участие в аукционе (торгах)** Bewerbung um die Teilnahme an einer Versteigerung; **-а на торгах** Offerte *f*; **новая -а** Neuanmeldung *f*; **сводная -а** Sammelanmeldung *f*

заявлени|е *n* Anmeldung *f*, Antrag *m*, Bewerbung *f*, Eingabe *f*, Gesuch *n*, Bewerbungsschreiben *n*; Erklärung *f*; **(с)делать -е** eine Erklärung abgeben; **заб(и)рать -е обратно** eine Anmeldung (einen Antrag) zurücknehmen; **заполнять бланк -я** ein Antragsformular (Anmeldeformular) ausfüllen; **пода(ва)ть -е** einen Antrag einreichen (stellen), ein Gesuch einreichen; **пода(ва)ть -е о регистрации** zur Eintragung anmelden; **рассматривать -е** einen Antrag (eine Anmeldung) bearbeiten (prüfen); **удовлетворять -е** einen Antrag (ein Gesuch) bewilligen, einem Antrag stattgeben; **исковое -е** Klageschrift *f*, schriftliche Klage; **-е на выдачу ссуды (займа)** Darlehensantrag *m*; **-е на выплату выходного пособия** Abfertigungsantrag *m*; **-е на выдачу визы** Visumantrag *m*; **-е на открытие аккредитива** Akkreditiveröffnungsantrag *m*; **-е о банкротстве** Konkursantrag *m*; **-е о выплате страхового возмещения** Versicherungsanspruch *m*; **-е о выходе (из состава)** Austrittserklärung *f*; **-е о приёме (на работу)** Bewerbung *f*, Bewerbungsschreiben *n*; **-е о допуске ценных бумаг к торговле на фондовой бирже** Antrag auf Börseneinführung, Zulassungsantrag zum Börsenhandel; **-е о ликвидации фирмы** Liquidationsantrag *m*; **-е об аннулировании (договора)** Rücktrittserklärung *f*; **-е об отказе** Ablehnungs|erklärung *f*, -bescheid *m*; **-е об абандоне** Abandonerklärung *f*; **-е об открытии конкурса** Antrag auf Konkurseröffnung; **-е об открытии судебного производства о предотвращении банкротства** Vergleichsantrag *m*; **-е об отставке** Rücktrittserklärung *f*; **-е об уступке права (требования)** Abtretungserklärung *f*; **-е об ущербе** Schadens|(an)meldung, -anzeige *f*; **письменное -е** schriftliche Erklärung (Bewerbung); **-е под присягой** eidliche Erklärung; **-е протеста** Protest|erhebung *f*, -erklärung *f*; **совместное -е** gemeinsame Erklärung; **страховое -е, -е страхователя** Versicherungsantrag *m*

заявлять anmelden, erklären, beantragen; **~ о своём уходе (выходе)** seinen Austritt erklären; **~ патент** ein Patent anmelden; **~ претензию (рекламацию)** beanstanden, einen Anspruch anmelden; **~ протест** Protest erheben (erklären), Einspruch erheben, protestieren, einen Protest einlegen

звание *n* Titel *m*, Rang *m*

звено *n* Glied *n*; **высшее ~ руководства** Führungsspitze *f*, Topmanagement; **среднее ~ руководства** Middle Management, mittlere Unternehmungsführung, mittlere Führungskräfte

здание *n* Gebäude *n*, Bau *m*, Haus *n*; **воздвигнуть (построить) ~** ein Gebäude errichten; **застраховать ~** ein Gebäude (ein Haus) versichern; **административное ~** Bürohaus *n*, Verwaltungsgebäude *n*; **высотное ~** Hochhaus *n*; **жилое ~** bewohntes Gebäude, Wohn|block *m*, -gebäude *n*, -haus *n*; **~ завода** Fabrikgebäude *n*; **новое ~** Neubau *m*; **общественное ~** öffentliches Gebäude; **офисное ~** Bürogebäde *n*; **производственное ~** Betriebsgebäude *n*, Fabrikgebäude *n*; **промышленное ~** Industriebau *m*; **~ склада** Lagergebäude *n*; **~ фирмы** Geschäftsgebäude *n*

здоровый gesund

здоровье *n* Gesundheit *f*

здравоохранение *n* Gesundheitswesen *n*, Gesundheitsschutz *m*

земельн|ый Agrar-, Boden-, Grund-, Land-, Landes-; **-ая аренда** *f* Landpacht *f*; **-ое владение** *n* Bodenbesitz *m*, Grundbesitz *m*; **-ое**

законодательство *n* Agrarverfassung *f*; **-ый налог** *m* Landessteuer *f*; **-ые отношения** *pl* Bodenverhältnisse *pl*; **-ое право** *n* Agrarrecht *n*; **-ая реформа** *f* Bodenreform *f*; **-ая собственность** *f* Grund|eigentum *n*, -vermögen *n*

землевладелец *m* Bodenbesitzer *m*, Bodeneigentümer *m*, Grundbesitzer *m*, Grundeigentümer *m*; **крупный ~** Großgrundbesitzer *m*

землевладение *n* Bodenbesitz *m*, Grundbesitz *m*, Grundeigentum *n*; **крупное ~** Großgrundbesitz *m*

земледелец *m* Landwirt *m*

земледелие *n* Ackerbau *m*, Bodenbewirtschaftung *f*, Landwirtschaft *f*

землепользование *n* Bodenbewirtschaftung *f*, Bodennutzung *f*, Landbewirtschaftung *f*; **~ с учётом требований экологии** ökologisch ausgewogene Landbewirtschaftung, umweltfreundliche Bodennutzung

землеустройство *n* Bodenordnung *f*

земля *f* Boden *m*, Grund *m*, Land *n*, Erde *f*; **арендованная ~** Pachtland *n*, **необрабатываемая ~** brachliegendes Land; **обрабатываемая ~** bestellter Boden, bestelltes Land; **плодородная ~** fruchtbares Land, fruchtbarer Boden

зерно *n* Getreide *n*, Korn *m*; **кормовое ~** Futtergetreide *n*

зерновые (культуры *pl***)** Getreide *n*; **возделывать ~** Getreide anbauen

злонамеренный böswillig

злоупотреблени|е *n* Missbrauch *m*, missbräuchliche Ausnutzung; **прекращать -я** den Missbrauch abschaffen (abstellen); **-е властью** Machtmissbrauch *m*; **-е доверием** Betrug *m*, Untreue *f*, Vertrauensbruch *m*; **-я в торговле** Handelsmissbrauch *m*; **основанный на -и** missbräuchlich

злоупотреблять missbrauchen, missbräuchlich anwenden; **~ доверием** betrügen

знак *m* Zeichen *n*, Marke *f*; **аннулировать товарный ~** das Warenzeichen löschen; **(за)регистрировать товарный ~** ein Warenzeichen eintragen (lassen); **заявлять товарный ~** ein Warenzeichen zur Eintragung anmelden; **маркировать товарным -ом** mit einem Zeichen versehen; **нарушать товарный ~** ein Warenzeichen verletzen; **незаконно использовать товарный ~** ein Warenzeichen nachahmen; **денежный ~** Geldzeichen *n*; **дорожный ~** Verkehrszeichen *n*; **единый товарный ~** Verbandszeichen *n*; **заводской ~** Fabrikmarke *f*; **зарегистрированный товарный ~** eingetragenes Warenzeichen; **-и идентичности** Identifizierungsmerkmale *pl*; **~ качества** Güte|siegel *n*, -zeichen *n*, Qualitäts|siegel *n*, -zeichen *n*; **~ минус** Minuszeichen *n*; **~ оплаты на почтовых отправлениях (~ стоимости)** Wertzeichen *n*; **отличительный фирменный ~** Logo *n*, Firmenlogo *n*; **~ плюс** Pluszeichen *n*; **товарный ~** Warenzeichen *n*, Schutzmarke *f*; **торговый ~** Handelsmarke *f*, Warenzeichen *n*, trade mark; **фабричный ~** Fabrikmarke *f*; **фирменный ~** Firmen|logo *n*, -marke *f*, -zeichen *n*, Marke *f*, Schutzmarke *f*, Hausmarke *f*, Logo *n*

знани|е *n* Wissen *n*, Kenntnis *f*, Kenntnisse *pl*; **передавать -я** Wissen vermitteln; **-е дела** Sachkenntnis *f*, Geschäftskenntnisse *pl*; **-я необходимые для управления** Führungswissen *n*; **-е рынка** Marktkenntnisse *pl*; **со -ем дела** fach|gemäß, -gerecht, -kundig; **специальные -я** Fach|kenntnisse *pl*, -wissen *n*, fachspezifisches Wissen; **-е состояния дел в отрасли** Branchenkenntnisse *pl*; **технические -я** technisches Wissen

значение *n* Bedeutung *f*, Wert *m*, Größe *f*; **максимальное ~** Höchstwert *m*, Maximalwert *m*, Maximum *n*; **минимальное ~** Kleinstwert *m*, Minimalwert *m*, Minimum *n*; **мировое ~** Weltbedeutung *f*, Weltgeltung *f*; **среднее ~** Durchschnitt *m*, Durchschnittswert *m*, Mittelwert *m*, Medianwert *m*; **табличное ~** Tabellenwert *m*

золото *n* Gold *n*; **депонировать ~ под залог займа** Gold beleihen; **добывать ~** Gold gewinnen; **обменивать на ~** gegen Gold austauschen; **торговать -ом** mit Gold handeln; **~ в слитках** Barrengold *n*, Gold in Barren; **монетарное ~** Währungsgold *n*; **чеканное ~** gemünztes Gold

золотодобыча *f* Goldgewinnung *f*

золотодобытчик *m* Goldproduzent *m*, Goldwäscher *m*

золот|ой golden, Gold-; **-ой арбитраж** *m* Goldarbitrage *f*; **-ой заём** *m* Goldanleihe *f*; **-ая оговорка** *f* Goldklausel *f*; **-ой паритет** *m* Goldparität *f*; **-ое правило** *n* **банковской ликвидности** Bankregel *f*; **-ой стандарт** *m* Goldstandard *m*

зон|а *f* Zone *f*, Gebiet *n*, Bereich *m*; **создать -у** eine Zone einrichten; **валютная -а** Währungs|gebiet *n*, -zone *f*; **-а влияния** Einflussbereich *m*; **-а действия тарифа** Tarifgebiet *n*; **долларовая -а** Dollarzone *f*; **запретная -а** Sperrgebiet *n*; **-а обслуживания** Einzugsbereich *m*, Versorgungsbereich *m*; **операционная -а** Arbeitsbereich *m*; **-а свободной торговли** Freihandelszone *f*; **-а льготного налогообложения** steuerbegünstigte Zone; **-а свободная от таможенного обложения** zollfreies Gebiet, Zollfreigebiet *n*; **стерлинговая -а** Sterlingblock *m*; **таможенная -а** Zollgebiet *n*; **торгово-промышленная -а** Gewerbe|gebiet *n*, -park *m*; **экономическая -а** Wirtschaftszone *f*

И

игра *f* Spiel *n*; Spekulation *f*; **биржевая ~** Börsenspekulation *f*; **деловая ~** Planspiel *n*, Unternehmensplanspiel *n*; **~ на повышение (курса)** Haussespekulation *f*, Kurstreiberei *f*; **~ на понижение (курса)** Baissespekulation *f*

играть spielen; spekulieren; **~ на повышение (курса)** auf Hausse spekulieren, haussieren; **~ на понижение (курса)** auf Baisse spekulieren, baissieren

игрок *m* Spieler *m*; Spekulant *m*; **биржевой ~** Börsenspekulant *m*, Börsianer *m*; **глобальный ~** Globalspieler *m*, Global-Player *m*; **~ на повышение (курса)** Haussespekulant *m*, Haussier *m*; **~ на понижение (курса)** Baissespekulant *m*, Baissier *m pl*

идентификация *f* Identifikation *f*, Identifizierung *f*; **~ пользователя** Nutzeridentifizierung *f*, **~ товаров** Warenidentifizierung *f*

идентифицировать identifizieren

идентичность *f* Identität *f*, Nämlichkeit *f*; **подтверждать ~** die Identität nachweisen; **устанавливать ~** die Nämlichkeit feststellen

идентичный identisch, gleichlautend; **~ текст договора** gleichlautender Vertragstext

идеология Интернет *(Comp)* Internetideologie *f*

идея *f* Idee *f*; **деловая ~** Geschäftsidee *f*; **рекламная ~** Werbeidee *f*

иена *f* Yen *m*

иерархическ|ий hierarchische; **-ая организация** *f* hierarchische Organisation

иерархи|я *f* Hierarchie *f*; **ликвидировать -ю** Hierarchien abbauen; **-я на предприятии** Unternehmenshierarchie *f*; **-я на производстве** betriebliche Hierarchie, Betriebshierarchie *f*; **-я управления** Führungshierarchie *f*; **-я целей** Zielhierarchie *f*

иждивен|ец *m* Unterhaltsberechtigte *m*, unterhaltsberechtigte Person, abhängiger (unterhaltsbedürftiger) Familienangehöriger, Unterhaltsempfänger *m*; **быть -цем (находиться на иждивении)** Unterhaltsempfänger sein

избежание налогов (legale) Steuervermeidung *f*

избиратель *m* Wähler *m*, Wahlberechtigte *m*, Stimmberechtigte *m*

избирать wählen; **~ простым большинством голосов** mit einfacher Stimmenmehrheit wählen; **~ тайным голосованием** in geheimer Wahl wählen

избрание *n* Wahl *f*

избыт|ок *m* Überfluss *m*, Überhang *m*, Übermaß *n*, Mehr *n*; **быть в -ке** im Überfluss sein; **ликвидировать -ок** einen Überhang (Überschuss) abbauen; **-ок денег** Geldüberfluss *m*; **-ок капитала** Überfluss an Kapital, Kapi-

tal|überhang *m*, -überschuss *m*; **-ок ликвидности** Liquiditätsüberhang *m*; **-ок персонала** personeller Überhang; **-ок товаров** Warenüberfluss *m*
избыточность *f* Redundanz *f*
избыточн|ый überschüssig, Überschuss-, redundant; **-ые резервы** *pl* Überschussreserven *pl*
извещать anzeigen, (an)melden, avisieren, benachrichtigen; **~ клиента** den Käufer benachrichtigen; **~ о дефекте** einen Mangel anzeigen (rügen); **~ об отправке (товаров)** den Versand anzeigen; **~ об ущербе** den Schaden anmelden; **~ о поступлении товаров** den Eingang der Waren anzeigen
извещение *n* Benachrichtigung *f*, Meldung *f*, Mitteilung *f*; Anzeige *f*, Avis(ierung *f*) *m*; Bescheid *m*; Nota *f*, Notifikation *f*, Notiz *f*; **получать ~** einen Bescheid erhalten; **посылать ~** einen Bescheid zustellen; **инкассовое ~** Inkasso|anzeige *f*, -avis *m*; **~ о выполнении сделки** Ausführungsanzeige *f*; **~ о дебетовании** Belastungsanzeige *f*, Debetanzeige *f*, Lastschriftanzeige *f*; **~ о платеже** Bezahltmeldung *f*, Zahlungsanzeige *f*; **~ о погрузке (отгрузке)** Verladeanzeige *f*; **~ о получении** Empfangsanzeige *f*; **~ о поставке** Avis der Lieferung, Lieferanzeige *f*; **~ о прибытии** Ankunftsmeldung *f*; **~ о пуске тратты в оборот** Trattenavis *m*; **~ о принятом решении** Bescheid *m*; **~ об обеспечении чека** Scheckdeckungsanzeige *f*; **~ об опротестовании векселя** Mitteilung über Wechselprotest; **~ об отказе** Ablehnungsbescheid *m*; **~ об открытии аккредитива** Avisierung eines Akkreditivs; **~ об открытии кредита** Gutschriftanzeige *f*; **~ об отправке** Versandanzeige *f*, Anzeige über die Absendung; **~ об убытках** Verlustanzeige *f*; **~ об увольнении** Entlassungsschreiben *n*, Kündigung *f*, Kündigungs|brief *m*, -schreiben *n*; **~ об уступке требования** Abtretungsanzeige *f*; **платёжное ~ налоговой службы** Steuerbescheid *m*; **предварительное ~** Vor|ankündigung *f*, -anzeige *f*; **таможенное ~ о размере пошлины** Zollbescheid *m*
извлечение выгоды Nutzenerzielung *f*, Gewinnerzielung *f*
изготавливать anfertigen, erzeugen, fertigen, fertig stellen, herstellen, produzieren; **~ по заказу** auf Bestellung anfertigen; **~ промышленным способом** industriell erzeugen (fertigen, herstellen, produzieren); **~ серийно** in Serie fertigen (herstellen)
изготовитель *m* Erzeuger *m*, Hersteller *m*, Produzent *m*, Fabrikant *m*
изготовление *n* Anfertigung *f*, Erzeugung *f*, Fabrikation *f*, Fertigung *f*, Herstellung *f*, Produktion *f*; **начинать ~** die Fabrikation (Fertigung, Produktion) aufnehmen; **планировать ~** die Produktion planen; **прекращать ~** die Fabrikation (Fertigung, Produktion) einstellen, die Produktion aufgeben; **продолжать ~** die Produktion aufrechterhalten; **единичное ~** Einzel(an)fertigung *f*; **~ комплектующих деталей** Vorproduktion *f*; **~ на заказ (по заказу)** Auftragsfertigung *f*, Sonderfertigung *f*, Einzel(an)fertigung *f*; **массовое ~** Massen|herstellung *f*, -produktion *f*; **~ новой продукции** Neuanfertigung *f*; **~ опытных образцов** Muster|erstellung *f*, -fertigung *f*; **~ побочной продукции** verbundene Produktion; **позаказное ~** auftragsgebundene Fertigung; **промышленное ~** industrielle Erzeugung (Fertigung); **серийное ~** Reihen|fertigung *f*, -produktion *f*, Losfertigung *f*, Serien|-fertigung *f*, -herstellung *f*, -produktion *f*, serienmäßige Produktion (Fertigung); **~ согласно пожеланиям (спецификации) заказчика** Anfertigung nach Angaben des Bestellers; **специальное ~** Sonder|(an)fertigung *f*, -ausführung *f*; **штучное ~** Einzel(an)fertigung *f*
изготовленн|ый (an)gefertigt, hergestellt, gemacht; **-ый по мерке** maß|-gearbeitet, -gefertigt, nach Maß gearbeitet (gefertigt); **-ый по заказу** auf Bestellung angefertigt
изготовлено в hergestellt in
издавать herausgeben, verlegen, veröffentlichen; erlassen; **~ закон** ein

Gesetz erlassen; **~ книги** Bücher verlegen

издание *n* Auflage *f*, Ausgabe *f*, Herausgabe *f*, Veröffentlichung *f*; **исправленное и дополненное ~** verbesserte und ergänzte Auflage; **новое ~** Neuauflage *f*; **официальное ~** Amtsblatt *n*; **перепечатанное ~** Nachdruck *m*; **переработанное ~** neubearbeitete Auflage; **периодическое ~** periodische Druckschrift; **повторное ~** Neuauflage *f*; **расширенное ~** erweiterte Ausgabe; **рекламное ~** Werbeschrift *f*; **сокращённое ~** gekürzte Ausgabe; **стереотипное ~** unveränderte Auflage

издатель *m* Verleger *m*, Editor *m*, Herausgeber *m*

издательское право *n* Verlagsrecht *n*

издательство *n* Verlag *m*; **специализированное ~** Fachverlag *m*; **~ экономической литературы** betriebswirtschaftlicher Verlag

издели|е *n* Erzeugnis *n*, Fabrikat *n*, Produkt *n*; **испытывать -я** Produkte erproben; **покупать -я** Produkte kaufen (erwerben); **производить -я** Produkte herstellen; **реализовывать (сбывать) -я** Erzeugnisse (Produkte) absetzen (vermarkten, vertreiben); **бракованное -е** fehlerhaftes Produkt, Ausschuss *m*; **высококачественное -е** Qualitäts|erzeugnis *n*, -produkt *n*, hochwertiges Erzeugnis, Erzeugnis von hoher Qualität; **-е высшего качества** Spitzen|erzeugnis *n*, -produkt *n*; **готовое -е** fertiges Erzeugnis (Produkt), Fertig|erzeugnis *n*, -fabrikat *n*, -produkt *n*; **импортное -е** Importerzeugnis *n*, ausländisches Erzeugnis; **инновационное -е** innovatives Produkt; **комплектующее -е** Zulieferteil *m*; **кондитерские -я** Süßwaren *pl*; **кустарно-художественное -е** kunstgewerbliches Erzeugnis; **-е массового производства** Massen|artikel *m*, -produkt *n*; **-е, не завершённое производством** unfertiges Erzeugnis; **низкокачественное -е** geringwertiges Erzeugnis, Erzeugnis von geringerer Qualität; **однородное -е** homogenes Erzeugnis; **основное -е предприятия** Haupt|erzeugnis *n*, -produkt *n*; **отечественное -е** einheimisches (inländisches) Erzeugnis (Produkt), Inlandsprodukt *n*; **-е переработки** Veredlungserzeugnis *n*; **промышленное -е** industrielles Erzeugnis, Industrie|erzeugnis *n*, -produkt *n*; **промежуточное -е** Zwischen|erzeugnis, -produkt *n*, Halb|erzeugnis *n*, -fabrikat *n*; **ремесленное -е** Handwerkserzeugnis *n*; **скобяные -я** Eisenwaren *pl*; **собственное -е** eigenes Fabrikat; **специальное -е** Spezialerzeugnis *n*; **текстильные -я** Textilien *pl*, Textil|erzeugnisse *pl*, -waren *pl*; **технически совершенное -е** ausgereiftes Produkt; **фирменное -е** Marken|artikel *m*, -erzeugnis *n*, -produkt *n*; **художественное -е кустарной работы** kunstgewerbliches Erzeugnis; **ювелирные -я** Schmuckwaren *pl*; **экспортное -е** Ausfuhrerzeugnis *n*, Exporterzeugnis *n*

издерж|ки *pl* Aufwand *m*, Aufwendungen *pl*, Ausgaben *pl*, Auslagen *pl*, Kosten *pl*, Spesen *pl*; **брать на себя -ки** Kosten auf sich nehmen (übernehmen), für die Kosten aufkommen; **включать -ки в статьи расходов** die Kosten zurechnen; **возмещать -ки** Auslagen (Kosten, Spesen) erstatten (ersetzen, vergüten); **возложить оплату -ек** die Kosten auferlegen; **вызывать -ки** Kosten verursachen; **документально подтверждать произведённые -ки** die Kosten ausweisen; **контролировать -ки** Kosten kontrollieren; **начислять -ки** Kosten anrechnen; **нести -ки** Kosten bestreiten, die Kosten tragen; **определять -ки** Kosten ermitteln; **перекладывать -ки** Kosten überwälzen; **перечислять -ки по отдельным статьям** Kosten aufstellen; **подсчитывать -ки** Kosten errechnen (berechnen); **покрывать -ки** die Kosten decken; **проверять -ки** Kosten überprüfen; **производить расчёт -ек** Kosten (Spesen) abrechnen (verrechnen); **распределять -ки по статьям расходов** die Kosten zuordnen; **расчитывать -ки** Kosten berechnen; **снижать (сокращать) -ки** Kosten einsparen (herabsetzen, reduzieren, senken); **сопоставлять -ки** Kosten gegenüberstellen; **-ки, автоматически изменяющиеся с изменением вида, количества, стоимости закупленной, произведённой продукции** Leistungskosten *pl*; **альтернативные -ки** Opportunitätskosten *pl*; **банковские -ки** Bankspesen *pl*; **внеплановые -ки** außerplanmäßige Kosten; **возрастающие -ки** anziehende (steigende) Kosten; **-ки будущих периодов** zukünftige Kosten; **-ки в расчёте на единицу продукции** Stückkosten *pl*, Kosten je Produkteinheit (Erzeugniseinheit); **вторичные -ки** sekundäre Kosten; **дифференциальные -ки** Differentialkosten *pl*; **дополнительные -ки** Zusatzkosten *pl*, Nebenkosten *pl*, Mehrkosten *pl*, zusätzliche Kosten, Sonderlasten *pl*, Extrakosten *pl*; **дополнительные причисленные -ки** verrechnete Kosten; **-ки, зависящие от выработки** leistungsabhängige Kosten; **-ки, зависящие от стоимости рабочей силы** beschäftigungsabhängige Kosten; **-ки, зависящие от уровня заработной платы** lohnabhängige Kosten; **запланированные -ки** Plankosten *pl*, Sollkosten *pl*, geplante Kosten; **-ки исполнения сделки** Kosten der Ausführung; **калькуляционные -ки** Kalkulationskosten *pl*, kalkulatorische Kosten; **косвенные -ки** indirekte Kosten; **максимально допустимые -ки** höchstzulässige Kosten; **материальные -ки** Sach|aufwand *m*, -kosten *pl*, -kostenaufwand *m*; **местные -ки** Platzspesen *pl*; **-ки на материалы** Materialkosten *pl*; **-ки на модернизацию** Modernisierungskosten *pl*; **-ки на обновление (реновацию)** Erneuerungskosten *pl*; **-ки на обслуживание объекта** Bewirtschaftungskosten *pl*; **-ки на подготовку ИПО** Börseneinführungskosten *pl*; **-ки на производство продукта** Herstellungskosten für das Produkt; **-ки на рекламу** Werbekosten *pl*; **-ки на сервисные услуги** Servicekosten *pl*; **-ки на хранение запасов** Bestandskosten *pl*; **начисленные -ки** angefallene Kosten; **-ки, начисляемые на конкретный продукт** Produkteinzelkosten *pl*; **-ки, не зависящие от стоимости рабочей силы** beschäftigungsunabhängige Kosten; **-ки обращения** Distributionskosten *pl*; **общие -ки** allgemeine (gesamte, totale) Kosten, Gesamt|aufwand *m*, -aufwendungen *pl*, -kosten *pl*; **одноэлементные -ки** Einzelkosten *pl*; **оптимальные -ки** optimale Kosten; **особые -ки** Extrakosten *pl*, Sonderlasten *pl*; **первичные -ки** primäre Kosten; **первоначальные -ки** Anfangskosten *pl*; **переменные -ки** variable Kosten; **-ки переработки** Veredlungskosten *pl*; **плановые -ки** Plankosten *pl*, Sollkosten *pl*, geplante Kosten; **-ки по выплате процентов** Zinskosten *pl*; **-ки по обороту** Umsatzkosten *pl*; **-ки по устранению брака** Nacharbeitskosten *pl*; **понесённые -ки** angefallene Kosten; **постоянные -ки** fixe Kosten, Fixkosten *pl*; **постоянные и переменные -ки** Mischkosten *pl*; **постоянные -ки по заказу** auftragsfixe Kosten; **потребительские -ки** Verbraucherausgaben *pl*, Verbrauchsausgaben *pl*; **предварительные -ки** vorläufige Kosten; **предельные -ки** Grenzkosten *pl*; **предполагаемые -ки** voraussichtliche Kosten; **прогрессивные -ки** überproportionale Kosten; **произведённые -ки** aufgewendete Kosten; **производимые -ки** anfallende Kosten; **-ки производства (производственные -ки)** Betriebskosten *pl*, Erzeugungskosten *pl*, Fabrikationskosten *pl*, Fertigungskosten *pl*, Herstell(ungs)kosten *pl*, Produktionskosten *pl*, Kosten der Produktion; **-ки производства по выпуску продукта** Produktherstellkosten *pl*; **пропорциональные -ки** anteilige Kosten; **прочие -ки** sonstige (übrige) Kosten; **прямые -ки** direkte (direkt zurechenbare) Kosten; **прямые -ки на производство данного продукта** artikeldirekte Kosten;

прямые -ки производства Fertigungseinzelkosten *pl*; **реализованные -ки** realisierte Kosten; **-ки, связанные с выполнением данного заказа** auftragsabhängige Kosten; **-ки, связанные с обеспечением качества** Qualitätssicherungskosten *pl*; **-ки, связанные с отсрочкой** Verzugskosten *pl*; **-ки, связанные с переходом на другой вид продукции** Sonderwechselkosten *pl*; **-ки, связанные с повышением качества** qualitätsabhängige Kosten; **сравнительные -ки** komparative Kosten; **средние -ки** Normalkosten *pl*, durchschnittliche Kosten; **судебные -ки** Gerichtskosten *pl*; **текущие -ки** laufende Kosten; **торговые -ки** Handelskosten *pl*, Verkaufs|spesen *pl*, -kosten *pl*; **транзитные -ки** Transitkosten *pl*; **трансакционные -ки** Transaktionskosten *pl*; **транспортные -ки** Beförderungskosten *pl*, Frachtkosten *pl*, Transportkosten *pl*; **уменьшающиеся -ки** degressive (unterproportionale) Kosten; **учтённые -ки** erfasste Kosten; **фактические -ки** Istkosten *pl*, effektive (tatsächliche) Kosten; **финансовые -ки** finanzielle Belastung; **-ки хранения** Aufbewahrungskosten *pl*, Lagerkosten *pl*; **эксплуатационные -ки** Betriebskosten *pl*

излиш|ек *m* Überfluss *m*, Überhang *m*, Überschuss *m*, Mehrbetrag *m*, Plus *n*; **давать -ки** einen Überschuss abwerfen; **продавать -ки** Überschüsse verkaufen; **сокращать -ки** den Überhang (Überschuss) abbauen; **-ек веса** Übergewicht *n*; **-ек запасов** Überbestand *m*, Überschussbestände *pl*; **-ки капитала** Kapitalüberschuss *m*; **кассовый -ек** Kassenüberschuss *m*; **-ек кассовой наличности** Barüberschuss *m*; **потребительский -ек** Konsumentenrente *f*; **-ки произведённой продукции** Produktionsüberschuss *m*; **-ки производства** Betriebsüberschuss *m*; **свободные -ки** freie Spitzen; **-ки сельскохозяйственной продукции** Überschuss an Agrargütern, landwirtschaftliche Überschüsse

излишний überschüssig, Überschuss-, überflüssig; **~ вес** Übergewicht *n*

изменени|е *n* Abänderung *f*, Änderung *f*, Veränderung *f*; Wandel *m*, Wende *f*; Umwandlung *f*; **вносить -я** Abänderungen (Veränderungen) vornehmen; **вызывать -е** eine Änderung herbeiführen; **оговаривать возможность -й** Abänderungen (Änderungen) vorbehalten; **претерпевать -е** eine Abänderung erfahren; **приводить к -ю** eine Änderung herbeiführen; **принимать решение об -и** eine Abänderung treffen; **проводить -я** Abänderungen (Veränderungen) vornehmen; **-е администрации** Managementwechsel *m*, Verwaltungswechsel *m*; **-я в имущественном состоянии** Vermögensänderungen *pl*; **-е величины запасов** Bestands|änderung *f*, -veränderung *f*; **-е конъюнктуры** Konjunktur|änderung *f*, -wechsel *m*, -wende *f*; **-е курса** Kurs|änderung *f*, -wechsel *m*; **-е курса валют** Wechselkursänderung *f*, Änderung des Wechselkurses; **-е нормы** Normänderung *f*; **-е названия** Namensänderung *f*; **-е названия фирмы** Umfirmierung *f*; **-е налоговой стоимости предприятия** Fortschreibung *f*; **-е паритета** Paritätsänderung *f*; **-е плановых (расчётных) издержек** Verrechnungsabweichung *f*; **-е потребностей** Bedarfs|änderung *f*, -wandel *m*; **-е правовой формы общества (предприятия)** Umgründung *f*, Umwandlung der Gesellschaftsform; **-е размера налога** Berichtigungsveranlagung *f*; **-е размера пенсии в зависимости от роста цен** Rentenanpassung *f*; **-е размера прибыли** Gewinnänderung *f*; **резкое -е конъюнктуры** Konjunktur|umschlag *m*, -umschwung *m*; **-е складских запасов** Lagerbestands|bewegung *f*, -veränderung *f*, Lager|bewegung *f*, -veränderungen *pl*; **-е спроса** Nachfragewandel *m*, Bedarfs|änderung *f*, -wandel; **-е стоимости** Wertänderung *f*; **-е стоимости запасов** *(Buchh)* Änderung der Vorräte; **структурные -я** strukturelle Veränderungen, Struktur|änderung *f*, -veränderung *f*, -wandel *m*; **~ е структуры пассивной части баланса** Passivtausch *m*; **-е судовладельца** *(Versich)* Wechsel des Schiffseigentümers;**-е тенденции развития** Trendwende *f*; **технические -я** technische Veränderungen, technischer Wandel; **-е технологии** technologischer Wandel; **-е условий аккредитива** Abänderung eines Akkreditivs; **-е условий договора** Änderung der Vertragsbedingungen; **-е условий заказа** Auftragsänderung *f*; **-е условий предложения** Angebotsänderung *f*; **-е устава** Satzungsänderung *f*, Statutenänderung *f*, Änderung der Satzung; **-е формы** Umformung *f*; **-е цен** Preisänderung *f*; **циклическое -е конъюнктуры** Konjunkturbewegung *f*

изменчивость Volatilität *f*; **~ курсов** Volatilität der Aktienkurse

изменять abändern, ändern, verändern; **~ название фирмы** umfirmieren; **~ порядок** umordnen; **~ постановление (решение)** einen Beschluss ändern; **~ правовую форму предприятия** umgründen; **~ условия** die Bedingungen abändern

измерение *n* Bemessung *f*, Messung *f*, Vermessung *f*; **проводить ~** eine Messung durchführen; **количественное ~** Mengenmessung *f*; **контрольное ~** Kontrollmessung *f*

измеритель *m* Messer *m*, Messgerät *n*

измерительн|ый Mess-; **-ый прибор** *m* Messgerät *n*, Messer *m*; **-ая техника** *f* Messtechnik *f*

измерять abmessen, messen, bemessen, vermessen

изнашиваемый abnutzbar, verschleißbar

изнашивание *n* Abnutzung *f*, Verschleiß *m*

изнашиваться sich abnutzen, verschleißen

износ *m* Abnutzung *f*, Verschleiß *m*; Verzehr *m*; **естественный ~** natürliche Abnutzung; **~ основного капитала, ~ основных фондов** Substanzverzehr *m*; **преждевременный ~** vorzeitiger Verschleiß; **технический ~** technischer Verschleiß; **физический ~** substantielle Abnutzung

изношенность *f (Ind)* Verschleißzustand *m*, hoher Verschleiß *m*, hoher Verschleißgrad *m*

изобили|е *n* Überfluss *m*; **быть в -и** reichlich (im Überfluss) vorhanden sein; **-е материальных благ** Überfluss an materiellen Gütern

изобильный reich, ergiebig

изобретатель *m* Erfinder *m*

изобретательство *n* Vorschlagswesen *n*

изобретать erfinden

изобретени|е *n* Erfindung *f*; **выдавать патент на -е (запантентовать -е)** eine Erfindung patentieren lassen; **использовать -е (в практических целях)** eine Erfindung (praktisch) verwerten; **осуществлять правовую охрану -я** eine Erfindung rechtlich schützen; **запатентованное -е** patentierte Erfindung; **один из авторов -я** Miterfinder *m*; **патентоспособное -е** patentfähige Erfindung; **-е, сделанное работником предприятия** Arbeitnehmererfindung *f*; **совместное -е** gemeinsame Erfindung

изокванты *pl* Isoquanten *pl*

изокоста *f* Isokostenkurve *f*

изофоры *pl* Isophoren *pl*

израсходовать aufwenden, ausgeben, verbrauchen; **~ запасы** Bestände (Vorräte) verbrauchen

изучать erlernen, lernen, studieren, prüfen, (er)forschen; **~ рынок** den Markt erforschen

изучение *n* Forschung *f*, Studium *n*; **проводить ~** Forschungen betreiben; **~ конъюнктуры** Konjunkturforschung *f*; **~ конъюнктуры рынка** Marktforschung *f*; **~ методов рекламы** Werbeforschung *f*; **~ общественного мнения** Meinungsforschung *f*; **~ предприятием возможности экспорта своей продукции** Betriebsforschung *f*; **~ потребительского спроса** Verbraucherumfrage *f*; **~ рынка** Marktforschung *f*; **~ сбыта** Absatzforschung *f*; **~ спроса** Bedarfs|forschung *f*, -ermittlung *f*; **~ трудового процесса** Arbeitsstudie *f*; **~ условий сбыта** Marketingforschung *f*

изъян *m* Fehler *m*, Mangel *m*; **с -ом** fehlerhaft, mangelhaft, beschädigt

изъяти|е *n* Entnahme *f*, Entziehung *f*, Entzug *m*, Abschöpfung *f*, Wegnahme *f*, Beschlagnahme *f*; Einziehung *f*; **производить -е** die Beschlagnahme (Entnahme, Einziehung) durchführen; **-е банкнот из обращения** Einziehung von Banknoten; **-е денежных средств** Barentnahme *f*; **-е инвестиций** Desinvestition *f*; **-е капитала** Kapital|abzug *m*, -abberufung *f*, Abzug des Kapitals; **-е ликвидности** Liquiditätsabschöpfung *f*; **-е наличности** Barentnahme *f*; **-е прибыли** Gewinn|abschöpfung *f*, -entnahme *f*; **принудительное -е из обращения** Zwangseinziehung *f*; **принудительное -е акций из обращения** Zwangseinziehung von Aktien; **прочие -я** sontige Entnahme; **-е складских запасов** Entnahme aus dem Lager, Lagerentnahme *f*; **-е товаров** Entnahme von Waren

изымать abschöpfen; beschlagnahmen; einziehen, entziehen; abheben; **~ банкноты из обращения** Banknoten einziehen (aus dem Verkehr ziehen); **~ вклады** Einlagen abheben; **~ деньги из обращения** Geld einziehen

изыскание *n* Forschung *f*, Untersuchung *f*; Erkundung *f*, Erschließung *f*; Schürfen *n*; **~ денег** Geldbeschaffung *f*; **~ средств** Mittelbeschaffung *f*

изыск(ив)ать (er)forschen, untersuchen; erkunden, erschließen; schürfen; **~ деньги** Geld aufbringen; **~ средства** Mittel beschaffen

имение *n* Besitz *m*, Besitztum *n*, Besitzung *f*, Gut *n*, Landgut *n*; **крупное ~** Großgrundbesitz *m*

именн|ой Namens-, Rekta-; **-ая акция** *f* Namensaktie *f*; **-ой вексель** *m* Namenswechsel *m*, Rektawechsel *m*; **-ой документ** *m* Rektapapier *n*; **-ая облигация** *f* Namens|obligation *f*, -schuldverschreibung *f*; **-ая ценная бумага** *f* Namenspapier *n*

иметь besitzen, haben, innehaben; **~ в активе** guthaben; **~ законную силу (силу закона)** Gesetzkraft haben, Rechtskraft besitzen, rechtskräftig sein; **~ покрытие** Deckung haben; **~ силу** gelten, gültig sein, Gültigkeit haben, in Kraft sein; **~ хождение** gelten, im Umlauf sein; **-ся в наличии** vorhanden sein; **-ся в продаже** im Handel sein

имеющий ~ единоличное право подписи allein zeichnungsberechtigt; **~ законную силу** gültig, rechtskräftig; **~ постоянную стоимость** wertbeständig; **~ права голоса** wahlberechtigt, stimmberechtigt; **не ~ права голоса** nicht wahlberechtigt, stimmrechtslos; **~ право на общее представительство** gesamtvertretungsberechtigt; **~ право на получение пенсии** pensionsberechtigt, rentenberechtigt; **~ право на получение (покупку, приобретение)** empfangsberechtigt, bezugsberechtigt; **~ право подписи** unterschriftsberechtigt, zeichnungsberechtigt; **~ самостоятельный заработок** Erwerbstätige *m*; **~ сбыт** absatzfähig; **~ спрос** marktgängig

имидж *m* Image *n*, Vorstellungsbild *n*; **создавать ~** ein Image gestalten (schaffen); **укреплять ~** das Image pflegen; **~ предприятия** Unternehmensimage *n*, Image des Unternehmens; **~ фирмы** Firmenimage *n*, Markenimage *n*; **~ фирмы, создаваемый качеством продукции** Qualitätsimage *n*

имидж-мейкер *m (V&M)* Image-Macher *m*

иммигрант *m* Einwanderer *m*, Zugewanderte *m*, Immigrant *m*

иммиграция *f* Einwanderung *f*, Zuwanderung *f*

иммигрировать einwandern, zuwandern

иммобилизация *f* Bindung *f*; **~ средств** Mittelbindung *f*

иммобилизовывать binden; **~ капитал** Kapital binden

иммунитет *m* Immunität *f*; Befreiung *f*; **лишать -а** die Immunität aufheben; **налоговый ~** Steuerfreiheit *f*

империализм *m* Imperialismus *m*

импорт *m* Einfuhr *f*, Import *m*; **благоприятствовать -у** die Einfuhr begünstigen; **контролировать ~** die Einfuhr überwachen; **облегчать ~** die Einfuhr erleichtern; **ограничивать ~** die Einfuhr (den Import) beschränken; **стимулировать ~** die Einfuhr fördern; **увеличивать ~** die Einfuhr erhöhen (steigern); **уменьшать ~** die Einfuhr (den Import) drosseln; **беспошлинный ~** zollfreie Einfuhr; **видимый ~** sichtbare Einfuhr, sichtbarer Import; **~ капитала** Kapital|einfuhr *f*, -import *m*; **косвенный ~** indirekte (mittelbare) Einfuhr, indirekter Import; **мировой ~** Welteinfuhr *f*; **невидимый ~** unsichtbare Einfuhr, unsichtbarer Import; **~ нефти** Erdöleinfuhr *f*, Öleinfuhr *f*, Einfuhr von Öl; **~, осуществляемый через территорию третьих стран** Transiteinfuhr *f*; **~ продовольственных товаров** Lebensmitteleinfuhr *f*; **прямой ~** direkte Einfuhr, direkter Import, Direkt|einfuhr *f*, -import *m*; **~ сельскохозяйственных продуктов** Agrar|einfuhr *f*, -import *m*; **~ товаров** sichtbare Einfuhr, Waren|einfuhr *f*, -import *m*; **~ услуг** unsichtbare Einfuhr; **~ через посредников** indirekte (mittelbare) Einfuhr, indirekter Import; **~ через территорию третьих стран** Transiteinfuhr *f*; **~ чистого капитала** Nettokapitalimport *m*

импортёр *m* Einführer *m*, Einfuhrhändler *m*, Importeur *m*, Importkaufmann *m*; **оптовый ~** Großimporteur; **страна-~** Einfuhrland *n*, Importland *n*

импортировать einführen, importieren; **~ без уплаты пошлины** zollfrei einführen; **~ капитал** Kapital einführen (importieren); **~ оборудование** Anlagen (Ausrüstungen, Maschinen) einführen (importieren); **~ продовольственные товары** Nahrungsmittel importieren; **~ товары** Waren einführen (importieren)

импортн|ый Einfuhr -, Import-; **-ые возможности** *pl* Einfuhrmöglichkeiten *pl*, Einfuhrkapazität *f*; **-ая декларация** *f* Einfuhrerklärung *f*, Importerklärung *f*; **-ая квота** *f* Einfuhrquote *f*, Importquote *f*; **-ый товар** *m* Einfuhr|artikel *m*, -gut *n*, Import|artikel *m*, -erzeugnis *n*, -gut *n*, -ware *f*

импульс *m* Impuls *m*, Antrieb *m*; **давать ~** einen Impuls geben; **получать ~** einen Impuls erhalten; **~ к оживлению конъюнктуры** Konjunkturimpuls *m*

имущественн|ый Besitz-, Eigentums-, Vermögens-; **-ые дела** *pl* Vermögensangelegenheiten *pl*; **-ая несостоятельность** *f* Vermögenslosigkeit *f*; **-ые споры** *pl* Eigentumstreitigkeiten *pl*; **-ый ущерб** *m* Vermögensschaden *m*; **-ые ценности** *pl* Besitzwerte *pl*, Vermögenswerte *pl*

имущество *n* Besitz *m*, Besitztum *n*, Besitzwerte *pl*, Eigentum *n*, Habe *f*, Sachanlagen *pl*, Sachvermögen *n*, Vermögen *n*, Vermögensgegenstände *pl*, Vermögenswerte *pl*; **налагать арест на ~** das Vermögen pfänden; **нести ответственность всем своим -м** mit seinem ganzen Vermögen haften; **отчуждать ~** den Besitz veräußern; **передавать своё ~** sein Eigentum (sein Vermögen) übertragen; **передавать ~ по наследству** ein Vermögen vererben; **приобретать ~** den Besitz erlangen; **разделить своё ~** sein Vermögen teilen; **унаследовать ~** ein Vermögen erben; **управлять -м** das Vermögen verwalten; **уступать своё ~** sein Vermögen übertragen; **~ акционеров** Eigenkapital der AG; **арендуемое ~** Mietsache *f*; **арестованное (конфискованное) ~** beschlagnahmtes Vermögen; **~ банка** Bankvermögen *n*; **~ банкрота** Konkursvermögen *n*; **бесхозное ~** herrenloses Gut; **~, вверенное попечению** Treuhand|gut *n*, -vermögen *n*; **~ в ликвидной форме** flüssiges (liquides) Vermögen; **~ внутри страны** Inlandsvermögen *n*, inländisches Vermögen; **выморочное ~** erbloses Vermögen; **государственное ~** Staatsvermögen *n*; **движимое ~** bewegliches Vermögen (Eigentum, Gut), bewegliche Sachen, Mobiliar *n*, Mobilien *pl*, beweglicher Nachlass; **домашнее ~** Hausrat *m*; **~, доставшееся по наследству** Nachlass *m*; **~ за вычетом обязательств** Reinvermögen *n*; **залоговое ~** Sicherungseigentum *n*; **застрахованное ~** versichertes Vermögen; **казённое ~** öffentliches Vermögen, Staatsvermögen *n*; **~ компании** Gesellschaftsvermögen *n*; **конкурсное ~** Konkursvermögen *n*; **конфискованное ~** beschlagnahmtes Vermögen; **личное ~** persönliches Vermögen; **малоценное ~** gerinwertiges Vermögen; **наследственное ~** Nachlass *m*, Nachlassvermögen *n*; **~, находящееся в частной собственности** Privatvermögen *n*; **~, находящееся за границей** Auslandsvermögen *n*, ausländisches Vermögen; **недвижимое ~** unbewegliches Vermögen (Eigentum, Gut), unbewegliche Sache, Immobilie(n) *f(pl)*, Liegenschaft *f*; **~, необходимое для фукционирования предприятия** betriebsnotwendiges Vermögen; **неотчуждаемое ~** unveräußerlicher Besitz, unveräußerliches Besitztum; **~, облагаемое налогами** steuerpflichtiges Vermögen; **отдельное ~** Sondergut *n*; **отдельное ~ государства** Sondervermögen *n*; **отчуждаемое ~** veräußerlicher Besitz, veräußerliches Besitztum; **~ предприятия** Betriebsvermögen *n*, Geschäftsvermögen *n*, Unternehmensvermögen *n*; **~ предприятия, служащее удовлетворению социальных потребностей его работников** Sozialvermögen *n*; **совместное ~** gemeinsames Vermögen; **совместное ~ супругов** Gesamtgut *n*; **~ товарищества** Gesellschaftsvermögen *n*; **~, управляемое по доверенности** Treuhand|gut *n*, -vermögen *n*; **фактическое ~** Nettovermögen *n*; **финансовое ~** Geldvermögen *n*, Finanzvermögen *n*; **частное ~** Privatvermögen *n*

имущий vermögend, wohlhabend

им|я *n* Name *pl*; **быть выписанным (выставленным) на -я** auf den Namen lauten; **выписывать (выставлять) на -я** auf den Namen ausstellen; **завести счёт на -я** ein Konto auf den Namen anlegen; **управлять от своего -ени** im eigenen Namen verwalten; **-я владельца фирмы** Firmenkern *m*; **от -ени** im Namen; **от своего -ени** im eigenen Namen; **от -ени третьего лица (от чужого -ени)** im fremden Namen; **вымышленное -я** angenommener Name

инаугурация *f* Amtseinweihung *f*

инвалид *m* Behinderte *m*, Invalide *m*; **предоставлять рабочие места -ам** Arbeitsplätze mit Behinderten besetzen; **~ войны** Kriegsbeschädigte *m*

инвалидность *f* Invalidität *f*, Behinderung *f*; **полная ~** Vollinvalidität *f*; **частичная ~** Teilinvalidität *f*

инвентаризационн|ый Inventar-, Inventur-, Bestands-; **-ый баланс** *m* Inventurbilanz *f*; **-ая опись** *f* Inventar *n*, Inventarliste *f*, Inventur *f*, Bestands|aufnahme *f*, -liste *f*, -verzeichnis *n*

инвентаризаци|я *f* Bestandsaufnahme *f*, Inventur *f*, Inventaraufnahme *f*, Inventuraufnahme *f*; **проводить -ю** den Bestand aufnehmen, eine Bestandsaufnahme vornehmen, ein Inventar aufnehmen, eine Inventur durchführen (machen); **вещественная -я** körperliche Inventur; **-я имущества** Vermögensaufstellung *f*; **контрольная -я** Kontrollinventur *f*; **-я на конец учётного периода** Abschlussinventur *f*; **-я наследства** Inventarerrichtung *f*; **перманентная (постоянная) -я** permanente Inventur; **-я по бухгалтерским книгам** Buchinventur *f*; **-я складских запасов** Lager(bestands)aufnahme *f*; **текущая -я** laufende Inventur; **-я товарно-материальных ценностей и денежных средств** effektive Inventur

инвентариз(ир)овать inventarisieren, den Bestand (ein Inventar) aufnehmen, eine Bestandsaufnahme (Inventur) durchführen (vornehmen, machen)

инвентарн|ый Inventar-, Inventur-; **-ый номер** *m* Inventarnummer *f*; **-ая оценка** *f* Inventarbewertung *f*; **-ая ревизия** *f* Inventurprüfung *f*

инвентарь *m* Inventar *n*, Bestand *m*; **конторский ~** Büro|ausstattung *f*, -einrichtung *f*; **обычный торговый ~** handelsübliches Zubehör; **~ предприятия** Geschäftsinventar *n*, Einrichtungsgegenstände eines Unternehmens; **сельскохозяйственный ~** landwirtschaftliches Inventar; **хозяйственный ~** Geschäftsinventar *n*

инвестирование *n* Anlage *f*, Investierung *f*, Investition *f*, Investitionstätigkeit *f*

инвестировать anlegen, investieren; **~ капитал** Geld (Kapital) anlegen (einschießen, investieren); **~ капитал в недвижимое имущество** Kapital in Immobilien anlegen (investieren); **~ капитал в ценные бумаги** Geld (Kapital) in Wertpapieren anlegen; **~ труд** Arbeit investieren

инвестиционн|ый Anlage-, Investitions-, Investment-; **-ая деятельность** *f* Investitionstätigkeit *f*; **-ый капитал** Anlagekapital *n*; **-ая компания** *f* Anlagegesellschaft *f*, Investmentgesellschaft *f*, Kapitalanlagegesellschaft *f*; **-ые планы** *pl* Investitionsabsichten *pl*; **-ая стратегия** *f* Anlagestrategie *f*; **-ый фонд** *m* Investment|fonds *m*, -gesellschaft *f*

инвестици|я *f* Investition *f*, Anlage *f*, Geldanlage *f*, Kapitalanlage *f*, Investment *n*; Beteiligung *f*; **мобилизовать -и** Investitionen aufbringen; **осуществлять -и** Investitionen (ein Investment) tätigen; **откладывать (отсрочивать) проведение -й** Investionen zurückstellen; **про(из)водить -и** Investitionen durchführen (vornehmen), Geld (Kapital) anlegen; **стимулировать -и** Investitionen fördern; **увеличивать -и** Investitionen aufstocken; **финансировать -и** Investitionen finanzieren; **активные -и** aktive Investitionen; **альтернативные -и** alternative Investitionen; **банковские -и** Bankbeteiligung *f*; **-и в акции** Anlage in Aktien; **-и в накопление (создание) запасов** Lagerinvestitionen *pl*; **-и в недвижимость** Anlage in Grundbesitz, Immobilieninvestment *n*; **-и в оборудование** Ausrüstungsinvestitionen *pl*; **-и в обновление основных средств производства** Erneuerungsinvestitionen *pl*; **-и в основной капитал** Sachinvestitionen *pl*, Realinvestition *f*; **-и в основные средства производства** Anlageinvestitionen *pl*; **-и в охрану окружающей среды** Investitionen für den Umweltschutz; **-и в развитие инфраструктуры** Infrastrukturinvestitionen *pl*; **-и в рационализацию (производства)** Rationalisierungsinvestition *f*; **-и в финансовые активы** Finanzinvestitionen *pl*; **-и в ценные бумаги** Effektenanlage *f*, Anlage in Wertpapieren, Wertpapieranlage *f*; **-и в ценные бумаги с фиксированным процентом** Rentenanlagen *pl*; **валовые -и** Bruttoinvestitionen *pl*; **-и внутри страны** Inlands|anlage *f*, -investitionen *pl*; **государственные -и** Staatsinvestitionen *pl*, Investitionen der öffentlichen Hand, staatliche Investitionen; **долгосрочные -и** langfristige Anlagen; **зарубежные -и, -и за рубежом** Auslandsinvestitionen *pl*, Investitionen im Ausland; **индуцированные (производные) -и** induzierte Investitionen; **иностранные -и** ausländische Investitionen; **интенсивные -и** Intensivinvestitionen *pl*; **косвенные -и** indirekte Investitionen; **краткосрочные -и** kurzfristige (kurzlaufende) Anlage; **-и на возмещение выбытия, -и на возмещение (замещение) основного капитала** Ersatzinvestitionen *pl*; **-и на рационализацию производства** Rationalisierungsinvestitionen *pl* , Anpassungsinvestitionen *pl*; **-и на рынке краткосрочного капитала** Anlage am Geldmarkt; **неудачные -и** Fehlinvestition *f*; **новые -и** Neuinvestitionen *pl*; **общие (совокупные) -и** Gesamtinvestitionen *pl*; **первичные -и** Erstinvestitionen *pl*; **плановые -и** planmäßige Investitionen; **портфельные -и** Portefeuilleinvestitionen *pl*, Portfolioinvestitionen *pl*, indirekte Investitionen; **предварительные -и** Vorausinvestitionen *pl*; **прибыльные -и** gewinnbringende Investitionen; **прямые -и** Direktinvestitionen *pl*, direkte Investitionen, Kapitalbeteiligung *f*; **-и с переменным доходом** Anlage mit schwankendem Ertrag; **-и с фиксированным доходом** Anlage mit festem Ertrag; **-и, связанные с риском** risikobehaftete Investitionen;

сопряжённые -и Folgeinvestitionen *pl*; **финансовые -и** Finanzinvestitionen *pl*; **частные -и** Privatinvestitionen *pl*, private Investitionen, privates Investment; **чистые -и** Nettoinvestitionen *pl*, Reininvestitionen *pl*; **экстенсивные -и** Erweiterungsinvestitionen *pl*

инвестор *m* Anleger *m*, Investor *m*, Kapitalanleger *m*; **привлекать -ов** Anleger anwerben; **~, вкладывающий средства в спекулятивные сделки** spekulativer Anleger; **главный (основной) ~** Generalinvestor *m*; **~, избегающий риска** risikoscheuer Anleger; **иностранный ~** Auslandsanleger *m*, ausländischer Investor; **институциональный ~** institutioneller Anleger (Investor); **~ кондоминиума** Wohnungskäufer *m*; **консервативный ~** konservativer Anleger; **крупный ~** Großanleger *m*; **мелкий ~** Kleinanleger *m*; **~ на рынке акций** Anleger am Aktienmarkt; **розничный ~** Kleininvestor *m*; **частный ~** privater Anleger; **-ы** Kapitalseite *f*, Investoren *pl*, Anleger *pl*

индекс *m* Index *m*; Leitzahl *f*; **агрегатный ~** (gewichteter) Summenindex *m*; **~ банка** Bankleitzahl *f*; **~ биржевых котировок** Börsenindex *m*; **ведущий ~** führender Index; **~ деловой активности** NAPM-Service-Index; **~ Доу-Джонса** Dow-Jones-Index *m*; **~ занятости** Beschäftigungsindex *m*; **~ заработной платы** Lohnindex *m*; **~ курсов акций** Börsenindex *m*, Index der Aktienkurse; **~ ММВБ** MICEX-Index, Index der Moscow Interbank Currency Exchange; **~ объёма промышленной продукции** Produktionsindex *m*; **~ ожиданий** Erwartungsindex *m*; **~ оптовых цен** Großhandelspreisindex *m*, Index der Großhandelspreise; **официальный ~** amtlicher Index; **~ покупательной способности** Kaufkraftindex *m*; **~ потребительских цен** Index der Verbraucherpreise; **почтовый ~** Postleitzahl *f*; **~ прожиточного минимума** Index der Lebenshaltungskosten; **~ промышленного производства** Industrieproduktionsindex *m*; **~ розничных цен** Index der Einzelhandelspreise; **~ РТС (Российской торговой системы)** RTSI, RTS Index, Aktienindex des Russischen Handelssystems (der Russischen Börse); **~ стоимости жизни** Lebenshaltungskostenindex *m*, Index der Lebenshaltungskosten, Preisindex für Lebenshaltungskosten; **~ цен** Preisindex *m*; **~ цен на продовольствие** Lebensmittelpreisindex *m*; **~ цен на сырьё** Index der Rohstoffpreise; **~ курсов ценных бумаг с фиксированным процентом** Index der Rentenwerte; **цепной ~** Kettenpreisindex *m*

индексация *f* **(индексирование** *n***)** Indexbindung *f*, Indexierung *f*; **~ вкладов** Indexierung von Sparguthaben; **~ доходов** Indexierung der Einkommen; **~ пенсий** Rentenanpassung *f*

индексируем|ый Index-, indexgebunden; **-ая заработная плата** *f* Indexlohn *m*; **-ый заём** *m* Indexanleihe *f*, indexgebundene Anleihe; **-ая цена** *f* Indexpreis *m*

индексн|ый Index-; **-ый регистр** *m* Indexregister *m*; **-ое число** *n* Indexzahl *f*

индемнитет *m* Indemnität *f*; Break-even

индент *m* Auslandsauftrag *m*, Indent *n*, Indentgeschäft *n*

индивидуализация *f* Individualisierung *f*

индивидуальн|ый Individual-, individuell, Einzel-; **-ый доход** *m* Individualeinkommen *n*; **-ый заказ** *m* Einzelauftrag *m*; **-ое обслуживание** *n* individuelle Betreuung; **-ая оценка** *f* Einzelbewertung *f*; **-ый подход** *m* individuelle Behandlung; **-ый риск** *m* Einzelrisiko *n*

индикатор *m (WiWi)* Indikator *m*; Anzeiger *m*, Anzeigegerät *n*; **~ денежно-кредитной политики** monetärer Indikator; **~ занятости** Beschäftigungsindikator *m*; **~ конъюнктуры** Konjunkturindikator *m*; **~ конъюнктуры рынка** Marktindikator *m*; **~ тенденции развития** Entwicklungsindikator *m*, Indikator für zukünftige Entwicklung

индикация *f* Indikation *f*, Indizierung *f*

индоссамент *m* Indossament *n*, Giro *n*, Übertragungsvermerk *m*; **передавать по -у** durch Indossament übertragen; **подтверждать -ом** durch Vermerk bestätigen; **~ без оборота (регресса)** Indossament ohne Regress; **бланковый ~** Blanko|giro *n*, -indossament *n*, Giro in blanko; **вексельный ~** Wechsel|giro *n*, -indossament *n*; **дружеский ~** Gefälligkeits|giro *n*, -indossament *n*; **закрытый залоговый ~** verdecktes Pfandindossament; **залоговый ~ (~ по залогу)** Pfandindossament *n*; **именной ~** Vollindossament *n*; **инкассовый ~** Inkassoindossament *n*, Prokuraindossament *n*; **ограниченный ~** beschränktes Indossament; **открытый залоговый ~** offenes Pfandindossament; **передаваемый по -у** indossabel, indossierbar, girierbar; **~ по доверенности** Prokuraindossament *n*; **полный ~** Vollindossament *n*, volles Indossament (Giro); **последующий ~** Nachindossament *n*, nachfolgendes Indossament; **представительский ~** Vollmachtsindossament *n*; **~-прокура** Prokuraindossament *n*; **фидуциарный залоговый ~** fiduziarisches Pfandindossament; **чековый ~** Scheckindossament *n*

индоссант *m* Indossant *m*, Girant *m*; **последующий ~** nachfolgender Indossant (Girant); **предшествующий (предыдущий) ~** vorhergehender Indossant (Girant)

индоссат *m* Indossatar *m*, Girat *m*; **~ по залогу** Pfandindossatar *m*

индоссирование *n* Indossierung *f*, Girierung *f*

индоссировать indossieren, girieren; **~ вексель** einen Wechsel indossieren (girieren)

индоссируемый indossabel, indossierbar, girierbar

индустриализация *f* Industrialisierung *f*

индустриальн|ый industriell, Industrie-; **-ый город** *m* Industriestadt *f*, Fabrikstadt *f*; **-ое государство** *n* Industrie|land *n*, -staat *m*

индустрия *f* Industrie *f*; **лёгкая ~** Leichtindustrie *f*; **~ развлечений** Unterhaltungsindustrie *f*; **строительная ~** Bau|industrie *f*, -wirtschaft *f*; **тяжёлая ~** Schwerindustrie *f*

инженер *m* Ingenieur *m*; **ведущий ~** leitender Ingenieur; **главный ~** Chefingenieur *m*, Fertigungsleiter *m*; **дипломированный ~** Diplomingenieur *m*; **~-конструктор** Entwicklungsingenieur *m*; **~-машиностроитель** Maschinenbauingenieur *m*; **~ по технике безопасности** Sicherheitsingenieur *m*; **~-экономист** Wirtschaftsingenieur *m*

инженерн|ый Ingenieur-; **-ая фирма** *f* Ingenieurbüro *n*, Ingenieurgesellschaft *f*; **-ые работы** *pl* **(услуги** *pl***)** Ingenieurleistungen *pl*

инжиниринг *m* Engineering *n*

инициатив|а *f* Initiative *f*; **брать на себя (проявлять) -у** Initiative ergreifen, initiieren; **развивать -у** Initiative entwickeln; **по собственной -е** aus eigener Initiative; **предпринимательская -а** Unternehmerinitiative *f*, unternehmerische Initiative; **собственная -а** eigenständige Initiative, Eigeninitiative *f*; **частная -а** Privatinitiative *f*

инициативность *f* Initiative *f*

инициатор *m* Initiator *n*

инициировать einleiten, initiieren, in die Wege leiten

инкассат *m* Inkassobeauftragte *m*

инкассант *m* Inkassant *m*

инкассатор *m* Inkassobeamte *m*, Inkassobeauftragte *m*, Inkassobevollmächtigte *m*

инкассаторск|ий Inkasso-; **-ое бюро** *n* Inkassobüro *n*

инкассаци|я *f* **(инкассирование** *n***)** Inkasso *n*, Inkassobearbeitung *f*, Einziehung *f*, Einzug *m*; **брать на себя -ю** das Inkasso übernehmen; **поручать -ю** mit dem Inkasso beauftragen; **принимать вексель на -ю** Wechsel zum Inkasso hereinnehmen; **производить -ю** das Inkasso besorgen; **~ векселя** Wechselinkasso *n*, Einzug eines Wechsels; **~ дивидендных купонов** Dividendenscheineinlösung *f*; **~ долгов** Forderungseinzug *m*, Einzug von Außenständen; **~ квитанций** Quittungsinkasso *n*; **~ чеков** Scheckinkasso *n*, Inkasso von Schecks

инкассировать einkassieren, einziehen, das Inkasso besorgen; **~ вексель** einen Wechsel einziehen; **~ долги** Außenstände (Forderungen) einziehen

инкассо *n* Inkasso *n*; Einziehung *f*, Einzug *m*; **выставлять на ~** zum Inkasso einreichen; **передавать на ~** zum Inkasso übergeben; **принимать на ~** zum Inkasso entgegennehmen; **банковское ~** Bankinkasso *n*; **~ долговых требований** Einzug von Forderungen; **на ~** zum Inkasso; **по ~** per Inkasso; **~ с последующим акцептом** Inkasso mit Nachakzept; **~ с предыдущим акцептом** Inkasso mit Vorakzept; **~ против документов** Dokumenteninkasso *n*

инкассов|ый Inkasso-; **-ая операция** *f* Inkassogeschäft *n*; **-ый отдел** *m* **банка** Inkassoabteilung *f*; **-ое поручение** *n* Inkassoauftrag *m*

инкорпорация *f* Gründung *f*, Gesellschaftsgründung *f*; Eingliederung *f*, Aufnahme *f*, Verschachtelung *f*

инкотермс Incoterms (International Commercial Terms)

инновационн|ый innovativ, innovationsfreudig; **-ая политика** *f* Innovationspolitik *f*; **-ый цикл** *m* Innovationszyklus *m*

инноваци|я *f* Innovation *f*, Neuerung *f*; **вводить (внедрять) -и** Innovationen (Neuerungen) durchsetzen (einführen); **реализовывать -и** Innovationen durchsetzen; **стимулировать -и** Innovationen fördern; **организационная -я** organisatorische Innovation; **производственная -я** Produktionsinnovation *f*; **промышленная -я** industrielle Innovation; **технологическая -я** Verfahrensinnovation *f*, technologische Innovation, verfahrenstechnische Innovation

иногородний fremd, Distanz-; **~ вексель** *m* Distanzwechsel *m*; **~ чек** *m* Distanzscheck *m*

иностранец *m* Ausländer *m*

иностранн|ый ausländisch, Auslands-, Fremd-; **-ый банк** *m* Auslandsbank *f*; **-ая валюта** *f* Fremdwährung *f*; **-ые инвестиции** *pl* Auslandsinvestitionen *pl*, ausländische Investitionen; **-ый капитал** *m* Auslandskapital *n*, ausländisches Kapital; **-ая помощь** *f* Auslandshilfe *f*

инсайдер *m* Insider *m*

инспектирование *n* Inspektion *f*, Beaufsichtigung *f*, Prüfung *f*

инспектор *m* Beamter einer Aufsichtsbehörde, Inspektor *m*; **налоговый ~** Steuerbevollmächtigte *m*, Steuerprüfer *m*; **~ отдела кадров** Personalreferent *m*; **таможенный ~** Zollbeamte *m*

инспекци|я *f* Aufsichtsbehörde *f*; Prüfung *f*, Überwachung *f*, Inspektion *f*, Kontrolle *f*; **проводить -ю** eine Prüfung (Kontrolle) durchführen, eine Prüfung vornehmen, eine Kontrolle übernehmen; **налоговая -я** Steuer|aufsicht *f*, -prüfung *f*; Steuerbehörde *f*

инстанция *f* Instanz *f*, Behörde *f*; **вышестоящая ~** vorgesetzte Behörde, Leitungsinstanz *f*; **кассационная ~** Revisionsstelle *f*; **контролирующая ~** Kontrollinstanz *f*; **линейная ~** Linieninstanz *f*; **нижестоящая ~** untergeordnete Behörde, niedrigste Instanz **проверяющая ~** prüfende Behörde *f*

институт *m* Institut *n*, Institution *f*; Hochschule *f*; **~ изучения конъюнктуры рынка** Marktforschungsinstitut *n*; **кредитный ~** Kreditinstitut *n*; **научно-исследовательский ~** Forschungsinstitut *n*; **~ нормирования и стандартизации** Normungsinstitut *n*; **финансовый ~** Finanzierungsinstitut *n*; **финансовый -, взыскивающий долги покупателей** Factoringinstitut *n*

институциональный institutionell; **~ инвестор** *m* institutioneller Anleger (Investor)

инструктаж *m* **(инструктирование** *n***)** Einweisung *f*, Anweisung *f*, Unterweisung *f*; **базовый ~** Grundschulung *f*, Einweisung *f*; **производственный ~** Arbeitsunterweisung *f*

инструктировать einweisen, instruieren, unterweisen; **~ служащего** einen Angestellten in seine Arbeit einweisen; **~ сотрудников** Mitarbeiter unterweisen

инструктор *m* Ausbilder *m*, Schulungsleiter *m*, Trainer *m*

инструкци|я *f* Anweisung *f*, Vorschrift(en *pl*) *f*, Weisung *f*, Regulativ *n*; **давать -и** Anweisungen (Weisungen) erteilen; **выполнять -ю** eine Vorschrift durchführen; **выпускать (издавать) -ю** eine Vorschrift erlassen; **нарушать -и** Vorschriften übertreten, gegen die Vorschriften verstoßen, den Vorschriften zuwiderhandeln; **следовать -и** Vorschriften befolgen; **соблюдать -и** Vorschriften einhalten; **действующая -я** geltende Vorschrift; **должностная -я** Arbeits(platz)-beschreibung *f*, Stellenbeschreibung; **-я о пользовании** Gebrauchsanweisung *f*; **-и о порядке ведения бухгалтерского учёта** Buchführungsrichtlinien *pl*; **-я о порядке исполнения** Durchführungsbestimmungen *pl*; **общая -я** allgemeine Vorschrift; **особая ~** besondere Vorschrift; **по -и** nach Maßgabe der Vorschrift; **-я по обслуживанию** Bedienungs|anleitung *f*, -anweisung *f*, -vorschrift *f*; **-я по проведению инвентаризации** Inventurrichtlinien *pl*; **-я по проведению работ** Arbeitsanweisung *f*; **-я по проведению строительных работ** Bauvorschrift *f*; **-я по технике безопасности** Sicherheitsvorschriften *pl*; **-я по проведению оценки** Bewertungsvorschriften *pl*; **-и по транспортировке** Beförderungsvorschriften *pl*; **-я по упаковке** Verpackungsanweisung *f*; **-я по управлению** Verwaltungsvorschrift *f*; **-я по эксплуатации** Betriebs|anleitung *f*, -anweisung *f*, -vorschrift *f*; **почтовая -я** Beförderungsvermerk *m*; **производственная -я** Betriebsvorschrift *f*; **рабочая -я** Arbeitsanweisung *f*; **служебная -я** Dienstanweisung *f*; **таможенная -я** Zollvorschrift *f*

инструмент *m* Instrument *n*; Werkzeug *n*; **беззалоговый ~; долговые финансовые -ы** Schuldverschreibungen *pl*; **~ контроля** Kontrollinstrument *n*; **~ кредитования (кредитный)** Kreditinstrument *n*; **~ маркетинга** Marketing|instrument *n*, -mittel *n*; **-ы монетарной политики** geldpolitische Instrumente, Instrumente der Geldpolitik; **новые финансовые -ы** Finanzinstrumente *pl*; **~ планирования** Planungsinstrument *n*; **производные финансовые -ы** Derivates *pl*; **~ рефинансирования** *(Fin)* Refinanzierungsinstrument *n*; **рублевый ~** Rubel-Instrument *n*; **~ рынка краткосрочных кредитов** Instrument des Geldmarktes; **~ сбытовой политики** Absatzinstrument *n*; **-ы управления производством** betriebswirtschaftliche Instrumente; **~ финансирования** Finanzierungsinstrument *n*, **~ хеджирования** Sicherungsgeschäft *n*, Hedging Instrument

инструментальн|ый Werkzeug-; **-ая** *f* **(кладовая** *f***) (-ый склад** *m***)** Werkzeuglager *n*; **-ая промышленность** Werkzeugindustrie *f*

инструментарий *m* Instrumentarium *n*; **создавать ~** ein Instrumentarium schaffen

интеграционный процесс *m* Integrationsprozess *m*

интеграция *f* Integration *f*, Zusammenschluss *m*, Eingliederung *f*; **вертикальная ~** vertikale Integration; **горизонтальная ~** horizontale Integration; **постепенная ~** schrittweise Eingliederung; **экономическая ~** wirtschaftliche Integration

интенсивность *f* Intensität *f*; **повышать ~** die Intensität erhöhen; **~ движения** Verkehrsdichte *f*; **~ конкуренции** Wettbewerbsintensität *f*, Intensität des Wettbewerbs; **~ труда** Arbeitsintensität *f*

интенсивн|ый intensiv, Intensiv-; **-ые капиталовложения** *pl* Intensivinvestitionen *pl*; **-ые курсы** *pl* Intensivkurse *pl*; **-ое обучение** *n* Intensivschulung *f*; **-ая экономика** *f* intensive Wirtschaft

интенсификация *f* Intensivierung *f*; **~ сельского хозяйства** Landwirtschaftsintensivierung *f*

интенсифицировать intensivieren

интервал *m* Intervall *n*, Zeitspanne *f*; **~ колебания ориентировочной цены** Richtpreisspanne *f*

интервенционизм *m* Interventionismus *m*

интервенционный Interventions-; **-ый иск** *m* Interventionsklage *f*; **-ый курс** *m* Interventionskurs *m*

интервенци|я *f* Intervention *f*, Eingriff *m*; **проводить -ю** intervenieren; **валютная -я** Intervention am Devisenmarkt; **прямая -я** direkte Intervention; **-я на рынке** Marktintervention *f*, Intervention am Markt

интервью *n* Interview *n*, Befragung *f*; **брать ~** interviewen; **давать ~** ein Interview gewähren

интервьюировать interviewen

интерьер *m* Innenausstattung *f*

интерес *m* Interesse *n*; **вредить -ам** die Interessen schädigen; **выражать -ы** Interessen bekunden; **затрагивать -ы** die Interessen berühren; **защищать (отстаивать) -ы** Interessen wahren; **представлять -ы** Interessen vertreten; **соблюдать -ы** Interessen wahrnehmen; **ущемлять -ы** Interessen beeinträchtigen; **в -ах всех участников** im Interesse aller Beteiligter; **в -ах предприятия (производства)** im Interesse des Betriebes; **в -ах общества** im öffentlichen Interesse; **в -ах третьих лиц** im Interesse Dritter; **деловой ~** Geschäftsinteresse *n*, geschäftliches Interesse; **законный (оправданный) ~** berechtigtes Interesse; **имущественный ~** Vermögensinteresse *n*; **личный ~** persönliches Interesse; **-ы потребителей** Verbraucherinteressen *pl*; **-ы предприятия (производства)** betriebliches Interesse; **страховой ~** versicherbares Interesse; **торговые -ы** Handelsinteresse *n*; **финансовые -ы** finanzielles Interesse, finanzielle Beteiligung

интерлайн *m* Interline Electronic Ticketing

интернализация *f* Internalisierung *f*

интернационализация *f* Internationalisierung *f*; **~ производства** Internationalisierung der Produktion; **~ рынков** Internationalisierung der Märkte; **~ хозяйственных связей** Internationalisierung der Wirtschaftsbeziehungen

интернациональный international; zwischenstaatlich

Интернет *m (Comp)* Internet *n*

интернет-банкинг *m (Comp)* Internet-Banking *n*

интернет-магазин *m (Comp)* Internet-Laden *m*

интернет-маркетинг *m (Comp)* Internet-Marketing

интернет-реклама *f (Comp)* Internet-Werbung *f*

интернет-ресурс *m (Comp)* Internet-Angebot *n*

интернет-сообщество *n (Comp)* Internet-Community, e-Community

интернет-телефония *f (Comp)* IP-Telephonie

интернет-трейдинг *m (Comp)* Internet-Handel *m*

интерфейс Schnittstelle *f*

интранет *m* Intranet *n*

инфляционистск|ий inflationär, inflatorisch, Inflations-; **-ая политика** *f* Inflationspolitik *f*

инфляционны|й inflationär, inflatorisch, Inflations-; **-е ожидания** *pl* Inflationserwartungen *pl*; **-й разрыв** *m* inflatorische Lücke; **-е тенденции** *pl* Inflationstendenzen *pl*

инфляци|я *f* Inflation *f*, Geldentwertung *f*; **бороться с -ей** die Inflation bekämpfen; **останавливать -ю** die Inflation stoppen; **сдерживать -ю** die Inflation bremsen; **снижать темпы -и** die Inflation senken; **увеличивать темпы -и** die Inflation fördern; **быстро развивающаяся (галопирующая) -я** galoppierende Inflation; **импортированная -я** importierte Inflation; **кредитная -я** Kreditinflation *f*; **-я, обусловленная ростом заработной платы** lohninduzierte Inflation; **-я, обусловленная ростом издержек** kosteninduzierte Inflation; **ползучая -я** schleichende Inflation; **регулируемая -я** gesteuerte Inflation; **скрытая -я** verdeckte Inflation; **-я спроса** Nachfrageinflation *f*; **устойчивая -я** anhaltende Inflation

информативный informativ

информатика *f* Informatik *f*

информационн|ый Informations-; **-ый бюллетень** *m* Informationsblatt *n*, Anzeiger *m*; **-ое бюро** *n* Informationsbüro *n*, Auskunfts|büro *n*, -stelle *f*;

-ый центр *m* Informationszentrum *n*, Informations-Center *n*; **-ая цепочка** *f* Informationskette *f*

информаци|я *f* Information *f*, Auskunft *f*, Nachricht *f*; Daten *pl*; **давать -ю** Informationen (Auskunft) erteilen; **запрашивать -ю** Informationen (Auskunft) einholen, um Information bitten; **использовать -ю** Informationen nutzen; **обрабатывать -ю** Informationen (Daten) verarbeiten; **получать -ю** Informationen beschaffen (gewinnen), die Auskunft erhalten; **предоставлять -ю** Informationen bereitstellen; **собирать -ю** Informationen (Daten) erfassen; **сообщать -ю** Informationen zugänglich machen, informieren; **актуальная -я** aktuelle Information; **банковская -я** Bankauskunft *f*; **-я, необходимая для руководства (управления)** Führungsinformation *f*; **неполная -я** unvollkommene (unvollständige) Information; **-я о кредитоспособности** Bonitätsauskunft *f*; **-я о состоянии рынка** Marketinginformation *f*, Marktinformation *f*; **-я о состоянии дел в отрасли** Brancheninformation *f*; **патентная -я** Patentinformation *f*; **полная -я** vollkommene (komplette) Information; **производственная -я** (inner)betriebliche Information

информирование *n* Informierung *f*, Unterrichtung *f*; **~ покупателей** Informierung der Käufer; **~ по экономическим проблемам** Unterrichtung in wirtschaftlichen Angelegenheiten

информировать informieren, benachrichtigen, unterrichten, in Kenntnis setzen, Bescheid geben

инфраструктур|а *f* Infrastruktur *f*; **модернизировать -у** die Infrastruktur erneuern; **предоставлять -у в распоряжение** die Infrastruktur bereitstellen; **расширять -у** die Infrastruktur ausbauen; **совершенствовать -у** die Infrastruktur verbessern; **создавать -у** die Infrastruktur aufbauen; **транспортная -а** Verkehrsinfrastruktur *f*

инъекция *f* Spritze *f*; **кредитная ~** Kreditspritze *f*

ипотек|а *f* Hypothek *f*; **закладывать под -у** mit einer Hypothek belasten; **зарегистрировать -у в земельном кадастре** eine Hypothek eintragen (lassen); **обеспечить -ой** durch eine Hypothek sichern; **погашать -у** eine Hypothek ablösen (tilgen, löschen); **создавать -у** eine Hypothek bestellen; **амортизационная -а** Amortisationshypothek *f*, Annuitätenhypothek *f*, Tilgungshypothek *f*; **-а, обеспечивающая заём (ссуду)** Darlehenshypothek *f*; **обеспеченный -ой** hypothekarisch gesichert; **обеспечительская -а** Sicherungshypothek *f*; **оборотная -а** Briefhypothek *f*; **обременённый -ой** hypothekarisch belastet; **общая (совокупная) -а** Gesamthypothek *f*; **обычная (простая) -а** Verkehrshypothek *f*; **первая -а** erste (erststellige) Hypothek; **-а, перешедшая к собственнику после уплаты долга** Eigentümerhypothek *f*; **-а под твёрдый процент** Festzinshypothek *f*; **-а, подтверждённая актом** Briefhypothek *f*; **последующая -а** im Rang nachstehende Hypothek; **предшествующая -а** im Rang vorgehende Hypothek; **принудительная -а** Zwangshypothek *f*, Arresthypothek *f*; **судовая -а** Schiffshypothek *f*; **-а с указанием максимальной стоимости земельного участка** Höchstbetragshypothek *f*, Maximalhypothek *f*

ипотеко|датель *m* Hypothekengeber *m*; **-держатель** *m* Hypothekengläubiger *m*

ипотечн|ый hypothekarisch, Hypothekar-, Hypotheken-; **-ый акт** *m* Hypotheken|brief *m*, -urkunde *f*; **-ый долг** *m* Grundschuld *f*; **-ый заём** *m* Hypotheken|anleihe *f*, -darlehen *n*, -kredit *m*; **-ый кредит** *m* Hypothekarkredit *m*, Hypothekenkredit *m*, hypothekarisch gesicherter Kredit; **-ое свидетельство** *n* Hypotheken|brief *m*, -urkunde *f*

иск *m* Klage *f*; **выносить решение по -у** eine Klage entscheiden; **отзывать ~** eine Klage zurückziehen; **отказывать в -е** die Klage abweisen; **отклонять ~** die Klage zurückweisen, einen Einspruch verwerfen; **подавать (предъявлять) ~** eine Klage einbringen (einreichen), Klage erheben, klagen; **удовлетворять ~** der Klage stattgeben; **~ акционеров** Aktionärsklage *f*; **вещный ~** dingliche Klage; **встречный ~** Gegen|forderung *f*, -klage *f*; **гражданский ~** Zivilklage *f*; **интервенционный ~** Interventionsklage *f*; **~ о взыскании алиментов** Unterhaltsklage *f*; **~ о взыскании долга** Schuldforderungsklage *f*; **~ о возмещении ущерба (убытков)** Schadensersatzklage *f*, Klage auf Schadensersatz; **~ о выселении** Räumungsklage *f*; **~ о нарушении договорных обязательств** Klage aus dem Vertrag; **~ о правонарушении** Klage aus unerlaubter Handlung; **~ о признании договора недействительным (отрицательный ~)** Anfechtungsklage *f*; **~ о признании недействительным** Nichtigkeitsklage *f*; **~ о разделе общей собственности** Teilungsklage *f*; **~ об аннулировании патента** Patentnichtigkeitsklage *f*; **~ об исключении имущества из описи** Aussonderung *f*; **~ по векселю** Wechselklage *f*; **~ по обвинению в нарушении антитрестовского законодательства** Kartellklage *f*; **~ по исполнению обязательства** Leistungsklage *f*; **~ по неисполнению** Klage auf Unterlassung; **~ по неисполнению административного акта** Verpflichtungsklage *f*; **регрессный ~** Regress(klage *f*) *m*; **~ с целью исключения компаньона из общества** Ausschließungsklage *f*; **спорный ~** strittige Forderung; **~ через регистр** Wechselstrenge *f*

искажать manipulieren; **~ расчётную документацию** Kalkulationsunterlagen manipulieren

исключать ausschalten, ausschließen; absetzen, eliminieren; **~ колебания** Schwankungen ausschalten; **~ ответственность** die Haftung ausschließen; **~ согласно договору** vertraglich ausschließen; **~ из членов общества** Mitglieder aus einem Verein ausschließen

исключая ausgenommen, ausschließlich, mit Ausnahme, unter Ausschluss; **~ издержки (расходы)** ausschließlich der Kosten; **~ сезонные колебания** saisonbereinigt

исключение *n* Ausschaltung *f*, Ausschließung *f*, Ausschluss *m*; Ausnahme *f*, Ausnahmefall *m*, Eliminierung *f*; **за -м** ausschließlich, mit Ausnahme, ausgenommen; **~ компаньона из общества** Ausschließung eines Gesellschafters; **~ ответственности** Haftungsausschluss *m*; **~ сезонных колебаний** Ausschaltung der Saisonschwankungen

исключительность *f* Ausschließlichkeit *f*

исключительн|ый ausschließlich, exklusiv, Ausnahme-, Allein-, Exklusiv-; **-ое право** *n* ausschließliches Recht; Alleinberechtigung *f*; **-ое право** *n* **на сбыт** Alleinvertriebsrecht *n*, exklusiver Vertrieb, Exklusivvertrieb *m*; **-ый случай** *m* Ausnahmefall *m*

исков|ый Klage-; **-ая давность** *f* Klageverjährung *f*; **-ое заявление** *n* Klageschrift *f*, schriftliche Klage

ископаемые *pl* Mineralien *pl*, Fossilien *pl*; **нерудные ~** Steine und Erden; **полезные ~** Bodenschätze *pl*

исполнение *n* Abwicklung *f*, Ausführung *f*, Durchführung *f*, Erfüllung *f*, Erledigung *f*, Ausübung *f*, Besorgung *f*, Leistung *f*; **планировать ~** die Abwicklung (Ausführung, Durchführung, Vollziehung) planen; **приводить в ~** vollstrecken; vollziehen, ausführen, durchführen, die Vollstreckung betreiben; **~ биржевой срочной сделки** Liquidation *f*; **~ бюджета** Budgetvollzug *m*, Haushaltsdurchführung *f*; **~ в срок** termingerechte Erfüllung; **встречное ~** Gegen|erledigung *f*, -leistung *f*; **встречное ~ обязательств** Zug-um-Zug-Leistung *f*; **~ договора** Vertrags|abwicklung *f*, -erfüllung *f*; **~ долга** Pflichterfüllung *f*; **~ заказа** Auftrags|abwicklung *f*, -ausführung *f*, -durchführung *f*, Abwicklung (Ausführung, Durchführung, Erledigung) eines Auftrags; **конструктивное ~** Bauweise *f*; **~ кредита** Krediteinsatz *m*; **(не)надлежащее ~ дого-**

ворных условий (nicht) vertragsgerechte Erfüllung, Schlechterfüllung *f*; **объективно невозможное ~ договора** unmögliche Leistung; **~ обязанностей** Erfüllung (Ausübung) von Funktionen, Amtsausübung *f*; **~ обязательства взамен невыполненного** Ersatzleistung *f*; **~ обязательства** Erfüllung einer Verpflichtung; **~ опциона** Optionsausübung *f*; **~ плана** Planausführung *f*, Durchführung eines Plans; **~ поручения** Auftragsausführung *f*; **~ приговора** Vollstreckung aus einem Urteil; **~ приказа** Auftragsausführung *f*; **принудительное ~** Zwangsvollstreckung *f*; **~ работ по договору** Vertrags|abwicklung *f*, -erfüllung *f*; **~ решения** Durchführung eines Beschlusses; **~ сделки** Abwicklung (Ausführung) eines Geschäfts; **~ служебных обязанностей** Amtsausübung *f*, Ausübung eines Amtes, Geschäftsbesorgung *f*; **специальное ~** Sonder|anfertigung *f*, -ausführung *f*; **стандартное (типовое) ~** Standartausführung *f*, Typenausführung *f*; **~ функций** Abwicklung (Erfüllung) von Funktionen; **частичное ~** Teil|ausführung *f*, -leistung *f*

исполнитель *m* Ausführende *m*, Durchführende *m*, Vollzieher *m*, Bearbeiter *m*; **главный ~** Generalübernehmer *m*; **~ завещания** Testamentsvollstrecker *m*; **ответственный ~** Beauftragte *m*, Veranlasser *m*; **~ работ** Auftragnehmer *m*; **~ решения** Ausführende *m*; **судебный ~** Gerichtsvollzieher *m*

исполнительный ausführend, Exekutiv-, Vollstreckungs-, vollziehend, Vollzugs-; **~ директор** Exekutivdirektor *m*, geschäftsführender Direktor; **~ документ (лист)** Vollstreckungs|titel *m*, -urkunde *f*; **~ комитет** geschäftsführender Ausschuss, Vorstand *m*; **~ орган** vollziehendes Organ

исполнять abwickeln, ausführen, durchführen, erfüllen, erledigen, ausüben; vollstrecken; vollziehen, leisten; **~ в срок** termingerecht erfüllen; **~ договор (договорные обязательства)** einen Vertrag erfüllen; **~ договорные обязательства надлежащим образом** vertragsgerecht erfüllen; **~ заказ** einen Auftrag abwickeln (ausführen, durchführen), eine Bestellung ausführen; **~ обязанности** Funktionen erfüllen (ausüben), fungieren; **~ обязательства** Verplichtungen einhalten (erfüllen); **~ поручение** einen Auftrag ausführen; **~ приговор** aus einem Urteil vollstrecken; **~ работу** die Arbeit ausführen; **~ решение** eine Entscheidung (einen Beschluss) durchführen; **~ свой долг** seine Pflicht erfüllen; **~ сделку** ein Geschäft abwickeln (ausführen); **~ служебные обязанности** ein Amt ausüben, ein Geschäft besorgen

исполняющий обязанности stellvertretend, in Vertretung, kommissarisch

использование *n* Ausnutzung *f*, Benutzung *f*, Nutzung *f*, Anwendung *f*, Verwendung *f*, Verwertung *f*, Einsatz *m*, Gebrauch *m*, Nutzbarmachung *f*; Auswertung *f*, Auslastung *f*, Inanspruchnahme *f*; **~ аккредитива** Inanspruchnahme eines Akkreditivs; **~ альтернативных видов сырья** Verwertung alternativer Rohstoffe; **бесплатное ~** kostenlose (unentgeltliche) Nutzung; **~ в преступных целях** missbräuchliche Ausnutzung; **~ в сельскохозяйственных целях** landwirtschaftliche Nutzung; **временное ~** zeitweilige Nutzung; **~ выручки** Erlösverwendung *f*; **~ доходов** Einkommensverwendung *f*; **~ заёмного капитала** Beanspruchung von Fremdkapital; **~ земли** Bodennutzung *f*; **~ капитала** Kapital|nutzung *f*, -verwendung *f*, -einsatz *m*; **коммерческое ~** kommerzielle Verwertung (Nutzung); **~ кредита** Inanspruchnahme eines Kredits; **~ машин и оборудования** Maschinenauslastung *f*; **незаконное ~ торговой (фирменной) марки** Markenpiraterie *f*; **неполное ~** Nichtinanspruchnahme *f*; **неправильное ~** ordnungswidrige Verwendung; **неправомочное ~ названия фирмы** unbefugter Firmengebrauch; **~ новых источников энергии** Nutzbarmachung neuer Energiequellen; **~ патента** Patentverwertung *f*, Auswertung eines Patents; **~ площадей** Flächen(aus)nutzung *f*; **повторное ~** Wieder|verwendung *f*, -verwertung *f*; **полное ~ квоты** Ausschöpfung eines Kontingents; **~ по назначению** bestimmungsgemäße (zweckentsprechende) Verwendung; **~ права** Rechtsausübung *f*, Ausübung eines Rechts; **~ прибыли** Gewinnverwendung *f*, Verwendung des Gewinns; **~ (производственных) мощностей** Kapazitäts|auslastung *f*, -ausnutzung *f*; **~ рабочей силы** Arbeitskräfteeinsatz *m*; **~ ресурсов** Ressourcen|allokation *f*, -einsatz *m*, -nutzung *f*; **совместное ~** Gemeinschaftsnutzung *f*, Gemeingebrauch *m*, Mitbenutzung *f*, gemeinschaftliche Nutzung; **~ средств** Mittel|einsatz *m*, -verwendung *f*; **~ срока, предоставленного для совершения платежа** Inanspruchnahme eines Zahlungszieles; **~ суммы денег** Verwendung eines Geldbetrags; **~ сырья и материалов** Material|ausnutzung *f*, -einsatz *m*, -verwendung *f*; **~ сырья** Rohstoff|ausnutzung *f*, -einsatz *m*; **универсальное ~** universelle Verwendung; **~ фонда** Inanspruchnahme eines Fonds; **хозяйственное ~** betriebliche Nutzung, wirtschaftliche Nutzung; **~ энергии** Energieausnutzung *f*

используемы|й anwendbar, nutzbar, genutzt; **(не)-е мощности** (un)genutzte Kapazitäten

использованный angewendet, ausgenutzt, ausgewertet, eingesetzt, genutzt; **~ капитал** angewendetes (eingesetztes) Kapital

использовать ausnutzen, benutzen, nutzen, anwenden, verwenden, auswerten, verwerten, einsetzen, gebrauchen, in Anspruch nehmen; **~ капитал** Kapital anwenden (einsetzen); **~ кредит** einen Kredit in Anspruch nehmen; **~ мощности** Kapazitäten auslasten (ausnutzen); **незаконно ~ торговую (фирменную) марку** ein Warenzeichen nachahmen; **~ по назначению** bestimmungsgemäß (zweckentsprechend) verwenden (einsetzen); **~ право** ein Recht ausüben, vom Recht Gebrauch machen; **~ рабочую силу** Arbeitskräfte einsetzen; **~ станок с полной нагрузкой** die Maschine auslasten; **~ сырьё** Rohstoffe verwerten; **~ энергию** Energie nutzen

испортить beschädigen, verderben

испортиться verderben

исправление Berichtigung *f*, Korrektur *f*, Verbesserung *f*, Ausbesserung *f*; **производить ~** eine Berichtigung (Korrektur) vornehmen, verbessern; **~ баланса** Bilanzberichtigung *f*; **~ брака (дефектов)** Nach|arbeit *f*, -besserung *f*; **дополнительное ~** Nachbesserung *f*; **~ ошибок (погрешностей)** Fehlerkorrektur *f*

исправленный berichtigt, korrigiert, verbessert, ausgebessert; **~ баланс** berichtigte Bilanz

исправлять berichtigen, korrigieren, verbessern, ausbessern; **~ дефект (ошибку, погрешность)** einen Fehler ausbessern (berichtigen); **~ сумму счёта** eine Rechnung berichtigen

исправный betriebsbereit, betriebsfähig, betriebsfertig, intakt, funktionstüchtig

испрашивать anfordern, beantragen; **~ разрешения** die Erlaubnis erwirken, die Genehmigung einholen

испытание *n* Erprobung *f*, Probe *f*, Prüfung *f*, Test *m*, Versuch *m*; **проводить ~** eine Prüfung durchführen (vornehmen), erproben; **выборочное ~** Stichprobe *f*; **заводское ~** Werksprüfung *f*; **контрольное (проверочное) ~** Gegenprüfung *f*, Kontrollprüfung *f*; **~ материалов** Materialprüfung *f*, Werkstoffprüfung *f*; **~ новых продуктов** Erprobung neuer Produkte; **окончательное ~** Endprüfung *f*; **предварительное ~** Vorprüfung *f*; **приёмочное ~** Abnahmeprüfung *f*; **приёмочное ~ на месте монтажа** Abnahmeprüfung am Aufstellungsort; **пробное ~** Pilotversuch *m*, Probe|fahrt *f*, -lauf *m*; **~ продуктов (изделий)** Erprobung der Produkte; **~ товара (изделия) на соответствие требованиям рынка** Produkttest *m*, Warentest *m*

испытатель *m* Prüfer *m*

испытательн|ый Probe-, Prüf-, Versuchs-; **-ый срок** *m* Probezeit *f*; **-ая установка** *f* Prüfanlage *f*; **-ое устройство** *n* Prüfeinrichtung *f*

испытывать erproben, prüfen, untersuchen, testen; **~ материал** Material prüfen (testen); **~ изделия (продукты)** Produkte erproben; **~ финансовые трудности** in finanzielle Schwierigkeiten geraten

исследовани|е *n* Forschung *f*, Untersuchung *f*, Studie *f*, Eruierung *f*; **вести (проводить) -е** eine Studie (Untersuchung) durchführen (erstellen), Forschung betreiben, forschen; **вторичное -е** Sekundärforschung *f*; **-я и разработки** Forschung und Entwicklung; **-е конъюнктуры** Konjunkturforschung *f*; **лабораторное -е** Laboruntersuchung *f*; **маркетинговое -е** Marketingforschung *f*; **-е операций** Unternehmensforschung *f*, Verfahrensforschung *f*; **-е по заказу** Auftragsforschung *f*; **прикладное -е** angewandte (industrienahe) Forschung; **-е, проводимое на конкретном примере в учебных целях** Fallstudie *f*; **-е рынка** Marktforschung *f*; **статистическое -е** statistische Untersuchung (Erhebung); **-е трудового процесса** Arbeitsstudie *f*; **фундаментальные -я** Grundlagenforschung *f*; **экономическое -е** Wirtschaftsforschung *f*

исследователь *m* Forscher *m*

исследовательский Forschungs-, Untersuchungs-; **~ институт** *m* Forschungsinstitut *n*; **~ проект** *m* Forschungs|projekt *n*, -vorhaben *n*

исследовать erforschen, forschen, untersuchen, eruieren, prüfen; **~ рынок** den Markt erforschen

истекать ablaufen, auslaufen, verfallen, erlöschen; **срок истекает** die Frist läuft ab; **срок действия договора истекает** der Vertrag läuft ab; **срок действия предложения истекает** das Angebot läuft aus (erlischt); **срок оплаты векселя истекает** der Wechsel verfällt

истекший abgelaufen, verfallen, erloschen; **~ год** abgelaufenes Jahr

истец *m* Kläger *m*; Antragsteller *m*; **~, предъявляющий регрессный иск** Regressnehmer *m*

истечени|е *n* Ablauf *m*, Verfall *m*, Erlöschen *n*; **-е года** Jahresablauf *m*; **до -я срока** vor Ablauf der Frist; **за месяц до -я срока** ein Monat vor Ablauf der Frist; **-е периода времени** Ablauf eines Zeitraums; **по -и срока** bei (nach) Ablauf der Frist; **-е срока** Fristablauf *m*, Ablauf der Frist; **-е срока действия** Ablauf der Geltungsdauer; **-е срока (действия) аренды** Ablauf der Miete (Pacht); **-е срока (действия) договора** Vertragsablauf *m*; **-е срока действия лицензии** Ablauf (Erlöschen) einer Lizenz; **-е срока действия патента** Ablauf (Erlöschen) eines Patents; **-е срока оплаты векселя** Wechselverfall *m*; **-е срока страховки** Ablauf der Versicherung

истолкование *n* Auslegung *f*, Interpretation *f*, Deutung *f*

истолковывать auslegen, deuten, interpretieren

история *f* Geschichte *f*, Historie *f*; **кредитная ~** Kreditgeschichte *f*; **публичная ~ компании** öffentliche Geschichte eines Unternehmens

источник *m* Quelle *f*; Ursprung *m*; **осваивать новые -и** neue Quellen erschließen; **указывать ~** die Quelle angeben; **~ денежных поступлений** Geldquelle *f*; **~ дохода** Einkommensquelle *f*, Einnahmequelle *f*, Ertragsquelle *f*, Erwerbsquelle *f*; **~ заработка** Erwerbsquelle *f*, Verdienstquelle *f*; **зарубежные -и** ausländische Quellen; **-и** Quellenverzeichnis *n*; **~ информации** Informationsquelle *f*; **~ кредита** Kreditquelle *f*; **надёжный ~** zuverlässige Quelle; **~ налогов** Steuerquelle *f*; **~ поставок** Einkaufsquelle *f*, Bezugsquelle *f*; **основной ~ дохода** Haupterwerbsquelle *f*; **~ поступлений** Einnahmequelle *f*; **~ появления ошибок (погрешностей, дефектов)** Fehlerquelle *f*; **~ средств** Mittelherkunft *f*; **~ сырья** Rohstoffquelle *f*; **~ убытков** Verlustquelle *f*; **~ финансирования** Finanzierungsquelle *f*; **формирования ресурсов** Ressourcenquelle *f*; **~ энергии** Energie|quelle *f*, -träger *m*

истощать erschöpfen, verbrauchen; **~ запасы** Bestände (Vorräte) erschöpfen (verbrauchen)

истощение *n* Erschöpfung *f*; **~ запасов** Erschöpfung der Bestände (Vorräte); **~ складских запасов** Lagererschöpfung *f*

истратить aufwenden, ausgeben; **~ деньги** Geld ausgeben

истребление *n* Ausrottung *f*, Vernichtung *f*, Vertilgung *f*

истребовать anfordern, verlangen; **~ документы** Unterlagen anfordern

исход *m* Ausgang *m*, Ergebnis *n*, Resultat *n*; **~ переговоров** Ausgang der Verhandlungen

исходн|ый Ausgangs-; **-ые данные** *pl* Ausgangsdaten *pl*; **-ое значение** *n* Ausgangswert *m*; **-ое сырьё и материалы** Ausgangsmaterial und -stoffe

исходящ|ий ausgehend, Ausgangs-; **-ая почта** *f* ausgehende Post, Postausgang *m*; **-ий счёт** *m* Ausgangsrechnung *f*

исчерпание *n* Ausschöpfung *f*, Erschöpfung *f*; **~ квот** Ausschöpfung der Quoten (Kontingente)

исчерп(ыв)ать ausschöpfen, erschöpfen; **~ возможности** das Potenzial erschöpfen; **~ квоты** Kontingente (Quoten) ausschöpfen; **~ мощности** Kapazitäten ausschöpfen; **~ резервы** Reserven ausschöpfen

исчисление *n* Berechnung *f*, Errechnung *f*, Rechnung *f*, Kalkulation *f*; **производить ~** eine Berechnung anstellen, eine Kalkulation erstellen (vornehmen); **вариационное ~** Variationsrechnung *f*; **~ налога** Steuerberechnung *f*; **~ пенсии** Rentenberechnung *f*, Berechnung einer Rente; **~ процентной ставки** Zinsfußberechnung *f*; **~ процентов** Prozentrechnung *f*, Zins|berechnung *f*, -errechnung *f*, -rechnung *f*; **~ размера сбора** Gebührenberechnung *f*; **~ разницы между процентными ставками** Zinsspannenrechnung *f*; **~ сложных процентов** Zinseszinsrechnung *f*; **~ срока** Frist|bemessung *f*, -berechnung *f*; **~ тарифных ставок** Tariffestsetzung *f*; **~ убытков** Verlustberechnung *f*; **~ ущерба** Schadensberechnung *f*; **~ фактической стоимости ценных бумаг** Effektenrechnung *f*

исчислять ausrechnen, berechnen, errechnen, kalkulieren; **~ процентную ставку** den Zinsfuß berechnen; **~ проценты** Zinsen berechnen; **~ срок** die Frist berechnen; **~ цену** den Preis berechnen

исчисляться betragen, sich belaufen, ausmachen

итог *m* Endergebnis *n*, Ergebnis *n*, Resultat *n*, Fazit *n*, Bilanz *f*; **подводить ~** eine Bilanz (ein Fazit) ziehen; **составлять в -е** im Ganzen betragen; **~ баланса (балансовый ~)** Bilanz|erfolg *m*, -ergebnis *n*, -summe *f*; **в -е** insgesamt, im Endergebnis; **годовой ~ (~ за год)** Jahresbilanz *f*; **-и исследования** Forschungsergebnisse *pl*; **нарастающий ~** Fortschreibung *f*; **общий ~** Gesamtergebnis *n*, Endbetrag *m*; **предварительный ~** vorläufiges Ergebnis, Zwischenergebnis *n*; **промежуточный ~** Zwischenabschluss *m*; **~ работы** Arbeitsergebnis *n*; **-и хозяйственной деятельности предприятия** Betriebs|ergebnis *n*, -erfolg *m*, Unternehmens|ergebnis *n*, -erfolg *m*

итого insgesamt, gesamt, total

итогов|ый Gesamt-; **-ый результат** *m* Endergebnis *n*; **-ая сумма** *f* End|betrag *m*, -summe *f*, Gesamtsumme *f*

К

кабинет *m* Arbeitszimmer *n*; Amtsraum *m*, Amtszimmer *n*, Dienstraum *m*, Kabinett *n*

каботаж *m* **(каботажное судоходство** *n***)** Kabotage *f*, Küstenschifffahrt *f*

кадастр *m* Kataster *m*; **вносить в ~ (регистрировать в -е)** in den Kataster eintragen; **земельный ~** Grundbuch *n*, Liegenschaftskataster *m*; **центральный ~** Zentralkataster *m*

кадастрировать in den Kataster aufnehmen

кадастровы|й Kataster-; **-е налоги** *pl* Katastersteuern *pl*

кадры *pl* Arbeitskräfte *pl*, Personal *m*;

готовить (обучать) ~ Arbeitskräfte (das Personal) ausbilden; **(высоко)квалифицированные ~** (hoch)qualifizierte Arbeitskräfte, Fachkräfte *pl*; **молодые научные ~** wissenschaftlicher Nachwuchs; **молодые ~ руководителей** Führungsnachwuchs *m*; **постоянные ~** Stammbelegschaft *f*; **руководящие ~** Führungskräfte *pl*, Leitungspersonal *n*, leitende Angestellte, Manager *pl*; **~ специалистов** Fach|kräfte *pl*, -personal *n*

казна *f* Staatskasse *f*, Schatz *m*; **государственная ~** Staatskasse *f*, Fiskus *m*; **федеральная ~** Bundesschatz *m*

казначей *m* Kassierer *m*, Kassenverwalter *m*, Kassenvorstand *m*, Kassenwart *m*

казначейство *n* Schatzamt *n*; **федеральное ~** Bundeskasse *f*, föderale Staatskasse *f*

казнокрад *m* Staatskassenplünderer *m*

казнокрадство *n* Unterschlagung *f* (Veruntreuung *f*) von Staatseigentum

кайзен Kaizen

календарь *m* Kalender *m*; **~-памятка** *m* Terminkalender *m*; **платёжный ~** Zahlungsplan *m*

календарн|ый Kalender-; **-ый год** *m* Kalenderjahr *n*; **-ый день** *m* Kalendertag *m*; **-ый месяц** *m* Kalendermonat *m*; **-ая неделя** *f* Kalenderwoche *f*

калькулирование *n* Kalkulation *f*, Veranschlagung *f*, Berechnung *f*

калькулировать kalkulieren, veranschlagen, berechnen; **~ издержки** die Kosten berechnen (kalkulieren, veranschlagen); **~ цену** den Preis berechnen (kalkulieren)

калькулятор *m* Rechner *m*, Kostenrechner *m*

калькуляционн|ый kalkulatorisch, Kalkulations-; **-ые издержки** Kalkulationskosten *pl*, kalkulatorische Kosten; **-ая надбавка** Kalkulations|aufschlag *m*, -faktor *m*, -zuschlag *m*; **-ый отдел** Kalkulationsabteilung *f*; **-ая скидка** Kalkulationsabschlag *m*; **-ая цена** Kalkulationspreis *m*

калькуляци|я *f* Kalkulation *f*, Berechnung *f*, Veranschlagung *f*, Kostenermittlung *f*; **представить -ю** eine Kalkulation vorlegen; **проводить (составлять) -ю** eine Berechnung anstellen, eine Kalkulation erstellen (vornehmen); **дополнительная -я** Nachkalkulation *f*; **-я доходов** Ertragsberechnung *f*; **-я затрат (издержек) по месту их возникновения** Kostenstellenrechnung *f*; **-я издержек** Costing, Kosten|kalkulation *f*, -berechnung *f*, -rechnung *f*; **-я издержек на единицу продукции** Kostenträgerrechnung *f*, Stückkostenkalkulation *f*; **-я издержек производства изделий, производимых в едином технологическом процессе** Kalkulation von Koppelprodukten; **-я издержек производства изделий в зависимости от вида** Sortenkalkulation *f*; **-я издержек производства на единицу продукции** Stückkostenkalkulation *f*, stückbezogene Kalkulation; **-я капиталовложений** Investitionskalkulation *f*; **контрольная (отчётная) -я** Nachkalkulation *f*; **нормативная -я** Richtsatzkalkulation *f*; **первичная -я** Erstkalkulation *f*; **плановая -я** Plankalkulation *f*; **-я по средним издержкам** Normalkalkulation *f*; **повторная -я цен** Preisumrechnung *f*; **постатейная -я** Zuschlagskalkulation *f*; **предварительная -я** Vorkalkulation *f*, Voranschlag *m*; **-я производственных издержек** Betriebskalkulation *f*; **-я промышленного предприятия** Industriekalkulation *f*; **-я расходов к моменту подачи предложения** Angebotskalkulation *f*; **-я расходов на сырьё и материалы** Materialkostenermittlung *f*; **-я себестоимости** Selbstkosten|berechnung *f*, -kalkulation *f*; **-я себестоимости за определённый период** Kostenträgerzeitrechnung *f*; **-я себестоимости отдельных изделий** Kostenträgereinzelrechnung *f*; **смешанная -я** Kompensationskalkulation *f*, Mischkalkulation *f*; **стандартная (типовая) -я** Standardkalkulation *f*; **табличная -я** Tabellenkalkulation *f*; **-я фактических издержек** Istkostenrechnung *f*; **-я цен** Preis|berechnung *f*, -festlegung *f*, -kalkulation *f*; **-я цены на товар** Warenkalkulation *f*

камень *m* Stein *m*; **драгоценный ~** Edelstein *m*; **полудрагоценный ~** Halbedelstein *m*

камера *f* Raum *m*, Zelle *f*; **~ хранения багажа** Gepäckaufbewahrung *f*

камералистика *f* Kameralistik *f*

кампани|я *f* Kampagne *f*, Aktion *f*; **начинать -ю** eine Aktion (Kampagne) starten; **проводить -ю** eine Kampagne (durch)führen; **-я по продвижению товара на рынок** Einführungskampagne *f*; **-я по сбору средств** Sammelaktion *f*; **-я по сбыту** Absatzkampagne *f*, Verkaufskampagne *f*; **рекламная -я** Werbe|aktion *f*, -feldzug *m*

канал *m* Kanal *m*, Weg *m*; **административный ~** Verwaltungsweg *m*; **информационный ~** Informationsweg *m*; **~ сбыта** Absatz|kanal *m*, -weg *m*, Vertriebs|kanal *m*, -weg *m*, Distributions|kanal *m*, -weg *m*; **~ связи** Kommunikationsweg *m*; **~ снабжения** Beschaffungsweg *m*

кандидат *m* Kandidat *m*; **выдвигать -ов** Kandidaten nominieren; **~ в коммерсанты** Sollkaufmann *m*

капитал *m* Kapital *n*; Vermögen *n*; **вкладывать ~** Kapital anlegen (investieren); **вкладывать ~ на определённый срок** Kapital fest anlegen; **вносить ~** Kapital einbringen (einzahlen, zuschießen); **возвращать (выплачивать) ~** Kapital zurückzahlen; **занимать ~** Kapital aufnehmen; **изыскивать ~** Kapital aufbringen (beschaffen); **импортировать ~** Kapital importieren; **использовать ~ (маневрировать -ом)** Kapital einsetzen; **мобилизовывать ~** Kapital flüssig machen; **платить дивиденд из основного -а** die Dividende aus der Substanz zahlen; **получать (приобретать) ~** Kapital beschaffen; **помещать ~** Kapital anlegen (investieren, einschießen); **предоставлять ~** mit Kapital ausstatten; **связывать ~** Kapital binden (fest anlegen); **сохранять основной ~** die Substanz erhalten; **увеличивать (основной) ~** Kapital aufstocken (erhöhen), die Substanz stärken; **уменьшать (основной) ~** Kapital herabsetzen; **экспортировать ~** Kapital exportieren; **авансированный ~** vorgeschossenes Kapital; **активный** Aktivkapital *n*; **акционерный ~** Aktienkapital *n*, Beteiligungskapital *n*, Grundkapital *n*; **акционерный -, увеличенный за счёт выпуска новых акций** genehmigtes Aktienkapital; **амортизационный ~** *(Fin, WiWi)* amortisiertes Kapital, Amortisationskapital *n*, Abschreibungskapital *n*; **банковский ~ (~ банка)** Bankkapital *n*; **венчурный ~** Risikokapital *n*, Venture-Kapital *n*, Wagniskapital *n*, risikobehaftetes Kapital; **вещный ~** Sachkapital *n*, sachliches Kapital; **вложенный ~** Kapital|anlage *f*, -investition *f*, angelegtes (eingeschossenes, eingesetztes, investiertes) Kapital; **~, вложенный в предприятие, связанное с риском** Risikokapital *n*, Venture-Kapital *n*, Wagniskapital *n*, risikobehaftetes Kapital; **внесённый ~** eingezahltes (eingebrachtes) Kapital; **внесённый акционерный ~** eingezahltes Aktienkapital; **востребованный ~** aufgerufenes (eingerufenes) Kapital; **выпущенный акционерный ~** ausgegebenes Aktienkapital; **(акционерный) -, выпущенный по подписке** gezeichnetes Kapital; **высвобожденный ~** freigesetztes Kapital; **гарантийный ~** Garantiekapital *n*, haftendes Kapital; **гарантийный собственный ~** haftendes Eigenkapital; **декларированный ~** Grundkapital *n*; **денежный ~** Geldkapital *n*; **добавочный ~** Ergänzungskapital *n*, **дополнительный ~** Zusatzkapital *n*; **заёмный ~** Fremdkapital *n*, Anleihekapital *n*; Leihkapital *n*; **закрепленный ~** zweckgebundenes Kapital *n*; **зарегистрированный ~** registriertes Kapital; **избыточный ~** überschüssiges (überflüssiges) Kapital; **израсходованный ~** verausgabtes Kapital; **~ и проценты** Kapital und Zinsen; **иммобилизованный ~** festgelegtes Kapital; **инвестированный ~** angelegtes (eingeschossenes, eingesetztes, investiertes) Kapital, Kapital|anlage *f*, -investion *f*; **инвестиционный ~** Anlagekapital *n*, Investitionskapital *n*; **иностранный ~** Auslandskapital *n*, ausländisches Kapital; **интеллектуальный** intellektuelles Kapital; **использованный ~** angewandtes (eingesetztes) Kapital; **исходный ~** Anfangs|kapital *n*, -vermögen *n*; **коммандитный ~** Kommanditkapital *n*; **коммерческий ~** Geschäftskapital *n*; **~ компании** Gesellschaftskapital *n*, Gewerbekapital *n*; **крупный ~** Großkapital *n*; **ликвидный (мобильный) ~** flüssiges Kapital; **материнский ~** Mutterkapital *n*; **мёртвый ~** brachliegendes Kapital, totes Kapital; **монополистический ~** Monopolkapital *n*; **~-морковка** Aktien für Manager, Belegschaftsaktien *pl*; **наличный ~** disponibles (verfügbares) Kapital; **национальный ~** Nationalkapital *n*; **невнесённый акционерный ~** ausstehendes (nicht eingezahltes) Aktienkapital; **необходимый ~** nötiges Kapital; **~, необходимый для ведения дел** betriebsnotwendiges Kapital; **несвободный ~** indisponibles Kapital; **номинальный ~** Nominalkapital *n*, Nennkapital *n*; **оборотный ~** Betriebskapital *n*, Umlaufvermögen *n*, umlaufendes (bewegliches) Kapital; **~ общества** Gesellschaftskapital *n*, Gewerbekapital *n*; **общественный (социальный) ~** Sozialkapital *n*; **основной ~** Anlagevermögen *n*, Grundkapital *n*, Sachanlagenvermögen, Sachapital *n*, Substanz *f*, fixes (stehendes) Kapital; **основной ~ общества с ограниченной ответственностью** Stammkapital *n*; **основной ~ предприятия** Substanz des Unternehmens; **оффшорный ~** Offshore-Kapital *n*; **паевой ~** Grundkapital *n*, Eigenkapital *n*, Beteiligungskapital *n*; **переменный ~** variables Kapital; **~, переданный в доверительное управление** Treuhandgelder *pl*; **~ подопечного** Mündelgeld *n*; **~ предприятия** Unternehmenskapital *n*; **привлечённый ~** Fremdkapital *n*; **~, приносящий проценты** zinsbringendes Kapital, zinstragendes Kapital; **промышленный ~** industrielles Kapital; **рабочий ~** Working capital; **~ развития** Entwicklungskapital *n*; **разводнённый акционерный ~** verwässertes Aktienkapital; **реальный ~** Realkapital *n*, Sachkapital *n*; **резервный ~** Kapitalreserven *pl*, Reservekapital *n*; **резервный банковский ~** Bank|reserve *f*, -rücklage *f*; **резервный ~ для покрытия претензий страхователя** Prämienreserve *f*; **рисковый ~** Risikokapital *n*, Venturekapital *n*, Wagniskapital *n*, risikobehaftetes Kapital; **свободный ~** disponibles (flüssiges) Kapital; **связанный ~** gebundenes Kapital; **собственный ~** Eigenkapital *n*; **ссудный ~** Anleihekapital *n*, Kreditmittel *pl*, leihbares Kapital; **~ товарищества** Gesellschaftskapital *n*; **торгово-промышленный ~** Gewerbekapital *n*; **уставный ~** Grundkapital *n*, haftendes Kapital, Stammkapital *n*; **физический ~** Substanz *f*; **финансовый ~** Finanzkapital *n*; **~ фирмы** Geschäftskapital *n*; **фондовый ~** Kapital in Effekten (Wertpapieren); **частный ~** Privatkapital *n*; **человеческий ~** human capital, Humankapital *n*; **чистый ~** Nettokapital *n*; **чистый оборотный ~** Nettoumlaufvermögen *n*; **эмитированный ~** ausgegebenes Kapital

капитализация *f* Kapitalisierung *f*; **биржевая ~** Börsenkapitalisierung *f*; **~ доходов** Gewinnaktivierung *f*; **~ предприятия** Unternehmenskapitalisierung; **~ процентов** Zinskapitalisierung *f*

капитализировать kapitalisieren

капитализм *m* Kapitalismus *m*

капиталист *m* Kapitalist *m*

капиталистический kapitalistisch

капиталовложения *pl* Investition *f*, Anlage *f*, Kapitalanlage *f*, Kapitalinvestition *f*, Investment *n*; **осуществлять ~** Investitionen tätigen; **про(из)водить ~** Investitionen durchführen (vornehmen), Kapital anlegen; **стимулировать ~** Investitionen fördern; **увеличивать ~** Investitionen aufstocken; **финансировать ~** Investitionen finanzieren; **автоном-**

ные autonome Investitionen; **~ в материальные ценности** Sachwertanlage *f*; **~ в недвижимость** Immobilieninvestment *n*, Anlage (Investitionen) in Grundbesitz; **~ в обновление основных средств производства** Erneuerungsinvestitionen *pl*; **~ в оборудование** Ausrüstungsinvestitionen *pl*; **~ в основной капитал** Realinvestition *f*; **~ в основные средства производства** Anlageinvestition *f*; **~ в рационализацию (производства)** Rationalisierungsinvestition *f*, Anpassungsinvestitionen *pl*; **~ в строительство** Bauinvestitionen *pl*; **государственные ~** Staatsinvestitionen *pl*, Investitionen der öffentlichen Hand, staatliche Investitionen; **~ за границей (рубежом)** Auslands|anlagen *pl*, -investitionen *pl*, Kapitalanlage im Ausland; **индуцированные ~** induzierte Investitionen; **иностранные ~** Auslands|anlagen *pl*, -investitionen *pl*, ausländische Investitionen; **интенсивные ~** Intensivinvestitionen *pl*; **~ на возмещение основного капитала** Ersatzinvestitionen *pl*; **~ на расширение основного капитала** Erweiterungsinvestitionen *pl*; **надёжные (опекунские) ~** mündelsichere Anlage; **неудачные (ошибочные) ~** Fehlinvestition *f*; **новые ~** Neuinvestitionen *pl*; **прямые ~** Direktinvestitionen *pl*, Kapitalbeteiligung *f*, direkte Investitionen; **~, связанные с риском** risikobehaftete Investitionen; **удельные ~** Kapitalintensität *f*; **частные ~** Privatinvestitionen *pl*, private Investitionen, privates Investment; **чистые ~** Nettoinvestitionen *pl*, Reininvestitionen *pl*; **экстенсивные ~** Erweiterungsinvestitionen *pl*

капиталовооружённость *f* Kapitalausstattung *f*

капиталоёмкий kapitalintensiv

капиталоёмкость *f*, **капиталинтенсивность** *f* Kapitalintensität *f*, Kapitalkoeffizient *m*

кардинг *m* Kartenbetrug, Kartenmissbrauch, Nutzung gestohlener Kreditkarten

карго *n* Kargo *n*, Fracht *f*, Ladung *f*

каргоплан *m* Ladeplan *m*

карман *m* **(для проспектов)** Prospekttasche *f*

карт-бланш *m* unbeschränkte Vollmacht *f*, Handlungsfreiheit *f*

карта *f* Karte *f*; **банковская ~** Bankkarte *f*; **бесконтактная ~** kontaktlose Karte; **внутрибанковская ~** Karte, die nur durch Bank-Emmitent akzeptiert wird; **дебетная ~, дебетовая ~** Debitkarte *f*; **денежная ~** Geldkarte *f*; **дисконтная ~** Diskontkarte *f*; **зелёная ~** Grüne Karte (Autohaftpflichtversicherung im Ausland); **идентификационная ~** Identifizierungskarte *f*; **кредитная ~** Kreditkarte *f*; **клубная ~** Clubkarte *f*; **Мемори-~** sichere digitale Speicherkarte, SD Memory Card, Secure Digital Memory Card; **платёжная ~** Zahlungskarte *f*; **пластиковая ~** Plastikkarte *f*; **~ на полученный заказ** Auftragskarte *f*; **овердрафтная ~** Chargekarte *f*, Kundenkarte mit Überziehungsmöglichkeit; **операционная (технологическая) ~** Arbeitsablaufplan *m*; **предоплаченная ~** Prepaid-Kreditkarte *f*; **производственная ~** Laufkarte *f*; **расчетная ~** Debetkarte *f*; **~ с магнитной полосой** Karte mit Magnetstreifen; **сим-~** SIM-Karte *f*; **смарт-~ (~ с памятью)** Smartkarte *f*, SmartCard *f*; **телефонная ~** Telefonkarte *f*; **технологическая ~ изделий** Materialstückliste *f*; **чиповая ~** Chipkarte *f*

карточка дебетовая Debitkarte *f*

картелирование *f* Kartellierung *f*, Kartellbildung *f*

картелировать kartellieren, ein Kartell bilden

картель *m* Kartell *n*; **вступать в ~** einem Kartell beitreten; **ликвидировать ~** ein Kartell auflösen (entflechten); **образовать ~** ein Kartell bilden, kartellieren; **~, в рамках которого распределяются заказы** Verdingungskartell *n*; **закупочный ~** Einkaufskartell *n*, Beschaffungskartell *n*; **контингентированный ~** Kontingentierungskartell *n*, Quotenkartell *n*; **~ по рационализации** Rationalisierungskartell *n*; **~ по стандартизации** Normen-und Typenkartell *n*; **~ предпринимателей, в рамках которо-**

го распределяются подряды Submissionskartell *n*; **принудительный ~** Zwangskartell *n*; **~ производителей сырья** Rohstoffkartell *n*; **производственный ~** Produktionskartell *n*; **~, регулирующий объём производства** Mengenkartell *n*; **сбытовой ~** Absatzkartell *n*, Verkaufskartell *n*, Vertriebskartell *n*; **территориальный ~** Gebietskartell *n*; **экспортный ~** Exportkartell *n*

картельн|ый Kartell-; **-ое соглашение** *n* Kartell *n*, Kartell|abkommen *n*, -absprache *f*, -vereinbarung *f*, -vertrag *m*; **-ая цена** *f* Kartellpreis *m*

картотек|а *f* Kartei *f*, Kartothek *f*; Datei *f*, Verzeichnis *n*; **вести -у** eine Kartei führen; **составлять -у** eine Kartei anlegen; **-а движения материальных ценностей** Dispositionskartei *f*; **-а заказов** Auftragskartei *f*; **-а запасов (наличия)** Bestandskartei *f*; **инвентарная -а** Bestandskartei *f*; **-а клиентов** Kunden|datei *f*, -kartei *f*; **-а основных средств** Anlagenkartei *f*; **-а поставщиков** Lieferantenkartei *f*, Lieferantenliste *f*; **-а складских запасов** Lagerkartei *f*; **-а складского учёта** Dispositionskartei *f*

карточк|а *f* Karte *f*; **расплачиваться с помощью кредитной -и** mit einer Kreditkarte bezahlen; **визитная -а** Visitenkarte *f*; **дебетовая -а** Debitkarte *f*; **дисконтная -а** Diskontkarte *f*; **корпоративная -а** Corporate Card; **кредитная -а** Kreditkarte *f*; **-а лицевого счёта** Kontenblatt *n*; **личная -а сотрудника** Personalfragebogen *m*; **пластиковая -а** Plastikkarte *f*; **платёжная -а** Zahlungskarte *f*; **-а с образцами подписей ответственных лиц** Unterschriftenverzeichnis *n*, Unterschriftsblatt *n*; **-а складского материального учёта** Lagerfachkarte *f*; **-а социального страхования** Versicherungskarte *f*; **телефонная -а** Telefonkarte *f*; **чековая -а** Scheckkarte *f*

карьер *m* Tagebau *m*, Tagebaubetrieb *m*

карьер|а *f* Karriere *f*, Laufbahn *f*; **делать -у** Karriere machen; **делать профессиональную -у** beruflich aufsteigen; **научная -а** akademische Laufbahn; **профессиональная -а** berufliche Laufbahn; **-а служащего (чиновника)** Beamtenlaufbahn *f*

карьеризм *m* Karrieresucht *f*, Karrierismus *m*

каско *n* Kasko *n*, Kaskoversicherung *f*

касс|а *f* Kasse *f*, Kassenbestand *m*; Schalter *m*; Registrierkasse *f*; **вести -у** die Kasse führen; **альтернативная больничная -а** Ersatzkasse *f*; **билетная -а** Fahrkartenschalter *m*, Theaterkasse *f*, Schalter *m*, Kartenbüro *n*; **больничная -а** Krankenkasse *f*; **больничная -а союза ремесленников** Innungskrankenkasse *f*; **-а взаимопомощи** Unterstützungskasse *f*, Versorgungskasse *f*; **главная (центральная) -а** Hauptkasse *f*, Zentralkasse *f*; **государственная больничная -а** gesetzliche Krankenkasse; **местная больничная -а** Ortskrankenkasse *f*; **-а общества (союза)** Verbandskasse *f*; **пенсионная -а** Versorgungskasse *f*, Pensionskasse *f*, Rentenkasse *f*; **почтовая -а** Postschalter *m*; **почтово-сберегательная -а** Postsparkasse *f*; **профсоюзная -а** Gewerkschaftskasse *f*; **расчётная -а** Girokasse *f*; **расчётная -а по срочным биржевым сделкам** Liquidationskasse *f*; **сберегательная -а** Sparkasse *f*; **ссудная -а** Darlehenskasse *f*; **ссудосберегательная -а** Spar-und Darlehenskasse *f*; **центральная -а** Hauptkasse *f*, Zentralkasse *f*; **частная больничная -а** private Krankenkasse

кассация *f* Berufung *f*

кассета *f* **для банкнот** Banknotenkassette *f*

кассир *m* Kassierer *m*, Kassenführer *m*, Kassenverwalter *m*, Kassenvorstand *n*, Kassenwart *m*; **главный ~** Hauptkassierer *m*

кассов|ый Kassa-, Kassen-; **-ый дефицит** *m* Kassen|defizit *n*, -manko *n*; **-ые операции** *pl* Kassenverkehr *m*; **-ая рапортичка** *f* Kassenrechnung *f*; **-ый резерв** *m* Kassenreserve *f*; **-ая сделка** *f* Bargeschäft *n*, Kassa|geschäft *n*, -kauf *m*, -transaktion *f*, Lokogeschäft *n*, Promptgeschäft *n*,

Spotgeschäft *n*; **-ый чек** *m* Kassen|-bon *m*, -scheck *m*, -schein *m*, -zettel *m*
кастоди Custody, Depot *n*, Verwahrung *f*
кастодиальный бизнес *m* Depotgeschäft *n*, Verwahrungsgeschäft *n*
каталог *m* Katalog *m*, Liste *f*; **посылать ~** einen Katalog zusenden; **указывать в -е** im Katalog aufführen; **аукционный ~** Auktions|katalog *m*, -liste *f*, Versteigerungs|katalog *m*, -liste *f*; **~ выставки (ярмарки)** Messekatalog *m*; **~ запасных частей** Ersatzteilliste *f*; **иллюстрированный ~** illustrierter Katalog; **~ исключений** *(Admin)* Negativkatalog *m*; **~ образцов** Musterkatalog *m*; **~ поставляемых товаров** Lieferkatalog *m*; **~ продукции** Produktkatalog *m*, Produktverzeichnis *n*; **~ с указанием цен** Katalog mit Preisangabe; **~ товаров** Warenkatalog *m*
катастрофа *f* Katastrophe *f*, Unfall *m*
категория *f* Kategorie *f*, Gattung *f*, Klasse *f*; **~ акций** Aktiengattung *f*; **~ качества** Güteklasse *f*; **~ товара** Waren|gattung *f*, -gruppe *f*
каф caf (Kosten und Fracht)
качеств|о *n* Güte *f*, Qualität *f*; Beschaffenheit *f*, Eigenschaft *f*; **контролировать -о** die Qualität kontrollieren (prüfen); **обеспечивать -о** die Qualität sichern; **определять -о** die Qualität bestimmen; **оценивать -о** die Qualität beurteilen (bewerten); **превосходить по -у** in der Qualität übertreffen; **предъявлять претензии к -у** die Qualität beanstanden; **проверять -о** die Qualität prüfen; **сохранять -о** die Qualität erhalten; **улучшать (повышать) -о** die Qualität verbessern; **безупречное -о** einwandfreie Beschaffenheit; **в -е консультанта** in beratender Eigenschaft; **высокое -о** hohe (gute) Qualität; **высшее -о** Spitzenqualität *f*, Topqualität *f*, beste Qualität; **гарантированное -о** zugesicherte Qualität; **-о жизни** Lebensqualität *f*; **-о информации** Informationsqualität *f*; **-о изготовления** Fertigungsqualität *f*; **-о изделий** Qualität der Erzeugnisse; **контрактное -о** Qualität der Basisware; **-о материала** Material|güte *f*, -qualität *f*; **-о монтажа** Montagequalität *f*; **низкое -о** geringe (niedrige) Qualität; **-о продукции** Qualität der Erzeugnisse; **-о продукта** Produktqualität *f*; **-о обработки** Verarbeitungsqualität *f*, Qualität der Verarbeitung; **обычное среднее -о** mittlere Qualität; **-о согласно договору** vereinbarte Qualität; **-о согласно образцу** Qualität laut Muster; **среднее -о** Durchschnittsqualität *f*; **-о сырья и материалов** Materialqualität *f*; **торговое (стандартное) -о** handelsübliche Qualität; **-о товаров** Eigenschaft (Beschaffenheit, Güte, Qualität) der Waren; **-о услуг** Qualität der Dienstleistungen
квазиденьги *pl* Quasigeld *n*
квазимонополия *f* Quasimonopol *n*
квазирента *f* Quasirente *f*
квалификационн|ый Qualifikations-; **-ые требования** *pl* Qualifikationsanforderungen *pl*; **-ый экзамен** *m* Facharbeiterprüfung *f*
квалификаци|я *f* Qualifikation *f*, Qualifizierung *f*, Befähigung *f*; **давать -ю** ausbilden, schulen; **давать другую -ю** umschulen; **повышать -ю** weiterbilden; **подтверждать -ю** die Qualifikation nachweisen; **получать (приобретать) -ю** sich eine Qualifikation aneignen, sich qualifizieren; **деловая -я** fachliche Qualifikation; **профессиональная -я** berufliche (fachliche) Qualifikation (Befähigung)
квалифицированн|ый qualifiziert, Fach-; **-ое большинство** *n* **голосов** qualifizierte Mehrheit; **-ый персонал** *m* Fachpersonal *n*; **-ый рабочий** *m* Facharbeiter *m*, qualifizierter Arbeiter
квартал *m* Quartal *n*, Vierteljahr *n*; Viertel *n*; **деловой ~** Geschäftsviertel *n*; **жилой ~** Wohn|block *m*, -viertel *n*
квартальн|ый Quartals-, Vierteljahres-; **-ый отчёт** *m* Quartals|abschluss *m*, -bericht *m*, Vierteljahres|abschluss *m*, -bericht *m*; **-ый план** *m* Quartalsplan *m*; **-ые показатели** *pl* Quartalszahlen *pl*
квартир|а *f* Wohnung *f*, Quartier *n*; **въезжать в новую -у** eine neue Wohnung beziehen, in eine neue Wohnung einziehen; **сдавать -у (внаём)** eine

Wohnung vermieten; **снимать -у** eine Wohnung mieten; **-а в новом доме** Neubauwohnung *f*; **главная -а фирмы** Hauptquartier *n*; **-а, сдаваемая внаём** Mietwohnung *f*, vermietete Wohnung; **служебная -а** Dienstwohnung *f*; **снимаемая -а** Mietwohnung *f*; **-а со всеми удобствами** Wohnung mit allem Komfort; **социальная -а** Sozialwohnung *f*; **трёхкомнатная -а** Dreizimmerwohnung *f*; **частная -а** Eigentumswohnung *f*

квартирант *m* Mieter *m*

квартирные *pl* Übernachtungsgeld *n*

квартиросъёмщик *m* Mieter *m*, Wohnungsinhaber *m*; **главный ~** Hauptmieter *m*

квартплат|а *f* Miete *f*, Mietpreis *m*, Mietzins *m*; **платить -у** die Miete bezahlen; **повышать -у** die Miete erhöhen; **снижать -у** die Miete ermäßigen (senken); **высокая -а** hoher Mietpreis (Mietzins), hohe Miete; **низкая -а** niedriger Mietpreis (Mietzins), niedrige Miete

квитанци|я *f* Quittung *f*, Beleg *m*, Schein *m*, Bescheinigung *f*; **выдавать -ю** eine Quittung (Bescheinigung) ausstellen; **предъявлять -ю** eine Quittung (Bescheinigung) vorlegen; **багажная -я** Gepäckschein *m*; **доставочная -я** Posteinlieferungsschein *m*; **закладная -я** Leihschein *m*; **ломбардная -я** Pfandschein *m*, Leihschein *m*; **-я на груз, принятый на хранение** Einlagerungsschein *n*; **-я на получение** Empfangsbescheinigung *f*; **-я об уплате** Einzahlungsquittung *f*; **-я об уплате таможенной пошлины** Zollquittung *f*; **-я о вручении (доставке)** Einlieferungsbescheinigung *f*; **-я о получении (приёмке)** Annahmebescheinigung *f*; **-я о принятии ценных вещей на хранение** Aufbewahrungsschein *m*; **-я о сдаче груза** Ablieferungsschein *m*; **-я о сдаче-приёмке** Abnahmeschein *m*; **общая -я** Gesamtquittung *f*; **ордерная товарная -я** Orderladeschein *m*; **погрузочная -я** Stauungs|attest *n*, -schein *m*; **почтовая -я** Postquittung *f*; **приходная -я** Einnahme|schein *m*, -beleg *m*; **товарная -я** Einlagerungsschein *m*, Warenschein *m*; **товарная -я, выставляемая приказу** Orderschein *m*

кворум *m* Quorum *n*, beschlussfähige Mitgliederzahl

квот|а *f* Kontingent *n*, Quote *f*, Anteil *m*; **выделять -ы** Kontingente (Quoten) zuteilen (aufteilen); **исчерпать -ы** Kontingente (Quoten) ausschöpfen; **исчислять (определять) -ы** Quoten errechnen; **отменять -ы** Quoten aussetzen; **превышать -у** das Kontingent (die Quote) überschreiten; **распределять -ы** Kontingente (Quoten) zuteilen (aufteilen); **снимать -ы** die Kontingentierung aufheben; **соблюдать -ы** Kontingente (Quoten) einhalten; **увеличивать -ы** Kontingente erweitern, Quoten aufstocken (erhöhen); **уменьшать -ы** Kontingente (Quoten) herabsetzen; **устанавливать -ы** kontingentieren, Quoten festsetzen; **валютная -а** Devisen|kontingent *n*, -quote *f*; **-а для удовлетворения конкурсных кредиторов** Konkurs|dividende *f*, -quote *f*; **дополнительная -а** Zusatzkontingent *n*; **импортная -а** Einfuhr|quote *f*, Import|kontingent *n*, -quote *f*; **количественная -а** Mengenkontingent *n*; **кредитная -а** Kreditkontingent *n*; **-а кредитора при урегулировании вопроса о задолженности** Vergleichsquote *f*; **-а ликвидности** Liquiditätsquote *f*; **-а на добычу** Förderquote *f*; **-а на закупки** Einkaufskontingent *n*; **налоговая -а** Steuerquote *f*; **общая -а** Globalkontingent *n*; **-а при ликвидации имущества** Liquidationsquote *f*; **производственная -а (-а на производство)** Produktionsquote *f*, Erzeugungsquote *f*; **-а распределения** Verteilungsquote *f*; **сберегательная -а** Sparquote *f*; **сбытовая -а** Absatz|kontingent *n*, -quote *f*, Verkaufsquote *f*; **-а согласно картельному соглашению** Kartellquote *f*; **специальная -а** Sonderkontingent *n*; **-а участия** Beteiligungsquote *f*; **экспортная -а** Ausfuhrkontingent *n*, Exportkontingent *n*

квотативный Quotitäts-; **~ налог** *m* Quotitätssteuer *f*
квотирование *n* Kontingentierung *f*, Quotenfestsetzung *f*; **отменять ~** die Kontingentierung aufheben; **~ ввоза (импорта)** Einfuhrkontingentierung *f*, Importkontingentierung *f*, Kontingentierung von Importen; **~ производства** Kontingentierung der Produktion; **~ экспорта** Ausfuhrkontingentierung *f*, Exportkontingentierung *f*
киоск *m* Kiosk *m*; **газетный ~** Zeitungskiosk *m*; **~ на рынке** Marktstand *m*
кипа *f* Ballen *m*, Stapel *m*
кирпич *m* Backstein *m*, Ziegel *m*, Ziegelstein *m*
клавиатура *f* Tastatur *f*
клавиша *f* Taste *f*
кладовая *f* Vorratskammer *f*, Lager *n*; **инструментальная ~** Werkzeuglager *n*
кладовщик *m* Lagerist *m*, Lagerleiter *m*, Lagerverwalter *m*; Lagerarbeiter *m*
кладь, ручная ~ Handgepäck *n*
кларирование (zollamtliche) Abfertigung, Zollabfertigung *f*, Zollklarierung *f*; **~, связанное с выходом судна из порта** Ausklarierung *f*, Auslaufgenehmigung *f*; **~, связанное с заходом судна в порт** Einklarierung *f*, Einlaufgenehmigung *f*; **~ судна** Schiffsabfertigung *f*
кларировать (zollamtlich) abfertigen; **~ при выходе из порта** ausklarieren; **~ при заходе в порт** einklarieren
класс *m* Klasse *f*, Kategorie *f*, Gattung *f*; Rang *m*; Typ *m*; **определять ~ риска** die Risikoklasse ermitteln; **помещать в -е риска** in der Risikoklasse einstufen; **~ качества** Güteklasse *f*; **~ опционов** Optionsklasse *f*; **~ риска** Gefahrenklasse *f*, Risikoklasse *f*; **средний ~** Mittelstand *m*; **тарифный ~** Tarifklasse *f*
классификатор *m* Klassenverzeichnis *n*, Klassifikation *f*, Klassifikator *m*; **Общероссийский ~ видов экономической деятельности, продукции и услуг** *(Admin)* Allgemeine russische Klassifikation der Wirtschaftszweige, Produkte und Dienstleistungen
классификаци|я *f* Klassifikation *f*, Klassifizierung *f*, Systematik *f*, Einstufung *f*, Gliederung *f*, Einteilung *f*, Unterteilung; **разработать -ю** eine Systematik erstellen; **бюджетная -я** Budgetgliederung *f*, Haushaltssystematik *f*; **-я доходов** Klassifizierung der Einnahmen, Einnahmengliederung *f*; **-я издержек (затрат)** Kostengliederung *f*; **-я налогов** Gliederung der Steuerarten, Klassifikation der Steuerarten; **-я патентов** Patentklassifikation *f*, Klasseneinteilung der Patente; **-я продуктов** Produktklassifikation *f*; **-я профессий** Berufs|gliederung *f*, -systematik *f*; **-я рабочих заданий** Einstufung der Tätigkeit; **-я разделов номенклатуры счетов** Kontenklasseneinteilung; **-я счетов** Kontengliederung *f*; **-я таможенных тарифов** zolltarifliche Einstufung; **тарифная -я** Tarifeinstufung *f*; **-я товаров** Wareneinteilung *f*, Warenverzeichnis *n*
классифицировать klassifizieren, systematisieren, einordnen, (ein)gliedern, einstufen, einteilen, unterteilen; **~ товары** Waren in Klassen einteilen
кластер *m* Cluster *n*
клаузула *f* Klausel *f*, Vorbehalt *m*; **арбитражная ~** Schieds(gerichts)-klausel *f*; **торговая ~** Handelsklausel *f*
клеймо *n* Brandstempel *m* Brennstempel *m* Prägestempel *m*
клерк *m* kaufmännischer Angestellter, Büroangestellte *m*; **банковский ~** Bankangestellte *m*
клиент *m* Kunde *m*, Klient *m*; **искать подход к -ам** an Kunden herantreten; **консультировать -ов** Kunden beraten; **обслуживать -ов** Kunden bedienen (betreuen); **привлекать -ов** Kunden akquirieren (gewinnen, werben); **работать в контакте с -ами** kundennah tätig sein; **сманить -ов** *(V&M)* Kunden ausspannen, Kunden abwerben; **снабжать -ов** Kunden beliefern; **терять -ов** Kunden verlieren; **удовлетворять пожелания -а** einem Kunden entgegenkommen; **~ банка** Bankkunde *m*; **~ биржи** Börsenkunde *m*; **зарубежный ~** Auslandskunde *m*; **ключевой ~** *(V&M)* Schlüsselkunde *m*, Key Account *m*;

крупный ~ Großkunde *m*; **-ы-не банки** Nichtbankenkundschaft *f*; **основной ~** Hauptkunde *m*; **перспективный (потенциальный) ~** Interessent *m*, potenzieller (voraussichtlicher) Kunde; **платёжеспособный ~** zahlungsfähiger Kunde; **постоянные -ы** Stammkundschaft *f*, Kundenstamm *m*; **постоянный ~** Stammkunde *m*; **~, производящий оплату наличными** Barzahlungskunde *m*; **с ориентацией на запросы -ов** kundenorientiert; **случайный ~** Laufkunde *m*; **частный ~** Privatkunde *m*, privater Kunde

клиентур|а *f* Kundschaft *f*, Klientel *f*, Kunden *pl*, Kundenstamm *m*, Kundenkreis *m*, Abnehmerkreis *m*; **консультировать -у** die Kundschaft beraten; **терять -у** die Kundschaft verlieren; **удовлетворять пожелания -ы** den Wünschen der Kundschaft entgegenkommen; **-а банка** Bank|-kunden *pl*, -kundschaft *f*; **-а на внешнем рынке** Auslandskundschaft *f*, ausländische Kundschaft; **-а на внутреннем рынке** inländische Kundschaft; **постоянная -а** Kundenstamm *m*, Stammkundschaft *f*, langfristige Kundschaft; **-а фирмы** Firmenkundschaft *f*; **частная -а** Privatkundschaft *f*

клик *m (Comp)* Click *m*

климат *m* Klima *n*; **деловой ~** Geschäftsklima *n*; **инвестиционный ~** Investitionsklima *n*; **экономический ~** Konjunkturklima *n*, Wirtschaftsklima *n*

клиранс *m* Zollabfertigung *f*

клиринг *m* Clearing *n*, Clearingverkehr *m*, Verrechnung *f*, Verrechnungverkehr *m*, Abrechnungsverkehr *m*; **банковский ~** Bankenclearing *n*; **двусторонний ~** bilaterales Clearing; **международный ~** internationaler Verrechnungsverkehr; **многосторонний ~** multilaterales Clearing; **~ ценных бумаг** Effektenclearing *n*

клиринг-банк *m* Clearingbank *f*

клирингов|ый Clearing-; **-ая задолженность** *f* Clearingschuld *f*; **-ая палата** *f* Clearingstelle *f*, Abrechnungszentrale *f*, Verrechnungsstelle *f*; **-ые операции** *pl* **(расчёты** *pl***)** Clearingverkehr *m*, Verrechnungsverkehr *m*; **-ые требования** *pl* Clearingforderungen *pl*

клиринг-хауз *m* Clearingstelle *f*, Verrechnungsstelle *f*

клуб *m*: **~ инвесторов** Investment Club; **Парижский ~ кредиторов** *(Bank)* Pariser Club *m* (Club de Paris)

ключ *m* Schlüssel *m*; **строить под ~** schlüsselfertig bauen; **~ для расчёта при распределении издержек** Verteilerschlüssel *m*

ключев|ой Schlüssel-; Spitzen -; **-ая отрасль** *f* **промышленности** Schlüssel|branche *f*, -industrie *f*; **-ое положение** *n* Schlüssel|position *f*, -stellung *f*, Spitzenstellung *f*; **-ая технология** *f* Schlüsseltechnologie *f*, Spitzentechnologie *f*

книг|а *f* Buch *n*; **вести бухгалтерские -и** Bücher führen; **заключать -и** die Bücher abschließen; **заносить в -и** in die Bücher aufnehmen, buchen; **проверять правильность ведения ~** die Bücher ordnungsmäßig prüfen, die Bücher einsehen; **балансовая -а** Bilanzbuch *n*; **Бежевая -а** Beige Book; **бухгалтерская (счётная) -а** Buch *n*, Geschäftsbuch *n*; **вексельная -а** Wechselbuch *n*; **вспомогательные -и** Hilfsbücher *pl*, Nebenbücher *pl*; **вспомогательная бухгалтерская -а** Hifsbuch *n*, Riskontro *n*; **главная бухгалтерская -а** Hauptbuch *n*; **-а Государственная долговая, -а государственного долга** Staatsschuldbuch *n*; **-а дебиторов (дебиторской задолженности)** Debitorenbuch *n*; **-а депозитов** Depotbuch *n*; **-а жалоб и предложений (жалобная -а)** Beschwerdebuch *n*; **-а заказов** Auftragsbuch *n*, Bestellbuch *n*, Orderbuch *n*; **конторская (торговая) -а** Geschäftsbuch *n*; **-а кредиторской задолженности** Kreditorenbuch *n*; **-а лицевых счетов депонентов** Personendepot *n*; **-а личных счетов** Privatkontenbuch *n*; **-а образцов** Musterbuch *n*; **поземельная -а** Grundbuch *n*; **-а поступлений** Einnahmenbuch *n*; **приходная -а** Eingangsbuch *n*, Einnahmenbuch *n*; **приходно-расход-**

ная -а Kassenbuch *n*; **расходная -а** Ausgabenbuch *n*; **-а регистрации акционеров-владельцев именных акций** Aktionärsregister *n*; **-а регистрации возвращённых товаров** Retourenbuch *n*; **-а регистрации товаров, возвращённых поставщикам** Lieferantenretourenbuch *n*; **сводная -а** Sammelbuch *n*; **-а складского учёта** Lagerbuch *n*; **счётная -а (-а счетов)** Rechnungsbuch *n*; **-а счетов учёта материальных ценностей** Sachkontenbuch *n*; **телефонная -а** Telefonbuch *n*; **-а учёта закупок** Einkaufsbuch *n*; **-а учета облигаций** Wertpapierregister; **-а учёта ценностей, принятых на хранение** Depotbuch *n*; **-а учёта основных средств** Betriebsanlagenbuch *n*, Sachanlagenbuch *n*; **-а учёта поставок** Lieferbuch *n*; **-а учёта с несброшюрованными листами** Loseblattbuch *n*; **фактурная -а (-а счетов-фактур)** Fakturenbuch *n*, Rechnungsbuch *n*

книжка *f* Buch *n*, Heft *n*; **вкладная ~** Spar(kassen)buch *n*; **записная ~** Notizbuch *n*; **квитанционная ~** Quittungsblock *m*; **сберегательная ~** Spar(kassen)buch *n*; **трудовая ~** Arbeitsbuch *n*; **чековая ~** Scheck|buch *n*, -heft *n*

коалиция *f* Koalition *f*

ковер *m*, **перестраховочный** Rückversicherung *f*

ковернот *m* Covernote *f*, Deckungszusage *f*

код *m* Kode *m*, Code *m*, Schlüssel *m*, Schlüsselzahl *f*, Chiffre *f*; **~ банка** Bankleitzahl *f*; **штриховой ~** Balkencode *m*, Barcode *m*, Strichcode *m*

кодекс *m* Kodex *m*, *(Recht)* Gesetzbuch *n*; **бюджетный ~** *(Recht)* Haushaltsgesetzbuch *n*, Haushaltskodex *m*; **гражданский ~** *(Recht)* Bürgerliches Gesetzbuch; **гражданско-процессуальный ~** *(Recht)* Zivilprozessordnung *f*; **земельный ~** *(Recht)* Grundkodex *m*; **налоговый ~** *(Recht)* Steuergesetzbuch *n*; **~ поведения** Verhaltenskodex *m*; **~ рекламной деятельности** Werbekodex *m*; **торговый ~** Handelsgesetzbuch *n*; **уголовный ~** *(Recht)* Strafgesetzbuch *n*; **уголовно-процессуальный ~** *(Recht)* Strafprozessordnung *f*; **~ чести** Ehrenkodex *m*

кодирование *n* **(кодировка** *f***)** Kodierung (Codierung) *f*, Verschlüsselung *f*, **~ товаров** Warencodierung *f*

кодировать kodieren (codieren), verschlüsseln, chiffrieren

кодификация *f* Kodifikation *f*, Kodifizierung *f*

колебани|е *n* Schwankung *f*, Fluktuation *f*; **компенсировать (сглаживать) -я** Schwankungen ausgleichen; **-я валютных курсов** Währungsschwankungen *pl*, Wechselkursschwankungen *pl*, Schwankungen (Volatilität) der Wechselkurse; **конъюнктурные -я** Konjunkturschwankungen *pl*, konjunkturelle Schwankungen; **-я конъюнктуры рынка** Marktschwankungen *pl*; **коридорные -я** *(Börse)* Schwankungen innerhalb des Korridors; **курсовые -я (-я курсов)** Kursschwankungen *pl*; **-я объёма оборота** Umsatzschwankungen *pl*; **-я производства** Produktionsschwankungen *pl*; **свободное -е валютных курсов** Floaten, Floating; **сезонные -я** Saisonschwankungen *pl*; **совместное -е валютных курсов** Blockfloating; **-я стоимости** Wertschwankungen *pl*; **-е цен** Preisschwankung *f*; **циклические -я** zyklische Schwankungen; **циклическое -е цен на свинину** Schweinezyklus *m*

колебаться schwanken, fluktuieren

количественн|ый quantitativ, mengenmäßig, zahlenmäßig, Mengen-; **-ое ограничение** *n* Mengenbegrenzung *f*, mengenmäßige Beschränkung; **-ое отклонение** *n* Mengenabweichung *f*, mengenmäßige Abweichung; **-ое соотношение** *n* Mengenverhältnis *n*, zahlenmäßiges Verhältnis; **-ый учёт** *m* **товарно-материальных ценностей** Mengenrechnung *f*

количество *n* Menge *f*, Quantität *f*, Anzahl *f*, Zahl *f*; **большое ~** große Menge (Anzahl); **большое ~ клиентов** eine große Anzahl von Kunden; **~ в**

штуках Stückzahl *f*; **~ готовой продукции** Ausbringungsmenge *f*; **~ грузов** Gütermenge *f*; **~ денег** Geldmenge *f*; **достаточное ~** genügende Menge; **заказанное ~ (заказанных товаров)** bestellte Menge, Bestellmenge *f*; **закупаемое ~** Bezugsmenge *f*; **затрачиваемое ~** eingesetzte Menge; **~ информации** Informationsmenge *f*; **~ конкурирующих товаров (оферентов)** Konkurrenzmenge *f*; **минимальное ~** Mindest|anzahl *f*, -menge *f*; **минимальное ~ закупаемых товаров** Mindestabnahmemenge *f*; **минимальное ~, предусмотренное условиями заказа** Mindestbestellmenge *f*; **минимальное ~, предусмотренное условиями поставки** Mindestbezugsmenge *f*; **недостающее ~** Fehl|menge *f*, -bestand *m*, fehlende Menge; **~ (товаров), необходимое для насыщения рынка** Sättigungsmenge *f*; **общее ~** Gesamt|menge *f*, -zahl *f*; **остаточное ~** Restmenge *f*; **~ пассажиров** Passagieraufkommen *n*; **плановое ~** Planmenge *f*, Sollmenge *f*; **поставляемое ~** Liefermenge *f*, gelieferte Menge; **потребляемое (расходуемое) ~** Verbrauchsmenge *f*; **предлагаемое ~** Angebotsmenge *f*, angebotene Menge; **~ произведённой продукции** Ausbringungsmenge *f*, Erzeugnismenge *f*, Gesamtertrag *m*, Produkt(ions)menge *f*; **реализованное ~ (товаров)** abgesetzte Menge; **~ реализуемой продукции** Absatzmenge *f*, Verkaufsmenge *f*; **среднее ~** durchschittliche Menge (Anzahl); **~ товаров** Warenmenge *f*; **~ товаров согласно потребительскому спросу** nachgefragte Menge; **требуемое ~** gewünschte Menge

колл *m* Call

коллар *m (Bö)* Bandbreitenoption *f*

коллегиальность *f* Kollegialität *f*

коллегиальн|ый Kollegial-; **-ое принятие** *n* **решений** Kollegialentscheidung *f*

коллектив *m* Belegschaft *f*, Gemeinschaft f, Kollektiv *n*; **авторский ~** Autorenkollektiv *n*, Miturhebergemeinschaft *f*; **~ завода (предприятия)** Belegschaft *f* (eines Unternehmens), Betriebsangehörige *pl*

коллективизация *f* Kollektivisierung *f*

коллективн|ый Kollektiv-; **-ая доверенность** *f* Kollektiv|prokura *f*, -vollmacht *f*; **-ое принятие** *n* **решений** Kollektiventscheidung *f*; **-ая собственность** *f* Kollektiveigentum *n*; **-ое страхование** *n* Kollektivversicherung *f*; **-ое хранение** *n* **денег в сберегательной кассе** Kollektivsparen *n*

коллекци|я *f* Kollektion *f*, Sammlung *f*; **собирать (составлять) -ю** eine Kollektion (Sammlung) zusammenstellen; **-я образцов** Muster|kollektion *f*, -sammlung *f*

коллизионн|ый Kollisions-; **-ое право** *n* Kollisionsrecht *n*; **-ый ущерб** *m* Kollisionsschaden *m*

коллизия *f* Kollision *f*

коллцентр *m* Call-Center

колониализм *m* Kolonialismus *m*

колонка *f* Spalte *f*

колхоз *m* Kolchose *f*, Kollektivwirtschaft *f*

команда *f* Mannschaft *f*, Besatzung *f*, Team *n*; Befehl *m*, Auftrag *m*

командирование *n* Entsendung *f*

командировать entsenden

командировка *f* Dienstreise *f*, Geschäftsreise *f*; **научная ~** Studienreise *f*; **служебная ~** Dienstreise *f*

командировочные (расходы) *pl* Reisegeld *n*, Reisekosten *pl*

комбинат *m* Betrieb *m*, Kombinat *n*; **~ бытового обслуживания** Dienstleistungs|betrieb *n*, -unternehmen *n*, -zentrum *n*; **металлургический ~** Hüttenwerk *n*

комбинация *f* Kombination *f*

ко-менеджер *m* Co-Manager, Mitführer eines Konsortiums

комиссар *m* Kommissar *m*; **аварийный ~** Havariekomissar *m*; **биржевой ~** Börsenkommissar *m*

комиссарский kommissarisch

комиссионер *m* Kommissionär *m*, Kommissionsagent *m*, Kommissionshändler *m*, Kommissionsvertreter *m*; **~, ведущий дела за собственный счёт** Eigenhändler *m*; **~ по закупке**

Einkaufskommissionär *m*; **~ по сбыту** Verkaufskommissionär *m*; **~, принимающий товары на консигнацию** Konsignatar *m*

комиссионны|е *pl* Provision *f*, Kommissionsgebühr *f*; **выплачивать -е** eine Provision zahlen; **получать -е** eine Provision beziehen (erhalten, kassieren); **производить расчёт -х** eine Provision berechnen; **-е андеррайтеру** Underwriting Fee, Übernahmeprovision *f*, Zeichnungsprovision *f*; **брокерские -е** Courtage *f*, Makler|courtage *f*, -gebühr *f*, -provision *f*; **-е за аваль** Avalprovision *f*; **-е за делькредере** Delkredereprovision *f*; **-е за заключение сделки** Abschlussprovision *f*; **-е за инкассо** Inkassoprovision *f*; **-е за овердрафт** Überziehungsprovision *f*; **-е за осуществление банковских операций** Bankprovision *f*; **-е за получение акцепта** Akzeptprovision *f*; **-е за поручительство** Bürgschaftsprovision *f*; **-е за предоставляемый кредит** Bereitstellungsprovision *f*; **-е за проведение закупок** Einkaufsprovision *f*; **-е за размещение ценных бумаг** Underwriting Fee, Übernahmeprovision *f*, Zeichnungsprovision *f*; **-е с оборота** Umsatzprovision *f*, Verkaufsprovision *f*; **-е торговому агенту** Vertreterprovision *f*, Kommissionsprovision *f*

комиссионн|ый Kommissions-; **-ое вознаграждение** *n* Kommissions|gebühr *f*, -vergütung *f*; **-ая скидка** *f* Kommissionsrabatt *m*; **-ый товар** *m* Kommissionsware *f*; **-ая торговля** *f* Kommissions|handel *m*, -geschäft *n*; **-ая цена** *f* Kommissionspreis *m*

комисси|я *f* Kommission *f*, Ausschuss *m*; Provision *f*, Spesen *pl*; **брать на -ю** in Kommission nehmen; **входить в состав -и** dem Ausschuss angehören; **(с)давать на -ю** in Kommission geben; **назначать -ю** eine Kommission (einen Ausschuss) einsetzen; **образо(вы)вать -ю** eine Kommission (einen Ausschuss) bilden; **банковская -я** Bankprovision *f*; **биржевая котировальная -я** Börsenausschuss *m*; **бюджетная -я** Haushaltsausschuss *m*; **временная -я** Interimsausschuss *m*; **-я за ведение (обслуживание) счёта клиента** Buchungsgebühr *f*; **-я за делькреде** Delkredereprovision *f*; **-я за инкассо** Inkassoprovision *f*; **-я за овердрафт** Überziehungsprovision *f*; **-я за оформление протеста** Protestgebühr *f*; **закупочная -я** Einkaufskommission *f*; **избирательная -я** Wahlvorstand *m*; **конкурсная -я** Gläubigerausschuss *m*; **котировальная -я котировочная -я** Notierungskommission *f*; **Международная -я по стандартизации** Internationaler Normungsausschuss (ISO); **мёртвая -я** Leerprovision *f*; **-я по контролю** Kontrollkommission *f*; **-я по проведению займа** Anleiheausschuss *m*; **постоянная -я** ständiger Ausschuss; **примирительная -я** Schlichtungsstelle *f*; **смешанная -я** gemischte Kommission, gemischter Ausschuss; **-я по контролю за соблюдением антимонопольного законодательства** Monopolkommission *f*; **тарифная -я** Tarif|kommission *f*, -ausschuss *m*; **финансовая -я** Finanzausschuss *m*; **экзаменационная -я** Prüfungsausschuss *m*, Prüfungskommission *f*; **экономическая -я (ООН)** Wirtschaftskommission (der UNO); **экспертная -я** Fachausschuss *m*, Sachverständigenausschuss *m*

комитент *m* Kommittent *m*, Konsignant *m*, Auftraggeber *m*

комитет *m* Ausschuss *m*, Komitee *n*; **входить в ~ в качестве члена** einem Ausschuss angehören; **образовывать ~** einen Ausschuss bilden; **биржевой ~** Börsen|ausschuss *m*, -vorstand *m*; **консультативный ~** beratender Ausschuss; **~ кредиторов** Gläubigerausschuss; **~ министров** Ministerausschuss; **~ по санкциям** Sanktionenkomitee *n*; **Комитет регионов** Ausschuss der Regionen

коммандита *m* Kommanditgesellschaft *f*; **акционерная ~** Kommanditgesellschaft auf Aktien

коммандитист *m* Kommanditist *m*,

Teilhafter *m*, beschränkt haftender Gesellschafter

коммандитн|ый Kommandit-; **-ый капитал** *m* Kommanditkapital *n*; **-ый пай** *m* Kommanditanteil *m*; **-ое товарищество** *n* Kommanditgesellschaft *f*

коммерсант *m* Kaufmann *m*; Händler *m*, Geschäftsmann *m*; **добросовестный ~** ordentlicher Kaufmann; **крупный ~** Groß|kaufmann *m*, -händler *m*; **мнимый ~** Scheinkaufmann *m*

коммерциализация *f* Kommerzialisierung *f*

коммерци|я *f* Handel *m*, Handelsverkehr *m*, Wirtschaftsverkehr *m*; **заниматься -ей** den Handel betreiben, Handelsgewerbe betreiben, kaufmännisch tätig sein

коммерческ|ий kommerziell, kaufmännisch, Handels-; **-ий банк** *m* Geschäftsbank *f*, Handelsbank *f*; **-ий бухгалтерский учёт** *m* kaufmännische Buchführung; **-ая деятельность** *f* Handelstätigkeit *f*, kaufmännische Tätigkeit, wirtschaftliche Betätigung; **-ое образование** *n* kaufmännische Ausbildung; **-ая прибыль** *f* Geschäftsgewinn *m*; **-ая тайна** *f* Geschäftsgeheimnis *n*; **-ое училище** *n* Handelsschule *f*

коммивояжёр *m* Handlungsreisende *m*, Reisende *m*, ambulanter Händer, Vertreter *m*

коммунальн|ый kommunal, Kommunal-, Gemeinde-; **-ый заём** *m* Kommunalanleihe *f*; **-ый кредит** *m* Kommunal|darlehen *n*, -kredit *m*; **-ые налоги** *pl* **(сборы** *pl***)** Gemeindesteuern *pl*, Kommunalsteuern *pl*

коммунизм *m* Kommunismus *m*

коммуникационн|ый Kommunikations-; **-ая сеть** *f* Kommunikationsnetz *n*; **-ая технология** *f* Kommunikationstechnologie *f*; **-ые услуги** *pl* Kommunikationsdienstleistungen *pl*

коммуникаци|я *f* Kommunikation *f*, Nachrichtenverkehr *m*; **обеспечивать -ю** die Kommunikation gewährleisten

комнат|а *f* Zimmer *m*, Raum *m*; **снимать -у** ein Zimmer mieten; **меблированная -а** möbliertes Zimmer; **свободная -а** freies Zimmer

компани|я *f* Gesellschaft *f*, Kapitalgesellschaft *f*; **зарегистрировать -ю** die Gesellschaft ins Handelsregister eintragen (lassen); **ликвидировать -ю** eine Gesellschaft löschen; **основывать -ю** eine Gesellschaft errichten (gründen); **руководить (управлять) -ей** eine Gesellschaft leiten; **авиационная -я** Luftverkehrsgesellschaft *f*, Luftfahrt|gesellschaft *f*, -unternehmen *n*; **акционерная -я** Aktiengesellschaft *f*; **ассоциированная -я** Beteiligungsgesellschaft *f*; **-я, входящая в состав концерна** Konzerngesellschaft *f*; **генерирующая -я** Stromerzeugungsgesellschaft *f*; **головная -я** Dachgesellschaft *f*, herrschende Gesellschaft, herrschendes Unternehmen; **головная -я холдинга** Holdinggesellschaft *f*; **горнопромышленная -я** Bergbaugesellschaft *f*, Bergwerksgesellschaft *f*, Gewerkschaft *f*; **государственная -я** Staatsunternehmen *n*; **-я-держатель** Holdinggesellschaft *f*, Beteiligungsgesellschaft *f*; **домицильная -я** Domizilgesellschaft *f*; **дочерняя -я** Tochtergesellschaft *f*; **-и, имеющие листинг на бирже** börsennotierte Unternehmen; **инвестиционная -я** Investmentgesellschaft *f*, Kapitalanlagegesellschaft *f*; **инжиниринговая -я** Ingenieurbüro *n*; **конкурирующая -я** Konkurrenzgesellschaft *f*; **консалтинговая -я** Beratungsgesellschaft *f*; **контролируемая -я** abhängige (beherrschte) Gesellschaft, Tochtergesellschaft *f*; **лизинговая -я** Leasinggesellschaft *f*; **материнская -я** Muttergesellschaft *f*; **-я-монополист** Monopolgesellschaft *f*; **мультинациональная -я** multinationales Unternehmen; **основная -я** Stammhaus *n*; **отраслевая страховая -я** *(Versich)* Branchenversicherungsgesellschaft *f*; **оффшорная -я** Basisgesellschaft *f*; **перестраховочная -я** Rückversicherungsgesellschaft *f*; **-я, поглощающая другую** aufnehmende Gesellschaft; **-я-преемница** Nachfolgegesellschaft *f*; **судоходная -я** Reederei *f*, Schifffahrtsgesellschaft *f*; **страховая -я** Versicherungsgesellschaft *f*, Assekuranz|-gesellschaft *f*, -unternehmen *n*; **торговая -я** Handelsgesellschaft *f*; **транснациональная -я** transnationales Unternehmen; **управляющая -я** herrschende Gesellschaft, Verwaltungsgesellschaft *f*; **финансовая -я** Finanzierungs|gesellschaft *f*, -institut *n*; **финансовая -я, покупающая и взыскивающая долги покупателей** Factor *m*, Factoring|gesellschaft *f*, -institut *n*; **холдинговая -я** Holding *f*, Holdinggesellschaft *f*, Beteiligungsgesellschaft *f*; **-я, ценные бумаги которой допущены к биржевой котировке** an der Börse eingeführte Gesellschaft; **частная -я** Privat|firma *f*, -unternehmen *n*

компаньон *m* Gesellschafter *m*, Teilhaber *m*, Geschäftspartner *m*, Partner *m*, Beteiligungspartner *m*, Sozius *m*; **принимать в качестве -а** als Gesellschafter (Teilhaber) aufnehmen; **становиться -ом фирмы** als Gesellschafter (Teilhaber) in eine Firma eintreten; **~, владеющий долей капитала, дающей право контроля** Mehrheitsgesellschafter *m*; **выделяющийся ~** Aussteiger *m*; **единственный ~** alleiniger Gesellschafter; **негласный ~** stiller Gesellschafter (Teilhaber); **~, несущий ответственность за долги фирмы всем своим имуществом** persönlich haftender Gesellschafter; **~ с неограниченной ответственностью** unbeschränkt haftender Gesellschafter; **~ с ограниченной ответственностью** beschränkt haftender Gesellschafter; **~, управляющий фирмой** geschäftsführender Gesellschafter

компенсационн|ый Kompensations-, Ausgleichs-; **-ые ассигнования** *pl* Ausgleichszuweisung *f*; **-ый курс** *m* Kompensationskurs *m*; **-ая надбавка** *f* Ausgleichszulage *f*; **-ый платёж** *m* Ausgleichszahlung *f*, Kompensationszahlung *f*; **-ая пошлина** *f* Ausgleichszoll *m*, Kompensationszoll *m*; **-ая сделка** *f* Kompensationsgeschäft *n*; **-ое соглашение** *n* Kompensations|abkommen *n*, -vertrag *m*

компенсаци|я *f* Ausgleich *m*, Entschädigung *f*, Kompensation *f*, Ausgleichsentschädigung *f*; **выплачивать -ю** eine Abfindung (Entschädigung) (be)-zahlen; **определять размер -и** eine Entschädigung berechnen; **получать -ю** eine Entschädigung erhalten; **предоставлять -ю** eine Entschädigung gewähren; **предъявлять требования о выплате -и** eine Entschädigung beanspruchen; **-я вместо возврата** Entschädigung statt Rückgabe; **денежная -я** finanzieller Ausgleich, Entschädigung in Geld; **денежная -я за причинённые телесные повреждения** Schmerzensgeld *n*; **единовременная -я** einmalige Entschädigung; **-я за нанесённый ущерб** Schadensersatz *m*; **-я по вкладам** Kompensation für (private) Bankeinlagen; **-я по временной нетрудоспособности** Entgeltfortzahlung im Krankheitsfall; Lohnausgleich *m*; **-я, подлежащая уплате** fällige Entschädigung; **-я убытков (ущерба)** Verlustausgleich *m*; **-я ценными вещами** Abfindung in Sachwerten; **экологическая -я** Umweltentschädigung *f*

компенсировать ausgleichen, entschädigen, ersetzen, kompensieren, abfinden; **~ за свой счёт** aus eigenen Mitteln kompensieren; **~ за счёт предлагаемого кредита** durch ein Kreditangebot kompensieren; **~ затраты** Aufwendungen ausgleichen, Auslagen ersetzen; **~ убытки** Verluste ausgleichen (ersetzen)

компетентность Zuständigkeit *f*, Kompetenz *f*, Fachkompetenz *f*, Befugnis *f*, Sachkenntnis *f*; **оспаривать ~** die Zustandigkeit bestreiten; **профессиональная ~** fachliche Kompetenz

компетентн|ый kompetent, sachverständig, sachkundig, zuständig, befugt; **-ая инстанция** *f* **(-ый орган** *m* **власти)** kompetente (zuständige) Behörde (Stelle)

компетенция *f* Zuständigkeit *f*, Kompetenz *f*, Befugnisse *pl*; **попадать в сферу -и** in die Kompetenz fallen (kommen); **превышать свою -ю**

seine Kompetenzen (Zuständigkeit) überschreiten; **разграничивать сферы -и** Kompetenzen abgrenzen; **распределять -и** Kompetenzen verteilen (zuteilen); **расширять сферу -и** Kompetenzen erweitern

комплекс *m* Komplex *m*, Gesamtheit *f*; **агропромышленный ~** Agrar-Industrie-Komplex *m*; **~ мер по реализации продукции** Absatzleistung *f*; **~ мероприятий** Komplex von Maßnahmen

комплексн|ый komplex, komplett; **-ое предложение** *n* Komplettangebot *n*

комплект *m* Satz *m*, Set *n*; Garnitur *f*; **~ векселей** Satz Wechsel; **~ документов** Satz Dokumente; **~ инструмента** Werkzeugsatz *m*; **~ мебели** Möbelgarnitur *f*; **полный ~** vollständiger Satz; **~ поставки** Lieferumfang *m*; **разрозненный ~** unvollständiger Satz

комплектация *f* Ausstattung *f*

комплектн|ый komplett; **-ая установка** *f* komplette Anlage

комплектование *n* Komplettierung *f*, Vervollständigung *f*; **~ заказа** Kommissionierung *f*

комплектовать kompletieren, vervollständigen

комплектующие (детали) *pl* Zulieferteile *pl*

комплементарность Komplementarität *f*

комплементарный komplementär

комплементер *m* Komplementär *m*

компостировать entwerten

компромисс *m* Kompromiss *m*, Vergleich *m*; **доби(ва)ться -а** einen Kompromiss aushandeln, um einen Kompromiss ringen; **идти на ~** einen Kompromiss eingehen (machen, schließen), einen Vergleich schließen; **предлагать ~** einen Vergleich vorschlagen; **прийти к -у** zu einem Kompromiss kommen, einen Vergleich erzielen; **~ в вопросах о тарифных ставках** Tarifkompromiss *m*

компромиссн|ый Kompromiss-; **-ое предложение** *n* Kompromissvorschlag *m*; **-ое решение** *n* Kompromiss|lösung *f*, -beschluss *m*; **-ое соглашение** *n* Kompromissabkommen *n*

конвейер *m* Fertigungsstraße *f*, Fließband *n*, Förderband *n*, Taktstraße *f*; **сборочный ~** Fließband *n*, Fertigungsstraße *f*

конвенциональный штраф *m* Vertragsstrafe *f*, Konventionalstrafe *f*

конвенционн|ый Vertrags-; **-ая пошлина** *f* Vertragszoll *m*

конвенци|я *f* Konvention *f*, Abkommen *n*, Vereinbarung *f*; **заключать -ю** eine Konvention abschließen; **подписать -ю** eine Konvention unterzeichnen; **ратифицировать -ю** eine Konvention ratifizieren; **-я о защите прав промышленной собственности** Übereinkunft zum Schutz des gewerblichen Eigentums; **таможенная -я о международных грузовых перевозках** Zollkonvention über internationale Güterbeförderung

конвергенция *f* Konvergenz *f*

конверсионный Konversions-, Konvertierungs-; **~ заём** *m* Konversionsanleihe *f*, Konvertierungsanleihe *f*, Wandelanleihe *f*

конверси|я *f* Konversion *f*, Konvertierung *f*, Umwandlung *f*, Umstellung *f*; **проводить -ю** eine Konversion (Umstellung, Umwandlung) durchführen; **-я военных баз** Konversion der Militärstandorte; **-я займа** Anleihekonversion *f*; **-я производства** Produktionsumstellung *f*, Umstellung der Produktion

конверт *m* Umschlag *m*, Briefumschlag *m*; **~ с маркой** frankierter Briefumschlag; **~ с окошечком** Fensterumschlag *m*

конвертер *m* **валют** *(Bank, Fin)* Devisenrechner *m*

конвертирование *n* **(конвертаци|я** *f***)** Konvertierung *f*, Umrechnung *f*; **проводить -(ю)** konvertieren, umrechnen; **-(я) валюты** Konvertierung (Umrechnung) in eine andere Währung

конвертировать konvertieren, umrechnen; **~ облигации в акции** Schuldverschreibungen in Aktien umtauschen

конвертируемость Konvertierbarkeit *f*, Konvertibilität *f*; **~ валюты** Konvertierbarkeit der Währung; **огра-**

ниченная ~ beschränkte Konvertierbarkeit; **полная ~** volle Konvertierbarkeit

конвертируем|ый konvertierbar, konvertibel, umtauschbar; **свободно -ый** frei konvertierbar; **-ая валюта** *f* konvertierbare Währung; **-ая облигация** *f* Wandel|obligation *f*, -schuldverschreibung *f*

конвертор *m* **валют** Währungskonverter *m*, Devisenumrechner *m*

конгресс *m* Kongress *m*

кондиционн|ый Konditions-; **-ая сделка** *f* Konditionsgeschäft *n*

кондиция *f* Kondition *f*, Bedingung *f*, Vertragsbedingung *f*

кондоминиум *m* Wohnungseigentum *n*

конец *m* Ende *n*, Schluss *m*; **~ биржевого собрания** Geschäftsabschluss *m*, Börsenschluss *m*; **~ года** Jahresende *m*; **~ квартала** Quartelsende *n*; **~ месяца** Monatsende *n*, Ultimo *m*; **~ работы** Arbeitsende *n*; **~ рабочего дня** Feierabend *m*

конечн|ый End-; **-ый потребитель** *m* End|abnehmer *m*, -verbraucher *m*; **-ый продукт** *m* End|erzeugnis *n*, -produkt *n*; **-ый результат** *m* Endergebnis *n*, Schlussergebnis *n*

конкурент *m* Konkurrent *m*, Wettbewerber *m*, Mitbewerber *m*; **вытеснять -ов** Wettbewerber verdrängen (ausschalten); **покупать у -ов** bei der Konkurrenz kaufen; **переходить к -ам** zur Konkurrenz abwandern; **противостоять -ам** der Konkurrenz entgegentreten; **основной ~** Haupt|-wettbewerber *m*, -konkurent *m*; **-ы** Konkurrenz *f*, Wettbewerbsumfeld *n*

конкурентн|ый Konkurrenz-, Wettbewerbs-; **-ая борьба** *f* Konkurrenzkampf *m*

конкурентоспособность Konkurrenzfähigkeit *f*, Wettbewerbsfähigkeit *f*; **восстанавливать ~** wieder wettbewerbsfähig werden; **обеспечивать ~** die Wettbewerbsfähigkeit sichern; **повышать ~** die Wettbewerbsfähigkeit verbessern; **поддерживать (сохранять) ~** die Wettbewerbsfähigkeit erhalten; **~ на внешнем рынке** Wettbewebsfähigkeit auf dem Auslandsmarkt; **~ промышленности** Wettbewerbsfähigkeit der Industrie; **~ товара** Wettbewerbsfähigkeit der Ware

конкурентоспособн|ый konkurrenzfähig, wettbewerbsfähig; **быть -ым** konkurrenzfähig (wettbewerbsfähig) sein; **делать -ым** konkurrenzfähig (wettbewerbsfähig) machen; **становиться -ым** konkurrenzfähig (wettbewerbsfähig) werden; **-ая отрасль промышленности** wettbewerbsfähige Industrie; **-ое предложение** konkurrenzfähiges Angebot; **-ые цены** konkurrenzfähige (wettbewerbsfähige) Preise

конкуренци|я *f* Konkurrenz *f*, Wettbewerb *m*; **вести недобросовестную -ю** unlauteren Wettbewerb betreiben; **вступать в -ю** in Konkurrenz (Wettbewerb) treten, es mit der Konkurrenz aufnehmen; **исключать -ю** den Wettbewerb ausschalten; **нарушать правила -и** den Wettbewerb verfälschen (verzerren); **ограничивать -ю** den Wettbewerb verhindern (beschränken, einschränken); **столкнуться с сильной -ей** einem scharfen Wettbewerb ausgesetzt sein, einer scharfen Konkurrenz begegnen, sich auf den Wettbewerb einlassen; **атомистическая -я** atomistische Konkurrenz; **вертикальная -я** vertikale Konkurrenz; **вне -и** konkurrenzlos, ohne Konkurrenz; **гетерогенная -я** heterogene Konkurrenz; **добросовестная -я** Leistungswettbewerb *m*, fairer (lauterer) Wettbewerb; **жёсткая -я** harte Konkurrenz; **иностранная -я** ausländische Konkurrenz; **-я на международных (мировых) рынках** internationaler Wettbewerb; **-я, направленная на разорение конкурента** Vernichtungskonkurrenz *f*; **недобросовестная -я** Behinderungswettbewerb *m*, unlautere Konkurrenz, unlauterer Wettbewerb; **несовершенная -я** unvollkommene Konkurrenz; **ограниченная -я** eingeschränkter Wettbewerb; **олигополистическая -я** oligopolistische Konkurrenz; **острая -я** scharfe Konkurrenz; **-я оферентов** Konkurrenz unter Anbietern; **-я по качеству (продук-**

ции) Qualitäts|konkurrenz *f*, -wettbewerb *m*; **полиполистическая -я** polypolistische Konkurrenz; **разорительная -я** ruinöse Konkurrenz, ruinöser Wettbewerb; **растущая -я** steigende Konkurrenz; **свободная -я** freier Wettbewerb; **-я с другими оферентами** Konkurrenz mit anderen Anbietern; **сильная -я** scharfe Konkurrenz, scharfer Wettbewerb; **совершенная -я** vollkommene Konkurrenz; **стимулирующий -ю** wettbewerbsfördernd; **торговая -я** Verkaufswettbewerb *m*; **усиливающаяся -я** steigende Konkurrenz; **-я целей** Zielkonkurrenz *f*; **ценовая -я** Preiskonkurrenz *f*

конкурировать konkurrieren, in Konkurrenz (Wettbewerb) stehen, Wettbewerb betreiben

конкурирующ|ий konkurrierend, Konkurrenz-, Wettbewerbs-; **-ее предприятие** *n* Konkurrenz|betrieb *m*, -unternehmen *n*; **-ий продукт** *m* Konkurrenz|erzeugnis *n*, -produkt *n*, konkurrierendes Erzeugnis; **-ий тариф** *m* Konkurrenztarif *m*, Wettbewerbstarif *m*; **-ий товар** *m* Konkurrenz|artikel *n*, -ware *f*

конкурс *m* Konkurs *m*, Vergleichsverfahren *n*; Ausschreibung *f*; Preisausschreiben *n*, Wettbewerb *m*; **выставлять предложение на ~** Angebot auf eine Ausschreibung abgeben; **назначать ~** den Konkurs verhängen; **объявлять ~ на замещение вакантной должности** eine Stelle ausschreiben; **отказывать в открытии -а** den Konkurs abweisen; **открывать ~** den Konkurs eröffnen; **проводить ~** einen Wettbewerb ausschreiben; **участвовать в -е** an einer Ausschreibung (einem Preisausschreiben, einem Wettbewerb) teilnehmen; **дополнительный ~** Anschlusskonkurs *m*; **~ на замещение вакантной должности** Stellenausschreibung *f*, Ausschreibung einer Stelle; **~ на занятие рабочих мест** Ausschreibung von Arbeitsplätzen; **~ наследственной массы** Nachlasskonkurs *m*; **открытый ~** (öffentliche) Ausschreibung *f*; **открытый ~ (приёме на работу)** Auswahlverfahren *n*

конкурсн|ый Konkurs-; Ausschreibungs-; **-ая документация** *f* Ausschreibungsunterlagen *pl*

конкурсно|е производств|о *n* Konkurs *m*, Konkursverfahren *n*; **возбуждать -е -о** ein Konkursverfahren einleiten; **назначать -е -о** ein Konkursverfahren anordnen; **откры(ва)ть -е -о** ein Konkursverfahren (den Konkurs) eröffnen; **пода(ва)ть заявление на открытие -го -а** ein Konkursverfahren beantragen; **прекращать -е -о** ein Konkursverfahren einstellen

коносамент *m* Konnossement *n*, Frachtbrief *m*; **выпис(ыв)ать ~** ein Konnossement ausstellen; **бортовый ~** Bordkonnossement *n*; **именной ~** Namenskonnossement *n*, Rektakonnossement *n*; **индоссированный ~** indossiertes Konnossement; **морской ~** Schiffsfrachtbrief *m*, Seefrachtbrief *m*; **~ на груз, принятый к перевозке, но ещё не отгруженный** Übernahmekonnossement *n*; **~ на предъявителя** Inhaberkonnossement *n*; **нечистый ~** unreines Konnossement; **ордерный ~** Orderkonnossement *n*; **подлинный ~** Originalkonnossement *n*; **портовый ~** Hafenkonnossement *n*; **простой ~** einfaches Konnossement; **сборный ~** Sammelkonnossement *n*; **сквозной ~** Durchgangskonnossement *n*, direktes (durchgehendes) Konnossement; **~ с оговоркой** unreines Konnossement; **чистый ~** reines Konnossement; **экспедиторский ~** Spediteurkonnossement *n*

консалтинг *m* Beratung *f*, Consulting *n*; **инвестиционный ~** Anlageberatung *f*; **управленческий ~** Managementsberatung *f*

консалтинговая фирма *f* Beratungsfirma *f*, Beratungsgesellschaft *f*, Consulting-Unternehmen *n*

консенсус *m* Konsens *m*, Konsensus *m*; **достигать -а** einen Konsens erreichen (erzielen)

консервация *f* vorübergehende Stilllegung, vorübergehende Einstellung der Arbeiten

консервирование *n* Konservierung *f*, Präservierung *f*, Einmachen *n*

консервировать konservieren, einmachen

консервы *pl* Konserven *pl*, Eingemachte *n*

консигнант *m* Konsignant *m*

консигнатор *m* Konsignator *m*, Konsignatar *m*

консигнационн|ый Konsignations-; **-ый договор** *m* Konsignationsvertrag *m*; **-ая сделка** *f* Konsignationsgeschäft *n*; **-ый склад** *m* Konsignationslager *n*; **-ый товар** *m* Konsignations|gut *n*, -ware *f*

консигнаци|я *f* Konsignation *f*; **брать на -ю** in Konsignation nehmen; **отправлять на -ю** konsignieren; **передавать на -ю** in Konsignation geben

консоли *pl* konsolidierte (fundierte) Staatsanleihen, Staatsrenten *pl*

консолидация *f* Konsolidierung *f*, Konsolidation *f*, Befestigung *f*, Zusammenlegung *f*; **~ бюджета** Budgetkonsolidierung *f*, Etatkonsolidierung *f*, Haushaltskonsolidierung *f*; **~ государственных финансов** Konsolidierung öffentlicher Finanzen; **~ долгов** Konsolidierung von Schulden, Schuldenkonsolidierung *f*; **~ доходов** Ertragskonsolidierung *f*; **~ займов** Konsolidierung der Anleihen; **~ капитала** Kapitalkonsolidierung *f*; **~ квот** Quotenkonsolidierung *f*; **~ курса** Kursbefestigung *f*

консолидированн|ый konsolidiert, fundiert, Konsolidierungs-; **-ые долги** *pl* fundierte (konsolidierte) Schulden; **-ый заём** *m* fundierte (konsolidierte) Anleihe, Konsolidierrungsanleihe *f*; **-ый кредит** *m* Konsolidierungskredit *m*; **полностью -ый** vollkonsolidiert; **-ый счёт** *m* **прибылей и убытков** konsolidierte Gewinn- und Verlustrechnung; **-ые счета** *pl* konsolidierte Abschlüsse

консолидировать konsolidieren, fundieren, befestigen, zusammenlegen; **~ баланс** die Bilanz konsolidieren; **~ долги** Schulden konsolidieren (fundieren)

консорт *m* Konsorte *m*

консорциум *m* Konsortium *n*, Syndikat *n*; **объединяться в ~** sich zu einem Konsortium (Syndikat) zusammenschließen; **создавать (образовывать, основывать) ~** ein Konsortium (einen Syndikat) aufbauen (bilden, gründen); **~ банков** Banken|konsortium *n*, -syndikat *n*; **~-гарант** Stützungskonsortium *n*; **~ инвесторов** Anlegerkonsortium *n*; **международный ~** internationales Konsortium; **~ по размещению займа** Anleihekonsortium *n*, Anleiheübernahmekonsortium *n*; **~, размещающий выпуск ценных бумаг** Emissionskonsortium *n*, Übernahmekonsortium *n*, Verwertungskonsortium *n*; **сбытовой ~** Verkaufskonsortium *n*, Vertriebskonsortium *n*

конституция *f* Grundgesetz *n*, Verfassung *f*

конструирование *n* Konstruktion *f*, Entwicklung *f*

конструировать konstruieren, entwickeln

конструктор *m* Konstrukteur *m*, Entwicklungsingenieur *m*

конструкторск|ий Konstruktions-; **-ое бюро** *n* Konstruktionsbüro *n*

конструкция *f* Konstruktion *f*, Bauart *f*, Entwicklung *f*

консультант *m* Berater *m*, Konsulent *m*, Consultant *m*; **в качестве -а** in beratender Eigenschaft, als Berater; **~ в специальной области** Fachberater *m*; **~ по вопросам капиталовложений** Vermögensberater *m*; **~ по вопросам социального страхования** Rentenberater *n*; **~ по маркетингу** Verkaufsberater *m*, Absatzberater *m*, Marketingberater *m*, Vertriebsberater *m*; **~ по налоговым вопросам** Steuerberater *m*; **~ по организации и методам управления** Organisationsberater *m*; **~ по проблемам инвестиций** Anlageberater *n*, Investitionsberater *m*; **~ по проблемам менеджмента** Unternehmensberater *m*; **~ по рекламе** Werbeberater *m*; **~ по техническим**

вопросам technischer Berater; **~ по финансовым вопросам** Finanzberater *m*; **~ по экономическим вопросам** Wirtschaftsberater *m*; **финансовый ~** Finanzberater *m*

консультационн|ый Beratungs-; **-ый орган** *m* Beratungsorgan *n*; **-ая служба** *f* Beratungs|dienst *m*, -stelle *f*; **-ая фирма** *f* Beratungsgesellschaft *f*

консультаци|я *f* Beratung *f*, Konsultation *f*, Consulting *n*, Rücksprache *f*; **давать -ю** eine Beratung durchführen, beraten, eine Konsultation erteilen (geben); **предлагать -и** Beratungen anbieten; **проводить -ю** eine Beratung durchführen, beraten; **взаимные -и** gegenseitige Konsultationen; **-и в специальных областях** Fachberatung *f*; **-и для пользователей** Anwenderberatung *f*; **-и для потребителей (покупателей)** Verbraucherberatung *f*; **индивидуальная -я** individuelle Beratung; **-я по вопросам инвестиций (капиталовложений)** Anlageberatung *f*, Investitionsberatung *f*, Vermögensberatung *f*; **-я по вопросам страхования** Versicherungsberatung *f*; **-я по маркетингу** Marketingberatung *f*; **-я по налоговым вопросам** Steuerberatung *f*; **-я по проблемам менеджмента** Managementberatung *f*, Unternehmensberatung *f*; **-я по финансовым вопросам** Finanzberatung *f*; **-я со стороны продавца** Verkaufsgespräch *n*; **систематические -и** systematische Beratung; **техническая -я** technische Konsultation; **юридическая -я** Rechtsberatung *f*

консультировать beraten, Beratungen durchführen, Konsultation erteilen; **~ клиентов** Kunden beraten; **~ предприятие** ein Unternehmen beraten

консультироваться sich beraten, konsultieren; **-у эксперта** einen Sachverständigen zu Rate ziehen

контакт *m* Kontakt *m*, Verbindung *f*; **вступать в ~** in Kontakt treten; **завязывать -ы** Kontakte anknüpfen; **находиться в -е** im Kontakt stehen; **поддерживать ~** einen Kontakt aufrechterhalten (unterhalten); **потерять ~** den Kontakt verlieren; **работать в -е с клиентами** kundennah tätig sein; **расширять -ы** die Kontakte ausbauen; **устанавливать ~** einen Kontakt aufbauen (aufnehmen, herstellen, knüpfen), eine Verbindung aufnehmen, ansprechen; **деловые -ы** geschäftliche Kontakte; **профессиональные -ы** berufliche Kontakte; **~ с клиентами** Kunden|kontakt *m*, -verbindung *f*

контанго *n* Kontango *n*, Report *m*

контейнер *m* Behälter *m*, Container *m*, Transportbehälter *m*; **переводить грузы в -ах** in Containern befördern (transportieren); **~ большой ёмкости** Großbehälter *m*

контейнерн|ый Behälter-, Container-; **-ые перевозки** Behältertransport *m*, Container|beförderung *f*, -verkehr *m*; **-ый порт** Containerhafen *n*

контингент *m* Kontingent *n*, Quote *f*; **устанавливать -ы** Quoten (Kontingente) festsetzen; **~ банковской эмиссии** Notenkontingent *n*; **валютный ~** Devisenkontingent *n*; **ввозной (импортный) ~** Einfuhrkontingent *n*, Importkontingent *n*; **вывозной (экспортный) ~** Ausfuhrkontingent *n*, Exportkontingent *n*; **глобальный (общий) ~** Globalkontingent *n*; **~ материалов** Materialkontingent *n*; **~ товаров, на которые распространяются таможенные льготы** Zollkontingent *n*

контингентирование *n* Kontingentierung *f*, Quotenfestsetzung *f*; **~ импорта** Kontingentierung von Importen; **~ производства** Kontingentierung der Produktion; **~ экспорта** Kontingentierung von Exporten

контингентированный kontingentiert; **~ товар** *m* kontingentierte Ware

контингентировать kontingentieren, Quoten festsetzen

контировка *f* Kontierung *f*

конто *n* Konto *n*

контокоррент *m* Kontokorrent *n*, Girokonto *n*

контокоррентн|ый Kontokorrent-; **-ый кредит** *m* Kontokorrentkredit *m*; **-ый счёт** *m* Kontokorrentkonto *n*

контомат *m* Bankautomat, Geldautomat

контор|а *f* Kontor *n*, Büro *n*; **управлять -ой** ein Kontor unterhalten; **адвокатская -а** Anwaltsbüro *n*; **главная -а** Haupt|kontor *n*, -sitz *m*; **меняльная -а** Wechselstube *f*; **нотариальная -а** Notariat *n*; **сбытовая -а** Verkaufskontor *n*; **торговая -а** Handelskontor *n*

контрабанда *f* Schmuggel *m*, Schleichhandel *m*, Konterbande *f*

контрабандный товар *m* Schmuggelware *f*, Konterbande *f*, Banngut *n*

контрагент *m* Kontrahent *m*, Vertragschließende *m*, Geschäftspartner *m*, Geschäftsfreund *m*; **иностранный ~** ausländischer Vertragspartner; **торговый ~** Handelspartner *m*

контракт *m* Vertrag *m*, Kontrakt *m*; **заключать ~** einen Vertrag (Kontrakt) (ab)schließen, kontrahieren; **заключать ~ о найме на работу** das Arbeitsverhältnis eingehen; **нарушать условия -а** den Vertrag verletzen; **оформлять ~ о найме на работу** einen Arbeitsvertrag ausfertigen; **расторгать ~** vom Vertrag zurücktreten, einen Vertrag kündigen; **расторгать ~ о найме на работу** das Arbeitsverhältnis aufheben (auflösen), den Arbeitsvertrag kündigen; **соблюдать условия -а** den Vertrag einhalten; **~ на будущую поставку** Forward; **~ на срок** Terminkontrakt *m*; **~ о найме на работу (трудовой ~)** Arbeitsvertrag *m*, Dienstvertrag *m*; **~ о найме на работу на срок** befristeter Arbeitsvertrag; **~ о найме на работу служащего** Arbeitsverhältnis eines Angestellten; **по -у** auf Vertrag, vertragsgemäß; **~ под ключ** Vertrag für schlüsselfertige Erstellung; **срочные (фьючерсные) -ы** Termin|abschlüsse *pl*, -kontrakte *pl*, Futures *pl*; **торговый ~** Handelsvertrag *n*

контрактант *m* Vertragspartner *m*, Vertragspartei *f*

контрактация *f* Kontrahierung *f*, vertragliche Abmachung

контралимент *m* erhaltene Rückversicherungspolice

контрассигнация *f* Gegenzeichnung *f*

контрассигнировать gegenzeichnen

контрафакт *m* Produktpiraterie *f*, Produktfälschung *f*, Markenpiraterie *f*, Nachahmungsprodukt *n*, Piratprodukt *n*

контрафакция *f* Produktfälschung *f*

контрибуция *f* Kontribution *f*

контрмера *f* Gegenmaßnahme *f*

контролёр *m* Kontrolleur *m*, Prüfer *m*

контролировать kontrollieren, prüfen, überwachen, beaufsichtigen; **~ выполнение поставленной цели** Zielerfüllung kontrollieren; **~ качества изделия** die Güte eines Erzeugnisses kontrollieren; **~ компанию** eine Gesellschaft beherrschen; **~ работы** Arbeiten beaufsichtigen; **~ расход валюты** Devisen bewirtschaften; **~ счета дебиторов** Debitoren überwachen

контроллер *m* Controller *m*; **~ отдела (подразделения)** divisionaler Controller

контроллинг *m* Controlling *n*; **проводить ~** das Controlling durchführen; **~ издержек** Kostencontrolling *n*; **~ логистики** Logistikcontrolling *n*; **оперативный (текущий) ~** operatives Controlling; **стратегический ~** strategisches Controlling; **~ структуры капитала** Kapitalstrukturcontrolling *n*

контрол|ь *m* Kontrolle *f*, Überwachung *f*, Prüfung *f*, Beaufsichtigung *f*; **брать под -ь** unter Kontrolle stellen; **держать под -ем** unter Kontrolle halten; **отменять (упразднять) -ь** die Kontrolle abschaffen; **подлежать -ю** der Kontrolle unterliegen; **проводить -ь** eine Kontrolle (Prüfung) durchführen; **банковский -ь** Bankkontrolle *f*; **бюджетный -ь** *(Admin, Fin)* Haushaltsaufsicht *f*, Haushaltskontrolle *f*, Budget|kontrolle *f*, -überwachung *f*; **валютный -ь** Devisen|kontrolle *f*, -restriktionen *pl*, Valutakontrolle *f*; **выборочный -ь** Stichprobe *f*, stichprobenweise Kontrolle, Stichprobenprüfung *f*; **государственный -ь** staatliche Kontrolle; **-ь за вооружениями** Rüstungskontrolle *f*; **-ь за инвестициями (капиталовложениями)** Investitionskontrolle *f*; **-ь за выполнением проекта** Projektkontrolle *f*; **-ь за движением (выполнением) заказа** Auftragssteuerung *f*; **-ь за деятельностью предприятия** Unternehmenskontrolle *f*; **-ь за исполнением бюджета** Budget|kontrolle *f*, -überwachung *f*, Haushaltskontrolle *f*; **-ь за квартплатой** Überwachung der Mietpreise; **-ь за кредитными операциями** Kreditkontrolle *f*; **-ь за монополиями** Monopolkontrolle *f*; **-ь за обращением капитала (финансовыми операциями)** Kapitalverkehrskontrolle *f*; **-ь за поступлениями товаров** Wareneingangskontrolle *f*; **-ь за производством** Fertigungsüberwachung *f*; **-ь и регулирование расходов** Kostenmanagement *n*; **-ь за слияниями (объединениями) предприятий** Fusionskontrolle *f*; **-ь за соблюдением сроков** Terminkontrolle *f*; **-ь за соблюдением тарифных соглашений** Tarifaufsicht *f*; **-ь за ходом выполнения плана** Planüberwachung *f*; **-ь за ценами** Preis|-kontrolle *f*, -überwachung *f*; **заводской -ь** Werksprüfung *f*; **инспекционный -ь** Inspektion *f*; **-ь качества** Qualitätsaudit *n*, Qualitäts|kontrolle *f*, -prüfung *f*; **-ь качества и количества поступающих товаров** Eingangskontrolle *f*; **-ь количества** Mengenkontrolle *f*; **-ь количества и качества продукции по отношению к затраченному времени** Leistungskontrolle *f*; **кредитный -ь** Kreditkontrolle *f*; **-ь над импортом** Einfuhrkontrolle *f*; **-ь над экспортом** Ausfuhrkontrolle *f*, Exportkontrolle *f*; **общественный -ь** öffentliche Kontrolle; **оперативный -ь** operative Kontrolle; **предварительный -ь** Vorkontrolle *f*; **приёмочный -ь** Abnahmekontrolle *f*; **промежуточный -ь** Zwischenprüfung *f*; **производственный -ь** Fertigungskontrolle *f*, Produktionskontrolle *f*; **-ь результатов хозяйственной деятельности** ergebnisorientierte Kontrolle; **-ь рентабельности** Rentabilitätsprüfung *f*; **-ь рынка** Marktkontrolle *f*; **специальный -ь** Sonderprüfung *f*, Fachaufsicht *f*; **-ь счетов** Rechnungsprüfung *f*; **таможенный -ь** Zollkontrolle *f*; **текущий -ь качества** Qualitätsregelung *f*; **технический -ь** technische Kontrolle; **финансовый -ь** Finanzkontrolle *f*; **экспортный -ь** Ausfuhrkontrolle *f*, Exportkontrolle *f*

контрольн|ый Kontroll-; **-ое измерение** *n* Kontrollmessung *f*; **-ый пакет акций** Aktienmehrheit *f*, Kontrollmehrheit *f*; **-ая проверка** *f* Kontrollprüfung *f*; **-ый список** *m* Kontrollliste *f*; **-ый счёт** *m* Kontrollrechnung *f*

контроферта *f* Gegenangebot *n*, Gegenofferte *f*

контрпредложение *n* Gegenangebot *n*, Gegenofferte *f*, Gegenvorschlag *m*

конференци|я *f* Konferenz *f*; **определять сроки проведения -и** die Konferenz anberaumen; **проводить -ю** eine Konferenz abhalten (durchführen); **созывать -ю** eine Konferenz einberufen; **-я ООН по торговле и развитию** Welthandelskonferenz *f*, Welthandels- und Entwicklungskonferenz der Vereinten Nationen

конфигурация *f* Gestaltung *f*, Form *f*

конфиденциальност|ь *f* Vertraulichkeit *f*, Diskretion, Geheimhaltung *f*; **договариваться о -и** Vertraulichkeit vereinbaren; **гарантировать -ь** Diskretion zusichern; **подходить со всей -ью** mit aller Vertraulichkeit behandeln; **соблюдать -ь** die Diskretion einhalten; **абсолютная -ь** absolute Diskretion (Geheimhaltung)

конфиденциальн|ый vertraulich; **-ая беседа** *f* vertrauliche Unterredung; **-ые документы** *pl* vertrauliche Unterlagen; **-ые сведения** vertrauliche Daten *pl* (Angaben *pl*); **-ое сообщения** *pl* vertrauliche Mitteilungen

конфискат *m* konfiszierte Waren *pl*

конфискаци|я *f* Konfiskation *f*, Konfiszierung *f*, Beschlagnahme *f*, Einziehung *f*; **поставить вопрос о -и** die Beschlagnahme beantragen; **производить -ю** die Beschlagnahme durchführen, beschlagnahmen; **распорядиться о -и** die Beschlagnahme anordnen (verfügen); **-я земельного участка** Beschlagnahme eines Grundstücks; **-я импортных товаров** Einziehung der Importwaren; **-я имущества** Einziehung des Vermögens, Vermögenskonfiszierung *f*

конфискованн|ый beschlagnahmt, konfisziert; **-ое имущество** *n* beschlagnahmtes Vermögen, konfisziertes Eigentum; **-ые ценности** *pl* beschlagnahmte Wertgegenstände

конфисковывать konfiszieren, beschlagnahmen, einziehen, in Beschlag nehmen, mit Beschlag belegen; **~ земельное владение (имущество)** ein Besitztum konfiszieren; **~ товары** Waren beschlagnahmen (in Beschlag nehmen)

конфликт *m* Konflikt *m*, Streit *m*, Streitfall *m*, Streitigkeit *f*, Kollision *f*; **вступать в ~** in Konflikt kommen; **уладить ~** einen Konflikt (eine Streitigkeit) bereinigen (schlichten, beilegen); **~ интересов** Interessenkollision *f*, Interessenkonflikt *m*; **тарифный ~** Tarif|konflikt *m*, -streitigkeit *f*; **трудовой ~** Arbeitskonflikt *m*; **~ целей** Zielkonflikt *m*

конфликтн|ый Konflikt-; **-ая комиссия** *f* Konfliktkommission *f*; **-ая ситуация** *f* Konflikt *m*, Streitfall *m*

конфликтовать in Konflikt kommen

конфронтация *f* Konfrontation *f*, Gegenüberstellung *f*

концентрация *f* Konzentration *f*, Zusammenschluss *m*, Zusammenballung *f*; **~ капитала** Kapitalkonzentration *f*, Konzentration des Kapitals; **~ по вертикали** vertikale Konzentration; **~ по горизонтали** horizontale Konzentration; **~ производства** Konzentration der Hersteller (der Produktion), Unternehmenskonzentration *f*

концентрировать konzentrieren, zusammenschließen, zusammenballen

концепци|я *f* Konzeption *f*, Konzept *n*, Leitbild *n*; **разрабатывать -ю** eine Konzeption (ein Konzept) entwickeln (erarbeiten); **-я деятельности предприятия** Unternehmens|konzept *m*, -leitbild *n*; **-я контроллинга** Controllingkonzeption *f*; **-я логистики** Logistikkonzept *n*; **-я маркетинга** Marketung-Konzept *n*; **общая -я** Rahmenkonzept *n*; **-я развития** Entwicklungskonzeption *f*; **-я развития транспорта** Verkehrskonzept *n*; **-я рекламной деятельности** Werbekonzept *n*, Werbungskonzept *n*; **-я реформ** Reformkonzept *n*; **-я товара** Warenkonzept *n*; **-я управления (руководства)** Führungskonzeption *f*; **-я финансирования** Finanzierungskonzept *n*

концерн *m* Konzern *m*, Gruppe *f*, Unternehmensgruppe *f*; **децентрализовывать ~** einen Konzern aufgliedern; **основывать (образовывать) ~** einen Konzern gründen; **разукрупнять ~** einen Konzern entflechten; **автомобильный ~** Auto(mobil)konzern *m*; **банковский ~** Bankengruppe *f*; **вертикальный ~** Vertikalkonzern *m*; **внутри (в рамках) -а** konzernintern; **военный ~** Rüstungskonzern *m*; **горизонтальный ~** Horizontalkonzern *m*; **государственный ~** Staatskonzern *m*; **диверсифицированный ~** diversifizierter Konzern; **издательский ~** Verlagsgruppe *f*; **международный ~** Weltkonzern *m*; **мультинациональный ~** multinationaler Konzern; **нефтяной ~** Mineralölkonzern *m*; **смешанный ~** Mischkonzern *m*; **страховой ~** Versicherungskonzern *m*; **~, объединяющий универсальные магазины** Warenhauskonzern *m*; **строительный ~** Baukonzern *m*; **транснациональный ~** transnationaler Konzern; **финансовый ~** Finanz|gruppe *f*, -konzern *m*; **химический ~** Chemiekonzern *m*

концессионер *m* Konzessionär *m*, Konzessionsinhaber *m*

концессионн|ый Konzessions-; **-ое право** *n* Konzessionsrecht *n*; **-ое предприятие** *n* Konzessions|betrieb *m*, -unternehmen *n*; **-ый сбор** *m* Konzessionsgebühr *f*

концесси|я *f* Konzession *f*; **брать -ю** eine Konzession nehmen; **выдавать -ю** eine Konzession erteilen; **изымать -ю (лишать -и)** eine Konzession entziehen; **иметь -ю (обладать -ей)** eine Konzession haben; **покупать -ю** eine Konzession erkaufen; **предоставлять -ю** eine Konzession gewähren; **приобретать -ю** eine

Konzession erwerben (erkaufen); **горная -я** Bergwerkskonzession *f*; **-я на поиски нефти** Konzession für Erdölbohrungen

конъюнктур|а *f* Konjunktur *f*, Geschäftslage *f*; **оживлять -у** die Konjunktur beleben; **сдерживать -у** die Konjunktur dämpfen; **благоприятная -а** günstige Konjunktur; **-а в области цен** Preiskonjunktur *f*; **-а в строительной промышленности** Baukonjunktur *f*; **-а внутренного рынка** Binnenkonjunktur *f*, heimische Konjunktur, Inlandskonjunktur *f*; **высокая -а** Hochkonjunktur*f*; **-а мирового рынка** Weltkonjunktur *f*; **неблагоприятная -а** ungünstige Konjunktur; **неустойчивая -а** labile Konjunktur; **обуславливаемый -ой** konjunkturbedingt; **повышательная -а** (an)steigende (anziehende) Konjunktur; **подверженный изменениям -ы** konjunkturanfällig; **понижательная -а** sinkende Konjunktur; **-а рынка** Marktlage *f*, Marktsituation *f*; **-а сбыта** Absatzkonjunktur *f*; **устойчивая -а** stabile Konjunktur; **экономическая -а** Wirtschaftslage *f*; **экономическая -а в стране** Binnenkonjunktur *f*, Inlandskonjunktur *f*, heimische Konjunktur

конъюнктурн|ый konjunkturell, Konjunktur-; **-ый индикатор** *m* Konjunkturindikator *m*; **-ый спад** *m* Konjunktur|abschwung *m*, -einbruch *m*

кооператив *m* Genossenschaft *f*; **основать ~** eine Genossenschaft gründen; **головной (центральный) ~** Zentralgenossenschaft *f*; **жилищный ~** Wohnungsbaugenossenschaft *f*; **закупочный ~** Einkaufsgenossenschaft *f*, Beschaffungsgenossenschaft *f*; **зарегистрированный ~** eingetragene Genossenschaft; **кредитный ~** Kreditgenossenschaft *f*; **потребительский ~** Konsum|genossenschaft *f*, -verein *m*, Verbrauchergenossenschaft *f*; **производственный ~** Produktionsgenossenschaft *f*; **сбытовой ~** Absatzgenossenschaft *f*; **сельскохозяйственный ~** landwirtschaftliche Genossenschaft, Agrargenossenschaft *f*; **товарный ~** Warengenossenschaft *f*

кооперативный genossenschaftlich, kooperativ, Genossenschafts-

кооператор *m* Genosse *m*, Genossenschaftsmitglied *n*

кооперац|ия *f* Kooperation *f*, Zusammenarbeit *f*, Zusammenwirken *n*; Genossenschaftswesen *n*, Genossenschaft *f*; **заключать договор о -и** die Kooperation eingehen; **развивать -ю** die Kooperation fördern; **-я в области сбыта** Absatzkooperation *f*; **внутризаводская -я** innerbetriebliche Kooperation; **кредитная -я** Kreditgenossenschaft *f*; **потребительская -я** Verbrauchergenossenschaft *f*, Konsum|genossenschaft *f*, -verein *m*; **-я предприятий** zwischenbetriebliche Kooperation; **-я производителей** Kooperation der Hersteller; **промышленная -я** Industriekooperation *f*

кооперирование *n* Kooperation *f*; **~ в промышленности** Industriekooperation *f*; **негласное ~** stillschweigende Kooperation; **~ предприятий** zwischenbetriebliche Kooperation; **~ фирм** firmenübergreifende Kooperation

кооперироваться kooperieren, zusammenarbeiten, die Kooperation eingehen

координац|ия *f* Koordination *f*, Koordinierung *f*, Abstimmung *f*; **осуществлять -ю** eine Koordination durchführen, koordinieren; **взаимная -я** gegenseitige Koordination; **-я перевозок** Verkehrskoordination *f*; **-я планов** Plankoordinierung *f*, Koordination der Einzelpläne; **-я работ** Koordination der Arbeiten

координирование *n* Koordinierung *f*, Abstimmung *f*

координировать koordinieren; **~ работы** Arbeiten koordinieren

копейка *f* Kopeke *f*

копирайт *m* Copyright *n*, Urheberrecht *n*

копирайтер *m (V&M)* Copywriter *m*, Werbetexter *m*

копирайтинг *m (V&M)* Erstellung von Werbetexten

копирование *n* Kopieren *n*

копировать kopieren

копи|я *f* Kopie *f*, Abschrift *f*, Durchschrift *f*, Durchschlag *m*; **выдавать -ю** eine Abschrift (Kopie) erteilen; **заверять -ю** eine Kopie (Abschrift) beglaubigen; **снимать -ю** eine Kopie (Abschrift) anfertigen (machen lassen); **оставлять -ю себе** eine Abschrift (Kopie) behalten (lassen); **прилагать -ю** eine Abschrift (Kopie) beifügen; **аутентичная -я** gleichlautende Abschrift; **-я векселя** Wechsel|abschrift *f*, -kopie *f*; **заверенная -я** beglaubigte Kopie (Abschrift); **-я, заверенная нотариусом** notariell beglaubigte Kopie (Abschrift); **-я квитанции** Quittungsdoppel *n*; **машинописная -я** Durchschlag *m*; **-я свидетельства** Zeugnisabschrift *f*; **-я счёта** Rechnungs|abschrift *f*, -durchschlag *m*, Abschrift einer Rechnung

корабль *m* Schiff *n*

кораблестроение *n* Schiffbau *m*

корешок *m* Abschnitt *m*, Kontrollabschnitt *m*

корзина *f* Korb *m*; **валютная ~** Währungskorb *m*; **~ для бумаг** Papierkorb *m*; **потребительская ~** Konsumkorb *m*

коридор *m* Bandbreite *m*; Korridor *m*, Gang *m*; **валютный ~** Wechselkursbandbreite *f*

корнер *m* (spekulativer) Aufkauf, Corner

коробка *f* Karton *m*, Schachtel *f*; **картонная ~** Pappkarton *m*

корпорация *f* Körperschaft *f*; Vereinigung *f*; Kapitalgesellschaft *f*; **государственная (публичная) ~** öffentliche Körperschaft; **закрытая ~** personenbezogene Gesellschaft mit beschränkter Haftung; **инвестиционная** Investitionsgesellschaft *f*; **иностранная ~** ausländische Gesellschaft; **международная ~** multinationale Gesellschaft; **муниципальная ~** kommunale Körperschaft; **~публичного права** Körperschaft des öffentlichen Rechts; **транснациональная ~** transnationale Gesellschaft; **частная (частноправовая) ~** Körperschaft des Privatrechts (des privaten Rechts)

корректировать berichtigen, korrigieren, richtigstellen, verbessern, fortschreiben

корректировк|а *f* Berichtigung *f*, Korrektur *f*, Richtigstellung *f*; Fortschreibung *f*; Gegensteuerung *f*; **производить -у** eine Berichtigung (Korrektur) vornehmen; **-а акционерного капитала** Berichtigung des Aktienkapitals; **-а валютных курсов** Realingment *n*; **-а курсов** Kurskorrektur *f*; **-а общей стоимости** Sammelwertberichtigung *f*; **-а плана** Plankorrektur *f*; **-а процентных ставок** Zinssatz|anpassung *f*, -regulierung *f*; **-а размера основного капитала** Kapitalberichtigung *f*; **-а стоимости** Wertberichtigung *f*; **-а стоимости ценных бумаг** Wertpapierberichtigung *f*; **-а цен** Preiskorrektur *f*

коррекция *f* Anpassung *f*, Korrektur *f*

корреляция *f* Korrelation *f*

корреспондент *m* Korrespondent *m*, Berichterstatter *m*; **банк-~** Korrespondenzbank *f*

корреспонденци|я *f* Korrespondenz *f*, Briefwechsel *m*, Schriftverkehr *m*, Schriftwechsel *m*; **вести -ю** die Korrespondenz führen (unterhalten); **просматривать -ю** seine Post durchsehen; **входящая -я** Posteingang *m*, eingehende Post; **деловая -я** Geschäftskorrespondenz *f*; **исходящая -я** Postausgang *m*, ausgehende Post; **коммерческая -я** Handelskorrespondenz *f*; **личная (частная) -я** Privatkorrespondenz *f*

корысть *f* **(корыстолюбие** *n***)** Eigennutz *m*

котировать notieren, den Kurs feststellen (festsetzen), quotieren; **~ акции** Aktien notieren; **~ по курсу** beim Kurs notieren; **высоко -ся** hoch im Kurs stehen

котировк|а *f* Notierung *f*, Feststellung (Festsetzung) von Kursen, Quotation *f*, Quotierung *f*, Notiz *f*; **допускать к -е** zur Notierung zulassen; **прекращать (приостанавливать) -у** die Notierung (den Kurs) aussetzen; **проводить -у** notieren, den Börsengang betreiben; **снимать с -и** von der Notierung absetzen; **-а акций** Aktiennotierung *f*; **без -и** gestrichen; **бир-**

жевая -а Börsennotierung *f*, Notierung an der Börse, Börsengang *m*; **валютная -а** Devisenkursnotierung *f*, Valutanotierung *f*; **-а валютного курса** Wechselkursnotiering *f*; **внебиржевая (неофициальная) -а** Notierung im Freiverkehr, Freiverkehrskurs *m*; **-а дня** Tagesnotierung *f*; **косвенная -а** Mengennotierung *f*; **курсовая -а** Kursnotierung *f*; **-и металлов** Metallnotierungen *pl*; **-а на момент закрытия биржи** Schlussnotierung *f*; **номинальная -а** Wechselparier *n*; **-а обменных курсов** Preisnotierung *f*; **-а определённой (отдельной) ценной бумаги** Stücknotierung *f*; **официальная биржевая -а** amtliche Börsennotierung (Notiz); **рыночная -а** Marktnotierung *f*; **снят с -и** Kurs gestrichen; **-а срочных сделок (по срочным сделкам)** Terminnotierung *f*; **-а товаров** Preisbildung an der Warenbörse; **-а цен** Preisnotierung *f*

коучинг *m* Coaching *n*

кофинансирование *n* Kofinanzierung *f*, Mitfinanzierung *f*

коэффициент *m* Koeffizient *m*, Faktor *m*, Kennzahl *f*, Verhältniszahl *f*; **~ абсентеизма** Abwesenheitsrate *f*; **~ автономии** Eigendeckung *f*; **~ дисконтирования** Diskontierungsfaktor *m*; **~ долговой нагрузки** Verschuldungsgrad *m*; **~ доходности** Gewinn|marge *f*, -spanne *f*; **~ загрузки** Auslastungsgrad *m*; **~ задолженности** Verschuldungskoeffizient *m*; **~ капитализации** Verschuldungsgrad *m*; **~ капитальных затрат** Kapitalkoeffizient *m*; **~ использования** Ausnutzungsgrad *m*; **~ ликвидности** Liquiditäts|grad *m*, -koeffizient *m*, Liquiditätsstand *m*; **низкий ~ полезного действия** niedriger Wirkungsgrad, Ineffizienz *f*; **~ оборачиваемости** Umschlagsfaktor *m*; **~ обслуживания долга** Schuldendienstquote *f*; **~ окупаемости капитальных вложений** Kapitalrentabilität *f*; **~ пересчёта** Umrechnungsfaktor *m*; **~ полезного действия** Wirkungsgrad *m*, Effizienz *f*; **~ прибыльности** Profitmarge *f*, Gewinn|marge *f*, -spanne *f*; **~ производительности** Leistungsgrad *m*; **производственный ~** Produktionskoeffizient *m*; **расчётный ~** Berechnungsfaktor *m*; **~ рентабельности** Rentabilitätskennziffer *f*; **~ рентабельности предприятия** Betriebskoeffizient *m*; **тарифный ~** Tarifkoeffizient *m*; **~ травматизма** Unfallquote *f*; **чистый ~ воспроизводства населения** Nettoreproduktionsrate *f*; **~ финансовой независимости** *s.* **~ автономии; ~ эквивалентности** Ausgleichskoeffizient *m*; **~ эксплуатации** Betriebskoeffizient *m*; **~ эффективности капиталовложений** Investitionseffekt *m*; **~ эффективности труда** Leistungsgrad *m*

краж|а *f* Diebstahl *m*; **совершать -у** Diebstahl begehen; **магазинная -а** Ladendiebstahl *m*

краткосрочн|ый kurzfristig, schwebend; **-ый кредит** *m* kurzfristiger Kredit

крах *m* Zusammenbruch *m*, Krach *m*, Crash *m*; **~ банка** Bankencrash *m*, Bank|krach *m*, -zusammenbruch *m*; **биржевой ~** Börsen|krach *m*, -zusammenbruch *m*, -crash *m*; **финансовый ~** finanzieller Zusammenbruch

кредит *m* Kredit *m*, Darlehen *n*; Haben *n*, Habenseite *f*; **брать (взять) ~** einen Kredit aufnehmen (in Anspruch nehmen); **(вы)давать ~** einen Kredit geben (vergeben); **давать поручительство по -у** für einen Kredit bürgen, einen Kredit verbürgen; **гарантировать предоставление -а** einen Kredit garantieren; **заблокировать (заморозить) ~** einen Kredit sperren; **закрывать ~** einen Kredit kündigen; **записывать в ~ (счёта)** gutschreiben, kreditieren, auf der Habenseite verbuchen, erkennen; **запрашивать ~ (обращаться за -ом)** einen Kredit beantragen; **использовать ~** einen Kredit in Anspruch nehmen; **нуждаться в -е** einen Kredit benötigen; **обещать предоставление -а** einen Kredit zusagen; **открывать ~** einen Kredit eröffnen; **отсрочивать выплату -а**

einen Kredit stunden; **погашать (обслуживать) ~** einen Kredit (ab)-decken (tilgen, zurückzahlen); **покупать в ~** auf Kredit (Ziel) kaufen; **получать ~** einen Kredit erhalten, sich einen Kredit verschaffen; **превышать сумму -а** einen Kredit überziehen; **предоставлять ~** einen Kredit ausleihen (bewilligen, bereitstellen, einräumen, geben, gewähren, vergeben); **предоставлять обеспечение по -у** einen Kredit absichern (decken); **продавать в ~** auf Kredit (Ziel) verkaufen; **продлевать (возобновлять) ~** einen Kredit verlängern; **разблокировать ~** einen Kredit freigeben; **автоматически возобновляемый ~** revolvierender Kredit; **акцептный ~** Akzeptkredit *m*, Wechselkredit *m*, Substitutionskredit *m*, Inkassokredit *m*; **акцептно-рамбурсный ~** Rembourskredit *m*; **банковский ~** Bankkredit *m*; **~ без обеспечения** Kredit ohne Deckung, Blankokredit *m*; **безотзывный ~** unwiderruflicher Kredit; **беспроцентный ~** zinsloser Kredit; **~ в форме переучёта векселей** Rediskontkredit *m*; **бланковый ~** Blankokredit *m*, Kredit ohne Deckung; **в ~** auf Kredit (Ziel); **~ в иностранной валюте** Kredit in Fremdwährung, Valutakredit *m*, Fremdwährungskredit *m*; **~ в форме переучёта векселей** Rediskontkredit *m*; **валютный ~** Fremdwährungskredit *m*, Valutakredit *m*, Kredit in Fremdwährung; **вексельный ~** Wechselkredit *m*; **взятый ~** aufgenommener Kredit; **гарантийный ~** Bürgschaftskredit *m*, Avalkredit *m*, Substitutionskredit *m*; **гарантированный ~** garantierter (zugesagter) Kredit; **государственный ~** Staatskredit *m*, öffentlicher (staatlicher) Kredit; **~ для развития экономики** Kredit zur Förderung der Wirtschaft; **~ государственным учреждениям** Kredit an offentliche Haushalte; **дешёвый ~** zinsgünstiger Kredit; **дисконтный ~** Wechselkredit *m*; **диспозитивный ~** Dispo(sitions)kredit *m*; **~ для пополнения ликвидности** Liquiditäts|darlehen *n*, -kredit *m*, -stütze *f*; **~ для покрытия потребности предприятия в оборотных средствах** Umsatzkredit *m*; **~ для преодоления валютных трудностей** Bereitschaftskredit *m*; **~ для финансирования капиталовложений** Investitionsmittelkredit *m*; **~ до востребования** sofort fälliger Kredit; **доверительный ~** Treuhandkredit *m*; **долгосрочный ~** langfristiger Kredit; **дополнительный ~** zusätzlicher Kredit; **досрочно погашенный ~** vorzeitig getilgter Kredit; **замороженный ~** eingefrorener Kredit; **земельный ~** Grundkredit *m*, Bodenkredit *m*; **импортный ~** Importkredit *m*; **инвестиционный ~** Anlagekredit *m*, Investitionskredit *m*; **индивидуальный ~** Personalkredit *m*; **иностранный ~** Auslandskredit *m*; **~ иностранному покупателю** Käuferkredit *m*; **ипотечный ~** Hypothekarkredit *m*, Hypothekenkredit *m*, Immobiliarkredit *m*; **коммерческий ~** Handelskredit *m*, Geschäftskredit *m*, Warenkredit *m*; **коммунальный ~** Kommunal|kredit *m*, -darlehen *n*; **консорциальный ~ (~ консорциума)** Konsortialkredit *m*; **контокоррентный ~** Kontokorrentkredit *m*, laufender (offener) Kredit; **контокоррентный ~ предприятию** Betriebskredit *m*; **краткосрочный ~** kurzfristiger Kredit, Kurzzeitgeld *n*; **краткосрочные банковские -ы под залог товаров** Warenvorschüsse *pl*; **краткосрочный ~ для преодоления временных трудностей** Überbrückungskredit *m*; **краткосрочный ~ под утверждённые векселя** Diskontkredit *m*; **крупный ~** Großkredit *m*; **ломбардный ~** Lombardkredit *m*; **межбанковский ~** Bankenkredit *m*, Bank-an-Bank-Kredit *m*, Geldmarktkredit *m*; **мелкий (небольшой) ~** Kleinkredit *m*; **-ы мелким и средним предприятиям** Mittelstandskredite *pl*; **~-мост** Brückenkredit *m*; **~ на приобретение ценных бумаг** Effektenkredit *m*; **~ на срок** Kredit mit einer Laufzeit; **~ наличными** Barkredit *m*; **~, не обеспеченный покрытием** ungedeckter (ungesicherter)

Kredit; **нелимитированный ~** unbeschränkter Kredit; **~-нота** Gutschrift(sanzeige) *f*; **~ оборотного капитала** Betriebsmittelkredit *m*; **~, обеспеченный покрытием** gesicherter (gedeckter) Kredit; **образовательный ~** Bildungskredit *m*; **овердрафтовый ~** Überziehungskredit *m*; **~-овернайт** Übernachtkredit *m*; **однодневный ~** Tagesgeld *n*; **онкольный ~** Call-Kredit *m*; **отзывный ~** widerruflicher Kredit; **~, платёж по которому просрочен** notleidender (überfälliger) Kredit; **переходящий ~** Treuhandkredit *m*; **персональный ~** Personalkredit *m*, Kleinkredit *m*; **~ по открытому счёту** Buchkredit *m*; **~ по поручительству** Avalkredit *m*, Bürgschaftskredit *m*, Substitutuionskredit *m*; **~ по текущему счёту** Dispokredit *m*, Kreditlinie *f*, Überziehungskredit *m*; **~, погашение которого осуществляется за счёт кредитуемого объекта** Objektkredit *m*; **полученный ~** aufgenommener Kerdit; **~ под выгодные проценты** zinsgünstiger Kredit; **~ под залог недвижимого имущества** Immobiliarkredit *m*, Realkredit *m*; **~ под залог ценных бумаг** Wertpapierkredit *m*; **~ под залог товаров** warengesicherter Kredit; **~ под поручительство** verbürgter Kredit; **~ под проценты** verzinslicher Kredit; **~ под низкую процентную ставку** Kredit zu niedrigem Zinssatz; **~ под обеспечение** gedeckter (gesicherter) Kredit, Realkredit *m*, Sachkredit *m*; **~ под ростовщические проценты** Wucherdarlehen *n*; **~ под страховой полис** Beleihung *f* einer Police; **~ под твёрдый процент** Festzinskredit *m*; **~ под уступку требований** Zessionskredit *m*; **подтоварный ~** Handelskredit *m*, Warenkredit *m*; **~ покупателя** Käuferkredit *m*; **~ покупателю** Abnehmerkredit *m*, Kundenanzahlung *f*; **пороговый ~** Mindestdarlehen *n*; **потребительский ~** Konsumentenkredit *m*, Kundenkredit *m*, Verbraucherkredit *m*; **почтовый ~** Postlaufkredit *m*; **~, предоставляемый поставщиком** Lieferantenkredit *m*; **промежуточный ~** Brückenkredit *m*, Überbrückungskredit *m*, Zwischenkredit *m*; **промышленный ~** Industriekredit *m*; **просроченный ~** notleidender (überfälliger) Kredit; **прямой ~** Direktkredit *m*; **рамочный ~** Rahmenkredit *m*; **расширенный ~** prolongierter Kredit; **револьверный ~** revolvierender Kredit *m*, Revolvingkonto *n*; **редисконтный ~** Rediskontkredit *m*; **резервный ~ ВВФ** Bereitschaftskredit *m*; **розничный ~** Konsumentenkredit *m*; **~ с изменяющейся процентной ставкой** Floating-Rate-Note, Anleihe mit variabler Verzinsung; **~ с максимальной процентной ставкой** Cap; **~ с периодически пересматриваемой процентной ставкой** Rollover-Kredit *m*; **~ с плавающей ставкой** Gleitzinskredit *m*; **~ с погашением в рассрочку** Abzahlungskredit *m*, Ratenzahlungskredit *m*, Teilzahlungskredit *m*; **~ с погашением всей суммы в конце срока** Festdarlehen *n*; **~-свинг** Swingkredit *m*; **сезонный ~** Saisonkredit *m*; **сельскохозяйственный ~** Agrarkredit *m*; **синдицированный ~** Konsortialkredit *m*; **среднесрочный ~** mittelfristiger Kredit; **срочный ~** fälliger Kredit; **~ стэнд бай** Stand-by-Kredit *m*; **субординированный ~** nachrangiges Darlehen *n*; **товарный ~** Warenkredit *m*; **трастовый ~** durchlaufender Kredit; **учётный ~** Diskontkredit *m*; **~ физическому лицу** Privatkredit *m*; **фирменный ~** Firmenkredit *m*; **целевой ~** zweckgebundener Kredit; **~ частным банкам** Kredit an Privatbanken; **экспортный** Ausfuhrkredit *m*, Exportkredit *m*

кредитн|ый Kredit-; **-ый долг** *m* Kreditbelastung *f*; **-ый институт** *m* Kreditinstitut *n*; **-ая карточка** *f* Kreditkarte *f*; **-ая линия** *f* Kredit|fazilitäten *pl*, -linie *f*, -rahmen *m*; **-ое соглашение** *n* Kredit|abkommen *n*, -vereinbarung *f*, -vertrag *m*; **-ое учреждение** *n* Kreditanstalt *f*

кредитование *n* Kreditbereitstellung *f*, Krediteinräumung *f*, Kreditgeschäft *f*, Kreditversorgung *f*, Kreditgewährung *f*,

Kreditierung *f*, Kreditvergabe *f*, Darlehensgewährung *f*, Darlehensvergabe *f*, Finanzierung *f*; **гарантировать (обеспечивать) ~** die Finanzierung sicherstellen; **осуществлять ~** Kredite gewähren, kreditieren; **прекращать ~** die Kreditierung abbrechen, Finanzierung einstellen; **финансировать ~** die Kreditierung finanzieren; **банковское ~** Aktivgeschäft einer Bank, Ausleihungen der Banken; **беззалоговое ~** Kredit ohne Besicherung; **взаимное ~** gegenseitige Finanzierung (Kreditgewährung); **~ внешней торговли** Außenhandelsfinanzierung *f*; **~ для возмещения издержек** Kostengutschrift *f*; **долгосрочное ~** Gewährung von langfristigen Krediten; **краткосрочное ~** Gewährung von kurzfristigen Krediten; **~ предприятий** Gewährung von Firmenkrediten; **прямое ~** direkte Kreditgewährung; **синдицированное -е** Finanzierung durch Bankenkonsortium, Konsortialfinanzierung *f*; **чистое ~** Nettokreditgewährung *f*; **экспортное ~** Gewährung von Exportkrediten, Exportfinanzierung *f*; **~ экспортно-импортных сделок** Finanzierung der Export- und Importgeschäften

кредитовать finanzieren, Kredite ausleihen (bereitstellen, einräumen, gewähren, geben, vergeben), kreditieren, finanzieren; gutschreiben, erkennen; **~ капитальные вложения** Kapitalanlagen mit Krediten finanzieren; **~ строительство** den Bau finanzieren; **~ счёт (на сумму)** dem Konto (einen Betrag) gutschreiben, ein Konto erkennen

кредитов|ый Haben-; **-ое сальдо** *n* Habensaldo *m*; **-ая сторона** *f* **счёта** Habenseite *f*

кредитор *m* Gläubiger *m*, Kreditgeber *m*, Kreditor *m*, Geldgeber *m*, Darlehensgläubiger *m*; **рассчитываться с -ами (удовлетворять -ов)** Gläubiger befriedigen; **главный (основной) ~** Hauptgläubiger *m*; **-ы, имеющие равные права требования** gleichrangige Gläubiger; **иностранный ~** Auslandsgläubiger *m*, ausländischer Gläubiger; **ипотечный ~ (~ по закладной)** Hypothekengläubiger *m*; **конкурсный ~ (~ несостоятельного должника)** Konkursgläubiger *m*; **~ наследодателя** Nachlassgläubiger *m*; **~, несущий ответственность по индоссаменту** Girogläubiger *m*; **~ по залогу** Pfand|gläubiger *m*, -nehmer *m*; **~ по облигациям** Obligations|gläubiger *n*, -inhaber *m*; **~, предъявляющий требования к конкурсной массе** Massegläubiger *m*; **преимущественный (привилегированный) ~** begünstigter (bevorrechtigter, bevorzugter) Gläubiger; **солидарный ~** Gesamtgläubiger *m*; **страна-~** Gläubigerland *n*; **~, участвующий в судебном производстве для нахождения компромисса** Vergleichsgläubiger *m*

кредитоспособность *f* Kreditfähigkeit *f*, Kreditwürdigkeit *f*, Bonität *f*; **оценивать ~** die Bonität bewerten; **проверять ~** die Kreditwürdigkeit (Bonität) prüfen; **удостоверять ~** die Bonität (Kreditwürdigkeit) bescheinigen; **~ должника** Bonität (Kreditwürdigkeit) des Schuldners

кредитоспособный kreditfähig, kreditwürdig

крестьянин *m* Bauer *m*; **~-кооператор** Genossenschaftsbauer *m*; **мелкий ~** Kleinbauer *m*, kleiner Bauer

крестьянск|ий Bauern-; **-ое хозяйство** *n* Bauernhof *m*

крестьянство *n* Bauernschaft *f*

кривая *f* Kurve *f*; **~ доходности** Renditestrukturkurve *f*, Ertragskurve *f*; **~ накопленного опыта** Lernkurve *f*; **~, показывающая одинаковую полезность ряда товаров для потребителя** Indifferenzkurve *f*; **~ предложения** Angebotskurve *f*; **~ роста** Wachstumskurve *f*; **~ спроса** Nachfragekurve *f*; **~ цен** Preiskurve *f*, **~ экспорта** Exportkurve *f*

кризис *m* Krise *f*; **вползать в ~** in die Krise hineingleiten; **вызывать ~** eine Krise heraufbeschwören (verursachen); **выходить из ~** aus der Krise herauskommen; **преодолевать ~** die Krise bewältigen (durchmachen, überwinden, überstehen);

предотвращать ~ die Krise abwenden; **аграрный ~** Agrarkrise *f*; **валютный ~** Währungskrise *f*, Valutakrise *f*; **денежный ~** Geldkrise *f*; **затяжной ~** anhaltende Krise; **мировой экономический ~** Weltwirtschaftskrise *f*; **~ перепроизводства** Überproduktionskrise *f*; **~ сбыта** Absatzkrise *f*; **~ снабжения** Versorgungskrise *f*; **~ существования** Existenzkrise *f*; **финансовый ~** Finanzkrise *f*, Geldkrise *f*; **экономический ~** Wirtschaftskrise *f*

критери|й *m* Kriterum *n*, Maßstab *m*; **отвечать -ям** Kriterien erfüllen; **предъявлять -и** Kriterien geltend machen; **разрабатывать -и** Kriterien erarbeiten; **устанавливать -и** Kriterien aufstellen, Maßstäbe setzen; **-и конкурентоспособности** Wettbewerbskriterien *pl*; **-й оценки** Bewertungs|kriterium *n*, -maßstab *m*, Beurteilungskriterium *n*; **-й оценки эффективности** Leistungsprüfung *f*; **-й принятия решений** Entscheidungskriterium *n*; **-й эффективности** Effektivitätskriterium *n*

кроссирование *n* Crossing *n*, Crossing Geschäfte *pl*

кроссированный чек *m* **(кросс-чек** *m***)** durchkreuzter (gekreuzter) Scheck, Cross check

кросс-курс *m* Usancenkurs *m*, Crossrate *f*, Kreuzkurs *m*

кросс-листинг *m* Cross-Listing *n*

кросс-торговля *f* Cross-Trading *n*, Cross-Trading-Geschäfte *pl*

круг *m* Kreis *m*, Milieu *n*; **деловые -и** Geschäftswelt *f*; **~ клиентов (покупателей)** Abnehmerkreis *m*, Kundenkreis *m*; **постоянный ~ абонентов** Abonnentenstamm *m*

круглосуточный Tag und Nacht, rund um die Uhr

кругооборот *m* Kreislauf *m*, Umlauf *m*; **~ денег** Geldkreislauf *m*; **~ капитала** Kapitalkreislauf *m*, Kreislauf des Kapitals; **~ товаров и капитала** güter- und finanzwirtschaftlicher Kreislauf

кружок *m* Zirkel *m*; **~ качества** Qualitätszirkel *m*

круиз *m* Kreuzfahrt *f*

крупн|ый groß, Groß-; **-ые банки** *pl* Großbanken *pl*; **-ый покупатель** *m* Groß|abnehmer *m*, -kunde *m*; **-ое предприятие** *n* Groß|betrieb *m*, -unternehmen *n*

крушение *n* Zusammenbruch *m*; Unfall *m*, Unglück *n*

кубатура *f* Rauminhalt *m*

кукса *f* Kux *m*, Bergwerksanteil *m*

кулиса *f* Kulisse *f*

кулисье *m* Kulisser *m*, nicht zur Börse zugelassener Makler

культур|а *f* Kultur *f*; **зерновые -ы** Getreide *n*; **информационная -а** Informationskultur *f*; **-а производства** Unternehmenskultur *f*; **сельскохозяйственная -а** landwirtschaftliche Kultur

кумулятивный kummulativ; **~ дивиденд** *m* kumulative Dividende

кумуляция *f* Kumulation *f*, Kumulierung *f*

купец *m* Kaufmann *m*

купить kaufen, einkaufen, erwerben, (sich) anschaffen; **~ в кредит** auf Kredit (Ziel) kaufen; **~ себе автомобиль** sich ein Auto anschaffen

купля *f* Kauf *m*, Einkauf *m*; **~ за наличные (наличный расчёт)** Barkauf *m*; **~-продажа** Kauf *m*, Kaufgeschäft *n*, Handel *m*; **~ в кредит** Finanzkauf *m*, Kauf auf Kredit (Ziel), Kreditkauf *m*, Zielkauf *m*; **~ в целях замены недопоставленного товара другим** Deckungskauf *m*; **комиссионная ~** Kommissionskauf *m*; **~ недвижимости** Immobilienkauf *m*; **~ на срок** Termingeschäft *n*; **~ на пробу** Kauf auf Probe; **~ по каталогам** Distanzkauf *m*; **~ ценных бумаг** Wertpapierhandel *m*, Effektenhandel *m*

купон *m* Kupon *m*, Coupon *m*, Abschnitt *m*; **отрывать ~** einen Kupon abtrennen; **погашать -ы** Kupons einlösen; **дивидендный ~** Aktienabschnitt *m*, Dividenden|abschnitt *m*, -schein *m*, Gewinnanteilschein *m*; **контрольный ~** Kontrollabschnitt *m*; **~, оплачиваемый в иностранной валюте** Valutakupon *m*; **оторванный ~** abgetrennter Kupon; **пролонгационный ~** Stichkupon *m*; **процентный ~ (~ на получение процентов)** Zinsschein *m*; **срочный ~**

fälliger Kupon; **~ ценной бумаги** Zinsabschnitt *m*

купонн|ый Kupon-; **-ая валюта** *f* Kuponwährung *f*; **-ый лист** *m* Bogen *m*, Kuponbogen *m*, Zins(schein)bogen *m*

купчая *f* Kaufbrief *m*, Kaufvertrag *m*, Handelsvertrag *m*; Übertragungsurkunde *f*

купюра *f* Nennwert *m*; Schein *m*, Geldschein *m*

курс *m* Kurs *m*, Börsenpreis *m*; Lehrgang *m*, Kursus *m*; **либерализовать обменный ~** den Wechselkurs freigeben; **определять ~** den Kurs festlegen (notieren); **повышать ~** den Kurs hinaufsetzen; **-ы повышаются** Kurse ziehen an (steigen); **поддерживать ~** den Kurs stützen; **понижать ~** den Kurs drücken (herabsetzen); **-ы понижаются (падают)** Kurse bröckeln ab (geben nach); **проводить -ы** einen Kurs (Kursus, Lehrgang) abhalten (durchführen); **стабилизировать ~** den Kurs stabilisieren; **-ы стабилизируются** Kurse werden fester; **указывать ~** den Kurs angeben; **устанавливать (фиксировать) ~** den Kurs festlegen; **участвовать в работе -ов** an einem Kurs (Kursus, Lehrgang) teilnehmen; **~ акций** Aktienkurs *m*; **биржевой ~** Börsenkurs *m*, Marktpreis *m*; **благоприятный ~** günstiger Kurs; **~ в момент закрытия биржи** Schlusskurs *m*; **~ в момент открытия биржи** Anfangskurs *m*, Eröffnungskurs *m*; **~ в середине биржевого собрания** Mittagskurs *m*; **валютный ~** Devisenkurs *m*, Wechselkurs *m*, Geldkurs *m*; **валютный ~ на день составления баланса** Wechselkurs am Bilanzstichtag; **валютный ~ по предъявительским траттам и чекам** Sichtkurs *m*; **высокий ~** hoher Kurs; **~ дня** Tageskurs *m*; **~ доллара** Dollarkurs *m*; **единый (стандартный) ~** Einheitskurs *m*; **заключительный ~** Schlusskurs *m*; **интервенционный ~** Interventionskurs *m*; **инфляционный ~** Inflationskurs *m*; **искусственно поддерживаемый ~** Stützungskurs *m*; **~ кассовых сделок** Kassakurs *m*; **~ кассовых сделок с валютой** Devisenkassakurs *m*; **колеблющийся ~** schwankender Kurs; **компенсационный ~** Kompensationskurs *m*; **~ купонов иностранных ценных бумаг, подлежащих погашению** Kuponkurs *m*; **ликвидационный ~** Liquidationskurs *m*; **льготный ~** Vorzugskurs *m*; **максимальный ~** Höchstkurs *m*; **минимальный ~** Mindestkurs *m*, Niedrigstkurs *m*; **множественный валютный ~** gespaltener (multipler) Wechselkurs; **номинальный ~** nomineller Kurs; **~ на момент закрытия биржи** Schlusskurs *m*; **~ на проведение реформ** Reformkurs *m*; **~ на настоящий момент** gegenwärtiger Kurs; **~ на расширение деятельности** Expansionskurs *m*; **неблагоприятный ~** ungünstiger Kurs; **неофициальный ~** außerbörslicher (nicht amtlicher) Kurs; **-а нет** Kurs gestrichen; **низкий ~** niedriger Kurs; **~ нового выпуска ценных бумаг** Ausgabekurs *m*, Emissionskurs *m*; **~ облигаций** Obligationenkurs *m*; **~ обмена наличной валюты** Sortenkurs *m*; **обменный ~ (валют)** Wechselkurs *m*, Umrechnungskurs *m*; **~ определённой ценной бумаги** Stückkurs *m*; **официальный ~** amtlicher (offizieller) Kurs; **паритетный ~** Wechselpari *n*, Parikurs *m*; **переменный (меняющийся) ~** variabler Kurs; **~ пересчёта** Umrechnungskurs *m*; **плавающий ~** Floating, flexibler Wechselkurs; **по -у** zum Kurs; **по номинальному -у** al (zu) pari; **~ по стеллажным сделкам** Stellkurs *m*; **повторительный ~** Wiederholungskurs *m*; **повышающийся ~** steigender Kurs; **понижающийся ~** fallender (sinkender) Kurs; **~ покупателей** Geld(kurs *m*) *n*, Ankaufskurs *m*; **~ после закрытия биржи** nachbörslicher Kurs; **предбиржевой ~** vorbörslicher Kurs; **~ при открытии биржи** Anfangskurs *m*, Eröffnungskurs *m*; **принудительный обменный ~** Zwangskurs *m*; **~ продавцов** Brief(kurs) *m*; **~ продаж валют** Devisenverkaufskurs *m*; **расчётный ~** Verrechnungskurs *m*, Abrechnungskurs *m*; **~ расчётов по сделкам на срок** Regulierungskurs *m*; **~ рубля** Rubelkurs *m*; **рыночный ~** Marktpreis *m*; **~ с переменной котировкой** fortlaufender Kurs; **самый низкий ~** Niedrigstkurs *m*, niedrigster Kurs; **свободный валютный ~** freier (flexibler) Kurs; **~ своп** Swap-Satz *m*; **средний ~** Durchschnittskurs *m*, Mittelkurs *m*; **средневзвешенный ~** gewichteter Kurs; **~ срочных сделок (~ по срочным сделкам)** Liquidationskurs *m*, Terminkurs *m*; **~ срочных сделок с иностранной валютой** Devisenterminkurs *m*; **стабильный (твёрдый, фиксированный) ~** fester Kurs; **твёрдый валютный ~** fester Wechselkurs, Stoppkurs *m*; **текущий ~** laufender Kurs; **~ телеграфных переводов** Kabelkurs *m*; **уравнительный ~** Vergleichskurs *m*; **установленный ~** festgelegter (notierter) Kurs; **фиктивный ~** Scheinkurs *m*; **~ ценных бумаг** Effektenkurs *m*, Wertpapierkurs *m*; **~ ценных бумаг на внебиржевом рынке** Freiverkehrskurs *m*, Telefonkurs *m*; **~ ценных бумаг при подписке** Zeichnungskurs *m*; **эмиссионный ~** Ausgabekurs *m*, Emissionskurs *m*

курсов|ой Kurs-; **-ой бюллетень** *m* Kurs|bericht *m*, -blatt *n*, -tabelle *f*; **информационное -ое табло** *n* Kurs(anzeige)tafel *f*; **-ой отчёт** *m* Kursbericht *m*; **-ая разница** *f* Kurs|differenz *f*, -unterschied *m*

куртаж *m* Courtage *f*, Maklergebühr *f*; **выплатить ~** die Courtage (Maklergebühr) entrichten; **заработать ~** eine Courtage (Maklergebühr) verdienen

куртье *m* Courtier *m*, Broker *m*, Makler *m*

курьер *m* Eilbote *m*

курьерская служба *m* **доставки** Kurierdienst *m*

кустарное производство *n* Handwerk *n*, Handwerksbetrieb *m*

кустарь *m* Handwerker *m*, Hausgewerbetreibende *m*, Heimarbeiter *m*

кэш энд керри Cash-and-carry, Abholgroßmarkt *m*, CC-Betrieb *m*

Л

лаборант *m* Laborant *m*

лаборатория *f* Labor(atorium) *n*; **заводская ~** Werkslabor(atorium) *n*; **научно-исследовательская ~** Forschungslabor(atorium) *n*

лавка *f* (kleiner) Laden *m*

лаг *m* Lag, Verzögerung *f*; **временной ~** zeitlicher Abstand

лаж *m* Agio *n*, Aufgeld *n*; **установить ~** mit dem Agio (Aufgeld) belegen; **~ на золото** Goldagio *n*

лак *m* Lack *m*

ларёк *m* Verkaufsstand *m*, Kiosk *m*; **~ на рынке** Marktstand *m*

лари *m* (georgischer) Lari *m* (1 Lari = 100 Tetri), GEL, nationale Währung Georgiens

лат *m* Lats *m* (1 Lats = 100 Santims) Währung Lettlands

латифундия *f* Latifundium *m*

лауреат *m* Preisträger *m*

левередж *m* Leverage, Verschuldungsgrad *m*, Hebelwirkung *f*

легализация *f* Legalisierung *f*, Beglaubigung *f*; **консульская ~** konsularische Legalisierung (Beglaubigung)

легализовать legalisieren, beglaubigen, amtlich bestätigen

легальность *f* Legalität *f*

легальный legal, gesetzlich

легат *m* Legat *n*, Vermächtnis *n*

легенда *f* Legende *f*

легитимация *f* Legitimation *f*

лей *m* (rumänische Währung) Leu *m* (1 Leu= 100 Bani; RON)

лек *m* (albanische Währung) Lek *m* (ALL)

лекарство *n* Arznei *f*, Arzneimittel *n*, Heilmittel *n*

лемма *f* Lemma *n*

лендинг бизнес *m* Kreditgeschäfte *pl*, Anzahlung *f*, Finanzierung *f*, Geldverleih *n*

ленд-лиз *m* Lendlease-Programm *n*

лента *f* Band *n*; **магнитная ~** Magnetband *n*

лес *m* Wald *m*, Forst *m*; Holz *n*

лесозаготовка *f* Holzbeschaffung *f*

лесоматериал *m* Holz *n*, Holzmaterial *n*

лжеэкспорт *m* Scheinexport *m*

либерализаци|я *f* Liberalisierung *f*,

Freigabe *f*; **проводить -ю** die Liberalisierung vornehmen; **-я импорта** Importfreigabe *f*; **-я обращения (оборота) капитала** Liberalisierung des Kapitalverkehrs; **постепенная -я** schrittweise Liberalisierung; **-я торговли** Liberalisierung des Handels; **-рынков** Marktliberalisierung *f*; **-я финансовой системы** Finanzsystemliberalisierung *f*; **-я цен** Preisfreigabe *f*, Freigabe der Preise

либерализовать liberalisieren, freigeben; **~ обращение (оборот) капитала** den Kapitalverkehr liberalisieren; **~ цены** Preise freigeben

либид LiBid (London Interbank Bid Rate), Londoner Interbanken-Ankaufszinssatz

либор LiBor (London Interbank Offered Rate) Londoner Interbanken-Verkaufszinssatz

лидер *m* Führer *m*, Spitzenreiter *m*; **~ консорциума** Konsortialführer *m*; **мировой ~ (~ на мировом рынке)** Weltmarktführer *m*; **неформальный ~** Meinungsführer *m*; **~ по качеству продукции** Qualitätsführer *m*; **промышленный (экономический) ~** Wirtschaftsführer *m*; **ценовой ~** Preisführer *m*

лидерство *n* Führerschaft *f*, führende Position; **~ на мировом рынке** Weltmarktführerschaft *f*; **~ по качеству продукции** Qualitätsführerschaft *f*; **ценовое ~** Preisführerschaft *f*

лид-менеджер *m* **(займа)** Lead Manager *m*; Konsortialführer *m*

лизинг *m* Leasing *n*, Vermietung von Industrieanlagen, Investitions- und Konsumgütern; **заниматься -ом** das Leasing betreiben, vermieten; **~ движимого имущества** Mobilienleasing *n*; **интернациональный ~** grenzüberschreitendes Leasing *n*, Cross-Border-Leasing *n*; **~ недвижимого имущества** Immobilienleasing *n*; **~ оборудования** Ausrüstungsleasing *n*, Anlagenleasing *n*, Maschinenleasing *n*; **операциональный ~** Operationsleasing *n*; **~ персонала** Arbeitnehmerüberlassung *f*, Personalleasing *n*, Zeitarbeit *f*; **~ промышленного оборудования** Leasing von Betriebsanlagen; **~ типа продажи** Sales-Type-Leasing *n*; **финансовый ~** Finanzleasing *n*, Finanzierungsleasing *n*

лизингов|ый Leasing-; **-ая сделка** *f* Leasinggeschäft *n*; **-ая фирма** *f* Leasing|firma *f*, -gesellschaft *f*, -unternehmen *n*

лизингодатель *m* Leasinggeber *m*

лизингополучатель *m* Leasingnehmer *m*

ликвидатор *m* Liquidator *m*, Abwickler *m*, Konkursverwalter *m*; **фирма-~** Abwicklungsgesellschaft *f*

ликвидационн|ый Liquidations-, Abwicklungs-; **-ый баланс** *m* Abwicklungsbilanz *f*, Liquidationsbilanz; **-ая выручка** *f* Abwicklungserlös *m*, Liquidationserlös *m*; **-ые издержки** *pl* Abwicklungskosten *pl*; **-ая комиссия** Liquidationsausschuss *m*; **-ая прибыль** *f* Liquidationsgewinn *m*; **-ая стоимость** *f* Liquidationswert *m*; **-ый счёт** *m* Abwicklungskonto *n*

ликвидаци|я *f* Liquidation *f*, Liquidierung *f*, Abwicklung *f*; Auflösung *f*, Zerschlagung *f*; **возбуждать дело о -и** die Liquidation einleiten; **находиться в процессе -и** sich in Liquidation befinden; **принять решение о -и** die Liquidation beschließen; **-я в связи с несостоятельностью** konkursmäßige Liquidation; **-я дела** Geschäftsauflösung *f*; **добровольная -я** freiwillige Liquidation; **-я задолженности** Schulden|abtragung *f*, -tilgung *f*; **-я задолженности путём продажи имущества должника** Liquidationsvergleich *m*; **-я залога** Pfandbruch *m*; **-я компании** Auflösung einer Gesellschaft; **-я по решению суда** gerichtliche Auflösung; **-я предприятия** Auflösung (Zerschlagung) eines Betriebs (Unternehmens); **принудительная -я** Zwangsauflösung *f*; **принудительная -я биржевой сделки** Zwangsregulierung *f*; **-я скрытых резервов** Auflösung von stillen Rücklagen; **-я убыточных предприятий** Abwicklung verlustbringender Unternehmen; **-я фонда**

Auflösung eines Fonds; **частичная -я** Teilauflösung *f*

ликвидировать liquidieren, abwickeln, auflösen; **~ дело** ein Geschäft auflösen; **~ долги** Schulden abtragen (tilgen); **~ компанию** eine Gesellschaft auflösen; **~ фонд** einen Fonds auflösen

ликвидность *f* Liquidität *f*, flüssige Mittel; **дебетовать ~** Liquidität belasten; **изымать ~** Liquidität entziehen; **обеспечивать ~** Liquidität sichern; **предоставить -ь, снабжать -ю** Liquidität zuführen; **балансовая ~** bilanzmäßige Liquidität; **~** Aktienliquidität *f*; **~ банков** Bankliquidität *f*; **избыточная ~** Überliquidität *f*, Liquiditätsüberhang *m*; **обеспечивающий ~** liquiditätswirksam; **~ первой (второй, третьей) степени** Liquidität ersten (zweiten, dritten) Grades; **~ предприятия** Unternehmensliquidität *f*

ликвидн|ый liquid, flüssig; **-ые средства** *pl* liquide (flüssige) Mittel

лимит *m* Limit *n*, Höchstgrenze *f*, Kontingent *n*, Plafond *m*; **быть ограниченным -ом** an ein Limit gebunden sein; **исчерпать ~** das Kontingent ausschöpfen; **превышать ~** das Limit überschreiten; **соблюдать ~** das Limit einhalten; **устанавливать ~** ein Limit festsetzen, plafondieren; **~ авторизации** Kreditkartenlimit *n*; **~ банковской эмиссии** Notenkontingent *n*; **~ выдачи наличных** Bargeldlimit *n*; **~ задолженности** Verschuldungsgrenze *f*; **~ капитальных вложений** Investitionslimit *n*; **кассовой наличности** Kassenlimit *n*; **количественный ~** mengenmäßiges Kontingent; **~ контрактов** Positionsobergrenze *f*, Positionslimit *n*; **~ кредита** Dispolimit *n*, Überziehungslimit *n*; **~ кредитования** Kredit|grenze *f*, -limit *n*, -linie *f*, -kontingent *n*, -plafond *m*, Plafond für Kredite; **курсовой ~** Kurslimit *n*; **~ на размещение отходов** Limit für Abfalldeponierung; **~ переучёта векселей** Rediskontkontingent *n*; **~ прибыли** Gewinnlimit *n*; **~ расхода сырья и материалов** Materialverbrauchsvorgabe *f*; **~ расходов** Ausgabenlimit *n*; **~ страхового возмещения** Versicherungsgrenze *f*; **~ цен** Preislimit *n*

лимитед mit beschränkter Haftung, limited

лимитирование *n* Limitierung *f*, Kontingentierung, Begrenzung *f*; **~ кредита** Festsetzung eines Kreditlimits, Kreditlimitierung *f*; **~ поручений (приказов)** Limitierung von Aufträgen

лимитированный limitiert, begrenzt; **~ дивиденд** *m* limitierte Dividende

лимитировать limitieren, begrenzen, kontingentieren, Limite festsetzen

лимитн|ый Limit-; **-ая цена** *f* Limitpreis *m*

линейн|ый Linien-; **-ая инстанция** *f* Linieninstanz *f*; **-ая организация** *f* **управления** Linienorganisation *f*; **-ая служба** *f* Liniendienst *m*; **-ое сообщение** *n* Linienverkehr *m*; **-ое судоходство** *n* Linienschifffahrt *f*

лингот *m* Barren *m*; **золотой ~** Goldbarren *m*; **серебряный ~** Silberbarren *m*

лини|я *f* Linie *f*; Leitung *f*, Anschluss *m*; **открывать кредитную -ю** eine Kreditlinie eröffnen; **превышать кредитную -ю** die Kreditlinie überschreiten; **абонентская -я** Anschluss *m*; **автоматическая поточная -я** Taktstraße *f*; **воздушная -я** Fluglinie *f*; **руководящая -я** Richtlinie *f*; **железнодорожная -я** Eisenbahn|linie *f*, -strecke *f*; **кредитная -я** Kredit|fazilitäten *pl*, -linie *f*, -rahmen *m*; **кредитная -я, обеспеченная государством** mit Staatsgarantien besicherte Kreditlinie; **кредитная -я центрального банка** Kreditlinie bei der Zentralbank; **кривая -я** Kurve *f*; **междугородная телефонная -я** Fernleitung *f*; **открытая кредитная -я** offene Kreditlinie; **поточная -я** Fließband *n*, Fertigungsstraße *f*, Maschinenfließstraße *f*, Fließstraße *f*; **-я рынка капитала** Kapitalmarktlinie *f*; **-я рынка ценных бумаг** Wertpapierlinie *f*; **-я тренда** Trendlinie *f*; **судоходная -я** Schifffahrtslinie *f*; **-я электропередачи** Stromleitung *f*

лист *m* Blatt *n*, Bogen *m*; **авторский ~** Autorenbogen *m*; **больничный ~** Krankenschein *m*; **~ бумаги** Blatt Papier, Papierbogen *m*, Bogen *m*; **закладной ~** Pfandbrief *m*; **исполнительный ~** Vollstreckungstitel *m*, Schuldtitel *m*, vollstreckbare Urkunde; **купонный ~** Kuponbogen *m*, Zins(schein)bogen *m*; **металлический ~** Blech *n*; **~ нетрудоспособности** Krankenschein *m*; **обходной ~** Laufzettel *m*; **опросный ~** Check-Liste *f*, Fragebogen *m*; **печатный ~** Druckbogen *m*; **подписной ~** Sammelliste *f*; **упаковочный ~** Pack|liste *f*, -zettel *m*, Verpackungsliste *f*; **чистый ~ бумаги с подписью** freigezeichneter Bogen

листинг *m* Börseneinführung *f*, Börsenzulassung *f*, Listing *n*

листок *m* Bogen *m*; **личный ~ по учёту кадров** Personalfragebogen *m*; **расчётный ~** Abrechnungsbogen *m*

лит *m* Litas *m* (litauische Währung, 1 Litas = 100 Centas)

лихтер *m* Leichter *m*

лифтетхолдер *m* Prospekthalter *m*

лицевой счёт *m* Betriebskonto *n*; Personenkonto *n*, persönliches Konto

лицензиар *m* Lizenzgeber *m*

лицензиат *m* Lizenznehmer *m*

лицензионн|ый Lizenz-; **-ый сбор** *m* Lizenzgebühr *f*; **-ая система** *f* Lizenzsystem *n*; **-ое соглашение** *n* Lizenz|abkommen *n*, -vereinbarung *f*, -vertrag *m*

лицензирование *n* Lizenzierung *f*, Lizenzerteilung *f*, Lizenzvergabe *f*

лицензировать lizenzieren, eine Lizenz erteilen

лицензи|я *f* Lizenz *f*, Erlaubnis *f*, Genehmigung *f*, Konzession *f*; **аннулировать (изымать) -ю** die Lizenz entziehen; **выдавать (предоставлять) -ю** eine Lizenz (Genehmigung, Konzession) ausgeben (erteilen, vergeben), lizenzieren; **иметь -ю** eine Lizenz (Konzession) haben; **использовать -ю** eine Lizenz verwerten; **лишать -и** die Lizenz entziehen; **подавать заявку на получение -и** eine Lizenz beantragen; **получать (приобретать) -ю** sich eine Lizenz (Konzession) beschaffen, eine Konzession erwerben; **производить по -и** in Lizenz herstellen; **импортная -я** Einfuhr|bewilligung *f*, -genehmigung *f*, -lizenz *f*, Import|bewilligung *f*, -erlaubnis *f*, -genehmigung *f*, -lizenz *f*; **исключительная -я** ausschließliche Lizenz; **-я на ведение хозяйственной (производственной) деятельности** Gewerbeerlaubnis *f*, Zulassung zum Geschäftsbetrieb, Konzession *f*; **-я на изобретение** Patentlizenz *f*; **-я на (про)ведение разведочных работ** Schürfgenehmigung *f*; **-я на производство** Fertigungslizenz *f*, Herstellungslizenz *f*, Produktionslizenz *f*, Verfahrenslizenz *f*; **-я на сбыт** Vertriebslizenz *f*; **-я на технологию** Verfahrenslizenz *f*; **патентная -я** Patentlizenz *f*; **по -и** in Lizenz; **принудительная -я** Zwangslizenz *f*; **простая -я** einfache (nicht ausschließliche) Lizenz; **экспортная -я** Ausfuhr|bewilligung *f*, -erlaubnis *f*, -genehmigung *f*, -lizenz *f*, Export|genehmigung *f*, -lizenz *f*

лицо *n* Person *f*, Persönlichkeit *f*; **(за)регистрировать юридическое ~** eine juristische Person eintragen (lassen); **назначить доверенное ~** einen Treuhänder bestellen; **~, берущее кредит по поручительству** Avalkreditnehmer *m*; **~, в пользу которого открыт аккредитив (произведён платёж)** Begünstigte *m*; **доверенное ~** Bevollmächtigte *m*, Vertrauens|mann *m*, -person *f*; Treuhänder *m*, Treunehmer *m*; **доверенное ~ фирмы** Prokurist *m*; **должностное ~** Amtsperson *f*; **заинтересованное ~** Interessent *m*; **~, занимающееся промыслом** Gewerbetreibende *m*; **застрахованное ~** versicherte Person, Versicherte *m*; **~, имеющее обязательство по векселю** Wechselverpflichtete *m*; **~, имеющее право на возмещение за ущерб** Schadensersatzberechtigte *m*; **~, имеющее право подписи** Unterschriftsberechtigte *m*; **~, имеющее самостоятельный заработок** Erwerbsperson *f*; **~, которому передаётся закладываемое имущество** Sicherungsnehmer *m*; **~,**

которому передаётся право управления имуществом по доверенности Treuhänder *m*, Treunehmer *m*; **~ наёмного труда** abhängig Beschäftigter; **~, назначаемое судом для управления имуществом должника** Vergleichsverwalter *m*; **недееспособное ~** geschäftsunfähige Person; **~, не имеющее самостоятельного заработка (дохода)** Nichterwerbsperson *f*; **~, работающее не по найму** selbstständige Erwerbsperson, selbstständig Erwerbstätiger (Beschäftigter); **непосвящённое (постороннее) ~** Outsider *m*, Außenseiter *m*; **~, обладавшее правом прежде другого** Rechtsvorgänger *m*; **осведомлённое ~** Insider *m*; **~, осуществляющее снабжение** Versorgungsträger *m*; **ответственное ~** Verantwortungsträger *m*, Verantwortliche *m*; **отдельное ~** Einzelperson *f*; **~, передающее право собственности кредитору** Sicherungsgeber *m*, Treugeber *m*; **~, переезжающее в другую страну с целью избежать уплаты налогов** Steuerflüchtling *m*; **перестрахованное ~** Rückversicherte *m*; **подотчётное ~** Abrechnungspflichtige *m*; **подписавшееся ~** Unterzeichner *m*; **подставное ~** Strohmann *m*; **~, предлагающее двойной опцион** Stellageverkäufer *m*; **~, принимающее решения** Entscheider *m*; **~, работающее по найму** unselbstständige Erwerbsperson, unselbstständig Erwerbstätiger (Beschäftigter); **~ свободной профессии** freiberuflich Tätiger; **~, ссужающее деньги под залог** Pfandleiher *m*; **третье ~** Dritte *m*; **уполномоченное ~** Bevollmächtigte *m*; **~, фактически осуществляющее владение вещью** Besitzdiener *m*; **физическое ~** natürliche Person; **частное ~** Privatperson *f*; **юридическое ~** Rechtspersönlichkeit *f*, juristische Person; **~, являющееся коммерсантом в силу своей деятельности** Musskaufmann *m*

лично in (eigener) Person, persönlich

личность *f* Persönlichkeit *f*

личн|ый persönlich; **-ый идентификационный номер** *m* Personenkennzahl *f*; **-ая ответственность** *f* persönliche Haftung (Verantwortlichkeit, Verantwortung); **-ое страхование** *n* Personenversicherung *f*; **-ый счёт** *m* Privatkonto *n*

лишать entziehen, wegnehmen, aberkennen; **~ законной силы** außer Kraft setzen; **~ кредита** einen Kredit kündigen; **~ лицензии** die Lizenz entziehen; **~ наследства** enterben; **~ полномочий** die Vollmacht entziehen; **~ права** ein Recht aberkennen (entziehen)

лишаться verlieren, einbüßen, verlustig gehen, verwirken; **~ права** eines Rechts verlustig gehen, einen Anspruch verwirken, das Recht verlieren

лишение *n* Entziehung *f*, Entzug *m*; Aberkennung *f*, Verwirkung *f*; **~ владения** Besitzentziehung *f*; **~ водительских прав** Entziehung (Entzug) der Fahrerlaubnis (des Führerscheins); **~ доверия** Vertrauensentzug *m*; **~ кредита** Zurückziehung des Kredits, Kreditkündigung *f*; **~ лицензии** Lizenzentzug *m*; **~ наследства** Enterbung *f*; **~ прав** Rechtsverwirkung *f*, Aberkennung eines Rechts (eines Anspruchs), Verwirkung eines Rechts; **~ прав собственности** Enteignung *f*; **~ премии** Prämienentzug *m*

лишения *pl* Not *f*, Entbehrungen *pl*

Ллойд Lloyd

логист *m* Logistikfachmann *m*

логистика *f* Logistik *f*; **~ маркетинга** Marketinglogistik *f*; **~ материально-технического снабжения** Beschaffungslogistik *f*; **~ предприятия** Unternehmenslogistik *f*; **~ производства** Produktionslogistik *f*; **~ сбыта** Absatzlogistik *f*, Distributionslogistik *f*

лого *n*, **логотип** *m* Logo *n*, Firmenlogo *n*, Firmenzeichen *n*

локализация *f* Lokalisierung *f*

локаут *m* Aussperrung *f*; **~ как защитная мера работодателей против забастовок** Abwehraussperrung *f*

локо loko, loco

лом *m*, **металлический ~** Schrott *m*, Metallschrott *m*
ломбард *m* Pfandleihanstalt *f*, Pfandhaus *n*, Leihhaus *n*, Leihanstalt *f*, Lombard *m*
ломбардн|ый Lombard-; **-ый кредит** *m* Lombardkredit *m*; **-ые операции** *pl* Lombardverkehr *m*
лоро-конто *n* Lorokonto *n*
лот *m* Los *n*, Partie *f*, Posten *m*; **покупать ~** einen Posten (eine Partie) kaufen; **продавать ~** einen Posten (eine Partie) verkaufen; **продавать малыми -ами** in kleinen Posten verkaufen; **аукционный ~** Auktionsposten *m*; **единый ~** nicht teilbarer Auktionsposten *m*; **минимальный ~** Mindestschluss *m*, Mindestlos *n*
лотерейный Lotterie-; **~ билет** *m* Los *n*
лотерея *f* Lotterie *f*
льгот|а *f* Begünstigung *f*, Vergünstigung *f*, Vorrecht *n*, Präferenz *f*, Privileg *n* ~ **лишать** Vorrechte entziehen; **отменять -у** ein Privileg abbauen, eine Begünstigung (Vergünstigung) abschaffen, ein Vorrecht (eine Präferenz) aufheben; **получать -у** eine Vergünstigung erhalten; **пользоваться -ами** Präferenzen (Vorrechte) genießen; **предоставлять -у** mit einem Privileg ausstatten, die Begünstigung (Vergünstigung, Präferenzen) einräumen (gewähren); **налоговая -а** Steuer|begünstigung *f*, -ermäßigung *f*, -vergünstigung *f*, steuerliche Begünstigung (Vergünstigung); **налоговая -а для многодетных семей** Kinderermäßigung *f*; **налоговые -ы на инвестированный капитал** Investitionszulage *f*; **-ы по выплате процентов** Zinserleichterungen *pl*; **таможенные -ы** Zoll|begünstigung *f*, -präferenz *f*, -vergünstigung *f*; **тарифная -а** Tarifermäßigung *f*
льготн|ый Präferenz-, Vorzugs-; **-ая пошлина** *f* Begünstigungszoll *m*, Präferenzzoll *m*, Vorzugszoll *m*; **-ый тариф** *m* Präferenztarif *n*; **-ая цена** *f* Präferenzpreis *m*, Vorzugs|preis *m*, -kurs *m*
лэндинг *m* Ausleihung *f*, Darlehensgewährung *f*, Kreditgewährung *f*, Lending *n*
люди *pl*, **деловые** Geschäftsleute *pl*, Businessmen *pl*

М

магазин *m* Geschäft *n*, Laden *m*, Verkaufsstelle *f*; **арендовать ~** einen Laden pachten (mieten); **вести дела в -е** einen Laden betreiben (führen); **владеть -ом** einen Laden besitzen; **закрывать ~** ein Geschäft (einen Laden) schließen; **открывать ~** ein Geschäft (einen Laden) eröffnen; **сдавать ~ в аренду** einen Laden verpachten (vermieten); **антикварный ~** Antiquitätenladen *m*; **~ беспошлинной торговли** *(Handel, Imp/Exp)* Duty-Free Shop *m*, zollfreies Geschäft *n*, zollfreier Laden *m*; **галантерейный ~** Kurzwarenladen *m*; **~ готового платья** Kleidergeschäft *n*; **книжный ~** Buchhandlung *f*; **комиссионный ~** Kommissionsgeschäft *n*; **~ в магазине** Geschäft im Geschäft; **~ мебельный ~** Möbelgeschäft *n*; **мясной ~** Fleischerei *f*, Metzgerei *f*; **~ при заводе** Werksladen *m*; **продовольственный ~** Lebensmittelgeschäft *n*; **промтоварный ~ (~ промышленных товаров)** Warenhaus *n*; **~ розничной торговли** Einzelhandelsgeschäft *n*; **~ самообслуживания** Selbstbedienungsverkaufsstelle *f*, Laden mit Selbstbedienung; **специализированный ~** Fachgeschäft *n*, Spezialgeschäft *n*; **~ строительных материалов** Baumarkt *m*; **~, торгующий по сниженным ценам** Discounter *m*, Diskountgeschäft *n*; **универсальный ~** Warenhaus *n*, Kaufhaus *n*; **фирменный ~** autorisiertes (exklusives) Fachgeschäft; **хлебный ~** Bäckerei *f*; **ювелирный ~** Juweliergeschäft *n*
магистраль *f* Fernverkehrsstraße *f*, Hauptverkehrsweg *m*; **автомобильная ~** Autobahn *f*; **железнодорожная ~** Haupteisenbahnlinie *f*
мазут *m* Heizöl *n*
макет *m* Modell *n*, Attrappe *f*
маклер *m* Makler *m*, Broker *m*, Sensal *m*, gewerbsmäßiger Vermittler; **бирже-**

вой ~ Aktienmakler *m*, Börsenmakler *m*, Kursmakler *m*; **вексельный ~** Wechselmakler *m*; **неофициальный ~ (-, не допущенный официально к операциям на бирже)** freier Makler; **официальный ~ (-, официально допущенный к операциям на бирже)** amtlicher Makler; **~ по морскому страхованию** Seeversicherungsmakler *m*; **~ по операциям с ценными бумагами** Effekten|händler *m*, -makler *m*, Wertpapierhändler *m*; **~ по продаже недвижимости** Immobilienmakler *m*, Grundstücksmakler *m*; **~ по фрахтованию судов** Frachtmakler *m*; **присяжный ~** vereidigter Makler; **страховой ~** Versicherungsmakler *m*, Assekuranzmakler *m*; **торговый ~** Handelsmakler *m*

маклерск|ий Makler-; **-ое бюро** *n* Maklerbüro *n*; **-ое вознаграждение** *n* Makler|gebühr *f*, -lohn *m*, -vergütung *f*; **-ий договор** *m* Maklervertrag *m*

макроорганизация *f* Makrogestaltung *f*; **~ рабочих систем** Makrogestaltung von Arbeitssystemen

макроокружение *n* **(макросреда** *f***)** Makromilieu *n*, Makroumwelt *f*

макрорайон *m* **размещения предприятия** Makrostandort *m*

макроэкономика *f* Makroökonomie *f*

макроэкономическ|ий makroökonomisch; **-ая концепция** *f* makroökonomische Konzeption

максимальн|ый maximal, Maximal-, Höchst-, Spitzen-; **-ая полезная загрузка** *f* Höchstzuladung *f*; **-ый запас** *m* Maximalbestand *m*, Höchstbestand *m*; **-ая нагрузка** *f* Spitzen|belastung *f*, -last *f*; **-ая сумма** *f* Maximalbetrag *m*, Höchstbetrag *m*; **-ая цена** *f* Höchstpreis *m*, Spitzenpreis *m*

максимизация *f* Maximierung *f*; **~ прибыли** Gewinnmaximierung *f*

максимизировать maximieren

максимум *m* Maximum *n*, Höchstwert *m*, Maximalwert *m*, Spitze *f*, Spitzenwert *m*; **достигать -а** ein Maximum erreichen; **исторический ~** Allzeithoch *m*

макулатура *f* Altpapier *n*

малодоходный wenig rentabel, ertragsschwach

малоимущий minderbemittelt

малолетний minderjährig; Minderjährige *m*

малообеспеченный einkommensschwach

малоопытный unerfahren

малопродуктивный ertragsschwach

малопроизводительный leistungsschwach

малоценн|ый geringwertig; **-ые активы** *pl* **(-ое имущество** *n***)** geringwertiges Vermögen

малочисленный nicht zahlreich

малоэффективный leistungsschwach, mit geringer Effektivität (Wirksamkeit)

мал|ый klein, Klein-; **-ый бизнес** *m* Klein|gewerbe *n*, Klein- und Mittelbetriebe *pl*; **-ое предприятие** *n* Klein|betrieb *m*, -unternehmen *n*

мандат *m* Mandat *n*, Vollmacht *f*

маневрирование *n* flexibler Einsatz, Manöver *n*; **~ биржевыми ценностями** Börsenmanöver *n*; **~ средствами** Mitteleinsatz *m*

маневрировать flexibel einsetzen; **~ средствами** Mittel flexibel einsetzen

манипулировать manipulieren

манипуляци|я *f* **(манипулирование** *n***)** Manipulation *f*, Manipulierung *f*, Machenschaften *pl*; **-и с балансом** Bilanzmanipulation *f*; **-я с доходами** Gewinnmanipulation *f*; **-я с курсами** Kursbeeinflussung *f*

манифест *m* Manifest *n*, Verzeichnis *n*; **судовой ~** Schiffsmanifest *n*, Ladeliste *f*

манко *n* Manko *n*, Fehlbetrag *m*

манто *n (Bö, Fin)* Mantel *m*; **~ акционное** *(Fin, Recht)* Schattenfirma *f*, formell existierendes Unternehmen

мануфактура *f* Manufaktur *f*

маргинальный marginal, Rand-, Grenz-

марж|а *f* Marge *f*, Spanne *f*, Handelsspanne *f*, Kursunterschied *m*; **повышать -у** Margen erhöhen; **(по)терять -у** Margen verlieren; **банковская -а** Zinsspanne *f*; **депозитная -а** *(Bö)* Einschusszahlung *f*; **кредитная -а** Kreditmarge *f*; **начальная -а** *(Bö)* Einschusszahlung *f*; **-а прибыли** Gewinn|marge *f*, -spanne *f*; **-а**

процентной ставки, -а учетной ставки Zins|marge *f*, -spanne
маржинализм *m* Marginalismus *m*
маржинальн|ый marginal, Marginal-; **-ые издержки** *pl* Grenzkosten *pl*, marginal costs
марк|а *f* Mark *f*; Marke *f*; Sorte *f*; **(за)регистрировать -у (фирмы)** eine Marke eintragen (registrieren); **нарушать торговую -у** ein Warenzeichen verletzen; **предлагать товар под -ой фирмы** unter der Marke anbieten; **производить под -ой фирмы** unter der Marke herstellen; **реализовывать (сбывать) под -ой фирмы** unter der Marke vertreiben; **ставить фабричную -у** markieren; **-а гербового сбора** Steuermarke *f*; **дорогая -а (автомобиля)** teure Marke, Wertmarke *f*; **заводская -а** Fabrikmarke *f*, Schutzmarke *f*; **зарегистрированная -а** eingetragene (registrierte) Marke; **зонтичная -а** Dachmarke *f*; **почтовая -а** Briefmarke *f*; **-а производителя** Herstellermarke *f*; **-а семейства товаров** Hausmarke *f*; **собственная торговая -а** eigene Handelsmarke; **-а стали** Stahlsorte *f*; **товарная -а** Warenmarke *f*; **торговая -а** Handelsmarke *f*, Warenzeichen *n*, trade mark, brand; **торговая -а предприятия сферы услуг** Dienstleistungsmarke *f*; **-а торгового дома** Eigenmarke *f*; **фабричная -а** Fabrikmarke *f*, Schutzmarke *f*, Warenzeichen *n*; **фирменная -а (-а фирмы)** Eigenmarke *f*, Hausmarke *f*, Marke *f*, Markenname *m*; **фирменная -а, пользующаяся мировой известностью** Weltmarke *f*; **частная -а** Eigenmarke *f*, Privat Label
маркетинг *m* Marketing *n*, Marktforschung *f*, Absatzwesen *n*, Absatzforschung *f*, Absatzwirtschaft *f*; **заниматься -ом (проводить ~)** Marketing betreiben; **~ в области средств производства** Investitionsgütermarketing *n*; **выборочный ~** selektives Marketing; **глобальный ~** globales Marketing; **~ закупок и сбыта** Handelsmarketing *n*; **~ идей** Ideenmarketing *n*; **инновационный ~** Innovationsmarketing *n*; **многоуровневый ~** *(V&M)* Netzwerk-Marketing *n*; **недостаточный ~** unzureichendes Marketing *n*; **~ персонала** Personalmarketing *n*; **поддерживающий ~** unterstützendes Marketing *n*; **противодействующий ~** Gegenmarketing *n*; **развивающийся ~** Entwicklungsmarketing *n*; **сетевой ~** *(V&M)* Netzwerk-Marketing *n*; **смешанный ~** Marketing-Mix *n*; **стимулирующий ~** stimulierendes Marketing *n*; **стратегический ~** strategisches Marketing *n*; **экспортный ~** Exportmarketing *n* **этнический ~** ethnisches Marketing *n*
маркетинг-микс *m* Marketing-Mix *m*
маркет-мейкер *m* Market Maker *m*
маркетолог *m* Marketologe *m*, Marketingfachmann *m*
маркировать markieren, kennzeichnen, auszeichnen, beschriften; **~ товарным знаком** mit einem Warenzeichen versehen
маркировк|а *f* Markierung *f*, Kennzeichnung *f*, Auszeichnung *f*, Beschriftung *f*; **наносить -у** markieren, beschriften; **предупредительная -а** Vorsichtsmarkierung *f*; **-а страны происхождения товара** Ursprungskennzeichnung *f*; **-а товаров** Waren|auszeichnung *f*, -beschriftung *f*, -kennzeichnung *f*
маршрут *m* Linie *f*, Route *f*, Weg *m*; **~ перевозки (следования)** Beförderungsweg *m*, Transportweg *m*; **~ поездки (путешествия)** Reise|plan *m*, -route *f*; **транзитный ~** Transitroute *f*
масс|а *f* Masse *f*, Menge *f*; **выделять из конкурсной -ы** aus der Konkursmasse aussondern; **попадать в конкурсную -у** in die Konkursmasse fallen; **денежная -а** Geldmenge *f*, Geldversorgung *f*; **денежная -а, находящаяся в обращении** umlaufende Geldmenge; **долговая -а** Schuldenmasse *f*; **конкурсная -а** Konkursmasse *f*, Deckungsmasse *f*; **наследственная -а** Nachlass *m*, Erbmasse *f*; **-а, необходимая для насыщения рынка** Sättigungsmenge *f*; **-а наличности** Bargeldvolumen *n*; **-а, подлежащая распределению между кредиторами** Tei-

lungsmasse *f*; **-а товара при отгрузке** Abladegewicht *n*; **товарная -а** Warenmenge *f*

массов|ый Massen-; **-ая закупка** *f* Massen|ankauf *m*, -einkauf *m*; **-ое обслуживание** *n* Massenabfertigung *f*; **-ые перевозки** *pl* Massen|beförderung *f*, -verkehr *m*; **-ые перевозки** *pl* **грузов** Massengütertransport *m*; **-ый спрос** *m* Massen|bedarf *m*, -nachfrage *f*

мастер *m* Meister *m*, Werkmeister *m*, Vorarbeiter *m*; **~, отвечающий за правила техники безопасности** Sicherheitsmeister *m*; **~-ремесленник** Handwerksmeister *m*; **~, сдавший квалификационный экзамен** geprüfter Meister

мастерская *f* Werkstatt *f*, Werkstätte *f*; **~ гарантийного ремонта** Kundendienststelle *f*; **~ для инвалидов** Werkstatt für Behinderte; **ремесленная ~** Handwerksbetrieb *m*; **ремонтная ~** Reparaturwerkstatt *f*, Servicewerkstatt *f*; **~ сервисного обслуживания** Kundendienstwerkstatt *f*; **учебная ~** Lehrwerkstatt *f*

масштаб *m* Maßstab *m*, Ausmaß *m*; **устанавливать ~** einen Maßstab setzen; **в больших -ах** in großem Umfang

математика *f* Mathematik *f*; **страховая ~** Versicherungsmathematik *f*; **финансовая ~** Finanzmathematik *f*; **экономическая ~** Wirtschaftsmathematik *f*

материал *m* Material *n*, Werkstoff *m*, Stoff *m*; Rohstoff *m*; Unterlagen *pl*, Daten *pl*; Gewebe *n*; **заготавливать (закупать, приобретать) ~** Material beschaffen; **поставлять ~** Material beistellen; **вспомогательный ~** Hilfs|material *m*, -stoff *m*; **давальческий ~** beigestelltes Material; **дефектный ~** fehlerhaftes Material; **изоляционный ~** Isolierstoff *m*; **исходный ~** Ausgangs|material *n*, -stoff *m*; **основные -ы** Grundstoffe *pl*; **основной и вспомогательный ~ для производства продукции** Fertigungsmaterial *n*; **первичный статический ~** Urmaterial *n*; **поставляемый ~** beigestelltes Material; **природные -ы** Naturstoffe *pl*; **-ы производственного назначения** Betriebsstoffe *pl*; **рекламный ~** Werbe|material *n*, -unterlagen *pl*; **рабочий ~** Arbeitsmaterial *n*; **расходный ~** Verbrauchsmaterial *n*; **смазочный ~** Schmierstoff *m*; **сопутствующие -ы** Begleitstoffe *pl*; **статистический ~** statistisches Material, statistische Daten; **строительный ~** Bau|material *n*, -stoff *m*; **сырьё и -ы** Material *n*, Werkstoffe *pl*, Roh|material *n*, -stoffe *pl*; **упаковочный ~** Packmaterial *n*, Verpackungsmaterial *n*

материалоёмкий materialaufwendig, materialintensiv

материалоёмкость *f* Materialintensität *f*

материальн|ый materiell, Material-, Sach-; **-ый баланс** *m* Materialbilanz *f*; **-ые блага** *pl* materielle Wirtschaftsgüter; **-ая оснащённость** *f* Sachausstattung *f*; **-ая помощь** *f* Sachleistung *f*; **-ый поток** *m* Material|fluss *m*, -strom *n*; **-ый учёт** *m* Material|-buchführung *f*, -buchhaltung *f*, -rechnung *f*

материально-техническ|ий Material-; **-ое снабжение** *n* Material|-versorgung *f*, -wirtschaft *f*

махинаци|я *f* Machenschaft *f*; **-и с векселями** Wechselreiterei *f*

машин|а *f* Maschine *f*; Kraftfahrzeug *n*, Kraftwagen *m*, Auto(mobil) *n*; **загружать -у (использовать -у с полной нагрузкой)** die Maschine auslasten; **обслуживать -у** eine Maschine bedienen; **покупать -у** einen Kraftwagen (ein Auto) kaufen; **проводить профилактический осмотр и ремонт -ы** eine Maschine (ein Auto) warten; **вычислительная -а** Rechenanlage *f*, Rechner *m*, Computer *m*; **грузовая -а** Lastkraftwagen *m*, Lkw *m*; **-ы и оборудование** Maschinen und Anlagen; **легковая -а** Personenkraftwagen *m*, Pkw *m*; **поисковая -а** Suchmaschine *f*; **строительные -ы** Baumaschinen *pl*; **счётная бухгалтерская -а** Buchungsmaschine *f*; **электронно-вычислительная -а (ЭВМ)** elektro-

nische Datenverarbeitungsanlage (EDVA), Computer *m*
машинист *m* Maschinist *m*, Maschinenführer *m*, Lokomotivführer *m*
машинистка *f* Stenotypistin *f*, Maschinenschreiberin *f*
машинк|а *f*, **пишущая -а** Schreibmaschine *f*; **писать (печатать) на -е** mit der Schreibmaschine schreiben
машинн|ый maschinell, Maschinen-; **-ое время** *n* Maschinenzeit *f*; **-ый парк** *m* Maschinenbestand *m*; **-ый учёт** *m* Maschinen|buchführung *f*, -buchhaltung *f*
машиностроение *n* Maschinenbau *m*; **транспортное ~** Fahrzeugbau *m*; **химическое ~** Chemieanlagenbau *m*
машино-час *m* Maschinenstunde *f*
мебель *f* Möbel *n*, Mobiliar *n*; **конторская (офисная) ~** Büromöbel *n*
мегабайт *m* Megabyte *n*
медведь *m* Bär *m*
медиа-микс *m* Media-Mix *m*
медиарынок *m* Medienmarkt *m*
медикаменты *pl* Arznei *f*, Arzneimittel *n*
медийный medial *adj*
медио *n* Medio *m*
международн|ый international, grenzüberschreitend; **-ая кооперация** *f* grenzüberschreitende Kooperation, internationale Zusammenarbeit; **-ые платежи** *pl* internationaler Zahlungsverkehr
Международн|ый International; **-ый банк** *m* **реконструкции и развития** Internationaler Bank für Wiederaufbau und Entwicklung; **-ый валютный фонд** *m* Internationaler Währungsfonds; **-ая организация** *f* **труда** Internationale Arbeitsorganisation; **-ая торговая палата** *f* Internationale Handelskammer
межзаводск|ой zwischenbetrieblich; **-ая кооперация** *pl* zwischenbetriebliche Kooperation
межотраслевой branchenübergreifend
мелиорация *f* Melioration *f*, Bodenmelioration *f*
мелк|ий klein, Klein-; **-ий потребитель** *m* Kleinverbraucher *m*; **-ий предприниматель** *m* Kleinunternehmer *m*; **-ая сумма** *f* Kleinbetrag *m*, Bagatellbetrag *m*
мелочь *f* Kleingeld *n*
меморандум *m* Memorandum *n*, Denkschrift *f*, Notiz *f*; **аукционный ~** Auktions|katalog *m*, -liste *f*, Versteigerungs|katalog *m*, -liste *f*; **~ о размещении ценных бумаг** Platzierungsprospekt *n*, **~ о продаже** Verkaufsprospekt *n*
мемориал *m* Primanota *f*, Strazze *f*
мена *f* Tausch *m*
менеджер *m* Manager *m*, Geschäftsführer *m*, Betriebsführer *m*, Betriebsleiter *m*, Leiter *m*, leitender Angestellter, Führungskraft *f*; **ведущие -ы** Spitzenmanager *pl*, Topmanager *pl* **линейный ~** Linienmanager *m*; **~ по взаимодействиям с органами власти** GR-Manager
менеджмент *m* Management *n*, Führung *f*, Leitung *f*, Verwaltung *f*, Geschäftsführung *f*, Betriebsführung *f*, Unternehmensführung *f*, Direktion *f*; **осуществлять (проводить) ~** die Geschäftsführung (Betriebsführung, Unternehmensführung) innehaben, managen; **банковский ~** Bankmanagement *n*; **~ издержек** Kostenmanagement *n*; **производственный ~** Betriebsführung *f*; **~ рисков** Risikomanagement *m*; **финансовый ~** Finanzmanagement *n*
меньшинство *n* Minderheit *f*, Minorität *f*; **~, препятствующее принятию решения** Sperrminorität *f*
меню *n* Menu *n*
менять tauschen, umtauschen, austauschen, eintauschen; ändern, verändern, wechseln; **~ валюту** Devisen eintauschen; **~ название** den Namen ändern; **~ профессию** den Beruf wechseln
мер|а *f* Maß *n*; Maßnahme *f*, Maßregel *f*, Vorkehrung *f*; **определять -ы** Maßnahmen festlegen; **принимать -ы** Maßnahmen ergreifen (treffen); **-ы безопасности** Sicherheits|maßnahmen *pl*, -vorkehrungen *pl*; **временная -а** Übergangsmaßnahme *f*, vorläufige Maßnahme; **вынужденная -а** Notlösung *f*; **дискриминационная -а** diskriminierende Maßnahme; **-а из-**

мерения эффективности Leistungsmaßstab *m*; **интервенционные -ы** Interventionsmaßnahmen *pl*; **неотложная (срочная) -а** Sofortmaßnahme *f*; **ограничительная -а** einschränkende (restriktive) Maßnahme, Restriktionsmaßnahme *f*; **организационная -а** organisatorische Maßnahme; **ответная -а** Gegenmaßnahme *f*; **-ы по защите (обеспечению)** Sicherungsmaßnahmen *pl*; **-ы по обеспечению ликвидностью** Liquiditätssicherung *f*; **-ы по охране окружающей среды** Umweltschutzmaßnahmen *pl*; **по -е надобности** je nach Bedarf; **-ы по развитию** Förderungsmaßnahmen *pl*, Maßnahmen zur Förderung; **-ы по регулированию экономической активности** Konjunkturmaßnahmen *pl*; **-ы по стимулированию** Förderungsmaßnahmen *pl*, Maßnahmen zur Förderung; **-ы по экономии** Sparmaßnahmen *pl*; **-а поощрения** Förderungsmaßnahme *f*; **-а предосторожности** Sicherheits|maßnahme *f*, -vorkehrung *f*; **предупредительная -а** Vorsorgemaßnahme *f*, Vorbeugungsmaßnahme *f*; **принудительная -а** Zwangsmaßnahme *f*; **профилактическая -а** Vorbeugungsmaßnahme *f*; **репрессивная -а** Repressalie *f*, Zwangsmaßnahme *f*; **-а, совместимая с требованиями рыночной экономики** marktkonforme Maßnahme; **-а, стимулирующая продажу (реализацию)** verkaufsfördernde Maßnahme; **-а стоимости** Wertmaß *n*; **экстренная -а** Sofortmaßnahme *f*, außerordentliche Maßnahme *f*

мероприяти|е *n* Maßnahme *f*, Maßregel *f*, Veranstaltung *f*; **намечать -е** eine Maßnahme festlegen; **осуществлять (проводить) -я** Maßnahmen durchführen (ergreifen, umsetzen), Veranstaltungen durchführen; **планировать -я** Maßnahmen (Veranstaltungen) planen; **согласовывать -я** Maßnahmen (Veranstaltungen) vereinbaren; **антикризисные -я** Krisenmaßnahmen *pl*; **благотворительное -е** Wohlfahrtsveranstaltung *f*; **-я в области торговой политики** handelspolitische Maßnahmen; **-я в области ценовой политики** preispolitische Maßnahmen; **-я в области экономической политики** wirtschaftspolitische Maßnahmen; **-я временного характера** vorläufige Maßnahmen; **крупное -е** Großveranstaltung *f*; **организационное -е** organisatorische Maßnahme; **-е по выравниванию уровня (экономического развития)** Ausgleichsmaßnahme *f*; **-я по обеспечению ликвидностью** Liquiditätspolitik *f*; **предупредительное -е** Vorbeugungsmaßnahme *f*, vorbeugende Maßnahme; **публичное -е** öffentliche Veranstaltung, Publikumsveranstaltung; **-е, совместимое с требованиями рыночной экономики** marktkonforme Maßnahme; **следственное -е** Ermittlungsmaßnahme *f*

мерчандайзинг *m* Merchandising *n*

местн|ый örtlich, ortsansässig, lokal, Orts-, Lokal-; **-ая газета** *f* Lokalzeitung *f*; **-ый орган** *m* **власти** Lokalbehörde *f*, örtliche Behörde; **-ые промышленные предприятия** *pl* ortsansässige Industrie; **-ый тариф** *m* Ortstarif *m*

мест|о *n* Ort *m*, Stelle *f*, Platz *m*; **занимать рабочее -о** einen Arbeitsplatz (eine Stelle) besetzen; **находить -о работы** eine Stelle (einen Arbeitsplatz) finden; **определять -о расположения предприятия** den Standort bestimmen; **организовывать рабочее -о** einen Arbeitsplatz gestalten; **потерять своё рабочее -о** seinen Arbeitsplatz (seine Stelle) verlieren; **предлагать рабочее -о** eine Stelle (einen Arbeitsplatz) anbieten; **производить оценку рабочего -а** einen Arbeitsplatz bewerten; **создавать рабочие -а** Arbeitsplätze schaffen; **сокращать рабочие -а** Arbeitsplätze (Stellen) abbauen (streichen); **сохранять рабочие -а** Arbeitsplätze sichern (erhalten); **сохранять -о расположения предприятия** den Standort sichern; **-о аварии** Unfallort *m*; **-о багажа** Kollo *n*, Packstück *n*; **вакантное ра-**

бочее -о freier Arbeitsplatz, freie (unbesetzte) Stelle; **-о возникновения затрат (издержек)** Kostenstelle *f*; **-а возникновения издержек на производстве** Fertigungskostenstellen *pl*; **-о выгрузки** Entladestelle *f*, Ausladeort *m*; **-о груза** Kollo *n*, Frachtstück *n*; **-о для обучения в учебном заведении** Studienplatz *m*; **доходное -о** Pfründe *f*; **-о жительства** Wohnort *m*, Wohnsitz *m*; **-о закупки** Ort des Einkaufs; **-о изготовления** Herstellungsort *m*; **-о исполнения (обязательства)** Erfüllungsort *m*, Leistungsort *m*; **на -е** vor Ort; **-о назначения** Bestimmungsort *m*; **-о назначения груза** Versendungsort *m*; **-о нахождения (размещения) производства** Fertigungsstandort *m*; **-о перегрузки** Umschlagsplatz *m*; **-о обучения** Ausbildungsplatz *m*, Lehrstelle *f*; **-о отгрузки** Abladeplatz *m*, *(Transp)* Verladeort *m*; **-о платежа** Zahlungsort *m*; **-о погрузки на судно** *(Transp)* Ladeort *m*, Ladeplatz *m*; **-о поставки** Liefer(ungs)ort *m*; **постоянное -о жительства** ständiger Wohnsitz; **постоянное -о работы** Dauer|arbeitsplatz *m*, -stellung *f*; **-о почтового отправления** Aufgabeort *m*; **-о пребывания** Aufenthaltsort *m*; **-о приёма и выдачи багажа** Gepäckschalter *m*; **-о продажи** Ort des Verkaufs, POS-Terminal; **-о проживания** Wohnort *m*; **-о производства** Herstellungsort *m*; **-о работы** Arbeitsstätte *f*, Arbeitsplatz *m*, Wirkungsstätte *f*; **рабочее -о** Arbeitsplatz *m*, Arbeitsstelle *f*, Stelle *f*, Job *m*; **-о разгрузки** Ausladeort *m*, Löschplatz *m*; **-о размещения (расположения)** Standort *m*; **-о размещения производства с учётом наличия трудовых ресурсов** arbeitsorientierter Standort; **-о рождения** Geburtsort *m*; **-о складирования** Lagerplatz *m*; **-о составления векселя** Ausstellungsort des Wechsels; **узкое -о** Schwachstelle *f*, Engpass *m*; **учебное -о (-о ученика)** Lehrstelle *f*; **-о хранения** Aufbewahrungsort *m*

местожительство *n* Wohnort *m*, Wohnsitz *n*; **менять ~** seinen Wohnsitz verlegen (wechseln); **второе ~** Zweitwohnsitz *m*; **~ для налоговых целей** steuerlicher Wohnsitz; **постоянное ~** fester (ständiger) Wohnsitz; **~ супругов** ehelicher Wohnsitz

местонахождение *n* Sitz *m*, Wohnort *m*, Wohnsitz *m*; **менять ~** den Sitz (Wohnsitz) verlegen; **~ компании** Sitz der Gesellschaft; **~ фирмы** Geschäftsitz *m*, Betriebsstätte *f*, geschäftliche Niederlassung

место(рас)положение *n* Lage *f*, Standort *m*; **~ жилого дома** Wohnlage *f*; **~ предприятия** Produktions|standort *m*, -stätte *f*, Fabrikationsstätte *f*; **~ промышленных предприятий** Industriestandort *m*

местопребывание *n* Sitz *m*, Aufenthaltsort *m*

месторождение *n* Fundstätte *f*, Lagerstätte *f*, Vorkommen *n*; **открывать ~** eine Fundstätte (Lagerstätte) schürfen (explorieren); **разрабатывать ~** eine Lagerstätte erschließen; **~ нефти** Erdöl|lagerstätte *f*, -vorkommen *n*; **~ природного газа** Erdgas|lagerstätte *f*, -vorkommen *n*; **рудное ~ (~ руды)** Erz|lagerstätte *f*, -vorkommen *n*; **~ угля** Kohlenlagerstätte *f*

месяц *m* Monat *m*; **календарный ~** Kalendermonat *m*; **отчётный ~** Berichtsmonat *m*, Rechnungsmonat *m*; **прошлый (прошедший) ~** voriger (vergangener) Monat, Vormonat *m*; **расчётный ~** Abrechnungsmonat *m*; **текущий ~** laufender Monat

месячн|ый monatlich, Monats-; **-ый заработок** *m* Monatsverdienst *m*; **-ая заработная плата** *f* Monatslohn *m*; **-ый отчёт** *m* Monatsbericht *m*; **-ый план** *m* Monatsplan *n*

металл Metall *n*; **благородный ~** Edelmetall *n*; **редкий ~** seltenes Metall; **цветной ~** Nichteisenmetall *n*, Buntmetall *n*

металлическ|ий Metall-; **-ие деньги** *pl* Metall|geld *n*, -währung *f*; **-ие изделия** *pl* Metallerzeugnisse *pl*; **-ие отходы** *pl* Metallabfälle *pl*

металлоёмкость Metalleinsatz *m*, Metallaufwand *m*

металлолом *m* Schrott *m*

металлообрабатывающ|ий metallverarbeitend, Metall-; **-ая промышленность** *f* Metallindustrie *f*, metallverarbeitende Industrie; **-ая промышленность и машиностроение** Metallwarenindustrie *f*

металлообработка *f* Metallverarbeitung *f*, metallverarbeitende Industrie

металлургия *f* Hüttenindustrie *f*; **цветная ~** Buntmetallurgie *f*; **черная ~** Schwarzmetallurgie *f*

метка *f* Marke *f*, Markierung *f*, Kennzeichen *n*

метод *m* Methode *f*, Verfahren *n*; **применять ~** eine Methode anwenden; **работать по -у** nach einer Methode arbeiten; **разрабатывать ~** eine Methode (ein Verfahren) entwickeln; **~ аннуитета** Annuitätenmethode *f*; **аукционный ~** Auktionsverfahren *n*; **~ безналичных расчётов** Überweisungsverfahren *n*; **бригадный (групповой) ~ работы** Gruppenarbeit *f*; **~ валовой ренты** Ertragswertmethode *f*; **-ы ведения дел** Geschäftsgebaren *n*; **~ ведения рекламной деятельности** Werbemethode *f*; **~ взаимных расчётов** Clearingverfahren *n*, Verrechnungsverfahren *n*; **~ включения затрат в себестоимость** Vollkostenrechnung *f*, Vollkostenrechnungsmethode *f*; **~ выборочного контроля** Stichprobenverfahren *n*; **директивные -ы** Anweisungsmethoden *pl*; **~ дисконтирования денежных потоков** DCF-Verfahren *n*, Cashflowdiskontierung *f*; **дополнительной проверки (контроля)** Nachprüfungsverfahren *n*; **~ изготовления (производства)** Fabrikations|methode *f*, -verfahren *n*, Fertigungs|methode *f*, -verfahren *n*, Herstellungs|methode *f*, -verfahren *n*, Produktions|methode *f*, -verfahren *n*; **~ испытания** Prüfverfahren *n*; **~ калькулирования (калькуляции)** Kalkulationsverfahren *n*; **~ контроля** Kontrollverfahren *n*; **~ косвенного расчёта** Zuschlagskalkulation *f*; **~ мозгового штурма** Gehirnsturm-Methode *f*; **~ обработки (оформления)** Abfertigungsverfahren *n*; **~ обучения, основанный на анализе и решении конкретных практических задач** Fallmethode *f*; **~ окупаемости** Methode der besten Rückflussdauer; **~ организации труда по степени важности и срочности дел** Zeitmanagement *n*; **~ организации сбыта** Absatzmethode *f*, Verkaufsmethode *f*, Vertriebsmethode *f*; **~ оценки** Bewertungsmethode *f*, Schätzverfahren *n*; **~ подсчёта голосов** Abstimmungsverfahren *n*; **поточный ~** Taktverfahren *n*; **~ прогнозирования** Prognosemethode *f*; **~ производства** Fertigungsmethode *f*, Produktionsmethode *f*; **производственный ~** Arbeitsverfahren *n*; **~ прямой капитализации** Methode der direkten Ertragskapitalisierung; **~ работы** Arbeits|methode *f*, -weise *f*; **~ распределения издержек** Umlageverfahren *n*; **~ расчёта** Berechnungsmethode *f*; **~ расчёта амортизационных отчислений** Abschreibungsmethode *f*; **~ сетевого планирования** Netzplantechnik *f*; **~ сравнения продаж** Äquivalenzwertmethode, Vergleichswertverfahren, Verkaufsvergleichsmethode; **~ средней стоимости** Durchschnittskostenmethode; **~ составления баланса** Bilanzmethode *f*; **~ списания** Abschreibungsverfahren *n*; **-ы торговой практики** Handelspraktiken *pl*; **~ урегулирования взаиморасчётов** Abrechnungsverfahren *n*, Clearingverfahren *n*; **~ финансирования** Finanzierungsmethode *f*; **~ чистой приведенной стоимости, ~ чистого современного значения** Kapitalwertmethode *f*, NPV-Methode *f*; **штафельный ~ начисления процентов** Staffelrechnung *f*; **~ эквивалентов** Äquivalenzmethode *f*

методик|а *f* Methodik *f*; **осуществлять по -е** nach einer Methodik abwickeln

механизация *f* Mechanisierung *f*, Maschineneinsatz *m*

механизировать mechanisieren

механизм *m* Mechanismus *m*, Vorrichtung *f*, Apparat *m*, Werk *n*; **~ валютного курса** Wechselkursmechanismus *m*; **валютный (валютно-финансовый) ~** Währungsmechanismus *m*; ~ **интервенции** Interventionsmechanismus *m*; **рыночный ~** Marktmechanismus *m*; **~ цен** Preismechanismus *m*; **хозяйственный (экономический)** Wirtschaftsmechanismus *m*

механик *m* Mechaniker *m*

механика *f*, **точная ~** Feinmechanik *f*

механическ|ий mechanisch, Maschinen-; **-ое повреждение** *n* Maschinenschaden *m*

меш|ок *m* Sack *m*; **упаковывать в -ки** absacken

миграция *f* Migration *f*, Wanderung *f*, Abwanderung *f*; **~ капитала** Kapitalwanderung *f*; **~ населения** Bevölkerungsbewegung *f*; **~ рабочей силы** Arbeitskräftewanderung *f*

мигрировать migrieren, wandern

микрорайон *m* Wohnblock *m*, Wohnviertel *n*

микросреда *f* Mikromilieu *n*

микроэкономический mikroökonomisch

микроэкономика *f* Mikroökonomie *f*

микроэлектроника *f* Mikroelektronik *f*

миллиард *m* Milliarde *f*

миллиардер *m* Milliardär *m*

миллион *m* Million *f*

миллионер *m* Millionär *m*

миниатюризация *f* Miniaturisierung *f*

миникомпьютер *m* Minicomputer *m*

минимальн|ый minimal, Minimal-, Mindest-, Kleinst-; **-ый доход** *m* **(-ая доходность** *f***)** Mindestrendite *f*; **-ый запас** *m* Mindestvorrat *m*, Minimalbestand *m*; **-ое значение** *n* Kleinstwert *m*, Minimalwert *m*; **-ый размер** *m* Kleinstmaß *n*; **-ый резерв** *m* Mindestreserve *f*; **-ая ставка** *f* Mindest|rate *f*, -satz *m*

минимизация *f* Minimierung *f*, Minderung *f*; **~ издержек (затрат)** Kostenminimierung *f*; **~ ущерба (убытков)** Schaden|minderung *f*, -minimierung *f*

минимизировать minimieren

минимум *m* Minimum *n*, Minimalwert *m*, Kleinstwert *m*; **достигать прожиточного -а** ein Existenzminimum erreichen; **сводить к -у** minimieren; **гарантированный ~ заработной платы** garantierter Mindestlohn; **~ заработной платы** Mindestlohn *m*; **исторический ~** *(Bö)* Allzeittief *m*; **не облагаемый налогом ~ доходов** Freibetrag *m*, Steuerfreibetrag *m*; **не облагаемый налогом ~ дохода для семей с детьми** Kinderfreibetrag *m*; **прожиточный ~** Existenzminimum *n*, Lebenshaltungskosten *pl*

министерство *n (Pol, Admin)* Ministerium *n*; **~внутренних дел** Innenministerium *n*; **~ здравоохранения и социального развития** Ministerium für Gesundheitswesen und soziale Entwicklung; **~ иностранных дел** Außenministerium *n*, auswärtiges Amt *n*; **~информационных технологий и связи** Ministerium für Informationstechnologien und Kommunikation; **~ культуры и массовых коммуникаций** Ministerium für Kultur und Massenkommunikation; **~ обороны** Verteidigungsministerium; **~ образования и науки** Ministerium für Bildung und Wissenschaft; **~ по налогам и сборам** Ministerium für Steuer und Gebühren; **~ по чрезвычайным ситуациям** Ministerium für außerordentliche Situationen; **~ природных ресурсов** Ministerium für Naturressourcen; **~ промышленности и энергетики** Ministerium für Industrie und Energiewirtschaft; **~ регионального развития** Ministerium für regionale Entwicklung; **~ сельского хозяйства** Ministerium für Landwirtschaft; **~ транспорта** Ministerium für Transport; **федеральное ~** *(Pol, Admin)* Bundesministerium *n*; **~ финансов** *(Pol, Admin, Fin)* Ministerium für Finanzen; Finanzministerium; **~ экономики** *(Pol, Admin)* Wirtschaftsministerium *n*; **~ экономического развития и торговли Российской Федерации** *(Pol, Admin)* Ministerium für Wirtschaftsentwicklung und Handel der Russischen Föderation; **~ юстиции** Justizministerium

министр *m (Pol, Admin)* Minister *m*; **назначать -ом** zum Minister ernennen; **федеральный ~** Bundesminister *m*; **~ экономики** Wirtschaftsminister *m*

Минфин *s.* **министерство финансов**

минус *m* Minus *n*, Minuszeichen *n*
мир *m* Welt *f*; Frieden *m*; **деловой ~** Geschäftswelt *f*; **~ труда** Arbeitswelt *f*; **финансовый ~** Finanzwelt *f*
миров|ая (сделк|а *f*) Vergleich *m*; **пойти на -ую (-у)** einen Vergleich (ab)schließen; **-ая (-а) в целях предотвращения конкурса над наследственной массой** Nachlassvergleich *m*
миров|ой weltumfassend, weltweit, Welt-; **-ые запасы** *pl* **нефти** Welterdölreserven *pl*; **-ой рынок** *m* Weltmarkt *m*; **-ой уровень** *m* Welt|niveau *n*, -spitze *f*
мнение *n* Meinung *f*, Ansicht *f*, Stellungnahme *f*, Auffassung *f*; **высказ(ыв)ать ~** eine Stellungnahme abgeben; **общественное ~** öffentliche Meinung
мним|ый scheinbar, Schein-; **-ая прибыль** *f* Scheingewinn *n*; **-ая работа** *f* Scheinvorgang *m*; **-ая сделка** *f* Scheingeschäft *n*
многообразие Vielfalt *f*, Mannigfaltigkeit *f*
многообразный vielfältig, mannigfaltig
многочисленный zahlreich
множественн|ый multipel, gespalten; **-ые валютные курсы** *pl* gespaltene (multiple) Währungskurse
множество *n* Menge *f*, Vielzahl *f*
множитель *m* Multiplikator *m*, Faktor *m*; **дисконтирующий ~** Diskontierungsfaktor *m*
многократный multipel, mehrfach
моббинг *m* Mobbing *n*
мобилизация *f* Mobilisierung *f*, Aufbringung *f*, Aufgebot *n*; **~ ликвидности** Liquiditätsbeschaffung *f*; **~ ресурсов (средств)** Aufbringung der Mittel
мобилизовывать mobilisieren, aufbringen, erschließen; **~ резервы** Reserven mobilisieren; **~ ресурсы** Ressourcen erschließen (mobilisieren); **~ средства** Mittel aufbringen
мобильность *f* Mobilität *f*; **~ рабочей силы** Arbeitsmobilität *f*, Mobilität der Arbeitskräfte; **социальная ~** soziale Mobilität
моделирование *n* Modellierung *f*, Simulation *f*, Nachbildung *f*; **микроэкономическое ~** mikroökonomische Modellierung
моделировать modellieren, simulieren, im Modell nachbilden
модель *f* Modell *n*; **представлять ~** ein Modell vorstellen; **разрабатывать ~** ein Modell erstellen; **балансовая ~** *(WiWi)* Bilanzmodell *n*; **вероятностная ~** Wahrscheinlichkeitsmodell *n*; **~ высшего класса** Spitzenmodell *n*; **~ дисконтирования дивиденда** Dividendendiskontierungsmodell *n*; **мотивационная ~** Motivationsmodell *n*; **новейшая (последняя) ~** neuestes Modell; **объяснительная ~** Erklärungsmodell *n*; **~ предприятия** Betriebsmodell *n*; **~ развития** Wachstumsmodell *n*; **~, снимаемая с производства** Auslaufmodell *n*; **~ финансирования** Finanzierungsmodell *n*
модем *m* Modem *n*
модернизаци|я *f* Modernisierung *f*, Weiterentwicklung *f*; **планировать -ю** die Modernisierung vorsehen; **проводить -ю** modernisieren, die Modernisierung durchführen; **содействовать -и** die Modernisierung fördern; **финансировать -ю** die Modernisierung finanzieren; **-я предприятий** Modernisierung von Unternehmen; **-я производства** Modernisierung der Produktion
модернизировать modernisieren, weiterentwickeln
модификация *f* Modifikation *f*, Abänderung *f*, Variation *f*; **~ продукции** Produktvariation *f*
модифицировать modifizieren, abändern
модуль *m* Modul *n*
молодёжь *f* Jugend *f*, Jugendlichen *pl*; **безработная ~** erwerbslose Jugendliche
момент *m* Moment *m*, Zeitpunkt *m*, Augenblick *m*; **~ вмешательства центрального банка** Interventionspunkt *m*; **~ вступления в договорные отношения со страховым обществом** Versicherungsbeginn *m*; **~ окончания договорных от-**

ношений со страховым обществом Versicherungsende *n*

монет|а *f* Münze *f*, Geldstück *n*; **-ы** Hartgeld *n*, Münzen *pl*; **чеканить -ы** Münzen prägen; **золотая -а** Gold|münze *f*, -stück *n*; **разменная -а** Scheidemünze *f*, Kleingeld *n*; **-а с абсолютной конвертируемостью** Kurantmünze *f*; **серебряная -а** Silber|münze *f*, -stück *n*; **фальшивая (поддельная) -а** gefälschte Münze

монетаризм *m* Monetarismus *m*, Monetärsystem *n*

монетарн|ый monetär, Monetär-; **-ая политика** *f* monetäre Politik; **-ая система** *f* Monetärsystem *n*

монетизация *f* Monetisierung *f*; **~ льгот** Monetisierung der Vergünstigungen; **~ экономики** Monetisierung der Wirtschaft

монетный Münz-; **~ суверенитет** Münzhoheit *f*; **~ счётчик** Münzzähler *n*

мониторинг *m* **отрасли** Branchenbeobachtung *f*, Branchenmonitoring *n*

монокультура *f* Monokultur *f*

монометаллизм *m* Monometallismus *m*

монополизация *f* Monopolisierung *f*

монополизировать monopolisieren

монополист *m* Monopolist *m*

монополистическ|ий monopolistisch, marktbeherrschend, Monopol-; **-ий капитал** *m* Monopolkapital *n*; **-ая конкуренция** *f* monopolistische Konkurrenz; **-ая практика** *f* monopolistische Praktiken

монополи|я *f* Monopol *n*; **ликвидировать -ю** ein Monopol auflösen; **обладать -ей** ein Monopol besitzen (haben); **предоставлять -ю** ein Monopol verleihen (vergeben); **создавать -ю** ein Monopol schaffen; **-я внешней торговли** Außenhandelsmonopol *n*; **государственная -я** Staatsmonopol *n*, staatliches Monopol, öffentliches Monopol; **-я государства на трудоустройство безработных** Vermittlungsmonopol *n*; **естественная -я** natürliches Monopol; **-я на продажу** Verkaufsmonopol *n*; **-я на производство** Alleinherstellung (-srecht *n*) *f*; **-я на рынке** Marktmonopol *n*; **-я на сбыт** Vertriebsmonopol *n*, Absatzmonopol *n*; **налоговая -я** Finanzmonopol *n*; **-я покупателей** Nachfragemonopol *n*, Monopson *f*; **почтовая -я** Postmonopol *n*; **-я продавцов** Angebotsmonopol *n*; **торговая -я** Handelsmonopol *n*; **финансовая (фискальная) -я** Finanzmonopol *n*

монопольн|ый Monopol-, Allein-; **-ый налог** *m* Monopolsteuer *f*; **-ое положение** *n* Monopolstellung *f*; **-ая прибыль** *f* Monopolgewinn *m*; **-ый производитель** *m* Alleinhersteller *m*; **-ый сбыт** *m* Alleinvertrieb *m*; **-ая торговля** *f* Alleinhandel *m*, Alleinvertrieb *m*; **-ая цена** *f* Monopolpreis *m*

монопсония *f* Monopson *f*, Nachfragemonopol *n*

монтаж *m* Montage *f*, Einbau *m*, Aufstellung *f*, Installation *f*; **проводить ~** die Montage durchführen; **готовый к -у** montage|fähig, -fertig; **окончательный ~** Endmontage *f*; **предварительный ~** Vormontage *f*

монтажник *m* Montagearbeiter *m*

монтажн|ый Montage-, Installations-; **-ые работы** *pl* Montagearbeiten *pl*

монтёр *m* Installateur *m*, Monteur *m*

монтировать montieren, aufstellen, einbauen, installieren

мораль *f* Moral *f*; **деловая ~** Wirtschaftsmoral *f*; **платёжная ~** Zahlungsmoral *f*; **трудовая ~** Arbeitsmoral *f*

мораторий *m* Moratorium *n*, Stundung *f*, Stillhalteabkommen *n*, Aussetzung *f*; **объявлять ~** ein Moratorium verkünden; **~ на платёж** Zahlungs|aufschub *m*, -moratorium *n*; **~ по неплатёжеспособности** Nachlassstundung *f*

мореплавание *n* Seeschifffahrt *f*

мотив *m* Motiv *n*, Beweggrund *m*; **исследовать -ы** Motivation forschen; **побудительный ~** Beweggrund *m*; **~ покупки** Kaufmotiv *n*

мотивационн|ый Motivations-; **ый анализ** *m* Motivationsforschung *f*, Motivforschung *f*; **-ая структура** *f* Motivationsstruktur *f*; **-ый эффект** *m* Motivationseffekt *m*

мотиваци|я *f* Motivation *f*; **стимулировать -ю** Motivation för-

dern; **-я к росту производительности труда** Leistungsmotivation *f*; **-я к трудовой деятельности** Arbeitsmotivation *f*
мотивировать motivieren
мотивированный motiviert; **~ работник** *m* motivierter Arbeitnehmer
мотто *n* Motto *n*
мошенничать betrügen
мошенничество *n* Betrug *m*
мощност|ь *f* Kapazität *f*, Leistung *f*, Leistungsfähigkeit *f*; **достигать -и** eine Leistung erzielen; **загружать -и** Kapazitäten auslasten; **использовать -и** Kapazitäten (aus)nutzen; **исчерпывать -и** Kapazitäten erschöpfen; **повышать -ь** die Kapazität (Leistung) erhöhen (steigern); **пускать -и в эксплуатацию** Kapazitäten in Betrieb nehmen; **расширять -и** Kapazitäten ausbauen (erweitern); **свёртывать (производственные) -и** Kapazitäten stilllegen; **согласовывать (производственные) -и** Kapazitäten abstimmen; **сокращать -и** Kapazitäten abbauen; **увеличивать -и** Kapazitäten ausbauen (erweitern); **устанавливать -и** Kapazitäten installieren; **гарантируемая -ь** garantierte Leistung; **-ь двигателя** Motorleistung *f*; **-ь двигателя при исчислении налога с владельца автомобиля** Steuerleistung *f*; **длительная -ь (-ь в течение длительного периода времени)** Dauerleistung *f*; **дополнительная -ь** Mehrleistung *f*; **избыточные -и** Kapazitäts|überhang *m*, -überschuss *m*, überschüssige Kapazität; **-и, использованные до предела** erschöpfte Kapazitäten; **используемые -и** genutzte Kapazitäten; **максимальная -ь** Höchstleistung *f*, Spitzenleistung *f*; **-ь месторождения** Lagerstättenmächtigkeit *f*; **недостаточная -ь** Kapazitätslücke *f*; **незагруженные -и** unausgelastete Kapazitäten; **неиспользуемые -и** ungenutzte Kapazitäten; **необходимая -ь** Leistungsbedarf *m*; **номинальная -ь** Nennleistung *f*; **нормальная (средняя) -ь** Normalleistung *f*; **общая (суммарная) -ь** Gesamtleistung *f*; **пиковая -ь** Spitzenleistung *f*; **-ь по добыче** Förderkapazität *f*; **-и по переработке** Verarbeitungskapazität *f*, Kapazität zur Verarbeitung; **-и по переработке грузов** Umschlagskapazität *f*; **-и по транспортировке** Transportkapazität *f*; **полезная -ь** Nutzleistung *f*; **потребляемая -ь** Leistungsaufnahme *f*; **предельная -ь** Grenzleistung *f*; **предельно допустимая -ь** zulässige Grenzleistung; **производственные -и** Betriebsleistung, Produktionskapazitäten *f*; **производственная -ь предприятия** Betriebskapazität *f*; **производственные -и строительного предприятия** Baukapazitäten *pl*; **резервная -ь** Reserveleistung *f*, Kapazitätsreserve *f*; **собственная -ь** Eigenleistung *f*; **требуемая -ь** Leistungsbedarf *m*; **установленная -ь** installierte Kapazität (Leistung); **эффективная -ь** Nutzleistung *f*
мощный leistungsfähig
мощь *f* Macht *f*; **экономическая ~** Wirtschaftsmacht *f*
мультимедиа Multimedia; **~ технологии** Multimediatechnologien *pl*
мультипликатор *m* Multiplikator *m*; **~ (коэффициент) валовой ренты** Wertfaktor *m*, Vervielfältiger *m*; **инвестиционный ~** Investitionsmultiplikator *m*; **налоговый ~** Steuermultiplikator *m*
муниципализация *f* Munizipalisierung *f*
муниципалитет *m* Gemeindeverwaltung *f*, Kommunalverwaltung *f*, Stadtverwaltung *f*
муниципалы *pl* Kommunalobligationen *pl*
муниципальн|ый Gemeinde-, Stadt-, Kommunal-; **-ый бюджет** *m* Gemeindehaushalt *m*, Stadthaushalt *m*; **-ый налог** *m* Gemeindesteuer *f*, Kommunalsteuer *f*; **-ое предприятие** *n* Gemeindebetrieb *m*, Kommunalbetrieb *m*; **-ый служащий** *m* Kommunalbeamte *m*
мусоровоз *m* Müllabfuhrwagen *m*
мэр *m* Bürgermeister *m*
мэрия *f* Rathaus *n*, Stadtverwaltung *f*

Н

на конец (начало) месяца (года) zum Ende (Anfang) des Monats (Jahres)
набавлять aufschlagen, zuschlagen, erhöhen; **~ цену** auf den Preis aufschlagen, zu dem Preis zuschlagen
набирать (an)werben, einstellen; wählen; **~ рабочую силу** Arbeitskräfte (an)werben (einstellen); **~ телефонный номер** eine Telefonnummer wählen
наблюдатель *m* Beobachter *m*; **участвовать в качестве -я** als Beobachter teilnehmen
наблюдать beobachten; beaufsichtigen, kontrollieren, überwachen; **-за проведением работ** Arbeiten beaufsichtigen
наблюдение *n* Beobachtung *f*; Aufsicht *f*, Beaufsichtigung *f*, Kontrolle *f*, Überwachung *f*; **находиться под -м** unter Kontrolle stehen, beobachtet werden; **производить ~** eine Beobachtung (Kontrolle) durchführen; **устанавливать ~** eine Kontrolle errichten; **~ за динамикой цен** Preisbeobachtung *f*; **~ за конъюнктурой** Konjunkturbeobachtung *f*; **~ за конъюнктурой в отдельных отраслях экономики** Branchenbeobachtung *f*; **~ за конъюнктурой рынка** Marktbeobachtung *f*
набор *m* Anwerbung *f*, Einstellung *f*; Kollektion *f*; Satz *m*, Set *n*; Sortiment *n*; **проводить ~** anwerben, einstellen; **бюджетный ~** Haushaltsrechnung *f*; **новый ~ рабочей силы** Neueinstellung *f*; **~ рабочей силы** Arbeitskräftewerbung *f*, Anwerbung (Einstellung) von Arbeitskräften; **~ товаров** Waren|auswahl *f*, -angebot *n*, -sortiment *n*, -zusammenstellung *f*; **~ услуг** Dienstleistungsangebot n
навалом lose, unverpackt; **грузить ~** lose verladen; **товар ~** lose Ware
наведение справок Einholung von Auskünften, Erkundigung *f*
навигатор *m* Navigator *m*, Navigationssystem *n*
навигация *f* Navigation *f*; Schifffahrt *f*, Luftfahrt *f*
наводить справки Auskünfte einholen, sich erkundigen
наводнение *n* Hochwasser *n*, Überschwemmung *f*
навык *m* Fertigkeit *f*, Übung *f*; **приобретать -и** sich Fertigkeiten aneignen; **профессиональные -и** berufliche Fertigkeiten
навязывание услуг Aufdrängen von Dienstleistungen
наград|а *f* Auszeichnung *f*, Belohnung *f*; **получать -у** eine Auszeichnung (Belohnung) erhalten; **почётная -а** Ehrenauszeichnung *f*
награждать auszeichnen, belohnen
награждение *n* Auszeichnung *f*, Belohnung *f*, Verleihung *f*
нагружать aufladen, beladen, laden
нагрузк|а *f* Auslastung *f*, Belastung *f*, Last *f*; **повышать -у** die Auslastung (Belastung) erhöhen; **снижать -у** die Auslastung (Belastung) senken (verringern); **дополнительная -а** Mehrbelastung *f*, Beiladung *f*, Zuladung *f*; **допустимая -а** Tragfähigkeit *f*, zulässige Belastung; **избыточная -а** Überbelastung *f*; **максимальная -а** Spitzen|belastung *f*, -last *f*; **минимальная -а** Niedrigstbelastung *f*, Mindestauslastung *f*; **-а на экономику** wirtschaftliche Belastung; **нормальная -а** Normalbelastung *f*; **пиковая -а** Spitzen|belastung *f*, -last *f*; **полезная -а** Nutzlast *f*; **полная -а** Voll|auslastung *f*, -belastung *f*; **постоянная -а** konstante Auslastung; **предельная -а** Belastungsgrenze *f*, marginale Belastung; **рабочая -а** Nutzlast *f*; **средняя -а** Durchschnittsbelastung *f*; **частичная -а** Teilbelastung *f*; **чрезмерная -а** Überbelastung *f*
надбавк|а *f* Aufgeld *n*, Aufschlag *m*, Zuschlag *m*, Zulage *f*; **получать -у** eine Zulage erhalten; **предлагать -у к цене за отсрочку** einen Report anbieten; **производить расчёт -и** einen Aufschlag (eine Zulage) berechnen; **уплатить -у** einen Aufpreis (Aufschlag) bezahlen; **устанавливать -у** mit einem Aufgeld belegen; **-а за вредность** Zuschlag für gesundheitsschädigende Faktoren; **-а за выполнение грязной работы**

Schmutz|zulage *f*, -zuschlag *m*; **-а за выслугу лет** Alterszulage *f*; **-а за покупку пакета акций** Paketzuschlag *m*; **-а за сверхурочную работу** Überstundenzuschlag *m*, Mehrarbeitszuschlag *m*; **инфляционная -а** Inflatioszuschlag *m*; **-а к заработной плате** Gehalts|zulage *f*, -zuschlag *m*; **-а к заработной плате за работу в ночную (вечернюю) смену** Schichtprämie *f*; **-а к заработной плате в связи с повышением цен** Teuerungszulage *f*; **-а к заработной плате за работу в опасных условиях** Gefahren|zulage *f*, -zuschlag *m*; **-а к заработной плате за экономию** Sparzulage *f*; **-а к курсу** Kursaufschlag *m*; **-а к налогу** Steuerzuschlag *m*; **-а к курсу акций** Aktienagio *n*; **-а к курсу облигаций** Obligationsagio *n*; **-а к основной заработной плате за высокие показатели** Leistungszulage *f*; **-а к премии** Prämienzuschlag *m*; **-а к таможенной пошлине** Zoll|aufschlag *m*, -zuschlag *m*; **-а к цене** Preis|aufschlag *m*, -zuschlag *m*, Aufpreis *m*, Mehrpreis *m*; **-а к цене за количество** Mengenzuschlag *m*; **-а к цене за отсрочку** Report *m*; **калькуляционная -а** Kalkulations|aufschlag *m*, -faktor *m*, -zuschlag *m*; **компенсационная -а** Ausgleichs|zulage *f*, -zuschlag *m*; **местная -а** Ortszuschlag *m*; **-а при погашении долгового обязательства** Rückzahlungsagio *n*; **рисковая -а** Risikozuschlag *m*; **-а сверх тарифа (к тарифу)** übertarifliche Zulage; **северная -а** Nordzuschlag *m*; **-а солидарности** Solidaritätszuschlag *m*; **торговая -а** Handels|aufschlag *m*, -spanne *f*, Verkaufsspanne *f*

надёжность *f* Zuverlässigkeit *f*, Sicherheit *f*; **~ изделия** Zuverlässigkeit des Produkts; **эксплуатационная ~** Betriebssicherheit *f*, Funktions|sicherheit *f*, -tüchtigkeit *f*

надёжн|ый zuverlässig, sicher, verlässlich; **-ый в эксплуатации** betriebssicher, funktionssicher; **-ый источник** *m* zuverlässige Quelle; **-ая фирма** *f* zuverlässige Firma

наделять полномочиями mit Vollmachten (Kompetenzen, Befugnissen) ausstatten

надзор *m* Aufsicht *f*, Beaufsichtigung *f*, Kontrolle *f*, Überwachung *f*; **находиться под -ом** unter Aufsicht stehen; **осуществлять ~** beaufsichtigen, kontrollieren, überwachen, die Kontrolle ausüben (durchführen, übernehmen), die Aufsicht haben; **авторский ~** Autorenaufsicht *f*; **административный ~** Aufsicht durch Verwaltungsorgane, Verwaltungsaufsicht *f*; **биржевой ~** Börsenaufsicht *f*; **государственный ~** staatliche Aufsicht; **государственный страховой ~** staatliche Versicherungsaufsichtsbehörde *f*; **~ за деятельностью предприятий** Gewerbeaufsicht *f*; **пруденциальный ~** Bankenaufsicht *f*; **страховой ~** Versicherungsaufsicht *f*; **строительный ~** Bau|aufsicht *f*, -überwachung *f*; **таможенный ~** Zollaufsicht *f*; **технический ~** technische Überwachung

надлежащ|ий ordnungsmäßig, sachgemäß; **-ее исполнение** *n* **договорных условий** vertragsgerechte Erfüllung

надомник *m* Hausgewerbetreibende *m*

надпись *f* Anschrift *f*, Aufschrift *f*, Beschriftung *f*, Vermerk *m*; **делать бланковую передаточную ~** in blanko girieren (indossieren); **делать передаточную ~ на обороте сертификата** blanko übertragen; **бланковая передаточная ~** Blanko|giro *n*, -indossament *n*; **гуртовая ~** Randschrift *f*; **переводная ~** Abtretungs|erklärung *f*, -vermerk *m*; **передаточная ~** Giro *n*, Indossament *n*, Übertragungsvermerk *m*; **передаточная ~ на векселя** Wechsel|giro *n*, -indossament *n*; **поручительская ~** Vollmachtsindossament *n*; **рекламная ~** Werbeaufschrift *f*; **цессионная ~** Abtretungs|erklärung *f*, -vermerk *m*

надстройка *f* Überbau *m*

на|ём *m* Miete *f*, Einstellung *f*; **брать внаём** mieten; **платить за -йм** die Miete bezahlen; **сдавать внаём** vermieten; **-ём жилья** Miete der Wohnung; **-ём помещений** Mieten von

Gebäuden (Räumen); **-ём рабочей силы** Einstellung von Arbeitskräften; **сдаётся внаём** zur Miete, zu vermieten; **-ём судовой команды** Anheuern n

нажива *f* Profit *m*

наживать erwerben, verdienen

наживаться profitieren, sich bereichern, Kapital schlagen, reich werden; wuchern

нажим *m* Druck *m*, Zwang *m*; **действовать под -ом** unter Druck handeln; **оказывать ~** Druck ausüben, unter Druck setzen; **экономический ~** wirtschaftlicher Druck

название *n* Benennung *f*, Bezeichnung *f*, Name *m*; **вести дела под фирменным -м** unter dem Namen firmieren; **изменять ~** den Namen ändern; **представлять под -м** unter der Bezeichnung vorstellen; **основное ~ фирмы** Firmenkern *m*; **~ предприятия** Unternehmensbezeichnung *f*; **торговое ~** Handelsbezeichnung *f*; **~ фирмы** Firmenname *m*

назначать anberaumen, bestimmen, festsetzen; ernennen, einsetzen, berufen, bestellen, nominieren; **~ директором** zum Direktor bestellen (berufen); **~ заседание** eine Sitzung anberaumen (ansetzen); **~ на должность** in ein Amt einsetzen, für das Amt nominieren; **~ на работу в правление** in den Vorstand berufen; **~ на руководящую должность** in die leitende Stellung berufen; **~ плату за услугу** liquidieren; **~ председателя** einen Vorsitzenden bestellen (ernennen); **~ преемника** einen Nachfolger bestimmen (einsetzen); **~ срок** befristen, einen Termin bestimmen (anberaumen, festsetzen); **~ управляющим** zum Geschäftsführer bestellen (ernennen); **~ управляющим конкурсной массы** zum Konkursverwalter bestellen

назначени|е *n* Bestimmung *f*, Festsetzung *f*; Berufung *f*, Bestallung *f*, Bestellung *f*, Ernennung *f*; **передать по -ю** der Bestimmung übergeben; **-е на должность управляющего** Berufung zum Geschäftsführer; **-е опекуна** Bestellung eines Vormundes; **-е пенсии** Pensionszusage *f*; **пожизненное -е** Ernennung auf Lebenszeit; **-е срока** Befristung *f*, Festsetzung eines Termins; **целевое -е** Zweckbestimmung *f*; **-е цены** Preisfestlegung *f*

наименование *n* Benennung *f*, Bezeichnung *f*, Name *m*; **изменять ~** die Bezeichnung (den Namen) ändern; **~ груза** Güterbezeichnung *f*; **~ места происхождения товара** Herkunftsortbezeichnung *f*; **~ профессии (специальности)** Berufsbezeichnung *f*; **~ сорта** Sortenbezeichnung *f*; **~ товара** Warenbezeichnung *f*; **фирменное ~** Firmenbezeichnung *f*; **~ фирмы** Firmenname *m*; **юридическое ~ торгового предприятия с указанием владельца (и компаньона)** Handelsname *m*

наймодатель *m* Vermieter *m*

наказани|е *n* Strafe *f*, Bestrafung *f*; **избегать -я** der Strafe entgehen; **отменять -е** eine Strafe aufheben; **подвергнуть -ю** bestrafen; **дисциплинарное -е** Disziplinarstrafe *f*

наказывать bestrafen, strafen

накапливать akkumulieren, anhäufen, ansammeln, horten, speichern, einsparen; **~ запасы (резервы)** Reserven ansammeln; **~ собственный капитал** Eigenmittel aufstocken

накидк|а *f* Aufschlag *m*, Zuschlag *m*, Aufgeld *n*; **дифференцированные торговые -и** Staffelspanne *f*; **-а на цену** Preis|aufschlag *m*, -zuschlag *m*; **скалькулированная торговая -а** Sollspanne *f*; **торговая -а** Handels|aufschlag *m*, -spanne *f*, Verkaufspanne *f*

накладная *f* Frachtbrief *m*, Ladeschein *m*, Lieferschein *m*, Begleitbrief *m*, Begleitschein *m*, Warenbegleitschein *m*; **железнодорожная ~** Bahnfrachtbrief *m*; **международная ~** internationaler Frachtbrief; **~ на авиагруз** Luftfrachtbrief *m*; **~ на груз** Auslieferungsschein *m*; **ордерная транспортная ~** Orderladeschein *m*; **товаросопроводительная ~** Warenbescheinigung *f*; **транспортная -я на предъявителя** Orderkonnossement *n*; **требование-~** Warenbestellung *f*

наклеивать aufkleben; **~ этикетки** etikettieren
наклейка *f* Aufkleber *m*; Etikett n
накоплени|е *n* Akkumulation *f*, Kumulation *f*, Anhäufung *f*, Ansammlung *f*, Hortung *f*, Einsparung *f*, Ersparnis *f*; **иметь -я** Ersparnisse besitzen; **-е денег** Sparen *n*; **-е денежного капитала** Geldkapitalbildung *f*; **-е запасов** Anlage von Vorräten; **-е капитала** Kapital|anhäufung *f*, -ansammlung *f*, Akkumulation des Kapitals; **пенсионные -я** Rentenersparnisse *f*; **расчётные -я** rechnerische Ersparnisse; **-е собственного капитала** Eigenkapitalbildung *f*; **-е собственности** Eigentumsbildung *f*; **чистое -е капитала** Nettokapitalbildung *f*
накопленн|ый kumuliert; **-ая прибыль** *f* kumulierter Gewinn
налагать auferlegen, verhängen, belegen; **~ арест** beschlagnahmen, mit Arrest belegen, die Beschlagnahme verfügen (anordnen), in Beschlag nehmen; **~ взыскание** eine Ordnungsstrafe verhängen; **~ денежный штраф** eine Geldbuße auferlegen; **~ запрет** ein Verbot erlassen, eine Sperre verhängen, die Beschlagnahme verfügen; **~ эмбарго** ein Embargo verhängen
наладка *f* Einrichtung *f*, Rüstung *f*
наладонник *m* Taschencomputer *m*
налаживать einrichten, rüsten; organisieren, in Ordnung bringen, instand setzen
наличи|е *m* Bestand *m*; Vorhandensein *n*, Vorliegen *n*; **быть в -и** vorhanden sein, vorliegen; **проверять -е** den Bestand prüfen; **-е кадров** Personalausstattung *f*; **-е капитала** Kapitaldisposition *f*; **-е кворума** Beschlussfähigkeit *f*; **-е недвижимого имущества** Immobilienbestand *m*; **обязательное -е визы** Visumzwang *m*; **плановое -е** Planbestand *m*, Sollbestand *m*; **-е товаров** Warenbestand *m*; **фактическое -е** Istbestand *m*, Effektivbestand *m*
наличность *f* Bargeld *n*, Barschaft *f*, Barbestand *m*, Bestand *m*, Disponibilität *f*; **валютная ~** Devisenbestand *m*; **денежная ~** Bargeld *n*, Barbestand *m*; **кассовая ~** Kassenbestand *m*, Barbestand *m*; **оборотная кассовая ~** Kassenreservebestand *m*; **сверхплановая ~** Überbestand *m*; **свободная ~** disponible Gelder
наличны|е *pl* Bargeld *n*, Barschaft *f*, bares Geld, Kasse *f*, Kassa *f*; **заплатить -ми** bar bezahlen; **платить -ми** in bar zahlen, Barzahlung leisten; **покупать за -е** gegen bar kaufen, gegen (per) Kasse kaufen; **продавать за -е** gegen bar verkaufen, per Kasse verkaufen; **-ми** (in) bar, netto Kasse; **за -е** gegen bar, gegen (per) Kassa (Kasse); **-е против документов** Kassa (Kasse) gegen Dokumente; **только за -е** nur gegen Barzahlung
наличн|ый bar, vorhanden, verfügbar, disponibel; **-ые деньги** Bargeld *n*, Barschaft *f*, Kassa *f*, Kasse *f*; **-ый расчёт** Barzahlungsverkehr *m*, barer Zahlungsverkehr; **-ые средства** Barmittel *n*, Bargeld n
налог *m* Steuer *f*; Abgabe *f*; **быть обязанным платить ~** der Steuer unterliegen, steuerpflichtig sein; **вводить ~** eine Steuer einführen; **взимать -и** die Steuern eintreiben (erheben); **возвращать ~** eine Steuer rückerstatten; **вычитать из суммы -а** von der Steuer absetzen; **доплачивать оставшуюся сумму -а** Steuern nachzahlen; **начислять -и** Steuern berechnen; **облагать -ом** besteuern, eine Steuer auferlegen (einführen), mit einer Steuer belasten; **определить размер -а** eine Steuer festsetzen (ermitteln); **освобождать от уплаты -ов** von Steuern befreien (freistellen); **отменять -и** Steuern abbauen; **отсрочивать уплату -а** die Steuer stunden; **перелагать ~** eine Steuer überwälzen (abwälzen); **платить -и** Steuern entrichten (zahlen, abführen); **повышать размер -а** eine Steuer erhöhen; **снижать размер -а** eine Steuer herabsetzen (senken); **удерживать -и** Steuern abziehen (einbehalten); **уклоняться от уплаты -ов** die Steuern hinterziehen (umgehen); **уплачивать -и** Steuern entrichten (abführen, zahlen); **автомобильный ~** Kraftfahrzeug-

steuer *f*, Kfz-Steuer *f*; **аккордный** Pauschalsteuer *f*; **-и, взимаемые по месту получения доходов** im Abzugswege erhobene Steuern; **-и, взимаемые по установленным тарифам** Tarifsteuern *pl*; **водный ~** Wassersteuer *f*; **государственный ~** staatliche Steuer *f*; **до уплаты -ов** vor Steuern; **дополнительный ~** Ergänzungs|abgabe *f*, -steuer *f*, Steuerzuschlag *m*; **единый ~ на вмененный доход** Einheitssteuer auf das anzurechnende Einkommenspauschale (für bestimmte Tätigkeitsarten); **единый сельскохозяйственный ~** einheitliche Landwirtschaftssteuer *f*; **единый социальный ~** einheitliche Sozialsteuer *f*; **земельный ~** Grundsteuer *f*; **кадастровый ~** Katastersteuer *f*; **квотативный ~** Quotitätssteuer *f*; **коммунальный ~** Kommunalsteuer *f*, Gemeindesteuer *f*, kommunale Steuer; **компенсационный ~** Ausgleichssteuer *f*; **косвенный ~** Akzise *f*, indirekte Steuer; **личный ~** Personensteuer *f*, Subjektsteuer *f*; **местный ~** Lokalsteuer *f*; **муниципальный ~** Kommunalsteuer *f*, Gemeindesteuer *f*, kommunale Steuer; **~ на акционерные общества** Gesellschaftssteuer *f*; **~ на биржевой оборот** Börsenumsatzsteuer *f*; **~ на вид деятельности** Gewerbesteuer *f*; **~ на выпуск банкнот** Notensteuer *f*; **~ на готовую продукцию** Fabrikationssteuer *f*; **~ на дарение** Schenkungssteuer *f*; **~ на денежные переводы за границу** Transfergebühr *f*; **~ на дивиденды** Dividendensteuer *f*; **~ на добавленную стоимость** Mehrwertsteuer *f*; **~ на добычу полезных ископаемых** Abbaumengensteuer *f*; **~ на доходы** Ertragssteuer *f*; **~ на доходы от процентов** Zinsertragssteuer *f*; **~ на доходы с капитала** Kapitalertragssteuer *f*; **~ на доходы со зрелищных и увеселительных заведений** Vergnügungssteuer *f*; **~ на доходы физических лиц** Einkommenssteuer *f*; **~ на единицу потребительского товара** Mengensteuer *f*; **~ на заработную плату** Lohnsteuer *f*; **~ на импортируемые товары** Einfuhrsteuer *f*, Einfuhrzoll *m*, Importsteuer *f*; **~ на имущество (собственность)** Vermögenssteuer *f*, Steuer von Vermögen; **~ на имущество организаций** Steuer auf Unternehmensvermögen; **~ на игорный бизнес** Steuer auf das Spielgewerbe; **-и на коммерческие операции** Verkehrssteuern *pl*; **~ на наследство** Erbschaftssteuer *f*, Nachlasssteuer *f*; **~ на недвижимое имущество** Objektsteuer *f*; **~ на оборот капиталов** Kapitalverkehrssteuer *f*; **-и на предметы потребления** Verbrauchssteuern *pl*, Akzisen *pl*; **~ на предметы роскоши** Luxussteuer *f*; **~ прибыль** Gewinnsteuer *f*; **~ на промысловый доход** Gewerbeertragssteuer *f*; **~ на стоимость** Ad-valorem-Steuer *f*, Wertsteuer *f*; **~ на торговый капитал** Gewerbekapitalsteuer *f*; **~ на финансовые операции** Kapitalverkehrssteuer *f*; **~ на холостяков и бездетных** Ledigensteuer *f*; **~ на ценные бумаги** Wertpapiersteuer *f*; **~ на экспорт** Ausfuhrsteuer *m*; **~ на эмиссию ценных бумаг** Emissionssteuer *f*; **натуральный ~** Naturalabgabe *f*; **неуплаченный ~** hinterzogene Steuer; **окладной ~** Quotitätssteuer *f*; **отсроченный ~** gestundete Steuer; **подомовой ~** Gebäudesteuer *f*; **подоходный ~** Einkommenssteuer *f*; **поземельный ~** Grundsteuer *f*; **после уплаты -ов** nach Steuern; **предварительный ~** Vorsteuer *f*; **~ при операциях с иностранной валютой** Steuer auf Devisentransaktionen; **прогрессивный ~** progressive Steuer; **промысловый ~** Gewerbesteuer *f*; **пропорциональный ~** Proportionalsteuer *f*, Einheitssteuer *f*; **прямой ~** direkte Steuer, Realsteuer *f*; **реальный ~** Substanzsteuer *f*; **региональный ~** Regionalsteuer *f*; **регрессивный ~** regressive Steuer; **~ с доходов корпораций** Körperschaftssteuer *f*; **~ с оборота** Umsatzsteuer *f*, Produktionsabgabe *f*; **~ с оборота по биржевым сделкам** Börsenumsatzsteuer *f*; **скрытый ~** latente Steuer; **транспортный ~**

Kraftfahrzeugsteuer *f*, Kfz-Steuer; **~ у источника** Quellensteuer *f*; **федеральный ~** föderale Körperschaftssteuer *f*; **церковный ~** Kirchensteuer *f*

налоговик *m* Steuerinspektor *m*, Finanzinspektor *m*, Mitarbeiter *m* des Finanzamtes

налогово-финансов|ый Steuer-, Finanz-; **-ое ведомство** *n* Steuerverwaltung *f*, Finanzamt n

налогов|ый steuerlich, Steuer-; **-ое бремя** *n* Steuer|belastung *f*, -last *f*, steuerliche Belastung; **-ый оазис** *m* Steueroase *f*; **-ая политика** *f* Steuerpolitik *f*; **-ый рай** *m* Steuerparadies *n*; **-ая система** *f* Steuersystem *n*; **-ая таблица** *f* Steuertabelle *f*

налогообложени|е *n* Besteuerung *f*, Abgabenerhebung *f*; **избегать двойного -я** Doppelbesteuerung vermeiden; **исключать двойное -е** die Doppelbesteuerung beseitigen; **освобождать от -я** von der Besteuerung befreien (freistellen); **подлежать -ю** der Besteuerung unterliegen; **двойное -е** Doppelbesteuerung *f*, Mehrfachbelastung *f*; **дегрессивное -е** degressive Besteuerung; **дополнительное -е** Nachbesteuerung *f*, zusätzliche Besteuerung; **-е доходов** Ertragsbesteuerung *f*; **-е доходов с капитала** Besteuerung von Kapitalerträgen; **-е доходов от процентов** Zinsbesteuerung *f*, Besteuerung der Zinsen; **-е имущества** Vermögensbesteuerung *f*; **-е источников дохода** Quellenbesteuerung *f*; **косвенное -е** indirekte Besteuerung; **многократное -е** mehrfache Besteuerung, Mehrfachbelastung *f*; **-е наследства** Nachlassbesteuerung *f*; **паушальное -е** pauschale Besteuerung, Pauschbesteuerung *f*; **подоходное -е** Einkommensbesteuerung *f*, Besteuerung der Einkommen; **-е предприятий** Unternehmensbesteuerung *f*; **принудительное -е** Zwangsbesteuerung *f*; **-е потребительских товаров** Verbrauchsbesteuerung *f*; **прогрессивное -е** progressive Besteuerung; **-е фактического капитала и имущества** Sollertragsbesteuerung *f*

налогоплательщик *m* Steuerpflichtige *m*, Steuerschuldner *m*, Steuerzahler *m*, Abgabenpflichtige *m*, Abgabenzahler *m*; **~, определяемый законодательством** Steuerdestinatar *m*; **фактический ~** Steuerträger *m*

налогоспособность *f* Steuerpflichtigkeit *f*, Steuerfähigkeit *f*

наложение *n* Auferlegung *f*, Verhängung *f*; **~ ареста на имущество** Vermögensbeschlagnahme *f*, dinglicher Arrest; **~ ареста на право требования третьего лица** Forderungspfändung *f*; **~ ареста на товары** Beschlagnahme der Waren; **~ взыскания** Verhängung einer Ordnungsstrafe

наложенным платежом als (durch, gegen, per) Nachnahme; **посылать ~** per Nachnahme senden

намерени|е *n* Absicht *f*, Vorhaben *n*, Vorsatz *m*; **выполнять свои -я** seine Absichten (Vorhaben) verwirklichen; **отказываться от -я** seine Absicht (Vorhaben) aufgeben; **-е продать** Verkaufsabsicht *f*; **твёрдое -е** fester Vorsatz

намётка *f* Entwurf *m*, Ansatz *m*

намечать ansetzen, anberaumen; vormerken, entwerfen, vorsehen; **~ мероприятия** Maßnahmen vorsehen; **~ срок** einen Termin anberaumen (ansetzen)

нанесение *n* **ущерба** Schädigung *f*, Beschädigung *f*, Schadenszufügung *f*; **~ имуществу** Sachbeschädigung *f*; **~ кредитоспособности** Kreditschädigung *f*; **(пред)намеренное ~** absichtliche Beschädigung; **~ репутации** Schädigung des Rufes, Rufschädigung *f*; **~ экономике** Schädigung der Wirtschaft

наниматель жилого помещения Mieter *m*

нанимать anstellen, einstellen, anwerben, verdingen; **~ на (постоянную) работу** (fest) anstellen; **~ работников** Arbeitnehmer einstellen (anwerben); **~ судовую команду** anheuern

наносить auftragen; zufügen; **~ мар-**

кировку markieren, beschriften; **~ ущерб** schädigen, Schaden zufügen

наплыв *m* **покупателей** Käuferansturm *m*

напоминание *n* Anmahnung *f*, Mahnung *f*, Mahnbrief *m*; Aufforderung *f*, Benachrichtigung *f*; **посылать ~** (an)mahnen, benachrichtigen; **~ о платеже** Mahnung zu zahlen, Zahlungsaufforderung *f*; **письменное ~** Mahnbrief *m*; **повторное ~** wiederholte Mahnung

напоминать anmahnen, mahnen, erinnern; benachrichtigen

направление *n* Richtung *f*, Ausrichtung *f*, Tendenz *f*, Trend *m*; Anweisung *f*; **встречное ~** Gegenrichtung *f*; **~ на обучение** Delegierung zum Studium (zur Qualifizierung); **~ на работу** Arbeitsanweisung *f*, Arbeitsentsendung *f*, Delegierung zur Arbeit; **~ развития** Entwicklungs|richtung *f*, -tendenz *f*; **~ развития экономики** Ausrichtung der Wirtschaft, Wirtschaftstendenz *f*

направлять richten, leiten, schicken, senden, zuführen, zuleiten; **~ запрос** eine Anfrage richten; **~ информацию** Daten zuleiten; **~ средства в резервный фонд** Mittel den Rücklagen zuführen

напрокат leihweise, mietweise; **брать ~** leihen, mieten; **давать ~** verleihen

напряжение *n* Anspannung *f*, Spannung *f*, Intensität *f*; **~ в кредитной сфере** Kreditanspannung *f*; **~ на рынке кратко- и среднесрочных кредитов** Anspannung am Geldmarkt; **~ на рынке труда** Anspannung am Arbeitsmarkt; **растущее ~** wachsende Anspannung; **физическое и умственное ~** körperliche und geistige Beanspruchung, Arbeitsbeanspruchung *f*

напряжённ|ый angespannt, gespannt; **-ые отношения** *pl* gespannte Beziehungen; **-ое положение** *n* angespannte Lage

нарастание *n* Anwachsen *n*, Zunahme *f*, Zuwachs *m*, Anlaufen *n*, Auflaufen n

нарастать anwachsen, zunehmen, anlaufen, auflaufen

народ *m* Volk n

народнохозяйственный volkswirtschaftlich, Volkswirtschafts-; **~ баланс** *m* volkswirtschaftliche Gesamtrechnung

народн|ый Volks-; **-ый университет** *m* Volkshochschule *f*; **-ое хозяйство** *n* Volkswirtschaft *f*

нарушать verletzen, verstoßen, überschreiten, übertreten, zuwiderhandeln; **~ действующие положения** gegen geltende Bestimmungen verstoßen; **~ договор** den Vertrag brechen (verletzen), vertragsbrüchig sein; **~ закон** ein Gesetz verletzen; **~ инструкцию** die Vorschriften verletzen, den Vorschriften zuwiderhandeln, gegen die Vorschriften verstoßen; **~ установленный срок** eine Frist überschreiten

нарушающий договор (контракт) vertragsbrüchig

нарушение *n* Delikt *n*; Verletzung *f*, Verstoß *m*, Übertretung *f*, Überschreitung *f*, Zuwiderhandlung *f*, Bruch *m*, Nichteinhaltung *f*; **~ авторского права** Verletzung des Urheberrechts; **административное ~** Ordnungswidrigkeit *f*; **~ дисциплины** Verstoß gegen die Disziplin; **~ договора** Vertrags|bruch *m*, -verletzung *f*; **~ долга (обязанностей)** Pflicht|verletzung *f*, -versäumnis *n*; **~ закона** Gesetzverletzung *f*, Verstoß gegen ein Gesetz; **~ налогового законодательства** Steuerdelikt *n*; **~ патентного права** Patentverletzung *f*; **~ правил конкурентной борьбы** Wettbewerbsverzerrungen *pl*, Zuwiderhandlung gegen Wettbewerbsregeln; **~ правил составления балансового отчёта** Bilanzdelikt *n*; **~ правил хранения таможенных грузов** Verschlussverletzung *f*; **~ производственного процесса** Betriebsstörung *f*; **процессуальное ~** Verfahrensverstoß *m*; **~ служебного долга** Amtspflichtverletzung *f*; **~ срока** Termin|-überschreitung *f*, -verletzung *f*, Fristüberschreitung *f*, Nachteinhaltung des Termins; **~ срока поставки** Überschreitung des Liefertermins, Lieferverzug *m*; **~ таможенного законодательства** Zollordnungswidrigkeit *f*; **~ товарного знака** Warenzeichenverletzung *f*

наряд *m* Auftrag *m*, Arbeitsbeleg *m*; **выдавать -ы на работу** Arbeit vergeben; **заказ-~** Fabrikationsauftrag *m*; **заказ-~ на изготовление** Fertigungsauftrag *m*; **~ на работу** Arbeitsauftrag *m*; **разовый ~** Einzelauftrag *m*

население *n* Bevölkerung *f*; **активное ~** erwerbstätige Bevölkerung; **городское ~** Stadtbevölkerung *f*, städtische Bevölkerung; **наличное ~** Wohnbevölkerung *f*; **несамодеятельное ~** nichterwerbstätige Bevölkerung; **самодеятельное ~** erwerbstätige Bevölkerung; **сельское ~** Landbevölkerung *f*; **трудовое ~** arbeitende Bevölkerung; **трудоспособное ~** arbeitsfähige Bevölkerung

населённость *f* Bevölkerungsdichte *f*

наследие *n* Erbe *n*; **культурное ~** Kulturerbe n

наследник *m* Erbe *m*, Nachfolger *m*; **быть -ом** Erbe sein; **назначить -ом** als Erben einsetzen; **стать -ом** das Erbe (eine Erbschaft) antreten; **законный ~** gesetzlicher Erbe; **-и** Erbengemeinschaft *f*; **один из -ов** Miterbe *m*; **~ по завещанию** Testamenterbe *m*, testamentarischer Erbe; **последующий ~** Nacherbe *m*; **предшествующий ~** Vorerbe *m*; **~-субститут** Nacherbe *m*

наследование *n* Erbanfall *m*, Erbfolge *f*, Vererbung *f*, Nachfolge *f*; **~ имущества** Erbanfall *m*; **~ предприятия** Betriebsnachfolge *f*

наследовать erben, beerben, das Erbe antreten, vererben; **~ большое состояние** ein großes Vermögen erben

наследодатель *m* Erblasser *m*

наследственн|ый Erb-, Nachlass-; **-ое имущество** *n* Nachlassvermögen *n*; **-ая масса** *f* Erbmasse *f*; **-ое право** *n* Erbrecht n

наследств|о *n* Erbe *n*, Erbschaft *f*, Nachlass *m*; **вступать в права -а** das Erbe (eine Erbschaft) antreten; **отказываться от -а** ein Erbe (eine Erbschaft) ausschlagen; **управлять -ом** den Nachlass verwalten; **-о, подлежащее налогообложению** steuerpflichtiger Nachlass

наставление *n* Anleitung *f*, Anweisung *f*, Vorschrift *f*, Instruktion *f*

настраивать einstellen, regeln, justieren

настроение *n* Stimmung *f*; **~ биржи** Börsen|stimmung *f*, -tendenz *f*; **выжидательное ~ покупателей** Kaufzurückhaltung *f*; **повышательное ~** Hausse|stimmung *f*, -tendenz *f*; **понижательное ~** Baisse|stimmung *f*, -tendenz *f*

наступать beginnen, eintreten, fällig werden, in die Offensive gehen

наступлени|е *n* Beginn *m*, Eintritt *m*; **вплоть до -я срока** bis zur Fälligkeit, bis zum Termin; **-е гарантийного случая** Eintritt eines Garantiefalles; **по -и срока** bei Fälligkeit, nach Ablauf des Termins; **с момента -я срока** ab Fälligkeit; **-е события** Eintritt eines Ereignisses; **-е срока исполнения обязательства** Fälligkeit *f*, Verfall *m*; **-е срока оплаты векселя** Verfall eines Wechsels; **-е срока предъявления претензии** Fälligkeit eines Anspruchs; **-е страхового случая** Eintritt des Versicherungsfalles

насчитывать aufzählen, zählen, umfassen; ausmachen, betragen

насыпью lose, als Schüttgut

насыщать sättigen; **~ рынок (товарами)** den Markt sättigen

насыщение *n* Sättigung *f*; **~ рынка** Marktsättigung *f*

насыщенность Sättigungsgrad *m*

натур|а *f* Natur *f*; **платить -ой** in Naturalien vergüten (zahlen)

натурализация *f* Einbürgerung *f*, Naturalisierung *f*

натурализовывать einbürgern, naturalisieren

натуральн|ый Natural-; **-ый доход** *m* Naturaleinkommen *n*; **-ый налог** *m* Naturalabgabe *f*; **-ое хозяйство** *n* Naturalwirtschaft *f*

натуроплата *f* Naturallohn *m*, Deputat n

натурпремия *f* Naturalprämie *f*

наук|а *f* Wissenschaft *f*; **гуманитарные -и** Geisteswissenschaften *pl*; **технические -и** Ingenieurwissenschaften *pl*; **финансовая -а** Finanzwissenschaft *f*; **экономическая -а** Wirtschaftswissenschaft *f*

наукоёмк|ий forschungsintensiv; **-ие продукты** *pl* forschungsintensive Produkte, Hightech-Produkte *pl*
научно-исследовательск|ий Forschungs-; **-ий проект** *m* Forschungs|projekt *f*, -vorhaben *n*; **-ая работа** *f* Forschungsarbeit *f*; **-ое учреждение** *n* Forschungsstelle *f*
научн|ый wissenschaftlich; **-ая организация** *f* **производства** wissenschaftliche Betriebsführung
находящийся в залоге на таможенном складе unter zollamtlichem Verschluss
наценк|а *f* Aufschlag *m*, Zuschlag *m*; **(с)делать -у** zu dem Preis zuschlagen, auf den Preis aufschlagen; **производить расчёт -и** einen Aufschlag berechnen; **оптовая -а** Großhandelsspanne *f*; **с -ой** mit Aufschlag; **специальная -а** Sonderaufschlag *m*; **торговая -а** Verkaufsspanne *f*, Handels|aufschlag *m*, -spanne *f*
национализация *f* Nationalisierung *f*, Verstaatlichung *f*
национализированн|ый verstaatlicht; **-ое предприятие** *n* verstaatlichtes Unternehmen; **-ая промышленность** *f* verstaatlichte Industrie
национализировать nationalisieren, verstaatlichen; **~ предприятие** einen Betrieb verstaatlichen
национальность *f* Nationalität *f*, Staatsangehörigkeit *f*
национальн|ый national, National-; **-ая валюта** *f* Landeswährung *f*, nationale Währung; **-ый капитал** *m* Nationalkapital *n*; **-ый продукт** *m* Nationalprodukt n
начал|о *n* Anfang *m*, Beginn *m*, Start *m*, Anlauf *m*; **-о биржевого дня** Börsenbeginn *m*; **-о выпуска продукции** Produktions|anlauf *m*, -beginn *m*, Anlauf der Produktion; **-о года** Jahresbeginn *m*, Auftakt des Jahres; **-о действия договора страхования** Versicherungsbeginn *m*; **на комиссионных -ах** auf Kommissionsbasis; **на общественных -ах** ehrenamtlich; **-о производства** Produktions|anlauf *m*, -beginn *m*, Anlauf der Produktion; **-о работы** Arbeitsbeginn *m*; **-о срока аренды** Mietbeginn *m*, Beginn des Mietverhältnisses, Pachtbeginn *m*; **-о строительства** Baubeginn *m*
начальник *m* Leiter *m*, Vorgesetzte *m*, Chef *m*; **замещать своего -а** seinen Chef vertreten; **назначить -ом** zum Leiter ernennen; **~ канцелярии** Büro|chef *m*, -vorsteher *m*; **~ отдела** Abteilungsleiter *m*; **~ отдела кадров** Personal|chef *m*, -leiter *m*, -manager *m*; **~ отдела маркетинга** Marketing|direktor *m*, -manager *m*; **~ отдела снабжения** Chefeinkäufer *m*; **~ отдела сбыта** Verkaufsleiter *m*, Vertriebsmanager *m*; **~ производства** Produktionsleiter *m*
начальн|ый Anfangs-, einleitend; **-ый запас** *m* Anfangsbestand *m*; **-ый капитал** *m* Anfangs|kapital *n*, -vermögen *n*, Startkapital *n*; **-ые условия** *pl* Anfangsbedingungen *pl*
начёт *m* Anrechnung *f*, Abzug *m*; anzurechnender (abzugsfähiger, angerechneter) Betrag; **производить ~** anrechnen; **денежный ~** Lohnabzug *m*
начинать anfangen, beginnen, einleiten
начисление *n* Anrechnung *f*, Berechnung *f*; anzurechnender (angerechneter, abzugsfähiger) Betrag; **производить ~** anrechnen; **~ заработной платы** Lohn|berechnung *f*, -abrechnung *f*; **~ налога с оборота на основе согласованного эквивалента затрат** Sollversteuerung *f*; **~ налога** Steuerveranlagung *f*, Veranlagung *f*; **~ процентов** Zinsgutschrift *f*, Verzinsung *f*; **~ нетто-процентов** Nettoverzinsung *f*; **~ пени** Berechnung einer Geldstrafe (Pönale); **~ процентов по действующей ставке** Realverzinsung *f*
начислять anrechnen, berechnen, zuschlagen; **~ пеню** eine Geldstrafe (Pönale) berechnen; **~ по счёту** in Anrechnung bringen; **~ проценты** Zinsen berechnen, verzinsen
неадекватный unangemessen
неакцепт *m* **(неакцептование)** Akzeptverweigerung *f*
не-банк *m* Nichtbank *f*
небанковские клиенты *pl* Nichtbankenkundschaft *f*
неблагоприятный ungünstig

небрежность *f* Fahrlässigkeit *f*, Versäumnis n
небрежный fahrlässig
невидимый unsichtbar; **~ экспорт** *m* unsichtbare(r) Ausfuhr (Export)
невиновность *f* Unschuld *f*, Schuldlosigkeit *f*; **доказать свою ~** seine Unschuld beweisen
невиновный unschuldig, schuldlos
невнесённый ausstehend; **~ взнос** *m* **(пай)** ausstehende Einzahlung (Einlage)
невнимательность *f* Fahrlässigkeit *f*
невозвратный nicht rückzahlbar, nicht rückerstattbar
невозделанный brachliegend, unbestellt
невозможность *f* Unmöglichkeit *f*, Unvermögen *n*; **~ доставки** Unzustellbarkeit *f*; **~ исполнения** Unmöglichkeit der Leistung; Force Majeure, höhere Gewalt; **~ исполнения обязательства должником** Unvermögen des Schuldners zur Leistung
невозможный unmöglich
невостребованный unaufgefordert, nicht abgeholt, uneingelöst
невредимый unversehrt, unbeschädigt
невыгодн|ый unvorteilhaft, ungünstig, nicht einträglich, ertraglos, unrentabel, nachteilig; **-ая сделка** *f* nicht einträgliches Geschäft; **-ые условия** *pl* unvorteilhafte (ungünstige) Bedingungen
невыплаченн|ый rückständig; **-ая заработная плата** *f* rückständiger Lohn, Lohnrückstand *m*
невыполнение *n* Nichterfüllung *f*, Versäumnis *n*; **~ обязанностей** Pflicht|-verletzung *f*, -versäumnis *n*; **~ обязательств** Nichterfüllung der Verbindlichkeiten; **~ плана** Planunterschreitung *f*; **~ плана выпуска продукции** Ausfall der Produktion; **~ поставки** Ausfall einer Lieferung
невыполненный unerfüllt, unerledigt; **~ заказ** *m* unerledigter Auftrag
невыполнимый unerfüllbar, unausführbar, unmöglich
невыход на работу Arbeitsversäumnis *n*, Fernbleiben von der Arbeit, ausgefallener Arbeitstag
негарантированный unverbrieft
неготовый unfertig
негативный negativ, Negativ-; **~ процент** *m* Negativzins *m*
недатированный undatiert
недвижимость *f* Immobilie(n) *f(pl)*, Liegenschaft(en) *f(pl)*, unbewegliches Vermögen (Eigentum, Gut), unbewegliche Sachen; **владеть -ю** Immobilien (eine Liegenschaft) besitzen; **инвестировать в ~** in Immobilien anlegen; **приобретать ~** Immobilie (eine Liegenschaft) erwerben; **торговать -ю** mit Immobilien handeln, Immobiliengeschäfte machen; **управлять -ю** Immobilien verwalten; **жилая ~** Wohnimmobilie *f*; **~, находящаяся в личном пользовании** eigengenutzte Immobilie; **~ торгово-промышленных предприятий** Gewerbeimmobilie *f*, gewerbliche Immobilie (Liegenschaft)
недвижимый immobil, unbeweglich, liegend
недееспособность *f* Geschäftsunfähigkeit *f*, Handlungsunfähigkeit *f*
недееспособн|ый geschäftsunfähig, handlungsunfähig; **-ое лицо** *n* geschäftsunfähige Person
недейственность *f* Unwirksamkeit *f*
недействительность *f* Nichtigkeit *f*, Unwirksamkeit *f*; **~ правовой сделки** Unwirksamkeit eines Rechtsgeschäfts; **~ увольнения** Unwirksamkeit einer Kündigung; **~ части правовой сделки** Teilnichtigkeit *f*
недействительн|ый nichtig, null und nichtig, ungültig, unwirksam; **объявлять -ым** für nichtig (null und nichtig) erklären; **становиться -ым** die Gültigkeit verlieren; **-ый договор** *m* ungültiger Vertrag; **-ая юридическая сделка** *f* nichtiges Rechtsgeschäft
неделимый unteilbar
недельн|ый wöchentlich, Wochen-; **-ая заработная плата** *f* Wochenlohn *m*; **-ый заработок** *m* Wochenverdienst *m*
неделя *f* Woche *f*; **календарная ~** Kalenderwoche *f*; **отчётная ~** Berichtswoche *f*; **рабочая ~** Arbeitswoche *f*
недоброкачественность *f* geringe

(mindere) Qualität, Fehlerhaftigkeit *f*, Mangelhaftigkeit *f*

недоброкачественн|ый von geringer (minderer) Qualität, geringwertig, fehlerhaft, mangelhaft; **-ое исполнение** *n* **работы** mangelhafte Arbeitsausführung; **-ый материал** *m* fehlerhaftes Material; **-ый товар** *m* geringwertige (minderwertige) Ware

недобросовестность *f* Pflichtversäumnis n

недобросовестн|ый unlauter, unredlich; **-ая конкуренция** *f* unlauterer Wettbewerb

недоверие *n* Misstrauen n

недовес *m* Untergewicht *n*, Gewichtsmanko *n*, Mindergewicht n

недовольный unzufrieden

недовольство *n* Unzufriedenheit *f*; **выражать ~** Unzufriedenheit äußern; **~ потребителей** Unzufriedenheit der Kunden

недовыполнение *n* unvollständige Leistung; **~ плана выпуска продукции** Ausfall der Produktion

недогружать nicht voll auslasten

недогрузка *f* Unterauslastung *f*

недозволенн|ый unerlaubt, untersagt, verboten; **-ое действие** unerlaubte Handlung

недоимк|а *f* Rückstand *m*, Abgabenrückstand *m*; **взыскивать -и** Rückstände einziehen; **погасить -у** den Rückstand aufholen; **сокращать -у** den Rückstand abbauen; **налоговая -а, -а по налогам** Abgabenrückstand *m*, Steuerrückstand *m*, rückständige Steuer; **процентные -и** rückständige Zinsen

недолговечность *f* Kurzlebigkeit *f*, kurze Lebensdauer

недолговечн|ый kurzlebig; **-ые активы** *pl* kurzlebige Anlagegüter

недооценивать unterbewerten, unterschätzen, zu niedrig bewerten

недооценка *f* Unterbewertung *f*

недоплачивать zu wenig bezahlen, unterbezahlen

недоподписка *f* Unterzeichnung der Aktien

недопоставка *f* unvollständige Lieferung

недопустимый unzulässig

недопущение *n* **брака** Fehlervermeidung *f*

недосмотр *m* Versehen n

недоставать fehlen, mangeln

недостаток *m* Mangel *m*, Fehler *m*, Defekt *m*, Nachteil *m*; Knappheit *f*, Verknappung *f*; Unzulänglichkeit *f*, Ermangelung *f*; **обнаруживать ~** einen Mangel (Fehler) feststellen (aufdecken); **устранять ~** einen Mangel beheben (beseitigen); **~ денежных средств** Geldknappheit *f*, beschränkte Geldmittel; **~ конструкции (конструктивный ~)** Konstruktionsfehler *m*; **~ организации** Organisationsfehler *pl*; **~ площадей (места)** Raummangel *m*; **~ рабочих мест** Arbeitsmangel *m*; **скрытый ~** verdeckter (verborgener) Mangel

недостаточность *f* Mangel *m*, Unzulänglichkeit *f*; **~ денежных средств** Geldknappheit *f*; **~ оборотного капитала** Unterkapitalisierung *f*; **~ покрытия** fehlende Deckung

недостаточный mangelhaft, unzureichend, nicht ausreichend, unzulänglich

недостач|а *f* Fehlbestand *m*, Fehlmenge *f*, Manko *n*; Ausfall *m*; **обнаруживать -у** eine Fehlmenge feststellen; **покрывать -у** den Ausfall decken; **~ в весе** Untergewicht *n*, Gewichtsmanko *n*; **~ в кассе** Kassen|fehlbetrag *m*, -manko *n*; **мелкая -а** geringfügige Fehlmenge

недостающий fehlend

недоступный unzugänglich

недоходный nicht ertragbringend, unrentabel; gemeinnützig

недочёт *m* Fehlbetrag *m*, Manko *n*; Mangel *m*

недра *f* Erdinnere *n*; **разрабатывать ~** Bodenschätze ausbeuten

нежелательный unerwünscht

нежилой unbewohnt

незавершённ|ый unfertig, unvollendet; **-ая продукция** *f* unfertige Erzeugnisse

независимость *f* Unabhängigkeit *f*, Eigenständigkeit *f*, Selbstständigkeit *f*; **экономическая ~** wirtschaftliche Unabhängigkeit

независимый unabhängig, selbstständig, autark

незагруженн|ый unausgelastet; **-ые мощности** *pl* unausgelastete Kapazitäten

незаказанный unbestellt

незаконность *f* Gesetzwidrigkeit *f*, Rechtswidrigkeit *f*

незаконный ungesetzlich, gesetzwidrig, rechtswidrig

незаложенный unverpfändet, hypothekarisch unbelastet

незамедлительный unverzüglich

незаменимый unersetzlich, unersetzbar, unabkömmlich

незанятый unbesetzt

незапакованный unverpackt, lose

незаполненный blanko, unausgefüllt, Blanko-; **~ вексель** *m* Blankowechsel *m*; **~ формуляр** *m* unausgefülltes Formular; **~ чек** *m* Blankoscheck *m*

незастроенн|ый unbebaut; **-ые земельные участки** *pl* unbebaute Grundstücke

незастрахованный nicht versichert

незатребованный unaufgefordert, unverlangt

незаявленный unangemeldet

незнание *n* Unkenntnis *f*

неизбежный unabwendbar, unvermeidbar

неизменн|ый unabänderlich, unveränderт, ständig, konstant; **-ое решение** *n* unabänderlicher Beschluss

неимение *n* Ermangelung *f*; **за -м точных данных** in Ermangelung genauer Angaben

неимущественный immateriell; **~ ущерб** immaterieller Schaden

неимущий unbemittelt, unvermögend, arm

неисполнение *n* Nichterfüllung *f*, Nichtleistung *f*, Unterlassung *f*; **подать иск на ~ обязательств** auf Unterlassung klagen; **~ договора (контракта)** Nichterfüllung eines Vertrages; **~ обязанностей** Nichterfüllung der Verpflichtungen

неиспользование *n* Nichtinanspruchnahme *f*; **~ кредита** Nichtinanspruchnahme eines Kredits

неиспользованн|ый un(aus)genutzt; **-ый кредит** *m* unausgenutzter (nicht in Anspruch genommener) Kredit; **-ые мощности** *pl* ungenutzte Kapazitäten

неисправност|ь *f* Störung *f*, Schaden *m*, Defekt *m*, Missstand *m*; **сообщать о -и** die Störung (den Schaden) anmelden; **устранять -ь** eine Störung beheben (beseitigen); **техническая -ь** technische Störung

неисправный fehlerhaft, beschädigt, schadhaft; säumig; **~ плательщик** säumiger Zahler

неисчерпаемый unerschöpflich, unversiegbar

нейтрализовать neutralisieren

нейтральный neutral, unparteiisch

неквалифицированный ungelernt, nicht qualifiziert; **~ рабочий** *m* Hilfsarbeiter *m*, ungelernter Arbeiter

некоммерческ|ий gemeinnützig; **~ое предприятие** *n* Idealverein *m*, gemeinnütziges Unternehmen, gemeinnützige Gesellschaft

некомпетентный nicht kompetent, nicht zuständig, unbefugt

некомплектность *f* Unvollständigkeit *f*

некомплектный nicht komplett, unvollständig

неконвертируемый nicht konvertierbar (konvertibel), inkonvertibel

неконкурентоспособность *f* Konkurrenzunfähigkeit *f*, Wettbewerbsunfähigkeit *f*

неконкурентоспособный konkurrenzunfähig, wettbewerbsunfähig

неконсолидированный nicht konsolidiert, unfundiert, schwebend; **~ долг** unfundierte (schwebende) Schulden

неконтингентируемый nicht kontingentiert, quotenfrei

неконтролируемый unkontrolliert

некотирующийся nicht notiert

некредитоспособность *f* Insolvenz *f*, Zahlungsunfähigkeit *f*

некредитоспособный kreditunwürdig, kreditschwach, kreditunfähig

нелегально illegal, ungesetzlich

неликвидность *f* Illiquidität *f*

неликвидный illiquid, nicht flüssig

неликвиды illiquide Bestände, nicht flüssige Aktiva

нелимитированный unlimitiert

нематериальн|ый immateriell; **-ые блага** *pl* Immaterialgüter *pl*, immaterielle Güter; **-ый ущерб** *m* Nichtver-

mögensschaden *m*, immaterieller Schaden
немедленн|ый sofortig, prompt, unverzüglich, umgehend, ohne Verzug (Aufschub); **поставлять -о** sofort (prompt) liefern; **-ая оплата** *f* sofortige Bezahlung; **-ая поставка** *f* Sofortlieferung *f*, effektive (prompte, sofortige) Lieferung
неминуемый unabwendbar
ненагруженный unbelastet
ненадёжность *f* Unzuverlässigkeit *f*, Unsicherheit *f*; Störanfälligkeit *f*
ненадёжн|ый unzuverlässig, unsicher, störanfällig, notleidend; **-ое капиталовложение** *n* unsichere Kapitalanlage; **-ый кредит** *m* notleidender Kredit
ненадлежащий nicht ordnungsmäßig, unsachgemäß
ненастоящий unecht, fiktiv
необеспеченность fehlende Deckung
необеспеченный blanko, ungedeckt, ungesichert, nicht gesichert; **~ кредит** *m* Blankokredit *m*
необоротный unübertragbar
необоснованный unbegründet, ungerechtfertigt, unberechtigt
необработанный roh, unbearbeitet, unveredelt; unbestellt, brachliegend
необратимый nicht konvertierbar (konvertibel), inkonvertibel, irreversibel, nicht umkehrbar
необученный ungelernt
необходимость *f* Notwendigkeit *f*, Zwang *m*, Not *f*
необходимый notwendig, nötig, erforderlich, unentbehrlich, unerlässlich
необязательный unverbindlich, nicht obligatorisch
неограниченность *f* Unbeschränktheit *f*
неограниченн|ый unbeschränkt, unbegrenzt, uneingeschränkt, unlimitiert; **-ая ответственность** *f* unbeschränkte Haftung, persönliche Haftung; **-о ответственный** unbeschränkt (voll) haftbar
неоднородный heterogen, ungleichartig, verschieden
неоконченнный unerledigt
неоплата *f* Nicht(be)zahlung *f*, rückständige Zahlung *f*, Zahlungsrückstand *m*
неоплаченн|ый unbezahlt, nicht bezahlt, unbeglichen, ausstehend; **-ый акционерный капитал** *m* ausstehende Einlage; **-ый счёт** *m* unbezahlte (unbeglichene) Rechnung
неоправданный ungerechtfertigt, nicht vertretbar
неопределённость *f* Unbestimmtheit *f*, Ungewissheit *f*, Unsicherheit *f*
неопределённ|ый unbestimmt, ungewiss, unsicher; **на -ое время** auf unbestimmte Zeit
неопровержимый unanfechtbar, unwiderlegbar
неопротестованный ohne Protest
неоспорим|ый unbestritten, unanfechtbar; **-ое право** *n* unbestrittenes Recht; **-ое требование** *n* unbestrittene Forderung
неосторожность *f* Fahrlässigkeit *f*, fahrlässiges Verhalten; **грубая ~** grobe Fahrlässigkeit
неосторожный fahrlässig, unvorsichtig
неотвратим|ый unabwendbar; **-ое событие** *n* unabwendbares Ereignis
неотъемлем|ый unveräußerlich, unabdingbar; **-ое право** *n* verbrieftes Recht
неотчуждаемость *f* Unveräußerlichkeit *f*
неотчуждаемый unveräußerlich
неофициальный nicht amtlich, inoffiziell
непередаваемый unübertragbar, nicht übertragbar, Rekta-; **~ вексель** *m* Rektawechsel *m*; **~ документ** *m* Rektapapier *n*, nicht übertragbares Papier
неплатёж *m* Nicht(be)zahlung *f*, ausstehende (rückständige) Zahlung, Zahlungsrückstand *m*, Zahlungsausfall *m*; **пассивные -и** Zahlungsausfall *m*
неплатёжеспособность *f* Insolvenz *f*, Krida *f*, Zahlungsunfähigkeit *f*; Bankrott *m*, Konkurs *m*
неплатёжеспособн|ый bankrott, insolvent, zahlungsunfähig; **объявлять -ым** für bankrott (zahlungsunfähig) erklären; **-ый клиент** *m* zahlungsunfähiger Kunde
неплательщик *m* Nichtzahler *m*,

Schuldner *m*; **злостный ~** böswilliger Schuldner
неплодородн|ый unfruchtbar, nicht ergiebig; **-ая почва** *f* **(земля)** unfruchtbarer Boden
непогашенн|ый ausstehend, rückständig, nicht getilgt; **-ые долги** *pl* ausstehende (offene, rückständige) Schulden
неповреждённый unbeschädigt
неподтверждённый unbestätigt; **~ аккредитив** *m* unbestätigtes Akkreditiv
непозволительный unzulässig
непокрытый nicht gedeckt, ungedeckt, unbezahlt; **~ чек** *m* nicht gedeckter Scheck
неполадк|а *f* Störung *f*, Defekt *m*, Missstand *m*; **обнаружить -у** eine Störung feststellen; **устранять -у** eine Störung beheben (beseitigen); **производственные -и** Betriebsstörungen *pl*
неполучение *n* Ausfall *m*; **~ платежа** Zahlungsausfall *m*
неполученн|ый unrealisiert, nicht erzielt; **-ая прибыль** *f* nicht erzielter (erwirtschafteter, realisierter) Gewinn
непосредственный direkt, unmittelbar, unvermittelt
непоставка *f* Nichtlieferung *f*, rückständige Lieferung
непостоянный variabel, unbeständig
непоступление *n* Ausfall *m*, Ausbleiben *n*; **~ платежа** Zahlungsausfall *m*, Ausfall der Zahlung
неправильный falsch, unsachgemäß
неправомерный unrechtmäßig
неправомочный unberechtigt, unbefugt, nicht bevollmächtigt (ermächtigt); Nichtberechtigte *m*
непреодолимая сила *f* höhere Gewalt, force majeure
непрерывность *f* Kontinuität *f*, Fortbestand *m*, Fortdauer *f*; **~ поставок** Kontinuität der Lieferungen; **~ производственного процесса** Kontinuität der Produktion
непрерывный fortdauernd, fortlaufend, kontinuierlich, ununterbrochen
непригодность *f* Unbrauchbarkeit *f*, Untauglichkeit *f*
непригодн|ый unbrauchbar, untauglich; **-ые товары** *pl* unbrauchbare Waren
неприемлемый unannehmbar, nicht tragbar, unzulässig, unakzeptabel, inakzeptabel
непризнание *n* Nichtanerkennung *f*
неприкосновенност|ь *f* Unantastbarkeit *f*, Immunität *f*; **лишать -и** die Immunität aufheben; **~ собственности** Unantastbarkeit des Eigentums
неприкосновенный unantastbar
неприменение *n* Nichtanwendung *f*
неприменимый nicht anwendbar
непринятие *n* Nichtabnahme *f*, Nichtannahme *f*, Abnahmeverweigerung *f*, Annahmeverweigerung *f*
непродаваемый unverkäuflich, unveräußerlich
непродуктивный unproduktiv
непроизводительн|ый unproduktiv, unrentabel, leistungsschwach; **-ые инвестиции** unproduktive Investitionen
непроизводственный nicht produktiv, nicht produktionsbedingt, nicht produktionsbezogen
непрописанный nicht angemeldet, nicht registriert (im Einwohnermeldeamt)
непропорциональный unverhältnismäßig, nicht proportional
неработоспособность Arbeitsunfähigkeit *f*, Erwerbsunfähigkeit *f*; **подтверждать (удостоверять) ~** Arbeitsunfähigkeit bescheinigen; **временная ~** vorübergehende Arbeitsunfähigkeit; **длительная ~** dauernde Arbeitsunfähigkeit
неработоспособный arbeitsunfähig, erwerbsunfähig
нерабоч|ий arbeitsfrei, Ruhe-; **-ее время** *n* Ruhezeit *f*; **-ий день** *n* arbeitsfreier Tag
неравенство *n* fehlende Gleichberechtigung, Ungleichheit *f*
неравновесие *n* Ungleichgewicht n
неравномерность *f* Ungleichmäßigkeit *f*, Schwankung *f*
неравномерный ungleichmäßig
неравноценность *f* Ungleichwertigkeit *f*
неравноценный ungleichwertig

неразглашение *n* **тайны** Geheimhaltung *f*, Diskretion *f*
нераспределённый nicht verteilt, nicht ausgeschüttet
нераспространение *n* Nichtweitergabe *f*
нереализуемый nicht absetzbar (absatzfähig), unrealisierbar
нерегулярн|ый unregelmäßig; **-ая оплата** *f* **труда** unregelmäßige Vergütung
нерезидент *m* Nichtansässige *m*, Ausländer *m*, Devisenausländer *m*, Steuerausländer *m*
нерентабельность *f* Unrentabilität *f*, Unwirtschaftlichkeit *f*
нерентабельн|ый unrentabel, unwirtschaftlich, verlustbringend; **-ые отрасли** *pl* **промышленности** unwirtschaftliche Industriezweige
несамостоятельный unselbstständig
несбалансированность *f* Unausgeglichenheit *f*, Unausgewogenheit *f*, Ungleichgewicht n
несбалансированный unausgeglichen, unausgewogen; **~ бюджет** *m* unausgeglichener Haushalt
несгораемый feuerfest
нескоординированный unkoordiniert
несоблюдение *n* Nichtbeachtung *f*, Nichteinhaltung *f*; **~ инструкции** Nichtbeachtung der Vorschriften; **~ срока** Termin|überschreitung *f*, -verletzung *f*, Fristüberschreitung *f*; **~ срока поставки** Lieferfristüberschreitung *f*, Nichteinhaltung des Liefertermins; **~ условий договора** Vertrags|bruch *m*, -verletzung *f*, Nichteinhaltung der Vertragsbedingungen
несовершенолетие *n* Minderjährigkeit *f*
несовершенолетний minderjährig; Minderjährige *m*
несовершенный unvollkommen, unausgereift
несовершенство *n* Unvollkommenheit *f*, Unzulänglichkeit *f*
несовместимый unvereinbar, inkompatibel; **~ с чувством долга** pflichtwidrig
несовпадение *n* Nichtübereinstimmung *f*, Abweichung *f*, Ungenauigkeit *f*
несогласованность *f* fehlende Koordinierung (Abstimmung)
несогласованн|ый nicht abgestimmt, unkoordiniert, nicht konzertiert; **-ая акция** *f* nicht abgestimmte (konzertierte) Aktion
несомненный unbestritten
несоответствующий unangemessen
несоответствие *n* Disparität *f*, Missverhältnis *n*, Unstimmigkeit *f*
несопоставимый unvergleichbar
несоразмерность *f* Disproportion *f*, Missverhältnis n
несоразмерный unverhältnismäßig, unangemessen
несостоятельность *f* Insolvenz *f*, Zahlungsunfähigkeit *f*, Bankrott *m*, Pleite *f*; **~ должника** Unvermögen des Schuldners; **имущественная ~** Vermögenslosigkeit *f*
несостоятельный insolvent, zahlungsunfähig, bankrott; **~ клиент** *m* zahlungsunfähiger Kunde
неспециалисты *pl* Nichtfachleute *pl*
неспособность *f* Unfähigkeit *f*; **~ выполнять обязательства** Leistungsunfähigkeit *f*
неспособный unfähig
несправедливость *f* Ungerechtigkeit *f*, Unbilligkeit *f*, Gerechtigkeitslücke *f*; **социальная ~** soziale Ungerechtigkeit
несправедливый unbillig, ungerecht, ungerechtfertigt
несравнимый unvergleichbar
несрочный unkündbar
нестабильность *f* Instabilität *f*, Unsicherheit *f*; **~ валюты** Währungsinstabilität *f*; **~ на денежном рынке** Unsicherheit am Geldmarkt; **экономическая ~** wirtschaftliche Instabilität
нестабильный instabil, unstabil
нести tragen; **~ ответственность** haften, Verantwortung tragen; **~ расходы** die Kosten tragen
несущий tragend; **~ вину** schuldig, verschuldet; **~ личную ответственность** persönlich haftend; **~ ответственность** haftbar, haftend, haftpflichtig
неточный ungenau, unpünktlich
нетрудовой nicht erarbeitet
нетрудоспособность *f* Arbeitsunfä-

higkeit *f*; **временная ~** vorübergehende Arbeitsunfähigkeit; **длительная ~** dauernde Arbeitsunfähigkeit
нетрудоспособный arbeitsunfähig, erwerbsunfähig
нетто netto, Netto -; **~-активы** Nettovermögen *n*, Substanzwert *m*; **~-баланс** Nettobilanz *f*; **~-вместимость** Nettoinhalt *m*; **~-инвестиции** Nettoinvestitionen *pl*; **~-капитал** Substanzwert *m*; **~-касса** netto Kasse; **~-квота** Nettoquote *f*; **~-оборот** Nettoumsatz *m*; **~-позиция по срочным сделкам** Nettobestand *m*; **~-потребность в кредитах** Nettokreditbedarf *m*; **~-премия** Nettobeitrag *m*; **~-процент** Nettozins *m*; **~-регистровая тонна** Nettoregistertonne *f*; **~-ставка** Nettosatz *m*; **~-цена** Nettopreis *m*
неудача *f* Misserfolg *m*
неудовлетворенный unbefriedigt
неудовлетворительный unbefriedigend, ungenügend, unzureichend
неуплата *f* Nichtbezahlung *f*, Nichteinlösung *f*; **~ по векселю** Nichteinlösung eines Wechsels
неуплаченный unbezahlt, rückständig, ausstehend, nicht eingelöst, nicht eingezahlt
неуполномоченный unbefugt, nicht bevollmächtigt
неуправляемый unkontrollierbar
неурожай *m* Missernte *f*
неустойк|а *f* Konventionalstrafe *f*, Vertragsstrafe *f*, Pönale *f*, Verzugsstrafe *f*; **уплатить -у** eine Vertragsstrafe zahlen
неустойчивость *f* Instabilität *f*, Unsicherheit *f*
неустойчивый instabil, unsicher, unstabil
неучётоспособный nicht diskontfähig (diskontierbar)
неучтённый nicht diskontiert; unberücksichtigt
нефтедоллар *m* Öldollar *m*, Petrodollar *m*
нефтепереработка *f* Ölverarbeitung *f*, Rohölverarbeitung *f*
нефтеперерабатывающий Ölverarbeitungs -; **~ завод** *m* Ölverarbeitungswerk *n*, Raffinerie *f*
нефтепровод *m* Erdölleitung *f*, Ölleitung *f*
нефтепродукт *m* Erdölerzeugnis *n*, Mineralölerzeugnis n
нефтепромысел *m* Ölfeld n
нефтетрейдер *m* Ölhändler *m*
нефтехимия *f* Erdölchemie *f*, Petrolchemie *f*
нефтехранилище *n* Tanklager n
нефт|ь *f* Erdöl *n*, Öl *n*; **вести разведку -и** nach Erdöl explorieren, nach Erdöl bohren; **добывать -ь** Erdöl (Öl, Mineralöl) fördern (gewinnen); **перерабатывать -ь** das Öl (Rohöl) verarbeiten, raffinieren; **сырая -ь** Mineralöl *n*, Rohöl n
нефтяник *m* Erdölarbeiter *m*
нефтян|ой Erdöl -, Mineralöl -, Öl -, Rohöl -, Petrol-; **-ая промышленность** *f* Mineralöl|industrie *f*, -wirtschaft *f*, Öl|industrie *f*, -wirtschaft *f*, Petrolindustrie *f*; **-ая компания** *f* Erdölgesellschaft *f*, Ölgesellschaft *f*; **-ая скважина** *f* Erdölbohrung *f*, Ölbohrung *f*
нефундированный unfundiert, schwebend; **~ долг** *m* unfundierte (schwebende) Schulden
нехватк|а *f* Mangel *m*, Defizit *n*, Knappheit *f*, Verknappung *f*, Fehlmenge *f*; Ermangelung *f*, Engpass *m*; **восполнять -у** ein Defizit ausgleichen; **обнаруживать -у** ein Defizit aufweisen, eine Fehlmenge (einen Mangel) feststellen; **ощущать -у** ins Defizit geraten; **-а времени** Zeit|mangel *m*, -not *f*, -druck *m*; **-а денег** Geld|knappheit *f*, -not *f*; **-а земли** Landmangel *m*; **-а капитала** Kapital|knappheit *f*, -mangel *m*, -not *f*; **-а ликвидности** Liquiditäts|defizit *n*, -engpass *m*, -knappheit *f*, -lücke *f*, -mangel *m*, -verknappung *f*; **-а площадей** Raummangel *n*; **-а продовольствия** Nahrungsmittel|-defizit *n*, -knappheit *f*; **-а производственных мощностей** Kapazitäts|engpass *m*, -lücke *f*; **-а рабочей силы** Arbeitskräfte|engpass *m*, -knappheit *f*, -mangel *m*; **-а сырья** Rohstoff|mangel *m*, -verknappung *f*; **-а сырья и материалов** Material|-knappheit *f*, -mangel *m*; **-а товаров**

Waren|defizit *n*, -knappheit *f*, -mangel *m*, -verknappung *f*
неходовой nicht gängig; **~ товар** *m* nicht gängige Ware, Ladenhüter *m*
нечестный unehrlich, unredlich, unlauter
нечлен *m* Nichtmitglied n
неэкономичный unwirtschaftlich, unrentabel, nicht sparsam
неэкономный unwirtschaftlich, nicht sparsam
неэффективность *f* Unwirksamkeit *f*, Ineffizienz *f*
неэффективный unwirksam
неявка *f* Abwesenheit *f*, Fehlen *n*, Nichterscheinen *n*; **~ на работу** Arbeitsversäumnis *n*, Fernbleiben von der Arbeit, ausgefallener Arbeitstag
нивелирование *n* Angleichung *f*
нивелировать angleichen, ausgleichen
ниже unter, unterhalb; **~ линии** below-the-line; **~ номинального уровня** unter pari; **~ среднего уровня** unterdurchschnittlich
нижеподписавшийся Unterzeichner *m*, Unterzeichnete *m*
низкий niedrig, gering
низкооплачиваемый unterbezahlt, schlecht bezahlt
низкосортный geringwertig, von geringer (minderer) Qualität
ниша *f* Marktnische *f*
нищенствовать im Elend leben, betteln
нищета *f* Elend *n*, Armut *f*
новация *f* Erneuerung *f*, Novation *f*; **~ долгового обязательства** Schuldumwandlung *f*
новизна *f* **изобретения** Erfindungshöhe *f*
новинка *f* Neuheit *f*, Neuerscheinung *f*, Novität *f*
новичок *m* Neuling *m*, Anfänger *m*; **~ в своей профессии** Berufseinsteiger *m*
нововведение *n* Innovation *f*, Neuerung *f*
новостройка *f* Neubau *m*
новшеств|о *n* Neuheit *f*, Neuerung *f*, Novität *f*, Innovation *f*; **внедрять -а** Neuerungen (Innovationen) einführen (durchsetzen); **организационные -а** organisatorische Innovationen; **техническое -о** technische Neuerung (Novität)
ножницы *pl* Schere *f*; **~ цен** Preisschere *f*
номенклатура *f* Nomenklatur *f*, Namensverzeichnis *n*, Systematik *f*; **единая ~ счетов** Gemeinschaftskontenrahmen *m*; **~ продукции** Fabrikationsprogramm *n*; **~ счетов** Kontenrahmen *m*; **~ счетов предприятий оптовой и внешней торговли** Großhandelskontenrahmen *m*; **типовая ~ счетов** Normalkontenrahmen *m*; **~ товаров** Warensystematik *f* Warenverzeichnis *n*
номер *m* Nummer *f*; Hotelzimmer *n*; **гостиничный ~** Hotelzimmer *n*; **~ держателя** Nummer des Karteninhabers; **заводской ~** Fabriknummer *f*; **инвентарный ~** Inventarnummer *f*; **~ карточки** Kartennummer *f*; **кодовый ~ ценной бумаги** Wertpapierkennnummer *f*; **контрольный ~** Kontrollnummer *f*; **личный идентификационный ~** Personenkennzahl *f*, persönliche Identifikationsnummer (PIN), ; **номенклатурный ~** Artikelnummer *f*; **порядковый ~** laufende Nummer; **расчётный ~** Abrechnungsnummer *f*; **регистрационный ~** Registriernummer *f*; **регистрационный ~ в торговом реестре** Handelsregisternummer *f*; **серийный ~** Fabrikationsnummer *f*, Seriennummer *f*; **страховой ~** Versicherungsnummer *f*; **~ счёта** Kontonummer *f*, Rechnungsnummer *f*; **~ таможенного тарифа** Zolltarifnummer *f*; **~ телефона** Telefon *n*; **~ транса** Transportnummer *f*; **~ ценной бумаги** Valorennummer *f*, Wertpapierkennnummer *f* (WKN)
номинал *m* Nennwert *m*, Nominalwert *m*; **быть выше (ниже) -а** über (unter) dem Nennwert (Nominalwert) sein; **~ акции** Aktiennennwert *m*; **выше -а** über pari (dem Nennwert, dem Nominalwert); **ниже -а** unter pari (dem Nennwert, dem Nominalwert); **по -у** zum Nennwert (Nominalwert), (zu) pari, al pari
номинальн|ый nominell, Nominal-, Nenn-; **-ый доход** Nominaleinkommen *n*; **-ый капитал** Nominalkapital *n*,

Nennkapital *n*; **-ый курс** nomineller Kurs; **-ый процент** Nominalzins *m*; **-ая ставка** Nominalsatz *m*; **-ая стоимость** Nennwert *m*, Nominalwert *m*

номинация *f* Nominierung *f*

норм|а *f* Norm *f*, Standard *m*, Auflage *f*, Rate *f*, Soll *n*, Vorgabe *f*; **выполнять -у** die Norm erfüllen; **не выполнять -у** die Norm unterbieten; **перевыполнять -у** die Norm überbieten; **соблюдать -у** eine Norm (einen Standard) einhalten, sich an eine Vorgabe halten; **согласовывать -ы** Standards harmonisieren; **соответствовать -ам** den Normen entsprechen; **устанавливать -у** eine Norm aufstellen, einen Standard festlegen (setzen); **-а амортизации** Abschreibungs|quote *f*, -rate *f*, -(richt)satz *m*; Amortisationsquote *f*, Tilgungsrate *f*; **внутренняя -а доходности** interner Zinsfuß *m* **-а времени** Sollzeit *f*, Zeitvorgabe *f*, Normalzeit *f*; **-ы времени** Zeitnormen *pl*; **-а выдачи** Zuteilung *f*; **-а выработки** Arbeitsnorm *f*; **дневная -а** Tagesaufgabe *f*, Tagesnorm *f*; **заданная -а** vorgegebene Norm, Vorgabe *f*; **запланированная -а** Richtsatz *m*; **-а качества** Qualitätsnorm *f*; **-а окупаемости капитала** Kapitalrückflussrate *f*; **оптимальные -ы затрат рабочего времени** optimaler Arbeitszeitverbrauch *m*; **-ы поведения** Verhaltensnormen *pl*; **-а потребления** Verbrauchsnorm *f*; **правовая -а** Rechtsnorm *f*; **правовые -ы для проведения судебных разбирательств по предотвращению банкротства** Vergleichsordnung *f*; **правовые -ы, регулирующие отношения сторон, заключивших тарифное соглашение** Tarifnormen *pl*; **правовые -ы, регулирующие ценовую политику** Preisrecht *n*; **-а прибыли на капитал** Kapitalertragsrate *f*; **производственная -а** Arbeitsnorm *f*; **-ы расходов** Verbrauchsnormen *pl*; **-а сбережений** Sparquote *f*, Sparrate *f*; **-а ссуды** Beleihungsgrenze *f*; **суточная -а** Tagesaufgabe *f*; **-ы техники безопасности** Sicherheitsnormen *pl*; **юридическая -а** Rechtsnorm *f*

нормализация *f* Normalisierung *f*; Vereinheitlichung *f*, Normung *f*

нормальн|ый normal, Normal-; **-ый вес** *m* Normalgewicht *n*; **-ые запасы** *pl* Normalbestand *m*; **-ый ход** *m* **дел** normaler Geschäftsverkehr

норматив *m* Richtsatz *m*, vorgegebene Norm; **~ достаточности собственных средств** vorgegebener Finanzierungsgrad *m*; **скорректированный ~** berichtigter Richtsatz

нормативн|ый Richtsatz-; **-ая оценка** *f* Richtsatzprüfung *f*

нормирование *n* Normung *f*, Vereinheitlichung *f*, Standardisierung *f*; **~ времени** Zeitmessung *f*; **~ капитала** Kapitalrationierung *f*

нормированный genormt, rationiert

нормировать normen, normieren, Normen aufstellen, vereinheitlichen, standardisieren; rationieren

носитель *m* Träger *m*; **~ информации** Datenträger *m*; **~ налогов** Steuerträger *m*

нотадрес *m* Notadresse *f*

нотариальн|ый notariell, Notariats-; **-о заверенный** notariell beglaubigt; **-ое засвидетельствование** *n* notarielle Beglaubigung; **-ая контора** *f* Notariat *n*; **-ый сбор** *m* Notariatsgebühr *f*

нотариус *m* Notar *m*

нотис *m* **о поставке** Andienungsanzeige *f*

нотификация *f* Notifikation *f*

ноу-хау *n* Know-how *n*

нужд|а *f* Not *f*, Notlage *f*, Misere *f*; **терпеть -у** Not leiden

нуждаться benötigen, brauchen, Not leiden

нужды *pl* Bedürfnisse *pl*, Belange *pl*; **общественные ~** öffentliche Belange; **производственные ~** betriebliche Bedürfnisse (Erfordernisse); **социальные ~** soziale Belange (Bedürfnisse)

нуллификация *f* Außerkurssetzung *f*, Annullierung *f*

нумерация *f* Nummerierung *f*; **~ ценных бумаг** Wertpapiernummerierung *f*

нумеровать nummerieren; **~ по порядку** fortlaufend nummerieren

О

обанкротившийся bankrott, insolvent, zahlungsunfähig
обанкротиться bankrott gehen (machen, sein), in Konkurs gehen (geraten), insolvent (zahlungsunfähig) werden, Pleite gehen
обвинение *n* Anklage *f*, Anschuldigung *f*, Beschuldigung *f*; **отвергнуть ~** eine Beschuldigung zurückweisen (von sich weisen); **предъявлять ~** anklagen, Anklage erheben, eine Anschuldigung (Beschuldigung) erheben; **ложное ~** falsche Anschuldigung
обвинитель *m* Ankläger *m*
обвиняемый *m* Angeklagte *m*, Beschuldigte *m*
обвинять anklagen, anschuldigen, beschuldigen
обедневший verarmt, verelendet
обеднение *n* Verarmung *f*, Verelendung *f*
обеспечени|е *n* Deckung *f*, Sicherheit *f*; Sicherheitsleistung *f*, Sicherung *f*, Sicherstellung *f*; Sicherungsgegenstand *m*, Sicherungsgut *n*; Versorgung *f*, Fürsorge *f*; **давать -е** Sicherheit geben; **гарантировать -е** die Versorgung sichern; **иметь -е** Deckung haben; **предоставлять -е** Sicherheit gewähren (leisten, stellen); **требовать -е** Sicherheit fordern; **без -я** ohne Deckung; **валютное -е** Devisendeckung *f*, Golddevisendeckung *f*, Währungsdeckung *f*; **государственное социальное -е** öffentliche Fürsorge; **-е денежной массой** Geldversorgung *f*; **-е денежными средствами** Bardeckung *f*; **дополнительное -е** zusätzliche Deckung (Sicherung); **достаточное -е** reichliche Eindeckung (Versorgung *f*); **золотое -е** Gold|deckung *f*, -standard *m*; **жилищное -е** Wohnraumversorgung *f*; **-е ипотекой** hypothekarische Deckung; **-е качества** Qualitätssicherung *f*, Sicherung der Qualität; **-е кредита** Kredit|deckung *f*, -sicherheit *f*; **кредитное -е** Kreditsicherung *f*; **-е ликвидными средствами** Liquiditätsversorgung *f*; **материальное -е** materielle Sicherstellung, Wohlstand *m*; **надёжное -е** sichere Versorgung; **-е недвижимостью** Realsicherheit *f*; **пенсионное -е** Rentenversorgung *f*; **пенсионное -е по старости и нетрудоспособности** Rentenleistung *f*; **-е по старости** Alters|sicherung *f*, -versorgung *f*; **-е продовольственными товарами** Nahrungsmittelversorgung *f*, Versorgung mit Nahrungsmitteln; **регулярное -е** regelmäßige Versorgung; **социальное -е** soziale Fürsorge (Betreuung); **-е средствами существования** Sicherung der Existenz, Existenzsicherung *f*; **-е ссуды** Darlehenssicherung *f*, Kreditsicherung *f*; **-е существования** Existenzsicherung *f*; **-е товарами** Warenversorgung *f*; **-е устойчивости валюты** Sicherung der Währung; **финансовое -е** finanzielle Sicherung, Kapitaldecke *f*
обеспеченность *f* (ausreichende) Versorgung, Ausstattung *f*; **бюджетная ~** Budgetzuwendungen; **~ ликвидностью** Liquiditätsausstattung *f*
обеспечивать decken, sichern, sicherstellen, Sicherheit gewähren (leisten, stellen); versorgen
обесценение *n* **(обесценивание** *n***)** Abwertung *f*, Entwertung *f*; **~ валюты** Valutaabwertung *f*, Währungsabwertung *f*, Abwertung einer Währung; **~ денег** Geld|abwertung *f*, -entwertung *f*
обесцененн|ый entwertet; **-ые деньги** *pl* entwertetes Geld
обесценивать abwerten, entwerten
обещание *n* Versprechen *n*, Zusage *f*, Zusicherung *f*; **выполнять ~** die Zusage erfüllen; **давать ~** versprechen, seine Zusage geben; **сдерживать ~** ein Versprechen (die Zusage, eine Zusicherung) (ein)halten; **~ осуществлять поставку** Lieferversprechen *n*; **~ предоставить кредит** Kreditzusage *f*; **~ произвести платёж** Zahlungsversprechen *n*
обжалование *n* **(судебного приговора)** Berufung *f*, Anfechtung *f*; **~ решения по причине ошибки** Anfechtung wegen Irrtums
обжаловать eine Beschwerde einlegen, anfechten

обзор *m* Überblick *m*, Übersicht *f*, Bericht *m*; **годовой ~** Jahresübersicht *f*; **~ конъюнктуры** Konjunkturbericht *m*; **~ конъюнктуры рынка** Konjunktur|bericht *m*, -überblick *m*; **~ основных средств** Anlagespiegel *m*
обилие *n* Überfluss *m*, Reichtum *m*
обильный im Überfluss, reich, ausgiebig
обитатель *m* Bewohner *m*
обитать bewohnen, wohnen
облагаемый; **~ акцизом** akzisepflichtig; **~ налогом** besteuerbar, steuerbar, versteuerbar, abgabenpflichtig; **~ налогом по тарифной ставке** tarifbesteuert; **не ~ акцизом** akzisenfrei; **не ~ налогом** steuerfrei, abgabenfrei; **не ~ пошлиной** zollfrei, gebührenfrei; **не ~ сборами** gebührenfrei; **~ пошлиной** zollpflichtig, verzollbar; **~ сборами** gebührenpflichtig
облагать auferlegen, belegen, belasten; **~ налогами** besteuern, Abgaben (Steuern) auferlegen, mit Abgaben belegen, mit Steuern belasten, Abgaben (Steuern) erheben; **~ пошлиной** Zoll einziehen (erheben); **~ сбором** mit einer Gebühr belasten, eine Gebühr erheben
облагораживание *n* Veredelung *f*
облагораживать veredeln
обладание *n* Besitz *m*; **~ состоянием** Besitz von Vermögen
обладатель *m* Besitzer *m*, Inhaber *m*; **~ акций** Aktienbesitzer *m*; **~ патента** Patentinhaber *m*
обладать besitzen; **~ состоянием** ein Vermögen besitzen
област|ь *f* Gebiet *n*, Bereich *m*, Fachgebiet *n*, Feld *n*, Sparte *f*; **в -и** auf dem Gebiet, im Bereich; **-ь коммерции** kaufmännischer Bereich; **-ь применения** Anwendungs|bereich *m*, -gebiet *n*; **-ь сотрудничества** Feld der Zusammenarbeit; **экономическая -ь (-ь экономики)** Wirtschaftsgebiet *n*
облегчение *n* Erleichterung *f*; **~ ввоза** Einfuhrerleichterung *f*; **~ (условий) труда** Arbeitserleichterung *f*; **~ условий импорта** Erleichterung von Einfuhren; **~ условий платежа** Zahlungserleichterung *f*
облигационер *m* Obligationär *m*, Obligationsinhaber *m*
облигаци|я *f* Obligation *f*, Schuldverschreibung *f*; **выпускать -и** Obligationen (Schuldverschreibungen) ausgeben (begeben, emittieren); **делать инвестиции в -и** in Obligationen anlegen (investieren); **погашать -и** Obligationen (Schuldverschreibungen) tilgen; **торговать -ями** Obligationen (Schuldverschreibungen) handeln; **бескупонная (беспроцентная) -я** Zerobond *m*; **-я внутреннего займа** Inlandsschuldverschreibung *f*; **выпущенная -я** begebene (emittierte) Obligation (Schuldverschreibung); **-я государственного займа** Staats|obligation *f*, -schuldverschreibung *f*; **государственные краткосрочные -и (ГКО)** kurzfristige Staatsanleihen; **-я, дающая право на участие в прибылях компании** Gewinnobligation *f*, Obligation mit Gewinnbeteiligung; **дисконтная -я** Diskontobligation *f*; **залоговая -я** Pfandbrief *m*, Realobligation *f*; **-и, затребованные на погашение (погашаемые -и)** zur Tilgung aufgerufene Obligationen (Schuldverschreibungen); **именная -я** Namens|obligation *f*, -schuldverschreibung *f*, auf den Namen lautende (nicht übertragbare) Obligation (Schuldverschreibung); **иностранная -я** ausländische Schuldverschreibung; **ипотечная -я** Hypothekenpfandbrief *m*; **-я ипотечного займа** Rentenbrief *m*; **кассовая -я** Kassenobligation *f*; **классическая -я** klassische Schuldverschreibung *f*; **-я коммунального займа** Kommunal|obligation *f*, -schuldverschreibung *f*; **конвертируемая -я** Wandel|obligation *f*, -schuldverschreibung *f*; **корпоративные -и** Corporate Bonds, Unternehmensobligationen *pl*; **купонная -я** *s.* **оптированная -я**; **-я на предъявителя** Inhaber|obligation *f*, -schuldverschreibung *f*, auf den Inhaber lautende Obligation (Schuldverschreibung); **-я, находящаяся в обращении** umlaufende Obligation (Schuldverschreibung *f*); **ненадежная -я** junk bond, mit hohem Risiko

belastetes Ramschpapier; **непривилегированная -я** nicht bevorrechtigte Obligation; **обеспеченная -я** durch Vermögenswerte gesicherte Obligation; **обычная -я** Standardanleihe, Festzinsanleihe, **оптированная (купонная) -я** Options|obligation *f*, -schuldverschreibung *f*; **параллельные -и** Parallelanleihen *pl*; **пассивная -я** passive Obligation *f*; **парциальная -я** Teilschuldverschreibung *f*; **привилегированная -я** Prioritätsobligation *f*, Vorzugsobligation *f*; **промышленная -я** Industrie|obligation *f*, -schuldverschreibung *f*; **-я пятилетнего займа** fünfjährige Obligation; **-и развивающихся стран** Brady-Obligationen; **-и рублевые** Rubelobligationen *pl*; **-и с защитой от инфляции** inflationsgeschützte Obligationen; **-я с ипотечным обеспечением** hypothekarisch gesicherte Obligation (Schuldverschreibung); **-я с меняющимся купоном** Anleihe mit variablem Kupon; **-я с нулевым купоном** Nullkuponanleihe *f*; **-я с твёрдым процентом** festverzinsliche Obligation; **сберегательные -и (-и сберегательного займа)** Sparbonds *pl*; **-я, срок погашения которой наступил** fällige Obligation (Schuldverschreibung); **структурированные ипотечные -и** strukturierte Hypothekenobligationen, strukturierte hypothekarisch besicherte Anleihen; **субординированная** nachrangige Obligation

облиго *n* Obligo *n*, Verbindlichkeit *f*, Verpflichtung *f*; Gewähr *f*

обложение *n* Belastung *f*, Belegung *f*; Besteuerung *f*; **подлежать -ю налогами** der Besteuerung unterliegen; **двойное -е налогами** Doppelbesteuerung *f*; **дегрессивное -е налогами** degressive Besteuerung; **дополнительное -е налогами** Nachbesteuerung *f*, zusätzliche Besteuerung; **косвенное -е налогами** indirekte Besteuerung; **многократное -е налогами** Mehrfachbelastung *f*, mehrfache Belastung; **-е налогами (налоговое -е)** Besteuerung *f*, Abgabenerhebung *f*, Steuererhebung *f*, Steuerveranlagung *f*; **-е налогом источника доходов** Quellenbesteuerung *f*; **-е налогом объекта имущества** Objektbesteuerung *f*; **-е налогом ренты** Rentenbesteuerung *f*; **-е пошлиной** Zoll|belastung *f*, -erhebung *f*; **подоходное -е налогами** Einkommensbesteuerung *f*; **принудительное -е налогами** Zwangsbesteuerung *f*; **прогрессивное -е налогами** progressive Besteuerung; **прямое -е налогами** direkte Besteuerung; **регрессивное -е налогами** regressive Besteuerung; **-е сборами** Gebührenbelastung *f*

обман *m* Betrug *m*, Irreführung *f*, Täuschung *f*, Übervorteilung *f*, Vertrauensbruch *m*; **совершить ~** einen Betrug begehen; **~ налоговых органов** Steuerbetrug *m*; **~ с целью получения страховки** Versicherungsbetrug *m*

обманывать betrügen, irreführen, täuschen, übervorteilen

обмен *m* Austausch *m*, Tausch *m*, Umtausch *m*; Wechsel *m*; **предложить ~** einen Tausch anbieten; **производить ~** austauschen, eintauschen, tauschen, umtauschen, einen Tausch durchführen (tätigen); **~ активов** Aktivtausch *m*; **~ акции** Aktienumtausch *m*; **~ валюты** Konvertierung *f*, Eintausch von Devisen; **~ денег** Geldumtausch *m*; **~ информацией** Informationsaustausch *m*; **~ лицензиями** Lizenzaustausch *m*; **~ мнениями** Meinungsaustausch *m*; **~ на физические активы** Exchange for Physical (EFP); **~ научными работниками** Austausch von Wissenschaftlern; **~ обязательствами** Passivtausch *m*; **~ опытом** Erfahrungsaustausch *m*; **~ правами на долевое участие** Anteilstausch *m*; **~ товарами** Waren|austausch *m*, -tausch *m*, -umtausch *m*, Bartergeschäft *n*; **торговый ~** Handelsverkehr *m*, Warenverkehr *m*; **эквивалентный ~** Äquivalentenaustausch *m*

обменивать austauschen, eintauschen, tauschen, umtauschen, wechseln; **~ валюту** Devisen wechseln; **-ся информацией** Informationen austauschen; **-ся опытом** Erfahrungen austauschen; **-ся товарами** Waren tauschen; **~ ценные бумаги** Wertpapiere umtauschen

обналичивание *n* Auszahlung von Guthaben

обнаружение *n* Aufdeckung *f*, Feststellung *f*, Entdeckung *f*; **~ дефектов (недостатков)** Aufdeckung (Feststellung) von Mängeln

обнаруживать aufdecken, feststellen, entdecken; **~ дефекты (недостатки)** Mängel aufdecken (feststellen)

обнищание *n* Verarmung *f*, Verelendung *f*

обновление *n* Erneuerung *f*, Wiederherstellung *f*; **~ основного капитала** Anlagenerneuerung *f*

обновлять erneuern, wiederherstellen, aktualisieren; **~ инструкции** Anweisungen aktualisieren

обобществление *n* Vergesellschaftung *f*

обобществлять vergesellschaften

обогащать bereichern

обогащение *n* Bereicherung *f*; **незаконное ~** ungerechtfertigte Bereicherung

обозначать bezeichnen, kennzeichnen, markieren

обозначение *n* Bezeichnung *f*, Kennzeichnung *f*, Markierung *f*; **~ качества** Qualitätsbezeichnung *f*; **~ страны происхождения товара** Ursprungsbezeichnung *f*; **торговое ~** Handelsbezeichnung *f*; **фирменное ~** Firmenbezeichnung *f*; **~ цены** Preisauszeichnung *f*

оборачиваемость *f* Umlaufgeschwindigkeit *f*, Umschlag *m*, Umschlagshäufigkeit *f*, Umsatz|geschwindigkeit *f*, -häufigkeit *f*; **~ капитала** Kapitalumschlag *m*; **~ портфеля акций** Portfolioumsatz; **~ складских запасов** Lagerumschlag *m*

оборот *m* Umsatz *m*, Umlauf *m*, Umschlag *m*, Verkehr *m*; Rückseite *f*, Kehrseite *f*; **вводить в ~** in Umlauf bringen; **достигать хороших показателей -а** einen guten Umsatz erzielen (erwirtschaften); **увеличивать ~** den Umsatz steigern; **~ акций** Aktien|umlauf *m*, -umsatz *m*; **без -а** ohne Regress (Rückgriff); **банковский ~** Bank|umsatz *m*, -verkehr *m*; **безналичный платёжный ~** bargeldloser Zahlungsverkehr; **биржевой ~** Börsen|umsatz *m*, -verkehr *m*; **валовый ~** Bruttoumsatz *m*, Gesamt|umsatz *m*, -umschlag *m*, Rohumsatz *m*; **~ в расчёте на одно предприятие** Umsatz pro Unternehmen; **вексельный ~** Wechselumlauf *m*; **~ векселя** Rückseite eines Wechsels; **внебиржевой ~** Auslandsumsatz *m*; **внешнеторговый ~** Außenhandelsumsatz *m*; **внешнеторговый -, имеющий пассивное сальдо** Passivhandel *m*; **внутренний ~** Inlandsumsatz *m*, Innenumsatz *m*; **~ внутри концерна** Innenumsatz *m*; **годовой ~** Jahresumsatz *m*; **~ грузов** Güter|umschlag *m*, -verkehr *m*; **дебетовый ~ (~ по дебету)** Sollumsatz *m*; **денежный ~** Geldverkehr *m*; **дневной ~** Tages|kasse *f*, -umsatz *m*; **~ за квартал** Quartalsumsatz *m*; **~ капитала** Kapital|umschlag *m*, -verkehr *m*, Verkehr von Kapital; **кассовый ~** Kassenumsatz *m*; **консолидированный ~** konsolidierter Umsatz; **~ концерна** Konzernumsatz *m*; **международный платёжный ~** internationaler Zahlungsverkehr; **мировой ~** Weltumsatz *m*; **~ на внутреннем рынке** Inlandsumsatz *m*; **наивысший ~** Rekordumsatz *m*; **облагаемый ~** versteuerbarer Umsatz; **общий ~** Bruttoumsatz *m*, Gesamtumsatz *m*, Rohumsatz *m*; **ожидаемый ~** erwarteter Umsatz; **плановый ~** Sollumsatz *m*; **платёжный ~** Zahlungsverkehr *m*; **~ по поставкам и услугам другим предприятиям** Kundenumsatz *m*; **~ по счёту** Kontoumsatz *m*; **~ по экспорту** Ausfuhrumsatz *m*, Exportumsatz *m*; **предварительный ~** Vorumsatz *m*; **~ предприятия (фирмы)** Geschäftsumsatz *m*; **~ предприятия в расчёте на одного работника** Umsatz pro Arbeitnehmer; **прогнозируемый ~** erwarteter Umsatz; **рекордный ~** Rekordumsatz *m*; **розничный ~** Einzelhandelsumsatz *m*; **свободный ~** freier Verkehr; **складской ~** Lagerumschlag *m*; **стагни-**

рующий ~ stagnierender Umsatz; **~ сырья и материалов** Materialumschlag *m*; **товарный ~** Warenumsatz *m*, Verkehr von Waren; **~ торговли по физическому объёму** Mengenumsatz *m*; **торговый ~** Handelsumsatz *m*; **торговый ~ отрасли** Branchenumsatz *m*; **~ услуг** Verkehr von Dienstleistungen; **хозяйственный ~** Wirtschaftsverkehr *m*; **~ ценных бумаг** Wertpapier|umlauf *m*, -verkehr *m*; **чековый ~** Scheckverkehr *m*; **чистый ~** Nettoumsatz *m*

оборотный Umlauf-, übertragbar; **-ые документы** *pl* übertragbare Papiere; **-ый капитал** *m* Umlaufvermögen *n*; **-ые средства** *pl* **(фонды** *pl***)** Umlaufvermögen *n*

оборудование *n* Ausrüstung(en *pl*) *f*, Einrichtung *f*, Ausstattung *f*, Anlage(n *pl*) *f*; **закупать ~** Ausrüstungen (Anlagen) beschaffen (beziehen); **импортировать ~** Ausrüstungen (Anlagen) einführen; **монтировать ~** Ausrüstungen (Anlagen) montieren; **поставлять ~** Ausrüstungen (Anlagen) liefern; **приобретать ~** Ausrüstungen (Anlagen) beschaffen; **продавать ~** Ausrüstungen (Anlagen) verkaufen; **производить ~** Ausrüstungen (Anlagen) bauen; **экспортировать ~** Ausrüstungen (Anlagen) ausführen (exportieren); **вспомогательное ~** Hilfsausrüstung *f*; **заводское ~** Werkseinrichtungen *pl*; **запасное ~** Ersatzausrüstungen *pl*; **капитальное ~** Investitionsgüter *pl*, Ausrüstungsgüter *n*; **комплектное ~** komplette Ausrüstung; **конторское ~** Büroausstattung *f*; **копировальное ~** Kopiergerät *n*; **лабораторное ~** Laboreinrichtungen *pl*; **~ магазина** Laden|ausstattung *f*, -einrichtung *f*; **машинное ~** Maschinenausrüstung *f*; **новое ~** Neuausstattung *f*; **~ офиса** Geschäftsausstattung *f*, Büro|ausstattung *f*, -einrichtung *f*; **~ предприятия** Betriebs|anlagen *pl*, -ausrüstung *f*, -ausstattung *f*, -einrichtung *f*, Werkseinrichtungen *pl*; **производственное ~** Betriebs|anlagen *pl*, -ausrüstung *f*, -ausstattung *f*, -einrichtung *f*, Fertigungsanlagen *pl*; **промышленное ~** Industrie|anlagen *pl*, -ausrüstung *f*, -einrichtung *f*, industrielle Ausrüstungen; **резервное ~** Reserveausrüstung *f*; **~, сделанное по заказу (специальное ~)** Sonderausstattung *f*; **станочное ~** Maschinenausrüstung *f*; **технологическое ~** technische Einrichtungen; **торговое ~** Ladenausstattung *f*, Geschäftsausstattung *f*

оборудовать ausrüsten, ausstatten, einrichten; installieren; **~ дом (квартиру)** ein Haus (eine Wohnung) einrichten; **~ на собственные средства** mit Eigenmitteln ausstatten

обоснование *n* Begründung *f*, Nachweis *m*, Argumente *pl*; **давать ~** begründen, nachweisen, argumentieren, den Nachweis erbringen; **документальное ~** belegmäßiger Nachweis; **~ иска** Klagebegründung *f*; **письменное ~** schriftliche Begründung; **подробное ~** nähere Begründung

обосновывать begründen, nachweisen, argumentieren; **~ документально** durch Belege nachweisen, dokumentieren; **~ решение** eine Entscheidung begründen; **~ своё мнение (свою позицию)** seine Einstellung begründen; **~ свое право** seinen Anspruch begründen

обособление *n* Abschottung *f*, Absonderung *f*, Verselbstständigung *f*; **~ рынков** Marktabschottung *f*

обособлять(ся) absondern; (sich) verselbstständigen

обострение *n* Verschärfung *f*, Zuspitzung *f*; **~ конкуренции (конкурентной борьбы)** Verschärfung des Wettbewerbs

обоюдн|ый beiderseitig, gegenseitig, wechselseitig; **-ая выгода** *f* beiderseitiger (gegenseitiger) Vorteil

обрабатывать aufarbeiten, bearbeiten, behandeln, verarbeiten; abfertigen; **~ грузы** Güter umschlagen, abfertigen; **~ землю** den Boden bestellen (bewirtschaften); **~ данные (информацию)** Daten (Informationen) verarbeiten; **~ корреспонденцию (почту)** die Korrespondenz (Post) bearbeiten

обработка *f* Bearbeitung *f*, Verarbeitung *f*, Formgebung *f*, Behandlung *f*; Bestellung *f*, Bewirtschaftung *f*; Abfertigung *f*; **~ грузов** Güterabfertigung *f*; **дальнейшая ~** Weiterbehandlung *f*; **~ данных** Datenverarbeitung *f*, Informationsverarbeitung *f*; **~ документации** Belegwesen *n*; **дополнительная ~** Nacharbeit *f*, Nachbehandlung *f*, Weiter|verarbeitung *f*, -veredelung *f*; **~ земли** Bodenbewirtschaftung *f*; **~ информации** Informations|aufbereitung *f*, -auswertung *f*, -verarbeitung *f*; **конечная ~** Feinbearbeitung *f*; **~ корреспонденции** Postbearbeitung *f*, Bearbeitung der Korrespondenz (Post); **окончательная ~** Endfertigung *f*; **первичная ~** Erstbearbeitung *f*; **предварительная ~** Vorbehandlung *f*; **складская ~ грузов** Lagerbehandlung *f*; **статистическая ~** statistische Aufbereitung; **таможенная ~** Zollbehandlung *f*; **чистовая ~** Feinbearbeitung *f*; **электронная ~ данных** elektronische Datenverarbeitung

образ *m* **действий** Verhalten *n*, Gebaren *n*

образ|ец *m* Muster *n*, Musterstück *n*, Probe *f*, Probestück *n*, Modell *n*, Vorbild *n*; **выставлять -цы** Muster ausstellen (vorlegen); **исследовать -ец** eine Probe untersuchen; **покупать по -цу** nach Muster kaufen; **прилагать -ец** ein Muster beilegen; **разрабатывать -ец** ein Modell (Muster) erstellen; **бесплатный -ец** Gratis|muster *n*, -probe *f*, Muster ohne Wert; **испытуемый -ец** Prüfling *m*; **коммерческий -ец** Handelsmuster *n*; **коммерческий -ец товара** Warenmuster *n*; **-ец не для продажи** unverkäufliches Muster; **новейший -ец** neuestes Modell; **опытный -ец** Versuchsmuster *n*, Musterstück *n*; **патентованный -ец** Schutzmuster *n*; **по -цу** nach Muster, gemäß Probe; **-ец подписи** Unterschriftsprobe *f*; Unterschriftsmuster *n*; **промышленный -ец** Gebrauchsmuster *n*; **рекламный -ец** Werbemuster *n*; **стандартный -ец** Standardmodell *n*; **типовой -ец** Typenmuster *n*; **-ец товара** Waren|probe *f*, -muster *n*; **-ец товара без указания стоимости** Warenmuster ohne Handelswert

образование *n* Bildung *f*, Ausbildung *f*; **заканчивать ~** die Ausbildung abschließen; **высшее ~** Hochschulbildung *f*; **законченное ~** abgeschlossene Ausbildung; **~ запасов** Bestandsbildung *f*, Vorratsbildung *f*; **коммерческое ~** kaufmännische Ausbildung, Ausbildung als Kaufmann; **~ капитала** Kapitalbildung *f*; **~ картеля** Kartellbildung *f*; **~ концерна** Konzernbildung *f*; **~ ликвидности** Liquiditätsschöpfung *f*; **муниципальное ~** *(Admin)* munizipales Gebilde, munizipale Einheit; **народное ~** Volksbildung *f*; **~ олигополии** Oligopolbildung *f*; **~ прибыли** Gewinnbildung *f*; **профессиональное ~** Berufausbildung *f*, berufliche Ausbildung, Fachausbildung *f*; **~ резервов** Reservebildung *f*, Bestandsbildung *f*; **~ складских запасов** Lageraufbau *m*; **среднее специальное ~** Fachschulbildung *f*; **школьное ~** Schulbildung *f*

образовывать bilden

образцовый musterhaft, vorbildlich

обратимость *f* Konvertibilität *f*, Konvertierbarkeit *f*, Umtauschbarkeit *f*; **~ валют** Währungskonvertibilität *f*; **~ валют для нерезидентов** Ausländerkonvertibilität *f*

обратимый konvertibel, konvertierbar, umtauschbar

обращаемость *f* Umlauffähigkeit *f*, Umlaufgeschwindigkeit *f*

обращаться umlaufen, im Umlauf sein; behandeln; ansprechen; **~ в суд** das Gericht anrufen, bei Gericht verklagen; **осторожно ~** sorgfältig behandeln

обращени|е *n* Umlauf *m*, Verkehr *m*, Umgang *m*; Behandlung *f*; **вводить в -е** in Umlauf (den Verkehr) bringen; **изымать из -я** aus dem Verkehr ziehen; **находиться в -и** in Umlauf sein, umlaufen; **-е банкнот** Banknotenumlauf *m*, Notenumlauf *m*; **бережное -е** sparsamer Umgang, sparsame (schonende) Behandlung; **вексельное -е** Wechsel|umlauf *m*, -verkehr *m*; **денежное -е** Geld|umlauf *m*, -verkehr *m*, Bargeldumlauf *m*; **-е иностранных**

валют Devisenverkehr *m*; **-е к рынку долгосрочных ссудных капиталов** Inanspruchnahme des Kapitalmarktes; **-е капитала** Kapitalverkehr *m*; **налично-денежное -е, -е наличных средств** Bargeldumlauf *m*; **небрежное -е** nachlässige Behandlung; **неправильное -е** unsachgemäße Behandlung; **осторожное -е** sorgfältige Behandlung; **товарное -е** Warenverkehr *m*; **-е ценных бумаг** Wertpapier|umlauf *m*, -verkehr *m*

обременение *n* **ипотекой** hypothekarische Belastung

обследование *n* Untersuchung *f*, Prüfung *f*; Erhebung *f*; **выборочное ~** Stichprobenprüfung *f*; **статистическое ~** statistische Erhebung

обслуживани|е *n* Bedienung *f*, Betreuung *f*, Service *m*, Pflege *f*, Wartung *f*; **пренебрегать сервисным -ем** den Kundendienst vernachlässigen; **проводить сервисное -е** den Kundenservice durchführen; **проводить техническое -е** eine Wartung durchführen; **быстрое -е** schnelle Bedienung; **бытовое -е** Dienstleistungsgewerbe *n*; Leistungserstellung *f*, Versorgung mit Dienstleistungen; **-е внешнего долга** Bedienung der Außenschulden; **-е внутреннего долга** Bedienung der Staatsschulden; **-е вручную** manuelle Bedienung; **-е депозитного счета** Führung eines Sparkontos; **-е долга** Schuldendienst *m*; **квалифицированное -е** fachkundige Bedienung, fachliche Betreuung, sachgemäße Wartung; **-е клиентов** Bedienung (Betreuung) von Kunden, Kunden|bedienung *f*, -betreuung *f*, Dienst am Kunden; **кассовое -е** Kassenabfertigung *f*; **-е кредитных карт** Acquiring *n*; **массовое -е** Massenabfertigung *f*; **медицинское -е** ärztliche Betreuung; **межремонтное -е** laufende Wartung; **неквалифицированное -е** unsachgemäße Wartung (Behandlung); **послепродажное -е** After-Sale-Service *m*, Nachverkaufsservice *m*; **сервисное -е** Kunden|betreuung *f*, -dienst *m*, Service *m*; **-е станка** Bedienung einer Maschine; **-е счетов** Kontenführung *f*, Kontoführung *f*; **техническое -е** technischer Service, (technische) Wartung; **удобный в -ии** wartungsfreundlich; **-е ценных бумаг** Verwaltung der Wertpapiere

обслуживать bedienen, betreuen, pflegen, warten; **~ клиента (покупателя)** einen Kunden bedienen (betreuen)

обстановка *f* Lage *f*, Situation *f*, Verhältnisse *pl*; Ausstattung *f*, Einrichtung *f*

обстоятельства *f* **дела** Sachlage *f*, Sachverhalt *m*, Tatbestand *m*

обсуждать behandeln, beraten, besprechen, erörtern; **~ план** einen Plan besprechen

обсуждение *n* Beratung *f*, Besprechung *f*, Erörterung *f*; **~ бюджета** Budget|beratung *f*, -debatte *f*

обсчёт *m* Übervorteilung *f*

обсчитывать übervorteilen, betrügen bei Abrechnung

обусловленный bedingt; **~ спецификой отрасли** branchenbedingt; **~ спецификой (условиями) производства** betriebsbedingt, produktionsbedingt

обучаемый Auszubildende (Azubi) *m*, Anlernling *m*, Trainee *m*

обучать ausbilden, schulen; **~ персонал** Personal ausbilden; **~ сотрудников** Mitarbeiter schulen

обучение *n* Ausbildung *f*, Lehre *f*, Schulung *f*, Training *n*; **заканчивать ~** die Ausbildung abschließen; **проводить ~** die Schulung durchführen, ausbilden, schulen; **~ за пределами предприятия** Ausbildung außerhalb des Arbeitsplatzes, überbetriebliche Ausbildung, Training off the job; **~ и повышение квалификации** Fort- und Weiterbildung *f*; **интенсивное ~** Intensivausbildung *f*, intensive Ausbildung; **~ кадров (персонала)** Personal|ausbildung *f*, -training *n*, Ausbildung (Training) des Personals; **~ клиентов обращению с товарами** Kundenschulung *f*; **~ на компьютере** Ausbildung am Computer; **~ на предприятии** Ausbildung am Arbeitsplatz, Training on the job; **производственное ~** betriebliche Ausbildung; **профессиональное ~**

Fachausbildung *f*; ~ **руководящих кадров** Führungstraining *n*; ~ **и подготовка руководящих кадров** Führungskräfteentwicklung *f*; ~ **специалистов** Ausbildung von Fachkräften (Facharbeitern); **электронное** ~ *(Comp)* E-Learning *n*

общедоступн|ый erschwinglich, leicht zugänglich; **по -ым ценам** zu erschwinglichen Preisen

общение *n* Verkehr *m*, Umgang *m*; **деловое** ~ Geschäftsverkehr *m*; ~ **с людьми** Kommunikation (Umgang) mit Menschen

общеполезн|ый gemeinnützig; **-ое учреждение** *n* gemeinnützige Einrichtung

общепринятый üblich, allgemeingültig

общественность *f* Öffentlichkeit *f*

общественн|ый gesellschaftlich, öffentlich, Gesellschafts-; **-о полезное учреждение** *n* gemeinnützige Einrichtung; **-ая полезность** *f* Gemeinnützigkeit *f*; **-ый строй** *m* Gesellschaftsordnung *f*; **-ый транспорт** *m* öffentliche Verkehrsmittel

общество *n* Gesellschaft *f*, Verein *m*, Verband *m*; **вступать в** ~ in eine Gesellschaft (einen Verein) eintreten, einer Gesellschaft beitreten; **ликвидировать** ~ eine Gesellschaft auflösen (löschen); **образовывать (основывать)** ~ eine Gesellschaft (einen Verband, einen Verein) errichten (gründen); **регистрировать** ~ **в торговом реестре** eine Gesellschaft ins (im) Handelsregister eintragen (lassen); **руководить (управлять) -м** eine Gesellschaft leiten; **акционерное** ~ Aktiengesellschaft *f*; **акционерное** ~ **открытого типа** Publikums(aktien)gesellschaft *f*; ~ **взаимного кредита** Kreditgesellschaft auf Gegenseitigkeit; ~ **взаимного страхования** Versicherungsverein auf Gegenseitigkeit; ~ **всеобщего благоденствия** Wohlstandsgesellschaft *f*; **~-внук** Enkelgesellschaft *f*; **головное** ~ Dachgesellschaft *f*, Obergesellschaft *f*, herrschende Gesellschaft; **гражданское** ~ Zivilgesellschaft *f*; **дочернее** ~ Tochtergesellschaft *f*; **единоличное** ~ Einmanngesellschaft *f*; **зарегистрированное** ~ eingetragener Verein, eingetragene Gesellschaft; **индустриальное** ~ Industriegesellschaft *f*; **коммандитное** ~ Kommanditgesellschaft *f*; **консолидированное** ~ konsolidierte Gesellschaft; **~-мать** Muttergesellschaft *f*, Dachgesellschaft *f*, Holdinggesellschaft *f*; **неправоспособное** ~ nicht rechtsfähiger Verein; ~ **образованное в соответствии с нормами частного права** privatrechtlicher Verein; **перестраховочное** ~ Rückversicherungsgesellschaft *f*; **~-покупатель** übernehmende Gesellschaft; ~ **потребления** Konsumgesellschaft *f*; **правоспособное** ~ rechtsfähiger Verein; **~-продавец** übertragende Gesellschaft; ~ **с неограниченной ответственностью** Gesellschaft mit unbeschränkter Haftung; ~ **с ограниченной ответственностью** Gesellschaft mit beschränkter Haftung; ~ **свободной конкуренции** Konkurrenzgesellschaft *f*, Wettbewerbsgesellschaft *f*; **~, связанное защитой общих интересов** Interessengemeinschaft *f*; **~, состоящее из двух компаньонов** Zweimanngesellschaft *f*; **страховое** ~ Versicherungsgesellschaft *f*; **финансовое** ~ Finanzgesellschaft *f*; **~, функционирующее на основе принципа взаимности** Gegenseitigkeitsgesellschaft *f*

общеэкономический gesamtwirtschaftlich

общ|ий allgemein, gemein, gemeinsam, gemeinschaftlich, Gemeinschafts-, General-, Gesamt-; **-ие издержки** *pl* allgemeine Kosten, Gesamtaufwand *m*; **-ая оговорка** *f* Generalklausel *f*; **-ая польза** *f* Gemeinnützigkeit *f*; **-ая реклама** *f* Gemeinschaftswerbung *f*; **-ее собрание** *n* **акционеров** Generalversammlung *f*; **-ие условия** *pl* **поставок** allgemeine Lieferbedingungen

община *f* Gemeinde *f*

общительность *f* Kontaktfreudigkeit *f*, Geselligkeit *f*

общность *f* Gemeinschaft *f*; **имущественная** ~ Gütergemeinschaft *f*; ~ **интересов** Interessengemeinschaft *f*

объединение *n* Vereinigung *f*, Verein *m*, Verband *m*; Fusion *f*, Zusammenschluss *m*, Zusammenlegung *f*, Aggregation *f*, Einigung *f*; **входить (вступать) в ~** in einen Verein eintreten; **образовывать (основывать) ~** einen Verband (einen Verein, eine Vereinigung) gründen (bilden); **~ акционеров для защиты своих интересов** Aktionärsvereinigung *f*; **~ банков** Bankverband *m*; **~ в картель** Kartellierung *f*, Kartellbindung *f*; **~ для проведения закупок** Einkaufs|gemeinschaft *f*, -vereinigung *f*; **зарегистрированное ~** eingetragener Verein; **отраслевое ~** Fachverband *m*; **~ потребителей** Konsumentenvereinigung *f*, Verbraucherverband *m*; **~ предложений** Aggregation der Angebote; **~ предпринимателей** Unternehmerverband *m*; **~ предпринимателей для получения прибыли** Gewinngemeinschaft *f*; **производственное ~** Industrievereinigung *f*; **профессиональное ~** berufsmäßige Vereinigung, Interessenverband *m*; **~ профсоюзов** Gewerkschaftsbund *m*; **~ сберкасс и жиробанков Германии** der Deutsche Sparkassen- und Giroverband; **торговое ~** Handelsverein *m*; **~ физических лиц для проведения инвестиций в ценные бумаги** Investmentclub *m*

объединять vereinigen, verbinden, zusammenschließen, zusammenlegen; **-ся в консорциум** sich zu einem Konsortium zusammenschließen; **-ся с другим предприятием** sich mit einem anderen Unternehmen zusammenschließen

объект *m* Objekt *n*, Gegenstand *m*; **~ амортизации** Abschreibungsobjekt *n*; **арендованный ~ (~ аренды)** Mietobjekt *n*, Pachtobjekt *n*; **инвестиционный ~** Investitionsobjekt *n*; **~ купли-продажи** Kauf|gegenstand *m*, -objekt *n*; **~ лицензии** Lizenzgegenstand *m*; **материальный ~ основного капитала** Anlagegegenstand *m*, Sachalage *f*; **~ налогообложения** Besteuerungsgegenstand *m*, Steuer|gegenstand *m*, -objekt *n*; **~ наследования** Nachlassgegenstand *m*; **~ недвижимости** Immobilie *f*, Liegenschaft *f*; **~ оценки** Bewertungsobjekt *n*; **~ планирования** Planungsgegenstand *m*; **~ права** Rechtsobjekt *n*; **~, приносящий доход (прибыль)** Renditeobjekt *n*; **~, служащий залогом** Pfandgegenstand *m*; **~ стоимости (стоимостный ~)** Wertgegenstand *m*; **~ страхования** Versicherungsgegenstand *m*; **хозяйственнный ~** Wirtschaftseinheit *f*

объём *m* Umfang *m*, Volumen *n*; Höhe *f*; Inhalt *m*, Raum *m*; **~ вкладов** Einlagenvolumen *n*, Volumen der Einlagen; **~ внешней торговли** Außenhandelsvolumen *n*; **~ выработки (выпуска)** Produktionsvolumen *n*; **~ денежной массы** Geldmengenziel *n*; **~ денежного обращения** Geldvolumen *n*; **~ добычи** Fördermenge *f*; **~ заказа** Umfang eines Auftrags; **~ затрат (издержек)** Kostenhöhe *f*; **~ импорта** Einfuhrvolumen *n*, Importvolumen *n*; **~ инвестиций (капиталовложений)** Investitions|höhe *f*, -umfang *m*, -volumen, Umfang der Investitionen, Höhe der Kapitalanlage; **~ кредитования** Kreditvolumen *n*; **минимальный ~ заказа** Mindestauftragsvolumen *n*; **минимальный физический ~** Mindestmenge *f*; **~ оборота** Umsatz|höhe *f*, -volumen *n*, Volumen des Umsatzes; **общий ~ экспорта** Gesamtausfuhren *pl*; **~ ответственности** Haftungsumfang *m*; **~ пассажирских перевозок** Passagieraufkommen *n*; **~ перевозок** Transportvolumen *n*; **~ перераспределяемых средств** Umverteilungsvolumen *n*; **плановый ~** Planungsumfang *m*, Planmenge *f*; **~ планирования** Planungs|rahmen *m*, -umfang *m*; **полезный ~** Nutzinhalt *m*; **~ полномочий** Umfang der Vollmacht; **полный ~ поставок** Gesamtlieferung *f*; **~ поставок** Liefer|höhe *f*, -menge *f*, -umfang *m*; **~ предоставляемых услуг** Leistungsumfang *m*; **~ продаж** Umsatz *m*, Handelsumsatz *m*, Verkaufs|menge *f*, -volumen *n*; **~ продаж акций** Aktienumsatz *m*; **~ продаж за прошлый год** Vorjahresumsatz *m*; **~ продаж на**

экспорт Ausfuhrumsatz *m*; **~ произведённой продукции** Produktionsmenge *f*; **~ производства** Produktionsumfang *m*; **~ работ(ы)** Arbeits|anfall *m*, -menge *f*, Leistungsumfang *m*; **~ реализации (сбыта)** Absatzvolumen *n*; **~ страховой ответственности** Versicherungsschutz *m*, Versicherungsumfang *m*; **~ товарооборота** Warenvolumen *n*; **~ торговли** Handelsvolumen *n*; **удельный ~** spezifisches Volumen; **физический ~ производства** Produktionsmenge *f*; **~ финансирования** Finanzierungs|-rahmen *m*, -volumen *n*; **~ экспорта** Ausfuhrvolumen *n*; **~ эмиссии** Ausgabevolumen *n*, Emissionsvolumen *n*, Zeichnungsvolumen *n*

объявление *n* Bekanntmachung *f*, Anzeige *f*, Annonce *f*, Inserat *n*; Aushang *m*; **давать ~ (в газете)** eine Annonce (eine Anzeige, ein Inserat) aufgeben; **опубликовать (помещать) ~** annoncieren eine Anzeige aufgeben; **~ в газете** Zeitungs|annonce *f*, -anzeige *f*; **~ конкурса** Konkurserklärung *f*; **~ о банкротстве** Konkursanmeldung *f*; **~ о замещении вакантной должности** Stellenanzeige *f*; **~ о найме рабочей силы** Arbeitsangebot *n*; **~ о тираже розыгрыша** Auslosungsanzeige *f*; **~ открытого конкурса** Ausschreibung *f*; **официальное ~** amtliche Bekanntmachung; **~ подписки на опционы** Zeichnungsangebot von Optionsscheinen; **~ подписки на ценные бумаги** Zeichnungsangebot *n*

объявлять bekanntmachen, bekanntgeben, erklären; **~ о банкротстве** den Bankrott (Konkurs) erklären (anmelden), für zahlungsunfähig erklären; **~ забастовку** einen Streik ausrufen; **~ имеющим обязательную силу** für verbindlich erklären; **~ конкурс на замещение вакантной должности** eine Stelle ausschreiben; **~ недействительным** für nichtig (null und nichtig) erklären; **~ о подписке на заём** ein Zeichnungsangebot auf eine Anleihe abgeben; **~ о своём согласии** sich einverstanden erklären; **~ об отказе** den Verzicht erklären; **~ об увольнении** kündigen; **~ подписку на заём** eine Anleihe zur Zeichnung auflegen

обыча|й *m* Brauch *m*, Gepflogenheit *f*, Gewohnheit *f*, Sitte *f*, Usance *f*, Usus *m*; **биржевые -и** Börsenusancen *pl*; **деловой -й** geschäftliche Gepflogenheit, Geschäftsbrauch *m*, Usance *f*, *(Recht)* Verkehrssitte *f*; **платёжные -и** Zahlungsgewohnheiten *pl*; **торговый -й** Geschäftsbrauch *m*, Handels|sitte *f*, -usance *f*, Verkehrssitte *f*, Usance *f*

обычн|ый gewöhnlich, konventionell, üblich, Gewohnheits-; **-ый для данного места (местности)** ortsüblich; **-ое право** *n* Gewohnheitsrecht *n*

обязанност|ь *f* Obliegenheit *f*, Pflicht *f*, Verpflichtung *f*; **взять на себя -и** Pflichten (Verpflichtungen) übernehmen; **вменять в -ь** zur Pflicht machen; **возлагать -ь** eine Pflicht (Verpflichtung) auferlegen; **выполнять -и** Obliegenheiten (Pflichten, Verpflichtungen) erfüllen, den Pflichten (Verpflichtungen) nachkommen; **делегировать (передавать) -и** Pflichten übertragen; **нарушать -и** Pflichten (Verpflichtungen) verletzen; **ограничивать -и** Verpflichtungen beschränken; **определять -и** Verantwortlichkeiten festlegen; **-ь банка предоставлять сведения о своей деятельности** Bankpublizität *f*; **-ь ведения бухгалтерского учёта** Aufzeichnungspflicht *f*; **-ь возмещения убытков по регрессному иску** Regresspflicht *f*; **-ь возмещения ущерба** Schadensersatzpflicht *f*; **-ь добросовестно исполнять служебные функции** Treuepflicht *f*; **договорные -и** Vertragspflichten *pl*, vertragliche Pflichten; **-ь заключать договоры** Abschlusszwang *m*; **-ь компенсации** Ausgleichspflicht *f*; **-ь налогово-финансового ведомства расследовать все случаи уклонения от уплаты налогов** Amtspflicht *f*; **несовместимый с -ями** pflichtwidrig; **-ь платить подоходный налог** Einkommensteuerpflicht *f*; **-и по закону** gesetzliche Pflichten; **-ь по уменьшению убытков** Schadenminderungsklausel; **-ь предоставления гарантии** Garantiepflicht *f*, Einstandspflicht *f*, Gewährleistungspflicht *f*; **-ь предоставлять (финансовые) документы на проверку** Offenlegungspflicht *f*; **-ь предпринимателя предоставлять работу** Beschäftigungspflicht *f*; **-ь предоставлять отчёты** Bericht(erstattung)spflicht *f*; **-ь производить отчисления** Abführungs|pflicht, -verpflichtung *f*; **-ь публикации годового баланса (отчёта)** Publikationspflicht *f*, Publizitätspflicht *f*, Veröffentlichungspflicht *f*; **служебные -и** Amtspflichten *pl*, Dienst *m*; **-ь соблюдать добросовестность и честность** Sorgfaltspflicht *f*; **-и согласно трудовому договору** Pflichten aus dem Arbeitsvertrag; **-ь транспортных предприятий публиковать тарифы** Tarifpflicht *f*; **-ь указывать цены** Preisauszeichnungspflicht *f*; **-ь хранения деловой документации (в течении десяти лет)** Aufbewahrungspflicht *f*

обязанн|ый verpflichtet, -pflichtig; **~ внести залог (предоставить поручительство)** kautionspflichtig; **~ отчитываться (предоставлять отчёт)** rechenschaftspflichtig

обязательн|ый bindend, verbindlich, Pflicht-; **-ый взнос** *m* Pflichtbeitrag *m*; **-ое страхование** *n* Pflichtversicherung *f*; **-ый член** *m* Pflichtmitglied *n*

обязательств|о *n* Verpflichtung *f*, Verbindlichkeit *f*; **аннулировать -о** die Verpflichtung aufheben; **брать на себя -о** eine Verpflichtung (Verbindlichkeit) eingehen (übernehmen), sich vertraglich verpflichten; **выполнять -о** eine Verpflichtung erfüllen, seinen Verbindlichkeiten nachkommen; **нарушать -о** die Verpflichtung verletzen; **обосновать -а** Verpflichtungen begründen; **ограничивать -а** Verpflichtungen beschränken; **погашать -а** Verbindlichkeiten tilgen; **бланкетное -о** Blankett *n*; **вексельное ~** Wechselverbindlichkeit *f*; **взятые -а** eingegangene (übernommene) Verpflichtungen; **-о возместить ущерб** Verpflichtung zum Schadensersatz; **-о возмещения расходов** Rembourszusage *f*; **-а, вытекающие из договора** Vertragsverflichtungen *pl*, Bürgschaftsverbindlichkeiten *pl*; **гарантийное -о** Garantie|pflicht *f*, -verpflichtung *f*, -zusage *f*, Gewährleistungs|garantie *f*, -verpflichtung *f*; **долговое -о** Obligation *f*, Schuldverschreibung *f*, Schuldschein *m*; **долгосрочное -о** langfristige Verpflichtung (Verbindlichkeiten); **договорное -о (-о по договору)** Vertragsverpflichtung *f*, vertragliche Verpflichtung, Verpflichtung aus dem Vertrag; **казначейское -о** Schatzanweisung *f*; **кассовое -о** Kassenschein *m*; **краткосрочные -а** kurzfristige Verbindlichkeiten; **краткосрочные долговые -а** Notes; **-о не обременять недвижимость ипотекой** Negativerklärung *f*; **ордерное долговое -о** Orderschuldverschreibung *f*; **платёжное -о** Zahlungsverpflichtung *f*; **-о перед клиентами** Verpflichtung gegenüber Kunden; **-о по векселю** Wechselverbindlichkeit *f*; **-а по наследству** Nachlassverbindlichkeiten *pl*; **-а по отношению к третьим лицам** Verpflichtung gegenüber Dritten; **-о по пенсионному обеспечению** Pensionsverpflichtung *f*; **-о по переучету векселей** Rediskontobligo *n*; **-а по погашению** Tilgungsverpflichtungen *pl*; **-о по поставкам** Ablieferungspflicht *f*; **-а, подлежащие погашению** fällige Verbindlichkeiten; **-а по поставкам и услугам** Verbindlichkeiten aus Lieferungen und Leistungen; **-о по проведению интервеции** Interventionspflicht *f*; **прочие -а** sonstige Verbindlichkeiten; **связывающее -о** bindende Verpflichtung; **-а согласно тарифному соглашению** Tarif|gebundenheit *f*, -bindung *f*; **солидарное -о** Gesamtschuld *f*; **среднесрочные -а** mittelfristige Verbindlichkeiten; **-о, срок исполнения которого наступил** fällige Verpflichtung; **срочные -а** Terminengagements *pl*; **тарифные -а** Tarifbindung *f*; **финансовое -о** finanzielle Verpflichtung

обязывать verpflichten

обязываться sich verpflichten
овердрафт *m* Überziehung *f*, Kontoüberziehung, Kreditüberziehung *f*; **беспроцентный ~** Swing(kredit) *m*; **разрешённый ~** Überziehungskredit *m*
овернайт *m* Übernacht-Position *f*; Tagesgeld *n*
овладевать beherrschen, meistern
овладение *n* Beherrschung *f*, Meisterung *f*
оговаривать ausbedingen, sich vorbehalten, vereinbaren; **~ в договоре** vertraglich vereinbaren; **~ себе право** sich das Recht vorbehalten; **~ цены** Preise vereinbaren
оговоренн|ый vereinbart; **-ое качество** *n* vereinbarte Qualität; **-ый срок** *m* **действия** vereinbarte Laufzeit; **-ая цена** *f* vereinbarter Preis
оговорк|а *f* Vorbehalt *m*, Klausel *f*, einschränkende Bestimmung; **включать -у в договор** eine Klausel in einen Vertrag aufnehmen; **арбитражная -а** Schieds(gerichts)klausel *f*; **без -и** ohne Vorbehalt; **-а в бухгалтерских книгах** Berichtigungsvermerk *m*; **валютная -а** Valutaklausel *f*, Währungsklausel *f*, Geldwertsicherungsklausel *f*; **генеральная -а** Generalklausel *f*; **-а доброй воли** Goodwill-Klausel; **долларовая -а** Dollarklausel *f*; **запретительная -а** Sperrvermerk *m*; **-а, запрещающая должнику совершать операции** Negativklausel *f*; **защитная -а** Schutzklausel *f*; **золотая -а** Goldklausel *f*; **мысленная (подразумеваемая) -а** geheimer Vorbehalt; **-а о выплате предъявителю** Überbringerklausel *f*; **-а о гарантиях** Garantie|klausel *f*, -vermerk *m*; **-а о действии непреодолимой силы** Force-majeure-Klausel *f*; **-а о паритете** Paritätsklausel *f*; **-а о переводе (трансферте)** Transferklausel *f*; **-а о порядке очередности** Rangvorbehalt *m*; **-а о праве на расторжение договора** Rücktrittsvorbehalt *m*; **-а о праве собственности (-а о сохранении права собственности на товар вплоть до его полной оплаты)** Eigentumsvorbehalt *m*; **-а о пропорциональном распределении страховой ответственности** Havarieklausel *f*; **-а о режиме наибольшего благоприятствования** Meistbegünstigungsklausel *f*; **-а о стабильности цен** Wertsicherungsklausel *f*; **-а о ставке нетто-процента** Nettozinsklausel *f*; **-а об изменении процентной ставки** Zinsgleitklausel *f*; **-а об исключении конкуренции** Konkurrenzklausel *f*, Wettbewerbsklausel *f*; **-а об обстоятельствах непреодолимой силы** Force-majeure-Klausel *f*, Höhere-Gewalt-Klausel *f*; **-а об опционе** Optionsklausel *f*; **общая -а** Generalklausel *f*; **-а относительно цены** Preis|vorbehalt *m*, -klausel *f*; **патентная -а** Patentklausel *f*; **-а приказу, превращающая документ в оборотный** Orderklausel *f*; **с -ой** vorbehaltlich, mit Vorbehalt, unter dem Vorbehalt; **Сальваторская -а** Salvatorische Klausel; **тайная -а** geheimer Vorbehalt
ограничени|е *n* Beschränkung *f*, Einschränkung *f*, Begrenzung *f*; Behinderung *f*, Restriktion *f*; **вводить -я** Beschränkungen auferlegen; **снимать -я** von Beschränkungen befreien, Beschränkungen beseitigen; **валютные -я** Devisen|beschränkungen *pl*, -bewirtschaftung *f*, -restriktionen *pl*; **-е импорта** Einfuhr|behinderung *f*, -beschränkung *f*, -restriktion *f*, Behinderung der Einfuhr, Import|beschränkung *f*, -restriktion *f*; **количественное -е** mengenmäßige Beschränkung; **-е конкуренции** Wettbewerbs|beschränkung *f*, -einschränkung *f*, Beschränkung des Wettbewerbs; **-е кредита** Kredit|einschränkung *f*, -limitierung *f*, -restriktion *f*; **-е обращаемости** Beschränkung der Übertragbarkeit; **-е ответственности** Haftungsbeschränkung *f*; **-е полномочий** Vollmachtsbeschränkung *f*; **-е потребления** Konsumeinschränkung *f*; **-е производства** Produktions|beschränkung *f*, -einschränkung *f*; **-е расходов** Ausgabeneinschränkung *f*, Einschränkung der Ausgaben; **-я сбыта** Absatzbeschränkungen *pl*; **-е**

спроса Nachfragedrosselung *f*; **-е строительства** Baubeschränkung *f*; **торговые -я** Handels|beschränkungen *pl*, -restriktionen *pl*; **-е экспорта** Ausfuhr|beschränkung *f*, -restriktion *f*, Export|beschränkungen *f*, -restriktion *f*

ограниченность *f* Beschränktheit *f*, Enge *f*; **~ рынка** Marktenge *f*

ограниченн|ый begrenzt, beschränkt, eingeschränkt; **-ая дееспособность** *f* beschränkte Geschäftsfähigkeit; **-о дееспособный** beschränkt geschäftsfähig; **-ая ответственность** *f* beschränkte Haftung; **-ый сроком** befristet, zeitlich begrenzt

ограничивать begrenzen, beschränken, einschränken, behindern; **~ импорт** die Einfuhr behindern (beschränken); **~ объём закупок** Einkäufe einschränken; **~ потребление** den Verbrauch einschränken; **~ расходы** Ausgaben begrenzen (beschränken, einschränken)

ограничительн|ый beschränkend, einschränkend, restriktiv, Restriktions-; **-ая мера** *f* Restriktionsmaßnahme *f*; **-ая кредитная политика** *f* restriktive Kreditpolitik

одежда *f* Bekleidung *f*, Kleidung *f*; **защитная ~** Schutzkleidung *f*; **специальная ~** Berufs(be)kleidung *f*, Schutzkleidung *f*

одиночка *f* Alleinstehende *m (f)*, Einzelgänger *m*; **мать-~** Alleinerziehende *f*; **отец-~** Alleinerziehender *m*

односменный einschichtig

оживление *n* Belebung *f*, Erholung *f*, Wiederaufschwung *m*, Wiederbelebung *f*; **временное ~** vorübergehende Erholung; **~ деловой активности** Geschäftsbelebung *f*, Erholung des Geschäfts; **~ инвестиционной активности** Belebung der Investitionstätigkeit; **~ конъюнктуры** Konjunktur|belebung *f*, -erholung *f*, Belebung der Konjunktur, konjunkturelle Erholung; **~ конъюнктуры рынка** Markt|belebung *f*, -erholung *f*; **~ потребительского спроса** Verbrauchsbelebung *f*; **~ рынков** Erholung der Märkte; **~ сбыта** Absatzbelebung *f*; **~ спроса** Nachfragebelebung *f*; **~ экономики** Wirtschafts|erholung *f*, -belebung *f*, wirtschaftliche Belebung, Erholung der Wirtschaft

оживлять beleben, ankurbeln; **~ дело** ein Geschäft ankurbeln

ожидаемая прибыль *f* Gewinnerwartung *f*

ожидаемый спрос *m* Nachfrageerwartung *f*

ожидани|е *n* Erwartung *f*; **оправдать -я** den Erwartungen entsprechen; **инфляционные -я** Inflationserwartungen *pl*; **-я потребителей** Verbrauchererwartungen *pl*

оздоровление *n* Sanierung *f*, Gesundung *f*; **~ инфраструктуры** Sanierung der Infrastruktur; **~ окружающей среды** Sanierung der Umwelt; **~ экономического положения** Gesundung der Wirtschaftssituation

оздоравливать sanieren; **~ финансовое положение** Finanzen sanieren

оказание *n* Erbringung *f*, Erstellung *f*, Erweisung *f*, Gewährung *f*, Leistung *f*; **~ помощи** Hilfeleistung *f*, Unterstützung *f*; **~ социальной помощи** Sozialarbeit *f*; **~ услуг** Leistungserstellung *f*, Erbringen (Erbringung, Erstellung) von Dienstleistungen

оказывать erbringen, erstellen, erweisen; **~ помощь** Hilfe leisten; **~ услуги** Dienstleistungen erbringen (erstellen)

оканчивать abschließen, beend(ig)en, absolvieren; **~ институт** eine Hochschule absolvieren; **~ работу** eine Arbeit abschließen

оклад *m* Gehalt *n*; **выплачивать ~** ein Gehalt ausbezahlen; **повышать ~** das Gehalt erhöhen; **получать ~** ein Gehalt beziehen; **устанавливать ~** ein Gehalt festlegen; **должностной ~** Dienst|bezüge *pl*, -gehalt *n*; **основной ~** Grundgehalt *n*; **причитающийся ~** zustehendes Gehalt; **~ согласно договорённости** vereinbartes Gehalt; **твёрдый ~** Fixum *n*, festes Gehalt

окончание *n* Abschluss *m*, Beendigung *f*, Ende *n*, Schluss *m*; Absolvierung *f*; **~ действия договора** Vertragsende *n*; **~ работы** Arbeitsende *n*; **~ работы (магазина)** Geschäftsschluss *m*; **~ рабочего дня** Dienstschluss *m*, Feierabend *m*; **~ срока** Frist|ablauf *m*, -ende *n*, Terminablauf *m*

окончательн|ый endgültig, End-, Schluss-; **-ый платёж** *m* Schlusszahlung *f*; **-ое положение** *n* Schlussstand *m*; **-ая проверка** *f* Endprüfung *f*; **-ый размер** *m* **оклада** Endgehalt *n*; **-ый расчёт** *m* Endabrechnung *f*, Schlussabrechnung *f*

окно *n* **(окошечко** *n***)** Schalter *m*; **~ в банке** Bankschalter *m*; **~ кассы** Kassen|schalter *m*, -terminal *n*

округление *n* Abrundung *f*, Aufrundung *f*

округлять вниз abrunden, **округлять вверх** aufrunden

окружение *n* Umfeld *n*, Umgebung *f*

окупаемость *f* Rendite *f*, Rentabilität *f*, Kapitalrückfluss *m*; **~ инвестиций** Rentabilität von Investitionen, Return on investment (ROI); **~ капитальных вложений** Kapital|rendite *f*, -rente *f*

окупаться sich auszahlen, sich rentieren, sich lohnen, sich bezahlt machen

олигополист *m* Oligopolist *m*

олигополистическ|ий oligopolistisch; **-ая конкуренция** *f* oligopolistische Konkurrenz

олигополия *f* Oligopol *n*; **~ покупателей** Nachfrageoligopol *n*; **~ продавцов** Angebotsoligopol *n*

онколь auf Abruf, täglich kündbar

онкольн|ый Call-; **-ый кредит** *m* Call-Kredit *m*; **-ый опцион** *m* Call-Optionsschein *m*; **-ая сделка** *f* Call-Geschäft *n*; **-ая ссуда** *f* Call-kredit *m*, Callgeld *n*, täglich kündbares Darlehen

онлайн-брокер *m* Online-Broker *m*

опасност|ь *f* Gefahr *f*; **подвергать(ся) -и** (sich) einer Gefahr aussetzen; **-ь в случае промедления** bei Gefahr im Verzuge

опасный gefährlich

опек|а *f* Treuhand *f*, Treuhandverhältnis *n*, Vormundschaft *f*, Bevormundung *f*; **быть под -ой** unter Vormundschaft stehen; **устанавливать -у** unter Vormundschaft stellen; **-а над наследственным имуществом** Nachlasspflegschaft *f*

опекаемый *m* Mündel *m*

опекать bevormunden

опекун *m* Treuhänder *m*, Vormund *m*; **назначить -а** einen Treuhänder (Vormund) bestellen; **~ наследственного имущества** Nachlasspfleger *m*

опекунский Treuhand-, Vormundschafts-; **~ совет** *m* Treuhandanstalt *f*

оперативн|ый operativ, Operativ-; **-ое планирование** *n* Operativplanung *f*

оператор *m* Bediener *m*, Bedienungsperson *f*; Börsenspekulant *m*, Broker *m*, Makler *m*; **мобильный ~** Mobilfunkanbieter *m*

операционализация *f* Operationalisierung *f*

операци|я *f* Geschäft *n*, Transaktion *f*, Operation *f*, Vorgang *m*, Vorfall *m*; **выполнять -ю** ein Geschäft abwickeln (ausführen); **завершать -ю** ein Geschäft abschließen (zum Abschluss bringen); **заниматься -ями** sich mit Geschäften befassen, Geschäfte betreiben; **начинать -ю (приступить к -и)** ein Geschäft aufnehmen; **прекращать -и** den Geschäftsbetrieb einstellen; **проводить (совершать) -и** Geschäfte abwickeln (betreiben, durchführen, tätigen); **агентская (брокерская) -я** Maklergeschäft *n*; **активные -и банка** Aktivgeschäft *n*, Kreditgeschäft *n*; **банковская -я** Bankgeschäft *n*; **банковская -я по поручению и за счёт клиента** Kundengeschäft *n*; **бартерная -я** Bartergeschäft *n*, Kompensationsgeschäft *n*, Tauschgeschäft *n*; **безналичная -я** bargeldloses Geschäft; **биржевая -я** Börsen|abschluss *m*, -geschäft *n*, -transaktion *f*; **биржевая арбитражная -я** Börsenarbitrage *f*; **биржевые -и** Börsen|geschehen *n*, -verkehr *m*; **биржевые -и по покупке** Börsenkäufe *pl*; **биржевые -и по покупке и продаже ценных бумаг** Umsatzgeschäft *n*; **валютная -я** Devisengeschäft *n*, Valutageschäft *n*; **валютная арбитражная -я** Devisenarbitrage *f*; **валютная кассовая -я** Devisenkassageschäft *n*; **валютная -я по соглашению о повторной покупке** Devisenpensionsgeschäft *n*; **валютные -и** Devisenverkehr *m*; **вексельная -я** Wechselgeschäft *n*; **вкладная -я** Einlagengeschäft *n*, Depositengeschäft *n*; **внешнеторговая -я** Außenhandelsgeschäft *n*; **вычислительная -я** Rechen|operation *f*, -vorgang *m*; **гарантийная -я** Garantie|geschäft *n*, -leistung *f*; **денежная -я** Geldgeschäft *n*; **депозитная -я** Depositengeschäft *n*, Einlagengeschäft *n*; **доверительная -я** Treuhandgeschäft *n*; **-я за наличный расчёт** Bargeschäft *n*, Kassageschäft *n*; **заграничные -и (банка)** Auslandsgeschäft *n*; **заёмная -я** Darlehensaufnahme *f*, Passivgeschäft *n*; **залоговая -я** Lombardgeschäft *n*, Pfandgeschäft *n*; **залоговая кредитная -я** Kautionskreditgeschäft *n*; **импортная -я** Einfuhrgeschäft *n*, Importgeschäft *n*; **инкассовая -я** Inkassogeschäft *n*; **инкассовые -и** Inkassoverkehr *m*; **кассовая -я** Bargeschäft *n*, Kassa|geschäft *n*, -transaktion *f*, Lokogeschäft *n*, Promptgeschäft *n*, Spotgeschäft *n*; **кассовые -и** Kassenverkehr *m*; **клиринговые -и** Clearing|geschäfte *pl*, -verkehr *m*, Verrechnungs|geschäfte *pl*, -verkehr *m*; **комиссионная -я** Kommissionsgeschäft *n*; **комиссионная -я с ценными бумагами** Effektenkommissionsgeschäft *n*; **коммерческая -я** Handelsgeschäft *n*, Geschäftsvorfall *m*; **конверсионная -я** Umtauschgeschäft *n*; **консигнационная -я** Konsignationsgeschäft *n*; **контокоррентная -я** Kontokorrent-Geschäft *n*; **кредитная -я** Kreditgeschäft *n*; **лизинговая -я** Leasinggeschäft *n*; **лицензионная -я** Lizenzgeschäft *n*; **ломбардная -я** Lombardgeschäft *n*; **-я на рынке кратко- и среднесрочных кредитов** Geldmarktgeschäft *n*; **онкольная -я** Call-Geschäft *n*; **опционная -я** Optionsgeschäft *n*, Prämiengeschäft *n*; **пассивная -я банка** Passivgeschäft *n*; **переводные -и** Girogeschäfte *pl*, Überweisungsverkehr *m*; **перезалоговая -я** Lombardgeschäft zwischen Banken; **платёжные -и** Zahlungsverkehr *m*; **-я по депорту** Deportgeschäft *n*; **-я по купле-продаже** Verkaufsgeschäft *n*; **-я по перевозке** Transportgeschäft *n*; **-я по преобразованию предприятия в акционерное общество** Umwandlungsgeschäft *n*; **-я по повторной покупке ценных бумаг** Wertpapierpensionsgeschäft *n*, Effektenpensionsgeschäft *n*; **-я по учёту (дисконтированию) векселей** Diskontgeschäft *n*; **-я по финансированию** Finanzierungsgeschäft *n*; **прибыльная -я** Gewinnentnahme *f*, gewinnbringendes Geschäft; **-я, проводимая банком за свой счёт** Eigengeschäft *n*; **производственная -я** Produktionsvorgang *m*; **рабочая -я** Arbeits|gang *m*, -vorgang *m*; **рамбурсная -я** Remboursgeschäft *n*; **расчётная -я** Verrechnungsgeschäft *n*, Abrechnung *f*; **-и с недвижимым имуществом** Immobilien|transaktionen *pl*, -verkehr *m*; **-я с ценными бумагами** Effektengeschäft *n*, Wertpapier|geschäft *n*, -transaktion *f*; **складские -и** Lagerverkehr *m*; **спекулятивная -я** Spekulationsgeschäft *n*; **ссудная -я** Kreditgeschäft *n*, Darlehensgewährung *f*; **товарная -я** Warengeschäft *n*; **товарообменная -я** Warentausch *m*; **торговая -я** Handelsgeschäft *n*; **транспортно-экспедиторская -я** Speditionsgeschäft *n*; **фидуциарная -я** Treuhandgeschäft *n*, fiduziarisches Geschäft; **финансовая -я** Geldgeschäft *n*, Finanztransaktion *f*, Finanzierungsgeschäft *n*; **фондовая -я** Effektengeschäft *n*, Wertpapier|geschäft *n*, -transaktion *f*; **фондовые -и** Effektenhandel *m*, Wertpapier|handel *m*, -verkehr *m*; **фьючерсная (форвардная) -я** Termin|geschäft *n*, Zeitgeschäft *n*, Geschäft auf Termin; **хозяйственная -я** Geschäftsvorfall *m*, geschäftlicher Vorfall; **-я центрального банка по закупке или продаже иностранной валюты для регулирования денежного рынка** Liquiditätsswap; **экспортная -я** Ausfuhrgeschäft *n*, Exportgeschäft *n*; **эмиссионная -я** Emissionsgeschäft *n*

опережени|е *n* Vorlauf *m*, Vorgriff *m*; **добиваться -я** einen Vorlauf erzielen; **-е плана** Plan|vorlauf *m*, -vorsprung *m*

опечатка *f* Druckfehler *m*

опечатывать plombieren, verplomben,

versiegeln; **~ товары** Waren plombieren

описани|е *n* Beschreibung *f*, Bezeichnung *f*; **да(ва)ть -е** eine Beschreibung geben; **соответствовать -ю** der Beschreibung entsprechen; **детальное -е** nähere Beschreibung, Spezifikation *f*; **-е качества** Qualitätsbeschreibung *f*; **-е метода (технологии)** Verfahrensbeschreibung *f*; **по (согласно) -ю** nach Beschreibung; **-е содержимого** Inhaltsangabe *f*; **-е товара** Warenbeschreibung *f*, Beschreibung der Ware; **точное -е** genaue Beschreibung

описывать beschreiben, bezeichnen; **~ имущество** pfänden

опись *f* Aufstellung *f*, Liste *f*, Verzeichnis *n*; Arrest *m*, Beschlagnahme *f*, Pfändung *f*; **включать в ~** auf Liste setzen; **составлять ~** eine Liste (ein Verzeichnis) aufstellen (erstellen); **~ имущества** Vermögens|aufstellung *f*, -verzeichnis *n*, Verzeichnis des Vermögens; Vermögensbeschlagnahme *f*; **инвентаризационная ~** Inventar *n*, Inventarliste *f*, Inventur *f*, Bestands|aufnahme *f*, -liste *f*, -verzeichnis *n*; **~ наследственного имущества** Nachlassverzeichnis *n*; **~ складских запасов** Lagerbestands|aufstellung *f*, -verzeichnis *n*; **таксационная ~** Taxations|liste *f*, -verzeichnis *n*; **~ ценных бумаг** Wertpapierverzeichnis *n*

оплат|а *f* Bezahlung *f*, Begleichung *f*, Zahlung *f*, Entrichtung *f*, Einlösung *f*, Honorierung *f*, Entgelt *n*, Entlohnung *f*, Vergütung *f*; **задерживать -у** Zahlung verzögern; **отказаться от -ы** die Bezahlung ablehnen; **получать при условии -ы** gegen Bezahlung beziehen; **предъявлять к -е** zur Bezahlung (Einlösung, Zahlung) präsentieren; **производить -у** bezahlen, entlohnen, vergüten; **требовать -у** ein Entgelt fordern; **-а аккредитива банком** Einlösung des Akkreditivs durch die Bank; **-а в рассрочку** Ratenzahlung *f*, Teilzahlung *f*; **-а в срок** rechtzeitige Bezahlung; **-а векселя** Einlösung eines Wechsels; **-а выше оговоренной в коллективном договоре** übertarifliche Zahlung; **дополнительная -а** Nachzahlung *f*, Nachvergütung *f*, zusätzliche Vergütung; **-а задним числом** Nachzahlung *f*; **-а наличными** Barbezahlung; **-а наличными при получении счёта** Kasse gegen Faktura; **натуральная -а** Deputat *n*, Naturallohn *m*; **немедленная -а** sofortige Bezahlung (Kasse); **-а облигации** Tilgung der Obligation; **паушальная -а** Pauschalvergütung *f*; **постоянная -а** feste Vergütung; **предварительная -а** Vorkasse *f*, Vorausbezahlung *f*, Vorauskasse *f*; **-а при доставке** Zahlung (Kasse) bei Lieferung, zahlbar bei Auslieferung; **-а по (при) предъявлении векселя** Zahlung bei Vorlage des Wechsels; **-а против документов** Kasse gegen Dokumente; **-а счёта** Begleichung (Bezahlung) einer Rechnung

оплата труда Entlohnung *f*, Arbeitsentgelt *n*, Leistungsvergütung *f*; **аккордная ~** Akkordlohn *m*, Stücklohn *m*; **дифференцированная ~** differenzierte Entlohnung; **дополнительная ~** Mehrvergütung *f*; **~ ниже тарифа** untertarifliche Bezahlung; **~ по труду** Entlohnung nach dem Leistungsprinzip; **повременная ~** Zeitlohn *m*; **повременно-премиальная ~** Prämienzeitlohn *m*; **почасовая ~** Stundenlohn *m*; **премиальная ~** Prämien|entlohnung *f*, -lohn *m*; **премиально-аккордная ~** Prämienakkordlohn *m*; **сверхурочная ~** Überstundenvergütung *f*, Mehrarbeitsvergütung *f*; **сдельная ~** Akkordlohn *m*, Stücklohn *m*, leistungsbedingte Honorierung, leistungsbezogenes Entgelt; **сдельно-премиальная ~** Prämienleistungslohn *m*; **согласованная ~** vereinbartes Entgelt; **~ рабочих и служащих** Entlohnung von Arbeitnehmern; **~ по тарифу** tarifliche Bezahlung

оплата чека Einlösung eines Schecks

оплаченн|ый bezahlt; **-ый полностью** voll bezahlt; **-ый счёт** *m* bezahlte Rechnung; **-ый частично** zum Teil bezahlt

оплачивать bezahlen, begleichen, bestreiten, zahlen, entrichten, einlösen, honorieren; ~ **авансом** voraus(be)zahlen, im Voraus (be)zahlen; ~ **в соответствии с тарифным соглашением** nach der tariflichen Regelung entlohnen; ~ **в срок** pünktlich (be)zahlen; ~ **вексель** einen Wechsel einlösen; ~ **до наступления срока** vor Fälligkeit (vorzeitig) (be)zahlen; ~ **дополнительно** zusätzlich bezahlen (honorieren), nach(be)zahlen; ~ **задним числом** nachzahlen; ~ **наличными** bar (cash) bezahlen; ~ **немедленно** sofort zahlen; ~ **по предъявлении** bei Vorlage zahlen; ~ **по предъявлении счёта** gegen Rechnung zahlen; ~ **поставки** Lieferungen vergüten; ~ **почтовым сбором** freimachen, frankieren; ~ **работу** die Arbeit bezahlen, eine Leistung honorieren (vergüten); ~ **расходы** Kosten bestreiten (vergüten); ~ **с помощью кредитной карточки** mit Kreditkarte zahlen; ~ **согласно договорённости** vereinbarungsgemäß zahlen; ~ **счёт** eine Rechnung begleichen (ausgleichen, honorieren); ~ **товары** Waren bezahlen; ~ **труд** entlohnen, die Arbeit vergüten (bezahlen); ~ **услугу** eine Leistung honorieren (vergüten); ~ **чек** einen Scheck einlösen; ~ **чеком** mit einem Scheck begleichen (bezahlen)

опломбирование *n* Verplomben *n*

оповещать benachrichtigen, in Kenntnis setzen

оповещение *n* Benachrichtigung *f*, Bekanntmachung *f*

опоздани|е *n* Verspätung *f*; **без -я** ohne Verspätung; **в случае -я** bei Verspätung; **-е на работу** verspätete Arbeitsaufnahme; **с -ем** mit Verspätung

оправдание *n* Rechtfertigung *f*, Entschuldigung *f*

оправдывать rechtfertigen, entschuldigen; decken; ~ **затраты** Kosten decken, auf seine Kosten kommen

опрашиваемый befragt; Befragte *m*

опрашивать befragen, eine Umfrage durchführen

определение *n* Bestimmung *f*, Ermittlung *f*, Bemessung *f*, Festlegung *f*, Feststellung *f*, Festsetzung *f*, Definition *f*; ~ **доходности** Ertragsberechnung *f*; ~ **издержек** Kostenermittlung *f*; ~ **качества** Qualitätsfestlegung *f*; ~ **круга обязанностей** Zuweisung eines Arbeitsbereiches; ~ **месторасположения предприятия** Standortbestimmung *f*; ~ **мощности (производительности)** Leistungsbemessung *f*; ~ **норм** Normermittlung *f*; ~ **прибыли** Gewinn|ermittlung *f*, -feststellung *f*; ~ **происхождения товара** Ursprungsbestimmung *f*; ~ **размера вознаграждения за труд** Entgeltfestsetzung *f*; ~ **размера заработной платы** Lohnfindung *f*; ~ **размера прибыли** Ermittlung des Gewinns; ~ **размера ущерба** Schadenfeststellung *f*; ~ **рентабельности** Rentabilitätsberechnung *f*, Wirtschaftlichkeitsberechnung *f*; ~ **срока** Festsetzung einer Frist; ~ **стоимости** Wert|bemessung *f*, -bestimmung *f*, -ermittlung *f*; ~ **суда** Gerichts|bescheid *m*, -beschluss *m*, -entscheidung *f*; ~ **суда об обеспечении иска** einstweilige Verfügung; ~ **суда об описи имущества** Arrestbefehl *m*; ~ **тарифных ставок** Tarif|gestaltung *f*, -festsetzung *f*; ~ **технических параметров** Auslegung *f*; ~ **условий платежа** Festlegung der Zahlungsbedingungen; ~ **целей** Festlegung von Zielen; ~ **цены** Preis|ermittlung *f*, -gebaren *n*

определённ|ый bestimmt; **-ая сумма** *f* **денег** bestimmter Geldbetrag

определять bestimmen, bemessen, ermitteln, festlegen, festsetzen, definieren; ~ **издержки** die Kosten festsetzen; ~ **размер вознаграждения за труд** das Arbeitsentgelt bemessen; ~ **размер ущерба** den Schaden feststellen; ~ **срок** einen Termin festsetzen (anberaumen); ~ **условия** Bedingungen festsetzen; ~ **стоимость** den Wert schätzen (abschätzen, taxieren)

оприходование *n* Aktivierung *f*

оприходованный aktiviert

оприходовать aktivieren

опробование *n* Erprobung *f*; ~ **продуктов** Erprobung der Produkte

опробовать erproben

опрос *m* Befragung *f*, Umfrage *f*, Enquete *f*; **проводить ~** eine Umfrage (Enquete) durchführen (veranstalten, machen), befragen; **всенародный ~** Volksentscheid *m*; **~ клиентов** Kundenbefragung *f*; **~ общественного мнения** Meinungsumfrage *f*; **~ покупателей** Käuferbefragung *f*, Kundenbefragung *f*; **~ потребителей** Verbraucher|befragung *f*, -umfrage *f*, Konsumentenbefragung *f*, Befragung der Verbraucher; **прямой ~** direkte Befragung; **репрезентативный ~** repräsentative Befragung (Umfrage); **репрезентативный ~ потребителей** Haushaltspanel *f*; **~ читателей** Leserumfrage *f*

опротестование *n* Protest *m*, Protesterhebung *f*, Protesterklärung *f*, Einspruchs|einlegung *f*, -erhebung *f*, Anfechtung *f*; **~ векселя** Wechselprotest *m*; **~ патента** Patenteinspruch *m*; **~ чека** Scheckprotest *m*

опротестовывать protestieren, zu Protest gehen lassen, Protest erheben, Einspruch erheben, anfechten; **~ вексель** einen Wechsel zu Protest gehen lassen (protestieren lassen)

опрошенный befragt; Befragte *m*

оптимальн|ый optimal, Optimal-; **-ая величина** *f* **(-ое значение** *n***)** Optimalwert *m*; **-ый размер** *m* **предприятия** optimale Betriebsgröße; **-ый уровень** *m* **издержек** Kostenoptimum *n*; **-ые условия** *pl* optimale Bedingungen

оптимизация *f* Optimierung *f*; **~ затрат (издержек)** Kostenoptimierung *f*; **~ плана** Planoptimierung *f*; **~ транспортных перевозок** Transportoptimierung *f*; **~ численности персонала** Personal|optimierung *f*, -reduzierung *f*

оптимизировать optimieren

оптимум *m* Optimum *n*

оптовик *m* Großhändler *m*, Grossist *m*

оптов|ый Großhandels-, Engros-; **-ый покупатель** *m* Engrosabnehmer *m*, Großhandelskunde *m*; **-ая продажа** *f* Engrosverkauf *m*; **-ая торговля** *f* Großhandel *m*, Engroshandel *m*; **-ая фирма** *f* Großhandels|firma *f*, -unternehmen *n*

оптом en gros, über (im) Großhandel; **закупать ~** beim Grossisten einkaufen; **покупать ~** über den Großhandel beziehen; **покупать товары ~** Waren im Großhandel kaufen, groß einkaufen

опубликование *n* Veröffentlichung *f*, Publikation *f*; **~ годового отчёта** Veröffentlichung des Jahresabschlusses

опубликовывать veröffentlichen

опцион *m* Option *f*, Optionsschein *m*; Vorkaufsrecht *n* (im Leasingvertrag); **выпускать -ы** Optionen ausgeben (emittieren); **использовать ~** eine Option ausüben; **получать ~** die Option erhalten; **просрочить ~** eine Option verfallen lassen; **торговать -ами** mit Optionen handeln; **~ без денег** Option mit negativem Ausübungswert bei sofortiger Ausübung; Out-of-the-money-Option; **~ без покрытия** ungedeckte Option, nicht gedeckte Option, Nacktoption *f*; **валютный ~** Devisenoption *f*; **двойной ~** Nochgeschäft *n*, Stellagegeschäft *n*; **европейский ~** Europäische Option; **~ зеленого ботинка** Greenshoe-Option; **золотой ~** Goldoption *f*; **индексируемый ~** Indexoption *f*; **~ колл, ~ на покупку (покупателя)** Kaufoption *f*, Call-Option *f*; **~ на покупку или продажу акций** Aktienoption *f*; **~ на продажу (~ продавца)** Verkaufsoption *f*, Put; **-ы на срочные контракты** Futures-Optionen *pl*; **онкольный ~** Call-Optionsschein *m*; **пакетный ~** Basket-Option *f*; **процентный ~** Zinsoption *f*

опционн|ый Options-; **-ый заём** *m* Optionsanleihe *f*; **-ая ссуда** *f* Optionsdarlehen *n*

опция *f* Option *f*, Möglichkeit bei der Bestellung

опыт *m* Erfahrung *f*; Experiment *n*, Versuch *m*, Probe *f*; **накапливать (собирать) ~** Erfahrungen sammeln; **обмениваться -ом** Erfahrungen austauschen; **передавать ~** Erfahrungen übermitteln; **приобретать ~** Erfahrungen machen, sich Erfahrung aneignen; **проводить ~** ein Experiment durchführen, einen Versuch anstellen; **деловой ~** Geschäftserfahrung *f*; **за недостатком -а** aus Mangel an Erfahrung; **по -у** erfahrungsgemäß; **практический ~** praktische Erfahrung; **производственный ~** Produktionserfahrung *f*; **профессиональный ~** Berufserfahrungen *pl*; **~ работы** Arbeitserfahrungen *pl*; **~ работы в данной отрасли** Branchenerfahrung *f*; **~ работы в торговле** Verkaufserfahrung *f*

опытн|ый erfahren, erfahrungsgemäß, experimentell, Versuchs-; **-ый в делах** geschäftserfahren; **-ые данные** *pl* Versuchsdaten *pl*; **-ым путём** experimentell, probeweise; **-ая серия** *f* Versuchsserie *f*

опубликование *n* Veröffentlichung *f*

орган *m* Organ *n*, Behörde *f*, Stelle *f*, Gremium *n*; Körperschaft *f*; Glied *n*; **~ власти** Behörde *f*, Machtorgan *n*; **высший ~** oberstes Organ; **вышестоящий ~ власти** vorgesetzte Behörde; **государственный ~** öffentliche Körperschaft; **~ государственной власти** Staatsorgan *n*; **законодательный ~** gesetzgebendes Organ; **исполнительный ~ власти** vollziehendes Organ; **компетентный ~ власти** zuständige Behörde; **консультативный ~** Beratungsorgan *n*; **контролирующий ~** Kontroll|gremium *n*, -organ *n*, Überwachungsorgan *n*; **-ы местного самоуправления** Gemeindeverwaltung *f*, Kommunalverwaltung *f*; **местный ~ власти** Lokalbehörde *f*, örtliche Behörde; **муниципальный ~ власти** kommunale Körperschaft; **налоговый ~** Steuerbehörde *f*; **нижестоящий ~ власти** untergeordnete Behörde; **официальный ~** amtliche Stelle; **планирующий ~** Planungs|behörde *f*, -stab *m*; **~ по надзору** Aufsichtsbehörde *f*; **представительный ~** Vertretungsorgan *n*; **распорядительный ~** beschließendes Organ; **руководящий ~** Leitungsorgan *n*, Verwaltungsorgan *n*; **снабженческий ~** Versorgungsträger *m*; **совещательный ~** Beratungsorgan *n*, beratendes Organ; **фискальные -ы** Finanzbehörden *pl*, Steuerbehörden *pl*; **~ управления** Leitungsorgan *n*, Verwaltungs|behörde *f*, -organ *n*

органиграмма *f* Organigramm *n*

организатор *m* Organisator *m*, Veranstalter *m*

организаторский organisatorisch

организационн|ый organisatorisch, Organisations-; **-ые возможности** *pl* Organisationsvermögen *n*; **-ые проблемы** *pl* Organisationsprobleme *pl*; **-ая структура** *f* Organisationsstruktur *f*

организаци|я *f* Organisation *f*, Einrichtung *f*, Institution *f*; Unternehmen *n*; Aufbau *m*; **образовывать (основывать) -ю** eine Organisation gründen; **рационализировать структуру -и** die Organisation straffen; **внешнеторговая -я** Außenhandelsunternehmen *n*; **вновь созданная -я** Neu|gründung *f*, -organisation *f*; **генподрядная -я** Generalübernehmer *m*, Hauptauftragnehmer *m*; **-я досуга** Freizeitgestaltung *f*; **иерархическая -я** hierarchische Organisation; **-я исследований (научно-исследовательской работы)** Forschungsorganisation *f*; **научно-исследовательская -я** Forschungsanstalt *f*, Forschungseinrichtung *f*; **некоммерческая -я** Organisation ohne Erwerbszweck, nicht kommerzielle Organisation, gemeinnützige Einrichtung; **неформальная -я** informelle Organisation; **новая -я** Neuorganisation *f*; **-я обслуживания клиентов (покупателей)** Organisation des Kundendienstes; **оптовая -я** Großhandelsunternehmen *n*; **-я планирования** Planungsorganisation *f*; **плановая (планирующая) -я** Plan(ungs)behörde *f*; **-я по функциональному принципу** Organisation nach dem Verrichtungsprinzip; **подрядная -я** Auftragnehmer *m*; **-я предприятия** Unternehmensorganisation *f*; **-я производства** Betriebsorganisation *f*, Fertigungsorganisation *f*, Produktionsorganisation *f*; **профессиональная -я** berufsständische Organisation; **профсоюзная -я** Gewerkschaft *f*; **-я процесса производства** Arbeitsablauf(gestaltung *f*) *m*; **-я работ** Arbeitsablauforganisation *f*; **-я работы персонала** Personalorganisation *f*; **-я работ по реализации проекта** Projektorganisation *f*; **-я работы учреждения** Büroorganisation *f*; **-я рабочего времени** Arbeitszeitgestaltung *f*, Time-Management *n*; **-я рабочего места** Arbeitsplatzgestaltung *f*; **-я рынка (рыночных отношений)** Marktorganisation *f*, Aufbau der Marktwirtschaft; **-я сбыта** Absatzorganisation *f*, Vertriebsorganisation *f*; **сбытовая -я** Absatz|organisation *f*, -träger *m*, Vertriebs|organisation *f*, -gesellschaft *f*, -unternehmen *n*; **-я снабжения** Beschaffungsorganisation *f*; **строительная -я** Bau|firma *f*, -unternehmen *n*; **-я строительных работ** Organisation der Bauausführung (Bauproduktion); **торговая -я** Handels|organisation *f*, -unternehmen *n*, Verkaufsorganisation *f*; **-я торговли** Handelsorganisation *f*; **торгово-сбытовая -я** Vertriebs|firma *f*, -gesellschaft *f*, -unternehmen *n*; **-я труда** Arbeits|organisation *f*, -gestaltung *f*; **-я управления** Leitungsorganisation *f*; **-я экономики (хозяйства)** Wirtschaftsorganisation *f*; **эргономическая -я труда** ergonomische Arbeitsgestaltung

организованный organisiert

организовывать organisieren, gestalten, in die Wege leiten; **~ рабочий процесс** den Arbeitsablauf gestalten

оргтехника *f* Bürotechnik *f*, Organisationstechnik *f*

ордер *m* Anweisung *f*, Order *f*; Bezugsschein *m*, Gutschein *m*; **выписывать ~** eine Anweisung (Order) ausstellen; **кассовый ~** Kassenanweisung *f*; **платёжный ~** Zahlungsanweisung *f*, Anweisung zur Zahlung; **приходный ~** Eingangsmeldung *f*, Einnahmeschein; **приходный кассовый ~** Einzahlungs|beleg *m*, -schein *m*; **приходный складской ~** Lageraufnahmeschein; **расходный ~** Auszahlungsanweisung *f*; **расходный складской ~** Lagerentnahmeschein; **фрахтовый ~** Befrachtungsauftrag *m*, Charterauftrag *m*

ордерн|ый Order-; **-ый документ** *m* Orderpapier *n*; **-ое долговое обязательство** *n* Orderschuldverschreibung *f*; **-ый чек** *m* Orderscheck *m*

оригинал *m* Original *n*, Urschrift *f*, Vorlage *f*; **в -е** im Original, urschriftlich; **~ договора** Originalvertrag *m*; **-ы документов** Originalunterlagen *pl*; **~ коносамента** Originalkonossement *n*

ориентация *f* Orientierung *f*, Ausrichtung *f*; **-я на запросы клиентов** Kundenorientierung *f*; **-я на потребителя** Konsumorientierung *f*; **-я на определённые факторы при выборе места расположения предприятия** Standortorientierung *f*; **новая -я** Neuorientierung *f*; **-я производства** Ausrichtung der Produktion; **профессиональная ~ я** Berufsberatung *f*; **с -ей на запросы клиентов** kundenorientiert

ориентировать ausrichten, orientieren; **-ся на пожелания потребителей** sich nach Wünschen der Kunden ausrichten, sich an den Kundenwünschen orientieren

ориентировка *f* Orientierung *f*, Planvorgabe *f*

ориентировочн|ый Orientierungs-; **-о** annähernd, etwa; **-ый план** *m* Orientierungsplan *m*; **-ый показатель** *m* Orientierungsgröße *f*; **-ая цена** *f* Orientierungspreis *m*

орудие *n* Werkzeug *n*, Instrument *n*, Gerät *n*; **~ труда** Arbeitsgerät *n*

осваивать erschließen, in Betrieb nehmen, einführen, überleiten, meistern; **~ новые мощности** Kapazitäten in Betrieb nehmen; **~ новые рынки** neue Märkte erschließen; **~ новшества** Neuerungen in die Produktion überleiten (einführen); **~ строительный участок** Bauland erschließen

осведомление *n* Benachrichtigung *f*, Information *f*, Unterrichtung *f*

осведомлённость *f* Wissen *n*, Kenntnis *f*

осведомлённый informiert, unterrichtet

осведомлять benachrichtigen, informieren, in Kenntnis setzen

освещение *n* Beleuchtung *f*; **~ в прессе** Presseinformation *f*

освобождать freisetzen, freistellen, befreien; entbinden, entheben; räumen, freimachen; **~ от занимаемой должности** des Amts entheben; **~ от исполнения обязанностей** seiner Pflichten entbinden; **~ от исполнения обязательства** von der Verpflichtung entbinden; **~ от ответственности** der Verantwortung entheben, von der Haftung freistellen; **~ от погашения долга** von Tilgungen befreien; **~ от работы** von der Arbeitsleistung freistellen

освобождение *n* Freisetzung *f*, Freistellung *f*, Befreiung *f*; Entbindung *f*, Enthebung *f*; Räumung *f*, Freimachung *f*; **получать ~ от исполнения обязанностей** Dispens erhalten; **предоставлять ~** eine Befreiung (Dispens) erteilen; **~ от двойного налогообложения** Befreiung von der Doppelbesteuerung; **~ от должности** Amtsenthebung *f*; **~ от исполнения обязательства** Befreiung von der Verpflichtung; **~ от ограничений** Befreiung von Beschränkungen; **~ от ответственности** Befreiung von der Haftung; **~ от уплаты долгов** Schuldenerlass *m*; **~ от уплаты налога** Steuer|befreiung *f*, -erlass *m*, -freistellung *f*; **~ от уплаты сборов** Gebühren|befreiung *f*, -erlass *m*, -freiheit *f*; **~ от уплаты таможенной пошлины** Zoll|befreiung *f*, -erlass *m*, -freiheit *f*; **частичное ~ (от уплаты налогов)** Teilerlass *m*

освобождённый frei, befreit; **~ от уплаты арендной (квартирной) платы** mietfrei; **~ от уплаты налогов** steuerfrei

освоение *n* Meisterung *f*, Beherrschung *f*; Inbetriebnahme *f*; Überleitung *f*, Einführung *f*; Erschließung *f*; **финансировать ~** die Erschließung finanzieren; **~ ассигнований** Inanspruchnahme bewilligter Haushaltsmittel; **~ земельного участка** Grundstückserschließung *f*; **~ капиталовложений** Investitionsrealisierung *f*; **~ нефтяных месторождений** Erschließung von Erdölvorkommen; **~ новых методов труда** Beherrschung neuer Arbeitsverfahren; **~ новых рынков** Erschließung neuer Märkte; **~ опыта** Auswertung der Erfahrungen; **~ производства новой продукции** Überleitung neuer Produkte in die Fertigung

ослабление *n* Abschwächung *f*, Abschwung *m*, Nachlassen *n*; **~ конъюнктуры** Konjunktur|abschwächung *f*, -abschwung *m*, konjunkturelle Abschwächung, Nachlassen der Konjunktur; **~ конъюнктуры рынка** Marktabschwächung *f*; **~ спроса** Nachlassen der Nachfrage

ослаблять abschwächen, dämpfen

осматривать beschauen, besichtigen; prüfen, kontrollieren, inspizieren, untersuchen; **~ товар** Waren beschauen

осмотр *m* Beschau *f*, Besichtigung *f*; Durchsicht *f*, Prüfung *f*, Kontrolle *f*, Inspektion *f*, Untersuchung *f*; **проводить ~** beschauen, besichtigen, durchsehen, kontrollieren, untersuchen; **медицинский ~** ärztliche Untersuchung; **предварительный ~** Vorbesichtigung *f*; **~ предприятия** Betriebsbesichtigung *f*; **~ товаров** Beschau von Waren; **технический ~** technische Inspektion (Wartung)

оснастка *f* Ausstattung *f*, Ausrüstung *f*, Ausrüstungsgegenstände *pl*, Werkzeug *n*; **технологическая ~** technologische Ausrüstung

оснащать ausrüsten, ausstatten, bestücken; **~ на собственные средства** aus eigenen Mitteln ausstatten

оснащение *n* Ausstattung *f*, Ausrüstung *f*; **первоначальное ~ предприятия производственным оборудованием и инвентарём** Erstausstattung *f*; **специальное ~** Sonderausstattung *f*; **техническое ~** technische Ausstattung, Maschinenausstattung *f*

оснащённость *f* Ausrüstungsgrad *m*, Ausstattungsgrad *m*, Ausstattung *f*; **материальная ~** Sachausstattung *f*; **техническая ~** technische Ausstattung, Maschinenausstattung *f*

основ|а *f* Basis *f*, Grundlage *f*; **заложить -ы** Grundlagen schaffen; **-а для финансирования** Finanzierungsgrundlage *f*; **-а исчисления** Bemessungsgrundlage *f*, Berechnungsgrundlage *f*; **-а исчисления налога** Steuerbemessungsgrundlage *f*; **-а исчисления налога на добавленную стоимость** Mehrwertsteuerbemessungsgrundlage *f*; **на -е договоров** auf der Basis der Verträge; **правовая -а** Rechtsgrundlage *f*; **-а расчётов** Berechnungsgrundlage *f*; **-а сотрудничества** Grundlage der Partnerschaft (der Zusammenarbeit); **-а существования** Existenzgrundlage *f*

основание *n* Gründung *f*, Begründung *f*, Etablierung *f*, Stiftung *f*; Basis *f*, Grundlage *f*, Grund *m*; **~ для ареста** Arrestgrund *m*; **~ компании (общества)** Gesellschaftsgründung *f*; **~ нового предприятия** Neugründung *f*, Existenzgründung *f*; **правовое (законное) ~** Rechtsgrundlage *f*; **~ предприятия** Unternehmensgründung *f*, Gründung eines Unternehmens; **~ товарищества** Gesellschaftsgründung *f*, Begründung eines Gesellschaftsverhältnisses

основатель *m* Gründer *m*, Begründer *m*, Stifter *m*; **~ фирмы** Firmengründer *m*

основн|ой Grund-, Haupt-; **-ое дело** *n* Hauptsache *f*; Grundgeschäft *n*; **-ое рабочее время** *n* Grundzeit *f*; **-ая ставка** *f* **заработной платы** Grundlohnsatz *m*; **-ая сумма** *f* **налога** Hauptveranlagung *f*; **-ой цех** *m* Hauptabteilung *f*

основывать gründen, begründen, stiften, aufbauen; **~ дело (фирму)** ein Geschäft gründen; **~ компанию (общество)** eine Kapitalgesellschaft gründen, einen Verein stiften; **~ предприятие** ein Unternehmen gründen; **~ фонд** eine Stiftung (einen Fonds) errichten (gründen)

особенность *f* Besonderheit *f*, Eigenart *f*, Spezifik *f*, besondere Eigenschaft *f*

оспаривание *n* Anfechtung *f*, Bestreitung *f*; **~ сделок несостоятельного должника** Konkursanfechtung *f*

оспаривать anfechten, bestreiten; **~ договор** einen Vertrag anfechten; **~ завещание** ein Testament anfechten; **~ законность завещания** die Gültigkeit des Testaments bestreiten; **~ права (требования)** Ansprüche anfechten

оставаться bleiben, verbleiben, zurückbleiben; **~ без употребления** brachliegen, ungenutzt bleiben; **~ в силе** in Kraft bleiben

оставлять lassen, hinterlassen; **~ без последствий** auf sich beruhen lassen; **~ за собой** zurückbehalten; **~ наследство** vermachen, vererben

останавливать stilllegen, einstellen, außer Betrieb setzen, stoppen, zum Stillstand bringen; **~ производство** den Betrieb (die Produktion) stilllegen (einstellen)

останавливаться zum Stillstand kommen, stehen bleiben, sich aufhalten; **~ в гостинице** in einem Hotel absteigen

остановка *f* Stilllegung *f*, Stillstand *m*, Einstellung *f*, Außerbetriebsetzung *f*, Außerbetriebnahme *f*; Haltestelle *f*, Station *f*, Stopp *m*; **~ производства** Betriebs|einstellung *f*, -stilllegung *f*, Produktionseinstellung *f*, Einstellung des Betriebs, Produktionsstopp *m*

остат|ок *m* Bestand *m*, Rest *m*, Restbestand *m*, Saldo *m*, Ausgleichsbetrag *m*; **показывать -ок** einen Saldo aufweisen; **переносить -ок** den Saldo übertragen; **скупать товарные -ки** Restposten aufkaufen; **учитывать -ки** den Bestand buchmäßig ausweisen; **бюджетный -ок** Budgetüberschuss *m*; **-ок в кассе** Kassenrestbestand *m*, Bestand der Kasse; **-ок вклада** Restguthaben auf dem Konto *m*; **-ок дебетовый** Soll|bestand *m*, -saldo *m*; **-ок долга** Restschuld *f*; **-ки** Reste *pl*, Rückstände *pl*; **кассовый -ок** Kassen|lage *f*, -stand *m*; **кредитовый -ок** Haben|bestand *m*, -saldo *m*; **ликвидационный -ок** Liquidationsüberschuss *m*; **-ок на конец года** Jahresendbestand *m*; **-ок на конец (отчётного) периода** Endbestand *m*; **-ок на корреспондентских счетах в данном банке** Bankenkreditoren *pl*; **-ок на счёте (при расчёте)** Saldo *m*; **-ок наличности** Bargeldbestand *m*, Bestand an Bargeld; **неснижаемый**

-ок Mindestrestguthaben *n*; **переходящий -ок** Endbestand *m*; **-ок по данным бухгалтерского учёта** buchmäßig ausgewiesener Bestand; **-ок по дебету** Soll|bestand *m*, -saldo *m*; **-ок суммы** Rest|betrag *m*, -summe *f*, Restgeld *n*; **товарные -ки** Rest|-waren *pl*, -posten *pl*; **чистый ~ валюты** Nettodevisenposition *f*

остаточн|ый Rest-; **-ая балансовая стоимость** *f* Restbuchwert *m*; **-ое количество** *n* Restmenge *f*; **-ый спрос** *m* Restnachfrage *f*

осторожность *f* Vorsicht *f*

осторожн|ый vorsichtig; **предельно -о** mit äußerster Vorsicht

осуществимый (осуществляемый) ausführbar, durchführbar, realisierbar

осуществление *n* Abwicklung *f*, Ausführung *f*, Durchführung *f*, Durchsetzung *f*, Erfüllung *f*, Realisierung *f*, Verwirklichung *f*; **~ перевозок** Verkehrsabwicklung *f*; **~ плана** Plan|ausführung *f*, -durchführung *f*; **~ прав** Durchsetzung der Rechte; **~ платежей** Zahlungsabwicklung *f*, Abwicklung von Zahlungen; **~ проекта** Projektrealisierung *f*, Durchführung des Projekts

осуществлять abwickeln, ausführen, durchführen, durchsetzen, erfüllen, realisieren, verwirklichen, in die Tat umsetzen, zustande bringen; **~ перевозки** den Verkehr (Transport) abwickeln; **~ план** einen Plan erfüllen (umsetzen); **~ платежи** Zahlungen abwickeln (ausführen, leisten, vornehmen); **~ проект** ein Projekt abwickeln; **~ сделку** ein Geschäft abwickeln (ausführen)

отбирать auslesen, aussondern, auswählen; wegnehmen; **~ образцы** bemustern, Proben entnehmen (ziehen), Muster auswählen

отбор *m* Auswahl *f*, Auslese *f*, Entnahme *f*, Aussonderung *f*, Ausmusterung *f*; **производить ~** auswählen, aussortieren, aussondern; **естественный ~** natürliche Auslese (Zuchtwahl); **искусственный ~** künstliche Auslese; **~ образцов** Muster|auswahl *f*, -zulassung *f*, Probe(ent)nahme *f*; **~ проб** Probe(ent)nahme *f*; **~ товаров** Warenauswahl *f*; **~ товаров по поручению** Kommissionierung *f*

отвергать ablehnen, abweisen, ausschlagen, zurückweisen; **~ предложение** ein Angebot ablehnen (ausschlagen)

ответ *m* Antwort *f*, Erwiderung *f*, Beantwortung *f*; **давать ~** antworten, beantworten, erwidern, eine Antwort geben; **в ~ на Ваше письмо** in Beantwortung Ihres Schreibens; **~ на иск** Klagebeantwortung *f*; **отрицательный ~** abschlägige Antwort, Ablehnungsbescheid *m*

ответн|ый Gegen-; **-ая мера** *f* Gegenmaßnahme *f*; **-ая услуга** *f* Gegenleistung *f*

ответственност|ь *f* Verantwortung *f*, Verantwortlichkeit *f*, Haftung *f*, Haftpflicht *f*; **брать на себя -ь** die Haftung (Verantwortung) übernehmen; **брать под свою -ь** in die Verantwortung nehmen; **возлагать -ь** Verantwortung übertragen, haltbar (verantwortlich) machen; **исключать -ь** die Haftung ausschließen; **нести -ь** Verantwortung tragen, haften, verantworten, verantwortlich sein; **нести -ь за дефект** einen Mangel zu vertreten haben; **нести -ь за ущерб** für den Schaden haften (haftbar sein); **нести абсолютную -ь** ohne Verschulden haften; **нести -ь всем своим имуществом** mit seinem ganzen Vermögen haften; **нести личную -ь** persönlich haften; **нести неограниченную -ь** unbeschränkt haften; **нести солидарную -ь по долгу** gesamtschuldnerisch haften; **ограничивать -ь** die Haftung beschränken; **освобождать от -и** von der Haftung befreien, der Verantwortung entheben; **освобождаться от -и** von der Haftung befreit sein; **привлекать к -и** zur Verantwortung (Rechenschaft) ziehen; **снимать с себя -ь** die Haftung (Verantwortung) ablehnen; **уходить от -и** sich der Haftung entziehen; **абсолютная -ь** verschuldensunabhängige Haftung; **административная -ь** verwaltungsrechtliche Haftung; **договорная -ь** Haftung aus Vertrag, vertragliche Haftung; **долевая -ь** anteilmäßige Haftung; **-ь за дефекты (качество продукции)** Mängelhaftung *f*, Produkthaftung *f*, Haftung für Mängel (fehlerhafte Produkte); **-ь за нарушение** Haftung aus unerlaubter Handlung; **-ь за сведения, помещённые в проспекте эмиссии** Prospekthaftung *f*; **-ь за чужую вину** Haftung für fremdes Verschulden; **-ь за ущерб, причиной возникновения которого явился источник повышенной опасности** Gefährdungshaftung *f*; **имущественная -ь** dingliche (sachliche) Haftung, Haftung mit dem Vermögen; **личная -ь** persönliche Haftung (Verantwortlichkeit, Verantwortung); **материальная -ь** Schadenersatz *m*; **материальная -ь должностного лица** Amtshaftung *f*; **-ь наёмного работника** Haftung eines Arbeitnehmers; **-ь наследователя за долги наследодателя** Erbenhaftung *f*; **неограниченная -ь** unbeschränkte Haftung; **несущий -ь** haftbar, haftend, haftpflichtig; **ограниченная -ь** beschränkte Haftung; **освобождённый от -и** von der Haftung befreit; **-ь перед законом** gesetzliche Haftpflicht; **-ь перевозчика за сохранность груза** Transporthaftung *f*; **-ь перед обществом** Verantwortung für die Allgemeinheit (gegenüber der Gesellschaft); **персональная -ь** Einzelverantwortung *f*, Personalverantwortung *f*, persönliche Haftung (Verantwortlichkeit, Verantwortung); **-ь по векселю** Wechselhaftung *f*; **-ь по проспекту эмиссии** Prospekthaftung *f*; **предельная -ь** Höchsthaftung *f*; **-ь предпринимателя** Unternehmerhaftung *f*, unternehmerische Verantwortung; **-ь производителя за качество выпускаемой продукции** Produzentenhaftung *f*; **пропорциональная -ь** anteilmäßige Haftung; **разделяющий -ь** mitverantwortlich; **солидарная (совокупная) -ь** Solidarhaftung *f*, gemeinschaftliche Haftung **социальная -ь компании** soziale Verantwortung der Gesellschaft

ответственн|ый haftbar, haftpflichtig, verantwortlich; federführend; **быть -ым** haften, haftbar (haftpflichtig, verantwortlich) sein; **делать -ым** haftbar (verantwortlich) machen; **лично -ый** persönlich haftbar (haftpflichtig); **неограниченно -ый** voll haftbar

ответчик *m* Beklagte *m*, Antragsgegner *m*

отвечать antworten, beantworten; entsprechen; haften; **~ всем своим имуществом** mit seinem ganzen Vermögen haften; **~ за ущерб (убыток)** für den Schaden haften; **~ требованиям** Anforderungen entsprechen (gerecht werden)

отгружать abladen, verladen, verschiffen, versenden; **~ товары** Waren verladen (verschiffen, versenden, zum Versand bringen)

отгрузк|а *f* Abladung *f*, Verladung *f*, Verschiffung *f*, Versand *m*, Versendung *f*; **производить -у** abladen, verladen, verschiffen, zum Versand bringen; **-а грузов** Güter|verladung *f*, -versand *m*; **-а партиями** Teilversand *m*; **-а товаров** Warenversand *m*; **частичная -а** Teil|verladung *f*, -versand *m*

отдавать geben, abgeben; **~ в аренду** vermieten, verpachten; **~ в залог** beleihen, verpfänden; **~ внаём** vermieten; **~ в ремонт** reparieren lassen; **~ под проценты** verzinslich anlegen; **~ распоряжение** eine Verordnung erlassen

отдача *f* Rendite *f*; Leistungsabgabe *f*; **~ на вложенный капитал** Kapitalrendite *f*, Rendite des investierten Kapitals, Return on Investment; **~ на собственный капитал** Rendite des Eigenkapitals, Return on Equity

отдел *m* Abteilung *f*, Bereich *m*, Ressort *n*; Abschnitt *m*; Referat *n*; **создавать ~** eine Ableitung (ein Ressort) einrichten; **~ вкладов и текущих счетов** Depotabteilung *f*; **главный ~** Hauptabteilung *f*; **~ заработной платы** Lohnbüro *n*; **~ кадров** Personal|abteilung *f*, -bereich *m*; **коммерческий ~** kaufmännisches Ressort, kaufmännischer Bereich; **консульский ~** Konsularabteilung *f*; **кредитный ~ банка** Kreditabteilung *f*; **~ на произ-**

водстве Betriebsabteilung *f*; **~, ответственный за исполнение** federführende Abteilung; **патентный ~** Patentabteilung *f*; **переводной ~** Giroabteilung *f*; **плановый ~** Planungsabteilung *f*; **производственный ~** Produktionsabteilung *f*; **расчётный ~** Kalkulationsabteilung *f*; **~ регистрации** Registratur *f*; **~ сбыта** Absatzabteilung *f*, Vertriebsabteilung *f*; **~ сейфов банка** Depotabteilung *f*; **~ сервисного обслуживания клиентов** Kundendienstabteilung *f*; **~ снабжения** Beschaffungsbereich *m*, Einkaufsabteilung *f*, Material|versorgung *f*, -wirtschaft *f*; **технический ~** technische Abteilung, technischer Bereich; **~ технического контроля** Gütekontrolle *f*, Qualitätsprüfung *f*; **~ труда и заработной платы** Lohnbuchführung *f*; **финансовый ~** Finanzressort *m*; **фондовый ~ (~ ценных бумаг)** Effektenabteilung *f*, Wertpapierabteilung *f*

отделение *n* Abteilung *f*, Außenstelle *f*, Filiale *f*, Zweigniederlassung *f*, Zweigstelle *f*; Abtrennung *f*, Absonderung *f*, Trennung *f*; Verselbstständigung *f*, Ausgründung *f*; **~ банка** Abteilung der Bank, Bank|filiale *f*, -stelle *f*; **головное ~** Hauptniederlassung *f*; **почтовое ~ (связи)** Postamt *n*, Post *f*

отделка *f* Ausbau *m*, Ausbaugewerbe *n*, Innenausbau *m*

отделочные работы *pl* Ausbaugewerbe *n*

отдельн|ый einzeln, Einzel-, Sonder-, getrennt, separat; **-ое имущество** *n* Sondergut *n*; **-ое лицо** *n* Einzelperson *f*; **-ое соглашение** *n* Einzelabmachung *f*

отделяться sich verselbstständigen, ausgründen

отдых *m* Erholung *f*, Ruhe(zeit) *f*

отечественн|ый einheimisch, heimisch, inländisch, Inlands-; **-ые изделия** *pl* (ein)heimische Erzeugnisse; **-ое производство** *n* (ein)heimische (inländische) Erzeugung; **-ая промышленность** *f* (ein)heimische Industrie

отзыв *m* Abruf *m*, Widerruf *m*; Gutachten *n*, Referenz *f*; Stellungnahme *f*; **давать ~** ein Gutachten erstatten; **запрашивать ~** ein Gutachten einholen, Referenzen erbitten; **подготовить ~** ein Gutachten erstellen; **представить -ы** Referenzen beibringen; **~ акций** Rücknahme von Aktien; **~ заявления** Widerruf einer Erklärung; **~ лицензии** Lizenzentzug *m*; **по -у** auf Abruf; **~ товара** Warenrückruf *m*

отзывать abrufen, widerrufen; **~ заказ** eine Bestellung widerrufen; **~ товары** Waren abrufen

отзывный widerruflich; **~ аккредитив** *m* widerrufliches Akkreditiv

отказ *m* Ablehnung *f*,Absage *f*, abschlägiger Bescheid, Ausschlagung *f*, Verweigerung *f*, Verwerfung *f*, Verzicht *m*, Zurückweisung *f*; Ausfall *m*, Versagen *n*, Störung *f*; Preisgabe *f*, Aufgabe *f*; **заявить об ~** den Verzicht erklären; **получить ~** eine Absage bekommen, sich eine Absage holen; **~ в выдаче патента** Patentversagung *f*; **~ в выдаче разрешения** Versagung einer Erlaubnis; **~ в иске** Klageabweisung *f*; **~ от акцепта** Akzeptverweigerung *f*, Annahmeverweigerung *f*; **~ от договора** Rücktritt vom Vertrag; **~ от должности** Aufgabe eines Amtes; **~ от исполнения обязательства** Leistungsverweigerung *f*; **~ от намеченного плана** Aufgabe eines Plans; **~ от наследства** Erbausschlagung *f*; **~ от права на возмещение убытка (ущерба)** Verzicht auf Schadensersatzansprüche; **~ от предоставления информации** Verweigerung einer Auskunft; **~ от приглашения** Ablehnung einer Einladung; **~ от приёмки** Abnahmeverweigerung *f*, Nichtabnahme *f*; **~ от приёмки товара** Ablehnung der Ware; **~ от применения** Nichtanwendung *f*; **~ от работы** Arbeitsverweigerung *f*; **~ от членства** Aufgabe der Mitgliedschaft; **~ предоставить кредит** Kreditsperre *f*, Verweigerung eines Kredits; **при условии -а от (своих) интересов** unter Aufgabe der Interessen; **~ производить платёж** Zahlungsverweigerung *f*; **~ финансовых органов признать данные**

бухгалтерского учёта Verwerfung der Buchführung

отказывать absagen; **~ в доверии** das Vertrauen entziehen; **~ в иске** die Klage abweisen (zurückweisen)

отказываться ablehnen, ausschlagen, verweigern, verzichten, Verzicht leisten, zurückweisen; **~ от акцептования** die Annahme verweigern; **~ от должности** ein Amt ablehnen; **~ от заказа** den Auftrag ablehnen; **~ от наследства** ein Erbe (eine Erbschaft) ausschlagen; **~ от подписи (подписать)** die Unterschrift verweigern; **~ от предложения** ein Angebot ablehnen (zurückweisen); **~ от приёмки** die Lieferung zurückweisen, die Abnahme verweigern; **~ признать обоснованность рекламации** eine Reklamation zurückweisen; **~ от своих прав по договору** auf vertragliche Rechte verzichten; **~ от требования** auf eine Forderung verzichten; **~ от уплаты долга** eine Forderung nicht anerkennen

откат *m* Schmiergeld (an Mitarbeiter des Auftraggebers) für die Auftragsvergabe

откладывать verlegen, vertagen, verschieben; **~ встречу** einen Termin verlegen; **~ на более поздний срок** auf einen späteren Termin verlegen; **~ переговоры** die Verhandlung vertagen

отклонени|е *n* Abweichung *f*, Ablehnung *f*, Abweisung *f*, Zurückweisung *f*; **обнаруживать -я** Abweichungen entdecken; **определять -я** Abweichungen ermitteln; **устранять -я** Abweichungen beheben; **-е в качестве** Qualitätsabweichung *f*; **допустимое -е** zulässige Abweichung; **-е заявления** Ablehnung eines Antrags; **количественное -е** mengenmäßige Abweichung; **-е от курса** Kursabweichung *f*; **-е от нормы** Normabweichung *f*; **-е от плана** Planabweichung *f*; **-е предложения** Ablehnung eines Angebots; **среднее -е** durchschnittliche Abweichung; **стандартное -е** Standardabweichung *f*; **-е фактической заработной платы от расчётной ставки** Lohndrift *m*; **-е от установленных цен** Preisabweichung *f*

отклонять ablehnen, abweisen, verweigern, verwerfen, zurückweisen; **~ иск** die Klage abweisen (zurückweisen); **~ предложение** ein Angebot ablehnen (zurückweisen), einen Vorschlag verwerfen; **~ претензию** einen Anspruch zurückweisen

отклоняться abweichen

отключение *n* Abschaltung *f*; **веерное ~** Stromausfall wegen Netzüberlastung

открывать eröffnen; entdecken; erschließen; **~ аккредитив** ein Akkreditiv eröffnen; **~ бизнес (дело)** ein Geschäft aufnehmen (eröffnen, gründen); **~ конкурс (конкурсное производство)** den Konkurs eröffnen; **~ кредит** einen Kredit eröffnen; **~ магазин** einen Laden eröffnen; **~ месторождения** Lagerstätten entdecken; **~ новые рынки** neue Märkte erschließen; **~ судебное производство** das Verfahren eröffnen

открытие *n* Eröffnung *f*; Entdeckung *f*; Erschließung *f*, Öffnung *f*; **~ аккредитива** Akkreditiveröffnung *f*; **~ дела** Geschäftsanbahnung *f*; **~ выставки** Eröffnung einer Ausstellung; **~ депозитного счета** Einrichtung eines Sparkontos, Kontoeinrichtung *f*; **~ конкурса** Konkurseröffnung *f*; **~ кредита** Krediteröffnung *f*; **~ магазина** Geschäftseröffnung *f*; **~ месторождения** Entdeckung einer Lagerstätte; **~ новых рынков** Markt|erschließung *f*, -öffnung *f*, Erschließung (Öffnung) neuer Märkte; **~ торговой сессии** Eröffnung eines Börsentages

открыт|ый offen, öffentlich; **-ый аукцион** *m* öffentliche Auktion (Versteigerung); **-ый инвестиционный фонд** *m* offener Anlagefonds (Investmentfonds); **-ый счёт** *m* offene Rechnung; **-ые торги** *pl* offene Ausschreibung

откупать abkaufen, aufkaufen, käuflich erwerben

отложить aufschieben, verlegen, verschieben, vertagen, zurückstellen; **~ встречу** einen Termin verlegen

отмен|а *f* Abberufung *f*, Abschaffung *f*, Aufhebung *f*, Außerkraftsetzung *f*,

Rückgängigmachung *f*, Zurückziehung *f*, Widerruf *m*; **требовать -ы** die Abberufung (Abschaffung) verlangen; **до -ы** bis auf Widerruf, bis auf Weiteres; **-а заказа** Widerruf eines Auftrags (einer Bestellung); **-а конкурсного производства** Aufhebung des Konkursverfahrens; **-а контроля** Aufhebung der Kontrolle; **-а контроля за ценами** Freigabe der Preise; **-а решения** Aufhebung einer Entscheidung; **-а субсидий** Abschaffung von Subventionen; **-а таможенных пошлин** Abschaffung der Zölle

отменять abschaffen, aufheben, außer Kraft setzen, rückgängig machen, zurückziehen, widerrufen; **~ заказ** abbestellen, einen Auftrag annullieren (kündigen, rückgängig machen, stornieren); **~ закон** ein Gesetz aufheben; **~ льготы** Vergünstigungen abschaffen; **~ налоги** Abgaben aufheben; **~ ограничения** Beschränkungen aufheben; **~ решение** eine Entscheidung aufheben

отмерять abmessen, vermessen, bemessen

отметк|а *f* Vermerk *m*, Notiz *f*; Markierung *f*, Marke *f*; **делать -у** vermerken, kennzeichnen, markieren, einen Vermerk machen; **превысить -у** eine Marke überschreiten; **-а на векселе о предъявлении его к акцепту** Vorlegungsklausel *f*; **наивысшая -а** Höchstmarke *f*; **-а о домицилировании** Domizilvermerk *n*; **-а о получении (поступлении)** Eingangsstempel *m*; **-а о принятии** Annahmevermerk *m*; **-а о проведении контроля (проверки)** Kontrollvermerk *m*; **-а об акцептовании** Akzeptvermerk *m*; **-а об оплате провоза грузоотправителем** Freivermerk *m*; **-а об уплате** Zahlungsvermerk *m*; **рекордная -а** Rekordmarke *f*

отмечать vermerken, notieren, verbuchen; betonen, hervorheben; begehen, feiern

отмывание *n* **(грязных) денег** Geldwäsche *f*

относительный verhältnismäßig, relativ

относить zuordnen, zurechnen, buchen; **~ на счёт** ein Konto belasten, auf die Rechnung setzen; **~ на убытки** als Verlust buchen

относящийся; **~ к валютной политике** währungspolitisch; **~ к налоговой политике** steuerpolitisch; **~ к политике в области сбыта** absatzpolitisch; **~ к политике в области цен** preispolitisch; **~ к политике регулирования циклических колебаний** konjunkturpolitisch; **~ к производству** produktionsbezogen; **~ к экономической политике** wirtschaftspolitisch

отношени|е *n* Beziehung *f*, Verhältnis *n*; Stellungnahme *f*, Einstellung *f*; **вступать в деловые -я** in Geschäftsbeziehungen treten; **завязывать -я** Beziehungen anknüpfen (anbahnen, aufnehmen, herstellen); **поддерживать -я** Beziehungen aufrechterhalten (pflegen, unterhalten); **разрывать -я** Beziehungen abbrechen; **расширять -я** Beziehungen erweitern (ausbauen); **устанавливать -я** Beziehungen anknüpfen (aufnehmen, herstellen); **арендные -я** Mietverhältnis *n*; **в любом -и (во всех -ях)** in jeder Beziehung; **взаимные -я** wechselseitige Beziehungen; **внутрипроизводственные -я** innerbetriebliche Beziehungen; **деловые -я** geschäftliche Beziehungen; **договорные -я** Vertrags|beziehungen *pl*, -verhältnis *n*; **имущественные -я** Besitzverhältnisse *pl*, Eigentumsverhältnisse *pl*, Vermögensverhältnisse *pl*; **-е к труду** Einstellung zur Arbeit, Arbeitsmoral *f*; **количественное -е** zahlenmäßiges Verhältnis, Mengenverhältnis *n*; **коммерческие -я** Handelsbeziehungen *pl*; **-я конкуренции** Konkurrenzverhältnisse *pl*; **-я между работодателем и наёмным работником** Arbeitsverhältnis *n*, Beziehungen zwischen Arbeitgeber und Arbeitnehmer; **напряжённые -я** gespannte Beziehungen; **небрежное -е** fahrlässige (nachlässige) Behandlung; **-я партнёров по договору между собой** Innenverhältnis *n*; **правовые -я** rechtliche Beziehungen; **правовые**

-я между кредитором и должником Schuldverhältnis *n*; **процентное -е** prozentuales Verhältnis; **-я с властями** Beziehungen mit Verwaltung, GR-Management *n*; **-я с общественностью** Öffentlichkeitsarbeit, PR-Arbeit; **-я с покупателями** Kundenbeziehungen *pl*; **-я собственности** Eigentumsverhältnisse *pl*; **-я сотрудничества** Partnerschaftsbeziehungen *pl*, Kooperationsbeziehungen *pl*; **торговые -я** Handelsbeziehungen *pl*; **трудовые -я** Beschäftigungsverhältnis *n*; **фидуциарные -я** Treuhandverhältnis *n*; **финансовые -я** finanzielle Beziehungen; **халатное -е к своим обязанностям** Fahrlässigkeit *f*, Pflichtversäumnis *n*; **человеческие -я** menschliche Beziehungen, human relations; **-е числа безработных к числу работающих** Arbeitslosenquote *f*, Erwerbslosenquote *f*; **экономические -я** Wirtschaftsbeziehungen *pl*, wirtschaftliche Beziehungen

отправитель *m* Absender *m*, Expedient *m*, Spediteur *m*, Versender *m*; **~ груза** Verlader *m*, Verfrachter *m*, Verschiffer *m*

отправк|а *f* Absendung *f*, Verladung *f*, Versand *m*, Verschiffung *f*, Verfrachtung *f*, Spedition *f*; **-а в срок** termingemäßer Versand; **-а грузов** Güter|abfertigung *f*, -verladung *f*, -versand *m*; **-а грузов в контейнерах** Versand in Containern; **-а грузов мелкими партиями** Stückgutversand *m*; **-а грузов морским путём** Verfrachtung *f*; **для немедленной -и** zum sofortigen Versand; **-а партиями** Teilversand *m*; **повагонная -а** Wagenladung *f*, Waggonladung *f*; **-а почты** Postaufgabe *f*; **сборная -а** Sammelsendung *f*; **-а товаров** Warenversand *m*

отправление *n* Absendung *f*, Versand *m*, Versendung *f*; Abfahrt *f*, Abgang *m*, Abreise *f*; Sendung *f*; **~ поезда** Abfahrt des Zuges; **почтовое ~** Briefsendung *f*, Post|sendung *f*, -gut *n*; **почтовое ~ до востребования** postlagernde Sendung; **срочное почтовое ~** Eilsendung *f*; **ценное почтовое ~** Wertsendung *f*

отправлять absenden, spedieren, verschicken, verschiffen, versenden; **~ грузы** Güter absenden (spedieren, verschicken, versenden); **~ груз авиатранспортом** per Luftfracht versenden; **~ письмо** einen Brief absenden; **~ товары по железной дороге** Waren mit der Bahn absenden (verschiffen)

отпуск *m* Abgabe *f*, Ausgabe *f*, Auslieferung *f*; Urlaub *m*, Ferien *pl*; **брать (использовать) ~** Urlaub in Anspruch nehmen, Ferien machen; **отправлять в ~** beurlauben; **подать заявление на ~** den Urlaub beantragen; **предоставлять ~** den Urlaub gewähren, beurlauben; **предоставлять неоплачиваемый ~** ohne Bezüge beurlauben; **предоставлять оплачиваемый ~** mit Bezügen beurlauben; **проводить ~** Ferien verbringen; **уходить в ~** den Urlaub antreten, in die Ferien gehen; **~ без сохранения содержания (неоплачиваемый ~)** unbezahlter Urlaub; **в -е** im Urlaub; **дополнительный ~** Urlaubsverlängerung *f*, verlängerter Urlaub; **ежегодный ~** Jahresurlaub *m*; **~ материалов** Materialausgabe *f*; **(не)-оплачиваемый ~** (un)bezahlter Urlaub; **~ по беременности и родам** Mutterschaftsurlaub *m*; **~ товаров** Waren|ausgabe *f*, -ausgang *m*; **~ товаров со склада** Lagerausgang *m*; **~ товарных запасов** Abgabe von Warenbeständen; **частичный ~** Teilurlaub *m*

отпускать abgeben, ausgeben, ausliefern, freigeben; **~ с работы** von der Arbeit freistellen; **~ товары** Waren abliefern (ausliefern)

отпускн|ой Urlaubs-; **-ые (деньги)** *pl* Urlaubsentgelt *n*; **-ые деньги за неиспользованный отпуск** Urlaubsgeld *n*

отрабатывать abarbeiten, arbeiten, leisten, die Arbeit abschließen

отработка *f* Abarbeit *f*

отравление *n* Vergiftung *f*, Intoxikation *f*

отражать ausweisen; **~ прибыли (в бухгалтерской документации)** Gewinne (buchmäßig) ausweisen

отраслев|ой branchenbedingt, branchenbezogen; **-ая статистика** *f*

Branchenstatistik *f*; **-ая торговая наценка** *f* Branchenspanne *f*

отрасль *f* Branche *f*, Zweig *m*, Bereich *m*; **ведущая (ключевая) ~ (промышленности)** Schlüssel|bereich *m*, -branche *f*, -industrie *f*; **высокомаржинальная ~** gewinnträchtige Branche; **наукоемкая отрасль** Hightech-Branche *f*; **основная ~** Hauptbereich *m*; **~ производства** Produktionszweig *m*, Fabrikationszweig *m*; **~ промышленности** Industriezweig *m*; **~ торговли** Geschäftsbranche *f*; **~ хозяйства (экономики)** Wirtschafts|bereich *m*, -zweig *m*; **~, ориентированная на экспорт** exportorientierte (exportintensive) Industrie

отрицательн|ый negativ, abschlägig, Negativ-; **-ая аттестация** *f* Negativattest *n*; **-ый процент** *m* Negativzins *m*

отслеживание *n* **движения груза** Überwachung der Güterbewegung

отсортировывать ausmustern, aussondern, aussortieren, auswählen; **~ товары** Waren aussortieren

отсрочивать aufschieben, stunden, verschieben, vertagen; **~ выплату задолженности** Verbindlichkeiten stunden; **~ платёж** Zahlung aufschieben (stunden, hinausschieben)

отсрочк|а *f* Aufschub *m*, Moratorium *n*, Stundung *f*, Vertagung *f*, Zurückstellung *f*; **давать -у без уплаты процентов** zinslos stunden; **давать -у на определённый срок** befristet stunden; **отклонить просьбу об -е** die Stundung versagen; **предоставлять -у** Stundung gewähren; **предоставлять -у для уплаты стоимости покупки** den Kaufpreis stunden; **предоставлять -у платежа** Zahlungsaufschub gewähren; **просить об -е** um Stundung bitten; **разрешить -у** Stundung bewilligen; **-а выплаты процентов** Zinsstundung *f*; **-а платежа** Zahlungs|ausschub *m*, -moratorium *n*; **-а платежа на определённый срок** befristeter Zahlungsaufschub; **-а погашения** Tilgungsstreckung *f*, Tilgungsaufschub *m*

отставание *n* Rückstand *m*; **допустить ~** in den Rückstand geraten (kommen); **иметь ~** im Rückstand sein; **ликвидировать ~** den Rückstand aufholen; **~ в выполнении заказов** Rückstand an Bestellungen; **~ в выполнении плана** Planrückstand *m*

отставать in den Rückstand (Verzug) geraten (kommen), im Rückstand sein

отставк|а *f* Rücktritt *m*; **объявить об -е** den Rücktritt erklären; **уйти в -у** zurücktreten, ein Amt niederlegen, aus dem Amt scheiden; in den Ruhestand treten; **-а правительства** Rücktritt der Regierung

отсталый rückständig, zurückgeblieben

отстранение *n* Enthebung *f*; **~ от должности** Amtsenthebung *f*; **~ от работы** Suspendierung *f*

отстранять absetzen, entheben, entlassen; **~ от должности** des Amtes entheben, suspendieren

отступное *n* Abfindung *f*, Abstand *m*, Entschädigung *f*; **выплачивать ~** eine Abfindung (einen Abstand, eine Entschädigung) zahlen; **получать ~** eine Abfindung (Entschädigung) erhalten; **требовать ~** eine Abfindung (Entschädigung) fordern

отсутствие *n* Fehlen *n*, Mangel *m*; Abwesenheit *f*; **~ ликвидности** Illiquidität *f*, Zahlungsunfähigkeit *f*; **~ материала** Materialmangel *m*, fehlendes Material; **~ средств** Geldknappheit *f*, Mangel an Geld (Mitteln); **~ товара** Warenmangel, fehlende Waren

отсутствовать fehlen, nicht vorhanden sein, ausbleiben, abwesend sein

отсутствующий fehlend, abwesend; Abwesende *m*

отток *n* Abfluss *m*, Abwanderung *f*; **~ валюты** Devisenabfluss *m*, Abfluss von Devisen; **~ денег** Geldabfluss *m*; **~ капитала** Kapital|abfluss *m*, -abwanderung *f*, Abfluss von Kapital; **~ средств** Mittelabfluss *m*, Geldabfluss *m*; **чистый ~ валюты** Nettodevisenabfluss *m*

отсылать absenden, versenden, schicken, verweisen; **~ обратно** zurückschicken, zurücksenden

отходы *pl* Abfall *m*, Abfälle *pl*, Abfallprodukte *pl*; **использовать (утилизировать) ~** den Abfall recyceln (verwerten); **собирать и утилизировать ~** den Abfall entsorgen; **безвозвратные ~** nicht verwertbarer Abfall; **возвратные ~** verwertbarer (recyclingfähiger) Abfall; **~ домашнего хозяйства** Haushaltsabfälle *pl*; **опасные ~** gefährliche Abfälle, Sondermüll *m*, besonders überwachungsbedürftige Abfälle; **~ производства (производственные ~)** Produktionsabfälle *pl*; **~ металлов** Metallabfälle *pl*; **промышленные ~ (~ промышленного производства)** Industrieabfälle *pl*, gewerblicher Abfall

отчёт *m* Bericht *m*, Rechenschaft *f*, Rechenschaftsbericht *m*; Abrechnung *f*, Rechnung *f*; Report *m*; **давать ~** Rechenschaft ablegen, Rechnung ablegen, berichten; **заслушивать ~** einen Bericht entgegennehmen; **(за)требовать ~** einen Bericht anfordern; **одобрять ~** einen Bericht billigen; **опубликовывать ~** einen Bericht veröffentlichen; **отражать (показывать) в -е** in der Rechnung ausweisen; **подготавливать ~** einen Report (Bericht) erarbeiten (erstellen); **представлять ~** einen Bericht (eine Abrechnung) einreichen (vorlegen); **(про)анализировать ~** einen Bericht prüfen; **(с)делать ~** Bericht erstatten; **составлять ~** einen Bericht (Abschluss) abfassen (aufstellen), eine Abrechnung erstellen; **требовать -а** zur Rechenschaft ziehen; **авансовый ~** Abrechnung eines Vorschusses, Vorschussabrechnung *f*; **~ аудитора** Bericht des Wirtschaftsprüfers, Wirtschaftsprüfungsbericht *m*; **балансовый ~** Bilanzbericht *m*; **балансовый ~ транснационального концерна** Weltabschluss *m*; **бухгалтерский ~** Rechenschaftsbericht *m*, buchhalterische Aufstellung; **~ в виде таблиц** Aufstellung in Tabellenform; **годовой ~** Jahres|abschluss *m*, -bericht *m*, -rechnung *f*; **годовой ~ концерна** Konzernlagebericht *m*; **годовой ~ по нормам торгового права** handelsrechtlicher Jahresabschluss; **документальный ~** Belegnachweis *m*; **ежеквартальный ~** Quartals|abschluss *m*, -bericht *m*, Vierteljahresbericht *m*; **ежемесячный ~** monatliche Abrechnung, Monatsbericht *m*, monatliche Aufstellung, Monatsausweis *m* (einer Bank), Monatsaufstellung *f*; **~ за полугодие** Halbjahresbericht *m*; **кассовый ~** Kassenbericht *m*; **~ концерна** Konzernbericht *m*; **курсовой ~** Kursbericht *m*; **~ на основе фактического материала** Tatsachenbericht *m*; **~ о движении денежных средств** Cashflow-Bericht *m*; **~ о деятельности** Tätigkeitsbericht *m*; **~ о прибылях и убытках** Gewinn- und Verlustrechnung *f* (GuV); **~ о результатах ревизии** Prüfungsbericht *m*; **~ о результатах хозяйственной деятельности** Produktionsbericht *m*; **~ о состоянии дел** Geschäftsbericht *m*, Lagebericht *m*; **~ о состоянии дел на бирже** Börsenbericht *m*; **~ отдела** Abteilungsbericht *m*; **полугодовой ~** Halbjahresbericht *m*; **~ предприятия** Unternehmensbericht *m*; **подробный ~** Detailbericht *m*; **сводный ~** zusammenfassender Bericht; **статистический ~ о развитии сельского хозяйства** Agrarbericht *m*; **промежуточный ~** Zwischenbericht *m*; **промежуточный ~ о состоянии счетов** Zwischenabrechnung *f*; **~ учредителей** Gründungsbericht *m*; **финансовый ~** Finanzbericht *m*, Aufstellung des Vermögens und der Schulden; **финансовый ~ банка** Bank|ausweis *m*, -bericht *m*; **финансовый ~ концерна** Konzernabschluss *m*; **финансовый ~, отражающий ликвидность** Liquiditätsbilanz *f*; **~ эксперта (экспертной комиссии)** Sachverständigenbericht *m*

отчётность *f* Berichterstattung *f*, Berichtswesen *n*, Rechenschaftslegung *f*, Rechnungslegung *f*, Rechnungswesen *n*, Abrechnung *f*, Reporting *n*; **годовая ~** Jahresberichterstattung *f*; **ежеквартальная ~** Quartalsabrechnung *f*, vierteljährliche Abrechnung; **ежемесячная ~** Monatsaufstellung *f*, monatliche Abrechnung; **оператив-**

ная ~ operatives Reporting; **текущая ~** laufende Abrechnung, laufendes Reporting

отчётн|ый Berichts-, Rechnungs-; **-ые данные** *pl* Berichtsangaben *pl*; **-ый период** *m* Berichts|periode *f*, -zeitraum *m*, Rechnungs|periode *f*, -zeitraum *m*

отчислени|е *n* Abführung *f*; Zuführung *f*, Zuweisung *f*; Abzug *m*, Abgabe *f*; **прекращать амортизационные -я** die Abschreibungen aussetzen; **производить -я** abführen; **производить амортизационные -я** eine Abschreibung vornehmen; **распределять амортизационные -я по периодам** die Abschreibung verteilen; **амортизационные -я** Abschreibungen *pl*; **амортизационные -я, исходя из балансовой стоимости** Buchwertabschreibung *f*; **-я в бюджет** Abführungen an den Haushalt; **-я в пенсионный фонд** Pensionsrückstellungen *pl*; **-я в резервные фонды** Zuführung (Zuweisung) an die Reserven (Rücklagen), Bildung von Rückstellungen; **дегрессивные амортизационные -я** Restwertabschreibung *f*; **добровольные -я предприятия по социальному страхованию** freiwillige Sozialkosten; **дополнительное -е** zusätzliche Zuweisung; **-я из (от) прибыли** Gewinnabführung *f*; **-е подоходного налога** Lohnsteuerabführung *f*; **-я предприятия по социальному страхованию, предусмотренные законом** gesetzliche Sozialkosten

отчислять zuweisen, abführen, abziehen, abgeben; **~ валютную выручку** Devisenerlöse abführen; **~ средства в резервный фонд** Mittel an Rücklagen zuweisen

отчитываться berichten, Bericht erstatten, Rechenschaft ablegen, Rechnung ablegen

отчуждаемый veräußerlich

отчуждать veräußern, enteignen

отчуждение *n* Veräußerung *f*, Verkauf *m*; Enteignung *f*, Alienation *f*; **безвозмездное ~** entschädigungslose Enteignung; **~ земельного участка** Grundstücksverkehr *m*; **~ на благо общества** Enteignung zum Wohle der Allgemeinheit; **~ имущества (собственности)** Vermögensveräußerung *f*, Veräußerung von Vermögensgegenständen; **~ с выплатой компенсации** Enteignung gegen Entschädigung; **~ собственности** Besitzentziehung *f*, Enteignung *f*

отъезд *m* Abfahrt *f*, Abreise *f*; **~ учёных на работу в другие страны** Abwanderung von Wissenschaftlern

оферент *m* Anbieter *m*, Offerent *m*; **ведущий ~** führender Anbieter; **зарубежный ~** ausländischer Anbieter; **~ ключевых технологий** Anbieter von Schlüsseltechnologien

оферта *f* Angebot *n*, Offerte *f*

офис *m* Büro *n*; **центральный ~** Firmenzentrale *f*

официальн|ый amtlich, offiziell, behördlich, Amts-; **-ый канал** *m* Amtsweg *m*; **-ая котировка** *f* amtliche Notierung; **-ое распоряжение** *n* behördliche Anordnung; **-ое согласие** *n* **(разрешение)** behördliche Genehmigung; **-ая статистика** *f* amtliche Statistik

оформление *n* Abfassung *f*, Abfertigung *f*, Ausfertigung *f*, Ausstellung *f*; Aufmachung *f*, Ausgestaltung *f*, Ausstattung *f*, Gestaltung *f*, Formgebung *f*; **~ витрины** Schaufenstergestaltung *f*, Gestaltung der Auslage; **~ документа** Beleg|ausfertigung *f*, -ausstellung *f*, Ausfertigung einer Urkunde; **документальное ~** Belegwesen *n*, Belegausfertigung *f*, Beurkundung *f*; **~ заказов** Auftragsausfertigung *f*; **~ магазина** Ladenausstattung *f*; **~ протокола** Aufnahme des Protokolls; **~ страхового полиса** Policeausfertigung *f*; **~ счёта** Rechnungsausfertigung *f*; **~ товара** Waren|ausstattung *f*, -gestaltung *f*; **художественное ~ изделий** Produkt|design *n*, -gestaltung *f*

оформленный ausgefertigt, ausgestellt

оформлять abfassen, abfertigen, ausfertigen, ausstellen; aufmachen, ausgestalten, ausstatten, gestalten; **~ актом** protokollieren; **~ гарантию** eine Garantieerklärung ausfertigen; **~ до-**

кумент einen Beleg (eine Urkunde) ausfertigen; **~ договор** einen Vertrag abfassen (aufsetzen); **~ операцию** einen Geschäftsvorfall belegen; **~ протокол** protokollieren, ein Protokoll abfassen (aufnehmen, aufstellen, ausfertigen)

оффшор *m* **внутренний** inländische Offshore-Gesellschaften *pl*

охран|а *f* Schutz *m*; **брать под -у** in Schutz nehmen; **заводская -а** Werkschutz *m*; **-а здоровья** Gesundheitsschutz *m*; **-а материнства (матери и ребёнка)** Mutterschutz *m*; **-а окружающей среды** Umweltschutz *m*; **-а патентов** Patentschutz *m*, patentrechtlicher Schutz; **-а прав промышленной собственности** gewerblicher Rechtsschutz; **-а прав изобретательства** Erfinderschutz *m*; **правовая -а** Rechtsschutz *m*; **-а природы** Naturschutz *m*, Landschaftsschutz *m*; **-а товарных знаков** Zeichenschutz *m*, Warenzeichenschutz *m*; **-а труда** Arbeitsschutz *m*; **-а труда работников** Arbeitnehmerschutz *m*

охранять schützen, beschützen, bewachen

оценивать auswerten, bewerten, abschätzen, einschätzen schätzen, taxen, taxieren; beurteilen; **~ долю (пай)** den Anteil taxieren; **~ неправильно** falsch einschätzen; **~ ниже фактической стоимости** unter dem Wert abschätzen; **~ по первоначальной стоимости** zu Anschaffungskosten bewerten; **~ по стоимости производства** zum Herstellungswert bewerten; **~ убытки** einen Verlust abschätzen; **~ ущерб** einen Schaden abschätzen

оценк|а *f* Bewertung *f*, Abschätzung *f*, Einschätzung *f*, Rating *n*, Schätzung *f*, Taxation *f*, Taxierung *f*, Wertbestimmung *f*; Beurteilung *f*; Werthaltung *f*; Assessment *n*; **производить -у** eine Auswertung (Bewertung) vornehmen, bewerten; **балансовая -а** Bilanzbewertung *f*; **-а балансового отчёта** Bilanzauswertung *f*; **балльная -а (-а по баллам)** Punktbewertung *f*; **-а деятельности предприятия** Leistungsbewertung *f*, Einschätzung der betrieblichen Leistung; **-а деловых качеств и профессионального соответствия потенциальных руководителей** Assessment-Center *n*; **дискреционная -а** Bewertungsfreiheit *f*; **-а долевого участия** Anteilsbewertung *f*; **завышенная -а** Überbewertung *f*; **заниженная -а** Unterbewertung *f*; **-а запасов** Vorratsbewertung *f*, Bewertung der Bestände; **-а земельного участка** Grundstückbewertung *f*; **-а земли** Boden|bewertung *f*, -bonitierung *f*; **-а имущества** Vermögensbewertung *f*, Bewertung des Vermögens; **-а имущества в целях налогообложения** Umlage *f*; **инвентарная -а** Inventarbewertung *f*; **-а капиталовложений** Investitionsbewertung; **-а качества** Gütebewertung *f*; **количественная -а** zahlenmäßige Bewertung; **-а компании** Unternehmensbewertung *f*; **-а конъюктуры рынка** Markt|beurteilung *f*, -einschätzung *f*; **-а кредитоспособности** Bonitätsbeurteilung *f*, Einschätzung der Kreditfähigkeit; **неверная (ошибочная) -а** Fehleinschätzung *f*; **-а основного капитала, основных средств** Bewertung des Anlagevermögens, Bewertung von Sachanlagen, Sachanlagenbewertung *f*; **ориентировочная -а** Überschlag *m*, Überschlagsrechnung *f*; **осторожная -а** vorsichtige Bewertung (Schätzung); **по -е** schätzungsweise, nach Einschätzung; **-а по собственному усмотрению** Bewertungsfreiheit *f*; **повторная -а** Neubewertung *f*; **-а почвы** Boden|bewertung *f*, -bonitierung *f*; **-а потребностей (потребления)** Verbrauchsschätzung *f*, Bedarfsschätzung *f*; **предварительная (прогнозная) -а** Vorausschätzung *f*; **-а продукта (изделия)** Produktbewertung *f*; **-а рабочего места** Arbeitsplatzbewertung *f*; **-а результатов труда** Leistungsbewertung *f*; **-а результатов труда по балльной системе** Stufenverfahren *n*; **-а риска** Risiko|bewertung *f*, -einschätzung *f*, -gewichtung *f*, Wagnisbeurteilung *f*,

Bewertung von Risiken; **-а сложности работы** Arbeitsbewertung *f*; **-а спроса** Bedarfseinschätzung *f*, Nachfrageschätzung *f*; **-а стоимости земельного участка** Grundstücksbewertung *f*; **-а складских запасов** Lager(bestands)bewertung *f*, Bewertung des Lagerbestandes; **-а сотрудников** Mitarbeiterbeurteilung *f*, Personalbeurteilung *f*; **-а убытков (ущерба)** Schadensabschätzung *f*; **экспертная -а** Gutachten *n*, Experteneinschätzung *f*; **экспертная ~ стоимости** Wertgutachten *n*

оценочный bewertungsweise, bewertungsmäßig

оценщик *m* Schätzer *m*, Taxator *m*

очередной folgend, nächstsfolgend, nachfolgend, fällig, Folge-; **~ взнос** *m* Folge|beitrag *m*, -prämie *f*, fällige Rate

очерёдност|ь *f* Reihenfolge *f*, Rang *m*, Rangfolge *f*, Rangordnung *f*, Rangverhältnis *n*; **стоять в порядке -и за** im Rang nachstehen; **стоять в порядке -и перед** im Rang vorstehen; **в порядке -и** in der Reihenfolge; **-ь ипотек** Rangordnung der Hypotheken; **-ь кредиторов** Rangfolge der Gläubiger; **-ь удовлетворения кредиторов** Vorrang von Gläubigern

очеред|ь *f* Reihe *f*, Schlange *f*, Warteschlange *f*; **стоять в -и** anstehen

очистка *f* Bereinigung *f*, Reinigung *f*; **биологическая ~ сточных вод** biologische Reinigung von Abwässern; **~ грузов от таможенных формальностей** zollamtliche Abfertigung der Güter; **таможенная ~** Zoll|abfertigung *f*, -abwicklung *f*

очищать bereinigen, reinigen; **~ грузы от таможенных формальностей** Güter zollamtlich abfertigen

ошибк|а *f* Fehler *m*, Irrtum *m*, Versehen *n*; **делать -у** einen Fehler begehen (machen); **исправлять -у** einen Fehler beheben (verbessern, korrigieren), einen Irrtum richtig stellen; **обнаруживать -у** einen Fehler entdecken (feststellen); **просмотреть (пропускать) -у** einen Fehler übersehen; **-а бухгалтерского учёта** Buchungsfehler *m*; **-а в вычислении (расчёте)** Rechenfehler *m*; **по -е** aus Versehen, irrtümlicherweise; **-а при планировании** Planungsfehler *m*; **-а при прогнозировании** Prognosefehler *m*

ошибочн|ый fehlerhaft, irrtümlich, Fehl-; **-ый прогноз** *m* Fehlprognose *f*; **-ый расчёт** *m* Fehlberechnung *f*, fehlerhafte Berechnung; **-ое решение** *n* Fehlentscheidung *f*

П

паблик рилейшнз Öffentlichkeitsarbeit *f*, Kontaktpflege *f*, Public Relations

паблисити *f* Werbung *f*, Reklame *f*

павильон *m* Halle *f*; **выставочный ~** Messehalle *f*

падать fallen, sinken, abbröckeln; **курс акций падает** der Aktienkurs bröckelt ab; **~ в цене** im Preis(e) fallen; **~ по стоимости** im Wert fallen (sinken)

падение *n* Fall *m*, Rückgang *m*, Verfall *m*; **зафиксировать ~** einen Rückgang verzeichnen; **~ курса** Kurs|abbröckelung *f*, -abschwung *m*, -rückgang *m*, -verfall *m*; **~ курса акции** Aktiencrash *m*, Aktienverfall *m*; **~ мощности (производительности)** Leistungsabfall *m*; **~ покупательной способности** Kaufkraftverlust *m*; **постепенное ~ курсов** Kursabbröckelung *f*; **резкое ~** Einbruch *m*, Sturz *m*; **резкое ~ курса** Kurs|einbruch *m*, -sturz *m*; **резкое ~ производства** Produktionseinbruch *m*; **резкое ~ сбыта** Absatzeinbruch *m*; **резкое ~ цен** Preis|einbruch *m*, -rutsch *m*, -sturz *m*; **~ сбыта** Absatzrückgang *m*; **~ спроса** Nachfrageausfall *m*, Rückgang der Nachfrage; **~ стоимости** Wertverlust *m*; **~ цен** Preis|rückgang *m*, -verfall *m*

паевой Anteil(s)-; **~ сертификат** *m* Anteilschein *m*

паёк *m* Ration *f*, Zuteilung *f*; **сухой ~** kalte Verpflegung

па|й *m* Anteil *m*, Anteilschein *m*, Geschäftsanteil *m*, Einlage *f*; **вносить -й** eine Einlage einzahlen (erbringen); **выкупать -й** den Anteil aufkaufen; **выкупать -й компаньонов** die Teilhaber auskaufen; **отказываться**

от -я auf seinen Anteil verzichten; **продавать свой -й** seinen Anteil verkaufen; **увеличивать -й** den Anteil aufstocken; **-й в акционерном капитале** Einlage auf das Stammkapital; **-й в кооперативе** Genossenschaftsanteil *m*; **-й в предприятии** Kapitalanteil *m*, Anteil *m*, Unternehmensanteil *m*; **-й в обществе (товариществе)** Gesellschaftsanteil *m*; **выкупленный -й** aufgekaufter Anteil; **коммандитный -й** Kommanditanteil *m*; **-й, причитающийся от компаньона** ausstehende Einlage

пайщик *m* Anteilsberechtigte *m*, Anteilseigner *m*, Anteilsinhaber *m*, Gesellschafter *m*, Teilhaber *m*; **входить в дело на правах -а** als Teilhaber eintreten; **принимать в качестве -а** als Teilhaber aufnehmen

пакгауз *m* Lagerhaus *n*, Lager *n*, Speicher *m*

пакет *m* Paket *n*, Packung *f*; **владеть -ом акций** ein Aktienpaket besitzen; **покупать ~ акций** ein Aktienpaket kaufen; **приобретать контрольный ~ акций** die Mehrheit erwerben, mehrheitlich übernehmen; **продавать ~ акций** ein Aktienpaket verkaufen; **управлять -ом акций** ein Aktienpaket verwalten; **~ акций** Aktien|paket *n*, -posten *m*; **блокировочный ~** Sperrminorität *f*; **~ вопросов, являющихся предметом переговоров** Verhandlungspaket *n*; **государственный ~ акций** staatliches Aktienpaket; **контрольный ~ акций** Aktienmehrheit *f*, Mehrheit der Anteile; **почтовый ~** Postpaket *n*, Paket *n*; **~ финансовых услуг** Finanzpaket *n*

паковать packen, einpacken, verpacken; **~ товары** Waren einpacken (packen, verpacken)

палата *f* Kammer *f*; **Автоматизированная расчетная палата** automatisiertes Clearinghaus; **~ земельного суда по коммерческим делам** Kammer für Handelssachen; **клиринговая ~** Abrechnungszentrale *f*, Clearingstelle *f*; **~ мер и весов** Eichamt *n*; **общественная ~** Öffentlichkeitskammer; **расчётная ~** Verrechnungsstelle *f*, Clearinghaus *n*; **расчётная ~ по срочным биржевым сделкам** Liquidationskasse *f*; **ремесленная ~** Handwerkskammer *f*; **судебная ~** Gerichtshof *m*; **торговая ~** Handelskammer *f*; **торгово-промышленная ~** Industrie- und Handelskammer *f*

палатка *f* Verkaufsstand *m*, Kiosk *m*

память *f* **(ЭВМ)** Speicher *m*

панель *f* Plattenbauelement *n*; **~ предложения** Bietungskonsortium *n*

паник|а *f* Panik *f*, Run *m*; **вызывать -у** einen Run auslösen; **банковская (биржевая) -а** *(Bö)* Börsenpanik *f*

пансион *m* Pension *f*; **полный ~** Vollpension *f*

папка *f* Aktendeckel *m*, Mappe *f*, Ordner *m*, Schnellhefter *m*

параллельн|ый Parallel-; **-ая валюта** *f* Parallelwährung *f*

параметр *m* Parameter *m*, Kenngröße *f*, Kennwert *m*; **-ы** Kenn|daten *pl*, -größen *pl*, -werte *pl*; **оптимальный ~** Optimalwert *m*

параф *m* Paraphe *f*, Unterschrift *f*

парафировать paraphieren, unterschreiben, unterzeichnen

пари pari

паритет *m* Parität *f*, Gleichstellung *f*, Gleichheit *f*; **изменять ~** die Parität ändern; **нарушать ~** die Parität verletzen; **сохранять (поддерживать) ~** die Parität aufrechterhalten (wahren); **устанавливать -ы** Paritäten festlegen (festsetzen, fixieren); **валютный ~** Währungsparität *f*, Kursparität *f*; **~ валютных курсов** Kursparität *f*; **золотой ~** Goldparität *f*; **конверсионный ~** Wandelparität *f*; **на основе -а** paritätisch; **~ опционов пут и колл** Put-Call-Parität *f*; **~ покупательной способности (валют)** Kaufkraftparität *f*; **~ процентных ставок** Zinsparität *f*; **твёрдый ~** feste Parität; **~ фрахтовых ставок** Frachtparität *f*

паритетн|ый paritätisch; **-ое представительство** paritätische Vertretung; **-ая ссуда** paritätisches Darlehen

парк *m* Park *m*, Bestand *m*; **автомобильный ~** Fahrzeugpark *m*, Wagenpark *m*; **вагонный ~** Waggonpark *m*, Wagenpark *m*; **машинный ~**

Maschinenbestand *m*; **промышленный ~** Industriepark *m*

паркет *m* Parkett *n*

паркинг *m* Parkhaus *n*

пароходство *n* Reederei *f*, Schifffahrtsgesellschaft *f*

партия *f* Los *n*, Partie *f*, Posten *m*, Sendung *f*, Stückzahl *f*; **поставлять -и товаров** Sendungen anliefern; **продавать товар -ями** in Partien (partienweise) verkaufen; **-я груза** Sendung *f*; **-я груза меньшая, чем вместимость автомобиля (вагона)** Stückgutsendung *f*; **-я груза на автомобиль (вагон)** Wagenladung *f*; **-я груза на вагон** Waggonladung *f*; **-я груза с уведомлением** avisierte Sendung; **мелкая -я груза** Stückgut(sendung *f*) *n*; **опытная -я** Versuchsserie *f*; **-я товаров** Waren|partie *f*, -posten *m*, -sendung *f*; **-я транзитного груза** Transitsendung *f*; **транспортная -я** Transportlos *n*; **чартер-~** Charterpartie *f*, Chartervertrag *m*

партнёр *m* Partner *m*, Gesellschafter *m*, Teilhaber *m*; **стать -ом** als Partner (Gesellschafter, Teilhaber) in eine Firma eintreten; **деловой ~** Geschäftspartner *m*, Geschäftsfreund *m*; **~, имеющий капитал** finanzkräftiger Partner; **коммерческий ~** Handelspartner *m*; **~ по договору** Vertragspartner *m*; **~ по консорциуму** Konsortialpartner *m*; **~ по кооперации** Kooperationspartner *m*; **~ по переговорам** Verhandlungspartner *m*; **~ по тарифному соглашению** Tarifpartner *m*; **~ по финансированию** Finanzierungspartner *m*; **предприятие-~** Partnerbetrieb *m*; **~, разделяющий риск** Risk-Sharing-Partner *m*; **социальные -ы** Sozialpartner *pl*; **страна-~** Partnerland *n*; **стратегический ~** strategischer Partner; **торговый ~** Handelspartner *m*

партнёрство *n* Partnerschaft *f*; **долгосрочное ~** langfristige Partnerschaft

паспорт *m* Pass *m*; **выдавать ~** einen Pass ausstellen; **предъявлять ~** den Pass vorzeigen; **проверять ~** den Pass kontrollieren; **внутренний ~** Personalausweis *m*; **заграничный ~** Reisepass *m*; **~ оборудования** Maschinenpass *m*, Anlagenpass *m* **~ опасных отходов** Begleitschein für gefährliche Abfälle; **~ сделки** Registrierungsbescheinigung des Ex-/Importgeschäftes

паспортный Pass-; **~ контроль** *m* Pass|abfertigung *f*, -kontrolle *f*; **~ сбор** *m* Passgebühr *f*

пассажир *m* Fahrgast *m*, Passagier *m*, Reisende *m*; **перевозить -ов** Passagiere befördern; **авиационный ~** Fluggast *m*; **безбилетный ~** Schwarzfahrer *m*

пассажирооборот *m* Personenbeförderungsleistung *f*, Passagieraufkommen *n*

пассажирск|ий Personen-, Passagier-; **-ие перевозки** *pl* Personenbeförderung *f*; **-ое сообщение** *n* Personenverkehr *m*

пассив *m* Passiva *pl*

пассивн|ый passiv, Passiv-; **-ый процент** *m* Passivzins *m*; **-ое финансирование** *n* Passivfinanzierung *f*; **-ая часть** *f* **баланса** Passivseite *f*

пассивы *pl* Passiva *pl*; **антиципированные ~** antizipative Passiva; **~ банка** Bankpassiva *pl*; **краткосрочные ~** kurzfristige Verbindlichkeiten; **переходные ~** transitorische Passiva; **устойчивые ~** ständige Passiva; **текущие ~** kurzfristige Verbindlichkeiten, laufende Verbindlichkeiten

патент *m* Patent *n*; **аннулировать ~** ein Patent löschen; **выдавать ~** ein Patent erteilen; **выдавать ~ на изобретение** eine Erfindung patentieren; **заявлять ~** ein Patent anmelden; **использовать ~** ein Patent auswerten; **подавать заявку на ~** zum Patent anmelden; **приобретать ~** ein Patent erwerben; **выданный ~** erteiltes Patent; **~ на концессию** Konzessionsurkunde *f*; **промысловый ~ (~ на право занятия промыслом, на индивидуальную трудовую деятельность)** Gewerbe|erlaubnis *f*, -schein *m*; **~ с истёкшим сроком действия** abgelaufenes (erloschenes) Patent

патентн|ый Patent-; **-ая грамота** *f* Patenturkunde *f*; **-ая заявка** *f* Patentanmeldung *f*; **-ый реестр** *m* Patentrolle *f*; **-ый сбор** *m* Patentgebühr *f*; **-ое соглашение** *n* Patentabkommen *n*

патентование *n* Patentierung *f*

патентовать patentieren, patentieren lassen

патентовладелец *m* **(патентодержатель** *m***)** Patentinhaber *m*

патентоспособность *f* Patentfähigkeit *f*

патентоспособный patentfähig

Паутина, Всемирная *(Comp)* World Wide Web

паушальн|ый pauschal, Pausch(al)-; **-ый взнос** *m* Pauschalbeitrag *m*; **-ое вознаграждение** *n* Pauschalabgeltung *f*; **-ая сумма** *f* Pausch(al)|betrag *m*, -summe *f*, Pauschale *f*; **-ое списание** *n* Pauschalabschreibung *f*; **-ый тариф** *m* Pauschaltarif *m*

пашня *f* Acker *m*, Ackerland *n*

пенсионер *m* Pensionär *m*, Pensionsempfänger *m*, Rentner *m*, Ruhegehaltsempfänger *m*, Rentenbezieher *m*, Rentenempfänger *m*

пенсионн|ый Pensions-, Renten-; **-ый возраст** *m* Pensionsalter *n*, Rentenalter *n*; **-ое страхование** *n* Rentenversicherung *f*; **-ый фонд** *m* Pensionskasse *f*, Rentenfonds *m*

пенси|я *f* Pension *f*, Rente *f*; **быть на -и** im Ruhestand sein, nicht mehr aktiv sein; **начислять -ю** eine Rente bemessen (berechnen); **назначать -ю** eine Rente aussetzen; **получать -ю** eine Pension (Rente) beziehen; **приводить размер -й в соответствие с ростом цен** Renten anpassen; **увольнять на -ю** pensionieren; **уходить на -ю** in Pension gehen, in den Ruhestand treten; **ходатайствовать о выплате -и** die Rente beantragen; **государственная -я** staatliche Rente *f*; **индексируемая -я** dynamische Rente; **минимальная -я** Mindestrente *f*; **-я от предприятия** Betriebsrente *f*; **-я по инвалидности** Unfallrente *f*, Invalidenrente *f*; **-я по нетрудоспособности** Erwerbsunfähigkeitsrente *f*, Rente für Erwerbsunfähigkeit; **-я по случаю утраты кормильца** Hinterbliebenenrente *f*; **-я по старости** Alters|rente *f*, -ruhegeld *n*; **-я по старости и за выслугу лет государственным служащим** Pension *f*, Ruhegehalt *n*; **социальная -я** Sozialrente *f*; **уравнительная -я** Ausgleichsrente *f*

пен|я *f* Geldstrafe *f*, Pönale *f*, Mahngebühr *f*; **начислять -ю** eine Geldstrafe (Pönale) berechnen; **-я за просрочку** Verzugszinsen *pl*, Säumniszuschlag *m*

первичн|ый primär, Primär-, Erst-; **-ая калькуляция** *f* Erstkalkulation *f*; **-ое распределение** *n* Primärverteilung *f*; **-ый рынок** *m* Emissionsmarkt *m*; **-ый спрос** *m* Primärbedarf *m*; **-ая статистика** *f* Primärstatistik *f*; **-ый учёт** *m* Ersterfassung *f*

первоочередн|ой vorrangig, vordringlich; **-ое выполнение** *n* **(обслуживание** *n***)** vorrangige Behandlung; **-ые потребности** *pl* vordringlicher Bedarf; **-ые цели** *pl* vordringliche (vorrangige) Ziele, Prioritätsziele *pl*

переадресация *f* Umadressierung *f*

переадресовывать umadressieren

перебазирование *n* Verlagerung *f*, Verlegung *f*; **~ производства (предприятия)** Betriebs|verlagerung *f*, -verlegung *f*; **~ промышленных предприятий** Industrieverlagerung *f*

перебазировать verlagern, verlegen

перебо|й *m* Stockung *f*, Störung *f*, Unterbrechung *f*, Aussetzung *f*; **-и в сбыте** Absatzstockung *f*; **-и в снабжении** Versorgungsschwierigkeiten *pl*

перебронировать umbuchen (lassen); **~ авиабилет** ein Flugticket umbuchen lassen

переброска *f* **инвестиций** roll-over, switching

перевалка *f* Umschlag *m*, Umladung *f*; **~ груза** Güterumschlag *m*, Umschlag von Gütern; **~ мелких партий груза** Stückgutumschlag *m*

перевод *m* Überweisung *f*, Anweisung *f*, Rimesse *f*; Übertragung *f*, Transfer *m*; Überführung *f*; Umstellung *f*; Verlagerung *f*, Verlegung *f*; Versetzung *f*; Übersetzung *f*; Umrechnung *f*; **получать ~** eine Anweisung (Überweisung) erhalten; **приказывать (банку) произвести ~** eine Überweisung anordnen; **производить ~** eine Überweisung vornehmen; **банковский ~** Bank|anweisung *f*, -überweisung *f*; **~ бюджетных организаций на хозрасчёт** Kommerzialisierung *f*; **~ в рамках одного счета** Umschichtung des Depotkontos; **~ в системе почтовых жиросчётов** Postgiroüberweisung *f*; **~ в более высокий разряд** Höhergruppierung *f*; **денежный ~** Geld|anweisung *f*, -rimesse *f*, -sendung *f*, -überweisung *f*; **~ долга** Schuldübernahme *f*; **~ за границу** Überweisung ins Ausland; **~ заработной платы** Lohnüberweisung *f*; **~ капитала** Kapital|transfer *m*, -übertragung *f*, Transfer des Kapitals; **международный почтовый ~** Auslandspostanweisung *f*; **~ на новое место работы** Versetzung *f*; **~ на другое место работы в виде наказания** Strafversetzung *f*; **~ наличных** Barüberweisung *f*; **невыполненный ~** nicht ausgeführte Überweisung; **одновременный ~ одним поручителем денежных сумм нескольким получателям** Sammelüberweisung *f*; **одногородний денежный ~** Platzanweisung *f*; **поступающие -ы** eingehende Überweisungen; **почтовый ~ (~ по почте)** Post|anweisung *f*, -überweisung *f*; **~ предприятия (фирмы) на новое место** Geschäftsverlegung *f*, Betriebs|verlagerung *f*, -verlegung *f*, Wechsel an einen anderen Standort; **~ прибылей** Gewinn|transfer *m*, -abführung *f*; **~ производства на выпуск новой продукции** Produktionsumstellung *f*; **~ риска** Risiko-Transfer; **~ средств** Mittelübertragung *f*; **телеграфный ~ (~ по телеграфу)** Kabel|auszahlung *f*, -überweisung *f*, telegrafische Anweisung

переводить überweisen, anweisen; übertragen, transferieren; überführen; umstellen; verlagern, verlegen; versetzen; übersetzen; **~ в другое место** verlagern, verlegen; **~ деньги** Geld überweisen; **~ деньги на счёт в зарубежном банке** Gelder auf ein Auslandskonto transferieren; **~ на другую работу** versetzen; **~ на счёт** auf das Konto übertragen (überweisen); **~ прибыли за границу** Gewinne ins Ausland transferieren; **~ производство на выпуск новой продукции** die Produktion umstellen

переводн|ой Transfer-, Überweisungs-, übertragbar; **-ый аккредитив** *m* übertragbares Akkreditiv; **-ый вексель** *m* Tratte *f*, gezogener (trassierter) Wechsel; **-ые платежи** *pl* Transferleistungen *pl*; **-ые операции** *pl* Überweisungsverkehr *m*

переводчик *m* Dolmetscher *m*, Übersetzer *m*

перевозить befördern, transportieren; **~ водным путём** auf dem Wasserweg befördern (transportieren); **~ грузы** Güter befördern (transportieren); **~ транзитом** transitieren, im Transit transportieren

перевозк|а *f* Beförderung *f*, Transport *m*, Verkehr *m*; **браться за -у** den Transport (Beförderung) übernehmen, zur Beförderung übernehmen; **поручать -у** mit dem Transport beauftragen, den Transport übertragen; **-а авиапассажиров** Beförderung von Fluggästen; **авиационная -а (-а воздушным путём)** Lufttransport *m*, Beförderung (Transport) auf dem Luftweg; **автомобильная -а** Kraftverkehr *m*, Transport per LKW; **автомобильные пассажирские -и** Personenkraftverkehr *m*; **бесплатная -а** unentgeltliche Beförderung; **ближние грузовые -и** Güternahverkehr *m*; **внутренние -и** Inlandsverkehr *m*, Binnenverkehr *m*; **-и внутри предприятия** innerbetrieblicher Transport; **-а водным путём** Schiffstransport *m*, Transport (Beförderung) auf dem Wasserweg; **встречные -и** Gegenverkehr *m*; **годный к -е** transportabel, transportfähig; **-а грузов** Güter|beförderung *f*, -transport *m*, Frachtverkehr *m*, Lastentransport *m*, Beförderung der Fracht, Transport von Gütern; **-а грузов мелкими партиями** Stückgutverkehr *m*; **-а грузов на дальние расстояния** Güterfernverkehr *m*, Fernfrachttransport *m*; **железнодорожные -и** Bahn|beförderung *f*, -transport *m*, -verkehr *m*, Transport per

Bahn, Schienenverkehr *m*, Beförderung per Schiene, Eisenbahn|transport *m*, -verkehr *m*; **железнодорожные грузовые -и** Eisenbahn|frachtverkehr *m*, -güterverkehr *m*; **железнодорожные пассажирские -и** Eisenbahnpersonenverkehr *m*; **-и за пределы страны** grenzüberschreitender Verkehr; **комбинированные -и** kombinierter Verkehr; **коммерческие -и** gewerblicher Verkehr; **комплексные -и** Kompletttransporte *pl*; **контейнерные -и** Container|beförderung *f*, -verkehr *m*; **контрейлерные -и** Huckepackverkehr *m*; **массовые -и** Massen|verkehr *m*, -beförderung *f*; **массовые -и грузов** Massengüterbeförderung *f*; **междугородние -и** Fernverkehr *m*, überregionale Transporte; inländische Transporte *pl*, inländische Transportleistungen *pl*; **международные -и** internationaler (grenzüberschreitender) Verkehr, internationale Transporte *pl*; **международные автомобильные -и** grenzüberschreitender Güterkraftverkehr; **международные -и пассажиров** grenzüberschreitender Personenverkehr; **междугородние -и** Fernverkehr *m*; **местные -и** Ortsverkehr *m*; **-а морским путём** See|frachtverkehr *m*, -transport *m*, -verkehr *m*, Beförderung (Transport) auf dem Seeweg; **-и на дальние расстояния** Fernverkehr *m*, Ferntransporte *pl*; **-и наземным транспортом** Landtransport *m*; **пассажирские -и** Personen|beförderung *f*, -verkehr *m*; **-а почтовых отправлений** Postzustellung *f*; **сборные грузовые -и, -и сборных грузов** Sammeltransporte *pl*, Sammelguttransporte *pl*; **скоростные -и** Schnelltransporte *pl*; **смешанные -и** gemischter Verkehr, kombinierter Verkehr; **-а товара** Waren|beförderung *f*, -transport *m*, Transport der Waren; **транзитные -и** Transitverkehr *m*, durchgehender Verkehr; **-а туда и обратно** Hin- und Rückfracht *f*; **чартерные -и** Charterverkehr *m*

перевозка и страхование оплачены до (... указанное место назначения) Carriage and insurance paid to (...), (CIP) frachtfrei versichert bis ...

перевозка оплачена до (... указанное место назначения) Carriage paid to (...),(C/P) frachtfrei bis **...**

перевозчик *m* Beförderer *m*, Spediteur *m*, Frachtführer *m*, Verfrachter *m*, Verkehrsbetrieb *m*; **сетевой ~** Netzfluggesellschaft *f*; **таможенный ~** Zollspediteur *m*

перевооружать neu ausrüsten, neu ausstatten, umrüsten

перевооружение *n* Neuausrüstung *f*, Neuausstattung *f*, Umrüstung *f*; **~ производства** Umrüstung der Produktion

переворот *m* Umwälzung *f*, Revolution *f*

превращать umwandeln

превращение *n* Umwandlung *f*

перевыполнение *n* Übererfüllung *f*, Überbietung *f*, Überschreitung *f*; **~ плана** Plan|vorlauf *m*, -vorsprung *m*

перевыполнять übererfüllen, überbieten, überschreiten; **~ план** das Planziel überschreiten

переговор|ы *pl* Verhandlung(en *pl*) *f*, Gespräche *pl*, Aushandlung *f*, Unterredung *f*, Rücksprache *f*; **быть готовым к -ам** zu Verhandlungen bereit sein; **вести -ы** die Verhandlung (Gespräche) führen, verhandeln; **вести -ы о заключении договора** einen Vertrag aushandeln, über einen Vertragsabschluss verhandeln; **возобновлять -ы** Verhandlungen wieder aufnehmen, neu verhandeln; **вступать в -ы** in Verhandlungen treten, Verhandlungen aufnehmen; **завершать -ы** die Verhandlung(en) abschließen; **переносить -ы на другой срок** die Verhandlung vertagen; **прерывать -ы** die Verhandlung(en) abbrechen (unterbrechen); **приступать к -ам** Verhandlungen aufnehmen; **продолжать -ы** die Verhandlung(en) fortsetzen; **руководить -ами** die Verhandlungen leiten; **готовый к -ам** zu Verhandlungen bereit; **коммерческие -ы** Geschäftsverhandlungen *pl*; **-ы об оплате труда** Lohnverhandlungen *pl*; **-ы о заключении договора** Vertragsverhandlungen *pl*; **-ы о за-**

ключении коллективного соглашения Kollektivverhandlungen *pl*; **-ы о заключении тарифного соглашения** Tarifverhandlungen *pl*; **-ы о закупках** Einkaufsverhandlungen *pl*; **-ы о продаже** Verkaufsverhandlungen *pl*; **-ы о реструктуризации долга** Umschuldungsverhandlungen *pl*; **-ы о таможенных тарифах** Zollverhandlungen *pl*; **-ы по экономическим вопросам** Wirtschaftsverhandlungen *pl*; **предварительные -ы** Vorverhandlungen *pl*; **путём -ов** auf dem Verhandlungswege; **торговые -ы** Geschäftsverhandlungen *pl*, Wirtschaftsverhandlungen *pl*

перегрев *m* **экономики** Überhitzung *f* der Wirtschaft

перегружать umladen, umschlagen; überladen, überlasten; **~ грузы** Güter umladen (umschlagen)

перегруженность *f* Überlastung *f*, übermäßige Belastung

перегруз *m* Überbelastung *f*, Überbeladung *f*, Überlast *f*, Überlastung *f*, übermäßige Belastung, Mehrbelastung *f*; **избегать -а** eine Überlastung vermeiden; **~ самолёта** Überladung eines Flugzeuges

перегрузк|а *f* Umladung *f*, Umschlag *m*; **производить -у** umladen, umschlagen **-а грузов** Güterumschlag *m*

перегруппировка *f* Umgruppierung *f*, Umschichtung *f*

перегруппировывать umgruppieren

передаваем|ый übertragbar; **-ые ценные бумаги** *pl* übertragbare Wertpapiere

передавать übergeben, übertragen, überbringen, übermitteln; überlassen, zedieren, überführen, weitergeben, weiterleiten; senden; transferieren; **~ в субаренду** weitervermieten; **~ в залог** verpfänden, lombardieren, beleihen; **~ ведение дел (руководство фирмой)** die Geschäftsführung übertragen; **~ вексель в обращение** einen Wechsel begeben; **~ именные акции** Namensaktien umschreiben; **~ имущество по наследству** ein Vermögen vererben; **~ на хранение** in ein Depot (Verwahrung) geben, zur Verwahrung überlassen; **~ ноу-хау** Know-how vermitteln; **~ по наследству** vererben; **~ полномочия** die Vollmacht (Kompetenzen) übergeben (delegieren); **~ право** ein Recht übertragen; **~ право собственности** übereignen; **~ право собственности на земельный участок** ein Grundstück übereignen; **~ своё имущество** sein Eigentum (Vermögen) übertragen

передаточн|ый Übertragungs-; **-ая надпись** *f* Übertragungsvermerk *m*

передача *f* Übergabe *f*, Übertragung *f*, Übermittlung *f*, Weitergabe *f*; Auslieferung *f*; Überlassung *f*; Zession *f*; Transfer *m*; **~ акций** Aktienübertragung *f*; **~ в залог** Verpfändung *f*, Beleihung *f*, Lombardierung *f*; **~ в субаренду** Weitervermietung *f*; **~ векселя (в обращение)** Begebung (Indossierung) eines Wechsels; **~ именных акций** Umschreibung von Namensaktien; **~ имущества (при слиянии предприятий)** Vermögensübertragung *f*; **~ информации** Informationsübermittlung *f*; **~ коммерческих секретов (тайн)** Weitergabe von Geschäftsgeheimnissen; **неправомочная ~** unbefugte Weitergabe; **~ ноу-хау** Know-how-Transfer *m*, Transfer (Weitergabe) von Know-how; **~ одним кредитором права хранения ценных бумаг другому** Zwischenverwahrung *f*; **~ права собственности (на имущество)** Übereignung *f*, Eigentumsübertragung *f*, Auflassung *f*; **~ предприятия** Betriebsübergabe *f*; **~ средств** Mittelübertragung *f*; **~ служебных обязанностей** Übergabe des Amtes; **~ технологии** Technologietransfer *m*, Transfer der Technologie; **~ (долговых) требований в залог** Verpfändung von Forderungen; **~ ценных бумаг под залог** Wertpapier|lombardierung *f*, -beleihung *f*

передвигать verschieben, verlegen; **~ срок** einen Termin verschieben (verlegen)

передвигаться sich (fort)bewegen

передвижение *n* Bewegung *f*, Verkehr *m*; **свободное ~** Freizügigkeit *f*

передел *m* Neuaufteilung *f*

переделка *f* Änderung *f*, Überarbeitung

f, Umarbeitung f; Neugestaltung f, Umgestaltung f

передоверять seine Vollmachten übergeben (delegieren)

передов|ой führend, fortgeschritten, Spitzen-; **-ое предприятие** *n* **отрасли** Branchenführer *m*; **-ая технология** *f* Spitzentechnologie *f*

переезд *m* Umzug *m*, Umsiedlung *f*

перезаклад *m* abermalige Verpfändung

перезакладывать erneut verpfänden

перезаключать erneuern, erneut abschließen; **~ договор** einen Vertrag erneuern

перезаключение *n* Erneuerung *f*; **~ договора** Erneuerung eines Vertrags

переизбрание *n* Wiederwahl *f*; **~ на новый срок** Wiederwahl für eine weitere Amtsperiode

перегрев *m* **конъюнктуры** Konjunkturüberhitzung *f*

переиздание *n* Neuauflage *f*

переименовывать фирму umfirmieren

переименование *n* **фирмы** Umfirmierung *f*

переквалификация *f* (berufliche) Umschulung

переквалифицировать umschulen

переквалифицироваться einen neuen Beruf erlernen, sich umqualifizieren, sich umschulen lassen

перекладывать (перелагать) abwälzen; **~ бремя налогов** Steuern abwälzen (überwälzen); **~ издержки** Kosten abwälzen; **~ ответственность** Verantwortung übertragen; **~ ответственность за риск** das Risiko abwälzen

перекредитование *n* Umfinanzierung *f*

перекрывать überbieten, überschreiten; **~ плановое задание** das Planziel überschreiten

перекупать aufkaufen (zum Weiterverkauf)

перекупка *f* Aufkauf *m*

перекупщик *m* Aufkäufer *m*, Zwischenhändler *m*

переложение *n* Abwälzung *f*, Überwälzung *f*; Übertragung *f*; **~ налога с оборота (на потребителей)** Überwälzung der Umsatzsteuer; **~ ответственности** Übertragung der Verantwortung; **~ риска** Abwälzung des Risikos

перелом *m* Umschwung *m*, Wende *f*, Wendepunkt *m*

переманивать abwerben; **~ клиентов (покупателей)** Kunden abwerben

перемена *f* Änderung *f*, Veränderung *f*, Wechsel *m*, Wende *f*; **~ места** Ortswechsel *m*

переменная *n* Variable *f*

переменн|ый variabel, veränderlich; **-ые издержки** *pl* variable Kosten

перемещать verlagern, verlegen; versetzen; **~ производство на новое место** ein Werk verlagern (verlegen)

перемещение *n* Ortswechsel *m*, Verlagerung *f*, Verlegung *f*; Übertragung *f*; Bewegung *f*; **~ капитала** Kapital|bewegung *f*, -übertragung *f*, -verlagerung *f*, -wanderung *f*; **~ рабочей силы** Arbeitskräftewanderung *f*

переналадка *f* Umrüstung *f*

перенасыщение *n* **(перенасыщенность)** Übersättigung *f*; **~ рынка** Marktübersättigung *f*, Übersättigung des Marktes

перенесение *n* Aufschub *m*, Verlegung *f*, Verschiebung *f*, Vertagung *f*; **~ бухгалтерских записей с одного счёта на другой** Umbuchung *f*; **~ на неопределённый срок** Vertagung auf unbestimmte Zeit; **~ срока** Termin|verlängerung *f*, -verschiebung *f*; **~ срока поставки** Verschiebung der Lieferfrist; **~ срока на более раннюю дату** Vorverlegung *f*; **~ торговой марки** Übertragung einer Handelsmarke

перенос *m* Übertrag *m*, Vortrag *m*; Aufschub *m*, Verschiebung *f*, Verlegung *f*; Übertragung *f*; **~ в бухгалтерские книги** Verbuchung *f*; **~ итога** Übertrag *m*; **~ на счёт** Kontenvortrag *m*; **~ сальдо** Saldoübertrag *m*; **~ сальдо на новый счёт** Saldovortrag *m*; **~ со счёта на счёт** Kontenübertrag *m*; **~ срока** Terminverschiebung *f*; **~ суммы** Übertrag *m*; **~ суммы на новый счёт** Vortrag *m*

переносить aufschieben, verschieben, verlegen, vertagen; übertragen, vortragen; **~ бухгалтерские записи с одного счёта на другой** umbuchen;

~ на более ранний срок vorverlegen; **~ переговоры (на другой срок)** die Verhandlung vertagen; **~ срок поставки** den Liefertermin verschieben; **~ убытки на новый счёт** den Verlust vortragen

переносной transportabel, tragbar, mobil

переоборудование *n* Neuausstattung *f*, Neuausrüstung *f*, Neugestaltung *f*, Umrüstung *f*; **~ рабочего места** Neugestaltung des Arbeitsplatzes

переоборудовать neuausstatten, neuausrüsten, neugestalten, umrüsten

преобразование *n* Neugestaltung *f*, Umgestaltung *f*, Umwandlung *f*; **~ государственных предприятий в частные** Umwandlung von Staatsbetrieben in private Unternehmen, Privatisierung *f*; **~ товарищества в общество** Umwandlung einer Personen- in eine Kapitalgesellschaft

преобразовывать neu gestalten, umgestalten, umwandeln

переобучать umschulen

переобучение *n* Umschulung *f*

переориентация *f* Neuorientierung *f*, Umorientierung *f*

переотправка *f* Weiterbeförderung *f*, Weiterleitung *f*

переоценивать neu bewerten, neu schätzen, neu taxieren; überbewerten, zu hoch bewerten

переоценка *f* Neubewertung *f*; Überbewertung *f*; **~ активов (основного капитала)** Neubewertung von Anlagevermögen; **~ стоимости** Wertberichtigung *f*

переписк|а *f* Briefwechsel *m*, Schriftverkehr *m*, Schriftwechsel *m*, Korrespondenz *f*; **вести -у** die Korrespondenz führen (unterhalten); **просматривать -у** seine Post durchsehen; **деловая -а** Geschäftskorrespondenz *f*, kaufmännischer Schriftverkehr

переписываться im Briefwechsel stehen, korrespondieren

перепись *f* Zählung *f*, Zensus *m*; **производить ~** die Zählung vornehmen; **бюджетная ~** Haushaltszählung *f*; **~ населения** Volkszählung *f*; **промышленная ~** Produktionszensus *m*

переплата *f* Überzahlung *f*

переплачивать überzahlen, zu viel bezahlen

переплетение *n* Verflechtung *f*

переподписка *f* Überzeichnung *f*, Überbezahlung *f*

перепроверять nachprüfen, überprüfen

перепродавать weiterverkaufen, weiterveräußern, wiederverkaufen

перепродажа *f* Weiter|veräußerung *f*, -verkauf *m*, Wiederverkauf *m*, Zwischenhandel *m*

перепроизводство *n* Überproduktion *f*

перерабатывать verarbeiten, veredeln, aufarbeiten; überarbeiten, umarbeiten; Überstunden machen, Mehrarbeit leisten; **~ сырьё** Rohstoffe verarbeiten

переработка *f* Verarbeitung *f*, Veredelung *f*, Aufarbeitung *f*; Überarbeitung *f*, Umarbeitung *f*; Überstunden *pl*, Mehrarbeit *f*; **~ давальческого сырья** Lohnveredelung *f*, Verarbeitung des beigestellten Materials; **~ грузов** Umschlag *m*, Güterumschlag *m*; **~ нефти** Rohölverarbeitung *f*, Ölverarbeitung *f*, Mineralölverarbeitung *f*; **~ сырья** Rohstoffverarbeitung *f*

перераспределение *n* Umverteilung *f*, Umschichtung *f*, Neuaufteilung *f*, Neuverteilung *f*, Sekundärverteilung *f*; **~ активов** Vermögensumschichtung *f*; **~ бюджетных средств** Umschichtung von Haushaltsmitteln; **~ дохода** Umverteilung des Einkommens, Einkommensumverteilung *f*; **~ задолженности (обязательств)** Umschichtungsfinanzierung *f*; **~ работ** Umverteilung der Arbeit

перераспределять umverteilen, neuverteilen, umschichten

перерасход *m* Mehrverbrauch *m*; Überziehung *f*; überhöhter Aufwand; **бюджетный ~** Budgetüberschreitung *f*, Etatüberschreitung *f*, Haushaltsüberschreitung *f*; **~ сырья и материалов** Material|vergeudung *f*, -verschwendung *f*, überhöhter Materialverbrauch; **~ средств** Kostenüberschreitung *f*, Mehrkosten *pl*, überhöhter Aufwand; **~ фонда заработной платы** überhöhte Lohnkosten

перерасходовать zu viel verbrauchen; überziehen

перерасчёт *m* Neuberechnung *f*, Umrechnung *f*; **производить ~** die Umrechnung vornehmen, umrechnen, eine Verrechnung vornehmen, verrechnen; **~ издержек производства** Leistungsverrechnung *f*; **~ курсов** Kursumrechnung *f*; **~ пенсий** Rentenanpassung *f*; **~ цен** Preisumrechnung *f*

перерегистрация *f* Neueintragung *f*

перерегистрировать neu eintragen

перерыв *m* Pause *f*, Unterbrechung *f*; **~ в процессе производства** Ruhepause *f*; **~ в работе** Arbeitspause *f*; **~ на отдых** Erholungspause *f*; **обеденный ~** Mittagspause *f*; **технологический ~** produktionsbedingte Unterbrechung

передавать (в аренду) weitervermieten

переселение *n* Abwanderung *f*, Auswanderung *f*, Umsiedlung *f*, Umzug *m*

переселяться auswandern, umsiedeln, umziehen

пересматривать nachprüfen, überprüfen; abändern, korrigieren, revidieren; **~ план** den Plan revidieren; **~ решение** einen Beschluss abändern

пересмена *f* Schichtwechsel *m*

пересмотр *m* Nachprüfung *f*, Neufestlegung *f*, Neufestsetzung *f*, Überprüfung *f*; Abänderung *f*, Revision *f*, Korrektur *f*; **производить ~** eine Nachprüfung (Überprüfung) vornehmen; **~ квот** Quotenneufestsetzung *f*; **~ плана** Planrevision *f*; **~ тарифов** Neufestsetzung der Tarife; **~ условий кредита** Änderung der Kreditkonditionen; **~ цен** Preisrevision *f*

пересортировка *f* Umsortierung *f*

пересортировывать umsortieren

переставлять umgruppieren, umordnen, umstellen, versetzen

перестановка *f* Umgruppierung *f*, Umstellung *f*, Versetzung *f*

перестраивать neu gestalten, umbauen, umgestalten, umstellen, reorganisieren

перестрахование *n* Rückversicherung *f*, Reassekuranz *f*

перестрахователь *m* Rückversicherte *m*

перестраховочн|ый Rückversicherungs-; **-ая компания** *f* Rückversicherungsgesellschaft *f*; **-ая премия** *f* Rückversicherungsprämie *f*

перестраховщик *m* Rückversicherer *m*

перестраховывать rückversichern

перестройка *f* Neugestaltung *f*, Umbau *m*, Umgestaltung *f*, Reorganisation *f*, Umstellung *f*, Perestroika *f*; **проводить -у** eine Umstellung durchführen

пересчёт *m* Nachrechnung *f*, Nachzählung *f*, Umrechnung *f*; **в -е** umgerechnet; **~ курсов валют** Kursumrechnung *f*, Valutaumrechnung *f*, Währungsumrechnung *f*; **~ показателей в текущие цены** Neubewertung (von Kennzahlen) zu Marktpreisen

пересчитывать nachrechnen, nachzählen, umrechnen; **~ деньги** Geld nachzählen; **~ курсы валют** Kurse (Währungen) umrechnen

пересылать übersenden, zusenden

пересылка *f* Übersendung *f*, Versand *m*; **~ в обратном направлении** Rücksendung *f*; **~ оплачена** portofrei

перетяжка *f* Werbetransparent *n*

переупаковка *f* Umpackung *f*

переупаковывать umpacken

переустраивать neu gestalten, umgestalten, reorganisieren, umstellen, umdisponieren

переустройство *n* Neugestaltung *f*, Umgestaltung *f*, Reorganisation *f*, Umstellung *f*

переуступать (weiter)abtreten, zedieren; **~ долг (долговое требование)** eine Forderung abtreten (zedieren)

переуступка *f* Abtretung *f*, Zession *f*; **~ обязательства** Abtretung *f*; **~ требования** Forderungsabtretung *f*, Abtretung einer Forderung

переутомление *n* Übermüdung *f*

переучёт *m* Inventur *f*, Bestandsaufnahme *f*; **производить ~ (товаров)** inventarisieren, den Bestand aufnehmen, eine Bestandsaufnahme vornehmen, eine Inventur durchführen; **производить ~ векселей** rediskontieren; **~ векселей** Rediskont *m*, Rediskontierung *f*, Wechsel|rediskont *m*, -rediskontierung *f*; **~ товаров** Inventur *f*, Bestandsaufnahme *f*; **~ то-**

варно-материальных ценностей Lagerbestandsaufnahme *f*

переучивать umschulen

переучитывать inventarisieren, den Bestand aufnehmen, eine Bestandsaufnahme vornehmen, eine Inventur durchführen (machen), erneut registrieren; **~ вексель** einen Wechsel rediskontieren

переформирование *n* Umbildung *f*, Umgestaltung *f*, Umformung *f*, Neugestaltung *f*

переформировывать umbilden, umgestalten, umformen, neugestalten

переход *m* Übergang *m*, Umstellung *f*; **осуществлять ~** den Übergang (die Umstellung) vollziehen; **~ клиентов к конкурентам** Abwanderung der Nachfrage an die Konkurrenz; **~ на выпуск новой продукции** Produktionsumstellung *f*, Umstellung der Produktion; **пограничный ~** Grenzübergang *m*; **~ права собственности** Eigentums|übergang *m*, -wechsel *m*, Übergang des Eigentums; **~ предприятия в собственность наследника** Übergang eines Unternehmens auf den Nachfolger; **~ риска** Gefahrübergang *m*, Risikoübergang *m*, Übergang der Gefahr

переходить übergehen; **~ в другие руки** in andere Hände übergehen, den Besitzer wechseln; **~ в собственность** in das Eigentum (Vermögen) übergehen; **право собственности переходит к ...** das Eigentum geht auf ... über

переходный Übergangs-; **~ период** *m* Übergangszeitraum *m*, Übergangsperiode *f*; **~ расчётный счёт** *m* Übergangskonto *n*

перечен|ь *m* Aufstellung *f*, Liste *f*, Register *n*, Verzeichnis *n*; Aufzählung *f*, Zusammenstellung *f*; **быть включённым в -ь** auf der Liste stehen; **включать в -ь** auf eine Liste setzen, in eine Liste eintragen; **прилагать -ь** eine Aufstellung beifügen; **составлять -ь** eine Liste (Aufstellung) erstellen, eine Liste (ein Verzeichnis) aufstellen (erstellen); **-ь активов и пассивов** Aufstellung der Aktiva und Passiva; **контрольный -ь** Checkliste *f*; **-ь отгруженных товаров** Frachtliste *f*; **-ь претензий конкурсных кредиторов** Konkurstabelle *f*; **-ь профессий** Berufsverzeichnis *n*; **-ь работ и услуг, подлежащих исполнению** Leistungsverzeichnis *n*; **согласно прилагаемому перечню** laut anliegender Aufstellung; **-ь тиражей** Auslosungsverzeichnis *n*; **-ь товаров** Waren|liste *f*, -verzeichnis *n*; **-ь ценных бумаг** Wertpapierverzeichnis *n*, Aufstellung über Wertpapiere; **-ь ценных бумаг, купленных банком и хранящихся в нём** Stückeverzeichnis *n*

перечислени|е *n* Überweisung *f*, Verrechnung *f*; Aufzählung *f*; **осуществлять (производить) -е** eine Überweisung ausführen (vornehmen), eine Verrechnung durchführen; **поручать банку произвести -е** eine Überweisung anordnen; **производить платёж -ем** eine Zahlung durch Überweisung vornehmen; **банковское -е денег** Banküberweisung *f*; **-е на другой счёт** Umbuchung *f*; **-е на счёт** Überweisung auf ein Konto; **неосуществлённое -е** nicht ausgeführte Überweisung; **только для -я** nur zur Verrechnung

перечислять überweisen, transferieren, verechnen, umbuchen; aufzählen; **~ в недоимку** als Rückstand (überfällig) buchen; **~ на счёт** auf ein Konto überweisen

период *m* Periode *f*, Zeit *f*, Zeitraum *m*, Zeitspanne *f*; Dauer *f*; **охватывать ~** einen Zeitraum umfassen; **амортизационный ~** Amortisationszeitraum *m*; **базисный ~** Bezugszeitraum *m*, Referenz|periode *f*, -zeitraum *m*; **бюджетный ~** Haushaltsperiode *f*; **~ возобновления** weitere Versicherungsperiode; **~ воспроизводства** Reproduktionsperiode *f*; **~ времени** Zeit|raum, -spanne *f*; **интервенционный ~** Interventionszeitraum *m*; **~ исследования** Untersuchungszeitraum *m*; **льготный ~** Schonfrist *f*; **налоговый ~** Bemessungszeitraum *m*, Veranlagungszeitraum *m*; **начальный ~** Anfangszeitraum *f*; **~ начисления процентов**

Zinsperiode *f*; **не относящийся к отчётному -у** periodenfremd; **~ обучения специальности** Einarbeitungszeit *f*, Ausbildungs|dauer *f*, -zeit *f*; **~ окупаемости** Rücklaufzeit *f*; **~ окупаемости капиталовложений** Kapitalrückflussdauer *f*, Amortisationsdauer *f*; **относящийся к отчётному -у** periodenbezogen; **отчётный ~** Berichts|periode *f*, -zeitraum *m*, Abrechnungszeitraum *m*; **переходный ~** Übergangszeitraum *m*; **~ планирования** Planungshorizont *m*; **плановый ~** Planungs|periode *f*, -zeitraum *m*, Planzeit *f*; **~ погашения** Amortisationszeitraum *m*, Rückzahlungszeitraum *m*, Tilgungs|dauer *f*, -zeitraum *m*; **~ приобретения трудовых навыков** Einarbeitungszeit *f*; **~ производства** Produktions|dauer *f*, -zeit *f*; **~ простоя** Stillstandszeit *f*; **пусковой ~** Anlaufzeit *f*; **расчётный ~** Abrechnungszeitraum *m*, Verrechnungszeitraum *m*; **~ реализации товара** Umschlagsdauer *f*; **~ страхования** Versicherungsdauer *f*; **~ строительства** Bauzeit *f*; **текущий ~** laufende Periode, Berichts|periode *f*, -zeit *f*; **~ трудовой деятельности (эксплуатационный ~)** Beschäftigungszeit *f*; **~ экономического кризиса** Krisenzeit *f*; **~ экономического спада** Rezessions|periode *f*, -zeit *f*; **~ эксплуатации** Betriebs|zeit *f*, -dauer *f*

периодизация *f* Periodisierung *f*

периодическ|ий periodisch, (regelmäßig) wiederkehrend; **-ие платежи** *pl* wiederkehrende Zahlungen; **-ие расходы** *pl* wiederkehrende Ausgaben

перрон *m* Bahnsteig *m*

персонал *m* Personal *n*, Belegschaft *f*; **обучать ~** das Personal ausbilden (schulen); **сокращать ~** das Personal (die Belegschaft) abbauen; **увеличивать численность -а** das Personal (die Belegschaft) aufstocken; **увольнять ~** das Personal entlassen; **административно-управленческий ~** Verwaltungspersonal *n*; **временный ~** Aushilfspersonal *n*; **вспомогательный (обслуживающий) ~** Bedienungspersonal *n*, Wartungspersonal *n*; **квалифицированный ~** Fachpersonal *n*, geschultes Personal; **коммерческий ~** kaufmännisches Personal; **конторский ~** Büro|kräfte *pl*, -personal *n*; **основной (постоянный) ~** Stamm|personal *n*, -belegschaft *f*; **~ предприятия** Unternehmensbelegschaft *f*, Belegschaft eines Unternehmens; **руководящий ~** Führungskräfte *pl*, Leitungspersonal *n*; **технический ~** technisches Personal; **торговый ~** kaufmännisches Personal; **управленческий ~** Leitungspersonal *n*, Führungskräfte *pl*, Verwaltungspersonal *n*

персонализация карточки Kartenpersonalisierung *f*

персональн|ый persönlich, Einzel-, Personal-, Personen-; **-ая ответственность** *f* Einzelverantwortung *f*, Personalverantwortung *f*, persönliche Haftung

перспектив|а *f* Aussicht *f*, Perspektive *f*; **открывать -ы** Perspektiven eröffnen; **оценивать -ы** Aussichten (Perspektiven) einschätzen; **показывать -ы** Perspektiven geben; **-ы на будущее** Zukunftsaussichten *pl*; **-ы на успех** Erfolgsaussichten *pl*; **-ы получения доходов** Ertragsaussichten *pl*; **-ы получения прибыли** Gewinn|aussichten *pl*, -chancen *pl*; **-ы развития предприятия** Geschäftsaussichten *pl*; **-ы продвижения по службе** Berufsaussichten *pl*, Karrierechancen *pl*; **-ы развития экономики** Konjunkturaussichten *pl*, Wirtschaftsaussichten *pl*; **-ы развития экспорта** Ausfuhraussichten *pl*, Exportaussichten *pl*; **-ы сбыта** Absatzaussichten *pl*, Vertriebsaussichten *pl*; **-ы торговли** Verkaufsaussichten *pl*

печатать drucken; mit der Maschine schreiben, Maschine schreiben, tippen; veröffentlichen

печат|ь *f* Siegel *n*, Stempel *m*; Presse *f*; Druck *m*; **находиться в -и** im Druck sein; **отдавать в -ь** drucken lassen; **появляться в -и** (im Druck) erscheinen; **ставить -ь** stempeln, (ver)siegeln, Stempel aufdrücken, mit einem Siegel versehen; **гербовая (служебная) -ь** Amtssiegel *n*, Dienstsiegel *n*; **готовый к -и** druck|fertig, -reif; **служебная -ь** Dienstsiegel *n*; **-ь фирмы** Firmensiegel *n*, Firmenstempel *m*

пиар *m* Public Relations

пик *m* Spitze *f*; Spitzenwert *m*; **~ мощности** Leistungsspitze *f*; **~ сезона** Hochsaison *f*; **суточный ~ нагрузки** Tagesspitze *f*; **часы-~** Spitzenzeit *f*, Feierabendverkehr *n*

пиков|ый Spitzen-; **-ая нагрузка** *f* Spitzenlast *f*; **-ое потребление** *n* Spitzenverbrauch *m*

пиловочник *m* **(пиломатериалы** *pl***)** Schnittholz *n*

пиратское издание *n* Raubdruck *m*

пиратская радиостанция *f* Schwarzsender *m*

пиратство *n* Piraterie *f*

письмо *n* Brief *m*, Schreiben *n*; **оплачивать ~** einen Brief freimachen; **отсылать (посылать) ~** einen Brief absenden; **получать ~** einen Brief erhalten; **гарантийное ~** Bürgschaftserklärung *f*, Garantie|brief *m*, -erklärung *f*, Wertbrief *m*; **деловое ~** Geschäftsbrief *m*; **заёмное ~** Schuldbrief *m*; **~-заказ** Bestellschreiben *n*; **заказное ~** eingeschriebener Brief; **инструктивное ~** Rundschreiben *n*; **~-напоминание** Mahnschreiben *n*; **неоплаченное ~** unfrankierter Brief; **оплаченное ~** frankierter Brief; **ответное ~** Rückantwort *f*; **отказное ~** Negativbescheinigung; **официальное ~** amtliches Schreiben; **~-подтверждение** Bestätigungsschreiben *n*; **препроводительное ~** Anschreiben *n*; **~-приглашение правления компании акционерам на общее собрание** Aktionärsbrief *m*; **рекламное ~** Werbebrief *m*; **рекомендательное ~** Empfehlungsschreiben *n*; **сопроводительное ~** Anschreiben *n*, Begleitbrief *m*, Begleitschreiben *n*; **срочное ~** Eilbrief *m*; **~-уведомление** Benachrichtigungsschreiben *n*; **ценное ~** Wertbrief *m*; **циркулярное ~** Rundschreiben *n*; **циркулярное ~ с предложением услуг** Zirkularangebot *n*

питание *n* Ernährung *f*, Nahrung *f*, Verpflegung *f*; **детское ~** Kindernahrung *f*; **диетическое ~** Diät|kost *f*, -nahrung *f*, Schonkost *f*

питательность *f* Nährwert *m*

пища *f* Nahrung *f*, Kost *m*, Speise *f*

пищев|ой Ernährungs-, Nahrungsmittel-, Lebensmittel-; **-ые добавки** *pl* Lebensmittelzusätze *pl*, Nahrungsmittelzusätze *pl*; **-ая промышленность** *f* Ernährungsindustrie *f*, Lebensmittelindustrie *f*, Nahrungsmittelindustrie *f*

плавание *f* Schifffahrt *f*, Fahrt *f*, Reise *f*; **каботажное ~** Kabotage *f*, Küstenschifffahrt *f*

плавать fahren; schwimmen

плавающий freischwankend, floating; **~ курс** *m* **валют** freischwankender Wechselkurs, Floaten, Floating

плагиат *m* Plagiat *n*, Nachahmung *f*, Raubdruck *m*; **совершать ~** ein Plagiat begehen

плагиатор *m* Plagiator *m*

плакат *m* Plakat *n*, Poster *m*; **рекламный ~** Werbeplakat *n*

план *m* Plan *m*, Planung *f*; **выполнять ~** den Plan erfüllen; **контролировать выполнение -а** den Plan überwachen; **пересматривать ~** den Plan revidieren; **представлять ~** einen Plan (eine Planung) vorlegen; **принимать ~** einen Plan verabschieden; **разрабатывать ~** einen Plan ausarbeiten; **реализовывать ~** einen Plan umsetzen (verfolgen); **составлять ~** einen Plan aufstellen (erstellen); **утверждать ~** einen Plan verabschieden; **альтернативный ~** Alternativplan *m*, Eventualplan *m*; **бизнес-~** Businessplan *m*, Geschäftsplan *m*; **~ выпуска продукции** Produktionsplan *m*, Fertigungsplan *m*; **годовой ~** Jahresplan *m*; **~-график** Zeitplan *m*, Terminplan *m*; **~ застройки** Bebauungsplan *m*, Bauplan *m*; **~-заявка** Bedarfsplanung *f*; **~ инвестиций (капиталовложений)** Anlageplan *m*, Investitionsplan *m*; **~ исполнения бюджета** Budgetplan *m*; **календарный ~** Terminplan *m*, Zeitplan *m*; **кассовый ~** Kassenplan *m*; **квартальный ~** Quartalsplan *m*; **консолидированный ~** konsolidierter Plan; **~ кредитования** Kreditplan *m*, Finanzierungsplan *m*; **~**

маркетинговых мероприятий Marketingplan *m*, Plan für Verkaufsförderung; **~ материально-технического снабжения** Materialplanung *f*; **~ мероприятий** Maßnahmenplan *m*; **месячный ~** Monatsplan *m*; **~ на несколько лет** Mehrjahresplan *m*; **~ начисления амортизации** Amortisationsplan *m*; **~ оборота** Umsatzplan *m*; **общий ~** Masterplan *m*, Übersichtsplan *m*; **оперативный ~** Ablaufplan *m*, operativer Plan; **организационный ~** Organisationsplan *m*; **ориентировочный ~** Orientierungsplan *m*; **~ перевозок** Transportplan *m*; **перспективный ~** Perspektivplan *m*; **по -у** planmäßig, laut Plan; **~ по прибыли** Gewinnplan *m*; **~ погашения** Tilgungsplan *m*, Amortisationsplan *m*; **~ погашения платежей** Zahlungsplan *m*; **~ поступления доходов** Einnahmenplan *m*; **~ потребности в сырье и материалах** Materialbedarfsplanung *f*; **поэтапный ~** Stufenplan *m*; **предварительный ~** Plan|ansatz *m*, -entwurf *m*; **~ проведения исследований** Forschungsplan *m*; **производственный ~** Produktionsplan *m*, Fertigungsplan *m*; **~ работы (рабочий ~)** Arbeitsplan *m*; **~ работы предприятия** Geschäftsplan *m*, Unternehmensplan *m*, Businessplan *m*; **~ развития народного хозяйства** Volkswirtschaftsplanung *f*; **~ раздела выручки от продажи на аукционе** Teilungsplan *m*; **~ распределения** Verteilungsplan *m*; **~ реализации** Verkaufsplan *m*; **~ сбыта** Absatzplan *m*, Vertriebsplan *m*; **сводный ~** Gesamtplanung *f*; **~ социальных мероприятий** Sozialplan *m*; **стратегический ~** strategischer Plan; **строительный ~ (~ строительства)** Bauplan *m*; **счётный ~ (~ счетов)** Kontenplan *m*; **текущий ~** laufender Plan; **технологический ~** Arbeitsablaufplan *m*; **типовой учебный ~** Rahmenlehrplan *m*; **~ товарооборота** Umsatzplan *m*; **учебный ~** Lehrplan *m*; **~ финансирования** Finanzierungsplan *m*; **финансовый ~** Finanzplan *m*; **хозяйственный ~** Wirtschaftsplan *m*; **экспортный ~** Exportplanung *f*

планирование *n* Planung *f*; **осуществлять ~** die Planung durchführen, planen; **альтернативное ~** Eventualplanung *f*; **бюджетное ~** Haushaltsplanung *f*, Etatplanung *f*; **~ в рамках одного предприятия** Unternehmensplanung *f*, innerbetriebliche Planung; **~ выпуска продукции** Produktionsplanung *f*, Planung des Produktionsausstoßes; **долгосрочное ~** langfristige Planung; **~ и контроль** Planung und Kontrolle; **~ инвестиций (капиталовложений)** Anlageplanung *f*, Investitionsplanung *f*, Planung von Investitionen; **~ использования портфеля ценных бумаг** Portfolioplanung *f*; **~ использования складских помещений** Lagerplanung *f*; **календарное ~** Zeitplanung *f*, Terminplanung *f*; **~ карьеры** Laufbahnplanung *f*, Karriereplanung *f*; **~ качества продукции** Qualitätsplanung *f*; **консолидированное ~** konsolidierte Planung; **~ ликвидности** Liquiditätsplanung *f*; **~ логистики** Logistikplanung *f*; **~ маркетинговых мероприятий** Marketingplanung *f*; **~ материальных потоков** Materialflussplanung *f*; **~ материально-технического снабжения** Materialplanung *f*; **~ мероприятий** Maßnahmenplanung *f*; **народнохозяйственное ~** Volkswirtschaftplanung *f*; **неправильное (ошибочное) ~** Fehlplanung *f*; **непрерывное ~** kontinuierliche (permanente) Planung; **~ оборота** Umsatzplanung *f*, Planung des Umsatzes; **~ объёма производства** Planung des Produktionsausstoßes; **оперативное ~** Ablaufplanung *f*, Operativplanung *f*, operative Planung; **перспективное ~** Perspektivplanung *f*, Vorausplanung *f*; **~ подготовительных работ** Bereitstellungsplanung *f*; **~ поступления и использования ресурсов** Ressourcenplanung *f*; **~ потребностей** Bedarfsplanung *f*; **~ потребностей в сырье и материалах** Materialbedarfsplanung *f*; **поэтапное ~** Sukzessivplanung *f*; **предварительное ~**

Großplanung *f*, Vorausplanung *f*; **~ прибыли** Gewinnplanung *f*; **~ производства** Betriebsplanung *f*, Fertigungsplanung *f*, Produktionsplanung *f*; **~ процесса производства** Arbeitsablaufplanung *f*; **~ развития предприятия** Unternehmensplanung *f*; **региональное ~** Regionalplanung *f*, Raumplanung *f*; **~ результатов (хозяйственной) деятельности** Ergebnisplanung *f*, Erfolgsplanung *f*; **~ сбыта** Absatzplanung *f*; **сетевое ~** Netzplanung *f*; **~ складских запасов** Bestandsplanung *f*, Lagerplanung *f*; **~ спроса** Bedarfsplanung *f*; **~ сроков** Terminplanung *f*; **стратегическое ~** strategische Planung; **текущее ~** Ablaufplanung *f*, laufende Planung; **~ товарооборота** Umsatzplanung *f*; **~ факторов производства и инвестиций** Potenzialplanung *f*; **~ финансирования** Finanzierungsplanung *f*; **финансовое ~** Finanzplanung *f*, Budgeting *n*; **целевое ~** Zielplanung *f*; **~ экономического развития** Wirtschaftsplanung *f*

планировать planen

планировка *f* Planung *f*; **~ рабочего места** Arbeitsplatzgestaltung *f*

планируемый planbar

планирующий Planungs-, Plan-; **~ орган** *m* Plan(ungs)behörde *f*

планов|ый planmäßig, Plan-, Planungs-; **-ая загрузка** *f* **предприятия** Planbeschäftigung *f*; **-ая прибыль** *f* Plangewinn *m*; **-ая работа** *f* Planarbeit *f*; **-ые расчёты** *pl* Planungsrechnung *f*; **-ые убытки** *pl* Planverlust *m*

планомерный planmäßig

плат|а *f* Bezahlung *f*, Gebühr *f*, Entgelt *n*, Vergütung *f*; **взимать -у** eine Gebühr erheben; **выплачивать заработную -у (за труд)** das Gehalt ausbezahlen, den Lohn auszahlen, ein Entgelt entrichten (zahlen); **начислять -у** ein Entgelt berechnen; **определять размер заработной -ы** den Lohn bemessen; **переводить заработную -у на счёт** das Gehalt (den Lohn) auf das Konto überweisen; **платить заработную -у** ein Gehalt (den Lohn) zahlen; **повышать размер заработной -ы** das Gehalt (den Lohn) erhöhen; **получать -у** ein Entgelt erhalten, ein Gehalt beziehen, den Lohn erhalten; **производить расчёт заработной -ы** den Lohn berechnen; **уплатить -у** eine Gebühr zahlen; **устанавливать размер заработной -ы** ein Gehalt festlegen, den Lohn bemessen; **абонементная -а** Abonnementsgebühr *f*; **абонентская -а** Grundgebühr; **аккордная заработная -а** Akkordlohn *m*, Stücklohn *m*; **аккордно-премиальная заработная -а** Prämienakkordlohn *m*; **арендная -а (-а за аренду)** Pacht *f*, Pachtzins *m*, Leasinggebühr *f*, Miete *f*, Miet|preis *m*, -zins *m*; **входная -а** Eintrittsgebühr *f*; **гарантированная заработная -а** fester Lohn; **дополнительная -а** Zuschlag *m*, zusätzliche Zahlung; **за -у** gegen Bezahlung, entgeltlich; **-а за аренду дома** Miete für ein Haus; **-а за аренду магазина** Ladenmiete *f*; **-а за аренду помещений под офис** Büromiete *f*; **-а за бланки** Formulargebühr *f*; **-а за взвешивание** Wiegegeld *n*; **-а за выполненную работу** Entgelt für Arbeitsleistung; **-а за доставку** Zustellgebühr *f*; **-а за комиссию** Kommissionsgebühr *f*, Provisionsgebühr *f*; **-а за коммунальные услуги** kommunale Gebühren, Kommunalabgaben *pl*; **-а за наём** Miete *f*, Miet|preis *m*, -zins *m*; **-а за обучение** Studiengebühr *f*; **-а за обучение професии** Lehrgeld *n*; **-а за операции с карточками** Kartengebühr *f*; **-а за отправление заказного письма** Einschreibegebühr *f*; **-а за перевозку груза** Fracht *f*, Speditionsgebühren *pl*, Fahrgeld *n*; **-а за перевозку пропорционально расстоянию** Distanzfracht *f*; **-а за погрузку** Ladegebühr *f*, Aufladegebühr *f*; **-а за пользование** Nutzungs|gebühr *f*, -entgelt *n*; **-а за проведение ревизии** Prüfungsgebühren *pl*; **-а за проезд** Fahr|geld *n*, -preis *m*; **-а за прокат** Leihgebühr *f*; **-а за простой** Liege|-gebühr *f*, -geld *n*; **-а за разгрузку** Löschungsgebühren *pl*; **-а за труд** Arbeitsentgelt *n*, Arbeitslohn *m*, Arbeitsvergütung *f*, Lohn *m*, Gehalt *n*; **-а**

за учёт векселей Diskontgebühr *f*; **-а за хранение** Aufbewahrungsgebühr *f*; **-а за хранение грузов на пристани** Kailagergeld *n*; **-а за хранение на складе** Lager|gebühr *f*, -geld *n*, -miete *f*; **заработная -а** Arbeitsentgelt *n*, Arbeitslohn *m*, Arbeitsvergütung *f*, Lohn *m*, Salär *n*; **заработная -а за основную производственную работу** Fertigungslohn *m*; **заработная -а за работу в праздничные дни** Feiertagslohn *m*; **заработная -а натурой** Naturallohn *m*; **заработная -а нетто** Netto|gehalt *n*, -lohn *m*; -arbeitsentgelt *n*; **заработная -а обслуживающего персонала и вспомогательных рабочих** unproduktiver Lohn; **заработная -а производственных рабочих** produktiver Lohn, Fertigungslohn *m*; **заработная -а по совокупности без вычетов** Brutto|gehalt *n*, -lohn *m*; **заработная -а к выплате (нетто)** Netto|lohn *m*, -gehalt *n*; **заработная -а служащих** Gehalt *n*, Salär *n*; **заработная -а согласно тарифному соглашению** Tariflohn *m*; **заработная -а судовой команды** Heuer *f*; **индексируемая заработная -а** Indexlohn *m*; **квартирная -а** Miete *f*, Miet|pres *m*, -zins *m*; **месячная заработная -а** Monatsentgelt *n*, Monatslohn *m*, Monatsgehalt *n*; **невыплаченная заработная -а** rückständiger (ausstehender) Lohn; **недельная заработная -а** Wochenlohn *m*; **номинальная заработная -а** Nominallohn *m*; **основная заработная -а** Grundlohn *m*; **повремённая заработная -а** Zeitlohn *m*; **повремённо-премиальная заработная -а** Prämienzeitlohn *m*; **прямая заработная -а** direkter Lohn; **прямая сдельная заработная -а** Einzellohn *m*; **реальная заработная -а** Effektivlohn *m*, Reallohn *m*, effektiver Lohn; **сверхтарифная заработная -а** übertariflicher Lohn; **сдельная заработная -а** Stücklohn *m*, Akkordlohn *m*; **сдельно-прогрессивная заработная -а** leistungsabhängiger Lohn; **средняя заработная -а** Durchschnittslohn *m*; **твёрдая заработная -а** fester Lohn; **фактическая заработная -а** Effektivlohn *m*, Reallohn *m*, effektiver Lohn

плат|ёж *m* Zahlung *f*, Leistung *f*, Entrichtung *f*; **задерживать -ёж** Zahlung verzögern, mit der Zahlung im Verzug sein; **напоминать о необходимости произвести -ёж** die Zahlung anmahnen; **отсрочивать -ёж** Zahlung aufschieben (stunden); **получать -ежи** Zahlungen entgegennehmen, Leistungen beziehen; **потребовать -ёж** zur Zahlung auffordern; **прекращать (приостанавливать) -ежи** die Zahlungen einstellen; **производить (осуществлять, совершать) -ежи** Zahlungen ausführen (entrichten, leisten, vornehmen); **-ёж производится наличными** die Zahlung erfolgt in bar; **просрочивать -ёж** mit der Zahlung im Verzug sein; **распорядиться об исполнении -ежа** die Zahlung veranlassen; **требовать исполнения -ежа** die Zahlung verlangen; **уведомлять об исполнении -ежа** die Zahlung avisieren; **авансовый -ёж** Voraus(be)-zahlung *f*, Vor(aus)leistung *f*, Vorschuss *m*, Vorschusszahlung *f*, Akontozahlung *f*, Zahlung im Voraus; **амортизационный -ёж** Amortisationszahlung *f*; **аннуитетный -ёж** Annuität *f*; **безакцептный -ёж** Zahlung im Lastschriftverfahren; **-ежи в бюджет** Abführungen an den Staatshaushalt; **-ёж в погашение задолженности** Tilgungs|leistung *f*, -zahlung *f*; **-ёж в окончательный расчёт** Restzahlung *f*; **-ёж в рассрочку** Abzahlung *f*, Ratenzahlung *f*, Abschlagszahlung *f*, Zahlung in Raten; **-ёж в срок** pünktliche Zahlung; **-ёж в счёт погашения долга** Tilgungs|leistung *f*, -zahlung *f*; **-ёж в счёт причитающейся суммы** Akontozahlung *f*; **денежный -ёж** Geldleistung *f*; **дифференцированный -ёж** sinkende Leistungsrate (beim Tilgungsdarlehen); **-ёж до наступления срока** vorzeitige Zahlung; **дополнительный -ёж** Nach(schuss)zahlung *f*, Nachschuss *m*, nachträgliche (zusätzliche) Zahlung; **единовременный -ёж** einmalige (pauschale) Zahlung; **интервенционный -ёж** Interventionszahlung *f*; **компенсационный -ёж** Ausgleichs|leistung *f*, -zahlung *f*, Kompensationszahlung *f*; **компенсационные -ёжи при экспорте** Ausfuhrerstattung *f*; **-ёж компенсирован встречным исполнением** Zahlung kompensiert; **наличный -ёж** Bar|zahlung *f*, -leistung *f*, Kassazahlung *f*, Zahlung in bar, bargeldlose Zahlung; **-ёж наличными против документов** Kasse (Kassazahlung) gegen Dokumente; **налоговый -ёж** Steuerzahlung *f*; **наложенный -ёж** Nachnahme *f*; **-ёж натурой** Naturalleistung *f*; **немедленный -ёж** sofortige Zahlung; **-ёж непосредственно против встречного исполнения** Zug-um-Zug-Zahlung *f*; **нерегулярный -ёж** unregelmäßige Zahlung; **несвоевременный -ёж** rückständige (überfällige) Zahlung; **окончательный -ёж** vollständige Begleichung, Schlusszahlung *f*; **отсроченный -ёж** aufgeschobene (gestundete) Zahlung; **паушальный -ёж** Pauschalzahlung *f*, einmalige (pauschale) Zahlung; **переводные -ёжи** Transferleistungen *pl*; **периодические -ёжи** wiederkehrende Zahlungen; **-ёж по аккредитиву** Zahlung per Akkreditiv; **-ёж по безналичному расчёту** bargeldlose Zahlung, Barzahlung *f*; **-ёж по векселю** Einlösung eines Wechsels; **-ёж по внешней задолженности** Rückzahlung von Auslandsschulden; **-ёж, по которому наступил срок** fällige Zahlung; **-ёж по получении счёта** Zahlung bei Erhalt der Rechnung; **-ёж посредством акцептного кредита** Rembours *m*; **поступившие (полученные) -ёжи** eingegangene Zahlungen; **предварительный -ёж** Vor(aus)leistung *f*, Akontozahlung *f*, Vorausbezahlung *f*, Zahlung im Voraus; **-ёж при доставке** Zahlung bei Lieferung; **-ёж приостановлен** Zahlung gesperrt; **просроченный -ёж** rückständige (überfällige) Zahlung; **-ёж, произведённый полностью** vollständige Zahlung; **против -ежа** gegen Bezahlung; **-ёж против документов** Zahlung gegen Dokumente; **процентный -ёж** Zins|leistung *f*, -zahlung *f*; **регулярные -ёжи** regelmäßige Zahlungen; **рентный -ёж** Geldrente *f*; **с последующим -ёжом** postnumerando; **-ёж со счёта** Auszahlung vom Konto; **страховой -ёж** Versicherungsbeitrag *m*, Zahlung eines Versicherungsbeitrages; **текущие -ёжи** laufende Zahlungen; **трансфертные -ёжи** Transferleistungen *pl*; **фиксированный -ёж** feste Annuität, Geldrente *f*; **частичный -ёж** Teilzahlung *f*, Abschlagszahlung *f*, Teilzahlungsrate *f*, teilweise Begleichung

платёжеспособность *f* Zahlungsfähigkeit *f*, Solvenz *f*, Bonität *f*; **запрашивать информацию о -и клиента** sich nach der Zahlungsfähigkeit eines Kunden erkundigen; **удостоверять -ь** die Bonität bescheinigen; **-ь должника** Bonität (Zahlungsfähigkeit) des Schuldners; **сомнительная -ь** zweifelhafte Zahlungsfähigkeit; **-ь страховщика** Zahlungsunfähigkeit des Versicherers

платёжеспособн|ый solvent, zahlungsfähig, zahlungskräftig; **~ клиент** *m* zahlungsfähiger Kunde

платёжн|ый Zahlungs-; **-ые операции** *pl* Zahlungsverkehr *m*; **-ое поручение** *n* Zahlungs|anweisung *f*, -auftrag *m*; **-ое соглашение** *n* Zahlungs|abkommen *n*, -vereinbarung *f*

плательщик *m* Zahler *m*, Zahlungspflichtige *m*, Einzahler *m*; **аккуратный (пунктуальный) ~** pünktlicher Zahler; **неисправный ~** säumiger Zahler; **несостоятельный ~** Zahlungsunfähige *m*; **~ по векселю** Wechselbezogene *m*; **~ по переводному векселю** Assignat *m*, Bezogene *m*, Trassat *m*; **~ по чеку** Scheckbezogene *m*

платить zahlen, bezahlen, einlösen, einzahlen, entrichten; **~ в кассу** zur Kasse entrichten; **~ в рассрочку** ab(be)zahlen, in Raten (be)zahlen, auf Abschlag bezahlen; **~ в срок** pünktlich zahlen; **~ взносы** Beiträge einzahlen (entrichten); **~ до наступления срока** vor Fälligkeit (vorzeitig) zahlen; **~**

дополнительно zusätzlich zahlen; **~ наличными** bar (cash) zahlen (bezahlen); **~ налоги** Abgaben (Steuern) entrichten (zahlen); **~ по векселю** einen Wechsel einlösen (honorieren); **~ по купонам** Kupons einlösen; **~ по счёту** eine Rechnung begleichen; **~ по чеку** gegen Scheck zahlen; **~ с условием** unter Vorbehalt zahlen; **~ согласно договорённости** vereinbarungsgemäß zahlen

платный entgeltlich, gebührenpflichtig, gegen Bezahlung

плечо *n* **кредитное ~** Hebel *m*, Leverage-Effekt *n*

плодородие *n* Fruchtbarkeit *f*, Ergiebigkeit *f*; **~ почвы** Bodenfruchtbarkeit *f*, Bodenertrag *m*

плодородный fruchtbar, ergiebig

пломб|а *f* Plombe *f*, Verschluss *m*; **налагать (ставить) -у** eine Plombe anlegen; **наложенная -а** angelegter Verschluss; **таможенная -а** Zoll|-verschluss *m*, -plombe *f*

пломбирование *n* **(пломбировка** *f***)** Plombierung *f*

пломбировать plombieren, verplomben

плотность *f* Dichte *f*; **~ движения** Verkehrsdichte *f*; **~ загрузки** *(Transp)* Ladungsdichte *f*; **~ населения** Bevölkerungsdichte *f*

площадка *f* Platz *m*, Stelle *f*; **погрузочная ~** Verladeplatz *m*; **строительная ~** Bau|platz *m*, -stelle *f*; **торговая ~ (напр. в Интернете)** Marktplatz *m*; **фондовая ~** Wertpapierbörse *f*

площад|ь *f* Fläche *f*, Platz *m*; **жилая -ь** Wohn|fläche *f*, -raum *m*; **-и, занимаемые офисом** Büroflächen *pl*; **-и, используемые для нужд сельского хозяйства** landwirtschaftlich genutzte Fläche; **-ь нетто** Nettofläche *f*; **полезная -ь** Nutzfläche *f*; **производственные -и** Betriebsfläche *f*; **~ торгового помещения (зала)** Verkaufsfläche *f*; **~ торгового предприятия** Ladenfläche *f*

победитель *m* Gewinner *m*; Sieger *m*; **~ конкурса** Wettbewerbsgewinner *m*, Gewinner des Wettbewerbs

побуждать anregen, anreizen, veranlassen

побуждение *n* Anregung *f*, Anreiz *m*, Impuls *m*, Stimulus *m*, Veranlassung *f*; **~ к инвестициям** Investitionsanreiz *m*; **~ к покупке** Kaufanreiz *m*; **~ к продаже** Verkaufanreiz *m*

поведение *n* Verhalten *n*; **~ (фирмы) на рынке** Marktverhalten *n*; **неправильное (ошибочное) ~** Fehlverhalten *n*; **~ покупателей** Käuferverhalten *n*; **~ потребителей** Konsumentenverhalten *n*, Verbraucherverhalten *n*

поверенный Bevollmächtigter *m*, Prokurist *m*, Rechtsanwalt *m*, Rechtsberater *m*

поверка *f* Kontrolle *f*, Prüfung *f*, Nachprüfung *f*, Verifizierung *f*

повестк|а *f* Ladung *f*, Vorladung *f*, Benachrichtigung *f*; **определять -у дня** die Tagesordnung festsetzen; **снимать с -и дня** von der Tagesordnung absetzen; **ставить в -у дня** auf die Tagesordnung setzen; **стоять в -е дня** auf der Tagesordnung stehen; **-а дня** Tagesordnung *f*; **судебная -а** Vorladung *f*

повинность *f* Pflicht *f*, Verpflichtung *f*; **налоговая ~** Steuerpflicht *f*

повреждать beschädigen, einen Schaden zufügen

повреждение *n* Beschädigung *f*, Schädigung *f*, Schaden *m*, Fehler *m*; **вызывать ~** einen Schaden verursachen; **нанести ~** einen Schaden zufügen, beschädigen; **нести ответственность за ~** für einen Schaden haften; **обнаруживать ~** einen Fehler aufdecken (feststellen); **предотвращать ~** einen Schaden abwenden; **устранять ~** einen Schaden (Fehler) beheben (wiedergutmachen); **~ в результате небрежного обращения** fahrlässige Beschädigung; **возникшее ~** entstandener Schaden; **преднамеренное (умышленное) ~** absichtliche Schädigung; **~ товара** Beschädigung der Ware; **частичное ~** Teilschaden *m*

повреждённый beschädigt, schadhaft, defekt

повышательн|ый Hausse-; **-ое настроение** *m* **(-ая тенденция** *f***)**

Haussestimmung *f*, Kursauftrieb *n*, Kauflust *f*

повышать erhöhen, (an)heben, steigern, heraufsetzen, hinaufsetzen; **~ в должности** befördern; **~ в три раза** auf das Dreifache erhöhen, verdreifachen; **~ заработную плату** den Lohn erhöhen; **~ на 30 процентов** um 30 Prozent erhöhen; **~ производительность** die Produktivität steigern (erhöhen); **~ процентные ставки** die Zinsen erhöhen (steigern); **~ тарифы** Tarife anheben (erhöhen); **~ учётный процент** den Diskont erhöhen; **~ цены** Preise anheben (erhöhen, heraufsetzen, steigern)

повышаться anziehen, sich erhöhen, steigen; **~ в цене** im Preis steigen; **курсы акций повышаются** die Aktien ziehen an

повышение *n* Erhöhung *f*, Anhebung *f*, Steigerung *f*, Heraufsetzung *f*, Verbesserung *f*; **играть на ~ курсов акций** auf Hausse spekulieren, haussieren; **стоять в очереди на** ~ zur Beförderung anstehen; **~ выработки с целью компенсировать налоговое бремя** Steuereinholung *f*; **~ доходности** Renditesteigerung *f*; **~ жизненного уровня** Erhöhung des Lebensstandards; **~ заработной платы** Lohn|aufbesserung *f*, -erhöhung *f*, -steigerung *f*, Gehalts|aufbesserung *f*, -erhöhung *f*, Erhöhung des Gehalts; **~ заработной платы, предусмотренное тарифным соглашением** Tariflohnerhöhung *f*; **~ импортных пошлин** Anhebung der Importzölle; **~ качества** Qualitäts|erhöhung *f*, -steigerung *f*, -verbesserung *f*; **~ квалификации** Fortbildung *f*, Qualifizierung *f*, Weiterbildung *f*; **~ квалификации кадров** Personalentwicklung *f*; **~ квартирной (арендной) платы** Miet|erhöhung *f*, -steigerung *f*; **~ курса (цены)** Höherbewertung *f*; **~ курса после предшествующего падения** Kurserholung *f*; **~ курсов (ценных бумаг)** Kurs|hausse *f*, -steigerung *f*, -anstieg *m*, -besserung *f*; **~ по службе** Beförderung *f*; **~ производительности** Leistung|steigerung *f*, -verbesserung *f*, Steigerung der Produktivität, Produktivitätssteigerung *f*; **~ профессиональной квалификации** Berufsfortbildung *f*, berufliche Qualifizierung; **~ процентной ставки** Zins|anhebung *f*, -anstieg *m*, -erhöhung *f*, -steigerung *f*, Anziehen der Zinsen; **~ размера налогов** Steuer|anhebung *f*, -erhöhung *f*; **~ реальной заработной платы** Reallohnerhöhung *f*; **~ рентабельности** Ergebnissteigerung *f*; **сезонное ~ цен** Saisonaufschlag *m*; **~ скорости** Tempoerhöhung *f*; **~ стоимости** Wert|anstieg *m*, -erhöhung *f*, -steigerung *f*, Aufwertung *f*; **~ таможенной пошлины** Zollerhöhung *f*; **~ тарифных ставок (тарифов)** Tarif|erhöhung *f*, -anhebung *f*, Anhebung der Tarife; **~ уровня профессиональной подготовки** berufliche Entwicklung; **~ уровня цен** Preisniveauerhöhung *f*; **~ учётной ставки (учётного процента)** Diskonterhöhung *f*; **~ цен** Preis|anhebung *f*, -anstieg *m*, -erhöhung *f*, -heraufsetzung *f*, -steigerung *f*; **~ цен после их падения** Preiserholung *f*; **~ эффективности** Effizienzsteigerung *f*, Effektivitätszuwachs *m*

погашаем|ый tilgbar, rückzahlbar, ablösbar; **-ый в рассрочку** in Raten rückzahlbar; **-ый заём** *m* ablösbare Anleihe; **-ая облигация** *f* rückzahlbare (kündbare) Obligation

погашать tilgen, abdecken, abgelten, ablösen, abtragen, begleichen, decken, (aus)löschen, (zu)rückzahlen; entwerten; stempeln; **~ в рассрочку** in Raten (zu)rückzahlen; **~ долги** Schulden abdecken (abtragen, begleichen, tilgen, zurückzahlen); **~ досрочно** vorzeitig ablösen (tilgen, zurückzahlen); **~ заём** eine Anleihe ablösen (tilgen, zurückzahlen); **~ ипотеку** eine Hypothek ablösen (löschen, tilgen); **~ кредит** einen Kredit abdecken (decken, tilgen, zurückzahlen); **~ по частям** in Raten (zu)rückzahlen; **~ требования** Ansprüche abgelten

погашение *n* Tilgung *f*, Abdeckung *f*, Abgeltung *f*, Ablösung *f*, Abtragung *f*, Deckung *f*, Löschung *f*, Zurückzahlung *f*; Entwertung *f*; Stempelung *f*;

затребовать (ценные бумаги) на ~ zur Tigung aufrufen; **предъявлять на ~** zur Tilgung vorlegen; **~ банковских кредитов** Ablösung von Bankkrediten; **~ в рассрочку** Rückzahlung in Raten; **~ в срок** fristgemäße Rückzahlung (Tilgung); **~ долга (задолженности)** Schuld|befreiung *f*, -tilgung *f*, Schulden|abtragung *f*, -rückzahlung *f*, -tilgung *f*; **досрочное ~** vorzeitige Ablösung (Tilgung, Rückzahlung), Rückzahlung vor Fälligkeit; **~ займа** Anleihe|ablösung *f*, -rückzahlung *f*, -tilgung *f*; **~ ипотеки** Tilgung (Ablösung, Löschung) einer Hypothek; **~ ипотечных кредитов закладными** Naturaltilgung *f*; **~ кредита** Kredit|rückzahlung *f*, -tilgung *f*; **~ облигаций** Tilgung von Obligationen (Schuldverschreibungen); **~ по частям** Rückzahlung in Raten; **~ ссуды** Darlehens|rückzahlung *f*, -tilgung *f*; **~ ценных бумаг** Auslosung *f*; *(Fin)* Wertpapiertilgung *f*; **частичное ~** Teilrückzahlung *f*

погашенный getilgt, abgedeckt, abgegolten, abgelöst, abgetragen, beglichen, gedeckt, gelöscht, zurückgezahlt

поглощение *n* Absorption *f*, Aufnahme *f*, Übernahme *f*; **враждебное ~** feindliche Übernahme *f*; **постепенное ~** Absetzung für Tilgung

поголовье *n* **скота** Viehbestand *m*

погрешность Fehler *m*; **~ при расчётах** Kalkulationsfehler *m*, Rechenfehler *m*

погружать (погрузить) beladen, einladen, laden, verladen; **~ груз** Güter (Fracht) einladen (verladen); **~ навалом** lose verladen; **~ товары в вагон** Waren in einen Waggon einladen (verladen)

погрузка *f* Beladung *f*, Einladen *n*, Laden *n*, Ladung *f*, Verladung *f*; **производить -у** beladen, einladen, laden, verladen; **ставить под -у** zur Beladung bereitstellen; **~ в вагон** Beladung eines Waggons; **-а и выгрузка (разгрузка)** Be- und Entladung *f*, Laden und Löschen

погрузочн|ый Lade-, Verlade-; **-ая ведомость** *f* Lade|liste *f*, -verzeichnis *n*; **-ые документы** *pl* Verlade|dokumente *pl*, -papiere *pl*; **-ые работы** *pl* Ladearbeiten *pl*, Verladearbeiten *pl*; **-ое устройство** *n* Ladevorrichtung *f*, Verladeanlage *f*

подавать abgeben, einreichen, einlegen; **~ апелляцию** ein Rechtsmittel einlegen; **~ декларацию** eine Erklärung abgeben (vorlegen); **~ жалобу** eine Beschwerde einlegen (erheben, führen), einklagen; **~ заявление (прошение)** ein Gesuch einreichen, einen Antrag stellen, eine Erklärung vorlegen; **~ заявку на получение патента** eine Erfindung zum Patent anmelden; **~ заявки (предложения) на торги** submittieren; **иск** eine Klage einbringen (einreichen); **~ налоговую декларацию** eine Steuererklärung abgeben; **~ предложение** einen Antrag einreichen, ein Angebot einreichen (machen, unterbreiten), einen Vorschlag einbringen (machen, unterbreiten); **~ ходатайство** einen Antrag stellen

подарок *m* Geschenk *n*, Gabe *f*, Geschenkartikel *m*; **рекламный ~** Werbe|gabe *f*, -geschenk *n*, -zugabe *f*

податель *m* Einreicher *m*, Überbringer *m*; **~ заявления** Antragsteller *m*; **~ таможенной декларации** Zolldeklarant *m*

подач|а *f* Abgabe *f*, Einreichung *f*, Einlegung *f*; Zufuhr *f*; Vorschub *m*; **-а декларации (заявления)** Abgabe einer Erklärung; **-а документов** Dokumenteneinreichung *f*, Einreichung der Dokumente; **-а заявления** Antragstellung *f*, Beantragung *f*, Einreichung eines Antrags; **-а искового заявления (иска)** Klageerhebung *f*; **-а объявления** Aufgabe einer Anzeige; **-а предложений** Einreichung von Angeboten

подбирать auswählen, aussuchen

подбор *m* Auswahl *f*, Auslese *f*, Zusammenstellung *f*; **производить ~** auswählen; **~ кадров (сотрудников)** Personalauswahl *f*; **~ и расстановка работников (кадров)** Einsatz *m* von Arbeitskräften

подборка *f* Auswahl *f*, Aufstellung *f*, Zusammenstellung *f*

подведение *n* Zusammenfassung *f*,

Aufstellung *f*; **~ баланса** Bilanzaufstellung *f*, Aufstellung der Bilanz; **~ итогов** Auswertung *f*, Abschluss *m*; **~ итогов за квартал** Quartalsabschluss *m*; **~ итогов работы с клиентами за отчётный период** Kundenkalkulation *f*; **~ предварительных итогов** Zwischenauswertung *f*

подведомственность *f* Unterstellung *f*, Zuständigkeit *f*

подведомственный unterstellt, zuständig

подвергать unterziehen, unterwerfen, aussetzen; **~ обработке** behandeln, einer Behandlung unterziehen; **~ контролю** unter Kontrolle stellen; **~ опасности (риску)** einer Gefahr aussetzen; **~ проверке** prüfen lassen

подвергаться sich unterziehen, unterzogen werden; **~ износу** verschleißen, sich abnutzen; **~ обработке** behandelt (bearbeitet) werden

подводить zuführen; verlegen; abschließen; **~ баланс** eine Bilanz ziehen, bilanzieren; **~ итог(и)** abschließen, auswerten, die Bilanz ziehen

подвоз *m* Anlieferung *f*, Belieferung *f*, Zufuhr *f*, Transport *m*; **обеспечивать ~** die Zufuhr sichern

подвозить anliefern, beliefern, zuführen, heranfahren

подготавливать vorbereiten, ausbilden, heranbilden, schulen; **~ кадры** das Personal ausbilden

подготовк|а *f* Vorbereitung *f*, Vorleistung *f*; Ausbildung *f*, Heranbildung *f*, Entwicklung *f*, Schulung *f*, Training *n*; **заканчивать -у** die Ausbildung abschließen; **производить -у** vorbereiten, Vorbereitungen treffen, ausbilden, heranbilden, schulen, die Schulung durchführen; **-а к реализации (сбыту)** Absatzvorbereitung *f*; **-а к экзамену** Prüfungsvorbereitung *f*, Vorbereitung auf eine Prüfung; **-а кадров** Personal|ausbildung *f*, -training *n*; **-а переговоров (к переговорам)** Verhandlungsvorbereitung *f*; **-а по специальности** Fachausbildung *f*, fachliche Ausbildung (Schulung); **-а производства** Fertigungsvorbereitung *f*, Produktionsvorbereitung *f*; **профессиональная -а** Berufs|ausbildung *f*, -vorbereitung *f*, berufliche Ausbildung; **~ работ (производства)** Arbeitsvorbereitung *f*; **~ руководящих кадров** Ausbildung von Führungskräften, Managementausbildung *f*; **~ специалистов** Ausbildung (Schulung) von Fachkräften

подданство *n* Staatsangehörigkeit *f*

подделка *f* Fälschung *f*, Nachahmung *f*, Verfälschung *f*; **банкнот** Fälschung von Banknoten; **~ документов** Dokumentenfälschung *f*, Urkundenfälschung *f*; **~ записей в бухгалтерских книгах** Fälschung von Geschäftsbüchern; **~ монет** Münzfälschung *f*; **~ подписи** Fälschung einer Unterschrift; **~ фирменных товаров** Markennachahmung *f*

подделывать fälschen, nachahmen, verfälschen; **~ деньги** Geld fälschen; **~ записи в бухгалтерских книгах** die Bücher fälschen; **~ счёт** eine Rechnung fälschen; **~ чек** einen Scheck fälschen

поддержание *n* Aufrechterhaltung *f*, Erhaltung *f*, Stützung *f*; **~ в исправности** Instandhaltung *f*, Unterhaltung *f*; **~ в сохранности** Werterhaltung *f*; **~ курса** Kurs|pflege *f*, -stützung *f*; **~ необходимого уровня ликвидности** Liquiditätserhaltung *f*; **~ уровня процентной ставки** Zinsstützung *f*; **~ цен** Preisstützung *f*, Stützung der Preise

поддерживать aufrecherhalten, erhalten, unterhalten, unterstützen; befürworten

поддержк|а *f* Unterstützung *f*, Hilfe *f*; **гарантировать -у (заверять в -е)** Unterstützung zusichern; **оказывать -у** unterstützen; **получать -у** eine Unterstützung erhalten; **предлагать -у** eine Unterstützung anbieten; **взаимная -а** gegenseitige Hilfe (Unterstützung), gegenseitiger Beistand; **государственная -а** staatliche Unterstützung; **при -е** mit Unterstützung; **-а сайта** Website-Pflege *f*; **финансовая -а** finanzielle Hilfe (Unterstützung)

поддон *m* Palette *f*

подённо tageweise

подёнщик *m* Gelegenheitsarbeiter *m*, Tagelöhner *m*
подешеветь billig(er) werden, sich verbilligen
подзаголовок *m* Untertitel *m*
подзадача *f* Teilaufgabe *f*
подземн|ый unterirdisch, unter Tage; **-ые работы** *pl* Tiefbau *m*, Untertagearbeiten *pl*
подкомитет *m* Unterausschuss *m*
подконтрольный unter Kontrolle stehend, kontrolliert
подкрепление *n* Verstärkung *f*
подкуп *m* Bestechung *f*, Korruption *f*
подкупать bestechen, korrumpieren, erkaufen
подлежать unterliegen; **~ возврату** der Rückgabe unterliegen; **~ контролю (проверке)** der Kontrolle unterliegen; **~ обложению налогом** der Besteuerung unterliegen, einer Steuer unterliegen; **~ обложению пошлиной** dem Zoll unterliegen; **~ оплате** zahlbar sein
подлежащий unterliegend, -pflichtig, -bar; **~ аресту (конфискации)** pfändbar; **~ выкупу** ablösbar, einlösbar; **~ налогообложению** steuerpflichtig, versteuerbar, abgabenpflichtig; **~ обложению таможенной пошлиной** verzollbar, zollpflichtig; **~ обложению сборами** abgabenpflichtig, gebührenpflichtig; **~ обязательному страхованию** versicherungspflichtig; **~ оплате** zahlbar, zahlungspflichtig, fällig; **~ погашению** ablösbar, tilgbar, **~ полному отчислению (вычету)** voll abzugsfähig; **~ страхованию** versicherbar; **~ уплате** zahlbar, fällig; **~ учёту** abrechenbar, diskontierbar
подлинник *m* Original *n*, Urschrift *f*
подлинность *f* Echtheit *f*, Authentizität *f*; **подтверждать (удостоверять) ~** die Echtheit bescheinigen (beglaubigen); **~ документа** Echtheit (Authentizität) eines Belegs; **~ подписи** Echtheit (Authentizität) einer Unterschrift
подлинн|ый echt, authentisch, unverfälscht, Original-; **-ая подпись** *f* echte Unterschrift; **-ый счёт** *m* Original|faktura *f*, -rechnung *f*; **-ый текст** *m* maßgeblicher Text
подлог *m* Fälschung *f*, Urkundenfälschung *f*
подмастерье *n* Geselle *m*, Handwerksgeselle *m*
поднаём *m* Untermiete *f*, Untervermietung *f*, Unterverpachtung *f*; **сдавать в ~** untervermieten
поднимать heben, erhöhen, heraufsetzen, steigern, verbessern; **~ уровень жизни** den Lebensstandard erhöhen; **~ цены** Preise anheben (heraufsetzen, erhöhen, steigern)
подниматься steigen, sich erhöhen, sich vergrößern; **~ в цене** im Preis steigen
подозрение *n* Verdacht *m*; **~ в злоупотреблении доверием** Untreueverdacht *m*
подотчётный abrechnungspflichtig, rechenschaftspflichtig
подписавший(ся) *m* Unterzeichner *m*; **~ договор** Unterzeichner eines Vertrages
подписани|е *n* Unterzeichnung *f*; **отказаться от -я** die Unterschrift verweigern; **-е договора** Unterzeichnung eines Vertrages
подписанный gezeichnet, unterzeichnet; **~ договор** *m* unterzeichneter Vertrag
подписк|а *f* Subskription *f*, Zeichnung *f*; Abonnement *n*; **дать согласие на -у (гарантировать -у)** Zeichnung zusagen; **возобновить -у** das Abonnement erneuern; **закончить -у** eine Zeichnung schließen; **объявить -у на заём** eine Anleihe zur Zeichnung auflegen; **отказаться от -и** das Abonnement aufgeben; **приглашать к участию в -е на ценные бумаги** zur Abgabe eines Zeichnungsangebots auffordern; **продлить -у** das Abonnement erneuern (verlängern); **аварийная -а ~** Havarie-Grosse-Verpflichtungsschein *m*; **-а на акции** Aktienzeichnung *f*, Zeichnung von Aktien; **-а на газеты** Zeitungsabonnement *n*; **-а на журналы** Zeitschriftenabonnement *n*; **-а на заём** Anleihezeichnung *f*, Zeichnung der Anleihe
подписной Abonnements-; **~ лист** *m* Sammelliste *f*
подписчик *f* Zeichner *m*; Abonnent *m*,

Bezieher *m*; **привлекать -ов** für eine Zeichnung werben, Abonnenten werben; **~ на газеты** Zeitungsabonnent *m*; **~ на журналы** Zeitschriftenabonnent *m*; **~ на заём** Anleihezeichner *m*

подписывать unterschreiben, unterzeichnen, zeichnen, paraphieren, eine Unterschrift leisten; **~ договор** einen Vertrag unterschreiben (unterzeichnen); **~ (документ) от имени фирмы** für eine Firma zeichnen; **отказываться ~** die Unterschrift verweigern; **~ собственноручно** eigenhändig unterschreiben; **~ соглашение** ein Abkommen unterschreiben (unterzeichnen)

подписываться unterschreiben, unterzeichnen, zeichnen, eine Unterschrift leisten; abonnieren, beziehen; **~ на акции** Aktien zeichnen; **~ на газету** eine Zeitung abonnieren; **~ на заём** eine Anleihe zeichnen; **~ от имени фирмы** für eine Firma zeichnen; **~ собственноручно** eigenhändig unterschreiben

подпис|ь *f* Unterschrift *f*, Signatur *f*, Paraphe *f*; Paraphierung *f*; **заверять -ь** die Unterschrift beglaubigen; **иметь право -и** verantwortlich zeichnen, zeichnungsberechtigt sein; **направлять (передавать) на -ь** zur Unterschrift weiterleiten; **(по)ставить -ь** eine Unterschrift leisten; **(по)ставить бланковую -ь** in blanko unterschreiben (unterzeichnen); **(по)ставить свою -ь под договором** seine Unterschrift unter einen Vertrag setzen; **представить на -ь** zur Zeichnung vorlegen; **бланковая -ь** Blankounterschrift *f*; **за -ью** unterzeichnet, gezeichnet; **заверенная -ь** beglaubigte Unterschrift; **передаточная -ь** Übertragungsvermerk *m*; **собственноручная -ь** eigenhändige Unterschrift; **цифровая -ь, электронная -ь** digitale Signatur, digitale Unterschrift, elektronische Signatur, elektronische Unterschrift

подразделение *n* Abteilung *f*, Bereich *m*, Department *n*, Einheit *f*, Ressort *n*; Einteilung *f*, Gliederung *f*; **главное ~** Hauptbereich *m*; **~ по степени качества** Qualitätseinstufung *f*; **~ предприятия** Betriebsabteilung *f*, betriebliche Einheit; **~ производства (производственное ~)** Geschäftsbereich *m*, Produktionsbereich *m*; **структурное ~ (предприятия)** Betriebseinheit *f*, Produktionseinheit *f*

подразделять einteilen, gliedern, unterteilen

подручный Hilfsarbeiter *m*

подряд *m* (öffentlicher) Auftrag *m*; Werkvertrag *m*; **брать ~** einen Auftrag annehmen; **выдавать ~** einen Auftrag erteilen; **делать заявку на выполнение -а** sich um einen Auftrag bemühen; **заключать ~** einen Werkvertrag abschließen; **объявлять конкурс на размещение -а** einen Auftrag ausschreiben; **получать ~** einen Auftrag erhalten; **работать на основе договора -а** auf Grund eines Werkvertrags arbeiten; **размещать ~** einen Auftrag vergeben; **~ на строительство** Bauauftrag *m*

подрядчик *m* Auftragnehmer *m*, Unternehmer *m*; **~ в строительстве** Bauunternehmer *m*; **генеральный ~** General|übernehmer *m*, -unternehmer *m*, Gesamtunternehmer *m*, Haupt|auftragnehmer *m*, -unternehmer *m*

подсистема *f* Subsystem *n*, Teilsystem *n*

подсобный рабочий *m* Hilfsarbeiter *m*

подсудность *f* Gerichtsbarkeit *f*, Gerichtshoheit *f*, Zuständigkeit *f*; **~ дел** Gerichtsstand *m*, sachliche Zuständigkeit; **добровольная ~** freiwillige Gerichtsbarkeit; **исключительная ~** ausschließliche Zuständigkeit; **местная ~** örtliche Zuständigkeit

подсчёт *m* Auszählung *f*, Zählung *f*; Berechnung *f*, Rechnung *f*, Kalkulation *f*; **производить ~** eine Berechnung anstellen, eine Auszählung (Zählung) vornehmen, zählen; **~ голосов** Stimmauszählung *f*, Auszählung der Stimmen; **~ затрат (издержек)** Kosten|berechnung *f*, -erfassung *f*; **общий ~** Auswertung *f*; **ориентировочный (примерный) ~** Überschlagsrechnung *f*; **по предварительным -ам** nach Schätzungen; **~ прибыли** Gewinnberechnung *f*; **торговые -ы**

kaufmännisches Rechnen; **~ убытков** Verlustberechnung *f*

подсчитывать auszählen, zählen, berechnen, rechnen, kalkulieren; **~ голоса** Stimmen auszählen; **~ деньги** sein Geld zählen; **~ издержки** Kosten berechnen; **~ убытки** Verluste berechnen

подтверждать bestätigen, bescheinigen, quittieren, bekräftigen; **~ выдачу (получение) заказа** einen Auftrag bestätigen; **~ данные (сведения)** Angaben bestätigen; **~ документально** belegen, dokumentieren, beurkunden, verbriefen; **~ письменно** schriftlich bestätigen, verbriefen; **~ получение товара** den Empfang der Ware bescheinigen (quittieren); **~ получение (оплату) счёта** eine Rechnung quittieren

подтверждение *n* Bestätigung *f*, Bescheinigung *f*, Bekräftigung *f*; **затребовать ~** die Bestätigung einholen; **~ выдачи (получения) заказа** Auftragsbestätigung *f*; **документальное ~** Bescheinigung *f*, Belegung *f*, Beurkundung *f*, urkundliche Bestätigung; **письменное ~** schriftliche Bestätigung; **~ получения** Empfangsbestätigung *f*, Eingangsbestätigung *f*; **~ сальдо** Saldenbestätigung *f*, Saldomitteilung *f*; **~ сделки** Abschlussbestätigung *f*

подход *m* Herangehen *n*, Vorgehen *n*, Vorgehensweise *f*, Methode *f*, Verfahren *n*, Behandlung *f*; **единый (равный) ~** Gleichbehandlung *f*, Gleichstellung *f*; **доходный ~** kapitalwertorientiertes Verfahren; **затратный ~** kostenorientiertes Verfahren; **конфиденциальный ~** vertrauliche Behandlung; **общий ~** gemeinsames Vorgehen, allgemeine Vorgehensweise *f*; **~ остаточного дивиденда** Methode der Restdividende; Dividendenausschüttung, wenn keine Investition getätigt wird; **~, ориентированный на продукт** produktorientierte Vorgehensweise; **~, ориентированный на цель** zielorientierte Vorgehensweise; **планомерный ~** planmäßiges Vorgehen; **сравнительный ~** marktpreisorientiertes Verfahren

подчинение *n* **(подчинённость** *f***)** Unterstellung *f*, Unterordnung *f*; **ведомственное ~** behördliche Unterstellung; **двойное ~** doppelte Unterstellung; **прямое ~** direkte Unterstellung

подчинённый unterstellt

подчинять unterstellen, unterordnen

подчиняться unterstehen, sich unterordnen, unterliegen

подшивать документы Akten ablegen

подшивать к делу zu den Akten nehmen, ablegen

подъезд *m* Zufahrt *f*, Zufahrtstraße *f*; Eingang *m*; **парадный ~** Haupteingang *m*

подъём *m* Anstieg *m*, Aufschwung *m*, Aufstieg *m*, Auftrieb *m*; Erholung *f*; **ожидать -а** einen Aufschwung erwarten; **временный ~** vorübergehende Erholung; **~ производства** Produktions|anstieg *m*, -aufschwung *m*; **трудовой ~** Arbeitsfreude *f*; **экономический ~** Wirtschaftsaufschwung *m*, wirtschaftlicher Aufschwung, wirtschaftliche Erholung

подъёмные *pl* Umzugsgeld *n*

подытоживание *n* Summierung *f*, Auswertung *f*, Zusammenfassung *f*

подытоживать summieren, auswerten, zusammenfassen

поезд *m* Zug *m*; **опоздать на ~** einen Zug verpassen; **~ ходит только по рабочим дням** der Zug verkehrt nur an Werktagen; **грузовой (товарный) ~** Güterzug *m*; **местный ~** Regionalzug *m*, Zubringerzug *m*; **скорый ~** Schnellzug *m*

поездк|а *f* Fahrt *f*, Reise *f*, Tour *f*; **отправляться в -у** eine Reise antreten; **совершать -у** eine Reise (Tour) machen; **совершать деловую -у** geschäftlich reisen; **деловая -а** Geschäftsreise *f*; **-а на автобусе** Autobusfahrt *f*; **-а на автомобиле** Autofahrt *f*; **-а по морю** Seereise *f*

пожелани|е *n* Wunsch *m*; **-я клиентов** Kunden|angaben *pl*, -wünsche *pl*

позитивный positiv

позиционирование *n* Positionierung *f*, Platzierung *f*; **~ компании на рынке** Marktpositionierung des Unternehmens; ~ **продукта** Produktpositionierung *f*; ~ **товара (на рынке)** Warenpositionierung *f*, Warenplatzierung *f*

позици|я *f* Position *f*, Posten *m*, Stellung *f*; Einstellung *f*; **дебетовать -ю** einen Posten im Soll buchen; **завоевывать -ю** die Position erobern; **занимать -ю** Stellung nehmen, eine Position einnehmen; **занимать передовые -и** führende Positionen einnehmen (haben), eine Spitzenstellung einnehmen; **иметь сильные -и на рынке** über eine starke Marktposition verfügen; **кредитовать -ю** einen Posten in Haben buchen, einen Posten gutschreiben; **обосновывать свою -ю** seine Einstellung begründen; **сохранять -ю** einen Posten behalten; **укреплять -ю** die Position ausbauen (behaupten); **утратить свои -и** seine Positionen einbüßen; **-я аутрайт** Outright-Position, Kauf oder Verkauf eines Futures; **валютная -я** Valutaposition *f*, Devisenposition *f*; **ведущая -я** führende Position, Spitzen|position *f*, -stellung *f*; **выжидательная -я** Zurückhaltung *f*; **длинная -я** Long Position; **закрытая -я** Festübernahme *f*; **кассовая -я** Kassenlage *f*; Liquiditätslage *f*; **ключевая -я** Schlüssel|position *f*, -stellung *f*; **короткая -я** Short position; **неликвидная -я** schlecht verkaufbare Ware *f*; **нетто-~ по срочным сделкам** Nettobestand *m*; **определяющая -я** beherrschende Position (Stellung); **отложенные -и** nachfällige Posten; **переходящие -и** transitorische Posten; **-я на рынке** Markt|position *f*, -stellung *f*; **-я спекулянтов, играющих на повышение** Hausseposition *f*; **-я спекулянтов, играющих на понижение** Baisseposition *f*; **ценностная -я** Werthaltung *f*

поиск *m* Suche *f*, Recherche *f*; **информационный** ~ Recherche *f*; ~ **месторождений нефти и газа** Suche nach Öl- und Gasvorkommen; ~ **работы** Arbeitsuche *f*

показ *m* Ausstellung *f*, Demonstrierung *f*, Schau *f*, Vorführung *f*, Auslage *f*; **выставлять на** ~ ausstellen, vorführen, zur Schau stellen; ~ **новейших моделей** Vorführung von neuesten Modellen; ~ **образцов** Musterschau *f*; ~ **товаров** Warenauslage *f*

показани|е *n* Aussage *f*; Anzeige *f*, Indikation *f*; **снимать -я приборов** Anzeigen (Werte) ablesen; **ошибочное -е** fehlerhafte Anzeige; **-е прибора** Anzeige des Gerätes; **свидетельское -е** Zeugenaussage *f*

показател|ь *m* Kennwert *m*, Kennzahl *f*, Kennziffer *f*, Index *m*, Koeffizient *m*, Wert *m*, Zahl *f*; **оценивать -и** Kennzahlen (Kennziffern) auswerten; **рассчитывать -и** Kennzahlen (Kennziffern) errechnen; **улучшать -и** Kennzahlen (Kennziffern) verbessern; **-ь выработки** Leistungs|kennzahl *f*, -kennziffer *f*; **-ь доходности (рентабельности)** Rentabilitätskennziffer *f*; **-и за квартал** Quartalszahlen *pl*; **-и за прошлый год** Vorjahreszahlen *pl*; **заданный -ь** Vorgabewert *m*; **-ь индустриализации** Industriedichte *f*; **итоговые -и** Ergebniszahlen *pl*; **-ь качества** Qualitätskennzahl *f*; **ориентировочный -ь** Orientierungsgröße *f*; **плановый -ь** Planzahl *f*; **-и потребления** Verbrauchszahlen *pl*; **-и продаж** Verkaufszahlen *pl*; **-ь производительности** Produktivitätskennzahl *f*; **производственный -ь** Produktionskennziffer *f*, Leistungs|kennzahl *f*, -kennziffer *f*; **расчётный -ь** Berechnungsfaktor *m*; **результативный -ь** Ergebniszahl *f*; **рекордные -и** Rekordhöhe *f*; **-и сбыта** Absatz|(kenn)-zahlen *pl*, -ziffern *pl*; **сравнительные (сопоставимые) -и** Vergleichszahlen *pl*; **среднегодовой -ь** Jahresdurchschnitt *m*; **средний -ь** Durchschnittszahl *f*, Mittelwert *m*; **средний -ь по отрасли** Branchenmittelwert *m*; **-ь степени** Exponent *m*; **-и товарооборота** Umsatzzahlen *pl*; **фондовый -ь** *(Bö, Fin)* Aktienindex *m*, Börsenindex *m*; **экономические -и** Wirtschaftszahlen *pl*

показывать vorführen, zeigen, ausweisen, aufweisen; ~ **в балансе** in der Bilanz ausweisen; ~ **в счетах** auf Konten ausweisen; ~ **дефицит** ein

Defizit aufweisen; **~ как убытки** als Verlust ausweisen; **~ прибыли в бухгалтерской документации** Gewinne buchmäßig ausweisen; **~ сальдо** einen Saldo aufweisen

поквартально vierteljährlich, quartalsweise

поколение *n* Generation *f*

покровительственн|ый Begünstigungs-; **-ая пошлина** *f* Begünstigungszoll *m*

покрывать abdecken, decken; **~ дефицит** ein Defizit (ab)decken; **~ затраты (издержки, расходы)** Kosten (Aufwendungen, Ausgaben) decken; **~ разницу** saldieren; **~ убыток (ущерб)** den Schaden wiedergutmachen, den Verlust decken

покрыти|е *n* Abdeckung *f*, Deckung *f*; **-е банкнот** Notendeckung *f*; **-е банкнот, находящихся в обращении, золотом и валютой** Bardeckung *f*; **без -я** ohne Deckung, keine Deckung, ungedeckt; **-е дефицита** Defizitdeckung *f*; **золотое -е** Golddeckung *f*; **-е издержек** Kostendeckung *f*, Deckung der Kosten; **-е расходов** Deckung der Aufwendungen; **-е риска** Risikodeckung *f*, Wagnisdeckung *f*; **способный служить -ем** deckungsfähig; **-е спроса** Bedarfsdeckung *f*; **-е убытков** Verlustdeckung *f*, Deckung von Verlusten; **финансовое -е** Kapitaldecke *f*

покупател|ь *m* Käufer *m*, Abnehmer *m*, Bezieher *m*, Einkäufer *m* Erwerber *m*, Kunde *m*, Nachfrager *m*; **искать подход к -ю** an einen Kunden herantreten; **консультировать -ей** Kunden (Käufer) beraten; **находить -ей** Abnehmer (Käufer) finden; **обслуживать -ей** Kunden (Käufer) bedienen (betreuen); **отбивать -ей** Kunden (Käufer) abwerben; **привлекать -ей** Kunden (Käufer) akquirieren (anlocken, gewinnen, werben); **снабжать -ей** Kunden (Käufer) beliefern; **терять -ей** Kunden (Käufer) verlieren; **удовлетворять пожелания -ей** Kunden (Käufern) entgegenkommen; **добросовестный -ь** gutgläubiger Erwerber; **-ь, заинтересованный в качестве товара** qualitätsorientierter Käufer; **-ь, заинтересованный в экономичности товара** wirtschaftlichkeitsorientierter Käufer; **зарубежный -ь** Auslandskunde *m*, ausländischer Abnehmer (Kunde); **крупный -ь** Großabnehmer *m*; **мелкий -ь** Kleinabnehmer *m*; **-ь на срок** Terminkäufer *m*; **-ь недвижимости** Erwerber von Grundbesitz, Immobilienkäufer *m*; **оптовый -ь** Groß|handelskunde *m*, -einkäufer *m*; **основной -ь** Haupt|abnehmer *m*, -kunde *m*; **перспективный -ь** Kaufinteressent *m*, Reflektant *m*; **платёжеспособный -ь** kaufkräftiger Käufer (Kunde); **по выбору -я** nach Käuferwahl; **постоянные -и** Stamm|kunden *pl*, -kundschaft *f*; **потенциальный -ь** möglicher (voraussichtlicher) Käufer (Kunde); **-ь, предлагающий наибольшую цену** Meistbietende *m*; **-ь товаров и услуг** Abnehmer der Waren und Dienstleistungen; **-ь ценных бумаг** Wertpapierkäufer *m*

покупательн|ый Kauf-; **-ая способность** *f* Kauf|fähigkeit *f*, -kraft *f*

покупательский Kauf-; **~ спрос** *m* Nachfrage *f*, Kauflust *f*

покупать kaufen, abnehmen, ankaufen, anschaffen, besorgen, beziehen, einkaufen, käuflich erwerben; **~ без предварительного осмотра** unbesehen kaufen; **~ в кредит** auf Kredit (Ziel) kaufen; **~ в рассрочку** auf Raten (Abzahlung, Teilzahlung) kaufen; **~ в розницу** über den Einzelhandel (Kleinhandel) kaufen, en detail einkaufen; **~ вексель** einen Wechsel diskontieren (ankaufen, aufkaufen); **~ за наличные** gegen bar kaufen (erwerben); **~ на аукционе** bei einer Auktion (Versteigerung) kaufen (erwerben); **~ на пробу** auf Probe kaufen; **~ на слом** auf Abbruch kaufen; **~ оптом** im Großhandel kaufen, über den Großhandel beziehen, en gros kaufen; **~ по дешёвой цене** billig kaufen; **~ по открытому счёту** blanko kaufen; **~ подержанный товар** alt kaufen; **~ прямо у производителя** direkt beim Hersteller kaufen; **~ себе автомобиль** sich ein Auto anschaffen

покупк|а *f* Kauf *m*, Abnahme *f*, Ankauf *m*,

Anschaffung *f*, Besorgung *f*, Bezug *m*, Einkauf *m*, Erwerb *m*; Gekauftes; **взять обязательство на -у** sich zur Abnahme verpflichten; **воздержаться от -и** sich mit dem Einkauf zurückhalten; **делать -и** einkaufen, Anschaffungen (Besorgungen, Käufe) machen; **посредничать при -е** einen Kauf vermitteln; **производить (совершать) -у** einen Kauf tätigen, eine Anschaffung machen; **соглашаться на -у** die Abnahme zugestehen; **-а акций** Aktien|erwerb *m*, -kauf *m*; **-а банком платёжных требований у экспортёра без права регресса** Forfaitierung *f*; **-а в кредит** Kreditkauf *m*, Zielkauf *m*, Kauf auf Kredit (Ziel); **-а в рассрочку** Abzahlungskauf *m*, Raten(zahlungs)kauf *m*, Teilzahlungskauf *m*, Mietkauf *m*, Kauf auf Abzahlung (Ratenzahlung, Teilzahlung); **-а в расчёте на повышение цен** Hausseengagement *n*, Kauf auf Hausse; **-а в розницу** Bezug über den Einzelhandel; **-а для проверки (осмотра)** Kauf zur Ansicht; **-а долговых требований** Factoring *n*, Factoringgeschäft *n*, Forderungskauf *m*; **дополнительная -а** Zukauf *m*; **-а за наличный расчёт (наличные)** Bar|anschaffung, -einkauf *m*, -kauf *m*, Kassakauf *m*, Kauf gegen bar (Kasse); **-а за наличный расчёт с одновременным получением товара** Realkauf *m*; **-а земельного участка** Grundstückskauf *m*; **импульсивная (незапланированная) -а** Spontankauf *m*; **-а на неофициальной бирже** Kauf außerhalb der Börse; **-а на пробу** Probekauf *m*, Kauf auf (zur) Probe; **-а на срок** Terminkauf *m*, Zeitkauf *m*; **неудачная -а** Fehlkauf *m*; **плановая -а** geplanter Kauf; **-а по выгодной цене** Kauf zu einem günstigen Preis; **-а по образцу** Kauf (Einkauf) nach Muster; **-а по описанию** Kauf nach Angabe; **-а по отзыву** Kauf auf Abruf; **-а по случаю** Gelegenheitskauf *m*; **-а предприятия** Unternehmenskauf *m*; **при -е** bei Abnahme; **-а с доставкой** Kauf auf Lieferung; **-а с оговоркой о переходе права собственности** Kauf unter Eigentumsvorbehalt; **-а с правом возврата купленного** Kauf mit Rückgaberecht; **-а с правом обмена купленного** Kauf auf Umtausch; **-а с целью повышения курса (цены)** Hausseengagement *n*, Kauf auf Hausse; **-а с целью поддержания курса (цены)** Stützungskauf *m*; **-а с целью спекуляции** Spekulationskauf *m*; **-а с целью экзекутирования клиента** exekutiver Kauf; **-а со склада** Kauf ab Lager; **случайная -а (-а по случаю)** Gelegenheitskauf *m*; **спекулятивная -а** Spekulationskauf *m*; **-а товаров** Waren|bezug *m*, -einkauf *m*; **удачная -а** günstiger (vorteilhafter) Kauf; **фиктивная -а** Scheinkauf *m*; **-а ценных бумаг** Wertpapier|ankauf *m*, -erwerb *m*, -kauf *m*, Kauf (Erwerb) von Wertpapieren; **-а ценных бумаг с целью погашения обязательств** Deckungskauf *m*; **частичная -а** Teilübernahme *f*

покупн|ой Kauf-, käuflich; **-ая цена** Kaufpreis *m*

поле *n* Feld *n*, Acker *m*; Bereich *m*; **~ деятельности** Arbeitsbereich *m*, Betätigungsfeld *n*, Tätigkeits|bereich *m*, -gebiet *n*, Aufgaben|bereich *m*, -gebiet *n*; **обработанное (возделанное) ~** bestelltes Feld

полеводство *n* Ackerbau *m*

полезность *f* Nützlichkeit *f*, Nutzen *m*, Nutzbarkeit *f*; **предельная ~** Grenznutzen *m*

полезн|ый nützlich, nutzbringend, nutzbar, Nutz-; **-ая мощность** *f* Nutzleistung *f*; **-ый объём** *m* Nutzraum *m*

полиграфический polygrafisch

полиграфия *f* Polygrafie *f*

поликлиника *f* Poliklinik *f*

полис *m* Police *f*; **выдавать ~** eine Police ausstellen; **оформлять ~** eine Police ausfertigen; **получать ~** eine Police nehmen; **генеральный ~** Generalpolice *f*; **дополнительный ~** Nachtragspolice *f*; **~ морского страхования** Seeversicherungsschein *m*; **ордерный ~** Orderpolice *f*; **открытый ~** offene Police, Police ohne Wertangabe; **предъявительский ~** Inhaberpolice *f*; **~, срок которого**

истёк abgelaufene Police; **стандартный ~** Einheitspolice *f*; **~ страхования жизни** Lebensversicherungspolice *f*; **страховой ~** Versicherungs|police *f*, -schein *m*

полисодержатель *m* Policeinhaber *m*

политик|а *f* Politik *f*; **вести (проводить) -у** eine Politik verfolgen; **аграрная -а** Agrarpolitik *f*, Bodenpolitik *f*; **аккомодационная -а** Akkommodationspolitik *f*; **банковская -а** Bankpolitik *f*; **бюджетная -а** Budgetpolitik *f*, Haushaltspolitik *f*; **-а в области амортизационных отчислений** Abschreibungspolitik *f*; **-а в области заработной платы** Lohnpolitik *f*; **-а в области качества продукции** Qualitätspolitik *f*; **-а в области формирования ассортимента** Sortimentspolitik *f*; **-а в области развития инфраструктуры** Infrastrukturpolitik *f*; **-а в области распределения доходов** Verteilungspolitik *f*; **-а в области регулирования процентных ставок** Zinspolitik *f*; **-а в области сбыта** Absatzpolitik *f*, Verkaufspolitik *f*, Vertriebspolitik *f*; **-а в области сельского хозяйства** Agrarpolitik *f*; **-а в области собственности** Eigentumspolitik *f*; **-а в области социально-экономического развития** Sozialpolitik *f*; **-а в области тарифов** Tarifpolitik *f*; **-а в области транспорта** Verkehrspolitik *f*; **-а в области цен** Preispolitik *f*; **-а в области экспорта** Exportpolitik *f*; **валютная -а** Devisenpolitik *f*, Valutapolitik *f*, Währungspolitik *f*; **внешняя -а** Außenpolitik *f*; **внешнеторговая -а** Außenhandelspolitik *f*; **внутренняя -а** Innenpolitik *f*; **-а высоких процентных ставок** Hochzinspolitik *f*; **-а гибких цен** flexible Preispolitik; **-а дешевых денег** Politik der billigen Kredite; **денежно-кредитная -а** Geldpolitik *f*, Währungspolitik *f*; **дисконтная -а** Diskontpolitik *f*; **-а дорогих денег** Politik des teuren Geldes; **жилищная -а** Wohnungspolitik *f*; **инвестиционная -а** Investitionspolitik *f*; **интеграционная -а** Integrationspolitik *f*; **инфляционистская -а** Inflationspolitik *f*; **кадровая -а** Personalpolitik *f*; **кредитная -а** Kreditpolitik *f*; **монетарная -а** Geldpolitik *f*; **налоговая -а** Steuerpolitik *f*; **налогово-финансовая -а** Finanzpolitik *f*; **-а, направленная на улучшение имущественного положения и перераспределения доходов** Vermögenspolitik *f*; **-а ограничений (рестрикционная -а)** Restriktionspolitik *f*; **-а открытого рынка** Offenmarktpolitik *f*; **-а партнерская** Partnerpolitik *f*; **-а предприятия** Betriebspolitik *f*, Geschäftspolitik *f*, Unternehmenspolitik *f*; **производственно-экономическая -а предприятия** Betriebspolitik *f*; **промышленная -а** Industriepolitik *f*; **процентная -а** Zinspolitik *f*; **-а рефинансирования** Refinanzierungspolitik *f*; **-а свободной торговли** Freihandelspolitik *f*; **сельскохозяйственная -а** Agrarpolitik *f*; **социальная -а** Sozialpolitik *f*; **-а стабилизации** Stabilisierungspolitik *f*; **-а стабильности** Stabilitätspolitik *f*; **таможенная -а** Zollpolitik *f*; **тарифная -а** Tarifpolitik *f*; **торговая -а** Handelspolitik *f*; **-а учётной ставки** Diskontpolitik *f*; **финансовая -а** Finanzpolitik *f*, Ausgabenpolitik *f*; **хозяйственная -а** Wirtschaftspolitik *f*; **ценовая -а** Preispolitik *f*; **экономическая -а** Wirtschaftspolitik *f*; **-а экономической стабилизации** Stabilisierungspolitik *f*; **экспортная -а** Exportpolitik *f*; **эмиссионная -а** Emissionspolitik *f*

политическ|ий politisch; **-ая экономия** *f* Nationalökonomie *f*, Volkswirtschaftslehre *f*

политико-экономический wirtschaftspolitisch

полномочи|я *pl* Vollmacht *f*, Befugnis *f*, Berechtigung *f*, Ermächtigung *f*, Kompetenz *f*; **действовать в рамках своих -й** im Rahmen der Vollmacht handeln; **делегировать -я** Befugnisse (Kompetenzen) delegieren (übertragen); **иметь -я** Vollmacht besitzen (haben); **использовать -я** Befugnisse ausüben; **лишать -й** die Vollmacht entziehen; **передавать -я** Befugnisse

(Kompetenzen) delegieren (übertragen), die Vollmacht übergeben; **получать -я** die Vollmacht erhalten; **превышать свои -я** die Befugnis (Kompetenzen, die Vollmacht) überschreiten; **предоставлять -я** die Befugnis (eine Ermächtigung, die Vollmacht) erteilen, bevollmächtigen, ermächtigen, mit Vollmacht ausstatten (versehen); **разграничивать -я** Kompetenzen abgrenzen; **расширять -я** Kompetenzen erweitern; **распределять -я** Kompetenzen verteilen (zuteilen); **должностные -я** Amtsbefugnisse *pl*; **дополнительные -я** zusätzliche Vollmacht; **имеющий -я** befugt, berechtigt; Befugte *m*, Berechtigte *m*; **-я, могущие быть отозванными** widerrufliche Vollmacht; **-е на ведения дел** Prokura *f*; **-е на ведение переговоров** Verhandlungsvollmacht *f*; **-е на голосование** Stimmrechtsvollmacht *f*; **-е на единоличное представительство** Alleinvertretungsbefugnis *f*, Befugnis zur Alleinvertretung; **-е на заключение договоров (сделок)** Abschlussvollmacht *f*; **-е на инкассацию** Inkasso|befugnis *f*, -vollmacht *f*; **-е на исполнение платежа** Zahlungsermächtigung *f*; **-е на подпись** Unterschriftsberechtigung *f*; **-е на получение кредита** Befugnis zur Kreditaufnahme; **-е на представительство** Vertretungs|befugnis *f*, -macht *f*, -vollmacht *f*; **-е на проведение торговых операций** Handlungsvollmacht *f*; **-е на продажу (сбыт)** Verkaufsvollmacht *f*; **-е на управление** Leitungsbefugnis *f*; **наделённый -ями** mit Vollmacht ausgestattet, bevollmächtigt, ermächtigt; **неограниченные -я** unbeschränkte Vollmacht; **общие -я** Generalvollmacht *f*; **особые -я** Sondervollmacht *f*, Spezialvollmacht *f*; **ограниченные -я** beschränkte Vollmacht; **письменные -я** schriftliche Vollmacht; **-я по собственному усмотрению** Ermessensbefugnis *f*; **расходные -я** Ausgabenzuständigkeit *f*; **-я руководителей** Führungsbefugnisse *pl*; **-я утратившие силу** erloschene Vollmacht

полномочность *f* Zuständigkeit *f*, Kompetenz *f*

полномочный befugt, berechtigt, bevollmächtigt, ermächtigt

полностью voll, vollständig, völlig, ganz; **~ внесённый капитал** voll eingezahltes Kapital; **~ загруженный** voll beladen; **~ списанный** voll abgeschrieben

полнота *f* Vollständigkeit *f*, Integrität *f*

полноценный vollwertig

полн|ый voll, vollständig, völlig, ganz; **-ое погашение** *n* vollständige Tilgung

половина *f* Hälfte *f*

положени|е *n* Lage *f*, Sachlage *f*, Situation *f*, Stand *m*; Position *f*, Stellung *f*, Status *m*; Bestimmung *f*, Verordnung *f*; **достигать -я** eine Stellung erreichen; **завоёвывать -е** die Position erobern; **занимать -е** eine Position (Stellung) einnehmen (innehaben, übernehmen); **нарушать действующие -я** gegen geltende Bestimmungen verstoßen; **стабилизировать -е** die Lage (Position) stabilisieren; **укреплять -е** die Position (Stellung) stärken; **бедственное -е** Notlage *f*, Misere *f*; **бедственное -е экономики** Wirtschaftsmisere *f*; **ведущее -е** führende Stellung (Position), Spitzen|position *f*, -stellung *f*; **-е в области занятости** Beschäftigungslage *f*; **-е в области охраны окружающей среды** Umweltsituation *f*; **господствующее (доминирующее) -е** Beherrschungsverhältnis *n*; **-е дел** Geschäftslage *f*, Sachlage *f*; **-я договора** Vertragsbestimmungen *pl*, Bestimmungen eines Vertrags; **доминирующее (монопольное) -е на рынке** marktbeherrschende Stellung; **изменённое -е** abweichende Bestimmung; **имущественное -е** Vermögens|lage *f*, -verhältnisse *pl*, Status *m*, Güterstand *m*; **кредитное -е** Kreditstatus *m*; **монопольное -е** Monopolstellung *f*; **-е на рынке** Markt|position *f*, -situation *f*; **-е на рынке труда** Arbeitsmarktlage *f*, Lage am Arbeitsmarkt; **напряжённое -е** angespannte Lage; **-е о векселях** Wechselordnung *f*; **-я о предпринимательской деятельности** Gewerbeordnung *f*; **-е о налогообложении заработной платы** Lohnsteuer-Durchführungsverordnung *f*; **-е о проведении конкурсов (конкурсном производстве)** Konkursordnung *f*; **-е о таможенных пошлинах** Zollordnung *f*; **-е об организации и функционировании рынка** Marktordnung *f*; **-е, ограничивающее чистую кредиторскую задолженность** Nettoüberschussposition *f*; **подчинённое -е** untergeordnete Stellung; **правовое -е** Rechts|lage *f*, -position *f*, -stellung *f*, rechtliche Stellung; **преимущественное -е** Vorrangstellung *f*; **-е с ликвидностью** Liquiditätslage *f*; **-е со снабжением** Versorgungslage *f*; **семейное -е** Familienstand *m*; **служебное -е** berufliche Stellung (Position); **социальное -е** soziale Stellung, sozialer Status; **существующее -е** Status quo *m*; **фактическое -е дел** Sachlage *f*; **финансовое -е** Finanz|lage *f*, -verhältnisse *pl*, finanzieller Status, finanzielle Lage; **чрезвычайное -е** Notstand *m*, Ausnahmezustand *m*; **экономическое -е** Wirtschaftslage *f*, wirtschaftliche Lage

положительный positiv; **~ результат** positives Ergebnis

поломка *f* Bruch *m*, Schaden *m*, Beschädigung *f*; Panne *f*; **~ машины (оборудования)** Maschinenschaden *m*

полтинник *m* Poltinnik *f* (= 1/2 Rubel)

полугодие *n* Halbjahr *n*

полугодовой Halbjahres-; **~ отчёт** Halbjahresbericht *m*

полуофициальный halbamtlich

полупансион *m* Halbpension *f*

полуфабрикат *m* Halberzeugnis *n*, Halbfabrikat *n*, Halbfertigerzeugnis *n*, Halbzeug *n*, Teilerzeugnis *n*, Vorprodukt *n*, Zwischenerzeugnis *n*, Zwischenprodukt *n*

получатель *m* Bezieher *m*, Empfänger *m*, Empfangsberechtigte *m*, Adressat *m*, Begünstigte *m*; **~ двойного опциона** Stellagekäufer *m*; **~ денег по аккредитиву** Akkreditivbegünstigte *m*; **~ доходов** Einkommensbezieher *m*; **~ кредита** Kredit|empfänger *m*, -nehmer *m*; **~ лицензии** Lizenznehmer *m*; **первый ~** Remittent *m*; **~ переводного векселя** Remittent *m*; **~ платежа** Zahlungsempfänger *m*, Leistungs|bezieher *m*, -empfänger *m*; **~ платежа по векселю** Wechselnehmer *m*; **~ пособия** Unterstützungsempfänger *m*, Leistungs|bezieher *m*, -empfänger *m*, Zuwendungsempfänger *m*; **~ предложения** Empfänger eines Angebots; **~ ренты** Rentenempfänger *m*; **~ социальной помощи** Sozialhilfeempfänger *m*; **~ социальных услуг** Empfänger von Sozialleistungen; **~ ссуды** Darlehens|empfänger *m*, -nehmer *m*, -schuldner *m*; **~ (страховой) премии** Prämienempfänger *m*

получать bekommen, erhalten, empfangen, in Empfang nehmen, beziehen; einnehmen, einkassieren; erzielen, erwirtschaften; **~ взятку** sich bestechen lassen; **~ выгоды** profitieren; **~ дивиденд** eine Dividende beziehen (erhalten); **~ доход(ы)** ein Einkommen beziehen; **~ заказ** einen Auftrag erhalten; **~ заработную плату** ein Gehalt beziehen, ein Entgelt (den Lohn) erhalten; **~ комиссионные** eine Provision erhalten; **~ прибыль** Gewinn erwirtschaften (machen, realisieren); **~ разрешение** die Erlaubnis (eine Genehmigung, eine Zulassung) erhalten; **~ ссуду под залог ценных бумаг** Effekten (Wertpapiere) lombardieren lassen (beleihen)

получени|е *n* Erhalt *m*, Empfang *m*, Bezug *m*; Erzielung *f*, Erwirtschaftung *f*; Eingang *m*; Realisation *f*, Realisierung *f*; **подтверждать -е** den Eingang (Empfang) bestätigen; **-е взятки** passive Bestechung; **-е денежного перевода** Eingang einer Überweisung; **-е долгов** Einziehung von Außenständen (Schulden); **-е займа** Anleiheaufnahme *f*, Darlehensaufnahme *f*, Aufnahme eines Darlehens; **-е кредита** Kredit|beschaffung *f*, -schöpfung *f*, Aufnahme (Inanspruchnahme) eines Kredits; **-е наследства** Annahme einer Erbschaft; **-е платежей** Bezug von Leistungen; **после -я** nach Eingang

(Erhalt); **-е пособия по болезни** Bezug von Krankengeld; **при -и** beim Empfang; **-е прибыли** Gewinn|erwirtschaftung *f*, -erzielung *f*, -realisation *f*; **-е со стороны** Fremdbezug *m*; **-е сырья и материалов** Materialbezug *m*

получка *f* Lohn *m*, Gehalt *n*

польз|а *f* Nutzen *m*, Vorteil *m*, Nützlichkeit *f*; **приносить -у** Nutzen (Vorteil) bringen; **взаимная -а** gegenseitiger (beiderseitiger) Vorteil; **общая -а** Gemeinnutz *m*; **общественная -а** Gemeinnützigkeit *f*, Gemeinnutz *m*; **практическая -а** praktischer Nutzen; **совокупная -а** Gesamtnutzen *m*;

пользование *n* Benutzung *f*, Nutzung *f*, Gebrauch *m*, Handhabung *f*, Anwendung *f*, Verwendung *f*; **облегчать ~** die Nutzung erleichtern; **~ без разрешения** unbefugte Benutzung; **безвозмездное (бесплатное) ~** unentgeltliche (kostenlose) Nutzung; **бессрочное (вечное) ~** unbefristete Nutzung; **временное ~** zeitweilige Nutzung; **~ дорогой** Benutzung einer Straße; **~ за плату** entgeltliche Nutzung; **~ землёй** Bodennutzung *f*; **исключительное ~** Alleinnutzung *f*; **личное ~** Eigenbedarf *m*, Privatgebrauch *m*, persönlicher Gebrauch; **~ недвижимым имуществом** Nutzung des unbeweglichen Vermögens; **незаконное ~** missbräuchliche (illegale) Benutzung; **неправильное ~** fehlerhafter Gebrauch, unsachgemäße Nutzung; **повседневное ~** täglicher Gebrauch; **~ правом** Rechtsausübung *f*, Ausübung eines Rechts, Rechtsgebrauch *m*; **свободное ~** freie Benutzung; **служебное ~** Dienstgebrauch *m*; **совместное ~** Gemeingebrauch *m*, Gemeinschaftsnutzung *f*, Mitbenutzung *f*, gemeinschaftliche Nutzung

пользователь *m* Anwender *m*, Benutzer *m*, Nutzer *m*, Verwender *m*; **~ ЭВМ** EDVA-Benutzer *m*; **~ информационной сети (сетевой ~)** Internet-Nutzer *m*; **частный ~** privater Nutzer

пользоваться benutzen, gebrauchen, verwenden, Gebrauch machen; in Anspruch nehmen; **начать ~** in Gebrauch nehmen; **~ кредитом** einen Kredit in Anspruch nehmen; **~ услугами** Dienstleistungen in Anspruch nehmen (verbrauchen)

пользующийся налоговыми льготами steuerbegünstigt; Steuerbegünstigte *m*

полюбовн|ый gütlich; **-ое соглашение** *n* Vergleich *m*, gütliche Einigung

поместье *n* Gutsbesitz *m*

помесячный monatlich

пометк|а *f* Notiz *f*, Vermerk *m*, Zeichen *n*; **делать -у** notieren, vermerken

помех|а *f* Störung *f*, Hemmnis *n*; **устранять -и** Störungen (Hemmnisse) beheben (beseitigen)

помечать notieren, vermerken; **~ задним числом** nachdatieren; **~ предстоящим числом** vordatieren

помещать unterbringen; **~ деньги** Geld anlegen; **~ деньги в банк** Geld bei der Bank anlegen (einlegen); **~ деньги в ценные бумаги** sein Geld in Wertpapieren anlegen; **~ капитал** anlegen, investieren; **~ капитал в акции** in Aktien anlegen; **~ объявления** Anzeigen (Annoncen) aufgeben, inserieren, annoncieren; **~ под проценты** verzinslich anlegen; **~ товары на склад** einlagern, auf Lager nehmen

помещение *n* Raum *m*, Räumlichkeit *f*; **административное ~** Büroraum *m*; **жилое ~** Wohnraum *m*; **~ капитала** Anlage *f*, Investition *f*, Kapitalanlage *f*, Kapitalinvestition *f*; **неудачное ~ капитала** Fehlinvestition *f*; **офисное ~** Büroraum *m*; **производственное ~** Betriebsraum *m*, Arbeitsraum *m*, Produktionsraum *m*; **рабочее ~** Arbeitsraum *m*; **складское ~** Lagerraum *m*; **служебное ~** Dienstraum *m*, Büroraum *m*; **~ товаров на склад** Einlagerung *f*, Lagerung *f*; **торговое ~** Verkaufsraum *m*

помещик *m* Gutsbesitzer *m*

помощник *m* Assistent *m*; Gehilfe *m*, Helfer *m*; **~ директора** Direktionsassistent *m*

помощь *f* Hilfe *f*, Hilfeleistung *f*, Unterstützung *f*, Beistand *m*; Beihilfe *f*; **гарантировать ~** Unterstützung zusichern; **оказывать ~** Hilfe leisten, helfen, unterstützen; **получать ~** Hilfe (eine Unterstützung) erhalten;

предлагать ~ Hilfe (eine Unterstützung) anbieten; **предоставлять ~** Beihilfe (eine Unterstützung) gewähren; **~ в организации** Aufbauhilfe *f*; **~ в развитии** Förderung *f*, Aufbauhilfe *f*; **временная финансовая ~** Überbrückungs|beihilfe *f*, -hilfe *f*; **государственная ~** staatliche Unterstützung; **денежная ~** finanzielle Hilfe, Subvention *f*; **~ зарубежным странам** Auslandshilfe *f*; **инвестиционная ~** Investitionshilfe *f*; **иностранная ~** Auslandshilfe *f*; **кредитная ~** Kredithilfe *f*; **материальная ~** Sachleistung *f*; **неотложная ~** Soforthilfe *f*; **правовая ~** Rechrsberatung *f*, Rechtshilfe *f*; **продовольственная ~** Nahrungsmittelhilfe *f*; **~ развивающимся странам** Entwicklungshilfe *f*; **социальная ~** Sozialhilfe *f*; **срочная ~** Soforthilfe *f*; **техническая ~** technische Hilfe; **финансовая ~** Finanzhilfe *f*, Subvention *f*, finanzielle Hilfe; **экономическая ~** Wirtschaftshilfe *f*, wirtschaftliche Hilfe; **юридическая ~** Rechrsberatung *f*, Rechtshilfe *f*

понижательн|ый Baisse-; **-ая тенденция** *f* Baissestimmung *f*, Kursabschwächung *f*

понижать ermäßigen, herabsetzen, mindern, reduzieren, senken, vermindern, abbauen; **~ тарифный разряд** in eine niedrigere Lohngruppe einstufen; **~ цену** den Preis ermäßigen (herabsetzen, reduzieren, senken)

понижение *n* Ermäßigung *f*, Herabsetzung *f*, Minderung *f*, Reduktion *f*, Reduzierung *f*, Rückgang *m*; **~ заработной платы** Lohn|abbau *m*, -herabsetzung *f*, -kürzung *f*, -minderung *f*; **~ курса** Kurs|abschlag *m*, -abschwung *m*, -rückgang *m*; **~ налога на заработную плату** Lohnsteuerermäßigung *f*; **~ пошлины** Zoll|abbau *m*, -ermäßigung *f*, -herabsetzung *f*, -senkung *f*; **~ процентной ставки** Zins|-ermäßigung *f*, -herabsetzung *f*, -rückgang *m*, -reduktion *f*, -senkung *f*, -verbilligung *f*; **сезонное ~ цен** Saisonabschlag *m*; **~ стоимости** Wert|-herabsetzung *f*, -minderung *f*, Entwertung *f*; **~ тарифа (тарифной ставки)** Tarif|ermäßigung *f*, -herabsetzung *f*, -senkung *f*; **~ тарифного разряда** Lohnrückstufung *f*; **~ цен** Preis|abbau *m*, -ermäßigung *f*, -herabsetzung *f*, -minderung *f*, -reduzierung *f*, -rückgang *m*, -senkung *f*

понимание *n* Verständnis *n*

понятие *n* Begriff *m*; **собирательное ~** Sammelbegriff *m*

поощрение *n* Anreiz *m*, Förderung *f*, Stimulierung *f*; Auszeichnung *f*; **~ импорта** Einfuhrförderung *f*, Importförderung *f*; **~ инвестиций (капиталовложений)** Investitions|anreiz *m*, -förderung *f*; **материальное ~** finanzieller Anreiz; **моральное ~** Lob *m*; **~ экспорта** Ausfuhrförderung *f*, Exportförderung *f*

поощрять anreizen, begünstigen, fördern, stimulieren; **~ инвестиции** Investitionen fördern; **~ экспортную торговлю** den Exporthandel begünstigen

попечение *n* Fürsorge *f*, Pflege *f*, Pflegearbeit *f*

попечитель *m* Pfleger *m*, Verwalter *m*, Treuhänder *m*; **~ счета** Kontoverwalter *m*

попечительский совет *m* Kuratorium *n*

пополнение *n* Ergänzung *f*, Erweiterung *f*, Auffüllung *f*; Komplettierung *f*, Vervollständigung *f*; **~ ассортимента** Sortiments|ausweitung *f*, -ergänzung *f*, -erweiterung *f*; **~ запасов** Auffüllung der Bestände; **~ складских запасов** Lagerauffüllung *f*; **~ счета** Einzahlung auf das Konto *f*

пополнять ergänzen, erweitern, auffüllen, komplettieren, vervollständigen; **~ запасы** Bestände (Reserven) auffüllen

попорченный beschädigt, schadhaft, defekt

поправка *f* Berichtigung *f*, Korrektur *f*, Verbesserung *f*, Richtigstellung *f*; Abänderung *f*; **внести -у** eine Abänderung (Berichtigung, Korrektur) vornehmen; **~ к законопроекту** Änderungsantrag *m*; **~ на сезонные колебания (цен)** Saisonbereinigung *f*; **~ о сверхбольшинстве** Mehrheitsklausel *f*

поправлять berichtigen, korrigieren, verbessern, richtig stellen

попытк|а *f* Versuch *m*; **делать -у** einen Versuch machen

порог *m* Schwelle *f*, Grenze *f*; **ограничительный** Grenzwert *m*; **~ рентабельности** Rentabilitätsschwelle *f*, Schwelle der Rentabilität, Break-Even-Point

пороговый Schwellen-; **-ое значение** *n* Schwellenwert *m*

порожний (порожняком) leer, unbeladen, unbelastet, ohne Ladung; **~ пробег** *m* Leer|fahrt *f*, -lauf *m*

порожняк *m* Leerzug *m*

порок *m* Fehler *m*, Mangel *m*, Nachteil *m*

порт *m* Hafen *m*; **выходить из -а** aus einem Hafen auslaufen; **заходить в ~** in einen Hafen einlaufen, einen Hafen anlaufen; **~ захода** Anlaufhafen *m*; **импортный ~** Zollabfertigungshafen *m*, Eingangshafen *m*; **морской ~** Seehafen *m*; **назначения ~** Bestimmungshafen *m*; **~ отгрузки** Versandhafen *m*; **~ отправления** Abgangshafen *m*; **пассажирский ~** Personenverkehrshafen *m*; **~ перевалки грузов (перегрузочный ~)** Umschlagshafen *m*; **~ погрузки** Verladehafen *m*; **~ приписки (судна)** Heimathafen *m*; **~ разгрузки** Löschhafen *m*; **~ регистрации** Heimathafen *m*; **речной ~** Binnenhafen *m*; **свободный ~** Freihafen *m*; **~-убежище** Nothafen *m*

портал *m* Portal *n*, Internetportal *n*, Webportal n

портативный tragbar, handlich

портить beschädigen, einen Schaden zufügen, verderben

портиться verderben, faulen

портной Schneider *m*

порто *n* Porto *n*, Postgebühr *f*

портов|ый Hafen-; **-ые сборы** *pl* Hafen|abgaben *pl*, -gebühren *pl*; **-ые сооружения** *pl* Hafen|anlagen *pl*, -einrichtungen *pl*

портфел|ь *m* Portefeuille *n*, Portfolio *n*, Bestand *m*; Aktenmappe *f*, Aktentasche *f*; **управлять -ем ценных бумаг** ein Portefeuille (Portfolio) betreuen (managen, verwalten); **агрессивный -ь** aggressives (gewinnträchtiges) Portfolio; **-ь акций** Aktien|bestand *m*, -portefeuille *n*, Bestand an Aktien; **-ь векселей** Wechsel|bestand *m*, -portefeuille *n*; **-ь договоров страхования (страховой -ь)** Versicherungsbestand *m*; **-ь заказов** Auftragsbestand *m*, Orderbestand *m*; **защитный -ь** stabiles Portfolio *n*; **-ь невыполненных заказов** Auftragsüberhang *m*, Bestand an unerledigten Aufträgen; **немобильные -и ценных бумаг** Stapelbestände *pl*; **-ь облигаций** Bestand an Schuldverschreibungen; **пассивный -ь** passives Portfolio *n*; **сбалансированный -ь** ausgewogenes Portfolio; **-ь ценных бумаг** Effekten|bestand *m*, -portefeuille *n*, Wertpapier|bestand *m*, -portefeuille *n*; **-ь ценных бумаг клиента** Kundenportfolio *n*; **-ь ценных бумаг с твёрдым процентом** Rentenportfolio *n*; **-ь ценных бумаг фонда** Portfolio eines Fonds; **-ь ценных бумаг частного лица** Privatportfolio *n*

портфельн|ый Portefeuille-, Portfolio-; **-ые инвестиции** *pl* Portefeuilleinvestition(en *pl*) *f*, Portfolioinvestition(en *pl*) *f*

портящийся verderblich; **быстро ~** leicht verderblich

порука *f* Bürgschaft *f*, Haftung *f*, Kaution *f*; **круговая ~** wechselseitige Bürgschaft

поручать beauftragen, einen Auftrag erteilen (geben), anweisen, Anweisungen erteilen; **~ исполнение проекта** mit der Durchführung des Projekts beauftragen; **~ руководство фирмой** mit der Leitung der Firma beauftragen

поручаться bürgen, verbürgen, Bürgschaft leisten, die Bürgschaft (die Gewähr) übernehmen, haften; **~ за кредит** einen Kredit verbürgen; **~ своим наследством** mit dem Nachlass haften

поручени|е *n* Anweisung *f*, Auftrag *m*, Order *f*; **давать -е** einen Auftrag (eine Anweisung) erteilen (geben), beauftragen; **исполнять -е** einen Auftrag ausführen; **аккредитивное -е** Akkreditivauftrag *m*; **акцептованное** Akzeptauftrag *m*; **банковское -е**

Bankauftrag *m*; **биржевое -е, -е биржевому маклеру** Börsenauftrag *m*; **долгосрочное (платёжное) -е** Dauerauftrag *m*; **инкассовое -е** Inkassoauftrag *m*, Lastschriftauftrag *m*; **коммерческое -е** kaufmännische Anweisung; **комиссионное -е** Kommission *f*; **-е маклеру с предоставлением ему определённой свободы действий** Zirkaauftrag *m*; **-е на покупку** Kauf|auftrag *m*, -order *f*, Auftrag zum Kauf; **-е на продажу** Verkaufs|auftrag *m*, -order *f*, Auftrag zum Verkauf; **-е на отгрузку** Ladeauftrag *m*; **-е на открытие аккредитива** Akkreditiveröffnungsauftrag *m*; **платёжное -е** Zahlungsauftrag *m*, Überweisungsauftrag *m*; **по -ю** im Auftrag; **по -ю и за счёт** im Auftrag und für Rechnung; **-е предоставить кредит третьему лицу** Kreditauftrag *m*; **сводное платёжное -е** Sammel(zahlungs)auftrag *m*; **транспортное -е** Speditionsauftrag *m*, Transportauftrag *m*

поручител|ь *m* Bürge *m*, Gewährsmann *m*, Garant *m*, Garantiegeber *m*; **представлять -я** einen Bürgen stellen; **второй -ь (-ь по поруке)** Rückbürge *m*; **-ь по векселю** Wechselbürge *m*, Avalbürge *m*; **солидарный -ь** Solidarbürge *m*; **субсидиарный -ь** Ausfallbürge *m*; **экспромиссорный -ь** selbstschuldnerischer Bürge

поручительств|о *n* Bürgschaft *f*, Garantie *f*, Gewähr *f*, Gewährleistung *f*, Kaution *f*, Sicherheit *f*; **воспользоваться -ом** eine Garantie in Anspruch nehmen; **(вы)давать (предоставлять) -о** eine Bürgschaft gewähren, die Bürgschaft bestellen, Bürgschaft leisten, die Bürgschaft (Garantie, Gewähr, Gewährleistung) übernehmen, eine Garantie (Sicherheit) geben (gewähren); **давать (предоставлять) имущественное -о** eine Kaution erlegen (leisten, stellen); **обеспечивать -о** eine Garantie gewährleisten; **требовать -а** eine Garantie fordern; **банковское -о** Bank|aval *m*, -bürgschaft *f*; **второе -о (-о за -о)** Rückbürgschaft *f*; **гарантийное -о** Gewährleistungsaval *m*; **имущественное -о** Kaution *f*; **-о комиссионера** Delkredere *n*; **-о на случай возникновения убытков или уменьшения доходов** Ausfallbürgschaft *f*; **-о по векселю** Wechselbürgschaft *f*, Aval *m*, Avalbürgschaft *f*; **-о по задолженности таможенным органам** Zollbürgschaft *f*; **-о по кредиту** Kreditbürgschaft *f*, Kautionskredit *m*; **под -о** gegen Kaution; **солидарное -о** selbstschuldnerische Bürgschaft

поручительск|ий Bürgschafts-; **-ое страхование** *n* Bürgschaftsversicherung *f*, Kautionsversicherung *f*

порча *f* Beschädigung *f*, Schaden *m*, Verderb *m*; **~ имущества** Sachbeschädigung *f*; **~ товаров** Warenverderb *m*

поряд|ок *m* Ordnung *f*, Rangordnung *f*; Reihenfolge *f*; Verfahren *n*; **приводить в -ок** in Ordnung bringen; **стоять в -ке очерёдности за (после)** ... im Rang nachstehen; **стоять в -ке очерёдности перед ...** im Rang vorstehen; **установить экономический -ок** eine Wirtschaftsordnung errichten; **в -ке очерёдности** in der Reihenfolge; **в официальном -е** auf dem Amtswege; **в служебном -ке** auf dem Dienstwege; **-ок ведения дел** Geschäftsordnung *f*, Reglement *n*; **-ок величины** Größenordnung *f*; **-ок выдачи и погашения патентов** Patentverfahren *n*; **-ок наследования** Erbfolge *f*; **общественный -ок** öffentliche Ordnung; **-ок отгрузки** Versandbestimmungen *pl*; **оформления** Abfertigungsverfahren *n*; **-ок очерёдности** Rangverhältnis *n*; **-ок очистки товаров от пошлин** Zollabfertigungsverfahren *n*; **-ок платежей** Zahlungsmodus *m*; **по -у** der Reihe nach, in der Reihenfolge; **-ок поступления** Reihenfolge des Eingangs; **правовой -ок** Rechtsordnung *f*; **-ок предпочтения** Rangordnung *f*; **-ок предпочтения (очерёдности) конкурсных кредиторов** Rangordnung von Konkursgläubigern; **-ок проведения импортных операций** Einfuhrverfahren *n*; **-ок проведения экспортных операций**

Ausfuhrverfahren *n*; **-ок рассмотрения дел** Beschlussverfahren *n*; **-ок расположения** Anordnung *f*; **-ок распределения** Verteilungsordnung *f*; **-ок урегулирования взаимных расчётов** Verrechnungsverfahren *n*; **-ок установления очерёдности** Rangordnungsverfahren *n*; **экономический -ок** Wirtschaftsordnung *f*

посадка *f* Setzen *n*, Pflanzung *f*; Landung *f*; Einsteigen *n*; **вынужденная ~** Notlandung *f*; **промежуточная ~** Zwischenlandung *f*

посев *m* Saat *f*, Aussaat *f*

поселение *n* Siedlung *f*, Ansiedlung *f*

посёлок *m* Siedlung *f*, Wohnsiedlung *f*, Ort *m*

посессия *f* Inbesitznahme *f* (einer Immobilie)

посетитель *m* **сайта** Website-Besucher *m*

посещаемость *f* Kundenfrequenz *f*; **~ сайта** Frequenz der Websitebesucher

последовательно der Reihe nach, fortlaufend, nacheinander, sukzessiv, konsequent

последовательность *f* Folge *f*, Reihenfolge *f*, Ablauf *m*, Konsequenz *f*; **~ производственных операций** Vorgangskette *f*; **~ рабочих операций** Arbeitsfolge *f*

последовательный sukzessiv, konsequent

последстви|е *n* Folge *f*, Auswirkung *f*; **отрицательные -я** nachteilige (negative) Folgen; **социальные -я развития техники** soziale Auswirkungen von Technik; **экономические -я** wirtschaftliche Auswirkungen

пособи|е *n* Beihilfe *f*, Unterstützung *f*, Unterstützungsbeihilfe *f*, Zuwendung *f*, Subvention *f*; Lehrmittel *n*, Unterrichtsmittel *n*, Hilfsmittel *n*, Stütze *f*; **выплачивать -я** Beihilfen (Subventionen, Unterstützungen) auszahlen; **давать (предоставлять) -е** eine Unterstützung (die Zuwendung) gewähren; **назначать выплату -й** Beihilfen bewilligen; **получать -е** eine Unterstützung (Beihilfe, Zuwendung) erhalten; **сокращать -я** Beihilfen abbauen; **безвозвратное -е** nicht rückzahlbare Beihilfe; **выходное -е** Entlassungsabfindung *f*; **единовременное -е** einmalige Beihilfe (Zuwendung, Unterstützung); **-е для многодетных семей (-е на ребёнка)** Kindergeld *n*; **наглядное -е** Anschauungsmittel *n*; **-е по безработице** Arbeitslosenunterstützung *f*, Arbeitslosengeld *n*; **-е по безработице в рамках страхования по безработице** Arbeitslosengeld *n*; **-е по беременности и родам** Schwangerschafts- und Entbindungsgeld *m*; **-е по болезни (по временной нетрудоспособности)** Krankengeld *n*; **-е по материнству** Mutterschaftsgeld *n*; **-е по материнству от больничной кассы** Mutterschaftshilfe *f*; **-е по социальному страхованию** Sozialversicherungsleistungen *pl*; **-е по уходу** Pflegegeld *n*; **-е при выходе на пенсию ранее положенного срока** Vorruhestandsgeld *n*; **-е семьям с детьми** Familienhilfe *f*; **учебное -е** Lehrmittel *n*

посредник *m* Mittler *m*, Vermittler *m*, Kommissionär *m*, Makler *m*; Schlichter *m*; **быть (выступать) -ом** vermitteln; **биржевой ~** Börsenmakler *m*; **коммерческий (торговый) ~** Handelsmakler *m*, Zwischenhändler *m*; **~ при заключении сделок** Abschlussvermittler *m*; **сбытовой ~** Absatzmittler *m*

посредничать vermitteln; schlichten; **~ в сделке купли-продажи** einen Kauf vermitteln; **~ при заключении сделок** den Abschluss von Geschäften vermitteln; **~ при заключении соглашения** ein Abkommen vermitteln; **~ при продаже** den Verkauf vermitteln

посредничеств|о *n* Vermittlung *f*; Schlichtung *f*; **заниматься -ом** eine Vermittlung betreiben; **просить о -е** um Vermittlung ersuchen; **-о банков** Bankenintermediation *f*; **-о при заключении договоров страхования** Versicherungsvermittlung *f*; **-о при устройстве на работу** Arbeitsvermittlung *f*, Stellenvermittlung *f*

пост *m* Posten *m*, Position *f*, Stellung *f*, Amt *n*; **занимать ~** einen Posten bekleiden; **сохранить за собой ~** einen

Posten behalten; **уйти с -а** das Amt niederlegen

поставк|а *f* Lieferung *f*, Ablieferung *f*, Anlieferung *f*, Auslieferung *f*, Belieferung *f*, Einlieferung *f*, Zulieferung *f*; Beschaffung *f*; **задерживать -у** mit der Lieferung im Verzug sein; **начинать -у** die Lieferung aufnehmen; **осуществлять (производить) -у** die Lieferung ausführen; **получать -и** die Lieferungen beziehen; **прекращать -у** die Lieferung einstellen; **производить прямые -и** direkt beliefern; **-а в срок** termingerechte (pünktliche) Lieferung; **-а в установленный срок** Lieferung zum festgesetzten Termin; **договорная -а** vertragsgemäße Lieferung; **дополнительная -а** Nachlieferung *f*, Mehrlieferung *f*; **досрочная -а** Vorauslieferung *f*; **комплектная -а** komplette Lieferung; **-а комплектующих** Zulieferung *f*; **кооперированные -и** Kooperationslieferungen *pl*; **-а на открытый счет** Lieferung gegen offene Rechnung; **-и на рынок** Marktbelieferung *f*; **-а на условиях фоб** fob-Lieferung *f*, Lieferung fob; **-а наложенным платежом** Lieferung gegen Nachnahme; **некомплектная -а** unvollständige Lieferung; **немедленная -а** Sofortlieferung *f*, effektive (prompte, sofortige) Lieferung; **неосуществлённая -а** ausstehende (rückständige) Lieferung; **неудовлетворительная -а** mangelhafte Lieferung; **-а нефти** Erdöllieferung *f*, Öllieferung *f*; **ответная -а** Gegenlieferung *f*; **-а по графику** Terminlieferung *f*; **-и по низким ценам** Billiglieferungen *pl*; **после -и** nach erfolgter Lieferung; **-а при условии предоплаты (с оплатой вперед)** Lieferung gegen Vorkasse; **-а природного газа** Erdgaslieferung *f*; **пробная -а** Probelieferung *f*; **просроченная -а** verspätete Lieferung; **-а против платежа** Lieferung gegen Bezahlung; **прямая -а** Direktlieferung *f*; **прямая -а по указанию оптовой организации** Streckengeschäft *n*; **-а с оплатой пошлины** verzollt geliefert; **-а с пристани** geliefert ab Kai; **-а с судна** geliefert ab Schiff; **-а с целью замены некондиционного товара** Ersatzlieferung *f*; **-и, синхронизированные с производством** produktionssynchrone Beschaffung; **-а согласно условиям договора** vertragsgemäße Lieferung; **-а спот** sofortige Lieferung, spot delivery; **срочная -а** Sofortlieferung, prompte (sofortige) Lieferung; **-а товаров** Warenlieferung *f*, Auslieferung von Waren; **-а товаров по отзыву** Lieferung auf Abruf; **-а франко-железнодорожная станция** Lieferung frei Bahnstation; **частичная -а** Teil|lieferung *f*, -sendung *f*; **-а частями** Sukzessivlieferung, Lieferung in Raten; **экспортные -и (-и на экспорт)** Exportlieferungen *pl*

поставленн|ый geliefert, abgeliefert, ausgeliefert; **могущий быть -ым в кратчайшие сроки (немедленно)** kurzfristig (sofort) lieferbar sein

поставляемый lieferbar, Liefer-; **~ товар** *m* Liefergegenstand *m*

поставлять liefern, abliefern, anliefern, ausliefern, beliefern, einliefern; **~ дополнительно** nachliefern; **~ напрямую** direkt beliefern; **~ немедленно** sofort (prompt) liefern

поставщик *m* Lieferant *m*, Lieferer *m*, Zulieferer *m*; **генеральный (основной) ~** Hauptlieferant *m*; **судовой ~** Schiffsausrüster *m*; **~ товаров** Warenlieferant *m*

постановка *f* Aufstellen *n*; **~ задачи** Aufgabenstellung *f*; **~ проблемы** Problemstellung *f*; **~ цели** Zielsetzung *f*

постановление *n* Verordnung *f*, Beschluss *m*, Erlass *m*; **издать ~** eine Verordnung erlassen (verabschieden); **отменить ~** eine Verordnung aufheben; **принимать ~** einen Beschluss fassen; **~ суда** Gerichts|bescheid *m*, -beschluss *m*, -entscheid *m*

постановить beschließen, einen Beschluss fassen

постдатирование *n* nachträgliche Datierung (des Wechsels)

постиндустриализация *f* Postindustrialisierung *f*

постоянн|ый fix, fest, konstant; **-ая** *f* Konstante *f*, konstante Größe; **-ая**

должность *f* **(работа** *f***)** feste Anstellung; **-ые издержки** *pl* Fixkosten *pl*, fixe Kosten; **на -ой должности** *pl* fest angestellt; **-ые расходы** *pl* fixe Ausgaben

постоянство *n* Stabilität *f*

пострадавший geschädigt, verunglückt

построение *n* Aufbau *m*, Errichtung *f*; **~ балансового отчёта** Bilanzaufbau *m*

постройка *f* Bau *m*, Gebäude *n*; **производственная ~** Betriebsgebäude *n*, Fabrikgebäude *n*, Wirtschaftsgebäude *n*; **хозяйственная ~** Wirtschaftsgebäude *n*

поступать eingehen, einlaufen, anfallen; handeln, verfahren, vorgehen; antreten; **~ в продажу** in den Handel kommen; **~ на работу** Arbeit aufnehmen; **~ на рынок** auf den Markt kommen; **~ на службу** einen Dienst antreten; **~ по чистой совести** bona fide (gutgläubig) handeln

поступлени|е *n* Eingang *m*, Zugang *m*, Zufluss *m*; Anfall *m*, Aufkommen *n*; Antritt *m*; **-я** Einnahmen *pl*, Einkünfte *pl*; **вносить -я в кассовую книгу** Eingänge buchen; **обеспечивать -я** Eingänge (Einkünfte) sichern; **подтверждать -е** den Eingang bestätigen; **-я в государственный бюджет (бюджетные -я)** öffentliche Einnahmen, Haushaltseinnahmen *pl*; **валютные -я** Deviseneinnahmen *pl*; **-е валюты** Deviseneingang *m*; **денежные -я** Geldeinnahmen *pl*, Bareinnahmen *pl*; **-е денежных средств** Geldeingang *m*; **дополнительные -я** Mehreinnahmen *pl*, außerordentliche Einnahmen; **-е заказа** Auftragseingang *m*, Ordereingang *m*; **-я и выбытия** Zugänge und Abgänge; **-я и издержки (расходы)** Eingänge und Ausgänge; **-я иностранной валюты** Deviseneinnahmen *pl*; **концессионные -я** Konzessionseinnahmen *pl*; **лицензионные -я** Lizenzeinnahmen *pl*; **-е материала** Materialeingang *m*; **-е на склад** Lager|eingang *m*, -zugang *m*, Zugang ins Lager; **-е на службу** Dienstantritt *m*; **налоговые -я** Steuer|aufkommen *pl*, -einnahmen *pl*; **-я от экспорта** Exporteinnahmen *pl*; **-е платежа** Zahlungseingang *m*; **после -я товара** nach Eingang der Ware; **-е почты (корреспонденции)** Posteingang *m*; **регулярные -я** regelmäßige Einnahmen; **-е средств** Mittelzufluss *m*; **таможенные -я** Zolleinkünfte *pl*; **текущие -я** laufende Eingänge; **-е товаров** Wareneingang *m*; **чистые -я** Netto|zufluss *m*, -zugang *m*

постфинансирование *n (Bank, Fin, Imp/Exp)* Anschlussfinanzierung *f*; Akkreditiv mit Anschlussfinanzierung

посылать senden, übersenden, zusenden, schicken; **~ обратно** (zu)rücksenden; **~ по почте** mit der Post schicken; **~ телеграмму** ein Telegramm aufgeben (senden); **~ товары** Waren senden; **~ товары на комиссию** Waren in Kommission geben

посылк|а *f* Paket *n*, Sendung *f*; **отправлять -у** ein Paket aufgeben; **посылать -у** ein Paket senden; **-а образцов (пробной партии)** Mustersendung *f*; **-а, посылаемая наложенным платежом** Nachnahmepaket *n*; **почтовая -а** Postpaket *n*; **-а с образцами** Mustersendung *f*, Probesendung *f*; **-а товара на ознакомление** Ansichtssendung *f*

посыльный Bote *m*, Kurier *m*

потенциал *m* Potenzial *n*, Möglichkeiten *pl*; **выявлять ~** das Potenzial erschließen; **использовать ~** das Potenzial nutzen; **исчерпать ~** das Potenzial ausschöpfen; **~ для привлечения новых клиентов** akquisitorisches Potenzial; **~ покупательской способности** Kaufkraftpotential *n*, NachfragePotenzial *n*; **производственный ~** Produktionspotenzial *n*; **промышленный ~** Industriepotenzial *n*; **рационализаторский ~** Rationalisierungspotenzial *n*; **~ рефинансирования** Refinanzierungspotenzial *n*; **~ рынка** Marktpotenzial *n*; **сбытовой ~** Absatz|möglichkeiten *pl*, -potenzial *n*; **~ успеха** Erfolgspotenzial *n*; **экономический ~** Wirtschaftspotenzial *n*; **экспортный ~** Ausfuhrmöglichkeiten *pl*; **энергетический ~** Energiepotenzial *n*

потенциальн|ый potenziell, möglich, Potenzial-; **-ый клиент** potenzieller (möglicher) Kunde; **-ый рынок** potenzieller Markt; **-ые факторы производства** Potenzialfaktoren *pl*

потер|я *f* Einbuße *f*, Schwund *m*, Verlust *m*, Abgang *m*, Ausfall *m*; **возмещать -ю** einen Verlust ersetzen; **компенсировать -и** Verluste ausgleichen; **безвозвратная -я** Totalverlust *m*; **-я в весе** Gewichtsverlust *m*, Masse|abgang *m*, -manko *n*; **-я в заработной плате** Lohn|ausfall *m*, -einbuße *f*, Verdienstausfall *m*; **-я владения** Besitzverlust *m*; **-и времени** Zeitverlust *m*; **-я дохода** Ertrags|ausfall *m*, -einbuße *f*; **-я заказа** Auftrags|ausfall *m*, -einbuße *f*, -verlust *m*; **-я имущества** Vermögensverlust *m*; **-я капитала** Kapitalverlust *m*; **-я клиентуры** Abwanderung von Kunden; **курсовые -и** Kurs|einbuße *f*, -verlust *m*; **-и материала** Materialverluste *pl*; **общие -и** Totalverlust *m*; **-я права** Rechtsverwirkung *f*; **-я права собственности** Eigentumsverlust *m*; **-и при хранении на складе** Lagerverluste *pl*; **-я прибыли** Gewinneinbuße *f*; **производственные -и** Produktionsverluste *pl*; **-я процентов** Zinsverlust *m*; **прочие -и** sonstige Verluste; **-я рабочего времени** Arbeitszeitausfall *m*, Ausfallzeit *f*; **-я рабочего места** Arbeitsplatzverlust *m*; **-я стоимости** Werteinbuße *f*; **частичная -я** Teilverlust *n*

потерянный verloren, abhanden gekommen

поток *m* Fluss *m*, Strom *m*; Fließbandproduktion *f*, Fließfertigung *f*, Fließstraße *f*, Taktproduktion *f*, Taktstraße *f*; **~ грузов** Güterstrom *m*; **~ данных** Datenfluss *m*; **денежный ~** Geldstrom *m*, cash flow; **дисконтированный денежный ~** abgezinster Zahlungsstrom; **~ информации (информационный ~)** Informations|fluss *m*, -strom *m*; **~ капитала** Kapital|fluss *m*, -strom *m*; **~ ликвидности** Liquiditätsstrom *m*; **материальный ~** Material|fluss *m*, -strom *m*; **обратный ~** Rückfluss *m*; **~ платежей** Zahlungsstrom *m*; **~ посетителей** Besucherstrom *m*; **приведенный ~ денежных средств** diskontierter Cashflow *m*; **технологический ~** Fertigungsfluss *m*; **~ товаров (товарный ~)** Waren|fluss *m*, -strom *m*

потолок *m* Plafond *m*, Obergrenze *f*; **~ цен** Preisobergrenze *f*, Limit *n*

поточн|ый Fließ-, Fließband-; **-ое производство** *n* Fließ(band)produktion *f*, Fließfertigung *f*, Straßenproduktion *f*, Takt|produktion *f*, -straße *f*

потрава *f* **(полей)** Flurschaden *m*

потребитель *m* Konsument *m*, Nachfrager *m*, Verbraucher *m*, Bedarfsträger *m*, Abnehmer *m*, Bezieher *m*; **~ для потребителя** Customer to Customer (C2C) Rechtsgeschäftliche Kommunikation zwischen Bürgern; **зарубежный ~** Auslandsabnehmer *m*; **конечный ~** End|abnehmer *m*, -verbraucher *m*; **крупный ~** Groß|abnehmer *m*, -kunde *m*, -verbraucher *m*; **мелкий ~** Klein|abnehmer *m*, -verbraucher *m*; **непосредственный ~** Direktabnehmer *m*; **оптовый ~** Groß|abnehmer *m*, -kunde *m*, -verbraucher *m*; **основной ~** Haupt|abnehmer *m*, -kunde *m*; **платёжеспособный ~** zahlungsfähiger Abnehmer (Kunde); **~ товаров и услуг** Abnehmer der Waren und Dienstleistungen; **~ электроэнергии** Stromabnehmer *m*

потребительн|ый konsumtiv, Gebrauchs-; **-ая стоимость** *f* Gebrauchswert *m*

потребительск|ий konsumtiv, Konsum-, Konsumenten-, Verbraucher-, Verbrauchs-, Gebrauchs-; **-ий бюджет** *m* Konsumentenbudget *n*; **-ие издержки** *pl* **(расходы** *pl***)** Verbraucherausgaben *pl*, Verbrauchsausgaben *pl*; **-ая реклама** Konsumentenwerbung *f*; **-ий спрос** *m* Konsumbedarf *m*; **-ая стоимость** *f* Gebrauchswert *m*; **-ие товары** *pl* Gebrauchs|artikel *pl*, -güter *pl*, Konsum|artikel *pl*, -güter *pl*, Verbrauchs|artikel *pl*, -güter *pl*

потребление *n* Konsum *m*, Konsumtion *f*, Verbrauch *m*, Verzehr *m*; **обеспечивать ~** den Verbrauch decken; **ограничивать ~** den Verbrauch einschränken; **увеличивать ~** den Verbrauch steigern; **внутреннее ~**

Binnen|konsum *m*, -verbrauch *m*, Inlandsverbrauch *m*; **возрастающее ~** steigender Verbrauch; **годовое ~** Jahresverbrauch *m*; **дневное ~** Tagesverbrauch *m*; **дополнительное ~** Mehrverbrauch *m*; **конечное ~** Endverbrauch *m*; **личное ~** Eigenverbrauch *m*, privater Konsum (Verbrauch); **максимальное ~** Höchstverbrauch *m*, Spitzenverbrauch *m*; **массовое ~** Massen|konsum *m*, -verbrauch *m*; **~ на душу населения** Pro-Kopf-Verbrauch *m*, Verbrauch pro Kopf; **местное ~** Platzverbrauch *m*; **мировое ~** Weltverbrauch *m*; **~ мощности** Leistungsaufnahme *f*; **наивысшее (пиковое) ~** Spitzenverbrauch *m*, Höchstverbrauch *m*; **общественное ~** öffentlicher Konsum; **~ ресурсов** Ressourceneinsatz *m*; **собственное ~** Eigenverbrauch *m*; **суточное ~** Tagesverbrauch *m*; **~ товаров и услуг** Verbrauch an Gütern und Dienstleistungen; **~ факторов производства** Verzehr von Produktionsfaktoren; **чрезмерное ~** übermäßiger Verbrauch; **широкое ~** Massen|konsum *m*, -verbrauch *m*; **~ электроэнергии** Stromverbrauch *m*; **~ энергии** Energie|verbrauch *m*, -bedarf *m*

потреблять konsumieren, verbrauchen, verzehren; **~ продовольственные товары** Lebensmittel verbrauchen; **~ факторы производства** Produktionsfaktoren verbrauchen (verzehren); **~ энергию** Energie verbrauchen

потребност|ь *f* Bedarf *m*, Bedürfnis *n*, Erfordernis *n*; **анализировать -и** den Bedarf analysieren; **изменять -и** Bedürfnisse ändern; **обеспечивать (покрывать) -и** den Bedarf (ab)decken; **определять -и** den Bedarf festlegen; **оценивать -и** den Bedarf einschätzen; **стимулировать -и** den Bedarf wecken; **удовлетворять -и** den Bedarf (ab)decken, den Bedarf (Bedürfnisse) befriedigen, Bedürfnisse erfüllen, dem Bedarf gerecht werden; **-ь в воде** Wasserbedarf *m*, Bedarf von Wasser; **-ь в деньгах** Geldbedarf *m*; **-ь в иностранной валюте** Devisenbedarf *m*; **-ь в информации** Informationsbedarf *m*; **-ь в кадрах** Personalbedarf *m*; **-ь в капитале** Kapitalbedarf *m*, Bedarf an Kapital; **-ь в кредитах** Kreditbedarf *m*; **-ь в ликвидности** Liquiditätsbedarf *m*, Bedarf an Liquidität; **-ь в материалах** Materialbedarf *m*; **-ь в перевозках** Transportbedarf *m*; **-ь в площадях** Raumbedarf *m*; **-ь в продовольственных товарах** Nahrungsmittelbedarf *m*; **-ь в рабочей силе** Arbeitskräftebedarf *m*; **-ь в ресурсах** Ressourcenbedarf *m*; **-ь в средствах** Mittelbedarf *m*; **-ь в средствах производства** Investitionsgüterbedarf *m*; **-ь в сырье** Rohstoffbedarf *m*; **-ь в финансировании** Finanzierungsbedarf *m*; **-ь в электроэнергии** Strombedarf *m*; **-ь в энергии** Energiebedarf *m*; **возросшие -и** vermehrter Bedarf; **дополнительные -и** Zusatzbedarf *m*; **жизненные -и** Lebensbedürfnisse *pl*, Existenzbedürfnisse *pl*; **изменившиеся -и** geänderte Bedürfnisse; **индивидуальные (личные) -и** Privatbedarf *m*, individuelle Bedürfnisse; **личные -и** persönlicher Bedarf; **максимальная -ь** Spitzenbedarf *m*; **настоятельная -ь** dringende Erfordernisse; **неотложные -и** zwingende Erfordernisse; **непокрытая -ь** ungedeckter Bedarf; **общественные -и** gesellschaftliche Bedürfnisse (Erfordernisse); **первичные -и** primäre Bedürfnisse; **повседневные -и** täglicher Bedarf; **производственные -и** betriebliche Bedürfnisse (Erfordernisse); **-и промышленности** Industriebedarf, industrieller (gewerblicher) Bedarf; **сезонная -ь** Saisonbedarf *m*, saisonbedingter Bedarf; **социальные -и** soziale Bedürfnisse; **удовлетворённая -ь** befriedigtes Bedürfnis; **физиологические -и** physiologische Bedürfnisse; **частные -и** Privatbedarf *m*, privater Bedarf; **чистые -и** Nettobedarf *m*; **-и экономики** wirtschaftliche Erfordernisse

почва *f* Boden *m*, Land *n*, Grund *m*

почин *m* Initiative *f*, Anregung *f*

починить ausbessern, reparieren, instand setzen

починка *f* Ausbesserung *f*, Reparatur *f*, Instandsetzung *f*

почт|а *f* Post *f*; **отправлять по -е** mit der Post versenden; **посылать по -е** mit der Post schicken; **просматривать -у** seine Post durchsehen; **по -е** per Post, mit der Post; **полученная -а** eingegangene Post

почтальон *m* Briefträger *m*, Postbote *m*

почтамт *m* Postamt *n*

почтово-сберегательн|ый Postspar-; **-ый банк** *m* Postsparbank *f*; **-ая касса** *f* Postsparkasse *f*; **-ый счёт** *m* Postsparkonto *n*

почтов|ый Brief-, Post-; **-ый адрес** *m* Postanschrift *f*; **-ое отправление** *n* Briefsendung *f*, Postsendung *f*; **-ый сбор** *m* Briefporto *n*, Postporto *n*; **-ая связь** *f* Postverbindung *f*; **-ый чек** *m* Postscheck *m*

пошлин|а *f* Zoll *m*, Zollabgabe *f*, Zollgebühr *f*, Abgabe *f*, Gebühr *f*, Taxe *f*; **вводить -ы** Zölle einführen; **взимать -у** Zoll (eine Abgabe, eine Gebühr) einziehen (erheben); **возвращать -у** Zoll rückerstatten; **облагать -ой** die Zollabgabe auferlegen, mit einer Zollabgabe belegen; **отменять -у** Zoll abschaffen (aufheben); **повышать размер -ы** Zoll (die Abgabe, die Gebühr) erhöhen; **подлежать обложению -ой** dem Zoll unterliegen; **снижать размер -ы** Zoll (die Abgabe, die Gebühr) senken; **уклоняться от уплаты -ы** Zoll hinterziehen; **уменьшать размер -ы** Zoll (die Abgabe, eine Gebühr) abbauen (ermäßigen, herabsetzen); **(у)платить -у** Zoll (eine Abgabe, eine Gebühr) (be)zahlen (entrichten), verzollen; **аграрная -а** Agrarzoll *m*; **адвалорная -а** Ad-valorem-Zoll *m*, Wertzoll *m*; **антидемпинговая -а** Antidumpingzoll *m*; **ввозная -а** Einfuhr|abgabe *f*, -zoll *m*, Import|abgabe *f*, -zoll *m*; **-а, взимаемая с веса грузов** Gewichtszoll *m*; **внутренняя -а** Binnenzoll *m*; **возвратная -а** Rückzoll *m*; **вывозная -а** Ausfuhr|abgabe *f*, -zoll *m*, Export|abgabe *f*, -zoll *m*; **гербовая -а** Stempelgebühr *f*; **дифференциальная -а** Differentialzoll *m*; **добавочная -а** Zollaufschlag *m*; **дополнительная -а** Zollnachforderung *f*; **единая -а** Einheitszoll *m*; **запретительная -а** Prohibitivzoll *m*; **импортная -а** Einfuhr|abgabe *f*, -zoll *m*, Import|abgabe *f*, -zoll *m*; **карательная -а** Kampfzoll *m*; **компенсационная -а** Abschöpfungszoll *m*; Ausgleichs|abgabe *f*, -zoll *m*, Kompensationszoll *m*; **конвенционная -а** Vertragszoll *m*; **льготная -а** Begünstigungszoll *m*, Präferenzzoll *m*, Vorzugszoll *m*; **минимальный размер -ы** Mindestzoll *m*; **морская таможенная -а** Seezoll *m*; **-а на сельскохозяйственную продукцию** Agrarzoll *m*; **не облагаемый -ой** zollfrei; **не оплаченный -ой** unverzollt; **обязанный уплатить -у** zollpflichtig, gebührenpflichtig, abgabenpflichtig; **оградительная (протекционистская) -а** Schutzzoll *m*; **патентная -а** Patentgebühr *f*; **покровительственная -а для молодых отраслей промышленности** Erziehungszoll *m*; **преференциальная -а** Begünstigungszoll *m*, Präferenzzoll *m*, Vorzugszoll *m*; **реторсионная -а** Vergeltungszoll *m*; **специфическая -а** spezifischer Zoll; **специфическая -а, взимаемая с веса груза** Gewichtszoll *m*; **стоимостная -а** Wertzoll *m*, Ad-valorem-Zoll *m*; **судебная -а** Gerichtsgebühr *f*; **таможенная -а** Zoll *m*, Zoll|abgabe *f*, -gebühr *f*; **торговая -а** Handelszoll *m*; **транзитная -а** Transitzoll *m*; **уравнительная -а** Ausgleichszoll *m*; **фискальная -а** Finanzzoll *m*; **штрафная -а** Vergeltungszoll *m*; **экспортная -а** Ausfuhr|abgabe *f*, -zoll *m*, Export|abgabe *f*, -zoll *m*

поштучн|ый stückweise, Stück-; **-ая продажа** *f* Stückverkauf *m*; **-ый учёт** *m* Stückrechnung *f*; **-ая цена** *f* Stückpreis *m*

поэтапный stufenweise

правил|о *n* Regel *f*, Vorschrift *f*, Richtlinie *f*, Bestimmung *f*; **вырабатывать -о** eine Richtlinie erarbeiten; **соблюдать -а** die Regeln (Richtlinien) beachten;

устанавливать -о eine Regel aufstellen; **-а безопасной гавани** Grundsätze des sicheren Hafens; **-а внутреннего распорядка на предприятии** Hausordnung *f*, Betriebsordnung *f*; **-а (дорожного) движения** Straßenverkehrsordnung *f*, Verkehrs|ordnung *f*, -regeln *pl*; **золотое -о ликвидности** Bankregel *f*; **-а и условия международной торговли** Incoterms *pl*; **-а коммерческой практики** Handelsregeln *pl*; **-а пользования** Gebrauchsanweisung *f*; **-а приёмки** Abnahme|bestimmungen *pl*, -vorschriften *pl*; **-а проведения строительных работ** Bauvorschriften *pl*; **-а размещения рекламы** *(V&M)* Werberegeln *pl* **-а техники безопасности** Arbeitsschutzbestimmungen *pl*, Sicherheits|bestimmungen *pl*, -vorschriften *pl*; **-а эксплуатации** Betriebsvorschriften *pl*

правильность Richtigkeit *f*; **нести ответственность за ~ данных** für die Richtigkeit der Angaben haften

правительственн|ый Regierungs-, staatlich; **-ая гарантия** *f* Regierungsgarantie *f*; **-ый заказ** *m* **(подряд** *m***)** Regierungsauftrag *m*

правительство *n* Regierung *f*; **федеральное ~** Bundesregierung *f*

правлени|е *n* Vorstand *m*, Verwaltungsrat *m*, Direktorium *n*, Geschäftsführung *f*, Leitung *f*, Direktion *f*, Zentrale *f*; **быть членом -я** im Vorstand sein; **входить в состав -я** dem Vorstand angehören; **выбирать -е** einen Vorstand wählen; **контролировать деятельность -я предприятия** die Geschäftsführung überwachen; **назначать членом -я** in den Vorstand berufen; **сменять -е предприятия** die Geschäftsführung ablösen; **-е акционерного общества** Vorstand einer Aktiengesellschaft; **-е банка** Direktorium einer Bank; **-е биржи** Börsenvorstand *m*; **-е концерна** Konzern|leitung *f*, -verwaltung *f*, -vorstand *m*; **-е общества (союза)** Vorstand eines Vereins, Verbands|leitung *f*, -vorstand *m*; **-е предприятия (фирмы)** Geschäftsführung *f*

прав|о *n* Recht *n*; Anspruch *m*, Befugnis *f*, Berechtigung *f*, Rechtsanspruch *m*; **выпускать -а на преимущественное приобретение новых акций** Bezugsrechte ausgeben; **гарантировать -о** ein (das) Recht garantieren (gewährleisten); **давать -о** berechtigen, ein Recht geben; **делегировать -о** ein Recht delegieren; **добиваться -а** ein Recht erzwingen; **защищать -о** ein Recht wahrnehmen; **заявлять о своём -е** sein Recht geltend machen; **иметь -о** das Recht haben, Anspruch haben, berechtigt sein; **лишать -а** ein Recht aberkennen (entziehen); **лишаться -а** eines Rechts verlustig gehen, einen Anspruch (ein Recht) verwirken; **нарушать -о** ein Recht verletzen; **настаивать на своём -е** auf seinem Recht bestehen; **оговаривать -о** sich das Recht vorbehalten; **определять -а** Rechte festlegen; **оставлять за собой -о** sich das Recht vorbehalten; **осуществлять -о** ein Recht ausüben; **отказываться от -а** auf ein Recht verzichten; **отстаивать (своё) -о** sein Recht behaupten (wahrnehmen), auf eigenem Recht bestehen; **передавать -о** ein Recht (eine Befugnis) übertragen (delegieren); **пользоваться -ом** von seinem Recht Gebrauch machen; **предоставлять -о** ein Recht einräumen (gewähren, zugestehen); **распоряжаться -ом** über das Recht verfügen; **терять -о** ein Recht verwirken; **торговать -ами на преимущественное приобретение новых акций** mit Bezugsrechten handeln; **требовать -а** sein Recht fordern; **уступать -о** ein Recht zugestehen, einen Anspruch abtreten; **авторское -о** Urheberrecht *n*, Copyright; **авторское -о на произведение** Urheberrecht am Werk**; административное -о** Verwaltungsrecht *n*; **акционерное -о** Aktienrecht *n*; **банковское -о** Bankrecht *n*; **без прав** *(Bö, Fin)* ohne Rechte, Ex-Rights; **бюджетное -о** Haushaltsrecht *n*; **вексельное -о** Wechselrecht *n*; **-о вето** Einspruchsrecht *n*, Vetorecht *n*; **вещное -о** Sachenrecht *n*, Realrecht *n*, dingliches Recht; **-о владения** Besitzrecht *n*; **водительские -а** Fahrerlaubnis *f*, Führerschein *m*; **-о возврата (купленного товара)** Remissionsrecht *n*, Rückgaberecht *n*; **-о выбора** Optionsrecht *n*, Wahlrecht *n*; **-о выкупа** Rückkaufsrecht *n*; **-о выносить решения** Entscheidungs|recht *n*, -befugnis *f*; **-о выпуска банкнот** Notenausgaberecht *n*; **-о, вытекающее из членства (в обществе)** Recht aus der Mitgliedschaft; **гарантированное -о** verbrieftes Recht; **-о голоса** Stimmrecht *n*; **горное -о** Bergrecht *n*, Bergbauberechtigung *f*; **гражданское -о** Zivilrecht *n*, bürgerliches Recht; **-о гражданства** Heimatrecht *n*; **действующее -о** geltendes (bestehendes) Recht; **диспозитивное -о** dispositives Recht; **договорное -о** Vertragsrecht *n*; **долговое -о** Schuldrecht *n*; **единоличное -о** Alleinberechtigung *f*; **естественное -о** Naturrecht *n*; **жилищное -о** Hausrecht *n*, Mietrecht *n*; **-о заимствования (в МВФ)** Ziehungsrecht *n*; **залоговое -о** Pfandrecht *n*; **залоговое -о предпринимателя** Unternehmerpfandrecht *n*; **зарегистрированное залоговое -о** Registerpfandrecht *n*; **земельное -о** Agrarrecht *n*; **избирательное -о** Wahlrecht *n*; **изобретательское -о** Erfinderrecht *n*; **имеющий -о** befugt, berechtigt; **имеющий -о на единоличное представительство** allein vertretungsberechtigt; **императивное -о** zwingendes Recht; **имущественное -о** Vermögensrecht *n*, Güterrecht *n*; **имущественное -о супругов** eheliches Güterrecht; **индивидуальное трудовое -о** individuelles Arbeitsrecht; **информационное -о** Informationsrecht *n*; **ипотечное -о** Grundpfandrecht *n*; **-о иска (-о на возбуждение иска)** Klagerecht *n*; **исключительное -о** ausschließliches Recht; Alleinberechtigung *f*; **исключительное -о на сбыт** Alleinvertriebsrecht *n*; **исконное -о** angestammtes Recht; **-о использования внесённого залога** Nutzungspfandrecht *n*; **кодифицированное -о** kodifiziertes Recht; **коллективное трудовое -о** kollektives Arbeitsrecht; **коллизионное -о** Kollisionsrecht *n*; **коммерческое -о** Handelsrecht *n*; **конвенционное -о** Vertragsrecht *n*; **-о контроля** Kontrollrecht *n*; **концессионное -о** Konzessionsrecht *n*; **лицензионное -о** Lizenzrecht *n*; **личное -о** persönliches Recht; **материальное -о** materielles Recht; **международное -о** Völkerrecht *n*, internationales Recht; **монопольное -о** ausschließliches Recht, Regal *n*; **монопольное -о федерального почтового ведомства на оказание почтовых услуг** Beförderungsvorbehalt *m*, Postmonopol *n*; **-о на ведение разведочных работ** Schürfrecht *n*; **-о на возврат** Rückgaberecht *n*; **-о на возмещение** Entschädigungsberechtigung *f*; **-о на возмещение ущерба (убытков)** Schadensersatzanspruch *m*; **-о на долю имущества** Anteilsberechtigung *f*; **-о на единоличное представительство** Alleinvertretungs|befugnis *f*, -recht *n*, Befugnis zur Alleinvertretung; **-о на занятия горным промыслом** Bergbaurecht *n*; **-о на зачёт взаимных требований** Aufrechnungsanspruch *f*; **-о на компенсацию** Ausgleichsanspruch *m*; **-о на использование авторских прав** Verwertungsrecht *n*; **-о на нематериальные ценности** Immaterialgüterrechte *pl*; **-о на обжалование** Widerspruchsrecht *n*; **-о на перепечатку** Abdruckrecht *n*; **-о на подачу ходатайства** Antragsrecht *n*; **-о на поиски нефти и газа** Öl- und Gasaufsuchungsrecht *n*; **-о на получение информации** Unterrichtungsrecht *n*; **-о на получение пенсии** Pensionsanspruch *m*, Pensionsberechtigung *f*, Rentenberechtigung *f*; **-о на получение пенсии в будущем** Pensionsanwartschaft *f*, Rentenanwartschaft *f*; **-о на проведение выплаты** Auszahlungsermächtigung *f*; **-о на проверку (ревизию)** Einsichtsrecht *n*; **-о на продажу (сбыт)** Distributionsrecht *n*; **-о на размно-**

жение Vervielfältigungsrecht *n*; **-о на распространение** Verbreitungsrecht *n*; **-о на расторжение договора** Rücktritts|berechtigung *f*, -recht *n*; **-о на существование** Existenzberechtigung *f*; **-о на труд** Recht auf Arbeit; **-о на участие** Anteilsrecht *n*; Teilnahmeberechtigung *f*; **-о на участие в выборах** Wahlberechtigung *f*; **-о на участие в прибылях** Gewinnanspruch *m*; **-о на участие в управлении предприятием** Mitbestimmungsrecht *n*, Mitspracherecht *n*; **налоговое -о** Steuerrecht *n*; **наследственное -о (-о наследования)** Erbrecht *n*; **неограниченное -о** uneingeschränktes Recht; **неотъемлемое -о** unabdingbares Recht; **непередаваемое -о** nicht übertragbares Recht; **-о обжалования** Beschwerderecht *n*; **облигационное -о (обязательное -о)** Schuldrecht *n*; **-о оборота (обратного требования)** Regress *m*, Regressanspruch *m*, Rückgrifts|anspruch *m*, -recht *n*; **объективное -о** objektives Recht; **обычное -о** Gewohnheitsrecht *n*; **-о опциона** Optionsrecht *n*; **основное -о** Grundrecht *n*; **особое -о** Sonderrecht *n*; **-о отказа от исполнения (обязательства)** Leistungsverweigerungsrecht *n*; **патентное -о** Patentrecht *n*; **-о первого отказа** Vorkaufsrecht *n*; **патримониальное -о** Eigentumsrecht *n*; **переводное -о на продажу** *(Bö, Fin)* übertragbares Verkaufsrecht; **передаваемое -о** übertragbares Recht; **по -у** zu Recht, berechtigt; **-о подписи** Zeichnungs|-berechtigung *f*, -vollmacht *f*; **-о покупки** Kaufoption *f*; **-о пользования** Nutzungsrecht *n*, Benutzungsrecht *n*; **-о пребывания (проживания)** Aufenthaltsrecht *n*; **преимущественное -о** Vorrang *m*, vorrangiges Recht *n*, Vorrecht *n*; **преимущественное -о акционера на приобретение новых акций** Bezugsrecht *n*; **-о преимущественной покупки** Vorkaufsrecht *n*, Vorhand *f*; **применимое -о** anwendbares Recht; **-о приобретения (присвоения)** Aneignungsrecht *n*; **приобретённое -о** erworbenes Recht; **процедурное -о** formelles Recht; **процессуальное -о** Prozessrecht *n*; **публичное -о** öffentliches Recht; **-о распоряжаться (распоряжения)** Verfügungsrecht *n*, Dispositionsrecht *n*; **-о регресса** Regress *m*, Regressanspruch *m*, Rückgrifts|anspruch *m*, -recht *n*; **с -ами на покупку** *(Bö, Fin)* mit Bezugsrecht; **-о, связанное с владением недвижимостью** Liegenschaftsrecht *n*; **семейное -о** Familienrecht *n*; **-о собственности** Eigentumsrecht *n*; **специальные -а заимствования** Sonderziehungsrechte *pl*, Special drawing rights; **страховое -о** Versicherungsrecht *n*; **субъективное -о** subjektives Recht; **торговое -о** Handelsrecht *n*; **трудовое -о** Arbeitsrecht *n*; **уголовное -о** Strafrecht *n*; **узаконенное -о** verbriefres Recht; **формальное -о** formelles Recht; **фракционное -о** Fraktionsrecht *n*; **хозяйственное -о** Wirtschaftsrecht *n*; **хозяйственное уголовное -о** Wirtschaftsstrafrecht *n*; **частное -о** Privatrecht *n*, privates Recht; **-о чеканки монет** Münzregal *n*; **эмиссионное -о** Emissionsrecht *n*

правоведение *n* Rechtskunde *f*, Rechtslehre *f*

правов|ой rechtlich, Rechts-; **-ое отношение** *n* Rechtsverhältnis *n*; **-ое положение** *n* Rechtslage *f*; **-ая форма** *f* Rechtsform *f*

правомочный befugt, berechtigt, zuständig

правонарушение *n* Rechtsverletzung *f*, Rechtsverstoß *m*, Delikt *n*

правонарушитель *m* Rechtsbrecher *m*

правообладатель *m* Rechtsinhaber *m*

правооснование *n* Rechtsgrundlage *f*, Rechtstitel *m*

правоотношени|е *n* Rechtsverhältnis *n*, **бюджетные -я** *(Admin, Recht)* haushaltsrechtliche Rechtsbeziehungen *pl*

правопорядок *m* Rechtsordnung *f*

правопреемник *m* Rechtsnachfolger *m*; **общий (универсальный) ~** Gesamtrechtsnachfolger *m*

правопреемство *n* Rechtsnachfolge *f*;

общее (универсальное) ~ Gesamtrechtsnachfolge *f*
правоспособность *f* Rechtsfähigkeit *f*; **гражданская (общая) ~** allgemeine Rechtsfähigkeit; **процессуальная ~** prozessuale Rechtsfähigkeit; **чековая ~** Scheckfähigkeit *f*
правоспособн|ый rechtsfähig; **-ое объединение** *n* rechtsfähiger Verein
правосудие *n* Rechtspflege *f*, Justiz *f*
прайм-рейт *m* Leitzins *m*
практик *m* Praktiker *m*
практик|а *f* Praxis *f*, Praktiken *pl*; Praktikum *n*; **проходить -у** ein Praktikum machen; **реализовывать на -е** in die Praxis umsetzen; **деловая -а** Geschäftsgebaren *n*, Usance *f*; **ограничительная -а организации сбыта** Ausschließlichkeitsbindung *f*; **-а судебная** Gerichtspraxis *f*, Rechtsprechung *f*; **-а финансирования** Finanzierungspraxis *f*; **хозяйственная -а** Wirtschaftspraxis *f*
практикант *m* Praktikant *m*
практиковать praktizieren
практикуемый praktikabel
практический praktisch
прачечная *f* Wäscherei *f*
преамбула *f* Präambel *f*
пребывание *n* Aufenthalt *m*; **прерывать своё ~** seinen Aufenthalt abbrechen; **продлевать своё ~** seinen Aufenthalt verlängern; **временное ~** vorübergehender Aufenthalt
превосходить überbieten, übertreffen, überlegen sein, übersteigen
превосходств|о *n* Überlegenheit *f*, Vorherrschaft *f*, Vorrangstellung *f*; **достигать -а** Überlegenheit erlangen (erringen); **сохранять -о** die Überlegenheit behalten; **техническое -о** technische Überlegenheit; **численное -о** zahlenmäßige Überlegenheit; **экономическое -о** wirtschaftliche Vorrangstellung
превращать umgestalten, umwandeln, verwandeln; **~ в (наличные) деньги** flüssig machen
превращение *n* Umgestaltung *f*, Umwandlung *f*, Verwandlung *f*; **~ государственных предприятий в частные** Umwandlung von Staatsbetrieben in private Unternehmen, Privatisierung *f*
превышать übersteigen, übertreffen; **~ запланированную сумму (лимит) подписки на заём** eine Anleihe überzeichnen; **~ остаток на счёте** ein Konto überziehen; **~ свои полномочия** die Vollmacht überschreiten; **~ сумму кредита** einen Kredit überziehen
превышение *n* Überhang *m*, Überschuss *m*; Übersteigen *n*, Überschreitung *f*; **отразить ~ в отчёте** einen Überschuss ausweisen; **~ доходов над расходами в бюджете** Haushaltsüberschuss *m*; **~ импорта над экспортом** Einfuhrüberschuss *m*, Importüberschuss *m*; **~ квот** Quotenüberschreitung *f*; **~ поступлений над расходами** Liquiditätsbeitrag *m*; **~ предложения над спросом** Angebotsüberhang *m*, Überangebot *n*; **~ процентной ставки на рынке краткосрочных кредитов над процентной ставкой на рынке долгосрочных кредитов** Zinsinversion *f*; **~ расходов над доходами** Haushaltsüberschreitung *f*; **~ спроса над предложением** Überschussnachfrage *f*, Nachfrageüberhang *m*, Kaufkraftüberhang *m*; **~ экспорта над импортом** Ausfuhrüberschuss *m*, Exportüberschuss *m*
предварительн|ый einstweilig, vorläufig, voraussichtlich, Vor-, Grob-; **-ые издержки** *pl* Vorlasten *pl*; **-ая котировка** *f* Vornotierung *f*; **-ый монтаж** *m* Vormontage *f*; **-ая оценка** *f* Grobschätzung *f*; **-ый расчёт** *m* vorläufige Berechnung, Grobberechnung *f*; **-ое установление** *n* **размера налога** vorläufige Steuerfestsetzung
предвидение *n* Vorausschau *f*, Voraussicht *f*, Prognose *f*
предвидеть vorausschauen, voraussehen
предел *m* Grenze *f*, Höchstgrenze *f*, Limit *n*, Plafond *m*; Schranke *f*; **превышать ~** das Limit (die Grenze) überschreiten; **соблюдать ~** das Limit (die Grenze) einhalten; **верхний ~** obere Grenze; **~ внешнего финансирования** Auslandsfinanzierungs-

grenze *f*, Fremdfinanzierungsgrenze *f*; **~ изменения цены** Kurslimit *n*; **~ колебания (цен)** Schwankungsbereich *m* (der Preise); **~ колебания курса валют** Wechselkursbandbreite *f*; **~ мощности** Kapazitätsgrenze *f*; **~ нагрузки** Belastungsgrenze *f*; **~ насыщения** Sättigungsgrenze *f*; **нижний ~** untere Grenze; **~ ответственности** Haftungsgrenze *f*

предельно допустимый höchst zulässig

предельн|ый äußerst, Grenz-, Höchst-, Spitzen-; **-ые затраты** *pl* Grenzaufwand *m*; **-ое значение** *n* Grenzwert *m*; **-ые издержки** *pl* Grenzkosten *pl*; **-ая прибыль** *f* Grenzgewinn *m*; **-ый срок** *m* äußerste Frist; **-ая эффективность** *f* Grenzleistungsfähigkeit *f*

предлагать anbieten, offerieren, ein Angebot (eine Offerte) unterbreiten, vorschlagen, beantragen; **~ без обязательства** freibleibend (unverbindlich) anbieten; **~ товары на продажу** Waren zum Verkauf anbieten; **~ услуги** Dienstleistungen anbieten; **~ цену ниже существующей** den Preis unterbieten

предлагающий наибольшую цену Meistbietende *m*

предлагающий услуги Anbieter von Dienstleistungen

предложени|е *n* Angebot *n*, Offerte *f*, Vorschlag *m*, Antrag *m*, Brief(kurs) *m*; **анализировать -е** ein Angebot (eine Offerte) prüfen; **аннулировать -е** ein Angebot (eine Offerte) zurückziehen; **вносить -е** anbieten, beantragen, vorschlagen, offerieren, einen Antrag (einen Vorschlag) einreichen (einbringen); **делать -е** ein Angebot (eine Offerte) abgeben, ein Angebot (einen Vorschlag) machen; **запрашивать -е** ein Angebot einholen (erbitten); **обрабатывать -е** ein Angebot (eine Offerte) bearbeiten (prüfen); **одобрять -е** einen Antrag bewilligen; **отклонять -е** ein Angebot (eine Offerte, einen Antrag, einen Vorschlag) ablehnen, ein Angebot abweisen, ein Angebot (eine Offerte) zurückweisen; **поддерживать -е** einen Vorschlag unterstützen; **получать -е** ein Angebot (eine Offerte, einen Antrag, einen Vorschlag) erhalten; **представлять -е** anbieten, beantragen, offerieren, vorschlagen, ein Angebot (einen Antrag, eine Offerte, einen Vorschlag) einbringen (einreichen, unterbreiten); **принимать -е** ein Angebot (einen Antrag, eine Offerte, einen Vorschlag) annehmen, einen Antrag entgegennehmen, auf einen Vorschlag eingehen; **-я присылать по адресу ...** Angebote erbeten an ...; **разрабатывать -е** ein Angebot (einen Vorschlag) ausarbeiten (erarbeiten), ein Angebot erstellen; **расширять -е** das Angebot erweitern; **рассматривать -е** ein Angebot bearbeiten (prüfen); **-е без изменения условий в последующем** bindendes Angebot; **-е без обязательств** freibleibendes (unverbindliches) Angebot; **встречное -е** Gegen|angebot *n*, -antrag *m*, -offerte *f*, -vorschlag *m*; **выгодное -е** günstiges Angebot; **-е денег** Geldangebot *n*; **-е заключить договор страхования** Antrag auf Abschluss einer Versicherung; **заманчивое -е** verlockendes Angebot, Lock(vogel)angebot *n*; **избыточное -е** Überangebot *n*; **-е и спрос** Angebot und Nachfrage, Brief und Geld; **-е капитала** Kapitalangebot *n*; **комплексное -е** Komplettangebot *n*; **компромиссное -е** Kompromissvorschlag *m*; **-е на покупку** Angebotspreis *m*; **-е на льготных условиях** Vorzugsangebot *n*; **-е на поставку** Angebot der Lieferung, Lieferungsangebot *n*; **-е на продажу** Verkaufsangebot *n*; **-е наивысшей цены** Höchstgebot *n*, Meistgebot *n*; **-е начать переговоры** Verhandlungsangebot *n*; **-я нет** gestrichen Brief; **-е о выплате компенсации** Abfindungsangebot *n*; **-е о заключении компромисса** Vergleichsangebot *n*; **-е о поглощении** Übernahmeangebot *n*; **-е о поставках** Lieferungsangebot *n*; **-е обмена** Tauschangebot *n*; **обязательное -е** bindendes Angebot; **-е, ограниченное сроком** befristetes Angebot; **первичное -е** Erstangebot *n*; **первичное пуб-**

личное -е Börsengang *m*, IPO Initial Public Offering; **по -ю** auf Antrag; **-е (товара) по низкой цене** Billigangebot *n*; **-е покупки** Kaufangebot *n*; **последнее -е цены** letztes Gebot; **поступившее -е** eingegangenes Angebot, eingegangene Offerte, eingegangener Antrag; **-е продажи** Verkaufs|angebot *n*, -offerte *f*; **-е рабочих мест** Arbeitsangebot *n*, Stellenangebot *n*; **-е рабочей силы** Arbeitsangebot *n*; **рационализаторское -е** Verbesserungsvorschlag *m*; **-е самой высокой цены** Höchstgebot *n*, Meistgebot *n*; **-е самой низкой цены** niedrigstes Angebot (Gebot); **свободное -е** freibleibendes (unverbindliches) Angebot; **связывающее -е** bindendes Angebot; **совокупное -е** Gesamtangebot *n*; **специальное -е** Sonderangebot *n*; **твёрдое -е** festes (fixes, verbindliches) Angebot; **твёрдое -е цены** Festgebot *n*; **-е товаров** Warenangebot *n*, Angebot an Waren; **-е услуг** Dienstleistungsangebot *n*, Angebot von Dienstleistungen; **уточнённое -е** präzisiertes Angebot; **-е ценных бумаг на подписку** Zeichnungsangebot *n*; **-е цены** Preisangebot *n*; **-е цены на аукционе** Gebot *n*

предмет *m* Gegenstand *m*, Artikel *m*, Objekt *n*, Sache *f*; Fach *n*, Unterrichtsfach *n*; **~ ввоза (импорта)** Einfuhrartikel *m*, Importartikel *m*; **~ вывоза (экспорта)** Ausfuhrartikel *m*, Exportartikel *m*; **~ деятельности предприятия** Unternehmensgegenstand *m*, Gegenstand des Unternehmens; **~ договора (контракта)** Vertragsgegenstand *m*, Gegenstand des Vertrags; **~ домашнего обихода** Haushalts|artikel *m*, -ware *f*; **~ иска** Streitgegenstand *m*; **~ купли-продажи** Kauf|gegenstand *m*, -objekt *n*; **~ лицензии** Lizenzgegenstand *m*; **~ массового спроса** Massenartikel *m*; **~ наследования** Erbgegenstand *m*; **~ обмена** Tausch|gegenstand *m*, -gut *n*, -objekt *n*; **~ обязательства** Leistungsgegenstand *m*; **-ы первой необходимости** Bedarfs|artikel *pl*, -gegenstände *pl*, -güter *pl*; **-ы повседневного спроса** Gebrauchs|artikel *pl*, -güter *pl*; **~ покупки** Kaufgegenstand *m*; **~ поставки** Liefergegenstand *m*; **-ы потребления** Verbrauchs|artikel *pl*, -güter *pl*; **~, предоставленный напрокат** Leihgut *n*; **~ роскоши** Luxus|artikel *m*, -gegenstand *m*, -ware *f*; **~ спора** Streitgegenstand *m*; **~ торговли** Handels|artikel *m*, -gut *n*, -ware *f*; **~ труда** Arbeitsgegenstand *m*; **учебный ~** Studienfach *n*, Unterrichtsfach *n*; **-ы хозяйственного обихода** Wirtschaftsgüter *pl*; **-ы широкого потребления** Massenbedarfsgüter *pl*, Gebrauchs|artikel *pl*, -güter *pl*

предоплат|а *f* Voraus(be)zahlung *f*, Vorkasse *f*, Vorausleistung *f*; Vorschussleistung *f*, Vorschusszahlung *f*; **с -ой** gegen Vorkasse, vorauszahlbar

предоставление *n* Bereitstellung *f*, Bewilligung *f*, Einräumung *f*, Gewährung *f*; Überlassung *f*; Zuweisung *f*; Ausstattung *f*; **~ аванса** Vorschussbewilligung *f*, Bevorschussung *f*, Bewilligung eines Vorschusses; **~ гарантии** Bürgschafts|bestellung *f*, -übernahme *f*, Garantie|leistung *f*, -übernahme *f*; **~ дотаций** Bewilligung von Zuschüssen, Beihilfegewährung *f*; **~ займа** Darlehensgewährung *f*, Gewährung eines Darlehens; **~ кредита** Kredit|bereitstellung *f*, -einräumung *f*, -gewährung *f*, -vergabe *f*, Kreditierung *f*, Gewährung eines Kredits; **~ кредитов в чистом виде** Nettokreditgewährung *f*; **~ ликвидных средств** Liquiditätsspritze *f*; **~ льгот по кредиту** Krediterleichterung *f*; **~ льготной процентной ставки** Zinsvergünstigung *f*; **~ отпуска** Urlaubsgewährung *f*; **~ отсрочки** Gewährung einer Nachfrist, Stundung *f*; **~ полномочий** Vollmachterteilung *f*, Ausstattung mit Vollmachten; **~ помощи (пособия)** Beihilfegewährung *f*, Gewährung einer Beihilfe; **~ экономической помощи развивающимся странам** Ressourcentransfer *m*; **~ поручительства** Bürgschafts|bestellung *f*, -übernahme *f*, Sicherheitsleistung *f*, Stellung einer Kaution (Sicherheit); **~ привилегий**

Bevorzugung *f*; **~ процентов** Zinsgewährung *f*; **~ работников внаём** Arbeitnehmerüberlassung *f*, Überlassung von Arbeitnehmern, Personalleasing *n*, Zeitarbeit *f*; **~ работы** Arbeits|beschaffung *f*, -nachweis *m*, -vermittlung *f*; **~ услуг** Leistungserstellung *f*, Erstellung (Erbringung) von Dienstleistungen; **~ экспортёром дополнительного срока погашения платежей** Auszahlungskredit *m*

предоставлять ausreichen, ausstatten, bereitstellen, bewilligen, einräumen, gewähren, zur Verfügung stellen, zuweisen; **~ аванс** einen Vorschuss bewilligen (einräumen, gewähren), bevorschussen; **~ гарантию** die Bürgschaft bestellen (übernehmen), eine Bürgschaft gewähren, eine Garantie geben (gewähren), Garantie leisten (stellen), die Gewährleistung übernehmen; **~ заём** ein Darlehen bewilligen (gewähren); **~ кредит** einen Kredit bereitstellen (bewilligen, einräumen, geben, gewähren, vergeben); **~ льготу** die Begünstigung (eine Vergünstigung) gewähren, eine Vergünstigung einräumen, begünstigen; **~ льготную процентную ставку** Zinsverbilligung gewähren; **~ отсрочку** stunden, Aufschub (eine Nachfrist, Stundung) gewähren; **~ полномочия** Vollmachten erteilen, mit Vollmachten ausstatten; **~ право** ein Recht einräumen (gewähren); **~ преимущества** Vorteile bieten (geben); **~ работников внаём** Arbeitnehmer überlassen; **~ работу** Arbeit beschaffen (verschaffen); **~ скидку** skontieren, nachlassen, Skonto (einen Nachlass) gewähren, einen Rabatt einräumen (gewähren, zugestehen); **~ услугу** eine Leistung erbringen (erstellen)

предоставляющий услуги Dienstleister *m*

предостережение *n* Warnung *f*

предосторожность *f* Umsicht *f*, Vorsicht *f*

предотвращать abwenden, verhindern, verhüten, vorbeugen; **~ банкротство** einen Konkurs abwenden; **~ конкурсное производство** das Konkursverfahren abwenden; **~ несчастный случай** einen Unfall verhüten; **~ потери** Verluste vermeiden; **~ убытки (ущерб)** einen Schaden verhüten

предотвращение *n* Abwendung *f*, Verhinderung *f*, Verhütung *f*, Vorbeugung *f*; **~ несчастных случаев** Unfallverhütung *f*, Verhütung von Unfällen; **~ преступления** Verbrechensverhütung *f*; **~ убытков** Schadensverhütung *f*

предохранение *n* Schonung *f*, Schutz *m*, Verhütung *f*

предохранять schonen, schützen, verhüten, vorbeugen

предписани|е *n* Vorschrift *f*, Anordnung *f*, Verordnung *f*, Anweisung *f*, Weisung *f*; **выполнять -е** eine Anordnung (Vorschrift) ausführen (durchführen); **нарушать -я** Vorschriften übertreten, gegen Vorschriften verstoßen; **следовать -ю** die Anweisung (Vorschrift, Weisung) befolgen; **соблюдать -я** Vorschriften einhalten; **-е администрации** Verwaltungsvorschrift *f*; **-я по отгрузке (отправке)** Versandvorschriften *pl*; **по -ю** vorschriftsmäßig; **формальные -я** Formvorschriften *pl*

предписывать vorschreiben, anordnen, anweisen; verschreiben

предполагаем|ый voraussichtlich; **-ые расходы** *pl* voraussichtliche Kosten

предположение *n* Ansatz *m*, Annahme *f*; **бюджетное ~** Etatansatz *m*

предпосылк|а *f* Voraussetzung *f*, Vorbedingung *f*; **создавать -и** Voraussetzungen schaffen; **необходимые -и** notwendige Voraussetzungen; **организационные -и** organisatorische Voraussetzungen

предпочитать bevorzugen, vorziehen, den Vorzug geben; **~ одни товары другим** bestimmte Waren vorziehen

предпочтени|е *n* Bevorzugung *f*, Vorliebe *f*, Vorzug *m*, Präferenz *f*; **отдавать -е** den Vorzug geben; **-не ликвидности** Liquiditäts|neigung *f*, -präferenz *f*; **потребительские -я** Konsumentenpräferenzen *pl*

предпочтительный bevorzugt, bevorrechtigt

предприимчивость *f* Unternehmensgeist *m*, Unternehmungslust *f*

предприимчивый unternehmerisch

предприниматель *m* Unternehmer *m*, Gewerbetreibende *m*; **крупный ~** Großunternehmer *m*; **мелкий ~** Kleingewerbetreibende *m*, Kleinunternehmer *m*; **промышленный ~** Industrielle *m*; **частный ~** Privatunternehmer *m*; **~, эксплуатирующий предприятия на основе договора о франчайзинге** Franchise-Nehmer *m*

предпринимательск|ий unternehmerisch, Unternehmer-; **-ая деятельность** Unternehmertätigkeit *f*; **-ий доход** Unternehmereinkommen *n*; **-ая прибыль** Unternehmergewinn *m*; **-ий риск** Unternehmerwagnis *n*, Geschäftsrisiko *n*

предпринимательство *n* Unternehmertum *n*; **свободное ~** freies Unternehmertum; **частное ~** Privatunternehmertum *n*, privates Unternehmertum

предприяти|е *n* Betrieb *m*, Betriebsstätte *f*, Fabrik *f*, Fabrikationsstätte *f*, Produktionsstätte *f*, Werk *n*; Geschäft *n*; Unternehmen *n*, Unternehmung *f*; **закрывать -е** einen Betrieb aufgeben (auflösen), ein Unternehmen auflösen (liquidieren, schließen); **иметь долю в -и** an einem Unternehmen beteiligt sein; **основывать -е** einen Betrieb (ein Unternehmen) gründen; **открывать -е** einen Betrieb eröffnen; **оценивать -е** ein Unternehmen bewerten; **планировать работу -я** ein Unternehmen planen; **покупать (приобретать) -е** ein Unternehmen erwerben (übernehmen); **проводить санацию -я** ein Unternehmen sanieren; **развивать (расширять) -е** einen Betrieb (ein Unternehmen) ausbauen; **руководить -ем** einen Betrieb (ein Unternehmen) führen (leiten); **создавать (строить) -е** einen Betrieb (ein Unternehmen) gründen (errichten); **управлять -ем** einen Betrieb (ein Unternehmen) leiten (führen, verwalten); **участвовать в -и** an einem Unternehmen beteiligt sein; **автоматизированное -е** automatisierter Betrieb; **арендованное -е** Pachtbetrieb *m*; **безубыточное -е** kostendeckender Betrieb; **бесприбыльное -е** gemeinnütziges Unternehmen; **-е бытового обслуживания** Dienstleistungs|betrieb *m*, -unternehmen *n*; **ведущее -е** führender Betrieb; **вспомогательное -е** Hilfsbetrieb *m*, Nebenbetrieb *m*; **головное -е** Hauptunternehmen *n*, herrschendes Unternehmen; **горное (горнодобывающее) -е** Bergbau|betrieb *m*, -unternehmen *n*, Bergwerk *m*, Montanbetrieb *m*; **государственное -е** Staats|betrieb *m*, -unternehmen *n*, staatliches (öffentliches) Unternehmen; **государственное унитарное - е** staatliches unitarisches Unternehmen; **дочернее -е** Tochterunternehmen *n*, verbundenes Unternehmen; **-е, занимающее ведущие позиции на рынке** marktführendes Unternehmen; **-е, занимающее монопольное положение на рынке** marktbeherrschendes Unternehmen; **~-изготовитель** Herstellungsbetrieb *m*, Herstellerwerk *n*, Hersteller *m*; **-е, имеющее долевое участие в другом предприятии** beteiligtes Unternehmen; **-е коммунального хозяйства, коммунальное -е** Kommunal|betrieb *m*, -unternehmen *n*, öffentliches Versorgungs|betrieb *m*, -unternehmen *n*, kommunales Unternehmen, Stadtwerke *pl*; **конкурирующее -е (-е-конкурент)** Konkurrenz|betrieb *m*, -unternehmen *n*; **концессионное -е** Konzessions|betrieb *m*, -unternehmen *n*; **кооперативное -е** genossenschaftlicher Betrieb; **крупное -е** Groß|betrieb *m*, -unternehmen *n*; **малое (мелкое) -е** Klein|betrieb *m*, -unternehmen *n*, kleiner Betrieb, kleines Unternehmen; **местные промышленные -я** ortsansässige Industrie; **международное -е** multinationales Unternehmen; **многофилиальное -е** Filial|betrieb *m*, -unternehmen *n*; **муниципальное -е** Stadtwerke *pl*, Kommunalunternehmen *n*; **некоммерческое -е** gemeinnütziges Unternehmen, Non-Profit-Organisation *f*; **нерентабельное**

-е Verlustbetrieb *m*, unrentabler (verlustbringender, mit Verlust arbeitender) Betrieb; **образцовое -е** Musterbetrieb *m*; **основное -е** Hauptunternehmen *n*, Stammhaus *n*; **подсобное -е** Hilfsbetrieb *m*, Nebenbetrieb *m*; **-е общественного питания** Gaststätte *f*; **-е оптовой торговли** Großhandelsunternehmen *n*; **-е, охваченное забастовкой** bestreikter Betrieb; **-е, передаваемое в эксплуатацию по лицензии** Franchise-Betrieb *m*; **-е, покрывающее лишь издержки производства** Grenzbetrieb *m*; **-е-поставщик** Lieferfirma *f*, Lieferant *m*, Zulieferer|betrieb *m*, -unternehmen *n*; **-е, предоставляющее услуги** Dienstleister *m*, Dienstleistungs|betrieb *m*, -unternehmen *n*; **-е, преследующее коммерческие цели** Wirtschaftsunternehmen *n*; **прибыльное -е** gewinnbringender (mit Gewinn arbeitender) Betrieb, rentables Unternehmen; **-е-производитель** Hersteller *m*, Herstellerwerk *n*, Herstellungsbetrieb *m*; **производственное -е** Produktionsbetrieb *m*; **-е, производящее несколько видов продукциии** Mehrproduktbetrieb *m*; **-е, производящее один вид продукции** Einproduktbetrieb *m*; **промысловое -е** Gewerbebetrieb *m*, gewerbliches Unternehmen; **промышленное -е** Industrie|betrieb *m*, -unternehmen *n*, Produktionsbetrieb *m*; **-е, работающее преимущественно на экспорт** exportorientierter Betrieb; **ремесленное -е** Handwerksbetrieb *m*; **-е с участием государства** Betrieb mit staatlicher Beteiligung; **сельскохозяйственное -е** Agrarbetrieb *m*, Landwirtschaftsbetrieb *m*, landwirtschaftlicher Betrieb; **семейное -е** Familien|betrieb *m*, -unternehmen *n*; **-е службы быта** Dienstleistungs|betrieb *m*, -unternehmen *n*; **смежное -е** Zulieferer|betrieb *m*, -unternehmen *n*, kooperierender Betrieb; **специализированное -е** spezialisierter Betrieb; **среднее -е** Mittelbetrieb *m*, mittelständisches Unternehmen; **строительное -е** bauausführender Betrieb; **-е-субпоставщик** Zulieferer|betrieb *m*, -unternehmen *n*; **торговое -е** Handels|betrieb *m*, -unternehmen *n*, Verkaufs|einrichtung *f*, -stelle *f*; **торговое многофилиальное -е** Handelskette *f*; **транспортное -е** Transport|betrieb *m*, -unternehmen *n*, Verkehrsbetrieb *m*; **убыточное -е** Verlustbetrieb *m*, verlustbringender (mit Verlust arbeitender) Betrieb; **унитарное -е** öffentliches Unternehmen; **частное -е** Privat|betrieb *m*, -unternehmen *n*; **экспедиционное -е** Speditionsbetrieb *m*; **экспортирующее -е** Exportunternehmen *n*

председател|ь *m* Vorsitzende *m*, Vorstand *m*, Präsident *m*; **выбирать -я** den Vorsitzenden wählen; **назначать -ем** zum Vorsitzenden ernennen; **слагать обязанности -я** den Vorsitz niederlegen; **-ь арбитража (третейского суда)** Obmann eines Schiedsgerichts; **-ь наблюдательного совета** Vorsitzender des Aufsichtsrates; **-ь правления** Geschäftsführungsvorsitzende *m*

председательство *n* Vorsitz *m*, Präsidium *n*

председательствовать vorsitzen, den Vorsitz (Vorstand) führen, das Präsidium übernehmen; **~ на собрании** der Versammlung vorsitzen

председательствующий *m* Vorsitzende *m*

предсказание *n* Voraussage *f*, Vorhersage *f*, Prognose *f*

предсказывать voraussagen, prognostizieren

представител|ь *m* Vertreter *m*, Agent *m*, Repräsentant *m*; Sprecher *m*; **быть единственным -ем** allein vertreten; **назначать -я** einen Vertreter bestellen, einen Repräsentanten ernennen; **отзывать -я** einen Vertreter abberufen; **-ь акционеров** Aktionärsvertreter *m*; **-ь без полномочий** Vertreter ohne Vertretungsmacht; **в качестве -я** als Vertreter; **генеральный -ь** General|agent *m*, -vertreter *m*; **единоличный -ь** Alleinvertreter *m*; **законный -ь** gesetzlicher Vertreter; **зарубежный -ь** Auslandsvertreter *m*; **местный -ь** Platzvertreter *m*; **-ь**

наёмных работников Arbeitnehmervertreter *m*; **-ь наёмных работников в правлении** Arbeitsdirektor *m*, Betriebsrat *m*; **полномочный -ь** bevollmächtigter Vertreter; **-ь правительства** Regierungssprecher *m*; **-ь предприятия** Unternehmenssprecher *m*; **специальный -ь президента** Sondervertreter des Präsidenten; **торговый -ь** Handelsvertreter *m*; **-ь третьих лиц** Vertreter Dritter; **-ь фирмы** Firmenvertreter *m*; **-ь фирмы (предприятия) по связям с общественностью** Firmensprecher *m*, PR-Manager *m*, Vertreter für Öffentlichkeitsarbeit

представительность *f* **выборки** Repräsentativerhebung *f*

представительств|о *n* Vertretung *f*, Repräsentation *f*, Agentur *f*; **брать на себя -о** die Vertretung übernehmen; **закрывать -о** eine Vertretung aufgeben; **иметь право на -о** zur Vertretung befugt sein; **отказаться от -а** eine Vertretung aufgeben; **открывать -о** eine Vertretung eröffnen; **передавать право на -о** die Vertretung übergeben (übertragen); **поручать -о (уполномачивать на -о)** mit der Vertretung beauftragen; **учреждать -о** eine Vertretung (Agentur) einrichten; **-о без полномочий** Vertretung ohne Vertretungsmacht; **-о в (на) суде** Vertretung vor Gericht; **генеральное (главное) -о** Generalvertretung *f*; **единоличное -о** Alleinvertretung *f*; **-о за границей (зарубежное -о)** Auslandsvertretung *f*; **законное -о** gesetzliche Vertretung; **-о интересов** Interessenvertretung *f*, Vertretung der Interessen; **коллективное (совместное) -о** Kollektivvertretung *f*; **-о перед третьими лицами** Vertretung gegenüber Dritten; **совместное -о** gemeinschaftliche Vertretung, Vertretung in Gemeinschaft; **торговое -о** Handelsvertretung *f*; **-о фирмы** Firmenvertretung *f*

представление *n* Vorlage *f*, Vorlegung *f*, Vorweisung *f*, Vorzeigung *f*; Darstellung *f*; Vorstellung *f*, Präsentation *f*; **графическое ~** grafische Darstellung; **~ рабочих процессов** Darstellung der Arbeitsabläufe; **~ фирмы** Firmenpräsentation *f*

представлять vorlegen, vorweisen, vorzeigen, repräsentieren, vertreten; darstellen; vorstellen, präsentieren; **~ вексель к акцентованию (оплате)** einen Wechsel zur Annahme (Zahlung) vorlegen; **~ во внесудебных делах** außergerichtlich vertreten; **~ доверенность** die Vollmacht vorlegen; **~ доказательство** den Beweis erbringen (liefern); **~ интересы** Interessen vertreten; **~ к протесту** zu Protest geben; **~ на суде** gerichtlich vertreten; **~ новые продукты** neue Produkte vorstellen; **~ отчёт о состоянии дел** den Geschäftsbericht vorlegen; **~ поручительство** eine Kaution (Sicherheit) stellen; **~ фирму** eine Firma vertreten; **~ чек на оплату** einen Scheck zur Einlösung vorlegen

предстоящий bevorstehend, künftig

предупредительность *f*, Zuvorkommenheit *f*

предупредительн|ый vorbeugend, Vorbeugungs-, kulant, zuvorkommend, verbindlich; **-ая мера** *f* Vorbeugungsmaßnahme *f*

предупреждать verhüten, verhindern, vorbeugen; warnen, mahnen

предупреждение *n* Verhütung *f*, Verhinderung *f*, Vorbeugung *f*, Prävention *f*; Warnung *f*; Mahnung *f*; **~ несчастных случаев** Unfallverhütung *f*

предусматривать vorsehen, vorsorgen

предшественник *m* Vorgänger *m*, Vorläufer *m*

предъявител|ь *m* Inhaber *m*, Überbringer *m*; **быть выставленным на -я** auf Überbringer (Inhaber) lauten; **выставлять на -я** auf den Inhaber ausstellen; **-ь векселя** Wechselinhaber *m*; **-ь иска** Kläger *m*; **-ь чека** Scheckinhaber *m*, Inhaber eines Schecks

предъявительск|ий Inhaber-, Order-; **-ий полис** *m* Inhaberpolice *f*; **-ие (ценные) бумаги** *pl* Inhaberpapiere *pl*; **-ий чек** *m* Inhaberscheck *m*

предъявлени|е *n* Vorlage *f*, Vorlegung *f*, Vorweisung *f*, Vorzeigung *f*, Präsentierung *f*, Präsentation *f*; **~ векселя к**

акцепту Vorlegung (Präsentation) eines Wechsels zur Annahme; **-е векселей к учёту** Diskonteinreichung *f*; **-е документов** Vorlegung von Urkunden; **-е иска** Klageerhebung *f*; **-е на инкассо** Vorlage zum Inkasso; **-е на оплату** Vorlegung zur Zahlung; **по -и** bei (unter) Vorlage, auf Sicht; **против -я** gegen Vorlage; **-е торговых (бухгалтерских) книг для просмотра** Öffnung der Bücher

предъявлять vorlegen, vorweisen, vorzeigen, präsentieren; **~ вексель к акцепту (оплате)** einen Wechsel zur Annahme (Zahlung) präsentieren (vorlegen); **~ доверенность** die Vollmacht vorweisen; **~ иск** Klage erheben; **~ к оплате (платежу)** zur Einlösung (Zahlung) vorlegen (präsentieren), zur Honorierung präsentieren; **~ обратное требование** Rückgriff (Regress) nehmen; **~ претензию** einen Anspruch geltend machen, Anspruch erheben; **~ рекламацию** eine Reklamation vorbringen; **~ судебный иск** vor Gericht einklagen; **~ чек к оплате** einen Scheck zum Inkasso geben (vorlegen)

преемник *m* Nachfolger *m*; **назначить -а** einen Nachfolger einsetzen

презентация *f* Präsentation *f*, Präsentierung *f*, Vorlegung *f*; **~ фирмы** Firmenpräsentation *f*

президент *m* Präsident *m*, Vorsitzende *m*; **выбирать -а** einen Präsidenten wählen; **назначать -ом** zum Präsidenten ernennen; **~ компании** Präsident einer Gesellschaft

президиум *m* Präsidium *n*, Vorsitz *m*

презумпция *f* Vermutung *f*; **законная ~** Rechtsvermutung *f*

преимущественн|ый vorrangig, dominierend, Vorzugs-; **-ый кредитор** *m* bevorrechtigter Gläubiger; **-ое право** *n* Vorrecht *n*, Vorrang *m*, vorrangiges Recht; **-ое удовлетворение** *n* **кредитора** Begünstigung eines Gläubigers

преимуществ|о *n* Vorteil *m*, Vorrang *m*, Vorzug *m*, Vorsprung *m*, Begünstigung *f*, Bevorzugung *f*, Präferenz *f*, Privileg *n*, Vorrecht *n*; **давать -а** Vorteile bieten (bringen); **добиваться -а** Vorteile erlangen; **иметь -о** Vorrang (das Vorrecht, den Vorteil, den Vorzug) haben, über Vorteile verfügen; **использовать -а** Vorteile (aus)nutzen; **получать -о** den Vorrang erhalten, einen Vorteil verschaffen; **абсолютное -о** absoluter Vorrang; **-о в конкурентной борьбе (перед конкурентами)** Wettbewerbsvorsprung *m*; **-о в цене** Preisvorsprung *m*; **-о места размещения производства** Standortvorteil *m*; **-о на рынке перед другими фирмами** Marktvorsprung *m*

прейскурант *m* Preiskatalog *m*, Preisliste *f*, Preisverzeichnis *n*; **составить ~** eine Preisliste (ein Preisverzeichnis) aufstellen; **~ оптовых цен** Großhandelspreisliste *f*

прекращать einstellen, stoppen, beenden, aufhören; **~ выписывать газеты** eine Zeitung abbestellen; **~ деловые операции** den Geschäftsbetrieb einstellen; **~ переговоры** Verhandlungen abbrechen; **~ платежи** die Zahlungen einstellen; **~ поставки** die Lieferungen einstellen; **~ производство** die Produktion (den Betrieb) einstellen; **~ производство по делу** ein Verfahren einstellen; **~ работу** die Arbeit einstellen (niederlegen)

прекращение *n* Einstellung *f*, Stopp *m*, Beendigung *f*, Aufhören *n*, Abbruch *m*; **~ действия** Aussetzung *f*; **~ действия договора** Erlöschen eines Vertrags, Beendigung des Vertragsverhältnisses; **~ деловых операций** Geschäftsaufgabe *f*, Einstellung des Geschäftsbetriebes (der Geschäfte); **одностороннее ~ переводов** Transfermoratorium *n*; **~ переговоров** Verhandlungsabbruch *m*; **~ платежей** Zahlungs|einstellung *f*, -stopp *m*, Einstellung der Zahlungen; **~ погашения** Tilgungsaussetzung *f*; **~ поставок** Einstellung der Lieferungen; **~ производства** Betriebs|einstellung *f*, -stilllegung *f*, Produktionseinstellung *f*; **~ производства по делу** Einstellung des Verfahrens; **~ работы** Arbeits|einstellung *f*, -niederlegung *f*, Einstellung der Arbeit; **~ существования фирмы** Auflösung einer Gesellschaft;

~ трудового правоотношения Lösung eines Arbeitsverhältnisses

премаркетинг *m* Prämarketing *n*

премиальны|е *pl* Prämie *f*, Prämiengelder *pl*; **выплачивать -е** eine Prämie (aus)zahlen (leisten); **увеличивать размер -х** eine Prämie anheben (erhöhen)

премиальн|ый Prämien-; **-ое вознаграждение** *n* Prämienlohn *m*; **-ая надбавка** *f* Prämienzuschlag *m*; **-ая система** *f* **оплаты труда** Prämienlohnsystem *n*; **-ый фонд** *m* Prämienfonds *m*

премирование *n* Prämierung *f*; **единовременное ~** einmalige Prämierung; **периодическое ~** laufende Prämierung

премировать prämieren; **~ за хорошую работу** für gute Arbeit prämieren; **~ сотрудников** Mitarbeiter prämieren

преми|я *f* Prämie *f*, Bonus *m*, Extrazahlung *f*; Agio *n*, Aufgeld *n*; Beitrag *m*; Preis *m*; **выделять -ю** eine Prämie gewähren; **выплачивать -ю** die Prämie auszahlen, einen Beitrag zahlen, eine Prämie leisten (zahlen); **определять (устанавливать) размер -и** eine Prämie (einen Bonus) festlegen (festsetzen), einen Beitrag bemessen; **повышать размер -и** eine Prämie erhöhen; **снижать (уменьшать) размер -и** eine Prämie senken; **без -и** prämienfrei; **биржевая -я** Bonus *m*; **-я в конце года** Jahresendprämie *f*; **валовая -я** Bruttoprämie *f*; **денежная -я** Geldprämie *f*; **дополнительная (страховая) -я** Zuschlagsprämie *f*; **-я за высокие показатели производства** Leistungsprämie *f*; **-я за качество** Qualitätsprämie *f*; **-я за количество** Quantitätsprämie *f*; **-я за проведение инвестиций** Investitionsprämie *f*; **-я за риск** Risikoprämie *f*, Wagniszuschlag *m*; **-я за соблюдение сроков исполнения** Terminprämie *f*; **-я за экономию** Ersparnisprämie *f*; **натуральная -я** Naturalprämie *f*; **невыплаченная -я** rückständige (ausstehende) Prämie; **-я нетто** Nettoprämie *f*; **обратная -я** Rückprämie *f*; **паушальная (страховая) -я** Pauschalprämie *f*; **перестраховочная -я** Rückversicherungsprämie *f*; **-я по итогам года** Jahresprämie *f*; **-я по стеллажной сделке** Stellgeld *n*; **последующая (уплачиваемая в сделках с опционами) -я** Folgeprämie *f*; **предварительная -я** Vorprämie *f*; **страховая -я** Versicherungs|prämie *f*, -beitrag *m*; **форвардная -я** Report *m*, Kursaufschlag *m*; **экспортная -я** Ausfuhrprämie *f*, Export|bonus *m*, -prämie *f*, -vergütung *f*

преобладание *n* Vorherrschaft *f*, Überhang *m*, Dominierung *f*; **~ импорта над экспортом** Einfuhrüberschuss *m*, Importüberschuss *m*; **~ иностранного капитала** Kapitalüberfremdung *f*; **~ экспорта над импортом** Ausfuhrüberschuss *m*, Exportüberschuss *m*

преобладать vorherrschen, dominieren, beherrschen

преобразовани|е *n* Umformung *f*, Umgestaltung *f*, Umstellung *f*, Umwandlung *f*, Neugestaltung *f*, Neuordnung *f*, Reform *f*, Reorganisation *f*, Konversion *f*; **проводить -я** umwandeln, reformieren, reorganisieren, Reformen (Umwandlungen) durchführen; **аграрные -я** Landreform *f*; **-е товарищества в общество с заёмным капиталом** Umwandlung einer Personen- in eine Kapitalgesellschaft

преобразовывать umformen, umgestalten, umstellen, umwandeln, neu gestalten, neu ordnen, reformieren, reorganisieren

преодолевать bewältigen, überwinden, überstehen, durchmachen; **~ кризис** eine Krise bewältigen (durchmachen, überwinden, überstehen); **~ трудности** Schwierigkeiten überwinden (beseitigen)

преодоление *n* Bewältigung *f*, Überwindung *f*

преподаватель *m* Lehrer *m*, Trainer *m*

преподавать lehren, unterrichten

препоручение *n* Delegierung *f*, Vollmacht durch Prokuraindossament *f*

препроводительн|ый Begleit-; **-ая бумага** *f* Anschreiben *n*

препровождение *n* Übersendung *f*

препятствовать hindern, behindern, hemmen
прерогатива *f* Vorrecht *n*, Vorzug *m*, Privileg *n*; **~ власти** Regalien *pl*
пресс *m* Presse *f*; **налоговый ~** Steuerschraube *f*
пресса *f* Presse *f*
пресс-кит *m* Pressemappe *f*
пресс-конференция *f* Pressekonferenz *f*; **~ в связи с опубликованием балансового отчёта предприятия** Bilanzpressekonferenz *f*
пресс-релиз *m* Presseverlautbarung *f*, freigegebene Pressemitteilung *f*
престиж *m* Prestige *f*
преступать überschreiten, übertreten, verletzen
преступление *n* Verbrechen *n*, Vergehen *n*, Straftat *f*, Delikt *n*; **совершать ~** ein Verbrechen begehen; **должностное ~** Amtsvergehen *n*, Vergehen gegen die Amtspflicht; **уголовное ~** Straftat *f*; **хозяйственное (экономическое) ~** Wirtschafts|delikt *n*, -straftat *f*, -verbrechen *n*, -vergehen *n*; **экологическое ~** Umweltverbrechen *n*
преступник *m* Verbrecher *m*
преступность *f* Kriminalität *f*; **организованная ~** organisierte Kriminalität
претендовать beanspruchen, Anspruch erheben, sich bewerben; **~ на должность** sich um einen Posten bewerben
претензи|я *f* Anspruch *m*, Forderung *f*, Beanstandung *f*, Reklamation *f*; **излагать свои -и** seine Forderungen darlegen; **освобождать от -й** von Ansprüchen freistellen; **отвергать -ю** den Anspruch ausschließen; **предъявлять -ю** Anspruch (eine Forderung) erheben, einen Anspruch (eine Forderung) geltend machen (stellen); **удовлетворять -ю** einen Anspruch befriedigen (erfüllen), einem Anspruch stattgeben; **встречная -я** Gegen|anspruch *m*, -forderung *f*; **-я на лидерство** Führungsanspruch *m*; **-я на возмещение** Erstattungsanspruch *m*; **-я по качеству** Mängelrüge *f*; **регрессная -я** Regressanspruch *m*, Rückgriffsanspruch *m*; **юридическая -я** Rechtsanspruch *m*
преуспевать florieren, prosperieren
префакция *f* Vorzugsaktion *f*
преференциальн|ый Präferenz-, Vorzugs-, Begünstigungs-; **-ая пошлина** *f* Präferenzzoll *m*, Vorzugszoll *m*, Begünstigungszoll *m*
преференци|я *f* Präferenz *f*, Vorzug *m*, Begünstigung *f*; **получать -и** bevorzugt werden; **пользоваться -ями** Präferenzen (Bevorzugung) genießen; **предоставлять -и** Präferenzen (die Begünstigung) einräumen (gewähren); **-и без взаимности** einseitige Begünstigung
прибавк|а *f* Zulage *f*, Zuschlag *m*; **получать -у** eine Zulage erhalten; **-а к заработной плате** Gehalts|zulage *f*, -zuschlag *m*, Lohn|zulage *f*, -zuschlag *m*
прибавлять zulegen, zurechnen, zuschlagen, ergänzen, hinzuzählen; **~ проценты к капиталу** die Zinsen kapitalisieren
прибавочн|ый Mehr-, Zusatz-; **-ая стоимость** *f* Mehrwert *m*
приближение *n* Annährung *f*, Approximation *f*
прибор *m* Gerät *n*, Instrument *n*, Einrichtung *f*, Vorrichtung *f*; **бытовые -ы** Haushaltsgeräte *pl*; **измерительный ~** Mess|gerät *n*, -einrichtung *f*, -instrument *n*, Messer *m*
приборостроение *n* Gerätebau *m*
прибыл|ь *f* Gewinn *m*, Rendite *f*, Profit *m*, Vorteil *m*, Nutzen *m*; **давать -ь** Gewinn (Rendite) abwerfen; **заключать хозяйственный год с -ью** mit Gewinn abschließen; **зафиксировать -ь** Gewinn mitnehmen; **извлекать -ь** Gewinne erzielen, Nutzen ziehen; **иметь долю -и** am Gewinn beteiligt sein; **определять размер -и** den Gewinn ermitteln; **переводить -ь за границу** Gewinne ins Ausland transferieren; **перечислять -ь** den Gewinn abführen; **получать -ь** den Gewinn erarbeiten (erzielen), Gewinn (Rendite) erwirtschaften (realisieren), Gewinn (Profit) machen, Gewinne realisieren (mitnehmen); **приносить -ь** eine Rendite bringen, Gewinn (Rendite) abwerfen; **продавать с -ью** mit Gewinn

verkaufen; **распределять -ь** den Gewinn ausschütten (verteilen); **участвовать в распределении -и** am Gewinn beteiligt sein; **балансовая -ь** Bilanzgewinn *m*, Buchgewinn *m*, bilanzmäßig ausgewiesener (buchmäßiger) Gewinn; **базисная -ь** zu erwartender Gewinn *m*; Basisgewinn *m*; **банковская -ь** Bankgewinn *m*; **-ь брутто (валовая -ь)** Bruttogewinn *m*, Gesamtgewinn *m*, Rohgewinn *m*; **внеплановая -ь** unerwarteter Gewinn; **-ь, получаемая при слиянии или реорганизации предприятий** Umwandlungsgewinn *m*; **выплаченная -ь** ausgeschütteter (verteilter) Gewinn; **дающий -ь** Gewinn abwerfend; **-ь до вычета налогов** Gewinn vor Steuern; **дополнительная -ь** Übergewinn *m*; **инфляционная -ь** Inflationsgewinn *m*; **избыточная -ь** Gewinnüberschuss *m*; **коммерческая -ь** Geschäftsgewinn *m*; **конъюнктурная -ь** Q-Gewinn *m*; **курсовая -ь** Kursgewinn *m*; **ликвидационная -ь** Liquidationsgewinn *m*; **максимальная -ь** Höchstgewinn *m*; **мнимая -ь** Scheingewinn *m*; **монопольная -ь** Monopolgewinn *m*; **-ь на акцию** Gewinn je Aktie; **-ь на вложенный (инвестированный) капитал** Rendite auf das Kapital, Kapital|gewinn *m*, -rendite *f*, Return on Investment; **-ь на собственный капитал** Eigenkapitalrendite *f*, Rendite des Eigenkapitals, Return on Equity; **накопленная -ь** kumulierter Gewinn *m*; **намечаемая -ь** angestrebter Gewinn; **-ь, необлагаемая налогом** steuerfreier Gewinn; **недополученная -ь** entgangener Gewinn; **нераспределённая -ь** nicht ausgeschütteter (einbehaltener, thesaurierter) Gewinn, Reingewinn *m*, Nettogewinn *m*; **-ь, облагаемая налогом** steuerpflichtiger (versteuerter, zu versteuernder) Gewinn; **ожидаемая -ь** zu erwartender (voraussichtlicher) Gewinn, Gewinnerwartung *f*; **-ь от погашения** Tilgungsgewinn *m*; **-ь от продажи (реализации)** Veräußerungsgewinn *m*, Verkaufsgewinn *m*; **-ь от производственной деятельности** betriebswirtschaftlicher Gewinn; **-ь от процентов** Zinsgewinn *m*; **-ь от хозяйственной (коммерческой) деятельности** Geschäftsgewinn *m*, Gewinn aus Geschäftsbetrieb; **плановая -ь** Plangewinn *m*; **-ь после вычета налогов** versteuerter Gewinn, Gewinn nach Steuerabzug; **получаемая -ь** anfallender Gewinn; **-ь, получаемая на одну акцию** Gewinn je Aktie; **полученная -ь** erwirtschafteter (erzielter, angefallener, realisierter) Gewinn; **-ь, полученная от изменения курса** realisierter Kursgewinn; **-ь, полученная по нормам торгового права** handelsrechtlicher Gewinn; **потерянная -ь** entgangener Gewinn; **предельная -ь** Grenz|ertrag *m*, -gewinn *m*; **предпринимательская -ь** Unternehmergewinn *m*; **-ь предприятия** Betriebsgewinn *m*, Unternehmensgewinn *m*; **приносящий -ь** gewinnbringend, rentabel; **производственная -ь** Produktionsgewinn *m*; **распределённая -ь** ausgeschütteter (verteilter) Gewinn; **расчётная (нереализованная) -ь** rechnerischer (kalkulatorischer) Gewinn; **реинвестированная -ь** reinvestierter Gewinn; **спекулятивная -ь** Spekulationsgewinn *m*; **учредительская -ь** Gründergewinn *m*; **фактическая -ь** tatsächlich erzielter Gewinn, Istspanne *f*; **фиктивная -ь** Scheingewinn *m*; **чистая -ь** Reingewinn *m*, Nettogewinn *m*

прибыльность *f* Ertragskraft *f*, Ertragslage *f*, Rentabilität *f*, Wirtschaftlichkeit *f*; **повышать ~** die Wirtschaftlichkeit verbessern, die Ertragskraft (Rentabilität) steigern; **расчитывать ~** die Rentabilität (Wirtschaftlichkeit) berechnen; **~ предприятия** Ertragskraft (Ertragslage) eines Unternehmens

прибыльный gewinnbringend, Gewinn versprechend, rentabel, profitabel

прибывать ankommen, eintreffen, einlaufen; ansteigen, zuwachsen

прибыти|е *n* Ankunft *f*; **по -и** nach Ankunft; **-е по расписанию** planmäßige Ankunft

приватизаци|я *f* Privatisierung *f*; **проводить -ю** die Privatisierung durchführen, privatisieren; **частичная -я** Teilprivatisierung *f*

приватизировать privatisieren

привилегированн|ый bevorrechtet, bevorrechtigt, bevorzugt, privilegiert, Vorzugs-, Prioritäts-; **-ая акция** *f* Prioritätsaktie *f*, Vorzugsaktie *f*, privilegierte Aktie; **-ые облигации** *pl* Prioritätsobligationen *pl*, Vorzugsobligationen *pl*, Prioritäten *pl*

привилеги|я *f* Privileg *n*, Sonderrecht *n*, Vergünstigung *f*, Vorrecht *n*, Vorzug *m*; **лишать -й** Vorrechte entziehen; **отменять -ю** ein Privileg abbauen, ein Vorrecht aufheben; **получать -ю** ein Privileg (ein Vorrecht, eine Vergünstigung) erhalten; **пользоваться -ей** ein Vorrecht (Privileg) genießen, bevorrechtigt sein; **предоставлять -ю** mit einem Privileg ausstatten, ein Vorrecht (ein Privileg) einräumen (gewähren); **-я дополнительного приобретения акций** Bezugsrecht *n*; **-я обмена** Umtauschrecht *n*; **налоговая -я** Steuer|vorteil *m*, -vergünstigung *f*; **-я подписки** Bezugsrecht *n*, Zeichnungsrecht *n*; **таможенные -и** Zollprivilegien *pl*; **торговая -я** Handels|privileg *n*, -vorteil *m*

привлекательность *f* Anziehungskraft *f*, Attraktivität *f*; **инвестиционная ~** Investitionsanreiz *m*

привлекательн|ый attraktiv; **-ое предложение** *n* attraktives Angebot

привлекать heranziehen, hinzuziehen; einwerben; einbeziehen, involvieren; **~ к ответственности** zur Verantwortung (Rechenschaft) ziehen, verantwortlich machen; **~ к судебной ответственности** gerichtlich belangen; **~ к участию в работе** zur Mitarbeit heranziehen (gewinnen); **~ капитал** Kapital beschaffen; **~ клиентов** Kunden akquirieren (werben); **~ средства** Gelder einwerben, Mittel hinzuziehen

привлечение *n* Heranziehung *f*, Hinzuziehen *n*, Einbeziehung *f*, Beschaffung *f*; Anlockung *f*; Werbung *f*; **~ денежных средств** Geldbeschaffung *f*; **~ к ответственности** Belangung *f*; **~ капитала** Kapitalbeschaffung *f*; **~ клиентов** Kunden|gewinnung *f*, -werbung *f*, Anlockung von Kunden; **~ рабочей силы** Arbeitskräftewerbung *f*

приводить anführen; angeben; aufführen; **~ в движение** antreiben, in Bewegung setzen; **~ в действие** in Betrieb setzen, in Gang setzen; **~ в исполнение** ausführen; **~ в негодное состояние** betriebsunfähig (untauglich) machen; **~ в рабочее состояние** betriebsfähig machen, instand setzen; **~ доказательства** Beweise liefern (erbringen); **~ (хозяйство) в упадок** herunterwirtschaften

привоз *m* Zufuhr *f*, Anlieferung *f*, Zulieferung *f*, Zustellung *f*

привозить anliefern, zuliefern, zustellen

приговаривать verurteilen

приговор *m* Urteil *n*, Urteilsspruch *m*

пригодность *f* Brauchbarkeit *f*, Eignung *f*, Tauglichkeit *f*, Verwendbarkeit *f*; **определять ~** die Eignung prüfen; **~ к морским перевозкам** Seetüchtigkeit *f*; **~ к обращению** Umlauffähigkeit *f*; **~ к употреблению** Gebrauchsfähigkeit *f*, Nutzbarkeit *f*, Verwendbarkeit *f*; **~ к учёту** Bankfähigkeit *f*; **~ к эксплуатации** Betriebsfähigkeit *f*; **профессиональная ~** Berufseignung *f*, fachliche Eignung

пригодный brauchbar, geeignet, nutzbar, tauglich, verwendbar, passend; **~ для получения денег под залог** lombardfähig; **~ для экспорта** exportfähig; **~ к морским перевозкам** seetüchtig; **~ к обращению** umlauffähig; **~ к разработке** abbauwürdig; **~ к эксплуатации** betriebsfähig, funktionsfähig

пригородн|ый stadtnah; **-ое сообщение** *n* stadtnaher Verkehr, Nahverkehr *m*, Ortsverkehr *m*

приготовление *n* Vorbereitung *f*; Zubereitung *f*

приготавливать vorbereiten, bereiten; zubereiten

придавать zuordnen, zuteilen, geben, verleihen; **~ законную силу** in Kraft setzen; **~ форму** eine Form geben, formen

придаток *m* Anhängsel *n*, Anhang *m*;

сырьевой ~ Rohstoff|anhängsel *n*, -lieferant *m*

придерживаться einhalten, sich halten; **~ графика** einen Zeitplan einhalten; **~ инструкций** Vorschriften befolgen (einhalten)

приезд *m* Ankunft *f*, Anreise *f*

приём *m* Annahme *f*, Hereinnahme *f*, Entgegennahme *f*, Übernahme *f*, Aufnahme *f*, Empfang *m*; Griff *m*, Handgriff *m*; Verfahren *n*; Sprechstunde *f*; **подавать заявление о -е** die Aufnahme beantragen; **подтверждать ~** den Empfang bestätigen; **~ в валютный фонд** Aufnahme in den Währungsfonds; **~ вкладов** Hereinnahme von Einlagen; **~ деклараций (заявлений)** Entgegennahme von Erklärungen; **~ заказов** Annahme (Entgegennahme, Hereinnahme) von Aufträgen (Bestellungen); **~ заявок** Entgegennahme von Anträgen; **~ на работу** Einstellung *f*, Anstellung *f*; **~ (грузов) на склад** Einlagerung *f*; **~ на хранение** Entgegennahme zur Aufbewahrung; **~ новых членов** Aufnahme neuer Mitglieder; **~ предложений** Angebotsannahme *f*; **~ сберегательных вкладов** Hereinnahme von Spareinlagen

приёмк|а *f* Abnahme *f*, Annahme *f*, Entgegennahme *f*, Übernahme *f*; **отказаться от -и** die Abnahme (Annahme, Entgegennahme) verweigern; **безоговорочная -а** vorbehaltslose Abnahme (Annahme); **-а работы** Abnahme der Arbeit; **-а (товара) с опозданием (задержкой)** verspätete Abnahme (Annahme); **-а товара, -а-сдача товара** Waren|abnahme *f*, -annahme *f*, Abnahme der Ware; **частичная -а** Teilabnahme *f*, teilweise Übernahme (Abnahme)

приемлем|ый annehmbar, tragbar, vertretbar, zulässig; **-ый в финансовом отношении** finanziell vertretbar; **-ые расходы** *pl* tragbare Kosten; **-ый с социальной точки зрения** sozial tragbar; **-ая цена** *f* annehmbarer Preis; **экономически -ый** wirtschaftlich vertretbar

приёмная *f* Empfangszimmer *n*, Sekretariat *n*

приёмочн|ый Abnahme-, Annahme-, Übernahme-; **-ое испытание** *n* Abnahmeprüfung *f*; **-ый контроль** *m* Abnahmekontrolle *f*

приёмщик *m* Abnahmebeauftragte *m*

приз *m* Preis *m*; **присуждать ~** einen Preis verleihen; **утверждать ~** einen Preis stiften; **денежный ~** Geldpreis *m*

признавать anerkennen; eingestehen, gestehen, zugeben; **~ законным** als gültig anerkennen; **~ ответственность** die Haftung anerkennen; **~ решение третейского суда** einen Schiedsspruch anerkennen; **~ себя виновным** sich schuldig bekennen; **~ требование обоснованным** einen Anspruch als gerechtfertigt anerkennen

признак *m* Merkmal *n*, Kennzeichen *n*, Anzeichen *n*; **группировочный ~** Ordnungsmerkmal *n*; **групповой ~** Gruppenmerkmal *n*; **~ качества** Qualitätsmerkmal *n*; **-и ослабления** Anzeichen der Abschwächung; **разграничительный ~** Abgrenzungsmerkmal *n*; **товарный ~** Warenmerkmal *n*

признани|е *n* Anerkennung *f*, Anerkenntnis *f*, Bekenntnis *n*; Geständnis *n*, Eingeständnis *n*; **отказывать в -и** die Anerkennung verweigern; **-е должником своего долга** Schuldanerkenntnis *f*, Anerkennung einer Schuld; **-е квалификации** Qualifikationsanerkennung *f*; **молчаливое -е** stillschweigende Anerkenntnis; **частичное -е** Teilanerkennung *f*

прииск *m* Fundort *m*, Mine *f*; **золотой ~** Gold|mine *f*, -grube *f*

приказ *m* Befehl *m*, Order *f*, Anweisung *f*, Anordnung *f*, Verordnung *f*; **выполнять ~** eine Anordnung (einen Befehl, eine Anweisung, eine Verordnung) ausführen; **давать ~** eine Anordnung (einen Befehl) geben (erteilen); **-у** an Order, auf Anweisung; **~ на проведение выплаты** Auszahlungsanweisung *f*; **не -у** nicht an Order; **~ об уплате** Zahlungsanweisung *f*; **собственному -у** an eigene Order

приказание *n* Anordnung *f*, Befehl *m*

прикладн|ой angewandt; **-ые исследования** *pl* angewandte Forschung

прикупать hinzukaufen, zusätzlich kaufen (erwerben)

прилавок *m* Ladentisch *m*, Ladentheke *f*

прилагать beifügen, beilegen, anwenden, aufbieten; **~ к предложению образец** dem Angebot ein Muster beifügen; **~ счёт** eine Rechnung beifügen; **~ усилия** seine Kräfte aufbieten

прилив *m* Flut *f*, Zufluss *m*, Zustrom *m*, Zuführung *f*; **~ денежных средств** Mittel|zufluss *m*, -zuführung *f*; **~ иностранного капитала** Zufluss von ausländischem Kapital; **~ капитала** Kapital|zufluss *m*, -zufuhr *f*, -zuführung *f*

приложение *n* Anlage *f*, Beilage *f*; Anwendung *f*; Aufbietung *f*, Aufgebot *n*; **бесплатное ~** Gratisbeilage *f*; **~ к договору** Anlage zum Vertrag; **как ~ к этому письму** als Anlage zu diesem Brief; **с -м всех средств** mit Aufgebot aller Mittel; **с -м соответствующих документов** unter Anschluss der entsprechenden Unterlagen; **специальное ~** Sonderbeilage *f*

прима-вексель *m* Erstausfertigung *f*, Primawechsel *m*

прима-виста auf Sicht, bei Vorlage

примаж *m* Primage *f*, Frachtzuschlag *m*

применение *n* Anwendung *f*, Verwendung *f*, Gebrauch *m*, Einsatz *m*, Verwertung *f*; **~ компьютеров** Computereinsatz *m*; **~ по назначению** bestimmungsgemäße Anwendung (Verwendung); **однократное ~** einmalige Verwendung; **повторное ~** Wieder|verwendung *f*, -verwertung *f*

применимость *f* Anwendbarkeit *f*, Verwendbarkeit *f*

применимый anwendbar, verwendbar

применять anwenden, verwenden, einsetzen, gebrauchen, zum Einsatz bringen, verwerten

пример *m* Beispiel *n*, Muster *n*, Vorbild *n*

примерка *f* Anprobe *f*

примерный musterhaft, mustergültig, Muster-, beispielhaft; annähernd, ungefähr

примерять anprobieren

примирени|е *n* Ausgleich *m*, Schlichtung *f*, Vergleich *m*; Aussöhnung *f*, Versöhnung *f*; **достигать -я** einen Vergleich erzielen; **предложить -е** einen Vergleich vorschlagen; **внесудебное -е** außergerichtlicher Vergleich; **-е противоположных интересов** Interessenausgleich *m*; **-е через арбитражный суд** Schlichtung durch Schiedsgericht; **-е через суд** gerichtlicher Vergleich

принадлежности Zubehör *n*, Material *n*; **канцелярские ~** Bürobedarf *m*; **письменные ~** Schreib|material *n*, -utensilien *pl*

принадлежность Zugehörigkeit *f*, Unterstellung *f*; **отраслевая ~** Branchenzugehörigkeit *f*

принимать akzeptieren, annehmen, aufnehmen, entgegennehmen, übernehmen, empfangen, in Empfang nehmen; **~ в качестве залога** als Sicherheit anerkennen; **~ в расчёт** in Rechnung stellen, berücksichtigen; **~ вместо платежа** an Zahlungs statt nehmen; **~ заказ** einen Auftrag (eine Bestellung) annehmen (entgegennehmen, übernehmen); **~ закон** ein Gesetz verabschieden; **~ заявку** einen Antrag annehmen; **~ к исполнению** zur Ausführung übernehmen; **~ к оплате** in Zahlung nehmen; **~ к сведению** zur Kenntnis nehmen; **~ к учёту** diskontieren; **~ меры** Maßnahmen (Vorkehrungen) ergreifen (treffen); **~ на инкассо** zum Inkasso entgegennehmen; **~ на комиссию** in Kommission nehmen; **~ на консигнацию** in Konsignation nehmen; **~ на работу** einstellen, anstellen; **~ на себя ответственность** Verantwortung übernehmen; **~ партию товара** eine Sendung annehmen; **~ приглашение** eine Einladung annehmen; **~ предложение** ein Angebot (einen Vorschlag) annehmen; **~ решение** entscheiden, eine Entscheidung fällen (treffen), einen Beschluss fassen; **~ участие** sich beteiligen, teilnehmen; **~ форму** eine Form annehmen

приносить bringen, einbringen, erbringen; **~ выгоду** Nutzen (Vorteil) bringen; **~ дивиденды** Dividenden bringen; **~ доход** einen Ertrag bringen, eine Rendite ergeben; **~ пользу** Nutzen bringen, von Nutzen sein; **~ прибыль** Gewinn abwerfen (einbringen); **~ про-**

центы Zinsen (er)bringen, sich verzinsen
приносящий bringend, tragend; **~ доход** ertragreich; **~ прибыль** gewinnbringend; **~ проценты** Zins bringend, verzinslich
принтер *m* Drucker *m*, Printer *m*
принудительн|ый zwangsweise, Zwangs-; **-ое взыскание** *n* Zwangs|beitreibung *f*, -eintreibung *f*; **-ое изъятие** *n* Zwangseinziehung *f*; **-ая ликвидация** *f* Zwangsauflösung *f*; **-ый сбор** *m* Zwangsabgabe *f*; **-ое страхование** *n* Zwangsversicherung *f*; **-ые торги** *pl* Zwangsversteigerung *f*; **-ое управление** *n* **имуществом** Zwangsverwaltung *f*
принуждать erzwingen, nötigen, zwingen
принуждение *n* Zwang *m*, Nötigung *f*; **добиваться -м** mit Zwang erzielen
принцип *m* Prinzip *n*, Grundsatz *m*; **реализовывать -ы на практике** Grundsätze in die Praxis umsetzen; **~ ведения бухгалтерских записей по документам** Belegprinzip *n*; **~ выравнивания** Ausgleichsprinzip *n*; **~ гласности** Öffentlichkeitsprinzip *n*; **~ действия** Arbeitsweise *f*, Wirkungsweise *f*; **~ы действующего бухгалтерского учёта** Grundsätze ordnungsmäßiger Buchführung; **~ достижения максимальной отдачи** Maximalprinzip *n*; **~ замещения** Substitutionsprinzip *n*; **~ исключительного права пользования** Ausschlussprinzip *n*; **~ коллегиальности** Kollegialprinzip *n*; **-ы кредитования** Voraussetzungen für die Kreditgewährung; **~ минимально возможного распределения накладных расходов** Proportionalitätsprinzip *n*; **-ы налогообложения** Besteuerungsprinzipien *pl*; **~ одного окна** Ein-Schalter-Prinzip *n*; **~ отражения в бухгалтерской документации только фактических расходов и доходов** Realisationsprinzip *n*; **-ы планирования** Planungsgrundsätze *pl*; **~ политики в области ликвидности** Liquiditätsgrundsätze *pl*; **~ приоритетности** Rangprinzip *n*; **-ы прозрачные** transparente Prinzipien; **~ разделения союзов наёмных работников и работодателей по отраслям промышленности** Industrieverbandsprinzip *n*; **~ рационального подхода к принятию решений** Rationalprinzip *n*; **~ сальдирования расходов и доходов по результативному счёту** Nettoprinzip *n*; **~ соблюдения равенства** Gleichbehandlungsprinzip *n*; **~ солидарности** Solidaritätsprinzip *n*; **~ составления бюджета** Budgetierungsansatz *m*; **~ субсидиарности** Subsidiaritätsprinzip *n*; **~ учёта доходов и расходов по месту производства** Inlandskonzept *n*; **цеховой ~ организации производства** Werkstattfertigung *f*
принципал *m* Auftraggeber *m*, Geschäftsherr *m*, Prinzipal *m*
принятие *n* Annahme *f*, Entgegennahme *f*, Übernahme *f*, Empfang *m*; **безоговорочное ~** vorbehaltlose Annahme; **~ векселя к платежу** Wechselhereinnahme *f*; **~ заказа** Annahme eines Auftrags (der Bestellung); **~ закона** Verabschiedung eines Gesetzes; **~ кредитором в погашение обязательства иного вида исполнения** Annahme an Erfüllungs statt; **коллегиальное ~ решений** Kollegialentscheidung *f*; **коллективное ~ решений** Kollektiventscheidung *f*; **~ на себя части обязательств** Teilübernahme *f*; **~ на себя чужого обязательства совместно с прежним должником** Schuldmitübernahme *f*; **~ наследства** Erbannahme *f*; **~ обязательства** Übernahme einer Verpflichtung; **~ платежа** Annahme der Leistung; **~ решения** Entscheidung *f*, Entscheidungsfindung *f*, Beschlussfassung *f*; **~ риска** Gefahrenübernahme *f*, Risikoübernahme *f*
принятый üblich, gebräuchlich; angenommen; **~ в банковской практике** banküblich; **~ в данной отрасли** branchenüblich; **~ в деловой практике** geschäftsüblich; **~ в торговле** handelsüblich
приобретатель *m* Erwerber *m*, Käufer

m; **добросовестный ~** gutgläubiger Erwerber; **~ ценных бумаг** Wertpapierkäufer *m*

приобретать anschaffen, beschaffen, erwerben, kaufen; übernehmen, annehmen, in den Besitz gelangen; **~ за наличные** gegen bar erwerben; **~ законную силу** rechtskräftig werden; **~ знания** sich Wissen erwerben; **~ клиентов** Kunden werben (akquirieren, gewinnen); **~ материал** Material beschaffen; **~ навыки (умения)** sich Fähigkeiten aneignen; **~ по праву давности владения** ersitzen; **~ предприятие** ein Unternehmen erwerben (übernehmen); **~ средства труда** Betriebsmittel anschaffen; **~ товары** Waren beschaffen

приобретени|е *n* Akquisition *f*; Anschaffung *f*, Beschaffung *f*, Bezug *m*; Erwerb *m*, Kauf *m*, Übernahme *f*; **делать -е** eine Anschaffung machen, erwerben, kaufen; **планировать -е** Akquisitionen planen; **производить -е** Akquisitionen tätigen; **-е акций** Erwerb (Bezug) von Aktien; **-е акций нового выпуска** Bezug von jungen Aktien; **-е в собственность** Eigentumserwerb *m*; **-е валюты** Devisenbeschaffung *f*; **-е владения** Erwerb eines Besitzes; **добросовестное -е** gutgläubiger Erwerb; **-е долевого участия** Erwerb einer Beteiligung (von Anteilen); **-е земельных участков для строительства предприятий** Akquisition von Standorten; **-е концессии** Erwerb einer Konzession; **-е ликвидности** Liquiditätsbeschaffung *f*; **новое -е (-е новой вещи)** Neuanschaffung *f*; **-е по праву давности** Ersitzung *f*; **-е права собственности** Eigentumserwerb *m*; **-е предприятия** Unternehmenskauf *m*, Erwerb eines Unternehmens; **регулярное -е** regelmäßiger Bezug; **случайное -е** Gelegenheitskauf *m*; **-е ценных бумаг** Erwerb von Wertpapieren

приоритет *m* Priorität *f*, Vorrang *m*, Vorrecht *n*, Vorzug *m*; **заявлять о -е** Priorität beanspruchen; **иметь ~** (den) Vorrang (den Vorzug) haben, im Rang vorstehen; **получать ~** (den) Vorrang erhalten; **устанавливать -ы** Prioritäten setzen; **абсолютный ~** absolute Priorität; **~ закона** Vorrang des Gesetzes

приостанавливать einstellen, stoppen, aussetzen; anhalten, aufhalten, Einhalt gebieten; **~ кредитование** die Kreditierung einstellen; **~ платежи** Zahlungen aussetzen; **~ поставки** Lieferungen einstellen; **~ производство дела** das Verfahren einstellen

приостановка *f* Einstellung *f*, Stopp *m*, Aussetzung *f*, Unterbrechung *f*; **~ импорта** Aussetzung der Einfuhren; **~ котировки** Einstellung der Kursnotierung; **~ кредитования** Einstellung der Kreditierung; **~ платежей** Zahlungs|einstellung *f*, -stockung *f*, -stopp *m*, -unterbrechung *f*; **~ производства** Einstellung der Produktion; **~ работ(ы)** Arbeitseinstellung *f*

приостановление *n* Aussetzung *f*, Hemmung *f*; **~ срока исковой давности** Hemmung der Verjährung

припасы *pl* Vorrat *m*; **съестные ~** Lebensmittelvorrat *m*

приписка *f* Nachschrift *f*, Zuschrift *f*

приплата *f* Zulage *f*, Zuschlag *m*, Nachzahlung *f*

приплачивать nachzahlen, zuzahlen

припуск *m* Aufmass *m*

прирабатывать hinzuverdienen, zuverdienen

приработок *m* Zuverdienst *m*

приравнивать gleichsetzen, gleichstellen, angleichen

приращение *n* Vermehrung *f*, Zuwachs *m*; **~ капитала** Kapital|vermehrung *f*, -zuwachs *m*; **~ стоимости** Wert|-vermehrung *f*, -zunahme *f*, -zuwachs *m*

природа *f* Natur *f*; Wesen *n*, Beschaffenheit *f*

природн|ый natürlich, Natur-; **-ые богатства** *f* natürliche Reichtümer; **-ый газ** *m* Erdgas *n*; **-ый материал** *m* Naturstoff *m*; **-ый продукт** *m* Natur|-erzeugnis *n*, -produkt *n*

природопользование *n* Naturnutzung *f*

прирост *m* Zuwachs *m*, Zugang *m*, Zunahme *f*, Vermehrung *f*, Anwachsen *n*, Wachstum *n*; **достигать -а** einen Zuwachs erreichen (erzielen); **обнаруживать ~** einen Zuwachs aufweisen; **ожидать -а** einen Zuwachs (ein Anwachsen) erwarten; **планировать ~** den Zuwachs (das Wachstum) planen; **прогнозировать ~** einen Zuwachs voraussagen; **регистрировать (отмечать) ~** einen Zuwachs verzeichnen; **абсолютный ~** absolute Zunahme; **~ в процентах** prozentuale Zunahme; **~ доходов** Einkommenszuwachs *m*; **ежегодный ~** jährlicher Zuwachs; **естественный ~** natürlicher Zuwachs; **~ запасов** Bestandszuwachs *m*; **~ капитала** Kapital|vermehrung *f*, -zuwachs *m*; **~ населения** Bevölkerungszuwachs *m*; **низкий ~** niedriger Zuwachs; **~ объёма сбыта** Absatzzuwachs *m*; **~ основного капитала** Zugang von Anlagegegenständen, Zugänge im Anlagevermögen; **~ прибыли** Gewinnzuwachs *m*; **~ производства** Produktionszuwachs *m*; **~ промышленного производства** Zuwachs der Industrieproduktion; **средний ~** durchschnittliche Zunahme; **~ средств производства** Investitionsgüterzuwachs *m*; **~ стоимости** Wert|vermehrung *f*, -zunahme *f*, -zuwachs *m*; **~ чистой продукции** Nettoproduktionszuwachs *m*; **~ чистой (фактической) стоимости** Nettowertzuwachs *m*; **чистый ~** Nettozuwachs *m*

присваивать aneignen, Besitz ergreifen, in Besitz nehmen; verleihen, zuerkennen; unterschlagen, veruntreuen; zuweisen; **~ незаконно** sich rechtswidrig aneignen; **~ ресурсы** sich Ressourcen aneignen

присвоение *n* Aneignung *f*, Besitzergreifung *f*; Verleihung *f*, Zuerkennung *f*; Unterschlagung *f*, Veruntreuung *f*; Zuweisung *f*; **незаконное ~** rechtswidrige Aneignung; **несправедливое ~** ungerechtfertigte Aneignung

присоединени|е *n* Beitritt *m*, Angliederung *f*, Anschluss *m*, Eingliederung *f*; **добиваться -я** sich um den Beitritt bewerben; **-е к договору** Beitritt zum Vertrag

присоединять anschließen, angliedern

присоединяться beitreten, sich anschließen; **~ к договору** einem Vertrag beitreten

приспосабливать anpassen, angleichen; vorrichten

приспособление *n* Anpassung *f*, Angleichung *f*; Vorrichtung *f*; **вспомогательное ~** Hilfsvorrichtung *f*; **защитное ~** Schutzvorrichtung *f*; **~ к условиям рынка** Marktanpassung *f*; **специальное ~** Spezialvorrichtung *f*

присуждать verleihen, zuerkennen, zusprechen; **~ премию (приз)** einen Preis verleihen

присуждение *n* Verleihung *f*, Zuerkennung *f*; **~ контракта** Zuschlag *m* bei der Ausschreibung; **~ премии (приза)** Preisverleihung *f*

присутствие *n* Anwesenheit *f*, Gegenwart *f*, Präsenz *f*; **расширять ~** die Präsenz ausweiten; **~ на рынке** Marktpräsenz *f*

присылать einsenden, zusenden, zuschicken; **~ письмо** einen Brief zusenden (einsenden); **~ товары** Waren zusenden

присылка *f* Einsendung *f*, Zusendung *f*

приток *m* Zufluss *m*, Zustrom *m*; **~ вкладов** Einlagenzuflüsse *pl*; **~ денежных средств** Geldzufluss *m*; **~ заказов** Auftragszufluss *m*; **~ иностранного капитала** Zufluss von ausländischem Kapital; **~ капитала** Kapital|zufluss *m*, -zufuhr *f*, -zuführung *f*; **~ ликвидности** Liquiditätszufluss *m*; **обратный ~** Rückfluss *m*; **чистый ~** Nettozufluss *m*; **чистый ~ ликвидных средств** Nettozufluss liquider Mittel

притязани|е *n* Anspruch *m*; Anmaßung *f*, Anrecht *n*; Forderung *f*; **выдвигать -е** Anspruch erheben; **заявлять о своих -ях** seine Ansprüche geltend machen; **обосновывать -я** seine Ansprüche begründen; **отказываться от -я** einen Anspruch aufgeben, auf seine Forderungen verzichten; **умерять свои -я** seine Ansprüche herabsetzen; **встречное -е** Gegen|anspruch *m*, -forderung *f*; **законное -е** Rechtsanspruch *m*, rechtlicher (rechtmäßiger) Anspruch; **-е на владение** Besitzanspruch *m*; **-е на возмещение**

(оплату) Vergütungsanspruch *m*; **-е на возмещение убытков** Ersatzanspruch *m*; **-е на наследство** Erbschaftsanspruch *m*; **-е на право собственности** Eigentumsanspruch *m*; **-е на предоставление гарантии** Gewährleistungsanspruch *m*; **незаконное -е** Anmaßung *f*, unberechtigter Anspruch; **неоспоримое -е** unbestrittener Anspruch

притязать Ansprüche erheben, beanspruchen, Forderungen stellen

приход *m* Einnahme(n *pl*) *f*, Zugang *m*; Haben *n*; Aufkommen *n*; **записывать (зачислять) в ~** als Einnahme(n) verbuchen; **~ и расход** Einnahmen und Ausgaben, Haben und Soll

приходить (an)kommen; **~ в негодность** unbrauchbar (untauglich) werden; **~ в равновесие** ins Gleichgewicht kommen; **~ в упадок** verfallen, in Verfall geraten; **~ к компромиссу** zu einem Kompromiss kommen, einen Kompromiss (Vergleich) eingehen (machen, schließen); **~ к соглашению** eine Vereinbarung (einen Vergleich) erzielen

приходиться entfallen, zukommen

приход|ный Einnahme(n)-; **-ая квитанция** *f* Einnahmebeleg *m*; **-ая книга** *f* Einnahmenbuch *n*

приходование *n* Gutschrift *f*

приходовать gutschreiben, als Einnahmen verbuchen, erkennen

приходно-расходный Einnahme- und Ausgabe-

прицениваться sich nach dem Preis erkundigen, den Preis erfragen

причал *m* Anlegestelle *f*, Kaianlage *f*; **таможенный ~** Zollterminal *n*

причаливать anlegen

причальные *pl* Kaigebühren *pl*

причин|а *f* Grund *m*, Ursache *f*; **исследовать -ы** Ursachen untersuchen; **устанавливать -у** die Ursache ermitteln; **-а брака** Ausschussursache *f*; **-ы инфляции** Inflationsursachen *pl*; **-а ликвидации общества** Ausschließungsgrund *m*; **по -е** auf Grund; **побудительная -а** Beweggrund *m*; **серьёзная -а** schwerwiegender Grund; **-а убытков (ущерба)** Schadensursache *f*

причинение *n* Verursachung *f*; **~ вреда (ущерба)** Schadensverursachung *f*

причинять verursachen, zufügen; **~ вред (ущерб)** einen Schaden anrichten (verursachen, zufügen)

причисление *n* Hinzurechnung *f*, Zurechnung *f*

причисляемый zurechenbar

причислять hinzurechnen, zurechnen; zählen; einbeziehen

причитаться zustehen

причитающ|ийся zustehend, fällig; **-аяся сумма** *f* fälliger (zustehender) Betrag

проб|а *f* Probe *f*, Test *m*, Versuch *m*; Muster *n*, Probestück *n*; Feingehalt *m*; **брать -у** eine Probe entnehmen (ziehen); **исследовать -у** eine Probe (ein Muster, ein Probestück) untersuchen; **покупать на -у** auf Probe kaufen; **выборочная -а** Stichprobe *f*; **-а золота** Goldgehalt *m*, Goldprobe *f*; **на -у** auf (zur) Probe, versuchsweise, probeweise

пробег *m* Lauf *m*, Laufstrecke *f*, Strecke *f*; **порожний ~** Leer|fahrt *f*, -lauf *m*; **пробный ~** Probe|fahrt *f*, -lauf *m*

пробел Lücke *f*, Abstand *m*, Zwischenraum *m*; **обнаруживать ~** eine Lücke erkennen; **устранять ~** eine Lücke beheben (schließen)

проблем|а *f* Problem *n*, Aufgabe *f*, Frage *f*; **анализировать -ы** Probleme analysieren; **затрагивать -у** ein Problem anschneiden; **решать -у** ein Problem lösen; **ставить -у** ein Problem aufwerfen; **урегулировать -у** ein Problem regeln; **-а безработицы** Problem der Arbeitslosigkeit; **жилищная -а** Wohnungs|frage *f*, -problem *n*; **комплексная -а** Problemkomplex *m*; **неотложная (острая) -а** brennendes (unaufschiebbares, akutes) Problem; **-а сбыта** Absatzproblem *n*; **экономические -ы** Wirtschaftsfragen *pl*, Wirtschaftsprobleme *pl*

пробн|ый Probe-, probeweise; **-ое испытание** *n* Probe|fahrt *f*, -lauf *m*; **-ая поставка** *f* Probelieferung *f*

пробовать probieren, versuchen, experimentieren; kosten, verkosten

провайдер *m (Comp)* Provider *m*

проведение *n* Ausführung *f*, Durchführung *f*, Vornahme *f*, Abhaltung *f*; **~ инвестиций** Investitionsabwicklung *f*; **~ испытаний** Ausführung von Versuchen; **~ контроля** Kontrolldurchführung *f*; **~ мероприятий** Durchführung von Veranstaltungen; **~ общей торговой политики** Durchführung der gemeinsamen Handelspolitik; **~ ремонтных работ** Ausführung von Reparaturen; **~ реформы** Durchsetzung der Reform; **~ сделок** Vornahme der Geschäfte; **~ собрания** Abhaltung einer Sitzung; **~ строительных работ** Bauausführung *f*

проверк|а *f* Kontrolle *f*, Probe *f*; Prüfung *f*, Revision *f*, Audit *m*, Sichtung *f*; Test *m*, Überprüfung *f*; Aufsicht *f*, Durchsicht *f*, Einsicht *f*, Einsichtnahme *f*; **осуществлять (проводить) -у** die Aufsicht (Kontrolle, Prüfung, Revision) ausüben (durchführen, vornehmen), testen; **подлежать -е** der Kontrolle unterliegen; **получить возможность -и** Einsicht erhalten; **потребовать -и** Einsichtnahme verlangen; **предъявлять для -и** zur Einsichtnahme vorlegen; **разрешать -у** Einsicht gewähren; **аудиторская -а** Audit *m*, Auditierung *f*; **-а баланса** Bilanz|prüfung *f*, -revision *f*; **-а бухгалтерских книг** Buchprüfung *f*; **-а веса** Nachwägung *f*; **встречная -а** Gegen|kontrolle *f*, -prüfung *f*, -probe *f*; **вторичная -а** Überprüfung *f*; **выборочная -а** Stichprobe *f*; **-а выполнения заказа** Kontrolle der Auftragsausführung (Auftragsdurchführung); **документальная -а** Beleg|-prüfung *f*, -revision *f*; **дополнительная -а** Nachprüfung *f*; **-а знаний** Wissenskontrolle *f*; **-а исполнения** Ausführungskontrolle *f*, Vollzugskontrolle *f*; **-а кассовой наличности** Kassen|kontrolle *f*, -prüfung *f*, -revision *f*; **-а качества** Qualitäts|kontrolle *f*, -prüfung *f*; **-а качества товаров** Waren|kontrolle *f*, -prüfung *f*; **контрольная -а** Kontrollprüfung *f*; **-а методом итога** Quersummenprüfung *f*; **предварительная -а** Vor|kontrolle *f*, -prüfung *f*; **-а предприятия** Betriebsprüfung *f*; **-а размеров** Maßkontrolle *f*; **-а счёта** Rechnungsprüfung *f*; **-а торговых книг** Einsichtnahme in die Geschäftsbücher; **-а цен** Preisprüfung *f*

проверочный Kontroll-, Prüfungs-; **~ счёт** Kontrollrechnung *f*

проверяемость *f* Überprüfbarkeit *f*

проверять kontrollieren, prüfen, revidieren; testen, überprüfen; durchsehen; **~ балансовый отчёт** die Bilanz prüfen; **~ бухгалтерские книги** Bücher prüfen; **~ вес** nachwägen, das Gewicht nachprüfen; **~ выборочно** eine Stichprobe durchführen; **~ дополнительно** nachprüfen, überprüfen; **~ знания** Kenntnisse prüfen; **~ качество изделия** die Güte eines Erzeugnisses kontrollieren; **~ подсчёт (расчёт)** nachrechnen; **~ размеры** nachmessen; **~ счёт** eine Rechnung prüfen

провизия *f* Lebensmittel *pl*, Verpflegung *f*, Mundvorrat *m*; Provision *f*; **банковская ~** Bankprovision *f*

проводить ausführen, durchführen, durchsetzen, realisieren, verwirklichen, vornehmen; abhalten, veranstalten; **~ контроль (проверку)** eine Kontrolle (Prüfung) durchführen, kontrollieren; **~ конференцию** eine Konferenz veranstalten; **~ мероприятие** Maßnahmen (Veranstaltungen) durchführen; **~ по счетам бухгалтерского учёта** buchen, verbuchen; **~ реформы** Reformen durchführen (durchsetzen); **~ сделки (коммерческие операции)** Geschäfte tätigen (vornehmen); **~ семинар** ein Seminar veranstalten; **~ собрание** eine Versammlung durchführen; **~ совещание** eine Sitzung abhalten

проводк|а *f (Buchh)* Buchung *f*, Verbuchung *f*; Leitung *f*; Verlegung *f*; **делать -у** *(Buchh)* die Buchung vornehmen; **-а амортизационных списаний** Verbuchung von Abschreibungen; **дебетовая -а** Debitbuchung *f*, Lastschrift *f*, Sollbuchung *f*; **кредитовая -а** Gutschrift *f*, Kreditbuchung *f*; **-а по бухгалтерским книгам (счетам бухгалтерского учёта)** Buchung *f*, Verbuchung *f*; **реальная -а** reale Buchung *f*; **-а по счетам** Konteneintragung *f*; **сборная (сводная) -а** Sammelbuchung *f*

проводник *m* Schaffner *m*; Leiter *m*

провоз *m* Durchfuhr *f*, Transit *m*, Transport *m*, Beförderung *f*; **транзитный ~ товаров** Durchfuhr von Waren

прогноз *m* Prognose *f*, Voraussage *f*, Vorausschau *f*, Vorhersage *f*, Vorschau *f*; **выдавать (делать) ~** eine Prognose abgeben; **разрабатывать (составлять) ~** eine Prognose aufstellen; **демографический ~** Bevölkerungsprognose *f*; **детальный ~** Detailprognose *f*, detaillierte Prognose; **~ динамики рынка** Voraussage der Marktentwicklung; **долгосрочный ~** langfristige Prognose; **~ доходов** Ertrags|prognose *f*, -vorschau *f*; **~ издержек** Kostenprognose *f*; **~ конъюнктуры** Konjunktur|prognose *f*, -vorschau *f*; **~ конъюнктуры (динамики) рынка** Markt|prognose *f*, -vorhersage *f*, -vorausschätzung *f*; **краткосрочный ~** kurzfristige Prognose; **~ на получение прибыли** Gewinnprognose *f*; **~ погоды** Wettervorhersage *f*; **~ продаж** Absatzprognose *f*; **~ развития** Entwicklungsprognose *f*; **~ развития экономики** Wirtschaftsprognose *f*; **~ сбыта** Absatz|erwartungen *pl*, -prognose *f*; **~ спроса (потребностей)** Bedarfs|-prognose *f*, -vorhersage *f*, Nachfrageprognose *f*; **среднесрочный ~** mittelfristige Prognose; **~ товарооборота** Umsatz|erwartungen *pl*, -vorschau *f*; **условный ~** bedingte Prognose; **экономический ~** Wirtschaftsprognose *f*

прогнозирование *n* Prognostizierung *f*, Prognoserechnung *f*; **долгосрочное ~** langfristige Prognostizierung *f*

прогнозировать prognostizieren, voraussagen, vorausschauen, vorhersagen; **~ динамику рынка** die Marktentwicklung voraussagen; **~ рост** das Wachstum prognostizieren

программ|а *f* Programm *n*; **включать в -у** in das Programm aufnehmen; **принимать -у** das Programm verabschieden (beschließen); **разрабатывать -у** ein Programm erarbeiten; **реализовывать -у** ein Programm umsetzen (durchführen); **составлять -у** ein Programm aufstellen (zusammenstellen); **финансировать -у** ein Programm finanzieren; **аграрная -а** Agrarprogramm *n*; **вексельная -а** Wechselprogramm *n*; **-а действия** Aktionsprogramm *n*; **-а диверсификации** Diversifikationsprogramm *n*; **долгосрочная -а** langfristiges Programm, Mehrjahresprogramm *n*; **инвестиционная -а (-а капиталовложений)** Investitionsprogramm *n*; **многолетняя -а** Mehrjahresprogramm *n*; **-а обучения** Schulungsprogramm *n*; **-а приватизации** Privatisierungsprogramm *n*; **производственная -а** Fertigungsprogramm *n*, Fabrikationsprogramm *n*, Produktionsprogramm *n*; **-а рационализации** Rationalisierungsprogramm *n*; **-а (режима) экономии** Sparprogramm *n*; **-а сбытовой деятельности** Absatzprogramm *n*; **социальная -а** Sozialprogramm *n*; **тренировочная -а** Übungsprogramm *n*; **учебная -а** Lehrplan *m*, Studienplan *m*; Lernprogramm *n*; **-а финансирования** Finanzierungsprogramm *n*, **целевая -а** zweckgebundenes Programm *n*

программирование *n* Programmierung *f*

программировать programmieren

программист *m* Programmierer *m*

прогресс *m* Fortschritt *m*; **достичь -а** den Fortschritt erzielen; **научно-технический ~** wissenschaftlich-technischer Fortschritt; **технический ~** technischer Fortschritt; **экономический ~** wirtschaftlicher Fortschritt

прогрессивн|ый fortschrittlich, Fortschritts-, progressiv; **-ая амортизация** *f* progressive Abschreibung; **-ое налогообложение** *n* progressive Besteuerung

прогрессия *f* Progression *f*, Steigerung *f*; **налоговая ~** Steuerprogression *f*

прогул *m* Arbeitsversäumnis *n*, Arbeitsausfall *m*, Ausbleiben von der Arbeit, ausgefallener Arbeitstag; **вы-**

нужденный ~ unverschuldeter Arbeitsausfall

прогуливать mutwillig der Arbeit fernbleiben, bummeln

продавать verkaufen, veräußern, abgeben, absetzen, vertreiben, abstoßen, abverkaufen; **~ без покрытия** ohne Deckung verkaufen; **~ без посредников** direkt verkaufen; **~ в бланк** blanko verkaufen, fixen; **~ в кредит** auf Kredit (Ziel) verkaufen; **~ в розницу** im (über den) Einzelhandel (en detail) verkaufen (absetzen); **~ долю (пай)** Geschäftsanteile (Beteiligungen) verkaufen (veräußern); **~ за бесценок** zum Spottpreis verkaufen; **~ за наличный расчёт** gegen bar (Barzahlung) verkaufen, per Kasse verkaufen; **~ на срок** auf Termin (Ziel) verkaufen; **~ на срок без покрытия** blanko verkaufen; **~ оптом** im (über den) Großhandel (en gros) verkaufen (absetzen); **~ по наивысшему курсу (цене)** bestens verkaufen; **~ по низкой цене** billig abgeben (verkaufen); **~ по образцу** gemäß Muster verkaufen; **~ по открытому счёту** blanko verkaufen; **~ по своей цене** zu Einkaufspreisen verkaufen; **~ с аукциона (молотка)** versteigern; **~ с прибылью (убытками)** mit Gewinn (Verlust) absetzen (verkaufen); **~ с торгов** durch Ausschreibung verkaufen; **~ с уступкой** zu ermäßigten Preisen verkaufen

продавец *m* Verkäufer *m*, Händler *m*; **~ опциона** Stillhalter *m*

продавщица *f* Verkäuferin *f*

продаж|а *f* Verkauf *n*, Veräußerung *f*, Abgabe *f*, Absatz *m*, Vertrieb *m*; **выставлять на -у** zum Verkauf ausstellen; **запрещать -у** den Verkauf verbieten; **объявлять о -е** einen Verkauf anzeigen; **осуществлять -у** verkaufen, handeln; **предлагать на -у** zum Verkauf anbieten; **предназначать на -у** zum Verkauf bestimmen; **пускать в -у** in den Handel bringen; **увеличивать объём ~** den Umsatz steigern; **-а акций** Aktienverkauf *m*; **аукционная -а** Auktion *f*, Versteigerung *f*; **-а без покрытия на срок** Verkauf ohne Deckung, Blankoverkauf *m*, Leerverkauf *m*; **-а без посредников** Verkauf ohne Zwischenhändler, Direktverkauf *m*, Privatabsatz *m*, direkter (freihändiger) Verkauf; **-а билетов** Kartenverkauf *m*; **-а в бланк** Blankoverkauf *m*, Leerverkauf *m*; **-а в кредит** Kreditverkauf *m*, Verkauf auf Kredit (Ziel); **-а в рассрочку** Teilzahlungsverkauf *m*, Ratenverkauf *m*, Verkauf auf Abzahlung; **-а в розницу** Einzel(handels)verkauf *m*, Verkauf im Einzelhandel; **-а в целях покрытия** Deckungsverkauf *m*; **-а валюты** Devisenverkauf *m*; **-а долевого участия** Beteiligungs|verkauf *m*, -veräußerung *f*, Veräußerung (Verkauf) von Beteiligungen; **-а за наличный расчёт** Barverkauf *m*, Kassageschäft *n*, Verkauf gegen Kasse (Barzahlung); **-а земельного участка** Verkauf (Veräußerung) eines Grundstücks; **-а иностранной валюты** Devisenverkauf *m*; **-а лицензий** Lizenzverkauf *m*; **мелкооптовая -а** Großhandel in kleinen Partien; **монопольная -а** Allein|verkauf *m*, -vertrieb *m*; **на -у** zum Verkauf, zu verkaufen; **-а на внутреннем рынке** Inlandsabsatz *m*; **-а на комиссионных началах** Verkauf auf Kommissionsbasis; **-а на срок** Terminverkauf *m*; **находящийся в -е** gehandelt; **окончательная -а** Räumungsverkauf *m*; **оптовая -а (-а оптом)** Engrosverkauf *m*, Verkauf im Großhandel; **-а остатков** Restverkauf *m*; **-а по бросовым ценам** Verkauf zu Schleuderpreisen, Dumping *n*; **-а по каталогам** Verkauf nach Katalog; **-а по образцам** Musterverkauf *m*; **-а по сниженным ценам** Verkauf zu ermäßigten (reduzierten) Preisen; **-а по телефону** Telefonverkauf *m*; **-а по цене ниже закупочной** Verkauf unter Einstandspreis; **-а по частным соглашениям** freihändiger Verkauf; **посылочная -а по образцам (каталогам)** Versandverkauf *m*; **предварительная -а** Vorverkauf *m*; **-а предприятия** Betriebsveräußerung *f*, Veräußerung eines Betriebes, Unternehmensverkauf *m*; **-а при игре на понижение** Baisseverkauf *m*, Verkauf auf Baisse; **прибыльная -а**

Verkauf mit Gewinn; **принудительная -а с аукциона (торгов)** Zwangsversteigerung *f*; **принудительная -а с аукциона с целью ликвидации общества** Teilungsversteigerung *f*; **прямые -и** Direktverkauf *m*; **публичная -а** öffentlicher Verkauf; **розничная -а** Einzelhandelsverkauf *m*, Verkauf im Einzelhandel; **-а с аукциона** Auktion *f*, Versteigerung *f*; **-а с будущей поставкой** Terminverkauf *m*; **-а с оговоркой о сохранении права собственности за продавцом** Verkauf unter Eigentumsvorbehalt; **-а с отсрочкой платежа** Verkauf mit Zahlungsziel (auf Ziel); **-а с последующей арендой** Verkauf mit anschließender Rückmiete; **-а с торгов** Verkauf durch Ausschreibung; **срочная -а для страхования от возможного падения цен** Terminverkauf *m*; **-а товаров** Warenverkauf *m*; **-а товаров с принудительным ассортиментом** Kopplungsgeschäft *n*; **-а требований** Forderungsverkauf *m*, Verkauf von Forderungen; **-а убыточных предприятий** Verkauf verlustbringender Unternehmen; **условная -а** Verkauf unter Vorbehalt; **фиктивная -а** Scheinverkauf *m*; **фиктивная -а ценных бумаг** Leerverkauf *m*; **частичная -а** Teilverkauf *m*

продажность *f* Käuflichkeit *f*, Bestechlichkeit *f*

продажный käuflich, bestechlich

продакшн-шеринг production sharing

продающийся verkäuflich, veräußerlich

продвигать einführen, befördern, fördern; **~ товар на рынок** eine Ware auf dem Markt einführen

продвижение *n* Einführung *f*, Beförderung *f*, Aufstieg *m*, Förderung *f*; **~ по службе** Karriere *f*, Laufbahn *f*; **~ товара** *(V&M)* Promotion, Vermarktung der Ware, Verkaufsförderung der Ware

продешевить zu billig verkaufen

продлевать prolongieren, verlängern, aufschieben, stunden; **~ абонемент (подписку)** ein Abonnement verlängern; **~ на определённый срок** befristet verlängern (stunden); **~ срок векселя** einen Wechsel prolongieren (verlängern); **~ срок действия договора** den Vertrag verlängern; **~ срок платежа** Zahlung aufschieben

продлени|е *n* Prolongation *f*, Verlängerung *f*, Aufschub *m*, Stundung *f*; **согласовывать вопрос о -и** eine Verlängerung (Prolongation) vereinbaren; **-е визы** Visumverlängerung *f*; **-е кредита** Kreditverlängerung *f*, Prolongation eines Kredits (Darlehens); **-е отпуска** Urlaubsverlängerung *f*; **-е подписки** Weiterbezug *m*, Verlängerung des Abonnements; **-е срока** Fristverlängerung *f*, Terminverlängerung *f*, Nachfrist *f*, Verlängerung der Frist; **-е срока действия аккредитива** Verlängerung eines Akkreditivs; **-е срока действия договора** Vertragsverlängerung *f*, Verlängerung des Vertrags; **-е срока платежа** Zahlungsaufschub *m*, Stundung *f*; **-е срока подписки** Verlängerung eines Abonnements; **-е срока сдачи** Verlängerung der Abgabefrist

продовольствие *n* Nahrungsmittel *pl*

продолжать fortführen, fortsetzen, weiter führen; **~ вести дело** ein Geschäft fortführen (weiterführen); **~ выплату заработной платы** das Arbeitsentgelt fortzahlen; **~ пользоваться спросом** weiter gefragt sein; **~ совершенствовать** weiterentwickeln; **~ существование** fortbestehen

продолжение *n* Fortführung *f*, Fortsetzung *f*; **~ ведения дел** Fortführung (Weiterführung) des Geschäfts; **~ выплаты** Fortzahlung *f*, Weiterzahlung *f*; **~ выплаты заработной платы** Lohnfortzahlung *f*; **~ работ над проектами** Weiterführung von Projekten; **~ работы** Arbeitsfortsetzung *f*; **~ существования предприятия** Fortbestand des Unternehmens; **~ управления предприятием** Weiterführung des Betriebs

продолжительность *f* Dauer *f*, Fortdauer *f*, Zeitdauer *f*; **~ действия** Wirkungsdauer *f*, Gültigkeitsdauer *f*; **~ жизни** Lebensdauer *f*; **~ обработки (рассмотрения)** Bearbeitungsdauer *f*; **~ обучения** Ausbildungs|dauer *f*,

-zeit *f*, Schulungsdauer *f*; **~ отсрочки** Stundungsfrist *f*; **~ оформления** Abfertigungszeit *f*; **~ перевозки (транспортировки)** Beförderungsdauer *f*; **~ простоя** Standzeit *f*, Stillstandszeit *f*; **~ работы** Arbeitsdauer *f*; **~ рабочего дня** Dauer (Länge) des Arbeitstages; **~ службы** Lebensdauer *f*; **средняя ~ жизни** Lebenserwartung *f*; **~ эксплуатации** Betriebs|dauer *f*, -zeit *f*

продукт *m* Produkt *n*, Erzeugnis *n*, Fabrikat *n*; **предлагать новый ~** ein neues Produkt anbieten (offerieren); **предпочитать один ~ другому** ein Produkt bevorzugen; **представлять ~** ein Produkt vorstellen; **разрабатывать новые -ы** neue Produkte entwickeln; **сертифицировать ~** das Produkt zertifizieren; **банковский ~** Bankprodukt *n*; **валовый ~** Bruttoprodukt *n*; **валовый внутренний ~** Bruttoinlandsprodukt *n*; **валовый национальный (общественный) ~** Bruttosozialprodukt *n*; **вторичный ~** Sekundärprodukt *n*; **высококачественный ~** Qualitäts|erzeugnis *n*, -produkt *n*, Spitzen|erzeugnis *n*, -produkt *n*, hochwertiges Erzeugnis (Produkt); **готовый ~** Fertig|erzeugnis *n*, -fabrikat *n*, -produkt *n*, fertiges Erzeugnis (Produkt); **~ высшего качества** Topprodukt *n*, Qualitätsprodukt *n*; **~, готовый к выпуску на рынок** marktreifes Produkt; **~, готовый к продаже** marktfähiges Produkt; **естественный (натуральный) ~** Naturalprodukt *n*; **жизненноважные -ы питания** lebenswichtige Nahrungsmittel; **~, изготавливаемый по лицензии** Lizenzprodukt *n*; **инновационный ~** innovatives Produkt; **~ иностранного производства** ausländisches Produkt; **исходный ~** Ausgangs|produkt *n*, -stoff *m*; **конечный ~** End|erzeugnis *n*, -produkt *n*; **конкурирующий ~** Konkurenz|erzeugnis *n*, -produkt *n*, konkurrierendes Erzeugnis; **~ массового производства** Massenprodukt *n*; **~, на который начисляются издержки при одновременном производстве нескольких изделий** Leitprodukt *n*; **национальный (общественный) ~** Nationalprodukt *n*, Sozialprodukt *m*; **национальный ~ за определённый период** Inlandsprodukt *n*; **~ отечественного производства** einheimisches (inländisches) Produkt; **низкокачественный ~** geringwertes Produkt (Erzeugnis), Erzeugnis von geringerer Qualität; **новый ~** Produktinnovation *f*, neues Erzeugnis (Produkt); **основной ~ предприятия** Hauptprodukt *n*; **основные -ы питания** Grundnahrungsmittel *pl*; **-ы питания** Lebensmittel *pl*, Nahrungsmittel *pl*; **побочный ~** Neben|erzeugnis *n*, -produkt *n*; **предельный ~** Grenzprodukt *n*; **промежуточный ~** Zwischen|erzeugnis *n*, -produkt *n*; **сельскохозяйственный ~** Agrar|erzeugnis *n*, -produkt *n*, Landwirtschaftserzeugnis *m*, landwirtschaftliches Erzeugnis; **~, сменяющий выпускавшийся ранее** Nachfolgeprodukt *n*; **фирменный ~** Marke *f*, Marken|erzeugnis *n*, -produkt *n*; **чистый внутренний ~** Nettoinlandsprodukt *n*; **чистый национальный (общественный) ~** Nettosozialprodukt *n*

продуктивность *f* Produktivität *f*, Leistungsfähigkeit *f*, Leistung *f*

продуктопровод *m* Rohrleitung *f*, Pipeline *f*, Produktleitung *f*

продукци|я *f* Erzeugnisse *pl*, Produkte *pl*, Produktion *f*; **давать -ю** produzieren, erzeugen, herstellen, ausstoßen; **изготавливать (производить) -ю** Produkte fertigen (herstellen); **покупать -ю** Produkte kaufen; **получать -ю** Produkte beziehen; **поставлять -ю** Produkte liefern; **предлагать -ю** Produkte anbieten (offerieren); **представлять -ю** Produkte vorstellen; **приобретать -ю** Produkte erwerben; **продавать -ю** Produkte verkaufen; **реализовывать (сбывать) -ю** Produkte absetzen (vertreiben); **валовая -я** Brutto|produktion *f*, -erzeugung *f*; **годовая -я** Jahresproduktion *f*; **готовая (конечная) -я** Endproduktion *f*; **массовая -я** Massenproduktion *f*; **мате-**

риалоёмкая -я materialaufwendige (materialintensive) Produktion; **освоенная -я** laufende Produktion; **основная -я** Haupt|erzeugnisse *pl*, -produkte *pl*; **отечественная -я** einheimische (inländische) Produktion (Erzeugnisse); **побочная -я** Nebenprodukte *pl*; **-я, пользуюшаяся успехом** erfolgreiche Produkte; **произведённая -я** hergestellte Produkte; **производимая -я и услуги предприятия** betriebliche Leistung; **промышленная -я** Industrieproduktion *f*; **сверхплановая -я** Mehrproduktion *f*; **сельскохозяйственная -я** Agrar|erzeugnisse *pl*, -güter *pl*, -produkte *pl*, Landwirtschaftserzeugnisse *pl*, landwirtschaftliche Erzeugnisse; **серийная -я** Serienproduktion *f*, Serien|erzeugnisse *pl*, -produkte *pl*; **-я собственного производства** Eigenleistung *f*; **товарная -я** Markenproduktion *f*, Warenproduktion *f*; **фирменная -я** Marktproduktion *f*, Marken|erzeugnisse *pl*, -produkte *pl*; **чистая -я** Netto|leistung *f*, -produktion(swert *m*) *f*

продуцент *m* Erzeuger *m*, Hersteller *m*, Produzent *m*; **ведущий ~** führender Produzent

продюсер *m* Filmproduzent *m*

проезд *m* Fahrt *f*, Durchfahrt *f*; **оплачивать ~** die Fahrt bezahlen; **бесплатный ~** Freifahrt *f*; **~ в один конец** Hinfahrt *f*; **обратный ~** Rückfahrt *f*

проездн|ой Fahr(t)-, Reise-; **-ой билет** *m* Fahrkarte *f*; **-ые** *pl* Reise|geld *n*, -kosten *pl*, -spesen *pl*

проект *m* Projekt *n*, Entwurf *m*, Ansatz *m*, Vorhaben *n*; **вести работы по -у** ein Projekt bearbeiten; **вносить ~** einen Entwurf einbringen; **обсуждать ~** einen Entwurf (ein Projekt) besprechen; **отклонять ~** ein Projekt ablehnen; **поддерживать реализацию -а** ein Projekt fördern; **представлять ~** einen Entwurf vorlegen; **разрабатывать ~** einen Entwurf ausarbeiten (erarbeiten), ein Projekt entwickeln (erarbeiten); **реализовывать (осуществлять) ~** ein Projekt (Vorhaben) durchführen (verwirklichen); **согласовывать ~** den Entwurf (das Projekt) abstimmen; **субсидировать ~** ein Projekt subventionieren; **финансировать ~** ein Projekt finanzieren; **~ бюджета** Budgetvoranschlag *m*, Etat|ansatz *m*, -entwurf *m*, Haushalts|ansatz *m*, -entwurf *m*, Entwurf des Haushaltsplans; **~ договора** Vertragsentwurf *m*, Entwurf des Vertrags; **долгосрочный ~** langfristiges Projekt; **дорогостоящий ~** aufwendiges Projekt, teures Projekt; **~ закона** Gesetzentwurf *m*, Entwurf eines Gesetzes; **инвестиционный ~** Investitions|projekt *n*, -vorhaben *n*; **индивидуальный ~** Einzelvorhaben *n*; **инновационный ~** innovatives (bahnbrechendes) Projekt; **исследовательский ~** Forschungs|projekt *n*, -vorhaben *n*; **крупный ~** Großprojekt *n*; **лизинговый ~** Leasingprojekt *n*; **опытно-конструкторский ~** technisches Entwicklungsprojekt *n*; **~ плана** Plan|entwurf *m*, -vorschlag *m*; **пилотный ~** Pilotvorhaben *n*; **предварительный ~** Vorentwurf *m*; **промышленный ~** Industrie|projekt *n*, -vorhaben *n*; **~ развития** Entwicklungsprojekt *n*; **~ рационализации** Rationalisierungsprojekt *n*; **~ решения (постановления)** Beschlussvorlage *f*; **совместный ~** gemeinsames Vorhaben, Gemeinschaftsprojekt *n*; **~ строительства** Bauvorhaben *n*; **~ финансирования** Finanzierungs|plan *m*, -projekt *n*; **~, финансируемый спонсорами** Sponsoringprojekt *n*

проектирование *n* Projektierung *f*, Entwerfen *n*; **выполнять ~** projektieren, entwerfen, die Projektierung vornehmen

проектировать entwerfen, planen, projektieren

проектировщик *m* Planungsingenieur *m*, Planer *m*

проектн|ый Projekt-, Projektierungs-, Entwurfs-; **-ая группа** *f* Projekt|gruppe *f*, -team *n*; **-ые данные** *pl* Entwurfsdaten *pl*, Projektdaten *pl*; **-ое задание** *n* Projektaufgabe *f*; **-ые работы** *pl* Projektierungsarbeiten *pl*, Planung *f*

прожиточный Existenz-; **~ минимум** Existenzminimum *n*, Lebenshaltungskosten *pl*

прозрачность *f* Transparenz *f*; **~ экономики** Transparenz der Wirtschaft

произведение *n* Produkt *n*; Werk *n*

производитель *m* Erzeuger *m*, Hersteller *m*, Produzent *m*; **ведущий ~** führender Hersteller; **единственный (монопольный) ~** Alleinhersteller *m*; **крупный ~** Großerzeuger *m*; **мелкий ~** Kleinerzeuger *m*; **монопольный ~** Alleinhersteller *m*; **частный ~** Privatproduzent *m*

производительност|ь *f* Produktivität *f*, Arbeitsleistung *f*, Leistung *f*, Leistungsabgabe *f*, Leistungsfähigkeit *f*, Ergiebigkeit *f*, Ausbringung(grad *m*) *f*; **достигать высокой -и** eine hohe Leistung erzielen; **повышать -ь** die Produktivität erhöhen (steigern); **-ь брутто** Bruttoleistung *f*; **заданная -ь** Leistungsangabe *f*; **-ь капитала** Kapitalproduktivität *f*; **максимальная (наивысшая) -ь** Bestleistung *f*, Höchstleistung *f*, Spitzenleistung *f*, Leistungsspitze *f*; **номинальная -ь** Nennleistung *f*; **общая -ь** Gesamtleistung *f*; **ориентированный на рост -и** produktivitätsorientiert; **предельная -ь** Grenz|leistung *f*, -produktivität *f*; **сменная -ь** Schichtleistung *f*; **средняя -ь** Durchschnitts|leistung *f*, -produktivität *f*, Leistungsdurchschnitt *m*, Normalleistung *f*; **суточная -ь** Tagesleistung *f*; **-ь труда** Arbeits|leistung *f*, -produktivität *f*; **часовая -ь** Stundenleistung *f*

производительн|ый produktiv, leistungsfähig, Produktiv-, ertragsfähig, ergiebig; **-ые возможности** *pl* Produktivvermögen *n*

производить erzeugen, herstellen, produzieren, ausstoßen; abwickeln, ausführen, durchführen, vornehmen; anstellen, leisten, verrichten; **~ взаиморасчёт** gegenseitige Verrechnung (Abrechnung) vornehmen; **~ демонтаж** demontieren; **~ заводским способом** großtechnisch (industriell) herstellen; **~ компенсацию** eine Abfindung leisten (zahlen); **~ монтаж** montieren, die Montage durchführen; **~ оплату труда (услуг) на коммиссионной основе** auf Provisionsbasis abrechnen; **~ опыт** einen Versuch anstellen (machen); **~ перерасчёт** eine Verrechnung vornehmen; **~ платёж** Zahlung leisten (ausführen, entrichten, vornehmen); **~ по лицензии** in Lizenz herstellen; **~ продукцию** Produkte herstellen (fertigen); **~ протест векселя** Wechselprotest erheben; **~ расчёт** abrechnen, eine Abrechnung vornehmen; **~ серийно** in Serie (serienmäßig) produzieren; **~ финансирование** finanzieren, die Finanzierung übernehmen

производный abgeleitet; **~ баланс** *m* abgeleitete Bilanz; **~ доход** *m* abgeleitetes Einkommen

производственн|ый betrieblich, Betriebs-, produktiv, produktionsbedingt, produktionsbezogen, Produktiv-, Produktions-; **-ые возможности** *pl* Produktionsvermögen *n*; **-ый кооператив** *m* Produktivgenossenschaft *f*, Produktionsgenossenschaft *f*; **-ое оборудование** *n* Betriebs|anlagen *pl*, -ausrüstung *f*, -einrichtung *f*, Produktions|anlagen *pl*, -einrichtungen *pl*; **-ые отходы** *pl* Produktionsabfälle *pl*; **-ый процесс** *m* Betriebsablauf *m*, Produktionsablauf *m*; **-ые расходы** *pl* Betriebs|aufwand *m*, -ausgaben *pl*, -kosten *pl*, betriebliche Aufwendungen; **-ое совещание** *n* Produktionsbesprechung *f*; **-ый учёт** *m* Betriebsabrechnung *f*

производств|о *n* Produktion *f*, Erzeugung *f*, Fabrikation *f*, Fertigung *f*, Herstellung *f*, Ausstoß *m*; Betrieb *m*; Ausführung *f*, Durchführung *f*, Abwicklung *f*; **возбуждать конкурсное -о** ein Konkursverfahren einleiten; **закрывать -о** die Produktion aufgeben, den Betrieb aufgeben (auflösen, stilllegen); **назначать конкурсное -о** ein Konkursverfahren anordnen; **налаживать -о (начинать -о)** die Fabrikation (Fertigung, Herstellung, Produktion, den Betrieb) aufnehmen; **организовывать -о** die Produktion (Fertigung) organisieren; **останавливать (прекращать) -о** die Fabrikation (den Betrieb, die Fertigung, die Produktion) einstellen, den Betrieb stillegen; **осуществлять массовое -о** in Massenproduktion herstellen; **отказаться от -а** die Produktion aufgeben, den Betrieb aufgeben (auflösen); **открывать конкурсное -о** ein Konkursverfahren eröffnen; **переключать (переводить) -о на выпуск новой продукции** die Produktion umstellen; **переносить -о на новое место** die Produktion verlegen; **планировать -о** die Produktion planen; **подавать заявление на открытие конкурсного -а** ein Konkursverfahren beantragen; **поддерживать -о на прежнем уровне (продолжать -о)** die Produktion aufrechterhalten; **прекращать конкурсное -о** ein Konkursverfahren einstellen; **развёртывать -о** die Produktion hochfahren; **расширять -о** die Produktion ausbauen; **сдерживать (сворачивать, сокращать) -о** die Produktion einschränken (drosseln, reduzieren); **снимать с -а** die Produktion einstellen; **создавать -о** die Fabrikation gründen, die Produktion aufbauen; **субсидировать -о** die Fertigung (Produktion) subventionieren; **увеличивать -о** die Produktion erhöhen (steigern); **управлять -ом** die Produktion steuern; **автоматизированное -о** computergestützte Produktion, automatisierter Betrieb, automatisierte Fertigung; **-о автомобилей** Automobilproduktion *f*; **арбитражное -о** Arbitrageverfahren *n*, Schieds(gerichts)verfahren *n*; **бездефектное -о** Nullfehlerproduktion *f*, fehlerfreie Produktion *f*; **валовое -о** Brutto|produktion *f*, -erzeugung *f*; **внутреннее -о** Inlandsproduktion *f*, einheimische (inländische) Produktion (Fertigung, Erzeugung); **вредное -о** gesundheitsschädlicher Betrieb; **вспомогательное -о** Hilfsbetrieb *m*; **высокоэффективное -о** effiziente Fertigung; **годовое -о** Jahres|erzeugung *f*, -produktion *f*; **-о дела** Verfahren *n*; **-о для собственных нужд** Eigen|-erzeugung *f*, -fertigung *f*, -leistung *f*, -herstellung *f*, -produktion *f*, eigene Herstellung; **-о добавленной стоимости** Wertschöpfung *f*; **-о дополнительной продукции** Mehrproduktion *f*; **единичное (индивидуальное) -о** Einzel(an)-fertigung *f*; **-о животноводческой продукции** tierische Produktion; **-о зерна** Getreideanbau *m*; **-о (комплектующих) деталей** Teilefertigung *f*; **конвейерное -о** Fließ(band)-produktion *f*, Taktproduktion *f*; **конкурсное -о** Konkursverfahren *n*; **крупное -о** Großbetrieb *m*; **крупномасштабное -о** großtechnische Erzeugung; **крупносерийное -о** Großserienproduktion *f*; **кустарное -о** Hausindustrie *f*; **массовое -о** Massen|herstellung *f*, -fertigung *f*, -produktion *f*; **материалоёмкое -о** materialintensive Produktion; **-о машин и оборудования** Maschinen- und Anlagenbau *m*; **мелкое -о** Kleinbetrieb *m*; **мелкосерийное -о** Kleinserien|-fertigung *f*, -produktion *f*; **металлургическое -о** Hüttenindustrie *f*; **мировое -о** Welt|erzeugung *f*, -produktion *f*; **монопольное -о** Alleinherstellung *f*; **-о на душу населения** Pro-Kopf-Produktion *f*; **непрерывное -о** kontinuierlicher Betrieb; **-о нескольких видов продукции** Mehrprodukt|fertigung *f*, -produktion *f*; **-о оборудования** Anlagenbau *m*; **одновременное -о нескольких видов продукции** verbundene Produktion; **-о, отвечающее требованиям рынка** marktgerechte Erzeugung; **отечественное -о** Inlandsproduktion *f*, einheimische (inländische) Produktion (Fertigung, Erzeugung); **-о платежа** Ausführung (Leistung) einer Zahlung; **-о по заказам клиента** Kundenproduktion *f*, Fertigung nach Kundenwunsch; **-о по лицензии** Lizenzproduktion *f*; **побочное (подсобное) -о** Nebenbetrieb *m*; **-о побочной продукции** verbundene Produktion; **-о продукции партиями** Losfertigung *f*, Reihen|fertigung *f*, -produktion *f*; **позаказное -о** Auftragsfertigung *f*, auftragsgebundene Fertigung; **поточное -о** Fließ(band)produktion *f*, Fließfertigung *f*, Straßenproduktion *f*,

Taktproduktion *f*; **-о потребительских товаров** Konsumgüterproduktion *f*; **-о продовольственных товаров** Lebensmittelproduktion *f*, Nahrungsmittel|erzeugung *f*, -produktion *f*; **промышленное -о** Industrieproduktion *f*, industrielle Erzeugung (Fertigung, Produktion); **рационализированное -о** schlanke Fertigung (Produktion); **ремесленное -о** Handwerk *n*, Handwerksbetrieb *m*; **сельскохозяйственное -о (-о сельскохозяйственной продукции)** Agrar|erzeugung *f*, -produktion *f*; **серийное -о** Serien|fertigung *f*, -produktion *f*, Reihen|fertigung *f*, -produktion *f*, serienmäßige Fertigung (Produktion), Losfertigung *f*; **-о, синхронизированное со снабжением и сбытом** Synchronfertigung *f*; **собственное -о** Eigen|erzeugung *f*, -fertigung *f*, -herstellung *f*, -leistung *f*, -produktion *f*, eigene Herstellung; **совместное -о** Gemeinschaftsproduktion *f*; **-о средств производства** Produktion von Investitionsgütern; **-о стали** Stahlerzeugung *f*; **-о стоимости** Wertschöpfung *f*; **-о, строго синхронизированное с поставками и сбытом** Just-in-time-Produktion *f*; **-о строительных работ** Bauausführung *f*; **судебное -о** Gerichtsverfahren *n*; **текущее -о** laufende Produktion; **товарное -о (-о товаров)** Warenproduktion *f*, Fabrikation *f*, Güterproduktion *f*, **-о товаров широкого потребления** Produktion von Massenbedarfsgütern (Massenverbrauchsgütern, Konsumgütern); **-о услуг** Dienstleistungsproduktion *f*, Erstellung (Erbringung) von Dienstleistungen, Leistungserstellung *f*, Erbringung von Serviceleistungen *f*; **фабричное -о** Fabrikation *f*; **штучное -о** Einzelfertigung *f*; **-о электроэнергии** Elektrizitätserzeugung *f*, Stromerzeugung *f*; **-о энергии** Energieerzeugung *f*; **энергоёмкое -о** energieintensive Produktion

производящий erzeugend, produzierend

происхождение *n* Herkunft *f*, Provenienz *f*, Ursprung *f*; Entstehung *f*; **определять ~ товара** den Warenursprung bestimmen; **указывать ~ товара** den Warenursprung angeben; **~ капитала** Kapitalherkunft *f*; **~ товара** Warenursprung *m*, Warenherkunft *f*

прокат *m* Miete *f*, Vermietung *f*, Verleih *m*; Walzgut *n*

прокура *f* Prokura *f*, notariell beglaubigte Handlungsvollmacht *f*

прокуратура *f* Staatsanwaltschaft *f*

прокурист *m* Prokurist *m*; **назначать -ом** zum Prokuristen bestellen

прокурор *m* Staatsanwalt *m*; **генеральный ~** Generalstaatsanwalt *m*

пролонгационн|ый Prolongations-; **-ый акцепт** *m* Prolongationsakzept *n*; **-ая сделка** *f* Prolongationsgeschäft *n*

пролонгаци|я *f* **(пролонгировани|е** *n***)** Prolongation *f*, Verlängerung *f*; **добиваться -и (я)** sich um eine Verlängerung bemühen; **заключать соглашение о -и (и)** eine Verlängerung vereinbaren; **-я (е) векселя** Wechselprolongation *f*, Prolongation eines Wechsels; **-я (е) кредита** Kreditverlängerung *f*, Tilgungsstreckung *f*, Prolongation (Verlängerung) eines Kredits (Darlehens)

пролонгированный prolongiert, Prolongations-; **~ вексель** *m* Prolongationswechsel *m*

пролонгировать prolongieren, verlängern; stunden, eine Nachfrist gewähren; **~ вексель** einen Wechsel prolongieren (verlängern); **~ договор** einen Vertrag verlängern; **~ кредит** einen Kredit prolongieren (verlängern)

промежуток *m* Abstand *m*, Zwischenraum *m*; **~ времени** Zeit|raum *m*, -spanne *f*, Zeitintervall *n*

промесса *f* Promesse *f*

промо-акция *f (V&M)* Promotion-Aktion *f*, Verkaufsförderungsaktion *f*

промо-компания *f (V&M)* Promotion-Gesellschaft *f*

промоутер *m (V&M)* Promoter *m*

промпт promt, sofort

промтовары *pl* Industrie|erzeugnisse *pl*, -güter *pl*, -produkte *pl*, -waren *pl*

промыс|ел *m* Gewerbe *n*; Feld *n*; **заниматься -лом** einem Gewerbe nachgehen, ein Gewerbe betreiben;

газовый -ел Gasfeld *n*; **горный -ел** Bergbau *m*; **домашний -ел** Haus|gewerbe *n*, -industrie *f*; **мелкий -ел** Kleingewerbe *n*, **нефтяной -ел** Erdölfeld *n*; **отхожий -ел** Wandergewerbe *n*; **подсобный -ел** Nebengewerbe *n*; **торговый -ел** Handelsgewerbe *n*

промысловый gewerblich, Gewerbe-; **~ доход** *m* Gewerbeertrag *m*; **~ налог** *m* Gewerbesteuer *f*

промышленник *m* Industrielle *m*

промышленность *f* Industrie *f*, warenproduzierendes Gewerbe; **развивать ~** die Industrie entwickeln; **создавать ~** eine Industrie schaffen (aufbauen); **авиационная ~** Flugzeugindustrie *f*; **автомобильная ~** Auto(mobil)industrie *f*, Kraftfahrzeug|bau *m*, -industrie *f*; **аэрокосмическая ~** Raumfahrtindustrie *f*; **газовая ~** Gaswirtschaft *f*; **горная ~** Bergbau *m*, Bergbauindustrie *f*; **горнодобывающая ~** Bergbau *m*, Montanindustrie *f*; **деревообрабатывающая ~** Holzindustrie *f*; **добывающая ~** Grundstoffindustrie *f*; **золотодобывающая ~** Goldgewinnung *f*; **инструментальная ~** Werkzeugindustrie *f*; **кожевенная ~** Lederindustrie *f*; **комбикормовая ~** Futterwarenindustrie *f*, Mischfutterindustrie *f*; **крупная ~** Großindustrie *f*; **кустарная ~** Hausindustrie *f*; **лёгкая ~** Leichtindustrie *f*; **лесная ~** Forstwirtschaft *f*; **лесозаготовительная ~** Holzbeschaffungsindustrie *f*, Holzbeschaffung *f*, Holzgewinnungsindustrie *f*, Holzgewinnung *f*; **лесохимическая ~** chemische Holzverarbeitung *f*; **машиностроительная ~** Maschinenbauindustrie *f*; **медицинская ~** medizinische Industrie; **мелкая ~** Kleingewerbe *n*; **мелкая и средняя ~** mittelständische Industrie (Wirtschaft); **местная ~** ortsansässige Industrie; **металлообрабатывающая ~** Metallindustrie *f*, Metall verarbeitende Industrie; **~ металлических конструкций и изделий** Metallindustrie, Herstellung von Metallkonstruktionen und Metallerzeugnissen; **металлургическая ~** Hüttenindustrie *f*, eisenschaffende Industrie, Stahlindustrie *f*; **меховая ~** Pelzindustrie *f*; **мясная и молочная ~** Milch- und Fleischindustrie *f*; **мукомольно-крупяная ~** Mehl- und Getreideindustrie *f*; **нефтеперерабатывающая ~** Erdölverarbeitung *f*; **нефтехимическая ~** Petrolchemie *f*, petrolchemische Industrie; **нефтяная ~** Öl|industrie *f*, -wirtschaft *f*, Petrolindustrie *f*; **обрабатывающая ~** Veredelungs|wirtschaft *f*, -industrie *f*, verarbeitende Industrie, Verarbeitungsindustrie *f*; **обувная ~** Schuhindustrie *f*; **отечественная ~** einheimische Industrie; **пищевая ~** Ernährungsindustrie *f*, Lebensmittelindustrie *f*, Nahrungsmittelindustrie *f*; **пищевкусовая ~** Genussmittelindustrie *f*; **~, полиграфическая ~** polygrafische Industrie; **~ производящая приборы точной механики** feinmechanische Industrie; **~, производящая средства производства** Investitionsgüterindustrie *f*; **радиоэлектронная ~** Elektronikindustrie *f*; **рыбная ~** Fischindustrie *f*; **сталелитейная ~** Stahlindustrie *f*; **станкостроительная ~** Werkzeugmaschinen|bau *m*, -industrie *f*; **стекольная ~** Glasindustrie *f*; **строительная ~** Bau|gewerbe *n*, -industrie *f*, -wirtschaft *f*; **~ строительных материалов** Baustoffindustrie *f*; **судостроительная ~** Schiffbau *m*; **текстильная ~** Textilindustrie *f*; **тяжёлая ~** Schwerindustrie *f*, Grundstoffindustrie *f*; **топливная ~** Energie- und Brennstoffindustrie *f*; **торговля и ~** gewerbliche Wirtschaft, Handel und Gewerbe; **угольная ~** Kohlenwirtschaft *f*; **химическая ~** Chemieindustrie *f*, chemische Industrie; **фарфорофаянсовая ~** Keramik-und Porzellan-Industrie *f*; **целлюлозно-бумажная ~** Zellulose- und Papierindustrie; **швейная ~** Bekleidungsindustrie *f*; **электронная ~** Elektronikindustrie *f*; **электротехническая ~** Elektroindustrie *f*

промышленн|ый industriell, Industrie-, gewerblich

проникновение *n* Eindringen *n*, Vordringen *n*; ~ Wachstum der Importquote (des Importanteil); **~ на рынок** Markteindringen *n*

пронумеровать durchnummerieren, nummerieren

пропажа *f* **судна без вести** Schiffsverlust *m*

прописка *f* Einwohneranmeldung *f*

пропитание *n* Ernährung *f*, Nahrung *f*, Lebensunterhalt *m*

пропорциональность *f* Proportionalität *f*

пропорциональн|ый proportional, verhältnismäßig, Proportional-; **-ые издержки** *pl* proportionale (anteilige) Kosten

пропуск *m* Passierschein *m*, Werksausweis *m*; Lücke *f*; Durchlassen *n*; **~ дивиденда** Dividendenausfall *m*

пропускать durchlassen, einlassen, versäumen, verpassen, ausfallen lassen

прораб *m* Bauleiter *m*

прорабатывать durcharbeiten, durchnehmen; **~ варианты** Varianten ausarbeiten (durcharbeiten)

проработанн|ый geleistet; **-ые часы** *pl* geleistete Stunden

проработка *f* Durcharbeitung *f*, Durcharbeiten *n*

прослеживаемость *f* Verfolgbarkeit *f*

просматривать durchsehen, prüfen, überprüfen, Einsicht nehmen, übersehen; **~ торговые книги** in die Geschäftsbücher Einsicht nehmen, Geschäftsbücher prüfen

просмотр *m* Durchsicht *f*, Einsicht *f*, Einsichtnahme *f*, Sichtung *f*; Prüfung *f*, Revision *f*, Überprüfung *f*; **получить возможность -а** Einsicht erhalten; **предъявить для -а** zur Einsichtnahme vorlegen; **разрешить ~** Einsicht gewähren; **~ дел** Einsichtnahme in die Akten; **~ торговых книг** Buch|einsicht *f*, -prüfung *f*, Einsichtnahme in die Geschäftsbücher

проспект *m* Prospekt *m*; **выпускать (публиковать)** ~ einen Prospekt veröffentlichen; **представлять ~** einen Prospekt vorlegen; **~ выпуска (эмиссии) ценных бумаг** Emissionsprospekt *m*; **~ выпуска ценных бумаг, предназначенных на продажу** Verkaufsprospekt *m*; **~ выпуска ценных бумаг, предлагаемых на подписку** Zeichnungsprospekt *m*; **предварительный ~ эмиссии ценных бумаг** provisorischer Prospekt; **рекламный ~** Werbe|prospekt *m*, -schrift *f*; **~ эмиссии** Börsenprospekt *n*

просперити *n* Prosperität *f*, Wohlstand *m*

просроченн|ый abgelaufen, ungültig, betagt, überfällig, verfallen, verjährt; **-ый вексель** *m* betagter (überfälliger, verfallener) Wechsel; **-ый паспорт** *m* abgelaufener Pass; **-ый патент** *m* abgelaufenes Patent; **-ое требование** *n* verjährter Anspruch; **-ый чек** *m* verfallener Scheck

просрочи(ва)ть in Rückstand (Verzug) geraten, in Rückstand (Verzug) sein, den Termin (die Frist) versäumen (überschreiten), verfallen lassen

просрочка *f* Verfall *m*, Verzug *m*, Fristüberschreitung *f*, Terminüberschreitung *f*; **~ кредитора в принятии исполнения обязательства должником** Annahmeverzug *m*; **~ платежа** Zahlungsverzug *m*; **~ получения поставленного товара** Annahmeverzug *m*; **~ поставки** Lieferverzug *m*

простаивать ausfallen, stillstehen, stillliegen

простой Ausfall *m*, Stillstand *m*, Standzeit *f*, Wartezeit *f*, Fehlzeit *f*; **~ в работе** Arbeitsausfall *m*; **~ оборудования** Maschinenausfall *m*; **~ по техническим причинам** technisch bedingter Stillstand; **целосменный ~** Feierschicht *f*

пространство *n* Raum *m*; **жизненное ~** Lebensraum *m*; **полочное ~** Platz auf dem Regal, Regalplatz *m*; **экономическое ~** Wirtschaftsraum *m*

проступок *m* **административный** Verwaltungsvergehen *n*; administrativ geahndetes Vergehen *n*

просчёт *m* Fehler *m*, Rechenfehler *m*, Fehlberechnung *f*; **совершать ~** einen Fehler begehen (machen); **организационный ~** Organisationsfehler *m*; **~ при проведении спекулятивной сделки** Fehlspekulation *f*

просчитывать (nach)kalkulieren,

(nach)rechnen, (nach)zählen; durchdenken

просьб|а *f* Bitte *f*, Ersuchen *n*, Anliegen *n*; **обращаться с -ой** eine Bitte (ein Ersuchen) richten (stellen); **отказывать в -е** eine Bitte (ein Ersuchen) abschlagen; **по -е** auf Ersuchen; **убедительная -а** dringendes Ersuchen

протекционизм *m* Protektionismus *m*, Schutzzollpolitik *f*, Schutzzollsystem *n*; **аграрный ~** Agrarprotektionismus *m*; **административный ~** Verwaltungsprotektionismus *m*

протекционист *m* Protektionist *m*, Anhänger der Schutzzollpolitik

протекционистск|ий protektionistisch; **-ие меры** *pl* protektionistische Maßnahmen; **-ая пошлина** *f* Abwehrzoll *m*, Schutzzoll *m*

протекция *f* Protektion *f*, Förderung *f*, Gönnerschaft *f*

протест *m* Protest *m*, Einspruch *m*, Verwahrung *f*, Widerspruch *m*; **заявлять ~** einen Protest (Einspruch) einlegen, Protest (Einspruch, Einwand, Verwahrung, Widerspruch) erheben; **отклонять ~** einen Protest (Einspruch) zurückweisen; **удовлетворять ~** einem Einspruch stattgeben; **без права -а, без -а** ohne Protest; **~ в случае неакцептования** Protest mangels Annahme; **~ в случае недостаточного обеспечения** Protest mangels Sicherheit; **~ векселя** Wechselprotest *m*; **~ в случае неплатежа** Protest mangels Zahlung; **~ капитана судна (морской ~)** Seeprotest *m*; **при наличии -а** mit Protest; **~ против регистрации товарного знака** Widerspruch gegen die Eintragung eines Warenzeichens

протестовать protestieren, Protest (Einspruch, Einwand, Einwendung, Verwahrung) erheben, zu Protest gehen lassen, protestieren lassen; **~ вексель** den Wechsel zu Protest gehen lassen (protestieren lassen)

против документов gegen Dokumente, gegen Vorlage der Dokumente

противозаконность *f* Gesetzwidrigkeit *f*, Rechtswidrigkeit *f*

противозаконный gesetzwidrig, rechtswidrig

противоположность *f* Gegensatz *m*, Gegenteil *n*; **~ интересов** Interessengegensatz *m*

противоположный entgegengesetzt, gegensätzlich, gegenteilig

противоречащий договору vertragswidrig

противоречие *n* Widerspruch *m*, Gegensatz *m*

противоречить widersprechen, im Widerspruch stehen

протокол *m* Protokoll *n*, Niederschrift *f*; **вести ~** das Protokoll führen; **давать показания для занесения в ~** zu Protokoll geben; **заносить в ~** ins Protokoll eintragen; **подписать ~** das Protokoll (die Niederschrift) unterzeichnen; **составлять ~** ein Protokoll aufnehmen, eine Niederschrift (ein Protokoll) anfertigen; **~ заседания** Sitzungsprotokoll *n*; **~ о намерениях** Absichtserklärung *f*, Absichtsprotokoll *n*; **~ приёмки-сдачи** Abnahmeprotokoll *n*; **~ судебного заседания** Verhandlungsprotokoll *n*

прототип *m* Prototyp *m*; **изготовить ~** einen Prototyp herstellen

профессиональн|ый beruflich, berufsmäßig, berufsständisch, Berufs-, professionell; **-ая группа** *f* Berufsgruppe *f*; **-ая деятельность** *f* Berufstätigkeit *f*, berufliche Tätigkeit; **-ые знания** *pl* berufliche Kenntnisse; **-ая квалификация** *f* berufliche Befähigung (Qualifizierung *f*); **-ое образование** *n* **(обучение** *n***)** Berufs(aus)bildung *f*, berufliche Ausbildung; **-ая организация** *f* berufsständische Vereinigung; **-ая пригодность** *f* Berufseignung *f*, fachliche Eignung; **-ый союз** *m* Gewerkschaft *f*

професси|я *f* Beruf *m*; **выбирать -ю** einen Beruf wählen; **избрать -ю** einen Beruf ergreifen; **менять -ю** den Beruf wechseln; **получать (приобретать) -ю** einen Beruf erlernen; **работать по -и** einen Beruf ausüben, einem Beruf nachgehen; **будущая -я** zukünftiger Beruf; **вторая (побочная) -я** Nebenberuf *m*; **-я коммерсанта (торгового работника)** kaufmännischer

Beruf; **-я конторского служащего** Büroberuf *m*; **-я, не пользующаяся спросом** überfüllter Beruf; **основная -я** Hauptberuf *m*; **полученная (приобретённая) -я** erlernter Beruf; **-я ремесленника** handwerklicher Beruf; **свободная -я** freier Beruf

профилактика *f* Prophylaxe *f*, Verhütung *f*, Vorbeugung *f*; Wartungsarbeiten *pl*; **~ несчастных случаев на производстве** Verhütung von Arbeitsunfällen

профилактическ|ий vorbeugend, Vorbeugungs-; **-ие меры** *pl* Vorbeugungsmaßnahmen *pl*; **-ий уход** *m* Wartung *f*

профиль *m* Profil *n*; **~ производства** Produktionsprofil *n*

профицит *m* **платежного баланса** Profizit der Zahlungsbilanz; **~ счета текущих операций** Profizit der Handelsbilanz

проформа *f* **договора** Mustervertrag *m*

проформа-счёт *m* Proforma|faktura *f*, -rechnung *f*

профсоюз *m* Gewerkschaft *f*; **быть членом -а** einer Gewerkschaft angehören; **вступать в ~** der Gewerkschaft beitreten; **организовать ~** eine Gewerkschaft bilden; **~ для защиты прав наёмных работников** arbeitsrechtliche Gewerkschaft; **независимый ~** unabhängige Gewerkschaft; **~ производственных рабочих** Industriegewerkschaft *f*; **~ служащих** Angestelltengewerkschaft *f*

профсоюзн|ый gewerkschaftlich, Gewerkschafts-; **-ый взнос** *m* Gewerkschaftsbeitrag *m*; **-ая касса** *f* Gewerkschaftskasse *f*

профтехобразование *n* Berufs(aus)-bildung *fm*

прохождение *n* Durchlauf *m*, Durchgang *m*, Abwicklung *f*

процветание *n* Prosperität *f*, Blütezeit *f*

процедура *f* Verfahren *n*, Vorgehen *n*, Vorgehensweise *f*; **~ вынесения решения (приговора)** Urteilsverfahren *n*; **единая ~** einheitliches Vorgehen; **~ ликвидации** Abwicklungsverfahren *n*; **~ принудительной продажи с торгов (аукциона)** Zwangsversteigerungsverfahren *n*; **~ прохождения (рассмотрения) дела в третейском суде (арбитраже)** Schieds(gerichts)verfahren *n*; **~ размещения государственных (муниципальных) подрядов** öffentliche Auftragsvergabe; **~ распределения** Verteilungsverfahren *n*; **судебная ~** Prozessverfahren *n*; **~ торгов** Versteigerungsverfahren *n*; **таможенная ~** Zollverfahren *n*; **упрощённая ~** vereinfachtes Verfahren; **~ установления импортных квот** Referenzverfahren *n*; **~ утверждения муниципального бюджета** Haushaltssatzung *f*; **~ урегулирования взаимных расчётов** Clearingverfahren *n*, Verrechnungsverfahren *n*

процент *m* Zins *m*, Prozent *n*, Prozentsatz *m*, Vomhundertsatz *m*; Quote *f*, Anteil *m*; **взимать -ы** Zinsen erheben; **возвращать -ы** Zinsen zurückzahlen; **возвращать с -ами** mit Zinsen zurückzahlen; **выплачивать -ы** Zinsen auszahlen (bezahlen, vergüten, entrichten, zahlen); **вычитать -ы из продажной цены** Zinsen vom Kaufpreis abziehen; **исчислять ~** den Zins berechnen (ausrechnen); **накапливать -ы** Zinsen anstehen lassen; **начислять -ы** die Zinsen berechnen; **оприходовать (полученные) -ы** Zinsen gutschreiben lassen; **получать -ы** Zinsen beziehen (erhalten); **помещать (деньги) под -ы** (Geld) verzinslich anlegen; **превращать -ы в капитал** Zinsen kapitalisieren; **приносить -ы** Zinsen (er)bringen, sich verzinsen; **требовать выплаты -ов** Zinsen verlangen; **банковский ~** Bankzins *m*; **без -а** ohne Zinsen, zinslos, zinsfrei; **~ безработных** Arbeitslosenquote *f*, Erwerbslosenquote *f*; **~ брака** Ausschuss|anteil *m*, -quote *f*; **включая -ы** mit Zinsen; **-ы, взимаемые за неуплату (неисполнение) в срок** Verzugszinsen *pl*; **годовой ~** Jahreszins *m*, jährlicher Zins; **дифференцированные -ы** Staffelzinsen *pl*, gestaffelte Zinsen; **договорной ~** vereinbarter (vertragsmäßiger) Zins; **за вычетом**

-ов abzüglich der Zinsen; **-ы за неисполнение в срок** Verzugszinsen *pl*; **-ы за предоставление отсрочки** Stundungszinsen *pl*; **исключая -ы** ohne Zinsen; **-ы, исчисленные на базе 365 дней в году** Zinsen auf der Basis von 365 Tagen; **-ы к получению** Aktivzinsen *pl*, Sollzinsen *pl*; **композиционные -ы** Zinseszins *m*; **льготные -ы** Vorzugszinsen *pl*; **~ на капитал** Kapitalzins *m*; **-ы на собственный капитал, включаемые в калькуляцию** kalkulatorische Zinsen; **накопленные (наросшие) -ы** angefallene Zinsen; **начисленные -ы** berechnete (errechnete) Zinsen; **не приносящий -ы** unverzinslich; **негативный (отрицательный) ~** Negativzins *m*; **неуплаченные -ы** Zinsrückstände *pl*, rückständige Zinsen; **низкие -ы** Niedrigzins *m*, niedrige Zinsen; **номинальный ~** Nominalzins *m*; **общий ~ на капитал** Bruttozins *m*; **обычный ~** übliche Zinsen; **обязанный платить -ы** zinspflichtig; **~ по вкладам** Habenzinsen *pl*, Passivzins *m*, Zinsen auf Einlagen; **~ по закладной** Hypothekenzinsen *pl*; **~ по контокоррентному счёту** Kontokorrentzinsen *pl*; **~ по кредиту** Kreditzins *m*, Passivzins *m*; **~ по кредитовому сальдо** Habenzinsen *pl*, Passivzins *m*; **-ы по облигациям** Zinsen aus Obligationen; **~ по ссуде** Darlehenszins *m*, Anleihezins *m*; **~ погашения** Teilungsrate *f*; **под льготный ~** zinsgünstig; **под низкие -ы** zu niedrigen Zinsen; **-ы, подлежащие уплате за наступлением срока** fällige Zinsen; **-ы, получаемые кредитором** Aktivzinsen *pl*, Sollzinsen *pl*; **приносящий -ы** zinstragend, verzinslich; **пропорциональные -ы** anteilige Zinsen; **реальный (фактический) ~** effektiver Zins; **ростовщические -ы** Wucherzinsen *pl*, wucherische Zinsen; **рыночный ~** Marktzins *m*; **сложные -ы** Zinseszins *m*; **ссудный ~** Darlehenszins *m*, Kreditzins *m*; **твёрдый ~** fester (fixer) Zins; **текущие -ы** laufende Zinsen; **учётный ~** Diskont *m*; **учётный банковский ~** Bank|diskont *m*, -rate *f*, -satz *m*; **чистый ~ по кредиту** Nettozins *m*

процентный prozentual, Prozent-, verzinslich, Zins-

процесс *m* Prozess *m*, Vorgang *m*, Ablauf *m*, Verfahren *n*; Rechtsstreit *m*; **вести ~** einen Prozess führen; **выигрывать ~** einen Prozess gewinnen; **оптимизировать ~** den Prozess optimieren; **организовывать ~ труда** Arbeitsabläufe gestalten; **проводить ~** ein Verfahren durchführen; **проигрывать ~** einen Prozess verlieren; **арбитражный ~** Arbitrageverfahren *n*, Schieds(gerichts)-verfahren *n*; **~ банкротства** Insolvenzverfahren *n*; **бюджетный ~** Haushaltsprozess *m*, (gesetzlich geregelter) Prozess der Erstellung, Verabschiedung und Ausführung des staatlichen Haushaltes; **~ воспроизводства** Reproduktionsprozess *m*; **~ выполнения работ по договору** Vertragsabwicklung *f*; **~ изготовления** Fertigungs|ablauf *m*, -prozess *m*, -verlauf *m*, -vorgang *m*; **~ измерения** Messvorgang *m*; **непрерывный ~** kontinuierlicher Prozess; **~ обработки** Bearbeitungsprozess *m*, Abfertigungsverfahren *n*; **~ планирования** Planungs|ablauf *m*, -prozess *m*; **~ принятия решения** Entscheidungsprozess *m*; **~ производства (производственный ~)** Fabrikationsprozess *m*, Fertigungs|ablauf *m*, -prozess *m*, -verlauf *m*, -vorgang *m*, Herstellungsverfahren *n*, Produktions|-ablauf *m*, -prozess *m*, -verfahren *n*, -vorgang *m*, Arbeits|ablauf *m*, -prozess *m*, -verfahren *n*, -vorgang *m*, Betriebs|ablauf *m*, -vorgang *m*, betrieblicher Ablauf; **рабочий ~** Arbeits|ablauf *m*, -fluss *m*, -prozess *m*, -verfahren *n*, -vorgang *m*; **~ стандартизации** Normungsprozess *m*; **технологический ~** Arbeitsablauf *m*, Fertigungs|ablauf *m*, -prozess *m*; **~ труда** Arbeits|prozess *m*, -vorgang *m*; **уголовный ~** Strafverfahren *n*; **экономический ~** Wirtschafts|ablauf *m*, -prozess *m*

прочерк *m* Strich *m*

прочность *f* Festigkeit *f*, Haltbarkeit *f*, Dauerhaftigkeit *f*, Stabilität *f*

прочный dauerhaft, fest, haltbar, stabil
прошение *n* Gesuch *n*; **подавать ~ об отставке** seinen Rücktritt einreichen
прощение *n* **долга** Schuldenerlass *m*
прямая (линия) *f* Gerade *f*, gerade Linie
прям|ой direkt, Direkt-, unmittelbar, gerade; **-ые закупки** *pl* Direktbezug *m*; **-ой импорт** *m* Direkt|einfuhr *f*, -import *m*; **-ые инвестиции** *pl* Direktinvestitionen *pl*; **-ой налог** *m* direkte Steuer; **-ой экспорт** *m* Direkt|ausfuhr *f*, -export *m*; **-ая эмиссия** *f* Direktemission *f*
психология *f* Psychologie *f*, Mentalität *f*; **промышленная (экономическая) ~** Wirtschaftspsychologie *f*; **рыночная ~** Marktpsychologie *f*; **социальная ~** Sozialpsychologie *f*; **~ труда** Arbeitspsychologie *f*
публикация *f* Publikation *f*, Veröffentlichung *f*; Bekanntmachung *f*; **~ годового отчёта** Veröffentlichung eines Jahresabschlusses; **новая ~** Neuerscheinung *f*
публиковать veröffentlichen, bekanntmachen; verlegen
публично-правов|ой öffentlich-rechtlich; **-ой договор** *m* öffentlich-rechtlicher Vertrag; **-ая корпорация** *f* **(организация** *f***)** öffentlich-rechtliche Körperschaft *f*
публичность *f* Öffentlichkeit *f*, Publizität *f*
публичн|ый öffentlich; **-ая библиотека** *f* öffentliche Bibliothek; **-о** öffentlich, in der Öffentlichkeit; **-ое право** *n* öffentliches Recht; **-ое предложение** *n* **ценных бумаг** öffentliches Zeichnungsangebot
пузырь *m* **фондового рынка** Börsenblase *f*
пул *m* Pool *m*, Interessengemeinschaft *f*, Zusammenschluss von Unternehmen; **образовывать ~** einen Pool bilden; **объединять в ~** poolen; **денежный ~** Geldpool *m*; **~ закладных** Hypothekenpool *m*; **инвестиционный ~** Investmentpool *m*; **~ инвесторов** Investmentclub *m*; **патентный ~** Patentpool *m*, Patentpool-Gruppe *f*
пункт *m* Punkt *m*; Ort *m*, Platz *m*, Stelle *f*; **вырастать на 10 -ов** 10 Punkte gewinnen, um 10 Punkte steigen; **понижаться на 10 -ов** um 10 Punkte fallen; **главный (основной) ~** Schwerpunkt *m*; **диспетчерский ~** Dispatcherzentrale *f*; **~ договора** Vertrags|klausel *f*, -punkt *m*; **~ договора об исключении конкуренции** Konkurrenzklausel *f*; **~ договора об исключительном праве** Ausschließlichkeitsklausel *f*; **исходный ~** Ausgangspunkt *m*; **~ назначения** Bestimmungs|ort *m*, -station *f*; **населённый ~** Siedlung *f*, Ort *m*, Ortschaft *f*; **~ отправки** Absende|ort *m*, -station *f*; **~ отправления** Abgangsort *m*; **~ повестки дня** Punkt der Tagesordnung; **перегрузочный ~** Umschlagsplatz *m*; **прокатный ~ (~ проката)** Ausleihe *f*, Verleih *m*; **~ сервисного обслуживания** Kundendienst|stelle *f*, -station *f*, Servicewerkstatt *f*; **спорный ~** strittiger Punkt
пунктуальный pünktlich
пунктуальность *f* Pünktlichkeit *f*
пуск *m* Anlauf *m*, Anlaufen *n*, Inbetriebnahme *f*, Start *m*; **~ в действие (эксплуатацию)** Inbetriebnahme *f*, Ingangsetzung *f*; **пробный ~** Probelauf *m*
пускать anlaufen lassen, anlassen; **~ в действие** in Betrieb nehmen, in Gang bringen (setzen); **~ в оборот (обращение)** in Umlauf bringen, begeben; **~ в продажу** in den Handel bringen; **~ в эксплуатацию** in Betrieb nehmen
пусковой Anlauf-; **~ период** Anlaufzeit *f*
пустовать brachliegen; leer stehen
путешествие *n* Reise *f*, Fahrt *f*, Tour *f*
пут|ь *m* Bahn *f*, Straße *f*, Weg *m*; Gleis *m*; (Art und) Weise *f*; **доставлять грузы морским -ём** Güter auf dem Seeweg befördern; **водный -ь** Wasserweg *m*; **воздушный -ь** Luftweg *m*; **-ём** auf dem Wege, durch, über; **-ём предъявления иска** im Wege der Klage; **железнодорожный -ь** Gleis *m*, Eisenbahnlinie *f*; **мирным -ём** auf gütlichem Wege; **морской -ь** Seeweg *m*; **на обратном -и** auf dem Rückweg; **обходной -ь** Umleitung *f*; **-ь следования (груза)** Beförderungsweg *m*, Transportweg *m*; **-и сообщения** Verkehrswege *pl*; **-ь сотрудничества** Weg der Zusammenarbeit; **торговый**

-ь Handelsweg *m*; **транспортный -ь** Transportweg *m*, Verkehrsweg *m*

пушнина *f* Rauchwaren *pl*, Pelz *m*, Pelzwerk *n*

пшеница *f* Weizen *m*; **твёрдая ~** Hartweizen *m*

пятак *m* 5-Kopeken-Münze *f*

Р

рабат *m* Rabatt *m*, Nachlass *m*, Skonto *m*

работ|а *f* Arbeit *f*, Beschäftigung *f*, Job *m*, Tätigkeit *f*, Arbeitsleistung *f*, Leistung *f*; Betrieb *m*, Funktion *f*; Werk *n*; **брать выполнение -ы на себя (браться за -у)** Arbeit übernehmen, einen Job übernehmen; **бросать -у** eine Arbeit (einen Job) aufgeben; **возобновлять -у** die Arbeit wiederaufnehmen; **выдавать наряды на выполнение ~** Arbeit vergeben; **выполнять -у** die Arbeit ausführen (erledigen), Arbeit leisten; **выполнять левую -у** schwarz arbeiten; **давать -у** beschäftigen, einstellen; **делать -у** Arbeit verrichten (machen); **заканчивать -у** eine Arbeit abschließen; **заканчивать -у по найму** das Arbeitsverhältnis beenden (lösen); **заниматься -ой** eine Tätigkeit (Beschäftigung) ausüben; **идти на -у** zur Arbeit gehen; **иметь -у** beschäftigt (angestellt) sein; **искать -у** Arbeit (Beschäftigung) suchen; **находить -у** Arbeit (Beschäftigung) finden; **начинать -у** eine Arbeit (Tätigkeit, Beschäftigung) aufnehmen; **не иметь -ы** arbeitslos (erwerbslos) sein; **оплачивать -у** die Arbeit bezahlen; **оплачивать сверхурочную -у** Überstunden vergüten; **оплачивать -у сдельно** nach Akkord bezahlen; **организовывать -у** die Arbeit organisieren; **освобождать от -ы** von der Arbeit freistellen; **отсутствовать на -е** der Arbeit fernbleiben; **отказываться от -ы** eine Arbeit (einen Job) aufgeben; **получать -у** Arbeit bekommen; **потерять -у** seine Arbeit (seinen Job) verlieren; **предоставлять -у** Arbeit verschaffen (beschaffen); **прекращать -у** die Arbeit einstellen (niederlegen); **прекращать -у по найму** das Arbeitsverhältnis kündigen (lösen); **принимать на -у** anstellen, einstellen; **принимать на постоянную -у** fest anstellen; **принимать -у** die Arbeit abnehmen; **приниматься за -у (приступать к -е)** an die Arbeit gehen, sich an die Arbeit machen; **про(из)водить предварительные -ы** Vorleistungen erbringen; **распределять -у** Arbeit verteilen; **усиливать -у** die Arbeit intensivieren; **устраиваться на -у** ein Arbeitsverhältnis eingehen; **аварийно-спасательные -ы** *pl* Bergungsarbeiten; **аккордная -а** Akkordarbeit *f*; **бесперебойная -а** störungsfreie Arbeit; **бригадная (групповая) -а** Gruppenarbeit *f*; **-а в праздничные дни** Feiertagsarbeit *f*; **-а в промышленности** Tätigkeit in der Industrie; **-а в сельском хозяйстве** Tätigkeit in der Landwirtschaft; **временная -а** Zeitarbeit *f*, Gelegenheitsarbeit *f*, vorübergehende Beschäftigung (Tätigkeit), aushilfsweise Beschäftigung; **выполненная -а** geleistete Arbeit; **высокооплачиваемая -а** hochbezahlte Arbeit; **двойная -а** Doppelarbeit *f*; **дневная -а** Tagesarbeit *f*; **дополнительная -а** zusätzliche Arbeit; **затрачиваемая -а** Arbeitsaufwand *m*; **инновационная -а** innovative Arbeit; **-а, исполнение которой не предполагает уплаты взносов в фонд социального страхования** beitragsfreie Beschäftigung; **исследовательская -а** Forschungsarbeit *f*; **канцелярская -а** Büroarbeit *f*; **качественная -а** Qualitätsarbeit *f*; **квалифицированная -а** Facharbeit *f*, qualifizierte Arbeit; **-а, которая может оплачиваться сдельно** akkordfähige Arbeit; **круглосуточная -а** Tag- und Nachtarbeit *f*; **левая -а** Schwarzarbeit *f*; **лёгкая -а** leichte Arbeit; **машинная (механизированная) -а** Maschinenarbeit *f*, maschinelle Arbeit; **мнимая -а** Scheinvorgang *m*; **многосменная -а** Mehrschichtarbeit *f*; **монтажные (сборочные) -ы** Montagearbeiten *pl*;

-а на дому Heimarbeit *f*; **-а на конвейере** Fließbandarbeit *f*, Arbeit am Fließband; **-а на производстве** Tätigkeit in der Industrie; **научная -а** wissenschaftliche Arbeit; **научно-исследовательская -а** Forschungsarbeit *f*; **-а над выполнением заказа клиента** Auftragsbearbeitung *f*; **-а не по найму** selbstständige Arbeit (Tätigkeit); **некачественная -а** Fehlleistung *f*; **неквалифицированная -а** unqualifizierte Arbeit; **неоплаченная -а** unbezahlte Arbeit; **-а неполный рабочий день** Kurzarbeit *f*, Teilzeit|arbeit *f*, -beschäftigung *f*, -job *m*; **низкооплачиваемая -а** Niedriglohnarbeit *f*; **новаторская -а** Pionierarbeit *f*; **ночная -а (-а в ночное время)** Nachtarbeit *f*; **общественная -а (-а на общественных началах)** ehrenamtliche Arbeit (Tätigkeit); **общественные -ы** öffentliche Arbeiten; **односменная -а** Einschichtarbeit *f*; **опытно-конструкторские -ы** Entwicklungsarbeiten *pl*; **организационная -а** organisatorische Arbeit; **основная -а** Haupt|beschäftigung *f*, -tätigkeit *f*; **отделочные -ы** Ausbaugewerbe *n*, Ausbau *m*; **параллельная -а** Doppelarbeit *f*; **плановая -а (-а по плану)** Planarbeit *f*; **-а по заказам со стороны** fremdbestimmte Arbeit; **-ы по капитальному строительству** Investitionsarbeiten *pl*; **-а по найму** nicht selbstständige (unselbstständige) Arbeit (Tätigkeit); **-а по найму на определённый срок** befristetes Arbeitsverhältnis; **-а по основной должности** hauptamtliche Beschäftigung; **-а по основной специальности** hauptberufliche Tätigkeit; **-а по планированию** Planungs|tätigkeit *f*, -aktivitäten *pl*; **-а по подряду** Arbeit im Werkvertrag (auf Grund eines Werkvertrags); **-а по специальности** Berufstätigkeit *f*, berufliche Arbeit (Tätigkeit), gewerbliche Tätigkeit; **-а по совместительству** Neben|arbeit *f*, -beschäftigung *f*, -tätigkeit *f*; **-а по техническому обслуживанию** Erhaltungsarbeit *f*, Wartungsarbeit *f*; **-а по уходу** Pflegearbeit *f*; **повседневная -а** tägliche Arbeit; **подготовительные (предварительные) -ы** Vorleistung *f*; **подземные -ы** Tiefbau *m*; **погрузочные -ы** Ladearbeiten *pl*; **посменная -а** Schicht|arbeit *f*, -dienst *m*; **постоянная -а** Dauerstellung *f*, regelmäßige Beschäftigung; **поточная -а** Fließbandarbeit *f*; **прежняя -а** bisherige Tätigkeit; **-а проектной группы** Team|arbeit *f*, -work; **проектные -ы** Projektierungsarbeiten *pl*; **пусконаладочные -ы** Inbetriebnahmearbeiten *pl*; **равноценная -а** gleichwertige Arbeit; **разгрузочные -ы** Löscharbeiten *pl*, Entladearbeiten *pl*; **разъездная -а** Außendienst *m*; **ремесленная -а** Handwerksarbeit *f*, handwerkliche Arbeit; **ремонтные -ы** Reparaturarbeiten *pl*, Instandsetzungsarbeiten *pl*, Erhaltungsarbeiten *pl*; **рутинная -а** Routinearbeit *f*; **ручная -а** Handarbeit *f*, manuelle Arbeit; **-а с клиентами (клиентурой)** Kundenbetreuung *f*; **-а с клиентами на дому** Außendienst *m*; **-а с обязательным отчислением в фонд пенсионного страхования** arbeiterrentenversicherungspflichtige Beschäftigung; **-а с обязательным отчислением в фонд социального страхования** versicherungspflichtige Beschäftigung; **сверхурочная -а** Überstunden *pl*, Mehrarbeit *f*; **сдельная -а** Akkordarbeit *f*, Stücklohnarbeit *f*, Arbeit im Akkord; **сезонная -а** Saison|arbeit *f*, -beschäftigung *f*, saisonbedingte Arbeit; **сложная -а** komplizierte Arbeit; **-а служащего** Büro|arbeit *f*, -tätigkeit *f*; **случайная -а** Gelegenheitsarbeit *f*, gelegentliche Beschäftigung; **сменная -а** Schicht|arbeit *f*, -dienst *m*; **совместная -а** Gemeinschaftsarbeit *f*, Zusammenarbeit *f*, gemeinsame Arbeit; **срочная -а** dringende Arbeit; **строительные -ы** Bauarbeiten *pl*; **творческая -а** schöpferische Arbeit; **точная (тонкая) -а** Feinarbeit *f*; **-а, требующая больших затрат времени** zeitaufwendige Arbeit; **тяжёлая -а** schwere Arbeit; **-а торгового предприятия** Handelsleistung *f*; **умственная -а**

geistige Arbeit; **физическая -а** körperliche Arbeit

работать arbeiten, jobben, tätig sein, eine Beschäftigung ausüben, im Arbeitsverhältnis (Dienstverhältnis) stehen; funktionieren, laufen; **~ вхолостую** leerlaufen; **~ для удовлетворения собственных потребностей** für eigenen Bedarf arbeiten; **~ на заказ** auf Bestellung arbeiten; **~ на общественных началах** ehrenamtlich arbeiten; **~ неполный рабочий день** kurz arbeiten; **~ по договору подряда** auf Grund eines Werkvertrags arbeiten; **~ по найму** im Arbeitsverhältnis stehen; **~ по полдня (на половину ставки)** halbtags arbeiten; **~ по совместительству** nebenberuflich (im Nebenberuf) arbeiten; **~ полный рабочий день** ganztägig arbeiten, voll beschäftigt sein; **~ сверхурочно** Überstunden leisten; **~ сдельно** im Akkord (Akkordlohn, Leistungslohn, Stücklohn) arbeiten; **~ совместно** zusammenarbeiten, gemeinsam (gemeinschaftlich) arbeiten

работающий arbeitend, beschäftigt, werktätig; Beschäftigte *m*, Werktätige *m*; **~ не по найму** selbstständig Beschäftigter; **~ неполный рабочий день** Kurzarbeiter *m*; **~ по найму** Arbeitnehmer *m*, abhängig Beschäftigter; **~ полный рабочий день** Vollbeschäftigte *m*

работник *m* Arbeiter *m*, Arbeitnehmer *m*, Arbeitskraft *f*, Beschäftigte *m*, Mitarbeiter *m*; **аттестовать -ов** die Mitarbeiter beurteilen; **нанимать (принимать) -а на работу** einen Arbeiter (einen Arbeitnehmer, eine Arbeitskraft, einen Mitarbeiter) einstellen; **переманивать -ов** Arbeitnehmer (Arbeitskräfte, Mitarbeiter) abwerben; **предоставлять -ов внаём** Arbeitnehmer überlassen; **увольнять -а** einen Arbeiter (Arbeitnehmer, Mitarbeiter) entlassen (kündigen); **временный ~** Aushilfe *f*, Aushilfskraft *f*, Arbeitskraft auf Zeit, nicht ständig Beschäftigter; **~ государственного (муниципального) предприятия (учреждения)** Arbeitnehmer im öffentlichen Dienst; **~ женского пола** weiblicher Arbeitnehmer, weibliche Arbeitskraft, Arbeiterin *f*, Beschäftigte *f*; **~ завода** Werksangehörige *m*; **-и, занятые полный рабочий день** Vollzeitkräfte *pl*; **квалифицированный ~** Fach|arbeiter *m*, -kraft *f*, gelernter Arbeiter; **компетентный ~** zuständiger Mitarbeiter; **~ мужского пола** männlicher Arbeitnehmer, männliche Arbeitskraft, Arbeiter *m*, Beschäftigte *m*; **научный ~** Wissenschaftler *m*, wissenschaftlicher Mitarbeiter; **низкооплачиваемый ~** Niedriglohnarbeiter *m*; **постоянный ~** ständig Beschäftigte(r), festangestellter Mitarbeiter (Arbeitnehmer); **~ промышленного предприятия** Industrie|arbeiter *m*, -beschäftigte *m*; **руководящий ~** leitender Angestellter, Führungskraft *f*; **сезонный ~** Saison|arbeitskraft *f*, -arbeiter *m*, Erntearbeiter *m*; **складской ~** Lager(haus)arbeiter *m*, Lagerist *m*; **социальный ~** Sozialarbeiter *m*; **торговый ~** Verkaufskraft *f*, Verkäufer *m*, Arbeitnehmer des Handels, kaufmännischer Arbeitnehmer

работница *f* Arbeiterin *f*, Arbeitnehmerin *f*, weiblicher Arbeitnehmer, Beschäftigte *f*, Mitarbeiterin *f*; **домашняя ~** Hausgehilfin *f*

работодатель *m* Arbeitgeber *m*, Unternehmer *m*; **~-государственное (муниципальное) предприятие (учреждение)** Arbeitgeber der öffentlichen Hand; **~-частное лицо** privater Arbeitgeber

работоспособность *f* Arbeitsfähigkeit *f*, Erwerbsfähigkeit *f*, Arbeitsvermögen *n*; **ограниченная ~** beschränkte Arbeitsfähigkeit *f*

рабочи|й *m* Arbeiter *m*, Arbeitnehmer *m*, Arbeitskraft *f*; **нанимать -х** Arbeiter (Arbeitnehmer) anwerben; **передавать (предоставлять) -х внаём** Arbeitnehmer überlassen; **переманивать -х** Arbeiter abwerben; **принимать -х на работу** Arbeiter (Arbeitnehmer) einstellen; **увольнять -х** Arbeiter (Arbeitnehmer) entlassen (kündigen); **временный -й** Aushilfe *m*, Aushilfskraft *f*, Gelegenheitsarbeiter *m*, Arbeitskraft auf Zeit; **вспомогатель-**

ный -й Hilfsarbeiter *m*; **высококвалифицированный -й** hochqualifizierter Arbeiter; **заводской -й** Fabrikarbeiter *m*; **иностранный -й** Gastarbeiter *m*; **кадровый -й** Stammarbeiter *m*; **квалифицированный -й** Fach|arbeiter *m*, -kraft *f*, gelernter Arbeiter; **наёмный -й** Arbeitnehmer *m*, Lohnarbeiter *m*; **-й-монтажник** Montagearbeiter *m*; **-й, не являющийся членом профсоюза** nicht organisierter Arbeiter; **неквалифицированный -й** ungelernter Arbeiter; **-й низкой квалификации** angelernter Arbeiter; **низкооплачиваемый -й** Niedriglohnarbeiter *m*; **подручный (подсобный) -й** Hilfsarbeiter *m*, ungelernter Arbeiter; **постоянный -й** Stammarbeiter *m*, ständig Beschäftigter; **производственный (промышленный) -й** Industriearbeiter *m*; **-й, работающий неполный рабочий день** Kurzarbeiter *m*; **-й, работающий полный рабочий день** Vollbeschäftigte *m*, Vollzeitkraft *f*; **сезонный -й** Saison|arbeiter *m*, -arbeitskraft *f*; **-й-сдельщик** Akkordarbeiter *m*; **сельскохозяйственный -й** Landarbeiter *m*, landwirtschaftlicher Arbeiter; **складской -й** Lager(haus)arbeiter *m*; **сменный -й** Schichtarbeiter *m*; **строительный -й** Bauarbeiter *m*; **фабричный -й** Fabrikarbeiter *m*

рабоч|ий Arbeiter-, Arbeits-; **-ая группа** Arbeits|gruppe *f*, -kreis *m*; **-ее движение** Arbeiterbewegung *f*; **-ий класс** Arbeiterklasse *f*, Arbeiterschaft *f*; **-ее место** Arbeitsplatz *m*, Stelle *f*; **-ий процесс** Arbeits|ablauf *m*, -prozess *m*; **-ая сила** Arbeitskraft *f*

равенство *n* Gleichheit *f*, Parität *f*; **обеспечивать ~** die Gleichheit sichern; **~ голосов** Stimmengleichheit *f*; **~ перед законом** Gleichheit vor dem Gesetz; **~ покупательной способности** Kaufkraftparität *f*; **социальное ~** soziale Gleichstellung

равновеси|е *n* Gleichgewicht *n*; **выводить из -я** aus dem Gleichgewicht bringen; **нарушать -е** das Gleichgewicht stören; **приводить в -е** ins Gleichgewicht bringen, ausgleichen; **сохранять (удерживать) -е** Gleichgewicht halten; **бюджетное -е** Haushaltsgleichgewicht *n*; **внешнеэкономическое -е** außenwirtschaftliches Gleichgewicht; **внутриэкономическое -е** binnenwirtschaftliches Gleichgewicht; **-е на денежном рынке** Gleichgewicht auf dem Geldmarkt; **нарушенное -е** gestörtes Gleichgewicht; **-е платёжного баланса** Zahlungsbilanzgleichgewicht *n*; **-е предложения и спроса** Gleichgewicht (Ausgleich) zwischen Angebot und Nachfrage; **рыночное -е (-е на рынке)** Marktgleichgewicht *n*; **финансовое -е** finanzielles Gleichgewicht; **экономическое -е** wirtschaftliches Gleichgewicht

равнозначный gleichwertig

равномерный gleichmäßig; **~ рост** gleichmäßiges Wachstum

равноправие *n* Gleichberechtigung *f*, rechtliche Gleichstellung

равноправный gleichberechtigt, rechtlich gleichgestellt

равноценность *f* Gleichwertigkeit *f*, Äquivalenz *f*

равноценный gleichwertig, äquivalent

равны|й gleich; **-е возможности** *pl* gleiche Chancen; **при -х условиях** unter gleichen Umständen; **-ми частями** zu gleichen Teilen

радио *n* Funk *m*, Rundfunk *m*, Radio *n*

радиовещание *n* Rundfunk *m*, Rundfunksendung *f*

радиопередача *f* Rundfunk|sendung *f*, -übertragung *f*

разбазаривание *n* Vergeudung *f*, Verschwendung *f*; **~ средств** Geldverschwendung *f*, Vergeudung (Verschwendung) von Mitteln

разбивать aufschlüsseln, aufteilen, aufgliedern, unterteilen; anlegen

разбивк|а *f* Aufschlüsselung *f*, Aufgliederung *f*, Aufteilung *f*, Unterteilung *f*; **-а расходов** Aufgliederung der Ausgaben; **с -ой** aufgeschlüsselt

разбирательство *n* Untersuchung *f*; Gerichtsverhandlung *f*, Verfahren *n*; **вести -о** ein Verfahren (eine Verhandlung) (durch)führen; **арбитражное ~** Schieds(gerichts)verfahren *n*; **судеб-**

ное ~ Gerichtsverhandlung *f*, Verfahren *n*; **судебное ~ по делу о ликвидации** Liquidationsverfahren *n*; **третейское** ~ Schlichtungsverfahren *n*

разбирать untersuchen; demontieren, auseinandernehmen; aufkaufen

разблокирование *n* Freigabe *f*; **~ счетов** Kontenfreigabe *f*

разблокировать freigeben; **~ счета** Konten freigeben

разбогатеть reich werden, Reichtum erwerben (erlangen)

разборка *f* Sortierung *f*; Demontage *f*, Abbau *m*

развал *m* Verfall *m*, Zerrüttung *f*, Zerfall *m*, Zusammenbruch *m*; **~ рынка** Marktzerrüttung *f*; **~ экономики** Zerrüttung der Wirtschaft

разваливать zerstören, zerrütten

разведение *n* Anbau *m*, Zucht *f*; **~ скота** Viehzucht *f*

разведк|а *f* Erkundung *f*, Prospektierung *f*, Schürfung *f*, Exploration *f*; **вести -у** prospektieren, schürfen

развешивать abwägen

развивать entwickeln, ausbauen, entfalten, fördern; **~ инфраструктуру** die Infrastruktur ausbauen; **~ отношения** Beziehungen ausbauen; **~ торговлю** den Handel fördern; **~ туризм** den Fremdenverkehr fördern; **~ экономику** die Wirtschaft entwickeln

развиваться sich entwickeln, sich entfalten, in Entwicklung begriffen sein

развити|е *n* Entwicklung *f*, Ausbau *m*, Ausgestaltung *f*, Entfaltung *f*, Förderung *f*; **препятствовать -ю** die Entwicklung hemmen; **содействовать -ю** die Entwicklung fördern; **стимулировать -е экономики** die Wirtschaft fördern; **-е внешней торговли** Außenhandels|entwicklung *f*, -förderung *f*, Außenwirtschaftsförderung *f*; **дальнейшее -е** Weiterentwicklung *f*; **-е конъюнктуры** konjunkturelle Entwicklung; **-е личности** Persönlichkeits|entfaltung *f*, -entwicklung *f*; **-е национальной экономики** binnenwirtschaftliche Entwicklung; **обратное -е** rückläufige Entwicklung; **-е производства** Produktionsentwicklung *f*; **-е промышленности** industrielle Entwicklung; **-е профессиональной подготовки** Förderung der beruflichen Bildung; **свободное -е личности** freie Entfaltung der Persönlichkeit; **-е сотрудничества** Ausbau *m* der Zusammenarbeit; **социальное -е** soziale Entwicklung; **-е торговли** Handelsförderung *f*; **-е торговых отношений** Ausbau der Handelsbeziehungen; **-е туризма** Förderung des Fremdenverkehrs; **устойчивое -е** nachhaltige Entwicklung; **экономическое -е** Wirtschaftsentwicklung *f*, wirtschaftliche Entwicklung; **-е экономического строя** Ausgestaltung der Wirtschaftsordnung; **-е экспорта** Exportförderung *f*

разводнение *n* Verwässerung *f*; **~ акционерного капитала** Verwässerung des Aktienkapitals; **~ капитала** Kapitalverwässerung *f*; **~ курсов** Kursverwässerung *f*

разводнённый verwässert; **~ акционерный капитал** verwässertes Aktienkapital

развоз *m* Belieferung *f*, Transport *m*, Zustellung *f*, Verteilung *f*

разгар *m* **сезона** Hochsaison *f*

разглашать preisgeben, offenbaren; **~ коммерческую тайну** ein Geschäftsgeheimnis offenbaren; **~ тайну (секрет)** ein Geheimnis preisgeben (offenbaren)

разглашение *n* Preisgabe *f*, Offenbarung *f*, Indiskretion *f*; **~ налоговой тайны** Verletzung des Steuergeheimnisses; **~ служебной тайны** Bruch (Preisgabe, Verletzung) des Dienstgeheimnisses; **~ тайны** Geheimnisverrat *m*

разговор *m* Gespräch *n*, Unterredung *f*; **вести ~** ein Gespräch führen; **заказывать (телефонный) ~** ein Gespräch anmelden; **деловой ~** Dienstgespräch *n*, geschäftliche Unterredung; **конфиденциальный ~** vertrauliche Unterredung; **личный ~** Privatgespräch *n*; **междугородний телефонный ~** Ferngespräch *n*; **международный телефонный ~** Auslandsgespräch *n*; **служебный ~** Dienstgespräch *n*; **телефонный ~**

Telefongespräch *n*; **частный ~** Privatgespräch *n*

разгосударствление *n* Privatisierung *f*; **~ экономики** Privatisierung eines Teils des staatlichen Eigentums, Privatisierung der staatlichen Unternehmen

разграничение *n* Abgrenzung *f*; **~ издержек** Abgrenzungsrechnung *f*; **~ затрат и поступлений между отдельными периодами** zeitliche Abgrenzung; **~ затрат между смежными отчётными периодами** aktive Abgrenzung; **~ рынков** Marktabgrenzung *f*; **~ обязанностей (функций)** Aufgabenabgrenzung *f*

разгружать abladen, ausladen, entladen, löschen; entlasten; **~ груз** die Schiffsladung löschen; **~ сотрудников** Mitarbeiter entlasten

разгрузка *f* Abladung *f*, Ausladung *f*, Entladung *f*, Löschung *f*; Entlastung *f*

разгрузочн|ый Ablade-, Auslade-, Entlade-, Lösch-; **-ая накладная** *f* Abladeschein *m*; **-ая платформа** *f* Ausladeplatz *m*; **-ые работы** *pl* Entladearbeiten *pl*, Löscharbeiten *pl*

раздел *m* Teilung *f*, Aufteilung *f*, Auseinandersetzung *f*; Abschnitt *m*, Teil *m*; **~ баланса** Bilanzabschnitt *m*; **~ договора** Vertragskapitel *n*, Vertragsartikel *n*; **~ имущества** Teilung (Aufteilung) des Vermögens, Vermögensauseinandersetzung *f*; **~ наследства** Erbauseinandersetzung *f*, Nachlassteilung *f*, Teilung des Nachlasses; **~ номенклатуры счетов** Kontenklasse *f*; **~ плана** Planabschnitt *m*; **~ рынка** Marktaufteilung *f*; **~ рынков сбыта** Aufteilung von Verkaufsgebieten

разделение *n* Aufspaltung *f*, Aufteilung *f*, Teilung *f*, Verteilung *f*; **~ концерна** Aufspaltung des Konzerns; **международное ~ труда** internationale Arbeitsteilung; **~ на мелкие партии** Aufteilung in kleinere Mengen (Lose); **~ предприятия** Betriebsaufspaltung *f*, Teilung des Unternehmens, Unternehmensaufspaltung *f*; **~ труда** Arbeitsteilung *f*

разделять aufteilen, teilen, trennen

разделяющий ответственность mitverantwortlich

раздробление *n* Aufspaltung *f*, Zerlegung *f*, Zersplitterung *f*, Zerstückelung *f*, Zerkleinerung *f*; **~ капитала** Kapitalzersplitterung *f*

раздробленность *f* Zersplitterung *f*, Aufsplitterung *f*

различаться differieren, sich unterscheiden

различи|е *n* Differenz *f*, Unterschied *m*; **устранять -я** Differenzen (Unterschiede) beseitigen; **-е в темпах инфляции** Infaltionsgefälle *n*; **-я в размере доходов** Einkommensunterschiede *pl*; **-я в размере заработной платы** Gehaltsunterschiede *pl*; **структурные -я** strukturelle Unterschiede; **-я уровней процентных ставок** Zinsunterschiede *pl*; **-е цен** Preis|differenz *f*, -unterschied *m*, -gefälle *n*

размежевание *n* Abgrenzung *f*; **~ затрат** Kostenabgrenzung *f*; **~ рынков** Markt|abgrenzung *f*, -abschottung *f*

размежевывать abgrenzen; **~ рынки** Märkte abgrenzen

размен *m* Einwechslung *f*, Wechsel *m*; **~ денег** Geldwechsel *m*

разменивать (ein)wechseln, eintauschen; **~ деньги** Geld (ein)wechseln; **~ крупную купюру** einen größeren Schein einwechseln

разменные деньги *pl* Wechselgeld *n*

размер *m* Größe *f*, Größenordnung *f*, Höhe *f*, Ausmaß *n*, Dimension *f*, Maß *n*; **определять ~ комиссионных** die Höhe der Provision festlegen; **~ бюджета** Haushaltsvolumen *n*; **габаритные -ы** Außenabmessungen *pl*; **~ дивиденда** Höhe der Dividende; **~ дотации** Beihilfevolumen *n*; **~ залога по сумме** Beleihungswert *m*; **~ заработной платы** Lohnhöhe *f*; **~ инвестиций (капиталовложений)** Investitions|höhe *f*, -umfang *m*, -volumen *n*; **~ капитала** Kapital|betrag *m*, -volumen *n*; **~ компенсации (отступного)** Abfindungs|betrag *m*, -menge *f*, -summe *f*, Höhe der Abfindung; **~ кредита** Höhe eines Kredits; **максимальный ~** Höchstmaß *m*; **минимальный ~** Kleinstmaß *m*; **минимальный ~ заказа** Mindestauftragsvolumen *n*; **минимальный ~**

закупок Mindestabnahme *f*; **минимальный ~ заработной платы** Mindestlohn *m*; **минимальный ~ капитала** Mindestkapital *n*; **минимальный ~ основного капитала** Mindestgrundkapital *n*; **минимальный ~ пенсии** Mindestrente *f*; **номинальный ~** Nenngröße *f*, Sollgröße *f*; **~ оборота** Umsatz|höhe *f*, -größe *f*, Höhe des Umsatzes; **~ оплаты** Vergütungssatz *m*, Lohnsatz *m*; **оптимальный ~** optimale Größe; **~ партии** Losgröße *f*; **~ пособия** Beihilfevolumen *n*, Höhe einer Beihilfe; **-ы предприятия** Unternehmensgröße *f*, Betriebsgröße *f*, Größe eines Unternehmens (Betriebs); **~ прибыли** Gewinnhöhe *f*, Gewinnvolumen *n*; **~ производства** Produktions|umfang *m*, -volumen *n*; **~ процента** Zins|fuß *m*, -satz *m*; **~ серии** Serien|größe *f*, -umfang *m*; **стандартный ~** Normalgröße *f*, Standardgröße *f*; **~ убытка (ущерба)** Schadens|betrag *m*, -höhe *f*; **фактический ~** Istgröße *f*; **ходовой ~** markgängige Größe

размерность *f* Dimension *f*, Maßeinheit *f*

разметка *f* Kennzeichnung *f*, Markierung

размечать kennzeichnen, markieren

размещать ansiedeln, platzieren, unterbringen; auflegen, ausschreiben; **~ акции** Aktien auflegen (begeben, platzieren); **~ выпуск ценных бумаг** eine Emission platzieren; **~ заём** eine Anleihe auflegen (begeben, unterbringen, platzieren); **~ заказ** einen Auftrag vergeben (erteilen), in Auftrag geben, eine Bestellung aufgeben; **~ (заказы) по конкурсу** (Aufträge) ausschreiben; **~ производство** die Industrie (Produktion) ansiedeln, einen Standort festlegen (wählen); **~ ся** angesiedelt sein, liegen, sich befinden, untergebracht sein; **~ ценные бумаги** Wertpapiere unterbringen

размещение *n* Ansiedlung *f*, Standortverteilung *f*, Stationierung *f*, Platzierung *f*, Unterbringung *f*, Auflegung *f*, Ausschreibung *f*; **~ акций** Aktienplatzierung *f*, Auflegung (Begebung, Platzierung) von Aktien; **~ займа** Anleihe|unterbringung *f*, -zeichnung *f*, -zuteilung *f*, Auflegung (Begebung, Platzierung, Unterbringung, Zeichnung, Zuteilung) einer Anleihe; **~ заказов** Auftrags|erteilung *f*, -vergabe *f*, -wesen *n*, Aufgabe von Bestellungen, Vergabe von Aufträgen; **~ заказов по открытому конкурсу** offene Ausschreibung von Aufträgen; **народное ~** öffentliche Unterbringung von Aktien; **~ облигаций** Platzierung von Obligationen; **~ оборудования** Aufstellung von Maschinen; **~ подрядов на строительство** Ausschreibung von Bauleistungen; **~ производства** Produktionsstandort *m*; **~ промышленных предприятий** Industrie|ansiedlung *f*, -standort *m*; **публичное ~** öffentliche Unterbringung von Aktien; **~ ценных бумаг** Effektenplatzierung *f*, Wertpapier|platzierung *f*, -unterbringung *f*, Platzierung (Unterbringung) von Wertpapieren (Effekten); **~ финансовых ресурсов** Finanzanlage *f*; **~ ценных бумаг по эмиссионному курсу ниже номинала** Unter-Pari-Emission *f*

размножать vervielfältigen

размножение *n* Vervielfältigung *f*, Vermehrung *f*

разнарядка *f* Disposition *f*, Order *f*; Zuteilung *f*

разнесение *n* Eintragung *f*, Einschreibung *f*

разниться differieren, sich unterscheiden, abweichen

разниц|а *f* Differenz *f*, Unterschied *m*, Unterschiedsbetrag *m*; Disparität *f*, Gefälle *n*; **сокращать -у** die Differenz verringern; **-а в весе** Gewichtsunterschied *m*; **-а в уровнях налогов** Steuergefälle *n*; **-а в уровне производительности** Produktivitätsgefälle *n*; **-а в уровнях процентной ставки** Zins|gefälle *n*, -spanne *f*; **-а в уровнях экономического развития** wirtschaftliches Gefälle; **-а в ценах** Preis|differenz *f*, -unterschied *m*, -gefälle *n*; **валютная -а** Währungsdisparität *f*; **-а курсов (курсовая -а)** Kurs|differenz *f*, -unterschied *m*; **-а курсов валют** Währungsdisparität *f*; **-а между курсами кассовых и срочных сделок**

Report *m*; **-а между минимальным и максимальным размером оклада** Gehaltsspanne *f*; **-а между отпускной и покупной ценой на сельскохозяйственную продукцию** Produktspanne *f*; **-а между таможенными тарифами** Zolldisparität *f*; **-а между фактическими и плановыми издержками** Kalkulationsdifferenz *f*; **-а обменных курсов (курсов валют)** Wechselkursdifferenz *f*; **-а стоимости** Preis|differenz *f*, -gefälle *n*, -unterschied *m*

разновидность *f* Abart *f*, Modifikation *f*

разногласи|е *n* Meinungsverschiedenheit *f*, Unstimmigkeit *f*, Differenz *f*, Diskrepanz *f*, Widerspruch *m*; **урегулировать -я** Differenzen beilegen

разнообразие *n* Vielfalt *f*, Mannigfaltigkeit *f*, Fülle *f*

разнорабочий ungelernter Arbeiter

разность Differenz *f*, Unterschied *m*, Unterschiedsbetrag *m*

разносчик *m* Bote *m*; Hausierer *m*

разовый einmalig

разорени|е *n* Ruin *m*, Untergang *m*; **довести до -я** an den Rand des Ruins bringen

разорительный ruinierend, verlustbringend, verheerend

разоружение *n* Abrüstung *f*

разорять ruinieren, verheeren

разоряться sich ruinieren, verarmen

разрабатывать ausarbeiten, entwickeln, erarbeiten, erstellen; abbauen, ausbeuten, erschließen; **~ в кооперации (совместно)** in Zusammenarbeit entwickeln; **~ критерии** Kriterien erarbeiten; **~ месторождение** eine Lagerstätte erschließen; **~ метод** eine Methode entwickeln; **~ методы решения проблем** Problemlösungen erarbeiten; **~ модель** ein Modell erstellen; **~ план** einen Plan ausarbeiten; **~ программу** ein Programm erarbeiten; **~ проект** einen Entwurf ausarbeiten (erarbeiten), ein Projekt entwickeln (erarbeiten); **~ новые продукты** neue Produkte entwickeln (gestalten)

разработк|а *f* Ausarbeitung *f*, Entwicklung *f*, Erarbeitung *f*, Erstellung *f*; Abbau *m*, Ausbeutung *f*, Ausbeute *f*, Erschließung *f*; **вести -у** abbauen, ausbeuten; entwickeln, erarbeiten; **горная -а** Bergbau *m*, Bergwerk *n*; **-а изделий (продуктов)** Produktentwicklung *f*; **инновационная -а** innovative Entwicklung; **-а критериев** Erarbeitung von Kriterien; **-а месторождения** Erschließung einer Lagerstätte; **-а методов решения** Erarbeitung von Lösungen; **-а нефтяных месторождений** Erschließung von Erdölvorkommen; **-а новых продуктов** Entwicklung neuer Produkte; **открытая -а** Tagebau(betrieb) *m*, Abbau im Tagebau; **-а плана** Erstellung (Ausarbeitung) eines Plans; **-а по желанию (спецификации) клиента** kundenspezifische Entwicklung; **подземная -а** Abbau unter Tage; **-а полезных ископаемых** Abbau von Bodenschätzen; **-а проектов** Erarbeitung von Projekten; **-а стратегий** Entwicklung von Strategien; **-а теории** Theorieentwicklung *f*; **хищническая -а** Raubbau *m*

разрешать erlauben, gestatten, bewilligen, freigeben, genehmigen, zulassen; lösen; **~ проблему** ein Problem lösen

разрешени|е *n* Erlaubnis *f*, Bewilligung *f*, Genehmigung *f*, Zulassung *f*, Lizenz *f*; Lösung *f*; **аннулировать -е** die Erlaubnis widerrufen (zurücknehmen), eine Genehmigung (die Zulassung) entziehen; **выдавать -е** Erlaubnis (eine Genehmigung, die Zulassung) erteilen, eine Lizenz ausgeben (erteilen); **добиваться -я** die Erlaubnis erwirken; **запрашивать -е** die Genehmigung einholen; **иметь -е** die Erlaubnis (Genehmigung) besitzen, die Zulassung haben; **отказать в -и** die Erlaubnis (Genehmigung, Bewilligung) versagen; **отменить -е** die Erlaubnis widerrufen (zurücknehmen); **подавать заявку на выдачу -я** eine Genehmigung (Zulassung) beantragen; **получать -е** die Erlaubnis (Genehmigung, Zulassung) erhalten; **требовать -я** die Erlaubnis verlangen; **устанавливать сроки действия -я** die Erlaubnis (Genehmigung) befristen; **-е конфликта** Konfliktlösung *f*; **-е на**

ввоз (импорт) Einfuhr|bewilligung *f*, -genehmigung *f*, -lizenz *f*, Import|bewilligung *f*, -erlaubnis *f*, -genehmigung *f*, -lizenz *f*; **-е на ведение хозяйственной деятельности** Gewerbeerlaubnis *f*; **-е на въезд** Einreise|bewilligung *f*, -erlaubnis *f*; **-е на вывоз (экспорт)** Ausfuhr|bewilligung *f*, -erlaubnis *f*, -genehmigung *f*, -lizenz *f*, Export|genehmigung *f*, -lizenz *f*; **-е на выплату** Auszahlungsanweisung *f*; **-е на определённый срок** befristete Genehmigung (Erlaubnis); **-е на погашение права** Löschungsbewilligung *f*; **-е на право пользования** Benutzungsbefugnis *f*; **-е на строительство** Bau|erlaubnis *f*, -genehmigung *f*; **общее -е** Sammelgenehmigung *f*; **-е проблемы** Problemlösung *f*; **-е спорного вопроса** Streitbeilegung *f*; **специальное -е** Sondergenehmigung *f*; **с -я** mit Erlaubnis (Genehmigung)

разрешимый lösbar

разруха *f* Zerrüttung *f*, Verfall *m*, Ruin *m*; **хозяйственная ~** wirtschaftliche Zerrüttung

разрушать zerstören

разрушение *n* Zerstörung *f*

разрыв *m* Abbruch *m*, Auflösung *f*, Aufhebung *f*; Gefälle *f*, Spanne *f*; **~ договора** Vertrags|aufhebung *f*, -auflösung *f*, -bruch *m*; **~ кассовый** Liquiditätslücke *f*; **~ между оптовой и розничной ценой** Handelsspanne *f*; **~ отношений** Abbruch der Beziehungen

разряд *m* Gruppe *f*, Kategorie *f*, Klasse *f*, Rang *m*, Stufe *f*; **~ заработной платы** Gehaltsgruppe *f*, Lohngruppe *f*; **~ налогообложения** Steuerklasse *f*; **~ согласно тарифному соглашению** tariflich vereinbarte Lohngruppe; **тарифный ~** Tarif|gruppe *f*, -klasse *f*, -stufe *f*

разукрупнение *n* Entflechtung *f*, Verkleinerung *f*; **~ концерна** Konzernentflechtung *f*; **~ предприятия** Betriebsverkleinerung *f*

разукрупнять entflechten, verkleinern

разъяснение *n* Erklärung *f*, Erläuterung *f*, Aufklärung *f*

разыгрывать auslosen, verlosen; **~ лот (партию) ценных бумаг** Wertpapiere auslosen

район *m* Bezirk *m*, Kreis *m*, Gebiet *n*; **~ бедствия** Notlandsgebiet *n*; **~ города** Stadtbezirk *m*, Stadtteil *m*; **жилой ~** Wohngebiet *n*; **индустриальный (промышленный) ~** Industriegebiet *n*; **растущий ~** Wachstumsbezirk *m*; **~ с высокой плотностью населения** Ballungsgebiet *n*

рамбурс *m* Rembours *m*

рамки *pl* Rahmen *m*; **~ планирования** Planungsrahmen *m*

рантье *m* Kuponschneider *m*, Privatier *m* *(Pers)*, Rentier *m*

рапорт *m* Bericht *m*, Meldung *f*

рапортичка *f*, **кассовая** Kassenbericht *m*

раритет *m* Rarität *f*

раскладка *f* Repartierung *f*, Umlage *f*; **~ накладных расходов** Umlage der Gemeinkosten

расконсолидация *f* Dekonsolidierung *f*

раскрашивание *n* **ленты** fingierte (Börsen)Geschäfte

раскрытие *n* **информации** Informationsoffenbarung *f*, Informationsoffenlegung *f*, Informationspreisgabe *f*

раскупать aufkaufen, vergreifen

распад *m* Auflösung *f*, Verfall *m*, Zerfall *m*, Zusammenbruch *m*

распадаться zerfallen

распаковывать auspacken

расписани|е *n* Plan *m*, Fahrplan *m*; **-е движения** Fahrplan *m*; **-е занятий** Stundenplan *m*; **по -ю** fahrplanmäßig; **штатное -е** Stellenplan *m*

расписк|а *f* Quittung *f*, Bescheinigung *f*, Schein *m*, Beleg *m*; **выдавать -у** eine Quittung ausstellen; **давать -у** quittieren; **-а в получении** Empfangs|bestätigung *f*, -bescheinigung *f*, Quittung *f*; **-а в получении компенсации** Ausgleichsquittung *f*; **-а в получении платежа** Auszahlungsbestätigung *f*; **-а в получении (приёмке) товара** Annahmebescheinigung *f*, Abnahmebescheinigung *f*, -bestätigung *f*; **-а в принятии на хранение** Hinterlegungsschein *n*; **временная -а** Interimsquittung *f*; **двойная -а** Doppelquittung *f*; **депозитарная -а** Hinterlegungsschein *m*; **долговая -а**

Schuldschein *m*; **-а о выдаче** Ausgabebeleg *m*; **официальная -а** rechtsgültige Quittung; **под -у** gegen Quittung; **складская -а** Lagerschein *m*; **сохранная -а** Verwahrungsschein *m*

расписываться unterschreiben, unterzeichnen, signieren, gegenzeichnen; **~ в получении** den Empfang bescheinigen (schriftlich bestätigen, quittieren)

распланировать planen, einplanen, planmäßig einteilen

расплачиваться begleichen, bezahlen, abrechnen, verrechnen; **~ с долгами** die Schulden abzahlen (begleichen, bezahlen, tilgen, zahlen)

располагать besitzen, haben, verfügen, disponieren; anordnen, aufstellen, verteilen; **~ средствами** über Mittel verfügen; **-ся** angesiedelt sein, liegen, sich befinden, untergebracht sein

расположение *n* Anordnung *f*, Aufstellung *f*, Lage *f*, Stellung *f*

распорядитель Verfügungsberechtigte *m*, Bevollmächtigte *m*, Disponent *m*; **~ бюджетных средств** Staatsorgan oder territoriales Selbstverwaltungsorgan, das über die Haushaltsmittel verfügt; **директор-~** leitender Direktor; **~ кредитов** Kreditmanager *m*; **~ счета депо** Depotbevollmächtigte *m*

распорядительность Organisationstalent *n*, Organisationsvermögen *n*, Umsicht *f*

распорядок *m* Ordnung *f*, Vorschrift *f*, Reglement *n*; **внутренний ~** Hausordnung *f*; **~ делопроизводства** Geschäftsordnung *f*; **~ дня** Tagesordnung *f*; **~ работы** Arbeits|ordnung *f*, -plan *m*; **~ работы на предприятии** Betriebsordnung *f*

распоряжаться anordnen, anweisen, verfügen, verordnen, disponieren; **~ средствами** über Mittel verfügen

распоряжени|е *n* Anordnung *f*, Anweisung *f*, Regelung *f*, Regulativ *n*, Verfügung *f*, Verordnung *f*, Disposition *f*; **выполнять -е** eine Anordnung ausführen, die Anweisung befolgen; **делать -е** eine Verfügung (Verordnung) erlassen; **изменять -е** die Disposition (Anordnung, Anweisung) ändern; **иметься в -и** zur Verfügung (Disposition) stehen; **отдавать -е** eine Anordnung (Disposition, Regelung) treffen, eine Anweisung erteilen; **отменять -е** eine Anordnung (Verordnung) aufheben; **предоставлять в -е** zur Verfügung (Disposition) stellen; **-е вкладом** Verfügung über das Konto; **дополнительное -е** nachträgliche Verfügung, zusätzliche Anweisung; **завещательное -е о разделе наследства** Teilungsanordnung *f*; **-е капиталом** Kapitaldisposition *f*; **-е о поставках или платежах** kaufmännische Anweisung; **официальное -е** behördliche Anordnung; **по -ю** laut Anordnung

распределение *n* Aufteilung *f*, Aufschlüsselung *f*, Aufgliederung *f*, Einteilung *f*, Distribution *f*, Streuung *f*, Verteilung *f*, Umlage *f*, Umlegung *f*, Zuordnung *f*, Zurechnung *f*, Zuleitung *f*; Ausschüttung *f*; **производить ~** aufteilen, verteilen, eine Ausschüttung leisten; **~ акционерного капитала** Aktienverteilung *f*; **~ времени** Zeitaufteilung; **~ государственного бюджета** Finanzausgleich *m*, Verteilung der staatlichen Haushaltsmittel; **~ дивидендов** Dividendenausschüttung *f*, Ausschüttung der Dividende; **~ доходов** Einkommensverteilung *f*; **~ имущества банкрота между кредиторами** Quotenausschüttung *f*; **~ издержек по местам их возникновения** Kosten|aufschlüsselung *f*, -umlage *f*; **~ имущества после ликвидации общества** Verteilung des Restvermögens; **~ инвестиций (капиталовложений)** Investitionslenkung *f*, Lenkung von Investitionen; **~ капитала** Kapitalausschüttung *f*; **~ квот** Quotenzuteilung *f*; **~ конкурсной массы** Verteilung der Konkursmasse; **~ накладных расходов** Gemeinkostenumlage *f*, Umlage von Gemeinkosten; **~ налогового бремени** Steuerinzidenz *f*; **~ национального дохода по видам доходов** Verteilungsrechnung *f*; **~ общественного продукта** Verteilung des Sozialprodukts; **неравно-**

мерное ~ ungleichmäßige Verteilung; **~ обязанностей** Aufgabenteilung *f*; **первичное ~** Primärverteilung *f*; **~ по профессиям** berufliche Einstufung; **~ прибыли** Gewinn|ausschüttung *f*, -verteilung *f*, Ausschüttung des Gewinns; **пропорциональное ~** anteilmäßige Verteilung; **~ работ(ы)** Arbeits|einteilung *f*, -verteilung *f*; **~ рабочего времени** Verteilung der Arbeitszeit; **~ расходов** Aufschlüsselung der Ausgaben; **~ ресурсов** Ressourcen|allokation *f*, -verteilung *f*; **~ рисков** Risikoverteilung *f*; **~ рынков сбыта** Aufteilung von Verkaufsgebieten; **~ средств** Mittel|aufteilung *f*, -vergabe *f*; **статистическое ~** Häufigkeitsverteilung *f*; **~ сумм, вырученных от продажи конкурсной массы** Abschlagsverteilung *f*; **~ товаров** Warenverteilung *f*; **~ трудовых ресурсов** Arbeitskräfteeinsatz *m*; **~ функций** Aufgabenteilung *f*; **~ ценных бумаг** Zuteilung von Wertpapieren

распределитель *m* Verteiler *m*

распределять aufgliedern, aufschlüsseln, aufteilen, distribuieren, einteilen, streuen, verteilen, umlegen, zuordnen, zurechnen, zuteilen, ausschütten; **~ акции** Aktien zuteilen; **~ дивиденды** Dividenden ausschütten; **~ заказы (подряды) на выполнение работ** Arbeit vergeben; **~ издержки** die Kosten aufteilen (umlegen, verteilen, zuordnen, zurechnen); **~ инвестиции (капиталовложения)** Investitionen lenken; **~ квоты** Quoten aufteilen (zuteilen); **~ конкурсную массу** die Konkursmasse verteilen; **~ накладные расходы** die Gemeinkosten umlegen; **~ по группам** gruppieren; **~ по категориям (разрядам)** einstufen; **~ по профессиям** beruflich einstufen; **~ прибыль** den Gewinn ausschütten (verteilen); **~ работу** Arbeit verteilen; **~ расходы** Ausgaben umlegen (aufschlüsseln); **~ средства** Mittel aufteilen (vergeben, zuweisen); **~ сумму** einen Betrag aufschlüsseln; **~ ценные бумаги** Wertpapiere zuteilen

распродавать abstoßen, ausverkaufen, abverkaufen, restlos absetzen, räumen; **~ складские запасы** das Lager räumen; **~ товары** Waren abstoßen; **~ товарные запасы** das Warenlager ausverkaufen; **~ ценные бумаги** Wertpapiere abstoßen

распродаж|а *f* Ausverkauf *m*, Abverkauf *m*, Räumung *f*, Abstoßen *n*; **покупать на -е** im Ausverkauf kaufen; **-а акций** Abstoßen von Aktien; **весенняя -а** Winterschlussverkauf *m*; **ликвидационная -а** Liquidationsverkauf *m*; **окончательная -а** Räumungsverkauf *m*; **осенняя -а** Sommerschlussverkauf *m*; **-а остатков** Restverkauf *m*; **сезонная -а** Saisonausverkauf *m*, Schlussverkauf *m*; **~ складских запасов (товаров, товарных запасов)** Inventur(aus)verkauf *m*

распространение *n* Streuung *f*, Verbreitung *f*, Vertrieb *m*; **~ образцов** Musterverteilung *f*

распространённость *f* Häufigkeit *f*, Verbreitung *f*

распространять streuen, verbreiten, vertreiben

распыление *n* Zersplitterung *f*, Streuung *f*; Zerstäubung *f*

рассеяние *n* Streuung *f*

расслаиваться sich differenzieren

расследование *n* Ermittlung *f*, Nachforschung *f*, Untersuchung *f*; **проводить ~** eine Ermittlung führen, eine Untersuchung durchführen; **~ обстоятельств дела** Ermittlung des Sachverhalts; **официальное ~** amtliche Untersuchung

расследовать ermitteln, nachforschen, untersuchen

расслоение *n* Differenzierung *f*, Schichtung *f*, Spaltung *f*

рассматривать ansehen, betrachten; einschätzen; prüfen, untersuchen; bearbeiten, behandeln; verhandeln; **~ вопрос (дело)** eine Angelegenheit behandeln (untersuchen); **~ заявление** einen Antrag prüfen; **~ с различных точек зрения** unterschiedlich betrachten

рассмотрение *n* Betrachtung *f*; Einschätzung *f*; Prüfung *f*; Bearbeitung *f*, Behandlung *f*; Diskussion *f*; **ставить на ~** zur Diskussion stellen; **~ дела в**

арбитраже Schiedsweg *m*; **~ заявки (заявления)** Antragsprüfung *f*
рассредоточение *n* Dezentralisation *f*, Dezentralisierung *f*; **~ производства** Dezentralisation der Fertigung
рассредотачивать dezentralisieren
рассрочк|а *f* Ratenzahlung *f*; **платить в -у** abzahlen, in Raten zahlen, Teilzahlungen leisten; **покупать в -у** auf Raten (Abzahlung, Teilzahlung) kaufen; **соблюдать сроки уплаты в -у** Teilzahlungen einhalten; **в -у** gegen Abzahlung, auf Abschlag(szahlung), auf Teilzahlung, ratenweise
расстановка *f* Anordnung *f*, Aufstellung *f*, Einsatz *m*; **~ кадров** Personaleinsatz *m*, Personalorganisation *f*; **~ рабочих (работников)** Arbeitskräfteeinsatz *m*, Einsatz von Arbeitskräften
расстояние *n* Abstand *m*, Entfernung *f*, Distanz *f*, Strecke *f*
расстройство *n* Zerrüttung *f*, Störung *f*
рассчитывать abrechnen, ausrechnen, berechnen, errechnen, kalkulieren, rechnen; sich verlassen; **~ издержки** Kosten berechnen; **~ размер прибыли** den Gewinn errechnen; **~ расходы на выплату зарплаты** Lohnkosten rechnen; **~ цену** den Preis errechnen
рассчитываться abrechnen; **~ с кредиторами** seine Gläubiger abfinden
рассылать verschicken, versenden; **~ счета** Rechnungen verschicken
рассылка *f* Versand *m*
растаможи(ва)ть verzollen (lassen), zollamtlich abfertigen
растение *n* Pflanze *f*, Gewächs *n*; **кормовое ~** Futterpflanze *f*; **сорное ~** Unkraut *f*
растениеводство *n* Pflanzenzucht *f*, Pflanzenanbau *m*
растительн|ый pflanzlich, Pflanzen-; **-ое масло** *n* Pflanzenöl *n*
растительность *f* Pflanzenwelt *f*
расторгать annulieren, aufheben, auflösen, kündigen, lösen, außer Kraft setzen; **~ брак** die Ehe scheiden; **~ договор** einen Vertrag annulieren (außer Kraft setzen, aufheben, aufkündigen, lösen), vom Vertrag zurücktreten; **~ соглашение** ein Abkommen außer Kraft setzen (kündigen)
расторжение *n* Annulierung *f*, Aufhebung *f*, Auflösung *f*, Kündigung *f*, Lösung *f*
расточительн|ый aufwendig, verschwenderisch; **-ое использование** *n* Verschwendung *f*; **-ый образ** *m* **жизни** aufwendige Lebenshaltung
расточительство *n* Verschwendung *f*
растр *m* Raster *m*
растрат|а *f* Unterschlagung *f*, Veruntreuung *f*; **совершать -у** eine Unterschlagung (Veruntreuung) begehen
растрачивать unterschlagen, veruntreuen; **~ деньги** Geld unterschlagen (veruntreuen)
расфасовка *f* Abpacken *n*, Verpackung *f*, Abfüllung *f*; **мелкая ~** Kleinpackung *f*
расфасовывать abpacken, verpacken, abfüllen
расхищать stehlen, veruntreuen, ausplündern
расхищение *n* Diebstahl *m*, Veruntreuung *f*, Ausplünderung *f*
расход *m* Ausgabe *f*, Aufwand *m*, Verbrauch *m*, Abgang *m*; **ограничивать ~** den Verbrauch einschränken; **покрывать ~** den Verbrauch decken; **~ бензина** Benzinverbrauch *m*, Verbrauch an Benzin; **аквизиционные -ы** Akquisitionskosten *pl*; **актуарные -ы** Rentenversicherungskosten *pl*; **-ы будущих периодов** Rechnungsabgrenzungsposten *pl*; **валовый (общий, суммарный) ~** Gesamtausgabe *f*, Gesamtverbrauch *m*; **~ воды** Wasserverbrauch *m*; **возрастающий ~** steigender Verbrauch; **~ газа** Gasverbrauch *m*; **~ горючего** Brennstoffverbrauch *m*; **~ горючего и смазочных материалов** Verbrauch an Brenn- und Schmierstoffen; **~ денег** Geldausgabe *f*; **~ для собственных нужд** Eigenverbrauch *m*; **дополнительный ~** Mehrverbrauch *m*, Mehrkosten *pl*; **кассовый ~** Kassenausgabe *f*; **максимальный ~** Höchstverbrauch *m*; **~ материалов** Material|einsatz *m*, -verbrauch *m*; **~ на душу населения** Pro-Kopf-Verbrauch *m*; **-ы на персонал** Personalkosten *pl*; **-ы на потребление** Haushaltsendverbrauchsausgaben *pl*; **-ы предприятия** Unternehmensaus-

gaben *pl*; **сверхплановый ~** Mehrverbrauch *m*, Mehrkosten *pl*; **~ сырья** Rohstoffverbrauch *m*; **~ сырья и материалов** Material|einsatz *m*, -verbrauch *m*, Materialabgang *m*; **~ товаров** Wareneinsatz *m*; **~ топлива** Brennstoffverbrauch *m*; **удельный ~** spezifischer Verbrauch; **~ электроэнергии** Elektrizitätsverbrauch *m*, Stromverbrauch *m*; **~ энергии** Energieverbrauch *m*

расходиться ausverkauft (vergriffen) sein; auseinandergehen

расходн|ый Ausgabe(n)-; **-ая книга** *f* Ausgabenbuch *n*; **-ая статья** *f* Ausgabeposten *m*; **-ая часть** *f* **(счёта)** Kostenseite *f*, **-ый ордер** Verbrauchsschein *m*

расходование *n* Verbrauch *m*; **~ сырья** Rohstoff|einsatz *m*, -verbrauch *m*

расходовать ausgeben, aufwenden, verbrauchen; **~ деньги** Geld ausgeben; **~ средства** Mittel aufwenden (verbrauchen); **~ энергию** Energie verbrauchen

расход|ы *pl* Aufwand *m*, Aufwendungen *pl*, Ausgaben *pl*, Auslagen *pl*, Kosten *pl*, Kostenaufwand *m*, Spesen *pl*, Unkosten *pl*; **брать на себя -ы** Kosten auf sich nehmen (übernehmen), für die Kosten aufkommen; **возложить оплату -ов** Kosten auferlegen; **возмещать -ы** Aufwendungen abgelten (ausgleichen, ersetzen), Ausgaben (Auslagen) (zurück)erstatten (zurückerhalten), die Kosten ersetzen (erstatten, vergüten), die Spesen erstatten; **возмещать свои -ы** Aufwendungen erstattet bekommen; **вызывать -ы** einen Aufwand (Kosten) verursachen; **заставлять нести -ы** mit Ausgaben belasten; **избегать -ов** Ausgaben vermeiden; **контролировать -ы** Kosten (Ausgaben) kontrollieren; **компенсировать -ы** Aufwendungen abgelten (ausgleichen), Ausgaben (Auslagen, Kosten) ersetzen (erstatten); **нести -ы** Kosten bestreiten, die Kosten tragen; **ограничивать -ы** Ausgaben begrenzen (einschränken); **оплачивать -ы** Aufwendungen abgelten, Kosten vergüten; **оправдать свои -ы** auf seine Kosten kommen; **определять -ы** Kosten ermitteln; **отчитываться в своих -ах** Auslagen abrechnen, über Spesen abrechnen; **перекладывать -ы** Kosten überwälzen; **перечислять -ы по отдельным статьям** Kosten aufstellen; **подсчитывать -ы** Kosten errechnen; **подтверждать свои -ы** seine Auslagen belegen, die Kosten ausweisen; **покрывать -ы** Kosten decken, Aufwendungen ausgleichen; **проверять -ы** Kosten überprüfen; **проводить как -ы** als Aufwand verbuchen; **производить -ы** Aufwendungen machen (geltend machen), Ausgaben tätigen, Spesen machen; **производить расчёт -ов** Kosten abrechnen (berechnen, verrechnen), Spesen abrechnen; **производить учёт -ов** Kosten erfassen; **сбалансировать -ы** Aufwendungen bilanzieren; **снижать -ы** Ausgaben (Kosten) senken; **сокращать -ы** Aufwendungen (Ausgaben, Kosten) kürzen (reduzieren); **сопоставлять -ы** Kosten gegenüberstellen; **списывать в -ы** als Kosten buchen; **требовать -ов** einen Aufwand erfordern; **утверждать -ы** Ausgaben bewilligen; **экономить на -ах** Kosten einsparen; **административные -ы** Verwaltungskosten *pl*, Leitungskosten *pl*; **административно-хозяйственные -ы** Verwaltungsgemeinkosten *pl*; **амортизационные -ы** Abschreibungsaufwand *m*; **без накладных -ов** spesenfrei; **-ы будущих периодов** zukünftige Kosten; **бюджетные -ы** *(Fin)* Hauhaltsausgaben *pl*; **-ы в иностранной валюте** Devisenausgaben *pl*; **валовые -ы** Gesamt|aufwand *m*, -aufwendungen *pl*, -ausgaben *pl*, -kosten *pl*; **включая накладные -ы** einschließlich der Spesen; **внеплановые -е** außerordentlicher Aufwand, außerordentliche Aufwendungen (Ausgaben), außerplanmäßige Kosten; **внеплановые -ы, не связанные с производством** neutraler Aufwand, neutrale Aufwendungen; **внепроизводственные -ы** Absatzkosten *pl*, Vertriebskosten *pl*;

внереализационные -ы sonstige Aufwendungen (Kosten); **военные -ы** Rüstungsausgaben *pl*; **возмещаемые (компенсируемые) -ы** zu erstattende Auslagen; **вынужденные -ы** Betriebsaufwand *m*; **государственные -ы** Staatsausgaben *pl*; **-ы государственных и муниципальных органов власти** Ausgaben der öffentlichen Hand; **денежные -ы** finanzielle Aufwendungen; **дополнительные -ы** Neben|ausgaben *pl*, -kosten *pl*, Zusatzkosten *pl*, zusätzlicher Aufwand, zusätzliche Aufwendungen (Kosten), verrechnete Kosten; **дополнительные -ы на материалы** Materialnebenkosten *pl*; **дополнительные -ы на персонал** Personalnebenkosten *pl*; **дорожные -ы** Reise|ausgaben *pl*, -spesen *pl*, Wegegeld *n*; **единовременные -ы** einmalige Ausgaben (Aufwendungen), Spesen *pl*; **запланированные -ы** Plankosten *pl*, geplante Kosten; **-ы и доходы** Aufwendungen und Erträge; **инвалютные -ы** Devisenausgaben *pl*; **инвестиционные -ы** Investitions|aufwand *m*, -aufwendungen *pl*; **интервенционные -ы** Interventionsausgaben *pl*; **-ы, исключаемые из суммы, подлежащей налогообложению** abzugsfähige Ausgaben; **исследовательские -ы** Forschungsaufwendungen *pl*; **канцелярские -ы** Büro|ausgaben *pl*, -kosten *pl*; **капитальные -ы бюджета** staatliche Investitionen *pl*, Haushaltsausgaben für Investitionen und Innovationen *pl*; **командировочные -ы** Reise|kosten *pl*, -spesen *pl*, Dienstreisekosten *pl*; **коммерческие -ы** Geschäfts|ausgaben *pl*, -kosten *pl*; **косвенные -ы** indirekte Kosten; **лицензионные -ы** Lizenzausgaben *pl*; **-ы местного органа самоуправления** Gemeindeausgaben *pl*; **-ы на ведение домашнего хозяйства** Haushaltausgaben *pl*; **-ы на восстановление (основного капитала)** Wiederbeschaffungskosten *pl*; **-ы на единицу изделия** Kosten je Produkteinheit; **-ы на закупки** Beschaffungskosten *pl*; **-ы на заработную плату** Lohn|aufwand *m*, -kosten *pl*; **-ы на заработную плату и социальные нужды** Personalkosten *pl*; **-ы на инвестиции** Investitions|aufwand *m*, -aufwendungen *pl*, Aufwendungen für Investitionen; **-ы на контроль** Kontrollaufwand *m*; **-ы на материал** Material|aufwand *m*, -kosten *pl*; **-ы на материально-техническое снабжение** Beschaffungskosten *pl*; **-ы на научно-исследовательские работы** Forschungsausgaben *pl*; **-ы на опытно-конструкторские работы** Entwicklungskosten *pl*; **-ы на освоение выпуска изделий** Anlaufkosten *pl*; **-ы на переналадку и переоборудование** Umrüstkosten *pl*; **-ы на персонал** Personal|aufwand *m*, -ausgaben *pl*; **-ы на поддержание в исправности** Instandhaltungskosten *pl*, Unterhaltungskosten *pl*; **-ы на производство** Fabrikationkosten *pl*, Fertigungskosten *pl*, Herstellungskosten *pl*, Produktionskosten *pl*; **-ы на развитие инфраструктуры** Infrastrukturausgaben *pl*; **-ы на реализацию продукции** Absatzkosten *pl*, Vertriebs|aufwendungen *pl*, -kosten *pl*; **-ы на рекламу** Werbekosten *pl*, Reklame|aufwendungen *pl*, -kosten *pl*; **-ы на ремонт** Reparatur|aufwand *m*, -aufwendungen *pl*, -ausgaben *pl*, -kosten *pl*, Renovierungskosten *pl*, Instandsetzungskosten *pl*; **-ы на рефинансирование** Refinanzierungskosten *pl*; **-ы на социальное страхование** Ausgaben für soziale Sicherung; **-ы на социальные нужды** Sozialausgaben *pl*; **-ы на строительство** Baukosten *pl*; **-ы на техническое обслуживание** Wartungskosten *pl*; **-ы на текущий ремонт** Instandhaltungskosten *pl*, Unterhaltungskosten *pl*; **накладные -ы** Gemeinkosten *pl*, Spesen *pl*, Regiekosten *pl*, Unkosten *pl*; **накладные -ы на материалы** Materialgemeinkosten *pl*; **накладные -ы на персонал** Personalnebenkosten *pl*; **накладные -ы по сбыту** Absatzgemeinkosten *pl*; **накладные производственные -ы** Fertigungsgemeinkosten *pl*; **-ы, не влияющие на результаты хозяйственной деятельности** erfolgsneutrale Ausgaben; **непосредственные (прямые) -ы** direkte (direkt zurechenbare) Kosten, direkter Aufwand; **непредвиденные (непредусмотренные) -ы** außerordentlicher Aufwand, außerordentliche Aufwendungen (Ausgaben), außerplanmäßige Kosten; **непроизводственные -ы** betriebsfremde Aufwendungen; **общезаводские (накладные) -ы** Betriebsgemeinkosten *pl*; **общепроизводственные (вспомогательные цеховые) и общехозяйственные -ы** allgemeine Betriebs- und Wirtschaftskosten *pl*; **общие -ы** Gesamt|aufwand *m*, -aufwendungen *pl*, -ausgaben *pl*, -kosten *pl*, allgemeine (gesamte, totale) Kosten; **одноэлементные -ы** Einzelkosten *pl*; **оперативные -ы** betrieblicher Aufwand, betriebliche Aufwendungen; **операционные -ы** Geschäftskosten *pl*; **-ы, определяющие результаты хозяйственной деятельности** erfolgswirksame Ausgaben; **основные -ы** Grundkosten *pl*; **переменные -ы** variable Kosten; **переменные коммерческие -ы** variable Absatzkosten *pl*; **постоянные производственные -ы** fixe Produktionskosten *pl*; **периодические -ы** wiederkehrende Ausgaben; **плановые -ы** Plankosten *pl*, geplante Kosten; **-ы по выгрузке** Entladekosten *pl*, Löschkosten *pl*; **-ы по доставке** Beförderungskosten *pl*, Transportkosten *pl*; **-ы по закупке, доставке, упаковке и страхованию товара** Bezugskosten *pl*; **-ы по изготовлению** Erzeugungskosten *pl*, Fabrikationskosten *pl*, Fertigungskosten *pl*, Herstellungs|aufwand *m*, -kosten *pl*; **-ы по монтажу** Montage|aufwand *m*, -kosten *pl*; **-ы по обеспечению и повышению качества** Qualitätskosten *pl*; **-ы по обработке** Bearbeitungskosten *pl*; **-ы по обслуживанию** Bedienungskosten *pl*; **-ы по отгрузке** Abladekosten *pl*, Verladekosten *pl*; **-ы по отправке** Versandkosten *pl*; **-ы по перевалке грузов** Umschlagskosten *pl*; **-ы по перевозке** Beförderungskosten *pl*, Frachtkosten *pl*, Transportkosten *pl*; **-ы по погрузке** Verladekosten *pl*; **-ы по поддержанию определённого уровня ликвидности** Liquiditätskosten *pl*; **-ы по приобретению лицензии** Lizenzausgaben *pl*; **-ы по продаже (реализации)** Verkaufskosten *pl*; **-ы по разгрузке** Entladekosten *pl*, Löschkosten *pl*; **-ы по сбыту** Absatzkosten *pl*, Vertriebskosten *pl*; **-ы по смете** veranschlagte Kosten; **-ы по содержанию и эксплуатации оборудования** Instandhaltungskosten *pl*, Wartungskosten *pl*; **-ы по страхованию** Versicherungskosten *pl*; **-ы по таможенной очистке** Verzollungskosten *pl*; **-ы по текущему ремонту** Instandhaltungskosten *pl*, Unterhaltungskosten *pl*; **-ы по техническому обслуживанию и текущему ремонту** Erhaltungsaufwand *m*; **-ы по упаковке** Verpackungsaufwand *m*; **-ы по учёту векселей** Diskontspesen *pl*; **-ы по хранению на складе** Lager(ungs)kosten *pl*; **побочные -ы** Neben|ausgaben *pl*, -kosten *pl*; **-ы, подлежащие капитализации** aktivierungspflichtiger Aufwand; **постоянные -ы** Festkosten *pl*, Fixkosten *pl*, feste Kosten, fixe Ausgaben (Kosten); **почтовые -ы** Porto *n*, Postkosten *pl*; **предварительные -ы** vorläufige Kosten; **предполагаемые -ы** voraussichtliche Kosten; **предпринимательские -ы** Geschäftskosten *pl*, Werbungskosten *pl*, geschäftliche Aufwendungen; **-ы предпринимателя по социальному страхованию** Sozialkosten *pl*; **представительские -ы** Repräsentations|aufwendungen *pl*, -geld *n*, -kosten *pl*, Vertreterkosten *pl*; **проездные -ы** Reisegeld *n*; **произведённые -ы** Kostenaufwand *m*, aufgewendete Kosten, entstandene Auslagen; **производственные -ы** Betriebskosten *pl*, Erzeugungskosten *pl*, Fabrikationskosten *pl*, Fertigungskosten *pl*, Herstellungskosten *pl*, Produktions|aufwand *m*, -aufwendungen *pl*, -ausgaben *pl*, -kosten *pl*, betrieblicher Aufwand, betriebliche Aufwendungen; **пропорциональные -ы** anteilige (proportionale) Kosten; **прочие -ы** sonstiger (übriger) Aufwand, sonstige Aufwendungen (Kosten), übrige Kosten; **прямые -ы** direkte (direkt zurechenbare) Kosten, direkter Aufwand; **-ы пускового периода** Anlaufkosten *pl*; **путевые -ы** Reise|ausgaben *pl*, -kosten *pl*, -spesen *pl*; **реальные -ы** Realausgaben *pl*; **сбытовые -ы** Absatzkosten *pl*, Vertriebskosten *pl*; **сверхплановые (сверхсметные) -ы** außerplanmäßige (außerordentliche) Kosten; **-ы, связанные с отсрочкой** Verzugskosten *pl*; **-ы, связанные с платежами** pagatorische Kosten; **-ы, связанные с получением дохода** Werbungskosten *pl*; **-ы, связанные с получением кредита** Kreditaufnahmekosten *pl*; **-ы, связанные с разделом** Teilungskosten *pl*; **складские -ы** Lager(haltungs)kosten *pl*; **сметные -ы** Plankosten *pl*; **строительные -ы** Bau|aufwand *m*, -kosten *pl*; **судебные -ы** Gerichtskosten *pl*, Kosten des Rechtstreites; **таможенные -ы** Zollausgaben *pl*; **текущие -ы** laufende Ausgaben (Kosten); **торговые -ы** Geschäfts|ausgaben *pl*, -kosten *pl*, Handelskosten *pl*, Verkaufskosten *pl*; **транспортно-заготовительные -ы** Warenbezugskosten *pl*; **транспортные -ы** Beförderungskosten *pl*, Frachkosten *pl*, Transportkosten *pl*; **управленческие -ы** Leitungskosten *pl*, Verwaltungskosten *pl*; **условно-пропорциональные -ы** variable Kosten; **условно-постоянные -ы** Festkosten *pl*, feste (fixe) Kosten, fixe Ausgaben, Fixkosten *pl*; **фактические -ы** effektive (tatsächliche) Kosten, Ist|ausgaben *pl*, -kosten *pl*, tatsächlicher Aufwand; **фрахтовые -ы** Frachtkosten *pl*; **цеховые -ы** Werkskosten *pl*; **чрезвычайные -ы** außerordentlicher Aufwand, außerordentliche Aufwendungen (Ausgaben); **экспедиционные -ы** Speditionskosten *pl*; **эксплуатационные -ы** Betriebs|ausgaben *pl*, -kosten *pl*, Unterhaltungskosten *pl*

расхождение *n* Abweichung *f*, Divergenz *f*, Differenz *f*

расцвет *m* Blüte *f*, Blütezeit *f*

расценивать abschätzen, bewerten, taxieren, einschätzen; ansehen, betrachten

расценк|а *f* Tarif *m*, Taxe *f*, Kostensatz *m*, Kalkulationspreis *m*; **повышать -и** Tarife (Taxen) erhöhen; **понижать -и** Tarife (Taxen) senken; **-а на сдельную работу** Stücklohnsatz *m*, Akkordlohnsatz *m*

расчёт *m* Abrechnung *f*, Verrechnung *f*, Berechnung *f*, Errechnung *f*, Rechnung *f*, Kalkulation *f*; Veranschlagung *f*, Bemessung *f*, Bewertung *f*; Auslegung *f*; **представлять ~** eine Abrechnung (Kalkulation) vorlegen; **принимать в ~** Rechnung tragen, berücksichtigen; **производить ~** abrechnen, verrechnen, eine Abrechnung (Verrechnung) durchführen, eine Berechnung anstellen, eine Kalkulation erstellen (vornehmen); **производить ~ издержек** eine Kostenrechnung erstellen; **производить ~ убытков** Verluste abrechnen; **составлять ~** eine Abrechnung erstellen; **актуарные -ы** Versicherungsmathematik *f*; **безналичный ~** Abrechnungsverkehr *m*, Giro(geschäft) *n*, Giroverkehr *m*, bargeldloser (unbarer) Zahlungsverkehr, bargeldlose Zahlung, Überweisungs|verfahren *n*, -verkehr *m*; **-ы в кредит** Verrechnung nach Erhalt der Ware; **-ы в порядке инкассо** Lastschriftverfahren *n*; **взаимный ~** gegenseitige Abrechnung (Verrechnung), Verrechnungsgeschäft *n*; **внутрибанковские -ы** interner Zahlungsverkehr; **~ вознаграждения за труд** Berechnung des Arbeitsentgeltes; **двусторонние -ы** bilateraler Verrechnungsverkehr; **~ долей покрытия постоянных издержек** Deckungsbeitragsrechnung *f*; **~ доходности** Renditerechnung *f*, Ertragsrechnung *f*; **~ доходов** Ertragsrechnung *f*; **~ жизненного цикла продукта** Lebenszyklusrechnung *f*; **~ за пользование** Gebührenabrechnung *f*; **~**

заработной платы Lohnrechnung *f*; **~ издержек** Kosten|berechnung *f*, -anschlag *m*, -rechnung *f*, Berechnung der Kosten; **~ капиталовложений** Investitionsrechnung *f*; **клиринговые -ы** Clearing|verkehr *m*, -verfahren *n*, Verrechnungsverkehr *m*; **~ комиссионного вознаграждения** Provisionsabrechnung *f*, Berechnung einer Provision; **коммерческие -ы** kaufmännisches Rechnen; **контрольный ~** Kontrollrechnung *f*; **-ы кредитной карточкой** Verrechnung per Kreditkarte; **~ курса** Kursberechnung *f*; **~ лицензионного платежа** Lizenzabrechnung *f*; **~ маржи от процентов** Zinsspannenrechnung *f*; **международные -ы** internationaler Zahlungsausgleich (Zahlungsverkehr, Verrechnungsverkehr); **многосторонние -ы** multilateraler Verrechnungsverkehr; **~ на комиссионных началах** Abrechnung über die Provision; **~ на определённую дату** stichtagbezogene Abrechnung; **наличный ~** Barzahlungsverkehr *m*, Bar|zahlung *f*, -leistung *f*; **~ налога** Steuerberechnung *f*; **~ налогооблагаемой базы** Berechnung der Besteuerungsgrundlage; **неправильный (ошибочный) ~** fehlerhafte Berechnung; **~ норм** Normermittlung *f*; **~ объёма сбыта** Absatzkalkulation *f*; **окончательный ~** Endabrechnung *f*, endgültige Abrechnung; **ориентировочный ~** Überschlag *m*, Überschlagsrechnung *f*; **плановые -ы** Planungsrechnung *f*; **~ плановых издержек** Plankostenrechnung *f*; **~ плановых и фактических издержек** Plan-Ist-Kostenrechnung *f*; **поквартальный ~** Quartalsabrechnung *f*; **-ы посредством банковских переводов** Überweisungsverkehr *m*; **~ потребностей** Bedarfsermittlung *f*; **~ потребности в производственных мощностях** Kapazitätsbedarfsrechnung *f*; **предварительный ~** Grobrechnung *f*, Voranschlag *m*; **~ предельных издержек** Grenzkostenrechnung *f*; **~ прихода и расхода** Berechnung der Einnahmen und Ausgaben; **~ процентов** Prozentrechnung *f*; Zinsrechnung *f*; **~ процентной ставки** Zins|berechnung *f*, -errechnung *f*, -rechnung *f*; **~ размера сбора** Gebührenberechnung *f*; **~ рентабельности** Rentabilitäts(be)rechnung *f*, Wirtschaftlichkeits(be)rechnung *f*; **~ ренты** Rentenrechnung *f*; **~ себестоимости** Selstkosten|berechnung *f*, -ermittlung *f*, -kalkulation *f*, -rechnung *f*; **-ы с помощью ЭВМ** elektronischer Zahlungsverkehr; **~ сложных процентов** Zinseszinsrechnung *f*; **~ среднего значения** Durchschnittsrechnung *f*; **~ сроков и долей погашения** Tilgungsrechnung *f*; **~ суммы налога** Veranlagung *f*, Steuerveranlagung *f*; **технологические -ы** verfahrenstechnische Auslegung; **~ учётного процента** Diskont(be)rechnung *f*; **хозяйственный ~** wirtschaftliche Rechnungsführung, betriebswirtschaftliche Rechnung; **экономические -ы** Wirtschaftsrechnen *n*; **~ экономической эффективности** Wirtschaftlichkeits(be)rechnung *f*; **~ эффективности** Effektivitätsberechnung *f*

расчётн|ый rechnerisch, Abrechnungs-, Berechnungs-, Rechen-, Rechnungs-, Verrechnungs-; **-ый базис** *m* Berechnungsgrundlage *f*; **-ая ведомость** *f* Abrechnungs|bogen *m*, -zettel *m*; **-ый документ** *m* Abrechnungsbeleg *m*; **-ая единица** *f* Recheneinheit *f*, Rechnungseinheit *f*; **-ый курс** *m* Abrechnungskurs *m*; **-ый период** *m* Abrechnungszeitraum *m*, Berechnungszeitraum *m*; **-ая прибыль** *f* rechnerischer (kalkulatorischer) Gewinn; **-ый стол** *m* Abrechnungsstelle *f*; **-ая цена** *f* Abrechnungspreis *m*; Regulierungskurs *m*

расчленение *n* Gliederung *f*, Aufgliederung *f*, Aufteilung *f*, Zerlegung *f*; **~ рабочего (технологического) процесса** Arbeitszerlegung *f*

расчленять gliedern, aufgliedern, untergliedern, aufteilen, zerlegen

расширение *n* Ausbau *m*, Ausdehnung *f*, Ausweitung *f*, Erweiterung *f*, Expansion *f*; **планировать ~** die Erweiterung vorhaben; **~ ассортимента** Sortiments|ausweitung *f*, -erweiterung *f*; **~**

бизнеса (дела) Geschäfts|ausweitung *f*, -ausbau *m*; **~ доли рынка** Ausbau von Marktanteilen; **~ инфраструктуры** Ausbau der Infrastruktur; **~ контактов** Ausbau von Kontakten; **~ концерна** Konzernerweiterung *f*; **~ мощностей** Kapazitäts|ausbau *m*, -ausdehnung *f*, -ausweitung *f*; **~ номенклатуры изделий** Produktdifferenzierung *f*; **~ предприятия** Betriebs|erweiterung *f*, -vergrößerung *f*, Unternehmenserweiterung *f*, Erweiterung eines Unternehmens (Betriebs); **~ производства** Produktionserweiterung *f*, Ausweitung der Produktion; **~ сотрудничества** Ausbau der Zusammenarbeit; **~ торговли** Ausbau (Ausweitung) des Handels; **~ торговых связей** Ausbau der Handelsbeziehungen; **~ фирмы** Firmenausbau *m*

расширять ausbauen, ausdehnen, ausweiten, erweitern; **~ бизнес (дело)** sein Geschäft ausbauen (ausweiten); **~ долю рынка** Markanteile ausbauen (gewinnen); **~ инфраструктуру** die Infrastruktur ausbauen; **~ контакты** Kontakte ausbauen; **~ мощности** Kapazitäten ausbauen (erweitern); **~ предложение** das Angebot ausweiten; **~ предприятие** den Betrieb vergrößern, ein Unternehmen ausbauen; **~ производство** die Produktion ausbauen (ausweiten); **~ торговые отношения** Handelsbeziehungen ausbauen (erweitern)

расшифровка *f* Entschlüsselung *f*

расшифровывать entschlüsseln

расщепление *n* Spaltung *f*, Aufspaltung *f*, Zersplitterung *f*

ратификация *f* Ratifikation *f*, Ratifizierung *f*

раунд *m* Runde *f*; **~ переговоров** Verhandlungsrunde *f*; **~ переговоров о заключении тарифного соглашения** Tarifrunde *f*

рацион *m* Ration *f*; **устанавливать ~** rationieren

рационализатор *m* Rationalisator *m*

рационализаторск|ий Rationalisierungs-; **-ое предложение** *n* Rationalisierungsvorschlag *m*

рационализаторство *n* Vorschlagswesen

рационализация *f* Rationalisierung *f*; **~ производства** Rationalisierung der Produktion; **~ рабочих (технологических) процессов** Rationalisierung von Arbeitsabläufen

рационализировать rationalisieren

рациональн|ый rationell, zweckmäßig; **-ое использование** *n* **территории страны** rationale Raumordnung *f*

рационирование *n* Rationierung *f*, Bewirtschaftung *f*

реабилитация *f n* Rehabilitierung *f*, Rehabilitation *f*, Wiederherstellung *f*

реагировать reagieren; **гибко ~** flexibel reagieren

реакция *f* Reaktion *f*

реализация *f* Absatz *m*, Realisation *f*, Realisierung *f*, Veräußerung *f*, Verkauf *m*, Vertrieb *m*, Verwertung *f*; Flüssigmachen *n*; Verwirklichung *f*, Umsetzung *f*; **внутризаводская ~** betrieblicher Absatz; **~ залога** Pfand|verwertung *f*, -verkauf *m*, Verwertung eines Pfandes; **~ на внутреннем рынке** Inlandsumsatz *m*; **~ плана** Planrealisierung *f*; **практическая ~** praktische Umsetzung; **~ прибыли** Gewinnrealisierung *f*; **~ проекта** Projektrealisierung *f*, Durchführung eines Projekts; **~ промышленной продукции** Industrievertrieb *m*; **~ услуг** Absatz von Dienstleistungen; **~ целей предприятия** Umsetzen von Unternehmenszielen

реализовывать absetzen, realisieren, veräußern, verkaufen, verwerten, flüssig machen; verwirklichen, umsetzen; **~ имущество** das Vermögen flüssig machen; **~ планы** Pläne umsetzen; **~ по своей цене** zu Einkaufspreisen verkaufen; **~ проекты** Projekte umsetzen; **~ с прибылью (убытками)** mit Gewinn (Verlust) absetzen; **~ товары** Waren (Produkte) absetzen (umsetzen)

реализованный realisiert

реализуем|ый absetzbar, realisierbar; flüssig, liquid; **легко -ые активы** *pl* realisierbare Aktiva

реальн|ый real, tatsächlich, wirklich, Real-; **-ая биржевая сделка** *f* reales Börsengeschäft; **-ая гарантия** *f* Realgarantie *f*; **-ый доход** *m* Realeinkommen *n*; **-ая заработная плата** *f* Reallohn *m*; **-ый контракт** *m* Realkontrakt *m*

ребрендинг *m* Rebranding *n*

ревальваци|я *f* Aufwertung *f*, Revalvation *f*; **~ проводить -ю** aufwerten, eine Aufwertung (Revalvation) vornehmen; **~ валюты** Währungsaufwertung *f*, Valutaaufwertung *f*

ревальвировать aufwerten; **~ валюту** die Währung aufwerten

реверс *m* Revers *m*

ревизи|я *f* Prüfung *f*, Revision *f*, Audit *n*, Wirtschaftsprüfung *f*; **объявлять о проведении -и** die Revision (das Audit) ankündigen; **поручать проведение -и** mit der Prüfung (Revision) beauftragen; **проводить -ю** auditieren, prüfen, revidieren, eine Prüfung (Revision, das Audit) durchführen (vornehmen); **-я баланса** Bilanz|revision *f*, -prüfung *f*, Prüfung der Bilanz; **-я банка** Bankprüfung *f*; **-я бухгалтерских книг** Buchprüfung *f*; **внеплановая -я** außerplanmäßige Revision; **внешняя -я** außerbetriebliche Revision; **внутренняя -я** Innenrevision *f*, innerbetriebliche Revision; **выборочная -я** stichprobenartige Revision; **-я годового отчёта** Jahresabschlussprüfung *f*, Prüfung des Jahresabschlusses; **-я деятельности общества (союза)** Verbandsprüfung *f*; **документальная -я** Beleg|prüfung *f*, -revision *f*; **инвентарная -я** Inventurprüfung *f*; **-я кассовой наличности** Kassenrevision *f*; **-я отчётности** Rechnungsprüfung *f*; **плановая -я** planmäßige Revision; **-я сберегательной кассы** Sparkassen|prüfung *f*, -revision *f*; **системная -я** Systemaudit *n*

ревизовать prüfen, revidieren, auditieren; **~ балансовый отчёт** die Bilanz prüfen; **~ бухгалтерские книги** Bücher prüfen; **~ кассовую наличность** den Kassenbestand prüfen; **~ отчётность** die Rechnungsführung prüfen

ревизор *m* Abschlussprüfer *m*, Buchprüfer *m*, Prüfer *m* Rechnungsprüfer *m*, Revisor *m*, Auditor *m*, Wirtschaftsprüfer *m*; **присяжный ~** vereidigter Buchprüfer

ревизионный Revisions-; **~ отдел** *m* Revisionsabteilung *f*

ревокация *f* Widerruf *m*

револьверный кредит *m* Revolving-Kredit *m*

революци|я *f* Revolution *f*; **вызывать -ю** eine Revolution auslösen; **промышленная -я** industrielle Revolution

регион *m* **депрессивный** depressive Region *f* *(Region mit einem vergleichsmäßig eklatanten und permanenten wirtschaftlichen wie sozialen Rückstand)*

регион-донор *m* Geberregion *f*

регистр *m* Register *n*, Rolle *f*, Verzeichnis *n*, Liste *f*; **вносить (заносить) в торговый ~** ins Handelsregister eintragen; **~ зарегистрированных образцов** Musterregister *n*; **индексный ~** Indexregister *n*; **~ лиц, профессиональной деятельностью** Gewerberolle *f*; **накопительный ~** Sammelbuch *n*; **~ поставщиков** Lieferantenliste *f*; **~ промышленных образцов** Rolle für Gebrauchsmuster, Gebrauchsmusterrolle *f*; **судовой ~** Schiffsregister *n*; **торговый ~** Handelsregister *n*, Gewerberolle *f*; **~ ценных бумаг** Valorenregister *n*, Wertpapierverzeichnis *n*

регистратор *m* Registrator *m*

регистратура *f* Registratur *f*

регистрационный Registrier-

регистраци|я *f* Eintragung *f*, Registrierung *f*, Einschreibung *f*, Aufzeichnung *f*; **ликвидировать -ю** eine Eintragung löschen; **подавать заявление на -ю** eine Eintragung beantragen; **проводить -ю** eine Eintragung vornehmen; **-я в списке** Eintragung in eine Liste; **-я в торговом реестре** Handelsregistereintragung *f*; **-я ипотеки** Hypothekeneintragung *f*, Eintragung einer Hypothek; **-я товарного знака** Warenzeicheneintragung *f*; **-я фирмы** Firmeneintragung *f*

регистрировать eintragen (lassen), registrieren, notieren; **~ заказ** die Bestellung vermerken, einen Auftrag notieren; **~ товарный знак** ein Warenzeichen eintragen (lassen); **~ фирму**

die Gesellschaft eintragen (lassen); ~ **ценные бумаги на бирже** amtlich notieren; ~ **юридическое лицо** eine juristische Person eintragen (lassen)

регламент *m* Reglement *n*, Ordnung *f*, Geschäftsordnung *f*; **внутренний ~** Geschäftsordnung *f*; **по -у** laut Geschäftsordnung *f*; **служебный ~** Dienstordnung *f*

регламентация *f* **(регламентирование** *n***)** Reglementierung *f*, Regelung *f*; ~ **рабочего времени** Arbeitszeitregelung *f*

регламентировать reglementieren, regeln

регресс *m* Regress *m*, Rückgriff *m*, Rückforderung *f*, Rückforderungsanspruch *m*, Ersatzanspruch *m*; **иметь право -а** Regress (Rückgriff) nehmen; **без -а** ohne Regress (Rückgriff), ohne Obligo; **вексельный ~** Wechsel|regress *m*, -rückgriff *m*

регрессант *m* Regressnehmer *m*

регрессат *m* Rückgriffsschuldner *m*

регрессивный regressiv, Regress-; ~ **налоговый тариф** *m* regressiver Steuertarif

регрессный regressiv, Regress-; ~ **иск** *m* Regress *m*

регрессия *f* Regression *f*

регулирование *n* Regelung *f*, Regulierung *f*, Lenkung *f*, Bereinigung *f*, Steuerung *f*; **бюджетное ~ (~ бюджета)** Haushalts|ausgleich *m*, -ordnung *f*; **валютное ~** Valutabewirtschaftung *f*; ~ **валютных курсов** Wechselkurs|anpassung *f*, -regelung *f*; ~ **ввоза** Einfuhrregelung *f*; ~ **вывоза** Ausfuhrregelung *f*; **государственное ~** staatliche Lenkung; ~ **денежной массы** Geldmengensteuerung *f*; ~ **заработной платы** Lohnregelung *f*; ~ **капиталовложений** Investitionsregelung *f*; ~ **квот** Quotenregelung *f*; ~ **конъюнктуры** Konjunktursteuerung *f*; **косвенное ~** indirekte Regelung; ~ **курса ценных бумаг** Kurs|intervention *f*, -korrektur *f*; ~ **ликвидности** Liquiditäts|steuerung *f*, -management *n*; **правовое (законодательное) ~** gesetzliche Regelung *f*; ~ **процентных ставок** Zinssatz|anpassung *f*, -regulierung *f*; **прямое ~** direkte Regelung; ~ **расчётов** Regelung des Zahlungsverkehrs; ~ **рынка** Markt|kontrolle *f*, -lenkung *f*, -regelung *f*; ~ **рынка краткосрочных кредитов** Geldmarktregulierung *f*; ~ **рынка долгосрочных кредитов** Kapitalmarktregulierung *f*; ~ **сбыта** Absatzregelung *f*; ~ **спроса** Nachfrage|lenkung *f*, -steuerung *f*, Lenkung des Bedarfs; **таможенное ~** Zollregelung *f*; ~ **тарифов** tarifliche Regelung; ~ **цен** Preis|anpassung *f*, -lenkung *f*, -regelung *f*; ~ **экономики** Wirtschaftslenkung *f*; **экономическое ~** wirtschaftliche Regelung; ~ **экономической активности** Konjunkturregelung *f*; ~ **эмиссии** Emissionsregelung *f*

регулировать lenken, regeln, regulieren, steuern, bereinigen; ~ **проблемы договорным путём** vertraglich regeln; ~ **проблему наследования** die Nachfolge regeln; ~ **спорные вопросы** Streitfragen regeln

регулируемый lenkbar, regelbar

регулирующий Regel-; ~ **механизм** *m* Regelwerk *n*

регулярный regelmäßig, regulär

регион *m* Region *f*, Gebiet *n*

регинальн|ый regional, Regional-; **-ый банк** *m* Regionalbank *f*; **-ое планирование** *n* Regionalplanung *f*; **-ые различия** *pl* regionale Unterschiede; **-ое соглашение** *n* Regionalabkommen *n*; **-ая экономика** *f* Regionalwirtschaft *f*

редисконт *m* **(векселя)** Rediskont *m*, Weiterverkauf *m* eines diskontierten Wechsels

редукция *f* **труда** Arbeitsreduktion *f*

реестр *m* Register *n*, Verzeichnis *n*, Liste *f*, Rolle *f*; **вести ~** ein Register führen; **вносить (заносить) в ~** im (ins) Register (in die Rolle) eintragen; ~ **имущественных прав** Güterrechtsregister *n*; ~ **компаний** Gesellschaftsregister *n*; ~ **кооперативов (товариществ)** Genossenschaftsregister *n*; ~ **лиц, самостоятельно занимающихся профессиональной деятельностью** Gewerberolle *f*; ~ **нотариальных действий** Urkundenrolle *f*; ~ **обществ (союзов)** Vereinsregister *n*; **патентный ~** Patentrolle *f*; **~ ремесленных предприятий** Handwerksrolle *f*; **судовой ~** Schiffsregister *n*; **~ счетов** Kontenverzeichnis *n*; **~ товарных знаков** Zeichenrolle *f*, Warenzeichenrolle *f*; **торговый ~ (~ торговых фирм)** Handelsregister *n*; **~ чеков** Scheckregister *n*

режим *m* Arbeitsablauf *m*, Betriebsart *f*, Betriebsbedingungen *pl*, Regelung *f*; **льготный ~** Vorzugsbehandlung *f*; **~ наибольшего благоприятствования** Abkommen *n* (zwischen zwei Staaten) über die Meistbegünstigung *f*; **~ работы** Arbeitsablauf *m*; **таможенный ~** Zollverfahren *n*; **технологический ~** Fertigungsverfahren *n*

резерв *m* Reserve *f*, Rücklage *f*, **-ы** Rückstellungen *pl*, Rückhalt *m*; **держать (иметь) в -е** in Reserve haben; **иметь ~(ы)** Reserven halten; **использовать ~(ы)** Reserven in Anspruch nehmen; **ликвидировать -ы** Reserven (Rücklagen) auflösen; **мобилизовать -ы** Reserven mobilisieren; **пополнять -ы** Reserven auffüllen; **производить отчисления в ~** Rücklagen (Rückstellungen) zuführen; **расходовать -ы** Reserven aufbrauchen; **реализовывать -ы** Reserven auflösen; **создавать -ы** Reserven (Rücklagen, Rückstellungen) bilden (machen); **сокращать (уменьшать) -ы** Reserven abbauen; **аварийный ~** Notstandsrücklage *f*; **банковский ~** Bankreserve *f*; **валютные -ы** Devisen|bestände *pl*, -reserven *pl*, Valutareserven *pl*, Währungsreserven *pl*; **денежный ~** Geldreserve *f*; **~ для выкупа привилегированных акций** Rücklage für den Rückkauf von Vorzugsaktien; **~ для обеспечения по старости** Rückstellungen für Altersversorgung; **~ для погашения долга** Tilgungsrücklage *f*; **~ для покрытия потерь в связи с возможными колебаниями курсов валют** Rückstellungen für Währungsrisiken; **~ для проведения инвестиций** Rückstellungen für Investitionen; **~ для уплаты налогов** Rückstellungen für Steuern; **добровольные -ы** freiwillige Reserven; **достаточный ~** ausreichende Reserve; **золотовалютные -ы** Gold- und Valutareserven *pl*; **избыточный** Überschussreserve *f*; **~ капитала** Kapital|reserve *f*, -rücklage *f*; **кассовый ~** Kassenreserve *f*; **кредитный ~** Kreditreserve *f*; **~ ликвидности** Liquiditäts|reserve *f*, -spielraum *m*, liquide Reserven; **легальные -ы** gesetzliche Reserven; **минимальный ~** Mindestreserve *f*; **~ мощности** Leistungsreserve *f*; **~ на замещение основного капитала** Erneuerungsrücklage *f*, Rücklage für Ersatzbeschaffungen; **~ на износ основного капитала** Rücklage (Rückstellungen) für Substanzverzehr (Wertminderung); **~ на истощение недр** Rückstellungen für Substanzverlust; **~ на покрытие чрезвычайных убытков** Delkredererückstellung *f*; **~ на снижение стоимости** Rücklage für Wertminderung; **~ наличности (наличных средств)** Bar(geld)reserve *f*; **обязательный ~** gesetzliche Rücklagen (Reserven); **открытые -ы** offene Rücklagen; **производственные -ы (-ы производства)** Produktionsreserven *pl*; **~ производственных мощностей** Kapazitätsreserve *f*; **~ против обязательств** Rückstellungen für Verbindlichkeiten; **~ рабочей силы** Reserve an Arbeitskräften; **-ы рационализации** Rationalisierungsreserven *pl*; **-ы согласно уставу** satzungsmäßige Rücklagen; **специальный ~** Sonderrücklage *f*; **скрытые -ы** stille Reserven (Rücklagen); **финансовые -ы** finanzielle Reserven; **целевые -ы** zweckgebundene Rücklagen (Rückstellungen); **чистые международные -ы** internationale Reserven

резервирование *n* Reservierung *f*, Buchung *f*; Rücklage *f*

резервировать reservieren, buchen

резервн|ый Reserve-; **-ый банк** *m* Reservebank *f*; **-ая валюта** *f* Reservewährung *f*; **-ые запасы** *pl* Reserve|bestände *pl*, -lager *n*; **-ая мощность** *f* Reserveleistung *f*, Kapazitätsreserve *f*; **-ое оборудование** *n*

Reserveausrüstung *f*; **-ый фонд** *m* Reservefonds *m*, Rückstellungen *pl*
резидент *m* Inländer *m*, Deviseninländer *m*, Gebietsansässige *m*, Steuerinländer *m*, ansässige Person, inländische juristische Person
резолюци|я *f* Entschließung *f*, Beschluss(fassung *f*) *m*, Resolution *f*; **предлагать -ю** eine Resolution (Entschließung) vorlegen; **принять -ю** eine Entschließung (Resolution) annehmen (verabschieden), einen Beschluss fassen; **~ наблюдательного совета** Aufsichtsratsbeschluss *m*; **~ общего собрания акционеров** Hauptversammlungsbeschluss *m*
результат *m* Ergebnis *n*, Fazit *n*, Resultat *n*, Befund *m*; **балансировать ~ хозяйственной деятельности** das Ergebnis ausgleichen; **добиваться -а** ein Ergebnis erzielen; **начислять издержки на ~ хозяйственной деятельности** das Ergebnis belasten; **оценивать ~** das Ergebnis auswerten; **получать -ы** Ergebnisse erzielen (verbuchen); **протоколировать ~** den Befund aufnehmen; **улучшать ~** das Ergebnis verbessern; **дополнительный (незапланированный) ~** außerordentliches Ergebnis; **~ исследования** Forschungsergebnis *n*, Untersuchungsergebnis *n*; **конечный ~** Endergebnis *n*, Schlussergebnis *n*; **~ неосновной хозяйственной деятельности** Ergebnis aus sonstigem Umsatz; **~ основной хозяйственной деятельности** Ergebnis aus der gewöhnlichen Geschäftstätigkeit; **положительный ~** Erfolg *m*, positives Ergebnis; **предварительный ~** vorläufiges Ergebnis; **~ проверки** Prüfbefund *m*; **производственный ~** Produktionsergebnis *n*; **промежуточный ~** Zwischenergebnis *n*, Teilergebnis *n*; **~ работы (труда)** Arbeitsergebnis *n*; **рекордный ~** Rekordergebnis *n*; **~ сбытовой деятельности** Absatz|erfolg *m*, -ergebnis *n*; **~ хозяйственной деятельности (предприятия)** Betriebsergebnis *n*, Unternehmensergebnis *n*, Geschäftsergebnis *n*; **частичный ~** Teilergebnis *n*; **~ экспертизы** Befund *m*
результативный erfolgsbezogen, erfolgswirksam, Ergebnis-, Erfolgs-; **~ баланс** *m* Erfolgsbilanz *f*; **~ счёт** *m* Erfolgsrechnung *f*
резюме *n* Zusammenfassung *f*
реимпорт *m* Reimport *m*, Wiedereinfuhr *f*
реинвестор *m* Reinvestor *m*
реинвестировать reinvestieren, wiederanlegen; **~ прибыли** Gewinne reinvestieren (wiederanlegen)
реинвестиция *f* Reinvestition *f*, Wiederanlage *f*
реинжиниринг *m* Reingeneering *n*
рейганомика *f* Wirtschaftspolitik der USA zu Regierungszeit von R. Reagan
рейд *m* Reede *f*, Ankerplatz *m*
рейдерство *n* feindliche Übernahme *f* (unter Nutzung der Gesetzeslücken)
рейс *m* Reise *f*, Fahrt *f*, Flug *m*, Route *f*, Linie *f*
рейтинг *m* Rating *n*, Einschätzung *f*, Bewertung *f*, Bonitätsbewertung *f*; **проводить ~** ein Rating vornehmen; **составлять ~** ein Rating aufstellen; **~ банков** Banken-Rating *n*
рекамбио *n* Rückwechsel *m*, Retourwechsel *m*
реквизировать beschlagnahmen, requirieren, mit Beschlag belegen
реквизиты *pl* Angaben *pl*; **банковские -ы** Bankverbindung *f*
реквизиция *f* Requirierung *f*, Requisition *f*, Beschlagnahme *f*
реклам|а *f* Werbung *f*, Reklame *f*, Anzeige *f*, Inserat *n*; **заниматься -ой** Werbung betreiben; **проводить -у** werben, inserieren, Werbung durchführen, Reklame machen; **помещать -у в газету** in einer Zeitung inserieren, ein Inserat (eine Anzeige) aufgeben, in der Zeitung werben; **-а антиконкурентная -а** Antiwerbung *f*; **в (на) общественном транспорте** Werbung an öffentlichen Verkehrsmitteln; **-а, вводящая покупателя (клиента) в заблуждение** irreführende Werbung; **газетная -а** Zeitungswerbung *f*, Werbung in Zeitungen; **добросовестная -а** lautere Werbung; **защитная -а** Warnwerbung *f*; **-а**

издательства Verlagswerbung *f*; **-а изделий (продуктов)** Produktwerbung *f*; **интенсивная -а** Intensivwerbung *f*; **информативная -а** Aufklärungswerbung *f*; **коллективная -а** Gemeinschaftswerbung *f*, Kollektivwerbung *f*; **коммерческая -а** Geschäftsanzeigen *pl*; **напоминающая -а** Erinnerungswerbung *f*; **наружная -а (уличная -а)** Außenwerbung *f*; **недобросовестная -а** unlautere Werbung; **нишевая -а** Nischenwerbung *f*; **-а новых изделий (продуктов)** Werbung für neue Produkte; **-а по радио** Rundfunkwerbung *f*, Werbung im Rundfunk; **-а по телевидению** Fernsehwerbung *f*, Werbung im Fernsehen; **-а промышленных товаров** Industriewerbung *f*; **-а путём рассылки печатных изданий** Drucksachenwerbung *f*; **-а с помощью плакатов** Plakatwerbung *f*, Werbung durch Plakate; **-а с помощью проспектов** Prospektwerbung *f*; **-а с целью недопущения снижения оборота** Erhaltungswerbung *f*; **-а сбытовых организаций** Absatzwerbung *f*; **совместная -а** Gemeinschaftswerbung *f*, Kollektivwerbung *f*; **-а среди непосредственных потребителей** Direktwerbung *f*; **телевизионная -а** Fernsehwerbung *f*; **торговая -а** Handelswerbung *f*

рекламаци|я *f* Reklamation *f*, Reklamationsanspruch *m*, Beanstandung *f*, Rüge *f*; **анализировать -ю** eine Reklamation (Beanstandung) (über)prüfen; **заявлять (подавать) -ю** eine Reklamation vorbringen, eine Beanstandung erheben, reklamieren, rügen, beanstanden; **отклонять -ю** die Reklamation ablehnen; **подавать -ю на дефектный товар** einen Mangel rügen; **подавать -ю на товары** Waren beanstanden (reklamieren); **признавать -ю справедливой** die Reklamation anerkennen; **рассматривать -ю** eine Reklamation bearbeiten (prüfen); **устранять дефекты согласно -и** Beanstandungen beseitigen; **-я на поставленный товар** Beanstandung der gelieferten Ware; **-я относительно недостачи** Reklamation bezüglich einer Fehlmenge; **-я по качеству** Mängelrüge *f*

рекламирование *n* Werbung *f*

рекламировать werben; reklamieren, beanstanden, rügen; **~ новые продукты** für neue Produkte werben

рекламн|ый Werbe-, Reklame-; **-ое дело** *n* Werbe|branche *f*, -wirtschaft *f*; **-ое издание** *n* Werbeschrift *f*; **-ая компания** *f* Reklamefeldzug *m*, Werbe|aktion *f*, -feldzug *m*, -kampagne *f*; **-ый каталог** *m* Werbekatalog *m*; **-ое мероприятие** *n* Werbe|maßnahme *f*, -veranstaltung *f*; **-ый товар** *m* Reklameartikel *m*, Werbeartikel *m*

рекламодатель *m* Werbeauftraggeber *m*

рекламопроизводитель *m* Werbungsmacher *m*

рекомендательн|ый Empfehlungs-, empfehlend; **-ый список** *m* Empfehlungsliste *f*; **-ое письмо** *n* Empfehlungsschreiben *n*

рекомендаци|я *f* Empfehlung *f*, Referenz *f*, Tip *m*; **запрашивать -и** Referenzen erbitten (einholen); **представлять -и** Referenzen beibringen; **предъявлять -и** Referenzen nachweisen; **-я относительно формы и места хранения сбережений** Spartip *m*; **письменная -я** Empfehlungsschreiben *n*; **по -и** auf Empfehlung

рекомендовать empfehlen

реконструировать umbauen, umgestalten, neu gestalten, wiederaufbauen, modernisieren

реконструкция *f* Umbau *m*, Umgestaltung *f*, Neugestaltung *f*, Wiederaufbau *m*, Modernisierung *f*; **генеральная ~** Generalüberholung *f*

реконцентрация *f* Rekonzentration *f*

рекорд *m* Rekord *m*, Höchstleistung *f*

рекордн|ый Rekord-; **-ая выручка** *f* Rekorderlös *m*; **-ый оборот** *m* Rekordumsatz *m*; **-ые показатели** *pl* Rekordhöhe *f*

ректа-вексель *m* Rektawechsel *m*

ректа-чек *m* Rektascheck *m*

рекультивация *f* **(рекультивирование** *n***)** Rekultivierung *f*

релевантный relevant, wichtig, erheblich, zutreffend

релевантность *f* Relevanz *f*, Wichtigkeit *f*
релиз *m* Release *n*, Veröffentlichung *f*
ремаркетинг *m* Remarketing *n*
ремесленник *m* Handwerker *m*, Gewerbetreibende *m*
ремесленн|ый handwerklich, Handwerk-, Gewerbe-; **-ое изделие** *n* Handwerkserzeugnis *n*, handwerkliches Erzeugnis; **-ая палата** *f* Handwerkskammer *f*, Gewerbekammer *f*; **-ое производство** *n* Handwerksbetrieb *m*, Handwerk *n*; **-ый устав** *m* Handwerksordnung *f*
ремесло *n* Handwerk *n*; **заниматься -ом** ein Handwerk ausüben
ремитент *m* Remittent *m*, Wechselnehmer *m*, Zahlungsempfänger *m*
ремитировать remittieren, überweisen, übersenden
ремонт *m* Instandsetzung *f*, Reparatur *f*, Renovierung *f*, Überholung *f*; **проводить ~** eine Reparatur ausführen (vornehmen); **закрыто по случаю -а** wegen Renovierung geschlossen; **~ здания** Gebäudereparatur; **капитальный ~** Großreparatur *f*, Generalüberholung *f*; **мелкий ~** kleinere Reparatur; **~ помещения** Renovierung *f*; **профилактический ~** vorbeugende Reparatur (Instandhaltung); **текущий ~** laufende Reparatur, Instandhaltung *f*; **требующий -а** reparaturbedürftig; **~ установок** Instandsetzung von Anlagen; **частичный ~** Teilreparatur *f*
ремонтировать instand halten, instand setzen, renovieren, reparieren, ausbessern, überholen; **~ бесплатно** kostenlos reparieren; **~ дом** ein Haus renovieren
ремонтн|ый Reparatur-, Renovierungs-; **-ые работы** *pl* Reparaturarbeiten *pl*; **-ые услуги** *pl* Reparaturleistungen *pl*
реновация *f* Erneuerung *f*, Generalüberholung *f*
рент|а *f* Rente *f*; **назначать выплату -ы** eine Rente ansetzen; **получать -у** eine Rente beziehen; **бессрочная -а** ewige (unkündbare) Rente; **валовая -а** Ertragswert *m*; **временная -а (-а, выплачиваемая в течение определенного срока)** kündbare Rente; **-а, выплачиваемая в конце платёжного периода** nachschüssige Rente; **-а, выплачиваемая в начале платёжного периода** vorschüssige Rente; **денежная -а** Geldrente *f*; **дифференциальная -а** Differenzialrente *f*; **ежегодная (годовая) -а** Annuität *f*, Jahresrente *f*; **земельная -а** Bodenrente *f*, Grundrente *f*; **капитализированная -а** kapitalisierte Rente; **консолидированная -а** Rentenanleihen *pl*; **монопольная -а** Monopolrente *f*; **пожизненная -а** Leibrente *f*; **природная -а** Naturrente *f*; **-а с земельного участка** Rentenschuld *f*; **-а с капитала** Kapitalrente *f*; **срочная -а** Zeitrente *f*
рентабельность *f* Rentabilität *f*, Wirtschaftlichkeit *f*; **повышать ~** die Rentabilität (Wirtschaftlichkeit) verbessern; **рассчитывать ~** die Rentabilität berechnen; **~ акции** Kurs-Gewinn-Verhältnis *n*; **балансовая ~** Bilanzrentabilität *f*; **~ инвестированного капитала** Gesamtkapitalrendite *f*, Gesamtkapitalrentabilität *f*; **~ инвестиций** Return on Investment, Kapitalrendite *f*, Gesamtkapitalrentabilität *f*; **~ оборота** Umsatzrendite *f*, Umsatzrentabilität *f*; **общая ~** Gesamtrentabilität *f*; **~ предприятия** Ertragslage (Rentabilität) des Unternehmens; **~ промышленных предприятий** Rentabilität von Industrieunternehmen; **~ собственного капитала** Eigenkapitalrentabilität *f*, Eigenkapitalrendite *f*
рентабельный rentabel
рентинг *m* Kurzanmietung *f (z. B. von Maschinen ohne Kaufrecht)*
рентный Renten-; **~ банк** *m* Rentenbank *f*; **~ долг** *m* Rentenschuld *f*; **~ заём** Rentenanleihe *f*
реорганизаци|я *f* Reorganisation *f*, Restrukturierung *f*, Umorganisation *f*, Neugestaltung *f*, Neuordnung *f*, Umgestaltung *f*, Umstellung *f*, Sanierung *f*; **проводить -ю** eine Umstellung durchführen, reorganisieren, umgestalten; **проводить -ю производства** die Produktion umorganisie-

ren; **-я предприятия** Reorganisierung eines Unternehmens
реорганизовывать reorganisieren, restrukturieren, umorganisieren, neu gestalten, umgestalten, umstellen, sanieren
репарация *f* Entschädigung *f*, Ersatz *m*, Reparation *f*
репартиция *f* Repartierung *f*
репатриация *f* Repatriierung *f*, Rückführung *f*, Rückkehr *f*; **~ имущества** Rückführung von Vermögenswerten; **~ капитала** Kapital|rückfluss *m*, -rückführung *f*
репатриировать repatriieren, in die Heimat zurückführen; **~ иностранные инвестиции** Auslandsanlagen in das Inland zurückführen
репорт *m* Report *m*, Kursaufschlag *m*, Kontangogeschäft *n*
репортирование *n* Reportgeschäft *n*
репортировать reportieren
репрезентация *f* Repräsentation *f*
репрезентативн|ый repräsentativ, Repräsentativ-; **-ая выборка** *f* Repräsentativerhebung *f*; **-ый опрос** *m* repräsentative Umfrage, Repräsentativumfrage *f*
реприватизация Reprivatisierung *f*
реприватизированн|ый reprivatisiert; **-ое предприятие** reprivatisierter Betrieb
реприватизировать reprivatisieren
реприза *f* Reprise *f*
репутаци|я *f* Ruf *m*, Ansehen *n*, Image *n*, Reputation *f*; **иметь хорошую ~ю** einen guten Ruf haben, hohes Ansehen genießen; **нанести ущерб -и** dem Ruf Abbruch tun (schädigen), dem Ansehen (dem Image) schaden; **приобрести -ю** sich einen Ruf erwerben; **работать над укреплением -и** das Image pflegen; **создавать -ю** ein Image schaffen; **-я в мире** Weltruf *m*; **деловая -я** geschäftlicher Ruf, geschäftliches Ansehen; **международная -я** internationale Reputation, Weltruf *m*; **плохая -я** schlechter Ruf; **-я продукта** Image eines Produkts; **-я фирмы** Unternehmensimage *n*, Image des Unternehmens
ресконтро *n* Riskontro *n*
рескрипции *pl* Reskriptionen *pl*
реституция *f* Restitution *f*, Rückerstattung *f*, Wiederherstellung des früheren Zustands; **~ в натуре** Naturalherstellung *f*
реституционный фонд *m* Restitutionsfonds *m*
ресторан *m* Restaurant *n*, Gaststätte *f*, Lokal *n*, Wirtschaft *f*; **управлять -ом** ein Restaurant (eine Gaststätte) betreiben
рестрикционн|ый restriktiv, Restriktions-; **-ая кредитная политика** *f* restriktive Kreditpolitik
рестрикция *f* Restriktion *f*, Beschränkung *f*, Einschränkung *f*; **кредитная ~** Kredit|einschränkung *f*, -restriktion *f*
реструктурирование *n* **(реструктуризация** *f***)** Reengineering *n*, Restrukturierung *f*, Umstrukturierung *f*, Reorganisation *f*, Strukturwandel *m*; **~ долга** Umschuldung *f*
реструктурировать restrukturieren, umstrukturieren, reorganisieren; **~ предприятие (фирму)** ein Unternehmen (eine Firma) restrukturieren (umstrukturieren)
ресурсосбережение *n* Ressourceneinsparung *f*, Maßnahmen zur sparsamen und effizienten Nutzung von Produktionsfaktoren (Kapital, Boden, Arbeit)
ресурс|ы *pl* Ressourcen *pl*, Geldmittel *pl*, Mittel *pl*, Quellen *pl*, Hilfsquellen *pl*; **выявлять (изыскивать) -ы** Ressourcen (Hilfsquellen) erschließen; **использовать -ы** Ressourcen (aus)nutzen; **мобилизовывать -ы** Ressourcen mobilisieren (erschließen); **объединять -ы** Ressourcen bündeln; **планировать использование -ов** Ressourcen planen; **предоставлять -ы** mit Mitteln ausstatten; **сберегать -ы** Ressourcen schonen; **банковские -ы** Bankpassiva *pl*; **бюджетные -ы** Haushaltsmittel *pl*; **валютные -ы** Devisen|bestände *pl*, -mittel *pl*; **водные -ы** Wasserressourcen *pl*; **воспроизводимые -ы** reproduzierbare Ressourcen *pl*; **государственные -ы** staatliche Mittel; **денежные -ы** Geldmittel *pl*, Finanzmittel *pl*, finanzielle Mittel (Ressourcen); **личные -ы** persönliche Ressourcen; **материаль-**

ные -ы materielle Werte; **наличные -ы** verfügbare (vorhandene) Ressourcen (Mittel); **невозобновляемые (невоспроизводимые) -ы** nicht erneuerbare Ressourcen; **неиспользованные -ы** unausgenutzte Ressourcen; **природные -ы** natürliche Ressourcen, Naturschätze *pl*; **сырьевые -ы** Rohstoff|ressourcen *pl*, -aufkommen *n*; **трудовые -ы** Arbeitskräftepotenzial *n*; **финансовые -ы** Finanzmittel *pl*, Geldmittel *pl*, finanzielle Mittel (Ressourcen); **человеческие -ы** Humanressourcen *pl*; **энергетические -ы** Energieressourcen *pl*

реторсия *f* Retorsion *f*

ретратта *f* Rückwechsel *m*, Retourwechsel *m*

ретроцессия *f* Retrozession *f*

ретур *m* Rückwechsel *m*, Retourwechsel *m*

рефакция *f* Refaktie *f*

референт *m* Referent *m*, Sachbearbeiter *m*

референци|я *f* Referenz *f*; **запрашивать -и** Referenzen erbitten (einholen); **предоставлять -и** Referenzen beibringen; **предъявлять -и** Referenzen nachweisen

рефинансирование *n* Refinanzierung *f*; **проводить ~ путём взятия средне- и долгосрочных кредитов** sich über den Kapitalmarkt refinanzieren; **~ кредита** Kreditrefinanzierung *f*

рефинансировать refinanzieren

рефляция *f* Reflation *f*

реформ|а *f* Reform *f*; **приостанавливать -ы** Reformen stoppen; **проводить -ы** Reformen durchführen (durchsetzen); **содействовать проведению ~** Reformen unterstützen (fördern); **-а валютно-финансовой системы** Währungsreform *f*; **денежная -а** Währungsreform *f*; **земельная -а** Bodenreform *f*; **налоговая -а** Steuerreform *f*; **социальная -а** Sozialreform *f*; **финансовая -а** Finanzreform *f*; **-а ценообразования** Preisbildungsreform *f*; **экономическая -а** Wirtschaftsreform *f*

реформировать reformieren, Reformen durchführen

рефрижератор *m* Kühlwagen *m*

рецепт *m* Rezept *n*

рецесси|я *f* Rezession *f*, Flaute *f*, Konjunkturabschwung *m*, Konjunkturrückgang *m*; **преодолевать -ю** eine Rezession durchmachen (überwinden)

решать beschließen, entscheiden; lösen; **~ дело в судебном порядке** eine Sache gerichtlich entscheiden; **~ проблему** ein Problem lösen

решающий entscheidend, ausschlaggebend

решени|е *n* Entscheidung *f*, Entschließung *f*, Bescheid *m*, Beschluss *m*, Entschluss *m*, Schluss *m*; Urteil *n*; Lösung *f*, Bewältigung *f*; **выносить -е** eine Entscheidung erlassen, einen Bescheid erteilen; **изменять -е** einen Beschluss abändern; **исполнять -е** die Entscheidung (den Beschluss) durchführen; **находить -я** Lösungen finden; **оставлять за собой право на принятие -я** sich die Entscheidung vorbehalten; **подготавливать -е** die Entscheidung vorbereiten; **прийти к -ю** zu einer Entscheidung kommen; **принимать -е** beschließen, entscheiden, einen Beschluss fassen, eine Entschließung verabschieden, eine Entscheidung fällen (treffen); **принимать -е по общему согласию** im Konsens entscheiden; **реализовывать -я** Entscheidungen durchsetzen; **арбитражное -е** Schieds|spruch *m*, -urteil *n*, schiedsrichterliche Entscheidung; **временное -е** Interims|bescheid *m*, -lösung *f*; **временное судебное -е** einstweilige Verfügung; **вынужденное -е** Notlösung *f*; **директивное -е** zentrale Entscheidung; **единогласное -е** einstimmiger Beschluss; **-е задач (проблем)** Aufgabenbewältigung *f*; **-е, имеющее законную силу** rechtskräftige Entscheidung; **индивидуальные -я** individuelle Lösungen; **компромиссное -е** Kompromisslösung *f*, Notlösung *f*; **компромиссное -е третейского суда** Schiedsvergleich *m*; **-е, не подлежащее изменению** unwiderrufliche Entscheidung; **неизменное -е** unabänderlicher Beschluss; **неправильное (ошибочное) -е** Fehlentscheidung *f*; **-е о наложении штрафа** Bußgeldbescheid *m*; **-е о проведении инвестиций** Investitionsentscheidung *f*, Entscheidung über Investitionen; **-е о разделе** Teilungsbeschluss *m*; **общее -е** gemeinsamer Beschluss, allgemeine Lösung; **-е общего собрания (акционеров)** Hauptversammlungsbeschluss *m*; **объективное -е** objektive Entscheidung; **окончательное -е** definitive Entscheidung; **оперативное -е** operative Entscheidung; **по -ю собрания** durch Beschluss der Versammlung; **предварительное -е** Interimsbescheid *m*, Vorentscheidung *f*; **-е, принимаемое на основе фактических данных** Tatsachenentscheidung *f*; **-е, принимаемое предприятием** Unternehmensentscheidung *f*; **-е, принимаемое руководством** Führungsentscheidung *f*; **самостоятельные -я на местах** dezentrale Entscheidungen; **-е суда об исключении компаньона из общества** Ausschließungsurteil *n*; **судебное -е** Urteil *n*, Gerichts|bescheid *m*, -beschluss *m*, -entscheidung *f*, -urteil *n*, gerichtliche Entscheidung; **творческие -я** kreative Lösungen; **экономическое ~ е** wirtschaftliche Entscheidung

реэкспедиция *f* Reexpedition *f*

реэкспорт *m* Reexport *m*, Wiederausfuhr *f*

реэкспортировать reexportieren, wiederausführen

римесса *f* Rimesse *f*, Besitzwechsel *m*; **документарная ~** dokumentäre Rimesse

ринг *m* Ring *m*, Ringgeschäft *n*, Ringabschluss *m*

риск *m* Risiko *n*, Wagnis *n*, Gefahr *f*; **брать на себя ~** ein Risiko (ein Wagnis) auf sich nehmen (übernehmen), das Risiko (die Gefahr) tragen; **взвешивать ~** ein Risiko gewichten; **идти на ~** ein Risiko (ein Wagnis) eingehen; **нести ~** das Risiko (die Gefahr) tragen; **оценивать -и** Risiken beurteilen (einschätzen, bewerten); **~ переходит на ...** die Gefahr geht auf ... über; **подвергать -у** einer Gefahr (einem Risiko) aussetzen; **подвергаться -у** einer Gefahr (einem Risiko) ausgesetzt sein; **покрывать ~** das Risiko (ab)decken; **страховать -и** Risiken versichern; **страховаться от возможных -ов** Risiken absichern; **уменьшать ~** Risiken minimieren; **безо всякого -а** risikofrei; **боящийся -а** risikoscheu; **валютный ~** Valutarisiko *n*, Währungsrisiko *n*; **гарантийный ~** Gewährleistungswagnis *n*; **деловой ~** Geschäftsrisiko *n*, geschäftliches Risiko; **за Ваш счёт и ~** auf Ihre Rechnung und Gefahr; **за свой счёт и на свой ~** für eigene Gefahr; **застрахованный ~** versicherte Gefahr; **застрахованный от всех -ов** gegen alle Gefahren versichert; **~ изменения курса** Kursänderungsrisiko *n*; **~ изменения процентной ставки** Zinsrisiko *n*; **инфляционный ~** Inflationsrisiko *n*; **калькуляционный (расчётный) ~** kalkulatorisches Risiko (Wagnis); **коммерческий ~** Geschäftsrisiko *n*; **кредитный ~** Kreditrisiko *n*; **~ кредитора** Gläubigerrisiko *n*; **курсовой ~** Wechsel(kurs)risiko *n*; **макроэкономический ~** makroökonomisches Risiko; **на свой страх и ~** auf eigenes Risiko; **~ наступления несчастного случая** Unfall|risiko *n*, -gefahr *f*; **не боящийся -а** risikofreudig; **~ неисполнения обязательств из-за нехватки ликвидности** Liquiditätsrisiko *n*; **~ неплатежа** Inkassorisiko *n*, Zahlungsrisiko *n*; **~, непосредственно определяющий результаты хозяйственной деятельности** Erfolgsrisiko *n*; **~ неполучения новых кредитов** Refinanzierungsrisiko *n*; **~ непринятия товара** Risiko der Abnahmeverweigerung; **нестрахуемый ~** nicht versicherungsfähiges Risiko; **обычный торговый ~** handelsübliches Risiko; **ожидаемый ~** laufendes Risiko; **~ отказа оборудования** Anlagewagnis *n*; **повышенный ~** erhöhtes Risiko; **~ поломки** Bruchgefahr *f*; **~ по-**

тери при изменении валютных курсов Wechsel(kurs)risiko *n*; **~ появления погрешностей (ошибок)** Fehlerrisiko *n*; **предпринимательский ~** Geschäftsrisiko *n*, geschäftliches Risiko, Unternehmerwagnis *n*; **~ принятия на себя ответственности** Haftungsrisiko *n*; **производственный ~** Produktionsrisiko *n*; **~ процентной ставки** Zinsfußrisiko *n*; **сводящий ~ к минимуму** risikomindernd; **связанный с -ом** risikobehaftet; **связанный с высокой степенью -а** risikoreich; **страхуемый ~** versicherbares (zu versicherndes) Risiko; **торговый ~, связанный со сбытом** Absatzrisiko *n*; **транспортный ~** Transportrisiko *n*; **трансфертный ~** Transferrisiko *n*; **~ уменьшения доходов** Risiko der Einkommensminderung; **~ утраты (убытков)** Gefahr des Untergangs (Verlusts); **финансовый ~** Finanzrisiko *n*, finanzielles Risiko; **экономический ~** wirtschaftliches Risiko

рискованн|ый riskant, risikoreich, gewagt; **-ые капиталовложения** *pl* risikoreiche Investitionen; **-ая спекуляция** *f* riskante (gewagte) Spekulation; **-ое финансирование** *n* **недвижимости** riskante Immobilienfinanzierung

рисковать riskieren, wagen, ein Risiko (ein Wagnis) eingehen

ритейл *m* Einzelhandel *m*

ритм *m* Rhythmus *m*, Takt *m*

ритмичность *f* gleichmäßiger Ablauf

риэлтер *m* Fachmann für Immobiliengeschäfte

робот *m* Roboter *m*; **промышленный ~** Industrieroboter *m*

робототехника *f* Robotertechnik *f*

род *m* Gattung *f*, Art *f*; **~ занятий** Beschäftigungsart *f*, Erwerbszweig *m*

рождаемость *f* Geburtenzahl *f*, Geburtenziffer *f*

розлив (разлив) *m* **(масла, нефти)** Ölauslauf *m*

розниц|а *f* Einzelhandel *m*, Kleinhandel *m*, Detailhandel *m*; **заниматься торговлей в -у** Einzelhandel betreiben; **закупать в -у** en detail einkaufen, über den Einzelhandel beziehen; **продавать в -у** in Einzelhandel verkaufen, Einzelhandel betreiben, en detail verkaufen

розничн|ый Einzelhandels-; **-ая продажа** *f* Einzelhandelsverkauf *m*; **-ый тариф** *m* Einzelhandelstarif *m*; **-ая торговля** *f* Einzelhandel *m*, Kleinhandel *m*, Detailhandel *m*; **-ый торговец** *m* Einzelhandelskaufmann *m*, Einzelhändler *m*; **-ая цена** *f* Einzelhandels(verkaufs)preis *m*, Abnehmerpreis *m*, Konsumentenpreis *m*, Verbraucherpreis *m*

розыгрыш *m* Ziehung *f*, Verlosung *f*, Auslosung *f*

ролловер *m* Roll-over-Kredit *m*

роскошь *f* Luxus *m*, Pracht *f*, Prunk *m*

роспись *f* Liste *f*, Register *n*, Tabelle *f*, Verzeichnis *n*; **бюджетная ~** Haushaltsplan *m*; **досмотровая ~** zollamtlicher Befund; **~ наличных товаров** Bestandsliste *f*

роспуск *m* Auflösung *f*

россыпной lose, unverpackt, Schütt-; **~ товар** lose Ware

россыпью lose; **грузить ~** lose verladen

рост *m* Wachstum *n*, Anstieg *m*, Anwachsen *n*, Zuwachs *m*; **давать деньги в ~** Geld gegen Zinsen verleihen, wuchern; **обеспечивать ~** das Wachstum sichern; **планировать ~** das Wachstum planen; **прогнозировать ~** ein Wachstum prognostizieren; **стимулировать ~** das Wachstum fördern; **~ благосостояния** Wachsen des Wohlstandes; **быстрый ~** rasches Wachstum; **длительный ~** dauerhaftes Wachstum; **~ занятости** Beschäftigungs|anstieg *m*, -wachstum *n*; **~ котировок** *(Bö)* Anstieg *m* der Börsennotierungen; **~ курсов** Kursanstieg *m*; **непрерывный ~** kontinuierliches Wachstum; **номинальный ~** nominelles Wachstum; **~ производительности** Produktivitätszuwachs *m*; **~ производства** Produktionswachstum *n*, Wachstum der Produktion; **~ промышленного производства** Industriewachstum *n*, Wirtschaftswachstum *n*; **равномерный ~** gleichmäßiges Wachstum; **~**

реальной заработной платы Reallohnzuwachs *m*; **сбалансированный ~** ausgewogenes Wachstum; **соразмерный ~** angemessenes Wachstum; **~ цен** Preis|anstieg *m*, -steigerung *f*; **циклический ~** zyklisches Wachstum; **экономический ~ (~ экономики)** wirtschaftliches Wachstum, Wirtschaftswachstum *n*

ростовщик *m* Wucherer *m*

ростовщическ|ий wucherisch, Wucher-; **-ие проценты** *pl* wucherische Zinsen, Wucherzinsen *pl*; **-ая сделка** *f* Wuchergeschäft *n*; **-ая цена** *f* Wucherpreis *m*; **-ие условия** *pl* wucherische Bedingungen

ростовщичество *n* Wucher *m*; **заниматься -м** wuchern, Wucher treiben; **профессиональное ~** gewerbsmäßiger Wucher

ротация *f* Fruchtwechsel *m*; Rotation *f*, turnusmäßiger Wechsel; **~ рабочих мест** Arbeitsplatzaustausch *m*, Ringtausch *m*, job rotation; **служебная ~** turnusmäßiger Amtswechsel

роялти *n* Lizenzgebühr *f*

рубеж *m* Grenze *f*, Schranke *f*; **за -ом** im Ausland

рубль *m* Rubel *m*

рубрика *f* Rubrik *f*, Spalte *f*

руда *f* Erz *n*; **железная ~** Eisenerz *n*; **медная ~** Kupfererz *n*; **урановая ~** Uranerz *n*

рудник *m* Bergwerk *n*, Grube *f*, Mine *f*, Zeche *f*; **закрывать ~** ein Bergwerk (eine Grube, eine Mine, eine Zeche) stilllegen; **золотоносный ~** Goldmine *f*

рук|а *f* Hand *f*, Arm *m*; **рабочие -и** Arbeitskräfte *pl*

руководитель *m* Leiter *m*, Führungskraft *f*, Chef *m*, Manager *m*; **~ бюро (конторы)** Bürovorsteher *m*; **~ группы (бригады)** Gruppenleiter *m*, Teammanager *n*; **~ делегации** Delegationsleiter *m*; **~ отдела** Abteilungsleiter *m*; **~ отдела сбыта** Verkaufsleiter *m*; **~ предприятия** Betriebs|-führer *m*, -leiter *m*, Geschäftsführer *m*, Unternehmensleiter *m*, Werkleiter *m*; **~ проекта** Projektleiter *m*; **~ производства** Produktionsleiter *m*; **~ работ (на стройке)** Bauleiter *m*; **~ филиала** Filialleiter *m*

руководить leiten, führen, managen, verwalten, lenken; **~ предприятием** ein Unternehmen leiten (führen, verwalten); **~ фирмой** eine Firma leiten

руководство *n* Leitung *f*, Führung *f*, Management *n*, Verwaltung *f*, Lenkung *f*; Anleitung *f*, Richtlinie *f*; Handbuch *n*, Leitfaden *m*; **брать на себя ~ (брать ~ в свои руки)** die Leitung (Führung, Verwaltung) übernehmen; **доверять ~** mit der Leitung betrauen; **иметь полномочия на ~ делами** zur Geschäftsführung befugt sein; **контролировать ~ фирмы** die Geschäftsführung überwachen; **менять ~** das Management auswechseln; **менять ~ фирмой** die Geschäftsführung ablösen; **осуществлять ~** die Leitung wahrnehmen, die Verwaltung durchführen; **передавать (поручать) ~** die Leitung übertragen, mit der Führung beauftragen; **~ банка** Bankmanagement *n*; **~ без полномочий** Geschäftsführung ohne Auftrag; **~ группой сотрудников** Teammanagement *n*, Führung eines Teams; **~ делами** Geschäftsführung *f*, Führung der Geschäfte; **коллегиальное (коллективное) ~ делами** Geschäftsführung nach dem Kollegialprinzip, teamorientierte Führung; **коммерческое ~** kaufmännische Verwaltung (Leitung); **~ обществом (общества)** Verwaltung der Gesellschaft; **~ по эксплуатации** Betriebs|anleitung *f*, -anweisung *f*, Gebrauchsanweisung *f*; **~ предприятием (предприятия)** Geschäfts|führung *f*, -leitung *f*, Führung des Unternehmens, Betriebs|führung *f*, -leitung *f*, Unternehmens|führung *f*, -leitung *f*; **~ производством** Produktionsleitung *f*; **~ фирмой (фирмы)** Firmen|leitung *f*, -verwaltung *f*, Geschäftsführung *f*

руководящ|ий führend, leitend, lenkend, Führungs-, Leitungs-, Leit-; **-ая деятельность** *f* Führungstätigkeit *f*; **-ий орган** *m* Leitungsorgan *n*; **-ий работник** *m* Führungskraft *f*; **-ий служащий** *m* leitender Angestellter

рукопись *f* Manuskript *n*

Рунет *m* russischer Teil vom Internet
рутина *f* Routine *f*
ручательств|о *n* Bürgschaft *f*, Garantie *f*, Gewähr *f*, Haftung *f*, Kaution *f*, Gewährleistung *f*; **дать -о** bürgen, Bürgschaft leisten; **без -а** ohne Gewähr
ручаться bürgen, Bürgschaft leisten, die Bürgschaft (Gewähr) übernehmen, garantieren, haften
рын|ок *m* Markt *m*, Wochenmarkt *m*, Absatzgebiet *n*, Handelsplatz *m*; **вводить свою продукцию на -ок** Produkte auf den Markt bringen; **вытеснять с -ка** vom Markt verdrängen; **делить -ки (сбыта)** den Markt aufteilen; **доминировать на -ке** den Markt beherrschen; **завоёвывать -ок** den Markt erobern; **изолировать -ок** den Markt abschotten; **изучать (исследовать) -ок** einen Markt erkunden, den Markt erforschen; **изучать и организовывать сбыт на -ке** den Markt bearbeiten; **насыщать -ок** den Markt sättigen; **обеспечивать -ок** den Markt abdecken; **обеспечивать себе -ок сбыта** den Markt sichern; **обслуживать -ок** den Markt betreuen; **осваивать -ок** den Markt erschließen; **открывать -ок** einen Markt öffnen; **перенасыщать -ок товарами** den Markt übersättigen; **поставлять (продукты) на -ок** den Markt beliefern, Produkte auf den Markt bringen; **проникать на -ок** in den Markt eindringen; **расширять -ок сбыта** den Absatzmarkt erweitern; **стабилизировать конъюнктуру -ка** den Markt stabilisieren; **устраивать (городской) -ок** einen Markt abhalten; **утверждаться на -ке** sich am Markt behaupten; **уходить с -ка** aus dem Markt ausscheiden, sich vom Markt zurückziehen; **-ок акций** Aktienmarkt *m*; **-ок благородных (драгоценных) металлов** Edelmetallmarkt *m*; **быстроразвивающийся -ок** Wachstumsmarkt *m*; **валютный -ок** Devisenmarkt *m*; **вещевой -ок** Flohmarkt *m*; **внебиржевой -ок ценных бумаг** Freiverkehr *m*, Telefonverkehr *m*, außerbörslicher Wertpapiermarkt; **внешний (зарубежный) -ок** Auslandsmarkt *m*, Außenmarkt *m*, ausländischer Markt; **внутренний -ок** Binnenmarkt *m*, Heimmarkt *m*, Inlandsmarkt *m*, inländischer Markt; **вторичный -ок** Sekundärmarkt *m*, Effektenbörse *f*, Wertpapierbörse *f*; **господствующий (доминирующий) на -ке** marktbeherrschend; **денежный -ок** Geldmarkt *m*, Finanzmarkt *m*; **долговой -ок** Schuldenmarkt *m*; **европейский -ок (еврорынок)** Euromarkt *m*; **-ок европейских валют (евровалют)** Eurodevisenmarkt *m*; **европейский -ок краткосрочных кредитов** Eurogeldmarkt *m*; **европейский -ок средне- и долгосрочных кредитов** Eurokapitalmarkt *m*; **-ок заемных средств** Leihkapitalmarkt *m*; **замкнутый (изолированный) -ок** geschlossener Markt; **заокеанский -ок** Überseemarkt *m*; **-ок золота** Goldmarkt *m*; **-ок кредитов по пластиковым картам** *(Fin)* Markt der Kartenkredite; **-ок средне- и долгосрочных кредитов** Kapitalmarkt *m*; **-ок кассовых сделок** Kassamarkt *m*; **-ок конкуренции** Konkurrenzmarkt *m*; **-ок краткосрочных кредитов** Geldmarkt *m*; **крытый -ок** Markthalle *f*; **международный -ок** internationaler Markt; **мировой -ок** Weltmarkt *m*; **монополистический -ок** monopolistischer Markt; **-ок наличного товара** Kassamarkt *m*, Lokomarkt *m*, Spotmarkt *m*; **насыщенный -ок** gesättigter Markt; **неактивный -ок** Marktflaute *f*; **-ок недвижимости** Immobilienmarkt *m*, Grundstücksmarkt *m*; **нелегальный -ок** Schwarzmarkt *m*, schwarzer Markt; **несовершенный -ок** unvollkommener Markt; **-ок облигаций** Rentenmarkt *m*; **общий -ок** gemeinsamer Markt; **олигополистический** ~ oligopolistischer Markt; **организованный неофициальный -ок** geregelter Markt; **отечественный -ок** Heimmarkt *m*, Inlandsmarkt *m*, Binnenmarkt *m*, inländischer Markt; **открытый -ок** Offenmarkt *m*, offener Markt; **официальный -ок** amtlicher

Markt; **первичный -ок** Emissionsmarkt *m*; **-ок пластиковых карт** *(Bank, Börse, Fin)* Kreditkartenmarkt *m*; **-ок покупателя** Käufermarkt *m*; **полиполистический -ок** polypolistischer Markt; **-ок продавцов** Verkäufermarkt *m*; **публичный -ок** Börse *f*, Publikumsmarkt *m*; **-ок публичных заимствований** Wechsel- und Obligationenmarkt *m*, Wertpapiermarkt *m*; **-ок рабочей силы** Arbeitsmarkt *m*, Stellenmarkt *m*; **развивающийся -ок** aufkommender Markt *m*, Schwellenland *n*; **-ок с низкими ценами** Billigmarkt *m*; **-ок с повышательной тенденцией курсов** Haussemarkt *m*; **-ок с понижательной тенденцией курсов** Baissemarkt *m*; **-ок сбыта** Absatz|markt *m*, -gebiet *n*; **-ок сбыта природного газа** Markt für Erdgas; **свободный -ок** freier Markt; **-ок сельскохозяйственной продукции** Agrarmarkt *m*, Produktenmarkt *m*; **серый (полуофициальный) -ок** grauer Markt; **-ок скота** Viehmarkt *m*; **совершенный -ок** vollkommener Markt; **-ок средств производства** Investitionsgütermarkt *m*; **-ок срочных сделок** Terminmarkt *m*; **-ок ссуд под долговые обязательства** Schuldscheinmarkt *m*; **стагнирующий ~** stagnierender Markt; **страховой -ок (-ок страхования)** Versicherungsmarkt *m*; **-ок ссудных капиталов** Anleihemarkt *m*, Kapitalmarkt *m*; **сужающийся -ок** schrumpfender Markt; **сырьевой -ок** Rohstoffmarkt *m*; **товарный -ок** Warenmarkt *m*; **традиционный -ок** angestammter Markt; **-ок труда** Arbeitsmarkt *m*; **-ок туристических услуг** Tourismus-Markt *m*; **-ок услуг** Dienstleistungsmarkt *m*; **устойчивый -ок** fester Markt; **финансовый -ок** Finanzmarkt *m*; **-ок финансовых срочных сделок** Finanzterminmarkt *m*; **фондовый -ок (-ок ценных бумаг)** Effektenmarkt *m*, Wertpapiermarkt *m*; **-ок, характеризующийся резким увеличением спроса** boomender Markt; **-ок, характеризующийся сильной конкуренцией** Markt mit starker Konkurrenz; **-ок ценных бумаг с твёрдым процентом** Rentenmarkt *m*; **чёрный -ок** Schwarzmarkt *m*; **целевой -ок** Zielmarkt *m*; **частичный -ок** Teilmarkt *m*

рыночн|ый Markt-; **-ый механизм** *m* Marktmechanismus *m*; **-ое равновесие** *n* Marktgleichgewicht *n*; **-ая тенденция** *f* Markttendenz *f*; **-ые условия** *pl* Markt|bedingungen *pl*, -gegebenheiten *pl*; **-ая экономика** *f* Marktwirtschaft *f*

рычаг *m*, **финансовый** Leverage-Effekt *m*

ряд *m* Reihe *f*, Folge *f*, Serie *f*; **временной ~** Zeitreihe *f*

С

саблет *m* Untervercharterung *f*, Weitervercharterung *f*

саботаж *m* Sabotage *f*; **совершать ~** Sabotage begehen; **экономический ~** Wirtschaftssabotage *f*

саботировать sabotieren, Sabotage begehen

салон *m* Salon *m*

сальдирование *n* Saldierung *f*, Abschluss *m*, Begleichung *f*, Kontenausgleich *m*, Kontenabschluss *m*, Rechnungsausgleich *m*; **~ взаимных требований** Saldierung gegenseitiger Forderungen; **~ счёта** Saldierung eines Kontos

сальдировать saldieren, abschließen, ausgleichen, den Saldo ziehen; **~ счёт** ein Konto saldieren (ausgleichen); **~ счета бухгалтерских книг** Bücher saldieren

сальдо *n* Saldo *m*, Saldobetrag *m*, Rechnungsabschluss *m*, Ausgleichsbetrag *m*; **выводить ~** den Saldo ziehen; **отразить в отчёте как ~** als Saldo ausweisen; **показывать ~** einen Saldo aufweisen; **переносить ~** einen Saldo übertragen; **переносить ~ на новый счёт** einen Saldo auf neue Rechnung vortragen; **урегулировать ~ по счёту** den Saldo ausgleichen; **активное ~** Aktivsaldo *m*; **активное ~ платёжного баланса** Zahlungsbilanzüberschuss *m*, Überschuss der

Zahlungsbilanz; **активное ~ по текущим расчётам** Leistungsbilanzüberschuss *m*, Überschuss der Leistungsbilanz; **~ баланса** Ausgleichsbetrag *m*; **~ в Вашу пользу** Saldo zu Ihren Gunsten; **~ в нашу пользу** Saldo zu unseren Gunsten; **~ взаимных расчетов** Verrechnungssaldo *m*; **дебетовое ~** Debitsaldo *m*, Soll|saldo *m*, -bestand *m*; **~ задолженности** Passivsaldo *m*, geschuldeter Restbetrag; **~ к переносу** Saldovortrag *m*; **кредитовое ~** Habensaldo *m*, Kreditsaldo *m*; **кредитовое ~ в иностранной валюте** Fremdwährungsguthaben *n*; **кредитовое ~ на почтовом жиросчёте** Postgiroguthaben *n*; **кредитовое ~ на счетах клиентов в банке** Kostenstand *m*, Guthaben *n*; **кредитовое ~ на счету комиссионных выплат** Provisionsguthaben *n*; **кредитовое ~ на счету лоро** Loroguthaben *n*; **кредитовое ~ на счету ностро** Nostroguthaben *n*; **ликвидное ~ (~ ликвидности)** Liquiditätssaldo *m*; **открытое ~** offener Saldo; **отрицательное (пассивное) ~** Habensaldo *m*, Passivsaldo *m*, Kreditsaldo *m*; **~, перенесённое на новый счёт** vorgetragener Saldo; **~ платежного баланса** Zahlungsbilanzsaldo *m*; **~ по счёту** Rechnungssaldo *m*, Restbetrag einer Rechnung; **положительное ~** Aktivsaldo *m*, Debetsaldo *m*, Sollsaldo *m*; **положительное ~ по счёту прибылей и убытков за год** Jahresüberschuss *m*; **положительное ~ торгового баланса** Handelsbilanzüberschuss *m*; **предварительное ~ счёта прибылей и убытков** Rohergebnis *n*; **промежуточное ~** Zwischensaldo *m*; **~ расчётов по клирингу** Verrechnungs|guthaben *n*, -saldo *m*; **торгового баланса** Handelsbilanzsaldo *m*; **~ торгового баланса, баланса услуг и некоммерческих платежей** Außenbeitrag *m*

саммит *m* Summit *n*, Treffen *n*, Konferenz *f*, Gipfeltreffen *n*

самобытность *f* Eigenart *f*, Eigenständigkeit *f*, Originalität *f*

самодельный selbstgemacht, selbsterzeugt, gebastelt

самодеятельность *f* Selbstbetätigung *f*

самодеятельн|ый erwerbstätig; **-ое население** *n* erwerbstätige Bevölkerung

самоконтроль *m* Selbstkontrolle *f*, Selbstprüfung *f*

самолёт *m* Flugzeug *n*; **лететь на -е** mit dem Flugzeug fliegen; **отправлять -ом** mit (dem) Flugzeug versenden; **перевозить на -е** im Flugzeug befördern; **грузовой ~** Frachtflugzeug *n*; **пассажирский ~** Passagierflugzeug *n*; **транспортный ~** Transportflugzeug *n*, Verkehrsflugzeug *n*

самоначисление *n* Steuerselbstberechnung *f*

самообеспечение *n* Selbstversorgung *f*, Eigenversorgung *f*

самообеспеченность *f* Selbstversorgung(sgrad *m*) *f*, Eigenversorgung *f*; **полная ~** volle Selbstversorgung

самообложение *n* Selbsbesteuerung *f*

самообразование *n* Selbststudium *n*

самообслуживание *n* Selbstbedienung *f*, Eigenverbrach *m*

самоограничение *n* Selbstbeschränkung *f*

самоокупаемость *f* Kostendeckung *f*, Eigenerwirtschftung *f*, Rentabilität *f*, Wirtschaftlichkeit *f*, wirtschaftliche Unabhängigkeit *f*

самоокупающийся kostendeckend, rentabel, wirtschaftlich, sich rentierend, sich auszahlend, lohnend

самоорганизация *f* Selbstorganisation *f*

самооценка *f* Selbsteinschätzung *f*

самопомощь *f* Selbsthilfe *f*

самопоставки *pl* Selbstbelieferung *f*

самопроверка *f* Selbstprüfung *f*

саморазвитие *n* Selbstentfaltung *f*

самореализация *f* Selbstverwirklichung *f*

саморегулирование *n* Selbstregulierung *f*

самореклама *f* Eigenwerbung *f*

самородок *m* gediegenes Metall

самосвал *m* Kipper *m*, Kippfahrzeug *n*

самоснабжение *n* Selbstversorgung *f*

самостоятельность *f* Autonomie *f*,

Eigenständigkeit *f*, Selbstständigkeit *f*, Unabhängigkeit *f*, Eigenverantwortlichkeit *f*; **получать ~** sich verselbstständigen; **сохранять ~** die Eigenständigkeit (Selbstständigkeit) bewahren (behalten); **хозяйственная (экономическая) ~** wirtschaftliche Selbstständigkeit

самостоятельн|ый eigenständig, selbstständig, unabhängig, eigenverantwortlich; **-о вести дела** eigenverantwortlich wirtschaften; **становиться -ым** sich verselbstständigen; **-ые научные исследования** *pl* eigenständige Forschung; **юридически -ый** juristisch selbstständig

самострахование *n* Selbstversicherung *f*

самоуправление *n* Selbstverwaltung *f*; **местное ~** kommunale Selbstverwaltung

самофинансирование *n* Eigenfinanzierung *f*, Selbstfinanzierung *f*; **финансирование из прибыли, удерживаемой на предприятии** Eigenfinanzierung *f*, Selbstfinanzierung *f*; **открытое ~** offene Selbstfinanzierung; **скрытое ~** stille Selbstfinanzierung

санация *f* **(санирование** *n***)** Sanierung *f*, Reorganisierung *f*; **~ бюджета** Haushaltssanierung *f*; **~ инфраструктуры** Sanierung der Infrastruktur; **~ предприятия (фирмы)** Sanierung eines Unternehmens (einer Firma)

санировать sanieren, reorganisieren; **~ бюджет** den Haushalt sanieren; **~ инфраструктуру** die Infrastruktur sanieren; **~ предприятие** ein Unternehmen sanieren

санитария *f* Hygiene *f*, Sanitätswesen *n*

санитарн|ый sanitär, Sanitäts-; **-ое оборудование** *n* sanitäre Anlagen

санкционировать genehmigen

санкци|я *f* Sanktion *f*, Zwangsmaßnahme *f*; **вводить -и** Sanktionen verhängen; **налагать -и** mit Sanktionen belegen; **отменять -и** Sanktionen aufheben; **договорная -я** Vertrags|sanktion *f*, -strafe *f*; **расчётные -и** Sanktionen im Zahlungsverkehr; **экономические -и** Wirtschaftssanktionen *pl*, wirtschaftliche Sanktionen

сбавлять (цену) den Preis ermäßigen (herabsetzen, mindern, nachlassen, reduzieren)

сбалансирование *n* Bilanzierung *f*, Abschluss *m*, Ausgleich *m*; **~ бухгалтерских книг** Abschluss der Bücher; **~ бюджета (бюджетное ~)** Budgetausgleich *m*, Haushaltsausgleich *m*; **~ счетов** Kontenausgleich *m*

сбалансированность *f* Gleichgewicht *n*; **~ бюджета** Haushaltsgleichgewicht *n*; **~ спроса и предложения** Gleichgewicht zwischen Angebot und Nachfrage

сбалансированный ausgeglichen; **~ платёжный баланс** *m* ausgeglichene Zahlungsbilanz; **~ счёт** *m* ausgeglichenes Konto; **~ торговый оборот** *m* ausgeglichener Handelsverkehr

сбалансировать bilanzieren, abschließen, ausgleichen, einen Ausgleich schaffen; **~ бухгалтерские книги** Bücher abschließen; **~ бюджет** den Haushalt ausgleichen; **~ счёт** ein Konto ausgleichen

Сбербанк России (Сберегательный банк России) Sberbank Russlands (staatliche Sparbank)

сберегательн|ый ~ Spar-; **-ый вклад** *m* Spar|deposit *n*, -einlage *f*; **-ая касса** *f* Sparkasse *f*; **-ая книжка** *f* Spar(kassen)buch *n*; **-ый сертификат** *m* Spar(kassen)brief *m*

сберегать einsparen, sparen, sparsam umgehen, Einsparungen machen; aufbewahren, bewahren, schonen; **~ время** Zeit einsparen; **~ материал** Material einsparen; **~ ресурсы** Ressourcen schonen; **~ энергию** mit Energie sparsam umgehen, Energie einsparen

сбережени|е *n* Ersparnis *f*; Einsparung *f*, Sparen *n*; Aufbewahrung *f*, Schonung *f*; **-я** gespartes Geld *n*, Spar|gelder *pl*, -guthaben *n*, Ersparnisse *pl*; **делать -я** (ein)sparen, Einsparungen machen; **иметь -я** Ersparnisse besitzen; **привлекать свои -я** auf seine Ersparnisse zurückgreifen; **стимулировать -я** das Sparen fördern; **вынужденные (обязательные) -я** Zwangssparen *n*; **-е прибыли** Gewinnsparen *n*; **расчётные -я** rechnerische Ersparnisse; **-е ресурсов** Ressourcenschonung *f*; **целевые -я населения** Objektsparen *n*; **частные -я** privates Sparen; **чистые -я** Nettoersparnis *n*; **-е энергии** Energieeinsparung *f*

сберкасса *f* Sparkasse *f*

сберкнижка *f* Spar(kassen)buch *n*

сбивание *n* **цен** Preisunterbietung *f*

сбивать цену den Preis drücken (herunterhandeln, unterbieten)

сближение *n* Annäherung *f*, Konvergenz *f*; **~ законодательств различных стран** Rechtsangleichung *f*

сбор *m* Abgabe *f*, Gebühr *f*, Beitrag *m*, Steuer *f*; Umlage *f*, Erhebung *f*, Eintreibung *f*, Einziehung *f*, Einzug *m*, Einkassieren *n*, Kassieren *n*; Sammeln *n*, Sammlung *f*; Zusammenkunft *f*, Versammlung *f*; **взимать ~** eine Abgabe (einen Beitrag, eine Gebühr) einziehen (erheben); **возмещать ~** einen Beitrag ersetzen; **облагать -ами** Abgaben auferlegen, mit Abgaben belegen; **повышать размер -а** eine Abgabe (einen Beitrag, eine Gebühr) erhöhen; **понижать (снижать) размер -а** eine Abgabe (einen Beitrag, eine Gebühr) abbauen (senken), eine Gebühr ermäßigen; **производить ~ данных (информации)** eine Erhebung durchführen; **расчитывать размер -а** eine Gebühr berechnen; **требовать уплаты -а** eine Gebühr beanspruchen (verlangen); **уплачивать ~** eine Abgabe (einen Beitrag, eine Gebühr) entrichten (zahlen); **административный ~** Verwaltungsgebühr *f*; **акцизный ~** Akzise *f*, Verbrauchssteuer *f*; **арбитражный ~** Schiedsgerichtsgebühr *f*; **аукционный ~** Auktionsgebühr *f*, Versteigerungsgebühr *f*; **аэропортовый ~** Flughafengebühr *f*; **бандерольный ~** Banderolensteuer *f*, Streifensteuer *f*, Zeichensteuer *f*; **без уплаты -а** frei von Abgaben, abgabenfrei, gebührenfrei; **валовый ~** Bruttoertrag *m*, Gesamt|aufkommen *n*, -ernte *f*, -ertrag *m*, Rohertrag *m*; **весовой ~** Wiegegebühr *f*; **~ взносов на социальное страхование** Einzug von Sozialversicherungsbeiträgen; **~ винограда** Wein|ernte *f*, -lese *f*; **внутренний почтовый ~** Inlandsporto *n*; **гербовый ~** Stempel|gebühr *f*, -steuer *f*; **государственный ~** öffentliche Abgabe; **~ данных о конъюнктуре рынка** Markterhebung *f*; **~ денег** Geldsammlung *f*; **добавочный (дополнительный) ~** Aufschlag *m*, Zuschlag *m*, Nachgebühr *f*, Neben|abgabe *f*, -gebühr *f*, Ergänzungsabgabe *f*; **~ добровольных взносов** Kollekte *f*; **доковый ~** Dockgebühr *f*; **дополнительный почтовый ~** Nachporto *n*; **единовременный ~** einmalige Gebühr; **~ за доставку** Zustellgebühr *f*; **~ за взятие груза** Abholgebühr *f*; **~ за выдачу визы** Visumgebühr *f*; **~ за заказное отправление** Einschreibegebühr *f*; **~ за инкассо (инкассирование)** Einzugsgebühr *f*, Inkassogebühr *f*; **~ за место на рынке** Marktgebühr *f*; **~ за отправление наложенным платежом** Nachnahmegebühr *f*; **~ за отправку** Versandgebühr *f*; **~ за оформление и обработку** Bearbeitungsgebühr *f*; **~ за оформление и обработку груза** Abfertigungsgebühr *f*; **~ за перегрузку** Umladegebühr *f*; **~ за пользование** Nutzungsgebühr *f*, Benutzungsgebühr *f*; **~ за разгрузку** Abladegebühr *f*; **~ за регистрацию товарного знака** Warenzeichengebühr *f*; **~ за таможенный досмотр** Gestellungsgebühr *f*; **~ за хранение** Aufbewahrungsgebühr *f*; **~ за хранение грузов на складе** Lager|gebühr *f*, -geld *n*; **~ зерновых** Getreideernte *f*; **~ информации** Daten|erfassung *f*, -gewinnung *f*, Informations|beschaffung *f*, -erfassung *f*, -gewinnung *f*; **~ и вывоз мусора** Müllsammlung *f* und Müllabfuhr *f*; **~ и обобщение информации** Informationszusammenführung *f*; **комиссионный ~** Kommissionsgebühr *f*, Provision *f*; **коммунальные (муниципальные) -ы** Gemeindeabgaben *pl*; **компенсационный ~** Ausgleichssteuer *f*; **консульский ~**

Konsulatsgebühr *f*; **концессионный ~** Konzessionsgebühr *f*; **корабельный ~** Schiffsgebühr *f*; **лицензионный ~** Lizenzgebühr *f*; **маклерский ~** Maklergebühr *f*; **~ налогов** Steuer|erhebung *f*, -beitreibung *f*, Erhebung von Abgaben; **нотариальный ~** Notargebühr *f*; **операционный ~** Bearbeitungsgebühr *f*; **организационный ~** Teilnahmegebühr *f*; **основной ~** Grundgebühr *f*; **особый ~** Sonderabgabe *f*; **оценочный ~** Taxationsgebühr *f*; **паспортный ~** Passgebühr *f*; **патентный ~** Patentgebühr *f*; **~ первичной информации** Primärerhebung *f*; **~ по биржевым сделкам** Börsengebühr *f*; **подлежаший обложению -ами** abgabenpflichtig, gebührenpflichtig; **~ подписей** Sammlung von Unterschriften; **~ пожертвований** Sammelaktion *f*; **полный ~** Kassenerfolg *m*; **портовый ~** Hafen|abgabe *f*, -gebühr *f*; **почтовый ~** Porto *n*, Postgebühr *f*; **почтовый ~ за отправку посылки** Paket|gebühr *f*, -porto *n*; **принудительный ~** Zwangsabgabe *f*; **причальный ~** Kaigebühr *f*; **~ производственной информации** Betriebsdatenerfassung *f*; **разовый ~** einmalige Gebühr *f*; **регистрационный ~** Anmeldegebühr *f*, Eintragungsgebühr *f*, Registergebühr *f*; **~ с зарубежных денежных переводов** Transfergebühr *f*; **специальный ~** Sonderabgabe *f*, spezielle Abgabe; **страховой ~** Versicherungssteuer *f*; **судебные -ы** Gerichtsgebühren *pl*; **таможенный ~** Zollabgabe *f*, Zollabfertigungsgebühr *f*; **~ таможенных пошлин** Zollerhebung *f*, Erhebung von Zöllen; **~ текущей информации** laufende Erhebung; **тоннажный ~** Schiffsgebühr *f*; **транзитный ~** Transitabgabe *f*; **~ уплачен** Porto bezahlt; **~ урожая** Einbringung der Ernte, Ernten *n*, Ernte *f*, Lese *f*; **фискальный ~** Abgabe an den Fiskus; **~ (членских) взносов** Beitrags|erhebung *f*, -einziehung *f*, Einziehung von Beiträgen

сборк|а *f* Montage *f*, Zusammenbau *m*, Zusammensetzung *f*, Aufstellung *f*, Installation *f*, Aufbau *m*, Einbau *m*, Assembling *n*; **производить -у** die Montage durchführen, montieren, zusammenbauen, aufstellen, installieren; **завершающая (окончательная) -а** Endmontage *f*; **-а на конвейере** Fließmontage *f*; **пооперационная -а** Teilmontage *f*; **предварительная -а** Vormontage *f*

сборник *m* Katalog *m*, Sammlung *f*, Sammelband *n*, Sammelwerk *n*, Verzeichnis *n*

сборность *f* Montagefähigkeit *f*, Montagefertigkeit *f*

сборн|ый montagefähig, montagefertig, Sammel-; **-ый груз** *m* Sammelladung *f*; **-ые грузовые перевозки** *pl* Sammeltransport *m*; **-ый коносамент** *m* Sammelkonnossement *n*

сборочн|ый Montage-; **-ый завод** *m* Montagewerk *n*; **-ый конвейер** *m* Montageband *n*; **-ое производство** *n* Montagebetrieb *m*

сборщик *m* Montagearbeiter *m*

сброс *m* **акций** Abstoßen *n* von Aktien

сбывать absetzen, verkaufen, vertreiben, abstoßen; **~ акции** Aktien abstoßen; **~ продукцию** Produkte absetzen (vertreiben); **~ товары** Waren vertreiben (absetzen)

сбыт *m* Absatz *m*, Verkauf *m*, Vermarktung *f*, Vertrieb *m*, Distribution *f*; **взять на себя ~** den Vertrieb übernehmen; **находить ~** Absatz finden; **стимулировать ~** den Absatz (die Vermarktung) fördern; **увеличивать объём -а** den Absatz steigern; **~ без посредников** Direkt|absatz *m*, -verkauf *m*, -vermarktung *f*, -vertrieb *m*; **гарантированный ~** gesicherter Absatz; **~ за границей (~ на внешних рынках)** Auslandsabsatz *m*; **~ изделий** Absatz von Erzeugnissen, Produktabsatz *m*; **интенсивный ~** reißender Absatz; **массовый ~** Massenabsatz *m*, Mengenabsatz *m*; **медленный ~** flauer (schleppender) Absatz; **монопольный ~** Alleinvertrieb *m*, exklusiver Vertrieb; **~ на внутреннем рынке** Inlandsabsatz *m*; **~ по лицензии** Lizenzvertrieb *m*; **~ предприятием своей продукции, минуя торговую сеть** Beziehungshandel *m*; **~ продукции** Produktabsatz *m*,

Vertrieb (Vermarktung) von Produkten; **~ промышленной продукции** Industrievertrieb *m*; **прямой ~ продукции предприятиями-производителями** Erzeugerhandel *m*; **~ сельскохозяйственной продукции** Vermarktung von Agrarprodukten; **совместный ~** Gesamt|absatz *m*, -vertrieb *m*; **~ товаров** Güterabsatz *m*, Warenabsatz *m*

сбытов|ой Absatz-, Vertriebs-; **-ой картель** *m* Absatzkartell *m*; **-ая квота** *f* Absatzquote *f*; **-ой консорциум** *m* Absatzkonsortium *n*; **-ой кооператив** *m* Absatzgenossenschaft *f*; **-ая организация** *f* Absatz|agentur *f*, -organisation *f*, -träger *m*; **-ая фирма** *f* Vertriebs|firma *f*, -gesellschaft *f*

свалка *f* Müllhalde *f*, Deponie *f*

сведения *pl* Angaben *pl*, Daten *pl*, Informationen *pl*; **анализировать ~** Daten analysieren; **давать ~** Angaben (Mitteilungen) machen, Informationen erteilen; **добывать ~** Informationen beschaffen; **не разглашать ~** Angaben geheimhalten; **получать ~** Angaben (Daten, Informationen) erhalten (gewinnen); **систематизировать ~** Angaben zusammenfassen; **собирать ~** Angaben (Daten, Informationen) erfassen; **сообщать ~** Informationen zugänglich machen; **более подробные (точные) ~** nähere Angaben; **неточные ~** falsche Angaben; **~ о конъюнктуре рынка** Marktdaten *pl*; **полные ~** vollständige Angaben; **точные ~** genaue Angaben

сведение *n* Abschluss *m*, Ausgleich *m*, Zusammenfassung *f*; **~ баланса** Bilanzausgleich *m*; **~ к исходному уровню** Rückführung *f*; **~ счетов** Rechnungsabschluss *m*

сверка *f* Abstimmung *f*, Abgleich *m*, Vergleich *m*, Kollation *f*; **ежедневная ~ бухгалтерских записей с документами** Tagesabstimmung *f*; **~ результатов инвентаризации** Inventurabstimmung *f*; **~ сальдо** Saldenabstimmung *f*, Abstimmung der Salden; **~ счетов** Kontenabstimmung *f*, Abstimmung der Konten

свёртывание *n* Abbau *m*, Einschränkung *f*, Kürzung *f*, Drosselung *f*, Schrumpfen *f*, Stilllegung *f*; **~ деловой активности** Geschäftsrückgang *m*, Konjunktur|rückfall *m*, -rückgang *m*; **~ производства** Produktions|drosselung *f*, -einschränkung *f*, Betriebs|-einschränkung *f*, -stilllegung *f*, Drosselung (Stilllegung) der Produktion

свёртывать abbauen, drosseln, einschränken, kürzen, schrumpfen, stilllegen; **~ производство** die Produktion stilllegen (einschränken, drosseln)

сверхбольшинство *n* qualifizierte Mehrheit

сверхзанятость *f* Überbeschäftigung *f*

сверхплановый über den Plan hinaus, außerplanmäßig

сверхподписка *f* Überzeichnung *f*

сверхприбыль *f* Übergewinn *m*

сверхтарифн|ый übertariflich, außertariflich; **-ые выплаты** *pl* außertarifliche Zahlungen; **-ая надбавка** *f* übertarifliche Zulage

сверхурочная работа *f* Überstunden *pl*

сверхштатный über den Stellenplan hinaus

сверять abstimmen, vergleichen, kontrollieren, überprüfen, kollationieren; **~ счета** Konten abstimmen

светокопия *f* Lichtpause *f*

свидетел|ь *m* Zeuge *m*; **вызывать -я** einen Zeugen aufrufen; **-ь несчастного случая** Unfallzeuge *m*

свидетельство *n* Attest *n*, Bescheinigung *f*, Schein *m*, Urkunde *f*, Zeugnis *n*, Zertifikat *n*; Aussage *f*; **выдавать ~** ein Zertifikat erteilen, ein Attest (eine Bescheinigung, eine Urkunde, ein Zertifikat, ein Zeugnis) ausstellen; **оформлять ~** eine Urkunde aufsetzen (ausfertigen, errichten); **предъявлять ~** ein Attest (eine Bescheinigung, ein Zeugnis, ein Zertifikat) vorlegen; **аварийное ~** Havarieschein *m*; **авторское ~** Erfinderschein *m*; **авторское ~ на изобретение** Patenturkunde *f*; **ввозное ~** Importzertifikat *n*; **временное ~** Interimsschein *m*, Zwischenschein *m*; **вывозное ~** Ausfuhrbescheinigung *f*; **гарантийное ~** Garantieschein *m*; **депозитное ~** Depotschein *m*, Depositenzertifikat *n*, Einlagenzertifikat *n*; **долговое ~**

Schuld|brief *m*, -urkunde *f*; **залоговое ~** Pfandschein *m*; **импортное ~** Importzertifikat *n*; **ипотечное ~** Hypotheken|brief *m*, -urkunde *f*; **медицинское ~** ärztliches Attest; **~ на получение акции** Aktienzertifikat *n*; **~ о браке** Heiratsurkunde *f*; **~ о допуске** Zulassungsurkunde *f*; **~ о допущении ценных бумаг к биржевым операциям** Lieferbarkeitsbescheinigung *f*; **~ о клеймении** Eichschein *m*; **~ о наследовании** Erbschein *m*; **~ о натурализации** Einbürgerungsurkunde *f*; **~ о повреждении (товара)** Schadensbescheinigung *f*, Havariezertifikat *n*; **~ о погрузке** Ladeschein *m*; **~ о праве наследования** Erbschein *m*; **~ о присвоении квалификации** Facharbeiterzeugnis *n*, Gesellenbrief *m*; **~ о происхождении товара** Ursprungszeugnis *n*, Provenienzzertifikat *n*, Bescheinigung der Ursprungsbezeichnung; **~ о прохождении проверки** Prüfungsbescheinigung *f*; **~ о рождении** Geburtsurkunde *f*; **~ о сдаче товара** Ablieferungsschein *m*; **~ о смерти** Sterbeurkunde *f*; **~ об аварии** Havarieschein *m*; **~ об источнике получения** Bezugsquellennachweis *m*; **~ об освобождении от уплаты пошлины** Zollbefreiungsschein *m*; **~ об отказе от оплаты векселя** Protesturkunde *f*; **~ об уступке** Abtretungsurkunde *f*; **ордерное ~** Orderlagerschein *m*; **письменное ~** Dokument *n*; **~, подтверждающее идентичность товара** Nämlichkeits|bescheinigung *f*, -schein *m*; **промысловое ~** Gewerbeschein *m*; **складское ~** Lagerschein *m*; **складское ~ на получение товара частями** Losnote *f*; **сохранное ~** Verwahrungsschein *m*; **страховое ~** Versicherungs|police *f*, -schein *m*, -zertifikat *n*; **судовое ~** Registerbrief *m*, Schiffszertifikat *n*; **таможенное ~** Zollurkunde *f*; **таможенное ввозное ~** Zolleinfuhrschein *m*; **таможенное вывозное ~** Zollausfuhrschein *m*; **таможенное ~ на возврат пошлин** Debentur *f*, Rückzollschein *m*; **~ финансового управления об отсутствии у налогоплательщика задолженности по уплате налогов** Unbedenklichkeitsbescheinigung *f*; **фрахтовое ~** Konnossement *n*

свидетельствовать bescheinigen, bestätigen, beurkunden; beweisen, bezeugen, zeugen

свинг *m* Swing(kredit) *m*, Kreditspielraum *m*

свитч *m* Switchgeschäft *n*

свобод|а *f* Freiheit *f*, Spielraum *m*; **обретать -у** Freiheit erlangen; **ограничивать -у** die Freiheit beschränken; **-а (образования) ассоциаций (коалиций, объединений, союзов)** Koalitionsfreiheit *f*, Vereinsfreiheit *f*; **-а действий** Handlungsfreiheit *f*; **-а заключения договоров** Vertragsfreiheit *f*; **-а инвестиций (капиталовложений)** Investitionsfreiheit *f*; **-а конкуренции** Konkurrenzfreiheit *f*, Wettbewerbsfreiheit *f*; **-а передвижения (перемещения)** Freizügigkeit *f*; **-а потребителя определять объём и характер потребления** Konsumentensouveränität *f*; **-а потребления** Konsumfreiheit *f*; **-а предпринимательства** Gewerbefreiheit *f*; **-а при принятии решений** Entscheidungsfreiheit *f*; **-а принятия решений предпринимателем** unternehmerische Entscheidungsfreiheit; **-а торговли** Handelsfreiheit *f*; **экономическая -а** wirtschaftliche Freiheit

свободн|ый frei, freiheitlich; **-ое движение** *n* **товаров** freier Warenverkehr; **-ый от уплаты вывозной пошлины** frei verzollt; **-ый от долгов** lastenfrei, schuldenfrei, unbelastet; **-ый от уплаты налогов** abgabenfrei, steuerfrei; **-ый от уплаты таможенной пошлины** zollfrei; **-ая торговля** *f* Freihandel *m*; **-ый экономический строй** *m* freiheitliche Wirtschaftsordnung

свод *m* **законов** Gesetzbuch *n*, Kodex *m*

свод *m* **финансово-кредитных постановлений** Finanzverfassung *f*

сводить zusammenfassen, zusammenziehen, zurückführen, reduzieren; ~

к минимуму minimieren, auf ein Minimum reduzieren

сводк|а *f* Aufstellung *f*, Übersicht *f*, Zusammenstellung *f*; **представлять -у** eine Aufstellung vorlegen; **составлять -у** eine Aufstellung (Übersicht, Zusammenstellung) erstellen; **бухгалтерская -а** buchhalterische Aufstellung; **вторичная -а** Sekundäraufbereitung *f*; **месячная -а** monatliche Aufstellung; **окончательная -а** Abschlussbericht *m*; **первичная -а** Primäraufbereitung *f*; **-а состояния финансов предприятия** Finanzstatus *m*

сводный zusammengefasst; **~ баланс** *m* zusammengefasste Bilanz

своекорыстный eigennützig

свойств|о *n* Beschaffenheit *f*, Eigenschaft *f*; **основные -а товара, определяющие его способность удовлетворять потребности** Grundnutzen *m*

своп *m* Swap, Swap-Geschäft *n*; **~ активов** Aktivtausch *m*; **~ акций** Kapitaltausch; **валютный ~** Devisenswap; **~ обязательств** Passivtausch *m*; **экзотический ~** Equity Default Swap

связанный festliegend, gebunden, verbunden; **~ капитал** *m* festliegendes (gebundenes) Kapital

связывание *n* Bindung *f*, Verknüpfung *f*, Bündeln *n*; **~ капитала** Kapitalbindung *f*; **~ ликвидности** Liquiditätsbindung *f*; **~ средств** Mittelbindung *f*

связывать binden, verknüpfen, verbinden, bündeln; **~ капитал** Kapital binden; **~ поручительством** durch Bürgschaft verpflichten; **~ себя договорными обязательствами** sich vertraglich binden; **~ себя обязательством** sich verpflichten; **~ (финансовые) средства** Mittel binden

связываться sich in Verbindung setzen, in Kontakt treten, einen Kontakt herstellen (knüpfen); **~ по телефону** telefonieren

связ|ь *f* Beziehung *f*, Kontakt *m*, Verbindung *f*; Kommunikation *f*, Fernmeldeverkehr *m*; Verkehr *m*; Zusammenhang *m*; Vernetzung *f*; **поддерживать -и** Beziehungen (Kontakte) aufrechterhalten (pflegen), Kontakte unterhalten, Verbindungen halten; **потерять -ь** den Kontakt verlieren; **разрывать -и** Beziehungen abbrechen; **расширять -и** Beziehungen (Verbindungen) erweitern (ausbauen), Kontakte ausbauen; **устанавливать -и** Beziehungen anknüpfen (aufnehmen, herstellen), Kontakte herstellen, Verbindungen aufnehmen, in Beziehungen (Verbindung) treten; **внешние -и** Außenbeziehungen *pl*; **внешнеторговые -и** Außenhandelsbeziehungen *pl*; **внутрипроизводственные -и** innerbetriebliche Beziehungen; **деловые -и** Geschäfts|beziehungen *pl*, -verbindungen *pl*, -verkehr *m*, geschäftliche Beziehungen (Verbindungen), geschäftlicher Verkehr, geschäftlicher Kontakt; **-ь изменения поступления налогов с изменением объёма национального продукта** Aufkommenselastizität *f*; **коммерческие -и** Handels|beziehungen *pl*, -verbindungen *pl*; **кооперационные -и** Kooperationsbeziehungen *pl*; **-ь между предприятиями** Unternehmensverbindung *f*; **обратная -ь** Rück|führung *f*, -kopplung *f*, Feedback *n*; **-ь по телефону** Fernsprech|verbindung *f*, -verkehr *m*, Telefonverkehr *m*; **-ь по факсу** Fax-Verbindung *f*; **почтовая -ь** Post|verbindung *f*, -verkehr *m*; **прямые -и** Direktbeziehungen *pl*, direkter Verkehr; **рыночные -и** Marktbeziehungen *pl*; **-и с клиентами** Kundenbeziehungen *pl*, Beziehungen zu Kunden; **телексная -ь** Telexverkehr *m*; **телефонная -ь** Fernsprech|anschluss *m*, -verbindung *f*, -verkehr *m*, Telefon|anschluss *m*, -verbindung *f*, -verkehr *m*; **торговые -и** Handels|beziehungen *pl*, -verbindungen *pl*; **финансовые -и** Finanzverflechtungen *pl*, finanzielle Beziehungen; **-и фирмы с общественностью** Öffentlichkeitsarbeit *f*, Public Relations; **хозяйственные (экономические) -и** Wirtschafts|beziehungen *pl*, -verbindungen *pl*, wirtschaftliche Beziehungen, wirtschaftlicher Zusammenhang

сглаживание *n* Ausgleich *m*, Glättung *f*;

~ социальных различий Sozialausgleich *m*
сговор *m* geheime Absprache *f*
сгорание *n* **баннера** Banner Burnout, Nachlassen der Werbewirksamkeit eines Banners
сгружать abladen, ausladen, entladen
сдавать abgeben, aufgeben, ausliefern; **~ в аренду (внаём)** vermieten, verpachten, leasen; **~ в багаж** als Gepäck aufgeben; **~ в поднаём** untervermieten, weitervermieten; **~ в эксплуатацию** in Betrieb nehmen, in Gang setzen, in Dienst stellen; **~ внаём** vermieten; **~ деньги на хранение** Geld hinterlegen; **~ документы на хранение** Urkunden hinterlegen; **~ завод под ключ** eine Fabrik schlüsselfertig übergeben; **~ на комиссию** in Kommission geben; **~ на склад** einlagern; **~ на хранение** hinterlegen, zur Aufbewahrung geben, in Verwahrung geben, zur Verwahrung überlassen; **~ напрокат** verleihen; **~ продукцию** Erzeugnisse ausliefern; **~ сдачу** Wechselgeld herausgeben; **~ товар для перевозки** Waren zur Beförderung aufgeben; **~ ценности на хранение** Wertsachen hinterlegen; **~ экзамен** eine Prüfung (ein Examen) ablegen (bestehen)
сдач|а *f* Abgabe *f*, Ablieferung *f*, Auslieferung *f*, Aufgabe *f*; Restbetrag *m*, Wechselgeld *n*, Kleingeld *n*; **(с)давать -у** Wechselgeld herausgeben; **получать -у** Wechselgeld herausbekommen; **-а багажа (на хранение)** Gepäckaufgabe *f*; **-а в аренду (внаём)** Verpachtung *f*; **-а в эксплуатацию** Inbetriebnahme *f*, Indienststellung *f*; **-а внаём** Vermietung *f*; **-а в подаренду** Unterverpachtung *f*; **-а в поднаём** Untervermietung *f*; **-а груза с одного судна на другое** Überbordlieferung *f*; **-а жилых помещений внаём** Wohnraumvermietung *f*; **-а заказа** Aufgabe einer Bestellung; **-а на хранение** Hinterlegung *f*, Deponierung *f*; **повторная -а в эксплуатацию** Wiederindienststellung *f*; **-а-приёмка** Übergabe *f*; **-а проекта** Projektübergabe *f*; **-а продукции** Auslieferung von Erzeugnissen
сдвиг *m* Verschiebung *f*; **структурные -и** strukturelle Veränderungen
сделанный по мерке maßgearbeitet, maßgeschneidert
сделк|а *f* Geschäft *n*, Abschluss *m*, Transaktion *f*, Deal *n*; Abkommen *n*, Abmachung *f*, Negoziation *f*; **аннулировать -у** ein Geschäft rückgängig machen; **вести переговоры о заключении -и** ein Geschäft verhandeln; **заключать -у** ein Geschäft abschließen (tätigen), eine Transaktion eingehen, einen Handel abschließen, negoziieren; **заключать -у купли-продажи** einen Kauf abschließen (tätigen); **заключать -у на продажу** einen Verkauf abschließen; **заключать -у на продажу ценных бумаг** einen Umsatz tätigen; **отказаться от заключения -и** ein Geschäft aufgeben (rückgängig machen); **посредничать в проведении -и** ein Geschäft vermitteln; **проводить (совершать) -у** einen Abschluss (ein Geschäft, eine Transaktion) tätigen, ein Geschäft abschließen; **расторгнуть -у** ein Rechtsgeschäft auflösen; **реализовывать -у** ein Geschäft (ein Deal) abwickeln (ausführen, vornehmen); **совершать -у** einen Abschluss (ein Geschäft, eine Transaktion) tätigen, ein Geschäft abwickeln (ausführen, vornehmen); **алеаторная -а** zufälliges Börsengeschäft, Wette *f*; **аннулированная -а** nichtiges Rechtsgeschäft; **арбитражная -а** Arbitrage(geschäft *n*) *f*; **арбитражная -а с ценными бумагами** Effektenarbitrage *f*; **банковская -а** Bank|geschäft *n*, -transaktion *f*; **банковская -а по поручению и за счёт клиента** Kundengeschäft *n*; **банковская -а с ценными бумагами** Effektengeschäft *n*, Wertpapiergeschäft *n*; **-а банковского консорциума с ценными бумагами** Effektenkonsortialgeschäft *n*; **бартерная -а** Bartergeschäft *n*, Kompensationsgeschäft *n*, Tausch|geschäft *n*, -transaktion *f*, Warenaustauschgeschäft *n*; **-а без конкретных**

обязательств Auflagengeschäft *n*; **-а без посредников** Direktgeschäft *n*; **безопасная -а, -а без риска** Geschäft ohne Risiko; **биржевая -а** Börsen|abschluss *m*, -geschäft *n*, -transaktion *f*; **биржевые -и** Börsenverkehr *m*; **-а в рассрочку** Teilzahlungsgeschäft *n*; **валютная -а** Devisengeschäft *n*, Valutageschäft *n*; **валютная кассовая -а** Devisenkassageschäft *n*; **валютная -а по соглашению о повторной покупке** Devisenpensionsgeschäft *n*; **валютная срочная -а** Devisentermingeschäft *n*; **вещно-правовая -а** sachenrechtliches Geschäft; **взаимная -а** Gegenseitigkeitsgeschäft *n*; **внесудебная мировая -а** außergerichtlicher Vergleich; **внешнеторговая -а** Außenhandelsgeschäft *n*; **встречная -а** Gegengeschäft *n*; **давальческая -а** Lohnveredelung *f*; **двусторонняя (юридическая) -а** zweiseitiges Rechtsgeschäft; **депортная -а** Deportgeschäft *n*, Leihgeschäft; **-а за наличный расчёт** Bargeschäft *n*, Kassageschäft *n*; **-а за свой счёт** Propergeschäft *n*, Eigengeschäft *n*; **-а за совместный счёт и на общий риск** Metageschäft *n*; **-и, заключаемые до официального открытия биржи** Vorbörse *f*; **-а, заключаемая и реализуемая по месту нахождения покупателя** Platzgeschäft *n*; **-а, заключаемая на неофициальной бирже** Kulissengeschäft *n*; **-и, заключаемые после закрытия биржи** Nachbörse *f*; **-а, заключаемая с учётом развития конъюнктуры** Konjunkturgeschäft *n*; **заключённая -а** abgeschlossenes Geschäft; **-а, заключённая с самим собой** Insichgeschäft *n*; **кассовая -а** Kassa|geschäft *n*, -kauf *m*, -transaktion *f*, Bargeschäft *n*, Lokogeschäft *n*, Promptgeschäft *n*, Spotgeschäft *n*, Tages|geschäft *n*, -kauf *m*; **клиринговая -а** Clearinggeschäft *n*; **комиссионная -а** Kommissionsgeschäft *n*; **комиссионная -а с ценными бумагами** Effektenkommissionsgeschäft *n*; **коммерческая -а** Handelsgeschäft *n*; **коммерческая -а, совершаемая совместно несколькими лицами** Partizipationsgeschäft *n*; **компенсационная -а** Kompensationsgeschäft *n*, Bartergeschäft *n*, Tausch|geschäft *n*, -transaktion *f*, Junktimgeschäft *n*; **кондиционная -а** Konditionsgeschäft *n*; **консигнационная -а** Konsignationsgeschäft *n*; **кредитная -а** Kreditgeschäft *n*; **-а купли-продажи** Kauf *m*, Kaufgeschäft *n*, Verkaufsgeschäft *n*, Handelskauf *m*; **лизинговая -а** Leasinggeschäft *n*; **лицензионная -а** Lizenzgeschäft *n*; **ломбардная -а** Lombardgeschäft *n*; **межбанковская -а с ценными бумагами** Kompensationsgeschäft *n*; **меновая -а** Tausch|geschäft *n*, -transaktion *f*, Bartergeschäft *n*; **мировая -а** (gütlicher) Vergleich *m*, gütliches Abkommen; **мировая -а в целях предотвращения конкурса над наследственной массой** Nachlassvergleich *m*; **мнимая -а** Scheingeschäft *n*; **-а на куплю-продажу товаров, заключаемая на основе каталогов, образцов или технической документации** Distanzgeschäft *n*; **-а на медио** Mediogeschäft *n*; **-а на миллиардную сумму** Milliardengeschäft *n*; **-а на наличный товар** Spotgeschäft *n*, Promptgeschäft *n*, Lokogeschäft *n*, Effektivgeschäft *n*; **-а на перевозку (транспортировку)** Beförderungsgeschäft *n*, Transportgeschäft *n*; **-а на покупку ценных бумаг за наличные** Schaltergeschäft *n*; **-а на поставку** Liefergeschäft *n*; **-а на поставку в определённый день** Fixgeschäft *n*; **-а на продажу ценных бумаг с гарантией (обязательством) их выкупа** Effektenpensionsgeschäft *n*, Wertpapierpensionsgeschäft; **-а на реальный товар** Effektivgeschäft *n*, Promptgeschäft *n*; **-а на рынке краткосрочных кредитов** Geldmarktgeschäft *n*; **-а на срок** Termingeschäft *n*, Zeitgeschäft *n*, Zielgeschäft *n*; **-а на товар с принудительным ассортиментом** Kopplungsgeschäft *n*; **-а на ультимо** Ultimogeschäft *n*; **-а на условиях сиф** cif-Geschäft *n*; **-а**

на чёрном рынке Schwarzmarktgeschäft *n*; **недействительная -а** nichtiges Rechtsgeschäft; **незаконная -а** Umgehungsgeschäft *n*; **неудачная -а** schlechtes Geschäft; **-а, объектом которой является капитал** Kapitaltransaktion *f*; **обязательственная -а** Verpflichtungsgeschäft *n*; **одногородняя -а** Platzgeschäft *n*; **односторонняя -а** einseitiges Rechtsgeschäft; **онкольная -а** Callgeschäft *n*; **оптовая -а** Großhandelsgeschäft *n*; **оффшорная -а** Offshore-Geschäft *n*; **-а по аренде** Verleihgeschäft *n*; **-и по гарантированному размещению ценных бумаг** Emmissionsgeschäft *n*; **-а по покрытию** Deckungsgeschäft *n*; **-а по поручению** Auftragsgeschäft *n*; **-а по предоставлению ссуды под залог векселей** Wechselpensionsgeschäft *n*; **-а по продаже с учётом текущего индекса** Indexverkauf *m*; **-а по фрахтованию** Befrachtungsgeschäft *n*; **-а по хеджированию** Hedgegeschäft *n*; **-а по хранению** Verwahrungsgeschäft *n*; **посредническая -а** Vermittlungsgeschäft *n*; **побочная торговая -а** Nebengeschäft *n*; **правовая -а** Rechtsgeschäft *n*; **правовая -а, обосновывающая обязательство** Verpflichtungsgeschäft *n*; **правовая -а с целью погашения долга** Erfüllungsgeschäft *n*; **-а при условии страхования на случай потерь от колебания курсов** Kurssicherungsgeschäft *n*; **-а при участии ряда контрагентов** Reihen|abschluss *m*, -geschäft *n*; **продлённая -а** Leihgeschäft *n*; **-а, проводимая банком за свой счёт** Eigengeschäft *n*; **пролонгационная -а** Prolongationsgeschäft *n*; **разовая -а** Einzelgeschäft *n*; **распорядительная -а** Verfügungsgeschäft *n*; **реальная биржевая -а** tatsächliche Börsentransaktion; **-а репо** Repogeschäft *n*; **репортная -а** Report *m*, Kontangogeschäft *n*; **реэкспортная -а** Reexportgeschäft *n*; **ростовщическая -а** Wuchergeschäft *n*; **-а с залогом** Pfandgeschäft *n*; **-а с наличной валютой** Sortengeschäft *n*; **-а с недвижимостью** Immobilientransaktion *f*; **-а с последующей поставкой товара** Termin|abschluss *m*, -geschäft *n*, Zeitgeschäft *n*; **-а с предварительной премией** Kaufoption *f*, Vorprämiengeschäft *n*; **-а с премией** Prämiengeschäft *n*; **-а с учётом разницы процентных ставок** Zinsdifferenzgeschäft *n*; **-а с ценными бумагами** Effektengeschäft *n*, Wertpapier|geschäft *n*, -transaktion *f*; **-а с ценными бумагами, совершаемая банком за свой счёт** Nostrogeschäft *n*; **-а своп** Swap-Geschäft *n*, Umtauschtransaktion *f*; **-а своп с ценными бумагами** Wertpapiertausch *m*; **сезонная -а** Saisongeschäft *n*; **случайная -а** Gelegenheitsgeschäft *n*; **-и, совершаемые на открытом рынке** Offenmarktgeschäft *n*; **-и, совершаемые после закрытия биржи** Nachbörse *f*, nachbörslicher Handel; **спекулятивная -а** Spekulation *f*, Spekulationsgeschäft *n*; **-а спот** Spotgeschäft *n*, Lokogeschäft *n*; **-а спрэд** Spreadgeschäft *n*; **срочная -а** Termin|abschluss *m*, -geschäft *n*, Zeitgeschäft *n*, Zielgeschäft *n*, Geschäft auf Termin; **срочная -а для страхования от возможного падения цен** Sicherungsgeschäft *n*, Hedgegeschäft *n*, Deckungsgeschäft *n*; **срочная -а под определённый процент** Zinstermingeschäft *n*; **срочная -а с иностранной валютой** Devisentermingeschäft *n*; **срочные -и с ценными бумагами** Effektenterminhandel *m*, Wertpapierterminhandel *m*; **срочная биржевая -а с правом востребования** Wandelgeschäft *n*; **стеллажная -а** Stellage(geschäft *n*) *f*, Stellgeschäft *n*; **твёрдая -а** Festgeschäft *n*, Fixgeschäft *n*; **твёрдая -а куплипродажи** Kauf auf feste Rechnung, fixer Kauf; **товарная -а** Commodity-Geschäft *n*, Warengeschäft *n*; **торговая -а** Handelsgeschäft *n*; **торговая -а на половинных началах** conto a meta; **торговая -а на срок** Handelsfixkauf *m*; **торговая -а на условиях покупателя** Spezifikationskauf *m*; **трастовая -а** Treuhandgeschäft *n*, fiduziarisches Geschäft; **трёхсторонняя -а** Dreiecksgeschäft *n*; **убыточная -а** Verlustgeschäft *n*; **учётная -а** Diskontgeschäft *n*; **учредительская -а** Gründungsgeschäft *n*; **фидуциарная -а** Treuhandgeschäft *n*, fiduziarisches Geschäft; **фиктивная -а** Scheingeschäft *n*, Schwindelgeschäft *n*; **финансовая -а** Finanz|geschäft *n*, -transaktion *f*, Geld|geschäft *n*, -transaktion *f*; **финансовая срочная -а** Finanztermingeschäft *n*; **форвардная (фьючерсная) -а** Termingeschäft *n*, Zeitgeschäft *n*, Geschäft auf Termin; **фрахтовая -а** Befrachtungsgeschäft *n*, Frachtgeschäft *n*; **юридическая -а** Rechtsgeschäft *n*

сдельн|ый Akkord-, Stücklohn-; **оплачивать работу -о** nach Akkord bezahlen; **работать -о** im Akkord(-lohn) (Leistungslohn, Stücklohn) arbeiten; **-ая заработная плата** *f* Akkord(-lohn) *m*, Leistungslohn *m*, Stücklohn *m*; **-ая плата** *f* **труда** Akkordentlohnung *f*, Akkordlohn *m*, Stücklohn *m*; **-ая работа** *f* Akkordarbeit *f*, Stücklohnarbeit *f*

сдельщик *m* Akkordarbeiter *m*

сдельщина *f* Akkord(lohn)system *n*, Stücklohnsystem *n*

сдержанность *f* Zurückhaltung *f*; **~ инвесторов** Zurückhaltung der Anleger; **~ покупателей** Zurückhaltung der Käufer, Kaufzurückhaltung *f*

сдерживание *n* Eindämmung *f*, Dämpfung *f*, Drosselung *f*; **~ инфляции** Eindämmung der Inflation; **~ конъюнктуры** Konjunkturdämpfung *f*; **~ повышения цен** Eindämmung der Preissteigerung; **~ роста издержек** Kosteneindämmung *f*; **~ спроса** Nachfragedämpfung *f*, Dämpfung der Nachfrage

сдерживать eindämmen, dämpfen, drosseln, aufhalten, hemmen; **~ инфляцию** die Inflation eindämmen; **~ развитие производства** die Produktion eindämmen; **~ рост** das Wachstum hemmen; **~ рост цен** die Preissteigerung eindämmen (dämpfen); **~ спрос** die Nachfrage dämpfen

себестоимост|ь *f* Selbstkosten *pl*, Herstellungskosten *pl*, **определять (рассчитывать) -ь** Selbstkosten berechnen (ermitteln); **снижать -ь** Selbstkosten senken; **сравнивать -ь** Selbstkosten vergleichen; **-ь в час** Selbstkosten pro Stunde; **заводская -ь** Produktionskosten *pl*, Herstellungskosten *pl*, Erzeugungskosten *pl*; **-ь запасов** Anschaffungs- oder Herstellungskosten von Vorräten; **ниже -и** unter Selbstkosten; **очищенная -ь** bereinigte Selbstkosten; **плановая -ь** Planselbstkosten *pl*; **полная коммерческая -ь** Gesamtkosten *pl*; **-ь производителя** Erzeugerkosten *pl*, Herstellerkosten *pl*, Gestehungskosten *pl*; **производственная -ь** Herstellungskosten *pl*; **фабрично-заводская -ь** betriebliche Selbstkosten; **цеховая -ь** Herstellungskosten der Produktionseinheit

сев *m* Saat *f*, Aussaat *f*

севооборот *m* Fruchtfolge *f*, Fruchtwechsel *m*

сегмент *m* Segment *n*; **~ рынка** Markt|bereich *m*, -segment *n*, Absatzsegment *n*; **среднеценовой ~** Mittelpreissegment *n*; **~ товаров** Warensegment *n*

сегментация *f* Segmentierung *f*; **~ рынка** Marktsegmentierung *f*, Segmentierung des Marktes

сезон *m* Saison *f*, Jahreszeit *f*; **зависящий от -а** saisonabhängig; **туристический ~** Reisezeit *f*

сезонн|ый saisonabhängig, saisongebunden, saisongerecht, Saison-; **-ая безработица** *f* Saisonarbeitslosigkeit *f*; **-ые колебания** *pl* Saisonschwankungen *pl*; **-ая надбавка** *f* **(-ое повышение** *n* **цен)** Saisonaufschlag *m*; **-ое производство** *n* Saisonproduktion *f*; **-ая распродажа** *f* Saison|ausverkauf *m*, -schlussverkauf *m*; **-ая скидка** *f* Saison|abschlag *m*, -rabatt *m*; **-ый тариф** *m* Saisontarif *m*

сейф *m* Geldschrank *m*, Safe *n*, Tresor *m*, Tresorfach *n*; **арендовать ~** ein Safe mieten; **хранить в -е** im Safe aufbewahren; **абонентский ~** Schließfach *n*; **банковский ~** Bank|safe *n*, -schließfach *n*, -tresor *m*, Depot *n*; **(банковский) ~ для хранения в**

ночное время Nachttresor *m*; **~ в стене** Wandtresor *m*
секвестр *m* Sequester *m*; **накладывать ~** sequestieren
секвестор *m* Zwangsverwalter *m*
секвестраци|я *f* Sequestration *f*, Zwangsverwaltung *f*, Beschlagnahme *f*; **назначать -ю** Sequestration anordnen; **проводить -ю** eine Sequestration durchführen; **-я имущества** Sequestration des Vermögens
секвестрировать sequestrieren, zwangsverwalten
секрет *m* Geheimnis *n*; **выдавать (разглашать) ~** ein Geheimnis preisgeben (verraten); **раскрывать ~** ein Geheimnis offenbaren; **хранить ~** ein Geheimnis wahren; **~ конструкции** Entwicklungsgeheimnis *n*; **~ производства (производственный ~)** Betriebsgeheimnis *n*, Fabrikationsgeheimnis *n*, Fertigungsgeheimnis *n*, Produktionsgeheimnis *n*; **~ фирмы** Geschäftsgeheimnis *n*
секретариат *m* Sekretariat *n*
секретарша *f* Sekretärin *f*
секретарь *m* Sekretär *m*, Schriftführer *m*; **личный ~** Privatsekretär *m*
секретность *f* Geheimnis *n*, Vertraulichkeit *f*, Geheimhaltung *f*
секретный geheim, Geheim-; **~ бухгалтерский учёт** *m* Geheimbuchführung *f*; **~ счёт** *m* Geheimkonto *n*
сектор *m* Sektor *m*, Bereich *m*; **аграрный ~ экономики** Agrarbereich *m*; **банковский ~** *(Bank, Fin)* Banksektor *m*; **вторичный ~** sekundärer Sektor; **добывающий ~ (экономики)** Rohstoffgewinnungswirtschaft *f*; **государственный ~ экономики** Staatswirtschaft *f*, öffentlicher Sektor der Wirtschaft; **первичный ~** primärer Sektor; **~ услуг** Dienstleistungssektor *m*, tertiärer Sektor; **реальный ~ экономики** reale Wirtschaft *f*; **~ рынка** Marktsektor *m*; **частный ~ экономики** Privatwirtschaft *f*, privater Sektor der Wirtschaft; **~ экономики** Wirtschaftssektor *m*
секьюритизатор *m* Verbriefer *m*
секьюритизация *f (Fin)* Verbriefung *f*; **~ активов** *(Fin)* Verbriefung *f* von Aktiva
селение *n* Ansiedlung *f*, Siedlung *f*, Ortschaft *f*
селиться sich ansiedeln
село *n* Dorf *n*
сельск|ий Land-; **-ое население** *n* Landbevölkerung *f*; **-ое хозяйство** Landwirtschaft *f*, Agrarwirtschaft *f*
сельскохозяйственн|ый landwirtschaftlich, Agrar-, Landwirtschafts-; **-ый кредит** *m* Agrarkredit *m*; **-ый кооператив** *m* Agrargenossenschaft *f*; **-ое предприятие** *n* Landwirtschaftsbetrieb *m*, landwirtschaftlicher Betrieb; **-ые продукты** *pl* **(-ая продукция** *f***)** Agrar|erzeugnisse *pl*, -güter *pl*, -produkte *pl*, Landwirtschaftserzeugnisse *pl*, landwirtschaftliche Erzeugnisse (Produkte); **-ое производство** *n* Agrarproduktion *f*, Landwirtschaftsproduktion *f*; **-ые угодья** *pl* **(сельхозугодья** *pl***)** landwirtschaftlich genutzte Fläche, landwirtschaftliche Nutzfläche
семейн|ый Familien-; **-ое положение** *n* Familienstand *m*; **-ое предприятие** *n* Familien|betrieb *m*, -unternehmen *n*; **-ая собственность** *f* Familienbesitz *m*; **-ая ферма** *f* landwirtschaftlicher Familienbetrieb; **-ая фирма** *f* Familien|gesellschaft *f*, -unternehmen *n*; **-ый холдинг** *m* Familienholding *f*
семейство *n* **фондов** Fondsfamilie *f*
семеноводство *n* Saatzucht *f*
семинар *m* Seminar *n*; **организовывать (проводить) ~** ein Seminar veranstalten; **~ для руководящих работников** Führungsseminar *n*, Seminar für Führungskräfte
семь|я *f* Familie *f*; **иметь -ю** eine Familie haben; **обзаводиться -ёй (создавать -ю)** eine Familie gründen; **содействовать созданию и укреплению -и** Familien fördern; **не принадлежащий -е** familienfremd; **среднестатистическая -я, служащая основой для расчёта индекса стоимости жизни** Indexfamilie *f*; **средняя -я** Durchschnittsfamilie *f*
сепаратный separat, getrennt, gesondert
сервер *m* Server *m*; **~ Интернет** Internet Server *m*; **~ баз данных** Daten-

bankserver *m*; **~ удаленного доступа** Netzwerkzugriffsserver *m*; **почтовый ~** Postserver *m*
сервис *m* Kundendienst *m*, Service *m*; **предлагать ~** einen Service anbieten; **эксклюзивный ~** exklusiver Service
сервисн|ый Kundendienst-, Service-; **-ые услуги** *pl* Kundendienstleistungen *pl*, Serviceleistungen *pl*
сервитут *m* Servitut *n*, Nutzungsrecht *n*
серебро *n* Silber *n*; **~ в слитках** ungemünztes Silber, Silberbarren *m*
серебрян|ый Silber-, silbern; **-ая монета** *f* Silbermünze *f*; **-ый слиток** *m* Silberbarren *m*, ungemünztes Silber; **-ый стандарт** *m* Silberwährung *f*
середин|а *f* Mitte *f*; **к -е месяца** per Medio; **-а месяца** Monatsmitte *f*, Medio *m*; **подлежащий оплате в -е месяца** mediofällig
серийн|ый serienmäßig, serienweise, satzweise, reihenweise, Serien-, Reihen-; **производить -о** in Serie (serienmäßig, serienweise) fertigen (herstellen); **-ое изделие** *n* Serien|erzeugnis *n*, -produkt *n*; **-ое испытание** *n* Serienprüfung *f*; **-ый номер** *m* Seriennummer *f*, laufende Nummer; **-ое производство** *n* Losfertigung *f*, Reihen|fertigung *f*, -produktion *f*, Serien|-fertigung *f*, -herstellung *f*, -produktion *f*
сери|я *f* Serie *f*, Reihe *f*, Los *n*; Folge *f*; **выпускать (изготавливать, производить) продукцию -ями** in Serien (serienmäßig, serienweise) fertigen (herstellen); **подразделять заём на -и** eine Anleihe in Serien (Tranchen) aufteilen (unterteilen); **-ями** in Serien, serien|mäßig, -weise; **-я изделий** Produktreihe *f*, Fertigungslos *n*; **мелкая -я** Kleinserie *f*; **опытная -я** Versuchsserie *f*, Nullserie *f*
сертификат *m* Zertifikat *n*, Zeugnis *n*, Schein *m*, Bescheinigung *f*; **выдавать ~** ein Zertifikat (ein Zeugnis, eine Bescheinigung) ausstellen, ein Zertifikat erteilen, zertifizieren; **предъявлять ~** ein Zertifikat (ein Zeugnis, eine Bescheinigung) vorlegen; **аварийный ~** Havarie|schein *m*, -zertifikat *n*; **~ акции, акционерный ~** Aktienzertifikat *n*; **беспроцентные казначейские -ы** Liquiditätspapiere *pl*; **весовой ~** Gewichts|bescheinigung *f*, -zertifikat *n*; **денежного рынка** Geldmarktzertifikat *n*; **депозитный ~** Einlagenzertifikat *n*, Depositenzertifikat *n*, Depositschein *m*, Hinterlegungsschein *m*; **депозитный ~ с ограничением** Depositenzertifikat mit (Veräußerungs-) Restriktion; **детальный ~** detailliertes Zertifikat (bei Rückversicherung); **дисконтный ~** Diskontzertifikat *n*; **доверительный акционерный ~** Vollmacht für die Aktienverwaltung; **~ долевого участия** Anteilsschein *m*, Genussschein *m*; **жилищный ~** Wohnungszertifikat *n*; **залоговый ~** Hypothekenbrief *m*; **золотой ~** Goldzertifikat *n*; **~ инвестиционного фонда** Investment|anteilschein *m*, -zertifikat *n*, Fondsanteil *m*, Zertifikat des Investmentfonds; **ипотечный ~** Hypothekenzertifikat *n*; **~ качества** Qualitäts|zertifikat *n*, -zeugnis *n*, Gütezeugnis *n*; **~ на отдельную поставку** Zertifikat für einzelne Lieferung; **~ на преимущественное право приобретения новых акций** Bezugsrechtsschein *m*; **~ на участие в подписке** Zeichnungszertifikat *n*; **~ о повреждении** Havariezertifikat *n*; **~ об аварии** Havarieschein *m*; **опционный ~** Optionszertifikat *n*; **паевой ~ на предъявителя** Inhaberanteilschein *m*; **подарочный ~** Geschenkzertifikat *n*, Geschenkgutschein *m*; **пожарный ~** Brandschutzzertifikat *n*; **~ происхождения товара** Ursprungszertifikat *n*, Ursprunszeugnis *n*, Herkunftszertifikat *n*, Provenienzzertifikat *n*; **сберегательный ~** Depositenzertifikat *n*; **~ соответствия** Konformitätszertifikat *n*; Übereinstimmungszertifikat *n*; **страховой ~** Versicherungs|zertifikat *n*, -schein *m*; **судовой ~** Schiffs|brief *n*, -zertifikat *n*; **транзитный ~** Transitschein *m*
сертификация *f* Zertifierung *f*, Bescheinigung *f*, Bestätigung *f*
сертифицировать zertifizieren, bescheinigen, bestätigen; **~ изделия (продукты)** Produkte zertifizieren
сессия *f*, **торговая** *(Börse)* Börsenhandel *m*, Börsensession *f*, Börsentag *m*

сетка *f* Netz *n*; **единая тарифная ~** einheitliche Besoldungstabelle *f*; **тарифная ~** Besoldungstabelle *f*, Gehaltstabelle *f*, Lohntabelle *f*

сеть *f* Netz *n*, System *n*, Netzwerk *n*; **расширять ~** ein Netz ausbauen; **создавать ~** ein Netz aufbauen; **~ авиалиний** Streckennetz *n*; **дорожная ~ (~ дорог)** Straßennetz *n*, Streckennetz *n*; **~ жиробанков** Giroverband *m*; **~ жироцентралов** Verrechnungsnetz *n*; **информационная ~** Datennetz *n*; **коммуникационная ~** vernetzte Kommunikationen, Kommunikationsnetz *n*; **компьютерная ~** Computernetz *n*, Computerverbund *m*; **~ магазинов** Ladenkette *f*; **~ предприятий, работающих на основе договора о фрэнчайзинге** Franchise-Kette *f*; **~ пунктов сервисного обслуживания** Kundendienstnetz *n*; **~ путей сообщения** Verkehrsnetz *n*; **ритейл-~, розничная ~, ~ розничных магазинов** Einzelhandelskette *f*; **сбытовая ~** Verkaufsnetz *n*, Vertriebsnetz *n*; **телефонная ~** Fernsprechnetz *n*, Telefonnetz *n*; **~ торгово-сбытовых организаций (предприятий)** Absatzkette *f*; **торговая ~** Verkaufsstellennetz *n*, Handelskette *f*; **~ торговых посредников** Händlernetz *n*; **транспортная ~** Verkehrsnetz *n*; **~ филиалов** Filial|kette *f*, -netz *n*, -system *n*, Zweigstellennetz *n*

сеять säen

сжатие *n* Kompression *f*, Verdichtung *f*; **~ информации** Informations|verdichtung *f*, -komprimierung *f*

сигнал *m* Signal *n*, Zeichen *n*; **аварийный ~** Notsignal *n*; **предупредительный ~** Warnsignal *n*

сил|а *f* Kraft *f*, Stärke *f*, Macht *f*, Gewalt *f*; **быть в -е** in Kraft sein; **вступать в -у** in Kraft treten; **вступать в законную -у** rechtskräftig werden; **иметь -у** in Kraft sein, gelten, Gültigkeit haben, gültig sein; **иметь законную -у** rechtskräftig (rechtsgültig) sein; **(по)терять -у** außer Kraft treten, erlöschen, ungültig werden, verfallen; **применять -у** Gewalt anwenden; **терять -у за давностью срока** verjähren; **в -е** in Kraft, gültig; **в -у своих обязанностей** von Amts wegen; **вооружённые -ы** Streitkräfte *pl*; **законная -а (-а закона)** Rechtskraft *f*, Gesetzeskraft *f*; **лошадиная -а** Pferdestärke *f*; **мускульная -а** Muskelkraft *f*; **не имеющий -ы** ungültig, erloschen, nichtig; **непреодолимая ~** höhere Gewalt, Force majeure; **-а обстоятельств** Macht der Verhältnisse; **рабочая -а** Arbeitskraft *f*; **утративший -у** erloschen, ungültig, null und nichtig; **физическая -а** Muskelkraft *f*

символ *m* Symbol *n*, Wahrzeichen *n*; **~ фирмы** Firmen|logo *n*, -zeichen *n*, -signet *n*

симпозиум *m* Symposium *n*; **организовывать (проводить) ~** ein Symposium veranstalten

симптом *m* Symptom *n*, Anzeichen *n*, Kennzeichen *n*, Merkmal *n*; **~ инфляции** Inflationsanzeichen *n*; **~ кризиса** Krisenzeichen *n*

синдик *m* Syndikus *m*

синдикат *m* Syndikat *n*, Konsortium *n*, Verband *m*; **образовывать (основывать, создавать) ~** ein Syndikat (ein Konsortium) bilden (gründen, aufbauen); **объединяться в ~** syndizieren, sich zu einem Syndikat (Konsortium) zusammenschließen; **банковский ~** Bankenkonsortium *n*; **~ по размещению займа** Anleihekonsortium *n*; **принудительный ~** Zwangssyndikat *n*; **~, размещающий выпуск ценных бумаг** Emissionskonsortium *n*, Übernahmenkonsortium *n*; **сбытовой ~** Verkaufs|konsortium *n*, -syndikat *n*

синдикация *f* Syndizierung *f*

синерги|я *f* **(синергизм** *m***)** Synergie *f*; **использовать эффект -и** Synergien nutzen

синергический Synergie-; **~ потенциал** Synergiepotenzial *n*

синтез *m* Synthese *f*, Aufbau *m*

синтезировать künstlich herstellen, synthesieren

синтетическ|ий synthetisch, künstlich, Synthese-; **-ие волокна** *pl* Chemie-

fasern *pl*, Kunstfasern *pl*; **-ие материалы** *pl* Kunststoffe *pl*, Plaste *pl*
синхронизация *f* Synchronisierung *f*
синхронный synchron, Synchron-
систем|а *f* System *n*, Ordnung *f*; Anlage *f*; **расширять (совершенствовать) -у** ein System ausbauen; **строить (создавать) -у** ein System aufbauen; **автоматизированная -а интеграции производства** computerintegrierte Fertigung, CIM (Computer Integrated Manufacturing); **автоматизированная информационная -а** automatisiertes Informationssystem, Datenbank *f*; **автоматизированная -а контроля качества** Qualitätssicherungssystem, CAQ (Computer Aided Quality Assurance); **автоматизированная -а планирования** computergestützte Planung, CAP (Computer Aided Planning); **автоматизированная -а предоставления банковских услуг** Electronic Banking; **автоматизированная -а проектирования** computergestütztes Konstruieren, CAD (Computer Aided Design); **автоматизированная -а производства** rechnergestützte Produktion, CAM (Computer Aided Manufacturing); **автоматизированная -а управления** automatisiertes Steuerungssystem; **автоматическая -а управления** rechnergestützte Steuerung; **-а административно-командная** administratives Kommandosystem; **-а аккордной заработной платы** Akkordlohnsystem *n*; **банковская -а** Banksystem *n*; **-а безналичных расчётов (взаиморасчётов)** Abrechnungssystem *n*; **-а бонитировки** Bonitierungssystem *n*; **-а бухгалтерского учёта** Buchführungssystem *n*; **-а бухгалтерского учёта на промышленных предприятиях** industrielles Rechnungswesen; **бюджетная -а** *(Admin, Fin)* Budgetsystem *n*; **валютная (валютно-финансовая) -а** Währungssystem *n*; **-а взаиморасчётов (ликвидации взаимных требований)** Abrechnungssystem *n*; **-а выдачи заказов и размещения подрядов** Auftragswesen *n*, Bestellwesen *n*; **-а высшего образования** Hochschulwesen *n*; **-а государственного регулирования экономики** Dirigismus *m*; **-а двойного бухгалтерского учёта** doppelte Buchführung, Doppik *f*; **действующая -а бухгалтерского учёта** ordnungsmäßige Buchführung; **денежная -а** Geld|ordnung *f*, -system *n*, -wesen *n*; **единая -а бухгалтерского учёта на промышленных предприятиях** Industriekontenrahmen *m*; **единая -а налогообложения** Einheitsbesteuerung *f*; **-а единиц измерения** Maßsystem *n*; **жёсткая -а** starres System; **замкнутая -а** geschlossenes System; **информационная -а** Informationssystem *n*; **информационная -а для руководства предприятием** Führungsinformationssystem *n*; **карточная -а бухгалтерского учёта** Karteibuchführung *f*; **-а клиринга** Abrechnungssystem *n*; **-а коллегиального руководства** Kollegialsystem *n*; **-а конкурсного размещения заказов (подрядов)** Ausschreibungsverfahren *n*; **-а контроля** Kontrollsystem *n*, Überwachungssystem *n*; **-а контроля производительности** Leistungskontrollsystem *n*; **-а копиручёта** Durchschreibeverfahren *n*; **-а копиручёта на трёх карточках** Dreiblattverfahren *n*; **-а контроля** Kontrollsystem *n*, Überwachugssystem *n*; **кредитная -а** Kreditwesen *n*; **лицензионная -а** Lizenz|regelung *f*, -system *n*; **маржинальная -а калькуляции издержек** Grenzkostenrechnung *f*, marginal costing; **-а машина-человек** Mensch-Maschine-System *n*; **межбанковская информационная -а** Inter-Banken-Informationssystem *n*; **международная платежная -а** internationales Zahlungssystem; **метрическая -а** metrisches System; **монетарная -а** Monetärsystem *n*, Monetarismus *m*; **налоговая -а** Steuersystem *n*; **-а налогообложения совместного дохода супругов** Splittingsystem *n*; **-а обложения подоходным налогом доходов разведённых су-**

пругов Realsplitting *n*; **-а обозначений** Bezeichnungssystem *n*; **общественная -а** Gesellschafts|ordnung *f*, -system *n*; **-а объединений (союзов)** Verbandswesen *n*; **-а оплаты труда** Entlohnungssystem *n*, Gehaltssystem, Lohnsystem *n*, Vergütungssystem *n*; **-а организации (организационная -а)** Organisationssystem *n*; **открытая -а** offenes System; **-а отчётности** Berichtssystem *n*; **-а планирования и контроля** Planungs- und Kontrollsystem *n*; **-а планирования и управления производством** Produktionsplanungs- und -steuerungssystem *n*; **плодосменная -а** Fruchtwechselwirtschaft *f*; **повремённо-премиальная -а оплаты труда** Prämienzeitlohn *m*; **-а поощрений** Motivationssystem *n*; **почтовая -а жиросчетов** Postgiro *n*; **премиальная -а оплаты труда** Prämienlohnsystem *n*, Prämienentlohnung *f*; **-а привилегий** Privilegiensystem *n*; **-а проведения торгов** Ausschreibungsverfahren *n*, Versteigerungsverfahren *n*; **-а производства** Produktionssystem *n*; **простая -а бухгалтерского учёта** einfache Buchführung; **-а размещения государственных заказов и подрядов** öffentliches Vergabewesen, Auftragswesen *n*, Bestellwesen *n*; **-а раннего предупреждения** Frühwarnsystem *n*; **-а раннего распознавания** Früherkennungssystem *n*; **-а расчётов** Zahlungsverkehr *m*; **-а расчётов с помощью ЭВМ** elektronischer Zahlungsverkehr; **-а регулирования рыночных отношений** Marktordnung *f*; **-а резервирования (бронирования)** Reservierungssystem *n*; **-а руководства** Führungssystem *n*; **-а сбыта** Absatz|wesen *n*, -wirtschaft *f*, Distributionssystem *n*; **-а сдельной оплаты труда** Stücklohnsystem *n*; **сдельно-премиальная -а оплаты труда** Prämienleistungslohn *m*; **-а социального обеспечения** Sozialwesen *n*; **-а субсидирования** Stützungssystem *n*; **тарифная -а** Tarifsystem *n*; **традиционная -а бухгалтерского учёта** Kameralistik *f*; **-а управления** Steuerungssystem *n*; **-а управления информационным потоком** Informationsmanagementsystem *n*; **финансовая -а** Finanzwesen *n*; **экономическая -а** Wirtschafts|ordnung *f*, -system *n*; **экономическая -а, ориентированная на извлечение прибыли** Profitwirtschaft *f*; **эксцедентальная -а страхования** Exzedentenrückversicherug *f*; **электронная платежная -а** elektronisches Zahlungssystem; **явочная -а патентования** Patentantragsverfahren *n*

систематизация *f* Systematisierung *f*, Ordnen *n*

систематизировать systematisieren, ordnen

системный systemgerecht, System-

ситуаци|я *f* Situation *f*, Lage *f*; **владеть -ей** die Lage (Situation) beherrschen; **изучать -ю** die Situation prüfen; **определять -ю** die Situation bestimmen; **-я в области занятости** Beschäftigungslage *f*; **кризисная -я** Krisenlage *f*; **критическая -я (-я, требующая принятия решения)** kritische Situation, Entscheidungssituation *f*; **-я на рынке краткосрочных кредитов** Geldmarktlage *f*; **-я на рынке труда** Arbeitsmarktlage *f*, Lage am Arbeitsmarkt; **рыночная -я (-я на рынке)** Markt|lage *f*, -situation *f*; **финансовая -я** Finanzlage *f*, finanzielle Lage; **экономическая -я** Wirtschaftslage *f*, Konjunkturlage *f*, wirtschaftliche Lage

сиф cif (cost, insurance, freight)

скапливать zusammensparen, anhäufen, ansammeln; **~ богатства** Reichtümer ansammeln

скапливаться sich anhäufen, sich ansammeln

скачкообразный sprunghaft; **~ рост** *m* sprunghaftes Steigen

скачок *m* Sprung *m*; **~ курса** Kurssprung *m*

сквозн|ой durchgehend, Durchgangs-; **-ой коносамент** *m* Durchgangskonnossement *n*; **-ое сообщение** *n* durchgehender Verkehr

скидк|а *f* Abschlag *m*, Abzug *m*, Ermäßigung *f*, Nachlass *m*, Rabatt *m*, Skonto *m (n)*, Disagio *n*; **выторговать -у** den Nachlass aushandeln; **получать -у** eine Ermäßigung erhalten; **предоставлять (делать) -у** rabattieren, skontieren, nachlassen, einen Nachlass (eine Ermäßigung, einen Rabatt, einen Abzug, Skonto) gewähren, einen Rabatt einräumen (zugestehen), einen Nachlass bewilligen; **предоставлять -у с цены за бракованный товар** refaktieren; **предоставлять -у по счёту** eine Rechnung skontieren; **продавать со -ой** mit einen Abschlag absetzen (verkaufen); **требовать -у** einen Nachlass verlangen (fordern); **бонусная -а** Bonus *m*; **дилерская -а** Händlerrabatt *m*; **-а для агента по перепродаже** Funktionsrabatt *m*; **-а для крупного (оптового) покупателя** Mengenrabatt *m*; **-а для постоянного покупателя** Treuerabatt *m*; **за вычетом -и** abzüglich (unter Abzug) Rabatt (Skonto); **-а за качество** Qualitätsrabatt *m*; **-а за количество** Mengenrabatt *m*; **-а за количество в форме бесплатной поставки части товаров** Naturalrabatt *m*; **-а за покупку сезонных товаров до наступления срока их поставки** Frühbezugsrabatt *m*; **-а за платёж наличными** Barzahlungs|rabatt *m*, -skonto *n*, Kassen|rabatt *m*, -skonto *n*, Skonto (Nachlass) bei Barzahlung; **-а за принятие на себя некоторых функций поставщика** Funktionsrabatt *m*; **калькуляционная -а** Kalkulationsabschlag *m*; **-а клиенту при платеже наличными** Kundenskonto *m*; **комиссионная -а** Kommissionsrabatt *m*; **коммерческая -а** handelsüblicher Rabatt; **-а на износ** Absetzung für Abnutzung; **-а на тару** Taravergütung *f*; **-а на товары, использованные как образцы** Musterrabatt *m*; **налоговая -а** Steuernachlass *m*; **оптовая -а** Großhandelsrabatt *m*; **особая (специальная) -а** Sonder|nachlass *m*, -rabatt *m*; **-а при внедрении товара на рынок** Einführungsrabatt *m*; **-а при пролонгации сделки** Deport *m*; **-а при покупке** Kaufnachlass *m*; **-а при покупке пакета акций** Paketabschlag *m*; **-а при покупке ценных бумаг до срока их погашения** Effektendiskont *m*; **-а при размещении рекламы в определённых средствах массовой информации** Rabattkombination *f*; **-а при размещении ценных бумаг** Ausgabeabschlag *m*; **розничная -а** Kundenrabatt *m*, Einzelhändlerrabatt *m*; **-а с квартирной (арендной) платы** Mietabschlag *m*; **-а с курса акций** Emmissionsdisagio *n*; **-а с обусловленного курса** Deport *m*; **-а с основной процентной ставки** Zinsabschlag *m*; **-а с продажной цены** Nachlass vom Verkaufspreis; **-а с процентной ставки** Zinsvergütung *f*; **-а с цены** Preis|abschlag *m*, -nachlass *m*, Abschlag auf den Preis; **-а с цены за бракованный товар** Refaktie *f*; **-а с цены за количество** Mengenbonus *m*; **-а с цены за покупку определённого товара оптом** Artikelrabatt *m*; **-а с цены постоянным клиентам** Treuerabatt *m*; **сезонная -а** Saison|abschlag *m*, -rabatt *m*; **со -ой** auf (mit) Abschlag; **-а со стоимости импортных товаров производственного назначения** Bewertungsabschlag *m*; **-а со страховой премии за меры предосторожности, снижающие риск страховщика** Sicherheitsrabatt *m*; **-а при сделке с ценными бумагами** Ausgabeabschlag *m*; **страховая -а за безаварийную работу** Schadensfreiheitsrabatt *m*; **ступенчатая -а** Stufenrabatt *m*; **торговая -а** Handels|abschlag *m*, -rabatt *m*, Warenrabatt *m*; **-а торгового посредника** Händlerrabatt *m*; **трёхпроцентная -а** 3%-Rabatt (Skonto, Nachlass); **форвардная -а** Deport *m*

склад *m* Lager *n*, Magazin *n*, Niederlage *f*, Speicher *m*, Lagerhaus *n*, Lagerraum *m*; **забирать со -а** dem Lager entnehmen, auslagern; **забирать товары с таможенного -а** Waren aus dem Zollverschluss herausnehmen;

заведовать -ом** ein Lager unterhalten; **иметь на -е** auf Lager haben (halten); **находиться на таможенном -е** unter Zollverschluss stehen; **помещать на ~** (ein)lagern, in einem Lagerraum (Lagerhaus) einlagern; **помещать товары на таможенный ~** Waren unter Zollverschluss einlagern; **поставлять со -а** ab Lager liefern; **принимать на ~** auf Lager nehmen; **продавать со -а** ab Lager verkaufen; **хранить на -е** (ein)lagern, speichern, in einem Lagerhaus aufbewahren; **~ временного хранения** Verwahrungslager *n*; **главный ~** Hauptlager *n*; **~ для краткосрочного хранения товаров** Handlager *n*; **~ для хранения запасов** Vorratslager *n*; **~ готовой продукции** Fertig(waren)lager *n*, Fertigungslager *n*; **~ для кратковременного хранения** Zwischenlager *n*; **запасной ~** Reservelager *n*; **~ запасных частей** Ersatzteillager *n*; **~ комиссионных товаров** Kommissionslager *n*; **консигнационный ~** Konsignationslager *n*; **~ консолидации** *(Transp)* Konsolidierungslager *n*; **контейнерный ~** Containerlager *n*; **материальный ~** Materiallager *n*; **межоперационный ~** Zwischenlager *n*; **~ образцов** Musterlager *n*; **оптовый ~** Verteilungslager *n*; **оптовые товарные -ы** Warenverteilzentren *pl*; **основной ~** Hauptlager *n*; **перевалочный ~** Umschlagslager *n*; **~ под открытым небом** Freilager *n*; **~ полуфабрикатов** Halbfertigwarenlager *n*; **приписной таможенный ~** Zollniederlage *f*; **промежуточный ~** Zwischenlager *n*; **~ реализуемых товаров** Verkaufslager *n*; **свободный ~** freie Zollzone; **таможенный ~** Zoll|(gut)lager *n*, -niederlage *f*, -verschluss *m*; **~ товарно-материальных ценностей** Materiallager *n*; **товарный ~** Warenlager *n*, Auslieferungslager *n*; **транзитный ~** Transitlager *n*; **транспортно-экспедиционный ~** Auslieferungslager *n*

складировани|е *n* Einlagern *n*, Einlagerung *f*, Lagerung *f*, Lagerhaltung *f*; **~ запасов** Bevorratung *f*; **(при)годный к -ю** lagerfähig; **промежуточное (кратковременное) -е** Zwischenlagerung *f*; **-е таможенных грузов** Zollgutlagerung *f*; **-е товарно-материальных ценностей** Materiallagerung *f*; **-е товаров** Wareneinlagerung *f*

складировать einlagern, lagern, auf Lager nehmen; **~ не по правилам** unsachgemäß einlagern

складск|ой Lager-; **-ое дело** *n* **(хозяйство)** Lager|haltung *f*, -wirtschaft *f*; **-ие запасы** *pl* Lagerbestände *pl*; **-ой рабочий** *m* Lager(haus)arbeiter *m*; **-ая расписка** *f* Lager(empfangs)schein *m*; **-ие расходы** *pl* Lager|kosten *pl*, -spesen *pl*

складывать einlagern, stapeln; zusammenrechnen; **~ в штабеля** stapeln; **~ на хранение** (ein)lagern; **~ полномочия** ein Amt niederlegen

склонность *f* Neigung *f*, Hang *m*; **~ к инвестированию** Investitionsneigung *f*; **~ к ликвидности (наличности)** Liquiditätsneigung *f*, -präferenz *f*; **~ к потреблению** Konsumneigung *f*; **~ к приобретению** Kaufneigung *f*; **~ к сбережению** Neigung zum Sparen

скобк|а *f* Klammer *f*; **помещать (ставить) в -и** in Klammern fassen

скользящ|ий gleitend, Gleit-; **-ий график** *m* **работы** gleitende Arbeitszeit, Gleitarbeitszeit *f*; **-ие средние** *pl* gleitende Durchschnitte; **-ая шкала** *f* **заработной платы** gleitende Lohnskala

сконто *n* Skonto *m (n)*

скопление *n* Akkumulation *f*, Anhäufung *f*, Ansammlung *f*, Häufung *f*; Anlauf *m*, Andrang *m*

скоропортящийся leicht verderblich; **~ товар** *m* leicht verderbliche Ware

скоростн|ой Schnell-; **-ое движение** *n* **(сообщение** *n***)** Schnellverkehr *m*

скорость *f* Geschwindigkeit *f*, Tempo *n*; **замедлять ~** das Tempo verlangsamen; **повышать ~** das Tempo (die Geschwindigkeit) erhöhen; **соблюдать ~** das Tempo einhalten; **коммерческая (крейсерская) ~** Reisegeschwindigkeit *f*; **максимальная ~** Höchstgeschwindigkeit *f*;

минимальная ~ Mindestgeschwindigkeit *f*; **~ оборота** Umsatz|geschwindigkeit *f*, -häufigkeit *f*, Umschlags|häufigkeit *f*, -geschwindigkeit *f*; **~ оборота сырья и материалов** Materialumschlagshäufigkeit *f*; **~ обращения** Umlaufgeschwindigkeit *f*; **~ обращения денег** Geldumlaufgeschwindigkeit *f*; **~ перевалки груза** Umschlagsgeschwindigkeit *f*; **~ полёта** Fluggeschwindigkeit *f*

скоросшиватель *m* Schnellhefter *m*

скот *m* Vieh *n*, Rinder *pl*, Rindvieh *n*; **выращивать (разводить) ~** Vieh züchten; **держать ~** Vieh halten

скотоводство *n* Viehhaltung *f*, Viehzucht *f*

скрап *m* Schrott *m*, Alteisen *n*

скрэтч-карта *f* Rubbelkarte *f*

скрепка *f* Büroklammer *f*

скреплять печатью stempeln, versiegeln

скреплять подписью gegenzeichnen

скрыт|ый latent, verborgen, verdeckt, versteckt, geheim, still; **-ая безработица** *f* latente Arbeitslosigkeit; **-ый дефект** *m* geheimer (verborgener, verdeckter) Mangel, verborgener Fehler; **-ая инфляция** *f* verdeckte Inflation; **-ые отчисления в резервные фонды** *pl* stille Rücklagen; **-ые резервы** *pl* stille Reserven

скудный dürftig, ärmlich, spärlich, karg, knapp

скудность *f* Ärmlichkeit *f*, Dürftigkeit *f*, Knappheit *f*

скупать aufkaufen, einhandeln; **~ товарные остатки** einen Restposten aufkaufen; **~ товары со спекулятивными целями** Waren aufkaufen; **~ ценные бумаги со спекулятивными целями** aufschwänzen

скупка *f* Aufkauf *m*, Aufkaufhandel *m*, Einkauf *m*, Ankauf *m*; **~ валюты** Ankauf von Devisen; **~ со спекулятивными целями** Corner *n*, Schwänze *pl*; **спекулятивная ~** Hamsterkauf *m*; **~ ценных бумаг для поддержания цен (курса)** Interventionskäufe *pl*; **спекулятивная ~ ценных бумаг для поддержания цен (курса)** Interessenkäufe *pl*; **~ требований** Kauf von Forderungen

скупость *f* Geiz *m*, Geldgier *f*

скупщик *m* Aufkäufer *m*

слаборазвитый unterentwickelt

слабый schwach, flau; **~ в финансовом отношении** finanzschwach

слагать niederlegen; **~ с себя обязанности председателя** den Vorsitz niederlegen

сладости *pl* **(сласти** *pl***)** Süßwaren *pl*, Zuckerwaren *pl*

слаженность *f* gute Organisation

слаженн|ый gut organisiert, aufeinander eingespielt, abgestimmt; **-ые действия** *pl* abgestimmtes Handeln (Vorgehen), konzertierte Aktion

следить beobachten, verfolgen, aufpassen, überwachen; **~ за работой** die Arbeit überwachen

следовать folgen, befolgen, einhalten, folgern, resultieren; fahren; **~ инструкции** die Vorschrift einhalten, die Anweisung befolgen; **~ условиям договора** den Vertrag einhalten

следствие *n* Folge *f*, Konsequenz *f*, Folgerung *f*, Schluss *m*; Untersuchung *f*, Ermittlung *f*; **предварительное ~** Voruntersuchung *f*

следующий nachfolgend, nächst, folgend

слесарь *m* Schlosser *m*

сливать zusammenlegen, vereinigen, verschmelzen

сливаться fusionieren, sich zusammenschließen; **~ с другим предприятием** sich mit einem anderen Unternehmen zusammenschließen

слип *m* Quittung der EC-Kartenzahlung

слиток *m* Barren *m*; **~ золота** Goldbarren *m*; **~ серебра** Silberbarren *m*

сличать vergleichen, kollationieren, verifizieren

сличение *n* Vergleich *m*, Kollationierung *f*, Verifizierung *f*, Abgleich *m*

слияние *n* Fusion *f*, Verschmelzung *f*, Zusammenlegung *f*, Zusammenschluss *m*; **~ банков** Bankenfusion *f*, Zusammenschluss von Banken; **~ по вертикали** vertikale Fusion, vertikaler Zusammenschluss; **~ по горизонтали** horizontale Fusion, horizontaler Zusammenschluss; **~ предприятий** Unternehmenszusammenschluss *m*, Zusammenlegung (Zusammenschluss) von Unternehmen (Unternehmungen); **~ фирм** Firmenzusammenschluss *m*

словарь *m* Wörterbuch *n*, Lexikon *n*; **экономический ~** Wirtschaftswörterbuch *n*, Wirtschaftslexikon *n*

слоган *m* Slogan *m*

сложност|ь *f* Kompliziertheit *f*, Schwierigkeit *f*, Schwierigkeitsgrad *m*; **-и со сбытом** Absatzschwierigkeiten *pl*

сложный kompliziert, schwierig, zusammengesetzt

сло|й *m* Schicht *f*, Stand *m*; **-и населения** Bevölkerungsschichten *pl*; **средний -й (общества)** Mittelstand *m*

слом *m* Abbruch *m*, Abtragen *n*, Niederreißen *n*; **купить на ~** auf Abbruch kaufen

слуга *m* Diener *m*, Lakai *m*

служанка *f* Dienstmädchen *n*

служащая *f* Angestellte *f*, Beamtin *f*

служащ|ий *m* Angestellte *m*, Beamte *m*; **вводить -его в круг его обязанностей (инструктировать -его)** einen Angestellten in seine Arbeit einweisen; **назначать -его на должность** einen Beamten ernennen; **нанимать -их** als Angestellte (Beamte) einstellen; **увольнять -его** einen Angestellten (Beamten) entlassen; **временный -ий** Angestellter auf Zeit; **государственный -ий** Angestellter im öffentlichen Dienst, Beamte *m*, Staats|diener *m*, -beamte *m*; **-ий коммерческой службы** kaufmännischer Angestellter; **-ий министерства** Ministerialbeamte *m*; **муниципальный -ий** Kommunalbeamte *m*, Angestellter im öffentlichen Dienst; **-ий на руководящей должности** leitender Angestellter, Angestellter in leitender Stellung; **-ий органов управления** Verwaltungsangestellte *m*; **почтовый -ий** Postbeamte *m*; **таможенный -ий** Zollbeamte *m*; **торговый -ий** kaufmännischer Angestellter; **штатный -ий** Festangestellte *m*; **-ий фирмы** Firmenangestellte *m*

служб|а *f* Dienst *m*, Amt *n*; **начинать -у** den Dienst (ein Dienstverhältnis) aufnehmen; **приступать к -е** einen Dienst antreten; **продолжать -у по договору** ein Dienstverhältnis fortsetzen; **ставить на -у** in Dienst stellen; **увольнять со -ы** aus dem Dienst entlassen, den Dienst (ein Dienstverhältnis) kündigen; **увольняться со -ы** den Dienst (ein Dienstverhältnis) kündigen; **уйти со -ы** aus dem Dienst (dem Amt) scheiden, das Amt niederlegen; **аварийная -а** Not|dienst *m*, -hilfe *f*, Pannendienst *m*; **-а в государственных (муниципальных) учреждениях** öffentlicher Dienst; **вспомогательная -а** Hilfsdienst *m*; **государственная -а** Staatsdienst *m*; **-а движения (перевозок)** Verkehrsdienst *m*; **диспетчерская -а** Dispatcherdienst *m*; **-а доставки** Zustellung *f*, Abholdienst *m*; **-а заказов** Bestelldienst *m*; **-а закупок** Einkaufsabteilung *f*; **-а информации** Informationsbüro *n*, Nachrichtendienst *m*; **информационно-консалтинговая -а** Informations- und Beratungsdienst *m*; **коммерческая -а** kaufmännischer Dienst, kaufmännische Abteilung; **консультативная -а** Beratungs|dienst *m*, -stelle *f*; **контрольная -а (-а надзора)** Aufsichtsbehörde *f*, Überwachungsorgan *n*; **курьерская -а (-а связи)** Kurierdienst *m*; **линейная -а** Liniendienst *m*; **на -е** im Dienst; **-а новостей** Nachrichtendienst *m*; **-а перевозок** Beförderungsdienst *m*; **по долгу -ы** Kraft seines Amtes, pflichtgemäß; **посредническая -а** Vermittlung *f*; **разъездная -а** Außendienst *m*; **-а сбора и доставки грузов** Rollfuhrdienst *m*; **-а сервисного обслуживания** Kundendienst *m*; **-а срочной доставки** Expressdienst *m*; **таможенная -а** Abfertigungsdienst *m*; **таможенная -а по борьбе с контрабандой** Zollfahndungsdienst *m*; **техническая -а** technischer Service; **-а технического надзора** Technischer Überwachungsdienst (TÜV); **юридическая -а** Rechtsberatung *f*

служебн|ый dienstlich, amtlich, Dienst-, Amts-; **-ые дела** *pl* Amtsgeschäfte *pl*, dienstliche Angelegenheiten; **-ый долг** *m* Amtspflicht *f*; **-ые**

издержки *pl* **(расходы** *pl***)** Dienstaufwand *m*; **-ая инструкция** *f* Dienstanweisung *f*; **-ые обязанности** *pl* dienstliche Pflichten, Amtspflichten *pl*; **-ое поручение** *n* Dienstauftrag *m*; **-ый разговор** *m* Dienstgespräch *n*; **-ый распорядок** *m* Dienstordnung *f*

случа|й *m* Fall *m*, Gelegenheit *f*, Vorfall *m*; **аварийный -й** Schadensfall *m*; **в данном -е** im vorliegenden Fall; **в крайнем -е** im äußersten Fall, im Notfall; **в -е наступления события** bei Eintritt eines Ereignisses; **в -е необходимости** gegebenenfalls; **в -е ремонта** im Reparaturfall; **гарантийный -й** Garantiefall *m*; **-й для покупки** Kaufgelegenheit *f*; **единичный (отдельный) -й** Einzelfall *m*; **застрахованный от несчастного -я** unfallversichert; **исключительный -й** Ausnahmefall *m*; **крайний -й** Notfall *m*; **несчастный -й** Unfall *m*, Unglück *n*; **несчастный -й на производстве** Arbeitsunfall *m*, Betriebsunfall *m*; **несчастный -й с материальным ущербом** Unfall mit Sachschaden; **несчастный -й со смертельным исходом** tödlicher Unfall; **нормальный (обычный) -й** Regelfall *m*; **особый -й** Sonderfall *m*; **при наступлении страхового -я** bei Eintritt des Versicherungsfalls; **-й применения** Anwendungsfall *m*; **смертельный -й** Todesfall *m*; **страховой -й** Versicherungsfall *m*; **-й, требующий предоставления гарантии** Garantiefall *m*; **экстренный -й** Notfall *m*

случайность *f* Zufall *m*, Zufälligkeit *f*

случайн|ый zufällig, gelegentlich, Gelegenheits-, Zufalls-; **-ый заработок** *m* Gelegenheitsverdienst *m*; **-ый покупатель** *m* zufälliger Kunde; **-ая покупка** *f* Gelegenheitskauf *m*; **-ая прибыль** *f* Zufallsgewinn *m*; **-ая работа** *f* Gelegenheitsarbeit *f*; **-ое событие** *n* zufälliges Ereignis

смарт-карта *f* Smart-Karte *f*

смежный vor- und nachgelagert, benachbart

смен|а *f* Schicht *f*; Ablösung *f*, Auswechslung *f*, Wechsel *m*; Nachwuchs *m*; **готовить -у** den Nachwuchs fördern; **отработать -у** eine Schicht leisten (fahren); **вечерняя -а** Spätschicht *f*; **-а владельца** Besitzerwechsel *m*, Eigentümerwechsel *m*, Eigentumswechsel *m*; **дневная -а** Tagesarbeit *f*, Tagesschicht *f*; **дополнительная -а** Sonderschicht *f*, zusätzliche Schicht; **-а конъюнктуры** Konjunkturwechsel *m*; **-а курса** Kurswechsel *m*; **-а места работы** Arbeitsplatzwechsel *m*, Stellenwechsel *m*, Stellungswechsel *m*; **-а места пребывания (фирмы)** Sitzverlegung *f*; **-а местожительства** Wohnsitzwechsel *m*; **нерабочая -а** Feierschicht *f*; **ночная -а** Nachtschicht *f*, Spätschicht *f*; **отработанная -а** geleistete Schicht; **первая (утренняя) -а** Frühschicht *f*; **-а поколений** Generationswechsel *m*; **-а профессии (специальности)** Berufswechsel *m*; **-а работы** Stellenwechsel *m*; **-а руководства** Managementwechsel *m*; **скользящая -а** Wechselschicht *f*; **-а стратегии** Strategiewechsel *m*

сменн|ый Schicht-; **-ая загрузка** *f* Schichtauslastung *f*; **-ая работа** *f* Schichtarbeit *f*; **-ый режим** *m* **работы** Schichtbetrieb *m*

сменщик *m* Schichtarbeiter *m*, Ablösung *f*

сменяемый auswechselbar

сменять austauschen, auswechseln, wechseln, umtauschen, ablösen, ersetzen; **~ профессию** seinen Beruf wechseln

смертность *f* Sterblichkeit *f*, Mortalität *f*

смерть *f* Tod *m*

смесь *f* Gemenge *n*, Gemisch *n*, Mischung *f*, Mix *n*

смет|а *f* Veranschlagung *f*, Voranschlag *m*, Budget *n*, Etat *m*, Budgetplan *m*; **вводить в -у** etatisieren; **превышать -у** das Budget (den Etat, den Voranschlag) überschreiten (überziehen); **предусматривать в -е** im Etat vorsehen; **проводить по -е** im Etat ausweisen, etatisieren; **составлять -у** voranschlagen, budgetieren, kalkulieren, das Budget (den Etat, einen Voranschlag) aufstellen (erstellen); **урезать -у** den Etat kürzen; **-а**

альтернативных издержек Opportunitätskostenrechnung *f*; **годовая -а** Jahres|budget *n*, -etat *m*; **-а затрат** Kosten|anschlag *m*, -plan *m*, -voranschlag *m*, Ausgaben|aufstellung *f*, -plan *m*, -schätzung *f*, -voranschlag *m*, Auslagenaufstellung *f*; **-а на закупки (снабжение)** Einkaufsbudget *n*; **-а на строительство** Baukosten(vor)-anschlag *m*; **-а накладных расходов** Gemeinkostenbudget *n*; **ориентировочная -а (затрат)** Überschlag *m*, Kostenüberschlag *m*; **предварительная -а** Voranschlag *m*, Veranschlagung *f*; **-а расходов** Kosten|budget *n*, -schätzung *f*, -überschlag *m*; **-а расходов на материально-техническое снабжение** Beschaffungsbudget *n*; **согласно -е** etatmäßig; **финансовая -а** Finanzierungsbilanz *f*

сметн|ый etatmäßig, veranschlagt, Budget-, Etat-; **-ая стоимость** *f* Budgetkosten *pl*

смешанны|й gemischt, kombiniert; **-е перевозки** *pl* kombinierter Verkehr; **-й фонд** *m* gemischter Fonds

смещать absetzen, entheben; verlagern, verschieben, versetzen; **~ с должности** des Amts entheben

смещение *n* Absetzung *f*, Enthebung *f*, Verlagerung *f*, Verschiebung *f*, Versetzung *f*; **~ с должности** Amtsenthebung *f*

смотр *m* Besichtigung *f*, Schau *f*; **~ достижений** Leistungsschau *f*

смотритель *m* Aufseher *m*, Wart *m*, Wächter *m*

смягчать abschwächen, dämpfen, mildern; **~ повышение цен** Preissteigerungen dämpfen

смягчение *n* Abschwächung *f*, Dämpfung *f*, Milderung *f*

снабжать versorgen, versehen, beliefern, die Versorgung durchführen; ausrüsten, ausstatten; **~ потребителей** Verbraucher versorgen; **~ предприятие материалами** das Unternehmen mit Materialien versorgen; **~ рынок (товарами)** den Markt versorgen (beliefern)

снабженец *m* Einkäufer *m*, Einkaufsagent *m*, Mitarbeiter der Materialwirtschaft (Einkaufsabteilung)

снабжение *n* Versorgung *f*, Belieferung *f*, Beschaffung *f*, Einkäufe *pl*, Ausstattung *f*; **обеспечивать -е** die Versorgung sichern (sicherstellen); **~ газом** Gasversorgung *f*; **~ запасными частями** Belieferung mit Ersatzteilen; **~ клиентов** Kundenversorgung *f*; **~ материалами (и сырьём)** Material|-belieferung *f*, -bereitstellung *f*, -beschaffung *f*, -versorgung *f*; **материально-техническое ~** Beschaffungswesen *n*, Material|beschaffung *f*, -wirtschaft *f*; **надёжное ~** sichere Versorgung; **недостаточное ~** Unterversorgung *f*; **~ нефтью** Ölversorgung *f*; **первоочередное (преимущественное) ~** vorrangige Belieferung; **~ предприятия** Betriebsversorgung *f*; **~ природным газом** Erdgasversorgung *f*; **~ продовольственными товарами** Nahrungsmittel|versorgung *f*, -zufuhr *f*, Versorgung mit Nahrungsmitteln; **регулярное ~** regelmäßige Versorgung; **~ рынка** Markt|belieferung *f*, -beschickung *f*, -versorgung *f*, Belieferung des Marktes; **~ сырьём** Rohstoffversorgung *f*; **~ товарами** Waren|belieferung *f*, -versorgung *f*; **~ электрической энергией** Elektrizitätsversorgung *f*; **~ энергией** Energieversorgung *f*

снашивание *n* Verschleiß *m*, Abnutzung *f*

снижать ermäßigen, herabsetzen, heruntersetzen, reduzieren, senken, abbauen, drücken, kürzen, mindern, vermindern, verringern; **~ задолженность** die Verschuldung abbauen; **~ заработную плату** Löhne drücken (senken); **~ затраты (издержки)** Ausgaben (Kosten) senken (reduzieren, einschränken, kürzen); **~ курс** den Kurs drücken (herabsetzen); **~ налоги** Steuern herabsetzen (senken); **~ (таможенную) пошлину (размер пошлины)** Zoll abbauen (ermäßigen, herabsetzen, senken); **~ процентную ставку** Zinsen abbauen (ermäßigen, senken); **~ размер сбора** eine Abgabe abbauen (senken), die Gebühr ermäßigen; **~ расход** den

Verbrauch senken; ~ **расходы** Kosten (Ausgaben, Aufwendungen) reduzieren (senken), Aufwendungen kürzen; ~ **ставку учётного процента** den Diskontsatz herabsetzen; ~ **трудоспособность** die Erwerbsfähigkeit mindern; ~ **цены** Preise ermäßigen (heruntersetzen, herabsetzen reduzieren)

снижаться fallen, sinken, sich ermäßigen, nachgehen, zurückgehen; ~ **на 15 процентов** um 15% sich ermäßigen (fallen, sinken)

снижение *n* Ermäßigung *f*, Herabsetzung *f*, Heruntersetzung *f*, Reduzierug *f*, Senkung *f*; Abbau *m*, Kürzung *f*, Miderung *f*, Rückgang *m*; **отмечать** ~ einen Rückgang verzeichnen; ~ **выброса вредных веществ** Verringerung der Schadstoffemissionen; ~ **выработки** Leistungsrückgang *m*; ~ **доходности** Ertrags|minderung *f*, -rückgang *m*; ~ **заболеваемости** Senkung des Krankenstandes; ~ **загрузки машин** Beschäftigungsrückgang *m*; ~ **занятости** Beschäftigungsrückgang *m*, rückläufige Beschäftigung; ~ **заработной платы** Gehalts|abbau *m*, -senkung *f*, Lohn|abbau *m*, -herabsetzung *f*, -kürzung *f*, -minderung *f*, -senkung *f*; ~ **затрат** Aufwandssenkung *f*, Ausgabenkürzung *f*; ~ **издержек** Kosten|dämpfung *f*, -minderung *f*, -senkung *f*, -verringerung *f*; ~ **импорта** Importrückgang *m*; ~ **инвестиционной активности** Investitionsmüdigkeit *f*; ~ **качества** Qualitäts|minderung *f*, -rückgang *m*; ~ **квартирной платы** Mietherabsetzung *f*, Herabsetzung der Miete; ~ **курса** Kurs|abschlag *m*, -abschwung *m*, -rückgang *m*, -verfall *m*; ~ **налогов** Steuer|ermäßigung *f*, -herabsetzung *f*, -senkung *f*, steuerliche Entlastung; ~ **налогов на импортные товары** steuerliche Entlastung der Einfuhren; ~ **объёма продаж** Verkaufsrückgang *m*; ~ **плановых расходов** Kostenunterschreitung *f*; ~ **покупательной способности** Kaufkraft|minderung *f*, -verlust *m*; **постепенное ~ курса** Kursabbröckelung *f*; ~ **прибыли** Gewinn|abschlag *m*, -rückgang *m*; ~ **продажной цены** Kaufpreis|herabsetzung *f*, -minderung *f*; ~ **процентной ставки** Zins|abbau *m*, -ermäßigung *f*, -herabsetzung *f*, -reduktion *f*, -rückgang *m*, -senkung *f*; ~ **процентных ставок на рынке краткосрочных кредитов** Entspannung am Geldmarkt; ~ **размера дивиденда** Dividendenkürzung *f*; ~ **размера сбора** Gebührenermäßigung *f*; ~ **расходов** Ausgabenkürzung *f*, Kosten|dämpfung *f*, -minderung *f*, -senkung *f*, -verringerung *f*; **резкое ~ прибыльности (маржи)** Margeneinbruch *m*; **резкое ~ цен** Preis|einbruch *m*, -verfall *m*; ~ **себестоимости** Selbstkostensenkung *f*; ~ **скорости (темпов)** Temporückgang *m*; ~ **спроса при повышении цены** inverse Nachfragefunktion; ~ **средних издержек производства на единицу продукции по мере расширения производства** Größendegression *f*; ~ **ставки таможенной пошлины** Zollsatz|ermäßigung *f*, -herabsetzung *f*, -senkung *f*; ~ **ставки учётного процента** Diskont|herabsetzung *f*, -satzsenkung *f*; ~ **степени риска** Gefahren|minderung *f*, -verminderung *f*; ~ **стоимости** Wert|herabsetzung *f*, -minderung *f*, Abwertung *f*, Entwertung *f*; ~ **стоимости проезда** Fahrpreisermäßigung *f*; ~ **таможенных пошлин** Zoll|abbau *m*, -ermäßigung *f*, -herabsetzug *f*, -senkung *f*; ~ **таможенных тарифов** Zolltarifherabsetzung *f*; ~ **тарифов** Tarif|ermäßigung *f*, -senkung *f*; ~ **темпов роста** Wachstumsrückgang *m*; ~ **трудоспособности** Erwerbsminderung *f*; ~ **уровня доходов (доходности)** Ertrags|minderung *f*, -rückgang *m*; ~ **уровня задолженности** Schuldenabbau *m*; ~ **фрахтовой ставки** Fracht|ermäßigung *f*, -senkung *f*; ~ **цен** Preis|abbau *m*, -ermäßigung *f*, -herabsetzung *f*, -minderung *f*, -reduzierung *f*, -rückgang *m*, -senkung *f*, Ermäßigung der Preise; ~ **экономической активности** Konjunktur|-abflachung *f*, -abschwung *m*, -rückfall *m*, -rückgang *m*, -verfall *m*, fallende (rückläufige, sinkende) Konjunktur

снимать aufheben; absetzen, mieten;

abheben; ~ **взыскание** eine Strafe erlassen; ~ **вклад** eine Einlage abheben; ~ **деньги со счёта** Geld vom Konto abheben; ~ **запрет** ein Verbot aufheben; ~ **квартиру** eine Wohnung mieten; ~ **копию** eine Abschrift (eine Kopie) anfertigen (machen lassen); ~ **мерку** Maß nehmen; ~ **предложение** einen Antrag zurückziehen; ~ **противоречия** die Widersprüche aufheben; ~ **с должности** des Amts entheben, absetzen; ~ **с котировки** außer Kurs setzen, von der Notierung absetzen; ~ **с производства** vom Fertigungsprogramm (Produktionsprogramm) absetzen; ~ **с работы** entlassen, absetzen; ~ **с себя ответственность** die Verantwortung ablehnen; ~ **трубку (телефона)** den Hörer abheben; ~ **урожай** ernten, die Ernte einbringen, den Ertrag vereinnahmen

сниматься с учёта sich abmelden

сниматься с якоря den Anker lichten

снос *m* Abbruch *m*, Abriss *m*, Abtragen *n*

сносить abbrechen, abreißen, niederreißen

сноска *f* Fußnote *f*

сношения *pl* Beziehungen *pl*; **внешнеторговые** ~ Außenhandelsbeziehungen *pl*; **внешние** ~ Außenbeziehungen *pl*

снятие *n* Abhebung *f*, Aufhebung *f*; Absetzung *f*; **проводить** ~ eine Abhebung durchführen; ~ **запрета** Aufhebung des Verbots; ~ **копии** Anfertigung einer Abschrift (Kopie); ~ **с должности** Amtsenthebung *f*; ~ **с котировки** Außerkurssetzung *f*, Kursstreichung *f*, Absetzung von der Börsennotierung; ~ **с работы** Entlassung *f*, Absetzung *f*, Außerdienstsetzung *f*; ~ **со счёта денежной суммы** Abhebung eines Geldbetrags; ~ **средств со счёта** Abhebung *f*; ~ **средств с лицевого счёта в сберкассе** Abhebung vom Sparkonto

снятый со счёта abgehoben

соавтор *m* Miturheber *m*; ~ **изобретения** Miterfinder *m*

соавторств|о *n* Miturheberschaft *f*; **в -е** in Miturhebergemeinschaft

собеседник *m* Gesprächspartner *m*; **переубеждать -а** den Gesprächspartner überzeugen

собеседование *n* Gespräch *n*; ~ **при приёме на работу** Vorstellungsgespräch *n*

собирание *n* **сведений** Erfassung *f*, Datenerfassung *f*

собирать ansammeln; einziehen, erheben, vereinnahmen; einberufen; versammeln, sammeln, lesen; montieren, zusammenbauen; erfassen, beschaffen; ~ **данные** Daten erfassen; ~ **взносы** Beiträge einziehen; ~ **информацию** Informationen beschaffen (einholen, einziehen, erfassen); ~ **налоги** Steuern einziehen (erheben); ~ **почтовые марки** Briefmarken sammeln; ~ **сведения** Angaben erfassen, Informationen beschaffen (einholen, einziehen, erfassen); ~ **собрание** eine Versammlung einberufen; ~ **таможенные пошлины** Zölle erheben; ~ **урожай** ernten, die Ernte einbringen, den Ertrag vereinnahmen

собираться sich versammeln, zusammenkommen, zusammentreten; beabsichtigen, vorhaben

соблюдать beachten, befolgen, wahren, wahrnehmen, sich halten an, einhalten, erfüllen, respektieren; ~ **график** einen Zeitplan einhalten; ~ **договоренность** eine Verabredung einhalten; ~ **запрет** ein Verbot beachten; ~ **инструкции** Anweisungen (Vorschriften) befolgen (einhalten); ~ **интересы** Interessen wahren (wahrnehmen); ~ **положения (условия) соглашения** ein Abkommen einhalten; ~ **правила** die Regeln beachten; ~ **принципы** Prinzipien befolgen (wahren); ~ **срок** den Termin (die Frist) einhalten (wahrnehmen); ~ **срок поставки** die Lieferfrist (den Liefertermin) einhalten, termingemäß (fristgemäß) liefern; ~ **условия** Bedingungen einhalten (erfüllen); ~ **условия договора** den Vertrag einhalten; ~ **установленный срок** einen Termin (eine Frist) einhalten; ~ **экономию** sparsam sein, wirtschaftlich (sparsam) umgehen

соблюдение *n* Beachtung *f*, Befolgung *f*, Wahrung *f*, Wahrnehmung *f*, Einhaltung *f*, Erfüllung *f*, Respektierung *f*; ~

баланса Beachtung des Gleichgewichts (der Bilanz); **~ инструкции** Befolgung (Einhaltung) der Anweisungen (Vorschriften); **~ интересов** Interessenwahrung *f*; **~ правил техники безопасности** Einhaltung der Sicherheitsvorschriften; **~ принципа справедливости при возмещении ущерба** Vorteilsausgleichung *f*; **~ равенства** Gleichbehandlung *f*; **с -м** unter Wahrung; **~ срока** Termin|einhaltung *f*, -verfolgung *f*, -treue *f*, Einhaltung einer Frist; **~ сроков поставок** Liefer|treue *f*, -zuverlässigkeit *f*; **точное ~** genaue Befolgung; **~ условий** Einhaltung der Bedingungen; **~ условий договора** Einhaltung eines Vertrags, Vertragserfüllung *f*; **~ условий соглашения** Einhaltung eines Abkommens

собрани|е *n* Versammlung *f*, Sitzung *f*; Sammlung *f*, Kollektion *f*; **вести -е** Versammlung (Sitzung) leiten; **назначать -е** eine Sitzung (Versammlung) anberaumen (ansetzen); **открывать -е** die Versammlung (Sitzung) eröffnen; **председательствовать на -и** eine Versammlung (Sitzung) leiten, der Versammlung vorsitzen; **присутствовать на -и** an einer Versammlung (Sitzung) teilnehmen; **проводить -е** eine Versammlung (Sitzung) durchführen (abhalten), tagen; **созывать -е** eine Versammlung (Sitzung) einberufen; **-е акционеров** Aktionärsversammlung *f*; **биржевое -е** Börsen|sitzung *f*, -versammlung *f*; Händlersaal *m*; **внеочередное общее -е акционеров** außerordentliche Hauptversammlung; **годовое -е** Jahresversammlung *f*; **закрытое -е** nicht öffentliche Sitzung (Versammlung); **-е кредиторов** Gläubigerversammlung *f*; **общее -е акционеров** Hauptversammlung *f*, Universalversammlung *f*, Generalversammlung *f*; **общее -е работников предприятия** Belegschaftsversammlung *f*, Betriebsversammlung *f*; **открытое -е** öffentliche Sitzung (Versammlung); **отчётное -е** Jahresversammlung *f*; **очередное общее -е акционеров** ordentliche Hauptversammlung; **-е пайщиков** Gesellschafterversammlung *f*; **-е представителей-членов кооператива** Vertreterversammlung *f*; **учредительное -е акционеров** Gründungsversammlung *f*; **-е членов союза** Verbandsversammlung *f*

собственник *m* Besitzer *m*, Eigentümer *m*, Eigner *m*, Eigenbesitzer *m*; **долевой ~** Teileigentümer *m*; **~ дома** Eigentümer eines Hauses; **единоличный ~ торгового предприятия** Einzelkaufmann *m*; **земельный ~** Bodeneigentümer *m*, Grundeigentümer *m*; **~ капитала** Kapitaleigner *m*; **мелкий ~** Kleineigentümer *m*; **~ товарного знака** Warenzeicheninhaber *m*; **частный ~** Privateigentümer *m*, privater Eigentümer; **юридический ~** rechtmäßiger Eigentümer (Besitzer)

собственноручно eigenhändig; **подписать ~** eigenhändig unterschreiben

собственност|ь *f* Eigentum *n*, Eigenbesitz *m*, Besitz *m*, Habe *f*; **оговорить право -и** sich das Eigentum vorbehalten; **передавать в -ь государства** in Gemeineigentum überführen; **передавать право -и (на товар)** das Eigentum (an der Ware) übergeben (übertragen); **переходить в -ь** in das Eigentum von ... übergehen; **приватизировать -ь** das Vermögen privatisieren; **приобретать -ь** Eigentum erwerben; **приумножать -ь** das Eigentum vermehren; **государственная -ь (-ь государства)** Staatseigentum *n*, Gemeineigentum *n*; **движимая -ь** Mobilien *pl*, bewegliches Eigentum, bewegliche Habe; **доверительная -ь** Treuhandvermögen *n*; **долевая -ь** Teileigentum *n*, Miteigentum *n*; **жилая -ь, сдаваемая в аренду** Mietwohnimmobilie *f*; **земельная -ь** Grund|besitz *m*, -eigentum *n*, -vermögen *n*, Eigentum an Grundbesitz; **интеллектуальная -ь** geistiges Eigentum; **коллективная -ь** Kollektiveigentum *n*, Gemeineigentum *n*, Miteigentum *n*; **коммунальная -ь** kommunales Eigentum; **конфискованная -ь** konfisziertes Eigentum; **кооперативная -ь** genossenschaftliches Eigentum; **крупная земель-**

ная -ь Großgrundbesitz *m*; **личная -ь** persönliches Eigentum; **мелкая -ь** Kleineigentum *n*; **монопольная -ь** Monopoleigentum *n*; **муниципальная -ь** Kommunaleigentum *n*; **-ь на жильё (занимаемое собственником)** Wohneigentum *n*; **-ь на землю** Grundbesitz *m*, Grundeigentum *n*, Eigentum an Grundbesitz; **-ь на квартиру** Wohnungseigentum *n*; **-ь на материальные средства производства** Eigentum an sachlichen Produktionsmitteln; **-ь на ответственном хранении (управлении)** Treuhandeigentum *n*; **недвижимая -ь** Immobilien *pl*, unbewegliches Eigentum, Grundeigentum *n*, Liegenschaft *f*; **общая -ь** Gemeineigentum *n*, Gesamteigentum *n*, Miteigentum *n*, gemeinsames Eigentum; **общая долевая -ь** Gemeinschaft nach Bruchteilen; **общественная -ь** öffentliches Eigentum, Eigentum der öffentlichen Hand; **общинная (муниципальная) -ь** Gemeindeeigentum *n*; **-ь, передаваемая под обеспечение кредита** Sicherungseigentum *n*; **промышленная -ь** gewerbliches Eigentum *n*; **публичная -ь** öffentliches Eigentum *n*; **совместная -ь** Gesamthandseigentum *n*, Miteigentum *n*, gesamthänderisches Eigentum; **фидуциарная -ь** fiduziarisches Eigentum, Treuhandeigentum *n*; **частная -ь** Privateigentum *n*, privates Eigentum; **чужая -ь** fremdes Eigentum

собственн|ый eigen, Eigen-; **-ая выработка** *f* Eigenleistung *f*

событи|е *n* Ereignis *n*, Event *m*; **текущие -я** Tagesgeschehen *n*

совершать leisten, verrichten, vollbringen, vollführen, vollziehen, abwickeln, tätigen, abschließen, begehen, verüben, vornehmen; **~ преступление** eine Straftat (ein Verbrechen) begehen (verüben); **~ работу** Arbeit leisten (verrichten), die Arbeit ausführen; **~ сделку** einen Abschluss (ein Geschäft, eine Transaktion) tätigen, ein Geschäft abwickeln (ausführen, vornehmen)

совершение *n* Leistung *f*, Verrichtung *f*, Vollziehung *f*, Abwicklung *f*, Abschluss *m*, Verwirklichung *f*, Verübung *f*, Vornahme *f*; **~ биржевых сделок на разницу между ценой покупки и продажи** Differenzhandel *m*; **~ сделки** Geschäftsabschluss *m*

совершеннолети|е *n* Volljährigkeit *f*, Mündigkeit *f*; **достигать -я** volljährig (mündig) werden, die Volljährigkeit erreichen

совершеннолетний volljährig, mündig; Volljährige *m*

совершено ausgefertigt

совершенствование *n* Vervollkommnung *f*, Verbesserung *f*, Weiterentwicklung *f*, Rationalisierung *f*; **профессиональное ~** berufliche Entwicklung (Fortbildung); **~ структуры** Strukturverbesserung *f*

совершенствовать vervollkommen, verbessern, weiterentwickeln; **~ изделие** ein Produkt weiterentwickeln

совет *m* Rat *m*, Ratschlag *m*, Tip *m*, Empfehlung *f*, Beratung *f*; Beirat *m*; **выбирать ~ предприятия** einen Betriebsrat wählen; **выбирать в наблюдательный ~** in den Aufsichtsrat wählen; **давать ~** raten, beraten, einen Rat (Tip) geben; **назначать членом -а** in den Rat berufen; **обращаться за -ом** einen Rat einholen, zu Rate ziehen; **создавать ~ предприятия** einen Betriebsrat einrichten; **административный ~** Verwaltungs|beirat *m*, -rat *m*; **~ директоров** Direktorenrat *m*, Direktorium *n*, Verwaltungsrat *m*

Совет *m* **Европы** Europarat *m*

Совет *m* **Европейского союза** Rat *m* der Europäischen Union

совет *m***: совет** *m* **законодателей** Gesetzgeberrat *m*; **консультативный ~** Beirat *m*; **Совет Министров** Ministerrat *m*; **муниципальный ~** Stadtrat *m*, Gemeinderat *m*; **наблюдательный ~** Aufsichtsrat *m*; **опекунский ~** Treuhandanstalt *f*; **~ относительно объекта инвестиций** Anlagetip *m*; **~ относительно формы и места хранения сбережений** Spartip *m*; **по -у** auf den Rat (Empfehlung); **~ предприятия** Betriebsrat *m*; **производственный ~ концерна** Gesamtbetriebsrat *m*; **~**

трудового коллектива на государственных предприятиях и в учреждениях Personalrat *m*; **~ управляющих** Verwaltungsrat *m*, Direktorium *n*; **учёный ~** Senat *m*, wissenschaftlicher Beirat; **экономический ~** Wirtschaftsrat *m*

советник *m* Berater *m*, Beirat *m*, Beistand *m*, Ratgeber *m*; **юридический ~** Rechtsberater *m*; **экономический ~** Wirtschaftsberater *m*

советовать raten, beraten, einen Rat (Tip) geben, empfehlen

советоваться sich beraten (lassen); **~ с адвокатом** sich mit seinem Anwalt beraten

совещание *n* Beratung *f*, Besprechung *f*, Konferenz *f*, Tagung *f*; **назначать ~** eine Beratung (Besprechung, Konferenz) anberaumen; **проводить ~** eine Beratung (Besprechung, Konferenz, Tagung) durchführen (abhalten); **созывать ~** eine Konferenz einberufen; **~ в верхах (на высшем уровне)** Gipfelkonferenz *f*; **деловое ~** geschäftliche Besprechung; **~ правления** Vorstandsberatung *f*; **производственное ~** Betriebsberatung *f*, Produktionsbesprechung *f*; **экономическое ~** Wirtschaftskonferenz *f*; **~ экспертов** Expertenkonferenz *f*

совещательный beratend, Beratungs-; **~ голос** *m* beratende Stimme; **~ орган** *m* Beratungsorgan *n*, beratendes Organ

совладелец *m* Mitbesitzer *m*, Miteigentümer *m*, Miteigner *m*, Mitinhaber *m*, Teilhaber *m*, Gesellschafter *m*; **~ судна** Partenreeder *m*

совладение *n* Mitbesitz *m*, Miteigentum *n*, Gesamteigentum *n*, Schachtelbeteiligung *f*, gemeinsames Eigentum

совместимость *f* Kompatibilität *f*, Verträglichkeit *f*

совместимый kompatibel, verträglich; **~ по срокам** fristenkongruent

совместитель im Nebenberuf (nebenberuflich) Beschäftigter

совместительств|о *n* Nebenarbeit *f*, Nebenberuf *m*, Nebenbeschäftigung *f*, Nebentätigkeit *f*; **работать по -у** im Nebenberuf (nebenberuflich) arbeiten

совместн|ый gemeinsam, gemeinschaftlich, Gemein-, Gemeinschafts-, Mit-, in Gemeinschaft; **-ое завещание** *n* gemeinschaftliches Testament; **-ые закупки** *pl* Gemeinschaftseinkauf *m*; **-ое имущество** *pl* **супругов** Gesamtgut *n*; **-ое использование** *n* Mitbenutzung *f*; **-ые мероприятия** *pl* gemeinsame Maßnahmen; **-ое пользование** *n* Gemeingebrauch *m*, Mitbenutzung *f*; **-ый счёт** *m* Gemeinschaftskonto *n*; **-ая фирма** *f* Gemeinschaftsfirma *f*

совмещение *n* Überlagerung *f*, Vereinigung *f*, Zusammenlegung *f*; **~ нескольких руководящих должностей в рамках концерна** personelle Verflechtungen

совокупность *f* Gesamtheit *f*; **генеральная ~** Grundgesamtheit *f*; **~ доходов** Erlösverbundenheit *f*; **~ платёжных средств** Geldmenge *f*; **~ средств** Instrumentarium *n*

совокупн|ый Gesamt-; **-ый доход** *m* Gesamt|einkommen *n*, -ertrag *m*, -rendite *f*; **-ое предложение** *n* Gesamtangebot *n*; **-ый результат** *m* Gesamtergebnis *n*; **-ый спрос** *m* Gesamtnachfrage *f*; **-ый ущерб** *m* Gesamtschaden *m*

совпадать übereinstimmen, zusammenfallen; **~ по времени** zeitlich zusammenfallen; **~ с образцом** mit dem Muster übereinstimmen

совпадение *n* Übereinstimmung *f*, Kongruenz *f*

современность *f* Gegenwart *f*, Zeitgeschehen *n*

современный gegenwärtig, modern, Gegenwarts-; **~ уровень** *m* gegenwärtiger Stand

согласи|е *n* Einverständnis *n*, Zusage *f*, Zustimmung *f*, Bewilligung *f*, Einwilligung *f*, Einvernehmen *n*, Übereinstimmung *f*; **давать -е** zusagen, das Einverständnis erteilen, die Zustimmung erteilen (geben); **давать своё -е** seine Einwilligung (Zusage) geben; **действовать в полном -и** im besten Einvernehmen handeln; **добиваться (достигать) -я** das Einverständnis (ein Einvernehmen, eine Übereinstimmung) erzielen; **запрашивать -е** eine Zustimmung einholen; **не давать -я** die

Zustimmung (Zusage) verweigern (vorenthalten); **объявлять о своём -и** sich einverstanden erklären; **получать -е** die Zusage (Zustimmung) erhalten, das Einverständnis erzielen; **прийти к -ю** zu einem Einvernehmen gelangen; **-е задним числом** nachträgliche Zustimmung; **молчаливое -е** stillschweigende Einwilligung (Zustimmung); **-е на встречу** Terminzusage *f*; **-е на проведение платежа** Zahlungswilligkeit *f*; **-е на увольнение** Zustimmung zur Kündigung; **-е на финансирование** Finanzierungszusage *f*; **предварительное -е** vorherige Zustimmung; **-е предоставить ссуду (кредит)** Darlehenszusage *f*; **-е произвести переучёт векселей** Rediskontzusage *f*; **с -я** im Einverständnis mit

согласительн|ый Schlichtungs-; **-ая комиссия** *f* Schlichtungsstelle *f*

согласование *n* Abstimmung *f*, Anpassung *f*, Koordination *f*, Koordinierung *f*, Übereinstimmung *f*, Konzertierung *f*; **проводить ~** abstimmen, anpassen, koordinieren, die Koordination (Abstimmung) durchführen; **взаимное ~** gegenseitige Koordination; **~ интересов** Abstimmung der Interessen; **~ налоговых систем различных стран** Steuerharmonisierung *f*; **~ обменных курсов** Anpassung der Wechselkurse; **~ планов** Plan|abstimmung *f*, -koordinierung *f*, Abstimmung (Koordination) der Einzelpläne; **~ по времени** zeitliche Anpassung; **~ производственных мощностей** Kapazitätsabstimmung *f*, Abstimmung der Kapazitäten; **~ производственных программ** Produktionsabstimmung *f*; **~ сроков** Termin|koordination *f*, -vereinbarung *f*; **точное ~** Feinabstimmung *f*

согласованность *f* Abstimmung *f*, Koordination *f*, Koordiniertheit *f*, Übereinstimmung *f*

согласованн|ый abgestimmt, koordiniert, konzertiert, vereinbart; **-ая акция** *f* konzertierte Aktion; **-ые действия** *pl* abgestimmtes Verhalten; **-ые меры** *pl* abgestimmte Maßnahmen; **-ая практика** *pl* **установления цен** konzertiertes Preisverhalten; **-ый срок** *m* **действия** vereinbarte Laufzeit; **-ая цена** *f* vereinbarter Preis

согласовывать abstimmen, anpassen, koordinieren, übereinstimmen, vereinbaren, zur Abstimmung bringen, die Koordination durchführen, in Einklang bringen; **~ вопрос о гонораре** das Honorar vereinbaren; **~ время работы** die Arbeitszeit vereinbaren; **~ действия** Handlungen abstimmen; **~ друг с другом** aufeinander abstimmen; **~ линию поведения** Verhaltensweisen abstimmen; **~ сроки** Termine abstimmen (koordinieren, vereinbaren); **~ срок действия** die Laufzeit vereinbaren; **~ условия** Bedingungen vereinbaren; **~ цены** Preise vereinbaren; **~ часы работы** die Arbeitszeit vereinbaren

соглашаться einwilligen, eingehen, einverstanden sein, beipflichten, zustimmen, zusagen, zugeben; **~ с предложением** einen Vorschlag annehmen, auf den Vorschlag eingehen; **~ с условиями** auf die Bedingungen eingehen

соглашени|е *n* Abkommen *n*, Abmachung *f*, Vereinbarung *f*, Übereinkunft *f*, Übereinkommen *n*, Verabredung *f*, Vergleich *m*, Auseinandersetzung *f*, Abrede *f*, Absprache *f*, Vertrag *m*; Einvernehmen *n*; **аннулировать -е** ein Abkommen außer Kraft setzen (kündigen); **достигать -я** eine Abmachung (eine Abrede, eine Absprache, ein Übereinkommen, eine Verabredung, eine Vereinbarung) treffen, ein Übereinkommen (eine Vereinbarung) erzielen; **заключать -е** ein Abkommen (eine Vereinbarung, einen Vertrag) (ab)schließen; **нарушать -е** die Abmachung (die Vereinbarung, den Vertrag) verletzen; **подпадать под действие -я** unter ein Abkommen fallen; **подписывать -е** ein Abkommen (einen Vertrag) unterzeichnen; **приходить к -ю** zu einem Einvernehmen gelangen; **приходить к -ю без суда** sich außergerichtlich vergleichen; **присоединяться к -ю** einem Abkommen beitreten; **продлевать -е** ein Abkommen (einen

Vertrag) verlängern, den Vertrag erneuern; **соблюдать условия -я** ein Abkommen (eine Abmachung, eine Verabredung, eine Vereinbarung) einhalten, bei der Abrede bleiben; **агентское -е** Agenturvertrag *m*, Ausschließlichkeitsvertrag *m*; **арбитражное -е** Schiedsabkommen *n*, Schieds(gerichts)vereinbarung *f*, Schlichtungsabkommen *n*; **бартерное -е** Barterabkommen *n*, Kompensations|abkommen *n*, -vertrag *m*; **-е в письменной форме** schriftliche Vereinbarung; **в соответствии с -ем** verabredungsgemäß; **валютное -е** Währungsabkommen *n*; **временное -е** Interim *n*, vorläufiges Abkommen; **генеральное -е** Generalvereinbarung *f*; **Генеральное -е по тарифам и торговле** Allgemeines Zoll- und Handelsabkommen (GATT); **глобальное -е** Globalabkommen *n*; **двустороннее -е** bilaterales Abkommen; **деловое -е** geschäftliche Abmachung; **джентльменское -е** Frühstückskartell *n*, Auflagengeschäft *n*; **договорное -е** verträgliche Abmachung; **долгосрочное -е** langfristiges Abkommen; **дополнительное -е** Zusatz|abkommen *n*, -vereinbarung *f*, ergänzende Vereinbarung; **индивидуальное -е** Einzelabmachung *f*; **картельное -е** Kartell *n*, Kartell|abkommen *n*, -absprache *f*, -vereinbarung *f*, -vertrag *m*; **картельное -е о специализации** Spezialisierungskartell *n*; **картельное -е об однородности условий поставки и платежей** Konditionenkartell *n*; **клиринговое -е** Clearingabkommen *n*, Verrechnungsabkommen *n*; **компенсационное -е** Kompensations|-abkommen *n*, -vertrag *m*; **компромиссное -е** Kompromissabkommen *n*; **концессионное -е** Konzessionsvertrag *m*; **кредитное -е** Kredit|abkommen *n*, -vereinbarung *f*, -vertrag *m*; **лицензионное -е** Linzenz|abkommen *n*, -vereinbarung *f*; **-е между конкурентами о правилах ведения конкурентной борьбы** Wettbewerbsvereinbarung *f*; **-е между предприятиями** Unternehmungsvertrag *m*; **-е между сторонами** Parteivereinbarung *f*; **межправительственное -е** Regierungsabkommen *n*; **многостороннее -е** multilaterales Abkommen; **-е на поставку товаров** Warenabkommen *n*; **-е о будущей процентной ставке** Forward Rate Agreement, Vereinbarung über einen zukünftigen Zinssatz; **-е о взаимных платежах** Abkommen über den Zahlungsverkehr; **-е о гарантиях для иностранных инвесторов** Investitionsschutzabkommen *n*; **-е о двойном налогообложении** Doppelbesteuerungsabkommen *n*; **-е о закупках** Bezugsvereinbarung *f*; **-е о координации** Koordinationsabkommen *n*; **-е о купле-продаже** Kaufvereinbarung *f*; **-е о моратории** Stillhalteabkommen *n*; **-е о перевозках** Transportabkommen *n*; **-е о пересмотре условий кредита (реструктуризации долга)** Umschuldungsabkommen *n*; **-е о платежах** Zahlungs|abkommen *n*, -vereinbarung *f*; **-е о подписке** Zeichnungsvereinbarung *f*; **-е о поставках** Liefer(ungs)abkommen *n*; **-е о поставках сырья** Rohstoff|abkommen *n*, -vereinbarung *f*; **-е о предоставлении гарантийных услуг** Garantievereinbarung *f*; **-е о представительстве** Vertreter|abkommen *n*, -vertrag *m*; **-е о процентных ставках** Zins|abkommen *n*, -vereinbarung *f*; **-е о разделе рынка** Marktabsprache *f*; **-е о разделении ответственности за нанесённный ущерб** Teilungsabkommen *n*; **-е о расчётах** Clearingabkommen *n*, Verrechnungsabkommen *n*; **-е репо** Rückkaufvereinbarung *f*; **-е о сбыте** Vertriebsabsprache *f*; **-е о свободной торговле** Freihandelsabkommen *n*; **-е о создании консорциума** Konsortialvertrag *m*; **-е о сотрудничестве** Kooperations|abkommen *n*, -vereinbarung *f*, -vertrag *m*; **-е о сохранении рабочих мест при проведении рационализации** Rationalisierungsschutzabkommen *n*; **-е о списании долга** Entschuldungsabkommen *n*; **-е о тарифных ставках**

Tarifeinigung *f*; **-е о товарном кредите** Warenkreditabkommen *n*; **-е о товарообмене** Warenaustauschabkommen *n*; **-е о ценах** Preis|abrede *f*, -vereinbarung *f*; **-е о юридическом домицилии** Gerichtsstandsvereinbarung *f*; **-е об исключительном праве сбыта** Ausschließlichkeits|abrede *f*, -vereinbarung *f*; **-е об обмене информацией** Abkommen zur gegenseitigen Unterrichtung; **-е об общих принципах отношений** Rahmenabkommen *n*; **-е об объединении** Assoziierungsabkommen *n*; **-е об отмене двойного налогообложения** Doppelbesteuerungsabkommen *n*; **-е об отсрочке** Stundungsvergleich *m*; **-е об уплате долгов** Schuldenabkommen *n*, Vergleich über die Zahlung der Schulden; **общее -е** Globalabkommen *n*, Generalvereinbarung *f*; **общее -е о поставках** Rahmenliefervertrag *m*; **общее тарифное -е** Rahmentarifvertrag *m*; **-е, ограничивающее свободную конкуренцию** wettbewerbsbeschränkende Absprache; **особое -е** Sonderabkommen *n*, Spezialvereinbarung *f*; **патентное -е** Patentabkommen *n*; **платёжное -е** Zahlungs|abkommen *n*, -vereinbarung *f*; **-е по качеству** Qualitätsvereinbarung *f*; **-е по квотам** Quotenregelung *f*; **по тарифному -ю** tarifvertraglich; **полюбовное -е** gütliche Einigung; **предварительное -е** Vorvertrag *m*, vorlaufiges Abkommen; **преференциальное -е** Präferenzabkommen *n*; **рамочное -е** Rahmen|abkommen *n*, -vereinbarung *f*; **региональное -е** Regionalabkommen *n*; **-е с кредиторами** Abkommen (Auseinandersetzung) mit den Gläubigern; **согласно -ю** laut (gemäß) Vereinbarung (Abmachung), vertragsgemäß; **специальное -е** Sonderabkommen *n*, Spezialvereinbarung *f*; **тайное -е** geheime (heimliche) Absprache; **тарифное -е** Tarif|abkommen *n*, -vereinbarung *f*, -vertrag *m*; **тарифное -е для служащих** Gehalts-Tarifvertrag *m*; **тарифное -е, заключаемое между отдельным работодателем и коллективом предприятия** Firmentarifvertrag *m*; **тарифное -е между профсоюзом и фирмой** Firmentarif *m*; **тарифное -е на отдельном предприятии** Haustarifvertrag *m*; **типовое -е** Rahmen|abkommen *n*, -vereinbarung *f*, -vertrag *m*, Standardvertrag *m*; **товарное -е** Warenaustauschabkommen *n*; **торговое -е** Handels|abkommen *n*, -übereinkunft *f*, -vereinbarung *f*, -vertrag *m*, Warenabkommen *n*; **устное -е** mündliche Abmachung, Frühstückskartell *n*; **финансовое -е** finanzielles Abkommen; **экономическое -е** Wirtschaftsabkommen *n*

содействие *n* Beistand *m*, Unterstützung *f*, Mithilfe *f*, Förderung *f*, Vorschub *m*; **обещать ~** die Förderung zusagen; **оказывать ~** fördern, unterstützen, eine Unterstützung gewähren, Vorschub leisten; **~ в развитии** Förderung *f*; **~ развитию импорта** Einfuhrförderung *f*, Importförderung *f*; **~ развитию промыслов** Gewerbeförderung *f*; **~ развитию ремесла** Handwerksförderung *f*; **~ развитию туризма** Förderung des Fremdenverkehrs; **~ развитию экспорта** Ausfuhrförderung *f*, Exportförderung *f*, Förderung der Ausfuhr; **~ развитию экономики** Förderung der Wirtschaft; **~ со стороны государства** öffentliche Förderung

содействовать beitragen, beistehen, fördern, unterstützen; **~ развитию промышленности** die Industrie fördern; **~ развитию экономики** die Wirtschaft fördern; **~ реализации проекта** das Projekt fördern; **~ созданию и укреплению семьи** Familien fördern

содержательный informativ, inhaltsreich

содержание *n* Bezüge *pl*, Unterhalt *m*, Unterstützung *f*; Gehalt *m*, Inhalt *m*; Inhaltverzeichnis *n*; Haltung *f*; **выплачивать ~** Unterhalt zahlen; **получать ~** Bezüge erhalten; **предоставлять ~** Unterhalt gewähren (zuerkennen); **~ в исправном состоянии (исправности)** Instandhaltung *f*, Unterhaltung *f*; **~ запасов**

Vorratshaltung *f*, Reservehaltung *f*; **золотое ~** Goldgehalt *m*; **минимальное ~** Mindestgehalt *m*; **~ построек (в исправном состоянии)** Gebäudeinstandhaltung *f*; **процентное ~** Prozentgehalt *m*; **~ резервов** Reservehaltung *f*; **~ семьи** Familienunterhalt *m*; **~ скота** Tierhaltung *f*; **~ складских запасов** Erhaltung des Lagerbestandes; **~ труда** Arbeitsinhalt *m*; **чистое ~** Feingehalt *m*, Nettoinhalt *m*

содержать beinhalten, enthalten; unterhalten; **~ в исправности** warten; **~ семью** eine Familie unterhalten

содержимое *n* Inhalt *m*; **указывать ~** den Inhalt angeben; **~ почтового отправления** Inhalt der Sendung

содолжник *m* Mitschuldner *m*

содружество *n* Gemeinschaft *f*

соединение *n* Verbindung *f*, Vereinigung *f*, Vernetzung *f*

соединять verbinden, verein(ig)en

созаемщик *m* Mitschuldner *m*

создавать schaffen, aufbauen, gründen, bilden, schöpfen, anlegen; **~ благоприятные условия для работы** günstige Arbeitsbedingungen schaffen; **~ запасы** einen Vorrat anlegen, bevorraten; **~ имидж (репутацию)** ein Image schaffen; **~ инфраструктуру** die Infrastruktur aufbauen; **~ консорциум** ein Konsortium bilden (aufbauen, gründen); **~ новые предприятия** neue Betriebe gründen; **~ основы** Grundlagen schaffen; **~ проектную группу** ein Team aufbauen; **~ производство** die Produktion aufbauen; **~ рабочие места** Arbeitsplätze schaffen; **~ резерв(ы)** eine Rücklage bilden, Reserven ansammeln; **~ стоимость** Wert bilden (schöpfen)

создание *n* Schaffung *f*, Aufbau *m*, Bildung *f*, Schöpfung *f*, Gründung *f*, Anlegung *f*; **завершать ~** den Aufbau abschließen (zum Abschluss bringen); **~ (добавленной) стоимости** Wertschöpfung *f*; **~ запасов** Vorratsbildung *f*, Bestandsbildung *f*, Bevorratung *f*, Hortung *f*; **~ инфраструктуры** Aufbau der Infrastruktur; **~ ипотеки** Hypothekenbestellung *f*; **~ комитета** Bildung eines Ausschusses; **~ коммерческих структур** Aufbau von Handelsstrukturen; **~ ликвидности** Liquiditätsschöpfung *f*; **~ новых предприятий** Existenzgründung *f*; **~ общества на базе имущественных вкладов** Sachgründung *f*; **~ престижа (репутации)** Imagegestaltung *f*; **~ рабочих мест** Arbeitsbeschaffung *f*, Stellenbildung *f*; **~ резервов** Reservebildung *f*, Rücklagenbildung *f*; **~ резервов капитала** Kapitalrücklage *f*; **~ рыночной экономики** Aufbau der Marktwirtschaft; **~ фирмы** Firmengründung *f*; **~ фонда** Fonds|bildung *f*, -errichtung *f*

создающий стоимость *f* wertbildend

созидание *n* Aufbau *m*, Erbauen *n*

сознание *n* Bewusstsein *n*; **~ долга** Pflichtbewusstsein *n*; **~ ответственности** Verantwortungsbewusstsein *n*

сознательный bewusst, verantwortungsbewusst

созыв *m* Einberufung *f*; **~ собрания** Einberufung einer Versammlung

созывать einberufen; **~ конференцию (совещание)** eine Konferenz (eine Sitzung) einberufen; **~ общее собрание акционеров** die Hauptversammlung einberufen; **~ собрание** eine Versammlung einberufen

соизмеримый vergleichbar, kommensurabel

сокращать kürzen, verkürzen, einschränken, vermindern, verringern, herabsetzen, abbauen, reduzieren, senken; entlassen, kündigen; **~ бюджет** den Etat kürzen; **~ в пять раз** auf ein Fünftel senken; **~ время работы (рабочее время)** die Arbeitszeit verkürzen; **~ до 30 процентов** auf 30% senken; **~ запасы** Vorräte abbauen, Bestände abbauen; **~ на 30 процентов** um 30% senken; **~ основной капитал** Kapital herabsetzen; **~ портфель заказов** den Auftragsbestand abbauen; **~ потребление (расход)** den Verbrauch einschränken; **~ производственные мощности** Kapazitäten abbauen; **~ производство** die Produktion drosseln (einschränken); **~ рабочий день** den Arbeitstag verkürzen; **~ рабочие**

места Arbeitsplätze (Stellen) abbauen (streichen); **~ расходы** Ausgaben drosseln (kürzen, reduzieren, vermindern, verringern, senken, begrenzen, einschränken); **~ складские запасы** Lagerbestände abbauen (verringern); **~ срок** die Frist abkürzen; **~ срок поставки** die Lieferfrist verkürzen; **~ сумму кредита** den Kreditbetrag kürzen; **~ штаты** die Belegschaft (das Personal) abbauen (entlassen)

сокращение *n* Kürzung *f*, Verkürzung *f*; Einschränkung *f*, Verminderung *f*, Verringerung *f*, Herabsetzung *f*, Abbau *m*, Reduzierung *f*, Senkung *f*, Drosselung *f*, Rückgang *m*; Abkürzung *f*, Kurzzeichen *n*; **отмечать (регистрировать) ~ расходов** Kürzungen der Ausgaben verbuchen; **проводить ~** Kürzungen vornehmen; **~ бюджета (бюджетных ассигнований)** Budgetkürzung *f*, Etatabstriche *pl*, Haushalts|einsparungen *pl*, -kürzung *f*; **~ бюджетных расходов** Haushaltsentlastung *f*; **~ длительности рабочего дня** Verkürzung des Arbeitstages; **~ длительности рабочей недели** Arbeitszeitverkürzung *f*; **~ доли заёмного капитала** Fremdkapitalabbau *m*; **~ доходов** Einkommensminderung *f*; **~ занятости** Beschäftigungsrückgang *m*; **~ запасов** Bestands|abbau *m*, -abgang *m*, Vorrats|abbau *m*, -verminderung *f*; **~ золотых запасов** Goldverknappung *f*; **~ капиталовложений** Investitionsabbau *m*; **~ капиталовложений и оборотных средств** Desinvestition *f*; **~ квот** Quotenkürzung *f*; **~ кредитов(ания)** Kredit|einschränkung *f*, -kürzung *f*; **~ ликвидности** Liquiditäts|abnahme *f*, -verknappung *f*; **~ накладных расходов** Gemeinkostensenkung *f*; **~ оборота** Umsatz|einbuße *f*, -einbruch *m*, -rückgang *m*; **~ основного капитала** Kapitalherabsetzung *f*; **~ потребления** Konsumeinschränkung *f*, Verbrauchsrückgang *m*, Drosselung des Verbrauchs; **~ производства** Produktions|beschränkung *f*, -drosselung *f*, -einschränkung *f*, Betriebseinschränkung *f*; **~ рабочего времени** Arbeitszeitverkürzung *f*; **~ рабочих мест** Arbeitsplatz|abbau *m*, -verlust *m*, Stellenabbau *m*; **~ размера дивиденда** Dividendenkürzung *f*, Kürzung der Dividende; **~ расходных статей государственного бюджета** Entlastung des Staatshaushalts; **~ расходов (издержек, затрат)** Kostensenkung *f*, Kürzung (Drosselung) der Ausgaben; **резкое ~ числа заказов** Auftragseinbruch *m*; **резкое ~ сбыта** Lagerabbau *m*; **~ сбыта** Absatz|einbuße *f*, -rückgang *m*; **~ складских запасов** Lagerabbau *m*; **~ спроса** Nachlassen der Nachfrage; **~ срока** Verkürzung der Frist; **~ субсидий** Subventionsabbau *m*; **~ числа заказов** Auftrags|flaute *f*, -rückgang *m*; **~ численности занятых** Beschäftigungsrückgang *m*; **~ численности персонала (штатов)** Belegschaftsabbau *m*, Personal|abbau *m*, -einsparung *f*, -reduzierung *f*; **~ экспорта** Ausfuhrrückgang *m*, Exportrückgang *m*

сокредитор *m* Mitgläubiger *m*

сокровищ|е *n* Schatz *m*, Kostbarkeit *f*; **-а культуры** Kulturgut *n*

сокрытие *n* Verheimlichung *f*, Verhehlung *f*, Verschleierung *f*

солидарность *f* Solidarität *f*

солидарн|ый Gesamt-, Solidar-; **-ый должник** *m* Gesamtschuldner *m*; **-ая ответственность** *f* Solidarhaftung *f*, Mithaftung *f*; **-о ответственный** mitverantwortlich

солидность *f* Bonität *f*, Solidität *f*

соло-вексель *m* Solawechsel *m*, Eigenwechsel *m*, eigener Wechsel

сомнительн|ый zweifelhaft, dubios; fragwürdig, fraglich; **-ые долги** *pl* dubiose Schulden; **-ые долговые требования** *pl* Dubiosen *pl*, dubiose (zweifelhafte) Forderungen; **-ая сделка** *f* zweifelhaftes Geschäft

соображени|е *n* Überlegung *f*, Erwägung *f*, Meinung *f*, Grund *m*, Beweggrund *m*; **из финансовых -ий** aus finanziellen Gründen

сообща gemeinsam, gemeinschaftlich, zusammen

сообщать benachrichtigen, in Kenntnis setzen, melden, mitteilen, informieren, zur Kenntnis bringen, Mitteilung machen (vornehmen)

сообщение *n* Mitteilung *f*, Nachricht *f*, Bekanntmachung *f*, Meldung *f*; Verkehr *m*, Kommunikation *f*; **делать ~** mitteilen, Mitteilung machen, benachrichtigen; **обеспечивать ~** die Kommunikation gewährleisten; **автобусное ~** Busverkehr *m*; **автомобильное ~** Kraftverkehr *m*; **внутреннее ~** Binnenverkehr *m*, Inlandsverkehr *m*; **воздушное ~** Luftverkehr *m*; **железнодорожное ~** Eisenbahnverkehr *m*, Bahnverkehr *m*; **ложное ~** Falschmeldung *f*; **международное ~** grenzüberschreitender Verkehr; **межрегиональное ~** interregionaler Verkehr; **местное ~** Nahverkehr *m*, Ortsverkehr *m*, Flächenverkehr *m*; **морское ~** Seeverkehr *m*; **нерегулярное ~** Gelegenheitsverkehr *m*; **официальное ~** amtliche Bekanntmachung (Mitteilung); **пароходное ~** Schiffsverkehr *m*; **пассажирское ~** Personenverkehr *m*; **~ по факсу** Fax-Nachricht *f*; **пригородное ~** Nahverkehr *m*; **прямое ~** direkter Verkehr; **сквозное ~** durchgehender Verkehr; **смешанное ~** gebrochener Verkehr; **срочное ~** Eilnachricht *f*; **транзитное ~** Transitverkehr *m*, durchgehender Verkehr

сообщество *n* Gemeinschaft *f*; **экономическое ~** Wirtschaftsgemeinschaft *f*; **Европейское Сообщество** Europäische Gemenschaft *f*

соопекун *m* Mitvormund *m*

сооружать errichten, erbauen, ausbauen

сооружени|е *n* Errichtung *f*, Aufbau *m*, Bau *m*; Bauwerk *n*, Anlage *f*, Installation *f*; **-я** bauliche Substanz; **очистные -я** Kläranlagen *pl*; **-я по переработке отходов** Entsorgungsanlagen *pl*; **портовые -я** Hafen|anlagen *pl*, -einrichtungen *pl*; **производственные -я** Fabrikationsanlagen *pl*; **складские -я** Lager|anlagen *pl*, -einrichtungen *pl*

соответстви|е *n* Übereinstimmung *f*, Kongruenz *f*; **приводить в -е** angleichen; **в -и** laut, gemäß, in Übereinstimmung mit; **в -и с договорённостью (соглашением)** verabredungsgemäß, gemäß (laut) Vereinbarung; **в -и с образцом** mustergetreu; **в -и с торговыми обычаями** handelsüblich, unsancenmäßig; **взаимное -е** Korrelation *f*; **личное -е** persönliche Eignung; **-е наименования фирмы роду занятий и правовой форме** Firmenwahrheit *f*; **-е образцу** Mustertreue *f*; **-е поставки заказу** Lieferbeschaffenheit *f*; **-е цели** Zweckerfüllung *f*

соответствовать entsprechen, übereinstimmen; **~ образцу** mit dem Muster übereinstimmen; **~ своему назначению** seinen Zweck erfüllen, seiner Bestimmung entsprechen

соответствующий entsprechend, übereinstimmend, angemessen, geeignet, jeweilig; **~ доле участия** anteilig, anteilmäßig; **~ торговым обычаям** handelsüblich, unsancenmäßig

соотнесение *n* Zuordnung *f*; **~ издержек с местом их возникновения** Kostenzuordnung *f*

соотношение *n* Verhältnis *n*, Korrelation *f*, Proportion *f*; **~ валютных курсов** Wechselkursverhältnis *n*; **количественное ~** Mengenverhältnis *n*, zahlenmäßiges Verhältnis; **~ курс-балансовая стоимость** Kurs-Buchwert-Verhältnis *n*; **~ курс-кэш флоу** Kurs-Cashflow-Verhältnis *n*; **~ между спросом и предложением** Verhältnis zwischen Nachfrage und Angebot; **~ полов** Geschlechterproporz *m*; **~ процентных ставок** Zinsstruktur *f*; **~ различных интересов** Interessenlage *f*; **~ сил** Kräfteverhältnis *n*; **~ цен** Preisverhältnis *n*

соперник *m* Konkurrent *m*, Rivale *m*, Mitbewerber *m*

соперничать konkurrieren, sich mitbewerben, rivalisieren

соперничество *n* Konkurrenz *f*, Rivalität *f*, Wettbewerb *m*

сопоставимость *f* Vergleichbarkeit *f*; **~ цен** Vergleichbarkeit der Preise

сопоставим|ый vergleichbar; **-ые цены** *pl* vergleichbare Preise; **-ые товары** *pl* vergleichbare Waren

сопоставление *n* Gegenüberstellung *f*, Vergleich *m*; **проводить ~** einen Vergleich (eine Gegenüberstellung) anstellen, vergleichen; **~ балансов** Bilanzvergleich *m*; **~ затрат (издержек)** Kostenvergleich *m*; **~ затрат и доходов** Gegenüberstellung von Aufwendungen und Erträgen; **~ плановых и фактических показателей** Soll-Ist-Vergleich *m*; **~ прихода и расхода** Gegenüberstellung der Einnahmen und Ausgaben; **~ цен** Preisvergleich *m*

сопоставлять gegenüberstellen, vergleichen

сопроводительн|ый Begleit-; **-ый документ** *m* Begleit|adresse *f*, -papier *n*, -schein *m*; **-ое письмо** *n* Begleitbrief *m*

сопровождать begleiten, geleiten

соразмерный angemessen, proportional

соревнование *n* Wettbewerb *m*, Wettkampf *m*, Wettspiel *n*

соревноваться im Wettbewerb stehen, wetteifern

сорт *m* Sorte *f*, Qualität *f*, Güteklasse *f*, Qualitätsstufe *f*, Wahl *f*, Art *f*; **второй ~** zweite Wahl; **высший ~** beste Qualität; **первый ~** erste Wahl, erstklassig, prima; **средний ~** durchschnittliche Art; **товарный ~** Handelssorte *f*; **третий ~** dritte Wahl; **урожайный ~** ertragreiche Sorte

сортамент (сортимент) Sortiment *n*, Auswahl *f*, Produktionsprogramm *n*

сортировать sortieren, aussondern

сортировка *f* Sortierung *f*, Sortieren *n*; **~ товаров** Warensortierung *f*

сортность Sorte *f*, Qualität *f*, Qualitätseinstufung *f*; **пониженная ~** mindere Qualität

сослуживец *m* Kollege *m*, Arbeitskollege *m*, Mitarbeiter *m*

сосредоточение *n* Ballung *f*, Konzentration *f*, Zusammenballung *f*

сосредотачивать ballen, konzentrieren, zusammenballen

сосредотачиваться sich konzentrieren, sich zusammenballen

состав *m* Bestand *m*, Zusammensetzung *f*, Struktur *f*; **возрастной ~** Altersaufbau *m*; **~ капитала** Kapitalzusammensetzung *f*, Zusammensetzung des Kapitals; **личный ~** Personal *n*, Belegschaft *f*; **~ населения** Bevölkerungsstruktur *f*; **подвижной ~** rollendes Material; **~ покупателей** Käuferstruktur *f*; **~ портфеля ценных бумаг** Portfolio|struktur *f*, -zusammensetzung *f*; **постоянный ~ работников предприятия** Stammbelegschaft *f*; **преподавательский ~** Lehrkörper *m*; **(списочный) ~ работников предприятия** Personalbestand *m*; **химический ~** chemische Zusammensetzung; **численный ~ работников предприятия** Belegschaftsstärke *f*, Belegschaft eines Unternehmens, Personalbestand *m*

составитель *m* **(сочинитель** *m***) рекламных текстов** Werbetexter *m*

составление *n* Aufstellung *f*, Abfassung *f*, Anfertigung *f*, Aufsetzung *f*, Ausfertigung *f*, Erstellung *f*, Zusammenstellung *f*; **~ баланса** Bilanz|abfassung *f*, -aufstellung *f*, Aufstellung einer Bilanz, Bilanzierung *f*; **~ бюджета** Budgetaufstellung *f*, Budgetierung *f*, Budgeting, Haushaltsaufstellung *f*; **~ (годового) отчёта** Aufstellung eines Abschlusses; **~ диспаши** Havarieregelung *f*; **~ договора** Abfassung (Aufsetzen, Aufsetzung) eines Vertrags; **~ документа** Ausfertigung einer Urkunde, Aufsetzung eines Schriftstücks; **~ налоговой декларации** Abfassung einer Steuererklärung; **~ отчёта** Abfassung (Aufstellung) eines Berichts, Erstellung einer Abrechnung; **~ плана** Aufstellung (Ausarbeitung, Erstellung) eines Plans, Konzipierung *f*; **~ проводок** Kontenruf *m*; **~ программы** Programmgestaltung *f*, Aufstellung (Zusammenstellung) eines Programms; **~ протокола** Protokollführung *f*, Anfertigung eines Protokolls; **~ рекламации** Abfassung einer Beschwerde; **~ сметы** Veranschlagung *f*, Budgetierung *f*, Budgetaufstellung *f*; **~ сметы по видам издержек** Kostenartenbudgetierung *f*; **~ счёта** Rechnungsausfertigung *f*

составлять aufsetzen, aufstellen, ausarbeiten; abfassen, anfertigen, ausfertigen; erstellen, zusammenstellen; ausmachen, betragen, sich belaufen auf; zusammensetzen; **~ акт** ein Protokoll aufnehmen (aufsetzen); **~ баланс** eine Bilanz aufstellen (abschließen, erstellen); **~ бюджет** ein Budget (eine Haushalt) aufstellen, budgetieren; **~ в итоге** im Ganzen betragen; **~ годовой отчёт (итоговый баланс)** einen Abschluss erstellen; **~ график (календарный план)** einen Zeitplan aufstellen; **~ диспашу** die Dispache aufmachen; **~ договор** einen Vertrag abfassen (aufsetzen); **~ документ** ein Schriftstück abfassen, eine Urkunde ausfertigen; **~ документацию** Unterlagen zusammenstellen; **~ жалобу** eine Beschwerde abfassen; **~ инвентаризационную опись** ein Inventar aufnehmen; **~ кадастр** das Kataster aufstellen; **~ налоговую декларацию** eine Steuererklärung abfassen; **~ отчёт** einen Bericht abfassen (aufstellen, erstellen), eine Abrechnung erstellen; **~ план** einen Plan aufstellen (ausarbeiten, erstellen); **~ письмо** einen Brief aufsetzen; **~ программу** ein Programm aufstellen (erstellen, gestalten, zusammenstellen); **~ проектную группу** ein Team zusammenstellen; **~ протокол** ein Protokoll anfertigen; **~ расчёт убытков по общей аварии** die Dispache aufmachen; **~ рекламацию** eine Reklamation (Beanstandung) abfassen; **~ смету** veranschlagen, budgetieren; **~ счёт** eine Rechnung erstellen

составн|ой zusammengesetzt, Bestand-; **~ ая часть** *f* Bestandteil *m*

состояни|е *n* Zustand *m*, Beschaffenheit *f*; Stand *m*; Lage *f*, Verfassung *f*, Vermögen *n*, Habe *f*; **безупречное -е** einwandfreier Zustand, einwandfreie Beschaffenheit; **-е бюджета** Budgetbestand *m*, Haushaltsstand *m*; **в рабочем -и** betriebs|bereit, -fähig, -fertig; **внешнее -е** äußere Beschaffenheit; **гражданское -е личности** Personenstand *m*; **-е дел** Geschäftslage *f*, Sachlage *f*, Stand der Dinge; **длительное -е** Dauerzustand *m*; **имущественное -е** Vermögens|lage *f*, -status *m*; **исходное -е** Anfangszustand *m*; **-е конкуренции (конкурентной борьбы)** Konkurrenz|lage *f*, -situation *f*, Wettbewerbslage *f*; **-е конъюнктуры** Konjunktur|klima *n*, -lage *f*; **-е конъюнктуры рынка** Markt|lage *f*, -verfassung *f*, Geschäftslage *f*; **-е ликвидности** Liquiditäts|ausweis *m*, -stand *m*; **-е на начало года** Stand am Jahresanfang; **надлежащее -е по виду** äußerlich guter Zustand; **по -ю на 31 декабря** gemäß Stand per (zum) 31. Dezember; **повреждённое -е** beschädigter Zustand; **плохое -е** mangelhafter (schlechter) Zustand; **-е почвы** Bodenverhältnisse *pl*; **-е равновесия** Gleichgewichtszustand *m*; **-е развития техники** Stand der Technik; **-е расчётов на определённую дату** stichtagbezogene Abrechnung; **-е реализации проекта** Projektstand *m*; **современное -е** gegenwärtige Lage; **-е счёта** Kontostand *m*, Stand des Kontos; **-е счетов** Kontenstand *m*; **-е счетов банка** Bankstatus *m*; **-е товара** Beschaffenheit der Ware; **фактическое -е** Istzustand *m*; **финансовое -е (-е финансов)** Finanz|lage *f*, -status *m*, finanzielle Lage; **хорошее -е** guter Zustand; **хроническое -е** Dauerzustand *m*; **-е экономики** Wirtschafts|-lage *f*, -verfassung *f*, wirtschaftliche Lage

состоятельность *f* Zahlungsfähigkeit *f*, Solvenz *f*, Kapitalkraft *f*; **имущественная ~** gute Vermögenslage

состоятельный zahlungsfähig, solvent, kapitalkräftig; wohlhabend, bemittelt; stichhaltig, begründet

состоять bestehen, sich zusammensetzen; **~ в должности** eine Stelle besetzen, ein Amt bekleiden (innehaben)

состязательность *f* **целей** Konkurrenz der Ziele

сотрудник *m* Mitarbeiter *m*, Kollege *m*; **аттестовывать -ов** die Mitarbeiter beurteilen; **знакомить новых -ов с работой** neue Mitarbeiter einarbeiten (in die Arbeit einweisen); **инструктировать (обучать) -ов** Mitarbeiter unterweisen; **мотивировать -ов** Mitarbeiter motivieren; **принимать -а на работу** einen Mitarbeiter einstellen; **увольнять -а** einen Mitarbeiter entlassen (kündigen); **компетентный ~** zuständiger

Mitarbeiter; **~ отдела снабжения** Einkaufssachbearbeiter *m*

сотрудничать mitarbeiten, mitwirken, zusammenarbeiten, kooperieren, Kooperationen eingehen; **~ при расширении предприятия** beim Ausbau des Betriebes kooperieren

сотрудничеств|о *n* Mitarbeit *f*, Mitwirkung *f*, Zusammenarbeit *f*, Kooperation *f*; **вести деловое -о** geschäftlich zusammenarbeiten; **договариваться о -е** eine Zusammenarbeit vereinbaren; **заключать соглашение о -е** die Kooperation eingehen; **развивать -о** die Zusammenarbeit (Kooperation) fördern; **расширять -о** die Kooperation (Zusammenarbeit) ausbauen; **в -е** in Zusammenarbeit mit; **деловое -о** Unternehmenskooperation *f*, geschäftliche Kooperation; **добровольное -о** freie Mitarbeit; **-о между фирмами** firmenübergreifende Kooperation; **международное -о** internationale (grenzüberschreitende) Zusammenarbeit (Kooperation); **научное -о** wissenschaftliche Zusammenarbeit; **негласное -о** stillschweigende Kooperation; **равноправное -о** gleichberechtigte Zusammenarbeit (Kooperation); **тесное -о** enge Kooperation; **техническое -о** technische Zusammenarbeit

соучастие *n* Teilnahme *f*

сохранение *n* Erhaltung *f*, Beibehaltung *f*, Aufrechterhaltung *f*, Aufbewahrung *f*, Verwahrung *f*, Haltbarmachung *f*, Konservierung *f*; **брать на ~** in Verwahrung nehmen, auf Lager nehmen; **(от)давать на ~** in Verwahrung geben; **~ в тайне** Geheimhaltung *f*; **~ дел (документов)** Aufbewahrung von Akten; **~ имущества (состояния)** Vermögenssicherung *f*; **~ материальных активов** Substanzerhaltung *f*; **~ названия фирмы** Firmenfortführung *f*; **~ предприятий** Unternehmenssicherung *f*, Erhaltung von Unternehmen; **~ производственных секретов** Wahrung von Betriebsgeheimnissen; **~ рабочих мест** Arbeitsplatzerhaltung *f*, Erhaltung der Arbeitsplätze; **~ складских запасов** Erhaltung des Lagerbestandes; **~ соглашения в силе после окончания срока его действия** Nachwirkung *f*; **~ стоимости** Wert|aufbewahrung *f*, -erhaltung *f*, Substanzerhaltung *f*; **~ стоимости капитала** Kapitalerhaltung *f*; **~ стоимости средств производства** Werterhaltung der Produktionsmittel; **~ уровня ликвидности** Liquiditätserhaltung *f*; **~ цен на прежнем уровне** Aufrechterhaltung des Preisniveaus

сохранность *f* Unversehrtheit *f*

сохранять erhalten, aufrechterhalten, aufbewahren, verwahren, beibehalten, haltbar machen, konservieren; **~ в тайне** geheimhalten; **~ документы (дела)** Akten aufbewahren, Papiere verwahren; **~ рабочие места** Arbeitsplätze erhalten; **~ равновесие** Gleichgewicht halten; **~ силу** in Kraft bleiben, Gültigkeit behalten; **~ свою стоимость** seinen Wert behalten; **~ уровень цен** das Preisniveau aufrechterhalten

социализация *f* Sozialisierung *f*

социализировать sozialisieren

социализм *m* Sozialismus *m*

социально-политическ|ий sozialpolitisch; **-ие цели** *pl* sozialpolitische Ziele

социально-правовой sozialrechtlich

социально-экономическ|ий sozialökonomisch; **-ая структура** *f* Sozialstruktur *f*; **-ие цели** *pl* sozialökonomische Ziele

социальн|ый sozial, Sozial-; **-ая защита** *f* **населения** sozialer Ausgleich; **-ый капитал** *m* Sozialkapital *n*; **-ая политика** *f* Sozialpolitik *f*; **-ая помощь** *f* Sozialhilfe *f*; **-ая реформа** *f* Sozialreform *f*; **-ая рыночная экономика** *f* soziale Marktwirtschaft

сочетание *n* Kombination *f*, Mix *n*, Verbindung *f*, Vereinigung *f*; **~ различных форм вложения капитала** Anlagemix *n*

сочетать verbinden, vereinigen, kombinieren, koordinieren, abstimmen

союз *m* Bündnis *n*, Bund *m*, Allianz *f*, Verband *m*, Verein *m*, Vereinigung *f*, Union *f*; **вступать в члены -а** in einen Bund (Verein) eintreten, einem Verband beitreten; **выходить из ~** aus einem

Verein austreten; **заключить ~** eine Allianz schließen; **образовывать (основывать, создавать) ~** einen Verband (Verein) gründen, eine Vereinigung bilden, eine Union schaffen; **валютный ~** Währungsunion *f*; **Европейский ~** Europäische Union; **правоспособный ~** rechtsfähiger Verein; **~ предпринимателей** Unternehmerverband *m*, Arbeitgeberverband *m*; **профессиональный ~** Gewerkschaft *f*, berufsständische Vereinigung; **профессиональный ~ промышленных рабочих** Industrie|gewerkschaft *f*, -verband *m*; **~ работодателей** Arbeitgeberverband *m*; **~ работодателей, уполномоченный заключать тарифные соглашения** tariffähiger Arbeitgeberverband; **~ ремесленников** Innung *f*; **таможенный ~** Zollunion *f*; **экономический ~** Wirtschaftsunion *f*; **экономический и валютный ~** Wirtschafts- und Währungsunion *f*; **экономический и социальный ~** Wirtschafts- und Sozialunion *f*

спад *m* Rückschlag *m*, Rückgang *m*, Rückfall *m*, Rezession *f*, Flaute *f*, Krise *f*; Abschwächung *f*, Nachlassen *n*, Tief *n*; **вызывать ~** eine Flaute (Rezession) heraufbeschwören; **находиться в фазе -а** in der Rezession stecken; **отмечать ~** eine Rückgang verzeichnen; **переживать ~** einen Rückgang hinnehmen müssen; **преодолевать ~** eine Rezession (Krise) durchmachen (überwinden), die Krise bewältigen (überstehen); **~ биржевой активности** Börsenflaute *f*; **~ в строительстве** Baurezession *f*, Flaute in der Bauwirtschaft; **~ деловой активности** Geschäfts|flaute *f*, -rückgang *m*, Konjunktur|einbruch *m*, -flaute *f*, -rückfall *m*, -rückgang *m* geschäftliche Flaute, schleppendes Geschäft, konjunktureller Abschwung (Rückgang); **длительный (затяжной) ~** anhaltende Flaute (Rezession); **~ конъюнктуры** Konjunktur|abschwung *m*, -einbruch *m*, -flaute *f*, -rückfall *m*, -rückgang *m*, -verfall *m*; **~ на мировых рынках** Flaute auf den Weltmärkten; **обусловленный -ом** rezessionsbedingt; **охваченный -ом** von der Rezession betroffen; **~ производства** Produktions|einbruch *m*, -rückgang *m*, Rückgang der Produktion; **резкий ~** Einbruch *m*; **резкий ~ конъюнктуры рынка** Markteinbruch *m*; **резкий ~ экономики** Wirtschaftseinbruch *m*, Slump *m*; **циклический ~ конъюнктуры** konjunkturelle Flaute, Geschäfts|flaute *f*, -rückgang *m*; **экономический ~** Wirtschafts|flaute *f*, -krise *f*, wirtschaftlicher Rückgang

спадать abnehmen, nachlassen

спам *m*, **спэм** *m* Spam *m*

спамминг *m* Spamming *n*

спасение *n* Rettung *f*, Bergung *f*

спектр *m* Spektrum *n*, Palette *f*; **полный ~ сервисных услуг** Full-Service *m*; **~ предоставляемых услуг** Leistungsspektrum *n*

спекулировать spekulieren, schieben, Spekulation betreiben; **~ акциями** in Aktien spekulieren; **~ земельными участками (недвижимостью)** mit Grundstücken spekulieren; **~ на бирже** an der Börse spekulieren; **~ на повышение** auf Hausse (Kursanstieg) spekulieren, haussieren; **~ на понижение** auf Baisse (Kursrückgang) spekulieren, fixen, baissieren

спекулянт *m* Spekulant *m*, Schieber *m*; **биржевой ~** Börsenspekulant, Kursspekulant *m*, Jobber *m*; **~ валютой** Devisenschieber *m*; **~, играющий на повышение** Haussespekulant *m*, Haussier *m*; **~, играющий на понижение** Baissespekulant *m*, Baissier *m*; **~ недвижимостью** Grundstücksspekulant *m*; **~ ценными бумагами нового выпуска** Konzertzeichner *m*

спекулятивн|ый spekulativ, Spekulations-; **-ое капиталовложение** *n* spekulative Anlage; **-ые покупки** *pl* Spekulationskäufe *pl*; **-ая прибыль** *f* Spekulationsgewinn *m*; **-ые средства** *pl* Spekulationsgelder *pl*; **-ые ценные бумаги** *pl* Spekulations|papiere *pl*, -werte *pl*

спекуляци|я *f* Spekulation *f*, Schiebung *f*; **заниматься -ей** Spekulation betreiben; **-я акциями** Aktienspekulation *f*; **биржевая -я** Börsenspekulation *f*; **-я земельными участками** Grundstücksspekulation *f*, Bodenspekulation *f*, Spekulation mit Grundstücken; **-я на изменении курсов ценных бумаг (валют)** Kursspekulation *f*; **-я на изменении обменных курсов валют** Wechselkursspekulation *f*; **-я на повышение** Haussespekulation *f*; **-я на понижение** Baissespekulation *f*; **-я на разнице процентных ставок** Zinsspekulation *f*; **-я на фондовой бирже** Kursspekulation *f*; **-я ценными бумагами** Effektenspekulation *f*, Wertpapierspekulation *f*, Spekulation in den Wertpapieren; **-я ценными бумагами нового выпуска** Konzertzeichnung *f*

специализация *f* Spezialisierung *f*, Fachrichtung *f*, fachliche Ausrichtung; **~ производства** Spezialisierung der Produktion

специализированн|ый spezialisiert, Spezial-; **-ый банк** *m* Spezialbank *f*; **-ая биржа** *f* Spezialbörse *f*; **-ая выставка** *f* Fach|ausstellung *f*, -messe *f*; **-ый на сбыт** auf dem Vertrieb spezialisiert; **-ый сервис** *m* Spezialservice *m*; **-ая торговля** *f* Fachhandel *m*, Spezialhandel *m*

специализироваться sich spezialisieren; **~ в определённой области** sich auf ein bestimmtes Fachgebiet spezialisieren

специалист *m* Fachmann *m*, Fachkraft *f*, Spezialist *m*; **~ в области рационализации** Rationalisierungsfachmann *m*; **компетентный ~** kompetenter Fachmann; **молодые -ы** Nachwuchs *m*, Nachwuchskräfte *pl*; **~ по рекламе** Werbefachmann *m*; **~ по оценке ущерба** Schadenregulierer *m*; **~ по связям с общественностью** PR-Manager; **~ по снабжению и сбыту на промышленном предприятии** Industriekaufmann *m*

специальност|ь *f* Beruf *m*, Fach *n*, Fachbereich *m*, Fachgebiet *n*; **выбирать -ь** einen Beruf wählen; **избрать -ь** einen Beruf ergreifen; **обучать -и** fachlich ausbilden; **открывать -ь** ein Fach einrichten; **получить (приобретать) -ь** einen Beruf erlernen; **работать по -и** einen Beruf ausüben, einem Beruf nachgehen, von Beruf sein; **сменить -ь** den Beruf wechseln; **вторая -ь** Nebenberuf *m*; **основная -ь** Hauptberuf *m*; **полученная -ь** erlernter Beruf

специальн|ый speziell, Spezial-, Sonder-; fachlich, fachkundig, fachgebunden, Fach-; **-ый журнал** *m* Fachzeitschrift *f*; **-ый заказ** *m* Sonderauftrag *m*; **-ые знания** *pl* Fach|kenntnisse *pl*, -wissen *n*; **-ое исполнение** *n* **(-ая конструкция** *f***)** Sonderausführung *f*; **-ая наценка** *f* Sonderaufschlag *m*; **среднее -ое учебное заведение** *n* Fachschule *f*; **-ая упаковка** *f* Spezialverpackung *f*

специфика *f* Besonderheit *f*, Eigenart *f*

спецификаци|я *f* Spezifikation *f*, Aufstellung *f*, Einzelangaben *pl*, Stückliste *f*, genaue Beschreibung, nähere Angaben; **изготавливать согласно -и** nach einer Spezifikation fertigen; **разрабатывать (составлять) -ю** eine Spezifikation (Aufstellung) erarbeiten (erstellen); **-я видов издержек** Kostenartenaufstellung *f*; **-я клиента** Kunden|angaben *pl*, -spezifikation *f*; **-я материалов** Materialverzeichnis *n*; **-я на груз** Lade|liste *f*, -verzeichnis *n*; **-я по количеству груза** Mengenstückliste *f*; **согласно прилагаемой -и** laut beiliegender Aufstellung; **упаковочная -я** Packliste *f*, Verpackungsliste *f*; **фактура -я** spezifizierte Rechnung; **-я фьючерса** Terminkontraktspezifikation *f*

специфицировать spezifizieren, näher angeben

специфическ|ий spezifisch, bestimmt; **-ая пошлина** *f* spezifischer Zoll

спецодежда *f* Arbeitskleidung *f*, Berufskleidung *f*, Schutzkleidung *f*

спецпосланник *m (Pol)* Sondergesandte *m*

спираль *f* **инфляции** Inflationsspirale *f*

спирт *m* Alkohol *n*, Sprit *m*

списани|е *n* Abbuchung *f*, Abschreibung *f*, Buchung *f*; **прекращать -е по амортизации** die Abschreibung aussetzen; **производить -е** eine Abschreibung (Abbuchung, Ausbuchung) vornehmen; **производить -е долгов**

die Entschuldung durchführen; **ускорять амортизационные -я** die Entwertung beschleunigen; **ходатайствовать о -и долгов** die Entschuldung beantragen; **амортизационные -я** Abschreibung *f*, Entwertung *f*; **бесспорное -е средств со счёта** Abbuchungsverfahren *n*, Abbuchung *f*; **-е дебиторской задолженности** Forderungsabschreibung *f*; **-е долга** Schuldabschreibung *f*, Entschuldung *f*, Forderungsausfall *m*; **общее (паушальное) -е** Pauschalabschreibung *f*; **-е по амортизации, уменьшающее сумму налогообложения** steuerliche Abschreibung; **-е по амортизации** Abschreibung *f*; **-е по курсовой стоимости** Kurswertabschreibung *f*; **-е по степени износа** verbrauchsbedingte Abschreibung; **-е с баланса** Abschreibung *f*; **-е с баланса части акционерного капитала** Kapitalherabsetzung *f*; **-е со счёта** Abbuchung *f*, Ausbuchung *f*, Lastschrift *f*; **сводные -я** Sammelabschreibungen *pl*; **-е стоимости капиталовложений** Abschreibung auf Finanzanlagen; **-е стоимости капиталовложений в виде участия в других предприятиях** Abschreibung auf Beteiligungen; **-е стоимости основных средств производства** Bewertungsabschreibung *f*; **частичное -е стоимости** Teilwertabschreibung *f*

списанный abgeschrieben; **~ долг** abgeschriebene Forderung

список *m* Liste *f*, Verzeichnis *n*, Aufstellung *f*, Auflistung *f*, Register *n*, Rolle *f*; **включать (вносить) в ~** auf die Liste setzen, in die Liste (das Register) eintragen; **составлять ~** eine Aufstellung (eine Liste) erstellen, eine Liste (ein Verzeichnis) aufstellen, auflisten; **~ адресов** Anschriftenverzeichnis *n*; **~ акционеров** Aktionärsverzeichnis *n*; **~ движимого имущества** Mobiliarverzeichnis *n*; **~ доступа** Zugriffskontrollliste *f*; **~ заказов** Bestelliste *f*; **~ импортных товаров** Einfuhrliste *f*, Importliste *f*; **инвентарный ~** Bestands|liste *f*, -verzeichnis *n*, Inventarliste *f*; **~ кандидатов** Vorschlagsliste *f*; **~ клиентов** Kundenliste *f*; **~ конкурентов** Konkurrenzliste *f*; **контрольный ~** Kontrollliste *f*, Checkliste *f*; **~ кредиторов** Gläubigerverzeichnis *n*; **~ либерализованных товаров** Freiliste *f*, Liberalisierungsliste *f*; **общий ~** Sammelliste *f*; **~ отзывов (референций)** Referenzliste *f*; **~ очередников** Warteliste *f*; **~ погашаемых облигаций** Verlosungsliste *f*; **~ подписчиков** Zeichnerliste *f*, Zeichnungsliste *f*; **поимённый ~** Namens|liste *f*, -verzeichnis *n*; **послужной ~** Dienstzeugnis *n*; **~ постоянных клиентов биржи** Börsenregister *n*; **~ покупок** Einkaufsliste *f*; **~ претензий конкурсных кредиторов** Konkurstabelle *f*; **~ присутствующих** Anwesenheitsliste *f*, Präsenzliste *f*; **~ продаваемых объектов** Verkaufsliste *f*; **~ проектов** Projektliste *f*; **~ рассылки** Adressenliste *f*, Mailingliste *f*; **~ референций (рекомендаций)** Referenzliste *f*; **сводный ~** Zusammenstellung *f*; **~ сортов** Sortenverzeichnis *n*; **~ стран, против которых введено эмбарго** Embargoliste *f*; **~ товаров** Waren|liste *f*, -verzeichnis *n*; **~ товаров, разрешённых к вывозу без ограничений** Freiliste *f*, Liberalisierungsliste *f*; **~ участников** Teilnehmerliste *f*; **~ ценных бумаг, могущих служить обеспечением** Lombardverzeichnis *n*; **~ членов** Mitgliederliste *f*; **~ экспортных товаров** Ausfuhrliste *f*, Exportliste *f*

списывать abbuchen, abschreiben, buchen, belasten; **~ в расход** als Kosten buchen; **~ в убыток** ausbuchen, als Verlust buchen; **~ долг** eine Schuld abschreiben, entschulden; **~ производственное оборудование** Betriebsanlagen abschreiben; **~ по амортизации** abschreiben; **~ с баланса** abschreiben; **~ со счёта** abbuchen, abschreiben, ausbuchen, belasten; **~ со счёта дебиторскую задолженность** Forderungen abschreiben; **~ со счёта курсовую разницу** Kursdifferenzen ausbuchen; **~ сумму со счёта** einen Betrag vom Konto abbuchen

сплит *m* Splitting *m*; **~ акций** Aktienaufteilung *f*, Aktiensplit *m*, Aktienteilung *f*

спонсор *m* Sponsor *m*, Förderer *m*, Geldgeber *m*

спонсорство *n* Sponsoring *n*

спор *m* Streit *m*, Streitfall *m*, Streitigkeit *f*, Rechtsstreit *m*, Rechtsstreitigkeit *f*; **улаживать ~** einen Streit beilegen, eine Streitigkeit schlichten; **имущественный ~** vermögensrechtliche Streitigkeit; **~ о подведомственности** Kompetenzstreit *m*; **судебный -, вытекающий из торговой сделки** Handelssache *f*; **трудовой ~** Arbeits|streitigkeit *f*, -konflikt *m*

спорный streitig, Streit-; **~ вопрос** *m* Streitigkeit *f*; **~ долг** *m* streitige Forderung

способ *m* Verfahren *n*, Methode *f*, Art *f*, Weise *f*, Modalität *f*; **разрабатывать ~** ein Verfahren entwickeln; **~ ведения рекламной деятельности** Werbemethode *f*; **~ взимания (налогов)** Erhebungsverfahren *n*; **~ изготовления** Herstellungs|verfahren *n*, -weise *f*, Fertigungsverfahren *n*, Produktionsverfahren *n*, Fabrikationsmethode *f*; **инкассовый ~ расчёта** Inkassoverfahren *n*; **~ исчисления** Berechnungsmethode *f*; **~ начисления налогов** Veranlagungsverfahren *n*; **~ оценки** Bewertungsverfahren *n*; **~ платежа** Zahlungs|art *f*, -modus *m*, -weise *f*, **подрядный ~ строительства** Bauarbeiten durch Vergabe, Bauarbeiten durch Werkvertrag; **~ производства** Herstellungšerfahren *n*, -weise *f*, Fabrikationsmethode *f*, Fertigungsverfahren *n*, Produktionsverfahren *n*; **~ прямых продаж** *(V&M)* Direktverkauf *m*, Strukturvertrieb *m*; **~ расчёта** Berechnungsverfahren *n*; **~ списания** Abschreibungs|methode *f*, -verfahren *n*; **~ строительства** Bauweise *f*; **~ транспортировки** Beförderungsart *f*; **~ утилизации** Recycling-Verfahren *n*; **~ учёта** Erhebungsverfahren *n*; **хозяйственный ~ строительства** Bauarbeiten in eigener Regie; **~ эксплуатации** Betriebsart *f*; **~ эмиссии** Emissionsverfahren *n*

способност|ь *f* Fähigkeit *f*, Kraft *f*, Vermögen *n*, Befähigung *f*, Begabung *f*; **обладать -ью** über die Fähigkeit verfügen; **ослаблять покупательную -ь** die Kaufkraft abschöpfen; **развивать -ь** die Fähigkeit erweitern (entwichkeln); **сохранять покупательную -ь** die Kaufkraft erhalten; **абсорбционная ~ (рынка)** Aufnahmefähigkeit *f*; **-ь к адаптации** Anpassungsfähigkeit *f*; **-ь к новаторской деятельности** Innovationsfähigkeit *f*; **-и к руководству (управлению)** Führungsfähigkeiten *pl*; **несущая -ь** Tragfähigkeit *f*; **обладающий покупательной -ью** kaufkräftig; **-ь обеспечивать поставки** Liefer|fähigkeit *f*, -kapazität *f*; **платёжная -ь** Zahlungsfähigkeit *f*; **покупательная -ь** Kauf|fähigkeit *f*, -kraft *f*, Konsumkraft *f*; **покупательная -ь денег** Kaufkraft des Geldes; **покупательная -ь населения** Massenkaufkraft *f*; **-ь поставщика учитывать пожелания заказчика** Lieferflexibilität *f*; **провозная -ь** Transport|fähigkeit *f*, -kapazität *f*; **пропускная -ь** Durchsatzleistung *f*, Durchlassfähigkeit *f*; **-ь работать в коллективе** Teamfähigkeit *f*; **-ь служить покрытием** Deckungsfähigkeit *f*; **-ь служить резервом выплаты страхового возмещения** Deckungsstockfähigkeit *f*; **творческая -ь** schöpferische Fähigkeit; **теплотворная -ь** Heizwert *m*; **-ь финансировать** Finanzierungsfähigkeit *f*; **эксплуатационная -ь** Betriebsfähigkeit *f*

способный fähig, befähigt, begabt; **~ к обращению** umlauffähig; **~ к транспортировке** transportfähig; **~ к функционированию** funktionsfähig; **~ конкурировать на рынке** marktfähig; **~ нести нагрузку** tragfähig; **~ служить покрытием (обеспечением)** deckungsfähig

способствовать beitragen, begünstigen, fördern, vermitteln, dienen; **~ развитию** fördern; **~ развитию промышленности** die Industrie fördern; **~ развитию экспортной**

торговли den Ausfuhrhandel begünstigen (fördern)
спот *m* Spotgeschäft *n*, Kassageschäft *n*, Lokogeschäft *n*; *(V&M)* Werbespot *m*
спот-промпт *m* prompte Lokoware
спот-рынок *m* Spotmarkt *m*
справедливост|ь *f* Gerechtigkeit *f*, Billigkeit *f*; **-ь налогообложения** Steuergerechtigkeit *f*; **по закону и -и** nach Recht und Billigkeit; **-ь распределения** Verteilungsgerechtigkeit *f*; **социальная -ь** soziale Gerechtigkeit
справедливый gerecht, gerechtfertigt, billig
справк|а *f* Auskunft *f*, Bescheinigung *f*, Bestätigung *f*, Ausweis *m*, Beleg *m*, Nachweis *m*; **выдавать -у** eine Bescheinigung ausstellen, eine Auskunft erteilen (geben); **запрашивать -у** um Auskunft bitten; **наводить -и** eine Auskunft einholen, Erkundungen einziehen; **отказаться дать -у** eine Auskunft verweigern; **получать -у** eine Auskunft erhalten; **представлять -у** einen Nachweis (eine Bescheinigung) vorlegen, einen Beleg einreichen; **медицинская -а** ärztliches Attest; **-а о заработке** Gehaltsbescheinigung *f*; **-а о кредитоспособности** Kreditauskunft *f*; **-а о количестве отработанных часов** Nachweis für geleistete Stunden; **-а о прописке** Meldebescheinigung *f*; **-а о стаже и размере заработка** Verdienstbescheinigung *f*; **-а о трудовой деятельности** Arbeitsbescheinigung *f*; **-а об уплате налогов** Nachweis über gezahlte Steuern; **официальная -а** amtliche Auskunft; **-а таможенного органа о таможенных тарифах** Zoll(tarif)auskunft *f*
справляться sich erkundigen, nachfragen, nachschlagen, Erkundungen einziehen; bewältigen, erledigen, meistern; **~ о цене** sich nach dem Preis erkundigen; **~ об условиях приёма** sich nach den Aufnahmebedingungen erkundigen; **~ по документам** in den Akten nachschlagen; **~ с делом** eine Angelegenheit erledigen; **~ с задачей** die Aufgabe meistern; **~ с объёмом работы** die Arbeitsmenge bewältigen; **~ с работой** die Arbeit schaffen; **~ с трудностями** mit den Schwierigkeiten fertig werden, Schwierigkeiten ausräumen
справочник *m* Handbuch *n*, Nachschlagewerk *n*; **~ по эксплуатации** Betriebshandbuch *n*; **~ покупателя** Einkaufsführer *m*; **тарифный ~** Gebührenanzeiger *m*; **телефонный ~** Telefonbuch *n*
справочн|ый Auskunfts-; **-ое бюро** Auskunfts|büro *n*, -stelle *f*
спредер *m (Transp)* Spreader *m*
спрединг *m (Bö)* Spreadgeschäfte *pl*
спрос *m* Nachfrage *f*, Bedarf *m*; **анализировать ~** den Bedarf analysieren; **оживлять ~** die Nachfrage ankurbeln; **ослаблять ~** die Nachfrage abschwächen; **ослаблять (удовлетворять) избыточный ~** die Nachfrage abschöpfen; **оценивать ~** den Bedarf einschäfzen (planen); **повышать (увеличивать) ~** den Bedarf steigern; **покрывать ~** die Nachfrage (den Bedarf) decken, der Nachfrage gerecht werden; **полностью удовлетворять ~** die Nachfrage sättigen; **регулировать ~** die Nachfrage steuern; **сдерживать ~** die Nachfrage dämpfen; **стимулировать ~** die Nachfrage ankurbeln (anregen, stimulieren), den Bedarf wecken; **удовлетворять ~** die Nachfrage decken (sättigen), der Nachfrage gerecht werden, den Bedarf (ab)decken (befriedigen, sättigen); **учитывать (фиксировать) ~** die Nachfrage erfassen; **ажиотажный ~** reißender Absatz; **большой ~** Ansturm *m*; **внутренний ~** Binnennachfrage *f*, Inlands|bedarf *m*, -nachfrage *f*; **возрастающий ~** steigender Bedarf, steigende Nachfrage; **возросший ~** vermehrter Bedarf; **дополнительный ~** Zusatzbedarf *m*, Ergänzungsbedarf *m*; **~ и предложение** Nachfrage und Angebot; **максимальный ~** Spitzenbedarf *m*, Nachfragespitze *f*; **массовый ~** Massenbedarf *m*; **мировой ~** Weltnachfrage *f*; **~ на валюту** Devisennachfrage *f*; **~ на внешнем рынке** Auslandsnachfrage *f*; **~ на внутреннем рынке** Inlandsnachfrage *f*; **~ на деньги**

(наличность) Geldmittelnachfrage *f*, Geld|bedarf *m*, -nachfrage *f*; **~ на инвестиционные товары** Investitionsgüter|bedarf *m*, -nachfrage *f*; **~ на (ссудный) капитал** Kapital|bedarf *m*, -nachfrage *f*, Bedarf an Kapital; **~ на кредиты** Kredit|nachfrage *f*, -bedarf *m*; **~ на ликвидность** Liquiditätsbedarf *m*, Bedarf an Liquidität; **~ на нефть** Erdölnachfrage *f*, Ölnachfrage *f*; **~ на потребительские товары** Konsumgüter|bedarf *m*, -nachfrage *f*; **~ на продовольственные товары** Nahrungsmittelbedarf *m*; **~ на продукты** Nachfrage nach Produkten; **~ на рабочую силу** Arbeitskräftebedarf *m*, Personalbedarf *m*; **~ на сопутствующие товары** Ergänzungsbedarf *m*, Nachfolgebedarf *m*; **~ на средства производства** Investitionsgüter|bedarf *m*, -nachfrage *f*; **~ на сырьё и полуфабрикаты** Sekundärbedarf *m*; **~ на товары** Güternachfrage *f*; **~ на факторы производства** Faktorbedarf *m*; **нет -а** kein Bedarf, gestrichen Geld; **непокрытый ~** Fehlbedarf *m*; **непосредственный ~** Sofortbedarf *m*; **неудовлетворённый ~** unbefriedigte Nachfrage; **неэластичный ~** unelastischer Bedarf, unelastische Nachfrage; **ожидаемый ~** voraussichtlicher Bedarf; **остаточный ~** Restnachfrage *f*; **отложенный ~** Nachholbedarf *m*; **повышенный ~** lebhafte Nachfrage; **пользующийся -ом** gefragt, nachgefragt, gängig; **пользующийся -ом на рынке** marktgängig; **пользующийся наибольшим -ом** meistgekauft; **потребительский ~** Konsumbedarf *m*, Konsumentennachfrage *f*, Verbrauchernachfrage *f*; **при наличии -а** bei Nachfrage; **производный ~** Folgebedarf *m*; **промышленный ~** Industrie|bedarf *m*, -nachfrage *f*; **резко возросший ~** boomartige Nachfrage; **сезонный ~** Saisonbedarf *m*, saisonbedingter Bedarf; **совокупный ~** Gesamt|bedarf *m*, -nachfrage *f*, gesamtwirtschaftliche Nachfrage; **сокращающийся ~** abnehmende (nachlassende, rückläufige) Nachfrage; **текущий ~** laufender Bedarf, laufende Nachfrage; **удовлетворённый ~** befriedigte Nachfrage, befriedigter Bedarf; **устойчивый ~** gleichbleibende, (anhaltende, ständige) Nachfrage; **чрезмерный ~** übermäßiger Bedarf; **эластичный ~** elastischer Bedarf, elastische Nachfrage

спрэд *m* Geld-Brief-Spanne *f*, Kursspanne *f*; Bandbreite *f*, Differenz *f*; **~ бабочка** Schmetterling Spread; **~-приказ** Spread-Order

сравнени|е *n* Vergleich *m*, Gegenüberstellung *f*; **привлекать для -я** zum Vergleich heranziehen; **проводить -е** vergleichen, einen Vergleich durchführen (anstellen); **-е внутрипроизводственных показателей** innerbetrieblicher Vergleich; **-е годовых показателей** Jahresvergleich *m*; **-е деятельности (работы) предприятий** Betriebsvergleich *m*, zwischenbetrieblicher Vergleich; **-е затрат (издержек)** Kostenvergleich *m*; **-е имущества предприятий** Betriebsvermögensvergleich *m*; **-е квот** Quotenvergleich *m*; **-е наивысшего и самого низкого курсов** Höchst-Tiefstkurs-Vergleich *m*; **-е плановых и фактических показателей** Plan-Ist-Vergleich *m*, Soll-Ist-Vergleich *m*; **по -ю** im Vergleich; **-е показателей за разные периоды времени** Zeitvergleich *m*; **-е покупательной способности** Kaufkraftvergleich *m*; **-е производственных показателей** Leistungsvergleich *m*; **-е с другими предприятиями отрасли** Branchenvergleich *m*; **-е с планом** Planvergleich *m*; **-е себестоимости** Selbstkostenvergleich *m*; **-е уровней** Niveauvergleich *m*; **-е уровня доходов** Einkommensvergleich *m*; **-е цен** Preisvergleich *m*; **-е эффективности** Performancevergleich *m*

сравнивать vergleichen, gegenüberstellen

сравнимый vergleichbar

сращивание *n* Verflechtung *f*, Zusammenlegung *f*; **~ капиталов** Kapital|verflechtung *f*, -zusammenlegung *f*; **~ концернов** Konzernverflechtung *f*

сред|а *f* Umwelt *f*, Umgebung *f*, Milieu *n*, Umfeld *n*; **загрязнять окру-**

жающую -у die Umwelt verschmutzen; **охранять окружающую -у (от загрязнения)** die Umwelt schützen; **оберегать (сохранять) окружающую -у** die Umwelt erhalten; **окружающая -а** Umwelt *f*; **представляющий угрозу окружающей -е** umweltgefährdend

среднегодовой показатель *m* **(уровень** *m***)** Jahresdurchschnitt *m*

среднемесячный показатель *m* **(уровень** *m***)** Monatsdurchschnitt *m*

среднесрочн|ый mittelfristig; **-ый кредит** *m* mittelfristiger Kredit; **-ое планирование** *n* mittelfristige Planung

среднесуточный показатель *m* **(уровень** *m***)** Tagesdurchschnitt *m*

средн|ий durchschnittlich, mittler, Durchschnits-, Mittel-; **-яя величина** *f* **(-ее значение** *n***)** Durchschnitt *m*, Mittel *n*, Durchschnittswert *m*, Mittelwert *m*; **-ий доход** *m* Durchschnitts|einkommen *n*, -erlös *m*, -ertrag *m*; **-яя загрузка** *f* Durchschnittsbelastung *f*; **-ий курс** *m* Mittelkurs *m*; **ниже -его** unterdurchschnittlich; **-ее сословие** Mittelstand *m*; **-ее торговое качество** *n* mittlere Art und Güte; **-ий уровень** *m* **цен** mittlere Preislage

средств|а *f* Mittel *pl*, Fazilitäten *pl*, Fonds *m*; **ассигновывать -а** Mittel bereitstellen (bewilligen, zuweisen); **вкладывать -а** Mittel binden; **затрачивать -а** Mittel aufwenden (verbrauchen); **изыскивать -а** Mittel aufbringen (beschaffen); **иметь достаточно ~** über genügend Mittel verfügen; **использовать бюджетные -а** Haushaltsmittel in Anspruch nehmen; **мобилизовывать -а** Mittel aufbringen; **обеспечивать -ами** mit Mitteln ausstatten; **отчислять (денежные) -а** Mittel zuführen (zuweisen); **получать -а** Mittel aufnehmen; **предоставлять -а** Mittel bereitstellen (bewilligen), mit Mitteln ausstatten; **привлекать -а** Mittel beschaffen; **распределять -а** Mittel zuteilen; **расходовать -а** Mittel aufwenden (verbrauchen); **сокращать (урезать) -а** Mittel kürzen; **авансированные -а** Vorschussmittel *pl*; **ассигнованные (выделенные) -а** bereitgestellte (zugewiesene) Mittel; **-а, ассигнованные на исследования** für die Forschung bereitgestellte Mittel; **без ~** mittellos; **-а безналичного расчёта** bargeldlose Zahlungsmittel; **бюджетные -а** öffentliche Mittel, Haushaltsmittel *pl*, Etatmittel *pl*, Mittel des Haushalts; **вспомогательное -о** Hilfsmittel *n*; **государственные -а** öffentliche Mittel, Mittel der öffentlichen Hand; **-а, дающие низкий доход** niedrig rentierende Mittel; **денежные -а** Geldmittel *pl*, Gelder *pl*, Finanzmittel *pl*, finanzielle Mittel; **-а для развития** Fördermittel *pl*; **-а для рефинансирования** Refinanzierungs|fazilitäten *pl*, -mittel *pl*; **-а для финансирования** Finanzierungsmittel *pl*; **за счёт государственных ~** aus öffentlichen Mitteln; **заёмные -а** Fremd|gelder *pl*, -mittel *pl*, Kreditmittel *pl*, fremde Gelder, Fremdkapital *n*; **-а защиты** Schutzmittel *pl*; **израсходованные -а** aufgewendete (verbrauchte) Mittel; **используя все -а** mit Aufgebot aller Mittel; **-а к существованию** Existenzmittel *pl*, Lebensunterhalt *m*, Unterhalt *m*; **-а компании (общества)** Gesellschaftsmittel *pl*; **кредитные -а** Kredit|geld *n*, -mittel *pl*; **лечебное -о** Heilmittel *n*; **ликвидные -а** liquide (frei verfügbare, flüssige) Mittel; **-а массовой информации** Massenmedien *pl*, mass media; **-а массовой коммуникации** Massenkommunikationsmittel *pl*; **материальные -а** Sachmittel *pl*; **на -а** mit Mitteln; **-а на развитие** Förder|gelder *pl*, -mittel *pl*; **-а на содержание** Unterhalt *m*; **-а на содержание семьи** Familienunterhalt *m*; **-а на счёте** Guthaben *n*, Kontobestand *m*; **наличные -а** Bar|geld *n*, -mittel *pl*, Barschaft *f*, Kassa *f*, Kasse *f*, Kassenmittel *pl*, verfügbare Mittel; **необходимые -а** erforderliche Mittel; **-а обеспечения (покрытия)** Deckungsmittel *pl*; **-о обмена** Tauschmittel *n*; **оборотные -а** Betriebs|kapital *n*, -mittel *pl*, Umlaufvermögen *n*; **-о обращения** Tauschmittel *n*, Umlaufmittel *n*; **ограниченные -а** beschränkte Mittel; **основные -а** Anlagevermögen *n*, Sachanlagen *pl*; **основные -а производства** Kapital|güter *pl*, -vermögen *n*; **перевозочные -а** Beförderungsmittel *pl*, Transportmittel *pl*, Verkehrsmittel *pl*; **-а платежа** Zahlungsmittel *pl*; **-а по взаимным расчетам** Mittel der gegenseitigen Verrechnungen (zwischen kommunalen Haushalten und Haushalten der Subjekte der RF); **-а, полученные в кредит** Kreditmittel *pl*, aufgenommene Mittel; **привлечённые -а** Fremd|gelder *pl*, -mittel *pl*, Kreditmittel *pl*, fremde Gelder; **-а принуждения** Zwangsmittel *pl*; **-а производства** Investitionsgüter *pl*, Kapitalgüter *pl*, Produktionsmittel *pl*, Produktivgüter *pl*, Betriebsmittel *pl*; **-а производства длительного пользования** dauerhafte Produktionsmittel; **-а производства недлительного пользования** nicht dauerhafte Produktionsmittel; **резервные -а** Reservemittel *pl*; **-о рекламы** Werbemittel *n*; **-а самообложения** Mittel aus (freiwilligen) Selbstbesteuerung; **свободные -а** frei verfügbare Mittel; **-а связи** Kommunikationsmittel *pl*, Nachrichtenmittel *pl*, Fernmeldeanlagen *pl*; **собственные -а** Eigenmittel *pl*, eigene Mittel; **-а сообщения** Kommunikationsmittel *pl*; Verkehrsmittel *pl*; **-о сохранения стоимости** Wertbewahrungsmittel *n*; **-а существования** Existenzmittel *pl*, Lebensunterhalt *m*; **транспортное -о** Fahrzeug *n*; **транспортные -а** Beförderungsmittel *pl*, Fördermittel *pl*, Transportmittel *pl*, Verkehrsmittel *pl*; **транспортные -а для массовых перевозок** Massenverkehrsmittel *pl*; **-а труда** Arbeitsmittel *pl*; **упаковочные -а** Emballage *f*; **финансовые -а** Finanzmittel *pl*, Finanzen *pl*, Gelder *pl*, finanzielle Mittel; **-а фонда** Fondsmittel *pl*

срок *m* Frist *f*, Dauer *f*, Periode *f*, Termin *m*, Zeit *f*, Zeitdauer *f*, Zeitraum *m*, Zeitpunkt *m*, Ziel *n*; **выдерживать ~** eine Frist (einen Termin) einhalten; **договариваться о -е** die Frist (den Termin) vereinbaren, einen Termin abstimmen, sich auf einen Termin einigen; **~ истекает** die Frist läuft ab; **назначать ~** eine Frist (einen Termin) setzen, einen Termin anberaumen (festsetzen), befristen; **намечать ~** einen Termin vorsehen; **нарушать ~ платежа** das Zahlungsziel überschreiten; **не соблюдать ~** die Frist versäumen; **объявлять ~** den Termin bekanntgeben; **ограничивать -ом** befristen; **определять ~** die Frist berechnen, einen Termin festlegen (festsetzen), ein Ziel bestimmen; **переносить ~** einen Termin verlegen (verschieben), vertagen; **переносить на более поздний ~** auf einen späteren Termin verlegen; **переносить на более ранний ~** einen Termin vorverlegen; **платить в ~** pünktlich zahlen; **покупать на ~** per Termin kaufen; **~ поставки наступил** die Lieferung ist fällig; **предлагать ~** einen Termin vorschlagen; **предоставлять ~** eine Frist einräumen (gewähren); **продавать на ~** per Termin verkaufen; **продлевать ~** eine Frist verlängern; **рассчитывать ~** die Frist berechnen; **соблюдать ~** die Frist (den Termin, das Ziel) einhalten, einen Termin wahrnehmen; **согласовывать ~** die Frist (den Termin) vereinbaren, einen Termin abstimmen; **согласовывать -и** Termine abstimmen (koordinieren); **сокращать ~** die Frist abkürzen (verkürzen); **указывать ~** eine Frist (ein Ziel) angeben; **~ уплаты сбора наступил** die Gebühr ist fällig; **устанавливать ~** eine Frist (einen Termin) setzen, einen Termin (einen Zeitpunkt) festsetzen (anberaumen), befristen; **аверажный ~** Turnus der Ratenzahlungen; **~ акцептования** Annahmefrist *f*; **апелляционный ~** Berufungsfrist *f*, Rechtsmittelfrist *f*; **~ аренды** Pacht|dauer *f*, -zeit *f*, Mietzeit *f*; **без указания -а** fristlos; **в (надлежащий) ~** frist|gemäß, -gerecht, termin|gemäß, -gerecht; **в назначенный ~** zur festgesetzten Zeit; **в определённые -и** zu bestimmten Terminen; **~ возврата денег** Rückzahlungs|termin *m*, -zeitpunkt *m*; **вплоть до истечения -а** bis zur Fälligkeit; **~ вскрытия поступивших на аукцион предложений**

Eröffnungstermin *m*; **~ выкупа** Einlösungsfrist *f*; **~ выплаты** Pay-off-Periode *f*; **~ выплаты дивидендов** Dividendenzahlungstermin *m*, Ausschüttungstermin *m*; **гарантийный ~** Garantie|frist *f*, -zeit *f*, Gewährleistungsfrist *f*; **годичный ~** Jahres|frist *f*, -ziel *n*; **~ годности** Haltbarkeitsdauer *f*, Gebrauchsdauer *f*, Geltungsdauer *f*; **~ годности до ...** haltbar bis ...; **~ давности** Verjährungsfrist *f*; **~ действия** Laufzeit *f*, Gültigkeitsdauer *f*, Geltungsdauer *f*; **~ действия договора** Vertrags|dauer *f*, -laufzeit *f*, Dauer des Vertrags; **~ действия запрета** Sperrfrist *f*; **~ действия защиты** Schutzfrist *f*; **~ действия закладной** Hypothekenlaufzeit *f*; **~ действия лицензии** Lizenzdauer *f*; **~ действия патента** Patentlaufzeit *f*; **~ действия (предъявления) чека** Vorlegungsfrist *f*; **~ для внесения протеста** Einspruchsfrist *f*; **~ для возбуждения иска** Klagefrist *f*; **~ для заявления об отказе** Kündigungs|frist *f*, -termin *m*; **~ для подачи апелляции** Berufungsfrist *f*; **~ для предъявления претензии** Anfechtungsfrist *f*; **~ (для) предъявления рекламации** Reklamationsfrist *f*, Rügefrist *f*; **~ для расторжения договора** Kündigungs|frist *f*, -termin *m*; **до истечения -а** vor Fälligkeit; **~ заявления претензий кредиторами** Gläubigeranmeldungsfrist *f*; **договорной ~** vertragliche Frist; **дополнительный ~** Nachfrist *m*, zusätzliche Frist; **~ доставки** Liefer|-frist *f*, -termin *m*, -zeitpunkt *m*; **~ жизни** Lebensdauer *f*; **~ и условия платежа** terms of payment, Zahlungs|bedingungen *pl*, -fristen *pl*, Zahlungsgewohnheiten *pl*; **~ изготовления** Fertigungsdauer *f*, Herstellungsdauer *f*, Produktionsdauer *f*, Erstellungstermin *m*; **~ инвестиций** Anlagefrist *f*; **~ исковой давности** Verjährungsfrist *f*; **~ исполнения** Vollzugsfrist *f*; **~ исполнения обязательства** Fälligkeit *f*, Fälligkeitsdatum *n*, Leistungs|zeit *f*, -ziel *n*; **испытательный ~** Probezeit *f*; **истекший ~** abgelaufene Frist; **исходный ~** Anfangstermin *m*; **~ капитализации** Kapitalisierungsdauer *f*; **кассационный ~** Berufungsfrist *f*; **конечный ~** Endtermin *m*; **крайний ~** äußerster (letzter) Termin; **~ кредита** Kredit|frist *f*, -laufzeit *f*; **льготный ~** Nachfrist *f*, Schonfrist *f*, Respektfrist *f*; **максимальный ~** Höchstdauer *f*; **максимальный ~ хранения** Höchstlagerdauer *f*; **месячный ~** Monatsfrist *f*; **минимальный ~ годности** Mindesthaltbarkeitsdauer *f*; **минимальный ~ действия договора страхования** Mindestversicherungszeit *f*; **на ~** auf die Dauer, per Termin; **на ~ 10 месяцев** mit einer Laufzeit von 10 Monaten; **назначенный ~** festgesetzter Termin; **~ найма** Mietzeit *f*; **~ наказания** Strafzeit *f*; **намеченный ~** vorgesehener Termin; **~ обмена** Umtauschfrist *f*; **~ оборачиваемости** Umschlagsdauer *f*; **~ обучения** Ausbildungs|dauer *f*, -zeit *f*, Lehrzeit *f*; **обязательный ~** bindender Termin; **ограниченный -ом** befristet, kündbar; **~ ожидания** Karenzzeit *f*; **~ окончания работ** Endtermin *m*; **окончательный ~** Endtermin *m*, Schlusstermin *m*; **окончательный ~ погашения (оплаты)** Endfälligkeit *f*; **~ окупаемости** Rücklaufzeit *f*, Rückflussdauer *f*; **~ оплаты (платежа)** Zahlungs|frist *f*, -termin *m*, -zeitpunkt *m*, -ziel *n*, Fälligkeit *f*, Fälligkeitsdatum *n*, Leistungsziel *n*, Verfalltag *m*; **~ освобождения жилья** Räumungsfrist *f*; **основной ~** Haupttermin *m*; **остаточный ~ годности** restliche Haltbarkeitsdauer *f*; **остающийся ~ действия** Restlaufzeit *f*; **~, остающийся до (погашения долга)** Restfrist *f*; **~ открытия примирительного судебного разбирательства** Vergleichstermin *m*; **~ отсрочки (продления)** Stundungsfrist *f*; **~ передачи (сдачи)** Übergabetermin *m*; **~ платежа по векселю** Fälligkeit eines Wechsels, Wechselfälligkeit *f*, Verfall|frist *m*, -zeit *f*; **по наступлении -а** bei Fälligkeit; **~ погашения** Einlösungsfrist *f*, Tilgungs|frist *f*, -termin *m*, Rückzahlungs|termin *m*, -zeitpunkt *m*, Verfalltag *m*; **~ подачи (предъявления)** Einreichungs|frist *f*, -termin *m*; **~ подачи апелляции** Rechtsmittelfrist *f*; **~ подачи заказов** Bestell|frist *f*, -termin *m*; **~ подачи заявки (заявления)** Anmeldefrist *f*; **~ подписки** Zeichnungsfrist *f*, Bezugsfrist *f*; **~ покупки (получения)** Bezugsfrist *f*; **~ полномочий** Amtsdauer *f*; **~ пользования** Gebrauchsdauer *f*, Nutzungs|dauer *f*, -frist *f*, -zeit *f*; **~ пользования средствами производства** Betriebsmittelzeit *f*; **~ пользования ссудой** Leihfrist *f*; **~ поручительства** Garantiefrist *f*, Gewährleistungsfrist *f*; **последний ~** äußerster (letzter) Termin; **~ поставки** Liefer|frist *f*, -termin *m*, -zeit *f*, -zeitpunkt *m*; **~ предварительного уведомления** Kündigungs|frist *f*, -termin *m*; **предельный ~** äußerster Termin; **~ предоставления займа** Anleihelaufzeit *f*; **~ предъявления (чека) к оплате** Präsentationsfrist *f*, Vorlegungsfrist *f*; **~, при наступлении которого прекращаются юридические последствия сделки** auflösende Befristung; **~ приёма** Annahmefrist *f*; **~ приёмки** Abnahmefrist *f*; **~ приёмки-сдачи** Übernahmetermin *m*; **приемлемый ~** angemessene Frist, angemessener Termin; **~ приобретательной давности** Ersitzungsfrist *f*; **~ проведения переговоров** Verhandlungstermin *m*; **~ прохождения** Laufzeit *f*; **~ разгрузки** Entladefrist *f*, Löschfrist *f*; **~ реализации** Realisierungs|frist *f*, -termin *m*; **~ реализации (годности) до ...** Haltbarkeitsdatum *n*; **с момента истечения -а** ab Fälligkeit; **(самый) ранний ~ окончания работ** frühester Termin für die Fertigstellung; **связанный -ом** termingebunden; **~ службы** Lebensdauer *f*, Nutzungsdauer *f*, Betriebs|dauer *f*, -zeit *f*; **~ службы основных средств** Einsatzzeit *f*; **совместимый по -ам** fristenkongruent; **согласованный ~** vereinbarte Frist, vereinbarter Termin; **согласованные -и платежей** vereinbarte Zahlungsziele; **сокращённый ~** verkürzte Frist; **~ ссуды** Leihfrist *f*; **~ страхования** Versicherungsdauer *f*; **~ строительства** Bauzeit *f*; **твёрдый ~** fester Termin; **трёхмесячный ~** Dreimonatsfrist *f*; **~ увольнения** Kündigungsfrist *f*; **~ уплаты** Zahlungs|frist *f*, -termin *m*, -ziel *n*, Fälligkeit *f*, Fälligkeitsdatum *n*, Verfalltag *m*; **~ уплаты налога** Steuertermin *m*, Fälligkeit der Steuer; **~ уплаты процентов** Zinstermin *m*, Fälligkeit der Zinsen; **~ уплаты цены, предложенной покупателем на аукционе** Verteilungstermin *m*; **установленный ~** festgesetzter Termin; **~, установленный для продажи** Verkaufstermin *m*; **~ учреждения** Gründungstermin *m*; **~ хранения** Lager|frist *f*, -dauer *f*; **~ эксплуатации** Nutzungs|dauer *f*, -zeit *f*, Betriebs|dauer *f*, -zeit *f*

срочность *f* Dringlichkeit *f*

срочн|ый dringend, dringlich, eilig, Eil-, sofortig, Sofort-, umgehend, Termin-, Zeit-; **-о выполнять** umgehend erledigen; **-о нуждаться** dringend benötigen; **-о рассмотреть** vordringlich behandeln; **-о** Eilt!; **-ые вклады** *pl* Termin|einlagen *pl*, -gelder *pl*, Fest|geld *n*, -geldeinlagen *pl*; **-ое дело** *n* dringende Angelegenheit; **-ая доставка** *f* Eil|beförderung *f*, -zustellung *f*; **-ый заказ** *m* Eil|auftrag *m*, -bestellung *f*; **-ый контракт** *m* Terminkontrakt *m*; **-ая мера** *f* Sofortmaßnahme *f*; **-ая поставка** *f* sofortige Lieferung, Sofortlieferung *f*

срыв *m* Verhinderung *f*, Vereitelung *f*

ссуд|а *f* Darlehen *n*, Anleihe *f*, Kredit *m*, Vorschuss *m*; **брать -у** ein Darlehen (eine Anleihe, einen Kredit) aufnehmen; **возвращать -у** das Darlehen (die Anleihe, den Kredit) zurückzahlen; **выдавать -у** ein Darlehen vergeben; **платить проценты по -е** eine Anleihe bedienen; **погашать -у** ein Darlehen tilgen (zurückzahlen), eine Anleihe ablösen; **получать -у** ein Darlehen (einen Kredit) erhalten; **получать -у под залог судна и груза** verbodmen; **предоставлять -у** ein Darlehen bewilligen (gewähren); **требовать возврата (погашения) -ы** ein Darlehen kündigen; **устанавливать процентную ставку по -е** das Darlehen mit einem Zinssatz ausstatten; **банковская -а** Bank|darlehen *n*, -kredit *m*; **-а без покрытия** Blankokredit *m*, Darlehen ohne Deckung; **-а без поручительства** unverbürgtes Darlehen; **безвозвратная -а** nicht rückzahlbares Darlehen; **безвозвратная -а третьих лиц в счёт покрытия расходов на строительство** Baukostenzuschuss *m*; **беспроцентная -а** unverzinsliches (zinsloses) Darlehen, zinsloser Kredit; **бессрочная -а** tägliches Geld; **бюджетная краткосрочная -а** Überbrückungshilfe *f*; **-а в иностранной валюте** Fremdwährungsdarlehen *n*; **взятая -а** aufgenommenes Darlehen; **государственная -а** öffentliche Anleihe; **-а для покрытия обязательств** Deckungsdarlehen *n*; **-а для покрытия текущих расходов** Kostenvorschuss *m*; **-а для преодоления временных затруднений** Überbrückungskredit *m*; **-а для проведения инвестиций** Investitionsdarlehen *n*; **-а для финансирования кредитов** Refinanzierungsdarlehen *n*; **-а до востребования** täglich fälliges (kündbares) Darlehen, tägliches Geld, sofortfälliger Kredit, Callgeld *n*, Callkredit *m*; **долгосрочная -а** langfristiges Darlehen, langfristige Ausleihung; **ипотечная -а** Hypotheken|darlehen *n*, -kredit *m*, Hypothekarkredit *m*, Grundkredit *m*; **-а, которая должна быть погашена в конце месяца** Ultimogeld *n*; **краткосрочная -а** kurzfristige Anleihe, kurzfristiges Darlehen, kurzfristig kündbares Geld, Überbrückungshilfe *f*, kurzfristige Ausleihung; **ломбардная -а** Lombard|darlehen *n*, -kredit *m*, Sachkredit *m*; **-а на 10-летний срок** Darlehen mit einer Laufzeit von 10 Jahren; **-а на 12 месяцев** Zwölfmonatsgeld *n*; **-а на постройку жилья** Wohnungsbaudarlehen *n*; **-а на сезонные затраты** Saisonkredit *m*; **-а наличными** Bar|kredit *m*, -vorschuss *m*; **-а, обеспеченная ипотекой** durch Hypothek (hypothekarisch) gesichertes Darlehen; **однодневная (суточная) -а** Tagesgeld *n*; **онкольная -а** Call|geld *n*, -kredit *m*, täglich fälliges (kündbares) Geld; **опционная -а** Optionsdarlehen *n*; **-а, основанная не на передаче суммы денег, а на превращении другого обязательства в ссуду** Vereinbarungsdarlehen *n*; **-а, по которой наступает срок погашения** fällig werdendes Darlehen; **-а, по которой наступил срок погашения** fälliges Darlehen; **-а под долговое обязательство** Schuldscheindarlehen *n*; **-а под залог** Lombard|darlehen *n*, -kredit *m*; **-а под залог векселей** Wechsel|kredit *m*, -lombard *m*; **-а под залог ценных бумаг** Effektenlombard *m*; **-а под льготные проценты** zinsvergünstigtes Darlehen; **-а под недвижимость** Hypotheken|darlehen *n*, -kredit *m*, Hypothekarkredit *m*, Grundkredit *m*; **-а под низкие проценты** zinsverbilligtes Darlehen; **-а под проценты** Zinsdarlehen *n*; **-а под ростовщические проценты** Wucherdarlehen *n*; **-а под страховой полис** Policedarlehen *n*; **-а под ценные бумаги** Effektenlombard *m*; **подтоварная -а** Waren|kredit *m*, -beleihung *f*; **полученная -а** aufgenommenes Darlehen; **правительственная -а** öffentliche Anleihe; **просроченная -а** überfälliger Kredit; **-а с единовременным погашением** Darlehen mit einmaliger Tilgung; **среднесрочная -а** mittelfristiges Darlehen, mittelfristige Ausleihung; **среднесрочная -а частному лицу для приобретения товаров длительного пользования** Anschaffungsdarlehen *n*; **срочная -а** befristetes Darlehen; **товарная -а** Waren|beleihung *f*, -kredit *m*; **трёхмесячная -а** Dreimonatsgeld *n*

ссудный Kredit-, Darlehens-; **~ капитал** *m* Kreditmittel *pl*; **~ процент** *m* Darlehenszins *m*, Geldzins *m*

ссудодатель *m* Darlehensgeber *m*, Darlehensgläubiger *m*, Verleiher *m*

ссудополучатель *m* Darlehensnehmer *m*, Darlehensschuldner *m*, Darlehensempfänger *m*

ссудосберегательная касса *f* Spar- und Darlehenskasse *f*

ссужаемый ausleihbar, verleihbar
ссужать ausleihen, borgen, leihen, verleihen, beleihen, vorschießen; **~ деньги** Geld borgen (leihen, verleihen); **~ под заклад дома** ein Haus beleihen
ссуживание *n* Ausleihung *f*
ссылаться sich beziehen, verweisen, sich berufen
ссылк|а *f* Verweis *m*, Hinweis *m*, Bezugnahme *f*, Fußnote *f*, Anmerkung *f*, Berufung *f*; **делать -у** verweisen; **со -ой** unter Bezug(nahme), unter Berufung
стабилизатор *m* Stabilisator *m*
стабилизация *f* Stabilisierung *f*, Festigung *f*; **~ валютных курсов** Wechselkursstabilisierung *f*; **~ конъюнктуры** Konjunkturstabilisierung *f*, Stabilisierung der Konjunktur; **~ курса** Kursstabilisierung *f*; **~ процентных ставок** Zinsstabilisierung *f*; **~ рынка** Markt|beruhigung *f*, -stabilisierung *f*; **~ спроса** Nachfragestabilisierung *f*; **~ цен** Preisstabilisierung *f*, Kursstabilisierung *f*; **~ экономического положения** Stabilisierung der Wirtschaftslage
стабилизировать stabilisieren, festigen, stabil machen; **~ экономическое положение** die Wirtschaftslage stabilisieren
стабилизироваться sich stabilisieren, sich festigen
стабильность *f* Stabilität *f*, Festigkeit *f*, Beständigkeit *f*, Dauerhaftigkeit *f*; **повышать ~** die Stabilität erhöhen; **~ валюты** Währungsstabilität *f*, Geldstabilität *f*; **~ валютных курсов** Wechselkursstabilität *f*; **~ рынка** Marktstabilität *f*; **~ стоимости** Wertbeständigkeit *f*; **~ стоимости денег** Geldwertstabilität *f*; **финансовая ~** finanzielle Stabilität; **~ уровня цен** Preisniveaustabilität *f*; **~ цен** Preisstabilität *f*; **экономическая ~** wirtschaftliche Stabilität, Stabilität der Wirtschaft; **~ экономического роста** Dauerhaftigkeit des Wirtschaftsaufschwungs
стабильн|ый stabil, beständig, gleichbleibend, fest; **оставаться -ым** stabil bleiben; **-ый доход** *m* festes Einkommen; **-ый рынок** *m* stabiler Markt; **-ая цена** *f* stabiler Preis
ставить stellen, setzen; **~ в известность** benachrichtigen, in Kenntnis setzen; **~ в счёт** anrechnen, in Anrechnung bringen, auf die Rechnung setzen; **~ дату** datieren; **~ клеймо (метку)** markieren; **~ на голосование** zur Abstimmung bringen (stellen); **~ опыт (эксперимент)** einen Versuch anstellen (machen), ein Experiment durchführen; **~ печать** abstempeln, stempeln; **~ под контроль** unter Kontrolle stellen; **~ под погрузку** zur Beladung bereitstellen; **~ подпись** eine Unterschrift leisten (setzen), unterschreiben, zeichnen; **~ препятствия** Hindernisse bereiten (in den Weg legen); **~ проблему** ein Problem aufwerfen; **~ себе целью** sich ein Ziel setzen; **~ условия** Bedingungen stellen; **~ цель** das Ziel aufstellen
ставк|а *f* Satz *m*, Rate *f*; **выплачивать твёрдую (фиксированную) процентную -у** mit einem festen Satz verzinsen; **исчислять процентную -у** den Zinssatz berechnen; **повышать -у** den Satz erhöhen; **понижать -у** den Satz ermäßigen (herabsetzen, senken); **сохранять -у на прежнем уровне** den Satz beibehalten; **устанавливать -у** den Satz festlegen (festsetzen); **устанавливать изменяющуюся процентную -у** variabel verzinsen; **устанавливать твёрдую (фиксированную) процентную -у** mit einem festen Satz verzinsen; **-а арендной платы** Leasingrate *f*; **базовая банковская -а** Prime Rate, Leitzinssatz *m* (für beste Industriekunden); **-а банковского учётного процента** Diskont *m*, Diskontsatz *m*; **базисная процентная -а** Basiszinssatz *m* Referenzzinssatz *m*; **базисная процентная -а по вкладам** Spareckzins *m*; **безрисковая процентная -а** Basisprozentsatz *m*; **брутто -а** Bruttosatz *m*; **-а взноса** Beitragssatz *m*; **внутренняя процентная -а** interner Zinsfuß; **-а выплат** Auszahlungskurs *m*; **высокая -а** hoher Satz; **двойная фрахтовая -а** Doppelrate *f*; **депо-**

зитная -а Einlagesatz *m*; **-а дивиденда** Dividendensatz *m*; **дисконтная -а** Diskontsatz *m*; **-а гонорара** Honorarsatz *m*; **дифференцированная процентная -а** gestaffelter Zinssatz; **договорная -а** vertraglich vereinbarter Satz; **единая -а** Einheitssatz *m*, Pauschalsatz *m*, pauschaler Satz, einheitlicher Satz; **-а заработной платы** Lohnsatz *m*; **изменяющаяся (плавающая) процентная -а** variabler Zins; **-а ипотечного кредита** Hypothekenzinssatz *m*; **исходная процентная -а** Basiszinsen *pl*; **-а капитализации** Kapitalisierungsfaktor *m*; **картельная фрахтовая -а** Konferenzrate *f*; **ключевая -а** Schlüsselsatz *m*; **комиссионная -а** Provisionssatz *m*; **-а конвенционной пошлины** Vertragszollsatz *m*; **ломбардная -а** Lombardsatz *m*; **льготная -а** ermäßigter Satz; **льготная процентная -а** Vorzugszinssatz *m*; **максимальная (наивысшая) -а** Höchstsatz *m*; **максимальная -а налога** Höchststeuersatz *m*, Spitzensteuersatz *m*; **максимальная (наивысшая) процентная -а** Höchstzinssatz *m*, Zinshöchstsatz *m*; **максимальная -а рефинансирования** Spitzenrefinanzierungssatz *m*; **минимальная -а** Mindest|rate *f*, -satz *m*; **минимальная -а налога** Mindeststeuersatz *m*; **минимальная процентная -а** Minimalzinssatz *m*; **модифицированная внутренняя процентная -а** modifizierter interner Zinsfuß; **-а накладных расходов** Gemeinkostensatz *m*; **-а налога на добавленную стоимость** Mehrwertsteuersatz *m*; **-а налога на корпорации** Körperschaftssteuersatz *m*; **налоговая -а (-а налога)** Steuersatz *m*, Hebesatz *m*, Umlagesatz *m*; **-а налогообложения** Besteuerungssatz *m*, Steuertarif *m*; **нетто -а** Nettosatz *m*; **низкая -а** niedriger Satz; **номинальная -а** Nominalsatz *m*; **обычная процентная -а** üblicher Zinssatz; **основная -а банковского процента** Eckzins *m*; **основная -а арендной (квартирной) платы** Grundmiete *f*; **основная -а заработной платы** Grundlohnsatz *m*; **-а переучёта векселей** Rediskontsatz *m*; **по низкой процентной -е** zu niedrigem Zinssatz; **-а по ссудам до востребования** Satz für tägliches Geld; **повышенная -а** erhöhter Satz; **почасовая -а заработной платы** Stundensatz *m*; **предельная налоговая -а** Grenzsteuersatz *m*; **-а преференциальной пошлины** Vorzugszollsatz *m*; **-а процента на рынке краткосрочных кредитов** Geldmarkt(zins)satz *m*; **-а процента по однодневной ссуде** Tagesgeldsatz *m*; **процентная -а** Zins|fuß *m*, -rate *f*, -satz *m*, Prozentsatz *m*, Vomhundertsatz *m*; **процентная -а капитализации** Kapitalisierungszinssatz *m*; **процентная -а кредитора** Habenzinssatz *m*; **процентная -а на заёмные средства** Refinanzierungszinssatz *m*; **процентная -а на совокупный капитал** Kapitalwertzins *m*; **процентная -а по вкладам** Habenzinssatz *m*, Passivzinssatz *m*; **процентная -а по долгосрочным (краткосрочным) кредитам** Zinssatz für langfristige (kurzfristige) Kredite; **процентная -а по займу (ссуде)** Anleihezinssatz *m*; **процентная -а по закладной** Hypothekenzinssatz *m*; **процентная -а по кредиту** Kreditzinssatz *m*; **процентная -а по ломбардным кредитам** Lombardsatz *m*; **процентная -а по ценным бумагам с твёрдым процентом** Zinssatz für festverzinsliche Wertpapiere; **процентная -а при предоставлении кредита сроком на 10 лет** Zinssatz bei 10-jähriger Bindung; **процентная -а, установленная законом** gesetzlicher Zinssatz; **процентная -а центрального банка** Leitzins *m*; **расчётная -а накладных расходов** Gemeinkostenverrechnungssatz *m*; **расчётная процентная -а** Kalkulationszins|fuß *m*, -satz *m*, kalkulatorischer Zinsfuß; **реальная процентная -а** Real|zins *m*, -verzinsung *f*; **-а рефинансирования** Leitzins *m*; **-а сбора** Gebührensatz *m*; **-а скидки** Skontosatz *m*; **сложная процентная -а** Zinseszins *m*; **сни-**

женная -а таможенной пошлины ermäßigter Zollsatz; **средняя -а** Durchschnittssatz *m*; **средняя тарифная -а заработной платы** Eck|gehalt *n*, -lohn *m*; **-а ссудного процента** Fremdkapitalzinssatz *m*; **-а таможенной пошлины** Zollsatz *m*; **-а таможенной пошлины для стран, пользующихся режимом наибольшего благоприятствования** Meistbegünstigungszollsatz *m*; **-а таможенного тарифа** Zolltarifsatz *m*; **тарифная -а** Tarifsatz *m*; **тарифная -а за доставку 100 килограммов груза по железной дороге** Streckensatz *m*; **тарифная -а оклада** Gehaltstarif *m*; **твёрдая -а** fester Satz; **твёрдая процентная -а** Festzinssatz *m*, fester Zinsfuß (Zinssatz); **учётная -а (-а учётного процента)** Diskont(satz) *m*, Geldsatz *m*; **учётная -а для первоклассных векселей** Privatdiskontsatz *m*; **учётная -а межбанковских кредитов** Interbanksatz *m*; **учётная -а по первоклассным векселям** Privatsatz *m*; **учётная -а при операциях между банками** Privatdiskont *m*; **фактическая процентная -а** Effektivzins *m*; **фиксированная -а** fester Satz; **фрахтовая -а** Fracht|rate *f*, -satz *m*; **фрахтовая -а на танкеры** Tankerrate *f*; **чистая почасовая -а** Nettostundensatz *m*

стагнация *f* Stagnation *f*, Flaute *f*, Stillstand *m*; **~ на рынке** Marktfllaute *f*; **~ сбыта** Absatzstockung *f*; **экономическая ~** Wirtschaftsstagnation *f*, wirtschaftliche Stagnation, stagnierende Wirtschaft

стагнировать stagnieren

стагфляция *f* Stagflation *f*

стадия *f* Stadium *n*, Phase *f*, Stufe *f*; **~ готовности** Fertigungsgrad *m*; **конечная ~** End|phase *f*, -stadium *n*; **начальная ~** Anfangsstadium *n*; **~ обработки** Verarbeitungsstufe *f*; **последующая ~ производства** nachgelagerte Produktiosstufe; **предшествующая ~ производства** vorgelagerte Produktionsstufe; **~ развития** Entwicklungsstufe *f*; **~ разработки плана** Planungsphase *f*; **~ технологической готовности изделия к запуску в производство** Fertigungsreife *f*; **~ экономического развития** Wirtschaftsstufe *f*

стаж *m* Arbeitsjahre *pl*, Dienstalter *n*, Beschäftigungsdauer *f*, Beschäftigungszeit *f*, Berufsjahre *pl*, Tätigkeitsdauer *f*; **общий трудовой ~** gesamte Beschäftigungsdauer (Tätigkeitsdauer); **~ работы на предприятии** Betriebszugehörigkeit *f*, Firmenzugehörigkeit *f*, Dauer der Betriebszugehörigkeit; **~ работы по профессии** Berufsjahre *pl*, berufliche Laufbahn; **служебный ~** Dienstalter *n*; **трудовой ~** Arbeitsjahre *pl*, Beschäftigungsdauer *f*, Berufsjahre *pl*

стажёр *m* Praktikant *m*

стажироваться ein Praktikum machen

стажировка *f* Praktikum *n*, Studienreise *f*; **научная ~** Forschungsaufenthalt *m*

сталь *f* Stahl *m*; **легированная ~** Edelstahl *n*

стандарт *m* Norm *f*, Standard *m*; **не соответствовать -у** unter dem Standard liegen; **соблюдать ~** die Norm (einen Standard) einhalten; **согласовывать -ы** Standards harmonisieren (abstimmen); **соответствовать -ам** Normen entsprechen; **устанавливать ~** eine Norm aufstellen, einen Standard setzen (festlegen), normen, standardisieren; **внутризаводской ~** Werksnorm *f*; **германские промышленные -ы** DIN-Normen *pl*; **денежный ~** Geldstandard *m*; **долларовый** Dollarstandard *m*; **золотодевизный ~** Golddevisenstandard *m*; **золотой ~** Gold|standard *m*, -währung *f*, -umlaufwährung *f*; **золотомонетный ~** Goldumlaufwährung *f*; **золотослитковый ~** Goldkernwährung *f*; **~ качества** Qualitäts|norm *f*, -standard *m*; **международный ~** internationaler Standard; **~ на вес и содержание металла в монетах** Münzfuß *m*; **промышленный ~** Industrienorm *f*; **соответствующий -у** normgerecht; **технический ~** technischer Standard

стандартизация *f* Standardisierung *f*, Normung *f*, Vereinheitlichung *f*; **~ изделий (продукции)** Produktstandardisierung *f*, Standardisierung der Erzeugnisse

стандартизировать standardisieren, normen, normieren, vereinheitlichen

стандартн|ый ~ Standard-, Einheits-; **ый бланк** *m* **(формуляр** *m***)** Standardformular *n*, Einheitsvordruck *m*; **-ая конструкция** *f* **(-ое исполнение** *n***)** Standardausführung *f*; **-ая калькуляция** *f* Standardkalkulation *f*; **-ая модель** *f* **(-ый образец** *m***)** Standardmodell *n*; **-ое отклонение** *n* Standardabweichung *f*; **-ый размер** *m* Standardgröße *f*; **-ый товар** *m* Standard|artikel *m*, -ware *f*

станкостроение *n* Werkzeugmaschinenbau *m*

становление *n* **рабочей группы (коллектива)** Teamentwicklung *f*

стан|ок *m* Werkzeugmaschine *f*, Maschine *f*; **загружать -ок** die Maschine auslasten; **обслуживать -ок** eine Maschine bedienen; **проводить техническое обслуживание -ка** eine Maschine warten; **денежный -ок** Notenpresse *f*

станция *f* Station *f*, Bahnhof *m*; **грузовая ~** Güterbahnhof *m*; **железнодорожная ~** Bahnhof *m*, Station *f*; **заправочная ~** Tankstelle *f*; **конечная ~** Endbahnhof *m*; **междугородная телефонная ~** Fernamt *n*; **~ назначения** Bestimmungsbahnhof *m*, Zielbahnhof *m*; **насосная ~** Pumpwerk *n*; **~ отправления** Abgangsbahnhof *m*, Absendestation *f*; **очистная ~** Kläranlage *f*; **пересадочная ~** Umsteigebahnhof *m*; **~ скорой помощи** Unfallstation *f*; **телефонная ~** Fern(sprech)amt *n*; **узловая ~** Eisenbahnknotenpunkt *m*; **~ технического обслуживания** Service|station *f*, -werkstatt *f*

старение *n* Veralten *n*, Alten *n*

староста *m* Sprecher *m*

стартап-менеджмент *m* Start-Up-Management *n*

стартап-проект *m* Start-Up-Projekt *m*

старьёвщик *m* Trödler *m*, Trödelhändler *m*, Altwarenhändler *m*

статистик|а *f* Statistik *f*; **представить -у** eine Statistik vorlegen; **составлять -у** eine Statistik aufstellen; **аграрная -а** Agrarstatistik *f*; **балансовая -а** Bilanzstatistik *f*; **-а внешней торговли** Außenhandelsstatistik *f*; **демографическая -а** Bevölkerungsstatistik *f*; **-а закупок** Beschaffungsstatistik *f*; **-а качества** Qualitätsstatistik *f*; **налоговая -а** Steuerstatistik *f*; **отраслевая -а** Branchenstatistik *f*, Fachstatistik *f*; **официальная -а** amtliche Statistik; **-а перевозок** Verkehrsstatistik *f*; **-а потребления** Verbrauchsstatistik *f*; **производственная -а** Betriebsstatistik *f*, betriebswirtschaftliche Statistik; **промышленная -а** Industriestatistik *f*; **-а рынка** Marktstatistik *f*; **-а сбыта** Absatzstatistik *f*; **-а сельского хозяйства** Agrarstatistik *f*; **складская -а** Lagerstatistik *f*; **-а торговли** Handelsstatistik *f*; **транспортная -а** Verkehrsstatistik *f*; **-а труда** Arbeitsstatistik *f*; **финансовая -а** Finanzstatistik *f*; **-а цен** Preisstatistik *f*; **экономическая -а** Wirtschaftsstatistik *f*

статистическ|ий statistisch; **-ие данные** *pl* Statistiken *pl*; **-ие сведения** *pl* statistische Meldungen

статус *m* Status *m*, Stellung *f*; **получать правовой ~** die Rechtsstellung erwerben; **придавать ~** einen Status geben; **сохранять ~-кво** den Status quo erhalten; **~-кво** Status quo *m*; **правовой ~** Rechts|lage *f*, -stellung *f*; **социальный ~** sozialer Status, soziale Stellung

статут *m* Satzung *f*, Statut *n*; **биржевой ~** Börsenordnung *f*; **временный ~** vorläufiges Statut

стать|я *f* Artikel *m*, Paragraph *m*, Klausel *f*; Posten *m*, Position *f*; Bestimmung *f*; Aufsatz *m*, Beitrag *m*, Abhandlung *f*; **дебетовать -ю** einen Posten im Soll buchen; **кредитовать -ю** einen Posten im Haben buchen, einem Posten gutschreiben; **активная -я (-я актива)** Aktivposten *m*; **антиципированные -и баланса** antizipative Posten; **-я баланса** Bilanzposten *m*; **-я баланса, разграничивающая учёт затрат и поступлений между смежными отчётными периодами** Abgrenzungsposten *m*; **бухгалтерская -я** Rechnungsposten *m*; **-я**

бухгалтерского учёта Buchungs|-ansatz *m*, -posten *m*; **-я бюджета (бюджетная -я)** Budgetposten *m*, Etatposten *m*, Titel des Budgets, Haushalts|posten *m*, -titel *m*; **-я ввоза** Einfuhrartikel *m*, Importartikel *m*; **внебалансовая -я** nicht in der Bilanz ausgewiesene Position; **-я вывоза** Ausfuhrartikel *m*, Exportartikel *m*; **главная -я вывоза (экспорта)** Hauptexportartikel *m*; **-я дебета (дебетовая -я)** Debetposten *m*; **денежная -я** Geldposten *m*; **-я для памяти** Erinnerungsposten *m*; **-я договора** Vertrags|artikel *m*, -klausel *f*, -punkt *m*; **-я договора о действии непреодолимой силы** force-majeur-Klausel *f*; **-я договора о неразглашении коммерческой тайны** Geheimhaltungsklausel *f*; **-я договора об отгрузке** Abladeklausel *f*; **-я договора об условиях приёмки** Abnahmeklausel *f*; **-я договора, содержащая оговорку** Freizeichnungsklausel *f*; **дополнительная -я договора** ergänzende Bestimmung; **-я закона** Gesetzes|artikel *m*, -paragraph *m*; **-я импорта** Einfuhrartikel *m*, Importartikel *m*; **-я калькуляции** Kalkulationsposition *f*; **компенсационная -я** Ausgleichsposten *m*, Gegenposten *m*; **компенсационная -я баланса** Bilanzausgleichsposten *m*; **корректирующая -я** Restposten *m*; **корреспондирующая -я** Gegenposten *m*; **кредитовая -я** Kreditposten *m*; **отдельные -и** einzelne Posten; **отложенные (отсроченные) -и** nachfällige Posten; **-я пассива** Passivposten *m*; **переходящая -я** transitorischer Posten, Transitorium *n*; **-я прихода** Einnahmeposten *m*; **-и, разграничивающие учёт затрат между смежными отчётными периодами** Rechnungsabgrenzungsposten *pl*; **-я расходов (расходная -я)** Kostenposition *f*; **расчётная -я** Verrechnungsposten *m*; **регулирующая -я баланса** Bilanzausgleichsposten *m*, Wertberichtigungsposten *m*; **сводная -я** Sammelposten *m*; **сметная -я** Position des Kostenplans, Kostenposition *f*; **-я, содержащая оговорку** einschränkende Bestimmung, Vorbehaltsklausel *f*; **тайная -я договора** geheimer Vorbehalt; **-я тарифного соглашения, допускающая заключение дополнительных коллективных договоров на предприятиях** Öffnungsklausel *f*; **текущие -и** laufende Posten; **-я учёта** Rechnungsposten *m*; **-я экономии** Sparposten *m*; **-я экспорта** Ausfuhrartikel *m*, Exportartikel *m*

стачк|а *f* Streik *m*, Ausstand *m*, Arbeitseinstellung *f*, Arbeitsniederlegung *f*; **объявлять -у** einen Streik ausrufen; **прекращать -у** einen Streik abbrechen

стейджинг *m* Konzertzeichnung *f*

стейк холдер *m* Interesseninhaber *m*, Stake-Holder *m*

стеллаж *m* Stellage *f*, Stellagegeschäft *n*, Stellgeschäft *n*; Regal *n*, Warenregal *n*, Ständer *m*; *(Bö)* Straddle *m* **мезонинный ~** mehrgeschossiges Regal; **металлический ~** Metallregal *n*; **палетный ~** Palettenregal *n*

стеллажная сделка *f* Stellage *f*, Stellagegeschäft *n*, Stellgeschäft *n*, **~ система** *f* Regalsystem *n*

стенд *m* Stand *m*, Ständer *m*; **испытательный ~** Prüfstand *m*; **выставочный ~** Ausstellungsstand *m*, Messestand *m*

степень *f* Grad *m*; **~ автоматизации** Automationsgrad *m*; **~ амортизации** Abnutzungsgrad *m*; **~ готовности изделия** Fertigungsgrad *m*; **~ завершённости производства** Produktionstiefe *f*; **~ загрузки** Auslastungsgrad *m*, Intensitätsgrad *m*; **~ загрязнённости** Verschmutzungsgrad *m*; **~ задолженности** Verschuldungsgrad *m*; **~ износа** Abnutzungsgrad *m*; **имеющий учёную ~** graduiert; **~ инвалидности** Invaliditätsgrad *m*; **~ инновативности** Innovationsgrad *m*; **~ использования** Ausnutzungsgrad *m*; **~ качества** Qualitätsstufe *f*; **~ ликвидности** Liquiditäts|grad *m*, -stand *m*; **~ насыщения** Sättigungssatz *m*; **~ новизны** Neuigkeitsgrad *m*; **~ обеспеченности капиталом** Kapitalausstattung *f*; **~ об-**

ременённости государственного бюджета выплатой долгов и процентов по ним Schuldendienstquote *f*; **оптимальная ~ занятости, приносящая предпритию максимальную прибыль** Betriebsoptimum *n*; **~ организованности** Organisationsgrad *m*; **~ переработки** Veredlungsgrad *m*; **~ покрытия** Deckungsgrad *m*; **~ сложности (трудности)** Schwierigkeitsgrad *m*; **~ точности** Genauigkeitsgrad *m*; **учёная ~** akademischer Grad; **~ финансовой независимости** Eigendeckung *f*; **~ эффективности** Wirkungsgrad *m*, Leistungsgrad *m*

стеснённость в средствах Geld|knappheit *f*, -not *f*

стивидор *m* Stauer *m*

стикер *m* Sticker *m*, Aufkleber *m*

стиль *m* Stil *m*; **иметь свой ~ руководства** seinen Führungsstil haben; **авторитарный ~ руководства** autoritärer Führungsstil; **коллективный ~ руководства** kooperativer Führungsstil; **~ руководства (управления)** Führungsstil *m*

стимул *m* Stimulus *m*, Anreiz *m*, Ansporn *m*, Anstoß *m*, Antrieb *m*, Auftrieb *m*, Impuls *m*, Incentive; **давать ~** einen Anreiz schaffen, einen Impuls geben; **получать ~** einen Impuls (Auftrieb) erhalten; **~ в конкурентной борьбе** Wettbewerbsanreiz *m*; **~ к покупке** Kaufanreiz *m*; **~ к проведению инвестиций (капиталовложений)** Investitionsanreiz *m*; **~ к продаже** Verkaufsanreiz *m*; **~ к сбережению (накоплению)** Sparanreiz *m*; **~ к труду** Leistungsanreiz *m*; **налоговый ~** Steueranreiz *m*, steuerlicher Anreiz; **финансовый (материальный) ~** finanzieller Anreiz

стимулирование *n* Stimulierung *f*, Förderung *f*, Anregung *f*, Ankurbelung *f*; **~ инвестиций (капиталовложений)** Investitionsförderung *f*; **~ инновационной деятельности** Innovationsförderung *f*; **~ исследований** Forschungsförderung *f*, Förderung der Forschung; **~ конъюнктуры** Konjunktur|ankurbelung *f*, -förderung *f*; **~ конкуренции** Förderung des Wettbewerbs; **~ научных исследований** Forschungsförderung *f*; **~ образования собственности и имущества** Förderung der Vermögensbildung; **~ покупателей** Verkaufsförderung *f*, Verbraucherwerbung *f*; **~ покупок** Kaufreiz *m*; **~ продаж** Verkaufsförderung *f*; **~ развития торговли** Handelsförderung *f*; **~ развития экономики** Wirtschafts|ankurbelung *f*, -förderung *f*, Förderung der Wirtschaft; **~ сбыта** Absatzförderung *f*, Verkaufsförderung *f*, Vertriebsförderung *f*, Sales Promotion; **~ создания рабочих мест** Arbeitsförderung *f*; **~ спроса** Nachfragestimulierung *f*; **~ труда** Leistungsanreiz *m*; **~ экономической активности** Konjunktur|ankurbelung *f*, -förderung *f*; **~ экспорта** Ausfuhrförderung *f*, Exportförderung *f*

стимулировать stimulieren, fördern, anregen, anreizen, einen Anreiz schaffen, einen Impuls geben; **~ инвестиции (капиталовложения)** Investitionen fördern; **~ научные исследования** die Forschung fördern; **~ развитие промышленности** die Industrie fördern; **~ развитие экономики** die Wirtschaft fördern; **~ реализацию проекта** ein Projekt fördern; **~ сбыт** den Absatz (die Vermarktung) fördern; **~ спрос** die Nachfrage anregen (stimulieren)

стимулятор *m* Stimulator *m*

стипендия *f* Stipendium *n*

стойкость *f* Haltbarkeit *f*, Beständigkeit *f*; **~ к хранению** Lagerbeständigkeit *f*

стоимостн|ый wertmäßig, wertbezogen, kostenmäßig, Wert-; **-ое выражение** *n* Wertausdruck *m*; **-ая оценка** *f* Wertansatz *m*

стоимост|ь *f* Wert *m*, Kosten *pl*, Preis *m*; **возрасти по -и** an Wert zunehmen (gewinnen); **иметь -ь** Wert haben; **корректировать -ь** wertberichtigen; **объявлять -ь** den Wert angeben; **объявлять -ь в таможенной декларации** den Wert deklarieren; **определять -ь** den Wert ermitteln (festsetzen, feststellen, schätzen), bewerten, taxieren; **повышать -ь** den Wert erhöhen (heraufsetzen); **повышаться (подниматься) по -и**

im Wert steigen; **получать добавленную -ь** Wertschöpfung erzielen; **понижать балансовую -ь** den Buchwert herabsetzen; **сохранять свою -ь** seinen Wert behalten (erhalten); **терять -ь** an Wert verlieren; **увеличиваться по -и** an Wert gewinnen (zunehmen); **указывать -ь** den Wert angeben; **уменьшать -ь** den Wert beeinträchtigen; **уменьшаться по -и** im Wert fallen (sinken); **устанавливать -ь** bewerten; **уточнять -ь** wertberichtigen; **-ью** im Wert von; **абсолютная -ь** absoluter Wert; **-ь авиаперевозки** Flugpreis *m*; **-ь активов** Vermögenswert *m*; **-ь активов фонда** Fondsvermögenswert *m*; **актуарная -ь** Versicherungswert *m*; **базисная -ь** Grundwert *m*; **балансовая -ь** *(Buchh)* Bilanzwert *m*, Buchwert *m*; **балансовая -ь акций** Bilanzkurs *m*; **балансовая -ь капиталовложений** *(Buchh)* Beteiligungsbuchwert *m*; **балансовая -ь на одну акцию** Buchwert pro Aktie; **балансовая -ь основных средств** *(Buchh)* Bilanzwert der Sachanlagen; **биржевая -ь** Börsenwert *m*; **-ь брутто (валовая -ь)** Bruttowert *m*; **-ь в повреждённом состоянии** Wert in beschädigtem Zustand; **-ь в текущих ценах** Verkehrswert *m*; **валовая -ь произведённой продукции** Bruttoproduktionswert *m*; **включая -ь доставки на дом (фирму)** frei Haus; **вновь созданная -ь** Neuwert *m*, Mehrwert *m*; **внутренняя -ь опциона** innerer Wert einer Option; **-ь воспроизводства** Reproduktions|kosten *pl*, -preis *m*, -wert *m*; **восстановительная -ь** Wiederherstellungswert *m*; Reproduktionspreis *m*; **восстановительная -ь основных фондов** Wiederbeschaffungswert der Sachanlagen; **восстановительная -ь объекта страхования** Neuwert *m*; **-ь выкупа (страховки)** Rückkaufswert *m*; **выше (фактической) -и** über (dem) Wert; **действительная -ь** Gegenwartswert *m*, Zeitwert *m*, tatsächlicher Wert; **-ь деловых связей и репутации фирмы** Firmenwert *m*, Goodwill *m*, Unternehmungsmehrwert *m*; **денежная -ь (-ь денег)** Geldwert *m*; **-ь для памяти** Erinnerungswert *m*; **добавленная (обработкой) -ь** Wertschöpfung *f*, Mehrwert *m*, Nettoproduktionswert *m*; **добавленная -ь, созданная на производстве** betriebliche Wertschöpfung; **-ь добычи** Förderkosten *pl*; **-ь долевого участия (капиталовложений)** Beteiligungswert *m*; **-ь доставки** Lieferwert *m*, Förderkosten *pl*; **-ь жизни** Lebenshaltungskosten *pl*; **-ь заемных средств** Fremdkapitalkosten *pl*; **-ь заказа** Auftragswert *m*; **закупочная -ь** Anschaffungs|kosten *pl*, -wert *m*, Erwerbswert *m*; **залоговая -ь** Pfandwert *m*; **-ь замещения имущества** Wiederbeschaffungswert *m*; **заявленная -ь** angemeldeter Wert; **-ь здания** Gebäudewert *m*; **-ь земельного участка** Grundstückswert *m*; **-ь земли** Bodenwert *m*, Grundwert *m*; **-ь золота** Goldwert *m*; **-ь изготовления** Erzeugungskosten *pl*, Fabrikationskosten *pl*, Fertigungskosten *pl*, Herstellungskosten *pl*, Produktionskosten *pl*, Anfertigungskosten *pl*; **-ь издержек** Einstandskosten *pl*; **-ь импорта** Einfuhr|wert *m*, -kosten *pl*, Importkosten *pl*; **-ь имущества** Vermögenswert *m*; **инвентарная -ь** Übernahmewert *m*; **-ь инвестиций** Anlagewert *m*, Investitionswert *m*, Beteiligungswert *m*; **индивидуальная -ь продукции** Wert je Erzeugniseinheit; **-ь исполнения опциона** Optionsausübungspreis *m*; **-ь капитала** Kapital|kosten *pl*, -wert *m*; **капитализированная -ь потенциальных доходов** Ertragswert *m*; **-ь капиталовложений** Anlagewert *m*, Investitionswert *m*; **каталожная -ь** Katalogpreis *m*; **конечная -ь** Endwert *m*; **-ь кредита** Kreditkosten *pl*; **курсовая -ь** Kurswert *m*; **ликвидационная -ь** Liquidationswert *m*; **ликвидационная -ь предприятия** Versilberungswert *m*; **-ь материала** Materialwert *m*; **-ь материальных активов (имущества)** Substanzwert *m*; **меновая -ь** Tauschwert *m*; **-ь металлолома** Schrottwert *m*; **минималь-**

ная -ь Minimalwert *m*; **минимальная номинальная -ь акции** Mindestnennwert *m*; **-ь монтажа** Montagekosten *pl*; **-ь на (мировом) рынке** Außenwert *m*; **-ь на текущий день** Tageswert *m*; **-ь наличными деньгами** Barwert *m*; **-ь недвижимого имущества** Immobilienwert *m*; **ниже (фактической) -и** unter (dem) Wert; **-ь новой вещи** Neuwert *m*; **номинальная -ь** Nenn|betrag *m*, -wert *m*, Nominal|betrag *m*, -wert *m*, Pariwert *m*, Sollwert *m*; **номинальная добавленная -ь** nominalle Wertschöpfung; **нормативная (стандартная) -ь** Einheitswert *m*; **-ь обеспечения** Beleihungswert *m*; **-ь обработки** Bearbeitungskosten *pl*; **общая -ь** Gesamt|preis *m*, -wert *m*, Globalwert *m*, gemeiner Wert; **объявленная -ь** angemeldeter Wert; **окончательная -ь** Endwert *m*; **-ь, определяемая дефицитностью продукта** Seltenheitswert *m*; **-ь, определяемая полезностью вещи** Nutzwert *m*; **основная (первичная) -ь** Eigenwert *m*; **-ь основного капитала** Anlagewert *m*; **остаточная -ь** Restwert *m*, Zeitwert *m*; **остаточная балансовая -ь** Restbuchwert *m*; **остаточная балансовая -ь основного капитала** Nettoanlagevermögen *n*; **оценочная -ь (-ь по оценке)** Schätzwert *m*, Taxwert *m*, Einheitswert *m*, festgesetzter Wert, veranschlagter Wert, geschätzter Wert; **первоначальная -ь (основных средств)** Anschaffungs|kosten *pl*, -wert *m*, Herstellungswert *m*, Einstands|kosten *pl*, -wert *m*; **-ь перевозки** Beförderungs|kosten *pl*, -preis *m*, Transportkosten *pl*; **-ь пересылки** Versandkosten *pl*; **по -и** wertmäßig; **-ь по бухгалтерским (торговым) книгам** Buchwert *m*; **-ь по настроению** Liebhaberwert *m*; **по номинальной -и** al (zu) pari, zum Nennwert; **-ь по оценке** Schätzwert *m*, Taxwert *m*; **-ь по продажной цене** Verkaufswert *m*; **-ь погрузочно-разгрузочных работ** Umschlagskosten *pl*; **-ь покупки** Kauf|preis *m*, -wert *m*, Anschaffungspreis *m*; **покупная -ь** Einstandswert *m*; **полная -ь** Gesamtwert *m*, voller Wert; **полная первоначальная -ь основных средств** Bruttowert *m*; **-ь поставки** Lieferkosten *pl*; **постоянная -ь** konstanter Wert; **-ь постройки** Baukosten *m*; **потребительная -ь** Gebrauchswert *m*; **предельная -ь** Grenzwert *m*; **-ь предоставляемого капитала** Kapitalbereitstellungskosten *pl*; **-ь предприятия** Unternehmenswert *m*, Unternehmungswert *m*; **-ь предприятия при продаже по частям** Zerschlagungswert *m*; **-ь при погашении** Endwert *m*; **приведённая -ь** Gegenwartswert *m*; **-ь привлечённого капитала** Kapitalbindungskosten *pl*; **-ь приобретения** Anschaffungs|kosten *pl*, -wert *m*; **продажная -ь** Verkaufswert *m*, Realisationswert *m*; **-ь продукта** Kosten des Produkts; **-ь проезда** Fahrpreis *m*; **-ь произведённой продукции** Leistungswert *m*, Produktionswert *m*; **-ь производства** Erzeugungskosten *pl*, Fabrikationskosten *pl*, Fertigungskosten *pl*, Herstellungskosten *pl*, Produktionskosten *pl*; **-ь рабочей силы** Arbeitskosten *pl*, Lohnkosten *pl*; **расчётная -ь** Kalkulationswert *m*; **реальная -ь** Eigenwert *m*, Realwert *m*, Nettowert *m*, Zeitwert *m*, Sachwert *m*, effektiver (tatsächlicher) Wert; **реальная добавленная -ь** reale Wertschöpfung; **реальная -ь предприятия** Substanzwert *m*; **реальная рыночная -ь** Verkehrswert *m*; **-ь рекламы** Werbewert *m*; **-ь ремонта** Reparaturkosten *pl*, Instandsetzungskosten *pl*; **реновационная -ь** Erneuerungswert *m*; **рыночная -ь** Marktwert *m*, Handelswert *m*; **-ь сделки по договору** Vertragswert *m*; **сметная -ь** Kalkulationswert *m*, Kostenanschlag *m*, veranschlagter Wert; **сметная -ь покупки** Kaufvoranschlag *m*; **-ь согласно каталога** Katalogwert *m*; **-ь содержимого** Wert des Inhalts; **соразмерная (приемлемая) -ь** angemessener Wert; **-ь спорного объекта** Streitwert *m*; **страховая -ь** Versicherungswert *m*; **-ь строительства** Baukosten *pl*;

субъективная -ь subjektiver Wert, Nutzwert *m*; **-ь сырья и материалов** Materialwert *m*; **таможенная -ь** Zollwert *m*; **-ь тары** Verpackungskosten *pl*; **текущая -ь** Barwert *m*, Tageswert *m*, Zeitwert *m*, Gegenwartswert *m*, gegenwärtiger Wert; **текущая покупная -ь** Kaufwert *m*; **терминальная -ь** Endwert *m*; **-ь технического обслуживания и текущего ремонта** Erhaltungskosten *pl*; **-ь товара** Warenwert *m*; **-ь товара, взятая за основу для начисления пошлины** Zollwert *m*; **-ь товара при перепродаже** Wiederverkaufswert *m*; **-ь транспортируемого груза** Lieferwert *m*; **-ь уникальных товаров** Seltenheitswert *m*; **условная -ь деловых связей, опыта и репутации фирмы** Firmenwert *m*, Geschäftswert *m*, Goodwill *m*; **фактическая -ь** Realwert *m*, tatsächlicher (effektiver) Wert, Gegenwartswert *m*, Eigenwert *m*; **фактурная -ь** Rechnungs|betrag *m*, -summe *f*, -wert *m*; **фиктивная -ь** fiktiver Wert; **-ь фирмы** Firmenwert *m*; **-ь ценной бумаги к моменту её погашения** Auslosungswert *m*; **-ь ценных бумаг, определяемая эмиссионным курсом** Ausgabewert *m*; **частичная -ь** Teilwert *m*; **чистая -ь продукции** Nettoproduktionswert *m*; **чистая балансовая -ь** Nettobuchwert *m*; **чистая современная -ь** Kapitalwert *m*; **чистая -ь товара** Nettowarenwert *m*; **экспортная -ь (-ь экспорта)** Ausfuhrwert *m*

стоить kosten, wert sein; **~ дорого** teuer sein

стойка *f* Ständer *m*, Theke *f*, Ladentisch *m*; **~ для проспектов** Prospektständer *m*

стойкость *f* Festigkeit *f*, Beständigkeit *f*, Haltbarkeit *f*

стол *m* Tisch *m*, Tafel *f*; **~ заказов** Bestelldienst *m*, Kundendienst *m*; **~ находок** Fundbüro *n*; **письменный ~** Schreibtisch *m*; **расчётный ~** Abrechnungsstelle *f*

столбец *m* Spalte *f*

столкновение *n* Zusammenstoß *m*, Kollision *f*, Konflikt *m*; **~ интересов** Interessenkollision *f*

столовая *f* Gaststätte *f*, Kantine *f*, Esszimmer *n*, Speiseraum *m*; **заводская ~** Werkskantine *f*; **студенческая ~** Mensa *f*

стоп-лимитный приказ *m* Stop-Limit-Order *n*

стопроцентный hundertprozentig

сторнирование *n* Stornierung *f*, Aufhebung *f*, Berichtigung *f*, Löschung *f*, Rückbuchung *f*; **~ бухгалтерской записи (проверки)** Stornierung einer Buchung

сторнировать stornieren, aufheben, berichtigen, löschen, rückbuchen; **~ бухгалтерскую запись** eine Buchung stornieren; **~ счёт** ein Konto stornieren

сторно *n* Storno *m*, Rückbuchung *f*, Löschung *f*

сторона *f* Seite *f*, Partei *f*, Teil *m*; **~ в договоре (контракте)** Vertragspartei *f*, Vertragsteil *m*, Kontrahent *m*; **~ в коллективном договоре** Tarif|(vertrags)partei *f*, -partner *m*; **дебетовая ~** Sollseite *f*, Debet *n*; **договаривающаяся ~** vertragschließende Seite (Partei), vertragschließender Teil, Vertragsteil *m*; **заинтересованная ~** Interessent *m*; **~, имеющая право заключать тарифные соглашения** tariffähige Partei; **кредитовая ~** Kreditseite *f*, Habenseite *f*, Haben *n*; **левая ~ счёта** Debet *n*, Sollseite *f*, linke Kontoseite; **лицевая ~** Vorderseite *f*; **~ на переговорах об установлении тарифных ставок** Tarifkontrahent *m*; **наружная ~** Außenseite *f*; **оборотная ~** Rückseite *f*; **оборотная ~ монеты** Revers *m*; **правая ~ счёта** Haben *n*, Habenseite *f*, rechte Kontoseite; **противная ~** gegnerische Seite; **~ счёта** Kontoseite *f*

сторонник *m* Anhänger *m*, Verfechter *m*

стоянка *f* Parkplatz *m*, Haltestelle *f*; **автомобильная ~** Parkplatz *m*

стоять stehen; **~ в очереди** anstehen, Schlange stehen; **~ на повестке дня** auf der Tagesordnung stehen

стран|а *f* Land *n*, Staat *m*; **аграрная -а** Agrar|land *n*, -staat *m*; **-а данной валюты** Devisenland *n*; **-а-дебитор**

(должник) Schuldnerland *n*; **-а-заёмщик** Empfängerland *n*; **зарубежные -ы, не входящие в таможенные границы данной страны, и открытое море** Zollausland *n*; **-а-изготовитель** Erzeugerland *n*, Herstellerland *n*; **-а-импортёр** Einfuhrland *n*, Importland *n*; **-а-импортёр нефти** Öleinfuhrland *n*; **индустриальная -а** Industrie|land *n*, -staat *m*; **-а-кредитор** Gläubigerland *n*; **-а местожительства** Wohnsitzland *n*; **-а назначения** Bestimmungsland *n*, Empfängerland *n*; **новая индустриальная -а** Schwellenland *n*; **отсталая -а** rückständiges Land; **-а-партнёр** Partnerland *n*; **-а-покупатель** Käuferland *n*, Land des Käufers; **-а-получатель** Empfängerland *n*; **-а-продавец** Verkäuferland *n*; **-а-производитель** Erzeugerland *n*, Herstellerland *n*; **-а происхождения товара** Ursprungsland *n*, Herstellungsland *n*, Herkunftsland *n*; **промышленно развитая -а** Industrie|land *n*, -staat *m*; **развивающаяся -а** Entwicklungsland *n*; **-а с высоким уровнем развития промышленности** hochindustrialisiertes Land; **-а с неразвитой структурой** strukturschwaches Land; **-а с низким уровнем заработной платы** Billiglohnland *n*, Niedriglohnland *n*; **-а с твёрдой валютой** Hartwährungsland *n*; **-а с низким уровнем розничных цен** Niedrigpreisland *n*; **-а транзита** Transitland *n*; **-а-участница** Teilnehmerland *n*; **-а-член** Mitglieds|land *n*, -staat *m*; **-а-экспортёр (экспортирующая ~)** Ausfuhrland *n*, Exportland *n*

страница *f* Seite *f*; **~ сайта** Website-Seite; **главная (домашняя, начальная) ~ сайта** Homepage *f*, Startseite *f*, Leitseite *f*, Einstiegsseite *f*, Frontpage *f*; **внутренняя ~ сайта** interne Webseite

стратегическ|ий strategisch; **-ое планирование** *n* strategische Planung

стратеги|я *f* Strategie *f*; **обсуждать -ю** eine Strategie besprechen; **разрабатывать -ю** eine Strategie entwickeln (ausarbeiten, erarbeiten); **-я брендинга (брендов)** Markenstrategie *f*; **-я будущего** zukünftige Strategie; **-я в области качества** Qualitätsstrategie *f*; **инвестиционная -я** Anlagestrategie *f*, Investitionsstrategie *f*; **-я конкурентной борьбы** Konkurrenzstrategie *f*, Wettbewerbsstrategie *f*; **-я научно-исследовательских и конструкторских работ** Strategie der Forschung und Entwicklung; **-я научных исследований** Forschungsstrategie *f*; **-я предприятия в условиях рынка** Marktstrategie *f*; **-я на завоевание определённой ниши рынка** Nischenstrategie *f*; **-я развития (роста)** Wachstumsstrategie *f*; **-я разработки, выпуска и номенклатуры продукции** Produktstrategie *f*; **-я (развития) предприятия** Unternehmensstrategie *f*; **-я рефинансирования** Refinanzierungsstrategie *f*; **-я сбыта** Absatzstrategie *f*; **-я сотрудничества** Kooperationsstrategie *f*; **-я спроса** Nachfragestrategie *f*; **-я успеха** Erfolgsstrategie *f*

страх *m* **перед инфляцией** Inflationsfurcht *f*

страховани|е *n* Versicherung *f*, Assekuranz *f*; **заключать договор -я** eine Versicherung abschließen; **расторгать договор -я** die Versicherung kündigen; **авиационное -е** Luftfahrtversicherung *f*; **-е авиационных грузов** Luftfrachtversicherung *f*; **-е автомобилей** Autoversicherung *f*; **-е багажа** Gepäckversicherung *f*, Reisegepäckversicherung *f*; **-е вещей, находящихся не в месте страхования** Außenversicherung *f*; **-е без уплаты взносов** prämienfreie Versicherung; **взаимное -е** Versicherung auf Gegenseitigkeit; **-е-вклад** Lebensversicherung auf den Erlebens- und Todesfall; **-е воздушных перевозок** Luftfahrtversicherung *f*; **-е второго риска** Versicherung auf zweites Risiko; **гарантийное -е** Garantieversicherung *f*, Haftpflichtversicherung *f*, Kautionsversicherung *f*; **гарантийное -е от финансовых потерь, связанных с хищениями**

и растратами Personengarantieversicherung *f*; **генеральное -е** Generalversicherung *f*; **-е гражданской ответственности частного лица** Privathaftversicherung *f*, private Haftpflichtversicherung *f*; **-е грузов** Güterversicherung *f*, Warenversicherung *f*; **групповое -е** Einheitsversicherung *f*, Gruppenversicherung *f*, Sammelversicherung *f*; **двойное -е** Doppelversicherung *f*; **действующее -е** laufende Versicherung; **-е делькредере** Delkredereversicherung *f*; **депозитное -е** Depositenversicherung *f*; **-е детей от несчастных случаев** Kinderunfallversicherung *f*; **добровольное -е** freiwillige Versicherung; **добровольное медицинское -е** freiwillige Krankenversicherung *f*; **-е домашнего имущества** Hausratversicherung *f*; **дополнительное -е** Zusatzversicherung *f*, Nachversicherung *f*, Nebenversicherung *f*; **-е дорожных рисков** Reiseversicherung *f*; **-е драгоценностей** Wertsachenversicherung *f*; **единоличное -е** Einzelversicherung *f*; **-е жизни** Lebensversicherung *f*; **-е жизни клиентов, взявших кредит без обеспечения** Saldenversicherung *f*; **-е жизни компаньонов** Teilhaberversicherung *f*; **-е жизни, при котором страховая сумма используется для погашения ипотечной ссуды** Tilgungsversicherung *f*; **-е жизни с выплатой страховой суммы к установленному договором сроку** Versicherung mit festem Auszahlungstermin; **заключение договора -я с зарубежной страховой компанией** Korrespondenzversicherung *f*; **-е зданий** Gebäudeversicherung *f*; **-е имущества от огня (пожара)** Feuersachversicherung *f*; **имущественное -е (-е имущества)** Sachversicherung *f*, Vermögens(wert)-versicherung *f*; **индивидуальное -е** Individualversicherung *f*, Personenversicherung *f*, Privatversicherung *f*, Singularversicherung *f*; **-е капитала от рисков** Versicherung *f* des Kapitals gegen Risiken; **-е карго** Kargoversicherung *f*; **-е каско** Kaskoversicherung *f*; **коллективное -е** Kollektiversicherung *f*, Sammelversicherung *f*; **комбинированное -е товаров** Wareneinheitsversicherung *f*; **-е коммерческого (товарного) кредита** Warenkreditversicherung *f*; **комплексное -е** Komplettversicherung *f*; **корпоративное -е** betriebliche Versicherung; **-е кредитов** Kreditversicherung *f*, Delkredereversicherung *f*; **личное -е** Personenversicherung *f*, Privatversicherung *f*; **медико-социальное -е** Kranken- und Sozialversicherung *f*; **морское -е** Seeversicherung *f*; **-е морского груза** Seefrachtversicherung *f*; **мультирисковое -е** Multirisk-Versicherung *f*; **-е на большую сумму** Höherversicherung *f*; **-е на дожитие** Versicherung auf den Erlebensfall; **-е на случай болезни** Krankenversicherung *f*; **-е на случай инвалидности** Invalidenversicherung *f*; **-е на случай потерь от колебания курса** Kursverlustversicherung *f*, Kurssicherung *f*; **-е на случай смерти** Versicherung auf den Todesfall; **-е на случай потребности в уходе** Pflegeversicherung *f*; **-е на сумму ниже стоимости страхового объекта (неполное -е)** Unterversicherung *f*; **-е на сумму превышающую сумму страхового объекта** Überversicherung *f*; **-е на сумму, равную стоимости страхуемого объекта** Vollwertversicherung *f*; **-е на твёрдо установленную сумму** Summenversicheung *f*; **-е надёжности машин и оборудования** Maschinenversicherung *f*; **не подлежащий -ю** versicherungsfrei; **-е нескольких видов по одному договору** Gesamtversicherung *f*; **общее -е** Generalversicherung *f*; **обязательное -е** Pflichtversicherung *f*, Zwangsversicherung *f*, obligatorische Versicherung; **обязательное -е зданий и производственных сооружений от огня (пожара)** Feuerhaftungsversicherung *f*; **обязательное медицинское -е** gesetzliche Krankenversicherung *f*; **окладное -е** gesetzliche Versicherung; **-е от взлома** Einbruchsversicherung *f*; **-е от возможных потерь при изменении курсов** Kursverlustversicherung *f*; **-е от всех рисков, связанных с использованием транспортных средств** Vollkaskoversicherung *f*; **-е от несчастных случаев** Unfallversicherung *f*; **-е от несчастных случаев в сельском хозяйстве** landwirtschaftliche Unfallversicherung; **-е от несчастных случаев в пути** Reiseunfallversicherung *f*; **-е от неуплаты долга** Delkredeversicherung *f*; **-е от ограбления** Raubversicherung *f*; **-е от потерь** Deckungsgeschäft *n*, Hedging; **-е от огня (пожара)** Feuerversicherung *f*; **-е от риска, связанного с хранением товаров на складе** Lagerversicherung *f*; **-е от убытков** Schadensversicherung *f*; **-е от убытков вследствие остановки производства** Betriebsunterbrechungsversicherung *f*; **-е ответственности перед третьими лицами** Haftpflichtversicherung *f*; **-е отдельных объектов** Einzelversicherung *f*; **-е пассажиров** Insassenunfallversicherung *f*; **пенсионное -е** Rentenversicherung *f*; **пенсионное -е рабочих** Arbeiterrentenversicherung *f*; **-е первого риска** Versicherung auf erstes Risiko; **-е перевозимых грузов** Versicherung der Transportgüter; **-е перевозочных средств** Kaskoversicherung *f*; **-е по безработице** Arbeitslosenversicherung *f*; **-е по КАСКО** Kaskoversicherung *f*; **-е по текущей стоимости** Zeitwertversicherung *f*; **подлежащий -ю** versicherungspflichtig, versicherbar; **поручительское -е** Bürgschaftsversicherung *f*, Kautionsversicherung *f*; **-е, предусматривающее выплату страховой суммы в иностранной валюте** Valutaversicherung *f*; **-е промышленных предприятий** Industrieversicherung *f*; **прямое -е** Direktversicherung *f*; **-е рабочих за счёт предприятия** Betriebshaftpflichtversicherung *f*; **-е рисков** Risikoversicherung *f*; **-я с выплатой страховой суммы третьими лицами** Versicherung für fremde Rechnung; **-е с уплатой взносов в иностранной валюте** Fremdwährungsversicherung *f*; **-е с участием в прибылях компании** Versicherung mit Gewinnbeteiligung; **-е с учётом изменения индекса стоимости жизни** Indexversicherung *f*; **смешанное -е** Versicherung auf den Todes- und Erlebensfall; **совместное -е** Mitversicherung *f*; **социальное -е** Sozialversicherung *f*; **социальное -е горнорабочих** Knappschaftsversicherung *f*; **-е строений** Gebäudeversicherung *f*; **-е судна** Schiffs(kasko)-versicherung *f*; **-е товарно-материальных запасов** Vorräteversicherung *f*; **-е товаров** Warenversicherung *f*, Güterversicherung *f*; **-е товаров, перевозимых коммивояжёром** Reiselagerversicherung *f*; **~ титула собственника** Versicherung der Eigentumsrechte; **транспортное -е (-е транспортных рисков)** Transportversicherung *f*, Güterversicherung *f*; **транспортное -е грузов** Gütertransportversicherung *f*, Warentransportversicherung *f*; **транспортное -е ценностей** Valorenversicherung *f*; **-е транспортных средств** Kaskoversicherung *f*, Kraftfahrzeugversicherung *f*, Fahrzeugversicherung *f*; **-е у нескольких страховщиков** mehrfache Versicherung; **-е фрахта** Frachtversicherung *f*; **-е ценных бумаг** Wertpapierversicherung *f*; **-е ценных вещей** Wertsachenversicherung *f*; **частичное -е транспортных средств** Teilkaskoversicherung *f*; **-е чужого риска** Fremdversicherung *f*; **-е экспортных кредитов** Exportkreditversicherung *f*; **-е экспортных операций** Exportversicherung *f*

страхователь *m* Versicherte m (f), Versicherungsnehmer *m*, Versicherungskunde *m*; **добровольный ~** freiwillig Versicherter *m*

страховать versichern; **~ коммерческие риски** Risiken versichern; **~ на сумму ниже стоимости страхуемого объекта** unterversichern; **-ся от кражи** sich gegen Diebstahl versichern; **~ свою жизнь** sein Leben versichern; **~ транспор-**

тировку товара den Transport der Ware versichern

страховка *f* Versicherung *f*, Versicherungsbetrag *m*, Versicherungssumme *f*

страхов|ой Versicherungs-; **-ой агент** *m* Versicherungs|agent *m*, -kaufmann *m*, -vertreter *m*; **-ой взнос** *m* Versicherungs|beitrag *m*, -prämie *f*; **-ое дело** *n* Versicherungs|geschäft *n*, -gewerbe *n*, -wirtschaft *f*, -zweig *m*; **-ое заявление** *n* Versicherungsantrag *m*; **-ой рынок** *m* Versicherungsmarkt *m*; **-ой случай** *m* Versicherungsfall *m*; **-ая стоимость** *f* Versicherungswert *m*

страховщик *m* Versicherer *m*, Versicherungsträger *m*; **~, индивидуальный страховщик** Einzelversicherer *m*; **~ имущества** Sachversicherer *m*; **~ кредита** Kreditversicherer *m*; **первичный ~** Erstversicherer *m*

страхуемый *m* Versicherte *m*, Versicherungsnehmer *m*; zu versichernde

стремление *n* Streben *n*, Bestreben *n*; **~ к получению прибылей** Gewinnstreben *n*

строгость *f*, **вексельная ~** Wechselstrenge *f*

строение *n* Bau *m*, Gebäude *n*; Aufbau *m*, Gefüge *n*, Struktur *f*, Zusammensetzung *f*; **~ капитала** Kapital|struktur *f*, -zusammensetzung *f*; **новое ~** Neubau *m*; **промышленное ~** Industriebau *m*

строитель *m* Bauarbeiter *m*

строительство *n* Bauen *n*, Bau *m*, Errichtung *f*, Bautätigkeit *f*, Aufbau *m*, Baugewerbe *n*, Bauwesen *n*, Bauwirtschaft *f*; **завершать (заканчивать) ~** einen Bau beenden (vollenden); **начинать ~** einen Bau beginnen; **останавливать ~** einen Bau stilllegen; **расширять ~** den Bau fördern; **дорожное ~** Straßenbau *m*, Wegebau *m*; **жилищное ~** Wohnungsbau *m*; **индивидуальное жилищное ~** Eigenheimbau *m*; **капитальное ~** Investitionsbau *m*; **крупноблочное ~** Großblockbauweise *f*; **крупнопанельное ~** Großplattenbauweise *f*; **новое ~** Neu|aufbau *m*, -bau *m*; **~ новых предприятий (производств)** Bau neuer Fertigungsstätten; **~ под ключ** schlüsselfertiges Bauen; **подземное ~** Tiefbau *m*; **промышленное ~** Industriebau *m*; **~ трубопроводов** Rohrleitungsbau *m*; **хозяйственное ~** Wirtschaftsaufbau *m*

строить bauen, errichten, aufbauen

строй *m* Ordnung *f*, Organisation *f*; **государственный ~** Staatsordnung *f*; **конституционный ~** verfassungsmäßige Ordnung; **общественный (социальный) ~** Gesellschaftsordnung *f*, Sozialordnung *f*; **экономический ~** Wirtschaftsordnung *f*

стройка *f* Bau *m*, Bauen *n*; Baustelle *f*, Bauplatz *m*; **новая ~** Neubau *m*

стройматериал *m* Baustoff *m*

строй|площадка *f* Bauplatz *m*, Baustelle *f*; **-сберкасса** Bausparkasse *f*

структур|а *f* Struktur *f*, Gefüge *n*, Aufbau *m*, Bau *m*, Zusammensetzung *f*; **изменять -у** umstrukturieren; **развивать -у** die Struktur ausbauen; **совершенствовать (улучшать) -у** die Struktur verbessern; **создавать эффективную -у** eine effeziente Struktur aufbauen; **аграрная -а (-а аграрных отношений)** Agrarstruktur *f*; **адаптивная организационная -а** anpassungsfähige Organisationsstruktur; **-а активов и пассивов (предприятия)** Vermögens|struktur *f*, -aufbau *m*; **-а ассортимента** Sortimentsstruktur *f*; **-а баланса** Bilanz|aufbau *m*, -gliederung *f*; **-а бюджета** Budgetbestand *m*; **-а бюджета по отдельным видам доходов и расходов** Haushaltsquerschnitt *m*; **возрастная -а** Altersaufbau *m*; **дивизионная -а управления** hierarchische Unternehmensstruktur; **-а занятости** Beschäftigungsstruktur *f*; **-а затрат (издержек)** Kostenstruktur *f*; **иерархическая -а предприятия** Betriebshierarchie *f*; **-а импорта** Importstruktur; **-а имущества** Vermögens|aufbau *m*, -struktur *f*; **-а инвестиций** Anlagestruktur *f*, Investitionsstruktur *f*; **-а кадров** Personalstruktur *f*; **-а капитала** Kapital|struktur *f*, -zusammensetzung *f*; **коммерческая -а** Handelsstruktur *f*; **кооперативная -а** genossenschaftliche Struktur; **моти-**

вационная -а Motivationsstruktur *f*; **-а населения** Bevölkerungsstruktur *f*; **неэффективная организационная -а** Unterorganisation *f*; **организационная -а** Organisationsstruktur *f*, Aufbau einer Organisation; **организационная -а предприятия** Betriebsstruktur *f*, Unternehmensgliederung *f*; **-а отраслей промышленности** Branchenstruktur *f*; **-а плана** Planaufbau *m*; **планировочная -а** Planungsstruktur *f*; **-а покупателей** Käuferstruktur *f*; **-а портфеля ценных бумаг** Portfolio|struktur *f*, -zusammensetzung *f*; **-а потребителей** Verbraucherstruktur *f*; **-а потребностей** Bedürfnisstruktur *f*; **-а производства** Produktionsstruktur *f*; **-а промышленности** Industriestruktur *f*; **-а процентных ставок** Zins|gefüge *n*, -struktur *f*; **-а рабочего времени** Arbeitszeitstruktur *f*; **-а расчёта** Kalkulationsaufbau *m*; **рациональная -а производства** lean production; **рациональная -а управления предприятием** lean management; **-а рынка** Markt|gefüge *n*, -struktur *f*; **-а рыночной экономики** marktwirtschaftliche Struktur; **с неразвитой -ой** strukturschwach; **самостоятельная организационная -а** Struktureinheit *f*; **сбытовая -а** Vermarktungsstruktur *f*; **-а собственников (владельцев)** Eigentümerstruktur *f*; **социальная (социально-экономическая) -а** Sozialstruktur *f*; **-а спроса** Nachfragestruktur *f*; **-а товарооборота** Umsatzstruktur *f*; **-а торговли** Handelsstruktur *f*; **-а управления** Leitungsstruktur *f*, Managementstruktur *f*, Verwaltungsstruktur *f*; **-а цен** Preisgefüge *n*; **-а экономики (экономическая ~)** Wirtschafts|struktur *f*, -gefüge *n*; **-а экспорта** Exportstruktur *f*; **-а экспортных товаров** Struktur der Exportgüter

структурирование *n* Strukturierung *f*

структурировать strukturieren

структурн|ый strulturell, Struktur-; **-ый анализ** *m* Strukturanalyse *f*; **-ые изменения** *pl* Struktur|änderungen *pl*, -veränderungen *pl*; **-ая помощь** *f* Strukturhilfe *f*; **-ое регулирование** *n* Strukturanpassung *f*

ступенчатый abgestuft, Stufen-

ступен|ь *f* Stufe *f*, Etappe *f*, Phase *f*; **на одной -и** auf gleicher Stufe; **-ь производства** Produktionsphase *f*; **-ь развития** Entwicklungsstufe *f*; **-ь экономического развития** Wirtschaftsstufe *f*

стыковка *f* Anschluss *m*, Kopplung *f*, Abstimmung *f*; **~ планов** Planabstimmung *f*

стяжательство *n* Habgier *f*

субагент *m* Subagent *m*, Unteragent *m*, Untervertreter *m*

субагентство *n* Untervertretung *f*

субаренда *f* Unterpacht *f*, Untermiete *f*, Untervermietung *f*, Unterverpachtung *f*, Zwischenvermietung *f*

субарендатор *m* Unterpächter *m*, Untermieter *m*

субвенционировать subventionieren, stützen, Subventionen (Beihilfe, Stützung) gewähren

субвенци|я *f* Subvention *f*, Stützung *f*, Beihilfe *f*; **предоставлять -и** Subventionen (Beihilfe, Stützung) gewähren

субквартирант *m* Untermieter *m*

субконсорциум *m* Unterkonsortium *n*

субконцерн *m* Teilkonzern *m*

сублицензия *f* Unterlizenz *f*

субординация *f* Unterordnung *f*, Nachordnung *f*, Rangordnung *f*

субподряд *m* Unterauftrag *m*; **~ на перевозку груза** Unterfrachtauftrag *m*

субподрядчик *m* Nebenunternehmer *m*, Subunternehmer *m*, Zulieferer *m*

субпоставщик *m* Sublieferant *m*, Zulieferer *m*, Unterlieferant *m*; **предприятие-~** Zulieferer|betrieb *m*, -unternehmen *n*; **фирма-~** Zuliefererfirma *f*

субсидирование *n* Subventionierung *f*, Stützung *f*; **~ цен** Preisstützung *f*, Stützung der Preise; **~ экспорта** Exportsubvention *f*

субсидировать subventionieren, stützen, durch öffentliche Mittel unterstützen, Subventionen (Beihilfen, Zuschüsse) gewähren (zahlen); **~ цены**

Preise stützen; **~ экспорт** den Export stützen

субсиди|я *f* Subvention *f*, Stützung *f*, Beihilfe *f*, Zuschuss *m*; **выплачивать -и** Subventionen (Beihilfen, Zuschüsse) (aus)zahlen, bezuschussen; **получать -ю** einen Zuschuss erhalten; **предоставлять -и** Subventionen (Beihilfen, Zuschüsse) gewähren; **сокращать -и** Subventionen kürzen, Beihilfen abbauen; **государственная -я** staatlicher (öffentlicher) Zuschuss, öffentliche (staatliche) Unterstützung; **государственные -и частным лицам и предпринимателям** Transfers *pl*, Transferzahlungen *pl*; **-и для выплаты процентов** Zinszuschüsse *pl*; **-и на импорт** Einfuhrbeihilfen *pl*; **-и производителям** Erzeuger|beihilfen *pl*, -subventionen *pl*; **-я сельскому хозяйству** Agrar|-stützung *f*, -subvention *f*; **экспортная -я** Ausfuhrsubvention *f*, Export|subvention *f*, -beihilfe *f*

субсиндикат *m* Unterkonsortium *n*

субстанция *f* Substanz *f*

субститут *m* Substitut *n*, Ersatzstoff *m*, Ersatzware *f*

субституция *f* Substitution *f*, Ersetzung *f*, Ersatz *m*; **~ в наследовании** Nacherbschaft *f*

субсчёт *m* Unterkonto *n*

субъект *m* Subjekt *n*; **~ авторского права** Urheberrechtsinhaber *m*; **~ налогообложения** Steuersubjekt *n*; **~ права** Rechtssubjekt *n*; **~ решения** Entscheidungsträger *m*; **хозяйственный -, определяющий какое количество товаров при данных ценах может быть закуплено** Mengenanpasser *m*; **хозяйствующий ~** Wirtschaftssubjekt *n*; **~ Российской Федерации** Föderationssubjekt *n*; **~ экономической деятельности** Wirtschaftssubjekt *n*

сувенир *m* Erinnerungsgeschenk *n*, Souvenir *n*, Andenken *n*, Geschenk *n*, Werbegeschenk *n*

суверенитет *m* Souveränität *f*, Hoheit *f*, Hoheitsgewalt *f*; **ограничивать ~** die Souvärenität einschränken; **государственный ~** Staatssouveränität *f*; **монетный ~** Münzhoheit *f*; **тарифный ~** Tarifhoheit *f*; **таможенный ~** Zollhoheit *f*; **финансовый ~** Finanzhoheit *f*

суверенн|ый souverän, Hoheits-; **-ая территория** Hoheitsgebiet *n*

суд *m* Gericht *n*, Gerichtshof *m*; **апелировать в ~** das Gericht anrufen; **подать в ~** bei Gericht verklagen; **подать иск в ~ на возмещение ущерба** auf Schadensersatz (ver)klagen; **представлять в -е** gerichtlich vertreten; **апеляционный (кассационный) ~** Berufungsgericht *n*; **административный ~** Verwaltungsgericht *n*; **биржевой ~ чести** Ehrengericht *n*; **~, ведущий торговый реестр** Registergericht *n*, Amtsgericht *n*; **налогово-финансовый ~** Finanzgericht *n*; **некомпетентный ~** nicht zuständiges Gericht; **обычный ~** ordentliches Gericht; **~ первой инстанции** Amtsgericht *m*, erstinstanzliches Gericht; **~ по гражданским делам** Zivilgericht *m*; **~ по делам о нарушении антимонопольного законодательства** Kartellgericht *n*; **~ по делам о несостоятельности** Konkursgericht *n*; **~ по наследственным делам** Nachlassgericht *n*; **~ по патентным делам** Patentgericht *n*; **по распоряжению -а** auf Anordnung des Gerichts; **~ по трудовым конфликтам** Arbeitsgericht *n*; **третейский ~** Schiedsgericht *n*; **уголовный ~** Strafgericht *n*

судебн|ый gerichtlich, Gerichts-; **в -ом порядке** gerichtlich; **во вне-ом порядке** außergerichtlich; **-ые издержки** *pl* **(расходы** *pl***)** Gerichtskosten *pl*; **-ые пошлины** *pl* Gerichtsgebühren *pl*; **-ый приговор** *m* Gerichtsurteil *n*; **-ое решение** *n* Gerichts|bescheid *m*, -beschluss *m*, -entscheidung *f*, gerichtliche Entscheidung

судить richten, urteilen, beurteilen

судн|о *n* Schiff *n*, Wasserfahrzeug *n*; **нанимать (фрахтовать) -о** ein Schiff chartern; **грузовое -о** Frachtschiff *n*, Frachter *m*; **исследовательское -о** Forschungsschiff *n*; **контейнерное -о** Containerschiff *n*; **морское -о** Seeschiff *n*; **нефтеналивное -о**

Tanker *m*; **океанское -о** Überseeschiff *n*; **пассажирское -о** Passagierschiff *n*; **рефрижераторное -о** Kühlschiff *n*; **рыболовное -о** Fischereifahrzeug *n*; **-о с горизонтальной погрузкой и выгрузкой** Ro-Ro-Schiff *n*; **сухогрузное -о** Trockenfrachter *m*; **торговое -о** Handelsschiff *n*; **трамповое -о** Trampschiff *n*; **учебное -о** Schulschiff *n*; **чартерное -о** Charterschiff *n*; **экспедиционное -о** Forschungsschiff *n*

судоверфь *f* Schiffswerft *f*

судовладелец *m* Reeder *m*, Schiffseigner *m*

судопроизводство *n* Gerichtsverfahren *n*, Rechtsverfahren *n*

судостроение *n* Schiffbau *m*

судостроитель *m* Schiffbauunternehmer *m*; Schiffbauer *m*, Werftarbeiter *m*, Dockarbeiter *m*

судоходство *n* Schifffahrt *f*; **~ внутри страны (речное ~)** Binnenschifffahrt *f*; **каботажное ~** Küstenschifffahrt *f*, Kabotage *f*; **линейное ~** Linienschifffahrt *f*; **морское ~** Seeschifffahrt *f*, Hochseeschifffahrt *f*; **торговое ~** Handelsschifffahrt *f*

судь|я *m* Richter *m*; **назначать -ёй** zum Richter bestellen; **отклонять -ю** einen Richter ablehnen; **-я, ведущий конкурсное производство** Konkursrichter *m*; **третейский -я** Schiedsrichter *m*, Schlichter *m*, unparteiischer Dritter

сумм|а *f* Betrag *m*, Summe *f*; **взимать -у** Betrag erheben; **вложить определённую -у** einen Betrag anlegen; **дебетовать счёт на -у** ein Konto mit einem Betrag belasten; **депонировать -у** einen Betrag hinterlegen; **документально отражать -у в отчёте** einen Betrag ausweisen; **записывать -у в кредит счёта** eine Summe (den Betrag) den Konto gutschreiben; **(за)платить -у** einen Betrag zahlen; **округлять -у** einen Betrag abrunden (aufrunden); **определять величину -ы** einen Betrag festsetzen; **отчитываться в использовании -ы** einen Betrag abrechnen; **получать -у** einen Betrag erhalten; **снимать -у со счёта** einen Betrag vom Konto abheben; **составлять в -е** betragen; **-а аккредитива** Akkreditivbetrag *m*; **-а аммортизационных отчислений** Abschreibungs|betrag *m*, -summe *f*; **-а арендной платы** Pachtbetrag *m*, Mietbetrag *m*; **ассигнованная -а** bewilligter (bereitgestellter) Betrag; **-а баланса** Vermögensmasse *f*; **балансовая -а** Bilanzsumme *f*; **-а брутто (валовая -а)** Bruttobetrag *m*; **-а в размере 100 евро** auf 100 Euro lautender Betrag; **вексельная -а** Wechsel|betrag *m*, -summe *f*; **~ взноса в счёт погашения** Tilgungsbetrag *m*; **взыскиваемая -а** eingezogener Betrag; **-а, взыскиваемая в судебном порядке** eingeklagter Betrag; **-а вкладов на сберегательных счетах** Sparaufkommen *n*; **-а, внесённая в качестве залога** Kautions|betrag *m*, -summe *f*; **-а возмещения** Erstattungsbetrag *m*, Entschädigungs|betrag *m*, -summe *f*, Ablösungs|betrag *m*, -summe *f*; **-а выкупа** Auslösesumme *f*; **-а, выплаченная авансом** vorausbezahlter Betrag; **выплачиваемая -а** Auszahlungsbetrag *m*; **гарантийная -а** Haftsumme *f*, Kaution *f*; **гарантированная -а кредита, получаемая членом МВФ для покрытия дефицита платёжного баланса** Reserveposition *f*; **громадная -а** Riesen|betrag *m*, -summe *f*, Unsumme *f*; **-а дебиторской задолженности** Debitorenbestand *m*; **-а денег** Geld|betrag *m*, -summe *f*; **-а денег, оставшаяся после покупки** Restkaufgeld *n*; **дополнительная -а налогов** Ergänzungssteuern *pl*; **депонированная -а** hinterlegter Betrag; **-а долга** Schuld|betrag *m*, -summe *f*, geschuldeter Betrag; **-а долевого участия** Beteiligungsbetrag *m*; **единовременная -а** Einmalbetrag *m*; **завышенная -а** zu hoch berechneter Betrag; **-а задатка** Anzahlungssumme *f*; **-а задолженности** Forderungsbetrag *m*; **-а займа** Anleihebetrag *m*, Kreditbetrag *m*, Darlehens|betrag *m*, -summe *f*; **-а залога** Kautions|betrag *m*, -summe *f*; **заниженная -а** zu niedrig berechneter Betrag; **-а заработной платы** Lohnsumme *f*; **-а затрат (издержек)** Kosten|betrag *m*, -summe *f*; **-а, затраченная на покупки** Kaufsumme *f*; **-а инвестиций (капиталовложений)** Anlagebetrag *m*, Investitionssumme *f*, Beteiligungsbetrag *m*; **-а иска** Streitwert *m*; **исходная -а** Grundbetrag *m*; **итоговая (конечная) -а** End|betrag *m*, -summe *f*; **-а к выплате** Auszahlungsbetrag *m*; **-а к получению** fälliger Betrag; **-а капитала** Kapital|betrag *m*, -summe *f*; **-а компенсации** Entschädigungs|-betrag *m*, -summe *f*, Abfindungs|betrag *m*, -summe *f*, Erstattungsbetrag *m*, Ausgleichsbetrag *m*, Höhe der Abfindung; **-а кредита** Kredit|betrag *m*, -summe *f*, Höhe des Kredits; **круглая -а** glatter Betrag, runde Summe; **максимальная -а** Höchstbetrag *m*, Maximalbetrag *m*; **максимальная -а покрытия** Höchstdeckungssumme *f*; **мелкая -а** Bagatellbetrag *m*, Kleinbetrag *m*; **мелкие -ы денег** Portokasse *f*; **минимальная -а** Mindestbetrag *m*, Kleinstbetrag *m*; **минимальная -а доходов, не облагаемая налогом** Freibetrag *m*; **минимальная -а страховых взносов и сберегательных вкладов** Vorsorgepauschale *f*; **на -у** im Betrage von, in Höhe von, im Werte von; **-а на жиросчёте** Giroguthaben *n*; **-а на счёте** Guthaben *n*; **накапливаемая -а** anfallender Betrag; **наличная -а** Barbetrag *m*, Barschaft *f*; **-а налогов** Steuerbetrag *m*, Zahllast *f*; **-а начисленных процентов** Zinsbetrag *m*; **начисляемая -а** anrechenbare Summe; **-а, не оплачиваемая налогом** steuerfreier Betrag; **-а, не уплаченная дебитором по счёту** rückständiger Betrag; **недовзысканная -а** zu wenig erhobener Betrag; **недоплаченная (неполученная) -а** ausstehender (geschuldeter) Betrag; **недостающая -а** Fehlbetrag *m*, Minderbetrag *m*, fehlender Betrag; **незначительная -а** geringfügige Summe, Bagatellbetrag *m*; **неполная -а** Fehlbetrag *m*, Minderbetrag *m*; **-а нетто** Nettobetrag *m*; **неуплаченная -а** geschuldeter (offenstehender) Betrag; **номинальная -а** Nennbetrag *m*, Nominalbetrag *m*; **-а обеспечения** Deckungsbetrag *m*; **облагаемая -а** steuerpflichtiger Betrag; **общая -а** Gesamt|betrag *m*, -summe *f*, Fazit *n*; **общая -а взноса** Gesamtbeitrag *m*; **общая -а доходов и расходов бюджета** Haushaltsvolumen *n*; **общая -а заработной платы** Gesamtlohn *m*; **общая -а заработной платы за один год** Jahresbruttolohn *m*; **общая -а импорта** Gesamteinfuhr *f*; **общая -а обязательств несостоятельного должника** Schuldenmasse *f*; **общая -а поступлений** Gesamteinnahmen *pl*; **общая -а требований** Gesamtforderung *f*; **общая -а экспорта** Gesamtausfuhr *f*; **основная -а налога** Hauptveranlagung *f*; **оспариваемая -а** Streitwert *m*; **-а остатка** Saldobetrag *m*; **-а отступного** Abfindungs|betrag *m*, -summe *f*, Ablösungs|betrag *m*, -summe *f*; **паушальная -а** Pauschal|betrag *m*, -summe *f*, Pauschbetrag *m*, Einmalbetrag *m*; **паушальная -а расходов** Kostenpauschale *f*; **-а пенсии или наследства, не облагаемая налогом** Versorgungsfreibetrag *m*; **первоначальная -а** Erstbetrag *m*; **-а переплаты** zu viel gezahlter Betrag; **перерасходованная -а** überzogener Betrag; **подотчётная -а** abzurechnender Betrag; **-а подписки (на ценные бумаги)** Zeichnungsbetrag *m*; **-а покрытия** Deckungsbetrag *m*; **-а покупки** Kaufsumme *f*; **полученная -а** empfangener Betrag; **-а полученных процентов** Zinsergebnis *n*; **-а помощи** Förder|betrag *m*, -höhe *f*; **поступающая -а** eingehender Betrag; **-а пошлины** Zollbetrag *m*; **-а пошлины, выравнивающей цены на аграрные продукты** Abschöpfungsbetrag *m*; **предельная -а** Höchstbetrag *m*, Maximalbetrag *m*; **примерная -а** geschätzter Betrag; **причитающаяся -а** fälliger Betrag, zustehender Betrag, Forderungsbetrag *m*; **-ы, причитающиеся обществу от компаньонов** ausstehende Einlagen; **-а прописью** Betrag in Worten; **-а процентов** Zinsbetrag *m*; **-а расходов** Kosten|betrag *m*, -summe *f*; **-а реализации** Realisierungsbetrag *m*; **-а рекламации** Reklamationswert *m*; **-а сберегательного вклада** Sparsumme *f*; **страховая -а** Versicherungssumme *f*; **-а субсидии** Subventionsbetrag *m*; **-а ссуды** Darlehens|betrag *m*, -summe *f*; **-а счёта** Rechnungs|betrag *m*, -summe *f*; **-а убытков (ущерба)** Schadens|betrag *m*, -höhe *f*; **удержанная -а** einbehaltener Betrag; **уравнительная -а** Ausgleichsbetrag *m*; **фактическая -а** Effektivbetrag *m*, tatsächlicher Betrag; **фактическая -а расходов** tatsächliche Auslagen; **фактурная -а** Rechnungs|betrag *m*, -summe *f*; **частичная -а** Teilbetrag *m*; **чистая -а кредита** Nettobeanspruchung *f*; **-а цифрами** Betrag in Zahlen; **-а чека** Scheckbetrag *m*; **-а штрафа** Höhe einer Geldstrafe; **-а эмиссии** Ausgabebetrag *m*

суммарный summarisch, gesamt, Gesamt-

суммировать summieren, zusammenrechnen

супердивиденд *m* Superdividende *f*, Bonus *m*

супермаркет *m* Supermarkt *m*

супертанкер *m* Großraumtanker *m*

суррогат *m* Ersatz(stoff) *m*, Ersatzmittel *m*, Surrogat *n*; **~ денег (денежный ~)** Geld|surrogat *n*, -ersatz *m*, Notgeld *n*

сутки *pl* Tag *m*, Tag und Nacht

суточные *pl* Tagegeld *n*, Tagespauschale *f*, Präsenzgeld *n*

суточн|ый Tages-; **-ая добыча** *f* Tagesförderung *f*; **-ая потребность** *f* Tagesbedarf *m*; **-ый расход** *m* Tagesverbrauch *m*; **-ая ссуда** *f* Tagesgeld *n*

сухогруз *m* Trockenfrachter *m*

сухой trocken, Trocken-; **~ вес** *m* Trockengewicht *n*; **~ груз** *m* Trockenfracht *f*

существовани|е *n* Existenz *f*, Dasein *n*, Bestehen *n*; **не иметь достаточных средств к -ю** unter dem Existenzminimum leben; **обеспечивать -е** die Existenz sichern; **обеспеченное -е** gesicherte Existenz; **прекративший -е** erloschen

существовать existieren, bestehen

существующий bestehend

сущность *f* Wesen *n*, Charakter *m*

сфера *f* Bereich *m*, Gebiet *n*, Feld *n*, Sphäre *f*; **бюджетная ~** staatlicher Dienst, aus staatlichen Mitteln finanzierter Tätigkeitsbereich; **~ влияния** Einflussbereich *m*, Wirkungs|bereich *m*, -kreis *m*; **~ действия** Aktionsradius *m*, Wirkungs|bereich *m*, -feld *n*, Geltungsbereich *m*; **~ деятельности** Arbeits|bereich *m*, -gebiet *n*, Tätigkeits|bereich *m*, -gebiet *n*, Funktionsbereich *m*, Geschäftsfeld *n*, Wirkungskreis *m*, Erwerbszweig *m*; **~ интересов** Interessengebiet *n*; **~ компетенции** Entscheidungs|bereich *m*, -feld *n*, Kompetenzbereich *m*; **~ компетенций правления** Vorstandsressort *n*; **~ лизинговых услуг** Leasingbranche *f*; **основная ~ деятельности предприятия** Kerngeschäft *n*; **~ планирования** Planungsbereich *m*; **подведомственная ~** Kompetenzbereich *m*; **~ помещения (приложения) капитала** Kapitalanlage|bereich *m*, -sphäre *f*; **~ применения** Anwendungs|bereich *m*, -gebiet *n*, Geltungsbereich *m*; **~ производства (производственная ~)** Produktionsbereich *m*, Leistungsbereich *m*; **~ управления** Führungsbereich *m*, Leitungsbereich *m*; **~ услуг** Dienstleistungs|bereich *m*, -branche *f*, -gewerbe *n*; **~ услуг государственных и муниципальных предприятий** öffentlicher Dienstleistungsbereich; **финансовая ~** Finanzressort *n*; **~ услуг, оказываемых частными предприятиями** privater Dienstleistungsbereich; **~ экономики** Wirtschafts|bereich *m*, -gebiet *n*

схема *f* Schema *n*, Plan *m*, Modell *n*, Chart *n*; Schaltung *f*, Schaltbild *n*; **~ баланса** Bilanzschema *n*; **~ движения материальных потоков** Materialflussdiagramm *n*; **~ прохождения данных** Datenflussplan *m*

сценарий *m* Szenario *n*; **разрабатывать (составлять) ~** ein

Szenario erstellen; ~ **будущего развития** Zukunftsszenario *n*

счёт *m* Konto *n*, Rechnung *f*, Faktura *f*, Nota *f*; Rechnen *n*, Zählen *n*, Zählung *f*; **аннулировать** ~ eine Rechnung annulieren (stornieren); **блокировать** ~ ein Konto sperren; **быть включенным в** ~ auf der Rechnung stehen; **вести** ~ ein Konto führen; **вносить в** ~ auf die Rechnung setzen; **вносить вклады на** ~ auf ein Konto einzahlen; **выписывать** ~ eine Rechnung ausschreiben; **выставлять** ~ eine Rechnung erstellen; **дебетовать** ~ ein Konto belasten; **заключать** ~ glattstellen, ein Konto abschießen; **закрывать** ~ ein Konto auflösen (löschen); **заносить в дебет -а** zu Lasten buchen; **заносить на** ~ auf ein Konto buchen; **записывать в дебет -а** ein Konto belasten; **записывать в кредит -а** einem Konto gutschreiben; **заплатить по -у** eine Rechnung honorieren; **идти на** ~ **покупателя** zu Lasten des Käufers gehen; **иметь** ~ ein Konto unterhalten; **иметь на -е** auf dem Konto haben; **кредитовать** ~ dem Konto gutschreiben, ein Konto erkennen; **начислять по -у** in Anrechnung bringen; **обрабатывать** ~ ein Konto bearbeiten; **оплачивать** ~ die Rechnung begleichen (bezahlen, honorieren); **открывать** ~ ein Konto einrichten (eröffnen); **относить на** ~ auf die Rechnung setzen, in Rechnung stellen, zurechnen, zuschreiben; **отразить в -е** in der Rechnung ausweisen; **переводить на** ~ auf ein Konto überweisen; **переносить остаток на новый** ~ auf neue Rechnung vortragen; **переносить (перечислять) с одного -а на другой** umbuchen; **подделывать** ~ eine Rechnung fälschen; **подтверждать получение (оплату) -а** eine Rechnung quittieren; **подтверждать правильность -а** eine Rechnung für richtig befinden; **(по)ставить в** ~ auf die Rechnung setzen, in Rechnung stellen, verrechnen, anrechnen; **превышать остаток на -е** das Konto überziehen; **представлять (предъявлять)** ~ **к оплате** eine Rechnung vorlegen; **проверять** ~ die Rechnung (nach)prüfen; **проводить по -у** kontieren, auf ein Konto gegenrechnen (buchen); **сбалансировать** ~ ein Konto ausgleichen (saldieren); **составлять** ~ eine Rechnung aufstellen; **сторнировать** ~ ein Konto stornieren; **авальный** ~ Avalkonto *n*; **активный** ~ Aktivkonto *n*; **аналитический** ~ analytische Rechnung; ~ **арендной (квартирной) платы** Miet|konto *n*, -rechnung *f*; **балансовый** ~ Bilanzkonto *n*; **банковский** ~ Bankkonto *n*, Konto bei der Bank; **блокированный** ~ gesperrtes Konto, Festkonto *n*; **бюджетный** ~ Haushaltskonto *n*; ~ **в банке** Bankkonto *n*, Konto bei der Bank; ~ **в иностранном банке** Auslandskonto *n*; ~ **в иностранной валюте (валютный ~)** Devisenkonto *n*, Valutakonto *n*, Währungskonto *n*, Fremdwährungskonto *n*, Valutenkonto *n*; ~ **в системе почтовых жиросчетов** Postgirokonto *n*; **ведущий** ~ kontoführend; ~ **векселей** Wechsel|konto *n*, -rechnung *f*; ~ **взаимных расчётов предприятия со своими подразделениями** Geschäftskonto *n*; **внебалансовый** ~ *s.* **забалансовый** ~; ~ **востро** Vostrokonto *n*; **вспомогательный** ~ Interimskonto *n*, Zwischenrechnung *f*; **встречный** ~ Gegenrechnung *f*; ~ **вступительного баланса** Eröffnungsbilanzkonto *n*; ~ **гарантийных взносов** Einschusskonto *n*; ~ **готовой продукции** Fabrikatekonto *n*; ~ **движимого имущества** Mobilienkonto *n*; **двойной** ~ Gegenkonto *n*, Doppelrechnung *f*; **дебетуемый** ~ belastetes Konto; ~ **дебиторов** Außenstände *pl*, Debitoren *pl*; ~ **девизов** Fremdwährungskonto *n*; **денежный** ~ Geldrechnung *f*; ~ **депо** Depotkonto *n*; **депозитный** ~ Depositenkonto *n*, Einlagenkonto *n*, Sparkonto *n*; ~ **дивидендов** Dividendenkonto *n*; ~ **дизажио** Disagiokonto *n*; ~ **доходов (доходный ~)** Einkommenskonto *n*, Erlöskonto *n*, Ertragskonto *n*; ~ **доходов и расходов** Einnahmen- und Ausgabenrechnung *f*; **за** ~ **покупателя** auf (für)

Rechnung des Käufers; **~ за пользование телефоном** Telefonrechnung *f*; **~ за проживание в гостинице** Hotelrechnung *f*; **за свой ~** auf (für) eigene Rechnung; **~ за фрахт** Frachtrechnung *f*; **за чужой ~** für fremde Rechnung; **забалансовый ~** Außerbilanzposten *m*; **заключительного баланса** Schlussbilanzkonto *n*; **заключительный ~, разграничивающий учёт между смежными периодами** Abgrenzungssammelkonto *n*; **~ закупок** Waren|eingangskonto *n*, -eingangsrechnung *f*, -einkaufskonto *n*; **замороженный ~** eingefrorenes Konto; **~ заработной платы** Gehaltskonto *n*, Lohnkonto *n*; **~ затрат и выпуска продукции** Input-Output-Rechnung *f*; **~ затрат на изготовление продукции** Fabrikationskonto *n*; **имущественный ~** Vermögensrechnung *f*, Anlage(n)konto *n*; **~ издержек** Kostenrechnung *f*, Costing; **~ издержек и результатов** Kosten- und Leistungsrechnung *f*; **инвалютный ~** Devisenkonto *n*, Valutakonto *n*, Fremdwährungskonto *n*; **инвентарный ~** Bestandskonto *n*, Sachkonto *n*; **инвестиционный ~** Anlagenkonto *n*; **~ инвестора** Anlegerkonto *n*; **исходящий ~** Ausgangsrechnung *f*; **итоговый ~** Erfolgskonto *n*; **-а к оплате** Kreditoren *pl*; **-а к получению** *(Buchh)* Außenstände *pl*, Forderungen *pl*; **~ капитала** Kapitalkonto *n*; **~ капитала, показанный в активе баланса** negatives Kapitalkonto; **карточный ~** Kartenkonto *n*; **клиринговый ~** Verrechnungskonto *n*; **коллективный ~** Sammelkonto *n*; **~ комиссионных выплат** Provisionskonto *n*; **консигнационный ~** Konsignationsrechnung *f*; **консолидированный ~ прибыли и убытков** konsolidierte Gewinn- und Verlustrechnung; **контокоррентный ~** Kontokorrent(konto) *n*, laufendes Konto; **контокоррентный ~ дебиторской задолженности** Debitorenkontokorrent *n*; **контокоррентный ~ кредиторской задолженности** Kreditorenkontokorrent *n*; **контрольный ~** Kontrollrechnung *f*, Gegenrechnung *f*; **корреспондентский ~** Korrespondenzkonto *n*, Gegenkonto *n*; **кредитный ~** Kreditkonto *n*; **-а кредиторов** Kreditoren *pl*; **кредитуемый ~** erkanntes Konto; **ликвидационный ~** Liquidationskonto *n*; **лицевой ~** Personenkonto *n*, persönliches Konto; **лицевой ~ в сберегательной кассе** Sparkonto *n*; **лицевой ~ налогоплательщика** Lohnkonto *n*; **лицевой ~ предприятия** Betriebskonto *n*; **личный ~** Privatkonto *n*; **личный ~ клиента** Kundenkonto *n*; **~ лоро** Lorokonto *n*; **маржинальный ~** *(Bö)* Margin-Konto *n*; **~ материалов на складе** Lagerkonto *n*; **~, на который переводится заработная плата** Gehaltskonto *n*, Lohnkonto *n*; **~ на отгрузку** Versandrechnung *f*; **на ~ предприятия** auf das Konto des Betriebes; **~ на проданные товары** Verkaufsrechnung *f*; **~ на сумму** Rechnung im Betrage von; **на текущий ~** auf laufende Rechnung; **~ наличия товарно-материальных ценностей** Materialbestandskonto *n*; **~ накладных расходов** Gemeinkostenrechnung *f*; **~ негласного компаньона на сумму его пая** Einlagekonto *n*; **нелегальный ~** illegales Konto; **неоплаченный ~** ausstehende (offene, unbeglichene, unbezahlte) Rechnung; **~ нерезидента** Ausländerkonto *n*; **~ ностро** Nostrokonto *n*; **общий ~** Gemeinschaftskonto *n*, Metakonto *n*, Gesamtrechnung *f*; **окончательный ~** Schlussrechnung *f*; **оплаченный ~** beglichene (bezahlte) Rechnung; **основной ~** Bestandskonto *n*, Sachkonto *n*; **особый ~** Sonderkonto *n*, getrennte Rechnung; **особый кредитный ~** Kreditsonderkonto *n*; **отдельный ~** getrennte Rechnung; **открытый ~** offenes Konto, offene Rechnung; **~ пассива (пассивный ~)** Passivkonto *n*; **переводно-чековый ~** Spargirokonto *n*; **переходный расчётный ~ (~ переходящих сумм)** Übergangskonto *n*; **персональный ~** Privatkonto *n*; **~, по которому допущен овердрафт** überzogenes Konto; **~, по которому наступил срок платежа** fällige Rechnung; **~ по срочному вкладу** Festgeldkonto *n*; **по предъявлении -а** gegen Rechnung; **подлинный ~** Original|faktura *f*, -rechnung *f*; **подробный ~** spezifizierte Rechnung; **подтверждённый ~** quittierte Rechnung; **~ пожертвований** Spendenkonto *n*; **почтово-сберегательный ~** Postsparkonto *n*, Postscheckkonto *n*; **предварительный ~** Interimsfaktura *f*, Proforma|faktura *f*, -rechnung *f*; **предъявленный ~** vorgelegte Rechnung; **~, предъявляемый поставщиком** Lieferantenrechnung *f*; **~ прибылей и убытков** Gewinn- und Verlustkonto *n*, Gewinn- und Verlustrechnung *f*, Erfolgskonto *n*, Erfolgsrechnung *f*, Ergebnisrechnung *f*, Ertragsrechnung *f*; **~ прибылей и убытков без сальдирования** Bruttorechnung *f*; **~ прибылей и убытков согласно плану** Planerfolgsrechnung *f*; **проверочный ~** Kontrollrechnung *f*; **~ продаж** Verkaufskonto *n*, Waren|ausgangskonto *n*, -ausgangsrechnung *f*, -verkaufskonto *n*; **~ производства** Produktionskonto *n*; **промежуточный ~** Interimskonto *n*, Übergangskonto *n*, Zwischenrechnung *f*; **прочие -а** sonstige Konten; **расходный ~** Aufwandskonto *n*, Auslagenaufstellung *f*; **~ расходов** Kostenkonto *n*, Auslagenaufstellung *f*; **расчётный ~** Verrechnungskonto *n*; **~ резерва предстоящих платежей** Rücklagenkonto *n*; **результативный ~** Erfolgskonto *n*, Ergebniskonto *n*, Nettorechnung *f*; **~ с дебетовым сальдо** Schuldkonto *n*; **~, с которого должна быть произведена уплата** bezogenes Konto; **~, с которого получена сумма сверх остатка** überzogenes Konto; **сальдовый ~** Staffelkonto *n*; **сберегательный ~** Sparkonto *n*; **сводный ~** Sammel|rechnung *f*, -faktura *f*; **собирательный ~** Sammelkonto *n*; **совместный ~** Gemeinschaftskonto *n*, Metakonto *n*, Undkonto *n*; **совместный ~, распоряжаться которым может каждый владелец счёта** Oderkonto *n*; **согласно прилагаемому -у** gemäß beiliegender Rechnung; **согласно -у** laut Rechnung; **~ состояния основных средств** Anlagenrechnung *f*; **специальный ~** Asservatenkonto *n*, Sonderkonto *n*; **~-спецификация** spezifizierte Rechnung; **ссудный ~ (~ ссуд)** Darlehenskonto *n*; **таможенный ~** Zoll|faktura *f*, -rechnung *f*; **текущий ~** Kontokorrent (-konto) *n*, laufendes Konto, laufende Rechnung, Sichtguthaben *n*; **текущий банковский ~** Girokonto *n*; **текущий ~ в сберегательной кассе** Sparguthaben *n*; **товарный ~** Waren|konto *n*, -rechnung *f*; **~ учёта материальных ценностей** Sachkonto *n*; **~ учёта товарных запасов** Warenbestandskonto *n*; **~-фактура** Rechnung *f*, Faktura *f*; **~-фактура на приобретённые товары** Eingangsrechnung *f*; **фрахтовый ~** Frachtrechnung *f*; **~ частного лица** Privatkonto *n*; **~ ценных бумаг** Effektenkonto *n*; **штафельный ~** Staffelkonto *n*

счетовод *m* Buchhalter *m*, Rechnungsführer *m*

счетоводство *n* Buchführung *f*, Rechnungsführung *f*, Rechnungswesen *n*; **камеральное ~** Kameralistik *f*, kameralistische Buchführung; **торговое ~** kaufmännische Buchführung

счётчик *m* Zähler *m*, Zählwerk *n*; **~ банкнот** Banknotenzähler *m*; **~ валют** Devisenrechner *m*; **монетный ~** Münzzähler *m*; **присяжный ~** Tallyman *m*, Ladungskontrolleur *m*

считать zählen, rechnen

съёмщик *m* Mieter *m*

сырьё *n* Rohstoff *m*, Rohmaterial *n*, Rohprodukt *n*, Rohware *f*; **добывать ~** Rohstoffe gewinnen; **использовать (утилизовывать) ~** Rohstoffe verwerten; **перерабатывать ~** Rohstoffe verarbeiten; **поставлять ~** mit Rohstoffen versorgen; **альтернативное ~** alternativer Rohstoff; **бедный -м** rohstoffarm; **~, вспомогательные и прочие материалы** Roh-, Hilfs- und Betriebsstoffe *pl*; **вторичное ~** Alt|material *n*, -stoff *m*, Abfälle *pl*, Sekundärrohstoff *m*; **давальческое ~** beigestelltes Material; **дефицитное ~** knapper Rohstoff; **~ для текстильной промышленности** Textilrohstoffe *pl*; **добывающий ~** rohstofferzeugend; **~ и материалы** Material *n*; **~ и полуфабрикаты** Produktionsgüter *pl*; **исходное ~** Ausgangs|material *n*, -stoff *m*; **минеральное ~** mineralische Rohstoffe; **основное ~ и материалы** Grundstoffe *pl*; **отечественное ~** einheimischer Rohstoff; **промышленное ~** industrieller Rohstoff

сырьев|ой Rohstoff-; **-ые запасы** Rohstoffreserven *pl*; **-ой рынок** Rohstoffmarkt *m*; **-ые ресурсы** Rohstoff|aufkommen *n*, -ressourcen *pl*

сюрвейер *m* Havariekommissar *m*

Т

табак *m* Tabak *m*

табачн|ый Tabak-; **-ые изделия** *pl* Tabakerzeugnisse *pl*

табель *m* Kontrollliste *f*, Zeugnis *n*, Tabelle *f*, Timesheet; **~ учета рабочего времени** Arbeitszettel *m*

таблиц|а *f* Tabelle *f*, Tafel *f*; **делать (составлять) -у** eine Tabelle anlegen (erstellen), tabellieren; **сводить в -у** in einer Tabelle zusammenfassen, tabellieren, aufstellen; **-а для расчёта процентов** Zinstabelle *f*; **-а затрат и результатов** Input-Output-Tabelle *f*; **-ы исчисления индексируемых пенсий** Rententafeln *pl*; **-а капитализации** Kapitalisierungstabelle *f*; **налоговая -а** Steuertabelle *f*; **-ы паритетов валютных курсов** Paritätstabellen *pl*; **-а пересчёта** Umrechnungstabelle *f*; **сводная -а** Aufstellung *f*; **сводная -а доходов и расходов** Haushaltsübersicht *f*; **-а смертности населения** Sterbetafel *f*; **сравнительная -а отчётов компаний** Vergleichsübersicht *f*; **-а тарифов** Gebühren|anzeiger *m*, -tabelle *f*, -verzeichnis *n*; **тиражная -а (-а розыгрыша)** Ziehungsliste *f*, Verlosungsliste *f*

табличка *f* Schild *n*; **~ с заводской характеристикой (на оборудовании)** Typenschild *n*

табличн|ый Tabellen-, tabellarisch; **-ые данные** *pl* Tabellenangaben *pl*; **-ые значения** *pl* Tabellenwerte *pl*; **-ая калькуляция** *f* Tabellenkalkulation *f*; **-ая форма** *f* Tabellenform *f*

табло *n* Tafel *f*; **информационное курсовое ~** Kurs(anzeige)tafel *f*

табулировать tabellieren

тайм-чартер *m* Zeitcharter *m*

таймшит *m* Zeitaufstellung *f*, Timesheet

тайн|а *f* Geheimnis *n*; **выдавать (разглашать) -у** ein Geheimnis preisgeben (verraten); **раскрывать -у** ein Geheimnis offenbaren; **хранить -у** ein Geheimnis wahren; **банковская -а (-а вкладов в банке)** Bankgeheimnis *n*; **-а, известная лишь посвящённым сотрудникам** Insidergeheimnis *n*; **коммерческая -а** Geschäftsgeheimnis *n*; **конструкторская -а** Entwicklungsgeheimnis *n*; **налоговая -а** Steuergeheimnis *n*; **-а переписки** Postgeheimnis *n*; **производственная -а** Betriebsgeheimnis *n*, Fabrikationsgeheimnis *n*, Fertigungsgeheimnis *n*, Produktionsgeheimnis *n*; **профессиональная -а** Berufsgeheimnis *n*; **служебная -а** Dienstgeheimnis *n*

тайн|ый geheim, Geheim-; **-ое условие** geheimer Vorbehalt

такс|а *f* Taxe *f*, Gebühr *f*; **взимать -у** eine Taxe (Gebühr) erheben; **понижать размер -ы** die Taxe (Gebühr) senken; **производить расчёт -ы** die Taxe (Gebühr) berechnen; **уплатить -у** eine Taxe bezahlen (entrichten, zahlen); **основная -а** Grundgebühr *f*

таксатор *m* Taxator *m*, Schätzer *m*

таксация *f* Taxation *f*, Taxierung *f*, Schätzung *f*, Abschätzung *f*

таксирование *n* **(таксировка** *f***)** Taxation *f*, Taxierung *f*, Schätzung *f*, Abschätzung *f*

таксировать taxieren, schätzen, abschätzen

таксофон *m* Münzfernsprecher *m*

таллиман *m* Tallyman *m*, Ladungskontrolleur *m*

талон *m* Abschnitt *m*, Erneuerungsschein *m*, Talon *m*; **~, дающий право на скидку** Rabattmarke *f*; **контрольный ~** Kontrollabschnitt *m*;

~ купонного листа Erneuerungsschein *m*; **отрывной ~** Kupon *m*, Coupon *m*; **прикрепительный ~** Zuteilungsschein *m*, Zuweisungsschein *m*

таможенник *m* Zollbeamte *m*

таможенн|ый zollamtlich, Zoll-; **-ый барьер** *m* Zollschranke *f*; **-ая декларация** *f* Zoll|anmeldung *f*, -deklaration *f*, -erklärung *f*; **-ый договор** *m* Zollvertrag *m*; **-ый досмотр** *m* zollamtliche Abfertigung, Zoll|abfertigung *f*, -beschau *f*, -kontrolle *f*; **-ая оценка** *f* **стоимости товара** Zollwertfeststellung *f*; **-ая очистка** *f* Zollabwicklung *f*; **-ый пост** Zollposten *m*; **-ое свидетельство** *n* Zollurkunde *f*; **-ый транзит** *m* Zollversand *m*

таможн|я *f* Zollamt *n*, Zoll(abfertigungs)stelle *f*; **проходить -ю** den Zoll passieren; **главная -я** Hauptzollamt *n*; **-я на границе** Eingangszollstelle *f*

танкер *m* Tanker *m*, Tankschiff *n*

танкерный Tanker-; **~ рынок** Tankermarkt *m*; **~ флот** *m* Tankerflotte *f*; **~ фрахтовый рынок** Frachtmarkt *m*

тантьем|а *f* Tantieme *f*; **выплачивать -у** die Tantieme zahlen; **производить расчёт -ы** die Tantieme abrechnen; **определять размер -ы** die Tantieme festlegen; **получать -у** die Tantieme beziehen; **-а членов правления** Vorstandstantieme *f*

тар|а *f* Tara *f*, Verpackung *f*, Emballage *f*, Umschließung *f*, Leergewicht *n*, Leergut *n*, Verpackungsgewicht *n*; **делать скидку на -у** die Tara vergüten; **определять вес -ы** tarieren; **-а, вес которой определяется отправителем путём взвешивания** Originaltara *f*; **возвратная (многооборотная) -а** wieder verwendbare Verpackung; **мелкая -а** Kleinverpackung *f*; **оборотная -а** Leihverpackung *f*; **обычная -а** Usotara *f*; **-а по таможенным правилам** Zolltara *f*; **порожняя -а** Leergut *n*; **стеклянная -а** Glasverpackung *f*

тарирование *n* Tarierung *f*, Eichung *f*

тарировать tarieren, eichen

тариф *m* Tarif *m*, Tarifsatz *m*, Ecklohn *m*; **вести переговоры о -ах** Tarife verhandeln; **повышать -ы** Tarife erhöhen (anheben); **снижать -ы** Tarife senken; **устанавливать ~** den Tarif festsetzen, tarifieren; **автомобильный ~** Transporttarif für LKW-Transport; **автономный таможенный ~** Generaltarif *m*, autonomer Tarif; **~, величина которого может колебаться в определённых пределах** Margentarif *m*; **гарантийный ~** Haftpflichttarif *m*; **генеральный ~** Generaltarif *m*; **грузовой ~** Frachttarif *m*, Gütertarif *m*; **грузовой -, учитывающий размер груза** Raumtarif *m*; **двойной таможенный ~** Doppeltarif *m*; **действующий ~** geltender (gültiger) Tarif; **дифференциальный ~** Differentialtarif *m*; **дифференцированный ~** Staffeltarif *m*; **~ для стран, пользующихся режимом наибольшего благоприятствования** Meistbegünstigungstarif *m*; **договорной ~** Vertragstarif *m*; **дополнительный ~** Nebengebühr *f*; **единый ~** Einheitstarif *m*, Verbundtarif *m*; **единый таможенный ~** Außentarif *m*; **железнодорожный ~** Eisenbahntarif *m*; **~ за перевозку грузов** Frachttarif *m*, Gütertarif *m*; **~ за перевозку пассажиров** Personentarif *m*; **~ за пользование газом** Gastarif *m*; **зональный ~** Zonentarif *m*; **исключительный ~** Ausnahmetarif *m*; **компенсационный ~** Ausgleichstarif *m*; **конвенционный ~** Vertragstarif *m*; **конвенционный таможенный ~** ausgehandelter Zolltarif; **конкурирующий ~** Konkurrenztarif *m*, Wettbewerbstarif *m*; **льготный ~** Präferenztarif *m*, Spezialtarif *m*, ermäßigter Tarif; **максимальный ~** Höchstsatz *m*, Obertarif *m*; **маршрутный ~** Streckensatz *m*; **местный ~** Ortstarif *m*; **минимальный ~** Mindestsatz *m*; **~ на авиаперевозки** Flugtarif *m*; **~ на авиаперевозки груза** Luftfrachttarif *m*; **~ на оплату труда** Lohntarif *m*; **~ на перевозку** Verkehrstarif *m*; **-ы на перевозку груза по железной дороге** Bahnfrachtsätze *pl*; **-ы на перевозку грузов** Gütertransportpreis *m*; **~ на**

электроэнергию Stromtarif *m*; **нормальный (обычный) ~** Regeltarif *m*; **ночной ~** Nachttarif *m*; **общий ~** allgemeingültiger Tarif; **особый ~** Ausnahmetarif *m*, Sondertarif *m*, Spezialtarif *m*; **относящийся к политике в области -ов** tarifpolitisch; **пассажирский ~** Personentarif *m*; **паушальный ~** Pauschaltarif *m*; **по (согласно) -у** tarifmäßig, tariflich, laut Tarif; **~ подоходного налога** Einkommenssteuertarif *m*; **понижающийся ~** degressiver Tarif; **преференциальный ~** Präferenz|tarif *m*, -zoll *m*, Vorzugszoll *m*; **причальный ~** Kaitarif *m*; **прогрессивно нарастающий ~** progressiver Tarif; **пропорциональный ~** Proportionaltarif *m*, gleichbleibender (proportionaler) Tarif; **простой ~** Einheitstarif *m*; **резервный ~** Wartentarif *m*; **розничный ~** Einzelhandelstarif *m*; **сезонный ~** Saisontarif *m*; **~ складского хранения** Lagertarif *m*; **скользящий ~** gleitender Tarif; **специальный ~** Sondertarif *m*; **страховой ~** Versicherungstarif *m*; **ступенчатый ~** Stufentarif *m*; **таможенный ~** Zolltarif *m*; **таможенный ~ на промышленные товары** Zolltarif für gewerbliche Waren; **транзитный ~** Transittarif *m*; **транспортный ~** Transporttarif *m*, Verkehrstarif *m*; **фрахтовый ~** Frachttarif *m*, Gütertarif *m*; **штафельный ~** Staffeltarif *m*

тарификация *f* Tarifierung *f*, Tarifbildung *f*, Tariffestsetzung *f*, Tarifgestaltung *f*, Einstufung *f*; **~ труда** Einstufung der Tätigkeit

тарифицировать tarifieren, Tarife festsetzen

тарифн|ый tariflich, Tarif-; **-ая автономия** *f* Tarifautonomie *f*; **-ый конфликт** *m* Tarif|konflikt *m*, -streitigkeit *f*; **-ые обязательства** *pl* Tarifbindung *f*; **-ый разряд** *m* Tarif|gruppe *f*, -stufe *f*; **-ое соглашение** *n* Tarif|abkommen *n*, -absprache *f*, -einigung *f*, -vereinbarung *f*, -vertrag *m*; **-ая ставка** *f* Tarifsatz *m*

таунхаус *m* Reihenhaus *n*

твёрдость *f* Festigkeit *f*

твёрд|ый fest, Fest-, hart, Hart-; **-ая валюта** *f* Hartwährung *f*; **-ый заказ** *m* Festauftrag *m*, fester Auftrag; **-ый курс** *m* Festkurs *m*, fester Kurs; **-ый обменный курс** *m* fester Wechselkurs; **-ое предложение** *n* festes Angebot, Festgebot *n*; **с -ым процентом** festverzinslich; **-ая сделка** *f* Festgeschäft *n*; **-ая цена** *f* Festpreis *m*

творческий kreativ, schöpferisch

творчество *n* Kreativität *f*, Schaffen *n*

тезаврирование Thesaurierung *f*, Hortung *f*; **~ денег** Geldhortung *f*; **~ доходов** Thesaurierung der Erträge

тезаврировать thesaurieren, horten

текст *m* Text *m*, Wortlaut *m*; **составлять (сочинять) -ы** texten; **аутентичный ~** authentischer Wortlaut; **~ договора** Vertragstext *m*, Wortlaut des Vertrags; **идентичный ~** gleichlautender Text; **оригинальный ~** Urschrift *f*; **рекламный ~** Werbetext *m*, Reklametext *m*

текстиль *m* Textilien *pl*, Textilerzeugnisse *pl*, Textilwaren *pl*

текстильн|ый Textil-; **-ые изделия** *pl* Textilerzeugnisse *pl*, Textilien *pl*, Textilwaren *pl*; **-ая промышленность** *f* Textil|industrie *f*, -wirtschaft *f*; **-ая фабрика** *f* Textilfabrik *f*

текстильщик *m* Textilarbeiter *m*

текучесть *f* Fluktuation *f*, Abwanderung *f*; **уменьшать ~ кадров** die Fluktuation einschränken; **~ кадров** Personalwechsel *m*; **психологическая ~ кадров** innere Kündigung *f*; **~ рабочей силы** Fluktuation von Arbeitskräften; **~ руководящих кадров** Fluktuation von Führungskräften; **физическая ~ кадров** (freiwillige) Kündigung *f*

текущ|ий laufend; **-ий год** *m* laufendes Jahr; **-ие доходы** *pl* **(поступления** *pl***)** laufende Einnahmen; **-ие расходы** *pl* laufende Ausgaben; **-ий счёт** *m* Kontokorrent(konto) *n*, laufendes Konto, laufende Rechnung

телевидение *n* Fernsehen *n*; **кабельное ~** Kabelfernsehen *n*; **коммерческое ~** Werbefernsehen *n*

телевизионн|ый Fernseh-; **-ая передача** *f* Fernsehsendung *f*; **-ая реклама** *f* Fernsehwerbung *f*

телевизор *m* Fernsehapparat *m*, Fernseher *m*, Fernsehgerät *n*; **смотреть ~** fernsehen

телеграмм|а *f* Telegramm *n*; **отправлять (подавать) -у** ein Telegramm aufgeben; **получать -у** ein Telegramm erhalten; **посылать -у** telegrafieren; **ответная -а** Antworttelegramm *n*, telegrafische Antwort; **-а-оферта** Drahtofferte *f*; **-а с оплаченным ответом** Telegramm mit bezahlter Rückantwort

телеграф *m* Fernschreibamt *n*, Fernschreiber *m*, Telegraf *m*; **делать заказ по -у** telegrafisch bestellen; **переводить деньги по -у** Geld telegrafisch überweisen; **передавать по -у** telegrafieren; **по -у** telegrafisch

телеграфирование *n* Fernschreiben *n*, Telegrafieren *n*

телеграфировать telegrafieren, kabeln

телеграфн|ый telegrafisch, Kabel-, Drath-; **-ый адрес** *m* Kabeladresse *f*, Drahtanschrift *f*; **-ый перевод** *m* Kabel|überweisung *f*, -auszahlung *f*, telegrafische Überweisung

телекоммуникация *f* Telekommunikation *f*

телекс *m* **(телетайп** *m***)** Fernschreiben *n*, Fernschreiber *m*, Telex *n*, durch Telex aufgegebenes Telegramm; **передавать по -у** fern schreiben, per Telex übermitteln, telexen

телемаркетинг *m* Telemarketing *n*, Telefonwerbung *f*

телематика *f* Telematik *f*

телефакс *m* Fernkopierer *m*, Telefaxgerät *n*, Telefax *n*, Fernkopieren *n*

телефон *m* Fernsprecher *m*, Telefon *n*; **запрашивать по -у** telefonisch anfragen; **звонить по -у** telefonieren; **передавать по -у** telefonieren, telefonisch (per Telefon) durchgeben; **~-автомат** Münzfernsprecher *m*; **по -у** telefonisch; **~ с автоответчиком** automatischer Anrufbeantworter; **мобильный ~** Handy *n*

телефонн|ый telefonisch, Fernsprech-, Telefon-; **-ый аппарат** *m* Telefon *n*; **-ая будка** *f* Fernsprechzelle *f*, Telefonzelle *f*; **-ый звонок** *m* Telefonat *n*, Anruf *m*; **-ый разговор** *m* Telefonat *n*, Telefongespräch *n*; **-ая сеть** *f* Fernsprechnetz *n*, Telefonnetz *n*; **-ая станция** *f* Fernsprechamt *n*

телефонограмма *f* Telefonat *n*

тело *n* **долга** Schuldsumme *f*

тель-кель Telquel

темп(ы) *pl* Tempo *n*, Rate *f*; **замедлять -(ы)** das Tempo verlangsamen; **повышать (ускорять) -(ы)** das Tempo erhöhen; **соблюдать ~** das Tempo einhalten; **ежегодные -ы прироста** Jahreszuwachsrate *f*; **-ы интеграции** Integrationsrate *f*; **~ инфляции** Inflationsrate *f*; **~ прироста** Zuwachsrate *f*, Zunahmerate *f*, Steigerungsrate *f*; **-ы прогресса** Fortschrittsrate *f*; **-ы развития** Entwicklungstempo *n*; **-ы расширения** Expansionsrate *f*; **~ роста** Wachstums|rate *f*, -tempo *n*; **-ы строительства** Bautempo *n*

тенденци|я *f* Tendenz *f*, Trend *m*; **-я была благоприятной** die Tendenz war freundlich; **выявлять (определять) -ю** den Trend ermitteln; **иметь (проявлять) -ю** tendieren; **иметь (проявлять) -ю к росту** nach oben tendieren; **иметь (проявлять) повышательную -ю** freundlich tendieren; **иметь (проявлять) устойчивую -ю** fest tendieren; **проявлять -ю к укреплению (курса)** fester tendieren; **проявлять -ю к понижению** leichter (nach unten, schwächer) tendieren; **-я сохранилась** die Tendenz war behauptet; **уловить -ю (развития)** den Trend aufgreifen; **учитывать -и (развития)** im Trend liegen; **боковая -я** *(Bö)* Seitwärtsbewegung *f*, Seitwärtstrend *m*; **-я в движении цен** Preistendenz *f*; **доминирующая -я** vorherrschende Tendenz; **-я изменения издержек** Kostentrend *m*; **-я изменения конъюнктуры** Konjunktur|tendenz *f*, -trend *m*; **-я изменения конъюнктуры рынка** Markttendenz *f*; **инфляционные -и** Inflationstendenz *f*; **-я к небольшому понижению** leichtere Tendenz; **-я к повышению** Hausse|stimmung *f*, -tendenz *f*, steigende Tendenz; **-я к понижению** Baisse|stimmung *f*, -tendenz *f*, fallende (sinkende) Tendenz; **-я к росту конъюнктуры** Aufschwungtendenz *f*; **-я к стабилизации** feste Tendenz; **-я на бирже** Börsen|tendenz *f*, -stimmung *f*; **повышательная -я** Hausse|stimmung *f*, -tendenz *f*, steigende Tendenz; **понижательная -я** Baisse|stimmung *f*, -tendenz *f*, fallende (sinkende) Tendenz, Kaufunlust *f*; **-я развития** Entwicklungstendenz *f*; **-я развития конъюнктуры** Konjunktur|tendenz *f*, -trend *m*; **-я развития конъюнктуры рынка** Marktentwicklung *f*; **-я развития отрасли** Branchentrend *m*; **устойчивая -я** feste Tendenz

тендер *m* Tender *m*, Ausschreibung *f*, Submission *f*, Submissionsangebot *n*; **участвовать в -е** sich an einer Ausschreibung beteiligen; **закрытый ~** geschlossene Ausschreibung *f*; **международный ~** internationale Ausschreibung, **открытый полностью ~** offene Ausschreibung (mit bekannten Teilnehmern), **~ открытый с анонимными участниками** offene Ausschreibung mit unbekannten Teilnehmern

теорема *f* **паутины** Spinnwebtheorem *n*

теори|я *f* Theorie *f*, Lehre *f*; **разрабатывать -ю** eine Theorie entwickeln; **в -и и на практике** in Theorie und Praxis; **-я денег** Geldtheorie *f*; **-я игр** Spieltheorie *f*; **-я информации** Informationstheorie *f*; **-я коллективных действий** Theorie kollektiven Handelns; **-я конъюнктуры** Konjunkturlehre *f*; **-я организации** Organisationstheorie *f*; **-я убывающего плодородия почвы** Theorie vom abnehmenden Bodenertrag; **-я управления предприятием** Theorie der Unternehmensführung; **-я финансирования** Finanzierungstheorie *f*, Theorie der Finanzierung; **-я эквивалентности налогов** Äquivalenztheorie *f*; **-я экономических циклов** Konjunkturlehre *f*

теплов|ой thermisch, Wärme-; **-ая энергия** *f* Wärmeenergie *f*

теплоизоляция *f* Wärme|isolation *f*, -dämmung *f*

теплостойкость *f* Wärmebeständigkeit *f*

теплоцентраль *f* Fernheizwerk *n*

теплоэлектростанция *f* Wärmekraftwerk *n*, Blockheizkraftwerk *n*

термин *m* Terminus *m*, Fachausdruck *m*, Fachbegriff *m*

терминал *m* Terminal *m*; **контейнерный ~** Containerterminal *m*; **нефтеналивной ~** Ölterminal *m*; *(Bank, Fin, Handel)* **платёжный ~** Zahlungsterminal *m*, EC-Terminal *m*, POS-Terminal *m*; **сухогрузный ~** Schüttgutterminal *m*; **таможенный** Zollterminal *m*

терминология *f* Terminologie *f*

терпеть erleiden; **~ убытки** Verluste erleiden

территориальн|ый Gebiets-, Hoheits-; **-ые воды** *pl* Hoheitsgewässer *pl*; **-ый картель** *m* Gebietskartell *n*

территория *f* Gebiet *n*, Gelände *n*; **государственная ~** Hoheitsgebiet *n*; **~ для застройки** Bau|gelände *n*, -land *n*; **~ для размещения промышленных предприятий** Industriepark *m*; **~ завода** Betriebsgelände *n*, Fabrikgelände *n*, Werksgelände *n*; **~, занимаемая промышленным предприятием** Industrie|gelände *n*, -grundstück *n*; **~, занимаемая торговыми и промышленными предприятиями** Gewerbegebiet *n*; **~ обслуживания** Bedienungsbereich *m*, Versorgungsbereich *m*, Einzugsbereich *m*; **~ страны, исключая части, не входящие в её таможенные границы** Zollinland *n*; **~ стройки** Bau|gelände *n*, -stelle *f*; **таможенная ~** Zollgebiet *n*; **экономическая ~** Wirtschaftsgebiet *n*

терция *f* Tertiawechsel *m*, Drittausfertigung *f*

терять verlieren, einbüßen, verlustig gehen; **~ влияние** den Einfluss verlieren, an Einfluss verlieren; **~ время** Zeit verlieren; **~ клиентов** Kunden (die Kundschaft) verlieren; **~ право** eines Rechtes verlustig gehen; **~ силу** außer Kraft treten, ungültig werden, verfallen, erlöschen; **~ стоимость** an Wert verlieren

тест *m* Test *m*, Prüfung *f*; **~ на загрузку** Belastungsprobe *f*; **~ на**

профессиональную пригодность Eignungs|prüfung *f*, -test *m*; **~ на функционирование** Performancetest *m*, Funktionstest; **~ на эффективность рекламы** Anzeigentest *m*

тест-драйв *m* Probefahrt *f*

техник *m* Techniker *m*

техник|а *f* Technik *f*; **~ внедрять -у** technisieren; **-а безопасности** Sicherheitstechnik *f*; **бытовая -а** Haushaltsgeräte *pl*; **вычислительная -а** Rechentechnik *f*; **-а для разгрузки** Entladungseinrichtungen *pl*; **информационная -а** Informationstechnik *f*; **организационная -а** Organisationstechnik *f*, Bürotechnik *f*; **производственная -а (-а производства)** Fertigungstechnik *f*, Produktionstechnik *f*,- Betriebsmittel *pl*; **складская -а** Lagertechnik *f*; **современная -а** moderne Technik; **-а торговли** Verkaufstechnik *f*

техникум *m* Fachschule *f*, Technikum *n*

техническ|ий technisch; **-ие данные** *pl* technische Angaben; **-ий директор** *m* technischer Direktor, Chefingenieur *m*; **-ий институт** *m* technische Hochschule; **-ая консультация** *f* technische Beratung; **-ий контроль** *m* **(-ая инспекция)** technische Überwachung; **-ий персонал** *m* technisches Personal; **-ая помощь** *f* technische Hilfe; **-ая экспертиза** *f* technisches Gutachten

технолог *m* Technologe *m*, Verfahrenstechniker *m*

технологическ|ий technologisch, verfahrenstechnisch, Technologie-, Fertigungs-, Verfahrens-; **-ая документация** *f* Fertigungsunterlagen *pl*; **-ая инновация** *f* Verfahrensinnovation *f*; **-ое ноу-хау** *n* technologisches Knowhow *n*; **-ая политика** Technologiepolitik *f*; **-ая помощь** *f* Technologiehilfe *f*; **-ий прогресс** *m* technologischer Fortschritt; **-ий процесс** *m* Fertigungs|ablauf *m*, -prozess *m*; **-ий разрыв** *m* technologische Lücke

технологи|я *f* Technologie *f*, Verfahrenstechnik *f*, Verfahren *n*; **внедрять (новую) -ю** eine Technologie einführen; **разрабатывать -ю** eine Technologie (ein Verfahren) entwickeln; **-я будущего** Zukunftstechnologie *f*; **высокая -я** Hochtechnologie *f*; **-я изготовления** Fertigungsverfahren *n*, Herstellungsverfahren *n*, Verfahrenstechnik *f*, Fabrikationsmethode *f*; **высокая -я** Hochtechnologie *f*; **информационная -я** Informationstechnologie *f*; **ключевая -я** Schlüsseltechnologie *f*; **коммуникационная -я** Kommunikationstechnologie *f*; **наукоемкая -я** forschungsintensive Technologie; **передовая -я** Spitzentechnologie *f*, führende Technologie; **прогрессивная -я** fortschrittliche Technologie; **-я производства** Produktions|technologie *f*, -verfahren *n*, Fertigungs|technik *f*, -verfahren *n*, Herstellungsverfahren *n*, Verfahren zur Herstellung; **экологически чистая -я** umweltverträgliche Technologie *f*

технопарк *m* Technopark *m*

тикер *m* Ticker *m*

тип *m* Typ *m*, Type *f*, Art *f*; **~ предприятия** Betriebsform *f*, Unternehmens|form *f*, -typ *m*; **~ производства** Produktionstyp *m*; **-ы промышленных предприятий** Industrietypen *pl*; **~ фонда** Fondstyp *m*

типизация *f* Typisierung *f*, Typung *f*

типизировать typisieren, typen

типичный typisch, charakteristisch

типов|ой typisiert, Typen-, Standard-, Muster-, Einheits-; **-ой бланк** *m* **(формуляр** *m***)** Einheits|formular *n*, -vordruck *m*, Standardformular *n*; **-ой договор** *m* Mustervertrag *m*, Standardvertrag *m*; **-ой договор** *m* **о найме** Einheitsmietvertrag *m*, Mustermietvertrag *m*; **-ое исполнение** *n* Standardausführung *f*, Typenausführung *f*; **-ая калькуляция** *f* Standardkalkulation *f*; **-ой образец** *m* Typenmuster *n*

тираж *m* Ziehung *f*, Auslosung *f*; Auflage *f*, Auflagenhöhe *f*; **выходить массовым -ом** in Massenauflage erscheinen; **~ погашения** Verlosungsliste *f*

титул *m* Titel *m*; **бюджетный ~** Etattitel *m*, Haushaltstitel *m*; **правовой ~** Rechtstitel *m*, Rechtsanspruch *m*; **~ собственника** Eigentümertitel *m*

титульный Titel-; **~ лист** Titelseite *f*

товар *m* Ware *f*, Artikel *m*, Handelsartikel *m*, Handelsgut *n*, Handelsware *f*, Gut *n*; **брать ~ на комиссию** Ware in Kommission nehmen; **брать ссуду под залог -ов** Waren beleihen; **вводить (внедрять) новый ~** eine neue Ware einführen; **ввозить ~** Ware einführen; **возвращать ~** die Ware zurücksenden; **вручать ~** die Ware übergeben; **вывозить (забирать) ~** Ware abholen; **вывозить (экспортировать) -ы** Waren ausführen; **выставлять -ы** Waren ausstellen; **выставлять -ы на продажу** Waren auslegen; **грузить ~** Ware verladen; **забирать ~** Ware abholen; **заказывать ~** Ware bestellen; **закладывать ~ под обеспечение** Ware verpfänden; **запасать ~** eine Ware bevorraten; **заявлять ~ на таможенную очистку** Ware zur Verzollung anmelden; **иметь ~ в продаже** eine Ware (einen Artikel) führen; **иметь ~ на складе** Ware (einen Artikel) auf Lager haben; **импортировать ~** Ware einführen; **контролировать ~** Ware beschauen; **конфисковывать ~** Waren beschlagnahmen (in Beschlag nehmen); **обмениваться -ами** Waren austauschen; **объявлять ~ проданным с аукциона** den Zuschlag erteilen; **осматривать ~** Ware beschauen; **отгружать ~** Ware verladen; **откладывать ~** Ware zurücklegen; **отправлять (отсылать) -ы** Waren absenden (verfrachten, versenden); **отправлять -ы на консигнацию** Waren konsignieren; **отсылать ~ обратно** Ware zurücksenden; **очищать ~ от таможенных формальностей** Ware verzollen lassen; **перевозить -ы** Waren verfrachten; **передавать ~** die Ware übergeben; **перечислять -ы** Waren auflisten; **повреждать ~** Ware beschädigen; **подавать рекламацию на ~** die Ware reklamieren; **покупать -ы** Waren kaufen; **покупать -ы оптом** Waren im Großhandel (über den Großhandel) beziehen (kaufen); **получать ~** Ware beziehen; **помещать ~ на таможенный склад** Waren in Verschluss tun; **поставлять -ы** Waren (aus)liefern; **посылать ~ для ознакомления (осмотра)** Waren zur Ansicht senden; **предлагать -ы** Waren anbieten; **предлагать ~ на рынке** Ware auf den Markt bringen; **принимать -ы** Waren abnehmen (annehmen); **принимать возвращённый ~** Ware zurücknehmen; **принимать и отправлять -ы** Waren abfertigen; **продавать (реализовывать) ~** Waren veräußern (verkaufen); **расписаться в приёмке -а** den Empfang der Ware quittieren; **сдавать ~** die Ware übergeben; **сдавать ~ на комиссию** Ware in Kommission geben; **сортировать -ы** Waren sortieren; **торговать -ом** eine Ware (einen Artikel) führen; **указывать цену -ов** Waren mit Preis auszeichnen; **упаковывать ~** Ware verpacken; **устанавливать сортность -ов** Waren sortieren; **аварийные -ы** Havariewaren *pl*; **беспошлинный ~** Freigut *n*, zollfreie Ware; **бракованный ~** Ausschussware *f*, Schund *m*, fehlerhafte Ware; **бросовый (демпинговый) ~** Schleuder|artikel *m*, -ware *f*, Ramsch *m*; **бытовые -ы** Haushalts|artikel *pl*, -waren *pl*; **взаимозаменяемые -ы** substituierbare Güter; **взаимодополняющие -ы** Komplementär|artikel *pl*, -güter *pl*, -waren *pl*; **~ в пути** unterwegs befindliche Ware; **возвращённый ~** Rückware *f*, zurückgesandte (zurückgekommene) Ware; **возвращённые -ы** Retouren *pl*; **второсортный ~** Ware zweiter Qualität; **вывезенный ~** abgeholte Ware; **высокотехнологичные -ы** Hochtechnologiegüter *pl*; **~, выдерживающий длительное хранение** lagerfähige Ware; **высококачественный ~ (~ высокого качества)** Qualitätsware *f*, hochwertige Ware, Ware erster Wahl; **галантерейные -ы** Kurzwaren *pl*; **~, готовый к немедленной поставке** sofort lieferbare Ware, prompte Lokoware; **~, дающий основную долю оборота** Hauptumsatzträger *m*; **дефектный ~** fehlerhafte (mangelhafte) Ware; **дефицитный ~** Mangelware *f*, verknappte Ware, knappe Güter; **дешевый ~** billiger Artikel, Ramsch *m*; **-ы длительного пользования** langlebige Güter; **залежалый ~** Ladenhüter *m*; **заложенный ~** verpfändete Ware; **заменимый ~** vertretbare (fungible, austauschbare) Ware; **~-заменитель** Ersatz|gut *n*, -ware *f*, Austauschware *f*; **-ы и услуги, представляемые фирмой своим работникам** Gesellschaftsleistungen *pl*; **изысканный ~** ausgesuchte Ware; **~, имеющийся в запасе** vorrätige Ware; **импортированный ~** eingeführte Ware; **импортный ~** Einfuhr|artikel *m*, -gut *n*, -ware *f*, Import|artikel *m*, -gut *n*, -ware *f*; **импортные -ы по низким ценам** Billig|einfuhren *pl*, -preiseinfuhren *pl*; **инвестиционные -ы** Investitionsgüter *pl*, Anlagegüter *pl*, Kapitalgüter *pl*; **качественный ~** Qualitätsware *f*; **качественный фирменный ~** Gütemarke *f*; **комиссионный ~** Kommissions|gut *n*, -ware *f*; **компенсационный ~** Ersatzgut *n*; **конкурентоспособный ~** konkurrenzfähige Ware; **конкурирующий ~** Konkurrenz|artikel *m*, -ware *f*; **консигнационный ~** Konsignations|ware *f*, -gut *n*; **контингентированный ~** kontingentierte Ware; **контрабандный ~** Schmuggelware *f*, Konterbande *f*, Banngut *n*, geschmuggelte Ware; **конфискованный ~** beschlagnahmte Ware; **~, который не оплачен таможенной пошлиной** unverzollte Ware; **-ы кратковременного пользования** kurzlebige Güter; **-ы массового (серийного) производства** Serien|artikel *pl*, -güter *pl*; **массовый ~** Massen|artikel *m*, -ware *f*, Stapel|artikel *m*, -ware *f*; **местный ~** einheimische Ware; **модный ~** Modeartikel *m*; **~, на который поступила рекламация** reklamierte Ware; **~ наивысшего качества** Luxus|artikel *m*, -ware *f*; **наличный ~** Lokoware *f*, Promptware *f*, Lagerbestand *m*, Warenbestand *m*, disponible (sofort lieferbare) Ware; **наукоёмкие -ы** forschungsintensive Güter; **~, находящийся на таможенном складе** Ware unter Zollverschluss, unter Zollverschluss liegende Ware, gebundene Ware; **~, не находящий сбыта** unverkäufliche Ware; **~, не облагаемый пошлиной** Freigut *n*; **недоброкачественный ~** fehlerhafte (mangelhafte, geringwertige) Ware; **некондиционный ~** Partieware *f*; **~ неопределённого происхождения** Ware unbestimmten Ursprungs; **неходкий ~** nicht gängige (unverkäufliche) Ware; **низкокачественные (низкосортные) -ы** geringwertige (minderwertige) Waren, inferiore Güter; **-ы, облагаемые сбором** abgabenpflichtige Waren; **однородные -ы** homogene Güter; **~, оплаченный таможенной пошлиной** verzollte Ware; **отгруженный (отосланный, отправленный) ~** versandte Ware; **отечественный ~ (~ отечественного производства)** Inlandsware *f*, einheimische (inländische) Ware; **~, отправляемый на консигнацию** Konsignations|gut *n*, -ware *f*; **первоклассный ~** erstklassige (hochwertige) Ware; **~ первой необходимости** lebenswichtige Ware; **~ первого сорта** Ware erster Wahl, erstklassige Ware; **~, перевозимый автомобильным или железнодорожным транспортом** rollende Ware; **~ по кассовым сделкам** Kassaware *f*; **~ по сниженной цене** herabgesetzte Ware; **~ по срочным сделкам** Terminware *f*; **~ по сходной (умеренной) цене** preisgünstige (preiswerte) Ware; **повреждённый ~** beschädigte Ware; **~ повседневного спроса** Ware des täglichen Bedarfs; **~ повышенного спроса** stark gefragte Ware; **~, подлежащий обложению пошлиной** zollpflichtige Ware; **-ы, помещённые на склад** eingelagerte Waren (Güter); **~, поставляемый навалом** lose Ware; **~, поставляемый вместо некондиционного** Ersatz|ware *f*, -gut *n*; **~, посылаемый на ознакомление** Ware zur Ansicht; **~, принятый назад** zurückgenommene Ware; **~, продаваемый в розницу** Einzelhandelsware *f*; **~, продаваемый на метры** Meterware *f*; **промышленные -ы** Fabrikwaren *pl*, Industrie|artikel *pl*, -güter *pl*, -waren *pl*, Güter der gewerblichen Wirtschaft; **потребительские -ы** Verbrauchsgüter *pl*, Gebrauchsgüter *pl*, Konsum|artikel *pl*, -güter *pl*, -waren *pl*, Sachgüter *pl*; **потребительские -ы длительного пользования** langlebige Konsumgüter; **потребительские -ы краткосрочного пользования** kurzlebige Konsumgüter; **распроданный ~** ausgegangener Artikel; **~, рассортированный по качеству** sortierte Ware; **рационируемый ~** bewirtschaftete Ware; **реальный ~** Lokoware *f*, Promptware *f*; **розничный ~** Einzelhandelsware *f*; **сезонный ~** Saisonware *f*; **~, складированный в приписном складе** Ware unter Zollverschluss, unter Zollverschluss liegende Ware; **скоропортящийся ~** leicht verderbliche Ware; **~, снабжённый этикетками** etikettierte Ware; **~, соответствующий условиям контракта** Ware laut Vertrag; **сопоставимый (сравнимый) ~** vergleichbare Ware; **сопутствующие -ы** Ergänzungsbedarf *m*, Zubehör *n*; **~, спасённый при кораблекрушении** Bergungsgut *n*; **~ справедливого среднего качества** Handelsgut mittlerer Qualität und Güte; **~ среднего качества** Durchschnittsware *f*, Ware mittlerer Qualität (Güte); **стандартный ~** Standard|artikel *m*, -ware *f*; **транзитный ~** Transitware *f*, durchgehende Ware; **упакованный ~** verpackte Ware; **устаревший ~** veraltete Ware; **фактурированный ~** fakturierte Ware; **фасованный ~** abgepackte Ware; **фирменный ~** Marken|artikel *m*, -ware *f*; **ходкий ~** gängige Ware, gängiger Artikel; **хозяйственные ~** Haushalts|artikel *pl*, -waren *pl*; **~, цены на который субсидируются** preisgebundene Ware; **-ы широкого потребления** Gebrauchsgüter *pl*, Massen|bedarfsgüter *pl*, -waren *pl*, Güter des täglichen Bedarfs; **экспортный ~** Ausfuhr|gut *n*, -ware *f*, Export|artikel *m*, -gut *n*, -ware *f*; **ювелирные -ы** Schmuckwaren *pl*

товарищество *n* Genossenschaft *f*, Gesellschaft *f*, Personengesellschaft *f*; **вступать в ~** in eine Genossenschaft eintreten; **ликвидировать ~** eine Genossenschaft löschen; **основывать ~** eine Genossenschaft gründen; **руководить (управлять) -м** eine Genossenschaft leiten; **акционерное коммандитное ~** Kommanditgesellschaft auf Aktien; **временное ~** Gelegenheitsgesellschaft *f*; **зарегистрированное ~** eingetragene Genossenschaft; **коммандитное ~ (~ на вере)** Kommanditgesellschaft *f*; **кредитное ~** Kreditgenossenschaft *f*; **~ на вере** *s.* **коммандитное ~**; **негласное ~** Innengenossenschaft *f*; **поручительское ~** Haftungsgenossenschaft *f*; **~ с неограниченной ответственностью** Genossenschaft mit unbeschränkter Haftung; **~ с ограниченной ответственностью** Genossenschaft mit beschränkter Haftung; **сбытовое ~** Absatzgenossenschaft *f*; **семейное ~** Familiengesellschaft *f*; **~ собственников жилья** Wohnungsgenossenschaft *f*

товарн|ый Waren-, Güter-; **-ый аккредитив** *m* Waren|akkreditiv *n*, -kreditbrief *m*; **-ый вагон** *m* Güterwagen *m*; **-ый вексель** *m* Warenwechsel *m*; **-ый знак** *m* Warenzeichen *n*; **-ое обращение** *n* Warenverkehr *m*; **-ый признак** *m* Warenmerkmal *n*; **-ое производство** *n* Warenproduktion *f*, Güterproduktion *f*; **-ая станция** *f* Güterbahnhof *m*

товаровед *m* Warenexperte *m*

товароведение *n* Warenkunde *f*

товарообмен *m* Güteraustausch *m*, Warenaustausch *m*, Warenverkehr *m*

товарооборачиваемость *f* Warenumschlagshäufigkeit *f*

товарооборот *m* Warenumsatz *m*, Warenverkehr *m*, Verkehr von Waren; **розничный ~** Einzelhandelsumsatz *m*

товарораспорядительный документ *m* Traditionspapier *n*, Warenwertpapiere *pl*

товаросопроводительная накладная *f* Warenbescheinigung *f*
товаросопроводительный документ *m* Warenbegleitschein *m*
толкование *n* Auslegung *f*, Deutung *f*, Interpretation *f*, Kommentar *n*; **буквальное ~** wörtliche Auslegung; **~ закона** Gesetzesauslegung *f*; **ложное ~** Missdeutung *f*; **превратное ~** Fehl|auslegung *f*, -interpretation *f*
толковать auslegen, deuten, interpretieren, kommentieren; **~ в узком смысле** eng auslegen; **~ широко** weit auslegen
толчок *m* Impuls *m*, Schub *m*, Auftrieb *m*; **давать ~** einen Impuls (Schub) geben; **~ к новаторству** Innovationsschub *m*; **~ к увеличению затрат** Kostenschub *m*
тонна *f* Tonne *f*; **брутто-регистровая ~** Bruttoregistertonne *f*; **метрическая ~** Tonne *f*; **нетто-регистровая ~** Nettoregistertonne *f*; **регистровая ~** Registertonne *f*
тоннаж *m* Tonnage *f*, Tonnengehalt *m*, Tragfähigkeit *f*
тонно-километр *m* Tonnekilometer *m*
тонно-миля *f* Tonnenmeile *f*
топливн|ый Brennstoff-, Kraftstoff-, Treibstoff-; **-ый бак** *m* Kraftstoffbehälter *m*, Treibstoffbehälter *m*; **-ые ресурсы** *pl* Brennstoffressourcen *pl*; **-оэнергетический комплекс** *m* Brennstoff-Energie-Wirtschaft *f*
топливо *n* Brennstoff *m*, Heizstoff *m*, Kraftstoff *m*, Treibstoff *m*; **добывать ~** Brennstoffe fördern; **заправлять -м** mit Brennstoff versehen, tanken; **расходовать ~** Brennstoff (Kraftstoff, Treibstoff) verbrauchen; **транспортировать ~** Brennstoffe transportieren; **бытовое ~** Hausbrand *m*; **газообразное ~** gasförmiger Brennstoff (Kraftstoff, Treibstoff); **голубое ~** Erdgas *n*; **жидкое ~** flüssiger Brennstoff (Treibstoff); **твёрдое ~** fester Brennstoff (Treibstoff); **условное ~** Steinkohleneinheit *f*
торг|и *pl* Handel *m*, Ausschreibung *f*, Auktion *f*, Versteigerung *f*; **выдавать подряд по результатам -ов** einen Auftrag durch eine Ausschreibung vergeben; **объявлять -и** ausschreiben; **подавать заявку на проведение -ов** eine Versteigerung beantragen; **покупать на -ах** ersteigern; **посещать -и** eine Auktion (Versteigerung) besuchen; **проводить (устраивать) -и** eine Auktion (Versteigerung) abhalten (durchführen, veranstalten); **продавать на -ах** versteigern; **продавать с -ов** zur Versteigerung kommen; **добровольные -и** freiwillige Versteigerung; **закрытые -и** geschlossene (interne) Ausschreibung; **конкурсные -и** Ausschreibung *f*; **международные -и** internationale Ausschreibung; **открытые (публичные) -и** öffentliche Versteigerung, offene Ausschreibung; **принудительные -и** Zwangsversteigerung *f*; **-и с ограниченным количеством участников** beschränkte Ausschreibung
торговать handeln, Handel treiben; **~ акциями** mit Aktien handeln; **~ в розницу** en detail handeln, Einzelhandel betreiben; **~ вразнос** hausieren; **~ оптом** en gros handeln, Großhandel betreiben; **~ с ориентацией на запросы клиентов** kundenorientiert handeln; **~ ценными бумагами** mit Wertpapieren handeln
торговаться feilschen, handeln; **~ из-за цены** um einen Betrag feilschen, um den Preis handeln
торговец *m* Händler *m*, Kaufmann *m*; **~ антиквариатом** Antiquitätenhändler *m*; **~ валютой** Devisenhändler *m*; **~, ведущий комиссионную торговлю** Kommissionshändler *m*; **~ вразнос** ambulanter Händler, Hausierer *m*; **мелкий ~** Kleinhändler *m*; **оптовый ~** Großhändler *m*, Grossist *m*, Vertriebshändler *m*; **~ подержанными вещами** Trödelhändler *m*; **розничный ~** Einzelhandelskaufmann *m*, Einzelhändler *m*, Kleinhändler *m*; **~-спекулянт** Schieber *m*, Schwarzhändler *m*; **уличный ~** Straßenhändler *m*; **~ ценными бумагами** Effektenhändler *m*, Wertpapierhändler *m*; **~ экспортными товарами** Ausfuhrhändler *m*, Export|händler *m*, -kaufmann *m*
торговл|я *f* Handel *m*, Handlung *f*,

Handelsgewerbe *n*, Handelsverkehr *m*, Handelswesen *n*; **благоприятствовать развитию -и** den Handel fördern; **вести -ю** handeln, Handel treiben; **заниматься -ей** den Handel betreiben, Handelsgewerbe betreiben; **работать в -е** im Handel tätig sein; **устранять препятствия в -е** Handelshemmnisse abbauen; **автоматическая -я** Automatenverkauf *m*; **-я акциями** Aktienhandel *m*; **-я антикварными ценностями (антиквариатом)** Antiquitätenhandel *m*; **бартерная -я** Barterhandel *m*, Tauschhandel *m*; **беспошлинная -я** Freihandel *m*; **биржевая -я** Börsenhandel *m*; **-я валютой** Devisenhandel *m*; **внешняя -я** Außenhandel *m*; **внутренняя -я** Binnenhandel *m*, Inlandshandel *m*, Innenhandel *m*; **внутренняя оптовая -я** Binnengroßhandel *m*; **-я вразвоз (вразнос)** ambulanter Handel, Straßenhandel *m*; **генеральная (общая) -я** Generalhandel *m*; **двусторонняя -я** bilateraler Handel; **-я за собственный счёт** Eigenhandel *m*; **-я земельными участками** Grundstücksverkehr *m*; **-я золотом** Goldhandel *m*; **-я и промыслы** Handel und Gewerbe; **-я и промышленность** gewerbliche Wirtschaft; **импортная -я** Einfuhrhandel *m*, Importhandel *m*; **-я иностранной валютой** Devisenhandel *m*; **книжная -я** Buchhandel *m*; **комиссионная -я** Kommissionshandel *m*, Gebrauchtwarenhandel *m*; **консигнационная -я** Konsignationshandel *m*; **-я лицензиями** Lizenzhandel *m*; **межгосударственная -я** zwischenstaatlicher Handel; **международная -я** internationaler (grenzüberschreitender) Handel, Welthandel *m*; **межконтинентальная -я** Überseehandel *m*; **межрегиональная -я** interregionaler Handel; **меновая -я** Tauschhandel *m*; **-я металлами** Metallhandel *m*; **мировая -я** Welthandel *m*; **монопольная -я** Alleinhandel *m*, Alleinvertrieb *m*; **морская -я** Seehandel *m*; **-я недвижимым имуществом** Immobilienhandel *m*; **незаконная (нелегальная) -я** Schwarzhandel *m*, Schleichhandel *m*; **оживлённая -я** lebhafter Handel; **оптовая -я** Großhandel *m*; **-я по невидимым статьям** unsichtbarer Handel; **-я подержанными вещами** Gebrauchtwarenhandel *m*, Trödelhandel *m*, Altwarenhandel *m*; **посредническая -я** Zwischenhandel *m*; **посылочная -я** Versandhandel *m*; **посылочная оптовая -я** Versandgroßhandel *m*; **-я произведениями искусства** Kunsthandel *m*; **приграничная -я** grenzüberschreitender Handel; **принятый в -е** handelsüblich; **-я продовольственными товарами** Lebensmittelhandel *m*; **реэкспортная -я** Reexporthandel *m*; **розничная -я** Detailhandel *m*, Einzelhandel *m*, Kleinhandel *m*; **рыночная -я** Markthandel *m*; **свободная -я** Freihandel *m*; **сезонная -я** Saisonhandel *m*; **-я сельскохозяйственной продукцией и сырьём** Produktenhandel *m*; **-я скотом** Viehhandel *m*; **спекулятивная -я** Schwarzhandel *m*; **специализированная -я** Fachhandel *m*, Spezialhandel *m*; **специализированная оптовая -я** Spezialgroßhandel *m*; **-я сырьём** Rohstoffhandel *m*; **-я сырьём и полуфабрикатами** Rohproduktenhandel *m*; **-я товарами** Warenhandel *m*; **-я товарами и услугами** Handel mit Waren und Dienstleistungen; **транзитная -я** Transithandel *m*, Durchgangshandel *m*; **уличная -я** Straßenhandel *m*; **-я химическими товарами** Chemiehandel *m*; **-я ценными бумагами** Effektenhandel *m*, Wertpapierhandel *m*; **-я ценными бумагами на фондовой бирже** amtlicher Handel; **-я ценными бумагами на внебиржевом рынке** Telefonhandel *m*; **эксклюзивная -я** Exklusivhandel *m*; **экспортная -я** Ausfuhrhandel *m*, Exporthandel *m*

торгово-политический handelspolitisch

торгово-правовой handelsrechtlich

торгов|ый Handels-, Handlungs-, Geschäfts-, Verkaufs-, geschäftlich, kaufmännisch; **-ый агент** *m* Handels|agent *m*, -beauftragte *m*, -bevollmächtigte *m*, -vertreter *m*, Handlungsagent *m*, Verkaufsagent *m*; **-ое агентство** *n* Verkaufsagentur *f*; **-ый баланс** *m* Handelsbilanz *f*; **-ая выручка** *f* Handelserlös *m*; **-ый дом** *m* Geschäftshaus *n*, Handelshaus *n*; **-ая книга** *f* Geschäftsbuch *n*, Handelsbuch *n*; **-ый кодекс** *m* Handelsgesetzbuch *n*; **-ая марка** *f* Handelsmarke *f*; **-ый обычай** *m* Geschäftsbrauch *m*, Handels|brauch *m*, -sitte *f*, -usance *f*, Usance *f*; **-ая прибыль** *f* Handelsgewinn *m*; **-ый служащий** *m* kaufmännischer Angestellter; **-ая фактура** *f* Handelsfaktura *f*; **-ый флаг** *m* Handelsflagge *f*

торгпредство *n* Handelsvertretung *f*

тормозить hemmen, bremsen; **~ рост** das Wachstum hemmen

точк|а *f* Punkt *m*, Stelle *f*; **достигать низшей -и** den Tiefpunkt erreichen; **пройти (преодолеть) низшую -у** den Tiefpunkt überwinden; **-а безубыточности** Gewinnschwelle *f*; **верхняя -а предельного отклонения валютного курса** oberer Interventionspunkt; **высшая -а** Spitze *f*; **золотая -а** Goldpunkt *m*; **-а зрения** Gesichtspunkt *m*, Standpunkt *m*; **исходная -а** Ausgangspunkt *m*; **-а критического объёма сбыта** Ertragsschwelle *f*; **-а на графике, показывающая экономическую целесообразность продажи товара** Verkaufsargument *n*; **нижняя -а предельного отклонения валютного курса** unterer Interventionspunkt; **~ предельного отклонения валютного курса** Interventionspunkt *m*; **низшая -а** Tiefpunkt *m*; **низшая -а экономического спада** Tiefpunkt der Rezession; **наивысшая -а развития деловой активности** Konjunkturspitze *f*; **поворотная -а** Wendepunkt *m*; **-а рентабельности** Break-even-Punkt *m*, Rentabilitätsgrenze *f*; **-а самоокупаемости** Ertragsschwelle *f*, Gewinnschwelle *f*; **торговая -а** Verkaufs|einrichtung *f*, -stelle *f*, Vertriebsstelle *f*

точность *f* Genauigkeit *f*, Exaktheit *f*, Präzision *f*, Pünktlichkeit *f*; **~ поставок** Liefergenauigkeit *f*; **~ прогноза** Prognosegenauigkeit *f*

точн|ый genau, exakt, präzis, pünktlich, fein, Fein-; **-ая механика** Feinmechanik *f*; **-ая работа** Feinarbeit *f*

травм|а *f* Unfall *m*, Verletzung *f*; **получить -у** einen Unfall erleiden; **производственная -а** Arbeitsunfall *m*, Betriebsunfall *m*

травматизм *m* Unfälle *pl*, Unfallquote *f*; **производственный ~** Arbeitsunfälle *pl*, Betriebsunfälle *pl*

традиционный traditionell, Traditions-, überliefert

традици|я *f* Tradition *f*, Überlieferung *f*; **продолжать -ю** eine Tradition fortsetzen; **хранить -ю** eine Tradition bewahren; **богатый -ями** traditionsreich

трактация *f* Proformageschäft *n*, Vorangebot *n*

трактор *m* Traktor *m*

трамвай *m* Straßenbahn *f*

трамп *m* Tramp *m*, Trampschiff *n*

трампов|ый Tramp-; **-ое плавание** *n* **(-ый рейс** *m***)** Trampfahrt *f*; **-ое судно** Trampschiff *n*

транзакция *f (Comp)* Transaktion *f*

транзит *m* Transit *m*, Durchfahrt *f*, Durchfuhr *f*, Durchgang *m*, Durchfahrt *f*; **перевозить -ом** im Transit transportieren, transitieren; **таможенный ~** Zoll(gut)versand *m*; **~ товаров** Warendurchfuhr *f*, Durchfuhr von Waren

транзитн|ый durchgehend, Durchfuhr-, Durchgangs-, Transit-; **-ый груз** *m* Transitgut *n*; **-ый маршрут** *m* Transitroute *f*; **-ые перевозки** *pl* Transitverkehr *m*, Transitgeschäft *n*, durchgehender Verkehr; **-ый порт** *m* Transithafen *m*; **-ая пошлина** *f* Transitzoll *m*; **-ый товар** *m* Transitware *f*, durchgehende Ware

транзиторный transitorisch

транс *m* Trans-Nr.

трансакция *f* Transaktion *f*, Geschäft *n*

трансатлантическ|ий (трансокеанск|ий) Übersee-; **-ая торговля** *f* Überseehandel *m*

транспарентность *f* Transparenz *f*; **~ экономики** Transparenz der Wirtschaft

транспорт *m* Transport *m*, Beförderung

f, Verkehr *m*; Transportgewerbe *n*, Verkehrsgewerbe *n*; Beförderungsmittel *pl*, Transportmittel *pl*, Verkehrsmittel *pl*; Transportwesen *n*, Verkehrswesen *n*; **авиационный ~** Luft|transport *m*, -verkehr *m*; **автомобильный ~** Kraftverkehr *m*, Autoverkehr *m*; **внутренний ~** Binnenverkehr *m*, Inlandsverkehr *m*; **внутризаводской ~** innerbetrieblicher Transport; **водный ~** Schiffstransport *m*; **воздушный ~** Luft|transport *m*, -verkehr *m*; **городской ~** Stadtverkehr *m*; **грузовой ~** Güter|transport *m*, -verkehr *m*, Lastentransport *m*; **железнодорожный ~** Bahn|transport *m*, -verkehr *m*, Eisenbahn|transport *m*, -verkehr *m*; Schienenverkehrsmittel *pl*; **местный ~** Ortsverkehr *m*, Nahverkehr *m*; **морской ~** See|transport *m*, -verkehr *m*; **наземный ~** Landtransport *m*; **общественный ~** öffentlicher Verkehr; öffentliche Verkehrsmittel; **пассажирский ~** Personenverkehr *m*, Reiseverkehr *m*; **пригородный ~** Nahverkehr *m*; **трубопроводный ~** Rohrleitungstransport *m*

транспортабельный transportabel, transportfähig

транспортёр *m* Förderband *n*

транспортировать befördern, transportieren, versenden; **~ водным путём** auf dem Wasserweg befördern (transportieren); **~ грузы** Güter befördern (transportieren); **~ транзитом** im Transit transportieren

транспортировк|а *f* Beförderung *f*, Transport *m*; **брать на себя -у (груза)** den Transport übernehmen; **браться за -у** zur Beförderung übernehmen; **поручать -у** mit dem Transport beauftragen, den Transport übertragen; **принимать к -е** zur Beförderung übernehmen; **-а автомобильным транспортом** Kraftverkehr *m*, Transport per Lkw; **-а водным путём** Schiffstransport *m*, Transport (Beförderung) auf dem Wasserweg; **-а внутри предприятия** innerbetrieblicher Transport; **-а воздушным путём** Lufttransport *m*, Transport (Beförderung) auf dem Luftwege; **-а грузов** Güter|beförderung *f*, -transport *m*, -verkehr *m*, Frachtverkehr *m*, Transport von Gütern, Beförderung der Fracht, Lastentransport *m*; **-а грузов в больших количествах** Massengütertransport *m*; **-а грузов в контейнерах** Containerbeförderung *f*; **-а грузов мелкими партиями** Stückgutverkehr *m*; **-а морским путём** See|frachtverkehr *m*, -transport *m*, -verkehr *m*, Beförderung (Transport) auf dem Seeweg; **-а на дальние расстояния** Fernverkehr *m*; **-а наземным транспортом (по суше)** Landtransport *m*, Beförderung auf dem Landwege; **-а сырья и материалов** Materialtransport *m*; **-а по железной дороге** Bahn|beförderung *f*, -transport *m*, -verkehr *m*, Eisenbahn|transport *m*, -verkehr *m*, Schienenverkehr *m*, Beförderung per Schiene, Transport per Bahn; **-а товаров** Waren|beförderung *f*, -transport *m*, Transport der Waren; **-а транзитом** Transitverkehr *m*, Transport im Transit

транспортно-экспедиторск|ий Speditions-; **-ая деятельность** Spedition *f*, Speditionsgeschäft *n*

транспортн|ый Transport-, Beförderungs-, Förder-; **-ое дело** *n* Transportwesen *n*, Verkehrswesen *n*; **-ые издержки** *pl* Beförderungskosten *pl*, Transportkosten *pl*; **-ый подрядчик** *m* Transportunternehmen *n*; **-ое поручение** *n* Transportauftrag *m*; **-ое предприятие** *n* Transport|betrieb *m*, -unternehmen *n*, Verkehrsbetrieb *m*; **-ые средства** *pl* Beförderungsmittel *pl*, Transportmittel *pl*, Verkehrsmittel *pl*; **-ые тарифы** *pl* Beförderungsentgelte *pl*, Transporttarife *pl*, Verkehrstarife *pl*; **~ услуги** *pl* Beförderungsleistungen *pl*, Transportleistungen *pl*

трансферировать transferieren, übertragen, überweisen

трансферт *m* Transfer *m*, Übertragung *f*, Überweisung *f*; **производить ~** einen Transfer vornehmen; **балансовый ~** Übereignung der Wertpapiere; **~ капитала** Kapitaltransfer *m*, Transfer des Kapitals; **~ прибылей** Gewinntransfer *m*

трансфертн|ый Transfer-; **-ые плате-**

жи *pl* Transferleistungen *pl*; **-ый риск** *m* Transferrisiko *n*
трансформация *f* Umformung *f*, Umwandlung *f*, Transformation *f*
трансформировать umbilden, umformen, umwandeln, transformieren
транш *m* Tranche *f*; **подразделять займ на -и** eine Anleihe in Tranchen aufteilen; **годовой ~** Jahrestranche *f*
трасса *f* Linie *f*, Strecke *f*
трассант *m* Trassant *m*, Wechselaussteller *m*, Wechselzieher *m*, Anweisende *m*
трассат *m* Trassat *m*, Bezogene *m*, Akzeptant *m*
трассирование *n* Trassierung *f*, Ziehung *f*
трассировать trassieren, ziehen; **~ вексель** einen Wechsel trassieren (ziehen)
траст *m* Treuhandverhältnis *n*, Trust *m*
траст-компания *f* Treuhandgesellschaft *f*
трастов|ый Treuhand-, treuhänderisch; **-ая сделка** *f* Treuhandgeschäft *n*
тратить ausgeben, verausgaben; **~ деньги** Geld ausgeben; **~ время** Zeit verlieren
тратт|а *f* Tratte *f*, Bankwechsel *m*, Schuldwechsel *m*, begebener (gezogener, trassierter) Wechsel; **акцептовать -у** eine Tratte mit einem Akzept versehen; **выставлять -у** trassieren; **инкассировать -у** eine Tratte ankaufen (einziehen); **оплатить -у** eine Tratte einlösen; **акцептованная -а** Handelsakzept *n*; **встречная -а** Rückwechsel *m*; **-а, выставляемая банком на своих клиентов с условием её погашения самим банком при наступлении срока платежа** Mobilisierungstratte *f*; **документарная -а** Dokumententratte *f*; **комиссионная -а** Kommissionstratte *f*; **-а на предъявителя** Sichttratte *f*; **одногородняя -а** Platztratte *f*; **-а, подлежащая оплате в срок, установленный обычаем** Nachsichttratte *f*; **сборная -а** Sammeltratte *f*
трафик *m* Verkehr *m*, *(Comp)* Datenverkehr *m*
требовани|е *n* Anspruch *m*, Forderung *f*, Anforderung *f*, Erfordernis *n*; Antrag *m*, Anforderungsschein *m*, Bestellschein *m*; **выдвигать -е** eine Forderung (einen Anspruch) erheben (geltend machen), eine Anforderung stellen; **выполнять -я** Anforderungen erfüllen; **добиваться удовлетворения -я** einen Anspruch durchsetzen; **заполнять -е** einen Anforderungsschein (Bestellschein, Antrag) ausfüllen; **оспаривать -е** einen Anspruch bestreiten; **отвечать -ям** Anforderungen entsprechen (gerecht werden); **отказаться от -я** einen Anspruch aufgeben; **отклонять -е** eine Forderung ablehnen; **покупать долговые -я** Forderungen ankaufen; **предъявлять -е** eine Anforderung (einen Anspruch, eine Forderung) stellen, eine Forderung (einen Anspruch) erheben (geltend machen), eine Forderung anmelden; **предъявлять -е о компенсации** eine Entschädigung beanspruchen; **признать справедливость -я** den Anspruch anerkennen; **продавать долговые -я** Forderungen verkaufen; **скупать -я** Forderungen abkaufen; **соответствовать -ям** Anforderungen entsprechen; **удовлетворять -е** einen Anspruch befriedigen, einem Anspruch stattgeben, einer Anforderung (Forderung) gerecht werden; **уступать -е** eine Forderung (einen Anspruch) abtreten; **безнадёжные -я** uneinbringliche Forderungen; **-я безопасности** Sicherheits|anforderungen *pl*, -erfordernisse *pl*; **-е возврата** Rückforderung *f*; **-е возврата займа** Anleihekündigung *f*; **-е возврата имущества в судебном порядке** Herausgabeanspruch *m*; **-е возмещения** Entschädigungsanspruch *m*, Forderung nach Entschädigung; **-е возмещения ущерба** Schadensersatzanspruch *m*; **встречное -е** Gegenforderung *f*; **-е выплаты гонорара** Honorarforderung *f*; **-е, вытекающее из договора** Anspruch aus Vertrag, vertraglicher Anspruch; **-е, вытекающее из договора займа** Darlehensanspruch *m*; **-я гарантии** Sicherheitsanforderungen *pl*; **долговые -я** Forderungen *pl*; **долговые -я**

в иностранной валюте Valutaforderungen *pl*; **долговые -я, вытекающие из долевого участия** Forderungen aus der Beteiligung; **долговые -я зарубежных клиентов (кредиторов)** Auslandsforderungen *pl*; **долговые -я к банкам** Forderungen gegenüber Banken; **долговые -я к государству** Schuldbuchforderung *f*; **долговые -я к зарубежным дебиторам** Auslandsforderungen *pl*; **долговые -я по кредитным операциям** Forderungen aus Kreditgeschäften; **долговые -я, срок выплаты которых наступил** fällige Forderungen; **дополнительное -е** Nachforderung *f*; **завышенное -е** übertriebene Forderung; **-е-заказ** Bestellung *f*, Warenbestellung *f*; **законное -е** berechtigter (rechtlicher) Anspruch; **инкассированное (долговое) -е** eingezogene Forderung; **-я к качеству** Güteanforderungen *pl*; **квалификационные -я** Anforderungsprofil *n*; **-я к профессиональному уровню** berufliche Anforderungen; **-я к работнику на рабочем месте** Arbeitsanforderungen *pl*; **-е компенсации** Ausgleichsforderung *f*; **минимальное -е** Mindestanspruch *m*; **минимально необходимые -я к ведению бухгалтерского учёта** Mindestbuchführung *f*; **-е на отпуск материалов** Entnahmeschein *m*; **-е назвать продажную цену** Kaufpreisforderung *f*; **-е-накладная** Warenbestellung *f*; **не отвечающий -ям рынка** marktinkonform; **незаконное (необоснованное) -е** unberechtigter Anspruch; **неоправданно высокое -е** übertriebene Forderung; **-е о возмещении** Erstattungsanspruch *m*; **-е о возмещении убытков** Ersatzforderung *f*, Schadensersatzforderung *f*; **-е об увеличении оклада** Gehalts|anspruch *m*, -forderung *f*; **обоснованное -е** berechtigter Anspruch; **обратное -е** Rückforderung *f*; **обратное -е о возвращении** Regress *m*, Rückgriff *m*; **обратное -е по векселю** Wechsel|regress *m*, -rückgriff *m*; **отвечающий -ям рынка** markt|gemäß, -gerecht, -konform; **-е отказа** Widerrufsanspruch *m*; **платёжное -е** Zahlungsaufforderung *f*; **-е по векселю** Wechselforderung *f*; **-е по долговой книге** Schuldbuchforderung *f*; **по первому -ю** auf Sicht, sofort bei Vorlage, ohne Kündigungsfrist; **-е по открытому счёту** ausstehende Forderung; **-е предъявить ценные бумаги для погашения** Tilgungsaufforderung *f*; **преимущественное (привилегированное) -е** bevorrechtigte Forderung; **-е произвести платёж** Zahlungs|anspruch *m*, -aufforderung *f*; **просроченное -е** betagte Forderung; **прочие -я** sonstige Forderungen; **-я рынка** Markt|bedürfnisse *pl*, -erfordernisse *pl*, Herausforderungen des Marktes; **-е соблюдения установленной формы** Form|erfordernis *n*, -zwang *m*; **современные -я** moderne Aufforderungen; **сомнительное -е** dubiose (unsichere, zweifelhafte) Forderung; **справедливое -е** berechtigter Anspruch; **технические -я** technische Erfordernisse; **-я, удовлетворяемые при реализации конкурсной массы** Masse|ansprüche *pl*, -forderungen *pl*; **-е уплаты** Zahlungsaufforderung *f*; **-е уплаты процентов** Zinsforderung *f*; **частичное -е** Teil|anspruch *m*, -forderung *f*; **чистые долговые -я к иностранным клиентам** Nettoauslandsforderungen *pl*; **финансовые -я** Kapitalforderungen *pl*

требовательный anspruchsvoll

требовать fordern, verlangen, erfordern, bedürfen; **~ возврата (обратно)** zurück|fordern, -verlangen; **~ возмещения убытков** Schadensersatz beanspruchen (fordern, verlangen); **~ дополнительно** nachfordern; **~ замены (компенсации)** Ersatz verlangen; **~ исполнения обязанностей** zur Pflichterfüllung anhalten; **~ оплаты (уплаты)** die Zahlung verlangen; **~ отчёта** zur Rechenschaft ziehen

требуемый erforderlich

требующий bedürftig; **~ разрешения** genehmigungs|bedürftig, -pflichtig; **не ~ разрешения** genehmigungsfrei

тревог|а *f* Alarm *m*; Unruhe *f*, Besorgnis *f*; **вызывать -у** Besorgnis erregen
трейдер *m* Händler *m*, Trader *m*, Wertpapierhändler *m*
трейлер *m* Wohnwagen *m*; Werbeclip *m*, Werbevideo *n*
тренд *m* Tendenz *f*, Trend *m*; **уловить ~** den Trend aufgreifen
тренинг *m*, **корпоративный** Firmenschulung *f*
тренировка *f* Coaching *n*, Übung *f*, Training *n*
трест *m* Trust *m*, Unternehmenszusammenschluss *m*; **вертикальный ~** Vertikaltrust *m*; **горизонтальный ~** Horizontaltrust *m*
третейский schiedsgerichtlich, Schieds-; **~ суд** *m* Schiedsgericht *n*; **~ судья** *m* Schiedsrichter *m*, Unparteiische *m*
трёхлетний dreijährig, Dreijahres-
трёхмесячный dreimonatig, Dreimonats-; **~ вексель** *m* Dreimonatswechsel *m*; **~ срок** *m* Dreimonatsfrist *f*
триеннале *m* Triennale *f*
трикотаж *m* Trikot *m*, Trikostoff *m*, Trikotage *f*, Wirkwaren *pl*
триллион *m* Billion *f* (1.000.000.000.000)
тройск|ий Troy-; **-ий вес** *m* Troygewicht *n*; **-ая унция** *f* Troy-Unze *f*
трубопровод *m* Rohrleitung *f*, Pipeline *f*; **прокладывать (строить) ~** eine Rohrleitung bauen (verlegen); **магистральный ~** Rohrfernleitung *f*, Pipeline *f*
трубопроводный Rohrleitungs-; **~ транспорт** *m* Rohrleitungstransport *m*
труд *m* Arbeit *f*; Werk *n*, Abhandlung *f*; **вкладывать ~** Arbeit investieren; **затрачивать ~** die Arbeit aufwenden; **измерять затраченный ~** die Arbeit bemessen; **детский ~** Kinderarbeit *f*; **женский ~** Frauenarbeit *f*; **квалифицированный ~** Facharbeit *f*, qualifizierte Arbeit; **коллективный ~** Gemeinschaftsarbeit *f*; **механизированный ~** maschinelle Arbeit; **наёмный ~** Lohnarbeit *f*, nicht selbstständige (unselbstständige) Arbeit; **неквалифицированный ~** unqualifizierte Arbeit; **ненаёмный ~** selbstständige Arbeit; **неоплаченный ~** unbezahlte Arbeit; **общественнополезный ~** gemeinnützige Arbeit; **оплаченный ~** bezahlte Arbeit; **ремесленный ~** Handwerksarbeit *f*, handwerkliche Arbeit; **ручной ~** Handarbeit *f*, manuelle Arbeit; **сверхурочный ~** Mehrarbeit *f*, Überstunden *pl*; **сложный ~** komplizierte Arbeit; **совместный ~** gemeinsame Arbeit, Gemeinschaftsarbeit *f*; **творческий ~** schöpferische Arbeit; **умственный ~** geistige Arbeit; **физический ~** körperliche Arbeit
трудиться arbeiten, schaffen; **~ для удовлетворения собственных потребностей** für eigenen Bedarf arbeiten
труднореализуемый schwer absetzbar (verkäuflich)
трудност|ь *f* Schwierigkeit *f*, Bedrängnis *f*; **преодолевать -и** Schwierigkeiten überwinden (ausräumen, beseitigen); **-и кредитования** Kreditanspannung *f*; **-и с обеспечением ликвидностью** Liquiditätsschwierigkeiten *pl*; **-и сбыта** Absatzschwierigkeiten *pl*, Vertriebsschwierigkeiten *pl*; **-и со снабжением** Versorgungsschwierigkeiten *pl*; **финансовые -и** finanzielle Schwierigkeiten; **экономические -и** wirtschaftliche Notlage
трудов|ой Arbeits-, Erwerbs-, erarbeitet; **-ая деятельность** *f* Erwerbstätigkeit *f*; **-ой договор** *m* Arbeitsvertrag *m*, Dienstvertrag *m*; **-ой доход** *m* Arbeitseinkommen *n*, erarbeitetes Einkommen; **-ая жизнь** *f* Arbeitsleben *n*, Erwerbsleben *n*; **-ая книжка** *f* Arbeitsbuch *n*; **-ой конфликт** *m* Arbeitskonflikt *m*; **-ая мораль** *f* Arbeitsmoral *f*; **-ое отношение** *n* Arbeitsverhältnis *n*, Beschäftigungsverhältnis *n*; **-ое право** *n* Arbeitsrecht *n*; **-ые ресурсы** *pl* Arbeits|kräfte *pl*, -potenzial *n*; **-ое соглашение** *n* Arbeitsvertrag *m*; **-ой стаж** *m* Arbeitsjahre *f*, Beschäftigungs|dauer *f*, -zeit *f*, Dienstalter *n*, Berufsjahre *pl*, Tätigkeitsdauer *f*, berufliche Laufbahn
трудоёмкий arbeitsaufwendig, arbeitsintensiv, lohnintensiv, zeitraubend
трудоёмкость *f* Arbeitsaufwand *m*, Ar-

beitsintensität *f*; **~ в расчёте на единицу продукции** Arbeitsaufwand je Erzeugniseinheit; **фактическая ~** tatsächlicher Arbeitsaufwand
трудозатраты *pl* Arbeitsaufwand *m*
трудолюбивый fleißig, arbeitsam
трудолюбие *n* Fleiß *m*, Arbeitsamkeit *f*
трудоспособность *f* Arbeitsfähigkeit *f*, Arbeitsvermögen *n*, Erwerbsfähigkeit *f*, Leistungsfähigkeit *f*; **снижать ~** die Arbeitsfähigkeit (Erwerbsfähigkeit) mindern; **ограниченная ~** beschränkte Arbeitsfähigkeit; **физическая ~** körperliche Leistungsfähigkeit
трудоспособн|ый arbeitsfähig, erwerbsfähig, leistungsfähig; Arbeitsfähige *m*, Erwerbsfähige *m*; **-ое население** *n* Arbeitsfähigen *pl*, Erwerbsfähigen *pl*
трудоустройство *n* Arbeitsvermittlung *f*, Arbeitsnachweis *m*, Stellennachweis *m*, Stellenvermittlung *f*
трудящийся *m* werktätig, schaffend; Werktätige *m*, Schaffende *m*
труженик *m* Werktätige *m*, arbeitsfreudiger Mensch
тумба *f*, **рекламная ~** Anschlagsäule *f*, Litfasssäule *f*
тунеядец *m* Müßiggänger *m*, Nichtstuer *m*, Schmarotzer *m*
турагентство *n* Reiseagentur *f*
турбюро *n* Reisebüro *n*
туризм *m* Tourismus *m*, Touristik *f*, Fremdenverkehr *m*, Reiseverkehr *m*; Wandersport *m*; **событийный ~** Eventtourismus *m*
турист *m* Tourist *m*, Reisende *m*
туристическ|ий Reise-, Fremdenverkehr-; **-ий бизнес** *m* Reisegewerbe *n*, Fremdenverkehrsgewerbe *n*; **-ое агентство** *n* Reiseagentur *f*; **-ое бюро** *n* Reisebüro *n*; **-ий сезон** *m* Reisezeit *f*; **-ая фирма** *f* Fremdenverkehrsbetrieb *m*; **-ий чек** *m* Reisescheck *m*, Travellerscheck *m*
туроператор *m* Reiseunternehmen *n*, Touristikunternehmen *n*
тюк *m* Ballen *m*; **упаковывать в -и** in Ballen verpacken
тягач *m* Schlepper *m*
тяжел|ый schwer, schwierig, Schwer-; **-ое задание** *n* schwierige Aufgabe

У

убавлять vermindern, verringern, ermäßigen, senken, herabsetzen, reduzieren
убирать aufräumen, in Ordnung bringen, reinmachen, sauber machen; abräumen, beseitigen, wegschaffen; **~ препятствия** Barrieren beseitigen; **~ урожай** ernten, die Ernte einbringen
уборк|а *f* Aufräumen *n*, Aufräumung *f*, Reinemachen *n*; **делать -у** aufräumen, reinmachen; **-а мусора** Müll|abfuhr *f*, -beseitigung *f*; **-а урожая** Ernte *f*
уборочн|ый Ernte-; **-ые работы** *pl* Erntearbeiten *pl*
уборщица *f* Aufwartefrau *f*, Raumpflegerin *f*
убывание *n* Abnahme *f*, Verminderung *f*, Verringerung *f*, Fallen *n*, Nachlassen *n*, Sinken *n*
убывать abnehmen, sich verringern, sich vermindern, fallen, nachlassen, sinken
убывающий abnehmend, fallend, sinkend
убыль *f* Abgang *m*, Abnahme *f*, Verringerung *f*, Rückgang *m*, Fallen *n*, Sinken *n*, Schwund *m*, Verlust *m*; **~ в весе** Gewichtsverlust *m*, Masse|abgang *m*, -manko *n*, -verlust *m*; **естественная ~** natürlicher Schwund; **~ товара** Warenschwund *n*
убытие *n* Abgang *m*; **~ товара с таможенной территории** *(Imp/Exp)* Warenabgang aus dem Zollgebiet
убыт|ок *m* Schaden *m*, Verlust *m*, Einbuße *f*, Abgang *m*, rote Zahlen; **брать на себя ответственность за -ки** für den Schaden eintreten; **быть виновником -ка** den Schaden verschulden; **возмещать (компенсировать) -ок** einen Schaden ersetzen, den Schaden abgelten (kompensieren, wiedergutmachen), den Verlust ausgleichen (decken, ersetzen, kompensieren, wettmachen), für den Verlust entschädigen; **вызывать -ки** Verluste (einen Schaden) verursachen, einen Schaden zu-

fügen; **заканчивать (завершать) хозяйственный год с -ами** mit (einem) Verlust abschließen; **нести -ок** einen Verlust erzielen (tragen, verzeichnen), eine Einbuße verzeichnen; **нести ответственность за -ок** für einen Schaden haften (haftbar sein); **ожидать -ки** ein Minus (Verluste) erwarten; **оплачивать -ок** für den Schaden eintreten (aufkommen); **оценивать размер -ов** den Schaden abschätzen; **подтверждать -ок** einen Schaden nachweisen; **показать -ки в отчёте** einen Verlust ausweisen; **покрывать -ок** den Verlust decken; **получать возмещение -ка** einen Schaden ersetzt bekommen; **(по)терпеть -ки** einen Schaden davontragen (erleiden), zu Schaden kommen, einen Verlust (eine Einbuße) erleiden, Einbußen hinnehmen müssen, ins Minus kommen (rutschen); **предотвращать -ок** einen Schaden abwenden, den Schaden verhüten; **приносить -ок** einen Verlust bringen; **продавать с -ком** mit Verlust (ohne Deckung) verkaufen; **работать с -ками** in roten Zahlen sein, rote Zahlen schreiben, mit roten Zahlen arbeiten; **регистрировать -ки** Verluste verbuchen (verzeichnen); **сводить -ки к минимуму** Verluste minimieren; **терпеть -ки по результатам хозяйственной деятельности** Verluste erwirtschaften (erzielen), in die Verlustzone rutschen; **участвовать в покрытии -ов** am Verlust teilnehmen; **балансовый -ок** Bilanzverlust *m*, buchmäßiger Verlust; **безвозвратный -ок** Total|verlust *m*, -schaden *m*; **действительный -ок** eingetretener Verlust; **доказанный -ок** nachgewiesener Schaden; **-ки концерна** Konzernverluste *pl*; **общий -ок** Gesamtschaden *m*; **операционный -ок** negatives Betriebsergebnis, Geschäfts|einbuße *f*, -verlust *m*; **-ок от аварии** Unfallschaden *m*, Havarieschaden *m*; **-ки от безнадёжных долгов** Debitorenverluste *pl*; **-ки от операций с ценными бумагами** Verluste aus Wertpapiergeschäften; **-ки от основной деятельности предприятия** operativer Verlust; **-ки от перерасхода материалов, сырья, энергии** Verbrauchsverlust *m*; **-ок от пожара** Brandschaden *m*, Feuerschaden *m*; **-ки от продажи (реализации)** Veräußerungsverlust *m*; **-ки от простоя производства** Verluste *pl* durch Produktionsausfälle; **-ки от рискованных операций** Wagnisverlust *m*; **плановые -ки** Planverlust *m*; **-ки по курсу** Kurs|einbuße *f*, -verlust *m*; **-ки по кредитам** Debitorenverluste *pl*, Kreditverluste *pl*; **-ки по результатам хозяйственной деятельности** Ergebniseinbußen *pl*; **полученные курсовые -ки** realisierter Kursverlust; **понесённый -ок** erlittener Schaden (Verlust); **-ки предприятия** Geschäftsverlust *m*, Betriebsverlust *m*; **приносящий -ки** verlustbringend; **-ки, причинённые непогодой** Wetterschaden *m*; **производственные -ки** Betriebsverluste *pl*; **торговые -ки** Handelsverlust *m*; **с -ом** mit Verlust; **фиктивные -ки** Scheinverlust *m*; **частичный -ок** Teil|schaden *m*, -verlust *m*, teilweiser Verlust

убыточность *f* Unrentabilität *f*, Unwirtschaftlichkeit *f*

убыточн|ый verlustbringend, unrentabel, unwirtschaftlich, Verlust-, kostspielig; **-ое дело** *n* Verlustgeschäft *n*, verlustbringendes Geschäft; **-ое предприятие** *n* Verlust|betrieb *m*, -geschäft *m*, verlustbringendes Unternehmen; **-ая сделка** *f* Verlustgeschäft *n*, verlustbringendes Geschäft

уведомлени|е *n* Benachrichtigung *f*, Avis *m*, Avisierung *f*, Anzeige *f*, Ankündigung *f*, Bescheid *m*, Notifikation *f*, Mitteilung *f*, Bekanntgabe *f*; **получать -е** eine Anzeige (Benachrichtigung, Mitteilung) erhalten; **посылать -е** eine Anzeige *f* (Benachrichtigung *f*) schicken; **без предварительного -я** ohne vorherige Ankündigung; **контрольное -е** *(Steuer)* Kontrollmitteilung *f*; **-е о немедленном увольнении** kurzfristige Kündigung; **-е о дебетовании** Belastungsanzeige *f*, Lastschriftanzeige *f*; **-е о зачислении суммы на счёт** Gutschriftanzeige *f*; **-е о платеже** Zahlungs|anzeige *f*, -bestätigung *f*; **-е о поставке** Andienungsanzeige *f*, Lieferanzeige *f*, Avis der Lieferung; **-е о предоставлении покрытия** Deckungsbestätigung *f*; **-е о прибытии** Ankunftsmeldung *f*, Eingangsbestätigung *f*; **-е о снятии со счёта сберегательных вкладов** Kündigung von Spareinlagen; **-е о совершении сделки** Ausführungsanzeige *f*; **-е о цессии** Abtretungsanzeige *f*; **-е об освобождении от уплаты налога** Freistellungsbescheid *m*; **-е об открытии кредита** Gutschriftanzeige *f*; **-е об открытии аккредитива** Avisierung eines Akkreditivs; **-е об отправке** Versand|anzeige *f*, -mitteilung *f*, Versendungsanzeige *f*, Anzeige über die Absendung; **-е об увольнении** Kündigung *f*, Kündigungs|brief *m*, -schreiben *n*; **-е об уступке** Abtretungsanzeige *f*; **официальное -е** amtliche Mitteilung; **предварительное -е** Voranzeige *f*, vorherige Ankündigung, Voranmeldung; **с -ем** avisiert, kündbar; **с -ем об увольнении за месяц** mit monatlicher Kündigung (Kündigungsfrist); **сводное -е** Sammelmeldung *f*; **согласно -ю** laut Avis (Anzeige); **-е финансового органа об установлении основы для исчисления налога** Feststellungsbescheid *m*

уведомлять anzeigen, avisieren, benachrichtigen, in Kenntnis setzen, melden, mitteilen, bekanntgeben, Bescheid geben; **~ квартиросъёмщика о расторжении договора аренды** dem Mieter kündigen; **~ о дефекте** einen Mangel anzeigen; **~ об отправке** den Versand (die Sendung) anzeigen; **~ об увольнении** die Entlassung anzeigen, kündigen; **~ о поступлении** den Eingang anzeigen; **~ служащего об увольнении** einem Angestellten kündigen; **~ телеграммой** telegrafisch benachrichtigen

увеличение *n* Vergrößerung *f*, Zunahme *f*, Anhebung *f*, Erhöhung *f*, Heraufsetzung *f*, Steigerung *f*, Wachstum *n*, Mehrung *f*, Vermehrung *f*, Aufstockung *f*; **~ балансовой стоимости основных средств** Zuschreibung *f*; **~ веса** Gewichtszunahme *f*; **~ денежной массы** Geldmengenexpansion *f*; **~ доли собственного капитала** Eigenkapitalaufstockung *f*; **~ (складских, товарных) запасов** Lager|auffüllung *f*, -erweiterung *f*, Bestands|erhöhung *f*, -zunahme *f*, Aufstockung des Lagers, Erhöhung der Lagerbestände; **~ издержек** Kosten|anstieg *m*, -steigerung *f*, -auftrieb *m*, -erhöhung *f*; **~ импорта** Einfuhrsteigerung *f*, Import|steigerung *f*, -zunahme *f*; **~ инвестиций** Zunahme der Investitionen; **~ капитала** Kapital|aufstockung *f*, -erhöhung *f*, -vermehrung *f*, Aufstockung des Kapitals; **~ квот** Quoten|erhöhung *f*, -heraufsetzung *f*, Aufstockung der Quoten; **~ оборота (объёма продаж)** Umsatz|anstieg *m*, -ausweitung *f*, -plus *n*, -steigerung *f*, -wachstum *n*; **~ основного капитала акционерного общества** Kapitalerhöhung einer Aktiengesellschaft; **~ основного капитала за счёт имущественных вкладов** Sachkapitalerhöhung *f*, Kapitalerhöhung gegen Sacheinlagen; **~ основного капитала за счёт вкладов наличными** Kapitalerhöhung gegen Bareinlagen; **~ объёма работы** Mehrarbeit *f*; **~ основного капитала** Grundkapitalerhöhung *f*, Kapital|aufstockung *f*, -erhöhung *f*; **повторное ~ основного капитала** Kapitalwiederaufstockung *f*; **~ поступлений** Mehreinnahmen *pl*; **~ потребления (расхода)** Verbrauchs|anstieg *m*, -expansion *f*, -zunahme *f*; **~ предложения** Angebotserweiterung *f*; **~ прибыли** Gewinn|steigerung *f*, -anstieg *m*, -erhöhung *f*, -zunahme *f*; **~ производительности** Produktivitäts|anstieg *m*, -steigerung *f*; **~ производства** Produktionserhöhung *f*, Erhöhung der Produktion; **~ процентной ставки при сокращении срока кредита** inverse Zinsstruktur; **~ размера арендной платы** Pachterhöhung *f*; **~ размера оборота** Zunahme des Geschäftsvolumens; **~ размера дивиденда** Dividenden|anhebung *f*, -erhöhung *f*; **~ размера премии** Prämienerhöhung *f*; **~ расходов** Ausgaben|anstieg *m*, -erhöhung *f*, -steigerung *f*, -zuwachs *m*, Aufstockung der Ausgaben; **~ расходов на социальные нужды** Erhöhung der sozialen Leistungen; **резкое ~ затрат (издержек)** Kostenexplosion *f*; **~ сбыта** Absatz|erhöhung *f*, -steigerung *f*, -zunahme *f*, -zuwachs *m*; **~ складских запасов** Lageraufstockung *f*; **~ скорости** Tempoerhöhung *f*; **~ состояния (богатства)** Vermögensvermehrung *f*; **~ спроса** Nachfrage|anstieg *m*, -steigerung *f*, -zunahme *f*; **~ средств** Mittelaufstockung *f*, Aufstockung der Mittel; **~ стоимости** Wert|anstieg *m*, -erhöhung *f*, -vermehrung *f*, -zunahme *f*, -zuwachs *m*; **~ товарных запасов** Aufstockung des Lagers (der Lagerbestände); **~ урожайности** Ertrags|-steigerung *f*, -verbesserung *f*, -zuwachs *m*; **~ числа заказов** Auftrags|plus *n*, -steigerung *f*, -zunahme *f*, Zunahme der Aufträge; **~ экспорта** Ausfuhr|erweiterung *f*, -steigerung *f*, Export|expansion *f*, -steigerung *f*, -wachstum *n*

увеличивать vergrößern, anheben, erhöhen, heraufsetzen, steigern, mehren, vermehren, aufstocken; **~ в пять раз** verfünffachen, auf das Fünffache erhöhen; **~ дефицит** das Defizit erhöhen; **~ до 30 процентов** auf 30% erhöhen; **~ доходы** Erträge steigern (verbessern); **~ запасы** die Lagerbestände aufstocken; **~ инвестиции** Investitionen aufstocken; **~ капитал** das Kapital heraufsetzen; **~ квоты** Quoten aufstocken, Kontingente erhöhen; **~ лимит** das Limit erhöhen; **~ на 30 процентов** um 30% erhöhen; **~ основной капитал** das Kapital aufstocken (heraufsetzen); **~ производство** die Produktion erhöhen; **~ сбыт** den Absatz steigern; **~ свою стоимость** einen Wertzuwachs erfahren; **~ штаты (численность персонала)** den Personalbestand aufstocken; **~ экспорт** die Ausfuhr steigern, Exporte ausweiten, den Export erhöhen

увеличиваться (an)steigen, wachsen, zunehmen, sich erhöhen, in die Höhe gehen; **~ по стоимости** einen Wertzuwachs erfahren

уверение *n* Versicherung *f*, Zusicherung *f*

уверенность *f* Sicherheit *f*

увольнени|е *n* Entlassung *f*, Kündigung *f* (des Arbeitsverhältnisses), Abberufung *f*; **забрать назад заявление об -и** die Kündigung zurücknehmen; **избегать -й** Entlassungen vermeiden; **отменять решение об -и** die Kündigung zurücknehmen; **планировать -я** Entlassungen planen; **получать извещение об -и** seine Kündigung erhalten; **проводить -я** Entlassungen durchführen (vornehmen); **сообщать (уведомлять) об -и** die Entlassung anzeigen; kündigen; **требовать -я** die Abberufung verlangen; **-е без предупреждения** fristlose Kündigung *f* (Entlassung *f*, Abberufung *f*); **-е за нарушение трудовой дисциплины** verhaltensbedingte Kündigung *f*; **массовое -е** Massenentlassung *f*; **-е на пенсию** Pensionierung *f*; **-е наёмного работника по инициативе работодателя** arbeitgeberseitige Kündigung; **необоснованное -е** ungerechtfertigte Entlassung *f*; **-е, о котором необходимо сообщать в ведомство по вопросам труда** anzeigenpflichtige Entlassung *f*; **-е персонала** Personalentlassung *f*; **-е по производственным причинам** betriebsbedingte Kündigung *f*; **-е рабочих и служащих** Personalentlassung *f*, Entlassung von Arbeitnehmern; **-е с должности** Amtsenthebung *f*; **-е с предварительным уведомлением** ordentliche (befristete) Kündigung; **-е со службы** Dienstenthebung *f*; **-е сотрудников** Personalentlassung *f*; **социально необоснованное -е** sozial ungerechtfertigte Kündigung *f*

увольнять entlassen, kündigen, abberufen; **~ без предупреждения** fristlos entlassen; **~ на пенсию** pensionieren; **~ рабочих** Arbeiter entlassen (kündigen); **~ с должности (со службы)** von einem Amt entlassen; **~ с первого числа месяца** zum Monatsersten kündigen; **~ с**

предварительным уведомлением ordentlich (befristet) kündigen; **~ с предварительным уведомлением за 3 месяца** mit einer Frist von 3 Monaten kündigen; **~ с работы** das Arbeitsverhältnis kündigen; **~ сотрудников** Mitarbeiter (Personal) entlassen; **~ со службы** aus dem Dienst entlassen, den Dienst kündigen

увольняться das Arbeitsverhältnis kündigen, die Stelle aufgeben; **~ со службы** aus dem Dienst scheiden, den Dienst (das Dienstverhältnis) kündigen, den Dienst quittieren

увязка *f* Abstimmung *f*, Koordinierung *f*; Verschnüren *n*; **балансовая ~** Bilanzierung *f*; **~ планов** Plan|abstimmung *f*, -koordinierung *f*

увязывать abstimmen, koordinieren; verschnüren

угледобыча *f* Kohlegewinnung *f*, Kohlenabbau *m*

углубление *n* Vertiefung *f*; **~ капитала** Verbesserung der Kapitalausstattung

углублять vertiefen, verschärfen; **~ специальные знания** Sachkenntnisse (sein Fachwissen) vertiefen

угнетать unterdrücken, ausbeuten, unterjochen

угнетение *n* Unterdrückung *f*, Ausbeutung *f*, Unterjochung *f*

уговор *m* Abmachung *f*, Absprache *f*, Übereinkunft *f*, Verabredung *f*, Vereinbarung *f*

угодья *pl* Nutzfläche *f*; **сельскохозяйственные ~** landwirtschaftliche Nutzfläche

уголовн|ый strafrechtlich, Straf-, kriminell, Kriminal-; **-ое право** *n* Strafrecht *n*; **-ое преступление** *n* Kriminalverbrechen *n*, Kapitalverbrechen *n*, Straftat *f*; **-ый процесс** *m* Strafprozess *m*

уголь *m* Kohle *f*; **добывать ~** Kohle abbauen (gewinnen); **бурый ~** Braunkohle *f*; **каменный ~** Steinkohle *f*

угольн|ый Kohle(n)-; **-ая промышленность** *f* Kohlenwirtschaft *f*; **-ая шахта** *f* Kohlengrube *f*

угощение *n* Beköstigung *f*, Bewirtung *f*; **~ клиентов** Kundenbewirtung *f*

угроза *f* Bedrohung *f*, Gefahr *f*; **~ кризиса** Krisengefahr *f*; **~ инфляции** Inflationsgefahr *f*; **~ экономической системе** Bedrohung für das Wirtschaftssystem

удаление *n* Beseitigung *f*, Entfernung *f*, Eliminierung *f*; **~ отходов** Entsorgung *f*, Abfall|beseitigung *f*, -entsorgung *f*; **~ и переработка отходов производства** Entsorgung von Industrieabfällen

удалять beseitigen, entfernen, eliminieren; **~ отходы** Abfälle beseitigen (entsorgen)

удваивать verdoppeln

удельный spezifisch; **~ вес** spezifisches Gewicht *n*; **~ расход** spezifischer Verbrauch *m*

удержани|е *n* Abzug *m*, Einbehaltung *f*, Zurückbehalt *m*, *(Versich)* Selbstbehalt *m*; **производить -е** in Abzug bringen, pfänden; **законные -я** gesetzliche Abzüge; **-я из заработной платы** Gehaltsabzug *m*, Lohnabzug *m*, Abzüge vom Arbeitslohn; **-е налога** Steuerabzug *m*, Einbehaltung der Steuer; **-е налогов по месту получения** Quellenabzug *m*; **оплата без -й** zahlbar ohne Abzug; **подлежащий -ю (с -ем)** abzugsfähig; **-е прибыли** Gewinn|einbehaltung *f*, -thesaurierung *f*; **-е процентов** Zinsabzug *m*; **собственное -е** Eigenbehalt *m*

удерживать abziehen, einbehalten, zurückbehalten; **~ 10 процентов с цены** 10% vom Preis abziehen; **~ заработную плату** Lohn pfänden; **~ из заработной платы** vom Lohn einbehalten; **~ налоги** die Steuern einbehalten

удешевление *n* Verbilligung *f*, Preisermäßigung *f*; **~ импорта** Verbilligung der Einfuhren

удешевлять verbilligen; **~ импорт** Einfuhren verbilligen; **~ экспорт** Ausfuhren (Exporte) verbilligen

удобный bequem, mit Komfort, -freundlich, handlich; **~ в обращении** handlich, bedienerfreundlich

удобрение *n* Düngemittel *pl*, Dünger *m*, Düngung *f*

удобрять düngen

удобство *n* Erleichterung *f*, Bequemlichkeit *f*, Komfort *m*

удовлетворени|е *n* Befriedigung *f*, Deckung *f*, Zufriedenheit *f*, Abfindung *f*; **выражать -е** Befriedigung äußern; **испытывать -е** Befriedigung empfinden; **получать -е** Befriedigung erlangen; **требовать -я** Befriedigung verlangen; **встречное -е** Gegenleistung *f*; **денежное встречное -е** Gegenleistung *f* in Geld; **-е от работы** Arbeits|freude *f*, -zufriedenheit *f*, berufliche Befriedigung *f*; **-е пожеланий клиентов** Befriedigung der Kundenwünsche *f*; **-е потребностей** Bedürfnisbefriedigung *f*, Befriedigung der Bedürfnisse, Bedarfs|befriedigung *f*, -deckung *f*; **преимущественное -е** vorzugsweise Befriedigung; **профессиональное -е** berufliche Befriedigung; **-е собственных потребностей** Eigenbedarfsdeckung *f*; **-е спроса** Bedarfs|befriedigung *f*, -deckung *f*, Verbraucherbefriedigung *f*, Verbrauchsdeckung *f*, Befriedigung (Deckung) der Nachfrage, Deckung des Bedarfs; **-е требования** Befriedigung eines Anspruchs, Erfüllung einer Forderung; **-е ценными вещами** Abfindung in Sachwerten

удовлетворённость *f* Zufriedenheit *f*; **~ клиентов** Kundenzufriedenheit *f*; **~ от работы** Arbeits|freude *f*, -zufriedenheit *f*

удовлетворять befriedigen, decken, zufrieden stellen, abfinden, entschädigen, erfüllen, nachkommen, genügen, gerecht werden; **~ кредиторов** Gläubiger befriedigen (abfinden); **~ пожелания клиентов** den Kunden entgegenkommen; **~ пожелания** Wünschen entgegenkommen; **~ потребности** Bedürfnisse (den Bedarf) befriedigen; **~ протест** einem Einspruch stattgeben; **~ спрос** den Bedarf (die Nachfrage) befriedigen (abdecken, decken); **~ требование** einen Anspruch befriedigen, einem Anspruch stattgeben, einer Anforderung (Forderung) gerecht werden, eine Forderung erfüllen

удорожание *n* Verteuerung *f*, Teuerung *f*, Werterhöhung *f*; **~ денег** Geldverteuerung *f*; **~ импорта** Verteuerung der Einfuhren; **~ стоимости жизни** Verteuerung der Lebenshaltung; **~ сырья и материалов** Material(ver)teuerung *f*

удостоверение *n* Bescheinigung *f*, Schein *m*, Ausweis *m*, Nachweis *m*, Zeugnis *n*; Beglaubigung *f*, Bezeugung *f*; **выдавать ~** eine Bescheinigung (einen Ausweis, ein Zeugnis) ausstellen; **предъявлять ~** eine Bescheinigung (einen Ausweis, ein Zeugnis) vorlegen; **водительское ~** Führerschein *m*; **временное ~** Interimsschein *m*; **командировочное ~** Dienstreiseauftrag *m*; **~ личности** Personalausweis *m*, Legitimation *f*; **нотариальное ~** notarielle Beglaubigung; **~ подписи** Unterschrifts|beglaubigung *f*, -bestätigung *f*; **~ права** Berechtigung *f*; **~ участника** Teilnehmerausweis *m*

удостоверять bescheinigen, beurkunden, beglaubigen, nachweisen, bestätigen, bekräftigen, bezeugen, legitimieren; **~ документально** beurkunden, durch Belege nachweisen; **~ подпись** die Unterschrift beglaubigen; **~ свою личность** sich ausweisen, sich legitimieren

узаконенный verbrieft

узанс *m* **(узанция** *f***)** Usance *f*, Geschäftsbrauch *m*, Handelsbrauch *m*, Handels|sitte *f*, -usance *f*

узел *m* Baugruppe *f*, Baueinheit *f*, Einheit *f*; Knoten *m*; Knotenpunkt *m*

узость *f* Enge *f*; **~ рынка** Marktenge *f*

узотара *f* Usotara *f*

узура *f* Zinswucher *m*

узус *m* Usus *m*, Brauch *m*, Gewohnheit *f*, Sitte *f*, Gepflogenheit *f*

узуфрукт *m* Nießbrauch *m*

узуфруктуар *m* Nießbraucher *m*

указ *m* Erlass *m*

указани|е *n* Angabe *f*, Hinweis *m*, Anweisung *f*, Weisung *f*, Vorschrift *f*; **выполнять -я** Weisungen befolgen (ausführen); **давать -я** Anweisungen (Weisungen) erteilen (geben), Hinweise geben; **действовать вопреки -ям** gegen Weisungen handeln; **запрашивать -я** Weisungen erbitten (einholen); **получать -я** Weisungen entgegennehmen (erhalten); **соблюдать -я** Anweisungen einhalten; **без -я причин** ohne Angabe der Gründe; **-е количества товара**

Mengenangabe *f*; **-е о проведении инкассации** Inkassoanweisung *f*; **-е о происхождении** Ursprungsbezeichnung *f*; **письменное -е** schriftliche Anweisung *f*; **по (согласно) -ю** gemäß (nach) Weisung *f*; **-е размера** Größenangabe *f*; **руководящее -е** Weisung *f*, Richtlinie *f*; **с -ем причин** mit (unter) Angabe *f* der Gründe; **-е страны происхождения товара** Herkunftsangabe *f*, Ursprungsbezeichnung *f*; **-е цены** Preisauszeichnung *f*, Wertangabe *f*, Angabe *f* des Preises; **-е цены без обязательств** unverbindliche Preisempfehlung *f*

указатель *m* Register *n*, Verzeichnis *n*, Liste *f*, Anzeiger *m*, Index *m*; **алфавитный ~** Stichwortverzeichnis *n*, Sach|register *n*, -verzeichnis *n*; **библиографический ~** Quellennachweis *m*; **дорожный ~** Wegweiser *m*; **именной ~** Namens|liste *f*, -verzeichnis *n*; **предметный ~** Sach|register *n*, -verzeichnis *n*, Stichwortverzeichnis *n*; **~ предприятий (фирм) отрасли** Branchenverzeichnis *n*; **~ цен** Preis|liste *f*, -verzeichnis *n*

указывать angeben, hinweisen, anweisen, weisen; **~ в фактуре** fakturieren; **~ причины** Gründe angeben; **~ стоимость** den Wert angeben; **~ условия** die Bedingungen angeben; **~ цены** Preise angeben (auszeichnen)

уклад *m* Form *f*, Ordnung *f*; **экономический ~** Wirtschafts|form *f*, -ordnung *f*; **~ жизни** Lebens|ordnung *f*, -weise *f*

укладка *f* Einpacken *n*, Verpacken *n*, Packung *f*, Einlagerung *f*, Lagerung *f*, Stapeln *n*, Stauen *n*, Stauung *f*, Trimmen *n*; **~ груза** Stauen der Ladung; **~ на хранение** Einlagerung *f*

укладывать einpacken, verpacken, einlagern, lagern, stapeln, stauen, trimmen; **~ в штабеля** stapeln; **~ груз** Ladung trimmen (stapeln, stauen)

уклонение *n* Hinterziehung *f*, Entziehung *f*; **~ от уплаты** Hinterziehung *f*; **~ от уплаты налогов** Steuer|hinterziehung *f*, -umgehung *f*, -vermeidung *f*; **~ от уплаты налогов путём переезда в другую страну** Steuerflucht *f*; **~ от уплаты пошлины** Zollhinterziehung *f*

уклоняться hinterziehen; **~ от уплаты налогов** die Steuern hinterziehen

укомплектование *n* Komplettierung *f*, Vervollständigung *f*

укомплектовывать komplettieren, ergänzen, vervollständigen

укрепление *n* Festigung *f*, Stärkung *f*, Konsolidierung *f*, Stabilisierung *f*; **~ связей с клиентами** Kundenbindung *f*; **~ экономического положения** Festigung *f* (Stabilisierung *f*) der Wirtschaftslage

укреплять festigen, stärken, konsolidieren, stabilisieren; **~ своё положение** seine Stellung behaupten; **~ экономическое положение** die Wirtschaftslage festigen (stabilisieren)

укрупнение *n* Aggregation *f*, Vergrößerung *f*, Zusammenlegung *f*; **~ земельных наделов (владений)** Flurbereinigung *f*; **~ предложения** Aggregation der Angebote; **~ предприятия** Betriebs|erweiterung *f*, -vergrößerung *f*

укрупнять vergrößern, zusammenlegen; **~ предприятие** den Betrieb vergrößern

укрывательство *n* Hehlerei *f*

улаживание *n* Regelung *f*, Beilegung *f*, Bereinigung *f*, Schlichtung *f*; **~ конфликтов** Konfliktmanagement *n*, Beilegung von Konflikten; **~ спорного вопроса** Schlichtung eines Streites; **~ трудовых конфликтов** Schlichtung von Arbeitskonflikten

улаживать regeln, beilegen, bereinigen, schlichten; **~ внесудебным путём** außergerichtlich beilegen (regeln); **~ конфликт** einen Konflikt bereinigen (schlichten); **~ мирным путём** gütlich beilegen (regeln); **~ проблему** eine Angelegenheit beilegen; **~ проблемы договорным путём** vertraglich regeln; **~ спорный вопрос** eine Streitfrage regeln, eine Streitigkeit schlichten (beilegen), einen Streit beilegen, sich vergleichen

уложение *n* Gesetzbuch *n*, Ordnung *f*; **~ промысловое ~** Gewerbeordnung *f*

улучшать bessern, verbessern, verfeinern, aufbessern; **~ качество** die

Qualität verbessern; **~ результаты хозяйственной деятельности** das Ergebnis verbessern; **~ свое положение** seine Lage verbessern; **~ финансовое положение** die Finanzen sanieren

улучшени|е *n* Besserung *f*, Verbesserung *f*, Verfeinerung *f*, Besserstellung *f*, Aufbesserung *f*; **добиваться -я** die Verbesserung erzielen; **-е ассортимента** Sortimentsbereinigung *f*, Sortimentsverbesserung *f*; **-е конъюнктуры** Konjunkturbesserung *f*; **-е отношений** Verbesserung der Beziehungen; **-е показателей работы** Ergebnisverbesserung *f*; **-е социальных условий** soziale Besserstellung; **-е условий оплаты труда** Besoldungs|erhöhung *f*, -verbesserung *f*, Gehaltsaufbesserung *f*

ультимо *n* Ultimo *m*; **заключать сделку на ~** ein Ultimogeschäft abschließen

умелец *m* Könner *m*, Heimwerker *m*, Meister *m*

умелый fähig, geschickt, tüchtig, sachkundig

умени|е *n* Fähigkeit *f*, Fertigkeit *f*, Tüchtigkeit *f*, Können *n*, Geschicklichkeit *f*; **приобретать -е** Fähigkeiten erwerben; **развивать -е** Fähigkeiten erweitern; **профессиональное -е** fachliche Fähigkeiten

уменьшать abbauen, ermäßigen, mindern, verkleinern, vermindern, verringern, herabsetzen, reduzieren, senken; **~ в пять раз** auf ein Fünftel verringern (senken, reduzieren); **~ дефицит** das Defizit verringern; **~ до 30 процентов** auf 30% verringern (senken, reduzieren); **~ затраты (издержки, расходы)** Ausgaben (Aufwendungen, Kosten) reduzieren (vermindern, verringern), Kosten senken, Aufwendungen kürzen; **~ количество (число)** die Zahl verringern; **~ мощности** Kapazitäten abbauen; **~ на 30 процентов** um 30% verringern (senken, reduzieren); **~ объём импорта** den Import drosseln; **~ плату (сбор)** die Gebühr ermäßigen; **~ расход** den Verbrauch senken (einschränken); **~ складские запасы** die Lagerbestände verringern; **~ степень риска** das Risiko verringern; **~ стоимость** entwerten, den Wert beeinträchtigen (verringern)

уменьшаться abnehmen, fallen, nachlassen, schrumpfen, sinken, zurückgehen, sich verringern, sich verkleinern; **~ до 30 процентов** auf 30% zurückgehen; **~ по стоимости** an Wert abnehmen

уменьшение *n* Minderung *f*, Verkleinerung *f*, Verminderung *f*, Verringerung *f*, Herabsetzung *f*, Reduzierung *f*, Senkung *f*, Abbau *m*, Abnahme *f*, Einschränkung *f*, Rückgang *m*, Nachlassen *n*, rückläufige Entwicklung; **~ валютных поступлений** Devisenausfall *m*; **~ выработки** Leistungs|minderung *f*, -rückgang *m*, Produktions|abnahme *f*, -einschränkung *f*; **~ выручки** Erlös|minderung *f*, -schmälerung *f*, -einbuße *f*; **~ денежной массы, находящейся в обороте** Geldvernichtung *f*; **~ доли собственного капитала** Eigenkapitalabbau *m*; **~ доходности** Ertrags|minderung *f*, -rückgang *m*; **~ доходов (поступлений)** Ertrags|ausfall *m*, -minderung *f*, -rückgang *m*, Einnahme|ausfall *m*, -rückgang *m*, Verminderung der Einnahmen; **~ запасов** Vorrats|abbau *m*, -verminderung *f*, Abbau der Bestände, Abnahme der Vorräte; **~ заработной платы** Gehalts|abbau *m*, -kürzung *f*, Lohn|abbau *m*, -herabsetzung *f*, -kürzung *f*, -minderung *f*; **~ затрат (издержек, расходов)** Aufwandssenkung *f*, Ausgabeneinschränkung *f*, Kosten|dämpfung *f*, -minderung *f*, -schnitt *m*, -senkung *f*, -veringerung *f*, Minderausgaben *pl*, Rückgang der Ausgaben; **~ импорта** Importrückgang *m*; **~ имущества** Vermögensminderung *f*; **~ ликвидности** Liquiditätsabnahme *f*; **~ оборота (объёма продаж)** Umsatz|ausfall *m*, -einbuße *f*, -minus *n*, -rückgang *m*; **~ объёма перевозок** Verkehrsrückgang *m*; **~ основного капитала** Kapital|herabsetzung *f*, -schnitt *m*, -verminderung *f*; **~ предприятия** Betriebsverkleinerung *f*; **~ производства** Produktions|abnahme *f*, -einschränkung *f*; **~ размера выплачиваемых дивидендов**

Minderausschüttung *f*; **~ размера дивиденда** Kürzung der Dividende, Dividenden|kürzung *f*, -senkung *f*; **~ размера кредитования** Kreditkürzung *f*; **~ размера налога** Steuerermäßigung *f*; **~ размера премии** *(Versich)* Prämienermäßigung *f*; **~ размера прибыли** Gewinn|einbuße *f*, -minderung *f*, -rückgang *m*; **резкое ~ прибыли** Gewinneinbruch *m*; **~ сбыта** Absatzrückgang *m*; **~ складских запасов** Lagerabbau *m*; **~ спроса** Nachlassen der Nachfrage; **~ стоимости** Wert|minderung *f*, -rückgang *m*, Entwertung *f*, Verminderung des Wertes; **~ стоимости репутации фирмы** Abschreibung auf Geschäftswert; **~ суммы баланса** Bilanzverkürzung *f*; **~ товарных запасов** Bestandsabbau *m*; **~ числа вкладчиков** Einlagenabgänge *pl*; **~ числа заказов** Auftrags|rückgang *m*, -schwund *m*; **~ числа участников опроса** Panelsterblichkeit *f*; **~ численности населения** Bevölkerungsabnahme *f*; **~ численности персонала (штатов)** Personal|abbau *m*, -einsparung *f*, -reduzierung *f*

умеренн|ый angemessen, mäßig; **-ая цена** *f* angemessener Preis

умножать mehren, vermehren, vervielfachen; multiplizieren

умножение *n* Mehrung *f*, Vermehrung *f*; Vervielfachung *f*; Multiplikation *f*; **~ имущества (состояния)** Vermögens(ver)mehrung *f*

умысел *m* Absicht *f*, Vorhaben *n*, Vorsatz *m*

умышленный absichtlich, vorsätzlich

универмаг *m* Warenhaus *n*, Kaufhaus *n*

универсальн|ый universell, vielfach verwendbar, vielseitig (einsetzbar), Universal-; **-ый банк** *m* Universalbank *f*; **-ый магазин** *m* Warenhaus *n*, Kaufhaus *n*; **-ое применение** *n* universelle Verwendung

университет *m* Universität *f*; **народный ~** Volkshochschule *f*

унификация *f* Unifizierung *f*, Vereinheitlichung *f*, Normung *f*

унифицированн|ый unifiziert, einheitlich, Einheits-; **-ая ставка** *f* einheitlicher Satz

унифицировать unifizieren, vereinheitlichen, normen, konform gestalten

уничтожать vernichten, zerstören, abschaffen, aufheben, beseitigen; **~ товар** die Ware vernichten

уничтожение *n* Vernichtung *f*, Zerstörung *f*, Abschaffung *f*, Aufhebung *f*, Beseitigung *f*; **~ товара** Warenvernichtung *f*

унция *f* Unze *f*; **тройская ~** Troy-Unze *f*

упад|ок *m* Verfall *m*, Niedergang *m*; **находиться в состоянии -ка** im Verfall begriffen sein; **приводить к -ку** zum Verfall führen; **приходить в -ок** verfallen, in Verfall geraten (kommen); **-ок экономики** wirtschaftlicher Niedergang (Verfall)

упаковк|а *f* Emballage *f*, Packung *f*, Umschließung *f*, Verpackung *f*, Tara *f*, Aufmachung *f*; Einpacken *n*, Verpacken *n*; Packstück *n*; **повреждать -у** die Verpackung beschädigen; **без -и** ausschließlich Emballage (Verpackung), lose, unverpackt; **в обычной -е** handelsüblich verpackt; **включая -у** einschließlich Emballage (Verpackung); **-а, вмещающая меньше, чем это кажется** Mogelpackung *f*; **внешняя -а** äußere Verpackung *f*; **внутренняя -а** innere Verpackung *f*; **дефектная -а** mangelhafte Verpackung *f*; **-а для морской перевозки** Seeverpackung *f*, seemäßige Verpackung *f*; **-а за Ваш счёт** die Verpackung geht zu Ihren Lasten; **-а и маркировка** Verpackung und Markierung; **надлежащая -а** sachgemäße (ordnungsmäßige) Verpackung *f*; **обычная -а** übliche Verpackung *f*; **-а, пригодная для транспортировки груза** Transportverpackung *f*; **-а, принятая в торговле** Handelspackung *f*; **разовая -а** Einwegverpackung *f*; **розничная -а** Kleinpackung *f*; **специальная -а** Spezialverpackung *f*; **стандартная -а** Einheitsverpackung *f*; **-а товаров** Aufmachung von Waren

упакованный verpackt; **~ для морской перевозки** seemäßig verpackt

упаковочн|ый Pack-, Verpackungs-; **-ый лист** *m* Packliste *f*, Verpackungsliste *f*; **-ый материал** *m*

Packmaterial *n*, Verpackungsmaterial *n*; **-ая машина** *f* Verpackungsmaschine *f*; **-ая спецификация** *f* Packliste *f*, Verpackungsliste *f*

упаковщик *m* Packer *m*, Verpacker *m*; *(Comp)* Komprimierungsprogramm *n*

упаковывать abpacken, einpacken, packen, verpacken; **~ в ящик** in eine Kiste einpacken; **~ товары** Waren abpacken (verpacken)

уплат|а *f* Bezahlung *f*, Einzahlung *f*, Zahlung *f*, Begleichung *f*, Deckung *f*, Entrichtung *f*, Einlösung *f*, Honorierung *f*; **давать в -у** in Zahlung geben; **напоминать о необходимости -ы** die Zahlung anmahnen; **отказываться от -ы** die Bezahlung ablehnen; **отказываться от -ы долга** eine Forderung nicht anerkennen; **предъявлять иск об -е (долга)** auf Zahlung klagen; **предъявлять к -е** zur Zahlung (Einlösung) vorlegen; **производить -у** Zahlungen ausführen (entrichten); **просрочивать -у** mit der Zahlung im Verzug sein; **распорядиться об -е** die Zahlung veranlassen; **требовать -у** zur Zahlung auffordern; **-а авансом** Voraus(be)zahlung *f*, Vor(aus)kasse *f*, Vorausleistung *f*, Vorschusszahlung *f*; **-а арендной (квартирной) платы** Mietzahlung *f*; **-а арендной (квартирной) платы авансом** Mietvorauszahlung *f*; **без -ы сбора** abgabenfrei; **-а в рассрочку** Abschlagszahlung *f*, Ratenzahlung *f*, Teilzahlung *f*; **-а в срок** pünktliche Zahlung; **-а взносов** Beitragszahlung *f*; **-а выкупа** Ablösungszahlung *f*; **-а долга по частям** Schuldenabzahlung *f*; **-а долгов** Schuldenabtragung *f*; **дополнительная -а налогов** Nachversteuerung *f*; **-а компенсации** Abfindungs|leistung *f*, -zahlung *f*; **-а наличными** Bar|auszahlung *f*, -einzahlung *f*, -zahlung *f*, Kassazahlung *f*, Zahlung in bar; **-а налогов** Versteuerung *f*, Abgabenzahlung *f*, Steuerzahlung *f*, Einzahlung der Steuern; **-а налогов авансом** Steuervorauszahlung *f*; **-а отступного** Abfindungs|leistung *f*, -zahlung *f*; **-а по счёту** Zahlung der Rechnung; **подлежащий -е** fällig; **-а пошлин(ы)** Verzollung *f*; **-а при доставке** Kasse bei Lieferung, zahlbar bei Ablieferung; **-а процентов** Zins|zahlung *f*, -leistung *f*; **-а процентов авансом** Zinsvorauszahlung *f*; **-а сборов** Gebühreneinzahlung *f*, Abgabenzahlung *f*; **-а страховых взносов** Zahlung von Versicherungsbeiträgen; **-а страховой премии авансом** Prämienvorauszahlung *f*

уплачено bezahlt; **~ авансом** vorausbezahlt; **~ полностью** voll bezahlt

уплачивать bezahlen, einzahlen, zahlen, abtragen, begleichen, decken, entrichten, einlösen, honorieren; **~ авансом** voraus(be)zahlen, vorschießen, im Voraus bezahlen, Vorauszahlung leisten; **~ в счёт причитающейся суммы** anzahlen; **~ взнос** einen Beitrag entrichten (zahlen); **~ долг (задолженность)** Schulden abtragen (ablösen, begleichen, bezahlen, zahlen); **~ дополнительно** nach(be)zahlen, nachentrichten; **~ дополнительную сумму** einen Betrag zuzahlen; **~ компенсацию** eine Entschädigung (be)zahlen; **~ наличными** (in) bar (be)zahlen, cash (be)zahlen; **~ налоги** versteuern, Steuern zahlen (entrichten, abführen); **~ первый взнос** die Anzahlung abrechnen; **~ пошлину** verzollen, Zoll zahlen; **~ проценты** Zinsen auszahlen (bezahlen, zahlen), Zinszahlungen leisten; **~ сбор** eine Abgabe (Gebühr) bezahlen (entrichten, zahlen); **~ фрахт** Fracht bezahlen

уполномоченн|ый *m* Beauftragte *m*, Bevollmächtigte *m*, Delegierte *m*, Zuständige *m*; autorisiert, beauftragt, bevollmächtigt, ermächtigt, kommissarisch; **назначать -ого** einen Beauftragten (Bevollmächtigten) bestellen; **назначать -ым** zum Beauftragten (Bevollmächtigten) bestellen; **-ый банк** beauftragte Bank; **главный -ый** Generalbevollmächtigte *m*; **-ое лицо** *n* Vollmachtsinhaber *m*; **освобождённый цеховой -ый** freigestellter Vertrauensmann; **-ый по выпуску ценных бумаг** Emissionär *m*; **-ый представитель** *m* bevollmächtigter Vertreter *m*; **-ый рабочих и слу-**

жащих предприятия Betriebsobmann *m*; **специальный -ый** Sonderbevollmächtigte *m*; **торговый -ый** Handels|beauftragte *m*, -bevollmächtigte *m*, Prokurist *m*; **-ый фирмы** Handlungsbevollmächtigte *m*, Prokurist *m*, Geschäftsträger *m*

уполномочивать autorisieren, beauftragen, bevollmächtigen, ermächtigen, eine Ermächtigung (Vollmacht) erteilen; **~ без права отзыва** unwiderruflich ermächtigen; **~ на ведение дел** zur Vornahme der Geschäfte ermächtigen

упорядочение *n* Ordnung *f*, Regelung *f*, Regulierung *f*; **проводить ~** ordnen, regeln, regulieren; **~ ассортимента** Sortimentsbereinigung *f*, Bereinigung des Sortiments; **~ заработной платы** Lohnregelung *f*; **~ норм** Normung *f*

упорядочивать ordnen, regeln, regulieren, in Ordnung bringen; zuordnen; **~ финансы** Finanzen regeln

употреблени|е *n* Anwendung *f*, Gebrauch *m*, Verwendung *f*, Benutzung *f*; **-е в личных целях** Eigengebrauch *m*, eigener Gebrauch; **для ежедневного -я** zum täglichen Gebrauch; **для немедленного -я** zum sofortigen Gebrauch; **для собственного -я** zum eigenen Gebrauch; **-е прибыли** Gewinnverwendung *f*, Verwendung des Gewinns; **собственное -е** Eigengebrauch *n*, eigener Gebrauch

употреблять anwenden, gebrauchen, verwenden, benutzen

управленец *m* Verwaltungsfachmann *m*, Beamte *m*, staatliche Angestellte *m*

управление *n* Führung *f*, Leitung *f*, Lenkung *f*, Management *n*, Administration *f*, Direktion *f*, Gestion *f*, Verwaltung *f*; Amt *n*, Behörde *f*; Bedienung *f*, Steuerung *f*, Handhabung *f*; Besorgung *f*, Bewirtschaftung *f*; **брать на себя ~** die Führung *f* (Leitung *f*, Verwaltung *f*) übernehmen; **брать на себя ~ делами** die Besorgung eines Geschäfts übernehmen; **осуществлять ~** führen, leiten, verwalten, die Leitung wahrnehmen; **передавать ~** die Leitung übertragen; **поручать ~** mit der Führung beauftragen, mit der Leitung betrauen; **автоматическое ~** Selbststeuerung *f*; **~ активами** Vermögensverwaltung *f*; **~ банком** Bankmanagement *n*; **~ без излишних промежуточных звеньев** schlanke Führung, schlankes Management; **внешнее ~** Konkursverwaltung *f*; **~ взаимоотношениями с клиентами** Kundenbeziehungsmanagement *n*; **гибкое ~** anpassungsfähiges Management; **главное ~** Hauptverwaltung *f*, Zentralverwaltung *f*, Generaldirektion *f*; **государственное ~** Staatsverwaltung *f*, staatliche Verwaltung *f* (Lenkung *f*, Bewirtschaftung *f*), öffentliche Verwaltung *f*; **~ данными** Datenmanagement *n*, Datenverwaltung *f*; **~ делами** Geschäfts|leitung *f*, -besorgung *f*, -führung *f*, Wirtschaftsführung *f*; **~ делами президента Российской Федерации** Präsidialamt *n* des Präsidenten der Russischen Föderation; **~ денежной массой** Geldmengensteuerung *f*; **~ денежной наличностью** Finanzmanagement *n*, cash management; **дистанционное ~** Fernbedienung *f*; **доверительное ~** Treuhandverwaltung *f*; **~ доступом** *(Comp)* Zugangskontrolle *f*, Zugriffskontrolle *f*; **жилищное ~** Wohnungswirtschaft *f*; **землемерное ~** Katasteramt *n*; **~ издержками** Kostenmanagement *n*; **~ имуществом** Vermögens|betreuung *f*, -management *n*, -verwaltung *f*, Verwaltung von Vermögen, Disposition über ein Vermögen; **~ (инвестиционным) фондом** Fonds|management *n*, -verwaltung *f*; **~ инвестициями (капиталовложениями)** Anlageverwaltung *f*, Investitions|lenkung *f*, -management *n*, Verwaltung der Anlagen (Kapitalanlagen), Steuerung von Investitionen; **~ инновационной деятельностью** Innovationsmanagement *n*; **~ интернациональными коллективами** interkulturelles Management; **~ информационными потоками** Informationsmanagement *n*; **~ кадрами (персоналом)** Personal|management *n*, -verwaltung *f*; **~ качеством** Qualitätsmanagement *n*; **~ ключами** *(Comp)* Schlüsselmanagement *n*; **компанией** Geschäftsführung *f*; **конкурсное ~** Konkursverwaltung *f*; **~**

концерном Konzernverwaltung *f*; **корпоративное ~** Unternehmensführung *f*, Corporate Governance; **~ ликвидностью** Liquiditätssteuerung *f*; **~ материально-техническим снабжением** Material|verwaltung *f*, -steuerung *f*; **муниципальное ~** Stadtverwaltung *f*, Kommunalverwaltung *f*, kommunale Verwaltung; **налогово-финансовое ~** Finanzamt *n*; **налоговое ~** Steuerbehörde *f*; **~ наследственным имуществом** Nachlassverwaltung *f*; **~ недвижимостью** Immobilien|management *n*, -verwaltung *f*, Grundstücksverwaltung *f*; Grundstücksbewirtschaftung *f*, Hausbewirtschaftung *f*; **~ обществом** Verwaltung einer Gesellschaft; **оперативное ~** operative Steuerung, operatives Management; **~ пассивами** Verwaltung der Passivkonten; **~ по доверенности** Treuhandverwaltung *f*; **~ портфелем ценных бумаг** Effektenverwaltung *f*, Portfolio|management *n*, -verwaltung *f*; **~ предприятием** Betriebs|führung *f*, -leitung *f*, -management *n*, Unternehmens|führung *f*, -leitung *f*, -steuerung *f*, Unternehmungsleitung *f*, betriebliche Verwaltung, Führung eines Betriebs (eines Unternehmens); **принудительное ~ имуществом** Zwangsverwaltung *f*; **~ (производственным) процессом** Prozesssteuerung *f*, Lenkung (Steuerung) des Produktionsprozesses; **~ производством** Fertigungs|steuerung *f*, -überwachung *f*, Produktions|lenkung *f*, -steuerung *f*, Lenkung der Produktion; **~ путём делегирования полномочий** Management by Delegation; **~ путём мотивации** Management by Motivation; **~ путём согласования целей** Führung durch Zielvereinbarung; **~ работами по договору** Vertragsverwaltung *f*; **~ расходами (издержками)** Kostenmanagement *n*; **ручное ~** manuelle Steuerung (Bedienung); **~ рынком** Markt|management *n*, -lenkung *f*, -regelung *f*; **~ рынком краткосрочных кредитов** Geldmarksteuerung *f*; **~ с помощью ЭВМ** Computersteuerung *f* computergestütztes Management *n*; **~ сбором и обработкой данных** Datenverwaltung *f*; **~ сбытовой деятельностью** Verkaufsleitung *f*, Vertriebs|leitung *f*, -steuerung *f*; **~ складскими запасами** Lagerbestandsführung *f*; **~ складским хозяйством** Lagerverwaltung *f*; **~ финансами** Finanz|management *n*, -verwaltung *f*; **~ фирмой** Firmenverwaltung *f*, Geschäftsführung *f*, Unternehmens|führung *f*, -leitung *f*; **~ фондом** Fonds|management *n*, -verwaltung *f*; **~ ходом производства** Lenkung des Produktionsablaufs; **~ ценами как инструмент маркетинга** Preismanagement *n*; **центральное (централизованное) ~** Zentralverwaltung *f*; **~ экономикой** Wirtschafts|führung *f*, -lenkung *f*

управленческ|ий Leitungs-, Management-, Verwaltungs-; **-ие дела** *pl* Verwaltungsangelegenheiten *pl*; **-ая деятельность** *f* Verwaltungstätigkeit *f*; **-ая информация** *f* Managementinformation *f*; **-ий персонал** *m* Leitungspersonal *n*; **-ие расходы** *pl* Leitungskosten *pl*, Verwaltungskosten *pl*; **-ое решение** *n* Managemententscheidung *f*; **-ая функция** *f* Leitungsfunktion *f*

управляемый steuerbar, gesteuert; **~ с помощью ЭВМ** computergesteuert, rechnergesteuert

управлять führen, leiten, lenken, managen, verwalten; bewirtschaften, besorgen; handhaben, steuern; **~ делами** Geschäfte (Angelegenheiten) besorgen; **~ имуществом** das Vermögen verwalten, Vermögenswerte managen; **~ инвестициями (капиталовложениями)** Investitionen (Kapitalanlagen) verwalten; **~ компанией (обществом)** eine Gesellschaft leiten; **~ недвижимостью** Immobilien verwalten; **~ от своего (чужого) имени** im eigenen (fremden) Namen verwalten; **~ портфелем ценных бумаг** ein Portefeuille managen (verwalten), ein Portfolio betreuen; **~ предприятием** ein Unternehmen führen (leiten, verwalten); **~ фермой** einen Hof bewirtschaften; **~ фирмой** eine Firma leiten, das Geschäft führen; **~ фондом** einen Fonds verwalten

управляющи|й *m* Geschäftsführer *m*, Leiter *m*, Manager *m*, Verwalter *m*, Disponent *m*; **назначать -м** zum Geschäftsführer ernennen; **-й банком** Bankmanager *m*, Banker *m*, Bankier *m*; **внешний -й** Konkursverwalter *m*; **-й высшего звена** Spitzenmanager *m*, Topmanager *m*; **-й делами** Geschäftsführer *m*; **доверительный -й** Treuhandmanager *m*, Treuhandverwalter *m*; **-й имуществом** Vermögensverwalter *m*; **конкурсный -й, -й конкурсной массой** Konkursverwalter *m*; **-й наследственным имуществом** Nachlassverwalter *m*; **-й страховой компании** Assekuranzmanager *m*; **уполномоченный -й** kommissarischer Geschäftsführer; **-й филиалом** Filialleiter *m*; **-й фирмой** Firmenchef *m*, Geschäftsführer *m*; **-й фондом** Fondsmanager *m*

упразднение *n* Abschaffung *f*, Annullierung *f*, Aufhebung *f*

упразднять abschaffen, annullieren, aufheben, beseitigen

упрочение *n* Festigung *f*, Konsolidierung *f*, Sicherung *f*, Stärkung *f*

упрочивать festigen, konsolidieren, sichern, stärken

упрощать vereinfachen

упущение *n* Nachlässigkeit *f*, Unterlassung *f*, Versäumnis *n*, Versehen *n*; **~ по работе** Arbeitsversäumnis *n*

упущенный entgangen; **~ заработок** entgangener Verdienst

уравнение *n* Gleichung *f*; **балансовое ~** Bilanzgleichung *f*

уравнивать ausgleichen, gleichstellen, gleichsetzen; **~ счёт** ein Konto ausgleichen

уравновешивать ausgleichen, bilanzieren, ins Gleichgewicht bringen

уравновешенный ausgeglichen; **~ баланс** ausgeglichene Bilanz *f*

урегулировани|е *n* Regelung *f*, Regulierung *f*, Beilegung *f*, Bereinigung *f*, Schlichtung *f*; **добиваться -я** eine Regelung erreichen; **-е взаиморасчётов** Abrechnung *f*; **-е внесудебным путём** außergerichtliche Beilegung; **-е вопроса о нереализованных акциях** Spitzenregulierung *f*; **-е договорным путём** vertragliche Regelung; **-е конфликтов** Konflikt|lösung *f*, -management *n*, Beilegung von Konflikten; **правовое -е** gesetzliche Regelung; **принудительное -е** Zwangs|schlichtung *f*, -vergleich *m*; **-е разногласий** Streitbeilegung *f*; **-е расчётов по ценным бумагам** Wertpapierbereinigung *f*; **-е спорной проблемы** Beilegung einer Streitigkeit, Schlichtung eines Streites; **-е тарифов** tarifliche Regelung; **-е трудовых конфликтов** Schlichtung von Arbeitskonflikten

урегулировать regeln, regulieren, beilegen, bereinigen, erledigen, schlichten; **~ вопрос (дело)** eine Angelegenheit bereinigen; **~ договорным путём** vertraglich regeln; **~ конфликт** einen Konflikt bereinigen (schlichten); **~ проблему** eine Sache regeln; **~ проблему наследства** die Nachfolge regeln; **~ сальдо по счёту** den Saldo ausgleichen; **~ спорный вопрос** sich vergleichen, eine Streitigkeit schlichten, eine Streitfrage regeln; **~ финансы (финансовые проблемы)** Finanzen regeln

уровен|ь *m* Niveau *n*, Stand *m*, Höhe *f*, Ebene *f*; Standard *m*; **доводить до современного -я** auf den aktuellen Stand bringen; **достигать -я** ein Niveau (einen Stand) erreichen; **обеспечивать -ь** den Standard sichern; **оценивать -ь знаний** den Kenntnisstand einschätzen; **поддерживать (сохранять) -ь** das Niveau (den Standard) (aufrechter)halten; **-ь автоматизации** Automatisonsgrad *m*; **-ь безопасности** Sicherheitsniveau *n*; **-ь безработицы** Arbeitslosenanteil *m*, Arbeitslosenrate *f*; **-ь благосостояния** Wohlstand *m*, Wohlstandsniveau *n*; **-ь воды** Wasserstand *m*; **высший -ь** Höchststand *m*; **высший годовой -ь** Jahreshoch *n*; **-ь доходов** Einkommensniveau *n*, Ertrags|lage *f*, -niveau *n*; **-ь доходности** Ertrags|höhe *f*, -lage *f*, -niveau *n*, Renditeniveau *n*, Rentabilitätskennziffer *f*; **желаемый -ь заработной**

платы Gehaltswunsch *m*; **-ь жизни (жизненный -ь)** Lebens|haltung *f*, -niveau *n*; **-ь занятости** Beschäftigungs|grad *m*, -niveau *n*, -stand *m*; **-ь запасов** Bestandshöhe *f*, Lagerstand *m*; **-ь заработной платы** Gehaltsniveau *n*, Lohn|höhe *f*, -niveau *n*; **-ь затрат** Kostenniveau *n*; **-ь знаний** Kenntnisstand *m*; **-ь иерархии** Hierarchieebene *f*; **-ь изобретения** Erfindungshöhe *f*; **-ь инвестиций** Investitionshöhe *f*; **-ь индустриализации** Industrialisierungsgrad *m*; **-ь инфляции** Inflationsrate *f*; **-ь качества** Qualitäts|niveau *n*, -stufe *f*; **-ь квалификации** Qualifikationsniveau *n*; **-ь курса** Kurs|höhe *f*, -niveau *n*, -stand *m*; **максимальный -ь** Höchststand *m*; **максимальный -ь цен** Preisobergrenze *f*; **-ь механизации** Mechanisierungsgrad *m*; **минимально допустимый -ь качества** Mindestqualität *f*; **минимальный -ь закупок** Mindestabnahme *f*; **минимальный -ь резервов** Mindestreserve *f*; **минимальный -ь (складских) запасов** Mindestbestand *m*; **мировой -ь** Welt|niveau *n*, -spitze *f*; **на одном -е** in gleicher Höhe, auf gleicher Stufe; **наивысший -ь** Höchststand *m*; **низкий -ь** Tiefstand *m*; **низший годовой -ь** Jahrestief *n*; **оптимальный -ь затрат** Kostenoptimum *n*; **организационный -ь** Organisationsniveau *n*; **-ь оснащённости** Ausstattungsgrad *m*; **-ь планирования** Planungsebene *f*; **предельно допустимый -ь издержек** Degressionsschwelle *f*; **-ь предприятия** Unternehmensebene *f*; **-ь прибылей** Gewinnlage *f*; **-ь продаж** Verkaufsmenge *f*; **-ь производительности** Produktivitätsniveau *n*; **-ь производительности труда** Leistungs|niveau *n*, -stand *m*; **-ь производства** Produktions|niveau *n*, -stand *m*; **-ь процента (процентной ставки)** Zins|höhe *f*, -fuß *m*, -niveau *n*, -satz *m*, Verzinsung *f*; **-ь публичности** Publizitätsniveau *n*; **-ь развития** Entwicklungs|niveau *n*, -stand *m*, -stufe *f*; **-ь рационализации** Rationalisierungsstand *m*; **рекордный -ь** Rekordhöhe *f*; **-ь рентабельности** Rentabilitätskennziffer *f*; **-ь руководства** Führungsebene *f*, Leitungs|ebene *f*, -stufe *f*; **~ руководства (управления) фирмой** Geschäftsführungsebene *f*; **с невысоким -ем доходов** einkommensschwach; **самый низкий -ь** Tiefststand *m*, niedrigster Stand; **-ь сбыта** Absatzniveau *n*; **современный -ь** gegenwärtiger Stand; **-ь спроса** Höhe der Nachfrage; **среднемесячный -ь** Monatsdurchschnitt *m*; **средний -ь** Durchschnitt *m*; **средний суточный -ь** Tagesdurchschnitt *m*; **средний -ь цен** Preisdurchschnitt *m*, Preisspiegel *m*; **-ь управления** Führungsebene *f*, Leitungs|ebene *f*, -stufe *f*; **-ь принятия решений** Entscheidungsebene *f*; **-ь учётного процента** Diskont|höhe *f*, -satz *m*; **-ь цен** Preis|höhe *f*, -niveau *n*, -lage *f*, Kurs|höhe *f*, -niveau *n*; **-ь эффективности** Leistungs|niveau *n*, -stand *m*, Effizienz *f*

урожай *m* Ernte *f*, Ertrag *m*; **получать ~** einen Ertrag erzielen; **снимать (убирать) ~** ernten, die Ernte einbringen, den Ertrag vereinnahmen; **валовый ~** Bruttoertrag *m*, Gesamtertrag *m*; **~ зерна** Getreideertrag *m*; **наивысший (рекордный) ~** Rekordernte *f*; **~ с гектара** Hektarertrag *m*

урожайность *f* Ernteertrag *m*, Ertrag *m*, Ergiebigkeit *f*, Reinertrag *m*; **~ с (одного) гектара** Hektarertrag *m*

урожайный ergiebig, ertragbringend

урон *m* Einbuße *f*, Schaden *m*, Verlust *m*; **нанести ~** einen Schaden zufügen, einen Verlust bringen; **понести ~** eine Einbuße (einen Verlust) erleiden (verzeichnen), einen Schaden erleiden (davontragen)

усадьба *f* Hof *m*, Gehöft *n*

усваивать sich aneignen; **~ навыки** sich die Fähigkeiten aneignen

усиление *n* Verstärkung *f*, Verschärfung *f*, Steigerung *f*; **~ конкурентоспособности** Verstärkung der Wettbewerbsfähigkeit; **~ конкуренции** Verschärfung des Wettbewerbs; **~ позиции на рынке** Ausbau der Marktposition

усиливать verstärken, verschärfen

усили|е *n* Anstrengung *f*, Bemühung *f*; **объединять -я** Anstrengungen vereinen; **прилагать все -я** alle Kräfte einsetzen; **удваивать -я** Anstrengungen verdoppeln; **общие (совместные) -я** gemeinsame Anstrengungen; **-я по охране окружающей среды** Anstrengungen für Umweltschutz; **-я по увеличению сбыта** Anstrengungen zur Absatzförderung

ускорени|е *n* Beschleunigung *f*, Forcierung *f*; **достигать -я** die Beschleunigung erreichen (erzielen); **-е внедрения новшеств** Forcierung von Innovationen; **-е инфляции** Beschleunigung der Inflation; **-е поставки** Beschleunigung der Lieferung; **-е роста** Wachstumsbeschleunigung *f*; **-е рыночных процессов** Beschleunigung von Marktprozessen; **-е технического прогресса** Forcierung des technischen Fortschritts

ускоренн|ый beschleunigt; **-ая амортизация** *f* ansteigende (verkürzte) Abschreibung *f*; **-ый рост** *m* **экономики** beschleunigtes Wirtschaftswachstum *n*

ускорять beschleunigen; **~ производство** die Produktion beschleunigen; **~ поставку** die Lieferung beschleunigen; **~ работу** die Arbeit beschleunigen; **~ рост** das Wachstum beschleunigen; **~ темпы** das Tempo beschleunigen

услови|е *n* Bedingung *f*, Kondition *f*, Voraussetzung *f*; Vorbehalt *m*, Klausel *f*, Bestimmung *f*; **-я** Modalitäten *pl*, Verhältnisse *pl*, Bedingungen *pl*; **выполнять -я** Bedingungen (Voraussetzungen) erfüllen; **выполнять -я договора** den Vertrag erfüllen; **договариваться об -ях** Bedingungen vereinbaren; **изменять -е** eine Bedingung ändern; **налагать -я** Bedingungen auferlegen; **определять -я** Bedingungen festsetzen (festlegen); **предлагать -я** Konditionen anbieten; **предоставлять -я** Konditionen gewähren; **принимать -е** auf die Bedingung eingehen; **принимать -я платежа** die Zahlungsbedingungen anerkennen; **соблюдать -я** Bedingungen beachten (einhalten); **соблюдать -я договора** sich an einen Vertrag halten, den Vertrag einhalten; **согласовать -я** Bedingungen vereinbaren; **создавать -я** Bedingungen (Voraussetzungen) schaffen; **сообщать об -ях** Bedingungen angeben (bekanntgeben); **ставить -е** eine Bedingung stellen; **улучшать жилищные -я** Wohnverhältnisse verbessern; **улучшать -я** Bedingungen (Konditionen) verbessern; **-е антиревальвации** Währungsklausel *f*; **-я аренды** Pachtbedingungen *pl*; **без предварительных -й** ohne Vorbehalt, bedingungslos; **благоприятные (выгодные) -я** günstige (vorteilhafte) Bedingungen (Konditionen); **бытовые -я** Lebensbedingungen *pl*; **в соответствии с -ями договора** vorbehaltlich der Bestimmungen des Vertrags, gemäß den Vertragsbestimmungen; **в трудных -ях** unter schwierigen Verhältnissen; **-я внешней торговли** Außenhandelsbedingungen *pl*, terms of trade; **выгодные -я** günstige Konditionen (Bedingungen); **-я выпуска займа** Ausstattung einer Anleihe; **-я выпуска (эмиссии)** Ausgabebedingungen *pl*, Emissionsbedingungen *pl*; **граничное -е** Grenzbedingung *f*, Randbedingung *f*; **-я добычи** Fördebedingungen *pl*, Abbaubedingungen *pl*; **договорные -я (-я договора)** Vertrags|bedingungen *pl*, -bestimmungen *pl*, vertragsmäßige Bedingungen; **дополнительные -я** Zusatzbedingungen *pl*; **дополнительное -е (договора)** Nebenbestimmung *f*; **-е доставки** Beförderungsbedingungen *pl*; **единые (стандартные) -я** einheitliche Bedingungen; **-я жизни** Lebensbedingungen *pl*, Milieu *n*; **жилищные -я** Wohn|bedingungen *pl*, -verhältnisse *pl*; **-я заключения сделок** Geschäftsbedingungen *pl*; **-я закупок** Einkaufs|bedingungen *pl*, -konditionen *pl*; **-я изготовления** Fertigungsbedingungen *pl*; **-я конкуренции** Konkurrenzbedingungen *pl*, Wettbewerbsbedingungen *pl*; **-я коносамента** Konnossementsbestimmungen *pl*; **-я контракта** Vertrags|-

bedingungen *pl*, -bestimmungen *pl*, vertragsmäßige Bedingungen; **-я кредитования** Kredit|bedingungen *pl*, -modalitäten *pl*; **льготные -я** Vorzugs|bedingungen *pl*, -konditionen *pl*; **меняющиеся -я** sich verändernde Verhältnisse; **минимально допустимые -я** Mindestbedingungen *pl*; **на выгодных -ях** zu günstigen (vorteilhaften) Bedingungen (Konditionen); **-я начисления процентов** Zinskonditionen *pl*; **неблагоприятные -я конкуренции** Wettbewerbsnachteile *pl*; **невыгодные -я** unvorteilhafte Bedingungen; **необходимое -е** notwendige Bedingung *f*, Voraussetzung *f*; **ни при каком -и** unter keiner Bedingung; **-е о покрытии переводного векселя** Deckungsklausel *f*; **-е о предъявительском характере документа** Inhaberklausel *f*; **-е об исключении конкуренции** Konkurrenzklausel *f*; **-е обмена** Austauschbedingungen *pl*; **общие -я** Rahmenbedingungen *pl*; **общепринятые (обычные) -я** übliche Bedingungen; **общие (общепринятые, обычные) банковские -я** bankübliche Bedingungen; **общие -я заключения сделок между банками и клиентами** Bankkonditionen *pl*; **Общие -я заключения торговых сделок** Allgemeine Geschäftsbedingungen; **общие (общепринятые, обычные) коммерческие -я** handelsübliche Bedingungen; **обычные рыночные -я** marktübliche Bedingungen; **-я окружающей среды** Umweltbedingungen *pl*; **-я оплаты** Zahlungs|bedingungen *pl*, -modalitäten *pl*; **-е оплаты труда** Gehaltsmodalitäten *pl*; **определённые -я** festgesetzte Bedingungen; **основное -е** Grundbedingung *f*; **особые -я** Ausnahmebedingungen *pl*, Sonderbedingungen *pl*; **отменительное -е** auflösende Bedingung; **отправительские -я** Spediteurbedingungen *pl*; **-я перевозки** Beförderungsbedingungen *pl*, Transportbedingungen *pl*, Fracht|bedingungen *pl*, -konditionen *pl*; **-я платежа** Zahlungsbedingungen *pl*; **побочные -я** Nebenbestimmungen *pl*; **-е погашения** Rückzahlungsbedingung *f*, Tilgungsbedingung *f*, Einlösungsbedingung *f*; **-я подписки** Zeichnungsbedingungen *pl*, Bezugsbedingungen *pl*; **подходящие -я** passende Bedingungen; **-я покупки** Bezugsbedingungen *pl*; **-я поставки** Lieferbedingungen *pl*; **почвенные -я** Bodenverhältnisse *pl*; **предварительное -е** vorläufige Bedingung, Vorbedingung *f*; **предельные -я** Grenzbedingungen *pl*, Randbedingungen *pl*; **правила и -я международной торговли** Incoterms *pl*; **предлагаемые -я** Konditionenempfehlungen *pl*; **-я предоставления гарантии** Gewährleistungsvorschriften *pl*; **-я предоставления концессии** Konzessionsbedingungen *pl*; **-я предоставления кредита** Kredit|bedingungen *pl*, -modalitäten *pl*; **при -и** unter der Bedingung, mit Vorbehalt, unter dem Vorbehalt; **при известных -ях** gegebenenfalls; **при -и немедленной оплаты** gegen sofortige Kasse; **при -и, что...** vorausgesetzt, dass...; **при данных -ях** unter gegebenen Bedingungen; **привлекательные -я** attraktive Konditionen; **-я приёма** Aufnahmebedingungen *pl*; **-я приёмки-сдачи** Abnahmebedingungen *pl*; **приемлемое -е** annehmbare Bedingung; **-я проведения банковских операций** Bankbedingungen *pl*; **-я проведения инвестиций** Investitionsbedingungen *pl*; **-я производства** Betriebsbedingungen *pl*, Fertigungsbedingungen *pl*, Produktionsbedingungen *pl*; **производственные -я** Betriebsbedingungen *pl*, betriebliche Gegebenheiten; **-я продажи** Verkaufsbedingungen *pl*; **-я разработки (месторождения)** Abbau|bedingungen *pl*, -verhältnisse *pl*; **-я расчёта** Abrechnungsbedingungen *pl*, Verrechnungsbedingungen *pl*; **-я реализации** Absatzbedingungen *pl*, Vermarktungsbedingungen *pl*; **ростовщические -я** wucherische Bedingungen; **-я рынка (рыночные -я)** Markt|bedingungen *pl*, -gegebenheiten *pl*, -verhältnisse *pl*; **с -ем** unter der

Bedingung, mit Vorbehalt, unter dem Vorbehalt, vorbehalten, vorbehaltlich; **-я сбыта** Absatz|bedingungen *pl*, -konditionen *pl*, -verhältnisse *pl*, Vermarktungsbedingungen *pl*; **-я сдачи-приёмки** Liefer- und Abnahmebedingungen *pl*; **согласованные -я** vereinbarte Bedingungen; **-я сотрудничества** Kooperationsbedingungen *pl*; **способы и -я поставки** Liefermodalitäten *pl*; **социальные -я** soziale Verhältnisse; **-я страхования** Versicherungsbedingungen *pl*; **-я существования** Existenzbedingungen *pl*; **технические -я** Pflichtenheft *n*; **-я торговли** Handelsbedingungen *pl*; **-я труда** Arbeits|bedingungen *pl*, -umwelt *f*; **-я участия** Teilnahmebedingungen *pl*; **финансовые -я** finanzielle Konditionen (Verhältnisse); **франко -е** Frankobedingung *f*; **-я фрахта** Frachtbedingungen *pl*; **-я фрахтования** Charterbedingungen *pl*; **чрезвычайные -я** Ausnahmebedingungen *pl*; **экономические -я** Wirtschaftsbedingungen *pl*; **-я эксплуатации** Betriebsbedingungen *pl*; **-я экспорта** Exportbedingungen *pl*; **экстремальные -я** Extrembedingungen *pl*

условливаться abmachen, vereinbaren, verabreden, ausbedingen, sich einigen, sich arrangieren; **~ о цене** den Preis vereinbaren (absprechen, aushandeln), sich über den Preis einigen

условность *f* Formalität *f*

условн|ый bedingt; **-ое топливо** *n* Steinkohleneinheit *f*

услуг|а *f* Dienstleistung *f*, Dienst *m*, Leistung *f*, Service *m*; Gefälligkeit *f*, Gefallen *m*; **оказывать -и** Dienstleistungen (Leistungen) ausführen (erbringen, erstellen, verrichten), Dienste erweisen, Leistungen gewähren; **оплачивать -и** Dienstleistungen bezahlen, Leistungen abgelten (vergüten); **получать -и** Leistungen beziehen; **пользоваться -ами** Dienstleistungen (Leistungen) in Anspruch nehmen; **предлагать -и** Dienstleistungen (Dienste, einen Service, Leistungen) anbieten; **предоставлять -и** Dienstleistungen ausführen (erbringen, erstellen, verrichten), mit Dienstleistungen versorgen; **банковские -и** Bank(dienst)leistungen *pl*; **банковские -и, предоставляемые с помощью ЭВМ** elektronische Bankleistungen; **бесплатные -и** unentgeltliche Leistungen; **гарантийные -и** Garantieleistungen *pl*; **-и государственных служб** öffentliche Dienstleistungen, staatliche Leistungen; **дополнительные -и** Nebenleistungen *pl*; **-и другим предприятиям** Leistungen für Fremde; **индивидуальные -и клиентам** individueller Dienst an Kunden, kundenbezogene Dienstleistungen; **инженерные -и** Ingenieurleistungen *pl*; **кастодиальные -и** Depotgeschäft *n*, Verwahrungsgeschäft *n*; **коллекторские -и** Forderungsmanagement *n*; **коммуникационные -и** Kommunikationsdienstleistungen *pl*; **коммунальные -и** kommunale (öffentliche) Dienstleistungen, Versorgungsleistungen *pl*; **консалтинговые (консультационные) -и** Consultingleistungen *pl*, Beratung *f*, Beratungsdienst *m*, Beratungsdienstleistungen *pl*; **личные -и** persönliche Dienstleistungen; **невидимые -и** unsichtbare Leistungen; **непроизводственные -и** unproduktive Leistungen; **оказанные -и** erbrachte (erstellte) Leistungen (Dienstleistungen), geleistete Dienste; **-и, оказываемые зарубежным клиентам** aktive Dienstleistungen; **ответная -а** Gegenleistung *f*; **платные -и** entgeltliche Leistungen; **-и по уходу** Pflegeleistungen *pl*; **полученные (потреблённые) -и** verbrauchte Dienstleistungen; **-и, полученные из других стран** passive Dienstleistungen; **-и почтового сберегательного банка** Postbankdienste *pl*; **предоставленные -и** erbrachte (erstellte) Leistungen (Dienstleistungen), geleistete Dienste; **производственные -и** produktive Leistungen; **работы и -и промышленного характера** industrielle Leistungen; **-и связи** Postdienstleistungen *pl*; **сервисные -и** Kundendienstleistungen *pl*, Serviceleistungen *pl*; **-и со стороны** Fremdleistungen *pl*, fremde Leistungen; **строительные -и** Bauleistungen *pl*; **транспортные -и** Transportleistungen *pl*; **финансовые -и** Finanzdienstleistungen *pl*, Kapitalleistungen *pl*; **фирменные -и** Dienstleistungsmarke *f*; **экспедиторские -и** Speditionsdienste *pl*

усмотрени|е *n* Ermessen *n*, Belieben *n*; **оставлять на -е** in das Ermessen stellen; **по -ю** nach Ermessen; **по собственному -ю** nach eigenem Ermessen; **по -ю суда** nach richterlichem Ermessen

усовершенствовани|е *n* Verbesserung *f*, Vervollkommnung *f*, Verfeinerung *f*; **технические -я** technische Verbesserungen *pl*

усовершенствовать verbessern, vervollkommnen, verfeinern

успех *m* Erfolg *m*, Fortschritt *m*; **добиваться (достигать) -ов** Erfolge (Fortschritte) erzielen; **измерять ~** den Erfolg messen; **иметь ~ (пользоваться -ом)** Erfolg haben; **обеспечивать ~** den Erfolg sichern; **без -а** ohne Erfolg, erfolglos; **деловой (коммерческий) ~** Geschäftserfolg *m*, geschäftlicher Erfolg; **достигнутые -и** errungene Erfolge; **кассовый ~** Kassen|erfolg *m*, -schlager *m*; **материальный ~** materieller Erfolg; **~ переговоров** Verhandlungserfolg *m*; **экономический ~** wirtschaftlicher Erfolg

успешность *f* **(предприятия)** (ständiger) Erfolg (des Unternehmens), erfolgreiche Tätigkeit

успешный erfolgreich

устав *m* Satzung *f*, Statut *n*, Ordnung *f*; Vorschrift *f*; **изменять ~** die Satzung (das Statut) ändern; **нарушать ~** die Satzung (das Statut) verletzen; **принимать ~** ein Statut annehmen; **разрабатывать ~** ein Statut aufstellen; **соблюдать ~** das Statut einhalten; **~ банка** Bankstatut *n*; **биржевой ~** Börsen|ordnung *f*, -bestimmungen *pl*; **вексельный ~** Wechselordnung *f*; **~ общества** Vereinssatzung *f*, Satzung eines Vereins; **по (согласно) -у** laut Satzung, satzungs|gemäß, -mäßig, statuten|gemäß, -mäßig, statutgebunden; **~ предприятия** Betriebsverfassung *f*; **промысловый ~** Gewerbeordnung *f*; **противоречащий -у** statutenwidrig; **ремесленный ~** Handwerksordnung *f*; **типовой ~** Rahmenordnung *f*; **~ учреждаемой фирмы** Gründungsstatut *n*

уставный satzungsgemäß, satzungsmäßig, statutgebunden, statutengemäß, statutenmäßig; **~ капитал** Grundkapital *n*, Stammkapital *n*, haftendes Kapital, Statutenkapital *n*

устанавливать aufstellen, montieren, installieren, einbauen; anknüpfen, aufnehmen, herstellen; festlegen, festsetzen, fixieren, bestimmen, einführen, feststellen; **~ более высокий тарифный разряд** in eine höhere Lohngruppe einstufen; **~ изменяющуюся процентную ставку** variabel verzinsen; **~ контакт** einen Kontakt aufbauen (herstellen, knüpfen), in Kontakt treten; **~ квоты (контингенты)** kontingentieren, Quoten festsetzen; **~ контроль** eine Kontrolle errichten; **~ критерии** Kriterien aufstellen; **~ курс** den Kurs festlegen; **~ нормы** normen, Normen aufstellen, Standards festlegen (setzen); **~ оборудование** Maschinen aufstellen; **~ оклад** ein Gehalt festlegen; **~ отношения (связи)** Beziehungen anknüpfen (aufnehmen, herstellen), Verbindungen aufnehmen, in Verbindung treten; **~ срок** eine Frist setzen, einen Termin festsetzen; **~ тарифный разряд** in eine Gehaltsklasse eingruppieren; **~ твёрдую процентную ставку** mit einem festen Satz verzinsen; **~ цены** Preise festsetzen (setzen)

установк|а *f* Anlage *f*, Einrichtung *f*; Aufstellung *f*, Installation *f*, Montage *f*, Einbau *m*; Direktive *f*, Richtlinie *f*; Zielsetzung *f*; **вырабатывать -и** Zielsetzungen (Direktiven, Richtlinien) erarbeiten; **дать -у** Richtlinien erlassen (geben); **пускать -у в действие** eine Anlage anfahren (in Betrieb nehmen); **эксплуатировать -у** eine Anlage betreiben (fahren); **-а для переработки** Verarbeitungsanlage *f*; **испытательная -а** Prüfanlage *f*;

крупная -а Großanlage *f*; **-а машин (оборудования)** Maschinenaufstellung *f*; **опытная -а** Pilotanlage *f*; **отопительная -а** Heizanlage *f*; **производственная -а** Betriebs|anlage *f*, -vorrichtung *f*, Produktionsanlage *f*; **промышленная -а** Industrieanlage *f*; **устаревшая -а** veraltete Anlage; **целевая -а** Zielsetzung *f*; **экспериментальная -а** Versuchsanlage *f*; **энергетическая -а** Energieerzeugungsanlage *f*, Kraftwerksanlage *f*

установление *n* Festlegung *f*, Festsetzung *f*, Feststellung *f*, Fixierung *f*; Einführung *f*, Errichtung *f*; Aufnahme *f*, Herstellung *f*; **~ величины затрат** Kostenfestsetzung *f*; **~ квот** Kontingentierung *f*, Quotenfestsetzung *f*, Festsetzung von Quoten (Kontingenten); **~ контакта** Kontaktaufnahme *f*; **~ курса** Kursfestsetzung *f*; **~ минимальной процентной ставки** Mindestverzinsung *f*; **~ нового размера налога** Neuveranlagung *f*; **~ новой стоимости объекта налогообложения** Wertfortschreibung *f*; **~ норм** Normung *f*, Normenermittlung *f*; **~ основы исчисления налога** Hauptfeststellung *f*; **~ отношений (связей)** Aufnahme von Beziehungen (Verbindungen); **~ размера (суммы) налога** Veranlagung *f*, Steuerveranlagung *f*; **~ размера пенсии** Pensionsbemessung *f*; **~ размера подоходного налога** Einkommenssteuerveranlagung *f*; **~ срока** Terminbestimmung *f*, Terminierung *f*, Festsetzung einer Frist (eines Termins); **~ суммы аварии** Havarieaufmachung *f*; **~ цены** Preis|festlegung *f*, -fixierung *f*, -gebaren *n*, -gestaltung *f*, -stellung *f*, Fixing

устаревать veralten, überaltert (veraltet) sein

устаревш|ий überaltert, veraltet; überholt; **-ие машины** *pl* **(станки** *pl***)** veraltete Maschinen; **-ий метод** *m* veraltete Methode

устн|ый mündlich; **-ая договорённость** *f* mündliche Absprache (Vereinbarung), mündliches Abkommen

устойчивость *f* Stabilität *f*, Festigkeit *f*, Beständigkeit *f*, Dauerhaftigkeit *f*, Nachhaltigkeit *f*; **повышать ~** die Stabilität (Festigkeit) erhöhen; **~ валюты** Währungsstabilität *f*, Geldstabilität *f*; **~ валютных курсов** Wechselkursstabilität *f*; **~ рынка** Marktstabilität *f*; **~ цен** Preisstabilität *f*

устойчив|ый stabil, fest, beständig, dauerhaft, Fest-; **-ая валюта** *f* stabile (harte) Währung; **-ый курс** *m* Festkurs *m*; **-ый рынок** *m* feste Börse, fester (stabiler) Markt; **-ый спрос** *m* anhaltende Nachfrage; **-ая экономика** *f* stabile Wirtschaft

устраивать abhalten, organisieren, veranstalten; ordnen, regeln; unterbringen; **~ в отеле** in einem Hotel unterbringen; **~ конференцию** eine Konferenz abhalten (durchführen); **~ на работу** eine Stelle vermitteln

устранение *n* Behebung *f*, Beseitigung *f*, Ausschaltung *f*, Abschaffung *f*; **~ дефектов (недостатков)** Fehlerkorrektur *f*, Mängelbeseitigung *f*, Behebung (Beseitigung) der Mängel (Fehler), Nachbesserung *f*; **~ конкуренции** Ausschaltung der Konkurrenz; **~ торговых барьеров** Abschaffung von Handelshemmnissen; **~ ущерба** Behebung des Schadens

устранять beheben, beseitigen; abschaffen, ausschalten; **~ дефекты** Mängel (Fehler) beheben (beseitigen), nachbessern; **~ конкуренцию** die Konkurrenz ausschalten; **~ ограничения** Beschränkungen beseitigen; **~ помехи** Störungen beheben, Hemmnisse beseitigen; **~ торговые барьеры** Handelshemmnisse abschaffen; **~ узкие места** Engpässe beseitigen

устройств|о *n* Anlage *f*, Einrichtung *f*, Vorrichtung *f*, Gerät *n*; Aufbau *f*, Konstruktion *f*, Ordnung *f*; **государственное -о** Staatsordnung *f*; **запоминающее -о** Speicher *m*; **измерительное -о** Messgerät *n*; **испытательное -о** Prüf|anlage *f*, -einrichtung *f*; **-о на работу** Arbeitsvermittlung *f*, Stellenvermittlung *f*, Arbeitsaufnahme *f*; **общественное -о** Gesellschaftsordnung *f*; **печатающее**

-о Drucker *m*, Printer *m*; **погрузочное -о** Ladeeinrichtung *f*, Verladeanlage *f*; **погрузочно-разгрузочные -а** Umschlagsanlagen *pl*; **подъёмное -о** Hebevorrichtung *f*; **-о рабочего места** Arbeitsplatzgestaltung *f*; **разгрузочные -а** Entladungseinrichtungen *pl*; **регулирующее -о** Regelwerk *n*, Regler *m*; **транспортное -о** Förderanlage *f*; **управляющее -о** Steuerwerk *n*

уступать abtreten, überlassen, zedieren; einräumen, zugestehen, Konzessionen (Zugeständnisse) machen; ablassen, nachgeben, nachlassen; **~ в цене** einen Preisnachlass gewähren, im Preise nachgeben; **~ долг (долговое требование)** eine Forderung abtreten (zedieren); **~ права на получение зарплаты** Lohnansprüche abtreten; **~ право (требование)** einen Anspruch abtreten; **~ работников внаём** Arbeitnehmer überlassen; **~ свою долю** seine Anteile abtreten

уступ|ка *f* Abtretung *f*, Überlassung *f*, Zession *f*; Konzession *f*, Nachlass *m*, Zugeständnis *n*, Abandon *m*; **выторговывать -ку** den Nachlass aushandeln; **делать -ку (идти на -ку)** Zugeständnisse machen, nachgeben; **добиваться -ок** Zugeständnisse erzielen; **идти на -ки** nachgeben, Konzessionen (Zugeständnisse) machen; **требовать -ок** Zugeständnisse fordern; **-ка в цене** Preis|abschlag *m*, -nachlass *m*; **взаимные -ки** gegenseitige Zugeständnisse; **глобальная -а** Vorausabtretung *f*; **добровольная -ка права собственности** Eigentumsaufgabe *f*; **-ка долевого участия** Abtretung von Geschäftsanteilen; **-ка инкассации** Inkasso|abtretung *f*, -zession *f*; **многократная -ка (права)** mehrfache Abtretung; **негласная -ка** stille Abtretung; **общая -ка** Global|abtretung *f*, -zession *f*; **-ка права** Abtretung eines Anspruchs, Rechtsübertragung *f*; **-ка требования** Forderungsabtretung *f*, Abtretung einer Forderung, Zession einer Forderung; **фидуциарная -ка** Sicherungsabtretung *f*; **-ка части квоты эмиссии** Unterbeteiligung *f*; **частичная -ка** Teilabtretung *f*

усушка *f* Masseabgang *m*, Massemanko *n*, Masseverlust *m* (durch Eintrocknen), Gewichtverlust *m*

утаивание *n* Hehlerei *f*; **~ багажа (грузов) от обложения таможенной пошлиной** Zollhehlerei *f*

утвердительный bejahend, bekräftigend, zustimmend, bestätigend; **~ ответ** bejahende Antwort, Zustimmung *f*

утверждать bestätigen, genehmigen; behaupten; durchsetzen; **~ бюджет** den Haushaltsplan verabschieden; **~ в должности** im Amt bestätigen; **~ обратное** das Gegenteil behaupten; **~ отчёт** einen Bericht billigen (genehmigen); **~ отчёт правления** den Vorstand entlasten; **~ решение** den Beschluss bestätigen; **-ся на рынке** sich auf dem Markt behaupten

утверждени|е *n* Bestätigung *f*, Genehmigung *f*; Behauptung *f*; Durchsetzung *f*; **представить на -е** zur Genehmigung vorlegen; **требовать -я** der Genehmigung bedürfen; **-е в должности** Bestätigung im Amt; **-е годового отчёта предприятия** Genehmigung des Geschäftsberichtes; **не требующий -я** genehmigungsfrei; **-е норм (стандартов)** Normung *f*; **-е плана** Planfeststellung *f*; **-е решения** Bestätigung des Beschlusses; **требующий -я** genehmigungsbedürftig

утверждённый genehmigt, bestätigt

утеря *f* Verlust *m*, Einbuße *f*

утечка *f* Abfluss *m*, Abwanderung *f*; Verlust *m*, Schwund *m*; Leckage *f*; **~ валюты** Abfluss von Devisen, Devisenabfluss *m*; **~ информации** Durchsickern *n* der Informationen, Geheimnisverrat *m*; **~ капитала** Kapital|abfluss *m*, -abwanderung *f*, -flucht *f*

утилизаци|я *f* Recycling *n*, Verwertung *f*, Nutzbarmachung *f*; **~ бытовых отходов** Verwertung von Haushaltsmüll; **~ вторичного сырья** Altmaterialverwertung *f*; **~ выбросов в атмосферу** Verwertung von Luftemissionen; **~ отходов** Abfall|verwendung *f*, -verwertung *f*, Verwertung von Abfällen; **пригодный к -и** verwertbar, recyclingfähig; **~ промышленных отходов** Verwertung von Industrieabfällen **~ сточных вод** Abwasserverwertung *f*

утилизировать recyceln, verwerten, nutzbar machen; **~ отходы** Abfälle verwerten (recyceln)

утилита *f (Comp)* Utility *n*, Dienstprogramm *n*

утиль *f* **(утильсырьё** *n***)** Altmaterial *n*, Altstoffe *pl*, Abfall *m*, Abfallstoffe *pl*

уточнение *n* Präzisierung *f*, genaue Beschreibung, nähere Angabe, Spezifizierung *f*; **~ плана** Planpräzisierung *f*; **~ предложения** Präzisierung eines Angebots; **~ стоимости запасов** Bewertung der Lagerbestände; Verbrauchsfolgeverfahren, Verbrauchsfolgefiktion *f*

уточнять präzisieren, genau beschreiben, näher angeben, spezifizieren; **~ план** einen Plan präzisieren; **~ предложение** ein Angebot präzisieren; **~ стоимость** Wert berichtigen

утрата *f* Verlust *m*, Einbuße; **~ владения** Besitzverlust *m*; **~ доверия** Vertrauensverlust *m*; **~ имущества** Vermögensverlust *m*; **~ права** Rechtsverwirkung *f*; **~ престижа (репутации)** Imageverlust *m*; **случайная ~** zufälliger Untergang; **~ трудоспособности** Verlust der Arbeitsfähigkeit

утрачивать verlieren, einbüßen; **~ силу** außer Kraft treten, nichtig (ungültig) werden

утруска *f* Masseabgang *m*, Massemanko *n*, Masseverlust *m* (durch Verschütten)

ухаживать pflegen, warten, sorgen

уход *m* Pflege *f*, Pflegearbeit *f*; Wartung *f*, Behandlung *f*, Unterhaltung *f*; Rücktritt *m*; **проводить (технический) ~** eine Wartung durchführen; **~ за машинами** Maschinenwartung *f*; **неквалифицированный (неправильный) ~** unsachgemäße Behandlung (Wartung); **не требующий -а** wartungsfrei; **нуждающийся в -е** pflegebedürftig, Pflegefall *m*; **~ с должности** Amtsniederlegung *f*, Rücktritt *m*; **~ сельского населения в города** Landflucht *f*; **технический ~** technische Wartung; **требующий -а** pflegebedürftig; **тщательный ~** sorgfältige Wartung (Behandlung)

уходить sich zurückziehen, scheiden; **~ в отпуск** in die Ferien gehen, den Urlaub antreten; **~ на пенсию** in Pension gehen; **~ с должности (поста)** aus dem Amt (dem Dienst) scheiden, das Amt (den Posten) niederlegen; **~ с рынка** sich vom Markt zurückziehen

ухудшать verschlechtern, erschweren; **~ положение (состояние)** die Lage verschlechtern; **-ся по качеству** sich in der Qualität verschlechtern

ухудшение *n* Verschlechterung *f*, Erschwerung *f*; **~ качества** Qualitäts|minderung *f*, -rückgang *m*, -verschlechterung *f*; **~ конъюнктуры** Konjunktur|abschwächung *f*, -rückfall *m*, -rückgang *m*, -verfall *m*; **~ торговых отношений** Verschlechterung der Handelsbeziehungen; **~ экономического положения** Verschlechterung der Wirtschaftslage

уценённый wertgemindert, zu reduzierten Preisen, verbilligt

уценивать den Preis ermäßigen (reduzieren, senken)

уценка *f* Preisermäßigung *f*, Preisminderung *f*, Preisreduzierung *f*, Preissenkung *f*, Wertberichtigung *f*, Wertherabsetzung *f*, Wertminderung *f*; **~ готовой продукции на складе** Abschreibung auf Warenbestände

участвовать sich beteiligen, partizipieren, teilhaben, teilnehmen, mitwirken, Anteil haben, beteiligt sein; **~ в деле** sich an einem Geschäft beteiligen; **~ в конкурсе (тендере)** sich an einer Ausschreibung beteiligen; **~ в конференции** an der Konferenz teilnehmen; **~ в переговорах** an der Verhandlung teilnehmen; **~ в покрытии расходов** sich an den Kosten beteiligen; **~ в покрытии убытков** sich am Verlust beteiligen, am Verlust teilnehmen; **~ в распределении прибыли** am Gewinn beteiligt sein; **~ в собрании** an der Versammlung teilnehmen

участи|е *n* Beteiligung *f*, Teilhaberschaft *f*, Teilnahme *f*, Mitwirkung *f*; Engagement *n*, Interesse *n*; **дать согласие на -е** die Teilnahme zusagen; **иметь долю -я** die Beteiligung (Anteile) halten; **обеспечивать -е** die Mitwirkung sicherstellen; **отказываться от -я** die Teilnahme absagen; **планировать ~** Beteiligungen (Engagement) planen; **предлагать -е (в предприятии)** die Beteiligung (einen Anteil) anbieten; **приобретать долевое -е** die Beteiligung (Anteile) erwerben; **продавать долю -я** die Beteiligung veräußern (verkaufen); **расширять -е** Beteiligungen (Anteile) ausbauen, das Engagement verstärken; **увеличивать долевое -е** die Beteiligung aufstocken (erhöhen); **финансировать долевое -е** Beteiligungen finanzieren; **-е в (акционерном) капитале** Beteiligungsbesitz *m*, Kapitalbeteiligung *f*; **-е в выборах** Wahlbeteiligung *f*; **-е в деле** Geschäftsanteil *m*, Anteil an einem Geschäft; **-е в капитале предприятия** Beteiligung an einem Unternehmen; **-е в капитале компании** Beteiligung an einer Gesellschaft; **-е в качестве компаньона** Beteiligung als Gesellschafter; **-е в конкурсе на замещение вакантной должности** Bewerbung *f*; **-е в консорциуме** Konsortialbeteiligung *f*; **-е в прибылях** Gewinnbeteiligung *f*, Erfolgsbeteiligung *f*, Ertragsbeteiligung *f*; **-е в прибылях и убытках** Ergebnisbeteiligung *f*; **-е в прибылях предприятия в зависимости от результатов труда** Leistungsbeteiligung *f*; **-е в работе** Arbeitseinsatz *m*; **-е в расходах** Kostenbeteiligung *f*, Beteiligung an den Kosten; **-е в собрании трудового коллектива** Teilnahme an der Betriebsversammlung; **-е в управлении концерном** Konzernmitbestimmung *f*; **-е в управлении (предприятием)** Unternehmensmitbestimmung *f*, Mitbestimmung *f*, Mitverwaltung *f*; **-е в управлении предприятием на паритетных началах** paritätische Mitbestimmung; **-е в учреждении акционерного общества имущественным вкладом** Illationsgründung *f*, Sachgründung *f*; **взаимное -е** wechselseitige Beteiligung; **взаимное долевое ~ предприятий** Überkreuzbeteiligung *f*; **взаимное долевое -е предприятий концерна** konzerninterne Beteiligungen; **-е государства** staatliche Beteiligung; **долевое -е** Anteil *m*, Beteiligung *f*; **долевое -е в других предприятиях** Unternehmensbeteiligungen *pl*; **долевое -е в других предприятиях концерна** Anteile an verbundenen Unternehmen; **долевое -е в капитале** Kapital|beteiligung *f*, -engagement *n*, kapitalmäßige Beteiligung; **долевое -е в прибылях и убытках** Ergebnisbeteiligung *f*; **долевое -е в промышленных предприятиях** Industriebeteiligung *f*; **-е на правах обладателя контрольного пакета** Mehrheitsbeteiligung *f*; **-е наёмных работников в управлении предприятием** Mitbestimmung der Arbeitnehmer; **негласное -е** stille Beteiligung (Teilhaberschaft); **перекрёстное -е** wechselseitige Beteiligung; **при -и (с -ем)** unter Beteiligung; **с высокой долей -я** unter starker Beteiligung; **с -ем государства** unter staatlicher Beteiligung, halbstaatlich; **-е совета предприятия в управлении** Mitbestimmung des Betriebsrates; **соответствующий (пропорционально) доле -я** anteilig, anteilmäßig; **-е страхователя в возмещении убытков** Selbstbeteiligung *f*; **-е третьих лиц в капитале общества** Unterbeteiligung *f*

участник *m* Beteiligte *m*, Teilhaber *m*, Teilnehmer *m*; **быть -ом** teilhaben, teilnehmen; **~ аукциона** Bieter *m*; **~ биржевой торговли** Teilnehmer am Börsenhandel; **~ выставки** Aussteller *m*, Messeaussteller *m*; **~ дорожного движения** Verkehrsteilnehmer *m*; **~ конкурса** Mitbewerber *m*; **~ конференции** Konferenzteilnehmer *m*; **~ переговоров** Verhandlungspartner *m*; **~ платёжной системы** Teilnehmer eines Zahlungssystems; **~ рынка** Marktteilnehmer *m*; **~ сделки за совместный счёт и риск** Metist *m*; **~ торгов** Bieter *m*

участ|ок *m* Abschnitt *m*, Bereich *m*, Teilbereich *m*, Gebiet *n*; **обрабатывать земельный -ок** eine Fläche bewirtschaften; **осваивать**

строительный -ок Bauland erschließen; **вспомогательные -ки производства** Fertigungshilfskostenstellen *pl*; **земельный -ок (-ок земли)** Grundstück *n*, Anwesen *n*; **земельный -ок, на котором находится предприятие** Betriebsgrundstück *n*, Fabrikgrundstück *n*, Werksgrundstück *n*; **земельный -ок, на котором находится промышленное предприятие** Industriegrundstück *n*; **небольшой земельный -ок** Parzelle *f*; **основные -ки производства** Fertigungshauptkostenstellen *pl*; **предметно-замкнутые -ки производства** Fertigungsinseln *pl*; **-ок производства** Arbeitsbereich *m*, Gewerk *n*; **производственный -ок** Produktionsabschnitt *m*, Fertigungskostenstelle *f*; **самостоятельный -ок производства** Produktionsinsel *f*; **соседний земельный -ок** Nachbargrundstück *n*; **строительный -ок** Bau|gelände *n*, -land *n*; **частный земельный ~** Privatgrundstück *n*

учёба *f* Lehre *f*, Studium *n*, Lernen *n*

учебник *m* Lehrbuch *n*, Lernbuch *n*

учебн|ый Lehr-, Studien-, Unterrichts-; **-ый год** *m* Studienjahr *n*; **-ое заведение** *n* Lehranstalt *f*, Bildungsanstalt *f*

учение *n* Lehre *f*, Studium *n*, Lernen *n*; **~ об экономике, организации и управлении предприятием** Betriebs(wirtschafts)lehre *f*

ученик *m* Schüler *m*; Auszubildende (Azubi) *m*; **~ на производстве** Lehrling *m*

ученица *f* Schülerin *f*; Auszubildende (Azubi) *f*

ученичество *n* Lehre *f*; Lehrzeit *f*, Ausbildungszeit *f*

учёт *m* Buchführung *f*, Buchhaltung *f*, Rechnungsführung *f*, Rechnungswesen *n*; Abrechnung *f*, Aufzeichnung *f*, Erfassung *f*, Evidenz *f*, Nachweis *m*; Inventur *f*, Inventuraufnahme *f*; Diskont *m*, Diskontierung *f*, Begebung *f*; Beobachtung *f*; Eintragung *f*, Registrierung *f*; Statistik *f*, Zählung *f*; **вести ~** Buch (Aufzeichnungen) führen, erfassen; **вести ~ затрат (издержек)** die Kostenrechnung durchführen; **вести ~ поступлений и выбытий** Zu- und Abgänge erfassen; **представлять (вексель) на ~** zur Diskontierung einreichen; **производить ~** eine Inventur durchführen (machen), eine Erfassung (Erhebung) durchführen; **производить ~ накладных расходов** Gemeinkosten erfassen; **без -а** bereinigt, nach Ausschaltung, ohne Berücksichtigung; **аналитический ~** *(Buchh)* analytische Buchführung; **бухгалтерский ~** Buchführung *f*, Buchhaltung *f*; **бухгалтерский ~ без бухгалтерских книг** kontenlose Buchführung; **бухгалтерский ~ в филиале (предприятия)** Filialbuchführung *f*; **бухгалтерский ~ дебиторской задолженности** Debitorenbuchhaltung *f*; **бухгалтерский ~ закупок** Kreditorbuchhaltung *f*; **бухгалтерский ~ на предприятии** Geschäftsbuchhaltung *f*, Betriebs|buchführung *f*, -buchhaltung *f*, betriebliches Rechnungswesen; **бухгалтерский ~ основных средств** Anlagenbuchhaltung *f*; **бюджетный ~** Budgeterfassung *f*; **~ векселей** Wechsel|diskontierung *f*, -begebung *f*, Diskontierung (Begebung) von Wechseln; **вспомогательный ~** Nebenrechnung *f*; **вспомогательный бухгалтерский ~** Nebenbuchhaltung *f*; **выборочный ~** repräsentative Erhebung; **~ движения сырья и материалов** Erfassung der Materialbewegungen; **~ деловых операций** Aufzeichnung von Geschäftsvorfällen; **денежный ~** Geldrechnung *f*; **~ добавленной стоимости** Wertschöpfungsrechnung *f*; **документальный ~** Belegerfassung *f*; **~ заказов** Auftragserfassung *f*; **~ закупок** Wareneingangsrechnung *f*; **~ запасов** Bestandsrechnung *f*; **~ затрат (издержек)** Kostenrechnung *f*, Kosten|erfassung *f*, -nachweis *m*; **~ затрат (издержек) по видам (элементам)** Kostenartenrechnung *f*; **~ затрат (издержек) по месту их возникновения** Kostenstellenrechnung *f*; **~ затрат (издержек) по носителям (объектам)** Kostenträgerrechnung *f*; **~ затрат (издержек) по отдельным**

рабочим местам Platzkostenrechnung *f*; **~ издержек по заказу** Auftragsabrechnung *f*; **~ издержек производства побочной продукции** Restkostenwertrechnung *f*; **~ капиталовложений** Investitionsrechnung *f*, Anlagenrechnung *f*; **количественный ~** mengenmäßige Erfassung, mengenmäßiger Nachweis; **количественный ~ товарно-материальных ценностей** Materialbestandsrechnung *f*, Mengenrechnung *f*; **коммерческий бухгалтерский ~** kaufmännische Buchführung (Buchhaltung); **материальный ~ (~ материалов)** Material|buchführung *f*, -buchhaltung *f*, -rechnung *f*; **машинный (механизированный) ~** Maschinen|buchführung *f*, -buchhaltung *f*; **~ наличия** Bestandsführung *f*; **~ наличия товарно-материальных ценностей** Materialbestandsbuchführung *f*; **~ объёма продаж** Umsatzmessung *f*; **~ отдельных операций** Einzelnachweis *m*; **параллельный ~** Doppelrechnung *f*, doppelte Buchführung; **первичный ~** Ersterfassung *f*, Primärerhebung *f*; **~ переводных векселей** Trattenankauf *m*; **перманентный ~** permanente Inventur; **~ по восстановительной стоимости** Kostenrechnung nach dem Wiederbeschaffungswert; **~ по стадиям производства** Staffelrechnung *f*; **подлежащий -у** abrechenbar, erfassungspflichtig; **~ полных затрат (издержек)** Vollkostenrechnung *f*; **~ поступлений** Erlösrechnung *f*; **~ потребления (расхода)** Verbrauchsstatistik *f*; **поштучный ~** Stückrechnung *f*; **~ прибылей и убытков при распределении конкурсной массы** Verteilungsrechnung *f*; **принимаемый к -у** diskontfähig, diskontierbar; **~ продаж** Verkaufsabrechnung *f*; **~ произведённой продукции и предоставленных услуг** Leistungserfassung *f*; **производственный ~** Betriebs|abrechnung *f*, -erfassung *f*, -statistik *f*, betriebliches Rechnungswesen; **производственный ~ и отчётность** betriebliches Rechnungswesen; **~ производственной информации** Betriebsdatenerfassung *f*; **~ продаж** Verkaufsabrechnung *f*; **пропорциональный ~ издержек** Proportionalkostenrechnung *f*; **~ рабочего времени** Anwesenheitsnachweis *m*, Arbeitzeit|erfassung *f*, -nachweis *m*; **с -ом** unter Berücksichtigung; **с -ом инфляции** inflationsbereinigt; **~ себестоимости** Kostenrechnung *f*, Selbstkostenrechnung *f*; **секретный бухгалтерский ~** Geheimbuchführung *f*; **складской ~** Lager|buchführung *f*, -buchhaltung *f*; **складской ~ материалов с указанием остатка** Lagerbestandserfassung *f*, Lagerskontro *n*; **~ спроса** Bedarfsforschung *f*; **статистический ~ основных средств** Anlagenstatistik *f*; **статистический ~ по отдельным отраслям промышленности** Fachstatistiken *pl*; **стоимостный ~** wertmäßige Erfassung; **~ сырья и материалов** Materialnachweis *m*; **табельный ~** Anwesenheits|kontrolle *f*, -nachweis *m*; **текущий бухгалтерский ~** laufende Buchhaltung; **~ товарно-материальных ценностей** Material|buchführung *f*, -buchhaltung *f*, -rechnung *f*; **~ товарно-материальных ценностей на складе** Lagerbestandsaufnahme *f*; **~ товаров** Warenrechnung *f*; **управленческий ~** internes Rechnungswesen *n*; Kosten- und Leistungsrechnung *f*; **~ фактических доходов и расходов (государства) на конец бюджетного года** Kassenbudget *n*; **частичный ~** Teil|abrechnung *f*, -erfassung *f*; **~ явки на работу** Anwesenheits|kontrolle *f*, -nachweis *m*

учётн|ый Diskont-, Erfassungs-; **-ый банк** *m* Diskont|bank *f*, -haus *n*; **-ый бланк** *m* Erfassungsbogen *m*; **-ый вексель** *m* Diskontwechsel *m*; **-ый документ** *m* Erfassungsbeleg *m*; **-ая документация** *f* Aufzeichnung *f*; **-ая политика** *f* Diskontpolitik *f*; **-ый процент** *m* Diskont *m*; **-ая ставка** *f* Diskontsatz *m*

учётоспособный diskontfähig, diskontierbar

учётчик *m* Rechnungsführer *m*

училище *n* Lehranstalt *f*, Schule *f*; **коммерческое (торговое) ~** Handelsschule *f*; **профессиональное ~** Berufsschule *f*

учитываемый abrechenbar, erfassbar

учитывать erfassen, ausweisen, aufzeichnen; begeben, in Diskont nehmen; berücksichtigen, Rechnung tragen; **~ вексель** einen Wechsel begeben (diskontieren, in Diskont nehmen); **~ как убытки** als Verlust ausweisen; **~ предварительно** vorläufig erfassen; **~ специфические пожелания клиентов** auf spezifische Kundenwünsche eingehen

учредитель *m* Gründer *m*, Stifter *m*; **компания-~** Gründungsgesellschaft *f*; **~ общества (компании)** Gründer einer Gesellschaft; **член-~** Gründungsmitglied *n*

учредительн|ый Gründungs-; **-ое собрание** *n* Gründungsversammlung *f*

учредительск|ий Gründer-, Gründungs-; **-ие акции** *pl* Gründer|aktien *pl*, -anteilscheine *pl*; **-ая прибыль** Gründergewinn *m*; **-ая сделка** *f* Gründungsgeschäft *n*

учреждать gründen, stiften, einrichten, errichten, institutionalisieren; **~ банк** eine Bank gründen (einrichten, errichten); **~ компанию** eine Gesellschaft errichten (gründen); **~ общество (объединение)** einen Verein stiften; **~ предприятие (фирму)** ein Geschäft (ein Unternehmen) gründen, eine Firma einrichten (gründen); **~ фонд** eine Stiftung errichten (gründen), einen Fonds gründen (auflegen); **~ фонд в своей стране** einen Fonds im Inland domizilieren; **~ юридическое лицо** eine juristische Person gründen

учреждени|е *n* Einrichtung *f*, Institution *f*, Institut *n*; Dienststelle *f*, Amt *n*, Anstalt *f*, Behörde *f*, Stelle *f*; Gründung *f*, Stiftung *f*, Errichtung *f*; **образовывать (создавать) -е** eine Einrichtung (Institution) errichten; **административное -е** Verwaltungs|behörde *f*, -stelle *f*; **-я, аккумулирующие свободные денежные средства** Kapitalsammelstellen *pl*; **-е акционерного общества путём распространения акций по подписке** Zeichnungsgründung *f*; **банковское -е** Bank|anstalt *f*, -institut *n*; **бюджетные -я** Haushaltsinstitutionen *pl*, Budgetinstitutionen *pl*, Budgeteinrichtungen *pl*; **-е, ведущее поземельные книги** Grundbuchamt *n*; **ведущие денежно-кредитные -я** Währungsbehörden *pl*; **государственное -е** öffentliche Einrichtung (Anstalt), Anstalt des öffentlichen Rechts, Bundesbehörde *f*; **коммунальное -е** kommunale Einrichtung; **-е компании (общества)** Gesellschaftsgründung *f*; **компетентное -е** zuständige Behörde; **кредитное -е** Kredit|anstalt *f*, -institut *n*; **кредитное -е, хранящее вклады и выдающее долгосрочные ссуды для индивидуального строительства, ремонта и приобретения жилья** Bausparkasse *f*; **медицинское -е** medizinische Einrichtung; **муниципальное -е** kommunale Einrichtung; **научное -е** Wissenschaftseinrichtung *f*; **образовательное -е** Bildungs|einrichtung *f*, -anstalt *f*; **общеполезное -е** gemeinnützige Einrichtung; **правительственное -е** Regierungsstelle *f*; **-е, предоставляющее финансовые услуги** Finanzdienstleister *m*; **-е, размещающее заказ** auftraggebende Behörde; **-е системы социального обеспечения инвалидов** Hauptfürsorgestelle *f*; **социальное -е** soziale Einrichtung; **федеральное -е** Bundesbehörde *f*; **фиктивное -е (фирмы)** Scheingründung *f*; **финансовое -е** Finanzbehörde *f*, Finazierungsinstitut *n*; **финансово-кредитное -е** Geldinstitut *n*, Finanzierungsinstitut *n*; **-е фирмы** Firmengründung *f*, Geschäftsgründung *f*

учтённый erfasst

ущемление *n* Benachteiligung *f*, Einschränkung *f*, Schmälerung *f*; **~ интересов** Schmälerung der Interessen, Benachteiligung *f*

ущемлять benachteiligen, einschränken, schmälern

ущерб *m* Schaden *m*, Verlust *m*, Einbuße *f*, Nachteil *m*; **брать на себя ответственность за ~** für den

Schaden eintreten; **быть виновником -а** den Schaden verschulden; **возмещать ~** den Schaden abgelten (ersetzen, kompensieren wiedergutmachen), den Verlust ausgleichen (decken, ersetzen, kompensieren, wettmachen), einen Nachteil ausgleichen; **извещать об -е** den Schaden anmelden (anzeigen); **компенсировать ~** einen Nachteil ausgleichen, den Schaden abgelten (ersetzen, kompensieren, wiedergutmachen), den Verlust ausgleichen (ersetzen, kompensieren, decken, wettmachen); **нести ответственность за ~** für einen Schaden haften; **наносить ~ репутации** dem Ansehen (Image) schaden; **подтверждать ~** den Schaden nachweisen; **получать возмещение -а** einen Schaden ersetzt bekommen; **понести (потерпеть) ~** einen Schaden davontragen (erleiden), einen Verlust (Nachteil) erleiden, Einbußen hinnehmen müssen (verzeichnen); **(по)требовать возмещения -а** einen Schaden geltend machen; **предотвращать ~** einen Schaden abwenden (verhüten); **причинять (наносить) ~** einen Schaden anrichten (zufügen, verursachen) einen Nachteil zufügen; **проводить экспертную оценку -а** den Schaden begutachten; **сводить ~ к минимуму** Verluste minimieren; **возникший ~** entstandener Schaden; **~, вызванный отсрочкой (просрочкой)** Verzugsschaden *m*; **действительный ~** eingetretener Verlust; **денежный ~** Geldverlust *m*; **доказанный ~** nachgewiesener Schaden; **значительный ~** erheblicher Schaden; **имущественный ~** Vermögensschaden *m*; **коллизионный ~** Kollisionsschaden *m*; **косвенный ~** Folgeschaden *m*; **материальный ~** Materialschaden *m*, Sachschaden *m*, materieller Schaden; **моральный (нематериальный) ~** ideeller (immaterieller) Schaden; **общий (совокупный) ~** Gesamtschaden *m*, Total|schaden *m*, -verlust *m*; **~ окружающей среде** Umweltschaden *m*; **~ от аварии** Unfallschaden *m*, Havarieschaden *m*; **~ от пожара** Brandschaden *m*, Feuerschaden *m*; **понесённый ~** erlittener Schaden (Verlust); **причинённый ~** zugefügter Schaden; **~, причинённый в результате злоупотребления доверием** Vertrauensschaden *m*; **~, причинённый непогодой** Wetterschaden *m*; **~, причинённый третьему лицу** Drittschaden *m*; **финансовый ~** finanzieller Schaden; **частичный ~** Teil|schaden *m*, -verlust *m*, teilweiser Verlust

Ф

фабрик|а *f* Fabrik *f*, Fabrikanlage *f*, Werk *n*, Betrieb *m*; **закрывать -у** eine Fabrik (den Betrieb) stilllegen, ein Werk schließen; **изготавливать на -е** fabrikmäßig herstellen; **основывать -у** eine Fabrik (ein Werk, einen Betrieb) errichten (gründen); **открывать -у** eine Fabrik (einen Betrieb) eröffnen; **переводить -у на новое место** eine Fabrik verlagern; **строить -у** eine Fabrik (einen Betrieb) bauen (errichten); **автоматизированная -а** automatisierter Betrieb; **специализированная -а** spezialisierter Betrieb; **текстильная -а** Textilfabrik *f*; **частная -а** Privatbetrieb *m*; **швейная -а** Nähfabrik *f*, Bekleidungswerk *n*

фабрикант *m* Fabrikant *m*, Fabrikbesitzer *m*, Industrielle *m*

фабрикат *m* Fabrikat *n*, Erzeugnis *n*, Produkt *n*

фабричн|ый fabrikmäßig, Fabrik-; **-ый знак** Fabrikzeichen *n*; **-ый рабочий** Fabrikarbeiter *m*

фаза *f* Phase *f*, Stadium *n*, Stufe *f*, Etappe *f*; **~ воспроизводства** Reproduktionsperiode *f*; **~ депрессии** Depressionsphase *f*; **заключительная ~ производства** Endfertigung *f*; **~ исчерпания спроса на продукт** Degenerationsphase eines Produkts; **~ кризиса** Krisenphase *f*; **~ насыщения** Sättigungsphase *f*; **начальная ~** Anfangsstadium *n*; **~ проектирования** Entwurfsphase *f*; **~ производства** Produktionsphase *f*; **~ процесса** Teilprozess *m*; **~ развития**

Entwicklungsphase *f*, Wachstumsphase *f*; **~ создания и становления предприятия** Pionierphase *f*; **~ экономического цикла** Konjunkturphase *f*; **~ экономического спада** Rezessionsphase *f*

файл *m* Datei *f*; **~ данных** Datenfile *n*

факс *m* Fax *n*, Telefax *n*, Fernkopierer *m*, Telefaxgerät *n*, Fax-Gerät *n*; **по -у** per (über) Fax (Telefax)

факсимиле *n* Faximilestempel *m*, Unterschriftsstempel *m*

факсимильный аппарат *m* Fax-Gerät *n*, Fernkopierer *m*, Telefaxgerät *n*

факт *m* Tatsache *f*, Fakt *m*; **излагать -ы** Tatsachen darlegen; **опровергать -ы** Tatsachen widerlegen; **отрицать -ы** Tatsachen leugnen; **приводить (сообщать) -ы** Tatsachen angeben; **сопоставлять -ы** Tatsachen gegenüberstellen; **считаться с -ами** Tatsachen Rechnung tragen; **признанный ~** anerkannte Tatsache; **установленный ~** feststehende Tatsache

фактическ|ий effektiv, tatsächlich, Effektiv-, Ist-, Tatsachen-; **-ая величина** *f* Istwert *m*; **-ая заработная плата** *f* Effektivlohn *n*, effektiver Lohn; **-ий заработок** *m* Effektivverdienst *m*; **-ие издержки** *pl* **(расходы** *pl***)** Ist|aufwand *m*, -ausgaben *pl*, -kosten *pl*, Effektivkosten *pl*, effektive Kosten; **-ое наличие** *n* Effektivbestand *m*, Istbestand *m*; **-ая сторона** *f* **дела** Sachverhalt *m*, Tatbestand *m*; **-ая сумма** *f* Effektivbetrag *m*; **-ая сумма** *f* **расходов** tatsächliche Auslagen

фактор *m* Faktor *m*, Umstand *m*; Factor *m*, Factoringgesellschaft *f*, Factoringinstitut *n*; Kommissionär *m*, Makler *m*; **учитывать -ы** die Faktoren (Umstände) berücksichtigen (beachten); **~ безопасности (надёжности)** Sicherheitsfaktor *m*; **~, влияющий на конъюнктуру** Konjunkturfaktor *m*; **внешние -ы** *pl* äußere Faktoren *pl*; **воздействующий ~** Einflussfaktor *m*; **денежный ~** Geldfaktor *m*; **доминирующий (определяющий) ~** Bestimmungsfaktor *m*, dominierender Faktor; **~ затрат (издержек)** Kostenfaktor *m*; **народнохозяйственный ~ производства** volkswirtschaftlicher Produktionsfaktor; **-ы, ограничивающие мобильность труда и капитала** Mobilitätshemmnisse *pl*; **~, определяющий рост издержек** Kostentreiber *m*; **-ы, определяющие экономическую активность** Konjunkturfaktoren *pl*, konjunkturelle Faktoren; **потенциальные -ы производства** Potenzialfaktoren *pl*; **~ предпочтения** Präferenzfaktor *m*; **~ производства** Produktionsfaktor *m*, Leistungsfaktor *m*; **~ развития** Entwicklungsfaktor *m*, Faktor für die Entwicklung; **решающий ~** entscheidender Faktor; **~ роста** Wachstumsfaktor *m*; **рыночные -ы** Marktkräfte *pl*; **~, сдерживающий рост издержек** Kostenbremser *m*; **сезонный ~** Saisonfaktor *m*; **~ успеха** Erfolgsfaktor *m*

факторинг *m* Factoring *n*, Factoringgeschäft *n*, Kauf von Forderungen

факторный Faktor-; **~ анализ** *m* Faktoranalyse *f*; **~ доход** *m* Faktoreinkommen *n*

фактур|а *f* Faktura *f*, Rechnung *f*, Warenrechnung *f*; **выписывать -у** fakturieren, eine Rechnung ausschreiben; **выставлять -у** eine Faktura (eine Rechnung) ausstellen, fakturieren; **оплачивать -у** die Faktura (die Rechnung) begleichen; **посылать -у** eine Faktura senden; **коммерческая -а** Handels|faktura *f*, -rechnung *f*, Warenrechnung *f*; **консульская -а** Konsulatsfaktura *f*; **оригинальная (подлинная) -а** Original|faktura *f*, -rechnung *f*; **предварительная -а** Interimsfaktura *f*, Proforma|faktura *f*, -rechnung *f*; **сводная (месячная) -а** Sammel|faktura *f*, -rechnung *f*; **-а спецификация** spezifizierte Rechnung; **торговая -а** Handels|faktura *f*, -rechnung *f*, Warenrechnung *f*

фактурирование *n* Fakturierung *f*

фактурированный fakturiert

фактурировать fakturieren, eine Rechnung (Faktura) ausstellen (ausschreiben)

фактурн|ый Rechnungs-, Fakturen-; **-ая книга** *f* Fakturenbuch *n*; **-ая стоимость** *f* Rechnungs|wert *m*, -betrag *m*; **-ая сумма** *f* Rechnungsbetrag *m*

фальсификат *m* Fälschung *f*, gefälschtes Produkt

фальсификатор *m* Fälscher *m*

фальсификация *f* Fälschung *f*, Verfälschung *f*; **~ баланса** Bilanzfälschung *f*; **~ денег** Münzfälschung *f*; **~ товаров** Warenverfälschung *f*

фальсифицировать fälschen, verfälschen; **~ отчёт** einen Bericht fälschen; **~ продовольственные товары** Lebensmittel verfälschen

фальшивомонетчик *m* Falschmünzer *m*

фальшивомонетничество *n* Falschmünzerei *f*, Münzfälschung *f*

фальшив|ый falsch, gefälscht, Falsch-; **-ая банкнота** falsche Banknote, Blüte *f*; **-ые деньги** Falschgeld *n*

фантик *m (Handel)* Bonbonverpackung *f*, *(V&M)* Banner *m*

фас fas (free alongside ship, frei Längsseite Schiff); **цена** *f* **~** fas-Preis *m*

фасовать abpacken, abwiegen, abfüllen, verpacken, dosieren

фасовка *f* Abpacken *n*, Abfüllen *n*, Abfüllung *f*, Verpackung *f*

федеральн|ый Bundes-; **-ый бюджет** *m* Bundes|etat *m*, -haushalt *m*; **-ое ведомство** *n* Bundes|amt *n*, -anstalt *f*; **-ый долг** *m* Bundesschuld *f*; **-ая земля** *f* Bundesland *n*; **-ая казна** *f* Bundesschatz *m*; **-ое казначейство** *n* Bundeskasse *f*; **-ое правительство** *n* Bundesregierung *f*; **-ая собственность** *f* Bundesvermögen *n*; **-ое учреждение** *n* Bundesbehörde *f*

федерация *f* Bund *m*, Föderation *f*; Verband *n*

ферм|а *f* Farm *f*, Farmbetrieb *m*, Bauernhof *m*, Gutshof *m*, Hof *m*, landwirtschaftlicher Betrieb; **арендовать -у** einen Hof (eine Farm) pachten; **сдавать -у в аренду** einen Hof (eine Farm) verpachten; **управлять -ой** einen Hof (eine Farm) bewirtschaften; **арендованная -а** Pachthof *m*; **животноводческая -а** Viehfarm *f*; **образцовая -а** Mustergut *n*; **птицеводческая -а** Geflügelfarm *f*; **семейная -а** bäuerlicher (landwirtschaftlicher) Familienbetrieb

фермер *m* Farmer *m*, Bauer *m*, Landwirt *m*; **мелкий ~** Kleinbauer *m*

фермерск|ий Bauern-, Farm-; **-ое хозяйство** *n* Bauernhof *m*, Farmbetrieb *m*

фермерство *n* Bauernschaft *f*, Farmer *pl*

фидуциарн|ый fiduziarisch, treuhänderisch, Treuhand-; **-ое отношение** *n* Vertrauensverhältnis *n*; **-ая сделка** *f* Treuhandgeschäft *n*, fiduziarisches Geschäft; **-ая собственность** *f* fiduziarisches Eigentum

физиология *f* Physiologie *f*; **~ труда** Arbeitsphysiologie *f*

физическ|ий körperlich, physisch, natürlich, physikalisch; **-ое лицо** *n* natürliche Person; **-ая работоспособность** *f* körperliche Leistungsfähigkeit; **-ий труд** *m* körperliche Arbeit

фиксация *f* **(фиксирование)** Festlegung *f*, Festsetzung *f*, Fixierung *f*; **~ прибыли** Gewinnmitnahme *f*; **~ ставки** Zinssatzfixierung *f*; **~ цены** Preisfestlegung *f*, Fixing; **~ цены (продавцом) с учётом конъюнктуры** Preisfixierung *f*

фиксинг *m* Fixing *n*, Devisenfixing *n*, Notierung *f*

фиксированн|ый fest, Fest-, fix; **-ый обменный курс** *m* fester Wechselkurs; **-ые платежи** *pl* Festbeträge *pl*; **-ая процентная ставка** *f* fester Zinssatz; **-ая рента** *f* festverzinslicher Wert, feste Annuität

фиксировать festlegen, festsetzen, fixieren, bestimmen; festhalten; **~ цену** den Preis festsetzen

фиктивн|ый fiktiv, fingiert, Schein-; **-ый вексель** *m* Kellerwechsel *m*, Reitwechsel *m*; **-ый договор** *m* **(контракт** *m***)** Scheinvertrag *m*; **-ая компания** *f* Scheingesellschaft *f*; **-ый курс** *m* Scheinkurs *m*; **-ая покупка** *f* Scheinkauf *m*; **-ая продажа** *f* Scheinverkauf *m*; **-ая сделка** *f* Scheingeschäft *n*; **-ая фирма** *f* Schwindelfirma *f*, Strohfirma *f*

филиал *m* Filiale *f*, Außenstelle *f*, Geschäftsstelle *f*, Nebenstelle *f*, Niederlassung *f*, Zweigbetrieb *m*, Zweigniederlassung *f*, Zweigstelle *f*; **изменять местонахождение -а** die Niederlassung verlegen; **открывать ~** eine Filiale (einen Zweigbetrieb) errichten (eröffnen); **основывать (создавать) ~** eine Filiale (Außenstelle) errichten, eine Niederlassung aufbauen (errichten, gründen), sich niederlassen; **руководить -ом** eine Filiale (Geschäftsstelle, Niederlassung) leiten; **~ банка** Bank|filiale *f*, -zweigstelle *f*, Filialbank *f*; **~ бюро (конторы)** Filialbüro *n*, Zweigbüro *n*, Außenbüro *n*; **главный (основной) ~** Hauptniederlassung *f*; **заграничный ~** Auslands|filiale *f*, -niederlassung *f*; **~ предприятия** Filialgeschäft *n*, Zweigbetrieb *m*; **торгово-сбытовой ~** Vertriebsstützpunkt *m*; **~ торгового предприятия** Handelsniederlassung *f*

филиальн|ый Filial-, Zweig-; **-ый переводной чек** *m* Filialscheck *m*; **-ое предприятие** *n* Filial|betrieb *m*, -geschäft *n*, -unternehmen *n*; **-ая система** *f* **предприятий** Filialsystem *n*

философия *f* Philosophie *f*; **-я бизнеса** Unternehmensphilosophie *f*; **-я маркетинга** Marketingphilosophie *f*; **-я сотрудничества** Kooperationsphilosophie *f*

фильм *m* Film *m*; **рекламный ~** Werbefilm *m*; **учебный ~** Lehrfilm *m*

финансировани|е *n* Finanzierung *f*; **брать на себя -е** die Finanzierung übernehmen; **гарантировать -е** die Finanzierung zusichern; **давать согласие на -е** die Finanzierung zusagen; **оказывать посредничество в вопросах -я** die Finanzierung vermitteln; **отказывать в -и** die Finanzierung verweigern; **проводить -е** finanzieren, die Finanzierung übernehmen; **проводить промежуточное -е** zwischenfinanzieren; **банковское -е** Finanzierung durch eine Bank, Kreditfinanzierung *f*, Bankkredit *n*; **безусловное -е** Forfaitierung *f*, Forfaiting; **бюджетное -е** Finanzierung aus dem Haushalt; **вексельное -е** Wechselfinanzierung *f*; **внешнее -е** Außenfinanzierung *f*, Marktfinanzierung *f*; **-е внешней торговли** Außenhandelsfinanzierung *f*; **внутреннее -е** Innenfinanzierung *f*, Selbstfinanzierung *f*; **-е выпуска займа** Anleihefinanzierung *f*; **-е дефицита** Deficit spending, Defizitfinanzierung *f*, öffentliche Ausgaben zur Belebung der Wirtschaft; **-е долевого участия** Beteiligungsfinanzierung *f*; **дополнительное -е** Anschlussfinanzierung *f*; **-е жилищного строительства** Wohnungsbaufinanzierung *f*; **-е за счёт заёмных ресурсов (средств)** Fremdfinanzierung *f*; **-е за счёт прибылей** Finanzierung aus Gewinnen; **-е за счёт собственных ресурсов (средств)** Innenfinanzierung *f*, Eigenfinanzierung *f*, Selbstfinanzierung *f*; **забалансовое -е** Finanzierung außerhalb der Bilanz; **заёмное -е** Fremdfinanzierung *f*; **-е импорта** Einfuhrfinanzierung *f*, Importfinanzierung *f*; **-е инвестиций (капиталовложений)** Investitionsfinanzierung *f*, Anlagenfinanzierung *f*, Finanzierung von Investitionen; **индивидуальное -е** individuelle Finanzierung; **корпоративное -е** Unternehmensfinanzierung *f*; **-е лизинговой деятельности** Leasingfinanzierung *f*; **начальное (стартовое) -е** Anschubfinanzierung *f*; **-е основания предприятия** Gründungsfinanzierung *f*; **паевое -е** Beteiligungsfinanzierung *f*; **перекрестное -е** Querfinanzierung *f*; **переходное -е** Übergangsfinanzierung *f*; **-е погашения кредитов собственным капиталом** Ablösungsfinanzierung *f*; **пассивное -е** Passivfinanzierung *f*; **-е посредством факторных операций** Factoringfinanzierung *f*; **-е потребительского спроса** Kundenfinanzierung *f*; **предварительное -е** Vorfinanzierung *f*; **-е предприятий** Unternehmensfinanzierung *f*, Finanzierung der Betriebe; **-е проекта** Projektfinanzierung *f*, Finanzierung des Projekts; **промежуточное -е** Zwischenfinanzierung *f*; **прямое -е** Direktfinanzierung *f*; **-е путём кредитования** Kreditfinanzierung *f*; **-е рискованных предприятий** Wagnisfinanzierung *f*; **-е сбыта** Absatzfinanzierung *f*; **смешанное -е** Mischfinanzierung *f*; **совместное -е** Mitfinanzierung *f*; **-е создания (учреждения) фирмы** Gründungsfinanzierung *f*; **-е строительства** Baufinanzierung *f*; **-е транспорта (перевозок)** Verkehrsfinanzierung *f*; **целевое -е** Objektfinanzierung *f*, Zweckfinanzierung *f*; **частичное -е** Teilfinanzierung *f*; **-е через банк** Finanzierung durch eine Bank; **-е экспорта** Ausfuhrfinanzierung *f*, Exportfinanzierung *f*; **-е экспортных операций (сделок)** Finanzierung von Exportgeschäften; **эмиссионное -е** Emissionsfinanzierung *f*

финансировать finanzieren, Kapital beschaffen; **~ долевое участие** Beteiligungen finanzieren; **~ за счёт бюджета** aus dem Haushalt finanzieren; **~ за счёт выручки** aus dem Erlös finanzieren; **~ за счёт заёмных средств** fremd finanzieren; **~ за счёт собственных средств** aus eigenen Mitteln finanzieren; **~ предварительно** vorfinanzieren; **~ программу** ein Programm finanzieren; **~ проект** ein Projekt finanzieren; **~ совместно** mitfinanzieren; **~ строительство** einen Bau finanzieren

финансируемый finanziert; **~ за счёт привлечения средств со стороны** fremdfinanziert; **~ за свой счёт** eigenfinanziert

финансист *m* Finanzier *m*, Finanzfachmann *m*

финансово-кредитн|ый Geld-, Finanz-, Kredit-; **~ ое учреждение** *n* Geldinstitut *n*, Finanzierungsinstitut *n*

финансово-экономический finanzwirtschaftlich

финансов|ый finanziell, Finanz-, Finanzierungs-, Geld-; **-ые активы** *pl* Finanzanlagen *pl*; **-ый акцепт** *m* Finanzakzept *n*; **-ый вопрос** *m* finanzielle Angelegenheit; **-ый год** *m* Haushaltsjahr *n*, Rechnungsjahr *n*, Geschäftsjahr *n*, Steuerjahr *n*; **-ая группа** *f* Finanzgruppe *f*; **-ое имущество** *n* Finanzvermögen *n*; **-ый отчёт** *m* Finanzbericht *m*; **-ое положение** *n* Finanzlage *f*, finanzielle Lage; **-ая помощь** *f* Finanzhilfe *f*, finanzielle Hilfe (Unterstützung); **-ые поступления** *pl* Finanzaufkommen *n*; **-ая сделка** *f* Finanzgeschäft *n*, Geld|geschäft *n*, -transaktion *f*; **-ая система** *f* Finanzwesen *n*, Finanzwirtschaft *f*; **-ое учреждение** *n* Finanzierungsinstitut *n*, Finanzbehörde *f*; **-ый центр** *m* Finanzplatz *m*

финанс|ы *pl* Finanzen *pl*, Finanz *f*, Finanzwesen *n*, Geldwesen *n*; Geld *n*, Gelder *pl*, Geldmittel *pl*, Finanzmittel *pl*; **санировать (оздоровлять) -ы** die Finanzen (das Finanzwesen) sanieren; **государственные -ы** öffentliche Finanzen, öffentliches Finanzwesen, Staats|finanzen *pl*, -kasse *f*; **обладающий -ами** finanzkräftig; **федеральные -ы** Bundesmittel *pl*

фио fio (free in and out, frei ein und aus)

фирм|а *f* Firma *f*, Unternehmen *n*, Gesellschaft *f*; **вести дела -ы (возглавлять -у)** eine Firma führen (leiten); **закрывать (ликвидировать) -у** eine Firma (Gesellschaft) auflösen (löschen, tilgen); **зарегистрировать -у в торговом реестре** die Firma ins Handelsregister eintragen (lassen); **изменить название -ы** den Firmennamen ändern; **основывать (создавать, учреждать) -у** eine Firma aufbauen (errichten, etablieren, gründen); **перейти на работу в другую -у** die Firma wechseln; **реорганизовывать -у** ein Unternehmen umstrukturieren; **руководить (управлять) -ой** eine Firma führen (leiten); **аудиторская -а** Buchprüfungsfirma *f*, Prüfungsgesellschaft *f*, Revisionsgesellschaft *f*, Wirtschaftsprüfungsgesellschaft *f*; **аукционная -а** Auktionshaus *n*, Versteigerungsfirma *f*; **брокерская -а** Broker|firma *f*, -haus *n*; **-а, в названии которой содержится указание на вид её деятельности** Sachfirma *f*; **-а, в названии которой указывается фамилия и имя владельца** Personenfirma *f*, Personalfirma *f*; **-а, ведущая операции с недвижимостью** Immobilien|firma *f*, -gesellschaft *f*; **внешнеторговая -а** Außenhandelsgesellschaft *f*; **-а, выдающая право на ведение дел**

(эксплуатацию предприятия) по своей технологии Franchise-Geber *m*; **головная -а** Mutter|gesellschaft *f*, -haus *n*, Stammhaus *n*, Hauptstelle *f*; **дилерская -а** Einzelhandelsunternehmen *n*, Händler *m*; **-а, доминирующая на рынке** marktbeherrschende Firma; **дочерняя -а** Tochter|gesellschaft *f*, -unternehmen *n*; **-а, занимающая ведущие позиции на рынке** Markt|führer *m*, -leader *m*; **-а-изготовитель** Herstellerfirma *f*, Hersteller *m*; **-а, имеющая филиалы** Filial|unternehmen *n*, -geschäft *n*, Filialist *m*; **-а-импортёр** Einführer *m*, Importeur *m*; **инженерная -а** Ingenieur|büro *n*, -gesellschaft *f*; **коммерческая -а** Handels|firma *f*, -gesellschaft *f*, -geschäft *n*, -haus *n*, -unternehmen *n*; **комиссионная -а** Kommissionsfirma *f*; **компьютерная -а** Computerhersteller *m*; **конкурирующая -а (-а-конкурент)** Konkurrenz|firma *f*, -gesellschaft *f*, Konkurrenz *f*; **консультационная (консалтинговая) -а** Beratungsgesellschaft *f*, Consulting-Unternehmen *n*; **крупная -а** Großunternehmen *n*; **крупная -а, торгующая по пересылке** Großversandhaus *n*; **материнская (основная) -а** Mutter|gesellschaft *f*, -haus *n*, Stammhaus *n*; **многофилиальная -а** Filial|geschäft *n*, -unternehmen *n*; **надёжная -а** zuverlässige Firma; **оптовая -а** Großhandels|firma *f*, -geschäft *n*, -unternehmen *n*, Großhändler *m*, Grossist *m*; **подконтрольная -а** abhängige Gesellschaft; **-а-покупатель** Käufer *m*, Bezieher *m*, Abnehmer *m*; **-а-поставщик** Lieferfirma *f*; **посылочная торговая -а (-а, торгующая по пересылке)** Versand|handelsunternehmen *n*, -haus *n*; **-а, предлагающая лицензию на ведение дел по своей технологии** Franchise-Anbieter *m*; **-а, предоставляющая внаём временную рабочую силу** Verleihfirma *f*, Leiharbeitsfirma *f*; **~, прекратившая своё существование** erloschene Firma; **принадлежащий -е** firmeneigen; **-а, принадлежащая одному лицу** Einzelfirma *f*; **производственная -а** Produktionsfirma *f*; **-а-производитель** Herstellerfirma *f*, Hersteller *m*, Betriebsgesellschaft *f*; **промышленная -а** Produktionsfirma *f*; **розничная торговая -а** Einzelhandelsunternehmen *n*; **-а с хорошей репутацией** renommierte (zuverlässige) Firma; **сбытовая -а** Absatzträger *m*, Vertriebs|firma *f*, -gesellschaft *f*, -unternehmen *n*; **совместная -а** gemeinsame Firma, Gemeinschaftsfirma *f*; **солидная -а** renommierte Firma; **средняя -а** mittelständische Firma; **-а, специализирующаяся на факторинге** Factor *m*, Factoring|gesellschaft *f*, -institut *n*; **-а-субподрядчик** Zulieferfirma *f*; **-а, терпящая убытки** angeschlagene Firma; **торговая -а** Handels|firma *f*, -gesellschaft *f*, -geschäft *n*, -haus *n*, -unternehmen *n*; **туристическая -а** Reiseveranstalter *m*; **фиктивная -а** Schwindelfirma *f*; **частная -а** Privat|firma *f*, -geschäft *n*, -unternehmen *n*; **-а-экспортёр (экспортная -а)** Export|firma *f*, -unternehmen *n*; **экспортно-импортная -а** Export-Import-Unternehmen *n*; **-а, являющаяся местом производственного обучения (стажировки)** Übungsfirma *f*

фирма-цель *f* Zielgesellschaft *f*, zur Übernahme angesehene Firma

фирменн|ый Firmen-, Marken-; **-ый знак** *m* **(-ая марка)** Firmen|marke *f*, -zeichen *n*, Marke *f*; **-ое наименование** *n* **(обозначение** *n***)** Firmenbezeichnung *f*; **отличительный -ый знак** *m* Firmenlogo *n*; **-ый продукт** *m* Marken|erzeugnis *n*, -produkt *n*; **-ый товар** *m* Markenware *f*, Marke *f*; **-ый товарный знак** *m* Marke *f*, Firmenzeichen *n*

фиск *m* Fiskus *m*, Staatskasse *f*

фискальн|ый fiskalisch, Fiskal-, Steuer-; **-ый год** *m* Steuerjahr *n*; **-ое налогообложение** *n* fiskalische Besteuerung; **-ые органы** *pl* Finanzbehörden *pl*, Steuerbehörden *pl*; **-ая политика** *f* Fiskalpolitik *f*, Steuerpolitik *f*; **-ая таможенная пошлина** *f* Fiskalzoll *m*

фишки *pl*, **голубые ~** *(Bö)* Blue Chips *pl*

флаер *m* Flyer *m*

флаг *m* Flagge *f*, Fahne *f*; **плавать под -ом** eine Flagge führen; **поднять ~** die Flagge aufziehen (hissen); **дешёвый (удобный) ~** Billigflagge *f*, billige Flagge; **торговый ~** Handelsflagge *f*
флат flat, tel quel
флора *f* Flora *f*, Pflanzenwelt *f*
флот *m* Flotte *f*; **коммерческий (торговый) ~** Handelsflotte *f*; **рыболовный ~** Fischereiflotte *f*
флуктуация *f* Fluktuation *f*, Schwankung *f*
фоб fob (free on board, frei an Bord)
фокус-группа *f (V&M)* Fokusgruppe *f*
фонд *m* Fonds *m*, Rücklage *f*, Stiftung *f*; Bestand *m*; Geldmittel *pl*, Mittel *pl*; **закрывать (ликвидировать) ~** einen Fonds auflösen; **использовать -ы** Mittel in Anspruch nehmen; **модернизировать жилищный ~** den Wohnungsbestand modernisieren; **обеспечивать -ами** mit einem Fonds (Mitteln) ausstatten; **образовывать ~** einen Fonds bilden (anlegen); **основывать (учреждать) ~** einen Fonds (eine Stiftung) einrichten (gründen); **управлять -ом** einen Fonds verwalten; **акционерный ~** Aktienfonds *m*; **амортизационный ~** Amortisationsfonds *m*, Tilgungsfonds *m*; **банковские резервные -ы** Bankrücklagen *pl*; **быстрорастущий ~** Wachstumsfonds *m*; **валютный ~** Währungsfonds *m*; **~, ведущий операции с краткосрочными ценными бумагами** Geldmarktfonds *m*; **взаимный ~ "без нагрузки"** Fonds, die ohne Ausgabeaufschlag verkauft werden; **взаимный ~ "с нагрузкой"** Fonds, die mit Ausgabeaufschlag verkauft werden; **~ взаимных инвестиций** *(Fin)* offener Investmentfonds *m*; **~ выравнивания обменных курсов** Währungsausgleichsfonds *m*; **~ гарантии банковских вкладов** Einlagensicherungsfonds *m*; **гарантийный ~** Sicherheits|bestand *m*, -rücklage *f*, Deckungskapital *n*; **государственный внебюджетный ~** staatlicher Fonds außerhalb des Haushalts; **государственный ~ занятости населения** staatlicher Beschäftigungsfonds; **~ делькредере** Delkredererückstellung *f*; **~ денежного рынка** Geldmarktfonds *m*; **жилищный ~** Wohnungsbestand *m*; **закрытый ~** geschlossener Fonds; **закрытый инвестиционный ~** geschlossener Investmentfonds; **золотовалютный ~** Gold- und Devisenreserven *pl*; **зонтичный ~** Dachfonds *m*; **инвестиционный ~** Anlagefonds *m*, Investement|fonds *m*, -gesellschaft *f*, Fondsgesellschaft *f*; **инвестиционный ~ открытого типа** Publikumsfonds *m*, offener Anlagefonds (Investmentfonds *m*); **инвестиционный ~ с переменным портфелем ценных бумаг** Investmentfonds, dessen Wertpapierbestand auswechselbar ist; **инвестиционный ~, специализирующийся на вложении капитала в прибыльные, но рискованные предприятия** Spezialitätenfonds *m*; **инвестиционный ~, средства которого вложены в акции** Aktienfonds *m*; **инвестиционный ~, стремящийся к максимальному приросту стоимости имущества** Wachstumsfonds *m*; **инвестиционный ~ ценных бумаг** Wertpapierfonds *m*; **инвестиционный ~ ценных бумаг с фиксированным процентом** Rentenfonds *m*; **индексный ~** Indexfonds *m*; **интервальный паевой инвестиционный ~** offener Anlagefonds (Investmentfonds) mit Intervallauszahlungen; **ипотечный ~** Hypothekenfonds *m*; **~ капиталовложений в недвижимость** Immobilienfonds *m*; **~ компенсации ущерба и убытков** Lastenausgleichsfonds *m*; **компенсационный (уравнительный) ~** Ausgleichsfonds *m*; **~ материального поощрения** Prämienfonds *m*; **Международный валютный ~** Internationaler Währungsfonds, Weltwährungsfonds *m*; **~ накопления** Thesaurierungsfonds *m*; **~ недвижимости** Immobilienfonds *m*; **~ облигаций** Obligationsfonds *m*; **~ оборотных средств** Umlaufvermögen *n*; **~ обязательного медицинского страхования** Fonds der gesetzlichen Krankenversicherung; **~ основного**

капитала Kapitalfonds *m*; **~ основных средств** Anlagevermögen *n*; **особый ~** Spezialfonds *m*; **открытый ~** offener Fonds; **открытый паевой инвестиционный ~** offener Anlagefonds (Investmentfonds), Publikumsfonds *m*; **оффшорный ~** Off-shore-Fonds *m*; **пенсионный ~** Pensionsfonds *m*, Rentenfonds *m*; **~ пенсионного страхования** Rentenversicherungsanstalt *f*; **~ погашения задолженности** Ablösungsfonds *m*, Amortisationsfonds *m*, Tilgungsfonds *m*; **~ покрытия** Deckungsfonds *m*; **~ помощи** Hilfsfonds *m*; **~ потребления** Verbraucherfonds *m*; **~ предприятия** Betriebsfonds *m*; **премиальный ~** Prämienfonds *m*; **~ публичного права** Stiftung des öffentlichen Rechts; **~ развития (содействия)** Förderungsfonds *m*; **распорядительный ~** Dispositionsfonds *m*; **~ регулирования** Ausgleichsfonds *m*; **резервный ~** Reservefonds *m*, Sicherungsfonds *m*, Rücklage *f*, Rückstellung *f*; **резервный ~ для выплаты отпускных** Urlaubsrückstellung *f*; **резервный ~ для выравнивания колебаний конъюнктуры** Konjunkturausgleichsrücklage *f*; **~ реновации** Erneuerungs|fonds *m*, -rücklage *f*; **смешанный ~** gemischter Fonds *m*, Mischfonds *m*; **~ социального страхования** Sozialversicherungsfonds *m*; **~ специального назначения** Zweckvermögen *n*; **специальный ~** Spezialfonds *m*; **стабилизационный ~** *(Bank)* Stabilisierungsfonds *m*; **~, ставящий целью достижение максимального дохода** Renditefonds *m*, Einkommensfonds *m*; **~ страхования банковских вкладов** Einlagensicherungsfonds *m*, Feuerwehrfonds *m*; **страховой ~** Sicherungsfonds *m*, Deckungskapital *n*; **~ субсидий** Subventionsfonds *m*; **федеральный ~ обязательного медицинского страхования** Föderalfonds der medizinischen Pflichtversicherung; **~ финансирования кредитов** Kreditabwicklungsfonds *m*; **~ частного права** Stiftung des privaten Rechts

фондирование *n* Kontingentierung *f*, Bewirtschaftung *f*

фондов|ый Effekten-, Wertpapier-, Fonds-; **-ая биржа** *f (Bö)* Effektenbörse *f*, Wertpapierbörse *f*; **-ые операции** *pl (Bö)* Effektenhandel *m*, Wertpapierhandel *m*

фондоемкость *f* Anlagenintensität *f*

фонд|ы *pl* Gelder *pl*, Geldmittel *pl*, Mittel *pl*, Fonds *m*, Vorräte *pl*, Effekten *pl*, Wertpapiere *pl*; **выделять (предоставлять) -ы** Mittel bereitstellen (bewilligen, zuweisen); **обеспечивать -ами** mit Mitteln ausstatten; **расходовать -ы** Mittel verbrauchen; **оборотные -ы** Umlaufvermögen *n*; **основные -ы** Anlagevermögen *n*; **производственные -ы** Betriebs|vermögen *n*, -fonds *m*

фор for (free on rail, frei Waggon, frei Eisenbahn)

форвардн|ый auf Termin (Zeit), Termin-, Zeit-; **-ый контракт** *m* Termin|kontrakt *m*, -abschluss *m*; **-ый обменный курс** *m* Devisenterminkurs *m*; **-ая операция** *f* **(сделка *f*)** *(Bö, Fin)* Termingeschäft *n*, Zeitgeschäft *n*, Geschäft auf Termin; **-ый рынок** *m (Bö)* Terminmarkt *m*

Форекс *m* Forex, Devisenmarkt *m*

форм|а *f* Form *f*, Gestalt *f*; Formblatt *n*, Formular *n*, Vordruck *m*; **заполнять -у** ein Formular (einen Vordruck) ausfüllen; **принимать -у** die Form annehmen; **денежная -а** Geldform *f*; **денежная -а оплаты труда** Geldlohn *m*; **-а заработной платы** Lohnform *f*; **-а изделия (продукта)** Produktform *f*; **-а инвестиций (капиталовложений)** Anlageform *f*; **инкассовая -а расчётов** Inkassoverfahren *n*; **кооперативная -а торговли** Konsumhandel *m*; **копировальная -а счетоводства** Durchschreibebuchführung *f*; **общественная -а** Gesellschaftsform *f*; **-а оплаты (труда)** Entlohnungsform *f*, Lohnform *f*; **-а оплаты труда, при которой часть заработной платы вкладывается в капитал предприятия** Investivlohn *m*; **организационная -а** Organisationsform *f*; **-а отчётности** Berichtsbogen *m*; **письменная -а** Schriftform *f*; **-а платежа** Zahlungsmodus *m*; **по (согласно) -е** form|gemäß, -gerecht; **правовая -а** Rechtsform *f*; **правовая -а предприятия** Unternehmensform *f*; **-а сельскохозяйственного или торгового предприятия** Betriebsform *f*; **-а привлечения капитала** Kapitalbeschaffungsform *f*; **-а продукта (изделия)** Produktform *f*; **произвольная -а** Formfreiheit *f*; **-а расчётов** Verrechnungsverfahren *n*; **-а рынка** Marktform *f*; **-а собственности** Eigentumsform *f*; **табличная -а** Tabellenform *f*; **установленная -а** Formvorschrift *f*; **-а учреждения акционерного общества, когда учредители полностью распределяют между собой акции** Einheitsgründung *f*; **-а хозяйствования (экономики)** Wirtschaftsform *f*; **-а хранения сбережений** Sparform *f*; **юридическая -а** Rechtsform *f*

формальност|ь *f* Formalität *f*, Förmlichkeit *f*, Formvorschrift *f*; **выполнять -и** Formalitäten (Formvorschriften) erfüllen; **разрешать -и** Formalitäten erledigen; **без -ей** ohne Formalitäten; **таможенные -и** Zollformalitäten *pl*; **экспортные -и** Ausfuhrförmlichkeiten *pl*

формальн|ый formell, formal, offiziell, förmlich; **-ое право** *n* formelles Recht

формат *m* Format *n*

формирование *n* Bildung *f*, Formung *f*, Gestaltung *f*; **~ резервного фонда** Rücklagenbildung *f*; **~ собственности** Eigentumsbildung *f*, Vermögensbildung *f*; **~ спроса** Lenkung des Bedarfs; **~ текста** *(Comp)* Textformatierung *f*; **~ цен** Preisbildung *f*

формировать bilden, formen, gestalten

формула *f* Formel *f*; **счётная ~** Buchungssatz *m*; **~ успеха** Erfolgsformel *f*; **эмпирическая ~** Faustformel *f*

формулировать formulieren, definieren, abfassen

формулировка *f* Formulierung *f*, Definition *f*, Abfassung *f*; **~ текста** Textformulierung *f*; **~ цели** Zielformulierung *f*

формуляр *m* Formblatt *n*, Formular *n*, Vordruck *m*; **заполнять ~** ein Formular (einen Vordruck) ausfüllen; **заполненный ~** ausgefülltes Formular; **расчётный ~** Abrechnungsformular *n*; **стандартный ~** Einheits|formular *n*, -vordruck *m*, Standardformular *n*

форсирование *n* Beschleunigung *f*, Forcierung *f*, Verstärkung *f*; **~ экономического развития** Wirtschaftsankurbelung *f*

форсировать beschleunigen, forcieren, verstärken

форс-мажор *m* höhere Gewalt *f*, Force majeur

форум *m* Forum *n*, **экономический ~** Wirtschaftsforum *n*

форфейтор *m* Forfaiteur *m*

форфейтинг *m*, **форфетирование** *(Fin)* Forfaitierung *f*, Forfaiting

форфейтировать forfaitieren

фот fot (free on truck, frei Fahrzeug)

фотоаппарат *m* Kamera *f*, Fotoapparat *m*

фотография *f* **(фотокарточка, фотоснимок)** Bild *n*, Lichtbild *n*, Foto(grafie *f*) *n*; **~ рабочего времени** Aufnahme der Arbeitszeit

фотокопия *f* Fotokopie *f*

фрактал *m (Comp)* Fraktal *m*

франк *m* Franken *m*, Franc *m*

франкирование *n* Frankierung *f*, Freimachung *f*

франкировать frankieren, freimachen; **~ письмо** einen Brief frankieren

франко franko, frei, frachtfrei, Franko-, Fracht bezahlt; **~-борт** frei an Bord (fob); **~-вагон** franko (frei) Waggon, frei Eisenbahn (for); **~-вагон станция отправления** frei Waggon benannter Abgangsort; **~-валюта** franko Valuta; **~ вдоль борта судна** frei Längsseite des Schiffes (fas); **~-граница** frei Grenze; **~-грузовик** frei Fahrzeug (fot); **~-диспач** frei Eilgeld; **~-железнодорожная станция** franko (frei) Bahnhof; **~-завод поставщик** (frei) ab Fabrik (Werk), ex works; **~-комиссия** franko Provision, provisionsfrei; **~-куртаж** franko Courtage; **~-местоназначение** frachtfrei; **~-местонахождение** frei ab Haus; **~-перевозчик** frei Frachtführer (free carrier,

FCA); **~-порт и страховка** frei Hafen und versichert; **поставка ~** Frankolieferung *f*; **~-пристань** ab Kai; **~-провоз по железной дороге** bahnfrei; **~ с судна** frei ab Schiff; **~-склад покупателя** frei Lager des Kunden; **~-склад продавца** ab Lager; **~-станция** franko (frei) Bahnhof; **~-судно** frei Schiff, ab Schiff; **~-таможенная пошлина** frei verzollt; **~-условие** Frankobedingung *f*; **~-фрахт** franko Fracht, frachtfrei; **~-фрахт и таможенная пошлина** franko Fracht und Zoll

франшиза *f* Franchise *f*, Selbstbeteiligung *f*

франчайз *m* Franchise, Konzession *f*, Alleinverkaufsrecht *n*

франчайзинг *m* Franchising

фрахт *m* Fracht *f*, Fahrgeld *n*, Ladung *f*, Frachtgut *n*; **исчислять ~** Fracht berechnen; **~ оплачивает получатель** Fracht zahlt Empfänger, Fracht per Nachnahme; **оплачивать ~** Fracht (be)zahlen; **перевозить (транспортировать) ~** Fracht befördern; **включая ~** Fracht inklusive, einschließlich Fracht; **дополнительный ~** Frachtaufschlag *m*, Mehrfracht *f*; **~ за ваш счёт** Fracht zu Ihren Lasten; **~ за обратную перевозку** Rückfracht *f*; **~ за перевозку груза до места назначения** Hinfracht *f*; **~ за перевозку груза по железной дороге** Bahnfracht *f*; **~ за перевозку груза пропорционально расстоянию** Distanzfracht *f*; **корабельный (судовой) ~** Schiffsfracht *f*, Schiffsladung *f*; **мёртвый ~** Leerfracht *f*; **морской ~** Seefracht *f*; **обратный ~** Rückfracht *f*; **общий ~** Gesamtfracht *f*; **океанский ~** Überseefracht *f*; **паушальный ~** Pauschalfracht *f*; **~, подлежащий оплате грузополучателем в порту назначения** unfrei; **~, размер которого зависит от времени фрахтования** Zeitfracht *f*; **~ уплачен в порту погрузки** Fracht vorausbezahlt; **франко-~** franko Fracht, frachtfrei

фрахтование *n* **(фрахтовка** *f***)** Befrachtung *f*, Chartern *n*, Mieten *n*; **~ судна** Schiffsbefrachtung *f*

фрахтователь *m* Befrachter *m*, Charterer *m*, Mieter *m*

фрахтовать befrachten, chartern, verfrachten, mieten

фрахтовщик *m* Frachtführer *m*, Verfrachter *m*; **~, продолжающий перевозку груза** Unterfrachtführer *m*

фрахтов|ый Fracht-, Befrachtungs-, Charter-; **-ый бизнес** *m* Frachtgeschäft *n*; **-ая биржа** *f* Frachtbörse *f*, Schifffahrtsbörse *f*; **-ый брокер** *m* Frachtmakler *m*; **-ый ордер** *m* Befrachtungsauftrag *m*, Charterauftrag *m*; **-ая сделка** *f* Befrachtungsgeschäft *n*, Frachtgeschäft *n*; **-ая ставка** *f* Fracht|rate *f*, -satz *m*; **-ый тариф** *m* Frachttarif *m*, Gütertarif *m*

фрилансер *m* freier Mitarbeiter

фронт-офис *m*, **фронтофис** *m* Website-Gestaltung, Internetauftritt, Kundenbereich; Front Office, repräsentative Büroräume

фрустрация *f* Frustration *f*

фрэнчайз *m* Franchise, Konzession *f*, Alleinverkaufsrecht *n*

фрэнчайзинг *m* Franchising

фундамент *m* Basis *f*, Grundlage *f*, Fundament *n*

фундаментальн|ый grundlegend, Fundamental-, Grundlagen-; **-ое изменение** *n* grundlegende Änderung; **-ые исследования** *pl* Grundlagenforschung *f*

фундированный fundiert, Fundierungs-; **~ долг** *m* fundierte Schuld; **~ заём** *m* Fundierungsanleihe *f*

функциональн|ый funktional, Funktions-; **-ая надёжность** *f* Funktions|sicherheit *f*, -tüchtigkeit *f*; **-ая организация** *f* funktionale Organisation *f*

функционирование *n* Funktion *f*, Funktionieren *n*, Funktionsfähigkeit *f*; **безупречное ~** reibungsloses Funktionieren; **~ экономики** Funktionsfähigkeit der Wirtschaft

функционировать fungieren, funktionieren; **~ без помех** reibungslos funktionieren; **~ на практике** in der Praxis funktionieren

функционирующий funktionsfähig, funktionierend

функци|я *f* Funktion *f*, Aufgabe *f*; **брать на себя -и** Funktionen übernehmen;

исполнять -и Funktionen abwickeln (erfüllen, wahrnehmen); **передавать -и** Aufgaben übertragen; **административная -я** Verwaltungsaufgabe *f*; **благотворительная -я** Wohlfahrtsfunktion *f*; **-я денег** Geldfunktion *f*; **ключевая -я** Schlüsselfunktion *f*; **контролирующая -я** Kontrollfunktion *f*; **корректирующая -я** Ausgleichsfunktion *f*; **основная -я** Hauptfunktion *f*; **-я потребления** Konsumfunktion *f*, Verbrauchsfunktion *f*; **-я предложения** Angebotsfunktion *f*; **-я предприятия** Unternehmensfunktion *f*; **-я производства (производственная -я)** Produktionsfunktion *f*, Betriebsfunktion *f*, betriebliche Funktion; **-я распределения** Verteilungsfunktion *f*; **-я согласования** Koordinationsfunktion *f*; **-я спроса** Nachfragefunktion *f*; **-я средства обмена** Tauschmittelfunktion *f*; **-я управления (управленческая -я)** Führungsaufgabe *f*, Leitungs|aufgabe *f*, -funktion *f*, Verwaltungsfunktion *f*, Managementfunktion *f*; **-я цена-сбыт** Preis-Absatz-Funktion *f*; **фискальная -я** fiskalische Funktion *f*; **частная -я** Teilfunktion *f*

фунт *m* Pfund *m*, pound; **~ стерлингов** Pfund Sterling

фураж *m* Futter *n*, Futtermittel *pl*

фуражн|ый Futter-; **-ое зерно** *n* Futtergetreide *n*, Getreide für Futterzwecke

фургон *m* Lieferwagen *m*

фут *m* Fuß *m*, foot

фьючерс *m* (**ы** *pl*) Futures, Terminkontrakte *pl*, Termingeschäfte *pl*, Zeitgeschäfte *pl*, Geschäfte auf Termin

фьючерсн|ый Futures-, Termin-, Zeit-; **-ая биржа** *f* Terminbörse *f*; **-ый контракт** *m* Terminkontrakt *m*; **-ый рынок** *m* Terminmarkt *m*; **-ая операция** *f* **(сделка)** *f* Termingeschäft *n*, Zeitgeschäft *n*, Geschäft auf Termin

Х

хайринг *m* mittelfristiges Mieten *n*, Hiring

хакер *m (Comp)* Hacker *m*

халатность *f* Fahrlässigkeit *f*, Nachlässigkeit *f*, Vernachlässigung *f*; **допустить (проявить) ~** durch Fahrlässigkeit verschulden; **преступная ~** bewusste Fahrlässigkeit

халатн|ый fahrlässig, nachlässig; **относиться -о** vernachlässigen

хаос *m* Chaos *n*, Durcheinander *n*; **валютный ~** Wahrungschaos *n*; **экономический ~** Wirtschaftschaos *n*

характер *m* Charakter *m*, Art *f*, Beschaffenheit *f*, Eigenart *f*, Wesen *n*; **~ работы (эксплуатации)** Betriebsart *f*

характеризовать charakterisieren, kennzeichnen

характеристик|а *f* Charakteristik *f*, Kennwert *m*, Kennzeichen *n*, Kennzeichnung *f*, Merkmal *n*; Beurteilung *f*; Kennziffer *f*; Verlauf *m*, Verhalten *n*; **давать -у** charakterisieren, kennzeichnen; **составлять -у** eine Beurteilung abfassen; **-а издержек** Kostenverlauf *m*; **-а качества** Qualitätsbeschreibung *f*; **качественная -а** Qualitäts|kennzahlen *pl*, -merkmale *pl*; **квалификационная -а (работника)** Beurteilung *f*; **количественная -а** mengenmäßige Merkmale; **-а работы** Arbeitsbeschreibung *f*; **-а рабочего места** Arbeitsplatzbeschreibung *f*; **-а профессии (специальности)** Berufsbild *n*; **рабочая -а** Betriebsdaten *pl*; **-а результата** Ergebnisdarstellung *f*; **-а с места работы** Arbeitszeugnis *n*; **техническая -а** technische Daten, Betriebsdaten *pl*; **техническая -а изделий** Produktbeschreibung *f*

характерный charakteristisch, kennzeichnend

хвост *m* Ende *n*, Rest *m*, Stellen *pl* nach dem Komma

хедж *m* Hedge, Hedgegeschäft *n*, Sicherungsgeschäft *n*

хеджирование Hedging, Hedgegeschäft *n*, Sicherungsgeschäft *n*, De-

ckungsgeschäft *n*, Kursabsicherung *f*, Abschluss eines Warentermingeschäfts (Devisentermingeschäfts)
хеджировать sich gegen Preisschwankungen (Kursschwankungen) absichern, ein Sicherungsgeschäft abschließen
хедж-фонд *m (Fin)* Hedge-Fonds *m*
хеджер *m (Fin)* Hedger *m*, Anwender *m* eines Absicherungsgeschäftes
химизация *f* **сельского хозяйства** Chemisierung *f* der Landwirtschaft
химик *m* Chemiker *m*
химикаты *pl* **(химикалии** *pl***)** Chemikalien *pl*
химическ|ий chemisch, Chemie-; **-ая промышленность** *f* Chemieindustrie *f*, chemische Industrie
химия *f* Chemie *f*, Chemieindustrie *f*
хит *m (Comp)* Hit
хищение *n* Entwendung *f*, Diebstahl *m*, Unterschlagung *f*; **совершать ~** entwenden, stehlen, eine Unterschlagung begehen
хищническ|ий räuberisch, Raub-; **-ая разработка** *f* **(эксплуатация** *f***)** Raubbau *m*
ход *m* Ablauf *m*, Gang *m*, Lauf *m*, Verlauf *m*; **замедлять ~** die Entwicklung (den Lauf) verlangsamen; **пускать в ~** in Gang setzen (bringen); **следить за -ом** den Verlauf verfolgen; **ускорять ~** die Entwicklung (den Lauf) beschleunigen; **в -е подготовки** in Vorbereitung; **~ времени** Zeitablauf *m*; **~ выполнения плана** Planablauf *m*; **~ дел** Geschäfts|ablauf *m*, -gang *m*, -verlauf *m*, Geschäftslage *f*; **~ дискуссии (обсуждения)** Lauf (Verlauf) der Besprechung; **~ монтажа** Montageablauf *m*; **~ переговоров** Verlauf der Verhandlungen; **~ производства** Produktionsablauf *m*, betrieblicher Ablauf; **~ развития конъюнктуры** Konjunkturverlauf *m*; **~ реализации проекта** Projektablauf *m*; **~ событий** Gang der Dinge (Ereignisse); **холостой ~** Leerlauf *m*
ходатайств|о *n* Antrag *m*, Gesuch *n*, Ersuchen *n*, Ansuchen *n*, Fürbitte *f*, Fürsprache *f*; **обращаться с -ом** ein Gesuch (einen Antrag) einreichen, ein Ersuchen (Ansuchen, einen Antrag) stellen; **отклонять -о** einen Antrag ablehnen, ein Gesuch abschlagen; **подавать -о** einen Antrag einreichen (stellen); **принимать -о (к рассмотрению)** einen Antrag annehmen (entgegennehmen); **удовлетворять -о** einem Antrag (Gesuch) stattgeben, ein Gesuch bewilligen, einen Antrag genehmigen; **-о о предоставлении визы** Visumantrag *m*; **-о об оказании помощи** Förderungsantrag *m*; **по -у** auf Ersuchen (Ansuchen, Antrag)
ходатайствовать beantragen, ersuchen, ansuchen, einen Antrag (ein Gesuch) einreichen, einen Antrag (ein Ersuchen, ein Ansuchen) stellen; **~ о предоставлении кредита** einen Kredit beantragen
ходкий (ходовой) gängig, gut absetzbar, marktgängig, sehr (stark) gefragt, leicht verkäuflich
хождение *n* Umlauf *m*; **иметь ~** im Umlauf sein, umlaufen
хозрасчёт *m* wirtschaftliche Rechnungsführung
хозрасчётный mit (nach) wirtschaftlicher Rechnungsführung
хозтовары *pl* Haushaltsartikel *pl*, Haushaltswaren *pl*
хозяин *m* Besitzer *m*, Eigner *m*, Inhaber *m*, Herr *m*, Wirt *m*, Chef *m*; **~ дома** Haus|besitzer *m*, -eigentümer *m*; **~ завода (фабрики)** Fabrikant *m*, Fabrikbesitzer *m*; **~ квартиры** Wohnungs|eigentümer *m*, -inhaber *m*; **~ предприятия** Inhaber eines Unternehmens; **прежний ~** früherer (vorhergehender) Inhaber; **~ фирмы** Firmenchef *m*
хозяйничание *n* Wirtschaften *n*, Herumwirtschaften *n*
хозяйничать wirtschaften, den Haushalt führen, herumwirtschaften
хозяйственник *m* Wirtschaftsführer *m*, Betriebswirt *m*
хозяйственность *f* Wirtschaftlichkeit *f*
хозяйственн|ый wirtschaftlich, Wirtschafts-; **-ый год** *m* Wirtschaftsjahr *n*; **-ая деятельность** *f* Wirtschaftstätigkeit *f*, wirtschaftliche Tätigkeit; **-ый договор** *m* Wirtschaftsvertrag *n*; **-ый отчёт** *m* Wirtschaftsbericht *m*; **-ые постройки** *pl* Wirtschaftsbauten *pl*;

-ое преступление *n* Wirtschafts|delikt *n*, -verbrechen *n*; **-ый расчёт** *m* wirtschaftliche Rechnungsführung; **-ым способом** in eigener Regie; **-ые товары** *pl* Haushalts|artikel *pl*, -waren *pl*

хозяйство *n* Wirtschaft *f*, Wirtschaftseinheit *f*; (landwirtschaftlicher) Betrieb *m*, Hof *m*, Gut *n*; **вести домашнее ~** einen Haushalt (die Hauswirtschaft) führen, haushalten; **вести крестьянское (фермерское) ~** einen Hof bewirtschaften; **заниматься сельским -м** Landwirtschaft betreiben; **модернизировать сельское ~** die Landwirtschaft modernisieren; **создавать ~** einen Haushalt (eine Wirtschaft) aufbauen (gründen); **бюджетное ~** Haushaltswirtschaft *f*; **водное ~** Wasserwirtschaft *f*; **высокопроизводительное ~** leistungsfähige (hochproduktive) Wirtschaft; **городское ~** Kommunalwirtschaft *f*, städtische Versorgung; **денежное ~** Geldwirtschaft *f*, Finanzwirtschaft *f*; **домашнее ~** Haushalt *m*, Haushaltung *f*, Hauswirtschaft *f*; **единоличное ~** Einzelwirtschaft *f*; **жилищное ~** Wohnungs|wirtschaft *f n*; **жилищно-коммунальное ~** Wohnungs- und Kommunalwirtschaft *f*; **индивидуальное ~** Privatwirtschaft *f*; **интенсивное (сельское) ~** intensive Landwirtschaft; **кассовое ~** Kassenwesen *n*; **коммунальное (коммунально-бытовое) ~** Kommunalwirtschaft *f*, Gemeindewirtschaft *f*, kommunale Wirtschaft; **кредитное ~** Kredit|wesen *n*, -wirtschaft *f*; **крестьянское ~** Bauernhof *m*; **лесное ~** Forstwirtschaft *f*; **материальное ~** Materialwirtschaft *f*; **мелкое ~** Klein|betrieb *m*, -wirtschaft *f*; **мировое ~** Weltwirtschaft *f*; **муниципальное ~** Gemeindewirtschaft *f*, Kommunalwirtschaft *f*; **народное ~** Volkswirtschaft *f*, Gesamtwirtschaft *f*; **натуральное ~** Naturalwirtschaft *f*; **образцовое ~** Mustergut *n*; **плановое ~** Planwirtschaft *f*, gelenkte Wirtschaft; **подсобное ~** Nebenerwerbsbetrieb *m*; **портовое ~** Hafenwirtschaft *f*; **сельское ~** Landwirtschaft *f*; **сетевое ~** Stromnetze *pl*; **фермерское ~** Bauernhof *m*, Farmbetrieb *m*; **финансовое ~** Finanzwirtschaft *f*, Geldwirtschaft *f*; **частное ~** Privatwirtschaft *f*; **экстенсивное (сельское) ~** extensive Landwirtschaft; **энергетическое ~** Energiewirtschaft *f*

хозяйствование *n* Wirtschaften *n*, Wirtschaftsführung *f*

хозяйствовать wirtschaften, die Wirtschaft führen

холдинг *m* Holding *f*, Beteiligung *f*; **промышленный ~** Industrieholding *f*; **семейный ~** Familienholding *f*; **финансовый ~** Finanzholding *f*

холдинг-банк *m* Holdingbank *f*

холдинг-компания *f* Holding *f*, Holdinggesellschaft *f*, Dachgesellschaft *f*, Obergesellschaft *f*

холдингов|ый Holding-; **-ая компания** *f* Holding *f*, Holdinggesellschaft *f*, Dachgesellschaft *f*, Obergesellschaft *f*

холодильник *m* Kühlanlage *f*, Kühler *m*, Kühlschrank *m*, Kühlraum *m*, Gefrieranlage *f*

хосса *f* Hausse *f*

хоссист *m* Haussier *m*, Haussespekulant *m*

хостинг *m (Comp)* Webhosting *n*, Nethosting *n*

хот-спот *m (Comp)* Hot Spot *m*

хранени|е *n* Lagern *n*, Lagerung *f*, Lagerhaltung *f*, Aufbewahrung *f*, Verwahrung *f*, Speicherung *f*; **брать на -е** in Verwahrung nehmen, auf Lager nehmen; **отдавать (помещать, сдавать) на -е** zur Aufbewahrung (auf)geben, in ein Depot (Verwahrung) geben, einlagern, deponieren, hinterlegen; **передавать на -е** zur Aufbewahrung (Verwahrung) überlassen; **сдавать на -е документы** Urkunden hinterlegen; **снимать с -я** auslagern; **-е багажа** Gepäckaufbewahrung *f*; **бессрочное -е сбережений** Sparen mit täglicher Verfügungsmöglichkeit; **-е в замороженном виде** Tiefkühllagerung *f*; **-е вкладов в сберегательной кассе с выплатой процентов в виде выигрышей** Prämiensparen *n*; **глобальное -е** Sammel|depot *n*, -verwahrung *f*; **-е груза на таможенном складе** Zollgutlagerung *f*; **-е**

данных (информации) Datenspeicherung *f*, Informationsspeicherung *f*; **-е дел (документации)** Aufbewahrung von Akten; **-е денег в сберегательной кассе** Sparen *n*; **-е денежных средств на счетах сберегательных банков** Kontensparen *n*; **длительное -е** Dauerlagerung *f*; **-е документов** (Akten)Ablage *f*; **-е залога** Pfandverwahrung *f*; **-е запасов** Vorratshaltung *f*, Reservehaltung *f*; **индивидуальное -е ценных бумаг** Einzeldepot *n*; **коллективное -е денег в сберегательной кассе** Kollektivsparen *n*; **кратковременное -е** Zwischenlagerung *f*; **на -и** im Depot; **-е на складе** Lagerbetrieb *m*, Lagerung *f*, Einlagerung *f*, Aufbewahrung im Lager; **-е на таможенном складе** Zollverschluss *n*, Zollverwahrung *f*; **-е не по правилам** unsachgemäße Lagerung; **ответственное ~** Custody, Depot *n*, Verwahrung *f*; **открытое ~** Lagerung im Freien; **-е отходов производства** Abfalllagerung *f*; **официальное ~** amtliche Verwahrung; **подземное -е** unterirdische Lagerung; **-е при низкой температуре** Kühllagerung *f*; **пригодный для -я** lagerfähig; **промежуточное -е** Zwischenlagerung *f*; **совместное -е грузов на таможенном складе** Zollmietverschluss *m*, Mitverschluss *m*; **совместное ~ ценных бумаг** Sammel|depot *n*, -verwahrung *f*; **срочное -е сбережений** Sparen mit vereinbarter Kündigungsfrist (Laufzeit); **-е товаров** Warenlagerung *f*; **-е ценных бумаг** Effekten|depot *n*, -verwahrung *f*, Wertpapier|depot *n*, -verwahrung *f*, Verwahrung von Wertpapieren; **-е ценных бумаг и прочих ценностей в банке** Sachdepot *n*; **-е ценных бумаг в банке с переходом права собственности на них банку до их выкупа** Aber|depot *n*, -verwahrung *f*; **-е ценных бумаг в банке с правом их обмена** Tauschdepot *n*; **-е ценных бумаг в запечатанном виде** verschlossenes Depot; **-е ценных бумаг клиента в индивидуальном сейфе** Sonder|verwahrung *f*, -depot *n*; **-е ценных бумаг под бандеролью** Streifbanddepot *n*; **-е ценных вещей в сейфе банка** Aufbewahrung von Wertsachen im Tresor einer Bank; **~ частных сберегательных вкладов** privates Sparen

хранилище *n* Lager *n*, Lagerhaus *n*, Lagerraum *m*, Speicher *m*, Aufbewahrungsort *m*; **банковское ~** Tresor *m*

хранитель *m* Verwahrer *m*, Hüter *m*, Kustos *m*; **~ собственности** Treuhänder *m*

хранить aufbewahren, verwahren, deponieren, lagern, speichern, halten, in Aufbewahrung haben; **~ бухгалтерские книги** Geschäftsbücher aufbewahren; **~ данные** Daten (Informationen) speichern; **~ дела (документы)** Akten (Papiere) aufbewahren; **~ деньги в сберегательной кассе** sparen; **~ запасы** Vorräte halten; **~ на складе** lagern, im Lager aufbewahren; **~ не по правилам** unsachgemäß lagern; **~ тайну** ein Geheimnis wahren; **~ товары** Waren verwahren (lagern); **~ ценные бумаги в банке** Wertpapiere bei der Bank verwahren; **~ ценные вещи в банке** Wertsachen bei der Bank aufbewahren

хронометраж *m* **(хронометрирование** *n***)** Zeitaufnahme *f*, Zeiterfassung *f*, Zeitermittlung *f*, Zeitmessung *f*, Zeitnahme *f*; **проводить ~** Zeit messen; **~ рабочего времени** Arbeitszeit|erfassung *f*, -ermittlung *f*, -messung *f*

хронометрировать Zeit messen

хроноряд *m* Zeitreihe *f*

хутор *m* Einzelhof *m*, Gehöft *n*, Farm *f*

Ц

цедент *m* Abtretende *m*, Zedent *m*

целев|ой zweckbestimmt, zweckgebunden; Ziel-, Zweck-; **-ая группа** *f* Zielgruppe *f*; **-ые затраты** *pl* Zweckaufwand *m*; **-ой кредит** *m* zweckgebundener Kredit; **-ое назначение** *n* Zweckbestimmung *f*; **-ая направленность** *f* Zweckgebundenheit *f*; **-ое планирование** *n* Zielplanung *f*; **-ой рынок** *m* Zielmarkt *m*;

-ая ссуда *f* zweckgebundenes Darlehen; **-ая установка** *f* Zielsetzung *f*

целенаправленность *f* Zweckbestimmung *f*, Zweckgebundenheit *f*

целенаправленный gezielt, zielgerichtet

целесообразность *f* Zweckdienlichkeit *f*, Zweckmäßigkeit *f*

целесообразный zweckdienlich, zweckmäßig, zweckentsprechend, vertretbar; **экономически ~** wirtschaftlich vertretbar

целиком ganz, im Ganzen, im Großen, insgesamt

целина *f* Neuland *n*

целостность *f* Gesamtheit *f*, Integrität *f*

целый ganz; ganzzahlig; **~ день** *m* ganztätig, ganzer Tag

цел|ь *f* Ziel *n*, Zielsetzung *f*, Anliegen *n*, Gegenstand *m*; **достигать -и** das Ziel (den Zweck) erreichen; **задавать -ь** das Ziel vorgeben; **намечать -и** Ziele abstecken; **определять -ь** das Ziel bestimmen, eine Zielsetzung erarbeiten; **преследовать -ь** ein Ziel verfolgen; **реализовывать -ь** das Ziel verwirklichen; **соответствовать -и** den Zweck erfüllen; **ставить -ь** das Ziel aufstellen (setzen); **стремиться к -и** ein Ziel anstreben; **указывать -ь** ein Ziel angeben; **формулировать -ь** das Ziel formulieren; **благотворительная -ь** gemeinnütziger (karitativer, wohltätiger) Zweck; **второстепенная -ь** untergeordnetes Ziel; **главная -ь** Hauptziel *n*, vorrangiges Ziel; **-ь договора** Vertragsziel *n*; **долгосрочная -ь** langfristiges Ziel; **-ь жизни** Lebensziel *n*; **-ь инвестиций (капиталовложений)** Anlageziel *n*; **-ь использования (назначения)** Nutzungszweck *m*; **-ь исследования** Untersuchungsziel *n*, Forschungsziel *n*; **-ь клиента** Kundenziel *n*; **коммерческая -ь** geschäftlicher Zweck; **конечная -ь** Endziel *n*; **материальная (объективная) -ь** Sachziel *n*; **намеченная -ь** angestrebtes Ziel; **-и национальной экономики** binnenwirtschaftliche Ziele; **-ь общего блага** gemeinnütziges Ziel, gemeinnütziger (wohltätiger) Zweck; **оперативная -ь** operatives Ziel; **основная -ь** Hauptziel *n*; **побочная -ь** Nebenziel *n*; **-ь поездки** Reiseziel *n*; **-ь предприятия** Geschäfts|zweck *m*, -ziel *n*, Unternehmens|ziel *n*, -zweck *m*, Gegenstand (Zweck) des Unternehmens, Unternehmungsziel *n*; **-ь применения** Verwendungszweck *m*; **-ь, предусмотренная планом** Planziel *n*; **приоритетная -ь** vorrangiges Ziel; **-ь проекта** Projektziel *n*; **-ь производства** Produktionsziel *n*; **-ь разработки (развития)** Entwicklungsziel *n*; **реальная -ь** Sachziel *n*, reales Ziel; **-ь рекламной деятельности (-ь рекламы)** Werbe|zweck *m*, -ziel *n*; **стратегическая -ь** strategisches Ziel; **-ь торгово-сбытовой деятельности** Absatzziel *n*; **-ь фирмы на рынке** Marktziel *n*; **экономическая -ь** wirtschaftliches Ziel, wirtschaftlicher Zweck

цен|а *f* Preis *m*, Wert *m*; **анализировать -ы** Preise vergleichen; **быть включённым в -у** im Preis enthalten sein, im Preis inbegriffen sein; **вздувать -ы** Preise in die Höhe treiben (hochtreiben); **-ы включают** die Preise verstehen sich; **входить в -у** im Preis inbegriffen sein; **делать надбавку к -е** auf den Preis aufschlagen; **добиваться своей -ы** den Preis durchsetzen (erzielen); **договариваться о -е** den Preis absprechen (aushandeln, vereinbaren), sich über (auf) einen Preis einigen; **дотировать -ы** Preise stützen (subventionieren); **изменять -у** den Preis ändern; **корректировать -у** den Preis anpassen; **либерализовывать -ы** Preise freigeben, Festpreise aufheben; **-а может изменяться без уведомления** Preis freibleibend; **назначать -у** den Preis festsetzen, den Wert ansetzen; **определять -у** den Preis ermitteln; **падать в -е** im Preis (Wert) fallen (sinken); **повышать -у** den Preis erhöhen (anheben, steigern); **-ы повышаются** die Preise ziehen an; **поддерживать стабильный уровень ~** Preise stabil halten (stützen); **подниматься в -е** im Preis (Wert) steigen; **покупать по -е** zum

Preis abnehmen (erstehen); **получать (запрашиваемую) -у** einen Preis erzielen; **понижать (снижать) -у** den Preis ermäßigen (reduzieren); **-ы понижаются** die Preise sinken; **продавать по заниженной -е** unter dem Wert verkaufen; **рассчитывать -у** den Preis errechnen (verrechnen); **рекомендовать -у** einen Preis empfehlen; **сбивать -у** den Preis drücken (unterbieten, abhandeln, herunterhandeln); **снижать -у** den Preis ermäßigen (herabsetzen, reduzieren, senken); **согласовывать -у** den Preis absprechen (aushandeln, vereinbaren), sich auf (über) einen Preis einigen; **сравнивать -ы** Preise vergleichen; **требовать -у** einen Preis fordern; **указывать -у** den Preis angeben (auszeichnen); **устанавливать -у** den Preis (fest)setzen; **устанавливать новые -ы** mit neuen Preisen versehen; **уступать в -е** im Preise nachgeben, einen Preisnachlass bewilligen; **адекватная -а** angemessener Preis; **-а акции** Aktienkurs *m*; **аукционная -а** Versteigerungspreis *m*; **базисная -а** Bezugspreis *m*, Referenzpreis *m*; **базовая -а** Grundpreis *m*; **баснословная -а** Phantasiepreis *m*; **-а без обязательства** freibleibender Preis; **-а без упаковки** Preis ausschließlich Verpackung; **биржевая -а** Börsenpreis *m*; **биржевая -а на золото** Goldnotierung *f*; **бросовая -а** Dumpingpreis *m*, Schleuderpreis *m*; **-а брутто** Bruttopreis *m*; **-а в момент закрытия биржи** Schlusskurs *m*; **-а в момент открытия биржи** Anfangskurs *m*; **-а в середине биржевого собрания** Mittagskurs *m*; **валовая -а** Bruttopreis *m*; **вводная -а** Einführungspreis *m*; **ввозная -а** Einfuhrpreis *m*, Importpreis *m*; **вздутая -а** Wucherpreis *m*; **-а, включая расходы по доставке** Preis frei Haus; **-а, включая стоимость упаковки** Preis einschließlich Verpackung; **внебиржевая -а паев** außerbörslicher Anteilspreis *m*; **вывозная -а** Ausfuhrpreis *m*, Exportpreis *m*; **выгодная -а** günstiger Preis; **высокая -а** hoher Preis; **двойная -а** Doppelpreis *m*, zweifacher Preis *m*; **действующая -а** geltender (gültiger, gegenwärtiger) Preis; **демпинговая -а** Dumpingpreis *m*; **-а, дифференцированная по сортам** Sortenpreis *m*; **дифференцированные -ы** Staffelpreise *pl*, gestaffelte Preise; **договорная -а** vertraglich vereinbarter Preis, ausgehandelter (ausgemachter) Preis; **доступная -а** erschwinglicher Preis; **дотируемая -а** Stützpreis *m*, gestützter (subventionierter) Preis; **единая -а** Einheitspreis *m*; **-а за единицу товара (штуку)** Stückpreis *m*, Preis pro Stück; **-а за наличные** Barpreis *m*, Kassapreis *m*; **завышенная -а** überhöhter (überzogener) Preis; **заготовительная -а** Beschaffungspreis *m*; **заготовительная -а товара** Wareneinstandspreis *m*; **закупочная -а** Ankaufspreis *m*, Anschaffungspreis *m*, Einkaufspreis *m*, Beschaffungspreis *m*, Bezugspreis *m*; **закупочная -а брутто** Bruttoeinkaufspreis *m*, Einkaufsbruttopreis *m*; **закупочная -а на золото** Goldankaufspreis *m*; **закупочная -а нетто** Nettoeinkaufspreis *m*; **запрашиваемая -а** Briefkurs *m*; **-а земельного участка** Grundstückspreis *m*; **-а земли (-а на землю)** Bodenpreis *m*; **-а золота** Goldpreis *m*; **-а издержек производства** Produktionskostenpreis *m*; **импортная -а** Einfuhrpreis *m*, Importpreis *m*; **индексируемая -а** Indexpreis *m*; **интервенционная -а** Interventionspreis *m*; **-а исполнения опциона** Ausübungspreis *m*; **-а, используемая при расчёте налога** Schwellenpreis *m*; **калькуляционная -а** Kalkulationspreis *m*; **картельная -а** Kartellpreis *m*; **каталожная -а** Katalogpreis *m*, Listenpreis *m*; **-а каф** caf-Preis *m*, Preis caf; **комиссионная -а** Kommissionspreis *m*; **-а конверсии** Wandlungspreis *m*, Wandelpreis *m*; **конвертируемая -а** Wandelpreis *m*; **конкурентная -а** Konkurrenzpreis *m*, Wettbewerbspreis *m*, Kampfpreis *m*; **конкурентоспособная -а** konkurrenzfähiger Preis; **курсовая -а** Kurswert *m*; **лимитная -а** Limitpreis *m*; **льготная -а** Vorzugs|preis *m*, -kurs *m*, Sonderpreis *m*, Präferenzpreis *m*, ermäßigter Preis; **максимальная -а** Höchstpreis *m*, Spitzenpreis *m*, Preisobergrenze *f*, äußerster Preis; **минимальная -а** Mindestpreis *m*, Niedrigstpreis *m*, äußerster Preis; **минимальная -а, предлагаемая на аукционе наличными** Mindestbargebot *n*; **-а мирового рынка** Weltmarktpreis *m*; **минимальная продажная -а** Mindestverkaufspreis *m*; **монопольная -а** Monopolpreis *m*; **-а на аграрную (сельскохозяйственную) продукцию** Agrarpreis *m*; **-а на золото** Goldpreis *m*; **-а на мировом рынке** Weltmarktpreis *m*; **-а на настоящий момент** gegenwärtiger Preis; **-а на недвижимость** Immobilienpreis *m*; **-а на нефть** Ölpreis *m*; **-ы на продовольственные товары** Lebensmittelpreise *pl*; **-а на товар** Warenpreis *m*; **-а на чёрном рынке** Schwarzmarktpreis *m*; **-а на электроэнергию** Strompreis *m*; **наивысшая -а** Höchstpreis *m*, Spitzenpreis *m*, Preisobergrenze *f*; **нарицательная -а** Nennpreis *m*; **начальная (стартовая) -а (на аукционе)** Eröffnungspreis *m*; **неизменная -а** Festpreis *m*, gleichbleibender Preis; **-а нетто** Nettopreis *m*; **низкая -а** niedriger Preis; **ничтожно малая -а** Spottpreis *m*; **номинальная -а** Nominalpreis *m*; **-а облигаций** Anleihekurs *m*; **общая -а** Gesamtpreis *m*; **общая -а согласно договорённости** Inklusivpreis *m*; **-а объявления (рекламы)** Anzeigenpreis *m*; **обычная -а** Normalpreis *m*, üblicher Preis; **окончательная -а** Endpreis *m*, endgültiger Preis; **оптовая -а** Großhandelspreis *m*, Großabnehmerpreis *m*; **оптовая -а предприятия** Erzeugerabgabepreis *m*; **ориентировочная -а** Orientierungspreis *m*, Richtpreis *m*, Angebotspreis *m*; **ориентировочная рыночная -а** Marktrichtpreis *m*; **-а открытия** Anfangskurs *m*, Anfangsnotierung *m*, Eröffnungskurs *m*; **относительная -а** Relativpreis *m*; **отпускная -а** Abgabepreis *m*; **отпускная -а предприятия** Erzeugerabgabepreis *m*, Fabrikabgabepreis *m*; **-а, отражающая конъюнктуру рынка** marktgerechter Preis; **официально объявленная -а** Listenpreis *m*; **отправная -а** Mindestpreis *m*, untere Preisgrenze; **паушальная -а** Pauschalpreis *m*; **первоначальная -а** Erstbetrag *m*, Startpreis *m*; **плановая -а** Planpreis *m*; **по -е** zum Preis; **-а по каталогу** Katalogpreis *m*; **-а, по которой производится поставка** Lieferpreis *m*; **по самой низкой -е** billigst; **-а по себестоимости** Selbstkostenpreis *m*, Herstellpreis *m*; **по сниженным -ам** zu ermäßigten (reduzierten) Preisen; **по текущим -ам** zu jeweiligen Preisen; **повышающаяся -а** steigender Preis; **-а подписки** Zeichnungspreis *m*; **подписная -а** Abonnementspreis *m*, Bezugspreis *m*; **подтверждённая -а** bestätigter Preis; **подходящая -а** opportuner Preis; **покупная -а** Kaufpreis *m*, Anschaffungspreis *m*, Geldkurs *m*; **полная -а** Einstandspreis *m*, Gesamtpreis *m*; **полученная -а** erzielter Preis; **понижающаяся -а** fallender (sinkender, zurückgehender) Preis; **-а поставки** Lieferpreis *m*; **постоянная -а** Festpreis *m*, gleichbleibender Preis; **потребительская -а, -а потребления** Verbraucherpreis, Konsumentenpreis *m*; **поштучная -а** Stückpreis *m*, Preis pro Stück; **предельная -а** Höchstpreis *m*, Limitpreis *m*, Spitzenpreis *m*; **-а предложения** Angebotspreis *m*; **прейскурантная -а** Listenpreis *m*; **-а при покупке в рассрочку** Teilzahlungspreis *m*; **-а при продаже за наличные** Barpreis *m*, Kassapreis *m*, Barzahlungspreis *m*; **-а при уплате наличными** Preis bei Barzahlung; **приемлемая -а** annehmbarer (angemessener, opportuner) Preis; **-а продавцов** Briefkurs *m*; **продажная -а** Kaufpreis *m*, Verkaufspreis *m*, Veräußerungspreis *m*; **-а продукта у основных конкурентов** Leitpreis *m*; **-а производителя** Erzeugerpreis *m*; **равновесная -а** Gleichgewichtspreis *m*; **растущая -а** steigender Preis;

расчётная -а Abrechnungspreis *m*, Kalkulationspreis *m*, Planpreis *m*, Verrechnungspreis *m*, Regulierungskurs *m*; **расчётная -а поставок и платежей между предприятиями концерна, расположенными в разных странах** Transferpreis *m*; **расчётная продажная -а** Verkaufsrechnungspreis *m*; **расчётная -а срочных сделок** Liquidationskurs *m*; **-а реализации** Absatzpreis *m*, Veräußerungspreis *m*, Verkaufspreis *m*; **реально достижимая -а** erzielbarer Preis; **регулируемые -ы** administrierte Preise, staatlich festgesetzte Preise, gebundene (gestützte) Preise, Stützpreise *pl*, Kostenpreise *pl*; **розничная -а** Einzelhandelspreis *m*, Einzelhandelsverkaufspreis *m*, Endverbraucherpreis *m*, Konsumentenpreis *m*, Abnehmerpreis *m*, Laden(verkaufs)preis *m*; **ростовщическая -а** Wucherpreis *m*; **рыночная -а** Marktpreis *m*, marktgerechter Preis; **сбытовая -а** Absatzpreis *m*, Verkaufspreis *m*; **сбытовая -а нетто** Nettoverkaufspreis *m*; **сезонная -а** Saisonpreis *m*, Winterpreis *m*, Sommerpreis *m*; **-а сиф** cif-Preis *m*, Preis cif; **сметная -а** Kalkulationspreis *m*; **смешанная -а** Mischpreis *m*; **сниженная -а** ermäßigter (reduzierter, herabgesetzter) Preis; **-а согласно оценке** Taxkurs *m*; **согласованная -а** vereinbarter Preis; **сопоставимая (сравнимая) -а** vergleichbarer Preis; **-а спот** Barpreis *m*, Kassapreis *m*; **справочная -а** Bezugspreis *m*, Referenzpreis *m*, Listenpreis *m*, Katalogpreis *m*; **средневзвешенная -а** gewichteter (gewogener) Durchschnittspreis; **средняя -а** Durchschnittspreis *m*, mittlerer Preis, gemeiner Wert; **стабильная -а** stabiler Preis; **стандартная -а** Einheitspreis *m*; **-а страйк** Ausübungspreis *m*; **-а строительных работ** Baupreis *m*; **ступенчатые -ы** Stufenpreise *pl*; **суточная -а** Preis *m* pro Tag *(z. B. im Hotel)*; **-а сырья и материалов** Materialpreis *m*; **твёрдая -а** Festpreis *m*, gebundener Preis; **твёрдая -а в условиях дефицита** Knappheitspreis *m*; **текущая -а** gegenwärtiger (jeweiliger) Preis, Tagespreis *m*; **-а текущего дня** Tagespreis *m*; **текущая покупная -а** Kaufwert *m*; **-а товара** Warenpreis *m*, Artikelpreis *m*; **-а товара при перепродаже** Wiederverkaufspreis *m*; **указанная -а** angegebener (ausgezeichneter) Preis; **устойчивая -а** stabiler Preis; **фактическая -а** tatsächlicher Preis; **-а факторов производства** Faktor|preis *m*, -kosten *pl*; **фактурная -а** Rechnungspreis *m*; **-а фас** fas-Preis *m*, Preis fas; **фиксированная -а** Festpreis *m*; **-а фоб** fob-Preis *m*, Preis fob; **-а франко** Frankopreis *m*, Preis franko; **-а франко-вагон** Preis frei Waggon; **-а франко-склад продавца** Preis ab Lager; **-а ценных бумаг на бирже** Effektenkurs *m*; **экспортная -а** Ausfuhrpreis *m*, Exportpreis *m*; **-а эмиссии** Emissionspreis *m*

ценз *m* Zensus *m*, Zählung *f*

ценник *m* Preisliste *f*, Preiskatalog *m*, Preisverzeichnis *n*

ценностн|ый wertmäßig, Wert-; **-ая позиция** *f* Werthaltung *f*

ценност|ь *f* Wert *m*, Wertigkeit *f*, Wertsache *f*; **-и** Werte *pl*, Valoren *pl*, Wertsachen *pl*; **иметь -ь** Wert haben; **объявлять -ь** den Wert angeben; **определять -ь** den Wert ermitteln (festsetzen, schätzen); **снижать -ь** den Wert beeinträchtigen; **указывать -ь** den Wert angeben; **абсолютная -ь** absoluter Wert; **биржевые -и** Börsenwerte *pl*; **взаимозаменимые -и** fungible Sachen; **имущественные -и** Vermögens|gegenstände *pl*, -werte *pl*; **информационная -ь** Informationswert *m*; **конфискованные -и** beschlagnahmte Wertgegenstände; **материальные -и** materielle Vermögensgegenstände (Werte), Sachwerte *pl*; **нематериальные (неосязаемые) -и** Immateriellgüter *pl*, immaterielle Werte (Vermögensgegenstände); **объявленная -ь** Wertangabe *f*, angemeldeter Wert; **реальные -и** Realkapital *n*, Sachwerte *pl*; **реальная -ь** Sachwert *m*, Realwert *m*

ценн|ый wertvoll, Wert-; **-ые бумаги** *pl*

Effekten *pl*, Wertpapiere *pl*, Wertschriften *pl*, Werte *pl*, Stücke *pl*; **-ая вещь** *f* Wertsache *f*; **-ое письмо** *n* Wertbrief *m*

ценообразование *n* Preisbildung *f*, Preisgestaltung *f*

ценообразующий preis bildend

центнер *m* Zentner *m* (50 kg), Doppelzentner *m* (100 kg), Dezitonne *f*

центр *m* Zentrum *n*, Center *n*, Mittelpunkt *m*, Platz *m*; **создавать ~** ein Zentrum einrichten; **вычислительный ~** Rechenzentrum *n*, Computerzentrum *n*; **деловой ~ города** Geschäftsviertel *n*; **дилинговый ~** Dealing Center; **информационный ~** Informationszentrum *n*, Informations-Center *n*; **исследовательский ~** Forschungszentrum *n*; **обрабатывающий ~** Bearbeitungszentrum *n*; **~ обучения** Trainingszentrum *n*, Schulungszentrum *n*; **промышленный ~** Industriezentrum *n*; **расчётный ~** Abrechnungszentrale *f*, Clearingstelle *f*, Girozentrale *f*, Verrechnungsstelle *f*; **региональный ~ снабжения кооперативов** Hauptgenossenschaft *f*; **~ сервисного обслуживания** Kundendienststützpunkt *m*, Servicezentrum *n*; **~ торговли** Handels|platz *m*, -zentrum *n*; **торговый ~** Einkaufszentrum *n*, Supermarkt *m*, Shopping-Center *n*; **~ тяжести** Schwerpunkt *m*; **финансовый ~** Finanzplatz *m*

централизация *f* Zentralisation *f*, Zentralisierung *f*

централизованн|ый zentral, Zentral-; **-ые закупки** *pl* Zentraleinkauf *m*, zentraler Einkauf; **-ое управление** *n* Zentralverwaltung *f*

централизовать zentralisieren

центральн|ый zentral, Zentral-; **-ый банк** *m* Zentralbank *f*; **-ое объединение** *n* Zentralverband *m*; **-ое (у)правление** *n* Zentral|stelle *f*, -verwaltung *f*

цепочка *f* Kette *f*; **информационная ~** Informationskette *f*; **~ платежей** Zahlungsreihe *f*; **~ создания добавленной стоимости** Wertschöpfungskette *f*

цепь *f* Kette *f*

цессионер *m* **(цессионарий** *m***)** Zessionar *m*, Abtretungsempfänger *m*

цессия *f* Zession *f*, Abtretung *f*, Forderungsabtretung *f*

цех *m* Abteilung *f*, Betriebsabteilung *f*, Fertigungsabteilung *f*, Produktionsabteilung *f*, Produktionshalle *f*, Werkshalle *f*, Werkstatt *f*, Werkstätte *f*; **открывать ~** eine Abteilung einrichten; **вспомогательный ~** Hilfsabteilung *f*, Hilfsproduktion; **~ завода** Werkhalle *f*, Werkstätte *f*; **заготовительный ~** Vorfertigung *f*; **опытный ~** Versuchsabteilung *f*; **основной ~** Hauptabteilung *f*; **производственный ~** Produktionshalle *f*, Betriebsabteilung *f*, Produktionsabteilung *f*; **~ ремесленников** Handwerksinnung *f*, Innung *f*; **сборочный ~** Montage(abteilung) *f*, Endmontage *f*; **экспериментальный ~** Versuchsabteilung *f*

цивилизация *f* Zivilisation *f*

цикл *m* Zyklus *m*, Kreislauf *m*, Turnus *m*; **жизненный ~** Lebenszyklus *m*; **жизненный ~ продукта** Lebenszyklus eines Produkts; **инвестиционный ~** Investitionszyklus *m*; **инновационный ~** Innovationszyklus *m*; **конъюнктурный ~** Konjunkturzyklus *m*; **~ производства (производственный ~)** Produktionszyklus *m*, Arbeitszyklus *m*; **рабочий ~** Arbeitszyklus *m*; **~ развития** Entwicklungszyklus *m*; **~ складирования** Lagerzyklus *m*; **экономический ~** Wirtschaftszyklus *m*, Konjunkturzyklus *m*; **~ экономического развития** Wirtschaftszyklus *m*

циклическ|ий zyklisch, konjunkturell, Konjunktur-; **-ое изменение** *n* **конъюнктуры** konjunkturelle Entwicklung; **-ий рост** *m* zyklisches Wachstum; **-ий спад** *m* **конъюнктуры** Konjunkturkrise *f*

циркулировать umlaufen, im Umlauf sein

циркуляр *m* Rundschreiben *n*, Zirkular *n*

циркулярн|ый Zirkular-; **-ый аккредитив** *m* Zirkularkreditbrief *m*; **-ое письмо** *n* **с предложением услуг** Zirkularangebot *n*

циркуляция *f* Umlauf *m*, Zirkulation *f*

цистерна *f* Kesselwagen *m*, Tankwagen *m*, Zisterne *f*
цифра *f* Ziffer *f*, Zahl *f*; **контрольная ~** Vorgabe *f*; **ориентировочная ~** Richtzahl *f*; **плановая ~** Planzahl *f*
цифровой zahlenmäßig, numerisch, digital

Ч

чарт *m* Chart *m* (Diagramm)
чартер *m* Charter *m*, Raumfracht *f*, Raumcharter *m*; **брать (судно) внаём по -у** chartern, befrachten; **~ на срок** Zeitcharter *m*; **рейсовый ~** Reisecharter *m*
чартерн|ый Charter-; **-ые перевозки** *pl* Charterverkehr *m*; **-ый рейс** *m* Charterflug *m*; **-ый самолёт** *m* Chartermaschine *f*; **-ое сообщение** *n* Charterverkehr *m*; **-ое судно** *n* Charterschiff *n*
чартер-партия *f* Charterpartie *f*, Chartervertrag *m*, Raumfrachtvertrag *m*, Raumcharter *m*
час *m* Stunde *f*, **-ы (прибор)** Uhr *f*; **обычные -ы работы** reguläre Arbeitszeit; **отработанные рабочие -ы** geleistete Arbeitsstunden; **-ы пик** *m* Spitzenzeit *f*, Hauptverkehrzeit *f*; **приёмные -ы** Schalterstunden *pl*, Dienstzeit *f*, Sprechstunden *pl*, Geschäftszeit *f*; **присутственные -ы** Anwesenheitsstunden *pl*; **-ы работы (магазинов)** Ladenöffnungszeiten *pl*, Öffnungszeiten *pl*; **-ы работы (предприятия)** Geschäfts|stunden *pl*, -zeit *f*; **-ы работы (учреждения)** Amtszeit *f*, Dienst|stunden *pl*, -zeit *f*, Büro|stunden *pl*, -zeit *f*; **рабочий ~** Arbeitsstunde *f*; **сверхурочные -ы** Überstunden *pl*
часов|ой Stunden-, Uhr(en)-; **-ая выработка** *f* **(производительность** *f***)** Stundenleistung *f*; **-ой механизм** *m* Uhrwerk *n*
частично teilweise, partiell, zum Teil; **~ безработный** Kurzarbeiter *m*, Teilzeit|arbeitnehmer *m*, -beschäftigte *m*
частичн|ый teilweise, partiell, Teil-; **-ый акцепт** *m* Teilakzept *n*; **-ое возмещение** *n* Teilentschädigung *f*; **-ый заказ** *m* Teilauftrag *m*; **-ое исполнение** *n* Teilausführung *f*; **-ая ликвидация** *f* Teilauflösung *f*; **-ое требование** *n* Teil|anspruch *m*, -forderung *f*; **-ая уступка** *f* Teilabtretung *f*; **-ый учёт** *m* Teil|erfassung *f*, -erhebung *f*
частник *m* Privateigentümer *m*, Privatunternehmer *m*
частное *n* Quotient *m*
частноправовой privatrechtlich
частнохозяйственный privatwirtschaftlich
частн|ый privat, Privat-, Teil-; **-ый банк** *m* Privatbank *f*; **-ый вклад** *m* Privateinlage *f*; **-ое владение** *n* Privatbesitz *m*; **-ая задача** *f* Teilaufgabe *f*; **-ый земельный участок** *m* Privatgrundstück *n*; **-ая инициатива** *f* Privatinitiative *f*; **-ые капиталовложения** *pl* **(инвестиции** *pl***)** Privatinvestitionen *pl*; **-ый работодатель** *m* privater Arbeitgeber; **-ый сектор** *m* **промышленности** Privatindustrie *f*; **-ый сектор экономики** Privatwirtschaft *f*; **-ая собственность** *f* Privat|besitz *m*, -eigentum *n*; **-ая функция** *f* Teilfunktion *f*
часто задаваемые вопросы *(Comp)* häufig gestellte Fragen, frequently asked questions, FAQ
частота *f* Frequenz *f*, Häufigkeit *f*; **~ выхода из строя** Ausfallhäufigkeit *f*; **~ контактов** Kontakthäufigkeit *f*, Interaktionshäufigkeit *f*; **~ посещаемости** Kundenfrequenz *f*; **~ посещения страницы** *(Comp)* Besuchsfrequenz *f*; **~ поставок** Lieferhäufigkeit *f*
част|ь *f* Teil *m*, Anteil *m*, Stück *n*; Rate *f*; Abteilung *f*; **выплачивать (платить) по -ям** in Raten zahlen; **состоять из -ей** aus Teilen bestehen; **аппаратная -ь ЭВМ** Hardware *f*; **-ь дохода, идущая на накопление** Sparquote *f*; **запасная -ь** Ersatzteil *m (n)*; **-ь капитала** Kapitalanteil *m*; **-ь квоты** Tranche eines Kontingents; **меньшая -ь** Minderheit *f*; **-ь накладных расходов, учитываемая в прямых издержках** Fertigungszuschlag *m*; **оплаченная -ь акционерного капитала** eingezahltes Kapital; **отдельными -ями** ratenweise, teilweise; **-ь плана** Teilplan *m*; **-ь пред-**

приятия Betriebsteil *m*, Teilbetrieb *m*; **-ь прибыли, идущая на оплату менеджера** Tantieme *f*; **равными -ями** in (zu) gleichen Teilen; **составная -ь** Bestandteil *m*; **-ь суммы** Teilbetrag *m*; **-ь тарифного соглашения, регулирующая оплату труда** Entgelttarifvertrag *m*; **торговая -ь города** Einkaufsgegend *f*; **ходовая -ь** Fahrwerk *n*; **-ью** zum Teil, teilweise

часы *pl* Uhr *f*; Stunden *pl*; **карманные ~** Taschenuhr *f*; **контрольные ~** Kontrolluhr *f*, Stechuhr *f*, Stempeluhr *f*; **наручные ~** Armbanduhr *f*; **настенные ~** Wanduhr *f*

чат *m (Comp)* Chat *m*

чек *m* Scheck *m*, Check *m*, Cheque *m*; Kassenbon *m*, Kassenschein *m*, Kassenzettel *m*; **блокировать ~** einen Scheck sperren; **выписывать ~** einen Scheck ziehen (ausschreiben); **~ выставлен на сумму...** der Scheck lautet auf den Betrag...; **выставлять ~** ein Scheck ausstellen (ziehen); **делать передаточную надпись на -е** einen Scheck indossieren; **заполнять бланк -а** den Scheck ausfüllen; **оплачивать -ом** mit Scheck bezahlen; **платить по -у (погашать ~)** einen Scheck einlösen (auszahlen); **подделывать ~** einen Scheck fälschen; **предъявлять ~ к оплате** einen Scheck zum Inkasso geben (vorlegen); **предъявлять ~ на инкассацию** einen Scheck zum Inkasso einreichen; **акцептованный ~** bestätigter Scheck; **аннулированный ~** entwerteter Scheck, bezahlter Scheck; **банковский ~** Bankscheck *m*; **безвалютный ~** ungedeckter Scheck; **бланко-~ (бланковый ~)** Blankoscheck *m*; **блокированный ~** gesperrter Scheck; **~, выставленный в иностранной валюте** Scheck auf fremde Währung; **~, датированный задним числом** rückdatierter Scheck; **~, датированный предыдущим числом** vordatierter Scheck; **дорожный ~** Reisescheck *m*, Travellerscheck *m*; **именной ~** Namensscheck *m*, Rektascheck *m*; **иногородний ~** Distanzscheck *m*; **кассовый ~** Barscheck *m*, Kassen|bon *m*, -schein *m*, -zettel *m*, Kaufquittung *f*; **~ клиента** Kundenscheck *m*; **кроссированный ~** durchkreuzter (gekreuzter) Scheck, crossed check; **~ на инкассо** Scheck zum Inkasso; **~ на передачу ценных бумаг** Wertpapierscheck *m*; **~ на предъявителя** Inhaberscheck *m*, Überbringerscheck *m*; **незаполненный ~** Blankoscheck *m*; **некроссированный ~** Barscheck *m*, Kassenscheck *m*; **неоплаченный ~** nicht eingelöster Scheck; **неордерный ~** Rektascheck *m*; **непокрытый ~** nicht gedeckter Scheck; **одногородний ~** Platzscheck *m*; **~, оплачиваемый наличными** Zahlungsscheck *m*; **~, оплачиваемый по месту выставления** am Ausstellungsort zahlbarer Scheck; **оплаченный ~** eingelöster Scheck; **ордерный ~** Orderscheck *m*; **открытый ~** Barscheck *m*; **переводной ~** Überweisungsscheck *m*; **~, по которому приостановлен платёж** gesperrter Scheck; **подтверждённый ~** bestätigter Scheck; **почтовый ~** Post(bar)scheck *m*; **предъявительский ~** Inhaberscheck *m*, Überbringerscheck *m*; **приватизационный ~** Voucher *m*, Privatisierungsscheck *m*; **просроченный ~** verfallener Scheck; **расчётный ~** Verrechnungsscheck *m*, Überweisungsscheck *m*; **средний ~** *(Handel)* durchschnittlicher Kassenbon *m*; **товарный ~** Kassen|bon *m*, -schein *m*, -zettel *m*; **трансферный ~** Überweisungsscheck *m*, Verrechnungsscheck *m*; **туристический ~** Reisescheck *m*, Travellerscheck *m*; **филиальный перевозной ~** Filialscheck *m*, Kommanditscheck *m*

чеканить (aus)prägen, schlagen; **~ деньги** münzen, Münzen prägen

чеканка *f* Ausprägung *f*, Prägung *f*; **~ монет** Münzprägung *f*; **~ новых монет** Neuprägung *f*

чеков|ый Scheck-; **-ый индоссамент** *m* Scheckindossament *n*; **-ая карточка** *f* Scheckkarte *f*; **-ая книжка** *f* Scheck|buch *n*, -heft *n*; **-ый оборот** *m* **(-ые операции** *pl***)** Scheckverkehr *m*;

-ая правоспособность *f* Scheckfähigkeit *f*
чекодатель *m* Scheckaussteller *m*, Aussteller eines Schecks
чекодержатель *m* Scheckinhaber *m*
чекоспособность *f* Scheckfähigkeit *f*
челнок *m* Pendelhändler *m*
человек *m* Mensch *m*, Mann *m*
человеко-год *m* Mannjahr *n*
человеко-день *m* Arbeitstag *m*, Manntag *m*
человеко-месяц *m* Mannmonat *m*
человеко-час *m* Arbeitsstunde *f*
человеческ|ий menschlich, Menschen-, Human-; **-ое достоинство** *n* Menschenwürde *f*; **-ий капитал** *m* Humankapital; **-ие отношения** *pl* Human-Relations, Mitarbeiterbeziehungen *pl*; **-ий фактор** *m* Faktor Mensch
чередование *n* Wechsel *m*, Folge *f*, Reihenfolge *f*; **~ смен** Schichtwechsel *m*
черта *f* Merkmal *n*, Zug *m*; Linie *f*, Strich *m*; **~ бедности** Existenzminimum *n*; **основная ~** Grundzug *m*, Wesenzug *m*
чертёж *m* Zeichnung *f*, Skizze *f*
четверть *f* Viertel *n*
чётный gerade
чин *m* Rang *m*, Würde *f*, Dienstgrad *m*
чинить flicken, ausbessern, reparieren, **~ препятствия** behindern
чиновник *m* Beamte *m*; **избрать карьеру -а** die Beamtenlaufbahn einschlagen; **~ министерства** Ministerialbeamte *m*; **муниципальный ~** Kommunalbeamte *m*; **таможенный ~** Zollbeamte *m*
чиновничество *n* Beamtenschaft *f*, Beamten *pl*
чиновничий Beamten-
численность *f* Anzahl *f*, Zahl *f*, Stärke *f*; **определять ~ персонала** die Personalstärke bestimmen; **~ безработных** Arbeitslosenzahl *f*, Erwerbslosenzahl *f*; **~ занятых** Beschäftigtenzahl *f*, Anzahl der Beschäftigten; **избыточная ~ персонала** personeller Überhang; **минимальная ~** Mindestanzahl *f*; **~ населения** Bevölkerungszahl *f*; **общая ~** Gesamtzahl *f*; **~ персонала (работников предприятия)** Belegschaftsstärke *f*, Beschäftigtenzahl *f*, Personal|bestand *m*, -kapazität *f*, -stärke *f*; **плановая ~** Planzahl *f*, Sollbestand *m*; **~ рабочих и служащих (сотрудников)** Arbeitnehmerzahl *f*, Mitarbeiterzahl *f*; **средняя ~** Durchschnittszahl *f*, durchschnittliche Anzahl
численный zahlenmäßig; **~ состав персонала (сотрудников)** Belegschaftsstärke *f*, Personal|bestand *m*, -kapazität *f*, -stärke *f*, Beschäftigtenzahl *f*
числиться в списке in der Liste stehen
числиться на балансе in der Bilanz (buchmäßig) ausgewiesen werden
числ|о *n* Zahl *f*, Anzahl *f*; Datum *n*; **датировать задним -ом** nachdatieren, rückdatieren; **проставлять -о** mit dem Datum abstempeln; **базисное -о** Basiswert *m*, Bezugs|größe *f*, -wert *m*; **-о безработных** Arbeitslosenzahl *f*, Erwerbslosenzahl *f*; **-о заболеваний** Krankenstand *m*; **-о занятых** Beschäftigtenzahl *f*, Anzahl der Beschäftigten; **индексное -о** Indexzahl *f*; **максимальное -о** Maximum *n*; **минимальное -о** Minimum *n*, Mindestanzahl *f*; **номинальное -о** Nenngröße *f*; **-о оборотов** Drehzahl *f*; **общее -о** Gesamtzahl *f*; **-о работников** Arbeitnehmerzahl *f*, Beschäftigtenzahl *f*; **сего -а** dato; **среднее -о** Durchschnittszahl *f*, durchschnittliche Anzahl *f*
чистка *f* Reinigung *f*; **химическая ~** chemische Reinigung
чист|ый rein, Rein-, Netto-; **-ые активы** *pl* Nettovermögen, Reinvermögen *n*; **-ый вес** *m* Nettogewicht *n*, Reingewicht *n*; **-ый доход** *m* Nettoertrag *m*, Reinertrag *m*; **-ые инвестиции** *pl* **(капиталовложения** *pl***)** Nettoinvestitionen *pl*, Rein- investitionen *pl*; **-ые инвестиции в основной капитал** Nettoanlageinvestitionen *pl*; **-ый оборот** *m* Nettoumsatz *m*, Reinumsatz *m*; **-ая прибыль** *f* Nettogewinn *m*, Reingewinn *m*
член *m* Mitglied *n*, Angehörige *m*, Teilnehmer *m*; **быть -ом** als Mitglied angehören; **выходить из числа -ов** als Mitglied ausscheiden; **исключать из**

-ов Mitglieder ausschließen; **принимать -ов** (neue) Mitglieder aufnehmen; **принимать в -ы** als Mitglied aufnehmen; **становиться -ом** Mitglied werden, Mitgliedschaft erwerben; **ходатайствовать о вступлении в -ы** Mitgliedschaft beantragen; **~ артели** Genosse *m*; **~ горно-промышленного общества** Gewerke *m*; **государство-~** Mitglieds|staat *m*, -land *n*; **действительный ~** ordentliches Mitglied; **запасной ~ правления** stellvertretendes Vorstandsmitglied; **зарегистрированный ~** eingetragenes Mitglied; **исключённый ~** ausgeschlossenes Mitglied; **~ картеля** Kartellmitglied *n*; **~ коллектива** Belegschaftsmitglied *n*, Mitarbeiter *m*; **~ коммандитного товарищества** Teilhafter *m*, Kommanditist *m*; **~ коммандитного товарищества, несущий неограниченную ответственность** Komplementär *m*, Vollhafter *m*; **~ комиссии** Kommissionsmitglied *n*; **~ консорциума** Konsorte *m*, Konsortialmitglied *n*; **~ кооператива** Genossenschaftsmitglied *n*; **~ общества (компании)** Gesellschafter *m*; **обязательный ~** Pflichtmitglied *n*; **пожизненный ~** Mitglied auf Lebenszeit; **почётный ~** Ehrenmitglied *n*; **~ правления** Vorstandsmitglied *n*; **предприятие-~** Mitgliedsunternehmen *n*; **~ профсоюза** Gewerkschaftsmitglied *n*, Gewerkschafter *m*; **~ семьи** Familienangehörige *m*; **страна-~** Mitglieds|staat *m*, -land *n*; **~ товарищества** Genosse *m*, Genossenschaftsmitglied *n*; **~ товарищества с неограниченной ответственностью** Vollhafter *m*; **~ товарищества с ограниченной ответственностью** Kommanditist *m*, Teilhafter *m*; **~, уплачивающий взносы** förderndes Mitglied; **~-учредитель** Gründungsmitglied *n*

членский Mitglieder-, Mitglieds-; **~ взнос** Mitgliedsbeitrag *m*

членств|о *n* Mitgliedschaft *f*, Teilhaberschaft *f*, Zugehörigkeit *f*; **получать право -а** die Mitgliedschaft erwerben; **терять право -а** die Mitgliedschaft verlieren; **-о в международных организациях** internationale Mitgliedschaft; **-о в профсоюзе** Gewerkschaftszugehörigkeit *f*; **-о в союзе** Vereinszugehörigkeit *f*; **негласное -о** stille Teilhaberschaft; **полное -о** Vollmitgliedschaft *f*; **принудительное -о** Zwangsmitgliedschaft *f*

чрезвычайн|ый außerordentlich, Sonder-; **-ые затраты** *pl* **(издержки, расходы)** außerordentliche Aufwendungen; **-ые меры** *pl* Sondermaßnahmen *pl*; **-ое положение** *n* Notstand *m*

чрезмерность *f* Übermaß *n*

чрезмерн|ый übermäßig, zu viel, zu hoch, Über-; **-ая задолженность** *f* Überschuldung *f*; **-ые потребности** *pl* übermäßiger Bedarf

чувствительность *f* Empfindlichkeit *f*, Sensibilität *f*; Sensitivität *f*; **~ к изменению конъюнктуры** Konjunkturempfindlichkeit *f*

чувствительный empfindlich, reagibel, anfällig; **~ к изменению конъюнктуры** konjunktur|anfällig, -empfindlich; **~ к изменению процентной ставки** zins|empfindlich, -reagibel; **~ к помехам** störanfällig

чудо *n*, **экономическое ~** Wirtschaftswunder *n*

чутьё *n*, **деловое ~** Geschäftssinn *m*

Ш

шабашничать schwarz arbeiten

шабашничество *n* Schwarzarbeit *f*

шаблон *m* Muster *n*, Modell *n*, Schema *n*, Lehre *f*

шаг *m* Schritt *m*

шанс *m* Chance *f*, Aussicht *f*, Möglichkeit *f*; **давать ~** eine Chance eröffnen; **использовать ~** eine Chance nutzen, eine Möglichkeit wahrnehmen; **оценивать -ы** Chancen einschätzen; **предоставлять ~** eine Chance einräumen, die Möglichkeit bieten (geben); **упускать ~** eine Chance (eine Gelegenheit) verpassen (versäumen); **~ на выживание** Überlebenschance *f*; **~ на выигрыш** Gewinnchance *f*; **~ на получение прибыли** Gewinnchance *f*, -aussicht *f*; **-ы на получение дохода (урожая)** Ertragschancen *pl*; **-ы на продвижение по службе** Aufstiegschancen *pl*, Karrierechancen *pl*

шахт|а *f* Grube *f*, Mine *f*, Zeche *f*; **закрывать -у** eine Zeche stilllegen; **открывать -у** einen Zechenbetrieb (Grubenbetrieb) eröffnen; **угольная -а** Kohlen|grube *f*, -zeche *f*

шахтёр *m* Grubenarbeiter *m*, Bergarbeiter *m*

швейн|ый Bekleidungs-; Näh-; **-ая промышленность** *f* Bekleidungsindustrie *f*; **-ая фабрика** *f* Bekleidungswerk *n*, Näherin *f*

шеф *m* Chef *m*, Leiter *m*, Manager *m*, Boss *m*; **~ фирмы** Firmenchef *m*

шиллинг *m* Schilling *m*

шипгандлер *m* Schiffsausrüster *m*

ширина *f* Breite *f*, Weite *f*

широта *f* Breite *f*; **~ ассортимента** Sortimentsbreite *f*

ширпотреб *m* Massenbedarfsgüter *pl*, Massengebrauchsartikel *pl*, Massenkonsumgüter *pl*, Massenverbrauchsgüter *pl*

шифр *m* Chiffre *f*, Kennnummer *f*, Kennzahl *f*, Kennziffer *f*, Kode (Code) *m*, Schlüssel *m*, Schlüsselzahl *f*; **~ документа** Aktenzeichnen *n*

шифровать chiffrieren, kodieren, verschlüsseln

шифровка *f* Verschlüsselung *f*, Schlüsselung *f*, Kodierung *f*, Chiffrierung *f*; **~ затрат** Kostenschlüsselung *f*

шкала *f* Skala *f*, Maßeinteilung *f*; **~ заработной платы** Lohnskala *f*; **~ налоговых ставок** Steuertabelle *f*; **подвижная ~** gleitende Skala; **~ скидок с цены за количество** Mengenstaffel *f*; **~ цен** Preisskala *f*

шкаф *m* Schrank *m*; **морозильный ~** Gefrierschrank *m*, Tiefkühltruhe *f*; **несгораемый ~** Geldschrank *m*, Safe *m*, Tresor *m*

шкипер *m* Schiffer *m*, Schiffskapitän *m*

школ|а *f* Schule *f*, Schulhaus *n*, Schulgebäude *n*; **оканчивать -у** die Schule absolvieren; **основывать -у** eine Schule gründen; **ходить в -у** zur Schule gehen, die Schule besuchen; **высшая -а** Hochschule *f*, Hochschulwesen *n*; **-а для взрослых** Volksschule *f*; **начальная -а** Grundschule *f*; **отельная -а** Hotelschule *f*; **средняя -а** Oberschule *f*; **частная -а** Privatschule *f*

шоппинг *m* Einkauf *m*, Einkaufstour *f*, Shopping *n*; **сетевой ~** E-Shopping *n*, Einkauf über Internet, **удаленный ~** Fernshopping *n*, Einkauf über Versandhandel (über Internet)

шоптур *m* Einkaufsreise *f*, Einkaufstour *f*

шоссе *n* Landstrasse *f*, Chaussee *f*, Fernstrasse *s*

шоубокс *m* *(Handel)* Display *m*

шофёр *m* Fahrer *m*, Kraftfahrer *m*

шпионаж *m*, **промышленный (экономический) ~** Industriespionage *f*, Werksspionage *f*, Wirtschaftsspionage *f*

шрифт *m* Schrift *f*

штабелировать stapeln; **~ груз** eine Ladung stapeln

штабель *m* Stapel *m*

штамп *m* Stempel *m*, Stanze *f*; **ставить ~** (ab)stempeln, Stempel aufdrücken

штамповать (ab)stempeln; stanzen, pressen

штат *m* Personalbestand *m*, Personalplan *m*, Stellenplan *m*, Etat *m*; **работать в -е** hauptamtlich (hauptberuflich) tätig sein; **основной (постоянный) ~** Stamm|belegschaft *f*, -personal *n*; **~ учреждения** Büropersonal *n*

штатн|ый hauptamtlich, hauptberuflich, fest angestellt, etatmäßig, personell; **-ая должность** *f* **(единица** *f***)** Planstelle *f*; **-ое расписание** *n* Stellenplan *m*; **-ый служащий** *m* Festangestellte *m*

штафель *m* **(штафельный счёт** *m***)** Staffelkonto *n*

штафельный метод *m* **начисления процентов** Staffelrechnung *f*

штемпелевание *n* Abstempelung *f*; **~ акций** Aktienabstempelung *f*, Abstempelung von Aktien

штемпель *m* Stempel *m*, Siegel *n*; **ставить ~** (ab)stempeln, Stempel aufdrücken; **календарный ~** Datumsstempel *m*; **почтовый ~** Poststempel *m*; **~ с указанием даты** Tagesstempel *m*

штемпелевать (ab)stempeln, Stempel

aufdrücken; **~ акции** Aktien abstempeln; **~ чек** den Scheck stempeln
штраф *m* Strafe *f*, Buße *f*, Bußgeld *n*, Zwangsgeld *n*; **налагать ~** mit einer Strafe belegen, eine Buße auferlegen, Bußgeld (eine Geldbuße) verhängen; **налагать денежный ~** mit einer Geldbuße ahnden; **отменять ~** die Buße erlassen; **платить ~** eine Strafe zahlen, eine Buße entrichten, Buße leisten, das Bußgeld zahlen; **административный ~** Buße *f*, Geldbuße *f*, Ordnungs|strafe *f*, -geld *n*, Zwangsstrafe *f*; **административный денежный ~** Bußgeld *n*, Geldbuße *f*; **денежный ~** Geldbuße *f*, Geldstrafe *f*; **договорной ~** Vertragsstrafe *f*; **~ за просроченный платёж** Mahngebühr *f*; **~ за просрочку** Verzugsstrafe *f*, Verzugszinsen *pl*, Pönale *f*; **~ за простой** Standgeld *n*; **~ за простой вагонов** Wagenstandgeld *n*, Waggonstandgeld *n*; **конвенциональный ~** Vertragsstrafe *f*; **подлежащий -у** strafbar; **таможенный ~** Zollstrafe *f*
штрафовать mit einer Strafe belegen, eine Buße auferlegen, Bußgeld verhängen, (be)strafen
штрейкбретер *m* Streikbrecher *m*
штрих *m* Strich *m*
штриховать schraffieren
штриховка *f* Schraffur *f*, Schraffierung *f*
штриховой код *m* **(штриховая маркировка** *f***)** Strichkode *n*
штук|а *f* Stück *n*; **за -у** per Stück
штучн|ый Stück-, Einzel-; **-ый груз** *m* Stückgut *n*; **-ая продажа** *f* Stückverkauf *m*; **-ое производство** *n* Einzelfertigung *f*; **-ый товар** *m* Stückgut *n*

Щ

щит *m* Schild *n*, Tafel *f*, Brett *n*; **приборный ~** Armaturenbrett *n*; **распределительный ~** Schalttafel *f*; **рекламный ~** *(V&M)* Werbetafel *f*; **~ управления** Bedienungspult *m*

Э

эвристика *f* Heuristik *f*
эквайер *m (Bank)* Acquirer *m*, Händlerbank *f*
эквайринг *m (Bank)* Acquiring *n*
эквивалент *m* Äquivalent *n*, Gegenwert *m*; **~ в иностранной валюте** Gegenwert in Fremdwährung
эквивалентность *f* Äquivalenz *f*
эквивалент|ый äquivalent, gleichwertig, gleichbedeutend, Äquivalenten-, Äquivalenz-; **-ая замена** *f* **товара** Äquivalenzverkehr *m*; **-ый обмен** *m* Äquivalentenaustausch *m*; **-ый товар** *m* äquivalente Ware
экзамен *m* Examen *n*, Prüfung *f*, Test *m*; **готовиться к -у** sich auf eine Prüfung vorbereiten; **допускать к -у** zu einer Prüfung zulassen; **принимать ~** die Prüfung abnehmen; **проводить ~** prüfen, eine Prüfung abhalten; **сдавать ~** eine Prüfung ablegen (bestehen), ein Examen machen; **вступительный ~** Aufnahmeprüfung *f*; **выпускной (заключительный) ~** Abschlussprüfung *f*; **квалификационный ~** Facharbeiterprüfung *f*, Gesellenprüfung *f*; **конкурсный ~ (~ на профессиональную пригодность)** Eignungsprüfung *f*; **~ на присвоение звания мастера** Meisterprüfung *f*; **~ на профессиональную пригодность** Eignungsprüfung *f*; **письменный ~** schriftliche Prüfung; **приёмный ~** Aufnahmeprüfung *f*; **устный ~** mündliche Prüfung
экзаменатор *m* Prüfer *m*
экзаменационн|ый Prüfungs-; **-ая комиссия** *f* Prüfungsausschuss *m*
экзаменовать prüfen
экзаменуемый *m* Prüfling *m*
экзекутировать exekutieren
экземпляр *m* Exemplar *n*, Ausfertigung *f*; **авторский бесплатный ~** Freiexemplar *n*; **бесплатный ~** Zuschussexemplar *n*; **в двух -ах** in doppelter Ausfertigung; **второй ~** Durchschrift *f*, Zweit|ausfertigung *f*, -schrift *f*; **второй ~ переводного векселя (тратты)** zweite Wechsel-

ausfertigung, Zweitausfertigung eines Wechsels, Sekundawechsel *m*; **~ документа** Belegexemplar *n*; **запасной ~ акции** Ersatzaktie *f*; **обязательный ~** Pflichtexemplar *n*; **первый ~** Erstausfertigung *f*, Erstschrift *f*; **первый ~ переводного векселя (тратты)** Primawechsel *m*, erste Wechselausfertigung, Erstausfertigung eines Wechsels; **третий ~** Drittausfertigung *f*; **третий ~ переводного векселя (тратты)** Tertiawechsel *m*, dritte Wechselausfertigung, Drittausfertigung eines Wechsels; **чистовой ~** Reinschrift *f*

экипаж *m* Besatzung *f*, Mannschaft *f*; **~ судна** Schiffsbesatzung *f*

экипировка *f* Ausrüstung *f*, Ausstattung *f*

экологическ|ий ökologisch, Umwelt-; **-ий баланс** *m* Ökobilanz *f*, ökologisches Gleichgewicht; **общие -ие условия** *pl* ökologische Rahmenbedingungen; **-ая перестройка** *f* ökologischer Umbau; **-ая политика** *f* Umweltpolitik *f*; **-ое сознание** *n* ökologische Vernunft, Umweltbewusstsein *n*; **-и чистый** umweltfreundlich, ökologisch unbedenklich

экология *f* Ökologie *f*

эконометрика *f* **(эконометрия** *f***)** Ökonometrie *f*

эконометрический ökonometrisch

экономик|а *f* Ökonomie *f*, Wirtschaft *f*, Volkswirtschaft *f*, Ökonomik *f*; **оздоровлять (санировать) -у** die Wirtschaft sanieren; **перестраивать (реформировать) -у** die Wirtschaft umgestalten; **регулировать развитие -и** die Wirtschaft lenken; **создавать -у** die Wirtschaft aufbauen; **стимулировать развитие -и** die Wirtschaft fördern; **укреплять -у** Wirtschaft konsolidieren; **форсировать развитие -и** die Wirtschaft ankurbeln; **внешняя -а** Außenwirtschaft *f*; **-а государства (страны)** Staatswirtschaft *f*, Ökonomie des Staates; **государственный сектор -и** Staatswirtschaft *f*, öffentliche Wirtschaft; **-а и организация банковского дела** Bankbetriebslehre *f*; **-а и организация производства на промышленных предприятиях** Industriebetriebslehre *f*, Betriebswirtschaftslehre; **интенсивная -а** intensive Wirtschaft; **информационная -а** Informationsökonomik *f*; **командная -а** Kommandowirtschaft *f*, Zentralverwaltungswirtschaft *f*, gelenkte Wirtschaft; **конкурентоспособная -а** wettbewerbsfähige Wirtschaft; **либеральная -а** freie (liberale) Wirtschaft; **либеральная рыночная -а** freie Marktwirtschaft; **мировая -а** Weltwirtschaft *f*; **национальная -а** Binnenwirtschaft *f*, Staatswirtschaft *f*, einheimische Wirtschaft; **олигополистическая -а** oligopolistische Wirtschaft; **-а, организация и управление производством** Betriebswirtschaft(lehre) *f*; **-а, организация и управление торговыми предприятиями** Handelsbetriebslehre *f*; **-а, ориентированная на потребителя** verbraucherorientierte Wirtschaft; **-а, ориентированная на экспорт** Exportwirtschaft *f*, exportorientierte Wirtschaft; **перегретая -а** überhitzte Wirtschaft; **плановая -а** Planwirtschaft *f*; **-а производства** Produktionswirtschaft *f*; **-а промышленности** Industrieökonomik *f*; **региональная -а** Regionalwirtschaft *f*; **регулируемая -а** gelenkte Wirtschaft; **-а ресурсов** Ressourcenökonomik *f*; **рыночная -а** Marktwirtschaft *f*; **свободная -а** freie Wirtschaft *f*; **-а сельского хозяйства** Agrarwirtschaft *f*; **смешанная -а** gemischte Wirtschaft; **социальная рыночная -а** soziale Marktwirtschaft; **теневая -а** Schattenwirtschaft *f*; **управляемая -а** gelenkte Wirtschaft; **частный сектор -и** Privatwirtschaft *f*

экономист *m* Ökonom *m*, Wirtschaftswissenschaftler *m*, Volkswirt *m*, Nationalökonom *m*, Betriebswirt *m*, Wirtschaftsexperte *m*, Wirtschaftsfachmann *m*; **главный ~** Chefökonom *m*, kaufmännischer Direktor; **инженер-~** Wirtschaftsingenieur *m*; **~-специалист по политической экономии** Nationalökonom *m*, Volkswirt *m*; **~-специалист по экономике, ор-**

ганизации и управлению производством Betriebswirt *m*

экономить einsparen, sparen, wirtschaftlich (sparsam) umgehen, Einsparungen machen; **~ материал** Material einsparen; **~ на расходах на заработную плату** Lohnkosten einsparen; **~ энергию** Energie einsparen

экономическ|ий wirtschaftlich, ökonomisch, Wirtschafts-; **-ая деятельность** *f* Wirtschafts|tätigkeit *f*, -geschehen *n*, wirtschaftliche Tätigkeit; **-и зависимый** wirtschaftlich abhängig; **-ая зона** *f* Wirtschaftszone *f*; **-ие меры** *pl* wirtschaftsbezogene Maßnahmen; **-ий подъём** *m* Wirtschaftsaufschwung *m*; **-ие показатели** *pl* Wirtschaftszahlen *pl*; **-ое регулирование** *n* wirtschaftliche Regelung; **-и рентабельный** wirtschaftlich rentabel; **-ий рост** *m* Wirtschaftswachstum *n*; **-ие связи** *pl* Wirtschafts|beziehungen *pl*, -verbindungen *pl*, -verflechtungen *pl*; **-ий союз** *m* Wirtschaftsunion *f*; **-и целесообразный** wirtschaftlich zweckmäßig; **-ий цикл** *m* Wirtschaftszyklus *m*

экономичость Wirtschaftlichkeit *f*, Rentabilität *f*

экономичный ökonomisch, wirtschaftlich, rentabel, sparsam

экономи|я *f* Einsparung *f*, Ersparnis *f*, Ökonomie *f*; **давать -ю** Ersparnisse geben; **-я времени** Zeit|einsparung *f*, -ersparnis *f*; **-я затрат (расходов)** Ausgabeneinsparung *f*; **-я на выплате процентов** Zinsersparnis *f*; **-я нефти** Öleinsparung *f*; **-я площадей** Raumersparnis *f*; **политическая -я** politische Ökonomie, Nationalökonomie *f*, Volkswirtschaftslehre *f*; **-я рабочего времени** Einsparung an Arbeitszeit; **-я рабочей силы** Ersparnis an Arbeitskräften, Einsparung von Arbeitskräften; **-я расходов на энергию** Energiekosteneinsparung *f*; **расчётная -я** rechnerische (kalkulatorische) Ersparnis; **-я ресурсов** Ressourcenschonung *f*; **-я сырья и материалов** Material|einsparung *f*, -ersparnis *f*; **-я топлива** Treibstoffeinsparung *f*; **-я фонда заработной платы** Lohneinsparung *f*; **чистая -я** Nettoersparnis *f*; **-я энергии** Energieeinsparung *f*

экономичность *f* Sparsamkeit *f*, Wirtschaftlichkeit *f*, Verbrauchseffizienz *f*

экономн|ый sparsam; **-ое обращение** *n* sparsamer Umgang; **-ое хозяйствование** *n* sparsames Wirtschaften

экоцид *m* Umweltzerstörung *f*

эксдивиденд *m* ex-Dividende *f*

эксимбанк *m* Export-Import-Bank *f*

экскурсия *f* Ausflug *m*, Exkursion *f*; **загородная ~ для работников предприятия** Betriebsausflug *m*; **-я по предприятию** Betriebsbesichtigung *f*, Betriebsrundgang *m*

экспанси|я *f* Expansion *f*, Ausbreitung *f*, Ausdehnung *f*, Ausweitung *f*, Erweiterung *f*; **содействовать -и** die Expansion (Ausdehnung) fördern; **внешнеторговая -я** Ausweitung des Außenhandels; **кредитная -я** Kreditausweitung *f*; **торговая -я** Ausweitung des Handels; **экономическая -я** wirtschaftliche Expansion; **экспортная -я** Exportexpansion *f*

экспедирование *n* Spedition *f*, Versand *m*, Absendung *f*; **~ грузов морским путём** Seefrachtspedition *f*

экспедировать expedieren, abfertigen, absenden, spedieren, versenden

экспедитор *m* Spediteur *m*, Absender *m*, Expedient *m*, Versender *m*; **~ по отправке сборного груза** Versandspediteur *m*, Sammelgutspedieur *m*; **~-получатель груза** Empfangsspediteur *m*

экпедиторск|ий Spediteur-, Speditions-; **-ий коносамент** *m* Spediteurkonnossement *n*; **-ие услуги** *pl* Speditionsdienste *pl*

экспедиционн|ый Speditions-, Versand-; **-ый бизнес** *m* Speditionsgewerbe *n*; **-ая контора** *f* Abfertigungsstelle *f*, Versandstelle *f*; **-ое предприятие** *n* Speditionsbetrieb *m*; **-ые расходы** *pl* Speditionskosten *pl*, Versandkosten *pl*

экспедиция *f* Spedition *f*, Expedition *f*, Versandabfertigung *f*, Versandstelle *f*, Abfertigungsstelle *f*

эксперимент *m* Experiment *n*, Versuch *m*; **демонстрировать ~** ein Experiment vorführen; **проводить ~** ein Experiment durchführen, einen Versuch anstellen (machen); **лабораторный ~** Laborexperiment *n*, Laborversuch *m*

экпериментальн|ый Versuchs-; **-ая установка** *f* Versuchsanlage *f*; **-ый цех** *m* Versuchsabteilung *f*, Versuchsproduktion *f*

экспериментировать Experimente durchführen, Versuche anstellen (machen, fahren)

эксперт *m* Experte *m*, Sachverständige *m*, Fachmann *m*, Fachberater *m*, Gutachter *m*; **консультироваться у -а** von einem Experten beraten lassen; **привлекать -а** einen Sachverständigen hinzuziehen; **~ в области кредитования** Kreditexperte *m*; **~ в области финансов** Finanzfachmann *m*; **официальный (присяжный) ~** vereidigter Sachverständiger; **~ по вопросам инвестиций** Anlageexperte *m*; **~ по экономическим вопросам** Wirtschafts|experte *m*, -fachmann *m*; **~ по оценке убытков по общей аварии** Havariekommissar *m*

экспертиз|а *f* Fachberatung *f*, Begutachtung *f*, Sachverständigenverfahren *n*, Expertise *f*, Gutachten *n*, Prüfung *f*, Sachverständigengutachten *n*; **направлять на -у** zur Begutachtung vorlegen; **подвергать -е** begutachten (lassen); **поручать проведение -ы** mit der Begutachtung (mit der Erstellung einer Expertise, eines Gutachtens) beauftragen; **проводить -у** begutachten, eine Expertise erstellen; **требовать проведения -ы** ein Gutachten einholen; **дополнительная -а** nachträgliche Prüfung; **-а качества** Qualitätsgutachten *n*; **повторная -а** wiederholtes Gutachten; **техническая -а** technische Expertise, technisches Gutachten; **-а ущерба** Schadensbegutachtung *f*; **юридическая -а** Rechtsgutachten *n*

экспертн|ый Experten-, Sachverständigen-; **-ая беседа** *f* Expertengespräch *n*; **-ая комиссия** *f* Sachverständigenausschuss *m*, Fachausschuss *m*; **-ая оценка** *f* Experten|einschätzung *f*, Sachverständigengutachten *n*; **-ый совет** *m* Sachverständigenrat *m*

эксплуатационники *pl* Bedienungspersonal *n*, Bedienungskräfte *pl*, Betreiber *pl*

эксплуатационн|ый betrieblich, Betriebs-, Bedienungs-; **-ые данные** *pl* Betriebsdaten *pl*; **-ые затраты** *pl* **(расходы** *pl***)** Betriebs|aufwand *m*, -ausgaben *pl*, -kosten *pl*, betriebliche Aufwendungen; **-ая надёжность** *f* Betriebsicherheit *f*; **-ый период** *m* Betriebsdauer *f*

эксплуатаци|я *f* Betrieb *m*, Ausnutzung *f*, Nutzung *f*; Ausbeutung *f*; **начинать -ю** den Betrieb aufnehmen; **прекращать -ю** außer Betrieb setzen; **пускать в -ю (сдавать в -ю)** in Betrieb nehmen (geben); **-я в три смены** Dreischichtbetrieb *m*; **готовый к -и** betriebs|bereit, -fähig, -fertig; **дальнейшая -я** Weiterbetrieb *m*; **-я железной дороги** Eisenbahnbetrieb *m*; **-я месторождений** Erschließung (Ausbeutung) von Lagerstätten; **надёжный в -и** betriebssicher, funktionssicher; **хищническая -я** Raubbau *m*

эксплуатировать ausbeuten, abbauen; betreiben, fahren, ausnutzen, nutzen, erschließen; **~ установку** eine Anlage betreiben (fahren)

экспозиция *f* Ausstellung *f*

экспонат *m* Ausstellungsgut *n*, Ausstellungsstück *n*, Exponat *n*

экспонент *m* Aussteller *m*, Messeaussteller *m*

экспонирование *n* Ausstellung *f*

экспонировать ausstellen, präsentieren; **~ товары на выставке** Waren auf einer Messe ausstellen

экспорт *m* Ausfuhr *f*, Export *m*; **идти на ~** in den Export gehen; **ориентировать производство на ~** die Produktion auf Export einstellen; **производить на ~** für den Export produzieren; **способствовать развитию -а** die Ausfuhr (den Export) fördern; **субсидировать ~** die Ausfuhr subventionieren (stützen); **увеличивать ~** den Export erhöhen; **~ вооружений (оружия)** Rüstungsexport *m*, Waffenexport *m*; **зависящий от -а** exportabhängig; **~ зерна** Getreideausfuhr *f*; **~ капитала** Kapital|ausfuhr *f*, -export *m*; **компетентный в области -а** exportkundig; **косвенный ~** indirekte Ausfuhr, indirekter (mittelbarer) Export; **~ машин (станков)** Maschinenausfuhr *f*; **мировой ~** Weltausfuhr *f*; **невидимый ~** unsichtbarer Export, unsichtbare Ausfuhr; **~ нетто** Nettoexport *m*; **ориентированный на ~** exportorientiert; **пригодный для -а** exportfähig; **~ промышленных отходов** Abfallexport *m*; **~ промышленной продукции** Industrieexporte *pl*; **~ промышленных товаров** Ausfuhr von gewerblichen Waren; **прямой ~** Direkt|ausfuhr *f*, -export *m*, direkter (händlerfreier, unmittelbarer) Export, direkte (händlerfreie) Ausfuhr; **~ сельскохозяйственной продукции** Agrar|ausfuhr *f*, -export *m*; **~ товаров** Güterausfuhr *f*, Waren|ausfuhr *f*, -export *m*; **~ угля** Kohleausfuhr *f*; **~ через территорию третьих стран** Transitausfuhr *f*; **~ чистого капитала** Nettokapitalexport *m*; **чистый ~** Nettoexport *m*

экспортёр *m* Ausführer *m*, Exporteur *m*, Exporthändler *m*, Ausfuhrhändler *m*; **~, получающий заказ на поставку** Indentnehmer *m*; **предприятие-~** Exportunternehmen *n*; **страна-~** Exportland *n*, Ausfuhrland *n*; **фирма-~** Exportfirma *f*

экспортировать ausführen, exportieren

экспортно-импортный банк *m* Export-Import-Bank *f*

экспортн|ый Ausfuhr-, Export-; **-ая гарантия** *f* Ausfuhrgarantie *f*; **-ая декларация** *f* Ausfuhrerklärung *f*, Exportdeklaration *f*; **-ая лицензия** *f* Ausfuhr|bewilligung *f*, -erlaubnis *f*, -genehmigung *f*,-lizenz *f*, Exportgenehmigung *f*; **-ая пошлина** *f* Ausfuhr|abgabe *f*, -zoll *m*; **-ая процедура** *f* Ausfuhrverfahren *n*; **-ый риск** *m* Ausfuhrrisiko *n*; **-ый сертификат** *m* Ausfuhrbescheinigung *f*; **-ые товары** *pl* Ausfuhren *pl*, Exporte *pl*, Export|artikel *pl*, -güter *pl*, -waren *pl*, Ausfuhr|güter *pl*, -waren *pl*; **-ая торговля** *f* Ausfuhrhandel *m*, Exporthandel *m*

экспортоёмкий exportintensiv

экспресс *m* Express *m*, Schnellzug *m*; **~-груз** Expressgut *n*, Eilfracht *f*; **~-доставка** Eilzustellung *f*; **~-служба** Schnelldienst *m*; **~-чистка** Schnellreinigung *f*

экспроприаци|я *f* Enteignung *f*; **проводить -ю** enteignen; **-я на благо общества** Enteignung zum Wohle der Allgemeinheit; **-я с выплатой компенсации** Enteignung gegen Entschädigung

экспроприировать enteignen; **~ земельную собственность** Grundbesitz enteignen; **~ с выплатой компенсации** gegen eine Entschädigung enteignen

экстенсивн|ый extensiv, Erweiterungs-; **-ые капиталовложения** *pl* Erweiterungsinvestition *f*; **-ое сельское хозяйство** *n* extensive Landwirtschaft

экстерриториальный exterritorial

экстракласс *m* Extraklasse *f*, **изделия -а** Erzeugnisse *pl* des Premiumsektors

экстракт *m* Auszug *m*, Extrakt *m*

экстраординарный außerordentlich, ungewöhnlich

экстремальн|ый Extrem(al)-; **-ое значение** *n* Extremum *n*, Extrem(al)wert *m*; **-ые условия** *f* Extrembedingungen *pl*

экстраполяция *f* Hochrechnung *f*

экстренн|ый Extra-, Sofort-, Sonder-, dringend; **-ый выпуск** *m* Extraausgabe *f*; **-ые меры** *pl* Sofortmaßnahmen *pl*; **-ая помощь** *f* Soforthilfe *f*

эксцедент *m* Exzedent *m*

эксцедентальн|ый Exzedenten-; **-ая система** *f* **страхования** Exzedentenrückversicherung *f*

эластичность *f* Elastizität *f*; **~ доходов** Einkommenselastizität *f*; **~ замены труда и капитала как факторов производства** Substitutionselastizität *f*; **перекрёстная ~ цен** Kreuzpreiselastizität *f*; **~ предложения** Angebotselastizität *f*, Elastizität des Angebots; **~ производства** Produktionselastizität *f*; **~ спроса** Nachfrageelastizität *f*, Elastizität der Nachfrage; **~ спроса в зависимости от предложения** Mengenelastizität *f*; **~ цен** Preiselastizität *f*

эластичный elastisch; **~ спрос** *m* elastischer Bedarf, elastische Nachfrage

электорат *m* Elektorat *m*, Wählerkreis *m* (einer Partei)

электрифицировать elektrifizieren

электрическ|ий elektrisch; **-ие аппараты** *pl* **и машины** *pl* elektrische Apparate und Maschinen; **-ие приборы** *pl* elektrische Geräte, Elektrogeräte *pl*; **-ий ток** *m* (elektrischer) Strom *m*; **-ая энергия** *f* Elektroenergie *f*, elektrische Energie, Strom *m*

электричество *n* Elektrizität *f*, (elektrischer) Strom *m*

электродвигатель *m* **(электромотор** *m***)** Elektromotor *m*

электромашиностроение *n* Elektromaschinenbau *m*

электроника *f* Elektronik *f*; **бытовая ~** Unterhaltungselektronik *f*

электронн|ый elektronisch, Elektronik-; **-ые кассы** *pl* elektronische Kassen; **-ое оборудование** *n* elektronische Ausrüstung; **-ые приборы** *pl* elektronische Geräte; **-ая промышленность** *f* Elektronikindustrie *f*

электропромышленность *f* Elektroindustrie *f*, Elektrobranche *f*

электросеть *f* Stromnetz *n*

электроснабжение *n* Elektrizitätsversorgung *f*, Stromversorgung *f*

электростанция *f* Elektrizitätswerk *n*, Kraftwerk *n*; **атомная ~** Atomkraftwerk *n*; **тепловая ~** Wärmekraftwerk *n*; **ядерная ~** Kernkraftwerk *n*

электротехника *f* Elektrotechnik *f*

электротехническ|ий elektrotechnisch; **-ая промышленность** *f* Elektroindustrie *f*, elektrotechnische Industrie

электроэнергетика *f* Elektrizitätswirtschaft *f*, Stromwirtschaft *f*

электроэнергия *f* Elektroenergie *f*, elektrische Energie, Strom *m*

элемент *m* Element *n*, Grundstoff *m*; **~ затрат (издержек)** Kostenelement *n*; **конструкционный ~** Bauelement *n*; **~ системы сбыта** Vertriebselement *n*

элиминация *f* **(элиминирование** *n***)** Eliminierung *f*, Beseitigung *f*, Ausschaltung *f*

элиминировать eliminieren, beseitigen, ausschalten

эмбарго *n* Embargo *n*, Sperre *f*, Verbot *m*; **вводить (накладывать) ~** ein Embargo (eine Sperre) verhängen; **отменять (снимать) ~** ein Embargo (eine Sperre) aufheben; **~ на валютные операции** Devisensperre *f*; **~ на вывоз золота** Goldausfuhrverbot *m*; **~ на вывоз капитала** Verbot der Kapitalausfuhr; **~ на импорт** Einfuhr|-sperre *f*, -verbot *m*, Importverbot *m*; **~ на поставки** Liefersperre *f*; **~ на экспорт** Ausfuhr|sperre *f*, -verbot *m*, Export|embargo *n*, -sperre *f*, -verbot *m*; **торговое ~** Handels|embargo *n*, -sperre *f*; **~ на продажу** Verkaufsverbot *m*

эмбоссирование *n* Hochprägung *f* (auf der Plastikkarte)

эмигрант *m* Auswanderer *m*, Emigrant *m*

эмиграция *f* Auswanderung *f*, Emigration *f*

эмигрировать auswandern, emigrieren

эмиссионн|ый Emissions-, Noten-; **-ый банк** *m* Emissionsbank *f*, Notenbank *f*; **-ый курс** *m* Ausgabekurs *m*, Emissionskurs *m*; **-ый налог** *m* Emissions|abgabe *f*, -steuer *f*; **-ая политика** *f* Emissionspolitik *f*; **-ое право** *n* Emissionsrecht *n*

эмиссионноспособный emissionsfähig

эмисси|я *f* Emission *f*, Ausgabe *f*, Begebung *f*; **производить -ю** eine Emission begeben; **размещать -ю** eine Emission unterbringen; **твёрдо гарантировать размещение -и** eine Emission fest übernehmen; **-я акций** Aktien|ausgabe *f*, -emission *f*, Ausgabe von Aktien; **-я банкнот** Banknotenausgabe *f*, Noten|ausgabe *f*, -emission *f*; **банковская -я** Bankemission *f*, Noten|emission *f*, -ausgabe *f*; **-я бумажных денег** Papiergeldemission *f*; **внешняя -я** Fremdemission *f*; **денежная -я** Geldschöpfung *f*; **-я долговых обязательств** Ausgabe von Schuldverschreibungen (Obligationen), Obligationsausgabe *f*, Schuldverschreibungsemission *f*; **-я займа** Anleiheemission *f*, Auflegung (Begebung) einer Anleihe; **-я закладных листов** Pfandbriefemission *f*; **казначейская -я** Papiergeldemission *f*; **-я облигаций** Obligationsausgabe *f*, Schuldverschreibungsemission *f*, Ausgabe von Obligationen (Schuldverschreibungen); **первоначальная публичная -я** Initial public offering (IPO), Börseneinführung, öffentliche Erstemission, Börsengang; **-я по курсу выше номинала** Überpariemission *f*, Emission über pari; **-я по курсу ниже номинала** Unterpariemission *f*, Emission unter pari; **-я по номинальному курсу** Pariemission *f*; **-я, полностью размещённая по подписке** völlig gezeichnete Emission; **прямая -я** Direktemission *f*; **-я сверх запланированного количества** Überemission *f*; **-я сертификатов инвестиционного фонда** Ausgabe von Investmentzertifikaten; **-я ценных бумаг** Effektenemission *f*, Wertpapieremission *f*, Ausgabe von Wertpapieren; **частичная -я** Teilemission *f*

эмитент *m* Emittent *m*, Emissionsschuldner *m*, Ausgabestelle *f*; **~, проводящий повторные эмиссии** Daueremittent *m*; **разовый ~** Einmalemittent *m*; **~ ценных бумаг** Wertpapieremittent *m*; **~ ценных бумаг муниципального образования** kommunaler Emittent *m*; **~ ценных бумаг РФ** Emittent der Wertpapiere der Russischen Föderation; **~ ценных бумаг субъекта РФ** Emittent der Wertpapiere des Föderationssubjektes

эмитированн|ый emittiert, ausgegeben; **-ые акции** *pl* ausgegebene Aktien

эмитировать emittieren, ausgeben; **~ акции** Aktien ausgeben (begeben, emittieren); **~ долговые обязательства (облигации)** Obligationen (Schuldverschreibungen) ausgeben (emittieren); **~ ценные бумаги** Effekten (Wertpapiere) ausgeben (emittieren)

эмпирическ|ий empirisch; **-ая формула** *f* Faustformel *f*

энергетика *f* Energetik *f*, Energiewirtschaft *f*; **альтернативная ~** alternative Energiewirtschaft *f*; **водородная ~** Wasserstoffenergiewirtschaft *f*; **солнечная ~** Solarenergiewirtschaft *f*

энерги|я *f* Energie *f*; **использовать -ю** Energie nutzen; **получать -ю** Energie gewinnen; **производить -ю** Energie erzeugen; **сберегать (экономить) -ю** Energie (ein)sparen; **альтернативная -я** *(Umwelt)* alternative Energie *f*; **возобновляемая ~** erneuerbare (regenerative) Energie; **вторичная ~** Sekundärenergie *f*; **гидравлическая -я** Wasserkraftenergie *f*; **солнечная -я** Sonnenenergie *f*, Solarenergie *f*; **тепловая -я** Wärmeenergie *f*; **ядерная -я** Atomenergie *f*, Kernenergie *f*

энергобаланс *m* Energiebilanz *f*

энергоёмк|ий energieintensiv; **-ие отрасли** *pl* **промышленности** energieintensive Industriezweige

энергоёмкость *f* Energieintensität *f*, Energieverbrauch *m*

энергоноситель *m* Energieträger *m*

энергопотребление *n* Energieverbrauch *m*

энергоресурсы *pl* Energieressourcen *pl*

энергосистема *f* Verbundnetz *n*

энергоснабжение *n* Energieversorgung *f*

энергохозяйство *n* Energiewirtschaft *f*

эргономика *f* Ergonomie *f*; **~ рабочего места** Arbeitsplatzgeometrie *f*, Ergonomie des Arbeitsplatzes

эргономический ergonomisch

эрзац *m* Ersatz *m*

эскалация *f* Eskalation *f*

эталон *m* Eichmaß *n*

этикетировать etikettieren, mit Etikett versehen

этикетк|а *f* Etikett *n*, Anhängezettel *m*; **прикреплять -у** ein Etikett anbringen, mit Etikett versehen, etikettieren; **-а с указанием цены** Preisetikett *n*; **товарная -а** Warenetikett *n*

эффект *m* Effekt *m*, Nutzen *m*, Wirkung *f*; **давать ~** Nutzen bringen; **использовать ~ синергии** Synergien nutzen; **~ инвестиций (капиталовложений)** Anlageergebnis *n*, Investitionseffekt *m*; **~ масштаба** Skaleneffekt *m*; **мотивационный ~** Motivationseffekt *m*; **отрицательный ~** negativer Effekt; **~ рационализации** Rationalisierungseffekt *m*; **~ переключения** Spill-over-Effekt *m*; **положительный ~** positiver Effekt; **~ рекламы** Werbeeffekt *m*; **~ синергии (синергетический ~)** Synergieeffekt *m*; **экономический ~** Nutzeffekt *m*, wirtschaftlicher Effekt

эффективность *f* Effektivität *f*, Nutzeffekt *m*, Nutzen *m*, Leistungsfähigkeit *f*, Wirksamkeit *f*, Wirkungsgrad *m*, Effizienz *f*, Wirtschaftlichkeit *f*; **анализировать ~** die Wirtschaftlichkeit untersuchen; **обеспечивать ~** die Wirtschaftlichkeit sichern; **повышать ~** die Wirtschaftlichkeit verbessern; **высокая ~ экономической системы** Effizienz des Wirtschaftssystems; **~ инвестиций (капиталовложений)** Investitionseffekt *m*, Investitionsrendite *f*; **~ народного хозяйства** Leistungsfähigkeit der Volkswirtschaft; **предельная ~** Grenz|leistungsfähigkeit *f*, -nutzen *m*; **~ производства** Produktions|fähigkeit *f*, -leistung *f*, Wirkungsgrad der Produktion; **~ работы предприятия** Betriebsleistung *f*, betriebliche Leistung, Wirtschaftlichkeit (Effizienz) eines Betriebs; **~ рекламы** Werbe|wirksamkeit *f*, -leistung *f*; **~ труда** Arbeitseffizienz *f*; **~ финансовых вложений** Anlageperformance *n*; **~ функционирования** Performance *n*; **~ экономики страны** gesamtwirtschaftliche Leistung; **экономическая ~** wirtschaftliche Effektivität, Wirtschaftlichkeit *f*

эффективн|ый wirksam, effektiv, leistungsfähig; **-ые меры** *pl* wirksame Maßnahmen; **-о работающее предприятие** *n* leistungsfähiges (effizientes) Unternehmen; **-ый рынок** *m* **капитала** leistungsfähiger Kapitalmarkt

Ю

ювелирн|ый Juwelier-; **-ый магазин** *m* Juweliergeschäft *n*; **-ые товары** *pl* Juwelierwaren *pl*, Schmuckwaren *pl*

юниор *m* Junior *m*

юридическ|ий juristisch, rechtlich, Rechts-; **-ий акт** *m* Rechtsakt *m*; **-ий документ** *m* Rechtsakte *f*; **-ий домицилий** *m* Gerichtsstand *m*; **-ая консультация** *f* Rechtsberatung *f*; **-ое лицо** *n* Rechtspersönlichkeit *f*, juristische Person; **-ое лицо** *n* **частного права** juristische Person des privaten Rechts; **-и незначимый (неосновательный)** rechtlich unerheblich; **-и самостоятельный** juristisch (rechtlich) selbstständig, rechtsfähig; **-ая сделка** *f* Rechtsgeschäft *n*; **-ий советник** *m* Rechts|beistand *m*, -berater *m*; **-ая справка** *f* Rechtsauskunft *f*; **-ая форма** *f* Rechtsform *f*

юрисдикци|я *f* Gerichtsbarkeit *f*, Gerichtshoheit *f*, Zuständigkeit *f*, Gerichtsstand *m*; **подпадать под -ю** unter die Zuständigkeit fallen; **исключительная -я** ausschließliche Zuständigkeit; **местная -я** örtliche Zuständigkeit

юрисконсульт *m* Rechtsberater *m*, Justitiar *m*; **~ фирмы (предприятия)** Syndikus *m*

юриспруденция *f* Rechtswissenschaft *f*, Jura *pl*

юрист *m* Jurist *m*

юстировать justieren

юстиция *f* Justiz *f*, Rechtspflege *f*

Я

явка *f* Erscheinen *n*, Teilnahme *f*; **~ на работу** Anwesenheit *f*

явлени|е *n* Erscheinung *f*, Phänomen *n*; **одиночное -е** Einzelerscheinung *f*; **инфляционные -я** Inflationserscheinungen *pl*; **кризисное -е** Krisenerscheinung *f*, Rezessionserscheinung *f*

явный offenbar, offensichtlich

ядерн|ый Kern-, nuklear; **-ое горючее**

n Kern|treibstoff *m*, -brennstoff *m*; **-ая энергия** *f* Kernenergie *f*, Atomenergie *f*

язык *m* Sprache *f*; **государственный ~** Staatssprache *f*; **деловой ~** Geschäftssprache *f*; **национальный ~** Nationalsprache *f*; **официальный ~** Amtssprache *f*; **профессиональный ~** Fachsprache *f*

ярлык *m* Etikett *n*, Zettel *m*, Aufschrift *f*; **багажный ~** Gepäckanhänger *m*

ярмарк|а *f* Messe *f*, Ausstellung *f*; **выставлять (экспонировать) товары на -е** Waren auf einer Messe ausstellen; **организовывать -у** eine Messe (Ausstellung) veranstalten; **открывать -у** eine Messe (Ausstellung) eröffnen; **посылать экспонаты на -у** eine Messe beschicken; **проводить -у** eine Messe abhalten; **книжная -а** Buchmesse *f*; **летняя -а** Sommermesse *f*; **международная -а** internationale Messe *f* (Ausstellung *f*), Weltmesse *f*; **осенняя -а** Herbstmesse *f*; **отраслевая (специализированная) -а** Fachmesse *f*; **промышленная ~** Industrie|ausstellung *f*, -messe *f*

ящик *m* Fach *n*, Kiste *f*, Kasten *m*; **открывать (распаковывать) ~** Kisten auspacken; **упаковывать в ~** in Kisten verpacken; **абонентный (почтовый) ~** Schließfach *n*; **почтовый ~** Postfach *n*

Deutsch – Russisch
немецко – русский

A

à по, за, с; ~ **conto** в счет, в зачет; ~ **jour** на данный день; ~ **ein Euro** по одной евро (за); ~ **meta** на равных началах, на общий счет

A-Aktien *pl* акции китайских предприятий, котирующихся в китайской валюте

Aal-Prinzip *n (Andere-arbeiten-lassen-Prinzip) (Comp, Fin)* принцип *m* предоставить делать работу другим (активизация пользователей Интернета работать в интересах Интернет-фирм)

ab от, из, с; ~ **Fabrik** франко-завод поставщик, с завода-поставщика; ~ **Fälligkeit** с момента истечения срока; ~ **Kai** франко-пристань, с пристани; ~ **Lager** франко-склад продавца, со склада; ~ **Schiff** франко-судно, с судна; ~ **sofort** немедленно, с настоящего момента времени; ~ **Werk** франко-завод поставщик, с завода поставщика

ababonnieren *v (Comp)* отказаться от абонемента (напр. на получение новостей веб-сайта)

abändern *v* изменять, видоизменять, исправлять; **die Bedingungen** ~ изменить условия; **Buchungen** ~ исправлять бухгалтерские записи

Abänderung *f* изменение *n*, переделка *f*, исправление *n*, поправка *f*; **eine** ~ **treffen** принять решение об изменении; **-en vorbehalten** оговорить возможность изменений; **eine** ~ **vornehmen** произвести изменение, изменить; ~ **eines Akkreditivs** изменение условий аккредитива

Abänderungs|klage *f* иск *m* об изменения условий исполнения решения (гражданского) суда (напр. о размере выплаты содержания и т.п.); **-klausel** *f* оговорка *f* об изменении условий (договора); **-kündigung** *f s. auch* **Änderungskündigung** *f*; **-vertrag** *m* договор *m* об изменении долговых отношений; **-vorschlag** *m* предложение *n* об изменении условий

Abandon *m (Recht, Versich)* отказ *m*, абандон *m*, уступка *f*

Abandonerklärung *f (Versich)* заявление *n* об абандоне (отказе)

Abandonnement *f (Fin, WiWi)* компенсация *f* акционерам (при реорганизации общества)

Abandonrecht *n (Recht, Fin, WiWi)* право *n* на абандон (отказ)

Abarbeit *f* отработка *f*

Abbau *m* сокращение *n*, уменьшение *n*, снижение *n*; отмена *f*, ликвидация *f*; разработка *f*, добыча *f*; ~ **der Bestände** сокращение запасов; ~ **der Defizite** ликвидация *f* дефицита; ~ **des Personals** сокращение *n* штатов; ~ **der Überschüsse** ликвидация *f* (уменьшение *n*) излишков; ~ **unter Tage** подземные разработки *pl*; ~ **von Arbeitsplätzen** сокращение рабочих мест; ~ **von Bodenschätzen** добыча *f* полезных ископаемых

abbaubarer Rohstoff *(Umwelt)* разлагаемое сырье *n*; **biologisch** ~ биологически (естественным образом) разлагаемое сырье *n*

abbauen сокращать, уменьшать, снижать; отменять, аннулировть, ликвидировать; добывать, разрабатывать; **den Auftragsbestand** ~ сократить портфель заказов; **Zölle** ~ отменить таможенные пошлины

Abbau|fähigkeit *f* **von Kosten** (возможный) период *m* компенсации издержек; **-kosten** *pl (Ind, Buchh)* издержки на разработку месторождения; издержки на демонтаж оборудования; **-land** *n (Ind, Recht)* производственные территории, где ведется выработка грунта или добыча полезных ископаемых открытым способом; карьер; **-mengensteuer** *f (Steuer)* налог *m* на добычу полезных ископаемых; **-rate** *f (Ind)* доля *f* добычи полезных ископаемых за определенный период времени; **-recht** *n (Recht)* право добычи полезных ископаемых, право на разработку месторождения; **-wertsteuer** *f (Steuer)* налог на продажную цену ископаемого сырья

abberufen *v* отменять, сторнировать;

освобождать от должности (обязанностей), увольнять; **von einem Amt ~** освободить от должности

Abberufung *f* отмена *f*; *(Pers)* освобождение *n* от должности, увольнение, *(Pol)* отзыв *m* (дипломата, посла); **die ~ verlangen** *(Pers)* требовать освобождения от должности; **fristlose ~** *(Pers)* немедленное увольнение *n*

Abberufungsfreiheit *f (Pers)* отсутствие *n* необходимости соблюдения сроков и указания причин отстранения от должности

abbestellen *v* отменять (заказ)

Abbestellung *f (Handel)* отмена *f* (заказа)

abbezahlen *v* выплачивать (оплачивать) по частям (в рассрочку); **in Raten ~** выплачивать по частям в (рассрочку); **eine Schuld ~** погашать долг по частям

abbrechen *v* прекращать, прерывать; сносить; **die Arbeit ~** прекратить работу; **die Beziehungen ~** разорвать связи; **die Verhandlungen ~** прервать переговоры

abbröckeln *v* понижаться, падать (о курсе акций)

Abbruch *m* прекращение *n*, разрыв *m*; разборка *f*, снос *m*; вред *m*, ущерб *m*; **auf ~ kaufen** купить на слом

Abbruch|anordnung *f (Ind, Recht)* предписание *n* о сносе (здания); **-arbeiten** *pl* работы *pl* по сносу; **-erlös** *m* выручка *f* от продажи неиспользуемого имущества; **-kosten** *pl* расходы *pl* на демонтаж (слом); **-taste** *f (Comp)* клавиша *f* Esc; **-verfügung** *f s.* **Abbruchanordnung** *f*

abbuchen *v (Bank, Fin)* списывать со счета; взыскивать (сумму); **vom Konto ~** списать (снять) сумму со счета

Abbuchung *f (Bank)* списание *n* со счета; бесспорное взыскание *n*; **durch ~ einziehen** взыскивать в бесспорном порядке; **eine ~ vornehmen** производить списание со счета

Abbuchungs|auftrag *m (Bank)* поручение *n* банку о списании сумм со счета (в пользу получателя), платежное поручение *n*, распоряжение *n* о прямом дебетовании; **-auftragsverfahren** *n (Bank)* метод *m* прямого дебетования; **-verfahren** *n* списание *n* средств со счета; запись *f* в дебет счета

ABC-Analyse *f (Fin, WiWi)* анализ *m* ABC

ABC-Kriegsführung *f (Pol)* ведение *n* войны с применением ядерного, биологического и химического оружия

ABC-Schütze *m (Bildung)* первоклассник *m*

ABC-Verfahren *n s.* **ABC-Analyse** *f*

abdecken *v* покрывать, погашать; удовлетворять; **den Bedarf ~** удовлетворять спрос; **den Markt ~** снабжать рынок; **ein Risiko ~** застраховаться от риска; **Verluste ~** покрывать убытки

Abdecken *n* **eines Kredites** *(Bank)* погашение *n* кредита

Abdeckung *f* погашение *n*, покрытие *m*; **~ von Schulden** погашение долгов

abdingbar подлежащий пересмотру с согласия сторон

Abdingbarkeit *f* возможность пересмотра с согласия сторон

abdiskontieren дисконтировать

Aberdepot *n* хранение *n* ценных бумаг с переходом права собственности на них банку

aberkennen оспаривать, не признавать; лишать; **einen Anspruch ~** не признавать права (претензии)

Aberkennung *f* отказ *m*, непризнание *n*; лишение *n*; **~ von Rechten und Fähigkeiten** *(Recht)* лишение *n* прав и способностей (осужденных преступников)

Abfall *m (Umwelt)* отходы *pl* (производства); побочные продукты *pl*, отбросы *n*; **den ~ entsorgen** собирать и утилизировать отходы; **den ~ recyceln (verwerten)** утилизировать (повторно использовать), рециклировать отходы; **gewerblicher ~** промышленные отходы *n*; **nicht verwertbarer ~** безвозвратные (неутилизируемые) отходы *pl*; **verwertbarer (recyclingfä-**

higer) ~ возвратные (подлежащие повторному использованию) отходы *pl*

Abfall|analyse *f (V&M)* анализ *m* отходов (для анализа покупательских привычек потребителей); **-aufbereitung** *f (Umwelt)* подготовка *f* отходов к захоронению или утилизации; **-beauftragter** *m (Umwelt, Recht)* уполномоченный *m* (на предприятии) по контролю за соблюдением законов по охране окружающей среды; **-beratungspflicht** *f (Umwelt, Recht)* обязанность *f* (органов местного самоуправления или предприятий) проконсультироваться о полагающихся мерах по избежанию, устранению и утилизации отходов; **-beförderer** *m* предприятие *n* по перевозке отходов; **-beseitigung** *f (Umwelt)* сбор *m* и утилизация *f* отходов; **-beseitigungsanlage** *f (Umwelt)* установка *f* по утилизации (сжиганию) отходов; устранение (удаление) отходов; **-besitzer** *m (Umwelt, Recht)* владелец *m* отходов *s.auch* **-erzeuger** *m*; **-bilanz** *f (Umwelt, Recht)* баланс *m* (производимых) отходов; **-börse** *f* биржа *f* по продаже отходов; биржа *f* вторичного сырья; **-deponie** *f (Umwelt)* техническое сооружение *n* по захоронению или утилизации отходов (мусора);

abfallen *v* (*Pol*) откалываться (от партии); *(WiWi)* падать (о курсе)

Abfall|entsorgung *f (Umwelt)* сбор *m* и утилизация *f* отходов; **-erzeuger** *m (Umwelt, Recht)* производитель (переработчик) отходов; **-erzeugnis** *n (Umwelt)* изделие *n* из отходов; **-export** *m (Umwelt)* экспорт *m* промышленных отходов; **-gesetz** *s.* **Kreislaufwirtschafts- und Abfallgesetz** *n*; **-industrie** *f (Umwelt)* промышленность *f* (предприятия) по переработке вторичного сырья; **-lagerung** *f (Umwelt)* хранение *n* отходов (производства); **-nachweisbuch** *n (Umwelt, Recht)* книга *f* учета утилизируемых отходов; **-produkt** *n* побочный продукт *m*, отходы *pl*; **-recycling** *n (Umwelt)* рециклинг *m* отходов; **-rahmenrichtlinie** *f* Директива ЭЭС об отходах; **-verbrennung** *f (Umwelt)* сжигание *n* отходов; **-verbringung** *f (Umwelt, Recht)* транспортировка *f* отходов (между странами); **-vermeidung** *f (Umwelt)* предотвращение *n* производства отходов; **-verminderung** *n (Umwelt)* уменьшение *n* производства отходов; **-verwendung** *f* использование *n* отходов; **-verwertung** *f* использование (утилизация *f* в т.ч. термическая) отходов (в виде вторичного сырья); **-verzeichnis** *n* Перечень *m* опасных отходов; **-wirtschaft** *f* предприятия *pl* (промышленность *f*) по утилизации отходов (по переработке вторичного сырья)

Abfallwirtschaftsdatenbank *f (Umwelt)* справочная база *f* данных по видам и переработке отходов (в ведении федерального министерства охраны окружающей среды, охраны природы и безопасности реакторов)

Abfärberegelung *f* приравнивание *f* (в смысле налогообложения) доходов общества с личной ответственностью доходам промышленного предприятия

abfassen составлять, формулировать, оформлять; **ein Schriftstück** ~ составить (оформить) документ (письмо)

Abfassung *f* жалобы *pl*; составление *n* рекламации; составление *m*, оформление *n*; формулировка *f*; ~ **einer Beschwerde** написание *n* жалобы; составление *n* рекламации

Abfederung *f (Pol, Soz)* смягчение *n*, сглаживание *n*, компенсирование *n* (негативной ситуации)

abfertigen принимать и отправлять грузы; готовить к отправке (грузы, почту); очищать от таможенных формальностей; оформлять; обрабатывать документы; обслуживать; **amtlich** ~ оформить официально; рассмотреть вопрос официально; **Güter zollamtlich** ~

производить таможенную очистку (груза); выполнять таможенные формальности; проходить таможенную очистку (груза);

Abfertigung *f* прием *m* и отправка *f* грузов; подготовка *f* к отправке (грузов, почты); очистка *f* от таможенных формальностей; оформление *n*, отправление *n* (пассажиров); обработка *f* (документов); обслуживание *n*, выходное пособие *n*; **bevorzugte** ~ льготное (первоочередное) обслуживание *n* (оформление); ~ **der Güter** прием *m* и отправка *f* грузов, подготовка *f* к отправке (грузов), очистка *f* грузов от таможенных формальностей; **zollamtliche** ~ таможенная очистка *f*; выполнение *n* таможенных формальностей

Abfertigungs|agent *m (Transp)* агент *m* по оформлению (регистрации) (пассажиров в аэропорту); ответственный *m* в аэропорту за перемещение и хранение животных (вне самолета); **-anspruch** *m (Pers)* право *n* на получение выходного пособия; **-antrag** *m (Imp/Exp)* заявление *n* на проведение таможенной очистки; *(Pers)* заявление *n* на выплату выходного пособия; **-behörde** *f (Imp/Exp)* таможенная служба *f*; **-dienst** *m (Transp)* служба *f* оформления, служба *f* отправки; таможенная служба *f*; -**einheit** *f* пункт *m* (пост *m*) обслуживания (напр. касса); **-gebühr** *f (Transp)* сбор *m* (плата *f*, пошлина *f*) за оформление и обработку грузов; сбор *m* за таможенную очистку (таможенное оформление *n*); **-kapazität** *f (Transp)* мощности *pl* по обработке грузов; возможности *pl* по оформлению и обработке дел (документов); **-papiere** *pl (Transp)* сопроводительные документы *pl*: **-schalter** *m* окно *n* кассы, стойка *f* обслуживания; **-schein** *m* таможенная квитанция *f*; сопроводительный документ *m*; **-stelle** *f (Transp)* экспедиционная контора *f*; таможенная служба *f*; **-unterlagen** *pl (Transp)* сопроводительные документы *pl*; **-verfahren** *n (Transp)* порядок *m* оформления (обработки); **-vorschrift** *f (Transp)* инструкция *f* о порядке приема и отправления груза; правила *pl* оформления документов; **-zeit** *f (Transp)* время *n* (таможенного) оформления (обработки)

abfinden погашать; удовлетворять (кредиторов); возмещать, компенсировать; выплачивать вознаграждение; договориться; **in bar** ~ выплатить единовременную денежную компенсацию; **seine Gläubiger** ~ погасить долги; **einen Teilhaber** ~ прийти к соглашению с компаньоном, выплатить компаньону его долю в предприятии

Abfindung *f (Fin)* погашение *n*; удовлетворение *f* (кредиторов), *(Fin, Pers, Soz)* возмещение *n*; вознаграждение *n*, отступное *n*; выплата *f* вознаграждения; достижение *n* договоренности; единовременная выплата *f* компенсации вместо удовлетворения правовых претензий; **eine ~ erhalten** получить единовременное вознаграждение отступное, компенсацию; **eine ~ gewähren** предоставить компенсацию (отступное, единовременное вознаграждение); **eine ~ leisten** погасить долг (убытки), выплатить компенсацию (вознаграждение); **eine ~ zahlen** выплатить вознаграждение (отступное, компенсацию); ~ **des Arbeitnehmers** выплата *f* вознаграждения (компенсации) работнику (при добровольном увольнении работника по предложению работодателя); ~ **außenstehender Aktionäre** компенсация *f* выбывающим акционерам (за отчуждаемые акции); **einmalige** ~ единовременная компенсация; ~ **in Sachwerten** компенсация в виде ценных вещей

Abfindungs|angebot *n (Fin)* предложение *n* о выплате компенсации (выбывающим акционерам); **-betrag** *m (Fin)* сумма *f* компенсации (отступного); **-bilanz** *f (Fin)* внеочередной баланс *m* как основа для расчета компенсаций; **-geld** *n (Fin, Pers)* выходное пособие *n*; денежная компенсация *f*; **-guthaben** *n (Fin, Pers)* сумма *f* компенсации, причитающейся компаньону, покидающему фирму; **-klage** *f (Recht)* иск *m* на получение денежной компенсации при увольнении; **-leistung** *f* уплата *f* отступного (компенсации); **-menge** *f (Fin, Pers)* размер *m* отступного (компенсации); **-summe** *f (Fin, Pers)* сумма *f* компенсации (вознаграждения); **-verhandlung** *f (Recht, Pers)* переговоры *pl* о выплате и размере компенсации; **-vertrag** *m (Recht, Pers)* соглашение *n* о выплате и размере компенсации; **-zahlung** *f (Fin, Recht, Pers)* уплата *f* отступного (компенсации)

Abfluss *m* отток *m*, утечка *f*; ~ **von Devisen** утечка валюты; ~ **von Kapital** отток *m* капитала

abfragen запрашивать; **den Kontostand** ~ сделать запрос о состоянии счета

abführen вносить, выплачивать, уплачивать, отчислять; **Devisenerlöse** ~ отчислять валютную выручку; **Steuern** ~ уплачивать налоги

Abführung *f* взнос *m*, выплата *f*, уплата *f*; отчисление *n*; ~ **von Lohnsteuern** уплата *f* подоходного налога (наемными работниками)

Abführungs|pflicht *f* **(-verpflichtung** *f***)** обязанность *f* производить отчисления

Abgabe *f* налог *m*, сбор *m*, пошлина *f*, взнос *m*; передача *f*; отпуск *m* (продукции); продажа *f*; отчисление *n*; **-n abbauen** снижать налоги (отчисления, сборы); **-n auferlegen** облагать налогами; **-n aufheben** отменять налоги (отчисления, сборы); **-n einziehen** взимать (собирать) налоги (отчисления, сборы); **eine ~ entrichten** уплачивать сбор (налог); **-n erheben** взимать (собирать) налоги; **-n erhöhen** повышать налоги (сборы); **mit -n belegen** облагать налогами (сборами); **-n zahlen** уплачивать налоги (сборы); **-n abgerechnet** за вычетом налогов; пошлины оплачены; **-n bei der Einfuhr** импортные пошлины *pl*; **-n an den Fiskus** отчисления *pl* в казну; ~ **eines Angebots** представление *n* (подача *f*) предложения; ~ **auf das Vermögen** налог *m* на состояние; **außerordentliche** ~ чрезвычайный налог *m* (сбор *m*); **frei von -n** бесплатно, без уплаты сбора; **öffentliche** ~ государственный налог *m* (сбор *m*); **rückständige** ~ недоимки *pl*; **soziale -n** отчисления на социальные цели; **spezielle** ~ специальный налог *m* (сбор *m*); **-n und Steuern** налоги *pl*, сборы *pl* и пошлины *pl*; **verspätete** ~ подача *f* заявления (декларации) с запозданием; ~ **von Warenbeständen** отпуск *m* товарных запасов

Abgabe|bereitschaft *f* готовность *f* к отпуску товара; **-beschränkung** *f* ограничения *pl* при продаже; **-druck** *m* воздействие *n* спроса на курс; **-frist** *f* срок *m* подачи налоговой декларации; **-kurs** *m* курс *m* продажи

Abgaben|analyse *f* анализ *m* динамики поступления налогов; **-befreiung** *f* освобождение *n* от налогов и пошлин; **-belastung** *f* налоговое бремя *f*; **-erhebung** *f* взимание *n* налогов; **-erhöhung** *f* повышение *n* размера налогов (пошлин)

abgabenfrei не облагаемый налогом (пошлиной); **-e Einfuhr** беспошлинный импорт *m*

Abgabeneigung *f (Bö)* превышение *n* продаж над покупками, "короткий" рынок *m*, короткая позиция *f*

Abgaben|freiheit *f* освобождение *n* от налогов и пошлин; **-ordnung** *f* налоговое законодательство *n*; порядок *m* взыскания налогов, сборов и пошлин

abgabenpflichtig подлежащий налогообложению; **-e Waren** товары *pl*, облагаемые налогом

Abgaben|pflichtige *m* налогоплательщик *m*; **-planung** *f* планирование *n* налоговых поступлений; **-quote** *f* соотношение *n* между ВНП и суммой налогов и взносов в социальное страхование; **-reform** *f* налоговая реформа *f*; **-rückstand** *m* недоимка *f*, задолженность *f* по уплате налогов; **-satz** *m* ставка *f* налогового сбора;

-überhebung *f* незаконное взимание *n* и присвоение *n* налогов и сборов; **-umlage** *f* **(-verteilung** *f***)** распределение *n* налогов; **-wesen** *n* система *f* налогообложения; **-zahler** *m* налогоплательщик *m*; **-zahlung** *f* уплата *f* налогов (сборов, пошлин)

Abgabepflicht *f* обязанность *f* сдачи (налоговой декларации), обязанность делать отчисления (напр. в социальную кассу работников искусств)

Abgabe|preis *m* отпускная цена *f*; **-satz** *m* ставка *f* налогового сбора; *(Fin, Steuer)* курс *m* продажи краткосрочных ценных бумаг; **-schein** *m* расходный ордер *m*; накладная *f*; **-tag** *m* дата *f* подачи налоговой декларации; **-termin** *m* срок *m* сдачи работы; дата *f* подачи налоговой декларации; **-verpflichtung** *f* обязанность *f* подать (предварительную) налоговую декларацию; обязанность отпустить продукцию; **-wert** *m* отпускная стоимость

Abgang *m* убыль *f*, расход *m*, уменьшение *n* (балансового имущества); уход *m* (со службы, со сцены); **~ an (von) Arbeitskräften** выбытие *n* работников

Abgänge *pl* выбытие *n*; **~ in der Belegschaft** выбытие *n* персонала; **~ und Zugänge** выбытия *pl* и поступления *pl*; **~ von Grundfonds** *(Buchh)* выбытие *n* основных фондов

Abgangs|bahnhof *m (Transp)* станция *f* отправления; **-datum** *n (Transp)* дата *f* отправления; **-interview** *n (Pers)* собеседование *n* с увольняющимся работником; **-land** *n (Transp)* страна отправления; **-ort** *m (Transp)* место *n* отправления; **-rate** *f* норма *f* выбытия; **-stelle** *f* таможенный пункт *m* отправки; **-zeit** *f (Transp)* время *n* отправления; **-zeugnis** *n (Pers)* свидетельство *n* об объеме школьного образования (до окончания школы) *s. auch* **Abschlusszeugnis** *n*

Abgas *n (Umwelt)* отработавший газ *m*, выхлопной газ *m*

abgeben *v* сдавать, передавать, вручать (товар); отпускать (продукцию); продавать; отчислять; **ein Angebot ~** сделать предложение; **billig ~** продавать по низкой цене; **eine Erklärung ~** сделать заявление, подать декларацию; **eine Offerte ~** сделать предложение; **ein Versprechen ~** дать обещание

abgehen *v* расходиться, находить сбыт; **von diesem Betrag gehen 3% Skonto ab** с этой суммы списываются (скидка составляет) 3%

abgehoben снятый (со счета); **-er Betrag** сумма, снятая со счета

abgelagert залежавшийся; выдержанный

abgelaufen истекший; **-es Jahr** *n* истекший год; **-er Pass** *m* просроченный паспорт *m*

Abgeld *n (Bank)* дизажио *n*

abgeleitet производный; **-e Bilanz** *f* производный баланс *m*

abgelten *v* возмещать, компенсировать; вознаграждать; оплачивать; погашать; **Ansprüche ~** погашать требования (претензии); **eine Leistung ~** оплачивать произведенную работу; **pauschal ~** оплачивать паушально; выплачивать паушальное вознаграждение; **Überstunden ~** оплачивать сверхурочную работу

Abgeltung *f* возмещение *n*, компенсация *f*; вознаграждение *n*, оплата *f*; погашение *n*; **~ gemeinwirtschaftlicher Leistungen** финансовая компенсация *f* государственным предприятиям за издержки при выполнении общественно-полезных задач

Abgeltungs|betrag *m (Fin, Steuer)* размер компенсации (вознаграждения); **-satz** *m (Fin, Steuer)* (твердая) ставка *f* налога (на доходы от капитала); **-steuer** *f (Fin, Steuer)* налог *m* (на доходы от капитала); **-steuer** *f* **auf Kapitalerträge** *(Fin, Steuer)* налог *m* на доходы от капитала; **Abgeordnete** *m(f) (Pol)* депутат *m*, член *m* парламента (в Германии: депутат *m* бундестага или депутат *m* ландтага)

Abgeordnetenentschädigung *f (Pol)* оплата *f* труда парламентариев

Abgesandte *m(f) (Pol)* депутат *m*, член

m парламента, эмиссар *m*, посланник *m*

abgeschlossen законченный, завершенный; заключенный; **-es Geschäft** *n* заключенная сделка *f*; завершенная операция *f*; **-es Konto** закрытый счет *m*

abgeschrieben *adj (Buchh)* списанный

abgestimmt согласованный; **-e Maßnahmen** *pl* согласованные меры *pl*; **-es Verhalten** *n* согласованные действия *pl*

abgleichen балансировать; выравнивать; **Konten ~** балансировать счета

abgrenzen разграничивать, размежевать, (размежёвывать); **Märkte ~** размежевать, (размежёвывать) рынки; **die Vollmachten ~** разграничивать полномочия

Abgrenzung *f* разграничение *n*, размежевание *n*; лимитирование *n* (средств); **aktive ~** разграничение *n* затрат между смежными отчетными периодами; **zeitliche ~** разграничение *n* затрат и поступлений между отдельными периодами

Abgrenzungs|konten *pl* счета *pl*, разграничивающие учет между смежными отчетными периодами; **-merkmal** *n* разграничительный признак *m*; **-posten** *pl* статьи *pl* баланса, разграничивающие учет затрат и поступлений между смежными отчетными периодами; **-rechnung** *f* разграничение *n* издержек; **-sammelkonto** *n* заключительный счет *m*, разграничивающий учет *m* между смежными периодами

Abhandenkommen *n (Handel, Transp)* недопоставка *f*

abhandeln выторговывать

abhängig зависимый; **~ Beschäftigter** *m* наемный работник *m*; **-e Gesellschaft** *n* дочерняя фирма *f*, фирма *f* в составе холдинга; **rechtlich ~** юридически несамостоятельный; **-e Stellung** *f* работа по найму; **-es Unternehmen** *n* дочернее предприятие *n*, предприятие *n* в составе холдинга

Abhängigkeit *f* зависимость *f*; **wirtschaftliche ~** экономическая зависимость *f*

Abhängigkeitsbericht *m (Recht)* отчет *m* о зависимости (отчет *m* правления зависимого предприятия о всех правовых сделках и мероприятиях со связанными предприятиями)

abheben снимать (средства); **Geld von der Bank (vom Konto) ~** снимать средства с банковского счета (со счета)

Abhebung *f* снятие *n* средств с банковского счета; **eine ~ durchführen** снять средства со счета; **~ eines Geldbetrags** снятие со счета денежной суммы; **~ vom Sparkonto** снятие средств с лицевого счета в сберкассе

abholen забирать, вывозить; **Waren ~** забирать (вывозить) товар

Abhol|dienst *m* служба *f* доставки; **-gebühr** *f* плата за доставку; **-großhandel** *m*, **Abholgroßmarkt** *m (Handel)* магазин *m* оптовой торговли cash-and-carry, магазин *m* «кэш энд керри»; **-lieferung** *f (Handel)* вывоз *m* товара от поставщика частным клиентом; **-markt** *m (Handel)* магазин *m* оптовой и розничной торговли cash-and-carry

Abholung *f* вывоз *m*, самовывоз *m*; **~ der Waren vom Haus** вывоз *m* товаров с фирмы

Abhören *n (Komm, Recht)* подслушивание *n* (телефонных разговоров, каналов передачи данных)

Abhörverbot *n (Komm, Recht)* запрет *m* на подслушивание (телефонных разговоров, каналов передачи данных)

Abitur *n (Pers)* окончание *n* гимназии (высшей ступени средней школы), дающее право на поступление в вуз

abkassieren взимать, собирать (деньги)

abkaufen выкупать; закупать, скупать; **den Anteil ~** выкупить долю (пай)

Abkommen *n* соглашение *n*, договор *m*; **ein ~ abschließen** заключить договор *m* (соглашение *n*); **einem ~ beitreten** присоединяться к соглашению; **ein ~ einhalten** соблюдать положения договора; **einem ~ entsprechen** соответствовать условиям соглашения; **ein ~ schließen** заключить соглашение (договор); **unter ein ~ fallen** подпадать под действие договора; **ein ~ unterzeichnen** подписать договор (соглашение); **ein ~ verlängern** продлить договор (соглашение); **finanzielles ~** соглашение *n* о финансах; **gütliches ~** мировое соглашение *n*; **langfristiges ~** долгосрочное соглашение *n*; **~ mit den Gläubigern** договоренность *f* (соглашение *n*) с кредиторами; **~ über den Zahlungsverkehr** соглашение *n* (с зарубежным государством) о международных платежных операциях; **vorläufiges ~** предварительное соглашение *n*; **~ zur gegenseitigen Unterrichtung** соглашение *n* об обмене информацией

Abkömmling *m (Recht)* потомок *m* (в праве о наследовании)

Ablade|frist *f (Transp)* срок *m* отгрузки; **-gebühr** *f* плата *f* за разгрузку; **-geschäft** *n (Transp)* сделка на товар, подлежащий транспортировке морским путем с предоставлением отгрузочных документов (коносамента); **-gewicht** *n* масса *f* товара при отправлении; **-hafen** *m* порт *m* отправления (отгрузки); **-klausel** *f* пункт *m* договора об отгрузке; **-kosten** *pl* расходы *pl* по отгрузке

abladen отгружать, отправлять; разгружать, выгружать

Ablader *m (Transp)* грузоотправитель *m* (экспедитор *m* или экспортер *m*, доставляющий товар на судно); рабочий *m* на разгрузке; сторона *f*, обязанная разгрузить судно

Ablade|platz *m (Transp)* место *n* выгрузки; разгрузочный причал *m*; место *n* отправки (отгрузки); свалка; **-schein** *m* разгрузочная накладная *f*; **-termin** *m* дата *f* разгрузки (выгрузки)

Abladung *f (Transp)* разгрузка *f*, выгрузка *f*; отгрузка *f*, отправка *f* груза

Ablage *f* архив *m*; хранение *n* документов; склад *m*, место *n* (ящик *m*) для хранения (документов)

Ablage|kartei *f* архивный каталог *m*; **-platz** *m* склад *m*, место *n* хранения; **-system** *n* система *f* хранения документов; **-vermerk** *m* пометка *f* на документе в ходе делопроизводства

ablagern складировать, хранить; залеживаться, портиться; **~ lassen** выдерживатъ для улучшения качества

Ablagerung *f* складирование, хранение; выдерживание

ablassen уступать (в цене) отпускать товар

Ablauf *m* течение *n*, ход *m*, процесс *m*; последовательность *f* (операций); истечение *n*, окончание *n* (срока), окончание *n* срока полномочий (службы); **bei ~ einer Frist** по истечении срока; **betrieblicher ~** производственный процесс *m*; ход *m* производства; **~ der Geltungsdauer** истечение *n* срока действия; **nach ~ der Frist** по истечении срока; **~ der Versicherung** истечение *n* срока страховки; **vor ~ der Frist** до истечения срока; **~ eines Zeitraums** истечение *n* (окончание) периода времени

Ablauf|analyse *f* анализ *m* процесса; анализ *m* последовательности операций; **-diagramm** *n (Comp)* блок-схема *f* программы

ablaufen истекатъ, оканчиваться; происходить, протекать

Ablauf|folge *f* последовательность *f* операций; **-frist** *f* срок *m* (действия); срок *m* окончания; **-gestaltung** *f* организация *f* производственных процессов; **-logik** *f* последовательность *f* протекания процесса, логика *f* процесса; **-optimierung** *f* оптимизация *f* производственных процессов; **-organisation** *f* организация *f* производства (по принципу регулирования последовательности операций); **-plan** *m* текущий (оперативный) план *m*; **-planung** *f* планирование *n* (производственного) процесса; **-prinzip** *n* принцип *m* пространственного совмещения производственных операций; **-stufe** *f* этап *m* процесса; **-termin** *m* дата *f* окончания (истечения)

ablegen подшивать в дело; сортировать (почту); складировать; **Akten ~** подшивать документы к делу; сдать дела в архив; **Rechenschaft ~** отчитываться

Ableger *m (Comp)* копия *f*, вариант *m* (напр. журнала в Интернете)

Ablegereife *f (Transp)* готовность *f* к выбраковке (средств крепления груза)

ablehnen отклонять, отвергать; **ein Amt ~** *(Pers, Pol)* отказаться от должности; **ein Angebot ~** *(Pers, Handel)* отклонить предложение; **den Auftrag ~** *(Handel)* отказаться от заказа

Ablehnung *f* отклонение *n*, отказ *m*; **~ eines Angebots** отклонение *n* предложения; **~ eines Antrages** отклонение *n* заявления; **~ der Ware** отказ *m* от приемки товара

Ablehnungs|bescheid *m* решение *n* об отказе; **-erklärung** *f* заявление *n* об отказе

abliefern поставлять, доставлять; отпускать. выдавать (груз)

Ablieferung *f* доставка *f*, поставка *f*; сдача *f*, выдача *f* (груза); **bestimmungsgemäße ~** поставки согласно соглашению; **bis zur ~** до завершения поставок; **zahlbar bei ~** уплата при доставке; наложенный платеж *m*

Ablieferungs|gewicht *n* сдаточный вес *m*, масса *f* при сдаче; **-kontingent** *n* квота *f* на поставки; **-ort** *m* место *n* исполнения поставок; **-pflicht** *f* обязательство *n* по поставкам; **-schein** *m* квитанция *f* о доставке; **-soll** *n* план *m* поставок; **-tag** *m* дата *f* поставки (доставки)

ablohnen расчитывать при увольнении, расплачиваться

Ablokation *f* сдача *f* внаем (в аренду)

ablösbar подлежащий погашению (выкупу), выкупаемый, погашаемый; **-e Anleihe** погашаемый заем *m*

Ablöse|betrag *m* сумма *f* для выкупа (погашения), отступное *n*; **-lieferung** *f* поставки *pl* в счет обязательств

ablösen погашать, выкупать, изымать; возвращать, отдавать; возмещать; сменять, увольнять; **eine Hypothek ~** выкупать закладную; **eine Rente ~** выплатить пенсионное накопление единовременно

Ablösesumme *f (Pers)* плата *f* за трансфер (спортсмена)

Ablösung *f* уплата *f*, выкуп *m*, погашение *n*; смена *f*, замена *f*; увольнение *n*; изъятие *n* капитала; **~ einer Anleihe** *(Bank)* погашение *n* займа; **~ einer Hypothek** *(Bank)* выкуп *m* залога (закладной, ипотеки) **~ einer Rente** *(Fin, Pers)* замена *f* пенсии единовременной выплатой; **vorzeitige ~** досрочная смена *f* (караула)

Ablösungs|anleihe *f (Bö, Fin)* ссуда *f* для погашения, конверсионный заем *m*; **-berechtigung** *f (Bö, Fin)* право *n* выкупа (погашения); **-betrag** *m* сумма *f* выкупа, отступная сумма *f*; **-finanzierung** *f (Bö, Fin)* финансирование *n* погашения кредитов собственным капиталом; **-fonds** *m* фонд *m* погашения; **-recht** *n* право *n* выкупа (погашения); **-schuldverschreibungen** *pl* облигации *pl* конверсионного займа; **-summe** *f* сумма *f* выкупа (погашения); **-wert** *m* стоимость *f* выкупа; **-zahlung** *f* уплата *f* выкупа (суммы погашения); **-zeitpunkt** *m* срок *m* погашения

ABM *s.* **Arbeitsbeschaffungsmaßnahmen** *pl*

abmachen условливаться, договариваться; заключать (сделку); согласовывать; **den Preis ~** договориться о цене

Abmachung *f (Pol)* договор *m*, соглашение *n*, договоренность *f*; *(Fin)* сделка *f*; **die ~ anfechten** оспаривать договоренность; **die ~ bestätigen** подтвердить договоренность; **eine ~ einhalten** соблюдать условия соглашения; **sich an eine ~ halten** следовать условиям соглашения; **eine ~ treffen** достичь соглашения (договоренности); **die ~ verletzen**

нарушить соглашение (договоренность); **die ~ zustandebringen** заключать соглашение (сделку); **abweichende ~** изменение *n* условий договора; **geschäftliche ~** сделка *f*; деловое соглашение *n*; **mündliche ~** устная договоренность *f*; **vertragliche ~** договорное соглашение *n*; контрактация *f*

Abmahnung *f (Pers)* предупреждение *n*, извещение *n*

abmelden снимать с учета; отменять (заказ); **sich ~** сниматься с учета

Abmeldung *f* аннулирование *n*, отмена *f*; снятие *n* с учета

Abmessung *f* размер *m*, измерение *n*; габарит *m*

abmontieren разбирать; демонтировать

Abnahme *f (Handel)* приемка *f* (товара); покупка *f*, закупка *f*; уменьшение *n*, падение *n*, ослабление *n*, снижение *n*, понижение *n*; **~ finden** находить сбыт; **sich zur ~ verpflichten** взять обязательство на покупку; **die ~ verweigern** отказаться от приемки (товара); **die ~ zugestehen** согласиться на покупку; **bei ~** при получении (покупке); **~ der Arbeit** приемка работы; **~ der Nachfrage** ослабление *n* (падение *n*) спроса; **verspätete ~** приемка *f* (товара) с запозданием; **~ der Vorräte** уменьшение *n* запасов; **~ der Ware** приемка *f* товара

Abnahme|bedingungen *pl* условия *pl* сдачи-приемки; **-bereitschaft** *f* готовность *f* к сдаче-приемке; **-bescheinigung** *f* расписка *f* в получении (товара), свидетельство *n* приемки (объекта); **-bestätigung** *f* подтверждение *n* о получении товара; **-bestimmungen** *pl* положения *pl* о сдаче-приемке; **-datum** *n* дата *f* приемки (покупки); **-frist** *f* срок *m* приемки; **-garantie** *f* гарантия *f* приемки (товара); **-klausel** *f* статья *f* договора об условиях приемки; **-kontrolle** *f* приемочный контроль *m*; **-pflicht** *f* обязательство *n* принять товар; **-protokoll** *n* протокол *m* сдачи-приемки; **-prüfung** *f* приемочное испытание *n*; **-schein** *m* накладная о получении; квитанция о сдаче-приемке; **-test** *m* приемочное испытание *n*; **-verfahren** *n* процедура *f* сдачи-приемки; **-verpflichtung** *f* обязательство *n* принять товар; **-verweigerung** *f* отказ *m* от приемки; **-verweigerungsrecht** *n* право *n* на отказ в приемке (товара); **-verzug** *m* задержка *f* в приемке (товара); **-vorschriften** *pl* положения *pl* (правила *pl*) о приемке; **-zwang** *m* обязательное принятие *n* заказанного товара

abnehmen принимать, проводить приемку; покупать, закупать; уменьшаться, снижаться; **an Wert ~** понижаться в цене; **die Verantwortung ~** освобождать от ответственности; брать ответственность на себя

Abnehmer *m* заказчик *m*; покупатель *m*, клиент *m*; потребитель *m*; **~ der Waren und Dienstleistungen** покупатель *m* (потребитель *m*) товаров и услуг

Abnehmer|bindung *f* контрактные соглашения *pl* в рамках вертикальной кооперации производителей и сбытовых предприятий; **-kredit** *m* аванс *m*, задаток *m*, кредит *m* покупателя; **-kreis** *m* круг *m* покупателей (клиентов); **-selektion** *f (V&M)* выбор *m* группы покупателей (селективный сбыт)

Abnutzung *f* изнашивание *n*, износ *m*, амортизация *f*; **natürliche ~** естественный износ *m*; **substantielle ~** физический износ *m*

Abnutzungs|aufwand *m* затраты *pl* на амортизацию; **-effekt** *m* снижение *n* эффекта воздействия (от частого повтора рекламы); **-erscheinung** *f* признаки *pl* износа; **-grad** *m* степень *f* амортизации (износа)

Abonnement *n* подписка *f*; абонемент *m*; **das ~ aufgeben** отказываться от подписки (абонемента); **das ~ erneuern** возобновить подписку; продлить абонемент

Abonnements|gebühr *f* абонементная плата *f*; **-preis** *m* подписная цена *f*; **-verkauf** *m* продажа *f* по подписке

Abonnent *m (Media, V&M)* абонент *m*,

держатель *m* абонемента; **-en werben** привлекать абонентов

Abonnenten|liste *f* список *m* абонентов (подписчиков); **-stamm** *m* постоянный круг *m* абонентов; **-werbung** *f* кампания по привлечению подписчиков

abpacken упаковывать, запаковывать; расфасовывать

Abprodukt *n* отходы *pl*, отбросы *pl*

abprodukt|arm малоотходный; **-frei** безотходный

abrechenbar учитываемый, подлежащий учету (расчету); **-e Leistungen** учитываемая (подлежащая учету) продукция

abrechnen *v (Bank)* производить расчет, рассчитываться, оплачивать; подводить итоги; отчислять, вычитать, удерживать; сосчитать, высчитать; **die Anzahlung ~** уплачивать первый взнос; **auf Provisionsbasis ~** производить оплату на комиссионных началах; **das Honorar ~** начислять гонорар; **Lohnkosten ~** рассчитывать расходы на выплату зарплаты; **Spesen ~** отчитываться за командировочные расходы; **Verluste ~** производить расчет убытков

Abrechnung *f (Bank)* расчет *m*, взаиморасчет *m*, урегулирование *n* взаиморасчета, оплата *f*; подведение *n* итога, финансовый отчет *m*; отчисление *n*, вычет *m*, удержание *n*; отчетность *f*, учет *m*; **eine ~ erstellen** составить расчет (отчет); **eine ~ vorlegen** представить счет (расчет, отчет); **zur ~ bringen** отчислять, удерживать, вычитать; **endgültige ~** окончательный расчет *m*; **gegenseitige ~** взаимный расчет *m*; **jährliche ~** подведение *n* ежегодного итога; **laufende ~** текущая отчетность *f*; **laut (früherer) ~** согласно представленному счету (отчету); **monatliche ~** ежемесячная отчетность *f*; **nach ~ der Spesen** за вычетом (командировочных) издержек; **stichtagbezogene ~** состояние *n* расчетов на определенную дату; **~ über die Provision** оплата *f* (расчет *m*) на комиссионных началах; **vierteljährliche ~** ежеквартальная отчетность *f*; **~ eines Vorschusses** авансовый отчет *m*

Abrechnungs|bank *f (Bank, Fin)* клиринговый банк *m*; **-bedingungen** *pl (Bank)* условия *pl* оплаты (расчета); условия *pl* взаиморасчета; **-beleg** *m* расчетный (отчетный) документ *m*; **-bogen** *m* расчетный листок *m* (ведомость *f*); **-börse** *f (Bank, Fin)* расчетная (клиринговая) палата *f*; **-formular** *n* расчетный формуляр *m*; **-grundlage** *f* основа *f* оплаты труда, основа *f* для расчетов; **-jahr** *n* отчетный (расчетный) год *m*; **-kurs** *m* расчетный курс *m*; курс *m* окончательного расчета по срочным сделкам; **-modalitäten** *pl* условия *pl* расчета; **-monat** *m* отчетный месяц *m*; **-periode** *f (Bank, Fin)* отчетный (расчетный) период *m*

abrechnungspflichtig подотчетный

Abrechnungs|preis *m (Bank)* расчетная цена *f*; **-rückstand** *m* задолженность *f* по расчетам; **-saldo** *m* сальдо *n* расчетов по клирингу; **-stelle** *f* расчетный стол *m*, бухгалтерия *f*; расчетное учреждение *n* (для производства платежей внутри страны); **-system** *n* система *f* взаиморасчетов; система *f* ликвидации взаимных требований; **-tag** *m* платежный (расчетный) день *m*; день *m* урегулирования платежей; **-termin** *m* срок *m* проведения расчетов; **-unterlagen** *pl* расчетные документы *pl*; **-valuta** *f (Bank)* валюта *f* расчетов; **-verfahren** *n* метод *m* урегулирования взаиморасчетов; система *f* клиринга; **-verkehr** *m* безналичные расчеты *pl*; клиринговые операции *pl*; жирооборот *m*; **-vorschriften** *pl* инструкции *pl* по расчетным операциям; **-zeitraum** *m* отчетный период *m*; **-zentrale** *f (Bank)* жироцентрал *m*, расчетный центр *m*; **-zettel** *m* расчетная ведомость *f*; **-zyklus** *m* период *m* между двумя платежными требованиями

Abrede *f* соглашение *n*, договоренность *f*, сделка *f*; **bei der ~ bleiben** соблюдать договоренность *f*; **in ~ stellen** оспаривать, отрицать; **eine ~ treffen** договориться, согласовать

Abruf *m* отзыв *m* товара, распоряжение *n* поставщику об отгрузке товара; требование *n* уплаты (возврата); востребование *n*; изъятие *n* из обращения; вызов *m*, запрос *m*; **auf ~ lieferbar** поставка *f* по отзыву; **Bestellung auf ~** предварительный заказ *m*; **~ von Geldern** запрос *m* денежных средств

abrufbar могущий быть востребованным; имеющийся в наличии; **jederzeit ~** всегда имеющийся в наличии

abrufen отзывать (товар); востребовать, затребовать; требовать уплаты (возврата); **einen Betrag ~** запросить (затребовать) определенную сумму; **Daten ~** запрашивать информацию; **Geld vom Konto ~** востребовать деньги со счета; **Waren ~** отзывать (затребовать) товары

Abruf|lager *n (Handel)* склад *m* выдачи товаров по запросу; **-risiko** *n (Bank)* риск *m* неожиданного снятия вкладов со счетов; **-termin** *m* срок *m* востребования; **-vertrag** *m (Handel)* договор *m* о (незамедлительном) получении по требованию (товара клиентом)

abrunden округлять; **einen Betrag ~** округлить сумму

Abrunden *n* **der Produktlinie** *(Ind, V&M)* расширение *n* линейки продукции, дополнение *n* ассортимента

Abrundung *f* округление *n*

absagen отменять, отказывать; **eine Einladung ~** отменить приглашение

Absatz *m (Handel, V&M)* сбыт *m*; оптовая продажа *f*, реализация *f*; **~ finden** находить сбыт; **den ~ fördern** стимулировать сбыт *m*; **den ~ steigern** увеличить объем сбыта; **betrieblicher ~** внутризаводская реализация *f*; **direkter ~** продажа *f* непосредственным потребителям; **flauer ~** медленный сбыт *m*; **reißender ~** интенсивная продажа *f*; **schleppender ~** медленный сбыт *m*; **~ von Erzeugnissen** сбыт *m* изделий; **~ von Dienstleistungen** реализация *f* услуг

Absatz|abteilung *f (Handel, V&M)* отдел *m* сбыта; **-agentur** *f* сбытовая организация *f*; **-analyse** *f* анализ *m* сбыта (рынка), маркетинг *m*; **-anstieg** *m* увеличение *n* сбыта; **-anteil** *m (V&M)* доля *f* рынка; **-aussichten** *pl* перспективы *pl* сбыта; **-bedingungen** *pl* условия *pl* сбыта; **-behinderung** *f (Handel)*(незаконное) препятствование *n* сбыту (конкурентов); **-belebung** *f* оживление *n* сбыта; **-beobachtung** *f* наблюдение *n* за динамикой сбыта; **-berater** *m* консультант *n* по маркетингу; **-bereich** *m* рынок *m* сбыта; отдел *m* сбыта; **-beschränkungen** *pl* ограничение *n* сбыта; **-bindung** *f* обязательства *pl* по сбыту определенных продуктов; **-chancen** *pl* возможности *pl* (перспективы *pl*) сбыта; **-einbruch** *m* резкое сокращение *pl* сбыта; **-einbuße** *f* сокращение *n* сбыта; **-elastizität** *f* эластичность *f* сбыта; **-entwicklung** *f* динамика *f* реализации; **-erfolg** *m* **(-ergebnis** *n***)** результаты *pl* (итоги *pl*) торгово-сбытовой деятельности; **-erhöhung** *f* увеличение *n* сбыта; **-erlös** *m* доход *m* (выручка *f*) от реализации; **-ertrag** *m* доходы *pl* от реализации; **-erwartungen** *pl* прогноз *m* сбыта; **-fachkraft** *f (V&M)* специалист *m* по сбыту

absatzfähig конкурентоспособный, находящий сбыт

Absatzfähigkeit *f (Handel, V&M)* конкурентоспособность *f*; **~ der Erzeugnisse** конкурентоспособность *f* изделий

Absatz|finanzierung *f* финансирование *n* сбыта; **-flaute** *f* застой *m* сбыта (реализации); **-förderung** *f* стимулирование *n* сбыта; **-forschung** *f* изучение *n* условий сбыта, маркетинг *m*; **-funktion** *f* функция *f* сбыта; **-garantie** *f* гарантия *f* сбыта; **-gebiet** *n* рынок *m* сбыта; **-gemeinkosten** *pl* накладные расходы *pl* по сбыту; **-genossenschaft** *f* сбытовой кооператив *m*, сбытовое товарищество *n*; **-helfer** *pl* пособник *m* сбыта; торговый посредник *m*; **-honorar** *n* бонус *m* развития; **-instrumente** *f* инструменты *pl* сбытовой политики; **-kalkulation** *f* расчет *m* объема сбыта; **-kampagne** *f* кампания *f* по расширению сбыта; **-kanal** *m* канал *m* сбыта; **-kartell** *n* сбытовой картель *m*; **-kennzahlen** *pl* показатели *pl* сбыта; **-kette** *f* сеть *f* торгово-сбытовых организаций; **-konditionen** *pl* условия *pl* сбыта; **-konjunktur** *f* конъюнктура *f* сбыта; **-kontingent** *n* сбытовая квота *f*; **-kosten** *pl* затраты *pl* на реализацию продукции, внепроизводственные расходы *pl*; **-krise** *f* кризис *m* сбыта; **-lage** *f* конъюнктура *f* рынка сбыта; **-leistung** *f* комплекс *m* мер по реализации продукции; **-logistik** *f* логистика *f* сбыта; **-marketing** *n (V&M)* сбытовой маркетинг *m*

Absatzmarkt *m (Handel, V&M)* рынок *m* сбыта; **einen ~ erschließen** осваивать рынок сбыта

Absatzmarktforschung *f* исследование *n* рынка сбыта

Absatzmenge *f (Handel, V&M)* объем *m* сбыта (продажи), количество *n* реализуемой продукции; **geplante ~** запланированный объем *m* сбыта; **kritische ~** критический объем *m* сбыта

Absatz|methoden *pl (Handel, V&M)* методы *pl* обеспечения сбыта; **-mittler** *m* торговый посредник *m*; **-monopol** *n* монополия *f* на рынке сбыта; **-niveau** *n* уровень *f* реализации (продаж); **-organisation** *f* организация *f* сбыта; сбытовая организация *f*; **-plan** *m* план *m* по сбыту; **-planung** *f* планирование *m* сбыта; **-politik** *f* политика *f* в области сбыта

absatzpolitisch относящийся к политике в области сбыта; **-es Instrumentarium** инструменты *pl* политики сбыта

Absatz|potential *n (Handel, V&M)* возможности *pl* сбыта; **-preis** *m* цена *f* реализации; **-prognose** *f* прогноз *m* сбыта; **-programm** *n* программа *f* сбыта; **-quote** *f* сбытовая квота *f*; **-regelung** *f* регулирование *n* сбыта; **-reichweite** *f (Handel, V&M)* территориальный диапазон *m* сбыта; **-risiko** *n* торговый риск *m*, связанный со сбытом продукции; **-rückgang** *m* уменьшение *n* объема сбыта; **-schwierigkeiten** *pl* трудности *pl* со сбытом; **-segment** *n* сегмент *m* рынка; **-segmentrechnung** *f (V&M)* расчет *m* прибыльности сегмента (сбыта); **-stagnation** *f* застой *m* в сбытовой деятельности; **-statistik** *f* статистика *f* сбыта; **-steigerung** *f* увеличение *n* объема сбыта; **-stockung** *f* перебои *pl* в сбыте; **-strategie** *f* стратегия *f* в области сбыта; **-tätigkeit** *f* торгово-сбытовая деятельность *f*; **-träger** *m* сбытовая фирма *f* (организация *f*); **-vereinbarung** *f* договор *m* на сбыт продукции; **-verhalten** *n* поведение *n* (реакция *f*) рынка; **-verhältnisse** *pl* условия *pl* сбыта; **-volumen** *n* объем *m* продажи (реализации); **-vorbereitung** *f* подготовка *f* сбытовой деятельности; **-weg** *m* канал *m* сбыта (реализации); **-werbung** *f* реклама *f* сбытовых организаций; **-wesen** *n* сбыт *m*, система *f* сбыта; **-wirtschaft** *f* торгово-сбытовая деятельность *f*, система *f* сбыта, маркетинг *m*

absatzwirtschaftlich *(Handel, V&M)* сбытовой, маркетинговый; **-e Funktionen** маркетинговые (сбытовые) функции *pl*; **-e Maßnahmen** маркетинговые (сбытовые) операции *pl*

Absatz|zahlen *pl (Handel, V&M)* показатели *pl* сбыта; **-ziel** *n* цель *f* торгово-сбытовой деятельности; **-ziffern** *pl* показатели *pl* сбыта; **-zunahme** *f* увеличение *n* (рост *m*) объема продаж; **-zuwachs** *m* прирост *m* объема продаж

abschaffen отменять, упразднять, аннулировать, ликвидировать, устранять; продавать; **Handelshemmnisse ~** устранять торговые барьеры; **Vergünstigungen ~** отменять льготы

Abschaffung *f* отмена *f*, упразднение *n*, ликвидация *f*, устранение *n*, аннулирование *n*; **~ von Subventionen** отмена *f* субсидий; **~ der Zölle** отмена *f* таможенных пошлин

abschätzen оценивать, расценивать,

определять (стоимость); таксировать; **Kosten ~** оценивать величину издержек; **einen Schaden ~** оценивать ущерб *m*; **unter dem Wert ~** оценивать ниже фактической стоимости; **einen Verlust ~** оценивать убытки; **den Wert ~** определять стоимость

Abschätzung *f* оценка *f*, определение *n* стоимости; таксировка *f*

Abschichtungsbilanz *f* раздельный баланс *m*; баланс *m* имущественного положения товарищества при выходе одного из компаньонов

Abschlag *m* уступка *f*, скидка *f*; понижение *n* курса акций, дизажио *n*; **einen ~ hinnehmen** уступить в цене; **in ~ bringen** вычесть из цены; **mit einem ~ absetzen** продавать со скидкой; **auf ~** в рассрочку, со скидкой; **~ auf den Preis** скидка *f* с цены; **~ vom Börsenkurs** *(Bö)* скидка *f* с биржевой котировки

Abschlags|dividende *f* предварительный дивиденд *m*; **-klausel** *f* статья *f* договора о понижении стоимости ценных бумаг; **-verteilung** *f* распределение *n* сумм, вырученных от продажи конкурсной массы; **-zahlung** *f* уплата *f* в рассрочку; предварительный взнос; **-zahlung** *f* **auf den Bilanzgewinn** *(Fin)* s. **Abschlagsdividende** *f*

abschließen заключать (договор, сделку); заканчивать, завершать; заключать счета, подводить итог, сальдировать, сбалансировать; закрывать счета, закрываться (о счете); **fest ~** заключить твердую (срочную) сделку; **mit Gewinn ~** закончить (год) с прибылью; **mit Verlust ~** закончить (год) с убытками; **einen Kauf ~** заключить сделку купли-продажи;

Abschließungseffekt *n* эффект *m* снижения объема торговли, эффект *m* экономической изоляции

Abschluss *m* заключение *n* (договора, сделки); окончание *n*, завершение *n*; закрытие *n* (заключение *n*) счетов, подведение *n* итога, сальдирование *n*, сбалансирование *n*; окончательный (заключительный) баланс *m*; закрытие *n* счетов; сделка *f*, контракт; **einen ~ aufstellen (erstellen)** составить итоговый баланс; **einen ~ tätigen** совершить сделку; **einen ~ vorlegen** представить баланс; **zum ~ bringen** завершать; **zum ~ kommen** состояться, совершиться; **akademischer ~** высшее образование *n*; **~ einer Betriebsvereinbarung** *(Pers)* заключение *n* коллективного договора; **~ der Bücher** сбалансирование *n* бухгалтерских книг; **fester ~** срочная (твердая) сделка *f*; **~ für das Geschäftsjahr** итог *m* хозяйственного года; **~ eines Geschäftes** заключение *n* сделки; **getätigter ~** заключенная сделка *f*; **rechtskräftiger ~** законная сделка *f*; **~ der Verhandlungen** завершение *n* переговоров; **~ einer Versicherung** заключение *n* договора страхования; **~ von Handelsabkommen** заключение *n* торговых соглашений; **~ von Kaufverträgen** заключение *n* договоров купли-продажи

Abschluss|agent *m* представитель *m* фирмы, уполномоченный *m* на заключение договоров купли-продажи; **Abschlussagent** *m* **(mit Abschlussvollmacht)** *(Versich)* страховой маклер *m*; **-bedingung** *f* условие *n* заключения сделки; **-bericht** *m* заключительный отчет *m*; **-bilanz** *f* заключительный (итоговый) баланс *m*; **-bogen** *m* расчетная ведомость *f*; ликвидационная ведомость *f*; **-buchung** *f* заключительная бухгалтерская запись *f*; **-gebühr** *f* плата *f* за заключение сделки; **-geschäft** *n* *(Handel)* централизованная сделка *f* от чужого имени и за чужой счет (напр. закупочной конторой на опред. объемы закупок); **-gliederungsprinzip** *n* *(Bank)* принцип *m* сведения соседних счетов (баланса) в один класс; **-inventur** *f* инвентаризация *f* на конец учетного периода; **-kosten** *pl* *(Versich)* расходы *pl* по привлечению новых страхователей, аквизиционные расходы *pl*; комиссионные *pl* при заключении договора страхования; **-kurs** *m* курс *m* на момент закрытия биржи; **-normen** *pl (Pol, Pers)* нормативные положения *pl* тарифных соглашений о заключении трудовых договоров; **-posten** *m* заключительная статья *f* (баланса, счета); **-prämie** *f* премия *f* за заключение сделки; **-provision** *f* комиссионные *pl* за заключение сделки; **-prüfer** *f* аудитор *m*; **-prüferrichtlinie** *f (Pol, Pers)* Директива *f* ЕС об аудиторах; **-prüfung** *f* (годичная) проверка *f* бухгалтерских книг; окончательная проверка *f*; **-rechnung** *f* итоговый расчет *m*; **-stichtag** *m* день *m*, по курсу которого производится расчет по сделке; дата *f* составления балансового отчета; **-tabelle** *f* таблица *f* цифровых показателей за отчетный период; **-vereinbarung** *f* заключительное соглашение *n*; **-verfahren** *n* процедура *f* заключения договора; **-vergütung** *f* комиссионные *pl* за заключение договора купли-продажи; **-vermittler** *m* посредник *m* при заключении сделки (контракта); **-vertreter** *m* представитель *m* фирмы; **-vollmacht** *f* полномочия *pl* на заключение договоров; **-vorschriften** *pl* инструкция *f* по составлению баланса; **-zahlung** *f* последний взнос *m* (платеж *m*); **-zeitpunkt** *m* день *m*, на который производится заключение бухгалтерских счетов; **-zeugnis** *n* свидетельство *n* (диплом *m*) об окончании (среднего учебного заведения, курсов повышения квалификации); **-zwang** *m s.* **Kontrahierungszwang** *m*

Abschnitt *m* раздел *m*, параграф *m*; участок *m*; купон *m*, контрольный талон *m*; переводной вексель *m*; купюра *f*

Abschnittsbesteuerung *f (Steuer)* принцип *m* налогообложения за период

abschöpfen извлекать (прибыль), получать; **Gewinne ~** извлекать (получать) прибыли

Abschöpfung *f (Handel)* ввозная пошлина *f*, регулирующая (выравнивающая) разницу цен на аграрные продукты (в ЕЭС); изъятие *n* дополнительной прибыли; **-en erheben** взимать пошлины на аграрную продукцию; **-en festsetzen** устанавливать пошлины на аграрную продукцию; **~ bei der Ausfuhr** компенсационная пошлина *f* при экспорте аграрной продукции; **~ von Kaufkraft** уменьшение *n* (амортизация *f*) покупательной способности

Abschöpfungs|abgabe *f* компенсационная пошлина *f*; **-betrag** *m* сумма *f* (размер) пошлины, выравнивающей цены на аграрные продукты

abschöpfungsfrei беспошлинный; **-e Einfuhr** беспошлинный импорт *m*

Abschöpfungs|preispolitik *f (V&M)* политика *f* ценообразования на новые товары (постепенное снижение высоких изначальных цен); **-regelung** *f* система *f* регулирования пошлин (на аграрную продукцию); **-satz** *m* ставка *f* таможенной пошлины для регулирования цен на аграрную продукцию; **-strategie** *f (Handel, V&M)* стратегия *f* использования прибыли от доходной продукции на продвижение; стратегия снятия сливок; **-tarif** *m* ставка *f* таможенной пошлины для регулирования цен на аграрную продукцию

Abschottung *f* разделение *n*, раздел *m*, расчленение *n*; **~ der Märkte** раздел рынков сбыта; **künstliche ~ der Märkte** *(Handel)* искусственное отгораживание *n* рынков

abschreiben *(Bank, Buchh)* списывать со счета (баланса); погашать; амортизировать, списывать по амортизации; уменьшать (стоимость); **Anlagen ~** *(Buchh)* производить списание производственного оборудования; **auf den Anschaffungspreis ~** уменьшать первоначальную стоимость; **Forderungen ~** списать со счета дебиторскую задолженность; **15% des Wertes ~** уменьшать стоимость (уценивать) на 15%

Abschreibung *f (Bank, Buchh)* списание *n* со счета (баланса); амортизация, списание *n* по амортизации, амортизационные отчисления *pl*; **die ~ aussetzen** прерывать амортизацию, прекращать списание по амортизации; **-en erwirtschaften (verdienen)** получать денежные средства для восстановления основного капитала; **die ~ verteilen** распределять амортизационные отчисления (по периодам); **eine ~ vornehmen** производить списание (амортизационные отчисления); **ansteigende ~** ускоренная амортизация *f*; **~ auf Anlagevermögen** амортизация *f* основного капитала и стоимости капиталовложений; **~ auf Beteiligungen** списание *n* стоимости капиталовложений в виде акций других компаний; **~ auf Betriebsanlagen** амортизация *f* оборудования; **~ auf Finanzanlagen** списание *n* (перенос *m*) стоимости капиталовложений; **~ auf Forderungen** списание *n* дебиторской задолженности; **~ auf Gebäude** амортизация *f* стоимости зданий; **~ auf Geschäftswert** уменьшение *n* цены репутации фирмы; **~ auf Sachanlagen** амортизация *f* основных фондов; **-en auf Vermögensgegenstände** амортизация *f* объектов имущества; **~ auf Warenbestände** уценка *f* готовой продукции на складе; **~ auf den Wiederbeschaffungswert** амортизация *f* по восстановительной стоимости; **außerordentliche -en** особые амортизационные отчисления *pl*; **außerplanmäßige ~** внеплановые амортизационные отчисления *pl*; **beschäftigungsabhängige ~** амортизационные отчисления *pl* пропорционально объему выполненной работы; **beschleunigte ~** прогрессивная амортизация *f*; **bilanzielle -en** балансовая амортизация *f*; **bilanzmäßige ~, buchmäßige ~** балансовая амортизация *f*; **degressive ~** дегрессивная амортизация *f*; **digitale ~** амортизация *f* по сроку пользования; **direkte ~** прямая амортизация *f*; **indirekte ~** косвенная амортизация *f*; **kalkulatorische ~** калькуляционная амортизация *f*; **lineare ~** линейная амортизация *f*; **nutzungsbedingte ~** амортизация *f* по сроку использования; **passive ~** пассивная амортизация *f*; **planmäßige ~** плановые амортизационные отчисления *pl*; **progressive ~** прогрессивная (ускоренная) амортизация *f*; **proportionale ~** линейная амортизация *f*; **steuerliche ~** списание *n* на амортизацию, уменьшающее сумму налогообложения; **verbrauchsbedingte ~** списание *n* по степени износа; **verkürzte ~** ускоренная амортизация *f*; **~ von Waren** списание *n* товаров; **zeitabhängige ~** амортизация *f* в зависимости от срока использования

Abschreibungs|art *f* вид *m* списания по амортизации; **-aufwand** *m* амортизационные расходы *pl*; **-basis** *f* основа *f* для проведения амортизационных отчислений; **-bedarf** *m* потребность *f* в проведении списаний со счета; **-bedingungen** *pl* условия *pl* списания по амортизации; **-betrag** *m* сумма *f* амортизационных отчислений; скидка *f* на амортизацию; **-dauer** *f* амортизационный период *m*; **-gegenwerte** *pl* эквиваленты *pl* амортизации; **-gesellschaft** *f* *(Fin, Steuer, WiWi)* компания *f*, инвестирующая с целью получения налоговых послаблений; **-grundlage** *f* основа *f* (база *f*) для проведения отчислений (амортизации); **-konto** *n* счет *m* амортизационных отчислений; **-korrektur** *f* корректировка *f* при проведении амортизационных отчислений

Abschreibungsmethode *f* метод *m* расчета амортизационных отчислений; **degressive ~** дегрессивный метод *m* расчета амортизационных отчислений; **direkte ~** прямой метод *m* расчета амортизационных отчислений

Abschreibungs|modalitäten *pl* методы *pl* (способы *pl*) списания по амортизации; **-objekt** *n* объект *m* амортизации; **-plan** *m* плановая сумма *f* амортизации; **-politik** *f* политика *f* в области амортизационных отчислений; **-prozentsatz** *m* процентная норма *f* амортизации; **-quote** *f* (**-rate** *f*) норма *f* амортизации; **-rechnung** *f* счет *m* амортизационных отчислений; **-regelungen** *pl* положения *pl* об амортизации; **-restwert** *m* остаточная стоимость *f* после амортизации; **-(richt)satz** *m* норма *f* амортизации; **-stichtag** *m* число *n* месяца, с которого начинается списание по амортизации; **-summe** *f* сумма *f* амортизационных отчислений; **-tabelle** *f* таблица *f* расчета (годовых) сумм амортизации

Abschreibungsverfahren *n* метод *m* списания (амортизации); **leistungsabhängiges** ~ метод *m* списания затрат (амортизации) в зависимости от объема производства; **zeitabhängiges** ~ метод *m* списания затрат (амортизации) по периодам времени

Abschreibungs|vergünstigung *f* (налоговые) льготы *pl* при проведении амортизационных отчислений; **-volumen** *n* объем *m* амортизационных отчислений; **-wagnis** *f* риск *m*, связанный с амортизацией; **-zeitpunkt** *m* число *n* месяца, с которого начинается списание по амортизации; **-zeitraum** *m* амортизационный период *m*

Abschrift *f* копия *f*, дубликат *m*; **eine ~ anfertigen** снять копию, изготовить дубликат; **eine ~ beglaubigen** заверить копию; **eine ~ behalten** оставить копию себе; **eine ~ erteilen** выдать копию; **eine ~ machen lassen** снять копию; **beglaubigte** ~ заверенная копия; **notariell beglaubigte** ~ копия, заверенная нотариусом; **~ einer Rechnung** копия *f* (дубликат *m*) счета; **unbeglaubigte** ~ незаверенная копия *f*

Abschwächung *f* ослабление *n*, снижение *n*, замедление *n*, спад *m*; **~ der Inflation** замедление *n* темпов инфляции; **konjunkturelle** ~ ослабление *n* (спад *m*) конъюнктуры; **~ der Nachfrage** уменьшение *n* спроса; **~ von Kursen** понижение *n* курсов (акций)

Abschwächungstendenz *f* тенденция *f* к ослаблению (понижению)

Abschwung *m* ослабление *n*, ухудшение *n*; спад *m*; **konjunktureller** ~ спад *m* конъюнктуры

Abschwungphase *f* период *m* спада деловой активности

absenden отправлять, посылать; **Waren mit der Bahn** ~ отправлять товары по железной дороге

Absende|ort *m* место *n* отправления; **-station** *f* станция *f* отправления

Absender *m* отправитель *m*, грузоотправитель *m*, экспедитор *m*

Absendung *f* отправка *f*, отправление *n*; груз *m*, партия *f* товара

Absentismus *m (Pers)* абсентеизм *m*

absetzbar находящий сбыт; вычитаемый, удерживаемый; **von der Steuer** ~ необлагаемый налогом, уменьшающий налогооблагаемую базу

absetzen вычитать, удерживать, исключать; сбывать, продавать, реализовывать; смещать, отстранять от должности; переносить срок; списывать (с налогов); **Aktien von der Notierung** ~ снимать акции с официальной котировки; **als Betriebskosten** ~ вычитать (исключать) как производственные издержки; **den Betrag von einer Rechnung** ~ удержать сумму со счета; **mit Gewinn (Verlust)** ~ продавать с прибылью (убытками); **Produkte** ~ сбывать товары; **restlos** ~ распродать; **über den Einzelhandel** ~ продавать в розницу; **von der Steuer** ~ вычитать из налогооблагаемой суммы

Absetzung *f* вычет *m*, удержание *n*; скидка *f*; смещение *n*, отстранение *n* от должности; перенос *m* (срока); сбыт *m*, реализация *f*; *(Buchh)* списание *n*; **~ für Abnutzung** *(Buchh, Steuer)* амортизационное списание *n*; **~ für Substanzverringerung** скидка *f* на истощение месторождения (недр); **~ von der Börsennotierung** снятие *n* (акций) с котировки на бирже

absichern обеспечивать, гарантировать, предохранять; **For-**

derungen hypothekarisch ~ обеспечивать дебиторскую задолженность ипотекой; **einen Kredit** ~ предоставить обеспечение по кредиту, дать гарантии под кредит

Absicherung *f* обеспечение *n*, защита *f*, гарантия *f*, страхование *n*; **finanzielle** ~ финансовое обеспечение *n*; ~ **gegen die Inflation** страхование *n* от инфляции; **soziale** ~ социальная защищенность *f*; ~ **von Risiken** страхование *n* от рисков

Absicht *f* намерение *n*, цель *f*, замысел *m*, план *m*; **in guter** ~ бона фиде, "по доброй вере"

Absichtserklärung *f* заявление *n* о намерениях, протокол *m* о намерениях; **eine** ~ **unterzeichnen** подписать заявление о намерении

Absinken *n* падение *n*, понижение *n*; спад *m*, снижение *n*, ухудшение *n*

Absolventenvermittlung *f* трудоустройство *n* выпускников (вузов)

absondern выделять; отделять, обособлять; **Gläubigerforderungen** ~ отдавать предпочтение (выделять) требования какого-либо кредитора

Absonderung *f* отделение *n*, обособление *n*, изолирование *n*; выделение *n* имущества или части; преимущественное удовлетворение *n* кредитора

Absonderungs|anspruch *m* право *n* на преимущественное удовлетворение требований; **-gläubiger** *m* кредитор *m*, имеющий право на преимущественное удовлетворение требований; **-recht** *n* преимущественное право *n* определенного кредитора на приобретение какого-либо предмета

Absorptionsansatz *m (WiWi)* принцип *m* абсорпции; принцип *m* соответствия ВВП и внутреннего потребления; принцип *m* соответствия ввозимых факторов (напр. капитала, ноу-хау) их использованию внутри страны (в слаборазвитых странах)

Abspaltung *f (WiWi)* отделение *n*, отщепление *n* (от материнской компании); *(Comp)* ответвление *n* (от основной разработки программы)

Absprache *f* договоренность *f*, соглашение *n*; **eine** ~ **treffen** достичь договоренности; **-n bei Ausschreibungen** (запрещенный законом) сговор *m* при проведении тендера; **geheime, heimliche** ~ тайное соглашение *n*, тайный сговор *m*; **nach gemeinsamer** ~ по взаимной договоренности; **wettbewerbsbeschränkende** ~ соглашение *n*, ограничивающее свободную конкуренцию

absprechen согласовывать, обговаривать; **einen Preis** ~ согласовать цену

Abstand *m (Fin)* компенсация *f* за предоставление помещения, выплачиваемая съемщиком; отступное *n*, отступные деньги *pl*; компенсация *f*; выходное пособие *n*; расстояние *n*, интервал *m*, дистанция *f*; промежуток *m*; **einen** ~ **zahlen** выплатить компенсацию; **bezahlter** ~ выплаченная компенсация *f*

Abstandsfläche *f* незастраиваемая территория *f*, незастраиваемая полоса *f* земли

Abstandszahlung *f* выплата *f* компенсации (отступного)

Abstattungskredit *s* одноразовый кредит *m*, погашаемый в рассрочку

abstempeln ставить штемпель (печать), маркировать, штамповать; **mit dem Datum** ~ проставить дату

Abstempelung *f* штемпелевание *n*; проставление *n* штемпеля (печати); ~ **von Aktien** штемпелевание *n* акций

abstimmen голосовать, проводить голосование; согласовывать; сверять, выверять; **aufeinander** ~ координировать; **geheim** ~ проводить тайное голосование; **Handlungen** ~ согласовывать действия; **Konten** ~ сверять (выверять) счета; **offen** ~ проводить открытое голосование; **Termine** ~ согласовывать сроки; **über einen Antrag** ~ голосовать по предложению; **Verhaltensweisen ~** согласовать линию поведения

Abstimmung *f* голосование *n*; согласование *n*, координация *f*; сверка *f*, выверка *f*; **zur ~ bringen** поставить на голосование; координировать; **zur ~ kommen** ставиться на голосование; **zur ~ stellen** ставить на голосование; **getrennte ~** раздельное голосование; **in geheimer ~** тайным голосованием; **~ der Interessen** согласование *n* интересов; **~ der Kapazitäten** координация *f* производственных мощностей; **~ der Konten** сверка *f* (балансирование *n*) счетов; **~ der Salden** сверка *f* (выверка *f*) сальдо

Abstimmungs|bogen *n* ведомость *f* для разграничения затрат; **-verfahren** *n* метод *m* подсчета голосов при голосовании

Abstinenztheorie *f (WiWi)* теория *f* воздержания (теория Сениора)

Abstockung *f* корректировка *f* стоимости вниз

abstoßen *(Bö)* продавать, сбывать; распродавать; погашать (долги); **Waren ~** распродавать товары; **Wertpapiere ~** распродавать ценные бумаги

Abstoßen *n* продажа *f*, сбыт *m*, распродажа *f* (по низким ценам); погашение *n* долга; **~ von Aktien** распродажа *f* акций

Abstrich *m* вычет *m*, удержание *n*; сокращение *n*

abstufen распределять, классифицировать

Abstufung *f* градация *f*, дифференциация *f*; классификация *f*; распределение *n* (по группам, категориям); шкала *f* (налога, зарплаты)

Abteilung *f* отдел *m*, отделение *n*, подразделение *n*; цех *m*; часть *f*, раздел *m*; **eine ~ einrichten** создавать отдел; **in -en gliedern** провести организационное деление; **federführende ~** отдел *m*, ответственный за исполнение

Abteilungs|aufgaben *pl* задачи *pl* (функции *pl*) цеха (отдела); **-bericht** *m* отчет *m* цеха (отдела); **-budget** *n* бюджет *m* цеха (отдела); **-gemeinkosten** *pl* накладные расходы *pl* цеха (отдела); **-kalkulation** *f* калькуляция *f* издержек цеха (отдела); **-kosten** *pl* издержки *pl* отдела; **-kostenrechnung** *f* учет *m* издержек цеха (отдела); **-leiter** *m* начальник *m* цеха (отдела); **-leitung** *f* руководство *n* (управление *n*) цехом (отделом); **-versammlung** *f* собрание *n* работников подразделения

abtragen погашать, уплачивать (долг); возмещать (убыток); сносить (здание); **Schulden ~** ликвидировать задолженность

abtreten уступать, передавать; переуступать; оставлять (службу); **eine Forderung ~** уступать (переуступать) долг (требование); **Lohnansprüche ~** уступать права на получение зарплаты

Abtretung *f* уступка *f*, передача *f*; цессия *f*; переуступка *f* обязательства; **~ eines Ersatzanspruchs** уступка *f* требования о возмещении; **~ einer Forderung** (пере)уступка *f* требования, цессия; **mehrfache ~** многократная передача *f* (уступка *f*) права; **stille ~** негласная цессия *f* (уступка *f* требования); **~ von Geschäftsanteilen** уступка *f* долевого участия

Abtretungs|anzeige *f* извещение *n* об уступке требований; **-empfänger** *m* лицо *n*, которому переданы права; **-erklärung** *f* переводная надпись *f*, заявление *n* об уступке права или требования; **-recht** *n* право *n* на осуществление уступки; **-urkunde** *f* документ *m* об уступке права или требования; **-verbot** *n* запрет *m* на передачу прав (переуступку требований); **-vermerk** *m* переводная надпись *f*; цессионная надпись *f*

Abverkauf *m* продажа *f*, распродажа *f*

abverkaufen продавать, распродавать

Abwahl *f* отстранение *n* от должности путем голосования

abwälzen перекладывать; **Kosten ~** переложить издержки; **das Risiko ~** снять с себя ответственность за риск

Abwälzung *f* переложение *n* (риска,

налогов); **~ des Risikos** переложение *n* риска

abwandern переселяться, мигрировать; **aus der Industrie ~** уходить с работы на промышленном предприятии; **aus der Landwirtschaft ~** покидать землю (сельское хозяйство)

Abwanderung *f* переселение *n*, миграция *f*; утечка *f*, отток *m*; **~ der Nachfrage an die Konkurrenz** переход *m* клиентов к конкурентам; **~ von Arbeitskräften** отток *m* рабочей силы; **~ von Kunden** потеря *f* клиентуры; **~ von Wissenschaftlern** отъезд *m* ученых на работу в другие страны

Abwanderungsquote *f*, **Abwanderungsrate** *f (V&M)* уровень *m* оттока клиентов

Abwärtsbewegung *f (Bö)* падение *n* котировок

Abwasser *n* сточные воды *pl*; отработанная (промышленная) вода *f*

Abwasser|abgabe *f* налог *m* на сброс сточных вод в водоемы; **-beseitigung** *f* удаление *n* сточных вод; канализация *f*; **-beseitigungsanlage** *f* установка *f* по обработке сточных вод; **-entsorgung** *f* удаление *n* (обработка *f*) сточных вод; **-reinigung** *f* очистка *f* сточных вод; **-wirtschaft** *f* водоканализационная служба *f*; служба *f* очистки воды

Abwehr|aussperrung *f* локаут *m* как защитная мера работодателя против забастовок; **-marke** *f (V&M)* защитная марка *f*; **-werbung** *f (V&M)* защитная реклама *f*; **-zoll** *m* запретительная пошлина *f*; **-zeichen** *n (V&M) s.* **-marke** *f*

Abweichung *f (Buchh)* отклонение *n*, расхождение *n*; погрешность *f*, ошибка *f*; **-en beheben** устранять (ликвидировать) отклонения; **-en entdecken** обнаруживать отклонения; **-en ermitteln** определять отклонения; **mengenmäßige ~** количественное отклонение *n*; **zulässige ~** допустимое отклонение *n*

Abweichungsanalyse *f* анализ *m* отклонений

abweisen отклонять; **die Klage ~** отказать в иске

abwenden предотвращать, отводить; **das Konkursverfahren ~** предотвратить конкурсное производство

abwerben переманивать, сманивать; **Kunden ~** переманивать клиентов; **Mitarbeiter ~** переманивать работников на другое место работы

Abwerbung *f* переманивание *n*, сманивание *n*; **~ von Arbeitskräften** переманивание *n* рабочих (на другое место работы)

abwerten девальвировать, обесценивать, снижать цену; **die Valuta ~** девальвировать валюту

Abwertung *f* девальвация *f*, обесценивание *n*; снижение *n* цены, уценка *f*; **~ des Geldes** девальвация *f*; **~ einer Währung** обесценивание *n* валюты

Abwertungsklausel *f* пункт *m* договора, оговаривающий изменение цен при девальвации

Abwesenheit *f* отсутствие *n*, прогул *m*

Abwesenheits|dauer *f* продолжительность *f* отсутствия; **-liste** *f* список *m* отсутствующих; **-rate** *f* коэффициент *m* абсентеизма; **-zeit** *f* потери *pl* рабочего времени

abwickeln исполнять, выполнять; осуществлять, производить; ликвидировать (предприятия); **Aufträge ~** исполнять заказы; **ein Geschäft ~** осуществлять сделку; **ein Projekt ~** реализовывать проект; **einen Schadensfall ~** удовлетворить претензии по поводу ущерба

Abwickler *m* член *m* ликвидационной комиссии, ликвидатор *m* (предприятия)

Abwicklung *f* исполнение *n*, выполнение *n*; осуществление *n*, реализация *f*, проведение *n*; ликвидация *f* (предприятия); **~ eines Auftrags** исполнение *n* заказа; **medienbruchfreie ~** проведение *n* (административной) процедуры без смены средства передачи информации; **~ von Zahlungen** осуществление *n* платежей

Abwicklungs|bilanz *f* ликвидационный баланс *m*; **-gesellschaft** *f* фирмаликвидатор *f*; **-erlös** *m* выручка *f* от ликвидации; **-konto** *n* ликвидационный счет *m*; **-kosten** *pl* ликвидационные издержки *pl*; *(Transp)* накладные расходы *pl* при транспортировке грузов; **-preis** *m* фактическая цена *f* биржевой сделки; **-verfahren** *n* порядок *m* (процедура *f*) ликвидации; **Abwicklungsvertrag** *m* *s. auch* **Aufhebungsvertrag** *m*, **Auflösungsvertrag** *m*; **-zeitraum** *m* ликвидационный период *m*

abwiegen взвешивать

abzahlen погашать; выплачивать в рассрочку; **in monatlichen Raten ~** выплачивать (погашать) месячными взносами

abzählen считать, отсчитывать, пересчитывать

Abzahlung *f* погашение *n* (долга, кредита); платеж *m* (выплата *f*) в рассрочку; **ein Auto auf ~ kaufen** покупать автомобиль в рассрочку; **gegen ~** в рассрочку; **monatliche ~** ежемесячный взнос *m*; **~ von Schulden** погашение долгов

Abzahlungs|bedingungen *pl* условия *pl* выплаты в рассрочку; **-darlehen** *n* *(Bank, Fin)* *s.* **Ratendarlehen** *n*; **-geschäft** *n* сделка *f* с рассрочкой платежа; **-hypothek** *f* ипотека *f* с условием равномерных выплат в погашение задолженности; **-kauf** *m* покупка *f* в рассрочку; **-kredit** *m* кредит *m* с погашением в рассрочку; **-rate** *f* взнос *m* в погашение задолженности при покупке в рассрочку; **-vertrag** *m* договор *m* о продаже на условиях рассрочки платежа; **-wechsel** *m* *s.* **Ratenwechsel** *m*

abzeichnen подписывать, ставить визу

abziehen вычитать, производить вычет; удерживать; предоставлять скидку, предоставлять декорт; взимать дамно; истребовать, изымать (вклады); отвлекать (средства); отчислять; **Kapital ~** изымать капитал; **10% vom Preis ~** удержать 10% с цены

abzinsen находить первоначальную сумму по заданной наращенной сумме

Abzinsung *f* *(Buchh)* нахождение *n* первоначальной суммы по заданной наращенной сумме; **~** *s.* **Diskontierung** *f*

Abzinsungs|faktor *m* дисконтирующий множитель *m*; **-gebot** *n* *(Fin, Steuer)* обязательное дисконтирование *n* будущего оттока денежных средств; **-papiere** *pl* беспроцентные ценные бумаги *pl*, покупаемые кредитором со скидкой и выкупаемые заемщиком по номинальной стоимости

Abzug *m* вычет *m*, удержание *n*; скидка *f*, декорт *m*; дамно *n*; истребование *n* (вкладов); отвлечение *n* (средств), отчисление *n*; **in ~ bringen** вычесть, удержать; **einen ~ gewähren** предоставить скидку (декорт); **nach ~ aller Kosten** за вычетом всех издержек; **nach ~ der Steuern** за вычетом (после вычета) налогов; **nach ~ der Zinsen** после отчисления процентов; **zahlbar ohne ~** оплата *f* без удержаний

Abzüge *pl* сборы *pl*, налоги *pl*; удержания *pl*; **~ vom Arbeitslohn** удержания *pl* из заработной платы; **gesetzliche ~** налоги *pl*, установленные законом; **~ vom steuerpflichtigen Einkommen** сборы *pl* с налогооблагаемого дохода

abzüglich за вычетом; **~ 3% Skonto** за вычетом 3% скидки; **~ der Kosten** за вычетом издержек; **~ Steuern** за вычетом налогов

Abzugsbeträge *pl* сумма *f* удержаний

abzugsfähig подлежащий удержанию; с вычетом, с удержанием; **-e Ausgaben** расходы *pl*, не входящие в сумму налогообложения

Abzugs|fähigkeit *f* возможность *f* уменьшения налогооблагаемой суммы; **-franchise** *f* *(Transp, Versich)* вычитаемая франшиза *f*; **-kapital** *n* *(Fin)* доля *f* капитала, вычитаемая при определении суммы капитала, необходимого для ведения дела; **-methode** *f* *(Steuer)* метод *m* учета иностранных налогов (на доходы за рубежом) при определении подо-

ходного налога в Германии; **-steuer** *f* налог *m* на источники доходов (взимаемые до выплаты дохода)
abzweigen ассигновать, выделять; **Mittel ~** выделять средства
Abzweigung *f* ответвление; обособление (средств), нецелевое использование (средств); *(Pat)* отбор промышленного образца для регистрации (параллельно с заявкой на патент)
Acceptable Quality Level приемлемый уровень *m* качества
Acker|bau *m* земледелие *n*, полеводство *n*; **-land** *n* пашня *f*, пахотные угодья *pl*
Account *(Comp)* счет *m* пользователя услуг компьютерной сети; *(Buchh)* счет *m*
a conto в счет, в зачет; в рассрочку, в счет платежа; **~ zahlen** выплачивать в рассрочку
Acquirer *m (Bank)* банк-эквайер *m*
Acquiring *n* акцептование *n* (обслуживание *n*) кредитных карт
Act./ 360 *(Fin)* метод *m* исчисления процентов, исходя из 360 дней в году
Act./ Act. *(Fin)* метод *m* исчисления процентов по фактическому количеству дней
a dato адато, со дня выставления
Adaptierung *f* адаптация *f*, приспособление *n*
Addendum *n* аддендум *m*
Addition *f* сложение *n*, суммирование *n*
Ad-hoc-Meldung *f*, **Ad-hoc-Mitteilung** *f* (важное, касающееся данного момента) биржевое сообщение *n*, законодательно предписанная публикация *f* информации, влияющей на биржевые котировки
Administration *f (Admin)* администрация *f*, управление *n*; административный орган *m*
Adressant *m* отправитель *m*; грузоотправитель *m*; консигнант *m*
Adressat *m* адресат *m*; грузополучатель *m*; консигнатор *m*
Adressbuch *n* адресная книга *f*; справочник *m*
Adresse *f* адрес *m*; заемщик *m*; **erste ~** первоклассные крупные заемщики *pl*; **zweite ~** мелкие банки-заемщики *pl*
Adressenliste *f s.* **Adressliste** *f*
adressieren адресовать
Adressierung *f* адресация *f*
Adress|liste *f (V&M)* перечень *m* адресов; **-verlag** *m (V&M)* компания *f*, занимающаяся прямым маркетингом, адресный брокер *m*
ad valorem сообразно цене, с объявленной ценой; по стоимости, адвалорный, с заявленной стоимости
ad valorem-Steuer *f* налог *m* на стоимость
ad valorem-Zoll *m* адвалорная пошлина *f*
Advisor *m* консультант *m*
Adware *f (Comp)* программное обеспечение *n*, содержащее рекламу
Affiliation *f* прием *m*, принятие *n*; присоединение *n* (к фирме), покупка *f* (дочернего предприятия)
a forfait без регресса, без обратного требования; с оплатой по договоренности; тель кель, какой есть (условие продажи без гарантии качества)
After-sales-Service *m (V&M)* послепродажный сервис
AG *s.* **Aktiengesellschaft** *f*
AGB *s.* **Allgemeine Geschäftsbedingungen** *pl*
Agenda *f* агенда *f*, повестка *f* дня (заседания); комментарии *pl* (к графику); концепция *f* (реформ), пометки *pl* на полях
Agent *m* (торговый) агент *m*; представитель *m* (предприятия); комиссионер *m*; посредник *m*
Agentur *f* агентство *n*, представительство *n*; филиал *m*; организация-посредник *f*; **eine ~ gründen** открыть представительство
Agentur|geschäft *n* комиссионная сделка *f*; комиссионная операция *f*, посредническая сделка *f*; **-provision** *f* комиссионное вознаграждение *n*; **-übernahme** *f* агентирование *n* судов; **-vertrag** *m* агентский договор *m*, агентское соглашение *n*; **-vertreter** *m* представитель *m* агентства

Agglomeration *f* скопление *n*; сосредоточение *n*

Aggregation *f* укрупнение *n*; соединение *n*, объединение *n*; ~ **der Angebote** объединение *n* (нескольких) предложений; ~ **der Nachfrage** обобщение *n* спроса

Agio *n* ажио *n*; лаж *m*; премия *f* по срочным сделкам; ~ **auf Aktien** надбавка *f* к курсу акций

Agio|gewinn *m* прибыль *f* от ажио; **-konto** *n* ажио-конто, ажио-счет *m*; **-papiere** *pl* ценные бумаги *pl*, погашаемые (выкупаемые) с ажио; **-rücklage** *f* отчисление *n* в резервный фонд от прибыли с ажио

Agiotage *f* ажиотаж *m*, спекулятивная покупка *f* или продажа *f* акций

Agrar|abkommen *n* соглашение *n* о сотрудничестве в области сельского хозяйства; **-abschöpfungen** *pl* сельскохозяйственные компенсационные пошлины *pl*; **-ausfuhr** *f* экспорт *m* сельскохозяйственной продукции; **-ausgaben** *pl* расходы *pl* на сельскохозяйственное производство; **-bereich** *m* аграрный сектор *m* экономики; **-bericht** *m* (статистический) отчет *m* о развитии сельского хозяйства; **-einfuhr** *f* импорт *m* сельскохозяйственной продукции; **-erzeugnisse** *pl* сельскохозяйственная продукция *f*; **-erzeugung** *f* производство *n* сельскохозяйственной продукции; **-export** *m* экспорт *m* сельскохозяйственной продукции; **-fonds** *m* фонд *m* развития сельского хозяйства; **-forschung** *f* исследования *pl* в области сельского хозяйства; **-genossenschaft** *f* сельскохозяйственный кооператив *m*; **-güter** *pl* сельскохозяйственные продукты *pl*; **-handel** *m* торговля *f* сельскохозяйственными продуктами; **-import** *m* импорт *m* сельскохозяйственной продукции; **-ingenieur** *m* инженер-специалист *m* в области сельского хозяйства; **-kredit** *m* сельскохозяйственный кредит *m*, кредит *m* для развития сельского хозяйства; **-krise** *f* аграрный кризис *m*; кризис *m* сельского хозяйства; **-land** *n* аграрная страна *f*; **-markt** *m* рынок *m* сельскохозяйственной продукции; **-marktordnung** *f (Pol)* законодательство *n* ЕС о рынке сельскохозяйственной продукции; **-politik** *f* аграрная политика *f*; политика *f* в области сельского хозяйства; **-preis** *m* цена *f* на аграрную продукцию; **-produkt** *n* сельскохозяйственный продукт *m*; **-produktion** *f* сельскохозяйственное производство *n*; **-programm** *n* аграрная программа *f*; **-protektionismus** *m* аграрный протекционизм *m*; **-recht** *n* земельное право *n*; **-sozialpolitik** *f* социальная политика *f* в области сельского хозяйства; **-staat** *m* аграрная страна *f*; **-statistik** *f* статистика *f* сельского хозяйства; **-struktur** *f* аграрная структура *f*; структура *f* аграрных отношений; **-stützung** *f* дотации *pl* аграрному сектору экономики; **-subvention** *f* субсидии *pl* сельскому хозяйству; **-überschuss** *m* излишки *pl* сельскохозяйственной продукции; **-verfassung** *f* аграрное (земельное) законодательство *n*; **-wirtschaft** *f* экономика *f* сельского хозяйства, сельское хозяйство; **-zölle** *pl* таможенные пошлины *pl* на сельскохозяйственную продукцию

Akkord *m* аккордная (сдельная) заработная плата *f*; аккорд *m*, соглашение *n*; трудовой договор *m* на условиях аккордной оплаты труда; **Arbeit im ~ vergeben** давать заказ на выполнение сдельной работы; **im ~ arbeiten** работать сдельно; **nach ~ bezahlen** оплачивать работу сдельно

Akkord|arbeit *f* сдельная работа *f*; **-arbeiter** *m* рабочий-сдельщик *m*; **-berechnung** *f* исчисление *n* размера аккордной заработной платы; **-brecher** *m* рабочий-сдельщик *m*, перекрывающий нормы выработки; **-bremser** *m* рабочий-сдельщик *m*, не выполняющий нормы выработки; **-entlohnung** *f* сдельная оплата *f* труда

akkordfähig характерный (пригодный)

для аккордной (сдельной) работы; **-e Arbeit** работа *f*, которая может оплачиваться как сдельная

Akkord|fähigkeit *f* характеристики *pl* работы, которая может оплачиваться как сдельная; **-festsetzung** *f* установление *n* расценок сдельной заработной платы

Akkordlohn *m* аккордная (сдельная) заработная плата *f*; **im ~ arbeiten** работать сдельно

Akkord|lohnsystem *n (Pers)* система *f* аккордной заработной платы; **-prämie** *f* премия *f* за аккордно выполненную работу; **-richtsatz** *m* исходная расценка *f* аккордной заработной платы; **-satz** *m* расценка *f* сдельной заработной платы; **-schere** *f* снижение *n* расценок сдельной заработной платы за счет повышения нормы выработки; **-system** *n* система *f* аккордной заработной платы; **-zettel** *m* бланк *m* наряда на выполнение сдельной работы; **-zuschlag** *m* сумма *f*, на которую расценка сдельной заработной платы превосходит расценку повременной оплаты труда

akkreditieren предоставлять кредит; открывать аккредитив

Akkreditiv *n (Bank)* аккредитив *m*; **ein ~ abändern** изменить условия аккредитива; **ein ~ annulieren** аннулировать аккредитив; **ein ~ avisieren** авизовать аккредитив; **ein ~ bestätigen** подтвердить аккредитив; **ein ~ eröffnen (erstellen)** открыть аккредитив; **ein ~ übertragen** перевести аккредитив; **ein ~ verlängern** пролонгировать (возобновить) аккредитив; **avisiertes ~** авизованный аккредитив *m*; **bestätigtes ~** подтвержденный аккредитив *m*; **einmalig gestelltes ~** разовый аккредитив *m*; **nicht bestätigtes ~** неподтвержденный аккредитив *m*; **revolvierendes ~** револьверный аккредитив *m*; **teilbares ~** делимый аккредитив *m*; **übertragbares ~** переводной (трансферабельный) аккредитив *m*; **unbefristetes ~** бессрочный аккредитив *m*; **unbestätigtes ~** неподтвержденный аккредитив *m*; **unwiderrufliches ~** безотзывный аккредитив *m*; **verfügbares ~** наличный аккредитив *m*; **widerrufliches ~** отзывный аккредитив *m*

Akkreditiv|auftrag *m* распоряжение *n* об открытии аккредитива; аккредитивное поручение; **-auftraggeber** *m* лицо *n*, обращающееся за кредитом; **-bank** *f* банк *m*, открывающий аккредитив; **-bedingungen** *pl* условия *pl* аккредитива; **-begünstigte** *m* получатель *m* денег по аккредитиву, бенефициар *m*; **-bestätigung** *f* подтверждение *n* аккредитива; **-betrag** *m* сумма *f* аккредитива; **-eröffnung** *f* открытие *n* аккредитива; **-eröffnungsauftrag** *m* распоряжение *n* на открытие аккредитива; **-gestellung** *f* предоставление *n* кредита, открытие *n* аккредитива; **-stelle** *f* банк *m*, открывающий аккредитив; **-steller** *m* держатель *m* аккредитива; аккредитиводатель *m*; **-ziehung** *f* получение *n* кредита

Akkumulation *f* накопление *n*; **~ des Kapitals** накопление *n* капитала

akkumulieren накапливать, производить накопление

Akontozahlung *f* платеж *m* в счет причитающейся суммы, платеж *m* в счет уплаты долга

akquirieren вербовать (покупателей); приобретать, покупать; **Kunden ~** вербовать клиентов

Akquisiteur *m* агент *m*, коммивояжер *m*, *(Versich, Transp)* аквизитор *m*

Akquisition *f* приобретение *n*, покупка *f*; вербовка *f* клиентов; **-en planen** планировать приобретения; **-en tätigen** производить покупки (предприятий); **~ von Kunden** вербовка клиентов; **~ von Standorten** приобретение земельных участков для строительства предприятий

Akquisitionscontrolling *n* контроллинг *m* закупок

akquisitorisch аквизиторский; **-es Potential** аквизиторский потенциал *m*; способность предприятия стимулировать спрос на свои товары и удерживать его

Akte *f* документ *m*, деловые бумаги *pl*; дело *n*, подшивка *f* документов; **-n ablegen** подшивать документы; сдавать дела в архив; **-n anlegen** заводить дело; **-n einsehen** знакомиться с делами, просмотреть (проверить) дела (документы); **-n führen** вести дела; **zu den -n nehmen** подшить документ к делу

Akten|ablage *f (Büro)* хранение *n* документов; **-auszug** *m (Büro, Pers)* выписка *f* из дела; **-deckel** *m (Büro)* папка *f* для документов; **-einsicht** *f* ознакомление *n* с документами; просмотр *m* (проверка *f*) документов (дела)

aktenmäßig документальный, подтвержденный документами; по документам

Akten|plan *m* опись *f* дел; номенклатура *f* дел; **-vermerk** *m* запись *f* в деле; протокольная запись *f*; **-vernichtung** *f* уничтожение *n* деловых бумаг; **-verwaltung** *f* делопроизводство *n*; **-verzeichnis** *n* опись *f* (реестр *m*) документов (дел); **-zeichen** *n* номер *m* (знак *m*, шифр *m*) документа

Aktie *f (Bö, Fin, Buchh)* акция *f*; акционерный сертификат *m*; **-n abstempeln** проштемпелевать акции; **-n abstoßen** распродавать акции; **-n beleihen** отдавать акции под залог; **-n besitzen** владеть акциями; **-n beziehen** получать акции по подписке; **-n auf den Markt bringen** выпускать акции; **-n auf den Namen ausstellen** выдавать именные акции; **-n ausgeben** выпускать акции; **-n begeben** выпускать акции; **-n bewerten** определять стоимость акции; произвести котировку акций; **-n einschätzen** производить котировку акций; **-n einziehen** выкупать акции; **-n emittieren** выпускать акции; **-n erwerben** приобретать акции; **-n halten** иметь (держать) акции; **-n herausgeben** выпускать акции; **-n hinterlegen** депонировать акции; **-n kaufen** покупать акции; **-n lombardieren** отдавать акции под залог; **mit ~ handeln** торговать акциями; **-n notieren** производить котировку акций; **-n platzieren** размещать выпуск акций; **-n rückkaufen** выкупать собственные акции; **die -n schlossen leichter** курс акций несколько снизился; **die -n stehen hoch im Kurs** акции котируются высоко; **die -n steigen** курс акций повышается (идет вверх); **die -n tendieren freundlich** курс акций повышается; **-n übertragen** передавать акции; **-n transferieren** передавать акции; **-n zeichnen** подписываться на акции; **-n zum amtlichen Handel zulassen** допустить акции к официальной продаже; **-n zurückkaufen** выкупать акции; **-n zur Zeichnung auflegen** предлагать подписку на акции; **alte ~** акция *f* первого выпуска; основная акция; **amtlich eingeführte ~** акция *f* с официальной котировкой на бирже; **auf den Inhaber lautende ~** акция *f* на предъявителя; **auf den Namen laufende ~** именная акция *f*; **ausgegebene ~** выпущенная акция *f*; **ausländische ~** иностранная акция *f*; **ausstehende ~** неоплаченная акция *f*; **börsenfähige -n** *(Bö)* акции *pl*, котирующиеся на бирже; **börsennotierte ~** *(Bö)* акция *f*, имеющая котировку на бирже; **eigene -n** собственные акции *pl* компании; **eingezahlte ~** оплаченная акция *f*; **eingezogene ~** погашенная акция *f*; выкупленная акция *f*; **frei gehandelte ~** акция *f*, продаваемая на неофициальной бирже; **gängige ~** акция *f*, пользующаяся спросом; **gezeichnete -en** акции *pl*, распространяемые по подписке; **„goldene -n"** *(Bö, Manag)* «золотые акции» *pl* (акции *pl*, дающие ее владельцам больше прав по сравнению с другими акционерами); **im Freiverkehr gehandelte ~** акция *f*, продаваемая на неофициальной бирже; **inländische ~** акции *pl*, имеющие хождение в одной стране; **junge ~** новая акция *f*; акция *f* нового выпуска; **kaduzierte ~** недействительная акция *f*; **konvertierbare ~** конвертируемая акция *f*; **leichte ~** *(Bö)* легкая акция *f*; **~ mit**

Bezugsrecht акция *f*, дающая преимущественное право на приобретение новых акций; **~ mit hoher Rendite** акция *f*, приносящая высокий дивиденд; **~ mit Stimmrecht** акция *f*, дающая право голоса; **nennwertlose ~** акция *f* без номинальной стоимости; **neu auszugebende ~** новая акция, акция нового выпуска; **notierte ~** акция *f*, имеющая котировку на бирже; **~ ohne Bezugsrecht** акция *f*, не дающая права на приобретение новых акций; **schwere ~** *(Bö)* тяжелая акция *f*; **stimmberechtigte ~** акция *f*, дающая право голоса; **stimmrechtslose ~** акция *f*, не дающая право голоса; **teilbezahlte ~** частично оплаченная акция *f*; **vinkulierte ~** именная акция *f* с ограниченным правом передачи; винкулированная акция *f*; **vollbezahlte ~** полностью оплаченная акция *f*; **-en der zweiten Reihe** акции *pl* второго эшелона; **zinsreagible ~** акция *f*, курс которой колеблется в зависимости от банковской процентной ставки; **zum Handel zugelassene ~** акция *f*, допущенная к официальной продаже

Aktien|absatz *m* продажа *f* акций; **-abschnitt** *m* дивидендный купон *m* акции; **-abstempelung** *f* изменение *n* номинальной стоимости акции путем штемпелевания; **-agio** *n* надбавка *f* к курсу акции; **-analyse** *f* анализ *m* динамики курса акций и их доходности; **-anlage** *f* вложение *n* капитала в акции; **-anleihe** *f* (auch: **Reverse Convertible Bond)** конвертируемый заём *m*; **-aufteilung** *f* дробление *n* акции для уменьшения номинала; **-ausgabe** *f* выпуск *m* акций; **-austausch** *m* обмен *m* акций; **-bank** *f* акционерный банк *m*; **-besitz** *m* владение *n* акциями; **-besitzer** *m* акционер *m*, держатель *m* акций; **-bestand** *m* наличные акции *pl* в руках акционеров; **-bewertung** *f* оценка *f* стоимости акций; **-bezugsrecht** *n* право *n* на преимущественное приобретение акций; **-bezugsrechtsschein** *m* сертификат *m*, подтверждающий право на преимущественное получение новых акций; **-bogen** *m* купонный лист *m* акции; **-börse** *f* фондовая биржа *f*; **-buch** *n* книга *f* регистрации держателей именных акций; **-crash** *n* падение *n* курса акций; **-einzahlung** *f* взнос *m* за акцию; **-einziehung** *f (Fin)* выкуп *m* акций, изъятие акций (с целью снижения уставного капитала); **-emission** *f* выпуск *m* акций, эмиссия акций; **-erwerb** *m* приобретение *n* (покупка *f*) акций; **-fonds** *m* инвестиционный фонд *m*, средства которого вложены в акции; акционерный фонд *m*; **-gattung** *f* категория *f* акций; **-geschäft** *n* торговля *f* акциями

Aktiengesellschaft *f* акционерное общество *n*, акционерная компания *f*; **als ~ eintragen** регистрировать как акционерное общество *n*; **börsennotierte ~** акционерное общество *n*, зарегистрированное на бирже

Aktien|gesetz *n* закон *n* об операциях с ценными бумагами; **-handel** *m* купля-продажа *f* акций; **-händler** *m* биржевой дилер *m*; **-hinterlegung** *f* депонирование акций; **-index** *m (Bö)* индекс *m* курсов акций, биржевой индекс *m*, фондовый индекс *m*; **-inhaber** *m* владелец *m* (держатель *m*) акций, акционер *m*

Aktienkapital *n* акционерный капитал *m*; **aufgerufenes ~** востребованный акционерный капитал *m*; **ausgegebenes ~** выпущенный акционерный капитал *m*; **ausstehendes ~** невнесенный акционерный капитал *m*; **eingezahltes ~** внесенный акционерный капитал *m*; **genehmigtes ~** акционерный капитал *m*, разрешенный к выпуску; **nicht eingezahltes ~** невнесенный акционерный капитал *m*; **verwässertes ~** разводненный акционерный капитал *m*

Aktien|kauf *m* покупка *f* акций; **-kurs** *m* курс *m* акций, биржевой курс *m*

Aktienkurs|entwicklung *f* динамика *f* курса акций; **-index** *m* индекс *m* курсов акций; **-zettel** *m* бюллетень *m* курсов акций

Aktien|makler *m* биржевой маклер *f*; **-mantel** *m (Bö, Fin)* манто *n*, титр *m* акции; **-markt** *m* рынок *m* акций; фондовая биржа *f*; **-mehrheit** *f* контрольный пакет *m* акций; **-nennwert** *m* номинальная стоимость *f* акций; **-notierung** *f* котировка *f* акций; **-option** *f* опцион *m* на покупку или продажу акций; **-optionshandel** *m* сделки *pl* с опционами на покупку или продажу акций; **-optionsprogramm** *n (Fin, Manag)* программа опционов; **-paket** *n* пакет *m* акций; **-plazierung** *f* размещение *n* акций; **-portefeuille** *n* портфель *m* акций; **-posten** *m* (небольшой) пакет *m* акций; **-promesse** *f* временная акция *f*, промесса *f*; **-quorum** *n (Fin)* кворум *m* акционеров; **-rally** *f (Bö)* быстрый рост *m* курсов акций; **-recht** *n* акционерное право *n*; **-register** *n* книга *f* регистрации собственников именных акций; **-rendite** *f* доход *m* с акционерного капитала; **-rückkauf** *m* выкуп *m* собственных акций; **-sparen** *n* сбережения *pl* путем вложения капитала в акции; **-spekulation** *f* игра *f* на курсах акций; **-split(ting)** *n* дробление *n* акций; выпуск *m* новых акций с меньшим номиналом; **-stimmrecht** *n* право *n* голоса акционеров; **-streuung** *f* продажа *f* акций широкому кругу акционеров; **-stückelung** *f* дробление *n* акции, выпуск *m* новых акций с меньшим номиналом; **-tausch** *m* обмен *m* акциями (между компаниями); **-übertragung** *f* передача *f* акций; **-umlauf** *m* оборот *m* акций; **-umsatz** *m* оборот акций, объем продаж акций; **-umtausch** *m* обмен *m* акций (напр. именных на акции на предъявителя); **-urkunde** *f* акционерный сертификат *m*, свидетельство *n* на акцию; **-verkauf** *m* продажа *f* акций; **-verkaufsangebot** *n* предложение *n* на продажу акций; **-wert** *m* стоимость *f* акций; **-zeichnung** *f* подписка *f* на акции; **-zertifikat** *n* акционерный сертификат *m*, свидетельство *n* на получение акций; **-zusammenlegung** *f* укрупнение *n* акций; **-zuteilung** *f* распределение *n* акций

Aktion *f* действие *n*, акция *f*; кампания *f*, мероприятие *n*; выступление *n*; **eine ~ starten** начинать кампанию; **abgestimmte -en** согласованные действия *pl*

Aktionär *m* акционер *m*, держатель *m* акций; **ausländischer ~** зарубежный акционер *m*; **inländischer ~** акционер *m* страны, где находится акционерное общество

Aktionärs|brief *m (Fin)* (регулярное) сообщение *n* акционерного общества акционерам о положении дел; **-gruppe** *f* группа *f* акционеров; **-klage** *f* иск *m* акционеров; **-quote** *f (Bö, Soz)* доля акционеров среди населения; **-register** *n* книга *f* регистрации акционеров-владельцев именных акций; **-struktur** *f* структура *f* состава акционеров; **-vereinigung** *f* объединение *n* акционеров для защиты своих интересов; **-vertreter** *m* представитель *m* акционеров; **-verzeichnis** *n* список *m* акционеров

Aktions|feld *n* сфера *f* компетенции; **-radius** *m* радиус *m* действий

aktiv активный, положительный; **-e Handelsbilanz** активный торговый баланс *m*

Aktiva *pl* активы *pl*, наличность *f*; активная часть *f* баланса; дебет *m*; авуары *pl*; **als ~ ausweisen** отражать (показывать) активы в балансе; **~ bewerten** оценивать активы; **antizipative ~** антиципированные активы *pl*, еще неполученные доходы *pl*; **flüssige ~** ликвидные активы *pl*; **fungible ~** взаимозаменимые активы *pl*; **immaterielle ~** нематериальные активы *pl*; **leicht verwertbare ~** легко реализуемые активы *pl*; **transitorische ~** расходы *pl* будущих периодов; оборотный капитал *m*; **verfügbare ~** свободные (наличные) активы *pl*

Aktiv|bestand *m* активы *pl*; имущество *n*; капитал *m*; **-finanzierung** *f* финансирование *n* предприятия; **-geschäft** *n* кредитная операция *f* банка

aktivierbar активируемый, оприходуемый; **-e Vermögenswerte** имущественные ценности *pl*, оприходуемые в активной части баланса

aktivieren записывать в активную часть баланса; оприходовать; капитализировать; активизировать; **Mitarbeiter ~** мобилизовать сотрудников; **Vermögenswerte ~** записывать имущественные ценности в активную часть баланса; **die Zahlungsbilanz ~** добиться положительного платежного баланса

aktiviert оприходованный; **-e Eigenleistungen** товары *pl* и услуги *pl*, произведенные на собственные нужды и оприходованные в активной части баланса

Aktivierung *f* отражение *n* активных статей в балансе; оприходование; капитализация

Aktivierungs|pflicht *f* обязанность *f* отразить все имущественные ценности в активной части баланса; **-wahlrecht** *n* право *n* не отражать некоторые статьи, разграничиваюшие учет затрат и поступлений между отчетными периодами

Aktivität *f* активность *f*, деятельность *f*, действия *pl*; **-en entfalten** разворачивать деятельность; **-en erweitern** расширять деятельность; **-en verstärken** усиливать активность; **geschäftliche -en** деловая активность *f* (деятельность *f*)

Aktiv|konto *n* активный счет *m*; **-posten** *m* активная статья *f* баланса; **-rückstände** *pl* невзысканная задолженность *f*; **-saldo** *m* активное сальдо *n*; **-seite** *f* активная сторона *f* баланса; **-tausch** *m* перенос *m* суммы из одной активной статьи баланса в другую; **-wechsel** *pl* векселя *pl* и акцепты *pl* к получению; **-zinsen** *pl* проценты *pl* к получению; проценты, получаемые кредитором

Aktuar *m (Versich)* актуарий *m*

aktualisieren обновлять, усовершенствовать, актуализировать

Aktualisierung *f* обновление *n*, усовершенствование *n*, актуализация *f*

Aktualität *f* актуальность *f*

aktuell фактический, действительный; **-er Stand** фактическое состояние *n*

Akzeleration *f* ускорение *n*, акселерация *f*

Akzept *n* акцепт *m*, согласие *n* на оплату денежных и товарных документов; акцептование *n*, принятие *n* векселя к оплате; акцептованный вексель *m*; принятие *m* предложения заключить сделку; **das ~ einholen** предъявить вексель к акцептованию; **ein ~ einlösen** акцептовать (оплатить) тратту; **die Tratte mit einem ~ versehen** акцептовать тратту; **das ~ verweigern** отказать в акцептовании; **zum ~ vorlegen** представить к акцептованию; **zum ~ vorzeigen** предъявить к акцептованию; **das ~ weitergeben** передавать акцепт; **bedingtes ~** условный акцепт *m*; **bedingungsloses ~** безоговорочный акцепт *m*; **~ ehrenhalber** акцептование векселя для спасения кредита векселедателя; **eigenes ~** банковский акцепт *m*; **eingeschränktes ~** условный акцепт *m*; **mangels ~ zurück** возврат за отсутствием акцепта

Akzeptant *m* акцептант *m*

Akzeptantenwechsel *m* (переводной) вексель акцептанта

Akzeptakkreditiv *n* рамбурсный кредит *m*

Akzeptanz *f* приемлемость *f*; **~ von Produkten** приемлемость *f* товаров для покупателя

Akzeptanzstelle *f (Fin)* место *n* обслуживания пластиковых карт

Akzeptanztest *m* тест *m* на приемлемость товара для покупателя

Akzeptaustausch *m* обмен *m* акцептами

Akzeptbuch *n* книга *f* акцептов к уплате

Akzept|einholung *f* предъявление *n* векселя к акцептованию; **-frist** *f* срок *m* акцептования; **-geschäft** *n* акцептная операция *f* банка

akzeptieren принимать; акцептовать; **einen Vorschlag ~** принимать предложение; **einen Wechsel blanko ~** акцептовать бланковый вексель; дать бланковый акцепт

akzeptiert акцептованный; **(nicht) -er Wechsel** (не) акцептованный вексель *m*

Akzept|konto *n* счет *m* акцептов; **-kredit** *n* акцептный кредит *m*; **-leistung** *f* акцептование *n*; **-linie** *f* лимит *m* акцептования; **-obligo** *n* векселя *pl* и акцепты *pl* к оплате; **-provision** *f* комиссионные *pl* за получение акцепта; **-tausch** *m* обмен *m* акцептами; **-verbindlichkeiten** *pl* обязательства *pl* банка по акцептному кредиту; **-vermerk** *m* надпись *f* на акцепте; **-verweigerung** *f* отказ *m* от акцепта

Akzessorietät *f (Recht)* акцессорность *f*

akzessorisch зависимый, связанный, дополнительный; **-e Bürgschaft** дополнительное поручительство *n*

Akzise *f* акциз *m*, косвенный налог *m*

Akziseeinnahmen *pl* поступления *pl* от акциза

akzisefrei свободный от акциза

Akzisefreiheit *f* освобождение *n* от акциза

akzisepflichtig облагаемый акцизом

a la baisse на понижение (о биржевых курсах)

a la hausse на повышение (о биржевых курсах)

Alienation *f* отчуждение *n*

alimentieren предоставлять средства (дотации); **die Landwirtschaft ~** дотировать сельское хозяйство

Alimentierung *f* предоставление *n* средств (дотаций); **staatliche ~** предоставление *n* средств государством

Aliud-Lieferung *f* поставка *f* товара, не предусмотренного договором

Alleinanbieter *m* оферент-монополист *m*, монопольный оферент *m*

alleinberechtigt имеющий исключительное (единоличное) право

Allein|berechtigung *f* исключительное право *n*; **-bezug** *m* монопольные закупки *pl*; **-bezugsvereinbarung** *f* соглашение *n* об исключительном праве закупок; **-bezugsverpflichtung** *f* обязательство *n* закупать товар у определенного оферента; **-eigentum** *n* единоличная собственность *f*; **-erbe** *m* единственный наследник *m*; **-erziehende** *f (m)* мать-одиночка *f*; (отец-одиночка *m*); **-geschäftsführer** *m* единственный (единоличный) управляющий *m*; **-handel** *m* монопольная торговля *f*; **-hersteller** *m* единственный (монопольный) производитель *m*; **-herstellung** *f* монопольное производство *n*; **-herstellungsrecht** *n* право *n* на монопольное производство; **-inhaber** *m* единственный (единоличный) владелец *m*; **-stehende** *f (m)* одиночка *f (m)*, незамужняя (неженатый); **-stellungsmerkmal** *n (V&M)* уникальный торговый признак *m*, отличительный признак *m*, уникальное торговое предложение *n*; **-verdiener** *m* кормилец *m* семьи; **-verkaufsrecht** *n* исключительное право *n* на продажу; **-vertreter** *m* агент *m* с исключительным (эксклюзивным) правом представительства

Alleinvertretung *f* единоличное (эксклюзивное) представительство *n*; **die ~ haben** иметь право на единоличное представительство; **die ~ übernehmen** брать на себя право единоличного представительства; **die ~ übertragen** передавать права на единоличное представительство

Alleinvertretungsbefugnis *f* полномочия *pl* на единоличное представительство

alleinvertretungsberechtigt имеющий право на единоличное представительство

Allein|vertretungsrecht *n* право *n* на единоличное представительство; **-vertretungsvertrag** *m* договор *m* об эксклюзивном представительстве; **-vertrieb** *m* монопольный сбыт *m*

Alleinvertriebs|händler *m* продавец *m*, имеющий исключительное право на сбыт; **-recht** *n* исключительное право *n* на сбыт; **-vereinbarung** *f*

соглашение *n* об исключительном праве на сбыт

alleinzeichnungsberechtigt имеющий единоличное право на подпись (документов)

aller Orten zahlbar пометка *f* на векселе, указывающая на то, что взыскание долга по векселю можно произвести через любой суд

Allfinanz *f* банкассюранс *m*; комплексные финансовые услуги *pl*

Allfinanz|anbieter *m* оферент *m* комплексных финансовых услуг; **-angebot** *n* предложение *n* универсальных финансовых услуг; **-berater** *m* консультант *m* в сфере комплексных финансовых услуг; **-geschäft** *n* бизнес *m* в области универсальных финансовых услуг; **-konzern** *m* концерн *m* по предоставлению универсальных финансовых услуг; **-produkt** *n* конкретное предложение *n* по предоставлению универсальных финансовых услуг; комбинированный финансовый продукт *n*, единый пакет *n* финансовых услуг; **-verbund** *m* сочетание *n* определенных финансовых услуг; **-vermittler** *m* посредник *m* в сфере комплексных финансовых услуг

Allgefahrendeckung *f (Versich)* покрытие *n* всех рисков

Allgefahrenversicherung *f (Versich)* страхование *n* от всех рисков

allgemein общий, всеобщий, универсальный; **-e Lieferbedingungen** общие условия *pl* поставок; **-e Kosten** общие издержки *pl*; накладные расходы *pl*

Allgemeinbildung *f* общее образование *n*

Allgemeine Geschäftsbedingungen (AGB) Общие условия *pl* заключения торговых сделок

Allgemeine Kreditvereinbarungen (AKV) Общее положение *n* о заимствовании

Allgemeines Präferenzsystem (APS) Общая система *f* преференций

Allgemeine Versicherungsbedingungen (AVB) Общие условия *pl* страхования

Allgemeines Zoll- und Handelsabkommen (GATT) Генеральное соглашение *n* по тарифам и торговле

Allgemeinverbindlichkeitserklärung *f* административный акт *m* о распространении норм тарифных соглашений на прочих работодателей и наемных работников

Allianz *f* союз *m*, объединение *n*, альянс *m*; **eine ~ schließen** заключить союз; **strategische -en** стратегические альянсы *pl*

Allokation *f* распределение *n*, аллокация *f*; использование *n*; выделение *n*, предоставление *n*; **~ der Produktionsfaktoren** использование *n* производственных факторов

Allokations|funktion *f* функция *f* распределения; **-politik** *f* политика *f* в области распределения (использования); политика *f* в области выделения (средств)

Allonge *f* аллонж *m*, подклейка *f* к векселю для проставления передаточных надписей

Allotment *n* выделение *m* (ассигнование *m*) средств; *(Transp)* распределение секций трюма (между транспортными агентствами)

Allphasenumsatzsteuer *f* многофазный налог *m* с оборота

All-Risk-Versicherung *f (Versich)* страхование *n* (недвижимости) от всех рисков

Allzeit|hoch *m (Bö)* исторический максимум *m*; **-tief** *m (Bö)* исторический минимум *m*

alphanumerisch буквенно-цифровой

Alpha-Prefix *s.* **Eigner-Code**

al pari по номинальной стоимости

Alt|aktionär *m* акционер-держатель *m* акций первого выпуска; **-bestand** *m* списанное с баланса имущество *n*; **-eigentümer** *m* прежний владелец *m*

Altenpflege *f (Soz)* уход *m* за престарелыми

Alter *n* возраст *m*; **erwerbsfähiges ~** трудоспособный возраст *m*

alternativ альтернативный; **-e Energiequellen** альтернативные источники *pl* энергии; **-e Ökonomie** альтернативная экономика *f*

Alternative *f* альтернатива *f*; **-n aufzeigen** выявлять альтернативы; **-n erarbeiten** разрабатывать альтернативные решения

Alternativplan *m* альтернативный план *m*

Alters|absicherung *f* обеспечение *n* по старости; **-aufbau** *m* возрастная структура *f*, возрастной состав *m*; **-durchschnitt** *m* средний возраст *m*; **-freibetrag** *m* сумма *f* доходов, не подлежащая налогообложению по достижении определенного возраста; **-grenze** *f* предельный возраст *m*; **-gruppe** *f* возрастная группа *f*; **-heim** *n* дом *m* для престарелых; **-hilfe** *f* пособие *n* по старости; **-teilzeit** *f (Pers, Soz, Versich)* частичный досрочный выход *m* на пенсию

Altersrente *f* пенсия *f* по старости; **die ~ beantragen** ходатайствовать о выплате пенсии по старости; **vorgezogene ~** пенсия по старости, выплачиваемая раньше наступления срока (по причине безработицы)

Alters|ruhegeld *n* пенсия *f* по старости; **-teilzeit** *f* предпенсионная работа на полставки; **-sicherung** *f* обеспечение *n* по старости

Altersvermögensgesetz *n (Recht, Soz)* Закон *m* о стимулировании финансового обеспечения старости

Altersversorgung *f* обеспечение *n* в старости; **betriebliche ~** отчисления *pl* предприятия в фонд обеспечения в старости

Altersvorsorge *f* меры *pl* по обеспечению старости

Altersvorsorgefonds *m*, **Altersvorsorge-Sondervermögen-Fonds** *m*, **AS-Fonds** зонтичный инвестиционный фонд *m*, созданный с целью обеспечения старости

Altersvorsorgevertrag *m (Recht, Soz)* договор *m* об обеспечении в старости

Alterszulage *f* надбавка *f* за выслугу лет

Altlasten *pl* застарелые (экологические) проблемы *pl*; **~ sanieren** решать застарелые (экологические) проблемы

Alt|material *n* утиль *f*, утиль-сырье *n*; вторичное сырье *n*; **-ölrichtlinie** *f (EU, Recht)* Директива *f* ЕС об утилизации отработанного масла; **-materialverwertung** *f* переработка *f* вторичного сырья; **-papier** *n* макулатура *f*; **-schulden** *pl* старые долги *pl*; **-stoff** *m* утиль *f*, утиль-сырье *n*; **-waren** *pl* товар *m*, бывший в употреблении; подержанные вещи *pl*; **-warenhandel** *m* торговля подержанными товарами

ambulant передвижной, нестационарный, разъездной; **-es Gewerbe** разъездная торговля *f*, торговля *f* с доставкой на дом; **-er Händler** коммивояжер *m*

Ametageschäft *n* сделка *f* (дело *n*) на равных началах

Amortisation *f (Buchh, WiWi)* амортизация *f*; погашение *n* путем периодических взносов; **~ einer Maschine** амортизация *f* станка

Amortisations|abzüge *pl* амортизационные отчисления *pl*; **-anleihe** *f* ссуда *f*, погашаемая в рассрочку; **-dauer** *f* амортизационный период *m*; период *m* погашения; **-fonds** *m* амортизационный капитал *m*, фонд *m* погашения задолженности; **-frist** *f* срок *m* погашения, срок *m* амортизации; **-hypothek** *f* амортизационная ипотека *f*; **-obligation** *f* облигация *f*, условием выпуска которой является образование выкупного фонда; **-plan** *m* план *m* начисления амортизации; график *m* погашения; **-quote** *f* норма *f* амортизации; ежегодный платеж *m* в счет погашения долга; **-rechnung** *f* расчет *m* периода погашения капиталовложений; **-umverteilung** *f* перераспределение *n* амортизационных отчислений; **-zahlung** *f* амортизационный платеж *m*; **-zeitraum** *m* период *m* погашения; амортизационный период *m*

amortisieren амортизировать основной капитал; погашать долг; **sich ~** амортизироваться

Amt *n* должность *f*, пост *m*, место *n*, служба *f*; обязанность *f*; учреждение *n*, управление *n*, ведомство *n*; **ein ~ ablehnen**

отказаться от должности; **ein ~ antreten** вступать в должность; **aus dem ~ scheiden** уйти с поста (должности); **ein ~ ausüben** занимать должность, исполнять служебные обязанности; **des -s entheben** освобождать от должности; **ein ~ führen** исполнять обязанности; **für das ~ nominieren** назначать (выдвигать) кандидатуру на должность; **in das ~ einführen** вводить в должность (обязанности); **in ein ~ einsetzen** назначать на должность; **ein ~ innehaben** занимать должность; **ein ~ niederlegen** сложить с себя обязанности; **sich um ein ~ bewerben** участвовать в конкурсе на замещение должности; **ein ~ übernehmen** принимать должность, вступать в должность; **Auswärtiges ~** *(Admin, Pol)* министерство *n* иностранных дел; **kraft seines -es** по долгу службы; **öffentliches ~** официальная должность *f*; **von -s wegen** официально, в силу своих обязанностей

amtieren занимать должность

amtlich официальный, служебный, должностной; **-e Bekanntmachungen** официальные объявления *pl*; **-er Handel** официальные биржевые сделки *pl*; **-e Notierung** официальная котировка *f* на бирже; официальный курс *m*; **-e Statistik** официальная статистика *f*

Amts|antritt *n* вступление *m* в должность; **-ausübung** *f* исполнение служебных обязанностей; **-enthebung** *f* освобождение *n* от должности; **-führung** *f* исполнение *n* обязанностей; **-gericht** *n* суд *m* первой инстанции; **-geschäfte** *pl* служебные дела *pl* (обязанности *pl*); **-haftung** *f* материальная ответственность *f* должностного лица; **-handlung** *f* действие *n*, совершаемое в порядке исполнения служебных обязанностей; **-hilfe** *f* взаимопомощь *f* всех учреждений и ведомств; **-inhaber** *m* должностное лицо *n*; **-periode** *f* срок *m* полномочий; **-person** *f* должностное лицо *n*; **-pflicht** *f* обязанность *f* налогово-финансового ведомства расследовать все случаи уклонения от налогов; служебный долг; **-pflichtverletzung** *f* нарушение *n* служебного долга; **-richter** *m* судья *m* в суде низшей инстанции, судья *m* в участковом суде; **-sitz** *m* местонахождение *n* учреждения; **-träger** *m* должностное лицо *n*; **-übernahme** *f* вступление *n* на должность; **-vorgänger** *m* предшественник *m* на должности; **-weg** *m* официальный канал *m*, официальный путь *m*; **-zeit** *f* период *m* нахождения в должности

Analyse *f* анализ *m*, исследование *n*; **eine ~ durchführen** провести анализ *m*; **~ der wirtschaftlichen Situation** экономический анализ *m*; анализ *m* конъюнктуры; **technische ~** *s.* **Chart-Analyse** *f*

Analyseinstrumentarium *n* средства *pl* проведения анализа; аналитический инструментарий

analytisch аналитический; **-e Arbeitsbewertung** аналитическая оценка *f* труда

Analyst *m* аналитик *m*

Analysten-Rating *n (Börse)* оценка *f* акций аналитиками крупнейших банков

Anbau *m* выращивание *n*, разведение *n*; пристройка *f*; **~ von Getreide** выращивание *n* зерновых культур

Anbau|fläche *f* посевная площадь *f*; **-verbot** *m* запрет *m* на возделывание

anberaumen назначать, определять, намечать; **einen Termin ~** назначить срок

anbieten предлагать; **Dienstleistungen ~** предлагать услуги; **fest ~** делать твердое предложение; **Waren zum Verkauf ~** предлагать товары на продажу

Anbieter *m* оферент *m*, поставщик *m*, производитель *m*; участник *m* торгов; **ausländischer ~** зарубежный оферент *m* (поставщик *m*); **führender ~** ведущий оферент *m* (поставщик *m*); **~ von Dienstleistungen** предлагающий услуги; **~ von Spitzentechnologien** оферент *m* (поставщик *m*) передовых технологий

Ander|depot *n* вклад *m*, принадлежащий третьему лицу и управляемый по доверенности; **-konto** *n* попечительский счет *m* (недоступный для других целей, кроме попечительских)

Änderung *f* изменение *n*, поправка *f*; **eine ~ herbeiführen** привести к изменению; **~ der Satzung** изменение *n* устава; **-en vorbehalten** право *n* на изменения сохраняется; **~ der Vertragsbedingungen** изменение *n* условий договора; **~ des Wechselkurses** изменение *n* курса валют

Änderungs|antrag *m* заявка *f* на внесение поправки (к законопроекту); **-kosten** *f* расходы *pl* по изменению (модификации); **-kündigung** *f (Pers)* расторжение *n* (трудового, об аренде и т.п.) соглашения с одновременным предложением заключить новое (трудовое, об аренде и т.п.) соглашение *n* на новых условиях; **-management** *n (Manag)* менеджмент *m* изменений; **-vorschlag** *m* предложение *n* об изменении

anderweit weder genannt noch inbegriffen *(Handel, Imp/Exp)* не указанный где-л. в другом месте

andienen предлагать товар к поставке; уведомлять; предъявлять (документ к оплате)

Andienung *f* предложение *n* товара к поставке; андинование *n*; предъявление *n* документа к оплате; *(Versich)* компенсация *f* ущерба в оговоренные сроки; *(Transp)* сообщение *n* о поступлении товара, уведомление *n* о поставке; физическая доставка *f* товара

aneignen приобретать, присваивать; **sich rechtswidrig ~** присваивать противозаконно

Aneignung *f (Recht)* присвоение *n* (ничейной вещи); *(Pers)* освоение *n* (знаний, навыков); **rechtswidrige ~** противозаконное присвоение *n*

Aneignungsrecht *n* право *n* присвоения

anerkennen признавать, одобрять; **als gültig ~** признавать законным; **einen Anspruch ~** признать требование обоснованным; **eine Forderung nicht ~** отказываться от уплаты по счету, не признавать счет; **die Haftung ~** признать ответственность; **einen Schiedsspruch ~** признать решение третейского суда; **die Zahlungsbedingungen ~** принимать условия платежа

Anerkenntnis *f n* признание *n*; акцептование *n* векселя

Anerkennung *f* признание *n*, одобрение *n*; признание *n* (решения суда); похвала *f*, благодарность *f*; **die ~ verweigern** отказать в признании; **~ einer Schuld** признание *n* долга

Anfahrkosten *pl* издержки *pl* пускового периода

Anfall *m* поступление *n*, получение *n*; **~ einer Dividende** накопление *n* (приращение *n*) дивиденда; **~ einer Erbschaft** получение наследства; **~ einer Steuer** обложение налогом

anfallen поступать, получать; доставаться (в наследство)

anfallend поступающий, причитающийся, приходящийся; **-e Kosten** возникающие издержки *pl*

Anfang *m* начало, истоки

Anfangs|bedarf *m* первоначальные потребности *pl*; **-bedingungen** *pl* начальные условия *pl*; **-bestand** *m* начальный запас *m*; исходный уровень *m* запасов; **-betriebskapital** *n* первоначальный оборотный капитал *m*; **-gehalt** *n* начальный оклад *m*; **-kapital** *n* начальный капитал *m*, стартовый капитал *m*; **-kosten** *pl* первоначальные издержки *pl*; **-kurs** *m (Börse)* курс *m* в момент открытия биржи, курс *m* открытия, цена *f* открытия; **-lohn** *m* первоначальная заработная плата *f*; **-termin** *m* исходная дата *f*, исходный срок *m*; **-vermögen** *n* начальное имущество *n*, исходный капитал *m*; **-wert** *m* первоначальная стоимость *f*; исходная величина *f*; **-zustand** *m* исходное состояние *n*

anfechtbar спорный, оспариваемый

anfechten опротестовывать, обжаловать, оспаривать; **Ansprüche ~** отвергать требования; **ein Testament ~** оспаривать завещание

Anfechtung *f* опротестовывание *n*, обжалование *n*, оспаривание *n*; **eine ~ abweisen** отклонить претензию; **~ wegen Irrtums** обжалование решения по причине ошибки

Anfechtungs|anspruch *m* право *n* оспаривания (обжалования); **-berechtigte** *m* имеющий право обжалования; **-frist** *f* срок для предъявления претензий, срок обжалования; **-grund** *m* основание *n* для обжалования; **-klage** *f* отрицательный иск *m*

anfertigen изготавливать, выполнять, составлять; **auf Bestellung ~** изготавливать по заказу; **ein Protokoll ~** составлять протокол

Anfertigung *f* изготовление *n*, производство *n*; составление *n*; **~ nach Angaben des Bestellers** изготовление согласно пожеланиям заказчика

Anfertigungskosten *pl* стоимость *f* изготовления

anfordern (за)требовать, запросить, сделать заявку

Anforderung *f* требование *n*, заявка *f*; **den -en entsprechen** отвечать (соответствовать) требованиям; **-en erfüllen** выполнять требования; **-en gerecht werden** отвечать требованиям; **-en stellen** предъявлять требования; **berufliche -en** профессиональные требования, требования к профессиональному уровню; **~ von Material** заявка на материал

Anforderungsprofil *n* перечень *m* должностных обязанностей; квалификационные требования; **das ~ erstellen** разрабатывать перечень должностных обязанностей; **das ~ spezifizieren** точно установить должностные обязанности; **~ für eine Stelle** перечень конкретных должностных обязанностей

Anforderungs|merkmal *n* квалификационная характеристика *f*; **-schein** *m* заявка *f*, требование *n*

Anfrage *f* запрос *m*, интерпелляция *f*; **eine ~ bearbeiten** обрабатывать запрос, отвечать на запрос; **eine ~ weiterleiten** передать запрос; **auf ~** по запросу, по заявке; **schriftliche ~** письменный запрос

Angabe *f* указание *n*, сообщение *n*; **nach ~** согласно описанию; **ohne ~ der Gründe** без указания причин; **~ des Preises** указание цены; **unter ~ der Gründe** с указанием причин

Angaben *pl* данные *pl*, сведения *pl*, информация *f*; характеристики *pl*, параметры *pl*; **~ erfassen** собирать данные (сведения, информацию); **~ erhalten** получать данные (сведения, информацию); **~ geheimhalten** не разглашать сведения; **~ machen** давать сведения (информацию); **~ zusammenfassen** систематизировать данные; **falsche ~** неточные сведения *pl*, неточная информация *f*; **genaue ~** точные сведения *pl*, точная информация *f*; **nach ~** по данным; **nähere ~** более подробная (точная) информация *f*; **~ ohne Gewähr** данные *pl* без гарантии их точности; **vertrauliche ~** конфиденциальная информация *f*; **vollständige ~** полные сведения *pl*, полная информация *f*

angeben указывать, сообщать, давать сведения; **die Bedingungen ~** указать условия (поставок); **Gründe ~** сообщать о причинах

Angebot *n* предложение *n*, оферта *f*; предложение *n* цены, исходная цена *f* на торгах; предлагаемый товар *m*; ассортимент *m*; *(Comp)* ресурс; **ein ~ abgeben** сделать предложение *n*; **ein ~ ablehnen** отказаться от предложения; **ein ~ abweisen** отклонить предложение; **ein ~ annehmen** принять предложение; **ein ~ ausarbeiten** разрабатывать предложение; **ein ~ ausschlagen** отвергать предложение; **ein ~ einholen** запрашивать предложение; приглашать участвовать в торгах; **ein ~ einreichen** представить предложение; **-e erbeten an** предложения присылать по адресу; **ein ~ erhalten** получить предложение; **ein ~ erstellen** разработать предложение; **das ~ erweitern** расширять предложение (ассортимент); **ein größeres ~ führen** иметь более широкий ассортимент; **ein ~ machen** сделать предложение; **ein ~ prüfen** анализировать предложение; **ein ~ unterbreiten** представить предложение; **ein ~ verfolgen** прорабатывать предложение; **ein ~ vorlegen** представить предложение; **ein ~ zurückziehen** аннулировать предложение; **~ an Waren** предложение (ассортимент) товаров; **befristetes ~** предложение *n*, ограниченное сроком; **bindendes ~** обязательное предложение *n*, предложение *n* без изменений условий в последующем; **festes (fixes) ~** твердое предложение *n*; **freibleibendes ~** свободное предложение *n*, предложение *n* без обязательств; **laufendes ~** текущие поставки *pl*; **~ der Lieferung** предложение на поставку; **niedrigstes ~** предложение *n* самой низкой цены; **umfangreiches ~** обширный ассортимент *m*; **unverbindliches ~** свободное предложение *n*, предложение *n* без обязательств; **verbindliches ~** твердое предложение *n*, твердая оферта *f*; **verlockendes ~** заманчивое предложение *n*

angeboten предлагаемый; **-er Preis** предлагаемая цена *f*

Angebots|abgabe *f* предложение *n* цены (на торгах); выдача *f* предложения; **-änderung** *f* изменение *n* условий предложения; **-anforderung** *f* запрос *m* на выдвижение предложений; **-annahme** *f* принятие *n* предложения; **-bedingungen** *pl* условия *pl* предложения; **-elastizität** *f* эластичность *f* предложения; **-engpass** *m* дефицит *m* предложения; **-eröffnung** *f* открытие *n* тендера (торгов); **-erstellung** *f* разработка *f* предложения; **-funktion** *f* функция *f* предложения; **-kalkulation** *f* калькуляция *f* расходов к моменту выдачи предложения; **-kurve** *f* кривая *f* предложения; **-lücke** *f* недостаточность *f* предложения; **-menge** *f* предлагаемое количество *n*; **-monopol** *n* монополия *f* продавцов; **-oligopol** *n* олигополия *f* продавцов; **-paket** *m* пакет *m* предложений; **-palette** *f* спектр *m* предложений; **-politik** *f* политика *f* в области предложения; **-preis** *m* цена *f* предложения; цена *f*, указываемая в предложении; **-sortiment** *n* предлагаемый ассортимент *m*; **-strategie** *f* стратегия *f* предложений; **-steuerung** *f* регулирование *n* предложения; **-überhang** *m* превышение *n* предложения над спросом; **-unterlagen** *pl* документация *f* по предложению; **-verlagerung** *f* изменение *n* в характере предложений; **-zurückziehung** *f* аннулирование *n* предложения

Angehörige *m* родственник *m*; член *m*; **~ freier Berufe** лица *pl* свободных профессий; **~ des öffentlichen Dienstes** государственные служащие *pl*

Angeklagte *m* обвиняемый *m*

Angeld *n* задаток *m*

Angelegenheit *f* дело *n*; вопрос *m*; **eine ~ regeln** решать вопрос (дело); **betriebliche -en** производственные вопросы *pl*; **dringende ~** срочное дело *n*; **personelle -en** кадровые вопросы *pl*; **persönliche -en** личные дела *pl*; **soziale -en** социальные вопросы *pl*

angelegt вложенный, инвестированный, помещенный; **-es Geld** капиталовложения *pl*

angelernt обученный на производстве; **-e Arbeiter** рабочие *pl* без профессионально-технического образования

angemessen соответствующий, соразмерный

Angestellte *m* служащий *m*; **~ im öffentlichen Dienst** государственный (муниципальный) служащий *m*; **~ in leitender Stellung** руководящий работник *m*; **kaufmännischer ~** торговый служащий *m*, работник *m* коммерческой службы; **leitender ~** руководящий (ответственный) работник *m*; **technischer ~** технический специалист *m*; **~ auf Zeit** временный служащий *m*

Angestellten|gehalt *n* оклад *m* служащего; **-gewerkschaft** *f* профсоюз *m* служащих

Angestelltenverhältnis *n* отношения *pl*, вытекающие из контракта служащего с его работодателем; **im ~ stehen** работать по контракту на должности служащего; **in ein ~ übernehmen** брать на должность служащего по контракту

Angestelltenversicherung *f* социальное страхование *n* служащих

angleichen уравнивать, выравнивать, приводить в соответствие

Angleichung *f* уравнивание *n*, выравнивание *n*, приведение *n* в соответствие

Angst|kauf *m* закупки *pl* из опасения повышения цен; **-klausel** *f* пометка *f* индоссанта о снятии с себя ответственности за оплату векселя; **-verkauf** *m* продажа *f* из опасения понижения цен

Anhang *m* дополнение *n*, приложение *n*

Anhänger *m (Transp)* прицеп *m*

Anhäufung *f* накопление *n*

Anhebung *f* увеличение *n*, повышение *n*; **~ der Preise** повышение цен; **~ der Tarife** повышение *n* тарифов

anheuern нанимать моряков на службу

Anhörung *f (Recht)* слушание *n*, заслушивание *n* (дела, сторон, свидетелей и т.п.)

Ankauf *m* закупка *f*, скупка *f*, покупка *f*; **~ von Devisen** скупка *f* валюты; **~ von Tratten** учет *m* переводных векселей

ankaufen закупать, покупать

Ankaufs|ermächtigung *f* полномочия *pl* на покупку; **-kurs** *m* курс *m* покупки (валюты); **-preis** *m* закупочная цена *f*

Ankerwährung *f (Fin)* якорная валюта *f*

Anklage *f* обвинение *n*

anklagen обвинять, предъявлять обвинение

Ankündigung *f* объявление *n*, извещение *n*, уведомление *n*; **ohne vorherige ~** без предварительного уведомления

Ankunft *f* прибытие *n*; **nach ~** по прибытии; **planmäßige ~** прибытие по расписанию

ankurbeln стимулировать, оживлять, развивать; **die Produktion ~** развивать производство; **den Verbrauch ~** стимулировать спрос

Ankurbelung *f* оживление *n*, стимулирование *n*, повышение *n*

Anlage *f* вложение *n*, помещение *n* капитала; капиталовложения *pl*; инвестиция *f*; инвестированный капитал *m*; сооружение *n*; оборудование *n*; *(Ind)* устройство *n*, установка *f*; *(Büro)* приложение *n*; **als ~ zu diesem Brief** как приложение к этому письму; **~ am Geldmarkt** инвестиции *pl* на рынке капитала; **~ in Aktien** вложение *n* капитала в акции; **~ in Grundbesitz** вложение *n* капитала в недвижимость; **~ in Wertpapieren** вложение *n* капитала в ценные бумаги; **komplette ~** установка *f* в комплекте, комплексная установка *f*; **kurzfristige (kurzlaufende) -n** краткосрочные инвестиции *pl*; **langfristige -n** долгосрочные инвестиции *pl*; **~ mit festem Ertrag** инвестиции *pl* с фиксированным доходом; **~ mit schwankendem Ertrag** инвестиции *pl* с переменным доходом; **-n und Maschinen** машины *pl* и оборудование *n*; **~ von Geldern** вложение *n* денежных средств; **~ von Vorräten** накопление *n* запасов

Anlage|art *f* вид *m* капиталовложений; **-auftrag** *m* распоряжение *n* на проведение инвестиций; заказы *pl* на средства производства; **-bedarf** *m* потребность *f* в капиталовложениях; **-bedingungen** *pl* условия *pl* инвестирования (помещения капитала); **-berater** *m* консультант *m* по проблемам инвестиций; **-beratung** *f* консультационные услуги *pl* в области инвестиций, инвестиционный консалтинг *m*; **-bereitschaft** *f* готовность *f* пойти на инвестиции; **-beschränkungen** *pl* ограничения *pl* при проведении инвестиций; **-betrag** *m* сумма *f* инвестиций; **-entscheidung** *f* решение *n* о проведении инвестиций; **-ergebnis** *n* эффект *m* (результат *m*) капиталовложений; **-experte** *m* эксперт *m* по вопросам капиталовложений; **-form** *f* форма *f* капиталовложений; **-frist** *f* срок *m* инвестиций; **-gegenstand** *m* материальный объект *m* основного капитала; **-gesellschaft** *f* инвестиционная компания *f*; **-grundsätze** *pl* принципы *pl* инвестиционной политики; **-güter** *pl* средства *pl* производства; инвестиционные товары *pl*; **-investition** *f* инвестиции *pl*, капиталовложения *pl*; капиталовложения *pl* в основные средства; **-kapital** *n* инвестиционный капитал *m*; основной капитал *m*; **-konto** *n* имущественный счет *m*; **-kredit** *m* долгосрочный (инвестиционный) кредит *m*; **-mix** *n* сочетание *n* различных возможностей вложения капитала; **-möglichkeiten** *pl* возможности *pl* помещения капитала (инвестиций)

Anlagen *pl* капиталовложения *pl*, инвестиции *pl*; сооружения *pl*, оборудование *n*; **~ im Bau** оборудование *n*, находящееся в стадии изготовления

Anlagen|abgänge *pl* выбытие *n* основного капитала; **-auslastung** *f* загрузка *f* оборудования; **-bau** *m* производство *n* промышленного оборудования; **-bestand** *m* наличные основные средства *pl*; **-buchhaltung** *f* бухгалтерский учет *m* основных средств; учет *m* капиталовложений; **-deckung** *f* покрытие *n* капиталовложений; **-erneuerung** *f* обновление *n* основного капитала; **-erstellung** *f* производство *n* оборудования, основных средств; **-finanzierung** *f* финансирование *n* капиталовложений

Anlagengeschäft *n* инвестиционный бизнес *n*; **industrielles ~** закупка *f* оборудования, изготовление *n* и продажа *f* оборудования

Anlagen|intensität *f* фондоемкость *f*; **-kartei** *f* картотека *f* основных средств; **-konto** *n* имущественный счет *m*; инвестиционный счет *m*; **-kosten** *f* расходы *pl* на оборудование; **-intensität** *f* отношение *n* стоимости основных фондов к балансовой стоимости предприятия; **-nachweis** *m* (бухгалтерский) учет *m* основных средств; **-quote** *f s.* **Anlagenintensität** *f*; **-rechnung** *f* счет *m* состояния основных средств; **-prüfung** *f* проверка *f* наличия оборудования, находящегося на балансе прдприятия; **-statistik** *f* статистический учет *m* основных средств; **-streuung** *f* диверсификация *f* инвестиций; **-versicherung** *f* *(Transp, Versich)* страхование *n* сборных и негабаритных грузов; **-verwaltung** *f* управление *n* помещением капитала; **-wagnis** *n* риск *m*, связанный с устареванием и износом оборудования; **-zugang** *m* поступление *n* основного капитала

Anlage|papiere *pl* ценные бумаги *pl* как объект для (долгосрочных) инвестиций; **-performance** *f* эффективность *f* финансовых вложений; **-plan** *m* программа *f* капиталовложений; **-planung** *f* планирование *n* капиталовложений; **-politik** *f* инвестиционная политика *f*; **-schutz** *m* защита *f* инвестиций; **-spiegel** *m* обзор *m* основных средств; **-strategie** *f* инвестиционная стратегия *f*; **-streuung** *f* диверсификация *f* инвестиций; **-struktur** *f* структура *f* инвестиций; **-tip** *m* рекомендация *f* относительно объекта инвестиций; **-vermögen** *n* основной капитал *m*; **-volumen** *n* объем *m* инвестиций; **-wagnis** *n* риск *m* отказа оборудования; **-wert** *m* стоимость *f* основного капитала; стоимость *f* инвестиций; **-werte** *pl* ценные бумаги *pl* как объект капиталовложений; инвестиционные ценности *pl*; **-ziel** *n* цель *f* инвестиций, капиталовложений

Anlass *m* повод *m*, причина *f*; **einen ~ zur Kündigung geben** дать повод *m* для увольнения

anlasten распределять (относить) расходы

Anlauf *m* пуск *m*, запуск *m*; развертывание *n*, начало *n* работ; **~ der Produktion** начало *n* производства

Anlaufdividende *f* первоначальный дивиденд *m*

anlaufen начинаться; накапливаться (о долгах); заходить (в порт); **die Produktion ~ lassen** начать (запускать) производство

Anlaufen *n* ввод *m* в эксплуатацию; освоение *n* выпуска изделий; заход в порт; накопление *n* (долгов)

Anlauf|kosten *pl* издержки *pl* пускового периода; расходы *pl* на освоение выпуска изделий; **-management** *n (Manag)* координация деятельности на этапе пуска в производство; **-phase** *f* фаза *f* пуска в производство; **-zeit** *f* пусковой период *m*

anlegen вкладывать (помещать) капитал, инвестировать; закладывать, основывать; затрачивать; **auf einem Terminkonto ~** положить деньги на срочный вклад; **bei der Bank ~** поместить деньги в банк; **Geld ~** вложить (поместить) деньги; **Geschäftsbücher ~** завести бухгалтерские книги; **in Aktien ~** помещать капитал в акции; **eine Kartei ~** составить картотеку; **einen Vorrat ~** создавать запасы; **Zollverschlüsse ~** поставить таможенные пломбы

Anleger *m* инвестор *m*, вкладчик *m*; **~ am Aktienmarkt** инвестор *m* на рынке акций; **institutioneller ~** учреждение-инвестор *m*, учреждение-вкладчик *m*; **konservativer ~** инвестор *m* с традиционной ориентировкой; **privater ~** частный инвестор *m*; **risikoscheuer ~** инвестор *m*, избегающий риска; **spekulativer ~** инвестор *m*, вкладывающий средства в спекулятивные сделки

Anleger|gruppe *f* группа *f* (клуб *m*) инвесторов; **-konto** *n* счет *f* инвестора; **-portfolio** *n* портфель *m* инвестора; **-schutz** *m* защита *f* интересов инвесторов

Anleihe *f* заем *m*; ссуда *f*, кредит *m*; **eine ~ ablösen** погашать заем (ссуду); **eine ~ auflegen** выпустить заем; объявить подписку на заем; **eine ~ aufnehmen** сделать заем, взять ссуду; **eine ~ ausgeben** выпустить заем; **eine ~ bedienen** платить проценты по займу (ссуде); **eine ~ begeben** выпускать заем, размещать заем; **eine ~ emittieren** выпустить заем; **eine ~ herausgeben (lancieren)** выпустить заем; **eine ~ tilgen** погашать заем; **eine ~ fest übernehmen** гарантировать размещение займа; **eine ~ überzeichnen** превышать запланированную сумму на заем; **eine ~ unterbringen** разместить заем; **eine ~ zeichnen** подписаться на заем; **eine ~ zurückzahlen** погашать заем (ссуду); **eine ~ zur Zeichnung auflegen** объявить подписку на заем; **ausländische ~** иностранный заем *m*; **emittierte ~** выпуск *m* займа, эмиссия *f* займа; **festverzinsliche ~** заем *m* под твердый процент; **fundierte ~** консолидированный заем *m*; **gezeichnete ~** размещенный заем *m*; заем *m*, разошедшийся по подписке; **inländische ~** внутренний заем *m*; **konsolidierte ~** консолидированный заем *m*; **kurzfristige ~** краткосрочный заем *m*; **langfristige ~** долгосрочный заем *m*; **~ mit fünfjähriger Laufzeit** заем *m* сроком на 5 лет; **~ mit variabler Verzinsung** (краткосрочные) обязательства *pl* с изменяющимся процентом, заем с изменяющимся процентом; **notleidende ~** невыполненные условия *pl* займа; **öffentliche ~** государственный (муниципальный) заем *m*; **~ ohne Rückzahlungstermin** бессрочный заем *m*; **private ~** частный заем *m*; **siebenprozentige ~** семипроцентный заем *m*; **unverzinsliche ~** беспроцентный заем *m*; **verzinsliche ~** процентный заем *m*; **zinsgünstige ~** заем *m* под льготные проценты

Anleihe|ablösung *n* погашение *n* займа; **-ablösungsschuld** *f* задолженность *f*, погашаемая вновь выпущенным займом; **-agio** *n* надбавка *f* к установленному курсу облигаций; **-aufnahme** *f* выпуск *m* займа; **-ausschuss** *m* комиссия *f* по проведению займа; **-ausstattung** *f* условия *pl* займа; **-bedingung** *f* условие *n* предоставления займа; **-betrag** *m* сумма *f* займа (ссуды); **-dienst** *m* выплата *f* процентов по займу; **-emission** *f* выпуск *m* займа; **-emittent** *m* банк *m*, выпускающий займ; эмитент ценных бумаг; **-erlös** *m* поступления *pl* от продажи облигаций; **-finanzierung** *f* финансирование *n* выпуска займа; **-garant** *m* гарант *m* по размещению займа; **-geschäft** *n* выпуск *m* и размещение *n* займа; **-gläubiger** *m* кредитор *m* по займу; **-kapital** *n* заемный капитал *m*; ссудный капитал *m*; **-konsortium** *n* синдикат *m* (консорциум *m*) по размещению займа; **-konversion** *f* конверсия *f* займа; **-kündigung** *f* требование *m* возврата займа; **-kurs** *m* цена *f* (котировка *f*) облигаций; **-laufzeit** *f* срок *m* действия займа; **-mantel** *m* облигация *f* займа; **-markt** *m* рынок *m* ссудных капиталов; **-prospekt** *m* проспект *m* эмиссии займа; **-rechnung** *f* расчет *m* стоимости займа; **-rendite** *f* доход *m* от выпуска займа; **-risiko** *n* риск *m*, связанный с предоставлением займа; **-rückzahlung** *f* погашение *m* займа; **-schein** *m* облигация *f* займа, расписка *f* в получении займа; **-schuld** *f* долг *m* (задолженность *f*) по займу; **-schuldner** *n* заемщик *m*; **-Stripping** отделение *n* купона от номинальной стоимости ценной бумаги, «обдирание» *n* облигации; **-stückelung** *f* распределение облигаций по стоимости, дробление займа; **-tilgung** *f* погашение *n* займа; **-übernahmekonsortium** *n* консорциум *m* по размещению займа; **-zeichner** *m* подписчик *m* на заем; **-zeichnung** *f* подписка *f* на заем; **-zinssatz** *m* процентная ставка *f* по займу (ссуде); **-zuteilung** *f* распространение *n* (размещение) займа

Anleitung *f* руководство *n*, инструкция *f*

Anlern|verhältnis *n* отношения *pl*, вытекающие из договора о получении профессии; **-zeit** *f* время *n* обучения профессии

anliefern поставлять; доставлять

Anlieferung *f* поставка *f*; доставка *f*, привоз *m*

Anlieger *m* владелец *m* или житель *m* участка или их посетитель; **~ frei** проезд *m* владельцам, жителям или посетителям участка разрешается

anmahnen напоминать, посылать на поминания; **eine Sendung ~** напоминать о (не)поставках товара

Anmahnung *f* напоминание *n*; **~ der Zahlung** напоминание о необходимости произвести оплату

Anmelde|bogen *m* формуляр *m* для заявки; **-datum** *n* дата *f* регистрации; **-frist** *f* срок *m* подачи заявки; **-gebühr** *f* регистрационный сбор *m*

anmelden заявлять, объявлять; уведомлять; подавать заявку; прописывать, регистрировать; **einen Anspruch ~** заявить претензию, заявить о своем праве; **zur Eintragung ~** подать заявление о регистрации; **ein Gewerbe ~** зарегистрировать предприятие; **Konkurs ~** объявить о своем банкротстве; **zum Patent ~** сделать заявку на получение патента

Anmelde|pflicht *f* обязательная регистрация *f*; **-schluss** *m* истечение *n* срока подачи заявок; **-unterlagen** *pl* прилагаемые к заявлению документы *pl*

anmeldepflichtig подлежащий декларированию; **-e Waren** товары *pl*, подлежащие декларированию

Anmeldung *f* заявка *f*; заявление *n*, объявление *n*, уведомление *n*; декларация *f*; **die ~ zurücknehmen** забрать заявление; **die ~ zurückweisen** отклонять заявку; **~ der Ladung** декларирование груза; **~ der Waren** декларация на ввоз (вывоз) товаров; **~ zur Eintragung in das Handelsregister** заявка *f* на регистрацию в торговом реестре; **~ zum Patent** заявка *f* на получение патента

anmieten арендовать, снимать; **Büroflächen ~** арендовать помещения под офис

Anmietung *f* аренда *f*

annähernd приблизительный; **-e Berechnung** приблизительный расчет *m*

Annäherung *f* приближение *n*, сближение *n*

Annahme *f* прием *m*; принятие *n*; акцепт *m*, акцептование *m*; принятие *n* к оплате; предположение *n*, гипотеза *f*; **die ~ verweigern** отказаться от акцепта; отказаться от приемки; **~ an Erfüllungs Statt** принятие *n* кредитором в погашение обязательства иного вида исполнения; **~ eines Auftrages (der Bestellung)** принятие *n* заказа; **~ einer Erbschaft** получение *n* наследства; **~ der Leistung** принятие *n* платежа; оприходование *n* платежа; **mangels ~ zurück** возврат *m* за отсутствием акцепта; **verspätete ~** задержка *f* с приемкой; **vorbehaltslose ~** безоговорочное принятие *n*; **~ des Wechsels** акцептование *n* (акцепт) векселя

annahmeberechtigt имеющий право на приемку

Annahme|bescheinigung *f* квитанция *f* о получении (товара); **-bestätigung** *f* подтверждение *n* получения (товара); **-erklärung** *f* заявление *n* о принятии; **-frist** *f* срок *m* приема (акцептования); **-pflicht** *f* обязанность *f* принятия (поставки); **-vermerk** *m* отметка *f* о принятии; **-verweigerung** *f* отказ *m* от приемки (акцепта); **-verzug** *m* просрочка *f* кредитора в принятии исполнения обязательства; просрочка *f* получения поставленного товара; **-zwang** *m* обязанность *f* принятия

annehmbar приемлемый; **-er Preis** приемлемая цена *f*

annehmen принимать; акцептовать; предполагать, допускать; **eine Einladung ~** принять приглашение; **eine Sendung ~** принять (получить) партию товара

Annonce *f* объявление *n*, реклама *f*; **eine ~ aufgeben** давать объявление

Annoncen|akquisiteur *m* рекламный агент *m*, агент *m* по рекламе; **-blatt** *n* страница *f* объявлений и рекламы; **-gebühren** *pl* плата *f* за объявление

annoncieren давать объявление, рекламировать

Annuität *f (Bank, Fin)* ежегодный (неизменный по величине) платеж *m* в счет погашения ссуды и уплаты процентов; аннуитет *m*; **in -en tilgen** погашать займ (ссуду) равными долями; **fallende ~** уменьшающийся аннуитет *m*; **feste ~, gleich bleibende ~** равномерный аннуитет *m*; **steigende ~** растущий аннуитет *m*

Annuitäten|anleihe *f* аннуитет *m*; заем *m*, по которому выплачивается постоянный процент; **-darlehen** *n* аннуитет *m*; аннуитетная ссуда *f*; **-hypothek** *f* амортизационная ипотека *f*

Annuitätsfaktor *m* коэффициент *m* для расчета регулярных платежей для погашения займа

annullieren аннулировать, отменять, объявлять недействительным

Annulierung *f* аннулирование *n*, отмена *f*, объявление *n* недействительным; **~ eines Auftrags** отмена *f* заказа, отмена *f* поручения

Anordnung *f* расположение *n*, расстановка *f*, размещение *n*; распоряжение *n*, предписание *n*, приказ *m*; **eine ~ ausführen** выполнить распоряжение; **eine ~ treffen** отдать распоряжение; **behördliche ~** официальное распоряжение; **laut ~** по распоряжению

Anordnungs|befugnis *f* право *n* распоряжаться; **-beschluss** *m* решение *n* суда о принудительной продаже земельного участка

anpassen приспосабливать; приводить в соответствие; согласовывать, адаптировать

Anpassung *f* приспособление *n*; адаптирование *n*, адаптация *f*; согласование *n*; приведение *n* в соответствие; **mengenmäßige ~** количественное соответствие *n*; **organisatorische ~** организационная адаптация *f*; **strukturelle ~** структурная адаптация *f*; **~ der Wechselkurse** согласование *n* обменных курсов; **zeitliche ~** временная адаптация *f*, согласование по времени

anpassungsfähig способный адаптироваться; **-es Unternehmen** предприятие, способное адаптироваться к новым условиям

Anpassungs|fähigkeit *f* способность *f* к адаптации; **-hilfe** *f* пособие *n*, выдаваемое на период овладения новой специальностью; **-investition** *f* инвестиции *pl* на рационализацию производства; **-kosten** *pl* расходы *pl* на перемещение и переквалификацию сотрудников; **-maßnahme** *f* мероприятие *n* по перемещению и переквалификации сотрудников; **-prozess** *m* процесс *m* адаптации (реорганизации); **-schwierigkeiten** *pl* трудности *pl* адаптационного периода

anrechenbar начисляемый; зачисляемый; **-e Summe** начисляемая сумма *f*

Anrechenbarkeit *f (Steuer)* возможность *f* начисления (налога)

anrechnen начислять; зачислять; ставить в счет

Anrechnung *f* начисление *n*, зачисление *n*; начет *m*; **in ~ bringen** поставить в счет, начислять по счету

Anrechnungs|methode *f* метод *m* зачета налогов во избежание двойного налогообложения; **-prinzip** *n* принцип *m* взаимных расчетов; **-verfahren** *n* порядок *m* начисления (налога)на предприятия (до 2000 г.); **-zeit** *f* причисляемый период *m* (к трудовому стажу)

Anrecht *n* притязание *n*, право *n*; пай *m*

Anregung *f* стимулирование *n*, побуждение *n*

Anreicherungsfonds *m s.* **Wachstumsfonds** *m*

Anreiz *m* стимул *m*, побуждение *n*; поощрение *n*, стимулирование *n*; **einen ~ schaffen** стимулировать, давать стимул; **finanzieller ~** финансовый стимул *n*; **steuerlicher ~** налоговый стимул *n*

Anrufung *f* обращение *n*; апелляция *f*; **~ des Arbeitsgerichts** апелляция *f* (обращение *n*) в суд по трудовым спорам

ansammeln накапливать, сосредотачивать; **Reserven ~** накапливать (создавать) резервы

Ansammlung *f* накопление *n*; концентрация *f*; сосредоточение *n*

ansässig местный, проживающий; **~ sein** проживать; **im Ausland -e Firma** фирма *f*, находящаяся за рубежом

Ansatz *m* оценка *f*, расчет *m*; посылка *f*, исходная идея *f*, приставка *f*, придаток *m*; статья *f* счета; проект *m*; **außer ~ bleiben** не приниматься в расчет; **in ~ bringen** принимать в расчет

Ansatzpunkt *m* отправная точка *f*

anschaffen приобретать, покупать; закупать; обеспечивать оплату; **Betriebsmittel ~** приобретать средства производства; **sich ein Auto ~** купить себе автомобиль

Anschaffung *f* приобретение *n* (за деньги), покупка *f*; **eine ~ machen** произвести покупку

Anschaffungs|darlehen *n* среднесрочная ссуда *f* частному лицу для приобретения товаров длительного пользования; **-kosten** *pl* первоначальная стоимость *f* (основных средств); расходы *pl* на приобретение; стоимость *f* приобретения; **-preis** *m* закупочная цена *f*; **-rücklage** *f* резервная сумма *f* (на непредвиденные расходы); **-wert** *m* первоначальная стоимость *f* (основных средств); стоимость *f* приобретений

Anschluss *m* подключение *n*, связь *f*; знакомство *n*, согласованность *f* расписания (общественного транспорта); **~ bekommen** дозвониться, успеть на пересадку; **geschäftlicher ~** служебный телефон *m* (факс *m*); **privater ~** домашний телефон *m* (факс *m*)

Anschluss|auftrag *m (Ind)* повторный (дополнительный) заказ *m*; **-aufträge** *pl (Börse)* биржевые поручения *pl*; **-finanzierung** *f* повторное (дополнительное) финансирование *n*; встречное финансирование *n*; постфинансирование *n*; **-konkurs** *m* процедура *f* банкротства после попытки мировой сделки (должника с кредиторами); **-pfändung** *f* повторная опись *f* имущества

anschreiben записывать в кредит; обращаться с письменным запросом

Anschreiben *n* препроводительная бумага *f*, сопроводительное письмо *n*

Anschrift *f* адрес *m*; надпись *f*; **seine**

genaue ~ angeben дать (указать) свой точный адрес

Anschriftenänderung *f* изменение *n* адреса

Anschubfinanzierung *f* начальное (стартовое) финансирование *n*

Anschuldigung *f* обвинение *n*, упрек *m*; **eine ~ erheben** обвинять

Anschwärzung *f* распространение *n* сведений, порочащих конкурента (товар), очернение *n*

Ansehen *n* престиж *m*, репутация *f*, уважение *n*; **dem ~ schaden** нанести ущерб престижу (репутации); **geschäftliches ~** деловая репутация *f*

ansetzen *v* устанавливать назначать; оценивать, отражать в балансе

Ansicht *f* просмотр *m*; ознакомление *n*; **Waren zur ~ senden** послать товар для ознакомления

Ansichts|muster *n* образец *m* товара для ознакомления; **-sendung** *f* партия *f* образцов товара, посланных на ознакомление

ansiedeln, sich *v* селиться, поселиться, размещаться

Ansiedlung *f* поселение *n*; размещение *n*; постройка *f*; **~ von Unternehmen** размещение *n* предприятий на новом месте

Ansiedlungspolitik *f* политика *f* по содействию размещению предприятий

Anspannung *f* напряжение *n*; нагрузка *f*; **~ am Arbeitsmarkt** напряженность *f* на рынке труда; **~ am Geldmarkt** напряженность *f* на рынке капитала

ansparen *v* накапливать, копить

Ansparphase *f (Bank, Versich)* фаза накопления

Ansprechpartner *m* контактное лицо *n*; **zuständiger ~** компетентный сотрудник *m* для выдачи подробной информации

Anspruch *m* претензия *f*; притязание *n*; требование *n*; право *n*; **einen ~ abtreten** уступить право (требование); **den ~ anerkennen** признать справедливость требования; **einen ~ aufgeben** отказаться от требования; **den ~ ausschließen** исключить претензию; **einen ~ befriedigen** удовлетворить требование; **den ~ bemessen** произвести оценку требований (претензий); **einen ~ bestreiten** оспаривать требование; **einen ~ durchsetzen** добиться удовлетворения требования; **den ~ erfüllen** выполнять (удовлетворять) требование; **~ erheben** предъявить требование (претензию); **einen ~ geltend machen** предъявить требование (претензию); **~ haben** иметь претензию, иметь право; **in ~ nehmen** воспользоваться, обращаться; **einem ~ stattgeben** удовлетворить требование (в суде); **einen ~ stellen** предъявить требование (претензию); **~ auf Arbeitslosengeld** право на пособие по безработице; **~ aus unerlaubter Handlung** действие, дающее основание для предъявления иска; **~ aus Vertrag** требование (право), вытекающее из договора; **berechtigter ~** справедливое (обоснованное) требование *n*; **einklagbarer ~** основание *n* для предъявления иска; **materieller ~** материальные претензии *pl*; **rechtlicher ~** законное требование *n*, право *n*; **unberechtigter ~** незаконное (необоснованное) требование *n* (право *n*); **vertraglicher ~** требование *n* (право *n*), вытекающее из договора

Ansprüche *pl* претензии *pl*; притязания *pl*; требования *pl*; права *pl*; **~ aus dem Arbeitsverhältnis** права *pl*, вытекающие из трудового соглашения; **~ aus dem Versicherungsvertrag** требование *n* о выплате страхового возмещения; **~ Dritter** претензии *pl* (притязания) третьих лиц

anspruchsberechtigt имеющий право требовать

Anspruchsberechtigte *m* имеющий право требовать

Anspruchsberechtigung *f* право *n* на предъявление требований

Anstalt *f* учреждение *n*, заведение *n*, институт *m*, ведомство *n*; **~ des öffentlichen Rechts** общественное учреждение *n*; государственное учреждение *n*

anstellen нанимать на работу, зачислять на службу; включать;

проводить; **eine Berechnung ~** произвести расчет (калькуляцию); **fest ~** принимать на постоянную работу

Anstellung *f* прием *m* на работу, зачисление *n* на службу, должность *f*, место *n*; **~ auf Lebenszeit** пожизненная должность *f*; **feste ~** постоянное место *n* работы; **~ im öffentlichen Dienst** прием *m* на службу в государственное (общественное) учреждение, работа *f* в государственном или муниципальном учреждении

Anstellungsvertrag *m* трудовой договор *n*; договор *m* о найме

Anstieg *m* подъем *m*; увеличение *n*; рост *m*; повышение *n*; **konjunktureller ~** оживление *n* конъюнктуры; **~ der Löhne** повышение *n* заработной платы; **~ der Nachfrage** увеличение *n* спроса; **~ der Preise** повышение *n* цен; рост *m* цен

Ansturm *m* большой спрос *m*, ажиотаж *m*

Anteil *m* доля *f*, часть *f*, пай *m*; (долевое) участие *n*; удельный вес *m*, доля *f*, квота *f*; **einen ~ anbieten** предложить долю (участие); **den ~ aufstocken** увеличить пай (долю); **~ haben** участвовать, иметь долю; **~ am Ertrag** доля *f* выручки (дохода); **~ an einem Geschäft** участие *n* в деле; доля *f* в предприятии; **~ am Gewinn** доля *f* прибыли; **~ an einem Investmentfonds** доля *f* в инвестиционном фонде; **~ am Markt** доля *f* рынка; **~ am Verlust** доля *f* убытков; **aufgekaufter ~** выкупленный пай *m*; **prozentmäßiger (prozentualer) ~** процентная доля *f*; **verbriefter ~** гарантированная доля *f*

Anteile *pl* ценные бумаги *pl*, дающие право на долю имущества; **~ aufkaufen** скупать пай в виде ценных бумаг, скупать акции; **~ ausbauen** расширять долевое участие; **~ erwerben** приобретать акции (долевое участие, пай); **~ halten** держать ценные бумаги; иметь долю (долевое участие); **seine ~ abtreten** уступить свою долю; **~ verkaufen** продавать акции (долю); **~ an verbundenen Unternehmen** долевое участие в других предприятиях концерна; **zu gleichen -n** в равных долях

anteilig (anteilmäßig) пропорциональный, соответствующий доле участия; **~ aufteilen** разделить, распределить пропорционально доле участия; **-e Fracht** груз *m*, оплачиваемый пропорционально количеству; **-e Kosten** пропорциональные издержки *pl*

Anteil|papier *n* ценная бумага *f*, дающая право на долю имущества; **-schein** *m* сертификат *m* инвестиционного фонда, акция *f*

Anteils|berechtigter *m* акционер *m*, пайщик *m*; **-berechtigung** *f* право *n* на долю имущества (акционерного общества); **-bewertung** *f* оценка *f* долевого участия (пая, доли в предприятии); **-eigner** *m* (**-inhaber** *m*) акционер *m*, пайщик *m*, совладелец *m*; **-recht** *n* право *m* на участие; **-schein** *m* сертификат *f* долевого участия; **-tausch** *m* обмен *m* правами на долевое участие; **-zertifikat** *n* акционерный сертификат *m*; удостоверение *n* инвестора

Antidumping *n* антидемпинг *m*

Antidumping|maßnahme *f* антидемпинговая мера *f*; **-zoll** *m* антидемпинговая таможенная пошлина *f*

Antiinflationspolitik *f* антиинфляционная политика *f*

Antiquität *f* антикварная вещь *f*

Antiquitäten|händler *m* торговец *m* антиквариатом; **-laden** *m* антикварный магазин *m*

Antitrust-Gesetzgebung *f* антитрестовское законодательство *n*

Antivirenprogramm *n (Comp)* антивирусная программа *f*, антивирус *m*

Antizipation *f* антиципация *f*

antizipativ антиципированный; **-e Posten der Rechnungsabgrenzung** антиципированные статьи *pl*, разграничивающие расходы будущих лет

antizyklisch антициклический; **-e Wirtschaftspolitik** политика *f*, направленная на сглаживание циклических колебаний конъюнктуры

Antrag *m* предложение *n*, оферта *f*;

заявление *n*; прошение *n*; ходатайство *n*; требование *n*; заявка *f*; **einen ~ ablehnen** отклонить предложение; **einen ~ annehmen** принять предложение; **einen ~ ausfüllen** заполнить формуляр заявки; **einen ~ bearbeiten** обрабатывать заявку; **einen ~ bewilligen** одобрить заявку (требование, ходатайство); **einen ~ einbringen** внести предложение; **einen ~ einreichen** подать заявление (ходатайство); **einen ~ entgegennehmen** принять предложение (заявку); **einen ~ genehmigen, einem ~ stattgeben** удовлетворить требование (ходатайство); **einen ~ stellen** внести предложение, подать заявление (ходатайство); **auf ~** по требованию, по заявлению; **~ auf Abschluss einer Versicherung** заявление *n* на заключение договора страхования; **~ auf Börseneinführung** заявление *n* о допуске ценных бумаг на фондовую биржу; **~ auf Konkurseröffnung** заявление *n* об открытии процедуры банкротства; **~ auf Zuteilung von Aktien** заявка *f* на получение акций

Antrags|aufnahme *f (Versich)* прием *m* заявки на заключение договора страхования; **-gegner** *m* ответчик *m*; **-prüfung** *f* обработка *f* поданного заявления; **-recht** *n* право *m* на подачу прошения (ходатайства)

Antrag|steller *m* заявитель *m*, проситель *m*, истец *m*; **-stellung** *f* подача *f* заявления (прошения); внесение *n* предложения

Antrags|unterlagen *pl* документы *pl*, приложенные к заявлению; **-verfahren** *n* процедура *f* рассмотрения ходатайства

Antritt *m* начало *n*, вступление *n*; **vor ~ der Reise** до начала поездки

Anwalt *m* адвокат *m*, поверенный *m*, защитник *m*; **sich einen ~ nehmen** нанять адвоката; **durch einen ~ vertreten werden** быть представленным адвокатом; **bei Gericht zugelassener ~** адвокат с правом работы в суде; **~ in Steuersachen** адвокат по налоговым проблемам

Anwalts|büro *n* адвокатская контора *f*; **-gebühren** *pl* оплата *f* услуг адвоката; **-honorar** *n* гонорар *m* адвоката; **-kammer** *f* коллегия *f* адвокатов; **-liste** *f* список *m* адвокатов, допущенных к практике; **-zwang** *m* обязанность *f* иметь адвоката на судебных процессах

Anwartschaft *f* обоснованное ожидаемое право *n* на получение чего-либо (пенсии, страхования, должности); **eine ~ erwerben** приобрести право *n* (на получение пенсии и т.п.); **eine ~ haben** иметь право (на получение пенсии); **~ auf Altersversorgung** обоснованное ожидаемое право *n* на обеспечение в старости; **~ auf eine Pension** обоснованное ожидаемое право *n* на получение пенсии

anweisen предписывать, приказывать, давать распоряжения, поручать; переводить (деньги); ассигновать; отчислять; предоставлять; выделять; инструктировать, обучать; **eine Bank ~** давать поручения банку; **Geld telegrafisch ~** переводить деньги по телеграфу

Anweisende *m* лицо *n*, дающее поручение произвести платеж; трассант *m*

Anweisung *f* указание *n*, распоряжение *n*, поручение *n*; денежный перевод *m*, чек *m*, ордер *m*; предоставление *n*, выделение *n*; инструкция *f*, наставление *n*; **die ~ befolgen** соблюдать предписание; **eine ~ erhalten** получить перевод; **-en erteilen** давать распоряжения (поручения); **kaufmännische ~** распоряжение *n* о поставках или платеже, коммерческое поручение *n*; **telegraphische ~** телеграфный денежный перевод *m*; **~ zur Zahlung** платежный ордер *m*

Anwendbarkeit *f* применимость *f*, пригодность *f*

Anwender *m* пользователь *m*

Anwenderberatung *f* консультации *pl* для пользователей

Anwendung *f* применение *n*, использование *n*, употребление *n*; **ge-**

werbliche ~ промышленное применение *n*

Anwendungs|beispiel *n* пример *m* применения; **-bereich** *m* сфера *f* применения; **-fall** *m* случай *m* применения; **-gebiet** *n* область *f* применения; **-hilfe** *f* помощь *f* в использовании; **-programm** *m (Comp)* прикладное программное обеспечение *n*; **-software** *f* программное обеспечение *n* для конкретной области применения; **-technik** *f* методика *f* (техника *f*) применения (использования); **-zweck** *m* цель *f* применения

anwerben набирать, нанимать, вербовать **Anwerbung** *f* набор *m*, наем *m*, вербовка *f*, привлечение *n*; **~ von Arbeitskräften** вербовка *f* рабочих

Anwesenheits|kontrolle *f* учет *m* явки на работу; **-liste** *f* список *m* присутствующих, ведомость *f* (табель *m*) учета рабочего времени; **-nachweis** *m* справка *f* о посещении; **-stunden** *pl* присутственные часы *pl*, время *n* работы

Anzahl *f* количество *n*, число *n*; **~ der Beschäftigten** численность *f* занятых

anzahlen уплачивать в счет причитающейся суммы; давать задаток, уплачивать первый взнос

Anzahlung *f* задаток *m*, плата *f*; первый взнос *m*, предварительный взнос *m*; **eine ~ erhalten** получить задаток (первый взнос); **eine ~ leisten** внести задаток, уплатить первый взнос; **als ~** в качестве задатка, в счет причитающейся суммы; **erhaltene ~** полученный задаток *m* (первый взнос *m*); **geleistete ~** выплаченный задаток *m* (первый взнос *m*)

Anzahlungs|aval *m* аваль *m* банка по поручению поставщика; **-garantie** *f* гарантия *f* возврата аванса (при неисполнении заказа); **-summe** *f* сумма *f* задатка; сумма *f*, выплаченная в счет

Anzeige *f* извещение *n*, уведомление *n*, заявление *n*; объявление *n*; нотификация *f*; авизо *n*; **eine ~ aufgeben** дать объявление в газете; **eine ~ aufnehmen** опубликовать объявление; **eine ~ erstatten** заявить в полицию (на кого-либо); **laut ~** согласно авизо; **~ von Mängeln** заявление *n* о дефектах

anzeigen извещать, уведомлять, объявлять; авизовать, сообщать; заявлять в полицию (на кого-либо)

Anzeigen|agentur *f* агентство *n* объявлений; **-beilage** *f* рекламное приложение *n*; **-blatt** *n* рекламный бюллетень *m*; **-gebühren** *pl* плата *f* за помещение (рекламных) объявлений; **-platzierung** *f* помещение *n* (рекламных) объявлений; **-preis** *m* цена *f* рекламного объявления; **-preisliste** *f* прейскурант *m* на (рекламные) объявления; **-schluss** *m* окончание *n* приема объявлений; **-tarif** *m* тариф *m* на опубликование объявлений; **-test** *m* тест *m* на эффективность рекламы; **-verkauf** *m* продажа *f* по объявлениям

Anzeigepflicht *f* обязанность *f* извещать о рождении и смерти; обязанность *f* заявлять (в полицию) об (уголовных) преступлениях; обязанность *f* извещать о наступлении страхового случая

anzeigepflichtig подлежащий заявке; подлежащий регистрации; **-e Großkredite** крупные кредиты, подлежащие регистрации

Anzeigetafel *f* информационное табло *n*; табло *n* курсов акций на бирже

Anzeigetag *m*: **erster Anzeigetag der Andienung** день *m* уведомления

anziehen повышаться, расти; привлекать; **die Aktien ziehen an** курсы акций возрастают; **die Steuerschraube ~** увеличить налоговое бремя

Anziehen *n* рост *m*, повышение *n*; **~ der Zinsen** повышение *n* процентных ставок

Apostille *f* апостиль *m*, официальное заверение *n* подписи должностного лица

Applikation *f* применение *n*, употребление *n*, приложение *n*

Appraisal *m (Manag)* оценка организации (в плане реализации модели процесса)

Äquivalent *n* эквивалент *f*

Äquivalentenaustausch *m* эквивалентный обмен *f*

äquivalent эквивалентный; **-e Ware** эквивалентный товар *m*

Äquivalenz *f* эквивалентность *f*

Äquivalenz|einkommen *n (WiWi)* эквивалентный доход; **-methode** *f* метод *f* эквивалентов; **-theorie** *f* теория *f* эквивалентности налогов; **-verkehr** *m* эквивалентная замена *f* товаров; **-methode** *f* метод *m* эквивалентной (сравнительной) стоимости, метод *m* компании-аналога

Arbeit *f* труд *m*, работа *f*, занятие *n*, дело *n*; деятельность *f*; действие *n*; изделие *n*; **die ~ abnehmen** принимать работу; **eine ~ abschließen** заканчивать (завершать) работу; **an die ~ gehen** приступать к работе; **eine ~ aufnehmen** начинать работу; **die ~ ausführen** выполнить работу; **~ bekommen** получить работу; **die ~ bemessen** измерить затраченный труд; **~ beschaffen** создавать рабочие места; **die ~ bezahlen** оплачивать труд; **die ~ einstellen** прекратить работу; **die ~ erledigen** выполнить работу; **der ~ fernbleiben** отсутствовать на работе; **~ leisten** выполнять работу; **die ~ niederlegen** забастовать; **die ~ organisieren** организовать работу; **~ suchen** искать работу; **~ übernehmen** брать выполнение работ на себя; **~ vergeben** выдавать (распределять) заказы (наряды) на выполнение работ; **~ verrichten** делать работу; **~ verschaffen** предоставлять работу; **~ verteilen** распределять работу; **die ~ wiederaufnehmen** возобновлять работу; **zur ~ gehen** идти на работу; **abhängige ~** *(Pers)* работа по найму; **~ am Fließband** работа на конвейере; **~ auf Abruf** график работы в зависимости от наличия заказов; **berufliche ~** работа *f* по специальности; **ehrenamtliche ~** общественная работа *f*; **fremdbestimmte ~** работа *f* по заказам со стороны; **geistige ~** умственный труд *m*; **geleistete ~** выполненная работа *f*; **gemeinnützige ~** общественно-полезный труд *m*; **gemeinsame ~** совместная работа *f*; **gleichwertige ~** равноценная работа *f*; **handwerkliche ~** труд *m* (работа *f*) ремесленника; **~ im Akkord** сдельная работа *f*; **komplizierte ~** сложный труд *m*; **körperliche ~** физический труд *m*; **leichte ~** физически легкий труд *m*; **manuelle ~** ручной труд *m*; **maschinelle ~** механизированный труд *m*; **nicht selbständige ~** наемный труд *m*; **qualifizierte ~** квалифицированный труд *m*; **saisonbedingte ~** сезонная работа *f*; **schöpferische ~** творческий труд *m*; **selbständige ~** ненаемный труд *m*; **unbezahlte ~** неоплаченный труд *m*; **unqualifizierte ~** неквалифицированный труд *m*; **unselbständige ~** работа *f* по найму; **zeitaufwendige ~** работа *f*, требующая больших затрат времени; трудоемкая работа *f*; **zusätzliche ~** дополнительная работа *f*

arbeiten работать; **für eigenen Bedarf ~** работать для удовлетворения собственных потребностей; **halbtags ~** работать по полдня; **kurz ~** работать неполный рабочий день; **nebenberuflich ~** работать по совместительству; **schwarz ~** выполнять "левую" работу; работать нелегально (не платя налоги)

Arbeiten *pl* работы *pl*; **gemeinnützige ~** общественные работы *pl*

Arbeiter *m* рабочий *m*; работник *m*; **~ anwerben** нанимать (вербовать) рабочих; **~ einstellen** нанимать рабочих, принимать на работу работников; **~ entlassen** увольнять рабочих; **angelernter ~** рабочий *m* низкой квалификации; **gelernter ~** квалифицированный рабочий *m*; **hochqualifizierter ~** высококвалифицированный рабочий *m*; **landwirtschaftlicher ~** сельскохозяйственный рабочий *m*; **(nicht) organisierter ~** рабочий *m*, не являющийся членом профсоюза; **ungelernter ~** неквалифицированный рабочий *m*, подсобный рабочий *m*

Arbeiter|bewegung *f* рабочее движение *n*; **-klasse** *f* рабочий *m* класс; **-rentenversicherung** *f* пенсионное страхование *n* рабочих

arbeiterrentenversicherungspflichtig обязательный к пенсионному страхованию; **-e** работа *f* при условии обязательного пенсионного страхования

Arbeiterschaft *f* рабочие *pl*; рабочий класс *m*

Arbeitgeber *m* предприниматель *m*; работодатель *m*; **~ der öffentlichen Hand** работодатель-государственное (общественное) учреждение *n*; **privater ~** работодатель-частник *m*

Arbeitgeberanteil *m* доля *f* предпринимателя в социальном (больничном, пенсионном) страховании (своих работников)

Arbeitgeberbeitrag *m* страховой взнос *m* предпринимателя; **~ zur Sozialversicherung** отчисления *pl* предпринимателя на социальное страхование (своих работников)

Arbeitgeberdarlehen *n* ссуда *f* работодателя своему работнику

Arbeitgeberverband *m* союз *m* предпринимателей; **tariffähiger ~** союз *m* предпринимателей, уполномоченный вести переговоры по тарифам (заключению коллективных договоров)

Arbeitgeberwechsel *m* смена *f* места работы

Arbeitnehmer *m* работающий *m* по найму; рабочий *m*; служащий *m*; работополучатель *m*; **~ abwerben** переманивать работников; **~ einstellen** принимать работников на работу; **~ entlassen** увольнять работников; **~ überlassen** передавать работников внаем; **ausländischer ~** иностранный работник *m* (служащий); **einkommensschwacher ~** наемный работник *m* с невысоким уровнем заработной платы; **~ im öffentlichen Dienst** работник *m* государственного (общественного) учреждения; **männlicher ~** работник *m* (служащий) мужского пола; **weiblicher ~** работник *m* женского пола, служащая *f*

Arbeitnehmer|anteil *m* доля *f* (взнос *m*) работника в социальное страхование; **-beiträge** *pl* взносы *pl* работника в фонд социального страхования; **-entgelt** *n (WiWi)* вознаграждение *n* рабочих и служащих; **-erfindung** *f* изобретение *n*, сделанное работниками предприятия; **-freibetrag** *m* сумма *f* доходов работника, не облагаемая подоходным налогом; **-gewinnbeteiligung** *f* участие *n* работников в прибылях предприятия; **-haftung** *f* ответственность *f* работника за причиненные убытки *pl*; **-haushalt** *m* бюджет *m* работника; **-interessen** *pl* интересы *pl* наемных работников

Arbeitnehmerschaft *f* рабочие *pl* и служащие *pl*; наемные работники *pl*

Arbeitnehmer|schutz *m* охрана *f* труда работников; **-sparzulage** *f* субсидии *pl* государства с целью образования сбережений у наемных работников; **-überlassung** *f* передача *f* (предоставление *n*) работников внаем; **-überlassungsgesetz** *n* закон *m* о порядке предоставления работников; **-vertreter** *m* представитель *m* наемных работников; **-zahl** *f* численность *f* наемных работников

Arbeits|ablauf *m* рабочий процесс *m*; процесс *m* труда; производственный процесс *m*; организация *f* рабочего процесса; режим работы; **-ablaufsanalyse** *f* анализ *m* производственного процесса; **-ablaufgestaltung** *f* организация *f* процесса производства; **-ablaufplan** *m* технологическая карта *f*; операционный график *m*; **-ablaufplanung** *f* планирование *n* производственного процесса; **-agentur** *f* Агентство *n* по труду (офиц. название биржи труда в Германии); **-amt** *n* биржа *f* труда; **-analyse** *f* анализ *m* производственного процесса; **-anfall** *m* объем *m* работы; **-anforderungen** *pl* требования *pl* к работнику на рабочем месте; **-angebot** *n* предложение *n* рабочей силы; объявление *n* о найме рабочей силы; **-anweisung** *f* инструкции *pl* по проведению работ; производственное обучение *n*; рабочая инструкция *f*; **-aufnahme** *f* начало *n* работ(ы); **-aufsicht** *f* контроль *m* за рабочим процессом; заводской контроль *m*; **-auftrag** *m* наряд-заказ *m*

Arbeitsaufwand *m* затраты *pl* труда; трудоемкость *f*; **~ je Erzeugniseinheit** затраты *pl* труда в расчете на единицу продукции; **tatsächlicher ~** фактические затраты *pl* труда

arbeitsaufwendig трудоемкий

Arbeits|ausfall *m* простой *m* в работе; **-ausführung** *f* выполнение *n* (исполнение) работы; **-beanspruchung** *f* физическое и умственное напряжение *n*; **-bedingungen** *pl* условия *pl* работы (труда), рабочие условия *pl*; **-bedürfnis** *n* потребность *f* в труде; **-beginn** *m* начало *n* работы; **-belastung** *f* нагрузка *f* (на человека) на работе; **-beleg** *m* рабочий наряд *m*; **-bereich** *m* сфера *f* деятельности; отдел *m* (участок *m*) на предприятии; **-bereitschaft** *f* готовность *f* к работе; **-beschaffung** *f* предоставление *n* работы; создание *n* рабочих мест; общественные работы *pl* для безработных

Arbeitsbeschaffungsmaßnahmen *pl* мероприятия *pl* по созданию рабочих мест для безработных

Arbeits|bescheinigung *f* справка *f* о трудовой деятельности; **-beschreibung** *f* должностная инструкция *f*; описание *n* выполняемой работы; **-bewegung** *f (Pol, Soz)* рабочее движение *n*; **-bewertung** *f* оценка *f* сложности работы; определение *n* квалификации; **-buch** *n* трудовая книжка *f*; **-dauer** *f* продолжительность *f* работы; **-direktor** *m* представитель *m* наемных работников в администрации (правлении) предприятия; **-effizienz** *f* производительность *f* труда; **-eignung** *f* пригодность *f* к работе, служебное соответствие *n*; **-einheit** *f* единица *f* учета труда; **-einkommen** *n* трудовой доход *m*, заработок *m*; **-einkünfte** *pl* трудовые доходы *pl*; **-einsatz** *m* использование *n* рабочей силы; **-einstellung** *f* прекращение *n* работы, забастовка *f*, стачка *f*; отношение *n* к работе; **-einteilung** *f* распределение *n* работ, организация *f* работ; **-ende** *n* конец *m* работы

Arbeitsentgelt *n* вознаграждение *n* (плата *f*) за труд, оплата *f* труда; **das ~ auszahlen** выплачивать вознаграждение за труд; **das ~ bemessen** определять размер вознаграждения за труд; **das ~ beziehen** получать плату за труд; **das ~ gewähren** выплачивать вознаграждение за труд; **das ~ mindern** сокращать размер заработной платы

Arbeits|erfahrungen *pl* опыт *m* работы; **-erfordernisse** *pl* требования *pl* к работнику; **-ergebnis** *n* результат *m* труда; результат *m* (итог *m*) работы; **-ergiebigkeit** *f* производительность *f* труда; **-erlaubnis** *f* разрешение *n* на работу; **-erleichterung** *f* облегчение *n* (условий) труда

arbeitsfähig трудоспособный; работоспособный

Arbeitsfähigkeit *f* трудоспособность *f*; работоспособность *f*; **beschränkte ~** ограниченная трудоспособность *f*

Arbeits|fluss *m* рабочий процесс *m*; производственный процесс *m*; **-folge** *f* последовательность *f* рабочих операций; **-förderung** *f* стимулирование *n* создания рабочих мест, стимулирование *n* занятости; **-förderungsgesetz** *n* закон *n* о стимулировании занятости

arbeitsfrei свободный от работы; выходной; **-e Zeit** *f* время *n*, свободное от работы

Arbeits|freude *f* удовольствие *n*, получаемое от работы; **-frieden** *m* нормальная трудовая атмосфера *f* на предприятии; **-gang** *m* рабочая (технологическая) операция *f*; **-gebiet** *n* сфера *f* (поле) деятельности

Arbeitsgemeinschaft *f* кооперация *f* (предприятий) для реализации проекта (достижения цели), деловое сотрудничество *n*, совместная работа *f*; факультативный кружок *m* (в школе); сообщество *n*, (объединение *n*) физических или юридических лиц для достижения совместных целей; рабочая группа *f*; **ideelle** ~ дискуссионный клуб *m*; ~ **öffentlicher Körperschaften** кооперация *f* (сотрудничество *n*) земель и/или муниципалитетов (для решения определенных задач); **wirtschaftliche** ~ кооперация *f* предприятий для реализации проекта

Arbeitsgenehmigung *f* разрешение *n* на работу; **-gerät** *n* орудие *n* труда; **-gericht** *n* суд *m* по трудовым конфликтам; **-gerichtsbarkeit** *f* подсудность *f* трудовых конфликтов

Arbeitsgestaltung *f* организация *f* труда; **ergonomische** ~ эргономическая организация *f* труда

Arbeits|gruppe *f* рабочая группа *f*; звено *n*; бригада *f*; **-hilfen** *pl* технические средства *pl* облегчения труда; **-hygiene** *f* гигиена *f* труда; **-inhalt** *m* содержание *n* труда; объем *m* работы; **-intensität** *f* интенсивность *f* труда; трудоемкость *f*

arbeitsintensiv трудоемкий, требующий больших затрат труда

Arbeits|jahre *pl* трудовой стаж *m*; **-jubiläum** *n* юбилей *m* трудовой деятельности; **-kampf** *m* борьба за улучшение условий труда; **-kleidung** *f* рабочая одежда *f*; спецодежда *f*; **-kollege** *m* коллега *m*, сослуживец *m*; **-konflikt** *m* трудовой конфликт *m*

Arbeits|kosten *pl* стоимость *f* труда, стоимость *f* рабочей силы; **-kraft** *f* рабочая сила *f*, работник *m*

Arbeitskräfte *pl* рабочая сила *f*; трудовые ресурсы *pl*, работники *pl*; ~ **einstellen** нанимать работников на работу; ~ **auf Zeit** временная рабочая сила *f*, временные работники *pl*; **ausländische** ~ иностранные рабочие *pl*, рабочие-иммигранты *pl*; **fehlende** ~ нехватка *f* рабочих рук; **verfügbare** ~ наличная рабочая сила *f*

Arbeitskräfte|abbau *m* уменьшение *n* числа занятых работников; **-angebot** *n* предложение *n* на рынке труда; **-bedarf** *m* спрос *m* на рабочую силу; потребность *f* в рабочей силе; **-einsatz** *m* использование *n* трудовых ресурсов (рабочей силы); **-engpass** *m* дефицит *m* рабочей силы; **-freisetzung** *f* высвобождение *n* рабочей силы; **-knappheit** *f* **(-mangel** *m***)** нехватка *f* рабочей силы; **-planung** *f* планирование *n* рабочей силы; **-potential** *n* трудовые ресурсы *pl*; **-wanderung** *f* миграция *f* рабочей силы; **-werbung** *f* набор *m* рабочей силы

Arbeits|kreis *m* рабочая группа *f*; **-lage** *f* положение *n* в области занятости; **-leben** *n* трудовая жизнь *f*

Arbeitsleistung *f* производительность *f*, мощность *f*; производительность *f* труда; выработка *f*, выполненная работа *f*; **von der ~ freistellen** освобождать от выполнения работы

Arbeitslohn *m* вознаграждение *n* (плата *f*) за труд; заработная плата *f*; **einen ~ beziehen** получать заработную плату; **den ~ fortzahlen** продолжать выплачивать заработную плату

arbeitslos безработный; **sich ~ melden** зарегистрироваться на бирже труда

Arbeitslose *m* безработный *m*; **gemeldete** ~ зарегистрированные безработные *pl*

Arbeitslosen|anteil *m* уровень *m* безработицы; **-geld** *n* пособие *n* по безработице в рамках страхования по безработице; **-hilfe** *f* выплаты *pl* по безработице для неимеющих права на получение пособия по безработице; **-quote** *f* процент *m* безработных; отношение *n* числа безработных к числу работающих; **-unterstützung** *f* пособие *n* по безработице; **-versicherung** *f* страхование *n* по безработице; **-zahl** *f* число *n* безработных

Arbeitslosigkeit *f* безработица *f*; **konjunkturelle** ~ безработица *f*, вызванная конъюктурой; **latente** ~ скрытая безработица *f*; **saisonbedingte** ~ сезонная безработица *f*; **strukturelle** ~ структурная безработица *f*; **zunehmende** ~ рост *m* безработицы

Arbeitslosigkeitsversicherung *f (Ver-*

sich) страхование *n* на случай безработицы

Arbeitsmangel *m* недостаток *m* рабочих мест

Arbeitsmarkt *m* рынок *m* труда, рынок *m* рабочей силы; **erster** ~ первичный рынок *m* труда; **zweiter** ~ вторичный рынок *m* труда

Arbeitsmarkt|lage *f* положение *n* на рынке труда; **-politik** *f* политика *f* на рынке труда; **-statistik** *f* статистические данные *pl* о положении на рынке труда; **-verhalten** *n* состояние *n* рынка труда; динамика *f* рынка труда

Arbeitsmedizin *f* производственная медицина *f*

Arbeitsmenge *f* количество *n* труда; производительность *f*; объем *m* работы; **die** ~ **bemessen** определять объем работы; **die** ~ **bewältigen** справляться с объемом работ

Arbeits|methode *f* метод работы; приемы работы; **-mittel** *pl* средства труда; **-mobilität** *f* мобильность *f* рабочей силы; **-moral** *f* трудовая мораль *f*; отношение *n* к труду; **-motivation** *f* мотивация *f* к трудовой деятельности; **-nachweis** *m* биржа *f* труда, объявление *n* о найме рабочей силы; **-niederlegung** *f* прекращение *n* работы; забастовка *f*; стачка *f*; **-norm** *f* норма *f* выработки; производственная норма *f*; **-ordnung** *f* распорядок *m* работы; **-organisation** *f* организация *f* труда; **-ort** *m* место *n* работы; **-pause** *f* перерыв *n* в работе; **-physiologie** *f* физиология *f* труда; **-plan** *m* рабочий план *m*, план *m* работы; карта *f* технологического процесса; **-planung** *f* планирование *n* работы

Arbeitsplatz *m* рабочее место *n*; место *n* работы; работа *f*; **einen** ~ **anbieten** предлагать работу; **einen** ~ **besetzen** занимать рабочее место; **einen** ~ **bewerten** произвести оценку рабочего места; **einen** ~ **gestalten** организовать рабочее место; **seinen** ~ **behalten** сохранить за собой рабочее место; **seinen** ~ **verlieren** потерять свою работу (рабочее место); **einen** ~ **sichern** сохранить работу; **freier** ~ вакантное рабочее место *n*

Arbeitsplatz|abbau *m* сокращение *n* рабочих мест; **-analyse** *f* анализ *m* рабочего места; **-beschaffung** *f* создание *n* рабочих мест; **-beschreibung** *f* должностная инструкция *f*, характеристика *f* рабочего места; **-bewertung** *f* оценка *f* рабочего места

Arbeitsplätze *pl* рабочие места *pl*; ~ **abbauen** сокращать рабочие места; ~ **einsparen** экономить на сокращении рабочих мест; ~ **erhalten** сохранять рабочие места; ~ **schaffen** создавать рабочие места; ~ **streichen** сокращать рабочие места

Arbeitsplatz|erhaltung *f* сохранение *n* рабочих мест; **-garantie** *f* гарантия *f* сохранения рабочих мест; **-geometrie** *f* эргономика *f* рабочего места; **-gestaltung** *f* организация *f* рабочего места; **-schutz** *m* охрана *f* труда на рабочем месте; **-sicherheit** *f* техника *f* безопасности на рабочем месте; гарантия *f* работы (занятости); **-untersuchung** *f* анализ *m* операций на рабочем месте; **-verlust** *m* потеря *f* рабочего места; **-vorbereitung** *f* подготовка *f* рабочего места к работе; **-wahl** *f* выбор *m* места работы; **-wechsel** *m* смена *f* места работы

Arbeits|potential *n* трудовые ресурсы *pl*; **-produktivität** *f* производительность *f* труда; **-prozess** *m* процесс *m* работы (труда); производственный процесс *m*; **-psychologie** *f* психология *f* труда; **-raum** *m* производственное (рабочее) помещение *n*; офис *m*

Arbeitsrecht *n* трудовое право *n*; **individuelles** ~ индивидуальное трудовое право *n*; **kollektives** ~ коллективное трудовое право *n*

arbeitsrechtlich относящийся к трудовому праву; **-e Normen** нормы *pl* трудового права

Arbeits|rückstand *m* задолженность *f* по выпуску продукции; отставание *n* от графика выполнения работ; **-sachen** *pl* дела *pl*, относящиеся к компетенции суда по трудовым конфликтам; **-schutz** *m* охрана *f*

труда; **-schutzbestimmungen** *pl* положения *pl* об охране труда; правила *pl* техники безопасности; **-schutzgesetzgebung** *f* законодательство *n* об охране труда; **-sicherheit** *f* безопасность *f* труда; охрана *f* труда; **-sicherheitsgesetz** *n (Pers, Recht, Soz)* закон *m* о безопасности труда

Arbeits|statistik *f* статистика *f* труда; **-stätte** *f* место *n* работы, предприятие *n*; **-stelle** *f* место *n* работы; рабочее место *n*; работа *f*; **-studie** *f* исследование *n* (изучение *n*) трудового процесса; **-stunde** *f* рабочий час *m*, человеко-час *m*

Arbeitstag *m* рабочий день *m*; **ausgefallener ~** прогул *m*; **verkürzter ~** сокращенный рабочий день *m*; **voller ~** полный рабочий день *m*

arbeitsteilig основанный на разделении труда

Arbeits|teilung *f* разделение *n* труда; **-tempo** *n* темп *m* работы; **-überlastung** *f* перегрузка *f* работой; **-überwachung** *f* контроль *m* за работой; **-unfall** *m (Versich)* несчастный случай на производстве

Arbeitsuche *f* поиски *pl* работы

Arbeitsuchende *m* ищущий работу

Arbeitsumwelt *f* условия *pl* работы, условия *pl* труда

arbeitsunfähig нетрудоспособный

Arbeitsunfähigkeit *f* нетрудоспособность *f*; **dauernde ~** постоянная нетрудоспособность *f*; **vorübergehende ~** временная нетрудоспособность *f*

Arbeits|unfähigkeitsbescheinigung *f* справка *f* о нетрудоспособности; **-unfall** *m* несчастный случай *m* на производстве, производственная травма *f*; **-unterbrechung** *f* перерыв *m* в работе; нарушение *n* производственного процесса; **-unterlagen** *pl* рабочая документация *f*; **-unterweisung** *f* производственный инструктаж *m*; **-verdienst** *m* заработок *m*; **-vereinfachung** *f* упрощение *n* труда; **-verfahren** *n* производственный процесс *m*; производственный метод *m*; **-verfassung** *f* кодекс *m* законов о труде; **-vergütung** *f* вознаграждение *n* за труд, оплата *f* труда; **-verhalten** *n* поведение *n* на работе

Arbeitsverhältnis *n* отношения *pl* между работодателем и работополучателем, вытекающие из трудового договора; **das ~ aufheben (auflösen)** расторгать контракт о работе по найму; **das ~ beenden** закончить работу по найму, уволиться; **das ~ befristen** устанавливать сроки трудовых отношений по контракту; **ein ~ eingehen** заключить контракт о работе по найму; **im ~ stehen** быть нанятым на работу; **das ~ lösen** прекращать работу по найму; **~ eines Angestellten** контракт *m* о найме на работу служащего; **~ eines Arbeiters** контракт *m* о найме на работу рабочего; **befristetes ~** работа *f* по найму на определенный (ограниченный) срок

Arbeitsverhinderung *f* обстоятельства *pl*, нарушающие производственный процесс

Arbeitsvermittlung *f* услуги *pl* по трудоустройству; бюро *n* по трудоустройству; **die ~ durchführen** предоставлять услуги по трудоустройству

Arbeits|vermögen *n* трудоспособность *f*; работоспособность *f*; **-verrichtung** *f* рабочая функция *f*; выполнение *n* работы; **-versäumnis** *n* невыход *m* на работу, прогул *m*; упущение *n* по работе; **-verteilung** *f* распределение *n* работы

Arbeitsvertrag *m* договор *m* (контракт *m*) о найме на работу; трудовой договор *m*; **einen ~ ausfertigen** составить договор о найме на работу; **den ~ kündigen** расторгнуть договор о найме на работу; **befristeter ~** договор *m* (контракт *m*) о найме на работу на срок; **unbefristeter ~** бессрочный договор *m* (контракт *m*) о найме на работу

Arbeits|verwaltung *f* ведомства *pl*, ведающие вопросами занятости; **-verweigerung** *f* отказ *m* приступить к работе; **-vorbereitung** *f* подготовка *f* производства; **-vorgang** *m* рабочий, производственный процесс *m*; рабочая операция *f*; **-weise** *f* стиль *m* (метод *m*) работы; **-welt** *f* мир *m* труда; **-wert** *m* трудовая стоимость *f*; показатель *m* работы; **-wissenschaft** *f* наука *f* о труде; **-woche** *f* рабочая неделя *f*

Arbeitszeit *f* рабочее время *n*; время *n* работы; часы *pl* работы; **die ~ festlegen** устанавливать время работы; **die ~ vereinbaren** согласовывать часы работы; **ausgefallene ~** потерянное рабочее время *n*; **außerhalb der ~** во внерабочее время *n*; **festgelegte ~** установленное рабочее время *n*; **gleitende ~** скользящий график *m* работы; **reguläre ~** обычные часы *pl* работы; **tariflich vereinbarte ~** продолжительность *f* рабочего времени согласно тарифному соглашению; **verfügbare ~** наличный фонд *m* рабочего времени; **wöchentliche ~** длительность *f* рабочей недели

Arbeitszeit|analyse *f* анализ *n* использования рабочего времени; **-ausfall** *m* потери рабочего времени; простой; **-einheit** *f* единица рабочего времени

Arbeitszeiten *pl* нормы *pl* рабочего времени

Arbeitszeit|erfassung *f* учет *m* рабочего времени; **-ermittlung** *f* хронометраж *m*; измерение *n* продолжительности рабочего времени; **-flexibilisierung** *f* установление *n* гибкой системы времени работы; **-gestaltung** *f* организация *f* рабочего времени; **-gliederung** *f* структура *f* затрат рабочего времени; **-konto** *m* счет *m* рабочего времени; **-korridor** *(Recht, Soz)* рамки продолжительности рабочего времени; **-messung** *f* хронометраж *m*; **-modelle** *pl (Recht, Soz)* модели *pl* рабочего времени; **-nachweis** *m* учет *m* рабочего времени; **-ordnung** *f* распорядок *m* рабочего времени; **-rechnung** *f* суммарный учет *m* рабочего времени; **-regelung** *f* регламентирование *n* рабочего времени; **-struktur** *f* структура *f* рабочего времени; **-studie** *f* исследование *n* затрат рабочего времени; **-verkürzung** *f* сокращение *n* рабочей недели

Arbeits|zettel *m* тайм-шит *m*, табель *m* учета рабочего времени; **-zerlegung** *f* расчленение *n* технологического процесса; **-zeugnis** *n* характеристика *f* с места работы; **-zufriedenheit** *f* удовлетворение *n* от работы; **-zuordnung** *f* **(-zuteilung** *f*) распределение *n* работы; **-zyklus** *m* рабочий (производственный) цикл *m*

Arbitrage *f* арбитраж *m*, арбитражная сделка *f* (операция *f*); арбитраж *m*, третейский суд *m*; **~ betreiben** проводить арбитражные сделки

Arbitrage|geschäft *n* арбитражная сделка *f* (операция *f*), арбитраж *m*; **-klausel** *f* пункт *m* договора о третейском суде; **-rechnung** *f* калькуляция *f* (расчет *m*) по арбитражным сделкам

Arbitrageur *m* арбитражер *m*

Arbitrage|verfahren *n* арбитражное (третейское) разбирательство *n*; **-werte** *pl* ценные бумаги *pl*, являющиеся объектом арбитражных сделок

Archivierungsprogramm *n (Comp)* архиватор *m*

Armut *f* бедность *f*, нужда *f*; **absolute ~** *(Pol)* абсолютная бедность *f* (уровень *m* дохода менее 1 доллара США в день)

Armutsgrenze *f* порог *m* (черта *f*) бедности; **die ~ überschreiten** перешагнуть порог бедности

Arrangement *n* договоренность *f*, соглашение *m*; размещение *n*, расположение *n*; **ein ~ treffen** достичь договоренности

Arranger *m* руководитель *m* консорциума

arrangieren устраивать, организовывать, улаживать; **sich ~** условливаться, договариваться

Arrest *m* арест *m*; опись *f* имущества; конфискация *f*; **den ~ aufheben** снимать арест; **einen ~ erwirken** добиваться (требовать) ареста (конфискации) имущества; **mit ~ belegen** наложить арест; **dinglicher ~** вещный арест *m*, арест *m* имущества

Arrest|befehl *m* определение *n* суда об описании имущества; **-grund** *m* основание *n* для ареста; **-hypothek** *f* принудительная ипотека *f*; **-verfahren** *n* судопроизводство *n*, связанное с обеспечением иска путем наложения ареста на имущество должника; процедура *f* описи (конфискации) имущества

Art *f* вид *m*, род *m*, тип *m*, сорт *m*; способ *m*; **durchschnittliche ~** средний сорт *m*; **~ der Einkünfte** вид *m* доходов; **~ der Verpackung** вид *m* (способ *m*) упаковки; **~ der Versicherung** вид *m* страхования; **von mittlerer ~ und Güte** среднего качества; **~ der Waren** категория *f* товара

Art|feststellung *f* определение *n* вида (характера) имущественных ценностей; **-fortschreibung** *f* фиксирование *n* изменения вида (характера) имущественных ценностей

Artikel *n (Handel)* товар *m*; вид *m* товара, артикул *m*; предмет *m*, вещь *f*; *(Recht)* пункт *m*, статья *f*; параграф *m* договора; *(Buchh)* статья *f* счета; **einen ~ führen** иметь в продаже определенный товар; **einen ~ auf Lager haben** иметь товар на складе; **ausgegangener ~** распроданный товар; **billiger ~** дешевый товар *m*; **gängiger ~** ходовой товар *m*; **lagerhaltiger ~** *s.* **Bestandseinheit** *f*

Artikel|aufschlag *m* надбавка *f* к цене на определенный товар; **-bezeichnung** *f* наименование *n* товара

artikelbezogen имеющий отношение к товару; **-e Kosten** издержки *pl* на производство конкретного товара

artikeldirekt соотносимый с товаром напрямую; **-e Kosten** непосредственные издержки *pl* на производство товара

Artikel|gruppe *f* товарная группа *f*; **-nummer** *f* номенклатурный номер *m*; **-preis** *m* цена *f* товара; **-rabatt** *m* скидка *f* с цены за покупку определенного товара оптом; **-spanne** *f* торговая скидка *f* или наценка *f*, определяемая в расчете на товар определенного вида

Arznei|kosten *pl* расходы *pl* на лекарства; **-mittel** *pl* медикаменты *pl*

Arzt|honorar *n* гонорар *m* врача; **-kosten** *pl* расходы *pl* на лечение

Assekuradeur *m*, **Abschlussagent** *m*, **Versicherungsvertreter** *m* **(mit Abschlussvollmacht)** *(Versich)* страховой маклер *m*

Assekuranz *f* страхование *n*; страховая компания *f*

Assekuranz|gesellschaft *f* страховое общество *n*; **-makler** *m* страховой маклер *m*; **-manager** *m* управляющий *m* страховой фирмы; **-unternehmen** *n* страховая компания *f*

Assembling *n* сборка *f*

Assemblingwerk *n* сборочный завод *m*

Asservatenkonto *n* специальный счет *m*

Assessment *n* аттестация *f*, оценка *f*

Assessment-Center *n (Pers)* оценка *f* деловых качеств и профессионального соответствия потенциальных руководящих работников; метод *m* комплексной оценки персонала

Assessment-Center-Verfahren *n* метод *m* оценки деловых качеств сотрудников

Asset Management *s.* **Vermögensverwaltung** *f*

Assignant *m* векселедатель *m*, трассант *m*

Assignat *m* плательщик *m* по переводному векселю

Assignatar *m* получатель *m* по переводному векселю, ремитент *m*

assignieren ассигновать; переводить деньги

Assistance *f (Soz, Versich)* служба немедленной конкретной помощи

Assistent *m* помощник *m*, референт *m*; **~ der Geschäftsleitung** референт (помощник) руководства фирмы

Assoziationsabkommen *n* договор *m* об ассоциировании (присоединении)

assoziieren, sich объединяться

Assoziierungs|abkommen *n* соглашение *n* об объединении; **-politik** *f* политика *f* объединения в рамках Европейского Сообщества

Attentismus *m* выжидательное поведение *n* покупателей (продавцов) ценных бумаг

attraktiv привлекательный; **-es Angebot** привлекательное предложение *n*; привлекательный ассортимент *m*

Attribut *n* атрибут *m*, признак *m*, свойство *n*, *(WiWi)* операционная подцель *f*

Audit *n* проверка *f*, ревизия *f*, аудит *m*; **das ~ ankündigen** объявить о проверке (ревизии); **das ~ durchführen** провести проверку (ревизию); **externes ~** внешняя ревизия *f* (проверка *f*); **internes ~** внутренняя ревизия *f* (проверка *f*)

auditieren проверять, проводить ревизию; **ein Qualitätssicherungssystem ~** проверять систему обеспечения качества продукции

Auditierung *f* проверка *f*, ревизия *f*

Auditor *m* аудитор *m*, бухгалтер-ревизор *m*

Auditprogramm *n* программа *f* ревизии (проверки)

Auf und ab *n* фазы *pl* подъема и спада; **~ der Konjunktur** фазы подъема и спада конъюнктуры

aufarbeiten доделывать; обрабатывать; ликвидировать; обновлять; **einen Rückstand ~** погасить задолженность, ликвидировать отставание

Aufarbeitung *f* обработка *f*, доработка *f*

Aufbau *m* строительство *n*, сооружение *n*; структура *f*; организация *f*; **den ~ vornehmen** строить, возводить, сооружать; **~ der Existenz** обеспечение *n* средств существования; открытие *n* дела (бизнеса); **~ der Handelsstrukturen** создание *n* коммерческих структур; **~ einer Industrie** развитие *n* промышленности; **~ der Infrastruktur** создание *n* инфраструктуры; **~ der Marktwirtschaft** построение *n* (организация) рыночной экономики; **~ einer Organisation** структура организации; **wirtschaftlicher ~** развитие экономики

aufbauen строить, сооружать; создавать; организовывать; **den Service ~** организовывать сервисное обслуживание

Aufbau|hilfe *f* помощь в организации (развитии, строительстве); **-organisation** *f* организационная структура *f*; **-phase** *f* фаза *f* развития

aufbereiten обрабатывать, перерабатывать; **Rohstoffe ~** перерабатывать, обогащать сырьё

Aufbereitung *f* обработка *f*, переработка *f*; **~ von Daten** обработка данных; **statistische ~** статистическая обработка *f*

aufbewahren хранить, сберегать; депонировать; сохранять; **Akten ~** хранить дела (документы); **Geschäftsbücher ~** хранить бухгалтерские книги; **Wertsachen bei der Bank ~ lassen** депонировать ценные вещи в банке

Aufbewahrung *f* хранение *n*, сбережение *n*, сохранение *n*; **in ~ haben** хранить; **zur ~ geben** отдать на хранение, депонировать; **~ von Wertsachen im Tresor einer Bank** хранение *n* ценных вещей в сейфе банка

Aufbewahrungsfrist *f* срок *m* хранения; **~ für Handelsbücher** срок *m* хранения торговых книг

Aufbewahrungs|gebühr *f* плата *f* за хранение (депонирование); **-kosten** *pl* издержки *pl* хранения; **-pflicht** *f* обязанность *f* хранения деловой документации в течении десяти лет; **-ort** *m* депозитарий *m*, место *n* хранения; **-schein** *m* квитанция *f* о принятии ценных вещей на хранение; **-vorschriften** *pl* инструкции *pl* по хранению

aufbringen мобилизовать (капитал); доставать, добывать, находить; **Zeit ~** изыскать время

Aufbringung *f* изыскание *n*; приобретение *n*; *(Transp)* захват (судна с грузом); **~ der Mittel** мобилизация *f* средств

Aufdeckung *f* раскрытие *n*, обнаружение *n*; **~ von Mängeln** обнаружение *n* дефектов (недостатков)

Aufenthalt *m* местопребывание *n*, резиденция *f*; остановка *f*; пребывание *n*

Aufenthalts|befugnis *f* разрешение *n* на временное пребывание; **-berechtigung** *f* право *n* неограниченного пребывания; **-beschränkung** *f* ограничение *n* права проживания (пребывания); **-bewilligung** *f* разрешение *n* на временное пребывание для достижения определенной цели; **-erlaubnis** *f* разрешение *n* на пребывание в стране; **-genehmigung** *f* вид *m* на жительство; разрешение *n* на жительство; **-ort** *m* место *n* пребывания; **-recht** *n* право *n* жительства (пребывания); **-verlängerung** *f* продление *n* разрешения на пребывание (жительство)

auferlegen налагать (штраф), облагать (налогом)

auffangen компенсировать; смягчать; ослаблять; ослабить воздействие; **Verluste ~** компенсировать убытки (потери)

Auffang|gesellschaft *f* компания-преемница *f*, продолжающая вести дела несостоятельного должника (фирмы, находящейся на грани банкротства); компания временно трудоустраивающая работников обанкротившейся компании; **-konsortium** *n* консорциум-преемник *m* кредиторов несостоятельного должника

auffinden изыскивать

auffordern требовать, приглашать, запрашивать; **zu Angeboten ~** запрашивать предложения; **zur Zahlung ~** потребовать оплату

Aufforderung *f* требование *n*, запрос *m*, приглашение *n*; **~ zur Zahlung** требование платежа

Aufgabe *f* задача *f*, проблема *f*; задание *n*; отказ *m*; заемщик *m*; прекращение *n*; сдача *f*; отправление *n*; функция *f*; обязанность *f*; извещение *n* банка об исполнении поручения; **-n abgrenzen** разграничить функции (обязанности); **-n bewältigen** решать задачи; справляться с обязанностями; **-n delegieren** делегировать обязанности (функции); **-n durchführen** выполнять функции (обязанности); **-n erfüllen (erledigen)** выполнять функции (обязанности), решать задачи; **-n festlegen** определять задачи; **eine ~ lösen** разрешить задачу; **den -n gerecht sein** справляться с обязанностями (функциями); **-n übernehmen** брать на себя решение задач (обязанности); **-n übertragen** передавать (делегировать) обязанности; **-n wahrnehmen** выполнять задачи (функции); **~ eines Amtes** отказ *m* от должности; уход с должности; **~ einer Anzeige** подача *f* объявления в газету; **~ einer Bestellung** отправление *n* (сдача *f*) заказа; **~ des Geschäfts** отказ *m* от сделки; **~ der Mitgliedschaft** отказ *m* от членства; **~ eines Plans** отказ *m* от намеченного плана; **unter ~ der Interessen** при условии отказа от (своих) интересов

Aufgabe *f* сдача *f* (багажа), задача *f*, долг *m* (сделать что-либо); отказ *m* (от намерений)

Aufgaben|abgrenzung *f* разграничение *n* функций (обязанностей); **-analyse** *f* разложение *n* сложной проблемы на подпроблемы, анализ задач; **-bereich** *m* круг *m* задач (обязанностей), поле *n* деятельности, компетенция *f*; **-bewältigung** *f* решение *n* задач; **-erfüllung** *f* выполнение *n* функций (обязанностей); **-gebiet** *n* поле *n* деятельности, круг *m* задач, компетенция *f*; **-gliederung** *f* разложение *n* сложной проблемы на подпроблемы; **-kreis** *m* круг *m* задач (обязанностей); **-schwerpunkt** *m* основная задача *f*; **-stellung** *f* постановка *f* задачи, задача *f*; **-teilung** *f* распределение *n* функций (обязанностей); **-übertragung** *f* делегирование *n* функций (обязанностей)

Aufgabeort *m* почтовое отделение *n*, место *n* почтового отправления

aufgeben давать (поручение, задание); сдавать (багаж); отправлять; отказываться; прекращать; **das Amt ~** отказаться от должности, уходить с должности; **Ansprüche ~** отказаться от своих притязаний;

einen Plan ~ отказаться от плана (проекта); **zur Beförderung** ~ сдавать товар для транспортировки

Aufgebot *n* публичное требование *n* к неизвестным заинтересованным заявить о своих правах или протесте; мобилизация; объявление *n* (о намерении вступить в брак); **mit ~ aller Mittel** используя все средства

aufgelaufen возросший, начисленный; **-e Zinsen** наросшие (начисленные) проценты *pl*

Aufgeld *n* надбавка *f*, лаж *m*, ажио *n*; **mit dem ~ belegen** установить надбавку (премию, ажио)

aufgenommen взятый, полученный; **-es Darlehen** полученная ссуда *f*

aufgerundet округленный в большую сторону; **-er Betrag** сумма *f*, округленная в большую сторону

aufgeschlüsselt с разбивкой (по позициям), с распределением

aufgestockt накопленный, увеличенный; **-e Dividende** увеличенный дивиденд *m*

aufgewertet ревальвированный; **-e Währung** ревальвированная валюта *f*

aufgliedern подразделять, классифицировать; распределять

Aufgliederung *f* подразделение *n*; классификация *f*; разбивка *f*; распределение *n*; **~ der Ausgaben** разбивка *f* расходов

aufheben отменять, аннулировать; хранить, сохранять; **Bestimmungen ~** отменить правила (инструкции); **eine Entscheidung ~** отменить решение; **einen Vertrag ~** аннулировать договор

Aufhebung *f* упразднение *n*, отмена *f*, ликвидация *f*, прекращение *n*; аннулирование *n*; окончание *n*, закрытие *n*; **~ der Beschlagnahme** снятие *n* ареста; **~ einer Entscheidung** отмена *f* решения; **~ der Importkontrolle** отмена *f* контроля за импортом; **~ des Konkursverfahrens** отмена *f* конкурсного производства; **~ eines Vertrages** прекращение *n* действия договора

Aufhebungs|grund *m* причина *f* отмены; **-vertrag** *m* договор *m* об аннулировании трудового отношения

aufholen возмещать, компенсировать, наверстывать; ликвидировать, повышаться

Aufkauf *m* скупка *f*, закупка *f*, приобретение *n*; корнер *m*, скупка *f* со спекулятивными целями; **~ von Getreide** закупки зерна

aufkaufen скупать, закупать, приобретать; скупать товар со спекулятивными целями; **einen Restposten ~** скупать товарные остатки

Aufkäufer *n* скупщик *m*, закупщик *m*

Aufkaufhandel *m* скупка *f* (закупка *f*) товаров

Aufklärungswerbung *f* просветительная реклама *f*, информативная реклама *f*

aufkommen нести (ответственность); оплачивать, возмещать; поступать (о деньгах); появляться; **für die Kosten ~** возмещать расходы; **für den Schaden ~** возместить ущерб

Aufkommen *n* добыча *f*, размер *m*, выработка *f*, выход *m* (продукции); ресурсы *pl*; поступления *pl*; доходы *pl*; наличие *n*; появление *n*

Aufkommens|elastizität *f* эластичность *f* налоговых поступлений; **-neutralität** *f* постоянство *n* налоговых поступлений

aufkündigen расторгать; извещать о расторжении

Aufladegebühr *f* плата *f* за погрузку

aufladen нагружать, грузить; заряжать (батарейки); **Waren auf ein Fahrzeug ~** грузить товары на транспорт

Auflageterminal терминал *m* пополнения счета

Auflage *f* обязанность *f*, обязательство *n*; плановое задание *n*, норма *f*; налог *m*, сбор *m*; обложение *n* (налогом); выпуск *m* займа; издание *n*, тираж *m*; условие *n* (по контракту); ограничение; **-n ändern** изменять плановые задания; **-n erfüllen** выполнить обязательства (плановые задания); **-n erteilen** выдавать плановые задания; **-n festlegen** определять плановые задания; **zur ~ machen** обязать, поручить; **-n**

beim Umweltschutz обязательства по охране окружающей среды; **mit der ~** с условием; **neubearbeitete ~** переработанное издание *n*; **unveränderte ~** стереотипное издание *n*

Auflagen|degression *f* снижение *n* себестоимости единицы продукции при увеличении объема; **-geschäft** *n* джентльментское соглашение *n*, договоренность *f* о сделках без обязательств и штрафных санкций; **-höhe** *f* размер *m* тиража (газеты, книги)

auflassen передавать право собственности; отменять, ликвидировать

Auflassung *f* передача *f* права собственности (на земельные участки);

Auflassungvormerkung *f* пометка *f* в поземельном кадастре о переходе права собственности на земельный участок

auflegen выпускать, размещать (заем); возлагать, налагать; облагать; издавать; **Aktien zur Zeichnung ~** объявить подписку на акции

Auflegung *f* выпуск *m*, размещение *n* (займа); обложение *n*, наложение *n*; **~ einer 7%igen Anleihe** предложение *n* облигаций 7%-ного займа; **~ eines Investmentfonds** предложение *n* ценных бумаг инвестиционного фонда; **~ von Anleihen** выпуск *m* (размещение) займов; **~ von Effekten** выпуск *m* ценных бумаг

Auflegungszahl *f* количество *n* партий товара, изготовленное за определенный период времени

auflisten перечислять, составлять список

Auflistung *f* перечисление *n*, список *m*

auflösen прекращать, расторгать; ликвидировать, распускать; **ein Arbeitsverhältnis ~** расторгнуть договор о найме на работу; **einen Fonds ~** ликвидировать фонд; **eine Gesellschaft ~** распустить (ликвидировать) компанию; **ein Konto ~** закрыть счет; **stille Rücklagen ~** реализовать (ликвидировать) скрытые резервы; **einen Vertrag ~** расторгнуть договор

Auflösung *f* прекращение *n*, расторжение *n*; ликвидация *f*, закрытие *n*; **~ eines Betriebs** ликвидация *n* предприятия; **~ einer Gesellschaft** ликвидация *n* компании; **~ eines Kontos** закрытие *n* счета; **gerichtliche ~** ликвидация *f* по решению суда; **~ von Rücklagen (von Rückstellungen)** реализация *f* резервных фондов; **~ von Vorräten** реализация *f* запасов

Auflösungs|beschluss *m* решение *n* о ликвидации (общества); **-klage** *f* обжалование *n* одним из компаньонов решения суда о ликвидации общества; **-recht** *n* право *n* ликвидации (общества)

aufmachen оформлять; **die Dispache ~** составить расчет убытков по общей аварии

Aufmachung *f* оформление *n*, внешний вид *m*, упаковка *f* (товара); **~ von Waren** внешний вид *m* (упаковка *f*) товаров

Aufnahme *f* прием *m*, принятие *n*; освоение *n* (производства); получение *n* (кредита); **die ~ beantragen** подать заявление о приеме; **~ eines Darlehens** получение *n* ссуды; **~ der Geschäftstätigkeit** начало *n* деловой активности, начало *n* коммерческой деятельности; **~ in das Produktprogramm** включение в производственную программу; **~ in den Währungsfonds** прием *m* в Валютный фонд; **~ des Lagerbestandes** инвентаризация *f* складских запасов; **~ der Produktion** налаживание *n* (освоение *n*) производства; **~ eines Teilhabers** прием *m* (нового) компаньона; **~ von Anleihen** получение *n* займов; **~ von Krediten** получение *n* кредитов

Aufnahme|antrag *m* заявление *n* о приеме; **-bedingungen** *pl* условия *pl* приема; **-bereitschaft** *f* готовность *f* к началу (работы); готовность *f* к приему

aufnahmefähig емкий; восприимчивый, способный воспринять; **-er Markt** емкий рынок

Aufnahme|fähigkeit *f* емкость *f*, абсорбционная способность *f* (рынка);

-gebühr *f* вступительный взнос *m*; **-gesuch** *n* заявление *n* о приеме
aufnehmen принимать; устанавливать (связи); осваивать (производство); получать (кредит); включать; начинать; составлять; **Handelsbeziehungen ~** устанавливать торговые отношения; **eine Klausel in den Vertrag ~** включить оговорку в договор
Aufpreis *m* наценка *f*, надбавка *f* к цене; **einen ~ bezahlen** уплатить с наценкой
aufräumen продавать, ликвидировать (складские запасы); убирать (рабочее место)
aufrechnen засчитывать, относить за счет; компенсировать, взаимно засчитывать; **die Forderungen gegeneinander ~** зачесть взаимные требования
Aufrechnung *f* взаимный зачет *m* (взаимное погашение *n*) требований; насчитывание *n*; подсчет *m*; компенсация *f*; **eine ~ durchführen** провести компенсацию (зачет взаимных требований)
Aufrechnungs|anspruch *m* право *n* на зачет взаимных требований; **-berechtigte** *m* имеющий право на компенсацию; **-verbot** *n* запрет *m* на зачет взаимных требований
aufrechterhalten поддерживать, сохранять; обеспечивать; **ein Angebot ~** держать предложение открытым
Aufrechterhaltung *f* поддержание *n*, сохранение *n*, обеспечение *n*; **~ des Preisniveaus** сохранение *n* цен на прежнем уровне
Aufruf *m* изъятие *n* из обращения; призыв *m*, обращение *n*
aufrufen объявлять, вызывать; **einen Zeugen ~** вызывать свидетеля
aufrunden округлять сумму вверх
Aufschlag *m* наценка *f*, накидка *f*, надбавка *f*; дополнительный сбор *m*; **einen ~ berechnen** производить расчет надбавки к цене; **~ auf den Preis** наценка *f*, надбавка *f* к цене; **mit ~** с наценкой
aufschlagen повышать цену, делать наценку**Aufschließungseffekt** *n* эффект *m* роста торговли, эффект *m* открытия экономики
aufschlüsseln распределять; разбивать (по годам); подразделять, классифицировать; **einen Betrag ~** распределять сумму
Aufschlüsselung *f* распределение *n*; разбивка *f*; подразделение *n*; классификация *f*; **~ der Ausgaben** распределение *n* расходов
Aufschrift *f* надпись *f*; адрес *n*
Aufschub *m* отсрочка *f*, продление *n*, перенесение *n* срока; **~ gewähren** предоставить отсрочку; **~ der Zahlungsfrist** отсрочка *f* платежей; **ohne ~** немедленно
Aufschubzeit *f (Versich)* период *m* до начала выплаты ренты (в частном пенсионном страховании)
aufschwänzen искусственно повышать курс бумаг
Aufschwung *m* подъем *m*, взлет *m*, улучшение *n*, бум *m*, рост *m*; **einen ~ erwarten** ожидать роста; **konjunktureller ~** оживление *n* конъюнктуры; **wirtschaftlicher ~** экономический подъем *m* (рост *m*, бум *m*)
Aufschwung|jahr *n* год экономического роста; **-phase** *f* фаза *f* экономического роста; **-tendenz** *f* тенденция *f* к росту конъюнктуры
Aufsicht *f* контроль, наблюдение, проверка, надзор; **die ~ ausüben** осуществлять надзор (контроль); **der ~ unterliegen** находиться под контролем (в подчинении), подлежать надзору; **unter staatlicher ~ stehen** находиться под контролем (под надзором) государства
Aufsichts|behörde *f* инспекция *f*, контролирующий орган; **-person** *f* инспектор *m*, контролер *m*; **-pflicht** *f* обязанность *f* осуществлять надзор
Aufsichtsrat *m* наблюдательный совет *m*; **in den ~ berufen** назначить на работу в наблюдательный совет; **in den ~ wählen** выбрать в наблюдательный совет
Aufsichtsrats|bericht *m* письменный отчет *m* наблюдательного совета (о проверке годового баланса); **-mitglied** *n* член *m* наблюдательного

совета; **-sitzung** *f* заседание *n* наблюдательного совета; **-steuer** *f* подоходный налог *m*, взимаемый с членов наблюдательного совета; **-vergütung** *f* гонорар *m* члена наблюдательного совета; **-vorsitzende** *m* председатель *m* наблюдательного совета

Aufspaltung *f* разделение *n*, расчленение *n*, дробление *n*, разбиение *n*; **~ des Konzerns** разделение *n* концерна на самостоятельные предприятия

Aufsteiger *m* преуспевающая фирма *f*; фирма *f*, идущая в гору

aufstellen составлять, разрабатывать; устанавливать, монтировать; выдвигать (кандидатуру)

Aufstellung *f* составление *n*, разработка *f*; подготовка *f*; инвентаризация *f*; список *m*, отчет *m*, сводка *f*, сводная таблица *f*; выдвижение *n*; смета *f*, сметная калькуляция *f*; счет *m*; спецификация *f*; установка *f*, сборка *f*; монтаж *m*; **eine ~ erstellen** составить список (смету, счет); **~ eines Abschlusses** составление (годового) отчета; **buchhalterische ~** бухгалтерская сводка (отчет); **~ der Bilanz** составление *n* баланса; **~ des Haushaltsplans** составление *n* бюджета; **~ in Tabellenform** отчет *m* (смета) в форме таблиц; **laut beiliegender ~** согласно предлагаемой спецификации; **monatliche ~** месячная сводка *f*, месячный отчет *m*; **~ eines Plans** составление *n* (разработка *f*) плана; **~ des Vermögens und der Schulden** финансовый отчет *m*; бухгалтерский баланс *m*

Aufstellzeit *f* время *n* установки, время *n* подготовки

Aufstieg *m* подъем *m*; продвижение *n*, карьера *f*; развитие *n*; **beruflicher ~** продвижение *n* по службе, карьера *f*; **interner ~** карьера *f* на предприятии

Aufstiegs|chancen *pl* шансы *pl* на продвижение по службе; **-möglichkeiten** *pl* возможности *pl* продвижения по службе, возможности *pl* развития (роста)

aufstocken увеличивать; пополнять; **den Personalbestand ~** увеличивать штаты, увеличивать численность персонала

Aufstocker *pl (Soz)* получающие *pl* пособие по безработице «работающие нищие»; получающие *pl* дополнительное пособие по безработице (при недостаточности обычного пособия для удовлетворения базовых потребностей)

Aufstockung *f* увеличение *n*, накопление *n*, прирост *m*; концентрация *f*, укрупнение *n*; **~ der Ausgaben** увеличение *n* расходов; **~ des Kapitals** увеличение *n* капитала; **~ der Mittel** увеличение *n* средств; **~ der Quoten** увеличение *n* квот; **~ der Lagerbestände** прирост *m* товарных запасов

Aufstockungsaktien *pl* дополнительные акции *pl*

aufteilen делить, разделять, распределять; **anteilmäßig ~** распределять пропорционально; **den Markt ~** разделить рынок

Aufteilung *f* разделение *n*, распределение *n*; раздел *m*; **~ einer Anleihe in Tranchen** дробление *n* займа на серии (части); **~ in kleinere Mengen** разделение *n* на мелкие партии; **~ von Verkaufsgebieten** распределение *n* рынков сбыта

Auftrag *m* заказ *m*; подряд *m*, наряд *m*; договор *m* поручения; поручение *n*, задание *n*; **einen ~ ablehnen** отклонить заказ, отказываться от заказа; **einen ~ abschließen** закончить выполнение заказа; **einen ~ abwickeln** выполнять заказ; **einen ~ akquirieren** искать заказ; **einen ~ annehmen** брать (принимать) заказ; **einen ~ annullieren** аннулировать заказ; **einen ~ ausführen** выполнять заказ; **einen ~ ausschreiben** объявить конкурс на выдачу заказа (подряда); **einen ~ bearbeiten** обрабатывать заказ; **einen ~ bestätigen** подтвердить получение (выдачу) заказа; **einen ~ erfüllen, erledigen** выполнять заказ; **einen ~ erhalten** получить заказ; **einen ~ erteilen** сделать (выдать) заказ; **in ~ geben** заказать, разместить заказ; **einen ~ kündigen** аннулировать заказ; **sich um einen ~ bemühen** делать заявку на выполнение подряда (заказа), стараться получить заказ; **einen ~ stornieren** аннулировать заказ; **einen ~ verbuchen** получить (зарегистрировать) заказ; **einen ~ vergeben** разместить заказ; **einen ~ zurückstellen** отложить выполнение заказа; **~ aus dem Ausland** заказ из-за границы; **~ aus dem Inland** отечественный заказ; **erteilter ~** выданный заказ; **im ~** по поручению; **im ~ und für Rechnung** по поручению и за счет; **öffentlicher ~** государственный (муниципальный) заказ *m*; **verbuchter ~** зарегистрированный заказ *m*; **~ zum Kauf** поручение *n* на покупку; **~ zum Verkauf** поручение *n* на продажу

Aufträge *pl* заказы *pl*; **~ einholen** запрашивать заказы (подряды); **~ hereinholen** добиваться заказов; **~ verteilen** распределять (размещать) заказы; **gekoppelte ~** взаимосвязанные заказы *pl*

auftraggebend размещающий заказ; **-e Behörde** учреждение *n*, выдающее заказ

Auftrag|geber *m* заказчик *m*; клиент *m*; принципал *m*; **-nehmer** *m* подрядчик *m*; исполнитель *m* заказа; поставщик *m*

auftragsabhängig связанный с выполнением заказа, в зависимости от заказа

Auftrags|ablehnung *f* отклонение *n* (отмена *f*) заказа; **-abrechnung** *f* учет *m* (расчет *m*) издержек по заказу; **-abwicklung** *f* ход *m* выполнения заказа, движение *n* заказов; **-akquisition** *f* поиски *pl* заказов; **-änderung** *f* изменение *n* (условий) заказа; **-annahme** *f* прием *m* (получение *n*) заказа; **-ausführung** *f* исполнение *n* заказа; **-ausschreibung** *f* конкурс *m* (тендер *m*) на размещение заказа (подряда); **-bearbeitung** *f* обработка *f* заказа; **-bestand** *m* портфель *m* заказов; **-bestätigung** *f* подтверждение *n* получения (выдачи) заказа; **-buch** *n* книга *f* заказов; **-durchführung** *f* выполнение *n* заказа; **-durchlaufzeit** *f* время *n* прохождения (выполнения) заказа; **-einbruch** *m* резкое сокращение *n* числа заказов; **-einbuße** *f* потеря *f* заказа; **-eingang** *m* поступление *n* заказа; **-eingangsliste** *f* список *m* полученных заказов; **-entwicklung** *f* научно-технические разработки *pl* на заказ; **-erfassung** *f* учет *m* (регистрация *f*) заказов; **-erteilung** *f* выдача *f* (размещение *n*) заказа; **-fertigung** *f* изготовление *n* на заказ; **-flaute** *f* сокращение *n* числа новых заказов; **-flut** *f* поток *m* (наплыв *m*) заказов; **-formular** *n* бланк *m* заказа; **-forschung** *f* исследование *n* по заказу

auftrags|gebunden связанный с заказом, относящийся к заказу; **-gemäß** по (согласно) заказу

Auftrags|geschäft *n* сделка *f* по поручению; **-größe** *f* величина *f* заказа; **-karte** *f* карта *f* на сделанный (полученный) заказ; **-kartei** *f* картотека *f* заказов; **-lage** *f* положение *n* с поступлением заказов; **-mangel** *m* нехватка *f* (дефицит *m*) заказов; **-menge** *f* количество *n* согласно заказу; **-nummer** *f* номер *m* заказа; **-plus** *n* увеличение *n* числа заказов; **-polster** *m* резерв *m* полученных заказов; **-reserve** *pl* резерв *m* заказов; **-rückgang** *m* сокращение *n* числа новых заказов; **-rückstand** *m* отставание *n* в выполнении заказов; **-schwund** *m* потеря *f* заказов, сокращение *n* числа заказов; **-steigerung** *f* увеличение *n* числа заказов; **-steuerung** *f* контроль *m* за движением заказов; **-stimmrecht** *n* право *n* голоса, переданное клиентами кредитным институтам, хранящим и управляющим их портфели ценных бумаг; **-stornierung** *f* аннулирование *n* заказа; **-überhang** *m* портфель *m* невыполненных заказов на руках; задел *m* заказов

auftragsunabhängig не связанный с заказом; **-e Kosten** издержки *pl*, не связанные с выполнением заказа

Auftrags|unterlagen *pl* документация

f, прилагаемая к заказ-наряду; **-verfolgung** *f* отслеживание *n* хода выполнения заказа (клиентом)

Auftragsvergabe *f* размещение *n* заказов, выдача *f* подрядов; **öffentliche** ~ размещение *n* государственных (или муниципальных) заказов

Auftrags|verhandlungen *pl* переговоры *pl* о размещении заказов; **-verlust** *m* потеря *f* заказа; **-vermittlung** *f* посреднические услуги *pl* по предоставлению заказов; **-verwaltung** *f* контроль *m* за выполнением заказов, управление *n* заказами; **-volumen** *n* объем *m* (количество *n*) заказов; **-wert** *m* стоимость *f* заказа

Auftragswesen *n* отдел *m* выдачи заказов и подрядов; **öffentliches** ~ департамент *m* (отдел *m*) по выдаче (размещению) государственных (муниципальных) заказов и подрядов

Auftrags|zeit *f* время *n* выполнения заказа; **-zufluss** *m* приток *m* заказов; **-zugang** *m* поступление *n* заказов; **-zunahme** *f* увеличение *n* числа заказов

Auftrieb *m* подъем *m*, оживление *n*; толчок *m*, импульс *m*; **einen ~ erhalten** получить толчок (импульс)

Aufwand *m* затраты *pl*, расходы *pl*; расход *m*; **als ~ verbuchen** проводить по бухгалтерским книгам как расходы; **einen ~ erfordern** требовать затрат (расходов); **einen ~ verursachen** вызывать расходы; **aktivierungspflichtiger** ~ расходы, подлежащие капитализации; **~ an Zeit und Kosten** затраты времени и средств; **außerordentlicher** ~ сверхплановые (чрезвычайные) расходы *pl*; **betrieblicher** ~ оперативные (производственные) расходы *pl*; **direkter** ~ прямые затраты *pl*; **einmaliger** ~ единовременные затраты *pl*; **neutraler** ~ внеплановые расходы *pl*, не связанные с производством; **periodenfremder** ~ затраты *pl*, не относящиеся к отчетному периоду; **produktionsbedingter** ~ производственные затраты *pl*; **sonstiger** ~ прочие затраты *pl*; **tatsächlicher** ~ фактические затраты *pl*; **überhöhter** ~ перерасход *m*; **übriger** ~ прочие затраты *pl*; **zusätzlicher** ~ дополнительные затраты *pl*

Aufwands|abgrenzung *f* разграничение *n* видов затрат; **-arten** *pl* виды *pl* затрат; **-entschädigung** *f* возмещение *n* (служебных) расходов; **-erstattung** *f* возмещение *n* затрат; **-konto** *n* расходный счет *m*; **-pauschale** *f* единовременное возмещение *n* затрат; **-posten** *pl* статьи *pl* расходов; **-rückstellungen** *pl* резервы *pl* для финансирования работ, не проведенных в положенные сроки; **-senkung** *f* снижение *n* затрат

Aufwärtsentwicklung *f* поступательное развитие *n*, прогресс *m*, рост *m*; **konjunkturelle** ~ циклический подъем *m*; **wirtschaftliche** ~ экономический рост *m*

Aufwärtstrend *m* тенденция *f* роста (подъема)

aufweisen иметь, проявлять, обнаруживать; **aufwenden** тратить, расходовать; использовать; **Zeit und Sorgfalt** ~ затратить время и старание

aufwendig расточительный, дорогостоящий; **-e Lebenshaltung** расточительный образ *m* жизни

Aufwendungen *pl* затраты *pl*, расходы *pl*; выделенные средства *pl*; **~ abgelten** возмещать (компенсировать, оплачивать) расходы; **~ ausgleichen** компенсировать (покрывать) затраты; **~ bilanzieren** сбалансировать затраты; **~ ersetzen** возместить затраты (расходы); **~ erstattet bekommen** возместить свои расходы; **~ geltend machen** произвести расходы; **~ kürzen** сокращать расходы (затраты); **~ machen** производить затраты; **~ reduzieren** сокращать затраты (расходы); **~ von der Steuer absetzen** исключать расходы из суммы налогообложения; **außerordentliche** ~ чрезвычайные расходы *pl*; **betriebliche** ~ производственные (оперативные) расходы *pl*; **betriebsfremde** ~ непроизводственные расходы *pl*; **einmalige** ~ единовременные расходы *pl*; **finanzielle ~** денежные (финансовые) расходы *pl*; **~ für Investitionen** расходы на инвестиции; **geschäftliche ~** расходы *pl* предпринимателя; торговые издержки *pl*; **neutrale ~** внеплановые расходы *pl*, не связанные с производством; **reduzierte ~** приведенные затраты *pl*; **sonstige ~** прочие затраты *pl*; **~ und Erträge** расходы *pl* и доходы *pl*; **zusätzliche ~** дополнительные расходы *pl*

Aufwendungsausgleichsgesetz *n* Закон *m* о компенсации затрат работодателей (за продолжение выплаты заработной платы работникам во время болезни)

Aufwendungsersatz *m* возмещение *n* затрат

aufwerten ревальвировать; повышать номинальную стоимость; **die Währung ~** ревальвировать валюту

Aufwertung *f* ревальвация *f*; повышение *n* стоимости

Aufwertungs|ausgleich *m* компенсация *f* убытков от ревальвации; **-prozess** *m* процесс *m* возрастания стоимости; **-rate** *f* **(-satz** *m***)** процент *m* ревальвации, степень *f* ревальвации

aufzählen перечислять; сосчитать

Aufzählung *f* перечисление *n*, перечень *m*, список *m*

Aufzeichnung *f* учет *m*; запись *f*; учетная документация *f*; **-en führen** вести учет (учетную документацию); **~ von Geschäftsvorfällen** учет *m* деловых операций

Aufzeichnungspflicht *f* обязанность *f* ведения бухгалтерского учета

aufzinsen начислять сложные проценты

Aufzinsung *f* начисление *n* сложных процентов

Auktion *f* аукцион *m*, публичная продажа *f*; торги *pl*; **eine ~ durchführen** провести аукцион (торги); **bei einer ~ ersteigern** приобрести на аукционе; **eine ~ veranstalten** устроить (провести) аукцион (торги)

Auktionator *m* аукционист *m*

Auktions|bedingungen *pl* условия *pl* аукционной продажи; **-börse** *f* аукционная биржа *f*; **-gebühr** *f* аукционный сбор *m*; **-haus** *n* аукционная фирма *f*; **-katalog** *m* каталог *m* аукциона; **-liste** *f* аукционный меморандум *m*; **-posten** *m* лот *m*; **-verfahren** *n* аукционный метод *m* (предложения и распределения акций при ИПО)

ausarbeiten вырабатывать, разрабатывать; **einen Entwurf ~** разработать проект

Ausbau *m* расширение *n*, развитие *n*, совершенствование *n*; создание *n*; демонтаж *m*; разборка *f*; отделка *f*; **~ der Handelsbeziehungen** расширение *n* (развитие *n*) торговых связей; **~ von Kontakten** расширение *n* контактов; **~ von Marktanteilen** расширение *n* доли рынка **~ der Produktion** расширение *n* производства; **~ des Sozialstaates** построение *n* социального государства; **~ der Zusammenarbeit** расширение *n* сотрудничества

ausbauen расширять, развивать, совершенствовать

ausbaufähig перспективный, способный к развитию (расширению); **-e Stellung** перспективная работа *f* (должность *f*)

Ausbau|gewerbe *n* отделочные строительные работы *pl*; **-kosten** *pl* издержки *pl* на расширение; стоимость *f* отделочных работ

ausbedingen оговаривать свое право

ausbedungen оговоренный, обусловленный

ausbessern исправлять, ремонтировать, улучшать, дорабатывать; **einen Fehler ~** исправить ошибку

Ausbeute *f* выход *m* продукции; разработка *f*; распределенная прибыль *f*; **die ~ erhöhen** повышать выпуск продукции

ausbeuten разрабатывать, эксплуатировать; **Erdgas ~** добывать газ

Ausbeutung *f* разработка *f*, эксплуатация *f*; **~ von Bodenschätzen** добыча *f* полезных ископаемых

ausbezahlen выплачивать, рассчитываться; **einen Teilhaber ~**

полностью рассчитаться с компаньоном
Ausbietungsgarantie *f* соглашение *n* о набавлении цены на принудительном аукционе
ausbilden обучать, подготавливать
Ausbilder *m* преподаватель *m*
Ausbildung *f* обучение *n*, подготовка *f*; **abgeschlossene ~** законченное образование *n*; **~ als Kaufmann** коммерческое образование *n*; **~ am Arbeitsplatz** обучение *n* на рабочем месте (на предприятии); **~ am Computer** обучение *n* на компьютере; **~ außerhalb des Arbeitsplatzes** обучение *n* за пределами предприятия; **berufliche ~** профессиональное образование *n* (обучение *n*); **betriebliche ~** производственное обучение *n*, обучение *n* на предприятии; **fachliche ~** профессиональное обучение *n*; **intensive ~** интенсивное обучение *n*; **kaufmännische ~** коммерческое образование *n*; **technische ~** техническое образование *n*; **überbetriebliche ~** обучение *n* за пределами предприятия; **~ von Fachkräften** подготовка *f* специалистов; **~ von Führungskräften** подготовка *f* руководящих кадров
Ausbildungsabschluss *m* удостоверение *n* (диплом *m*, свидетельство *n*) об образовании; **einen ~ besitzen** иметь удостоверение (диплом) об образовании
Ausbildungs|beihilfe *f* стипендия *f*, пособие *n* для обучаемых; **-beruf** *m* профессия *f* (специальность *f*), получаемая в процессе обучения; **-betrieb** *m* учебно-производственное предприятие *n*; **-dauer** *f* срок *m* обучения; **-förderung** *f* пособие *n* студентам, стипендия *f*, кредит *m* на получение образования; **-kosten** *pl* расходы *pl* на обучение; **-kurs** *m* курс *m* (семинар *m*) обучения; **-plan** *m* план *m* обучения, программа *f* обучения; **-platz** *m* место *n* (профессионального) обучения (на предприятии); **-stand** *m* уровень *m* образования (подготовки); **-stätte** *f* учебное заведение *n*, школа *f* производственного обучения; **-vergütung** *f* стипендия *f* (пособие *n*) на период профессионального обучения; **-verhältnis** *n* правовые отношения *pl*, вытекающие из договора об обучении; **-versicherung** *f* страхование *n* на период обучения; **-vertrag** *m* договор *m* о профессиональном обучении (повышении квалификации); **-zeit** *f* время *n* обучения (подготовки); **-zentrum** *n* учебный центр *m*; **-ziel** *n* задача *f* обучения (подготовки)
Ausbreitung *f* расширение *n*, развитие *n*, экспансия *f*
Ausbringung *f* производительность *f*; выход *m* готовой продукции
Ausbringungs|grad *m* производительность *f*; **-menge** *f* количество *n* готовой продукции
ausbuchen списывать со счета; **Kursdifferenzen ~** списывать со счета разницу в курсах
Ausbuchung *f* списание *n* со счета; выбытие *n* основных средств
Ausdehnung *f* расширение *n*, развитие *n*, увеличение *n*
Auseinandersetzung *f* спор *m*, дискуссия *f*; распределение *n* имущества между компаньонами; **~ mit Gläubigern** спор *m* с кредиторами; **~ unter Miterben** разделение *n* наследства между наследниками
Auseinandersetzungs|bilanz *f* балансовый отчет *m* товарищества, составляемый при выходе одного или нескольких компаньонов; **-guthaben** *n* суммы, выплачиваемые выбывающему компаньону
Ausfall *m* недостача *f*, дефицит *m*, потеря *f*, убытки *pl*; отказ *m*, простои *pl*, выход *m* из строя; **den ~ decken** покрывать недостачу; **~ der Produktion** недовыполнение *n* плана выпуска продукции; **~ einer Maschine** выход *m* машин из строя; **~ der Zahlungen** непоступление *n* платежей
Ausfall|bürge *f* субсидиарный поручитель *m*; **-bürgschaft** *f* субсидиарное поручительство *n*
ausfallen выпадать, выбывать; выходить из строя

Ausfall|forderung *f (Recht)* претензия *f* по возмещению убытков; **-garantie** *f* гарантия *f* на случай выхода из строя; **-häufigkeit** *f* частота *f* выхода из строя; **-honorar** *n* гонорар *m* за выполненную, но невостребованную работу (художников, адвокатов и т.п.); **-kosten** *pl* издержки, связанные с простоем; **-quote** *f* коэффициент *m* надежности; **-risiko** *n* риск *m* неоплаты требований; **-wahrscheinlichkeit** *f* вероятность *f* выхода из строя; **-zeit** *f* время *n* простоя, простой *m*; потери *pl* рабочего времени

ausfertigen составлять, оформлять, выписывать; **eine Urkunde ~** составить документ

Ausfertigung *f* составление *n*, оформление *n*; оригинал *m*; **in doppelter ~** в двух экземплярах

Ausfertigungsdatum *n* дата *f* составления (выдачи) документа

Ausfuhr *f* вывоз *m*, экспорт *m*; **die ~ fördern** способствовать развитию экспорта; **direkte (händlerfreie) ~** прямой экспорт *m*, экспорт *m* без посредников; **indirekte ~** косвенный экспорт *m*, экспорт *m* через посредников; **unsichtbare ~** невидимый экспорт *m*; **~ von gewerblichen Waren** экспорт *m* промышленных товаров

Ausfuhr|abfertigung *f* таможенная очистка *f* экспорта; **-abgabe** *f* экспортная пошлина *f*; **-abschöpfung** *f* таможенная компенсационная пошлина *f*; **-agent** *m* агент *m* по экспорту (экспортным операциям); **-anmeldung** *f (Imp/Exp)* таможенная декларация *f*, учетный бланк *m* экспорта товаров; **-aussichten** *pl* перспективы *pl* развития экспорта; **-belebung** *f* оживление *n* экспорта; **-bescheinigung** *f* экспортный сертификат *n*; **-beschränkungen** *pl* экспортные ограничения *pl*; **-bestimmungen** *pl* положения *pl*, регламентирующие экспорт; **-bewilligung** *f* экспортное разрешение *n*, экспортная лицензия *f*; **-bürgschaft** *f* принятие *n* кредитного риска экспортера

ausführen экспортировать, вывозить; выполнять, исполнять

Ausfuhren *pl* вывоз *m*, экспорт *m*; экспортируемые товары *pl*

Ausführer *m* экспортер *m*

Ausfuhr|erklärung *f (Imp/Exp)* таможенная декларация *f*, экспортная декларация *f*; **-erlaubnis** *f* разрешение *n* на экспорт, экспортная лицензия *f*; **-erlös** *m* доход *m* от экспорта; **-erstattung** *f* компенсационные платежи *pl* при экспорте; **-erweiterung** *f* расширение *n* экспорта; **-erzeugnisse** *pl* экспортная продукция *f*; **-finanzierung** *f* финансирование *n* экспорта; **-forderung** *f* требование *n* по экспортным операциям; **-förderung** *f* содействие *n* развитию экспорта,; **-förmlichkeiten** *pl* экспортные формальности *pl*; **-garantie** *f* экспортная гарантия *f*; гарантия *f* по экспортным кредитам; **-genehmigung** *f* экспортная лицензия *f*; **-geschäft** *n* экспортная сделка *f*; **-gut** *n* экспортный товар *m*; **-handel** *m* экспортная торговля *f*; **-händler** *m* коммерсант *m*, торгующий экспортными товарами; **-kommissionär** *m* комиссионер *m* по экспорту; **-kontingent** *m* экспортный контингент; **-kontrolle** *f* контроль *m* над экспортом; **-kosten** *pl* расходы *pl* (издержки *pl*) на экспорт товаров; **-kredit** *m* экспортный кредит *m*; **-kreditversicherung** *f* страхование *n* экспортных кредитов; **-land** *n* страна-экспортер *f*; **-lieferung** *f* поставка *f* на экспорт, экспортная поставка *f*; **-liste** *f* список *m* экспортных товаров; **-lizenz** *f* экспортная лицензия *f*; **-menge** *f* количество *n* экспортных товаров; **-möglichkeiten** *pl* возможности *pl* экспорта; **-musterlager** *n* склад *m* образцов экспортных товаров; **-nachweis** *m* учетная документация *f* по экспортным поставкам; **-prämie** *f* экспортная премия *f*; **-preis** *m* экспортная цена *f*; **-regelung** *f* регулирование *n* экспорта; **-restriktion** *f* экспортное ограничение *n*; **-risiko** *n* экспортный риск *m*; **-rückgang** *m* снижение *n* экспорта;

-schein *m* экспортная декларация *f*; **-sperre** *f* эмбарго *n* на экспорт; **-steigerung** *f* повышение *n* объема экспорта; **-subvention** *f* дотация *f* на экспорт; **-überschuss** *m* активное сальдо *n* торгового баланса; **-überwachung** *f* контроль *m* над экспортом; **-umsatz** *m* объем *m* продаж на экспорт

Ausführung *f* исполнение *n*, выполнение *n*

Ausführungs|anzeige *f* извещение *n* о выполнении сделки; **-bestimmung** *f* положение о применении (закона), порядок исполнения; **-geschäft** *n* правовая сделка *f*, заключаемая комиссионером с третьим лицом для проведения комиссионного поручения, сделка от собственного имени за счет заказчика; **-zeit** *f* время *n* исполнения заказа

Ausfuhr|verbot *m* эмбарго *n* на экспорт; **-verfahren** *n* экспортная процедура *f*, экспортный режим *m*; **-vertrag** *m* договор *m* об экспорте; **-vertreter** *m* представитель *m* фирмы по вопросам экспорта; **-volumen** *n* объем *m* экспорта; **-ware** *f* предмет *m* экспорта, экспортный товар *m*; **-werbung** *f* реклама *f* экспортных товаров; **-wert** *m* стоимость *f* экспорта, экспортная стоимость *f*; **-zahlen** *pl* показатели *pl* экспорта; **-ziel** *n* план *m* экспорта; **-zoll** *m* экспортная пошлина *f*

ausfüllen заполнять; **einen Vordruck ~** заполнить бланк (формуляр)

Ausgabe *f* эмиссия *f*, выпуск *m*; расход *m*, трата *f*, издержки *pl*; отпуск *m* (товаров); издание *n*; выдача *f*; вручение *n*; **einmalige ~** одноразовая трата *f*; **erweiterte ~** расширенное издание *n*; **gekürzte ~** сокращенное издание *n*; **~ von Aktien** эмиссия *f* (выпуск *m*) акций; **~ von Investmentzertifikaten** выпуск *m* (эмиссия *f*) сертификатов инвестиционного фонда; **~ von Schuldverschreibungen (Obligationen)** выпуск *m* (эмиссия *f*) облигаций (долговых обязательств); **~ von Wertpapieren** эмиссия *f* (выпуск) ценных бумаг

Ausgabe|abschlag *m* дизажио *n*; скидка *f* при сделке с ценными бумагами; **-aufgeld** *n* (**-aufschlag** *m*) ажио *n*; премия *f* при сделке с ценными бумагами; **-bedingungen** *pl* условия *pl* эмиссии (выпуска); **-beleg** *m* квитанция *f* о расходах, оправдательный документ *m*; **-betrag** *m* эмиссионная стоимость *f*; **-datum** *n* дата *f* выпуска (издания); **-kurs** *m* начальная цена *f* предложения; курс *m* нового выпуска ценных бумаг

Ausgaben *pl* расходы *pl*, затраты *pl*, издержки *pl*; **~ begrenzen** ограничивать расходы; **~ bewilligen** утверждать расходы (расходную часть бюджета); **~ decken** покрывать расходы; **~ einschränken** ограничивать расходы (затраты); **~ kürzen** сокращать расходы; **mit ~ belasten** заставлять нести расходы; **~ reduzieren** сокращать расходы; **~ senken** снижать затраты (издержки); **~ tätigen** производить расходы; **~ zurückerstatten** компенсировать (возместить) расходы; **abzugsfähige ~** расходы, уменьшающие налогооблагаемую базу; **außerordentliche ~** чрезвычайные расходы *pl*; **einmalige ~** единовременные (разовые) затраты *pl*; **erfolgsneutrale ~** расходы *pl*, не влияющие на результаты хозяйственной деятельности предприятия; **erfolgswirksame ~** расходы *pl*, влияющие на результаты хозяйственной деятельности предприятия; **~ für soziale Sicherung** расходы *pl* на социальное страхование; **laufende ~** текущие расходы *pl*; **~ der öffentlichen Hand** расходы *pl* государственных и местных органов власти; **wiederkehrende ~** периодические расходы *pl*

Ausgaben|ansätze *pl* оценки *pl* затрат; **-anstieg** *m* увеличение *n* затрат; **-aufstellung** *f* смета *f* расходов, исчисление *n* расходов; **-beleg** *m* денежный оправдательный документ *m*; **-bewilligung** *f* утверждение *n* расходной части бюджета; **-buch** *n* расходная книга *f*; **-disziplin** *f* дисциплина *f* расходования средств;

-einschränkung *f* ограничение *n* расходов; **-einsparung** *f* сокращение *n* расходов; **-erhöhung** *f* увеличение *n* расходов; **-erstattung** *f* возмещение *n* расходов; **-gliederung** *f* структура *f* расходов; **-kürzungen** *pl* сокращение *n* расходов; **-limit** *n* лимит *m* расходов; **-plan** *n* смета *f* расходов; **-politik** *f* финансовая политика *f* государства, политика *f* в области расходов; **-schätzung** *f* смета *f* (предварительный подсчет *m*) расходов; **-seite** *f* расходная часть *f* (бюджета, баланса); **-steigerung** *f* увеличение *n* расходов; **-übersicht** *f* перечень *m* расходов; **-voranschlag** *m* смета *f* расходов; **-zuständigkeit** *f* расходные полномочия *pl*; **-zuwachs** *m* рост *m* расходов

Ausgabe|posten *m* статья *f* расходов; **-preis** *m* курс *m* нового выпуска ценных бумаг; **-stelle** *f* учреждение *n*, проводящее эмиссию, эмитент *m*; расходная касса *f*; место *n* выдачи (чего-либо); **-volumen** *n* объем *m* эмиссии; **-wert** *m* стоимость *f* ценных бумаг, определяемая эмиссионным курсом

Ausgang *m* выход *m*; окончание *n*; результат *m*

Ausgänge *pl* исходящие бумаги *pl*; выплаты *pl*; выпускаемый товар *m*

Ausgangs|abfertigung *f* таможенная очистка *f* при отправлении; **-daten** *pl* исходные данные *pl*; **-fakturenbuch** *n* журнал *m* учета продаж; **-material** *n* исходное сырье *n*; **-produkt** *n* исходный продукт *m*; **-rechnung** *f* исходящий счет *m*; **-stoffe** *pl* сырье *n*, исходные материалы *pl*; **-wert** *m* исходное значение *n*

ausgeben расходовать, тратить; осуществлять эмиссию; вручать; выдавать

Ausgebot *n* объявление *n* о продаже; назначение *n* цены; стартовая цена *f*

ausgebucht раскупленный, распроданный, забронированный без остатка, без свободных мест; **-e Reise** туристическая поездка *f*, на которую все путевки проданы

ausgeführt выполненный, исполненный; **-e Arbeit** выполненная работа *f*; **-er Auftrag** выполненный заказ *m*

ausgegeben израсходованный, растраченный; выпущенный, эмитированный

ausgeglichen сбалансированный; **-es Konto** сбалансированный счет *m*; **-er Handelsverkehr** сбалансированный торговый оборот *m*

ausgehandelt договорный; **-er Preis** договорная (согласованная) цена *f*

ausgehend исходящий; **-e Post** исходящая почта *f*

ausgeliefert поставленный, доставленный; **-e Ware** поставленный товар

ausgelost погашенный, разыгранный

ausgemacht договорной; **-er Preis** договорная цена *f*

ausgeschieden выбывший; **-er Gesellschafter** выбывший компаньон *m*

ausgeschrieben проходящий по конкурсу; **-e Stelle** должность *f*, на которую объявлен конкурс

ausgeschüttet выплаченный (о дивиденде); распределенный (о прибыли)

Ausgestaltung *f* оформление *n*; развитие *n*, разработка *f*; формирование *n*; **~ der Wirtschaftsordnung** развитие *n* (формирование *n*) экономической системы

ausgestellt выданный, оформленный, выписанный; **auf den Inhaber ~** выдан на предъявителя; **laut -er Rechnung** согласно представленному счету

ausgewiesen учтенный, отраженный, документально засвидетельствованный; выдворенный (из страны); **-er Gewinn** прибыль, документально отраженная в отчете

Ausgleich *m* выравнивание *n*, уравнивание *n*, балансирование *n*; компенсация *f*, возмещение *n*; погашение *n*, покрытие *n*; мировая сделка *f*; соглашение *n*; компромисс *m*; **einen ~ durchführen** проводить выравнивание; **einen ~ schaffen** прийти к соглашению, договориться;

создать баланс, сбалансировать, скомпенсировать; **einen ~ schließen** заключить компромисс (мировую сделку); **~ der Aufwendungen** возмещение затрат (расходов); **finanzieller ~** денежная компенсация *f*; **~ für erlittenen Schaden** возмещение *n* понесенного ущерба; **sozialer ~** устранение *n* социального неравенства, социальная защита *f*; **zum ~ Ihres Kontos** в уплату по Вашему счету; **~ zwischen Angebot und Nachfrage** равновесие *n* (баланс *m*) спроса и предложения

ausgleichen уравнивать, выравнивать, балансировать; компенсировать; возмещать, погашать, оплачивать, покрывать; улаживать, примирять; **Defizite ~** покрывать дефицит; **einen Fehlbetrag ~** покрывать недостачу

Ausgleichs|abgabe *f* компенсационная пошлина *f*; **-anspruch** *m* право *n* на компенсацию; **-betrag** *m* уравнительная (компенсационная) сумма *f*; остаток *m*, сальдо *n*; сальдо *n* баланса; **-entschädigung** *f* компенсация *f*, возмещение *n*; **-fonds** *m* компенсационный (уравнительный) фонд *m*; **-forderungen** *pl* требования *pl* компенсации (выравнивания); **-funktion** *f* корректирующая функция *f*; **-kasse** *f s.* **Lohnausgleichskasse** *f*; **-lager** *n* резервный склад *m*, буферный склад *m*; **-leistungen** *pl* компенсационные платежи *pl*; **-maßnahmen** *pl* воспроизведение *n* природной среды (использованной под строительство); **-pflicht** *f* обязанность *f* финансового выравнивания между отраслевыми страховыми ассоциациями; **-posten** *m* компенсационная статья *f*; **-prinzip** *n* принцип *m* выравнивания; **-quittung** *f* расписка *f* в получении компенсации; **-rente** *f* уравнительная пенсия *f*; **-steuer** *f* компенсационный сбор *m*; **-tarif** *m* компенсационный тариф *m*; **-verfahren** *n* заключение *n* мировой сделки (в судебном порядке); **-vorrat** *m* резервный запас *m*; **-zahlung** *f* компенсационный платеж *m*; **-zeitraum** *m (Pers, Recht)* период *m* неравномерной загрузки персонала; **-zoll** *m* компенсационная пошлина *f*; **-zulage** *f* компенсационная надбавка *f*; **-zuweisung** *f* компенсационные ассигнования *pl*

Ausgleichung *f* уравнивание *n*, выравнивание *n*, сбалансирование *n*; компенсация *f*, возмещение *n*

Ausgleichungspflicht *f* обязательство *n* по компенсации (среди наследников)

Ausgliederung *f* выделение *n*, вычленение *n*, обособление *n*

ausgründen выделяться с основанием новой фирмы

Ausgründung *f* выделение *n* с основанием новой фирмы; **~ von Unternehmensteilen** выделение *n* частей предприятия в самостоятельные фирмы

aushandeln выторговывать, торговаться, договариваться, вести переговоры; **ein Abkommen ~** выторговать соглашение; **Löhne ~** вести переговоры о заработной плате; **Preise ~** выторговывать (приемлемые) цены, договариваться о ценах; **Verträge ~** выторговывать (выгодные) договора

aushändigen вручать, выдавать, передавать (в руки)

Aushändigung *f* вручение *n*, выдача *f*, передача *f*, сдача *f*

Aushang *m* объявление *n* (на доске объявлений), афиша *f*; **durch ~ bekanntmachen** вывесить объявление на доске объявлений, оповестить через доску объявлений

Aushilfe *f* временная, (подсобная) работа *f*; временный (подсобный) работник *m*; (временная) помощь *f*

Aushilfs|arbeitsverhältnis *n* трудовой договор *m* на временную работу; **-kraft** *f* временный работник *m*; **-personal** *n* временный персонал *m*

Auskauf *m* выкуп *m*

auskaufen выкупать

Auskunft *f* справка *f*, сведение *n*, информация *f*; справочное бюро *n*; **bankmäßige ~** справка *f* банка о клиенте

Auskunftei *f* справочное бюро *n*; справочное агентство *n*, дающее сведения о платежеспособности фирм; детективное бюро *n*
Auskunfts|büro *n* справочное бюро *n*; **-ersuchen** *n* запрос *m* информации; **-erteilung** *f* предоставление *n* сведений (информации); **-pflicht** *f* обязанность *f* давать отчет (о хозяйственной деятельности)
auskunftspflichtig обязанный давать отчет (сведения)
Auskunfts|pflichtige *m* лицо *n*, обязанное давать отчет (сведения); **-recht** *n* право *n* акционера требовать отчета о состоянии дел общества; **-stelle** *f* информационная служба *f*, справочное бюро *n*; адресный стол *m*; **-verlangen** *n* запрос *m* информации
Auslade|gebühr *f* плата *f* за разгрузку; **-kosten** *pl* расходы *pl* на разгрузку
Ausladen *n* разгрузка *f*, выгрузка *f*; **~ von Gütern** разгрузка *f* грузов
ausladen разгружать, выгружать
Auslade|ort *m* место *n* разгрузки; **-platz** *m* разгрузочная платформа *f*
Ausladung *f* выгрузка *f*, погрузка *f*
Auslage *f* выставка *f* товаров в витрине; оформленная витрина *f*; выкладка *f* (товаров на стеллажах)
Auslagen *pl* расходы *pl*, затраты *pl*, издержки *pl*; **~ erstatten** возмещать расходы; **seine ~ abrechnen** отчитаться в своих расходах; **seine ~ belegen** документально потверждать свои расходы; **seine ~ zurückerhalten** возместить свои расходы; **entstandene ~** возникшие (произведенные) расходы; **erstattungsmäßige ~** возмещаемые (компенсируемые) расходы
Auslagen|aufstellung *f* счет *m* расходов, расходный счет *m*; **-beleg** *m* денежный оправдательный документ *m*; **-ersatz** *m* **(-erstattung** *f***)** возмещение *n* расходов
auslagern перевезти товары с одного склада на другой; выделить подразделение в самостоятельное предприятие
Ausland *n* заграница *f*, зарубежные страны *pl*, иностранные государства *pl*; **im ~ hergestellt** изготовлено за границей; **im ~ zahlbar** к оплате за границей
Ausländer|depot *n* хранение *n* ценных бумаг нерезидентами; **-konten** *pl* счета *pl* нерезидентов; **-konvertibilität** *f* обратимость *f* валют для нерезидентов; **-steuer** *f* налог на доходы спортсменов и артистов в стране выступления; **-vermögen** *n* собственность *f* иностранных граждан
ausländisch иностранный, заграничный, зарубежный; **-e Aktien** иностранные акции *pl*, акции *pl* зарубежных компаний; **-e Betriebsstätte** месторасположение *n* производства за границей; **-e Einkünfte** доходы *pl* за границей; **-e Investitionen** иностранные инвестиции *pl*; **-e Märkte** внешние рынки *pl*; **-es Vermögen** собственность *f* за границей; **-e Wertpapiere** иностранные ценные бумаги *pl*
Auslands|absatz *m* сбыт *m* за границей; сбыт *m* на внешних рынках; **-aktien** *pl* иностранные акции *pl*, акции *pl* зарубежных компаний; **-aktiva** *pl* иностранные активы *pl*, зарубежные активы *pl*; **-akzept** *n* зарубежный акцепт *m*; **-angebot** *n* предложение *n* из-за границы; **-anlagen** *pl* зарубежные активы *pl*; зарубежные инвестиции *pl*; **-anleger** *m* зарубежный инвестор *m*; **-anleihe** *f* внешний заем *m*; выпуск *m* ценных бумаг иностранными эмитентами; **-auftrag** *m* зарубежный заказ, экспортный заказ, заказ из-за рубежа, индент; **-bank** *f* иностранный (заграничный) банк-резидент; **-besitz** *m* собственность за границей; **-beteiligung** *f* долевое участие *n* зарубежных компаний; **-beziehungen** *pl* внешние связи *pl*; **-einkommen** *n* доход *m*, получаемый за границей; **-einkünfte** *pl* доходы *pl*, получаемые за границей; **-einlagen** *pl* вклады *pl* (депозиты) нерезидентов; **-einsatz** *m* командировка *f* сотрудника для работы за границей, работа *f* за границей; **-engagement** внешнеэкономическая деятельность *f*;

-erlöse *pl* доходы *pl*, получаемые за границей; **-filiale** *f* заграничный филиал *m*; **-forderungen** *pl* долговые требования *pl* зарубежных клиентов; долговые требования *pl* к зарубежным клиентам; **-geschäft** *n* заграничные операции *pl* (банка); международный бизнес *m*; **-güter** *pl* импортные товары *pl*; **-guthaben** *n* иностранные авуары *pl*; **-handelskammern** *pl* внешнеторговые палаты *pl*; **-hilfe** *f* иностранная помощь *f*; помощь *f* зарубежным странам; **-investitionen** *pl* зарубежные инвестиции *pl*; инвестиции *pl* зарубежных компаний; **-kapital** *n* иностранный капитал *m*; **-käufe** *pl* закупки *pl* за рубежом; **-konten** *pl* счета *pl* в иностранных банках; **-korrespondent** *m* клерк *m* для работы с зарубежными клиентами; корреспондент *m* за границей; **-korrespondenz** *f* зарубежная корреспонденция *f*; **-kredit** *m* иностранный (внешний) кредит *m*; **-kreditgeschäft** *n* международное кредитование *n*, международный кредитный бизнес *m*; **-kunde** *m* зарубежный клиент *m*; **-lieferungen** *pl* экспортные поставки *pl*; **-marketing** *m* маркетинг *m* на внешнем рынке, международный маркетинг *m*; **-markt** *m* внешний рынок *m*; **-messe** *f* выставка *f* за рубежом; **-nachfrage** *f* спрос *m* внешнего рынка; **-niederlassung** *f* заграничный филиал *m*; **-obligo** *n* общая сумма *f* кредитов зарубежным клиентам; **-passiva** *pl* внешняя задолженность *f*; пассив *m* по внешним операциям; **-porto** *n* почтовый сбор *m* за международные отправления; **-postanweisung** *f* международный почтовый перевод *m*; **-renten** *pl* иностранные облигационные займы *pl*; **-repräsentanz** *f* представительство *n* (фирмы) за границей; **-scheck** *m* иностранный чек *m*; **-schulden** *pl* иностранные внешние долги *pl*; **-schuldner** *m* иностранный дебитор *m*; **-stimmrechte** *pl* право *n* голоса зарубежных акционеров; **-stücke** *pl* акции *pl* немецких фирм, продаваемые за рубежом; **-tochtergesellschaft** *f* зарубежная дочерняя фирма *f*; **-umsatz** *m* внешнеторговый оборот *m*; **-unternehmen** *n* зарубежное предприятие *n*; **-verbindlichkeiten** *pl* обязательства *pl* по иностранным кредитам; внешние обязательства *pl*; **-verkäufe** *pl* сбыт *m* за границу; биржевые сделки *pl* за рубежом; **-verkehr** *m* международное сообщение *n*, международные перевозки *pl*; международный туризм *m*; **-vermögen** *n* имущество *n*, находящееся за границей; зарубежные активы *pl*; **-verpflichtungen** *pl* внешние обязательства *pl*; **-verschuldung** *f* внешняя задолженность *f*; **-versicherung** *f* страхование *n*, предусматривающее наступление страхового случая за границей; **-vertretung** *f* представительство *n* за границей; **-wechsel** *m* вексель *m* в иностранной валюте; **-werbung** *f* реклама *f* фирмы за рубежом; **-werte** *pl* иностранные активы *pl*; иностранные ценные бумаги *pl*; **-zahlung** *f* платеж *m* по международным сделкам; платеж *m*, полученный из-за границы; **-zahlungsverkehr** *m* валютные платежные операции *pl*, международные расчеты *pl*; **-zulage** *f* надбавка *f* работающим за границей

auslasten загружать, использовать с полной нагрузкой; **das Werk ~** загружать мощности предприятия

Auslastung *f* загрузка *f*, нагрузка *f*; использование *n*; **konstante ~** постоянная загрузка *f*; **~ der Kapazitäten** загрузка *f* производственных мощностей

Auslastungsgrad *m* уровень *m* (степень *f*) загрузки, уровень *m* использования; *(WiWi)* коэффициент *m* использования производственного потенциала

auslaufen истекать, оканчиваться; **das Angebot läuft aus** срок предложения истекает; **der Artikel läuft aus** товар кончается в продаже; товар снимается с производства

Auslaufmodell *n* модель *f*, снимаемая с производства
auslegen толковать, интерпретировать; тратить, расходовать; выставлять, выкладывать (товар); выстилать, облицовывать; выбирать конструктивные параметры,
Auslegeware *f* ковровые изделия, напольные покрытия
Auslegung *f* интерпретация *f*, толкование *n*; расчет *m*, определение *n* параметров; **verfahrenstechnische** ~ технологические расчеты *pl*, определение *n* технологических параметров
Ausleihe *f* прокат *m*; выдача *f* напрокат; прокатный пункт *m*
ausleihen давать напрокат; давать взаймы; **sich Geld** ~ брать деньги взаймы
Ausleihung *f* ссуживание *n*, одалживание *n*, кредитование *n*; ссуда *f*, займы *pl*; аренда *f*, прокат *m*; **-en am Geldmarkt** получение *n* кредитов на рынке краткосрочных капиталов; **-en an verbundene Unternehmen** предоставление *n* займов предприятиям концерна; **kurzfristige** ~ краткосрочная ссуда *f*; **langfristige** ~ долгосрочная ссуда *f*; **mittelfristige** ~ среднесрочная ссуда *f*
Auslese *f* высший сорт *m*; отбор *m*, выборка *f*
ausliefern поставлять, выдавать, отпускать, передавать
Auslieferung *f* поставка *f*, доставка *f*; выдача *f*, отпуск *m*; передача *f*, вручение *n*; **~ der Waren** поставка *f* товаров; **zahlbar bei** ~ оплата *f* при доставке
Auslieferungs|auftrag *m* деливери-ордер *m*; **-lager** *n* товарный склад *m*, сбытовая база *f*; **-provision** *f* вознаграждение *n* комиссионеру за получение, хранение и поставку товара; **-schein** *m* накладная *f* на груз
ausliegen быть выставленным (выложенным) на продажу
auslöschen погашать (долг); стирать (записанное)
auslosen разыгрывать; **Wertpapiere** ~ разыгрывать лот (партию) ценных бумаг
auslösen выкупать; запускать (механизм), вызывать (эмоции)
Auslösesumme *f* сумма *f* выкупа
Auslosung *f* розыгрыш *m*, тираж *m*; погашение *n* ценных бумаг
Auslösung *f* выкуп *m*; возмещение *n* расходов за выполнение обязанностей
Auslosungs|anleihe *f* заем *m*, погашаемый потиражно; **-anzeige** *f* объявление *n* о тираже; **-liste** *f* перечень *m* тиражей; **-termin** *m* срок *m* тиража; срок *m* погашения; **-wert** *m* стоимость *f* ценной бумаги к моменту ее погашения
ausmachen договариваться, сговариваться, условливаться; составлять (о цене); выключать (газ, свет)
Ausmaß *n* размер *m*, объем *m*, масштаб *m*
ausmustern отбирать, отсортировывать, выбраковывать
Ausmusterung *f* отбор *m*, выбраковка *f*
Ausnahme|bedingungen *pl* особые (чрезвычайные) условия *pl*; **-fall** *m* исключительный случай *m*, исключение *n*; **-regelung** *f*, урегулирование *n* исключительных случаев; **-tarif** *m* особый тариф *m*; **-zustand** *m* чрезвычайное положение *n*
ausnutzen использовать, эксплуатировать; воспользоваться, злоупотреблять (доверием)
Ausnutzung *f* использование *n*, эксплуатация *f*, изнашивание *n*; **missbräuchliche** ~ злоупотребление *n*, использование *n* в преступных целях
Ausnutzungsgrad *m* степень *f* использования
auspacken распаковывать
Ausprägung *f* чеканка *f* (монет)
ausprobieren испытывать, испробовать; **auf dem Markt** ~ испробовать на рынке
ausrangieren исключать, выкидывать; выбраковывать
ausräumen освобождать (помеще-

ние); **Schwierigkeiten** ~ устранить трудности

ausrechnen подсчитывать, вычислять, исчислять

ausreichen хватать, быть достаточным; предоставлять кредит

ausrichten направлять, ориентировать, выравнивать; **sich nach Wünschen der Kunden** ~ ориентироваться на пожелания потребителей (клиентов)

Ausrichtung *f* направленность *f*, ориентация *f*, направление *n*; ~ **der Produktion** ориентация *f* производства

Ausruf *m*, **öffentlicher** ~ *(Pol)* призыв *m* к общественности

ausrufen объявлять, зазывать

ausrüsten оборудовать, оснащать, обеспечивать, снабжать

Ausrüster *m* владелец *m* средства водного транспорта

Ausrüstung *f* оборудование *n*, оснащение *n*, инвентарь *f*; оснащение *n*, обеспечение *n*; **-en beschaffen** приобретать оборудование; **in ~ investieren** проводить инвестиции в средства производства; **-en liefern** поставлять оборудование; **industrielle -en** промышленное оборудование *n*; **komplette** ~ комплектное оборудование *n*

Ausrüstungs|gegenstände *pl* инвентарь *m*, оснастка *f*; **-grad** *m* оснащенность *f*; **-güter** *pl* машины *pl* и оборудование *n*; **-investitionen** *pl* инвестиции *pl* (капиталовложения *pl*) в оборудование; **-kosten** *pl* расходы *pl* (издержки *pl*) на оборудование

Aussage *f* показание *n*, свидетельство *n*

aussagefähig содержательный, информативный, значимый

Aussagefähigkeit *f* содержательность *f*, информативность *f*

Aussagewert *m* информационная ценность *f* (значимость *f*)

Ausschaltung *f* исключение *n*, элиминация *f*, устранение *n*; ~ **der Schwankungen** исключение *n* колебаний

ausscheiden выбывать, выходить, уходить; выделять; **aus der Firma** ~ уходить из фирмы; **aus der Landwirtschaft** ~ прекратить заниматься фермерством; **in beiderseitigem Einvernehmen** ~ увольняться по обоюдному согласию

Ausscheiden *n* выход *m*, уход *m*, выбывание *n*; ~ **aus dem Markt** уход с рынка; ~ **eines Teilhabers** выход *m* компаньона из дела

ausschiffen выгружать с судна; высаживать на берег

ausschlagen отвергать, отказываться

Ausschlagung *f* отказ *m* от наследства

ausschließen исключать, устранять; **die Öffentlichkeit** ~ проводить заседание за закрытыми дверями; **vertraglich** ~ исключить согласно договору

ausschließlich монопольный, исключительный; исключая, помимо, за исключением; ~ **Dividende** без дивиденда; **-es Recht** исключительное право; ~ **Zinsen** без процента

Ausschließlichkeits|abrede *f* соглашение *n* об исключительном праве (сбыта); **-bindung** *f* ограничительная практика *f* организации сбыта; **-klausel** *f* пункт *m* договора об исключительном праве; **-vereinbarung** *f* соглашение *n* об исключительном праве сбыта; **-vertrag** *m* договор *m* о монопольных поставках, агентское соглашение *n*

Ausschließung *f* исключение *n*, отстранение *n*, недопущение *n*; ~ **eines Gesellschafters** исключение *n* компаньона из общества

Ausschließungs|frist *f* срок *m* действия прав; **-grund** *m* причина *f* ликвидации общества; **-klage** *f* иск *m* с целью исключения компаньона из товарищества (общества); **-urteil** *n* решение *n* суда об исключении компаньона из общества

Ausschluss *m* исключение *n*, выведение *n*, увольнение *n*; **unter ~ der Öffentlichkeit** за закрытыми дверями

Ausschluss|frist *f* срок *m* действия прав (претензий); **-prinzip** *n* принцип *m* исключительного права пользования

ausschöpfen израсходовать, исчерпать, полностью использовать

Ausschöpfung *f* исчерпание *n*, полное расходование *n*; **~ eines Kontingents** полное использование *n* квоты

ausschreiben объявлять открытый конкурс; объявлять конкурс на размещение заказов; объявлять торги; выписывать; **ein Projekt ~** объявить конкурс на исполнение проекта; **den Namen ~** написать свое имя и фамилию полностью; **eine Rechnung ~** выписать счет; **einen Scheck ~** выписать чек

Ausschreibung *f* объявление *n* открытого конкурса, тендер *m*; торги *pl*; **ein Angebot auf eine ~ abgeben** сделать заявку на подряд; выставить свое предложение на конкурс (тендер); **einen Auftrag durch eine ~ vergeben** выдать подряд по результатам конкурса; **beschränkte ~** торги *pl* с ограниченным количеством участников; **geschlossene ~** закрытые торги *pl*; **internationale ~** международные торги *pl*, международный тендер *m*; **interne ~** закрытые торги *pl*; конкурс *m* на замещение вакантной должности среди сотрудников учреждения (предприятия); **öffentliche ~** публичные торги *pl*, открытый тендер *m*; **~ von Arbeitsplätzen** конкурс *m* на занятие рабочих мест; **~ von Aufträgen** тендер *m* на размещение заказов; **~ von Bauleistungen** тендер *m* на размещение подрядов (заказов) на строительство; **~ zur Privatisierung** объявление *n* торгов на приватизацию

Ausschreibungs|bedingungen *pl* условия *pl* торгов (конкурса, тендера); **-garantie** *f s.* **Bietungsgarantie** *f*

Ausschreibungsunterlagen *pl* тендерная документация *f*, конкурсная документация *f*

Ausschreibungsverfahren *n* конкурсная процедура *f*, процедура *f* конкурсного размещения заказов, процедура *f* проведения тендера

Ausschuss *m* комитет *m*, комиссия *f*; брак *m*, отходы *pl*; **beratender ~** консультативный комитет *m*

Ausschuss|abweichung *f* отклонение *n* фактических издержек, связанных с производственным браком, от плановых; **-anteil** *m* процент *m* брака; **-arbeit** *f* работа *f* комитета (комиссии); **-kosten** *pl* расходы *pl* (издержки *pl*) на устранение брака; **-mitglied** *n* член *m* комитета (комиссии); **-quote** *f* процент *m* брака; **-sitzung** *f* заседание *n* комитета (комиссии); **-verhütung** *f* меры *pl* по предупреждению брака; **-verwertung** *f* использование *n* бракованной продукции; **-ware** *f* бракованный товар *m*

ausschütten распределять; выплачивать

Ausschüttung *f* распределение *n*, выплата *f*; **die ~ festlegen** определить сумму распределяемой прибыли; **eine ~ leisten** производить распределение (выплату) прибыли (дивидендов) (прибыли)

ausschüttungsfähig выплачиваемый, распределяемый; **-e Gewinne** распределяемые прибыли

Ausschüttungs|belastung *f* уменьшение *n* размера корпоративного налога в зависимости от суммы распределяемой прибыли; **-betrag** *m* распределяемая (выплачиваемая) сумма; **-finanzierung** *f* внешнее финансирование *n* (в т.ч. увеличение уставного капитала); **-höhe** *f* размер *m* выплачиваемого дивиденда (на акцию); **-rate** *f* отношение *n* суммы дивидендов, выплаченных по обыкновенным акциям, к чистой годовой прибыли после выплаты дивидендов по привилегированным акциям; **-sperre** *f* ограничения *pl* на выплату дивиденда; **-termin** *m* срок *m* выплаты дивидендов

Außen|beitrag *m* сальдо *n* торгового баланса и баланса услуг и некоммерческих платежей; **-beziehungen** *pl* внешние связи *pl*, отношения с зарубежными странами; **-büro** *n* филиал *m*, отделение; **-dienst** *m* отдел *m* работы с клиентами на местах; разъездные сотрудники *pl*; внешняя служба *f*

Außendienst|kosten *pl* издержки *pl* на работу с клиентами на местах; **-mitarbeiter** *m* разъездной агент *m* (представитель *m* фирмы); сотрудник *m* внешней службы

Außen|finanzierung *f* финансирование *n* за счет внешних источников, внешнее финансирование; **-handel** *m* внешняя торговля *f*

Außenhandels|bank *f (Bank, Handel, Imp/Exp)* внешнеторговый банк; **-beratung** *f* консультации *pl* в области внешней торговли; **-beziehungen** *pl* внешнеторговые связи *pl*; **-bilanz** *f* баланс *m* внешней торговли; **-defizit** *m* внешнеторговый дефицит *m*, пассивное сальдо *n* внешнеторгового баланса; **-entwicklung** *f* развитие *n* внешней торговли; **-finanzierung** *f* финансирование *n* внешней торговли; **-firma** *f* внешнеторговая фирма *f*; **-förderung** *f* стимулирование *n* развития внешней торговли; **-geschäft** *n* внешнеторговая сделка *f* (операция *f*); **-gesellschaft** *f* внешнеторговая компания *f*; **-gewinn** *m* прибыль *f* от внешнеторговых операций; **-gleichgewicht** *n* сбалансированность *f* внешней торговли; **-kammer** *f (Handel, Imp/Exp)* внешнеторговая палата **-messe** *f* международная торговая ярмарка *f*; **-organisation** *f (Handel, Imp/Exp)* внешнеторговая организация; **-partner** *m* внешнеторговый партнер *m*; **-politik** *f* внешнеторговая политика *f*; **-quote** *f* доля *f* внешней торговли в валововом национальном продукте; **-saldo** *m* сальдо *n* внешнеторгового баланса; **-statistik** *f* статистика *f* внешней торговли; **-überschuss** *m* активное сальдо *n* внешнеторгового баланса; **-umsatz** *m* внешнеторговый оборот *m*; **-unternehmen** *n* внешнеторговая фирма *f* (организация); **-volumen** *n* объем *m* внешней торговли

Außen|markt *m* внешний рынок *m*; **-montage** *f* монтаж *m* снаружи; **-protektion** *f* (государственный) протекционизм; **-prüfung** *f* внешняя налоговая ревизия *f*, налоговая проверка *f*; **-seiter** *m* аутсайдер *m*

Außenstände *pl (Buchh)* дебиторская задолженность *f*, счет *m* дебиторов, счета к получению; **~ eintreiben (einziehen)** взыскивать долги; **uneinbringliche ~** безнадежные долги *pl*

Außen|stelle *f* филиал *m*, отделение *n*, представительство *n*; **-tarif** *m* единый таможенный тариф *m*; **-versicherung** *f* страхование *n* вещей, находящихся не в месте страхования; **-verkäufer** *m* уличный продавец *m*, продавец *m* на выставочном стенде; **-wanderung** *f* иммиграция *f* и эмиграция *f*; **-werbung** *f* уличная реклама *f*; **-wert** *m* стоимость *f* на (мировом) рынке; **-wirtschaft** *f* внешнэкономические связи *pl*, внешняя экономика *f*

außenwirtschaftlich внешнеэкономический; **-es Gleichgewicht** баланс *m* внешнеэкономической деятельности

Außenwirtschafts|bestimmungen *pl* нормы *pl* внешнеторгового права; **-beziehungen** *pl* внешнеэкономические связи *pl*; **-gesetz** *n (Handel, Imp/Exp)* закон *m* о внешнеэкономической деятельности; **-politik** *f* внешнеэкономическая политика *f*; **-rechnung** *f* учет *m* внешнеэкономической деятельности; **-recht** *n* внешнеторговое право *n*; **-verkehr** *m* внешняя торговля *f* и платежи *pl*

außer Betrieb не работает (напр. лифт)

außerbetrieblich внезаводской, вне предприятия, вне производства; **-er Vergleich** сопоставительный анализ *m* деятельности предприятий

Außerbetriebnahme *f* остановка *f*, закрытие *n*

Außerbetriebsetzung *f* прекращение *n* (остановка *f*) производства; консервация *f* оборудования

Ausserbilanzposten *m (Buchh)* забалансовый счёт *m*

außerbörslich внебиржевой, в свободном обращении на неофициальном рынке; ~ **handeln** производить операции на неофициальной фондовой бирже

außerdienstlich неофициальный, в частном порядке

Außerdienstsetzung *f* увольнение *n*, снятие *n* с должности

außergerichtlich внесудебный

außergewöhnlich чрезвычайный, экстренный; **-e Ausgaben** чрезвычайные расходы (затраты)

Außerkrafttreten *n* прекращение *n* действия; ~ **von Gesetzen** прекращение действия законов

Außerkurssetzung *f* снятие *n* с котировки; нуллификация *f* (аннулирование *n*) денежных знаков

außerordentlich чрезвычайный, исключительный

außerplanmäßig внеплановый, внештатный

äußerst крайний, предельный; **-er Preis** крайняя цена *f*; очень низкая цена *f*; очень высокая цена *f*

außertariflich сверхтарифный, внетарифный; **-e Zahlungen** сверхтарифные ставки *pl* (выплаты *pl*)

aussetzen приостанавливать, прекращать, прерывать; назначать

Aussetzung *f* приостановка *f*, приостановление *n*, (временное) прекращение *n*; перебой *m*; отсрочка *f*; назначение *n*; выставление *n*; ~ **einer Belohnung** предложение *n* (установление *n*) вознаграждения; ~ **der Einfuhr** прекращение *n* импорта; ~ **des Handels** изъятие *n* ценных бумаг из биржевой торговли; ~ **eines Verfahrens** приостановление *n* производства по делу; ~ **von Tilgungs- und Zinszahlungen** прекращение *n* платежей в счет уплаты и погашения процентов

Aussicht *f* вид *m*; перспектива *f*; шанс *m*, возможность *f*; **-en einschätzen** оценивать перспективы (шансы); **in ~ nehmen** намечать; **in ~ stellen** предоставлять возможность; обещать

Aussiedler *n* переселенец *m*

Aussiedler|förderung *f* помощь *f* переселенцам; **-integration** *f* интеграция *f* переселенцев в обществе

aussondern выделять, отделять, отбирать, отсортировывать, отбраковывать

Aussonderung *f* выделение *n*, выбытие *n*, изъятие *n*; отбор *m*; отсортировка *f*; выбраковка *f*

Aussonderungs|anspruch *m* требование *n* возмещения имущества; **-recht** *n* право *n* на выделение предметов из конкурсной массы

aussortieren рассортировывать, отсортировывать; выбраковывать

aussperren отстранять от работы, увольнять; объявлять локаут

Aussperrung *f* (временное неоплачиваемое) отстранение *n* работников от работы (в связи с забастовкой), локаут *m*

Ausstand *m* забастовка *f*, стачка *f*; **im ~ sein** бастовать; **in den ~ treten** прекращать работу, объявлять забастовку

ausstatten оборудовать, оснащать; наделять; предоставлять; снабжать; определять условия; **mit eigenen Mitteln ~** оборудовать на собственные средства; финансировать за счет собственных средств; **mit Kapital ~** предоставлять капитал

Ausstattung *f* оборудование *n*, оснащение *n*; снабжение *n*, наделение *n*; предоставление *n*; отделка *f*; оснащенность *f*; ~ **einer Anleihe** условия *pl* выпуска займа; **finanzielle ~** предоставление *n* денежных средств; ~ **eines Ladens** интерьер *m* (оборудование) магазина; **personelle ~** укомплектованность *f* штатов; **technische ~** техническая оснащенность *f*, техническое оснащение *n*

Ausstattungs|grad *m* уровень *m* оснащенности; **-kosten** *pl* расходы (издержки *pl*) на оснащение предприятия

ausstehend невнесенный, неуплаченный, просроченный; **-e Einlage** невнесенный пай *m*, неоплаченный акционерный капитал *m*; **-e Forderungen** дебиторская задолженность *f*; **-e Lieferungen** непоставки *pl*, недопоставки *pl*

aussteigen выходить, выделяться; **aus dem Geschäft ~** выходить из дела

Aussteiger *m* выделяющийся компаньон *m*

ausstellen выставлять (счет); трассировать (вексель); выдавать, выписывать, оформлять; экспонировать (товары); **Waren auf einer Messe ~** экспонировать товары на выставке

Aussteller *m* выставитель *m* счета; лицо, выдающее документ; экспонент; **an den ~ zurück** обратитесь к чекодателю; **~ eines Wechsels** трассант *m*; **~ eines Wertpapiers** выставитель *m* ценной бумаги

Ausstellung *f* выставление *n* (чека), трассирование *n*; выдача *f*; оформление *n* документа; выставка *f*; экспонирование *n*; **eine ~ veranstalten** организовать выставку

Ausstellungs|datum *n* дата *f* выдачи документа; **-gut** *n* экспонирующийся товар *m*, экспонат *m*; **-kosten** *pl* расходы на организацию выставки; расходы *pl* по участию в выставке; **-ort** *m* место *n* выдачи документа; место *n* проведения выставки; **-tag** *m* дата *f* выдачи (выставления, трассирования); день *m* проведения выставки; **-versicherung** *f* страхование *n* экспонатов выставки

Aussteuerversicherung *f (Versich) s.* **Heiratsversicherung** *f*

Ausstieg *m* выход *m*

Ausstiegsgebühr *f* сбор *m* за досрочное погашение

Ausstoß *m* выпуск *m*, производство *n*; выработка *f*; объем *m* выпускаемой продукции

ausstoßen выпускать, производить, вырабатывать

Austausch *m* обмен *m*, мена *f*; замена *f*; **~ mangelhafter Teile** замена *f* дефектных деталей; **~ von Erfahrungen** обмен *m* опытом; **~ von Waren** товарообмен *m*; бартер *m*

austauschbar заменимый; взаимозаменимый; **-e Teile** взаимозаменимые детали *pl*

Austauschbarkeit *f* заменяемость *f*; взаимозаменяемость *f*

Austauschbedingungen *pl* условия *pl* обмена

austauschen обменивать, заменять, сменять, менять, обмениваться

Austausch|lieferung *f* поставки *pl* по бартеру; поставка *f* продукции взамен обусловленной договором; **-pfändung** *f* право *n* на арест предметов имущества должника при условии предоставления замены; **-stoff** *m* заменитель *m*; суррогат *m*; **-teile** *pl* взаимозаменимые детали *pl*; **-verhältnisse** *pl* условия *pl* меновой внешней торговли; **-volumen** *n* количественный объем *m* экспорта и импорта; **-ware** *f* товар-заменитель *m*

austreten выходить, уйти, выбывать; **aus dem Geschäft ~** выйти из дела; **aus einer Gesellschaft ~** выйти (выделиться) из компании

Austritt *m* выход *m*, выбытие *n*; **seinen ~ erklären** заявить о своем выходе из состава; **~ eines Gesellschafters** выход *m* компаньона; **~ aus einem Verein** выход *m* из состава членов общества

Austrittserklärung *f* заявление *n* о выходе (из состава)

ausüben исполнять, выполнять, заниматься; **einen Beruf ~** работать по профессии

Ausübung *f* выполнение *n*, исполнение *n*, занятие *n*; осуществление *n*; использование *n*; практика *f*; **~ eines Amtes** исполнение служебных обязанностей; **~ einer Tätigkeit** занятие *n* бизнесом; **~ einer Option** реализация *f* опциона

Ausübungs|frist *f* срок *m* действия опциона; **-preis** *m (Börse, Fin)* цена *f* исполнения, Strike Price; **-tag** *m* день *m* исполнения опциона; **-zeitpunkt** *m* предельный срок *m* исполнения опциона

Aus- und Weiterbildung *f* обучение *n* и повышение *n* квалификации

Ausverkauf *m* распродажа *f*

ausverkaufen распродавать; **das Wa-**

renlager ~ распродать товарные запасы
Auswahl *f* выбор *m*; ассортимент *m*; выборка *f*; **zur ~ vorlegen** предлагать на выбор
Auswahl|möglichkeit *f* возможность *f* выбора; **-prüfung** *f* выборочная проверка *f*; **-richtlinien** *pl* инструкции *pl* работодателя по кадровым вопросам; **-verfahren** *n* открытый конкурс *m* (при принятии на работу); метод *m* выборки
auswandern эмигрировать, переселяться
Auswanderung *f* эмиграция *f*, переселение *n*
auswärtig внешний, иностранный, зарубежный; **-e Kunden** *pl* приезжие (зарубежные) клиенты *pl*; **-e Tätigkeit** *f* работа *f* вне предприятия
auswechselbar заменимый, сменяемый
Auswechslung *f* замена, смена
Ausweich|klausel *f* оговорка *f* (клаузула *f*) о возможности отказа; **-kurs** *m* номинальный курс *m*, отклоняющийся от фактического
Ausweis *m* справка *f*, документ *m*; удостоверение личности, пропуск *m*; отчет *m* банка о состоянии счетов; баланс *m*; данные *pl*, доказательство *n*, свидетельство *n*; **einen ~ ausstellen** выдать удостоверение личности; **einen ~ einziehen** отбирать удостоверение личности; **~ der Mehrwertsteuer** данные *pl* (отчет) о налоге на добавленную стоимость
ausweisen документально доказывать, свидетельствовать; показывать в балансе (в отчете); учитывать, отражать; высылать; **als Verlust ~** показывать как убытки; **auf Konten ~** показывать (отражать) в счетах; **Gewinne ~** показывать прибыли в документах
Ausweis|kontrolle *f* проверка *f* документов; **-papiere** *pl* документы, удостоверяющие личность; **-pflicht** *f* обязанность *f* предоставлять сведения (отчет)
ausweiten расширять, распространять, увеличивать; **das Angebot ~** расширить предложение (ассортимент); **das Geschäft ~** расширять бизнес
Ausweitung *f* расширение *n*, распространение *n*, увеличение *n*; **~ der Produktion** расширение *n* производства
auswerten оценивать; анализировать; подводить итоги; интерпретировать; использовать; осваивать
Auswertung *f* оценка *f*, анализ *m*, подведение *n* итогов; использование *n*; **eine ~ vornehmen** произвести оценку (анализ); **computergestützte ~** анализ *m* (обработка *f*) с помощью ЭВМ
Auswirkung *f* действие *n*, воздействие *n*, влияние *n*; последствия *pl*, результат *m*; **-en der Inflation** воздействие *n* инфляции; **wirtschaftliche -en** экономические последствия *pl*
auszahlen выплачивать, выдавать, рассчитывать, производить расчет; **sich ~** оправдаться, быть рентабельным
auszählen подсчитывать, отсчитывать, пересчитывать, кончить считать
Auszahlung *f* платеж *m*, выплата *f*, расчет *m*; выплаченная сумма *f*; выкуп *m*; **zur ~ gelangen** быть выплаченной; **~ des Arbeitsentgelts** выплата заработной платы; **~ des Gewinnes** выплата прибыли; **~ von einem Konto** платеж со счета
Auszählung *f* счет *m*, подсчет *m*, подсчитывание *n*, пересчитывание *n*; **eine ~ vornehmen** проводить подсчет; **~ der Stimmen** подсчет голосов
Auszahlungs|anweisung *f* требование *n* произвести платеж; денежный перевод; **-bestätigung** *f* квитанция *f*, расписка *f* в получении; **-betrag** *m* выплачиваемая сумма *f*; **-ermächtigung** *f* право *n* на проведение выплаты (платежа); **-kredit** *m* предоставление *n* экспортером дополнительного срока погашения платежей; **-kurs** *m* ставка *f* (норма *f*)

выплат; **-liste** *f* расчетная ведомость *f*

auszeichnen снабжать ценником, указывать цену, отмечать, награждать, выделять; **Waren mit einem Preis ~** указать цену товара

Auszeichnung *f* обозначение *n* цены, снабжение *n* ценникамм; награждение *n*, присуждение *n*; награда *f*, поощрение *n*

Auszeichnungs|pflicht *f* обязанность *f* указывать на товарах цены; **-vorschriften** *pl* правила *pl* размещения ценников

Auszubildende *m (f)* ученик *m* (ца), обучаемый *m* (ая) (на предприятии); **kaufmännische ~** обучающиеся торговому делу

Auszug *m* выписка *f*, выборка *f*; **~ aus den Akten** выписка *f* из бухгалтерских книг (официальных документов)

autark автаркический, экономически независимый

Autarkie *f* автаркия *f*, экономическая независимость *f*

authentisch подлинный, достоверный, аутентичный

Authenzität *f* подлинность *f*, достоверность *f*, аутентичность *f*

Auto *n* автомобиль *m*, (авто)машина *f*

Auto|bahn *f* автострада *f*, автомагистраль *f*; **-ersatzteile** *pl* запасные части *pl* для автомобилей; **-export** *n* экспорт *m* автомобилей; **-fabrik** *f* автомобильный завод *m*; **-handel** *m* торговля *f* автомобилями; **-händler** *m* торговец *m* автомобилями, автомобильный дилер; **-hersteller** *m* производитель *m* автомобилей; **-industrie** *f* автомобильная промышленность *f*; **-kauf** *m* покупка *f* автомобиля; **-kosten** *pl* расходы *pl* на содержание автомобиля; **-kredit** *m* (потребительский) кредит *f* на покупку автомобиля

Automatenverkauf *m* продажа *f* через автоматы

Automation *f* автоматизация *f*, достигнутый уровень *m* автоматизации

Automationsgrad *m* степень *f* автоматизации

Automatisierung *f* автоматизация *f*, процесс *m* автоматизации

Automobil|einfuhren *pl* импорт *m* автомобилей; **-hersteller** *m* производитель *m* автомобилей; **-industrie** *f* автомобильная промышленность *f*; **-produktion** *f* производство *n* автомобилей; **-werk** *n* автомобильный завод *m*; **-werte** *pl* ценные бумаги автомобильных компаний; **-zulieferer** *m* поставщик *m* комплектующих для автомобильного завода

Autonomie *f* автономия *f*, независимость *f*, самостоятельность *f*; **~ der Tarifpolitik** автономия *f* тарифной политики

Autonomiekosten *pl* издержки *pl* на автономию (на принятие автономных решений)

Autoproduktion *f* автомобильное производство *n*

Autorenhonorar *n* авторский гонорар *m*

Autorisation *f* предоставление *n* полномочий, авторизация

autorisieren уполномочивать; авторизовывать

autorisiert уполномоченный, обладающий исключительным правом

autoritär авторитарный, властный; **-er Chef** *m* авторитарный руководитель *m*

Autorität *f* авторитет *m*, уважение *n*, престиж *m*

Auto|transporter *m (Transp)* автовоз *m* (грузовик *m*), паром *m* ро-ро; **-transportwagen** *m (Transp)* ж/д-платформа для транспортировки а/м; **-verkehr** *m* автомобильное движение (сообщение); **-verleihung** *f* **(-vermietung** *f***)** сдача *f* автомобилей в аренду (напрокат); **-versicherung** *f* страхование *n* автомобилей; **-zug** *m* пассажирский поезд *m* с вагоном для автомобилей пассажиров

Aval *m* аваль *m*, поручительство *n* по векселю

Aval|begünstigte *m* бенефициар *m*; **-bürge** *m* поручитель *m* по векселю, авалист *m*; **-bürgschaft** *f* поручительство по векселю; **-höhe** *f*

размер *m* (предел *m*) поручительства
avaliert авалированный
Aval|akzept *n* акцепт в порядке посредничества; **-kredit** *m* кредит *m* по поручительству, гарантийный кредит *m*; **-kreditgeber** *m* поручитель *m* по кредиту, авалист *m*; **-kreditnehmer** *m* лицо *n*, берущее кредит по поручительству; **-provision** *f* вознаграждение *n* за аваль (поручительство); **-vermerk** *m* гарантийная надпись *f* авалиста
Averaging *n* регулярная покупка *f* определенного числа акций
Avis *m* авизо *n*, извещение *n*, уведомление *n*; **laut ~** согласно уведомлению; **~ der Lieferung** *f* извещение *n* о поставке
avisieren уведомлять, извещать, авизовать
avisierend открывающий аккредитив *m*; производящий плату по аккредитиву; **-e Bank** банк *m*, производящий оплату по аккредитиву; банк *m*, открывающий аккредитив
avisiert с уведомлением; **-e Sendung** *f* партия *f* груза с уведомлением
Avisklausel *f* оговорка *f* об авизо
Avisierung *f* уведомление *n*, извещение *n*; **~ eines Akkreditivs** извещение *n* об открытии аккредитива
a vista по предъявлению
Avistawechsel *m* вексель *m* на предъявителя
Azubi *s.* **Auszubildende** *m (f)*
azyklisch нециклический, ациклический

B

Baby-Bonds *pl* облигации *pl* мелкого достоинства
Backwardation разница *f* в цене товара по кассовым и срочным сделкам
Bagatell|betrag *m* незначительная сумма *f*; **-klausel** *f* оговорка *f* о незначительном нарушении авторских прав; **-schaden** *m* незначительный убыток *m* (ущерб *m*); **-steuern** *pl* незначительные (по величине) налоги *pl*
Bahn *f* железная дорога *f*; путь *m*, дорога *f*, трасса *f*; **Güter per ~ versenden** отправлять грузы по железной дороге
Bahn|abfertigung *f* оформление *n* железнодорожного груза; **-anleihe** *f* заем *m*, выпускаемый Федеральным ведомством железных дорог; **-beförderung** *f* транспортировка *f* по железной дороге; **-fahrt** *f* поездка *f* по железной дороге; **-fracht** *f* груз *m*, перевозимый по железной дороге; **-frachtbrief** *m* накладная *f* на отправку грузов по железной дороге; **-frachtgeschäft** *n* операции *pl* по перевозкам грузов по железной дороге; **-frachtsätze** *pl* тарифы *pl* на перевозку грузов по железной дороге
bahnfrei франко-провоз *m* по железной дороге
Bahnhof *m* вокзал *m*; станция *f*; **Lieferung franko ~** поставка *f* франко-железнодорожная станция
bahnlagernd с хранением на станции
Bahn|spediteur *m* железнодорожный экспедитор *m*; **-tarif** *m* железнодорожный тариф *m*; **-transport** *m* транспортировка *f* по железной дороге; железнодорожный транспорт *m*; **-verbindung** *f* железнодорожное сообщение *n*; **-verkehr** *m* железнодорожное движение *n*; железнодорожные перевозки *pl*; **-versand** *m* отправка *f* грузов по железной дороге
Baisse *f* (резкое) понижение *n* биржевых курсов; резкий экономический спад *m*, кризис *m*; **auf ~ spekulieren** играть на понижение; **eine ~ erleben** переживать резкий спад деловой активности; **~ am Aktienmarkt** падение курсов акций; **starke ~** значительное понижение курсов
Baisse|angriff *m* спекуляция *f* на понижение, игра на понижение; **-engagement** *n* спекулятивная деятельность *f* биржевиков, играющих на понижениекороткая позиция; **-klausel** *f* пункт *m* договора, предусматривающий понижение

цены; **-markt** *m* рынок *m*, на котором отмечается понижательная тенденция; **-position** *f* позиция *f* спекулянтов, играющих на понижение; **-spekulant** *m* биржевой спекулянт *m*, играющий на понижение, медведь *m*; **-spekulation** *f* игра *f* на понижение; **-stimmung** *f* понижательное настроение *n*; **-tendenz** *f* тенденция *f* к понижению; **-verkauf** *m* продажа *f* при игре на понижение; **-zeiten** *pl* период *m* понижения курсов

Baissier *m* биржевик *m*, играющий на понижение, медведь *m*

Balkenchart изображение *n* биржевых курсов с помощью столбчатой диаграммы (диаграммы Ганта)

Balkendiagramm *n* график *m* выполнения плана, график *m* Ганта

Ballen *m* тюк *m*, кипа *f*, рулон *m*; **in ~ verpacken** упаковывать в тюки

Ballung *f* сосредоточение *n*, концентрация *f*, агломерация *f*

Ballungsgebiet *n*, **Ballungsraum** *m* район высокой плотности населения, район *m* концентрации населения и предприятий

Band *n* конвейерная линия *f*, лента *f*; **am laufenden ~** на конвейере, непрерывно

Bandbreite *f* пределы *pl* колебания; диапазон *m*; **~ des Wechselkurses** пределы *pl* колебания курса валют

Bandbreitenoption *f (Bö)* коллар *m*

Banderole *f* бандероль *f*, ярлык *m* об уплате пошлины с печатью

Banderolensteuer *f* бандерольный сбор *m*

Bandfertigung *f* конвейерное производство *n*

Bank *f* банк *m*; **bei einer ~ deponieren** положить ценные бумаги в банк на хранение; **bei einer ~ einlegen** положить деньги на счет в банке; **eine ~ betreiben** управлять (владеть) банком; **eine ~ gründen** основать банк; **Geld auf die ~ bringen** положить деньги на счет в банке; **Geld durch die ~ überweisen** переводить деньги через банк; **eine ~ schließen** закрыть банк; **Wertpapiere bei einer ~ hinterlegen** депонировать ценные бумаги в банке; **anweisende ~** банк *m*, открывший аккредитив; **ausführende ~** банк-исполнитель *m*; **beauftragte ~** банк-исполнитель *m*; банк-плательщик *m*; **bezogene ~** банк *m*, оплачивающий переводной вексель, банк-трассат *m*; **einziehende ~** банк-инкассатор *m*; **~ für Internationalen Zahlungsausgleich (BIZ)** банк *m* международных расчетов (БМР); **führende ~** ведущий (головной) банк *m*; **Internationale ~ für Wiederaufbau und Entwicklung (IBWE)** Международный банк реконструкции и развития (МБРР); **kreditgewährende ~** банк *m*, предоставляющий кредит; **öffentlich-rechtliche ~** публично-правовой банк *m*; **überweisende ~** банк *m*, переводящий средства

Bank|abrechnung *f* баланс *m* банка (на дату); банковские расчеты *pl*; **-abrufverfahren** *n* автоматическая система *f* банковских переводов; **-adresse** *f* название *n* и адрес *m* банка; **-akkreditiv** *n* аккредитив *m*; **-aktie** *f* акция *f* банка, банковская акция *f*; **-aktionär** *m* акционер *m* банка; **-aktiva** *pl* активы *pl* банка; банковские активы *pl*; **-akzept** *n* банковский акцепт *m*

Bank-an-Bank-Kredit *m* межбанковский кредит *m*

Bank|angestellte *m* банковский служащий *m*; **-anleihe** *f* (долгосрочный) заем *m* банка; **-anstalt** *f* банк *m*; **-anweisung** *f* банковский перевод *m*; аккредитив *m*; **-arbeitstag** *m* рабочий день *m* банка

Bank-auf-Bank-Ziehungen *pl* взаимное трассирование *n* векселей банками

Bank|auftrag *m* поручение *n* клиента банку; **-auskunft** *f* информация *f* (сведения *pl*) банка о платежеспособности (солидности) клиента; **-ausweis** *m* финансовый отчет *m* банка; **-auszug** *m* выписка *f* из банковского счета; **-automat** *m* банковский автомат *m*; **-aval** *m* банковский аваль *m*, аваль *m* банка, банковская гарантия *f*, поручительство *n* банка

Bank|avis *n* (банковское) авизо *n*; **-bedingungen** *pl* условия *pl* проведения банковских операций

Bank-bei-Bank-Einlagen *pl* взаимные вклады *pl* банков

Bank|belege *m* банковские документы *pl*; **-bericht** *m* финансовый отчет *m* банка; **-beteiligung** *f* банковские инвестиции *pl*, пакет *m* акций банка; **-betrieb** *m* деятельность *f* банка; банковские операции *pl*; **-bilanz** *f* баланс *m* банка; **-bilanzierung** *f* составление *n* баланса банка; **-buchhaltung** *f* банковская бухгалтерия *f*; **-bürgschaft** *f* банковское поручительство *n*; банковская гарантия *f*; **-darlehen** *n* банковская ссуда *f*; **-depot** *n* отдел *m* вкладов в банке; ценности *pl*, сданные в банке на хранение, депозит *m*

Bankdienstleistungen *pl* банковские услуги *pl*; **elektronische** ~ электронные банковские услуги *pl*

Bank|direktor *m* управляющий *m* банком; **-diskont** *m* учетная банковская ставка *f*, банковский дисконт *m*; **-einlage** *f* вклад *m* в банк, депозит *m*; **-einzahlung** *f* платеж *m* (взнос *m*) в банк; **-einzugsverfahren** *n* автоматическая система *f* банковских переводов, прямое дебетование *n*; **-emission** *f* банковская эмиссия *f*

Banken|abrechnungsstelle *f* банковская расчетная палата *f*; **-aufsicht** *f* ведомство *n* по контролю над банковской деятельностью, (в Германии) федеральное ведомство *n* по надзору за деятельностью банков; **-clearing** *n* банковский клиринг *m*; безналичные расчеты *pl* между банками; **-crash** *m* банкротство *n* банков, крах *m* банковской системы; **-debitoren** *pl* счета *pl* ностро у банков-корреспондентов; **-erlass** *m* распоряжение *n* федерального министра финансов об обязанности кредитных институтов предоставлять информацию налогово-финансовым службам; **-fusion** *f* слияние *n* банков; **-geld** *n* депозитные деньги *pl*, межбанковский капитал *m*; средства *pl*, привлеченные из других банков; **-gruppe** *f* банковская группа *f*, банковский концерн *m*; **-konsortium** *n* консорциум *m* банков; **-konzentration** *f* слияние *n* банков; **-kredite** *pl* банковские кредиты *pl*; **-kreditoren** *pl* счета *pl* лоро, остаток *m* на корреспондентских счетах в данном банке; **-liquidität** *f* ликвидность *f* банков; **-markt** *m* межбанковский рынок *m*; **-statistik** *f* банковская статистика *f*; **-stimmrecht** *n* право *n* голоса, переданное акционерами банку, хранящему их акции; **-system** *n* банковская система *f*, система *f* банков, банковское дело *n*; **-verband** *m* банковский союз *m*

Banker *m* банкир *m*, владелец *m* (компаньон *m*) частного банка

Bank|erklärung *f* справка *f* о платежеспособности (клиента); **-fach** *n* банковское дело *n*, деятельность *f* банков, банковский бизнес *m*

bankfähig принимаемый банком к учету

Bank|fähigkeit *f* пригодность *f* векселя к учету; **-feiertage** *pl* нерабочие дни *pl* банков; **-filiale** *f* филиал *m* (отделение *n*, агентство *n*) банка; **-garantie** *f* банковская гарантия *f*; поручительство *n* банка; **-gebräuche** *pl* банковская практика *f*; **-gebühren** *pl* банковские сборы *pl*; **-geheimnis** *n* банковская тайна *f*; тайна *f* вкладов в банке; **-geschäft** *n* банковская сделка *f* (операция *f*); банковское дело *n*; **-gespräch** *n* переговоры *pl* с банком; **-gewerbe** *n* банковское дело *n*; **-gewinn** *m* банковская прибыль *f*

bankgiriert с банковским жиро; с банковским индоссаментом

Bank|gläubiger *m* кредитор *m* банка; **-guthaben** *n* активы *pl* банка; сальдо *n* банковского счета; **-haus** *n* банк *m*, банкирский дом *m*

Bankier *m* банкир *m*, владелец *m* (компаньон *m*) частного банка

Banking *n* банковское дело *n*, банковские операции *pl*, банковский оборот *m*; **Electronic** ~ автоматизированная система *f* ведения банковских операций, электронные банковские операции *pl*, электронный бэнкинг *m*; **Tele ~** телебэнкинг *m*

Bank|inkasso *n* банковское инкассо *n*; платежи *pl* через банк; **-institut** *n* банк *m*, банковское учреждение *n*; **-kapital** *n* банковский капитал *m*, капитал *m* банка; **-kassierer** *m* банковский служащий *m*, кассир *m*; **-kaufmann** *m* банковский клерк *m*, служащий *m* банка; **-konditionen** *pl* общие условия *pl* заключения сделок между банками и клиентами

Bankkonto *n* банковский счет *m*, текущий счет *m* в банке; **ein ~ anlegen (einrichten)** открывать счет в банке; **ein ~ haben** иметь счет в банке; **ein ~ sperren** заблокировать банковский счет; **ein ~ überziehen** превысить остаток на счете

Bank|kontokorrent *m* банковский контокоррент *m*; **-kontrolle** *f* банковский контроль *m*; **-kredit** *m* банковский кредит *m*, банковская ссуда *f*; **-kunde** *m* клиент *m* банка; **-kundschaft** *f* клиентура *f* банка; **-leistungen** *pl* банковские услуги *pl*; **-leitzahl** *f* **(BLZ)** код *m* банка (в Германии); **-liquidität** *f* ликвидность *f* банков; **-management** *n* управление *n* банком; **-manager** *m* управляющий *m* банком

bankmäßig банковский; через банк

Banknote *f* банковский билет *m*; банкнота *f*; кредитный билет *m*; денежный знак *m*; **-n ausgeben** выпускать банкноты *pl*; **falsche ~** фальшивая банкнота; **~ in fremder Währung** иностранная банкнота *f*; **umlaufende ~** банкнота *f* в обращении

Banknoten|ausgabe *f* выпуск *m* банкнот; банкнотная эмиссия *f*; **-umlauf** *m* обращение *n* банкнот; **-vorrat** *m* запас *m* банкнот

Bankobligationen *pl* облигации *pl* банка

Bankomat *m* банковский автомат *m*, банкомат *m*

Bankoperation *f (Bank, Fin)* банковская операция *f*

Bank|organisation *f* организация *f* работы банка; **-platz** *m* место *n* расположения земельного центрального банка или его отделения (филиала); **-politik** *f* банковская политика *f*; **-provision** *f* банковская провизия *f*, комиссионные *pl* за осуществление банковских операций; **-prüfung** *f* банковская ревизия *f*; **-publizität** *f* обязанность *f* банков предоставлять сведения о своей деятельности; **-rate** *f* учетный банковский процент *m*, учетная ставка *f* банка; **-recht** *n* законодательство *n* в области банковского дела; **-regel** *f* золотое правило *n* банковской ликвидности; **-reserve** *f* резервный капитал *m* банка; **-risiko** *n* банковский риск *m*

bankrott обанкротившийся, неплатежеспособный, несостоятельный; **~ gehen (machen, sein)** обанкротиться; **sich ~ erklären** объявить себя банкротом

Bankrott *m* банкротство *n*, неплатежеспособность *f*, несостоятельность *f*; **an dem ~ beteiligt sein** находиться в числе потерпевших банкротство; **den ~ erklären** объявить себя банкротом; **den ~ herbeiführen** привести к банкротству; **betrügerischer ~** преднамеренное банкротство *n*

Bankrotterklärung *f* объявление *n* о банкротстве

Bankrotteur *m* банкрот *m*, обанкротившийся

Bank|rücklagen *pl* банковские резервные фонды *pl*; **-safe** *m* банковский сейф *m*; **-saldenbestätigung** *f* подтверждение *n* сальдо банковского счета; **-satz** *m* учетный банковский процент *m*, учетная ставка *f*; **-schalter** *f* окошко *n* (касса *f*) в банке; **-schalterstunden** *pl* часы *pl* работы банка; **-scheck** *m* банковский чек *m*, чек *m* на банк; тратта *f* на другой банк; **-schließfach** *n* банковский сейф *m*; **-schuld** *f* долг *m* (задолженность *f*) банку; долг *m* (задолженность *f*) банка; **-schuldverschreibung** *f* банковское долговое обязательство *n*; облигация банка; **-sparplan** *(Bank, Fin)* график *m* формирования накоплений на счету в банке (путем ежемесячных взносов); **-spesen** *pl* расходы *pl* на банковские операции; банковская комиссия *f*; **-sprecher** *m* представитель *m* банка; **-status** *m* состояние *n* счетов банка; **-statut** *m* устав *m* банка; **-stelle** *f* отделение *n* банка; банк *m*; **-stellennetz** *n* сеть *f* отделений банка; **-system** *n* банковская система *f*; **-titel** *pl* ценные бумаги *pl* банков; **-transaktion** *f* банковская операция *f*; **-tresor** *m* банковское хранилище *n*; стальной сейф *m*, подвал *m* банка; **-überweisung** *f* банковское перечисление *n* денег; банковский перевод *m*

banküblich принятый в банковской деятельности

Bank|umsatz *m* оборот *m* банка; **-usancen** *pl* банковские правила *pl* (обычаи *pl*); **-verbindung** *f* банковские реквизиты *pl*; **-verein** *m* объединение *n* банков; **-verkehr** *m* банковские операции *pl*, деятельность *f* банка; **-vermögen** *n* имущество *n* банка, капитал *m* банка; **-verschuldung** *f* задолженность *f* банкам; **-vertreter** *m* агент *m* банка; **-vollmacht** *f* полномочия *pl* банка; **-wechsel** *m* вексель *m* с жироакцептом банка; первоклассный вексель *m*; тратта *f*; **-werte** *pl* акции *pl* банков, ценные бумаги *pl* банка; **-wesen** *n* банковское дело *n*, банковская система *f*; **-ziehung** *f* выставление *n* банковской тратты; **-zins** *m* банковский процент *m*; **-zusage** *f* согласие *n* банка на предоставление кредита; **-zusammenbruch** *m* банкротство *n* банка; **-zweigstelle** *f* филиал *m* (отделение) банка

Bann|bruch *m* перевоз *m* контрабандного товара; **-gut** *n* контрабандный товар *m*

Banner *m (Comp)* баннер *m*

Bannernetz *n (Comp)* баннерная сеть *f*

bar наличный; ~ **bezahlen** заплатить наличными; **gegen ~ kaufen** купить за наличные; **nur gegen ~ verkaufen** продавать только за наличные; **in ~ zahlen** платить наличными; **-er Zahlungsverkehr** расчет наличными, наличный расчет

Bär *m* вкладчик *m*, рассчитывающий на падение курсов, медведь *m*

Bar|abfindung *f* возмещение *n* наличными; **-abhebung** *f* снятие *n* наличных средств со счета; **-akkreditiv** *n* денежный аккредитив *m*; **-angebot** *n* предложение *n* купить (предприятие) за наличные; **-anschaffung** *f* приобретение *n* за наличные; **-ausgaben** *pl* (**auslagen** *pl*) денежные расходы *pl*, расходы *pl* наличными; **-ausgleich** *m* расчет *m* наличными; **-ausschüttung** *f* выплата *f* дивиденда наличными; **-auszahlung** *f* наличный платеж *m*, платеж *m* (выплата *f*) наличными; **-bestand** *m* кассовая наличность *f*, запас наличных денег; **-betrag** *m* наличная сумма *f*; **-bezüge** *pl* доходы *pl* наличными (денежными) средствами; **-chart** *s.* **Balkenchart**; **-deckung** *f* обеспечение *n* денежными средствами; покрытие *n* банкнот, находящихся в обращении, золотом и валютой; **-depot** *n* депозит *m* в форме наличных денег, депонирование *n* части денежной суммы (кредита); **-depotpflicht** *f* требование *n* иметь наличные на депозите, обязательное депонирование *n* части кредита, полученного из-за границы; **-dividende** *pl* дивиденд *m* в форме денежных средств; дивиденд *m*, выплачиваемый наличными; **-einkauf** *m* покупка *f* за наличные, кассовая сделка; **-einlage** *f* вклад *m* наличными, денежный вклад *m*; **-einnahmen** *pl* денежные поступления *pl*, доходы наличными *pl*; **-einschuss** *m* гарантийный взнос *m* наличными; **-einzahlung** *f* платеж *m* (оплата *f*) наличными; депозит *m*, образованный путем внесения наличных денег

Bärenfalle *f* медвежья западня *f* (в биржевой игре)

Barentnahme *f* снятие *n* денег со счета, изъятие наличности; **-erstattung** *f* возврат *m* (возмещение *n*) наличными; **-freimachung** *f* оплата *f* (массовых) почтовых отправлений наличными; **-gebot** *n* часть *f* минимального предложения цены наличными при проведении принудительного аукциона; **-geld** *n* наличные деньги *pl*, наличные средства *pl*, кассовая (денежная) наличность *f*

Bargeld|anforderung *f* заявка *f* на наличные деньги; **-ausgaben** *pl* затраты *pl* наличными; **-automat** *m* автомат *m* для выплаты наличных; **-bedarf** *m* потребность *f* в наличности; **-bestand** *m* кассовая (денежная) наличность *f*, остаток *m* наличных средств; **-limit** *n* лимит *m* выдачи наличных

bargeldlos безналичный

Bargeld|reserve *f* резерв *m* (запас *m*) наличных средств; **-schöpfung** *f* эмиссия *f* денежной наличности (банкнот и монет); **-umlauf** *m* денежное обращение *n*, обращение *n* наличных средств; **-volumen** *n* масса *f* денег

Bar|geschäft *n* сделка *f* за наличный расчет, сделка *f* за наличные, кассовая сделка *f*; **-gründung** *f* основание *n* акционерного общества на базе денежных вкладов учредителей; **-guthaben** *n* чистый остаток *m* вклада, кассовая наличность *f*; **-kapitalerhöhung** *f* увеличение *n* собственного капитала предприятия (напр. путем выпуска новых акций); **-kauf** *m* купля *f* за наличные (наличный расчет *m*); **-kredit** *m* кредит *m* наличными; **-leistung** *f* уплата *f* (платеж *m*) наличными, наличный платеж *m*, наличный расчет *m*; **-liquidität** *f* денежные средства *pl*, кассовые ресурсы *pl*; **-mittel** *pl* кассовые ресурсы *pl*, наличные средства *pl*, денежные активы *pl*; **-preis** *m* цена *f* на товары, приобретаемые за наличные; цена *f* на услуги, предоставляемые за наличные; **-rabatt** *m* скидка *f* при уплате наличными

Barrel *n (Handel, Imp/Exp)* баррель *m*

Barren|gold *n* золото *n* в слитках; **-zahlung** *f* платеж *m* слитками золота

Barreserven *pl* резервы *pl* (запасы *pl*) наличных средств

Barriere *f* препятствие *n*, барьер *m*; **-n beseitigen** устранять препятствия; **-n schaffen** создавать препятствия (барьеры)

Barrierefreiheit *f* отсутствие *n* барьеров (для инвалидов)

Barschaft *f* сумма *f* наличных денег

Barscheck *m* чек *m* на оплату наличными, кассовый (открытый, некроссированный) чек *m*

Barter|abkommen *n* бартерное соглашение *n*; **-geschäft** *n* бартерная сделка *f* (операция *f*), товарообменная операция *f*; **-handel** *m* бартерная торговля *f*

Bar|überschuss *m* излишек *m* кассовой наличности; **-verkauf** *m* продажа *f* за наличные; **-vermögen** *n* денежные активы *pl*, имущество *n* в денежной форме; **-vorschuss** *m* аванс *m* (задаток *m*) наличными; ссуда *f* наличными; **-wert** *m* текущая стоимость *f*, стоимость *f* в наличных деньгах; моментальная (дисконтированная) стоимость *f* денежных средств в будущем; **-zahler** *m* плательщик *m* наличными

Barzahlung *f* платеж *m* наличными; **bei ~ Skonto gewähren** предоставлять скидку при уплате наличными; **~ leisten** платить наличными; **nur gegen ~** только за наличные; **~ bei Auftragserteilung** платеж наличными при выдаче заказа; **~ mit 3% Skonto** платеж *m* наличными с 3% ной скидкой

Barzahlungs|kunde *f* клиент *m*, производящий оплату наличными; **-preis** *m* цена *f* товара при уплате наличными; **-rabatt** *m* **(-skonto** *n***)** скидка *f* при уплате наличными; **-verkehr** *m* наличный расчет *m*

Basel II Базель II (соглашение «Международная конвергенция измерения капитала и стандартов капитала: новые подходы»)

Basis *f* основа *f*, основание *n*, база *f*, базис *m*; базисный курс *m*; **auf der ~ von Verträgen** на базе (основе) договоров; **wirtschaftliche ~** экономическая основа *f*

Basis|beschäftigung *f* расчетная загрузка *f*; минимальная занятость *f* (безработных); **-daten** *pl* базисные (исходные) данные *pl*; **-einkommen** *n* *(Soz, Steuer)* базовый (минимальный) доход, прожиточный минимум; **-gesellschaft** *f* головная компания *f*, оперирующая за рубежом, оффшорная компания *f*; **-gewinn** *m* базисная прибыль *f*; **-häfen** *pl* *(Transp)* основные порты *pl*; **-jahr** *n* базисный год *m*; **-kurs** *m* базисный биржевой курс *m*; **-objekt** *n s.* **Basiswert**; **-preis** *m* базисная цена *f*; **-prozentsatz** *m* безрисковая процентная ставка *f*; **-punkt** *m* базисный пункт *m*; **-verordnung** *f (EU, Recht)* директива *f* ЕС о законодательстве в сфере продовольственных товаров; **-währung** *f (Bö, Fin, Imp/Exp)* базисная валюта *f*; **-ware** *f (Bö)* база *f* контракта; **-wert** *m (Bö)* андерлаинг *m*; базисная стоимость *f*, базисное значение *n*; **-zinsen** *pl* исходная процентная ставка *f*; **-zinssatz** *m* *(Bank, Fin)* базисная процентная ставка *f*

Bau *m* строительство *m*, стройка *f*, строительные работы *pl*; постройка *f*, строение *n*, сооружение *n*; **einen ~ beginnen** начать строительство; **einen ~ stilllegen** законсервировать строительство; **öffentlicher ~** общественное сооружение

Bau|abnahme *f* сдача-приемка *f* строительного объекта; **-amt** *n* административный орган *n* по надзору за строительством; **-arbeiten** *pl* строительные работы *pl*, ремонт *m* дорог; **-arbeiter** *m* строитель *m*, рабочий-строитель *m*; **-artklasse** *f* *(Versich)* класс *m* строительства; **-aufsicht** *f* строительный надзор *m*; **-auftrag** *m* подряд *m* на строительство; **-aufwand** *m* затраты *pl* на строительство; **-ausführung** *f* выполнение *n* строительных работ; **-bedarf** *m* необходимые строительные материалы *pl*; магазин *m* стройматериалов; **-beginn** *m* начало *n* строительства; **-beschränkung** *f* ограничение *n* строительства; **-branche** *f* строительная промышленность *f*; **-buchhaltung** *f* бухгалтерия *f* в строительстве; **-darlehen** *n* ссуда *f* на строительство; **-dispens** *m* разрешение *n* (в виде исключения) на застройку участка

bauen строить, сооружать, возводить

Bauen *n* строительство *n*; **schlüsselfertiges ~** строительство под ключ

Bauer *m* крестьянин *m*, фермер *m*; **kleiner ~** мелкий фермер *m*

Bauerlaubnis *f* разрешение *n* на строительство

Bauernhof *m* фермерское (крестьянское) хозяйство *n*

Bauernschaft *f* фермеры *pl*, крестьяне *pl*

Bau|finanzierung *f* финансирование *n* строительства; **-firma** *f* строительная фирма *f*; фирма *f*, выполняющая подрядные строительные работы; **-gelände** *pl* строительный участок *m*; **-geld** *n* средства *pl*, отпущенные на строительство; **-genehmigung** *f* разрешение *n* на строительство; **-gewerbe** *n* строительная промышленность *f*, строительное дело *n*, строительство *n*; **-hauptgewerbe** *n* основные строительные работы *pl*; **-herr** *m* застройщик *m*, владелец *m* стройки; **-industrie** *f* строительная промышленность *f*; **-investitionen** *pl* капиталовложения *pl* (инвестиции) в строительство; **-jahr** *n* год *m* постройки; **-kapazität** *f* производственные мощности *pl* строительного предприятия; **-konjunktur** *f* конъюнктура *f* в строительной промышленности; **-konzern** *m* строительный концерн *m*; **-kosten** *pl* расходы *pl* (издержки *pl*) на строительство, стоимость *f* строительства

Bau|kostenzuschuss *m* безвозвратная ссуда *f* третьих лиц в счет покрытия расходов по строительству; **-land** *n* территория *f* отведенная под застройку

Bauland|beschaffung *f* приобретение *n* (получение *n*) (местными властями) участков под застройку; **-erschließung** *f* освоение *n* строительного участка, подводка *f* коммуникаций к строительному участку

Bau|leistungen *pl* строительные работы *pl*; **-leistungsversicherung** *f* *(Versich)* страхование *n* строительно-монтажных работ; **-leiter** *m* прораб *m*; **-markt** *m* крупный магазин *m* стройматериалов, стройсупермаркет *m*; **-maschinen** *pl* строительные машины *pl*; **-material** *n* строительный материал *m*; **-nebengewerbe** *n* отделочные (вспомогательные) строительные работы *pl*; **-nebenkosten** *pl* накладные расходы *pl* при производстве строительных работ; **-plan** *m* план *m* застройки, строительный план *m*; **-platz** *m* строительная площадка *f*; **-preis** *m* цена *f* (расценка *f*) на строительные работы; **-produktion** *f* строительство *n* и ремонт *m* построек и сооружений, производство *n* строительных работ; **-reife** *f* готовность *f* к строительству; **-sachverständige** *m* эксперт *m* в области строительства

Bauspar|beitrag *m (Fin)* ежемесячный накопительный взнос *m* в сберегательное учреждение на цели индивидуального строительства, приобретения или ремонта жилья, ежемесячный взнос *m* в стройсберкассу; **-darlehen** *n* ссуда *f* на индивидуальное строительство, приобретение или ремонт жилья (от сберегательного учреждения); **-einlagen** *pl* вклады *pl* (депозиты *pl*) в сберегательных учреждениях на индивидуальное строительство, приобретение *n* или ремонт *m* жилья

Bau|sparen *n* накопление *n* средств на индивидуальное жилищное строительство, приобретение, ремонт жилья; **-sparer** *m* клиент *m* (вкладчик *m*) сберегательного учреждения, выдающего ссуды на индивидуальное строительство, приобретение, ремонт жилья; клиент *m* стройсберкассы

Bauspar|kasse *f* сберегательное (кредитное) учреждение *n*, хранящее вклады населения и выдающее долгосрочные ссуды для индивидуального строительства, приобретения, ремонта жилья; строительная сберегательная касса *f*, стройсберкасса *f*; **-summe** *f* сумма *f* накоплений на счету в сберегательном учреждении, выдающем ссуды для индивидуального строительства, приобретения, ремонта жилья, сумма *f* (индивидуальных) накоплений в стройсберкассе; **-vertrag** *m* договор *m* на получение ссуды на индивидуальное строительство (приобретение, ремонт жилья) со специализированным сберегательным учреждением; договор *m* со стройсберкассой

Bau|sperre *f* (временный) запрет *m* на строительство (на территории, для которой еще не составлен план застройки); **-stelle** *f* строительная площадка *f*; **-stoff** *m* строительный материал *m*; **-substanz** *f* здание *n*, строение *n*, постройки *pl*; состояние *n* здания; **-tätigkeit** *f* строительная деятельность *f*, строительные работы *pl*; **-tempo** *n* темпы *pl* строительства; **-überwachung** *f* надзор *m* за строительством; **-unternehmen** *n* строительная фирма *f*; **-unternehmer** *m* подрядчик *m*, подрядная строительная фирма; **-verbot** *m* запрещение *n* строительства; **-volumen** *n* объем *m* строительных работ; **-vorhaben** *n* проект *m* строительства (постройки); **-vorschriften** *pl* инструкции *pl* по проведению строительных работ; **-werte** *pl* акции *pl* строительных компаний; **-weise** *f* технология *f* строительства, строительная технология *f*; **-wirtschaft** *f* строительная промышленность *f*, строительное дело *n*; **-zeit** *f* срок *m* (период *m*) строительства; **-zeitplan** *m* график *m* строительства; **-zinsen** *pl* проценты *pl* на капитал, вложенный в строительство

B.a.w.(bis auf weiteres)-Klausel *f* оговорка *f* об изменении процентной ставки

Beamte *m* государственный служащий *m*, чиновник *m*, должностное лицо *n*; **einen -n ernennen** назначать служащего на должность; **einen -n entlassen** увольнять служащего

Beamten|gehälter *pl* жалование *n* (оклады *pl*) государственных служащих; **-gesetz** *n* закон *m* о государственной службе; **-haftung** *f* материальная ответственность *f* должностного лица; **-laufbahn** *f* карьера *f* чиновника (государственного служащего)

Beamtenschaft *f* служащие *pl*, чиновничество *n*

Beamtenverhältnis *n* отношения *pl*, вытекающие из договора о найме на службу служащего государственного учреждения; **im ~ arbeiten** работать на государственной службе; **in das ~ übernehmen** принимать на государственную службу

beanspruchen заявлять (предъявлять) претензию, требовать; **Anteil am Gewinn ~** требовать участия в прибылях

Beanspruchung *f* заявление *n*, претензия *f*, требование *n*; напряжение *n*, нагрузка *f*; **~ des Kapitalmarktes** обращение *n* к рынку капиталов, использование *n* рынка капиталов; **~ von Fremdkapital** использование *n* заемного капитала

beanstanden заявлять претензию, оспаривать; жаловаться, подавать рекламацию; браковать; **Waren ~** подавать рекламацию на товары

beanstandet дефектный, бракованный, опротестованный; **-e Waren** дефектные товары *pl*

Beanstandung *f* рекламация *f*, претензия *f*; **-en beseitigen** устранять дефекты согласно рекламации; **-en erheben** предъявлять претензии (рекламации); **eine ~ überprüfen** изучать рекламацию; **~ der gelieferten Ware** рекламация на поставленный товар

beantragen предлагать, вносить предложение, ходатайствовать, запрашивать; **einen Kredit ~** ходатайствовать о предоставлении кредита

Beantragung *f* предложение *n*, внесение *n* предложения, возбуждение *n* ходатайства, подача *f* заявления

bearbeiten обрабатывать, рассматривать

Bearbeiter *m* делопроизводитель *m*, обработчик *m*

Bearbeitung *f* обработка *f*; **~ eines Auftrags** обработка *f* (выполнение *n*) заказа; **~ der Korrespondenz** обработка *f* корреспонденции; **~ von Aufgaben** решение *n* проблем (задач)

Bearbeitungs|dauer *f* срок *m* рассмотрения (обработки) документа; **-gebühr** *f* сбор *m* за оформление и обработку; **-kosten** *pl* стоимость *f* обработки; **-provision** *f* комиссия *f* банка за предоставление кредита; **-zeit** *f* время *f* обработки; **-zentrum** *n* обрабатывающий центр *m*

beaufsichtigen наблюдать, контролировать; осуществлять надзор

Beaufsichtigung *f* наблюдение *n*, присмотр *m*, контроль *m*, надзор *m*

beauftragen поручать, уполномочивать; **mit der Durchführung des Projekts ~** поручать исполнение проекта; **mit der Leitung der Firma ~** поручить руководство фирмой; **mit dem Vertrieb ~** назначить ответственным за сбыт

Beauftragte *m* уполномоченный *m*, доверенное лицо *n*; **einen -n bestellen** назначить уполномоченным (представителем)

beauftragt уполномоченный, доверенный

bebaubar пригодный к возделыванию, пригодный к постройке

bebauen застраивать, обрабатывать; возделывать (почву); **ein Grundstück ~** застраивать земельный участок

Bebauung *f* застройка *f*

Bebauungs|dichte *f* плотность *f* застройки; **-plan** *m* план *m* застройки

Bedarf *m* спрос *m*, потребности *pl*; надобность *f*; нужды *pl*; **den ~ abdecken** удовлетворять спрос (потребности), обеспечивать потребности; **den ~ analysieren** анализировать спрос (потребности); **den ~ angeben** сделать заявку; **den ~ befriedigen** удовлетворять спрос (потребности); **den ~ decken** удовлетворять спрос (потребности), обеспечивать потребности; **den ~ einschätzen** оценивать (планировать) спрос (потребности); **den ~ festlegen** определять спрос (потребности); **dem ~ gerecht werden** удовлетворять спрос (потребности); **den ~ planen** планировать спрос; **den ~ sättigen** удовлетворить потребность (спрос); **den ~ wecken** стимулировать потребность (спрос), пробудить спрос; **~ an Kapital** спрос на капитал, потребность в капитале; **~ an Liquidität** спрос на ликвидность, потребность в ликвидности; **bei ~** в случае необходимости, если необходимо; **elastischer ~** эластичный спрос *m*; **finanzieller ~** потребность *f* в финансировании; **industrieller ~** потребности *pl* промышленности; **kein ~** нет спроса, не требуется; **laufender ~** текущий спрос *m*; **persönlicher ~** личные потребности *pl*; **privater ~** частные потребности *pl*; **saisonbedingter ~** сезонный спрос *m*; **steigender ~** повышение *n* спроса; **täglicher ~** повседневные потребности *pl*; **vermehrter ~** возросший спрос *m*; **~ an (von) Wasser** потребности *pl* в воде; **voraussichtlicher ~** ожидаемый спрос *m*

Bedarfs|analyse *f* анализ *m* спроса (потребностей); **-änderung** *f* изменение *n* потребностей (спроса); **-anstieg** *m* повышение *n* спроса; **-artikel** *m* предмет *m* первой необходимости; **-befriedigung** *f* **(-deckung** *f***)** удовлетворение *n* спроса (потребностей); **-einschätzung** *f* оценка *f* спроса; **-elastizität** *f* эластичность *f* спроса; **-entwicklung** *f* динамика *f* спроса; **-ermittlung** *f* определение *n* спроса (потребностей); **-faktoren** *pl* факторы *pl* спроса; **im -fall** *m* в случае необходимости

Bedarfsforschung *f* изучение *n* спроса, изучение *n* рынка; **handelsseitige ~** изучение *n* спроса торговыми организациями; **lieferseitige ~** изучение *n* спроса поставщиками (производителями)

bedarfsgerecht отвечающий потребностям (спросу)

Bedarfs|gegenstände *pl* предметы *pl* первой необходимости; **-güter** *pl* предметы *pl* первой необходимости, потребительские товары *pl*; **-liste** *f* перечень *f* требований (требуемых товаров); **-menge** *f* требуемое количество *n*; **-planung** *f* планирование *n* спроса (потребностей); **-prognose** *f* прогноз *m* спроса (потребностей); **-sicherung** *f* обеспечение *n* спроса; **-spitze** *f* пик *m* спроса (потребностей); **-träger** *m* потребитель *m* (предприятие, учреждение); **-verlagerung** *f* изменение *n* спроса (потребностей); **-vorhersage** *f* прогноз *m* спроса (потребностей); **-wandel** *m* изменение *n* спроса (потребностей); **-zunahme** *f* увеличение *n* спроса

Bedenk|frist *f* срок *m* до вторичного предъявления векселя; **-zeit** *f* время *n* на размышление (обдумывание)

bedienen обслуживать

Bediener *m* оператор *m*

Bedienstete *m* служащий *m*; **öffentlich ~** служащие *pl* государственных (муниципальных) учреждений

Bedienung *f* обслуживание *n*; **fachkundige ~** профессиональное (квалифицированное) обслуживание *n*; **manuelle ~** обслуживание *n* вручную; **~ von Kunden** обслуживание *n* клиентов; **~ einer Maschine** обслуживание *n* станка (машины)

Bedienungs|anleitung *f* **(-anweisung** *f***)** инструкция *f* по эксплуатации; **-knopf** *m* клавиша *f* (кнопка *f*, ручка *f*) управления; **-kosten** *pl* расходы *pl* по обслуживанию; **-kräfte** *pl* **(-personal** *n***)** обслуживающий персонал *m*; **-pult** *m* пульт *m* управления; **-vorschrift** *f* инструкция *f* по эксплуатации

bedingt условный, ограниченный, с

условием; **betrieblich** ~ по производственным условиям (причинам)

Bedingtlieferung *f* условная покупка *f*

Bedingung *f* условие *n*; **eine ~ ändern** изменить условие; **-en angeben** указывать условия, сообщать об условиях; **auf die ~ eingehen** принять условие; **die -en beachten** соблюдать условия; **-en bekanntgeben** сообщать об условиях; **-en einhalten** соблюдать условия; **-en erfüllen** выполнять условия; **eine ~ stellen** ставить условие; **-en vereinbaren** договариваться об условиях, согласовывать условия; **annehmbare -en** приемлемые условия *pl*; **auflösende ~** отменительное условие *n*, условие *n* с отменой распоряжения; **bankübliche -en** общие банковские условия *pl*; **festgesetzte ~** определенные (установленные) условия *pl*; **günstige -en** благоприятные (выгодные) условия *pl*; **handelsübliche -en** общепринятые коммерческие условия *pl*; **mit der ~** с условием; **notwendige ~** необходимое условие *n*; **übliche -en** общие (общепринятые, обычные) условия *pl*; **unter der ~** при условии; **vereinbarte -en** согласованные условия *pl*; **vertragsmäßige -en** договорные условия *pl*; **vorläufige ~** предварительное условие *n*; **zu vorteilhaften -en** на выгодных условиях

bedingungslos безоговорочный, безусловный; **-e Annahme des Angebots** безоговорочное принятие *n* предложения

Bedürfnis *n* потребность *f*; потребности *pl*, нужды *pl*; **-se ändern** изменять потребности; **-se befriedigen (erfüllen)** удовлетворять потребности; **befriedigtes ~** удовлетворенная потребность *f*; **betriebliche -se** производственные потребности *pl* (нужды *pl*); **geänderte -se** изменившиеся потребности *pl*; **individuelle -se** индивидуальные (личные) потребности *pl*; **~ nach Wertschätzung** потребность *f* (человека) в уважении со стороны окружающих; **physiologische -se** физиологические потребности *pl*; **soziale -se** социальные потребности *pl*

Bedürfnis|arten *pl* виды *pl* потребностей; **-befriedigung** *f* удовлетворение *n* потребностей; **-lohn** *m* заработная плата *f*, необходимая для обеспечения прожиточного минимума; **-prüfung** *f* проверка *f* целесообразности создания предприятия; **-pyramide** *f* пирамида *f* потребностей (человека); **-struktur** *f* структура *f* потребностей

bedürftig нуждающийся

Bedürftigkeit *f* бедность *f*, нужда *f*

beeidigt присяжный; **-e Aussage** показания *pl* под присягой

beeinträchtigen наносить ущерб, нарушать, мешать; **Interessen ~** нарушать интересы; **den Wettbewerb ~** ограничивать конкуренцию

Beeinträchtigung *f* нанесение *n* ущерба, снижение *n* (ценности), нарушение *n*; ущемление *n*; **~ der Rechte** ущемление *n* (нарушение *n*) прав; **~ in der Leistungsfähigkeit** снижение *n* производительности

Beendigung *f* завершение *n*, прекращение *n*, окончание *n*; **~ der Arbeit** завершение *n* работы; **bei ~ des Vertrages** при прекращении действия договора

beerben получать наследство, наследовать

Befähigung *f* способность *f*, пригодность *f*, навыки *pl*, квалификация; **eine ~ erwerben** приобретать квалификацию; **berufliche ~** профессиональная квалификация *f*, профессиональная пригодность *f*

Befähigungs|nachweis *m* удостоверение *n* о квалификации; **-schein** *m* *(Admin, Pers, Transp)* официальное разрешение *n* на обращение со взрывчатыми веществами

Beförderer *m* транспортно-экспедиционное агентство *n*; транспортная компания *f*

befördern перевозить, транспортировать; отправлять; повышать в должности

Beförderung *f* доставка *f*, перевозка *f*, транспортировка *f*; повышение *n* по службе; **zur ~ anstehen** стоять в очереди на повышение; **zur ~ übernehmen** браться за доставку груза; **~ auf dem Landweg** сухопутная перевозка *f*; **~ auf dem Seeweg** перевозка *f* морским путем; **~ der Fracht** доставка *f* (перевозка *f*) груза; **~ von Fluggästen** перевозки *pl* авиапассажиров; **~ per Schiene** железнодорожная перевозка *f*

Beförderungs|art *f* способ *m* транспортировки; **-bedingungen** *pl* условия *pl* перевозки (доставки); **-bestimmungen** *pl* правила *pl* перевозки (транспортировки); **-dauer** *f* продолжительность *f* перевозки (транспортировки); **-dienst** *m* служба *f* перевозок; **-entgelte** *pl* плата *f* за доставку, плата *f* за перевозку; транспортные тарифы *pl*; **-geschäfte** *pl* транспортные операции *pl* (сделки *pl*); перевозки *pl*; транспортировка *f*; **-klasse** *f* класс *m* обслуживания (в самолете); **-kosten** *pl* транспортные издержки *pl* (расходы *pl*); стоимость *f* перевозки (доставки); плата *f* за провоз; фрахт *m*; **-leistung** *f* перевозка *f*; грузооборот *m*; **-leistungen** *pl* транспортные услуги *pl*; **-mittel** *pl* транспортные средства *pl*; **-papier** *n* **für Gefahrgut** *(Transp)* товаросопроводительный документ *m* на опасный груз; **-pflicht** *f* обязательство *n* транспортного предприятия по перевозке пассажиров; **-preis** *m* цена *f* (стоимость *f*) перевозки (доставки); транспортный тариф *m*; стоимость *f* проезда; **-vermerk** *m* почтовая инструкция *f* (надпись); **-vertrag** *m* договор *m* о перевозках; **-vorbehalt** *m* монопольное право *n* федерального почтового ведомства на оказание почтовых услуг; **-vorschriften** *pl* правила *pl* (инструкции) по транспортировке; **-weg** *m* маршрут *m* следования; маршрут перевозок

befrachten фрахтовать (нанимать) судно; загружать судно

Befrachter *m* фрахтователь *m*; грузоотправитель *m*

Befrachtung *f* фрахтование *n*, фрахтовка *f*; погрузка *f*; отправка *f*

Befrachtungs|auftrag *m* фрахтовый ордер *m*; **-geschäft** *n* фрахтовая сделка *f* (операция *f*)

befragen опрашивать, интервьюировать

Befragung *f* опрос *m*; интервью *n*; **direkte ~** прямой опрос *m*; **repräsentative ~** репрезентативный опрос *m*; **~ der Verbraucher** опрос *m* потребителей

Befragungsmethode *f* метод *m* опроса

befreien освобождать, очищать; **von Tilgungen ~** освобождать от погашения (долга); **vom Zoll ~** освобождать от таможенной пошлины

Befreiung *f* освобождение *n*, очищение *n*; увольнение *n*; **eine ~ erteilen** освобождать; **~ von Beschränkungen** освобождение *n* от ограничений; **~ von der Haftung** освобождение *n* от ответственности; **~ von einer Verpflichtung** освобождение *n* от обязательства; **~ vom Zoll** освобождение *n* от таможенной пошлины

befriedigen удовлетворять; **die Nachfrage ~** удовлетворить спрос

Befriedigung *f* удовлетворение *n*; **~ verlangen** требовать компенсации; **~ eines Anspruchs** удовлетворение требования; **berufliche ~** удовлетворение *n* от работы, профессиональное удовлетворение *n*; **vorzugsweise ~** преимущественное удовлетворение *n*

befristen назначать (указывать) срок; ограничивать сроком; **eine Erlaubnis ~** дать разрешение на определенный срок

befristet ограниченный сроком, срочный

Befristung *f* назначение *n* (указание *n*, установление *n*) срока; **eine ~ vereinbaren** договариваться о сроках; **~ des Arbeitsvertrags** определение срока трудового договора; **auflösende ~** срок *m*, при наступлении которого прекращаются юридические последствия сделки

Befugnis *f* полномочие *n*, компетентность *f*, право *n*; **-se ausüben** использовать полномочия; **die**

~ **erteilen** предоставлять полномочие; **seine ~ überschreiten** превышать свои полномочия; **-se übertragen** передавать (делегировать) полномочия (права); ~ **zur Alleinvertretung** право *n* на единоличное представительство

befugt полномочный, компетентный

Befund *m* результат *m* (анализа, экспертизы); состояние; заключение экспертов; **den ~ aufnehmen** запротоколировать данные (результат); **zollamtlicher** ~ досмотровая роспись *f*

Befundrechnung *f* метод *m* расчета расхода материала

befürworten ходатайствовать, поддерживать

begeben продавать; пускать в обращение, выпускать (ценные бумаги); индоссировать (передавать) векселя; учитывать (продавать) векселя

Begebende *m* индоссант *m*

Begebung *f* продажа *f*; эмиссия *f*, выпуск *m*; индоссирование *n* (передача *f*) векселя; учет *m* (продажа *f*) векселя; ~ **einer Anleihe** выпуск *m* займа; ~ **von Obligationen** выпуск *m* облигаций; ~ **eines Wechsels** учет *m* (продажа *f*, передача *f*) векселя

Begebungsvertrag *m* договор *m* о размещении займа

beglaubigen заверять, засвидетельствовать, удостоверять

beglaubigt заверенный, засвидетельствованный

Beglaubigung *f* удостоверение *n*, засвидетельствование *n*; **notarielle ~, öffentliche** ~ нотариальное засвидетельствование *n*

begleichen оплачивать; покрывать (расходы); погашать задолженность; удовлетворять (претензии); **mit einem Scheck** ~ оплатить чеком

Begleichung *f* оплата *f*; покрытие *n* (расходов); погашение *n* (задолженности); удовлетворение *n* (претензии); сальдирование *n*; зачет *m* взаимных требований; ~ **einer Rechnung** оплата *f* счета; **teilweise** ~ частичный платеж *m*; **vollständige** ~ окончательный платеж *m* (расчет *m*); ~ **von Schulden** погашение *n* долгов

Begleit|adresse *f* сопроводительный бланк *m* (документ *m*); **-brief** *m* сопроводительный документ *m*, накладная *f*; сопроводительное письмо *n*; **-papiere** *pl* сопроводительные документы *pl*; погрузочные документы *pl*; **-schein** *m* сопроводительный документ *m*, накладная *f*; сопроводительная ведомость *f*; **-ware** *f* сопутствующий товар *m*

Begrenzung *f* ограничение *n*, лимит *m*

Begriff *m* понятие *n*, термин *m*

Begründung *f* обоснование *n*, основание *n*; **schriftliche** ~ письменное обоснование *n*; ~ **eines Gesellschaftsverhältnisses** основание *n* товарищества (общества)

begünstigen благоприятствовать, способствовать, поощрять; **den Ausfuhrhandel** ~ способствовать развитию экспортной торговли

begünstigt льготный, поощряемый; **steuerlich ~ sein** пользоваться налоговыми льготами; **-er Warenverkehr** торговля *f* в режиме благоприятствования

Begünstigte *m* бенефициар *m*, ремитент *m*, выгодоприобретатель *m*

Begünstigung *f* преференция *f*, предпочтение *n*, преимущество *n*, льгота *f*; благоприятствование *n*; покровительство *n*, протекция *f*; **die ~ gewähren** предоставлять льготы; ~ **eines Gläubigers** преимущественное удовлетворение *n* одного кредитора; **steuerliche** ~ налоговые льготы *pl*

Begünstigungszoll *m* преференциальная пошлина *f*

begutachten давать заключение (экспертную оценку); **den Schaden** ~ обследовать и оценить ущерб

Begutachtung *f* экспертиза *f*; рассмотрение *n*, обсуждение *n*; **mit der ~ beauftragen** поручить проведение экспертизы; **zur ~ vorlegen** направить на экспертизу, подвергнуть экспертизе; **sachverständige** ~ экспертная оценка *f*

Behälter *m* контейнер *m*; емкость *f*
Behältertransport *m* транспортировка *f* пустой тары (емкостей, ящиков, контейнеров)
behandeln обрабатывать; обслуживать; рассматривать; обращаться; **einen Auftrag vorrangig ~** выполнять заказ в первую очередь; **unterschiedlich ~** проявлять различный подход; **die Ware vorsichtig ~** осторожно обращаться с товаром
Behandlung *f* обработка *f*; уход *m*, обслуживание *n*; рассмотрение *n*; обращение *n* (с чем-либо); **sorgfältige ~** осторожное обращение *n*; **steuerliche ~** налогообложение *n*; **unsachgemäße ~** неправильное обслуживание *n*, неправильное обращение *n*, неправильный уход *m*; **vertrauliche ~** конфиденциальный подход *m*; **zollamtliche ~** обложение *n* пошлиной
behaupten удерживаться, утверждаться; стабилизироваться; **die Kurse ~ sich** биржевой курс стабильный; **sich auf den Markt ~** утвердиться на рынке; **sich gegen die Konkurrenz ~** укрепить свои позиции в конкурентной борьбе
behauptet прочный, стабильный; **die Notierugen waren ~** курс ценных бумаг был стабильным
beheben устранять; получать (деньги со счета); отменять, списывать убытки
Behebung *f* устранение *n*, ликвидация *f*, списание *n*; **~ der Mängel** устранение *n* дефектов; **~ des Schadens** устранение *n* ущерба
Beherbergung *f* размещение *n* в (гостинице)
Beherrschbarkeit *f* управляемость *f*
beherrschen владеть, овладевать; господствовать
beherrschend господствующий; доминирующий; **-e Beteiligung** контрольный пакет *m* (акций)
Beherrschung *f* владение *n*, управление *n*, доминирование *n*
Beherrschungs|verhältnis *n* положение *n* доминирования (материнской компании); **-vertrag** *m* договор *m* о подчинении (одной компании другой внутри концерна)
behindern препятствовать, мешать, ограничивать; **den Wettbewerb ~** препятствовать нормальному ходу конкурентной борьбы
Behinderte *m* калека *m*, инвалид *m*
Behindertenwerkstatt *f* мастерская *f* для инвалидов
Behinderung *f* ограничение *n*, препятствие *n*, помеха *f*; **~ der Einfuhr** ограничение *n* импорта
Behinderungswettbewerb *m* недобросовестная конкуренция *f*
Behörde *f* учреждение *n*, ведомство *n*, орган *m* власти; инстанция *f*; **untergeordnete ~** нижестоящая инстанция *f*; **vorgesetzte ~** вышестоящая инстанция *f*; **zuständige ~** компетентный орган *m* власти; учреждение *n*, в компетенции которого находится рассмотрение (решение) соответствующих вопросов
Behörden|handel *m* прямые торговые связи *pl* между учреждениями и предприятиями; **-leiter** *m* руководитель *m* учреждения; **-zuständigkeit** *f* компетенция *f* учреждения (органа власти)
behördlich ведомственный, официальный
Beibehaltung *f* сохранение *n*
beiderseitig взаимный, обоюдный; двусторонний; **-es Handelsgeschäft** двусторонняя торговая сделка *f*
beifügen прилагать; **dem Angebot ein Muster ~** прилагать к предложению образец товара
Beige Book Бежевая книга *f*
Beihilfe *f* пособие *n*, помощь *f*; субсидия *f*, дотация *f*; **-n abbauen** сокращать пособия (государственные дотации); **-n auszahlen** выплачивать пособия; **-n bewilligen** назначать выплату пособий, давать разрешение на выдачу дотации; **-n gewähren** предоставлять помощь (субсидии); **einmalige ~** единовременное пособие *n*
Beihilfe|bedarf *m* потребность *f* в дотациях; **-gewährung** *f* предоставле-

ние *n* помощи (дотаций); **-volumen** *n* объем *m* дотаций

Beilegung *f* улаживание *n*, урегулирование *n*; **außergerichtliche ~** решение *n* (спорного вопроса) внесудебным путем; **~ von Streitigkeiten** урегулирование *n* спорных проблем

Beirat *m* консультативный орган *m* (совет *m*); консультант *m*, советник *m*; **dreiköpfiger ~** консультативный совет *m*, состоящий из трех членов; **wissenschaftlicher ~** ученый совет *m*

Beistand *m* помощь *f*, содействие *n*; советник *m*, консультант *m*; **gegenseitiger ~** взаимопомощь *f*

Beistands|akkreditiv *n (Bank)* резервный аккредитив *m*; **-kredit** *m* кредит *m* для поддержания курса валюты стран с отрицательным платежным балансом; резервный кредит *m*; **-pflicht** *f* обязанность *f* государственных учреждений оказывать помощь налогово-финансовому ведомству при сборе налогов

Beitrag *m* взнос *m*; вклад *m*, пай *m*, доля *f*; сбор *m*, пошлина *f*; **einen ~ bemessen** определять размер взноса (доли); **einen ~ einziehen** взимать сбор (взнос); **einen ~ entrichten** уплатить взнос (сбор), внести пай; **einen ~ erhöhen** повысить тариф взноса; **einen ~ ersetzen** возмещать взнос (сбор); **einen ~ zahlen** уплатить взнос (сбор), внести пай; **ausstehender ~** неуплаченный взнос *m*; **eingezahlter ~** уплаченный взнос *m* (сбор *m*); **finanzieller ~** денежный вклад *m*; **~ für die Mitgliedschaft** членские взносы *pl*; **~ in Pensionsfonds** вклад *m* в пенсионный фонд; **~ des Kostenträgers** доля *f* издержек их носителя; **monatlicher ~** ежемесячный взнос *m*; **~ zu den Kosten** доля издержек; **~ zur Sozialversicherung** взнос *m* на социальное страхование

Beitrags|abzug *m* вычет *m* (удержание *n*) взносов; **-anteil** *m* доля *f* взносов, квота *f*; **-aufkommen** *n* сумма *f* поступивших взносов; **-befreiung** *f* освобождение *n* от уплаты (страховых) взносов; **-bemessung** *f* определение *n* размера взноса (доли); **-bemessungsgrenze** *f* предел *m* для начисления размера взноса (доли); **-berechnung** *f* расчет *n* размера (страховых) взносов; **-einnahmen** *pl* доходы *pl* от поступления (страховых) взносов; **-einziehung** *f* сбор *m* (взимание *n*) взносов; **-erhebung** *f* взимание *n* (взыскание *n*) взносов; **-erhöhung** *f* повышение *n* размера страховых взносов; **-festsetzung** *f* установление *n* размера страховых взносов

beitragsfrei освобожденный от уплаты взносов

Beitrags|freistellung *f* освобождение *n* (страхователя) от обязанности уплаты взносов; **-gruppe** *f* группа *f* обязательных взносов; **-höhe** *f* размер *m* взноса; **-index** *m (Versich)* индекс (страховых) взносов; **-kalkulation** *f* исчисление *n* страховых взносов; **-monat** *m* месяц *m* уплаты взносов; **-ordnung** *f* порядок *m* начисления и взимания взносов

beitragspflichtig обязанный уплачивать взносы; **-e Zeit** период *m* уплаты страховых взносов

Beitrags|pflichtige *m* лицо *n*, обязанное уплачивать взносы; **-regelung** *f* положение *n* о порядке уплаты взносов; **-rückerstattung** *f* возврат *m* уплаченных (страховых) взносов; **-rückstand** *m* задолженность *f* по уплате взносов; **-satz** *m* размер *m* взноса; **-satzanpassung** *f* изменение *n* размера взносов; **-senkung** *f* снижение *n* размера взноса; **-staffelung** *f* градация *f* размеров страховых взносов; **-zahler** *m* плательщик *m* взносов; **-zahlung** *f* уплата *f* взносов; **-zeit** *f* период *m* уплаты взносов

beitreiben взыскивать, взимать; **Geldforderungen ~** взыскивать долги

Beitreibung *f* взыскание *n*, взимание *n*; **~ von Steuern** взимание налогов

Beitreibungskosten *pl* расходы *pl* по принудительному взысканию задолженности

Beitritt *m* вступление *n*; присоединение *n*; **sich um den ~ bewerben** добиваться вступления

Beitritts|antrag *m* заявление *n* о приеме в (члены); **-bedingung** *f* условие *n* вступления (присоединения); **-beschluss** *m* решение *n* суда о допуске кредитора к участию в принудительном аукционе; **-erklärung** *f* заявление *n* о вступлении (в дело); завление *n* о присоединении; **-gebühr** *f* вступительный взнос *m*; **-verhandlungen** *pl* переговоры *pl* о вступлении (присоединении); **-vertrag** *m* договор *m* о вступлении (присоединении)

Bekanntmachung *f* объявление *n*, извещение *n*, опубликование *n*; **amtliche ~** официальное сообщение *n*, официальное оповещение *n*; **öffentliche ~** публичное оглашение *n*

Beklagte *m* обвиняемый *m*

Bekleidungsindustrie *f* швейная промышленность *f*

bekräftigen подтверждать, заверять

Bekräftigung *f* подтверждение *n*, заверение *n*

Beladung *f* погрузка *f*, загрузка *f*; **zur ~ bereitstellen** ставить под погрузку

Beladungsgrenze *f* предел *m* загрузки

Belange *pl* интересы *pl*, требования *pl*, нужды *pl*; **~ vertreten** представлять интересы; **~ wahrnehmen** соблюдать интересы, учитывать интересы; **besondere ~** особые интересы *pl*; **öffentliche ~** общественные интересы *pl* (нужды *pl*); **soziale ~** социальные нужды *pl*

Belastbarkeit *f* предельно допустимая загрузка *f*; грузоподъемность *f*; выносливость *f*

belasten нагружать; дебетовать, заносить в (на) дебет счета, облагать (налогами); обременять (обязательствами); **ein Grundstück mit einer Hypothek ~** заложить земельный участок; **ein Konto ~** дебетовать счет, заносить на дебет счета

belastet загруженный; обремененный, облагаемый; **mit Schulden ~** обремененный долгами; **mit hohen Steuern ~** облагаемый высокими налогами

Belastung *f* нагрузка *f*, напряжение *n*; дебетование *n*, занесение *n* в дебет счета; обложение *n* (налогами); **hohe -en ausgleichen** компенсировать высокую нагрузку (затраты); **die ~ mildern** снизить нагрузку (затраты); **außergewöhnliche -en** непредвиденные расходы *pl*, снижающие сумму налогообложения, чрезвычайные личные расходы; **finanzielle ~** финансовые издержки *pl*, финансовое бремя *n*; **hypothekarische ~** ипотечный долг *m*; проценты *pl* по ипотеке; **steuerliche ~** бремя *n* налогового обложения; **wirtschaftliche ~** нагрузка *f* на экономику; **zulässige ~** допустимая нагрузка *f*

Belastungs|anzeige *f* дебет-авизо *n*, авизо *n* о дебетовании, извещение *n* о дебетовании; **-fähigkeit** *f* грузоподъемность *f*; несущая способность *f*; налогоспособность *f*; **-grenze** *f* предел *m* нагрузки; ограничение *n* суммы закладной на имущество; **-probe** *f* тест *m* на загрузку

Belebung *f* оживление *n*, стимулирование *n*, укрепление *n*; **~ der Investitionstätigkeit** стимулирование инвестиций; оживление *n* инвестиционной активности; **~ der Konjunktur** оживление *n* конъюнктуры; **~ der Nachfrage** стимулирование *n* (оживление *n*) спроса; **wirtschaftliche ~** оживление *n* (подъем *m*) экономики

Beleg *m* документ *m*; счетный (учетный) документ *m*; оправдательный документ *m*; справка *f*; квитанция *f*; расписка *f*; **einen ~ einreichen** представить (необходимый, денежный оправдательный) документ; **-e für die Rechnung** отчетные документы, прилагаемые к счету

Beleg|ablage *f* подшивка *f* документов; **-ausfertigung** *f* составление *n* (оформление *n*) документов; **-ausstellung** *f* выдача *f* документов (справок); **-buchhaltung** *f* метод *m* ведения бухгалтерии, основанный на подшивании справок и документов в бухгалтерские книги; первичный учет *m*

belegen загружать оборудование; облагать (налогами); подтверждать, удостоверять; **mit einer Steuer** ~ облагать налогом; **mit Zoll** ~ облагать пошлиной

Beleg|erfassung *f* документальный учет *m*; учет *m* документов; **-erstellung** *f* выставление *n* (выписка *f*) документов; **-exemplar** *n* копия *f* документа; **-nachweis** *m* документальный отчет *n*; **-nummer** *f* номер *m* документа; **-prinzip** *n* принцип *m* бухгалтерских записей по документам; принцип *m* документирования; **-prüfung** *f* документальная проверка *f*; **-revision** *f* документальная ревизия *f*

Belegschaft *f* персонал *m*, коллектив *m* (предприятия), штат; рабочая сила *f*, рабочие *pl*; **die ~ abbauen** сокращать штаты; **die ~ aufstocken** увеличивать численность персонала; **~ eines Unternehmens** персонал (сотрудники) предприятия

Belegschafts|abbau *m* сокращение *n* численности персонала; **-aktien** *pl* акции *pl* работников предприятия (трудового коллектива); **-handel** *m* продажа *f* товаров предприятия работникам предприятия; **-mitglied** *n* работник *m*, член *m* коллектива (предприятия); **-stärke** *f* численность *f* персонала, численность *f* работников предприятия; **-versammlung** *f* собрание *n* работников (коллектива) предприятия; **-versicherung** *f* страхование *n* рабочих и служащих предприятия

Belegschein *m* оправдательный документ *m*, документ *m*

Belegung *f* загрузка *f*; обложение *n* (налогами); подтверждение *n* документами; распределение *n*

Belegungs|plan *m* график *m* распределения загрузки (машин); **-zeit** *f* время *n* загрузки (машин)

Beleg|wesen *n* документация *f*, техника *f* ведения документации; **-zwang** *m* обязательность *f* составления документа

beleihbar приемлемый для залога

beleihen закладывать, отдавать в залог; **Aktien** ~ давать ссуду под заклад акций; закладывать акции; **ein Haus** ~ закладывать дом; давать ссуду под заклад дома; **Wertpapiere** ~ закладывать ценные бумаги

Beleihung *f* получение *n* ссуды под залог; передача *f* в залог; предоставление *n* ссуды под залог; **~ der Immobilien** передача *f* недвижимости в залог; предоставление *n* (получение *n*) ссуд под недвижимость; **~ der Versicherung** предоставление *n* (получение *n*) ссуды под страховой полис; **~ von Wertpapieren** передача *f* ценных бумаг в залог; предоставление *n* (получение *n*) ссуд под ценные бумаги

Beleihungs|grenze *f* предельная величина ссуды под залог, норма *f* ссуды; **-grundsätze** *pl* принципы *pl* предоставления ссуд под залог; **-objekt** *m* объект *m*, обеспечивающий заем; объект *m* залога; **-quote** *f* отношение *n* размера ссуды к стоимости залога; **-wert** *m* стоимость *f* обеспечения; (оцененная) стоимость *f* залога по ссуде; залоговая стоимость *f* (объекта недвижимости)

beliefern поставлять; снабжать; **direkt** ~ производить прямые поставки; **exklusiv** ~ производить эксклюзивные поставки

Belieferung *f* поставка *f*, снабжение *n*, завоз *m* товаров; **~ des Marktes** поставка *f* товаров на рынок, снабжение *n* рынка; **~ mit Ersatzteilen** поставки *pl* запасных частей; снабжение *n* запасными частями; **vorrangige** ~ первоочередное (преимущественное) снабжение *n*

Belohnung *f* вознаграждение *n*, награда *f*; **eine ~ erhalten** получать вознаграждение; **gegen** ~ за вознаграждение (плату)

BLZ *s.* **Bankleitzahl** *f*

bemessen измерять; определять, оценивать; расчитывать, вычислять; **das Arbeitsentgelt** ~ определить размер вознаграждения за труд; **den Schaden** ~ оценить ущерб

Bemessung *f* измерение *n*, определение *n*, оценка *f*; расчет *m*, вычисление *n*

Bemessungs|grundlage *f* основа (масштаб) исчисления (налога); **-zeitraum** *m* расчетный период *m*; налоговый период *m*

Bemusterung *f* осмотр строительного объекта (с утверждением отделки); рассылка аудионосителей в рекламных целях

benachrichtigen извещать, уведомлять, информировать; авизовать

Benachrichtigung *f* извещение *n*, уведомление *n*, информация *f*; нотификация *f*; авизо *n*; авизование *n*

Benachrichtigungs|pflicht *f* обязанность *f* регрессанта производить нотификацию; **-schreiben** *n* уведомление *n*, авизо *n*

benachteiligen причинять ущерб (вред, убыток); обделять

benachteiligt обделенный, ущемленный, запущенный; **-e Gebiete** районы *pl* (регионы *pl*), страдающие от недостаточного развития экономики

Benachteiligung *f* ущемление *n* интересов, причинение *n* ущерба, дискриминация *f*; **steuerliche** ~ налоговая дискриминация *f*

Benchmark масштаб *m*, ориентировочная величина *f*, *s. auch* **Benchmarking** *n*

Benchmarking *n* бенчмаркинг *m*, сравнение себя с лучшими

Benutzbarkeit *f* пригодность *f* к употреблению

Benutzer *m* пользователь *m*

Benutzerschulung *f* обучение *n* пользователей

Benutzung *f* пользование *n*, использование *n*, употребление *n*; **missbräuchliche** ~ незаконное пользование *n*; **unbefugte** ~ пользование *n* без разрешения

Benutzungs|befugnis *f* право *n* пользования; разрешение *n* на право пользования; **-gebühr** *f* плата *f* за пользование; **-recht** *n* право *f* пользования

Beobachtung *f* наблюдение *n*, мониторинг *m*; учет *m*

beraten советовать, консультировать; обсуждать; **ein Unternehmen** ~ консультировать предприятие

beratend совещательный; **-es Organ** совещательный орган *m*; **mit -er Stimme** с совещательным голосом

Berater *m* советник *m*, консультант *m*

Berater|honorar *n* гонорар *m* консультанта; **-team** *n* группа *m* советников (консультантов)

Beratung *f* совет *m*, консультация *f*, консалтинг *m*; обсуждение *n*; **eine ~ anbieten** давать (предлагать) консультацию; **eine ~ durchführen** проводить консультации; **begleitende** ~ консультация *f* по ходу дела; **fundierte** ~ аргументированная консультация *f*; **individuelle** ~ индивидуальная консультация *f*; **mündliche** ~ устное консультирование *f*

Beratungs|angebot *n* предложение *n* консультационных услуг; **-dienst** *m* консультационная служба *f*, консультационные (консалтинговые) услуги *pl*; **-gegenstand** *m* предмет *m* обсуждения; **-gesellschaft** *f* консультационная фирма, консалтинговая фирма *f* (компания *f*); **-hilfe** *f* консультационная помощь *f*; **-kosten** *pl* расходы *pl* на консультационные услуги; **-organ** *n* совещательный (консультативный) орган *m*; **-stelle** *f* консультационное бюро *n*, консультационная служба *f*; **-tag** *m* день *m* проведения консультаций; **-team** *n* консультационная группа *f*, группа *f* консультантов; **-vertrag** *m* договор т об оказании консультационных услуг

berechnen вычислять, исчислять, калькулировать, подсчитывать; оценивать; ставить в счет, засчитывать; **den Preis** ~ калькулировать цену; **Verluste** ~ подсчитывать убытки

Berechnung *f* вычисление *n*, исчисление *n*; расчет *m*, калькуляция *f*, подсчет *m*; оценка *f*; **eine ~ anstellen** производить расчет; **~ des Arbeitsentgelts** расчет *m* вознаграждения за труд; **~ der Einnahmen und Ausgaben** счет *m* прихода и расхода; **~ der Kosten** расчет *m* (калькуляция *f*) издержек; **~ einer Provision** начисление *n* комиссионных

Berechnungs|faktoren *pl* расчетные факторы *pl* (коэффициенты *pl*); **-grundlage** *f* расчетная база *f*, расчетный базис *m*; **-methode** *f* метод *m* проведения расчетов; **-zeitraum** *m* расчетный период *m*

berechtigen давать право; уполномачивать

Berechtigte *m* уполномоченный *m*, имеющий полномочия (право)

Berechtigung *f* право *n*, полномочие *n*; удостоверение *n* права

Bereederung *f (Transp)* бербоут-чартер *m*

Bereich *m* область *f*, сфера *f*, диапазон *m*; компетенция *f*; отдел *m*, сектор *m*, участок *m*, подразделение *n*; **kaufmännischer ~** сфера *f* (область *f*) коммерции; коммерческий отдел *m*; **sozialer ~** социальная сфера *f*; **technischer ~** технический отдел *m*

Bereicherung *f* обогащение *n*; **ungerechtfertigte ~** незаконное обогащение *n*

Bereichs|controlling *n* контроллинг *m* на конкретном участке производства; **-planung** *f* планирование *n* работы подразделения

bereinigen урегулировать, улаживать; устранять; исправлять (очищать) счет

bereinigt урегулированный, очищенный; **um Saisonschwankungen ~** с учетом сезонных колебаний

Bereinigung *f* урегулирование *n*, улаживание *n*, устранение *n* (трудностей); исправление *n* счета; оплата *f*, уплата *f* по счету; **~ des Sortiments** улучшение *n* ассортимента, исключение *n* из ассортимента не ходовых товаров

Bereitschaft *f* готовность *f*; **in ~** в готовности, в запасе, по вызову; **~ zu Investitionen** готовность *f* произвести инвестиции

Bereitschafts|dienst *m* резервная (вспомогательная) служба *f*, дежурство *n* в резерве; **-kosten** *pl* издержки *pl* на содержание оборудования в готовности к работе; **-kredit** *m* резервный кредит *m* Международного валютного фонда; кредит *m*, выдаваемый по предварительной договоренности в момент обращения заемщика в банк; **-zeit** *f* время *n* нахождения в резерве (состоянии готовности)

bereitstellen предоставлять, ассигновать; заготавливать, держать наготове

Bereitstellung *f* ассигнование *n*, предоставление *n* (средств); изготовление *n*, выработка *f*; заготовка *f*; стадия *f* готовности; *(Transp)* своевременная подготовка *f* материала; **~ von Mitteln** ассигнование *n* средств

Bereitstellungs|gebühr *f* комиссионные *pl* за обязательство (за невыбранную часть кредита); **-kosten** *pl* производственные издержки *pl* на содержание резервных складов; **-planung** *f* планирование *n* подготовительных работ; **-provision** *f* комиссионные *pl* за предоставляемый, но не взятый кредит

Bergarbeiter *m* горняк *m*

Bergbau *m* горное дело *n*; горнодобывающая промышленность *f*; горные разработки *pl*

Bergbau|berechtigung *f* право *n* на занятие горным промыслом; **-betrieb** *m* горное предприятие *n*; **-freiheit** *f* свобода *f* горного промысла; **-gesellschaft** *f* горнопромышленная компания *f*; **-industrie** *f* горная (горнодобывающая) промышленность *f*; **-ingenieur** *m* горный инженер *m*; **-unternehmen** *n* горнопромышленная компания *f*

Berg|behörde *f* орган *m* горного надзора; **-mann** *m* горнорабочий *m*; **-recht** *n* горное право *m*; **-schaden** *m* ущерб *m*, наносимый ведением горных разработок

Bergung *f* спасение *n*, аварийно-спасательные работы *pl*

Bergungs|arbeiten *pl* работы по спасению, аварийно-спасательные работы *pl*; **-gut** *n* товар *m*, спасенный при кораблекрушении; **-kosten** *pl* расходы *pl* на спасательные работы; **-vertrag** *m* контракт *m* на проведение спасательных работ

Bergwerk *n* горное предприятие *n*; **ein ~ betreiben** вести горную разработку

Bergwerks|aktie *f* акция *f* горного предприятия; **-anteil** *m* кукса *f*, пай *m* в горнопромышленном предприятии; **-eigentum** *n* собственность *f* на горное предприятие; **-gesellschaft** *f* горная промышленная компания *f*; **-konzession** *f* горная концессия *f*

Bericht *m* отчет *m*, доклад *m*, сообщение *n*; сводка *f*; уведомление *n*, извещение *n*; **einen ~ abfassen** составить отчет *m*; **einen ~ anfordern** затребовать отчет; **einen ~ aufstellen** составить отчет; **einen ~ billigen** одобрить отчет; **einen ~ einreichen** представить отчет; **einen ~ entgegennehmen** заслушать отчет; **~ erstatten** сделать отчет, отчитываться; **einen ~ prüfen** проверить (проанализировать) отчет; **einen ~ veröffentlichen** опубликовать отчет (доклад); **einen ~ vorlegen** представить отчет; **laut ~** согласно отчету, по сообщениям; **zusammenfassender ~** сводный отчет *m*, обобщение *n*

Berichterstattung *f* представление *n* отчета (доклада); отчетность *f*

Berichterstattungspflicht *f* обязанность *f* предоставления отчета

berichtigen исправлять, вносить поправку

Berichtigung *f* исправление *n*, поправка *f*, уточнение *n*, корректировка *f*; **eine ~ vornehmen** произвести уточнение (корректировку), скорректировать, уточнить; **~ des Aktienkapitals** корректировка *f* акционерного капитала; **~ von Buchungen** сторно *n*

Berichtigungs|aktien *pl* дополнительные акции *pl*, выдаваемые акционерам пропорционально имеющимся у них акциям (при увеличении уставного капитала из средств общества); **-antrag** *m* заявка *f* на исправление (напр. платежного извещения налогового органа, записи в земельном кадастре и т.п.); **-buchung** *f* исправительная запись *f*; **-feststellung** *f* установление *n* новых масштабов для исчисления налога; **-posten** *m* бухгалтерская исправительная запись *f*, исправительная проводка *f*; **-veranlagung** *f* изменение *n* размера налога; **-vermerk** *m* оговорка *f* в бухгалтерских книгах

Berichts|analyse *f* анализ *m* отчетности; **-angaben** *pl* отчетные данные *pl*; **-bogen** *m* бланк *m* отчета; **-heft** *n* отчетная ведомость *f*; **-jahr** *n* отчетный год *m*; **-monat** *m* отчетный месяц *m*; **-periode** *f* отчетный период *m*; **-pflicht** *f* обязанность *f* предоставлять отчеты; **-system** *n* система *f* отчетности; **-wesen** *n* отчетность *f*; **-woche** *f* отчетная неделя *f*; **-zeit** *f* отчетный период *m*

Berlinzulage *f* Берлинская надбавка *f*

berücksichtigen принимать во внимание, учитывать; **ein Angebot ~** принимать предложение к рассмотрению; **bevorzugt ~** отдавать предпочтение

Berücksichtigung *f* принятие *n* во внимание, учет *m*; **ohne ~** без учета, не принимая во внимание; **unter ~** с учетом, принимая во внимание

Beruf *m* профессия *f*, специальность *f*, занятие *n*, работа *f*; **einen ~ ausüben** работать по профессии (специальности); **einen ~ ergreifen** избрать профессию; **einen ~ erlernen** приобрести профессию, получить специальность; **seinem ~ nachgehen** работать по своей профессии (специальности); **~ eines Angestellten** профессия *f* служащего; **ausgeübter ~** фактическая специальность *f*; фактическое занятие *f*; **erlernter ~** приобретенная профессия *f*; **freier** ~ свободная профессия *f*; **handwerklicher** ~ ремесленная специальность *f*; **gewerblicher** ~ рабочая профессия *f*; **kaufmännischer** ~ профессия *f* коммерсанта; профессия *f* торгового работника

berufen назначать, приглашать; **in eine leitende Stellung** ~ назначить на руководящую должность; **in den Vorstand** ~ назначить на работу в правлении; **zum Direktor** ~ назначить директором

beruflich профессиональный; служебный; ~ **aufsteigen** продвигаться по служебной лестнице, делать профессиональную карьеру; **-e Kenntnisse** профессиональные (специальные) знания *pl*

Berufs|abschluss *m* профессиональное (специальное) образование *n*; диплом *m* о профессиональном образовании; **-anfänger** *m* начинающий работу по професии, новичок *m* в своей профессии; **-ausbildung** *f* профессиональное образование *n* (обучение *n*), профессиональная подготовка *f*

Berufsausbildungs|kosten *pl* расходы *pl* на профессиональное обучение (профессиональную подготовку); **-personal** *n* штат *m* преподавателей в системе профессионального образования; **-verhältnis** *n* (правовые) отношения *pl*, вытекающие из договора о профессиональном обучении; **-vertrag** *m* договор *m* о профессиональном обучении

Berufs|ausrüstung *f* оборудование *n* для профессиональной деятельности; **-aussichten** *pl* перспективы *pl* продвижения по службе (на работе); **-ausübung** *f* работа *f* по специальности (профессии); **-bekleidung** *f* рабочая одежда *f*; **-beratung** *f* профессиональная ориентация *f*, консультации *pl* по профессиональным проблемам; **-bezeichnung** *f* наименование *n* специальности (профессии); **-bild** *n* описание *n* (характеристика *f*) профессии (специальности); **-bildung** *f* профессиональное обучение *n* (образование *n*)

Berufsbildungs|bericht *m* отчет *m* (министерства образования) о состоянии профессионального обучения; **-förderung** *f* развитие *n* системы профессионального обучения; **-gesetz** *n* закон *m* о профессиональном образовании; **-system** *n* система *f* профессионального обучения

Berufs|eignung *f* профессиональная пригодность *f*; **-einsteiger** *m* новичок *m* в данной профессии; **-erfahrung** *f* профессиональный опыт *m*; **-fachschule** *f* профессионально-техническое училище *n*; технический колледж *m*; **-findung** *f* выбор *m* профессии; **-förderung** *f* меры *pl* по повышению квалификации; **-fortbildung** *f* повышение *n* квалификации; **-geheimnis** *n* профессиональная тайна *f*; **-genossenschaft** *f* отраслевая страховая ассоциация *f*, выплачивающая пенсии в случае длительной потери трудоспособности от несчастных случаев на производстве; **-gliederung** *f* распределение *n* по роду занятий, классификация *f* профессий; **-gruppe** *f* профессиональная группа *f*; **-händler** *(Bö)* профессиональные участники *pl* биржевых торгов; кулиса *f*; **-jahre** *pl* трудовой стаж *m*; **-kleidung** *f* спецодежда *f*; **-krankheit** *f* профессиональное заболевание *n*; профессиональная болезнь *f*; **-leben** *n* трудовая деятельность *f*, труд *m*

Beruflose *m* лицо *n*, не имеющее профессии, лицо *n* без профессии

Berufs|möglichkeiten *pl* профессиональные возможности *pl*; **-risiko** *n* риск *m*, связанный с работой по специальности; **-schule** *f* профессиональное училище *n*

berufsständisch профессиональный; **-e Vereinigung** профессиональная организация *f*

Berufs|systematik *f* классификация *f* профессий; **-tätige** *m* занятый *m*, работающий *m*; **-tätigkeit** *f* профессиональная деятельность *f*; **-unfähigkeit** *f* нетрудоспособность *f* (вследствие болезни, инвалидности и т.п.); **-unfähigkeitsrente** *f* пенсия *f* по нетрудоспособности; **-unfähigkeitsversicherung** *f (Versich)* страхование *n* на случай нетрудоспособности; **-unfall** *m* несчастный случай *m* на производстве, производственная травма *f*; **-verband** *m* объединение *n* работников одной профессии; **-verkehr** *m* движение *n* в часы пик; **-verzeichnis** *n* перечень *m* профессий; **-wahl** *f* выбор *m* профессии; **-wechsel** *m* смена *f* профессии

Berufung *f* обжалование *n* судебного приговора; кассационная жалоба *f*; (приглашение) назначение *n* (на должность); призвание *n*; **einer ~ stattgeben** удовлетворить кассационную жалобу; **eine ~ verwerfen** отклонить кассационную жалобу; **~ zum Geschäftsführer** назначение *n* на должность управляющего

Berufungs|frist *f* апелляционный срок *m*; **-gericht** *n* апелляционный суд *m*; **-sache** *f* дело *n* по апелляции; **-verhandlung** *f* рассмотрение *n* апелляционной жалобы судом

Beschädigung *f* повреждение *n*; причинение *n* ущерба; **absichtliche ~** намеренное причинение *n* ущерба; **fahrlässige ~** повреждение *n* в результате небрежного обращения; **~ der Ware** повреждение *n* товара

beschaffen доставать, добывать, приобретать; закупать; поставлять; доставлять; предоставлять

Beschaffenheit *f* состояние *n*, свойство *n*, качество *n*; **äußere ~** внешнее состояние *n*, внешний вид *m* (товара); **einwandfreie ~** безупречное состояние *n* (качество *n*); **~ der Ware** качество *n* (состояние *n*) товара

Beschaffung *f* приобретение *n*, заготовка *f*, закупка *f*, поставка *f*, снабжение *n*; **~ eines Darlehens** получение *n* ссуды; **produktionssynchrone ~** поставки *pl*, синхронизированные с потребностями производства; **~ von Aufträgen** получение *n* заказов; **~ von Informationen** сбор *m* информации; **~ von Kapital** привлечение *n* (мобилизация *f*) капитала; **~ von Produktionsfaktoren** обеспечение *n* факторами производства

Beschaffungs|auftrag *m* заказ *m* на закупки (поставки); **-budget** *n* смета *f* расходов на материально-техническое снабжение; **-bereich** *m* отдел *m* материально-технического снабжения; **-controlling** *n* контроллинг *m* закупок; **-disposition** *f* определение *n* потребностей в материалах и сырье; **-genossenschaft** *f* закупочный кооператив *m*; **-gesellschaft** *f* закупочная компания; **-kartell** *n* картельное соглашение *n* в области единой политики закупок; **-kosten** *pl* расходы *pl* на материально-техническое снабжение (закупки); **-logistik** *f* логистика *f* материально-технического снабжения; **-management** *n* менеджмент *m* снабжения, менеджмент *m* закупок; **-markt** *m* рынок *m*, на котором производятся закупки; рынок *m*, на который производятся поставки; **-maßnahmen** *pl* операции *pl* по закупкам; **-möglichkeiten** *pl* возможности *pl* закупок (снабжения); **-organisation** *f* организация *f* снабжения; **-planung** *f* планирование *n* снабжения; **-preis** *m* фактическая цена *f* закупки; цена *f*, включающая издержки на упаковку, доставку и т.п.; **-programm** *n* программа *f* снабженческой деятельности; **-statistik** *f* статистика *f* закупок; **-wege** *pl* каналы *pl* снабжения (закупок); **-wert** *m* стоимость *f* закупок (приобретения)

Beschaffungswesen *n* закупки *pl*; поставки *pl*; материально-техническое снабжение *n*; **öffenliches ~** правительственные (государственные) закупки *pl* (заготовки *pl*)

Beschaffungszeit *f* период *m* времени, необходимый для осуществления закупки (с момента заказа до наличия товара)

beschäftigen давать (предоставлять) работу; занимать, держать на службе

beschäftigt работающий, занятый, трудящийся; **voll ~ sein** работать полный рабочий день, работать на полной ставке

Beschäftigte *pl* работники *pl*, рабочие *pl* и служащие *pl*, работающие, занятые *pl*, трудящиеся *pl*; **abhängig ~** лица *pl* наемного труда; **nicht ständig ~** временные работники *pl*, непостоянно занятые; **selbständig ~** лица *pl*, работающие не по найму (имеющие собственное дело); **ständig ~** постоянные работники *pl*, постоянно занятые

Beschäftigten|statistik *f* статистика *f* рабочей силы (занятости); **-struktur** *f* структура *f* занятости; **-zahl** *f* численность *f* (число *n*) работающих (занятых)

Beschäftigung *f* занятие *n*, работа *f*, служба *f*, деятельность *f*; занятость *f*; предоставление *n* работы; **eine ~ aufnehmen** устраиваться на работу (службу); начинать трудиться; **eine ~ ausüben** работать, служить, исполнять обязанности; **~ finden** найти работу; **~ suchen** искать работу; **~ vermitteln** посредничать при поиске работы; **arbeiterrentenversicherungspflichtige ~** работа *f* с обязательным отчислением в фонд пенсионного страхования; **aushilfsweise ~** временная работа *f*, временное занятие; **beitragsfreie ~** работа *f*, исполнение которой не предполагает уплаты взносов в фонд социального страхования; **ganztägige ~** работа *f* полный день; **gelegentliche ~** случайная работа *f*, случайное занятие *n*; **geringfügige ~** незначительная занятость *f*; **~ Jugendlicher** предоставление *n* работы молодежи, трудоустройство *n* молодежи; **regelmäßige ~** регулярная (постоянная) занятость *f* (работа *f*); **versicherungspflichtige ~** работа *f* с обязательными отчислениями в фонды социального страхования; **vorübergehende ~** временная работа *f*, временная занятость *f*

Beschäftigungs|anstieg *m* повышение *n* уровня занятости; **-aussichten** *pl* перспективы *pl* занятости, шансы *pl* трудоустройства; **-brücke** *f (Soz)* досрочный выход на пенсию пожилых с целью освобождения рабочих мест для молодых, «мостик» занятости; **-dauer** *f* трудовой стаж *m*; **-förderung** *f* меры *pl* по повышению уровня занятости; **-garantie** *f* гарантия *f* занятости; **-grad** *m* уровень *m* (коэффициент *m*) занятости; **-index** *m* индекс *m* занятости; **-indikatoren** *pl* индикаторы *pl* занятости; **-lage** *f* положение *n* в области занятости

beschäftigungslos безработный

Beschäftigungs|nachweis *m* справка *f* с работы, свидетельство *n* о занятости; послужной список *m*, трудовая книжка *f*; **-niveau** *n* уровень *m* занятости; **-pflicht** *f* обязанность *f* предпринимателя предоставлять работу нанятому работнику; обязанность *f* нанимать на работу инвалидов; **-politik** *f* политика *f* в области занятости; **-rückgang** *m* сокращение *n* численности занятых; **-sicherung** *f* обеспечение *n* занятости; **-stand** *m* уровень *m* занятости; **-struktur** *f* структура *f* занятости

Beschäftigungsverhältnis *n* трудовые отношения *pl*, вытекающие из трудового договора; **das ~ lösen** разрывать трудовой договор (трудовые отношения)

Beschäftigungs|wachstum *n* рост *m* численности занятых, увеличение *n* занятости; **-zeit** *f* период *m* трудовой деятельности (занятости); трудовой стаж *m*

Beschau *f* осмотр *m*, освидетельствование *n*; контроль *m*, проверка *f*, ревизия *f*, просмотр *m*; таможенный досмотр *m*; **~ der Waren** осмотр *m* (проверка *f*) товаров

Bescheid *m* ответ *m*, разъяснение *n*, справка *f*; сообщение *n*, информация *f*; указание *n*, распоряжение *n*, решение *n*; **einen ~ entgegennehmen** получить указание (решение, ответ); **einen ~ erbitten** обратиться за справкой; **einen ~ erhalten** получить указание (решение); **~ geben** объяснять, сообщать, информировать; **einen ~ zustellen** доставить сообщение о решении; **abschlägiger ~** отказ *m*

bescheinigen удостоверять, подтверждать, свидетельствовать

Bescheinigung *f* удостоверение *n*, свидетельство *n*, сертификат *m*; расписка *f*, квитанция *f*; документальное подтверждение *n*; **eine ~ ausstellen** выдать свидетельство (справку, удостоверение, квитанцию); **~ über die Wiederausfuhr** таможенный сертификат *m* о реэкспорте; **~ der Ursprungsbezeichnung** свидетельство *n* о происхождении товара

Beschlag *m* конфискация *f*, изъятие *n*; арест *m*, секвестр *m*; эмбарго *n*, запрет *m*; **den ~ aufheben** снять арест (запрет); **in ~ nehmen** конфисковать, наложить арест; **mit ~ belegen** наложить арест

Beschlagnahme *f* конфискация *f*, изъятие *n*; арест *m* имущества, наложение *n* ареста на имущество, опись *f* имущества; наложение *n* запрета (секвестра); **die ~ anordnen** наложить арест; приказать конфисковать; **die ~ aufheben** снять арест (запрет); **die ~ beantragen** поставить вопрос о конфискации; **die ~ durchführen** произвести конфискацию; **die ~ verfügen** наложить арест; **~ eines Grundstücks** конфискация *f* земельного участка

beschlagnahmefähig подлежащий конфискации (аресту)

beschlagnahmen конфисковать, изъять; наложить арест на имущество; описать имущество; наложить запрет (секвестр)

Beschlagnahme|risiko *n* риск *m* конфискации; **-verfügung** *f* распоряжение *n* о конфискации (наложении ареста)

beschlagnahmt конфискованный; **-e Wertgegenstände** конфискованные ценности *pl*

beschleunigen ускорять, форсировать, увеличивать

Beschleunigung *f* ускорение *n*, акселерация *f*, форсирование *n*, увеличение *n*; **~ der Lieferung** ускорение *n* поставки; **mit ~** с диспачей (премией за быструю погрузку или выгрузку)

Beschluss *m* решение *n*, постановление *n*; **einen ~ abändern** изменить решение; **den ~ durchführen** реализовывать решение; **einen ~ fassen** принять решение; **gemeinsamer ~** общее решение *n*

beschlussfähig правомочный, имеющий кворум

Beschluss|fähigkeit *f* правомочность *f*, наличие *n* кворума; **-fassung** *f* принятие *n* решения (постановления); **-unfähigkeit** *f* неправомочность *f*, отсутствие *n* кворума; **-verfahren** *n* порядок *m* рассмотрения дел; **-vorlage** *f* проект *m* решения

beschränkt ограниченный; ограниченно; **-e Geschäftsfähigkeit** ограниченная дееспособность *f*; **-e Haftung** ограниченная ответственность *f*; **~ Steuerpflichtige** лица *pl*, имеющие налоговые льготы

Beschränkung *f* ограничение *n*, рестрикция *f*, сокращение *n*, уменьшение *n*; **-en auferlegen** вводить ограничения; **-en aufheben, -en beseitigen** снимать (устранять) ограничения; **von -en befreien** снять ограничения; **mengenmäßige -en** количественные ограничения *pl*; **~ des Wettbewerbs** ограничение *n* конкуренции

Beschreibung *f* описание *n*, спецификация *f*; **der ~ entsprechen** соответствовать описанию (спецификации); **eine ~ geben** дать описание; **nach ~** согласно описанию (спецификации); **nähere ~** детальное описание *f*

Beschriftung *f* маркировка *f*, надпись *f*

Beschuldigung *f* обвинение *n*; **eine ~ erheben** предъявлять обвинение

Beschwerde *f* жалоба *f*, рекламация *f*, претензия *f*, частная жалоба *f*; **der ~ abhelfen** удовлетворить жалобу; **eine ~ einlegen** подать жалобу (рекламацию); **eine ~ entgegennehmen** принимать (выслушивать) жалобу (рекламацию); **eine ~ erheben (führen)** подать жалобу (рекламацию);

die ~ prüfen рассмотреть жалобу; **der ~ stattgeben** удовлетворить жалобу; **~ des Kunden** жалоба *f* (рекламация *f*, претензия *f*) клиента; **unbegründete ~** необоснованная жалоба *f* (рекламация *f*, претензия *f*)

Beschwerde|buch *n* книга *f* жалоб; **-führer** *m* жалобщик *m*; **-grund** *m* причина *f* (обоснование *n*) жалобы; **-recht** *n* право *n* на подачу жалобы (рекламации), право *n* обжалования; **-verfahren** *n* процедура *f* (порядок *m*) рассмотрения жалобы

besetzen занимать замещать (должность); определять (на должность); **Arbeitsplätze ~** расставить по рабочим местам; **eine Stelle ~** занимать (замещать) должность (вакантное место)

besetzt занятый; **nicht ~** вакантный

Besetzung *f* замещение *n* (должности); определение *n* (на должность); **~ von Ämtern** замещение *n* должностей; **~ von Funktionen** распределение *n* функций; **zahlenmäßige ~** количественный состав *m*

besichern предоставить обеспечение; **einen Kredit ~** предоставить обеспечение под кредит

Besicherung *f (Bank)* обеспечение *n*, предоставление *n* обеспечения, заложенное в банке имущество *n* (для обеспечения кредита); **~ eines Kredites** обеспечение *n* кредита

Besicherungs|quote *f* доля *f* обеспечения; **-wert** *m* стоимость *f* обеспечения

Besichtigung *f* осмотр *m*, проверка *f*; инспекция *f*; таможенный досмотр *m*; **~ durch Sachverständige** экспертная проверка *f*

Besitz *m* владение *n*, обладание *n*; собственность *f*; имущество *n*; земельное владение *n*, имение *n*; **den ~ aufgeben** отказаться от владения; **den ~ erlangen (erwerben)** приобретать, наживать; **in den ~ einführen** ввести во владение; **in den ~ gelangen** вступить во владение; **in ~ nehmen** получить во владение; **den ~ veräußern** продавать имущество (имение); **~ an Aktien** владение *n* акциями; **berechtigter ~** правомерное владение *n*, владение *n* по праву; **böswilliger ~** недобросовестное владение *n*; **gutgläubiger ~** добросовестное владение *n*; **mittelbarer ~** распоряжение *n* собственностью, владельцем которой является другое лицо; **privater ~** частная собственность *f*, частное владение *n* (имущество *n*); **rechtmäßiger ~** законное (правомерное) владение *n*; **unmittelbarer ~** непосредственное владение *n*; **unrechtmäßiger ~** незаконное владение *n*; **~ von Vermögen** владение *n* (обладание *n*) состоянием

Besitz|anspruch *m* притязание *n* на владение; **-aufgabe** *f* отказ *n* от владения; **-diener** *m* лицо *n*, осуществляющее для владельца фактическое владение вещью; **-einkommen** *n* доход *m* от владения имуществом; **-entziehung** *f* лишение *n* владения

Besitzer *m* владелец *m*, собственник *m*, обладатель *m*; **den ~ wechseln** переходить в другие руки, сменить владельца; **~ der Aktienmehrheit** владелец *m* (обладатель *m*, держатель *m*) контрольного пакета акций; **böswilliger ~** недобросовестный владелец *m*; **gutgläubiger ~** добросовестный владелец *m*; **mittelbarer ~** собственник *m*, не распоряжающийся имуществом непосредственно (напр. арендодатель); **nichtberechtigter ~** неправомерный владелец *m*; **rechtmäßiger ~** правомерный владелец *m*; **unmittelbarer ~** лицо *n*, фактически распоряжающееся вещью; **~ von Aktien** акционер *n*

Besitzergreifung *f* вступление *n* во владение, присвоение *n*; экспроприация *f*, конфискация *f*

Besitzerwechsel *m* смена *f* владельца, переход *m* в другие руки

Besitz|gesellschaft *f* компания-владелец *f*, холдинговая компания *f*; **-kehr** *f* возврат *m* собственной вещи; **-konstitut** *n* передача *f* права собственности на движимое имущество; **-nahme** *f* вступление *n* во владение; **-recht** *n* право *n* владения; **-schutz** *m* защита *f* владения; **-steuer** *f* налог *m* на имущество (капитал); **-störung** *f* нарушение *n* владения

Besitztum *m* имущество *n*, недвижимость *f*, недвижимое имущество *n*; имение *n*; земельное владение *n*

Besitzübertragung *f* передача *f* владения

Besitzung *f* владение *n*, обладание *n*; земельное владение *n*; имение *n*

Besitz|verhältnisse *pl* отношения *pl* владения (недвижимостью); условия *pl* землевладения; **-verletzung** *f* нарушение *n* владения; **-verlust** *m* утрата *f* владения; **-wechsel** *m* римесса *f*, вексель *m* к получению; **-wechselbuch** *n* журнал *m* регистрации поступающих векселей; **-werte** *pl* имущество *n*, ценности *pl*

Besoldung *f* оплата *f* труда; жалованье *n*, оклад *m* (чиновников, судей, профессиональных военных)

Besoldungs|dienstalter *m* стаж *m* работы, определяющий размер надбавки к окладу; **-erhöhung** *f* повышение *n* окладов; **-gruppe** *f* разряд *m* тарифной сетки; **-tabelle** *f* тарифная сетка *f*; **-zulage** *f* надбавка *f* к окладу (заработной плате)

Besorgung *f* покупка *f*; приобретение *n*; раздобывание *n*; **-en machen** делать покупки

Besprechung *f* обсуждение *n*, дискуссия *f*; совещание *n*; конференция *f*; **geschäftliche ~** деловое совещание *n*

Besprechungstermin *m* дата *f* (срок *m*) совещания

Besserstellung *f* улучшение *n*; повышение *n*; **soziale ~** улучшение *n* социальных условий

Besserverdiener *pl* лица *pl* с доходами выше среднего

Bestallung *f* должность *f*; назначение *n*; допуск *m* к должности; **~ eines Vormundes** назначение *n* опекуна

Bestallungsurkunde *f* документ *m* о назначении на должность

Bestand *m* наличие *n*, наличное состояние *n*; инвентарь *m*; запас(ы) *pl*; портфель *m*; положение *n*; состояние *n*; существование *n*; остаток *m*; **den ~ aufnehmen** проводить инвентаризацию, переучитывать, инвентаризировать; **den ~ aufstocken** увеличивать запасы; **~ an Aktien** пакет *m* (портфель *m*) акций; **~ an Bargeld** остаток *m* наличности; кассовая наличность *f*; **~ an Maschinen** станочный парк *m*; **~ an Schuldverschreibungen** портфель *m* облигаций; **~ an unerledigten Aufträgen** невыполненные заказы *pl*; **~ an Vermögen und Schulden** наличное имущество *n* и долги *pl*; **~ an Waren** наличные товары *pl*; **~ an Zahlungsmitteln** наличие *n* платежных средств; **buchmäßig ausgewiesener ~** остаток *m* по данным бухгалтерского учета; **~ der Firma** существование *n* фирмы; **~ der Kasse** кассовая наличность *f*; остаток *m* в кассе; **laufender ~** текущие (оборотные) запасы *pl*; **vorhandener ~** наличные запасы *pl*

Bestände *pl* запасы *pl*; **~ auffüllen** пополнять запасы; **~ aufstocken** накапливать (увеличивать) запасы; **~ führen** иметь запасы; **~ an Auslandsaufträgen** портфель *m* заказов на экспорт; **~ an Waren** запасы *pl* товаров, товарные запасы *pl*; **erschöpfte ~** истощение *n* запасов, исчерпанные запасы *pl*

Beständewagnis *n* риск *m*, связанный с созданием складских товарных запасов

Bestands|abbau *m* сокращение *n* товарных запасов; **-abgang** *m* выбытие *n* (уменьшение *n*) товарных запасов; **-analyse** *f* анализ *m* наличия; **-änderung** *f* изменение *n* величины запасов

Bestandsaufnahme *f* инвентаризация *f*, инвентаризационная опись *f*; переучет *m* товаров; **eine ~ vornehmen** провести инвентаризацию

Bestands|ausgleich *m* балансовая увязка *f* запасов; **-bewegung** *f* движение *n* запасов; **-bewertung** *f* оценка *f* материально-товарных запасов; **-bildung** *f* образование *n* запасов; **-buch** *n* инвентарная книга *f*, инвентаризационный журнал *m*;

-daten *pl* данные *pl* о наличии запасов; база *f* накопленных данных; **-einheit** *f (Transp)* складская единица *f*; **-erhöhung** *f* увеличение *n* запасов; **-fortschreibung** *f* перенос *m* остатков; **-führung** *f* учет *m* наличия; **-haltungskosten** *pl* издержки *pl* на хранение запасов, цена *f* доставки по фьючерсному контракту

Bestandshöhe *f* величина *f* запасов; **zulässige** ~ допустимая величина *f* запасов

Bestands|kartei *f* картотека *f* наличия, инвентарная картотека *f*; **-konten** *pl* инвентарные счета *pl*; **-kontrolle** *f* контроль *m* запасов; **-kosten** *pl* издержки *pl* на хранение запасов; **-liste** *f* инвентарный список *m*; **-meldung** *f* отчет *m* о состоянии запасов; **-nachweis** *m* ведомость *f* наличия; **-prüfung** *f* ревизия *f* складских запасов; **-rechnung** *f* учет *m* запасов; **-risiko** *n* риск *m*, связанный с созданием запасов; **-segmentierung** *f (Handel, Lager)* сегментация *f* складских запасов; **-sicherung** *f* обеспечение *n* сохранения наличия (напр. предприятий, архитектурных зданий и т.д.); сохранение *n* рабочих мест (в условиях рационализации производства); **-veränderung** *f* изменение *n* величины запасов; изменение *n* портфеля ценных бумаг; **-verzeichnis** *n* ведомость *f* учета запасов; **-zunahme** *m* увеличение *n* запасов; **-zuwachs** *m* прирост *m* запасов

Bestandteil *m* компонент *m*, составная часть *f*

bestätigen подтверждать, утверждать (в должности); удостоверять, заверять; сообщать о поступлении; **einen Auftrag** ~ подтверждать получение заказа; подтверждать заказ; **im Amt** ~ утвердить в должности

bestätigt подтвержденный; **-er Scheck** подтвержденный чек *m*

Bestätigung *f* подтверждение *n*; утверждение *n* (в должности); сообщение *n* о поступлении заказа; подтверждение *n* заказа; **die ~ einholen** затребовать подтверждение поступления заказа; ~ **der Richtigkeit** подтверждение *n* правильности; **urkundliche** ~ документальное подтверждение *n*

Bestätigungsschreiben *n* письмо-подтверждение *n*

Bestätigungsvermerk *n* заключение *n* (ревизора), подтверждающее правильность составления баланса; **mit einem ~ versehen** приложить заключение ревизора; ~ **des Abschlussprüfers** заключение *n* ревизора, подтверждающее правильность составления баланса; **uneingeschränkter** ~ безоговорочное заключение *n* ревизора, подтверждающее правильность составления баланса

Bestattungskosten *pl* расходы *pl* на похороны

Best|auftrag *m* приказ *m* купить или продать по наилучшему курсу; **-beschäftigung** *f* высокая занятость *f*

bestechen подкупать, давать взятку

bestechlich продажный, подкупный

Bestechlichkeit *f* продажность *f*, взяточничество *n*

Bestechung *f* подкуп *m*, взятка *f*, взяточничество *f*; **aktive** ~ дача *f* взятки; **passive** ~ получение *n* взятки

Bestechungs|geld *n* взятка *f* деньгами; **-versuch** *m* попытка *f* дать взятку, попытка подкупа

Bestell|abwicklung *f* выполнение *n* заказа; **-agentur** *f* бюро *n* заказов; **-buch** *n* книга *f* заказов; **-datum** *n* дата *f* заказа; **-dienst** *m* служба *f* заказов; обслуживание *n* покупателей через отдел *m* заказов; **-eingang** *m* поступление *n* заказов, полученные заказы

bestellen заказывать; назначать; обрабатывать (землю); **den Boden** ~ обрабатывать землю; **ein Hotelzimmer** ~ заказать номер в гостинице; **im Voraus** ~ заказывать заранее; бронировать; **einen Vorsitzenden** ~ назначить председателя; **zum Direktor** ~ назначить директором; **zum Geschäftsführer** ~ назначить управляющим

Besteller *m* заказчик *m*, покупатель *m*, клиент *m*
Bestellerkredit *m* кредит *m* на выполнение заказа
Bestell|formular *n* бланк *m* заказа; **-frist** *n* срок *m* исполнения заказа; крайний срок *m* размещения заказа; **-liste** *f* список *m* заказов, заявка *f*; **-karte** *f* бланк *m* заказа, квитанция *f* на подписку; **-menge** *f* заказываемое количество *n*; количество *n* заказанных товаров; **-möglichkeit** *f* возможность *f* сделать заказ; **-muster** *n* образец *m*, сделанный по получении заказа; **-obligo** *n* гарантия *f* (обязательство *n*) сделать заказ; **-rhythmus** *m* ритм *m* поступления (выполнения) заказов; **-schein** *m* бланк *m* заказа; **-schreiben** *n* письмо-заказ *n*; **-termin** *m* дата *f* выдачи заказа, срок *m* подачи заявок
Bestellung *f* заказ *m*, поручение *n*; назначение *n*; обработка *f* (земли); **eine ~ abwickeln** выполнять заказ; **eine ~ annehmen** брать (принимать) заказ; **auf ~ arbeiten** работать на заказ; **eine ~ aufgeben** выдать (разместить) заказ; **eine ~ ausführen** выполнять заказ; **eine ~ bearbeiten** выполнять (обрабатывать) заказ; **eine ~ entgegennehmen** брать (принимать) заказ; **eine ~ machen** сделать (выдать) заказ; **nach ~ anfertigen** изготовлять по заказу; **sich um -en bemühen** запрашивать (искать) заказы; **eine ~ stornieren** аннулировать заказ; **eine ~ vormerken** зарегистрировать заказ; **eine ~ widerrufen** отзывать заказ; **auf ~** по заказу; **~ auf Widerruf** заказ *m* до востребования; **dringende ~** срочный заказ *m*; **feste ~** твердый заказ *m*; **nach ~** по заказу; **~ per Fax** заказ *m* по факсу; **postalische ~** заказ *m* по почте; **telefonische ~** заказ *m* по телефону; **~ von Abschlussprüfern** назначение *n* аудиторов; **~ von Hypotheken** установление *n* ипотек; **zusätzliche ~** дополнительный заказ *m*
Bestell|verfahren *n* система *f* отношений между заказчиками и поставщиками; **-vorgang** *m* процесс *m* размещения заказа; **-wesen** *n* система *f* размещения подрядов (заказов); **-zettel** *m* бланк *m* заказа, заявка *f*, ордер *m*
Bestens-Auftrag *m* **(Bestens-order *f*)** приказ *m* продать ценные бумаги по наилучшему курсу
besteuern облагать налогом
Besteuerung *f (Steuer)* налогообложение *n*, обложение *n* налогом; **einer ~ unterliegen** подлежать обложению налогом; **~ an der Quelle** удержание *n* налогов из источника доходов; **degressive ~** дегрессивное налогообложение *n*; **~ der Einkommen** обложение *n* налогом доходов; **fiskalische ~** фискальное налогообложение *n*; **pauschale ~** налогообложение *n* паушальных сумм, паушальное налогообложение *n*; **progressive ~** прогрессивное налогообложение *n*; **~ von Kapitalerträgen** налогообложение *n* доходов с капитала; **~ der Zinsen** налогообложение *n* доходов от процентов; **zusätzliche ~** дополнительное налогообложение *n*
Besteuerungs|gegenstand *m* объект *m* налогообложения; **-grundlage** *f (Steuer)* база *f* налогообложения; **-prinzip** *n* принцип *m* налогообложения; **-satz** *m* ставка *f* налогообложения
bestimmen назначать, устанавливать, предписывать; определять; обозначать; предназначать; **gesetzlich ~** узаконить; **einen Nachfolger ~** назначить преемника (наследника); **den Preis ~** установить цену; **einen Termin ~** установить (назначить) срок
bestimmt определенный; **-er Geldbetrag** определенная сумма *f* денег
Bestimmtheitsgrundsatz *m* принцип *m* определенности
Bestimmung *f* назначение *n*; определение *n*; обозначение *n*; распоряжение *n*; статья *f*, положение *n*, условие *n* (договора); предназначение *n*; **-en in einen Vertrag übernehmen** включать пункты в договор;

die ~ treffen принять решение, определить; **der ~ übergeben** передать по назначению, сдать в эксплуатацию; **abweichende ~** оговорка *f*, измененное положение *n* (условие *n*); **einschränkende ~** статья *f*, содержащая оговорку; ограничительное положение *n*; **ergänzende ~** дополнительное положение *n* (статья *f* договора); **-en eines Vertrags** положения *pl* (условия *pl*) договора

Bestimmungs|bahnhof *m* станция *f* назначения; **-faktor** *m* определяющий фактор *m*; **-hafen** *m* порт *m* назначения; **-kauf** *m* покупка *f* на заранее оговоренных покупателем условиях; **-land** *n* страна *f* назначения, государство *n* назначения

bestimmungsmäßig по назначению

Bestimmungsort *m* место *n* назначения; место *n* исполнения договора купли-продажи

bestimmungswidrig не по назначению

Bestleistung *f* наилучшие показатели *pl*

bestmöglich по наилучшему курсу, по наиболее выгодной цене

bestreiken охватывать забастовкой

bestreikt охваченный забастовкой; **-e Firmen** фирмы *pl*, охваченные забастовкой

bestreiten оспаривать; покрывать, оплачивать; **die Gültigkeit des Testaments ~** оспаривать законность завещания; **die Kosten ~** оплачивать расходы (издержки)

Bestreitung *f* оспаривание *n*; покрытие *n*; **~ der Ausgaben** покрытие *n* расходов (издержек)

Bestzeit *f* оптимальные нормы *pl* затрат времени, наилучший результат *m* по времени

betätigen приводить в действие; управлять; осуществлять; **sich ~** заниматься

Betätigung *f* деятельность *f*; участие *n*; осуществление *n*; приведение *n* в действие; управление *n*; **wirtschaftliche ~** экономическая (деловая) активность *f*; хозяйственная деятельность *f*

Betätigungsfeld *n* поле *n* деятельности

beteiligen давать долю; делать участником в деле; **sich an einem Geschäft ~** участвовать в деле, иметь долю в деле; **sich an den Kosten ~** нести свою долю расходов; **sich am Verlust ~** нести свою долю убытков

beteiligt участвующий, имеющий долю; **am Stammkapital ~ sein** иметь долю в уставном капитале; **finanziell ~ sein** вложить капитал в дело; **zu 50% ~ sein** иметь половинную долю в деле; **-e Firma** фирма-совладелец *f*; фирма *f*, имеющая долю в другом предприятии

Beteiligte *m* участник *m*, компаньон *m*, пайщик *m*, совладелец *m*

Beteiligung *f* участие *n*; участие *n* в других предприятиях; доля *f* участия; доля *f* в капитале предприятия; пай *m*, инвестиции, капиталовложения; **die ~ anbieten** предлагать участие (долю, пай) в предприятии; **die ~ aufstocken** увеличить долю участия; **-en ausbauen** расширять участие (инвестиции); **die ~ erhöhen** увеличить долю участия (инвестиции); **eine ~ erwerben** приобретать участие (долю) в предприятии; **-en finanzieren** финансировать долевое участие (капиталовложения); **die ~ halten** иметь долю участия в капитале предприятия; **die ~ veräußern (verkaufen)** продавать свою долю; **-en verwalten** управлять портфелем инвестиций; **~ als stiller Gesellschafter** участие *n* в качестве негласного компаньона; **~ an einer Gesellschaft** участие *n* (доля *f*) в капитале компании; **~ am Gewinn** участие *n* в прибылях; **~ an den Kosten** доля *f* издержек; **~ an einem Unternehmen** участие *n* (доля *f*) в капитале предприятия; **mehrheitliche ~** контрольный пакет *m* акций, мажоритарная доля *f*; **mit staatlicher ~** с участием государства; **mittelbare ~** опосредованное долевое участие *n*; **staatliche ~** участие *n* (доля *f*) государства в предприятии; **stille** ~ негласное участие *n*; **unter starker** ~ с высокой долей участия; **wechselseitige** ~ взаимное (перекрестное) участие *n* в акционерном капитале; **-en zum Buchwert** капиталовложения *pl* по балансовой (амортизированной) стоимости

Beteiligungs|besitz *m* участие *n* в акционерном капитале, владение *n* долями (в предприятиях); **-betrag** *m* сумма *f* инвестиций (долевого участия); **-buchwert** *m* балансовая стоимость *f* капиталовложений; **-einnahmen** *pl* доходы *pl* от инвестиций (долевого участия); **-erwerb** *m* покупка *f* (приобретение) доли капитала предприятия; **-finanzierung** *f* финансирование *n* долевого участия, паевое финансирование *n*; **-gesellschaft** *f* ассоциированная компания *f*; холдинговая компания *f*; компания-держатель *f*; компания-участница *f*; дочерняя компания *f*; **-investitionen** *pl* инвестиции *pl* (капиталовложения) в другие предприятия; **-kapital** *n* частные капиталовложения *pl*; венчурный капитал *m*; **-kosten** *pl* издержки *pl* на участие (напр. в выставках); **-management** *n* управление *n* портфелем акций; **-modell** *n (Fin)* модель *f* участия в прибылях; **-partner** *m* компаньон *m*, совладелец *m*; **-politik** *f* инвестиционная политика *f*; **-quote** *f* квота *f* (доля *f*) участия; **-rechte** *pl* доля *f* акционера в капитале предприятия; акции *pl*; права *pl* на участие (напр. в принятии решений); **-unternehmen** *n* ассоциированное предприятие *n*; **-veräußerung** *f* продажа *f* долевого участия (доли акционерного капитала), реализация *f* доли; **-verhältnis** *n* отношения *pl*, вытекающие из договора о долевом участии; **-verkauf** *m* продажа *f* долевого участия; **-vertrag** *m* договор *m* о долевом участии; **-verwaltung** *f* управление *n* портфелем акций, управление долевыми участиями; **-wert** *m* стоимость *f* долевого участия

Betrag *m* сумма *f*; количество *n*, размер *m*; **einen ~ abheben** снимать определенную сумму со счета; **einen ~ abrechnen** отчитаться в использовании суммы; **einen ~ anlegen** вложить определенную сумму; **einen ~ ausweisen** документально показать сумму в отчете; **einen ~ erhalten** получить определенную сумму; **einen ~ erheben** взимать сумму; **einen ~ festsetzen** определять величину суммы; **einen ~ hinterlegen** депонировать сумму; **einen ~ zahlen** заплатить сумму; **abzurechnender ~** подотчетная сумма; **anfallender ~** накапливаемая сумма; **auf 100 Euro lautender ~** сумма в размере 100 евро; **ausstehender ~** неполученная сумма *f*; сумма *f*, не уплаченная дебитором по счету; **bereitgestellter ~** ассигнованная сумма *f*; **eingehender ~** поступающая сумма *f*, выручка *f*; **eingeklagter ~** сумма *f*, взыскиваемая в судебном порядке; **eingezogener ~** взысканная сумма *f*; **empfangener ~** полученная сумма *f*; **~ erhalten** сумму по счету получил; **fälliger ~** причитающаяся сумма *f*; сумма *f* к получению; **fehlender ~** недостающая сумма *f*, недостача *f*; **geschuldeter ~** неуплаченная сумма *f*, сумма *f* долга; **glatter ~** круглая сумма *f*; **~ in Worten** сумма *f* прописью; **offenstehender ~** неуплаченная сумма *f*; **rückständiger ~** сумма *f*, не уплаченная дебитором по счету после наступления срока платежа, сумма *f* отставания; **steuerfreier ~** сумма *f*, не облагаемая налогом; **vorausbezahlter ~** сумма *f*, выплаченная авансом, задаток; **zustehender ~** причитающаяся сумма *f*; **zuviel gezahlter ~** сумма *f* переплаты; **zuwenig erhobener ~** недовзысканная сумма *f*

betragen составлять (сумму), равняться; **im ganzen ~** составлять в итоге

betrauen поручать, доверять; уполномочивать; **mit der Leitung des Ressorts ~** поручить руководство отделом; **mit der Vermittlung von Geschäften ~** поручить посредничество при заключении сделок

betreiben вести, проводить; заниматься; эксплуатировать; **eine Fabrik** ~ управлять фабрикой, вести производство на фабрике; **Forschung und Entwicklung** ~ заниматься научно-исследовательскими и конструкторскими работами; **ein Handelsgewerbe** ~ заниматься коммерцией

Betreiber *m* управляющий *m*, владелец *m*

betreuen обслуживать; руководить, осуществлять руководство; **einen Marktbereich** ~ обслуживать свой сектор рынка

Betreuung *f* обслуживание *n*, забота *f*, уход *m*, оказание *n* помощи; **ärztliche** ~ медицинское обслуживание *n*; **fachliche** ~ квалифицированное обслуживание *n*; ~ **der Kunden** обслуживание *n* клиентов (покупателей); **soziale** ~ социальное обслуживание *n*

Betreuungs|einrichtung *f* учреждение *n* социального обслуживания; **-kosten** *pl* расходы *pl* на обслуживание; **-leistungen** *pl* услуги *pl*, обслуживание *n*; **-personal** *n* обслуживающий персонал *m*

Betrieb *m* предприятие *n*; производство *n*; завод *m*; фабрика *f*; мастерская *f*; работа *f*, действие *n*, функционирование *n*, эксплуатация *f*; **einen ~ aufgeben (auflösen)** прекратить производство, закрыть предприятие; **den ~ aufnehmen** пускать в ход, сдавать в эксплуатацию, начинать производство; **außer ~ sein** не работать, не функционировать; **außer ~ setzen** прекратить эксплуатацию, отключить; **den ~ einstellen** прекратить производство (работу), закрыть предприятие; **einen ~ eröffnen** открыть предприятие; **einen ~ errichten** построить предприятие; **einen ~ gründen** основать предприятие; **in ~ nehmen** пустить в эксплуатацию; **den ~ stillegen** остановить (прекратить) производство; закрыть предприятие; **automatisierter** ~ автоматизированное производство *n* (предприятие *n*); **bauausführender** ~ подрядное строительное предприятие *n*; **bäuerlicher** ~ крестьянское хозяйство *n*; **bestreikter** ~ предприятие *n*, охваченное забастовкой; **exportorientierter** ~ предприятие *n*, работающее преимущественно на экспорт; **führender** ~ ведущее предприятие *n*; **genossenschaftlicher** ~ кооперативное предприятие *n*; ~ **eines Geschäfts** ведение *n* хозяйственной деятельности, управление хозяйственной деятельностью; **gewerblicher** ~ торгово-промышленное предприятие *n*; ~ **eines Handelsgewerbes** занятие *n* торговлей (торговым промыслом); **handwerksmäßiger** ~ ремесленное производство *n*, ремесленная мастерская *f*; **kleiner** ~ малое предприятие *n*; **kontinuierlicher** ~ непрерывное производство *n*; **kooperierender** ~ смежное предприятие *n*; **kostendeckender** ~ безубыточное производство *n*; **landwirtschaftlicher** ~ сельскохозяйственное предприятие *n*; **mit Gewinn arbeitender** ~ прибыльное предприятие *n*; ~ **mit staatlicher Beteiligung** предприятие *n* с участием государства; **mittelständischer ~, mittlerer** ~ среднее (по величине) предприятие *n*, предприятие *n* средней руки; **mit Verlust arbeitender** ~ убыточное предприятие *n*; **öffentlicher** ~ государственное (муниципальное) предприятие *n*; **privater** ~ частное предприятие *n*; **spezialisierter** ~ специализированное предприятие *n*; **verlustbringender** ~ убыточное предприятие *n*; ~ **von Geschäften** ведение *n* дел, управление делами

betrieben руководимый, эксплуатируемый; **privat** ~ находящийся в частных руках; **staatlich** ~ государственный

betrieblich производственный, заводской; **-e Notwendigkeiten** производственные нужды *pl* (потребность *f*); **-e Praxis** производственная практика *f*

Betriebs|ablauf *m* производственный процесс *m*; **-abrechnung** *f* производственный учет *m*; **-abrechnungsbogen** *m* ведомость *f* производственного учета; **-abteilung** *f* цех *m* (отдел *m*) производства; **-analyse** *f* анализ *m* хозяйственной деятельности предприятия; **-änderung** *f* изменение *m* функций предприятия; **-angehörige** *m* работник *m* предприятия; **-angehörige** *pl* персонал *m* предприятия; **-anlagen** *pl* производственное оборудование *n*, производственный установки *pl*; **-anleitung** *f* инструкция *f* по эксплуатации; **-anweisung** *f* производственная инструкция *f*; **-art** *f* тип *m* предприятия, вид *m* производства, режим работы (эксплуатации); **-arzt** *m* заводской врач *m*, врач *m* здравпункта на предприятии; **-aufbauplanung** *f* планирование *n* структуры предприятия; **-aufgabe** *f* закрытие *n* предприятия; **-aufgaben** *pl* производственные задачи *pl* (функции *pl*); **-aufnahme** *f* начало *n* производства (эксплуатации); **-aufspaltung** *f* разделение *n* предприятия; **-aufwand** *m* эксплуатационные (текущие, вынужденные) расходы *pl* (издержки *pl*); **-ausfall** *m* простой *m* предприятия; **-ausflug** *m* загородная экскурсия *f* для работников предприятия; **-ausgaben** *pl* эксплуатационные расходы *pl* (издержки *pl*) предприятия; **-ausrüstung** *f* заводское оборудование *n*, оборудование *n* предприятия; **-ausschuss** *m* заводской комитет *m*, комитет рабочих и служащих предприятия; **-ausstattung** *f* заводское оборудование *n*, производственный инвентарь *m*

betriebsbedingt производственный; **aus -en Gründen** по производственным причинам

Betriebs|bedingungen *pl* производственные условия *pl*, условия *pl* производства; условия *pl* эксплуатации, режим *m* работы; **-beihilfen** *pl* дотации *pl* (субсидии *pl*), выплачиваемые предприятию на цели производства; **-berater** *m* консультант *m* по вопросам организации производства; **-beratung** *f* консультации *pl* по вопросам организации производства; производственное совещание *n*

betriebsbereit готовый к эксплуатации

Betriebs|bereitschaft *f* готовность *f* к эксплуатации (производству); **-bereitschaftskosten** *pl* издержки *pl* предприятия, связанные с поддержанием производства в состоянии готовности; **-besichtigung** *f* осмотр *m* предприятия, экскурсия *f* по предприятию; **-buchführung** *f* бухгалтерский учет *m* на предприятии; **-buchhaltung** *f* бухгалтерия предприятия; **-daten** *pl* производственные данные *pl*, эксплуатационные данные *pl*, рабочие параметры *pl* (характеристики); **-datenerfassung** *f* сбор *m* (учет *m*) производственной информации; **-dauer** *f* продолжительность *f* (период *m*, время *n*) эксплуатации, эксплуатационный период *m*, срок *m* службы; **-dichte** *f* плотность предприятий; **-direktor** *m* директор *m* предприятия

betriebseigen принадлежащий предприятию; являющийся собственностью предприятия

Betriebs|einheit *f* производственная единица *f*; **-einkommen** *n* доход *m* предприятия; заработок *m* на предприятии; операционный доход *m*; **-einnahmen** *pl* доходы *pl* предприятия, поступления *pl* от производственной деятельности; **-einrichtung** *f* производственное оборудование *n*, инвентарь *n* и оборудование *n*; **-einrichtungskosten** *pl* затраты *pl* на организацию производства, затраты *pl* на создание предприятия; **-einschränkung** *f* сокращение *n* производства, снижение *n* деловой активности; **-einstellung** *f* приостановка *f* производства, закрытие *n* предприятия; **-erfolg** *f* результаты *pl* хозяйственной деятельности предприятия

Betriebsergebnis *n* результат *m* хозяйственной деятельности предприятия; прибыль *f* до налогов и процентов (EBIT); **ein hohes ~ erwirtschaften (erzielen)** получить высокие показатели хозяйственной деятельности

Betriebs|ergebnisrechnung *f* отчет *m* о результатах хозяйственной деятельности; **-erlaubnis** *f* разрешение *n* на эксплуатацию транспортного средства; **-eröffnung** *f* ввод *m* предприятия в действие; **-ertrag** *m* доход *m* от основной деятельности предприятия; **-erweiterung** *f* расширение *n* предприятия (производства)

betriebsfähig в рабочем состоянии, готовый к эксплуатации

Betriebs|fähigkeit *f* готовность *f* к работе, функционирование *n*; **-ferien** *pl* отпускной период *m* на предприятии

betriebsfertig готовый к эксплуатации; в рабочем состоянии

Betriebs|fläche *f* производственные площади *pl*; **-fonds** *m* производственные фонды *pl*; фонд *m* предприятия на внутренние нужды; **-form** *f* форма *f* торгового или сельскохозяйственного предприятия; **-forschung** *f* изучение *n* процессов на предприятии; изучение *n* предприятий

betriebsfremd не относящийся к предприятию; непроизводственный; **-e Aufwendungen** непроизводственные расходы *pl*

Betriebs|frieden *m* здоровый социальный климат *m* на предприятии; **-führer** *m* руководитель *m* (директор *m*) предприятия; **-führung** *f* руководство *n* (управление *n*) предприятием (производством); дирекция *f* (правление *n*) предприятия; **-funktion** *f* деятельность *f* (функционирование *n*) предприятия; **-gebäude** *n* производственное здание *n*; **-gefährdung** *f* угроза *f* нормальному функционированию предприятия (производства); **-gegenstand** *m* предмет *m* производственной деятельности

Betriebsgeheimnis *n* производственный секрет *m*, секрет *m* предприятия; коммерческая тайна *f*; **-se offenbaren** раскрывать производственные секреты (тайны); **ein ~ preisgeben (verraten)** выдать производственный секрет; **-se wahren** хранить производственные секреты (тайны)

Betriebs|gelände *n* территория *f* предприятия (завода); **-gemeinkosten** *pl* общезаводские накладные расходы *pl*; **-genehmigung** *f* разрешение *n* на эксплуатацию (ведение дел); **-gesellschaft** *f* фирма-производитель *f*, производящая фирма *f*; **-gewinn** *m* положительный результат *m* хозяйственной деятельности, операционная прибыль *f*; **-gliederung** *f* организационная структура *f* предприятия; **-größe** *f* размеры *pl* (величина *f*) предприятия, размеры *pl* (величина *f*) хозяйства; производственный показатель *m*; **-grundstück** *n* земельный участок *m*, являющийся собственностью предприятия; **-gruppe** *f* производственная группа *f* (бригада *f*); **-haftpflichtversicherung** *f* *(Versich)* страхование *n* ответственности предприятия за нанесение вреда третьим лицам; **-handbuch** *n* справочник *m* по эксплуатации предприятия; **-handel** *m* закупка *f* предприятием товаров для продажи своим сотрудникам; **-handelsspanne** *f* торговая наценка *f*; **-hierarchie** *f* иерархическая структура *f* предприятия

betriebsintern внутренний, внутри предприятия, внутризаводской; **-e Revision** внутренняя ревизия *f*

Betriebs|kalkulation *f* калькуляция *f* производственных издержек; **-kapazität** *f* производственная мощность *f* предприятия; **-kapital** *n* оборотный капитал *m*, оборотные средства *pl*; **-klima** *n* климат *m* (атмосфера *f*, взаимоотношения *pl*) на предприятии; **-konto** *n* лицевой счет предприятия; **-kontrolle** *f* производственный контроль *m*; **-kosten** *pl* издержки *pl* производства, производственные издержки *pl* (затраты *pl*); эксплуатационные расходы *pl* (затраты *pl*); текущие издержки *pl* (собственника) на земельный участок; **-krankenkasse** *f* больничная касса *f* предприятия; **-kredit** *m* контокоррентный кредит *m* предприятию; **-leistung** *f* производительность *f*, производственная мощность *f*; результаты *pl* работы предприятия; продукция *f* предприятия

Betriebs|leiter *m* директор *m* (руководитель *m*) предприятия; технический директор *m*; **-leitung** *f* дирекция *f* (правление) предприятия; управление *n* предприятием

Betriebsmanagement *n* управление *n* предприятием; правление *n* (дирекция *f*, руководство *n*) предприятия; **technisches ~** техническая эксплуатация *f* (зданий)

Betriebsmittel *pl* средства *pl* производства, сумма *f* необходимых оборотных средств; оборотный капитал *m*

Betriebsmittel|bedarf *m* потребность *f* в средствах, необходимых для функционирования предприятия; **-kredit** *m* кредит *m* оборотного капитала; **-planung** *f* планирование *n* закупок и использования средств производства; **-reserve** *f* резерв *m* средств производства; **-rücklage** *f* резервные отчисления *pl* на финансирование эксплуатационных расходов, резервные отчисления *pl* на компенсацию колебаний платежеспособности предприятия; **-zeit** *f* период *m* нахождения средств производства в готовности к работе

Betriebs|modell *n* модель *f* предприятия; **-nachfolge** *f* наследование *n* предприятия

betriebsnotwendig необходимый для производства

Betriebs|notwendigkeiten *pl* потребности *pl* (нужды *pl*) производства; **-obmann** *m* уполномоченный *m* (делегат *m*) от рабочих и служащих; **-optimum** *n* оптимальная степень *f* занятости, приносящая предприятию максимальную прибыль; **-ordnung** *f* правила *pl* трудового распорядка на предприятии; **-organisation** *f* организация *f* производства (предприятия); организация *f* руководства (управления) предприятием; **-pachtvertrag** *m* договор *m* об аренде предприятия; **-pension** *f* пенсионная надбавка *f* от предприятия; **-planung** *f* планирование *n* производства; **-politik** *f* производственно-экономическая политика *f* предприятия; **-prüfer** *m* налоговый ревизор *m* (инспектор *m*) предприятия, финансовый ревизор *m*; **-prüfung** *f* финансовая (налоговая) ревизия *f* предприятия; **-prüfungsbericht** *m* протокол *m* ревизионной комиссии о результатах проверки предприятия

Betriebsrat *m* совет *m* (трудового коллектива) предприятия

Betriebsrat|ausschuss *m* комиссия *f* совета предприятия; **-mitglied** *n* член *m* совета предприятия; **-sitzung** *f* заседание *n* совета предприятия; **-wahl** *f* выборы *pl* совета предприятия

Betriebs|raum *m* производственное помещение *n*; **-rentabilität** *f* рентабельность *f* предприятия; **-rente** *f* пенсия *f* от предприятия; **-risiko** *n* производственный риск *m*; **-schließung** *f* закрытие *n* предприятия; **-schulden** *pl* долги *pl* (обязательства *pl*) предприятия

betriebssicher надежный (безопасный) в эксплуатации

Betriebs|sicherheit *f* безопасность *f* труда на предприятии; эксплуатационная надежность *f*; **-statistik** *f* производственная статистика *f*, производственный учет *m*; **-stätte** *f* местонахождение *n* фирмы; предприятие *n* (цех *m*) фирмы; **-stilllegung** *f* остановка *f* производства; **-stillstandszeit** *f* время *n* простоя; **-stoffe** *pl* материалы *pl* производственного назначения

betriebsstörend нарушающий процесс производства

Betriebs|störung *f* нарушение *n* производственного процесса; **-studie** *f* исследование *n* производственных процессов; **-struktur** *f* организационная структура *f* предприятия; **-system** *m (Comp)* операционная система *f*; **-teil** *m* производственный отдел *m*; часть *f* предприятия; **-übergabe** *f* передача *f* предприятия; **-überlassungsvertrag** *m* договор *m* о передаче предприятия; **-übernahme** *f* присоединение *n* предприятия, взятие *n* предприятия под свой контроль и управление; покупка *f* предприятия; **-überschuss** *m* излишки *pl* производства; **-überwachung** *f* контроль *m* на производстве, производственный контроль *m*; **-umstellung** *f* реорганизация *f* (переориентировка *f*) предприятия (производства); переход *m* на новую технологию, переход *m* на выпуск новой продукции; **-unfall** *m* производственная травма *f*, несчастный случай *m* на производстве; **-unterbrechung** *f* простой *m*, остановка *f* производственного процесса; **-unterbrechungsversicherung** *f* страхование *n* от убытков вследствие приостановки производственного процесса; **-unterlagen** *pl* производственная документация *f*; **-untersagung** *f* предписание *n* о прекращении деятельности предприятия; **-veräußerung** *f* продажа *f* предприятия

Betriebsvereinbarung *f* коллективный договор *m*; **die ~ kündigen** расторгнуть коллективный договор; **die ~ schließen** заключить коллективный договор

Betriebs|verfassung *f* устав *m* предприятия; **-verfassungsgesetz** *n* закон *m* о правах и обязанностях предпринимателя и коллектива рабочих и служащих предприятия; **-verfassungsrecht** *n* законодательство о правах и обязанностях предпринимателя и коллектива рабочих и служащих предприятия; **-vergleich** *m* сравнительный анализ *m* деятельности предприятий; **-vergrößerung** *f* расширение *m* предприятия; **-verhalten** *n* поведение *m* работников на месте работы (на предприятии); **-verkleinerung** *f* уменьшение *n* предприятия; **-verlagerung** *f* **(-verlegung** *f***)** перевод *m* производства (предприятия) на новое место; **-verluste** *pl* производственные убытки *pl* (потери *pl*), потери (убытки) предприятия, отрицательный результат *m* хозяйственной деятельности; **-vermögen** *n* имущество *n* предприятия, активы *pl* (капитал *m*) предприятия; **-vermögensvergleich** *m* сравнение *n* имущества предприятий; **-versammlung** *f* собрание *n* работников предприятия; **-versorgung** *f* снабжение *n* предприятия; **-verwaltung** *f* администрация *f* предприятия; **-vorgang** *m* производственный процесс *m*; **-vorrichtungen** *pl* заводские (производственные) приспособления *pl*; **-vorschriften** *pl* правила *pl* эксплуатации, производственные инструкции *pl*; **-wirt** *m* специалист *m* по экономике и организации производства

Betriebswirtschaft *f* экономика *f* и организация *f* управления предприятиями

betriebswirtschaftlich экономический; **-e Grundbegriffe** основные понятия *pl* экономики, организации и управления *n* предприятиями

Betriebswirtschaftslehre *f (WiWi)* учение *n* об экономике, организации и управлении предприятиями

Betriebs|zeit *f* время *n* (продолжительность *f*) эксплуатации, срок *m* службы; **-zugehörigkeit** *f* стаж *m* работы на предприятии; **-zusammenlegung** *f* **(-zusammenschluss** *m***)** объединение *n* (слияние *n*) предприятий

beurkunden удостоверять, заверять; **den Vertrag notariell ~** заверить договор нотариально

Beurkundung *f* подтверждение *n*, засвидетельствование *n*, свидетельство *n*

beurlauben предоставлять отпуск; временно освобождать от должности; **mit Bezügen ~** предоставлять оплачиваемый отпуск; **ohne Bezüge ~** предоставлять неоплачиваемый отпуск

Beurteilung *f* оценка *f*; суждение *n*; обсуждение *n*; экспертиза *f*; ~ **eines Arbeitnehmers** анкета *f* для определения личных (деловых) качеств

Beurteilung|gespräch *n* аттестационная беседа *f*; беседа *f* для вынесения суждения; **-grundsatz** *m* принцип *m* оценки; **-kriterium** *n* критерий *m* оценки

Bevölkerung *f* население *n*; заселение *n*; **abnehmende** ~ сокращение *n* численности населения; **arbeitende** ~ трудовое население *n*; **arbeitsfähige** ~ трудоспособное население *n*; **erwerbstätige** ~ самодеятельное (работающее) население *n*; **nichterwerbstätige** ~ несамодеятельное (неработающее) население *n*; **städtische** ~ городское население *n*; **zunehmende** ~ увеличение *n* (рост *m*) численности населения

Bevölkerungs|abnahme *f* уменьшение *n* (сокращение *n*) численности населения; **-bewegung** *f* движение *n* (миграция *f*) населения; **-dichte** *f* плотность *f* населения, населенность *f*; **-prognose** *f* демографический прогноз *m*; **-schichten** *pl* слои *pl* населения (общества); **-statistik** *f* демографическая статистика *f*; **-struktur** *f* структура *f* (состав *m*) населения; **-wachstum** *m* рост *m* населения; **-zahl** *f* численность *f* населения; **-zuwachs** *m* прирост *m* населения

bevollmächtigen уполномочивать

bevollmächtigt уполномоченный, поверенный

Bevollmächtigte *m* уполномоченный *m*, поверенный *n*; распорядитель *n*; доверенное лицо *m*

Bevollmächtigung *f* предоставление *n* полномочий

bevormunden опекать, назначать опекуна

Bevormundung *f* опека *f*, попечительство *n*

bevorraten создавать (пополнять) запасы, запасать

Bevorratung *f* создание *n* (пополнение *n*) запасов

bevorrechten предоставлять привилегии (преимущества)

bevorrechtet привилегированный

bevorrechtigt привилегированный, преимущественный; **-er Gläubiger** привилегированный (преимущественный) кредитор *m*

bevorschussen предоставлять (выдавать) аванс, авансировать

Bevorschussung *f* предоставление *n* (выдача *f*) аванса, авансирование *n*

bevorzugt привилегированный, имеющий преимущества, предпочитаемый; **-e Behandlung** приоритетное обслуживание *n*

Bevorzugung *f* привилегия *f*; предоставление *n* привилегии (преимущества) преимущество *n*; предпочтение *n*

Beweggrund *m* повод *m*, движущий мотив *m*, причина *f*, побуждение *n*

beweglich переменный, движимый; **-e Habe** движимое имущество *n*; **-er Preis** изменяющаяся цена *f*

Bewegungsbilanz *f* сводный баланс *m* движения имущества и капитала; баланс *m* изменений (за определенный период)

Beweis *m* доказательство *n*; ~ **erbringen** привести доказательство

Beweis|führung *f* предоставление *n* доказательств, аргументация *f*; доказательство *n*; **-urkunde** *f* подтверждающий документ *m*

bewerben подавать заявление, участвовать в конкурсе; делать; **sich um eine Stelle** ~ подавать заявление о принятии на должность

Bewerber *m* претендент *m*, кандитат *m*, соискатель *m*, заявитель *m*; **bevorzugter** ~ предпочтительный кандидат *m*

Bewerberkreis *m* круг *m* претендентов, круг *m* желающих (получить место работы)

Bewerbung *f* заявка *f*, заявление *n*; просьба *f*; соискание *n*; ходатайство *n*; (целенаправленная) самореклама *f*; предложение *n* о сотрудничестве; ~ **per Email** рассылка *f* предложений (о сотрудничестве) по электронной почте; **schriftliche** ~ заявление *n* соискателя (о приеме на работу) в письменной форме; **unverlangte** ~ непрошенное ходатайство *n* (о приеме на работу или о сотрудничестве)

Bewerbungs|schreiben *n* письменное заявление *n* соискателя (о приеме на работу), письменное ходатайство *n* (о приеме на работу); **-unterlagen** *pl* документы *pl*, прикладываемые к заявлению (о приеме на работу)

bewerkstelligen производить, совершать, осуществлять

bewerten оценивать, устанавливать стоимость; назначать цену; **zu Anschaffungskosten ~** оценивать по первоначальной стоимости; **zu hoch ~** переоценивать; **zu niedrig ~** чрезмерно занижать цену (стоимость)

Bewertung *f* оценка *f*, установление *n* стоимости; котировка *f*; определение *n*; расценка *f*; **~ der Aktien** определение *n* стоимости (котировка *f*) акций; **~ des Anlagevermögens** оценка *f* основного капитала; **~ der Bestände** оценка *f* запасов; **~ des Lagerbestandes** оценка *f* (определение) складских запасов; **~ des Vermögens** оценка (определение *n* стоимости) имущества (состояния); **~ von Angeboten** анализ *m* предложений; **~ von Risiken** оценка *f* риска; **vorsichtige ~** осторожная оценка; **zahlenmäßige ~** количественное определение *n*, количественная оценка *f*

Bewertungs|abschlag *m* скидка *f* с оценочной стоимости дареного (унаследованного) имущества; **-abschreibung** *f* списание *f* стоимости основных средств производства; **-ansatz** *m* подход *m* к определению стоимости, оценка *f* стоимости; **-auftrag** *m* поручение *n* (заказ *m*) на проведение оценки; **-einheit** *f* единица *f* оценки; **-ergebnis** *n* результат *m* оценки; **-freiheit** *f* дискреционная оценка, оценка по собственному усмотрению; **-gesetz** *n* закон *m* об оценке имущества и взимании с него налогов; **-grundsätze** *f* принципы *pl* оценки; **-kontinuität** *f* принцип *m* взаимоувязки баланса истекшего года с новым балансом; **-kriterium** *n* критерий *m* оценки; **-maßstab** *m* критерий *m* оценки; **-methode** *f* метод *m* стоимостной оценки; **-objekt** *n* объект *m* оценки; **-stichtag** *m* дата *f*, на которую проводится оценка; **-verfahren** *n* метод *m* оценки; **-vorschriften** *pl* инструкции *pl* по проведению оценки; **-zeitpunkt** *m* дата *f* проведения оценки

bewilligen ассигновать, отпускать, предоставлять; давать согласие; **Geld ~** предоставлять (ассигновать) деньги

Bewilligung *f* ассигнование *n*, предоставление *n*; согласие *n*, разрешение *n*; **~ eingegangener Anträge** положительное рассмотрение *n* поступивших предложений; **~ eines Vorschusses** предоставление *n* аванса; **~ von Zuschüssen** предоставление *n* дотаций (субсидий)

Bewilligungs|antrag *m* ходатайство *n* об ассигновании; **-ausschuss** *m* комитет *m* (комиссия *f*) по ассигнованиям

bewirtschaften управлять, вести хозяйство; обрабатывать землю; распределять, нормировать; **einen Hof ~** управлять фермой (хозяйством), вести фермерское хозяйство

Bewirtschaftung *f* управление *n*, ведение *n* хозяйства; обработка *f* земли; **~ des Landes** обработка *f* земли; **sachgemäße ~** надлежащее хозяйствование *n* в природных зонах; **staatliche ~** контроль *m* (управление *n*) со стороны государства

Bewirtschaftungs|kosten *pl* издержки *pl* на обслуживание (объекта); **-methode** метод *m* хозяйствования, метод *m* ведения хозяйства; **-plan** *m* схема *f* распределения (нормирования)

Bewirtung *f* угощение *n*; гостеприимство *n*

Bewirtungsspesen *pl* расходы *pl* на угощение клиентов

bezahlbar платный, подлежащий оплате; могущий быть оплаченным

bezahlen платить, оплачивать, выплачивать, расплачиваться;

погашать; **auf Abschlag** ~ платить в рассрочку; **bar (cash)** ~ платить наличными; **im Voraus** ~ уплатить авансом; **Waren** ~ оплатить товары; **zusätzlich** ~ доплачивать; **zuviel** ~ переплатить

bezahlt уплачено, оплачено; все приказы на покупку или продажу выполнены; **sich ~ machen** окупиться; **-e Rechnung** оплаченный счет *m*; **voll** ~ уплаченный (оплаченный) полностью; **zum Teil** ~ уплаченный (оплаченный) частично

bezahlt-Brief приказы *pl* на продажу выполнены частично

bezahlt-Geld приказы *pl* на покупку выполнены частично

Bezahlung *f* плата *f*, оплата *f*, выплата *f*, уплата *f*; погашение *n*, компенсация *f*; вознаграждение *n*, гонорар *m*; **die ~ ablehnen** отказываться от уплаты; **~ bei Auftragserteilung** оплата *f* при выдаче заказа; **gegen** ~ за вознаграждение, за плату, получать при условии оплаты; **~ einer Rechnung** оплата *f* счета; **rechtzeitige** ~ оплата *f* в срок; **sofortige** ~ немедленная уплата *f*; **tarifliche** ~ оплата *f* труда по тарифу; **untertarifliche** ~ оплата *f* труда ниже тарифа; **~ von Schulden** погашение *n* (уплата *f*) долгов; **zur ~ präsentieren (vorlegen)** предъявить к оплате

bezeichnen обозначать, указывать; называть; характеризовать, описывать, маркировать

Bezeichnung *f* обозначение *n*, название *n*, наименование *n*; маркировка *f*; **unter der** ~ под названием, под наименованием; **~ der Ware** наименование *n* товара

beziehbar получаемый, покупаемый; готовый к заселению; **-es Haus** дом *m*, готовый к заселению

beziehen покупать, закупать; получать, выписывать; занимать; **die Arbeitslosenhilfe** ~ получать пособие по безработице; **neue Geschäftsräume** ~ въезжать в новый офис; **Produkte** ~ получать (покупать) товары; **eine neue Wohnung** ~ въезжать в новую квартиру

Bezieher *m* покупатель *m*; получатель *m*; подписчик *m*; **~ mittlerer Einkommen** лица *pl* со средним доходом

Beziehung *f* отношение *n*; связь *f*; **in jeder** ~ в любом отношении

Beziehungen *pl* отношения *pl*, связи *pl*; **~ abbrechen** разрывать отношения; **~ anknüpfen** устанавливать связи; **~ aufnehmen** устанавливать (завязывать) отношения; **~ aufrechterhalten** поддерживать отношения; **~ erweitern** расширять связи (отношения); **~ herstellen** устанавливать отношения (связи); **~ pflegen** поддерживать отношения; **finanzielle** ~ финансовые связи *pl* (отношения *pl*); **geschäftliche** ~ деловые связи *pl* (отношения); **innerbetriebliche** ~ внутрипроизводственные связи *pl* (отношения); **rechtliche** ~ правовые отношения *pl*; **wechselseitige** ~ взаимосвязи *pl*, взаимоотношения *pl*; **wirtschaftliche** ~ экономические отношения *pl*; **~ zu Kunden** связи *pl* с клиентами; **~ zwischen Arbeitgeber und Arbeitnehmer** отношения *pl* между работодателем и наемным работником

Beziehungshandel *m* сбыт *m* предприятием своей продукции потребителю, минуя торговую сеть; сбыт *m* конечному потребителю напрямую (по знакомству)

beziffern нумеровать, обозначать (выражать) числом; **sich ~ auf** исчисляться, достигать (суммы), составлять

Bezirk *m* район *m*, участок *m*

Bezirksvertreter *m* местный агент *m* (представитель *m*), региональный агент *m*

Bezogene *m* трассат *m*, плательщик *m* по переводному векселю

Bezug *m* покупка *f*, закупка *f*; получение *n*, приобретение *n*; приобретение *n* новых акций; **~ nehmen auf** ссылаться на; **bei ~ der Waren** при покупке товаров; **regelmäßiger** ~ регулярное приобретение *n*; **~ über den Einzelhandel** розничная покупка *f*; **unter** ~ со ссылкой, ссылаясь; **~ von jungen Aktien** подписка *f* на акции нового выпуска; ~

von Krankengeld получение *n* пособия по болезни; **~ von Leistungen** получение *n* платежей

Bezüge *pl* доходы *pl*; содержание *n*; жалование *n*, оклад *m*; **~ erhalten** получать доходы (содержание, жалование); **~ aus einem Arbeitsverhältnis** доходы *pl* (жалование *n*) согласно контракту о найме; **~ aus der Sozialversicherung** получение *n* страховых пособий по социальному страхованию; **laufende ~** текущие доходы *pl*; **~ des Vorstandes** доходы *pl* (оклады *pl*) членов правления

Bezugnahme *f* отношение *n*, ссылка *f*; **unter ~** ссылаясь

Bezugs|aktien *pl* акции *pl* нового выпуска, на приобретение которых преимущественное право имеют акционеры данной компании; **-angebot** *n* предложение *n* преимущественных прав на покупку новых акций; **-aufforderung** *f* заявка *f* на получение (новых акций); **-bedingungen** *pl* условия *pl* покупки (поставки); условия подписки на новые акции

bezugsberechtigt имеющий право на приобретение (покупку)

Bezugs|berechtigte *m* лицо *n*, имеющее преимущественное право на получение (покупку); *(Versich)* получатель *m* страховой суммы; **-berechtigung** *f* право *n* на получение страховых пособий; право *n* на покупку; преимущественное право на приобретение новых акций; **-bindung** *f* эксклюзивное право *n* на закупки

bezugsfertig готовый к заселению

Bezugs|frist *f* срок *m* получения (покупки, подписки); **-genossenschaft** *f* закупочный кооператив *m*; **-größe** *f* исходная (базовая) величина *f*; **-gruppe** *f* контрольная (опорная) группа *f*; **-jahr** *n* базисный год *m*; **-kosten** *pl* расходы *pl* (издержки *pl*) по закупке, доставке, упаковке и страхованию товаров; **-kurs** *m* подписная цена *f* на новые акции (облигации); **-menge** *f* объем *n* покупки (закупки), закупаемое количество *n*; **-nachweis** *m* (предоставляемая покупателю) картотека *f* поставщиков; справочник *m* покупателя; свидетельство *n* о получении; **-obligationen** *pl* облигации *pl*, приобретаемые по подписке; **-prämie** *f* премия *f* за опцион; **-preis** *m* базисная (справочная) цена *f*, закупочная цена *f*, подписная цена *f*; **-quelle** *f* источник *m* поставок (получения)

Bezugsrecht *n (Börse, Fin)* преимущественное право *n* акционера (на приобретение новых акций при увеличении акционерного капитала), *(Versich)* право *n* на получение страховой суммы; **-e ausgeben** выпускать права на преимущественное приобретение новых акций; **-e handeln** продавать и покупать права на преимущественное приобретение новых акций

Bezugsrechts|ausgabe *f* выпуск *m* прав на преимущественное приобретение новых акций; **-abschlag** *m* скидка *f* на преимущественное право на приобретение новых акций; **-ausübung** *f* реализация *f* права на преимущественное приобретение; **-emission** *f* выпуск *m* прав на преимущественное приобретение новых акций; **-handel** *m* купля-продажа *f* прав на преимущественное приобретение новых акций; **-schein** *m* сертификат *m* на преимущественное право приобретения новых акций

Bezugs|schein *m* купон *m* (акции *pl*); квитанция *f* (о подписке); деливери-ордер *m*; ордер *f* на квартиру (для малоимущих); **-sperre** *f* отказ *m* от сделки (закупок); **-vereinbarung** *f* соглашение *n* о закупках; **-verhältnis** *n* соотношение *n*, по которому обмениваются опционы на акции; **-wert** *m* опорная (базисная, исходная) величина *f*; **-zeitraum** *m* базисный период *m*

bezuschussen оказывать материальную помощь; выдавать субсидию

bieten предлагать, делать предложение; **bei der Auktion ~** предлагать цену на аукционе

Bieten *n* предложение *n* (цены)

Bieter *m* участник *m* аукциона (торгов); лицо *n*, предлагающее цену; поставщик *m*

Bietungs|garantie *f* сумма *f*, внесенная участником тендера в качестве гарантии (серьезности намерений); тендерная гарантия *f*, гарантия *f* оферты; **-gemeinschaft** *f* группа *f* лиц, делающая предложение цены на аукционе

Bilanz *f* баланс *m*; итог *m*; сальдо *n* (счета); балансовый отчет *m*, финансовый отчет *m*; **die ~ abschließen** составить (свести) баланс; подвести итог; выводить сальдо; **eine ~ aufstellen** составлять баланс (балансовый отчет); **eine ~ ausgleichen** уравновешивать баланс, сбалансировать; **eine ~ auswerten, eine ~ beschönigen** приукрашивать баланс; **eine ~ bewerten** подвести итог, дать оценку балансовому отчету; **eine ~ erstellen** составить баланс (балансовый отчет); **die ~ fälschen** исказить баланс (балансовый отчет); **die ~ frisieren** подчищать балансовый отчет (баланс); **in der ~ ausweisen** показывать в балансе (балансовом отчете); **in die ~ einsetzen** внести в балансовый отчет; **in der ~ erfassen** включить в балансовый отчет; **in der ~ festhalten** учесть в балансовом отчете; **die ~ prüfen** проверить балансовый отчет; **eine ~ verschleiern** подчищать балансовый отчет (баланс); **eine ~ ziehen** подводить итог; **abgeleitete ~** производный баланс *m*; **aktive ~** активный баланс *m*; **ausgeglichene ~** уравновешенный баланс *m*; **außerordentliche ~** внеплановый баланс *m*; **berichtigte ~** исправленный баланс *m*; **frisierte ~** подчищенный баланс *m*; **genehmigte ~** одобренный (принятый) баланс *m*; **konsolidierte ~** консолидированный баланс *m*; **~ des kurzfristigen Kapitalverkehrs** баланс *m* обращения краткосрочного капитала; **~ der laufenden Posten** остаток *m* текущих счетов; **passive ~** пассивный баланс *m*; **totale ~** генеральный баланс *m*; **~ der unentgeltlichen Leistungen** баланс *m* бесплатных услуг; **~ der unsichtbaren Leistungen** баланс *m* невидимых услуг; **vereinfachte ~** сводный баланс *m*, упрощенный баланс *m*; **vorläufige ~** предварительный (пробный) баланс *m*; **~ zum 31. Dezember** баланс *m* на 31 декабря; **zusammengefasste ~** сводный баланс *m*

Bilanz|abfassung *f* составление *n* баланса; **-abschluss** *m* закрытие *n* (завершение *n*) балансового отчета; **-abschnitt** *m* раздел *m* баланса; **-analyse** *f* анализ *m* баланса (балансового отчета); **-änderung** *f* изменение *n* баланса; **-ansatz** *m* (предварительный) вариант *m* баланса; **-arten** *pl* виды *pl* балансов (балансовых отчетов); **-aufbau** *m* структура *f* баланса (балансовых отчетов); **-aufbereitung** *f* подготовка *f* статей баланса к проверке; **-aufstellung** *f* составление *n* баланса; **-ausgleichposten** *pl* компенсационные (регулирующие) статьи *pl* баланса; **-auswertung** *f* оценка *f* балансового отчета; **-bereinigung** *f* очистка баланса; **-berichtigung** *f* исправление *n* баланса (балансового отчета); **-betrug** *m* подделка *f* баланса; **-bewertung** *f* оценка *f* статей баланса; **-buch** *n* балансовая книга *f*; **-buchhalter** *m* бухгалтер *m*, имеющий право составления отчета; **-delikt** *n* нарушение *n* правил составления отчета

Bilanzergebnis *n* итог *m* баланса; **operatives ~** оперативный итог *m* баланса

Bilanz|erfolg *m* итог *m* баланса; **-fälschung** *f* фальсификация *f* баланса; **-frisur** *f* подчистка *f* баланса; **-gewinn** *m* балансовая прибыль *f*; **-gleichung** *f* балансовое уравнение *n*; **-gliederung** *f* структура *f* баланса

bilanziell балансовый; **-er Cashflow** балансовый кэш-флоу

bilanzieren составлять (сводить) баланс; балансировать, подводить итоги; уравновешивать; **zu Barwerten ~** составлять баланс по текущей стоимости; **zu Nennwerten ~**

составлять баланс по номинальной стоимости

Bilanzierung *f* составление *n* (сведение) баланса; балансирование *f*

Bilanzierungs|fähigkeit *f* возможность *f* включения в баланс; **-grundsätze** *pl* принципы *pl* составления балансов; **-methoden** *pl* методы *pl* составления баланса; **-vorschriften** *pl* инструкции *pl* по составлению бухгалтерских балансов

Bilanz|kennzahlen *pl* балансовые показатели *pl*; **-klarheit** *f* принципы *pl* предельной точности и ясности баланса; **-kontinuität** *f* принцип *m* взаимоувязки балансов истекших периодов; **-konto** *n* балансовый счет *m*; **-kurs** *m* курс *m* акций, определяемый на основе баланса акционерного общества; **-manipulation** *f* манипулирование *n* балансом

bilanzmäßig балансовый

Bilanz|methode *f* метод *m* составления баланса; **-planung** *f* планирование *n* баланса; **-politik** *f* учетная балансовая политика *f*; **-posten** *m* статья *f* баланса; **-prüfer** *m* ревизор *m* баланса (балансового отчета), аудитор *m*; **-prüfung** *f* ревизия *f* (проверка) баланса

Bilanzregel *f* правило *n* составления баланса; **goldene** ~ золотое правило *n* составления баланса

Bilanz|rentabilität *f* балансовая рентабельность *f*; **-reserve** *f* балансовый резерв *m*; **-revision** *f* ревизия *f* (проверка *f*) баланса; **-schema** *n* схема *f* баланса; **-statistik** *f* балансовая статистика *f*; **-stichtag** *m* день *m*, на который составляется баланс; **-summe** *f* балансовый итог *m*; **-variante** *f* вариант *m* баланса; **-vergleich** *m* сопоставление *n* балансов; **-verkürzung** *f* уменьшение *n* суммы баланса; **-verlängerung** *f* увеличение *n* суммы баланса; **-verlust** *m* балансовые убытки *pl*; **-vermerk** *m* заключение *n* ревизора о балансовом отчете; **-verschleierung** *f* подчистка *f* баланса; **-volumen** *n* объем *m* баланса, итоговый объем *m*; **-wahrheit** *f* достоверность *f* баланса; **-wert** *m* стоимость *f* статьи баланса, балансовая стоимость *f*

bilanzwirksam отраженный в балансе

Bilanz|zahlen *pl* количественные показатели *pl* (статьи *pl*) баланса; **-ziehung** *f* подведение *n* итога; составление *n* (сведение *n*) баланса

Bildung *f* создание *n*; образование *n*; формирование *n*, учреждение *n*, просвещение *n*, обучение *n*; ~ **eines Ausschusses** создание *n* комитета; **betriebliche** ~ производственное профессиональное обучение *n*

Bildungs|anstalt *f* учебное заведение *n*; **-ausgaben** *pl* расходы *n* на образование; **-einrichtung** *f* учебное учреждение *n*; **-förderung** *f* стимулирование *n* образования; **-lücke** *f* пробел *m* в знаниях; **-planung** *f* планирование *n* развития системы образования; **-politik** *f* политика *f* в области образования

Bildungssystem *n (Soz)* система образования, система обучения; **duales** ~ дуальная система *f* профобучения

Bildungs|urlaub *m* учебный отпуск *m*; **-veranstaltung** *f* образовательное мероприятие *n*

billig дешевый, недорогой; ~ **verkaufen** продавать по дешевой цене; **-es Geld** дешевые деньги; **-e Waren** дешевые товары *pl*

Billig|angebot *n* предложение *n* товара по низкой цене; **-einfuhren** *pl* дешевые импортные товары *pl*; **-flaggen** *pl* "удобные флаги" *pl*; суда *pl* под флагами Панамы, Либерии, Гондураса и др.

Billigkeit *f* справедливость *f*, правомерность *f*; **nach Recht und** ~ по закону и справедливости

Billig|lieferungen *pl* поставки *pl* по низким ценам; **-lohnland** *n* страна *f* с низким уровнем заработной платы; **-preiseinfuhren** *pl* импортные товары *pl* по низким ценам; **-preismarkt** *m* рынок *m* низких цен

billigst по самой низкой цене, по наилучшей цене; приказ *m* покупать (на бирже) по любому курсу (без лимита); «купить по любой цене»

Billigung *f* одобрение *n*, согласие *n*

Billing *n* выставление *n* счетов за массовые услуги (напр. в телекоммуникации)
Bio-Siegel *n (QM)* знак «экологически чистый продукт»
Bindefrist *f* срок *m* действия предложения (напр. при проведении тендера)
binden связывать; замораживать; **sich vertraglich ~** связывать себя условиями договора
bindend обязательный, обязывающий, связывающий; **-es Abkommen** обязательное (связывающее) соглашение *n*
Bindung *f* связывание *n*, замораживание *n*; обязательство *n*; **eine ~ eingehen** брать на себя обязательство; **preisliche ~** обязательство *n* по цене; **vertragliche ~** обязательство *n* по договору
Binnen|auftrag *m* внутренний (отечественный) заказ *m*; **-geschäft** *n* бизнес *n* в пределах своей страны; **-großhandel** *m* внутренняя оптовая торговля *f*; **-güterverkehr** *n* внутренний грузооборот *m*; **-hafen** *m* речной порт *m*; **-handel** *m* внутренняя торговля *f*; **-konjunktur** *f* экономическая конъюнктура *f* внутри страны; **-konsum** *m (WiWi)* внутреннее потребление *m*, потребление *m* внутреннего рынка
Binnenmarkt *m (WiWi)* внутренний рынок *m*; **Europäischer ~** Европейский внутренний рынок *m*
Binnen|nachfrage *f* спрос *m* на внутреннем рынке, внутренний спрос *m*; **-schiffahrt** *f* судоходство *n* по внутренним водным путям; **-verbrauch** *m* потребление *n* на внутреннем рынке; **-verkehr** *m* внутреннее сообщение *n*; внутренние перевозки *pl*; **-wirtschaft** *f* национальная экономика *f*
binnenwirtschaftlich относящийся к национальной экономике; **-e Entwicklung** развитие *n* национальной экономики; **-e Ziele** цели *pl* внутренней экономики
Binnenzoll *m* внутренняя пошлина *f*
Biopiraterie *f (Pat)* биопиратство *n*
BIP *s.* **Bruttoinlandsprodukt**
BIP-Deflator *m* дефлятор *m* ВНП
Bladeserver *m (Comp)* блэйд-сервер *m*
Blankett *n* бланкетное обязательство *n*; чистый бланк *m*; бланко-чек *m*
blanko бланковый, открытый; незаполненный, чистый; необеспеченный; **in ~ ausstellen** выставить бланковый документ; **in ~ girieren (indossieren)** делать бланковую передаточную надпись; **in ~ trassieren** выставлять бланко-векселя; **in ~ unterschreiben (unterzeichnen)** поставить бланковую подпись; **~ kaufen** покупать по открытому счету; **~ übertragen** сделать передаточную надпись на обороте сертификата; **~ verkaufen** продавать по открытому счету, продавать на срок без покрытия
Blanko|akzept *n* бланковый акцепт *m*; **-giro** *n* бланковый индоссамент *m*; **-indossament** *n* бланковая передаточная надпись *f*, индоссамент *m*; **-kauf** *m* бланковая торговая сделка *f*, купля *f* в бланк; **-kredit** *m* бланковый (необеспеченный) кредит *m*; бланко-кредит *m*, кредит доверия *m*; **-papiere** *pl* бланковые ценные бумаги *pl*
Blankoscheck *m* бланко-чек *m*, бланковый (незаполненный) чек *m*; **einen ~ ausstellen** выставлять бланко-чек
Blanko|unterschrift *f* бланковая подпись *f*; **-urkunde** *f* бланковый документ *m* с подписью выставителя; **-verkauf** *m* продажа *f* на срок без покрытия, продажа *f* в бланк; **-wechsel** *m* бланко-вексель *m*, бланковый (незаполненный) вексель *m*; **-zession** *f* бланковая цессия *f*, передача *f* ценной бумаги путем совершения бланковой надписи
Blind|muster *m* макет *m*, муляж *m*; декорация *f*; **-test** *m* тест *m* продукта без указания его производителя
Blister *m*, **Blisterverpackung** *f (V&M)* блистер-упаковка *f*
Blockade *f* блокада *f*; **einer ~ unterwerfen** устанавливать блокаду, блокировать; **wirtschaftliche ~** экономическая блокада *f*
Blockbuster *m (Media)* блокбастер *m*,

фильм *m*, имеющий громадный успех; *(Handel)* медикамент *m*, имеющий оборот более 1 млн. долларов

Blockfloating *n* совместное колебание *n* курсов валют

blockieren блокировать, устанавливать блокаду; **wirtschaftlich** ~ устанавливать экономическую блокаду

blockiert блокированный

Blocklagerung *f (Lager)* блочное складирование *n*, блочное хранение *n*

Blog *m (Comp)* блог, сетевой дневник

Blue Chips *pl* голубые фишки *pl*, блючипсы *pl*

Blue Ocean Strategy *(V&M)* стратегия *f* «голубого океана»

Bluetooth *(Comp, Media)* блютус *m*, «голубой зуб» *m*, устройство *n* беспроводной связи

Bobls *pl s.* **Bundesobligationen** *pl*

Boden *m* почва *f*; земля *f*; грунт *m*; земля *f*, земельное владение *n*, земельный участок *m*; чердак *m*; **ertragreicher** ~ земля *f* (почва), дающая высокие урожаи; **fruchtbarer** ~ плодородная почва *f* (земля *f*)

Boden|besitz *m* землевладение *n*, земельное владение *n*; **-besitzer** *m* землевладелец *m*; **-bewertung** *f* оценка *f* (бонитировка *f*) почвы; **-bewirtschaftung** *f* возделывание *n* земли, землепользование *n*; **-bonität** *f* бонитет *m* почвы; **-bonitierung** *f* бонитировка *f* (оценка *f*) почвы; **-eigentümer** *m* земельный собственник *m*; **-einkommen** *n* доход *m* от землевладения; **-ertrag** *m* доход *m* с земли, плодородие почвы; **-ertragsgesetz** *n* закон *m* убывающего плодородия почв; **-erzeugnisse** *pl* сельскохозяйственные продукты *pl*; **-fruchtbarkeit** *f* плодородие *n* почвы

Bodenkasko *f*, **Bodenkasko-Versicherung** *f (Umwelt, Versich)* страхование *n* ответственности за причинение вреда почве; экологическое страхование *n* на случай загрязнения почвы

Boden|kredit *m* земельный кредит *m*, кредит *m* под землю, ипотечный кредит *m*; **-kreditanstalt** *f* ипотечный (земельный кредитный) банк *m* (институт *m*); **-leistungen** *pl* функции *pl* земли; отдача *f* от земли; **-melioration** *f* мелиорация *f* земли; **-nutzung** *f* землепользование *n*; **-politik** *f* аграрная политика *f*; **-preis** *m* цена *f* земли, цена *f* на землю; **-reform** *f* земельная реформа *f*; **-rente** *f* земельная рента *f*; **-schätze** *pl* полезные ископаемые *pl*; **-verhältnisse** *pl* состояние *n* почвы, почвенные условия *pl*; земельные отношения *pl*; **-wert** *m* стоимость *f* земли

Bogen *m* ведомость *f*; купонный лист *m*; лист *m* бумаги; формуляр *m*; **freigezeichneter** ~ чистый лист *m* бумаги с подписью

Bogenerneuerung *f* подклейка *f* нового купонного листа к акции

Bon *m* талон *m*; ордер *m*; чек *m*; квитанция *f*, расписка *f*

Bond *m* облигация *f* (ценная бумага *f*) с твердым процентом; долговое обязательство *n*; **Convertible -s** *pl s.* **Wandelanleihe** *f*

Bond|markt *m* рынок *m* облигаций; **-rendite** *f* доход *m* с облигаций

Bonifikation *f* бонификация *f*; возмещение *n*; вознаграждение *n*; комиссионные; **eine ~ zahlen** платить бонификацию (вознаграждение)

Bonität *f* кредитоспособность *f*, платежеспособность *f*, солидность *f* (фирмы); **die ~ bescheinigen** удостоверять кредитоспособность (платежеспособность); **~ des Schuldners** кредитоспособность *f* должника

Bonitäts|anforderungen *pl* стандарты *pl* (критерии *pl*) кредитоспособности; **-auskunft** *f* информация *f* (справка *f*) о кредитоспособности; **-beurteilung** *f* оценка *f* кредитоспособности; **-einstufung** *f* градация *f* (оценка *f*) кредитоспособности; **-prüfung** *f* проверка *f* кредитоспособности

bonitieren оценивать, определять стоимость, устанавливать цену

Bonus *m* (биржевая) премия *f*; бонус *m*;

скидка *f*; супердивиденд *m*; добавочный дивиденд *m*; **einen ~ ausschütten** выплатить добавочный дивиденд

Bonussystem *n (Fin)* система *f* бонусов

Bonuszahlung *f* выплата *f* премии (бонуса)

Boom *m* бум *m*, подъем *m*; повышение *n* курсов; **einen ~ erfahren** переживать бум (подъем); **anhaltender ~** продолжительный (устойчивый) бум *m*; **wirtschaftlicher ~** экономический подъем *m*, экономический бум *m*

boomartig резко повышающий (возрастающий)

boomen резко повышаться (активизироваться), переживать подъем; **es boomt** деловая активность *f* возрастает; **das Geschäft boomt** деловая активность *f* (бизнес *f*) переживает бум

boomend резко повышающийся

Boomjahr *n* год *m* резкого подъема (бума)

Bord *m* борт *m*; **frei an ~** франко-борт, с доставкой на судно

Bordero *(Versich)* бордеро *n*

Bordkonnossement *n* бортовой коносамент *m*

borgen брать взаймы, занимать; давать в долг, одалживать; **Geld ~** занимать (давать в долг) деньги

Börse *f* биржа *f*; **an der ~ einführen** официально зарегистрировать ценные бумаги на бирже; **Aktien an die ~ bringen** выпустить акции в продажу на бирже; **an die ~ gehen** выйти на биржу; **an der ~ handeln** вести операции купли-продажи на бирже, торговать на бирже; **an der ~ spekulieren** спекулировать на бирже; **eine ~ errichten** основать биржу; **die ~ schloß behauptet** курсы акций при закрытии биржи были стабильными; **die ~ schloß flau** торговая сессия прошла вяло, курсы акций при закрытии биржи были неустойчивы; **die ~ schloß freundlich** курсы акций при закрытии биржи имели повышательную тенденцию; **die ~ schließt gut** курсы акций при закрытии биржи повышаются; **amtliche ~** официальная фондовая биржа *f*; **flaue ~** рынок *m*, характеризующийся падением курсов; **feste ~** устойчивые (стабильные) курсы *pl* акций; устойчивый рынок *m*; **schwache ~** неустойчивые (нестабильные) курсы *pl* акций; неустойчивый рынок *m*

Börsen|abschluss *m* биржевая сделка *f*; **-arbitrage** *f* биржевой арбитраж *m*, биржевая арбитражная сделка *f*; **-aufsicht** *f* биржевой надзор *m*, надзор *m* за деятельностью бирж; **-aufsichtsbehörde** *f* ведомство *n* по биржевому надзору; **-auftrag** *m* приказ *m* (поручение *n*) биржевому маклеру, биржевое поручение *n*; **-ausschuss** *m* биржевой комитет *m*, биржевая котировальная комиссия *f*; **-baisse** *f* рынок *m* (биржа *f*) с понижательной тенденцией; **-barometer** *m* биржевой барометр *m*; **-beginn** *m* открытие *n* биржи; **-bericht** *m* биржевой бюллетень *m*, отчет *m* о состоянии дел на бирже; **-bestimmungen** *pl* биржевой устав *m*; **-betrieb** *m* биржа *f*; биржевая деятельность *f*; **-crash** *m s.* **Börsenkrach** *m*; **-debütant** *m* фирма *f*, акции которой начали котироваться на бирже, биржевой дебютант *m*; **-einführung** *f* допуск *m* к участию в биржевых операциях, допуск *m* ценных бумаг к котировке, листинг *m*, включение *n* в котировочный список, первоначальная публичная эмиссия *f*; **-einführungskosten** *pl* издержки *pl* на получение допуска ценных бумаг к котировке, издержки *pl* на подготовку ИПО; **-erlös** *m* доход *m* (выручка *f*) от биржевых операций

börsenfähig котирующийся на бирже

Börsenflaute *f* вялая торговля *f* на бирже, затишье *n* на бирже

Börsengang *m* первоначальная публичная эмиссия *f*, первичное публичное предложение *n* (ценных бумаг), первичное предложение *n* акций предприятия на организованном рынке капитала, первичная котировка *f* акций фирмы на бирже

börsengängig котирующийся на бирже

Börsen|geschäft *n* биржевая сделка *f* (операция *f*); **-geschäftsabwicklung** *f* реализация *f* биржевых сделок; прямой электронный интерфейс *m* для реализации биржевых сделок; **-geschehen** *n* биржевые операции *pl*; биржевая практика *f*; **-gesetz** *n* закон *m* о биржах и биржевых операциях; **-gewinn** *m* прибыль *f* от биржевых операций

Börsenhandel *m* операции *pl* фондовой биржи, биржевая торговля *f*; **zum ~ einführen** допускать к операциям на фондовой бирже, выводить (акции) на биржу; **zum ~ zulassen** производить биржевую котировку; допускать к биржевым операциям; **amtlicher ~** операции *pl* на официальной фондовой бирже

Börsen|hausse *f* рынок *m* (биржа *f*) с повышательной тенденцией; **-index** *m* индекс *m* курсов акций, индекс *m* биржевых котировок; **-kapitalisierung** *f* биржевая капитализация *f*, рыночная капитализация *f*; **-käufe** *pl* биржевые операции *pl* по покупке; **-komitee** *n* биржевой комитет *m*; **-kommissar** *m* биржевой комиссар *m*; **-kommission** *f* комиссионные *f* за биржевые операции; **-krach** *m* биржевой крах *f*; **-kunde** *m* клиент *m* биржи; **-kunde** *f* биржевое дело *n*; **-kurs** *m* биржевой курс *m*; **-makler** *m* биржевой маклер *m* (брокер *m*), биржевой посредник *m*; **-manöver** *n* маневрирование *n* биржевыми ценностями

börsenmäßig биржевой, имеющий хождение на бирже

Börsen|mitglied *n* член *m* биржи; **-neuling** *m* фирма *f*, акции которой впервые допущены к котировке; новичок *m* в Листинге

börsennotiert имеющий биржевую котировку, котирующийся на бирже

Börsennotierung *f* биржевая котировка *f*; **amtliche ~** официальная биржевая котировка *f*

Börsen|ordnung *f (Bö)* биржевой устав *m*, устав биржи; **-papiere** *pl* ценные бумаги *pl*, котирующиеся на бирже; **-pflichtblatt** *n* газета *f*, помещающая информацию о биржевых курсах; биржевой (курсовой) бюллетень *m*; **-preis** *m* биржевая цена *f*, биржевой курс *m*; **-preisbildung** *f* процесс *m* образования биржевых цен (курсов); **-prospekt** *n* проспект *m* эмиссии; **-rat** *m* Биржевой совет *m*, Совет *m* биржи; **-regeln** *pl* биржевые правила *pl*; **-register** *n* биржевой реестр *m*, список *m* постоянных клиентов биржи; **-schluss** *m* закрытие *n* биржи; конец *m* биржевого дня; **-segment** *m* биржевой сегмент *m*; **-sensal** *m* биржевой маклер *m* (брокер *m*), биржевой посредник *m*; **-sitzung** *f* торговая сессия *f*, биржевое собрание *n*, рабочий сеанс *m* членов биржи, рабочий день *m* биржи; **-spekulant** *m* биржевой спекулянт *m*; **-spekulation** *f* биржевая спекуляция *f*; **-stimmung** *f* тенденция *f* на бирже; **-stunden** *pl* часы *pl* работы биржи; **-tag** *m* биржевой день *m*; **-tendenz** *f* тенденция *f* на бирже; **-termingeschäft** *n* срочная биржевая сделка *f*; **-terminhandel** *m* биржевые операции *pl* (сделки *pl*) на срок; **-ticker** *m* тикер *m* биржи, лента *f* фондовых новостей; **-tip** *m* конфиденциальная информация *f* о состоянии курсов акций на бирже; **-transaktion** *f* биржевая сделка *f* (операция *f*); **-umsätze** *pl* биржевой оборот *m*, оборот *m* по биржевым сделкам; **-umsatzsteuer** *f* налог *m* с оборота по биржевым сделкам; **-usancen** *pl* биржевые обычаи *pl*; **-verein** *m* биржевой союз *m*; **-verhalten** *n* динамика *f* биржевых курсов; **-verkehr** *m* биржевые сделки *pl* (операции *pl*), биржевой оборот *m*; **-versammlung** *f s.* **Börsensitzung** *f*; **-vertreter** *m* биржевой агент *m*; **-verwaltung** *f* управление *n* биржей; правление *n* (руководство *n*) биржи; **-vorstand** *m* биржевой комитет *m*, правление *n* биржи; **-ware** *f* биржевой товар *m*; **-wert** *m* биржевая стоимость *f* (предприятия), рыночная капитализация; **-werte** *pl* ценные бумаги *pl*, котирующиеся на бирже; **-wesen** *n* биржевое дело *n*;

-zeiten *pl* часы *pl* работы биржи; **-zettel** *m* биржевой (курсовой) бюллетень *m*; **-zugang** *m* доступ *m* на биржу, допуск *m* к биржевым операциям; **-zulassung** *f* допуск *m* (ценных бумаг) к биржевым операциям (к котировке); **-zusammenbruch** *m* биржевой крах *m*

Börsianer *m* биржевик *m*, биржевой игрок *m*

bösgläubig недобросовестный; **-er Erwerber** недобросовестный покупатель *m*

Boß *m* босс *m*

BOSS-CUBE (Börsen-Order-Service-System, Computer-Unterstütztes Börsenhandels- und Entscheidungssystem) компьютерная система *f* биржевой торговли (в Германии)

Bote *m* курьер *m*, рассыльный *m*, посыльный *m*

Botenlohn *m* плата *f* за доставку

Boutique *f* модный магазин *m*, бутик *m*

Boykott *m* бойкот *m*; **den ~ verhängen** установить бойкот; **wirtschaftlicher ~** экономический бойкот *m*

boykottieren бойкотировать

brachlegen оставлять без использования (применения)

brachliegen пустовать; оставаться без применения; не разрабатываться; не обрабатываться (о земле)

brachliegend находящийся без применения; **-es Land** пустующая земля *f*

Brachzeit *f* период *m* простоя оборудования

Branche *f* отрасль *f*; направление *n* деятельности

Branchen|absprache *f* соглашение *n* предприятий определенной отрасли; **-analyse** *f* анализ *m* показателей работы отрасли

branchenbedingt обусловленный спецификой отрасли

Branchen|beobachtung *f* наблюдение *n* за конъюнктурой в отдельных отраслях экономики, мониторинг *m* отрасли; **-durchschnitt** *m* средний показатель *m* по отрасли; **-erfahrung** *f* опыт *m* работы в (данной) отрасли; **-führer** *m* путеводитель *m* по отрасли; **-information** *f* информация *f* по отрасли (экономики); **-insider** *m* лицо *n*, обладающее конфиденциальной информацией о положении дел в данной отрасли, инсайдер *m* отрасли; **-kenner** *m* специалист *m* в данной отрасли экономики; знаток *m* состояния дел в конкретной области, знаток *m* отрасли; **-prognose** *f* прогноз *m* развития отрасли; **-spanne** *f* отраслевая торговая наценка *f*; **-statistik** *f* отраслевая статистика *f*; **-struktur** *f* структура *f* отрасли; **-trend** *m* тенденция *f* развития отрасли

branchenübergreifend межотраслевой

Branchen|umsatz *m* (торговый) оборот *m* отрасли; **-vergleich** *m* сравнение *n* предприятий отрасли; **-versicherung** *f* отраслевое страхование *n*; **-verzeichnis** *n* указатель *m* (справочник *m*) фирм

Brand|entschädigung *f* возмещение *n* убытков от пожара; сумма *f* страховки от огня; **-rodung** *f* выжигание пней; **-schaden** *m* ущерб *m* от пожара; **-schadensversicherung** *f* страхование *n* от пожара

Break-even *m* безубыточность *f*; **den ~ erreichen** достичь уровня безубыточности

Break-even-Analyse *f* анализ *m* рентабельности (безубыточности)

Break-even-Punkt *m* точка *f* рентабельности работы предприятия, точка *f* безубыточности

Breitbandverteilnetz *n (Comp, Media)* широкополосная распределительная сеть *f*

Brennstoff *m* топливо *n*, горючее *n*

Brennstoff|bedarf *m* потребность *f* в топливе; **-ressourcen** *pl* топливные (энергетические) ресурсы *pl*; **-verbrauch** *m* потребление *n* топлива; **-versorgung** *f* обеспечение *n* (снабжение *n*) топливом

BRIC-Staaten *pl* государства: Бразилия, Россия, Индия и Китай

Brief *m* письмо *n*; документ *m*, акт *m*; курс *m* продавцов, предложение *n*; вексель *m*; ценная бумага *f*; предлагаемая цена *f*; **einen ~ absenden**

отсылать (посылать) письмо; **einen ~ aufsetzen** написать (составить) письмо; **einen ~ erhalten** получать письмо; **einen ~ freimachen** оплачивать письмо, уплатить почтовый сбор; **~ und Geld** предложение *n* и спрос *m*

Briefbogen *m* (фирменный) бланк *m* (предприятия)

Brief|geheimnis *n* тайна *f* переписки; **-grundschuld** *f* ипотечный долг *m*, подтвержденный ипотечным актом; **-hypothek** *f* актовый залог *m*; ипотека *f*, подтвержденная (ипотечным) актом; оборотная ипотека *f*; **-kurs** *m* курс *m* (цена *f*) продавцов, предложение *n*; запрашиваемая цена *f*; *(Bö)* цена *f* предложения, аск *m*; **-porto** *n* почтовый сбор *m*, почтовые расходы *pl*; **-schuld** *f* денежный долг *m*, подтвержденный документами; **-sendung** *f* почтовое отправление *n*, письмо *n* по почте

Bringschuld *f* долг *m*, подлежащий уплате по месту жительства кредитора

Broker *m* брокер *m*, маклер *m*

Broker|firma *f* брокерская фирма *f*; **-haus** *n* брокерский дом *m*, брокерская компания *f* (фирма *f*), брокерская контора *f*

Bruch *m* нарушение *n*; невыполнение *n*; бой *m*; лом *m*; поломка *f*, авария *f*; **~ des Dienstgeheimnisses** разглашение *n* служебной тайны

Bruch|gefahr *f* опасность *f* (риск *m*) поломки; **-schaden** *m* убыток *m*, причиненный поломкой; **-teil** *m* малая (крошечная) доля *f*, малая часть *f*

Bruchteils|aktien *pl* дробные (неполные) акции *pl*; **-eigentum** *n* собственность *f*, принадлежащая нескольким владельцам; **-gemeinschaft** *f* нераздельное владение *n*, совместная собственность *f*, общность *f* владения

Bruchteilversicherung *f* страхование *n* части имущества

Brückenfinanzierung *f* переходное финансирование *n*; **-kredit** *m* кредит-мост *m*

brutto брутто; **~ für netto** брутто за нетто

Brutto|absatz *m* валовый объем *m* продаж; **-anlageinvestitionen** *pl* валовые капиталовложения *pl* в основной капитал; **-anlagevermögen** *n* основные производственные фонды *pl*; **-arbeitsentgelt** *n* общая сумма *f* вознаграждения за труд; **-arbeitsverdienst** *m* общая сумма *f* заработка; **-aufschlag** *m* торговая наценка *f* (накидка *f*); **-ausgaben** *pl* общие расходы *pl*; **-betrag** *m* сумма *f* брутто, общая сумма *f*; **-bezüge** *pl* общая сумма *f* доходов; **-dividende** *f* общая сумма *f* дивиденда, дивиденд *m* брутто; **-einkaufspreis** *m* закупочная цена *f* брутто; **-einkommen** *n* валовый доход *m*, доход *m* брутто; **-einnahmen** *pl* валовая выручка *f*, валовый приход *m* (доход *m*); **-ergebnis** *n* общие результаты *pl* хозяйственной деятельности, валовый доход *m*; **-erlös** *m* валовая выручка *f*, валовый доход *m*; **-ertrag** *m* валовая выручка *f* (прибыль *f*), валовый доход *m*; **-erzeugung** *f* валовая продукция *f*; **-gehalt** *n* оклад *m* (заработная плата *f*) по совокупности без вычетов, оклад-брутто *m*; **-gewicht** *n* вес *m* брутто; **-gewinn** *m* валовая прибыль *f*; **-gewinnspanne** *f* коэффициент *m* прибыльности (доходности); **-inlandsprodukt** *n* валовый национальный продукт *m*; **-investitionen** *pl* валовые капиталовложения *pl*; **-leistung** *f* производительность *f* брутто; **-lohn** *m* общая сумма *f* заработной платы, заработная плата *f* брутто; **-lohnsumme** *f* общая сумма *f* заработной платы (без вычетов); **-marge** *f* брутто-маржа *f*; **-miete** *f* общая сумма *f* квартирной (арендной) платы; **-monatsverdienst** *m* общая сумма *f* месячного заработка; **-produkt** *n* валовый продукт *m*; **-produktion** *f* валовая продукция *f*; **-produktionswert** *m* валовая стоимость *f* произведенной продукции; **-rechnung** *f* счет *m* прибылей и убытков без сальдирования; **-registertonne** *f* брутто-регистровая тонна *f*; **-rendite** *f* валовый доход *m*; **-rente** *f* брутто-пенсия *f*; **-satz** *m* брутто-ставка *f*; **-sozialeinkommen** *n* валовый национальный доход *m*

Bruttosozialprodukt *n* валовый социальный продукт *m*; **~ pro Kopf** валовый социальный продукт *m* на душу населения

Brutto|umsatz *m* валовый (общий) оборот *m*; **-umsatzerlös** *m* валовая выручка *f* от оборота; **-verdienst** *m* общая сумма *f* заработка; **-verdienstaufschlag** *m s.* **Bruttoaufschlag** *m*; **-verdienstspanne** *f* наценка *f*, обеспечивающая покрытие издержек; **-verkaufspreis** *m* цена *f* брутто; **-vermögen** *n* общая сумма *f* имущества (капитала); **-wert** *m* полная (первоначальная) стоимость *f* основных средств, стоимость *f* брутто; **-zins** *m* общий процент *m* на капитал; общий процент *m* по кредиту

Buch *n* бухгалтерская книга *f*; счетная книга *f*; канцелярская книга *f*; **~ führen** вести учет; вести бухгалтерскую книгу

Buch|auszug *m* выписка *f* из бухгалтерских книг; **-bestand** *m* наличие *n* по данным бухгалтерских книг; **-bestandspreis** *m* средняя цена *f* сырья и материалов с учетом их выбытия и поступления; **-einsicht** *f* просмотр *m* (проверка *f*) торговых книг; **-eintragung** *f* запись *f* в торговых книгах

buchen делать бухгалтерскую проводку; проводить по счетам бухгалтерского учета; бронировать; **als Verlust ~** списывать на убытки; **auf ein Konto ~** заносить на счет; **im Haben ~** заносить в кредит; кредитовать; **im Soll ~** заносить в дебет, дебетовать; **im Voraus ~** забронировать; **zu Gunsten ~** заносить в (на) кредит, кредитовать; **zu Lasten ~** заносить в (на) дебет, дебетовать

Buchen *n* проводка *f* по счетам бухгалтерского учета; **~ von Geschäftsvorfällen** учет *m* хозяйственных операций

Bücher *pl* торговые книги; счетные книги; бухгалтерские книги; **die ~ abschließen** закрывать (сбалансировать) бухгалтерские книги; **in die ~ aufnehmen** заносить в (бухгалтерские) книги; **~ ordnungsmäßig prüfen** проверить правильность ведения книг

Buchforderung *f* денежное требование *n* по торговым книгам; долг *m*, числящийся по книгам

Buchführung *f* бухгалтерия *f*; ведение *n* бухгалтерского учета; бухгалтерский учет *m*; счетоводство *n*; **doppelte ~** двойная система *f* бухгалтерского учета; **einfache ~** простая система *f* бухгалтерского учета; **kameralistische ~** камеральное счетоводство *n*, бюджетное счетоводство *n*; **kaufmännische ~** коммерческий бухгалтерский учет *m*, торговое счетоводство *n*, коммерческое счетоводство *n*; **ordnungsmäßige ~** действующая система *f* бухгалтерского учета

Buchführungs|belege *pl* бухгалтерские отчетные документы *pl*; **-daten** *pl* данные *pl* бухгалтерского учета; **-pflicht** *f* обязанность *f* вести бухгалтерский учет; **-richtlinien** *pl* инструкции *pl* о порядке ведения бухгалтерского учета; **-system** *n* система *f* бухгалтерского учета; **-unterlagen** *pl* бухгалтерская документация *f*; **-vorschriften** *pl* правила *pl* бухгалтерского учета и отчетности

Buchgeld *n* наличие *n* средств на счетах банка, депозитные деньги *pl*

buchgemäß соответствующий записям в бухгалтерских книгах; выполненный согласно правилам бухгалтерского учета

Buchgewinn *m* прибыль *f*, отражаемая в балансе и счете прибыли и убытков

Buchhalter *m* бухгалтер *m*; счетовод *m*; **abschlusssicherer ~** бухгалтер *m*, умеющий составлять баланс

buchhalterisch бухгалтерский

Buchhaltung *f* бухгалтерия *f*; бухгалтерский учет *m*; **doppelte ~** двойная бухгалтерия *f*; двойная система *f* бухгалтерского учета; **laufende ~** текущий бухгалтерский учет *m*

Buchhaltungs|form *f (Buchh)* форма *f* бухгалтерского учета; **-richtlinien** *pl* основные положения *pl* бухгалтерского учета

Buch|handel *m (Handel)* книготорговля *f*; **-hypothek** *f* ипотека *f*, зарегистрированная в земельной книге; **-inventur** *f* инвентарный учет *m* товарно-материальных запасов по бухгалтерским книгам; **-kredit** *m* кредит *m* по открытому счету; **-macher** *m* букмекер *m*

buchmäßig соответствующий записям в бухгалтерских книгах; выполненный согласно правилам бухгалтерского учета

Buchprüfer *m* аудитор *m*, ревизор *m* бухгалтерских книг, бухгалтер-ревизор *m*; **vereidigter ~** присяжный бухгалтер-ревизор *m*

Buch|prüfung *f* проверка *f* (ревизия *f*) бухгалтерских книг; аудиторство *n*; **-prüfungsbericht** *m* отчет *m* о ревизии бухгалтерских книг; **-prüfungsfirma** *f* аудиторская фирма *f*; **-sachverständige** *m* присяжный ревизор *m* бухгалтерских книг; **-schuld** *f* задолженность *f* по торговым книгам

Buchung *f* бухгалтерская запись *f*, занесение *n* в бухгалтерские книги, проводка *f* по бухгалтерским книгам; бронирование *n*, резервирование *n*; **die ~ vornehmen** делать проводку по бухгалтерским книгам; бронировать; **~ im Voraus** бронирование *n*, предварительный заказ *m*; **~ von Flugkarten** бронирование *n* билетов на самолет

Buchungs|ansatz *m* статья *f* бухгалтерского учета; **-anzeige** *f (Transp)* букинг-нот *m*; **-beleg** *m* отчетный документ *m*; оправдательный бухгалтерский документ *m*; **-bestätigung** *f* подтверждение *n* бронирования; **-datum** *n* дата *f* проводки, дата *f* занесения в бухгалтерские (торговые) книги; **-fehler** *m* ошибка *f* бухгалтерского учета; **-formel** *f* счетная формула *f*; **-gebühr** *f* комиссия *f* банка за ведение счета клиента; **-maschine** *f* счетная (бухгалтерская) машина *f*; **-nachweis** *m* отчетный (оправдательный) бухгалтерский документ *m*; **-nummer** *f* номер *m* бухгалтерской записи

buchungspflichtig учетный, подотчетный

Buchungs|posten *m* статья *f* бухгалтерского учета; **-rückgang** *m* сокращение *n* числа бронирования (мест в гостинице); **-satz** *m* счетная формула *f*, проводка *f*; **-schalter** *m* окошко *n* кассы; **-schluss** *m* заключение *n* (заключительная дата *f*) бухгалтерских записей; **-tag** *m* дата *f* занесения в бухгалтерские книги; операционный день *m*; **-unterlagen** *pl* бухгалтерская документация *f*; **-vorgang** *m* запись *f* на счета

Buchwert *m* балансовая стоимость *f*; стоимость *f* по бухгалтерским (торговым) книгам; **den ~ herabsetzen** понижать (балансовую) стоимость; **den ~ heraufsetzen** повышать (балансовую) стоимость; **~ pro Aktie** балансовая стоимость *f* на одну акцию

Buchwert|abschreibung *f* амортизационные отчисления *pl*, исходя из балансовой стоимости; **-fortschreibung** *f* изменение балансовой стоимости; **-methode** *f* метод *m* балансовой стоимости

Budget *n* бюджет *m*; смета *f*; бюджетные средства *pl*; **ein ~ aufstellen** составлять бюджет; **das ~ bewilligen** утверждать бюджет; **ein ~ erstellen** составлять бюджет; **das ~ konsolidieren** консолидировать бюджет; **das ~ überschreiten** превышать бюджет

budgetär бюджетный

Budget|aufstellung *f* составление *n* бюджета; **-ausgleich** *m* балансирование *n* (выравнивание) бюджета; **-beratung** *f* обсуждение *n* бюджета; **-bestand** *m* состояние *n* бюджета; структура *f* бюджета; **-bewilligung** *f* утверждение *n* бюджета; **-debatte** *f* обсуждение *n* бюджета; **-defizit** *n* дефицит *m* бюджета; **-Budgeterfassung** *f* бюджетный учет *m*; **-glie-**

derung *f* бюджетная классификация *f*
budgetieren составлять бюджет (смету)
Budgetierung *f* составление *n* бюджета (сметы)
Budgeting *n* составление *n* бюджета (сметы); финансовое планирование *n*
Budgetingansatz *m* принцип *m* составления бюджета
Budget|konsolidierung *f* консолидация *f* бюджета; **-kontrolle** *f* контроль *m* за исполнением бюджета; **-kosten** *pl* плановые (сметные) издержки *pl* (затраты *pl*); бюджетная стоимость *f*; **-kürzung** *f* сокращение *n* бюджета (сметных ассигнований); **-plan** *m* бюджетный план *m*; смета *f*; план *m* исполнения бюджета; **-politik** *f* бюджетная политика *f*; **-posten** *m* статья *f* бюджета; **-recht** *n* право *m* на утверждение бюджета; **-überschreitung** *f* превышение *n* бюджета; **-überschuss** *m* бюджетный остаток *m*; **-überwachung** *f* контроль *m* за исполнением бюджета; **-unterschreitung** *f* экономия *f* бюджетных ассигнований; **-vollzug** *m* исполнение *n* бюджета; **-voranschlag** *m* проект *m* бюджета
Bufferstock *m* резервный склад *m* сырья и сельскохозяйственной продукции, буферный склад *m*
Bulk-Ware *f* товар *m* навалом, товар *m* без упаковки
Bulle *m* вкладчик *m*, рассчитывающий на повышение курсов, бык *m*
Bullenfalle *f* бычья западня *f*
Bund *m* союз *m*; общество *n*, объединение *n*; федеративное государство *n*; федерация *f*, федеральное правительство *n*
Bündelung *f* связывание *n*, объединение *n* (усилий), концентрация; ~ **der Kräfte** концентрация *f* сил
Bundesagentur *f* **für Arbeit** Федеральное агентство *n* по трудоустройству
Bundesamt *n* федеральное ведомство *n*; **Statistisches** ~ *(Admin, Pol)* Федеральное статистическое ведомство *n* (Германия)
Bundesangestellte *m* государственный служащий *m*
Bundesanleihe *f* федеральный (государственный) заем *m*
Bundesanstalt *f* федеральное ведомство *n*; федеральное учреждение *n*; ~ **für Finanzdienstleistungsaufsicht (BaFin)** Федеральное ведомство *n* по надзору за финансовой деятельностью
„Bundesanzeiger" *m* «Бундесанцайгер» *m*, «Федеральный вестник» *m* Германии; **elektronischer** ~ электронный Федеральный вестник *m* (публикуемый в Интернете)
Bundes|arbeitsgericht *n* Федеральный суд *m* по трудовым спорам; **-aufsicht** *f* надзор *m* над соблюдением федеральных законов
Bundesaufsichtsamt *n* Федеральное ведомство *n* по надзору за деятельностью; ~ **für das Kreditwesen (BAKred)** Федеральное ведомство *n* по надзору за деятельностью кредитных учреждений; ~ **für das Versicherungswesen (BAV)** Федеральное ведомство *n* по надзору за деятельностью страховых компаний (до 1.05.2002); ~ **für den Wertpapierhandel (BAWe)** Федеральное ведомство *n* по надзору за торговлей ценными бумагами (до 1.05.2002)
Bundesausbildungsförderungsgesetz *n* **(BAföG)** *(Recht, Soz)* Федеральный закон *m* о стимулировании образования
Bundes|ausgaben *pl* правительственные (федеральные) расходы *pl*; **-bank** *f* Федеральный банк *m*; **-beamte** *m* федеральный чиновник *m*;
Bundesbeamtengesetz *n* *(Recht)* Закон *m* о федеральных чиновниках
Bundes|bedienstete *pl* федеральные (государственные) служащие *pl*
Bundesbehörde *f* федеральное ведомство *n*; федеральное административное учреждение *n*; **oberste** ~ верховное федеральное ведомство *n*
Bundesbürgschaft *f* гарантия *f* федерального правительства

bundeseigen государственный, принадлежащий государству; **-e Unternehmen** предприятие *n*, принадлежащее государству, федеральное предприятие *n*

Bundes|etat *m* федеральный бюджет *m*; **-gesetze** *pl* федеральные законы *pl*; **-haushalt** *m* федеральный бюджет *m*

Bundes-Immissionsschutzgesetz *n* *(Recht, Umwelt)* Федеральный закон *m* о защите от имиссий

Bundeskartellamt *n* федеральное ведомство *n* по надзору за деятельностью картелей, федеральное антимонопольное ведомство *n*

Bundeskanzler *m (Admin, Pol)* федеральный канцлер *m*

Bundeskanzleramt *m (Admin, Pol)* ведомство *n* федерального канцлера

Bundes|kasse *f* федеральное казначейство *n*; **-land** *n* федеральная земля *f*; **-minister** *m* федеральный министр *m*

Bundesministerium *n (Admin, Pol)* федеральное министерство *n*; **~ für Arbeit und Soziales** Федеральное министерство *n* по труду и социальным вопросам; **~ für Bildung und Forschung** федеральное министерство *n* образования и научных исследований; **~ für Ernährung, Landwirtschaft und Verbraucherschutz** Федеральное министерство *n* пищевой промышленности, сельского хозяйства и защиты прав потребителей; **~ für Familie, Senioren, Frauen und Jugend** Федеральное министерство *n* по делам семьи, пенсионеров, женщин и молодежи; **~ der Finanzen** Федеральное министерство *n* финансов; **~ für Gesundheit** Федеральное министерство *n* здравоохранения **~ des Innern** Федеральное министерство *n* внутренних дел; **~ der Justiz** Федеральное министерство *n* юстиции; **~ für Umwelt, Naturschutz und Reaktorsicherheit** Федеральное министерство охраны окружающей среды, охраны природы и безопасности ядерных реакторов; **~ für Verkehr, Bau und Stadtentwicklung** Федеральное министерство *n* транспорта, строительства и городского развития; **~ der Verteidigung** Федеральное министерство *n* обороны; **~ für Wirtschaft und Technologie** Федеральное министерство *n* экономики и технологии; **~ für wirtschaftliche Zusammenarbeit und Entwicklung** Федеральное министерство *n* экономического сотрудничества и развития

Bundes|mittel *pl* федеральные финансы *pl*; **-obligationen** *pl* облигации *pl* (федерального) государственного займа

Bundespräsidialamt *n (Admin, Pol)* Управление *n* делами федерального президента (Германия)

Bundesrat *m (Admin, Pol)* бундесрат *m*

Bundesratspräsident *m (Admin, Pol)* президент *m* бундесрата

Bundes|rechnungshof *m* Федеральная счетная палата *f*; **-recht** *n* федеральное законодательство *n*, федеральное право *n*; **-regierung** *f* федеральное правительство *n*; **-schatz** *m* государственная казна *f*; **-schatzanweisungen** *pl* федеральные краткосрочные казначейские обязательства *pl*; **-schatzbriefe** *pl (Fin)* государственные ценные бумаги *pl* с твердым процентом; **-schuld** *f* федеральный (государственный) долг *m*; **-schuldbuch** *n (Admin, Fin)* Федеральная долговая книга *f*; **-sozialhilfegesetz** *n* федеральный Закон *m* о социальной помощи **-steuern** *pl* федеральные налоги *pl*

Bundestag *m (Admin, Pol)* бундестаг *m*

Bundestagspräsident *m s.* **Präsident** *m* **des Deutschen Bundestages**

Bundes|vermögen *n* федеральная собственность *f*; **-verwaltungsgericht** *n* Федеральный административный суд *m*; **-verfassungsgericht** *n* Федеральный конституционный суд *m*; **-wertpapierverwaltung** *f* Федеральное ведомство *n* по управлению государственными ценными бумагами (до 31.07.06); **-zollverwaltung** Федеральное таможенное управление *n*; **-zuschuss** *m* правительственная субсидия *f* (дотация *f*)

Bürge *m* поручитель *m*, гарант *m*; **einen ~-n stellen** представить поручителя; **selbstschuldnerischer ~** экспромиссорный поручитель *m*, солидарный поручитель *m*

bürgen поручиться, ручаться

Bürgenhaftung *f* ответственность *f* поручителя

Bürger|amt *n* ведомство *n* по делам граждан

Bürgerservice *m* услуги *pl* для граждан

Bürgschaft *f* поручительство *n*, гарантия *f*, ручательство *n*, обеспечение *n*, порука *f*; **die ~ bestellen** представить гарантию; **die ~ erhalten** получить гарантию; **gewähren ~** предоставить поручительство; **~ leisten** ручаться, дать поручительство; **die ~ übernehmen** поручиться, дать гарантию; **selbstschuldnerische ~** экспромиссорное (солидарное) поручительство *n*; **wechselseitige ~** круговая порука *f*

Bürgschafts|akzept *n s.* **Avalakzept** *n*; **-bank** *f* банк-поручитель *m*; **-bestellung** *f* предоставление *n* поручительства; **-erklärung** *f* принятие *n* на себя поручительства; гарантийное письмо *n*; **-kredit** *m* гарантийный кредит *m*; кредит *m* по поручительству; **-provision** *f* комиссионные *pl* за поручительство; **-rahmen** *m* условия *pl* поручительства; **-übernahme** *f* выдача *f* гарантий; **-verbindlichkeiten** *pl* обязательства *pl*, вытекающие из договора; **-versicherung** *f* поручительское страхование *n*; **-volumen** *n* объем *m* (рамки *pl*) поручительства

Büro *n* бюро *n*; контора *f*; канцелярия *f*, приемная *f*, офис *m*; место *n* службы; учреждение *n*; кабинет *m*; **ein ~ einrichten** оборудовать (оснастить) бюро; **ein ~ eröffnen** открыть бюро

Büro|arbeit *f* канцелярская работа *f*, работа *f* служащего; **-ausgaben** *pl* канцелярские расходы *pl*; расходы *pl* по содержанию учреждения; **-ausstattung** *f* офисное оборудование *n*; **-bedarf** *m* канцелярские принадлежности *pl*; **-einrichtung** *f* оснащение *n* офиса; **-flächen** *pl* площади *pl*, занимаемые службами (конторами), офисные помещения *pl*; **-haus** *n* здание *n* офиса; **-kosten** *pl* расходы *pl* на содержание офиса; канцелярские расходы *pl*; **-kräfte** *pl* служащие *pl*; конторский персонал *m*; **-material** *n* канцелярские принадлежности *pl*; **-miete** *f* плата *f* за аренду помещений под офис; **-möbel** *f* офисная мебель *f*; **-organisation** *f* организация *f* работы бюро (учреждения); **-personal** *n* штаты *pl* учреждения, конторский персонал *m*; **-räume** *pl* служебные помещения *pl*; помещения *pl* под офис; **-schluss** *m* конец *m* рабочего дня в учреждениях; **-stunden** *pl* часы работы учреждения; **-tätigkeit** *f* деятельность *f* учреждения; работа *f* служащего; **-technik** *f* оргтехника *f*; **-vorsteher** *m* управляющий *m* конторой (бюро); **-zeit** *f* служебное (рабочее) время *n* в учреждении

Business *n* бизнес *m*, дело *n*; коммерция *f*, коммерческая деятельность *f*

Business Angel *(Fin)* бизнес-ангел *m*

Business|auflösung *f* ликвидация *f* дела; **-begleitung** *f* бизнес-сопровождение *n*; **-man** *m* бизнесмен *m*; **~-Partner** коммерческий партнер *m*, структурный продавец *m*, агент *m* по сбыту; **-plan** *m* бизнес-план *m*

Buße *f* административный штраф *m*, наказание *n*; **eine ~ auferlegen** наложить штраф; **eine ~ entrichten** заплатить штраф; **die ~ erlassen** снять наказание, отменить штраф; **~ leisten** заплатить штраф

Bußgeld *n* административный денежный штраф *m*; **~ verhängen** наложить штраф; **das ~ zahlen** заплатить штраф

Bußgeld|bescheid *m* решение *n* о наложении штрафа; **-katalog** *m* каталог *m* штрафов; **-verfahren** *n* судебное производство *n* о наложении штрафа

C

caf-Preis *m* цена *f* каф
CAD (Computer Aided Design) система *f* автоматизированного проектирования
CAD-Arbeitsplatz *m* рабочее место *n* САПР (системы автоматизированного проектирования)
Cafeteria-Prinzip *n (Soz)* инструмент *m* социальной политики на предприятии, ориентация *f* дополнительных льгот на потребности работника
CA-Lager *n (Lager)* склад с контролируемой атмосферой
Call опцион *m* "колл"; опцион *m* на покупку; право *n* эмитента выкупить выпуск до наступления срока
Callgeld *n* ссуда *f* до востребования, однодневная ссуда *f*
Call-Geschäft *n* онкольная сделка *f* (операция *f*)
Call-Kredit *m* онкольная ссуда *f*, ссуда *f* до востребования
Call-Option *f* опцион *m* на покупку
Call-Optionsschein *m* онкольный опцион *m* (варрант *m*)
CAM (Computer Aided Manufacturing) автоматизированная система *f* управления производством
Campingartikel *pl* инвентарь *m* для (авто)туристического отдыха
Campingplatz *m* место *n* для кемпинга
Candlestick-Diagramm *n* свечный график *m*
CAP (Computer Aided Planning) автоматизированная система *f* планирования
cap верхний предел *m* процентной ставки по долгосрочным долговым обязательствам с изменяющимся процентом
CAQ (Computer Aided Quality Assurance) автоматизированная система *f* контроля качества
Cargo (перевозимый, транспортируемый) груз *m*
Carnet TIR *n* таможенная сопроводительная книжка *f* международных торговых перевозок, единая декларация *f* на транзит грузов
Carte blanche *f* карт-бланш *m*, неограниченные полномочия *pl*; **~ geben** предоставлять неограниченные полномочия; **~ haben** иметь неограниченные полномочия
cash наличными, за наличный расчет; **~ bezahlen** платить (оплатить) наличными; **~ against documents** наличными против документов; **~ and carry** продажа за наличный расчет без доставки на дом; **~ before delivery** уплата до доставки, предоплата; **~ on delivery** уплата при доставке
Cash *m* наличные деньги *pl*, кассовая наличность *f*
Cash-and-Carry-Betrieb *m (Handel)* предприятие *n* оптовой торговли (за наличные без доставки); оптовый магазин *m* самообслуживания
Cashflow *m* денежный поток *m*; движение *n* денежной наличности (ликвидности), кэш-флоу, чистый приток *m* ликвидных средств из оборота; ожидаемый в будущем доход *m* от инвестиций (с учетом дисконта); разница *f* между всеми наличными поступлениями и платежами; **einen ~ erwirtschaften** получать кэш-флоу; **bilanzieller ~** балансовый кэш-флоу; **konsolidierter ~** консолидированный кэш-флоу; **operativer ~** оперативный (текущий) кэш-флоу; **positiver ~** положительный кэш-флоу; **steigender ~** возрастание *n* кэш-флоу
Cashflow-Berechnung *f* расчет *m* кэш-флоу
Cashflow-Management *n* контроль *m* и регулирование *n* кэш-флоу
Cash-Management *n* контроль *m* и регулирование *n* денежных операций, управление *n* денежными потоками
Casting *n* кастинг *m*, процедура *f* выбора (артистов и т.п.)
Catering *m* катеринг *m*, обеспечение *n* привозным питанием и напитками (предприятий на их территории), мобильный общепит *m*

CC-Betrieb *m s.* **Cash-and-Carry-Betrieb**
Chance *f* шанс *m*, возможность *f*, вероятность *f* (успеха); **eine ~ einräumen** предоставить возможность; **-n nutzen** использовать возможности (шансы); **-n verpassen** упустить возможности (шансы); **-n und Risiken** возможности *pl* и риски *pl*, шансы *pl* и риски *pl*
Chancengleichheit *f* равенство *n* возможностей, равенство *n* шансов (для мужчин и женщин)
Change *m* обмен *m* денег, валютный курс *m*; мена *n*, обмен *m*
Chargekarte *f* овердрафтная карточка *f*
Chargenrückverfolgung *f (QM)* прослеживаемость партии товара
Charakteristik *f* характеристика *f*; суждение *n*, оценка *f*
Chart *n* диаграмма *f*, схема *f*, таблица *f*, график *m*, чарт *m*
Chart-Analyse *f* анализ *m* курсов акций с помощью графиков и диаграмм их предыдущего развития
Charter *m* чартер *m*, чартер-партия *f*
Charter|auftrag *m* фрахтовый ордер *m*; **-bedingungen** *pl* условия *pl* чартера
Charterer *m* фрахтователь *m*
Charter|flug *m* чартерный рейс *m*; **-kosten** *pl* расходы *pl* по чартеру; **-maschine** *f* чартерный самолет *m*
chartern зафрахтовывать (фрахтовать, нанимать) судно, брать (судно) внаем по чартеру
Charterpartie *f* чартер-партия *f*, договор *m* о фрахтовании судна
Charter|verkehr *m* чартерное сообщение *n*, чартерные перевозки *pl* грузов; **-vertrag** *m* чартер-партия *f*, договор *m* о фрахтовании судна
Check *m* чек *m*; контроль *m*, проверка *f*
Checkliste *f* контрольный перечень *m* (список *m*); вопросник *m*, анкета *f*; **eine ~ erstellen** разработать вопросник; **~ für die Planung** контрольный вопросник *m* при планировании
Chef *m* шеф *m*, глава *f*, руководитель *m*, заведующий *m*, начальник *m*, босс *m*; владелец *m* предприятия; **seinen ~ vertreten** замещать своего начальника
Chef|buchhalter *m* главный бухгалтер *m*; **-einkäufer** *m* начальник *m* отдела закупок (снабжения); **-etagen** *pl* высшее звено *n* управления, (высшее) руководство *n*; **-konstrukteur** *m* главный конструктор *m*; **-ökonom** *m* главный экономист *m*; **-sache** *f* вопрос *f*, находящийся на контроле у шефа
Chemie|handel *m* торговля *f* химическими продуктами; **-industrie** *f* химическая промышленность *f*
Chemikaliensicherheit *f* безопасное обращение *n* с химическими веществами
Chemie|markt *m* рынок *m* химических товаров; **-werte** *pl* ценные бумаги *pl* химических компаний
Chief Executive *m* директор-распорядитель *m*
Chiffre *f* шифр *m*, код *m*
cif сиф, условие *m* поставки сиф
cif-Agent *m* агент *m* экспортера, живущий в стране импортера и предлагающий товар своей фирмы на условиях сиф
cif-Geschäft *n* сделка *f* на условиях сиф
cif-Kalkulation *f* калькуляция *f* цены на условиях сиф
cif landed сиф, включая расходы по разгрузке товара с судна и доставки его на пристань порта назначения
cif-Lieferung *f* поставка *f* на условиях сиф
cif-Preis *m* цена *f* сиф
CIM (Computer Integrated Manufacturing) автоматизированная система *f* интеграции производства
cirka около, приблизительно; **~ Klausel** *f* оговорка *f* о допуске
Claim *n* притязание *n*; требование *n*; претензия *f*, рекламация *f*
Clearing *n* взаимопогашение *n* платежей, зачет *m* взаимных требований через расчетную палату; клиринг *m*, клиринговые расчеты *pl*; **bilaterales ~** двусторонний клиринг *pl*, двусторонние клиринговые рас-

четы *pl*; **multilaterales ~** многосторонний клиринг *m*, многосторонние клиринговые расчеты *pl*

Clearing|abkommen *n* клиринговое соглашение *n*, (валютный) клиринг *m*; соглашение *n* о расчетах; **-bank** *f* клиринг-банк *m*, банк-член *m* расчетной палаты; **-forderungen** *pl* клиринговые требования *pl*, клиринговая (дебетовая) задолженность *f*; **-geschäfte** *pl* клиринговые операции *pl* (сделки *pl*); **-guthaben** *n* клиринговые активы *pl*; **-haus** *n*, **-stelle** *f* расчетная (клиринговая) палата *f*, клиринг-хауз; **-verfahren** *n* клиринг *m*, клиринговые расчеты *pl*; **-verkehr** *m* клиринговые (расчетные) операции *pl*, клиринговые (взаимные) расчеты *pl*, клиринг *m*

CMR *(Transp)* международная товарно-транспортная накладная *f*

Coaching *n* обучение *m*, тренировка *f*, коучинг *m*

Codierung *f* кодировка *f*, шифровка *f*

Coil *n (Transp)* рулон *m* (листового металла)

Coiltainer специальная платформа-контейнер для транспортировки рулонов металла

Colli *n s.* **Kolli** *n*

Commodity-Geschäft *n* товарная сделка *f*

Compiler *m (Comp)* компилятор *m*

Comptroller *m* контролер *m*; ревизор *m*, инспектор *m*; главный бухгалтер-контролер *m*

Computer *m (Comp)* компьютер *m*, электронно-вычислительная машина *f* (ЭВМ); **mit ~ ausstatten** оборудовать компьютерами

Computer|anwender *m (Comp)* пользователь *m* компьютера; **-einsatz** *m* использование *n* компьютера; **-geschäft** *n* магазин *m* компьютеров; бизнес *m* в области производства ЭВМ

computergesteuert *(Comp)* управляемый с помощью ЭВМ

computergestützt *(Comp)* на базе ЭВМ, с помощью ЭВМ, автоматизированный; **-es Bankgeschäft** автоматизированные банковские операции *pl*; **-es Konstruieren** система *f* автоматизированного проектирования; **-e Planung** автоматизированная система *f* планирования; **-e Produktion** автоматизированная система *f* управления производством; **-e Qualitätssicherung** автоматизированная система *f* контроля качества

Computerhersteller *m (Comp)* фирма-изготовитель *f* компьютеров

Computerisierung *f (Comp)* компьютеризация *f*

computerintegriert *(Comp)* интегрированный (объединенный) с помощью ЭВМ; **-e Fertigung** автоматизированная система *f* интеграции производства

Computer|markt *m (Comp)* рынок *m* компьютеров; **-steuerung** *f* управление *n* с помощью компьютера

computerunterstütztes Börsenhandels- und Entscheidungssystem *n* компьютерная система *f* биржевой торговли (в Германии)

Computer|verbund *m* компьютерная сеть *f*; **-virus** *m* компьютерный вирус *m*; **-zentrum** *n* вычислительный центр *m*

Consultant *m* консультант *m*

Consulting *n* консультация *f*, консультирование *n*; консалтинг *m*

Consulting-Leistungen *pl* консультационные (консалтинговые) услуги *pl*

Consulting-Unternehmen *n* консультационная (консалтинговая) фирма *f*

Container *m* контейнер *m*; **in -n transportieren** перевозить грузы в контейнерах

Container|beförderung *f (Transp)* транспортировка *f* (перевозка *f*) грузов в контейнерах; **-hafen** *m* контейнерный порт *m*; **-schiff** *n* контейнерное судно *n*, контейнеровоз *m*; **-system** *n* система *f* контейнерных перевозок; **-terminal** *m* контейнерный терминал *m*; **-verkehr** *m* контейнерные перевозки *pl*, контейнерный транспорт *m*

Contracting *n* контрактация *f*

conto a meta торговая сделка *f* на половинных началах

Controller *n* контроллер *m*, ответственный работник *m*, ведущий анализ *m* хозяйственной деятельности предприятия; **divisionaler ~** контроллер *m* подразделения производства

Controller|aufgaben *pl* функции *pl* (задачи *pl*) контроллера; **-bericht** *m* отчет *m* (доклад *m*, сообщение *n*) контроллера; **-funktion** *f* функция *f* контроллера

Controlling *n* контроллинг *m*, управление *n* путем планирования и контроля; **das ~ durchführen** проводить контроллинг; **das ~ einrichten** создать службу (отдел) контроллинга; **das ~ führen** руководить службой (отделом) контроллинга; **das ~ installieren** создать службу (отдел) контроллинга; **operatives ~** оперативный (текущий) контроллинг *m*; **strategisches ~** стратегический контроллинг *m*

Controlling|instrumentarium *n* функциональный инструментарий *m* контроллинга; **-informationssystem** *n* информационная система *f* контроллинга; **-konzeption** *f* концепция *f* контроллинга; **-ressort** *n* сфера *f* компетенции службы контроллинга; **-system** *n* система *f* контроллинга; **-ziel** *n* цель *f* контроллинга

Copyleft *n (Recht)* копилефт *m*, свобода *f* копирования

Copyright *n* авторское право *n*, право *n* издания

corner корнер *m*, спекулятивная скупка *f* товаров

Corporate Governance *(Manag)* корпоративное управление *n*

Corporate Management *(Manag)* оперативное управление *n* компанией

Cost-Center место *n* возникновения издержек

Costing *n* счет *m* издержек производства, калькуляция *f* издержек производства; **direkte ~** прямое отнесение *n* накладных расходов на продукт; калькуляция *f* по переменным издержкам; **marginale ~** маржинальная система *f* калькуляции; калькуляция *f* по прямым издержкам; **variable ~** калькуляция *f* (себестоимости) по переменным издержкам

Coupon *m* купон *m*, отрывной талон *m*

Courtage *f* куртаж *m*, брокерская комиссия *f* за совершение сделки, комиссионные *pl* за посредничество в биржевых операциях; **die ~ entrichten** выплатить куртаж; **die ~ verdienen** получить (заработать) куртаж; **die ~ in Rechnung stellen** включать (заносить) куртаж в счет

Courtagerechnung *f* исчисление *n* (калькуляция *f*) куртажа

Courtier *m* маклер *m*, брокер *m*, куртье *m*; агент *m*, посредник *m*

Covernote *f* ковернот *m*

Crash *m* крах *m*, банкротство *n*

credit revolving автоматически возобновляемый кредит *m*; автоматически возобновляемый аккредитив *m*

crossed check кроссированный (перечеркнутый) чек *m*

cross rate кросс-курс *m*; валютный курс *m*, соотношение *n* паритетов

Cross-Selling *n (V&M)* метод *m* перекрестных продаж; *(Fin)* расширение *n* банками сферы услуг своим клиентам

Cross-Selling-Möglichkeiten *pl* возможности *pl* расширения банками сферы услуг

D

Dach|fonds *m* инвестиционный фонд *m*, размещающий свой капитал в других инвестиционных фондах; зонтичный фонд *m*; **-gesellschaft** *f* холдинговая компания *f*; холдинг-компания *f*; головное общество *n*, общество-мать *n*; материнская компания *f*; **-marke** *f* зонтичная марка *f*; **-organisation** *f* холдинговая организация *f*; головная организация *f*; **-verband** *m* головное объединение *n*, головной союз *m*

Damnifizieren *n* нанесение *n* убытков

Damnum *n* вычет *m* из суммы ссуды при ее выплате ниже номинальной стоимости; скидка *f*, дизажио *n*

dämpfen сдерживать, смягчать, ослаблять, уменьшать; **Preissteigerungen ~** сдерживать (смягчать) повышение цен

Dämpfung *f* сдерживание *n*, смягчение *n*, ослабление *n*, уменьшение *n*; **~ der Konjunktur** сдерживание *n* конъюнктуры (экономической активности); **~ der Nachfrage** сдерживание *n* спроса

Darlehen *n* ссуда *f*, заем *m*, кредит *m*; **ein ~ aufnehmen** взять ссуду (заем); **ein ~ bewilligen** предоставить ссуду (заем); **ein ~ erhalten** получить ссуду (заем); **ein ~ gewähren** предоставить ссуду (заем); **ein ~ kündigen** расторгнуть договор ссуды; **ein ~ tilgen** погасить ссуду (заем); **das ~ zurückzahlen** выплатить (возвратить) ссуду (заем); **aufgenommenes ~** взятая ссуда *f*; **befristetes ~** срочная ссуда *f*, срочный заем *m*; **durch Hypothek (hypothekarisch) gesichertes ~** ссуда *f*, обеспеченная ипотекой; **fälliges ~** ссуда *f*, по которой наступил срок погашения; **fällig werdendes ~** ссуда *f*, по которой наступает срок погашения; **kurzfristiges ~** краткосрочная ссуда *f*, краткосрочный заем *m*; **langfristiges ~** долгосрочная ссуда *f*, долгосрочный заем *m*; **mittelfristiges ~** среднесрочная ссуда *f*, среднесрочный заем *m*; **~ mit einer Laufzeit von 10 Jahren** ссуда *f* на 10-летний срок; **nachrangiges ~** субординированный кредит *m*; **täglich fälliges ~** ссуда *f* до востребования; **täglich kündbares ~** ссуда *f* до востребования, онкольная ссуда *f*; **unverbürgtes ~** ссуда *f* без поручительства; **unverzinsliches ~** беспроцентная ссуда *f*, беспроцентный заем *m*; **zinsloses ~** беспроцентная ссуда *f*, беспроцентный заем *m*; **zinsgünstiges ~** ссуда *f* под льготные проценты; **zinsverbilligtes ~** ссуда *f* (заем *m*) под низкие проценты

Darlehens|anspruch *m* право *n* на получение ссуды (при наличии накоплений на цели строительства); **-antrag** *m* просьба *f* (заявление *n*) о предоставлении ссуды; **-aufnahme** *f* получение *n* ссуды (займа); **-bedingungen** *pl* условия *pl* предоставления ссуды (займа); **-berechnung** *f* (индивидуальный) расчёт *m* стоимости ссуды (займа); **-berechtigung** *f* право *n* на получение ссуды (напр. для студентов); **-bestand** *m* портфель *m* ссуд (займов); **-betrag** *m* сумма *f* (размер *m*) ссуды (займа); **-empfänger** *m* заемщик *m*, ссудополучатель *m*, должник *m*; **-finanzierung** *f* кредитное финансирование *n*; **-forderungen** *pl* дебиторская задолженность *f* по ссуде; **-geber** *m* заимодатель *m*, кредитор *m*; лицо *n*, предоставляющее ссуду; **-gewährung** *f* предоставление *n* ссуды (займа); **-gläubiger** *m* заимодатель *m*, кредитор *m*; лицо *n*, предоставляющее ссуду; **-hypothek** *f* ипотека *f*, обеспечивающая ссуду; **-kasse** *f* ссудная касса *f*, ссудный банк *m*; **-konto** *n* ссудный счет *m*, счет *m* ссуд; **-nehmer** *m* заемщик *m*, должник *m*, ссудополучатель *m*; **-rückzahlung** *f* выплата *f* (возврат *m*) ссуды (займа); **-schuld** *f* задолженность *f* по ссуде (займу); **-schuldner** *m* заемщик *m*, должник *m*, ссудоподучатель *m*; **-sicherung** *f* обеспечение *n* ссуды (займа); **-summe** *f* сумма *f* ссуды (займа); **-tilgung** *f* погашение *n* ссуды (займа); **-verbindlichkeiten** *pl* обязательства *pl* (долги) по ссуде (займу); **-vergabe** *f* ссуживание *n*, кредитование *n*; **-versprechen** *n* обещание *n* предоставить ссуду (заем), предварительное соглашение *n* о заключении договора займа; **-vertrag** *m* договор *m* займа, договор *m* о ссуде; **-wucher** *m* (денежное) ростовщичество *n*; **-zins** *m* процент *m* по ссуде (займу); **-zusage** *f* согласие *n* предоставить ссуду (заем)

Darstellung *f* изображение *n*; изложение *n*; **graphische ~** график *m*, графическое изображение *n*; **statisti-**

sche ~ статистические данные *pl*; **~ des Tatbestandes** изложение *n* фактической стороны дела

Datei *f* файл *m*, массив *m* данных

Datei|format *n (Comp)* формат *m* файла, тип *m* файла; **-namenserweiterung** *f* расширение *n* имени файла; **-verknüpfung** *f (Comp)* ярлык *m*

Daten *pl* данные *pl*, информация *f*; сведения *pl*, характеристики *pl*; **~ analysieren** анализировать данные (информацию); **~ auswerten, bearbeiten** обрабатывать данные (информацию); **~ berichtigen** корректировать данные (информацию); **~ eingeben** вводить данные (информацию); **~ erfassen** фиксировать (регистрировать, учитывать, собирать) данные (информацию); **~ ermitteln** определять (необходимые) данные; **~ gewinnen** получать данные (информацию); **~ sammeln** собирать данные (информацию); **~ speichern** накапливать (записывать в память компьютера, хранить) данные (информацию); **~ übertragen** передавать данные (информацию); **~ verarbeiten** обрабатывать данные (информацию); **gespeicherte ~** накопленные данные *pl*; данные *pl*, хранящиеся в памяти ЭВМ; **primäre ~** исходные данные *pl*, исходная информация *f*

Daten|aktualisierung *f (Comp)* актуализация *f* данных; **-ausgabe** *f* вывод *m* данных (информации); **-bank** *f* база *f* данных; **-bestände** *pl* база *f* (объём) данных, накопленные данные *pl*; **-bankmanagementsystem** *n (Comp)* система *f* управления базами данных; **-eingabe** *f* ввод *m* данных; **-empfänger** *m* получатель *m* данных (информации); **-erfassung** *f* сбор *m* данных (информации); **-ermittlung** *f* определение *n* (необходимых) данных; **-fluss** *m* поток *m* данных (информации); **-flussplan** *m* схема *f* прохождения данных (информации); **-gewinnung** *f* получение *n* (сбор *m*) данных (информации); **-netz** *n* информационная сеть *f*; **-prüfung** *f* проверка *f* данных (информации); **-schutz** *m* защита *f* данных; **-speicher** *m (Comp)* (внешний) носитель данных; **-speicherung** *f* хранение *n* (запоминание) данных (информации); **-träger** *m* носитель *m* данных (информации); **-übertragung** ф передача *f* данных

Datenverarbeitung *f* обработка *f* данных (информации); **elektronische ~** обработка *f* данных (информации) на ЭВМ, электронная обработка *f* информации

Datenverarbeitungsanlage *f* устройство *n* обработки данных (информации), ЭВМ

Daten|verwaltung *f (Admin, Comp)* управление *n* сбором и обработкой данных; **-verkehr** *m (Comp, Transp)* поток *m* (обращение) данных (информации); передача *f* данных (информации)

datieren датировать

Datierung *f* датировка *f*

dato сего числа, со дня выдачи; **bis ~** до сего числа, по сей день

Datowechsel *m* дата-вексель *m*; вексель *m* со сроком, исчисленным с момента выдачи; переводной вексель *m*

Datum *n* дата *f*, число *n*

Datums|angabe *f* дата *f*, указание *n* даты; **-stempel** *m* календарный штемпель *m*

Dauer *f* продолжительность *f*, длительность *f*; время *n*; срок *m*; период *m*; **~ der Betriebszugehörigkeit** стаж *m* работы на предприятии; **~ des Produktionsprozesses** продолжительность *f* (время) процесса производства; **~ der Versicherung** срок *m* страхования, срок *m* действия договора страхования

Dauer|arbeitslose *m* безработный *m* в течение длительного периода времени; **-arbeitslosigkeit** *f* длительная безработица *f*; **-arbeitsplätze** *pl* постоянные рабочие места *pl*; **-auftrag** *m* долгосрочное платежное поручение *n* (банку) (на совершение определенных операций); **-emission** *f* (регулярно проводимая) повторная эмиссия *f*; **-emittent** *m* эмитент *m* (заемщик *m*), проводящий повторные эмиссии

dauerhaft прочный, стойкий, долговременный; **-e Gebrauchsgüter** потребительские товары *pl* длительного пользования; **-e Produktionsmittel** средства *pl* производства длительного пользования; **nicht -e Produktionsmittel** средства *pl* производства недлительного пользования

Dauerhaftigkeit *f* прочность *f*, стойкость *f*; долговечность *f*; стабильность *f*; **~ des Wirtschaftsaufschwungs** стабильность *f* экономического роста (подъема)

Dauer|leihgabe *f* предмет *m*, предоставленный в пользование на длительный срок; **-leistung** *f* производительность *f* (мощность *f*) в течение длительного периода времени, постоянная производительность *f*

dauernd длительный, продолжительный; **-e Arbeitsunfähigkeit** длительная нетрудоспособность *f*

Dauer|nutzungsrecht *n* вещное право *n* на пользование земельным участком в течение продолжительного периода времени; **-problem** *n* постоянная проблема *f*; **-rente** *f* постоянная пенсия *f*; **-schuld** *f* долгосрочные обязательства *pl*; **-schuldverhältnis** *n* отношения *pl* по долгосрочным обязательствам; **-stellung** *f* постоянная работа *f* (должность *f*), постоянное место *n* работы; **-zustand** *m* длительное (хроническое) состояние *n*

DAX (Deutscher Aktienindex) индекс *m* немецких акций; биржевой индекс *m* Германии

Deal *n* сделка *f*, соглашение *n*; **-s abwickeln** осуществлять сделки

Dealer *m* торговый посредник *m*; дилер *m*

Debentur *f* дебентура *f*; документальное свидетельство *n* возврата платежа; таможенное свидетельство *n* на возврат таможенных пошлин

Debet *n* дебет *m*, дебетовая сторона *f*; **in das ~ bringen** дебетовать, заносить в дебет; **~ und Kredit** дебет *m* и кредит *m*

Debet|anzeige *f* дебетовое авизо *n*; **-buchung** *f* запись *f* в дебет счета, дебетовая проводка *f*; **-karte** *f (Bank)* дебетовая карточка *f*

Debetnota *f* дебет-нота *f*, дебетовое авизо *n*; **eine ~ ausstellen** выставлять дебет-ноту

Debet|posten *m* дебетовая запись *f*, дебетовая проводка *f*; статья *f* дебета; **-saldo** *m* дебетовое (положительное) сальдо *n*, дебетовый баланс *m*; **-zins** *m* дебетовый процент *m*

debitieren дебетовать, записывать в дебет

Debit-Karte *f* дебетовая карточка *f*

Debitor *m* дебитор *m*, должник *m*

Debitoren *pl* дебиторы *pl*, дебиторская задолженность *f*, счета *pl* дебиторов; кредитование *n*, авансы *pl*; **~ überwachen** контролировать счета дебиторов

Debitoren|aufstellung *f* отчет *m* о состоянии счетов дебиторов; **-bestand** *m* сумма *f* дебиторской задолженности; **-buch** *n* книга *f* дебиторов, книга *f* дебиторской задолженности; **-buchhaltung** *f* бухгалтерский учет *m* дебиторской задолженности; **-geschäft** *n* кредитование *n*; **-konto** *n* счет *m* дебиторов (должников); **-kontokorrent** *n* контокорентный счет *m* дебиторской задолженности; **-verluste** *pl* убытки *pl* от безнадежных долгов в случае дебиторской задолженности, убытки *pl* по кредитам; **-versicherung** *f* страхование *n* дебиторской задолженности; **-wagnis** *n* риск *m* при предоставлении кредитов, погашение *n* которых не гарантировано; **-ziehung** *f* переводной вексель *m*, выставляемый на дебитора; трассирование *n* векселей банками на своих дебиторов; соло-вексель *m* дебитора, переданный банку

Debt Management *n* контроль *m* и регулирование *n* получения кредитов государством

decken покрывать, обеспечивать; возмещать, погашать

Deckung *f* покрытие *n*, обеспечение *n*;

возмещение *n*, погашение *n*; удовлетворение *n*; гарантия *f*, уплата *f*; ~ **haben** иметь гарантию; **ohne ~ verkaufen** продавать с убытком; **~ der Aufwendungen** покрытие *n* расходов; **~ des Bedarfs** удовлетворение *n* спроса потребителей; **hypothekarische ~** обеспечение *n* ипотекой; **keine ~** без покрытия; **~ der Kosten** возмещение *n* (покрытие *n*) издержек; **~ der Nachfrage** удовлетворение *n* спроса; **ohne ~** без покрытия, без обеспечения; **~ der Risiken** покрытие *n* рисков; **~ von Krediten** погашение *n* кредитов; **~ von Verlusten** покрытие *n* (возмещение *n*) убытков; **~ einer Wechselschuld** покрытие *n* долга по векселю; **zur ~ der Kosten** на покрытие расходов (издержек)

Deckungsbeitrag *m* доля *f* покрытия (постоянных) издержек; **den ~ erwirtschaften** получать средства для покрытия издержек; **~ je Stück** доля *f* покрытия издержек на единицу продукции; **~ je Zeiteinheit** доля *f* покрытия издержек на единицу времени

Deckungsbeitrags|analyse *f* анализ *m* долей покрытия издержек; **-rechnung** *f* расчет *m* долей покрытия издержек

Deckungs|bestätigung *f* кавернот *m*, уведомление *n* о предоставлении покрытия; **-betrag** *m* сумма *f* покрытия (обеспечения); **-darlehen** *n* ссуда *f* для покрытия обязательств

deckungsfähig способный служить покрытием; **für ~ erklären** объявлять способным служить покрытием

Deckungs|fähigkeit *f* способность *f* служить покрытием; **-fonds** *m (Versich)* страховые резервы; **-geschäft** *n* сделка *f*, заключаемая в целях покрытия своих обязательств; купля-продажа *f* в целях замены недопоставленного товара другим; хеджирование *n*, страхование *n* от потерь; **-grad** *m* степень *f* покрытия; **-grundsatz** *m* принцип *m* покрытия; **-kapital** *n* резервный капитал *m* для покрытия требований; гарантийный (страховой) фонд *m*; **-kauf** *m* купля-продажа *f* в целях замены недопоставленного товара другим; покупка *f* ценных бумаг для выполнения обязательств по поставкам; приобретение *n* гарантии; **-klausel** *f* условие *n* (оговорка *f*) о покрытии; **-masse** *f* конкурсная масса *f* банка; **-mittel** *pl* средства *pl* обеспечения (долга), средства *pl* для покрытия

Deckungs|papiere *pl* ценные бумаги *pl*, закладываемые для покрытия обязательств; **-politik** *f* политика *f* эмиссионного банка по обеспечению покрытия; **-prinzip** *n* принцип *m* покрытия; **-quelle** *f* источник *m* покрытия; **-quote** *f* доля *f* (процент *m*) покрытия; **-rechnung** *f* калькуляция *f* (расчет *m*) финансового покрытия (платежей); **-rücklage** *f* резерв *m* взносов по страхованию жизни; резервный (страховой) фонд *m*; **-stock** *m* капитал *m* страхового общества, за счет которого выплачиваются страховые суммы, фонд *m* покрытия; **-stockfähigkeit** *f* способность *f* служить резервом для выплаты страхового возмещения; **-summe** *f* сумма *f* покрытия; **-umfang** *m* рамки *pl* (размеры) покрытия; **-verhältnis** *n* норма *f* (коэффициент *m*) покрытия; **-verkauf** *m* перепродажа *f* (товаров) в целях покрытия своих обязательств; **-volumen** *n* рамки *pl* (размеры *pl*) покрытия; **-vorschrift** *f* положение *n* о нормах покрытия обязательств банка; **-zusage** *f* кавернот *m*

Defekt *m* дефект *m*; повреждение *n*; недостаток *m*, недостача *f*, нехватка *f*; **~ an der Anlage** дефект *m* (поломка *f*) установки

Deficit spending рост *m* государственных расходов, ведущий к образованию дефицита бюджета

Definitivbesteuerung *f* налогообложение *n* компаний по единой налоговой ставке (в 25%)

Defizit *n* дефицит *m*, убыток *m*, нехватка *f*; **ein ~ aufweisen** обнаружить (показать) дефицит; **ein ~ ausgleichen** восполнить (возместить) нехватку; **das ~ de-**

cken покрывать дефицит; **das ~ erhöhen** увеличить дефицит; **ins ~ geraten** ощущать дефицит; **mit einem ~ abschließen** заключать (заканчивать) с дефицитом, показать дефицит; **das ~ verringern** уменьшить дефицит; **~ an Forschung und Entwicklung** недостаточный уровень *m* научно-исследовательских и конструкторских работ; **verschleiertes ~** замаскированный дефицит *m*; **~ der Zahlungsbilanz** дефицит *m* платежного баланса

defizitär дефицитный; **-e Leistungsbilanz** дефицит *m* текущих статей платежного баланса

Defizit|deckung *f* покрытие *n* дефицита; **-finanzierung** *f* дефицитное бюджетное финансирование *n*

Deflation *f* дефляция *f*

deflationär (deflationistisch) дефляционный; **-e Maßnahmen** дефляционные меры *pl*

Deflationspolitik *f* дефляционистская политика *f*

Degenerationsphase *f* фаза *f* вырождения, стадия *f* вырождения; **~ eines Produkts** продукт *m* (товар *m*) на стадии исчерпания спроса на него

Degression *f* дегрессия *f*

Degressionsschwelle *f* максимально допустимый уровень *m* издержек

degressiv дегрессивный, снижающийся; **~ abschreiben** проводить дегрессивную амортизацию

Dekade *f* декада *f*

dekadenweise подекадно

Dekartellierung *f* декартелизация *f*

Deklaration *f* декларация *f*, заявление *n*

Deklarationszwang *m* обязанность *f* декларировать (объявлять); обязанность *f* объявлять об объектах обложения, обязанность *f* подавать таможенную декларацию, обязанность *f* декларировать (ингредиенты на упаковке и т.п.)

dekláriert объявленный, декларированный

Deklarierung *f* декларирование *n*; **~ von Abfällen** декларирование *n* отходов

Dekonzentration *f* деконцентрация *f*

Delegation *f* делегация *f*, делегирование *n*, передача *f* (прав, обязанностей); **~ der Entscheidungsbefugnis** делегирование *n* права принятия решения; **~ von Aufgaben** делегирование *n* функций; **~ von Kompetenzen und Verantwortung** делегирование *n* полномочий и ответственности

delegieren делегировать, передавать

Delegierte *m* делегат *m*, уполномоченный *m*

Delikt *n* деликт *m*, правонарушение *n*

Delisting *m (Bö)* делистинг *m*

delivery clause пункт *m* договора об условиях поставки

delivery order деливери-ордер *m*

Delkredere *n* делькредере *n*; поручительство *f* комиссионера; гарантия *f* платежеспособности покупателя; резервная (регулирующая) статья *f* баланса; **das ~ übernehmen** брать на себя гарантию платежеспособности

Delkredere|geschäft *n* предоставление *n* делькредере; **-haftung** *f* ответственность *f* за делькредере; **-provision** *f* комиссия *f* за делькредере; **-risiko** *n* риск *m* невыполнения обязательств; **-rückstellung** *f* резерв *m* на покрытие чрезвычайных убытков; **-versicherung** *f* страхование *n* от неуплаты долга, страхование *n* кредитов; **-wertberichtigung** *f* поправка *f* (скидка *f*) на сомнительные долги

Delta *f* дельта *f* (опциона)

Demingkreis *m (QM)* круг *m* Деминга

Demontage *f* демонтаж *m*, разборка *f*

demontieren демонтировать, производить демонтаж

Demutualisierung *f (Versich)* преобразование *n* общества взаимного страхования в акционерное общество

Denomination *f* назначение *n* (на должность); деноминация *f* (снижение нарицательной стоимости денежных знаков); объявление *n*

denominieren назначать на

должность; объявлять; деноминировать (акции, денежные знаки)

Deponent *m* вкладчик *m*, депонент *m*, депозитор *m*

Deponie *f* техническое сооружение *n* для захоронения отходов, место *n* складирования отходов

deponieren депонировать, вносить в депозит, отдавать на хранение, захоранивать (отходы)

Deponierung *f* депонирование *n*, передача *f* на хранение

Deport *m* депорт *m*, скидка *f* с обусловленного курса, курсовая разница *f* между срочными и кассовыми сделками с валютой, форвардная скидка *f*, скидка *f* с текущей цены по срочной сделке

Deport|geschäft *n* операция *f* по депорту; пролонгационная (срочная) сделка *f*; **-satz** *m* курс *m* операций по депорту, скидка *f* при пролонгации сделки

Depositen *pl* депозиты *pl*, кратко- и среднесрочные вклады *pl* на банковских счетах; **~ bei der Bank anlegen** вносить вклады на хранение в банк; **befristete ~** срочные депозиты *pl*, вклады на срок; **täglich fällige ~** депозиты *pl* (вклады *pl*) до востребования

Depositen|geld *n* денежные суммы *pl*, вносимые на хранение; вклад *m*, депозит *m*, депозитные деньги *pl*; **-geschäft** *n* депозитная операция *f*; **-konto** *n* депозитный счет *m*, срочный вклад *m*; **-versicherung** *f* депозитное страхование *n*; **-zertifikat** *n* депозитный сертификат *m*; **-zinsen** *pl* проценты *pl* по депозитному вкладу

Depositionsklausel *f* отметка *f* на копии векселя о местонахождении оригинала

Depot *n* ценности *pl* (ценные бумаги *pl*), передаваемые на хранение в банк; банк-депозитарий *m*; банковский сейф *m*; хранение *n* и управление *n* ценными бумагами в банке; **Wertpapiere in ein ~ geben** вносить ценные бумаги на хранение в банк; **offenes ~** хранение *n* ценных бумаг открыто для банка (с возможностью управления ими); **geschlossenes ~** депозит *m* ценностей на хранение в банке без права их использования банком; **verschlossenes ~** хранение *n* ценных бумаг или других ценностей в закрытом сейфе

Depot|abstimmung *f* признание *n* депонентом правильности справки о состоянии портфеля ценных бумаг, представленной банком; **-abteilung** *f* отдел *m* вкладов и текущих счетов, отдел *m* сейфов банка; **-aktien** *pl* акции *pl*, сданные на хранение и управление в банк; **-analyse** *f* биржевой анализ *m*; **-aufstellung** *f*, **-auszug** *m* выписка *f* из депозитных счетов, выписка *f* по счету депо; **-bedingungen** *pl* условия *pl* приема депозитов на хранение; **-bestand** *m* портфель *m* вкладов (депозитов); **-buch** *n* книга *f* учета ценностей, принятых на хранение; книга депозитов; **-führung** *f* обслуживание *n* депозитного счета; **-eröffnung** *f* открытие *n* депозитного счета; **-gebühren** *pl* плата *f* за хранение (ценных бумаг) в кредитных учреждениях; **-geschäfte** *pl* сделки *pl*, проводимые кредитным институтом для третьих лиц, связанные с хранением и управлением ценными бумагами; управление *n* портфелями ценных бумаг; **-gesetz** *n* закон *m* о хранении и операциях с ценными бумагами; **-inhaber** *m* владелец *m* вклада (депозита); **-konto** *n* депозитный счет *m*; **-prüfer** *m* ревизор *m* (контролер *m*) деятельности кредитных учреждений, принимающих на хранение ценности и ценные бумаги; **-prüfung** *f* контроль *m* деятельности кредитных учреждений, принимающих на хранение ценные бумаги и ценности; **-schein** *m* депозитное свидетельство *n*; депозитный сертификат *m*; сохранная расписка *f*; **-stimmrecht** *n* право *n* участия банка в делах акционерного общества по акциям, сданным ему на хранение и управление; делегированное право голоса; **-unterschlagung** *f* незаконное использование *n* банком депозитов; **-verpfändung** *f* заклад *m* ценных бумаг, находящихся на хранении; **-vertrag** *m* договор *m* о сдаче ценных бумаг на хранение; **-verwaltung** *f* управление *n* депозитами; **-wechsel** *m* обеспечительский вексель *m*; вексель *m*, переданный банку в качестве обеспечения; финансовый вексель *m*

Depression *f* депрессия *f*

Depressionsphase *f* фаза *f* депрессии

Deputat *n* оплата *f* труда в натуре, натуроплата *f*

Deregulierung *f* дерегулирование *n*, дерегуляризация *f*

Dereliktion *f* отказ *m* от имущества

Derivate *pl* деривативы *pl*, производные финансовые инструменты *pl*

Design *n* дизайн *m*, художественное конструирование *n*, оформление *n*; конструкция *f*

Designer *m* дизайнер *m*, инженер *m* по художественному конструированию; инженер *m* по промышленной эстетике

Desinflation *f* дезинфляция *f*

Desinvestition *f* уменьшение *n* (сокращение *n*) капиталовложений и оборотных средств; превращение *n* имущества в ликвидные средства

Detail|bericht *m* подробный доклад *m* (отчет *m*); **-handel** *m* розничная торговля *f*

detailliert детальный; **-er Bericht** подробный отчет *m*

Detail|planung *f* детализированное планирование *n*, детальное планирование *n*; **-prognose** *f* детальный прогноз *m*

Devaluation *f* изменение *n* курса валюты

Devalvation *f* девальвация *f*

Devisen *pl* девизы *pl*, (иностранная) валюта *f*; требования *pl* и авуары *pl* в иностранной валюте; **~ beschaffen** приобретать валюту; **~ erwirtschaften** получать (зарабатывать) валюту; **gegen ~** (покупать) за валюту; **in ~ bezahlen** оплачивать валютой; **in ~ eintauschen** обменивать на валюту; **in ~ entrichten** оплачивать валютой; **mit ~ kaufen** покупать за валюту; **harte ~** твердая валюта *f*

Devisen|abfluss *m* отток *m* валюты; **-ankauf** *m* закупка *f* (покупка *f*) валюты; **-ankaufskurs** *m* курс *m* покупки валюты; **-antrag** *m* заявка *f* на валюту; **-arbitrage** *f* валютный арбитраж *m*; **-ausfall** *m* уменьшение *n* поступлений в валюте; **-ausgaben** *pl* расходы *pl* в иностранной валюте; **-ausland** *n* заграница *f* (по отношению к стране данной валюты); **-ausländer** *m* нерезидент *m*; **-bedarf** *m* потребность *f* в иностранной валюте; **-beschaffung** *f* получение *pl* валюты, обеспечение *pl* валютных поступлений; **-beschränkungen** *pl* валютные ограничения *pl*, валютный контроль *m*; **-bestand** *m* валютный резерв *m* (запас *m*); валютная наличность *f*; **-bestimmungen** *pl* правила *pl* проведений валютных операций, валютные правила *pl*; **-bewirtschaftung** *f* валютный контроль *m*, система *f* валютных ограничений; **-bilanz** *f* валютный баланс *m*; **-börse** *f* валютная биржа *f*

devisenbringend обеспечивающий поступление (иностранной) валюты; **-e Waren** товары *pl*, обеспечивающие поступление иностранной валюты

Devisen|deckung *f* валютное покрытие *n*; **-defizit** *n* валютный дефицит *m*

Deviseneinnahmen *pl* доходы *pl* в иностранной валюте, поступления *pl* иностранной валюты; **~ aus dem Export** валютные поступления *pl* от экспортных операций

Devisen|erklärung *f* валютная декларация *f*; **-geschäfte** *pl* операции *pl* с иностранной валютой; валютные операции *pl*; **-handel** *m* торговля *f* (иностранной) валютой; **-händler** *m* торговец *m* иностранной валютой, валютный дилер *m*; **-inland** *n* страна *f* данной валюты; **-inländer** *m* резидент *m*; **-kassageschäft** *n* валютная кассовая сделка *f*; **-kassahandel** *m* продажа *f* иностранной валюты с немедленной оплатой; **-kassakurs** *m* курс *m* кассовых сделок с валютой; **-kauf** *m* покупка *f* иностранной валюты; **-knappheit** *f* валютный дефицит *m*; **-kontingent** *n* валютный контингент *m*; **-konto** *n* инвалютный счет *m*; **-kontrolle** *f* валютный контроль *m*, валютные ограничения *pl*; **-kurs** *m* валютный курс *m*, обменный курс *m* валюты; **-kursnotierung** *f* котировка *f* иностранной валюты, валютная котировка *f*; **-kurszettel** *m* курсовой бюллетень *m* иностранных валют; **-mangel** *m* девизный (валютный) голод *m*; **-makler** *m* присяжный валютный брокер *m*; **-markt** *m* валютный рынок *m*, рынок *m* обмена валют; **-mittel** *pl* валютные средства *pl*; **-nachfrage** *f* спрос *m* на иностранную валюту; **-option** *f* валютный опцион *m*; **-pensionsgeschäft** *n* срочная валютная операция *f* (сделка *f*) купли или продажи валюты с соглашением об обратной операции; **-politik** *f* валютная политика *f*; **-polster** *n* резервный запас *m* иностранной валюты; **-preise** *pl* цены *pl* на валюту; **-quelle** *f* источник *m* валютных поступлений; **-quoten** *pl* валютные квоты *pl*; **-rechner** *m* конвертер *m* валют

devisenrechtlich относящийся к валютному праву; **-e Vorschriften** положения валютного права

Devisen|reserven *pl* валютные резервы *pl* (запасы *pl*); **-restriktionen** *pl* валютный контроль *m*, валютные ограничения *pl*; **-schieber** *m* спекулянт *m* валютой; **-sperre** *f* эмбарго *n* на валютные операции; **-swap** *n* валютный своп *m*, комбинация *f* кассовой и срочной сделки с валютой; **-termingeschäft** *n* срочные сделки *pl* с иностранной валютой; **-terminhandel** *m* заключение *n* срочных сделок с иностранной валютой; **-terminkontrakte** *pl* срочные сделки *pl* с иностранной валютой; **-terminkurs** *m* курс *m* срочных сделок с иностранной валютой; **-vergehen** *n* нарушение *n* валютного законодательства; **-verkäufe** *pl* продажа *f* (иностранной) валюты; **-verkaufskurs** *m* курс *m* продаж (иностранных) валют; **-verkehr** *m* валютные операции *pl*, обращение *n* (иностранной) валюты; **-vorschriften** *pl* положения *pl*, регламентирующие порядок проведения валютных операций; **-wechsel** *m* вексель *m* в иностранной валюте; **-zufluss** *m* приток *m* иностранной валюты; **-zuteilung** *f* распределение *n* иностранной валюты; **-zwangswirtschaft** *f* контроль *m* за валютными операциями со стороны государства

dezentral децентрализованный

Dezentralisation *f* децентрализация *f*, рассредоточение *n*; **~ der Fertigung** рассредоточение *n* производства

Diäten *pl (Pol)* оплата *f* затрат парламентариев

Dienst *m* служба *f*, должность *f*, служебные обязанности *pl*; услуга *f*, обслуживание *n*; служебное время *n*, дежурство *n*; **-e anbieten** предлагать услуги; **einen ~ antreten** приступать к исполнению служебных обязанностей; **den ~ aufnehmen** начинать работу (службу); **aus dem ~ entlassen** увольнять со службы; **aus dem ~ scheiden** уйти со службы (с должности); **den ~ erfüllen** выполнять служебные обязанности; **einen ~ erweisen** оказать услугу; **~ haben** служить, дежурить; **in ~ stellen** сдавать в эксплуатацию; **den ~ kündigen** увольнять со службы; увольняться со службы; **seinen ~ verrichten (versehen)** исполнять свои обязанности; **außer ~** в отставке; **geleistete -e** оказанные услуги *pl*, выполненные работы *pl*; **kaufmännische -e** коммерческая служба *f*, работа *f* в качестве торгового работника; **öffentlicher ~** работа *f* в государственных (муниципальных) органах

Dienst|alter *n* (служебный) стаж *m*, стаж *m* работы, выслуга *f* лет; **-antritt** *m* поступление *n* на службу, вступление *n* в должность; **-anweisung** *f* служебная инструкция *f*; **-ausübung** *f* исполнение *n* служебных обязанностей; **-auftrag** *m* служебное поручение *n*; **-aufwand** *m* служебные издержки *pl*; **-aufwandsentschädigung** *f* возмещение *n* служебных издержек; **-befreiung** *f* отставка *f*, освобождение *n* от должности (службы); **-bereich** *m* круг *m* служебных обязанностей; **-besprechung** *f* служебное совещание *n*; **-betrieb** *m* внутренний распорядок *m* (на производстве, в учреждении); **-bezüge** *pl* оклад *m*, жалование *n*; **-enthebung** *f* отстранение *n* от должности; **-erfindung** *f (Pat)* служебное изобретение *n*; **-fahrt** *f* служебная (деловая) поездка *f*; **-gehalt** *n* оклад *m*, заработная плата *f*, жалование *n*; **-geheimnis** *n* служебная тайна *f*; **-gespräch** *n* служебный (деловой) разговор *m*; **-leister** *m* лицо *n* (предприятие), оказывающее услуги, оферент *m* услуг; **-leistung** *f* услуга *f*, сервис *m*, выполнение *n* услуг

Dienstleistungen *pl* услуги *pl*; сфера *f* услуг; ~ **anbieten** предлагать услуги; ~ **ausführen** оказывать услуги; ~ **bereitstellen** предоставлять услуги; ~ **bezahlen** оплачивать услуги; ~ **erbringen (erstellen)** предоставлять (оказывать) услуги; ~ **in Anspruch nehmen** воспользоваться услугами; ~ **verbrauchen** пользоваться услугами, потреблять услуги; ~ **verrichten** оказывать услуги; **aktive** ~ услуги *pl*, оказываемые зарубежным клиентам; **entgeltliche** ~ платные услуги *pl*; **erstellte** ~ предоставленные (оказанные) услуги *pl*, выполненная работа *f*; **fremde** ~ услуги *pl* со стороны, услуги сторонних фирм; **kommunale** ~ коммунальные услуги *pl*; **kundenbezogene** ~ индивидуальные услуги *pl* клиентам; **öffentliche** ~ коммунальные услуги *pl*, услуги *pl* государственных служб; **unentgeltliche** ~ бесплатные услуги *pl*; **verbrauchte** ~ потребленные услуги *pl*; **Dienstleistungs|abend** *m* продленный рабочий день *m* предприятий службы быта; **-angebot** *n* предложение *n* услуг; **-bereich** *m* сфера *f* услуг; **-beruf** *m* профессия *f* работника сферы услуг; **-betrieb** *m* предприятие *n* бытового обслуживания; **-bilanz** *f* баланс *m* импорта и экспорта услуг; **-branche** *f* служба *f* быта; **-gebühr** *f* плата за услуги; **-gewerbe** *n* сфера *f* услуг, индустрия *f* сервиса; отрасли *pl*, производящие услуги; **-marke** *f* фирменные услуги *pl*, стандарт *m* качества услуг фирмы, торговый знак *m* предприятия сферы услуг; **-markt** *m* рынок *m* услуг; **-qualität** *f (QM, WiWi)* качество услуг; **-sektor** *m* сектор *m* услуг; **-transfer** *m* передача *f* услуг; **-unternehmen** *n* предприятие *n* сферы услуг, предприятие *n* бытового обслуживания; **-verkehr** *m* операции *pl* по предоставлению услуг; **-zentrum** *n* дом *m* быта

dienstlich служебный, официальный; ~ **verreisen** уехать в служебную командировку, уехать по служебным делам; **Dienst|ordnung** *f* служебный распорядок *m*; **-ort** *m* место *n* службы; **-posten** *m* должность; **-raum** *m* офис *m*, служебное помещение *n*; **-reise** *f* служебная (деловая) командировка *f*; **-schluss** *m* окончание *n* рабочего дня; **-siegel** *n* служебная печать *f*; **-stelle** *f* офис *m*; агентство *n*, бюро *n*, учреждение *n*; **-stunden** *pl* часы *pl* работы учреждения (предприятия)

Dienstverhältnis *n* отношения *pl*, вытекающие из договора между нанимателем и служащими; работа *f* (служба *f*) по договору (контракту); **ein ~ aufheben** прекратить работу (службу) по договору, аннулировать договор о найме на работу; **ein ~ aufnehmen** начать работу (службу) по договору; **ein ~ eingehen** заключить договор о найме на работу (службу); **ein ~ fortsetzen** продолжить работу (службу) по договору; **ein ~ kündigen** уволить с работы (со службы); уволиться с работы (со службы); **öffentlich-rechtliches** ~ публично-правовой договор *m* о найме на работу (службу)

Dienst|vertrag *m* трудовой договор *m*, трудовое соглашение *n*; **-vorgesetzte** *m* начальник *m*; **-vorschrift** *f* служебное предписание *n*, служебная инструкция *f*; **-wagen** *m* служебный автомобиль *m*; **-weg** *n* официальный (служебный) канал *m*; **-zeit** *f* часы *pl* работы, служебное время *n*; срок *m* службы; срок *m* действия найма; **-zeugnis** *n* послужной список *m*

Differential|aufwand *m* дифференциальные затраты *pl*; **-einkommen** *n* дифференциальный доход *m*; **-kosten** *pl* дифференциальные издержки *pl*; **-lohnsystem** *n* дифференциальная система *f* оплаты труда; **-rente** *f* дифференциальная рента *f*; **-tarif** *m* дифференциальный тариф *m*

Differenz *f* разница *f*, различие *n*; **-en beseitigen** устранять различия

Differenz|arbitrage *f* дифференциальный арбитраж *m*; **-handel** *m* совершение *n* биржевых сделок на разницу между ценой покупки и продажи

Differenzierung *f* дифференциация *f*, расчленение *n*, расслоение *n*; **soziale ~** социальная дифференциация *f*

Differenzkosten *pl* прирост *m* издержек, разность *f* затрат

digital цифровой

Digitalkamera *f* цифровой фотоаппарат *m*

Diktat *n* диктовка *f*; **~ aufnehmen** записывать под диктовку; **nach ~ verreist** после диктовки документа отбыл, не подписав его

Dimension *f* размер *m*; измерение *n*; размерность *f*; масштаб *m*; **qualitative ~** качественное измерение *n*; **quantitative ~** количественное измерение *n*

dimensionieren устанавливать (определять) размеры (параметры)

dinglich вещный; **-e Sicherheit** вещное обеспечение *n*

DIN-Normen *pl* стандарты *pl* (нормы *pl*) Немецкого института стандартизации; германские промышленные стандарты *pl*

Diplom|-Betriebswirt *m* дипломированный специалист *m* в области экономики, управления и организации производства; **~-Kaufmann** *m* дипломированный специалист *m* в области экономики и организации торговли; **~-Landwirt** *m* дипломированный специалист *m* в области экономики и организации сельскохозяйственного производства; **~-Volkswirt** *m* дипломированный экономист *m*; **~-Wirtschaftsingenieur** *m* дипломированный инженер-экономист *m*

Direct Banking финансовые трансакции *pl* по телефону или Интернету, дистанционное банковское обслуживание *n*, телебанкинг *m*

Direct Brokerage услуги *pl* по операциям с ценными бумагами через телебанкинг

direct marketing *s.* **Direkt-Marketing** *n*

direkt прямой; **Waren ~ von der Fabrik beziehen** получать товары прямо с завода-поставщика

Direkt|abnehmer *m* непосредственный потребитель *m* (покупатель *m*); **-absatz** *m* сбыт *m* товаров (продукции) непосредственно покупателю (потребителю); **-anbieter** *m* непосредственный оферент *m*; **-ausfuhr** *f* прямой экспорт *m*; **-bank** *f* дистанционный банк *m*, телебанк *m*; банк *m*, работающий с клиентом напрямую, без филиалов; **-bestellung** *f* заказ *m*, выданный непосредственно исполнителю; **-bezieher** *m* непосредственный потребитель *m* (покупатель); **-beziehung** *f* прямая (непосредственная) связь *f*; **-bezug** *m* прямая закупка *f*, непосредственное получение *n*; **-einfuhr** *f* прямой импорт *m*; **-einkauf** *m* прямая закупка *f* (покупка *f*); **-emission** *f* прямая эмиссия *f*; **-erzeuger** *m* непосредственный производитель *m*; **-export** *m* прямой экспорт *m*; **-geschäft** *n* прямая сделка *f*, сделка *f* без посредников; **-import** *m* прямой импорт *m*

Direktinvestitionen *pl* прямые инвестиции *pl* (капиталовложения *pl*) (в зарубежные компании); **aktive ~** прямые инвестиции *pl* за рубежом; **passive ~** прямые инвестиции *pl* зарубежных компаний в стране

Direktion *f* дирекция *f*, правление *n*, управление *n*; **kaufmännische ~** коммерческая дирекция *f*; **technische ~** техническая дирекция *f*
Direktions|assistent *m* помощник *m* (референт *m*) директора; **-ausschuss** *m* подготовительный комитет *m*, комитет директоров; **-recht** *n* право *n* на управление
Direktive *f* директива *f*, распоряжение *n*; **eine ~ annehmen** принимать распоряжение
Direkt-Marketing *n (V&M)* директ-маркетинг *m*, прямой маркетинг *m*, сбыт *m* продукции без посредников
Direktor *m* директор *m*, управляющий *m*; **zum ~ ernennen** назначать директором; **kaufmännischer ~** коммерческий директор *m*; **leitender ~** директор-распорядитель *m*; **technischer ~** технический директор *m*, главный инженер *m*
Direktorialprinzip *n* система *f* коллегиального руководства, при которой решающее слово имеет генеральный директор
Direktorium *n* правление *n*, директорат *m*, совет *m* директоров; **~ einer Bank** правление *n* банка
Direkt|verkauf *m* сбыт *m* продукции непосредственно потребителю; **-vermarktung** *f* сбыт *m* продукции без посредников; **-versand** *m* прямая отгрузка *f* потребителю; **-versicherung** *f (Versich)* страхование *n* (жизни) работников работодателем; **-vertrieb** *m* непосредственный сбыт *m* продукции потребителю; **-werbung** *f* реклама *f* среди непосредственных потребителей, персонифицированная реклама *f*
Dirigismus *n* дирижизм *m*, система *f* государственного воздействия на экономику; **~ am Kapitalmarkt** дирижизм *m* на рынке капитала
Disagio *n* дизажио *n*, скидка *f*, разница *f* между номинальной стоимостью ценных бумаг и их эмиссионным курсом
Disagiokonto *n* счет *m* дизажио
Discount-Broker *m* дискаунт-брокер *m*
Discounter *m* магазин *m*, торгующий узким ассортиментом по низким ценам; дискаунтер *m*
Discount|geschäft *n* магазин *m*, торгующий узким ассортиментом по низким ценам; **-preis** *m* цена *f* со скидкой; **-Zertifikat** *m* сертификат *m* со скидкой
Diskont *m* дисконт *m*, учет *m* векселей; учетный (банковский) процент *m*, учетная ставка *f*, скидка *f*; **den ~ erhöhen** повышать учетный процент; **einen Wechsel in ~ nehmen** учитывать вексель, принимать вексель к учету; **~ von Wechseln** учет векселей
Diskont|bank *f* дисконтный банк *m*; **-berechnung** *f* калькуляция *f* учетного процента; **-betrag** *m* сумма *f* дисконта; **-einreichung** *f* предъявление *n* векселей к учету
Diskonten *pl* отечественные векселя *pl*
Diskonterhöhung *f* повышение *n* учетной ставки (учетного процента)
diskontfähig учетоспособный, принимаемый к учету
Diskont|festsetzung *f* определение *n* (установление *n*) учетного процента; **-gebühr** *f* плата *f* за дисконтирование (учет) векселей; **-geschäft** *n* операция *f* по учету (дисконтированию) векселей; дисконтирование *n* (учет) векселей; **-haus** *n* учетный банк *m*; **-herabsetzung** *f* понижение *n* учетного процента; **-höhe** *f* размер *m* (величина *f*) учетного процента
diskontierbar учетоспособный, дисконтируемый, принимаемый банком к учету
diskontieren учитывать (дисконтировать, покупать) векселя
Diskontierung *f* учет *m*, дисконтирование *n*; **zur ~ einreichen** представить (сдать) вексель на учет; **~ von Wechseln** учет *m* (дисконтирование) векселей
Diskontierungsfaktor *m* дисконтирующий множитель *m*
diskontinuierlich прерывистый, дискретный
Diskont|kredit *m* краткосрочный кредит *m* под учтенные векселя,

учетный кредит *m*; **-politik** *f* дисконтная (учетная) политика *f*; **-provision** *f* комиссионные *pl* за учет (дисконтирование); **-rechnung** *f* калькуляция *f* учетного процента; **-satz** *m* ставка *f* учетного (банковского) процента; **-satzänderung** *f* изменение *n* ставки учетного (банковского) процента; **-satzsenkung** *f* понижение *n* ставки учетного (банковского) процента; **-spesen** *pl* расходы *pl* по дисконтированию (учету) векселей; **-wechsel** *m* учетный вексель *m*

Diskretion *f* сдержанность *f*, такт *m*, скромность *f*; конфиденциальность *f*; **die ~ wahren** хранить в секрете; **absolute ~** абсолютная конфиденциальность *f*

Diskriminierung *f* дискриминация *f*; **soziale ~** социальная дискриминация *f*

Diskussion *f* дискуссия *f*, обсуждение *n*, прения *pl*; **zur ~ stehen** обсуждаться; **zur ~ stellen** ставить на обсуждение

Dispache *f* диспаша *f*, расчет *m* убытков от общей аварии; **die ~ aufmachen** составлять диспашу

Dispacheur *m* диспашер *m*

Disparität *f* несоответствие *n*; расхождение *n*; диспропорция *f*; нарушение *n* паритета

Dispatcher *m* диспетчер *m*

Dispens *m* особое разрешение *n*, льгота *f*; освобождение *n* от исполнения обязательства (обязанностей); **~ erhalten** получать особое разрешение (льготу); **~ erteilen** выдавать особое разрешение (льготу)

Dispo *s.* **Dispokredit** *m*

Dispokredit *m* диспозиционный кредит *m*, кредитная линия *f*, кредит *m* по текущему счету, овердрафт

Disponent *m* управляющий *m*, распорядитель *m*, руководитель *m* отдела; диспонент *m*, уполномоченный *m*

disponibel свободный, имеющийся в распоряжении; **disponible Gelder** деньги *pl*, имеющиеся в распоряжении; **disponible Waren** товары *pl*, имеющиеся в распоряжении

Disponibilität *f* наличность *f* (товара, номеров в гостинице и т.п.); возможность *f* маневра средствами

disponieren распоряжаться; располагать, размещать, планировать; **über das Konto ~** распоряжаться счетом

Disposition *f* распоряжение *n*; расположение *n*, размещение *n*, диспозиция *f*; план *m*, график *m*; снятие *n* денег со счета; **-en ändern** изменять распоряжение, изменять расположение; **-en treffen** отдавать распоряжения; **zur ~ stehen** находиться в распоряжении; **zur ~ stellen** предоставлять в распоряжение; **~ über ein Vermögen** управление имуществом

Dispositionen *pl* распоряжения *pl*; планирование *n*; операции *pl*; размещение *n* заказов

dispositionsfähig дееспособный

Dispositions|fähigkeit *f* дееспособность *f*; **-fonds** *m* распорядительный фонд *m*; **-kartei** *f* картотека *f* складского учета; картотека *f* движения материальных ценностей; **-kredit** *m* диспозиционный кредит *m*; **-papiere** *pl* товарораспорядительные документы *pl*; **-recht** *n* право *n* распоряжения; **-schein** *m* обязательство *n* банка выплаты обусловленной суммы; **-verantwortung** *f* ответственность *f* за распоряжения

Disproportion *f* диспропорция *f*, несоразмерность *f*; **-en aufdecken** обнаруживать диспропорции; **-en beseitigen** устранять диспропорции

Disproportionalität *f* диспропорциональность *f*; **~ zwischen Angebot und Nachfrage** диспропорция *f* между спросом и предложением

Disqualifikation *f* дисквалификация *f*, потеря *f* квалификации

Dissens *m* расхождения *pl*, разногласия *pl*

Distanz|fracht *f* фрахт *m* за перевозку груза пропорционально расстоянию; **-geschäft** *n* сделка *f* на куплю-продажу товаров на основе каталогов; прямые поставки *pl* товаров; **-handel** *m* торговля *f* по каталогам, посылочная торговля *f*, посылторг *m*; **-scheck** *m* иногородний чек *m*; **-wechsel** *m* иногородний вексель *m*

Distribution *f* распределение *n*, сбыт *m*; дистрибуция *f*; **mit der ~ beauftragen** поручить организацию сбыта; **die ~ übernehmen** брать на себя функции по организации сбыта; **die ~ übertragen** передавать функции по организации сбыта

Distributions|kanal *m* канал *m* сбыта; **-logistik** *f* логистика *f* сбыта; **-organ** *n* орган *m* сбыта; **-politik** *f* политика *f* в области сбыта; **-recht** *n* право *n* на сбыт; **-system** *n* система *f* сбыта; **-weg** *m* канал *m* сбыта

Distributor *m* дистрибьютор *m*, оптовый поставщик *m* (продавец *m*); **zum ~ ernennen** назначить дистрибьютором; **autorisierter ~** эксклюзивный дистрибьютор *m*

Disziplin *f* дисциплина *f*; **die ~ einhalten** соблюдать дисциплину; **die ~ verletzen** нарушать дисциплину

Disziplinarmaßnahme *f* дисциплинарная мера *f*

Divergenz *f* дивергенция *f*, расхождение *n*

divers различный, разный; **-e Ausgaben** прочие расходы *pl*

Diversifikation *f* диверсификация *f*; распределение *f* (рассредоточение) рисков; **horizontale ~** диверсификация *f* по горизонтали; **vertikale ~** диверсификация *f* по вертикали

Diversifikations|entscheidung *f* решение *n* о диверсификации; **-vorhaben** *n* проект *n* (план *n*) диверсификации

diversifizieren диверсифицировать

Diversifizierung *f* диверсификация *f*

Dividende *f* дивиденд *m*; страховая премия *f*; **eine ~ ankündigen** объявить о выплате дивиденда; **eine ~ aufstocken** увеличить (повысить) дивиденд; **eine ~ ausschütten, eine ~ auszahlen** выплачивать дивиденд; **eine ~ beziehen** получить дивиденд; **eine ~ bringen** приносить дивиденд; **eine ~ erhalten** получить дивиденд; **eine ~ festsetzen** определить размер дивиденда, объявить о выплате дивиденда; **eine ~ kürzen** сократить размер (объем) дивиденда; **die ~ streichen** отменить выплату дивиденда; **eine ~ verbessern** увеличивать размер дивиденда; **eine ~ zahlen** выплатить дивиденд; **aufgelaufene ~** накопленный дивиденд; **ausgefallene ~** невыплаченный (отмененный) дивиденд; **ausgeschüttete ~** выплаченный дивиденд; **ausstehende ~** отсроченный (невыплаченный) дивиденд; дивиденд к получению; **hohe ~** высокий дивиденд; **~ in Form von Gratisaktien** дивиденд в форме бесплатных акций; **~ je Aktie** размер дивиденда на одну акцию; **mit ~** с включением дивиденда; **ohne ~** без дивиденда; **~ pro Aktie** дивиденд *m* на каждую акцию; **wiederangelegte ~** реинвестированный дивиденд *m*

Dividenden|abrechnung *f* расчет *m* дивиденда; **-abschlag** *m* понижение *n* стоимости акции после отрыва дивидендного купона; **-abschnitt** *m* дивидендный купон *m*; **-anhebung** *f* увеличение *n* размера дивиденда; **-anspruch** *m* право *n* акционера на долю прибыли акционерной компании; **-ausschüttung** *f* выплата *f* (распределение) дивидендов; **-bekanntmachung** *f* извещение *n* о выплате дивидендов

dividendenberechtigt имеющий (дающий) право на получение дивидендов

Dividenden|berechtigung *f* право *n* на получение дивидендов; **-einkommen** *n* доход *m* в виде дивидендов; **-erhöhung** *f* повышение *n* размера дивидендов; **-erträge** *pl* доходы *pl* в форме дивидендов; **-festsetzung** *f* объявление *n* о выплате дивидендов; **-garantie** *f* гарантия *f* выплаты определенного минимума дивидендов; **-konto** *n* счет *m* дивидендов; **-kürzung** *f* уменьшение *n* размера дивиденда; **-papiere** *pl* ценные бумаги *pl*, приносящие дивиденды; акции; **-politik** *f* политика *f* в области выплаты дивидендов (прибылей); **-rendite** *f* доход *m* в форме дивидендов; отношение дивиденда к биржевому курсу данной акции; **-reserve** *f* резерв *m* для выплаты дивидендов; **-rückstände** *pl* задолженность *f* по выплате дивидендов; **-schein** *m* дивидендный купон *m*; **-scheinbogen** *m* купонный лист *m*; **-scheineinlösung** *f* инкассирование *f* дивидендных купонов; **-senkung** *f* снижение *n* (сокращение) размера дивидендов; **-steuer** *f* налог *m* на дивиденды; **-stichtag** *m* день *m* выплаты дивидендов; **-stopp** *m* запрет *m* на превышение размера дивиденда; **-verteilung** *f* распределение *n* дивидендов; **-verzicht** *m* отказ *m* от выплаты дивидендов; **-wert** *m* варьируемая рента *f*; **-werte** *pl* ценные бумаги *pl*, приносящие дивиденды; акции *pl*; **-zahlung** *f* выплата *f* дивидендов; **-zahlungstermin** *m* срок *m* (дата *f*) выплаты дивидендов

Division *f* подразделение *n* производства; фирма *f* (предприятие *n*) в составе холдинга

Divisionskalkulation *f* простой метод *m* калькуляции; ~ **mit Äquivalenzzahlen** простой метод *m* калькуляции с эквивалентными показателями; **einfache** ~ простой метод *m* калькуляции; **mehrfache** ~ сложный метод *m* калькуляции

Dokument *n* документ *m*, письменное свидетельство *f*; **die -e aushändigen** вручать документы; **die -e übergeben** передать документы; **-e anbei** документы приложены; **-e gegen Akzept** документы против акцепта; **-e gegen Kasse** документы при уплате, документы за наличный расчет; **gefälschtes** ~ поддельный документ *m*; **versiegeltes** ~ документ *m*, скрепленный печатью; **vertrauliches** ~ конфиденциальный документ *m*

Dokumentation *f* документация *f*; **die ~ vorlegen** предъявлять документацию; **die ~ zusammenstellen** составлять документацию; **betriebliche** ~ производственная документация *f*; **technische** ~ техническая документация *f*

Dokumentations|austausch *m* обмен *m* документацией

Dokumenten|akkreditiv *n (Bank)* документарный (товарный) аккредитив *m*; **-einreichung** *f* представление *n* (предъявление) документов; **-einsicht** *f* проверка *f* (ревизия *f*) документов, просмотр *m* документов; **-fälschung** *f* подделка *f* документов; **-inkasso** *n* инкассо *n* против документов; **-management** *n (Comp, Manag)* система *f* автоматизации документооборота, система *f* электронного документооборота; **-tratte** *f* документарная тратта *f*

dokumentieren обосновывать (подтверждать) документами

Dollar|abwertung *f* девальвация *f* доллара; **-anlage** *f* долларовые инвестиции *pl*; **-anleihe** *f* долларовый заем *m*; **-aufkommen** *n* поступления *pl* в долларах

Dollar-Drive мероприятие *n* по увеличению экспорта в долларовую зону

Dollar|guthaben *n* долларовые авуары *pl* (активы *pl*); **-klausel** *f* долларовая оговорка *f*; **-kurs** *m* курс *m* доллара; **-note** *f* долларовая банкнота *f*; **-schein** *m* долларовая банкнота *f*; **-zone** *f* долларовая зона *f*

Domizil *n* домицилий *m*, место *n* жительства, юридический адрес *m* лица; место *n* платежа по векселю

Domiziliant *m* домицилиант *m*; банк *m*, проводящий операции по домицилированию

Domizilgesellschaft *f* компания *f*, находящаяся за границей

Domizil|handel *m* торговля *f* по месту жительства продавца

domizilieren домицилировать; обозначить место платежа; **einen Fonds im Inland** ~ учредить фонд в своей стране; **einen Wechsel** ~ домицилировать вексель

Domizilierung *f* домицилирование *n*

Domizil|provision *f* комиссионные *pl* за домицилирование; **-vermerk** *m* подпись *f* о домицилировании, указание *n* места платежа; **-wechsel** *m* домицилированный вексель *m*

Doppel *n* дубликат *m*, копия *f*

Doppel|arbeit *f* дублирующая работа *f*; двойная работа *f*

Doppelbesteuerung *f* двойное налогообложение *n*; **die ~ beseitigen** исключить двойное налогообложение; **~ vermeiden** избегать двойного налогообложения

Doppelbesteuerungsabkommen *n* соглашение *n* между государствами об устранении двойного налогообложения

Doppel|gesellschaft *f* компания *f*, состоящая из товарищества и акционерного общества (или ООО); компания *f*, разделенная на две; **-option** *f* двойная опция *f* при переходе права собственности; **-quittung** *f* копия *f* (дубликат *m*) квитанции; **-rate** *f* двойная фрахтовая ставка *f*; **-rechnung** *f* параллельный учет *m*; двойной счет *m*; **-sitz** *m* двойное местонахождение *n*

doppelt двойной

Doppel|tarif *m* двойной тариф *m*; **-verdiener** *m* лицо *n*, имеющее побочный заработок; **-versicherung** *f* двойное страхование *n*; **-währung** *f* биметаллизм *m*; валютная система *f*, предполагающая наличие двух различных валютных единиц, связанных между собой жестким соотношением курсов; система *f* двойной валюты; **-währungsanleihe** *f* займ *m* в двойной валюте; заем, при котором облигации покупаются и проценты выплачиваются в иной валюте, чем та, в которой происходит погашение; **-zentner** *m* центнер *m* (100 кг)

Doppik *f* двойная система *f* бухгалтерского учета

Dotation *f* дотация *f*

Dotationskapital *n* дотационный капитал *m*

dotieren предоставлять дотацию, ассигновать, отчислять; назначать размер приза (в конкурсе)

Dotierung *f* ассигнование *n*, отчисление *n*, предоставление *n* дотации

D&O-Versicherung *f (Versich)* страхование *n* менеджеров и дирекции компаний от ответственности за нанесение имущественного ущерба

Dow-Jones-Index *m* индекс *m* Доу-Джонса (Нью-Йоркской фондовой биржи)

Draht|akzept *n* акцепт *m* по телеграфу; **-anschrift** *f* телеграфный адрес *m*; **-offerte** *f* телеграмма-оферта *f*

Drei|blattverfahren *n* система *f* копи-ручета на трех карточках; **-ecksgeschäft** *n* трехсторонняя сделка *f*

Dreimonats|frist *f* трехмесячный срок *m*; **-geld** *n* трехмесячная ссуда *f*; **-wechsel** *m* трехмесячный вексель *m*

Dreischichtbetrieb *m* работа *f* в три смены; трехсменный режим *m* работы

dringend срочный, неотложный, безотлагательный; **~ benötigen** срочно нуждаться; **~ raten** настойчиво советовать; **-e Bitte** настоятельная просьба *f*

Dringlichkeit *f* неотложность *f*, неотложная необходимость *f*, настоятельность *f*, срочность *f*; **von höchster ~** чрезвычайно важный (необходимый)

Drittausfertigung *f* третий экземпляр *m*

Dritte *m* третье лицо *n*, третья сторона *f*; **für Rechnung eines -n** за счет третьей стороны; **gegenüber -n** по отношению к третьим лицам; **unparteiischer -r** нейтральное третье лицо *n*; третейский судья *m*; **Vertrag zugunsten eines -n** договор *m* в пользу третьей стороны

Drittelanteil *m* доля *f* (пай *m*) в размере одной трети

Dritt|land *n* страна, не входящая в Европейское сообщество или в число кандидатов в ЕС, третья страна; **-schaden** *m* ущерб *m*, причиненный третьему лицу; **-schuldner** *m* лицо *n*, имеющее задолженность перед должником, на имущество которого накладывается арест; **-verwahrung** *f* передача *f* права хранения ценных бумаг третьему; **-währungen** *pl* валюты *pl* стран, не входящих в Европейское сообщество; валюты *pl* третьих стран

Drohverlustrückstellungen *pl* резервы

pl на покрытие возможных убытков от незаконченных сделок;

drosseln ограничивать, сокращать, свертывать; **die Ausgaben ~** сокращать расходы; **die Produktion ~** сокращать производство

Drosselung *f* ограничение *n*, сокращение *n*, свертывание *n*; **~ der Produktion** свертывание *n* производства; **~ des Verbrauchs** сокращение *n* потребления

Druck *m* давление *n*, нажим *m*, тяжесть *f*; гнет *m*; прессинг *m*; **unter ~ geraten** подвергаться давлению (нажиму); **unter ~ setzen** оказывать давление; **inflatorischer ~** давление *n* инфляции; **wirtschaftlicher ~** экономический нажим *m*

drücken давить, нажимать; снижать, сбивать (цену); **Löhne ~** снижать заработную плату; **Preise ~** сбивать цены

Drucksache *f* печатное издание *n*, бандероль *f* или конверт *m* с печатными вложениями

Drucksachenwerbung *f* реклама *f* путем рассылки печатных изданий

Dubiosen *pl* сомнительные долговые требования *pl*

Dumping *n* демпинг *m*; **~ betreiben** практиковать демпинг; **soziales ~** социальный демпинг *m*

Dumping|bestimmungen *pl* демпинговые предписания *pl*; **-einfuhren** *pl* импорт *m* по демпинговым ценам; **-praktiken** *pl* демпинговые методы *pl*; **-preis** *m* демпинговая цена *f*; **-zoll** *m* противодемпинговая пошлина *f*

Duplikat *n* дубликат *m*

Duplikat|konnossement *n* дубликат *m* коносамента; **-quittung** *f* дубликат *m* квитанции

Duration *f (Fin)* дюрация *f*

Durchfahrt *f* проезд *m*, транзит *m*

Durchfuhr *f* транзит *m*, транзитный провоз *m*; **~ von Waren** транзитный провоз *m* товаров

Durchführbarkeit *f* возможность *f* реализации

Durchfuhr|beschränkung *f* ограничение *n* транзитного провоза; **-bewilligung** *f* разрешение *n* на транзитный провоз

durchführen проводить, исполнять, выполнять, реализовывать; провозить

Durchführung *f* проведение *n*, осуществление *n*, реализация *f*; выполнение *m*, исполнение *m*; провоз *m*

Durchführungsbestimmung *f* инструкция *f* о порядке исполнения

Durchfuhrverbot *m* запрет *m* на транзитный провоз

Durchgang *m* прохождение *n*, проход *m*; транзит *m*

Durchgangs|handel *m* транзитная торговля *f*; **-konnossement** сквозной (прямой) коносамент *m*

durchgehend сквозной, транзитный; беспересадочный; сплошной; **-er Verkehr** транзитное сообщение *n*; транзитные перевозки *pl*; **-e Waren** транзитные товары *pl*

Durchreise *f* проезд *m*

Durchreisevisum *n* транзитная виза *f*

Durchschlag *m* копия *f*

Durchschnitt *m* среднее значение *n*; средняя величина *f*; **über dem ~ liegen** быть выше средней величины; **im ~** в среднем; **unter dem ~** ниже среднего значения

durchschnittlich средний; в среднем

Durchschnitts|alter *n* средний возраст *m*; **-belastung** *f* средняя загрузка *f* (нагрузка *f*); **-bestand** *m* средний запас *m*; **-einkommen** *n* средний доход *m*; **-erlös** *m* средняя выручка *f*; **-ertrag** *m* средний доход *m*; **-familie** *f* средняя семья *f*; **-kosten** *pl* средние издержки *pl* (затраты *pl*); **-kosteneffekt** *m*, **-kurs** *m* средняя цена *f*, средний курс *m*; **-leistung** *f* средняя производительность *f* (выработка *f*); **-lohn** *m* средняя заработная плата *f*

Durchschnittspreis *m* средняя цена *f*; **gleitender ~** *(Lager)* средняя скользящая цена *f* (на складе)

Durchschnitts|rendite *f* средняя доходность *f*; **-satz** *m* средняя ставка *f*; **-spanne** *f* средний размер *m* (торговой) наценки; **-verbrauch** *m* среднее потребление *n*, средний расход *m* (чего-либо); **-verbraucher** *m* средний потребитель *m*; **-verdie-**

ner *m* лицо *n* со средним уровнем заработка; **-verdienst** *m* средний заработок *m*; **-ware** *f* товары *pl* среднего качества; **-wert** *m* среднее значение *n*; **-zahl** *f* среднее число *n*, средний показатель *m*
Durchschreibebuchführung *f* копиручет *m*; копировальная форма *f* счетоводства
Durchschrift *f* копия *f*
Durchsetzung *f* проведение *n*, осуществление *n*; **~ der Rechte** реализация *f* прав; **~ der Ziele** достижение *n* целей
Durchsetzungsvermögen *n* способность *f* добиваться своей цели; целеустремленность
Durchsicht *f* осмотр *m*, просмотр *m*; проверка *f*
Durchwahl *f* прямой телефон *m*
Dutzendware *f* массовый товар *f*
Dynamik *f* динамика *f*; **~ der Kosten** динамика *f* издержек (расходов); **~ der Preise** динамика *f* цен; **wirtschaftliche ~** динамика *f* экономического развития
dynamisch динамичный
Dyopol *n* дуополия *f*
dyopolistisch дуополистический

E

Ebene *f* уровень; **auf einzelstaatlicher ~** на национальном уровне; **auf höchster ~** на высшем уровне
E-Business *n (Comp, Handel, V&M)* электронный бизнес *m*, бизнес *m* через электронные СМИ, бизнес *m* через Интернет
Ecart *m* разница *f*
Echtheit *f* подлинность *f*; аутентичность *f*, идентичность; **die ~ bescheinigen** удостоверять (подтверждать) подлинность; **~ einer Unterschrift** подлинность *f* подписи
Echtheitszeugnis сертификат *m* подлинности
Eck|gehalt *m* средняя тарифная ставка *f* оклада, основной оклад *m*; **-lohn** *m* средняя тарифная ставка *f*, основная заработная плата *f*; **-termin** *m* основной срок *m*; **-werte** *pl* основные данные *pl* (значения *pl*); **-zins** *m* основная ставка *f* банковского процента (для сберегательных вкладов)
E-Commerce *n (Comp, Handel, V&M)* электронная торговля *f*
EC-Terminal терминал *m* оплаты пластиковой карточкой
ECU экю, европейская валютная единица *f* (с 1979 до 1998 гг.)
ECU-Anleihe *f* заем *m* в экю
Edelmetall *n* благородный (драгоценный) металл *m*
Edelmetall|handel *m* торговля *f* благородными металлами; **-markt** *m* рынок *m* благородных (драгоценных) металлов; **-terminkontrakte** *pl* срочные контракты *pl* на куплю-продажу благородных (драгоценных) металлов
Edelstahl *m* легированная сталь *f*, нержавеющая сталь *f*
EDV (Elektronische Datenverarbeitung) электронная обработка *f* данных (информации); **über ~** с помощью ЭВМ
EDVA (Elektronische Datenverarbeitungsanlage) ЭВМ *f*, компьютер *m*
EDV-Benutzer *m* пользователь *m* ЭВМ; **~-Kurs** *m* курсы *pl* обучения работе на ЭВМ
Efb-Zertifikat *n s.* **Entsorgungsfachbetrieb-Zertifikat** *n*
Effekt *m* эффект *m*, результат *m*, следствие *n*; **negativer ~** отрицательный эффект *m*; **positiver ~** положительный эффект *m*; **wirtschaftlicher ~** экономический эффект *m*
Effekten *pl (Börse)* (котирующиеся на бирже) ценные бумаги *pl*; акции и облигации; **~ lombardieren lassen** закладывать (сдавать в залог) ценные бумаги; **ausländische ~** иностранные ценные бумаги, ценные бумаги иностранных государств; **eigene ~** ценные бумаги *pl*, являющиеся собственностью банка
Effekten|abrechnung *f* брокерская записка *f* о совершенной сделке с ценными бумагами, посылаемая

покупателю или продавцу; биржевые расходы; **-abteilung** *f* отдел *m* банка, занимающийся покупкой, продажей и управлением портфелями ценных бумаг; **-anlage** *f* инвестиции *pl* в ценные бумаги; **-arbitrage** *f* арбитражная сделка *f* с ценными бумагами; **-auftrag** *m* приказ *m* (поручение) на куплю или продажу ценных бумаг; **-besitzer** *m* владелец *m* (держатель *m*) ценных бумаг; **-bestand** *m* портфель *m* ценных бумаг; **-börse** *f* фондовая биржа *f*; **-clearing** *n* клиринг *m* ценных бумаг; **-depot** *n* депонирование *n* ценных бумаг, депозит *m* в виде ценных бумаг; **-diskont** *m* скидка *f* при покупке ценных бумаг раньше срока их погашения; **-emission** *f* выпуск *m* ценных бумаг; **-geschäft** *n* банковские операции *pl* с ценными бумагами; **-giroverkehr** *m* передача *f* кредитными институтами ценных бумаг на хранение в банки-депозитарии; **-handel** *m* торговля *f* ценными бумагами, фондовые операции; **-händler** *m* торговец *m* ценными бумагами, брокер *m*; **-kommissionär** *m* агент *m* (банк *m*), покупающий или продающий ценные бумаги; **-kommissionsgeschäft** *n* комиссионная сделка *f* с ценными бумагами; **-konsortialgeschäfte** *pl* операции *pl* банковского консорциума с ценными бумагами; **-konto** *n* счет *m* ценных бумаг; **-kredit** *m* кредит *m* на приобретение ценных бумаг; **-kurs** *m* цена *f* ценных бумаг на бирже, котировка *f* ценных бумаг; **-lombard** *m* ссуда *f* под ценные бумаги; **-lombardgeschäft** *n* выдача *f* ссуд под ценные бумаги; **-lombardkredit** *m* ломбардный кредит *m* под заклад ценных бумаг;**-makler** *m* маклер *m* (брокер) по операциям с ценными бумагами; **-markt** *m* рынок *m* ценных бумаг, фондовый рынок; **-pensionsgeschäft** *n* продажа *f* ценных бумаг с гарантией или обязательством их выкупа; **-placierung** *f* свободное размещение *n* ценных бумаг; **-portefeuille** *n* портфель *m* ценных бумаг; **-rechnung** *f* исчисление *n* фактической стоимости ценных бумаг, исчисление *n* процентов, получаемых с ценных бумаг; **-scheck** *m* распоряжение *n* (поручение *n*) банку-депозитарию на выдачу, передачу или залог ценных бумаг; **-skontro** *n* книга *f* учета ценных бумаг; **-spekulation** *f* спекуляция *f* ценными бумагами; **-substitution** *f* замена *f* одной ценной бумаги на другую; **-terminhandel** *m* срочные операции *pl* (сделки *pl*) с ценными бумагами; **-verwahrung** *f* хранение *n* ценных бумаг в банке; **-verwaltung** *f* управление *n* портфелем ценных бумаг

effektiv фактический, действительный, реальный; эффективный; **-e Kosten** фактические издержки *pl*; **-er Lohn** фактическая (реальная) заработная плата *f*; **-e Stücke** наличные ценные бумаги *pl*; **-er Wert** фактическая (реальная) стоимость *f*

Effektiv|bestand *m* фактическое наличие *n*, наличность *f*; **-betrag** *m* фактическая сумма *f*; **-geschäft** *n* сделка *f* на реальный товар; **-handel** *m* торговля *f* на бирже реального товара

Effektivität *f* эффективность *f*, действенность *f*; **wirtschaftliche ~** экономическая эффективность *f*

Effektivitäts|berechnung *f* расчет *m* эффективности; **-kriterium** *n* критерий *m* эффективности; **-sicherung** *f* обеспечение *n* эффективности; **-zuwachs** *m* повышение *n* эффективности

Effektiv|klausel *f* оговорка *f* о погашении долга в иностранной валюте; **-kosten** *pl* фактические издержки *pl*; **-lohn** *m* фактическая (номинальная) заработная плата *f*; **-rendite** *f* реальный доход *m*, фактическая доходность *f*; **-verdienst** *m* фактический (номинальный) заработок *m*; **-verzinsung** *f (Bö, Fin)* фактический доход *m* от процентов по ценным бумагам, фактическая доходность *f* вложенного капитала, доходность *f* к погашению; **-wert** *m* действительная (фактическая) стоимость *f*; **-zins** *m* фактический процент *m*, фактическая процентная ставка *f*, фактическая ставка *f* процента

effektuieren исполнять, производить

effizient эффективный; эффективно; **-e Wissensvermittlung** эффективное обучение *f*

Effizienz *f* коэффициент *m* полезного действия, высокий организационно-технический уровень *m*; **die ~ steigern** повышать коэффициент *m* полезного действия, повышать эффективность деятельности; **~ der Handelsfläche** эффективность *f* использования торговых площадей; **~ eines Unternehmens** высокий организационно-технический уровень *m* предприятия, эффективность *f* деятельности предприятия; **~ eines Wirtschaftssystems** высокая эффективность *f* экономической системы

Effizienz|lohn *m (WiWi)* эффективная заработная плата *f*; **-steigerung** *f* повышение *n* коэффициента полезного действия, повышение эффективности

EFQM-Modell *n (QM)* модель *f* EFQM, модель *f* делового совершенства

eGovernment *n (Admin, Comp)* электронная администрация *f*

Ehegattensplitting *n* форма *f* налогообложения для супругов, когда за основу для уплаты налога берется средняя сумма их общих доходов

Ehren|akzept *n* акцепт *m* "за честь", коллатеральный акцепт *m*; **-akzeptant** *m* плательщик *m* "за честь", акцептант-поручитель *m* за аккуратный платеж; **-amt** *n* почетная должность *f*, работа на общественных началах

ehrenamtlich почетный, общественный, добровольный; на общественных началах, без оплаты

Ehren|eintritt *m* посредничество *n* на случай неплатежа, посредничество *n* "за честь"; **-gericht** *n* биржевой суд *m* чести; **-kodex** *m* кодекс *m* чести; **-sold** *m* почетная пенсия *f*; **-urkunde** *f* почетная грамота *f*; **-vorsitzende** *m* почетный председатель *m*

Eichamt *n* палата *f* мер и весов

eichen выверять, поверять; тарировать, калибровать, юстировать

Eich|maß *n* эталон *m*; **-schein** *m* свидетельство *n* о клеймении

Eichung *f* выверка *f*, проверка *f*; тарирование *n*, калибровка *f*; **-en durchführen** проводить калибровку

eigen собственный; **-e Handelsmarke** собственная торговая марка *f*; **-e Herstellung** собственное производство *n*; **-e Mittel** собственные средства *pl*

Eigen|bedarf *m* индивидуальные (собственные) потребности *pl*, внутренние потребности *pl*; **-bedarfsdeckung** *f* удовлетворение *n* собственных (внутренних) потребностей; **-behalt** *m* собственное удержание *n* (при перестраховании); **-besitz** *m* собственность *f*, владение *n* на правах собственности; **-besitzer** *m* собственник *m*, владелец *m* на правах собственности; **-bestände** *pl* собственные вклады *pl* (кредитного институга); **-beteiligung** *f* собственное долевое участие *n*; **-betrieb** *m* муниципальное предприятие *n* (не являющееся отдельным от муниципалитета юридическим лицом); **-bewirtschaftung** *f* ведение *n* собственного хозяйства; **-deckung** *f* степень *f* финансовой независимости (автономии); **-depot** *n* собственные депозиты *pl* банка в других кредитных учреждениях; **-emission** *f* эмиссия *f* ценных бумаг без посредников; **-erzeugnis** *n* продукт *m* (изделие *n*) собственного производства; **-erzeugung** *f* **(-fertigung** *f***)** собственное производство *n*, производство *n* для собственного потребления; **-finanzierung** *f* самофинансирование *n*, финансирование *n* за счет собственного капитала; **-gebrauch** *m* собственное употребление *n*, употребление *n* в личных целях; **-geschäft** *n* операция *f* (сделка *f*), производимая банком за свой счет; **-gewicht** *n* вес *n* нетто, собственный вес *n*; **-handel** *m* торговля *f* за собственный счет

eigenhändig собственноручный; **~ unterschreiben** поставить собственноручную подпись; **-es Testament** завещание *n*, написанное завещателем собственноручно

Eigen|händler *m* комиссионер *m* (коммерсант *m*), ведущий дела за свой собственный счет; **-heim** *n* собственный (индивидуальный) дом *m*; **-heimbau** *m* индивидуальное жилищное строительство *n*; **-heimzulage** *f* государственная субсидия *f* на покупку жилья (в Германии до 1.01.2006); **-herstellung** *f* собственное производство *n*, производство *n* для собственного потребления; **-initiative** *f* собственная инициатива *f*; **-kapital** *n (Fin)* собственный капитал *m*, паевой капитал *m*; **-kapitalzinzen** *pl (Fin)* калькуляционные проценты *pl* на собственный капитал

Eigenkapital|abbau *m* уменьшение *n* доли собственного капитала; **-aufstockung** *f* увеличение *n* доли собственного капитала; **-ausstattung** *f* обеспечение *n* (обеспеченность *f*) собственным капиталом; **-basis** *f* исходный собственный (акционерный) капитал *m*; **-bedarf** *m* потребность *f* в собственном капитале; **-bildung** *f* накопление *n* собственного (акционерного) капитала; **-kosten** *pl (Fin)* калькуляционные проценты *pl* на собственный капитал; **-quote** *f* отношение *n* собственного капитала к (очищенной) балансовой сумме предприятия; **-rendite** *f*, **-rentabilität** *f* рентабельность *f* собственного капитала, отношение прибыли к собственному капиталу (в процентах); **-verzinsung** *f* норма *f* прибыли на собственный капитал, коэффициент *m* рентабельности собственного капитала; **-zinsen** *pl* проценты *pl* на собственный капитал; **-zuführungen** *pl* отчисления *pl* в собственный капитал; увеличение *n* собственного капитала

Eigen|leistung *f* собственная выработка *f* (мощность *f*); продукция *f* собственного производства; работы *pl* на строительстве собственного дома, выполняемые своими силами; собственный трудовой вклад *m* в строительство; **-leistungen** *pl* собственная выработка *f*; чистая продукция *f*; **-marke** *f* собственная марка *f* торгового предприятия, собственная торговая марка *f*, собственный бренд *m*, частная марка *f*, частный бренд *m*; **-marke eines Herstellers** собственная марка *f* производителя

Eigenmittel *pl* собственные средства *pl*; капитал *m* и резерв *m*; **~ aufstocken** накапливать (увеличивать) собственный капитал

Eigenmittel|ausstattung *f* обеспечение *n* (обеспеченность *f*) собственными средствами; **-quote** *f* норма *f* (квота *f*) собственных средств; **-zuführung** *f* пополнение *n* собственных средств

Eigennutz *m* корысть *f*, корыстолюбие *n*

Eigenproduktion *f* собственное производство *n*

Eigenschaft *f* свойство *n*, качество *n*; **in beratender ~** в качестве консультанта; **-en der Ware** качества *pl* товара

eigenständig самостоятельный, независимый

Eigenständigkeit *f* самостоятельность *f*, независимость *f*; **die ~ bewahren** сохранять самостоятельность

Eigentum *n* собственность *f*, достояние *n*; **~ erwerben** приобретать собственность; **das ~ an der Ware übertragen** передавать право собственности на товар; **das ~ vermehren** приумножать собственность; **sich das ~ vorbehalten** оговорить право собственности; **~ an Grundbesitz** собственность *f* на землю; **~ an sachlichen Produktionsmitteln** собственность *f* на материальные средства производства; **ausländisches ~** имущество *n*, принадлежащее иностранцам; **bewegliches ~** движимая собственность *f*; **fremdes ~** чужая собственность *f*; **geistiges ~** интеллектуальная собственность *f*;

gemeinsames ~ общая собственность *f*; **genossenschaftliches** ~ кооперативная собственность *f*; **gesamthänderisches** ~ общая (совместная) собственность *f*; **persönliches** ~ личная собственность *f*; **privates** ~ частная собственность *f*; **unbewegliches** ~ недвижимая собственность *f*; ~ **zur gesamten Hand** нераздельное совладение *n* имуществом несколькими лицами

Eigentümer *m* собственник *m*, владелец *m*, держатель *m* (ценных бумаг); **den** ~ **wechseln** перейти в другие руки; ~ **eines Hauses** собственник *m* (владелец *m*) дома; **privater** ~ частный собственник *m*; **rechtmäßiger** ~ законный владелец *m*

Eigentümer|grundschuld *f* право *n* залога, перешедшее собственнику недвижимости после выплаты ссуды; **-hypothek** *f* ипотека *f*, перешедшая к собственнику после уплаты долга; **-struktur** *f* структура *f* собственников (владельцев); **-vertreter** *m* представитель *m* собственника (акционера); **-wechsel** *m* смена *f* владельца

Eigentums|anspruch *m* притязание *n* на право собственности; **-aufgabe** *f* добровольная уступка *f* права собственности; **-bildung** *f* накопление *n* собственности (капитала); **-delikt** *n* преступление *n* против собственности; **-erwerb** *m* приобретение *n* права собственности; **-förderung** *f* меры *pl*, стимулирующее накопление *n* собственности (капитала); **-form** *f* форма *f* собственности; **-politik** *f* политика *f* в области собственности; **-recht** *n* право *n* собственности; **-schutz** *m* защита *f* права собственности; **-streitigkeiten** *pl* имущественные споры *pl*; **-übergang** *m* переход *m* права собственности; **-übertragung** *f* передача *f* права собственности; **-verhältnisse** *pl* отношения *pl* собственности, имущественные отношения *pl*; **-verlust** *m* потеря *f* права собственности; **-vermutung** *f* предполагаемое право *n* собственности; **-verzicht** *m* отказ *m* от права собственности; **-vorbehalt** *m* оговорка *f* о праве собственности; оговорка *f* о сохранении продавцом права собственности на товар вплоть до его полной оплаты; **-wechsel** *m* переход *m* права собственности; **-wohnung** *f* частная квартира *f*; квартира *f*, принадлежащая квартиросъемщику

eigenverantwortlich под собственную (личную) ответственность; ~ **wirtschaften** вести хозяйство (дело) под собственную ответственность

Eigen|verantwortung *f* личная ответственность *f*; **-verbrauch** *m* личное потребление *n*; потребление *n* для собственных нужд; **-versorgung** *f* самообеспечение *n*; **-wechsel** *m* простой вексель *m*, соло-вексель *m*; **-werbung** *f* реклама *f*, проводимая предприятием собственными силами и средствами, самореклама *f*; **-wert** *m* первичная (основная) стоимость *f*; реальная (фактическая) ценность *f*

Eigner *m* собственник *m*; владелец *m*, хозяин *m*; обладатель *m*

Eigner-Code *m (Transp)* код *m* собственника контейнера

Eignung *f* пригодность *f*, способность *f*; квалификация *f*; **die** ~ **nachweisen** представить свидетельство о квалификации; **berufliche** ~ профессиональная пригодность *f*; **fachliche** ~ деловая (профессиональная) квалификация *f*; **persönliche** ~ личное соответствие *n*

Eignungsprüfung *f* **(-test** *m***)** экзамен *m* (тест) на профессиональную пригодность

Eil|auftrag *m* срочный заказ *m*, срочное поручение *n*; **-beförderung** *f* срочная доставка *f*; **-bestellung** *f* срочный заказ *m*; **-brief** *m* срочное почтовое отправление *n* (письмо *n*); **-fracht** *f* груз *m* большой скорости; плата *f* за перевозку грузов большой скорости; **-geld** *n* диспач *m*, плата *f* за досрочную погрузку или выгрузку судна; **-nachricht**, срочное сообщение *n*; **-sendung** *f* срочное

почтовое отправление *n*; **-überweisung** *f* срочный денежный перевод *m*; **-zustellung** *f* срочная доставка *f*
einarbeiten знакомить с работой, вводить в курс дела; **neue Mitarbeiter ~** знакомить с работой новых сотрудников; **sich in die neuen Aufgaben ~** входить в круг новых обязанностей
Einarbeitung *f* приобретение *n* трудовых навыков, овладение *n* специальностью; обучение *n* с целью овладения специальностью
Einarbeitungs|zeit *f* период *m* приобретения трудовых навыков, период *m* ознакомления с работой, период *m* введения в курс дела; **-zuschuss** *m* пособие *n* по профессиональной реабилитации
Einbau *m* монтаж *m*, сборка *f*
Einbaukosten *pl* расходы *pl* (издержки *pl*) по монтажу
einbehalten удерживать, не выплачивать, не выдавать; удержанный, невыплаченный; **vom Lohn ~** удерживать из заработной платы; **-er Betrag** удержанная сумма *f*; **-e Gewinne** невыплаченная прибыль *f*
Einbehaltung *f* удержание *n*, невыплата *f*; **~ von Steuern** взимание *n* (удержание *n*) налогов
einberechnen включать в счет
einberufen созывать
Einberufung *f* созыв *m*; **~ der Hauptversammlung** созыв общего собрания акционеров
Einbindung *f* вовлечение *n*, включение *n*
einbringen вносить, приносить, передавать; **Geld in ein Unternehmen ~** вложить деньги в предприятие; **einen Gewinn ~** приносить прибыль
Einbringung *f* внесение *n*, вклад *m*; передача *f*; **~ von Sachen** вклад *m* в виде материальных ценностей
Einbruch *m* крах *m*, резкое падение *n* (снижение *n*); взлом *m*; **~ beim Dollarkurs** резкое падение *n* курса доллара; **~ bei den Preisen** резкое падение *f* цен; **~ des Dow-Jones-Indexes** резкое понижение *n* индекса Доу-Джоунса; **~ der Produktion** резкое падение *n* производства; **wirtschaftlicher ~** экономический крах *m* (кризис *m*)
Einbruchsversicherung *f* страхование *n* от взлома
Einbürgerung *f* натурализация *f*, получение *n* прав гражданства; **~ eines Ausländers** натурализация *f* иностранного гражданина, предоставление *n* гражданства иностранцу
Einbuße *f* потеря *f*; убыток *m*, ущерб *m*, урон *m*; **eine ~ im Absatz erleiden** понести убытки в связи с уменьшением сбыта; **-n hinnehmen müssen** потерпеть убытки; **-n verzeichnen** понести убытки
einbüßen терять, лишаться
eindämmen сдерживать, ограничивать, контролировать; **Ausgaben ~** ограничивать расходы; **die Inflation ~** сдерживать инфляцию; **die Preissteigerung ~** сдерживать (контролировать) повышение цен
Eindämmung *f* сдерживание *n*, ограничение *n*, контроль *m*; **~ der Importe** ограничение *n* импорта
eindecken обеспечивать, покрывать; **sich mit Waren ~** сделать запас товаров
Eindeckung *f* производство *n* запасов, закупка *f* впрок
Ein-Euro-Jobs *pl (Soz)* "работа *f* за один евро", социальная работа *f* для безработных
einfach простой, однократный; в один конец; **-e Fahrkarte** билет *m* в один конец; **-er Flug** полет *m* в один конец
Einfluss *m* влияние *n*; **an ~ gewinnen** приобретать влияние; **an ~ verlieren** терять влияние; **~ ausüben** оказывать влияние; **seinen ~ geltend machen** использовать свое влияние; **wirtschaftlicher ~** экономическое воздействие *n* (влияние *n*)
Einfluss|bereich *m* сфера *f* влияния; **-faktor** *m* воздействующий фактор *f*
einfordern (за)требовать, взыскивать, предъявлять иск; **Schulden ~** взыскивать долги
Einfuhr *f* импорт *m*, ввоз *m*; **die ~ begünstigen** благоприятствовать

(способствовать) импорту; **die ~ beschränken** ограничить импорт; **die ~ erleichtern** облегчить импорт; **die ~ erhöhen** увеличить импорт; **die ~ fördern** стимулировать развитие импорта, способствовать увеличению импорта; **die ~ steigern** увеличить импорт; **die ~ überwachen** контролировать импорт; **direkte ~** прямой импорт *m*; **indirekte (mittelbare) ~** косвенный импорт *m*, импорт через посредников; **sichtbare ~** видимый импорт *m*, импорт *m* товаров; **unsichtbare ~** невидимый импорт *m*, импорт *m* услуг; **~ von Öl** импорт *m* нефти; **zollfreie ~** беспошлинный ввоз *m*

Einfuhr|abfertigung *f* таможенная очистка *f* импортных товаров; **-abgaben** *pl* импортные пошлины *pl*; налоги *pl* и сборы *pl*, взимаемые при импорте; **-abhängigkeit** *f* зависимость *f* от импорта; **-abschöpfung** *f* импортная компенсационная пошлина *f*; **-anmeldung** *f* декларация *f* при импорте товаров; **-antrag** *m* заявка *f* на импортную лицензию; **-artikel** *m* предмет *m* (статья *f*) импорта, импортный товар *f*; **-befugnis** *f* право *n* на ввоз (импорт); **-behinderungen** *pl* препятствия *pl* при импорте; **-beihilfen** *pl* субсидии *pl* на импорт; **-beschränkungen** *pl* импортные ограничения *pl*, ограничения *pl* на ввоз; **-bestimmungen** *f* постановления *pl* и предписания *pl*, регламентирующие импорт; **-bewilligung** *f* импортная лицензия *f*, разрешение *n* на ввоз; **-deklaration** *f* импортная декларация *f*, таможенная декларация *f* при импорте товаров; **-dokument** *n* документ *m* на импорт товаров

einführen импортировать, ввозить; вводить, внедрять; **einen neuen Artikel ~** выпускать на рынок новый товар, запускать новый товар в производство; **zum Börsenhandel ~** официально зарегистрировать ценные бумаги для биржевых операций

Einführer *m* импортер *m*

Einfuhr|erklärung *f* импортная декларация *f*, декларация *f* на ввоз; **-erleichterung** *f* облегчение *n* ввоза (импорта); **-finanzierung** *f* финансирование *n* импорта; **-förderung** *f* стимулирование *n* импорта; **-freigabe** *f* либерализация *f* импорта; **-genehmigung** *f* импортная лицензия *f*, разрешение *n* на ввоз; **-geschäft** *n* импортная сделка *f*; **-gut** *n* импортный товар *m*, импортный груз *m*; **-handel** *m* импорт *m*, импортная торговля *f*; **-händler** *m* импортёр *m*; **-kommissionär** *m* комиссионер *m*, проводящий импортные операции; **-kontingent** *n* импортный контингент *m*, импортная квота *f*; **-kontingentierung** *f* контигентирование *n* импорта; **-kontrolle** *f* контроль *m* над импортом; **-land** *n* страна-импортер *f*, импортирующая (ввозящая) страна *f*; **-liste** *f* список *m* (перечень *m*) импортных товаров; **-lizenz** *f* импортная лицензия *f*; **-möglichkeiten** *pl* импортные возможности *pl*, возможности *pl* импорта; **-papiere** *pl* документы *pl* на импортируемые товары; **-quote** *f* импортная квота *f*; **-regelung** *f* регулирование *n* импорта; положения *pl*, регламентирующие импорт; **-restriktion** *f* ограничение *n* импорта; **-sperre** *f* запрет *m* (эмбарго *n*) на импорт; **-steigerung** *f* увеличение *n* импорта; **-steuer** *f* налог *m* на импортируемые товары; **-strom** *m* поток *m* импортных товаров; **-überschuss** *m* превышение *n* импорта над экспортом; **-umsatzsteuer** *f* налог *m* с оборота на импортируемые товары

Einführung *f* импорт *m*; ввоз *m*; введение *n*, внедрение *n*; освоение *n*; продвижение *n*; **~ an der Börse** официальная регистрация *f* (котировка *f*) ценных бумаг на бирже; **~ eines Artikels auf dem Markt** продвижение *n* товара на рынок, вывод *m* товара на рынок; **~ der EDV** внедрение *n* ЭВМ; **~ in ein Amt** введение *n* в должность; **~ neuer Arbeitsmethoden** внедрение *n* новых методов труда; **~ neuer Erzeugnisse** внедрение *n* новых изделий на рынок;

запуск *m* новых изделий в производство; ~ **der sozialen Marktwirtschaft** введение *n* социальной рыночной экономики

Einführungs|angebot *n* предложение *n* о внедрении новых товаров на рынок; **-banken** *pl* банки *pl*, занимающиеся подготовкой ценных бумаг к биржевой котировке; **-kampagne** *f* кампания *f* по продвижению товара на рынок; **-kurs** *m* курс *m* нового выпуска ценных бумаг (в день вывода на биржу), котировка *f* в первый день торгов; **-phase** *f* период *m* внедрения новых товаров на рынке; **-preis** *m* цена *f* на новые виды продукции, обеспечивающая их продвижение на рынок; **-prospekt** *m* проспект *m* на эмиссию ценных бумаг; **-provision** *f* комиссионные *pl* за размещение ценных бумаг на фондовой бирже; **-rabatt** *m* скидка *f* при внедрении в оборот новых товаров; **-tag** *m* первый день *m* допуска ценных бумаг на фондовую биржу; **-werbung** *f* реклама *f* с целью продвижения новых товаров

Einfuhr|verbot *m* запрет *m* на импорт; **-verfahren** *n* порядок *m* осуществления импортных операций; **-vertrag** *m* контракт *m* на импорт (товаров); **-volumen** *n* объем *m* импорта

Einfuhrzollanmeldung *f* таможенная декларация *f* на импортные товары

Eingabe *f* заявление *n*, прошение *n*; подача *f* заявления; ввод *m* (данных)

Eingang *m* поступление *n*, получение *n*; приток *m* (заказов), приход *m*; вход *m*; ввод *m*; **den ~ bestätigen** подтвердить получение (поступление); **nach ~ Ihrer Bestellung** после получения Вашего заказа; **nach ~ der Ware** после поступления товара; **~ der Überweisung** получение *n* денежного перевода; **~ der Unterlagen** получение *n* документов; **~ vorbehalten** занесение *n* чеков в кредит счета при условии их инкассирования банком

Eingänge *pl* поступления *pl*, приход *m*; **~ buchen** вносить денежные поступления в кассовую книгу; **laufende ~** текущие поступления *pl*; **~ und Ausgänge** приход *m* и расход *m*, поступления *pl* и расходы *pl*

Eingangs|abgaben *pl* импортные пошлины *pl*; **-bestätigung** *f* подтверждение *n* получения; **-buch** *n* приходная книга *m*; **-daten** *pl* входные данные *pl*; данные *pl* о получении; **-datum** *n* дата *f* поступления; **-kontrolle** *f* контроль *m* качества и количества поступающих товаров (сырья); **-meldung** *f* приходный ордер *m*; **-rechnung** *f* счет-фактура *m* на приобретенные товары; **-vermerk** *m* отметка *f* о поступлении; **-zollstelle** *f* таможня *f* в пограничном пункте

eingefordert затребованный

eingefroren замороженный, блокированный

eingeführt зарегистрированый, внедренный; **~ sein** быть зарегистрированным; **an der Börse ~** зарегистрированный на бирже; **auf dem Markt ~** внедренный на рынок, принятый рынком; **bei den Kunden ~** принятый покупателями

eingegangen поступивший, полученный; **-e Bestellungen** полученные (поступившие) заказы *pl*

eingehen прибывать, поступать; пойти (на что-либо); погибать, прекращать существование; **auf ein Angebot ~** принимать предложение; **auf spezifische Kundenwünsche ~** учитывать специфические пожелания клиентов; **Verpflichtungen ~** брать на себя обязательства

eingehend поступающий, входящий; подробный, обстоятельный; **-es Angebot** детальное предложение *n*; **-e Begründung** тщательное обоснование *n*; **-er Betrag** поступившая сумма *f*, выручка *f*; **-e Waren** поступающие товары *pl*

Eingehung *f* взятие *n* на себя, принятие *n* на себя; **~ von Wechselverbindlichkeiten** взятие *n* на себя обязательств по векселю

eingerechnet включенный в счет; включая, считая

eingeschrieben заказной; зарегистрированный
eingetragen зарегистрированный; **-e Genossenschaft (eG)** зарегистрированный кооператив *m*
eingezahlt оплаченный, внесенный в уплату
eingezogen инкассированный; полученный в погашение
eingliedern включать, интегрировать, инкорпорировать
Eingliederung *f* включение *n*; введение *n*; интеграция *m*; инкорпорирование *n*; **berufliche ~ von Behinderten** профессиональная интеграция *m* инвалидов; **~ in den Beruf** введение *n* в профессию
Eingliederungshilfe *f (Soz)* интеграционное пособие *n*
Eingreifen *n* вмешательство *n*, интервенция *f*; **~ des Staates in die Wirtschaft** вмешательство *n* государства в экономику
Eingriff *m* вмешательство; интервенция *f*; **korrigierender ~** принятие *n* корректирующих мер; **staatlicher ~** государственное вмешательство *n*
eingruppieren классифицировать, относить к определенной категории; **in eine Gehaltsklasse ~** установить тарифный разряд
Eingruppierung *f* классификация *f*, причисление *n* к определенной категории
einhalten соблюдать
Einhaltung *f* соблюдение *n*; **~ eines Abkommens** соблюдение *n* условий соглашения; **~ einer Frist** соблюдение *n* срока; **~ eines Vertrages** соблюдение *n* условий договора; **~ von Verpflichtungen** выполнение *n* обязательств
einhandeln покупать, скупать, закупать, приобретать; выменивать; терять (при покупке)
einheimisch местный; отечественный; **-e Erzeugung** отечественное производство *n*, местное производство *n*
Einheit *f* единство *n*; единица *f*, подразделение *n*; **betriebliche ~** производственное подразделение *n*, подразделение *n* производства; **eigenständige ~** самостоятельная единица *f*; самостоятельное предприятие *m*; **logistische ~** *(Transp)* укрупненное, объединенное грузовое место; **wirtschaftliche ~** хозяйственная единица *f*
einheitlich единый; однородный; унифицированный; **-e Bedingungen** единые (стандартные) условия *pl*; **-e Leitung eines Konzerns** единое руководство *n* концерна; **-e Preise** единые цены *pl*; **-er Satz** единая (унифицированная) ставка *f*; **-e Vorschriften** единые (общие) положения *pl* (инструкции *pl*)
Einheits|besteuerung *f* единая система *m* налогообложения; **-bilanz** *f* единый баланс *m*; **-formular** *n* стандартный бланк *m* (формуляр *m*); **-gründung** *f* форма *f* учреждения акционерного общества, когда учредители полностью распределяют между собой акции, создание *n* закрытого акционерного общества; **-kosten** *pl* издержки *pl* на единицу продукции, удельные затраты *pl*; **-kurs** *m* единый биржевой курс *m*, стандартная котировка *f*; **-markt** *m* единый рынок *m*; биржевые операции *pl* с ценными бумагами по единому курсу, фондовый рынок *m* с едиными ценами; **-mietvertrag** *m* типовой договор *m* о найме (помещения); **-preis** *m* единая (стандартная) цена *f*; **-steuer** *f* пропорциональный налог *m*; **-tarif** *m* единый тариф *m*; **-verpackung** *f* стандартная упаковка *f*; **-versicherung** *f* страхование *n* от нескольких рисков по одному договору; комбинированное страхование *n*; **-vordruck** *m* типовой бланк *m* (формуляр *m*); **-wert** *m* оценочная стоимость; стандартная величина *f*; стандартная (нормативная) стоимость *f*; **-zoll** *m* единый размер *m* пошлины, единая пошлина *f*
einholen запрашивать; доставать; добывать; догонять
Einholung *f* запрашивание *n*; получение *n*; **~ des Akzepts** представление *n* к акцепту; **~ von Auskünften** наведение *n* (получение *n*) справок

einigen объединять, соединять; мирить; **sich außergerichtlich ~** заключить мировую сделку; **sich über den Preis ~** договориться о цене

Einigung *f* соглашение *n*, примирение *n*; **~ erreichen (erzielen, vollziehen)** достичь соглашения; **die ~ beurkunden** засвидетельствовать достижение соглашения; **dingliche ~** договор *m* вещного права, вещноправовое соглашение *n*; **gütliche ~** мировое соглашение *n*; **~ über den Sozialplan** достичь соглашения о социальном плане (при сокращении штатов)

Einigungsstelle *f* примирительная камера *f*, арбитраж *m*

Einigungsvertrag *m* Договор *m* об объединении Германии

einkalkulieren включать в калькуляцию; учитывать, принимать во внимание

einkassieren инкассировать, собирать; получать; взыскивать

Einkauf *m* купля *f*, закупка *f*, покупка *f*; скупка *f*; **mit dem ~ zurückhalten** воздержаться от покупки; **~ nach Muster** покупка *f* по образцу; **~ von Material** закупки *pl* материалов

Einkäufe *pl* закупки *pl*; снабжение *n*; **~ besorgen (machen)** производить закупки; **~ einschränken** ограничивать закупки

einkaufen покупать, закупать; **sich in ein Unternehmen ~** купить (впервые) долю (пай, акции) предприятия

Einkäufer *m* закупщик *m*, снабженец *m*; агент *m* по снабжению; покупатель *m*

Einkaufs|abteilung *f* отдел *m* снабжения; **-abwicklung** *f* выполнение *n* заказов на снабжение; **-agent** *m* агент *n* по снабжению, закупщик *m*; **-akkreditiv** *n* товарный аккредитив *m*; **-auftrag** *m* заказ *m* на закупку; **-bedingungen** *pl* условия *pl* закупок; **-beschränkung** *f* ограничения *pl* на закупку; **-bruttopreis** *m* закупочная цена *n* брутто; **-buch** *n* журнал *m* учета закупок; **-budget** *m* смета *n* на закупки (снабжение); **-chef** *m* начальник *m* отдела снабжения; **-führer** *m* справочник *m* покупателя; **-gegend** *f* торговая часть *f* города; **-gemeinkosten** *pl* накладные расходы *pl* отдела снабжения; **-gemeinschaft** *f* объединение *n* лиц для проведения закупок; **-genossenschaft** *f* закупочный кооператив *m*; **-kartell** *n* закупочный картель *m*; **-kommission** *f* комиссионные *pl* за закупки; комиссия *f* по закупке; **-kommissionär** *m* посредник *m* (комиссионер *m*) по закупкам; **-konditionen** *pl* условия *p* закупок; **-kontingent** *n* квота *f* на закупки; **-konzentration** *f* закупки *pl* у ограниченного числа поставщиков; **-leiter** *m* начальник *m* отдела снабжения; **-liste** *f* список *m* покупок

Einkaufsmanagerindex индекс *m* менеджеров по снабжению, индекс *m* деловой активности

Einkaufs|möglichkeiten *pl* возможности *pl* закупок (покупок); **-plan** *n* план *m* закупок; **-planung** *f* планирование *n* закупок; **-politik** *f* политика *f* в области закупок; **-preis** *m* закупочная цена *f*; **-quelle** *f* источник *m* поставок; **-sachbearbeiter** *m* делопроизводитель *m* по снабжению, сотрудник *m* отдела снабжения; **-tätigkeit** *f* снабженческая деятельность *f*; **-tip** *m* совет *m* относительно покупки; **-vereinigung** *f* объединение *n* лиц для проведения закупок; **-volumen** *n* объем *m* закупок; **-zentrum** *n* торговый центр *m*

einklagen подать жалобу, предъявить иск

einklarieren очищать от пошлины товары, прибывшие на судне; очищать от налогов и сборов судно; грузить на судно

Einkommen *n* доход *m*; заработок *m*; **~ angleichen** выравнивать уровень доходов; **das ~ besteuern** облагать доход налогом; **ein ~ beziehen** получать доход; **ein ~ versteuern** облагать доход налогом; **abgesichertes ~** гарантированный доход *m*; **~ aus Erwerbstätigkeit** трудовой доход *m*, заработная плата *f*; **~ aus Miete und Pacht** доход *m* от сдачи внаем и в аренду; ~ **aus selbständiger Arbeit** доход *m* от самостоятельной (предпринимательской) деятельности; ~ **aus unselbständiger Arbeit** доход *m* (заработок) от работы по найму; ~ **aus Unternehmertätigkeit** предпринимательский доход *m*; ~ **aus Vermögen** доходы *pl* от имущества (собственности); **durchschnittliches** ~ средний доход *m* (заработок *m*); **erarbeitetes** ~ трудовой доход *m*; **festes** ~ твердый (постоянный) доход *m*; **monatliches** ~ ежемесячный доход *m*; **sicheres** ~ постоянный (гарантированный) доход *m*; **steuerpflichtiges** ~ доход *m*, подлежащий налогообложению; **verfügbares** ~ чистый доход *m*, доход *m* после уплаты налогов; **versteuerbares ~, zu versteuerndes** ~ доход *m*, облагаемый налогом; **vertraglich vereinbartes** ~ доход *m* согласно договору

Einkommens|analyse *f* анализ *m* доходов; **-angleichung** *f* выравнивание *n* доходов; **-anstieg** *m* рост *m* доходов; **-art** *f* вид *m* доходов; **-ausgleich** *m* выравнивание *n* уровня доходов; **-bereinigung** *f* определение *n* чистого дохода (получателя пособия); **-besteuerung** *f* подоходное налогообложение *n*; **-bezieher** *m* получатель *m* доходов; **-disparität** *f* диспропорция *f* (неравенство *n*) доходов; **-einbuße** *f* потеря *f* дохода (заработка); **-elastizität** *f* эластичность *f* доходов; **-empfänger** *m* получатель *m* доходов; **-entwicklung** *f* динамика *f* доходов; **-ermittlung** *f* определение *n* уровня (размера) доходов; **-gruppe** *f* группа *f* населения по размерам доходов; **-konto** *n* счет *m* доходов; **-millionär** *m* физическое лицо *n* с годовым доходом более миллиона евро; **-niveau** *n* уровень *m* доходов; **-pauschale** *f* вмененный доход; **-plan** *m* планирование *n* поступления доходов; **-politik** *f (Pol, Steuer)* политика *f* в области доходов, политика *f* доходов; **-quelle** *f* источник *m* доходов; **-schichten** *pl* группы *pl* населения по размерам доходов

einkommensschwach с невысоким уровнем доходов (заработной платы)

Einkommens|sicherung *f* поддержание *n* определенного уровня доходов; **-steigerung** *f* повышение *n* уровня доходов

Einkommensteuer *f (Steuer)* подоходный налог *m*; **die ~ ermitteln** определять размер *m* подоходного налога; **veranlagte** ~ подоходный налог *m*, взимаемый с заявленного дохода

Einkommensteuererklärung *f (Steuer)* декларация *f* о доходах

Einkommensteuer|gesetz *n (Recht, Steuer)* закон *m* о подоходном налогообложении; **-pflicht** *f* обязанность *f* платить подоходный налог; **-pflichtige** *m* лицо *n*, обязанное уплачивать подоходный налог; **-recht** *n* законодательство *n* о подоходном налогообложении; **-tarif** *m* тариф *m* подоходного налога; **-veranlagung** *f* установление *n* размера подоходного налога, начисление *n* подоходного налога

Einkommens|träger *m* получатель *m* дохода; **-umverteilung** *f* перераспределение *n* доходов; **-vergleich** *m* сравнение *n* уровня доходов; **-verlust** *m* потеря *f* дохода (заработка)

Einkommens|verteilung *f* распределение *n* доходов; **funktionelle** ~ функциональное распределение *n* доходов; **personelle** ~ личное распределение *n* доходов

Einkommensverwendung *f* использование *n* доходов; **-zuwachs** *m* рост *m* (прирост *m*) доходов

Einkünfte *pl (Steuer)* (постоянные) доходы *pl*; поступления *pl*; ~ **ausweisen** давать данные о доходах; ~ **verbessern** увеличивать доходы (поступления); ~ **aus Aktien** доходы *pl* от акций; ~ **aus einem freien Beruf** доходы *pl* лиц свободных профессий; ~ **aus Gewerbetrieb** доходы *pl* от коммерческой или производственной деятельности; ~ **aus freiberuflicher Tätigkeit** доходы *pl* лиц свободных профессий; ~ **aus Kapitalvermögen** доходы *pl* от капитала; ~ **aus Land- und Forstwirtschaft** доходы *pl* от занятий сельским и лесным хозяйством; ~ **aus nichtselbständiger Arbeit** доход *m* (заработок *m*) от работы по найму; ~ **aus Provisionen** доходы *pl* от комиссионных; ~ **aus selbständiger Arbeit** доходы *pl* от предпринимательской деятельности; ~ **aus Vermietung und Verpachtung** доходы *pl* от сдачи внаем и в аренду; **außerordentliche** ~ внеплановые доходы *pl*; **feste** ~ твердые доходы *pl*; **freiberufliche** ~ доходы *pl* от занятия свободной профессией; **lohnsteuerpflichtige** ~ доходы *pl*, подлежащие обложению подоходным налогом; **nebenberufliche** ~ доходы *pl* от побочной деятельности; **regelmäßige** ~ постоянные (регулярные) доходы *pl*; **sonstige** ~ прочие доходы *pl*; **steuerfreie** ~ доходы *pl*, не облагаемые налогом; **unpfändbare** ~ доходы *pl*, не подлежащие удержанию

Einkünfteermittlung *f* определение *n* размера доходов

Einkunftsarten *pl* категории *pl* доходов

Einladen *n* погрузка *f*, загрузка *n*

einladen грузить, погрузить; приглашать

Einlage *f* (денежный) вклад *m*; взнос *m*; депозит *m*; пай *m*, доля *f* инвестированного капитала; приложение *n*, вложение *n*; **eine ~ abheben** снимать вклад (со счета); **eine ~ einzahlen (erbringen)** вносить долю (пай); ~ **auf das Stammkapital** вклад *m* (пай *m*) в уставный капитал; **ausstehende -n** суммы *pl*, причитающиеся обществу от компаньонов; **befristete** ~ срочный вклад *m*; **feste** ~ долгосрочный вклад *m*; **freiwillige** ~ добровольный вклад *m*; **kündbare** ~ *s.* **Sichteinlage** *f*; **kurzfristige** ~ краткосрочный вклад *m*; **langfristige** ~ долгосрочный вклад *m*; ~ **mit einjähriger Kündigungsfrist** срочный вклад *m* на один год; ~ **mit einer Laufzeit von 3 Monaten** срочный вклад *m* на три месяца; **obligatorische** ~ обязательный вклад *m*; (взнос *m*); **stille** ~ негласный вклад *m*; **unbefristete** ~ бессрочный вклад *m*; **unverzinsliche** ~ беспроцентный вклад *m*; **verzinsliche** ~ процентный вклад *m*

Einlage|art *f* вид *m* вклада; **-blatt** *n* приложение *n*; **-fazilität** *f* возможность *f* депозита в ЕЦБ; депозитные операции *pl*

Einlagekonto *n* счет *m* вкладов; **das steuerliche** ~ счет *m* вкладов свыше номинального капитала в общество с привлекаемым капиталом

Einlagenabgänge *pl* уменьшение *n* числа вкладчиков

Einlagengeschäft *n* операции *pl* со вкладами; **ein ~ durchführen** заниматься приемом вкладов

Einlagen|sicherungsfonds *m* фонд *m* гарантии банковских вкладов, фонд *m* страхования банковских вкладов; **-volumen** *n* объем *m* вкладов; **-zertifikat** *n* депозитный сертификат *m*; **-zuflüsse** *pl* приток *m* вкладов

einlagern держать (хранить) на складе; размещать товары на складе

Einlagerung *f* складирование *n* товаров, помещение *n* товаров на склад; размещение *n* товаров на складе

Einlagerungs|datum *n* дата *f* поступления на склад; **-kosten** *pl* расходы *pl* по складированию; **-kredit** *m* кредит *m* под хранение товаров на складе; **-schein** *m* товарная квитанция *f*; квитанция *f* на груз, принятый на хранение; **-stellen** *pl* оборудованные места *pl* складирования, склады *pl*, хранилища *pl*; **-zeitraum** *m* период *m* хранения на складе

einlaufen поступать; входить в порт; давать усадку

einlegen вкладывать (средства); подавать (жалобу); заявлять (протест); **ein Rechtsmittel** ~ подавать апелляцию (жалобу)

Einleger *m* вкладчик *m*

Einlegerschutz *m* защита *f* вкладчиков в случае банкротства банка

einliefern доставлять, поставлять; сдавать, вручать

Einlieferung *f* сдача *f*, вручение *n*; доставка *f*, поставка *f*
Einlieferungsbescheinigung *f* квитанция *f* о вручении (доставке)
einlösbar выполнимый; подлежащий выкупу
einlösen оплачивать, предъявить к оплате, выкупать, погашать; **gepfändete Waren ~** выкупать заложенные товары *pl*; **Pfandbriefe ~** выкупить (оплатить) закладные листы
Einlöserecht *n* право *n* выкупа
Einlösestelle *f* место *n* погашения (оплаты)
Einlösung *f* выкуп *m*; оплата *f*, уплата *f*, платеж *m*; погашение *n*; инкассация *f*, инкассирование *n*; оплата *f* товаров против товаросопроводительных документов; **zur ~ vorlegen** предъявить к оплате; **~ des Akkreditivs durch die Bank** оплата *f* аккредитива банком; **~ einer Anleihe** погашение *n* займа; **~ eines Schecks** получение *n* денег по чеку; **~ eines Wechsels** оплата *f* векселя
Einlösungs|bedingungen *pl* условия *pl* погашения; **-frist** *f* срок *m* погашения; **-garantie** *f* гарантия *f* погашения (оплаты, выкупа); **-kurs** *m* цена *f* (норма *f*) погашения; **-pflicht** *f* обязательство *n* размена (обмена); обязательство *n* выкупа; **-provision** *f* комиссионные *pl* за платежи; **-termin** *m* срок *m* выкупа (погашения)
Einmal|beitrag *m* единовременный взнос *m*; **-betrag** *m* единовременная сумма *f*; **-emittent** *m* разовый эмитент *m*
einmalig однократный, разовый, единовременный
Einmalprämie *f* единовременный страховой взнос *m*
Einmann|betrieb *m* единоличное предприятие *n*; **-gesellschaft** *f* общество *n*, капитал которого принадлежит одному лицу; единоличное общество *n*
Einnahme|ausfall *m* уменьшение *n* доходов, убыток *m*, перерыв *m* в поступлениях; **-aussichten** *pl* перспективы *pl* получения доходов; **-beleg** *m* приходная квитанция *f*; **-gliederung** *f* классификация *f* доходов
Einnahmen *pl* доходы *pl*; поступления *pl*; **als ~ buchen** приходовать, записывать в приход; **~ beziehen** получать доходы; **~ erwirtschaften** получать доходы от хозяйственной деятельности; **~ nachrechnen** проверить расчет доходов (поступлений); **~ verbuchen** записывать доходы на свой счет; **~ versteuern** оплатить налоги на доходы; **~ zusammenzählen** суммировать доходы; **~ aus dem Verkauf** доходы *pl* от продаж (реализации); **außerordentliche ~** чрезвычайные (дополнительные) доходы *pl* (поступления *pl*); **außerplanmäßige ~** внеплановые доходы *pl* (поступления *pl*); **entgangene ~** упущенные доходы *pl*; **laufende ~** текущие поступления *pl*; **geplante ~** запланированные доходы *pl*; **nebenberufliche ~** побочные доходы *pl*; **öffentliche ~** государственные доходы *pl*, поступления *pl* в государственный бюджет; **regelmäßige ~** постоянные доходы *pl*, регулярные поступления *pl*; **~ des Staates** государственные доходы *pl*; **steuerfreie ~** доходы *pl*, не облагаемые налогом; **~ und Ausgaben** приход *m* и расход *m*, доходы *pl* и расходы *pl*
Einnahmen|buch *n* приходная книга *n*; **-reihe** *f* ряд *m* доходов; **-überschuss** *m* превышение *n* доходов над расходами
Einnahmen- und Ausgabenrechnung *f* счет *m* доходов и расходов
Einnahme|plan *m* план *m* поступления доходов; **-quelle** *f* источник *m* доходов (поступлений); **-rückgang** *m* уменьшение *n*; доходов (поступлений); **-steigerung** *f* увеличение *n* доходов (поступлений)
Einnahme- und Ausgabeverhalten *n* распоряжение *n* доходами и расходами
Einnahmeverlust *m* потеря *f* доходов
einnehmen получать; принимать; брать (груз); занимать; **wenig ~** иметь незначительные доходы
einordnen располагать, размещать,

распределять, расставлять, классифицировать

Einordnung *f* расположение *n*, размещение *n*, расстановка *f*, распределение *n*, классификация *f*

einpacken упаковывать

einplanen запланировать, предусмотреть; запланировать

Einproduktbetrieb *m* предприятие *n*, производящее один вид продукции

einräumen предоставлять, уступать; допускать

Einräumung *f* предоставление *n*; уступка *f*

einrechnen зачислять, включать в счет; учитывать

Einrechnung *f* зачисление *n*, включение *n* в счет; **unter ~ von** включая, принимая в расчет

Einrede *f* возражение *n* стороны, оправдание *n*; **eine ~ geltend machen** возразить; **begründete ~** мотивированное возражение *n*; **~ des nichterfüllten Vertrages** возражение *n* стороны о невыполнении договора другой стороной

einreichen подавать (заявление); вносить (предложение); ходатайство

Einreicherbank *f (Bank)* банк-ремитент *m*

Einreichung *f* подача *f* (завления); представление *n* (предложения); **~ eines Antrags** подача *f* заявления; **~ der Dokumente** представление документов; **~ von Angeboten** представление предложений; подача заявок

Einreichungsfrist *f* (**-termin** *m*) срок *m* подачи (представления)

einreihen зачислять, включать

Einreise *f* въезд *m* (в страну); **die ~ bewilligen** разрешить въезд (в страну)

Einreise|erlaubnis *n* разрешение *n* на въезд; **-sichtvermerk** *m* въездная виза *f*, виза *f* на въезд; **-verbot** *m* запрещение *n* въезда; **-visum** *n* виза *f* на въезд

einrichten устраивать; оборудовать; налаживать; устанавливать; **ein Haus ~** оборудовать дом; **ein Sparbuch ~** завести сберегательную книжку

Einrichtung *f* устройство *n*, приспособление *n*; оборудование *n*; наладка *f*; установка *f*, монтаж *m*; учреждение *n*, организация *f*; **eine ~ errichten** создать учреждение (организацию); **kommunale ~** коммунальное учреждение *n*; **soziale -en** социальные учреждения *pl*; **technische -en** технологическое оборудование *n*

Einrichtungs|gegenstände *pl* предметы *pl* оборудования; оборудование *n*; **-kosten** *pl* расходы *pl* на оборудование (оснащение)

Einsatz *m* применение *n*, использование *n*; подбор *m* и расстановка *f* (кадров); **zum ~ bringen** использовать, применять; **zum ~ kommen** использоваться, применяться; **~ von Arbeitskräften** подбор *m* и расстановка *f* рабочей силы

Einsatz|bereitschaft *f* готовность *f* к эксплуатации (действию); **-ergebnis** *n* разница *f* между закупочной и запланированной ценой; **-erprobung** *f* пробное применение *n*, испытание *n*; **-faktor** *m* отношение *n* количества сырья и материалов к количеству готовой продукции; **-material** *n* производственный материал *m*; **-menge** *f* количество *n* сырья и материалов, запущенное в производство; **-mittel** *pl* ресурсы *pl*; **-plan** *m* план *m* использования (применения); производственный план *m*; **-stoff** *m* производственный материал *m*; **-wechseltätigkeit** *f* разъездная работа *f*; **-zeit** *f* срок *m* службы (основных средств)

einschalten вставлять, включать; **sich ins Geschäft ~** входить в дело

Einschaltung *f* вставка *f*, включение *n*

einschätzen оценивать, определять; **falsch ~** давать неправильную оценку

Einschätzung *f* оценка *f*, определение *n*; **~ der betrieblichen Leistung** оценка *f* деятельности предприятия; **~ der Kreditfähigkeit** оценка *f* кредитоспособности

Einschichtbetrieb *m* предприятие *n*, работающее в одну смену
einschlägig специальный, соответствующий; подобный; **-e Bestimmungen** соответствующие положения *pl*; **-e Vorschrift** специальная инструкция *f*
einschließlich включая, включительно; **~ Bedienung** включая обслуживание; **die Preise verstehen sich ~ Versandkosten** цены включают расходы по отправке
einschränken ограничивать, сокращать
Einschränkung *f* ограничение *n*, сокращение *n*
Einschreibegebühr *f* плата *f* за отправление заказного письма
einschreiben записывать, вписывать, вносить; **sich für einen Kursus ~** записаться на курсы
Einschreibung *f* запись *f*, занесение *n*; зачисление *n* (в вуз); внесение *n* (в списки)
Einschuss *m* (первичный) вклад *m*, взнос *m*, инвестированный капитал *m*; гарантийный взнос *m* при заключении биржевых срочных сделок
Einschuss|konto *n* счет *m* гарантийных взносов; счет *m* биржевого спекулянта у брокера по сделкам с маржей; **-pflicht** *f* требование *n* маржи; **-zahlung** *f (Bö)* депозитная маржа *f*, начальная маржа *f*
einsehen просматривать, проверять
Einsendung *f* доставка *f*, поступление *n*, посылка *f*, отправка *f*
einsetzbar применимый, используемый; **vielseitig ~** универсальный
einsetzen применять, использовать; расставлять (кадры); вводить в действие
Einsetzung *f* назначение *n* (на должность); назначение *n* (комиссии, комитета); использование *n*; ввод *m* (во владение)
Einsicht *f* просмотр *m*, проверка *f*, ознакомление *n*; **~ gewähren** разрешить ознакомление; **~ in Akten erhalten** получить возможность проверки дел; **~ in das Handelsregister haben** иметь доступ к торговому реестру; **~ nehmen** просматривать, знакомиться; **zur ~ in Geschäftsbücher berechtigt sein** иметь право ревизии торговых книг
Einsichtnahme *f* ознакомление *n*, просмотр *m*, проверка *f*; **die ~ verlangen** потребовать проверки; **zur ~ vorlegen** предъявить для просмотра; **~ in die Geschäftsbücher** проверка *f* (ревизия *f*) торговых книг; **~ in die Akten** ознакомление *n* с делами
Einsichtsrecht *n* право *n* на ознакомление (проверку)
einsparen экономить, сберегать, накопить; **Lohnkosten ~** экономить на расходах на заработную плату, сокращать заработную плату
Einsparung *f* экономия *f*, накопление *n*, сбережение *n*, сокращение *n*; **~ von Arbeitskräften** сокращение *n* рабочей силы
Einsparungsmöglichkeiten *pl* возможности *pl* экономии (сбережения)
Einspruch *m* возражение *n*, протест *m*; **einen ~ einlegen** опротестовать (решение), подать на апелляцию; **~ erheben** заявить протест; **einem ~ stattgeben** удовлетворить апелляцию; **einen ~ verwerfen** отказать в иске, отвергнуть возражение; **einen ~ zurückziehen** снять возражение, отозвать апелляцию
Einspruchs|frist *f* срок *m* для внесения протеста, срок *m* подачи апелляции; **-grund** *m* основание *n* для протеста; **-recht** *n* право *n* на апелляцию
Einstand *m* вступление *n* в должность; право *n* преимущественной покупки; поручительство *n*
Einstands|gebühr *f* вступительный взнос *m*; **-kosten** *pl* стоимость *f* издержек, первоначальная стоимость *f*; **-pflicht** *f* обязанность *f* представить гарантию (поручительство); **-preis** *m* полная цена *f*, фактическая цена *f* покупки (товара в магазине), покупная стоимость *f*; **-wert** *m* покупная стоимость *f s.* **Einstandspreis** *m*
einstehen отвечать, нести

ответственность, ручаться; **für den Schaden** ~ возместить убыток

einsteigen вступать, войти (в дело); покупать на бирже; **in das Geschäft** ~ вступить в дело; **in neue Märkte** ~ выходить на новые рынки

einstellen принимать, нанимать (на работу); прекращать, приостанавливать; устанавливать, регулировать, юстировать, настраивать (прибор)

Einstellung *f* зачисление *n*, принятие *n* на работу, наем *m*; прекращение *n*, приостановка *f*; установка *f*, настройка *f*; ориентация *f*; ~ **der Arbeit** прекращение *n* работы; ~ **des Betriebs** закрытие *n* предприятия, остановка *f* производства; **bevorzugte** ~ преимущественный прием *f* на работу; ~ **in den öffentlichen Dienst** прием *m* на работу (службу) в государственное учреждение *n*; ~ **der Kursnotierung** прекращение *n* котировки курсов; ~ **von Arbeitskräften** наем *m* рабочей силы; ~ **der Zahlungen** приостановка *f* платежей; ~ **zur Arbeit** отношение *n* к труду

Einstelungs|bescheid *m* решение *n* о принятии на работу; **-gehalt** *n* оклад *m*, устанавливаемый при поступлении на работу; **-gespräch** *n* собеседование *n* при приеме на работу; **-prämie** *f* премия *f* за подбор (комплектование) штатов; **-sperre** *f* приостановка *f* приема на работу; **-stopp** *m* прекращение *n* приема на работу; **-vermerk** *m* запись *f* о приеме на работу

Einstieg *m* вступление *n*, вхождение *n* (в дело); ~ **in den Markt** выход *m* на рынок

Einstiegsentgelt *n (Recht, Soz)* оплата *f* труда начинающих (бывших безработных) ниже тарифной

einstufen распределять по категориям; классифицировать; **in eine höhere Lohngruppe** ~ устанавливать более высокий тарифный разряд

Einstufung *f* распределение *n* (по категориям); классификация *f* (по виду деятельности); градация; **berufliche** ~ распределение *n* по профессиям; ~ **der Tätigkeit** классификация *f* рабочих заданий, тарификация *f* труда; **zolltarifliche** ~ классификация *f* таможенных тарифов

einstweilig временный, предварительный; **-e Anordnung** временное распоряжение *n*

eintauschen обменивать, менять

Einteilung *f* подразделение *n*, классификация *f*, распределение *n*

eintragen вносить, приходовать; регистрировать, заносить; приносить прибыль; **falsch** ~ делать неправильную запись

einträglich доходный, выгодный, прибыльный, рентабельный; **-es Gewerbe** выгодное дело (занятие)

Einträglichkeit *f* доходность *f*, прибыльность *f*, рентабельность *f*

Eintragung *f* внесение *n*, запись *f*, разноска *f*, регистрация *f*; **die ~ ins Handelsregister beantragen** подать заявление на регистрацию в торговом реестре; **eine ~ im Register löschen** ликвидировать запись (регистрацию) в торговом реестре; ~ **einer Hypothek** регистрация *f* ипотеки; ~ **in das Handelsregister** занесение *n* в торговый реестр

Eintragungs|bewilligung *f* разрещение *n* на регистрацию; **-gebühr** *f* регистрационный сбор *m*; **-pflicht** *f* обязанность *f* регистрации в торговом реестре; **-vermerk** *m* регистрационная запись *f*, отметка *f* о регистрации

eintreiben взыскивать собирать; реквизировать

Eintreibung *f* взыскание *n*, сбор *m*, реквизиция *f*

eintreten входить, вступать, возникать; **für den Schaden** ~ взять на себя ответственность за убыток (ущерб), оплатить убыток (ущерб)

Eintritt *m* вступление *n*, поступление *n*, присоединение *n*; возникновение *n*; наступление *n*, свершение *n*; **bei ~ eines Ereignisses** в случае наступления события; **bei ~ des Versicherungsfalles** при наступлении

страхового случая; **~ in einen Verein** вступление *n* в союз (объединение)
Eintritts|alter *n (Versich)* возраст *m* застрахованного на дату начала страхования; **-datum** *n* дата *f* вступления; **-barrieren** *pl (V&M)* барьеры *pl* для вхождения в отрасль; **-gebühr** *f* вступительный взнос *m*
Ein- und Ausfuhr *f* ввоз *m* и вывоз *m*, импорт *m* и экспорт *m*
Ein- und Verkaufsbedingungen *pl* условия *pl* закупок и продаж
Einvernehmen *n* взаимное согласие *n*, взаимопонимание *n*; соглашение *n*; **ein ~ erzielen** добиться взаимопонимания; **im besten ~ handeln** действовать в полном согласии (с полного согласия); **zu einem ~ gelangen** прийти к соглашению (взаимопониманию)
Einverständnis *n* согласие *n*, соглашение *n*; **das ~ erteilen** дать согласие; **das ~ erzielen** добиться согласия, получить согласие; **im ~ mit** с согласия, в соответствии с
Einwanderer *m* иммигрант *m*
Einwanderung *f* иммиграция *f*
einwechseln обменивать; разменивать; **einen größeren Schein ~** разменять крупную купюру
Einwechslung *f* обмен *m*; размен *m*
Einwegverpackung *f* разовая упаковка *f*
einweisen давать указания; инструктировать; вводить (в должность); направлять; **einen Angestellten in seine Arbeit ~** ввести служащего в круг его обязанностей, проинструктировать служащего
Einweisung *f* инструктаж *m*, указание *n*, ввод *m* (в должность); направление *n*
Einwendung *f* возражение *n*; **-en erheben** возражать, заявлять протест; **~ der Aufrechnung** возражение против начета
Einwilligung *f* согласие *n*, согласие *n* на совершение сделки; **seine ~ geben** дать свое согласие; **stillschweigende ~** молчаливое согласие *n*
Einwirkung *f* влияние *n*, воздействие *n*
Einwohner *m* житель *m*
Einwohnerzahl *f* численность *f* населения
einzahlen платить, вносить деньги; делать взносы; оплачивать; **auf sein Konto ~** вносить деньги на счет
einzählen принимать в расчет
Einzahler *m* плательщик *m*; вкладчик *m*, депозитор *m*, депонент *m*
Einzahlung *f* платеж *m*, взнос *m*, вклад *m*, платежное поступление *n*; оплата *f*; **~ auf ein Konto** вклад на счет; **ausstehende -en** причитающиеся, но не поступившие платежи *pl*; суммы *pl*, причитающиеся обществу от компаньонов; **~ bei der Bank** платеж *m* (взнос *m*) в банк; **~ in den Fonds** взнос (вклад) в фонд; **~ der Steuern** уплата *f* налогов; **-en und Auszahlungen** поступления *pl* и платежи *pl*
Einzahlungs|beleg *m* приходный кассовый ордер *m*; **-formular** *n* бланк *m* платежного поручения; **-pflicht** *f* обязанность *f* акционеров оплатить номинальную стоимость приобретенной акции; **-quittung** *f* квитанция *f* об уплате; **-schein** *m* приходный кассовый ордер *m*; **-überschuss** *m* превышение *n* поступлений над платежами
Einzel|abmachung *f* индивидуальное (отдельное) соглашение *n*; **-abrechnung** *f* индивидуальный расчет *m*; калькуляция *f* единичной цены; **-abschluss** *m* подведение *n* итогов по отдельным видам основных средств; **-abschreibung** *f* индивидуальные амортизационные отчисления *pl*; **-akkord** *m* индивидуальная аккордная заработная плата *f*; **-anfertigung** *f* единичное (штучное) изготовление *n*, изготовление *n* по заказу; **-angaben** *pl* подробные сведения *pl*, спецификация *f*; **-arbeitsvertrag** *m* индивидуальный трудовой договор *m*; **-auftrag** *m* разовый наряд *m*; индивидуальный заказ *m*; **-ausgaben** *pl* специфические расходы *pl*; **-ausgebot** *n* раздельная продажа *f* земельных участков на принудительном аукционе; **-ausschreibung** *f* тендер *n* на отдельный

вид работ (напр. в строительном объекте); **-bewertung** *f* индивидуальная оценка *f*; **-depot** *n* индивидуальный депозит *m*, индивидуальное хранение *n* ценных бумаг; **-einnahmen** *pl* специфические доходы *pl*; **-entscheidung** *f* единоличное решение *n*; **-erlös** *m* индивидуальная выручка *f* (выручка *f* от конкретного объекта, клиента); **-erscheinung** *f* единичное явление *n*; **-fall** *m* единичный (отдельный) случай *m*; **-fertigung** *f* единичное (штучное) производство производство *n* на заказ; **-firma** *f* фирма *f*, принадлежащая одному компаньону; **-geschäft** *n* разовая сделка *f*

Einzelhandel *m* розничная торговля *f*; **~ betreiben** продавать в розницу, заниматься торговлей в розницу; **im ~ verkaufen** продавать в розницу; **über den ~ beziehen** покупать в розничной торговой сети

Einzelhandels|betrieb *m* предприятие *n* розничной торговли; **-geschäft** *n* магазин *f* розничной торговли; **-kaufmann** *m* розничный торговец *m*; **-kette** *f* сеть *f* розничных магазинов; **-preis** *m* розничная цена *f*; **-preisindex** *m* индекс *m* розничных цен; **-spanne** *f* торговая накидка *f* в розничном товарообороте; **-tarif** *m* розничный тариф *m*; **-umsatz** *m* розничный товарооборот *m*; **-unternehmen** *n* предприятие *n* розничной торговли; **-verkauf** *m* розничная продажа *f*, продажа *f* в розницу; **-verkaufpreis** *m* розничная цена *f*; **-volumen** *n* объем *m* розничной торговли; **-ware** *f* розничный товар *m*, товар *m*, продаваемый в розницу

Einzel|händler *m* розничный торговец *m*; **-kalkulation** *f* калькуляция *f* цены индивидуального заказа; **-kaufmann** *m* единоличный собственник *m* торгового предприятия, индивидуальный торговец *m*; **-kosten** *pl* одноэлементные расходы *pl* (издержки *pl*), прямые издержки *pl*; **-lohn** *m* прямая заработная плата *f* (причисляемая к конкретному месту возникновения затрат); **-markenstrategie** *f (V&M)* стратегия *f* индивидуальных брендов, стратегия *f* мультибрендов; **-materialkosten** *pl* прямые материальные затраты *pl*

einzeln отдельный, частный, единичный

Einzel|nachweis *m* учет *m* отдельных операций; поэлементное описание (затрат, поступлений и т.п.); **-person** *f* отдельное лицо *n*; **-prokura** *f* торговая доверенность *f*, выданная одному лицу; **-risiko** *n* индивидуальный риск *m*; **-teil** *m* отдельная деталь *f*; **-unternehmen** *n* предприятие *n*, принадлежащее одному владельцу; единоличное предприятие *n*; **-verantwortung** *f* персональная ответственность *f*; **-verbraucher** *m* отдельный (индивидуальный) потребитель *m*; **-verkauf** *m* продажа *f* в розницу; **-versicherer** *m* индивидуальный страховщик *m*; **-versicherung** *f* единоличное страхование *n*; страхование *n* отдельных объектов; **-vertretungsrecht** *n* право *n* на единоличное представительство; **-vertrieb** *m* розничный сбыт *m*, розничная продажа *f*; **-verwahrung** *f s.* **Sonderverwahrung** *f*; **-vorhaben** *n* индивидуальный проект *m*; **-wirtschaft** *f* самостоятельное хозяйство *n*

einzelwirtschaftlich микроэкономический; **-e Organisationsformen** организационные формы *pl* отдельных предприятий (хозяйств); **-e Pläne** планы *pl* отдельных предприятий (хозяйств)

einziehbar подлежащий взысканию

einziehen взимать, взыскивать; инкассировать, собирать (налоги); изымать из обращения; конфисковать; ликвидировать; въезжать (в квартиру)

Einziehung *f* взимание *n*, взыскание *n*; инкассирование *n*, инкассо *n*; сбор *m*; изъятие *n* из обращения; конфискация *f*; ликвидация *f*; **~ des Beitrags** взимание *n* (сбор) взносов;

~ **der Geschäftsanteile** уничтожение *n* пая (доли) в предприятии (и связанных с этим всех прав); ~ **der Importwaren** конфискация *f* импортных товаров; ~ **des Vermögens** конфискация *f* имущества; ~ **von Aktien** выкуп *m* или принудительное изъятие *n* акций (обществом)

Einziehungsverfahren *n* способ *m* инкассации платежных требований

Einzug *m* взыскание *n*, сбор *m*, получение *n* платежа, прямое дебетование *n*; вселение *n* (в дом, квартиру); ~ **der Steuern** взимание *n* налогов; ~ **von Forderungen** взыскание *n* (инкассо *n*) долговых требований; ~ **von Sozialversicherungsbeiträgen** сбор *m* взносов на социальное страхование; ~ **eines Wechsels** инкассирование *n* векселя

Einzugs|bereich *m* район *m* снабжения, зона *f* обслуживания, зона влияния; **-ermächtigung** *f* полномочия *pl* на прямое дебетование (инкассацию); **-gebiet** *n s.* **Einzugsbereich** *m*; **-gebühren** *pl* сборы *pl* за инкассирование; **-stelle** *f* место *n* инкассации векселя; **-verfahren** *n* метод *m* учета с одновременной записью операций в дебет одного счета и в кредит другого

Einzweckgesellschaft *f* специально созданное (для определенной цели) юридическое лицо *n* (предприятие *n*)

Eisenbahn *f* железная дорога *f*

Eisenbahn|betrieb *m* эксплуатация *f* железной дороги; **-fracht** *f* провоз *m* (перевозка *f*) грузов по железной дороге; железнодорожный груз *m*; плата *f* за перевозку по железной дороге; **-frachtverkehr** *m* железнодорожные грузовые перевозки *pl*; **-gütertarif** *m* тариф *m* на перевозку грузов по железной дороге; **-güterverkehr** *m* перевозка *f* грузов по железной дороге; **-personenverkehr** *m* железнодорожные пассажирские перевозки *pl*; **-tarif** *m* железнодорожный тариф *m*; **-transport** *m* железнодорожный транспорт *m*; перевозки *pl* по железной дороге; **-verbindung** *f* железнодорожное сообщение *n*; **-verkehr** *m* железнодорожное сообщение *n* (движение *n*); железнодорожные перевозки *pl*; **-wagen** *m* вагон *m*; **-werte** *pl* акции *pl* железнодорожных компаний

Eisenwaren *pl* скобяные изделия *pl*

elastisch эластичный; **-er Bedarf** эластичный спрос *m*

Elastizität *f* эластичность *f*, гибкость *f*; ~ **des Angebots** эластичность *f* предложения; ~ **der Nachfrage** эластичность *f* спроса

E-Learning *n (Comp)* электронное обучение *n*

Elektrizitäts|bedarf *m* потребность *f* в электрической энергии; **-erzeugung** *f* производство *n* электрической энергии; **-tarif** *m* тариф *f* на пользование электрической энергией; **-verbrauch** *m* потребление *n* электрической энергии; **-versorgung** *f* снабжение *n* электрической энергией, электроснабжение *n*; **-werk** *n* электростанция *f*; **-wirtschaft** *f* электроэнергетика *f*

Elektro|branche *f* электроэнергетика *f*; **-geschäft** *n* магазин *m* электротоваров; **-industrie** *f* электропромышленность *f*; **-maschinenbau** *m* электромашиностроение *n*

Electronic Banking электронная система *f* предоставления банковских услуг

Electronic Cash система *f* дебетовых карт Германии

Elektronikindustrie *f* электронная промышленность *f*

Elementarschäden *pl (Versich)* ущерб *m* от опасных природных явлений

eliminieren исключать, удалять, устранять

ElsterFormular *n s.* **Formular** *n* **für elektronische Steuererklärung**

E-Mail *n (Comp)* электронная почта *f*, электронное сообщение *n*

E-Mail-Adresse *f (Comp)* электронный адрес *m*

Emballage *f* упаковка *f*, упаковочные средства *pl*; **einschließlich ~** включая упаковку

Embargo *n* эмбарго *n*; **ein ~ aufheben**

снять эмбарго; **ein ~ verhängen** ввести (наложить) эмбарго

Embargoliste *f* список *m* стран, против которых введено эмбарго

Embedded Value *(Versich)* встроенная стоимость *f*

Emission *f* эмиссия *f*, выпуск *m* (в обращение); **eine ~ begeben** производить эмиссию; **eine ~ fest übernehmen** твердо гарантировать размещение выпуска ценных бумаг на рынке; **eine ~ unterbringen** разместить выпуск; **~ über pari** выпуск *m* по курсу выше номинала; **~ unter pari** выпуск *m* по курсу ниже номинала; **völlig gezeichnete ~** выпуск *m*, полностью размещенный по подписке

Emissionär *m* уполномоченный *m* по выпуску ценных бумаг

Emissions|abgabe *f* эмиссионный налог *m*; **-agio** *n* надбавка *f* к курсу акций, ажио *n*; **-angebot** *n* предложение *n* эмиссии; **-bank** *f* эмиссионный банк *m*; **-bedingungen** *pl* условия *pl* выпуска (эмиссии); **-disagio** *n* скидка *f* с курса акций; **-ergebnis** *n* итог *m* выпуска и размещения ценных бумаг; **-erlös** *m* выручка *f* (доход) от эмиссии

emissionsfähig могущий быть выпущенным; эмиссионноспособный

Emissions|garantie *f* гарантия *f* размещения ценных бумаг; **-geschäft** *n* сделки *pl* по гарантированному размещению ценных бумаг, операции *pl* "андеррайтинг"; **-gläubiger** *m* кредитор *m* эмиссии; **-jahr** *n* год *m* выпуска (эмиссии); **-konsortium** *n* синдикат *m* (консорциум *m*), размещающий выпуск ценных бумаг; эмиссионный консорциум *m*; **-kosten** *pl* расходы *pl* по эмиссии; **-kredit** *m* кредит *m*, предоставляемый синдикатом эмитенту; **-kurs** *m* эмиссионный курс *m*, эмиссионная цена *f*, курс *m* нового выпуска ценных бумаг; **-markt** *m* первичный рынок *m*, на котором размещаются вновь выпущенные ценные бумаги; **-politik** *f* эмиссионная политика *f*; **-preis** *m* цена *f* эмиссии; **-prospekt** *m* объявление *n* о новом выпуске акций, проспект *m* эмиссии; **-recht** *n* эмиссионное право *n*; **-regelung** *f* регулирование *n* эмиссии; **-rendite** *f* доход *m* от выпуска новых ценных бумаг; **-schuldner** *m* эмитент *m*, заемщик *m*; **-sperre** *f* запрет *m* на новые выпуски ценных бумаг; **-steuer** *f* налог *m* на эмиссию; **-syndikat** *n* консорциум *m* банков, размещающий выпуск *m* ценных бумаг; **-übernahme** *f* гарантия *f* размещения нового выпуска ценных бумаг; **-verfahren** *n* способ *m* эмиссии; **-vergütung** *f* комиссионные *pl* за размещение нового выпуска ценных бумаг; **-volumen** *n* объем *m* эмиссии

Emittent *m* эмитент *m*, заемщик *m*

emittieren эмитировать, выпускать в обращение ценные бумаги

emittiert эмитированный, выпущенный в обращение

Empfang *m* прием *m*, приемка *f*; встреча *f*; получение *n*; администрация *f* гостиницы; **den ~ bestätigen** подтвердить получение; **in ~ nehmen** получать, принимать

Empfänger *m* получатель *m*; адресат *m*; приемщик *m*; **~ eines Angebots** получатель *m* предложения; **~ unbekannt** адресат *m* неизвестен (выбыл); **~ von Sozialleistungen** получатель *m* социальных услуг; **vom ~ zahlbar** наложенным платежом

Empfängerland *n* страна *f* назначения; страна-получатель *f*; страна-заемщик *f*

Empfangsanzeige *f* извещение *n* о получении

empfangsberechtigt имеющий право на получение

Empfangs|berechtigung *f* право *n* на получение; **-bescheinigung** *f* квитанция *f* на получение, расписка *f* в получении; **-bestätigung** *f* подтверждение *n* получения, складская накладная *f*; **-chef** *m* администратор *m* гостиницы; **-datum** *n* дата *f* получения; **-konnossement** *n* простой коносамент *m*, транспортная накладная *f*; **-spediteur** *m* экспедитор-получатель *m* груза

empfehlen рекомендовать, советовать

Empfehlung *f* рекомендация *f*, совет *m*; **auf ~ von** по рекомендации

Empfehlungs|liste *f* рекомендательный список *m*; **-schreiben** *n* рекомендательное письмо *n*, письменная рекомендация *f*

End|abnehmer *m* конечный получатель *m*; **-abrechnung** *f* окончательный расчет *m*; **-auswertung** *f* окончательная оценка *f*; **-bahnhof** *m* конечная станция *f*; **-bestand** *m* переходящий остаток *m*, переходящие товарные запасы *pl*; остаток *m* на конец периода; **-betrag** *m* конечная сумма *f*, общий итог *m*

Ende *n* конец *m*, окончание *n*; **~ der Beschäftigung** истечение *n* срока найма; окончание *n* трудовой деятельности

End|ergebnis *n* конечный результат *m*; **-erzeugnis** *n* конечный продукт *m*, готовое изделие *n*

en detail в розницу; **~ einkaufen** покупать в розницу; **~ verkaufen** продавать в розницу

End|fälligkeit *f* окончательный срок *m* погашения; **-fertigung** *f* последняя стадия *f* изготовления, окончательная доработка *f*; **-gehalt** *n* окончательный размер *m* оклада

endkonsolidieren проводить окончательную консолидацию

End|kontrolle *f (QM)* окончательный контроль *m*, выходной контроль *m*; **-kosten** *pl* конечная стоимость *f*, окончательные издержки *pl*; **-lagerung** *f* окончательное захоронение *n* (отходов); **-montage** *f* конечный монтаж *m*, завершающая сборка *f*; **-preis** *m* окончательная цена *f*; **-produkt** *n* конечный (готовый) продукт *m*; **-produktion** *f* завершенное производство *n*, готовая продукция *f*; **-prüfung** *f* окончательная проверка *f*, конечный контроль *m*; **-summe** *f* итоговая сумма *f*; **-termin** *m* конечный срок *m*, срок *m* окончания (работ); **-verbraucher** *m* конечный потребитель *m*; **-verbraucherpreis** *m* цена *f* для конечного потребителя; розничная (сбытовая) цена *f*; **-wert** *m* конечная стоимость *f*; итоговое значение *n*; **-ziel** *n* конечная цель *f*

Energetik *f* энергетика *f*

Energie *f* энергия *f*; **~ einsparen** экономить (сберегать) энергию; **~ gewinnen** получать энергию; **~ nutzen** использовать энергию

Energie|aufwand *m* потребление *n* (расход *m*) энергии; **-ausbeute** *f* выход *m* энергии; **-bedarf** *m* потребности *pl* в энергии; потребление *n* (расход *m*) энергии; **-bedarfsdeckung** *f* удовлетворение *n* потребностей в энергии; **-bilanz** *m* энергетический баланс *m*; **-einfuhr** *f* импорт *m* энергоносителей, импорт *m* электроэнергии; **-einsparpotential** *n* потенциал *m* экономии энергии; **-einsparung** *f* экономия *f* (сбережение *n*) энергии; **-einsatz** *m* использование *n* энергии; **-erzeugung** *f* производство *n* (выработка *f*) электроэнергии

energieintensiv энергоемкий; **-e Industriezweige** энергоемкие отрасли промышленности *pl*

Energie|kosten *pl* расходы *pl* (затраты *pl*) на энергию; **-kosteneinsparung** *f* экономия *f* расходов на энергию; **-krise** *f* энергетический кризис *m*; **-markt** *m* энергетический рынок *m*; **-nutzung** *f* использование *n* энергии; **-politik** *f* политика *f* в области энергетики; **-potential** *n* энергетический потенциал *m*; **-preis** *m* цена *f* на отдельные виды энергии; **-quelle** *f* источник *m* энергии; **-ressourcen** *pl* энергетические ресурсы *pl*; **-träger** *m* источник *m* энергии, энергоноситель *m*; **-verbrauch** *m* потребление *n* (расход *m*) энергии; **-versorgung** *f* энергоснабжение *n*; **-versorgungsunternehmen** *n* предприятие *n* энергетического хозяйства; **-wirtschaft** *f* энергетика *f*, энергохозяйство *n*

Engagement *n* вложение *n* капитала, участие *n*, вовлечение *n*; дело *n*, активность *f*; **ein ~ eingehen** взять на себя обязательство; **-s planen** планировать капиталовложения (долевое участие); **das ~ verstärken** расширять свое участие; **finanzielles ~** вложения *pl* капитала; **~ der Mitarbeiter** заинтересованность *f* сотрудников; **politisches ~** политические усилия *pl*; **wirtschaftliches ~** экономические усилия *pl*, экономическая активность *f*

engagieren вкладывать капитал; **sich in Aktien ~** вкладывать капитал в акции

Engineering *n* инжиниринг *m*, проектно-конструкторские работы *pl*

Engineeringleistungen *pl* инжиниринговые работы *pl*

Engpass *m* узкое место *n*; дефицит *m*, нехватка *f*

Engpassanalyse *f* анализ *m* узких мест (дефицита)

Engpässe *pl* узкие места *pl*, дефицит *m*, нехватка *f*, дефицитные товары *pl*; **~ beseitigen** устранять узкие места (дефицит); **~ überwinden** преодолевать дефицит (нехватку); **~ bei den Mitarbeitern** нехватка *f* сотрудников; **~ in der Kapazität** нехватка *f* мощностей

Engpassplanung *f* планирование *n* производства с учетом узких мест

en gros оптом

Engros|abnehmer *m* оптовый покупатель *m*; **-einkauf** *m* оптовая закупка *f*; **-handel** *m* оптовая торговля *f*; **-verkauf** *m* оптовая продажа *f*

Enkelgesellschaft *f* общество-внук *n*

Enquete *f* опрос *m*, обследование *n* путем опроса; **eine ~ durchführen** проводить опрос

entbinden освобождать; **von Pflichten ~** освобождать от обязанностей; **von der Verpflichtung ~** освобождать от обязательства

enteignen экспроприировать, лишать собственности; **Grundbesitz ~** экспроприировать земельную собственность

Enteignung *f* экспроприация *f*; лишение *n* прав собственности; отчуждение *n* собственности в пользу государства; **~ gegen Entschädigung** отчуждение *n* с выплатой компенсации; **~ zum Wohle der Allgemeinheit** отчуждение *n* (экспроприация *f*) на благо общества

Enteignungs|anspruch *m* притязание *n* на отчуждение; **-entschädigung** *f* компенсация *f* за отчужденное имущество

enterben лишать наследства

Enterbung *f* лишение *n* наследства

Entfaltung *f* развитие *n*; раскрытие *n*

Entfernung *f* расстояние *n*; увольнение *n*, отстранение *n* от должности

entflechten декартелизировать, деконцентрировать

Entflechtung *f* декартелизация *f*; деконцентрация *f*; децентрализация *f*; расчленение *f* (на сферы деятельности)

Entgegennahme *f* прием *m*, приемка *f*, получение *n*, принятие *n*; **die ~ der Ware verweigern** отказаться от приемки товара; **~ von Bestellungen** получение *n* (прием *m*) заказов; **~ von Erklärungen** прием *m* деклараций (заявлений)

entgegennehmen принимать, получать

Entgelt *n* возмещение *n*, компенсация *f*; вознаграждение *n*, (о)плата *f*; **ein ~ berechnen** начислять вознаграждение (плату) за труд; **ein ~ entrichten** выплачивать вознаграждение (плату) за труд; **ein ~ erhalten** получать вознаграждение (плату) за труд; **ein ~ fordern** требовать оплаты труда; **ein ~ fortzahlen** продолжать выплачивать вознаграждение за труд (напр. при заболевании); **ein ~ zahlen** платить вознаграждение за труд; **durchschnittliches ~** средний размер *m* вознаграждения (платы); **festes ~** твердый заработок *m*; **~ für die Arbeitsleistung** плата *f* за выполненную работу; **gegen ~** в уплату, за плату; **leistungsbezogenes ~** сдельная оплата *f* труда; **vereinbartes ~** согласованная оплата *f* труда

Entgeltersatzleistungen *pl* *(Soz)* социальные пособия *pl* (при отсутствии заработной платы), *s.* **Lohnersatzleistungen** *pl*

Entgelt|festsetzung *f* определение *n* размера вознаграждения за труд; **-fortzahlung** *f* продолжение *n* выплаты заработной платы; **-höhe** *f* размер *m* вознаграждения за труд
entgeltlich за плату; платный; **~ erwerben** покупать; **-e Abgabe von Waren** отпуск товаров при условии оплаты
Entgelt|politik *f* политика *f* по формированию соотношения цен и качества работ; **-regelungen** *pl* положение *n* об оплате труда; **-tarifvertrag** *m* часть *n* тарифного соглашения, регулирующая оплату труда; **-umwandlung** *f* направление части зарплаты на обеспечение старости со стороны предприятия
enthalten содержать, включать; воздержаться (от голосования)
entheben освобождать, отстранять (отдолжности); **der Veranwortung ~** освобождать от ответственности
Enthebung *f* освобождение *n*, отстранение *n* от должности
Entkartellierung *f* декартелизация *f*
entkräften признать недействительным, отменять; аннулировать
Entlade|arbeiten *pl* разгрузочные работы *pl*; операции *pl* по разгрузке; **-beginn** *m* начало *n* разгрузки; **-frist** *f* срок *m* разгрузки (выгрузки); **-kosten** *pl* расходы *pl* по разгрузке (выгрузке)
entladen разгружать, выгружать
Entladestelle *f* место *n* разгрузки (выгрузки)
Entladung *f* разгрузка *f*, выгрузка *f*
Entladungseinrichtungen *pl* техника *f* для разгрузки
entlassen увольнять, отстранять, отчислять; **fristlos ~** увольнять немедленно
Entlassung *f* увольнение *n*, отчисление *n*; отстранение *n* от работы, отставка *f*; **die ~ anzeigen** сообщать об увольнении; **-en durchführen** проводить увольнения; **-en planen** планировать увольнения; **-en vermeiden** избежать необходимости увольнения; **-en vornehmen** проводить увольнения; **anzeigenpflichtige ~** увольнение *n*, о котором необходимо сообщать в ведомство по вопросам труда; **fristlose ~** немедленное увольнение *n*
Entlassungs|abfindung *f* единовременная компенсация *f* при увольнении; **-grund** *m* основание *n* для увольнения; **-schreiben** *n* извещение *n* (уведомление *n*) об увольнении; **-welle** *f* волна *f* увольнений
entlasten погашать (долг); облегчать; списывать; заносить в кредит; одобрять деятельность
Entlastung *f* облегчение *n*; списание *n*; занесение *n* в кредт; освобождение *n* от обязанностей; одобрение *n* деятельности; **~ erteilen** одобрить деятельность; признать правильность отчета; **~ verweigern** отказать в одобрении деятельности; признать отчет неправильным; **finanzielle ~** финансовое облегчение *n*, облегчение *n* финансового положения; **~ der Geschäftsleitung** одобрение *n* деятельности правления фирмы; **~ des Staatshaushalts** сокращение *n* расходных статей государственного бюджета; **steuerliche ~ der Einfuhren** снижение *n* налогов на импортные товары; **~ der Zahlungsbilanz** выравнивание *n* платежного баламса
entleihen брать взаймы, брать напрокат
Entleiher *m* должник *m*; клиент *m*; берущий на прокат, наниматель *m*
entlohnen вознаграждать за труд; расплачиваться, давать расчет; **nach der tariflichen Regelung ~** оплачивать труд в соответствии с тарифным договором
Entlohung *f* вознаграждение *n* за труд, оплата *f* труда; расчет *m*; **differenzierte ~** дифференцированная оплата *f* труда; **gegen ~** с оплатой, за плату; **gerechte ~** справедливая оплата *f* труда; **~ nach dem Leistungsprinzip** оплата *f* по труду; **~ von Arbeitnehmern** оплата *f* труда наемных работников
Entlohungs|form *f* форма *n* оплаты труда; **-grundsätze** *pl* принципы *pl* оплаты труда; **-methoden** *pl* методы

pl оплаты труда; **-system** *n* система *f* оплаты труда

Entnahme *f* изъятие *n*, взятие *n*; отбор *m*; использование *n* (резервных запасов); **~ aus der Kapitalrücklage** использование *n* резервного капитала; **~ aus dem Lager** изъятие *n* со склада; **sonstige ~** прочие изъятия *pl*; **~ von Stichproben** взятие *n* проб; **~ von Waren** изъятие *n* товаров

Entnahmeschein *m* требование *n* (на отпуск материалов)

entnehmen изымать, брать

entrichten вносить, уплачивать, платить

Entrichtung *f* взнос *m*, платеж *m*, уплата *f*, оплата *f*; **~ eines Beitrags** уплата *f* взноса; **gegen ~ einer Gebühr** при условии уплаты сбора; **~ von Steuern** уплата *f* налогов

entschädigen возмещать, компенсировать; вознаграждать

Entschädigung *f* возмещение *n*, компенсация *f*; вознаграждение *n*; покрытие *n* расходов; бонификация *f*; **eine ~ beanspruchen** предъявлять требование о компенсации (возмещении); **eine ~ berechnen** определить размер *m* компенсации; **eine ~ bezahlen** уплатить компенсацию; **eine ~ erhalten** получить компенсацию; **eine ~ gewähren** предоставить компесацию; **eine ~ zahlen** уплатить компенсацию; **einmalige ~** единовременная компенсация *f*, единовременное вознаграждение *n*; **fällige ~** компенсация *f*, подлежащая уплате; **gegen eine ~ enteignen** экспроприировать с выплатой компенсации; **~ statt Rückgabe** компенсация *f* (возмещение *n*) вместо возврата

Entschädigungs|anspruch *m* требование *n* возмещения, притязание *n* на возмещение (компенсацию); **-berechtigte** *m* лицо *n*, имеющее право на получение компенсации; **-betrag** *m* размер *m* возмещения (компенсации); **-fonds** *m (Fin, Pol)* компенсационный фонд *m*; **-leistung** *f* выплата *f* компенсации

entschädigungslos безвозмездно, без обязательства возмещения ущерба

Entschädigungs|pflicht *f* обязанность *f* возмещения; **-summe** *f* сумма *f* отступного (компенсации); **-zahlung** *f* выплата *f* компенсации (возмещения)

entscheiden решать; разрешать; **eine Sache gerichtlich ~** решать дело в судебном порядке

Entscheider *m* лицо, принимающее решения; топ-менеджер *m*; ответственное лицо *n*

Entscheidung *f* решение *n*, принятие *n* решения; **-en durchführen** исполнять решения; **-en durchsetzen** реализовывать решения, проводить решения в жизнь; **-en erlassen** выносить решения; **-en fällen** принимать решения; **eine ~ treffen** принять решение; **sich die ~ vorbehalten** оставить за собой право принять решение; **-en vorbereiten** подготавливать решения; **zu einer ~ kommen** прийти к решению, принять решение; **definitive ~** окончательное решение *n*; **dezentrale -en** самостоятельные решения *pl* на местах; **gerichtliche ~** решение *n* суда; **objektive ~** объективное решение *n*; **operative ~** оперативное решение *n*; **rechtskräftige ~** решение *n*, имеющее законную силу; **schiedsrichterliche ~** арбитражное решение *n*; **unwiderrufliche ~** решение *n*, не подлежащее изменению; **widerrufliche ~** временное решение *n*; **wirtschaftliche ~** экономическое решение *n*; **zentrale ~** директивное решение *n*, спускаемое сверху; главное решение *n*

Entscheidungs|baum *m* дерево *n* принятия решений; **-befugnis** *f* право *n* принимать самостоятельные решения; компетенция *f*, полномочия *pl*; **-bereich** *m* сфера *f* компетенции; **-delegation** *f* делегирование *n* права на принятие решений; **-ebene** *f* уровень *m* принятия решений; **-einheit** *f* самостоятельная организационная структура *f*; **-feld** *n* сфера *f* компетенции, границы *pl* управленческих решений;

-findung *f* принятие *n* решений; **-freiheit** *f* свобода *f* принятия решений; **-gewalt** *f* законодательная власть *f*; **-gremium** *n* орган *m*, полномочный принимать решения; **-grundlage** *f* основа *f* для принятия решения; **-hilfe** *f* помощь *f* в принятии решения; **-instanz** *f* инстанция *f*, имеющая права на принятие решения; **-kompetenz** *f* полномочия *pl* (компетенция *f*) принимать решения; **-kriterium** *n* критерий *m* принятия решений; **-modell** *n* модель *f* принятия решения; **-prozess** *m* процесс *m* принятия решения; **-regel** *f* правило *n* принятия решений; **-recht** *n* право *n* выносить решения; **-sicherheit** *f* надежность *f* принятого решения, уверенное принятие *n* решения; **-situation** *f* критическая ситуация *f*; ситуация *f*, требующая принятия решения; **-techniken** *pl* методы *pl* принятия решений; **-träger** *m* носитель *m* (субъект *m*) решения; **-variante** *f* вариант *m* решения; **-verfahren** *n* процедура *f* выработки решения; **-vorbereitung** *f* подготовка *f* решения; **-wahl** *f* выбор *m* решения; **-zeitpunkt** *m* момент *m* принятия решения

Entschließung *f* решение *n*, постановление *n*, резолюция *f*; **eine ~ verabschieden** принять резолюцию (решение)

Entschließungsentwurf *m* проект *m* резолюции

Entschlüsselung *f* декодирование *n*, дешифровка *f*

entschulden снять долг, освободить от долгов

Entschuldung *f* ликвидация *f* задолженности; освобождение *n* от задолженности, списание *n* долгов; **die ~ beantragen** ходатайствовать о списании долгов; **die ~ durchführen** проводить списание долгов

Entschuldungs|abkommen *n* соглашение *n* о списании долгов; **-verfahren** *n* процедура *f* освобождения от задолженности

entsenden командировать

Entsendung *f* командировка *f*

entsorgen обезвреживать, перерабатывать; **Altgeräte ~** утилизировать отслужившие приборы

Entsorger *m* предприятие *n* по удалению, обезвреживанию и переработке отходов

Entsorgung *f* удаление *n* (обезвреживание *n*) отходов; сбор *m* и утилизация *f* отходов; **~ von Gewerbeabfällen** удаление *n* (обезвреживание *n*) отходов производства

Entsorgungs|anlagen *pl* очистные сооружения *pl*, сооружения *pl* по переработке отходов; **-beleg** *m* квитанция *f* о (надлежащем) вывозе отходов

Entsorgungsfachbetrieb *m* специализированное (авторизованное) предприятие *n* по утилизации отходов; **~-Zertifikat** *n* сертификат *m* специализированного предприятия по утилизации отходов

Entsorgungs|planung *pl* планирование *n* удаления и переработки отходов; **-träger** *m* (коммунальные) предприятия *pl* по вывозу, обезвреживанию и переработке отходов; **-wirtschaft** *f* предприятия *pl* по удалению, обезвреживанию и переработке отходов

Entspannung *f* разрядка *f*, ослабление *n*

Entstehung *f* возникновение *n*, образование *n*, происхождение *n*; **~ eines Anspruchs** возникновение *n* претензии (притязания); **~ der Zollschuld** образование *n* таможенного долга

Entstehungs|rechnung *f (WiWi)* метод добавленной стоимости расчета ВВП; **-zeitpunkt** *m* момент *m* возникновения обязательств

entwerfen проектировать, разрабатывать; планировать

entwerten обесценивать, снижать стоимость; компостировать, погашать

entwertet обесцененный; **-es Geld** обесцененные деньги *pl*

Entwertung *f* обесценение *n*, снижение *n* стоимости; погашение *n*, компостирование *n*; амортизационные списания *pl*; **die ~ beschleunigen** ускорять амортизационные списания

entwickeln развивать, совершенствовать; разрабатывать, конструировать, проектировать; **sich rückläufig ~** развиваться в обратном направлении, уменьшаться

Entwicklung *f* развитие *n*; разработка *f*, конструирование *n*, проектирование *n*; конструкция *f*, проект *m*; подготовка *f*, повышение *n* квалификации; **die ~ fördern** содействовать развитию (разработке); **die ~ unterstützen** оказывать поддержку развитию; **berufliche ~** повышение *n* уровня профессиональной подготовки; **~ der Beschäftigungslage** рост *m* занятости; **innovative ~** инновационная разработка *f*; **konjunkturelle ~** изменение *n* конъюнктуры; **~ neuer Produkte** разработка *f* новых продуктов; **rückläufige ~** регресс *m*, свертывание *n*, уменьшение *n*; **~ von Strategien** разработка *f* стратегии; **~ der Wechselkurse** динамика *f* обменных курсов валют; **wirtschaftliche ~** экономическое развитие *n*

Entwicklungs|abteilung *f* конструкторский (проектный) отдел *m*, отдел *m* научно-технических разработок; **-arbeiten** *pl* опытно-конструкторские работы *pl*; **-auftrag** *m* заказ *m* на разработку; **-aufwand** *m* **(-aufwendungen** *pl***)** затраты *pl* на разработку; **-aussichten** *pl* перспективы *pl* развития; **-bank** *f* кредитный институт *m* для финансирования долгосрочных инвестиционных проектов; **-büro** *n* проектное бюро *n*, проектная организация *f*; **-dauer** *f* период *m* развития (разработки); **-dienst** *m* конструкторская (проектная) служба *f*; **-gebiet** *n* развивающийся регион *m*; область *f* разработок; **-geheimnis** *n* конструкторская тайна *f*, секрет *m* конструкции; **-gemeinkosten** *pl* накладные расходы *pl* на опытно-конструкторские работы; **-hilfe** *f* помощь *f* в развитии; (экономическая) помощь *f* развивающимся странам

Entwicklungshilfe|darlehen *n* **(-kredit** *m***)** заем *m* (кредит *m*) в рамках экономической помощи; **-vorhaben** *n* проект *m* в рамках оказания экономической помощи

Entwicklungs|ingenieur *m* инженер-конструктор *m*; разработчик *m*; **-konzeption** *f* концепция *f* развития (разработки); **-kosten** *pl* расходы *pl* (затраты *pl*) на проведение опытно-конструкторских работ; **-land** *n* развивающаяся страна *f*; **-niveau** *n* уровень *m* развития; **-organisation** *f* организация *f* опытно-конструкторских работ; **-phase** *f* фаза *f* развития; **-politik** *f* политика *f* в области социально-экономического развития в развивающихся странах; **-prognose** *f* прогноз *m* развития; **-programm** *n* программа *f* развития; **-projekt** *n* опытно-конструкторский проект *m*; проект *m* развития; **-richtung** *f* направление *n* развития; **-rückstand** *m* отставание *n* уровня развития; **-stand** *m* уровень *m* развития; **-stufe** *f* ступень *f* развития; **-tempo** *n* темпы *pl* развития; **-tendenz** *f* тенденция *f* развития; **-zeit** *f* период *m* развития; время *n* разработки; **-ziel** *n* цель *f* развития; **-zyklus** *m* цикл *m* развития

Entwurf *m* проект *m*, план *m*, схема *f*, набросок *m*; **den ~ abstimmen** согласовать проект; **einen ~ aufstellen** составить проект; **einen ~ ausarbeiten** разработать проект; **einen ~ einbringen** внести проект; **einen ~ erarbeiten** разработать проект; **einen ~ vorlegen** представить проект; **~ eines Gesetzes** законопроект; **~ des Haushaltsplans** проект бюджета; **~ eines Vertrags** проект договора

Entwurfs|daten *pl* проектные данные *pl*; **-phase** *f* фаза *f* проектирования; **-planung** *f* планирование *n* проекта

entziehen извлекать, изымать; лишать, отнимать

Entziehung *f* извлечение *n*, изъятие *n*; лишение *n*, отнятие *n*; уклонение *n*;

~ **einer Genehmigung** отмена *f* разрешения
E-Procurement *n* электронные закупки *pl*, закупки через Интернет
Equipment *n* оборудование *n*, оснащение *n*; **technisches ~** техническое оборудование *n*
Equity-Gesellschaft *f*: **Private Equity-Gesellschaft** *f* компания *f* прямого финансирования
Equity-Methode *f* метод *m* оценки долевого участия (в ассоциированных предприятиях), метод *m* балансирования долгосрочных инвестиций в балансовом отчете фирмы
erarbeiten разрабатывать, вырабатывать
Erarbeitung *f* разработка *f*, выработка *f*; ~ **von Kriterien** разработка *f* критериев; ~ **von Lösungen** выработка *f* методов решения; ~ **von Projekten** разработка *f* проектов
Erb|abfindung *f* выдел *m* наследников, выплата *f* доли наследников; **-anfall** *m* наследование *n*; наследование *n* имущества; **-anteil** *m* доля *f* наследства; **-anwartschaft** *f* ожидание *n* наследства; возможное право *n* наследования; **-auseinandersetzung** *f* раздел *m* наследства; **-ausschlagung** *f* отказ *m* от наследства; **-baurecht** *n* наследственное (или продаваемое) право *n* застройки
erbberechtigt имеющий право на наследство
Erbe *m* наследник *m*; **als -n einsetzen** назначить наследником; **gesetzlicher ~** законный наследник *m*; **testamentarischer ~** наследник *m* по завещанию
Erbe *n* наследство *n*; **das ~ antreten** вступить в права наследства; **ein ~ ausschlagen** отказаться от наследства
erben наследовать, получать наследство
Erben|gemeischaft *f* наследники *pl*; **-haftung** *f* ответственность *f* наследователя за долги наследодателя
Erb|erklärung *f* заявление *n* о принятии наследства; **-fähigkeit** *f* правоспособность *f* к наследованию; **-fall** *m* открытие *n* наследства; **-folge** *f* порядок *m* наследования; **-gegenstand** *m* предмет *m* (объект *m*) наследования
erbitten запрашивать
Erb|lasser *m* завещатель *m*; **-masse** *f* наследственная масса *f*; **-pacht** *f* s. **Erbbaurecht** *n*; **-recht** *n* право *n* наследования, наследственное право *n*
erbringen выполнять, исполнять; оказывать; предоставлять
Erbringen *n* предоставление *n*, оказание *n*, исполнение *n*; ~ **von Dienstleistungen** предоставление *n* услуг
Erbringung *f* выполнение *n*, исполнение *n*; ~ **von Dienstleistungen** предоставление *n* услуг
Erbschaft *f* наследство *n*; наследие *n*; **eine ~ antreten** вступать в наследство; **eine ~ ausschlagen** отказаться от наследства
Erbschafts|anspruch *m* претензия *f* на наследство; **-kauf** *m* договор *m* о покупке наследственного имущества; **-steuer** *f* налог *m* на наследство; **-steuerbescheid** *m* решение *n* об уплате налога на наследство; **-steuererklärung** *f* декларация *f* о налоге на наследство
Erb|schein *m* свидетельство *n* о наследовании; **-teil** *m* доля *f* наследства; **-vertrag** *m* договор *m* о назначении наследника; **-verzicht** *m* отказ *m* (отречение *n*) от наследства
Erdgas|förderung *f* добыча *f* природного газа; **-lieferung** *f* поставки *pl* природного газа; **-versorgung** *f* снабжение *n* природным газом
Erdöl|angebot *n* предложение *n* поставки нефти; **-erzeugnisse** *pl* нефтепродукты *pl*; **-gesellschaft** *f* нефтяная компания *f*; **-gewinnung** *f* добыча *f* нефти; **-knappheit** *f* нехватка *f* нефти; **-lagerstätte** *f* месторождение *n* нефти; **-leitung** *f* нефтепровод *m*; **-nachfrage** *f* спрос *m* на нефть; **-preisanstieg** *m* повышение *n* цен на нефть; **-verbrauch** *m* потребление *n* нефти; **-versorgung** *f* снабжение *n* (поставки *pl*)

нефти; **-werte** *pl* акции *pl* нефтяных компаний
Ereignisbaumanalyse *f (QM)* анализ дерева событий
Erfahrung *f* опыт *m*; **-en austauschen** обмениваться опытом; **-en machen** приобретать опыт; **-en sammeln** собирать опыт; **-en übermitteln** передавать опыт
Erfahrungs|austausch *m* обмен *m* опытом; **-kurve** *f* эмпирическая кривая *f*; **-übermittlung** *f* передача *f* опыта
erfassen учитывать, охватывать, включать, собирать
Erfassung *f* учет *m*; собирание *n* сведений; наблюдение *n*; регистрация; **mengemäßige ~** количественный учет *m*; **wertmäßige ~** стоимостный учет *m*
Erfassungs|beleg *m* учетный документ *m*; **-bogen** *m* бланк *m* учета; **-kosten** *pl* расходы *pl* по учету (собиранию сведений)
Erfinder *m* изобретатель *m*
Erfinder|recht *n* изобретательское право *n*; **-schutz** *m* охрана *f* прав изобретательства; **-vergütung** *f* вознаграждение *n* за изобретение
Erfindung *f* изобретение *n*; **eine ~ patentieren lassen** запатентовать изобретение; выдать патент на изобретение; **eine ~ rechtlich schützen** осуществлять правовую охрану изобретения; **freie ~** *(Pat)* свободное изобретение *n*; **patentierte ~** запатентованное изобретение *n*; **Software-bezogene ~** *(Comp, Pat)* программное изобретение *n*
Erfindungshöhe *f (Pat)* уровень *m* (новизна *f*) изобретения, изобретательский уровень изобретения
Erfolg *m* (положительный) результат *m*; успех *m*, удача *f*; достижение *n*; **den ~ ausweisen** показать (отразить) результат в отчете; **den ~ ermitteln** определять результат; **einen ~ verstärken** усилить результат; **geschäftlicher ~** успех *m* в деле (предприятии); **materieller ~** материальный успех *m*; **wirtschaftlicher ~** экономический успех *m*
Erfolgs|analyse *f* анализ *m* рентабельности; анализ *m* результата хозяйственной деятельности; **-aussichten** *pl* перспективы *pl* на успех (хорошие результаты); **-beteiligung** *f* участие *n* в прибылях предприятия; **-beurteilung** *f* оценка *f* результатов хозяйственной деятельности
erfolgsbezogen относительно успеха, связанный с успехом
Erfolgs|bilanz *f* результативный баланс *m*; **-entwicklung** *f* динамика *f* результатов хозяйственной деятельности; **-ermittlung** *f* определение *n* результатов хозяйственной деятельности, получение *n* итога; **-konsolidierung** *f* консолидирование *n* результатов хозяйственной деятельности; **-konto** *n* счет *m* прибылей и убытков, итоговый счет *m*; **-kontrolle** *f* контроль *m* результатов деятельности предприятия; **-konzept** *n* концепция *f* (идея *f*) успеха; **-kurs** *m* курс *m* на достижение положительных результатов
erfolgsneutral не влияющий на результат хозяйственной деятельности
Erfolgs|planung *f* планирование *n* результатов хозяйственной деятельности; **-potential** *n* возможности *pl* достижения положительных результатов хозяйственной деятельности; **-provision** *f* комиссионные *pl* за успешное завершение сделки
Erfolgsrechnung *f* определение *n* результата хозяйственной деятельности, определение *n* прибыли; **externe ~** счет *m* прибылей и убытков, результативный счет *m*; подведение *n* итогов; **interne ~** расчет *m* издержек; **steuerliche ~** определение *n* налогооблагаемой базы
Erfolgs|risiko *n* риск *m* успеха; **-übersicht** *f* обзор *m* результатов хозяйственной деятельности; **-wahrscheinlichkeit** *f* вероятность *f* достижения успеха
erfolgswirksam влияющий на результат; эффективный

Erfordernisse *pl* потребности *pl*, требования *pl*; **betriebliche** ~ нужды *pl* (потребности *pl*) предприятия (производства); **dringende** ~ настоятельная потребность *f*, срочная необходимость *f*; **gesellschaftliche** ~ общественные потребности *pl*; **technische** ~ технические требования *pl*; **technologische** ~ требования *pl* технологии; **wirtschaftliche** ~ потребности *pl* экономики; **zwingende** ~ неотложные потребности *pl*

erfüllen выполнять, исполнять; удовлетворять

Erfüllung *f* выполнение *n*, исполнение *n*, осуществление *n*; ~ **einer Forderung** выполнение *n* (удовлетворение *n*) требования; **termingerechte** ~ исполнение *n* в срок; **verspätete** ~ задержка *f* исполнения; **vertragsgerechte** ~ надлежащее исполнение *n* договорных условий; ~ **von Aufgaben** выполнение *n* задач (функций); ~ **der Zusagen** выполнение *n* обещаний (обязательств)

Erfüllungs|garantie *f* гарантия *f* исполнения; **-gehilfe** *m* лицо *n*, с помощью которого должник погашает свои обязательства; **-geschäft** *n* правовая сделка *f* с целью погашения долга

erfüllungshalber принятие *n* на себя нового обязательства с целью погашения задолженности

Erfüllungs|interesse *n* заинтересованность *f* в исполнении обязательств; **-ort** *n* место *n* исполнения обязательства; **-risiko** *n* риск *m* исполнения; **-tag** *m* день *m* исполнения обязательства, расчетный день *m*; **-übernahme** *f* договор *m* об исполнении обязательств

ergänzend дополнительный, добавочный

Ergänzungs|abgabe *f* дополнительный налог *m* (сбор *m*); **-bedarf** *m* дополнительный спрос *m*; спрос *m* на сопутствующий товар; **-bestimmungen** *pl* дополнительные распоряжения *pl* (постановления *pl*, условия *pl*); **-bilanz** *f* дополнительный баланс *m*; **-haushalt** *m* исправленный проект *m* бюджета, дополнения *pl* к бюджету; **-kapital** *n* добавочный капитал *m*; **-steuern** *pl* дополнительная сумма *f* налогов; **-zuweisung** *f* дополнительные ассигнования *pl*

Ergebnis *n* результат *m* (хозяйственной деятельности), итог *m*; **das ~ ausgleichen** балансировать результаты хозяйственной деятельности; **das ~ auswerten** оценивать (анализировать) результат; **das ~ belasten** начислять издержки на результат хозяйственной деятельности; **das ~ verbessern** улучшить результат хозяйственной деятельности; **außerordentliches** ~ незапланированный (дополнительный) результат; **ausgeglichenes** ~ сбалансированный результат; ~ **aus sonstigem Umsatz** результат *m* неосновной хозяйственной деятельности; **betriebliches** ~ производственный результат *m*; ~ **der gewöhnlichen Geschäftstätigkeit** результат *m* основной хозяйственной деятельности; ~ **je Aktie** прибыль *f* на акцию; **vorläufiges** ~ предварительный результат *m*

Ergebnis|abführungsvertrag *m* договор *m* о переводе (отчислении) прибылей и убытков; **-analyse** *f* анализ *m* рентабельности; **-beteiligung** *f* долевое участие *n* в прибылях и убытках; **-beurteilung** *f* оценка *f* результата; **-darstellung** *f* характеристика *f* результата; **-einbußen** *pl* убытки *pl* по результатам (хозяйственной) деятельности; **-entwicklung** *f* изменение *n* результатов деятельности; **-ermittlung** *f* определение *n* результатов (хозяйственной) деятельности; **-kontrolle** *f* контроль *m* за результатами деятельности; **-planung** *f* планирование *n* результатов; **-rechnung** *f* счет *m* прибылей и убытков; **-steigerung** *f* повышение *n* рентабельности; **-übernahmevertrag** *m* договор *m* о принятии на себя ответственности за результаты деятельности; **-verantwortung** *f* ответственность *f* за результаты деятельности; **-verbesserung** *f* улучшение *n* показателей работы

ergebniswirksam эффективный, результативный, влияющий на результаты деятельности

Ergebniszahlen *pl* итоговые показатели *pl*

ergiebig прибыльный, доходный; экономичный, эффективный, плодородный

Ergiebigkeit *f* доходность *f*, прибыльность *f*; производительность *f*, плодородность *f*

Ergonomie *f* эргономика *f*

ergonomisch эргономический; **-e Gestaltung des Arbeitsplatzes** организация рабочего места с учетом требований эргономики

Erhalt *m* получение *n*; **~ der Arbeitsplätze** сохранение *n* рабочих мест; **nach ~ der Rechnung** после получения счета; **~ der Ware** получение *n* товара

erhalten получать, сохранять

Erhaltung *f* сохранение *n*, содержание *n*; **~ der Arbeitsplätze** сохранение *n* рабочих мест; **~ des Lagerbestandes** (со)хранение *n* складских запасов; **~ von Unternehmen** сохранение *n* (выживание) предприятий

Erhaltungs|arbeiten *pl* ремонтные работы *pl*; работы *pl* по техническому обслуживанию; **-aufwand** *m* расходы *pl* по техническому обслуживанию и текущему ремонту; **-investition** *f* капиталовложения *pl* (инвестиции *pl*) на выживание предприятия, инвестиции *pl* в оборудование; **-kosten** *pl* стоимость *f* технического обслуживания и текущего ремонта; **-subvention** *f* дотация *f* для сохранения (выживания) предприятия; **-werbung** *f* рекламная деятельность *f* предприятия с целью недопустить уменьшения оборота

erheben взимать, собирать; заявлять, предъявлять (претензии); **Zölle ~** взимать таможенные пошлины, облагать таможенными пошлинами

Erhebung *f* взимание *n*, сбор *m*; предъявление *n* (претензии), заявление *n* протеста; обследование *n*, сбор *m* сведений; **-en anstellen** проводить обследование *n*, собирать сведения; **eine ~ durchführen** проводить сбор *m* (учет) сведений; **laufende ~** сбор *m* текущей информации; **~ eines Protests** опротестование *n*; **repräsentative ~** выборочный учет *m*; **~ von Abgaben** взимание *n* налогов (сборов); **~ von Zöllen** обложение *n* таможенными пошлинами

Erhebungs|bogen *m* статистический бланк *m* учета; анкета *f*; **-einheit** *f* единица *f* учета; **-verfahren** *n* порядок *m* взимания (налогов); способ *m* (метод *m*) учета; **-zeitpunkt** *m* дата *f* проведения обследования; **-zeitraum** *m* период *m* проведения обследования, период *m* сбора сведений, расчетный период *m*

erhöhen повышать, увеличивать

Erhöhung *f* повышение *n*, увеличение *n*; **~ der Lagerbestände** увеличение *n* складских запасов; **~ des Lebensstandards** повышение *n* уровня жизни; **~ der Preise** повышение *n* цен; **~ der Produktion** увеличение *n* производства; **~ der sozialen Leistungen** увеличение *n* расходов на социальные нужды

erholen, sich подниматься, расти (после спада); возмещать затраты и убытки

Erholung *f* оживление *n*, подъем *m*; повышение *n*, рост *m*; отдых *m*; **~ des Geschäfts** оживление *n* деловой активности; **konjunkturelle ~** оживление *n* коньюнктуры; **~ der Kurse** рост *m* (повышение) курсов; **~ der Märkte** оживление *n* рынков; **vorübergehende ~** временное повышение *n* (оживление *n*)

Erholungs|pause *f* перерыв *m* на отдых; **-potential** *n* потенциал *m* ландшафта для проведения отдыха; **-prozess** *m* процесс *m* оживления (подъема); **-urlaub** *m* очередной отпуск *m*; **-zeit** *f* время *n* для восстановления трудоспособности, время *n* отдыха; **-zeitermittlung** *f* определение *n* периода времени необходимого для восстановления трудоспособности

Erinnerungs|posten *m* запись про мемориа (для памяти); статья *f* "для памяти"; **-werbung** *f* напоминающая реклама *f*; **-wert** *m* стоимость *f* "для памяти"
erkennen признавать; кредитовать счета; записывать в кредит счета; выносить приговор, постановлять
erklären заявлять, объявлять; объяснять; признавать; **sich einverstanden ~** объявить о своем согласии; **für nichtig ~** аннулировать, объявить недействительным
Erklärung *f* заявление *n*; декларация *f*; **eine ~ abgeben** сделать заявление, представить декларацию; **eine ~ vorlegen** представить декларацию; **eidliche ~** заявление *n* под присягой; **gemeinsame ~** совместное заявление *n*; **schriftliche ~** письменное заявление *n*; **~ zur umsatzsteuerlichen Veranlagung** декларация *f* для установления размера налога с оборота
Erklärungs|frist *f* срок *m* объявления (результатов переговоров); **-modell** *n* объяснительная модель *f*
Erkundungen *pl* справки *pl*; **~ einziehen** наводить справки
Erlass *m* указ *m*, постановление *n*; освобождение *n* (от уплаты); уменьшение *n*; опубликование *n*, принятие *n*; **~ eines Gesetzes** принятие *n* закона; **~ von Gebühren** освобождение *n* от уплаты сборов; **~ einer Vorschrift** издание *n* инструкции
Erlassvergleich *m* мировая сделка *f* о списании долгов должника
erlassen опубликовать, издать; снимать, освобождать
Erlaubnis *f* разрешение *n*; лицензия *f*; **die ~ befristen** установить сроки действия разрешения; **die ~ erhalten** получить разрешение; **~ erteilen** выдать разрешение (лицензию); **die ~ erwirken** добиться разрешения; **die ~ verlangen** требовать разрешения; **die ~ versagen** отказать в разрешении; **die ~ widerrufen** отменить разрешение; **die ~ zurücknehmen** аннулировать разрешение
Erlebensfall *m (Versich)* случай *m* выживания, случай *m* доживания (при страховании жизни); **-versicherung** *f s.* **Rentenversicherung** *f*
erledigt выполненный; **-er Auftrag** выполненный заказ *m*
Erledigung *f* выполнение *n*, исполнение *n*; погашение *n*, ликвидация *f*, уплата *f*; **~ eines Auftrags** выполнение *n* заказа
Erleichterung *f* облегчение *n*, льгота *f*; **-en gewähren** предоставлять льготные условия; **steuerliche ~** налоговые льготы *pl*; **~ von Einfuhren** облегчение *n* условий импорта
erleiden потерпеть, понести (убыток)
Erlös *m* выручка *f*, доход *m*, поступление *n*; **-e erwirtschaften (erzielen)** получать доходы; **~ aus Exporten** поступления *pl* от экспорта; **-e aus Lizenzen** лицензионные поступления *pl*; **~ aus dem Verkauf** поступления *pl* от реализации; **kalkulatorische -e** расчетная выручка *f*; **~ je Stück** выручка *f* на единицу продукции
Erlösarten *pl* виды *pl* выручки
erlöschen прекращаться, терять силу, истекать; **das Angebot erlischt** срок *m* действия предложения истекает
erloschen утративший силу, истекший, прекративший существование
Erlöschen *n* прекращение *n*, истечение *n*, погашение *n*; **~ einer Firma** прекращение *n* существования фирмы; **~ einer Hypothek** погашение *n* ипотечного долга; **~ der Lizenz** истечение *n* срока действия лицензии; **~ eines Patents** истечение *n* срока действия патента
Erlös|berichtigung *f* уменьшение *n* плановой выручки; **-einbuße** *f* уменьшение *n* выручки; **-konto** *n* счет *m* доходов; **-korrektur** *f* корректировка *f* доходов (поступлений); **-minderung** *f* уменьшение *n* выручки (поступлений); **-planung** *f* планирование *n* выручки; **-quellen** *pl* источники *pl* поступления доходов; **-realisation** *f* получение *n* выручки; **-rechnung** *f* учет *m* поступлений;

-schmälerung *f* уменьшение *n* выручки (поступлений); **-stellen** *pl* подразделения *pl* производства, приносящие доходы; **-träger** *m* продукты *pl* предприятия, приносящие доходы; **-verbundenheit** *f* доля *f* выручки от группы продукции; совокупность *f* доходов; **-zuwachs** *m* прирост *m* выручки

ermächtigen уполномочивать, давать право; **unwiderruflich ~** уполномочивать без права отзыва; **zur Vornahme der Geschäfte ~** уполномочивать на ведение дел

Ermächtigung *f* полномочие *n*; **eine ~ erteilen** уполномочивать

Ermangelung *f* недостаток *m*, отсутствие *n*, нехватка *f*; **in ~ genauer Angaben** за неимением точных данных

ermäßigen уменьшать, снижать, сбавлять, понижать; сокращать (платежи); **die Gebühr ~** уменьшать плату (сбор); **sich um 15% ~** снижаться (сокращаться) на 15%

ermäßigt сниженный; **zu -en Preisen** по сниженным ценам

Ermäßigung *f* уменьшение *n*, снижение *n*, понижение *n*; сокращение *n* (платежей); скидка *f*, уступка *f*, льгота *f*; **eine ~ erhalten** получить скидку; **eine ~ gewähren** предоставить скидку; **~ der Preise** снижение *n* цен

Ermessen *n* усмотрение *n*, мнение *n*; свобода *f* действий; **in das ~ der Bank stellen** оставить на усмотрение банка

Ermessens|entscheidung *f* решение *n* по собственному усмотрению; **-missbrauch** *m* злоупотребление *n* свободой в принятии решения

ermitteln вычислять, исчислять; узнавать, выяснять, определять, устанавливать; расследовать

Ermittlung *f* вычисление *n*, исчисление *n*; узнавание *n*, выяснение *n*, определение *n*, установление *n*; расследование *n*; **-en führen** проводить расследования; **disziplinarrechtliche ~** дисциплинарное расследование *n*; **~ des Gewinns** определение *n* размера прибыли; **~ des Sachverhalts** расследование *n* обстоятельств дела

Ermittlungs|verfahren *n* дознание *n*; **-zeitraum** *m* период *n* для определения (установления) величины налогообложения

ernähren кормить; содержать (семью)

Ernährung *f* питание *n*; содержание *n* (семьи)

Ernährungs|gewerbe *n* пищевая промышленность *f*; **-güter** *pl* продовольственные товары *pl*, продукты *pl* питания; **-industrie** *f* пищевая промышленность *f*; **-kosten** *pl* расходы *pl* на питание (содержание семьи); **-lage** *f* положение *n* с продовольствием

ernennen назначать

Ernennung *f* назначение *n*; **~ auf Lebenszeit** пожизненное назначение *n*

Ernennungsurkunde *f* документ *m* (акт *m*) о назначении

erneuern обновлять; восстанавливать; возобновлять; перезаключать, продлевать (договор)

Erneuerung *f* обновление *n*, восстановление *n*, реновация *f*; возобновление *n*; перезаключение *n*, новация *f* (договора); **~ der Ausrüstung** обновление *n* оборудования; **~ einer Police** продление *n* страхового полиса; **technische ~** обновление *n* техники

Erneuerungs|bedarf *m* потребность *f* в обновлении, необходимость *f* обновления; **-fonds** *m* фонд *m* реновации; **-investitionen** *pl* капиталовложения *pl* в новые основные средства; **-kosten** *pl* затраты *pl* (расходы *pl*) на обновление (реновацию); **-prozess** *m* процесс *m* восстановления, процесс *m* обновления; **-rücklage** *f* резервные отчисления *pl* на обновление (оборудования); **-schein** *m* *(Bö)* талон *m* купонного листа, дающий право на получение нового купонного листа; **-wert** *m* реновационная стоимость *f*

Ernte *f* урожай *m*; уборка *f* урожая; **die ~ einbringen** убирать урожай

Ernte|arbeiten *pl* уборочные работы *pl*; **-arbeiter** *m* сезонный рабочий *m*;

-aussichten *pl* перспективы *pl* на урожай, прогноз *m* урожая; **-ertrag** *m* урожайность *f*; **-voranschlag** *m* предварительная оценка *f* урожая

eröffnen открывать, начинать; сообщать, объявлять

Eröffnung *f* открытие *n*; начало *n*; сообщение *n*, объявление *n*; **~ eines Akkreditivs** открытие *n* аккредитива

Eröffnungs|bestand *m* начальный запас *m*, запас *m* в начале отчетного периода; **-bilanz** *f* вступительный (начальный) баланс *m*; **-bilanzkonto** *n* счет *m* вступительного баланса; **-buchung** *f* запись *f* открытия; вступительная запись *f*; **-kurs** *m* курс *m* (цена *f*) при открытии биржи, начальный курс *m*; **-preis** *m* стартовая (начальная) цена *f* на аукционе; **-termin** *m* срок *m* вскрытия поступивших на аукцион предложений

EPR-Management *n* менеджмент *m* связей с общественностью с использованием электронных СМИ (EPR *engl.* Electronic Public Relations)

erproben испытывать, испробовать, проверять

Erprobung *f* испытание *n*, опробование *n*, проверка *f*; **~ der Produkte** испытание *n* (опробование *n*) продуктов

errechnen рассчитывать, вычислять

erreichen достигать, добиваться, получать

Erreichung *f* достижение *n*

errichten сооружать; учреждать, основывать; создавать

Errichtung *f* сооружение *n*; учреждение *n*; основание *n*, создание *n*; **~ einer Firma** создание *n* (основание *n*) фирмы; **~ einer Zweigstelle** основание *n* (создание *n*) филиала

Ersatz *m* возмещение *n*, компенсация *f*; замена *f*, замещение *n*; **~ verlangen** требовать компенсации (возмещения); **gegen ~** при наличии замены, при возмещении; **~ von Aufwendungen** возмещение *n* расходов (затрат); **wertmäßiger ~** возмещение *n* в стоимостном выражении

Ersatz|aktie *f* запасной экземпляр *m* акции; **-angebot** *n* предложение *n* возместить убытки; предложение *n* замены одного товара другим; **-anspruch** *m* притязание *n* на возмещение убытков; требование *n* замены; **-arbeitsplätze** *pl* альтернативные рабочие места *pl*; **-ausrüstungen** *pl* запасное оборудование *n*; **-aussonderung** *f* повторное заявление *n* о праве на выделение предметов из конкурсной массы; **-bedarf** *m* потребность *f* замены (возмещения); **-beschaffung** *f* приобретение *n* нового оборудования вместо изношенного; **-beschaffungsrücklage** *f* резервные отчисления *pl* для приобретения нового оборудования; **-deckung** *f* обеспечение *n* закладных листов ипотечных банков ипотеками по номинальной стоимости; **-forderung** *f* требование *n* о возмещении убытков; **-gut** *n* компенсационные товары *pl*, товары-заменители *pl*; **-investitionen** *pl* инвестиции *pl* на возмещение основного капитала, инвестиции *pl* на возмещение выбытия; **-kasse** *f* альтернативная больничная касса *f*, (членство в которой освобождает от членства в обычных больничных кассах)

Ersatzleistung *f* выплата *f* компенсации; исполнение *n* обязательства взамен невыполненного

Ersatz|lieferung *f* поставка *f* с целью замены некондиционного товара; **-pflicht** *f* обязанность *f* компенсировать (возместить) убыток; обязанность *f* предоставить замену; **-stoff** *m* заменитель *m*, суррогат *m*; **-teil** *m* запасная часть *f*, запасная деталь *f*

Ersatzteil|fertigung *f* изготовление *n* (производство *n*) запасных частей; **-lager** *n* склад *m* запасных частей; **-lieferung** *f* поставка *f* запасных частей; **-liste** *f* каталог *m* запасных частей; **-verbrauch** *m* расход *m* запасных частей

Ersatzware *f* товар *m*, поставляемый вместо некондиционного

Ersatzzeit *f (Versich)* причисляемый к

стажу период *m* невозможности уплаты пенсионных взносов
Erscheinungsbild *n* престиж *m*, репутация *f*; **~ des Unternehmens** имидж *m* предприятия
erschließen осваивать; изыскивать, выявлять, обнаруживать; разрабатывать (месторождение); **Bauland ~** осваивать строительный участок
Erschließung *f* освоение *n*; изыскание *n*, выявление *n*; обнаружение *n*, открытие *n*; разработка *f* (месторождения); **~ neuer Märkte** освоение *n* (открытие *n*) новых рынков; **~ von Erdölvorkommen** разработка *f* нефтяных месторождений
Erschöpfung *f* истощение *n*, исчерпание *n*; **~ der Rechtsmittel** исчерпание *n* правовых средств; **~ der Vorräte** истощение *n* запасов
erschweren затруднять, осложнять; препятствовать; **die Einfuhren ~** препятствовать импорту
erschwinglich (обще)доступный; **zu -en Preisen** по (обще)доступным ценам
ersetzen возмещать, компенсировать; заменять, замещать
Ersetzung *f* возмещение *n*, компенсация *f*; замена *f*, замещение *n*
ersitzen приобрести по давности (владения); **Eigentum ~** приобрести права собственности по давности владения
Ersitzung *f* приобретение *n* права собственности по давности владения; **~ geltend machen** заявлять о правах на собственность по давности владения
Ersitzungsfrist *f* срок *m* приобретательной давности
Ersparnis *f* экономия *f*; сбережение *n*, накопление *n*; **-se besitzen** иметь сбережения (накопления); **-se ergeben** давать экономию; **~ an Arbeitskräften** экономия *f* рабочей силы; **rechnerische -se** расчетная экономия *f*; расчетные накопления *pl*
Ersparnisprämie *f* премия *f* за экономию
Erstabsatz *m* продажа *f* ценных бумаг нового выпуска
erstatten возвращать; возмещать, компенсировать; заменять
Erstattung *f* возмещение *n*; возврат *m*, возвращение *n*; **~ versagen** отказать в возмещении (компенсации); **~ der Kosten** возмещение *n* издержек; **teilweise ~** частичное возмещение *n*; **volle ~** полное возмещение *n*
Erstattungs|anspruch *m* требование *n* о возмещении, притязание *n* на возмещение; **-antrag** *m* заявление *n* о возмещении; **-betrag** *m* сумма *f* возмещения (компенсации); **-pflicht** *f* обязанность *f* возмещения; **-verfahren** *n* процедура *f* возврата пошлин
Erst|auftrag *m* первый (первоначальный) заказ *m*; **-ausfertigung** *f* прима-вексель *m*; первый экземпляр *m*; **-ausgabe** *f* первый выпуск *m* ценных бумаг, первое предложение *n* ценных бумаг для продажи; **-ausgabepreis** *m* цена первого выпуска ценных бумаг; **-ausrüstungsgeschäft** *n* поставка *f* комплектующих деталей для изготовления машин и оборудования; **-ausstattung** *f* первоначальное оснащение *n* (предприятия) производственным оборудованием и инвентарем; **-bearbeitung** *f* первичная обработка *f*; **-beitrag** *m* первичный страховой взнос *m*; **-beleg** *m* первичный документ *m*; **-bemusterung** *f (QM)* исследование первого образца
Erstbetrag *m* первоначальная сумма *f* (цена *f*); **einen ~ fordern** требовать первоначальную сумму (цену); **einen ~ zurückfordern** требовать возврата первоначального взноса
erstehen приобретать (на торгах), покупать, выторговывать; **zu einem Vorzugspreis ~** покупать по льготной цене
Ersteher *m* (**Ersteigerer** *m*) покупатель *m* на аукционе
ersteigern покупать, приобретать (на аукционе); **auf einer Auktion ~** покупать на аукционе
erstellen изготавливать, производить, вырабатывать;

составлять, разрабатывать; открывать (аккредитив), выписывать (счет-фактуру); **einen Bericht ~** составить отчет; **ein Programm ~** разработать (составить) программу; **Richtlinien ~** устанавливать нормы

Erstellung *f* изготовление *n*, производство *n*; составление *n*, разработка *f*, установление *n*; открытие *n* (аккредитива); выписка *f* (счета-фактуры); **~ einer Abrechnung** составление *n* отчета, ведение *n* учета; **~ eines Plans** разработка *f* (составление *n*) плана; **~ einer Planung** планирование *f*, разработка *f* (составление *n*) плана; **schlüsselfertige ~** изготовление *n* под ключ; **~ von Dienstleistungen** предоставление *n* (оказание) услуг; **~ von Gütern** производство *n* товаров

Erstellungs|kosten *pl* капитальные затраты *pl*; **-prozess** *m* процесс *m* изготовления; **-termin** *m* срок *m* изготовления

Erst|emission *f* первый выпуск *m* ценных бумаг; **-erfassung** *f* первичный учет *m* (подсчет *m*)

Ersterwerb *m* приобретение *n* первым; **~ von Wertpapieren** приобретение *n* вновь выпущенных ценных бумаг

Erst|gebot *n* первое (начальное) предложение *n*; **-investition** *f* первичные инвестиции *pl* (капиталовложения *pl*); **-kalkulation** *f* первичная калькуляция *f*

erstklassig первоклассный; **-er Wechsel** *m* первоклассный вексель *m*

Erst|konsolidierung *f* первичная консолидация *f*; **-notiz** *f (Bö)* первичная котировка *f*; **-prämie** *f* первоначальный страховой взнос *m*; **-risikoversicherung** *f* страхование *n* первого риска; **-schrift** *f* первый экземпляр *m*; **-versicherer** *m* первичный страховщик *m*

ersuchen просить, обращаться, ходатайствовать; **um Vermittlung ~** просить о посредничестве

Ersuchen *n* просьба *f*, обращение *n*, ходатайство *n*; **auf ~ von** по просьбе (запросу); **~ um Auskunft** запрос *m* информации

erteilen давать, выдавать, отдавать

Erteilung *f* выдача *f*, предоставление *n*; **~ eines Patents** выдача *f* патента; **~ einer Vollmacht** предоставление *n* полномочия; **~ von Auskünften** предоставление *n* информации

Ertrag *m* доход *m*, прибыль *f*; урожай *m*, урожайность *f*; выход *m* (продукта); добыча *f*, размер *m* выработки; **einen ~ berechnen** подсчитать доход; **einen ~ bringen** приносить (давать) доход; **einen ~ erzielen** получать доход; **den ~ verbessern** увеличить доход; **den ~ vereinnahmen** получить доход; снимать урожай; **~ aus Investmentanteilen** доход *m* от сертификатов инвестиционных фондов; **~ aus Kapitalanlage** доход *m* от вложения капитала; **~ aus festverzinslichen Wertpapieren** доход *m* от ценных бумаг с твердым процентом; **fester ~** постоянный (твердый) доход *m*

Erträge *pl* доходы *pl*; **~ steigern** увеличивать доходы; **~ aus Beteiligungen** доходы *pl* от долевого участия в других предприятиях; **~ aus Finanzanlagen** доходы *pl* от капиталовложений; **~ aus Zinsen** доходы *pl* от процентов; **außerordentliche ~** чрезвычайные (незапланированные) доходы *pl*; **betriebliche ~** доходы *pl* от основной деятельности предприятия; **laufende ~** текущие доходы *pl*; **regelmäßige ~** постоянные (регулярные) доходы *pl*; **sonstige ~** прочие доходы *pl*

ertragbringend приносящий доход, урожайный; **~ anlegen** производить инвестиции, приносящие доход, прибыльно инвестировать; выгодно вложить (деньги)

Erträglichkeit *f* доходность *f*, прибыльность *f*

ertragreich доходный, прибыльный; (высоко)урожайный

ertragsabhängig зависящий от доходов; в зависимости от доходов

Ertrags|ausfall *m* недополучение *n* (потеря *f*) дохода; **-aussichten** *pl* перспективы *pl* получения доходов;

-berechnung *f* расчет *m* (калькуляция *f*) доходов; **-besteuerung** *f* налогообложение *n* доходов; **-beteiligung** *f* участие *n* в прибылях; **-bilanz** *f* баланс *m* доходов; **-chancen** *pl* шансы *pl* на получение доходов; **-einbuße** *f* потеря *f* дохода; **-entwicklung** *f* динамика *f* (поступления) доходов; **-gesetz** *n* закон *m* убывающей доходности; **-höhe** *f* величина *f* дохода; **-hoheit** *f* право *n* сбора налогов и использования налоговых средств; **-konsolidierung** *f* консолидация *f* доходов; **-konto** *n* счет *m* доходов, доходный счет *m*; **-kraft** *f* прибыльность *f*, доходность *f*; способность *f* фирмы получать прибыль; **-kurve** *f* кривая *f* доходности

Ertragslage *f* уровень *m* доходов, прибыльность *f*, рентабельность *f*; **die ~ verbessern** повышать прибыльность (рентабельность)

Ertrags|minderung *f* снижение *n* уровня доходов; **-niveau** *n* уровень *m* доходов, прибыльность *f*; **-perspektive** *f* перспектива *f* получения доходов; **-planung** *f* планирование *n* доходов; **-plus** *n* увеличение *n* доходов; **-potential** *n* возможности *pl* получения доходов; **-prognose** *f* прогноз *m* доходов (урожая); **-quelle** *f* источник *m* доходов; **-rechnung** *f* счет *m* прибылей и убытков; расчет доходов; **-rückgang** *m* снижение *n* доходов (доходности); **-schwelle** *f* точка *f* самоокупаемости; точка *f* критического объема сбыта; **-stärke** *f* доходность *f*, прибыльность *f*; урожайность *f*; **-steigerung** *f* повышение *n* доходности (урожайности); **-steuern** *pl* налоги *pl* на доходы; **-überschuss** *m* превышение *n* доходов над расходами; **-verbesserung** *f* увеличение *n* (повышение) доходности (урожайности); **-vorschau** *f* прогноз *m* поступления доходов; **-wert** *m* капитализированная стоимость *f* потенциальных (будущих) доходов, валовая рента *f*; **-zuwachs** *m* прирост *n* доходов

eruieren исследовать, обследовать

Eruierung *f* исследование *n*, обследование *n*

erwägen принимать во внимание, взвешивать, обдумывать; **Vorschläge ~** обдумывать предложения

Erwägungen *pl* соображения *pl*, учет *m*

Erwartungen *pl* ожидания, надежды

erweitern расширять, увеличивать; **Produktionskapazitäten ~** увеличивать (расширять) производственные мощности

Erweiterung *f* расширение *n*, увеличение *n*; **~ eines Unternehmens** расширение предприятия

Erweiterungs|bedarf *m* потребность *f* расширения (увеличения); **-investition** *f* экстенсивные капиталовложения *pl*; **-maßnahmen** *pl* мероприятия *pl* по расширению производственных мощностей; **-programm** *n* программа *f* расширения; **-vorhaben** *n* проект *m* расширения

Erwerb *m* приобретение *n*, покупка *f*; доход *m*, заработок *m*; **ohne ~ sein** не иметь заработка; **~ eines Besitzes** приобретение *n* владения; **~ einer Beteiligung** приобретение *n* долевого участия; **gutgläubiger ~** добросовестное приобретение *n*; **~ von Aktien** приобретение *n* (покупка *f*) акций; **~ von Anteilen** приобретение *n* долевого участия; **~ von Unternehmen** приобретение *n* (покупка *f*) предприятий; **~ von Wertpapieren** приобретение *n* (покупка *f*) ценных бумаг

erwerben приобретать, покупать; зарабатывать; **gegen bar ~** покупать (приобретать) за наличные; **käuflich ~** покупать

Erwerber *m* покупатель *m*; получатель *m*; цессионер *m*; **~ von Grundbesitz** покупатель *m* земельной собственности

Erwerbs|betrieb *m* предприятие *n*, целью которого является увеличение прибыли

Erwerbseinkünfte *pl*: **öffentliche ~** доходы *pl* государственных предприятий и организаций

erwerbsfähig трудоспособный

Erwerbs|fähige *pl* трудоспособное население *n*; **-fähigkeit** *f* трудоспособность; **-kurs** фактические расходы *pl* на приобретение ценных бумаг

Erwerbsleben *n* трудовая жизнь *f*; **in das ~ eintreten** вступать в трудовую жизнь; **in das ~ zurückkehren** возвращаться к трудовой жизни

erwerbslos безработный; не имеющий дохода (заработка)

Erwerbslose *m* безработный *m*

Erwerblosigkeit *f* безработица *f*

Erwerbsminderung *f* снижение трудоспособности

Erwerbsminderungsrente *f* пенсия *f* по ограниченной трудоспособности

Erwerbspersonen *pl* лица *pl*, имеющие самостоятельный заработок; **selbständige ~** лица *pl*, не работающие по найму; **unselbständige ~** лица *pl*, работающие по найму

Erwerbs|quelle *f* источник *m* дохода (заработка); **-quote** *f* доля *f* экономически активного населения в общей численности населения страны

erwerbstätig работающий для получения заработка (дохода)

Erwerbstätige *m* работающий *m* для получения заработка (дохода); трудящийся; **selbständiger ~** лицо *n*, не работающее по найму; **unselbständiger ~** лицо *n*, работающее по найму

Erwerbstätigkeit *f* трудовая деятельность *f* с целью получения заработка

erwerbsunfähig нетрудоспособный

Erwerbs|unfähigkeit *f* нетрудоспособность *f*; **-unfähigkeitsrente** *f* пенсия по нетрудоспособности; **-unternehmen** *n* предприятие *n*, целью которого является увеличение прибыли; **-wert** *m* стоимость *f* при приобретении

Erwerbszweck *m* **mit ~** с целью получения дохода (прибыли); коммерческий; **Organisation ohne ~** организация *f*, не имеющая целью получение доходов, некоммерческая организация *f*

Erwerbszweig *m* род *m* занятий, сфера *f* деятельности

erwirtschaften получать (средства) в результате хозяйственной деятельности; зарабатывать; добиваться

Erwirtschaftung *f* получение *n* средств в результате хозяйственной деятельности; **~ eines Exportüberschusses** достижение *n* превышения экспорта над импортом; **~ eines Gewinns** получение *n* прибыли в результате хозяйственной деятельности

erworben приобретенный, купленный; добытый, заработанный

erzeugen производить, изготавливать, выпускать; порождать

Erzeuger *m* производитель *m*, изготовитель *m*

Erzeuger|abgabepreis *m* оптовая цена *f* предприятия, отпускная цена *f* производителя; **-beihilfen** *pl* субсидии *pl* производителям; **-gemeinschaft** *f* объединение *n* производителей; **-genossenschaft** *f* кооперация *f* производителей, производственный кооператив *m*; **-handel** *m* прямой сбыт *m* продукции предприятиями-изготовителями; **-kosten** *pl* издержки *pl* производства; **-land** *n* страна-изготовитель *f*; **-prämien** *pl* премии *pl* производителям; **-preis** *m* цена *f* производителя; **-subventionen** *pl* субсидии *pl* производителям; **-vereinigung** *f* объединение *n* производителей

Erzeugnis *n* изделие *n*, фабрикат *m*, продукт *m*; **ein ~ vermarkten** сбывать (реализовывать) изделие; **ausländisches ~** импортное изделие *n*; **einfaches ~** однородное изделие *n*; **einheimisches ~** отечественное изделие *n*, отечественный продукт *m*; **fertiges ~** готовое изделие *n*, готовый продукт *m*; **geringwertiges ~** низкокачественное изделие *n*; **gewerbliches ~** промышленное изделие *n*; **hochwertiges ~** высококачественное изделие *n*; **industrielle -se** промышленные изделия *pl*; **inländisches ~** отечественное изделие *n*; **kunstgewerbliches ~** художественное изделие *n* кустарной работы, изделие *n* художественных промыслов; **landwirtschaftliche -se** сельскохозяйственные продукты *pl*; **unfertiges ~** изделие *n* незавершенного производства, полуфабрикат *m*; **~ von geringerer Qualität** изделие *n* низкого качества; **~ von hoher Qualität** изделие *n* высокого качества

erzeugnisbedingt обусловленный спецификой изделия

Erzeugnis|einheit *f* единица *f* изделия, единица *f* количества продукции; **-gestaltung** *f* оформление *n* изделия; **-gruppe** *f* группа *f* изделий; **-menge** *f* количество *n* продукции; **-planung** *f* планирование *n* выпуска изделий; **-prüfung** *f* контроль *m* (проверка) изделий; **-werbung** *f* реклама *f* продукта

Erzeugung *f* производство *n*, изготовление *n*, выпуск *m* (продукции); продукция *f*; **großtechnische ~** крупномасштабное производство *n*; **industrielle ~** промышленное производство *n*; **marktgerechte ~** производство *n*, отвечающее требованиям рынка

Erzeugungs|kapazität *f* производственные мощности *pl*; **-kosten** *pl* издержки *pl* производства; **-programm** *n* производственная программа *f*; **-quoten** *pl* квоты *pl* на производства

Erziehungs|geld *n* пособие *n* по воспитанию ребенка; **-urlaub** *m* отпуск *m* по воспитанию ребенка; **-zoll** *m* покровительственная пошлина *f* для молодых отраслей промышленности

erzielen добиваться, достигать, получить в результате; извлекать (прибыль)

Escapeklausel *f* пункт *m* договора, освобождающий от ответственности при определенных обстоятельствах

Eskalation *f* эскалация *f*, повышение *n*, увеличение *n*, нарастание *n*

etablieren учреждать, основывать; **eine Firma ~** основать фирму; **sich im Markt ~** завоевать положение на рынке

Etablierung *f* основание *n*, учреждение *n*

Etat *m* бюджет *m*; смета *f*; штат *m*; **den ~ aufstellen** составить (подготовить) бюджет; **den ~ ausgleichen** сбалансировать бюджет; **im ~ ausweisen** проводить по смете; **im ~ vorsehen** предусмотреть в бюджете, ассигновать; **den ~ konsolidieren** консолидировать бюджет; **den ~ kürzen** сократить (урезать) бюджет; **den ~ sanieren** санировать бюджет, уменьшить расходные статьи бюджета; **den ~ überschreiten (überziehen)** превысить смету (бюджетные ассигнования); **einen ~ verabschieden** принять (утвердить) бюджет

Etat|abstriche *pl* сокращение *n* (урезание *n*) бюджета; **-ansatz** *m* бюджетные предположения *pl*; **-defizit** *n* дефицит *m* бюджета; **-entwurf** *m* проект *m* бюджета

etatisieren вводить в смету, планировать

Etatkonsolidierung *f* консолидация *f* бюджета

etatmäßig бюджетный; согласно бюджету (смете), штатный

Etat|mittel *pl* бюджетные средства *pl*; **-planung** *f* бюджетное планирование *n*; **-posten** *m* статья *f* бюджета; **-rechnung** *f* статический отчет *n* о выполнении годового бюджета; **-titel** *m* бюджетный титул *m*; **-überschreitung** *f* бюджетный перерасход *m*

Ethno-Marketing *n (V&M)* этномаркетинг *m*

Etikett *n* этикетка *f*, наклейка *f*, ярлык *m*, надпись *f*

etikettieren снабжать этикеткой

EU-Gipfel *m (EU)* встреча *f* в верхах Европейского Союза

EU-Konvergenzkriterien *pl* **(Maastrichtkriterien** *pl***)** *(EU)* Маастрихтские критерии *pl*

EU-Parlament *n (EU) s.* **Europäisches Parlament** *n*

EURIBOR (Euro Interbank Offered Ra-

te) *(EU)* Европейская межбанковская ставка *f* предложения
Euro *m* **(EUR, €)** евро *m*
Euro|anleihe *f* заем *m* в евровалюте; **-anleihemarkt** *m* рынок *m* займов в евровалюте; **-bonds** *pl* долгосрочные займы *pl* в евровалюте; еврооблигации; **-devisenmarkt** *m* рынок *m* европейских валют; **-dollar** *m* евродоллар *m*; **-einlagen** *pl* евровклады *pl*, евродепозиты *pl*; **-geldmarkt** *m* европейский рынок *m* краткосрочных кредитов; **-kapitalmarkt** *m* еврорынок *m* долгосрочных кредитов; **-kredit** *m* еврокредит *m*, кредит *m* в европейских валютах; **-markt** *m* еврорынок *m*
Euronext панъевропейская фондовая биржа *f*
Europäische Atomgemeinschaft *f* **(**früher: **EAG,** heute: **EURATOM)** *(EU)* Европейское Сообщество *n* по атомной энергии
Europäische Bank *f* **für Wiederaufbau und Entwicklung (EBWE)** *(EU)* Европейский банк *m* реконструкции и развития
Europäische Behörde *f* **für Lebensmittelsicherheit (EBL)** Европейское ведомство *n* по безопасности пищевых продуктов
Europäische Freihandelsassoziation *f* *(EU)* **(EFTA)** Европейская ассоциация *f* свободной торговли
Europäische Gemeinschaft *f* **(EG)** *(EU)* Европейское Сообщество *n* (ЕС)
Europäische Gemeinschaft *f* **für Kohle und Stahl (EGKS)** *(EU)* Европейское объединение *n* угля и стали (ЕОУС)
Europäische Investitionsbank *f* **(EIB)** *(EU)* Европейский инвестиционный банк *m*
Europäische Kommission *f* *(EU)* Европейская комиссия *f*
Europäische Menschenrechtskonvention *f* **(EMRK)** *(EU)* Европейская Конвенция *f* о защите прав человека и основных свобод
Europäische Patentorganisation *f* **(EPO)** *(EU, Pat)* Европейская патентная организация *f* (ЕПО)
Europäische Praxisassessment *n* *(EU, QM)* индикаторная система *f* управления качеством для частнопрактикующих врачей
Europäische Übereinkommen *n* **über die Beförderung gefährlicher Güter auf der Straße (ADR)** *(EU)* Договор европейских государств о международных перевозках опасных грузов автотранспортом
Europäische Verfassung *f* *(EU, Recht)* Конституция *f* ЕС
Europäische Wirtschaftsgemeinschaft *f* **(EWG)** *(EU)* Европейское Экономическое Сообщество *n* (ЕЭС)
Europäische Währungseinheit *f* **(abgekürzt EWE, engl. ECU)** *(EU)* экю, европейская валютная единица *f* (von 1979 bis 1998)
Europäische Währungsunion *f* *(EU)* Европейский валютный союз *m*, Европейская валютная система *f*
Europäische Zahlungsunion (EZU) *(EU)* Европейская платежная система
Europäischer Wirtschaftsraum (EWR) *(EU)* Европейское экономическое пространство
Europäische Zentralbank *f* **(EZB)** *(EU)* Европейский центральный банк *m*
Europäischer Entwicklungsfonds *m* *(EU)* **(EEF)** Европейский фонд *m* развития
Europäischer Fonds *m* **für regionale Entwicklung (EFRE)** *(EU)* Европейский фонд *m* регионального развития
Europäischer Gerichtshof *m* **(EuGH)** *(EU)* Европейский суд *m*
Europäischer Rat *m* *(EU)* Совет *m* Европы
Europäischer Rechnungshof *m* **(EuRH)** *(EU)* Европейская счетная палата *f*
Europäischer Sozialfonds *m* **(ESF)** *(EU)* Европейский Социальный Фонд *m*
Europäisches Parlament *n* *(EU)* Европейский парламент *m*
Europäisches Patentamt *n* **(EPA)** *(EU, Pat)* Европейское патентное ведомство *n*
Europäisches Patentübereinkommen *n* **(EPÜ)** *(EU, Pat)* Европейская патентная конвенция *f*
Europäisches System *n* **der Zentralbanken (ESZB)** *(EU)* Европейская

Система *f* Центральных Банков (ЕСЦБ)

Europalette *f (Handel, Lager, Transp)* европалета *f*

European Banking Federation (EBF) *(EU)* Европейская банковская федерация (ЕБФ)

European Currency Unit (ECU) экю, европейская валютная единица *f* (von 1979 bis 1998)

Euro|scheck *m* еврочек *m*

Euro-Stabilitätspakt *m (EU)* Европейский пакт *m* стабильности и роста

EuroStoxx 50 (auch: Dow Jones Euro Stoxx 50) *(Bö, EU)* индекс *m* акций 50 крупнейших, котирующихся на бирже предприятий Еврозоны

Eurosystem *n (EU)* Евросистема *f*

Eurozins-Methode *f* европейский способ *m* начисления процентов (аці/360)

Eurozoll *m (EU, Imp/Exp)* Евротаможня *f*

Eventual|haushalt *m* альтернативный бюджет *m*, учитывающий возможные колебания конъюнктуры; **-plan** *m* альтернативный план *m*; **-planung** *f* альтернативное планирование *n*

Evidenz *f* учет *m (Lager)* учет *m* движения товаров на складе

Evidenzzentrale *f* центральное бюро *n* учета банковских кредитов Немецкого федерального банка

ex-Bezugsrecht *n* **(ex B)** без прав (условия продажи акций, когда все права и привилегии остаются за продавцом)

ex-Dividende *f* **(ex G)** без дивиденда; эксдивиденд *m*, акция *f* без дивиденда

ex-Dividenden-Datum *n* экс-дивидендная дата *f*, дата *f* без дивиденда, бездивидендная дата *f*

exekutieren исполнять, приводить в исполнение; экзекутировать (счет клиента); налагать арест на имущество

Exekution *f* реализация *f* залога; исполнение *n*; казнь *f*

Exekutivdirektor *m* директор-распорядитель *m*, исполнительный директор *m*

Exekutive *f* исполнительная власть *f*

Existenz *f* существование *n*; средства *pl* к существованию; **-en fördern** способствовать развитию предпринимательства; **-en gründen** создавать новые предприятия; **gesicherte ~** обеспеченное существование

Existenz|bedürfnisse *pl* жизненные потребности *pl*; **-berechtigung** *f* право *n* на существование; **-gründer** *m* основатель *m* нового предприятия

Existenzgrundlage *f* основа *f* существования; **sich eine ~ schaffen** создать себе основу для существования

Existenzgründung *f* создание *n* новых предприятий; **die ~ unterstützen** содействовать созданию новых предприятий

Existenz|gründungsfinanzierung *f* финансирование *n* создания новых предприятий, (стартовое) финансирование *n* предпринимательства; **-gründungszuschuss** *m* субсидия *f* на создание (единоличного) предприятия; **-hilfen** *pl* пособие *n* по развитию предпринимательства

Existenz|krise *f* кризис *m* существования; **-minimum** *n* прожиточный минимум *m*, черта *f* бедности; **-sicherung** *f* обеспечение *n* своего существования

exklusiv эксклюзивный; исключительный, избранный; **-er Service** эксклюзивный сервис *m*, исключительное право *n* на сервис; **-e Vertretung** исключительное (эксклюзивное) право *n* на представительство

Exklusiv|handel *m* эксклюзивная торговля *f*; **-händler** *m* представитель *m* (агент *m*), имеющий исключительное право *n*; **-verkaufsrecht** *n* исключительное право *n* на сбыт; **-vertrag** *m* договор *m* на исключительное право вести дела; **-vertreter** *m* представитель *m* (агент *m*), имеющий исключительное право; **-vertrieb** *m* монопольный сбыт *m*

Exoten *pl* заокеанские ценные бумаги *pl*

expandieren расширять(ся)

Expansion *f* расширение *n*, распространение *n*; **wirtschaftliche** ~ экономическая экспансия *f*
Expansions|rate *f* темпы *pl* расширения; **-werbung** *f* реклама *f*, направленная на непрерывное увеличение сбыта
expansiv расширяющийся; **-e Lohnpolitik** политика *f* увеличения заработной платы
Expedient *m* экспедитор *m*, отправитель *m*
expedieren отправлять, отсылать
Experiment *n* эксперимент *m*
Experte *m* эксперт *m*
Experten|anhörung *f* заслушивание *n* мнений экспертов; **-auffassung** *f* мнение *n* экспертов; **-einschätzung** *f* экспертная оценка *f*; **-gespräch** *n* экспертная беседа *f*; **-gutachten** *n* отзыв *m* (заключение *n*) эксперта; **-wissen** *n* экспертные знания *pl*
Expertise *f* экспертиза *f*; **technische** ~ техническая экспертиза *f*
Export *m* экспорт *m*, вывоз *m*; **den ~ erhöhen** увеличить экспорт; **den ~ fördern** содействовать развитию экспорта; **den ~ stützen** содействовать развитию экспорта; **direkter (händlerfreier)** ~ прямой экспорт; **indirekter (mittelbarer)** ~ косвенный экспорт *m*; **unmittelbarer** ~ прямой экспорт *m*; **unsichtbarer** ~ невидимый экспорт *m*
Exportabgabe *f* налог *m* на экспортируемые товары, экспортная пошлина *f*
exportabhängig зависящий от экспорта
Export|abwicklung *f* выполнение *n* экспортных операций; **-agent** *m* агент *m* по экспортным операциям; **-anreize** *f* стимулы *pl* для развития экспорта; **-antrag** *m* экспортная заявка *f*; **-artikel** *m* статья *f* (предмет *m*) экспорта; **-auftrag** *m* экспортный заказ *m*; **-ausfall** *m* прекращение *n* (сокращение *n*) экспорта; **-aussichten** *pl* перспективы *pl* развития экспорта; **-ausstellung** *f* выставка *f* экспортных товаров; **-bedingungen** *pl* условия *pl* экспорта; **-beihilfe** *f* экспортная субсидия *f*; **-beratungsstelle** *f* консультационная фирма *f* (служба *f*) по вопросам экспорта; **-beschränkung** *f* ограничение *n* экспорта; **-bestimmungen** *pl* положения *pl*, регламентирующие экспортные операции; **-bonus** *m* экспортная премия *f*; **-bürgschaft** *f* принятие *n* кредитного риска экспортера; страхование; **-chancen** *pl* возможности *pl* проведения экспортных операций; **-deklaration** *f* экспортная декларация *f*
Exporte *pl* экспортные сделки *pl*, экспорт *m*; экспортные товары *pl*; **~ abwickeln** выполнение экспортных сделок; **~ ausweiten** расширять (увеличивать) экспорт
Export|einnahmen *pl* поступления от экспорта; **-embargo** *n* эмбарго (запрет *m*) на экспорт; **-erlös** *m* доход *m* (выручка) от экспорта, экспортная выручка *f*
Exporteur *m* экспортер *m*
Exportexpansion *f* расширение *n* (увеличение *n*) экспорта
exportfähig пригодный для экспорта
Export|finanzierung *f* финансирование *n* экспорта; **-firma** *f* фирма-экспортер *f*, экспортная фирма *f*; **-forderung** *f* претензия *f* (требование *n*) по экспортным операциям; **-förderung** *f* стимулирование *n* (поощрение) экспорта; **-genehmigung** *f* экспортная лицензия *f*; **-geschäft** *n* экспортная сделка *f* (операция *f*); **-güter** *pl* экспортные товары *pl*; **-handel** *m* экспортная торговля *f*; **-händler** *m* экспортер *m*, посредник *m* (агент *m*) по экспорту
exportieren экспортировать, вывозить
Exportindustrie *f* промышленность *f*, работающая на экспорт
exportintensiv экспортоемкий
Export|kalkulation *f* калькуляция *f* экспортных товаров; **-kapazität** *f* экспортные возможности *pl*, экспортный потенциал *m*; **-kartell** *n* экспортный картель *m*; **-kaufmann** *m* торговец *m* экспортными товарами; **-kommissionär** *m* комиссионер *m* по экспорту; **-kontingent** *n* экспортный контингент *m*; **-kont-**

rolle *f* контроль *m* над экспортом, экспортный контроль *m*; **-kredit** *m* экспортный кредит *m*, кредит *m* по экспортным операциям; **-kreditversicherung** *f* страхование *n* экспортных кредитов

exportkundig компетентный в области экспорта

Export|kurve *f* кривая *f* экспорта; **-land** *n* страна-экспортер *f*, экспортирующая страна; **-leasing** *n* экспортный лизинг *m*; **-leiter** *m* менеджер *m* по экспорту, начальник *m* экспортного отдела; **-lieferung** *f* экспортная поставка *m*; **-lizenz** *f* экспортная лицензия *m*, разрешение *n* на вывоз; **-makler** *m* экспортный агент *m*; **-marketing** *n* экспортный маркетинг *m*; **-menge** *f* объем *m* экспорта; **-musterlager** *n* склад *m* образцов экспортных товаров; **-neigung** *f* ориентация *f* на экспорт

exportorientiert ориентированный на экспорт; **-es Unternehmen** предприятие *n*, ориентированное на выпуск экспортной продукции

Export|planung *f* планирование *n* экспорта; **-politik** *f* политика *f* в области экспорта; **-prämie** *f* экспортная премия *n*; **-quote** *f* доля *f* экспорта товаров и услуг в валовом национальном продукте страны; **-restriktion** *f* меры *pl* по ограничению экспорта; **-rückgang** *m* сокращение *m* (падение *m*) экспорта; **-sachbearbeiter** *m* консультант *m* (эксперт *m*) в области экспорта; **-sendung** *f* экспортная партия *f* товаров; **-sperre** *f* эмбарго *n* (запрет *m*) на экспорт *m*

exportstark с большим экспортным потенциалом

Export|statistik *f* экспортная статистика *m*; **-steigerung** *f* рост *m* (увеличение *n*) экспорта; **-subvention** *f* экспортная субсидия *f*; **-tratte** *f* экспортный переводной вексель *m*; **-überschuss** *m* превышение *m* экспорта над импортом; **-umsatz** *m* оборот *m* по экспорту; **-unternehmen** *n* экспортирующее предприятие *n*, предприятие-экспортер *n*; **-verbot** *m* запрет *m* (запрещение *n*) на экспорт; **-vergütung** *f* экспортная премия *n*; **-versicherung** *f* страхование экспортных операций; **-vertreter** *m* представитель (посредник, агент) по экспорту; **-vertretung** *f* экспортное торговое представительство *n*; **-wachstum** *n* рост *m* (увеличение *n*) экспорта; **-ware** *f* экспортный товар *m*; **-werbung** *f* реклама *f* экспортируемых товаров; **-wirtschaft** *f* экономика *f*, ориентированная на экспорт

Express *m* экспресс *m*, срочная доставка *f*; **Waren per ~ senden** посылать (отправлять) товары экспресс-грузом

Express|dienst *m* служба *f* срочной доставки; **-gut** *n* груз *m* особой срочности, экспресс-груз *m*; **-gutsendung** *f* пересылка *f* (отправка) товаров экспресс-грузом

Externalisierung *f (Manag, Pers)* вычленение *n*, аутсорсинг *m*; **~ interner Kosten** *(WiWi)* перекладывание *n* внутренних затрат на общественность

Extra|klasse *f* экстракласс *m*; **-kosten** *pl* особые (дополнительные) издержки *pl*

Extranet *n (Comp)* Экстранет *m*

Extra|prämie *f (Handel, V&M)* дополнительная премия *f*, экстра-премия *f*; **-preis** *m* особая (исключительная) цена *m*; **-zahlung** *f* дополнительная выплата *m*

Extrembedingungen *pl* экстремальные условия *pl*

ex works франко-завод, поставщик; с завода поставщика

Exzedent *m* эксцедент *m*, превышение *n*; активное сальдо *n*

Exzedentenrückversicherung *f* эксцедентная система *m* страхования

F

Fabrik *f* фабрика *f*, завод *m*, предприятие *n*; **eine ~ bauen** построить фабрику (завод); **eine ~ eröffnen** открыть фабрику (завод); **eine ~ errichten** создать фабрику (завод); **eine ~ gründen** основать фабрику

невнимательность *f*; **grobe ~** грубая халатность *f*

Fahrnis *f* движимое имущество *n*, движимость *f*

Fahrnisbesitz *m* владение *n* движимым имуществом

Fahr|plan *m* график *m* движения; расписание *n*; **-preis** *m* стоимость *f* проезда; плата *f* за проезд

Fahrpreisermäßigung *f* скидка *f* со стоимости проезда

Fahrt *f* езда *f*; плавание *n*, рейс *m*; поездка *f*, путешествие *n*

Fahrtätigkeit *f* работа *f* водителем

Fahrt|kosten *pl* (**-spesen** *pl*) транспортные издержки *pl* (расходы *pl*); расходы *pl* на проезд

Fahrzeug *n* транспортное средство *n*

Fahrzeug|bau *m* транспортное машиностроение *n*; **-benutzer** *m* пользователь *m* транспортного средства; **-eigentümer** *m* владелец *m* транспортного средства; **-miete** *f* прокат *m* транспортных средств (автомобилей); **-park** *m* парк *m* транспортных средств; **-verkehr** *m* движение *n* транспорта; **-versicherung** *f* страхование *n* транспортных средств

Faksimileunterschrift *f* факсимильная подпись *f*, факсимиле *n*

Faktor *m* фактор *m*, обстоятельство *n*; **dominierender ~** доминирующий фактор *m*; **menschlicher ~** человеческий фактор *m*; **ökonomischer ~** экономический фактор *m*

Faktor|analyse *f* факторный анализ *m*; **-allokation** *f* аллокация *f* (распределение) факторов производства; **-ausstattung** *f* оснащенность *f* факторами производства; **-bedarf** *m* спрос *m* на факторы производства; **-einkommen** *n* факторный доход *m*; **-einsatz** *m* использование *n* (применение *n*) факторов производства; **-kosten** *pl* цена *f* факторов производства; **-markt** *m* рынок *m* факторов производства; **-preis** *m* цена *f* факторов производства; **-produktivität** *f* производительность *f* факторов производства; **-qualität** *f* качество *n* продукции, определяемое соответствующим фактором производства

Faktura *f* счет-фактура *m*; фактура *f*, счет *m*; **eine ~ ausstellen** выставить счет (фактуру); **die ~ begleichen** оплатить счет (фактуру); **eine ~ senden** послать счет (фактуру)

Fakturenbuch *n* фактурная книга *f*; книга *f* счетов-фактур

fakturieren выписывать счет-фактуру; фактурировать

fakturiert фактурированный

Fakturierung *f* выписка *f* счетов-фактур; фактурирование *n*

Fall *m* падение *n*, снижение *n*, понижение *n*; случай *m*; дело *n*, прецедент *m*; **einen ~ bearbeiten** изучать дело

Fallbeispiel *n* конкретная практическая задача *f*, предлагаемая как образец решения; конкретный пример *m*

fallen падать, снижаться, понижаться; **Aktien ~** курсы акций падают; **im Preis ~** падать (понижаться) в цене

fallend убывающий, снижающийся

fällig подлежащий исполнению; подлежащий уплате; срочный; **~ sein** наступить (о сроке); **~ werden** наступать (о сроке); **-er Betrag** причитающаяся сумма; **die Gebühr ist ~** срок уплаты сбора наступил; **die Lieferung ist ~** срок поставки наступил; **-er Lohn** заработная плата *f*, срок выплаты которой наступил; **-e Miete** квартирная плата *f*, срок уплаты которой наступил; **-e Rate** очередной взнос *m*, подлежащий уплате; **täglich -es Geld** ссуда *f* до востребования; **-er Wechsel** вексель *m* к оплате; **-e Zinsen** проценты *pl*, подлежащие уплате за наступлением срока

Fälligkeit *f* наступление *n* срока исполнения обязательства; истечение *n* срока (платежа); срок *m* платежа (оплаты, уплаты); **vor ~ zahlen** производить оплату до истечения срока платежа; **ab ~** с момента истечения срока (платежа); **~ eines Anspruchs** наступление *n* срока предъявления претензии; **bei ~** по наступлении срока; **bis zur ~** вплоть до истечения срока; ~ **der Steuer** срок *m* уплаты налога; ~ **der Vergütung** срок *m* уплаты вознаграждения (за труд); **vor** ~ до истечения срока; ~ **eines Wechsels** срок *m* платежа по векселю; ~ **der Zinsen** срок *m* уплаты (выплаты) процентов

Fälligkeitsdatum *n* день *m* исполнения обязательства; срок *m* платежа

Fälligstellung *f* взыскание *n*, истребование *n* (кредита), требование *n* (немедленного) погашения (задолженности); ~ **von Krediten** взыскание *n* ссуд (кредитов)

Fall|methode *f* метод *m* обучения, основанный на решении конкретных практических задач; **-studie** *f* исследование *n*, проводимое в учебных целях на конкретном примере

falsch ошибочный, неправильный, неверный, ложный; неправильно, неверно

Falsch|angaben *pl* ошибочные (неверные) сведения *pl*; **-berechnung** *f* неправильное начисление *n* (издержек); **-beurkundung** *f* ложное засвидетельствование *n*, подлог *m*

fälschen подделывать, фальсифицировать, искажать; **einen Bericht** ~ фальсифицировать отчет (доклад); **die Bücher** ~ подделывать записи в бухгалтерских книгах; **Geld** ~ подделывать деньги; **eine Rechnung** ~ подделать счет; **einen Scheck** ~ подделать чек

Fälscher *m* подделыватель *m*, фальсификатор *m*

Falsch|geld *n* фальшивые деньги *pl*; **-lieferung** *f* поставка *f* незаказанных товаров; **-meldung** *f* ложное сообщение *n*

falschmünzen подделывать деньги

Falschmünzerei *f* подделка *f* денежных знаков

Fälschung *f* подлог *m*, подделка *f*, фальсификация *f*; ~ **einer Unterschrift** подделка *f* подписи; ~ **von Banknoten** подделка *f* банкнот

Familie *f* семья *f*, семейство *n*; **Familienangehörige** *m* член *m* семьи; **mithelfender** ~ помогающий член *m* семьи; **unterhaltsberechtigter** ~ иждивенец *m*

Familien|angelegenheiten *pl* семейные дела *pl* (проблемы *pl*); **-anwesen** *n* семейное владение *n*, семейная усадьба *f*

Familienarbeitskraft *f* работающий член *m* семьи; **entlohnte** ~ член *m* семьи, получающий плату за труд; **nichtentlohnte** ~ член *m* семьи, не получающий плату за труд

Familienbeihilfe *f* пособие *n* многодетным семьям

Familienbesitz *m* семейное владение *n*, семейная собственность *f*; **im** ~ **sein** находиться в собственности семьи

Familienbetrieb *m* семейное предприятие *n*; семейное хозяйство *n*; **bäuerlicher** ~ крестьянское семейное хозяйство *n*

Familieneinkommen *n* доход *m* семьи

familienfremd не принадлежащий семье; **-e Arbeitskraft** работник *m*, не являющийся членом семьи

Familien|gesellschaft *f* семейная фирма *f*, семейное товарищество *n*; **-haushalt** *m* семейный бюджет *m*; **-hilfe** *f* пособие *n* семьям, имеющим детей; **-holding** *f* семейный холдинг *m*; **-lohn** *m* заработная плата *f* с учетом семейного положения; **-recht** *n* семейное право *n*; **-splitting** *n* налогообложение *n* семейного дохода, семейное налогообложение *n*; **-stand** *m* семейное положение *m*; **-stiftung** *f* обзаведение *n* семьей, создание *n* семьи; **-unterhalt** *m* содержание *n* семьи; средства *pl* на содержание семьи; **-unternehmen** *n* семейное предприятие *n*; **-vorstand** *m* глава *m* семьи; **-zuschlag** *m* пособие *n* на детей

Farm *f* ферма *f*, хутор *m*; **eine** ~ **bewirtschaften** вести фермерское хозяйство; **eine** ~ **pachten** арендовать ферму

Farmbetrieb *m* фермерское хозяйство *n*

Farmer *m* фермер *m*

fas-Preis *m* цена *f* фас

Faust|formel *f* эмпирическая формула *f*; **-pfand** *n* залог *m* (заклад *m*) движимого имущества; **-regel** *f* эмпирическое правило *n*

Favoriten *pl (Bö)* ценные бумаги *pl*, пользующиеся наибольшим спросом; *(Comp)* избранное *n*

Fax *n* факс *m*, сообщение *n*, пересылаемое с помощью факсимильного аппарата; телефакс *m*, факсимильный аппарат *m*; **per (über)** ~ по факсу

Fax-Gerät *n* факсимильный аппарат *m*, телефакс *m*; **~-Nachricht** *f* сообщение *n*, переданное по факсу; **~-Verbindung** *f* связь *f* по факсу, телефаксная связь *f*

Fazilität *f* кредитная линия *f*, возможность *f* (вклада, кредита)

Fazilitäten *pl* оборудование *pl*, средства *pl*; производственные мощности *pl*

Fazit *n* итог *m*; общая сумма *f*; **ein ~ ziehen** подвести итог; сделать вывод

Feasibility *f* выполнимость *f*, осуществимость *f*, годность *f*, возможность *f*; состоятельность *f*, оправданность *f*

Feasibility Study технико-экономическое обоснование *n*; предварительное исследование (реализуемости проекта)

federführend ответственный, руководящий; **-e Bank** первый банк *m*; банк *m*, возглавляющий консорциум банков

Federführung *f* ответственность *f*, руководство *n*; **die ~ übertragen** передать руководство; **unter ~** под руководством

Feed-back обратная связь *f*

Fehl|allokation *f* неправильное распределение *n* (средств, факторов); **-bedarf** *m* непокрытый спрос *n*, дефицит *m*; **-berechnung** *f* неправильный расчет *m*, просчет *m*; **-besetzung** *f* ошибочная расстановка *f* кадров; ошибочное назначение *n* на должность; **-bestand** *m* недостаток *m*, недостача *f*, нехватка *f*, недостающее количество *n*; **-betrag** *m* денежный дефицит *m*, недочет *m*, недостающая сумма *f*; **-einschätzung** *f* ошибочная (неверная) оценка *f*

fehlend отсутствующий

Fehl|entscheidung *f* неправильное (ошибочное) решение *n*; **-entwicklung** *f* развитие *n* (изменение *n*) в нежелательном направлении

Fehler *m* ошибка *f*, погрешность *f*; недостаток *m*, дефект *m*, повреждение *n*; **verborgener ~** скрытый дефект *m*

Fehlerbaumanalyse *f (QM)* анализ дерева ошибок

fehlerfrei безошибочный; без изъяна; **-e Waren** товары *pl* без дефектов

fehlerhaft ошибочный, неправильный, неверный; недоброкачественный, с браком

Fehler|kontrolle *f* контроль *m* качества, проверка; **-korrektur** *f* устранение *n* ошибок (дефектов); **-quelle** *f* источник *m* (причина *f*) появления дефектов; **-risiko** *n* риск *m* появления погрешностей; **-vermeidung** *f* недопущение *n* (предотвращение *n*) дефектов (брака)

Fehl|funktion *f* неполадка *f*, дефект *m*, неправильное срабатывание *n*; **-investition** *f* ошибочные капиталовложения *pl* (инвестиции); **-kauf** *m* неудачная (убыточная) покупка *f*; **-leistung** *f* брак *m*, некачественная работа *f*; плохой результат *m*

Fehlmenge *f* недостача *f*, нехватка *f*

Fehl|planung *f* неправильное планирование *n*; **-prognose** *f* ошибочный прогноз *m*; **-spekulation** *f* просчет *m* при проведении спекулятивной сделки; **-verhalten** *n* неправильное (ошибочное) поведение *n*; **-zeit** *f* простои *pl*, время *n* простоя

Feier|schicht *f* целосменный простой *m*; **-tag** *m* праздник *m*, праздничный день *m*

Feiertags|arbeit *f* работа *f* в праздничные и нерабочие дни; **-lohn** *m* заработная плата *f* за работу в праздничные и нерабочие дни; **-zuschlag** *m* доплата *f* за работу в праздничные и нерабочие дни

feilschen торговаться; **um einen Betrag ~** торговаться из-за цены

Fein|arbeit *f* точная (тонкая) работа *f*;

-abstimmung *f* точное согласование *n*; **-bearbeitung** *f* конечная (чистовая) обработка *f*; **-gehalt** *m* проба *f*, чистое содержание *n*; **-gewicht** *n* чистый вес *m*; **-keramik** *f* производство *n* фарфоровых, фаянсовых и керамических изделий, тонкая керамика *f*; **-mechanik** *f* точная механика *f*

Fenster(brief)umschlag *m* конверт *m* с окошечком

Ferien *pl* отпуск *m*, каникулы *pl*;

Ferien|haus *n* дом *m* для проведения отпуска, летний дом; **-immobilien** *pl* недвижимость *f*, предоставляемая в аренду отпускникам; **-ort** *m* место *n* отпуска (отдыха); **-sachen** *pl* (срочные) судебные дела *pl*, рассматриваемые в период отпуска судов

Fern|amt *n* телефонная станция *f*; переговорный пункт *m*; **-bedienung** *f* дистанционное управление *n*; пульт *m* дистанционного управления

fernbleiben отсутствовать; **der Arbeit ~** не выйти на работу

Fern|frachtverkehr *m* перевозки *pl* грузов на дальние расстояния; **-gespräch** *n* междугородний телефонный разговор *m*; **-kopierer** *m* телефакс *m*, факсимильный аппарат *m*

Fernmelde|anlagen *pl* средства *pl* связи; **-verkehr** *m* связь *f*, телекоммуникация *f*

Fern|schreiben *n* передача *f* по телексу (телетайпу); **-schreiber** *m* телетайп *m*, телекс *m*

Fern|sehen *n* телевидение *n*; **-sehwerbung** *f* реклама *f* по телевидению

Fernsprech|amt *n* телефонная станция *f*; переговорный пункт *m*; **-anschluss** *m* телефонная связь *f*; **-netz** *n* телефонная сеть *f*

Fernverkehr *m* перевозки *pl* пассажиров (грузов) на дальние расстояния, дальние пассажирские (грузовые) перевозки *pl*

Fernwirkung *f* косвенные последствия *pl* забастовок для сопряженных предприятий

Fertigbauten *pl* здания *pl* из сборных элементов

fertigen изготавливать, делать, производить

Fertig|erzeugnis *n* готовое изделие *n*; **-erzeugnisse** *pl* готовая продукция *f*; **-fabrikat** *n* готовое изделие *n*; **-haus** *n* сборный дом *m*

Fertigkeiten *pl* навыки *pl*, умение *n*; **berufliche ~** профессиональные навыки *pl*

Fertig|lager *n* склад *m* готовой продукции; **-produkt** *n* готовый продукт *m*

fertigstellen изготавливать, заканчивать изделие

Fertigstellung *f* изготовление *n*, выполнение *n*; **~ eines Auftrags** выполнение *n* заказа

Fertigteil *m* готовая деталь *f*, готовая конструкция *f*

Fertigung *f* производство *n*, изготовление *n*; **die ~ aufnehmen** начать (освоить) производство; **die ~ einstellen** приостановить (прекратить) производство; **die ~ subventionieren** субсидировать производство; **auftragsgebundene ~** позаказное изготовление *n*, производство *n* по заказу; **automatische ~** автоматизированное производство *n*; **effiziente ~** высокоэффективное производство *n*; **industrielle ~** промышленное производство *n*; **schlanke ~** производство *n*, не обремененное чрезмерными накладными расходами; **serienmäßige ~** серийное производство *n*

Fertigungs|ablauf *m* производственный (технологический) процесс *m*; **-abteilung** *f* цех *m*; **-anlagen** *pl* производственное оборудование *n*; **-auftrag** *m* заказ-наряд *m* на изготовление; **-bedingungen** *pl* условия *pl* изготовления (производства); **-dauer** *f* время *n* изготовления; **-einheit** *f* производственная единица *f*; единица *f* продукции; **-einzelkosten** *pl* прямые издержки *pl* производства; **-fluss** *m* технологический поток *m*; **-geheimnis** *n* производственная тайна *f*, секрет *m* производства; **-gemeinkosten** *pl* общие (накладные) производственные расходы *pl*; **-grad** *m* степень *f* готовности изделия; **-hauptkostenstellen** *pl* основные участки *pl* производства; **-hilfskostenstellen** *pl* вспомогательное производство *n*; **-inseln** *pl* предметно-замкнутые участки *pl* производства; **-jahr** *n* год *m* изготовления; **-kapazität** *f* производственная мощность *f*; **-kontrolle** *f* производственный контроль *m*; **-kosten** *pl* производственные издержки *pl* (расходы *pl*), издержки производства; **-kostenstellen** *pl* производственные участки *pl*, места *pl* возникновения издержек на производстве; **-lager** *n* склад *m* готовой продукции; **-leiter** *m* начальник *m* производства; **-lizenz** *f* лицензия *f* на изготовление; **-lohn** *m* заработная плата *f* за основную производственную работу; **-lohnkosten** *pl* расходы *pl* на заработную плату за основную производственную работу; **-los** *n* партия *f* (серия *f*) изделий; **-material** *n* основной и вспомогательный материал *m* для изготовления изделий; **-methode** *f* метод *m* (способ *m*) производства; **-organisation** *f* организация *f* производства; **-plan** *m* план *m* производства, производственный план; **-planung** *f* планирование *n* производства

Fertigungsprogramm *n* производственная программа *f*; **in das ~ aufnehmen** включать в производственную программу

Fertigungs|programmplanung *f* планирование *n* производственной программы; **-prozess** *m* производственный (технологический) процесс *m*; **-prüfung** *f (QM)* контроль процесса производства; **-qualität** *f* качество *n* изготовления; **-reife** *f* стадия *f* технологической готовности изделия к запуску в производство; **-sonderkosten** *pl* особые издержки *pl* производства; **-standort** *m* место *n* нахождения (место размещения) производства; **-stätte** *f* промышленное предприятие *n*; производственные цеха *pl*; **-steuerung** *f* управление *n* производством; **-straße** *f* поточная линия *f*, конвейер *m*; **-stufe** *f* стадия *f* производства; **-technik** *f* технология *f* производства; **-tiefe** *f* глубина *f* обработки, доля *f* собственного производства (в конечном изделии); **-überwachung** *f* управление *n* производством; контроль *m* за производством; **-unterlagen** *pl* технологическая документация *f*; **-verfahren** *n* технология *f* производства; **-verlauf** *m* процесс *m* (ход *m*) производства; **-vorbereitung** *f* подготовка *f* производства; **-vorgang** *m* производственный процесс *m*; **-zeit** *f* время *n* (период) изготовления; **-zuschlag** *m* часть *f* накладных расходов, учитываемая в прямых издержках

Fertigwaren *pl* готовая продукция *f*; **gewerbliche ~** готовая промышленная продукция *f*

Fertigwaren|industrie *f* отрасль *f* промышленности по выпуску готовой продукции; **-lager** *n* склад *m* готовой продукции

fest твердый, устойчивый, стабильный; постоянный, твердая позиция; **~ abschließen** заключить твердую сделку; **~ anbieten** делать твердое предложение; **~ angestellt** штатный, постоянный; **~ anstellen** принимать на постояную работу; **-er tendieren** иметь тенденцию к повышению курса; **~ übernehmen** гарантировать размещение ценных бумаг

Fest|angestellte *m* штатный служащий *m*; **-anstellung** *f* прием *m* на постоянную работу; **-auftrag** *m* твердый заказ *m*; **-beträge** *pl* фиксированные (рентные) платежи *pl*; **-darlehen** *n* кредит с погашением всей суммы в конце срока, твердая ссуда *f*; **-gebot** *n* твердое предложение *n* цены; **-geld** *n* срочный вклад *m* (депозит); вклад *m* на срок; **-geldanlage** *f* помещение *n* денег на срочный вклад; **-geldeinlage** *f* срочный вклад *m*; **-geldkonto** *n* счет *m* по срочному вкладу; **-geldzinsen** *pl* проценты *pl* по срочным вкладам; **-geschäft** *n* твердая сделка *f*, сделка *f* на срок; **-hypothek** *f* ипотека *f* с твердым сроком выкупа

Festigkeit *f* стабильность *f*, устойчивость *f*; прочность *f*, твердость *f*

Festigung *f* стабилизация *f*, укрепление *n*

Fest|konto *n* блокированный счет *m*; **-kosten** *pl* постоянные издержки *pl*; **-kurs** *m* твердый (устойчивый) курс *m*

festlegen определять, устанавливать; оговаривать в договоре; вкладывать, связывать (капитал)

Festlegung *f* определение *n*, установление *n*; оговорка *f*, условие *n*; **~ von Zielen** определение *n* целей; **~ der Zahlungsbedingungen** определение *n* условий платежа

festliegend вложенный, связанный; **-es Kapital** вложенный капитал *m*

Festplatte *f (Comp)* жесткий диск *m*

Festplatzsystem *n (Lager)* система зонного складирования

Festpreis *m* твердая (фиксированная, неизменная) цена *f*; **-e ändern** изменять фиксированные цены; **-e aufheben** либерализовать цены; **-e vereinbaren** согласовать твердые цены

Festschreibung *f (Bank, Fin)* установление *n* твердой процентной ставки кредита; закладной *m* с фиксированной процентной ставкой

festsetzen устанавливать, определять, назначать; **Bedingungen ~** определять условия; **die Kosten ~** определить сумму издержек

Festsetzung *f* установление *n*, назначение *n*, решение *n*; **~ einer Dividende** объявление *n* о выплате дивидендов; **~ einer Frist** определение *n* срока; **~ von Kontingenten** установление *n* контингентов (квот); **~ von Quoten** установление *n* квот

feststellen устанавливать, определять; констатировать

Feststellung *f* установление *n*, определение *n*; констатация *f*; **-en treffen** констатировать, устанавливать, определять; **~ von Mängeln** определение *n* дефектов (недостатков)

Feststellungs|bescheid *m* уведомление *n* финансового органа об установлении основы исчисления налога; **-klage** *f* иск *m* о признании основы исчисления налога; **-urteil** *n* решение *n* об установлении основы исчисления налога

festverzinslich с твердым процентом; приносящий твердый (постоянный) процент; **-er Wert** фиксированная рента *f*

Fest|verzinsliche *pl* ценные бумаги *pl*, приносящие твердый процент; **-wert** *m* постоянная величина *f*, постоянное значение *n*; **-zins** *m* твердый процент *m*

Festzins|hypothek *f* ипотека *f* под твердый процент; **-kredit** *m* кредит *m* под твердый процент; **-satz** *m* твердая ставка *f* процента

Feuer|haftungsversicherung *f (Versich)* обязательное страхование *n* зданий и производственных сооружений от огня; **-sachversicherung** *f (Versich)* страхование *n* имущества от огня; **-schaden** *m (Versich)* ущерб *m* (убытки *pl*) от пожара; **-schutzsteuer** *f (Steuer, Versich)* налог *m* на страховые взносы при страховании от огня; **-versicherung** *f (Versich)* страхование *n* от огня; **-wehrfonds** *m (Versich)* фонд *m* страхования страховых вкладов, страховой фонд *m* страховых компаний

Feuerwehr-Unfallkasse *f (Versich)* государственная компания по личному страхованию работников общественной пожарной охраны

Fibor (Frankfurt Interbank Offered Rate) Франкфуртская межбанковская ставка *f* предложения (bis 01.01.1999)

fiduziarisch фидуциарный, доверительный; **-es Eigentum** фидуциарная собственность *f*; собственность *f*, управляемая по доверенности

Fifo-Verfahren *n* метод *m* бухгалтерского учета "первая партия в приход-первая в расход", метод *m* расходования (оценки) запасов "первым получен-первым использован"

fiktiv фиктивный, мнимый; нематериальный, условный

Filial|bank *f* филиал *m* банка; банк *m*, имеющий филиалы; **-betrieb** *m* (много)филиальное предприятие *n*; **-buchführung** *f* бухгалтерский учет *m* в филиале предприятия; **-büro** *n* филиал *m*, отделение

Filiale *f* филиал *m*, отделение *n*; **eine ~ eröffnen** открыть филиал (отделение); **eine ~ errichten** создать (основать) филиал (отделение)

Filial|geschäft *n* филиал *m* предприятия; предприятие *n*, имеющее ряд филиалов; **-gruppe** *f* группа *f* торговых филиалов

Filialist *m* фирма *f*, имеющая ряд филиалов

Filial|kalkulation *f* оценка *f* деятельности филиала банка; **-kette** *f* сеть *f* филиалов; **-klausel** *f* оговорка *f* относительно полномочий филиала; **-leiter** *m* руководитель *m* филиала; **-netz** *n* сеть *f* филиалов; **-prokura** *f* доверенность *f* на управление филиалом; **-scheck** *m* филиальный переводной чек *m*; **-system** *n* филиальная система *f* предприятия; **-unternehmen** *n* (много)филиальное предприятие *n*

Financial Futures финансовые срочные (фьючерские) контракты *pl*

Finanz *f* финансовое дело *n*, финансы *pl*; финансовый мир *m*

Finanzagentur *f*: **„Deutsche Finanzagentur"** *f* „Немецкое финансовое агентство" *n*

Finanz|aktien *pl* акции *pl* финансовых компаний; **-akzept** *n* финансовый акцепт *m*; акцептованный (финансовый) вексель *m*; **-amt** *n* налогово-финансовое ведомство *n*; **-analyse** *f* анализ *m* финансового положения; финансовый анализ *m*; **-anlagen** *pl* финансовые активы *pl*; капиталовложения *pl*; **-anlagevermögen** *n* основной капитал *m* в денежном выражении; **-aufkommen** *n* финансовые поступления *pl*; **-aufwendungen** *pl* финансовые затраты *pl* (расходы *pl*)

Finanzausgleich *m (Fin)* перераспределение *n* доходов государственного бюджета, финансовое выравнивание *n*; **horizontaler ~** перераспределение *n* доходов государственного бюджета по горизонтали; **vertikaler ~** перераспределение *n* доходов государственного бюджета по вертикали

Finanz|ausschuss *m* финансовая (сметная) комиссия *f*; **-bedarf** *m* потребность *f* в финансах; **-bedarfsplanung** *f* планирование *n* потребности в финансах; **-behörde** *f* финансовый орган *m*; **-berater** *m* консультант *m* по финансовым вопросам; **-beratung** *f* консультация *f* по финансовым проблемам; **-bereich** *m* область *f* (сфера) финансов; **-bericht** *m* финансовый отчет *m*; **-buchhaltung** *f* финансовая бухгалтерия *f*; финансовые расчеты *pl*; **-chef** *m* начальник *m* финансового отдела, финансовый директор *m*; **-decke** *f* финансовое покрытие *n*; **-defizit** *n* финансовый дефицит *m*; **-dienstleister** *m* учреждение *n*, предоставляющее финансовые услуги; **-dienstleistungen** *pl* финансовые услуги *pl*

Finanzen *pl* финансы *pl*, финансовые (денежные) средства *pl*; государственный бюджет *m*; (государственные) доходы *pl*; **die ~ sanieren** санировать финансы (государственный бюджет), оздоровлять финансовую систему; **öffentliche ~** государственные финансы *pl*

Finanz|fachmann *m* финансист *m*, финансовый работник *m*, специалист *m* в сфере финансов; **-fluss** *m* финансовый поток *m*; движение *n* денежных средств; **-flussrechnung** *f* отчет *m* о движении капитала; **-gericht** *n* налогово-финансовый суд *m*; **-gesellschaft** *f* финансовая компания; **-gruppe** *f* финансовая группа *f*; **-hilfe** *f* финансовая помощь *f*, субсидия *f*; **-hoheit** *f* финансовый суверенитет *m*; **-holding** *f* финансовый холдинг *m*

finanziell финансовый, денежный; **~ beteiligt sein an** вложить деньги в предприятие; ~ **unterstützen** оказывать финансовую поддержку; **-e Leistungsfähigkeit** финансовый потенциал *m*, финансовая мощь *f*; ~ **unabhängig** независимый в финансовом отношении

Finanzier *m* финансист *m*, банкир *m*

finanzieren финансировать, вкладывать (предоставлять) капитал; **aus Bundesmitteln ~** финансировать за счет федерального бюджета; **aus dem Erlös ~** финансировать за счет выручки

finanziert финансируемый; **eigen ~** финансируемый за свой счет; **fremd ~** финансируемый за счет привлечения средств со стороны

Finanzierung *f* финансирование *n*; предоставление *n* средств; кредитование *n*; **die ~ bereitstellen** предоставить кредиты (денежные средства); **die ~ übernehmen** брать на себя (гарантировать) финансирование; **die ~ vermitteln** оказать посредничество в вопросах финансирования; **die ~ verweigern** отказать в финансировании; **die ~ zusagen** дать согласие (обещание) на финансирование; **die ~ zusichern** обещать (гарантировать) финансирование; **~ aus Gewinnen** финансирование *n* за счет прибылей; **~ aus dem Haushalt** бюджетное финансирование *n*; **~ aus den Landesmitteln** финансирование *n* за счет земельного бюджета; **~ durch eine Bank** финансирование *n* через банк; **individuelle ~** индивидуальное финансирование *n*; **~ der Projekte** финансирование *n* проектов

Finanzierungs|anteil *m* доля *f* финансирования (финансового участия); **-art** *f* вид *m* финансирования; **-aufstellung** *f (Bank, Fin)* схема *f* финансирования; **-bedarf** *m* потребность *f* в финансировании; **-berechnung** *f* финансовый расчет *m*, расчет *m* схемы финансирования; **-bilanz** *f* финансовая смета *f*, баланс *m* ликвидных средств; **-fähigkeit** *f* способность *f* к финансированию; **-geschäft** *n* операция *f* по финансированию; **-gesellschaft** *f* финансовое общество *n*, финансовая компания *f*; **-grad** *m* доля *f* собственных средств; **-grundlage** *f* основа *f* для финансирования; **-grundsatz** *m* принцип *m* финансирования; **-institut** *n* финансовое *n* (кредитное) учреждение; **-instrumente** *pl* инструменты *pl* (способы *pl*, формы *pl*) финансирования; **-konsortium** *n* финансовый (финансирующий) консорциум *m*; **-kontrolle** *f* финансовый контроль *m* на предприятии; сравнение *n* плановых и фактических показателей финансового плана; **-konzept** *n* концепция *f* (план *m*) финансирования; **-kosten** *pl* издержки *pl* финансирования; **-leasing** *n* финансовый лизинг *m*; **-methode** *f* метод *m* финансирования; **-mittel** *pl* средства *pl* для финансирования; **-modell** *n* модель *f* финансирования; **-möglichkeit** *f* возможность *f* финансирования; **-paket** *n* пакет *m* финансирования; **-partner** *m* партнер *m* по финансированию; **-plan** *m* план *m* финансирования; **-planung** *f* планирование *n* финансирования; **-programm** *n* программа *f* финансирования; **-quelle** *f* источник *m* финансирования; **-rahmen** *m* объем *m* финансирования; **-regeln** *pl* правила *pl* финансирования; **-risiko** *n* финансовый риск *m*, риск *m* финансирования; **-schätze** *pl* государственные (федеральные) среднесрочные ценные бумаги *pl*, не котирующиеся на бирже; **-theorie** *f* теория *f* финансирования; **-titel** *m (Fin)* правовой титул *m* инвестора; **-verhältnis** *n* структура *f* капитала, структура *f* финансирования; **-volumen** *n* объем *m* финансирования; **-zusage** *f* обещание *n* финансирования, согласие *n* на финансирование

Finanz|innovationen *pl* инновации *pl* (новшества *pl*) в среде финансовых услуг, новые инструменты *pl* (способы *pl*) финансирования; **-intermediäre** *pl* финансовые посредники *pl*; **-investitionen** *pl* инвестиции *pl* в финансовые активы (ценные бумаги *pl*); **-kapital** *n* финансовый капитал *m*; **-kauf** *m (Handel)* покупка *f* (товара в магазине) в рассрочку (в кредит); **-knappheit** *f* дефицит *m* финансовых средств; **-kommissionsgeschäfte** комиссионные сделки *pl* с финансовыми инструментами; **-konten** *pl* счета *pl* наличных средств и краткосрочного финансирования; **-kontrolle** *f* финансовый контроль *m*; **-konzern** *m* финансовая группа *f*; **-kraft** *f* финансовые возможности *pl*, финансовая устойчивость *f*, финансовая мощь *f*

finanzkräftig обладающий финансами; **-er Partner** партнер *m*, обладающий финансовыми возможностями

Finanz|krise *f* финансовый кризис *m*; **-lage** *f* финансовое состояние; **-leasing** *n* финансовый лизинг *m*; **-management** *n* управление *n* финансами, финансовый менеджмент *n*; **-markt** *m* денежный (финансовый) рынок *m*; **-mathematik** *f* финансовая математика *f*

finanzmathematisch относящийся к финансовой математике; **-e Methoden** методы *pl* финансовой математики

Finanz|mittel *pl* финансовые (денежные) средства *pl* (ресурсы *pl*); **-monopol** *n* налоговая (финансовая) монополия *f*; **-paket** *n* пакет *m* финансовых услуг; **-paradies** *n* налоговый рай *m*; **-plan** *m* финансовый план *m*, бюджет *m*

Finanzplanung *f* финансовое планирование *n*; **eine ~ vorlegen** представить финансовый план *m*; **mittelfristige** ~ среднесрочное финансовое планирование *n*

Finanz|platz *m* финансовый центр *m*, финансовая площадка *f*; **-politik** *f* финансовая политика *f*; фискальная политика *f* государства; **-produkt** *n* финансовая услуга *f*, финансовый продукт *m*; **-reform** *f* финансовая реформа *f*; **-ressort** *n* сфера *f* (область) финансов, финансовое дело *n*

finanzschwach слабый в финансовом отношении, финансово слабый

Finanzspritze *f* финансовые вливания *pl*

finanzstark сильный в финансовом отношении, финансово сильный

Finanzstatistik *f* статистика *f* финансов

Finanzstatus *m* сводка *f* состояния финансов предприятия; **einen ~ vorlegen** представить сводку состояния финансов предприятия

Finanz|ströme *pl* финансовые потоки *pl*; **-termingeschäft** *n*; **-terminkontrakt** *m* финансовый фьючерс *m*, финансовая срочная (фьючерская) сделка *f*; **-terminmarkt** *m* финансовый фьючерский рынок *m*; **-transaktion** *f* финансовая операция *f* (сделка *f*); **-verfassung** *f* свод *m* финансово-кредитных постановлений; **-verflechtungen** *pl* финансовые связи *pl*; **-verhältnisse** *pl* финансовое положение *n*; **-vermögen** *n* финансовое имущество *n*; **-verwaltung** *f* финансовое управление *n*; управление *n* финансами; **-vorstand** *m* член *m* правления АО, ответственный за финансы, финансовый директор *m* АО; **-wechsel** *m* финансовый вексель *m*; **-welt** *f* финансовый мир *m*

Finanzwesen *n* финансовая система *f*; финансы *pl*; финансовое дело *n*; **das ~ sanieren** оздоровить (санировать) финансы

Finanzwirtschaft *f* финансовое хозяйство *n*; денежное хозяйство *n*, финансовая экономика *f*

finanzwirtschaftlich финансово-экономический

Finanz|wissenschaft *f* финансовая наука *f*; **-zoll** *m* фискальная таможенная пошлина *f*; **-zuweisung** *f* дополнительное ассигнование *n*

fingiert фиктивный, вымышленный, формальный

Firewall *f (Comp)* межсетевой экран *m*, сетевой экран *m*; файервол *m*, брандмауэр *m*

Firma *f* фирма *f*, компания *f*, предприятие *n*; юридическое наименование *n* фирмы; **die ~ ändern** изменить наименование фирмы; **eine ~ aufbauen** создать (основать) фирму; **eine ~ auflösen** ликвидировать (закрывать) фирму; **eine ~ etablieren** учредить фирму, укрепить позиции фирмы; **eine ~ führen** управлять фирмой, вести дела фирмы; **eine ~ gründen** основать (учредить) фирму; **die ~ ins Handelsregister eintragen** зарегистрировать фирму в торговом реестре; **eine ~ leiten** руководить фирмой; **eine ~ löschen (~ tilgen)** закрыть фирму, погасить запись о регистрации фирмы в торговом реестре; **die ~ wechseln** перейти на работу в другую фирму; **abgeleitete ~** продолжение *n* деятельности фирмы под другим названием; **angeschlagene ~** фирма *f*, терпящая убытки; **erloschene ~** фирма *f*, прекратившая существование; **gemeinsame ~** совместная фирма *f*; **mittelständische ~** средняя фирма *f*, фирма *f* средней руки; **renommierte ~** солидная фирма *f*

Firmen|änderung *f* изменение *n* названия фирмы; **-angestellte** *m* служащий *m* фирмы; **-ausbau** *m* расширение *n* (развитие *n*) фирмы; **-ausschließlichkeit** *f* исключительность *f* (отличительная черта *f*) фирмы; **-beirat** *m* консультативный совет *m* фирмы; **-besuch** *m* посещение *n* предприятия (фирмы); **-beständigkeit** *f* продолжение *n* существования фирмы; **-bezeichnung** *f* фирменное наименование *n* (обозначение); **-chef** *m* владелец *m* фирмы

firmeneigen принадлежащий фирме

Firmen|eintragung *f* регистрация *f* фирмы; **-fortführung** *f* сохранение *n* названия фирмы; продолжение *n* ведения дел фирмы наследниками; **-größe** *f* величина *f* фирмы; **-gründer** *m* основатель *m* фирмы; **-gründung** *f* основание *n* (создание *n*) фирмы; **-gruppe** *f* группа *f* предприятий, концерн *m*; **-gruppenversicherung** *f* договор *m* страхования (работников предприятия) между страховой компанией и работодателем; **-image** *f* престиж *m* (репутация *f*) фирмы; **-jäger** *m* рейдер *m*; **-kauf** *m* покупка *f* (приобретение *n*) фирмы; **-kern** *m* минимум *m*, необходимый для существования фирмы; **-kreditgeschäft** *n* предоставление *n* банком кредитов фирмам; **-kunden** *pl* **-kundschaft** *f* клиентура *f* фирмы; **-logo** *n* отличительный фирменный знак *m*; **-mantel** *m* совокупные права *pl* на участие в капитале акционерного общества; **-marke** *f* фирменный знак *m*

Firmenname *m* наименование *n* фирмы; **den -n ändern** изменить наименование фирмы

Firmen|politik *f* политика *f* фирмы; **-prägung** (тиснение *n*) логотип(а) фирмы; **-präsentation** *f* представление *n* (презентация *f*) фирмы; **-programm** *n* (производственная) программа *f* фирмы; **-rabatt** *m* фирменная скидка *f*; **-schild** *n* вывеска *f* фирмы; **-schutz** *m* охрана *f* права пользования наименованием фирмы; **-sitz** *m* зарегистрированное местонахождение *n* фирмы; **-spitze** *f* руководство *n* фирмы; **-sprecher** *m* представитель *m* фирмы по связям с общественностью, спикер фирмы; **-tarif** *m* тарифное соглашение *m* между профсоюзом и фирмой, фирменный тариф *m*; **-tarifvertrag** *n* тарифное соглашение *n*, заключаемое между отдельным работодателем и коллективом предприятия; **-treue** *f* верность *f* фирме; **-übernahme** *f* присоединение *n* (покупка *f*) фирмы; **-vermögen** *n* имущество *n* (состояние *n*) фирмы; **-vertreter** *m* представитель *m* (агент *m*) фирмы; **-verwaltung** *f* управление *n* фирмой; ведение *n* дел фирмы; руководство *n* фирмы; **-wahrheit** *f* соответствие *n* названия фирмы роду занятий и правовой форме; **-werbung** *f* реклама *f* фирмы

Firmenwert *m* цена *f* (стоимость *f*) фирмы; стоимость *f* деловых связей и репутации фирмы; **immaterieller ~** цена *f* репутации фирмы; **materieller ~** цена *f* фирмы в материальном выражении

Firmen|zeichen *n* фирменная марка *f*; фирменный знак *m*; **-zentrale** *f*

центральный офис *m* фирмы; **-zugehörigkeit** *f* стаж *m* работы на предприятии; **-zusammenbruch** *m* крах *m* (банкротство *n*) фирмы; **-zusammenschluss** *m* слияние *n* фирм; **-zusatz** *m* дополнительное название *n* фирмы

firmieren иметь (использовать) наименование фирмы; носить название (в качестве фирмы); **als GmbH ~** именоваться обществом с ограниченной ответственностью; **unter dem Namen ~** вести дела под наименованием

Firmware *f (Comp)* микропрограмма *f*, встроенное («зашитое») программное обеспечение *n*

Fischerei *f* рыболовство *n*; рыбный промысел *m*

Fischereibetrieb *m* рыболовецкое предприятие *n*

Fischindustrie *f* рыбная промышленность *f*, промышленность *f* по переработке рыбы

fiskalisch фискальный, казенный

Fiskal|politik *f* налоговая политика *f*; **-zoll** *m* фискальная таможенная пошлина *f*

Fiskus *m* фиск *m*, государственная казна *f*; фискальная деятельность *f* государства

fix постоянный, твердый, неизменный, определенный; **-e Ausgaben** постоянные расходы *pl*; **-e Erlöse** постоянные доходы *pl*

fixen играть (спекулировать) на понижении; совершать срочные сделки

Fixer *m* спекулянт *m*, играющий на понижении

Fixgeschäft *n* твердая сделка *f* (на срок); твердая (срочная) сделка *f*

Fixing *n* котировка *f*, установление *n* цены, фиксинг *m*

Fix|kosten *pl* постоянные издержки *pl*; **-kostendeckung** *f* покрытие *n* постоянных издержек; **-kostenkoeffizient** *m* доля *f* постоянных издержек в общих расходах предприятия

Fixum *n* твердый оклад *m*; твердая часть *f* вознаграждения; **ein ~ erhalten** получать твердый оклад; **monatliches ~** месячный твердый оклад *m*

Fläche *f* (земельная) площадь *f*, территория *f*; **eine ~ bewirtschaften** обрабатывать земельный участок; **landwirtschaftlich genutzte ~** площади, используемые для нужд сельского хозяйства

Flächen|ausnutzung *f* использование *n* (земельной) площади; **-bestand** *m* наличие *n* площади; **-nutzungsplan** *m* план *m* использования площадей; **-recycling** *n* повторное использование *n* производственных площадей; **-stilllegung** *f* выведение *n* (земельных) площадей из пользования; **-streik** *m (Soz)* отраслевая или территориальная забастовка *f*; **-tarifvertrag** *m* отраслевое или территориальное тарифное соглашение *n*; **-verkehr** *m* местное сообщение *n*

Flagge *f* флаг *m*; **eine ~ führen** плавать под чьим-либо флагом; **billige ~** "удобный" (дешевый) флаг *m*

Flaggenrecht *n* право *n* на флаг

Flash-Speicher *m* флэш-память *f*

flat флат, тель-кель; без калькуляции процентов

Flaute *f* вялость *f*, слабость *f*; застой *m*, депрессия *f*, спад *m*, рецессия; **anhaltende ~** затяжной (длительный) спад; **~ auf den Weltmärkten** спад на мировых рынках; **geschäftliche ~** спад *m* деловой активности; **konjunkturelle ~** спад *m* коньюнктуры

Flautejahr *n* год *m* экономического спада

flexibel гибкий, меняющийся

Flexibilisierung *f* установление *n* гибкой системы, адаптирование *n*; **~ der Arbeitszeit** установление *n* гибкой системы рабочего времени

Flexibilität *f* гибкость *f*; **~ des Managements** гибкость *f* управления

Fließband *n* сборочный конвейер *m*; линия *f* сборки; поточная линия *f*

Fließband|arbeit *f* поточная организация *f* производства; работа *f* на конвейере; **-produktion** *f* поточное производство *n*, конвейерное производство *n*

Fließ|montage *f* монтаж *m* (сборка *f*) на

конвейере; **-prinzip** *n* поточный принцип *m* производства; **-produktion** *f* поточное производство *n*; **-straße** *f* поточная линия *f*; производственная линия *f*

Floaten свободное колебание *n*, плавающий курс *m*; **~ der Wechselkurse** плавающий курс *m* валют

floating плавающий, изменяющийся

Floating плавающий курс *m*, свободное колебание *n* курсов валют

Floating-Rate Note заем *m* (кредит) с изменяющейся процентной ставкой

Floor опцион *m* «пол»

florieren процветать, преуспевать; **das Geschäft floriert** дела идут в гору

Flucht *f* отток *m* денег (капитала); **~ in die Sachwerte** стремление *n* обратить деньги в реальные ценности

Flucht|gelder *pl* (**-kapital** *n*) утечка *f* (бегство *n*) капитала; горячий капитал *m*

Flug|betrieb *m (Transp)* работа *f* аэропорта; **-gast** *m* авиапассажир *m*, авиационный пассажир *m*; **-gesellschaft** *f* авиакомпания *f*, авиационная компания *f*; **-hafen** *m* аэропорт *m*; **-linie** *f* воздушная линия *f*; авиалиния *f*; **-preis** *m* стоимость *f* авиаперевозки; **-tarife** *pl* тарифы *pl* на авиаперевозки

Flugzeug|industrie *f* авиационная промышленность *f*; **-miete** *f* плата *f* за чартер; **-vermietung** *f* сдача *f* самолетов в аренду; **-versicherung** *f* *(Versich)* страхование *n* средств воздушного транспорта; страхование *n* пилотов; **-werte** *pl* акции *pl* авиационных компаний

Fluktuation *f* колебание *n*; текучесть *f* (кадров); **die ~ einschränken** уменьшить текучесть кадров; **~ von Führungskräften** текучесть руководящих кадров

Flur|bereinigung *f* землеустройство *n*; укрупнение *n* земельных владений; **-buch** *n* земельный кадастр *m*; **-schaden** *m* потрава *f* сельскохозяйственных угодий; **-stück** *n* базовая единица *f* в кадастре, участок *m*

flüssig свободный, ликвидный; легко реализуемый; **Vermögenswerte ~ machen** реализовывать (обращать в деньги) имущество

fob-Kalkulation *f* калькуляция *f* экспортной цены на условиях фоб

fob-Lieferung *f* поставка *f* (на условиях) фоб

fob-Preis *m* цена *f* фоб

Föderalismusreform *f (Admin)* реформа *f* федерального устройства (в Германии)

Folge *f* следствие *n*, последствие *n*, результат *m*; вывод *m*; последовательность *f*; ряд *m*, серия *f*; **nachteilige -n** отрицательные последствия *pl*

Folge|auftrag *m* повторный заказ *m*; **-bedarf** *m* производный спрос *m*; **-beitrag** *m* последующий страховой взнос *m*; **-beratung** *f* дополнительная консультация *f*; **-investitionen** *pl* сопряженные капиталовложения *pl* (инвестиции *pl*); **-kosten** *pl* дополнительные расходы *pl*; **-prämie** *f* последующий страховой взнос *m*; последующая премия *f*; **-schaden** *m* последующий ущерб *m* (убыток *m*)

Folio *n* развернутый лист *m* счетной книги

Fonds *m* (инвестиционный) фонд *m*; фонды *pl*, средства *pl*, ресурсы *pl*; **einen ~ anlegen** вложить средства; основать фонд; **einen ~ auflösen** ликвидировать (закрыть) фонд; **einen ~ bilden** образовать фонд; **einen ~ gründen** основать фонд; **einen ~ im Ausland domizilieren** домицилировать фонд за рубежом; **einen ~ verwalten** управлять фондом; **ausländischer ~** иностранный фонд *m*; **gemischter ~** смешанный фонд *m*; **geschlossener ~** закрытый фонд *m*; **offener ~** открытый фонд *m*

Fonds|anlage *f* вклад *m* в фонд(е); **-anleger** *m* вкладчик *m* фонда; **-anleihe** *f* заем *m* инвестиционного фонда; **-anteil** *m* инвестиционный сертификат *m*, акция *f*; **-auflösung** *f* ликвидация *f* фонда; **-ausschuss** *m* правление *n* (инвестиционного) фонда; **-bildung** *f* образование *n* (создание *n*) фонда; **-errichtung** *f* создание *n* фонда; **-erträge** *pl* доходы *pl* фонда; **-gesellschaft** *f* инвестиционный фонд *m*; **-handel** *m* фондовые операции *pl*; торговля *f* ценными бумагами; **-manager** *m* управляющий *m* фонда; **-management** *n* управление *n* фондом, руководство *n* фонда; **-mittel** *pl* средства *pl* фонда; **-prospekt** *m* проспект *m* фонда; **-sparen** *n* фондовое накопление *n*; **-typ** *m* вид *m* (тип *m*) инвестиционного фонда; **-vermögen** *n* активы *pl* фонда; **-vermögenswert** *m* стоимость *f* активов фонда (имущества); **-verwaltung** *f* управление *n* фондом, руководство *m* фондом; **-werte** *pl* ценные бумаги *pl* фондов

force-majeur *(Handel, Recht)* форс-мажор *m*, обстоятельства *pl* непреодолимой силы

force-majeur-Klausel *f* статья *f* договора о действии непредодолимой силы

Forcierung *f* ускорение *n*, форсирование *n*; ~ **des technischen Fortschritts** ускорение *n* технического прогресса; ~ **von Innovationen** ускорение *n* внедрения новшеств

Förder|anlage *f* транспортное устройство *n*; **-antrag** *m* заявка *f* (просьба) об оказании помощи; **-band** *n* конвейер *m*, ленточный транспортер *m*

förderberechtigt имеющий право на получение помощи

Förderberatung *f* консалтинг *m* по возможностям получения субсидий

Förder|betrag *m* сумма *f* помощи; **-gebiet** *n* отсталая область *f*, которой оказывается помощь в развитии; **-gelder** *pl* средства *pl* на развитие; **-höhe** *f* размер *m* добычи; сумма *f* оказываемой помощи; **-kapazität** *f* мощность *f* по добыче; **-kosten** *pl* расходы *pl* на доставку; стоимость *f* доставки; стоимость *f* добычи

Fördermaßnahmen *pl* меры *pl* стимулирования (развития); ~ **erarbeiten** вырабатывать меры стимулирования; **zweckgebundene** ~ целевые меры *pl* стимулирования

Fördermittel *pl* средства *pl* для развития; транспортные средства *pl*; ~ **bereitstellen (bewilligen)** предоставлять (ассигновать) средства *pl* для развития

fordern требовать, просить, запрашивать

fördern способствовать, содействовать; поощрять, стимулировать; продвигать по службе; **Familien** ~ содействовать (помогать) созданию и укреплению семьи; **finanziell** ~ оказывать финансовую поддержку

Förder|programm *n* программа *f* развития (помощи); **-quote** *f* квота *f* на добычу; **-topf** *m* фонд *m* стимулирования, фонд *m* содействия, источник *m* субсидирования

Forderung *f* требование *n*, претензия *f*, притязание *n*; долг *m* к получению, обязательство *n*; **-en** *pl (Buchh, Fin)* дебиторская задолженность *f*, счета *pl* к получению; **-en abkaufen** скупать требования; **eine ~ abschreiben** списать долг; **eine ~ abtreten** уступить требование; **-en ankaufen** покупать (скупать) требования; **eine ~ anmelden** предъявить требование; **-en bezahlen** оплачивать (погашать) долги; **eine ~ einklagen** подать иск на взыскание задолженности; **eine ~ eintreiben** взыскивать задолженность; **eine ~ einziehen** получить по счету; **eine ~ erheben** выдвинуть требование; **eine ~ geltend machen** заявить претензию; **den -en gerecht werden** удовлетворить требованиям; **-en kaufen** покупать требования; **-en stellen** предъявить требования; **-en verkaufen** продавать долговые требования; **eine ~ vorbringen** заявить претензию; **abgeschriebene -en** списанные долги *pl*; **-en an Kreditinsitute** долги *pl* кредитных учреждений; **-en aus der Beteiligung** долговые требования *pl*, вытекающие из долевого участия в другом предприятии; **-en aus Kreditgeschäften** долговые требования *pl* по кредитным операциям; **ausstehende ~** требования *pl* по открытому счету; дебиторская задолженность *f*; **-en aus Warenlieferungen und Leistungen** задолженность *f* покупателей и клиентов за товары и услуги; **betagte ~** просроченное требование *n*; **bevorrechtigte ~** привилегированное (преимущественное) требование *n*; **dubiose ~** сомнительное требование *n*; **eingezogene ~** взысканная дебиторская задолженность *f*; **fällige ~** долговое требование *n*, срок которого наступил; **-en gegenüber Banken** долговые требования *pl* к банкам, задолженность *f* банков; **gesicherte ~** обеспеченный долг *m*; **~ nach Entschädigung** требование *n* возмещения (компенсации); **sonstige -en** прочие требования *pl*; **streitige ~** спорный долг *m*; **übertriebene ~** завышенное требование *n*; **zweifelhafte -en** сомнительные долги *pl*

Förderung *f* стимулирование *n*, содействие *n*; поощрение *n*, продвижение *n*; развитие *n*; добыча *f*; **die ~ zusagen** обещать предоставление помощи; **~ aus öffentlichen Mitteln** помощь *f* за счет государственных средств; **~ der Ausfuhr** стимулирование *n* экспорта; **~ der beruflichen Bildung** развитие *n* профессиональной подготовки; **~ der Forschung** стимулирование *n* исследований; **~ des Fremdenverkehrs** развитие *n* туризма; **öffentliche ~** помощь *f* (содействие *n*) со стороны государственных и муниципальных служб; **~ der Vermögensbildung** стимулирование *n* образования собственности и имущества; **~ des Wettbewerbs** стимулирование *n* конкуренции; **~ der Wirtschaft** помощь *f* в развитии экономики

Forderungs|abschreibung *f* списание *n* дебиторской задолженности; **-abtretung** *f* цессия *f*, уступка *f* требований

Förderungsantrag *m* ходатайство *n* об оказании помощи

Forderungs|ausfall *m* утрата *f* требования, списание *n* долга; **-beleihung** *f* передача *f* долговых требований в залог; **-berechtigte** *m* кредитор *m*; **-bestand** *m* портфель *m* (долговых) требований; **-betrag** *m* причитающаяся сумма *f*, сумма *f* задолженности; **-einzug** *m* инкассация *f* (взимание *n*) долгов

Förderungsfonds *m* фонд *m* развития (содействия)

Forderungs|garantie *f* гарантия *f* получения долга; **-gläubiger** *m* кредитор; **-kauf** *m* покупка *f* (долговых) требований; **-management** *n* управление *n* дебиторской задолженностью, коллекторская деятельность *f*

Förderungs|maßnahmen *pl* меры *pl* по развитию (содействию); **-programm** *n* программа *f* развития (содействия)

Forderungs|papiere *pl* ценные бумаги *pl*, содержащие товарные или денежные требования; **-pfändung** *f* наложение *n* ареста на право требования третьего лица; **-schuldner** *m* должник *m*, заемщик *m*

Förderungs|richtlinien *pl* положения *pl*, регулирующие предоставление помощи; **-system** *n* поощрительная система *f*

Forderungs|übergang *m* переход *m* требования; **-verkauf** *m* продажа *f* долговых требований; **-verzicht** *m* отказ *m* от требований

förderungswürdig требующий оказания помощи; **-es Vorhaben** проект *m*, требующий оказания помощи

Förder|volumen *n* объем *m* добычи; **-vorgang** *m* процесс *m* добычи

Forfaitierung *f* форфетирование *n*, безусловное финансирование *n*; покупка *f* банком платежных требований у экспортера без права регресса

Formalitäten *pl* формальности *pl*; **~ erfüllen** выполнять формальности

Format *n* *(Comp)* формат *m*

Formatierung *f* *(Comp)* форматирование *n*

Form|blatt *n* формуляр *m*, бланк *m*,

форма *f*; **-brief** *m* (фирменный) бланк *m*

Form|erfordernis *n* требование *n* соблюдения формы; **-freiheit** *f* произвольная форма *f*

Formgebung *f* дизайн *m*, художественное конструирование *n*; **industrielle ~** промышленный дизайн *m*

formgemäß (formgerecht) по форме, согласно форме

Formular *n* формуляр *m*, бланк *m*, форма *f*; **ausgefülltes ~** заполненный бланк *m*; **~ für elektronische Steuererklärung** электронный формуляр *m* подачи налоговой декларации (по электронной почте)

Form|kaufmann *m* (торговое) общество *n*, зарегистрированное в торговом реестре; **-vorschrift** *f* предписание *n* о соблюдении формы, установленная форма *f*; **-zwang** *m* требование *n* соблюдения установленной формы

forschen исследовать, расследовать

Forscher *m* исследователь *m*

Forschung *f* исследование *n*, изыскание *n*; **-en betreiben** проводить исследования; **industrienahe ~** прикладное исследование *n*; **~ und Entwicklung** исследования *pl* и разработки *pl*; научно-исследовательские и опытно-конструкторские работы *pl*

Forschungs|anstalt *f* научно-исследовательское учреждение *n*; **-arbeit** *f* научно-исследовательская работа *f*; **-aufwendungen** *pl* затраты *pl* на научно-исследовательские работы; **-ergebnis** *n* результат *m* исследования; **-etat** *m* бюджет *m* на научно-исследовательские работы; **-förderung** *f* стимулирование *n* научных исследований

forschungsintensiv наукоемкий; **-e Produkte** наукоемкие продукты *pl*

Forschungs|kooperation *f* кооперация *f* в области научных исследований; **-kosten** *pl* расходы *pl* на научные исследования; **-organisation** *f* организация *f* исследований; **-personal** *n* научно-исследовательский персонал *m*; **-plan** *m* план *m* проведения научного исследования; **-projekt** *n* научно-исследовательский проект *m*; **-schwerpunkt** *m* основное направление *n* научных исследований; **-vorhaben** *n* научно-исследовательский проект *m*

Forst|betrieb *m* предприятие *n* лесного хозяйства; **-wirtschaft** *f* лесное хозяйство *n*; лесная промышленность *f*

Fortbestand *m* продолжение *n* существования; **~ des Unternehmens** продолжение *n* существования предприятия

Fortbildung *f* повышение *n* квалификации; усовершенствование *n*, дальнейшее развитие *n*; **berufliche ~** повышение *n* профессиональной квалификации

Fortbildungs|kosten *pl* расходы *pl* на повышение квалификации; **-kurs** *m* курсы *pl* повышения квалификации

Fortführung *f* продолжение *n*; **~ der Geschäfte** продолжение *n* ведения дел

fortlaufend текущий, непрерывный; по порядку; **~ nummerieren** нумеровать по порядку

fortschreiben корректировать; актуализировать

Fortschreibung *f* корректировка *f*; изменение *n* налоговой стоимости предприятия, изменение *n* оценки имущества; нарастающий итог *m*

Fortschritt *m* прогресс *m*, успех *m*; **-e erzielen** добиваться успехов; **technischer ~** технический прогресс *m*; **technisch-wissenschaftlicher ~** научно-технический прогресс *m*

Fortschrittsrate *f* темпы *pl* прогресса

Fort- und Weiterbildung *f* обучение *n* и повышение *n* квалификации; **~ der Mitarbeiter** обучение *n* и повышение *n* квалификации персонала

fortzahlen продолжать выплачивать; **das Arbeitsentgelt ~** продолжать выплачивать заработную плату

Fortzahlung *f* дальнейшая выплата *f*; **die ~ verweigern** отказать в дальнейшей выплате; **unter ~ des Arbeitsentgelts** при условии продолжения выплаты заработной платы

Fracht *f* фрахт *m*, груз *m*; фрахт *m*, плата *f* за перевозку; **~ befördern**

доставлять (перевозить) груз; ~ **bezahlen** оплатить фрахт; ~ **umschlagen** перегружать груз; ~ **inklusive** со включением фрахта; ~ **vorausbezahlt** фрахт уплачен в порту погрузки; ~ **zahlt Empfänger** фрахт оплачивает получатель; ~ **zu Ihren Lasten** стоимость перевозки оплачивает получатель

Fracht|angebot *n* предложение *n* цены за перевозку; **-aufkommen** *n* объем *m* грузоперевозок; **-aufschlag** *m* дополнительная плата *f* за перевозку груза; **-bedingungen** *f* условия *pl* перевозки груза; **-börse** *f* фрахтовая биржа *f*

Frachter *m s.* **Frachtführer** *m*

Frachtermäßigung *f* снижение *n* фрахтовой ставки; **-flugzeug** *n* грузовой самолет *m*; **-flugzeuggesellschaft** *f* транспортная авиакомпания *f*

frachtfrei франко-фрахт; франко-место назначения

Fracht|führer *m* фрахтовщик *m*, перевозчик *m* груза; **-geschäft** *n* фрахтовое дело *n*; **-gut** *n* груз *m*, перевозимый транспортными средствами; **-konditionen** *pl* условия *pl* перевозки грузов; **-kosten** *pl* издержки *pl* по перевозке грузов; **-liste** *f* перечень *m* отгруженных товаров; **-makler** *m* маклер *m* по фрахтованию судов; фрахтовый брокер *m*; **-papiere** *pl* перевозочные (транспортные) документы *pl*; **-parität** *f* паритет *m* фрахтовых ставок; **-rate** *f* фрахтовая ставка *f*; **-rechnung** *f* счет *m* за фрахт; **-satz** *m* фрахтовая ставка *f*; **-schiff** *n* грузовое судно *n*; **-tarif** *m* грузовой (фрахтовый) тариф *m*; **-verkehr** *m* грузовые перевозки *pl*, грузооборот *m*; **-versicherung** *f* страхование *n* фрахта, страхование *n* каско; **-vertrag** *m* договор *m* на перевозку груза, транспортный договор *m*; **-vorlage** *f* фрахтовый аванс *m*; **-zustellung** *f* доставка *f* груза

Fragebogen *m* анкета *f*, опросный лист *m*

Fraktal *m* фрактал *m*

Franchise *f* особое право *m* выдаваемое компанией предпринимателю для ведения дел (эксплуатации предприятия) по технологии и под маркой данной компании; франшиза *f*; **eine ~ bieten** предлагать особое право (лицензию) на ведение дел; **ein Restaurant in ~ führen** вести дела ресторана по лицензии и технологии головного предприятия; **eine ~ vergeben** выдать особое право (лицензию) на ведение дел (эксплуатацию предприятия), выдать лицензию на франчайзинг

Franchise-Anbieter *m* фирма *f*, предлагающая особое право (лицензию) на ведение дел (эксплуатацию предприятия); фирма *f*, предлагающая лицензию на франчайзинг; **~-Betrieb** *m* предприятие *n*, передаваемое в эксплуатацию по лицензии; **~-börse** *f* биржа *f* франчайзинга; **~-Geber** *m* компания *f*, выдающая особое право (лицензию) на ведение дел (эксплуатацию предприятия); **~-Gebühr** *f* плата *f* за пользование особым правом (лицензией) на ведение дел (эксплуатацию предприятия); **~-Kette** *f* сеть *f* предприятий, работающих на условиях договора о передаче права на эксплуатацию (ведение дел); **~-Nehmer** *m* предприниматель *m*, эксплуатирующий предприятие на основе договора о предоставлении особого права (лицензии) на ведение дел; **~-Vertrag** *m* договор *m* о выдаче особого права (лицензии) на ведение дел (эксплуатацию предприятия) под маркой головного предприятия

Franchising система *f* выдачи особых прав (лицензий) на ведение дела (эксплуатацию) предприятия); передача *f* права на использование фирменной марки; фрэнчайзинг *m*

frankieren франкировать (письмо), оплачивать почтовым сбором

franko франко, свободный от оплаты расходов по доставке товара; в указанный пункт, с оплатой до; ~ **Bahnhof** франко-железнодорожная станция; ~ **Courtage** франко-куртаж; ~ **Fracht** франко-фрахт; ~ **Fracht und Zoll** франко-фрахт и таможенная пошлина; ~ **Provision** франко-комиссионные; ~ **Valuta** франко-валюта; бесплатно; ~ **Waggon** франко-вагон

Franko|bedingung *f* франко-условие *n*; **-lieferung** *f* поставка *f* франко; **-preis** *m* цена *f* франко

Frauen|arbeit *f* женский труд *m*; **-arbeitsschutz** *f* охрана *f* женского труда; **-beruf** *m* женская профессия *f*; **-beschäftigung** *f* занятость *f* среди женщин; **-erwerbslosigkeit** *f* безработица *f* среди женщин

frei франко, свободный от расходов, бесплатный, свободный; ~ **ab Fabrik** франко-завод поставщик; ~ **ab Haus** франко-местонахождение; ~ **ab Schiff** франко с судна; ~ **ab Werk** франко-завод поставщик; ~ **an Bord** с доставкой (погрузкой) на борт судна, франко-борт; фоб; ~ **Bahnhof** франко-станция; ~ **Eilgeld** франкодиспач (фд); ~ **ein und aus** погрузка и выгрузка оплачивается фрахтователем, фио; ~ **Eisenbahn** франко-вагон; ~ **Fahrzeug** франко-грузовик, фот; ~ **Grenze** франко-граница; ~ **Hafen und versichert** франко-порт и страховка; ~ **Haus** включая стоимость доставки на дом; ~ **Lager des Kunden** франко-склад покупателя; ~ **Längsseite Schiffs** франко вдоль борта судна, фас; ~ **Schiff** франко-судно, фос; **Preis** ~ цена, включающая расходы по поставке; ~ **verzollt** свободный от вывозной пошлины; ~ **Waggon** франко-вагон, фор

Frei|aktie *f* бесплатная (премиальная) акция *f*; **-berufler** *m* лицо *n* свободной профессии

freiberuflich свободной профессии; ~ **tätig sein** заниматься самостоятельным видом деятельности, работать не по найму

Freibetrag *m* не облагаемый налогом минимум дохода

freibleibend без обязательства; ~ **anbieten** цена без обязательства; цена, изменяемая без предварителбного уведомления

Frei|exemplar *n* авторский (бесплатный) экземпляр *m*; **-fahrt** *f* бесплатный проезд *m* (по железной дороге)

Frei|gabe *f*; ~ **der Löhne** размораживание *n* заработной платы; ~ **der Preise** либерализация *f* цен; ~ **des Wechselkurses** установление *n* (введение *n*) плавающего обменного курса валют

freigeben отменять, снимать запрет, разрешать; выдавать; деблокировать; **Dokumente gegen Zahlung** ~ выдать документы против платежа; **einen Kredit** ~ выдать кредит; снять запрет на выдачу кредита; **Preise** ~ либерализовать (отпустить) цены; **die Waren** ~ выдать товары после таможенной очистки

Frei|gepäck *n* бесплатный багаж *m*; багаж *m*, провозимый бесплатно; **-grenze** *f* максимальный размер *m* дохода, не облагамого налогом; максимальный размер *m* беспошлинного провоза товаров; **-gut** *n* товар *m*, не подлежащий обложению пошлиной; беспошлинный товар; **-hafen** *m* вольный (свободный) порт *m*; порто-франко

freihalten сохранять в силе; резервировать, бронировать

Freihandel *m* свободная (беспошлинная) торговля *f*

Freihandels|abkommen *n* соглашение *n* о свободной торговле; **-beziehungen** *pl* свободные торговые отношения *pl*; **-zone** *f* зона свободной торговли

freihändig напрямую, без посредников; ~ **verkaufen** продавать по прямой договоренности с покупателем; продавать ценные бумаги на открытом рынке; **-er Kauf** прямая закупка *f* по рыночной цене; **-er Verkauf** продажа *f* без посредников; продажа по частной договоренности

Freihauslieferung *f* доставка *f* на дом; поставка *f* франко-склад получателя

Freiheit *f* свобода *f*; **wirtschaftliche** ~ экономическая свобода *f*

freiheitlich свободный

Freiheitsrechte *pl* права *pl* на свободу;

wirtschaftliche ~ права *pl* на экономическую свободу
Frei|lager *n* склад *m* под открытым небом; **-land** *n* открытый грунт *m*; **-liste** *f* список *m* товаров, разрешенных к вывозу без ограничений
freimachen оплачивать почтовым сбором; франкировать; освобождать
Freimakler *m* независимый брокер *m*
freisetzen высвобождать, освобождать
Freisetzung *f* высвобождение *n*, освобождение *n*; ~ **von Beschäftigten** увольнение *n* работников
freistellen освобождать; предоставлять выбор; разрешать; **einen Arbeitnehmer** ~ отпускать работника с работы; **von der Arbeitsleistung** ~ освобождать от работы; **von der Haftung** ~ освобождать от ответственности
Freistellung *f* высвобождение *n*; освобождение *n*; **die** ~ **verweigern** отказать в предоставлении отгула; ~ **von der Arbeit** освобождение от работы; ~ **von der Zahlung** освобождение *n* от уплаты
Freistellungs|anspruch *m* право на освобождение от уплаты налогов; **-auftrag** *m* **für Kapitalerträge** поручение *n* налогоплательщика (своему кредитному институту) о неотчислении налога с необлагаемой налогом суммы процентов; **-bescheid** *m* уведомление *n* об освобождении от уплаты налогов; **-bescheinigung** *f* справка *f* об освобождении от уплаты подоходного налога; **-bestimmungen** *pl* положения, регламентирующие освобождение от уплаты налогов; **-erklärung** *f* заявление *n* об освобождении партнера по договору от исполнения дополнительных обязательств
Freiumschlag *m* конверт *m*, прилагаемый для ответа, не требующий франкировки
Freiverkehr *m* внебиржевой рынок *m* (оборот *m*) ценных бумаг; внебиржевые операции; рынок ценных бумаг, не допущенных к котировке; **geregelter** ~ регулируемый (полуофициальный) внебиржевой рынок *m* ценных бумаг; **ungeregelter** ~ свободный рынок *m* ценных бумаг
Freiverkehrs|händler *m* дилер *m* по операциям с ценными бумагами, находящимися во внебиржевом обороте; **-kurs** *m* курс *m* ценных бумаг, находящихся во внебиржевом обороте; **-werte** *pl* ценные бумаги *pl*, находящиеся во внебиржевом обороте
Freivermerk *m* отметка *f* об оплате провоза грузоотправителем
freiwillig добровольный; **-e Gerichtsbarkeit** добровольная подсудность *f*
Freizeichen *n* знак *m* фирмы, не подлежащий регистрации; телефонный сигнал *m* "не занято"
Freizeichnungs|klausel *f* статья *f* договора, содержащая оговорку; оговорка *f* об аннулировании договора при наступлении определенных обстоятельств
Freizeit *f* свободное от работы время *n*; досуг *m*
Freizeit|einrichtung *f* место *n* и оборудование *n* для отдыха и развлечений; **-gestaltung** *f* организация *f* досуга (отдыха); **-industrie** *f* отрасль *f* промышленности, производящая товары для досуга; индустрия *f* отдыха (туризма)
Freizügigkeit *f* свобода *f* передвижения и проживания; ~ **im ganzen Bundesgebiet** свобода *f* передвижения по всей территории ФРГ; ~ **des Warenverkehrs** свобода *f* передвижения товаров
fremd чужой, иностранный, заграничный; **Banknoten in -er Währung** банкноты в иностранной валюте; **-e Gelder** заемные средства *pl*, вклады *pl* клиентов банка; **-e Länder** зарубежные страны *pl*
Fremd|besitz *m* владение *n* чужим имуществом; **-besitzer** *m* владелец *m* чужого имущества; **-bezug** *m* получение *n* со стороны; поставки со стороны других предприятий; **-emission** *f* внешняя эмиссия *f*
Fremdenverkehr *m* туризм *m* и деловые поездки *pl*

Fremdenverkehrs|betrieb *n* туристическая фирма *f*; предприятие *n* по обслуживанию туристов; **-gewerbe** *n* промысел *m*, связанный с туризмом; **-industrie** *f* индустрия *f* туризма; **-werbung** *f* реклама *f* для привлечения туристов

fremdfinanzieren финансировать за счет привлечения средств со стороны

Fremd|finanzierung *f* финансирование *n* за счет привлечения средств со стороны, заемное финансирование *n*; **-gelder** *pl* заемные средства *pl*; вклады *pl* клиентов банка; **-geschäft** *n* сделка *f* за чужой счет и от чужого имени; **-kapital** *n* заемный (привлеченный) капитал *m*

Fremdkapital|abbau *m* сокращение *n* доли заемного капитала; **-aufnahme** *f* привлечение *n* заемного капитала; **-deckung** *f* отношение *n* долгосрочных активов к долгосрочным обязательствам; **-geber** *m* кредитор *m*; **-kosten** *pl* стоимость *f* кредита, стоимость *f* заемных средств; **-rentabilität** *f* рентабельность *f* заемного капитала, отношение *n* процентов за заемный капитал *m* к заемному капиталу; **-zinsen** *pl* ссудный процент *m*; **-zinssatz** *m* ставка *f* ссудного процента

Fremd|leistungen *pl* производственные услуги *pl* со стороны; **-mittel** *pl* заемные средства *pl*; **-mittelbedarf** *m* потребность *f* в кредитах (заемных средствах); **-versicherung** *f* страхование *n* чужого риска; **-währung** *f* иностранная валюта *f*

Fremdwährungs|anleihe *f* заем *m* в иностранной валюте; **-darlehen** *n* ссуда *f* в иностранной валюте; **-guthaben** *n* активы *pl* (вклад *m*, авуары *pl*) в иностранной валюте; кредитовое сальдо *n* в иностранной валюте; **-konto** *n* счет валюты (девизов); **-kredit** *m* кредит в иностранной валюте; **-schuldverschreibung** *f* долговое обязательство *n* (облигация *f*) в иностранной валюте; **-verbindlichkeiten** *pl* долговые обязательства *pl* в иностранной валюте; **-versicherung** *f* страхование *n* с уплатой взносов в иностранной валюте; **-wechsel** *m* вексель *m* в иностранной валюте

freundlich повышающийся; **die Aktien tendieren ~** курсы акций имеют тенденцию к повышению; **die Aktienbörse ist etwas -er** курсы акций слегка повысились

Friedenspflicht *f* обязательство *n* соблюдать "социальный мир" во время действия тарифного соглашения

Frischware *f* свежая продукция *f* (в магазине); **Frischwaren-Abteilung** *f* отдел *m* свежей продукции, отдел *m* зоны fresh

Frist *f* срок *m*; **die ~ abkürzen** сократить срок; **die ~ berechnen** рассчитать (определить) срок; **die ~ einhalten** соблюдать срок; **eine ~ einräumen** предоставить срок; **eine ~ setzen** установить (назначить) срок; **die ~ vereinbaren** согласовать срок, договориться о сроке; **eine ~ verlängern** продлить срок, отсрочить; **abgelaufene ~** истекший срок *m*; **angemessene ~** соразмерный (соответствующий) срок *m*; **äußerste ~** крайний срок *m*; **vereinbarte ~** согласованный срок *m*; **verkürzte ~** сокращенный срок *m*; **vertragliche ~** срок *m* согласно договору, договорной срок *m*; **vorgeschriebene ~** предусмотренный (установленный) срок *m*; **zusätzliche ~** дополнительный срок *m*

Frist|ablauf *m* истечение *n* срока; **-aussetzung** *f* перенесение *n* срока; **-beginn** *m* начало *n* срока; **-bemessung** *f* **(-berechnung** *f*) исчисление *n* срока; **-ende** *n* окончание *n* срока

fristenkongruent совместимый (совпадающий) по срокам

Fristenverwaltung *f* определение *n* и планирование *n* сроков

fristgemäß в надлежащий срок, в срок; **einen Auftrag ~ ausführen** выполнить заказ в срок; **die Ware ~ liefern** поставить товар в срок; **-e Zahlung** платеж *m* в указанный срок

fristgerecht в надлежащий срок; в срок; **~ fertigstellen** изготавливать (исполнять) в срок

Fristigkeit *f (Fin)* срочность *f* (кредита)
fristlos без указания срока; бессрочный, немедленный; **~ entlassen** уволить немедленно без предупреждения; **den Vertrag ~ kündigen** расторгать договор без предупреждения; **-e Kündigung** немедленное увольнение
Frist|überschreitung *f* просрочка *f*, несоблюдение *n* срока; **-verlängerung** *f* продление *n* (пролонгация *f*) срока, отсрочка *f*
Fruchtbarkeit *f* плодородие *n*; плодородность *f*; урожайность *f*
Frucht|folge *f* (**-wechsel** *m*) севооборот *n*, ротация *f*; плодосмен *m*; **-wechselwirtschaft** *f* плодосменная система *f*
Früh|bezugsrabatt *m* скидка *f* за закупку сезонных товаров до наступления срока; **-bucherrabatt** *m* скидка *f* для бронирующих (поездку) заранее; **-schicht** *f* ранняя (первая) смена *f*
Frühstückskartell *n* джентльментское соглашение *n*, устная договоренность *f*
Frühwarnsystem *n* система *f* раннего предупреждения (прогнозирования)
Frustration *f* расстройство *n*; фрустрация *f*, крушение *n* надежд
FuE *s.* **Forschung und Entwicklung**
führen вести; управлять, руководить; возглавлять; **Bücher ~** вести бухгалтерские книги;
führend ведущий, главный, руководящий; **-e Werte** акции *pl*, на которые существует самый большой спрос; ведущие акции *pl*
Führerschaft *f* лидерство *n*, ведущие позиции *pl*; руководство *n*; **~ ausbauen** укреплять лидерство (ведущие позиции); **technologische ~** лидерство *n* (первенство *n*) в области технологии
Führung *f* руководство *n*, управление *n*, ведение *n*; **mit der ~ beauftragen** поручить руководство; назначить управляющим; **die ~ übernehmen** взять руководство в свои руки; **~ der Betriebe** управление *n* предприятиями; **~ der Bücher** ведение *n* бухгалтерских (торговых) книг; **~ durch Zielvereinbarung** управление *n* путем согласования целей; **~ der Geschäfte** ведение *n* дел, руководство *n* фирмой; **~ der Konten** ведение *n* счетов; **ordnungmäßige ~** надлежащее (правильное) ведение *n*; **schlanke ~** управление *n* без лишних промежуточных звеньев, «стройный» менеджмент *m*; **straffe ~** жесткое (строгое) руководство *n*; **~ eines Teams** руководство *n* группой сотрудников; **teamorientierte ~** руководство *n* с учетом мнения сотрудников; **~ des Unternehmens** руководство *n* предприятия, управление *n*; **~ von Konten** ведение *n* счетов
Führungs|aufgaben *pl* задачи *pl* (функции *pl*) управления; **-bereich** *m* сфера *f* управления (руководства); **-daten** *pl* информация *f*, необходимая для руководства; **-debatte** *f* дискуссия *f* о руководстве; **-ebene** *f* уровень *m* управления; **-entscheidung** *f* решение *n*, принимаемое руководством; **-fähigkeiten** *pl* способности *pl* к управлению (руководству); **-grundsätze** *pl* принципы *pl* руководства (управления); **-hierarchie** *f* иерархия *f* управления; **-information** *f* информация *f*, необходимая для руководства; **-informationssystem** *n* информационная система *f* для руководства; **-instrument** *n* инструмент *m* руководства; **-konzeption** *f* концепция *f* (план) управления (руководства); **-kraft** *f* руководитель *m*, руководящий работник *m*, менеджер *m*
Führungskräfte *pl* руководители *pl*, руководящие работники *pl*, менеджеры *pl*; **mittlere ~** среднее звено *f* управления (руководства)
Führungs|kräfteentwicklung *f* обучение *n* и подготовка *f* руководящих кадров; **-kultur** *f* культура *f* управления (руководства); **-mannschaft** *f* команда *f* руководителей (менеджеров); **-modelle** *pl* модели *pl* управления; **-nachwuchs** *m* молодое поколение *pl* руководящих кадров (менеджеров); **-potential** *n* по-

тенциал *m* (возможности *pl*) руководителя (менеджера); **-prozess** *m* процесс *m* управления; **-qualitäten** *pl* качества *pl* руководителя; **-schulung** *f* обучение *n* руководящих работников; **-seminar** *n* семинар *m* по повышению квалификации руководящих работников (менеджеров); **-spanne** *f* количество *n* сотрудников на 1 руководителя; **-spitze** *f* высшее звено *n* управления

Führungsstil *m* стиль *m* руководства (управления); **autoritärer** ~ авторитарный стиль *m* руководства; **kooperativer** ~ кооперативный стиль *m* руководства

Führungs|system *n* система *f* руководства (управления); **-tätigkeit** *f* руководящая (управляющая) деятельность *f*; **-techniken** *pl* приемы *pl* и методы *pl* руководства (управления); **-training** *n* обучение *n* руководящих кадров (менеджеров); **-verhalten** *n* поведение *n* руководителя; **-wissen** *n* знания *pl*, необходимые для управления (руководства); **-zeugnis** *n* справка *f* полиции о благонадежности

Full-Service *m* полный спектр *m* сервисных услуг

full time job полная занятость *f* в течение рабочего дня

Fund *m* находка *f*; найденная вещь *f*; открытие *n* месторождения

Fundamentalanalyse *f (Fin)* фундаментальный анализ *m*, анализ *m* доходности предприятия, перспектив развития курса акций и шансов на получение дивидендов

fundiert вложенный, консолидированный; обоснованный, солидный

Fundierungsanleihe *f* фундированный (консолидированный) заем *m*

Fundstellennachweis *m (Recht)* перечень *m* правовых актов

fungibel заменимый, однородный; **-e Sachen** взаимозаменимые вещи *pl* (ценности *pl*)

Fungibilität *f* заменимость *f*

fungieren действовать, функционировать; исполнять обязанности

Funktion *f* функционирование *n*, действие *n*, принцип *m* действия; функция *f*, деятельность *f*, работа *f*; **-en abwickeln (erfüllen)** исполнять функции (обязанности); **-en übernehmen** брать на себя выполнение функций (обязанностей); **-en wahrnehmen** выполнять функции (обязанности); **betriebliche** ~ производственная функция *f*

funktionieren функционировать, действовать, работать

Funktionsbereich *m* сфера *f* деятельности

funktionsfähig действующий, функционирующий

Funktionsfähigkeit *f* функционирование *n*; действенность *f*; ~ **der Wirtschaft** функционирование *n* (эффективность *f*) экономики

Funktionsrabatt *m* скидка *f* за принятие на себя некоторых функций поставщика; скидка *f* для агента по перепродаже

funktionssicher надежный в эксплуатации

Funktions|sicherheit *f* эксплутационная надежность *f*; **-störung** *f* неполадка *f*; **-tüchtigkeit** *f* исправность *f* (оборудования), эксплутационная надежность *f*

Funktionsweise *f* принцип *m* функционирования

Fürsorge *f* попечение *n*; (социальное) обеспечение *n*; **öffentliche** ~ государственное социальное обеспечение *n*; **soziale** ~ социальное обеспечение *n*

Fürsorgepflicht *f (Pers)* обязанность *f* предпринимателя создать нормальные (по законодательству) условия труда

Fusion *f* слияние *n*, объединение *n*; поглощение *n*; **horizontale** ~ слияние *n* по горизонтали; **vertikale** ~ слияние *n* по вертикали

fusionieren соединять, объединять, сливать

Fusions|angebot *n* предложение *n* о слиянии (объединении); **-bedingungen** *pl* условия *pl* слияния; **-bilanz** *f* объединительный баланс *m*; **-gewinn** *m* консолидированная прибыль *f*

Fusionskontrolle *f* контроль *m* за слиянием (объединением); **obligatorische ~** обязательный контроль *m* за слиянием
Fusions|modalitäten *pl* способы *pl* (методы *pl*) слияния; **-vertrag** *m* договор *m* о слиянии
Futures *(Börse)* фьючерсы *pl*, срочные сделки *pl*, сделки *pl* на срок; срочные контракты *pl*
Futureshandel *m* сделки *pl* на срок; срочные контракты *pl*
Futures-Optionen *pl* опционы *pl* на срочные контракты

G

Gage *f* вознаграждение *n*; жалование *n*; гонорар *m*; содержание *n*
Game *(Comp)* компьютерная игра *f*
gängig ходовой, пользующийся спросом, ходкий
Gap *(Bö)* гэп *m*, «окно» *n*, разрыв *m* котировок (между торговыми сессиями)
Garant *m* гарант *m*, поручитель *m*
Garantie *f* гарантия *f*, поручительство *n*; **eine ~ fordern** требовать гарантии (поручительства); **eine ~ geben** дать (представить) гарантию, гарантировать, ручаться; **eine ~ gewähren** предоставить (дать) гарантию (поручительство); **eine ~ gewährleisten** обеспечить гарантию (поручительство); **eine ~ in Anspruch nehmen** воспользоваться гарантией (поручительством); **~ leisten (stellen)** предоставить (дать) гарантию, гарантировать; **die ~ zusagen** дать согласие на предоставление гарантии; **~ einer Effektenemission** гарантия размещения выпуска ценных бумаг; **mit 1 Jahr ~** с гарантией на 1 год; **schriftliche ~** письменная гарантия *f*; **unter ~** с гарантией
Garantie|anspruch *m* право *n* на гарантийный ремонт, право *n* на предоставление гарантии; **-bestimmungen** *pl* гарантийные положения *pl* (статьи *pl*) договора; **-brief** *m* гарантийное письмо *n*; **-erklärung** *f* гарантийное письмо *n* (обязательство *n*); **-fall** *m* случай *m*, требующий предоставления гарантии; гарантийный случай *m*
Garantie-Fonds *m* фонд *m* с гарантированным возвратом вклада
Garantie|frist *f* гарантийный срок *m*, срок *m* поручительства; **-geber** *m* гарант *m*, поручитель *m*; **-geschäft** *n* поручительство *n* (гарантия) за третьих лиц; **-kapital** *n* гарантийный капитал *m*; **-karte** *f* гарантийный талон *m*; **-klausel** *f* оговорка *f* о гарантиях; пункт *m* договора о гарантиях; **-konsortium** *n* консорциум-гарант *m* размещения выпуска ценных бумаг; **-kosten** *pl* расходы *pl* по гарантийному обслуживанию; **-leistung** *f* гарантийные работы *pl*; гарантийные услуги *pl*; **-lohn** *m* гарантированный минимум *m* заработной платы; **-nehmer** *m* получатель *m* гарантии; **-pflicht** *f* гарантийное обязательство *n*; обязанность *f* предоставления гарантии
garantieren гарантировать, предоставлять (давать) гарантию; обеспечивать, ручаться
garantiert гарантированный
Garantie|schein *m* гарантийное свидетельство *n*, гарантийный талон *m*; **-übernahme** *f* предоставление *n* гарантии (поручительства); **-vereinbarung** *f* соглашение *n* о предоставлении гарантийных услуг; **-verletzung** *f* нарушение *n* данной гарантии; **-vermerk** *m* оговорка *f* о гарантиях; **-verpflichtung** *f* гарантийное обязательство *n*; **-versicherung** *f* гарантийное страхование *n* (на подержанный автомобиль); **-zeit** *f* гарантийный срок *m*; **-zusage** *f* гарантийное обязательство *n*
Gas|leitung *f* газопровод *m*; **-preis** *m* цена *f* на газ; **-versorgung** *f* поставки *pl* газа, снабжение *n* газом, газоснабжение *n*
Gast|arbeiter *m* иностранный рабочий *m*, рабочий иммигрант *m*; **-stätte** *f* ресторан *m*, кафе *n*; **-stättengewerbe** *n* общественное питание *n* и гостиничное дело *n*

GATT *s.* **Allgemeines Zoll- und Handelsabkommen**

Gattungs|kauf *m* купля-продажа *f* товара определенного вида (сорта); **-marke** *f (Handel, V&M)* торговая марка *f*, частная марка *f*; **-schuld** *f* долг *m*, погашаемый путем возврата вещи определенного вида

Gebäude|abschreibungen *pl* амортизационные отчисления *pl* со стоимости здания, амортизация *f* зданий; **-besteuerung** *f* обложение *n* налогом зданий; **-instandhaltung** *f* текущий ремонт *n* зданий; **-kosten** *pl* расходы *pl* по содержанию и эксплуатации зданий; **-reparaturen** *pl* ремонт *m* здания; **-schaden** *m* повреждение *n* здания; **-versicherung** *f* страхование *n* зданий; **-wert** *m* стоимость *f* здания

Geberland *n* страна-донор *f*; федеральная земля-донор *f* (в рамках финасового выравнивания в ФРГ)

Geberregion *f* регион-донор *m*

Gebiet *n* область *f*, сфера *f*; зона *f*, территория *f*; компетенция *f*

Gebiets|ansässige *m* лицо *n*, постоянно проживающее на определенной территории, резидент *m*; **-kartell** *n* территориальный картель *m*; **-(verkaufs)leiter** *m* ответственный *m* за сбыт в определенном регионе; **-schutz** *m* право *n* на эксклюзивное представительство в определенном регионе; **-vertreter** *m* представитель *m* (агент *m*) в определенном регионе

Gebot *n* предложение *n* цены (на аукционе); **ein ~ abgeben** сделать предложение; предложить цену; **letztes** ~ последнее предложение *n* цены

Gebrauch *m* употребление *n*, пользование *n*, применение *n*, эксплуатация *f*; **zum eigenen** ~ для собственного употребления; **zum sofortigen** ~ для немедленного употребления; **zum täglichen** ~ для ежедневного употребления

Gebrauchs|anmaßung *f* незаконное пользование *n* собственностью другого лица; **-anweisung** *f* инструкция *f* по эксплуатации (применению); **-artikel** *m* предмет *m* повседневного спроса, товар широкого потребления; **-dauer** *f* срок *m* службы (годности, пользования); **-graphik** *f* прикладное искусство *n*; **-güter** *pl (WiWi)* потребительские товары *pl* долгосрочного (длительного) пользования, товары *pl* широкого потребления; **-muster** *n* промышленный образец *m*; промышленная модель *f*

Gebrauchsmuster|anmeldung *f* заявка *f* на регистрацию промышленного образца; **-eintragung** *f* регистрация *f* промышленных образцов (моделей); **-recht** *n* правовое регулирование *n* исключительного пользования промышленными образцами; **-rolle** *f* реестр *m* промышленных образцов; **-schutz** *m* защита *f* прав на зарегистрированные промышленные образцы; **-wert** *m* потребительная (потребительская) стоимость *f*

Gebraucht|wagen *m* подержанный автомобиль *m*; **-waren** *pl* подержанные вещи *pl* (товары *pl*); **-warenhandel** *m* торговля *f* подержанными вещами, комиссионная торговля *f*

Gebühr *f* сбор *m*; пошлина *f*; налог *m*; плата *f*; взнос *m*; тариф *m*; вознаграждение *n*, гонорар *m*; **eine ~ beanspruchen** требовать уплаты сбора (вознаграждения); **-en berechnen** производить расчет сборов (вознаграждения); **-en bezahlen** уплачивать сборы; **eine ~ entrichten** уплатить сбор, внести взнос; **eine ~ erheben** взимать сбор (плату), назначать размер сборов; **-en senken** понижать размер сборов; **-en verlangen** требовать оплаты; **eine ~ zahlen** уплатить сбор (вознаграждение); **einmalige** ~ единовременный сбор *m* (взнос *m*); единовременное вознаграждение *n*; **kommunale -en** сборы *pl* (плата *f*) за коммунальные услуги

Gebühren|abrechnung *f* расчет *m* за пользование; **-anzeiger** *m* тарифный справочник *m*, таблица *f* тарифов; **-aufkommen** *n* поступление *n* сборов (налогов, пошлин); **-befreiung** *f* освобождение *n* от уплаты сбора; **-belastung** *f* обложение *n* сборами (налогами); бремя *f* сборов (взносов); **-berechnung** *f* исчисление *n* размера сбора; **-einnahmen** *pl* поступления *pl* от взимания сборов (пошлин); **-einzahlung** *f* уплата *f* сбора; **-erhöhung** *f* повышение *n* размера сборов (платы); **-erlass** *m* освобождение *n* от уплаты (сбора); **-ermäßigung** *f* снижение *n* размера сбора (взноса)

gebührenfrei бесплатный, беспошлинный; **-e Kontoführung** бесплатное ведение *n* счета

Gebühren|freiheit *f* освобождение *n* от уплаты сборов; **-ordnung** *f* положение *n* о порядке уплаты и размере сборов (пошлин, налогов); **-pflicht** *f* обязанность *f* уплачивать сборы (налоги, пошлины), налоговая повинность *f*

gebührenpflichtig платный, подлежащий обложению сборами

Gebühren|satz *m* ставка *f* сбора (налога, пошлины); **-tabelle** *f* таблица *f* тарифов; **-überhebung** *f* взимание *n* сборов в завышенном размере; **-verzeichnis** *n* таблица *f* тарифов

gebunden связанный, замороженный; обязательный; **vertraglich ~** обязательный согласно договору

Gefahr *f* опасность *f*; риск *m*; страховой риск *m*; **einer ~ aussetzen** подвергать опасности (риску); **die ~ tragen** нести риск; **die ~ geht auf ... über** риск переходит на; **bei ~ im Verzuge** в случае неотвратимой опасности; опасность в случае промедления; **für eigene ~** за свой счет и на свой риск; **~ des Untergangs (Verlusts)** риск *m* утраты (убытка); **versicherte ~** застрахованный риск *m*

Gefährdungshaftung *f (Pers, Recht)* ответственность *f* за вред (здоровью) от источника повышенной опасности

Gefahren|klasse *f* класс *m* рисков; **-zulage** *f* **(-zuschlag** *m***)** надбавка *f* к заработной плате за работу в опасных условиях

Gefahr|erhöhung *f* увеличение *n* степени риска

Gefahrgut *n (Transp, Umwelt)* (экологически) опасный груз *m*; **-beauftragter** *m* ответственный (на фирме) за перевозку опасных грузов; **-schein** *m* (водительские) права *pl* с допуском для перевозки опасных грузов; **-transport** *m* перевозка опасных грузов; **-unfall** *m* авария при перевозке опасного груза; **-verordnung** *f* Правила перевозки опасных грузов

Gefahr|minderung *f* снижение *n* степени риска; **-nummer** *f (Transp, Umwelt)* идентификационный номер *m* опасности; **-tragung** *f* ответственность *f* за риск; **-tragungsdauer** *f (Versich)* время *n* несения риска; **-übergang** *m* переход *m* риска; **-übernahme** *f* принятие *n* риска на себя; **-verminderung** *f* снижение *n* степени риска; **-zettel** *m (Transp, Umwelt)* знак *m* опасности

Gefälle *n* разница *f*, разность *f*; **wirtschaftliches ~** разница *f* в уровне экономического развития

Gefälligkeits|akzept *n* дружеский акцепт *m*; **-girant** *m* лицо *n*, выдавшее дружеский индоссамент; **-giro** *n* дружеский индоссамент *m*; **-wechsel** *m* дружеский вексель *m*

gefragt пользующийся спросом; **~ sein** пользоваться спросом; **der Artikel ist sehr (stark) ~** товар пользуется большим спросом

gegebenenfalls при необходимости, при известных условиях; в случае необходимости

Gegebenheiten *pl* данные *pl*; условия *pl* реальности; **betriebliche ~** производственные условия *pl*

Gegen|akkreditiv *m* компенсационный аккредитив *m*; **-angebot** *n* встречное предложение *n*, контрпредложение *n*, встречная оферта *f*; **-anspruch** *m* встречное притязание *n*; **-antrag** *m* встречный иск *m*; **-buchung** *f* сторнирующая запись *f*; **-entwurf** *m* встречный проект *m*; **-forderung** *f* встречный иск *m*, встречное требование *n*; **-geschäft** *n* встречная сделка *f*, контрсделка *f*; **-klage** *f* встречный иск *m*; **-konto** *n* двойной (корреспондентский) счет *m*; **-kontrolle** *f* встречная проверка *f*

Gegenleistung *f* взаимность *f* исполнения обязательств, встречное исполнение *n*; ответная услута *f*; **~ in Geld** денежное встречное удовлетворение *n*; **ohne ~** без компенсации (возмещения)

Gegen|maßnahme *f* ответная мера *f*, контрмера *f*; **-offerte** *f* встречное предложение *n*; **-posten** *m* корреспондирующая (компенсационная) статья *f*; **-probe** *f* вторичная (встречная) проверка *f*

gegenprüfen проводить встречную проверку

Gegenprüfung *f* контрольное (проверочное) испытание *n*

gegenrechnen проверять счет, вычитать, взаимно засчитывать

Gegenrechnung *f* встречный (контрольный) счет *m*

gegenseitig обоюдный, взаимный, двусторонний; **-er Schutz von Kapitalanlagen** взаимная защита *f* капиталовложений

Gegenseitigkeit *f* взаимность *f*, обоюдность *f*; **auf ~ beruhend** основанный на взаимности

Gegenseitigkeits|geschäft *n* взаимная сделка *f*; **-gesellschaft** *f* общество *n*, функционирующее на основе принципа взаимности

Gegenstand *m* предмет *m*; объект *m*; цель *f*; **~ der Lieferung** предмет *m* (объект *m*) поставки; **~ des Unternehmens** цель *f* деятельности предприятия; **~ des Vertrages** предмет *m* договора

Gegensteuerung *f* корректировка *f*

Gegenüberstellung *f* противопоставление *n*, сопоставление *n*, сравнение *n*; **~ der Einnahmen und Ausgaben** сравнение *n* прихода и расхода; **~ von Aufwendungen und Erträgen** сопоставление *n* затрат и доходов

Gegen|verkehr *m* встречное движение *n*; **-vorschlag** *m* встречное предложение *n*; контрпредложение *n*

gegenwärtig современный, настоящий, теперешний; **-e Geschäftslage** состояние *n* дел на настоящий момент; **-er Preis** действующая (преобладающая) цена *f*; цена *f* на настоящий момент; **-er Stand** современный уровень *m*

Gegenwartswert *m* действительная (фактическая) стоимость *f*

Gegenwert *m* эквивалент *m*; выручка *f*, доход *m*; **~ in Fremdwährung** эквивалент в иностранной валюте

gegenzeichnen контрасигнировать, скреплять (подтверждать) подписью, визировать

Gegenzeichnung *f* скрепление *m* (подтверждение *m*) подписью, визирование *n*; виза *f* (подпись *f*)

Gehalt *n* оклад *m*, жалование *n*; заработная плата *f* (служащих); **ein ~ ausbezahlen** выплачивать оклад (заработную плату); **ein ~ beziehen** получать оклад (заработную плату); **das ~ erhöhen** повысить размер оклада (заработной платы); **ein ~ festlegen** устанавливать оклад (заработную плату); **das ~ überweisen** переводить заработную плату (на счет); **festes ~** твердый оклад *m*; **vereinbartes ~** оклад *m* (заработная плата *f*) по договоренности; **zustehendes ~** причитающийся (полагающийся) оклад *m*, причитающаяся заработная плата *f*

Gehalts|abbau *m* снижение *n* (уменьшение *n*) заработной платы; **-abrechnung** *f* расчет *m* (начисление *n*) заработной платы; **-abzug** *m* удержание *n* (вычеты *pl*) из заработной платы; **-anspruch** *m* право *n* на получение заработной платы, требование *n* увеличения заработной платы; **-aufbesserung** *f* повышение *n* заработной платы; **-bescheinigung** *f* справка *f* о заработке; **-empfänger** *m* получатель *m* заработной платы; **-entwicklung** *f* динамика *f* заработной платы; **-forderung** *f* требование *n* увеличения оклада (заработной платы); **-gruppe** *f* разряд *m* заработной платы служащих; **-konto** *n* счет *m*, на который переводится заработная плата;

-kürzung *f* сокращение *n* заработной платы; **-liste** *f* платежная ведомость *f* на выдачу заработной платы; **-niveau** *n* уровень *m* (размер *m*) заработной платы; **-pfändung** *f* наложение *n* ареста на заработную плату; **-senkung** *f* снижение *n* заработной платы; **-spanne** *f* разница *f* между минимальным и максимальным размером оклада; **-tarif** *m* тарифная сетка *f* заработной платы

Gehalts-Tarifvertrag *m* тарифное соглашение *n* для служащих

Gehalts|umwandlung *f (Soz)* добровольное отчисление части зарплаты на дополнительное пенсионное страхование; **-unterschiede** *pl* различия *pl* в уровне заработной платы; **-verbesserung** *f* повышение *n* заработной платы; **-vorschuss** *m* аванс *m* в счет заработной платы; **-wunsch** *m* желательный (требуемый) уровень *m* заработной платы; **-zahlung** *f* выплата *f* (выдача *f*) заработной платы; **-zulage** *f* (**zuschlag** *m*) надбавка *f* к заработной плате (окладу)

gehandelt находящийся в продаже; **lebhaft -e Effekten** ценные бумаги *pl*, пользующиеся повышенным спросом

geheim тайный, конфиденциальный, секретный

Geheim|buchführung *f* секретный бухгалтерский учет *m*; **-haltung** *f* соблюдение *n* конфиденциальности, неразглашение *n* тайны

Geheim|haltungsklausel *f* статья *f* договора о неразглашении тайны; **-haltungspflicht** *f* обязанность *f* не разглашать тайну, обязанность *f* соблюдать конфиденциальность

Geheimnis *n* тайна *f*, секрет *m*; **ein ~ preisgeben** выдать тайну (секрет); **ein ~ wahren** хранить тайну (секрет)

Geheimnisverrat *m* разглашение *n* тайны

Geheimzahl *f* PIN-код *m*, цифровой пароль *m* (кредитной или подобной карты)

Geld *n* деньги *pl*, финансы *pl*, денежные средства *pl*; курс *m* покупателя; **am ~** в деньгах; **~ anlegen** помещать (вкладывать) деньги; **~ anweisen** отправлять деньги переводом; переводить деньги; **~ aufbringen** мобилизовать (изыскать) денежные средства; **~ aufnehmen** занимать деньги; **~ ausgeben** расходовать деньги; **~ ausleihen** давать деньги взаймы; **~ auszahlen** выплачивать деньги; **~ besitzen** иметь деньги; **~ beziehen** получать деньги; **~ deponieren** помещать (вкладывать) деньги на депозит; **~ einfordern** требовать уплаты (долга); **~ einkassieren** взыскивать (собирать) деньги; **~ einnehmen** получать деньги; **~ eintreiben** взыскивать (собирать) деньги; **~ einwechseln** разменивать деньги; **~ einzahlen** вносить деньги, оплачивать; **~ einziehen** взымать (инкассировать) деньги; изымать деньги из обращения; **~ entnehmen** изымать деньги; **~ fälschen** подделывать деньги; **~ gegen Zinsen verleihen** давать деньги в рост; **~ in Wertpapieren anlegen** вкладывать деньги в ценные бумаги; **~ kassieren** собирать деньги; **~ leihen** давать деньги взаймы; брать деньги взаймы; **~ sparen** копить деньги; **~ unterschlagen** совершать растрату; **~ verdienen** зарабатывать деньги; **~ verlieren** потерять деньги (на сделке); **-er veruntreuen** растратить чужие деньги; **~ vom Konto abheben** снимать деньги со счета; **~ zählen** считать деньги; **~ zurückzahlen** возвращать деньги; **abgezähltes ~** точная сумма денег; **ausstehende -er** недоимка *f*; **bares ~** наличные (деньги *pl*); **billiges ~** дешевые деньги *pl*; **flüssiges ~** свободные наличные деньги *pl*; **gefälschtes ~** фальшивые (поддельные) деньги *pl*; **geliehenes ~** деньги *pl*, данные (полученные) взаймы; **kurzfristige -er** краткосрочные вклады *pl*; краткосрочные кредиты *pl* (ссуды *pl*); «короткие» деньги *pl*; **langfristige -er** долгосрочные вклады *pl*; долгосрочные кредиты *pl* (ссуды *pl*); «длинные» деньги *pl*; **stabiles ~** стабильная валюта *f*; ~

und Brief спрос *m* и предложение *n*; **verfügbares** ~ наличные средства *pl*, средства *pl* имеющиеся в распоряжении

Geld|abfindung *f* компенсация *f* наличными; **-abfluss** *m* отток *m* денег; **-abwertung** *f* обесценение *n* денег, девальвация *f*; **-aggregat** *n* денежный агрегат *m*; **-akkord** *m* сдельная аккордная заработная плата *f*; **-anforderung** *f* спрос *m* на деньги, потребность *f* в денежных средствах; **-angebot** *n* предложение *n* (предоставление *n*) денег; **-angelegenheiten** *pl* денежные проблемы *pl*; **-anlage** *f* инвестиция *f*, помещение *n* (вложение *n*) денежных средств; **-anlagemöglichkeiten** *pl* возможности *pl* инвестиций; **-anleger** *m* инвестор *m*; **-anweisung** *f* ассигновка *f*, денежный перевод *m*; **-aufnahme** *f* заем *m*, получение *n* денег взаймы; **-aufwendungen** *pl* денежные расходы *pl*; **-ausgabe** *f* выдача *f* денег, денежный расход *m*; **-ausgaben** *pl* денежные расходы *pl*; **-bedarf** *m* потребность *f* в деньгах; **-beschaffung** *f* привлечение *n* (мобилизация *f*) денежных средств, поиск *m* денежных средств; **-bestand** *m* денежная наличность *f*; **-bestände** *pl* денежные резервы *pl*; **-betrag** *m* сумма *f* денег; **-bewilligung** *f* ассигнование *n* денежных средств

Geld-Brief-Spanne *f* разница *f* между ценами продавца и покупателя, спрэд *m*

Geldbuße *f* (административный) штраф *m*, денежный начет *m* (штраф *m*); **eine ~ gegen eine Firma verhängen** наложить денежный штраф на фирму; **mit einer ~ ahnden** наложить денежный штраф, наказывать денежным штрафом

Gelddinge *pl* денежные (финансовые) вопросы *pl* (дела); **in -n beraten** консультировать по финансовым вопросам

Geld|eingang *m* поступление *n* денежных средств; **-einlage** *f* денежный вклад *m*, депозит *m*; **-einnahmen** *pl* денежные поступления *pl* (доходы *pl*); **-einzug** *m* инкассация *f* наличных денег; **-entschädigung** *f* денежная компенсация *f*; **-entwertung** *f* инфляция *f*, обесценение *n* денег

Geld|ersatz *m* суррогат *m* денег; **-erwerb** *m* заработок *m*; **-faktor** *m* денежный фактор *m*; **-forderung** *f* денежное требование *n*; **-form** *f* денежная форма *f*; **-funktion** *f* функция *f* денег; **-geber** *m* кредитор *m*, инвестор *m*; **-geberseite** *f* кредиторы *pl*, инвесторы *pl*; **-geschäft** *n* финансовая операция *f*; **-institut** *n* финансово-кредитное учреждение *n*; **-kapital** *n* денежный капитал *m*; **-kapitalbildung** *f* накопление *n* денежного капитала; **-kassete** *f* кассета *f* для денег; **-knappheit** *f* ограниченность *f* (дефицит *m*) денежных средств; **-kredit** *m* денежный кредит *m*; **-kreislauf** *m* оборот *m* денег; **-krise** *f* денежный кризис *m*; **-kurs** *m* валютный курс *m*, курс *m* валюты, определяемый спросом; покупная цена *f*; *(Bö)* курс *m* покупателей, цена *f* спроса, бид *m*; **-leistungen** *pl* денежные выплаты *pl* (пособия *pl*); **-lohn** *m* денежная форма *f* оплаты труда; **-markt** *m* *(Bank, Fin)* валютный (монетарный) рынок *m*, рынок *m* краткосрочных межбанковских кредитов, рынок *m* краткосрочных ценных бумаг

Geldmarkt|anlage *f* инвестиции *pl* в ценные бумаги денежного рынка; **-fonds** *m* фонд *m*, ведущий операции с краткосрочными ценными бумагами; **-geschäfte** *pl* операции *pl* на рынке краткосрочных кредитов; **-kredite** *pl* межбанковские краткосрочные кредиты *pl*; **-lage** *f* состояние *n* рынка краткосрочных кредитов; **-papiere** *pl* ценные бумаги *pl* краткосрочного характера, краткосрочные ценные бумаги *pl*; **-regulierung** *f* регулирование *n* рынка краткосрочных кредитов; **-satz** *m* ставка *f* процента рынка краткосрочных кредитов; **-steuerung** *f* управление *n* рынком краткосрочных кредитов; **-titel** *pl* краткосрочные ценные бумаги *pl*; **-wechsel** *m* краткосрочный вексель *m*; **-zin-**

sen *pl* проценты *pl* на рынке краткосрочных кредитов; **-zinssatz** *m* процентная ставка *f* рынка краткосрочных кредитов

Geldmenge *f* денежная масса *f*; совокупность *f* платежных средств, находящаяся не в банках; **umlaufende** ~ денежная масса *f*, находящаяся в обращении

Geldmengen|aggregat *n* агрегат *m* денежной массы; **-expansion** *f* увеличение *n* денежной массы; **-regel** *f* правило *n*, регулирующее темпы прироста денежной массы; **-steuerung** *f* управление *n* денежной массой; **-ziel** *n* ежегодно определяемый объем *m* денежной массы

Geldmittel *pl* деньги *pl*, авуары *pl*; ~ **bereitstellen** предоставлять (ассигновать) денежные средства; ~ **erwirtschaften** зарабатывать денежные средства

Geld|mittelbewegung *f* движение *n* денежных средств; **-nachfrage** *f* спрос *m* на деньги

geldnahe Vermögenswerte легко реализуемые активы

Geld|not *f* нехватка денег, денежные затруднения; **-notierung** *f* валютная котировка, курс денег; **-nutzen** *m* польза денег; **-ordnung** *f* денежная система

Geldpolitik *f* денежно-кредитная политика *f*; **expansive** ~ политика *f* на увеличение денежной массы; **kontraktive (restriktive)** ~ ограничительная денежная политика *f*

Geld|posten *m* денежная статья *f*; **-prämie** *f* денежная премия *f*; **-quelle** *f* источник *m* денежных поступлений; **-rechnung** *f* денежный учет *m*; денежный счет *m*; **-rente** *f* денежная рента *f*, периодический платеж *m*; **-repartierung** *f* частичное выполнение *n* поручений на покупку; **-reserve** *f* денежный резерв *m*; **-rückgabe** *f* возврат *m* денег (монет в автомате); **-rimesse** *f* римесса *f*, денежный перевод *m*; **-sammlung** *f* сбор *m* денег; **-satz** *m* учетный процент *m*, учетная ставка *f*; **-schein** *m* денежный знак *m*, банкнота *f*; **-schöpfung** *f* выпуск *m* денег, денежная эмиссия *f*; **-schrank** *m* сейф *m*; **-schuld** *f* денежный долг *m*; **-sendung** *f* денежный перевод *m*; **-sorten** *pl* иностранные валюты *pl*; **-spende** *f* денежное пожертвование *n*; **-stabilität** *f* стабильность *f* валюты; **-stilllegung** *f* нуллификация *f* денег; **-strafe** *f* пеня *f*, денежный штраф *m*; **-strom** *m* денежный поток *m*, поток *m* денег; **-stromanalyse** *f* анализ *m* платежных и кредитных операций; **-stück** *n* монета *f*; **-stückelung** *f* подразделение *n* банкнот по достоинству; **-summe** *f* денежная сумма *f*; **-surrogat** *n* суррогат *m* денег; **-tauschverkehr** *m* денежный обмен *m*; **-transaktion** *f* денежная (финансовая) сделка *f*; **-transfer** *m* перевод *m* денег; **-überfluss** *m* избыток *m* денег; **-überweisung** *f* денежный перевод *m*, перевод *m* денег; **-umlauf** *m* денежное обращение *n*; **-umlaufgeschwindigkeit** *f* скорость *f* обращения денег; **-umtausch** *m* обмен *m* денег; **-verfassung** *f* законодательство *n* в области финансов; **-verhältnisse** *pl* денежные отношения *pl*; **-verkehr** *m* денежный оборот *m*, денежное обращение *n*; **-verleiher** *m* кредитор *m*, заимодавец *m*; **-verlust** *m* денежный ущерб *m*, убыток *m*; **-vermögen** *n* капитал *m*, денежные активы *pl* (средства *pl*); **-vernichtung** *f* уменьшение *n* денежной массы, находящейся в обращении; **-verpflichtung** *f* денежное обязательство *n*; **-verschreibung** *f* денежное обязательство *n*, долговая расписка *f*; **-versorgung** *f* денежная масса *f*, сумма *f* денег в обращении; **-verteuerung** *f* удорожание *n* денег; **-verwalter** *m* распорядитель *m* счета (вклада); **-volumen** *n* денежная масса *f*, объем *m* денежного обращения; **-wäsche** *f* отмывание *n* денег; **-wechsel** *m* размен *m* денег, обмен *m* иностранной валюты; **-wechselautomat** *m* автомат *m* для размена денег; **-wechselgeschäft** *n* операция *f* по обмену валюты

Geldwert *m* стоимость *f* (курс *m*) денег;

денежная стоимость *f*; **~ erhalten** сохранять стоимость денег
Geldwert|sicherungsklausel *f* валютная оговорка *f*; **-stabilität** *f* стабильность *f* стоимости денег; **-veränderung** *f* изменение *n* денежной стоимости (стоимости денег)
Geld|wertpapier *n* краткосрочная беспроцентная облигация *f*; **-wesen** *n* финансы *pl*, денежная система *f*; **-wirtschaft** *f* денежное хозяйство *n*; **-zählmaschine** *f* денежно-счетный аппарат *m*; **-zahlung** *f* платеж *m* наличными; **-zins** *m* ссудный процент *m*, процент *m* с капитала; **-zufluss** *m* приток *m* денег; **-zuteilung** *f* распределение *n* (выдача *f*) денежных средств; **-zuwendung** *f* денежное пособие *n*
Gelegenheits|arbeit *f* случайная (временная) работа *f*; **-arbeiter** *m* временный рабочий *m*; **-geschäft** *n* случайная сделка *f*; **-gesellschaft** *f* общество *n*, организованное для проведения отдельных операций; временное товарищество *n*; **-kauf** *m* покупка *f* по случаю; **-verdienst** *n* случайный заработок *m*; **-verkehr** *m* нерегулярное сообщение *n*
gelten быть действительным, иметь силу; относиться
geltend действующий, действительный, имеющий силу; **-er Tarif** действующий тариф *m*
geltend machen предъявлять, заявлять; **Ansprüche ~** предъявлять требования (претензии); **einen Schaden ~** заявить о праве на возмещение ущерба
Geltendmachung *f* осуществление *n* прав, предъявление *n* претензий (требований)
Geltung *f* действие *n*, действенность *f*; значение *n*
Geltungs|bereich *m* сфера *f* действия (применения); **-dauer** *f* срок *m* действия
gemäß согласно, соответственно, сообразно; **~ Ihrem Auftrag** согласно Вашему заказу
gemein обычный, общий; обыкновенный, обычный; **-er Wert** средняя цена *f*
Gemeinde *f* община *f*; муниципалитет *m*; местный орган *n* власти
Gemeinde|abgaben *pl* коммунальные (муниципальные) сборы *pl*; **-ausgaben** *pl* расходы *pl* органа местного самоуправления; **-behörde** *f* орган *n* местного самоуправления; **-besitz** *m* общинная (муниципальная) собственность *f*; **-betrieb** *m* муниципальное предприятие *n*; **-eigentum** *n* общинная (муниципальная) собственность *f*; **-einnahmen** *f* доходы *pl* местного органа самоуправления; **-finanzen** *pl* местные (муниципальные) финансы *pl*; **-haushalt** *m* бюджет *m* местного органа самоуправления; **-ordnung** *f* *(Pol)* устав *m* муниципалитета; *(Kirche)* устав *m* общины; *(Pol)* местные законы *pl*; **-steuer** *f* *(Steuer)* коммунальный (муниципальный) налог *m*; **-verband** *m* объединение *n* общин (муниципалитетов); **-verwaltung** *f* местное самоуправление *n*, местная администрация *f*; **-wirtschaft** *f* муниципальное коммунальное хозяйство *n*
Gemeineigentum *n* государственная собственность *f*; общая собственность *f*; **in ~ überführen** передавать в собственность государства
Gemeinerlös *m* совокупная выручка *f*
Gemeingebrauch *m* совместное пользование *n*
Gemeinkosten накладные расходы *pl* (затраты *pl*); **~ erfassen** производить учет накладных расходов; **anteilige ~** пропорциональные накладные расходы *pl*
Gemeinkosten|anteil *m* доля *f* накладных расходов; **-budget** *n* смета *f* накладных расходов; **-deckung** *f* покрытие *n* накладных расходов; **-leistungen** *pl* продукция *f* и услуги *pl* предприятия, используемые для внутреннего потребления; **-löhne** *pl* заработная плата *f* за все виды подсобных (вспомогательных) работ; **-material** *n* вспомогательные заводские материалы *pl*, отражаемые в графе накладных расходов; **-planung** *f* планирование *n* наклад-

ных расходов; **-rechnung** *f* счет *m* накладных расходов; **-satz** *m* ставка *f* (норма *f*) накладных расходов; **-schlüsselung** *f* разбивка *f* накладных расходов; **-senkung** *f* снижение *n* накладных расходов; **-umlage** *f* перераспределение *n* накладных расходов; **-verrechnungssatz** *m* расчетная ставка *f* накладных расходов; **-wertanalyse** *f* анализ *m* управленческих накладных расходов; **-zuschlag** *m* надбавка *f* на накладные расходы; **-zuschlagssatz** *m* норма *f* надбавки на накладные расходы

Gemeinlastprinzip *n* принцип *m* компенсации экономического ущерба, принцип *m* распределения на общественность издержек на экологию

Gemeinnutz *m* общая польза *f*, общеполезность *f*; **~ vor Eigennutz stellen** ставить общественные интересы выше личных

gemeinnützig общеполезный; не направленный на получение прибыли, некоммерческий; **-e Einrichtung** общественное (общеполезное) учреждение *n*, некоммерческая организация *f*; **-es Unternehmen** общественно полезное предприятие *n*; **-e Zwecke** цели *pl* общего блага

Gemeinnützigkeit *f* общая польза *f*, общественная полезность *f*

Gemeinsamer Markt Общий рынок *m*

gemeinsam общий, совместный; **~ haften** нести солидарную ответственность

Gemeinschaft *f* общность *f*, содружество *n*; объединение *n*, сообщество *n*; Европейское сообщество *n*; **der ~ beitreten** вступить в сообщество; **~ nach Bruchteilen** общая долевая собственность *f*; **~ zur gesamten Hand** общая (совместная) собственность *f*

Gemeinschaft *f* Unabhängiger Staaten Содружество *n* Независимых Государств

gemeinschaftlich общий, совместный, коллективный; **~ handeln** действовать сообща

Gemeinschafts|abgabe *f* сбор *m* (налог *m*) Европейского сообщества; **-n** *pl* общественные налоги *pl* и сборы *pl*; **-arbeit** *f* коллективный труд *m*; **-aufgaben** *f* общие задачи *pl*; **-ausgaben** *pl* расходы *pl* Европейского сообщества; **-depot** *n* коллективное депонирование *n* ценных бумаг; общий (совместный) депозит *m* ценных бумаг; **-einfuhren** *pl* импорт *m* в страны Европейского сообщества; **-einkauf** *m* совместные закупки *pl*; **-einrichtungen** *pl* бытовые помещения *pl* (удобства *pl*) для персонала предприятия; **-firma** *f* совместная фирма *f*

Gemeinschafts|haushalt *m* бюджет *m* сообщества; **-kontenrahmen** *m* единая номенклатура *f* счетов затрат; **-konto** *n* совместный счет *m*; **-nutzung** *f* совместное пользование *n*; **-organe** *pl* органы *pl* сообщества; **-projekt** *n* совместный проект *m*; **-recht** *n* право *n* (законы) Европейского сообщества; -**steuer** *f* налоги *pl*, распределяемые между федеральным и земельными бюджетами; **-unternehmen** *n* совместное предприятие *n*; **-vertrieb** *m* совместный сбыт *m*, совместная реализация *f*; **-werbung** *f* общая (коллективная, групповая) реклама

Gemein|schuld *f* конкурсная масса *f*; **-schuldner** *m* несостоятельный должник *m* нескольких кредиторов; **-wirtschaft** *f (WiWi)* все формы *pl* экономики, работающие не ради прибыли, а для выполнения общественно-полезных задач, общественно-полезная экономика *f*, некоммерческая экономика *f*; **-wirtschaftlichkeit** *f (WiWi)* кооперативное хозяйствование *n* (среднее между рыночной и плановой экономикой); **-wohl** *n* общественное благо *n*

gemischt смешанный

Gemischtwarenladen *m* магазин *m* со смешанным ассортиментом

gemischtwirtschaftlich со смешанным видом собственности; **-es Unternehmen** предприятие *n* со смешанным видом собственности

Genauigkeitsgrad *m* степень *n* точности

Gender Marketing *n (V&M)* стратегия *f* маркетинга, учитывающая пол и возраст клиентов

genehmigen одобрять, санкционировать, разрешать; выдавать лицензию, выдавать разрешение

Genehmigung *f* одобрение *n*, разрешение *n*; лицензия *f*; утверждение *n*, согласие *n*; **der ~ bedürfen** требовать согласия (утверждения); **die ~ besitzen** иметь разрешение; **die ~ einholen** получать разрешение; **eine ~ entziehen** лишить разрешения; **eine ~ erhalten** получить разрешение; **eine ~ erteilen** выдать разрешение; **eine ~ verwehren** отказать в разрешении; **zur ~ vorlegen** представить (документы) на утверждение; **befristete ~** разрешение (лицензия) на определенный срок; **behördliche ~** официальное разрешение *n* учреждения (органа власти); **~ des Geschäftsberichtes** утверждение *n* годового отчета предприятия; **stillschweigende ~** молчаливое согласие *n* (одобрение *n*)

genehmigungsbedürftig требующий разрешения (одобрения)

Genehmigungserteilung *f* выдача *f* разрешения (лицензии)

genehmigungsfrei не требующий специального разрешения

genehmigungspflichtig требующий разрешения (утверждения)

Genehmigungsverfahren *n* процедура *f* выдачи разрешения (лицензии)

genehmigt утвержденный, одобренный

General|agent *m* генеральный агент *m* (представитель *m*); **-akzise** *f* универсальный акциз *m*; **-auftraggeber** *m* генеральный заказчик *m*; **-auftragnehmer** *m* генеральный подрядчик *m*; **-bevollmächtigte** *m* главный уполномоченный *m*; полномочный представитель *m*; **-direktion** *f* главное управление *n* (правление *n*), директорат *m*; **-direktor** *m* генеральный директор *m*; директор-распорядитель *m*; **-handel** *m* генеральная (общая) торговля *f*; **-investor** *m* главный (основной) инвестор *m*

Generalist *m* лицо *n*, имеющее широкое общее образование

General|klausel *f* общая (генеральная) оговорка *f*; **-police** *f* генеральный полис *m*; **-streik** *m* всеобщая забастовка *f*; **-tarif** *m* генеральный тариф *m*; **-überholung** *f* капитальный ремонт *m*; **-übernehmer** *m* главный исполнитель *m*; генеральный подрядчик *m*; **-unternehmer** *m* генеральный подрядчик *m*; **-vereinbarung** *f* генеральное (общее) соглашение *n*; **-versammlung** *f* общее собрание *n* акционеров; **-versicherung** *f* генеральное страхование *n*; **-vertreter** *m* генеральный представитель *m* (агент *m*)

Generalvertretung *f* генеральное представительство *n* (агентство *n*); **die ~ übergeben** передавать право на генеральное представительство *n*; **die ~ übernehmen** взять на себя генеральное представительство *n*

Generalvollmacht *f* общие (генеральные) полномочия *pl*, генеральная доверенность *f*; **die ~ erhalten** получить общие полномочия

Generationenvertrag *m* договор *m* между поколениями (в сфере пенсионного обеспечения)

Generationswechsel *m* смена *f* поколений

Generikum *n (Handel, Pat)* дженерик *m*; препарат, на который закончился срок патентной защиты

Genosse *m* член *m* товарищества (артели); член *m* (левой, социалистической) партии

Genossenschaft *f* товарищество *n*; кооператив *m*; артель *f*; кооперация *f*; **eine ~ gründen** основать товарищество (кооператив); **eingetragene ~** зарегистрированное товарищество *n*; **~ mit beschränkter Haftung** товарищество *n* с ограниченной ответственностью; **~ mit unbeschränkter Haftung** товарищество *n* с неограниченной ответственностью

genossenschaftlich кооперативный; **-e Strukturen** кооперативные структуры *pl*

Genossenschafts|anteil *m* пай *m* в товариществе (кооперативе); **-bank** *f* кооперативный банк *m*; кредитное товарищество *n*; **-mitglied** *m* член *m* кооператива (товарищества); **-register** *n* реестр *m* кооперативов (товариществ); **-vergleich** *m* положения *pl*, регулирующие имущественные отношения членов ликвидируемого товарищества; **-wesen** *n* кооперация *f*

Genuß|aktie *f* премиальная (привилегированная) акция *f*; **-mittel** *n* изделия *pl* вкусо-пищевой промышленности, деликатесы *pl*; **-rechte** *pl* права *pl* не членов акционерного общества на часть прибыли; **-rechtskapital** *n* капитал *m* в виде прав на долю прибыли; **-schein** *m* сертификат *m* на получение дивиденда (без права голоса и права на долю капитала), сертификат *m* долевого участия; **-scheinkapital** *n* капитал *m* в виде сертификатов на прибыль

Geoökologie *f* геоэкология *f*

Gepäck *n* багаж *m*; поклажа *f*

Gepäck|aufbewahrung *f* камера *f* хранения багажа; хранение багажа; **-aufgabe** *f* сдача *f* багажа на хранение; **-kontrolle** *f* досмотр *m* багажа; **-schalter** *m* место *n* приема и выдачи багажа; **-schein** *m* багажная квитанция *f*; **-versicherung** *f* страхование *n* багажа

gepfändet взыскиваемый; находящийся под арестом

Gerätebau *m* приборостроение *n*

Gerechtigkeit *f* справедливость *f*, законность *f*; **soziale ~** социальная справедливость *f*

Gerechtigkeitslücke *f* несправедливость *f*

Gericht *n* суд *m*; **das ~ anrufen** апеллировать в суд; **bei ~ verklagen** подать в суд; **erstinstanzliches ~** суд *m* первой инстанции; **ordentliches ~** (обычный) суд *m*

gerichtlich судебный, законный; **eine Firma ~ vertreten** представлять фирму в суде

Gerichtsbarkeit *f* юрисдикция *f*; подсудность *f*; **freiwillige ~** добровольная подсудность *f*; добровольное правовое (судебное, нотариальное) оформление *n* (каких-либо вопросов); **ordentliche ~** обычное судопроизводство *n*

Gerichts|bescheid *m* **(-beschluss** *m*, **-entscheidung** *f***)** решение *n* (постановление *n*, определение *n*) суда; **-ferien** *f* каникулы *pl* суда, во время которых рассматривается только определенный круг дел; **-gebühren** *pl* судебные сборы *pl* (госпошлины *pl*); **-hof** *m* суд *m*, судебная палата *f*; **-hoheit** *f* юрисдикция *f*, подсудность *f*; **-kosten** *pl* судебные издержки *pl*; **-sprache** *f* язык *m* судопроизводства; **-stand** *m* юридический домицилий *m*, подсудность *f* дел, место *n* судебных разбирательств; **-standsklausel** *f* оговорка *f* о юридическом домицилии (подсудности); **-standsvereinbarung** *f* соглашение *n* (договореность *f*) о юридическом домицилии (подсудности); **-urteil** *n* судебное решение *n*; **-verfahren** *n* судебное производство *n*; **-verhandlung** *f* судебный процесс *m*, судебное разбирательство *m*, слушание *n* дела; **-vollzieher** *m* судебный исполнитель *m*

geringwertig малоценный, низкосортный; **-e Wirtschaftsgüter** малоценное имущество *n*, малоценные активы *pl*

Gesamt|absatz *m* общий объем *m* сбыта (реализации); **-abschreibung** *f* паушальная амортизация *f*, списание *n* группы однородных объектов; **-aktie** *f* глобальная акция *f*; **-angebot** *n* глобальное (совокупное) предложение *n*, полный ассортимент *m*; **-anlageneffektivität** *f (WiWi)* общая эффективность эксплуатации оборудования; **-aufkommen** *n* общие ресурсы *pl* (поступления *pl*); **-auftragswert** *m* общая стоимость *f* полученных заказов; **-aufwand** *m* **(-aufwendungen** *pl***)** общие (валовые) издержки *pl* (расходы *pl*, затраты *pl*);

-ausgaben *pl* общие денежные расходы *pl*; **-ausfuhr** *f* общая сумма *f* экспорта; **-ausstoß** *m* общий объем *m* выпускаемой продукции; **-bedarf** *m* суммарная потребность *f*; **-beitrag** *m* общая сумма *f* взноса; **-belastung** общее бремя *n*; **-belegschaft** *f* весь персонал *m* (коллектив *m*) предприятия; **-betrag** *m* общая сумма *f*; **-betriebsrat** *m* производственный совет *m* концерна; **-bewertung** *f* глобальная (паушальная) оценка *f*; **-eigentum** *n* совладение *n*, общая собственность *f*; **-einfuhr** *f* общая сумма *f* импорта; **-einkommen** *n* совокупный доход *m*; **-einnahmen** *pl* общий доход *m*; общая сумма *f* поступлений; **-ergebnis** *n* окончательный результат *m*, общий итог *m*; **-ertrag** *m* общий доход *m*; валовый урожай *m*; общий выход *m* продукции, валовая выработка *f*; **-forderung** *f* общая сумма *f* требований; **-geschäftsführung** *f* совместное ведение *n* дел; **-gewinn** *m* валовая (общая) прибыль *f*; **-gläubiger** *m* солидарный кредитор *m*; **-grundschuld** *f* ипотечный долг *m*, обременяющий несколько земельных участков; **-gut** *n* совместное имущество *n* супругов

Gesamthands|eigentum *n* совместная собственность *f*; **-gemeinschaft** *f* совладение *n*

Gesamt|hypothek *f* совокупная ипотека *f*; **-inlandsverbrauch** *m* валовое внутреннее потребление *n*; **-kapital** *n (Buchh, Fin)* суммарный капитал *m*; **-kapitalrendite** *f* общий доход *m* на вложенный капитал; **-kapitalrentabilität** *f* общая доходность *f* вложенного капитала, рентабельность *f* всего капитала, рентабельность *f* инвестированного капитала

Gesamt|kosten *pl* общие (валовые) издержки *pl* (расходы *pl*, затраты *pl*); **~ eines Kredits (Kreditkosten** *pl***)** полная стоимость *f* кредита

Gesamt|kostenverfahren *n* метод *m* расчета общих затрат; **-kündigung** *f* выкуп *m* всех облигаций займа; **-leistung** *f* общая мощность *f* (производительность *f*), совокупный производственный результат *m*; **-lieferung** *f* полный объем *m* поставки; **-lohn** *m* общая сумма *f* заработной платы; **-menge** *f* общее количество *n*, общий объем *m*; **-nachfrage** *f* общий (совокупный) спрос *m*; **-nutzen** *n* совокупная польза *f*; **-planung** *f* общее планирование *n*; **-preis** *m* общая стоимость *f*; **-prokura** *f* общая доверенность *f*; **-quittung** *f* общая квитанция *f*

Gesamtrechnung *f* общий счет *m* (баланс *m*, итог *m*); **volkswirtschaftliche ~** народнохозяйственный учет *m*

Gesamt|rechtsnachfolge *f* общее (универсальное) правопреемство *n*; **-rechtsnachfolger** *m* общий (универсальный) правопреемник *m*; **-rendite** *f* общий (совокупный) доход *m*; **-rentabilität** *f* общая рентабельность *f*; **-schaden** *m* общий (совокупный) ущерб *m*; **-schuld** *f* общий долг *m*, солидарное обязательство *n*; **-schuldner** *m* солидарный должник *m*; **-summe** *f* общая сумма *f*; **-umsatz** *m* валовый (общий) оборот *m*; **-umschlag** *m* валовый оборот *m*, общий объем *m* перевалки грузов; **-unternehmer** *m* генеральный подрядчик *m*; **-verband** *m* центральное объединение *m*, ассоциация *f*; **-verbrauch** *m* общее потребление *n*; **-vermögen** *n* общая стоимость *f* имущества (состояния); **-verschuldung** *f* общая задолженность *f*; **-versicherung** *f* страхование *n* нескольких видов по одному договору; **-vertretung** *f* коллективное (общее) представительство *n*; **-vertretungsberechtigung** *f* право *n* на общее представительство; **-vertretungsberechtigte** *f* имеющий право на общее представительство; **-vertrieb** *m* совместный сбыт *m*; общий объем *m* реализации; **-vorhaben** *n* комплексный проект *m*; **-wert** *m* общая (полная) стоимость *f*

gesamtwirtschaftlich общеэкономический, народнохозяйственный; **-e Entwicklung** развитие *n* народного хозяйства

Gesamtzahl *f* общее число *n* (количество *n*), общая численность *f*
gesättigt насыщенный
Geschäft *n* дело *n*, занятие *n*, бизнес *m*; сделка *f*, операция *f*; фирма *f*, предприятие *n*, торговый дом *m*, магазин *m*; **ein ~ abschließen** заключить сделку, завершить выполнение сделки; **ein ~ abwickeln** реализовывать (исполнять) сделку; **das ~ ankurbeln** оживить дело (бизнес); **ein ~ aufbauen** основать дело, создать фирму; **ein ~ aufgeben** ликвидировать предприятие (дело); отказаться от сделки; **ein ~ aufnehmen** начать дело (бизнес); **ein ~ ausführen** выполнять сделку; **ein ~ besorgen** вести дело; **ein ~ betreiben** вести дело, управлять фирмой (предприятием); **ein ~ eröffnen** открыть дело (бизнес, магазин); **das ~ flaut ab** в делах намечается спад; **ein ~ fortführen** продолжать вести дело (бизнес); **das ~ führen** руководить фирмой (предприятием), вести дело; **ein ~ gründen** основать (учредить) фирму (предприятие, дело); **-e machen** вести дела, заключать сделки; **ein ~ tätigen** заключить сделку; **ein ~ übernehmen** взять на себя ведение дел, купить предприятие; **ein ~ vermitteln** посредничать в заключении сделки; **-e auf Termin** форвардные сделки *pl*; **einträgliches ~** доходное (прибыльное) дело *n*; **fiduziarisches ~** фидуциарная сделка *f*, трастовая сделка *f* (операция *f*); **flaues ~** спад *m* деловой активности, вялый бизнес *m*; **frühes ~** утренние часы *pl* работы биржи; **gutgehendes ~** процветающее предприятие *n*; **laufende -e** текущие дела *pl* (сделки *pl*); **lebhaftes ~** оживление *n* биржевой активности; **operatives ~** текущие дела *pl* (фирмы); **schleppendes ~** вялая деловая активность *f*; **schwebendes ~** возможная (намечающаяся) сделка *f*; **verlustbringendes ~** убыточное дело *n* (предприятие)
Geschäftemacher *m* делец *m*, спекулянт *m*
geschäftlich деловой, торговый, коммерческий; **~ tätig sein** заниматься бизнесом
Geschäfts|abkommen *n* деловое соглашение *n*; **-ablauf** *m* ход *m* дела
Geschäftsabschluss *m* заключение *n* сделки; конец *m* биржевого собрания; **einen ~ tätigen** заключить сделку
Geschäfts|anbahnung *f* становление *n* дела (бизнеса); **-angelegenheit** *f* дело *n*; **-anschrift** *f* адрес *m* фирмы (предприятия); **-anteil** *m* участие *n* (доля *f*) в деле; доля *f* капитала; пай *m*; (приобретаемые за свой вклад в предприятие) права *pl* и обязанности *pl* совладельца; **-anzeige** *f* коммерческая реклама *f*; коммерческое объявление *n*; **-aufgabe** *f* ликвидация *f* дела (предприятия); **-aufgaben** *pl* деловые задачи *pl* (функции); **-auflösung** *f* ликвидация *f* (закрытие *n*) предприятия; **-aufschwung** *m* подъем *m* деловой активности, бум *m*; **-ausgabe** *f* предпринимательские расходы *pl*; торговые издержки *pl*; **-ausstattung** *f* оборудование *n* офиса (магазина); **-bank** *f* коммерческий банк *m*, банк *m* универсального типа
Geschäftsbedingungen *pl* условия *pl* заключения сделки; правила *pl* ведения дел; **Allgemeine ~** общие условия *pl* заключения торговых сделок (данного предприятия)
Geschäfts|beginn *m* открытие *n* магазинов; **-belebung** *f* оживление *n* деловой активности; **-belege** *pl* учетные документы *pl*, записи *pl* в торговых книгах; **-bereich** *m* сфера *f* деятельности, круг служебных обязанностей; подразделение *n* предприятия
Geschäftsbericht *m* годовой отчет *m*; отчет *m* о состоянии дел; **den ~ bestätigen** утвердить годовой отчет; **den ~ vorlegen** представить годовой отчет
Geschäfts|besorgung *f* исполнение *n*, выполнение *n* служебных обязанностей (поручений); ведение *n* дел; **-besorgungsvertrag** *m* договор *m* поручения; **-besuch** *m* деловой визит *m*, посещение *n* фирмы

Geschäftsbetrieb *m* ведение *n* (ход *m*) дел; коммерческие операции *pl*; коммерческая деятельность *f*; **den ~ einstellen** прекращать коммерческие операции, прекращать (хозяйственную) деятельность

Geschäftsbeziehungen *pl* деловые отношения *pl* (связи *pl*); **~ abbrechen** разрывать деловые отношения (связи); **~ anknüpfen** завязывать (устанавливать) деловые отношения (связи); **~ ausbauen** расширять деловые связи; **~ herstellen** устанавливать деловые отношения; **in ~ treten mit** вступать в деловые отношения (связи)

Geschäfts|brauch *m* торговый (деловой) обычай *m*; **-brief** *m* деловое письмо *n*; **-buch** *n* конторская (бухгалтерская) книга *f*; торговая книга *f*; журнал учета *f*; **-buchhaltung** *f* бухгалтерский учет *m* на предприятии; бухгалтерия *f* предприятия; **-einbuße** *f* операционные убытки *pl*; **-einnahmen** *pl* операционные доходы *pl*; **-einrichtung** *f* оборудование *n* (торгового) предприятия; **-entwicklung** *f* развитие *n* (динамика *f*) дел (бизнеса); **-erfahrung** *f* деловой опыт *m*; **-erfolg** *m* успех *m* деловой деятельности, коммерческий успех *m*; **-ergebnis** *n* результаты *pl* хозяйственной деятельности (работы); **-eröffnung** *f* открытие *n* магазинов; начало *n* торговли; начало *n* биржевого собрания; **-erwartungen** *pl* ожидаемые результаты *pl* хозяйственной деятельности, ожидаемая прибыль *f*

geschäftsfähig деловой, дееспособный

Geschäfts|fähigkeit *f* дееспособность *f*; деловые способности *pl*; деловитость *f*; **beschränkte ~** ограниченная дееспособность *f*; **unbeschränkte ~** неограниченная дееспособность *f*

Geschäfts|feld *n* сфера *f* деятельности, поле *n* экономической деятельности; **-flaute** *f* спад *m* деловой активности, застой *m* в делах; **-frau** *f* женщина-бизнесмен *f*; **-freund** *m* деловой партнер *m*; клиент *m*, заказчик *m*; контрагент *m*, партнер *m*, компаньон *m*

geschäftsführend руководящий, управляющий, ведущий дела;

Geschäftsführer *m* управляющий *m* (делами фирмы); директор-распорядитель *m*, менеджер *m*; **~ für den Bereich Vertrieb** заведующий *m* отделом сбыта; **kaufmännischer ~** коммерческий директор *m*

Geschäftsführergehalt *n* оклад *m* управляющего

Geschäftsführung *f* руководство *n* фирмы, управление *n* фирмой; правление *n* фирмы; **die ~ ablösen** сменить руководство (правление) фирмы; **die ~ innehaben** занимать должность управляющего фирмой; **die ~ übernehmen** взять на себя руководство фирмой; **die ~ übertragen** передать руководство (управление) фирмой; **die ~ überwachen** контролировать деятельность руководства (правления) фирмы; **zur ~ befugt sein** иметь полномочия на руководство (управление) фирмой; **~ nach dem Kollegialprinzip** коллегиальное (коллективное) руководство *n* (управление *n*); **~ ohne Auftrag** руководство *n* без полномочий (поручения)

Geschäftsführungs|ebene *f* уровень *m* руководства фирмой; **-kosten** *pl* управленческие (предпринимательские) расходы *pl*

Geschäfts|gang *m* ход *m* дел; **-gebaren** *n* деловая практика *f*, методы *pl* ведения дел; **-gebäude** *n* здание *n* фирмы, офис *m*; **-gegenstand** *m* предмет *m* предпринимательской деятельности

Geschäftsgeheimnis *n* коммерческая тайна *f*, секрет *m* фирмы; **ein ~ offenbaren** раскрыть коммерческую тайну (секрет фирмы); **ein ~ wahren** хранить коммерческую тайну (секрет фирмы)

Geschäfts|geist *m* деловитость *f*; **-gewinn** *m* коммерческая прибыль *f*; **-grundlage** *f* деловая основа *f*;

-grundstück *n* земельный участок *m*, принадлежащий предприятию; **-gründung** *f* основание *n* дела (фирмы); **-guthaben** *n* общая сумма *f* паевых взносов членов товарищества; **-haus** *n* торговый дом *m*, фирма *f*; **-idee** *f* деловая идея *f*, коммерческая идея *f*; **-inhaber** *m* владелец *m* предприятия (фирмы); **-interesse** *n* деловой интерес *m*

Geschäftsjahr *n* хозяйственный (финансовый) год *m*; **~ abschließen** закончить хозяйственный год; **abgelaufenes ~** истекший хозяйственный (финансовый) год *m*

Geschäfts|kapital *n* коммерческий капитал *m*, капитал *m* предприятия (фирмы); **-kontakte** *pl* деловые контакты *pl*; **-konto** *n* счет *m* взаимных расчетов предприятия со своими подразделениями; **-korrespondenz** *f* деловая (коммерческая) переписка *f* (корреспонденция *f*); **-kosten** *pl* предпринимательские расходы *pl*, торговые издержки *pl* (расходы *pl*); **-klima** *n* деловой климат *m*, деловая атмосфера *f*; **-kredit** *m* коммерческий кредит *m*, ссуда *f* предприятию; **-lage** *f* положение *n* дел; состояние *n* рынка; коньюнктура *f*; **-leben** *n* деловая жизнь *f*

Geschäftsleitung *f* руководство *n* (правление *n*) предприятия; управление *n* делами предприятия; **die ~ übernehmen** брать на себя руководство предприятием

Geschäfts|leute *pl* бизнесмены *pl*, деловые люди *pl*, деловые круги *pl*, коммерсанты *pl*; **-mann** *m* бизнесмен *m*, коммерсант *m*

geschäftsmäßig деловой, коммерческий

Geschäfts|modell *n* модель бизнеса; **-ordnung** *f* регламент *m* (распорядок *m*, порядок *m*) делопроизводства; **-papiere** *pl* деловые бумаги *pl*, документы *pl*; **-partner** *m* деловой партнер *m*, компаньон *m*, контрагент *m*; **-plan** *m* план *m* работы предприятия, бизнес-план *m*; **-politik** *f* политика *f* ведения дел, политика *f* предприятия; **-praktiken** *pl* методы *pl* ведения дел (коммерции); **-prozess** *m* *(Admin, Manag)* бизнес-процесс *m*; **-räume** *pl* производственные здания *pl* и сооружения *pl*, офис *m*; **-reise** *f* деловая поездка *f*, командировка *f*; **-reklame** *f* коммерческая реклама *f*; **-risiko** *n* коммерческий (предпринимательский) риск *m*; **-rückgang** *m* спад *m* деловой активности; **-schließung** *f* закрытие *n* (ликвидация) магазина (предприятия); **-schluss** *m* закрытие *n* (окончание *n* работы) магазина (предприятия); **-sinn** *m* деловитость *f*, деловое чутье *n*; **-sitz** *m* местонахождение *n* фирмы; **-sprache** *f* официальный (рабочий) язык *m*

Geschäftsstelle *f* офис *m*, филиал *m*, отделение *n*; **~ einrichten** создать (открыть) бюро (филиал) фирмы

Geschäfts|stellenleiter *m* руководитель *m* филиала; **-stillstand** *m* застой *m* в делах; спад *m* деловой активности; **-stunden** *pl* часы *pl* работы предприятия (учреждения); **-tagebuch** *n* торговая книга *f*, журнал *m* учета

Geschäftstätigkeit *f* хозяйственная (коммерческая, предпринимательская) деятельность *f*; **die ~ aufnehmen** начинать предпринимательскую (хозяйственную) деятельность; **die ~ einstellen** прекращать предпринимательскую деятельность; **gewöhnliche ~** обычные деловые операции *pl*; обычная хозяйственная (коммерческая) деятельность *f*

Geschäftsträger *m* уполномоченный *m*, доверенное лицо *n* (фирмы)

geschäftstüchtig деловитый, оперативный

Geschäfts|tüchtigkeit *f* деловитость *f*, оперативность *f*; коммерческая ловкость *f*; **-übernahme** *f* вступление *n* во владение (управление) предприятием

geschäftsüblich принятый в деловой практике

Geschäfts|umfang *m* размеры *pl* предприятия; размеры оборота предприятия; **-umsatz** *m* оборот *m* предприятия (фирмы); **-unfähigkeit** *f* недееспособность *f*, некомпетентность *f*; **-unterlagen** *pl* деловая (коммерческая) документация *f*; **-verbindung** *f* деловые связи *pl* (отношения *pl*); **-verhandlung** *f* деловые (коммерческие) переговоры *pl*; **-verkehr** *m* деловые связи *pl* (сношения *pl*); **-verlauf** *m* ход *m* (течение *n*) дел; **-verlegung** *f* перевод *m* предприятия на новое место; **-verlust** *m* убытки *pl* предприятия (фирмы); потеря *f* заказов; **-vermögen** *n* капитал *m* (имущество *n*) предприятия; **-viertel** *n* деловой квартал *m* города; **-volumen** *n* балансовая сумма *f*, включая обязательства по индоссаментам и по индоссированным векселям в обороте; размер *m* оборота предприятия; **-vorfall** *m* хозяйственная операция *f*; **-wagen** *m* служебный автомобиль *m*; автомобиль *m* для доставки товара; **-welt** *f* деловой мир *m*, деловые круги; **-wert** *m* условная стоимость *f* репутации, опыта и деловых связей фирмы; **-zeichen** *n* регистрационный номер *m*, номер *m* для ссылок, идентификатор *m* делового письма; **-zeit** *f* часы *pl* работы предприятия; **-ziel** *n* цель *f* предприятия (бизнеса); **-zweck** *n* цель *f* предприятия; **-zweig** *m* отрасль *f* промышленности (торговли)

Geschenk *n* подарок *m*, дар *m*, сувенир *m*

Geschenk|artikel *m* подарок *m*, сувенир *m*; **-gutschein** *m* подарочный сертификат *m*

Geschlechterproporz *m* соотношение *n* полов

geschlossen закрытый, замкнутый;

Geschmacksmuster *n* образец *m*, оформленный по нормам промышленной эстетики; образец *m*, права на дизайн которого защищены

geschuldet причитающийся

Geselle *m* подмастерье *m*; квалифицированный рабочий *m*

Gesellen|brief *m* свидетельство *n* о присвоении квалификации; **-prüfung** *f* квалификационный экзамен *m*

Gesellschaft *f* общество *n*; объединение *n*; компания *f*, товарищество *n*; **eine ~ errichten** основать (образовать) общество (компанию); **in die ~ eintreten** вступить в общество; **eine ~ leiten** руководить (управлять) обществом (компанией); **eine ~ löschen** погасить запись о регистрации общества в торговом реестре, ликвидировать общество; **an der Börse eingeführte ~** фирма, акции которой допущены к биржевым операциям; **aufnehmende ~** компания *f*, поглощающая другую; **beherrschende ~** холдинг-компания *f*; компания-держатель *f*; **~ des bürgerlichen Rechts** простое товарищество *n*; **emittierende ~** фирма *f*, производящая выпуск ценных бумаг; **herrschende ~** головное общество *n*; **~ in Gründung** общество *n*, еще не внесенное в торговый реестр; общество *n* в стадии учреждения; **konsolidierte ~** консолидированное общество *n*; **~ mit beschränkter Haftung (GmbH)** общество *n* с ограниченной ответственностью (ООО); **~ mit unbeschränkter Haftung** общество *n* с неограниченной ответственностью; **stille ~** негласное (анонимное) товарищество *n*; **übernehmende ~** общество-покупатель *n*, фирма *f*, включающая в свой состав другую; **übertragende ~** общество-продавец *n*, фирма *f*, переходящая в состав другой

Gesellschafter *m* компаньон *m*, партнер *m*, участник *m* общества; пайщик *m*, акционер *m*; **als ~ ausscheiden** выходить (выбывать) из общества (товарищества); **als ~ in eine Firma eintreten** стать членом (компаньоном) общества (фирмы); **alleiniger ~** единственный компаньон *m* общества; **beschränkt haftender ~** компаньон *m* с ограниченной ответственностью; **geschäftsführender ~** компаньон *m*, ведущий дела общества; **persönlich haftender ~** компаньон *m*, несущий ответственность (за долги общества) всем своим имуществом; **stiller ~** негласный компаньон *m*; **unbeschränkt haftender ~** полноправный компаньон *m* общества с неограниченной ответственностью

Gesellschafter|beschluss *m* решение *n* собрания членов общества; **-darlehen** *n* заем *m*, предоставляемый обществу (товариществу) его членом; **-einlage** *f* вклад *m* (взнос *m*) члена общества (товарищества); **-stellung** *f* статус *m* совладельца компании; **-versammlung** *f* общее собрание *n* участников общества; собрание *n* учредителей

Gesellschafts|anteil *m* доля *f* в товариществе (обществе); **-form** *f* форма *f* общества (товарищества); **-gründung** *f* основание *n* (учреждение *n*) общества (компании); **-kapital** *n* капитал *m* общества (товарищества, компании); **-konkurs** *m* банкротство *n* общества (компании); ликвидация *f* компании (общества); **-leistungen** *pl* товары *pl* и услуги *pl*, предоставляемые обществом своим членам; внутрифирменные услуги *pl*; **-mantel** *m* права *pl* на участие в обществе, продаваемые до его формального основания; **-mittel** *pl* средства *pl* общества (компании); **-ordnung** *f* общественный строй *m*; **-politik** *f* социальная политика *f*; политика *f* компании (общества); **-recht** *n* правовые нормы *pl*, регулирующие вопросы образования, деятельности и ликвидации обществ; **-schuld** *f* долги *pl* общества (товарищества); **-steuer** *f* налог *m* на общества; **-vergleich** *m* компромиссное соглашение *n* для предотвращения банкротства компании (общества); **-vermögen** *n* имущество *n* товарищества; активы *pl* (капитал) общества; **-vertrag** *m* соглашение *n* (договор *m*) между компаньонами об учреждении общества (товарищества)

Gesetz *n* закон *m*; **ein ~ ändern** изменить (дополнить) закон; **ein ~ aufheben** отменить закон; **ein ~ erlassen** издать закон; **ein ~ novellieren** изменить (дополнить) закон; **unter ein ~ fallen** подпадать под действие закона; **ein ~ verabschieden** принимать (утверждать) закон; **ein ~ verletzen** нарушать (преступать) закон; **kraft -es** в силу закона

Gesetz|buch *n* кодекс *m*; **-entwurf** *m* проект *m* закона, законопроект *m*

Gesetzes|aufhebung *f* отмена *f* закона; **-auslegung** *f* интерпретация *f* (толкование *n*) закона; **-bestimmung** *f* законоположение *n*; **-kraft** *f* сила *f* закона

Gesetzgebung *f* законодательство *n*

gesetzlich законный, легальный; **-e Erbfolge** порядок *m* наследования по закону; **~ geschützt** под защитой закона; **~ vorgeschrieben** предписанный законом, положенный по закону; **-es Zahlungsmittel** средство *n* платежа, установленное законом

gesetzwidrig противозаконный

gespaltener Wechselkurs множественный валютный курс *m*

Gespräch *n* беседа *f*, разговор *m*; переговоры *pl*, собеседование *n*; **ein ~ anmelden** заказать (телефонный) разговор

gestaffelt градуированный, классифицированный, дифференцированный; **-e Preise** дифференцированные цены *pl*; **-er Zinssatz** дифференцированная процентная ставка *f*

Gestaltung *f* оформление *n*; разработка *f*; организация *f*; **~ des Arbeitsplatzes** организация *f* рабочего места

Gestellung *f* предъявление *n* для таможенного досмотра; **~ der Waren beim Zollamt** предъявление *n* товаров на таможне

Gestellungs|befreiung *f* освобождение *n* от предъявления товаров для таможенного досмотра; **-gebühr** *f* сбор *m* (пошлина *f*) за таможенный досмотр; **-verzeichnis** *n* таможенная декларация *f*

Gestion *f* заведование *n*, управление *n*, администрирование *n*

gestionieren управлять, администрировать; **ein Vermögen ~**

распоряжаться имуществом (состоянием)

gestrichen "зачеркнут"; курса нет, без котировки; ~ **Brief** предложения нет; ~ **Geld** спроса нет

gestundet отсроченный

Gesuch *n* прошение *n*, заявление *n*, ходатайство *n*; **ein ~ bewilligen** удовлетворить ходатайство (заявление); **ein ~ einreichen** подавать ходатайство (заявление)

Gesundheits|attest *n* справка *f* о состоянии здоровья, санитарное свидетельство; **-fonds** *m (Recht, Soz)* Фонд *m* финансирования здравоохранения; **-schutz** *m* санитарно-гигиенические нормы *pl*; охрана *f* здоровья (на производстве)

Getränkekiste *f (Handel, Lager, Transp)* ящик для напитков

Getreide *n* зерновые культуры *pl*; зерно *n*, хлеб *m*; **~ anbauen** возделывать зерновые культуры

Getreide|anbau *m* возделывание *n* зерновых; **-ausfuhr** *f* экспорт *m* зерна; **-börse** *f* хлебная биржа *f*; **-einheit** *f* зерновая единица *f*

Gewähr *f* гарантия *f*, ручательство *n*, поручительство *n*; **die ~ bieten** гарантировать; **die ~ übernehmen** ручаться, поручиться; **ohne ~** без гарантии, без ручательства

gewähren предоставлять, давать, гарантировать

gewährleisten гарантировать, ручаться; обеспечивать

Gewährleistung *f* гарантия *f*, ручательство *n*, поручительство *n*, обеспечение *n*; **die ~ übernehmen** дать гарантию (поручительство); **~ für Rechtsmängel** гарантия *f* права (на имущество); **~ für Sachmängel** гарантия *f* качества

Gewährleistungs|anspruch *m* право *n* на предоставление гарантии; рекламация *f*; гарантийный иск *m*; **-aval** *n* гарантийное поручительство *n*; **-frist** *f* срок *m* поручительства, гарантийный срок; **-garantie** *f* гарантийное обязательство *n*; **-pflicht** *f* обязанность *f* предоставления гарантии, обязательство по сохранности; **-verpflichtung** *f* гарантийное обязательство *n*; **-vertrag** *m* договор *m* о предоставлении гарантии (поручительства); **-vorschriften** *pl* условия *pl* предоставления гарантии; **-wagnis** *f* гарантийный риск *m*

Gewährsmann *m* поручатель *m*, гарант *m*

Gewährung *f* предоставление *n*; **~ einer Beihilfe** предоставление *n* помощи (субсидии); **~ eines Darlehens** предоставление *n* ссуды (займа); **~ eines Kredits** предоставление *n* кредита

Gewalt *f* власть *f*, сила *f*; **gesetzgebende ~** законодательная власть *f*; **höhere ~** непреодолимая сила *f*, форс-мажор *m*

Gewässerschaden-Haftpflichtversicherung *f (Versich)* страхование *n* ответственности при нанесении вреда водоемам

Gewerbe *n* промысел *m*; дело *n*, бизнес *m*; занятие *n*, профессия *f*; промышленность *f*, коммерция *f*, производственная деятельность *f*; **ein ~ ausüben** заниматься ремеслом (производством); **einem ~ nachgehen** заниматься бизнесом, вести дела, работать по профессии; **Handel und ~** торговля *f* и промышленность *f*; **produzierendes ~** промышленность *f* и строительство *n*; **verarbeitendes ~** перерабатывающая промышленность *f*; **warenproduzierendes ~** перерабатывающая промышленность *f*, энергетика *f* и горнодобывающая промышленность *f*

Gewerbe|abfall *m* отходы *pl* производства; **-abmeldung** *f* ликвидация *f* дела (фирмы), снятие *n* фирмы с регистрации; **-anmeldung** *f* регистрация *f* фирмы (предприятия); **-ansiedlung** *f* размещение *n* предприятий; **-art** вид *m* производственной деятельности; **-aufsicht** *f* надзор *m* за деятельностью предприятий; **-aufsichtsamt** *n* ведомство *n* по надзору за предприятиями; **-ausübung** *f* занятие *n* бизнесом (коммерцией); **-besteuerung** *f* обложение *n* налогом предприятий; **-betrieb** *m* промышленное предприятие *n*; коммерческая фирма *f*; **-erlaubnis** *f* лицензия *f* на ведение хозяйственной (производственной) деятельности; **-ertrag** *m* доход *m* от коммерческой деятельности; промысловый доход *m*; **-ertragssteuer** *f* налог *m* на промысловый доход, налог *m* на доходы предприятия; **-fläche** *f* площадь *f*, занимаемая торговыми и промышленными предприятиями; **-förderung** *f* содействие *n* развитию коммерческой деятельности (промыслов); **-freiheit** *f* свобода *f* предпринимательства (занятия промыслом); **-gebiet** *n* территория *f*, занимаемая торговыми и промышленными предприятиями; промзона; **-immobilie** *f* недвижимость *f* торговых и промышленных предприятий; **-kammer** *f* ремесленная палата *f*; **-kapital** *n* капитал *m* компании (общества), торговый капитал *m*; **-kapitalsteuer** *f* налог *m* на торговый капитал (с 01.01.1998 упразднен); **-lehrer** *m* преподаватель *m* профессионально-технического училища; **-ordnung** *f* промысловый устав *m*, промысловое уложение *n*, положения *pl* о предпринимательской деятельности; **-park** *m* комплекс *m* зданий торгово-промышленного назначения; торгово-промышленная зона *f*; **-rolle** *f* торговый реестр *m*, реестр *m* лиц, самостоятельно занимающихся ремеслом; **-schein** *m* лицензия *f* на занятие предпринимательской деятельностью; **-steuer** *f* налог *m* с предприятий (устанавливается местным муниципалитетом); **-steuererklärung** *f* налоговая декларация *f* предприятия; **-steuerumlage** *f* перераспределение *n* поступлений от налога с предприятий между федерацией и землями; **-treibende** *m* торговец *m*, коммерсант *m*; ремесленник *m*; лицо *n*, занимающееся коммерческой или производственной деятельностью; **-zentralregister** *n* центральный реестр *m* предприятий, имевших проблемы с законом; **-zentrum** *n* торгово-промышленный центр *m*; **-zulassung** *f* разрешение *n* на ведение коммерческой (производственной) деятельности; **-zweig** *m* отрасль *f* промышленности (торговли)

gewerblich промышленный, производственный, промысловый, коммерческий; профессиональный; **-er Bedarf** потребности *pl* промышленности (производства);

gewerbsmäßig профессиональный; профессионально ведущий коммерческую деятельность

Gewerk *n* вид *m* работ (на строительстве)

Gewerke *m (veraltet)* член *m* (акционер) горнопромышленного общества

Gewerkschaft *f* профессиональный союз *m*, профсоюз *m*; **eine ~ bilden** организовать профсоюз; **arbeitsrechtliche ~** профессиональный союз *m* для защиты прав наемных работников; **bergrechtliche ~** горнопромышленное общество *n*, горнопромышленная компания *f*

Gewerkschafter *m* член *m* профсоюза

gewerkschaftlich профсоюзный; **~ (nicht) organisiert** (не) являющийся членом профсоюза

Gewerkschafts|beitrag *m* профсоюзный взнос *n*; **-bund** *m* объединение *n* профсоюзов; **-kasse** *f* профсоюзная касса *f*, средства *pl* профсоюзов; **-mitglied** *m* член *m* профсоюза; **-vertreter** *m* представитель *m* профсоюзов; **-zugehörigkeit** *f* членство *n* в профсоюзе

Gewicht *n* вес *m*; тяжесть *f*, груз *m*; влияние *n*, важность *f*; **das ~ nachprüfen** проверить вес; **handelsübliches ~** коммерческий (торговый) вес *m*

Gewichts|beanstandung *f* рекламация *f* (жалоба *f*) по поводу неполного веса; **-manko** *n* недостача *f* веса; **-prüfung** *f* контроль *m* веса; **-unterschied** *m* разница *f* (различие *n*) в весе; **-verlust** *m* потеря *f* (убыль *f*) в весе; **-zoll** *m* специфическая пошлина *f*, взимаемая с веса грузов

Gewichtung *f* взвешивание *n*

gewillkürtes Betriebsvermögen *n*

предметы *pl*, произвольно относимые предпринимателем к имуществу предприятия

Gewinn *m* прибыль *f*; выгода *f*, польза *f*; доход *m*; выигрыш *m*; **den ~ abführen** переводить (перечислять) прибыль; **-e abschöpfen** получать прибыли, изымать избыточную прибыль, продавать акции с прибылью; **~ abwerfen** давать прибыль; **am ~ beteiligt sein** участвовать в прибылях; иметь свою долю прибыли; **den ~ ausschütten** распределять прибыль; **einen ~ erarbeiten** получить прибыль; **einen ~ erbringen** приносить прибыль; **den ~ ermitteln** определить размер прибыли; **~ erwirtschaften, erzielen** получить прибыль; **~ machen** получать (делать) прибыль; **mit ~ abschließen** завершить год с прибылью; **mit ~ verkaufen** продавать с прибылью; **-e realisieren** получать прибыли (от биржевых сделок); **anfallender ~** получаемая прибыль *f*; **angestrebter ~** намечаемая прибыль *f*; **auf ~ gerichtet** направленный на извлечение прибыли; **~ aus Geschäftsbetrieb** прибыль *f* по результатам коммерческой (производственной) деятельности; **ausgeschütteter ~** распределенная (выплаченная в виде дивидендов) прибыль *f*; **betriebswirtschaftlicher ~** прибыль *f* от производственной деятельности; **buchmäßiger ~** балансовая прибыль *f*, бухгалтерская прибыль *f*; **einbehaltener ~** нераспределенная прибыль *f*; **entgangener ~** недополученная прибыль *f*; упущенный доход *m*; **erwirtschafteter (erzielter) ~** полученная прибыль *f*; **handelsrechtlicher ~** торгово-правовая прибыль *f*; прибыль *f*, полученная согласно нормам торгового права; **~ je Aktie** прибыль *f*, получаемая на одну акцию; **kalkulatorischer ~** расчетная прибыль *f*; **~ nach Steuerabzug** прибыль *f* после вычета налогов; **realisierter ~** реализованная (полученная) прибыль *f*; **reinvestierter ~** реинвестированная прибыль *f*; **steuerfreier ~** прибыль *f*, не облагаемая налогом; **steuerpflichtiger** прибыль *f*, подлежащая обложению налогом; **thesaurierter ~** нераспределенная прибыль *f*; **versteuerter ~** прибыль *f*, облагаемая налогом; **verteilbarer ~** распределяемая (выплачиваемая) прибыль *f*; **~ vor Steuern** прибыль *f* до вычета налогов; **voraussichtlicher ~** предполагаемая прибыль *f*; **zu erwartender ~** ожидаемая прибыль *f*; **zu versteuernder ~** прибыль *f*, облагаемая налогом; **zurückbehaltener ~** прибыль *f*, удерживаемая на предприятии

Gewinn|abführung *f* перевод *m* (перечисление *n*) прибыли; **-abführungsvertrag** *m* договор *m* об отчислении прибыли; **-abschlag** *m* снижение *n* (размера) прибыли; **-abschöpfung** *f* изъятие *n* сверхприбылей; получение *n* дополнительной прибыли; **-anspruch** *m* право *n* на участие в прибылях; **-anstieg** *m* увеличение *n* прибылей; **-anteil** *m* доля *f* прибыли (дохода), дивиденд *m*; **-anteilschein** *m* сертификат *m* на дивиденды, дивидендный купон *m*; **-ausschüttung** *f* распределение *n* прибыли; **-aussichten** *pl* перспективы *pl* получения прибыли; **-ausweis** *m* отчет *m* (данные *pl*) о прибылях; **-berechnung** *f* расчет *m* прибыли

gewinnberechtigt имеющий (дающий) право на участие в прибылях

Gewinnbeteiligung *f* участие *n* в прибылях

Gewinnbildung *f* образование *n* (формирование *n*) прибыли

gewinnbringend прибыльный, рентабельный, выгодный

Gewinn|chancen *pl* шансы *pl* на получение прибыли; шансы *pl* на выигрыш (в лотерее); **-einbehaltung** *f* удержание *n* прибыли; **-einbruch** *m* резкое уменьшение *n* прибыли; **-einbuße** *f* потеря *f* прибыли (доходов); **-einkünfte** *pl (Steuer)* доходы *pl* от деятельности, приносящей доход

gewinnen получать; получать

прибыль; приобретать; добывать; выигрывать

Gewinn|entnahme *f* изъятие *n* прибыли; **-entstehung** *f* образование *n* прибыли; **-entwicklung** *f* динамика *f* прибыли

Gewinner *m* выигравший *m*, победитель *m*; номер *m*, на который пал выигрыш

Gewinn|erhöhung *f* повышение *n* прибыли; **-ermittlung** *f* определение *n* размера прибыли, расчет *m* прибыли; **-ermittlungsarten** *pl* способы *pl* расчета прибыли; **-erwartung** *f* ожидаемая прибыль *f*; **-erwirtschaftung** *f* получение *n* прибыли в результате хозяйственной деятельности; **-erzielung** *f* получение *n* прибыли; **-feststellung** *f* определение *n* размера прибыли; **-gemeinschaft** *f* объединение *n* игроков в лотерею; **-lage** *f* уровень *m* прибылей; **-limit** *n* лимит *m* прибыли; **-manipulation** *f* манипуляции *pl* (махинации *pl*) с доходами; **-marge** *f s.* **Umsatzrendite** *f*; коэффициент *m* прибыльности (доходности); **-maximierung** *f* максимизация *f* прибыли; **-minderung** *f* уменьшение *n* прибыли; **-mitnahme** *f* фиксация *f* прибыли (на бирже), прибыльная операция *f*, реализация *f* курсовой прибыли; **-obligation** *f* облигация *f* (долговое обязательство *n*), дающая право на участие в прибылях; **-plan** *m* план *m* по (реализации) прибыли; **-planung** *f* планирование *n* прибыли; **-plus** *n* прирост *m* прибыли; **-potential** *n* возможности *pl* получения прибыли; **-prinzip** *n* принцип *m* прибыльности (рентабельности); **-prognose** *f* прогноз *m* получения прибыли; **-realisation** *f* получение *n* (реализация *f*) прибыли; **-rendite** *f* доходность *f* акции; **-rückgang** *m* уменьшение *n* прибылей; **-rücklagen** *pl* отчисление *n* прибыли в резервные фонды (за истекший или предыдущий период); **-schuldverschreibung** *f* долговое обязательство *n*, дающее право на участие в дополнительных прибылях; **-schwelle** *f* точка *f* (порог *m*) безубыточности (самоокупаемости); **-schwellenanalyse** *f* анализ *m* рентабельности; анализ *m* налоговой прибыли; **-spanne** *f* коэффициент *m* прибыльности (доходности); **-sparen** *n* сбережение *n* прибылей; **-spiel** *n (V&M)* игра *f* с призами, лотерея *f*, викторина *f*; **-steigerung** *f* повышение *n* (увеличение *n*) прибыли; **-streben** *n* стремление к извлечению прибыли; **-thesaurierung** *f* удержание *n* прибыли; **-these** *f* подход *m* к определению стоимости предприятия с точки зрения ожидаемых прибылей; **-transfer** *m* перевод *m* (перечисление *n*) прибыли; **-überschuss** *m* избыточная прибыль *f*; превышение *n* прибылей над убытками; **-umverteilung** *f* перераспределение *n* прибыли

Gewinn- und Verlust|beteiligung *f* участие *n* в прибылях и убытках; **-konto** *n* счет *m* прибылей и убытков; **-rechnung** *f* счет *m* прибылей и убытков

Gewinnung *f* добыча *f*, получение *n*; ~ **von Bodenschätzen** добыча *f* полезных ископаемых

Gewinnungsbetrieb *m* добывающее предприятие *n*

Gewinn|vergleichsrechnung *f* сравнительный расчет *m* прибылей; **-verlagerung** *f* распределение *n* прибыли по периодам, перенесение *n* прибыли на другой период; **-verteilung** *f* распределение *n* прибыли; **-verwendung** *f* использование *n* прибыли; **-volumen** *n* объем *m* полученной прибыли; **-vortrag** *m* перенос *m* прибылей на следующий хозяйственный год; нераспределенный остаток *m* прибылей; **-warnung** *f* предупреждение *n* о снижении ожидаемой прибыли

Gewinnzone *f* рентабельность *f*, прибыльность *f*; **die ~ erreichen** достичь точки рентабельности

Gewinn|zuführung *f* начисления *pl* к прибыли; **-zunahme** *f* увеличение *n* прибыли; **-zuschlag** *m* дополнительная прибыль *f*

Gewohnheitsrecht *n* обычное право *n*

gezeichnet распределенный (размещенный) по подписке; подписанный, завизированный; **-e Aktien** акции *pl*, размещенные по подписке

Giralgeld *n* деньги *pl* банковского оборота, деньги *pl* безналичных расчетов; деньги *pl* на депозите (текущем счету)

Giralgeldschöpfung *f* прирост *m* безналичных платежных средств

Girant *m* жирант *m*, индоссант *m*; **nachfolgender** ~ последующий индоссант *m*; **vorhergehender** ~ предыдущий индоссант *m*

Girat *n* жират *m*, индоссат *m*

girieren жирировать, индоссировать, делать передаточную надпись; **den Wechsel** ~ жирировать вексель

Giro *n* жиро *n*, индоссо *n*, индоссамент *m*, передаточная надпись *f*; (банковский) жирооборот *m*, безналичный расчет *m*; ~ **in blanko** бланковый индоссамент *m*; **volles** ~ полный индоссамент *m*

Giro|abteilung *f* переводной отдел *m*, жиротдел *m* (банка); **-auftrag** *m* жироприказ *m*; **-einlagen** *pl* вклады *pl* на расчетных и контокоррентных счетах; **-geschäft** *n* жирооборот *m*, жирооперация *f*, безналичный расчет *m*; **-guthaben** *n* суммы *pl* на жиросчете; **-kasse** *f* жирокасса *f*, расчетная касса *f*; **-konto** *n* жиросчет *m*, контокоррен *m* т, текущий банковский счет *m*, расчетный счет *m*; **-sammeldepot** *n* **(-sammelverwahrung** *f***)** депонирование *n* (хранение *n*) ценных бумаг (одного типа), при котором клиент является владельцем свой доли в общем портфеле (на определенную сумму); **-überweisung** *f* жироперевод *m*; **-verband** *m* сеть *f* жиробанков; **-verkehr** *m* жирооборот *m*, жирооперации *pl*; **-vertrag** *m* договор *m* с кредитным институтом о безналичных расчетах; **-zentrale** *f* жироцентрал *m*, региональный расчетный центр *m* (сберкасс в Германии)

Gitterbox *f (Lager, Transp)* (сетчатый) решетчатый ящик *m*

glattstellen закрывать (позицию); заключать (счета); **eine Position** ~ закрыть позицию, выполнить взаимные обязательства

Glattstellen *n*, **Glattstellung** *f* полная реализация *f* сделки; заключение *n* счетов, покрытие *n* задолженности по счетам

Gläubiger *m* кредитор *m*, заимодавец *m*; **den ~ befriedigen** рассчитаться с кредитором; **begünstigter** ~ привилегированный (преимущественный) кредитор *m*; **bevorrechtigter (bevorzugter)** ~ привилегированный (преимущественный) кредитор *m*

Gläubiger|anfechtung *f* оспаривание *n* кредитором своих прав на имущество; **-anmeldungsfrist** *f* срок *m* заявления претензий кредиторами; **-ausschuss** *m* конкурсная комиссия *f*, конкурсное управление *n*; **-begünstigung** *f* предоставление *n* преимуществ одному кредитору; **-beirat** *m* совет *m* кредиторов в рамках судебного производства для предотвращения банкротства несостоятельного должника; **-benachteiligung** *f* причинение *n* ущерба кредиторам; **-land** *n* страна-кредитор *f*; **-schutz** *m* правовая защита *f* кредиторов; **-versammlung** *f* собрание *n* кредиторов; **-verzeichnis** *n* список (регистр) кредиторов; **-verzug** *m* просрочка *f* кредитора в принятии исполнения обязательства должником

Gleichbehandlung *f* соблюдение *n* равенства, единый подход *m*; **steuerliche** ~ унифицированный подход *m* к налогообложению; ~ **von Frauen** соблюдение *n* равенства прав женщин

Gleichbehandlungsgrundsatz *m* принцип *m* соблюдении равенства прав

Gleichberechtigung *f* равноправие *n*

Gleichgewicht *n* равновесие *n*, баланс *m*, сбалансированность *f*; **aus dem ~ bringen** выводить из равновесия; **das ~ stören** нарушать равновесие; **außenwirtschaftliches** ~ внешнеэкономическое равновесие *n*

Gleichgewichten *n* оценка *f* (акций) "на уровне среднерыночного" (equal-weight)

Gleichgewichts|menge *f* равновесное количество *n*; **-preis** *m* равновесная цена *f*; **-zustand** *m* состояние *n* равновесия

Gleichheit *f* равенство *n*, тождественность *f*; **~ vor dem Gesetz** равенство *n* перед законом

gleichlautend идентичный

gleichsetzen приравнивать, отождествлять

gleichstellen приравнивать, сравнивать, уравнивать

Gleichstellung *f* уравнивание *n*, равный подход *m*; **rechtliche ~** равноправие *n*

Gleichstellungsklausel *f (Recht, Soz)* оговорка *f* об уравнивании в правах (в рамках тарифного соглашения)

gleichwertig равноценный, эквивалентный, равнозначный

gleitend скользящий, гибкий; **-e Durchschnitte** скользящие средние

Gleit|arbeitszeit *f* скользящий график *m* работы; **-preisklausel** *f* пункт *m* договора об изменении цен (заработной платы); **-zeit** *f (Pers)* скользящий (гибкий) график *m* работы; **-zinsanleihe** *f* заем *m* с плавающей процентной ставкой; **-zoll** *m* меняющийся размер *m* ставки таможенной пошлины

gliedern расчленять, делить; подразделять, классифицировать; дифференцировать; дифференцировать

Gliedertaxe *f (Versich)* таблица степеней инвалидности в зависимости от потери части тела

Gliederung *f* расчленение *n*, подразделение *n*; классификация *f*, дифференциация *f*; организация *f*, структура *f*; расшифровка *f*

Global|abkommen *n* глобальное соглашение *n*; **-abtretung** *f* общая уступка *f*, уступка *f* всех своих требований; **-aktie** *f* глобальная акция *f*; **-anleihe** *f* заем *m* в крупных выпусках; **-depot** *n* глобальное депонирование *n*

Globalisierung *f* глобализация *f*

Global|kontingent *n* общая квота *f*; **-planung** *f* предварительное планирование *n*, рамочное (концептуальное) планирование *n*; **-steuerung** *f* управление *n* общеэкономическими процессами; **-urkunde** *f* общий сертификат *m* на ценные бумаги, находящиеся в банках-депозитариях; **-verfahren** *n* общая методика *f* (получения разрешений в рамках ЕС); **-wert** *m* общая стоимость *f*; **-zession** *f* общая (генеральная) уступка *f*; уступка *f* всех настоящих и будущих требований

Glückspiel *n* азартная игра *f*

GmbH *s.* **Gesellschaft** *f* **mit beschränkter Haftung**

Gold *n* золото *n*

Gold|ankaufspreis *m* закупочная цена *f* на золото; **-anleihe** *f* золотой заем *m*; **-arbitrage** *f* золотой арбитраж *m*; **-ausfuhrverbot** *m* запрет *m* на вывоз (экспорт) золота; **-barren** *m* золотой лингот *m*, слиток *m* золота; **-bestände** *pl* золотые запасы *pl*; **-deckung** *f* золотое обеспечение *n*; **-devisenstandard** *m* валютное обеспечение *n*; золотодевизный стандарт *m*; **-gehalt** *m* золотое содержание *n*; проба *f* золота; **-gewinnung** *f* добыча *f* золота; **-handel** *m* торговля *f* золотом; **-kernwährung** *f* золотослитковый стандарт *m*; **-klausel** *f* условие *n* "золото", золотая оговорка *f*; **-markt** *m* рынок *m* золота; **-mechanismus** *m* золотовалютный механизм *m*; **-münze** *f* золотая монета *f*; **-notierung** *f* котировка *f* золота, биржевая цена *f* на золото; **-parität** *f* золотой паритет *m*; **-prägung** *f* чеканка *f* золотой монеты; **-preis** *m* цена *f*, выраженная в золоте; цена на золото; **-punkt** *m* золотая точка *f*; **-reserve** *f* золотой запас *m*; **-schmied** *m* ювелир *m*; **-standard** *m* золотое обеспечение *n*, золотой стандарт *m*; **-umlaufwährung** *f* золотой стандарт *m*; **-verknappung** *f* сокращение *n* золотых запасов; **-vorrat** *m* золотые запасы *pl*; **-währung** *f* золотой стандарт *m*; **-wert** *m* цена *f* на золото, стоимость *f* золота; проба *f* золота; **-wertklausel** *f* золотая оговорка *f*; **-zertifikat** *n* золотой сертификат *m*

Goodwill *m* гудвил *m*, (условная) стоимость *f* деловых связей, опыта и репутации фирмы

Google *n (Comp)* поисковая система *f* во Всемирной Паутине
Grad *m* степень *f*; градус *m*; чин; **akademischer** ~ ученая степень *f*, академическое звание *n*
graduiert имеющий высшее образование
Graphik *f* график *m*, диаграмма *f*; **-en erstellen** чертить графики
Gratifikation *f* гратификация *f*; (единовременное) денежное вознаграждение *n*, поощрение *n*; **eine ~ erhalten** получать денежное вознаграждение
gratis бесплатно, безвозмездно, даром, гратис
Gratis|aktie *f* бесплатная акция *f*; дополнительная акция *f*, *s.* **Berichtigungsaktie** *f*; **-angebot** *n* бесплатное предложение *n*; **-genußschein** *m* бесплатная акция *f* без права голоса, дающая право на получение дивиденда; **-muster** *n* бесплатный образец *m*; **-probe** *f* бесплатный образец *m*
Graumarkt *m* рынок *m* покупки акций до их первичной котировки
Greenshoe опцион *m* зеленого ботинка
Gremium *n* орган *m*, комитет *m*, комиссия *f*
Grenze *f* граница *f*; предел *m*; лимит *m*; **obere** ~ верхний предел *m* (лимит *m*); **untere** ~ нижний предел *m* (лимит *m*)
Grenz|abfertigung *f* таможенная очистка *f* на границе; **-aufwand** *m* предельные затраты *pl*; **-bedingungen** *pl* граничные (предельные) условия *pl*; **-betrieb** *m* предприятие *n*, покрывающее лишь издержки производства; **-erlös** *m* предельная выручка *f*, маржинальная выручка *f*, предельный доход *m*; **-ertrag** *m* предельный доход *m*, предельная прибыль *f*, маржинальный доход *m*; **-gänger** *m* человек *m*, регулярно переходящий через границу; **-gewinn** *m* предельная прибыль *f*; **-kontrolle** *f* пограничный контроль *m*; **-kosten** *pl* предельные издержки *pl* (затраты *pl*); **-kostenrechnung** *f* расчет *m* (калькуляция *f*) предельных издержек; **-leistung** *f* предельная мощность *f* (производительность *f*); **-leistungsfähigkeit** *f* предельная эффективность *f*; **-nutzen** *m* предельная полезность *f*; **-plankostenrechnung** *f* расчет *m* предельных плановых издержек; **-produkt** *n* предельный продукт *m*; **-produktivität** *f* предельная производительность *f*; **-satz** *m* предельная ставка *f*; **-steuersatz** *m* предельная налоговая ставка *f*; **-übergang** *m* переход *m* границы; пограничный пункт *m*
grenzüberschreitend международный, межнациональный; **-er Güterkraftverkehr** международные автоперевозки *pl* грузов; **-er Handel** международная (приграничная) торговля *f*; **-er Personenverkehr** международные перевозки *pl* пассажиров; **-er Verkehr** международные перевозки *pl*; **-e Zusammenarbeit** международное сотрудничество *n*
Grenz|verletzung *f* нарушение *n* границы; **-wert** *m* предельное значение *n*; предельная стоимость *f*
GR-Manager *m* менеджер *m* по взаимодействиям с органами власти
grob грубый; неточный, примерный, общий
Grob|berechnung *f* предварительный (черновой) расчет *m*; **-planung** *f* предварительное (черновое) планирование *n*; **-schätzung** *f* предварительная (приблизительная) оценка *f*
Groß|abnehmer *m* крупный (оптовый) покупатель *m*; **-abnehmerpreis** *m* оптовая цена *f*; **-aktionär** *m* крупный акционер *m*, держатель *m* большого пакета акций; **-anleger** *m* крупный инвестор *m*; **-auftrag** *m* крупный заказ *m*; **-banken** *pl* крупнейшие банки *pl* мира; **-betrieb** *m* крупное предприятие *n* (производство *n*)
Größen|angabe *f* указание *n* размера; **-degression** *f* снижение *n* средних издержек производства на единицу продукции по мере расширения производства
Größenordnung *f* порядок *m* величины, размер *m*

Groß|geschäft *n* крупная сделка *f*; **-grundbesitz** *m* крупное землевладение *m*; **-grundbesitzer** *m* крупный землевладелец *n*

Großhandel *m* оптовая торговля *f*; **über den ~ beziehen** покупать оптом; **Waren im ~ kaufen** покупать товары оптом

Großhandels|firma *f* оптовая фирма *f*; **-geschäft** *n* оптовая сделка *f*; оптовая фирма *f*; **-kontenrahmen** *m* номенклатура *f* счетов предприятий оптовой и внешней торговли; **-kunde** *m* оптовый (крупный) покупатель *m*; **-lager** *n* основной склад *m*, центральный склад *m*, оптовый склад *m*, крупный склад *m*; **-preis** *m* оптовая цена *f*; **-preisindex** *m* индекс *m* оптовых цен; **-preisliste** *f* прейскурант *m* оптовых цен; **-rabatt** *m* оптовая скидка *f*; **-spanne** *f* оптовая наценка *f*; **-unternehmen** *n* оптовая фирма *f*, предприятие *n* оптовой торговли

Groß|händler *m* крупный (оптовый) торговец *m*, оптовик *m*, дистрибьютор *m*; **-importeur** *m* оптовый импортёр *m*; **-industrie** *f* крупная промышленность *f*

Grossist *m* оптовый торговец *m*, оптовик *m*; **beim -en einkaufen** закупать оптом

Groß|kapital *n* крупный капитал *m*; **-kredit** *m* крупный кредит *m*; кредит *m*, размер которого превышает установленную законодательно долю уставного капитала кредитного института; **-kreditgeschäft** *n* предоставление *n* крупных кредитов; **-projekt** *n* крупный проект *m*; **-reparatur** *f* капитальный ремонт *m*

Groß|unternehmen *n* крупное предприятие *n*; **-verdiener** *m* лицо *n*, получающее большой доход (заработок); **-versandhaus** *n* крупная фирма *f* посылторга

Grund *m* почва *f*, земля *f*; основание *n*, база *f*; довод *m*, причина *f*; **~ und Boden** земля *f*, земельное владение *n*

Grund|bedarf *m* основные потребности *pl*; **-bedingung** *f* основное условие *n*, основная предпосылка *f*; **-besitz** *m* земельная собственность *f*, землевладение *n*; **-besitzer** *m* землевладелец *m*; **-betrag** *m* исходная сумма *f*; **-bilanz** *f* основной баланс *m*; **-buch** *n* реестр *m* недвижимости; земельный кадастр *m*; журнал *m* учета, мемориал *m*

Grundbuch|amt *n* учреждение *n*, ведущее поземельные книги; **-auszug** *m* выписка *f* из поземельной книги; **-eintragungen** *pl* регистрация *f* записи в поземельной книге (земельном кадастре); **-ordnung** *f (Recht)* Порядок *m* ведения поземельной книги

Grund|dienstbarkeit *f* право *n* землепользования, вещный сервитут *m*; **-eigentum** *n* земельная собственность *f*, землевладение *n*; **-eigentümer** *m* землевладелец *m*; **-einkommen** *n (WiWi)* гарантированный минимум *m*

gründen основывать, учреждать; обосновывать; зарегистрировать в качестве юридического лица

Grundentgelt *n (Recht, Soz)* базовая оплата *f* труда (установленная тарифным соглашением)

Gründer *m* основатель *m*, учредитель *m*

Gründer|anteilsscheine *pl* учредительские акции *pl*, паевые сертификаты *pl*; **-gesellschaft** *f* общество *n*, еще не внесенное в торговый реестр; **-gewinn** *m* учредительская прибыль; **-haftung** *f* ответственность *f* учредителей акционерного общества за правильность и полноту данных и нарушение обязанностей

Grund|erwerb *m* приобретение *n* земельного участка; **-erwerbsteuer** *f* налог *m*, взимаемый при покупке земельного участка; **-freibetrag** *m* не облагаемый налогом минимум *m* доходов; **-gebühr** *f* основная такса *f*, основной сбор *m*, абонентная плата *f*; **-gehalt** *m* основной оклад *m*; **-gesamtheit** *f* генеральная совокупность *f*; **-geschäft** *n* основное дело *n*, основной бизнес *m*; **-gesetz** *n* основной закон *m*, конституция *f*; **-handelsgeschäfte** *pl* виды *pl* коммерческой деятельности, осуществление *n* которых регламентируется торговым законодательством ФРГ; **-handelsgewerbe** *n* предприятие *n*, осуществляющее виды коммерческой деятельности, регулируемые торговым законодательством ФРГ

Grundkapital *n* декларированный капитал *m*; акционерный (паевой, уставной) капитал *m*, номинальный капитал *m* акционерного общества; **das ~ erhöhen** увеличить размер основного капитала

Grund|kapitalerhöhung *f* увеличение *n* основного капитала; **-kosten** *pl* основные расходы *pl* (затраты *pl*, издержки *pl*); **-kredit** *m* земельный (ипотечный) кредит *m*; **-kreditinstitut** *n* земельный (ипотечный) банк *m*; **-lagenforschung** *f* фундаментальные исследования *pl*; **-last** *f* режим *m* базовой нагрузки (электростанций); **-lohn** *m* основная заработная плата *f*; **-lohnsatz** *m* основная ставка *f* заработной платы; **-miete** *f* основная ставка *f* арендной (квартирной) платы; **-nahrungsmittel** *pl* основные продукты *pl* питания; **-nutzen** *m* основные свойства *pl* товара, определяющие его способность удовлетворять потребности; **-pfandrecht** *n* право *n* залога земельного участка, право *n* ипотечного залога, право *n* ипотечного обеспечения кредита; **-prämie** *f* основная премия *f*; **-rechnung** *f* аналитический счет *m*; **-rechte** *pl* основные гражданские права *pl*; **-rente** *f* земельная рента *f*, основная ставка *f* пенсий; **-satz** *m* принцип *m*

Grundsätze *pl* **ordnungsmäßiger Buchführung (GoB)** принципы *pl* действующего бухгалтерского учета

Grundsicherungs|gesetz *n (Recht, Soz)* закон о базовом обеспечении; **-leistung** *f* социальные выплаты на удовлетворение базовых потребностей

Grund|schuld *f* право *n* обремениения земельного участка; обременение *n* земельного участка (регистрируемое в поземельной книге); поземельный долг *m*; долг *m*, обеспеченный залогом недвижимого имущества; **-schuldbrief** *m* закладная *f* на недвижимость; **-steuer** *f* поземельный налог *m*

Grundstoffe *pl* основное сырье *n* и материалы *pl*

Grundstoff|abkommen *n* соглашение *n* о поставке сырья и материалов; **-handel** *m* торговля *f* сырьем и материалами; **-industrie** *f* добывающая промышленность *f*; тяжелая промышленность *f*

Grundstück *n* участок *m* земли; земельный участок *m*; **bebautes ~** застроенный земельный участок *m*

Grundstücks|bestandteile *pl* имущество *n* на земельном участке; **-bewertung** *f* оценка *f* стоимости земельного участка; **-erschließung** *f* освоение *n* земельного участка; **-kauf** *m* покупка *f* земельного участка (недвижимости); **-makler** *m* маклер *m* по продаже земельных участков; **-markt** *m* рынок *m* земельных участков; **-preis** *m* цена *f* земельного участка; **-spekulation** *f* спекуляция *f* земельными участками; **-übertragung** *f* передача *f* земельного участка; **-verkauf** *m* продажа *f* земельного участка; **-verkäufer** *m* продавец *m* земельных участков; **-verkehr** *m* торговля *f* земельными участками; сделки *pl* с земельными участками; **-verwaltung** *f* управление *n* (распоряжение *n*) земельными участками; **-wert** *m* стоимость *f* земельного участка

Gründung *f* основание *n*, учреждение *n*; **~ eines Unternehmens** основание *n* предприятия

Gründungs|aufwand *m* издержки *pl*, связанные с учреждением (фирмы); **-beratung** *f* консультации *pl* по проблемам учреждения (фирмы); **-bericht** *m* отчет *m* учредителей; **-bilanz** *f* вступительный баланс *m*; **-finanzierung** *f* финансирование *n* создания (учреждения) фирмы; **-geschäft** *n* учредительская сделка *f*; **-gesellschaft** *f* компания-учредитель *f*;

-investition *f* капиталовложения *pl* в создание и первоначальное оснащение предприятия; **-jahr** *n* год *m* основания; **-kapital** *n* первоначальный капитал *m*; **-kosten** *pl* издержки *pl*, связанные с учреждением (фирмы); **-mitglied** *n* член-учредитель *m*; **-prämie** *f* премия *f* за учреждение своего дела; **-prüfung** *f* проверка *f* правильности и правомерности основания акционерного общества; **-statut** *m* устав *m* учреждаемой фирмы; **-termin** *m* срок *m* учреждения (фирмы); **-urkunde** *f* документ *m*, разрешающий учреждение (фирмы); **-versammlung** *f* учредительное собрание *n* акционеров; **-vertrag** *m* договор *m* о создании (учреждении) фирмы

Grund|vergütung *f* основная оплата *f* труда согласно тарифному соглашению; **-vermögen** *n* земельная собственность *f*, недвижимое имущество *n*, недвижимость *f*; **-wert** *m* стоимость *f* земли; основной капитал *m*; базисная стоимость *f*; **-zeit** *f* основное рабочее время *n*; **-zinssatz** *m* базисная ставка *f*

Gruppe *f* группа *f*, бригада *f*; **gesellschaftliche** ~ социальная группа *f*

Gruppenakkord *m* групповая (бригадная) сдельная оплата *f* труда; **im ~ arbeiten** работать на условиях бригадной сдельной оплаты труда

Gruppenarbeit *f* групповой (бригадный) метод *m* работы

Gruppen|bewertung *f* паушальная оценка *f* однородных предметов при инвентаризации; **-dynamik** *f* динамика *f* групп; **-fertigung** *f* изготовление *n* партиями; **-floating** *n* совместное колебание *n* курсов европейских валют; **-hierarchie** *f* иерархия *f* в группах; **-leiter** *m* руководитель *m* группы (бригады); **-lohn** *m* заработная плата *f* группы (бригады); **-prämie** *f* групповая (бригадная) премия *f*; **-sprecher** *m* представитель *m* группы; **-versicherung** *f* групповое (коллективное) страхование *n*

gültig действительный, законный, имеющий законную силу; действующий, значащий; **~ bis einschließlich** действителен до включительно; **zur Zeit -e Preisliste** прейскурант с действующими ценами

Gültigkeit *f* действительность *f*, законность *f*, сила *f*; **~ besitzen (haben)** быть действительным; **seine ~ verlieren** стать недействительным

Gültigkeits|datum *n* дата *f* действия; **-dauer** *f* срок *m* действия

günstig благоприятный, благосклонный; выгодный, удобный; дешевый; **-es Angebot** выгодное предложение *n*

Günstigkeitsprinzip *n (Soz)* принцип *m* благоприятствования (отклонение от положений тарифного соглашения в пользу наемных работников)

Gut *n* имущество *n*; товар *m*; груз *m*; **bewegliches ~** движимое имущество *n*

Gutachten *n* отзыв *m*, заключение *n*; экспертиза *f*; **ein ~ einholen** запросить (затребовать) экспертное заключение (отзыв); **ein ~ erstatten** дать заключение; **ein ~ erstellen** подготовить (составить) экспертное заключение (отзыв); **technisches ~** техническая экспертиза *f*

Gutachter *m* эксперт *m*, рецензент *m*

Güte *f* качество *n*, доброкачественность *f*, добротность *f*; **Waren mittlerer ~** товары *pl* среднего качества

Güte|anforderungen *pl* требования *pl*, предъявляемые к качеству; **-bewertung** *f* оценка *f* качества; **-klasse** *f* класс *m* качества, сорт *m*, класс *m* по качеству; **-klasseneinteilung** *f* классификация *f* качества продукции; **-kontrolle** *f* контроль *m* качества, браковка *f*; отдел *m* технического контроля; **-marke** *f* качественный фирменный товар *m*; **-merkmal** *n* признак *m* хорошего качества; **-prüfung** *f* проверка *f* (контроль *m*) качества

Güter *pl* товары *pl*; грузы *pl*; блага *pl*; **~ abfertigen** оформлять грузы; **~ absenden** отправлять грузы; **~ absetzen** реализовывать товары; **~ auf-**

geben сдавать грузы; ~ **befördern** перевозить (транспортировать, доставлять) грузы; ~ **transportieren** перевозить (транпортировать) грузы; ~ **verladen** грузить (товары) грузы; ~ **verschicken** отсылать грузы (товары); ~ **verzollen** облагать груз пошлиной; ~ **des alltäglichen Bedarfs** *(WiWi)* товары *pl* повседневного спроса; **disponible** ~ наличные товары *pl*; **eingelagerte** ~ складированные грузы *pl* (товары *pl*); ~ **der gewerblichen Wirtschaft** промышленные товары *pl*; **homogene** ~ однородные товары *pl*; **immaterielle** ~ нематериальные блага *pl* (ценности *pl*); **inferiore** ~ товары *pl* низкого качества; **knappe** ~ дефицитные товары *pl*; **kurzlebige** ~ товары *pl* кратковременного пользования; **langlebige** ~ товары *pl* длительного пользования; **materielle** ~ материальные блага *pl* (ценности *pl*); **substituierbare** ~ взаимозаменяемые товары *pl*; ~ **des Such- und Vergleichskaufs** *(WiWi)* разнородные товары *pl* предварительного выбора; ~ **des täglichen Bedarfs** *(WiWi)* товары *pl* повседневного спроса

Güter|abfertigung *f* прием *m* грузов к отправке; **-absatz** *m* сбыт *m* (реализация) товаров; **-annahmestelle** *f* контора *f* по приемке грузов; **-ausfuhr** *f* экспорт *m* товаров; **-ausgabestelle** *f* контора *f* по выдаче груза; **-austausch** *m* товарообмен *m*; **-bahnhof** *m* товарная станция *f*; **-beförderung** *f* перевозка *f* груза, грузовые перевозки *pl*; **-bewegung** *f* движение *n* грузов, грузооборот; **-bezeichnung** *f* наименование *n* груза; **-fernverkehr** *m* перевозка *f* грузов на дальние расстояния; **-gemeinschaft** *f* имущественная общность *f*; **-knappheit** *f* дефицит *m* (нехватка) товаров; **-kraftverkehr** *m* автотранспортные перевозки *pl* грузов; **-menge** *f* количество *n* товаров (грузов); **-nachfrage** *f* спрос *m* на товары; **-nahverkehr** *m* ближние грузовые перевозки *pl*; **-produktion** *f* производство *n* товаров

Güterrecht *n* имущественное право *n*; **eheliches** ~ имущественное право *n* супругов

Güter|rechtsregister *n* реестр *n* имущественных прав; **-stand** *m* имущественное положение *n*; **-strom** *m* грузопоток *m*; **-tarif** *m* грузовой тариф *m*; **-transport** *m* перевозка *f* (транспортировка *f*) грузов (товаров); **-transportpreis** *m* тариф *m* на перевозку грузов; **-transportversicherung** *f* (транспортное) страхование *n* грузов; **-trennung** *f* раздел *m* имущества; **-umschlag** *m* перевалка *f* грузов

Güter|verbrauch *m* потребление *n* товаров; **-verkehr** *m* грузовые перевозки *pl*, грузооборот *m*; **-verladung** *f* погрузка *f* (отгрузка *f*) грузов; **-versand** *m* отправка *f* грузов; **-versicherung** *f* страхование *n* грузов, транспортное страхование *n*; **-wagen** *m* грузовой (товарный) вагон *m*; **-zug** *m* грузовой (товарный) поезд *m*

Gütesicherung *f* гарантия *f* качества

Güte|siegel *n* s. **Gütezeichen** *n*; **-verfahren** *n* примирительное производство *n*; **-zeichen** *n* знак *m* качества; **-zeugnis** *n* паспорт *m* (сертификат *m*) качества

gutdotiert с хорошим финансовым обеспечением; **-e Position** хорошо оплачиваемая должность

Gutgewicht *n* поход *m*, прибавка *f* к определенному весу

gutgläubig "по доброй вере" добросовестный, честный; **-e Dritte** добросовестные третьи лица *pl*; **-er Erwerb** приобретение *n* (покупка *f*) "по доброй вере"; **-er Erwerber** покупатель *m* "по доброй вере"

Guthaben *n* активы *pl*, кредитовое сальдо *n*; авуары *pl*; вклад *m*; ~ **unterhalten** держать вклады; ~ **bei einer Bank** банковская наличность *f*; вклад *m* в банке; **jederzeit verfügbares** ~ бессрочный вклад *m*; ~ **mit täglicher Kündigung** вклад *m* до востребования; **verzinsliches** ~ процентный вклад *m*

gütlich мировой, полюбовный; **-e Einigung** полюбовное соглашение

Gutsbesitz *m* земельное владение *n*, имение *n*

Gutsbesitzer *m* землевладелец *m*, помещик *m*
Gutschein *m* талон *m*, ордер *m*, купон *m*; ваучер *m*
gutschreiben записать в кредит (счета), кредитовать; заприходовать; **die Summe dem Konto ~** записать сумму в кредит счета
Gutschrift *f* запись *f* в (на) кредит (счета), кредитовая проводка *f*, кредитовое авизо *n*; **~ eines Betrags** оприходование *n* суммы, запись *f* суммы в кредит счета; **~ unter Vorbehalt** запись *f* в кредит с условием (оговоркой)
Gutschriftsanzeige *f* извещение *n* об открытии кредита, кредитовое авизо *n*

H

Habe *f* имущество *n*, состояние *n*, собственность *f*
Haben *n* кредит *m*, приход *m*, правая сторона *f* счета, кредит *m* счета; **Soll und ~** дебет *m* и кредит *m*
Haben|bestände *pl* авуары *pl*; кредиты *pl*, активы *pl*; наличные запасы *pl*; **-buchung** *f* запись *f* (занесение *n*) в кредит (счета); **-saldo** *m* кредитовое сальдо *n*, кредитовый остаток *m*; **-seite** *f* кредитовая сторона *f*, кредит *m*; **-zinsen** *pl* проценты *pl* по кредитовому сальдо (по вкладам); **-zinssatz** *m* процентная ставка *f* кредитора
Hafen *m* порт *m*, гавань *f*; **Hafen|abgaben** *pl* портовые сборы *pl*; **-anlagen** *pl* портовые сооружения *pl*; **-arbeiter** *m* портовый рабочий *m*, докер *m*; **-einrichtungen** *pl* портовые сооружения *pl*; **-gebühren** *pl* портовые сборы *pl*; **-konnossement** *n* портовый коносамент *m*; **-umschlag** *m* грузооборот *m* порта; **-wirtschaft** *f* портовое хозяйство *n*
haftbar несущий ответственность, ответственный; **für den Schaden ~ sein** нести ответственность за ущерб (убыток); **~ machen** делать ответственным
haften быть ответственным, нести ответственность; ручаться, гарантировать; **für den Schaden ~** нести ответственность за ущерб (убыток); **gesamtschuldnerisch ~** нести солидарную ответственность по долгу; **mit dem Nachlass ~** поручиться своим наследством; **persönlich ~** нести личную ответственность; **unbeschränkt ~** нести неограниченную ответственность
haftend несущий ответственность, обязательный; **-es Eigenkapital** обязательный (гарантийный) собственный капитал *m*; **-es Kapital** капитал *m*, вкладываемый в дело, связанное с риском; гарантийный капитал *m*; **-persönlich ~** несущий личную ответственность
Haftkapital *n* номинальный капитал *m*, собственный капитал *m* общества; капитал *m*, которым общество отвечает перед кредиторами; объявленный капитал *m*
Haftpflicht *f* (гражданская) ответственность *f*
haftpflichtig ответственный, несущий ответственность
Haftpflicht|tarif *m* гарантийный тариф *m*
Haftpflichtversicherung *f (Versich)* гарантийное страхование *n*, страхование *n* ответственности за нанесение ущерба третьим лицам; **private ~** страхование *n* гражданской ответственности
Haftsumme *f* гарантийная сумма *f*
Haftung *f* ответственность *f*, гарантия *f*; **die ~ ablehnen** снимать с себя ответственность; **die ~ ausschließen** исключать ответственность; **die ~ beschränken** ограничить ответственность; **sich der ~ entziehen** уйти от ответственности; **die ~ übernehmen** взять на себя ответственность; **von der ~ befreit sein** быть освобожденным от ответственности; **von der ~ befreien** освобождать от ответственности; **anteilmäßige ~** долевая ответственность *f*; **~ des Arbeitnehmers** ответственность *f* наем-

ного работника; ~ **aus unerlaubter Handlung** ответственность *f* за правонарушение; ~ **aus Vertrag** договорная ответственность *f*; **beschränkte** ~ ограниченная ответственность *f*; **dingliche** ~ имущественная ответственность *f*; ~ **für fehlerhafte Produkte** ответственность *f* за некачественную продукцию; ~ **für fremdes Verschulden** ответственность *f* за чужую вину; ~ **für Mängel** ответственность *f* за дефекты; **gemeinschaftliche** ~ солидарная ответственность *f*; **mit beschränkter** ~ с ограниченной ответственностью; ~ **mit dem Vermögen** имущественная ответственность *f*; **persönliche** ~ личная ответственность *f*; **sachliche** ~ имущественная ответственность *f*; **unbeschränkte** ~ неограниченная ответственность *f*; **verschuldensunabhängige** ~ абсолютная ответственность *f*; **vertragliche** ~ договорная ответственность *f*

Haftungs|ausschluss *m* исключение *n* ответственности; **-ausschlussklausel** *f* оговорка *f* об исключении ответственности; **-beschränkung** *f* ограничение *n* ответственности; **-freistellung** *f* освобождение *n* от ответственности; **-genossenschaft** *f* поручительское товарищество *n*; **-grenze** *f* предел *m* (граница *f*) ответственности; **-übernahme** *f* принятие *n* на себя ответственности; **-umfang** *m* объем *m* ответственности

H-Aktien *pl (Bö)* акции *pl* китайских предприятий, котирующиеся в Гонконге

halbamtlich полуофициальный

Halbeinkünfteverfahren *n (Steuer)* метод *m* обложения налогом половины дивидендов; метод *m* списания половины расходов, связанных с дивидендами

Halb|erzeugnis *n* полуфабрикат *m*; **-fertigwarenlager** *n* склад *m* полуфабрикатов; **-jahr** *n* полугодие *n*

Halbjahres|bericht *m* полугодовой отчет *m*, отчет *m* за 6 месяцев; **-bilanz** *f* полугодовой баланс *m*

Halbpension *f* полупансион *m*

halbstaatlich с государственным участием

Halbtags|arbeit *f* работа *f* в течение половины рабочего дня; **-kraft** *f* работник *m*, работающий только половину рабочего дня; работник *m* на полставки; **-stelle** *f* рабочее место *n* с занятостью только половину рабочего дня; рабочее место *n* на полставки

Halb- und Fertigfabrikate *pl* полуфабрикаты *pl* и готовые изделия *pl*

Halbzeug *n* полуфабрикат *m*

Hälfteanteil *m* половинная доля *f*, половинный пай *m*

haltbar прочный, стойкий, устойчивый; стойкий (при хранении); ~ **bis** срок *m* годности до

Haltbarkeit *f* прочность *f*, стойкость *f*, устойчивость *f*; стойкость *f* (при хранении); срок *m* хранения

Haltbarkeits|datum *n* срок *m* реализации до; **-dauer** *f* срок *m* годности; срок *m* хранения

halten держать, хранить; соблюдать, исполнять, задерживать; останавливаться; **sich an einen Vertrag** ~ соблюдать условия договора

Hamsterkauf *m* закупки *pl* про запас; скупка *f* товаров со спекулятивными целями

Hand *f* рука *f*; **an der** ~ **haben** иметь первое предложение, иметь право отказа; **aus erster** ~ **kaufen** купить из первых рук; **aus zweiter** ~ **kaufen** покупать подержанные товары, купить из вторых рук; **öffentliche** ~ органы *pl* государственной (центральной, муниципальной) власти, государственный сектор *m*; публично-правовые корпорации *pl*

Handarbeit *f* ручная работа *f*; работа *f*, выполняемая вручную

Handel *m* торговля *f*, коммерция *f*; торговая сделка *f* (операция *f*); **einen** ~ **abschließen** заключить сделку; **den** ~ **betreiben** заниматься торговлей (коммерцией); **den** ~ **fördern** благоприятствовать развитию торговли; **im ~ tätig sein** работать в торговле (коммерции); **in den ~ bringen** пускать в продажу; **nicht mehr im ~ sein** кончиться (о товаре), быть распроданным; **~ treiben** торговать, вести торговлю; **ambulanter ~** торговля *f* вразнос (вразвоз); **amtlicher ~** торговля *f* ценными бумагами на фондовой бирже; **bilateraler ~** двусторонняя торговля *f*; **elektronischer ~** *(Comp, Handel)* электронная коммерция *f*; **internationaler ~** международная торговля *f*; **interregionaler ~** межрегиональная торговля *f*; **lebhafter ~** оживленная (бойкая) торговля *f*; **~ per Erscheinen** внебиржевая торговля *f* вновь выпускаемыми ценными бумагами до их официальной котировки, торговля *f* акциями в условной консигнации; **~ per Termin** продажа *f* на срок; **variabler ~** сделки *pl* с ценными бумагами по плавающему курсу; **zwischenstaatlicher ~** межгосударственная торговля *f*

handeln вести торговлю, торговать, вести торговые дела; вести переговоры, торговаться; действовать; **mit Aktien ~** торговать акциями, вести операции купли-продажи с акциями; **auf eigene Gefahr ~** действовать на собственный риск; **en detail ~** торговать в розницу; **en gros ~** торговать оптом; **im Freiverkehr ~** вести операции на внебиржевом рынке ценных бумаг; **um den Preis ~** торговаться о цене

Handeln *n* действия *pl*, поступки *pl*; торг *m*; **~ auf eigene Gefahr** действия *pl* на собственный риск; **betriebswirtschaftliches ~** экономическая (хозяйственная) деятельность *f* предприятия; **marktorientiertes ~** деятельность *f*, ориентированная на рынок

Handels|abkommen *n* торговое соглашение *n*; **-abschlag** *m* торговая скидка *f*; **-agent** *m* торговый агент *m*; представитель *m* (поверенный) торговой фирмы; **-akzept** *n* акцептованная тратта *f*; **-arbitrage** *f* арбитраж *m* по торговым конфликтам; **-artikel** *m* предмет *m* торговли, товар *m*; **-aufkommen** *n* поступления *pl* (доходы) от торговли; **-aufschlag** *m* торговая накидка *f* (наценка *f*); **-bank** *f* коммерческий банк *m*; **-barrieren** *pl* торговые барьеры *pl*; **-beauftragte** *m* торговый агент *m*, поверенный *m* торговой фирмы; **-beschränkungen** *pl* торговые ограничения *pl*; **-bestände** *pl* торговые запасы *pl*; **-betrieb** *m* торговое (коммерческое) предприятие *n* (дело *n*); **-betriebslehre** *f* экономика *f* и организация *f* торгового предприятия (дела); **-bevollmächtigte** *m* торговый представитель *m*; **-bezeichnung** *f* торговое название *n* (обозначение *n*); **-beziehungen** *pl* торговые (коммерческие) связи *pl* (отношения *pl*)

Handelsbilanz *f* торговый баланс *m*; **aktive ~** активный торговый баланс *m*; **ausgeglichene ~** равновесие *n* внешнеторгового баланса; **negative ~** отрицательный торговый баланс *m*; **passive ~** пассивный торговый баланс *m*

Handelsbilanz|defizit *n* дефицит *m* торгового баланса; **-überschuss** *m* активное сальдо *n* торгового баланса

Handels|blockade *f* торговая блокада *f*; **-brauch** *m* торговый обычай *m*, узанс *m*; **-buch** *n* портфель *m* финансовых инструментов; **-bücher** *pl* торговые книги *pl*; **-embargo** *n* торговое эмбарго *n*; **-erfordernisse** *pl* потребности *pl* торговли; **-ergebnis** *n (Bank)* результат *m* от операций банка за свой счет; **-erleichterungen** *pl* устранение *n* препятствий в торговле; **-erlös** *m* торговая выручка *f*

handelsfähig реализуемый; котирующийся на бирже; оплачиваемый, обмениваемый

Handels|faktura *f* торговая фактура *f*; **-firma** *f* торговая фирма *f*; **-fixkauf** *m* купля *f* (торговая сделка *f*) на срок; **-flagge** *f* торговый флаг *m*; **-förderung** *f* содействие *n* развитию торговли; **-forschung** *f* изучение *n* проблем и видов торговли; **-fragen** *pl* проблемы *pl* торговли, коммерческие проблемы *pl*; **-geschäft** *n* торговая фирма *f*; торговая сделка *f*; **-gesellschaft** *f* торговое товарищество *n*, торговая компания *f*; **-gesetzbuch** *n* торговый кодекс *m*, кодекс *m* законов о торговле

Handelsgewerbe *n* торговля *f*, торговый бизнес *m*; **~ betreiben** заниматься торговлей (коммерцией)

Handels|gewicht *n* торговый вес *m*; **-gewinn** *m* торговая прибыль *f*

Handelsgut *n* товар *m*; **~ mittlerer Qualität und Güte** товар *m* справедливого среднего качества

Handelshaus *n* торговый дом *m*, торговая фирма *f*

Handelshemmnis *n* препятствия *pl* в торговле; **-se abbauen** устранять препятствия в торговле

Handelshochschule *f* институт *m* торговли

Handels|interessen *pl* торговые интересы *pl*; **-kammer** *f* торговая палата *f*; **-kauf** *m* сделка *f* купли-продажи, купля-продажа *f*; **-kette** *f* торговая сеть *f*; **-klasse** *f* категория *f* (класс *m*) качества продуктов; **-klauseln** *pl* условия *pl* торговли; **-kontor** *n* торговая контора *f*; **-korrespondenz** *f* коммерческая (деловая) корреспонденция *f*; **-kosten** *pl* торговые издержки *pl*; **-kredit** *m* кредит *m* по оплате, коммерческий (подтоварный) кредит *m*; **-kreditbrief** *m* товарный аккредитив *m*; **-krieg** *m* торговая война; дискриминация в торговле; **-leistung** *f* работа *f* торгового предприятия; **-macht** *f* торговая держава *f*, торговая мощь *f*; **-makler** *m* торговый маклер *m* (посредник *m*); **-marke** *f* торговая марка *f*; **-marketing** *n* маркетинг *m* закупок и сбыта; **-missbrauch** *m* злоупотребления *pl* в торговле; **-monopol** *n* (государственная) торговая монополия *f*; **-muster** *n* коммерческий образец *m*; **-name** *m* торговое название *n*; **-niederlassung** *f* филиал *m* торгового предприятия; **-organisation** *f* организация *f* торговли; торговая организация *f*; **-packung** *f* упаковка *f*, принятая в торговле; **-papiere** *pl* торговые документы *pl*; **-partner** *m* торговый партнер *m*, партнер *m* по торговым сделкам; **-platz** *m* место *n* (центр *m*) торговли; **-politik** *f* торговая политика *f*

Handels|praktiken *pl* методы *pl* торговой деятельности; **-privileg** *n* торговая привилегия *f*

Handels-Promotions *pl (V&M)* стимулирование *n* сбытовой сети

Handels|rabatt *m* торговая скидка *f*; **-rechnung** *f* торговый (коммерческий) счет *m*; **-recht** *n* торговое право *n*

handelsrechtlich торгово-правовой; **-er Jahresabschluss** годовой отчет *m* по нормам торгового права

Handelsregeln *pl* правила *pl* (нормы *pl*) коммерческой практики

Handelsregister *n* торговый (коммерческий) реестр *m* (регистр *m*); **ins ~ eintragen** зарегистрировать в торговом реестре

Handels|registereinsicht *f* просмотр *m* (проверка *f*) торгового реестра; **-registereintragung** *f* регистрация *f* в торговом реестре, запись *f* в торговом реестре

Handels|restriktionen *pl* торговые ограничения *pl*; **-sache** *f* судебный спор *m*, вытекающий из торговой сделки; **-schiff** *n* торговое судно *n*; **-schiffahrt** *f* торговое судоходство *n*; **-schule** *f* коммерческое (торговое) училище *n*, коммерческий колледж *m*; **-schranke** *f* торговый барьер *m*, торговое ограничение *n*; **-sitte** *f* торговый обычай *m*, узанс *m*; **-sorte** *f* товарный сорт *m*; **-sortiment** *n* ассортимент *m* товаров; **-spanne** *f* торговая наценка *f* (накидка *f*); **-spannenerlös** *m* прибыль *f* торговых предприятий; **-sperre** *f* торговое эмбарго *n*; **-statistik** *f* статистика *f* торговли; **-ströme** *pl* товарные потоки *pl*; **-struktur** *f* структура *f* торговли; **-stufe** *f* звено *n* торговой сети; **-tag** *m* день торгов (на бирже); день *m* совершения сделки (с ценной бумагой); **-tätigkeit** *f* торговая деятельность *f*, торговля *f*; **-übereinkunft** *f* торговое соглашение *n*; **-überwachungsstelle** *f (Bö)* комитет

m по надзору за (ежедневной) торговлей на бирже
handelsüblich принятый в торговле, стандартный; **-e Bezeichnung** торговое наименование *n*; **-e Größe** коммерческий размер *m*; **-er Rabatt** коммерческая скидка *f*
Handels|übung *f* практика *f*, принятая в таможенном деле; **-umsatz** *m* торговый оборот *m*, объем *m* продажи
Handels|ungleichgewicht *n* нарушение *n* торгового баланса; **-unternehmen** *n* торговое (коммерческое) предприятие *n*; **-usance** *f* торговый обычай *m*, узанс *m*; **-verbindungen** *pl* торговые связи *pl*; **-verein** *m* торговое объединение *n*; **-vereinbarung** *f* торговое соглашение *n*; **-verflechtungen** *pl* торговые взаимосвязи *pl*; **-verkehr** *m* торговля *f*, коммерция *f*; **-verlust** *m* торговые (коммерческие) убытки *pl*; **-vermittlung** *f* торговое посредничество *n*; **-vertrag** *m* торговый договор *m*; **-vertreter** *m* торговый агент *m* (представитель *m*); **-vertretervertrag** *m* договор *m* о торговом представительстве; **-vertretung** *f* торговое представительство *n*; **-volumen** *n* объем *m* торговли; **-vorteile** *pl* торговые привилегии *pl*; **-währung** *f (Bö, Fin)* валюта торговли; **-waren** *pl* товары *pl*, торговые товары *pl*; **-wechsel** *m* коммерческий (торговый) вексель *m*; **-weg** *m* торговый (коммерческий) канал *m*; **-werbung** *f* торговая реклама *f*; **-wert** *m* торговая (рыночная) стоимость *f* (цена *f*); **-wesen** *n* торговое дело *n*, торговля *f*; **-zeiten** *pl (Bö)* время торгов; **-zentrum** *n* торговый центр *m*, центр *m* торговли; **-zoll** *m* торговая пошлина *f*; **-zweig** *m* отрасль *f* торговли
Handgeld *n* задаток *m*
handhaben управлять, манипулировать, владеть, обращаться (с чем-либо)
Handhabung *f* обращение *n*, пользование *n*, управление *n*
Handhabungsfehler *m* неправильное обращение *n*
Hand|kauf *m* покупка *f* за наличные;
-lager *n* складское помещение *n* для краткосрочного хранения товаров
Händler *m* продавец *m*, торговец *m*, коммерсант *m*, дилер *m*, торговый агент *m*, дистрибьютор *m*; **abhängiger ~** коммерсант *m*, не имеющий самостоятельного дела; **ambulanter ~** коммивояжер *m*
Händler|bank *f (Bank)* эквайер *m*; **-netz** *n* сеть *f* торговых посредников; **-rabatt** *m* скидка *f* торгового посредника (дилера); **-saal** *m* собрание *n*, зал *m* биржи; **-spanne** *f* доход *m* дилера; **-vereinigung** *f* объединение *n* предприятий розничной торговли
Handling *n* обработка *f*, переработка *f* грузов, погрузочно-разгрузочные работы *pl*; **~ der Ware** обращение *n* с товаром, обработка *f* товара
Handlung *f* действие *n*, поступок *m*; магазин *m*, лавка *f*; **unerlaubte ~** деликт *m*, недозволенное действие
Handlungs|agent *m* торговый агент *m*, поверенный *m* торговой фирмы; **-bedarf** *m* потребность *f* действий, необходимость *f* вмешательства; **-bevollmächtigte** *m* уполномоченный *m* фирмы, доверенный *m* торгового предприятия; **-fähigkeit** *f* дееспособность *f*; **-freiheit** *f* свобода *f* действий; **-gehilfe** *n* торговый служащий *m*, продавец *m*; **-reisende** *m* коммивояжер *m*, разъездной представитель *m* фирмы; **-unfähigkeit** *f* недееспособность *f*
Handlungsvollmacht *f* полномочия *pl* (доверенность *f*) на ведение торговых сделок (операций); **mit ~ ausstatten** предоставить полномочия на ведение торговых операций
Handwerk *n* ремесленное производство *n*, ремесло *n*, кустарное производство *n*; **ein ~ ausüben** заниматься ремеслом
Handwerker *m* ремесленник *m*, мастеровой *m*, кустарь *m*
handwerklich ремесленный, кустарный; **-e Arbeit** ремесленная работа *f*; **-e Erzeugnisse** ремесленные изделия *pl*, кустарные изделия *pl*
Handwerks|arbeit *f* ремесленная работа *f*; **-betrieb** *m* ремесленное (кустарное) производство *n*, реме-

сленная мастерская *f*; **-erzeugnis** *n* ремесленное изделие *n*; **-förderung** *f* содействие *n* развитию ремесла; **-geselle** *m* подмастерье *m*; **-innung** *f* цех *m* ремесленников; **-kammer** *f* ремесленная палата *f*; **-leistungen** *pl* работы *pl* и услуги *pl*, выполняемые и предоставляемые ремесленными предприятиями; **-meister** *m* мастер *m* ремесленного цеха; **-ordnung** *f* ремесленный устав *m*

Handwerksrolle *f* список *m* (реестр *m*) ремесленных предприятий; **in die ~ eintragen** зарегистрировать в реестре ремесленных предприятий

Handy *n* сотовый телефон *m*, мобильный телефон *m*, (мобильная) трубка *f*

Handzettel *m* рекламный листок *m*

Hängeposition *f (Bö)* неликвидные ценные бумаги *pl*

Hardware *f* аппаратная часть *f* электронно-вычислительной машины, «хардваре»

Harmonisierung *f* согласование *n*, гармонизация *f*; **~ technischer Vorschriften** согласование *n* технических норм

Härteklausel *f (Soz)* оговорка *f* о трудном положении

Hart|geld *n* металлические деньги *pl*; **-währung** *f* твердая валюта *f*

Hartwährungsland *n* страна *f* с твердой валютой

Hartz IV *(Soz)* объединение *n* пособия по безработице и социальной помощи на уровень ниже прежней социальной помощи (от фамилии автора Hartz)

Häufigkeit *f* частота *f*, частотность *f*, распространенность *f*

Häufigkeitsverteilung *f* статистическое распределение *n*

Haupt|abnehmer *m* основной покупатель *m* (клиент *m*); **-abteilung** *f* основной цех *m* (отдел *m*); **-aktionär** *m* главный акционер *m*

hauptamtlich штатный, основной; **-e Beschäftigung** работа *f* по основной должности

Haupt|auftraggeber *m* генеральный заказчик *m*; **-auftragnehmer** *m* генеральный подрядчик *m*; **-bereich** *m* ведущая (основная) отрасль *f*; **-beruf** *m* основная профессия *f* (специальность *f*)

hauptberuflich штатный, работающий по основной профессии; **-e Tätigkeit** основная деятельность *f*, основное занятие *n*, работа *f* по основной специальности

Haupt|beschäftigung *f* основное занятие *f*, основная специальность *f*; **-buch** *n* главная бухгалтерская книга *f*; **-buchhalter** *m* главный бухгалтер *m*; **-büro** *n* главный офис *m*; **-eingang** *m* главный вход *m*; парадный подъезд *m*; **-erwerb** *m* основной заработок *m* (доход *m*)

Haupterwerbsquelle *f* основной источник *m* дохода

Haupt|erzeugnis *n* основное изделие *n* (предприятия); **-exportartikel** *m* основная статья *f* экспорта; **-feststellung** *f* установление *n* основы начисления налога; **-forderung** *f* основное требование *n*; **-funktion** *f* основная функция *f*; **-fürsorgestelle** *f* учреждение *n* системы социального обеспечения инвалидов; **-genossenschaft** *f* региональный центр *m* снабжения кооперативов; **-geschäft** *n* главный магазин *m*; **-geschäftsführer** *m* генеральный директор *m*, главный управляющий *m*; **-geschäftsstelle** *f* правление *n*, главная контора *f*; **-gewinn** *m* основной выигрыш *m*; **-gläubiger** *m* основной кредитор *m*; **-investor** *m* основной инвестор; генеральный заказчик; **-kasse** *f* центральная касса; **-kassierer** *m* главный кассир; **-konkurrent** *m* основной (главный) конкурент; **-kostenstelle** *f* место возникновения основных затрат; **-kunde** *m* основной клиент *m* (покупатель *m*); **-lager** *m* главный склад *m*; **-leistungen** *pl* основные результаты *pl* деятельности предприятия; **-lieferant** *m* основой (генеральный) поставщик *m*; **-mieter** *m* главный (ответственный) квартиросъемщик *m*; **-niederlassung** *f* центральное правление *n*; основной филиал *m*; **-nutzungszeit** *f* время *n* эксплуатации средств производства для целей производства; **-papier** *n (Bö) s.* **Mantel** *m*; **-produkt** *n* основой продукт *m*, основное изделие *n* предприятия; **-prozessor** *m (Comp)* центральный процессор *m*; **-quartier** *n* главный офис *m*; штаб-квартира *f* (фирмы)

Hauptrefinanzierungs|geschäft *n (Bank)* основная операция *f* рефинансирования (ЕЦБ); **-instrument** *n (Bank)* основной инструмент *m* рефинансирования; **-satz** *m (Bank)* базовая ставка *f* рефинансирования

Haupt|sache *f* главное дело *n*, суть *f*; **-schuld** *f* основное обязательство *n*, обязательство *n* основного должника; **-schuldner** *m* основной (первоначальный) должник *m* (при поручительстве); **-sitz** *m* резиденция *f*, главная контора *f*, правление *n*; **-stelle** *f* головная контора *f*, головная фирма *f*, центральное бюро *n*, штаб-квартира; **-strecke** *f (Transp)* магистральная трасса, основная трасса; **-tätigkeit** *f* основная деятельность; **-termin** *m* основной срок; **-umsatzträger** *m* товар, дающий основную долю оборота; **-unternehmer** *m* главный подрядчик; головное предприятие; **-ursache** *f* основная причина *f*; **-veranlagung** *f* установление *n* основного размера налога; основная сумма *f* налога; **-verantwortung** *f* основная (главная) ответственность *f*; **-verbindlichkeit** *f s.* **Hauptschuld** *f*; **-verdiener** *m* кормилец *m* семьи; **-verhandlung** *f* судебное разбирательство *n*; **-verkehrszeit** *f* часы *pl* пик

Hauptversammlung *f* общее собрание *n* акционеров; **außerordentliche ~** внеочередное общее собрание *n* акционеров; **ordentliche ~** очередное (ежегодное) общее собрание *n* акционеров

Haupt|vertretung *f* генеральное представительство *n*; **-verwaltung** *f* главная администрация *f*, главное управление *n*; **-ziel** *n* главная (основная) цель *f*; **-zollamt** *n* главная таможня *f*

Haus|arzttarif *m (Soz)* «тариф *m* домашнего врача»; **-besitz** *m* домовладение *n*; **-gehilfin** *f* служанка; **-gerät** *n* бытовой прибор *m*

hausgemacht домашний, домашнего изготовления

Hausgewerbetreibende *m* кустарь *m*, надомник *m*

Haushalt *m* (государственный) бюджет *m*; домашнее хозяйство *n*; **an den ~ abführen** отчислять в бюджет; **einen ~ aufstellen** составлять (разрабатывать) бюджет; **aus dem ~ finanzieren** финансировать из бюджета; **den ~ besorgen** вести домашнее хозяйство; **den ~ entlasten** сократить расходную часть бюджета; **einen ~ führen** вести домашнее хозяйство; **einen ~ gründen** основать домашнее хозяйство; **den ~ konsolidieren** консолидировать бюджет; **den ~ sanieren** санировать бюджет; **einen ~ verabschieden** утвердить бюджет; **außerordentlicher ~** чрезвычайный бюджет; **föderaler ~ der Russischen Föderation** федеральный бюджет *m* Российской Федерации; **öffentliche -e** бюджеты *pl* государственных и муниципальных органов власти; **privater ~** частное домашнее хозяйство *n*

haushalten вести хозяйство, управлять хозяйством; экономить

Haushalts|abfälle *pl* отходы *pl* домашнего хозяйства; **-abwässer** *pl* коммунальные сточные воды *pl*; **-ansatz** *m* проект *m* бюджета; **-artikel** *pl* бытовые товары *pl*; **-aufstellung** *f* составление *n* бюджета; **-ausgaben** *pl* бюджетные расходы *pl*; расходы *pl* домашнего хозяйства; **-ausgleich** *m* балансировка *f* бюджета; **-ausschuss** *m* бюджетная комиссия *f*; **-bedarf** *m* потребности *pl* домашнего хозяйства, товары *pl* для дома; **-besteuerung** *f* обложение *n* налогом доходов семьи

Haushaltsdefizit *n* бюджетный дефицит *m*; **das ~ verringern** уменьшить бюджетный дефицит

Haushalts|durchführung *f* исполнение *n* бюджета; **-einkommen** *n* доход *m*

семьи; **-einnahmen** *pl* доходы *pl* бюджета, доходная часть *f* бюджета; **-einrichtungen** *pl* домашняя утварь *f*, бюджетные учреждения *pl*; **-einsparungen** *pl* сокращение *n* бюджета, экономия *f* бюджета; **-entlastung** *f* сокращение *n* бюджетных расходов; **-entwurf** *m* проект *m* бюджета; **-fehlbetrag** *m* бюджетный дефицит *m*, дефицит *m* бюджета

Haushalts|freibetrag *m* часть *f* доходов домашнего хозяйства, не облагаемая налогом; **-führung** *f* ведение *n* домашнего хозяйства, домоводство *n*; управление *n* бюджетом; **-geld** *n* средства *pl* на ведение домашнего хозяйства; **-gleichgewicht** *n* сбалансированность *f* бюджета; **-geräte** *pl* бытовые приборы *pl*; **-grundsätze** *pl* принципы *pl* разработки и составления бюджета; **-jahr** *n* бюджетный (финансовый) год *m*; **-konsolidierung** *f* консолидация *f* бюджета; **-konto** *n* бюджетный счет *m*; **-kontrolle** *f* бюджетный контроль *m*; **-kürzungen** *pl* сокращение *n* бюджета; **-lücke** *f* бюджетный дефицит *m*

Haushaltsmittel *pl* бюджетные средства *pl* (ассигнования *pl*); **~ in Anspruch nehmen** использовать бюджетные средства (ассигнования); **~ zuteilen** распределять бюджетные средства

Haushalts|ordnung *f* бюджетное регулирование *n*; **-panel** *n* репрезентативный опрос *m* потребителей; **-periode** *f* бюджетный период *m*

Haushaltsplan *m* бюджет *m*; проект *m* бюджета; **einen ~ aufstellen** составить бюджет; **den ~ verabschieden** принять (утвердить) план бюджета

Haushalts|planung *f* бюджетное планирование *n*; **-politik** *f* бюджетная политика *f*; **-posten** *m* статья *f* бюджета, бюджетная статья *f*; **-querschnitt** *m* структура *f* бюджета по отдельным видам расходов и доходов; **-rechnung** *f* фактическое состояние *n* бюджета; **-recht** *n* бюджетное право *n*; **-sanierung** *f* санация *f* бюджета; **-satzung** *f* бюджетный устав *m*; **-stand** *m* состояние *n* бюджета; **-systematik** *f* бюджетная классификация *f*; **-titel** *m* статья *f* бюджета; **-überschreitung** *f* превышение *n* доходов над расходами в бюджете; **-übersicht** *f* сводная таблица *f* доходов и расходов; **-ungleichgewichte** *pl* бюджетный дисбаланс; **-volumen** *n* общая сумма доходов и расходов бюджета; **-vorschriften** *pl* бюджетное регулирование *n*; **-vorstand** *m* *(Soz)* глава *m* семьи (в финансовом отношении); **-waren** *pl* предметы *pl* домашнего обихода; **-wirtschaft** *f* бюджетное хозяйство *n*; **-zählung** *f* бюджетная перепись *f*; **-zuweisungen** *pl* бюджетные ассигнования *pl* (дотации *pl*)

Haushaltung *f* ведение *n* домашнего хозяйства, домоводство *n*

hausieren торговать вразнос

Hausierer *m* торговец *m* вразнос

Haus|industrie *f* кустарный (домашний) промысел *m*; **-marke** *f (V&M)* фирменная марка *f*, фирменный знак *f*, частная марка *f*; **-ordnung** *f* правила *pl* внутреннего распорядка на предприятии; **-rat** *m* обстановка *f* и предметы *pl* домашнего обихода; **-ratversicherung** *f* страхование *n* домашнего имущества; **-recht** *n* жилищное право *n*

Hausse *f* повышение *n* биржевых курсов (цен); бум *m*, экономический подъем *m*; **auf ~ spekulieren** играть (спекулировать) на повышение

Hausse|engagement *n* покупка *f* в расчете на повышение цен; **-markt** *m* рынок *m* с повышательной тенденцией курсов; **-position** *f* обязательства *pl* по контрактам при игре на повышение; **-prämie** *f* премия *f* продавца опциона; **-spekulant** *m* спекулянт *m*, играющий на повышение курса; **-spekulation** *f* игра *f* на повышение курса; **-stimmung** *f* повышательное настроение *n*

Haussier *m* биржевой игрок *m*, играющий на повышение, бык *m*

haussieren играть на повышение курса; резко повышаться; **die Werte**

~ курс ценных бумаг резко повышается

Haus|tarifvertrag *m* тарифное соглашение *n* на отдельном предприятии; **-türgeschäft** *n* доставка *f* и продажа *f* товаров на дому; **-verwalter** *m* опекун *m*, смотритель *m* дома; **-wirtschaft** *f* домашнее хозяйство *n*

Havarie *f* авария *f*, убытки *pl*, причиненные судну и грузу; **die ~ anmelden** извещать об аварии; **die ~ aufmachen** устанавливать сумму аварии, составлять диспашу; **besondere ~** частная авария; **frei von jeder ~** свободно от любой аварии (всех аварий); **große ~** общая авария *f*; **kleine ~** малая авария *f*

Havarie|agent *m* (страховой) агент *m* по авариям; **-aufmachung** *f* установление *n* суммы аварии, составление *n* диспаши; **-beitrag** *m* долевой взнос по аварии; **--Grosse-Verpflichtungsschein** *m* аварийная подписка *f*; **-klausel** *f* пункт *m* о пропорциональном распределении страховой ответственности; **-kommissar** *m* диспашер *m*, специалист *m* по оценке убытков по общей аварии; **-regelung** *f* составление *n* диспаши, расчет убытков по общей аварии; **-schaden** *m* ущерб *m* (убыток *m*) по аварии; **-schein** *m* сертификат *m* (свидетельство *n*) об аварии; **-waren** *pl* поврежденные (аварийные) товары *pl*; **-zertifikat** *n* сертификат *m* (свидетельство *n*) о повреждении

Hebel-Zertifikat *n (Fin)* мини-фьючерс *m*

heben поднимать, повышать, увеличивать, развивать; устранять, прекращать

Hebe|satz *m* ставка *f* налога; **-vorrichtung** *f* подъемное устройство (приспособление)

Hedge|fonds *m (Fin)* хедж-фонд *m*; инвестиционная компания *f*, скупающая и продающая ценные бумаги конкретных фирм и выпусков (с целью максимизации прибыли); **-geschäft** *n* сделка *f* по хеджированию (страхованию от убытков)

Hedging хеджирование *n*, страхование *n* от потерь

Hedge-Ratio *m (Bö)* коэффициент *m* хеджирования

Hehlerei *f* укрывательство *n*

Heim|arbeit *f* кустарная работа *f* на дому, надомничество *n*; работа *f* по дому; **-arbeiter** *m* надомник *m*, кустарь *m*; **-arbeitsverhältnis** *n* отношения *pl* по договору о занятии кустарной работой на дому

Heimathafen *m* порт *m* приписки судна

heimisch отечественный, местный, внутренний; **-e Erzeugnisse** отечественные изделия *pl*, изделия *pl* местной промышленности; **-e Industrie** отечественная промышленность *f*

heimlich тайный, секретный, негласный

Heim|reise *f* возвращение *n* домой; **-werker** *m* мастеровой *m*, делающий сам, умелец *m*

Heiratsversicherung *f (Versich)* свадебное страхование *n*

Heiz|anlage *f* отопительная установка *f*; **-öl** *n* мазут *m*; **-ölverbrauch** *m* потребление *n* (расход *m*) мазута

Heizungskosten *pl* расходы *pl* на отопление

hemmen сдерживать, задерживать; препятствовать, мешать, тормозить; **das Wachstum ~** сдерживать рост

Hemmnis *n* препятствие *n*, помеха *f*, тормоз *m*; **-se beseitigen** устранять помехи (препятствия)

herabsetzen снижать, понижать, сокращать, уменьшать; **den Preis ~** понизить цену

Herabsetzung *f* снижение *n*, понижение *n*, сокращение *n*, уменьшение *n*; **~ des Grundkapitals** сокращение *n* размера основного капитала; **~ des Kaufpreises** понижение *n* покупной (продажной) цены

herabstufen понижать

heraufsetzen повышать, увеличивать; **die Preise ~** повышать цены

herausbringen выпускать (продукцию), выбрасывать (на рынок); издать (книгу); **Produkte ~** выпускать продукцию

Herausforderung *f* вызов, требование *n*, сложная задача; **~ des Marktes** требование рынка

Herausgabe *f* выпуск *m*, выдача *f*; издание *n*; реституция *f*

Herausgabe|anspruch *m* требование *n* возврата имущества в судебном порядке; **-klage** *f* иск *m* о возврате имущества

herausgeben опубликовать, выпускать, издавать

herausziehen сделать выписку; изымать; выходить; **sein Geld aus einem Geschäft ~** изъять свои деньги из дела

hereingeben подавать; закладывать репортные ценные бумаги

hereinholen добиваться; собирать; запрашивать

Hereinnahme *f* привлечение *n*, прием *m*; **~ von Spareinlagen** прием *m* сберегательных вкладов

hereinnehmen принимать, привлекать; **Aufträge ~** принимать заказы

hergestellt произведенный, изготовленный, сделанный; произведено, изготовлено, сделано

Herkunfts|angabe *f* указание *n* страны происхождения товара; **-bezeichnung** *f (QM)* «защищенное указание источника происхождения» (продуктов питания); **-land** *n* страна *f* происхождения товара; **-zertifikat** *n* сертификат *m* происхождения товара

Hermes-Bürgschaft *f* государственное поручительство *n* по кредитам, государственное страхование *n* международных сделок компанией «Гермес»

Hermes-Deckung *f* государственное обеспечение *n* кредитов

Hermes-Kreditversicherungs-AG частное страховое акционерное общество *n*, проводящее по поручению и за счет федерального правительства операции по страхованию международных кредитов, страховая компания *f* «Гермес-Кредитферзихерунгс АГ»

herrenlos бесхозный; **-e Sache** бесхозное имущество *n*

herrschend господствующий, преобладающий

herstellen производить, изготавливать, выпускать; устанавливать, создавать

Hersteller *m* изготовитель *m*, производитель *m*; **führender ~** ведущий производитель *m*; **namhafter ~** производитель *m* с хорошей репутацией

Hersteller|firma *f* фирма-изготовитель *f*, фирма-производитель *f*; **-land** *n* страна-производитель *f*; **-marke** *f* марка *f* производителя; **-werk** *n* завод-изготовитель *m*, завод-производитель *m*

Herstellkosten *pl* переменные производственные затраты *pl*

Herstellung *f* производство *n*, изготовление *n*, выпуск *m*; установление *n*, создание *n*; **eigene ~** собственное производство *n*

Herstellungs|aufwand *m* затраты *pl* на приобретение или ремонт материальных ценностей; **-betrieb** *m* предприятие-изготовитель *n*, предприятие-производитель *n*; **-datum** *n* дата *f* изготовления; **-dauer** *f* период *m* производства; **-fehler** *m* производственный брак *m* (дефект *m*); **-gemeinkosten** *pl* накладные издержки *pl* (затраты *pl*) производства; **-jahr** *n* год *m* изготовления; **-kosten** *pl* издержки *pl* (затраты *pl*) производства; **-land** *n* страна *f* происхождения товара; **-lizenz** *f* лицензия *f* на производство; **-methoden** *pl* методы *pl* (способы *pl*) производства; **-ort** *m* место *n* изготовления (производства); **-verfahren** *n* технологический процесс *m*, технология *f* производства; процесс *m* производства; **-weise** *f* метод *m* (способ *m*) производства; **-wert** *m* первоначальная стоимость *f*

herunterhandeln сбивать, снижать, выторговывать (цену); **heruntersetzen** уменьшать, снижать, понижать, сбавлять; **Waren im Preise ~** снижать цены на товары

herunterwirtschaften приводить в упадок, разорять

heterogen гетерогенный, разнород-

ный; **-e Konkurrenz** гетерогенная конкуренция *f*
Heuristik *f* эвристика *f*
heuristisch эвристический
Heuer *f* заработная плата *f* судовой команды
Hexensabbat *m*, **Dreifacher ~** *(Bö)* «Тройной день ведьм», день *m* исполнения трех дериватов
Hierarchie *f* иерархия *f*, иерархическая структура *f*; **-n abbauen** ликвидировать иерархическую лестницу; **betriebliche ~** иерархия *f* на предприятии
Hierarchieabbau *m* ликвидация *f* иерархических отношений, уменьшение *n* уровней иерархии
Hierarchieebene *f* уровень *m* иерархии
hierarchisch иерархический; **-e Organisation** иерархическая организация *f*
High-Tech *f* высокая технология *f*
Hilfe *f* помощь *f*, поддержка *f*; пособие *n*; работник *m*; **finanzielle ~** финансовая помощь *f*, субсидия *f*; **technische ~** техническая помощь *f*; **wirtschaftliche ~** экономическая помощь *f*
Hilfeleistung *f* оказание *n* помощи; **~ erbringen** оказывать помощь
Hilfs|abteilung *f* вспомогательный цех *m* (отдел *m*); **-aktion** *f* акция *f* по оказанию помощи; **-angebot** *n* предложение *n* помощи; **-arbeiter** *m* подсобный (неквалифицированный) рабочий *m*, разнорабочий *m*; **-ausrüstung** *f* вспомогательное оборудование *n*; **-betrieb** *m* подсобное (вспомогательное) предприятие *n*; **-bücher** *pl* вспомогательные (бухгалтерские) книги *pl*; **-dienst** *m* вспомогательная служба, обслуживание; **-fonds** *m* фонд помощи; **-kostenstelle** *f* место возникновения непроизводственных издержек; **-kraft** *f* временный работник; **-lohn** *m* заработная плата *f* работников непроизводительного труда; **-maßnahme** *f* вспомогательная мера *f*; **-material** *n* вспомогательный материал *m*; **-materialverbrauch** *m* расход *m* вспомогательного материала; **-programm** *n* программа *f* помощи; **-stoff** *m* вспомогательный (производственный) материал *m*
hinhalten задерживать, откладывать, затягивать
Hinterbliebenen|rente *f* пенсия *f* по случаю утраты кормильца; **-versorgung** *f* обеспечение *n* членов семьи после утраты кормильца
hinterlegen сдавать на хранение, депонировать, вносить в депозит; **Geld ~** депонировать деньги; **Urkunden ~** сдать документы на хранение
hinterlegt депонированный, сданный на хранение; **-er Betrag** депозит, вклад
Hinterlegung *f* сдача *f* на хранение, внесение *n* в депозит, депонирование; **~ eines Betrages** депонирование *n* суммы
Hinterlegungs|kosten *pl* расходы *pl* по депонированию; **-schein** *m* депозитный сертификат *m*; **-stelle** *f* банк-хранитель *m*, банк-депозитарий *m*
hinterziehen утаивать, уклоняться; **Steuern ~** уклоняться от уплаты налогов; **Zoll ~** уклоняться от уплаты пошлины
Hinterziehung *f* злостный неплатеж *m*, уклонение *n* от уплаты
Hin- und Rück|fahrkarte *f* билет *m* в оба конца; **-flug** *m* рейс *m* (полет) туда и обратно; **-fracht** *f* фрахт *m* в оба конца
hinzu|kaufen прикупить; **-rechnen** причислять, прибавлять; **-verdienen** подрабатывать дополнительно; **-zahlen** приплачивать
Hoch *n* бум *m*, период *m* бума; **konjunkturelles ~** период *m* оживления деловой активности
Hoch|bau *m* высокое (высотное) здание *n*, высотное строительство *n*; **-betrieb** *m* часы *pl* пик; напряженная работа *f*
hochentwickelt высокоразвитый; **-e Industrie** высокоразвитая промышленность *f*
hochkarätig высококлассный
Hochkonjuktur *f* период *m* бума, бум *m*, взлет *m* конъюнктуры

Hochkuponanleihe *f (Bö, Fin)* выпуск *m* облигаций с высоким купоном
Hoch|leistung *f* высокая производительность *f*; **-lohnland** *n* страна *f* с высоким уровнем заработной платы; **-prägung** *f (Fin)* эмбоссирование *n*
hochqualifiziert высококвалифицированный
Hoch|rechnung *f* экстраполяция *f*, экстраполирование *n*; **-regallager** *n (Lager)* (автоматизированный) высотный склад *m*; **-saison** *f* пик *m* (разгар *m*) сезона
Hochschul|absolvent *m* выпускник *m* вуза (учебного института); **-bildung** *f* высшее образование *n*
Hochschul|diplom *n* диплом *m* о высшем образовании; **-wesen** *n* высшая школа *f*, высшее образование *n*
Hochsee *f* открытое море *n*, океан *m*
Hochsee|fischerei *f* рыболовство *m* в открытом море; **-schiffahrt** *f* морское судоходство *m*
Hochspannung *f* высокая деловая активность *f*; высокое напряжение *n*
Höchst|beitrag *m* максимальный вклад *m* (взнос *m*); **-bestand** *m* максимальный запас *m*; **-betrag** *m* максимальная сумма *f*; **-betragshypothek** *f* ипотека *f* с указанием максимальной суммы; **-dauer** *f* максимальный срок *m*; **-deckungssumme** *f* максимальная сумма *f* покрытия; **-gebot** *n* предложение *n* наивысшей цены; **-gewicht** *n* максимальный вес *m*; **-gewinn** *m* максимальная прибыль *f*
Höchstgrenze *f* предел *m*, лимит *m*
Höchst|haftung *f* максимальная ответственность *f*; **-lagerdauer** *f* максимальный срок *m* хранения; **-leistung** *f* максимальная производительность *f*; **-marke** *f* наивысшая отметка *f*; **-preis** *m* наивысшая (максимальная) цена *f*; **-satz** *m* наивысшая процентная ставка *f*
Höchststand *m* наивысший уровень *m*; **~ der Aktiennotierungen** наивысший курс *m* котировки акций
Höchst-/Tiefstkurs *m* сравнение *n* наивысшего и самого низкого курсов
Höchstverbrauch *m* максимальный расход *m*, максимальное потребление *n*
Höchst|wert *m* максимальное значение *n*, максимум *m*; **-zinssatz** *m* наивысшая процентная ставка *f*; **-zuladung** *f* максимальная полезная загрузка *f*
Hochtechnologiegüter *pl* высокотехнологичные товары *pl*
Hochtouren *pl* полная мощность *f*; **auf ~ laufen** работать на полную мощность
hoch|verschuldet имеющий большие долги; **-verzinslich** приносящий высокие проценты
hochwertig высококачественный, полноценный; **-e Ausstattung** высококачественное оборудование *n*; **-e Waren** высококачественные товары *pl*
hochwirksam высокоэффективный
Hochzinspolitik *f* политика *f* высоких процентов
Hof *m* крестьянское (фермерское) хозяйство *n*, ферма *f*; **einen ~ bewirtschaften** вести фермерское хозяйство (ферму)
Höhe *f* величина *f*, размер *m*; сумма *f*; уровень *m*, предел *m*; **in die ~ gehen** повышаться, увеличиваться; **die Preise in die ~ treiben** вздувать цены; **~ der Abfindung** сумма *f* (размер *m*) компенсации; **bis zur ~ von** до суммы; **~ der Kapitaleinlage** объём *m* капиталовложений; **~ eines Kredits** сумма *f* кредита
Hoheit *f* суверенитет *m*
Hoheits|betrieb *m* (муниципальное) предприятие *n* коммунального хозяйства; **-gebiet** *n* государственная территория *f*; **-gewalt** *f* верховная власть *f*, суверенитет *m*, юрисдикция *f*; **-gewässer** *pl* территориальные воды *pl*
Höherbewertung *f* повышение *n* курса (котировки); **~ des Geldes** повышение *n* курса
höhere Gewalt непреодолимая сила *f*, форс-мажор *m*
Höher|gruppierung *f* перевод *m* в бо-

лее высокий разряд; **-versicherung** *f* страхование *n* на большую сумму

Holding *f* холдинг-компания *f*, холдинговая компания *f*; холдинг *m*

Holding-Bank *f* холдинг-банк *m*

Holding|gesellschaft *f* холдинг-компания *f*, холдинговая фирма *f* (компания *f*), головная фирма *f* концерна; **-vorstand** *m* правление *n* холдинг-компании

Holschuld *f* долг, взыскиваемый по месту жительства должника

Holz|bearbeitung *f* обработка *f* древесины; **-erzeugnisse** *pl* изделия *pl* из дерева; **-industrie** *f* деревообрабатывающая промышленность *f*

Home Banking электронная коммуникационная система *f* для связи с банками и другими кредитными учреждениями на дому, ведение *n* банковских операций с домашнего компьютера

homogen гомогенный

Honorant *m* акцептант-поручитель *m* за аккуратный платеж, поручитель *m* за честь

Honorar *n* гонорар *m*, вознаграждение *n*; **das ~ abrechnen** производить расчет гонорара (вознаграждения); **das ~ festlegen** определять размер гонорара (вознаграждения); **das ~ vereinbaren** согласовывать размер гонорара (вознаграждения); **das ~ zahlen** выплачивать гонорар (вознаграждение)

Honorar|abrechnung *f* расчет *m* гонорара (вознаграждения); **-anspruch** *m* право *n* на получение гонорара (вознаграждения); **-forderung** *f* требование *n* уплаты гонорара (вознаграждения)

honorarpflichtig обязанный выплатить гонорар (вознаграждение)

Honorar|satz *m* ставка *f* гонорара (вознаграждения); **-vertrag** *m* договор *m* об условиях выплаты гонорара

Honorat *n* лицо *n*, за платеж которого поручился акцептант

honorieren выплачивать гонорар (вознаграждение); акцептовать тратту; оплатить (чек), вознаградить, воздать по заслугам; **eine Leistung ~** оплачивать работу (услугу); **mit einer hohen Vergütung ~** выплачивать большое вознаграждение; **einen Wechsel ~** акцептовать вексель; **zusätzlich ~** выплачивать дополнительное вознаграждение

Honorierung *f* уплата *f*, платеж *m* (по векселю); акцептование *n*; уплата *f* гонорара (вознаграждения); **leistungsbedingte ~** сдельная уплата *f*

Horizontalkonzern *m* горизонтальный концерн *m*

Hörmarke *f (V&M)* звуковой бренд *m*

horten копить, тезаврировать; накапливать запас

Hortung *f* тезаврация *f*, тезаврирование *n*; накопление *n* наличности, создание *n* запасов

Hortungskauf *m* закупка *f* с целью создания запасов

Host *m (Comp)* хост *m*

Hotel|anmeldung *f* регистрация *f* в отеле (гостинице); **-besitzer** *m* владелец *m* отеля (гостиницы); **-direktor** *m* директор *m* отеля (гостиницы); **-gewerbe** *n* гостиничное дело *n*; **-gutschein** *m* ваучер *m* на проживание в отеле (гостинице); **-kosten** *pl* расходы *pl* на содержание отеля (гостиницы); расходы *pl* на проживание в гостинице (отеле); **-rechnung** *f* счет *m* за проживание в отеле (гостинице); **-reservierung** *f* резервирование *n* номера в гостинице (отеле); **-unterbringung** *f* размещение *n* в отеле (гостинице); **-wesen** *n* гостиничное дело, ведение *n* гостиничного хозяйства

Hub-Flughafen *(Transp)* узловой аэропорт *m*, аэропорт-хаб

Hubwagen *m (Handel, Lager)* грузовая тележка

Huckepackverkehr *m* контрейлерные перевозки *pl*

Humanisierung *f* гуманизация *f*; **~ der Arbeit** гуманизация *f* труда

human capital человеческий капитал *m*; трудовые ресурсы *pl*, включая знания, квалификацию, опыт

human relations человеческие отношения *pl*

human resources человеческие ресурсы *pl*, персонал *m*
Hütten|industrie *f* металлургическая промышленность *f*; **-werk** *n* металлургический завод *m*
Hybridkapital *n (Bö, Fin)* гибридный капитал *m*
Hygiene *f* гигиена *f*
Hyperinflation *f* гиперинфляция *f*; **die ~ stoppen** приостановить гиперинфляцию
Hype-Zyklus *m (Comp, WiWi)* кривая *f* зрелости технологии
Hypothek *f* ипотека *f*, залог *m* недвижимого имущества; закладная *f*; ограниченное вещное право *n* на земельный участок; **eine ~ ablösen** погашать ипотечную ссуду; **eine ~ aufnehmen** брать ипотечную ссуду (под залог недвижимости); **eine ~ bestellen** создать ипотеку; **durch eine ~ sichern** обеспечить ипотекой; **eine ~ eintragen (lassen)** зарегистрировать ипотеку в земельном кадастре; **eine ~ kündigen** требовать погашения закладной; извещать о выкупе закладной; **eine ~ löschen** аннулировать закладную; **mit einer ~ belasten** обременять(имущество) ипотекой; **im Rang nachstehende ~** последующая закладная *f*; **im Rang vorgehende ~** предшествующая закладная *f*
hypothekarisch ипотечный, залоговый; **~ belastet** заложенный под недвижимость, обремененный ипотекой; **~ gesicherte Forderung** требование, обеспеченное ипотекой; **~ gesicherter Kredit** кредит под ипотеку
Hypothekarkredit *m* ипотечный кредит *m*
Hypotheken|abtretung *f* передача *f* (уступка *f*) ипотеки; **-anleihen** *pl* ипотечные займы *pl*; **-bank** *f* ипотечный банк *m*; **-bestellung** *f* создание *n* ипотеки; **-brief** *m* ипотечный акт *m*, залоговый сертификат *m*, ипотечное свидетельство *n*; **-darlehen** *n* ипотечная ссуда *f*, ссуда *f* под недвижимость; **-eintragung** *f* регистрация *f* ипотеки в земельном кадастре; **-forderungen** *pl* ипотека *f*, подлежащая получению; **-gläubiger** *m* кредитор *m* по закладной, ипотекодержатель *m*, ипотечный кредитор *m*; **-kredit** *m* ипотечный кредит *m* (заем *m*); **-laufzeit** *f* срок *m* действия закладной; **-pfandbrief** *m* ипотечный закладной лист *m*; **-register** *n* ипотечная книга *f*; **-schulden** *pl* ипотеки *pl*, подлежащие погашению; **-schuldner** *m* должник *m* по ипотеке; **-urkunde** *f* ипотечный акт *m*, залоговый сертификат *m*, ипотечное свидетельство *n*; **-versicherung** *f* страхование *n* ипотеки; **-zertifikat** *n* ипотечный сертификат *m*; **-zinsen** *pl* процент *m* по закладной; **-zinssatz** *m* процентная ставка *f* по закладной
Hypothese *f* гипотеза *f*

I

IBIS *s.* **Inter-Banken-Informations-System** *n*
Ich-AG *f* единоличное предприятие *n*, создаваемое безработным
Idealverein *m* общество *n*, не ставящее целью своей деятельности получение прибыли, некоммерческое общество *n*
Ideenmanagement *n (Pers, QM)* менеджмент *m* идей
Identifikation *f* отождествление *n*, идентификация *f*; **~ mit den Unternehmenszielen** отождествление *n* своих целей с целями предприятия
Identifikationsnummer *f* идентификационный номер *m*; **persönliche ~** личный идентификационный номер *m*
identifizieren отождествлять, идентифицировать
Identitätsnachweis *m* подтверждение *n* идентичности товара
IHK *s.* **Industrie- und Handelskammer** *f*
IKR *s.* **Industriekontenrahmen** *m*
Illationsgründung *f* участие *n* в учреждении акционерного общества имущественным вкладом
illiquid неликвидный, без наличных средств

Illiquidität *f* неликвидность *f*, отсутствие *n* наличных средств, неплатежеспособность *f*, отсутствие *n* ликвидности, невозможность *f* платить по счетам

Image *n* имидж *m*, репутация *f*, престиж *m*, авторитет *m*; **das ~ pflegen** работать над укреплением репутации; **ein ~ schaffen** создавать имидж (репутацию); **dem ~ schaden** нанести ущерб престижу (репутации); **~ eines Unternehmens** имидж *m* (репутация *f*) фирмы; **~ eines Produkts** репутация *f* продукта

Image|gestaltung *f* создание *n* престижа (репутации); **-problem** *n* проблема *f* имиджа;**-transfer** *m* перенос *m* положительного имиджа на другой продукт; **-verlust** *m* утрата *f* престижа (репутации)

Immaterialgüter *pl* нематериальные ценности *pl*

Immaterialgüterrechte *pl* права *pl* на нематериальные ценности

immateriell нематериальный, неимущественный; **-e Güter** нематериальные блага *pl*; **-er Schaden** неимущественный ущерб *m*, моральный ущерб *m*

Immission *f* воздействие *n* экологически вредных веществ, шума, света, облучения и т.п.

Immissionsschutz *m (Umwelt)* защита *f* (окружающей среды) от воздействия экологически вредных воздействий; защита от имиссий

immobil недвижимый

Immobiliar|besitz *m* владение *n* недвижимым имуществом; **-klausel** *f* приложение *n* к доверенности, расширяющее полномочия доверенного лица распоряжаться земельными участками; **-kredit** *n* ипотечный кредит *m*, кредит *m* под недвижимость; **-zwangsvollstreckung** *f* обращение *n* взыскания на недвижимое имущество

Immobilie *f* недвижимое имущество *n*, недвижимость *f*; **~ besitzen** владеть недвижимостью; **~ erwerben** приобретать недвижимость; **in -en anlegen** инвестировать в недвижимость; **-en verwalten** управлять недвижимостью; **eigengenutzte ~** недвижимость *f*, находящаяся в личном пользовании; **gewerbliche ~** недвижимость *f* торгово-промышленных предприятий; недвижимость *f*, пригодная для деятельности предприятий

Immobilien|angebot *n* предложение *n* недвижимости; **-anlage** *f* инвестиции *pl* в недвижимость; **-bestand** *m* наличие *n* недвижимого имущества; **-branche** *f* бизнес *m* в области недвижимости, риэлторская отрасль *f*; **-finanzierungen** *pl* предоставление *n* средств на покупку недвижимости, финансирование *n* покупки недвижимости; **-firma** *f* фирма *f*, ведущая операции с недвижимостью, риэлторская фирма *f*

Immobilienfonds *m* фонд *m* недвижимого имущества, фонд *m* капиталовложений в недвижимость; **geschlossener ~** закрытый фонд *m* недвижимого имущества; **offener ~** открытый фонд *m* недвижимого имущества

Immobilien|gesellschaft *f* компания *f*, ведущая операции с недвижимостью, риэлторская компания *f*; **-handel** *m* торговля *f* недвижимостью; **-investment** *n* инвестиции *pl* в недвижимость; **-kaufmann** *m* специалист *m* в области недвижимости; **-kredit** *m* ипотечный кредит *m*, кредит *m* под недвижимость; **-leasing** *n* лизинг *m* недвижимости; **-makler** *m* агент по продаже недвижимости; **-markt** *m* рынок *m* недвижимости (недвижимого имущества); **-portefeuille** *n* портфель *m* заказов на недвижимость; **-preis** *m* цена *f* на недвижимость; **-spekulation** *f* спекуляция *f* недвижимостью; **-transaktion** *f* сделка *f* на недвижимое имущество; **-umsatz** *m* объем *m* торговли недвижимостью; **-vermittlung** *f* посредничество *n* в операциях с недвижимостью; **-verkehr** *m* операции *pl* с недвижимостью; **-verwaltung** *f* управление *n* недвижимостью; **-wert** *m* стоимость *f* недвижимого имущества

Immunität *f* иммунитет *m*; **die ~ aufheben** лишать иммунитета

Imparitätsprinzip *n* принцип *m* импаритета

implementieren выполнять, осуществлять

Implementierung *f* выполнение *n*, осуществление *n*, приспособление *n*, адаптация *f*

Implikation *f* включение *n*, предположение *n*, предпосылка *f*, импликация *f*

implizieren включать, предпосылать

Import *m* импорт *m*, ввоз *m*; **den ~ beschränken** ограничить импорт (ввоз); **den ~ drosseln** уменьшить объем импорта; **direkter ~** прямой импорт *m*, импорт *m* без участия посредников; **indirekter ~** косвенный импорт *m*, импорт *m* с участием посредников; **unsichtbarer ~** невидимый импорт *m*

Import|abgaben *pl* импортные (ввозные) пошлины *pl*; **-abteilung** *f* отдел *m* предприятия, ведущий сделки по импорту; **-anteil** *m* доля *f* (удельный вес *m*) импорта; **-artikel** *m* импортный товар *m*, предмет *m* (статья *f*) импорта; **-aufwendungen** *pl* затраты *pl* (расходы *pl*) на импорт; **-beschränkung** *f* ограничения *pl* на ввоз (импорт); **-bewilligung** *f* разрешение *n* на ввоз (импорт); **-depot** *n* импортный депозит *m*

Importe *pl* предметы *pl* импорта, импортные товары *pl*, импортные сделки *pl*

Import|erklärung *f* импортная декларация *f*; **-erlaubnis** *f* импортная лицензия *f*, разрешение *n* на ввоз; **-erzeugnis** *n* импортный товар *m*, импортное изделие *n*

Importeur *m* импортер *m*

importfähig пригодный для импорта

Import|finanzierung *f* финансирование *n* импорта; **-förderung** *f* стимулирование *n* (содействие *n* развитию) импорта; **-gebühren** *pl* импортные (ввозные) пошлины *pl*; **-genehmigung** *f* импортная лицензия *f*, разрешение *n* на ввоз; **-geschäft** *n* импортная сделка *f* (операция *f*); **-gut** *n* импортный товар *m*; **-handel** *m* импорт *m*, импортная торговля *f*

importieren импортировать, ввозить

Import|kapazität *f* импортные возможности *pl* страны; **-kartell** *n* импортный картель *m*; **-kaufmann** *m* коммерсант *m*, занимающийся импортными операциями; импортер *m*; **-kontingent** *n* импортный контингент *m*, квота *f* на импорт; **-kosten** *pl* расходы *pl*, связанные с импортом товаров; **-kredit** *m* импортный кредит *m*; **-land** *n* страна-импортер *f*; **-leasing** *n* импортный лизинг *m*, вендорлиз *m*; **-liste** *f* список *m* импортируемых товаров; **-lizenz** *f* импортная лицензия *f*, разрешение *n* на ввоз; **-multiplikator** *m* показатель *m* воздействия изменения импорта на экономику; **-potential** *n* импортный потенциал *m*; **-preis** *m* импортная цена *f*; **-quote** *f* импортная квота *f*, доля *f* импортированных товаров и услуг в валовом национальном продукте страны, доля *f* проникновения импорта; **-restriktion** *f* ограничение *n* на импорт (ввоз); **-rückgang** *m* снижение *n* (уменьшение *n*) импорта; **-sog** *m* большой спрос *m* на импортные товары; **-schutzversicherung** *f* страхование *n* экспортером поставок при сделках на условиях сиф; **-steigerung** *f* увеличение *n* импорта; **-steuer** *f* налог *m* на импортируемые товары; **-struktur** *f* структура импорта; **-substitution** *f* замещение *n* импорта внутренним производством; **-überschuss** *m* превышение *n* импорта над экспортом, пассивный торговый баланс *m*

importunabhängig не зависящий от импорта

Import|verbot *n* запрещение *n* импорта, запрет *m* на импорт; **-volumen** *n* объем *m* импорта; **-ware** *f* импортный товар *m*; **-zertifikat** *n* импортный сертификат *m*, импортное свидетельство *n*; **-zoll** *m* импортная (ввозная) пошлина *f*; **-zunahme** *f* увеличение *n* импорта

Impressum *n* выходные данные *pl*

Impuls *m* импульс *m*, стимул *m*, толчок *m*; **einen ~ erhalten** получить импульс; **einen ~ geben** дать импульс (толчок), стимулировать

Impuls|kauf *m* необдуманная покупка *f*, покупка *f* под действием каких-либо внешних факторов; **-käufer** *m* покупатель *m*, принимающий решение о покупке под воздействием внешних факторов, спонтанный покупатель *m*

inakzeptabel неприемлемый

Inangriffnahme *f* начало работ (выполнение); **~ eines Projekts** начало работ над проектом

Inanspruchnahme *f* использование *n*; загрузка *f*, занятость *f*; предъявление *n* претензий (требований); обращение *n*; **~ eines Akkreditivs** использование *n* аккредитива; **~ bewilligter Haushaltsmittel** использование *n* бюджетных ассигнований; **~ des Kapitalmarktes** обращение *n* к рынку долгосрочных ссудных капиталов, использование *n* рынка долгосрочных ссудных капиталов; **~ eines Kredits** использование *n* кредита; **~ eines Rechts** предъявление *n* требования (притязания); **~ eines Zahlungsziels** использование *n* срока, предоставленного для совершения платежа

inbegriffen включая, включительно; **die Fracht ist im Preis ~** фрахт включен в цену

Inbesitznahme *f* взятие *n* во владение; **~ einer Immobilie** посессия *f*

Inbetriebnahme *f* пуск *m* в действие (производство); ввод *m* (сдача *f*) в эксплуатацию; **~ einer Anlage** пуск *m* в эксплуатацию установки

Incentives *pl* стимулы *pl*, побудительные мотивы *pl*; премиальные *pl*, дополнительное вознаграждение *n*

Incoterms правила *pl* и условия *pl* международной торговли, инкотермс

Indemnität *f* освобождение *n* от ответственности; возмещение (компенсация) ущерба

Indemnitätsbrief *m* гарантийное письмо *n*

Indent|geber *m* импортер *m*, дающий заказ на закупку товара; **-geschäft** *n* выдача *f* заказа на покупку импортного товара через посредника, индентная операция *f*; **-nehmer** *m* экспортер *m*, получающий заказ на поставку товара; **-vertreter** *m* заграничный представитель *m* импортера, посредник *m* по индентным операциям

Index *m* индекс *m*, показатель *m*; указатель *m*; список *m*; **~ der Aktienkurse** индекс *m* курсов акций; **amtlicher ~** официальный индекс *m*; **Dow-Jones-~** индекс *m* Доу-Джонса; **~ der Einzelhandelspreise** индекс *m* розничных цен; **~ der Großhandelspreise** индекс *m* оптовых цен; **~ der Lebenshaltungskosten** индекс *m* стоимости жизни, индекс *m* прожиточного минимума; **~ der Rentenwerte (REX)** курс *m* ценных бумаг с фиксированным процентом; **~ der Rohstoffpreise** индекс *m* цен на сырье

Index-Aktie *f (Bö, Fin)* индексная акция *f*

Index|anleihe *f* индексированный заем *m*; **-berechnung** *f* расчет *m* индекса (показателя), индексация *f*; **-bindung** *f* индексация *f*; **-familie** *f* среднестатистическая семья *f*, служащая основой для исчисления индекса стоимости жизни; **-fonds** *m (Börse, Fin)* инвестиционный фонд *m*, построенный по образу биржевого индекса; индексный фонд *m*

Indexierung *f* индексация *f*

Index|klausel *f* оговорка *f* (статья *f* договора) о проведении индексации; **-lohn** *m* индексируемая заработная плата *f*; **-optionen** *pl* индексируемые опционы *pl*; **-preis** *m* индексируемая цена *f*; **-register** *n* индексный регистр *m*; **-rente** *f* индексируемая пенсия *f*, динамическая рента *f*; **-verkauf** *m* сделка *f* по продаже с учетом текущего индекса; **-versicherung** *f* страхование *n* с учетом изменения индекса стоимости жизни; **-währung** *f* индексируемая (регулируемая) валюта *f*; **-zahl** *f* индексное число *n*, индекс *m*

Indienststellung *f* сдача *f* (пуск *m*) в эксплуатацию
Indifferenzkurve *f* кривая *f*, показывающая одинаковую полезность ряда товаров для потребителя
Indikator *m* индикатор *m*, указатель *m*; ~ **für künftige Entwicklung** индикатор *m* тенденции развития; **monetärer** ~ индикатор *m* денежно-кредитной политики
Indikation *f* индикация *f*, показание *n*
indirekt косвенный, опосредованный; **-e Abschreibung** косвенная амортизация *f*; **-e Investition** косвенные капиталовложения *pl*; **-e Kosten** косвенные издержки *pl*; **-e Steuer** косвенный налог *m*; **-er Vertrieb** сбыт *m* через посредников
Indiskretion *f* неумение *n* хранить тайну, разглашение *n* тайны
indisponibel несвободный, замороженный (о капитале)
Individual|einkommen *n* индивидуальный доход *m*; **-entscheidung** *f* индивидуальное решение *n*
Individualiserungsstrategie *f* стратегия *f* предложения услуг и продуктов, ориентированных на индивидуальные запросы клиентов
Individual|versicherung *f* индивидуальное страхование *n*; **-zulage** *f* персональная надбавка *f* (к заработной плате)
individuell индивидуальный, единоличный; **-e Behandlung** индивидуальный подход *m*; **-e Betreuung** индивидуальное обслуживание *n*
Indizierung *f* определение *n* индексов, индицирование *n*
indossabel индоссируемый, передаваемый по индоссаменту
Indossament *n* индоссамент *m*, индоссо *n*, жиро *n*, передаточная надпись *f*; **durch ~ übertragen** передавать (документ) по индоссаменту; **beschränktes** ~ ограниченный индоссамент *m*
Indossamentenkette *f* ряд *m* передаточных надписей (на векселе)
Indossamentverbindlichkeit *f* обязательство *n* по индоссаменту
Indossant *m* индоссант *m*, жирант *m*, лицо *n*, делающее передаточную надпись; **nachfolgender** ~ последующий индоссант *m*; **vorhergehender** ~ предыдущий индоссант *m*
Indossatar *m* индоссат *m*, жират *m*; лицо *n*, в пользу которого сделана передаточная надпись
indossierbar индоссируемый, передаваемый по индоссаменту
indossieren индоссировать, жирировать, делать передаточную надпись на оборотной стороне векселя (чека)
Indossierung *f* индоссирование *n*, жирирование *n*, проставление *n* передаточной надписи
industrialisieren индустриализировать
Industrialisierung *f* индустриализация *f*
Industrie *f* промышленность *f*, индустрия *f*; **einheimische** ~ отечественная промышленность *f*; **eisenschaffende** ~ металлургическая промышленность *f*; **exportintensive** ~ промышленность *f*, ориентирующаяся на экспорт; **feinmechanische** ~ промышленность *f*, производящая приборы точной механики; **metallverarbeitende** ~ металлообрабатывающая промышленность *f*; **mittelständische** ~ средние промышленные предприятия *pl*, предприятия *pl* средней руки; **ortsansässige** ~ местная промышленность *f*; **verarbeitende** ~ обрабатывающая промышленность *f*
Industrie|abfälle *pl* промышленные отходы *pl*, отходы *pl* промышленного производства; **-abwasser** *n* промышленные сточные воды *pl*; **-aktien** *pl* акции *pl* промышленных компаний; **-anlagen** *pl* промышленные (производственные) установки *pl*; **-anleihe** *f* промышленный заем *m*; **-ansiedlung** *f* основание *n* (размещение *n*) промышленных предприятий; **-arbeiter** *m* промышленный (производственный) рабочий *m*; **-arbeitsplätze** *pl* рабочие места *pl* в промышленности; **-artikel** *m* про-

мышленный товар *m*, промышленное изделие *n*; **-ausrüstung** *f* оборудование *n* для промышленных предприятий; **-ausstellung** *f* промышленная выставка *f*; **-bau** *m* промышленное строительство *n*, промышленное здание *n*; **-bedarf** *m* потребности *pl* промышленности; **-beschäftigte** *m* работник *m* промышленного предприятия; **-beteiligungen** *pl* долевое участие *n* в промышленных предприятиях, капиталовложения *pl* в промышленные предприятия; **-betrieb** *m* промышленное предприятие *n*; **-betriebslehre** *f* экономика *f* и организация *f* производства на промышленных предприятиях; **-dichte** *f* показатель *m* индустриализации; **-einrichtung** *f* промышленное оборудование; **-erzeugnis** *n* промышленное изделие *n*; **-gebiet** *n* промышленный (индустриальный) район *m*; **-gelände** *n* заводская территория *f*, территория (зона *f*) промышленных предприятий; **-geographie** *f* география *f* промышленности; **-gesellschaft** *f* индустриальное общество *n*; **-gewerkschaft** *f* профессиональный союз *m* производственных рабочих; **-grundstück** *n* земельный участок *m* (территория) промышленного предприятия; **-güter** *pl* промышленные товары *pl*; **-holding** *f* промышленный холдинг *m*; **-hypothek** *f* ипотека *f* на участок, занятый промышленным предприятием; **-kalkulation** *f* калькуляция *f* промышленного предприятия; **-kaufmann** *m* специалист *m* по снабжению и сбыту на промышленном предприятии; торговец *m* промышленными товарами; **-kontenrahmen** *m* единая система *f* бухгалтерского учета на промышленных предприятиях; **-kooperation** *f* промышленная кооперация *f*; **-kredit** *m* промышленный кредит *m*; **-land** *n* промышленно развитая страна *f*

industriell промышленный, индустриальный, изготовленный на заводе; **-e Formgebung** промышленный дизайн; **-es Rechnungswesen** система *f* бухгалтерского учета на промышленных предприятиях

Industrielle *m* промышленник *m*, фабрикант *m*

Industrie|messe *f* промышленная выставка *f* (ярмарка *f*); **-nachfrage** *f* промышленный спрос *m*; **-norm (Deutsche ~)** *f* промышленный стандарт *m* (ФРГ); **-obligation** *f* промышленная облигация *f*; заем *m* (кредит *m*) частного промышленного предприятия; **-ökonomik** *f* экономика *f* промышленности; **-park** *m* промышленный парк *m*, территория *f* для размещения промышленных предприятий; **-papiere** *pl* ценные бумаги *pl* промышленных компаний; **-politik** *f* политика *f* в области развития промышленности; **-potential** *n* промышленный потенциал *m*; **-produkt** *n* изделие *n* промышленности; **-produktion** *f* промышленное производство *n*; промышленная продукция *f*; **-produktionsindex** *m* индекс *m* промышленного производства; **-projekt** *n* промышленный проект *m*; **-roboter** *m* промышленный робот *m*; **-schuldverschreibung** *f* промышленная облигация *f*; **-spionage** *f* промышленный шпионаж *m*; **-staat** *m* индустриальная страна *f*, промышленно развитое государство *n*; **-stadt** *f* промышленный (индустриальный) город *m*; **-standort** *m* месторасположение *m* (размещение *m*) промышленных предприятий; **-statistik** *f* промышленная статистика *f*; **-struktur** *f* структура *f* промышленности; **-tätigkeit** *f* производственная деятельность *f*; **-titel** *pl* ценные бумаги *pl* промышленных компаний; **-typen** *pl* типы *pl* промышленных предприятий; **-umsatz** *m* объем *m* продаж промышленной продукции

Industrie- und Handelskammer *f* торгово-промышленная палата *f*

Industrie|unternehmen *n* промышленное предприятие *n*; **-verband** *m* отраслевое объединение *n* предприятий; **-verbandsprinzip** *n* принцип *m* разделения союзов наемных работников и работодателей по отраслям экономики; **-vereinigung** *f* производственное объединение *n*; **-verlagerung** *f* перемещение *n* (перебазирование *n*) промышленных предприятий; **-vermögen** *n* имущество *n* (активы *pl*, капитал *m*) промышленного предприятия; **-versicherung** *f* страхование *n* промышленных предприятий; **-vertrieb** *m* реализация *f* промышленной продукции; **-vorhaben** *n* промышленный проект *m*; **-waren** *pl* промышленные товары *pl*; **-werbung** *f* промышленная реклама *f*; **-werte** *pl* ценные бумаги *pl* промышленных компаний; **-zentrum** *n* промышленный центр *m*; **-zone** *f* промышленная зона *f*; **-zweig** *m* отрасль *f* промышленности

ineffizient неэффективный, непроизводительный

Ineffizienz *f* неэффективность *f*, низкий коэффициент *m* полезного действия

Inflation *f* инфляция *f*, обесценение *n*; **die ~ bekämpfen** бороться с инфляцией, вести борьбу с инфляцией; **die ~ senken** снизить темпы инфляции; **die ~ stoppen** приостановить (заморозить) инфляцию; **galoppierende ~** быстро развивающаяся инфляция *f*, гиперинфляция *f*; **gesteuerte ~** регулируемая инфляция *f*; **importierte ~** импортированная инфляция *f*; **kosteninduzierte ~** инфляция *f*, обусловленная ростом издержек (производства); **lohninduzierte ~** инфляция *f*, обусловленная ростом заработной платы, **schleichende ~** ползучая (скрытая) инфляция *f*; **verdeckte ~** скрытая инфляция *f*

inflationär инфляционный, инфляционистский

Inflations|anzeichen *n* симптом *m* (признак *m*) инфляции; **-ausgleich** *m* компенсация *f* инфляции; **-auswirkungen** *pl* воздействия *pl* (результаты *pl*) инфляции

inflationsbereinigt с учетом инфляции

Inflations|bekämpfung *f* борьба *f* с инфляцией; **-erscheinungen** *pl* инфляционистские явления *pl*; **-furcht** *f* страх *m* перед инфляцией; **-gefahr** *f* угроза *f* (опасность *f*) инфляции; **-gefälle** *n* разница *f* в темпах инфляции; **-gewinn** *m* инфляционная прибыль *f*, доход *m* (прибыль *f*) от инфляции

Inflationsimport *m* импорт *m* инфляции

Inflations|politik *f* инфляционистская политика *f*; **-rate** *f* темп *m* инфляции; **-risiko** *n* риск *m* инфляции; **-spirale** *f* спираль *m* инфляции; **-tendenz** *f* инфляционные тенденции *pl*; **-zuschlag** *m* инфляционная надбавка *f*

inflatorisch инфляционный, инфляционистский; **-e Lücke** инфляционный разрыв *m*

Infobrokerage *n (Versich)* информационное брокерство *n*

Infomediär *m (Comp, V&M)* информационный посредник *m*

Informatik *f* информатика *f*

Information *f* информация *f*, данные *pl*, сведения *pl*; **-en aufbereiten** подготавливать и обрабатывать данные (информацию); **-en bereitstellen** предоставлять информацию; **-en beschaffen** получать (добывать) информацию (сведения); **-en einholen (einziehen)** наводить справки, собирать (запрашивать) информацию; **-en erfassen** собирать информацию (сведения); **-en erteilen** давать сведения (информацию); **-en gewinnen** получать информацию (сведения); **-en verarbeiten** обрабатывать информацию (данные); **-en zugänglich machen** сообщать (раскрывать) сведения (данные); **innerbetriebliche ~** (внутри)производственная информация *f*; **vollkommene ~** полная информация *f*; **unvollkommene ~** неполная информация *f*

Informations|aufbereitung *f* подготовка *f* и обработка *f* информации; **-austausch** *m* обмен *m* информацией, информационный обмен *m*; **-auswertung** *f* обработка *f* (оценка *f*) информации; **-bedarf** *m* потребность *f* в информации; **-bedarfsanalyse** *f* анализ *m* потребности в информации; **-bereitstellung** *f* предоставление *n* информации; **-beschaffung** *f* получение *n* (сбор *m*) информации; **-blatt** *n* информационный бюллетень *m*; **-broker** *m* информационный брокер *m*; **-broschüre** *f* информационный буклет *m*; **-büro** *n* информационное бюро *n*; **-Center** *n* информационный центр *m*; **-erfassung** *f* сбор *m* информации; **-fluss** *m* поток *m* информации, информационный поток *m*; **-gehalt** *m* информационное содержание *n*; **-gesellschaft** *f (Media)* информационное общество *n*; **-gewinnung** *f* получение *n* (сбор *m*) информации; **-kette** *f* информационная цепочка *f*; **-kosten** *pl* расходы *pl* на поиск и получение информации; **-logistik** *f* информационная логистика *f*; **-management** *n* управление *n* информационными потоками; **-managementsystem** *n* система *f* управления информационными потокамиом; **-manager** *m* менеджер *m* в области информационного обеспечения; **-menge** *f* количество *n* (объем *m*) информации

Informationspflicht *f* обязанность *f* предоставления информации; ~ **des Arbeitsgebers an den Betriebsrat** обязанность *f* работодателя предоставлять информацию совету предприятия

Informations|ökonomik *f* информационная экономика *f*; **-prozess** *m* информационный процесс *m*; **-quelle** *f* источник *m* информации; **-recht** *n* информационное право *n*; **-speicherung** *f* накопление *n* информации; **-strom** *m* поток *m* информации, информационный поток; **-system** *n* информационная система *f*; **-techniken** *pl* информационная техника *f*; **-technologie** *f* информационная технология *f*; **-theorie** *f* теория *f* информации; **-übermittlung** *f* передача *f* информации; **-verarbeitung** *f* обработка *f* информации; **-verdichtung** *f* компрессия *f* информации; **-verlust** *m* информационные потери *pl*; **-versorgung** *f* информационное обеспечение *n*; **-vorsprung** *m* преимущество *n* в области информационного обеспечения; **-wert** *m* информационная значимость *f*; **-wege** *pl* информационные каналы *pl*; **-zentrum** *n* информационый центр *m*; **-zusammenführung** *f* сбор *m* и обобщение *n* информации

informativ информативный, содержательный; **-e Werbung** ознакомительная реклама *f*

informell неформальный; **-e Gruppe** неформальная группа *f*; **-e Organisation** неформальная организация *f*; **-es Treffen** неформальная встреча *f*

informieren информировать

Infrastruktur *f* инфраструктура *f*; **die ~ aufbauen** создавать инфраструктуру; **die ~ ausbauen** расширять (развивать) инфраструктуру; **die ~ bereitstellen** предоставлять в распоряжение инфраструктуру; **die ~ erneuern** модернизировать (обновлять) инфраструктуру; **die ~ verbessern** совершенствовать (улучшать) инфраструктуру

Infrastruktur|ausgaben *pl* расходы *pl* на развитие инфраструктуры; **-forschung** *f* исследование *n* инфраструктуры; **-investitionen** *pl* капиталовложения *pl* в развитие инфраструктуры; **-kredit** *m* кредит *m* на развитие и функционирование инфраструктуры; **-maßnahmen** *pl* мероприятия *pl* по развитию инфраструктуры; **-planung** *f* планирование *n* инфраструктуры; **-politik** *f* политика *f* в области развития инфраструктуры

Ingangsetzung *f* пуск *m* (ввод *m*) в эксплуатацию (действие)

Ingangsetzungskosten *pl* издержки *pl* по вводу в эксплуатацию

Ingenieur *m* инженер *m*

Ingenieur|büro *n* инженерная фирма *f*, проектно-конструкторское бюро *n*; **-gesellschaft** *f* инженерная фирма *f*; **-leistungen** *pl* инженерные услуги *pl*, инжиниринг *m*

Inhaber *m* владелец *m*, хозяин *m*; держатель *m*; предъявитель *m*; **auf den ~ ausstellen** выставлять (чек) на

предъявителя; ~ **eines Unternehmens** владелец *m* (хозяин *m*) предприятия
Inhaber|aktie *f* акция *f* на предъявителя, неименная акция *f*; **-anteilschein** *m* паевой сертификат *m* на предъявителя; **-grundschuld** *f* ипотечный долг *m* с выставлением закладной на предъявителя; **-hypothek** *f* ипотека *f* на предъявителя; **-indossament** *n* бланковый индоссамент *m*, бланковая надпись *f*; **-klausel** *f* условие *n* (оговорка *f*) о предъявительском характере документа; **-obligation** *f* облигация *f* на предъявителя; **-papier** *n* документ *m* на предъявителя; **-papiere** *pl* предъявительские ценные бумаги *pl*; **-police** *f* предъявительский полис *m*; **-scheck** *m* предъявительский чек *m*, чек *m* на предъявителя; **-schuldverschreibung** *f* долговое обязательство *n* (облигация *f*) на предъявителя; **-teilschuldverschreibung** *f* частичное долговое обязательство *n* (облигация *f*) на предъявителя; **-wechsel** *m* вексель *m* на предъявителя
Inhalt *m* содержание *n*; содержимое *n*; емкость *f*; вместимость *f*, объем *m*
Inhaltsangabe *f* указание *n* о содержании, содержание, оглавление
Inhalts|erklärung *f* декларация *f* о содержимом; **-normen** *pl* нормативные положения *pl* тарифного соглашения; **-verzeichis** *n* оглавление *n*, указатель *m*, перечень *m*, опись *f* содержимого
Initiative *f* инициатива *f*, почин *m*; инициативность *f*; ~ **entwickeln** развить инициативу; ~ **ergreifen** проявить инициативу, брать инициативу; **aus eigener** ~ по собственной инициативе
Initiator *m* инициатор *m*
initiieren проявлять инициативу, начинать
Initiativrecht *n* право *n* совета предприятия вынести решение вопроса на арбитраж
Inkasso *n* инкассо *n*; инкассация *f*, инкассирование *n*, получение *n* платежа; взыскание *n* долга; **das ~ besorgen** производить инкассацию, инкассировать; **das ~ übernehmen** брать на себя инкассацию; **Wechsel zum ~ hereinnehmen** принимать вексель для инкассирования; **zum ~ einreichen** выставлять на инкассо; ~ **mit Nachakzept** инкассо с последующим акцептом; ~ **mit Vorakzept** инкассо *n* с предварительным акцептом; **per** ~ по инкассо
Inkasso|abteilung *f* инкассовый отдел *m* банка; **-abtretung** *f* уступка *f* инкассации; **-akzept** *n* акцептный кредит *m*; **-anweisung** *f* указание *n* о проведении инкассации; **-anzeige** *f* инкассовое авизо *n*; **-auftrag** *m* инкассовое поручение *n*; **-avis** *m* инкассовое авизо *n*; **-bearbeitung** *f* инкассация *f*; **-beauftragte** *m* инкассатор *m*; **-befugnis** *f* полномочия *pl* (право *n*) на инкассацию; **-büro** *n* инкассаторское бюро *n*; **-gebühr** *f* комиссия *f* за инкассо; **-geschäft** *n* инкассовая операция *f*; **-indossament** *n* инкассовый индоссамент *m*; **-kommission** *f* посредничество *n* при инкассировании; **-kosten** *pl* расходы *pl* по инкассации; **-provision** *f* комиссия *f* за инкассо; **-risiko** *n* риск *m* неплатежа; **-spesen** *pl* издержки *pl* (расходы *pl*) по инкассации; **-verfahren** *n* инкассовая форма *f* расчетов; **-verkehr** *m* инкассовые операции *pl*; **-vollmacht** *f* доверенность *f* на инкассирование, полномочия *pl* на получение платежа; **-wechsel** *m* инкассационный вексель *m*; **-zession** *f* уступка *f* инкассации
inklusive включительно, включая; ~ **Mehrwertsteuer** включая налог на добавленную стоимость
Inklusivpreis *m* общая цена *f* согласно договоренности
inkonvertibel неконвертируемый, необратимый
Inkrafttreten *n* вступление *n* в силу; ~ **des Abkommens** вступление соглашения в силу; **mit ~ des Vertrages** с момента вступления договора в силу; **vor** ~ до вступления в силу
Inland *n* своя страна *f*; **im ~ hergestellt** отечественного производства

Inländer *m* гражданин *m* (житель *m*) страны, резидент *m*; **-konzept** *n* стоимость *f* товаров и услуг, произведенных резидентами на территории страны и за ее пределами
Inländerkonvertibilität *f* конвертируемость *f* валюты для резидентов
inländisch отечественный, внутренний; **-er Erzeuger** отечественный производитель *m*; **-e Erzeugung** отечественное производство *n*
Inlands|absatz *m* сбыт *m* на внутреннем рынке; **-angebot** *n* предложения *pl* отечественных предприятий, предложение *n* на внутреннем рынке; **-auftrag** *m* заказ *m* отечественных клиентов; **-bedarf** *m* внутренние потребности *pl*, спрос *m* на внутреннем рынке; **-konzept** *n* стоимость *f* товаров и услуг, произведенных на территории страны; **-markt** *m* внутренний (национальный) рынок *m*; **-nachfrage** *f* внутренний спрос *m*, спрос *m* на внутреннем рынке; **-porto** *n* внутренний почтовый сбор *m*; **-produkt** *n* национальный продукт *m* за определенный период; **-produktion** *f* отечественное производство *n*; **-schuldverschreibung** *f* облигация *f* внутреннего займа; **-umsatz** *m* оборот *m* (реализация *f*) на внутреннем рынке; **-verbrauch** *m* внутреннее потребление *n*, потребление *n* внутри страны; **-verkehr** *m* внутренние перевозки *pl*, транспортное сообщение *n* внутри страны; **-vermögen** *n* имущество *n* (активы *pl*, капитал *m*) внутри страны; **-verschuldung** *f* внутренняя задолженность *f*, внутренний долг *m*; **-ware** *f* товар *m* отечественного производства; **-werte** *pl* ценные бумаги *pl* отечественных компаний
innehaben иметь, занимать, владеть; **eine Stellung** ~ занимать должность
Innen|architekt *m* дизайнер *m* по интерьерам; **-auftrag** *m* внутренний (отечественный) заказ *m*; **-ausstattung** *f* интерьер *m*; **-dienst** *m* работа *f* в офисе (конторе), бэк-офис *m*, внутренняя служба *f*; **-finanzierung** *f* финансирование *n* из собственных средств предприятия, внутреннее финансирование *n*; **-handel** *m* внутренняя торговля *f*; **-gesellschaft** *f* негласное товарищество *n*; **-revision** *f* внутренняя ревизия *f*; **-umsatz** *m* оборот *m* внутри концерна (холдинга); **-verhältnis** *n* отношения *pl* партнеров по договору между собой
innerbetrieblich внутренний, внутри предприятия, внутрипроизводственный; **-e Ausbildung** обучение *n* на предприятии; **-e Leistung** производство *n* на собственные нужды; **-e Leistungsverrechnung** перераспределение *n* издержек в рамках учета затрат по месту их возникновения; **-e Logistik** логистика *f* производства; **-er Vergleich** сравнение *n* внутрипроизводственных показателей; **-e Stellenausschreibung** конкурс *m* на замещение вакантных должностей, проводимый среди сотрудников предприятия
inner|gemeinschaftlich внутри Европейского сообщества; **-staatlich** внутригосударственный, национальный
innerhalb внутри, в; в течение; ~ **einer Frist** в течение срока; ~ **von 14 Tagen** в течение 14 дней; ~ **der Gemeinschaft** в странах Европейского сообщества
Innovation *f* инновация *f*, нововведение *n*, новшество *n*; **-en durchsetzen** внедрять (реализовывать) инновации; **-en fördern** стимулировать инновационную деятельность; **industrielle** ~ промышленная инновация; **organisatorische** ~ организационная инновация; **technologische** ~ технологическая инновация *f*
Innovations|barrieren *pl* барьеры *pl* на пути внедрения новшеств; **-bereitschaft** *f* готовность *f* к внедрению инноваций; **-fähigkeit** *f* способность *f* к нововведениям (новаторству); **-finanzierung** *f* финансирование *n* инновационной деятельности; **-forschung** *f* инновационные (новаторские) исследования *pl*
innovationsfördernd стимулирующий инновации; **-e Maßnahmen** меро-

приятия *pl*, стимулирующие инновации

Innovationsförderung *f* стимулирование *n* инновационной деятельности

innovationsfreudig инновационный, новаторский

Innovations|grad *m* степень *m* инновативности; **-höhe** *f* новизна *f* предлагаемого решения; **-klima** *n* атмосфера *f*, способствующая новаторской деятельности; **-kosten** *pl* расходы *pl* (издержки *pl*) на проведение инноваций; **-kraft** *f* новаторские (инновационные) возможности *pl*; **-lücken** *pl* недостатки *pl* инновационной деятельности; **-management** *n* управление *n* инновационной деятельностью, инновационный менеджмент *m*; **-marketing** *n* маркетинг *m* в области инноваций; **-politik** *f* инновационная политика *f*; **-potential** *n* новаторский (инновационный) потенциал *m*; **-prozess** *m* инновационный процесс *m*; **-rate** *f* темпы *pl* инновации; **-schub** *m* толчок *m* (стимул *m*) к новаторству; **-wettbewerb** *m* конкуренция *f* в области инноваций; **-zeit** *f* время *n*, необходимое для внедрения новшеств в производство; **-zyklus** *m* инновационный цикл *m*

innovativ инновационный, новаторский

Innung *f* корпорация *f*; цех *m* (союз *m*) ремесленников

Innungskrankenkasse *f* больничная касса *f* союза ремесленников

Input *m* ввод *m* (информации); вложение *n*; затраты *pl*

Inputkoeffizient *m* производственный коэффициент *m*

Input-Output-Analyse *f* анализ *m* затрат и выпуска

Input-Output-Rechnung *f* счет *m* затрат и выпуска

Input-Output-Tabelle *f* таблица *f* затрат и выпуска

Insasse *m* пассажир *m*

Insassenunfallversicherung *f (Versich)* страхование *n* пассажиров

Inserat *n* объявление *n* в прессе

Inseratenwerbung *f* реклама *f* в прессе

Inserent *m* лицо *n*, дающее объявление (рекламу), рекламодатель *m*

inserieren помещать объявления (рекламу); **in einer Zeitung ~** помещать объявления (рекламу) в газете

Insertion *f* помещение *n* объявлений в прессе

Insichgeschäft *n* сделка *f*, заключенная с самим собой

Insider *m* инсайдер *m*; лицо *n*, обладающее конфиденциальной информацией в силу служебного положения

Insider|geheimnis *n* тайна *f*, известная только посвященным сотрудникам фирмы; **-geschäft** *n* сделка *f*, проведенная лицом, обладающим конфиденциальной информацией; **-handel** *m* операции *pl* купли-продажи, проведенные инсайдерами; **-informationen** *pl* информация *f*, которой располагают инсайдеры; **-papiere** *f* ценные бумаги *pl*, которые должны быть допущены к официальной котировке на бирже данной страны; **-regeln** *pl* кодекс *m* поведения инсайдеров; **-wissen** *n* информация *f*, известная только посвященным работникам (фирмы)

insolvent неплатежеспособный, несосотоятельный; **~ werden** обанкротиться

Insolvenz *f (Fin)* (длительная) неплатежеспособность *f*, банкротство *n*

Insolvenz|fall *m* банкротство *n*, неплатежеспособность *f*; случай *m* банкротства, ситуация *f* банкротства; **-geld** *n (Soz)* компенсация *f* потери заработной платы из-за банкротства фирмы; **-gläubiger** *m* кредитор *m* банкрота; **-recht** *n* правовые нормы *pl*, касающиеся случаев банкротства; **-risiko** *n* риск *m* банкротства (неплатёжеспособности) должника; **-schutz** *m* меры *pl* по защите от неплатежеспособности; **-verfahren** *n* процесс *m* банкротства

Inspektion *f* инспекция *f*, проверка *f*, контроль *m*; ревизия *f*, осмотр *m*, досмотр *m*

instabil неустойчивый, нестабильный

Instabilität *f* неустойчивость *f*, нестабильность *f*; ~ **der Wirtschaftsprozesse** нестабильность экономических процессов
Installateur *m* монтер *m*, монтажник *m*, ремонтник *m*
Installation *f* сборка *f*, монтаж *m*, установка *f* оборудования; сооружение *n*, установка *f*; инсталляция *f*
installieren устанавливать, оборудовать, монтировать
Instandhaltung *f* содержание *n* в исправном состоянии, текущий ремонт; **vorbeugende** ~ профилактический ремонт *m*
Instandhaltungs|kosten *pl* издержки *pl* на текущий ремонт; **-rückstellungen** *pl* резервные отчисления *pl* на текущий ремонт
Instandsetzung *f* ремонт *m*, починка *f*, приведение *n* в исправное состояние; ~ **von Anlagen** ремонт *m* установок
Instandsetzungskosten *pl* расходы *pl* (издержки *pl*) по ремонту
Instanz *f* инстанция *f*
Instanzenweg *m* движение *n* по инстанциям
Institut *n* институт *m*, совокупность *f* установлений и правовых норм
Institution *f* учреждение *n*, институт *m*, организация *f*
institutionalisieren учреждать, основывать
institutionell институциональный, организационный; **-e Anleger** институциональный инвестор *m*, вкладчик *m* в лице государственного (муниципального) учреждения; **-e Investoren** институциональные инвесторы *pl* (вкладчики *pl*); **-e Werbung** рекламирование *n* достоинств организации (учреждения) с целью создания репутации
Institutionskennzeichen *n (Versich)* идентификатор учреждения, оказывающего социальные услуги
instruieren инструктировать, информировать, наставлять
Instrument *n* инструмент *m*, орудие *n*, средство *n*; прибор *m*
Instrumentarium *n* инструментарий *m*, совокупность *f* средств; **ein ~ schaffen** создать инструментарий; **flexibles** ~ гибкие средства *pl*; **wirtschaftspolitisches** ~ экономические средства *pl*
Integration *f* интеграция *f*, объединение *n*, слияние *n*; **europäische** ~ европейская интеграция *f*; **vertikale** ~ интеграция *f* по вертикали; **wirtschaftliche** ~ экономическая интеграция *f*
Integrations|politik *f* интеграционная политика *f*; **-tempo** *n* темпы *pl* интеграции
integrieren осуществлять интеграцию, объединять, сливать
Intensität *f* интенсивность *f*; ~ **des Wettbewerbs** интенсивность *f* конкуренции
Intensitätsgrad *m* степень *f* загрузки
intensiv интенсивный, напряжённый; **-e Wirtschaft** интенсивное хозяйство *n*, интенсивная экономика *f*
Intensivierung *f* интенсификация *f*
Intensiv|investionen *pl* интенсивные капиталовложения *pl*; **-kurse** *pl* интенсивные курсы *pl*; **-schulung** *f* интенсивное обучение *n* (подготовка *f*); **-werbung** *f* интенсивная реклама *f*
Interaktion *f* взаимодействие, взаимоотношение
Interaktions|analyse *f* анализ *m* взаимодействия; **-häufigkeit** *f* частота *f* контактов
Interaktivität *f (Comp, Media)* интерактивность *f*
Interbankenhandel *m (Bank, Fin)* межбанковская торговля *f*
Inter-Banken-Informations-System *n* межбанковская информационная система *f*
Interbank|geschäfte *pl* межбанковские операции *pl*; **-satz** *m* учетная ставка *f* (краткосрочных) межбанковских кредитов; **-verschuldung** *f* взаимная задолженность *f* коммерческих банков
Interdependenz *f* взаимозависимость *f*
Interdependenzenanalyse *f* анализ *m* взаимозависимости
Interesse *n* интерес *m*, участие *n*; заинтересованность *f*, выгода *f*; **-n**

abwägen взвешивать выгоды (интересы); **-n bekunden** выражать интересы; **-n berühren** затрагивать интересы; **-n vertreten** представлять интересы; **-n wahren** отстаивать интересы; **-n wahrnehmen** соблюдать (представлять) интересы; **berechtigtes ~** оправданный интерес; **betriebliches ~** интересы производства; **geschäftliche -n** деловой интерес; **im ~ des Betriebes** в интересах предприятия; **im öffentlichen ~** в интересах общества

Interessen|abwägung *f* взвешивание *n* (обдумывание *n*) выгод (интересов); **-ausgleich** *m* примирение *n* противоположных интересов; **-gebiet** *n* сфера *f* интересов (влияния); **-gegensatz** *m* противоположность *f* интересов

Interessengemeinschaft *f* объединение *n*, общество *n*, связанное защитой общих интересов; общность *f* интересов; сообщество *n* по интересам; **einer ~ angehören** входить в сообщество по интересам

Interessen|gruppe *f* группа *f*, связанная общими интересами; **-käufe** *pl* спекулятивная скупка *f* ценных бумаг с целью поддержания цен; **-kollision** *f* столкновение *n* различных интересов; **-lage** *f* положение *n* дел, конъюнктура *f*; соотношение *n* различных интересов

Interessent *m* заинтересованное лицо *n*, заинтересованная сторона *f*; интересующийся *n*; перспективный покупатель *f*; партнер *f*

Interessen|verband *m* объединение *n* (союз *m*); по интересам **-vertretung** *f* представительство *n* интересов; **-wahrung** *f* защита *f* интересов; **-werte** *pl* ценные бумаги *pl*, являющиеся предметом спекулятивной скупки

Interim *n* временное соглашение *n*, интерим *m*

Interims|ausschuss *m* временная комиссия *f*; **-bescheid** *m* предварительное решение *n*; **-bilanz** *f* промежуточный баланс *m*; **-dividende** *f* промежуточный дивиденд *m*; **-faktur** *f* предварительный счет *m*, предварительная фактура *f*; **-konto** *n* промежуточный (вспомогательный) счет *m*; **-lösung** *f* временное решение *n*; **-schein** *m* временное свидетельство *n*, временная акция *f*

Interkulturelles Management межкультурный менеджмент *m*, управление *n* взаимоотношениями в многонациональных коллективах

Intermediaselektion *f* выбор *m* сочетаний средств массовой информации для проведения эффективных рекламных мероприятий

intern внутренний, закрытый; **-e Lieferungen** внутренние поставки *pl*; **-er Zinsfuß** внутренняя процентная ставка *f*

Internalisierung *f* **externer Kosten** интернализация *f*; интернализация *f* внешних эффектов; включение *n* дополнительных социальных издержек/пользы, возникающих от внешних эффектов, в расчет экономичности их причинителя

international международный, интернациональный

Internationale Arbeitsorganisation (ILO) Международная организация *f* труда

Internationale Bank für Wiederaufbau und Entwicklung (IBRD) Международный банк *m* реконструкции и развития

Internationale Handelskammer Международная торговая палата *f*

Internationaler Währungsfonds (IWF) Международный валютный фонд *m*

Internationaler Zahlungsverkehr Международные платежи *pl* (расчеты)

Internationalisierung *f* интернационализация *f*; **~ der Märkte** интернационализация *f* рынков; **~ der Produktion** интернационализация *f* производства

Internet *n (Comp)* Интернет *m*

Internetbanking *n* интернет-банкинг *m*

Internet-User *m (Comp)* пользователь *m* сети Интернет

Interoperabilität *f (Comp)* интероперабельность *f*

interregional межрегиональный; **-er Verkehr** межрегиональное сообщение *n*
Interpolation *f* интерполяция *f*
Interpretation *f* интерпретация *f*
Intervall *n* интервал *m*
intervallfixe Kosten *pl* промежуточные расходы *pl*
intervenieren вмешиваться
Intervention *f (Bank, Fin)* интервенция *f*, вмешательство *n*; протест *m*; посредничество *n*; **staatliche ~** государственное вмешательство *n*
Interventions|ausgaben *pl* интервенционные расходы *pl*; **-bestände** *pl* запасы *pl* на случай поддержания цен; **-käufe** *pl* скупка *f* ценных бумаг для поддержания цены (курса)
Interventionismus *m* государственная политика *f*, направленная на регулирование социально-экономических процессов
Interventions|klage *f* интервенционный иск *m*; **-kurs** *m* интервенционный курс *m*; **-maßnahmen** *pl* интервенционные меры *pl*; **-mechanismus** *m* механизм *m* интервенции; **-pflicht** *f* обязательство *n* интервенции; **-preis** *m* интервенционная цена *f*
Interventionspunkt *m* точка *f* предельного отклонения валютного курса; момент *m* интервенции (вмешательства) центрального банка; **oberer ~** верхняя точка *f* предельного отклонения валютного курса; **unterer ~** нижняя точка *f* предельного отклонения валютного курса
Interventions|zahlung *f* платеж *m* "за честь"; **-zeitraum** *m* период *m* интервенции (вмешательства)
Interview *n* интервью *n*, опрос *m*, беседа *f*, собеседование *n*
Intranet *n* Интранет *m*
Invaliden|rente *f* пенсия *f* по инвалидности; **-versicherung** *f* страхование *n* на случай инвалидности
Invaliditätsgrad *m* степень *f* инвалидности
Inventar *n* инвентарь *m*, запасы *pl*; инвентарная опись *f* (ведомость); **ein ~ aufnehmen** проводить инвентаризацию; **ein ~ aufstellen** составить инвентаризационную опись (ведомость)
Inventar|aufnahme *f* инвентаризация *f*; **-bewertung** *f* инвентарная оценка *f*; **-errichtung** *f* инвентаризация *f* наследства
inventarisieren инвентаризировать
Inventar|liste *f* инвентаризационная опись *f*; **-nummer** *f* инвентарный номер *m*; **-wert** *m* общая стоимость *f* активов инвестиционного фонда
inventarisieren инвентаризировать
Inventur *f* инвентаризация *f*, переучет *m* товаров; учет *m*; инвентаризационная опись *f*; акт *m* инвентаризации; **eine ~ durchführen (machen)** проводить инвентаризацию, инвентаризировать; **effektive ~** инвентаризация *f* товарно-материальных ценностей и денежных средств; **körperliche ~** вещественная инвентаризация *f*; **laufende ~** текущая инвентаризация *f*; **permanente ~** перманентная (постоянная) инвентаризация *f*
Inventur|abstimmung *f* сверка *f* результатов инвентаризации; **-aufnahme** *f* инвентаризация *f*; **-ausverkauf** *m* распродажа *f* товаров (складских запасов); **-bilanz** *f* инвентаризационный баланс *m*; **-differenz** *f* недостачи *pl* или излишки *pl*, выявленные в ходе инвентаризации; **-prüfung** *f* инвентарная ревизия *f*; **-richtlinien** *pl* инструкции *pl* по проведению инвентаризации; **-verkauf** *m* распродажа *f* товаров (складских запасов)
invers обратный; **-e Nachfragefunktion** снижение *n* спроса при увеличении цены; **-e Zinsstruktur** увеличение *n* процентной ставки при уменьшении срока кредита
investieren инвестировать, вкладывать, помещать (капитал); **Arbeit ~** вкладывать (инвестировать) труд
Investition *f* инвестирование *n*, помещение *n* капитала; капиталовложения *pl*, капитальные затраты *pl*, инвестиции *pl*; **-en aufbringen** найти инвестиции (капиталовложения); **-en aufstocken** увеличивать инве-

стиции (капиталовложения); **-en durchführen** проводить (осваивать) инвестиции (капиталовложения); **-en finanzieren** финансировать инвестиции (капиталовложения); **-en tätigen** осуществлять инвестиции (капиталовложения); **-en vornehmen** проводить (предпринимать) инвестиции (капиталовложения); **-en zurückstellen** откладывать (отсрочивать) проведение капиталовложений; **alternative ~** альтернативное помещение *n* капитала; **direkte ~** прямые капиталовложения *pl* (инвестиции *pl*); **gesamtwirtschaftliche ~** капиталовложения *pl* в экономику страны; **indirekte ~** косвенные капиталовложения *pl* (инвестиции *pl*); **induzierte ~** индуцированные (производные) капиталовложения *pl*; **-en der öffentlichen Hand** государственные капиталовложения *pl*; **planmäßige ~** плановые капиталовложения *pl* (инвестиции *pl*); **private ~** частные инвестиции *pl* (капиталовложения *pl*); **staatliche ~** государственные инвестиции *pl* (капиталовложения *pl*)

Investitions|abbau *m* сокращение *n* капиталовложений (инвестиций); **-absichten** *pl* инвестиционные планы *pl*; **-abwicklung** *f* проведение *n* инвестиций (капиталовложений); **-aktivität** *f* инвестиционная активность *f*; **-analyse** *f* анализ *m* капиталовложений (инвестиций); **-anlage** *f* инвестиции *pl*; инвестиционные капиталовложения *pl*; **-anreiz** *m* поощрение *n* капиталовложений (инвестиций), стимул *m* для проведения капиталовложений; **-arbeiten** *pl* работы *pl* по капитальному строительству; **-aufwand** *m* **(-aufwendungen** *pl***)** капиталовложения *pl*, инвестиции *pl*, капитальные затраты *pl*; **-bank** *f* инвестиционный банк *m*; **-bedingungen** *pl* условия *pl* проведения капиталовложений (инвестиций); **-beihilfe** *f* финансовая помощь *f* в проведении капиталовложений (инвестиций); **-berater** *m* консультант *m* по проблемам проведения инвестиций; **-bereitschaft** *f* готовность *f* к проведению инвестиций; **-bilanz** *f* баланс *m* капиталовложений; **-boom** *m* инвестиционный бум *m*; **-budget** *m* бюджет *m* капиталовложений (инвестиций); **-controlling** *n* контроллинг *m* капиталовложений (инвестиций); **-darlehen** *n* ссуда *f* для проведения капиталовложений (инвестиций); **-effekt** *m* коэффициент *m* эффективности капиталовложений; **-entscheidung** *f* решение *n* о проведении капиталовложений; **-etat** *m* бюджет *m* капиталовложений (инвестиций); **-finanzierung** *f* финансирование *n* капиталовложений (инвестиций); **-förderung** *f* стимулирование *n* капиталовложений (инвестиций); **-freiheit** *f* свобода *f* капиталовложений (инвестиций)

investitionsfreudig склонный к инвестированию (проведению инвестиций)

Investitionsgrad *m* доля *f* инвестиционных вложений фонда; имущество *n* инвестиционного фонда за вычетом ликвидных средств

Investitionsgüter *pl* средства *pl* производства, оборудование *n* и машины *pl*, инвестиционные товары *pl*

Investitionsgüter|bedarf *m* потребность *f* в средствах производства; **-bereich** *m* сфера *f* производства средств производства; **-industrie** *f* промышленность *f*, производящая средства производства; **-marketing** *n* маркетинг *m* в области средств производства; **-markt** *m* рынок *m* средств производства; **-nachfrage** *f* спрос *m* на средства производства; **-zuwachs** *m* прирост *m* средств производства

Investitions|hilfe *f* инвестиционная помощь *f*; **-höhe** *f* размер *m* (величина) капиталовложений (инвестиций); **-klima** *n* (благоприятный) климат *m* для проведения капиталовложений (инвестиций); **-kontrolle** *f* контроль *m* за капиталовложениями (инвестициями); **-kraft** *f* финансовый потенциал *m* инвестора; **-kredit** *m* кредит *m* для финансирования капиталовложений; инвестиционный кредит *m*; **-lenkung** *f* регулирование *n* капиталовложений (инвестиций); **-lücke** *f* нехватка *f* капиталовложений; **-mittelkredit** *m* кредит *m* для финансирования капиталовложений; **-möglichkeiten** *pl* возможности *pl* капиталовложений (инвестиций); **-müdigkeit** *f* снижение *n* инвестиционной активности; **-multiplikator** *m* инвестиционный мультипликатор *m*; **-neigung** *f* склонность *f* к инвестированию; **-objekt** *n* инвестиционный объект *m*; **-ordnung** *f* порядок *m* (правила) проведения инвестиций; **-periode** *f* период *m* проведения инвестиций; **-plan** *m* план *m* капиталовложений (инвестиций); **-planung** *f* планирование *n* капиталовложений (инвестиций); **-politik** *f* инвестиционная политика *f*, политика *f* в области капиталовложений; **-prämie** *f* премия *f* за проведение капиталовложений (инвестиций); **-programm** *n* программа *f* капиталовложений (инвестиций); **-projekt** *n* проект *m* капиталовложений (инвестиций); **-quote** *f* удельный вес *m* капиталовложений (в национальном продукте)

Investitionsrechnung *f* учет *m* (расчет *m*) капиталовложений, анализ *m* эффективности капиталовложений; **dynamische ~** динамический анализ *m* эффективности капиталовложений; **statische ~** статический анализ *m* эффективности капиталовложений

Investitions|risiko *n* риск *m* капиталовложений (инвестиций); **-rücklage** *f* отчисления *pl* в резервный фонд для проведения инвестиций; **-schutz** *m* защита *f* капиталовложений (инвестиций); **-schutzabkommen** *n* соглашение *n* о гарантиях для иностранных капиталовложений; **-schwerpunkt** *m* основная задача *f* (основной объект *m*) капиталовложений (инвестиций); **-steuer** *f* налог *m* на капиталовложения (инвестиции); **-summe** *f* сумма капиталовложений (инвестиций); **-tätigkeit** *f* инвестиционная деятельность *f*; **-umfang** *m*, **-volumen** *n* объем *m* капиталовложений (инвестиций); **-vorhaben** *n* проект *m* капиталовложений (инвестиций); **-wert** *m* стоимость *f* капиталовложений (инвестиций)

Investitions|zulage *f* налоговые льготы *pl* за инвестирование капитала в развиваемых регионах; **-zulagengesetz** *n* Закон *m* о льготах за инвестирование в развиваемых регионах

Investitions|zurückhaltung *f* пассивность *f* (выжидательное настроение *n*) инвесторов; **-zusage** *f* согласие *n* на проведение инвестиций (капиталовложений); **-zuschuss** *m* дотации *pl* на проведение капиталовложений (инвестиций); **-zyklus** *m* инвестиционный цикл *m*

investiv инвестиционный

Investivlohn *m* форма *f* оплаты труда, при которой часть заработной платы рабочего вкладывается в капитал предприятия

Investment *n* инвестиции *pl*, капиталовложения *pl*; **ein ~ tätigen** осуществлять инвестиции (капиталовложения); **privates ~** частные инвестиции *pl* (капиталовложения *pl*)

Investment|anteil *m* ценная бумага *f* (акция *f*) инвестиционной компании; доля *f* собственности в инвестиционной компании; **-anteilschein** *m* сертификат *m* инвестиционной компании (инвестиционного фонда); **-bank** *f* инвестиционный банк *m*, банк-инвестор *m*; **-banker** *m* банкир *m*, проводящий инвестиции; **-broker** *m* брокер *m* по инвестиционным ценным бумагам; **-club** *m* объединение *n* физических лиц для проведения инвестиций в ценные бумаги

Investmentfonds *m* инвестиционный фонд *m*, общий инвестиционный трастфонд *m*; **geschlossener ~** закрытый инвестиционный фонд *m*;

offener ~ открытый инвестиционный фонд *m*
Investment|geschäft *n* инвестиционная деятельность *f* (банков); **-gesellschaft** *f* инвестиционная компания *f*, инвестиционный фонд *m*; **-sparen** *n* хранение *n* сбережений в инвестиционном фонде; **-sparer** *m* вкладчик *m* инвестиционного фонда; **-trust** *m* инвестиционная компания *f*; **-zertifikat** *n* инвестиционный сертификат *m*, сертификат *m* инвестиционного фонда
Investor *m* инвестор *m*, вкладчик *m*; **institutioneller** ~ институциональный инвестор *m*
Inzidenz *f* воздействие *n* мероприятий финансовой политики на распределение доходов
IP-Adresse *f (Comp)* ИП-адрес *m*
irreführend вводящий в заблуждение, обманчивый; **-e Angaben** информация *f*, вводящая в заблуждение; **-e Werbung** реклама *f*, вводящая в заблуждение
Irrtum *m* ошибка *f*, заблуждение *n*; **einen ~ richtigstellen** исправить ошибку, разрешить недоразумение; **~ vorbehalten** исключая ошибки
Irrtumswahrscheinlichkeit *f* вероятность *f* ошибки
Isokostenkurve *f* (**Isotime** *f*) изокоста *f*
Isophoren *pl* изофоры *pl*
Isoquanten *pl* изокванты *pl*
Issuer, Issuing-Bank *f* банк-эмитент *m*; банк *m*, выпускающий кредитные карты
Ist *n* фактическое положение *n*; наличие *n*; истинное значение *n*
Ist|analyse *f* анализ *m* фактического состояния; **-aufnahme** *f* фотография *f* фактического состояния дел; **-aufwand** *m* фактические расходы *pl* (затраты *pl*); **-ausgaben** *pl* фактические издержки *pl*; **-bestand** *m* фактические складские запасы *pl*; фактическое наличие *n*; **-größe** *f* фактическая величина *f*; **-kosten** *pl* фактические издержки *pl* (затраты *pl*); **-kostenrechnung** *f* калькуляция *f* фактических издержек; **-spanne** *f* фактическая прибыль *f*; **-stunden** *pl* количество *n* фактически отработанных часов; **-versteuerung** *f* обложение *n* налогом фактически полученного дохода; **-wert** *m* фактическое значение *n*, фактическая величина; **-zahlen** *pl* фактические показатели; **-zeit** *f* фактически затраченное время *n*; **-zustand** *m* истинное (фактическое) состояние *n*; **-zustandanalyse** *f* анализ *m* фактического состояния
Iteration *f* итерация *f*
Iterationserfahren *n* итерационный метод *m*
i. V. (in Vertretung) и.о., исполняющий обязанности

J

Jagdhaftpflichtversicherung *f (Versich)* страхование ответственности при непреднамеренном нанесении вреда во время охоты
Jahr *n* год *m*; **laufendes ~** текущий год; **pro ~** в год; **tilgungsfreies ~** год *m*, в котором не производятся выплаты в счет погашения
Jahrbuch *n* ежегодник *m*; **statistisches ~** статистический ежегодник *m*
Jahres|abgrenzung *f* разграничение *n* между смежными отчетными годами; **-ablauf** *m* истечение *n* (окончание *n*) года; **-abonnement** *n* годовая подписка *f*, годовой абонемент *m*; **-abrechnung** *f* подведение *n* итогов за год, годовой отчет *m*
Jahresabschluss *m* годовой (заключительный) баланс *m*; годовой отчет; **den ~ erstellen** составлять годовой баланс *m* (отчет *m*); **festgestellter ~** одобренный (утвержденный) годовой баланс *m*; **konsolidierter ~** консолидированный годовой баланс *m*
Jahresabschluss|buchung *f* бухгалтерская запись *f* (проводка *f*) в годовом отчете (балансе); **-prüfung** *f* проверка *f* годового баланса, годичный анализ *m* хозяйственной деятельности
Jahres|arbeitsverdienst *m* годовой заработок *m*; **-arbeitszeit** *f* ко-

личество *n* рабочего времени в календарном году; **-arbeitszeitvertrag** *m* трудовой договор *m*, заключаемый сроком на один год; **-aufkommen** *n* годовая продукция *f* (добыча *f*); **-ausstoß** *m* годовой объем *m* производства, годовая выработка *f*; **-bedarf** *m* годовая потребность *f*; **-beitrag** *m* ежегодный взнос *m*; **-bericht** *m* годовой отчет *m*; **-berichtserstattung** *f* годовая отчетность *f*; **-bilanz** *f* годовой (заключительный) баланс *m*, итоги за год; **-bruttolohn** *m* общая сумма *f* заработной платы за год; **-budget** *m* годовой бюджет *m*; **-coupon** *m* *(Bank, Fin)* годовой купон *m*; **-durchschnitt** *m* среднегодовой показатель *m*; **-einkommen** *n* **(-einkünfte** *pl***)** годовой доход *m*; **-ende** *n* конец *m* года; **-endbestand** *m* остаток *m* на конец года; **-erfolg** *m* **(-ergebnis** *n***)** результаты *pl* хозяйственной деятельности за прошедший год; **-ertrag** *m* годовой доход *m* (прибыль *f*); **-erzeugung** *f* годовое производство *n*, годовая выработка *f*; **-etat** *m* годовой бюджет *m*; **-fehlbetrag** *m* годовой (денежный) дефицит *m*; **-frist** *f* годичный срок *m*; **-gehalt** *n* годовая заработная плата *f*; **-gewinn** *m* годовая прибыль *f*; **-hälfte** *f* полугодие *n*; **-hauptversammlung** *f* годичное общее собрание *n* акционеров

Jahreshoch *n* высший годовой показатель *m* (уровень *m*); ~ **des Aktienkurses** высший годовой показатель *m* курса акций

Jahres|höchststand *m* высший годовой уровень *m*; **-kupon** *m* годовой купон; **-leistung** *f* выпуск *m* продукции за год; **-lohn** *m* годовая заработная плата *f*; **-mittel** *n* среднегодовой показатель *m*; **-pauschale** *f* общая (паушальная) годовая сумма *f*; **-plan** *m* годовой план *m*; **-planung** *f* годовое планирование *n*, годовой план *m*; **-produktion** *f* годовая продукция *f*, выпуск *m* продукции за год; **-programm** *n* годичная программа *f*; **-rate** *f* ежегодный взнос *m*; **-rechnung** *f* годовой баланс *m*, годовой отчет *m*; **-rente** *f* годовая рента *f*; **-rohmiete** *f* годовой размер *m* общей арендной платы; **-schluss** *m* конец *m* года; **-schlusskurs** *m* курс *m* (цена *f*) в конце года; **-sondervergütung** *f* дополнительная заработная плата *f* по итогам года; **-sonderzahlung** *f* доплаты *pl* и премии *pl* за год; **-teuerung** *f* рост *m* цен в году, подорожание *n* за год; **-tief** *n* низший годовой показатель (уровень); **-überschuss** *m* (чистая) годовая прибыль *f*, положительное сальдо *n* на счету прибылей и убытков; **-übersicht** *f* годовой обзор *m*; **-umsatz** *m* годовой оборот *m*; **-urlaub** *m* ежегодный отпуск *m*; **-verbrauch** *m* годовое потребление *n*, потребление *n* за год; **-vergleich** *m* сравнение *n* годовых показателей; **-versammlung** *f* годовое собрание *n*; **-wechsel** *m* наступление *n* Нового года; **-wirtschaftsbericht** *m* ежегодный экономический отчет *m*; **-zahlung** *f* ежегодный платеж *m*; **-ziel** *n* годичный срок *m*

Jahreszins *m* годовой процент *m*; **effektiver** ~ фактический процент *m*

Jahreszuwachs *m* годовой прирост *m*; **-zuwachsrate** *f* годовой темп *m* прироста

jährlich ежегодно; годичный, ежегодный, годовой; ~ **abrechnen** составлять годовой отчет, производить расчет за год; **-er Umsatz** годовой оборот *m*

Job *m* дело *n*, работа *f*; должность *f*, место *n* работы, рабочее место *n*; **den ~ aufgeben** отказаться от работы, бросить работу; **seinen ~ verlieren** потерять работу

jobben работать

Jobber *m* биржевой спекулянт *m*; делец *m*

Job-Center бюро *n* по трудоустройству

job enlargement укрупнение *n* технологических операций

job enrichment исключение *n* монотонных рабочих операций

job rotation ротация *f* рабочих мест, служебная ротация *f*

job sharing деление *n* рабочего места

между несколькими работниками для увеличения занятости

Job|suche *f* поиск *m* работы; **-vermittlung** *f* посредничество *n* в подыскании работы

Joint Venture *n* совместное предприятие *n*

Joint Venture-Partner *m* партнер *m* по совместному предприятию

Joint Venture-Vertrag *m* договор *m* о создании совместного предприятия

Journal *n* журнал *m*; **Eintragungen im ~ machen** вносить записи в журнал; **im ~ buchen** делать проводку в журнале

Journal|blatt *n* карточка *f* журнала; **-buchung** *f* бухгалтерская запись *f* (проводка *f*) в журнале

Jubiläms|geschenk *n* подарок *m* к юбилею; **-verkauf** *m* продажа *f* со скидкой в связи с юбилеем фирмы; **-zuwendung** *f* премия *f* в связи с юбилеем

Jugend|arbeitslosigkeit *f* безработица *f* среди молодежи; **-arbeitsschutz** *m* охрана *f* труда молодежи

Jumbo-Anleihe *f* крупный заём *m*

Jungschein *m* обязательство *n* эмитента предоставить молодые акции в центральный банк-депозитарий

Junior *m* младший партнер *m* (компаньон *m*); молодой шеф *m*, сын *m* владельца фирмы

Junior|chef *m* сын *m* владельца фирмы; **-management** *n* нижнее звено *n* управления

junk bond ненадежная облигация *f*

Junktimgeschäft *n* компенсационная сделка *f*

Jurist *m* юрист *m*

juristisch юридический; **~ selbständig** юридически самостоятельный; **-e Person** юридическое лицо *n*; **-e Personen des privaten Rechts** юридические лица *pl* частного права

Jury *f* жюри *n*

Jurysitzung *f* заседание *n* жюри

justieren юстировать; приводить монеты к указанному весу

Just-in-Sequence принцип *m* снабжения «в нужной последовательности»

Just-in-time система *f* обеспечения производства, строго синхронизированная по времени, «точно в срок», «точно вовремя»

Justitiar *m* юрисконсульт *m*

Justiz *f* юстиция *f*, правосудие *n*

Juwelier *m* ювелир *m*

Juwelier|geschäft *n* ювелирный магазин *m*; **-waren** *pl* ювелирные товары *pl*

Juxta *f* отрывной талон *m*, контрольный купон *m*

K

Kabel|adresse *f* телеграфный адрес *m*; **-auszahlung** *f* телеграфный перевод *m*; **-kurs** *m* курс *m* телеграфных переводов; **-netz** *n* *(Media)* кабельная сеть *f*; **-überweisung** *f* телеграфный перевод *m*

Kabotage *f* каботаж *m*; каботажное судоходство *n*

kaduzieren аннулировать права акционера; исключать из акционерного общества за неоплату акций

Kaduzierung *f* аннулирование *n* прав акционера, исключение *n* из акционерного общества за неоплату акций

Kahlpfändung *f* опись *f* всего имущества должника

Kai|anlage *f* товарная пристань *f*, причал *m*; **-empfangsschein** *m* расписка *f* причального склада о принятии груза; **-gebühren** *pl* причальный сбор *m*; **-lagergeld** *n* плата *f* за хранение на пристани; **-tarif** *m* причальный тариф *m*

Kalender|arbeitszeit *f* календарное рабочее время *n*; **-halbjahr** *n* календарное полугодие *n*; **-jahr** *n* календарный год *m*; **-tag** *m* календарный день *m*; **-woche** *f* календарная неделя *f*

Kalkulation *f* калькуляция *f*, калькулирование *n*, расчет *m*; калькуляция *f* издержек производства; **eine ~ erstellen** составить калькуляцию, произвести расчет; **eine ~ vorlegen** представить калькуляцию; **eine ~ vornehmen** произвести калькуляцию; **auftragsweise** ~ позаказный метод *m* калькуляции; **stückbezogene** ~ калькуляция *f* издержек производства на единицу продукции; ~ **von Kuppelprodukten** калькуляция *f* издержек производства изделий, производимых в едином технологическом процессе

Kalkulations|abschlag *m* снижение *n* оценочной стоимости, снижение расчетных издержек; калькуляционная скидка *f*; **-abteilung** *f* калькуляционный (расчетный) отдел *m*; **-aufbau** *m* структура *f* расчета; **-aufschlag** *m* расчетная надбавка *f*; **-daten** *pl* данные *pl* для расчета издержек; **-differenz** *f* разница *f* между расчетными и фактическими издержками; **-einheit** *f* расчетная (калькуляционная) единица *f*; **-faktor** *m* калькуляционная надбавка *f* в процентном отношении; **-fehler** *m* погрешность *f* при расчетах; **-position** *f* позиция *f* (статья *f*) калькуляции; **-richtlinien** *pl* правила *pl* составления калькуляции; **-preis** *m* калькуляционная (сметная) цена *f*; **-stichtag** *m* день *m* проведения калькуляционных расчетов; **-unterlagen** *pl* калькуляционная документация *f*; **-verfahren** *n* метод *m* калькуляции; **-wert** *m* расчетная (сметная) стоимость *f*; **-zeitpunkt** *m* день *m* проведения калькуляционных расчетов; **-zinsfuß** *m* **(-zinssatz** *m***)** расчетная процентная ставка *f*; **-zuschlag** *m* калькуляционная надбавка *f*

kalkulatorisch калькуляционный, расчетный, сметный

kalkulieren калькулировать, составлять смету, производить расчет; **Preise** ~ рассчитывать цены

Kalo *m* естественная убыль *f* в весе; скидка *f* с цены за убыль в весе

Kaltmiete *f* квартирная плата *f* без расходов на оплату коммунальных услуг, «холодная» квартплата *f*

Kameralistik *f* камералистика *f*, традиционная система *f* бухгалтерского учета

Kammer *f* палата *f*; ~ **für Handelssachen** палата *f* земельного суда по коммерческим делам

Kampagne *f* кампания *f*; **eine ~ starten** начать кампанию

Kampagnebetrieb *m* сезонное предприятие *n*

Kampf|preis *m* конкурентная цена *f*; **-tarif** *m* оградительный тариф *m*; **-zoll** *m* карательная пошлина *f*

Kanban *m* система *f* производства по требованию с обязательным получением изделия заказчиком по карте заказа, канбан

Kanban|karte *f* карта *f* заказа по системе канбан; **-steuerung** *f* управление *n* производством по системе канбан

Kann|kaufmann *m* лицо *n*, приобретающее статус коммерсанта после занесения в торговый реестр; **-leistungen** *pl* платежи *pl* по социальному страхованию, производимые по усмотрению страховщика мощностей; **-vorschrift** *f* предписание *n*, необязательное к исполнению

Kapazität *f* мощность *f*, производственные мощности *pl*; емкость *f*, вместимость *f*, объем *m*; **-en abbauen** сокращать (производственные) мощности; **-en abstimmen** согласовывать (производственные) мощности; **-en ausbauen** расширять (увеличивать) мощности; **-en auslasten** загружать мощности; **-en (aus)nutzen** использовать мощности; **-en erhöhen** повышать мощности; **-en erschöpfen** исчерпать мощности; **-en erweitern** расширять (увеличивать) мощности; **-en in Betrieb nehmen** пускать мощности в эксплуатацию; **-en installieren** устанавливать мощности; **die ~ steigern** повышать мощность; **-en stilllegen** свертывать производственные мощности; **-erschöpfte** ~ мощности *pl*, использованные до предела; **genutzte** ~ используемые мощности *pl*; **installierte** ~ установленная мощность *f*; **personelle -en** численность *f* персонала; **überschüssige** ~ избыточные мощности *pl*; **unausgelastete** ~ незагруженные мощности *pl*; **ungenutzte ~** неиспользуемые мощности *pl*; **~ zur Verarbeitung** мощности *pl* по переработке

Kapazitäts|abbau *m* уменьшение *n* (сокращение *n*) производственных мощностей; **-abstimmung** *f* согласование *n* производственных мощностей; **-anpassung** *f* приспосабливание *n* (регулирование *n*) производственных мощностей; **-ausbau** *m* **(-ausdehnung** *f***)** расширение *n* производственных мощностей; **-auslastung** *f* **(-ausnutzung** *f***)** загрузка *f* (использование *n*) производственных мощностей; **-ausweitung** *f* расширение *n* (увеличение *n*) производственных мощностей; **-bedarfsplanung** *f* планирование *n* потребности в производственных мощностях; **-bedarfsrechnung** *f* расчет *m* потребности в производственных мощностях; **-belegungsplanung** *f* планирование *n* загрузки машин и оборудования; **-einheit** *f* единица *f* мощности; **-einsatz** *m* использование *n* производственных мощностей; **-engpässe** *pl* нехватка *f* (дефицит *m*) производственных мощностей; **-erhöhung** *f* повышение *n* мощности; **-grenze** *f* лимит *m* (предел *m*) мощности; **-harmonisierung** *f* согласование *n* производственных мощностей; **-kosten** *pl* расходы *pl* по содержанию производственных мощностей; **-lücke** *f* нехватка *f* производственных мощностей; **-planung** *f* планирование *n* производственных мощностей; **-reserve** *f* резервы *pl* производственных мощностей; **-überhang** *m* избыточные производственные мощности *pl*; **-überschreitung** *f* превышение *n* мощности; **-überschuss** *m* избыточные производственные мощности *pl*; **-überwachung** *f* контроль *m* за производственными мощностями; **-verringerung** *f* уменьшение *n* производственных мощностей; **-wirkung** *f* отдача *f* капиталовложений в расширение производства

Kapital *n* капитал *m*; основной капитал *m*, мир *m* капитала; **~ anlegen** вкладывать (помещать) капитал; **~ aufbringen** изыскать капитал; **~ aufnehmen** занимать капитал; **~ aufstocken** увеличивать основной капитал; **~ beschaffen** получать (приобретать) капитал; **~ binden** связывать капитал; **~ einbringen** вносить (вкладывать) капитал; **~ einschießen** вкладывать (помещать) капитал; **~ einsetzen** вложить капитал, использовать капитал, маневрировать капиталом; **~ erhöhen** увеличивать (основной) капитал; **~ fest anlegen** связывать капитал на определенный срок; **~ festlegen** превратить оборотный капитал в постоянный; **~ herabsetzen** уменьшать основной капитал; **~ heraufsetzen** увеличить капитал; **~ importieren** импортировать капитал; **~ investieren** вкладывать (помещать, инвестировать) капитал; **mit ~ ausstatten** предоставить капитал, снабдить капиталом; **~ zurückzahlen** выплачивать (возвращать) заемный капитал; **~ zuschießen** вкладывать (вносить) капитал; **angelegtes ~** вложенный (инвестированный) капитал *m*; **angewandtes ~** использованный капитал *m*; **aufgestocktes ~** увеличенный основной капитал *m*; **ausgegebenes ~** акционерный капитал *m* в виде ценных бумаг; **ausländisches ~** иностранный капитал *m*; **betriebsnotwendiges ~** капитал *m*, необходимый для производства (для функционирования предприятия); **bewegliches ~** оборотный капитал *m*; **disponibles ~** свободный (наличный) капитал *m*; **eingebrachtes ~** вложенный капитал *m*; **eingefordertes ~** востребованный капитал *m*; **eingeschossenes ~** вложенный капитал *m*; **eingesetztes ~** использованный (вложенный) капитал *m*; **eingezahltes ~** внесенный капитал *m*, оплаченная часть *f* акционерного капитала; **fixes ~** основной капитал *m*; **flüssiges ~** ликвидный (свободный, мобильный) капитал *m*; **freigesetztes ~**

высвобожденный капитал *m*; **fremdes** ~ заемный капитал *m*; **gebundenes** ~ связанный капитал *m*; **genehmigtes** ~ акционерный капитал *m*, увеличенный за счет выпуска новых акций; **gezeichnetes** ~ капитал *m*, выпущенный по подписке; номинальный капитал *m*; **haftendes** ~ уставной капитал *m*; **indisponibles** ~ несвободный (связанный) капитал *m*; **industrielles** ~ промышленный капитал *m*; ~ **in Effekten** фондовый капитал *m*; **investiertes** ~ вложенный (инвестированный) капитал *m*; **leihbares** ~ ссудный капитал *m*; **nötiges** ~ необходимый (требуемый) капитал *m*; **registriertes** ~ зарегистрированный (акционерный) капитал *m*; **risikobehaftetes** ~ капитал *m*, вложенный в предприятие, связанное с риском; **sachliches** ~ вещный капитал *m*; **stehendes** ~ основной капитал *m*; **totes** ~ мертвый капитал *m*; капитал *m*, не приносящий доход; **überflüssiges (überschüssiges)** ~ избыточный капитал *m*; **umlaufendes** ~ оборотный капитал *m*; ~ **und Zinsen** капитал *m* и проценты *pl*; **variables** ~ переменный капитал *m*; **verausgabtes** ~ израсходованный капитал *m*; **verfügbares** ~ наличный капитал *m*; **vorgeschossenes** ~ авансированный капитал *m*; **zinstragendes** ~ капитал *m*, приносящий проценты

Kapital|abberufung *f* изъятие *n* капитала; **-abfindung** *f* общая сумма *f* страхового возмещения; единовременное возмещение *n* убытков (ущерба); **-abfluss** *m* **(-abwanderung** *f***)** утечка *f* (отток *m*) капитала; **-abzug** *m* изъятие *n* капитала; **-angebot** *n* предложение *n* капитала; **-anhäufung** *f* накопление *n* капитала

Kapitalanlage *f* помещение *n* капитала, капиталовложения *pl*, инвестиции *pl*; **sichere** ~ надежные капиталовложения *pl*; **festverzinsliche** ~ вложение *n* капитала под твердый процент

Kapitalanlage|bereich *m* сфера *f* (область *f*) помещения капитала; **-gegenstand** *m* инвестиционный объект *m*, имущественный объект *m*; **-gesellschaft** *f* инвестиционная компания *f*; **-möglichkeiten** *pl* возможности помещения капитала; **-politik** *f* инвестиционная политика *f*; **-restriktion** *f (Versich)* ограничения по вложениям капитала (страховых компаний); **-sphäre** *f* сфера *f* приложения (помещения) капитала

Kapital|anleger *m* инвестор *m*; **-ansammlung** *f* накопление *n* капитала; **-anteil** *m* доля *f* в капитале; пай в предприятии; **-anteilschein** *m* свидетельство *n* о долевом участии; **-aufbringung** *f* изыскание *n* (приобретение *n*) капитала; **-aufnahme** *f* заем *m* капитала; **-aufstockung** *f* увеличение *n* основного капитала; **-aufwand** *m* **(-aufwendungen** *pl***)** затраты *pl* капитала, капитальные затраты; **-ausfuhr** *f* вывоз (экспорт) капитала; **-ausgaben** *pl* затраты *pl* капитала, капитальные затраты *pl*; **-ausschüttung** *f* распределение *n* капитала; **-ausstattung** *f* капитализация; капиталовооруженность; капитальное оборудование *n*; **-ausweitung** *f* расширение *n* инвестиций; **-auszahlung** *f* выплата *f* доли капитала; **-bedarf** *m* потребность *f* в капитале, спрос на капитал; **-bedarfsrechnung** *f* расчет *m* потребности в капитале; **-bereitstellung** *f* предоставление *n* (ассигнование *n*) капитала; **-bereitstellungskosten** *pl* издержки *pl* на предоставление капитала; **-berichtigung** *f* корректировка *f* размера основного капитала; **-berichtigungsaktie** *f* бесплатная (неоплачиваемая) акция *f*; **-beschaffung** *f* привлечение *n* капитала; **-beschaffungsform** *f* форма *f* привлечения капитала; **-besteuerung** *f* обложение *n* капитала налогом; **-beteiligung** *f* долевое участие *n* в акционерном капитале; **-beteiligungsgesellschaft** *f* общество *n*, вкладывающее средства в предприятия, не обладающие правом выпуска ценных бумаг; венчурная компания *f*; **-betrag** *m* сумма *f* (величина) капитала; **-bewegungen** *pl* движение *n* (динамика *f*) капитала; **-bewilligung** *f* предоставление *n* капитала; **-bilanz** *f* баланс *m* экспорта и импорта капитала; баланс *m* оборачиваемости капитала и кредитов; **-bildung** *f* образование *n* (накопление *n*) капитала; **-bildungskraft** *f* способность *f* к образованию капитала; **-bindung** *f* связывание *n* (вложение *n*) капитала; **-bindungsdauer** *f* продолжительность *f* (период *m*) связывания капиталовложений; **-bindungskosten** *pl* стоимость *f* привлеченного капитала; **-budget** *n* бюджет *m* капиталовложений; **-decke** *f*, **-deckung** *f* финансовое покрытие *n* (обеспечение *n*); **-dienst** *m* погашение *n* кредитов и займов, уплата *f* процентов; **-dienstgrenze** *f* потенциальная возможность *f* обслуживания кредитов; **-disposition** *f* наличие *n* капитала; распоряжение *n* капиталом; **-eigner** *m* владелец *m* капитала; **-einfuhr** *f* ввоз *m* (импорт) капитала; **-einkommen** *n* **(-einkünfte** *pl***)** доход *m* с капитала; **-einlage** *f* долевое участие *n* в капитале; доля *f* участия (пай *m*) в капитале; **-einsatz** *m* деньги *pl*, необходимые на покупку ценной бумаги; капиталовложения *pl*, инвестиции *pl*, использование капитала; **-engagement** *n* долевое участие *n* в капитале, вложение *n* (помещение *n* капитала); **-entwertung** *f* обесценение *n* капитала; **-entwertungskonto** *n* счет *m* обесценения капитала; **-erhaltung** *f* сохранение *n* стоимости капитала

Kapitalerhöhung *f* увеличение *n* основного капитала; **eine ~ vornehmen** увеличивать основной капитал; **~ einer Aktiengesellschaft** увеличение *n* основного капитала акционерного общества; **~ aus Gesellschaftsmitteln** увеличение *n* основного капитала за счет внутренних ресурсов общества; **bedingte ~** обмен *m* именных облигаций конверсионного займа на акции; **~ gegen Bareinlagen** увеличение *n* основного капитала за счет вклада наличными; **~ gegen Sacheinlagen** увеличение *n* основного капитала за счет имущественных вкладов; **genehmigte ~** увеличение *n* основного капитала, санкционированное общим собранием акционеров

Kapital|erneuerung *f* обновление *n* капитала; **-ertrag** *m* доход *m* с капитала; **-ertragsbilanz** *f* баланс *m* доходов с капитала; **-ertragsteuer** *f* налог *m* на доход с капитала; **-export** *m* вывоз *m* (экспорт *m*) капитала

Kapitalflucht *f* бегство *n* (утечка *f*) капитала; **illegale ~** нелегальная утечка *f* капитала

Kapital|fluss *m* движение *n* капитала; **-flussrechnung** *f* расчет *m* потока капитала, анализ *m* движения капитала; **-fonds** *m* фонд *m* основного капитала, денежные ресурсы *pl*; **-forderungen** *pl* финансовые требования; **-freisetzung** *f* высвобождение *n* капитала; **-geber** *m* инвестор *m*, кредитор *m*; **-gesellschaft** *f* общество *n* с привлекаемым капиталом; **-gewinn** *m* прибыль *f* на вложенный капитал; **-güter** *pl* основные средства *pl* производства, инвестиционные товары *pl*; **-güterindustrie** *f* промышленность *f*, производящая основные средства производства; **-herabsetzung** *f* сокращение *n* (уменьшение *n*) основного капитала; **-herkunft** *f* происхождение *n* капитала; **-hilfe** *f* финансовая помощь *f*; **-import** *m* ввоз *m* (импорт *m*) капитала; **-intensität** *f* капиталоемкость *f*

kapitalintensiv капиталоемкий

Kapitalinvestition *f* капиталовложения *pl*, инвестиции *pl*

kapitalisieren капитализировать, обращать в капитал; производить расчет текущей стоимости периодических платежей; определять величину ожидаемых (будущих) доходов и расходов; **die Gesellschaft ~** капитализировать общество

Kapitalisierung *f* капитализация *f*, превращение *n* в капитал; расчет *m*

текущей стоимости периодических платежей; определение *n* величины будущих доходов и расходов

Kapitalisierungs|dauer *f* срок *m* капитализации; **-faktor** *m* ставка *f* (норма *f*) капитализации; **-geschäft** *n s.* **Sparversicherung** *f*; **-methode** *f* метод *m* капитализации дохода; **-zinsfuß** *m* процентная ставка *f* капитализации

Kapitalismus *m* капитализм *m*

Kapitalist *m* капиталист *m*

Kapital|knappheit *f* нехватка *f* (дефицит *m*) капитала; **-koeffizient** *m* коэффициент *m* капитальных затрат; **-konsolidierung** *f* консолидация *f* капитала; **-konto** *n* счет *m* капитала; **-konzentration** *f* концентрация *f* капитала

Kapitalkosten *pl* стоимость *f* капитала; **gesamte ~** общая стоимость *f* капитала; **gewichtete durchschnittliche ~** средневзвешенная стоимость капитала *f*

Kapital|kraft *f* финансовые возможности *pl*, финансовая стабильность *f*

kapitalkräftig обладающий капиталом, обеспеченный капиталом

Kapital|kreislauf *m* кругооборот *m* капитала; **-lebensversicherung** *f (Versich, Fin)* страхование *n* жизни с накоплением капитала; **-leistungen** *pl* финансовые услуги *pl*; **-lücke** *f* **(-mangel** *m***)** нехватка *f* капитала; **-markt** *m* рынок *m* средне- и долгосрочных кредитов; рынок *m* ссудных капиталов

Kapitalmarkt|ausschuss *m* комиссия *f* по регулированию рынков капитала; **-darlehen** *n* ссуда *f*, полученная на рынке капиталов; **-enge** *f* узость *f* рынка ссудных капиталов, напряженность *f* на рынке ссудных капиталов; **-linie** *f* линия *f* рынка ценных бумаг; **-papiere** *pl* ценные бумаги *pl* рынка капиталов; **-politik** *f* политика *f* на рынке ссудных капиталов; **-verflechtung** *f* взаимодействие *n* (взаимопроникновение *n*) рынков капиталов; **-zinsen** *pl* ссудный процент *m*, процент *m* рынка ссудных капиталов

kapitalmäßig финансовый; **-e Beteiligung** долевое участие *n* в капитале

Kapital|maßnahme *f (Bank, Bö, Fin)* мера *f* по изменению долей акционеров; **-mehrheit** *f* контрольный пакет *m* акций; **-nachfrage** *f* спрос *m* на капитал; **-not** *f* потребность *f* в капитале, нехватка капитала; **-nutzung** *f* использование *n* капитала; **-papier** *n* ценная бумага *f*; **-produktivität** *f* производительность *f* капитала; **-quelle** *f* источник *m* капитала (финансирования); **-rendite** *f* прибыль *f* на вложенный капитал; **-rentabilität** *f* коэффициент *m* окупаемости капиталовложений; **-rente** *f* рента *f* (доход) с капитала; **-reserven** *pl* резерв *m* капитала (денежных средств); **-rückfluss** *m* обратный приток *m* (репатриация *f*) капитала; **-rückflussdauer** *f* продолжительность *f* (период *m*) окупаемости (вложенного) капитала; **-rückflussrate** *f* норма *f* окупаемости капитала; **-rückführung** *f* репатриация *f* капитала; **-rücklage** *f* создание *n* резервов капитала, резерв *m* капитала; **-rückschleusung** *f* оборачиваемость *f* капитала; **-rückzahlung** *f* погашение *n* (возврат *m*) капитала; **-sammelstellen** *pl* учреждения *pl*, аккумулирующие свободные денежные средства, институциональные инвесторы *pl*; **-schnitt** *m* уменьшение *n* основного капитала; **-schutz** *m* гарантии *pl* иностранным инвесторам

kapitalschwach не обладающий капиталом (финансовыми средствами)

Kapital|seite *f* кредиторы *pl*, инвесторы *pl*; **-spritze** *f* вливание *n* капитала; **-steuerung** *f* регулирование *n* капиталовложений; **-stock** *m* годовой объем *m* основных производственных фондов народного хозяйства; стоимость *f* основного капитала, используемого на производственные цели; **-strom** *m* поток *m* (движение *n*) капитала; **-struktur** *f* структура *f* капитала; **-strukturcontrolling** *n* контроллинг *m* структуры капитала; **-summe** *f* сумма *f* (величина *f*) капитала; **-transaktion** *f* сделка *f*, объектом которой является капитал; **-transfer** *m* трансферт *m* (перемещение *n*, перевод *m*) капитала; **-überfremdung** *f* засилие *n* иностранного капитала; **-überhang** *m* **(-überschuss** *m***)** избыток *m* капитала; **-übertragung** *f* перевод *m* (перемещение) капитала; **-umschlag** *m* оборот *m* (оборачиваемость *f*) капитала; **-verbrechen** *n* уголовное преступление *n*; **-verflechtung** *f* сращивание *n* (слияние *n*) капиталов; **-verkehr** *m* оборот *m* (обращение *n*) капитала, операции *pl* с капиталом

Kapitalverkehrs|bilanz *f* баланс *m* движения капиталов и кредитов; баланс *m* экспорта и импорта капитала; **-kontrollen** *pl* контроль *m* за обращением (движением) капиталов, контроль *m* за финансовыми операциями

Kapitalverkehrsteuer *f* налог *m* на финансовые операции, налог *m* на оборот капиталов

Kapital|verlagerung *f* перемещение *n* капиталов; **-verlust** *f* потеря *f* капитала; **-vermehrung** *f* приращение *n* (увеличение *n*) капитала; **-verminderung** *f* уменьшение *n* капитала; **-vermögen** *n* основной капитал *m*, основные средства *pl* производства; **-versicherung** *f* страхование *n* (с целью накопления) на определенную страховую сумму; **-verwaltung** *f* управление *n* капиталом; **-verwaltungsgesellschaft** *f* инвестиционная (трастовая) компания *f*; **-verwässerung** *f* разводнение *n* капитала; **-verwendung** *f* использование *n* капитала; **-verzehr** *m* амортизация *f* (обесценение *n*) капитала; **-verzinsung** *f* процент *m* на капитал, прибыль *m* на инвестированный капитал; **-volumen** *n* величина *f* (сумма *f*) капитала; **-wanderung** *f* миграция *f* капитала; **-wert** *m* чистый дисконтированный доход; *s. auch* **Barwert** *m*, моментальная (дисконтированная) стоимость *f* будущих платежей, чистая приведенная стоимость *f*; **-wertmethode** *f* метод *m* чистой приведенной стоимости, метод *m* чистого современного значения; **-wertzins** *m* процентная ставка *f* на совокупный капитал; **-wiederaufstockung** *f* повторное увеличение *n* основного капитала; **-wirtschaft** *f* получение *n*, использование *n* и погашение *n* кредитов; **-zersplitterung** *f* раздробление *n* капитала; **-zins** *m* процент *m* на капитал; **-zufluss** *m* **(-zufuhr** *f*, **-zuführung** *f*) приток *m* капитала; **-zusammenführung** *f* **(-zusammenlegung** *f***)** объединение *n* (слияние) капиталов; сокращение *n* основного капитала; **-zusammensetzung** *f* состав *m* (структура *f*) капитала; **-zuwachs** *m* прирост *m* капитала

Karenz|entschädigung *f* возмещение *n* (компенсация *f*) за ожидание; **-jahr** *n* год *m* ожидания; **-monat** *m* месяц *m* ожидания; **-tage** *pl* дни *pl* ожидания; **-zeit** *f* время *n* (срок *m*) ожидания

Kargo *n* карго *n*, морской груз *m* без указания его точного наименования

Kargoversicherung *f* страхование *n* карго

Karriere *f* карьера *f*; **~ machen** делать карьеру

Karriere|chancen *pl* шансы *pl* на продвижение по службе; **-planung** *f* планирование *n* продвижения по службе; **-sucht** *f* карьеризм *m*

Kartei *f* картотека *f*; **eine ~ anlegen** составить картотеку; **eine ~ führen** вести картотеку

Karteibuchführung *f* карточная система *f* бухгалтерского учета

Kartell *n* картель *m*, соглашение *n*; **ein ~ auflösen** ликвидировать картель; **ein ~ bilden** образовать картель; **-e entflechten** проводить декартелизацию

Kartell|abkommen *n* **(-absprache** *f***)** картельное соглашение *n*; **-amt** *n* ведомство *n* по надзору за деятельностью картелей, антимонопольное ведомство *n*; **-auflösung** *f* ликвидация *f* картеля; **-behörde** *f* ведомство *n* по надзору за деятельностью картелей; **-bildung** *f* образование *n* картеля; **-bindung** *f* картель *m*, картельное объединение *n*; **-entflechtung** *f* декартелизация *f*

kartellgebunden связанный картельным соглашением, объединенный в картель

Kartell|gericht *n* суд *m* по нарушениям антимонопольного законодательства; **-gesetz** *n* закон *m* о картелях, антитрестовское (антимонопольное) законодательство *n*

kartellieren картелировать, образовывать картель

Kartell|klage *f* иск *m* по обвинению в нарушении антитрестовского законодательства; **-mitglied** *n* член *m* (участник) картеля; **-quote** *f* квота *f* согласно картельному соглашению; **-preis** *m* картельная цена *f*; **-recht** *n* антитрестовское (антимонопольное) законодательство *n*

kartellrechtlich согласно антитрестовскому законодательству; **-e Regelungen** нормы антитрестовского законодательства

Kartell|register *n* перечень *m* (регистр *m*) картелей; **-verbot** *m* запрет *m* на картели; **-vereinbarung** *f* картельное соглашение *n*; **-verfahren** *n* судебное разбирательство *n* по обвинению в нарушении антитрестовского законодательства; **-verkauf** *m* продажа *f* по картельным ценам; **-verstoß** *m* нарушение *n* антитрестовского законодательства; **-vertrag** *m* картельный договор *m*, картельное соглашение *n*; **-vorschriften** *pl* антитрестовские положения *pl*

Karten|emittent *m (Bank, Fin)* банк *m* держателя карточки; **-inhaber** *m (Bank, Fin)* держатель *m* карточки; **-währung** *f (Bank, Fin)* валюта *f* поддержки карточки;

Kaskoversicherung *f* страхование *n* каско, страхование *n* перевозочных средств

Kassa *f* наличные деньги *pl*; **~ gegen Dokumente** наличные *pl* против документов; **per ~** за наличные

Kassa|devisen *pl* наличная валюта *f*; **-dollar** *pl* наличные доллары; **-frist** *f* период *m* предоставления скидки при платеже наличными; **-geschäft** *n* биржевая сделка *f* за наличные, наличная сделка, операция *f* с немедленной оплатой; **-handel** *m* биржевая торговля *f* с немедленной оплатой и поставкой; **-kauf** *m* покупка *f* за наличные, кассовая сделка *f*; **-kurs** *m s.* **Einheitskurs** *m*; биржевой (валютный) курс *m* при оплате полностью в момент проведения операции; курс *m* кассовых сделок; **-lieferung** *f* поставка *f* реального товара; **-markt** *m* рынок *m* наличных сделок, рынок *m* сделок по единому биржевому курсу, рынок *m* кассовых сделок; **-mittelkurs** *m* усредненный курс *m* кассовых сделок; **-notiz** *f* котировка *f* по кассовым сделкам; **-papiere** *pl* ценные бумаги *pl*, продаваемые за наличные; **-preis** *m s.* **Einheitskurs** *m*; цена *f* при продаже за наличные; **-transaktionen** *pl* сделки *pl* за наличные, операции *pl* с немедленной оплатой; **-ware** *f* товар *m* по кассовым сделкам; **-zahlung** *f* уплата *f* наличными

Kasse *f* наличные деньги *pl*; касса *f*, кассовое помещение *n*; **bei ~ sein** быть при деньгах; **die ~ führen** подсчитывать кассу (выручку), вести кассу; **gegen ~ kaufen** покупать за наличные; **~ machen** делать сбор; **per ~ kaufen** покупать за наличные; **per ~ verkaufen** продавать за наличные; **~ bei Ablieferung** уплата при доставке, наложенный платеж; **~ bei Auftragserteilung** наличный расчет при выдаче заказа; **~ bei Lieferung** уплата при доставке; **elektronische ~** электронная касса *f*; **~ gegen Dokumente** наличные против документов; **~ gegen Faktura** оплата *f* наличными после получения счета; **gegen sofortige ~** при условии немедленной оплаты наличными; **per ~** наличными; **sofortige ~** немедленный платеж наличными

Kassekonto *n* активный счет *m* наличных средств

Kassen|abfertigung *f* кассовое обслуживание *n*; **-abrechnung** *f* расчет *m*

наличными; **-abschluss** *m* закрытие *n* (заключение *n*) счета кассы; **-anweisung** *f* ассигновка *f*; кассовый чек *m*; **-arzt** *m* врач *m* больничной кассы; **-ausgabe** *f* кассовый расход *m*; **-ausgänge** *pl* платежи *pl* (выплаты *pl*) наличными; **-ausgangsbuch** *n* расходный кассовый журнал *m*; **-beleg** *m* кассовый документ *m*; **-bericht** *m* кассовый отчет *m*; **-bestand** *n* кассовая наличность *f*; **-bon** *m* кассовый чек *m*, квитанция *f*; **-buch** *n* приходно-расходная книга *f*; **-budget** *n* учет *m* фактических доходов и расходов государства на конец бюджетного года; **-defizit** *n* кассовый дефицит *m*, недостача *f* в кассе; **-differenz** *f* разница *f* между кассовой наличностью и данными бухгалтерского учета; **-eingänge** *pl* кассовые поступления *pl*, кассовая выручка *f*; **-eingangsbuch** *n* приходный кассовый журнал *m*; **-einnahmen** *pl* кассовая выручка *f*; **-erfolg** *m* кассовый успех *m*, полный сбор *m*; **-fehlbetrag** *m* кассовый дефицит *m*, недостача *f* в кассе; **-führer** *m* кассир *m*; **-führung** *f* ведение *n* кассы (финансового хозяйства); **-haltung** *f* держание *n* денежной наличности; **-journal** *n* кассовая книга *f*, журнал *m* кассовых операций; **-kontrolle** *f* ревизия *f* кассовых остатков; **-kredit** *m* краткосрочный кредит *m* Федерального банка; **-lage** *f* кассовая позиция *f*, остаток *m* кассы; **-limit** *n* лимит *m* кассовой наличности; **-manko** *n* кассовый дефицит *m*, недостача *f* в кассе; **-mittel** *n* наличные денежные средства *pl*; **-mittelbedarf** *m* потребность *f* в наличных денежных средствах; **-obligation** *f* кассовая облигация *f*, среднесрочная ценная бумага *f* с твердым процентом; **-plan** *m* кассовый план *m*; **-prüfung** *f* ревизия *f* кассовых остатков; **-rabatt** *m* скидка *f* за платеж наличными; **-rechnung** *f* кассовая рапортичка *f*; кассовый учет *m* доходов и расходов; **-rekord** *m* кассовый рекорд *m*, рекорд *m* сбора денег; **-reserve** *f* кассовый резерв *m*; **-reservebestand** *m* оборотная кассовая наличность *f*; **-restbestand** *m* остаток *m* кассовой наличности; **-revision** *f* ревизия *f* кассовой наличности; **-schalter** *m* касса *f*, окошечко *n* кассы; **-scheck** *m* кассовый чек *m*, чек *m* на оплату наличными; **-schein** *m* кассовая среднесрочная облигация *f*; (кассовый) чек *m*; **-schlager** *m* кассовый успех *m*; **-skonto** *m* скидка *f* при оплате наличными; **-stand** *m* кассовая наличность *f*, кассовый остаток *m*; **-stunden** *pl* часы *pl* работы кассы; **-sturz** *m* ревизия *f* кассы; **-terminal** *n* окошечко *n* кассы; **-überschuss** *m* кассовый излишек *m*; **-umsatz** *m* кассовый оборот *m*

Kassenvereine *pl* банки-депозитарии *pl* ценных бумаг; **Deutscher Kassenverein** Центральный Депозитарий *m* Ценных Бумаг Германии

Kassen|verkehr *m* кассовые операции *pl*; **-verwalter** *m* **(-vorstand** *m*, **-wart** *m***)** кассир *m*, казначей *m*; **-vorrat** *m* резерв *m* (запас *m*) кассовой наличности; **-wesen** *n* кассовое хозяйство *n*; **-zettel** *m* (кассовый) чек *m*

kassieren принимать в кассу, получать, собирать; **Beiträge ~** собирать взносы

Kassierer *m* кассир *m*, банковский служащий *m*

Katalog *m* каталог *m*; **illustrierter ~** иллюстрированный каталог *m*; **~ mit Preisangabe** каталог *m* с указанием цен

Katalog|beruf *m* каталожная профессия *f*; профессия *f*, описанная в справочнике профессий; **-preis** *m* справочная цена *f*, цена по каталогу; **-wert** *m* стоимость *f* согласно каталогу

Kataster *m* кадастр *m*; **in den ~ eintragen** вносить в кадастр, регистрировать в кадастре

Kataster|amt *n* землемерное управление *n*, кадастровое ведомство *n*; **-aufnahme** *f* составление *n* кадастра; **-parzelle** *f s.* **Flurstück** *n*; **-steuern** *pl* кадастровые налоги *pl*

Katastrophen|anleihe *f (Fin)* форс-мажорные бонды, катастрофические бонды/облигации; **-gebiet** *n* зона *f* бедствия; **-hilfe** *f* помощь *f* жертвам катастрофы; **-rückstellung** *f* резерв *m* для покрытия убытков в случае катастрофы

Kauf *m* покупка *f*, купля *f*; **einen ~ abschließen** заключить сделку купли-продажи; **einen ~ rückgängig machen** признать сделку купли-продажи недействительной, аннулировать сделку купли-продажи; **einen ~ tätigen** совершить сделку купли-продажи; **einen ~ vermitteln** посредничать в купле; **zum ~ anbieten** предлагать на продажу; **~ ab Lager** покупка *f* со склада; **~ auf Abruf** покупка *f* по отзыву; **~ auf Abzahlung** покупка *f* в рассрочку; **~ auf feste Rechnung** твердая сделка *f*; **~ auf Hausse** покупка *f* с целью повышения курса (цены); **~ auf Kredit** покупка *f* в кредит; **~ auf Lieferung** покупка *f* с доставкой; **~ auf Probe** покупка *f* на пробу; **~ auf Ratenzahlung** покупка *f* в рассрочку; **~ auf Umtausch** покупка *f* с правом обмена купленного; **~ auf Ziel** покупка *f* в кредит; **~ außerhalb der Börse** покупка *f* на неофициальной бирже; **fixer ~** твердая сделка *f*; **~ gegen bar (Kasse)** покупка *f* за наличные; **günstiger ~** удачная покупка *f*; **~ mit Rückgaberecht** покупка *f* с правом возврата купленного; **~ nach Angabe** покупка *f* по описанию; **~ unter Eigentumsvorbehalt** покупка *f* с оговоркой перехода права собственности; **~ von Forderungen** скупка *f* долговых требований, факторинг *m*; **~ zu einem günstigen Preis** покупка по выгодной цене; **~ zur Ansicht** покупка *f* для проверки; **~ zur Probe** покупка *f* на пробу

Kauf|abrechnung *f* брокерская записка *f* о совершенной сделке, посылаемая покупателю; **-abschluss** *m* заключение *n* сделки купли-продажи; **-absicht** *f* намерение *n* купить; **-angebot** *n* предложение *n* покупки; **-anlass** *m* повод *m* для покупки; **-anreiz** *m* стимул *m* к покупке; **-antrag** *m* **(-auftrag** *m*) поручение *n* на покупку; **-beeinflussung** *f* стимулирование *n* покупок; **-bereitschaft** *f* готовность *f* купить; **-brief** *m* торговый договор *m*, договор *m* купли-продажи; **-datum** *n* дата *f* покупки; **-empfehlung** *f* рекомендация *f* (совет *m*) купить; **-entscheidung** *f* принятие *n* решения о покупке; **-entschluss** *m* решение *n* купить

kaufen покупать, купить, приобретать; **alt ~** купить подержанный товар; **billig ~** покупать по дешевой цене; **direkt beim Hersteller ~** покупать прямо у производителя; **gegen bar ~** покупать за наличные; **im Großhandel ~** покупать оптом; **im Kleinhandel ~** покупать в розницу; **unbesehen ~** покупать без предварительного осмотра

Kaufentscheidung *f (V&M)* решение о покупке

Käufer *m* покупатель *m*; **möglicher ~** потенциальный покупатель *m*; **qualitätsorientierter ~** покупатель *m*, заинтересованный в качественном товаре; **voraussichtlicher ~** потенциальный покупатель *m*; **wirtschaftlichkeitsorientierter ~** покупатель *m*, заинтересованный в экономичности товара

Käufer|ansturm *m* наплыв *m* покупателей; **-befragung** *f* опрос *m* покупателей; **-courtage** *f* брокерская комиссия *f* за покупку ценных бумаг; **-flut** *f* поток *m* покупателей; **-gruppe** *f* группа *f* (категория) покупателей; **-interesse** *n* заинтересованность *f* в покупке; **-kredit** *m* кредит *m* иностранному покупателю, кредит *m* на экспорт; потребительский кредит *m*; **-land** *n* страна-покупатель *f*; **-markt** *m* рынок *m* покупателя; **-provision** *f* брокерская комиссия *f* за покупку

käuferseitig со стороны покупателя (заказчика); **-e Projektierung** проектирование *n*, проводимое заказчиком

Käufer|struktur *f* структура *f* (состав *m*) покупателей; **-strukturanalyse** *f* исследование *n* состава клиентов; **-verhalten** *n* поведение *n* покупателей; **-wanderung** *f* изменение *n* потребительского спроса

Käuferwunsch *m* запрос *m* (пожелание *n*) покупателя; **unerfüllter ~** неудовлетворенное пожелание *n* покупателя

Kauf|fähigkeit *f* покупательная способность *f*; **-freudigkeit** *f* повышенный спрос *m*; **-gegenstand** *m* предмет *m* (объект *m*) покупки; **-gelegenheit** *f* благоприятная возможность *f* покупки; **-geschäft** *n* покупка *f*, сделка *f* купли-продажи; **-gewohnheiten** *pl* привычки *pl* покупателей; **-haus** *n* предприятие *n* розничной торговли с однородным расширенным ассортиментом, универмаг; **-hemmung** *f* падение *n* потребительского спроса; **-interesse** *n* заинтересованность *f* в покупке; **-interessent** *m* потенциальный покупатель *m*

Kaufkraft *f* покупательная способность *f*; **die ~ abschöpfen** ослабить (избыточную) покупательную способность; **die ~ erhalten** сохранить покупательную способность; **~ des Geldes** покупательная способность *f* денег

Kaufkraft|anstieg *m* повышение *n* покупательной способности; **-argument** *n* *(Soz)* аргумент *m* о покупательной способности; **-ausfall** *m* падение *n* покупательной способности; **-entwicklung** *f* динамика *f* покупательной способности

kaufkräftig обладающий покупательной способностью; **-e Kunden** клиенты *pl*, обладающие покупательной способностью

Kaufkraft|index *m* индекс *m* покупательной способности; **-minderung** *f* уменьшение *n* покупательной способности; **-parität** *f* паритет *m* покупательной способности валют; **-steigerung** *f* повышение *n* покупательной способности; **-überhang** *m* превышение *n* спроса над предложением; **-vergleich** *m* сравнение *n* покупательной способности; **-verlust** *m* падение *n* покупательной способности; **-volumen** *n* объем *m* покупательной способности

käuflich продающийся, имеющийся в продаже; продажный; **~ erwerben** покупать

Kauflust *f* покупательский спрос *m*; оживление *n*, повышательная тенденция *f*

Kaufmann *m* коммерсант *m*, торговец *m*; специалист *m* по торговле (экономике торговли); **ordentlicher ~** добросовестный коммерсант *m*

kaufmännisch торговый, коммерческий; **~ ausgebildet sein** иметь коммерческое образование; **sich ~ betätigen** работать в области коммерции

Kauf|motiv *n* мотив *m* покупки; **-nachlass** *m* скидка *f* при покупке; **-neigung** *f* склонность *f* к приобретению; **-objekt** *n* предмет *m* (объект *m*) купли-продажи; **-option** *f* право *n* покупки; сделка *f* с предварительной премией, опцион *m* покупателя, опцион *m* на покупку; **-order** *n* поручение *n* на покупку

Kaufpreis *m* покупная (продажная) цена *f*; **den ~ festsetzen** установить (опредлить) покупную цену; **opportuner ~** подходящая (благоприятная) покупная цена *f*; **überzogener ~** завышенная покупная цена *f*; **vertraglich vereinbarter ~** покупная цена *f* согласно договору, договорная цена *f*

Kaufpreis|ermittlung *f* определение *n* продажной цены; **-forderung** *f* требование *n* назвать продажную цену; **-herabsetzung** *f* **(-minderung** *f*) снижение *n* продажной цены; **-rente** *f* рента *f* , выплачиваемая как плата за покупку земельных участков

Kauf|quittung *f* кассовый чек *m*; **-reiz** *m* привлекательность *f* товара; стимулирование покупок; **-risiko** *n* риск *m*, связанный с покупкой; **-summe** *f* сумма *f*, затраченная на покупки; **-technik** *f* техническое оснащение *n* торгового предприятия; **-unlust** *f* нежелание *n* покупать, понижательная тенденция *f*; **-vereinbarung** *f* соглашение *n* о купле-продаже; **-verhalten** *n* поведение *n* покупателя; **-verhandlungen** *pl* переговоры *pl* о закупках; **-verpflichtung** *f* обязательство *n* по заказу, обязательство *n* купить (заказанный товар)

Kaufvertrag *m* договор *m* купли-продажи; **internationaler ~** международный торговый договор *m*; **~ über bewegliche Sachen** договор *m* купли-продажи движимого имущества

Kauf|voranschlag *m* сметная стоимость *f* покупки; **-wert** *m* текущая покупная цена *f*; **-zurückhaltung** *f* выжидательное настроение *n* покупателей

Kaution *f* залог *m* , гарантия *f*, обеспечение *n* , гарантийная сумма *f*; поручительство *n* , порука *f*; **eine ~ erlegen (hinterlegen, leisten, stellen)** дать имущественное поручительство, предоставить обеспечение (гарантию), внести залог; **eine ~ verauslagen** внести денежный залог; **eine ~ vorlegen** предоставить обеспечение (гарантию), внести залог; **eine ~ zahlen** внести денежный залог; **die ~ zurückerstatten** возвратить залог; **gegen ~** под поручительство, под залог; **nicht rückzahlbare ~** безвозвратный задаток

Kautions|betrag *m* сумма *f* залога; **-effekten** *pl* ценные бумаги *pl*, служащие обеспечением выполнения договорных обязательств

kautionsfähig имеющий право выступать поручителем, могущий внести залог (предоставить обеспечение)

Kautions|kredit *m* кредитное поручительство *n*, обеспечительский кредит *m*; **-kreditgeschäft** *n* залоговая кредитная операция *f*

kautionspflichtig обязанный предоставить поручительство, обязанный внести залог

Kautions|schein *m* письменное поручительство *n*; **-summe** *f* сумма *f*, внесенная в качестве залога; **-versicherung** *f* поручительское (гарантийное) страхование *n*; **-wechsel** *m* условно фиксированный залог *m*; обеспечительский вексель *m*

KBV *s.* **Kurs-Buchwert-Verhältnis** *n*

KCFV *s.* **Kurs-Cashflow-Verhältnis** *n*

Kellerwechsel *m* фиктивный вексель *m*, вексель *m* выставленный на несуществующее лицо

Kenn|daten *pl* данные *pl*; параметры *pl*; характеристики *pl*; **-größe** *f* параметр *m*; **-nummer** *f* код *m*, числовая характеристика *f*

Kenntnisse: berufliche ~ профессиональные знания *pl*

Kenn|wert *m* параметр *m*; показатель *m*; характеристика *f*; **-zahl** *f* показатель *m*; индекс *m*; кодовое число *n*, шифр *m*; **-zeichen** *n* признак *m*; характеристика *f*; показатель *m*; **-zeichnung** *f* обозначение *n*; характеристика *f*; маркировка *f*; **-ziffer** *f* показатель *m*, индекс *m*; кодовое число *n*, шифр *m*

Kern|belegschaft *f* кадровый состав *m* работников; **-energie** *f* ядерная (атомная) энергия *f*; **-geschäft** *n* основная сфера *f* деятельности предприятия; **-Kernkapital** *n (Fin)* уставный капитал *m* и резервные фонды *pl*; **-kraftanlage** *f* ядерная (атомная) электростанция *f*

Kerzenchart *m*, *n (Bö)* график *m* свечей

Ketten|abschluss *m* сделка *f*, заключенная при условии последовательного участия в ней ряда посредников; **-förderer** *m (Lager)* цепной транспортёр; **-handel** *m (Handel)* торговые операции *pl*, осуществляемые при условии последовательного участия в ней ряда посредников; **-laden** *n (Handel)* розничный магазин *m* объединения торговых предприятий; **-vertrag** *m (Pers)* последовательность *f* трудовых договоров, заключаемых работодателем с наемным работником

Kfz-Haftpflichtversicherung *f s.* **Kraftfahrzeug-Haftpflichtversicherung** *f*

Kfz-Steuer *f s.* **Kraftfahrzeugsteuer** *f*

Kfz-Schutzbrief *m (Versich)* страхование издержек в связи с отказом, аварией или угоном автомобиля

KGaA *s.* **Kommanditgesellschaft auf Aktien**
KGV *s.* **Kurs-Gewinn-Verhältnis** *n*
Kinder|arbeit *f* детский труд *m*; **-ermäßigung** *f* налоговая льгота *f* для многодетных семей; **-freibetrag** *m* необлагаемый налогом минимум *m* дохода семьи, имеющей детей; **-geld** *n* пособие *n* для многодетных семей; пособие *n* по уходу за ребенком; **-unfallversicherung** *f* страхование *n* детей от несчастных случаев; **-zulage** *f* пособие *n* по страхованию детей от несчастных случаев; **-zuschuss** *m* надбавка *f* к заработной плате на детей
Kiosk *m* киоск *m*
Kirchensteuer *f* церковный налог *m*
Kiste *f* ящик *m*; **-n auspacken** распаковывать ящики; **in -n verpacken** упаковывать в ящики
Klage *f* иск *m*, жалоба *f*, прошение *n*; **die ~ abweisen** отказать в иске; **eine ~ einbringen (einreichen)** подать иск (жалобу); **eine ~ entscheiden** выносить решение по иску; **der ~ stattgeben** удовлетворять иск; **eine ~ zurückweisen** отклонить иск; **eine ~ zurückziehen** отозвать иск; **~ auf Schadenersatz** иск *m* о возмещении убытков; **~ aus unerlaubter Handlung** иск *m* о правонарушении; **~ aus einem Vertrag** иск *m* о нарушении договорных обязательств; **dingliche ~** вещный иск *m*; **schriftliche ~** исковое заявление *n*
Klage|abweisung *f* отказ *m* в иске; **-beantwortung** *f* ответ *m* на иск; **-befugnis** *f* право *n* на возбуждение иска; **-begründung** *f* обоснование *n* иска; **-erhebung** *f* подача *f* иска; **-frist** *f* срок *m* для возбуждения иска
klagen подавать в суд; жаловаться
Kläger *m* истец *m*, жалобщик *m*
Klage|recht *n* право *n* на возбуждение иска; **-rücknahme** *f* отозвание *n* иска; **-schrift** *f* исковое заявление *n*
Klasse *f* класс *m*, разряд *m*, категория *f*; **erste ~** первый сорт *m*; **zweite ~** второй сорт *m*
Klassenlotterie *f (Fin, Steuer)* классовая лотерея *f*
Klassifikation *f* классификация *f*; **~ der Wirtschaftszweige** классификация *f* отраслей экономики
Klassifikationsgesellschaft *f (QM, Transp)* Классификационное Общество
klassifizieren классифицировать; сортировать
Klassifizierung *f* классификация *f*; сортировка *f*
Klausel *f* оговорка *f*; ограничительное условие *n*; пункт *m*, статья *f* (договора); **die ~ einhalten** соблюдать условие договора; **Salvatorische ~** Сальваторская оговорка
Kleider|geld *n* денежное пособие *n* на одежду; **-geschäft** *n* магазин *m* готового платья (одежды)
Klein|abnehmer *m* мелкий покупатель *m* (потребитель *m*); **-aktie** *f* акция *f* мелкого достоинства; **-aktienbesitzer** *m* **(-aktionär** *m***)** мелкий акционер *m*; **-anleger** *m* мелкий инвестор *m* (вкладчик *m*); **-anzeige** *f* маленькое (рекламное) объявление *n*; **-auftrag** *m* мелкий заказ *m*; **-bauer** *m* мелкий фермер *m*; **-beleg** *m* учетный документ *m* на мелкую сумму; **-betrag** *m* мелкая сумма *f*; **-betrieb** *m* мелкое (небольшое) предприятие *n* (производство *n*, хозяйство *n*), мелкая ферма *f*; **-computer** *m* миникомпьютер *m*; **-dealer** *m* мелкий торговец *m*, мелкий дилер *m*; **-eigentum** *n* мелкая собственность *f*; **-eigentümer** *m* мелкий собственник *m*; **-einkauf** *m* покупка *f* мелких партий товара; **-erzeuger** *m* мелкий производитель *m*
Kleingeld *n* разменная монета *f*; мелочь *f*; сдача *f*; **~ herausbekommen** получать сдачу; **~ herausgeben** давать сдачу
Klein|gewerbe *n* мелкий бизнес *m*; мелкий промысел *m*; **-gewerbetreibende** *m* мелкий предприниматель *m* (торговец *m*); **-güter** *pl* мелкие грузы *pl*, грузы *pl* малого веса; **-handel** *m* розничная торговля *f*, розница *f*; **-händler** *m* мелкий (розничный) торговец *m*; **-investor** *m* розничный инвестор *m*, мелкий инвестор *m*; **-kredit** *m* персональный (потребительский) заем *m*; неболь-

шой (мелкий) кредит *m*; **-kreditgeschäft** *n* операции *pl* по предоставлению мелких кредитов; **-mengenregelung** *f* предписание *n* о хранении небольших количеств (напр. взрывчатых веществ); **-obligationen** *pl* мелкие облигации *pl*, облигации *pl* мелкого достоинства; **-packung** *f* розничная упаковка *f*, мелкая расфасовка *f*; **-preisgeschäft** *n* магазин *m*, торгующий по низким ценам; **-reparatur** *f* мелкий ремонт *m*; **-serie** *f* небольшая (мелкая) серия *f*; **-serienfertigung** *f* **(-serienproduktion** *f***)** мелкосерийное производство *n*; **-sparer** *m* мелкий вкладчик *m* сберегательного учреждения; **-sparverkehr** *m* оборот *m* сберегательного учреждения по мелким вкладам

Kleinst|betrag *m* минимальная сумма *f*; **-maß** *n* минимальный размер *m*; **-wert** *m* наименьшее значение *n*, минимум *m*

Klein- und Mittelbetriebe *pl* мелкие и средние предприятия *pl*

Klein|unternehmen *n* малое предприятие *n*; **-unternehmer** *m* мелкий предприниматель *m*; **-verbraucher** *m* мелкий потребитель *m*; **-verpackung** *f* мелкая тара *f*, мелкая расфасовка *f*; **-vertrieb** *m* розничная продажа *f*, розница *f*; **-vorhaben** *n* небольшой проект *m*; **-wirtschaft** *f* мелкое хозяйство *n*

Klient *m* клиент *m*, покупатель *m*

Klientel *f* клиентура *f*

Klima|konferenz *f* конференция *f* по защите климата; **-schutz** *m* защита *f* климата

knapp едва; незначительный; ограниченный; **~ behauptet** незначительное снижение *n* котировок; **~ bei Kasse (mit Geld) sein** нуждаться в деньгах; **-er Güter** дефицитные товары *pl*; **-e Mehrheit** незначительное большинство *n*; **~ rentabel** минимально экономически эффективный

Knappheit *f* дефицит *m*, недостаток *m*, нехватка *f*; **~ an Arbeitsplätzen** нехватка *f* рабочих мест; **~ an Produktionsfaktoren** дефицит *m* факторов производства

Knappheits|indikator *m* показатель *m* дефицита; **-preis** *m* твердая цена *f* в условиях дефицита; **-verhältnisse** *pl* условия *pl* дефицита

Knappschaft *f* общество *n* по социальному страхованию горнорабочих

Knappschafts|rente *f* пенсия *f* горнорабочих; **-ruhegeld** *n* пенсия *f* горнорабочих за выслугу лет; **-versicherung** *f* социальное страхование *n* горнорабочих

Knebelungsvertrag *m* кабальный договор *m*

Know-how *n* ноу-хау *n*; **~ liefern** поставлять ноу-хау; **~ vermitteln** передавать ноу-хау; **~ der Fertigung** ноу-хау производства; **~ für das Verfahren** ноу-хау технологии; **kaufmännisches ~** коммерческое ноу-хау *n*; **technisches ~** техническое ноу-хау *n*; **technologisches ~** технологическое ноу-хау *n*

Know-how-Abkommen *n* соглашение *n* о передаче ноу-хау

Know-how-Geber *m* передающий ноу-хау

Know-how-Transfer *m* передача *f* ноу-хау

Know-how-Vertrag *m* договор *m* о передаче ноу-хау

Know-how-Wettbewerb *m* конкуренция *f* в области обладания ноу-хау

Koalition *f* коалиция *f*; **der ~ beitreten** вступать в коалицию

Koalitions|bildung *f* образование *n* коалиций; **-freiheit** *f* свобода *f* создания коалиций (союзов, ассоциаций)

Kode *m* код *m*

Kodex *m* кодекс *m*

kodieren кодировать

Koeffizient *m* коэффициент *m*; индекс *m*, показатель *m*

Kofinanzierungsvertrag *m* договор *m* о совместном финансировании

Kohle *f* уголь *m*

Kohle|ausfuhr *f* экспорт *m* угля; **-gewinnung** *f* добыча *f* угля

Kohlen|abbau *m* добыча *f* угля; **-grube** *f* угольная шахта *f*; **-verbrauch** *m* потребление *n* угля; **-wertstoffindustrie** *f* промышленность *f* по переработке угля; **-wirtschaft** *f* угольная промышленность *f*

kollationieren сверять, сличать, сравнивать

Kollegial|entscheidung *f* коллегиальное принятие *n* решений; **-prinzip** *n* принцип *m* коллегиальности руководства; **-system** *n* система *f* коллегиальности руководства

Kollekte *f* сбор *m* добровольных взносов

Kollektion *f* коллекция *f*, собрание *n*; ассортимент *m*

Kollektiv|eigentum *n* коллективная собственность *f*; **-entscheidung** *f* коллективное принятие *n* решений; **-prokura** *f* общая доверенность *f*, доверенность *f* на совместное ведение дел; **-sparen** *n* коллективное (групповое) хранение *n* денег в сберегательной кассе; **-verhandlungen** *pl* переговоры *pl* между работодателями и наемными работниками о заключении коллективного договора; **-versicherung** *f* коллективное (групповое) страхование *n*; **-vertretung** *f* коллективное представительство *n*; **-vollmacht** *f* коллективная доверенность *f*; **-werbung** *f* совместная реклама *f*

Kolli *n (Transp)* погрузочная единица *f*, тарное место *n*, товарное место *n*

Kollision *f* столкновение *n* , коллизия *f*, конфликт *m*; **in ~ kommen** столкнуться, иметь столкновение

Kollisions|klausel *f* условие *n* об ответственности страховщика за убытки застрахованного судна при столкновении; **-recht** *n* коллизионное право *n*; **-schaden** *m* коллизионный ущерб *m*

Kollo *n* место *n* багажа (груза); единица *f* груза

Kombizinsanleihe *f (Bank, Bö, Fin)* комбинированные облигации *pl*

Kommandit|aktionär *m* акционер *m* коммандитного товарищества на акциях; **-anteil** *m* коммандитный пай *m*; **-einlage** *f* вклад *m* коммандитиста

Kommanditgesellschaft *f* коммандитное товарищество *n*, товарищество *n* на вере; **~ auf Aktien** акционерное коммандитное товарищество *n*, акционерная коммандита *f*, коммандитное товарищество *n* на акциях

Kommanditist *m* коммандитист *m*, ограниченно ответственный участник *m* коммандитного товарищества

Kommandit|kapital *n* коммандитный капитал *m*; **-scheck** *n* филиальный переводной чек *m*; **-vertrag** *m* договор *m* об учреждении коммандитного товарищества; **-wechsel** *m* филиальный переводной вексель *m*

Kommandowirtschaft *f* командная экономика *f*

Kommerzialisierung *f* коммерциализация *f*

kommerziell торговый, коммерческий; **-es Abkommen** *n* коммерческое (торговое) соглашение *n*; **-e Anlagepapiere** *pl* коммерческие ценные бумаги *pl*; **-e Anwendung** применение *n* в коммерческих целях; **-er Bereich** сфера *f* торговли (коммерции); **-er Kredit** коммерческий кредит *m*; **-es Risiko** коммерческий риск *m*

kommissarisch комиссарский, уполномоченный; **-er Geschäftsführer** (временный) уполномоченный управляющий фирмой

Kommission *f* комиссия *f*, комитет *m*; комиссия *f*, комиссионное поручение *n*; **eine ~ bilden** образовать комиссию; **eine ~ einsetzen** определить размер комиссионных; назначить комиссию; **in ~ geben** давать на комиссию; **in ~ nehmen** брать на комиссию

Kommissionär *m* комиссионер *m*, посредник *m*, торговый агент *m*; консигнатор *m*

Kommissionärsprovision *f* комиссионное вознаграждение *n* торгового агента

Kommissionierfach *n (Transp)* ячейка *f* отбора товара для комплектации заказа

Kommissionierung *f* отбор *m* товаров

по поручению, *(Transp)* комплектование *n* заказа

Kommissions|agent *m* комиссионер *m*, посредник *m*, торговый агент *m*; **-aufwand** *m* комиссионные затраты *pl* (расходы *pl*); **-einkauf** *m* покупка *f* на комиссионных началах; **-ertrag** *m* комиссионные доходы *pl*; **-gebühr** *f* комиссионное вознаграждение *n*; **-geschäft** *n* комиссионная операция *f* (сделка *f*); **-gut** *n* товар *m*, сданный (принятый) на комиссию; **-handel** *m* комиссионная торговля *f*, торговля *f* на комиссионных началах; **-handelsvertrag** *m* договор *m* о комиссионной торговле; **-händler** *n* торговец *m* (коммерсант *m*), ведущий комиссионную торговлю; комиссионер *m*; **-kauf** *m* комиссионная купля-продажа *f*; **-lager** *n* склад *m* комиссионных товаров, склад *m* товаров, поступивших на консигнацию; **-mitglied** *n* член *m* комиссии; **-preis** *m* комиссионная цена *f*; **-rabatt** *m* комиссионная скидка *f*; **-sendung** *f* партия *f* товаров; **-tratte** *f* комиссионная тратта *f*; **-vergütung** *f* комиссионное вознаграждение *n*; **-verkauf** *m* продажа *f* на комиссионных началах; **-vertreter** *m* комиссионер *m*, посредник *m*, торговый агент *m*; **-ware** *f* комиссионный товар *m*; товар *m*, сданный (принятый) на комиссию; **-wechsel** *m* комиссионный вексель *m*; **-zettel** *m* бланк *m* комиссионного поручения

Kommittent *m* комитент *m*, доверитель *m*, дающий поручение комиссионеру

kommittieren поручать, доверять

kommunal коммунальный, муниципальный; **-e Betriebe** *pl* предприятия *pl* коммунального (коммунально-бытового) хозяйства; **-er Entwicklungsplan** *m* муниципальный план *m* развития; план *m* развития коммунального хозяйства; **-e Wirtschaft** коммунальное (коммунально-бытовое) хозяйство *n*

Kommunal|abgaben *pl* плата *f* за коммунальные услуги; коммунальные сборы *pl*; **-anleihe** *f* коммунальный (муниципальный) заем *m*; **-beamte** *m* муниципальный циновник *m*; **-behörde** *f* муниципальный (местный) орган *m* власти; **-betrieb** *m* предприятие *n* коммунального (коммунально-бытового) хозяйства; **-darlehen** *n* коммунальный кредит *m*; **-eigentum** *n* муниципальная (общинная) собственность *f*; **-einrichtungen** *pl* коммунально-бытовые предприятия; **-kredit** *m* коммунальный (муниципальный) кредит *m*; **-obligation** *f* облигация *f* коммунального займа; **-politik** *f* политика *f* в области коммунального хозяйства, муниципальная политика *f*; **-schuldverschreibung** *f* облигация *f* коммунального займа; **-steuern** *pl* коммунальные (муниципальные) сборы *pl*; **-unternehmen** *n* коммунальное предприятие *n*; **-verschuldung** *f* задолженность *f* местных органов власти; **-verwaltung** *f* местное самоуправление *n*; муниципалитет *m*; **-wirtschaft** *f* коммунальное (коммунально-бытовое) хозяйство *n*

Kommunikation *f* коммуникация *f*, связь *f*, сообщение *n*; **die ~ gewährleisten** обеспечить связь (коммуникацию); **direkte ~** прямая связь *f*; **innerbetriebliche ~** связь *f* (коммуникация *f*) внутри предприятия; **vernetzte -en** коммуникационная сеть *f*

Kommunikations|aufwendungen *pl* расходы *pl* на коммуникацию; **-dienst** *m* служба *f* связи; **-dienstleistungen** *pl* коммуникационные услуги *pl*; **-fähigkeit** *f* возможность *f* коммуникации (связи); **-infrastruktur** *f* коммуникационная инфраструктура *f*; **-mittel** *pl* средства *pl* коммуникации; **-netz** *n* коммуникационная сеть *f*; **-partner** *m* партнер *m* по коммуникации; **-politik** *f (V&M)* политика *f* коммуникации (с участниками рынка); **-störungen** *pl* коммуникационные помехи *pl*; **-technik** *f* коммуникационная техника *f*, техника *f* связи; **-technologie** *f* коммуникационная технология *f*; **-weg** *m* канал *m* связи

Kommunismus *m* коммунизм *m*
kompatibel совместимый
Kompatibilität *f* совместимость *f*
Kompensation *f* компенсация *f*, возмещение *n*; зачет *m* встречных требований
Kompensations|abkommen *n* компенсационное (бартерное) соглашение *n*; **-geschäft** *n* компенсационная (бартерная) сделка *f*; межбанковская сделка *f* с ценными бумагами; **-kalkulation** *f* смешанная калькуляция *f*; **-kurs** *m* компенсационный (ликвидационный) курс *m*; **-vertrag** *m* компенсационное (бартерное) соглашение *n*; **-zahlung** *f* компенсационный платеж *m*; **-zoll** *m* компенсационная пошлина *f*
kompensierbar возмещаемый; зачитываемый при компенсации
kompensieren компенсировать, возмещать; учитывать при компенсации; **aus eigenen Mitteln ~** возмещать (компенсировать) за собственных средств; **durch ein Kreditangebot ~** компенсировать за счет предлагаемого кредита
kompetent компетентный; **-e Behörde** *f* компетентный орган *m* власти; **-er Rat** компетентный совет *m*
Kompetenz *f* компетентность *f*, компетенция *f*; полномочия *pl*; **-en abgrenzen** разграничивать полномочия (сферу компетенции); **-en delegieren** предоставлять (делегировать) полномочия; **-en erweitern** расширять полномочия (сферу компетенции); **in die ~ fallen** попадать в сферу компетенции; **in der ~ halten** держать под контролем; **in die ~ kommen** попадать в сферу компетенции; **in der ~ liegen** находиться в ведении; **-en überschreiten** превышать полномочия; **-en übertragen** передавать (делегировать) полномочия; **-en verteilen (zuteilen)** распределять полномочия (компетенции); **-en des Controllers** полномочия *pl* (сфера *f* компетенции) контроллера; **fachliche ~** профессиональная компетентность *f*
Kompetenz|abgrenzung *f* разграничение *n* полномочий (сферы компетенции); **-belange** *pl* служебные интересы *pl* (потребности *pl*); **-bereich** *m* сфера *f* компетенции, подведомственная сфера *f*; круг *m* полномочий; **-delegation** *f* предоставление *n* (делегирование) полномочий; **-erweiterung** *f* расширение *n* сферы полномочий; **-frage** *f* вопрос *m* о компетенциях (компетентности); **-kompetenz** *f* право *n* разрешать споры о компетентности; **-netzwerk** *n (Comp)* экспертная сеть *f*; **-streit** *m* спор *m* о подведомственности (компетенциях); **-übertragung** *f* передача *f* (делегирование *n*) полномочий; **-verfall** *m* прекращение *n* срока действия полномочий; **-verteilung** *f* **(-zuteilung** *f***)** распределение *n* полномочий
Komplementär *m* член *m* коммандитного товарищества с неограниченной ответственностью; главный партнер *m*, полный товарищ *m*
Komplementär|artikel *pl* **(-güter** *pl***)** взаимодополняющие товары *pl*; **-produkte** *pl* взаимодополняющие продукты *pl*; **-waren** *pl* взаимодополняющие товары *pl*
komplett комплексный, полный; в комплекте; **-e Anlage** комплектная установка *f*, комплектное оборудование *n*
Komplettangebot *n* полное (комплексное) предложение *n*; предложение *n* о комплексных поставках
komplettieren комплектовать, пополнять
Komplettierung *f* комплектование *n*, пополнение *n*
komplex комплексный
Komplex *m* комплекс *m*; **~ von Maßnahmen** комплекс *m* мероприятий
Kompositversicherung *f (Versich)* предоставление разнообразных страховых продуктов (в сфере страхования материального ущерба)
Kompromiss *m* компромисс *m*, сделка *f*; соглашение *n* сторон; **einen ~ aushandeln** договориться о компромиссе, выторговать уступки; **einen ~ eingehen (machen, schließen)**

пойти на компромисс; **um einen ~ ringen** добиваться компромиссного решения; **zu einem ~ kommen** прийти к компромиссу

Kompromiss|abkommen *n* компромиссное соглашение *n*; **-bereitschaft** *f* готовность *f* пойти на компромисс; **-beschluss** *m* компромиссное решение *n*; **-formel** *f* компромиссная формула *f*; **-lösung** *f* компромиссное решение *n*; **-vorschlag** *m* компромиссное предложение *n*

Kondiktion *f* требование *n* возврата незаконно полученного

Kondition *f* условие *n*; кондиция *f*; качество *n*; норма *f*; **günstige -en anbieten** предлагать выгодные условия; **-en gewähren** предоставлять условия; **-en verbessern** улучшать условия; **attraktive -en** привлекательные условия; **finanzielle -en** финансовые условия; **zu günstigen -en** на выгодных условиях

Konditionen|beitrag *m* разница *f* между ценой кредита согласно договору и процентной ставкой на рынке ссудного капитала; **-empfehlungen** *pl* предлагаемые условия *pl*; **-kartell** *n* картельное соглашение *n* об однородности условий поставки и платежей; **-politik** *f* политика *f* в области предоставления условий платежа, поставок и гарантийных обязательств

Konditionsgeschäft *n* кондиционная сделка *f*

Konfektion *f* изготовление *n* готового платья; швейное изделие *n*, готовое платье *n*

Konfektonierung *f* завершающая ступень *f* изготовления продукта

Konfektions|artikel *m* готовое платье *n*; швейное изделие *n*; **-geschäft** *n* магазин *m* готового платья; **-ware** *f* готовое платье *n*, швейное изделие *n*

Konferenz *f* конференция *f*, совещание *n*, заседание *n*, совет *m*; картельное соглашение *n* судоходных компаний; **eine ~ abhalten** проводить конференцию (совещание); **die ~ anberaumen** определить назначить сроки проведения конференции; **eine ~ einberufen** созвать конференцию (совещание)

Konferenz|linie *f* маршрут *m*, на котором действует картельное соглашение судоходных компаний; **-rate** *f* картельная фрахтовая ставка *f*; **-teilnehmer** *m* участник *m* конференции

Konfiskation *f* конфискация *f*

konfiszieren конфисковать; **ein Besitztum ~** конфисковать имущество (земельное владение)

konfisziert конфискованный; **-es Eigentum** конфискованное имущество *n*, конфискованная собственность *f*

Konflikt *m* конфликт *m*, столкновение *n*; **einen ~ bereinigen** уладить конфликт; **in ~ kommen** вступать в конфликт; **einen ~ schlichten** уладить конфликт

Konflikt|kommission *f* конфликтная комиссия *f*; **-kunde** *m* трудный (придирчивый) клиент *m*; **-lösung** *f* разрешение *n* конфликта; **-management** *n* управление *n* конфликтными ситуациями, улаживание *n* конфликтов; **-situation** *f* конфликтная ситуация *f*

konform единовременный; одинаковый; согласованный; соответственный; **~ gestalten** унифицировать; **~ konzipieren** разрабатывать по единому образцу плану

Konformität *f* единообразие *n*, одинаковость *f*; согласованность *f*; соответствие *n*; конформность *f*

Konformitätszertifikat *n* сертификат *m* соответствия

Konfrontation *f* конфронтация *f*, противостояние *n*; сопоставление *n*

Konjunktur *f* конъюнктура *f*, деловая экономическая активность *f*, тенденция *f* экономического развития; **die ~ ankurbeln** форсировать экономическую активность; **die ~ beleben** оживлять конъюнктуру (экономическую активность); **die ~ dämpfen** сдерживать конъюнктуру (экономическую активность); **die ~ stützen** поддерживать (стимулировать) экономическую активность; **abschwächende** ~ снижение экономической активности; **ansteigende (anziehende)** ~ повышательная конъюнктура *f* (тенденция *f*); **fallende** ~ снижение *n* экономической активности; **günstige** ~ благоприятная конъюнктура *f*; **heimische** ~ конъюнктура *f* внутреннего рынка; **labile** ~ неустойчивая конъюнктура *f*; **rückläufige** ~ снижение *n* экономической активности; **schwache** ~ слабая экономическая активность *f*; **sinkende** ~ снижение *n* экономической активности; **stabile** ~ устойчивая конъюнктура *f*; **steigende** ~ повышательная конъюнктура *f*; **ungünstige** ~ неблагоприятная конъюнктура *f*

Konjunktur|abflachung *f* снижение *n* экономической активности; **-abkühlung** *f* ухудшение *n* конъюнктуры; **-abschwächung** *f* ослабление *n* экономической активности; **-abschwung** *m* конъюнктурный спад *m*, спад *m* конъюнктуры; **-analyse** *f* исследование *n* (анализ *m*) конъюнктуры

konjunkturanfällig подверженный изменениям конъюнктуры

Konjunktur|ankurbelung *f* стимулирование *n* (форсирование *n*) экономической активности; **-änderung** *f* изменение *n* конъюнктуры; **-anstieg** *m* **(-aufschwung** *m***)** повышение *n* (подъем) конъюнктуры; **-ausgleichsrücklage** *f* резервный фонд *m* для выравнивания колебаний экономической активности; **-aussichten** *pl* перспективы *pl* экономической активности; **-barometer** *n* барометр *m* экономической активности

konjunkturbedingt обусловливаемый конъюнктурой

Konjunktur|befragung *f* опрос *m* относительно тенденций; **-belebung** *f* оживление *n* конъюнктуры; **-beobachtung** *f* исследование *n* (изучение *n*) конъюктуры; **-bericht** *m* обзор *m* конъюнктуры; **-besserung** *f* улучшение *n* конъюнктуры; **-bewegung** *f* циклическое изменение *n* (колебание *n*) конъюнктуры; **-dämpfung** *f* сдерживание *n* экономической активности (конъюнктуры); **-daten** *pl* информация *pl* о состоянии экономической активности; **-diagnose** *f* конъюнктурный диагноз *m*; **-dienst** *m* служба *f* информации о состоянии конъюнктуры; **-einbruch** *m* конъюнктурный (циклический) спад *m*

konjunkturell конъюнктурный; **-e Erholung** повышение *n* экономической активности; **-e Entwicklung** циклическое изменение *n* (колебание) конъюнктуры; **-e Faktoren** факторы *pl*, определяющие экономическую активность; **-e Lage** состояние *n* конъюнктуры; **-e Maßnahmen** меры *pl* по регулированию экономической активности; **-er Rückgang** спад *m* конъюнктуры

Konjunktureinbruch *m* резкий спад *m* деловой активности

konjunkturempfindlich чувствительный к изменениям конъюнктуры

Konjunktur|empfindlichkeit *f* чувствительность *f* к колебаниям конъюнктуры; **-entspannung** *f* ослабление *n* конъюнктуры; **-entwicklung** *f* развитие *n* конъюнктуры; **-erholung** *f* оживление *n* подъем *m* экономической активности; **-faktor** *m* фактор *m* конъюнктуры; **-flaute** *f* спад *m* деловой активности; **-förderung** *f* стимулирование *n* деловой активности (конъюнктуры); **-forschung** *f* исследование *n* изучение конъюнктуры; **-gefälle** *n* различие *n* в развитии конъюнктуры

konjunkturgerecht конъюнктурный; **-er Tarifabschluss** заключение *n* тарифного соглашения с учетом развития конъюнктуры

Konjunktur|geschäft *n* сделка *f*, заключенная с учетом развития конъюнктуры; **-impuls** *m* импульс *m* к оживлению конъюнктуры; **-indikator** *m* конъюнктурный индикатор *m*, показатель (индикатор *m*) экономической активности; **-klima** *n* состояние *n* экономики; **-krise** *f* циклический спад *m* экономической активности; **-lage** *f* экономическая ситуация *f*; **-lehre** *f* теория *f* экономических циклов; **-maßnahmen** *pl* меры *pl* по регулированию экономической активности; **-phase** *f* фаза *f* экономического цикла; **-politik** *f* политика *f* регулирования циклических колебаний

konjunkturpolitisch относящийся к политике регулирования циклических колебаний; **-es Instrumentarium** инструменты *pl* политики регулирования циклических колебаний; **-e Maßnahmen** меры *pl* по регулированию циклических колебаний

Konjunktur|prognose *f* прогноз *m* конъюнктуры; **-programm** *n* программа *f* повышения (подъема) экономической активности; **-rückfall** *m* **(-rückgang** *m***)** ухудшение *n* (спад *m*) конъюнктуры; **-schwäche** *f* застой *m* в экономической активности; **-schwankung** *f* колебания *pl* конъюнктуры; **-spitze** *f* наивысшая точка *f* конъюнктурного развития; **-stabilisierung** *f* стабилизация *f* конъюнктуры; **-steuerung** *f* регулирование *n* экономической активности; **-stützung** *f* стимулирование *n* экономической активности; **-tal** *n* застой *m* в экономической активности; **-tendenz** *f* тенденция *f* развития конъюнктуры; **-test** *m* изучение *n* конъюнктуры методом опроса; **-trend** *m* тенденция *f* развития конъюнктуры; **-überhitzung** *f* перегрев *m* конъюнктуры; **-umfrage** *f* изучение *n* конъюнктуры методом опроса; **-umschlag** *m* **(-umschwung** *m***)** резкое изменение *n* конъюнктуры; **-verfall** *m* ухудшение *n* (спад *m*) конъюнктуры; **-verlauf** *m* ход *m* (тенденция *f*) развития конъюнктуры; **-vorschau** *f* прогноз *m* конъюнктуры; **-wechsel** *n* изменение *n* конъюнктуры; **-wellen** *pl* периоды *pl* экономических циклов; **-wende** *f* изменение *n* конъюнктуры; **-zuschlag** *m* мероприятия *pl* налоговой политики по регулированию конъюнктуры; **-zyklus** *m* экономический цикл *m*

Konkurrent *m* конкурент *m*, соперник *m*

Konkurrenz *f* конкуренция *f*, соперничество *n*; конкурирующая фирма *f*, конкуренты *pl*; **es mit der ~ aufnehmen** вступить в конкуренцию; **~ ausschalten** устранять конкуренцию; **der ~ entgegentreten** противостоять конкурентам; **einer scharfen ~ begegnen** столкнуться с сильной конкуренцией; **in ~ treten** вступать в конкуренцию; **miteinander in ~ stehen** конкурировать; **sich gegen die ~ durchsetzen** конкурировать с успехом; **zur ~ abwandern** переходить к конкурентам, терять клиентов; **ausländische ~** иностранная конкуренция *f*; **atomistische ~** атомистическая конкуренция *f*; **harte ~** жесткая конкуренция *f*; **~ mit anderen Anbietern** конкуренция *f* с другими оферентами; **oligopolistische ~** олигополистическая конкуренция *f*; **polypolistische ~** полиполистическая конкуренция *f*; **ruinöse ~** разорительная конкуренция *f*; **scharfe ~** острая конкуренция *f*; **steigende ~** растущая (усиливающаяся) конкуренция *f*; **unlautere ~** недобросовестная конкуренция *f*; **~ unter den Anbietern** конкуренция *f* оферентов; **unvollkommene ~** несовершенная конкуренция *f*; **vollkommene ~** совершенная конкуренция *f*; **~ der Ziele** состязательность *f* целей; **zunehmende ~** растущая (усиливающаяся) конкуренция *f*

Konkurrenz|abschwächung *f* ослабление *n* конкуренции; **-analyse** *f* анализ *m* товаров (деятельности) конкурентов; **-angebot** *n* конкурирующее предложение *n*, предложение *n* конкурента; **-artikel** *m* конкурирующий товар *m*; **-bedingungen** *pl* условия *pl* конкуренции; **-beobachtung** *f* изучение *n* исследование конкуренции (конкурентов); **-betrieb** *m* конкурирующее предприятие *n*; **-beziehungen** *pl* отношения *pl* конкуренции; **-druck** *m* давление *n* со стороны конкурентов; **-erzeugnis**

n конкурирующий продукт *m*, продукт *m* конкурирующей фирмы
konkurrenzfähig конкурентоспособный; **~ anbieten** делать конкурентоспособные предложения; **~ herstellen** производить конкурентоспособную продукцию; **~ machen** сделать конкурентоспособным; **-er Preis** конкурентоспособная цена
Konkurrenz|fähigkeit *f* конкурентоспособность *f*; **-firma** *f* конкурирующая фирма *f*; **-forschung** *f* анализ *m* товаров и деятельности конкурентов; **-freiheit** *f* свобода *f* конкуренции; **-geschäft** *n* конкурирующая фирма *f*; **-gesellschaft** *f* общество *n* свободной конкуренции; конкурирующая компания *f*; **-gleichgewicht** *n* равновесие *n* на рынке; **-grenze** *f* граница *f* между рынками сбыта; **-kampf** *m* конкурентная борьба *f*; **-klausel** *f* оговорка *f* пункт об исключении конкуренции; **-lage** *f* состояние *n* конкуренции, конкурентоспособность *f*; **-liste** *f* конкурентный список *m*, список *m* конкурентов
konkurrenzlos вне конкуренции
Konkurrenz|marke *f* конкурирующая фирма *f*, конкурирующий товар *m*; **-markt** *m* рынок *m*, характеризирующийся конкуренцией; **-menge** *f* количество *n* конкурирующих товаров (оферентов); **-neid** *m* зависть *f* к конкурентам; **-preis** *m* конкурентная цена *f*; **-produkt** *n* конкурирующий продукт *m*, продукт *m* конкурирующей фирмы; **-stärke** *f* способность *f* противостоять конкурентам; **-situation** *f* состояние *n* конкурентной борьбы; **-strategie** *f* стратегия *f* конкурентной борьбы; **-tarif** *m* конкурирующий тариф *m*
konkurrenzunfähig неконкурентоспособный
Konkurrenz|unfähigkeit *f* неконкурентоспособность *f*; **-unterlagen** *pl* документация *f* конкурирующей фирмы; **-unternehmen** *n* конкурирующее предприятие *n*, предприятие-конкурент; **-verbot** *n* запрет *m* на конкуренцию, запрещение *n* конкуренции; **-vergleich** *m* сравнение *n* с конкурентами; **-verhalten** *n* поведение *n* конкурентов; **-verhältnisse** *pl* отношения *pl* (условия *pl*) конкуренции; **-ware** *f* конкурирующий товар *m*
konkurrieren конкурировать, соперничать, соревноваться
konkurrierend конкурирующий; **-e Erzeugnisse** изделия *pl* конкурирующей фирмы
Konkurs *m* банкротство *n*, несостоятельность *f*; конкурсное производство *n*; конкурс *m* по делам несостоятельного должника; **den ~ abwenden** предотвратить банкротство; **den ~ abweisen** отказать в открытии конкурсного производства; **den ~ anmelden** объявить о своем банкротстве; **den ~ eröffnen** открывать конкурс (конкурсное производство); **in ~ gehen (geraten)** обанкротиться; **sich in ~ erklären** объявить о своем банкротстве; **den ~ verhängen** назначить конкурсное производство; **vor dem ~ stehen** быть накануне банкротства
Konkurs|anfechtung *f* оспаривание *n* сделок несостоятельного должника; **-anmeldung** *f* объявление *n* о своем банкротстве; **-antrag** *m* заявление *n* о банкротстве; **-beamte** *m* ликвидатор *m*; **-beschlag** *m* арест *m* имущества должника, назначенного в конкурс; **-betreibung** *f* судебное преследование *n* банкрота; **-bilanz** *f* баланс *m* имущественного положения банкрота; **-delikt** *n* правонарушение *n* при открытии или проведении конкурсного производства; **-dividende** *f* квота *f* удовлетворения конкурсных кредиторов; дивиденд *m*, выплачиваемый кредиторам после реализации конкурсной массы; **-erklärung** *f* объявление *n* назначение конкурса; **-eröffnung** *f* открытие *n* конкурсного производства; **-forderungen** *pl* претензии *pl* конкурсных кредиторов; **-gericht** *n* суд *m* по делам о несостоятельности; **-gläubiger** *m* кредитор *m* несостоятельного

должника, конкурсный кредитор *m*; **-grund** *m* причина *f* несостоятельности должника, причина *f* открытия конкурсного производства

Konkursmasse *f* конкурсная масса *f*; **aus der ~ aussondern** выделять из конкурсной массы; **in die ~ fallen** попадать в конкурсную массу

Konkurs|massenverkauf *m* распродажа *f* предметов конкурсной массы; **-ordnung** *f* положение *n* о конкурсном производстве; **-quote** *f* квота *f* удовлетворения конкурсных кредиторов; **-recht** *n* конкурсное право *n*; **-richter** *m* судья *m*, ведущий конкурсное производство; **-schuldner** *m* банкрот *m*, несостоятельный должник *m*; **-status** *m* баланс *m* имущественного состояния банкрота; **-tabelle** *f* список *m* претензий конкурсных кредиторов

Konkursverfahren *n* конкурсное производство *n*; **ein ~ anordnen** назначить конкурсное производство; **ein ~ beantragen** подать заявление на открытие конкурсного производства; **ein ~ einleiten** возбуждить конкурсное производство; **ein ~ einstellen** прекратить конкурсное производство; **ein ~ eröffnen** открыть конкурсное производство

Konkurs|vermögen *n* конкурсное имущество *n*; **-verwalter** *m* управляющий *m* конкурснй массой, ликвидатор *m*; **-verwaltung** *f* конкурсное управление *n*

Konnexitätsprinzip *n* принцип *m* увязанности задач и затрат

Konnossement *n* коносамент *m*, фрахтовое свидетельство *n*, транспортная накладная *n*; **ein ~ ausstellen** выписать коносамент; **direktes (durchgehendes) ~** сквозной коносамент *m*; **einfaches ~** простой коносамент *m*; **indossiertes ~** индоссированный коносамент *m*; **reines ~** чистый коносамент *m*; **unreines ~** нечистый коносамент *m*, коносамент *m* с оговоркой

Konnossements|bestimmungen *pl* условия *pl* коносамента; **-garantie** *f* гарантийное письмо *n* о возмещении убытков

Konsens *m* консенсус *m*, согласие *n*, одобрение *n*; **ein ~ erreichen (erzielen)** достичь консенсуса

Konsens|entscheidung *f* консенсусное решение *n*; **-prinzip** *n* принцип *m* согласия

Konsensus *m* консенсус *m*

Konsequenz *f* последствие *n*; вывод *m*; последовательность *f*

Konsignant *m* консигнат *m*

Konsignatar *m* конигнатор *m*

Konsignation *f* консигнация *f*; **in ~ geben** отправлять (передавать) на консигнацию

Konsignations|geschäft *n* консигнационная сделка *f* (операция *f*); **-gut** *n* товар *m*, отправляемый на консигнацию; консигнационный товар *m*; **-handel** *n* консигнационная торговля *f*; **-lager** *n* консигнационный склад *m*; **-material** *n* консигнационный материал *m*; **-rechnung** *f* консигнационный счет *m*; **-sendung** *f* партия *f* товаров, отправляемая на консигнацию; **-verkauf** *m* продажа *f* товаров, принятых на консигнацию; **-vertrag** *m* консигнационный договор *m*; **-waren** *pl* консигнационные товары *pl*

konsignieren отправлять на консигнацию; **Waren ~** отправлять товары на консигнацию

konsolidieren консолидировать; объединять, укрупнять; **die Bilanz ~** консолидировать баланс; **die Wirtschaft ~** укреплять экономику

konsolidiert консолидированный; **-e Abschlüsse** консолидированные счета *pl*; **-e Bilanz** консолидированный баланс *m*; **-e Gewinn- und Verlustrechnung** консолидированный счет *m* прибылей и убытков; **-er Konzernabschluss** сводный финансовый отчет концерна; **-e Schuld** консолидированный долг *m*; **-e Steuererklärung** сводная налоговая декларация *f*

Konsolidierung *f* консолидацип *f*; стабилизация *f* курса; объединение *n*, укрупнение *n*

Konsolidierungs|anleihe *f* консолидированный заем *m*; **-kredit** *m* консолидированный кредит *m*; **-kreis** *m* круг *m* консолидации предприятия, балансовые отчеты *pl* которых, входят в балансовый отчет концерна; **-kurs** *m* курс *m* консолидации; **-lager** *n* консолидированный склад *m*; **-phase** *f* фаза *f* консолидации; **-pflicht** *f* обязанность *f* проводить консолидацию; **-prozess** *m* процесс *m* консолидации; **-zeitraum** *m* период *m* консолидации

Konsorte *m* член *m* консорциума

Konsortial|bank *f* банк-член *m* консорциума; **-beteiligung** *f* участие *n* в консорциуме; **-führer** *m* банк *m*, возглавляющий консорциум; **-führung** *f* руководство *n* консорциумом; **-geschäft** *n* операция *f*, проводимая консорциумом; **-kredit** *m (Fin)* кредит *m* консорциума, синдицированный кредит *m*; **-mitglied** *n* член *m* консорциума; **-partner** *m* партнер *m* по консорциуму; **-quote** *f* квота *f* участника консорциума; **-vertrag** *m* соглашение *n* о создании консорциума

Konsortium *n* консорциум *m*, синдикат *m*; **ein ~ aufbauen** создать консорциум; **ein ~ bilden** образовать консорциум; **ein ~ gründen** основать консорциум; **sich zu einem ~ zusammenschließen** объединиться в консорциум

Konstellation *f* положение *n*, конъюнктура *f*; **wirtschaftliche ~** экономическая конъюнктура *f*

konstituieren учреждать, организовывать, установлять

konstruieren конструировать, создавать, сооружать

Konstrukteur *m* конструктор *m*

Konstruktion *f* конструкция *f*, сооружение *n*; строение *n*, структура *f*

Konstruktions|änderung *f* изменение *n* конструкции; **-büro** *n* конструкторское бюро *n*; **-dokumentation** *f* конструкторская документация *f*; **-fehler** *m* конструктивный недостаток *m*; **-kosten** *pl* расходы *pl* на конструирование; **-leiter** *m* руководитель *m* конструкторских работ; **-unterlagen** *pl* конструкторская документация *f*

Konsulats|faktura *f* консульская фактура *f*; **-gebühren** *pl* консульские сборы *pl*; **-sichtvermerk** *m* консульская виза *f*

Konsulent *m* консультант *m*

Konsultation *f* консультация *f*; **eine ~ erteilen (geben)** давать консультацию, консультировать; **gegenseitige -en** взаимные консультации; **technische ~** техническая консультация *f*

konsultieren консультироваться

Konsum *m* потребление *n*; потребительское общество *n*; **aufgeschobener ~** отложенный потребительский спрос *m*; **öffentlicher ~** общественное потребление *n*; **privater ~** личное потребление *n*; **~ von Nahrungsmitteln** потребление *n* продуктов питания; **zurückgestellter ~** отложенный потребительский спрос *m*

Konsum|artikel *pl* потребительские товары *pl*; **-ausgaben** *pl* потребительские расходы *pl*; **-bedarf** *m* потребительский спрос *m*; **-bereich** *m* сфера *f* потребления; **-bereitschaft** *f* склонность *f* к потреблению; **-einschränkung** *f* ограничение *n* потребления

Konsument *m* потребитель *m*

Konsumenten|analyse *f* анализ *m* потребителей; **-budget** *n* потребительский бюджет *m*; **-befragung** *f* опрос *m* потребителей; **-forschung** *f* изучение *n* потребительского спроса; **-gesellschaft** *f* общество *n* потребления (потребителей); **-gewohnheiten** *pl* привычки *pl* потребителей; **-handel** *m* кооперативная форма *f* торговли; **-kredit** *m* потребительский кредит *m*; **-nachfrage** *f* потребительский спрос *m*; **-preis** *m* розничная цена *f*; **-preisindex** *m* индекс *m* розничных цен; **-rente** *f (WiWi)* излишек *m* (доход *m*) для потребителя; **-souveränität** *f* свобода *f* потребителя определять объем и характер потребления; **-vereinigung** *f* объединение *n* потребителей; **-verhalten** *n* поведение *n* потребителей; **-werbung** *f* потребительская реклама *f*; **-wunsch** *m* пожелание *n* потребителя

Konsum|freiheit *f* свобода *f* потребления; **-funktion** *f* функция *f* потребления; **-genossenschaft** *f* потребительский кооператив *m*; **-gewohnheiten** *pl* привычки *pl* потребителей

Konsumgüter *pl* потребительские товары *pl*; **kurzlebige ~** потребительские товары *pl* краткосрочного пользования; **langlebige ~** потребительские товары *pl* длительного пользования

Konsumgüter|austausch *m* торговый обмен *m* потребительскими товарами; **-bedarf** *m* спрос *m* на товары широкого потребления; **-industrie** *f* промышленность *f* товаров широкого потребления; **-kauf** *m* покупка *f* потребительских товаров; **-messe** *f* выставка *f* товаров щирокого потребления; **-nachfrage** *f* спрос *m* на потребительские товары; **-produktion** *f* производство *n* потребительских товаров; **-wirtschaft** *f* отрасли *pl* народного хозяйства, производящие товары широкого потребления

konsumieren потреблять; **Lebensmittel ~** потреблять продукты питания

Konsum|klima *n* атмосфера *f* потребления; **-korb** *m* потребительская корзина *f*; **-kraft** *f* покупательная способность *f*; **-kredit** *m* потребительский кредит *m*; **-laden** *m* кооперативный магазин *m*; **-orientierung** *f* ориентация *f* на потребителя при выборе места размещения предприятия; **-quote** *f* доля *f* потребления

Konsumtion *f* потребление *n*

konsumtiv *f* потребительский, потребительный

Konsumtivkredit *m* потребительский кредит *m*

Konsum|verein *m* союз *m* потребительских обществ; потребительский кооператив; **-wahl** *f* выбор *m* потребителя; **-waren** *pl* потребительские товары *pl*; **-welle** *f* потребительский бум *m*; **-werte** *pl* акций компаний потребительского сектора; **-wünsche** *pl* желание *n* потребителей

Kontakt *m* контакт *m*, связь *f*; **einen ~ aufbauen** установить контакт; **einen ~ aufnehmen** установить контакт; **einen ~ aufrechterhalten** поддерживать связь; **die -e ausbauen** расширять контакты; **-e herstellen** установить контакт; **im ~ stehen** находиться в контакте, контактировать; **in ~ treten** вступать в контакт; **einen ~ knüpfen** установить контакт; **-e unterhalten** поддерживать контакты; **den ~ verlieren** потерять связь; **berufliche -e** профессиональные контакты *pl*; **geschäftlicher ~** деловой контакт *m*, деловая связь *f*

Kontakt|aufnahme *f* установление *n* контакта; **-büro** *n* посредническое бюро *n*

Kontakter *m* сотрудник *m* рекламного агенства, осуществляющий связь с клиентами

Kontakt|freudigkeit *f* общительность *f*; **-häufigkeit** *f* частота контактов; **-gespräch** *n* беседа *f* с целью установления контактов; **-mann** *m* сотрудник *m* для выдачи справок информации; **-person** *f* контактное лицо *n*

Kontango *n* репорт *m*

Kontangogeschäft *n* репортная сделка *f*

Konten *pl* счета *pl*

Konten|abruf *m* доступ *m* государственных инстанций к данным банковских счетов; **-abgrenzung** *f* разграничение счетов; **-abschluss** *m* заключение *n* (закрытие *n*) счетов, выведение *n* итогов по счетам; **-abstimmung** *f* согласование *n* счетов; **-aufgliederung** *f* распределение *n* счетов; **-aufteilung** *f*, **-ausgleich** *m* сбалансирование *n* счетов, сальдирование *n*; **-bewegung** *f* движение *n* средств по счетам; **-bezeichnung** *f* наименование *n* счетов; **-blatt** *n* карточка *f* (страница *f*) лицевого счета; **-eintragung** *f* занесение *n* в счет, проводка по счету;

-eröffnung *f* открытие *n* счетов; **-evidenzzentrale** *f (Fin, Recht)* центр *f* информации о банковских счетах; **-führung** *f* ведение *n* счетов; **-glattstellung** *f* восстановление *n* кредитов; **-gliederung** *f* классификация *f* счетов; **-gruppe** *f* группа *f* счетов; **-inhaber** *m* владелец *m* счета; **-klasse** *f* раздел *m* номенклатуры счетов; **-klasseneinteilung** *f* классификация *f* разделов номенклатуры счетов; **-kontrolle** *f* проверка *f* записей на счетах

kontenlos без счетов; **-e Buchführung** бухгалтерский учет *m* без бухгалтерских книг

kontenmäßig по счетам

Konten|plan *m* счетный план *m*, план *m* счетов; **-rahmen** *m* номенклатура *f* счетов; **-ruf** *m* контировка *f*, составление *n* проводок; **-sparen** *n* хранение *n* денежных средств на счетах сберегательных банков; **-sperre** *f* арест *m* счета (вклада), блокирование счета; **-stand** *m* состояние *n* счетов, остаток *m* на счете; **-umsatz** *m* обороты *pl* по счетам; **-untergruppe** *f* подгруппа *f* счетов; **-verfügung** *f* распоряжение *n* счетом; **-verzeichnis** *n* реестр *m* счетов

Konterbande *f* контрабанда *f*; контрабандный товар *m*

kontieren контировать, проводить по счету; **einen Beleg ~** провести сумму по счету

Kontierung *f* контировка *f*, составление *n* проводок; **~ auf dem Beleg** контировка *f* на документе; **~ laufender Geschäftsfälle** контировка *f* текущих деловых операций

Kontierungs|fehler *m* ошибка *f* при контировке; **-richtlinien** *pl* правила *pl* составления проводок

Kontingent *n* контингент *m*, квота *f*, лимит *m*; **das ~ ausschöpfen** исчерпать лимит; **ein ~ erweitern** увеличить квоту; **das ~ überschreiten** превышать квоту; **-e zuteilen** распределять квоты; **mengenmäßiges ~** количественный лимит *m*

kontingentieren контингентировать, устанавливать контингенты (квоты)

Kontingentierung *f* контингентирование *n*, установление *n* контингентов (квот); **die ~ aufheben** снимать квоты; **~ der Produktion** установление *n* квот на производство; **~ von Importen** установление *n* квот на импорт

Kontingentierungs|kartell *n* картель *m*, для участников которого установлены твердые контингенты; **regelung** *f* система *f* контингентирования

kontinuierlich непрерывный, бесперебойный

Kontinuität *f* непрерывность *f*, бесперебойность *f*; **~ der Lieferungen** непрерывность *f* поставок; **~ der Produktion** непрерывность *f* производственного процесса

Konto *f* счет *m*; **auf ein ~ einzahlen** вносить взносы на счет; **ein ~ auflösen** закрыть счет; **auf ein ~ überweisen** переводить на счет; **auf dem ~ haben** иметь на счете; **ein ~ abschließen** *(Bank)* закрыть счёт; заключить договор об открытии счёта; **ein ~ ausgleichen** уравнять (сбалансировать) счет; **ein ~ bearbeiten** обрабатывать счет; **ein ~ mit einem Betrag belasten** записать сумму в дебет ечета; **ein ~ bei der Bank besitzen** иметь счет в банке; **ein ~ einrichten (eröffnen)** открывать счет; **ein ~ führen** вести счет; **dem ~ eine Summe gutschreiben** записать сумму в кредит счета; **sein ~ löschen** закрыть счет; **ein ~ sperren** блокировать счет; **-sein ~ überziehen** превысить остаток на своем счете; **ein ~ unterhalten** иметь счет; **vom ~ abheben** снимать со счета; **auf das ~ des Betriebes** на счет предприятия; **~ bei der Bank** счет *m* в банке; **belastetes ~** дебетуемый счет *m*; **bezogenes ~** счет *m*, с которого должна быть произведена уплата; **erkanntes ~** кредитуемый счет *m*; **gesperrtes ~** блокированный счет *m*; **illegales ~** нелегальный счет *m*; **laufendes ~** текущий счет *m*; **offenes ~** открытый счет *m*; **persönliches ~** лицевой счет *m*

Konto|abrechnung *f (Bank)* отчет *m* банка о состоянии счета клиента;

-abschluss *m (Bank)* заключение *n* договора на открытие счета; закрытие счета; **-auflösung** *f (Bank)* закрытие *n* счета; **-auftrag** *m* перенос *m* на счет; **-auszug** *m (Bank)* выписка *f* из текущего счета; **-bewegungen** *pl (Bank)* динамика *f* движения сумм на счету; **-blatt** *n* карточка *f* счета; **-einrichtung** *f* **(-eröffnung)** *(Bank)* открытие *n* счета; **-freigabe** *f (Bank)* разблокирование *n* счета

kontoführend *(Bank)* ведущий счет; **-e Bank** *(Bank)* банк *m*, ведущий счет

Kontoführung *f* ведение *n* счета; **gebührenfreie ~** бесплатное ведение *n* счета

Konto|gegenbuch *n* расчетная книга *f*; **-gegenbuchung** *f* встречная запись *f* по счету; **-gutschrift** *f* запись *f* в кредит счета; **-inhaber** *m* владелец *m* личного счета; **-korrent** *n* текущий (контокоррентный) счет *m*; контокоррент *m*

Kontokorrent|auszug *m* выписка *f* из контокоррентного счета; **-debitor** *m* контокоррентный дебитор *m*

Kontokorrent-Geschäfte *pl* контокоррентные операции *pl*

Kontokorrent|konto *n* контокоррентный счет *m*, текущий банковский счет *m*; **-kredit** *m* контокоррентный кредит *m*, текущий (постоянно действующий) кредит *m*, кредитный лимит *m*; **-rechnung** *f* начисление *n* процентов по контокоррентному счету; **-verkehr** *m* операции *pl* расчеты по ткущему банковскому счету; **-vertrag** *m* договор *m* о взаиморасчетах с помощью контокоррентного счета; **-zinsen** *pl* проценты *pl* по контокоррентному счету

Kontonummer *f* номер *m* счета

Kontor *n* контора *f*, бюро *n*; **ein ~ unterhalten** управлять конторой

Kontoseite *f* сторона *f* счета; **linke ~** дебет *m*; **rechte ~** кредит *m*

Konto|stammdaten *pl (Bank, Fin, Steuer)* данные *pl* банковского счета; **-stand** *m* состояние *n* счета; **-übertrag** *m* перенос *m* со счета на счет; **-überziehung** *f* овердрафт *m*, превышение *n* остатка на текущем счету; **-umsatz** *m* оборот *m* по счету; **-vollmacht** *f* доверенность *f* на пользование счетом; **-vortrag** *m* перенос *m* на счет

Kontrahent *m* контрагент *m*, сторона *f* в договоре

Kontrahierung *f* вступление *n* в договорные отношения, контрактация, заключение *n* контрактов

Kontrahierungs|zwang *m* обязательство *n* заключить договор (контракт), обязанность *f* вступить в правовые отношения; **-bruch** *m* нарушение *n* контракта (договора)

Kontraktlogistik *f (Transp)* контрактная логистика *f*

Kontraprotest *m* встречный протест *m* векселя

Kontroll|abschnitt *m* контрольный купон *m*, отрывной талон *m*; **-aufgaben** *pl* задачи *pl* (функции *pl*) контроля; **-aufwand** *m* затраты *pl* (расходы *pl*) на контроль; **-behörde** *f* ведомство *n* по контролю

kontrollberechtigt имеющий право контроля

Kontroll|bestimmungen *pl* положение *n* о контроле (проверке); **-durchführung** *f* проведение *n* контроля

Kontrolle *f* контроль *f*, проверка *f*; ревизия *f*; досмотр *m*; **die ~ abschaffen** отменить (упразднить) контроль; **die ~ ausüben** контролировать, проводить проверку; **eine ~ durchführen** проводить контроль (проверку); **eine ~ errichten** установить контроль; **die ~ übernehmen** контролировать, проводить проверку; **unter ~ haben** контролировать; **unter ~ halten** держать под контролем; **unter ~ stellen** взять под контроль; **der ~ unterliegen** подлежать проверке (контролю), контролироваться; **~ durch Gesetze** правовая проверка *f*; **ergebnisorientierte ~** контроль *m* результатов хозяйственной деятельности; **~ der Mittelverwendung** контроль *m* использования средств; **operative ~** оперативный контроль *m*; **staatliche ~** государственный контроль *m*; **stichproben-**

weise ~ выборочный контроль *m*; **technische** ~ технический контроль *m*

Kontrollergebnis *n* результат *m* контроля

Kontrolleur *m* контролер *m*

Kontroll|funktion *f* контролирующая функция *f*; **-gremium** *n* контролирующий орган *m*

kontrollieren контролировать, проверять; проводить ревизию; досматривать; **die Güte eines Erzeugnisses** ~ контролировать качество изделия; **Zielerfüllung** ~ контролировать выполнение поставленной цели

Kontroll|information *f* контрольная информация *f*; **-instanz** *f* контролирующая (вышестоящая) инстанция *f*; **-instrument** *n* инструмент *m* контроля; **-inventur** *f* контрольная инвентаризация *f*; **-kommission** *f* комиссия *f* по контролю; **-liste** *f* контрольный перечень *m* (список *m*); **-mehrheit** *f* контрольный пакет *m* акций; **-messung** *f* контрольное измерение *n*; **-mitteilung** *f (Steuer)* контрольное уведомление *n*; **-nummer** *f* контрольный номер *m*; **-organ** *n* контролирующий орган *m*; **-prüfung** *f* контрольная проверка *f*; **-rechnung** *f* контрольный (проверочный) счет *m*; **-recht** *n* право *n* на проведение контроля; **-spanne** *f* область *f* сфера контроля; **-tätigkeit** *f* контролирующая деятельность *f*; **-verfahren** *n* метод *m* контроля; процедура *f* контроля; **-vermerk** *m* отметка *f* о результатах контроля (проверки)

Konvention *f* конвенция *f*, соглашение *n*, договор *m*; **Internationale ~ zum Schutz industriellen Eigentums** конвенция *f* о защите собственности промышленных предприятий

Konvention *f* **zum Schutze der Menschenrechte und Grundfreiheiten** *s.* **Europäische Menschenrechtskonvention** *f*

Konventionalstrafe *f (Fin, Recht)* конвенциональный штраф *m*, пеня *f*, штраф *m* за нарушение условий договора

Konvergenz *f* конвергенция *f*; сближение *n*, сходимость *f*

Konversion *f* конверсия *f*; изменение *n* первоначальных условий; **~ der Militärstandorte** конверсия *f* военных баз

Konversionsanleihe *f* конверсионный заем *m*

konvertibel конвертируемый, обратимый

Konvertibilität *f* конверсия *f*, конвертируемость *f*, реверсия *f*

konvertierbar конвертируемый, обратимый

Konvertierbarkeit *f* конвертируемость *f*, обратимость *f*; **beschränkte** ~ ограниченная обратимость *f*; **volle** ~ полная обратимость *f*; **~ der Währung** конвертируемость *f* валюты

konvertieren конвертировать, обращать; проводить конверсию

Konvertierung *f* конверсия *f*; конвертирование *n*

Konvertierungsanleihe *f* конверсионный заем *m*

Konzentration *f* концентрация *f*, сосредоточение *n*; слияние *n*; **~ der Hersteller** концентрация *f* производства; **horizontale** ~ горизонтальная концентрация *f*; **~ des Kapitals** концентрация *f* капитала; **~ der Produktion** концентрация *f* производства; **vertikale** ~ вертикальная концентрация *f*

konzentrieren концентрировать, сосредотачивать; **sich auf ein Marktsegment** ~ сосредотачивать усилия на овладение сегментом рынка

Konzept *n* план *m*; идея *f*; концепция *f*; **ein ~ entwickeln (erarbeiten)** разрабатывать план (концепцию); **ein ~ vorlegen** предложить план; **~ für Geldanlage** план *m* инвестиций; **~ der Gesellschaft** план *m* (концепция *f*) деятельности компании; **variationsreiches** ~ план *m*, предусматривающий различные варианты

Konzern *m* концерн *m*; **den ~ aufgliedern** разукрупнять децентрализовывать концерн; **einen ~ entflechten** разукрупнять концерн; **einen ~ gründen** основать концерн; **diversifizierter ~** диверсифицированный концерн *m*; **multinationaler ~** мультинациональный концерн *m*; **transnationaler ~** транснациональный концерн *m*

Konzernabschluss *m* финансовый отчет *m* концерна, сводный баланс *m* концерна; **einen ~ zusammenfassen** консолидировать (составлять) финансовый отчет *m* концерна

Konzern|abschlussprüfer *m* аудитор *m* (ревизор *m*) сводного баланса; **-bericht** *m* отчет *m* концерна; **-bilanz** *f* сводный баланс *m* концерна; **-bildung** *f* образование *n* концерна; **-division** *f* подразделение *n* концерна; **-entflechtung** *f* разукрупнение *n* концерна; **-ergebnis** *n* результаты *pl* хозяйственной деятельности концерна; **-erweiterung** *f* расширение *n* концерна; **-gesellschaft** *f* компания *f*, входящая в состав концерна; **-gewinn** *m* прибыль *f* концерна

konzernintern внутри концерна; **-e Beteiligungen** взаимное долевое участие *n* в предприятиях концерна; **-e Umsätze** оборот *m* между предприятиями концерна

Konzern|lagebericht *m* годовой отчет *m* концерна; **-leitung** *f* руководство *n* (правление *n*) концерна; управление *n* концерном; **-lieferung** *f* поставка *f* концерна; **-mitbestimmung** *f* участие *n* работников в управлении концерном; **-rechnungslegung** *f* отчетность *f* концерна; **-spitze** *f* головное предприятие *n* концерна; **-sprecher** *m* представитель *m* концерна; **-struktur** *f* структура *f* концерна; **-tochter** *f* дочернее предприятие *n* концерна; **-umsatz** *m* оборот *m* концерна; **-unternehmen** *n* предприятие *n* в составе концерна; **-verflechtung** *f* сращивание *n* концернов; **-verluste** *m* убытки *pl* концерна; **-verrechnungspreise** *pl* расчетные цены *pl* концерна; **-verwaltung** *f* правление *n* (администрация *f*) концерна, управление *n* концерном

konzertiert согласованный; **-e Aktion** согласованная акция *f*; **-es Preisverhalten** согласованная практика *f* установления цен

Konzertierung *f* согласование *n*, согласие *n*, соглашение *n*

Konzert|zeichner *m* спекулянт *m* ценными бумагами повышенного спроса; **-zeichnung** *f* стейджинг *m*, ожидание *n* эмиссии на акции повышенного спроса

Konzession *f* концессия *f*; разрешение *n*, уступка *f*; лицензия *f*; **die ~ entziehen** изымать концессию, лишать концессии; **eine ~ erkaufen** купить (приобрести) концессию; **eine ~ erteilen** выдать лицензию (концессию); **eine ~ erwerben** приобрести лицензию; **eine ~ gewähren** предоставить концессию; **eine ~ haben** иметь концессию (лицензию), обладать концессией; **-enmachen** идти на уступки; **eine ~ nehmen** взять концессию; **~ für Erdölbohrungen** концессия *f* на поиски нефти

Konzessionär *m* концессионер *m*

konzessionieren предоставлять концессию

Konzessions|abgabe *f* оплата *f* транспортным предприятием коммунальных услуг; **-antrag** *m* заявка *f* на выдачу концессии (лицензии); **-bedingungen** *pl* условия *pl* предоставления концессии; **-betrieb** *m* концессионное предприятие *n*; **-bewerber** *m* претендент *m* на получение концессии; **-einnahmen** *pl* концессионные поступления *pl*, доходы *pl* от предоставления концессии; **-erteilung** *f* предоставление *n* (выдача *f*) концессии лицензии; **-gebühr** *f* концессионный сбор *m*; **-inhaber** *m* концессионер *m*; **-lasten** *pl* платежи *pl* по концессионному договору; **-nehmer** *m* концессионер *m*; **-politik** *f* политика *f* предоставления концессий; **-recht** *n* концессионное право *n*; **-unternehmung** *f* концессионное предприятие *n*; **-urkunde** *f* патент *m* на концессию; **-vertrag** *m* концессионный договор *m*

konzipieren составлять план, разрабатывать

Konzipierung *f* составление *n* плана,

разработка *f*; ~ **eines Controlling-systems** разработка *f* системы контроллинга

Kooperation *f* кооперирование *n*, кооперация *f*; сотрудничество *n*; **die ~ ausbauen** расширять сотрудничество; **die ~ eingehen** заключить договор о сотрудничестве (кооперации); **die ~ fördern** способствовать развитию сотрудничества; **enge ~** тесное сотрудничество *n*; **firmenübergreifende ~** кооперирование *n* (сотрудничество *n*) между фирмами; **geschäftliche ~** деловое сотрудничество *n*; **gleichberechtigte ~** равноправное сотрудничество *n* (кооперирование *n*); **~ der Hersteller** кооперация *f* производителей; **innerbetriebliche ~** внутризаводское кооперирование *n*; **internationale ~** международная кооперация *f* (сотрудничество *n*); **stillschweigende ~** негласная кооперация *f*, негласное сотрудничество *n*; **zwischenbetriebliche ~** кооперация *f* предприятий

Kooperations|abkommen *n* соглашение *n* о сотрудничестве; **-angebot** *n* предложение *n* о сотрудничестве; **-bedingungen** *pl* условия *pl* сотрудничества; **-beziehungen** *pl* отношения *pl* сотрудничества; **-gemeinschaft** *f* объединение *n* на базе кооперационных связей, кооперационное сообщество *n*; **-lieferungen** *pl* кооперационные поставки *pl*; **-partner** *m* партнер *m* по кооперации; **-plan** *m* план *m* кооперации (сотрудничества); **-philosophie** *f* философия *f* кооперирования (сотрудничества); **-strategie** *f* стратегия *f* сотрудничества (кооперирования); **-vereinbarung** *f* соглашение *n* договор о кооперации (сотрудничестве); **-vermittlung** *f* посредничество *n* (содействие *n*) в области кооперирования; **-vertrag** *m* договор *m* о кооперации (сотрудничестве)

kooperativ кооперативный, основанный на кооперации; **-er Führungsstil** коллективный стиль *m* руководства

kooperieren сотрудничать

Koordination *f* координация *f*, согласование *n*, увязка *f*; **die ~ durchführen** согласовать, координировать; **~ der Einzelpläne** координация *f* отдельных планов; **gegenseitige ~** взаимное согласование *n*

Koordinations|abkommen *n* соглашение *n* о координации; **-funktion** *f* функция *f* согласования; **-mechanismus** *m* механизм *m* согласования (координации)

koordinieren координировать, согласовывать, увязывать; **die Arbeiten ~** координировать работы

Koordinierung *f* координирование *n*, согласование *n*, увязка *f*

Koordinierungs|aufgabe *f* задача *f* координации (согласования); **-aufwand** *m* затраты *pl* (расходы *pl*) на координацию

Kopie *f* копия *f*, дубликат *m*; **die ~ anfertigen** скопировать; **die ~ beglaubigen** заверить копию; **beglaubigte ~** заверенная копия *f*; **~ der Zeugnisse** копия *f* свидетельства

kopieren копировать

Kopierschutz *m (Comp)* защита *f* от несанкционированного копирования

Kopplung *f* связь *f*, согласование *n*

Kopplungsgeschäft *n* сделка *f* на товар с принудительным ассортиментом

Korb *m (Bö, Fin)* «корзина» *f*

körperlich физический; **-e Bestandsaufnahme** инвентаризация *f* наличных материальных ценностей; **-e Leistungsfähigkeit** физическая трудоспособность *f*

Körperschaft *f* корпорация *f*, объединение *n*, орган *m*; **sich als ~ organisieren** создать организацию с правами юридического лица; **kommunale ~** муниципальная корпорация *f*, муниципальный орган *m* власти; **öffentliche ~** государственная организация *f*, корпорация *f*; **~ des öffentlichen Rechts** публично-правовая корпорация *f*; **~ des Privatrechts (des privaten Rechts)** частная (частноправовая) корпорация *f*

Körperschafts|besteuerung *f* налогообложение *n* корпораций; **-steuer** *f* налог *m* на доходы корпораций, налог *m* с юридических лиц; **-steuergutschrift** *f* компенсация *f* налога с доходов корпораций за выплаченные дивиденды; **-steuersatz** *m* ставка *f* налога с доходов корпораций

Korrektur *f* исправления *pl*, правка *f*, корректировка *f*; корректура *f*; **eine ~ vornehmen** производить исправление (поправку)

Korrelationskoeffizient *m (Bö)* коэффициент *m* корреляции (между акциями)

Korrespondent *m* корреспондент *m*

Korrespondenz *f* переписка *f*, корреспонденция *f*; **die ~ führen (unterhalten)** вести переписку

Korrespondenz|abwicklung *f* ведение *n* переписки; **-bank** *f* банк-корреспондент *m*; **-konto** *n* корреспондентский счет *m*; **-versicherung** *f* заключение *n* договора страхования с зарубежной страховой компанией

korrumpieren подкупать, коррумпировать

Korruption *f* подкуп *m*, продажность *f*, коррупция *f*

Kosten *pl* издержки *pl*, расходы *pl*, затраты *pl*; стоимость *f*; **~ abrechnen** производить расчет издержек; **als ~ buchen** списывать в издержки; **~ anrechnen** начислять (ставить в счет) издержки; **~ auf sich nehmen** брать на себя издержки (расходы); **die ~ auferlegen** возложить оплату расходов; **auf seine ~ kommen** оправдать свои расходы; **~ aufstellen** перечислять расходы по отдельным статьям; **~ aufteilen** распределять издержки; **die ~ ausweisen** документально подтверждать произведенные издержки (расходы); **~ berechnen** рассчитывать издержки (затраты); **~ bestreiten** нести расходы; **~ buchen** проводить издержки по счетам бухгалтерского учета; **die ~ decken** покрывать издержки (расходы); **~ einsparen** сокращать издержки (расходы); **~ ermitteln** определять расходы; **~ errechnen** подсчитывать издержки (расходы); **die ~ ersetzen (erstatten)** возмещать издержки (расходы); **für die ~ aufkommen** взять на себя расходы; **~ gegenüberstellen** сопоставлять издержки (расходы); **~ kontrollieren** контролировать издержки (расходы); **~ reduzieren (senken)** снижать (сокращать) расходы (издержки); **die ~ tragen** нести расходы; **~ übernehmen** брать на себя (нести) расходы; **~ überprüfen** проверять расходы (издержки); **~ überwälzen** перекладывать расходы (издержки); **~ vergüten** возместить расходы (издержки); **~ verrechnen** производить зачет издержек (расходов); **~ verursachen** вызывать расходы (затраты, издержки); **die ~ von der Steuer absetzen** вычитать издержки из суммы налогообложения; **die ~ zuordnen** распределять издержки по статьям расходов; **die ~ zurechnen** включать издержки в статьи расходов; **allgemeine ~** общие издержки *pl*; **anfallende ~** производимые издержки *pl*; **angefallene ~** начисленные (понесенные) издержки *pl*; **anteilige ~** пропорциональные издержки *pl*; **anziehende ~** увеличение *n* издержек; **artikeldirekte ~** прямые издержки *pl* на производство данного изделия; **auf ~** за счет; **auf eigene ~** за свой счет; **aufgewendete ~** произведенные затраты *pl* (издержки *pl*); **auftragsabhängige ~** издержки *pl*, связанные с выполнением конкретного заказа; **auftragsfixe ~** постоянные издержки *pl* по данному заказу; **außerplanmäßige ~** внеплановые издержки *pl*; **beschäftigungsabhängige ~** издержки *pl*, зависящие от стоимости рабочей силы; **beschäftigungsunabhängige ~** издержки *pl*, не зависящие от стоимости рабочей силы; **degressive ~** уменьшающиеся издержки *pl*; **direkte (direkt zurechenbare) ~** прямые издержки *pl* (затраты *pl*); **durchschnittliche ~** средние издержки *pl* (затраты *pl*); **effektive ~** фактические затраты *pl*; **erfasste ~**

учтенные издержки *pl*; **fixe** ~ постоянные издержки *pl*; ~ **für das Produkt** издержки *pl* на производство продукта; **geplante** ~ запланированные издержки *pl* (затраты *pl*); **gesamte** ~ общие издержки *pl*; **höchstzulässige** ~ максимально допустимые издержки *pl*; **indirekte** ~ косвенные затраты *pl*; ~ **je Produkteinheit** затраты *pl* (издержки *pl*) в расчете на единицу продукции; **kalkulatorische** ~ калькуляционные издержки *pl*; **komparative** ~ сравнительные издержки *pl*; **laufende** ~ текущие расходы *pl*; **leistungsabhängige** ~ издержки *pl*, зависящие от выработки; **lohnabhängige** ~ издержки *pl*, зависящие от уровня заработной платы; **optimale** ~ оптимальные издержки *pl*; **pagatorische** ~ расходы *pl*, связанные с платежами; **primäre** ~ первичные затраты *pl*; ~ **der Produktion** издержки *pl* производства; ~ **des Produkts** стоимость *f* продукта; **qualitätsbezogene** ~ издержки *pl*, связанные с повышением качества; **realisierte** ~ реализованные издержки *pl*; ~ **der Rechtsgüter** стоимость *f* имущественных благ; ~ **des Rechtsstreites** судебные расходы *pl*; **sekundäre** ~ вторичные затраты *pl*; **sonstige** ~ прочие издержки *pl*; **steigende** ~ возрастающие издержки *pl*, возрастание *n* издержек; **tatsächliche** ~ фактические издержки *pl*; **totale** ~ общие издержки *pl*; **überproportionale** ~ прогрессивные издержки *pl*; **übrige** ~ прочие издержки *pl*; **unterproportionale** ~ уменьшающиеся издержки *pl*; **variable** ~ переменные издержки *pl*; **verrechnete** ~ дополнительные (причисленные) издержки *pl*; **vorläufige** ~ предварительные расходы *pl*; **zukünftige** ~ издержки *pl* (расходы *pl*) в будущем; **zusätzliche** ~ дополнительные издержки *pl*

Kosten|abgrenzung *f* размежевание *n* затрат (расходов); **-abrechnung** *f* расчет *m* (подсчет *m*) фактических издержек; **-abweichung** *f* отклонение *n* фактических издержек от сметных; **-analyse** *f* анализ *m* произведенных издержек; **-änderung** *f* изменение *n* размера (структуры) издержек производства; **-anfall** *m* понесенные издержки *pl*; **-angaben** *pl* данные *pl* об издержках; **-anpassung** *f* приведение *n* издержек в соответствие с рыночной ценой; **-ansatz** *m* статья *f* расходов (издержек); **-anschlag** *m* смета *f* расходов, сметная стоимость *f*; **-anstieg** *m* увеличение *n* (возрастание *n*) издержек; **-anteil** *m* доля *f* издержек

Kostenarten *pl* виды *pl* издержек; **abgeleitete ~, derivative~, gemischte ~, sekundäre ~, zusammengesetzte** ~ вторичные издержки *pl*

Kostenarten|aufstellung *f* спецификация *f* видов издержек; **-budgetierung** *f* составление *n* сметы по видам издержек; **-rechnung** *f* учет *m* издержек по видам; **-verteilung** *f* распределение *n* видов затрат

Kosten|auflösung *f* деление *n* общих издержек на постоянные и пропорционально произведенные; **-aufschlag** *m* надбавка *f* к стоимости; **-aufschlüsselung** *f* распределение *n* издержек по местам их возникновения; **-aufstellung** *f* спецификация *f* расходов по видам; **-aufteilung** *f* распределение *n* издержек по видам; **-auftrieb** *m* повышение *n* издержек (расходов); **-aufwand** *m* издержки *pl*, расходы *pl*, затраты *pl*

kostenaufwendig связанный с большими расходами

Kosten|ausgleich *m* выравнивание *n* (компенсация *f*) издержек; **-ausgleichsbetrag** *m* дотация *f* для поддержания уровня цен

kostenbedingt обусловленный издержками

kostenbeeinflussend влияющий на величину издержек

Kosten|belastung *f* расходы *pl*, издержки *pl*; **-berechnung** *f* калькуляция *f* издержек; **-beitrag** *m* доля *f* производственных издержек; **-beteiligung** *f* участие *n* в расходах; **-betrag** *m* сумма *f* издержек;

-bremser *m* фактор *m*, сдерживающий увеличение издержек; **-budget** *n* расходная часть *f* бюджета, смета *f* расходов; **-controlling** *n* контроллинг *m* издержек; **-dämpfung** *f* снижение *m* издержек

kostendeckend покрывающий издержки, покрывая издержки; ~ **arbeiten** работать рентабельно; ~ **produzieren** производить рентабельно; **-er Preis** цена *f*, покрывающая издержки

Kosten|deckung *f* покрытие *n* издержек, порог *m* (точка *f*) рентабельности; **-deckungsbeitrag** *m* доля *f* покрытия постоянных издержек; **-degression** *f* уменьшение *n* издержек (расходов), затрат

Kosten|denken *n* концепция *f* производства в терминах издержек; **-differenz** *f* разница *f* в издержках, разница *f* в уровнях стоимости; **-disziplin** *f* дисциплина *f* издержек (затрат, расходов); **-druck** *m* бремя *n* издержек; **-eindämmung** *f* сдерживание *n* роста издержек; **-einfluss** *m* влияние *n* (воздействие) издержек; **-einheit** *f* единица *f* стоимости; **-einsparung** *f* экономия *f* издержек; **-element** *n* элемент *m* затрат (издержек); **-entlastung** *f* уменьшение *n* издержек; **-entscheidung** *f* решение *n* об оплате расходов; **-entstehung** *f* возникновение *n* издержек (затрат); **-entwickung** *f* динамика *f* издержек; **-erfassung** *f* учет *m* издержек (затрат)

Kosten-Ergebnis-Analyse *f* анализ *m* "затраты-результаты"

Kosten|erhöhung *f* увеличение *n* издержек (расходов, затрат); **-ermittlung** *f* исчисление *n* (определение *n*) издержек; **-ersatz** *m* возмещение *n* издержек (затрат); **-ersparnis** *f* экономия *f* затрат (издержек); **-erstattung** *f* возмещение *n* (компенсация *f*) затрат (издержек); **-explosion** *f* резкое увеличение *n* издержек (затрат); **-faktor** *m* фактор *m* (показатель *m*) затрат (издержек); **-festsetzung** *f* установление *n* размера расходов

kostenfrei бесплатный, безвозмездный; бесплатно, безвозмездно

Kostengliederung *f* классификация *f* издержек

kostengünstig эффективный с точки зрения затрат; **-e Organisation** организация *f*, не требующая больших затрат

Kosten|gutschrift *f* кредитование *n* для возмещения издержек; **-höhe** *f* величина *f* (размер *m*) издержек (затрат); **-kalkulation** *f* калькуляция *f* затрат (издержек); **-konto** *n* счет *m* расходов; **-kontrolle** *f* контроль *m* издержек (затрат)

kostenlos бесплатный, безвозмездный; бесплатно

Kostenmanagement *n* контроль *m* и регулирование *n* расходов (издержек), управление *n* расходами (издержками)

kostenmäßig стоимостный

Kosten|miete *f* возмещение *n* текущих и капитальных затрат на содержание государственных квартир; **-minderung** *f* снижение *n* (уменьшение) затрат; **-minimierung** *f* минимизация *f* затрат; **-nachteil** *m* недостаток *m* (невыгодные условия *pl*) с точки зрения издержек; **-nachweis** *m* учет *m* затрат; **-neutralität** *f* *(Pers)* неизменность структуры издержек; **-niveau** *n* уровень *m* издержек (расходов, затрат)

Kosten-Nutzen|-Analyse *f* анализ *m* эффективности методом "затраты результат"; **~-Rechnung** *f* счет *m* издержек и результатов; **~-Verhältnis** *n* соотношение *n* затрат и результатов

Kosten|optimierung *f* оптимизация *f* издержек (затрат); **-optimum** *n* оптимальный уровень *m* издержек (затрат); **-pauschale** *f* паушальная сумма *f* расходов

kostenpflichtig обязанный оплатить издержки (расходы)

Kosten|plan *m* смета *f* затрат (издержек); **-planung** *f* планирование *n* (составление *n* сметы) издержек (затрат); **-position** *f* статья *f* расходов, расходная статья *f*; **-preis** *m* регулируемая цена *f*; **-prinzip** *n (Ad-*

min, Buchh) принцип *m* покрытия издержек (применяемый муниципалитетами); **-prognose** *f* прогноз *m* издержек (затрат); **-progression** *f* прогрессивный рост *m* издержек (расходов); **-projektion** *f* проекция *f* издержек; **-rechner** *m* бухгалтер-калькулятор *m*

Kostenrechnung *f* учет *m* (расчет *m*) затрат; ведение *n* операционных счетов; **die ~ durchführen** проводить учет (расчет) затрат; **die ~ erstellen** составлять смету затрат; проводить учет затрат

Kosten|relevanz *f* релевантность *f* затрат (издержек); **-remanenz** *f* гистерезис *m* затрат; **-satz** *m* норма *f* затрат; расценка *f*; **-schätzung** *f* смета *f* расходов; **-schlüsselung** *f* шифровка *f* (кодировка *f*) издержек (расходов); **-schnitt** *m* уменьшение *n* издержек расходов; **-schub** *m* толчок *m* к увеличению затрат; **-seite** *f* расходная часть *f*; **-senkung** *f* снижение *n* (уменьшение *n*) издержек; **-sprung** *m* скачок *m* (резкое увеличение *n*) издержек; **-steigerung** *f* увеличение *n* (повышение *n*) издержек (затрат); **-stelle** *f* место *n* возникновения издержек; операция *f*, приводящая к возникновению затрат

Kostenstellen|budget *n* смета *f* расходов по месту их возникновения; **-gliederung** *f* классификация *f* мест возникновения издержек; **-rechnung** *f* учет *m* затрат по месту их возникновения

Kosten|steuern *pl* налоги *pl*, учитываемые при калькуляции как часть издержек; **-struktur** *f* структура *f* издержек (расходов, затрат); **-strukturcontrolling** *n* контроллинг *m* структуры издержек; **-summe** *f* сумма *f* издержек (расходов); **-teilung** *f* распределение *n* издержек (затрат); **-träger** *m* объект *m* (носитель *m*) затрат

Kostenträger|abrechnung *f* учет *m* затрат по видам изделий; **-abrechnungbogen** *m* ведомость *f* учета затрат по видам изделий; **-einzelrechnung** *f* калькуляция *f* себестоимости отдельных изделий; **-konten** *pl* счета *pl* затрат по видам изделий; **-rechnung** *f* учет *m* затрат по носителям (объектам), операционное ведение *n* счетов по носителям издержек; **-stückrechnung** *f* калькуляция *f* издержек на единицу продукции; **-zeitrechnung** *f* калькуляция *f* себестоимости изделий за определенный период

Kosten|treiber *m* фактор *m*, определяющий увеличение издержек; **-trend** *m* тенденция *m* изменения издержек; **-übernahme** *f* взятие *n* на себя расходов, покрытие *n* расходов; **-übernahmegarantie** *f* гарантия *f* покрытия расходов; **-überprüfung** *f* проверка *f* (контроль *m*, ревизия *f*) издержек (расходов); **-überschlag** *m* ориентировочная смета *f* расходов; **-überschreitung** *f* превышение *n* расходов; **-überwachung** *f* контроль *m* (регулирование *n*) издержек (затрат); **-überwälzung** *f* перекладывание *n* издержек (затрат); **-umlage** *f* распределение *n* (раскладка *f*) издержек (затрат)

Kosten- und Leistungsrechnung *f* **(Kosten- und Erlösrechnung)** *f* учет *m* затрат и доходов

Kosten|unterdeckung *f* неполное покрытие *n* издержек; превышение *n* фактических издержек над расчетными; **-unterlagen** *pl* документация *f* о проведенных затратах; **-unterschreitung** *f* снижение *n* расчетных показателей издержек; **-verantwortlichkeit** *f* ответственность *f* за проведенные издержки; **-verantwortungsbereich** *m* место *n* возникновения издержек; **-vergleich** *m* сопоставление *n* (сравнение *n*) затрат (издержек); **-vergleichsrechnung** *f* учет *m* (расчет *m*) сопоставимых издержек (затрат); **-vergütung** *f* возмещение *n* издержек (затрат); **-verlauf** *m* характеристика *f* (динамика *f*) издержек; **-verrechnung** *f* перерасчет *m* издержек затрат; **-verringerung** *f* уменьшение *n* (снижение *n*) издержек (затрат); **-verteilung** *f* распределение *n* издержек (затрат); **-ver-**

teilungsprinzip *n* принцип *m* распределения издержек (затрат); **-voranschlag** *m* предварительная смета *f* расходов; сметная стоимость *f*; **-vorgaben** *pl* нормы *pl* затрат; **-vorschuss** *m* ссуда *f* для покрытия текущих расходов; **-vorteile** *pl* преимущества *pl* с точки зрения издержек производства; **-welle** *f* волна *f* возрастания издержек (производства); **-wettbewerb** *m* конкуренция *f* в области снижения издержек производства

kostenwirksam влияющий на величину издержек производства

Kosten|zuordnung *f* соотнесение *n* издержек с местом их возникновения; **-zurechnung** *f* начисление *n* издержек (расходов); **-zuwachs** *m* прирост *m* издержек (расходов)

kostspielig дорогой, дорогостоящий; убыточный, разорительный

Kost-Plus-System *n* метод *m* «себестоимость плюс наценка»

Kraft *f* сила *f*, усилие *n*; энергия *f*, мощность *f*; работник *m*, специалист; **außer ~ setzen** отменять, аннулировать; **außer ~ treten** потерять силу; **in ~ sein** быть в силе, иметь силу, действовать; **in ~ setzen** вводить, утверждать; **in ~ treten** вступить в силу; **wirtschaftliche ~** экономическая мощь *f*

Kraft|fahrer *m* водитель *m*, шофер *m*; **-fahrzeug** *n* автомобиль *m*, транспортное средство *n*

Kraftfahrzeug|bau *m* автомобилестроение *n*; **-haftpflichtversicherung** *f* обязательное страхование *n* транспортных средств; **-industrie** *f* автомобилестроительная промышленность *f*; **-steuer** *f (Steuer)* налог *m* на транспортное средство; **-versicherung** *f* страхование *n* транспортных средств; **-werte** *pl* акции *pl* автомобильных компаний

Kraft|loserklärung *f* аннулирование *n*; **-stoff** *m* топливо *n*, горючее *n*; **-verkehr** *m* автомобильное движение *n*, автомобильный транспорт *m*; **-wagen** *m* автомобиль *m*; **-werk** *n* электростанция *f*

Krämer *m* мелкий лавочник *m*

Kram|handel *m* мелочная торговля *f*; **-waren** *pl* мелочный товар *m*

Krankengeld *n* пособие *n* по временной нетрудоспособности, пособие *n* по болезни

Krankenkasse *f* больничная касса *f*; **sich bei einer ~ abmelden** сниматься с учета в больничной кассе; **sich bei einer ~ anmelden** встать на учет в больничной кассе; **gesetzliche ~** государственная больничная касса *f*; **private ~** частная больничная касса *f*

Kranken|kassenleistungen *pl* платежи *pl* больничной кассы; **-pflege** *f (Soz)* сестринское дело *n*, уход *m* за больными; **-schein** *m* больничный лист *m*, листок *m* нетрудоспособности; **-stand** *m* процентное отношение *n* числа пропущенных по болезни рабочих дней к их общему числу, уровень *m* заболеваемости

Krankenversicherung *f (Versich)* страхование *n* на случай болезни; **gesetzliche ~** обязательное медицинское страхование *n*; **private ~** частное медицинское страхование *n*

Krankenversicherungsbeitrag *m (Versich)* ежемесячный взнос *m* в медицинскую страховку

kreativ творческий, инновационный; **-es Unternehmen** инновационное предприятие

Kreativität *f* творчество *n*, творческий подход *m*

Kredit *m* кредит *m*, заем *m*, ссуда *f*; **einen ~ abdecken** погасить кредит; **einen ~ absichern** предоставить обеспечение по кредиту; **auf ~ kaufen** покупать в кредит; **auf ~ verkaufen** продавать в кредит; **einen ~ aufnehmen** взять кредит (заем); **einen ~ benötigen** нуждаться в кредите; **einen ~ bereitstellen** предоставить кредит; **einen ~ beschaffen** получить кредит; **einen ~ bewilligen** предоставить кредит; **einen ~ decken** предоставить обеспечение по кредиту; погашать кредит; **einen ~ einräumen** предоставить кредит; **einen ~ erhalten** получить кредит; **einen ~ er-**

öffnen открыть кредит; **den ~ freigeben** разблокировать кредит; **für einen ~ bürgen** дать поручительство по кредиту; **einen ~ garantieren** гарантировать кредит; **einen ~ geben** предоставить (дать) кредит; **einen ~ gewähren** предоставлять кредит, кредитовать; **einen ~ in Anspruch nehmen** взять (использовать) кредит; **einen ~ kündigen** закрыть кредит; **einen ~ sperren** заблокировать (заморозить) кредит; **einen ~ stunden** отсрочить выплату кредита; **einen ~ tilgen** погашать кредит; **einen ~ überziehen** превысить сумму кредита; **einen ~ verbürgen** дать поручительство по кредиту; **einen ~ vergeben** предоставлять (выдать) кредит; **einen ~ verlängern** продлевать кредит; **sich ~ verschaffen** получить кредит, добиться получения кредита; **einen ~ zurückzahlen** погашать кредит; **einen ~ zusagen** обещание *n* предоставить кредит; **~ an Privatbanken** кредит *m* частным банкам; **-e an öffentliche Haushalte** кредиты *pl* общественным (государственным) учреждениям; **auf ~** в кредит; **aufgenommener ~** взятый (полученный) кредит *m*; **durchlaufender ~** трастовый кредит *m*; **eingefrorener ~** замороженный кредит *m*; **fälliger ~** срочный кредит *m*; **garantierter ~** гарантированный кредит *m*; **gesicherter ~** кредит *m*, обеспеченный покрытием; **gestundeter ~** кредит *m*, платеж по которому просрочен; **~ in Fremdwährung** кредит *m* в иностранной валюте; **jederzeit kündbarer ~** онкольная ссуда *f*; **kurzfristiger ~** краткосрочный кредит *m*; **langfristiger ~** долгосрочный кредит *m*; **laufender ~** контокоррентный кредит *m*; **~ mit einer Laufzeit von** кредит *m* на срок; **mittelfristiger ~** среднесрочный кредит *m*; **notleidender ~** просроченный кредит *m*; **öffentlicher ~** государственный (правительственный) кредит *m*; **~ ohne Deckung** кредит *m* без обеспечения; **revolvierender ~** автомотически возобновляемый кредит *m*; **sofort fälliger ~** кредит *m* (ссуда *f*) до востребования; **staatlicher ~** государственный кредит *m*; **überfälliger ~** просроченный кредит *m*; **ungedeckter (ungesicherter) ~** кредит *m*, не обеспеченный покрытием; **unwiderruflicher ~** безотзывный кредит *m*; **verbürgter ~** кредит *m* под поручительство; **vorzeitig getilgter ~** досрочно погашенный кредит *m*; **warengesicherter ~** кредит *m* под залог товаров; **widerruflicher ~** отзывной кредит *m*; **zinsgünstiger ~** кредит *m* под выгодные проценты; **zinsloser ~** беспроцентный кредит *m*; **~ zu niedrigem Zinssatz** кредит *m* под низкую процентную ставку; **~ zur Förderung der Wirtschaft** кредит *m* для стимулирования экономики; **zugesagter ~** гарантированный кредит *m*; **zusätzlicher ~** дополнительный кредит *m*; **zweckgebundener ~** целевой кредит *m*, целевая ссуда *f*

Kredit|abkommen *n* кредитное соглашение *n*; **-absicherung** *f (Versich)* страхование кредита; **-abteilung** *f* кредитный отдел *m* банка; **-abwicklung** *f* реализация *f* предоставления кредита; **-abwicklungsfonds** *m* фонд *m* по финансированию кредита; **-akte** *f* досье *n* клиента банка, получившего кредит; **-akzept** *n* финансовый (кредитный) акцепт *m*; **-anbieter** *m* оферент *m* кредита; **-anfrage** *f* запрос *m* о предоставлении кредита; **-angebot** *n* предложение *n* кредита; **-anspannung** *f* коэффициент *m* текущей ликвидности

Kreditanstalt *f* кредитное *n* учреждение, банк *m*; **~ für Wiederaufbau** банк *m* реконструкции; **öffentlich-rechtliche ~** публично-правовой банк *m*; публично-правовой кредитный институт *m*

Kredit|anteil *m* доля *f* кредитных средств в финансировании; **-antrag** *m* заявка *f* на получение кредита, кредитная заявка *f*; **-auflockerung** *f* ослабление *n* кредитных ограничений; **-aufnahme** *f* взятие *n* (получение *n*) кредита; **-aufnahmekosten** *pl* расходы *pl*, связанные с получением кредита; **-aufsicht** *f* контроль *m* над объемом кредитования; **-auftrag** *m* поручение *n* предоставить кредит третьему лицу; **-ausfall** *m* потеря *f* кредита; **-auskunft** *f* данные *pl* (сведения *pl*) о кредитоспособности; **-auskunftei** *f* агенство *n*, предоставляющее информацию о кредитоспособности; **-ausweitung** *f* кредитная экспансия *f*; **-bank** *f* кредитный (ссудный) банк *m*; **-bearbeitung** *f* реализация *f* предоставления кредита; **-bedarf** *m* спрос *m* на кредиты, потребность *f* в кредитах; **-bedingungen** *pl* условия *pl* предоставления кредита; **-belastung** *f* кредитный долг *m*, обремененность *f* обязательствами по кредитам; **-bereitstellung** *f* предоставление *n* кредита; **-beschaffung** *f* получение *n* (привлечение *n*) кредита; **-beschaffungskosten** *pl* расходы *pl* по получению кредита; **-besicherung** *f* обеспечение *n* кредита; **-betrag** *m* сумма *f* кредита (займа); **-betrug** *m* получение *n* кредита обманным путем; **-beziehungen** *pl* кредитные отношения *pl*; **-brief** *m* аккредитив *m*, кредитное письмо *n*; **-buchung** *f* кредитовая запись *f*; **-bürgschaft** *f* поручительство *n* по кредиту; **-deckung** *f* обеспечение *n* кредита; **-deflation** *f* кредитная дефляция *f*; **-drosselungspolitik** *f* политика *f* ограничения кредитов; **-einräumung** *f* предоставление *n* кредита, кредитование *n*; **-einsatz** *m* использование *n* кредита; **-einschränkung** *f* ограничение *n* кредита; **-engagement** *n* предоставление *n* кредита; **-entscheidung** *f* решение *n* о предоставлении кредита; **-erkundigung** *f* наведение *n* справок о кредитоспособности; **-erleichterung** *f* льготный период *m* кредита, предоставление *n* льгот по кредиту; **-ermächtigungen** *pl* полномочия *pl* на предоставление кредита; **-erneuerung** *f* возобновление *n* (пролонгация *f*) кредитования; **-eröffnung** *f* открытие *n* кредита; **-experte** *m* эксперт *m* в области кредитования

kreditfähig кредитоспособный

Kredit|fähigkeit *f* кредитоспособность *f* (с юридической точки зрения); **-fazilitäten** *pl* возможности *pl* получения кредита; кредитная линия; **-finanzierung** *f* финансирование *n* путем кредитования; **-frist** *f* срок *m* кредита; **-garantie** *f* гарантия *f* кредита; **-garantiegemeinschaften** *pl* банки-поручители *pl*; **-gebühr** *f* плата *f* за кредит; **-geber** *m* кредитор *m*, ссудодатель *m*; **-geld** *n* кредит *m*, кредитные средства *pl*; **-genossenschaft** *f* кредитное товарищество *n*, кредитная кооперация *f*; **-geschäft** *n* кредитные операции *pl*, кредитование *n*; кредитная сделка *f* (операция); **-gesuch** *n* заявка *f* на предоставление кредита; **-gewährung** *f* предоставление *n* кредита, кредитование *n*; **-gewerbe** *n* кредитное дело *n*, кредитование *n*; **-grenze** *f* лимит *m* кредитования; **-gutschrift** *f* запись *f* в кредит, кредит-статья *f* бухгалтерского учета; **-hilfe** *f* кредитная помощь *f*

kreditieren кредитовать, предоставлять кредит; заносить в кредит; **einem Konto einen Betrag ~** заносить сумму в кредит счета

Kreditierung *f* кредитование *n*, предоставление *n* кредита; занесение *n* в кредит; **die ~ abbrechen** прекратить кредитование; **die ~ sicherstellen** гарантировать предоставление кредитов

Kreditierungsverbot *m* запрет *m* на предоставление кредитов

Kreditinanspruchnahme *f* взятие *n* кредита

Kreditinflation *f* кредитная инфляция *f*

Kreditinstitut *n* кредитный институт *m*, банк *m*; **depotführendes ~** банк *m*, управляющий ценными бумагами, переданными на хранение; **kontoführendes ~** банк *m*, ведущий счет, обслуживающий банк; **öffentlich-rechtliches ~** публично-правовой банк *m*

Kredit|instrument *n* инструмент *m*

кредитования; **-kapazität** *f* объем кредитования; **-karte** *f* кредитная карточка *f*; **-kauf** *m* покупка *f* в кредит, купля-продажа *f* в кредит; **-knappheit** *f* кредитный дефицит *n*, дефицит *n* кредитных средств; **-konditionen** *pl* условия *pl* предоставления кредита; **-kontingent** *n* кредитная квота *f*; **-konto** *n* кредитный счет *m*; **-kontrolle** *f* контроль *m* за кредитными операциями; **-kosten** *pl* полная стоимость *f* кредита; **-kunde** *m* заемщик *m*, ссудополучатель *m*; **-kündigung** *f* закрытие *n* кредита; отзыв *m* кредита; **-kürzung** *f* сокращение *n* кредитования; уменьшение *n* размера кредита; **-laufzeit** *f* срок *f* кредита; **-leihe** *f* кредит *m* доверия; **-limit** *m* лимит *m* кредита; **-limitierung** *f* лимитирование *n* объема предоставляемого кредита

Kreditlinie *f* кредитная линия *f*, овердрафт *m*, кредит *m* по текущему счету; **die ~ überschreiten** превысить кредитную линию; **~ bei der Zentralbank** кредитная линия *f* Центрального банка; **offene ~** открытая кредитная линия *f*; **mit Staatsgarantien besicherte ~** кредитная линия *f*, обеспеченная государственной гарантией

Kredit|management *n* кредитная политика *f*; контроль *m* за предоставлением и использованием кредита; **-mangel** *m* нехватка *f* кредитных средств; **-marge** *f* кредитная маржа *f*; **-markt** *m* рынок *m* ссудного капитала; **-mittel** *pl* кредитные (заемные) средства *pl*, ссудный капитал *m*; **-modalitäten** *pl* условия *pl* (процедура) предоставления кредита; **-nachfrage** *f* спрос *m* на ссудный капитал *m* (кредиты *pl*); **-nehmer** *m* заемщик *m*

Kreditor *m* кредитор *m*, заимодавец *m*

Kreditorbuchhaltung *f* бухгалтерский учет *m* закупок

Kreditoren *pl* депозиты *pl*; счета *pl* кредиторов, кредиторская задолженность *f*; счета *pl* к оплате; **~ auf Sicht** текущие счета *pl* (вклады *pl*); **~ auf Zeit** срочные вклады *pl*

Kreditoren|buch *n* книга *f* кредиторской задолженности; **-kontokorrent** *n* контокоррентный счет *m* кредиторской задолженности

Kredit|plafond *m* лимит *m* (потолок *m*) кредитования; кредитная линия *f*; **-plan** *m* план *m* кредитования

Kredit|politik *f* кредитная политика *f*; **-posten** *m* кредитовая запись *f* (проводка *f*); **-provision** *f* комиссия *f* за предоставленный кредит; **-prüfung** *f* проверка *f* кредитоспособности; **-rahmen** *m* кредитная линия *f*; **-reserven** *pl* резервы *pl* для расширения кредитных ресурсов; **-restriktion** *f* кредитные ограничения *pl*; **-richtlinien** *pl* правила *pl* кредитования; **-risiko** *n* кредитный риск *m*; **-rückzahlung** *f* погашение *n* кредита; **-saldo** *m* кредитовое сальдо *n*; сальдо *n* полученных (предоставленных) кредитов; **-schädigung** *f* нанесение *n* ущерба кредитоспособности; **-schöpfung** *f* выделение *n* (предоставление *n*) кредитов; получение *n* денежных средств за счет кредитования; **-schraube** *f* кредитный пресс *m*

kreditschwach некредитоспособный

Kredit|seite *f* кредитовая сторона *f* (счета); **-sicherheit** *f* гарантия *f* (обеспечение *n*) кредита; **-sicherung** *f* кредитное обеспечение *n*, обеспечение *n* кредита; **-sonderkonto** *n* особый кредитный счет *m*; **-sperre** *f* лишение *n* кредита, приостановка *f* кредитования; **-spielraum** *m* кредитная маржа *f*, маржа *f* по кредиту; **-spritze** *f* кредитная инъекция *f*; **-summe** *f* сумма *f* кредита; **-tilgung** *f* погашение *n* кредита; **-tranche** *f* кредитная доля *f* облигационного выпуска; **-überwachung** *f* контроль *m* за кредитными операциями; **-überziehung** *f* превышение *n* кредитного лимита; **-umschuldung** *f* пересмотр *m* графика погашения кредита

Kredit|unsicherheit *f* неустойчивость *f* (необеспеченность *f*) кредита; **-unterlagen** *pl* документация *f* для оформления кредита

kreditunwürdig некредитоспособный

Kredit|vereinbarung *f (Bank, Fin)* кредитное соглашение *n*; **-vergabe** *f* предоставление *n* (распределение *n*) кредитов; **-verkauf** *m* продажа *f* в кредит; **-verkehr** *m* кредитные операции *pl*; **-verknappung** *f* нехватка *f* кредитных ресурсов; **-verlängerung** *f* продление *n* (пролонгация *f*) кредита; **-vermittlung** *f* посредничество *n* в получении кредита; **-verschuldung** *f* задолженность *f* по кредиту; **-versicherer** *m* страхователь *m* по кредиту; **-versicherung** *f* страхование *n* кредитов; **-versorgung** *f* кредитование *n*; **-verteuerung** *f* увеличение *n* стоимости кредита; **-vertrag** *m* кредитное соглашение *n*; **-verzinsung** *f* взимание *n* процентов по кредиту; **-volumen** *n* объем *m* кредитования; **-wesen** *n* кредитная система *f*, кредитование *n*, кредитное дело *n*; **-wesengesetz** *n (Bank, Fin, Recht)* Закон *m* о кредитовании; **-wirtschaft** *f* кредитное дело *n*, бизнес *m* в области предоставления кредитов; **-wucher** *m* ростовщичество *n*

kreditwürdig кредитоспособный

Kredit|würdigkeit *f* (экономическая) кредитоспособность *f*; **-würdigkeitsprüfung** *f* проверка *f* кредитоспособности; **-zinsen** *pl* проценты *pl* по кредиту; **-zinssätze** *pl* процентные ставки *pl* по кредиту

Kreditzusage *f* решение *n* (обещание *n*) кредитора о предоставлении кредита; **die ~ erfüllen** выполнить решение (обещание) предоставить кредит; **eingesicherte ~** гарантия *f* предоставления кредита

Kreis *m* круг *m*; сфера *f* деятельности; район *m*

Kreislauf *m* кругооборот *m*; цикл *m*; **Güter- und finanzwirtschaftlicher ~** кругооборот *m* товаров и финансов (капитала); **~ des Kapitals** кругооборот *m* капитала

Kreislaufwirtschafts- und Abfallgesetz *n (Umwelt, Recht)* закон *m* об утилизации отходов; Закон *m* об управлении утилизацией отходов в рамках замкнутой экосистемы

Kreuz|finanzierung *f* перекрёстное кредитование *n*; **-preiselastizität** *f* перекрестная эластичность *f* цен

Krida *f* неплатежеспособность *f*

Krise *f* кризис *m*; **aus der ~ herauskommen** выйти из кризиса; **die ~ bewältigen** преодолеть кризис; **eine ~ durchmachen** выдержать кризис; **die ~ hält an** кризис продлжается; **in die ~ hineingleiten** вползать в кризис; **eine ~ heraufbeschwören** вызвать кризис; **eine ~ überstehen (überwinden)** преодолеть кризис

Krisen|anfälligkeit *f* подверженность *f* кризисам; **-bewältigung** *f* преодоление *n* кризиса; **-erscheinung** *f* кризисное явление *n*; **-gefahr** *f* угроза *f* (опасность *f*) кризиса; **-lage** *f* кризисная ситуация *f*; **-management** *n* управление *n* кризисными ситуациями; **-maßnahmen** *pl* антикризисные мероприятия *pl*; **-phase** *f* фаза *f* кризиса; **-plan** *m* план *m* антикризисных мероприятий

krisensicher не подверженный кризисам, не зависящий от кризисов; **-e Arbeitsplätze** рабочие места *pl*, не зависящие от кризисов

Krisenzeiten *pl* период *m* экономического кризиса

Kriterium *n* признак *m*, критерий *m*, показатель *m*

Kriterien *pl* критерии *pl*; **~ aufstellen** устанавливать критерии; **~ erarbeiten** разработать критерии; **~ erfüllen** отвечать критериям; **~ geltend machen** предъявлять критерии

Kühl|gut *n* охлажденный продукт *m*; **-lagerung** *f* хранение *n* в охлажденном виде (холодильнике); **-schiff** *n* рефрижираторное судно *n*; **-wagen** *m* рефрижиратор *m*

kulant обязательный, предупредительный, любезный; подходящий, сходный; **-e Bedingungen** подходящие условия *pl*; **-e Zahlungen** обязательные платежи *pl*, платежи *pl* в срок

Kulanz *f* обязательность *f*, снисходительность *f*, любезность *f*; выгодность *f*

Kulanzrückstellungen *pl* отчисления *pl* в резервный фонд на юридически необязательные гарантийные услуги

Kulisse *f* кулисса *f*, неофициальная (черная) биржа *f*

Kulissen|geschäft *n* сделка *f*, заключенная на неофициальной бирже; **-papiere** *pl* ценные бумаги *pl*, обращающиеся только на неофициальной бирже

Kulissier *m* кулисье *n*, биржевой заяц *m*

Kulturgut *n* культурное достояние *n*, сокровища *pl* культуры

Kumul *n (Versich)* кумулятивный эффект *m*

Kumulation *f* накопление *n*, скопление *n*

kumulativ кумулятивный, нарастающий; **-e Dividende** кумулятивный дивиденд *m*; **-e Vorzugsaktien** кумулятивные привилегированные акции *pl*

kumuliert накопленный, совокупный; **-er Gewinn** накопленная (совокупная) прибыль *f*; **-e Investitionen** совокупные капиталовложения *pl*

Kumulierung *f* накопление *n*, кумуляция *f*, суммирование *n*

kündbar ограниченный сроком; с уведомлением; востребуемый; погашаемый; могущий быть расторгнутым; **jederzeit -es Geld** ссуда *f* до востребования, онкольная ссуда *f*; **kurzfristig -es Geld** краткосрочная ссуда *f*; **monatlich -e Anstellung** прекращение *n* трудовых отношений с уведомлением за месяц; **-e Obligationen** облигации *pl* с правом досрочного погашения; **täglich -e Einlagen** вклады *pl* до востребования; **-er Vertrag** расторгаемый договор *m*

Kunde *m* клиент *m*, покупатель *m*; заказчик *m*; **-n abfertigen** обслуживать клиентов (покупателей); **-n abwerben** отбивать клиентов (покупателей) у конкурентов; **-n akquirieren** привлекать клиентов (покупателей); **an einen ~ herantreten** искать подход к клиентам (покупателям); **-n anlocken** привлекать клиентов (покупателей); **-n ausspannen** терять клиентов (покупателей); **-n bedienen** обслуживать клиентов (покупателей); **-n beliefern** снабжать клиентов (покупателей); **-n beraten** консультировать клиентов (покупателей); **-n besuchen** наносить визиты своим клиентам; **-n betreuen** обслуживать клиентов (покупателей); **einem ~ entgegenkommen** удовлетворять пожелания клиента (покупателя); **-n gewinnen** привлекать клиентов (покупателей), приобретать (новых) клиентов; **-n verlieren** терять клиентов (покупателей); **-n werben** привлекать клиентов (покупателей); **privater ~** частный клиент *m* (покупатель *m*); **potentieller ~** потенциальный клиент *m* (покупатель); **zahlungskräftiger ~** платежеспособный клиент *m* (покупатель *m*)

Kunden|abwanderung *f* отток *m* (уход *m*) клиентов; **-akzeptanz** *f* приемлемость *f* товара для клиента (покупателя); **-analyse** *f* анализ *m* клиентов (покупателей); **-anfrage** *f* запрос *m* клиента; **-angaben** *pl* пожелания *pl* (запросы *pl*) клиента (покупателя); **-anzahlung** *f* аванс *m*, кредит *m* покупателя; задаток *m* (взнос *m*) клиента (покупателя); **-aufklärung** *f* мероприятия *pl* по информированию клиентов; **-auftrag** *m* заказ *m* клиента, поручение *n* клиента (банку); **-auftragsverwaltung** *f* управление *n* выполнением заказов клиентов; **-auswahl** *f* выбор *m* (подбор *m*) клиентов; **-bedienung** *f* обслуживание *n* клиентов (покупателей); **-bedürfnisse** *pl* потребности *pl* (пожелания *pl*) клиентов (покупателей); **-befragung** *f* опрос *m* клиентов (покупателей); **-berater** *m* консультант *m* службы сервиса; **-beratung** *f* консультирование *n* клиентов (покупателей); **-beschwerde** *f* жалоба *f* (рекламация *f*) клиента (покупателя); **-bestand** *m* состав *m* (наличие *n*) клиентов, клиентура; **-bestellung** *f* заказ *m* клиента; **-besuch** *m* посещение *n* клиентов (на дому); **-betreuer** *m* консультант *m* службы сервиса;

-betreuung *f* сервисное обслуживание *n* клиентов; **-bewirtung** *f* обслуживание *n* клиентов; **-bindung** *f* укрепление *n* связей с клиентами; **-datei** *f* картотека *f* клиентов

Kundendienst *m* сервис *m*, служба сервисного обслуживания; **den ~ aufbauen** создавать службу сервиса; **den ~ durchführen** проводить сервисное обслуживание; **den ~ vernachlässigen** пренебрегать сервисным обслуживанием; **technischer ~** техническое сервисное обслуживание

Kundendienst|abteilung *f* отдел *m* сервисного обслуживания; **-büro** *n* бюро *n* сервисного обслуживания; **-fachkräfte** *pl* специалисты *pl* по сервисному обслуживанию; **-leistungen** *pl* сервисные услуги *pl*; **-netz** *n* сеть *f* пунктов сервисного обслуживания; **-station** *f* пункт *m* (станция *f*) сервисного обслуживания; **-stützpunkt** *m* центр *m* сервисного обслуживания; **-werkstatt** *f* мастерская *f* сервисного ремонта

Kunden|einlage *f* банковский вклад *m* клиента; **-finanzierung** *f* финансирование *n* потребительского спроса; **-forderungen** *pl* (долговые) требования *pl* клиентов; **-frequenz** *f* частота *f* посещаемости клиентами; **-führung** *f* ведение *n* клиента; **-geschäft** *n* банковская операция *f* по поручению и за счет клиента; **-gespräch** *n* беседа *f* с клиентом (покупателем); **-gewinnung** *f* привлечение *n* клиентов (покупателей); **-gruppe** *f* группа *f* клиентов (покупателей); **-information** *f* информация *f* (информационная служба *f*) для клиентов (покупателей); **-kalkulation** *f* подведение *n* итогов работы с клиентом за отчетный период; **-kartei** *f* картотека *f* клиентов; **-kontakt** *m* контакт *m* с клиентами (покупателями); **-konto** *n* личный счет *m* клиента; **-kredit** *m* потребительский кредит; **-kreditbank** *f* банк по финансированию продаж в рассрочку; **-kreditkonto** *n* кредит *m* по открытому счету; **-kreis** *m* клиентура *f*; **-liste** *f* список *m* клиентов

kundennah в контакте с покупателями (клиентами); **~ tätig sein** работать в контакте с покупателями (клиентами)

Kundennutzen *m (V&M)* польза *f* для клиента; воспринимаемая (потребительская) ценность *f*

kundenorientiert с ориентацией на запросы клиента; **~ handeln** вести торговлю с ориентацией на запросы клиента

Kunden|orientierung *f* ориентация *f* на запросы клиентов; **-profil** *n* описание *n* коммерчески существенных свойств клиента; **-portfolio** *n* портфель *m* ценных бумаг клиента; **-produktion** *f* производство *n* по заказам клиентов; **-rabatt** *m* розничная скидка *f*; **-scheck** *m* чек *m* клиента; **-schicht** *f* группа *f* клиентов (покупателей); **-schulung** *f* обучение *n* клиентов обращению с товаром; **-skonto** *n* скидка *f* клиенту при платеже наличными; **-spezifikation** *f* спецификация *f* клиента

kundenspezifisch по желанию (спецификации) клиента; **-e Entwicklung** разработка *f* по желанию (спецификации) клиента

Kunden|stamm *m* клиентура *f*, постоянные клиенты *pl*; **-struktur** *f* структура *f* клиентов; **-termineinlagen** *pl* срочные вклады *pl* клиентов; **-treue** *f* верность *f* клиенту, верность *f* клиента; **-umsatz** *m* оборот *m* по поставкам и услугам другим предприятиям; **-verbindung** *f* связь *f* (контакт *m*) с клиентами; **-versorgung** *f* снабжение *n* клиентов; **-verwaltung** *f* работа *f* с клиентурой; **-wechsel** *m* коммерческий (торговый) вексель *m*; **-werbung** *f* привлечение *n* клиентов (покупателей); **-wunsch** *m* пожелание *n* клиента (покупателя); **-ziel** *n* цель *f* (пожелание *n*) клиента; **-zufriedenheit** *f* удовлетворение *n* пожеланий клиента, удовлетворенность *f* клиента

kündigen отменять, расторгать; объявлять, предупреждать, уведомлять об увольнении (о расторжении договора); **einem Arbeitnehmer** ~ уволить работника; **das Arbeitsverhältnis** ~ расторгнуть трудовые отношения (договор о найме); **das Dienstverhältnis** ~ расторгнуть договор о найме на работу, уволить(ся) с работы; **fristlos** ~ увольнять без предварительного уведомления; **einen Kredit** ~ закрыть кредит; **dem Mieter** ~ уведомить квартиросъемщика (арендатора) о расторжении договора о найме (аренде); **mit einer Frist von 3 Monaten** ~ увольнять с предварительным уведомлением за 3 месяца; **seinem Angestellten** ~ уведомить своего служащего об увольнении; **seinem Arbeitgeber** ~ уведомить своего работодателя об увольнении; **einen Vertrag** ~ расторгнуть договор; объявить о расторжении договора; **ein Vertragsverhältnis** ~ расторгнуть отношения, вытекающие из договора; **die Wohnung** ~ предложить выехать из квартиры; объявить о намерении съехать с квартиры; **zum Monatsersten** ~ заявить об уходе с работы (уволить) с первого числа следующего месяца

Kündigung *f* расторжение *n*, денонсация *f*; объявление *n*, об увольнении; увольнение; **seine ~ erhalten haben** получить извещение об увольнении (о расторжении договора о найме); **die ~ zurücknehmen** отменить решение об увольнении, забрать заявление об увольнении; ~ **eines Abkommens** расторжение *n* соглашения; **arbeitgeberseitige** ~ увольнение *n* (наемного) работника; ~ **des Arbeitsverhältnisses** расторжение *n* трудового соглашения (контракта); **außerordentliche** ~ увольнение *n* без предварительного уведомления; **befristete** ~ увольнение *n* с предварительным уведомлением; **betriebsbedingte** ~ увольнение *n* по производственным причинам; ~ **eines Dienstverhältnisses** расторжение *n* договора о найме на работу; **fristlose** ~ увольнение *n* без предварительного уведомления; **kurzfristige** ~ краткосрочное (кратковременное) уведомление *n*; **mit monatlicher** ~ с уведомлением за месяц; ~ **eines Mietvertrages** расторжение *n* договора о найме (аренде); **ohne vorherige** ~ без предварительного уведомления; **ordentliche** ~ увольнение *n* с предварительным уведомлением; **sozial ungerechtfertigte** ~ социально необоснованное увольнение *n*; **verhaltensbedingte** ~ увольнение *n* за нарушение трудовой дисциплины; ~ **eines Vertrages** расторжение *n* (денонсация *f*) договора; ~ **von Spareinlagen** уведомление *n* об изъятии (снятии со счета) сберегательных вкладов

Kündigungs|brief *m* письмо *n* с уведомлением об увольнении; **-entscheidung** *f* решение *n* об увольнении (расторжении договора)

Kündigungsfrist *f* срок *m* для расторжения договора; срок увольнения; срок *m* предварительного уведомления; **die ~ einhalten** соблюдать срок предварительного уведомления; **die ~ vereinbaren** согласовать срок предварительного уведомления; **die ~ verlängern** продлить срок предварительного уведомления; ~ **für Spareinlagen** срок *m* предварительного уведомления для изъятия сберегательных вкладов; **gesetzliche** ~ срок *m* предварительного уведомления об увольнении, установленный законом; **halbjährige** ~ шестимесячный срок *m* предварительного уведомления; **jährliche** ~ годичный срок *m* предварительного уведомления; **mit einjähriger** ~ с предупреждением (уведомлением) за один год

Kündigungs|recht *n* право *n* расторгнуть договор; *(Recht)* правовые основы увольнения персонала; **-schreiben** *n* извещение *n* об увольнении; **-schutz** *m* запрещение *n* необоснованного увольнения наемных работников; **-termin** *m* срок *m* предварительного уведомления;

-verbot *m* запрет *m* на увольнение; запрет *m* на расторжение

Kundschaft *f* клиентура *f*; покупатели *pl*, заказчики *pl*, потребители *pl*; **die ~ beraten** давать консультации клиентам; **die ~ verlieren** терять клиентуру; **inländische ~** клиентура *f* внутреннего рынка; **langfristige ~** постоянная клиентура *f*

Kunst|geschäft *n* магазин *m* художественных изделий; **-handel** *m* торговля *f* предметами искусства; **-händler** *m* антиквар *m*

Künstlersozialversicherung *f (Versich)* обязательное социальное страхование *n* для деятелей искусства и публицистики

Kunst|markt *m* рынок *m* художественных изделий (предметов искусства); **-stoff** *m* искусственный материал *m*, пластмасса *f*; **-stoffindustrie** *f* промышленность *f* пластмасс; **-versicherung** *f (Versich)* страхование *n* предметов искусства; **-werk** *n* художественное произведение *n*, произведение *n* искусства

Kupon *m* купон *m* (акции, облигации); отрывной талон *m*; **abgetrennter ~** оторванный купон *m* (талон *m*); **niedriger ~** низкий купон *m*

Kupon|bogen *m* купонный лист *m*; **-einlösung** *f* оплата *f* (погашение *n*) купонов; **-kurs** *m* курс *m* купонов иностранных ценных бумаг, подлежащих погашению; **-steuer** *f* налог *m* на доход от купонов; **-termin** *m* дата *f* оплаты (погашения) купонов; **-währung** *f* купонная валюта *f*

Kuppel|kalkulation *f* комплексная калькуляция *f*; **-produktion** *f* производство *n* нескольких изделий в едином технологическом процеесе

kurant имеющий хождение, находящийся в обращении; **-e Zahlungsmittel** платежные средства *pl*, находящиеся в обращении

Kurant|geld *n* деньги *pl*, находящиеся в обращении; **-hinterlegung** *f* рыночный залог *m*, залог *m* легкореализуемых ценностей; **-münze** *f* монета *f* с абсолютной конвертируемостью

Kuratorium *n* опекунский совет *m*

Kurier|dienst *n* служба *f* срочной доставки; **-system** *n* система *f* срочной доставки

Kurs *m* курс *m*; котировка *f*; курсы *pl* (обучения, подготовки); **einen ~ abhalten** проводить курсы обучения; **den ~ aussetzen** прекратить котировку; **die -e bröckeln ab** курсы понижаются (падают); **einen ~ durchführen** проводить курсы обучения; **außer ~ setzen** изъять из обращения; **den ~ drücken** понижать курс; **die -e fallen** курсы акций понижаются; **den ~ festlegen** определять (устанавливать) курс; **den ~ herabsetzen** понижать курс; **den ~ hinaufsetzen** повышать курс; **hoch im ~ stehen** высоко котироваться; **den ~ stabilisieren** стабилизировать курс; **der ~ steht hoch** курс повысился; **die -e steigen** курсы акций повышаются; **den ~ stützen** поддерживать курс; **die -e werden fester** курсы акций стабилизируются (повышаются); **außerbörslicher ~** неофициальный курс *m*; **fallender ~** понижающийся курс *m*; **fester ~** твердый (фиксированный) курс *m*; **fortlaufender ~** курс *m* с переменной котировкой; **gegenwärtiger ~** курс *m* на настоящий момент; **~ gestrichen** курса нет, снят с котировки; **günstiger ~** выгодный (благоприятный) курс *m*; **hoher ~** высокий курс *m*; **laufender ~** текущий курс *m*; **nachbörslicher ~** курс *m* после закрытия биржи; **nichtamtlicher ~** неофициальный курс *m*; **niedriger ~** низкий курс *m*; **niedrigster ~** самый низкий курс *m*; **offizieller ~** официальный курс *m*; **schwankende -e** колеблющиеся курсы *pl*; **sinkende -e** понижающиеся курсы *pl*, **steigender ~** повышающийся курс *m*; **variabler ~** переменный (свободно колеблющийся) курс *m*; **vorbörslicher ~** предбиржевой курс *m*; **zum ~** по курсу

Kurs|abbröckelung *f* постепенное незначительное снижение *n* курса; **-abschlag** *m* понижение *n* курса; депорт *m*; **-abschwächung** *f*

понижательная тенденция *m*; **-abschwung** *m* понижение *n* курса; **-abweichung** *f* отклонение *n* от курса; разница *m* между курсами обмена валют; **-änderung** *f* изменение *n* курса; **-angabe** *f* указание *n* курса, котировка *f*; **-anstieg** *m* повышение *n* курса; **-anzeigetafel** *f* информационное курсовое табло *n*; **-aufschlag** *m* повышение *n* курса репорт; **-auftrieb** *m* повышательная тенденция *f* курса; **-aussetzung** *f* снятие *n* с котировки; **-aussichten** *pl* перспективы *pl* развития курса; **-beeinflussung** *f* биржевые спекуляции *pl* с целью повышения или понижения курсов, манипуляции *pl* с курсом; **-befestigung** *f* консолидация *f* курсов; **-berechnung** *f* расчет *m* курса (обменного курса); **-bericht** *m* курсовой отчет *m* (бюллетень *m*); **-besserung** *f* повышение курса; **-bewegung** *f* движение *n* биржевых курсов; **-blatt** *n* курсовой бюллетень *m*

Kurs-Buchwert-Verhältnis *n* соотношение *n* курс-балансовая стоимость *f*

Kurs-Cashflow-Verhältnis *n* соотношение *n* курс-кэш флоу

Kurs|differenz *f* разница *f* курсов (цен); **-druck** *m* давление *n* на курс; **-einbruch** *m* резкое падение *n* курса; **-einbuße** *f* убытки *pl* по курсу; **-entwicklung** *f* движение *n* биржевых курсов; **-erholung** *f* повышение *n* курса (после падения); **-feststellung** *f* установление *n* котировки; **-gebühr** *f* оплата *f* по курсу

kursgesichert застрахованный от колебаний валютного курса

Kursgestaltung *f* формирование *n* (образование *n*) курса (цены)

Kursgewinn *m* курсовая прибыль *f*; **den ~ abschöpfen** изымать (получать) курсовую прибыль; **hohe -e erzielen** получать высокую курсовую прибыль; **-e realisieren** реализовывать (получать) курсовую прибыль; **~ des Effektenhändlers** курсовая прибыль *f* биржевого дилера; **steuerfreier ~** курсовая прибыль *f*, не облагаемая налогами

Kurs-Gewinn-Verhältnis *n* рентабельность *f* акции (ценной бумаги)

kursieren быть в обращении

Kurs|hausse *f* повышение *n* курсов (акций); **-höhe** *f* уровень *m* курса (цен); **-index** *m* курсовой индекс *m*; **-intervention** *f* регулирование *n* курса ценных бумаг; **-klausel** *f* курсовая оговорка *f*; **-korrektur** *f* корректировка *f* курса; **-limit** *n* курсовой лимит *m*; **-makler** *m* ценовой маклер *m*; биржевой маклер *m*; **-maklerkammer** *f* *(Bö)* палата *f* биржевых маклеров; **-manipulation** *f* биржевые спекуляции *pl* с целью повышения или понижения курсов; **-niveau** *n* уровень *m* курса (цены); **-notierung** *f* котировка *f* курсов; **-parität** *f* валютный паритет *m*, паритет *m* валютных курсов; **-pflege** *f* поддержание *n* курса; **-rendite** *f* доход *m* с ценной бумаги по отношению к ее курсу; **-risiko** *n* риск *m* потери на курсе, курсовой риск *m*; **-rückgang** *m* падение *n* курса; **-schnitt** *m* занижение *n* курса при расчете с комиссионером; **-schwankungen** *pl* колебания *pl* курса; **-sicherung** *f* гарантия *f* паритета; страхование *n* на случай потерь от колебания курсов

Kurssicherungs|geschäft *n* сделка *f* при условии страхования на случай потерь от колебания курсов; **-klausel** *f* оговорка *f*, предусматривающая исключение потерь от колебания курса; **-kosten** *pl* издержки *pl* по страхованию от потерь от колебания курсов

Kurs|spekulant *m* биржевой маклер *m* (спекулянт *m*); **-spekulation** *f* спекуляция *f* на фондовой бирже; **-sprung** *m* скачок *m* изменение курса; **-stand** *m* уровень *m* курса; **-steigerung** *f* повышение *n* курса; **-streichung** *f* снятие *n* ценной бумаги с котировки; **-sturz** *m* резкое падение *n* курса; **-stützung** *f* поддержание *n* (регулирование *n*) курса; **-stützungskäufe** *pl* закупки *pl* ценных бумаг с целью поддержания курса; **-tabelle** *f* курсовой бюллетень *m*; **-tafel** *f* информационное курсовое табло *n*; **-taxe** *f* прогнозная цена *f* (акций); **-teil** *m* часть *f* газетной страницы с курсовым бюллетенем; **-teilnehmer** *m* обучающийся на курсах; **-umrechnung** *f* пересчет *m* курсов валют; **-unterschied** *m* курсовая разница *f*

Kurs-Umsatz-Verhältnis *n (Bö)* ликвидность *f* акций предприятия, отношение *n* капитализации предприятия к годовому обороту; коэффициент *m* Цена/Продажи

Kursus *m* курсы *pl* обучения (подготовки)

Kurs|veränderung *f* изменение *n* курса; **-verfall** *m* падение *n* курса; **-verlust** *m* убытки *pl* по курсу, потери *pl* от колебания курсов; **-verlustversicherung** *f* страхование *n* на случай возможных потерь от колебания курсов; **-verwässerung** *f* разводнение *n* курсов; **-wechsel** *m* изменение *n* (смена *f*) курса; **-wert** *m* курсовая цена *f* (стоимость *f*) ценной бумаги; **-wertabschreibungen** *pl* списание *n* (амортизация *f*) по курсовой стоимости; **-zettel** *m* курсовой бюллетень *m*; **-zusätze** *pl* пояснения *pl* к курсовой котировке

Kurtage *f* куртаж *m*

Kurve *f* кривая *f*, график *m*

Kurzarbeit *f* неполный рабочий день *m*, неполная занятость *f*; **~ ankündigen** объявить о введении неполного рабочего дня; **~ einführen** ввести неполный рабочий день; **zu ~ übergehen** перейти на неполный рабочий день (неполную рабочую неделю)

kurzarbeiten работать неполный рабочий день (неполную рабочую неделю)

Kurzarbeiter *m* работающий неполный рабочий день (неполную рабочую неделю); частично безработный *m*

Kurzarbeitergeld *n* пособие частично безработным; **~ gewähren** предоставлять (выделять) пособия частично безработным; **~ leisten** выплачивать пособия частично безработным

Kurzarbeiterzahl *f* численность *f* рабочих, работающих неполную рабочую неделю

kürzen сокращать, уменьшать, укорачивать; **den Kreditbetrag ~** сокращать (уменьшать) сумму кредита

kurzfällig подлежащий исполнению в кратчайшие сроки; подлежащий уплате в кратчайшие сроки

kurzfristig краткосрочный; **-e Forderungen** краткосрочные долговые обязательства *pl*; **-e Geldanlage** краткосрочные инвестиции *pl*; **~ lieferbar** поставляемый (поставки) в кратчайшие сроки; **-e Lieferung** поставка *f* в кратчайшие сроки

Kurzläufer *pl* краткосрочные ценные бумаги *pl*; **-fonds** *m* фонды *pl*, инвестирующие в ценные бумаги с твердым процентом или в краткосрочные инструменты денежного рынка

kurzlebig недолговечный, краткосрочный; **-e Anlagegüter** средства *pl* производства (активы) с коротким сроком службы

Kurz|lebigkeit *f* недолговечность *f*; **-strecke** *f* короткое расстояние *n*; **-streik** *m* кратковременная забастовка *f*

Kürzung *f* сокращение *n*, уменьшение *n*; **-en der Ausgaben verbuchen** регистрировать (отмечать) сокращение расходов; **-en vornehmen** производить сокращение; **~ der Dividende** уменьшение размер дивиденда; **~ des Etats** сокращение *n* (урезание *n*) бюджета; **~ eines Kontingents** сокращение *n* контингента (квоты)

Kurzwaren *pl* галантерея *f*, галантерейные товары *pl*

Küstenschiffahrt *f* каботаж *m*, каботажное судоходство *n*

Kux *m* кукса *f*, пай *m* в горнопромышленном предприятии-профсоюзе

Kuxinhaber *m* держатель *m* (владелец) куксы, пайщик *m* горнопромышленного предприятия

L

Lade|arbeiten *pl* погрузочные работы *pl*; **-auftrag** *m* поручение *n* на отгрузку; **-einheit** *f* комплект *m* грузов для транспортировки; **-einrichtung** *f* погрузочное устройство *n*; **-fähigkeit** *f* грузоподъемность *f*, водоизмещение *n*; **-frist** *f* срок *m* погрузки; **-gebühr** *f* стоимость *f* погрузки, плата *f* за погрузку; **-gewicht** *n* полезный груз *m*; **-gut** *n* груз *m*; **-kapazität** *f* грузоподъемность *f*; **-kosten** *pl* расходы по погрузке, стоимость *f* погрузки; **-liste** *f* погрузочная ведомость *f*; спецификация *f* на груз; декларация *f* на груз

laden грузить, нагружать, загружать; **in einen Waggon ~** грузить в вагон

Laden *n* погрузка *f*, загрузка *f*; **~ und Löschen eines Schiffes** загрузка *f* и разгрузка *f* судна

Laden *m* магазин *m*; **einen ~ betreiben** вести дела в магазине, владеть магазином; **einen ~ pachten** арендовать магазин; **~ mit Selbstbedienung** магазин *m* самообслуживания

Laden|angestellte *pl* продавцы *pl*; **-ausstattung** *f* оборудование *n* магазина; **-besitzer** *m* владелец *m* магазина; **-dieb** *m* магазинный вор *m*; **-diebstahl** *m* магазинная кража *f*; **-einrichtung** *f* оборудование *n* магазина; **-fläche** *f* площадь *f* торгового предприятия; **-geschäft** *n* магазин *m*; **-hüter** *m* залежалый товар *m*, товар *m*, на который нет спроса; **-inhaber** *m* владелец *m* магазина; **-kasse** *f* касса *f* в магазине; **-kette** *f* сеть *f* магазинов; **-miete** *f* плата *f* за аренду магазина; **-öffnungszeiten** *pl* часы *pl* работы магазинов, часы *pl* открытия магазинов; **-preis** *m* розничная цена *f*; **-schlusszeiten** *pl* время *n* (часы) закрытия магазина; **-verkäufer** *m* продавец *m* магазина; **-verkaufspreis** *m* розничная цена *f*; **-werbung** *f* реклама *f* магазина

Lade|ort *m* место *n* погрузки; **-platz** *m* место *n* для погрузки, причал; **-raum** *m* трюм *m*; полезный объем *m* (вагона); **-schein** *m* накладная *f*; свидетельство *n* о погрузке; **-verzeichnis** *n* погрузочная ведомость *f*, спецификация *f* на груз; **-zeit** *f* срок *m* (время *n*) погрузки

Ladung *f* погрузка *f*; груз *m*; фрахт *m*; **~ aufnehmen** грузить груз; **~ löschen** разгружать груз; **nicht deklarierte ~** недекларированный груз *m*

Ladungs|empfänger *m* грузополучатель *m*; **-kontrolleur** *m* присяжный счетчик *m*, таллиман *m*; **-sicherungsmittel** *pl (Transp)* средства *pl* крепления груза; **-tüchtigkeit** *f* готовность *f* судна к приему и перевозке груза; **-verteilung** *f* распределение *n* груза

Lag лаг *m*, отставание *n*, запаздывание *n*

Lage *f* положение, ситуация *f*; состояние *n*; **~ am Arbeitsmarkt** ситуация *f* на рынке труда; **finanzielle ~** финансовое положение; **wirtschaftliche ~** экономическое положение

Lagebericht *m* отчет *m* о состоянии дел (приложение к балансу банка); **einen ~ erstellen** составлять отчет о состоянии дел

Lageindex *m* индекс *m* положения

Lager *n* склад *m*, складское помещение *n*; хранилище *n*; товарно-материальные запасы *pl*; **ab ~ liefern** поставлять со склада; **ab ~ verkaufen** продавать со склада; **das ~ abbauen** уменьшать складские запасы; **das ~ auffüllen (aufstocken)** пополнять складские запасы; **auf ~ haben** иметь в запасе (на складе); **auf ~ nehmen** принимать товары на склад; **das ~ räumen** распродать складские запасы; **ein ~ unterhalten** содержать склад; вести складское хозяйство; **marktorientiertes ~** складские запасы *pl*, ориентированные на потребности рынка

Lager|abbau *m* уменьшение *n* (сокращение *n*) складских запасов; **-anfangsbestand** *m* начальные запасы товарно-материальных ценностей; **-anlagen** *pl* складские сооружения *pl*, хранилища *pl*; **-arbeiter** *m* рабочий *m* (служащий *m*) на складе; **-aufbau** *m* образование *n* складских запасов; **-auffüllung** *f* пополнение *n* складских запасов; **-auflösung** *f* ликвидация *f* складских запасов; **-aufnahme** *f* инвентаризация *f* складских запасов; **-aufstockung** *f* увеличение *n* (пополнение *n*) складских запасов; **-auftrag** *m* поручение *n* на выдачу товаров со склада; **-ausgang** *m* выдача товаров со склада; **-behandlung** *f* складская обработка *f* грузов (товаров), находящихся на складе

Lagerbestand *m* наличность *f* товаров на складе; **den ~ aufnehmen** проводить инвентаризацию

Lagerbestände *pl* складские запасы *pl*; **die ~ aufstocken** пополнять (накоплять) складские запасы *pl*; **~ halten** держать складские запасы *pl*; **die ~ verringern** уменьшать (сокращать) складские запасы; **niedrige ~** незначительные складские запасы *pl*; **überhöhte ~** избыточные складские запасы *pl*

Lagerbestands|aufnahme *f* инвентаризация *f*; переучет *m* товарно-материальных ценностей; **-aufstellung** *f* опись *f* складских запасов, инвентарная ведомость *f*; **-bewegung** *f* изменение *n* складских запасов; **-bewertung** *f* оценка *f* стоимости складских запасов; **-erfassung** *f* учет *m* и контроль *m* запасов на складе; **-führung** *f* управление *n* (регулирование *n*) складскими запасами; **-veränderung** *f* изменение *n* складских запасов; **-verzeichnis** *n* опись *f* (инвентарная ведомость *f*) складских запасов

Lager|beständigkeit *f* стойкость *f* к хранению; **-betrieb** *m* хранение *n* грузов за вознаграждение; **-bewegung** *f* движение *n* (изменение) складских запасов; **-bewertung** *f* оценка *f* стоимости складских запасов; **-buch** *n* книга *f* складского учета; **-buchführung** *f* (**buchhaltung** *f*) складской учет, складское счетоводство *n*

Lagerdauer *f* время *n* (период *m*) хранения (на складе); **~ der Fertigerzeugnisse** время *n* хранения на складе готовых изделий

Lager|eingang *m* поступление *n* товаров на базу хранения; **-einrichtungen** *pl* складские сооружения *pl*, хранилища *pl*; **-empfangsschein** *m* складская расписка *f*; **-endbestand** *m* запасы *pl* товарно-материальных ценностей на конец учетного периода; **-entnahme** *f* вывоз *m* товаров со склада; **-erschöpfung** *f* истощение *n* складских запасов; **-erweiterung** *f* расширение *n* складских запасов; **-fachkarte** *f* карточка *f* складского материального учета

lagerfähig пригодный к хранению, не портящийся

Lager|fähigkeit *f* складские емкости *pl*; срок *m* годности при хранении; **-fertigung** *f* производство *n* в целях создания складских запасов; **-frist** *f* срок *m* (время) хранения (на складе); **-gebühr** *f* (**-geld** *n*) плата *f* за хранение грузов на складе; **-geschäft** *n* хранение *n* грузов на складе (за плату); **-gut** *n* груз *m*, хранящийся на складе; **-halter** *m* заведующий *m* складом, кладовщик *m*

Lagerhaltung *f* хранение *n* на складе, складирование *n*; складское дело *n* (хозяйство *n*); **chaotische ~** *(Lager)* хаотичное складирование *n*

Lagerhaltungs|kosten *pl* складские расходы *pl*, расходы *pl* на содержание складских запасов; **-vertrag** *m* договор *m* о хранении товаров на складе; договор *m* о пользовании складскими помещениями

Lagerhaus *n* склад *m*, хранилище *n*

Lagerhaus|arbeiter *m* складской рабочий *m*, кладовщик *m*; **-bescheinigung** *f* квитанция *f* на груз, принятый на хранение; **-gesellschaft** *f* компания *f*, занимающаяся хранением грузов (товаров) на складах

Lager|inhaber *m* владелец *m* таможенного склада; **-journal** *n* складской журнал *m* регистрации поступления и выдачи грузов; **-investitionen** *pl* капиталовложения *pl* в накопление (создание *n*) запасов

Lagerist *m* заведующий *m* складом, кладовщик *m*; фирма *f*, занимающаяся хранением грузов (товаров) на складе

Lager|kapazität *f* емкость *f* склада, складская емкость *f*; **-karte** *f* карточка *f* складского материального учета; **-kartei** *f* складская документация *f*, картотека *f* складских запасов; **-kauf** *m* покупка *f* со склада; **-konto** *n* счет *m* материалов на складе; **-kosten** *pl* затраты *pl* хранения; складские расходы *pl*, расходы *pl* на содержание складских запасов; **-leiter** *m* заведующий *m* складом; **-liste** *f* перечень *m* товаров на складе; **-miete** *f* плата *f* за хранение грузов на складе

lagern хранить (храниться) на складе; складировать, помещать на склад; **unsachgemäß** ~ хранить товары (грузы) не по правилам

Lager|organisation *f (Lager)* организация *f* складского хозяйства; **-personal** *n* складские работники *pl*; **-planung** *f* планирование *n* хранения (использования складских помещений); **-platz** *m* место *n* складирования; **-produktion** *f* производство *n* продукции для пополнения складских запасов; **-raum** *m* складское помещение *n*, склад *m*; **-reichweite** *f* период *m* расхода складских запасов; **-risiko** *n* риск *m*, связанный с хранением продукции на складе; **-schein** *m* складская расписка *f*, складской варрант *m*; **-schwund** *m* складские потери *pl*, потери *pl* при хранении; **-skontro** *n* складской учет *m* материалов с указанием остатка; **-spesen** *pl* складские расходы *pl*, расходы *pl* по хранению товаров на складе; **-stand** *m* уровень *m* складских запасов; **-statistik** *f* статистический учет *m* складских запасов; **-tarif** *m* тариф *m* складского хранения; **-technik** *f* складская техника *f*; **-umsatz** *m* складской оборот *m*; **-umschlag** *m*; **-umschlaghäfigkeit** *f* оборачиваемость *f* складских запасов; **-umtausch** *m* замена *f* со склада

Lagerung *f (Lager)* хранение *n* на складе, складирование *n*

Lagerungskosten *pl (Lager)* складские расходы *pl*, расходы *pl* по хранению товаров на складе

Lager|veränderungen *pl (Lager)* изменение *n* складских запасов; **-verkäufe** *pl* продажа *f* со склада; **-verkehr** *m* складские операции *pl*; продажа *f* со склада; **-verluste** *pl* потери *pl* от хранения продукции на складе; **-verordnung** *f (Transp)* предписания о хранении на складе; **-versicherung** *f* страхование *n* от риска, связанного с хранением товаров на складе; **-vertrag** *m* договор *m* о передаче грузов на хранение; **-verwalter** *m* заведующий *m* складом, кладовщик *m*; **-verwaltung** *f* заведование *n* складом, управление *n* складским хозяйством; **-verwaltungssystem** *m (Comp, Lager)* система *f* управления складом; **-wirtschaft** *f* складское хозяйство *n*; управление *n* складскими запасами; **-zugang** *m* поступления *pl* на склад; **-zusammenlegung** *f* объединение *n* (слияние *n*) складских хозяйств; **-zyklus** *m* цикл *m* складирования

Lambda *n (Bö)* лямбда *f*

Land *n* страна *f*; земля *f*, почва *f*; земля *f* (единица *f* административного деления в Австрии и ФРГ); **brachliegendes** ~ необрабатываемая земля *f*; **fruchtbares** ~ плодородная земля *f*; **hoch industrialisiertes** ~ страна *f* с высоким уровнем развития промышленности; ~ **des Käufers** страна *f* покупателя

Land|arbeiten *pl* сельскохозяйственные работы *pl*; **-arbeiter** *m* сельскохозяйственный рабочий *m*; **-aufteilung** *f* раздел *m* земли; **-beschaffung** *f* приобретение *n* земельных участков для застройки; **-bevölkerung** *f* сельское население *n*

Landbewirtschaftung *f* обработка *f* земли, землепользование *n*; **ökologisch ausgewogene** ~ землепользование *n* с учетом требований экологии

Ländereien *pl* земельная собственность *f*, поместья *pl*

Länder|anleihen *pl* займы *pl* федеральных земель; **-ausgleich** *m* финансовое выравнивание федеральных земель; **-fonds** *pl* фонды *pl*, инвестирующие в ценные бумаги определенной страны (региона); **-haushalte** *pl* бюджеты *pl* федеральных земель

Länder-Jumbo крупный заем *m* нескольких федеральных земель

Länder|schulden *pl* долги *pl* федеральных земель

Landes|arbeitsamt *n* земельная биржа *f* труда; **-arbeitsgericht** *n* земельный суд *m* по трудовым конфликтам; **-behörde** *f* земельный орган *m* власти, земельное ведомство *n*; **-durchschnitt** *m* средние показатели *pl* по стране; **-erzeugnis** *n* изделие *n* отечественного производства; **-planung** *f* территориальное (региональное) планирование *n*; **-produkt** *n* изделие *n* (продукт *m*) отечественного производства; **-recht** *n* государственные законы *pl*; земельные законы *pl*; **-steuer** *f* земельный налог *m*; **-vermessung** *f* *(Admin)* создание *n* топографических карт; **-währung** *f* национальная валюта *f*

Land|flucht *f* уход *m* сельского населения в города; **-gewinnung** *f* меры *pl* по увеличению земельных фондов; **-gut** *n* земельная собственность *f*; **-handel** *m* продажа *f* товаров для нужд сельского хозяйства; **-kauf** *m* покупка *f* земли, приобретение *n* земельного участка; **-mangel** *m* малоземелье *n*, нехватка *f* земли; **-maschine** *f* сельскохозяйственная машина *f*; **-maschinenbau** *m* сельскохозяйственное машиностроение *n*; **-pacht** *f* земельная аренда *f*; **-reform** *f* аграрная реформа *f*; **-transport** *m* наземный транспорт *m*; перевозка *f* грузов наземным транспортом

Land- und Forstwirtschaft *f* сельское и лесное хояйство *n*

Landwirt *m* фермер *m*, земледелец *m*; агроном *m*; **eigenverantwortlich wirtschaftender ~** фермер *m*, ведущий хозяйство на полном хозяйственном расчете

Landwirtschaft *f* сельское хозяйство *n*; **~ betreiben** заниматься сельским хозяйством; **bäuerlich strukturierte ~** сельское хозяйство *n*, организованное по принципу (семейных) крестьянских хозяйств; **leistungsfähige ~** эффективное сельское хозяйство *n*; **wettbewerbsfähige ~** конкурентоспособное сельское хозяйство *n*

landwirtschaftlich сельскохозяйственный; **~ genutzte Fläche** площади *pl*, используемые для нужд сельского хозяйства; сельскохозяйственные угодья *pl*; **-er Betrieb** сельскохозяйственное предприятие *n*, ферма *f*; **-e Einkünfte** доходы *pl* от занятия сельским хозяйством; **-er Lehrbetrieb** учебно-показательное сельскохозяйственное предприятие *n*; **-e Nutzfläche** сельскохозяйственные угодья *pl*; **-e Unfallversicherung** страхование *n* от несчастных случаев в сельском хозяйстве

Landwirtschafts|betrieb *m* сельскохозяйственное предприятие *n*; **-erzeugnis** *n* сельскохозяйственный продукт *m*; **-jahr** *n* сельскохозяйственный год *m*; **-kammer** *f* сельскохозяйственная палата *f*; **-produktion** *f* сельскохозяйственное производство *n*

langfristig долгосрочный, длительный; **Kapital ~ anlegen** проводить долгосрочные капиталовложения; **~ angelegtes Kapital** долгосрочные инвестиции *pl*; **-e Kreditgeschäfte** долгосрочные кредитные сделки *pl*; **-er Liefervertrag** долгосрочный договор *m* на поставки

Langläufer *pl (Bö, Fin)* долгосрочные ценные бумаги *pl* (с твердым процентом)

langlebig долговечный, длительный; **-e Wirtschaftsgüter** долгосрочные активы *pl* (средства *pl* производства)

Langlebigkeit *f* долговечность *f*

Langzeit|arbeitslose *m* безработный *m*

в течение длительного времени; **-arbeitlosigkeit** *f* хроническая (застойная) безработица *f*; **-konto** *n* долгосрочный счет *m* рабочего времени; **-projekt** *n* долгосрочный проект *m*

Lärmbekämpfung *f* борьба *f* с шумом

Last *f* груз *m*, нагрузка *f*; бремя *n*; **steuerliche ~** налоговое бремя *n*

Lasten *pl* отчисления *pl*; налоги *pl*; тяготы *pl*, заботы *pl*; **von ~ befreien** освобождать от платежей; **zu ~ buchen** заносить в дебет счета; **zu ~ des Kunden gehen** идти на счет покупателя

Lasten|ausgleich *m* выравнивание *n* (сбалансирование *n*) затрат; **-ausgleichsfonds** *m* фонд *m* компенсации ущерба и убытков

lastenfrei свободный от долгов, не обремененный долгами

Lasten|heft *n* спецификация *f*; технические условия *pl* заказчика; **-transport** *m* перевозка *f* (транспортировка *f*) грузов; грузовой транспорт *m*

Lastkraftwagen *m* грузовой автомобиль *m*, грузовик *m*; **frei ~** франко-грузовик

Lastschrift *f* документ *m* на инкассо, запись *f* в дебет счета

Lastschrift|anzeige *f* дебетовое авизо *n*; **-auftrag** *m* инкассовое поручение *n*; **-verfahren** *n* *(Bank)* расчеты *pl* в порядке инкассо, прямое дебетование *n*

latent скрытый, латентный

Laufbahn *f* карьера *f*; **akademische ~** научная карьера *f*; **berufliche ~** профессиональная карьера *f*

Laufbahnplanung *f* планирование *n* карьеры

laufend непрерывный; текущий; погонный; **auf -e Rechnung kaufen** покупать на текущий счет; **-er Auftrag** непрерывный заказ *m*; **-e Ausgaben** текущие расходы *pl*; **-e Verpflichtungen** краткосрочные обязательства *pl*

Lauf|karte *f* производственная (технологическая) карта *f*; **-kunde** *m* случайный покупатель *m*; **-kundschaft** *f* случайные покупатели *pl*, случайная клиентура *f*

Laufzeit *f* срок *m* действия; срок *m* прохождения; **die ~ begrenzen** ограничить срок действия; **eine ~ von 3 Monaten haben** иметь срок действия 3 месяца; **~ einer Anleihe** длительность займа; **Einlagen mit einer ~ von 3 Monaten** вклады *pl* сроком на 3 месяца; **~ des Patents** срок *m* действия патента; **~ eines Kredits** срок *m* кредита (ссуды); **~ eines Vertrages** срок *m* действия договора; **~ des Wechsels** срок *m* действия векселя

Laufzeitfonds *m* фонд *m* с конечным сроком существования

Laufzettel *m* обходной лист *m*

lauten гласить; быть выставленным (выписанным) (о счете, векселе); **auf den bestimmten Betrag ~** быть выставленным (выписанным) на определенную сумму; **auf den Inhaber ~** быть выставленным на предъявителя; **auf den Namen ~** быть выставленным (выписанным) на имя

Layout *n* план *m*, схема *f* расположения, раскладка *f*

Lead-Manager *m* ведущий организатор *m* выпуска (акций)

lean administration рациональная структура *f* государственного (муниципального) управления

lean management рациональная структура *f* управления предприятием

lean production рациональная структура *f* производства

leasen сдавать в аренду, брать в аренду; **Anlagen ~** сдавать (брать) оборудование в аренду

Leasing *n* лизинг *m*, (долгосрочная) аренда *f* (машин и оборудования), выдача *f* оборудования на прокат

Leasing|aufwand *m* затраты *pl* на лизинг; **-branche** *f* сфера *f* лизинговых услуг; **-fahrzeug** *n* лизинговый автомобиль *m*; **-finanzierung** *f* финансирование *n* лизинга; **-firma** *f* лизинговая фирма *f*; **-geber** *m* арендодатель *m*, сдающий в аренду; **-gebühr** *f* плата *f* за аренду (прокат); **-geschäft** *n* лизинговая сделка *f*; **-gesellschaft** *f* лизинговая компания *f*; **-nehmer** *m* арендатор *m*, съемщик; **-rate** *f* ставка *f* арендной платы; **-unternehmen** *n* лизинговое предприятие *n*; **-vertrag** *m* договор *m* об аренде

Leben *n* жизнь *f*, существование *n*; **öffentliches ~** общественная жизнь *f*; **wirtschaftliches ~** экономическая жизнь *f*

Lebendgewicht *n* живой вес *m* (о скоте)

Lebens|bedingungen *pl* условия жизни *pl*; **-bedürfnisse** *pl* жизненные потребности *pl*; **-dauer** *f* продолжительность *f* жизни; срок *m* (продолжительность *f*) службы (машины); **-erwartung** *f* средняя продолжительность *f* жизни; **-fähigkeit** *f* жизнеспособность *f*, жизненность *f*; **-haltung** *f* уклад *m* жизни, быт *m*; жизненный уровень *m*, уровень *m* жизни

Lebenshaltungs|kosten *pl* прожиточный минимум *m*, стоимость *f* жизни; **-kostenindex** *m* индекс *m* стоимости жизни

Lebensmittel *pl* продукты *pl* питания, пищевые продукты *pl*; продовольствие *n*, продовольственные товары *pl*

Lebensmittel|abteilung *f* продуктовый отдел *m* (универмага); **-einfuhren** *pl* импорт *m* продовольствия (продуктов питания); **-einkauf** *m* покупка *f* продуктов питания; **-geschäft** *n* продовольственный (продуктовый) магазин *m*; **-großhandel** *m* оптовая торговля *f* продовольственными товарами; **-großhändler** *m* оптовый торговец *m* продовольственными товарами; **-handel** *m* торговля *f* продовольственными товарами; **-industrie** *f* пищевая промышленность *f*; **-kennzeichnung** *f* маркировка *f* продовольственных товаров; **-preise** *pl* цены *pl* на продукты питания; **-produktion** *f* производство *n* продовольственных товаров; **-recht** *n* *(Recht)* законодательство в сфере продовольственных товаров; **-sortiment** *n* ассортимент *m* продовольственных товаров; **-verarbeitung** *f* переработка *f* продовольствия; **-verpackung** *f* упаковка *f* продуктов питания; **-vorräte** *pl* запасы *pl* продовольствия (продовольственных товаров); **-zubereitung** *f* приготовление *n* продуктов питания; **-zusätze** *pl* добавки *pl* в продукты питания, пищевые добавки *pl*

Lebens|niveau *n* уровень *m* жизни, жизненный уровень *m*; **-qualität** *f* качество *n* жизни; **-police** *f (Versich)* полис *m* страхования жизни

Lebens|standard *m* уровень *m* жизни, жизненный уровень *m*; **den ~ (aufrechter)halten** поддерживать (сохранять) достигнутый уровень жизни; **den ~ sichern** обеспечить (гарантировать) уровень жизни

Lebensunterhalt *m pl* средства к жизни (существованию); **den ~ bestreiten** получать необходимые средства к жизни; **den ~ sicherstellen** обеспечивать себе средства существования; **seinen ~ verdienen** зарабатывать себе на пропитание

Lebensversicherung *f* страхование *n* жизни; **eine ~ abschließen** заключить договор страхования жизни; **~ auf den Erlebens- und Todesfall** страхование-вклад *n*

Lebensversicherungs|gesellschaft *f* страховая компания *f* по страхованию жизни; **-prämie** *f* страховая премия *f* застрахованного лица

Lebenszyklus *m* жизненный цикл *m*, цикл *m* жизни; **~ eines Produkts** жизненный цикл *m* продукта

Lebenszykluskurve *f* кривая *f* жизненного цикла (продукта)

Leckage *f* утечка *f*, течь *f*

Ledigensteuer *f* налог *m* на холостяков и бездетных

Leer|aktien *pl* не полностью оплаченные акции *pl*; **-fahrt** *f* порожний пробег *m*; **-fracht** *f* мертвый фрахт *m*; **-gewicht** *n* вес *m* в порожнем состоянии, тара; вес тары; **-gut** *n* (порожняя) тара; **-kosten** *pl* нереализованные затраты *pl*; часть *f* постоянных затрат, приходящаяся на долю неиспользованных производственных мощностей; **-lauf** *m* холостой ход *m*; порожний пробег *m*; **-laufkosten** *pl* издержки *pl*, связанные с работой вхолостую; **-provision** *f* мертвая комиссия *f*

leerstehend пустой, незанятый, пустующий; **-e Räume** пустующие помещения

Leer|verkauf *m* фиктивная продажа *f* ценных бумаг, декуверт *m*; *(Bö)* продажа *f* без покрытия; **-wechsel** *m* финансовый вексель *m*; **-zeit** *f* время *n*, в течение которого производственное оборудование не используется

Legaldefinition *f (Recht)* определение *n* термина в законе

Legalität *f* легальность *f*, законность *f*

Legat *n* легат *m*, завещательный отказ *m*

Legende *f* легенда *f*, пояснение *n* к таблице (диаграмме)

Legitimation *f* засвидетельствование *n*, узаконение *n*, признание *n*; полномочие *n*, доверенность *f*; документ *m*, удостоверяющий личность

Legitimations|papier *n* документ *m*, дающий право на получение без обязательного удостоверения личности; **-übertragung** *f* передача *f* права голоса третьему лицу

legitimieren узаконить, засвидетельствовать, удостоверять

legitimiert правомочный

Lehre *f* обучение *n*, учеба *f*; профессиональное (производственное) обучение *n*; учение *n*, теория *f*

Lehr|gang *m* курс *m* (ы *pl*) обучения (подготовки); **-geld** *n* плата *f* за профессиональное обучение; **-kräfte** *pl* преподаватели *pl*; штат *m* преподавателей

Lehrling *m* ученик *m* (на производстве)

Lehr|stelle *f* место *n* ученика (на производстве); **-verhältnis** *n* правовые отношения *pl*, вытекающие из договора о профессиональном обучении; **-vertrag** *m* договор *m* об обучении профессии (специальности); **-werkstatt** *f* мастерская *f* производственного обучения; **-zeit** *f* время *n* обучения

Leibrente *f* пожизненная рента *f*

leicht легкий; слегка; **~ sinken (zurückgehen)** слегка понижаться; **~ beschädigt** слегка поврежденный; **~ erholt** небольшое повышение; **~ nachgehend** небольшое понижение *n*; **-e Papiere** дешевые ценные бумаги *pl*; **~ verderblich** скоропортящийся; **~ verkäuflich** быстрореализуемый

Leichter *m* лихтер *m*

Leicht|güter *pl* легковесные грузы *pl*; **-güterindustrie** *f* легкая промышленность *f*

Leih|anstalt *f* ломбард *m*; **-arbeit** *f* временная работа *f*

Leih|arbeiter *m* **(-arbeitnehmer** *m***)** наемный работник *m*, предоставляемый предприятию на время; **~ überlassen (verleihen)** предоставлять работников внаем; **~ vermitteln** оказывать посредничество в предоставлении рабочей силы внаем

Leiharbeits|firma *f* фирма *f*, предоставляющая рабочую силу внаем; **-kräfte** *pl* наемные работники *pl*, предоставляемые предприятию на время; **-unternehmen** *n* предприятие *n*, предоставляющее рабочую силу внаем; **-verhältnis** *n* отношения *pl*, вытекающие из договора о предоставлении рабочей силы внаем

Leihe *f* прокат *m*, безвозмездное предоставление *n* вещи во временное пользование

leihen одалживать, ссужать, давать взаймы; брать взаймы; **Geld ~** давать (брать) деньги взаймы

Leih|frist *f* срок *m* пользования (ссудой); **-gebühr** *f* плата *f* за прокат; **-geschäft** *n* депорт *m*, продленная сделка *f*; **-gut** *n* предмет *m*, предоставленный напрокат; **-haus** *n* ломбард *m*; **-schein** *m* ломбардный билет *m*, закладная квитанция *f*; **-verpackung** *f* оборотная тара *f*; **-wagen** *m* автомобиль *m* напрокат

leihweise заимообразно, напрокат

leisten делать, выполнять, исполнять,

совершать; **Arbeit** ~ делать (выполнять) работу; **Hilfe** ~ предоставлять помощь, помогать; **Zahlung** ~ произвести платеж

Leistung *f* выполнение *n*, исполнение *n*, работа *f*; производство *n*; произведенная (выполненная, выполняемая) работа *f*; выработка *f*, выход *m* продукции; мощность *f*; производительность *f*; страховое пособие *n*; услуга *f*; платеж *m*; **-en abgelten** оплачивать выполненную работу (услуги); **-en abrechnen** производить расчет за выполненную работу (услуги); **-en anbieten** предлагать услуги; **-en ausführen** выполнять услуги; **-en beziehen** получать услуги (пособия, платежи); **eine ~ erbringen (erstellen)** предоставить услугу, выполнить работу; **eine ~ erzielen** достичь мощности (производительности); **eine ~ gewähren** предоставить услугу; **-en in Anspruch nehmen** пользоваться услугами; **nach ~ bezahlen** оплачивать работу в соответствии с количеством и качеством; **~ an Arbeitslose** пособие по безработице; **~ an Erfüllungs Statt** замена *f* исполнения одного обязательства другим; **betriebliche ~** производимая продукция *f* и услуги *pl* предприятия; **effektive ~** фактическая (реальная) мощность *f*; **erbrachte ~** предоставленные услуги *pl*; выполненная работа *f*, выработка *f*; **finanzielle -en** платежи *pl*, **garantierte ~** гарантируемая мощность *f*; **gesamtwirtschaftliche ~** эффективность *f* экономики страны; **industrielle -en** работы *pl* и услуги *pl* промышленного характера; **installierte ~** установленная мощность *f*; **privatärztliche - en** врачебные услуги *pl* частным пациентам; врачебные услуги, не оплачиваемые государственной больничной кассой; **produktive ~** производственные услуги *pl*; **soziale ~** платежи *pl* на социальные цели; **staatliche -en** услуги *pl* (платежи *pl*) со стороны государства; **übertarifliche -en** сверхтарифные выплаты *pl*; **unentgeltliche -en** бесплатные услуги *pl*; **unproduktive ~** непроизводственные услуги *pl*; **vermögenswirksame -en** платежи *pl* со стороны предпринимателей с целью образования собственности и имущества у наемных работников; **vertragsmäßige ~** исполнение *n* согласно договору; **wiederkehrende -en** периодические (текущие) платежи *pl*; **~ einer Zahlung** производство *n* платежа

Leistungsabfall *m* падение *n* производительности (мощности)

leistungsabhängig зависящий от выработки (производительности); **-es Entgelt** сдельная оплата *f* труда

Leistungs|abgabe *f* выработка *f*, отдача *f*, производительность *f*; **-abrechnung** *f* расчет *m* за выполненную работу (услуги); **-abschreibung** *f* амортизация *f* на основе учета производительности основных средств; **-anforderungen** *pl* требования *pl* (нормы *pl*) выработки; **-angabe** *f* заданная производительность *f*; задание *n* по выработке; **-angebot** *n* предложение *n* (товаров, услуг), оферта *f*

Leistungsanreiz *m* стимулирование *n* (стимул *m*) труда; **monetärer ~** материальное стимулирование *n* труда; **sozialer ~** социальный стимул *m* труда

Leistungs|anspruch *m* право *n* на получение выплат (пособий); **-aufnahme** *f* потребляемая мощность *f*; потребление *n* мощности; **-ausweis** *m* отчет *m* о выработке; **-auswertung** *f* оценка *f* результатов труда; **-bedarf** *m* требуемая (необходимая) мощность *f*; **-bemessung** *f* определение *n* мощности (производительности); **-berechtigung** *f* право *n* на получение выплат (пособий); **-bereich** *m* сфера *f* деятельности (производства); **-bereitschaft** *f* готовность *f* к исполнению работ (услуг); готовность *f* произвести платеж; **-beteiligung** *f* участие *n* в прибылях предприятия в зависимости от результатов труда; **-beurteilungsverfahren** *n* метод *m* оценки производительности (выработки); метод *m* оценки деловых качеств работника; **-bewertung** *f* оценка *f* результатов труда (деятельности предприятия); **-bezieher** *m* получатель *m* пособия (платежа)

leistungsbezogen в зависимости от результатов труда; **-es Entgelt** вознаграждение *n* в зависимости от результатов труда

Leistungs|bezüge *pl* доходы *pl* в зависимости от результатов труда; **-bilanz** *f* баланс *m* по текущим операциям, баланс *m* текущих статей, баланс *m* товаров и услуг; **-bilanzdefizit** *n* дефицит *m* текущих статей платежного баланса; **-bilanzüberschuss** *m* активное сальдо *n* по текущим расчетам; **-durchschnitt** *m* средняя выработка *f*; **-einheit** *f* единица *f* производительности (выработки); **-einschränkung** *f* сокращение *n* (ограничение *n*) производительности (мощности); **-empfänger** *m* получатель *m* пособия (платежа); **-entgelt** *n* оплата *f* (вознаграждение) за труд в зависимости от производительности (выработки); **-entlohnung** *f* оплата *f* труда в зависимости от производительности (выработки); **-erfassung** *f* учет *m* произведенной продукции и предоставленных услуг; **-ergebnis** *n* результаты *pl* (хозяйственной) деятельности предприятия; **-erstellung** *f* выполнение *n* работ, предоставление *n* услуг

leistungsfähig эффективный, действенный; производительный; трудоспособный, продуктивный; **-er Kapitalmarkt** эффективный рынок *m* капиталов; **-es Unternehmen** эффективно работающее предприятие *n*

Leistungsfähigkeit *f* эффективность *f*, производительность *f*; мощность *f*, продуктивность *f*, работоспособность *f*; **~ der Volkswirtschaft** эффективность *f* народного хозяйства

Leistungs|faktoren *pl* факторы *pl* производства; **-garantie** *f* гарантия *f* исполнения (технических условий контракта); **-gegenstand** *n* объект *m* исполнения договорного обязательства; **-gesellschaft** *f* общество *n*, ориентированное на достижение успеха; **-grad** *m* степень *f* (коэффициент *m*) эффективности (труда); **-kennzahl** *f* **(-kennziffer** *f***)** производственный показатель *m*, показатель *m* выработки; **-klage** *f* иск *m* по исполнению обязательства; **-kontrolle** *f* контроль *m* количества и качества продукции по отношению к затраченному времени; **-kontrollsystem** *n* система *f* контроля эффективности (производительности); **-kosten** *pl* издержки *pl*, автоматически изменяющиеся с изменением вида, количества, стоимости фактически закупленной, произведенной и реализованной продукции; **-kürzung** *f* сокращение *n* платежей (поступлений) в бюджет

Leistungslohn *m* сдельная оплата *f* труда; сдельный заработок *m*; **im ~ beschäftigt sein** работать сдельно

Leistungs|maßstab *m* мера *f* измерения эффективности (производительности); **-minderung** *f* сокращение *n* эффективности (производительности); **-motivation** *f* мотивация *f* к росту производительности труда; **-niveau** *n* уровень *m* производительности труда; **-ort** *m* место *n* исполнения обязательства; **-pflicht** *f* обязательство *n* исполнения (условий договора); **-prämie** *f* премия *f* за высокие производственные показатели; **-preis** *m* цена *f* производства при расчетах между предразделениями предприятия; **-prinzip** *n* принцип *m* оплаты по количеству и качеству труда; **-programm** *n* программа *f* производства; **-prozess** *m* процесс *m* производства; **-prüfung** *f* критерий *m* оценки эффективности функционирования; **-rechnung** *f* учет *m* произведенной продукции и предоставляемых услуг; **-recht** *n* совокупность *f* законодательных положений, определяющих действия по предотвращению и устранению обстоятельств, препятствующих нормальной работе предприятия; **-reserve** *f* резерв *m* мощности; **-rückgang** *m* снижение *n* выработки (объема производства)

leistungsschwach неэффективный, непроизводительный; **-es Unternehmen** неэффективное предприятие *n*

Leistungs|soll *n* план *m* выпуска продукции; **-spektrum** *n* спектр *m* предоставляемых услуг (производимых работ); **-spitze** *f* наивысшая (максимальная) призводительность *f*; пик *m* мощности; **-stand** *m* уровень *m* эффективности (производительности труда)

leistungsstark производительный, эффективный

leistungssteigernd повышающий производительность (выработку)

Leistungs|steigerung *f* повышение *n* производительности труда; **-störungen** *pl* обстоятельства, мешающие исполнению обязательства; **-umfang** *m* объем *m* предоставляемых услуг (выполняемых работ); **-verbesserung** *f* повышение *n* производительности; **-vergleich** *m* сравнение *n* результатов производственной деятельности; **-vergütung** *f* оплата *f* труда

Leistungsverrechnung *f* перерасчет *m* издержек производства; **innerbetriebliche ~, interne ~** взаиморасчет *m* внутри предприятия

Leistungs|versprechen *n* обещание *n* исполнения (обязательства); **-verweigerung** *f* отказ *m* от исполнения (обязательства); **-verweigerungsrecht** *n* право *n* отказа от исполнения (обязательства); **-verzeichnis** *n* перечень *m* работ и услуг, подлежащих выполнению; **-vorsprung** *m* производственный задел *m*; **-wert** *m* стоимость *f* произведенной продукции; **-wettbewerb** *m* добросовестная конкуренция *f*; **-zeit** *f* срок *m* исполнения обязательства; **-ziel** *n* срок *m* исполнения платежа (обязательства); **-zulage** *f* надбавка *f* работающим на повременной оплате за особенно хорошую работу

Leitbörse *f (Bö)* ведущая биржа *f*

leiten руководить, управлять, возглавлять

leitend руководящий; **-er Angestellter** служащий *m* (сотрудник *m*) из числа руководящего состава, руководящий работник

Leiter *m* руководитель *m*, управляющий *m*, заведующий *m*, менеджер *m*; **kaufmännischer ~** коммерческий директор *m*; **technischer ~** технический директор *m*, главный инженер *m*

Leit|kurs *m* валютный паритет *m*, (центральный) валютный курс *m*; **-kursänderung** *f* изменение *n* валютного паритета; **-kursanpassung** *f* регулирование *n* (центрального) валютного курса; **-preis** *m* цена *f* продукта у основных конкурентов; **-produkt** *n* продукт *m*, на который начисляются издержки при одновренном производстве нескольких продуктов; **-system** *n (Pers, Transp)* система *f* (направляющих) указателей (напр. в аэропорту)

Leitung *f* руководство *n*, управление *n*, менеджмент *m*; руководящий орган *m* управления; провод *m*, проводка *f*; линия *f* (связи); **mit der ~ betrauen** доверить руководство (управление); **die ~ übernehmen** брать на себя руководство (управление); **die ~ übertragen** передавать (поручать) руководство; **die ~ wahrnehmen** осуществлять (реализовывать) руководство (управление); **kaufmännische ~** коммерческая дирекция *f*; **oberste ~** высшее звено *n* управления (руководства); **technische ~** техническая дирекция *f*

Leitungs|aufgabe *f* задача *f* управления; **-befugnis** *f* полномочие *n* (право) на управление (руководство); **-bereich** *m* сфера *f* управления (компетенции); **-ebene** *f* уровень *m* (ступень) управления; **-funktion** *f* функция *f* управления, управленческая функция *f*; **-instanz** *f* инстанция *f* (уровень) руководства;

-instrument *n* инструмент *m* управления; **-kosten** *pl* издержки *pl* (расходы) на управление, управленческие расходы; **-methode** *f* метод *m* управления (руководства); **-organ** *n* орган *m* управления, руководящий орган *m*; **-organisation** *f* организация *f* управления; **-personal** *n* управленческий персонал *m*; **-spanne** *f* объем *m* компетенций; **-stab** *m* штаб *m* руководства (управления); **-stelle** *f* руководящая должность *f*; **-struktur** *f* структура *f* управления; **-stufe** *f* уровень *m* (степень) управления; **-tiefe** *f* число *n* уровней иерархии в системе управления

Leit|währung *f* ведущая (ключевая) валюта *f*; **-zins** *m* процентная ставка *f* центрального банка, ставка *f* рефинансирования; **-zinserhöhung** *f* повышение *n* процентной ставки центрального банка; **-zinssenkung** *f* снижение *n* процентной ставки центрального банка

lenken управлять, руководить; регулировать; распределять; направлять

Lenkung *f* управление *n*, руководство *n*; регулирование *n*; распределение *n*; ~ **des Bedarfs** регулирование *n* спроса (потребностей); **indirekte** ~ косвенное регулирование *n*; ~ **der Produktion** управление *n* производством; **staatliche** ~ государственное управление *n* (регулирование *n*); ~ **von Investitionen** распределение *n* инвестиций

Lernkurve *f* кривая *f* накопленного опыта, кривая *f* обучения

Lesung *f* процесс *m* чтения списка акций

letter of authority письменное полномочие *n*

letter of credit аккредитив *m*

Letter of Intent протокол *m* о намерениях, письмо *n* о намерениях

letzt последний, конечный, предельный; **-es Gebot** последнее предложение *n*; **-er Kurs** последняя (окончательная) котировка *f*; **-e Mahnung** последнее напоминание *n*; **-er Termin** последний срок *m*

letztwillig соответствующий последней воле (завещанию); **-e Verfügung** распоряжение *n* на случай смерти

leverage buyout выкуп *m* контрольного пакета акций за счет кредита

Leverage-Effekt *m* повышение *n* рентабельности собственного капитала за счет привлеченного; финансовый рычаг *m*

leverage factor отношение *n* собственного капитала к привлеченному; коэффициент *n* увеличения прибыли

Leveraging *n (Fin)* использование *n* финансового рычага

liberalisieren либерализировать; **den Handelsverkehr** ~ либерализовать торговлю

Liberalisierung *f* либерализация *f*, дерегулирование *n*

Liberalisierungsliste *f* список *m* либерализованных товаров

Liberierung *f (Bö, Fin)* оплата *f* акций

Libor Лондонская межбанковская ставка *f* предложения

Liebhaber|preis *m* цена *f* предложения любителя; **-wert** *m* стоимость *f* по настроению

Liefer|abkommen *n* соглашение *n* о поставках; **-angebot** *n* предложение *n* о поставках товаров

Lieferant *m* поставщик *m*, подрядчик *m*

Lieferanten|analyse *f* анализ *m* поставщиков; **-auswahl** *f* выбор *m* поставщиков; **-beurteilung** *f* **(-bewertung** *f***)** оценка *f* поставщиков; **-buch** *n* книга *f* счетов поставщиков; **-buchhaltung** *f* бухгалтерский учет *m* по поставщикам; **-eingang** *m* поступления (приток) поставщиков; **-entwicklung** *f (QM)* развитие поставщиков; **-kartei** *f* картотека *f* поставщиков; **-kredit** *m* кредит *m*, предоставляемый поставщиком; **-nachweis** *m* проверка *f* поставщиков; учет поставщиков; **-rechnung** *f* счет *m*, предъявляемый поставщиком; **-retourenbuch** *n* книга *f* регистрации товаров, возвращенных поставщикам; **-schulden** *pl* долги *pl* (задолженность *f*) поставщиков; **-skonto** *n* скидка *f*, предоставляемая поставщиком; **-treue** *f* длительные деловые связи между поставщиком и заказчиком; **-wahl** *f* выбор *m* поставщиков; **-wechsel** *m* (переводной) вексель *m* поставщика

Liefer|anschrift *f* адрес *m* поставки

Lieferanten-Logistik-Zentrum *n* совместный (нескольких поставщиков) консигнационный склад *m*

Liefer|anweisung *f* инструкция *f* (указание) по поставкам; **-anzeige** *f* уведомление *n* (извещение) о приемке товара; **-aufschub** *m* отсрочка *f* поставки; **-auftrag** *m* заказ *m* (подряд *m*) на поставку; **-auto** *n* автомобиль *m* для доставки товаров (грузов)

lieferbar подлежащий поставке, поставляемый, имеющийся в распоряжении; **kurzfristig (sofort) ~ sein** могущий быть поставленным в кратчайший срок (немедленно)

Lieferbarkeitsbescheinigung *f* сертификат *m* о допущении ценных бумаг к биржевой торговле с соблюдением установленных правил

Liefer|bedingungen *pl* условия *pl* поставки; **-bereitschaft** *f* готовность *f* производить поставки; **-beschränkungen** *pl* ограничения *pl* на поставки; **-bindung** *f* предоставление *n* кредитов с условием закупки товаров в стране-кредиторе; **-buch** *n* книга *f* учета поставок; **-datum** *n* дата *f* (день) поставки; **-engpass** *m* недостаточность *f* поставок, затруднения с поставками

lieferfähig готовый (могущий) поставлять, готовый к поставке

Liefer|fähigkeit *f* способность *f* осуществлять поставки; **-fahrzeug** *n* автомобиль *m* для доставки грузов (товаров); **-firma** *f* фирма-поставщик *f*; **-flexibilität** *f* способность *f* поставщика учитывать пожелания заказчика; **-frist** *f* срок *m* поставки; **-fristüberschreitung** *f* просрочка *f* поставки; **-garantie** *f* гарантия *f* поставки; **-gegenstand** *m* поставляемый товар *m*; **-genauigkeit** *f* точность *f* поставок; **-geschäft** *n* сделка *f* о поставке; **-häufigkeit** *f* частота *f* поставок; **-höhe** *f* объем *m* поставок; **-kapazität** *f* способность *f* (возможности) поставок; **-katalog** *m* каталог поставляемых товаров; **-kontrolle** *f* контроль *m* за поставками; **-kosten** *pl* стоимость *f* поставки; **-menge** *f* объем *m* поставки, поставляемое количество; **-modalitäten** *pl* способы и условия поставок; **-möglichkeit** *f* возможность *f* поставки; **-monopol** *n* монополия *f* на поставку

liefern поставлять, доставлять; сдавать, отпускать (товар); выпускать (продукцию); **gegen Vorkasse ~** поставлять на условиях предоплаты

Liefer|ort *m* место *n* поставки; **-partie** *f* партия *f* поставленного товара; **-pflicht** *f* обязательство *n* по поставкам; **-preis** *m* цена *f*, по которой производится поставка; **-programm** *n* программа *f* поставок; **-rhythmus** *m* ритмичность *f* поставок; **-risiko** *n* риск *m* невыполнения условий поставки; **-rückstand** *m* задержка *f* поставки; **-schein** *m* накладная *f*, распоряжение *n* об отпуске товара со склада; **-schwierigkeit** *f* затруднения *pl* с поставками; **-service** *m* услуги *pl* по поставке; **-sortiment** *m* ассортимент *m* поставляемых товаров; **-sperre** *f* запрет *m* на поставки; **-tag** *m* день *m* (дата *f*) поставки

Liefertermin *m* срок *m* поставки (доставки); **den ~ einhalten** соблюдать срок поставки

Liefer|treue *f* соблюдение *n* сроков поставки; **-umfang** *m* объем *m* поставок

Liefer- und Abnahmebedingungen *pl* условия *pl* сдачи и приемки

Lieferung *f* поставка *f*, доставка *f*; отправка *f* (поставляемой продукции); выпуск *m*, выработка *f* (продукции); **~ auf Abruf** поставка *f* товара по отзыву (требованию); **ausstehende ~** неосуществленная поставка *f*; **effektive ~** срочная (немедленная) поставка *f*; **~ fob** поставка *f* на условиях фоб; **frachtfreie ~** бесплатная поставка *f*; **~ frei Bahnstation**

поставка *f* франко-железнодорожная станция *f*; ~ **frei Haus** с доставкой на дом; ~ **gegen Nachnahme** поставка *f* наложенным платежом; ~ **gegen Vorauskasse** поставка *f* при условии предоплаты; **komplette** ~ комплектная поставка *f*; **mangelhafte** ~ неудовлетворительная поставка *f*; **pünktliche** ~ поставка *f* в срок; **rückständige** ~ неосуществленная поставка *f*; **sofortige** ~ немедленная (срочная) поставка *f*; **termingerechte** ~ поставка *f* в срок; **unvollständige** ~ недопоставка *f*, некомплектная поставка *f*; **verspätete** ~ просроченная поставка *f*; **vertragsgemäße** ~ поставка *f* согласно условиям договора, договорная поставка *f*; ~ **von Waren auf Ziel** отпуск *m* товаров в кредит; ~ **zum festgesetzten Termin** поставка *f* в установленный срок

Lieferungs|abkommen *n* соглашение *n* о поставках; **-angebot** *n* предложение *n* о поставке товаров; **-beschaffenheit** *f* соответствие *n* поставки заказу; **-unterbrechung** *f* прерывание *n* поставки; **-verpflichtung** *f* обязательство *n* по поставкам

Liefer|verbindlichkeiten *pl* обязательства *pl* по поставкам; **-versprechen** *n* обещание *n* осуществить поставку; **-verweigerung** *f* отказ *m* от поставок

Lieferverzug *m* задержка *f* поставки; ~ **um 2 Monate** задержка *f* поставки на 2 месяца

Liefer|wagen *m* автомобиль *m* для доставки товаров (грузов); **-wert** *m* стоимость *f* транспортируемого груза; **-zeit** *f* **(-zeitraum** *m***)** срок *m* поставки; **-zusage** *f* согласие *n* (обещание *n*) на поставку; **-zuverlässigkeit** *f* соблюдение *n* сроков поставки; **-zwang** *m* обязательство *n* по поставкам; **-zyklus** *m* интервал *m* времени между двумя поставками

Liege|gebühr *f* **(-geld** *n***)** демередж *m*, плата *f* за простой

Liegenschaft *f* недвижимое имущество *n*, недвижимость *f*; земельная собственность *f*; **eine** ~ **erwerben** приобрести недвижимость; **gewerbliche** ~ недвижимость *f*, принадлежащая торговым (промысловым) предприятиям

Liegenschafts|besitz *m* владение *n* недвижимостью; **-bestand** *m* наличие *n* (фонды *pl*) недвижимости; **-buch** *n* описательная часть *f* кадастра; **-eigentümer** *n* владелец *m* (собственник *m*) недвижимости; **-karte** *f* карта *f* базовых единиц кадастра, карта *f* земельных участков; **-kataster** *n* земельный кадастр *m*; **-management** *n* *(Admin, Manag)* управление *n* объектами недвижимости; **-verwaltung** *f* управление *n* недвижимостью; **-zins** *m* коэффициент *m* капитализации объекта недвижимости

Liege|platz *m* причал *m*, пристань *f*; **-tage** *pl* время *n* погрузки и разгрузки судна

Lifo последовательность *f* обработки товаров, при которой товар, поступивший последним, обрабатывается первым

liften поднимать (грузы из судна)

Limit *n* предел *m*, граница *f*, лимит *m*; **an ein** ~ **gebunden sein** быть ограниченным лимитом; **das** ~ **einhalten** соблюдать лимит (предел); **das** ~ **überschreiten** превысить лимит (предел)

Limit|auftrag *m* *(Bö)* приказ *m* брокеру, ограниченный условиями, лимитированное поручение; **-gebühr** *f* *(Bö)* сбор *m* за невыполнение лимитированного поручения

Limit Order *s.* **Limitauftrag** *m*

limitieren ограничивать, лимитировать

limitiert ограниченный, лимитированный; **-er Kauf- oder Verkaufsauftrag** приказ *m* брокеру на куплю или продажу ценных бумаг по наилучшему курсу

Limitierung *f* ограничение *n*, лимитирование *n*

Limit|kurs *m* предельный курс *m*; **-preis** *m* лимитная (предельно высокая) цена *f*

Linie *f* линия *f*; линейное подразделение *n* (предприятия); ответственное руководство *n* предприятием; маршрут *m*, рейс *m*

Linien|agent *m s.* **Schiffsagent** *m*; **-aufgaben** *pl* задачи *pl* линейного подразделения; **-dienst** *m* линейная служба *f*, обслуживание *n* на линии; **-flug** *m* рейс *m* по расписанию; **-flugverkehr** *m* линейное воздушное сообщение *n*; **-instanz** *f* линейная инстанция *f*; **-manager** *m* руководитель *m* линейного подразделения предприятия, линейный менеджер; **-netz** *n* сеть маршрутов (общественного транспорта); **-organisation** *f* линейная (иерархическая) организация *f* управления; **-schiffahrt** *f* линейное судоходство *n*; **-stelle** *f* должность *f* в линейной системе организации производства; **-verantwortung** *f* ответственность *f* за деятельность линейного подразделения предприятия; **-verkehr** *m* линейное (маршрутное) сообщение *n*

Link *m (Comp)* линк *m*, ссылка *f*

liquid ликвидный

Liquidation *f* ликвидация *f*; исполнение *n* биржевой срочной сделки; **sich in ~ befinden** находиться в процессе ликвидации; **die ~ beschließen** принять решение о ликвидации фирмы; **die ~ einleiten** возбуждать дело о ликвидации; **konkursmäßige ~** ликвидация *f* в связи с несостоятельностью

Liquidations|antrag *m* заявление *n* о ликвидации (фирмы); **-bilanz** *f* ликвидационный баланс *m*; **-erlös** *m* ликвидационная выручка *f*, выручка *f* от ликвидации; **-eröffnungsbilanz** *f* первоначальный ликвидационный баланс *m*; **-gewinn** *m* прибыль *f* от ликвидации, ликвидационная прибыль; **-kasse** *f* расчетная палата *f* по срочным биржевым сделкам; **-kurs** *m* расчетная цена *f* срочных сделок; **-quote** *f* квота *f* при ликвидации имущества; **-rate** *f (Fin, Recht)* доля *f* чистых активов, остающаяся владельцу после ликвидации предприятия; **-schlussbilanz** *f* заключительный (ликвидационный) баланс *m*; **-überschuss** *m* ликвидационный остаток *m*; **-tag** *m* день *m* исполнения фьючерса; **-verfahren** *n* судебное разбирательство *n* по делу о ликвидации; **-vergleich** *m* ликвидация *f* задолженности путем продажи имущества должника; **-verkauf** *m* ликвидационная распродажа *f*; **-wert** *m* ликвидационная стоимость *f*

Liquidator *m* ликвидатор *m*

liquidieren ликвидировать, распускать; реализовывать; назначать плату за услуги); рассчитаться по сделке

Liquidierung *f* ликвидация *f*; исполнение *n* срочной сделки

Liquidität *f* ликвидность *f*, ликвидные средства, наличность *f*, платежеспособность *f*; **~ belasten** дебетовать ликвидность; **~ sichern** обеспечивать платежеспособность *f*; **~ ersten (zweiten, dritten) Grades** ликвидность *f* первой (второй, третьей) степени; **mangelnde ~** недостаточная платежеспособность *f*

Liquiditäts|abnahme *f* уменьшение *n* (сокращение *n*) ликвидности; **-abschöpfung** *f* изъятие *n* излишней ликвидности; **-analyse** *f* анализ *m* платежеспособности; **-anspannung** *f* нехватка *f* ликвидности; **-ausstattung** *f* обеспеченность *f* ликвидностью; **-ausweis** *m* состояние *n* ликвидности, отчет *m* о ликвидности; **-bedarf** *m* потребность *f* в ликвидности; **-beitrag** *m* превышение *n* поступлений над расходами; **-beschaffung** *f* приобретение *n* (мобилизация) ликвидности; **-bilanz** *f* финансовый отчет *m*, отражающий ликвидность фирмы; **-bindung** *f* связывание *n* ликвидности; **-defizit** *n* дефицит *m* ликвидности; **-darlehen** *n* кредит *m* для пополнения ликвидных средств; **-effekt** *m* влияние *n* увеличения денежной массы на процентную ставку; **-engpass** *n* нехватка *f* ликвидности; **-erhaltung** *f* поддержание *n* уровня ликвидности; **-freisetzung** *f* высвобождение *n* ликвидных средств; **-grad** *m* коэффициент *m* ликвидности; **-grundsätze** *pl* принципы *pl* политики ликвидности; **-hausse** *f* повышение *m* спроса на ликвидность; **-knappheit** *f* нехватка *f* (дефицит) ликвидности; **-koeffizient** *m* коэффициент *m* ликвидности; **-kosten** *pl* расходы *pl* по поддержанию определенного уровня ликвидности; **-kredit** *m* кредит *m* для пополнения ликвидных средств; **-lage** *f* кассовая позиция *f*, положение с ликвидностью; **-lücke** *f* нехватка *f* ликвидности, кассовый разрыв; **-management** *n* регулирование *n* ликвидности; **-mangel** *m* нехватка *f* ликвидности; **-neigung** *f* предпочтение *n*, отдаваемое ликвидности; **-papiere** *pl* беспроцентные казначейские сертификаты *pl*; **-planung** *f* планирование *n* ликвидности; финансовое планирование *n*; **-politik** *f* мероприятия *pl* по обеспечению ликвидностью; **-präferenz** *f* предпочтение *n* ликвидности; **-quote** *f* квота *f* (доля *f*) ликвидности; **-reserve** *f* резерв *m* ликвидности (ликвидных активов); **-risiko** *n* риск *m* невыполнения обязательств изза нехватки ликвидности; **-saldo** *m* ликвидное сальдо *n*; **-schöpfung** *f* образование *n* (создание) ликвидности; **-schwierigkeiten** *pl* нехватка *f* (недостаток) ликвидных средств; **-sicherung** *f* меры по обеспечению ликвидности; **-spielraum** *m* резерв *m* ликвидности; **-spritze** *f* вливание *n* (предоставление *n*) ликвидных средств; **-stand** *m* состояние *n* ликвидности; **-steuerung** *f* управление *n* ликвидными средствами; **-strom** *m* поток *m* ликвидности; **-stütze** *f* кредит *m* для пополнения ликвидных средств; **-swap** *n* операция *f* центрального банка по закупке или продаже иностранной валюты для регулирования денежного рынка; **-titel** *pl* статьи *pl* ликвидности; ценные бумаги *pl*, приносящие ликвидные средства; **-überhang** *m* избыточная ликвидность *f*; **-verknappung** *f* сокращение *n* (нехватка *f*) ликвидности; **-verordnung** *f* закон *m* о поддержании платежеспособности кредитных институтов; **-versorgung** *f* обеспечение *n* ликвидными средствами

liquiditätswirksam обеспечивающий ликвидность

Liquiditätszufluss *m* поступления *pl* (приток *m*) ликвидности

Listbroker *m* *(V&M)* адресный брокер *m*

Liste *f* список *m*, перечень *m*; опись *f*; ведомость *f*; таблица *f*, схема; **eine ~ aufstellen** составить список; **auf die ~ setzen** включить в список; **eine ~ erstellen** составить список; **~ der Ersatzteile** список *m* (перечень *m*) запасных частей

Listenpreis *m* прейскурантная (справочная) цена *f*, официально объявленная цена *f*

Lizenz *f* лицензия *f*; разрешение *n*; юридическое право *n*; **eine ~ ausgeben** выдать лицензию (разрешение); **eine ~ beantragen** подать заявку на выдачу лицензии (разрешения); **eine ~ erteilen** выдать лицензию (разрешение); **in ~ herstellen** производить по лицензии; **eine ~ vergeben** предоставить лицензию; **eine ~ verwerten** использовать лицензию; **ausschließliche ~** исключительное право *n*; **nicht ausschließliche (einfache) ~** неисключительная (простая) лицензия *f*

Lizenz|abkommen *n* лицензионное соглашение *n*; **-abrechnung** *f* расчет *m* (исчисление *n*) лицензионного платежа; **-antrag** *m* заявка *f* на лицензию; **-ausgabe** *f* выдача *f* лицензии; **-ausgaben** *pl* расходы *pl*, связанные с приобретением лицензии; **-austausch** *m* обмен *m* лицензиями; **-bedingungen** *pl* условия *pl* предоставления лицензии; **-broker** *m* лицензионный брокер *m*; **-dauer** *f* срок *m* действия лицензии; **-einnahmen** *pl* лицензионные доходы *pl*; **-entzug** *m* аннулирование *n* лицензии; **-erteilung** *f* выдача *f* лицензии; **-ertrag** *m* доходы *pl* от продажи лицензий

lizenzfrei безлицензионный, не требующий лицензии

Lizenz|geber *m* лицензиар *m*; **-gebühr** *f*

лицензионный сбор *m* (платеж *m*), роялти *n*; **-gegenstand** *n* объект *m* (предмет *m*) лицензии; **-geschäft** *n* лицензионная сделка *f* (операция *f*); **-handel** *m* торговля *f* лицензиями

lizenzieren выдавать лицензию

Lizenzierung *f* выдача *f* лицензии

Lizenz|inhaber *m* держатель *m* лицензии; **-nehmer** *m* лицензиат *m*, получатель *m* лицензии; **-nehmerland** *n* страна-получатель *f* лицензии; **-politik** *f* лицензионная политика *f*; **-produkt** *n* продукт *m*, изготовляемый по лицензии; **-produktion** *f* производство *n* по лицензии; **-recht** *n* лицензионное право *n*; **-regelung** *f* **(-system** *n***)** лицензионная система *f*; **-vereinbarung** *f* лицензионное соглашение *n*; **-vergabe** *f* выдача *f* лицензии; **-verhandlung** *f* переговоры *pl* о предоставлении лицензии; **-verkauf** *m* продажа *f* лицензий; **-vertrag** *m* договор *m* о лицензии; **-vertrieb** *m* сбыт *m* по лицензии

Lock|angebot *n* предложение *n*, имеющее целью привлечение покупателей (заказчиков); **-artikel** *m* товар *m* для привлечения покупателей; товар *m*, продаваемый в убыток для привлечения покупателей; **-vogelangebot** *n* предложение *n* с целью привлечения покупателей

loco место *n* (город *m*); локо, франкоместо *n* нахождения товаров

Logistik *f (Transp)* логистика *f*; **~ der Distribution** логистика *f* сбыта

Logistik|controlling *n* контроллинг *m* логистики; **-dienstleister** *m (Transp)* предприятие *n* логистики; **-fachmann** *m (Transp)* логист; **-konzept** *n* концепция *f* логистики; **-kosten** *pl* расходы *pl* на логистику; **-organisation** *f* организация *f* логистики; **-planung** *f* планирование *n* логистики; **-system** *n* система *f* логистики; **-zentrum** *n (Transp)* центр *m* логистики

logistisch относящийся к логистике; **-er Bereich** сфера *f* логистики

Logo *n* фирменный знак *m*

Lohn *m* заработная плата *f*, зарплата *f*, заработок *m*, жалование *n*; вознаграждение *n*, оплата *f*; **den ~ auszahlen** платить заработную плату; **den ~ bemessen** определять размер заработной платы; **den ~ berechnen** производить расчет заработной платы; **den ~ erhöhen** повышать заработную плату; **den ~ überweisen** переводить заработную плату на счет в банке; **den ~ zahlen** платить заработную плату; **direkter ~** прямая заработная плата *f* непосредственно в производстве; **fester ~** твердая (гарантированная) заработная плата *f*; **leistungsabhängiger ~** сдельно-прогрессивная заработная плата *f*; **produktiver ~** заработная плата *f* производственных рабочих; **rückständiger ~** невыплаченная заработная плата *f*; **übertariflicher ~** сверхтарифная заработная плата *f*; **unproduktiver ~** заработная плата *f* обслуживающего персонала и вспомогательных рабочих

Lohn|abbau *m* снижение *n* заработной платы; **-abkommen** *n* соглашение *n* о ставках и расценках; **-abrechnung** *f* расчет *m* (начисление) заработной платы

Lohnabrechnungszeitraum *m* период *m*, за который производится расчет заработной платы

Lohn|abschlagszahlung *f* выдача *f* аванса в счет заработной платы; **-abschluss** *m* коллективный договор *m* о заработной плате; **-abzüge** *pl* удержание *n* (вычеты *pl*) из заработной платы; **-änderung** *f* изменение *n* заработной платы; **-anpassung** *f* согласование *n* уровня заработной платы; **-anspruch** *m* требование *n* увеличения заработной платы; **-anteil** *m* доля *f* заработной платы; **-arbeit** *f* наемный труд *m*; **-arbeiter** *m* наемный рабочий *m*; **-aufbesserung** *f* повышение *n* заработной платы; **-aufschlag** *m* надбавка *f* (доплата *f*) к заработной плате

Lohnauftrag *m* заказ *m* на работу, выполняемую на комиссионных началах; **im ~ arbeiten** работать по заказам на комиссионных началах

Lohnaufwand *m* расходы *pl* по заработной плате

Lohnausfall *m* потеря *f* в заработной плате; **ohne ~** с сохранением заработной платы

Lohnausgleich *m* компенсация *f* зарплаты; **voller ~** компенсация *f* зарплаты (при изменении длительности рабочей недели); **witterungsbedingter ~** компенсация *f* зарплаты при невозможности работать из-за погодных условий (напр. в строительстве); компенсация *f* по временной нетрудоспособности;

Lohnausgleichskasse *f* компенсационная касса *f* (при выплате компенсаций по временной нетрудоспособности)

Lohn|auszahlung *f* выплата *f* заработной платы; **-beleg** *m* платежный документ *m*; **-berechnung** *f* расчет *m* заработной платы; **-bestandteil** *m* составная часть *f* заработной платы; **-buchführung** *f* расчет (учет) заработной платы; отдел заработной платы; **-buchhalter** *m* бухгалтер *m* по начислению заработной платы; **-buchhaltung** *f* расчет *m* (учет *m*) заработной платы; отдел *m* заработной платы; **-büro** *n* отдел *m* расчета заработной платы; **-drift** *m* отклонение *n* фактической заработной платы от тарифных ставок; **-dumping** *n* демпинг *m*, обусловленный низким уровнем заработной платы в стране-экспортере; **-einbußen** *pl* потери *pl* в заработной плате; **-eingruppierung** *f* тарификация *f* заработной платы; **-einkünfte** *pl* трудовой доход *m*; **-einsparung** *f* экономия *f* заработной платы; **-einstufung** *f* тарификация *f* заработной платы; **-empfänger** *m* работник *m*, получающий заработную плату

lohnen вознаграждать, платить

Lohn|entwicklung *f* изменение *n* (динамика *f*) уровня заработной платы; **-erhöhung** *f* повышение *n* заработной платы; **-ersatzleistung** *f* компенсация *f* (возмещение) потери в заработной плате, пособия

Löhne und Gehälter *pl* заработная плата *f* рабочих и служащих

Lohn|explosion *f* бурный рост *m* заработной платы; **-fabrikation** *f* выполнение *n* работ по заказу крупными предприятиями службы быта; **-findung** *f* определение *n* размера заработной платы; **-forderung** *f* требование *n* повышения заработной платы; **-form** *f* форма *f* заработной платы; **-fortzahlung** *f* продолжение *n* выплаты заработной платы в случае нетрудоспособности работника; **-gefüge** *n* структура *f* заработной платы; **-gemeinkosten** *pl* (накладные) расходы *pl* по заработной плате; **-gerechtigkeit** *f* соблюдение *n* принципа справедливости при оплате труда; **-gestaltung** *f* система *f* оплаты труда, тарификация *f* работ и работников

Lohngruppe *f* тарифный разряд *m*, разряд *m* заработной платы; **tarifvertraglich vereinbarte ~** разряд *m* согласно тарифному соглашению

Lohn|handwerker *m* ремесленник *m*, берущий заказы на обработку вещей заказчика; **-herabsetzung** *f* снижение *n* заработной платы; **-herstellung** *f* производство *n* по индивидуальным заказам; **-höhe** *f* уровень *m* (размер) заработной платы

lohnintensiv зарплатоемкий; **-e Produktion** зарплатоемкое производство *n*

Lohn|kampf *m* борьба *f* за повышение заработной платы; **-konto** *n* лицевой счет налогоплательщика; **-kosten** *pl* расходы *pl* по заработной плате, стоимость *f* рабочей силы

Lohn|kürzung *f* снижение *n* заработной платы; **-liste** *f* платежная ведомость *f*; **-minderung** *f* снижение *n* заработной платы; **-nebenkosten** *pl* дополнительные расходы *pl* по заработной плате; **-niveau** *n* уровень *m* заработной платы; **-pfändung** *f* наложение *n* ареста на заработную плату; **-politik** *f* политика *f* в области заработной платы; **-prämie** *f* премия *f* к заработной плате

Lohn-Preis-Spirale *f* спираль *f* заработной платы и цен

Lohn|quote *f* доля *f* заработной платы в национальном доходе; **-rechnung** *f* расчет *m* заработной платы; **-regelung** *f* регулирование *n* заработной платы; **-rückstände** *pl* задолженность *f* по выплате заработной платы; **-rückstufung** *f* снижение *n* тарифного разряда; **-runde** *f* раунд *m* переговоров о повышении заработной платы; **-satz** *m* ставка *f* заработной платы, тарифная ставка *f*; **-scheck** *m* чек *m* на получение заработной платы; **-schein** *m* расчетный листок *m*; рабочий наряд *m*; **-schwankung** *f* колебание *n* (изменение *n*) уровня заработной платы; **-senkung** *f* уменьшение *n* (снижение *n*) заработной платы; **-skala** *f* шкала *f* заработной платы; **-statistik** *f* статистика *f* заработной платы; **-steigerung** *f* повышение заработной платы; **-steuer** *f* налог *m* на заработную плату, подоходный налог *m*

Lohnsteuer|abführung *f* отчисление *n* подоходного налога; **-abzug** *m* удержание *n* подоходного налога (налога на заработную плату); **-anmeldung** *f* декларация *f* на подоходный налог; **-berechnung** *f* вычисление *n* суммы налога на заработную плату; **-bescheinigung** *f* сертификат *m* на налог на заработную плату

Lohnsteuer-Durchführungsverordnung *f* положения *pl* о налогообложении заработной платы и окладов

Lohnsteuer|erhöhung *f* повышение *n* налога на заработную плату; **-ermäßigung** *n* снижение *n* налога на заработную плату

lohnsteuerfrei свободный от налога на заработную плату

Lohnsteuer|freibetrag *m* минимальная сумма *f* заработной платы, не облагаемая налогом; **-jahresausgleich** *m* ежегодная корректировка *f* налога на заработную плату; **-karte** *f* официальная справка *f*, выданная для расчета подоходного налога; **-pflicht** *f* обязанность *f* уплаты подоходного налога

lohnsteuerpflichtig подлежащий обложению налогом на заработную плату; **-e Einkünfte** доходы *pl*, подлежащие налогообложению

Lohn|steuertabelle *f* таблица *f* для расчета подоходного налога; **-stopp** *m* замораживание *n* заработной платы; **-streifen** *m* расчетный листок *m*; **-struktur** *f* структура *f* заработной платы; **-stückkosten** *pl* расходы *pl* по заработной плате на единицу продукции; **-stufe** *f* тарифная ставка *f*; **-summe** *f* общая сумма *f* заработной платы; **-tarif** *m* тарифная сетка *f*; **-tarifvertrag** *m* коллективное тарифное соглашение *n*; **-tüte** *f* конверт *m* с вложенной заработной платой; зарплата *f*; **-überweisung** *f* перевод *m* заработной платы

Lohn- und Gehaltsabrechnung *f* расчет *m* заработной платы

Lohn- und Gehaltsabtretung *f* отказ *m* от зарплаты и оклада (в пользу кредитующего банка в случае задержек со взносами);

Lohn|unterlagen *pl* документация *f* на выдачу заработной платы; платежная ведомость *f*; **-veredelung** *f* переработка *f* давальческого сырья; реимпорт *m* или реэкспорт *m* сырья или товаров, прошедших обработку; **-vereinbarung** *f* соглашение *n* по вопросам заработной платы; **-verhandlungen** *pl* переговоры *pl* по вопросам оплаты труда; **-verrechnung** *f* расчет *m* заработной платы; **-verzicht** *m* отказ *m* от получения заработной платы; **-vorschuss** *m* аванс *m* в счет заработной платы

lohnwirksam оказывающий влияние на заработную плату

Lohn|zahltag *m* день *m* выплаты заработной платы; **-zahlung** *f* выплата *f* заработной платы

Lohnzahlungs|liste *f* платежная ведомость *f*; **-zeitraum** *m* платежный период *m*

Lohn|zulage *f* премия *f* (надбавка *f*) к заработной плате; **-zuschlag** *m* надбавка *f* к заработной плате

Lokal|bank *f* местный банк *m*; **-behör-**

de *f* местный орган *m* власти; **-papiere** *pl* ценные бумаги *pl*, реализуемые только на местной фондовой бирже; **-zeitung** *f* местная газета *f*

loko место *n*, локо *n*

Lokogeschäft *n* сделка *f* на наличный товар; кассовая сделка *f*

Lombard *m* ломбард *m*; выдача *f* ссуд банком под залог вещей (ценных бумаг)

Lombard|darlehen *n* ссуда *f* под залог (обеспечение); **-effekten** *pl* ценные бумаги *pl*, находящиеся на хранении в банке в качестве обеспечения кредита

lombardfähig пригодный для получения ссуды под залог; **-e Gegenstände** вещи *pl*, которые можно внести под залог; **-e Wertpapiere** ценные бумаги *pl*, могущие служить залогом

Lombard|fähigkeit *f* способность *f* служить залогом; **-geschäft** *n* ломбардная операция *f* (сделка *f*)

lombardieren закладывать, отдавать под залог; **Effekten bei einer Bank ~** закладывать ценные бумаги в банке

lombardiert заложенный, отданный под залог; **-er Wechsel** вексель *m*, заложенный под обеспечение ссуды

Lombard|kredit *m* ломбардный кредит *m*; ссуда *f* под залог; **-satz** *m* процентная ставка *f* ломбардных кредитов; **-satzerhöhung** *f* повышение *n* процентной ставки ломбардных кредитов; **-satzsenkung** *f* понижение *n* процентной ставки ломбардных кредитов; **-verkehr** *m* ломбардные операции *pl*; **-verzeichnis** *n* список *m* ценных бумаг, могущих служить обеспечением; **-zins** *m* проценты *pl* по ломбардным кредитам; **-zinsfuß** *m* **(-zinssatz** *m***)** процентная ставка *f* ломбардных кредитов

Long-Position *f (Bö)* длинная позиция *f*

Loro|guthaben *n* кредитовое сальдо *n* на счету лоро; **-konto** *n* счет *m* лоро, лороконто *n*

Los *n* лотерейный билет *m*; лот *m* (на аукционе); серия *f*, партия *f* (деталей)

Losanleihe *f* выигрышный заем *m*

Löscharbeiten *pl* разгрузочные работы

löschen разгружать, выгружать; аннулировать, погашать, закрывать; стирать; гасить (огонь); сторнировать; **eine Eintragung ~** стирать запись; **eine Hypothek ~** погасить ипотеку; **die Ladung ~** выгрузить груз

Lösch|frist *f* продолжительность *f* (время) разгрузки; **-hafen** *m* порт *m* разгрузки; **-kosten** *pl* расходы *pl* по выгрузке (тушению пожара)

Löschung *f* разгрузка *f*, выгрузка *f*; аннулирование *n*, погашение *n*; стирание *n*, исправление *n*; сторнирование *n*; гашение *n*; **~ der Gesellschaft** ликвидация *f* компании; **~ einer Ladung** выгрузка *f* груза

Löschungs|anspruch *m* право *n* кредитора по закладной потребовать от владельца отказа от ипотеки; **-bewilligung** *f* разрешение *n* на погашение права, зарегистрированного в поземельном кадастре; **-gebühren** *pl* плата *f* за разгрузку; **-vermerk** *m* отметка *f* об аннулировании; **-vormerkung** *f* отметка *f* в поземельном кадастре о гарантии погашения права кредитора

lose навалом; россыпью; **~ verladen** грузить навалом (россыпью); **~ Ware** товар *m* без упаковки, товар *m* навалом

Loseblatt|buch *n* книга *f* (учета) с несброшюрованными листами (карточками); **-buchführung** *f* бухгалтерский учет *m* на несброшюрованных листах (карточках)

lösen расторгать, отменять; решать; покупать; **einen Vertrag ~** расторгнуть договор; **sich von Verpflichtungen ~** отказаться от обязательств; **sich von einem Vertrag ~** односторонне расторгнуть договор

Los|fertigung *f* выпуск *m* продукции отдельными партиями (сериями); **-größe** *f* размер *m* партии (серии);

-note *f* складское свидетельство *n* на получение товара частями

Lösung *f* решение *n*, разрешение *n*; расторжение *n*; прекращение *n* трудового правоотношения

Lösungs|ansatz *n* подход *m* к решению; **-variante** *f* вариант *m* решения; **-vorschlag** *m* предложение *n* способа решения; **-weg** *m* путь *m* решения

low-cost-Produkte *pl* дешевые продукты *pl*; продукты *pl*, производимые с низкими издержками

Loyalitätsgarantie *f* гарантия *f* лояльности

Lückenanalyse *f* анализ *m* разрыва, гэп-анализ *m*

Luftfahrt *f* авиация *f*; воздушное сообщение *n*

Luftfahrt|gesellschaft *f* авиационная компания *f*; **-industrie** *f* авиационная промышленность *f*; **-unternehmen** *n* авиационная компания *f*, авиакомпания *f*; **-versicherung** *f* страхование *n* воздушных перевозок; **-werte** *pl* акции *pl* авиационных компаний

Luftfahrzeug *n* самолет *m*

Luftfracht *f* авиационный груз *m*; **per ~ versenden** отправлять груз авиатранспортом

Luftfracht|agent *m* агент *m* (агенство) по грузовым авиаперевозкам; **-brief** *m* накладная *f* на авиагруз; **-geschäft** *n* коммерческие грузовые авиаперевозки; **-gut** *n* авиационный груз *m*; **-kosten** *pl* расходы *pl* по перевозке грузов авиатранспортом; **-tarif** *m* тариф *m* на авиаперевозки грузов; **-versicherung** *f* страхование *n* авиационных грузов

Luft|post *f* авиапочта *f*; **-transport** *m* воздушный транспорт *m*, авиаперевозки *pl*; **-verkehr** *m* воздушное сообщение *n*

Luftverkehrs|gesellschaft *f* авиационная компания *f*, авиакомпания *f*

lustlos *adj (Bö)* вялое течение *n* торговой сессии (без определенной тенденции)

Luxus *m* роскошь *f*; расточительство *n*

Luxus|artikel *m* предмет *m* роскоши, товар *m* наивысшего качества; **-besteuerung** *f* обложение *n* налогом предметов роскоши; **-gegenstand** *m* предмет *m* роскоши; **-marke** *f* марка-люкс *f*; **-steuer** *f* налог *m* на предметы роскоши; **-ware** *f* предмет *m* роскоши, товар *m* наивысшего качества

M

Maastrichtkriterien *pl* Маастрихтские критерии *pl*

Machbarkeitsstudie *f (Manag)* изучение *n* (организационной, технической и экономической) выполнимости, технико-экономическое обоснование *n*

Macht *f* сила *f*, мощь *f*, власть *f*; влияние *n*; держава *f*; **wirtschaftliche ~** экономическая мощь *f*

Machtmissbrauch *m* злоупотребление *n* властью

Mahnbescheid *m* письменный приказ *m* об уплате долга

mahnen напоминать, посылать напоминание, предупреждать, посылать предупреждение

Mahn|gebühr *f* пеня *f*, штраф *m* за просроченный платеж; **-kosten** *pl* расходы *pl*, связанные с посылкой напоминаний; **-schreiben** *n* письменное напоминание *n*

Mahnung *f* напоминание *n*; предупреждение *n*; **letzte ~** последнее предупреждение *n*; **trotz wiederholter ~** несмотря на повторное напоминание (предупреждение); **~ zu zahlen** напоминание *n* о платеже

Mahnverfahren *n* предупреждение *n* должника через суд о необходимости уплаты долга

Majorität *f* большинство *n* голосов, контрольный пакет *m* (акций)

Majoritätskäufe *pl* покупка *f* акций обладателем самого крупного пакета акций для расширения своего контроля

Makler *m* маклер *m*, брокер *m*; **amtlicher ~** официальный биржевой маклер *m* (брокер *m*)

Makler|buch *n* дневник *m* (журнал *m*) биржевого маклера; **-büro** *n* маклерское (посредническое) (бюро *n*); **-courtage** *f* брокерская комиссия *f*, куртаж *m*; **-gebühr** *f* комиссионное вознаграждение *n* брокеру, брокерская комиссия *f*, куртаж *m*; **-geschäft** *n* операции *pl* с фондовыми ценностями, брокерский бизнес *m*; **-gewerbe** *n* брокерская профессия *f*; **-kammer** *f* брокерская палата *f*; **-lohn** *m* брокерское вознаграждение *n*, куртаж *m*; **-ordnung** *f* правила *pl* (кодекс *m*) поведения брокера; **-provision** *f* комиссионное вознаграждение *n* брокеру, брокерская комиссия *f*; **-skontro** *n* (**tagebuch** *n*) дневник *m* (журнал *m*) биржевого маклера; **-verband** *m* объединение *n* маклеров; **-vertrag** *m* маклерский договор *m*

Makro|gestaltung *f* макроорганизация *f*; ~ **von Arbeitssystemen** макроорганизация *f* рабочих систем (систем труда)

Makro|milieu *n* макросреда *f*; **-ökonomie** *f* макроэкономика *f*

makroökonomisch макроэкономический

Makro|standort *m* макрорайон *m* размещения предприятия; **-umwelt** *f* макросреда *f*, макроокружение *n*

Malware *f (Comp)* вредоносная программа *f*

Management *n* управление *n*; руководство *n*; менеджмент *m*; дирекция *f*, администрация *f*; **das ~ auswechseln** сменить руководство (администрацию); **anpassungsfähiges ~** гибкое управление *n*; **~ by Delegation** управление *n* путем делегирования полномочий; **~ by Exception** управление *n* по отклонениям; **~ by Motivation** управление *n* путем мотивации; **~ by Objectives** управление *n* методом оценки эффективности; **flexibles ~** гибкое управление *n*; **interkulturelles ~** межкультурный менеджмент *m*; **mittleres ~** средний уровень *m* управления (руководства), среднее административное звено *n*, менеджмент *m* среднего звена; **oberes ~** верхний уровень *m* управления (руководства), менеджмент *m* высшего звена, топ- менеджмент *m*; **operatives ~** оперативное управление *n*; **schlankes ~** «стройный» менеджмент *m*; управление *n* без излишних инстанций; **strategisches ~** стратегическое управление *n*

Management|aufgaben *pl* задачи *pl* управления; **-ausbildung** *f* обучение *n* управлению (менеджменту); **-beratung** *f* консультации *pl* в области управления

Management-Buy-In (MBI) *(Fin, Manag)* приобретение *n* менеджерами контрольного пакета чужого предприятия, выкуп внешними управляющими

Management-Buy-Out (MBO) *(Fin, Manag)* приобретение *n* менеджерами и служащими контрольного пакета акций своего предприятия, выкуп внутренними управляющими

Management|entscheidung *f* управленческое решение *n*; **-funktion** *f* функция *f* управления; **-information** *f* управленческая информация *f*, информация *f* для управления (руководства); **-informationssystem** *n* **(MIS)** информационная система *f*; **-lehre** *f* теория *f* менеджмента (управления); **-struktur** *f* структура *f* управления; **-techniken** *pl* приемы *pl* (техника *f*) управления; **-training** *n* обучение *n* менеджменту; **-trainingskurs** *m* курс *m* обучения менеджменту; **-verantwortung** *f* ответственность *f* руководства (дирекции); **-verhalten** *n* управленческое поведение *n*, поведение *n* руководителя; **-wechsel** *m* смена *f* руководства (директората)

managen управлять, руководить; распоряжаться; **Vermögenswerte ~** управлять (распоряжаться) имуществом (имущественными ценностями)

Manager *m* управляющий *m*, руководитель *m*; директор *m*; менеджер *m*

Manager|nachwuchs *m* молодые кадры *pl* руководителей; **-persönlichkeit** *f* личность *f* руководителя; **-vergütung** *f* оплата *f* труда менеджера; **-vertrag** *m* трудовой договор *m* (контракт *m*), заключаемый с руководителем (менеджером)

managing director директор-распорядитель *m*

Mandant *m* клиент *m*, заказчик *m*; доверитель *m*

Mandat *n* мандат *m*, поручение *n*, полномочия *pl*; **das ~ ausüben** выполнять поручение (наказ); **ein ~ erteilen** дать наказ

Mangel *m* нехватка *f*, дефицит *m*; недостаток *m*, дефект *m*, изъян *m*, неисправность *f*; **einen ~ anzeigen** уведомить о дефекте товара; **einen ~ beheben (beseitigen)** устранить недостаток (дефект); **einen ~ feststellen** обнаружить недостаток (дефект); **für einen ~ haften** нести ответственность за (дефект); **einen ~ rügen** заявить рекламацию по качеству; **~ an Arbeitskräften** нехватка *f* рабочей силы; **offensichtlicher ~** явный (очевидный) дефект *m*; **verborgener (verdeckter) ~** скрытый дефект *m*

Mängel|anzeige *f* рекламация *f* по качеству, уведомление *n* о недостатках поставленного товара; **-beseitigung** *f* устранение *n* дефектов (недостатков); **-einrede** *f* претензия *f* (возражения *pl*) по качеству

mangelfrei безупречный, качественный, без недостатков

mangelhaft дефектный, с изъяном, неудовлетворительный; дефицитный

Mängelhaftung *f* ответственность *f* за качество товара

Mängelrüge *f* рекламация *f*

mangels за отсутствием, за недостатком; **~ abweichender Vereinbarung** поскольку иное не оговорено; **~ Annahme** ввиду непринятия, за отсутствием акцепта; **~ Zahlung** из-за неуплаты

Mangelware *f* дефицитный товар *m*

manipulieren манипулировать; подтасовывать, искажать; **Kalkulationsunterlagen ~** искажать расчетную документацию; **die Kurse ~** искусственно вздувать курсы ценных бумаг

Manipulation *f* манипуляция *f*; подготовка *f* товара к продаже

Manko *n* недовес *m*, недостача *f*; дефицит *m*; изъян *m*; аманко *n*; **~ durch Leckage** недовес *m* (недостача *f*) в результате утечки

mankofrei без недостачи (дефицита); без изъяна; **~ abrechnen** произвести расчет без недостачи

Manko|gelder *pl* денежное вознаграждение *n* кассирам на случай возможных недостач; **-haftung** *f* ответственность *f* за недостачу

Mann|jahr *n* человеко-год *m*; **-monat** *m* человеко-месяц *m*; **-tag** *m* человеко-день *m*

Mantel *m* манто *n*, титр *m* акции, акционерный сертификат *m*; совокупные права *pl* участия акционерного общества; правовая форма *f* предприятия "фасон"

Mantel|gründung *f* формальное (фиктивное) основание *n* акционерного общества; **-kauf** *m* покупка *f* акционерного общества путем приобретения только его прав участия и организационной формы; покупка *f* долей в уже не действующей компании; **-stücke** *pl* ценные бумаги *pl* без купонного листа; **-tarifvertrag** *m* типовое тарифное соглашение *n*; **-zession** *f* уступка *f* первоначальных требований с приобретением новых в другой правовой форме

manuell ручной, производимый вручную; вручную; **-e Produktion** ручное производство *n*

Marge *f* маржа *f*; предел *m* колебаний цены; разница *f* между ценой покупки и продажи ценных бумаг; гарантийный взнос *m* при срочных сделках; **-n erhöhen** повышать прибыльность (доходность); повышать маржу; **-n verlieren** потерять маржу (прибыль)

Margen|einbruch *m* резкое снижение *n* прибыльности (маржи); **-tarif** *m* тариф *m*, величина *f* которого может колебаться в определенных границах

Margin *(Bö, Fin)* обеспечение *n* (кредита, срочных сделок) ценными бумагами (деньгами), залог *m*, депозит *m*

marginal предельный, маржинальный; **-er Anteil** предельная доля *f*; **-e Belastung** предельная нагрузка *f*

Marginalanlyse *f* исследование *n* влияния изменения входного параметра на изменение выходного

marginal costs предельные (маржинальные) издержки *pl*

Margin-Konto *n (Bö)* маржинальный счет *m*

Marke *f (V&M)* бренд, торговая марка, фирменная марка *f*, фирменный товарный знак *m*; фирма *f*; отметка *f*; маркировка *f*, фирменный продукт *m* (товар *m*); **eine ~ registrieren** зарегистрировать марку (фирменный знак); **eine ~ überschreiten** превысить отметку; **unter der ~ anbieten** предлагать товар под маркой фирмы; **unter der ~ herstellen** производить товар под маркой фирмы; **unter der ~ vertreiben** сбывать (реализовывать) товар под маркой; **registrierte ~** зарегистрированная марка *f* (фирменный знак *m*), зарегистрированный бренд *m*

Marken|artikel *m (V&M)* фирменное изделие *n*, фирменный товар *m*; **-artikelverkäufer** *m* продавец *m* фирменных товаров; **-artikler** *m* производитель *m* фирменных товаров; **-bild** *n* имидж *m* (престиж *m*, репутация *f*) фирмы; **-erzeugnis** *n* фирменное изделие *n*; **-familie** *f* ассортимент *m* (серия *f*) фирменных изделий; **-identität** *f* своеобразие *n* фирменного товара, позволяющее отличать его от других товаров; **-image** *f* имидж *m* (престиж *m*, репутация *f*) фирмы; **-kenntnis** *f* известность *f* (популярность *f*) фирмы; **-konkurrenz** *f* конкуренция *f* фирменных товаров; **-lizenz** *f* лицензия *f* на использование фирменной марки; **-management** *n* брендинг *m*, бренд-менеджмент *m*; **-manager** *m* бренд-менеджер *m*; **-mythos** *m* миф *m* о марке; **-nachahmung** *f* подделка *f* фирменных товаров, копирование *n* бренда; **-name** *m* название *n* марки (изделия), фирменная марка *f*; **-piraterie** *f* незаконный выпуск *m* продукции под чужой фирменной маркой, контрафакция *f*; **-politik** *f* брендовая политика *f*; **-präsentation** *f* представление *n* (презентация *f*) фирмы (фирменных изделий); **-produkt** *n* фирменный продукт *m*, фирменное изделие *n*; **-produktion** *f* фирменная продукция *f*; производство *n* фирменных изделий; **-programm** *n* программа *f* выпуска фирменной продукции, ассортимент *m* брендов; **-recht** *n* положение *n* об охране фирменных (товарных) знаков; право *n* на бренд, право *n* на использование бренда; **-schutz** *m* охрана *f* фирменных (товарных) знаков, защита *f* торговой марки, защита *f* бренда; **-schutzkennzeichnung** *f* маркировка *f* защищенности торговой марки; **-strategie** *f* стратегия *f* фирмы при использавании товарного знака; **-treiber** *m* двигатель *m* торговой марки; **-treue** *f* верность *f* торговой марке; **-vergleich** *n* сравнение *n* фирменных товаров, сравнение *n* брендов; **-vorstand** *m* член правления *n* фирмы, отвечающий за бренд; **-ware** *f* фирменное изделие *n*, фирменный товар *m*; **-werbung** *f* реклама *f* фирменной марки (фирменных товаров); **-zeichen** *n* фирменный знак *m*; знак торговой марки *f*

Marketing *n (V&M)* маркетинг *m*, исследование *n* рынка; сбыт *m*; **~ betreiben** проводить маркетинговые исследования; **globales ~** глобальный маркетинг *m*; **Mobile ~** *(Comp)* СМС маркетинг *m*; **selektives ~** выборочный маркетинг *m*, выборочное исследование *n* рынка; **strategisches ~** стратегический маркетинг *m*

Marketing|abkommen *n (V&M)* договор *m* на сбыт продукции, договор *m* на проведение исследования рынка; **-abteilung** *f* отдел *m* маркетинга; **-agentur** *f* агенство *n* по оказанию маркетинговых услуг; **-aktivität** *f* деятельность *f* в сфере маркетинга (сбыта); **-aufwendungen** *pl* затраты *pl* на проведение маркетинга; **-berater** *m* консультант *m* по вопросам маркетинга; **-beratung** *f* консультации *pl* по вопросам маркетинга; **-budget** *n* бюджет *m* отдела маркетинга, бюджет *m* (смета *f*) на проведение исследования рынка; **-controlling** *n* контроллинг *m* сбыта; **-dienst** *m* служба *f* маркетинга; **-dienstleistungen** *pl* маркетинговые услуги *pl*; **-direktor** *m* заместитель *m* директора по маркетингу; **-forschung** *f* маркетинговое исследование *n*, изучение *n* условий сбыта; **-gesellschaft** *f* фирма *f*, занимающаяся исследованием рынка; **-information** *f* информация *f* о состоянии рынка; **-instrument** *n* инструмент *m* маркетинга; **-kontrolle** *f* маркетинговый контроль *m*; **-kosten** *pl* издержки *pl* на проведение исследования рынка

Marketing-Konzept, Marketingkonzeption *f (V&M)* концепция *f* маркетинга

Marketing|logistik *f (V&M)* логистика *f* маркетинга; **-manager** *m* руководитель *m* отдела маркетинга; **-maßnahmen** *pl* маркетинговые мероприятия *pl*; **-mittel** *n* инструмент *m* (средство *n*) маркетинга

Marketing-Mix *n (V&M)* смешанный маркетинг *m*, набор *m* методов маркетинга, маркетинговый микс, комплекс маркетинга

Marketing|organisation *f (V&M)* организация *f* маркетинга; **-philosophie** *f* философия *f* маркетинга; **-plan** *m* план *m* проведения маркетинга, план *m* маркетинга, маркетинговый план *m*; **-planung** *f* планирование *n* мероприятий маркетинга; **-politik** *f* рыночная политика *f* фирмы; **-programm** *n* программа *f* проведения маркетинга

Marketingstrategie *f (V&M)* стратегия *f* маркетинга; **zielgruppengerechte ~** маркетинг *m* по целевым группам потребителей

Marketingsubmix *n (V&M)* ограниченный набор *m* методов маркетинга

Marketingsystem *n (V&M)* система *f* маркетинга; **vertikales ~** вертикальная система *f* маркетинга

Marketingziel *n (V&M)* цель *f* маркетинга

Market-Maker *m* зарегистрированный брокер *m*, маркет-мейкер *m*, делатель *m* рынка

markieren маркировать, наносить маркировку, обозначать; ставить фабричную марку, отмечать, намечать; клеймить

Markierung *f* маркировка *f*, обозначение *n*, клеймение *n*

Markierungsvorschrift *f* правило *n* маркировки

Markt *m* рынок *m*, биржа *f*; **den ~ abdecken** обеспечивать рынок; **den ~ abschotten** изолировать рынок; **einen ~ abhalten** устраивать (организовать) городской рынок; **den ~ aufteilen** поделить рынок сбыта; **auf den ~ bringen** сбывать (реализовывать) на рынке; ввести свою продукцию на рынок; **auf dem ~ vertreten sein** присутствовать на рынке; сбывать свою продукцию на рынке; **aus dem ~ ausscheiden** уходить с рынка; **den ~ bearbeiten** изучать и организовывать сбыт на рынке; **den ~ beherrschen** доминировать (господствовать) на рынке; **den ~ beliefern** поставлять товары (услуги) на рынок; **den ~ betreuen** обслуживать рынок; **einen ~ erkunden** обследовать рынок; **einen ~ erschließen** осваивать рынок; **den ~ erweitern** расширять сбыт продукции на рынке; **den ~ erforschen** исследовать (изучать) рынок; **in den ~ eindringen** проникать на рынок; **einen ~ öffnen** открывать рынок для товаров; **den ~ sättigen** насыщать рынок товарами; **den ~ sichern** обеспечивать себе рынок сбыта; **den ~ stabilisieren** стабилизировать конъюнктуру рынка; **den ~ überschwemmen** переполнять (перенасытить) рынок товарами; **vom ~ verdrängen** вытеснять с рынка; **sich vom ~ zurückziehen** уходить с рынка; **amtlicher ~** официальный рынок *m*;

boomender ~ рынок *m*, характеризующийся резким увеличением спроса; быстро растущий рынок *m*; **fester** ~ устойчивый рынок *m*; **flauer** ~ вялая конъюнктура *f* рынка; ~ **für Erdgas** рынок *m* сбыта природного газа; **Gemeinsamer** ~ Общий рынок *m*; **geregelter** ~ организованный (полуофициальный) рынок *m*; **gesättigter** ~ насыщенный рынок *m*; **geschlossener** ~ замкнутый (изолированный) рынок *m*; **grauer** ~ серый рынок *m*, полуофициальный рынок *m*; **lebhafter** ~ оживление *n* на рынке, оживленная конъюнктура *f*; **lustloser** ~ вялая конъюнктура *f* рынка; ~ **mit starker Konkurrenz** рынок *m*, характеризующийся сильной конкуренцией; **monopolistischer** ~ монополистический рынок *m*; **offener** ~ открытый рынок *m*; **oligopolistischer** ~ олигополистический рынок *m*; **polypolistischer** ~ полиполистический рынок *m*; **schrumpfender** ~ сужающийся рынок *m*; **schwarzer** ~ черный рынок *m*; **unvollkommener** ~ несовершенный рынок *m*; **vollkommener** ~ совершенный рынок *m*

Markt|abgrenzung *f* определение *n* (разграничение *n*) рынков сбыта; **-absprache** *f* соглашение *n* о разделе рынка; **-abschottung** *f* обособление *n* отделение рынков; **-abschwächung** *f* вялая конъюнктура *f* рынка; **-akzeptanz** *f* признание *n* товара покупателями; **-aktivitäten** *pl* деятельность *f* (операции *pl*) на рынке; **-analyse** *f* анализ *m* конъюнктуры рынка; **-änderung** *f* изменение *n* условий рынка; **-anpassung** *f* приспособление *n* к меняющимся условиям рынка

Marktanteil *m* доля *f* рынка, удельный вес *m* на рынке; **den** ~ **erhöhen** расширять долю рынка; **einen** ~ **erobern** завоевать долю рынка; **einen** ~ **haben** иметь долю рынка; **einen** ~ **halten** удерживать свою долю рынка; **absoluter** ~ абсолютная доля *f* рынка; **relativer** ~ относительная доля *f* рынка

Markt|anteilsverluste *pl* потеря *pl* доли рынка; **-attraktivität** *f* привлекательность *f* (притягательность *f*) рынка; **-aufnahmefähigkeit** *f* емкость *f* рынка; **-aufschwung** *m* взлет *m* (подъем) рыночной конъюнктуры; **-aufteilung** *f* раздел *m* рынка; **-ausweitung** *f* расширение *n* рынка сбыта; **-ausschöpfung** *f* *(V&M)* исчерпание *n* рынка; **-aussichten** *pl* перспективы *pl* развития конъюнктуры; **-bearbeitung** *f* изучение *n* и организация *f* сбыта на рынке; **-bedarf** *m* требования *pl* (потребности *pl*) рынка; спрос *m* на рынке; **-bedingungen** *pl* условия *pl* рынка; **-bedürfnisse** *pl* требования *pl* (потребности *pl*) рынка; **-beeinflussung** *f* воздействие *n* (влияние *n*) на конъюнктуру рынка

marktbeherrschend господствующий (доминирующий) на рынке, монопольный; **-e Stellung** монопольное положение *n* на рынке; **-es Unternehmen** предприятие *n*, контролирующее рынок, предприятие-монополист *n*

Markt|beherrschung *f* доминирующее (монопольное) положение *n* на рынке; **-belebung** *f* оживление *n* конъюнктуры рынка; **-belieferung** *f* снабжение *n* (обеспечение *n*) рынка, поставки *pl* на рынок; **-beobachter** *m* экономист *m*, изучающий конъюнктуру рынка; **-beobachtung** *f* исследования *pl* конъюнктуры рынка, мониторинг *m* рынка; **-bereich** *m* доля *f* (сегмент *m*) рынка; **-bericht** *m* обзор *m* состояния конъюнктуры рынка; **-beruhigung** *f* стабилизация *f* рынка; **-beschikkung** *f* снабжение *n* (обеспечение *n*) рынка; поставки *pl* на рынок; **-beurteilung** *f* оценка *f* конъюнктуры рынка; **-bewegung** *f* изменение *n* конъюнктуры рынка; **-beziehungen** *pl* рыночные отношения *pl*, рыночные связи *pl*; **-chance** *f* шанс *m*, предоставляемый рынком; **-daten** *pl* сведения *pl* о конъюнктуре рынка; **-dominanz** *f* доминирующая (монопольная) позиция *f* на рынке; **-durchdringung** *f* проникновение *n* на рынок; **-durchsichtigkeit** *f* определенность *f* конъюнктуры рынка; **-einbruch** *m* резкий спад *m* конъюнктуры рынка

Markteinführung *f* внедрение *n* на рынок, проникновение *n* на рынок; ~ **neuer Produkte** внедрение *n* новых продуктов на рынке

Markt|einschätzung *f* оценка *f* конъюнктуры рынка; **-einstieg** *m* внедрение *n* на рынок, выход *m* на рынок; **-eintritt** *m* появление *n* на рынке, выход *m* на рынок, вход *n* на рынок; **-enge** *f (Bö)* ограниченность *f* (узость *f*) рынка; **-entlastung** *f* снятие *n* напряженности на рынке; **-entwicklung** *f* динамика *f* рынка, рыночная тенденция *f*; **-erfassung** *f* обследование *n* рынка, наблюдение *n* за конъюнктурой рынка; **-erfolg** *m* успешная деятельность *f* на рынке; **-erfordernisse** *pl* требования *pl* рынка; **-erhebung** *f* обследование *n* рынка, сбор *m* данных о конъюнктуре рынка; **-erholung** *f* оживление *n* конъюнктуры рынка; **-erkundung** *f* изучение *n* рынка (конъюнктуры рынка); **-erschließung** *f* освоение *n* рынка

marktfähig способный конкурировать на рынке; **-es Produkt** продукт *m*, способный конкурировать на рынке

Markt|finanzierung *f* внешнее финансирование *n*; **-form** *f* форма *f* рынка; **-forschung** *f* изучение *n* (исследование *n*) рынка

Marktforschungs|gesellschaft *f* фирма *f*, занимающаяся изучением конъюнктуры рынка; **-institut** *n* институт *m* изучения конъюнктуры рынка; **-unternehmen** *n* компания *f* по изучению конъюнктуры рынка

Markt|führer *m* компания *f*, занимающая ведущие позиции на рынке; **-führerschaft** *f* лидерство *n* на рынке

marktgängig пользующийся спросом на рынке, ходкий; **-e Waren** товары *pl*, пользующиеся спросом на рынке

Markt|gebühren *pl* сбор *m* за место на рынке; **-gefüge** *n* структура *f* рынка; **-gegebenheiten** *pl* рыночные условия *pl*, условия *pl* конъюнктуры рынка; **-geltung** *f* роль *f* и значение *m* предприятия на рынке

markt|gemäß (-gerecht) отвечающий (удовлетворяющий) требованиямрынка; **-e Erzeugnisse** изделия *pl*, отвечающие требованиям рынка; **-er Preis** рыночная цена *f*

Markt|gestaltung *f* формирование *n* (организация *f*) рынка; **-gleichgewicht** *n* равновесие *n*, сложившееся на рынке, рыночное равновесие *n*; **-gliederung** *f* классификация *f* рынков; **-halle** *f* крытый рынок *m*; **-handel** *m* рыночная торговля *f*; **-indikator** *m* индикатор *m* конъюнктуры рынка; **-information** *f* информация *f* о конъюнктуре рынка

marktinkonform не отвечающий требованиям рынка

Markt|instabilität *f* неустойчивая конъюнктура *f* рынка; **-intervention** *f* государственное вмешательство *n* в рыночную экономику; **-kapitalisierung** *f (Bö, Fin)* актуальная биржевая стоимость *f* предприятия, рыночная капитализация *f*; **-kenner** *m* знаток *m* рыночной конъюнктуры; **-kenntnisse** *pl* знание *n* рыночной конъюнктуры

marktkonform отвечающий требованиям рынка; **-e Maßnahmen** мероприятие, соответствующее требованиям рынка

Markt|konstellation *f* положение *n* предприятия на рынке; **-kontrolle** *f* контроль *m* (регулирование *n*) рынка; **-kräfte** *pl* силы *pl* (факторы *pl*), действующие на рынке; **-lage** *f* положение *n* на рынке, состояние *n* конъюнктуры рынка; **-lagengewinn** *m* прибыль *f*, получаемая за счет благоприятной конъюнктуры рынка; **-leader** *m* фирма *f*, занимающая ведущие позиции на рынке; **-leistung** *f* продукция *f* предприятия, предназначенная для продажи; **-lenkung** *f* регулирование *n* рыночных отношений; **-lohn** *m* оплата *f* труда, складываюшаяся в условиях рынка; **-lücke** *f* рыночный дефицит *m*; **-macht** *f* власть *f* на рынке; власть *f* рынка; **-management** *n* управление *n* компанией с учетом требований рынка, рыночный менеджмент *m*; **-mechnanismus** *m* рыночный механизм *m*; **-nähe** *f* контакт *m* с рынком, реакция *f* на запросы рынка; **-nische** *f* ниша *f* рынка; **-notierung** *f* рыночная котировка *f*; **-öffnung** *f* открытие *n* рынка

Marktordnung *f* система *f* регулирования рыночных отношений, положение *n* об организации и функционировании рынка; **gemeinsame** ~ *(EU, Recht)* совместное регулирование *n* национальных рынков

Marktordnungsstelle *f (Handel)* (государственный) орган *m* по регулированию рынка

Marktorganisation *f* организация *f* (регулирование *n*) рыночных отношений

marktorientiert ориентированный на рынок, рыночный; **-es Denken** мышление *n* в категориях рыночной экономики; **-es Unternehmen** предприятие, ориентированное на удовлетворение потребностей рынка

Markt|partner *m* партнер *m* по коммерческим (биржевым) сделкам (операциям); **-pflege** *f* регулирование *n* рыночных отношений; **-phase** *f* период *m* внедрения продукта на рынке; **-politik** *f* политика *f* в области рыночных отношений; **-position** *f* положение *n* (позиция *f*) на рынке; **-potential** *n* потенциал *m* (емкость *f*) рынка; **-preis** *m* рыночная цена *f*, биржевой курс *m*; **-produktion** *f* производство *n* на рынок; **-prognose** *f* прогноз *m* конъюнктуры рынка; **-reaktion** *f* реакция *f* (реагирование *n*) рынка; **-regelung** *f* **(-regulierung** *f***)** регулирование *n* рынка (рыночных отношений); **-relevanz** *f* роль *f* и значение *n* (предприятия) на рынке; значимость *f* на рынке, значимость *f* для рынка; **-renner** *m* продукт *m*, пользующийся спросом на рынке; **-reserve** *f* буферный (рыночный) резерв *m*; **-richtpreis** *m* ориентировочная (предварительная) цена *f* на рынке; **-risiko** *n* риск *m*, связанный с реализацией товаров на рынке; **-sättigung** *f* насыщение *n* рынка; **-schwäche** *f* вялая конъюнктура *f* рынка; **-schwankungen** *pl* колебания *pl* конъюнктуры рынка, колебания *pl* цен на рынке; **-segment** *n* сегмент *m* рынка; **-segmentierung** *f* сегментация *f* рынка; **-situation** *f* рыночная ситуация *f*, ситуация *f* на рынке; **-spaltung** *f* дробление *n* (разделение *n*) рынка; **-spanne** *f* совокупность *f* рыночной продукции; **-stabilität** *f* стабильность *f* рынка; **-stand** *m* палатка *f* на городском рынке; **-statistik** *f* статистика *f* рынка, рыночный учет *m*; **-stellung** *f* положение *n* (позиция *f*) на рынке; **-störung** *f* неблагоприятное изменение *n* (нарушение *n*) конъюнктуры рынка; **-strategie** *f* стратегия *f* предприятия на рынке; **-struktur** *f* структура *f* рынка; **-studie** *f* исследование *n* конъюнктуры рынка; **-stunden** *pl* часы *pl* работы рынка; **-stützung** *f* поддержка *f* цен (курсов) на рынке (бирже), дотация *f* для поддержания цены; **-stützungsmaßnahmen** *pl* меры *pl* по поддержанию цен (курсов) на рынке (бирже); **-tag** *m* биржевой день *m*, рыночный день *m*; **-teilnehmer** *m* участник *m* торговой сделки (рынка); **-tendenz** *f* тенденция *f* изменения конъюнктуры рынка; **-transparenz** *f* определенность *f* (прозрачность *f*) конъюнктуры рынка, прозрачность *f* рынка; **-überblick** *m* обзор *m* конъюнктуры рынка; **-übersättigung** *f* перенасыщение *n* рынка

marktüblich обычный на рынке, принятый на рынке; **-e Bedingungen** обычные рыночные условия; **-er Satz** ставка, принятая на рынке

Markt|umbruch *m* перелом конъюнктуры рынка; **-ungleichgewicht** *n* нарушение *n* рыночного равновесия; **-untersuchung** *f* изучение *n* (исследование *n*) рынка; **-veränderung** *f* изменение *n* конъюнктуры рынка; **-veranstaltungen** *pl* мероприятия *pl* с целью стимулирования продаж; **-verfassung** *f* состояние *n* конъюнктуры рынка; **-verhalten** *n* поведение *n* (фирмы) на рынке; **-verhältnisse** *pl* условия *pl* рынка, рыночные условия *pl*; **-verlust** *m* потеря *f* рынка; **-versagen** *n (WiWi)* разбалансирование *n* спроса и предложения, фиаско рынка; **-verschiebung** *f* изменение *n* соотношения между спросом и предложением; **-versorgung** *f* снабжение *n* (обеспечение *n*) рынка, поставки на рынок; **-verunsicherung** *f* нарушение *n* стабильной конъюнктуры рынка; **-volumen** *n* емкость *f* рынка; **-vorausschätzung** *f* прогноз *m* конъюнктуры рынка; **-vorsprung** *m* преимущество *n* на рынке одной фирмы перед другими; **-vorstoß** *m* проникновение *n* (прорыв) на рынок; **-wert** *m* рыночная стоимость *f*, фактическая стоимость *f*, определяемая по рыночным ценам; **-widerstand** *m* препятствия *pl* для реализации товаров на рынке; сопротивление *n* рынка

Marktwirtschaft *f* рыночная экономика *f*; **freie (liberale) ~** свободная рыночная экономика *f*; **soziale ~** социальная рыночная экономика *f*

marktwirtschaftlich рыночный, относящийся к рыночной экономике; **-e Ordnung** свод *m* правил, регулирующих рыночные отношения; **-e Strukturen** структуры *pl* рыночной экономики

Markt|zerrüttung *f* дезорганизация *f* (расстройство *m*) рынка; **-ziel** *n* цель *f* фирмы на рынке; **-zins** *m* рыночная норма *f* процента; **-zugang** *m* (**-zutritt** *m*) доступ *m* к рынкам, выход *m* на рынок

Maschine *f* машина *f*, станок *m*, механизм *m*; **-n aufstellen** устанавливать оборудование; **die ~ auslasten** загружать машину (станок), использовать машину (станок) с полной нагрузкой; **eine ~ bedienen** обслуживать машину (станок); **eine ~ warten** проводить техническое обслуживание машины (станка)

maschinell машинный, механический, механизированный

Maschinen|arbeit *f* машинная (механизированная) работа *f*; **-aufstellung** *f* установка *f* машин (оборудования); **-ausfall** *m* простой *m* машины (оборудования); **-ausfallzeit** *f* время *n* простоя машины (оборудования); **-auslastung** *f* загрузка *f* (использование) машины (оборудования); **-ausrüstung** *f* машинное (станочное) оборудование *n*; **-ausstattung** *f* техническая вооруженность *f* (оснащенность *f*); **-bau** *m* машиностроение *n*

Maschinenbau|erzeugnisse *pl* изделия *pl* машиностроения; **-industrie** *f* машиностроительная промышленность *f*; **-ingenieur** *m* инженер-машиностроитель *m*

Maschinen|belegung *f* загрузка *f* (использование *n*) машин (оборудования); **-beleg(ungs)zeit** *f* время *n* загрузки машины (оборудования); **-bestand** *m* машинный (станочный) парк *m*; **-buchführung** *f* (**-buchhaltung** *f*) механизированный (машинный) учет *m*; **-einsatz** *m* механизация *f*

Maschinen|fließstraße *f* поточная линия *f*; **-kapazität** *f* производительность *f* машины (оборудования); **-kosten** *pl* расходы *pl* по содержанию машин и оборудования; **-schaden** *m* поломка *f* машины (оборудования); **-stillstandszeit** *f* время *n* простоя машин и оборудования; **-störung** *f* поломка *f* машины (оборудования); **-stundensatz** *m* норма *f* издержек на один машиночас; **-stundensatzrechnung** *f* расчет *m* нормы издержек на один машиночас; **-vermietung** *f* сдача *f* машин и оборудования в аренду; **-verkauf** *m* продажа *f* машин и оборудования; **-versicherung** *f* страхование *n* надежности машин и оборудования; **-wartung** *f* технический уход *m* за машинами и оборудованием; **-zeit** *f* машиное время *n*

Maß *n* мера *f*, размер *m*; величина *f*; предел *m*, граница *f*; степень *f*; **auf ~ gearbeitet** сделанный по заказу (мерке)

Maß|anfertigung *f* изготовление *n* по заказу; **-arbeit** *f* работа *f* по заказу

Masse|abgang *m* потеря *f* (убыль *f*) в весе; **-ansprüche** *pl* требования *pl*, удовлетворяемые из реализации конкурсной массы; **-forderungen** *pl*

требования *pl* к конкурсной массе; **-gläubiger** *m* кредитор *m*, предъявляющий требования к конкурсной массе; **-kosten** *pl* расходы *pl*, связанные с подготовкой и проведением конкурса; **-manko** *n* потеря *f* (убыль *f*) в весе

Massen|abfertigung *f* массовое обслуживание *n*; **-absatz** *m* массовый сбыт *m*; **-ankauf** *m* массовая закупка *f*; **-arbeitslosigkeit** *f* массовая безработица *f*; **-armut** *f* массовая нищета *f* (бедность *f*); **-artikel** *m* предмет *m* массового спроса, изделие *n* массового производства; **-aufkauf** *m* массовая закупка *f*; **-bedarf** *m* потребности *pl* широких масс, массовый спрос *m*; **-bedarfsgüter** *pl* товары *pl* (предметы *pl*) широкого потребления; **-beförderung** *f* массовые перевозки *pl*; **-einstellungen** *pl* массовый прием *m* на работу; **-einkauf** *m* массовая закупка *f*; **-entlassungen** *pl* массовые увольнения *pl*; **-frachtgut** *n* навалочный (насыпной) груз *m*; **-gebrauchsartikel** *m* товары *pl* (предметы *pl*) широкого потребления; **-gut** *n (Transp)* навалочный (массовый) груз *m*, наливной груз *m*; **-gütertransport** *m* массовые перевозки *pl* грузов; **-herstellung** *f* массовое производство *n*; **-kalkulation** *f* простой метод *m* калькуляции в строительстве; **-kaufkraft** *f* покупательная способность *f* народных масс; **-kommunikationsmittel** *pl* средства *pl* массовой коммуникации; **-konsum** *m* массовое потребление *n*; **-konsumgüter** *pl* предметы *pl* (товары *pl*) широкого (массового) потребления; **-konsumption** *f* массовое потребление *n*; **-medien** *pl (Media)* средства *pl* массовой информации, СМИ, Масс-медиа; **-produkt** *n* продукт *m* массового производства

Massenproduktion *f* массовое производство *n*; **in ~ herstellen** осуществлять массовое производство

Massen|schätzung *f* валовая оценка *f*; **-schüttgut** *n* массовый (навалочный) груз *m*; **-stückgut** *n* массовый штучный груз *m*; **-verbrauch** *m* широкое (массовое) потребление *n*; **-verbrauchsgüter** *pl* товары *pl* широкого потребления; **-verkehr** *m* массовые перевозки *pl*; **-verkehrsmittel** *pl* транспортные средства *pl* для массовых перевозок; **-ware** *f* товары *pl* широкого потребления; **-werbung** *f* реклама *f*, рассчитанная на широкие круги потребителей

Masse|schulden *pl* долги *pl* конкурсной массы; **-verlust** *m* потеря *f* (убыль *f*) в весе

Maßgabe *f* мера *f*, соразмерность *f*, соответствие *n*; **mit der ~, daß** с оговоркой (указанием), что; **nach ~** по мере, в соответствии

maßgearbeitet сделанный по заказу (мерке)

maßgeblich определяющий, решающий; **-er Aktionär** акционер *m*, владеющий контрольным пакетом акций; **-e Beteiligung** контрольный пакет *m* акций

Maßgeblichkeitssteuerprinzip *n* принцип *m* налоговой целесообразности

maß|gefertigt изготовленный по мерке (заказу); **-gerecht** соответствующий размеру, по мерке; **-geschneidert** сшитый (сделанный) по индивидуальному заказу

Maßkontrolle *f* проверка *f* размеров

Maßnahme *f* мероприятие *n*, мера *f*; **-n durchführen** проводить мероприятия; **-n einleiten** наметить мероприятия; **-n ergreifen** принимать меры; **-n festlegen** разработать (наметить) мероприятия (меры); **-n fördern** способствовать проведению мероприятий; **-n treffen** принимать меры; **-n umsetzen** претворять (осуществлять) мероприятия (меры); **dirigistische -n** меры *pl* (мероприятия *pl*), диктуемые сверху; **diskriminierende ~** дискриминационная мера *f*; **einschränkende ~** ограничительная мера *f*; **gemeinsame -n** совместные меры *pl*; **handelspolitische ~** мероприятие *n* в области торговой политики; **organisatorische ~** организационная мера *f*, организационное мероприятие *n*; **preispolitische** ~ мероприятие *n* (мера *f*) в области ценовой политики; **verkaufsfördernde** ~ мера *f*, стимулирующая продажу (реализацию); **vorbeugende -en** предупредительные (профилактические) меры *pl*; **vorläufige** ~ временная мера *f*, мероприятие *n* временного характера; **wirtschaftspolitische** ~ мероприятие *n* в области экономической политики; **-n zur Förderung** меры *pl* по стимулированию

Maßnahmen|plan *m* план *m* мероприятий; **-planung** *f* планирование *n* мероприятий

Maßregel *f* мероприятие *n*, мера *f*, распоряжение *n*, предписание *n*

Maßregelungsklausel *f (Recht, Soz)* оговорка *f* о неприменениии наказаний (после заключения тарифного соглашения)

Maßstab *m* масштаб *m*, размер *m*, мера *f*, степень *f*; **einen ~ setzen** устанавливать масштаб (критерий)

Maßsystem *n* система *f* единиц измерения

Masterplan *m* общий план *m*

Master of Business Administration (M.B.A.) дипломированный специалист *m* в области экономики и организации торговли

Material *n* материал *m*, сырье *n*; материальные средства *pl*; ценные бумаги *pl*, предлагаемые к продаже; **~ beistellen** поставлять материал; **~ beschaffen** приобретать (закупать, заготавливать) материалы; **~ einkaufen** закупать материал; **~ einsparen** сберегать (экономить) материал; **beigestelltes** ~ поставленный материал *m*, давальческое сырье *n*; **rollendes** ~ подвижной состав *n*

Material|abfall *m* отходы *pl* сырья и материалов; **-abgang** *m* расход *m* (убытие *n*) сырья и материалов; **-abrechnung** *f* материальный учет *n*; **-anforderung** *f* заявка *f* (требование *n*) на отпуск материала; **-aufkommen** *n* материальные ресурсы *pl*; **-aufwand** *m* издержки *pl* (затраты *pl*) на материал

materialaufwendig материалоемкий

Material|ausgabe *f* отпуск *m* (выдача *f*) материала; **-ausnutzung** *f* использование *n* сырья и материалов; **-bedarf** *m* потребность *f* в сырье и материалах

Materialbedarfs|ermittlung *f* определение *m* потребностей в сырье и материалах; **-planung** *f* планирование *n* потребностей в сырье и материалах

Material|beistellung *f* поставка *f* заказчиком производителю сырья и материалов; **-belege** *pl* документация *f* по учету материалов; **-belieferung** *f* снабжение *n* сырьем и материалами; **-bereich** *m* отдел *m* материально-технического снабжения

Materialbereitstellung *f* снабжение *n* сырьем и материалами; **verbrauchsbezogene** ~ снабжение *n* сырьем и материалами в зависимости от расхода

Material|beschaffung *f* приобретение *n* (закупка *f*) сырья и материалов; **-bestand** *m* запасы *pl* сырья и материалов, запасы *pl* (остатки *pl*) товарно-материальных ценностей; **-bestandsbuchführung** *f* учет *m* наличия товарно-материальных ценностей; **-bestandskonto** *n* счет *m* наличия товарно-материальных ценностей (материальных запасов); **-bestandsrechnung** *f* количественный учет *m* материальных запасов; **-bestellung** *f* заказ *m* на материалы; **-bevorratung** *f* создание *n* запасов товарно-материальных ценностей; **-bewegung** *f* движение *n* сырья и материалов; **-bezug** *m* получение *n* сырья и материалов; **-bilanz** *f* материальный баланс *m*; **-buchführung** *f* **(-buchhaltung** *f***)** материальный учет *m*, учет *m* товарно-материальных ценностей; **-disposition** *f* планирование *n* движения сырья и материалов; **-eingang** *m* поступление *n* материалов; **-eingangsschein** *m* приходный ордер *m* на материалы; **-einkauf** *m* закупка *f* материалов; **-einsatz** *m* использование *n* сырья и материалов; **-einsparung** *f* экономия *f* сырья и материалов; **-einzelkosten** *pl* стоимость *f* основных производственных материалов, прямые материальные затраты *pl*; **-entnahme** *f* отпуск *m* материалов; **-entnahmeschein** *m* накладная *f* на отпуск материалов со склада; **-ersparnis** *f* экономия *f* сырья и материалов; **-fehler** *m* брак *m* (дефект *m*) материала; **-fluss** *m* материальный поток *m*, поток *m* сырья и материалов

Materialfluss|diagramm *n* схема *f* движения материальных потоков; **-gestaltung** *f* организация *f* материальных потоков; **-planung** *f* планирование *n* материальных потоков; **-flusssystem** *n (Ind, Lager)* организация *f* материалопотоков

Material|gemeinkosten *pl* расходы *pl* на вспомогательные производственные материалы, накладные расходы *pl* на материалы; **-güte** *f* качество *n* материалов; **-intensität** *f* материалоемкость *f*

materialintensiv материалоемкий

Material|knappheit *f* нехватка *f* (дефицит *m*) сырья и материалов; **-kontingent** *m* контингент *m* материалов; **-kontrolle** *f* испытание *n* материалов; **-kosten** *pl* расходы *pl* на сырье и материалы, стоимость *f* сырья и материалов; **-kostenermittlung** *f* калькуляция *f* расходов на сырье и материалы; **-lager** *n* склад *m* товарно-материальных ценностей; **-lagerung** *f* складирование *n* сырья и материалов; **-lieferung** *f* поставка *f* сырья и материалов; **-mangel** *m* нехватка *f* (дефицит *m*) сырья и материалов; **-nachweis** *m* учет *m* сырья и материалов; **-nebenkosten** *pl* дополнительные расходы *pl* на материалы; **-planung** *f* планирование *f* материально-технического снабжения; **-preis** *m* цена *f* сырья и материалов; **-prüfung** *f* испытание *n* (проверка) материалов; **-puffer** *m* запасы *pl* сырья и материалов; **-qualität** *f* качество *n* сырья и материалов; **-rechnung** *f* учет *m* товарно-материальных ценностей; **-reserve** *f* резервы *pl* (запасы *pl*) сырья и материалов; **-rückgewinnung** *f* утилизация *f* отходов (вторичног сырья); **-schaden** *m* материальный ущерб *m*

materialsparend экономящий сырье и материалы

Material|steuerung *f* управление *n* материально-техническим снабжением; **-strom** *m* материальный поток *m*; **-stückliste** *f* технологическая карта *f* изделий; **-teuerung** *f* удорожание *n* сырья и материалов; **-transport** *m* транспортировка *f* сырья и материалов; **-umschlag** *m* оборот *m* сырья и материалов; **-umschlagshäufigkeit** *f* частота *f* оборота сырья и материалов; **-verbrauch** *m* расход *m* сырья и материалов; **-verbrauchsvorgabe** *f* лимит *m* расхода сырья и материалов; **-vergeudung** *f* перерасход *m* сырья и материалов; **-verluste** *pl* потери *pl* сырья и материалов; **-verrechnung** *f* расчеты *pl*, связанные с поступлением и расходованием сырья и материалов; **-verschwendung** *f* перерасход *m* сырья и материалов; **-versorgung** *f* материально-техническое снабжение *n*; **-verteuerung** *f* удорожание *n* сырья и материалов; **-verwaltung** *f* управление *n* материально-техническим снабжением; **-verwendung** *f* расходование *n* (использование *n*) сырья и материалов; **-verzeichnis** *n* спецификация *f* (опись *f*) материалов; **-vorrat** *m* производственные запасы *pl* материальных ценностей; **-wert** *m* стоимость *f* сырья и материалов; **-wirtschaft** *f* материально-техническое снабжение *n*; **-zufluss** *m* **(-zugang** *m***)** поступление *n* сырья и материалов

materiell материальный, вещественный; **-e Wirtschaftsgüter** материальные блага *pl* (активы *pl*)

Maximal|bestand *m* максимальный запас *m*; **-betrag** *m* максимальная сумма *f*; **-dauer** *f* максимальная продолжительность *f*; **-hypothek** *f* ипотека *f* с указанием максимального размера стоимости земельного участка; **-prinzip** *n* принцип *m* достижения максимальной отдачи; **-wert** *m* максимальное значение *n*, максимум *f*

maximieren максимизировать, доводить до максимума

Maximierung *f* максимизация *f*

Maximum *f* максимум *m*, максимальное значение *n*

MBI *s.* **Management-Buy-In**

MBO *s.* **Management-Buy-Out**

M-Commerce *s.* **Mobile Commerce**

mechanisieren механизировать

Mechanisierung *f* механизация *f*

Mechanisierungsgrad *m* уровень механизации

Mediaagentur *f (Media, V&M)* медиаагентство *n*, консалтинговое агентство *n* по вопросам рекламы

Mediaselektion *f* выбор *n* средств распространения рекламы

Medianwert *m* срединное (центральное) значение *n*, медиана *f*

Medien *pl (Media)* средства *pl* массовой информации; **elektronische ~** электронные СМИ

Medienbruch *m (Media)* смена *f* средства информации (при передаче данных)

Medienereignis *n (Media)* медийное событие *n*

Mediengenossenschaft *f (Media)* медийное товарищество *n*

Medienkompetenz *f (Media)* медийная компетентность *f*

Medienmanagement *n (Media)* медийный менеджмент *m*

Medienpolitik *f (Media)* политика *f* в сфере СМИ

Medienzeitalter *n (Media)* век *m* СМИ

Medio *m* медио, середина *f* месяца, пятнадцатое число *n* месяца; **per ~** к середине месяца, к пятнадцатому числу месяца

Medioabrechnung *f* расчет *m* в середине месяца

mediofällig подлежащий оплате в середине месяца

Medio|gelder *pl* ссуды *pl*, погашаемые в середине месяца; **-geschäft** *n* сделка *f* на медио

Mehr *n* избыток *m*, остаток *m*, прибыль *f*, доход *m*

Mehr|angebot *n* разница *f* между минимальным и максимальным предложением цены на принудительном аукционе; **-arbeit** *f* сверхурочная работа *f*; увеличение *n* объема работы; **-arbeitsvergütung** *f* оплата *f* сверхурочной работы; **-arbeitszuschlag** *m* надбавка *f* за сверхурочную работу; **-aufwandsentschädigung** *f (Soz)* компенсация *f* дополнительных затрат (безработным в рамках выполнения общественно-полезных работ); **-belastung** *f* перегрузка *f*; увеличение *n* налогового бремени; **-betrag** *m* излишек *m*, дополнительная сумма *f* денег; **-einnahmen** *pl* дополнительные поступления *pl*, дополнительный доход *m*; **-erlös** *m* дополнительная выручка *f*; **-ertrag** *m* дополнительный доход *m*; повышенная выработка *f*

mehrfach многократный, неоднократный; **-e Besteuerung** дополнительное налогообложение *n*; **-e Versicherung** страхование *n* у нескольких страховщиков

Mehrfach|belastung *f* дополнительное (двойное) налогообложение *n*; **-stimmrechte** *pl* права *pl* на несколько голосов; **-transporte** *pl* многократные (повторные) перевозки *pl*; **-verwendbarkeit** *f* возможность *f* многократного использования

Mehr|familienhaus *n* многоквартирный дом *m*; **-fracht** *f* дополнительная плата *f* за провоз, дополнительный фрахт *m*

Mehrheit *f* большинство *n*; контрольный пакет *m* акций; **die ~ erwerben** приобрести контрольный пакет акций; **mit ~ beteiligt sein** владеть долей участия в капитале, дающей право контроля; **mit ~ entscheiden** принять решение большинством голосов; **die ~ kaufen** приобрести контрольный пакет акций; **absolute ~** абсолютное большинство *n*; **~ der Anteile** контрольный пакет *m* акций; **beschlussfähige ~** большинство *n*, необходимое для принятия решения; ~ **des Eigenkapitals** преобладание *n* доли собственного капитала; **einfache** ~ простое большинство *n*; **erforderliche** ~ необходимое большинство *n*; **qualifizierte** ~ квалифицированное большинство *n*

mehrheitlich имеющий большинство

Mehrheits|aktionär *m* акционер *m*, владеющий контрольным пакетом акций; **-beteiligung** *f* доля *f* участия в капитале, дающая право контроля; владение *n* контрольным пакетом акций; **-eigner** *m* владелец *m* контрольного пакета акций; **-gesellschafter** *m* компаньон *m*, владеющий долей капитала, дающей право на контроль; **-übernahme** *f* приобретение *n* права контроля

Mehr|jahresplan *m* план *m* на несколько лет; **-jahresprogramm** *n* программа *f*, выполнение которой рассчитано на несколько лет; **-kosten** *pl* дополнительные издержки *pl*, перерасход *m*; **-leistungen** *pl* дополнительные выплаты *pl* по социальному страхованию; **-lieferung** *f* поставка *f* сверх договорного количества, дополнительная поставка *f*; **-phasenumsatzsteuer** *f* многофазный налог *m* с оборота; **-preis** *m* надбавка *f* к цене, повышенная цена; **-produktbetrieb** *m* предприятие *n*, производящее несколько видов продукции; **-produktfertigung** *f* (**-produktproduktion** *f*) производство *n* нескольких видов продукции; **-produktion** *f* производство *n* дополнительной продукции; **-schichtarbeit** *f* многосменная работа *f*; **-schichtbetrieb** *m* предприятие *n*, работающее в несколько смен; сменный режим *m* работы

mehrstufig многоступенчатый

Mehrung *f* увеличение *n*, умножение *n*

Mehr|verbrauch *m* дополнительное потребление *n*, дополнительный расход *m*; **-verdienst** *m* дополнительный заработок *m*; **-vergütung** *f* дополнительная оплата *f* труда; **-verkauf** *m* увеличение *n* объема продаж; **-wegverpackung** *f* многооборотная тара *f*; **-wert** *m* добавленная (вновь созданная) стоимость *f*

Mehrwertsteuer *f* налог *m* на добавленную стоимость; **der ~ unterliegen** быть обязанным платить налог на добавленную стоимость; **die ~ vergüten** компенсировать налог на добавленную стоимость

Mehrwertsteuer|befreiung *f* освобождение *n* от уплаты налога на добавленную стоимость; **-bemessungsgrundlage** *f* основа *f* исчисления налога на добавленную стоимость; **-erhöhung** *f* повышение *n* налога на добавленную стоимость; **-erstattung** *f* возврат *m* налога на добавленную стоимость; **-regelung** *f* положение *n* о налоге на добавленную стоимость; **-rückerstattung** *f* возврат *m* налога на добавленную стоимость; **-satz** *m* ставка *f* налога на добавленную стоимость

Mehrzuteilungsoption *f* опцион *m* зеленого ботинка

Meilenstein *m* верстовой столб *m*, веха *f*, *(Manag)* этап *m* реализации (проекта); **-plan** *n (Manag)* план-график *m* основных событий реализации проекта

Meinungs|forschung *f* изучение *n* общественного мнения; **-führer** *m* неформальный лидер *m*; **-kauf** *m* спекулятивная покупка *f*; **-umfrage** *f* опрос *m* общественного мнения; **-verkauf** *m* спекулятивная продажа *f*

meistbegünstigen предоставлять режим наибольшего благоприятствования

meistbegünstigt пользующийся режимом наибольшего благоприятствования

Meistbegünstigung *f* режим *m* наибольшего благоприятствования; ~ **gewähren** предоставлять режим наибольшего благоприятствования

Meistbegünstigungs|abkommen *n* соглашение *n* о предоставлении режима наибольшего благоприятствования; **-klausel** *f* оговорка *f* о режиме наибольшего благоприятствования; **-tarif** *m* тариф *m* для стран, пользующихся режимом наибольшего благоприятствования; **-zollsatz** *m* ставки *pl* таможенной пошлины для стран, пользующихся режимом наибольшего благоприятствования

Meistbietende *m* предлагающий наибольшую цену

Meister *m* мастер *m*, прораб *m*, бригадир *m*; **geprüfter ~** ремесленник *m*, сдавший экзамен на мастера

Meister|brief *m* свидетельство *n* о получении звания мастера; **-prüfung** *f* экзамен *m* на звание мастера

Meistgebot *n* предложение *n* самой высокой цены

meistgekauft пользующийся наибольшим спросом; **-es Produkt** продукт *m*, пользующийся наибольшим спросом

Meldebestand *m* минимальный уровень *m* складских запасов, при котором подается заявка на пополнение

melden сообщать, извещать, уведомлять; **den Schaden der Versicherung ~** сообщать об ущербе в страховую компанию; **sich arbeitslos ~** зарегистрироваться в качестве безработного

Melde|pflicht *f* обязанность *f* сообщать (уведомлять, отчитываться), обязанность *f* регистрироваться; обязанность *f* налогоплательщика представлять декларацию о доходах; **-schluss** *m* крайний срок *m* подачи заявки; **-wesen** *n* система *f* регистрации и отчетности

Meldung *f* уведомление *n*, извещение *n*; заявка *f*

Memory Stick модуль памяти Меморы Стицк

Menge *f* масса *f*, множество *n*; количество *n*; **abgesetzte ~** реализованное количество *n*; **angebotene ~** предложенное (предлагаемое) количество *n*; **eingesetzte ~** затраченное (использованное) количество *n*; **gelieferte ~** поставляемое количество *n*; **nachgefragte ~** количество *n* (товаров) согласно потребительскому спросу

Mengen|abnahme *f* массовая закупка *f*; **-absatz** *m* массовый сбыт *m*, массовая продажа *f*; **-abschreibung** *f* метод *m* амортизационных отчислений пропорционально объему выполненной работы; **-abweichung** *f* количественное отклонение *n*; **-angabe** *f* указание *n* количества (размера, веса) товара; **-anpasser** *m* хозяйственный субъект *m*, определяющий какое количество товаров при данных ценах может быть закуплено; **-begrenzung** *f* количественное ограничение *n*; **-bonus** *m* скидка *f* с цены за количество; **-einheit** *f* единица *f* количества, количественная единица *f* измерения; **-elastizität** *f* эластичность *f* спроса в зависимости от предложения; **-fixierung** *f* определение *n* объема предложения при заданной цене

mengengemäß по количеству, в количественном отношении

Mengengerüst *n* количественная структура *f*; **~ der Produktion** количественные показатели *pl* производства

Mengen|geschäft *n* стандартные банковские операции; **-kartell** *n* картель, регулирующий объем продукции; **-konjunktur** *f* увеличение *n* спроса на товары при сохранении прежних цен; **-kontingent** *n* количественная квота *f*; **-kontrolle** *f* контроль *m* количества, количественный контроль *m*; **-kosten** *pl* издержки *pl*, величина *f* которых меняется от количества используемых материалов и сырья; **-leistungsprämie** *f* премия *f* за количество произведенной продукции

mengenmäßig количественный; **-e Abweichungen** количественные изменения *pl*

Mengen|messung *f* количественное измерение *n*; **-notierung** *f* косвенная котировка *f*; **-preis** *m* оптовая цена *f*, цена *f* за определенное количество товара; **-rabatt** *m* скидка *f* с цены за количество; **-rechnung** *f* количественный учет *m* товарно-материальных ценностей; **-staffel** *f* шкала *f* скидок с цены за количество; **-steuer** *f* налог *m* на единицу потребительского товара; **-stückliste** *f* спецификация *f* по количеству груза; **-tender** *m* открытый конкурс *m* по сделкам на продажу и последующий выкуп ценных бумаг, проводимый центральным банком; **-umsatz** *m* оборот *m* торговли по физическому объему; **-verhältnis** *n* количественное соотношение *n*; **-verluste** *pl* количественные потери *pl*; **-zoll** *m* специфическая пошлина *f*; **-zuschlag** *m* надбавка *f* в цене за количество

Mensch-Maschine-System *n* система *f* машина-человек

Merkmal *n* признак *m*, характеристика *f*, отличительная черта *f*

Messbrief *m* судовой паспорт *m*

Messe *f (Handel, Imp/Exp)* ярмарка *f*, выставка *f*, выставочный комплекс *m*; **auf einer ~ ausstellen** экспонировать (показать) на выставке; **eine ~ beschicken** посылать товары (экспонаты) на выставку (ярмарку)

Messe|aussteller *m* участник *m* выставки, экспонент *m*; **-gelände** *n* территория *f* выставочного комплекса; **-stand** *m* выставочный стенд *m*; **-wirtschaft** *f (Handel)* выставочная индустрия *f*

Messmittelüberwachung *f (QM)* надзор *m* за контрольно-измерительными приборами

Messung *f* измерение *n*

Meta|daten *pl (Comp)* метаданные *pl*; **-geschäft** *n* сделка *f* за совместный счет и риск, мета *f*, а-мета *f*; совместная сделка *f*; **-konto** *n* общий (совместный) счет *m*; **-kredit** *m* кредит *m* за общий (совместный) счет; **-medium** *n (Media)* мета-СМИ *pl*, средство *n* передачи СМИ (напр. кабельная сеть *f*, поисковая система *f*)

Metall|abfälle *pl* металлические отходы *pl*; **-börse** *f* товарная биржа *f* по металлам; **-erzeugnisse** *pl* металлические изделия *pl*; **-geld** *n* металлические деньги *pl*; **-handel** *m* торговля *f* металлом; **-industrie** *f* металлообрабатывающая промышленность *f*; **-notierungen** *pl* котировка *f* металлов, цены на металлы; **-verabeitung** *f* металлообработка *f*; **-währung** *f* металлические деньги *pl*; **-warenindustrie** *f* металлообрабатывающая промышленность *f* и машиностроение *n*

Metaverbindung *f* отношение *n* по совместным счетам

Meterware *f* товар *m*, продаваемый на метры

Methoden-Mix *n* набор *m* методов

Methodik *f* методика *f*; **nach einer ~ abwickeln** осуществлять (реализовывать) по методике

Metist *m* участник *m* сделки за совместный счет и риск

Mezzanine *(Fin)* мезонин *m*

Mezzanine-Kapital *(Fin)* мезонинное финансирование *n*

M-Formation *f (Bö, Fin)* двойная вершина *f* графика (биржевого тренда)

Middle-Management *n* среднее административное звено *n*

Miet|abschlag *m* скидка *f* с арендной (квартирной) платы; **-anstieg** *m* повышение *n* арендной (квартирной) платы; **-aufwand** *m* издержки *pl* на аренду; арендная (квартирная) плата *f*; **-beihilfe** *f* дотация *f* на оплату жилья; **-betrag** *m* сумма *f* арендной (квартирной) платы

Miete *f* наем *m*, аренда *f*, прокат *m*; арендная (квартирная) плата *f*; **die ~ bezahlen** платить арендную (квартирную) плату; **~ aus einem Haus ziehen** получать плату за сдачу дома в аренду; **fällige ~** арендная (квартирная) плата *f*, срок *m* внесения которой наступил; **~ für ein Haus** плата *f* за аренду (найм) дома; **rückständige ~** задолженность *f* по арендной (квартирной) плате

mieten снимать, брать в аренду; брать напрокат; фрахтовать; нанимать работника; **ein Haus ~** снимать (арендовать) дом

Mieter *m* съемщик *m*, арендатор *m*, жилец *m*; наниматель *m*; фрахтователь *m*; **dem ~ kündigen** предложить квартиросъемщику выехать из квартиры, расторгнуть договор об аренде (найме)

Mieterhöhung *f* повышение *n* (увеличение *n*) арендной (квартирной) платы

Mieterschutz *m* охрана *f* прав съемщиков жилых помещений

Miet|fahrzeug *n* автомобиль *m*, взятый напрокат; **-forderung** *f* требование *n* уплаты арендной (квартирной) платы

mietfrei освобожденный от арендной платы, бесплатный

Miet|garantie *f* гарантия *f* сдачи в аренду; **herabsetzung** *f* снижение *n* арендной (квартирной) платы; **-höhe** *f* размер *m* арендной (квартирной) платы (платы за прокат); **-kauf** *m* предоставление *n* в аренду с правом покупки; прокат *m* предмета с его последующим приобретением; **-kaution** *f* залог *m* (обеспечение) в счет арендной платы; **-konto** *n* счет *m* арендной (квартирной) платы; **-objekt** *n* арендуемый объект *m*; объект *m* (предмет) взятый напрокат; **-preis** *m* арендная (квартирная) плата *f*; размер *m* арендной (квартирной) платы; **-rechnung** *f* счет *m* квартирной платы; **-recht** *n* жилищное право *n*; **-rückstand** *m* задолженность *f* по арендной (квартирной) плате; **-sache** *f* арендное имущество *n*; имущество *n*, взятое напрокат; **-spiegel** *n* средний уровень *m* арендной платы за жилье (в данном регионе); **-steigerung** *f* повышение *n* арендной (квартирной) платы

Miet- und Pachtzinsen *pl* плата *f* за наем, квартирная плата *f*

Miet|verhältnis *n* отношения *pl* между владельцем и нанимателем объекта аренды; договор *m* об аренде; **-verlust** *m* убытки *pl* домовладельца из-за непоступления квартирной платы; **-vertrag** *m* договор *m* об аренде (о найме), договор *m* имущественного найма; **-vorauszahlung** *f* уплата *f* арендной (квартирной) платы авансом; **-wagen** *m* автомобиль *m*, взятый напрокат; **-wohnung** *f* квартира *f*, сдавамая внаем; снимаемая квартира *f*; **-wucher** *m* непомерное вздувание *n* арендной (квартирной) платы; **-zahlung** *f* уплата *f* арендной (квартирной) платы; **-zins** *m* ежемесячная арендная плата *f*, ежемесячная плата *f* за наем; **-zuschuss** *m* дотации *pl* на аренду (найм) жилого помещения

Migration *f* миграция *f*

Mikro|elektronik *f* микроэлектроника *f*; **-milieu** *n* микросреда *f*; **-ökonomie** *f* микроэкономика *f*; **-versicherung** *f* *(Versich)* микрострахование *n*, страхование *n* для бедных слоев

mikroökonomisch микроэкономический

Milieu *n* среда *f* окружения; условия *pl* жизни

Milliardär *m* миллиардер *m*

Milliarde *f* миллиард *m*; биллион *m*

Milliardengeschäft *n* миллиардная сделка *f*

Million *f* миллион *m*

Millionär *m* миллионер *m*

Minderaktie *f* акция *f* стоимостью менее 50 Немецких марок

Minder|ausgaben *pl* уменьшение *n* расходов; **-ausschüttung** *f* уменьшение *n* размера выплачиваемых дивидендов; **-betrag** *m* недостающая сумма *f*; **-einnahmen** *pl* сокращение *n* поступления (доходов), убыток *m*; **-erlös** *m* сокращение *n* (уменьшение *n*) выручки, убыток *m*; **-ertrag** *m* сокращение *n* доходов; недобор *m*, дефицит *m*, убыток *m*; **-gewicht** *n* недостающий вес *m*, недовес *m*

Minderheit *f* меньшинство *n*, меньшая часть *f*

Minderheitenschutz *m* *(Pol)* защита *f* национальных меньшинств

Minderheits|aktionär *m* акционер *m*, владеющий пакетом акций, не дающим право контроля, миноритарный акционер *m*; **-beteiligung** *f* доля *f* участия в капитале общества, не дающая право на контроль, миноритарное участие *n*; **-gesellschafter** *m* партнер *m* (компаньон), не обладающий долей участия, дающей право на контроль; **-partner** *m* партнер *m* (компаньон *m*), не обладающий долей участия, дающей право на контроль; **-rechte** *pl* права *pl* меньшинства акционеров

Minder|jährige *m* несовершеннолетний; **-kaufmann** *m* мелкий производитель *m* или ремесленник *m*, сам реализующий свою продукцию; **-leistung** *f* недостаточная производительность *f*, снижение *n* выработки

mindern уменьшать, сокращать, снижать; смягчать, ослаблять; **die Erwerbsfähigkeit** ~ снижать трудоспособность

Minderpreis *m* уменьшенная (сниженная) цена *f*

minderqualifiziert не требующий высокой квалификации; **-e Tätigkeit** деятельность *f*, не требующая высокой квалификации

Minderung *f* уменьшение *n*, снижение *n*, сокращение *n*; смягчение *n*, ослабление *n*; ~ **der Erwerbsfähigkeit** снижение *n* трудоспособности

Minderwert *m* *(Versich)* уменьшенная стоимость *f*, уменьшение *n* стоимости (изделия после ремонта)

Mindest|abnahme *f* минимальный уровень *m* (размер *m*) закупок; **-abnahmemenge** *f* минимальное количество *n* закупаемых товаров; **-absatz** *m* минимальный размер *m* сбыта; **-anforderung** *f* минимальное требование *n*; **-angebot** *n* самое низкое предложение *n* цены; минимальный объем *m* предложения; **-anspruch** *m* минимальное требование *n*; **-anzahl** *f* минимальное количество *n*; **-arbeitsbedingungen** *pl* минимально допустимые условия *pl* труда; **-arbeitsleistung** *f* минимальная производительность *f* труда, минимальная выработка *f*; **-auftragsvolumen** *n* минимальный размер *m* заказа; **-auslastung** *f* минимальная загрузка *f*; **-bargebot** *n* минимальная цена *f*, предложенная на аукционе и выплачиваемая наличными; **-bedingungen** *pl* *(Soz)* минимально допустимые условия *pl* (для наемного работника); **-beitrag** *m* минимальный взнос *m*; **-bestand** *m* минимальный уровень *m* складских запасов; **-bestellmenge** *f* минимальное количество *n*, предусмотренное условиями заказа; **-betrag** *m* минимальная сумма *f*; **-bezugsmenge** *f* минимальное количество *n*, предусмотренное условиями поставки; **-buchführung** *f* минимально необходимые требования *pl* к ведению бухгалтерского учета; **-darlehen** *n* пороговый кредит *m*; **-deckungsbeitrag** *m* минимальная доля *f* покрытия; **-einkommen** *n* минимальный доход *m*; **-einlage** *f* минимальный вклад *m*; **-gewicht** *n* минимальный вес *m*; **-grundkapital** *n* минимальный размер *m* основного капитала; **-güte** *f* минимально допустимый предел *m* качества; **-haltbarkeitsdauer** *f* минимальный срок *m* пригодности к употреблению, использовать до (числа, года); **-kapital** *n* минимальный размер *m* капитала; **-kurs** *m* минимальная цена *f*; **-lohn** *m* минимальный размер *m* заработной платы; **-menge** *f* минимальное количество *n*; **-nennwert** *m* минимальная номинальная стоимость *f* акций; **-preis** *m* минимальная цена *f*, резервная цена *f*; **-qualität** *f* минимально допустимый уровень *m* качества; **-rate** *f* минимальная ставка *f*; **-rendite** *f* минимальный доход *m*; **-rentabilität** *f* минимальная рентабельность *f*; **-rente** *f* минимальный размер *m* пенсии; **-reserve** *f* минимальный резерв *m*, минимальный уровень *m* резервов; *(Bank, Fin)* обязательный резерв *m*

Mindestreserve|pflicht *f* обязанность *f* хранения минимального резерва; **-politik** *f* политика *f* минимальных резервов; **-satz** *m* минимальный уровень *m* резервов; **-soll** *n* обязательный минимальный резерв *m*, норма *f* минимального резерва

Mindest|satz *m* минимальная ставка *f*; **-schluss** *m (Bö, Fin)* минимальный лот *m*, минимальная партия *f* ценных бумаг при заключении сделки; минимальная номинальная стоимость *f* сделки; **-steuersatz** *m* минимальная ставка *f* налога; **-stückelung** *f* определение *n* минимально допустимой стоимости (акции); **-stückzahl** *f (Bö, Fin)* минимальное стандартное количество *n* акций, лот; **-umsatz** *m* минимальный размер *m* оборота; **-urlaub** *m* минимальная продолжительность *f* отпуска; **-verkaufspreis** *m* минимальная продажная (розничная) цена *f*; **-versicherungszeit** *f* минимальный срок *m* действия договора страхования; **-verzinsung** *f* установление *n* минимальной процентной ставки; **-vorrat** *m* минимальный запас *m*

Mineralöl *n* минеральное масло *n*, нефтепродукт *n*

Mineralöl|erzeugnisse *pl* нефтепродукты *pl*; **-gewinnung** *f* добыча *f* нефти; **-industrie** *f* нефтяная промышленность *f*; **-preise** *pl* цены *pl* на нефть; **-steuer** *f* налог *m* на нефтепродукты; **-verarbeitung** *f* нефтепереработка *f*, переработка *f* нефти; **-verbrauch** *m* потребление *n* минеральных масел, потребление *n* нефтепродуктов; **-wirtschaft** *f* нефтеперерабатывающая промышленность *f*

Minicomputer *m* миникомпьютер *m*

Minimal|anteil *m* минимальная доля *f*; **-belastung** *f* минимальная нагрузка *f*; **-bestand** *m* минимальный запас *m*; **-prinzip** *n* принцип *m* достижения результата при минимуме затрат; **-wert** *m* минимальная стоимость *f*; минимальное значение *n*; **-zinssatz** *m* минимальная процентная ставка *f*

minimieren минимизировать, сводить к минимуму

Minimierung *f* минимизация *f*, сведение *n* к минимуму

Minimum *n* минимум *m*, минимальное значение *n*

Ministererlaubnis *f* разрешение *n* на слияние, выданное министром экономики

Minoritätsrechte *pl (Fin)* права *pl* миноритариев

Minus *n* минус *m*; дефицит *m*; убытки *pl*; **ein ~ erwarten** ожидать дефицит (убытки); **ins ~ kommen (rutschen)** получать убытки

Minus|ankündigung *f (Bö)* сообщение *n* (в виде минуса) о падении курса акции (более чем на 5%); **-betrag** *m* дефицит *m*; **-stückzinsen** *pl* проценты *pl*, возвращаемые подписчикам на ценные бумаги в виде скидки на номинальную стоимость акции; **-zeichen** *n* знак *m* минус, отметка *f* об ожидаемом падении курса

Misch|finanzierung *f* смешанное финансирование *n*; **-fonds** *m (Bö, Fin)* смешанный фонд *m*; **-kalkulation** *f* смешанная калькуляция *f*; **-konzern** *m* смешанный концерн *m*; **-kosten** *pl* постоянные и переменные издержки *pl*; **-preis** *m* смешанная цена *f*

Mischung *f* смесь *f*; соединение *n*; смешивание *n*

Mischzoll *m* смешанная таможенная пошлина *f*

Missbrauch *m* злоупотребление *n*; неправомерное использование *n*; **den ~ abschaffen (abstellen)** положить конец злоупотреблению

missbräuchlich незаконный, произвольный, неправильный; основанный на злоупотреблении

Misserfolg *m* неуспех *m*, неудача *f*; **einen ~ herbeiführen** привести к отрицательным результатам; **wirtschaftlicher ~** экономические неудачи *pl*

Missernte *f* неурожай *m*

Missstand *m* нарушение *n*, неисправность *f*, недостаток *m*; неудовлетворенное состояние *n*; **einen ~ beseitigen** устранить нарушение, несправность

Misstrauen *n* недоверие *n*

Misstrauensantrag *m* предложение *n* о вынесении вотума недоверия

Missverhältnis *n* диспропорция *f*, несоответствие *n*, дисбаланс *m*; ~

zwischen Angebot und Nachfrage диспропорция *f* между предложением и спросом
Misswirtschaft *f* бесхозяйственность *f*
Mitarbeit *f* сотрудничество *n*; **freie ~** добровольное сотрудничество *n*, внештатная работа
mitarbeiten сотрудничать
Mitarbeiter *m* сотрудник *m*, коллега *m,f*; помощник *m*, работник *m*; **die ~ beurteilen** аттестовать (оценивать) сотрудников; **einen ~ einstellen** принимать сотрудника на работу; **einen ~ entlassen** увольнять сотрудника; **einem ~ kündigen** увольнять сотрудника; **einen ~ motivieren** мотивировать сотрудника; **freier ~** внештатный сотрудник *m*, фрилансер *m*; **zuständiger ~** компетентный сотрудник *m*, ответственный работник *m*
Mitarbeiter|besprechung *f* производственное совещание *n*; **-beurteilung** *f* аттестация *f* (оценка *f*) сотрудников; **-führung** *f* руководство *n* подчиненными; **-leistung** *f* выработка *f* (произведенная работа *f*) сотрудника; **-stab** *m* совет *m* предприятия с совещательными функциями; **-team** *n* рабочая группа *f* (команда *f*) сотрудников; **-wachstum** *m* прирост *m* числа сотрудников (за период)
Mitbenutzung *f* совместное использование *n*
Mitbenutzungsrecht *n* право *n* совместного использования
Mitbesitz *m* совладение *n*, совместное владение *n*
Mitbesitzer *m* совладелец *m*, компаньон *m*
Mitbestimmung *f* участие *n* в принятии решений (управлении предприятием); **der ~ unterliegen** требование совместного принятия решения со стороны предпринимателя и совета предприятия; **~ der Arbeitnehmer** участие *n* работников в управлении предприятием; **~ des Betriebsrates** участие *n* совета предприятия в управлении предприятием; **paritätische ~** участие *n* в управлении предприятием на паритетных началах
Mitbestimmungs|gesetz *n* закон *m* о праве участия работников в управлении предприятием; **-möglichkeiten** *pl* возможность *f* участия в управлении предприятием; **-recht** *n* право *n* участия в управлении предприятием
Mitbewerber *m* участник *m* (конкурса); соискатель *m*; *(V&M)* конкурент *m*
Mitbewerbung *f* соискание *n*, соперничество *n*, конкуренция *f*
Miteigentum *n* совместная (общая, долевая) собственность *f*; совместное владение *n*
Miteigentümer *m* совладелец *m*; компаньон *m*
Miteigner *m* совладелец *m*; компаньон *m*
Miterbe *m* один из наследников
mitfinanzieren помогать финансировать, финансировать совместно
Mitfinanzierung *f* совместное финансирование *n*
Mitgesellschafter *m* партнер *m*, компаньон *m*
Mitglied *n* член *m*; **als ~ aufnehmen** принимать в члены; **als ~ ausscheiden** терять членство; **~ auf Lebenszeit** пожизненный член *m*; **eingetragenes ~** зарегистрированный член *m*; **förderndes ~** член *m*, уплачивающий взносы; **ordentliches ~** полноправный действительный член *m*
Mitglieder|beitrag *m* уставной взнос *m* члена товарищества; **-liste** *f* список *m* членов; **-versammlung** *f* общее собрание *n*; **-vertreterversammlung** *f* *(Versich)* общее собрание *n* совладельцев страховой компании
Mitglieds|beitrag *m* членский взнос *m*; **-land** *n* страна-член *f*, страна-участница *f*; **-pflichten** *pl* обязанности *pl* члена
Mitgliedschaft *f* членство *n*; **die ~ erwerben** получить право членства; **die ~ verlieren** потерять право членства
Mitgliedsstaat *m* государство-член *n*, страна-участница *f*

Mitgliedsunternehmen *n* предприятие-член *n*
Mithaftung *f* совокупная (солидарная) ответственность *f*
Mitinhaber *m* совладелец *m*, компаньон *m*
Mitkalkulation *f* текущая калькуляция *f* расходов
Mitschuld *f* общая вина *f*, общий долг *m*
Mitschuldner *m* содолжник *m*, один из должников
Mitspracherecht *n* право *n* участия в принятии решений (управлении предприятием)
Mittagskurs *m* биржевой курс *m* в середине дня
mitteilen сообщать, уведомлять, информировать
Mitteilung *f* сообщение *n*, уведомление *n*, информация *f*; **~ machen (vornehmen)** сообщать, уведомлять, информировать
Mittel *pl* средства *pl*; денежные средства *pl*, ассигнованные средства *pl*, ресурсы *pl*; фонды *pl*; **~ aufbringen** изыскать (мобилизовать) средства; **~ aufnehmen** получать средства; **~ aufwenden** расходовать денежные средства; **~ bereitstellen** ассигновать (предоставлять) средства; **~ beschaffen** привлекать (изыскивать) средства; **~ bewilligen** ассигновывать (предоставлять) средства; **~ binden** связывать (вкладывать) денежные средства; **~ kürzen** сокращать (урезать) ассигнования; **mit -n ausstatten** обеспечивать денежными ресурсами; **über genügend ~ verfügen** иметь достаточно средств; **~ verbrauchen** затрачивать (расходовать) средства; **~ zuführen** отчислять денежные средства; **~ zuweisen** ассигновать (отчислять) денежные средства; **beschränkte ~** ограниченные средства *pl*; **eigene ~** собственные средства *pl*; **finanzielle ~** денежные средства *pl*, фонды *pl*; **flüssige ~** ликвидные средства *pl*; **frei verfügbare ~** свободные средства *pl*; **für die Forschung bereitgestellte ~** средства *pl*, ассигнованные на исследования; **liquide ~** ликвидные (свободные) средства *pl*; **niedrig rentierende ~** средства *pl*, дающие низкий доход; **öffentliche ~ (~ der öffentlichen Hand)** общественные (государственные, муниципальные) средства *pl*; **verfügbare ~** ликвидньe (наличные) средства *pl*; **zugewiesene ~** ассигнованные средства *pl*
Mittel|abflüsse *pl* отток *m* средств; **-anforderung** *f* заявка *f* на ассигнования; **-aufkommen** *n* (денежные) средства *pl*, ресурсы *pl*; **-aufnahme** *f* привлечение *n* средств; заем *m*; **-aufstockung** *f* увеличение *n* (накопление *n*) средств; **-aufteilung** *f* распределение *n* средств; **-ausstattung** *f* предоставление *n* средств
mittelbar промежуточный; косвенный; опосредованный; **-er Besitzer** лицо *n*, фактически распоряжающееся вещью, принадлежащей третьему лицу
Mittel|bedarf *m* потребность *f* в средствах; **-bereitstellung** *f* предоставление *n* (ассигнование *n*) средств; **-beschaffung** *f* привлечение *n* (заимствование *n*) средств; **-betrieb** *m* среднее (по величине) предприятие *n*; **-bewilligung** *f* ассигнование *n* (выделение *n*) средств; **-bindung** *f* вложение *n* (связывание *n*) средств; **-einsatz** *m* использование *n* средств; **-erwirtschaftung** *f* получение *n* средств в результате собственной хозяйственной деятельности; **-freisetzung** *f* высвобождение *n* средств
mittelfristig среднесрочный; **-e Planung** среднесрочное планирование *n*
Mittel|herkunft *f* происхождение *n* средств; **-kurs** *m* средний (биржевой) курс *m*; средняя цена *f*
Mittel|planung *f* планирование *n* средств; **-rückfluss** *m* возврат *m* средств
Mittel|schicht *f* среднее сословие *n* общества, средний класс *m*; **-stand** *m* средний и мелкий бизнес *m*
mittelständisch средний, относящийся к среднему классу; **-es Un-**

ternehmen небольшое предприятие *n*, предприятие *n* средней руки; **-e Unternehmer** средний предприниматель *m*; **-e Wirtschaft** мелкий и средний бизнес *m*

Mittelständler *m* представитель *m* среднего сословия (мелкого и среднего бизнеса)

Mittelstands|förderung *f* меры *pl* по стимулированию мелкого и среднего бизнеса; **-kredit** *m* кредиты *pl* мелким и средним предприятиям

mittelstandsorientiert ориентированный на средние слои общества; **-e Privatisierung** приватизация *f*, ориентированная на создание мелких и средних предприятий

Mittelstands|politik *f* политика *f*, отражающая интересы предприятий средней величины; **-unternehmen** *n* среднее (по величине) предприятие *n*

Mittel|übertragung *f* перевод *m* (передача *f*) денежных средств; **-vergabe** *f* распределение *n* (ассигнование *n*) средств; **-verwendung** *f* использование *n* средств; **-wert** *m* среднее значение *n*, средняя величина *f*; **-zufluss** *m* приток *m* денежных средств; **-zuführung** *f* отчисление *n* (предоставление *n*, вложение *n*) средств; **-zuweisung** *f* ассигнование *n* (выделение *n*) средств

Mittler *m* посредник *m*

mittler средний; **-e Art und Güte** среднее торговое качество *n*; **-e Preislage** средний уровень *m* цен

mitübernehmen вступать в совместное владение

Mitunternehmer *m* компаньон *m*, участник *m* предприятия

Miturheber *m* соавтор *m*; совиновник *m*

Miturhebergemeinschaft *f* авторский коллектив *m*

mitverantworten нести солидарную ответственность

mitverantwortlich разделяющий ответственность, солидарно ответственный,

Mitverdiner *m* лицо *n*, приносящее в семью дополнительный заработок

Mitverpflichtung *f* совместное (дополнительное) обязательство *n*

Mitverschluss *m* совместное хранение *n*

Mitverschulden *n* совместная вина *f*, вина *f* потерпевшего; **mitwirkendes ~** вина *f* пострадавшего в возникновении ущерба

Mitversicherung *f* совместное страхование *n* (одного риска несколькими страховщиками)

mitverursachen быть одним из виновников; быть одной из причин; **Belastungen ~** служить одной из причин расходов

Mitverwaltung *f* участие *n* в управлении

Mitverwaltungsrecht *n* право *n* на участие в управлении

Mitvormund *m* соопекун *m*

mitwirken участвовать в; сотрудничать; содействовать

Mitwirkung *f* участие *n*, содействие *n*, сотрудничество *n*; **die ~ sicherstellen** обеспечить (гарантировать) участие *n* сотрудников в управлении

Mitwirkungs|berechtigung *f* право *n* на участие; **-pflichten** *pl* обязанность *f* получателя социальных выплат представить необходимые документы, обязанность *f* оказывать содействие

Mix *n* состав *m*, набор *m*, структура *f*

Mobile Commerce мобильная коммерция *f*

Mobiliar *n* движимое имущество *n*, движимость *f*; мебель *f*, домашняя обстановка *f*

Mobiliar|verzeichnis *n* список *m* (опись *f*) движимого имущества; **-vollstreckung** *f* исполнение *n* судебного решения в отношении движимого имущества

Mobilfunk *m* мобильная телефонная связь *f*

Mobilien *pl* движимое имущество *n*, движимость *f*

Mobilien|konto *n* счет *m* движимого имущества; **-leasing** *n* лизинг *m* движимого имущества

mobilisieren мобилизовать

Mobilisierungs|papiere *pl* краткосрочные ценные бумаги *pl* центрального банка, используемые им для регулирования денежного обращения и условий кредита; **-tratte** *f* тратта *f*, выставляемая банком на своих клиентов с условием ее погашения самим банком при наступлении срока платежа

Mobilität *f* мобильность *f*; ликвидность *f*; **~ der Arbeitskräfte** мобильность *f* труда; **soziale ~** изменение *n* социального статуса

Mobilitätsgarantie *f* гарантия *f* мобильности (предоставление автомобиля на период ремонта автомобиля, имеющего гарантию)

Mobilitätshemmnisse *pl* факторы *pl*, ограничивающие мобильность труда и капитала

Mobiltelefon *n* мобильный телефон *m*, радиотелефон *m*, сотовый телефон *m*

Modalitäten *pl* условия *pl*, способы *pl*, методы *pl*

Mode|artikel *m* модный товар *m*; **-geschäft** *n* магазин *m* модных товаров

Modell *n* модель *f*; схема *f*; образец *m*; **ein ~ erstellen** разрабатывать модель

Modell|änderung *f* изменение *n* модели; **-bank** *f* банк *m* моделей; **-kosten** *pl* расходы *pl* (издержки *pl*) на изготовление модели; **-versuch** *m* моделирование *n*; **-vorhaben** *n* пилотный проект *m*; **-vorstellung** *f* демонстрация *f* модели

Moderation *f* приемы *pl* и методы *pl* организации работы семинаров (конференций), модерирование *n*

modernisieren модернизировать

Modernisierung *f* модернизация *f*; **~ von Unternehmen** модернизация *f* предприятий

Modernisierungs|bedarf *m* потребность *f* в модернизации; **-kosten** *pl* издержки *pl* на модернизацию

modifizieren модифицировать, видоизменять

modifiziert модифицированный; **-er interner Zinsfuß** модифицированная внутренняя процентная ставка *f*

Modus: abgesicherter ~ *(Comp)* «безопасный режим» *m* Safe Mode

MOE-Länder *pl* **(mittel- und osteuropäischen oder mittelosteuropäischen Länder)** среднеевропейские и восточноевропейские страны *pl*

Mogelpackung *f* упаковка *f*, вмещающая меньше, чем это кажется

Möglichkeit *f* возможность *f*; **-en wahrnehmen** реализовывать (использовать) возможности

Momentaufnahme *f* фотография *f* состояния на определенный момент

Momentum *n (Bö)* моментум *m*

monatlich ежемесячно

Monats|abstimmung *f* ежемесячная сверка *f* бухгалтерских записей с документами; **-aufstellung** *f* ежемесячный отчет *m*; **-ausweis** *m* месячный отчет *m* о состоянии счетов; **-bericht** *m* ежемесячный отчет *m*; **-bilanz** *f* месячный баланс *m*; **-durchschnitt** *m* среднемесячный уровень *m*; **-frist** *f* месячный срок *m*; **-gehalt** *n* месячный оклад *m*; **-geld** *n* месячная ссуда *f*; **-lohn** *m* месячная заработная плата *f*; **-miete** *f* месячная квартирная (арендная) плата *f*; **-mitte** *f* середина *f* месяца; **-plan** *m* месячный план *m*; **-rate** *f* месячный взнос *m* при уплате в рассрочку; **-umsatz** *m* месячный оборот *m*; **-verdienst** *m* месячный заработок *m*

monetär монетарный, денежный; **-e Basis** валютный базис *m*, основная базовая валюта *f*; **-e Lockerung** ослабление *n* денежной политики; **-e Politik** монетарная политика *f*

Monetarismus *m* **(Monetärsystem** *n***)** монетарная система *f*, монетаризм *m*

Monopol *n* монополия *f*; **ein ~ besitzen** обладать монополией; **ein ~ schaffen** создавать монополию; **fiskalisches ~** финансовая монополия *f*; **~ der Notenausgabe** монополия *f* на выпуск банкнот; **natürliches ~** естественная монополия *f*; **öffentliches ~** государственная монополия *f*; **privates ~** частная монополия *f*

Monopol|betrieb *m* монопольное

предприятие *n*; **-bildung** *f* образование *n* монополий; **-gesellschaft** *f* компания-монополист *f*; **-gesetz** *n* закон *m* о монополиях; **-gesetzgebung** *f* монопольное законодательство *n*; **-gewinn** *m* монопольная прибыль *f*; **-güter** *pl* монопольные товары *pl*

monopolisieren монополизировать

Monopolisierung *f* монополизация *f*

monopolistisch монополистический; монопольный; **-e Konkurrenz** монополистическая конкуренция *f*

Monopol|kapital *n* монополистический капитал *m*; **-klausel** *f* монопольная оговорка *f*; **-kommission** *f* комиссия *f* по контролю за соблюдением антимонопольного законодательства; **-kontrolle** *f* контроль *m* за монополиями; **-missbrauch** *m* злоупотребление *n* монополий; **-preis** *m* монопольная цена *f*; **-rente** *f* монопольная рента *f*; **-stellung** *f* монопольное положение *n*; **-steuer** *f* монопольный налог *m*; **-unternehmen** *n* монополистическое предприятие *n*; **-verbot** *m* запрещение *n* монополий

Monopson *f* монополия *f* покупателя

Montage *f* монтаж *m*, сборка *f*, установка *f*; **die ~ durchführen** проводить (производить) монтаж, монтировать

Montage|ablauf *m* ход *m* (процесс *m*) монтажа; **-ablaufplan** *m* график *m* монтажа; **-arbeiten** *pl* монтажные (сборочные) работы *pl*; **-arbeiter** *m* монтажник *m*; **-auftrag** *m* заказ *m* на проведение монтажных работ; **-aufwand** *m* расходы *pl* (затраты *pl*) на монтаж; **-band** *n* сборочный конвейер *m*; **-betrieb** *m* сборочное предприятие *n*; **-dienst** *m* выполнение *n* работ по установке машин и оборудования

montage|fähig сборный, готовый к монтажу; **-fertig** готовый к монтажу

Montan|aktien *pl* акции *pl* горно-добывающих и металлургических компаний; **-anleihe** *f* заем *m* Европейского объединения угля и стали; **-betrieb** *m* горно-добывающее или металлургическое предприятие *n*; **-gesellschaft** *f* горно-промышленная компания *f*; **-industrie** *f* горнодобывающая и металлургическая промышленность *f*; **-mitbestimmung** *f* участие *n* рабочих и служащих горно-металлургиеской промышленности в управлении предприятием; **-werte** *pl* s. **Montanaktien** *pl*

Monteur *m* монтер *m*, слесарь-сборщик *m*, монтажник *m*

montieren монтировать, собирать, устанавливать

Moratorium *n* мораторий *m* (по частным долгам); отсрочка *f*

Moratoriumsrisiko *n* риск *m* объявления моратория

Motiv *n* мотив *m*, побудительная причина *f*, повод *m*

Motivation *f* мотивация *f*

Motivations|anreiz *m* мотивационный стимул *m*; **-effekt** *m* мотивационный эффект *m*; **-förderung** *f* стимулирование *n* мотивации; **-forschung** *f* мотивационный анализ *m*; **-mittel** *n* средство *n* мотивации; **-modell** *n* мотивационная модель *f*; **-potential** *n* скрытые возможности *pl* мотивации, мотивационный потенциал *m*; **-schub** *m* мотивационный стимул *m*; **-struktur** *f* мотивационная структура *f*; **-techniken** *pl* приемы *pl* мотивации

Motivforschung *f* мотивационный анализ *m*

motivieren мотивировать, побуждать; **zu eigenen Entscheidungen ~** побуждать к принятию самостоятельных решений

motiviert мотивированный; **-er Arbeitnehmer** мотивированный работник *m*

Müll *n (Umwelt)* мусор *m*, отбросы *pl*, отходы *pl*; **~ entsorgen** вывозить и перерабатывать мусор

Multi *m* многонациональная компания *f*

multilateral многосторонний; **-e Handelsverhandlungen** многосторонние торговые переговоры *pl*

Multi|milliardär *m* мультимиллиардер *m*; **-millionär** *m* мультимиллионер *m*

multinational транснациональный; **-es**

Unternehmen транснациональное предприятие *n*
multipel множественный, многократный; **-e Wechselkurse** множественные валютные курсы *pl*
Multiprojektmanagement *n (Manag)* одновременное управление *n* несколькими взаимосвязанными проектами
Mündel *m* подопечный
Mündelgeld *n* капитал *m* подопечного
mündelsicher охраняемый в соответствии с законом об опеке; **-e Anlage** опекунские капиталовложения *pl*; **-e Wertpapiere** опекунские ценные бумаги *pl*, первоклассные (особо надежные) ценные бумаги *pl*
Mündel|sicherheit *f* гарантия *f* надежности вложения капитала подопечного; **-vermögen** *n* состояние *n* (имущество *n*) подопечного
Münze *f* монета *f*; **-n einziehen** изымать монеты из обращения; **-n prägen** чеканить монету; **gefälschte ~** фальшивая монета *f*
Münz|einheit *f* денежная единица *f*; **-einwurf** *m* щель *f* для опускания монет; **-einziehung** *f* изъятие *n* монет из обращения; **-fälschung** *f* подделка *f* монет, фальшивомонетничество; **-fernsprecher** *m* телефон-автомат *m*; **-fuß** *m* стандарт *m* на вес и содержание металла в монетах; **-geld** *n* монета; металлические деньги; **-gewicht** *n* весовая единица *f* металла, установленная для денежной единицы; **-gewinn** *m* доход *m* от чеканки монет; **-hoheit** *f* монетный суверенитет *m*; **-prägung** *f* чеканка *f* монет; **-regal** *n* право *n* государства на чеканку монеты; **-stückelung** *f* деление *n* монет по достоинству; **-wechsler** *m* разменный автомат *m*; **-zähler** *m* монетный счетчик *m*
Musskaufmann *m* лицо *n*, являющееся коммерсантом в силу его деятельности
Muster|anforderung *f* запрос *m* о присылке образца; **-ausstellung** *f* выставка *f* образцов; **-auswahl** *f* выбор *m* рисунков ткани; **-betrieb** *m* образцовое предприятие *n*; **-buch** *n* книга *f* (журнал *m*) образцов; **-brief** *m (Admin, Pers)* образец *m* письма; **-erstellung** *f* **(-fertigung** *f*) изготовление *n* опытных образцов
mustergetreu в соответствии с образцом
Muster|gut *n* образцовое хозяйство *n*; **-katalog** *m* каталог *m* образцов; **-kollektion** *f* коллекция *f* образцов; **-lager** *n* склад *m* образцов; **-messe** *f* ярмарка *f* (выставка *f*) образцов; **-mietvertrag** *m* типовой договор *m* о найме; **-rabatt** *m* скидка *f* на товары, использованные как образцы; **-register** *n* реестр *m* (список) зарегистрированных образцов; **-sammlung** *f* коллекция *f* образцов; **-schau** *f* выставка *f* образцов; **-schutz** *m* правовая защита *f* образцов; **-sendung** *f* посылка *f* пробной партии товара; **-stück** *n* образец *m*, опытный образец *m*; **-treue** *f* соответствие *n* образцу; **-verkauf** *m* продажа *f* по образцу; **-vertrag** *m* типовой (стандартный) договор *m*, проформа *f* договора; **-zulassung** *f* допуск *m* образцов
Mutter|gesellschaft *f* основная (головная) компания *f*; **-haus** *n* основная (головная) фирма *f*
Mutterschafts|geld *n* пособие *n* по материнству; **-hilfe** *f* пособие *n* по материнству от больничной кассы; **-urlaub** *m* отпуск *m* по беременности и родам
Mutterschutz *m* охрана *f* материнства
MwSt *s.* **Mehrwertsteuer** *f*

N

nachahmen подражать, копировать, имитировать
Nachahmung *f* подражание *n*, копирование *n*; подделка *f*, имитация *f*; **~ eines Warenzeichens** нарушение *n* авторского права на товарный знак (торговую марку)
Nachakzept *n* последующий акцепт *m*
Nacharbeit *f* дополнительная обработка *f*, доделка *f*; изготовление *n* по образцу; исправление *n* (брака)
nacharbeiten копировать образец;

исправлять, доделывать; наверстывать (упущенное); **fehlerhafte Teile** ~ исправлять бракованные детали

Nacharbeitskosten *pl* издержки *pl* (расходы *pl*) по устранению брака

Nachbar|grundstück *n* соседний земельный участок *m*; **-recht** *n* правовые нормы *pl*, регулирующие отношения соседей-собственников недвижимости

nachbehandeln обрабатывать дополнительно

Nachbehandlung *f* дополнительная (последующая) обработка *f*; чистовая (окончательная) обработка *f*

nachbessern устранять дефекты (недостатки); вносить дополнительные исправления

Nachbesserung *f* устранение *n* дефектов (недостатков); дополнительное исправление *n*; **-en vornehmen** устранять дефекты (недостатки)

Nachbesserungspflicht *f* обязанность *f* устранять дефекты

nachbestellen выдать дополнительный заказ, сделать повторный заказ

Nachbestellung *f* (повторная) подача *f* заказов; повторный (дополнительный) заказ *m*

nachbesteuern облагать дополнительным налогом

Nachbesteuerung *f* дополнительное налогообложение *n*

nachbezahlen доплачивать, платить дополнительно

Nachbezahlung *f* дополнительная оплата *f*, доплата *f*

Nachbezugsrecht *n* право *n* на дополнительное получение дивидендов за прошлые годы по привилегированным акциям

Nachbörse *f* неофициальная биржа *f*, неофициальный рынок *m* ценных бумаг; сделки *pl*, совершаемые после закрытия биржи

nachbörslich после закрытия биржи; **-er Handel** сделки *pl* после официального закрытия биржи; **-e Notierungen** котировка *f* (курс *m*) после закрытия биржи, неофициальный курс *m*

Nachbürge *f* последующий поручитель *m*

Nachbürgschaft *f* поручительство *n* за поручителя

nachdatieren датировать задним числом

Nachdeckungspflicht *f* обязательство *n* по предоставлению дополнительного обеспечения

nachentrichten делать дополнительные взносы, доплачивать; **Beiträge** ~ уплатить дополнительные взносы

Nacherbe *m* последующий наследник *m*, наследник-субститут *m*

Nacherbschaft *f* субституция *f* в наследовании

nacherheben взыскивать дополнительно; **eine Steuer** ~ дополнительно взыскать налог

Nacherhebung *f* дополнительное взыскание *n*

Nachfolge *f* наследование *n*, преемственность *f*; **die ~ antreten** стать наследником (преемником)

Nachfolge|bedarf *m* спрос *m* на сопутствующие товары; **-geschäft** *n* наследственное дело *n*, наследственный бизнес *m*; **-gesellschaft** *f* общество-преемник *n*, компания-преемник *f*

nachfolgend следующий, последующий

Nachfolge|organisation *f* организация-преемник *f*; **-planung** *f* последующее планирование *n*; **-produkt** *n* продукт *m*, сменяющий выпускавшийся ранее; последующий продукт *m*, продукт-преемник *m*

Nachfolger *m* наследник *m*, преемник *m*; **einen ~ einsetzen** назначить наследника (преемника)

Nachfolge|staat *m* государство-правопреемник *m*; **-zusatz** *m* добавление *m* слова "наследник" к названию фирмы

nachfordern требовать дополнительно

Nachforderung *f* дополнительное требование *n*

Nachforderungsmanagement *n (Manag)* менеджмент *m* изменений;

Nachfrage *f* спрос *m*; запрос *m*; **die ~ abschöpfen** удовлетворять (избыточный) спрос; **die ~ abschwächen** ослаблять (понизить) спрос; **die ~ ankurbeln** оживлять (стимулировать) спрос; **die ~ anregen** стимулировать спрос; **die ~ dämpfen** сдерживать спрос; **die ~ decken** покрывать (удовлетворять) спрос; **die ~ erfassen** учитывать (фиксировать) спрос; **der ~ gerecht werden** покрывать (удовлетворять) спрос; **die ~ sättigen** полностью удовлетворить спрос; **die ~ steuern** регулировать спрос; **die ~ stimulieren** стимулировать спрос; **abnehmende ~** сокращающийся спрос *m*; **bei ~** при наличии спроса; по запросу; **boomartige ~** резко возросший спрос *m*; **elastische ~** эластичный спрос *m*; **gesamtwirtschaftliche ~** потребности *pl* экономики страны, совокупный спрос; **lebhafte ~** оживленный спрос *m*; **~ nach Produkten** спрос *m* на продукцию; **nachlassende ~** уменьшающийся спрос *m*; **rege ~** оживленный спрос *m*; **rückläufige ~** сокращающийся спрос *m*; **unbefriedigte ~** неудовлетворенный спрос *m*; **unelastische ~** неэластичный спрос *m*

Nachfrage|anstieg *m* повышение *n* спроса; **-ausfall** *m* падение *n* (снижение *n*) спроса; **-ausweitung** *f* расширение *n* (рост *m*) спроса; **-belebung** *f* оживление *n* спроса; **-boom** *m* резкое повышение *n* спроса; **-dämpfung** *f* сдерживание *n* спроса; **-drosselung** *f* ограничение *n* (сдерживание *n*) спроса; **-druck** *m* затруднение *n* с удовлетворением спроса; **-dyopol** *n* диополия *f* (дуополия *f*) покупателей; **-elastizität** *f* эластичность *f* спроса; **-entwicklung** *f* динамика *f* спроса, тенденция *f* развития спроса; **-erwartung** *f* ожидаемый (предполагаемый) спрос *m*; **-funktion** *f* функция *f* спроса; **-inflation** *f* инфляция *f*, зависящая от интенсивности спроса; **-kurve** *f* кривая *f* спроса; **-lenkung** *f* регулирование *n* спроса, управление *n* спросом; **-macht** *f* диктат *m* потребителей; **-markt** *m* рынок *m* покупателей; **-menge** *f* количество *n* в соответствии со спросом; **-monopol** *n* монополия *f* покупателей

nachfragen справляться, осведомляться

Nachfrage|oligopol *n* олигополия *f* покупателей; **-potential** *n* потенциал *m* покупателей (спроса)

Nachfrager *m* покупатель *m*, потребитель *m*

Nachfrage|seite *f* покупатели *pl*, потребители *pl*; **-spitze** *f* максимальный спрос *m*; **-stabilisierung** *f* стабилизация *f* спроса; **-steigerung** *f* повышение *n* (увеличение *n*) спроса; **-steuerung** *f* регулирование *n* спроса; **-stimulierung** *f* стимулирование *n* спроса; **-strategie** *f* стратегия *f* спроса; **-struktur** *f* структура *f* спроса; **-überhang** *m* превышение *n* спроса над предложением; **-verbund** *m (V&M)* комплексный спрос *m*; **-versprechen** *n (V&M)* предложение *n* ценности (пользы) потребителю; **-zunahme** *f* повышение *n* (увеличение *n*) спроса

Nachfrist *f* дополнительный (льготный) срок *m*; отсрочка *f*; **eine ~ gewähren** предоставлять отсрочку; **eine ~ setzen** устанавливать дополнительный срок

nachgeben уступать, идти на уступки; падать (о цене), *(Bö)* падать (о котировках); **die Kurse geben nach** курсы понижаются (падают); **im Preise ~** уступать в цене

Nachgebühr *f* доплата *f*, дополнительный (почтовый) сбор *m*

nachgefragt определяемый спросом; **stark ~ sein** пользоваться большим спросом; **-e Menge** количество *n*, определяемое спросом

nachgehen заниматься, исполнять, выполнять; **seinen Geschäften ~** заниматься своим делом

nachgeordnet подчиненный, нижестоящий; второстепенный

Nachhaltigkeitsrücklage *f* резерв *m* устойчивости (пенсионного фонда)

Nachholbedarf *m* отложенный спрос

m; **den ~ decken** покрывать отложенный спрос

Nachindossament *n* последующий индоссамент *m*

Nachindossant *m* последующий индоссант *m* (жирант *m*)

Nachkalkulation *f* калькуляция *f* фактических затрат; контрольная калькуляция *f*; отчетная калькуляция *f*

nachkaufen закупать дополнительно

Nachlass *m* скидка *f*; уступка *f*; бонификация *f*; уменьшение *n*; ослабление *n*; сохранение *n*; наследство *n*, имущество *n*, доставшееся по наследству; **den ~ aushandeln** договориться о скидке, выторговать скидку (уступку); **einen ~ gewähren** предоставить скидку; **den ~ verwalten** управлять наследством (имуществом); **steuerpflichtiger ~** наследство (имущество), подлежащее налогообложению; **~ vom Verkaufspreis** скидка *f* с продажной цены

Nachlassbesteuerung *f* обложение *n* наследства налогом

nachlassen снижать, сбавлять, уступать, предоставлять скидку; уменьшаться, ослабевать

Nachlassen *n* ослабление *n*, уменьшение *n*, спад *m*; **~ der Konjunktur** ослабление *n* конъюнктуры; **~ der Nachfrage** уменьшение *n* спроса

Nachlass|gegenstand *m* объект *m* наследства; **-gericht** *n* суд *m* по наследственным делам; **-gläubiger** *m* кредитор *m* наследодателя (наследственной массы); **-konkurs** *m* конкурс *m* наследственной массы; **-pfleger** *m* опекун *m* наследственного имущества, попечитель *m* над наследственным имуществом; **-pflegschaft** *f* попечительство *n* (опека *f*) над наследственным имуществом; **-steuer** *f* налог *m* на наследство; **-stundung** *f* мораторий *m* по неплатежеспособности, отсрочка *f* из-за неплатежеспособности; **-verbindlichkeiten** *pl* обязательства *pl* по наследству; **-verfahren** *n* производство *n* дела о наследстве; **-vergleich** *m* мировая сделка *f* в целях предотвращения конкурса над наследственной массой; **-vermögen** *n* наследственное имущество *n*; **-verwalter** *m* управляющий *m* наследственным имуществом; **-verwaltung** *f* управление *n* наследственным имуществом; **-verzeichnis** *n* опись *f* наследственного имущества

Nachleistung *f* продукция *f*, произведенная в отчетном периоде, оплата *f* затрат на которую произведена ранее

Nachlieferung *f* дополнительная поставка *f* (доставка *f*), допоставка *f*; замена *f* дефектных товаров

Nachnahme *f* наложенный платеж *m*; почтовое отправление *n* наложенным платежом; **per ~ senden** посылать наложенным платежом; **als (durch) ~** наложенным платежом; **gegen ~** наложенный платеж *m*, уплата *f* при доставке

Nachnahme|betrag *n* сумма *f*, уплачиваемая при доставке товара; **-gebühr** *f* тариф *m* оплаты наложенным платежом; **-kosten** *pl* сборы *pl* за наложенный платеж; **-sendung** *f* почтовое отправление *n* наложенным платежом, партия *f* грузов, посылаемая наложенным платежом

Nachorder *f* повторный (дополнительный) заказ *m*

Nachporto *n* дополнительный почтовый сбор *m*, почтовая доплата *f*

Nachprovision *f* дополнительное комиссионное вознаграждение *n*

nachprüfen пересматривать; повторно (дополнительно) проверять; перепроверять; **Rechnungen ~** проверять счета

Nachprüfung *f* пересмотр *m*; ревизия *f*; повторная (дополнительная) проверка *f*; повторный (дополнительный) контроль *m*; **-en vornehmen** проводить дополнительную проверку (ревизию)

Nachprüfungsverfahren *n* метод *m* дополнительной проверки (дополнительного контроля)

Nachqualifizierung *f* дополнительное повышение *n* квалификации

nachrechnen пересчитывать, проверять счет; подсчитывать

Nachricht *f* сообщение *n*, известие *n*, информация *f*

Nachrichten|agentur *f* **(-dienst** *n***)** информационное агентство *n*; служба *f* информации; **-fluss** *m (Media)* новостной поток *m*, поток *m* новостей

Nachschuss *m* доплата *f*, дополнительный денежный взнос *m*

Nachschuss|pflicht *f* обязанность *f* доплаты; **-prämie** *f* дополнительная страховая премия *f*; **-zahlung** *f* дополнительные платежи (выплаты) *pl*

Nachsicht|akkreditiv *n (Bank)* аккредитив *m* с отсрочкой платежа; **-tratte** *f* тратта *f*, подлежащая оплате в срок, установленный обычаем; **-wechsel** *m* вексель *m* с отсрочкой платежа

Nachsteuerrendite *f* прогнозируемая доходность *f* после уплаты налогов

Nachsteuerung *f (Pers)* перестановка *f* (доукомплектация *f*) кадров

Nacht|arbeit *f* ночная работа *f*, работа *f* в ночное время; **-arbeitszuschlag** *m* надбавка *f* за работу в ночное время; **-dienst** *m* ночное дежурство *n*; ночная смена *f*

Nachteil *m* ущерб *m*, убыток *m*; вред *m*; недостаток *m*, дефект *m*, изъян *m*; **einen ~ ausgleichen** компенсировать ущерб (убытки); **einen ~ erleiden** потерпеть убытки, понести ущерб; **einen ~ zufügen** причинить ущерб; **wirtschaftlicher ~** экономический ущерб *m*

nachteilig убыточный, невыгодный; невыгодно, с убытком

Nachtrag *m* добавление *n*, дополнение *n*; приложение *n*

nachträglich добавочный, дополнительный, последующий; **~ buchen** провести по книгам задним числом; **-e Änderungen** изменения *pl*, внесенные задним числом

Nachtragshaushalt *m (Admin, Fin)* корректировка *f* утвержденного бюджета

Nacht|schicht *f* ночная смена *f*; **-tarif** *m* ночной тариф *m*; **-tresor** *m* специальный банковский сейф *m* для хранения в ночное время

Nachveranlagung *f* последующее установление *n* размера налога; дополнительная сумма *f* налогов

Nachvergütung *f* дополнительная оплата *f*

nachverhandeln вести дополнительные переговоры

Nachverhandlung *f* дополнительные (последующие) переговоры *pl*

Nachversicherung *f* дополнительное страхование *n*; страхование *n* задним числом

nachversteuern доплачивать налоги, платить налоги дополнительно

Nachversteuerung *f* дополнительная уплата *f* налогов

Nachweis *m* доказательство *n*, подтверждение *n*, свидетельство *n*; справка *f*, учет *m*; отчет *m*, отчетность *f*; **den ~ erbringen (führen)** привести доказательство, доказать, обосновать; **den ~ prüfen** проверить отчет; **den ~ vorlegen** представить отчет; **belegmäßiger ~** документальное подтверждение *n* (доказательство *n*); **~ der Echtheit** доказательство *n* (подтверждение *n*) подлинности; **~ für geleistete Stunden** справка *f* о количестве отработанных часов; **mengenmäßiger ~** количественный учет *m*; **~ über gezahlte Steuern** справка *f* об уплате налогов

nachweisen доказывать, утверждать, представлять доказательства; **durch Belege ~** подтверждать (доказывать) документально

Nachweis|führung *f (Recht, Umwelt)* ведение *n* доказательной документации (по утилизации отходов); **-makler** *m* маклер *m*, указывающий на возможность заключения сделки, но не посредничающий в ее заключении; **-pflicht** *f* обязанность *f* документального подтверждения; **-verordnung** *f (Recht, Umwelt)* Положение *n* о ведении доказательной документации (по утилизации отходов)

Nachwirkung *f* сохранение *n* в силе

соглашения после окончания срока его действия (до принятия нового)

Nachwuchs *m* молодые кадры *pl* (специалисты *pl*)

Nachwuchs|förderung *f* обучение *n* (подготовка *f*) молодых специалистов; **-kräfte** *pl* молодые кадры *pl* (специалисты *pl*)

nachzahlen оплачивать дополнительно; доплачивать; оплачивать задним числом

nachzählen пересчитывать, проверять подсчет; **Geld ~** пересчитывать (проверять) деньги

Nachzahlung *f* дополнительная оплата *f* (выплата *f*); доплата *f*; выплата *f* задолженности; последующий взнос *m*; оплата *f* задним числом; **eine ~ leisten** доплачивать, производить доплату

Nachzugsaktien *pl* акции *pl* с отсроченной выплатой дивидендов; второочередные акции *pl*

Nahrungsmittel *pl* продовольственные товары *pl*, продовольствие *n*

Nahrungsmittel|bedarf *m* потребность *f* в продовольственных товарах; **-defizit** *n* дефицит *m* (недостаток *m*) продовольствия; **-erzeugung** *f* производство *n* продовольственных товаров; **-hilfe** *f* продовольственная помощь *f*; **-industrie** *f* пищевая промышленность *f*; **-knappheit** *f* недостаток *m* продовольствия (продовольственных товаров); **-produktion** *f* производство *n* продовольственных товаров (продовольствия); **-selbstversorgung** *f* самообеспечение *n* продовольственными товарами; **-verarbeitung** *f* производство *n* продовольственных товаров; **-versorgung** *f* снабжение *n* продовольствием (продовольственными товарами); **-zufuhr** *f* снабжение *n* продовольственными товарами (продовольствием); **-zusätze** *pl* пищевые добавки *pl*

Nährwert *m* кормовая (пищевая) ценность *f*, питательность *f*

Nahverkehr *m* местное (пригородное) сообщение *n*, перевозки *pl* на близкое расстояние

Nahverkehrs|mittel *pl* местный транспорт *m*; **-tarif** *m* тариф *m* на местные перевозки *pl*

Name *m* имя *n*, название *n*, наименование *n*; **auf den -n lauten** быть выписанным (выставленным) на имя; **im eigenen -n verwalten** управлять от собственного имени; **ein Konto auf den -n anlegen** завести счет на имя; **unter dem -n firmieren** иметь фирму, вести дела под названием; **im -n** от имени, по поручению; **im fremden -n** от чужого имени, от имени третьего лица

Namensaktie *f* именная акция *f*; **einfache ~** простая именная акция *f*; **gebundene (vinkulierte) ~** винкулированная именная акция *f*

Namens|änderung *f* изменение *n* названия (имени); **-liste** *f* поименный список *m*; **-obligation** *f* именная облигация *f*; **-papier** *n* именная ценная бумага *f*; **-scheck** *m* именной чек *m*; **-schild** *n* вывеска *f* табличка с именем владельца; **-schuldverschreibung** *f* именная облигация *f*; **-verzeichnis** *n* список *m* (перечень *m*) имен; **-wechsel** *m* именной вексель *m*

Nämlichkeit *f* тождественность *f*, идентичность *f*; **die ~ der Waren feststellen** устанавливать (определять) идентичность товаров

Nämlichkeits|bescheinigung *f* свидетельство *n*, подтверждающее идентичность; **-nachweis** *m* подтверждение *n* идентичности товара; **-schein** *m* свидетельство *n*, подтверждающее идентичность товара; **-test** *m* проверка *f* удачности выбора названия продукта

Naßgewicht *n* вес *n* товара во влажном состоянии

national национальный, государственный; **-e Währung** национальная валюта *f*

Nationaleinkommen *n* национальный доход *m*

nationalisieren национализировать,

передавать в собственность государства

Nationalisierung *f* национализация *f*, передача *f* в собственность государства

National|kapital *n* национальный капитал *m*; **-ökonom** *m* специалист *m* в области политической экономии; **-ökonomie** *f* политическая экономия *f*; **-produkt** *n* национальный продукт *m*

Natural|abgabe *f* натуральный налог *m*; **-bezüge** *pl* доходы *pl* в натуральной форме; **-dividende** *f* дивиденд *m* в натуральной форме; **-einkommen** *n* натуральный доход *m*, доход в натуральной форме; **-ersatz** *m* возмещение *n* ущерба в натуральной форме; **-geld** *n* природные деньги *pl*; **-herstellung** *f* восстановление *n* в прежнее состояние; реституция *f* в натуре

Naturalien *pl* натуральные продукты *pl*; **in ~ zahlen** платить натурой

naturalisieren натурализовать, предоставлять права гражданства

Naturalisierung *f* натурализация *f*, предоставление *n* прав гражданства

Natural|leistung *f* платеж *m* натурой; **-lohn** *m* заработная плата *f* натурой, натуроплата *f*; **-prämie** *f* премия *f*, выдаваемая в натуральной форме; **-rabatt** *m* скидка *f* за количество в форме бесплатной поставки части товара; **-tilgung** *f* погашение *n* ипотечных кредитов закладными; **-wertrente** *f (Recht)* пенсия *f* за отчуждение земельного участка; **-wirtschaft** *f* натуральное хозяйство *n*; **-zuwendung** *f* пособие *n* в натуральной форме

Naturerzeugnis *n* естественный (природный) продукт *m*

natürlich естественный, природный; **-e Reichtümer** природные богатства (ресурсы) *pl*

Natur|produkt *n* естественный (природный) продукт *m*; **-recht** *n* естественное право *n*; **-rente** *f* природная рента *f*; **-schutz** *m* охрана *f* природы; **-stoffe** *pl* природные материалы *pl*

Navigationssystem *n (Comp, Transp)* навигатор *m*, навигационная система *f*

Nawaros *s.* **nachwachsende Rohstoffe**

Nebenabgaben *pl* дополнительные (побочные) сборы *pl* (пошлины *pl*, налоги *pl*)

Neben|arbeit *f* побочная (дополнительная) работа *f*; работа *f* по совместительству; **-artikel** *pl* дополнительные товары *pl*; **-ausgaben** *pl* дополнительные (побочные) расходы *pl*

Nebenberuf *m* вторая (побочная) профессия *f*; совместительство *n*; **im ~ arbeiten** работать по совместительству

nebenberuflich по совместительству, внештатно; внештатный

Neben|beschäftigung *f* побочное занятие *n*; работа *f* по совместительству; **-bestimmung** *f* дополнительное условие *n* (положение); **-betrieb** *m* вспомогательное предприятие *n*; подсобное (побочное) производство *n*; **-bücher** *pl* вспомогательные книги *pl*; **-buchhaltungen** *pl* вспомогательный бухгалтерский учет *m*; **-buchung** *f* проводка *f* по книгам вспомогательного учета; **-einkommen** *n* побочный (дополнительный) доход *m*; **-einkünfte** *f* дополнительные доходы *pl*; **-erwerb** *m* побочный (дополнительный) доход *m*, приработок *m*; **-erwerbsbetrieb** *m* хозяйство *n*, дающее побочный (дополнительный) доход; **-erzeugnis** *n* побочный продукт *m*; **-gebühr** *f* дополнительный сбор *m*; **-geschäfte** *pl* побочные торговые сделки *pl*; **-gewerbe** *n* побочное дело *n* (занятие *n*), вторая специальность *f*; **-kosten** *pl* дополнительные (побочные) затраты *pl* (издержки *pl*, расходы *pl*); **-kostenstellen** *pl* места *pl* возникновения дополнительных издержек; **-leistungen** *pl* дополнительные услуги *pl*; дополнительные платежи *pl*; дополнительные выплаты *pl*; **-papier** *n (Bö, Fin)* вспомогательная ценная бумага *f*, купон *m*, талон *m*; **-pflichten** *pl* дополнительные обязанности *pl*; **-platz** *m* населенный пункт *m*, в котором нет отделения центрального банка; **-produkt** *n* побочный продукт *m*; **-rechnung** *f* вспомогательный учет *m*; **-stelle** *f* филиал *m*, отделение *n*; представительство *n*; **-tätigkeit** *f* побочное занятие *n*; работа *f* по совместительству; **-unternehmer** *m* субподрядчик *m*; **-verbrauch** *m* дополнительное потребление *n*; **-verdienst** *m* побочный (дополнительный) заработок *m*; **-verpflichtung** *f* дополнительное обязательство *n*; дополнительная обязанность *f*; **-versicherung** *f* дополнительное страхование *n*; **-werte** *pl* второстепенные (второклассные) акции *pl*; **-wirkung** *f* побочное действие *n*; **-ziel** *n* побочная цель *f*

negativ отрицательный, негативный; **-es Kapital** превышение *n* задолженности над стоимостью имущества; **-es Kapitalkonto** счет *m* негативного капитала (задолженностей); **-es Schuldanerkenntnis** подтверждение *n* отсутствия задолженности

Negativ|attest *n* отрицательная аттестация *f*; **-erklärung** *f* обязательство *n* не обременять земельную собственность ипотекой; **-katalog** *(Admin)* каталог исключений; **-klausel** *f* оговорка *f*, запрещающая должнику совершать операции; **-liste** *f* список *m* товаров, импорт которых ограничен; **-saldo** *m* пассивное сальдо *n*; **-zins** *m* негативный (отрицательный) процент *m*

negoziabel могущий быть предметом сделки торговли

Negoziation *f* торговая сделка *f*; торговля *f*; посредничество *n*; ведение *n* переговоров; продажа *f* ценных бумаг (размещение *n* займа) через банк; дисконтирование *n* (учет *m*) векселей

Negotiationskredit *m* банковский кредит *m*, осуществляемый путем дисконтирования документированных тратт

negoziieren заключать сделки, вести торговлю; вести переговоры; пускать в обращение; дисконтировать (учитывать) документированные тратты

Negoziierung *f* ведение *n* переговоров; продажа *f* ценных бумаг (размещение *n* займа) через банк; дисконтирование *n* (учет *m*) векселей

Negoziierungs|anzeige *f* извещение *n* о торговой сделке; **-kredit** *m* банковский кредит *m*, осуществляемый путем дисконтирования документированных тратт; разрешение *n* на получение кредита

Nehmerland *n* федеральная земля-получательница *f* дотаций

Nemax 50 *(Bö)* технологический индекс *m* Немецкой биржи (до 17.12.2004)

Nenn|betrag *m* номинальная сумма *f* (стоимость *f*), номинал *m*; **-größe** *f* номинальная величина *f*, номинальное значение *n*; **-kapital** *n* номинальный капитал *m*; **-leistung** *f* номинальная производительность *f* (мощность *f*); **-preis** *m* нарицательная цена *f*

Nennwert *m* номинальная стоимость *f*, номинальная величина *f*, номинал *m*; номинальное значение *n*; **über dem ~ liegen** быть выше номинала; **unter dem ~** ниже номинальной стоимости; **zum ~** альпари, по номиналу

Nennwertaktie *f* акция *f*, имеющая номинал

nennwertlos не имеющий номинальной стоимости; **-e Aktie** акция *f*, не имеющая номинала

netto нетто, без упаковки; за вычетом; без скидки; **~ Kasse** наличными, нетто-касса, без вычетов

Netto|anlageinvestitionen *pl* чистые капиталовложения *pl* (инвестиции *pl*) в основной капитал; **-anlagevermögen** *n* остаточная балансовая стоимость *f* основного капитала; **-arbeitsentgelt** *n* заработная плата *f* нетто; **-auslandsforderungen** *pl* чистые долговые требования *pl* к иностранным клиентам; **-auslandsverschuldung** *f* чистая внешняя задолженность *f*; **-austauschver-**

hältnis *n* чистые условия *pl* бартерной торговли; **-beanspruchung** *f* чистая сумма *f* кредита; **-bedarf** *n* чистые (первичные) потребности *pl*; **-beitrag** *m* чистый страховой взнос *m*; **-bestand** *m* чистые запасы *pl* (резервы *pl*); нетто позиция *f* по срочным сделкам; **-betrag** *m* сумма *f* нетто; **-bezüge** *pl* чистые денежные доходы *pl*; **-bilanz** *f* нетто-баланс *m*, общий баланс *m*; **-buchwert** *m* чистая балансовая стоимость *f*; **-defizit** *n* чистый дефицит *m*; **-devisenabfluss** *m* чистый отток *m* валюты; **-devisenerlös** *m* чистая валютная выручка *f*; **-devisenposition** *f* чистый остаток *m* иностранной валюты; **-dividende** *f* чистый дивиденд *m*; **-einkaufspreis** *m* закупочная цена *f* нетто; **-einkommen** *n* чистый доход *m*, доход *m* нетто; **-ergebnis** *n* результат *m* хозяйственной деятельности нетто; чистая прибыль *f*, чистые убытки *pl*; **-erlös** *m* чистая выручка *f*, выручка *f* нетто; **-ersparnis** *f* чистые сбережения *pl*, чистая экономия *f*; **-ertrag** *m* чистый доход *m*, чистая выручка *f*; **-export** *m* экспорт *m* нетто; **-fläche** *f* площадь *f* нетто; **-forderungen** *pl* долговое требование *n* нетто; **-gehalt** *n* заработная плата *f* (жалование *n*) нетто; **-geschäfte** *pl* сделки *pl* с ценными бумагами, не имеющими котировки по цене нетто; **-gewicht** *n* вес *m* нетто, чистый вес *m*; **-gewinn** *m* чистая прибыль *f*; **-inhalt** *m* чистое содержание *n*; вместимость *f* нетто; **-inlandsprodukt** *n* чистый внутренний (национальный) продукт *m*; **-investitionen** *pl* чистые капиталовложения *pl*; **-kapital** *n* чистый капитал *m*; **-kapitalbildung** *f* чистое капиталообразование *n*; **-kapitalexport** *m* экспорт *m* чистого капитала; **-kapitalimport** *m* импорт *m* чистого капитала; **-kreditaufnahme** *f* чистая задолженность *f* по кредиту; **-kreditbedarf** *m* нетто-потребность *f* в кредите; **-kreditgewährungen** *pl* предоставление *n* кредитов в чистом виде; **-kurs** *m* окончательный (фактический) курс *m* продажи ценных бумаг; **-leistung** *f* чистая продукция *f* (выработка *f*); **-lohn** *m* заработная плата *f* нетто, зарплата *f* к выплате; **-methode** *f s.* **Equity-Methode** *f*; **-neuverschuldung** *f* чистая задолженность *f* по новым кредитам; **-preis** *m* цена *f* нетто; **-prinzip** *n* принцип *m* сальдирования расходов и доходов по результативному счету; **-produktion** *f* чистая продукция *f* (выработка *f*); **-produktionswert** *m* стоимость *f* чистой продукции; **-produktionszuwachs** *m* прирост *m* чистой продукции; **-quote** *f* нетто-квота *f*, фактическая квота *f*; **-rauminhalt** *m* нетто-вместимость *f*; нетто-регистровый тоннаж *m*; **-rechnung** *f* результативный счет *m*; **-registertonne** *f* нетто-регистровая тонна *f*; **-rendite** *f* доход *m* нетто, чистый доход *m*; **-reproduktionsrate** *f* чистый коэффициент *m* воспроизводства населения; **-satz** *m* нетто-ставка *f*; **-sozialprodukt** *n* чистый социальный (общественный) продукт *m*; **-stundensatz** *m* чистая почасовая ставка *f*; **-überschussposition** *f* положение *n*, ограничивающее чистую кредиторскую задолженность; **-umlaufvermögen** *n* чистый оборотный капитал *m*; **-umsatz** *m* чистый оборот *m*; **-verdienst** *m* чистый заработок *m*; **-verkaufserlös** *m* чистая выручка *f* от сбыта; **-verkaufspreis** *m* сбытовая цена *f* нетто; **-verlust** *m* чистые убытки *pl* после налоговых выплат; **-vermögen** *n* нетто-активы *pl*, фактическое имущество *n*; **-verschuldung** *f* чистая задолженность *f*; **-verzinsung** *f* начисление *n* нетто-процентов; чистый доход *m*; **-warenwert** *m* чистая фактическая стоимость *f* товаров; **-wertzuwachs** *m* прирост *m* чистой фактической стоимости; **-zins** *m* нетто-процент *m*; чистый процент *m* по кредиту; **-zinsklausel** *f* оговорка *f* о ставке нетто-процента

Nettozufluss *m* чистый приток *m*, чистые поступления *pl*; ~ **liquider**

Mittel чистый приток *m* ликвидных средств

Netto|zugang *m* чистое поступление *n*; **-zuwachs** *m* чистой прирост *m*

Netz *n* сеть, *(Comp)* Интернет *m*

Netz|markt *m (Handel, Pol, Recht)* сетевой рынок, рынок в условиях естественной монополии; **plan** *m* сетевой график *m*; **-plantechnik** *f* методы *pl* сетевого планирования и управления; **-werk** *n* сетевая модель *f*, сеть, сетевая организация *f*

Netzwerk-Marketing *m (V&M)* сетевой маркетинг *m*, многоуровневый маркетинг *m*

Netzwerk|protokoll *n (Comp)* сетевой протокол *m*; **-sicherheit** *f (Comp)* безопасность *f* сети

Neu|abschluss *n* заключение *n* новой сделки; **-anfertigung** *f* изготовление *n* новых товаров; **-anlage** *f* новое капиталовложение *n*; **-anschaffung** *f* новое приобретение *n*; приобретение *n* новой вещи; замещение *n*, замена *f* оборудования; **-anschluss** *n* новый абонент *m*

Neuaufbau *m* новое строительство *n*; восстановление *n*; ~ **von Kapazitäten** новое строительство *n* мощностей

Neu|aufteilung *f* передел *m*; перераспределение *n*

neu|ausfertigen пересоставлять, составлять заново; **-ausrüsten** переоборудовать

Neuausrüstung *f* переоборудование *n*; перевооружение *n*

neuausstatten переоборудовать, переоснащать

Neuausstattung *f* переоборудование *n*, новое оборудование *n*

Neubau *m* новостройка *f*, новое здание *n*; новое строительство *n*

Neu|bauwohnung *f* квартира *f* в доме-новостройке; **-bedarf** *m* новые потребности *pl*, новый спрос *m*; **-berechnung** *f* перерасчет *m*, новый расчет *m*; новое вычисление *n*; **-bestellung** *f* новый заказ *m*; **-bewertung** *f* переоценка *f*, повторная оценка *f*; **-bewertungsreserve** *f (Buchh, Fin, Versich)* резерв *m* переоценки; **-bewertungsrücklage** *f* резерв *m* курсовых разниц; резервные отчисления *pl* на случай переоценки активов

Neueinstellung *f* новый набор *m* рабочей силы, набор *m* новых сотрудников

Neu|eintragung *f* регистрация *f* нового общества; **-emission** *f* новый выпуск *m* ценных бумаг; **-entwicklung** *f* разработка *f* новых конструкций (моделей); новая разработка *f* (конструкция *f*)

Neuerung *f* новшество *n*, инновация *f*, нововведение *n*; новинка *f*; **-en einführen** вводить (внедрять) новшества (инновации)

Neufassung *f* новая редакция *f* (формулировка *f*)

Neu|festlegung *f* (**-festsetzung** *f*) пересмотр *m*, переоценка *f*

Neugeschäft *n* новое дело *n*, новый бизнес *m*; новые контракты *pl* за рассматриваемый период

neugestalten перестраивать, преобразовывать, реорганизовывать

Neu|gestaltung *f* переустройство *n*, переоборудование *n*, реорганизация *f*, пересмотр *m*; **-gründung** *f* основание *n* нового предприятия (новой организации); вновь созданное предприятие *n*, вновь созданная организация *f*

Neuheit *f* новинка *f*; новшество *n*

Neuheitsprüfung *f* проверка *f* на новизну (патентную чистоту)

Neuigkeitsgrad *m* степень *f* новизны

Neu|investitionen *pl* новые капиталовложения *pl*; **-kauf** *m* новая покупка *f*; **-kreditgeschäft** *n* предоставление *n* нового кредита; **-ordnung** *f* реорганизация *f*, переустройство *n*, преобразование *n*; **-organisation** *f* реорганизация *f*; новая организация *f*; **-orientierung** *f* переориентация *f*, новая ориентация *f*; **-prägung** *f* монета *f* новой чеканки; новая чеканка *f*

Neuregelung *f* введение *n* новых правил; роерганизация *f*; переустройство *n*; ~ **des Steuerwesens** реорганизация *f* налоговой системы

Neustrukturierung *f* перестуктурирование *n*
neutral нейтральный; **-e Aufwendungen** расходы *pl*, не связанные с основным видом деятельности; **-e Erträge** доходы *pl*, получаемые от побочных видов деятельности
Neuveranlagung *f* установление *n* новых размеров налога
neuverhandeln возобновить переговоры
Neu|verschuldung *f* новая задолженность *f*, задолженность *f* по новым кредитам; **-verteilung** *f* перераспределение *n*; **-wert** *m* вновь созданная стоимость *f*; стоимость *f* (цена *f*) новой вещи; восстановительная стоимость *f* объекта страхования; **-wertentschädigung** *f* возмещение *n* по восстановительной стоимости объекта страхования; **-wertversicherung** *f* страхование *n* вновь созданной стоимости; страхование *n* по восстановительной стоимости объекта страхования; **-zugänge** *pl* новые поступления *pl*; **-zulassung** *f* регистрация *f* новых автомобилей
Nibor *(Bö)* Нью-Йоркская межбанковская ставка *f* предложения
Nicht|abnahme *f* отказ принять (поставляемый товар); непринятие *n* (товара); **-anerkennung** *f* непризнание *n*, отказ *m*; **-annahme** *f* непринятие *n* (товара, векселя); **-anwendung** *f* отказ *m* от применения
Nichtbanken *pl* не-банки *pl*, потребители *pl* денег
nichtbankfähig не принимаемый банком к учету
Nicht|bankenkundschaft *f (Bank)* клиенты - не банки *pl*; **-beachtung** *f* несоблюдение *n*, пренебрежение *n*; **-berechtigte** *m* неправомочный
Nicht|bezahlung *f* неуплата *f*; **-einhaltung** *f* несоблюдение *n* (сроков), нарушение *n* (графика)
Nichteinlösung *f* неуплата *f*, *(Versich)* неуплата *f* страхового взноса; **~ eines Wechsels** неуплата *f* по векселю
Nicht|erfüllung *f* невыполнение *n*, неисполнение *n*; **~ der Verbindlichkeiten** невыполнение *n* обязательств; **~ der Verpflichtungen** неисполнение *n* обязанностей
Nicht|erwerbsperson *f* лицо *n*, не имеющее самостоятельного заработка (дохода); **-fachleute** *pl* неспециалисты *pl*
nichtgewinnorientiert некоммерческий
nichtig недействительный, не имеющий законной силы, аннулированный; **für ~ erklären** объявлять не имеющим законной силы; отменять, аннулировать; **-es Rechtsgeschäft** недействительная (аннулированная) юридическая сделка *f*
Nichtigkeit *f* недействительность *f*
Nichtigkeits|erklärung *f* отмена *f*, аннулирование *n*, объявление *n* недействительным; **-grund** *m* основание *n* отмены (аннулирования); **-klage** *f* иск *m* о признании недействительным; кассационная жалоба *f*
Nichtinanspruchnahme *f* неиспользование *n*; неполное использование *n*
nichtkonvertibel неконвертируемый
Nicht|lieferung *f* непоставка *f*; отказ *m* от поставки; **-mitgliedsstaat** *m* государство *n*, не являющееся членом
nichtnotiert не имеющий биржевой котировки; **-e Aktien** акции *pl*, не котирующиеся на бирже
nichtrückzahlbar безвозвратный
nichtselbständig несамостоятельный; **-e Arbeit** работа *f* по найму
Nichtveranlagungsbescheinigung *f* *(Fin, Steuer)* справка *f* о необлагаемости подоходным налогом
Nichtvermögensschaden *m* нематериальный ущерб *m*
Nichtweitergabe *f* нераспространение *n*
Nicht|zahler *m* неплательщик *m*; **-zahlung** *f* неуплата *f*, неплатеж *m*
niederlassen, sich обосновываться, поселяться; открывать филиал
Niederlassung *f* отделение *n*, филиал *m*; предприятие *n*; местонахождение *n*; **eine ~ aufbauen (errichten)** открыть филиал (отделение); **eine ~**

gründen основать отделение (филиал); **die ~ verlegen** изменить местонахождение филиала

Niederlassungs|freiheit *f* право *n* свободного основания предприятия; право *n* свободного выбора места жительства; **-leiter** *m* руководитель *m* отделения (филиала); **-recht** *n* право *n* на открытие предприятия (практики)

niederlegen отказываться; прекращать; излагать; **die Arbeit ~** прекратить работу; **schriftlich ~** изложить в письменном виде

Niederschlagung *f* приостановка *f*, прекращение *n*; **~ von Steuern** временное прекращение *n* взимания налогов

Niederschrift *f* запись *f*, изложение *n*, протокол *m*; **eine ~ anfertigen** записать, составить протокол; **die ~ unterzeichnen** подписать протокол

Niederstwertprinzip *n* принцип *m* оценки по самой низкой стоимости, принцип *m* самой низкой оценки

niedrig низкий, невысокий; **~ verzinslich** под низкие проценты

Niedrig|energiehaus *n (Umwelt)* дом *m* с низким энергопотреблением; **-lohn** *m* низкий уровень *m* заработной платы; **-lohnarbeit** *f* низкооплачиваемая работа *f*; **-lohnland** *n* страна *f* с низким уровнем заработной платы; **-preisländer** *pl* страны *pl* с низким уровнем розничных цен

Niedrigst|belastung *f* минимальная нагрузка *f*; **-kurs** *m* минимальный курс *m*; **-preis** *m* минимальная цена *f*

Niedrigzinsländer *pl* страны *pl* с низкой процентной ставкой

Nießbrauch *m* узуфрукт *m*, право *n* пользования чужим имуществом; **mit einem ~ belasten** отдавать имущество в чужое пользование

Nießbrauchbestellung *f* передача *f* права на владение чужим имуществом

Nießbraucher *m* узуфруктуар *m*, имеющий право пользования чужим имуществом; временный владелец *m*

Nikkei-Index *m (Bö)* Nikkei 225, биржевой индекс *m* Японии

Nimexe-Nomenklatur *f (EU)* товарная номенклатура *f* внутренней и внешней торговли Европейского Союза

Nische *f* ниша *f* (рынка)

Nischen|anbieter *m* оферент *m* товаров (услуг) для определенной ниши рынка; **-markt** *m* нишевой рынок *m*; **-produktion** *f* производство *n* товаров для определенной ниши рынка; **-strategie** *f* стратегия *f* фирмы, ориентированная на производство для определенной ниши рынка

Niveau *n* уровень *m*; **das ~ aufrechterhalten** сохранять (поддерживать) уровень; **ein hohes ~ erreichen** достичь высокого уровня

Niveauangleichung *f* уравнивание *n* уровней, выравнивание *n*

niveaubestimmend определяющий уровень

Niveau|unterschied *m* различие *n* в уровнях; **-vergleich** *m* сравнение *n* уровней

Nochgeschäft *n* двойной опцион *m* продавца; опцион *m* на право продажи двойного количества акций; двойной опцион *m* покупателей; опцион *m* на право покупки дополнительного количества акций с премией на основании двойного опциона продавца (покупателя)

No-load-Fonds *m* фонды *pl*, бумаги которых продаются без ажио

Nomenklatur *f* номенклатура *f* (таможенных тарифов)

Nomenklaturverzeichnis *n* номенклатурный перечень *m*

Nominal|betrag *m* номинальная сумма *f*; **-einkommen** *n* номинальный доход *m*; **-kapital** *n* номинальный капитал *m*; **-lohn** *m* номинальная заработная плата *f*; **-preis** *m* номинальная цена *f*; **-satz** *m* номинальная ставка *f*; **-verzinsung** *f* начисление *n* процентов по номинальной ставке

Nominalwert *m* номинальная стоимость *f*; **unter dem ~** ниже номинальной стоимости

Nominalzins *m* номинальный процент *m*

nominell номинальный; **-er Kurs** номинальный курс *m*
nominieren назначать, выдвигать
No-Name-Produkt *n* безымянный продукт *m*, продукт *m* частной марки
Non-Profit-Organisation *f (Recht, Soz)* некоммерческая организация *f*
Nonvaleur *m* ценная бумага *f*, не имеющая стоимости
Nordzuschlag *m* северная надбавка *f*
Norm *f* норма *f*; эталон *m*; стандарт *m*; **eine ~ aufstellen** устанавливать норму (стандарт); **die ~ einhalten** соблюдать стандарт (норму); **die ~ überbieten** перевыполнять норму; **die ~ unterbieten** не выполнить норму; **vorgegebene ~** заданная норма *f*, стандарт *m*, норматив *m*
Normabweichung *f* отклонение *n* от нормы
Normal|arbeitsvertrag *m* типовой трудовой договор *m*; **-belastung** *f* нормальная нагрузка *f*; **-beschäftigung** *f* средняя занятость *f*; **-bestand** *m* обычные нормальные запасы *pl*; **-defizit** *m* привычный дефицит *m*; **-gemeinkosten** *pl* обычные накладные расходы *pl*; **-gewicht** *n* нормальный средний вес *m*
Normalisierung *f* нормализация *f*, стандартизация *f*
Normal|kalkulation *f* калькуляция *f* по средним издержкам; **-kontenplan** *m* типовой счетный план *m*; **-kontenrahmen** *m* типовая номенклатура *f* счетов; **-kosten** *pl* средние издержки *pl*; **-leistung** *f* нормальная мощность *f*; средняя производительность *f*; **-preis** *m* обычная (стандартная) цена *f*; **-zeit** *f* норма *f* времени; нормативное время *n*; **-zuschläge** *pl* усредненные надбавки *pl* накладных расходов
Normänderung *f* изменение *n* нормы
normen нормировать, стандартизировать
Normen- und Typenkartell *n* картель *m* по стандартизации
Norm|erfüllung *f* выполнение *n* норм; **-ermittlung** *f* расчет *m* норм
normgerecht соответствующий нормам (стандартам)
normieren нормировать, стандартизировать
Normung *f* нормирование *n*; стандартизация *f*; унификация *f*; **internationale ~** международная стандартизация *f*
Normungsinstitut *n* институт *m* нормирования и стандартизации
Nostro|effekten *pl* ценные бумаги *pl* банка, находящиеся на хранении у банков-корреспондентов; **-geschäfte** *pl* сделки *pl* с ценными бумагами, производимые банком за свой счет; **-guthaben** *n* кредитовое сальдо *n* по счету ностро в другом банке; **-konto** *n* счет *m* ностро; **-verbindlichkeiten** *pl* обязательства *pl* банка перед банками-корреспондентами; **-verpflichtungen** *pl* дебитовое сальдо *n* по счету ностро; обязательства *pl* банка перед банками-корреспондентами
Nota *f* счет *m*, фактура *f*; поручение *n*, заказ *m*; сообщение *n*, извещение *n*
Not|adresse *f* гарант *m* по векселю, указание *n* адреса третьего лица на векселе на случай протеста, адрес *m* на случай; *(Transp)* контактный адрес *m*; **-anzeige** *f* уведомление *n* векселедержателем векселедателя об опротестовании выданного векселя
Notar *m* нотариус *m*
Notariatsgebühr *f* нотариальный сбор *m*
notariell нотариально; нотариальный; **~ beglaubigt** нотариально заверенный (засвидетельствованный); **-e Beglaubigung** нотариальное засвидетельствование *n*; **-e Beurkundung** публичное нотариальное засвидетельствование *n*
Not|bestand *m* аварийный запас *m*
Note *f* банкнота *f*, банковский билет *m*
Noten|ausgabe *f* выпуск *m* (эмиссия *f*) банкнот, банковская эмиссия *f*; **-ausgaberecht** *n* право *n* выпуска (эмиссии) банкнот; **-bank** *f* эмиссионный банк *m*; **-bankausweis** *m* отчет *m* эмиссионного банка; **-bankfähigkeit** *f* выполнение *n* критериев для котировки в Европейской Системе Центральных Банков;

-bankpolitik *f* политика *f* эмиссионного банка; **-deckung** *f* обеспечение *n* (покрытие *n*) банкнот; **-einlösung** *f* выкуп *m* банкнот; **-emission** *f* выпуск *m* (эмиссия *f*) банкнот, банковская эмиссия *f*; **-entwertung** *f* обесценение *n* банкнот; **-kontingent** *n* контингент *m* (лимит *m*) банковской эмиссии; **-monopol** *n* монополия *f* на выпуск (эмиссию) банкнот; **-presse** *f* печатный станок *m* для выпуска банкнот; **-reserve** *f* резерв *m* банкнот; **-steuer** *f* налог *m* на выпуск банкнот; **-stückelung** *f* деление *n* купюр (банкнот) по достоинству; **-umlauf** *m* обращение *n* банкнот; сумма *f* банкнот, находящаяся в обращении

Noterbe *m* законный наследник *m*

Notes *pl* краткосрочные долговые обязательства *pl*

Not|fall *m* крайний (экстренный) случай *m*; **-geld** *n* суррогат *m* денег; **-hilfe** *f* выручка *f*, помощь *f* в бедственном положении; аварийная служба *f*

notieren котировать, регистрировать ценные бумаги на бирже; заносить на счет; котироваться; **einen Auftrag** ~ зарегистрировать заказ; **beim Kurs** ~ котировать по курсу

notiert зарегистрированный, имеющий котировку; **amtlich** ~ имеющий официальную котировку, официально зарегистрированный на бирже

Notierung *f* котировка *f*, курс *m*; **die ~ aussetzen** приостановить котировку; **die -en waren behauptet** курсы ценных бумаг стабилизировались; **zur ~ zulassen** допустить ценные бумаги к (официальной) котировке; **amtliche** ~ официальная котировка *f*; **fortlaufende** ~ последовательная (текущая) котировка *f*, непрерывный биржевой курс *m*; **~ im Freiverkehr** неофициальная котировка *f*; **nachbörsliche** ~ котировка *f* после закрытия биржи; **~ über dem Nennwert** котировка *f* выше номинальной стоимости; **~ unter dem Nennwert** котировка *f* ниже номинальной стоимости; **variable** ~ непрерывный биржевой курс *m*; **vorbörsliche** ~ котировка *f* перед открытием биржи

Notierungskommission *f* котировочная комиссия *f*

Notifikation *f* нотификация *f*; извещение *n*, предупреждение *n*

Notifikationspflicht *f* обязанность *f* регрессанта произвести нотификацию

Notiz *f* запись *f*, заметка *f*, извещение *n*; меморандум *m*; котировка *f*; **amtliche** ~ регистрация *f* на бирже

Notlage *f* бедственное (затруднительное) положение *n*, нужда *f*; **finanzielle** ~ финансовые затруднения *pl*; **wirtschaftliche** ~ экономические затруднения *pl*

notleidend неоплаченный; сомнительный; ненадежный; **-e Anleihe** невыполнение *n* условий займа; **-er Kredit** ненадежный кредит *m*; **-er Wechsel** просроченный вексель *m*

Notlösung *f* компромиссное решение *n*

Notstand *m* чрезвычайное положение *n*, бедствие *n*; **einen ~ beheben** исправлять бедственное положение; **sozialer** ~ бедственное положение *n* в социальной сфере

Not|verkauf *m* вынужденная продажа *f*, принудительная продажа *f* с торгов; **-vorrat** *m* аварийный запас *m*

Notzurückbehaltungsrecht *n* право *n* оставления за собой имущества должника

Novität *f* новшество *n*, нововведение *n*, новинка *f*; **technische** ~ техническая новинка *f*, техническое новшество *f*

NPV-Methode *f* метод *m* чистого современного значения, метод *m* чистой приведенной стоимости

Null|fehlerproduktion *f* бездефектное производство *n*, бездефектная продукция *f*; **-kuponanleihe** *f* выпуск *m* облигаций с нулевым купоном; **-monat** *m* *(Soz)* «нулевой месяц» *m* (период *m* до вступления в силу тарифного соглашения о повышении зарплат); **-runde** *f* тарифное соглашение *n* без повышения издержек для работодателя; **-serie** *f* опытная серия *f*

Nulltarif *m* нулевой тариф *m*; **zum ~** бесплатно

null und nichtig недействительный, утративший силу; **für ~ erklären** аннулировать, объявлять недействительным

Nullwachstum *n* стагнация *f*

Nummern|depot *n* хранение *n* ценных бумаг под номером; **-konto** *n* нумерованный счет *m*; **-verzeichnis** *n* опись *f* ценных бумаг в порядке нарастающих номеров

Nutzbarkeit *f* полезность *f*, пригодность *f*, возможность *f* использования

Nutzbarmachung *f* утилизация *f*, использование *n*

nutzbringend полезный, выгодный

Nutzeffekt *m* экономический эффект *m*, эффективность *f*

nutzen использовать, применять

Nutzen *m* польза *f*, эффект *m*, эффективность *f*; выгода *f*, прибыль *f*; **~ bringen** приносить прибыль

Nutz|fahrzeug *n* автомобиль *m* коммерческого (промышленного) назначения, коммерческий автомобиль *m*; **-fläche** *f* полезная площадь *f*; угодья *pl*; **-grenze** *f* предел *m* полезности; **-inhalt** *m* полезный объем *m*; **-kosten** *pl* переменные расходы *pl* плюс стоимость использованных мощностей; **-ladefaktor** *m (Transp)* коэффициент *m* использования грузоподъемности; **-ladung** *f* коммерческий груз *m*; **-last** *f* полезная нагрузка *f*; **-lastoptimierung** *f* оптимизация *f* грузоподъемности; **-leistung** *f* полезная (эффективная) мощность *f*

nützlich полезный, нужный, выгодный; с пользой (выгодой)

Nützlichkeit *f* польза *f*, выгода *f*; полезность *f*

Nutznießer *m* лицо *n*, получающее пользу (выгоду); лицо *n*, имеющее право пользоваться чужим имуществом, узуфруктуар

Nutzung *f* пользование *n*, использование *n*, эксплуатация *f*; польза *f*, выгода *f*, доход *m*; право *n* пользования; **betriebliche ~** хозяйственное использование *n*; **entgeltliche ~** пользование *n* за плату; **gemeinschaftliche ~** совместное пользование *n*; **kommerzielle ~** коммерческое использование *n*; **kostenlose ~** бесплатное использование *n*; **landwirtschaftliche ~** использование *n* в сельскохозяйственных целях; **zeitweilige ~** временное пользование *n*

Nutzungs|bedingungen *pl* условия *pl* пользования; **-dauer** *f* срок *m* службы, срок *m* эксплуатации; **-entgelt** *n* плата *f* за пользование; **-frist** *f* срок *m* эксплуатации (пользования); **-gebühr** *f* плата *f* за пользование; **-möglichkeit** *f* возможность *f* использования; **-pfandrecht** *n* право *n* использования внесенного залога; **-prämie** *f* премия *f* за использование; **-zeit** *f* период *m* полезного использования средств производства

Nutzungsrecht *n* право *n* пользования; **ausschließliches ~** исключительное право *n* пользования; **öffentliches ~** право *n* общего пользования

Nutzungszeit *f* срок *m* эксплуатации (пользования)

Nutzwert *m* субъективная стоимость *f*; стоимость *f*, определяемая полезностью

NYSE (New York stock exchange) ньюйорская фондовая биржа *f*

O

obdachlos бездомный

Obdachlose *m f* бездомный *m*, бездомная *f*

Ober|behörde *f* высшая инстанция *f*; **-gesellschaft** *f* основное общество *n*; холдинг-компания *f*; **-grenze** *f* верхний предел *m*; **-schicht** *f* высшие круги *pl*; **-tarif** *m* максимальный тариф *m*

Objekt *n* объект *m*, предмет *m*

Objektbesteuerung *f* обложение *n* налогом объекта имущества

objektbezogen относящийся к определенному предмету (объекту)

Objekt|finanzierung *f* целевое финансирование *n*; **-hoheit** *f* право *n* установления или отмены налога; **-kredit** *m* кредит *m*, погашение которого осуществляется за счет кредитуемого объекта; **-sparen** *n* целевые сбережения *pl* населения; **-steuer** *f* налог *m* на недвижимое имущество; налог *m* на объект

Obliegenheit *f* обязанность *f*, обязательство *n*; **seine -en erfüllen** выполнять свои обязанности (функции)

Obligation *f* облигация *f*, (долговое) обязательство *n*; **-en ausgeben (emittieren)** выпускать облигации (заем); **-en handeln** проводить торговые операции с облигациями; **in -en investieren** помещать капитал (инвестировать) в облигации; **-en tilgen** погашать облигации; **auf den Inhaber lautende ~** облигация *f* на предъявителя; **auf den Namen lautende ~** именная облигация *f*; **emittierte ~** выпущенная облигация *f*; **festverzinsliche ~** облигация *f* с твердым процентом; **fünfjährige ~** облигация *f* пятилетнего займа; **hypothekarisch gesicherte ~** ипотечная облигация *f*; **~ mit Gewinnbeteiligung** облигация *f*, дающая право на участие в прибылях компании; **nichtbevorrechtigte ~** непривилегированная облигация *f*; **nicht übertragbare ~** именная облигация *f*; **umlaufende ~** облигация *f*, находящаяся в обращении; **zur Tilgung aufgerufene ~** погашаемая облигация *f*

Obligationär *m* владелец *m* (держатель) облигаций

Obligations|ausgabe *f* выпуск *m* облигаций; **-inhaber** *m* владелец *m* (держатель *m*) облигаций

obligatorisch обязательный; **-e Versicherung** обязательное страхование *n*

Obligo *n* облиго *n*; обязательство *n*; поручительство *n*; ответственность *f*; гарантия *f*; **ohne ~** без гарантий, без обязательства; без оборота (на меня); без права обратного требования

Obligo|buch *n* книга *f* по учету обязательств; **-übernahme** *f* принятие *n* на себя обязательства

Oderkonto *n* совместный счет *m*, распоряжаться которым может каждый владелец счета

offen открытый; свободный, вакантный; неограниченный; неоплаченный; **-er Anlagefonds** открытый инвестиционный фонд *m*; **-e Ausschreibung** открытые торги *pl*; **-es Depot** хранение *n* ценных бумаг по описи; **-e Posten-Buchführung** ведение *n* бухгалтерского учета без счетов; **-e Rechnung** открытый (неоплаченный) счет *m*; **-e Rücklagen** открытые резервы *pl*; **-e Stelle** вакансия *f*; **-er Wechsel** бланковый вексель *m*

Offenbarungseid *m* показания *pl* под присягой об имущественном положении

offen legen раскрывать; выдавать, сообщать; **die Unterlagen ~** представить документацию на проверку

Offenlegung *f (Buchh, Recht)* публикование *n* (годовых отчетов о хозяйственной деятельности); *(Pat)* публикация *f* патентной заявки

Offenlegungspflicht *f* обязанность *f* (документального) подтверждения финансового положения

Offenmarkt *m* открытый рынок *m*

Offenmarkt|geschäfte *pl* сделки *pl* (операции *pl*), совершаемые на открытом рынке; **-politik** *f* политика *f* открытого рынка

öffentlich общественный, государственный; публичный, открытый; **~ versteigern** продавать на публичных торгах; **-e Erwerbseinkünfte** *pl* доходы *pl* государственных предприятий и организаций; **-e Kreditaufnahme** займы государственных (муниципальных) органов; **-e Verkehrsmittel** общественный (коммунальный) транспорт

Öffentlichkeit *f* общественность *f*, публичность *f*; общественное мнение *n*; **in der ~** публично, гласно

Öffentlichkeits|arbeit *f* деятельность *f* фирмы по формированию общественного мнения, работа *f* с общественностью, связи *pl* с общественностью; **-prinzip** *n* принцип *m* гласности

öffentlich-rechtlich публично-правовой; **-es Dienstverhältnis** служба *f* согласно публично-правовому договору; **-e Körperschaft** публично-правовая корпорация *f* (организация *f*); **-er Rundfunk** *(Media, Recht)* публично-правовое телерадиовещание *n*; **-er Vertrag** публично-правовой договор *m*

Offerent *m* оферент *m*, лицо *n*, делающее предложение

offerieren предлагать

Offerte *f* оферта *f*, предложение *n*; предложение *n* цены, заявка *f* на торгах; **eine ~ abgeben** сделать предложение, предложить; **die ~ annehmen** принять предложение; **die ~ zurückweisen** отклонить предложение; **eingegangene ~** поступившее предложение *n*; поступившая заявка *f*

offiziell официальный, служебный

Öffnung *f* открытие *n*; выдача *f*; **~ der Bücher** предъявление *n* бухгалтерских (торговых) книг; **~ der Märkte** открытие *n* рынков

Öffnungs|klausel *f* статья *f* тарифного соглашения, допускающая заключение дополнительных коллективных договоров на предприятиях; **-zeiten** *pl* часы *pl* работы

Offshore|-Fonds *pl* международные инвестиционные фонды *pl*; **-Geschäft** *n* сделка *f* оффшор, оффшорная сделка *f*; **-Steuerabkommen** *n* соглашение *n* о налоговых льготах для оффшорных компаний

Ökobilanz *f* экологический баланс *m*

Ökologie *f* экология *f*

ökologisch экологический; **-es Gleichgewicht** экологическое равновесие *n*; **-e Rahmenbedingungen** общие экологические условия *pl*; **-er Umbau** экологическая перестройка *f*; **-e Vernunft** экологический разум *m*, экологическое сознание *n*

Ökonom *m* экономист *m*

Ökonometrie *f* эконометрия *f*, эконометрика *f*

Ökonomie *f* экономика *f*, экономическая теория *f*; экономия *f*; **~ des Staates** экономика *f* страны

ökonomisch экономический; экономный, экономичный

Ökostrom *m* экологичная электроэнергия, электроэнергия *f* из возобновляемых источников энергии

Öl|aktien *pl* акции *pl* нефтяных компаний; **-ausfuhrländer** *pl* страны-экспортеры *pl* нефти; **-bedarf** *m* потребность *f* в нефти; **-dollar** *m* нефтедоллар *m*; **-einfuhrländer** *pl* страны-импортеры *pl* нефти; **-einsparung** *f* экономия *f* нефти; **-förderung** *f* добыча *f* нефти; **-gesellschaft** *f* нефтяная компания *f*

Oligopol *n* олигополия *f*

Oligopolbildung *f* образование *n* олигополии

Oligopolist *m* олигополист *m*

oligopolistisch олигополистический

Öl|industrie *f* нефтяная промышленность *f*; **-leitung** *f* нефтепровод *m*; **-lieferung** *f* поставки *pl* нефти; **-nachfrage** *f* спрос *m* на нефть; **-preis** *m* цена *f* на нефть; **-preissenkung** *f* понижение *n* цены на нефть; **-preissteigerung** *f* повышение *n* цены на нефть; **-terminmarkt** *m* рынок *m* срочных сделок на нефть; **-verarbeitung** *f* переработка *f* нефти; **-verbrauch** *m* потребление *n* нефти; **-verknappung** *f* нехватка *f* (дефицит *m*) нефти; **-verschmutzung** *f* загрязнение *n* нефтью; **-versorgung** *f* снабжение *n* нефтью, поставки *pl* нефти; **-vorräte** *pl* запасы *pl* нефти; **-wirtschaft** *f* нефтяная промышленность *f*

Ombudsman *m* **der Bank** независимый примирительный арбитр *m* (посредник *m*) по проблемам с банками

Online Banking *n (Bank, Comp Fin)* интернет-банкинг *m*

Online-Durchsuchung *f (Comp Pol)* обыск *f* персонального компьютера

Online-Marketing *n (Comp, V&M)* онлайновый маркетинг *m*

Onlineshop *m (Comp, V&M)* интернет-магазин *m*

Online-PR *(Comp)* работа *f* с

виртуальной общественностью, паблик-рилейшн *m* через Интернет

Online-Werbung *f (Comp, Media, V&M)* интернет-реклама *f*, реклама *f* через Интернет, реклама *f* по электронной почте

Operation *f* операция *f*, деятельность *f*; сделка *f*; **weltweite** ~ деятельность *f* по всему миру

operational операциональный, оперативный; **-es Ziel** оперативная цель *f*; **-e Zielgröße** оперативная конечная величина *f*

Operationalisierung *f* операционализация *f*

Operations|leasing *n* операционный лизинг *m*, операционная аренда *f*; **-rentabilität** *f* рентабельность *f* функционирования

operativ оперативный; **-er Bereich** оперативная производственная сфера *f*

Operativplanung *f* оперативное (текущее) планирование *n*

operieren действовать

Opportunitätskosten *pl* вероятные потерянные затраты *pl*; альтернативные издержки *pl*; издержки *pl* неиспользованных возможностей

Opportunitätskostenrechnung *f* смета *f* (расчет *m*) альтернативных издержек

Oppositionsliste *f (Bö)* перечень *m* (наименований и номеров) похищенных и пропавших акций (ценных бумаг)

optieren выбирать, оптироваться

optimal оптимальный; **-e Betriebsgröße** оптимальный размер *m* предприятия

Optimalwert *m* оптимальное значение *n*, оптимальная величина *f*

optimieren оптимизировать

Optimierung *f* оптимизация *f*

Optimum *n* оптиум *m*

Option *f* опцион *m*, право купить (продать); право определять качество товара, место и сроки поставок; выбор, право замены; варрант; **-en ausgeben** выпускать опционы; **eine ~ ausüben** использовать право выбора (опцион); **-en emittieren** выпускать опционы; **-en erarbeiten** определять возможности выбора (опционы); **die ~ erhalten** получить право (опцион); **eine ~ verfallen lassen** просрочить право выбора (опцион); **~ auf Kauf und Verkauf von Aktien** право *n* на покупку и продажу акций

Options|anleihe *f* опционный заем *m*; **-ausübung** *f* использование *n* права выбора (опциона); **-bedingungen** *pl* условия *pl* опциона; **-berechtigte** *m* владелец *m* опциона (варранта); **-börse** *f* опционная биржа *f*; **-darlehen** *n* опционная ссуда *f*; **-fälligkeit** *f* дата *f* окончания опциона; **-geber** *m* лицо *n*, предоставляющее опцион; **-geschäft** *n* условная срочная сделка *f* с ценными бумагами; **-handel** *m* торговля *f* опционами; **-klasse** *f (Bö, Fin)* класс *m* опциона; **-klausel** *f* оговорка *f* об опционе (возможности выбора); **-nehmer** *m* получатель *m* опциона; **-obligation** *f* оптированная облигация *f*, облигация *f* с купоном; **-prämie** *f (Bö, Fin)* премия *f* за опцион; **-preis** *m* цена *f* опциона; **-preismodell** *n (Bö, Fin)* математическая модель *f* для определения цены опциона; **-recht** *n* право *n* опциона, право *n* покупки (акции) по льготной цене; **-schein** *m* опцион *m*, варрант *m*; **-schuldverschreibungen** *pl* оптированные (купонные) облигации *pl*; **-vertrag** *m* соглашение *n* о предоставлении опциона; **-zeitraum** *m* срок *m* действия опциона; **-zertifikat** *n* опционный сертификат *m*

ordentlich упорядоченный; честный, солидный; постоянный, штатный; **-er Kaufmann** добросовестный (солидный) коммерсант *m*

Order *f* заказ *m*, ордер *m*; приказ *m*, распоряжение *n*, поручение *n*; поручение *n* банку продать или купить ценные бумаги; **an ~ zahlen** платить приказу; **~ ausführen** исполнять (выполнять) заказ; **~ zusammenfassen** объединять заказы; **an eigene ~** собственному приказу; **nicht an ~** не приказу

Order|bestand *m* портфель *m* заказов; **-buch** *n* книга *f* заказов

Order-Driven Market *m (Bö)* непрерывный встречный аукцион *m*, рынок *m* конкурирующих между собой заявок

Order|eingang *m* поступление *n* заказов; **-klausel** *f* оговорка *f* "приказу", превращающая документ в оборотный; **-konnossement** *n* ордерный коносамент *m*, транспортная накладная *f* на предъявителя; **-ladeschein** *m* транспортная накладная *f*, выставляемая перевозчиком по приказу; ордерная товарная квитанция *f*; **-lagerschein** *m* товарная квитанция *f*, выставляемая по приказу; ордерная товарная квитанция *f*

ordern заказывать, делать заказы; **telefonisch ~** заказывать по телефону

Order|papier *n* оборотный (ордерный) документ *m*; **-scheck** *m* ордерный чек *m*; **-schuldverschreibung** *f* ордерное долговое обязательство *n*; **-wesen** *n* выдача *f* заказов и подрядов

ordnen упорядочивать, ранжировать

Ordner *m (Büro)* папка *f*, регистратор *m* бумаг, подшитые документы *pl*; *(Comp)* папка *f*

Ordnung *f* строй *m*, устройство *n*, уклад *m*; правила *pl*, порядок *m*, система *f*; приведение *n* в порядок, упорядочивание *n*, систематизация *m*; **marktwirtschaftliche ~** система *m* рыночной экономики; **öffentliche ~** общественный порядок *m*; **verfassungsmäßige ~** конституционный строй *m*

Ordnungsgeld *n* административный штраф *m*

ordnungsmäßig надлежащий, правильный; **-e Buchführung** действующий бухгалтерский учет *m*; **-e Kündigung** увольнение *n* с предварительным уведомлением

Ordnungs|mäßigkeit *f* правильность *f*, упорядоченность *f*; достоверность *f*; **-merkmal** *n* группировочный признак *m*; **-politik** *f* мероприятия *pl* экономической политики, определяющие макроэкономические процессы; **-steuern** *pl* налоги *pl*, преследующие, главным образом, нефискальные цели; **-strafe** *f* дисциплинарное взыскание *n*, административный штраф *m*; **-widrigkeit** *f* нарушение *n* общественного порядка

Organ *n* орган *m*, организация *f*; **beratendes ~** совещательный орган *m*; **beschließendes ~** распорядительный (законодательный) орган *m*; **gesetzgebendes ~** законодательный орган *m*; **oberstes ~** высший орган *m*; **vollziehendes ~** исполнительный орган *m*

Organgesellschaft *f* дочерняя компания *f*, дочернее общество *n*; **-haftung** *f* ответственность *f* юридического лица за действия своих представителей

Organigramm *n* органиграмма *f*, организационная структура *f* (предприятия)

Organisation *f* организация *f*; **eine ~ gründen** основать (образовать) организацию; **die ~ straffen** рационализировать структуру организации; **berufsständische ~** профессиональная организация *f*; **formelle ~** формальная организация *f*; **informelle ~** неформальная организация *f*; **~ des Kundendienstes** организация *f* сервисного обслуживания; **~ nach dem Verrichtungsprinzip** организация *f* по функциональному принципу; **nicht gewinnorientierte ~** некоммерческая организация *f*; **schlanke ~** «поджарая» организация *f*, рациональная структура *f* организации

Organisations|ablauf *m* организационный процесс *m*, процесс *m* организации; **-analyse** *f* анализ *m* организационной структуры; **-berater** *m* консультант *m* по организации и методам управления; **-bereich** *m* организационная сфера *f*; **-einheit** *f* организационная единица *f*; **-entwicklung** *f* организационное развитие *n*; **-fehler** *pl* недостатки *pl* организации; **-form** *f* организационная форма *f*, форма *f* организации; **-fragen** *pl* организационные проблемы *pl*; **-grad** *m* степень *f* организованности; **-handbuch** *n* руководство *n* (справочник *m*) по организации; **-klima** *n* рабочая атмосфера *f* в учреждении; **-kontrolle** *f* контроль *m* за организационной структурой; **-kosten** *pl* организационные расходы *pl*; **-lehre** *f* теория *f* организации; **-niveau** *n* уровень *m* организации; **-plan** *m* организационная схема *f*; **-prinzip** *n* принцип *m* целесообразного структурирования; **-psychologie** *f* психология *f* организации; **-recht** *n* организационное право *n*, право *n* организации; **-richtlinien** *pl* руководство *n* по организации; **-studie** *f* исследование *n* (изучение *n*) организации; **-struktur** *f* организационная структура *f*; **-system** *n* система *f* организации, организационная система *f*; **-technik** *f* организационная техника *f*; **-typ** *m* тип организации; **-vermögen** *n* возможности *pl* организации, организационные возможности *pl*; **-wesen** *n* организаторская деятельность *f*; организационная структура *f*

Organisator *m* организатор *m*, устроитель *m*

organisatorisch организационный; организаторский; **-e Einbindung** включение *n* в структуру организации

organisiert организованный

Organkredit *m* кредит *m*, предоставляемый членам кредитного института или служащим компании

Organschaft *f* группа *f* двух или более предприятий, рассматриваемая как одно для целей налогообложения; зависимость *f* юридического лица от основной (головной) организации

Organschafts|verhältnis *n* отношения *pl* функциональной зависимости; **-vertrag** *m* договор *m* о совместном налогообложении (распределении прибылей)

Organträger *m* основное (головное) общество *n*

Orientierung *f* ориентация *f*, ориентировка *f*

Orientierungs|daten *pl* ориентировочные данные *pl*; **-größe** *f* ориентировочный показатель *m*; **-plan** *m* ориентировочный план *m*; **-preis** *m* ориентировочная цена *f*

Original|faktura *f* оригинальная фактура *f*, подлинный счет *m*; **-konnossement** *m* оригинал *m* коносамента; **-rechnung** *f* подлинный счет *m*, оригинальная фактура *f*; **-tara** *f* тара *f*, вес которой устанавливается отправителем путем взвешивания; **-unterlagen** *pl* оригиналы *pl* документов

originär первоначальный, исконный

Ort *m* место *n*, пункт *m*; ~ **des Einkaufs** место *n* закупки; ~ **des Verkaufs** место *n* продажи; **vor** ~ на месте

örtlich местный, локальный; **-e Behörde** местный орган *m* власти; **-e Zuständigkeit** компетенция *f* местных органов власти

ortsansässig местный; **-e Industrie** местные промышленные предприятия *pl*

Orts|krankenkasse *f* местная больничная касса *f*; **-tarif** *m* местный тариф *m*

ortsüblich обычный для данной местности

Orts|verkehr *m* местное сообщение *n*; местные перевозки *pl*; **-wechsel** *m* перемена *f* места; **-zuschlag** *m* местная надбавка *f*; районный коффициент *m*

Oszillation *f* изменения *pl*, колебания *pl*

OT-Verband *m (Soz)* союз *m* работодателей, не обязанных заключать тарифные соглашения

Outpacing-Strategie *f (V&M)* стратегия *f* двойного доминирования

Output *n* выход *m* продукции, объем *m* производства; производительность *f*

Outright валютный курс *m* по срочным сделкам

Outright-Devisengeschäft *n* разновременность *f* проведения кассовых и срочных сделок с валютой

Outsider *m* аутсайдер *m*, непосвященное лицо *n*

outscourcing аутсорсинг *m*, выделение *n* подразделения предприятия в самостоятельное предприятие, образование *n* из части фирмы самостоятельного предприятия

P

Pacht *f* аренда *f*; арендная плата *f*, плата *f* за аренду; арендный договор *m*, договор *m* аренды; **eine ~ bezahlen** платить арендную плату; **die ~ erhöhen** повышать арендную плату; **~ eines Hofes** аренда *f* фермы (крестьянского хозяйства); **rückständige ~** задолженность *f* по арендной плате; **zur ~** сдается в аренду

Pacht|ausfall *m* потеря *f* арендной платы; **-bedingungen** *pl* условия *pl* аренды; **-betrieb** *m* арендованное предприятие *n*; **-dauer** *f* срок *m* аренды

pachten арендовать, взять в аренду; **ein Geschäft ~** арендовать магазин

Pächter *m* арендатор *m*, съемщик *m*, наниматель *m*

Pachterhöhung *f* повышение *n* (увеличение *n*) арендной платы

Pächterpfandrecht *n* залоговое право *n* арендатора

Pacht|fläche *f* арендованные площади *pl*; **-kontrakt** *m* арендный договор *m*, договор *m* аренды; **-kosten** *pl* расходы *pl* (затраты *pl*) по аренде; **-land** *n* арендованная земля *f*; **-objekt** *n* арендованный объект *m*, арендованное имущество *n*; **-urkunde** *f* документ *m* (свидетельство *n*) об аренде; **-verlängerung** *f* продление *n* договора аренды; **-vertrag** *m* арендный договор *m*, договор *m* аренды; **-zeit** *f* срок *m* аренды; **-zins** *m* арендная плата *f*, плата *f* за наем

Päckchen *n* посылка *f*, посылка-бандероль *f*

packen укладывать, упаковывать

Packer *m* упаковщик *m*, укладчик *m*

Pack|gut *n (Transp)* пакуемый груз *m*, упакованный груз *m*; **-hilfsmittel** *n (Transp)* вспомогательные упаковочные материалы *pl*; **-liste** *f* упаковочный лист *m*, упаковочная спецификация *f*; **-material** *n* упаковочный материал *m*; **-mittel** *n (Transp)* (защитный) упаковочный материал *m*; **-papier** *n* бумага *f* для упаковки, оберточная бумага *f*

Packung *f* упаковка *f*; укладка *f*; пачка *f*, пакет *m*

Packzettel *m* упаковочный лист *m*, перечень *m* содержимого

pagatorisch связанный с платежами

Paket *n* посылка *f*, почтовый пакет *m*; *(Bö)* пакет *m* акций (в одних руках); **ein ~ aufgeben** отправить посылку; **ein ~ kaufen** купить пакет акций

Paket|abschlag *m* скидка *f*, предоставляемая за покупку акций пакетами; **-aufschlag** *m* надбавка *f*, которую платит покупатель за покупку пакета акций; **-aufschrift** *f* адрес *m* посылки; **-beförderung** *f* перевозка *f* (доставка *f*) посылок; **-gebühr** *f* почтовый сбор *m* за отправку посылки; **-handel** *m* продажа *f* акций пакетами; **-karte** *f* квитанция *f* на посылку; **-käufer** *m* покупатель *m* пакета акций; **-lösung** *f* решение *n* проблемы в комплексе; **-porto** *n* почтовый сбор *m* за отправку посылки; **-verkehr** *m* доставка *f* почтовых посылок; **-zuschlag** *m* доплата *f* к стоимости пакета акций

Palette *f (Transp)* палета *f*, поддон *m*; *(Handel)* спектр *m*, ассортимент *m*; **eine breite ~ von Waren** широкий выбор (ассортимент) товаров

Paletten|pool *m (Lager, Transp)* пул *m* поддонов (палет); **-umlauf** *m* оборот *m* поддонов (палет)

palettieren укладывать грузы на поддоны

Panel *f* панель обслуживания

Panelsterblichkeit *f* уменьшение *n* числа участников опроса мнения

Panik|käufe *pl* срочные закупки *pl*; **-verkäufe** *pl* срочная распродажа *f*

Pannendienst *m* аварийная служба *f*

Papier *n* бумага *f*; ценная бумага *f*

Papiere *pl* ценные бумаги *pl*; документы *pl*, удостоверения *pl*; **~ an der Börse handeln** совершать торговые сделки с ценными бумагами на бирже; ~ **emittieren** выпускать ценные бумаги; **börsenfähige (börsengängige)** ~ ценные бумаги, котирующиеся на бирже; **meistgehandelte** ~ ценные бумаги,пользующиеся наибольшим спросом; **übertragbare** ~ оборотные документы; **zinstragende** ~ процентные ценные бумаги

Papiergeld *n* бумажные деньги *pl*; ~ **einziehen** изымать бумажные деньги из обращения

Papiergeld|emission *f* выпуск *m* (эмиссия *f*) бумажных денег; **-umlauf** *m* обращение *n* бумажных денег

Papier|gold *n* "бумажное золото" *n*; валютные резервы *pl* типа специальных прав заимствования; **-industrie** *f* бумажная промышленность *f*; **-währung** *f* бумажная валюта *f*; **-waren** *pl* бумажные изделия *pl*; канцелярские товары *pl*

Parallel|arbeit *f* параллельная работа *f*; дублирование *n*; **-auftrag** *m* дублирующий заказ *m*; **-einfuhren** *pl* параллельный импорт *m*; **-fertigung** *f* дублирование *n* производства; **-forschung** *f* параллельные исследования *pl*; **-markt** *m* неофициальный свободный валютный рынок *m*; **-verkauf** *m* параллельная продажа *f*; **-währung** *f* параллельная валюта *f*

Paraphe *f* параф *m*, подпись *f*; виза *f*

paraphieren парафировать; визировать

pari альпари, по номинальной стоимости; **über** ~ выше номинальной стоимости (номинального курса); **unter** ~ ниже номинальной стоимости (номинального курса); **zu** ~ по номинальной стоимости, по номиналу

Pari|emission *f* выпуск *m* ценных бумаг по номинальному курсу; **-kurs** *m* номинальный курс *m*, номинальная котировка *f*

Parität *f* паритет *m*; равенство *n*; **Parität am Geld** *(Bö)* опцион *m* с нулевой внутренней стоимостью, опцион *m* при своих; **Parität aus dem Geld** *(Bö)* «вне денег», «в минусе», текущая рыночная цена *f* базового актива ниже цены исполнения для опциона «колл» или выше для опциона «пут»; **Parität im Geld** *(Bö)* «в деньгах», «в плюсе», текущая рыночная цена *f* базового актива выше цены страйк для опциона «колл» или ниже для опциона «пут»

paritätisch паритетный, равный; на основе паритета; **-e Mitbestimmung** *f* участие *n* в управлении (предприятием) на паритетных началах

Paritäts|änderung *f* изменение *n* паритета; **-klausel** *f* оговорка *f* о паритете; **-kurs** *m* паритетный курс *m*; **-tabellen** *pl* таблицы *pl* паритетов валютных курсо

Pariwert *m* номинальная стоимость *f* (ценность *f*)

Parkett *n*, **-börse** *f* операционный зал *m* фондовой биржи; официальная биржа *f*

Parketthandel *m* сделки *pl*, совершаемые на официальной бирже

Parkhaus *n* паркинг *m*

Partei *f* партия *f*; сторона *f*, участник *m*; **gegnerische** ~ противная сторона *f*; **politische** ~ политическая партия *f*; **tariffähige** ~ сторона *f*, имеющая право на заключение тарифного соглашения; **vertragsschließende -en** договаривающиеся стороны *pl*

Partei|fähigkeit *f* гражданско-процессуальная правоспособность *f*; **-vereinbarung** *f* соглашение *n* между сторонами

Parten|reeder *m* совладелец *m* судна, компаньон *m* судовладельца; **-reederei** *f* судоходная компания *f*, принадлежащая нескольким владельцам

participating bonds облигации *pl*, дающие право участия в прибылях компании

Partie *f* партия *f* товара; **in -en verkaufen** продавать товар партиями

Partie|beitrag *m* доля *f* покрытия издержек, образующаяся при реализации партии товара; **-bezug** *m* закупка *f* партии товара

partiell частичный

partienweise партиями, по частям

Partie|produktion *f* производство *n*

продукции в зависимости от наличия сырья; **-verkauf** *m* продажа *f* товаров партиями; **-ware** *f* уцененный (некондиционный) товар *m*

Partizipations|geschäft *n* коммерческая сделка *f*, совершаемая совместно несколькими лицами; **-schein** *m* сертификат *m* долевого участия (в швейцарских акционерных обществах); **-scheinkapital** *n* доля *f* капитала акционерного общества, равная номинальной стоимости выпущенных акций

partizipieren участвовть, принимать участие; **am Markt ~** выйти на рынок

Partner *m* партнер *m*; компаньон *m*; участник *m*; **finanzkräftiger ~** партнер *m* (компаньон *m*), имеющий капитал

Partner|betrieb *m* предприятие-партнер *n*; **-land** *n* страна-партнер *f*

Partnerschaft *f* партнерство *n*; участие *n*; сотрудничество *n*; **die ~ abschließen** заключить договор о сотрудничестве; **die ~ aufbauen** завязать отношения сотрудничества; **die ~ ausbauen** расширять партнерские отношения

Partnerschafts|beziehungen *pl* отношения *pl* сотрудничества; **-unternehmen** *n* совместное предприятие *n*; **-vertrag** *m* договор *m* о сотрудничестве

Parzelle *f* небольшой земельный участок *m* (надел *m*)

Passabfertigung *f* паспортный контроль *m*

Passagier *m* пассажир *m*; **-e befördern** перевозить пассажиров

Passagieraufkommen *n* объем пассажирских перевозок

Pass|gebühr *f* паспортный сбор *m*; **-inhaber** *m* владелец *m* паспорта

passiv пассивный; **-e Rechnungsabgrenzungsposten** *pl* статьи, разграничивающие поступления *pl* между смежными периодами; **-er Veredelungsverkehr** *m* реимпорт *m* товаров, прошедших обработку за рубежом

Passiva *pl* пассивы *pl*, пассив *m*; долги *pl*, долговые обязательства *pl*; **antizipative ~** антиципативные пассивы *pl*; **transitorische ~** переходящие (промежуточные) пассивы *pl*

Passiv|finanzierung *f* пассивное финансирование *n*; **-geschäft** *n* пассивная банковская операция *f*; **-handel** *m* внешнеторговый оборот *m*, имеющий пассивносе (отрицательное) сальдо; **-haus** *n* *(Umwelt)* пассивный дом *m*, энергоэффективный дом *m*, дом *m* с малым энергопотреблением

Passivierungs|pflicht *f* обязанность *f* показывать обязательства на стороне пассивов; **-wahlrecht** *n* право *m* выбора показывать обязательства на стороне пассивов

Passiv|konto *n* счет *m* пассива; **-kredit** *m* кредит *m* в рамках финансирования за счет привлечения заемного капитала; **-posten** *m* статья *f* пассива, пассивная часть *f* баланса; **-seite** *f* *(Buchh)* пассивная часть *f* баланса, сторона *f* пассивов, правая сторона *f* баланса; **-tausch** *m* изменение *n* структуры пассивной части баланса

Passivum *n* позиция *f* в правой стороне баланса

Passiv|wechsel *m* вексель *m* к уплате; **-zins** *m* пассивный процент *m*; процент *m* по вкладам; процент *m* по кредиту; **-zinsatz** *m* процентная ставка *f* по вкладам

Pass|kontrolle *f* паспортный контроль *m*; **-verlängerung** *f* продление *n* срока паспорта; **-wort** *n* шифр *m*, код *m*

Patchpanel *n* *(Comp)* коммутационная панель *f*, кросс-панель *f*, патч-панель *f*

Patent *n* *(Pat)* патент *m*; **ein ~ anmelden** заявить патент; **ein ~ auswerten** использовать патент; **ein ~ erteilen** выдать патент; **ein ~ erwerben** приобрести патент; **ein ~ löschen** аннулировать патент; **zum ~ anmelden** подать заявку на патент; **abgelaufenes ~** патент *m* с истекшим сроком действия; **erloschenes ~** патент *m* с истекшим сроком действия; **erteiltes ~** выданный патент

Patent|abkommen *n* *(Pat)* патентное

соглашение *n*; **-abteilung** *f* патентный отдел *m*; **-amt** *n* патентное ведомство *n*; **-anmeldung** *f* заявка *f* на патент; **-anspruch** *m* патентная заявка *f*, притязание *n* на получение патента; **-anwalt** *m* поверенный *m* по вопросам патентования; **-einspruch** *m* опротестование *n* патента; **-erteilung** *f* выдача *f* патента

patentfähig патентоспособный

Patent|fähigkeit *f (Pat)* патентоспособность *f*; **-gebühr** *f* патентный сбор *m*, патентная пошлина *f*; **-gericht** *n* суд *m* по патентным делам

patentieren *(Pat)* патентовать, выдавать (регистрировать) патент

patentiert *(Pat)* патентованный; **-es Verfahren** *n* запатентованная технология *f*

Patent|information *f (Pat)* патентная информация *f*; **-inhaber** *m* обладатель *m* патента, патентодержатель *m*; **-kosten** *pl* расходы *pl* по приобретению патента; **-laufzeit** *f* срок *m* действия патента; **-lizenz** *f* патентная лицензия *f*; **-nichtigkeitsklage** *f* иск *m* об аннулировании патента; **-recht** *n* патентное право *n*; **-rolle** *f* патентный реестр *m*; **-schrift** *f* описание *n* изображения к патенту; **-schutz** *m* охрана *f* патентов (изобретений); **-urkunde** *f* авторское свидетельство *n* на изобретение, патентная грамота *f*; **-verfahren** *n* порядок *m* выдачи и погашения патентов; **-vergütung** *f* вознаграждение *n*, выплачиваемое обладателю патента; **-verletzung** *f* нарушение *n* патентных прав; **-versagung** *f* отказ *m* в выдаче патента; **-verwertung** *f* использование *n* (реализация *f*) патентов

Patronatserklärung *f* заявление *n* головной компании концерна о солидарной ответственности за долги дочерних предприятий

pauschal паушально, целиком, в целом, оптом; без предъявления документов; **~ abgelten** погашать долг целиком; оплачивать труд единовременно

Pauschal|abfindung *f* паушальное возмещение *n*, паушальная компенсация *f*; **-abgeltung** *f* паушальное вознаграждение *n* (погашение *n*); **-abschreibung** *f* паушальное (общее) списание *n*; **-angebot** *n* глобальное предложение *n*; **-beitrag** *m* паушальный взнос *m*; **-besteuerung** *f* паушальное налогообложение *n*; **-betrag** *m* паушальная сумма *f*; **-bewertung** *f* паушальная оценка *f*

Pauschale *f* паушальная сумма *f*, паушальный (единовременный) платеж *m*; **eine ~ zahlen** выплачивать паушальную сумму

Pauschal|entlohnung *f* гарантированная средняя заработная плата *f* за расчетный период; **-honorar** *n* паушальный гонорар *m*; **-preis** *m* паушальная цена *f*; **-reise** *f* поездка *f*, все расходы по которой берет на себя фирма-организатор; комплексный тур; **-satz** *m* единая ставка *f*; **-summe** *f* паушальная сумма *f*; **-tarif** *m* паушальный (единый) тариф *m*; **-vergütung** *f* паушальное вознаграждение *n*, паушальная оплата *f*; **-wertberichtigung** *f* корректировка *f* общей стоимости; **-zahlung** *f* паушальный платеж *m*

Pausch|besteuerung *f* паушальное налогообложение *n*; **-betrag** *m* паушальная сумма *f*

Pausen|gestaltung *f* структура *f* перерывов в работе; **-plan** *m* график *m* перерывов в работ

Pay-off-Periode *f* срок *m* (время *n*) выплаты

Pax *(Transp)* пассажир *m*, турист *m*, человек *m* (как усредненная единица)

PDCA-Zyklus *m (QM)* цикл *m* PDCA, круг *m* Деминга

pekuniär денежный

Pendelverkehr *m (Transp)* пассажирские перевозки *pl* к месту работы и обратно; челночные перевозки *pl* пассажиров

Pendler *m* лицо *n*, регулярно пользующееся транспортом для поездки на работу и с работы;

(челночный)ежедневный ездок *m* (на работу)

Penetrations|preispolitik *f (V&M)* политика *f* цен проникновения; **-strategie** *f (V&M)* (ценовая) стратегия *f* проникновения

Pension *f* пенсия *f*; пособие *n*; пансион *m*; **eine ~ beziehen** получать пенсию; **in ~ gehen** уйти на пенсию

Pensionär *m* пенсионер *m*

pensionieren увольнять на пенсию

Pensionierung *f* увольнение *n* на пенсию; выход *m* на пенсию; **vorzeitige ~** досрочный выход *m* на пенсию

Pensions|alter *n* пенсионный возраст *m*; **-anspruch** *m* право *n* на получение пенсии; **-anwartschaft** *f* право *n* на получение пенсии в будущем; **-bemessung** *f* установление *n* размера пенсии

pensionsberechtigt имеющий право на получение пенсии

Pensions|empfänger *m* пенсионер *m*; **-fonds** *m* пенсионный фонд *m*; **-geber** *m* залогодатель *m*; **-geschäft** *n* продажа *f* ценных бумаг с одновременным обязательством обратной покупки, сделка *f* РЕПО; банковский заем *m* под заклад векселей (ценных бумаг); срочная сделка *f* с ценными бумагами; **-kasse** *f* пенсионная касса *f*, пенсионный фонд *m*; **-nehmer** *m* залогодержатель *m*; **-ordnung** *f* положение *n* о пенсионном обеспечении на предприятии; **-rückstellungen** *pl* отчисления *pl* в пенсионный фонд, пенсионный резервный фонд *m*; **-satz** *m* процентная ставка *f* федерального банка при заключении срочных сделок с ценными бумагами; **-verpflichtung** *f* обязательство *n* по пенсионному обеспечению; **-vorsorge** *f* пенсионное обеспечение *n*; **-zusage** *f* назначение *n* пенсии

Performance *n* функционирование *n*; производительность *f*; эффективность *f* функционирования, результат *m* (показатель *m*) деятельности; *(Fin)* изменение *n* стоимости ценной бумаги (портфеля) за период времени

Performance|forschung *f* исследование *n* функционирования (производительности); **-fund** *m* инвестиционный фонд *m*, стремящийся к максимальному приросту стоимости имущества; **-index** *s.* **Aktienindex**; **-test** *m* тест *m* на функционирование (определение *n* характеристик работы); **-vergleich** *m* сравнение *n* эффективности (производительности)

Periode *f* период *m*, промежуток времени; срок

Perioden|abgrenzung *f* разграничение *n* расходов и доходов за текущий период; **-abschluss** *m* окончание *n* (завершение *n*) периода; подведение *n* итогов периода; **-ausgaben** *pl* расходы *pl* (затраты *pl*) за определенный (отчетный) период

periodenbezogen относящийся к рассматриваемому периоду

Perioden|erfolg *m* результаты *pl* хозяйственной деятельности за определенный (отчетный) период; **-erfolgsrechnung** *f* результативный счет *m* за отчетный пермод; **-ertrag** *m* доход *m* (прибыль) за определенный (отчетный) период; размер *m* выработки за определенный (отчетный) период; **-einnahmen** *pl* поступления *pl* за определенный (отчетный) период

periodenfremd не относящийся к рассматриваемому периоду, нерегулярный; **-e Aufwendungen** *pl* затраты *pl*, к отчетному периоду не относящиеся

Perioden|gewinn *m* прибыль *f* за отчетный период; **-leistung** *f* продукция *f* предприятия за определенный (отчетный) период; **-überschuss** *m* прибыль *f* за период; **-verlust** *m* убытки *pl* за отчетный период

periodisch периодический; **-e Steuern** *pl* регулярно взимаемые налоги *pl*

Person *f* лицо *n*; персона *f*, человек *m*; личность *f*; **in ~** лично; **je ~** на душу населения; **juristische ~** юридическое лицо *n*; **natürliche ~** физическое лицо *n*

Personal *n* персонал *m* (предприятия), штат(ы) *m (pl)*, кадры *pl*; **das ~ ab-**

bauen сокращать персонал (штаты); **das ~ ausbilden** обучать персонал; **das ~ entlassen** увольнять персонал (сотрудников); **kaufmännisches ~** торговый персонал *m*, сотрудники *pl* коммерческих служб; **technisches ~** технический персонал *m*

Personal|abbau *m* сокращение *n* штатов (персонала); **-abteilung** *f* отдел *m* кадров; **-administration** *f* управление *n* кадрами (персоналом); **-akte** *f* личное дело *n*; **-anzeige** *f* объявление *n* в газете о найме на работу; **-aufwand** *m* расходы (затраты) на персонал; **-ausbildung** *f* обучение *n* персонала (сотрудников); **-ausgaben** *pl* расходы *pl* (затраты *pl*) на персонал; **-ausstattung** *f* наличие *n* кадров (рабочей силы), оснащенность *f* кадрами; **-auswahl** *f* подбор *m* кадров (сотрудников); **-ausweis** *m* удостоверение *n* личности; **-bedarf** *m* потребность *f* в рабочей силе; **-bedarfsplanung** *f* планирование *n* потребности в рабочей силе; **-berater** *m* консультант *m* по кадровым вопросам; **-beratung** *f* консультации *pl* по кадровым вопросам; **-bereich** *m* отдел *m* кадров

Personalbeschaffung *f* привлечение *n* рабочей силы; **externe ~** привлечение *n* рабочей силы со стороны; **interne ~** привлечение *n* рабочей силы внутри предприятия

Personal|bestand *m* численный состав *m* сотрудников предприятия; **-beurteilung** *f* аттестация *f* (деловая оценка *f*) сотрудников; **-chef** *m* начальник *m* отдела кадров; **-computer** *m* персональный компьютер *m*; **-einsatz** *m* расстановка *f* кадров (по рабочим местам); **-einsatzplan** *m* план *m* (схема *f*) расстановки кадров; **-einsparung** *f* сокращение *n* рабочей силы; **-entlassung** *f* увольнение *n* сотрудников (работников); **-entscheidung** *f* решение *n* по кадровым вопросам; **-entwicklung** *f* повышение *n* квалификации кадров; **-fragen** *pl* кадровые проблемы *pl*; **-fragebogen** *m* личная карточка *f* сотрудника, листок *m* по учету кадров, анкета *f*; **-freisetzung** *f* высвобождение (излишней) рабочей силы, увольнение *n* работников; **-führung** *f* управление *n* кадрами

Personalien *pl* анкетные данные *pl*

personalintensiv трудоемкий, требующий больших затрат рабочей силы

Personal|kapazität *f* численность *f* персонала; **-kartei** *f* картотека *f* личного состава (сотрудников); **-kosten** *pl* расходы *pl* на заработную плату и социальные нужды; **-kredit** *m* индивидуальный кредит *m* (заем *m*); кредит *m* без вещественного обеспечения; **-leasing** *n* предоставление *n* рабочей силы в аренду, лизинг *m* персонала; **-leiter** *m* начальник *m* отдела кадров; **-management** *n* управление *n* кадрами; **-manager** *m* начальник *m* отдела кадров; **-mangel** *m* нехватка *f* рабочей силы (кадров); **-marketing** *n* маркетинг *m* на рынке труда; **-nebenkosten** *pl* накладные (дополнительные) расходы *pl* по содержанию персонала; **-organisation** *f* организация *f* персонала; **-papiere** *pl* личные дела *pl* сотрудников; **-plan** *m* штатное расписание *n*, штаты *pl*; **-planung** *f* планирование *n* штатов; **-politik** *f* кадровая политика; **-qualifikation** *f* квалификация *f* персонала; **-qualifizierung** *f* повышение *n* квалификации персонала; **-rat** *m* совет *m* трудового коллектива на государственных предприятиях и в учреждениях; **-reduzierung** *f* сокращение штатов; **-referent** *m* инспектор *m* отдела кадров; **-sicherheit** *f* личная гарантия *f* (за кредит); **-struktur** *f* структура *f* кадров; **-training** *n* обучение *n* персонала; **-union** *f* совмещение должностей; **-verantwortung** *f* личная (персональная) ответственность *f*; **-versammlung** *f* собрание *n* коллектива (сотрудников) предприятия; **-vertretung** *f* представительство *n* рабочих и служащих, комиссия *f* рабочих и служащих; **-verwaltung** *f* управление *n* (руководство *n*) кадрами; **-vorstand** *m* начальник *m* отдела кадров акционерного общества; **-wechsel** *m* текучесть *f* кадров; изменение *n* численности штатов; перемещение *n* по службе; **-werbung** *f* средства *f* привлечения новых работников; **-wirtschaft** *f* управление *n* кадрами; подбор *m*, расстановка *f*, подготовка *f*, контроль *m* за кадрами; **-zusatzkosten** *pl* дополнительные издержки *pl* на зарплату

personell штатный; персональный; **~ e Verflechtungen** *pl* совмещение *n* нескольких руководящих должностей в рамках концерна

Personen|beförderung *f* пассажирские перевозки *pl*; **-beförderungsleistung** *f* пассажирооборот *m*; **-depot** *n* книга *f* лицевых счетов депонентов; **-firma** *f* фирма *f*, в названии которой указывается фамилия и имя владельца; **-garantieversicherung** *f* гарантийное страхование *n* от финансовых потерь, связанных с хищениями и растратами; **-gesellschaft** *f* товарищество *n* с неограниченной ответственностью, общество *n* с неограниченной ответственностью; **-handelsgesellschaft** *f* торговое товарищество *n*, коммандитное товарищество *n*; **-konto** *n* лицевой счет *m*; **-kontrolle** *f* личный досмотр *m*; **-kraftverkehr** *m* автомобильные пассажирские перевозки *pl*; **-kraftwagen** *m* легковой автомобиль *m*; **-schaden** *m (Versich)* нанесение *n* вреда здоровью или смерть *f* (людей); **-sicherheit** *f* долговое требование *n* кредитора к поручителю; **-stand** *m* гражданское состояние *n* личности; **-steuern** *pl* личные налоги *pl*; **-vereinigung** *f* объединение *n* (союз *m*) лиц; **-verkehr** *m* пассажирское сообщение *n* (движение *n*); **-versicherung** *f* личное (индивидуальное) страхование *n*

persönlich личный, индивидуальный; лично; **~ haften** нести личную ответственность; **-e Haftung** *f* личная ответственность *f*

Persönlichkeit *f* личность *f*; лицо *n*, деятель *m*

Persönlichkeits|entfaltung *f* развитие *n* личности; **-rechte** *pl* личные неимущественные права *pl*; права *pl* личности

Perspektive *f* перспектива *f*; **-n bieten** давать перспективы; **-n eröffnen** открывать перспективы

Perspektiv|plan *m* перспективный план *m*; **-planung** *f* перспективное планирование *n*

Petent *m* подавший *m* петицию

Petrol|chemie *f* нефтехимия *f*; **-dollars** *pl* нефтедоллары *pl*; **-industrie** *f* нефтяная промышленность *f*

Pfand *n* залог *m*, заклад *m*; **ein ~ hinterlegen** вносить залог; **ein ~ auslösen** выкупить залог; **zum ~ geben** оставлять в залог, давать в качестве залога; **zum ~ nehmen** принимать (брать) в качестве залога; **gegen** ~ под залог (заклад)

pfändbar подлежащий наложению ареста (конфискации)

Pfand|besitzer *m* держатель *m* залога; **-bestellung** *f* предоставление *n* обеспечения (залога); передача *f* в залог

Pfandbrief *m* закладной лист *m*, залоговая облигация *f*, закладная *f*; ипотечная облигация *f*; **öffentlicher** ~ *s.* **Kommunalobligation** *f*

Pfandbrief|anstalt *f*, **-bank** *f (Bank, Bö, Fin)* (специальный) ипотечный банк *m*, имеющий лицензию федерального надзорного органа на эмиссию закладных облигаций; **-darlehen** *n* ипотечный заем *m*; **-emission** *f* выпуск *m* (эмиссия *f*) закладных листов (залоговых облигаций); **-markt** *m* рынок *m* закладных листов (залоговых облигаций)

Pfand|bruch *m* ликвидация *f* залога; **-depot** *n* депонирование *n* (хранение *n*) ценных бумаг в банке в качестве залога; **-effekten** *pl* ценные бумаги *pl*, находящиеся на хранении в банке в качестве залога

pfänden налагать арест (на имущество должника), производить конфискацию (удержание); **Lohn ~** удерживать заработную плату; **Vermögensgegenstände ~** налагать арест на имущество

Pfand|entstrickung *f* незаконное изятие *n* товаров, подлежащих аресту; **-geber** *m* залогодатель *m*; **-gegenstand** *m* объект *m* (вещь *f*), служащая в качестве залога; залог *m*, заклад *m*; **-geschäft** *n* залоговая операция *f*; **-gläubiger** *m* кредитор *m* под залог; лицо *n*, выдавшее ссуду под залог; **-halter** *m* залогодержатель *m*; **-haus** *n* ломбард *m*

Pfandindossament *n* залоговый индоссамент *m*, индоссамент *m* по залогу; **fiduziarisches ~** фидуциарный залоговый индоссамент *m*; **offenes ~** открытый залоговый индоссамент *m*; **verdecktes ~** закрытый залоговый индоссамент *m*

Pfand|indossatar *m* индоссат *m* по залогу; **-leihanstalt** *f* ломбард *m*; **-leihe** *f* выдача *f* ссуд под залог; **-leiher** *m* лицо *n*, ссужающее деньги под залог, владелец *m* ломбарда; **-nehmer** *m* кредитор *m*, дающий ссуду под залог

Pfandrecht *n* залоговое право *n*; право *n* удержания (ареста) имущества должника; **~ des Vermieters** право *n* землевладельца (домовладельца) на арест имущества арендатора (квартиросъемщика)

Pfand|sache *f* заклад *m*, залог *m*, объект *m* (предмет *m*), служащий залогом; **-schein** *m* ломбардная квитанция *f* (расписка), залоговое свидетельство *n*

Pfändung *f* наложение *n* ареста на имущество должника (товар); **der ~ unterliegen** подлежать аресту (об имуществе); **~ einer Forderung** наложение ареста на долговое требование должника

Pfändungsbeschluss *m* решение *n* суда о наложении ареста на имущество

pfändungsfrei свободный от наложения ареста

Pfändungs|pfandrecht *n* право *n* удержания имущества должника путем наложения ареста; **-schutz** *m* правовая защита *f* от наложения ареста на имущество должника; **-verfügung** *f* распоряжение *n* финансового ведомства о наложении ареста на имущество должника

Pfand|verkauf *m* продажа *f* (реализация *f*) залог; **-vertrag** *m* договор *m* о передаче залогового права на имущество для обеспечения требования кредитора; **-verwahrung** *f* сохранение *n* залога; **-verwertung** *f* использование *n* залога для удовлетворения требования кредитора; **-wert** *m* залоговая стоимость *f*

Pflege *f* уход *m*; попечение *n*, забота *f*, содержание *n*; техническое обслуживание *n*

Pflegearbeit *f* работа *f* по уходу, уход *m*, попечение *n*

pflegebedürftig нуждающийся в уходе (попечении)

Pflege|fall *m* человек *m*, нуждающийся в уходе; **-geld** *n* пособие *n* по уходу (за инвалидом); **-kasse** *f* *(Soz)* касса *f* по уходу; **-leistungen** *pl* услуги *pl* по уходу; **-versicherung** *f* страхование *n* на случай потребности в уходе

Pflicht *f* долг *m*, обязанность *f*; **eine ~ auferlegen** возложить обязанность; **eine ~ erfüllen** выполнить свой долг; **den -en nachkommen** выполнять обязанности; **-en übernehmen** взять на себя обязанности; **-en übertragen** передать (делегировать) обязанности; **-en verletzen** нарушать обязанности; **zur ~ machen** вменять в обязанность; **~ aus dem Arbeitsvertrag** обязанности *pl* согласно трудовому договору; **gesetzliche ~** обязанности *pl* по закону; **vertragliche ~** договорные обязанности *pl*

Pflicht|beitrag *m* обязательный взнос *m*; **-blatt** *n* *(Bö)* печатный орган *m*, где должна публиковаться предписанная информация об эмитентах ценных бумаг; **-einlage** *f* вклад *m* (пай *m*) партнера с ограниченной ответственностью

Pflichtenheft *n* техническое задание *n*, спецификация *f*; **ein ~ erstellen** составлять техническое задание, спецификацию

Pflichterfüllung *f* исполнение *n* обязанностей (долга); **zur ~ anhalten**

требовать исполнения обязанностей (долга)
pflichtgemäß по долгу службы, по обязанности
Pflicht|leistungen *pl* обязательные регулярные платежи *pl* по социальному страхованию; **-mitglied** *m* обязательный член *m*; **-platz** *m* рабочее место *n* на предприятии для инвалидов; **-prüfung** *f* обязательное испытание *n*, обязательная ревизия *f* (проверка *f*); **-sortiment** *n* принудительный ассортимент *m*; **-teil** *m* обязательная доля *f* (наследственного имущества); **-teilanspruch** *m* право *n* на обязательную долю (наследственного имущества); **-teilberechtigte** *m* имеющий *m* право на обязательную долю наследственного имущества; **-verletzung** *f* **(-versäumnis** *n***)** нарушение *n* долга, невыполнение *n* обязанностей; **-vesicherung** *f (Versich)* обязательное (предписанное законом) страхование *n*
Pflichtversicherungsgesetz *n (Versich)* закон *m* об обязательном автостраховании
pflichtwidrig несовместимый с обязанностями (чувством долга); **-es Handeln** действия, несовместимые с обязанностями (чувством долга)
Pfründe *pl* доходное место *n*, легкий заработок *m*, теплое местечко *n*
Phantasiepreis *m* баснословная (очень высокая) цена *f*
Phase *f* фаза *f*; этап *m*; период *m*, стадия *f*
physisch физический; вещественный
Pilot|abschluss *m* пилотное соглашение *n*; **anlage** *f* опытная установка *f*; **-fabrik** *f* опытный (экспериментальный) завод *m*; **-projekt** *m* показательный (экспериментальный) проект *m*; **-studie** *f* предварительное (экспериментальное) исследование *n*; **-versuch** *m* пробное испытание *n*; **-vorhaben** *n* показательный (экспериментальный) проект *m*
Pionier|leistung *f* новаторская работа *f*; **-phase** *f* фаза *f* создания и становления предприятия
Plafond *m* потолок *m*, предел *m*, лимит *m*; **~ für Kredite** лимит *m* кредитования
Plakat *n* афиша *f*; плакат *m*, объявление *n*
Plakatwerbung *f* реклама *f* с помощью афиш (плакатов)
Plan *m* план *m*; программа *f*, проект *m*; график *m*; **einen ~ aufstellen** составить план; **einen ~ ausarbeiten** разработать план; **den ~ erfüllen** выполнить план; **einen ~ erstellen** составить план; **den ~ revidieren** пересматривать (ревизовать) план; **den ~ überwachen** контролировать выполнение плана; **einen ~ umsetzen** реализовывать план; **einen ~ verabschieden** принимать (утверждать) план; **einen ~ verfolgen** реализовывать план; следовать плану; **konsolidierter ~** консолидированный план; **laufender ~** текущий план; **operativer ~** оперативный план; **strategischer ~** стратегический план
Plan|ablauf *m* ход *m* выполнения плана; **-abschnitt** *m* раздел *m* плана; **-abstimmung** *f* координация *f* (согласование *n*) планов; **-abweichung** *f* отклонение *n* от плана (бюджета); **-abweichungsanalyse** *f* анализ *m* отклонений от плана; **-analyse** *f* анализ *m* плана; **-änderung** *f* изменение *n* (корректировка *f*) плана; **-ansatz** *m* концепция *f* плана; **-arbeit** *f* плановая работа *f*; **-aufbau** *m* структура *f* плана; **-ausführung** *f* исполнение *n* плана
plan|bar планируемый
Plan|behörde *f* планирующий орган *m*; **-beschäftigung** *f* плановая загрузка *f* предприятия; **-bestände** *pl* плановые запасы *pl*; **-bilanz** *f* плановый баланс *m*; **-daten** *pl* плановые данные *pl*; **-durchführung** *f* осуществление *n* (выполнение *n*) плана
planen планировать; намечать; проектировать
Plan|entwurf *m* проект *m* плана; **-erfolgsrechnung** *f* счет *m* прибылей и убытков согласно плану; **-erfüllung** *f* выполнение *n* плана; **-erlös** *m* пла-

новая выручка *f*; **-feststellung** *f* утверждение *n* плана

Plangewinn *m* плановая прибыль *f*

Plan-Ist-Kostenrechnung *f* расчет *m* плановых и фактических издержек (затрат)

Plan-Ist-Vergleich *m* сравнение *n* плановых и фактических показателей

Plan|jahr *n* плановый (отчетный) год *m*; **-kalkulation** *f* плановая калькуляция *f*; **-koordinierung** *f* координация *f* (согласование *n*) планов; **-korrektur** *f* корректировка *f* плана; **-kosten** *pl* плановые (сметные) издержки *pl* (затраты *pl*); **-kostenrechnung** *f* расчет *m* плановых издержек (затрат); смета *f* расходов

planmäßig планомерный, плановый; планомерно, по плану

Plan|menge *f* плановое количество *n*, плановый объем *m*; **-optimierung** *f* оптимизация плана; **-präzisierung** *f* уточнение плана; **-preis** *m* расчетная цена *f*; **-realisierung** *f* реализация *f* (выполнение *n*) плана; **-revision** *f* проверка *f* (пересмотр *m*) плана; **-rückstand** *m* отставание *n* в выполнении плана; **-selbstkosten** *pl* плановая себестоимость *f*; **-soll** *m* плановое задание *n*; **-spiel** *n* деловая игра *f*; **-stelle** *f* штатная единица *f* (должность *f*); **-überwachung** *f* контроль *m* за ходом выполнения плана

Planung *f* планирование *n*; проектирование *n*; план *m*; **die ~ durchführen** осуществлять планирование, планировать; **fundierte ~** тщательное планирование *n*; **innerbetriebliche ~** производственное планирование *n*; **konsolidierte ~** консолидированное планирование *n*; **kontinuierliche ~** непрерывное планирование *n*; **langfristige ~** долгосрочное планирование *n*; **mittelfristige ~** среднесрочное планирование *n*; **operative ~** оперативное планирование *n*; **permanente ~** непрерывное планирование *n*; **~ des Produktionsausstoßes** планирование *n* выпуска продукции, планирование *n* объема выпускаемой продукции; **strategische ~** стратегическое планирование *n*; **volkswirtschaftliche ~** народнохозяйственное планирование *n*; **~ des Umsatzes** планирование *n* оборота

Planungs|ablauf *m* процесс *m* разработки плана; **-abteilung** *f* плановый отдел *m*; **-absprache** *f* обсуждение *n* плана; **-aktivitäten** *pl* деятельность *f* в области планирования; **-behörde** *f* планирующий орган *m*; **-bereich** *m* сфера *f* (область *f*) планирования; **-ebene** *f* уровень *m* планирования; **-fehler** *m* ошибка *f* при планировании; **-gegenstand** *m* объект *m* планирования; **-grundsätze** *pl* принципы *pl* планирования; **-handbuch** *n* плановая документация *f*; **-horizont** *m* период *m* (горизонт *m*) планирования; **-instrument** *n* инструмент *m* планирования; **-leistung** *f* работы *pl* по планированию (проектированию); **-organisation** *f* организация *f* планирования; **-periode** *f* плановый период *m*; **-phase** *f* стадия *f* разработки плана; **-prozess** *m* процесс *m* планирования; **-rahmen** *m* рамки *pl* (объем *m*) планирования; **-rechnung** *f* плановые расчеты *pl*; **-sicherheit** *f* надежность *f* планирования; **-stab** *m* планирующий орган *m*, штаб *m* планирования; **-struktur** *f* структура *f* планирования; **-tätigkeit** *f* деятельность *f* в области планирования; **-umfang** *m* объем *m* планирования; **-zeitraum** *m* плановый период *m*

Plan|unterschreitung *f* невыполнение *n* плана; **-vergleich** *m* сравнение *n* с планом; **-verlust** *f* плановые убытки *pl*; **-vorgabe** *f* плановое задание *n*; **-vorlauf** *m* опережение *n* (перевыполнение *n*) плана; **-vorschlag** *m* проект *m* плана, предложение *n* по плану; **-vorsprung** *m* опережение *n* (перевыполнение *n*) плана; **-wirtschaft** *f* плановое хозяйство *n*, плановая экономика *f*; **-zahl** *f* плановый показатель *m*; **-zeit** *f* плановый период *m*; **-ziel** *n* плановое задание *n*

Platine *f (Comp)* материнская плата *f*

Platz|anweisung *f* одногородний денежный перевод *m*; **-bedingungen** *pl*

условия *pl* стоянки судна; **-geschäft** *n* сделка *f*, заключаемая и реализуемая по месту нахождения покупателя; сделка *f* на наличный товар; **-halter** *m (Comp)* плейсхолдер *m*, держатель *m* места; **-kostenrechnung** *f* учет *m* издержек по отдельным рабочим местам; **-protest** *m* протест *m* векселя по месту его выставления; **-reservierung** *f* резервирование *n* места; **-scheck** *m* одногородний (местный) чек *m*; **-spesen** *pl* местные издержки *pl* (расходы *pl*); местные сборы *pl* (надбавки *pl*); **-tratte** *f* одногородний переводной вексель *m*, одногородняя тратта *f*; **-verbrauch** *m* местное потребление *n*; **-vertreter** *m* местный представитель *m* (агент *m*); **-wechsel** *m* местный вексель *m*

platzieren размещать (ценные бумаги); выпускать товар (на рынок); **eine Emission ~** размещать выпуск (эмиссию); **ein Produkt auf dem Markt ~** вводить товар на рынок

Platzierung *f* размещение *n* (ценных бумаг); вложение *n* капитала; выпуск *m* товара (на рынок); **~ von Aktien** размещение *n* акций

Platzierungs|institut *n (Bö)* эмиссионный консорциум *m*; **-kurs** *m* курс *m*, по которому происходит размещение ценных бумаг; **-verfahren** *n (Bö)* способ *m* размещения ценных бумаг; **-vorschrift** *f* точные и обязательные к исполнению инструкции рекламодателя о месте размещении рекламы (в газете)

Pleite *f* банкротство *n*, крах *m*; **~ machen** обанкротиться, разориться

Plombe *f* пломба *f*

plombieren пломбировать; опечатывать; **Waren ~** опечатывать товары

Plus *n* излишек *m*; доход *m* по бухгалтерским документам

Plusankündigung *f* пометка *f* (в виде +) при повышении курса акций на 5%

Point of sale *(Bank, Comp, Handel)* ПОС-терминал *m*

Poka Yoke *(QM)* система *f* Poka Yoke, система *f* «защита от ошибок»

Police *f* (страховой) полис *m*, страховое свидетельство *n*; **eine ~ ausstellen** оформить страховой полис

Policen|darlehen *n* ссуда *f* под страховой полис; **-inhaber** *m* владелец *m* страхового полиса

Politik *f* политика *f*; **eine ~ verfolgen** проводить (вести) политику; **~ des billigen Geldes** политика *f* "дешевых" денег; **~ des knappen Geldes** политика *f* ограничения денежной массы

politisch политический

Polypol *n* полиполия *f*

polypolistisch полиполистический

Pönale *f* штраф *m* за просрочку; неустойка *f*; пеня *f*; **eine ~ vereinbaren** согласовать вопрос о выплате неустойки

Pool *m* пул *m*, объединение *n*

Poolabkommen *n* соглашение *n* о создании пула

poolen объединять (в пул), создавать объединенный фонд; **Gewinne ~** объединять прибыли

Portefeuille *n* портфель *m* акций (ценных бумаг); **ein ~ managen** управлять портфелем акций (ценных бумаг); **das ~ umschichten** изменять состав (набор) ценных бумаг

Portefeuille|besitz *m* владение *n* портфелем акций (ценных бумаг); **-investitionen** *pl* портфельные инвестиции *pl*, инвестиции *pl* в ценные бумаг; **-umschichtung** *f* изменение *n* состава (набора) ценных бумаг

Portfolio *n* портфель *m* акций (ценных бумаг); **ein ~ betreuen** управлять портфелем акций (ценных бумаг); **~ eines Fonds** портфель *m* ценных бумаг фонда

Portfolio|analyse *f* анализ *m* портфеля (ценных бумаг); **-bereinigung** *f* изменение *n* (очистка *f*) портфеля ценных бумаг; **-investition** *f* портфельные инвестиции *pl*; **-management** *n* управление *n* портфелем ценных бумаг; **-planung** *f* планирование *n* использования портфеля ценных бумаг; **-struktur** *f* структура *f* портфеля ценных бумаг; **-theorie** *f* теория *f* портфеля; **-verwaltung** *f* управление *n* портфелем

ценных бумаг; **-zusammensetzung** *f* состав *m* (структура *f*) портфеля ценных бумаг
Porto *n* порто *n*, почтовый сбор *m*
portofrei свободный от почтового сбора
Porto|kasse *f* мелкие суммы *pl* денег; **-kosten** *pl* почтовые расходы *pl*
portopflichtig подлежащий оплате почтовым сбором
Position *f* позиция *f*; положение *n*; пост *m*, должность *f*; статья *f* (бюджета); **die ~ ausbauen** расширять (укреплять) позицию (положение); **die ~ behaupten** укреплять позицию (положение); **eine ~ einnehmen** занимать должность (пост); **die ~ erobern** завоевать позицию (положение); **eine ~ innehaben** занимать должность (пост); **eine ~ übernehmen** занять положение (должность); **führende ~** ведущее положение *n*, ключевая позиция *f*
Positionierung *f (V&M)* позиционирование *n* (на рынке)
positiv положительный, позитивный
Positivliste *f* перечень *m* медикаментов, оплачиваемых больничной страховкой
Post *f* почта *f*; почтовое отделение *n*, почтамт *m*; корреспонденция *f*; **mit der ~ schicken** посылать по почте; **seine ~ durchsehen** просматривать корреспонденцию; **ausgehende ~** исходящая корреспонденция; **eingehende ~** входящая корреспонденция; **eingegangene ~** поступившая почта *f* (корреспонденция *f*); **mit gleicher ~** той же почтой; **per ~** по почте
Post|amt *n* почтамт *m*, почтовое отделение *n*; **-anleihe** *f* заем *m* федерального почтового ведомства; **-anschrift** *f* почтовый адрес *m*; **-anweisung** *f* почтовый (денежный) перевод *m*; **-auftrag** *m* инкассовое поручение *n* почте; **-ausgang** *m* исходящая корреспонденция *f* (почта *f*); **-bank** *f* почтовый сберегательный банк *m*; **-bankdienste** *pl* услуги *pl* почтового сберегательного банка; **-barscheck** *m* почтовый чек *m*; **-bearbeitung** *f* обработка *f* корреспонденции; **-eingang** *m* входящая корреспонденция *f* (почта *f*); **-einlieferungsschein** *m* почтовая (доставочная) квитанция *f*
Posten *m* пост *m*, должность *f*; партия *f* товара; статья *f* (бюджета); (товарная) позиция *f*; **einen ~ behalten** сохранить за собой должность (пост); **einen ~ bekleiden** занимать должность (пост); **einen ~ haben** работать на должности; **einen ~ im Soll buchen** дебетовать статью (позицию); **den ~ niederlegen** уйти с поста (должности), отказаться от работы; **den ~ übernehmen** занять должность (пост); **antizipative ~** антиципированные статьи *pl* баланса; **durchlaufende ~** переходящие суммы *pl*; **nachfällige ~** отложенные (отсроченные) статьи *pl* (позиции *pl*); **schwebende ~** неиспользованные смежные ассигнования *pl*; **transitorische ~** переходящие статьи *pl* (баланса *pl*)
postenweise по статьям (позициям); партиями, частями
Post|fach *n* абонентный почтовый ящик *m*; **-gebühr** *f* почтовый сбор *m*, порто *n*; **-geheimnis** *n* гарантия *f* сохранения тайны переписки; **-giro** *n* почтовая система *f* жирорасчетов
Postgiro|amt *n* жиробанк *m*; **-guthaben** *n* кредитовое сальдо *n* на почтовом жиросчете; **-konto** *n* счет *m* в системе почтовых жиросчетов; **-überweisung** *f* перевод *m* в системе почтовых жиросчетов; **-verkehr** *m* безналичный расчет *m* в системе почтовых жиросчетов
Postgut *n* почтовое отправление *n*
postlagernd до востребования
Post|laufkredit *m* почтовый кредит *m*; **-laufzeit** *f* время *n* обработки корреспонденции; **-leitzahl** *f* индекс *m* почтового отделения
postnumerando с последующим платежом
Postpaket *n* почтовая посылка *f*
Postponement *n (Transp)* отсрочка *f* отправки (сборного груза из централизованного склада)
Post|porto *n* почтовые сборы *pl*; **-protest** *m* протест *m* векселя (чека)

через почту; **-protestauftrag** *m* поручение *n* почте на протест по векселю (чеку); **-quittung** *f* почтовая квитанция *f*; **-schalter** *m* почтовая касса *f*; **-scheck** *m* почтовый чек *m*; **-scheckkonto** *n* почтово-сберегательный счет *m*; **-sendung** *f* почтовое отправление *n*; **-sparbuch** *n* почтово-сберегательная книжка *f*; **-sparen** *n* хранение *n* денег в почтово-сберегательной кассе; **-sparkasse** *f* почтово-сберегательная касса *f*; **-sparkonto** *n* почтово-сберегательный счет *m*; **-überweisung** *f* почтовый перевод *m*, перевод *m* по почте; **-verbindung** *f* почтовая связь *f*, связь *f* по почте; **-verkehr** *m* почтовые услуги *pl* (операции *pl*); **-verrechnungsverkehr** *m* почтовые расчетные операции *pl*; **-versand** *m* пересылка *f* по почте; **-vollmacht** *f* доверенность *f* на получение почтовых отправлений

postwendend с обратной почтой

Post|wertzeichen *n* почтовая марка *f*; **-wurfsendung** *f* массовые печатные издания *pl*, рассылаемые по почте; **-zustellung** *f* доставка *f* почты

Potenz *f* способность *f*, возможность *f*; **wirtschaftliche ~** экономические возможности *pl*

Potenzial *m* потенциал *m*, способность *f*, возможности *pl*; **-e erkennen** обнаружить (новые) возможности; **-e erschließen** открывать (новые) возможности; **aquisitorisches ~** потенциал *m* (возможности *pl*) привлечения клиентов

Potenzial|analyse *f* анализ *m* возможностей; **-änderung** *f* изменение *n* возможностей; **-faktoren** *f* потенциальные факторы *pl* производства; **-planung** *f* планирование *n* факторов производства и инвестиций; **-steuerung** *f* управление *n* возможностями

PowerPC *(Comp)* микропроцессорная RISC-архитектура

PowerSeller особо успешный агент по продаже через eBay

Prädikat *n (QM)* знак *m* качества

Präferenz *f* предпочтение *n*, преимущество *n*, льгота *f*; приоритет *m*, преференция *f*; **-en einräumen** предоставлять льготы (преференции); **-en genießen** пользоваться льготами

Präferenz|abkommen *n* преференциальное соглашение *n*; **-angebot** *m* особо выгодное предложение *n*; **-faktor** *m* фактор *m* предпочтения; **-ordnung** *f* ранжирование *n* предпочтений; **-preis** *m* льготная цена *f*; **-system** *n* система *f* преференций (льгот); **-tarif** *m* льготный (преференциальный) тариф *m*; **-zoll** *m* преференциальная (льготная) пошлина *f*; **-zollsatz** *m* преференциальная ставка *f* пошлины

Prägeanstalt *f* монетный двор *m*

prägen чеканить (монеты)

Prägerecht *n* право *n* чеканки (монет)

praktikabel практикуемый; полезный, удобный для использования

Praktikant *m* практикант *m*, обучаемый *m*, стажер *m*

Praktiken *pl* приемы *pl*, методы *pl*; практика *f*; деятельность *f*; **unlautere ~** нечестные (недобросовестные) методы *pl*

Praktiker *m* практик *m*

Praktikum *n* практика *f*, стажировка *f*; **ein ~ machen** проходить практику

praktisch практический, деловой; практически, на практике

praktizieren практиковать; проводить, делать

Prämie *f* премия *f*, награда *f*, страховая премия *f*, премиальные *pl*, страховой взнос *m*; опционная премия *f*; субсидия *f*, экспортная премия *f*; выигрыш *m*; **-n anheben** увеличивать размер страховых премий; **die ~ auszahlen** выплатить премию; **eine ~ erhöhen** повысить размер премии; **eine ~ gewähren** выдать (предоставлять) премиальные; **eine ~ leisten** выплатить премию; **eine ~ senken** уменьшить размер премии; **eine ~ zahlen** выплатить премию; **laufende ~** постоянная премия *f*

Prämien|akkordlohn *m* премиально-аккордная заработная плата *f*; **-anleihe** *f* выигрышный заем *m*;

-anteil *m* доля *f* прибыли, отчисляемая в премиальный фонд; **-anzahlung** *f* первый взнос *m* при заключении договора страхования; **-befreiung** *f* освобождение *n* от уплаты страховой премии; **-brief** *m* опционный контракт *m*; **-depot** *n* депо *n* премий; **-einnahmen** *pl* доходы *pl* от получения премий; **-empfänger** *m* получатель *m* премии; **-entlohnung** *f* премиальная система *f* оплаты труда; **-entzug** *m* лишение *n* премии; **-erhöhung** *f* увеличение размера премии; **-ermäßigung** *f* уменьшение *n* размера премии; **-festsetzung** *f* определение *n* размера премии; **-fonds** *m* премиальный фонд *m*, фонд *m* материального поощрения; **-gelder** *pl* премиальные *pl*; **-geschäft** *n* сделка *f* с премией, сделка *f* на срок; **-händler** *m* дилер *m*, осуществляющий сделки с премией; **-kauf** *m* покупка *f* опциона, покупка (сделка) с премией; **-käufer** *m* покупатель *m* опциона; лицо *n*, предлагающее опцион; **-kurs** *m* цена *f* (курс *m*) опционов; **-leistungslohn** *m* сдельно-премиальная оплата *f* труда; **-lohn** *m* премиальная оплата *f*, премиальное вознаграждение *n*

Prämienlohn|regelungen *pl* положение *n*, регулирующее премиальную оплату труда; **-system** *n* система *f* премиальной оплаты труда

Prämien|richtlinien *pl* принципы *pl* страховой тарификации; **-reserve** *f* резервный капитал *m* для покрытия притязаний страхователей; **-rückerstattung** *f* **(-rückgabe** *f***)** возврат *m* страховой премии; **-satz** *m* размер *m* премии, норма *f* премиальных; **-spanne** *f* рамки *pl* (диапазон *m*) размера премиальных; **-sparen** *n* хранение *n* вкладов в сберегательной кассе с выплатой дохода в виде выигрышей; **-sparkonto** *n* сберегательный счет *m*, дающий право на получение доходов в виде выигрышей; **-sparvertrag** *m* договор *m* о хранении выигрышных вкладов; **-stundung** *f* отсрочка *f* выплаты страховых преми; **-übertrag** *m* резерв *m* премиальных выплат; **-verkauf** *m* продажа *f* под премию (с премией); **-verkäufer** *m* покупатель *m* (получатель) опциона; **-volumen** *n* объем *m* (размер *m*) премии; **-vorauszahlung** *f* уплата *f* страховой премии авансом; **-zahlung** *f* выдача *f* (выплата *f*) премий; **-zeitlohn** *m* повременно-премиальная оплата *f* труда; **-zuführung** *f* отчисления *pl* в фонд материального поощрения; **-zuschlag** *m* премиальная надбавка *f*

prämieren премировать, награждать

Prämierung *f* премирование *n*, награждение *n*

pränumerando с предварительным платежом

Präqualifizierung *f* предварительный отбор *m*

Präsentation *f* предъявление *n*; презентация *f*

Präsentationsfrist *f* срок *m* предъявления векселя к оплате

präsentieren предъявлять, представлять; **einen Wechsel ~** предъявлять вексель к оплате

Präsenz *f* присутствие *n*; явка *f* на работу; участие *n*

Präsenz|börse *f* *s.* **Parkettbörse**; **-geld** *n* суточные (деньги) *pl*; **-liste** *f* список *m* присутствующих

Präsident *m* президент *m*, председатель *m*; **zum -en ernennen** назначать президентом (председателем)

Präsident *m* **des Bundesrates** *(Admin, Pol)* президент *m* бундесрата

Präsident *m* **des Deutschen Bundestages** *(Admin, Pol)* президент *m* германского бундестага

Präsidium *n* президиум *m*; председательство *n*; **das ~ übernehmen** взять на себя председательство

Praxis *f* практика *f*; **in die ~ umsetzen** реализовать на практике

praxis|fremd непрактичный, чуждый практике (реальности); **-nah** практический, приближенный к практике (реальности); **-orientiert** ориентированный на практическое применение

Präzedenzfall *m* прецедент *m*
präzisieren уточнять; **ein Angebot ~** уточнять предложение
Präziswechsel *m* вексель *m* со сроком платежа на определенный день
Preis *m* цена *f*; награда *f*, премия *f*; приз *m*; **den ~ absprechen** договориться о цене, согласовать цену; **den ~ ändern** изменить цену; **den ~ angeben** указать цену; **den ~ anheben** повысить цену; **den ~ anpassen** корректировать цену; **auf den ~ aufschlagen** делать надбавку на цену; **den ~ aushandeln** выторговать цену; **den ~ ausmachen** договориться о цене; **einen ~ ausschreiben** объявить конкурс на приз (премию); **-e auszeichnen** указывать цены на товары; **den ~ drücken** сбивать цену; **den ~ durchsetzen** добиться своей цены; **einen ~ empfehlen** рекомендовать цену; **den ~ erhöhen** повысить цену; **den ~ ermäßigen** уменьшить цену; **den ~ ermitteln** определить (установить) цену; **den ~ errechnen** рассчитать цену; **einen ~ erzielen** получить (запрашиваемую) цену; **den ~ festsetzen** назначить (установить) цену; **einen ~ gewinnen** выиграть приз; **im ~ enthalten (inbegriffen) sein** входить в цену (товара); **im ~ nachgeben** уступить в цене; **im ~ fallen** падать в цене; **im ~ steigen** подняться в цене; **mit neuen -en versehen** устанавливать новые цены; **den ~ reduzieren** снизить цену; **den ~ setzen** установить цену; **sich auf einen ~ einigen** договориться (условиться) о цене; **den ~ stabil halten** поддерживать постоянный (стабильный) уровень цен; **den ~ steigern** повысить цену; **einen ~ stiften** учредить приз (награду); **-e stützen** выделять дотации для поддержания стабильных цен; **den ~ unterbieten** сбить цену; **den ~ vereinbaren** согласовать цену, договориться о цене; **einen ~ vergeben** выдать приз (награду); **-e vergleichen** сравнивать (анализировать) цены; **einen ~ verleihen** присудить приз (награду); **den ~ verrechnen** рассчитать цену; **zum ~ abnehmen** покупать по цене; **zum ~ anbieten** предлагать по цене; **die -e klettern** цены медленно растут; **die -e ziehen an** цены повышаются; **~ ab Lager** цена *f* франко-склад продавца; **administrierte -e** цены *pl*, устанавливаемые (регулируемые) государством; **angemessener ~** разумная (адекватная, соразмерная, подходящая) цена *f*; **~ ausschließlich Verpackung** цена *f* без упаковки; **ausgezeichneter ~** этикетка *f* с указанием цены; **bestätigter ~** подтвержденая цена *f*; **~ caf** цена *f* каф; **~ cif** цена *f* сиф; **~ einschließlich Verpackung** цена *f*, включая стоимость упаковки; **endgültiger ~** окончательная цена *f*; **ermäßigter ~** сниженная (льготная) цена *f*; **erzielbarer ~** реально достижимая цена *f*; **erzielter ~** полученная цена *f*; **~ fob** цена *f* фоб; **~ franko** цена *f* франко; **~ freibleibend** цена может быть изменена без уведомления; **~ frei Haus** цены *pl*, включающие расходы по доставке; **geltender ~** действующая цена *f*; **gestaffelte -e** дифференцированные цены *pl*; **gestützter ~** дотируемая цена *f*; **gültiger ~** действующая цена *f*; **günstiger ~** сходная (недорогая) цена *f*; **hoher ~** высокая цена *f*; **~ je Einheit** цена *f* за единицу; **marktgerechter ~** цена *f*, отражающая коньюнктуру рынка; **~ pro Stück** цена *f* за штуку; **staatlich festgesetzter ~** цена *f*, регулируемая государством; **stabiler ~** стабильная цена; **steigender ~** растущая (повышающаяся) цена *f*; **subventionierter ~** дотируемая цена *f*; **überhöhter ~** завышенная цена *f*; **vereinbarter ~** согласованная цена *f*; **vergleichbarer ~** сравнимая (сопоставимая) цена *f*; **zu jeweiligen -en** по текущим ценам
Preis|abbau *m* снижение *n* цен; **-abrede** *f* соглашение *n* о ценах; соглашение *n* об установлении и поддержании цен на определенном уровне
Preis-Absatz-Funktion *f* функция *f* цена-сбыт

Preis|absatzkurve *f* кривая *f* изменения спроса от уровня цен; **-abschlag** *m* скидка *f* с цены, уступка *f* в цене; **-absprache** *f* ценовой сговор *m*; сговор *m* об установлении и поддержании цен на определенном уровне; **-abstimmung** *f* согласование *n* цен; **-abstufung** *f* дифференциация *f* цен; **-abweichung** *f* отклонение *n* цен; **-analyse** *f* анализ *m* цен; **-änderung** *f* изменение цен; **-anfrage** *f* запрос о цене; **-angabe** *f* указание *n* (обозначение) цены; этикетка *f* с указанием цены; **-angebot** *n* предложение *n* цены; **-angleichung** *f* выравнивание *n* цен; **-anhebung** *f* повышение *n* цен; **-anpassung** *f* скользящая цена *f*; **-anpassungsklausel** *f* оговорка *f* о скользящих ценах; **-anstieg** *m* повышение *n* (увеличение *n*) цен; **-aufschlag** *m* надбавка *f* (накидка *f*) к цене; **-aufsicht** *f* контроль *m* за ценами; **-auftrieb** *m* взвинчивание *n* цен; **-ausgleich** *m* выравнивание *n* цен; **-aushang** *m* информация *f* о размерах процентных ставок банка при заключении сделок с частными клиентами; **-auskunft** *f* справка *f* о цене; **-ausschreiben** *n* конкурс *m*, соревнование *n*; **-auszeichnung** *f* обозначение *n* цены, снабжение *n* товара ценниками; **-auszeichnungspflicht** *f* обязанность *f* обозначения цены; **-band** *n* диапазон *m* колебания цены на товар в течение определенного периода; **-beobachtung** *f* наблюдение *n* за динамикой цен; **-bereinigung** *f* элиминация *f* колебания цен; **-bestätigung** *f* подтверждение *n* цены; **-bewegung** *f* динамика *f* цен

preisbildend ценообразующий

Preisbildung *f* ценообразование *n*

Preisbindung *f* установление *n* (назначение *n*) цен; **horizontale** ~ установление *n* картельных цен по горизонтали; **vertikale** ~ установление *n* картельных цен по вертикали; ~ **zweiter Hand** поддержание *n* цен при перепродаже товаров; поддержание *n* розничных цен

Preisbindungs|abkommen *n* соглашение *n* о поддержании цен при перепродаже товаров; **-absprache** *f* картельное соглашение *n* о ценах; **-klausel** *f* пункт *m* в договоре о сохранении установленных цен

Preis|brecher *m* фирма *f*, нарушающая установленный уровень цен; **-differenz** *f* разница *f* в ценах; **-differenzierung** *f* дифференцирование *n* (изменение *n*) цен; **-differenzkonto** *n* счет *m* резерва выравнивания цен; **-diktat** *n* диктат *m* в области цен; **-disziplin** *f* жесткая политика *f* в области цен; ценовая дисциплина *f*; **-druck** *m* затруднения *pl*, вызываемые уровнем цен; **-dumping** *f* ценовой демпинг *m*; **-durchschnitt** *m* средний уровень *m* цен; **-durchsetzung** *f* получение *n* запрашиваемой цены; **-einbruch** *m* резкое падение *n* (снижение *n*) цен; **-elastizität** *f* эластичность *f* цен

Preisempfehlung *f* рекомендация *f* цены; **unverbindliche** ~ необязывающая рекомендация *f* цены

Preis|entwicklung *f* динамика *f* цен; **-erhöhung** *f* повышение *n* цен; **-erholung** *f* повышение *n* цен (после снижения); **-ermäßigung** *f* снижение *n* (понижение *n*) цен; **-ermittlung** *f* определение *n* цены; **-erwartung** *f* ожидаемое изменение *n* цен; **-etikett** *n* этикетка *f* с обозначением цены; **-festlegung** *f* установление *n* (калькуляция *f*) цены; **-findung** *f* определение *n* (исчисление *n*) цены; **-fixierung** *f* установление *n* цены продавцом с учетом конъюнктуры; **-forderung** *f* запрашиваемая цена *f*; **-forschung** *f* изучение *n* (анализ *m*) динамики цен; **-freigabe** *f* либерилизация *f* цен; **-führer** *m* ценовой лидер *m*, лидер *m* в области цен; **-führerschaft** *f* лидерство *n* в области цен; **-gabe** *f* отказ *m*; передача *f*, сдача *f*; раскрытие *n*, выдача *f* (сведение *n*); разглашение *n*; **-garantie** *f* гарантия *f* сохранения цены; **-gebaren** *n* установление *n* (определение *n*) цен; **-gefälle** *n* различия *pl* в уровнях цен; **-gefüge** *n* структура *f* цен; **-gestaltung** *f* ценообразование *n*, установление *n* цен;

-gleitklausel *f* оговорка *f* о повышении или понижении цены
preisgünstig по выгодной цене; **-es Angebot** выгодное предложение, предложение по выгодной цене
Preis|herabsetzung *f* снижение *n* (понижение *n*) цен; **-heraufsetzung** *f* повышение *n* цен; **-höhe** *f* уровень цен
Preisindex *m* индекс *m* цен; *(Bö)* индекс курсов ценных бумаг (без дивидендов); **~ für die Lebenshaltung** индекс *m* стоимости жизни, индекс *m* розничных цен
Preis|intervall *n* интервал *m* цен; **-kalkulation** *f* расчет *m* (калькуляция *f*) цены; **-kampf** *m* конкурентная борьба *f* в области цен; **-kartell** *n* картельное соглашение *n* о ценах; **-katalog** *m* прейскурант *m*, ценник *m*; **-klasse** *f* категория *f* цен, диапазон *m* цен; **-klausel** *f* пункт *m* (договора) о цене; **-knüller** *m* товар *m* по очень низкой цене; **-konjunktur** *f* коньюнктура *f* в области цен; **-konkurrenz** *f* конкуренция *f* в области цен, ценовая конкуренция *f*; **-kontrolle** *f* контроль *m* за ценам; **-korrektur** *f* коректировка *f* (регулирование *n*) цен
Preis-Kosten-Schere *f* ножницы *pl* между ценой и издержками
Preis|krieg *m* война *f* цен; **-kurve** *f* кривая *f* цен; **-lage** *f* уровень *m* цен, цена *f*; диапазон *m* цен
Preis-Leistungs-Verhältnis *n* соотношение *n* цена-производительность
Preis|lenkung *f* регулирование *n* цен; **-limit** *n* лимит *m* цен; **-liste** *f* прейскурант *m*, ценник *m*; **-management** *n* управление *n* ценой как инструмент маркетинга; **-manipulation** *f* манипуляция *f* ценами; **-maßstab** *m* масштаб *m* цен; **-mechanismus** *m* механизм *m* цен; **-meldestellen** *pl* службы *pl* обмена информацией о ценах для членов объединения предпринимателей; **-minderung** *f* понижение *n* (снижение) цен; **-mitteilungspflicht** *f* обязанность *f* предоставлять информацию о ценах
Preisnachlass *m* уменьшение *n* цены; скидка *f* с цены, уступка *f* в цене; **einen ~ fordern** потребовать скидку с цены; **einen ~ gewähren** предоставить скидку с цены
Preis|nachweis *m* (документальное) обоснование *n* цены; **-niveau** *m* уровень *m* цен
Preisniveau|änderung *f* изменение *n* уровня цен; **-erhöhung** *f* повышение *n* уровня цен; **-stabilität** *f* стабильность *f* уровня цея
Preis|notierung *f* котировка *f* цен, котировка *f* обменного курса; **-obergrenze** *f* самый высокий уровень *m* цен, максимальная цена *f*; **-offerte** *f* предложение *n* цены; **-optik** *f (V&M)* изображение *n* цены; **-politik** *f* политика *f* в области цен
preispolitisch относящийся к политике в области цен
Preis|prognose *f* прогноз *m* цен; **-prüfung** *f* проверка *f* цен; **-recht** *n* правовые нормы *pl*, регулирующие ценовую политику; **-reduzierung** *f* снижение *n* цен; **-regelung** *f* государственное регулирование *n* цен; **-revision** *f* пересмотр *m* цен; **-rückgang** *m* падение *n* цен; **-rutsch** *m* резкое падение *n* цен; **-schätzung** *f* определение *n* цены; **-schere** *f* ножницы *pl* цен; **-schild** *n* этикетка *f* с указанием цены; **-schwankung** *f* колебание *n* цен; **-schleuderei** *f* ценовой демпинг *m*; **-senkung** *f* снижение *n* (понижение *n*) цен; **-skala** *f* шкала *f* цен; **-spanne** *f* диапазон *m* цен; разница *f* в уровнях цен; маржа *f*; **-spiegel** *m* сопоставление *n* цен; **-sprung** *m* скачок *m* цен; **-stabilisierung** *f* стабилизация *f* цен; **-stabilität** *f* стабильность *f* (устойчивость *f*) цен; **-staffeln** *pl* ряды *pl* цен; **-statistik** *f* статистика *f* цен; **-steigerung** *f* повышение *n* (рост) цен
Preissteigerungs|rate *f* темп *m* роста цен; **-rücklage** *f* резерв *m*, образовавшийся в результате роста цен
Preis|stellung *f* установление *n* (указание) цен; цена *f*; **-stopp** *m* замораживание *n* цен; **-stufe** *f* категория *f* цен; **-sturz** *m* резкое падение *n* цен; **-stützung** *f* поддержание *n* цен;

-taxen *f* регулируемые цены *pl*; **-test** *m* проверка *f* приемлимости цены на товар для потребителя; **-tendenz** *f* тенденция *f* в движении цен; **-treiber** *m* спекулянт *m*, играющий на повышение; **-treiberei** *f* искусственное вздувание *n* цен; **-überhöhung** *f* завышение *n* цены; **-überwachung** *f* контроль *m* за ценами; **-umrechnung** *f* пересчет *m* (повторная калькуляция *f*) цен; **-unterbietung** *f* сбивание *n* цен; **-untergrenze** *f* самый низкий уровень *m* цены, минимальная цена *f*; **-unterschied** *m* различие *n* (разница *f*) в цена; **-vereinbarung** *f* соглашение *n* по ценам; **-verfall** *m* падение *n* цен; **-vergleich** *m* сопоставление *n* (сравнение *n*) цен; **-verhältnis** *n* соотношение *n* цен; **-verhandlung** *f* переговоры *pl* по ценам; **-verzeichnis** *n* прейскурант *m*; **-vorbehalt** *m* оговорка *f* относительно цены; **-vorschlag** *m* предложение *n* (проект *m*) цены; **-vorsprung** *m* преимущество *n* в цене; **-vorstellung** *f* ожидаемая цена *f*, представление *n* о цене; **-vorteil** *m* выгода *f* за счет цены

preiswert достойный цены

Preis|wettbewerb *m* конкуренция *f* в области цен; **-zugeständnis** *n* уступка *f* в цене; **-zuschlag** *m* надбавка *f* (накидка *f*) к цене

Premium-Marke *f (Handel, V&M)* марка *f* класса «премиум»

Premiumpartner *m* избранный партнер *m*, преимущественный партнер *m*

Presse *f (Media)* пресса *f*

Presse- und Informationsamt *n* **der Bundesregierung** *(Media, Pol)* ведомство *n* печати и информации федерального правительства

Prestige|preis *m* цена *f*, установленная из соображений престижа; **-werbung** *f* реклама *f* для поддержания престижа

Prima|diskonten *pl* первоклассные векселя *pl*, акцептованные банком; **-nota** *f* мемориал *m*, (регистрационный) журнал *m*; **-papiere** *pl* первоклассные ценные бумаги *pl*

Prime Standard *(Bö)* Первоклассный Стандарт (сегмент Франкфуртской фондовой биржи для компаний, желающих выйти на международный фондовый рынок)

primär первичный, основной; **-er Sektor** сельское и лесное хозяйство, рыболовство, горнодобывающая промышленность

Primär|bedarf *m* первичный спрос *m*; **-daten** *pl* первичные данные *pl*; **-einkommen** *n (WiWi)* чистый национальный доход *m*; **-energie** *f* первичная (природная) энергия *f*

Primärenergie|bedarf *m* потребность *f* в первичной энергии; **-quelle** *f* источник *m* первичной энергии; **-träger** *m* первичный энергоисточник *m*; **-verbrauch** *m* потребление *n* первичной энергии

Primär|erhebung *f* сбор *m* первичной информации; **-forschung** *f* первичный анализ *m* рынка; **-geschäft** *n* операции *pl* с новыми выпусками ценных бумаг; **-kosten** *pl* первичные затраты *pl* (издержки *pl*); **-markt** *m (Bö)* рынок *m* новых ценных бумаг, первичный рынок *m*; **-statistik** *f* первичная статистика *f*; **-verteilung** *f* первичное распределение *n*

prime rate базисная учетная ставка (краткосрочных кредитов) для первоклассных заемщиков

Primawechsel *m* первоклассный вексель *m*

Printmedien *pl (Media)* печатные средства *pl* массовой информации

Prinzip *n* принцип *m*

Prinzipal *m* шеф *m*, хозяин *m*, принципал *m*

Priorität *f* приоритет *m*, первенство *n*, преимущественное право *n*; **~ einräumen** предоставлять преимущественное право; **-en setzen** устанавливать приоритеты; **absolute ~** абсолютный приоритет *m*

Prioritäten *pl* привилегированные облигации *pl* (акции *pl*)

Prioritäts|aktie *f* привилегированная акция *f*; **-obligation** *f* привилегированная облигация *f*

privat частный; личный; **-er Arbeitgeber** *m* частный работодатель *m*; **-er**

Diskontsatz *m* коммерческая учетная ставка *f*

Private Banking *(Bank, Fin)* банковский ритейл, комплекс услуг для состоятельных частных клиентов

Private Equity прямые частные капиталовложения (в предприятия, не котирующиеся на бирже)

Privat|anleihe *f* частный заем *m*, частная ссуда *f*; **-bank** *f* частный банк *m*; **-bankier** *m* управляющий *m* частного банка; **-bedarf** *m* индивидуальные потребности *pl*; **-besitz** *m* частное владение *n*, частная собственность *f*; **-betrieb** *m* частное предприятие *n*; **-diskont** *m* учетный процент *m* при операциях между банками; **-diskonten** *pl* первоклассные векселя *pl*

Privatdiskont|handel *m* операции *pl* на рынке первоклассных векселей; **-satz** *m* учетная ставка *f* для первоклассных векселей

Privat|eigentum *m* частная собственность *f*; **-eigentümer** *m* частный собственник *m*; **-einlage** *f* частный вклад *m*, частный взнос *m*; **-einnahmen** *pl* частные (личные) доходы *pl*

Privat|entnahme *f* изъятие *n* денежных средств предприятия на личные нужды; **-firma** *f* частная фирма *f*; **-geschäft** *n* частная сделка *f*; частное предприятие *n*; **-gespräch** *n* частный (личный) разговор *m*; **-gläubiger** *m* частный кредитор *m*; **-grundstück** *m* частный земельный участок *m*; **-haftpflichtversicherung** *f* страхование *n* гражданской ответственности частного лица; **-haushalt** *m* частное домашнее хозяйство *n*; **-hochschule** *f* частное высшее учебное заведение *n*; **-industrie** *f* промышленность *f*, находящаяся в частной собственности, частный сектор *m* промышленности; **-initiative** *f* частная (личная) инициатива *f*; **-investitionen** *pl* частные капиталовложения *pl* (инвестиции *pl*)

privatisieren приватизировать, передавать в частную собственность, денационализировать; **per MBO ~** приватизировать путем выкупа менеджерами и служащими контрольного пакета акций своего предприятия

Privatisierung *f* приватизация *f*, передача *f* в частную собственность; денационализация *f*; **die ~ durchführen** проводить приватизацию

Privatisierungskonzept *n* концепция *f* приватизации; **ein ~ entwickeln** разработать концепцию приватизации

Privatisierungsmodell *n* модель *f* приватизации; **ein ~ entwerfen** разработать модель приватизации

Privatisierungsprogramm *n* программа *f* приватизации

Privatisierungsprojekt *n* проект *m* приватизации; **ein ~ durchführen** реализовывать проект приватизации; **das ~ prüfen** проанализировать проект приватизации

Privat|kapital *n* частный капитал *m*; **-klage** *f* жалоба *f* потерпевшего по делам частного обвинения; **-konsum** *m* личное потребление *n*; **-konto** *n* персональный (личный) счет *m*, счет *m* частного лица; **-korrespondenz** *f* частная (личная) переписка *f* (корреспонденция *f*); **-krankenversicherung** *f* частное страхование *n* на случай болезни; **-kredit** *m* кредитная линия *f* частному лицу на ограниченную сумму; **-kundengeschäft** *n* сделка *f* с частным клиентом; **-kundschaft** *f* частная клиентура *f*; **-liquidation** *f* расчеты *pl* по счетам частных пациентов; **-person** *f* частное лицо *n*; **-platzierungen** *pl* размещение *n* ценных бумаг среди узкого круга крупных частных инвесторов; **-portfolio** *n* портфель *m* ценных бумаг частного лица; **-produzent** *m* частный производитель *m* (продюсер); **-recht** *n* частное (гражданское) право *n*

privatrechtlich гражданско-правовой; **-er Anspruch** гражданско-правовой иск *m*; **-er Vertrag** договор *m*, заключенный в соответствии с нормами гражданского права

Privat|satz *m* учетная ставка *f* по первоклассным векселям; **-sektor** *m* частный сектор *m*; **-unternehmen** *n* частное предприятие *n*; **-urkunde** *f* документ *m*, выставленный частным лицом; **-verbrauch** *m* частное (личное) потребление *n*; **-vereinbarung** *f* личная договоренность *f*; **-vermögen** *n* частная собственность *f*, имущество *n*, находящееся в частной собственности; **-versicherung** *f* личное (индивидуальное) страхование *n*; **-wirtschaft** *f* частный сектор *m* экономики; частное (индивидуальное) хозяйство *n*

privatwirtschaftlich частнохозяйственный

Privatwohnung *f* частная квартира *f*

Privileg *n* привилегия *f*, преимущество *n*; льгота *f*; преимущественное право *n*; **ein ~ abbauen** отменять привилегию (льготу); **mit einem ~ ausstatten** предоставлять привилегию (льготу)

privilegieren предоставлять привилегии

privilegiert привилегированный; **-e Aktien** *pl* привилегированные акции *pl*

pro за; на; с; **~ Kopf** на душу населения; **~ Periode** за (отчетный) период

Probe *f* проверка *f*, испытание *n*; образец *m*, проба *f*; опыт *m*; **auf ~ anstellen (einstellen)** принять на работу с испытательным сроком; **auf ~ kaufen** покупать на пробу; **eine ~ entnehmen** взять пробу; **eine ~ untersuchen** исследовать образец (пробу); **eine ~ ziehen** взять пробу; **gemäß ~** по образцу

Probe|arbeitsverhältnis *n* работа *f* по договору с испытательным сроком; **-bilanz** *f* предварительный баланс *m*; **-entnahme** *f* отбор *m* проб (образцов); **-fahrt** *f* пробное испытание *n*, пробный пробег *m*; **-jahr** *n* годичный испытательный срок *m*; **-kauf** *m* покупка *f* на пробу; **-lauf** *m* пробный пуск *m*, пробное испытание *n*; **-lieferung** *f* пробная поставка *f*

Probe|nahme *f (QM)* взятие *n* проб; **-sendung** *f* отправка *f* образцов на испытание; посылка *f* с образцами; **-stück** *n* образец *m*, проба *f*

probeweise для пробы

Probezeit *f* испытательный срок *m*

Problem *n* проблема *f*; задача *f*; **ein ~ lösen** решить проблему; **ein ~ regeln** урегулировать проблему

Problem|forschung *f* проблемное исследование *n*; **-komplex** *m* комплекс *m* проблем; **-lösung** *f* решение *n* проблемы

problemorientiert ориентированный на конкретную проблему

Problemstellung *f* постановка *f* проблемы

Produkt *n* продукт *m*, фабрикат *m*, изделие *n*; **-e absetzen** сбывать, (реализовывать) продукцию; **-e anbieten** предлагать продукцию; **-e ausliefern** посталять продукцию; **ein ~ bevorzugen** отдавать предпочтение какому-либо продукту; **-e beziehen** получать продукцию; **-e erproben** испытывать изделие; **-e erwerben** приобретать продукцию; **-e fertigen** изготовлять (производить)продукцию; **-e gestalten** разрабатывать (новые) изделия; придавать продукции товарный вид; **-e herstellen** производить (изготовлять) продукцию; **-e kaufen** покупать продукцию; **-e offerieren** предлагать продукцию; **-e platzieren** внедрять продукцию на рынок, рекламировать товары путем целенаправленного использования их в художественных фильмах или телепередачах; **-e verkaufen** продавать продукцию; **-e vertreiben** сбывать (реализовывать) продукцию; **-e vorstellen** представлять продукцию; **ausgereiftes ~** (технически) совершенное изделие *n*; **fehlerhaftes ~** бракованное изделие *n*; **fertiges ~** готовый продукт *m*; **inländisches ~** продукт *m* (изделие *n*) отечественного производства; **innovatives ~** продукт-новинка *m*, инновационный продукт *m*; **landwirtschaftliches ~** сельскохозяйственный продукт *m*; **marktfähiges ~** продукт *m*, готовый к продаже; **marktgängiges ~** продукт *m* (товар *m*), пользующийся спросом на рынке; **marktreifes** ~ продукт *m*, готовый к выпуску на рынок; **unausgereiftes** ~ изделие *n*, не удовлетворяющее (техническим) требованиям

Produkt|abnahme *f* покупка *f* (закупка *f*) товаров; приемка *f* товаров; **-absatz** *m* сбыт *m* (реализация *f*) продукции; **-analyse** *f* анализ *m* продукции; **-angebot** *n* ассортимент *m* товаров (изделий); **-beistellung** *f* *(V&M)* продакт-плейсмент *m*; **-beschreibung** *f* техническая характеристика *f* изделия; **-bewertung** *f* установление *n* стоимости продукта (изделия); оценка *f* продукта (изделия)

produktbezogen относящийся к продукту (изделию)

Produkt|design *n* проектирование *n* изделия, дизайн *m* изделия; **-differenzierung** *f* расширение *n* номенклатуры продукции, индивидуализация *f* продукции; **-diversifikation** *f* диверсификация *f* продукции; **-einführung** *f* внедрение *n* продукта на рынок (в производство); **-einheit** *f* единица *f* продукции; **-einzelkosten** *pl* издержки *pl*, начисляемые на конкретный продукт; **-eliminierung** *f* исключение *n* продукта из программы производства

Produkten|börse *f* товарная биржа *f*, биржа *f* сельскохозяйственных продуктов; **-handel** *m* торговля *f* сельскохозяйственными продуктами и сырьем; **-markt** *m* рынок *m* сельскохозяйственных продуктов

Produkt|entwicklung *f* разработка *f* (конструирование *n*) изделия; **-familie** *f* группа *f* родственных изделий; **-fehler** *m* дефект *m* изделия; **-form** *f* форма *f* продукта; **-forschung** *f* исследование *n* продукции; **-gestaltung** *f* художественное оформление *n* изделий; **-gruppe** *f* ассортимент *m* изделий; **-haftpflichtversicherung** *f* обязательное страхование *n* предприятий на случай удовлеворения претензий по рекламациям; **-haftung** *f* ответственность *f* за качество выпускаемой продукции; **-herstellkosten** *pl* издержки *pl* производства по выпуску продукта; **-innovation** *f* продукт-новинка *m*, новое изделие *n*

Produktion *f* производство *n*, изготовление *n*, выпуск *m* продукции; продукция *f*, выработка *f*; **die ~ aufbauen** создавать производство; **die ~ aufgeben** прекращать (ликвидировать) производство; **die ~ aufnehmen** начинать прозводство; **die ~ aufrechterhalten** продолжать (сохранять) производство; **die ~ ausbauen** расширять производство; **die ~ einschränken** сдерживать (сокращать) производство; **die ~ einstellen** прекращать (останавливать) производство; **die ~ erhöhen** увеличивать производство; **die ~ hochfahren** развертывать производство в полном объеме; **die ~ leiten** управлять (руководить) производством; **die ~ planen** планировать производство; **die ~ steigern** увеличивать производство; **die ~ umstellen** переключать производство на выпуск новой продукции; **die ~ verlegen** перемещать производство, переносить производство на новое место; **arbeitsintensive** ~ трудоемкое производство *n*; **computergestützte** ~ производство *n*, управляемое с помощью ЭВМ; **einheimische** ~ отечественное производство *n*, отечественная продукция *f*; **energieintensive** ~ энергоемкое производство *n*; **industrielle** ~ промышленное производство *n*; **landwirtschaftliche** ~ сельскохозяйственное производство *n*; сельскохозяйственная продукция *f*; **laufende** ~ текущее производство *n*, освоенная продукция *f*; **materialintensive** ~ материалоемкое производство *n*; **schlanke** ~ рационализированное производство *n*; **serienmäßige** ~ серийное производство *n*; **verbundene** ~ одновременное производство *n* нескольких продуктов; производство *n* побочной продукции

Produktions|abfälle *pl* отходы *pl* производства, производственные отходы *pl*; **-abgabe** *f* налог *m* с оборота; **-ablauf** *m* производственный процесс *m*; **-abnahme** *f* сокращение *n* (уменьшение *n*) производства; **-abschnitt** *m* производственный участок *m*, участок *m* производства; **-abstimmung** *f* координация *f* (согласование *n*) производственных программ; **-abteilung** *f* цех; **-anlagen** *pl* производственное оборудование *n*, производственные установки *pl*; **-anlauf** *m* начало *n* производство, запуск *m* в производство; **-anstieg** *m* рост *m* производства (выпуска продукции); **-aufkommen** *n* производственные ресурсы *pl*, выход *m* продукции; **-auflage** *f* производственное задание *n*, производственная программа *f*; **-aufnahme** *f* запуск *m* в производство; **-aufschwung** *m* подъем *m* (рост *m*) производства

Produktionsauftrag *m* заказ-наряд *m* на изготовление, производственный заказ *m*; **einen ~ annehmen** принять заказ-наряд на исполнение

Produktions|aufwand *m* **(-aufwendungen** *pl***)** затраты *pl* производства, производственные затраты *pl*; **-ausfall** *m* сокращение *n* выпуска продукции, потери *pl* производства; **-ausgaben** *pl* эксплуатационные (производственные) расходы *pl*; **-ausrüstung** *f* производственное оборудование *n*; **-ausstoß** *m* выпуск *m* продукции, объем *m* выпускаемой продукции

produktionsbedingt производственный, связанный с производством

Produktions|bedingungen *pl* условия *pl* производства; **-beginn** *m* начало *n* производства; **-bereich** *m* сфера *f* (подразделение *n*) производства, отрасль *f* народного хозяйства; **-bericht** *m* отчет *m* о результатах хозяйственной деятельности; **-beschränkung** *f* ограничение *n* производства (выпуска продукции); **-besprechung** *f* производственное совещание *n*; **-betrieb** *m* производственное (промышленное) предприятие *n*

produktionsbezogen производственный, относящийся к производству

Produktions|breite *f* возможности *pl* предприятия по диверсификации производства; **-controlling** *n* контроллинг *m* производства; **-dauer** *f* продолжительность *f* производства (изготовления); **-drosselung** *f* сокращение *n* производства; **-durchlauf** *m* производственный цикл *m*; **-durchlaufzeit** *f* время *n* на производство одного видаизделия; **-elastizität** *f* эластичность *f* производства; **-einbruch** *m* резкое сокращение *n* объема производства; **-einheit** *f* единица *f* производства; **-einrichtungen** *pl* производственное оборудование *n*; **-einschränkung** *f* сокращение *n* (ограничение *n*) производства; **-einstellung** *f* остановка *f* (прекращение *n*) производства; **-engpass** *m* узкое место *n* на производстве; **-entwicklung** *f* развитие *n* производства, тенденции *pl* развития производства; **-ergebnis** *n* производственный результат *m*, результат *m* хозяйственной деятельности; **-erhöhung** *f* рост *m* (увеличение *n*) производства; **-ertrag** *m* стоимость *f* произведенных товаров и услуг; **-erweiterung** *f* расширение *n* производства

Produktionsfaktor *m* фактор *m* производства; **volkswirtschaftlicher ~** народнохозяйственный фактор *m* производства

Produktions|fehler *m* производственный дефект *m*, дефект *m* изготовления; **-firma** *f* производственная (промышленная) фирма *f*; **-fluss** *m* производственный процесс *m*; **-funktion** *f* функция *f* производства, производственнаяфункция; **-geheimnis** *n* производственный секрет *m*, секрет *m* производства; **-genossenschaft** *f* производственный кооператив *m*, производственное товарищество *n*; **-geschehen** *n* производственная деятельность *f*, процесс *m* производства; **-güter** *pl* промежуточная продукция *f*, промежуточные изделия *pl*; **-güterindustrie** *f* промышленность *f*, производящая промежуточную продукцию; **-halle** *f* цех *m*, производственное помещение *n*; **-hauptbetrieb** *m* основное производственное подразделение *n* предприятия; **-hilfsbetrieb** *m* вспомогательное производственное подразделение *n* предприятия; **-index** *m* индекс *m* объема промышленной продукции; индекс *m* физического объема производства; **-innovation** производственное новшество *n*, производственная инновация *f*; **-insel** *f* самостоятельный участок *m* производства; **-kapazität** *f* производственная мощность *f*; **-kartell** *n* производственный картель *m*; **-kennziffer** *f* производственный показатель *m*; **-koeffizient** *m* производственный коэффициент *m*; **-konto** *n* счет *m* производства; **-kontrolle** *f* производственный контроль *m*, контроль *m* за производством; **-kosten** *pl* издержки *pl* производства; **-leistung** *f* выработка *f*; **-leiter** *m* руководитель *m* (менеджер *m*) производства; **-lenkung** *f* управление *n* производством; **-lizenz** *f* лицензия *f* на производство; **-logistik** *f* логистика *f* производства; **-menge** *f* объем *m* (количество *n*) произведенной продукции, физический объем *m* производства; **-methode** *f* метод *m* (способ) производства

Produktionsmittel *pl* средства *pl* производства; ~ **beschaffen** приобретать (покупать) средства производства

Produktions|niveau *n* уровень *m* производства; **-organisation** *f* организация *f* производства; **-palette** *f* ассортимент *m* выпускаемой продукции; **-phase** *f* фаза *f* производства; **-plan** *m* производственный план *m*; **-planung** *f* планирование *n* производства, производственное планирование *n*

Produktionsplanungs- und -steuerungssystem *n* система *f* планирования и управления производством

Produktions|potential *n* производственный потенциал *m*; **-profil** *n* профиль *m* производства, производственный профиль *m*; **-programm** *n* производственная программа *f*; **-programmbreite** *f* ассортимент *m* производимой продукции; **-programmtiefe** *f* степень *f* завершенности производства; **-prozess** *m* производственный процесс *m*, процесс *m* производства; **-quote** *f* производственная квота *f*, квота *f* на производство; **-reife** *f* готовность *f* изделия к запуску в производство; **-reserven** *pl* производственные резервы *pl*; **-risiko** *n* производственный риск *m*, риск *m*, связанный с производством; **-schwankungen** *pl* колебания *pl*; **-soll** *n* плановое производственное задание *n*; **-stand** *m* уровень *m* производства; **-standort** *m* место *n* размещения производства (предприятия); **-statistik** *f* промышленная статистика *f*; **-stätte** *f* предприятие *n*, производственное подразделение *n* предприятия; **-steuerung** *f* управление *n* производством; **-störung** *f* нарушение *n* процесса производства; **-struktur** *f* структура *f* производства; **-stückzahl** *f* число *n* изготовленных промышленных пзделий

Produktionsstufe *f* стадия *f* (этап *m*) производства; **nachgelagerte** ~ последующая стадия *f* производства; **vorgelagerte** ~ предшествующая стадия *f* производства

Produktions|system *n* система *f* производства; **-technik** *f* производственная техника *f*; **-technologie** *f* технология *f* производства, производственная технология *f*; **-tiefe** *f* степень *f* завершенности производства; **-typ** *m* тип *m* производства; **-überschuss** *m* излишки *pl* производственной продукции; **-überwachung** *f* контроль *m* за производством; **-umfang** *m* объем *m* производства; **-umstellung** *f* перевод *m* производства на выпуск других видов продукции; **-unterbrechung** *f* нарушение *n* производственного процесса; **-unterla-**

gen *pl* производственная документация *f*; **-verfahren** *n* процесс *m* производства; технология *f* производства; **-verluste** *pl* производственные потери *pl*; **-volumen** *n* объем *m* производства (выпуска продукции); **-vorbereitung** *f* подготовка *f* производства; **-vorbereitungszeit** *f* время *n* на подготовку производства; **-vorgang** *m* производственная операция *f*; **-wachstum** *m* рост *m* производства; **-wert** *m* стоимость *f* продукции; **-zeit** *f* период *m* производства; **-zensus** *m* промышленная перепись *f*; **-ziel** *n* цель *f* производства; **-zuwachs** *m* прирост *m* производства; **-zweig** *m* отрасль *f* производства; **-zyklus** *m* цикл *m* производства, производственный цикл *m*

produktiv продуктивный, производительный; производственный

Produktiv|genossenschaft *f* производственный кооператив *m*; **-güter** *pl* средства *pl* (орудия *pl*) производства

Produktivität *f* производительность *f*; продуктивность *f*; **die ~ erhöhen** повышать производительность

Produktivitäts|analyse *f* анализ *m* производительности; **-fortschritt** *m* развитие *n* (рост *m*) производительности; **-gefälle** *n* разница *f* в уровнях производительности; **-kennzahl** *f* показатель *m* производительности; **-messung** *f* измерение *n* производительности; **-niveau** *n* уровень *m* производительности

produktivitätsorientiert ориентированный на рост производительности

Produktivitäts|rente *f* пенсия *f*, зависящая от производительности труда; **-schub** *m* стимул *m* к повышению производительности

Produktiv|kapital *n* капитал *m*, вложенный в средства производства; **-kredit** *m* кредит *m*, предоставляемый на производственные цели; **-vermögen** *n* производственные (производительные) возможности *pl*; средства *pl* производства

Produkt|kalkulation *f* калькуляция *f* издержек на производство продукта; **-klassifikation** *f* классификация *f* продуктов; **-kontrolle** *f* контроль *m* за выпуском продукции; **-lebenszyklus** *m* жизненный цикл *m* продукта; **-linie** *f* ассортимент *m* изделий; **-manager** *n* руководитель *m*, ответственный за разработку, выпуск и сбыт определенного вида продукции; **-management** *n* управление *n* по продукту; **-marke** *f* фирменный продукт *m*; **-marketing** *n* мероприятия *pl* по сбыту продукции; **-mix** *n* группа *f* (ассортимент *m*) различных товаров, выпускаемых одной компанией; **-palette** *f* ассортимент *m* (номенклатура *f*) изделий; **-planung** *f* планирование *n* выпуска и номенклатуры изделий; **-politik** *f* политика *f* в отношении выпуска и номенклатуры изделий; **-portfolio** *n* портфель *m* (готовой) продукции; **-positionierung** *f* определение *n* места продукта на рынке; **-qualität** *f* качество *n* продукта; **-reihe** *f* ряд *m* (серия *f*) изделий; **-sortiment** *n* ассортимент *m* продукции; **-spanne** *f* разница *f* между отпускной и покупной ценой на сельскохозяйственную продукцию; **-spektrum** *n* спектр *m* продукции; **-stamm** *m* основная продукция *f* предприятия; ассортимент *m* изделий; **-standardisierung** *f* стандартизация *f* продукции; **-steuerung** *f* управление *n* внедрением новой продукции; **-strategie** *f* стратегия *f* выпуска и номенклатуры изделий (продукции); **-test** *m* изучение *n* реакции рынка на товар; **-treue** *f* предпочтение *n*, отдаваемое покупателями определенному продукту; **-umstellung** *f* перевод *m* производства на выпуск другого изделия; **-variation** *f* модификация *f* продукции (изделий); **-werbung** *f* реклама *f* (рекламирование *n*) изделия (продукта)

Produzent *m* производитель *m*,

изготовитель *m*, продуцент *m*; **führender ~** ведущий производитель *m*

Produzenten|haftung *f* ответственность *f* производителя за качество выпускаемой продукции; **-markt** *m* рынок *m* производителей; **-rente** *f* предпринимательская прибыль *f*; *(WiWi)* экономический излишек *m*

produzieren производить, выпускать, изготовлять; **in Lizenz ~** производить по лицензии; **kostendeckend ~** производить продукцию рентабельно

produzierend производственный, производящий; **-es Gewerbe** промышленность и строительство

professionell профессиональный

Profil *n* профиль *m*

Profit *m* прибыль *f*; доход *m*; выгода *f*

profitabel прибыльный; выгодный

Profit-Center *n* подразделение *n* предприятия, результаты деятельности которого измеряются полученной прибылью

Profit|marge *f* коэффициент *m* прибыльности (доходность); чистая прибыль *f*; маржа *f* прибыли; **-rate** *f* норма *f* прибыли

Proforma|faktura *f* предварительный счет *m*, предварительная фактура *f*, проформа-счет *m*; **-geschäft** *n* трактация *f*

Pro-Forma-Gewinn *m* гипотетическая прибыль *f*

Proforma|rechnung *f* предварительный счет *m*, предварительная фактура *f*

Prognose *f* прогноз *m*, прогнозирование *n*; предсказание *n*; **eine ~ abgeben** выдать прогноз; **eine ~ aufstellen** составить прогноз; **bedingte ~** условный прогноз *m*; **detaillierte ~** детальный прогноз *m*; **kurzfristige ~** кратковременный прогноз *m*; **langfristige ~** долгосрочный прогноз *m*; **mittelfristige ~** среднесрочный прогноз *m*

Prognose|bericht *m* изложение *n* перспектив развития (предприятия); **-fehler** *m* ошибка *f* прогноза; **-genauigkeit** *f* точность *f* прогноза; **-horizont** *m* горизонт *m* прогнозирования; **-methode** *f* метод *m* прогнозирования; **-modell** *n* прогнозная модель *f*; **-rechnung** *f* прогнозирование *n*; **-variante** *f* вариант *m* прогноза; **-wert** *m* прогнозируемая величина *f*; **-zeitraum** *m* прогнозируемый период *m*

prognostizieren прогнозировать; предвидеть; **das Wachstum ~** прогнозировать рост

Programm *n* программа *f*, план *m* работы; **im ~ führen (im ~ haben)** иметь в программе, иметь в ассортименте; **ein ~ umsetzen** реализовывать программу

Programm|breite *f* ассортимент *m* выпускаемой продукции; **-gestaltung** *f* составление *n* программы, программирование; **-handel** *m* торговля *f* большими партиями ценных бумаг

programmieren программировать

Programmiersprache *f (Comp)* язык *m* программирования

Programmierung *f* программирование *n*

Programm|lohn *m* гарантированный минимум *m* заработной платы при сдельной оплате труда; **-tiefe** *f* количество *n* различных вариантов ассортимента продукции

Progression *f* прогрессия *f*

Progressionsvorbehalt *m (Steuer)* оговорка *f* о прогрессии, право налогообложения дополнительных доходов (физических лиц)

progressiv прогрессивный

Prohibitiv|preis *m* запретительная цена *f*; **-zoll** *m* запретительная пошлина *f*

Projekt *n* проект *m*; план *m*, намерение *n*; разработка *f*; предприятие *n*; **ein ~ bearbeiten** вести работы по проекту; **ein ~ entwickeln (erarbeiten)** разрабатывать проект; **ein ~ finanzieren** финансировать проект; **ein ~ fördern** способствовать реализации проекта

Projekt|abbruch *m (Manag)* досрочное прерывание *n* выполнения проекта; **-ablauf** *m* ход *m* выполнения проекта; **-abschnitt** *m s.* **Projektphase** *f*; **-antrag** *f* заявка *f* на выполнение проекта; **-arbeit** *f* работа *f* над проектом, работа *f* над выполнением проекта; **-audit** *n* анализ *m* процесса реализации проекта; **-aufgabe** *f* проектное задание *n*; **-auftrag** *m* *(Manag)* документ-заказ *m* на реализацию проекта; **-beratung** *f* консультации *pl* по проекту; **-daten** *pl* проектные данные *pl*; **-definition** *f* *(Manag)* определение *n* цели и путей реализации проекта, формулирование *n* проекта; **-dokumentation** *f* проектная документация *f*; **-entwicklung** *f* разработка *f* проекта; **-finanzierung** *f* финансирование *n* проекта; **-förderung** *f* помощь *f* в реализации проекта; **-gesellschaft** *f* *(Manag)* предприятие *n*, созданное для реализации проекта; **-gruppe** *f* проектная группа *f*

projektieren проектировать, разрабатывать проект

Projektierung *f* проектирование *n*

Projektierungs|arbeiten *pl* проектные работы *pl*; **-auftrag** *m* задание *n* на проектирование; **-finanzierung** *f* финансирование *n* проектных работ; **-kosten** *pl* расходы *pl* по проектированию; **-leistungen** *pl* проектные работы *pl*; **-unterlagen** *pl* проектная документация *f*

Projekt|kontrolle *f* контроль *m* за выполнением проекта; **-kosten** *pl* затраты *pl* (издержки *pl*) по выполнению проекта; **-leiter** *m* руководитель *m* проекта; **-leitung** *f* руководство *n* проектом; **-liste** *f* список *m* (перечень *m*) проектов; **-manager** *m* *(Manag)* менеджер *m* проекта; **-management** *n* *(Manag)* руководство *n* проектом, проектный менеджмент *m*, управление *n* проектами; **-managementhandbuch** *n* *(Manag)* справочник *m* по проектному менеджменту; **-organisation** *f* организация *f* работ по выполнению проекта; **-phase** *f* *(Manag)* этап *m* проекта; **-planung** *f* составление *n* плана выполнения проекта; **-realisierung** *f* реализация *f* (осуществление *n*) проекта; **-stand** *m* состояние *n* выполнения проекта; **-studie** *f* *(Manag)* s. **Machbarkeitsstudie** *f*; **-team** *n* группа *f* специалистов, работающих над проектом; **-träger** *m* заказчик *m* (спонсор *m*) проекта; **-trägerschaft** *f* заказчики *pl* (спонсоры *pl*) проекта; **-übergabe** *f* сдача *f* проекта; **-übernahme** *f* приемка *f* проекта; **-umfang** *m* объем *m* работ по проекту; **-ziel** *n* цель *f* проекта

Pro-Kopf-Einkommen *n* доход *m* в расчете на душу населения

Pro-Kopf-Leistung *f* выработка *f* в расчете на одного работника

Pro-Kopf-Verbrauch *m* потребление *n* в расчете на душу населения

Pro-Kopf-Verschuldung *f* задолженность *f* в расчете на душу населения

Prokura *f* общая (торговая) доверенность *f*, полномочие *n* на ведение дел; **~ erhalten** получить общую (торговую) доверенность (полномочия); **~ erteilen** предоставить общую (торговую) доверенность; **mit ~** по доверенности

Prokuraindossament *n* индоссамент *m* по доверенности, инкассовый индоссамент *m*

Prokurist *m* прокурист *m*, доверенное лицо *n* фирмы; **zum -en bestellen** назначить прокуристом

Prolongation *f* отсрочка *f* (в уплате), продление *n*, пролонгация *f*; **~ eines Kredits** продление *n* срока кредита; **~ eines Wechsels** продление *n* срока векселя

Prolongations|akzept *n* пролонгационный акцепт *m*; **-geschäft** *n* пролонгационная сделка *f*; **-wechsel** *m* пролонгированный вексель *m*

prolongieren продлевать, отсрочивать, пролонгировать; **einen Wechsel ~** продлить срок векселя

Promesse *f* промесса *f*

Promoter *m* лицо *n*, проводящее мероприятия по стимулированию сбыта товаров

Promotion *f* содействие *n*, поощрение *n*, стимулирование *n*; рекламная компания *f*, продвижение *n* (товара); присуждение *n* ученой степени

Promotionmaßnahmen *pl* мероприяятия *pl* (компании) по продвижению товара на рынок

prompt быстрый, немедленный, точный; промпт; **-e Lieferung** *f* немедленная поставка *f*; **-e Lokoware** *f* спотпромпт *m*; товар *m*, который может быть поставлен немедленно

Promptgeschäft *n* сделка *f* на наличный товар; кассовая сделка *f*

Propergeschäft *n* сделка *f* за свой счет

proportional пропорциональный; пропорционально; **-e Kosten** *pl* пропорциональные издержки *pl*

Proportionalität *f* пропорциональность

Proportionalitätsprinzip *n* принцип *m* минимально возможного распределения накладных расходов

Proportional|kostenrechnung *f* пропорциональный учет *m* издержек; **-steuer** *f* пропорциональный налог *m*; **-tarif** *m* пропорциональный тариф *m*

Prospekt *m* проспект *m*; брошюра *f*; *(Bö)* сведения *pl* о фирме и выпускаемых ею ценных бумагах; **provisorischer ~** предварительный проспект *m* выпуска ценных бумаг

Prospekt|haftung *f* ответственность *f* по проспекту выпуска ценных бумаг; ответственность *f* за сведения в рекламном проспекте

Prospekthaftungsversicherung *f (Versich)* страхование *n* ответственности за (неверные) сведения в рекламном проспекте

Prospekt|material *n* рекламный материал *m* в виде проспектов; **-werbung** *f* реклама *f* посредством проспектов; **-zwang** *m* обязательство *n* публиковать просккпект выпуска ценных бумаг

prosperieren преуспевать, процветать, благоденствовать

Prosperität *f* процветание *n*, просперити *n*

Protektion *f* защита *f*, охрана *f*; протекционизм *m*; протекция *f*

Protektionismus *n* протекционизм *m*

protektionistisch протекционистский; **-e Maßnahmen** *pl* протекционистские мероприятия *pl* во внешней торговле

Protest *m* протест *m*, возражение *n*; документ *m* об отказе от уплаты по векселю; **einen ~ einlegen** заявить (учинить) протест; **~ erheben** опротестовать, заявить протест; **den Wechsel zu ~ gehen lassen** опротестовать вексель; **einen ~ zurückweisen** отклонить протест; **~ mangels Annahme** протест *m* в случае неакцептования; **~ mangels Sicherheit** протест *m* в случае недостаточного обеспечения; **~ mangels Zahlung** протест *m* в случае неплатежа; **mit ~** при наличии протеста; **ohne ~** без (права) протеста, не подлежит протесту

Protest|erhebung *f* **(-erklärung** *f***)** заявление *n* протеста, опротестование *n*; **-frist** *f* срок *m*, предоставляемый для предъявления протеста; **-gebühr** *f* сбор *m* за протест (опротестование); комиссия *f* за оформление протеста

Protest|kosten *pl* расходы *pl* по протесту (опротестованию); **-liste** *f* список *m* опротестованных векселей; **-urkunde** *f* сертификат *m* об отказе от оплаты векселя

Protokoll *n* протокол *m*; акт *m*; **das ~ führen** вести протокол; **zu ~ geben** дать показания для занесения в протокол

Protokollführung *f* ведение *n* (составление *n*) протокола

protokollieren вносить в протокол, протоколировать

Protokollnotiz *f* выписка *f* из протокола

Prototyp *m* прототип *m*; **einen ~ herstellen** изготовить прототип

Provenienz *f* происхождение *n* товара

Provenienz-Zertifikat *n* свидетельство *n* о происхождении товара

Provider *m (Comp)* провайдер *m*

Provision *f* комиссионные *pl*, комиссия *f*, комиссионное вознаграждение *n* за услуги; **auf ~ arbeiten** работать на комиссионных началах; **eine ~ berechnen** произвести расчет комиссионных; **eine ~ beziehen (erhalten)** получить комиссионные; **gegen ~ verkaufen** продавать на комиссионных началах; **eine ~ kassieren**

получить комиссионные; **eine ~ zahlen** выплатить комиссионные; **ohne ~** франкокомиссия

Provisions|abrechnung *f* расчет *m* по выплате комиссионных; **-anspruch** *m* требование *n* выплаты комиссионных; **-aufwand** *m* расходы *pl* на выплату комиссионных

Provisionsbasis *f* трудовые отношения *pl* на комиссионных началах; **auf ~ arbeiten** работать на комиссионных началах

Provisions|einnahmen *pl* поступления *pl* (доходы *pl*) в виде комиссионных; **-ertrag** *m* доход *m* (прибыль *f*) в виде комиссионных

provisionsfrei франко-комиссия

Provisions|guthaben *n* кредитовое сальдо *n* на счету комиссионных выплат; **-konto** *n* счет *m* комиссионных выплат

provisionspflichtig подлежащий выплате комиссионных; **-er Umsatz** *m* сбыт *m* товаров, произведенный на комиссионных началах

Provisions|satz *m* комиссионная ставка *f*, ставка *f* комиссии; **-umsatz** *m* оборот *m*, полученный представителями, работающими на комиссионных началах; **-vergütung** *f* комиссионное вознаграждение *n*; **-vertreter** *m* представитель *m* (торговой) фирмы, работающий на комиссионных началах

Prozent *n* процент *m*

Prozent|kurs *m* курс *m*, указанный в процентах к номиналу; **-notierung** *f* котировка *f* в процентах к комиссионной стоимости акции; **-rechnung** *f* исчисление *n* (начисление *n*) процентов; **-satz** *m* процент *m*, процентная ставка; **-spanne** *f* процентное соотношение *n* между закупочной и продажной ценой

prozentual процентный, в процентном соотношении; **-er Anteil** *m* доля *f*, выраженная в процентах; **-e Belastung** *f* расходы *pl*, выраженные в процентном соотношении

Prozess *m* процесс *m*; развитие *n*; судебное дело *n* (разбирательство *n*); **einen ~ führen** вести процесс; **einen ~ gewinnen** выиграть процесс; **einen ~ verlieren** проиграть процесс

Prozess|akten *pl* делопроизводство *n* по судебному процессу, дело; **-analyse** *f (QM)* анализ *m* процессов (на предприятии); **-audit** *n (QM)* аудит *m* процессов; **-betrug** *m* обманные действия *pl* стороны на суде; **-fähigkeit** *f* гражданско-процессуальная правоспособность *f*; **-innovation** *f* нововведение *n* в методе производства; **-kostenhilfe** *f* пособие *n* по компенсации судебных расходов; **-management** *n (Manag)* управление *n* бизнес-процессами

Prozessor *m (Comp)* процессор *m*

Prozess|ordnung *f* устав *m* судопроизводства; **-qualität** *f (QM)* качество *n* процессов; **-rechner** *m* вычислительная машина *f*, управляющая производственными процессами; **-recht** *n* процессуальное право *n*; **-risiko** *n* риск *m* возникновения судебных расходов; **-steuerung** *f* управление *n* (производственным) процессом; **-verfahren** *n* судебная процедура *f*; **-vergleich** *m* судебная мировая сделка *f*; **-vertretung** *f* представитель *m* стороны на процессе; **-visualisierung** *f (QM)* визуализация *f* процессов; **-vollmacht** *f* судебная доверенность *f*; **-zeit** *f* время *n* использования средств производства; **-zinsen** *pl* проценты *pl*, присуждаемые судом выигравшей стороне

Prüf|anlage *f* испытательная установка *f*, испытательное устройство *n*; **-anstalt** *f* контрольно-ревизионное ведомство *n*; **-befund** *m* заключительный протокол *m* испытания; **-dauer** *f* продолжительность *f* испытания; **-einrichtung** *f* испытательное устройство *n*

prüfen испытывать, проверять; контролировать; экзаменовать; проводить ревизию; **die Bilanz ~** провести ревизию балансового отчета; **eine Rechnung ~** проверить счет; **den Schaden ~** осмотреть повреждение; установить размеры ущерба

Prüfer *m* контролер *m*; ревизор *m*; бухгалтер-ревизор *m*
Prüflos *n (QM)* контрольная партия *f*
Prüfmittelverwaltung *f (QM)* управление *n* контрольным, измерительным и испытательным оборудованием
Prüfung *f* испытание *n*, проверка *f*, контроль *m*; ревизия *f*; экзамен *m*; **eine ~ ablegen** сдать экзамен; **eine ~ abnehmen** принять экзамен; **eine ~ durchführen (vornehmen)** произвести проверку (контроль, испытание); **~ der Bilanz** ревизия *f* баланса; **zollamtliche ~** таможенный досмотр *m*
Prüfungs|ausschuss *m* экзаменационная комиссия *f*; **-bericht** *m* отчет *m* о результатах ревизии; **-bescheinigung** *f* аудиторский сертификат *m*, свидетельство *n* о прохождении проверки; **-gebühren** *pl* плата *f* за проведение ревизии; **-gesellschaft** *f* аудиторская фирма *f*; **-vermerk** *m* заключение *n* о результатах ревизии
public relations *pl* связи *pl* фирмы с общественностью
Publikations|organ *n* бюллетень *m* для публикации официальных сообщений; **-pflicht** *f* обязанность *f* публикации годового баланса
Publikums|aktiengesellschaft *f* акционерное общество *n* открытого типа; **-fonds** *m* фонд *m*, рассчитанный на широкий круг частных инвесторов; **-geschäft** *n* операции *pl* банка с широкой клиентурой; **gesellschaft** *f* акционерное общество *n* открытого типа; **-käufe** *pl* покупки *pl* ценных бумаг широкой клиентурой; **-werte** *pl* ценные бумаги *pl*, пользующиеся наибольшим спросом
Publizität *f* публичность *f*, гласность *f*, паблисити *n*; публичность *f* компании
Publizitäts|pflicht *f* обязанность *f* публикации годового отчета; **-prinzip** *n* принципы *pl* публичности
Pufferbestände *pl* резервные запасы *pl*
Punkt *m* точка *f*; пункт *m*; балл *m*; место *n*; статья *f* (договора); **um 10 -e fallen** упасть на 10 пунктов
Punktbewertung *f* балльная оценка *f*, оценка *f* по системе баллов
pünktlich пунктуальный, точный; вовремя, точно, пунктуально; **~ bezahlen** произвести платеж в срок; **-e Lieferung** *f* поставка *f* точно в срок
Pünktlichkeit *f* пунктуальность *f*, точность *f*
Punktmarkt *m* специальная товарная биржа *f*
Put опцион *m* на продажу

Q

Q-Gewinn *m* непредвиденная прибыль *f*, прибыль *f* за счет высокой коньюнктуры
Qualifikation *f* квалификация *f*, пригодность *f*; аттестация *f*; **die ~ nachweisen** представить документы, подтверждающие квалификацию; **sich eine ~ aneignen** приобрести квалификацию; **fachliche ~** профессиональная квалификация *f*; **~ des Personals** (профессиональная) квалификация *f* персонала
Qualifikations|analyse *f* анализ *m* уровня квалификации; **-anerkennung** *f* признание *n* (подтверждение *n*) квалификации; **-anforderungen** *pl* квалификационные требования *pl*; **-entwicklung** *f* изменение *n* квалификационных требований; **-gespräch** *n* аттестационная беседа *f*; **-niveau** *n* уровень *m* квалификации; **-nachweis** *m* документ *m*, подтверждающий квалификацию
qualifizieren приобретать специальность
qualifiziert квалифицированный; **-e Gründung** *f* квалифицированное основание *n* акционерного общества; **-e Mehrheit** *f* квалифицированное большинство *n* голосов
Qualifizierung *f* квалификация *f*, повышение *n* квалификации; **arbeitsmarktgerechte ~** квалификация *f* в соответствие с требованиями рынка труда; **berufliche ~** повышение *n* профессиональной квалификации
Qualifizierungs|aufwand *m* затраты *pl* на повышение квалификации; **-be-**

darf *m* потребность *f* в повышении квалификации; **-förderung** *f* помощь *f* (содействие *n*) в повышении квалификации; **-kosten** *pl* расходы *pl* на повышение квалификации; **-maßnahmen** *pl* мероприятия *pl* по повышению квалификации; **-plan** *m* план *m* повышения квалификации

Qualität *f* качество *n*, сорт *m*; **die ~ beanstanden** предъявлять претензии к качеству; **die ~ bestimmen** определять качество; **die ~ erhalten** сохранять качество; **die ~ sichern** обеспечить качество; **die ~ verbessern** улучшить качество; **beste ~** высший сорт; **~ der Erzeugnisse** качество изделий (продукции); **geringe ~** низкое качество *n*; **handelsübliche ~** торговое (обычное среднее) качество *n*; **mindere ~** пониженная сортность *f*; **mittlere ~** обычное среднее качество *n*; **~ der Verarbeitung** качество *n* обработки

Qualitäten *pl* качества *pl*; **unternehmerische ~** качества *pl*, необходимые для предпринимателя

qualitativ качественный; в качественном отношении; **-es Merkmal** *n* качественный признак *m*

Qualitäts|abweichung *f* отклонение *n* в качестве; **-analyse** *f* анализ *m* качества; **-änderung** *f* изменение *n* качества; **-anforderungen** *pl* требования *pl* к качеству; **-arbeit** *f* качественная (квалифицированная) работа *f*; качественный товар *m*; **-audit** *m* контроль *m* качества; **-begriff** *m* понятие *n* качества; **-bericht** *m (QM)* (обязательный) отчет *m* о работе больницы; **-beschreibung** *f* характеристика *f* (описание *n*) качества; **-bewußtsein** *n* сознательное отношение *n* к качеству выполняемой работы; **-bezeichnung** *f* обозначение *n* качества

qualitätsbezogen связанный с качеством

Qualitäts|controlling *n* контроллинг *m* качества; **-denken** *n* подход *m* к работе с точки зрения качества; **-differenzierung** *f* дифференциация *f* продукции по качеству; **-dokumentation** *f* документация *f* по контролю и обеспечению качества продукци; **-einstufung** *f* классификация *f* по степеням качества; сортность *f*; **-entwicklung** *f* динамика *f* изменения качества; **-erhöhung** *f* повышение *n* качества; **-erzeugnis** *n* изделие *n* (продукт *m*) высокого качества; **-festlegung** *f* определение *n* качества; **-führer** *m* лидер *m* по качеству продукции; **-führerschaft** *f* лидерство *n* по качеству продукции; **-garantie** *f* гарантия *f* качества

qualitätsgerecht соответствующий установленному качеству

Qualitäts|gutachten *n* экспертиза *f* качества; **-image** *n* репутация *f* фирмы, создаваемая качеством выпускаемой продукции; **-kennzahl** *f* показатель *m* качества; **-informationssystem** *n (QM)* система *f* сбора информации для управления качеством; **-klasse** *f* класс *m* качества; **-klausel** *f* пункт *m* договора о качестве; **-konkurrenz** *f* конкуренция *f* по качеству (выпускаемой продукции); **-kontrolle** *f* контроль *m* качества; **-kosten** *pl* затраты *pl* по обеспечению и повышению качества; **-management** *n (QM)* система *f* управления качеством; управление *n* качеством продукции; **-managementnorm** *f (QM)* стандарт *m* системы управления качеством (напр. ИСО 9000); **-mangel** *m* качественный дефект *m*; **-marke** *f* высококачественный фирменный товар *m*

qualitätmäßig качественный

Qualitäts|maßstab *m* критерий *m* качества; **-merkmal** *n* признак *m* качества; **-methoden** *pl (QM)* методы *pl* обеспечения качества; **-minderung** *f* снижение *n* качества; **-niveau** *n* уровень *m* качества; **-norm** *f* стандарт *m* (норма *f*) качества; **-planung** *f* планирование *n* качества; **-politik** *f* политика *f* в области качества продукции; **-prämie** *f* премия *f* за качество; **-produkt** *n* высококачественный продукт; **-prüfung** *f* контроль *m* качества;

-rabatt *m* скидка *f* с цены за качество; **-regelung** *f* текущий контроль *m* качества; **-rente** *f* рента *f*, взимаемая за качество земельных угодий; **-risiko** *n* риск *m*, связанный с качеством товара; **-rückgang** *m* снижение *n* качества; **-sicherung** *f (QM)* система *f* обеспечения качества; управление *n* качеством (продукции); гарантия *f* (обеспечение *n*) качества

Qualitätssicherungs|handbuch *n* сборник *m* документации по управлению качеством; **-kosten** *f* издержки *pl*, связанные с обеспечением качества продукции; **-maßnahmen** *pl* мероприятия *pl* по управлению качеством; **-organisation** *f* организация *f* управления качеством; **-system** *n* система *f* управления качеством

Qualitäts|siegel *n* знак *m* качества; **-staffel** *f* цены *pl*, дифференцированные в зависимости от качества товаров; **-standard** *m* стандарт *m* качества; **-statistik** *f* статистика *f* качества; **-steigerung** *f* повышение *n* качества; **-stufe** *f* уровень *m* качества; сорт; **-test** *m* проверка *f* качества продукта; **-typen** *pl* классификация *f* товаров по качеству; **-unterschied** *m* различие *n* по качеству; **-verantwortung** *f* ответственность *f* за качество; **-verbesserung** *f* повышение *n* (улучшение *n*) качества; **-vereinbarung** *f* соглашение *n* (договоренность *f*) по качеству; **-vergleich** *m* сравнение *n* качества; **-verschlechterung** *f* ухудшение *n* качества; **-vorschrift** *f* качественная спецификация *f*; технические условия *pl*; **-ware** *f* товар *m* высокого качества; высококачественный товар *m*; **-wesen** *n* система *f* контроля и обеспечения качества; **-wettbewerb** *m* конкуренция *f* по качеству (выпускаемой продукции); **-zeichen** *n* знак *m* качества; **-zertifikat** *n* **(zeugnis** *n***)** сертификат *m* качества; **-zirkel** *m* кружок *m* качества; **-zuwachs** *m* рост *m* качества

quality management управление *n* качеством

quantifizieren квантифицировать, дать (получать) количественную оценку

Quantifizierung *f* квантификация *f*, количественное выражение *n*

Quantität *f* количество *n*

Quantitätsprämie *f* премия *f* за количество

quantitativ количественный; по количеству

Quartal *n* квартал *m* года

Quartals|abrechnung *f* квартальная отчетность *f*, поквартальный расчет *m*; **-abschluss** *m* подведение *n* итогов за квартал, квартальный отчет *m*; **-analyse** *f* анализ *m* по данным квартальной отчетности; **-bericht** *m* (еже) квартальный отчет *m*; **-dividende** *f* поквартальный дивиденд *m*; **-ende** *n* конец *m* квартала; **-plan** *m* квартальный план *m*; **-umsatz** *m* оборот *m* за квартал; **-zahlen** *pl* квартальные показатели *pl*

Quasi|geld *n* квазиденьги *pl*, субститут *m* денег; **-monopol** *n* квазимонополия *f*; **-rente** *f* квазирента *f*, дополнительный временный доход *m*

Quelle *f* источник *m*

Quellen|abzugssystem *n* система *f* сбора налогов путем вычета из заработной платы; **-besteuerung** *f* обложение *n* налогами источников дохода; **-prinzip** *(Steuer)* принцип *m* налогообложения у источника; **-staat** *m* государство *n*, в котором налогоплательщик не живет, но имеет источник дохода; **-steuer** *f* налог *m* на источники дохода

Quelltext *m (Comp)* исходный код *m*, исходный текст *m*

Querformat *n (Bö, Comp)* поперечный формат *m* печати

querschreiben акцептовать вексель *m*

Querverkauf *m (V&M)* метод *m* перекрестных продаж;

Quick ratio *(Buchh, Fin)* коэффициент *m* быстрой ликвидности

quittieren расписаться (в получении), выдать расписку

quittiert подписанный, акцептованный; **-e Rechnung** *f* подписанный счет *m*, акцептованный вексель *m*

Quittung *f* квитанция *f*, расписка *f* в получении; **eine ~ ausstellen** выдать расписку (квитанцию); **gegen ~** под расписку; **~ über den Restbetrag** квитанция *f* на сумму остатка

Quittungs|block *m* квитанционная книжка *f*; **-doppel** *n* копия *f* квитанции; **-durchschlag** *m* экземпляр *m* квитанции; **-inkasso** *n* инкассирование *n* квитанций

Quorum *n* кворум *m*

Quotation *f* котировка *f*

Quote *f* квота *f*, доля *f* (участия); контингент *m*; **-n aufstocken** увеличить квоты; **-n aufteilen** распределять квоты; **-n ausschöpfen** исчерпать квоты; **-n einhalten** соблюдать квоты; **-n errechnen** исчислить (определить) квоты; **-n festsetzen** установить квоты

Quote-Driven-Market *(Bö)* торговля *f* по котировкам; рынок *m*, базирующийся на котировках

Quoten|aktie *f* акция *f* без номинальной стоимости; **-anteil** *m* квотированная доля *f*; **-ausgleich** *m* компенсация *f* за соблюдение квоты; **-ausschüttung** *f* распределение *n* имущества банкрота между кредиторами; **-aussetzung** *f* отмена *f* квот; **-erhöhung** *f* повышение *n* (увеличение *n*) квоты; **-festsetzung** *f* установление *n* (определение *n*) квот; **-herabsetzung** *f* уменьшение *n* квоты; **-heraufsetzung** *f* увеличение *n* квоты; **-kampf** *m* борьба *f* за увеличение доли в общем сбыте; **-kartell** *m* контингентированный картель *m*; **-konsolidierung** *f* консолидация *f* квот; **-kürzung** *f* сокращение *n* квот; **-neufestsetzung** *f* пересмотр *n* квот; **-regelung** *f* регулирование *n* квот, соглашение *n* по квотам; **-rückversicherung** *f (Versich)* (квотное) долевое перестрахование *n*; **-überschreitung** *f* превышение *n* квот; **-vergleich** *m* сравнение *n* квот; **-zuteilung** *f* распределение *n* квот

quotieren котировать

Quotierung *f* котировка *f*

Quotitätssteuer *f* окладной (квотативный) налог *m*

R

Rabatt *m* скидка *f* с цены, рабат *m*; **einen ~ einräumen** (**gewähren, zugestehen**) предоставить скидку; **abzüglich ~** за вычетом скидки; **3% ~** трехпроцентная скидка *f*, скидка *f* 3%

Rabatt|freibetrag *m* необлагаемая налогом доля *f* натуроплаты; **gewährung** *f* предоставление *n* скидки; **-gruppe** *f* группа *f* товаров, на цены которых дается скидка

rabattieren предоставлять скидку

Rabatt|kartell *n* картельное соглашение *n* о размере предоставляемых скидок; **-kombination** *f* скидка *f* при размещении рекламы в определенных средствах массовой информации; **-marke** *f* талон *m*, дающий право на скидку; **-satz** *m* размер *m* скидки; **-sparverein** *m* союз *m* розничных торговцев, предоставляющий покупателям скидки; **-spreizung** *f* диспропорция *f* между повышением размеров скидки и дополнительно закупаемым количеством товара

rack jobber продуцент или оптовый торговец, арендующий торговые помещения для продажи своих товаров

Raffinerie *f* нефтеперерабатывающий завод *m*

Rahmen *m* рамки *pl*, пределы *pl*, границы *pl*; **im ~ von** в рамках, в соответствии; **im ~ des üblichen Geschäftsverkehrs** в соответствии с обычной деловой практикой

Rahmen|abkommen *n* типовое соглашение *n*, типовой договор *m*; соглашение *n* об общих принципах отношений; **-bedingungen** *pl* общие (рамочные) условия *pl*; **-bestimmungen** *pl* общие (основные) положения *pl*; **-daten** *pl* общие (основные) данные *pl*; **-gesetz** *n* закон *m*, содержащий общие положения; **-kompetenz** *f* рамки *pl* полномочий; **-konzept** *n* общая концепция *f*; **-kredit** *m* рамочный кредит *m*, кредитная линия *f*; **-liefervertrag** *m* общее соглашение *n* о поставках; **-ordnung** *f* типовой устав *m*, типовое положение *n*; **-plan** *m* общий план *m*; **-planung** *f* общее планирование *n*; **-programm** *n* общая программа *f*; **-richtlinien** *pl* директивы *pl*, определяющие основные принципы; **-tarifvertrag** *m* общее тарифное соглашение *n*; **-vereinbarung** *f* рамочное соглашение *n*; соглашение *n*, устанавливающее общие принципы; **-vertrag** *m* рамочный договор *m*, договор *m* об общих условиях

Raider *m* рейдер *m*

Raiffeisen|banken *pl* сельскохозяйственные кредитные товарищества *pl*; **-genossenschaften** *pl* сельскохозяйственные кооперативы *pl*

Rally *f (Bö)* растущие курсы *pl*

Rampe *f* грузовая платформа *f*, рампа *f*

Ramsch *m* старье *m*, утиль *f*, хлам *m*; дешевый (бросовый) товар *m*

Rand *m (Fin)* ранд *m* (южно-африканская валюта)

Rand|bedingung *f* предельное (граничное) условие *n*; **-gebiet** *n* периферийный район *m* (регион *m*); **-schrift** *f* гуртовая подпись *f* на монете

Rang *m* класс *m*, разряд *m*; ранг *m*; должность *f*; очередность *f*; **im ~ nachstehen** стоять в порядке очередности за; **im ~ vorstehen** стоять в порядке очередности перед, иметь приоритет

Rang|änderung *f* изменение *n* очередности (в кадастре); **-folge** *f* очередность *f*; ранжировка *f*; приоритет *m*

rangieren размещать по порядку, ранжировать; занимать место; формировать (составлять) поезда

Rangklasse *f* класс *m* очередности

Rangordnung *f* порядок *m*; субординация *f*; порядок *m* предпочтения; ранжирование *n*; **~ von Konkursgläubigern** порядок *m* предпочтения (очередности) конкурсных кредиторов

Rang|ordnungsverfahren *n* порядок *m* установления очередности; **-prinzip** *n* принцип *m* приоритетности в случае конфликта правовых норм; **-verhältnis** *n* очередность *f*, порядок *m* очередности; **-vermerk** *m* регистрация *f* в поземельном кадастре очередности прав; **-vorbehalt** *f* оговорка *f* о порядке очередности (приоритета)

Ranking *n* ранжирование *n*, классификация *f*; **ein ~ aufstellen** произвести классификацию

Rat *m* совет *m*; **einen ~ einholen** обратиться за советом; **einen ~ geben** дать совет; **zu -e ziehen** проконсультироваться

Rat *m* **der Europäischen Union** Совет *m* Европейского союза

Rate *f* взнос *m* (при платеже в рассрочку), частичный платеж *m*; ставка *f*; норма *f*; доля *f*; **auf -n kaufen** покупать в рассрочку; **in -n zahlen** выплачивать по частям; **fällige ~** взнос *m*, подлежащий уплате; **monatliche ~** ежемесячный взнос *m* при уплате в рассрочку

Raten|anleihe *f* заем *m*, погашаемый (равными) долями; ссуда *f* с погашением в рассрочку; **-darlehen** *n (Bank, Fin)* ссуда *f* с дифференцированным платежом; **-hypothek** *f* ипотека *f*, погашаемая в рассрочку; **-kauf** *m* покупка *f* в рассрочку; **-kredit** *m* кредит *m* с погашением в рассрочку, потребительский кредит *m*; **-tilgung** *f* погашение *n* (долга) в рассрочку; **-wechsel** *m* вексель *m*, погашаемый частями

ratenweise в рассрочку, отдельными частями

Ratenzahlung *f* уплата *f* в рассрочку; **-en einhalten** соблюдать сроки уплаты взносов

Ratenzahlungs|kauf *m* покупка *f* в рассрочку; **-kredit** *m* кредит *m*, погашаемый в рассрочку

Ratgeber *m* советник *m*

Rating *n* рейтинг *m*, оценка *f*; **ein ~ aufstellen** составлять рейтинг, оценить
Ration *f* рацион *m*, паек *m*
rational рациональный, разумный, целесообразный
rationalisieren рационализировать, совершенствовать
Rationalisierung *f* рационализация *f*, совершенствование *n*
Rationalisierungs|aufgabe *f* задача *f* рационализации; **-druck** *m* необходимость *f* рационализации; **-effekt** *m* эффект *m* от рационализации; **-erfolg** *m* успех *m* (результат) рационализации; **-fachmann** *m* специалист *m* в области рационализации; **-investition** *f* капиталовложения *pl*, направляемые на рационализацию (повышение эффективности); **-kartell** *n* картель *m* по рационализации; **-konzept** *n* концепция *f* рационализации; **-maßnahmen** *pl* мероприятия *pl* в области рационализации; **-programm** *n* программа *f* рационализации; **-reserven** *pl* резервы *pl* рационализации; **-schutzabkommen** *n* соглашение *n* о сохранении рабочих мест при проведении рационализации; **-stand** *m* уровень *m* рационализации; **-vorhaben** *n* проект рационализации; **-vorschlag** *m* рационализаторское предложение *n*
Rationalität *f* рациональность *f*
Rationalprinzip *n* принцип *m* рациональности при принятии решений
rationell рациональный, разумный, целесообразный; экономичный
rationieren устанавливать норму (рацион), рационировать; **rationiert (rat)** *(Bö)* пояснение к курсу акций при превышении подписки
Rationierung *f* рационирование *n*, нормирование *n*; рационирование *n* продажи акций при превышении лимита подписки
Raub|bau *m* расточительная (хищническая) эксплуатация *f* (разработка *f*); **-druck** *m* издание *n* с нарушением авторских прав; **-versicherung** *f* страхование *n* от ограбления
Rauchwaren *pl* меха *pl*, пушнина *pl*; табачные изделия *pl*
Raum *m* помещение *n*, пространство *n*; емкость *f*, объем *m*; район *m*, регион *m*
Raum|ausnutzung *f* использование *n* площадей (помещений); **-bedarf** *m* потребность *f* в площадях (помещениях); **-charter** *m* чартер *m*, чартерпартия *f*
räumen освободить (помещение); ликвидировать, распродать; **das Lager ~** распродать складские запасы
Raum|ersparnis *f* экономия *f* площадей (помещений); **-fahrtindustrie** *f* космическая промышленность *f*; **-fracht** *f* чартер *m*, чартер-партия *f*; **-frachtvertrag** *m* чартер-партия *f*; договор *m* о фрахтовании судна; **-gewicht** *n* объемный вес *m*; **-kosten** *pl* затраты *pl* на содержание (производственных) помещений; **-ladung** *f* трюмный груз *m*; **-mangel** *m* недостаток *m* площадей (помещений); **-ordnung** *f* землеустройство *n*, рациональное использование *n* территории страны; **-ordnungspolitik** *f* политика *f* в области рационального использования территории страны; **-planung** *f* региональное (территориальное) планирование *n*; **-tarif** *m* грузовой тариф *m*, учитывающий размер груза
Räumung *f* освобождение *n* (квартиры); выселение *n* жильца; ликвидация *f*, распродажа *f*; **~ eines Lagers** распродажа *f* складских запасов
Räumungs|frist *f* срок *m* освобождения жилья; **-klage** *f* иск *m* о выселении; **-verkauf** *m* (окончательная) распродажа *f*
reagieren реагировать; **flexibel ~** гибко реагировать
real реальный; действительный, фактический; практический; **-es Börsengeschäft** *n* реальная биржевая сделка *f*
Real|ausgaben *pl* реальные расходы

pl; **-besteuerung** *f* реальное налогообложение *n*; **-einkommen** *n* реальный доход *m*; **-garantie** *f* реальная гарантия *f*
Realignment *n* корректировка *f* валютных курсов
Realinvestition *f* капиталовложения *pl* (инвестиции *pl*) в основной капитал
Realisation *f* реализация *f*, осуществление *n*, выполнение *n*; продажа *f*, превращение *n* в деньги, получение *n* прибыли
Realisations|prinzip *n* принцип *m* отражения в бухгалтерской документации только фактических расходов и доходов; **-wert** *m* продажная стоимость *f*
realisierbar реальный, осуществимый, выполнимый; реализуемый; **-e Aktiva** *pl* реализуемые (ликвидные) активы *pl*
realisieren реализовывать; продавать, превращать в деньги; получать прибыль
realisiert реализованный, полученный; **-er Kursgewinn** *m* прибыль *f*, полученная от изменения курсов; **-er Kursverlust** *m* убытки *pl*, полученные от изменения курсов
Realisierung *f* реализация *f*, осуществление *n*, выполнение *n*; продажа *f*, превращение *n* в деньги; получение *n* прибыли
Realisierungs|betrag *m* сумма *f* реализации; **-chance** *f* возможность *f* реализации; **-frist** *f* срок *m* реализации; **-kosten** *pl* затраты *pl* (издержки *pl*) на реализацию; **-termin** *m* срок *m* реализации
Real|kapital *n* реальный капитал *m*, материальные ценности *pl*, совокупность *f* средств производства; **-kauf** *m* покупка *f* за наличные с одновременным получением товара; **-kontrakt** *m* реальный контракт *m*; **-kredit** *m* кредит *m* под обеспечение, кредит *m* под залог недвижимого имущества; **-kreditinstitut** *n* ипотечный банк *m*; публично-правовое кредитное учреждение *n*; **-last** *f* залог *m* земельного участка с обязательством регулярного погашения ипотечного долга; **-lohn** *m* реальная заработная плата *f*
Reallohn|erhöhung *f* повышение *n* реальной заработной платы; **-index** *m* индекс *m* реальной заработной платы; **-sicherung** *f (Soz)* обеспечение *n* уровня реальной зарплаты, повышение *n* зарплаты в рамках повышения цен; **-vergleich** *m* метод *m* определения покупательной способности доходов; **-zuwachs** *m* прирост *m* (повышение *n*) реальной заработной платы
Real|obligation *f* закладная *f*; **-recht** *n* вещное право *n*, право *n*, связанное с владением земельным участком; **-sicherheit** *f* имущественное обеспечение *n*; **-steuer** *f (Steuer)* прямой налог *m*, реальный налог *m*; **-splitting** *n* система *f* обложения подоходным налогом доходов разведенных супругов; **-teilung** *f* раздел *m* земельного участка между наследниками; **-vermögen** *n* материальные активы *pl*, основной капитал *m*; **-vertrag** *m* реальный договор *m*; **-verzinsung** *f* наложение *n* процентов по действующей ставке; **-wert** *m* реальная (фактическая) стоимость *f*; **-zins** *m* реальная (с учетом инфляции)ставка *f* процента
Reassekuranz *f* перестраховка *f*
Rechen|anlage *f* компьютер *m*, вычислительная машина *f*; **-einheit** *f* расчетная единица *f*; **-fehler** *m* ошибка *f* (погрешность *f*) в вычислениях; **-maschine** *f* компьютер *m*, вычислительная машина *f*; **-zentrum** *n* вычислительный центр *m*
Rechenschaft *f* отчет *m*, отчетность *f*; **~ ablegen** давать отчет, отчитываться; **zur ~ verpflichtet sein** быть подотчетным; **zur ~ ziehen** привлекать к ответственности, требовать отчета
Rechenschafts|bericht *m* отчет *m* перед общим собранием акционеров; отчет *m* (фонда) о своей деятельности; **-legung** *f* предоставление *n* отчета, отчетность *f*

rechenschaftspflichtig подотчетный, обязанный отчитываться

Rechen|technik *f* вычислительная техника *f*; **-zeit** *f* продолжительность *f* (время) вычислений; **-zentrum** *n* вычислительный центр *m*

Recherche *f* поиск *m*; исследование *n*; патентная проработка *f*

rechnen считать, вычислять, подсчитывать, производить вычисления (расчеты)

Rechnen *n* счет *m*, вычисления *pl*; **kaufmännisches** ~ торговые (коммерческие) подсчеты *pl*

Rechner *m* компьютер *m*, вычислительная машина *f*

rechner|gesteuert управляемый компьютером; **-gestützt** с помощью компьютера (ЭВМ), на базе ЭВМ

rechnerisch математический, расчетный; **-er Gewinn** *m* расчетная (нереализованная) прибыль *f*

Rechnernetz *n (Comp)* компьютерная сеть *f*, вычислительная сеть *f*, сеть *f* передачи данных

Rechnerprogramm *n* программа *f* для ЭВМ

Rechnung *f* счет *m*, счет-фактура *m*, фактура *f*; расчет *m*, подсчет *m*; финансовый отчет *m*; ~ **ablegen** дать отчет, отчитаться; **eine** ~ **annullieren** аннулировать счет; **eine** ~ **begleichen** оплатить счет; **auf** ~ **bestellen** заказать без наличной оплаты; **auf** ~ **kaufen** покупать в кредит; **auf neue** ~ **vortragen** перенести остаток на новый счет; **auf die** ~ **setzen** ставить (вносить) в счет, отнести на счет; **auf der** ~ **stehen** быть включенным в счет; **die** ~ **ausgleichen** оплатить счет; **eine** ~ **ausschreiben** выписать счет; **eine** ~ **erstellen** составить (выставить) счет; **eine** ~ **für richtig befinden** подтвердить правильность счета; **eine** ~ **honorieren** оплатить счет, заплатить по счету; **in** ~ **stellen** поставить в счет, отнести на счет; **in der** ~ **ausweisen** отразить (показать) в отчете; **die** ~ **prüfen** проверить правильность счета; **eine** ~ **quittieren** подтвердить получение (оплату) счета; **eine** ~ **stornieren** сторнировать счет; ~ **tragen** учитывать, принимать в расчет; **eine** ~ **vorlegen** предъявить (представить) счет; **auf eigene** ~ за свой счет; **auf laufende** ~ на текущий счет; **auf** ~ **und Gefahr** за счет и на риск; **auf** ~ **des Käufers** за счет покупателя; **analytische** ~ аналитический счет *m*; **ausstehende** ~ неоплаченный счет *m*; **beglichene** ~ оплаченный счет *m*; **betriebswirtschaftliche** ~ хозяйственный расчет *m*; **fällige** ~ счет *m*, срок платежа по которому наступил; **gegen** ~ по предъявлении счета; **gemäß beiliegender** ~ согласно предъявляемому счету; **getrennte** ~ отдельный (особый) счет *m*; ~ **im Betrage von** счет на сумму; **laut** ~ **vom** согласно счету от; **offene** ~ открытый счет *m*; **quittierte** ~ подтвержденный счет *m*; **spezifizierte** ~ фактура-спецификация *f*

Rechnungs|abgrenzung *f* разграничение *n* затрат и поступлений между смежными отчетными периодами; **-abgrenzungsposten** *pl* статьи *pl*, разграничивающие учет затрат и поступлений между смежными отчетными периодами; **-abschluss** *m* заключение *n* счетов, сальдирование *n*; заключительный баланс *m*; **-abschrift** *f* копия *f* счета; **-ausfertigung** *f* выставление *n* (выписка *f*) счета; **-ausgangsbuch** *n* книга *f* регистрации выписанных счетов; **-ausgleich** *m* выведение *n* сальдо, сальдо *n*; **-beleg** *m* оправдательный документ *m* к счету; **-betrag** *m* фактурная стоимость *f*, фактурная сумма *f*, сумма *f* счета; **-buch** *n* счетная (фактурная) книга *f*, книга *f* счетов; **-datum** *n* дата *m* выставления счета; **-durchschlag** *m* копия *f* счета-фактуры; **-eingangsbuch** *n* книга *f* регистрации поступающих счетов; **-einheit** *f* единица *f* учета, расчетная единица; **-einzugsverfahren** *n* метод *m* акцептного расчета, прямое дебетование *n*; **-empfänger** *n* получатель *m* счета; **-formular** *n* формуляр *m* (бланк *m*) счета; **-führer** *m* бухгалтер *m*, счетовод *m*

Rechnungs|führung *f* бухгалтерия *f*, счетоводство *n*, учет *m*; **wirtschaftliche ~** хозяйственный расчет *m*, хозрасчет *m*

Rechnungs|hof *m* ревизионное ведомство *n*; **-jahr** *n* бюджетный год *m*, отчетный год *m*

Rechnungslegung *f* отчетность *f*, предоставление *n* отчетов; **externe ~** финансовая бухгалтерия *f*

Rechnungs|legungspflicht *f* обязанность *f* предоставления отчетов; **-legungsvorschriften** *f* общие правила *f* составления отчетов; **-monat** *m* отчетный месяц *m*; **-nummer** *f* номер *m* счета; **-original** *n* оригинал *m* счета; **-periode** *f* отчетный период *m*; **-position** *f* позиция *f* счета; **-posten** *m* бухгалтерская статья *f*, статья *f* учета; **-preis** *m* фактурная цена *f*; **-prüfer** *m* аудитор *m*, ревизор *m*; **-prüfung** *f* ревизия *f* отчетности; контроль *m* (проверка *f*) счетов; **-summe** *f* сумма *f* счета; **-vordruck** *m* бланк *m* счета; **-wert** *m* фактурная стоимость *f*

Rechnungswesen *n* счетоводство *n*; (бухгалтерский) учет *m*, отчетность *f*; **betriebliches ~** производственный учет *m* и отчетность *f*; **internes ~** управленческий учёт *m*

Rechnungs|zeitraum *m* отчетный период *m*; **-zins** *m* расчетная процентная ставка *f*

Recht *n* право *n*; закон *m*; законность *f*; **auf ein ~ verzichten** отказаться от права; **auf sein ~ bestehen** настаивать на своем праве; **ein ~ ausüben** осуществлять право; **sein ~ behaupten** отстаивать свое право; **ein ~ einräumen** предоставить право; **ein ~ erzwingen** добиться права; **-e festlegen** определить права; **ein ~ garantieren** гарантировать право; **ein ~ geben** дать право; **ein ~ gewähren** предоставить право; **das ~ gewährleisten** гарантировать право; **im ~ sein** быть правым; **sein ~ fordern** добиваться своего права, требовать права; **sein ~ geltend machen** заявить о своем праве; **sich das ~ vorbehalten** оставить (оговорить) за собой право; **ein ~ übertragen** передать права; **ein ~ verletzen** нарушить право; **ein ~ verwirken** терять право; **von seinem ~ Gebrauch machen** использовать (свое) право; **ein ~ wahrnehmen** защищать (отстаивать) право; **ein ~ zugestehen** предоставить (уступить) право; **angestammtes ~** исконное право *n*; **anwendbares ~** применимое право *n*; **~ auf Arbeit** право *n* на труд; **~ aus der Mitgliedschaft** право *n*, вытекающее из членства; **~ aus (einem) Vertrag** право *n*, предоставляемое согласно договору; **bedingtes ~** условное право *n*; **dingliches ~** вещное право *n*; **dispositives ~** диспозитивное право *n*; **-e Dritter** право *n* третьих лиц; **formelles ~** формальное (процедурное) право *n*; **geltendes ~** действующее право *n*; **materielles ~** материальное право *n*; **nach deutschem ~** по немецким законам; **objektives ~** объективное право *n*; **öffentliches ~** публичное право *n*; **persönliches ~** личное право *n*; **subjektives ~** субъективное право *n*; **übertragbares ~** передаваемое право *n*; **unabdingbares ~** неотъемлемое право *n*; **uneingeschränktes ~** неограниченное право *n*; **verbrieftes ~** узаконненое право *n*; **zu ~** по праву; **zwingendes ~** императивное право *n*

rechtfertigen оправдывать; **sich ~** оправдываться

Rechtfertigung *f* оправдание *n*

rechtlich правовой, юридический; законный; **aus -en Gründen** на законных основаниях; **~ selbständig** юридически самостоятельный; **~ unerheblich** юридически незначимый (неосновательный); **~ verpflichtet** правообязанный; **~ vertretbar** законный, могущий быть оправданным по закону

rechtlos бесправный; незаконный

rechtmäßig законный, легальный; **-er Eigentümer** *m* **(Inhaber** *m***)** законный владелец *m*

Rechts|akt *m* юридический (правовой)

акт *m*; **-akte** *f* юридический документ *m*; **-angleichung** *f* сближение *n* законодательств различных стран
Rechtsanspruch *m* претензия *f*, право *n*; **einen ~ aufgeben** отказаться от претензии; **einen ~ geltend machen** заявлять о своей претензии, претендовать
Rechtsanwalt *m* адвокат *m*, защитник *m*, поверенный *m*
Rechtsanwalts|gebühr *f* оплата *f* услуг адвокатов; **-kammer** *f* коллегия адвокатов
Rechts|anwendung *f* применение *n* права (закона); **-auskunft** *f* юридическая справка *f* (информация *f*); **-ausübung** *f* осуществление *n* (реализация *f*) права; **-behelf** *m* процессуальная возможность *f* проверки вынесенных судом решений; **-beistand** *m* юридический советник *m*; **-berater** *m* поверенный *m*, юрисконсульт *m*, юридический советник *m*; **-beratung** *f* юридическая консультация *f*; **-bewußtsein** *n* правосознание *n*; **-brecher** *m* нарушитель *m* законности, правонарушитель *m*; **-erwerb** *m* приобретение *n* права
rechtsfähig правоспособный; **-er Verein** *m* правоспособное (юридически самостоятельное) объединение *n*
Rechtsfähigkeit *f* правоспособность *f*; **allgemeine ~** общая (гражданская) правоспособность *f*; **prozessuale ~** процессуальная правоспособность *f*
Rechtsfolge *f* правовые последствия *pl*
Rechtsform *f* правовая (юридическая) форма *f*; **~ der Aktiengesellschaft** правовая форма *f* акционерного общества
Rechtsgebiet *n* область *f* права
Rechtsgeschäft *n* юридическая (правовая) сделка *f*; **ein ~ abschließen** заключить юридическую сделку; **ein ~ auflösen** расторгнуть юридическую сделку; **ein ~ vornehmen** провести (осуществить) юридическую сделку; **einseitiges ~** односторонняя юридическая сделка *f*; **fiduziarisches ~** фидуциарная юридическая сделка *f*; **nichtiges ~** аннулированная (недействительная) юридическая сделка *f*; **zweiseitiges ~** двусторонняя юридическая сделка *f*
Rechts|grundlage *f* правовое (законное) основание *n*; **-grundsätze** *pl* принципы *pl* законности (права)
rechtsgültig законный, имеющий законную (юридическую) силу; **-er Vertrag** *m* договор *m*, имеющий законную силу
Rechts|gut *n* имущественное благо *n*, охраняемое законом; **-gutachten** *n* юридическое заключение *n*
rechtshängig находящийся в судопроизводстве, являющийся предметом судебного разбирательства
Rechts|hängigkeit *f* нахождение *n* дела в процессе судопроизводства; **-hilfe** *f* юридическая (правовая) помощь *f*; **-hilfeabkommen** *n* соглашение *n* о правовой (юридической) помощи; **-hilfeersuchen** *n* просьба *f* об оказании юридической помощи; **-kosten** *pl* расходы *pl* на правовую помощь, судебные издержки *pl*; **-kraft** *f* законная сила *f* (приговора, судебного решения)
rechtskräftig имеющий законную силу, приобретать законную силу; **~ werden** вступать в законную силу, не допускающий дальнейшей апелляции; **-e Entscheidung** *f* окончательное решение *n*; решение *n*, имеющее законную силу
Rechts|lage *f* правовое положение *n*, правовой статус *m*; **-mangel** *m* правовой изъян *m*, недостаточные права *pl*; **-mängelhaftung** *f* гарантия *f* продавца в том, что объект купли-продажи свободен от долговых обязательств и не находится в собственности третьих лиц; **-missbrauch** *m* нарушение *n* законности
Rechtsmittel *n* кассационная жалоба *f*, апелляция *f*; **ein ~ einlegen** подать апелляцию, обжаловать решение суда
Rechtsmittel|belehrung *f* разъяснение *n* судом порядка обжалования вынесенного им решения; **-frist** *f* срок *m* подачи апелляции; **-verfahren** *n*

порядок *m* обжалования судебных постановлений

Rechts|nachfolge *f* правопреемство *n*; **-nachfolger** *m* правопреемник *m*; **-norm** *f* правовая норма *f*; **-objekt** *n* объект *m* права; **-ordnung** *f* правопорядок *m*, совокупность *f* правовых норм; **-persönlichkeit** *f* юридическое лицо *n*; **-pflege** *f* осуществление *n* правосудия, правосудие *n*; **-pfleger** *m* работник *m* органов правосудия; **-position** *f* правовое положение *n*, правовой статус *m*; **-rahmen** *m* правовые рамки *pl*, рамки *pl* законности; **-raum** *m* правовое пространство *n*

Rechtsprechung *f* осуществление *n* правосудия, правосудие *n*

Rechtsschutz *m* правовая защита *f*; **gewerblicher** ~ правовая защита *f* промышленной собственности

Rechts|schutzversicherung *f (Versich)* (индивидуальное) страхование *n* судебных издержек; **-sicherheit** *f* гарантия *f* соблюдения законности; **-staat** *m* правовое государство *n*; **-stellung** *f* правовое положение *n*, правовой статус *m*; **-streit** *m* **(-streitigkeit** *f***)** судебная тяжба *f*; процесс *m*; **-subjekt** *m* субъект *m* права, носитель *m* прав; **-system** *n* правовая система *f*, система *f* правовых норм; **-titel** *m* правооснование *n*; **-träger** *m* субъект *m* права, носитель прав; **-übergang** *m* переход *m* права; **-übertragung** *f* передача *f* права; **-verfahren** *n* судопроизводство *n*, судебная процедура *f*; **-verfolgung** *f* судебное преследование *n*; **-verhältnis** *n* правовое отношение *n*;

Rechtsverkehr *m (Recht)* гражданско-правовые сделки *pl*; *(Transp)* правостороннее движение *n*

Rechtsverkehrssteuer *f* **(Verkehrssteuer** *f***)** *(Steuer)* налог *m* на гражданско-правовые сделки

Rechts|verletzung *f (Recht)* правонарушение *n*; **-vermutung** *f* законная презумпция *f*; **-verordnung** *f* (правительственное) распоряжение *n*, имеющее силу закона; **-verstoß** *m* правонарушение *n*; **-verwirkung** *f* утрата *f* права; **-vorgänger** *m* лицо *n*, обладавшее правом прежде другого; **-vorschriften** *pl* законоположения *pl*; законы *pl*; законодательство *n*

Rechts|weg *m* судебное рассмотрение *n* дела, поиск *m* решения судебным путем; **den ~ beschreiten** обратиться в суд; **auf dem** ~ в судебном порядке

rechtswidrig противозаконный, незаконный, неправомерный

Records Management *n (Comp, Manag)* управление *n* записями

recyceln перерабатывать отходы; рециклировать

Recycling *n* переработка *f* отходов, вторичное использование *n*; рециклирование *n*

recyclingfähig пригодный к переработке (вторичному использованию); **-e Werkstoffe** *pl* материалы *pl*, пригодные к переработке (вторичному использованию)

recyclingfreundlich легко поддающийся вторичной переработке

Recyclingwerkstoff *m* материал *m*, пригодный к повторной переработке

Red Chips *pl (Bö)* «красные фишки» *pl*, акции *pl* китайских компаний, размещенные на бирже в Гонконге

Rediskont *m* переучет *m* векселей

rediskontfähig годный к переучету

rediskontieren переучитывать векселя

Rediskontierung *f* переучет *m* векселей

Rediskont|kontingent *n* лимит *m* переучета векселей; **-kredit** *m* редисконтный кредит *m*, кредит *m* в форме переучета; **-obligo** *n* обязательство *n* по переучету векселей; **-satz** *m* ставка *f* переучета векселей; **-zusage** *f* согласие *n* (обязательство *n*) произвести переучет векселей

Reduktion *f* сокращение *n*, уменьшение *n*, снижение *n*; ограничение *n*

Redundanz *f* избыточность *f*

reduzieren сокращать, уменьшать, снижать; ограничивать; **Ausgaben ~** сокращать расходы (затраты)

reduziert сниженный, уменьшенный; **-e Preise** *pl* сниженные цены *pl*
Reduzierung *f* снижение *n*, уменьшение *n*, сокращение *n*, ограничение *n*
Reeder *m* судовладелец *m*
Reederei *f* судоходная компания *f*
reell честный, порядочный; солидный, надежный, добротный; **-es Geschäft** *n* надежное дело *n*
Reengineering *n* реорганизация *f*, реструктурирование *n*
Reexpedition *f* реэкспедиция *f*
Reexport *m* реэкспорт *m*
Reexport|geschäft *n* реэкспортная сделка *f* (операция *f*); **-handel** *m* реэкспортная торговля *f*; **-klausel** *f* оговорка *f* о реэкспорте
Refaktie *f* рефакция *f*, скидка *f* с цены за бракованный товар
refaktieren предоставлять скидку с цены за бракованный товар
REFA-Methode *f* метод *m* изучения рабочих операций и хронометрирование рабочего времени
Referat *n* реферат *m*; *(Admin)* отдел *m* (администрации, департамента)
Referenz *f* отзыв *m*, рекомендация *f*; референция *f*; ссылка *f*, справка *f*; **-en beibringen** предоставить референции (отзывы); **-en erbitten** запросить референции (отзывы); **-en nachweisen** предъявить референции
Referenz|angaben *pl* справочные данные *pl*; **-anlage** *f* продукт *m*, с помощью которого предприниматель может доказать свою способность решать производственные проблемы; **-liste** *f* список *m* референций; **-muster** *n* образец *m* (товара), служащий основой при заключении сделки; **-periode** *f* базисный период *m*; **-preis** *m* справочная цена *f*; **-verfahren** *n* процедура *f* установления импортных квот; **-zeitraum** *m* базисный период *m*; **-zinssatz** *m* базисная процентная ставка *f*
refinanzieren рефинансировать; финансировать займы (кредиты); **sich über den Kapitalmarkt ~** производить рефинансирование путем взятия кредитов на рынке капитала
Refinanzierung *f* рефинансирование *n*, предоставление *n* средств на цели финансирования; переучет *m* векселей; **~ bei der Nationalbank** финансирование *n* кредитов через центральный банк
Refinanzierungsdarlehen *n* ссуда *f* для финансирования кредитов
refinanzierungsfähig годный к переучету; **-er Wechsel** *m* вексель *m*, годный к переучету
Refinanzierungs|fazilitäten *pl* средства *pl* для рефинансирования; **-kontingent** *n* лимит *m* рефинансирования центрального банка; **-kosten** *pl* расходы *pl* на рефинансирование, стоимость *f* рефинансирования; **-kredit** *m* кредит *m* на рефинансирование; **-politik** *f* политика *f* рефинансирования как часть монетарной политики; **-potential** *n* возможности *pl* (потенциал *m*) рефинансирования; **-risiko** *n* риск *m* неполучения новых кредитов; **-strategie** *f* стратегия *f* рефинансирования; **-zinssatz** *m* процентная ставка *f* на заемные средства; **-zusage** *f* согласие *n* на проведение рефинансирования
Reflation *f* рефляция *f*
Reflektant *m* предполагаемый получатель *m*, перспективный клиент *m*
Reform *f* реформа *f*, преобразование *n*; реорганизация *f*; **-en durchführen** проводить реформы
Reform|ansatz *m* подход *m* к проведению реформ; **-bemühungen** *pl* усилия *f* по проведению реформы; **-haus** *n* магазин *m* лекарственных трав и диетических продуктов; **-konzept** *n* концепция *f* реформ; **-prozess** *m* процесс *m* проведения реформ; **-staat** *m* государство *n*, в котором проводятся реформы
Regal *n* полка *f*, стеллаж *m*, стенд *m*; прерогатива *f* власти, монольное право *n*
Regal(platz)miete *f* плата *f* за аренду торговых помещений
Regel *f* правило *n*; **eine ~ aufstellen**

сформулировать (установить) правило; **die -n beachten** соблюдать правила

Regel|fall *m* обычный случай *m*; **-kreis** *m* контур *m* регулирования; **-leistungen** *pl* минимальные платежи *pl* по социальному страхованию

regelmäßig регулярный; правильный, закономерный; регулярно, закономерно

regeln регулировать; упорядочивать; регламентировать; **die Finanzen ~** упорядочить (урегулировать) финансы; **die Nachfolge ~** урегулировать проблему наследства (наследования); **Streitfragen ~** улаживать (регулировать) спорные вопросы; **vertraglich ~** урегулировать (уладить) проблемы договорным путем

Regeltarif *m* нормальный (обычный) тариф *m*

Regelung *f* урегулирование *n*; упорядочивание *n*, регламентирование *n*, улаживание *n*; положение *n*; распоряжение *n*; правило *n*; **-en treffen** отдавать распоряжения; **ergänzende ~** дополнительное положение *n*; **gesetzliche ~** правовое урегулирование *n*; **tarifliche ~** тарифное соглашение *n*, регулирование *n* тарифов; **vertragliche ~** урегулирование *n* договорным путем, урегулирование *n* на основе договора; **wirtschaftliche ~** экономическое регулирование *n*

Regelwerk *n* регулирующий механизм *m*

Regie *f* управление *n*; государственная монополия *f*

Regie|bauweise *f* хозяйственный способ *m* строительства; **-betrieb** *m* государственное предприятие *n*; **-kosten** *pl* накладные расходы *pl* (издержки *pl*)

Regierung *f* правительство *n*; правление *n*

Regierungs|abkommen *n* межправительственное соглашение *n*; **-garantie** *f* правительственная гарантия *f*; **-auftrag** *m* государственный (правительственный) подряд *m* (заказ *m*)

Region *f* регион *m*, область *f*, район *m*, территория *f*

regional региональный, местный; территориальный; **-e Ungleichgewichte** *pl* дисбаланс *m* в развитии регионов; **-e Unterschiede** *pl* региональные различия *pl*

Regional|abkommen *n* региональное соглашение *n*; **-bank** *f* региональный банк *m*; **-entwicklung** *f* развитие *n* регионов; **-fonds** *m* региональный фонд *m* (Европейского сообщества); **-förderung** *f* содействие *n* в развитии регионов; **-klasse** *f (Versich)* региональный класс *m* (страхования); **-planung** *f* региональное планирование *n*; **-politik** *f* региональная политика *f*; **-verkehr** *m* местный (региональный) транспорт *m*; местные (региональные) перевозки *pl*; **-wirtschaft** *f* региональная экономика *f*

Register *n* регистр *m*; реестр *m*; реестровая книга *f*; книга *f* записей; список *m*, указатель *m*, перечень *m*; **eine Eintragung in dem ~ vornehmen** сделать запись в торговом регистре (реестре); **in das ~ eintragen** вносить в реестр (регистр), регистрировать

Register|auszug *m* выписка *f* из торгового реестра; **-brief** *m* судовое свидетельство *n*; **-gebühr** *f* регистрационный сбор *m*; **-führung** *f* ведение *n* реестра, регистрация; **-gericht** *n* суд *m*, ведущий торговый реестр; **-pfandrecht** *n* заверенный залог *m*, зарегистрированное залоговое право *n*; **-recht** *n* правовые нормы *pl*, регулирующие ведение реестров; **-tonne** *f* регистровая тонна *f*

Registrator *m* регистратор *m*

Registratur *f* регистратура *f*; архив *m*; отдел *m* регистрации; регистрация *f*, регистрационная запись *f*

registrieren регистрировать, записывать, фиксировать

Registrier|kasse *f* кассовый аппарат *m*; **-nummer** *f* регистрационный номер *m*

Registrierung *f* регистрация *f*, запись *f*, фиксация *f*

reglementieren регламентировать

Reglementierung *f* официальная регламентация *f*
Regress *m* право *n* регресса; обратное требование *n* о возмещении; регрессивный иск *m*; **in ~ nehmen** требовать возмещения
Regress|anspruch *m* право *n* регресса (оборота); **-haftung** *f* обязательство *n* по регрессу
Regression *f* регрессия *f*
regressiv регрессивный, регрессный; **-er Steuertarif** *m* регрессивный налоговый тариф *m*
regresslos без регресса, безрегрессный
Regress|nehmer *m* регрессант *m*; истец *m*, предъявляющий регрессивный иск; **-pflicht** *f* обязанность *f* возмещения убытков по регрессивному иску
regulär регулярный; принятый, обычный, нормальный
Regulativ *n* инструкция *f*, директива *f*, распоряжение *n*
regulieren регулировать, приводить в порядок; оплачивать; управлять
Regulierung *f* регулирование *n*, упорядочение *n*; оплата *f*
Regulierungskurs *m* расчетная цена *f*; курс *m* расчетов по сделкам на срок
Rehabilitation *f* реабилитация *f*; восстановление *n* работоспособности; трудоустройство *n*; **berufliche ~** профессиональная реабилитация *f*
reibungslos бесперебойный, беспрепятственный
reich богатый, обильный
Reichtum *m* богатство *n*; изобилие *n*
Reife *f* зрелость *f*; спелость *f*
Reihe *f* ряд *m*; серия *f*; очередь *f*, очередность *f*; последовательность *f*
Reihen|abschluss *m* сделка *f* при участии ряда контрагентов; **-fertigung** *f* серийное производство *n*; изготовление *n* продукции партиями
Reihen|folge *f* последовательность *f*, очередность *f*; чередование *n*; **in der ~** в порядке (очередности); **~ des Eingangs** порядок поступления (получения)
Reihen|folgeplanung *f* планирование *n* последовательности (выполнения заказов); **-geschäft** *n* сделка *f* при участии ряда контрагентов; **-haus** *n* таунхаус; **-produktion** *f* серийное производство *n*; изготовление *n* продукции партиями
reihenweise серийный; серийно
Reimport *m* реимпорт *m*
Rein|einkommen *n* чистый доход *m*; **-erlös** *m* чистая выручка *f*; **-ertrag** *m* чистый доход *m*; чистый выход *m* продукции; урожайность *f*; **-gewicht** *n* чистый вес *m*; вес *m* нетто; **-gewinn** *m* чистая прибыль *f*
Reinheitszeugnis *n* свидетельство *n* чистоты
Rein|investitionen *pl* чистые капиталовложения *pl* (инвестиции *pl*); **-schrift** *f* чистовой экземпляр *m*; **-umsatz** *m* чистый оборот *m*; **-verlust** *m* чистый убыток *m*; **-vermögen** *n* чистые активы *pl*, стоимость *f* имущества за вычетом обязательств, собственный капитал *m*
reinvestieren реинвестировать; **Gewinne ~** реинвестировать прибыли
Reinvestition *f* реинвестиция *f*
Reinvestitionsrücklage *f* резервный фонд *m* для целей реивестиции
Reise|angebot *n* предложения *pl* туристических фирм; **-ausgaben** *pl* дорожные расходы *pl*, расходы *pl* на путешествие; **-bedarf** *m* дорожные запасы и принадлежности; **-büro** *n* бюро *n* путешествий, туристическое бюро *n*; **-dauer** *f* длительность *f* поездки (путешествия); **-führer** *m* путеводитель *m*; гид *m*, экскурсовод *m*
Reisegeld *n* проездные (дорожные) расходы *pl*; **~-Paritäten** *pl* паритеты *pl* покупательной способности (в разных странах)
Reise|gewerbe *n* туристический бизнес *m*; **-kosten** *pl* путевые (командировочные) расходы *pl*; **-kostenabrechnung** *f* отчет *m* по командировочным расходам; **-kostenvorschuss** *m* аванс *m* на дорожные (командировочные) расходы; **-kreditbrief** *m* туристический аккредитив *m*; **-lagerversicherung** *f* страхо-

вание *n* товаров (товарных образцов), перевозимых коммивояжером
reisen путешествовать; уезжать; **geschäftlich ~** уехать в командировку (по делам); совершать деловую поездку
Reisende *m* коммивояжер *m*
Reise|scheck *m* дорожный (туристический) чек *m*; **-spesen** *pl* дорожные (командировочные) расходы *pl*; **-termin** *m* день *m* (дата *f*) поездки (путешествия); **-rücktransportversicherung** *f (Versich)* страхование *n* издержек на обратную транспортировку путешествующего (в случае болезни или смерти); **-unfallversicherung** *f* страхование *n* от несчастных случаев в дороге; **-verkehr** *m* пассажирское движение *n* (сообщение *n*); туризм; **-veranstalter** *m* фирма-организатор *m* поездки (путешествия); **-versicherung** *f* страхование *n* дорожных рисков; **-vertrag** *m* договор *m* между туристическим агентством и туристом; **-zahlungsmittel** *f* платежные средства *pl* для оплаты дорожных расходов; **-zeit** *f* туристический сезон *m*; продолжительность *f* поездки; **-ziel** *n* пункт *m* назначения
Reitwechsel *m* фиктивный (дутый) вексель
Reklamation *f* рекламация *f*, претензия *f*, жалоба *f*; **die ~ ablehnen** отклонить рекламацию; **die ~ anerkennen** признать рекламацию справедливой; **die ~ bearbeiten** рассмотреть рекламацию (претензию); **eine ~ prüfen** проанализировать рекламацию (претензию); **eine ~ vorbringen** заявить (предъявить) рекламацию (претензию); **~ bezüglich einer Fehlmenge** рекламация (претензия) относительно недостачи
Reklamations|anspruch *m* рекламация *f*, претензия *f*; **-erledigung** *f* урегулирование *n* вопроса с рекламацией; **-frist** *f* срок *m* для предъявления рекламации; **-management** *n (QM)* менеджмент *m* рекламаций; **-wert** *m* сумма *f* рекламации
Reklame *f* реклама *f*, паблисити *n*; **~ machen** рекламировать, делать рекламу
Reklame|artikel *m* рекламный (рекламируемый) товар *m*; **-aufwendungen** *pl* затраты *pl* (расходы *pl*) на рекламу; **-feldzug** *m* рекламная компания *f*; **-kosten** *pl* затраты *pl* (расходы *pl*) на рекламу; **-text** *m* рекламный текст *m*
reklamieren предъявлять рекламацию (претензию); **beschädigte Waren ~** предъявлять рекламацию на поврежденные товары
Rekonzentration *f* реконцентрация *f*
Rekord|ergebnis *n* рекордный (наивысший) результат *m*; **-erlös** *m* рекордная выручка *f*, наивысший доход *m*; **-ernte** *f* рекордный (наивысший) урожай *m*; **-höhe** *f* рекордные (наивысшие) показатели *pl*; **-jahr** *n* рекордный год *m*; **-marke** *f* рекордная (наивысшая) отметка *f*; **-umsatz** *m* рекордный (наивысший) оборот *m*
Rekta|klausel *f* оговорка *f* "не приказу", запрещающая передачу путем индоссамента; **-papier** *n* непередаваемый (именной) документ *m*; **-scheck** *m* ректа-чек *m*, именной чек *m*; **-wechsel** *m* непередаваемый (именной) вексель *m*
Rekultivierung *f* рекультивирование *n*, возврат *m* земель в сельскохозяйственный оборот
Relation *f* соотношение *n*, отношение *n*, взаимосвязь *f*
relativ относительный, сравнительный; относительно, сравнительно
Relativpreis *m* относительная цена *f*
relevant значимый, важный; актуальный; релевантный
Relevanz *f* важность *f*, значимость *f*, актуальность *f*, релевантность *f*
Remanenz *f* гистерезис *m*; **~ der Kosten** гистерезис *m* затрат (издержек)
Rembours *m* платеж *m* посредством документарного акцептного кредита; возмещение *n* (покрытие *n*) расходов, рамбурс *m*
Rembours|geschäft *n* финансирование *n* заокеанской торговли банком посредством документарного аккредитива; **-kredit** *m* документарный аккредитив *m*, акцептно-рам-

бурсный кредит *m*; **-regress** *m* обратное требование *n* о возмещении; **-schuldner** *m* должник *m* по документарному аккредитиву; **-zusage** *f* обязательство *n* возмещения (покрытия) расходов

Remise *f* хозяйственная постройка *f*

Remission *f* возврат *m* товара продавцу

Remissionsrecht *n* право *n* на возврат купленного товара

Remittent *m* ремитент *m*, получатель *m* переводного векселя

remittieren отсылать обратно; уплачивать; переводить деньги; ремитировать, вознаграждать

Rendement *n* выход *m* чистой продукции; содержание *n* чистого вещества

Rendite *f* доход *m* (проценты *pl*) с вложенного капитала, доходность *f*, прибыль *f*; рендита *f*; окупаемость *f* инвестиций; **-n absichern** обеспечить доход (прибыль); **~ abwerfen** дать доход (прибыль); **eine ~ von 3% bringen** принести трехпроцентную прибыль; **~ erwirtschaften** получать прибыль (доход); **eine hohe ~ erzielen** получить высокий доход (высокую прибыль); **~ steigern** повышать доходность; **~ auf das Kapital** прибыль *f* на инвестированный капитал; **~ des Eigenkapitals** прибыль *f* на собственный капитал

Rendite|aussichten *pl* перспективы *pl* получения доходов (прибыли); **-berechnung** *f* расчет *m* доходности (прибыли)

Renditengefälle *f* различие *n* в уровнях доходности

Rendite|niveau *n* уровень *m* дохода (прибыли); **-objekt** *n* объект *m*, приносящий доход (прибыль); **-steigerung** *f* увеличение *n* (повышение) дохода (прибыли); **-strikturkurve** *f* кривая *f* доходности

Renegotiationsklausel *f* оговорка *f* в договоре купли-продажи, дающая покупателю право на пересмотр цен

Rennen *n* конкуренция *f*, конкурентная борьба *f*

Renner *m* продукт *m*, пользующийся повышенным спросом

Rennwett- und Lotteriesteuer *f* сборы *pl* от лотерей и тотализаторов

Renommier|betrieb *m* предприятие *n* с хорошей репутацией; **-marke** *f* фирменная марка *f* с хорошей репутацией

renommiert известный, пользующийся хорошей репутацией; **-er Hersteller** *m* производитель *m* с хорошей репутацией

renovieren обновлять; восстанавливать; ремонтировать; **ein Haus ~** ремонтировать дом

Renovierung *f* обновление *n*; восстановление *n*; ремонт *m*; **wegen ~ geschlossen** закрыто по случаю ремонта

Renovierungskosten *pl* издержки *pl* (расходы *pl*) на ремонт

rentabel доходный, прибыльный, рентабельный, выгодный

Rentabilität *f* доходность *f*, прибыльность *f*, рентабельность *f*, выгодность *f*; **~ von Investitionen** окупаемость *f* (доходность *f*) инвестиций

Rentabilitäts|analyse *f* анализ *m* рентабельности; **-grenze** *f* точка *f* рентабельности (безубыточности) работы предприятия

Rentabilitäts|berechnung *f* расчет *m* рентабельности (доходности); **-entwicklung** *f* динамика *f* доходности (рентабельности); **-kennziffer** *f* показатель *m* рентабельности (доходности); **-prüfung** *f* контроль *m* рентабельности (доходности); **-rechnung** *f* расчет *m* рентабельности (доходности); **-schwelle** *f* порог *m* рентабельности (доходности)

Rente *f* пенсия *f*; рента *f*, доход *m* с капитала, периодические поступления *pl*; **-n anpassen** приводить пенсии в соответствие с уровнем цен; **eine ~ aussetzen** назначить выплату ренты; **eine ~ beziehen** получать пенсию (ренту); **dynamische ~** индексируемая пенсия *f*; **ewige ~** бессрочная рента *f*; **~ für Erwerbsunfähigkeit** пенсия *f* по нетрудоспособности; **kapitalisierte ~**

капитализированная рента *f*; **kündbare** ~ рента *f*, выплачиваемая в течение определенного числа лет; **nachschüssige** ~ рента *f* (пенсия *f*), выплачиваемая в конце платежного периода; **unkündbare** ~ бессрочная рента *f*; **vorschüssige** ~ пенсия *f* (рента *f*), выплачиваемая в начале платежного (периода)

Renten *pl* ценные бумаги *pl* с твердым процентом; **in ~ investieren** вкладывание *n* денег в приобретение ценных бумаг с твердым процентом

Renten|abfindung *f* единовременные выплаты *pl*, единовременное пособие *n*; **-ablösung** *f* выплата *f* ренты; **-alter** *n* пенсионный возраст *m*; **-anleihe** *f* бессрочный (государственный) заем *m*, рентный заем *m*; **-anleihen** *pl* консолидированная рента *f*; **-anlagen** *pl* инвестиции *pl* в ценные бумаги с твердым процентом; **-anpassung** *f* изменение *n* размера пенсии в зависимости от роста цен; **-anspruch** *m* право *n* на пенсию; **-antragsteller** *m* податель *m* заявления на получение пенсии; **-baisse** *f* падение *n* курсов на рынке облигаций; **-bank** *f* рентный банк *m*; **-barwert** *m* наличная стоимость *f* ренты; **-bemessungsgrundlage** *f* основа *f* для исчисления пенсии; **-berater** *m* консультант *m* по вопросам социального страхования; **-berechnung** *f* исчисления *pl* (расчет *m*) пенсии; **-berechtigung** *f* право *n* на получение пенсии; **-bescheid** *m* решение *n* о назначении пенсии; **-besteuerung** *f* обложение *n* налогом ренты; **-bezieher** *m* пенсионер *m*; **-bezüge** *pl* периодические поступления *pl* платежей (ренты); **-brief** *m* облигация *f* ипотечного банка; **-depot** *n* депозит *m* облигаций; хранение *n* облигаций; **-einkommen** *n* рентный доход *m*; доход *m* от выплат по социальному страхованию; **-empfänger** *m* пенсионер *m*; получатель *m* ренты; **-endwert** *m* конечная стоимость *f* ренты; **-erhöhung** *f* повышение *n* размера пенсии; **-fonds** *m* пенсионный фонд *m*, инвестиционный фонд *m* ценных бумаг с твердым процентом; **-handel** *m* сделки *pl* с ценными бумагами с фиксированным процентом; **-hausse** *f* повышение *n* курсов облигаций (ценных бумаг с твердым процентом); **-index** *m* индекс *m* пенсий; **-kurs** *m* курс *m* облигаций (ценных бумаг с фиксированным процентом); **-kürzung** *f* сокращение *n* размера пенсии; **-lastsatz** *m* доля *f* пенсионных отчислений от суммы социальных отчислений (работодателя); **-leistung** *f* пенсионное обеспечение *n* по старости и нетрудоспособности; **-markt** *m* рынок *m* облигаций, рынок *m* ценных бумаг с твердым процентом; **-markttitel** *pl* ценные бумаги *pl* с твердым процентом; **-mehrbetrag** *m* надбавка *f* к пенсии; **-papiere** *pl* ценные бумаги *pl* с фиксированным процентом, облигации *pl*; **-portefeuille** *n* портфель *m* ценных бумаг с фиксированным процентом; **-rechnung** *f* расчет *m* (исчисление *n*) ренты; **-reform** *f* реформа *f* пенсионного обеспечения; **-rendite** *f* доход *m* с ценных бумаг с фиксированным процентом (облигаций); **-schuld** *f* рентный долг *m*, рента *f* с земельного участка; **-tafeln** *pl* таблицы *pl* исчисления индексируемых пенсий; **-umlauf** *m* обращение *n* ценных бумаг с фиксированным процентом (облигаций); **-verpflichtung** *f* обязательство *n* вносить периодические платежи; **-verschreibung** *f* ценная бумага *f*, гарантирующая регулярные выплаты

Rentenversicherung *f* пенсионное страхование *n*; **~ für Angestellte** (социальное) пенсионное страхование *n* служащих; **gesetzliche ~** обязательное пенсионное страхование *n*; **knappschaftliche ~** пенсионное страхование *n* горняков; **private ~** частное пенсионное страхование *n*

Rentenversicherungs|anstalt *f* учреждение *n* (фонд *m*) пенсионного страхования; **-pflicht** *f* обязанность *f* пенсионного страхования; **-träger** *m*

учреждение *n* социального страхования

Renten|versorgung *f* пенсионное обеспечение *n*; **-vertrag** *m* договор *m* о выплате ренты; **-werte** *pl* ценные бумаги *pl* с фиксированным процентом, облигации; **-zahlung** *f* выплата *f* пенсии (ренты)

rentieren приносить доход; **sich ~** окупаться

Rentner *m* пенсионер *m*

Reorganisation *f* реорганизация *f*, преобразование *n*

reorganisieren реорганизовывать, преобразовывать

Reparation *f* репарация *f*, возмещение *n*

Reparatur *f* ремонт *m*, восстановление *n*; **-en ausführen** проводить ремонтные работы; **laufende ~** текущий ремонт *m*; **vorbeugende ~** профилактический ремонт *m*

Reparatur|anfall *m* объем *m* ремонтных работ; **-anfälligkeit** *f* частота *f* выхода из строя; **-anleitung** *f* инструкция *f* по производству ремонта; **-arbeiten** *pl* ремонтные работы *pl*; **-auftrag** *m* заказ *m* на производство ремонтных работ; **-aufwand** *m* **(-aufwendungen** *pl*, **-ausgaben** *pl*) расходы *pl* (затраты *pl*) по ремонту

reparaturbedürftig требующий ремонта

Reparatur|bedürftigkeit *f* потребность *f* в ремонте, состояние *n*, требующее ремонта; **-intervall** *n* межремонтный период *m*; **-kosten** *pl* расходы *pl* (затраты *pl*) по ремонту; **-leistungen** *pl* ремонтные услуги *pl*

reparieren ремонтировать, восстанавливать; **kostenlos ~** ремонтировать бесплатно

repartieren постепенно снижать цены; распределять (акции)

Repartierung *f* количественное распределение *n*; распределение *n* акций в случае превышения подписки

Repatriierung *f* репатриация *f* (капитала)

Repo *s.* **Rückkaufvereinbarungen** *pl*

Report *m* репорт *m*, контанго *n*, надбавка *f* к цене за отсрочку; форвардная премия *f*; разница *f* между курсами кассовых сделок и срочных сделок; отчет *m*, сообщение *n*; **einen ~ anbieten** предложить надбавку к цене за отсрочку; **einen ~ erarbeiten (erstellen)** подготовить отчет (сообщение)

reportieren репортировать

Reporting *n* отчетность *f*; **laufendes ~** текущая отчетность *f*; **operatives ~** оперативная отчетность *f*

Reposatz *m* ставка *f* репо

Repräsentant *m* представитель *m*; **einen ~ en einsetzen** назначить представителя

Repräsentanz *f* представительство *n*, представительский офис *m*; **~ eines ausländischen Unternehmens** представительство *n* иностранной компании

Repräsentation *f* представительство *n*, репрезентация *f*; представление *n*

Repräsentations|artikel *m* фирменный сувенир *m*; **-aufwendungen** *pl* представительские расходы *pl*, расходы *pl* на представительство; **-gelder** *pl* средства *pl* на представительские расходы; **-kosten** *pl* представительские издержки *pl*

repräsentativ представительный, репрезентативный; **-e Umfrage** репрезентативный опрос *m*

Repräsentativ|erhebung *f* выборочный метод *m*, репрезентативная выборка *f*; **-umfrage** *f* репрезентативный опрос *m*

repräsentieren представлять; **die Firma ~** представлять фирму; **Produkte ~** представлять продукты

Reprise *f* реприза *f*

reprivatisieren реприватизировать, денационализировать

reprivatisiert реприватизированный, денационализированный; **-er Betrieb** реприватизированное предприятие *n*

Reprivatisierung *f* реприватизация *f*, денационализация *f*

Reproduktion *f* воспроизводство *n*; ~

der Arbeitskraft воспроизводство *n* рабочей силы
Reproduktions|kosten *pl* стоимость *f* воспроизводства; **-periode** *f* период *m* воспроизводства; **-preis** *m* восстановительная стоимость *f* (основного капитала); **-prozess** *m* процесс *m* воспроизводства; **-wert** *m* стоимость *f* воспроизводства
Reproduzierbarkeit *f* воспроизводимость *f*
reproduzieren воспроизводить
Reptilienfonds *m* рептильный (секретный) фонд *m*
Reputation *f* репутация *f*; **internationale** ~ международная репутация *f*
requirieren реквизировать
Requirierung *f* реквизиция *f*
Reserve *f* резерв *m*, запас *m*; **-n abbauen** сокращать (уменьшать) запасы (резервы); **-n aufbrauchen** (из)расходовать запасы (резервы); **-n auflösen** реализовать запасы (резервы); **~ ausschöpfen** исчерпать резервы; **~ bilden** создать запас (резерв); **-n halten** иметь (держать) запасы (резервы); **in ~ haben** иметь (держать) в запасе; **~ mobilisieren** мобилизовать запасы (резервы); **-n wieder auffüllen** пополнить резервы; **~ an Arbeitskräften** резерв *m* рабочей силы; **ausreichende ~** достаточный запас *m* (резерв *m*); **finanzielle ~** финансовые резервы *pl*; **freiwillige -n** добровольные резервы *pl*; **gesetzliche -n** легальные резервы *pl* (запасы *pl*); **liquide -n** ликвидные резервы *pl*; **stille -n** скрытые резервы *pl*
Reserve|ausrüstung *f* резервное оборудование *n*; **-bank** *f* резервный банк *m*; **-berechnung** *f* расчет *m* резервов страхового общества; **-bestände** *pl* резервные (страховые) запасы *pl*; **-bildung** *f* создание *n* резервов (запасов); **-fonds** *m* резервный фонд *m*, резервные запасы *pl*; **-haltung** *f* хранение *n* резервов (запасов); **-lager** *n* запасной (резервный) склад *m*, резервные запасы *pl*; **-leistung** *f* резервная мощность *f*; **-mittel** *pl* резервные средства *pl*
reservepflichtig обязанный иметь (минимальные) резервы; **-e Kreditinstitute** *pl* кредитные институты *pl*, обязанные иметь (минимальные) резервы; **-e Verbindlichkeiten** *pl* **der Kreditinstitute** обязательства *pl* кредитных институтов иметь (минимальные) резервы
Reserve|position *f* гарантированная сумма *f* кредита, получаемая членом Международного валютного фонда для покрытия дефицита платежного баланса; **-tranche** *f* часть *f* гарантированной суммы кредита для членов Международного валютного фонда; **-währung** *f* резервная валюта *f*
reservieren резервировать, бронировать
Reservierung *f* резервирование *n*; бронирование *n*
Reservierungsschein *m* талон *m*, подтверждающий бронь; **-system** *n* система *f* резервирования (бронирования)
Residual|einkommen *n* превышение *n* доходов над расходами; **-kosten** *pl* издержки *pl*, определяемые по методу деления общих издержек на постоянные и пропорционально произведенные
Reskriptionen *pl* рескрипции *pl*, краткосрочные облигации центрального банка
Respektfrist *f* льготный срок *m*
respektieren уважать, соблюдать; признавать, принимать к оплате
Respektierung *f* уважение *n*, соблюдение *n*; принятие *n* к оплате
Respekttage *pl* льготные (грационные) дни *pl* для уплаты по векселю
Ressort *m* круг *m* обязанностей; сфера *f* деятельности; компенсация *f*; отдел *m*, подразделение *n*; ведомство *n*; **kaufmännisches ~** коммерческий отдел *m*; коммерция *f*
Ressort|angelegenheiten *pl* ведомственные проблемы *pl*; **-chef** *m* начальник *m* отдела (подразделения); **-kollege** *m* коллега *m* по работе; **-planung** *f* планирование *n* работы отдела (подразделения); **-verteilung** *f* распределение *n* обязанностей (компетенций);

-zuständigkeit *f* сфера *f* деятельности, круг обязанностей

Ressourcen *pl* ресурсы *pl*; средства *pl*; источники *pl*; ~ **bündeln** объединить ресурсы; ~ **erschließen** выявлять (изыскивать) ресурсы; ~ **mobilisieren** мобилизовать ресурсы; ~ **schonen** сберегать ресурсы; **finanzielle** ~ финансовые ресурсы *pl*; **natürliche** ~ природные ресурсы *pl*; **nicht erneuerbare** ~ невоспроизводимые (невозобновляемые) ресурсы *pl*; **reproduzierbare** ~ воспроизводимые ресурсы *pl*; **unausgenutzte** ~ неиспользованные ресурсы *pl*

Ressourcen|allokation *f* распределение *n* (использование *n*) ресурсов; **-bedarf** *m* потребность *f* в ресурсах; **-bilanz** *f* баланс *m* ресурсов; **-einsatz** *m* потребление *n* (использование *n*) ресурсов; **-freisetzung** *f* высвобождение *n* ресурсов; **-knappheit** *f* дефицит *m* ресурсов; **-management** *n* *(Manag)* управление *n* ресурсами; **-nutzung** *f* использование *n* ресурсов; **-ökonomik** *f* экономика *f* ресурсов; **-planung** *f* планирование *n* поступления и использования ресурсов; **-schonung** *f* сбережение *n* ресурсов; **-transfer** *m* предоставление *n* экономической помощи развивающимся странам; **-verknappung** *f* дефицит *m* ресурсов; **-verteilung** *f* распределение *n* ресурсов

Rest *m* остаток *m*, оставшаяся часть *f*; **den** ~ **bezahlen** оплатить оставшуюся часть; **den** ~ **herausgeben** выдать оставшуюся часть

Restanten *pl* ценные бумаги *pl*, затребованные, но не предъявленные к погашению

Restaufbewahrungsdauer *f* *(Admin, Steuer)* остаточный срок *m* хранения документов

Restaurant *n* ресторан *m*; кафе *n*; **ein** ~ **betreiben** эксплуатировать ресторан, управлять рестораном

Rest|bestand *m* остаток *m* (запасов); **-betrag** *m* остаток *m* (суммы); сдача *f*; **-buchwert** *m* остаточная (балансовая) стоимость *f* основного капитала (активов); **-deckungsbeitrag** *m* остаточная доля *f* покрытия

Reste *pl* остатки *pl* (отрезов ткани)

Resteverkauf *m* продажа *f* остатков

Rest|forderung *f* оставшаяся часть *f* требований; **-frist** *f* срок *m*, остающийся до (погашения долга); **-geld** *n* остаток *m* денежной суммы; сдача

Restitution *f* реституция *f*, возвращение *n* (имущества); возмещение *n* убытков

Restitutions|anspruch *m* право *n* реституции; **-fonds** *m* реституционный фонд *m*

Rest|kaufgeld *n* сумма *f* денег, оставшаяся после покупки; **-laufzeit** *f* оставшийся срок *m* действия; **-kostenwertrechnung** *f* учет *m* издержек производства побочной продукции; **-menge** *f* остаточное количество *n*; **-nachfrage** *f* остаточный спрос *m*; **-nutzungsdauer** *f* остаточный срок *m* службы; **-posten** *pl* товарные остатки *pl*; корректирующие статьи *pl* (баланса)

Restriktion *f* ограничение *n*; сокращение *n*; рестрикция *f*

Restriktions|maßnahme *f* ограничительная мера *f*; **-politik** *f* политика *f* ограничений; рестрикционная политика *f*

restriktiv ограничительный, рестрикционный; **-e Kreditpolitik** *f* рестрикционная кредитная политика *f*

restrukturieren реструктировать, реорганизовывать; **eine Firma** ~ реструктировать фирму

Restrukturierung *f* реструктурирование *n*, реорганизация *f*

Rest|schuld *m* остаток *m* долга; **-schuldversicherung** *f* *(Versich)* страхование *n* жизни заемщика, кредитное страхование *n* жизни; **-summe** *f* остаток *m* (суммы); **-waren** *pl* товарные остатки *pl*; **-wertabschreibung** *f* дегрессивное амортизационное отчисление *n*; **-wertrechnung** *f* учет *m* издержек производства; **-zahlung** *f* выплата *pl* (оплата) остатка, платеж *m* в окончательный расчет

Resultat *n* результат *m*, итог *m*

Retentionsrecht *n* право *n* владельца арендуемого объекта использовать в качестве залога имущество арендатора; право *n* должника задерживать уплату долга до выполнения кредитором своих обязательств

Retorsionszoll *m* штрафная (карательная) пошлина *f*

Retouren *pl* возвращенные товары *pl*; чеки *pl* и векселя *pl*, возвращенные неоплаченными

Retourenbuch *n* книга *f* регистрации возвращенных товаров

Retour|scheck *m* неоплаченный чек *m*; **-wechsel** *m* обратный (переводной) вексель *m*, ретур *m*, рекамбио *n*

Retrozession *f (Versich)* ретроцессия *f*, рецессия *f*, обратная уступка *f*, переуступка *f*

Return on Equity прибыль *f* на акционерный (собственный) капитал

Return on Investment прибыль *f* на инвестированный капитал

Revalvation *f* ревальвация *f*; **eine ~ vornehmen** провести ревальвацию

Revers *m* реверс *m*; обратная сторона *f* монеты; письменное заявление *n*, расписка *f*

revidieren ревизовать, проверять, контролировать; пересматривать, изменять

Revirement *n* изменение *n*, перемена *f*; перенесение *n* суммы из одной статьи в другую

Revision *f* ревизия *f*, проверка *f*, контроль *m*; пересмотр *m*, изменение *n*; апелляция *f*; **eine ~ durchführen** провести ревизию (проверку); **~ einlegen** подать апелляцию (жалобу); **eine ~ vornehmen** провести ревизию (проверку); **außerbetriebliche ~** внешняя ревизия *f*; **innerbetriebliche ~** внутренняя ревизия *f*; **planmäßige ~** плановая ревизия *f*; **stichprobenmäßige ~** выборочная ревизия *f*

Revisions|abteilung *f* ревизионный отдел *m*; **-appelee** *m* ответчик *m* (в апелляционном суде); **-bericht** *m* отчет *m* о результатах проведенной ревизии; **-bescheinigung** *f* заключение *n* внешнего бухгалтера-ревизора; **-beschwerde** *f* апелляционная жалоба *f*; **-einlegung** *f* подача *f* апелляции (жалобы); **-gebühr** *f* оплата *f* за аудиторские услуги; **-gesellschaft** *f* аудиторская компания *f* (фирма *f*); **-grund** *m* кассационное основание *n*; **-kläger** *m* апелянт *m*; **-stelle** *f* кассационная инстанция *f*; **-verfahren** *n* порядок *m* кассационного производства

Revisor *m* ревизор *m*, бухгалтер-ревизор *m*, аудитор *m*

Revolution *f* революция *f*, переворот *m*; **eine ~ auslösen** вызвать революцию; **industrielle ~** промышленная революция *f*

revolutionär революционный; **-e Neuentwicklung** разработка *f*, вызвавшая революционные изменения в технике

revolvierend возобновляющийся; **-er Kredit** *m* автоматически возобновляемый кредит *m*

Revolving credit автоматически возобновляемый кредит *m*

Rezept *n* рецепт *m*, предписание *n*

Rezeption *f* администрация *f* гостиницы

Rezession *f* экономический спад *m*; свертывание *n*; кризис *m*, рецессия *f*; **eine ~ durchmachen** преодолеть экономический спад; **in der ~ stecken** находиться в фазе экономического спада; **eine ~ überwinden** преодолеть экономический спад; **von der ~ betroffen** охваченный экономическим спадом

Rezessions|erscheinung *f* кризисное явление *n*; **-gefahr** *f* риск *m* экономического спада; **-jahr** *n* год *m* экономического спада; **-periode** *f* период *m* экономического спада; **-phase** *f* фаза *f* кризиса; **-tendenz** *f* кризисная тенденция *f*; **-zeit** *f* период *m* экономического спада

Rezipient *m (Media)* получатель *m* информации

Ricambiowechsel *m* обратный (переводной) вексель *m*, рекамбио *n*

Richtbeispiel *n* точное описание *n* вида производственной деятельности для целей тарификации

Richter *m* судья *m*; **einen ~ ablehnen** отклонить судью

richterlich судейский, судебный; **-e**

Entscheidung *f* решение *n* (приговор) суда; **-es Ermessen** *n* усмотрение *n* суда (судьи)

Richtgröße *f* ориентировочная величина *f*

richtig правильный, точный; **als ~ bestätigen** удостоверить (подтвердить) правильность; **für ~ befinden** считать правильным, согласиться

Richtigkeit *f* правильность *f*, точность *f*; **die ~ der Angaben bescheinigen** удостоверять правильность сведений; **die ~ der Daten bestreiten** оспаривать точность данных; **sachliche ~** правильность *f* по существу дела

richtigstellen исправлять, корректировать

Richtigstellung *f* исправление *n*, корректировка *f*

Richtlinie *f* директива *f*; руководящая линия *f*, руководящий принцип *m*; норма *f*; **die ~ beachten** соблюдать директиву (норму); **eine ~ erarbeiten** разработать (выработать) директиву; **eine ~ erlassen** издать директиву; **vorgegebene ~** заданная директива *f*

Richtlinien|kompetenz *f* компетентность *f* в рамках директивы; **-vorschlag** *m* предлагаемая директива *f*

Richt|preis *m* ориентировочная цена *f*; рекомендуемая цена *f*; **-preisspanne** *f* интервал *m* колебания ориентировочной цены; **-satz** *m* запланированная норма *f*; норматив *m*; **-satzkalkulation** *f* нормативная калькуляция *f*; **-satzprüfung** *f* нормативная оценка *f*

Richt|sorte *f* расчет *m* плановых издержек по месту их возникновения при частой смене видов продукции; **-zahl** *f* контрольная (ориентировочная) цифра *f*

„Riester"-Rente *f* особая форма *f* дополнительного пенсионного страхования (Riester быв. министр труда)

Rimesse *f* римесса *f*, пересылка *f*, перевод *m*

Ring *m* ринг *m* (место *n* на бирже, где находятся биржевые агенты); биржевой круг *m*, картель *m*

Ring|abschluss *m* срочная сделка *f* с участием нескольких контрагентов; **-belieferung** *f* кольцевой завоз *m* (подвоз *m*); **-geschäft** *n* срочная сделка *f* с участием нескольких контрагентов; **-tausch** *m* круговой обмен *m*; ротация *f* рабочих мест

Risiken *pl* риски *pl*; опасности *pl*; **~ absichern** застраховаться от возможных рисков; **~ beurteilen** оценивать риски; **~ übernehmen** взять риски на себя; **~ versichern** застраховать риски; **gegen alle ~ versichert** застрахованный от всех рисков

Risiko *n* риск *m*; опасность *f*; **das ~ abdekken** покрыть риск (расходы, убытки); **ein ~ auf sich nehmen** брать риск на себя; **das ~ decken** покрывать риск (расходы, убытки); **ein ~ eingehen** подвергаться риску, идти на риск; **das ~ tragen** нести (брать на себя) риск; **~ der Abnahmeverweigerung** риск *m* непринятия товара; **auf eigenes ~** на свой страх и риск; **finanzielles ~** финансовый риск *m*; **geschäftliches ~** деловой (предпринимательский) риск *m*; **handelsübliches ~** обычный торговый риск *m*; **kalkulatorisches ~** калькулируемый риск *m*; **laufendes ~** ожидаемый риск *m*; **nicht versicherungsfähiges ~** нестрахуемый риск *m*; **versicherbares (zu versicherndes) ~** страхуемый риск *m*

Risiko|absicherung *f (Versich)* страхование *n* риска; **-analyse** *f* анализ *m* риска; **-anteil** *m s.* **Risikobeitrag** *m*; **-ausschluss** *m* исключение *n* риска; **-ausschlussklausel** *f* оговорка *f* об исключении риска; **-beitrag** *m* часть *f* страхового взноса, необходимая для покрытия страхового риска; **-bereitschaft** *f* готовность *f* взять на себя риск; **-deckung** *f* покрытие *n* (страхование) риска

risikofrei безо всякого риска

Risiko|geschäft *n* сделка *f* (операция *f*), связанная с риском; **-gewichtung** *f* взвешивание *n* (оценка *f*) рисков; **-kapital** *n* капитал *m*, вложенный в предприятие, связанное с риском; **-lebensversicherung** *f* страхование *n* на случай смерти (от несчастных случаев); **-management** *n (Manag)* менеджмент *m* рисков, управление рисками

risikomindernd сводящий риск к минимуму

Risiko|prämie *f* надбавка *f* (премия *f*) за риск; **-prüfung** *f* проверка *f* наличия риска и определение его величины

risikoreich связанный с высокой степенью риска; **-e Investitionen** капиталовложениия *pl*, связанные с высокой степенью риска

Risiko|selektion *f (Versich)* стремление *n* страховщиков избирать страхуемых по степени риска; **-streuung** *f* дробление *n* риска; **-träger** *m* носитель *m* риска; **-übergang** *m* переход *m* риска; **-übernahme** *f* принятие *n* на себя риска; **-unternehmen** *n* предприятие *n*, связанное с риском; **-versicherung** *f* страхование *n* от риска; **-verteilung** *f* распределение *n* (диверсификация *f*) риска; **-vorsorge** *f* рассеивание *n* риска, уменьшение *n* риска потерь; спрэд *m*; **-zuschlag** *m* надбавка *f* (премия *f*) за риск

Risk-Management *n* контроль *m* и регулирование *n* рисков

Risk-Sharing-Partner *m* партнер *m*, разделяющий риск

riskant рискованный; опасный; **-e Immobilienfinanzierung** *f* рискованное финансирование *n* недвижимости

riskieren рисковать, подвергаться опасности

Riskontro *n* взаимный зачет *m* требований; скидка *f*; вспомогательная бухгалтерская книга *f*

Robotertechnik *f* робототехника *f*

Roh|bau *m* каркас *m* здания; постройка *f* без отделки; **-bearbeitung** *f* черновая обработка *f*; **-bilanz** *f* предварительный (ориентировочный) баланс *m*; **-einkommen** *n* валовый доход *m*; **-eisen** *n* чугун *m*; **-ergebnis** *n* предварительное сальдо *n* счета прибылей и убытков; **-ertrag** *m* валовый доход *m*, доход *m* брутто; валовый урожай *m*; **-gewicht** *n* вес *m* брутто; **-gewinn** *m* валовая прибыль *f*

Roh-, Hilfs- und Betriebsstoffe *pl* сырье *n*, вспомогательные и прочие материалы *pl*

Roh|material *n* сырье *n*, сырьевые материалы *pl*; **-materialvorräte** *pl* запасы *pl* сырья, сырьевые запасы *pl*; **-öl** *n* сырая нефть *f*; **-ölpreise** *pl* цены *pl* на сырую нефть; **-ölverarbeitung** *f* переработка *f* сырой нефти; **-produkt** *n* сырье *n*; **-produktenhandel** *m* торговля *f* сырьем и полуфабрикатами

Rohr|fernleitung *f* магистральный трубопровод *m*; **-leitung** *f* трубопровод *m*; **-leitungstransport** *m* трубопроводный транспорт *m*

Rohstoff *m* сырье *n*; полуфабрикаты *pl*; **-e gewinnen** добывать сырье; **-e verarbeiten** перерабатывать сырье; **-e verwerten** использовать (утилизовывать) сырье; **alternativer ~** альтернативное сырье *n*; **einheimischer ~** отечественное сырье *n*; **industrieller ~** промышленное сырье *n*; **knapper ~** дефицитное сырье *n*; **nachwachsender ~** *(Umwelt)* возобновляемое растительное сырье *n*

Rohstoffabkommen *n* соглашение *n* о поставках сырья (товаров)

rohstoffarm бедный сырьем

Rohstoff|aufkommen *n* сырьевые ресурсы *pl*; **-aufteilung** *f* распределение *n* сырья; **-ausnutzung** *f* потребление *n* (использование *n*) сырья; **-bedarf** *m* потребность *f* в сырье; **-beschaffung** *f* заготовка *f* (закупка *f*) сырья; **-börse** *f* товарносырьевая биржа *f*; **-einfuhr** *f* импорт *m* сырья; **-einsatz** *m* использование *n* сырья; **-ersparnis** *f* экономия *f* сырья

rohstofferzeugend производящий (добывающий) сырье; **-e Industrie** *f* добывающая промышленность *f*

Rohstoff|gewinnung *f* добыча *f* сырья; **-handel** *m* торговля *f* товарами (сырьем)

rohstoffintensiv материалоемкий

Rohstoff|kartell *n* картель *m* производителей сырья; **-kosten** *pl* затраты *pl* на сырье; **-lager** *n* склад *m* сырьевых материалов; **-länder** *pl* страныпоставщики *pl* сырья; **-lieferant** *m* поставщик *m* сырья; **-mangel** *m* нехватка *f* (дефицит *m*) сырья; **-markt** *m* сырьевой рынок *m*, рынок *m* товаров; **-preise** *pl* цены *pl* на сырье; **-quelle** *f* источник *m* сырья; **-reserven** *pl* сырьевые запасы *pl*, запасы *pl* сырья; **-ressourcen** *pl* сырьевые ресурсы *pl*; **-verarbeitung** *f* переработка *f* сырья; **-verbrauch** *m* расходование *n* сырья; **-vereinbarung** *f* соглашение *n* о поставках сырья (товаров); **-verknappung** *f* нехватка *f* (дефицит *m*) сырья; **-verschwendung** *f* расточительное использование *n* сырья; **-versorgung** *f* снабжение *n* сырьем, поставки *pl* сырья; **-verteuerung** *f* повышение *n* цен на сырье, удорожание *n* сырья; **-vorräte** *pl* сырьевые запасы *pl*, запасы *pl* сырья

Roh|umsatz *m* валовый оборот *m*; **-ware** *f* сырье *n*; полуфабрикат *m*

Rolle *f* список *m*, реестр *m*, регистр *m*; **~ für Gebrauchsmuster** регистр *m* промышленных образцов

rollen ехать, находиться в движении; катить; вращать

Rollfuhr *f* перевозка *f* (доставка *f*) железнодорожного груза автотранспортом

Rollfuhr|dienst *m* служба *f* сбора и доставки железнодорожного груза автотранспортом; **-unternehmen** *n* автотранспортное предприятие *n*; **-versicherungsschein** *m* страховой полис *m* в перевозках железнодорожных грузов; **-vertrag** *m* договор *m* между железной дорогой и автотранспортным предприятием

Roll|geld *n* плата *f* за доставку (перевозку) железнодорожных грузов; **-gut** *n* перевозимый (доставляемый) груз *m*

Roll-over-Kredit *m* кредит *m* с периодически пересматриваемой процентной ставкой

Rootkit *n (Comp)* руткит *m*

Ro-Ro-Schiff *n* судно *n* с горизонтальной погрузкой и выгрузкой

rot красный; **-e Zahlen** *pl* пассив *m*, дебет *m*, убыточность *f*

Route *f* маршрут *m*

Router *m (Comp)* маршрутизатор *m*

Routinearbeit *f* рутинная работа *f*, обычный (нормальный) ход *m* дела; правила *pl* делопроизводства

Routing *n (Comp)* маршрутизация *f*

Rubel *m* рубль *m*

Rubrum *n* заголовок *m* документа; краткое содержание *n*; вступительная часть *f* приговора

Rück|abwicklung *f* ликвидация *f* (сделки); **-anspruch** *m* встречное требование *n*, встречный иск *m*; **-antwort** *f* (письменный) ответ *m*; **-buchung** *f* погашение *n* записи, сторнирование *n*, сторно *n*; **-bürge** *m* поручитель *m* по поруке; второй поручитель *m*; **-bürgschaft** *f* поручительство *n* за поручительство; второе поручительство *n*

rückdatieren помечать (датировать) задним числом

Rückdatierung *f* датировка *f* задним числом

Rückdeckung *f (Versich)* (пере)страхование *n* пенсионного фонда предприятия

rückerstatten возвращать, возмещать, компенсировать

Rückerstattung *f* возврат *m*, возмещение *n*, компенсация *f*; **~ von Gebühren** возврат *m* сборов

Rück|erstattungsangebot *n* предложение *n* товара на продажу с правом его возврата; **-erstattungsanspruch** *m* требование *n* возмещения (компенсации); **-erstattungsauftrag** *m* поручение *n* (приказ) о возмещении (компенсации); **-erwerb** *m* выкуп *m*; **-fahrkarte** *f* обратный билет *m*; **-fall** *m* спад *m*, уменьшение *n*; рецидив *m*; **-flug** *m* обратный полет *m*; **-fluss** *n* обратный приток *m* (денежных средств)

Rück|forderung *f* требование *n* возврата; обратное требование *n*; **-forderungsanspruch** *m* право *n* требовать возврата; **-fracht** *f* фрахт *m* за обратную перевозку; обратный фрахт *m*; **-frage** *f* запрос *m*; встречный вопрос *m*

Rückführung *f* возврат *m*, рециклирование *n*; репатриация *f*; снижение *n*, сведение *n* к исходному уровню; ~ **von Vermögenswerten** репатриация *f* имущества

Rückgabe *f* возврат *m*, возвращение *n*; реституция *f*; **gegen** ~ с условием возврата; ~ **des Kredits** возврат *m* кредита; ~ **von Eigentum** возврат *m* (возвращение *n*) имущества; ~ **vor Entschädigung** возврат *m* до возмещения (ущерба)

Rückgabe|anspruch *m* требование *n* возврата (возвращения); **-recht** *n* право *n* на возвращение (возврат); **-verpflichtung** *f* обязательство *n* вернуть (возвратить)

Rückgang *m* упадок *m*, спад *m*, падение *n*; уменьшение *n*, снижение *n*, сокращение *n*; **einen ~ hinnehmen müssen** пережить спад (падение); **einen ~ verzeichnen** зафиксировать (отметить) спад (сокращение); ~ **der Ausgaben** сокращение *n* (уменьшение *n*) расходов; ~ **der Ausfuhr** сокращение *n* (снижение *n*) экспорта; ~ **der Inflationsrate** падение *n* темпов инфляции; ~ **der Preise** снижение *n* цен; ~ **des Umsatzes** сокращение *n* оборота; **wirtschaftlicher** ~ экономический спад *m*; рецессия *f*

rückgängig обратный, возвратный; ~ **machen** отменять, аннулировать, ликвидировать

Rückgängigmachung *f* отмена *f*, аннулирование *n*, ликвидация *f*; ~ **eines Kaufs** аннулирование *n* сделки купли-продажи

Rückgewinnung *f* вторичное использование *n* материалов

Rückgriff *m* регресс *m*; обратное требование *n* о возмещении; обращение *n*, использование *n*; ~ **nehmen** требовать возмещения; ~ **auf Dritte** требование *n* возмещения от третьих лиц; **ohne** ~ без регресса, без оборота, без права обратного требования

Rückgriffs|anspruch *m* регрессный иск *m*, право *n* регресса; **-recht** *n* право *n* регресса, право *n* оборота; **-schuldner** *m* регрессат *m*

Rückhalt *m* поддержка *f*, помощь *f*; резерв *m*, запас *m*

Rückkauf *f* выкуп *m*; погашение *n*; возмещение *n*; ~ **von Versicherungen** досрочное расторжение *n* страхователем договора страхования

rückkaufen выкупать, погашать; возмещать

Rückkaufs|angebot *n* предложение *n* выкупа (возмещения); **-disagio** *n* дизажио *n* от выкупа облигаций; **-kurs** *m* цена *f* выкупа; **-vereinbarung** *f* сделка РЕПО; **-verpflichtung** *f* обязательство *n* выкупа; **-vertrag** *m* соглашение *n* о покупке ценных бумаг с последующим выкупом по обусловленной цене; **-wert** *m* выкупная стоимость *f*, *(Versich)* выплачиваемая стоимость *f* досрочного выкупа страховки

Rückkopplung *f* обратная связь *f*

Rücklage *f* резерв *m*, отчисления *pl* в резервный фонд; **-n auflösen** ликвидировать резервы; **-n bilden** создавать резервы; **einem Beitrag -n zuführen** отчислять сумму в резервный фонд; **-n machen** произвести отчисления в резервный фонд; ~ **für Ersatzbeschaffungen** резерв *m* на замещение основного капитала; ~ **für Substanzverzehr** резерв *m* на износ основного капитала; ~ **für Wertminderung** резерв *m* на снижение (уменьшение) стоимости, резерв *m* на износ основного капитала; **gesetzliche -n** обязательные отчисления *pl* в резервный фонд, обязательный резерв *m*; резервные отчисления *pl*, предписываемые законом; **offene -n** открытые отчисления *pl* в резервный фонд; **stille -n** скрытые отчисления *pl* в резервный фонд; **zweckgebundene -n** целевые отчисления *pl* в резервный фонд

Rücklagen|auflösung *f* ликвидация *f* резервов; **-bildung** *f* создание *m* резервов; **-dotierung** *f* отчисления *pl* в резервный фонд; **-konto** *n* счет *m* резерва предстоящих платежей; **-zuweisung** *f* отчисления *pl* в резерв

rückläufig обратный, возвратный; снижающийся, сокращающийся, уменьшающийся; ~ **sein (werden)**

сокращаться, уменьшаться, снижаться; **-er Handel** *m* уменьшение *n* объема торговли

Rück|laufzeit *f* срок *m* окупаемости; **-lieferung** *f* возврат *m* поставленных товаров

Rücknahme *f* изъятие *n*, возвращение *n*; выкуп *m*, отмена *f*; **~ des Bescheides** отмена *f* решения; **~ von Aufträgen** отмена *f* заказов

Rücknahme|garantie *f* гарантия *f* выкупа (погашения); **-preis** *m* цена *f* перекупки (выкупа), цена *f* обратного выкупа (эмиссионная цена за вычетом ажио); **-satz** *m* цена *f* выкупа центральным банком кратко- и среднесрочных ценных бумаг; **-verpflichtung** *f* обязанность *f* инвестиционных фондов принять возвращаемые доли

Rück|porto *n* оплата *f* обратного ответа (письма); **-prämie** *f* обратная премия *f*, премия *f* за опцион; **-prämiengeschäft** *n* сделка *f* с обратной премией; **-prämienkurs** *m* курс *m* по сделкам с обратной премией; **-reise** *f* обратный путь *m*, возвращение *n*; **-rufaktion** *f* призыв *m* продавца к возврату (или контрольному осмотру) купленного товара (напр. автомобилей); **-scheck** *m* неоплаченный (возвращенный) чек *m*; **-schein** *m* почтовая квитанция *f*, расписка *f*; **-schlag** *m* кризис *m*, спад *m*; убыток *m*; **-seite** *f* обратная сторона *f*

rücksenden возвращать, посылать обратно

Rück|sendung *f* отсылка *f* (отправление *n*) назад; возвращение *n*; обратная доставка *f*; **-sprache** *f* совещание *m*, консультация *f*, переговоры *pl*, обмен *m* информацией

Rückstand *m* задолженность *f*, долг *m*, недоимка *f*; отставание *n*; **den ~ aufholen** ликвидировать отставание (задолженность); **in den ~ geraten (kommen)** допустить задолженность (отставание); **im ~ sein** иметь задолженность (отставание); **~ an Bestellungen** отставание *n* в выполнении заказов; **struktureller ~** неразвитость *f* структуры

Rückstände *pl* просрочка *f* (платежа), отставание *n*, дебиторская задолженность *f*; непогашенный долг *m*; остатки *pl*; **~ aufarbeiten** доделать невыполненное, наверстать упущенное; **~ an unerledigten Aufträgen** невыполненные заказы *pl*

rückständig задолжавший, просрочивший; невыплаченный; отсталый, отстающий; **-er Beitrag** *m* задолженность *f* по взносам; **-e Tilgungszahlungen** *pl* задолженнось *f* по платежам в счет погашения; **-e Zinsen** *pl* задолженность *f* по процентам

Rückstellungen *pl* отчисления *pl* в резервный фонд; резервы *pl* для определенных целей; резервы *pl* против обязательств; **~ bilden** создавать резервы; **zu ~ zuführen** производить отчисления в резервный фонд; **~ für Altersversorgung** резервный фонд *m* для обеспечения по старости; **~ für drohende Verluste aus schwebenden Geschäften** *s.* **Drohverlustrückstellungen** *pl*; **~ für genau bestimmte Aufwendungen** резерв *m* на покрытие предвиденных затрат; **~ für Investitionen** резерв *m* для проведения инвестиций; **~ für Pensionsverpflichtungen** отчисления *pl* в пенсионный фонд; **~ für Steuern** резерв *m* для уплаты налогов; **~ für Substanzverlust** резерв *m* на истощение недр; **~ für ungewisse Verbindlichkeiten** резерв *m* на покрытие неизвестных действующих обязательств; **~ für unterlassene Aufwendungen** резерв *m* на покрытие затрат упущенных возможностей; **~ für Währungsrisiken** резерв *m* для покрытия потерь в связи с возможными колебаниями курсов валют; **~ für Wertminderung** резерв *m* на износ основного капитала; **kurzfristige ~** накопившиеся обязательства *pl*; **langfristige ~** резервный фонд *m*, резервы *pl*

Rückstrom *m* обратный приток *m*

Rücktritt *m* отказ *m* (отход *m*) от договора; уход *m* с должности (отставка); **den ~ anzeigen** известить об аннулировании договора; **den ~ erklären** объявить о решении аннулировать договор
Rücktritts|berechtigung *f* право *n* на расторжение договора; **-erklärung** *f* заявление *n* об аннулировании договора (об отставке); **-grund** *m* причина *f* расторжения договора; **-recht** *n* право *n* на аннулирование договора; **-vorbehalt** *m* оговорка *f* о праве на расторжение договора
Rück|umschlag *m* конверт *m* для ответного письма; **-vergütung** *f* возмещение *n*, возвращение *n*, обратная выплата *f* (компенсация *f*); **-verlagerung** *f* возврат *m* предприятия на прежнее место (напр. из-за рубежа)
Rückversicherer *m* перестраховщик *m*
rückversichern перестраховать
Rück|versicherte *m* перестрахованное лицо *n*, перестрахователь *m*; **-versicherung** *f* перестрахование *n*, перестраховка *f*
Rückversicherungs|gesellschaft *f* перестраховочное общество *n*; **-prämie** *f* перестраховочная премия *f*; **-vertrag** *m* договор *m* перестрахования
Rückware *f* возвращенный (реимпортированный) товар *m*
Rückwärtsterminierung *f (Manag)* планирование *n* этапов (проекта) от конечного срока, планирование *n* от конца
Rückwechsel *m* обратный переводной вексель *m*, встречная тратта *f*
rückwirkend имеющий обратную силу; **-e Kraft haben** иметь обратную силу
Rückwirkung *f* обратное действие *n*, обратное влияние *n*
rückzahlbar подлежащий уплате (возврату); **bedingt ~** условно подлежащий уплате; **in Raten ~** погашаемый в рассрочку; **-e Subvention** *f* субсидия *f*, подлежащая возврату
rückzahlen возвращать (деньги), погашать; выкупать; **in Raten ~** погашать в рассрочку
Rückzahlung *f* погашение *n*, возмещение *n*; оплата *f*; возврат *m*, возвращение *n*; выкуп *m*; **~ von Schulden** погашение *n* долгов; **~ vor Fälligkeit** погашение *n* до истечения срока платежа; **~ zum Nennwert** погашение *n* по паритету
Rückzahlungs|agio *m* надбавка *f* (ажио *n*) при погашении долгового обязательства; **-aufforderung** *f* требование *n* возврата денег (погашения); **-bedingungen** *pl* условия *pl* возврата денег (погашения); **-darlehen** *n (Bank, Fin)* s. **Festdarlehen** *n*; **-datum** *n* дата *f* возврата денег (погашения); **-frist** *f* срок *m* возврата денег (погашения); **-klausel** *f* оговорка *f* о погашении платежей; **-kurs** *m* цена *f* выкупа (погашения); **-rate** *f* доля *f* (взнос *m*) при погашении; **-schein** *m* расходный ордер *m* с распиской в получении денег; **-termin** *m* **(-zeitpunkt** *m***)** срок *m* возврата денег (погашения); **-zeitraum** *m* период *m* погашения; **-zoll** *m* возврат *m* пошлины; **-zollschein** *m* дебентура *f*, таможенное свидетельство *n* на возврат пошлин
Ruf *m* репутация *f*; имя *n*; **dem ~ Abbruch tun** навредить (нанести ущерб) репутации; **einen guten ~ haben** иметь хорошую репутацию; **sich einen guten ~ erwerben** приобрести хорошую репутацию; **geschäftlicher ~** деловая репутация *f*
Rüge *f* рекламация *f*; протест *m*
Rügefrist *f* срок *m* предъявления рекламации
rügen подавать рекламацию, жаловаться; **einen Mangel ~** извещать о дефекте, подать рекламацию на дефектный товар
Rügepflicht *f* обязанность *f* (требование *n*) извещать о дефектах немедленно по получении товара
Ruhe|gehalt *n* пенсия *f* по старости и за выслугу лет государственным служащим; **-gehaltsanspruch** *m* право *n* на пенсию по старости и выслуге лет; **-gehaltsempfänger** *m* пенсионер *m*; **-geld** *n* дополнительные вы-

платы *pl* пенсионерам по социальному страхованию; **-pause** *f* перерыв *m*, нерабочее время машин
Ruhestand *m* отставка *f*, выход *m* на пенсию; **vorzeitiger ~** преждевременный (досрочный) выход *m* на пенсию
Ruhe|ständler *m* пенсионер *m*; отставник *m*; **-zeit** *f* время *n* отдыха; простой *m*; нерабочее время *n* машины
Ruin *m* разорение *n*, банкротство *n*, крах *m*; упадок *m*, разруха *f*; **an den Rand des -s bringen** довести до разорения (банкротства)
ruinieren разорять, разрушать; **sich ~** обанкротиться, разориться
Rumpfgeschäftsjahr *n* неполный хозяйственный год *m*
Run *m* паника *f* в банке, биржевая паника *f*; неожиданный резкий спрос *m* на определенные акции; **den ~ auslösen** вызвать панику
Rundfunk *m* радио *n*, радиовещание *n*
Rundfunk|übertragung *f* радиопередача *f*; **-werbung** *f* радиореклама *f*, реклама *f* по радио
Rundungsfehler *m* ошибка *f* округления
Runner *m (Bö)* раннер *m* на бирже
Rürup-Rente *f (Soz)* базовая (минимальная) пенсия
Rüstaufwand *m* расходы *pl* (затраты *pl*) на переналадку
rüsten оснащать, налаживать, переналаживать
Rüst|grundzeit *f* основное подготовительно-заключительное время *n*; основное время *n* на наладку; **-kosten** *pl* расходы *pl* на переналадку
Rüstung *f* вооружение *n*; оснащение *n*
Rüstungs|auftrag *m* военный заказ *m*; **-ausgaben** *pl* военные расходы *pl*, расходы *pl* на вооружение; **-export** *m* экспорт *m* вооружений; **-geschäft** *m* военный бизнес *m*; **-kontrolle** *f* контроль *m* за вооружениями; **-lieferant** *m* военный подрядчик *m*; **-produktion** *f* производство *n* вооружений
Rüstwert|koeffizient *m* коэффициент *m* затрат времени на подготовительно-заключительные операции; **-zeit** *f* подготовительно-заключительное время *n*; **-zeitminimierung** *f* сокращение *n* подготовительно-заключительного времени

S

Saat *f* сев *m*, посев *m*; семена *f*
Saat|gut *n* семена *f*, посевной материал *m*; **-zucht** *f* семеноводство *n*
Sabotage *f* саботаж *m*, диверсия *f*, вредительство *n*; **~ begehen** совершить саботаж
Sach|anlagen *pl* основные фонды *pl*, основные средства *pl*; имущество *n*; недвижимость *f*; материальные активы *pl*; **-anlagenabgang** *m* выбытие *n* основных средств; **-anlagenzugang** *m* прирост *m* (расширение) основных средств; **-anlagevermögen** *n* основные фонды *pl*, основные средства *pl*; **-aufwand** *m* **(-aufwendungen** *pl***)** материальные затраты *pl*; **-ausschüttung** *f* выплата *f* прибыли (дивиденда) в натуральной форме; **-ausstattung** *f* материальная оснащенность *f*; **-bearbeiter** *m* делопроизводитель *m*, исполнитель *m*, референт *m*; **-beschädigung** *f* нанесение *n* ущерба имуществу; **-besteuerung** *f* взимание *n* налога с объекта налогообложения
sachbezogen действенный
Sach|bezüge *pl* вознаграждение *n* за труд в натуральной форме; натуральная оплата *f*; **-depot** *n* хранение *n* (депонирование *n*) ценных бумаг и прочих ценностей в банке; **-depotbuch** *n* книга *f* регистрации (учета) ценных бумаг, принятых на хранение; **-dividende** *f* дивиденд *m* в виде материальных благ
Sache *f* вещь *f*, предмет *m*; дело *n*; вопрос *m*; **bewegliche -n** движимое имущество *n*; **unbewegliche -n** недвижимое имущество *n*
Sacheinlage *f* имущественный вклад *m*

Sachenrecht *n* вещное право *n*
Sach|entscheidung *f* решение *n* по существу дела; **-firma** *f* фирма *f*, в названии которой содержится указание на вид ее деятельности; **-gebiet** *n* отрасль *f*, область *f*, сфера *f*, раздел *m*
sachgemäß подлежащий, соответствующий, должный, подходящий
Sachgemeinkosten *pl (Buchh)* накладные материальные затраты *pl*
Sach|gründung *f* создание *n* (основание *n*) общества на базе имущественных вкладов; **-güter** *pl* потребительские товары *pl*; **-investitionen** *pl* капиталовложения *pl* в основной капитал; капиталовложения *pl* в имущественной форме; **-kapital** *n* реальный (основной) капитал *m*; материальные активы *pl*; имущество *n*, средства *pl* производства; **-kapitalerhöhung** *f* увеличение *n* капитала за счет имущественных вкладов; **-kenntnis** *f* знание *n* дела, компетентность *f*; ноу-хау *n*; **-konto** *n* счет *m*, не принадлежащий конкретному лицу; основной счет *m*; счет учета материальных ценностей; **-konzern** *m* концерн *m*, основанный для рациональной организации снабжения, производства и сбыта; **-kosten** *pl* материальные затраты *pl* (издержки *pl*); **-kostenaufwand** *m* материальные затраты *pl* (издержки *pl*); **-kostenzuschuss** *m* дотация *f* (помощь *f*) на материальные приобретения; **-kredit** *m* кредит *m* под обеспечение; ломбардная ссуда *f*; **-kunde** *f* знание *n* дела, компетентность *f*; знание *n* предметной области
sachkundig компетентный
Sach|lage *f* положение *n* дел (вещей), ситуация *f*; **-leistung** *f* материальная помощь *f*; неденежная помощь *f* из фонда социального страхования
sachlich деловой; объективный; целесообразный, существенный; вещественный; ~ **zuständig** компетентный по данному вопросу
Sach|lohn *m* заработная плата *f* в натуральной форме; **-mängel** *pl* недостатки *pl* (дефекты *pl*) изделия (товара); **-mängelhaftung** *f* ответственость *f* производителя за качество продукции; гарантия качества; **-mittel** *pl* материальные средства *pl*; **-prämie** *f* премия *f* натурой; **-register** *m* предметный указатель *m*; **-risiken** *pl* материальные риски, имущественные риски; **-schaden** *m* материальный ущерб *m*; **-sicherheit** *f* абсолютное гарантированное право *n* на получение дебиторской задолженности; **-spende** *f* материальное пожертвование *n*, пожертвование *n* в виде вещей; **-steuern** *pl* прямые реальные налоги *pl*, налоги *pl* на недвижимое имущество; **-übernahme** *f* принятие *n* имущественного вклада в капитал акционерного общества; **-verhalt** *m* обстоятельства *pl* дела, положение *n* вещей; содержание *n*, значение *n*; **-vermögen** *n* материальные активы *pl*, имущество *n*; **-versicherer** *m* страховщик *m* имущества; **-versicherung** *f* страхование *n* имущества
Sachverständige *m* эксперт *m*; **einen -n hinzuziehen** вызвать (привлечь) эксперта; **vereidigter** ~ официальный (присяжный) эксперт *m*
Sachverständigen|ausschuss *m* экспертная комиссия *f*; **-bericht** *m* отчет *m* (заключение) эксперта (экспертной комиссии); **-gebühr** *f* гонорар *m* за экспертизу; **-gutachten** *n* заключение *n* эксперта (экспертной комиссии); **-rat** *m* экспертный совет *m*; **-verfahren** *n* экспертиза *f*
Sachwert *m* реальная стоимость *f* (ценност *f* ь); ценная вещь *f*
Sachwert|anlage *f* капиталовложения *pl* в материальные ценности; **-anleihe** *f* товарный заем *m*; **-klausel** *f* условие *n* "реальная стоимость"; пункт *m* договора о цене товара
Sach|ziel *n* материальная (реальная, объективная) цель *f*; **-zwang** *m* давление *n* дел (обстоятельств)
Sackgut *n (Transp)* груз *m* в мешках; товар *m*, расфасованный в мешки
säen сеять, засевать
Safe *n* сейф *m*, несгораемый шкаф *m*

Safemiete *f* плата *f* за хранение ценностей в сейфе банка
Saison *f* сезон *m*
saisonabhängig сезонный
Saison|abschlag *m* сезонное понижение *n* цен, сезонная скидка *f*; **-arbeit** *f* сезонная работа *f*; **-arbeiter** *m* сезонный рабочий *m*; **-arbeitskräfte** *pl* сезонные рабочие *pl*, сезонная рабочая сила *f*; **-arbeitslosigkeit** *f* сезонная безработица *f*; **-aufschlag** *m* сезонное повышение *n* цен, сезонная надбавка *f*; **-ausverkauf** *m* сезонная распродажа *f*; **-bedarf** *m* сезонный спрос *m*, сезонная потребность *f*
saisonbedingt сезонный
saisonbereinigt с поправкой на сезонные колебания (цен)
Saison|bereinigung *f* поправка *f* на сезонные колебания; **-beschäftigung** *f* сезонная работа *f* (занятость *f*); **-betrieb** *m* сезонное предприятие *n*; **-faktor** *m* сезонный фактор *m*
saisongebunden сезонный; **-er Rabatt** *m* сезонная скидка *f*
saisongerecht сезонный, соответствующий сезону
Saison|geschäft *n* сезонный бизнес *m*, сезонные сделки *pl*; **-handel** *m* сезонная торговля *f*; **-index** *m* индекс *m* сезонности; **-kredit** *m* сезонный кредит *m*, ссуда *f* (кредит *m*) на сезонные затраты; **-preis** *m* сезонная цена *f*; **-produktion** *f* сезонная продукция *f*; сезонное производство *n*; **-rabatt** *m* сезонная скидка *f*; **-schlussverkauf** *m* сезонная распродажа *f* товаров; **-schwankungen** *pl* сезонные колебания *pl*; **-spitze** *f* пик *m* сезона; **-tarif** *m* сезонный тариф *m*
saisonüblich обычный для данного времени года
Saisonware *f* сезонный товар *m*
Salär *n* заработная плата *f*, жалованье *n*
salarieren выплачивать заработную плату
Salden|abstimmung *f* выверка *f* сальдо; **-ausgleich** *m* выравнивание *n* сальдо; **-bestätigung** *f* подтверждение *n* сальдо (лицевых счетов); **-bilanz** *f* сальдовый баланс *m*, нетто-баланс *m*; **-liste** *f* список *m* остатков на счетах; **-versicherung** *f* страхование *n* жизни клиентов банка, взявших кредит без обеспечения
Saldierung *f* выведение *n* остатка (сальдо), сальдирование *n*; погашение *n* долга
Saldierungsverbot *n* запрет *m* на сальдирование статей активов и пассивов баланса
Saldo *m* сальдо *n* (счета, расчетов); остаток *m* на счете (при расчете); **als ~ ausweisen** отразить (показать) в отчете как сальдо; **einen ~ aufweisen** показать сальдо; **einen ~ auf neue Rechnung vortragen** перенести сальдо в новый счет; **einen ~ übertragen** перенести сальдо; **den ~ ziehen** вывести сальдо; **~ aus Einnahmen und Ausgaben** разница *f* между доходами и расходами; **offener ~** открытое сальдо *n*; **vorgetragener ~** сальдо *n*, перенесенное на новый счет; **~ zu Ihren Gunsten** сальдо *n* в Вашу пользу; **~ zu unseren Gunsten** сальдо *n* в нашу пользу
Saldo|anerkennung *f* признание *n* сальдо должником; **-betrag** *m* сумма *f* остатка; **-mitteilung** *f* подтверждение *n* сальдо; **-übertrag** *m* перенос *m* сальдо; **-vortrag** *m* перенос *m* сальдо (на новый счет), сальдо *n* к переносу
Sale-and-lease-back операции *pl* по продаже оборудования с получением его обратно в аренду
Sales Promotion стимулирование *n* сбыта
Sammel|abschreibungen *pl* сводные списания *pl*, списание *n* группы однородных объектов; **-aktie** *f* глобальная акция *f*; **-aktion** *f* компания *f* по сбору средств; сбор *m* пожертвований; **-anleihe** *f* сводный заем *m*; **-anmeldung** *f* совокупная заявка *f*; **-anzeige** *f* совместное рекламное объявление *n*; **-auftrag** *m* сводный заказ *m*, сводное платежное поручение *n*; **-avis** *m, n* сводное авизо *n*; **-beleg** *m* сводный документ *m*; сводная проводка *f*; **-bestand** *m*

общие запасы *pl*; совокупный портфель *m* заказов; **-bestellung** *f* сводный заказ *m*; **-bewertung** *f* паушальная оценка *f*; **-buch** *n* сводный журнал *m*, накопительный регистр *m*; **-buchung** *f* сводная (сборная) проводка *f*; **-depot** *n* совместное хранение *n* ценных бумаг (одного клиента в банке); **-fahrschein** *m* групповой проездной билет *m*; **-faktura** *f* сводный месячный счет *m*, сводная месячная фактура *f*; **-genehmigung** *f* общее разрешение *n*; **-gut** *n* сборный груз *m*; **-guttransport** *m*, **-gutverkehr** *m* *(Transp)* перевозка *f* сборных грузов; **-kauf** *m* совместная покупка *f*; **-konnossement** *n* сборный коносамент *m*; **-konto** *n* собирательный (коллективный) счет *m*; **-ladung** *f* сборный груз *m*; **-lager** *n* *(Lager, Transp)* склад *m* консолидации; **-liste** *f* подписной лист *m*; общий список *m* (реестр *m*); накопительная ведомость *f*; **-meldung** *f* сводное уведомление *n*

sammeln собирать, коллекционировать; накапливать

Sammel|nachweis *m* сводная ведомость *f*; **-posten** *m* сводная статья *f*; **-punkt** *m* *(Transp)* место *n* консолидации грузов; **-rechnung** *f* сводный счет *m*, сводная фактура *f*; **-sendung** *f* сводный груз *m*; **-transport** *m* сборные грузовые перевозки *pl*; **-tratte** *f* сборная тратта *f*; **-überweisung** *f* одновременный перевод *m* одним поручителем денежных сумм нескольким получателям; **-urkunde** *f* сводный документ *m*, *(Bank, Fin)* общий сертификат *m* на ценные бумаги; **-versicherung** *f* групповое (коллективное) страхование *n*; **-verwahrung** *f* **s. Sammeldepot** *n*; **-verzeichnis** *n* сводная ведомость *f*; **-wertberichtigung** *f* корректировка *f* общей стоимости; **-zahlungsauftrag** *f* сводное платежное поручение *n*

Sammlung *f* сбор *m*, собрание *n*

Sandwich-Methode *f* *(V&M)* метод *m* сэндвича

sanieren санировать, реорганизовывать, оздоравливать

Sanierer *m* лицо *n*, проводящее санирование

Sanierung *f* санация *f*, санирование *n*; реорганизация *f*, оздоровление *n*; **~ der Infrastruktur** санация *f* инфраструктуры

sanierungsbedürftig требующий проведения санации

Sanierungsbilanz *f* санационный баланс *m*; балансовый отчет *m* в связи с изменением структуры капитала компаний

Sanierungs|gewinn *m* прибыль *f*, полученная в результате проведенной санации; **-maßnahmen** *pl* меры *pl* по экономическому оздоровлению (перестройке); **-plan** *m* проект *m* санации (реорганизации); **-programm** *n* программа *f* санации (реорганизации); **-vorhaben** *n* проект *m* санации (реорганизации)

Sanktion *f* санкция *f*, принудительная мера *f*; штраф *m*; **mit -en belegen** наложить санкции; **-en verhängen** применить санкции; **wirtschaftliche -en** экономические санкции *pl*

Sattelanhänger *m*, **Sattelauflieger** *m* *(Transp)* контейнерный полуприцеп *m*

Sattelanhängertragwagen *m* *(Transp)* вагон *m* типа "спайн"

Sattelkraftfahrzeug *n*, **Sattelzug** *m* автопоезд *m*, седельный тягач *m*

sättigen насыщать; удовлетворять; **den Markt ~** насыщать рынок товарами

Sättigungs|grad *m* степень *f* насыщения; **-grenze** *f* предел *m* насыщения; **-menge** *f* количество *n* (масса *f*), необходимая для насыщения; **-phase** *f* фаза *f* насыщения

Satz *m* ставка *f*; тариф *m*; квота *f*; комплект *m*, набор *m*; **den ~ beibehalten** сохранить ставку на прежнем уровне; **den ~ festlegen** установить ставку; **unvollständiger ~** разрозненный комплект *m*; **vollständiger ~** полный комплект *m*

Satzung *f* устав *m*, статут *m*; инструкция *f*; **die ~ ändern** изменить устав; **laut ~** согласно (по) уставу; **~ eines Vereins** устав *m* общества

Satzungs|änderung *f* изменение *n* ус-

тава; **-bestimmungen** *pl* положения *pl* устава
satzungsgemäß (satzungsmäßig) уставной, в соответствии с уставом
satzweise партиями, комплектами
Sauggüter *pl* сыпучие грузы *pl*, перегружаемые пневмотранспортом
säumig неисправный (о плательщике); не выполняющий обязательства; **-er Zahler** неисправный плательщик
Säumniszuschlag *m* пеня *f* за просрочку
Schachtel|beteiligung *f* совладение *n*, владение *n* одной компанией не менее 25% акций другой компании; **-dividende** *f* дивиденд *m* от участия в другом обществе; **-gesellschaft** *f* компания-участник *f*; компания *f*, участвующая своим капиталом в другом обществе; **-privileg** *n* налоговая льгота *f* по доходам, полученным от участия в другой компании
Schaden *m* (материальный) ущерб *m*, убыток *m*, вред *m*; повреждение *n*, поломка *f*; дефект *m*, порча *f*; **den ~ abgelten** возместить (компенсировать) ущерб; **einen ~ abwenden** предотвратить ущерб (повреждение); **den ~ anmelden** известить (уведомить) об ущербе; **~ anrichten** причинить (нанести) ущерб; **den ~ anzeigen** известить (уведомить) об ущербе; **den ~ begutachten** провести экспертную оценку ущерба (повреждения); **den ~ beheben** устранить повреждение (дефект); **einen ~ davontragen** потерпеть ущерб (убыток); **einen ~ erleiden** потерпеть убытки; **einen ~ ersetzen** возместить ущерб; **einen ~ ersetzt bekommen** получить возмещение ущерба; **den ~ feststellen** оценить размер ущерба; **einen ~ geltend machen** потребовать возмещение ущерба, предъявить рекламацию; **für einen ~ haften** нести ответственность за ущерб (повреждение); **den ~ kompensieren** возместить ущерб (убыток); **einen ~ nachweisen** доказывать (подтверждать) ущерб; **den ~ verhüten** предотвратить ущерб (убыток); **den ~ verschulden** быть виновником ущерба (убытка); **einen ~ verursachen** причинить ущерб, вызвать повреждение; **den ~ wiedergutmachen** возместить ущерб, устранить повреждение; **einen ~ zufügen** причинить вред (ущерб); **zu ~ kommen** потерпеть убыток; **entstandener ~** возникший ущерб *m*, возникшее повреждение *n*; **erlittener ~** понесенный ущерб; **ideeller (immaterieller) ~** (нематериальный) ущерб *m*, моральный ущерб *m*; **nachgewiesener ~** доказанный (подтвержденный) ущерб *m* (убыток *m*); **zugefügter ~** причиненный ущерб *m*
Schaden|abwendung *f* обязанность *f* застрахованного предотвращать ущерб; **-anzeige** *f (Versich)* сообщение *n* о наступлении страхового случая; **-aufmachung** *f* диспаша *f*, расчет *m* убытков от общей аварии; **-ersatz** *m* возмещение *n* убытков (ущерба), индемнитет; **-exzedentenrückversicherung** *f (Versich)* перестрахование *n* (на базе) эксцедента убытка, перестрахование *n* на основе эксцедента убытка, перестрахование *n* превышения убытка; **-feststellung** *f* установление *n* (определение *n*) размера ущерба; **-freiheitsrabatt** *m (Versich)* скидка *f* со страхового взноса (за безаварийную езду); **-höhe** *f* размер *m* ущерба; **-index** *m (Versich)* индекс *m* ущерба, объем *m* выплат по страховым случаям (за последние три года)
Schaden-Kosten-Quote *f (Steuer)* коэффициент *m* страховых выплат
Schaden|management *n (Versich)* отдел *m* по организации обработки страхового случая; обработка *f* страхового случая; **-minderung** *f* **(-minimierung** *f*) минимизация *f* ущерба (убытков); **-minderungsklausel** *f (Versich)* оговорка *f* об обязанности по уменьшению убытков; **-regulierer** *m* специалист *m* по оценке ущерба (убытков), аджастер *m*; **-rückstellung** *f (Versich)* резерв-

ные отчисления *pl* страховой компании на еще не обработанные страховые случаи

Schadens|abwicklung *f* возмещение *n* убытков, *s.* **Schadensregulierung** *f*; **-abschätzung** *f* оценка *f* ущерба (убытков); **-anmeldung** *f* заявление *n* об ущербе (убытках); **-ausgleich** *m* компенсация *f* (возмещение *n*) за понесенный ущерб; **-bearbeitung** *f* расследование *n* страхового случая; **-begrenzung** *f* ограничение *n* ущерба (убытков); **-begutachtung** *f* экспертиза *f* по ущербу; **-berechnung** *f* исчисление *n* ущерба (убытков); **-bescheinigung** *f* свидетельство *n* о повреждении товара; **-betrag** *m* размер *m* ущерба (убытков), сумма *f* убытков

Schadensersatz *m* возмещение *n* убытков (ущерба), индемнитет *m*; **auf ~ erkennen** отдать распоряжение о возмещении ущерба (убытков); **auf ~ klagen** предъявлять иск о возмещении ущерба (убытка); **~ beanspruchen** потребовать возмещения ущерба (убытка); **~ erhalten** получить возмещение ущерба (убытка); **~ fordern** потребовать возмещения ущерба (убытка); **~ gewähren** присудить возмещение ущерба (убытка); **~ leisten** возместить ущерб (убыток); **~ verlangen** потребовать возмещения ущерба (убытка); **zum ~ verpflichtet sein** быть обязанным компенсировать убытки; **~ zugesprochen bekommen** получить возмещение убытков по решению суда; **~ in Geld** возмещение *n* ущерба (убытков) деньгами

Schadensersatz|anspruch *m* требование *n* о возмещении ущерба (убытка); **-berechtigte** *m* лицо *n*, имеющее право на возмещение за ущерб; **-forderung** *f* требование *n* о возмещении ущерба (убытка); **-klage** *f* иск *m* о возмещении ущерба (убытка); **-leistung** *f* возмещение *n* ущерба (убытка); **-pflicht** *f* обязанность *f* возмещения ущерба (убытка)

Schadens|fall *m* аварийный случай *m*, случай *m* нанесения ущерба; **-freiheitsrabatt** *m* страховая скидка *f* за безаварийность; **-höhe** *f* размер *m* ущерба (убытков); **-liste** *f* дефектная ведомость *f*

Schadensregulierer *m (Versich)* аджастер *m*; **-regulierung** *f (Versich)* обработка *f* страхового случая

Schadensumme *f* сумма убытков (ущерба)

Schadens|ursache *f* причина *f* ущерба; **-verhütung** *f* предотвращение *n* ущерба (убытков); **-versicherung** *f* страхование *n* от убытков; страхование от несчастных случаев; **-verursachung** *f* причинение *n* ущерба; **-wahrscheinlichkeit** *f* вероятность *f* возникновения убытков; вероятность *f* повреждения

schadhaft поврежденный, испорченный

Schädigung *f* нанесение *n* ущерба; повреждение *n*, ущерб *m*; **~ des Rufes** нанесение *n* ущерба репутации

schädlich вредный

schadlos безвредный, безубыточный; **sich ~ halten** возмещать убыток (ущерб)

Schadlos|bürge *m* поручитель *m* на случай возникновения убытка; **-bürgschaft** *f* поручительство *n* на случай возникновения убытка

Schadstoff *m* вредное (токсичное) вещество *n*

Schadstoff|belastung *f* загрязнение *n* вредными (токсичными) веществами; **-emission** *f* выбросы *pl* вредных (токсичных) веществ; **-konzentration** *f* концентрация *f* вредных (токсичных) веществ

Schalter *m* окошечко *n* (в банке, на почте); касса *f*; стойка *f*

Schalter|beamte *m* служащий *m* (кассир *m*) банка (почты); **-dienst** *m* обслуживание *n* через окошечко в банке (на почте); **-geschäft** *n* сделка *f* на покупку ценных бумаг за наличные; **-halle** *f* кассовый (операционный) зал *m*; **-provision** *f* комиссия *f* банку за реализацию ценных бумаг; **-raum** *m* кассовое (операционное) помещение *n*; **-stunden** *pl*

часы *pl* работы учреждения; **-verkauf** *m* продажа *f* за наличные
Schaltfläche *f* поле *n* переключения
Schatten|haushalt *m* теневой бюджет *m*; **-preis** *m* теневая цена *f*; **-wirtschaft** *f* теневая экономика *f*
Schatz *m* сокровище *n*, богатство *n*; казна *f*; клад *m*
Schatz|amt *n* казначейство *n*; **-anweisung** *f* облигация *f* центрального банка, кратко- или среднесрочное казначейское обязательство *n*
schätzbar могущий быть оцененным
schätzen оценивать, определять (стоимость); **den Wert ~** оценить (определить) стоимость
Schätzer *m* оценщик *m*, оценочная фирма *f*
Schätz|größe *f* оценочная (предполагаемая) величина *f*; **-preis** *m* оценочная стоимость *f*, предполагаемая цена *f*
Schatzschein *m* казначейское обязательство *n*, казначейский сертификат *m*
Schätzung *f* оценка *f*, определение *n* (стоимости); **~ des Gewinns** оценка *f* (прогноз *m*) прибыли; **vorsichtige ~** осторожная оценка *f*
schätzungsweise примерно, приблизительно
Schätzverfahren *n* метод *m* (процедура) оценки
Schatzwechsel *m* казначейский вексель *m*
Schätzwert *m* оценочная стоимость *f*, стоимость *f* по оценке
Schau|bild *n* график *m*, графическое изображение; **-fenster** *n* витрина *f* магазина; **-stück** *n* художественно оформленный выставочный образец *m* товара; **-werbegestalter** *m* *(V&M)* декоратор *m* витрин
Scheck *m* чек *m*; **einen ~ über den Betrag von... ausstellen** выставить чек на сумму; **einen ~ einlösen** предъявить чек к оплате, получить деньги по чеку; **einen ~ fälschen** подделать чек; **der ~ lautet auf den Betrag von ...** чек выставлен на сумму; **mit ~ bezahlen** оплатить чеком; **einen ~ sperren** блокировать чек; **einen ~ ziehen** выписать (выставить) чек; **einen ~ zum Inkasso einreichen** предъявить чек на инкассацию; **einen ~ zum Inkasso geben (vorlegen)** предъявить чек к оплате; **~ auf fremde Währung** чек *m*, выставленный в иностранной валюте; **bestätigter ~** подтвержденный (акцептованный) чек *m*; **durchkreuzter (gekreuzter) ~** кроссированный чек *m*, кросс-чек *m*; **eingelöster ~** оплаченный чек *m*; **gesperrter ~** чек *m*, по которому приостановлен платеж; **nicht gedeckter ~** непокрытый чек *m*; **rückdatierter ~** чек *m*, датированный задним числом; **vordatierter ~** чек *m*, датированный предыдущим числом
Scheck|abrechnung *f* взаимный зачет *m* чеков; **-abteilung** *f* отдел *m* чековых операций (банка); **-aussteller** *m* чекодатель *m*; **-bestand** *m* наличные чеки *pl*; **-betrag** *m* сумма *f* чека; **-betrug** *m* выдача *f* непокрытых чеков; **-bezogene** *m* плательщик *m* по чеку; **-buch** *n* чековая книжка *f*; **-bürgschaft** *f* поручительство *n* по чеку; **-deckungsanfrage** *f* запрос *m* об обеспечении чека; **-deckungsanzeige** *f* извещение *n* об обеспечении чека; **-duplikat** *n* дубликат *m* чека; **-einreichung** *f* предъявление *n* (представление *n*) чека; **-empfänger** *m* получатель *m* чека; **-fähigkeit** *f* чековая правоспособность *f*; **-fälschung** *f* подделка *f* чеков; **-formular** *n* чековый формуляр *m* (бланк *m*), бланк *m* (формуляр *m*) чека; **-gesetz** *n* закон *m* о чековом обращении; **-heft** *n* чековая книжка *f*; **-indossament** *n* чековый индоссамент *m*; **-inhaber** *m* чекодержатель *m*, предъявитель *m* чека; **-inkasso** *n* инкассо *n* (инкассирование *n*) чеков; **-karte** *f* чековая карточка *f*; **-nehmer** *m* бенефициар *m*, получатель *m* чека; **-protest** *m* протест *m* чека; **-prozess** *m* упрощенный порядок *m* взыскания чекового требования; **-recht** *n* правовое регулирование *n* чекового обращения; **-register** *n* реестр *m* чеков; **-rückgriff** *m* регресс *m* по чеку; **-reiterei** *f* операции *pl* с

необеспеченными чеками; **-sperre** *f* запрещение *n* платежа по чеку, блокирование чека; **-verkehr** *m* чековый оборот *m*, чековые операции; **-vordruck** *m* бланк *m* (формуляр *m*) чека; **--Wechsel-Verfahren** *n s.* **Akzeptantenwechsel** *m*

Scheide|geld *n* разменные деньги *pl* (монеты *pl*); **-münze** *f* разменная монета *f*

Schein *m* свидетельство *n*, удостоверение *n*; расписка *f*; денежный знак *m*; купюра *f*

Scheinbargründung *f* основание *n* акционерного общества при условии получения учредителями товаров на сумму денежного вклада

Schein|blüte *f* фиктивный бум *m*; **-geschäft** *n* фиктивная (мнимая) сделка *f*; **-gesellschaft** *f* фиктивное общество *n*, фиктивная компания *f*; **-gewinn** *m* мнимая (фиктивная) прибыль *f*; **-gründung** *f* фиктивное основание *n* (общества, компании); **-kauf** *m* фиктивная покупка *f*; **-kaufmann** *m* мнимый коммерсант *m*; **-kurs** *m* фиктивный (номинально установленный) курс *m*; **-verkauf** *m* фиктивная продажа *f*; **-verlust** *m* фиктивные убытки *pl*; **-vertrag** *m* фиктивный договор *m* (контракт *m*); **-vorgang** *m* мнимая работа *f*

Schenkung *f* дарение *n*, дар *m*

Schenkungs|anfechtung *f* опротестование *n* дарения; **-bilanz** *f* баланс *m* переводов и платежей; **-steuer** *f* налог *m* на дарение; **-urkunde** *f* дарственная *f*; **-versprechen** *n* обещание *n* произвести дарение; **-widerruf** *m* аннулирование *n* дарения

Schicht *f* рабочая смена *f*; слой *m*, прослойка *f*; **geleistete** ~ отработанная смена *f*; **soziale** ~ социальная прослойка *f*

Schicht|arbeit *f* сменная работа *f*; **-arbeiter** *m* рабочий *m* смены; сменный рабочий *m*; **-auslastung** *f* сменная загрузка *f*; **-betrieb** *m* предприятие *n*, работающее в несколько смен; сменный режим *m* работы; **-dienst** *m* посменная работа *f*; **-folge** *f* чередование *n* смен; **-kosten** *pl* издержки *pl*, связанные с увеличением числа смен; **-leistung** *f* выработка *f* за смену; **-lohn** *m* заработная плата *f* за сменную работу; **-prämie** *f* надбавка *f* к заработной плате за работу в ночную смену

Schichtung *f* расслоение *n*, дифференциация *f*

Schicht|wechsel *m* пересмена; **-zeit** *f* продолжительность смены

Schickschuld *f* обязательство *n*, исполняемое по месту пребывания должника путем пересылки долга к месту жительства кредитора

Schieber *m* спекулянт *m*

Schieds|abkommen *n* арбитражное соглашение *n*; **-ausschuss** *m* арбитражная комиссия *f*

Schiedsgericht *n* арбитраж *m*, третейский суд *m*; жюри *n*; **ein ~ anrufen** обратиться в арбитраж (третейский суд)

schiedsgerichtlich арбитражный, третейский

Schiedsgerichtsbarkeit *f* арбитражное судопроизводство *n*

Schiedsgerichts|gebühr *f* арбитражный сбор *m*; **-klausel** *f* арбитражная оговорка *f*, оговорка *f* о третейской процедуре; **-kosten** *pl* расходы *pl* (затраты *pl*) на обращение в арбитраж; **-vereinbarung** *f* арбитражное соглашение *n*; **-verfahren** *n* процедура *f* прохождения (рассмотрения) дела в арбитраже

Schieds|klausel *f* арбитражная оговорка *f*; оговорка *f* о третейской процедуре; **-ordnung** *f* положение *n* об арбитраже

Schiedsrichter *m* арбитр *m*, третейский судья

Schieds|spruch *m* решение *n* третейского суда, арбитражное решение *n*; **-stelle** *f* арбитражная комиссия *f*; **-urteil** *m* решение *n* арбитража, арбитражное решение *n*; **-vereinbarung** *f* арбитражное соглашение *n*; **-verfahren** *n* процедура *f* прохождения (рассмотрения) дела в арбитраже; *(Soz)* рассмотрение *n* споров (об истолковании тарифного соглашения) в арбитражном суде; **-vergleich** *m* компромиссное решение *n* третейского суда; **-vertrag** *m* арбитражный договор *m*; **-weg** *m* рассмотрение *n* дела в арбитраже

Schienen|verkehr *m* железнодорожные перевозки *pl*; **-verkehrsmittel** *pl* железнодорожный транспорт *m*

Schiff *n* судно *n*, корабль *m*

Schiffbau *m* судостроение *n*, кораблестроение *n*

Schiffer *m* капитан *m* торгового судна, шкипер *m*, мелкий судовладелец *m*

Schifferbörse *f* фрахтовая биржа *f*

Schifffahrt *f* судоходство *n*, навигация *f*

Schifffahrts|börse *f* фрахтовая биржа *f*; **-gesellschaft** *f* судоходная компания *f*; **-konferenz** *f* картельное соглашение *n* между судовладельцами; **-linie** *f* судоходная линия *f*

Schiffs|abfertigung *f* кларирование *n* судна; **-agent** *m* судовой агент *m*; **-agentur** *f* морское агентство *n*; **-ausrüster** *m* судовой поставщик *m*, шипгандлер *m*; **-bank** *f* ипотечный банк *m*, предоставляющиий ссуды под залог зарегистрированного судна; **-befrachtung** *f* фрахтование *n* судна; **-besatzung** *f* экипаж *m* (команда *f*) судна; **-brief** *m* судовой сертификат *m* (патент *m*); **-fracht** *f* судовой груз *m*, фрахт *m*; **-frachtbrief** *m* коносамент *m*; **-führer** *m* капитан *m* торгового судна; **-gebühr** *f* тоннажный (корабельный) сбор *m*; **-gläubiger** *m* кредитор *m*, предоставляющий ссуду под залог судна; **-hypothek** *f* судовая (корабельная) ипотека *f*; **-hypothekenbank** *f* ипотечный банк *m*, предоставляющий ссуды под залог зарегистрированного судна; **-kaskoversicherung** *f* страхование *n* судна; **-ladung** *f* судовой груз *m*; **-liegeplatz** *m* причал *m* для погрузочных работ; **-makler** *m* корабельный маклер *m*, агент *m* по фрахту; **-manifest** *m* судовой манифест *m*; **-messbrief** *m* мерительное свидетельство *n*; **-miete** *f* плата *f* за наем судна; **-papiere** *pl* судовые документы *pl*; **-pfandbrief** *m* корабельная закладная *f*; **-pfandrecht** *n* морское залоговое право *n*; **-raum** *m* место *n* для погрузки, трюм *m*; **-register** *n* судовой реестр *m*; **-sachverständige** *m* судовой инспектор *m*; **-transport** *m* перевозка *f* водным путем; **-unfall** *m* морская авария *f*; **-verkehr** *m* судоходство *n*; **-versicherung** *f* страхование *n* судна, страхование *n* каско; **-versteigerung** *f* продажа *f* судов с аукциона; **-zertifikat** *n* судовой сертификат *m*

Schlacht|gewicht *n* убойный вес *m* скота; **-vieh** *n* скот *m* на убой

Schlagwort *n* лозунг *m*, девиз *m*

schlank стройный, гибкий

schlechtbezahlt низкооплачиваемый

Schlechterfüllung *f* ненадлежащее исполнение *n*

Schlechterstellung *f* дискриминация *f*, ущемление *n*; ~ **der Frau** дискриминация *f* женщин

Schlechtwettergeld *n* *(Soz)* компенсация *f* потери заработка из-за простоев вследствие плохой погоды (напр. в строительстве)

Schleichhandel *m* нелегальная торговля *f*, торговля *f* на черном рынке, контрабанда *f*

Schleichwerbung *f* *(V&M)* скрытая реклама *f*

schleppend слабый, вялый, неоживленный, медленный; ~ **verlaufen** вяло протекать (развиваться)

Schlepper *m* тягач *m*; буксир *m*

Schleppkahn *m* баржа *f*

Schleuder|artikel *m* бросовый (демпинговый) товар *m*; **-preis** *m* бросовая (демпинговая) цена *f*; **-ware** *f* бросовый (демпинговый) товар *m*

Schleusengeld *n* шлюзовой сбор *m*

schlichten улаживать, урегулировать; **eine Streitigkeit** ~ урегулировать конфликт *m* (спорный вопрос)

Schlichter *m* арбитр *m*, третейский судья *m*; **neutraler** ~ нейтральный арбитр *m*

Schlichtung *f* мирное урегулирование *n*; ~ **eines Streits** улаживание *n* (урегулирование *n*) спорного вопроса; **tarifliche** ~ *(Soz)* урегулирование *n* тарифного кофликта (во избежание забастовки); ~ **von Arbeitskonflikten** улаживание *n* трудовых конфликтов

Schlichtungs|abkommen *n* арбитражное соглашение *n*; **-stelle** *f* примирительная (арбитражная) комиссия *f*; **-verfahren** *n* третейское разбирательство *n*; **-verhandlung** *f* переговоры *pl* об урегулировании конфликта; **-vorschlag** *m* предложение *n* об урегулировании конфликта

schließen закрывать, заключать; закрываться; **einen Vergleich ~** заключить соглашение (компромисс); **ein Werk ~** закрыть завод

Schließfach *n* абонементный почтовый ящик *m*; абонементный сейф *m*

Schließfachmiete *f* плата *f* за пользование сейфом в банке

Schließung *f* закрытие *n*; заключение *n*; **~ einer Fabrik** закрытие *n* фабрики

Schluss *m* конец *m*, окончание *n*; завершение *n*

Schluss|abrechnung *f* окончательный расчет *m*; **-bericht** *m* итоговый отчет *m*; **-besprechung** *f* устное заключение *n* бухгалтера-ревизора; **-bestand** *m* конечный запас *m*, запас *m* на конец года; переходящий остаток *m*; **-bilanz** *f* заключительный баланс *m*

Schluss|bilanzkonto *n* счет *m* заключительного баланса; **-dividende** *f* окончательный дивиденд *m*

Schlüssel *m* ключ *m*, код *m*; шифр *m*; **nach ~** *n* **verteilen** распределять по кодам

Schlüssel|bereich *m* ключевая отрасль *f* (подразделение *n*); **-betrieb** *m* ключевое (основное) предприятие *n*; **-branche** *f* ключевая (ведущая) отрасль *f*

schlüsselfertig под ключ; **~ bauen** строить под ключ; **eine Fabrik ~ übergeben** сдать завод под ключ

Schlüssel|gewalt *f* право *n* супругов на равное участие в делах, связанных с обеспечением семьи; **-industrie** *f* ключевая (ведущая) отрасль *f* промышленности; **-kosten** *pl* издержки *pl*, распределяемые по местам их возникновения путем использования шифра; **-markt** *m* основной (важнейший) рынок *m*; **-position** *f* ключевое положение *n*, ключевая позиция *f*; **-projekt** *n* *(Manag)* ключевой проект *m* (в рамках крупного проекта); **-ressort** *n* ведущее (ключевое) подразделение *n*, ведущая отрасль *f*; **-satz** *m* ключевая ставка *f*; **-stellung** *f* ключевое положение *n*; **-technologie** *f* ключевая технология *f*; **-währung** *f* ключевая (важнейшая) валюта *f*; **-zahl** *f* код *m*, шифр *m*

Schluss|ergebnis *n* окончательный результат *m*; **-folgerung** *f* вывод *m*; **-kurs** *m* (биржевой) курс *m* на момент закрытия биржи; заключительный курс *m* обмена валют; **-note** *f* биржевая записка *f* о заключении (совершении) сделки; **-notierung** *f* котировка *f* (курс *m*) на момент закрытия биржы; **-rechnung** *f* окончательный счет *m* (расчет *m*); **-schein** *m* маклерская (брокерская) записка *f* о заключении совершении) сделки; **-stand** *m* окончательное положение *n* (состояние *n*); **-termin** *m* окончательный срок *m*; **-verkauf** *m* сезонная распродажа *f*, распродажа *f* в конце сезона; **-verteilung** *f* окончательное распределение *n* конкурсной массы; **-zahlung** *f* окончательный платеж *m*

Schmerzensgeld *n* денежная компенсация *f* за причиненные телесные повреждения

Schmier|geld *n* взятка *f*; **-mittel** *pl* смазочные вещества *f*

Schmuck|handel *m* торговля ювелирными товарами (украшениями); **-stück** *n* украшение *n*, драгоценность *f*; **-waren** *pl* ювелирные товары *pl*, украшения *pl*

Schmuggel *m* контрабанда *f*, контрабандная торговля *f*

schmuggeln провозить контрабанду, заниматься контрабандой

Schmuggelware *f* контрабандный товар *m*, контрабанда *f*

Schmuggler *m* контрабандист *m*

Schmutz|zulage *f* **(-zuschlag** *m***)** надбавка *f* за выполнение грязной работы

Schneeball|geschäfte *pl* сделки *pl*, проводимые по принципу пирамиды; **-system** *n* *(Fin)* пирамида *f*

Schnell|dienst *m* экспресс-служба *f*;

-dreher *pl (Handel)* товары *pl* широкого потребления, ширпотреб *m*; **-hefter** *m (Büro)* скоросшиватель *m*, стаплер *m*

Schnelllebigkeit *f* недолговечность *f*; **~ der Produkte** недолговечность *f* продуктов

Schnell|reinigung *f* экспресс-чистка *f*, скорая химчистка *f*; **-verkehr** *m* скоростное движение *n*, скоростные перевозки *pl*; **-zug** *m* скорый поезд *m*, экспресс *m*

Schnitt|holz *n* пиловочник *m*, пиломатериалы *pl*; **-muster** *n* модель *f* одежды; **-stelle** *f* место пересечения; *(Comp)* интерфейс *m*; **-ware** *f* пиломатериалы *pl*; мануфактурные товары *pl*

Schonfrist *f* льготный срок *m* (период *m*)

Schonung *f* бережное отношение *n*

Schranke *f* барьер *m*, преграда *f*, препятствие *n*; граница *f*, предел *m*; **-n setzen** создавать барьеры (препятствия)

Schreiben *n* письмо *n*, послание *n*; **beiliegendes ~** прилагаемое письмо *n*, письмо *n* в приложении

Schreib|arbeiten *pl* работы *pl* по переписке; **-fehler** *m* описка *f*, опечатка *f*; **-gebühren** *pl* плата *f* за переписку (печатание); **-kraft** *f* машиинистка *f*; **-maschine** *f* пишущая машинка *f*; **-waren** *pl* канцелярские товары *pl*

Schreibwaren|geschäft *n* магазин *m* канцелярских товаров; **-händler** *m* торговец *m* канцелярскими товарами

Schrift *f* шрифт *m*; почерк *m*, документ *m*

Schrift|form *f* письменная форма *f*; форма *f* документа; **-führer** *m* протоколист *m*; **-leiter** *m* издатель *m*

schriftlich письменный, в письменной форме; **~ vereinbaren** заключить письменное соглашение; **-e Bestätigung** письменное подтверждение *n*; **-e Zustimmung** согласие *n* в письменной форме

Schriftgutverwaltung *f (Comp, Manag)* управление *n* записями

Schrift|probe *f* образец *m* почерка; **-stück** *n* документ *m*, официальная бумага *f*; **-verkehr** *m* **(-wechsel** *m***)** переписка *f*, корреспонденция *f*

Schrittmacher *m* новатор *m*, зачинатель *m*

Schrott *m* металлический лом *m*, металлолом *m*

Schrott|erlös *m* выручка *f* от продажи металлолома; *s.* **Abbrucherlös** *m*; **-handel** *m* торговля *f* металлоломом

Schrumpfung *f* сокращение *n*, свертывание *n*

Schufa *s.* **Schutzgemeinschaft für allgemeine Kreditsicherung**

Schulbildung *f* школьное образование *n*

Schuld *f* долг *m*, задолженность *f*, обязательство *n*; вина *f*; **eine ~ ablösen** погасить долг; **eine ~ abtragen** погасить долг, ликвидировать задолженность; **eine ~ begleichen** производить платеж по обязательствам, погасить долг; **eine ~ bezahlen** оплатить долг; **die ~ erlassen** освободить от исполнениия долгового обязательства; **in der ~ stehen** остаться в долгу; **eine ~ nachlassen (nachsehen)** простить долг; **eine ~ tilgen** погасить долг; **ablösbare ~** погашаемый долг *m*; **~ an einem Unfall** вина *f* (ответственность *f*) за несчастный случай; **aufgelaufene -en** накопленные долги *pl*; **ausstehende -en** непогашенные долги *pl*; **dubiose -en** сомнительные долги *pl*; **fundierte ~** долгосрочный долг *m*, долгосрочное обязательство *n*; **gestundete ~** отсроченные долги *pl*; **konsolidierte -en** консолидированные долги *pl*; **offene (rückständige) -en** непогашенные долги *pl*; **schwebende -en** текущая (краткосрочная) задолженность *f*; неконсолидированный долг *m*; **unbezahlte -en** неуплаченные долги *pl*; **unfundierte ~** краткосрочный долг *m*, краткосрочное обязательство *n*; **verjährte -en** просроченные долги *pl*

Schuld|abänderung *f* договор *m* об изменении долга; **-abschreibung** *f* списание *n* долга; **-abtretung** *f* переуступка *f* долгового обязательства; **-anerkenntnis** *f* признание *n*

(подтверждение) должником своего долга; **-befreiung** *f* погашение *n* долга; **-beitritt** принятие *n* на себя чужого обязательства; **-betrag** *m* сумма *f* долга; **-beweis** *m* доказательство вины

Schuldbrief *m* долговое обязательство *n*; заемное письмо *n*; ипотечный сертификат *m*; долговое свидетельство *n*; **unverzinslicher ~** беспроцентное долговое обязательство *n*; **verzinslicher ~** процентное долговое обязательство *n*

Schuldbuch *n* книга *f* государственного долга, долговая книга *f*; **in das ~ eintragen** записать в долговую книгу

Schuldbuch|forderung *f* требование *n* по долговой книге; долговое требование *n* к государству; **-führung** *f* ведение *n* долговой книги

schulden быть должным, иметь долг

Schulden *pl* долги *pl*, обязательства *pl*; **~ abzahlen** погасить долги; **~ decken** выплатить долги; **~ eingehen** брать в долг, занимать; **~ eintreiben** взимать (собирать) долги; **für ~ haften** нести ответственность за долги, отвечать по долгам; **~ haben** иметь долги; **~ hinterlassen** оставить долги; **~ löschen** погасить долги; **~ machen** делать долги, брать в долг; **~ übernehmen** брать на себя долги другого лица; **~ zahlen** платить по долговым обязательствам; **~ zurückzahlen** выплатить долги; **einklagbare ~** долги *pl*, взискиваемые по судебному иску; **mit ~ belastet** обремененный долгами; **~ der öffentlichen Hand** государственные (муниципальные) долги *pl*; **uneinbringliche ~** долги *pl*, которые невозможно взыскать

Schulden|abbau *m* погашение *n* долгов, ликвидация *f* задолженности; **-abkommen** *n* соглашение *n* об уплате долгов; **-abtragung** *f* погашение *n* долгов, ликвидация *f* задолженности; **-abzahlung** *f* выплата *f* долга по частям; **-aufnahme** *f* заем *m*, получение *n* денег в долг

schuldenbelastet обремененный долгами

Schuldenberg *m* масса *f* долгов, огромная задолженность *f*

Schuldendienst *m* обслуживание *n* долга, выплаты *pl* долгов и процентов; **~ leisten** производить платежи в погашение долга; **~ des Staates** платежи *pl* в погашение долгосрочного государственного долга

Schulden|dienstquote *f* степень *f* обремененности государственного бюджета выплатой долгов и процентов по ним; **-eintreibung** *f* взимание *n* долгов; **-erlass** *m* освобождение *n* от уплаты долгов, списание *n* задолженности; **-erleichterung** *f* облегчение *n* выплаты долгов

schuldenfrei свободный от долгов, не имеющий задолженности

Schuldenlast *f* долговое бремя *n*, бремя *n* долгов (задолженности); общая сумма *f* долгов; **eine ~ tragen** нести бремя долгов (задолженности)

Schulden|management *n* управление *n* задолженностью; **-markt** долговой рынок *m*; **-masse** *f* общая сумма *f* обязательств несостоятельного должника; долговая масса *f*; **-politik** *f* регулирование *n* кредитных отношений; **-regelung** *f* погашение долгов (задолженности); урегулирование *n* долговых обязательств; **-rücklauf** *m* поступление *n* платежей в счет погашения обязательств; **-rückzahlung** *f* возврат *m* (погашение *n*) долгов; **-tilgung** *f* погашение *n* долгов, ликвидация *f* задолженности; **-verwaltung** *f* управление *n* задолженностью (долгами); регулирование *n* кредитных отношений

schuldig виновный, виноватый; **sich ~ bekennen** признать себя виновным

Schuld|konto *n* счет *m* с дебетовым сальдо, счет *m* актива; **-mitübernahme** *f* принятие *n* на себя чужого обязательства совместно с первоначальным должником

Schuldner *m* должник *m*, дебитор *m*, заемщик *m*; **böswilliger ~** злостный должник *m*; **insolventer ~**

несостоятельный должник *m*; **in Verzug geratener** ~ неисправный должник *m*; **~ zur gesamten Hand** содолжник *m*

Schuldner|begünstigung *f* незаконное действие *n* в пользу несостоятельного должника; **-land** *n* страна-должник *f*; **-mehrheit** *f* должники *pl*, связанные солидарным обязательством; **-schutz** *m* правовая защита *f* должника; **-verzeichnis** *n* список *m* должников, составляемый судом первой инстанции; **-verzug** *m* просрочка *f* должником исполнения обязательства, дебиторская просрочка *f*

Schuldrecht *n* долговое право *n*, обязательственное (облигационное) право *n*

schuldrechtlich соответствующий требованиям долгового права; **-er Anspruch** претензия *f* согласно нормам долгового права

Schuldschein *m* долговое обязательство *n*, сертификат *m* задолженности; **einen ~ ausstellen** выставить долговое обязательство

Schuldschein|darlehen *n* ссуда *f* под долговое обязательство (солидным фирмам или государственным инстанциям); **-markt** *m* рынок *m* ссуд под долговые обязательства

Schuld|summe *f* сумма *f* долга; **-tilgung** *f* погашение *n* долга; **-titel** *m* исполнительный лист *m*; **-übernahme** *f* принятие *n* долга на себя, признание *n* долга; **-umwandlung** *f* новация *f* долгового обязательства; **-unfähigkeit** *f* невменяемость *f*; **-urkunde** *f* долговое обязательство *m*; **-verhältnis** *n* правовые отношения *pl* между кредитором и должником

Schuldverschreibung *f* облигация *f*, долговое обязательство *n*; **-en begeben (emittieren)** выпускать облигации (долговые обязательства); **~ auf den Inhaber** облигация *f* (долговое обязательство) на предъявителя; **begebene ~** выпущенная облигация *f*, выпущенное долговое обязательство; **fällige ~** облигация *f*, срок погашения которой наступил; **hypothekarisch gesicherte ~** облигация *f* (долговое обязательство) с ипотечным обеспечением акционерного общества; **zur Tilgung aufgerufene -en** облигации *pl* (долговые обязательства), затребованные на погашение

Schuld|versprechen *n* долговое обязательство *n*; **-wechsel** *m* тратта *f*, вексель *m* к платежу; **-zinsen** *pl* проценты *pl* по кредиту

schulen обучать; **Mitarbeiter ~** обучать сотрудников (работников)

Schulung *f* обучение *n*; учение *n*, учеба *f*; квалификация *f*; **die ~ durchführen** провести обучение; **fachliche ~** обучение *n* специальности; **innerbetriebliche ~** внутрипроизводственное обучение *n*

Schulungs|bedarf *m* потребность *f* в обучении (повышении квалификации); **-programm** *n* программа *f* обучения; **-veranstaltung** *f* организация *f* (проведение) обучения

Schund *m* дешевый (бросовый) товар *m*; бракованный (несортовый) товар *m*

Schürf|genehmigung *f* лицензия *f* (разрешение *n*) на проведение разведочных работ; **-recht** *n* право *n* на ведение разведочных работ

Schütt|gewicht *n* насыпной вес *m*; **-gut** *n* **(-ladung** *f***)** сыпучий (навалочный) груз *m*

Schutz *m* защита *f*; охрана *f*; **~ geistigen Eigentums** *(Pat)* защита *f* интеллектуальной собственности; **~ gutgläubiger Dritter** защита *f* (добросовестных) третьих лиц, действующих по доброй воле; **patentrechtlicher ~** охрана *f* патентов; **sozialer ~** социальная защита *f*; **~ der Verbraucherrechte** защита *f* прав потребителей

schutzbedürftig нуждающийся в защите (защищенности)

Schutz|bereich *m* зона *f* защиты, степень *f* защищенности; **-bestimmungen** *pl* правила *pl* техники безопасности; **-brief** *m* охранная грамота *f*, привилегия *f*; *s.* **Kfz-Schutzbrief** *m*

schützen защищать, охранять

Schutzgemeinschaft für allgemeine

Kreditsicherung *(Bank, Fin)* немецкое кредитное бюро *n*
Schutzgemeinschaft der Kapitalanleger (SdK) Сообщество *n* защиты интересов инвесторов
schutzfähig патентоспособный
Schutz|fähigkeit *f* патентоспособность *f*; **-frist** *f* срок *m* действия защиты; **-gebühr** *f* сбор *m* (плата *f*) за охрану (защиту); **-gemeinschaft** *f* объединение *n* в целях обеспечения прав; ~ **der Aktionäre** объединение *n* акционеров в целях защиты своих прав
Schutz|hülle *f* защитная оболочка *f*; **-klausel** *f* защитная оговорка *f*; **-kleidung** *f* защитная одежда *f*, спецодежда *f*; **-marke** *f* фирменный (товарный) знак *m*, фабричная марка *f*; **-maßnahmen** *pl* защитные мероприятия *pl*, мероприятия *pl* по защите; **-muster** *n* патентованный образец *m*
Schutzrecht *n* защита *f* промышленных прав; **gewerbliches ~** защита *f* прав промышленной собственности
Schutz|zoll *m* оградительная (протекционистская) пошлина *f*; **-zollpolitik** *f* **(-zollsystem** *n***)** политика *f* протекционизма, протекционизм *m*
Schwäche *f* слабость *f*, слабая сторона *f*, недостаток *m*; **-n aufdecken** вскрывать недостатки (слабые места); ~ **des Inlandmarktes** спад *m* коньюнктуры на внутреннем рынке; **zur ~ neigend** понижательный, снижающийся
Schwachstelle *f* слабое (узкое) место *n*; **-en beseitigen** устранять узкие места
Schwachstellenanalyse *f* анализ *m* недостатков (узких мест)
Schwankung *f* колебание *n*, изменение *n*; **-en ausgleichen** компенсировать (балансировать) колебания; **-en der Wechselkurse** колебание *n* (изменение *n*) валютных курсов; **konjunkturelle -en** колебания *pl* (изменения *pl*) коньюнктуры; **zyklische -en** циклические колебания *pl*
Schwankungsbereich *m* диапазон *m* колебаний; ~ **der Kurse** диапазон *m* колебания курсов
Schwänze *f* спекулятивная скупка *f* товара (ценных бумаг), корнер *m*
schwarz черный; нелегальный, незаконный, "левый"; ~ **arbeiten** работать нелегально; ~ **kaufen** покупать на черном рынке; **-e Liste** черный список *m*, список *m* должников
Schwarzarbeit *f* "левая" работа *f*; нелегальная работа *f*
schwarzarbeiten работать незаконно
Schwarz|arbeiter *m* человек *m*, занимающийся незаконным промыслом; лицо *n*, выполняющее "левую" работу; работающий *m* нелегально; **-geld** *n* "левые" деньги *pl*, нелегальный заработок *m*; **-handel** *m* нелегальная (незаконная) торговля *f*, торговля *f* на черном рынке; **-händler** *m* спекулянт *m*, торговец *m* на черном рынке; **-markt** *m* черный рынок *m*; **-marktgeschäfte** *pl* нелегальные сделки *pl*, сделки *pl* на черном рынке; **-marktpreis** *m* цена *f* черного рынка, спекулятивная цена *f*
schwebend нерешенный, незаконченный; неуплаченный, неконсолидированный; **-es Geschäft** нереализуемая сделка *f*; **-e Unwirksamkeit** правовое состояние *n* сделки до ее одобрения другой стороной; **-e Verhandlungen** незаконченные переговоры *pl*
Schweige|geld *n* плата *f* за неразглашение (коммерческой) тайны; **-pflicht** *f* обязанность *f* сохранения служебной (коммерческой) тайны
Schweinezyklus *m* циклическое колебание *n* цен на свинину
Schwelle *f* порог *m*, предел *m*; ~ **der Rentabilität** порог *m* рентабельности
Schwellen|länder *pl* новые индустриальные страны *pl*, развивающиеся рынки *pl*; **-preis** *m* цена *f*, используемая для расчета налогов; **-wert** *m* пороговое значение *n*, пороговая величина *f*
schwer тяжелый; **-e Papiere** высоко котирующиеся ценные бумаги *pl*

Schwerbehinderte *m* инвалид *m*
Schwerbehinderten|rente *f* пенсия *f* по инвалидности; **-schutz** *m* социальная защита *f* инвалидов; **-vertretung** *f* представительство *n* инвалидов в совете предприятия
Schwer|gut *n* тяжелый (тяжеловесный) груз *m*; **-gutzuschlag** *m* доплата *f* за перевозку тяжеловесного груза; **-industrie** *f* тяжелая промышленность *f*; **-lasttransport** *m* перевозка *f* тяжелых грузов; **-maschinenbau** *m* тяжелое машиностроение *n*; **-punkt** *m* суть *f*, сущность *f*; центр *m* тяжести; главная (основная) задача *f* (область *f*); основное направление *n* (деятельности)
schwerpunktmäßig в зависимости от важности
Schwerpunkt|länder *pl* страны *pl*, где находятся ключевые рынки; **-programm** *n* программа *f* первостепенной важности; **-streik** *m* забастовка *f* в ключевых подразделениях предприятия или на ключевых предприятиях отрасли; **-verlagerung** *f* смещение *n* акцентов
Schwester|firma *f* родственная (дочерняя) фирма *f*; **-gesellschaft** *f* родственная (дочерняя) компания *f*
Schwierigkeit *f* трудность *f*, сложность *f*, затруднение *n*; **-en bereiten** создавать трудности, чинить препятствия
Schwierigkeitsgrad *m* степень *f* трудности (сложности)
Schwimmdock *n* плавучий док *m*
Schwindelfirma *f* фиктивная фирма *f*
Schwindler *m* мошенник *m*, аферист *m*
Schwund *m* потеря *f*, убыль *f*; **natürlicher** ~ естественная убыль *f*
Schwund|geld *n* деньги *pl* с убывающей покупательной способностью; денежное возмещение *n* потерь от естественной убыли; **-kontrolle** *f* контроль *m* потерь (убыли)
Securitization *f (Bank, Bö)* секьюритизация *f*
See|fahrt *f* морское судоходство *n*; **-fracht** *f* морской фрахт *m*, морской груз *m*
Seefracht|brief *m* коносамент *m*; **-geschäft** *n* сделка *f* на перевозку груза морским путем; **-kosten** *pl* стоимость *f* перевозки груза морским путем; **-spedition** *f* экспедирование *n* грузов морским путем; **-verkehr** *m* перевозка *f* грузов морским путем; **-versicherung** *f* страхование *n* морского груза (фрахта); **-vertrag** *m* договор *m* на перевозку груза морским путем
See|hafen *m* морской порт *m*, морская гавань *f*; **-handel** *m* морская торговля *f*; **-handelsrecht** *n* морское торговое право *n*; **-mann** *m* матрос *m*, моряк *m*
seemäßig пригодный для морской перевозки; **-e Verpackung** упаковка для морской перевозки
See|protest *m* протест *m* капитана судна; **-reise** *f* морское путешествие *n*, поездка *f* на море; **-schiedsgericht** *n* морской арбитраж *m*; **-schiff** *n* морское (океанское) судно *n*; **-schiffahrt** *f* морское судоходство *n*, морская навигация *f*; **-schiffahrtsstraße** *f* морской путь *m*; **-transport** *m* морской транспорт *m*, перевозки *pl* морским путем; **-transportversicherung** *f* страхование *n* морских перевозок; **-verkehr** *m* морское сообщение *n*, морские перевозки *pl*; **-verpackung** *f* морская упаковка *f*; **-versicherung** *f* морское страхование *n*; **-versicherungsmakler** *m* агент *m* по морскому страхованию; **-versicherungsschein** *m* полис *m* морского страхования; **-versicherungsvertrag** *m* договор *m* морского страхования; **-zoll** *m* морская таможенная пошлина *f*; **-zollgrenze** *f* морская таможенная граница *f*; **-zollhafen** *m* морской таможенный порт *m*
Segment *n* сегмент *m*, доля *f*
Segmentierung *f* сегментация *f*, разделение *n* на сегменты; **~ des Marktes** сегментация *f* рынка
Seite *f* сторона *f*, страница *f*; **vertragsschließende -n** договаривающиеся стороны *pl*
Seitenaufruf *m (Comp)* количество *n*

обращений на страницу, интернет-статистика *f*

Seitwärtsbewegung *f*, **Seitwärtstrend** *m (Bö)* боковая тенденция *f*

Sekretär *m* секретарь *m*, делопроизводитель *m*, референт *m*

Sekretärin *f* секретарша *f*, секретарь *m*

Sekretariat *n* приемная *f*, секретариат *m*

Sekretariatszulage *f (Pol)* надбавка *f* на содержание секретариата (парламентариям ЕС)

Sektor *m* сектор *m*; подразделение *n*; область *f*, отрасль *f*; **auf dem ~** в секторе (области); **primärer ~** сельское и лесное хозяйство, рыболовство, добыча полезных ископаемых; **sekundärer ~** промышленность, производство товаров; **tertiärer ~** торговля и сфера услуг

sekundär вторичный, второстепенный; **-e Kostenarten** вторичные издержки *pl*

Sekundär|bedarf *m* спрос *m* на сырье и полуфабрикаты; **-einkommen** *n* вторичные доходы *pl*; **-energie** *f* вторичная энергия *pl*; **-forschung** *f* вторичное исследование *n*; **-kosten** *pl* вторичные издержки *pl*; **-markt** *m* вторичный рынок *m*, фондовая биржа *f*; **-produkt** *n* вторичный продукт *m*; **-rohstoff** *m* вторичное сырье *n*; **-verteilung** *f* перераспределение *n*

Sekundawechsel *m* секунда-вексель *m*, второй экземпляр *m* тратты

Selbstabholung *f (Transp)* вывоз *m* товара самим клиентом, самовывоз *m*

selbständig самостоятельный, независимый; самостоятельно занятый, работающий не по найму; **sich ~ machen** организовывать собственное дело; **juristisch ~** юридически самостоятельный; **-e Arbeit** *f* самостоятельная занятость *f* (мелких) собственников и предпринимателей; **nicht -e Tätigkeit** работа *f* по найму

Selbständige *m* занятый *m* собственным бизнесом, работающий *m* не по найму

Selbständigkeit *f* самостоятельность *f*, независимость *f*; **~ behalten** сохранять независимость *f* (самостоятельность *f*); **wirtschaftliche ~** экономическая (хозяйственная) самостоятельность *f*

Selbst|anfertigung *f* собственное производство *n*; **-anzeige** *f* заявление *n* налогоплательщика об ошибочности представленных данных; **-bedienung** *f* самообслуживание *n*

Selbstbedienungs|banking *n* банковские операции *pl* на основе самообслуживания; **-verkaufsstelle** *f* магазин *m* самообслуживания

Selbst|behalt *m* собственное удержание *n* при перестраховании, франшиза *f*; **-belieferung** *f* самопоставки *pl*; **-beschränkung** *f* самоограничение *n*; **-beteiligung** *f (Versich)* участие *n* страхователя в возмещении убытков, франшиза *f*; **-einschätzung** *f* самооценка *f*; **-eintritt** *m* заключение *n* сделки комиссионером за свой счет и от своего имени; **-emission** *f* самостоятельная эмиссия *f*, эмиссия *f* ценных бумаг, размещаемых эмитентом без посредника; **-entfaltung** *f* саморазвитие *n* личности; **-entscheidung** *f* самостоятельное решение *n*, самостоятельное принятие *n* решений; **-entscheidungsrecht** *n* право *n* на самостоятельное принятие решений

selbsterzeugt собственного производства

Selbstfinanzierung *f* самофинансирование *n*; финансирование *n* за счет собственных средств; удержание *n* прибыли от распределения по акциям; **offene ~** открытое самофинансирование *n*; **stille ~** скрытое самофинансирование *n*

Selbst|finanzierungskraft *f* способность *f* к самофинансированию; **-finanzierungsquote** *f* доля *f* самофинансирования; **-hilfe** *f* самопомощь *f*, мобилизация *f* собственных сил (средств); **-kontrahieren** *n* заключение *n* договора с самим собой; **-kontrolle** *f* самоконтроль *m*, самопроверка *f*

Selbstkosten *pl* себестоимость *f*; ~

senken снизить себестоимость; **betriebliche ~** фабрично-заводская себестоимость *f*; **~ pro Stunde** себестоимость *f* в час

Selbstkosten|anteil *m* удельный вес *m* себестоимости; **-berechnung** *f* расчет *m* себестоимости; **-bereinigung** *f* очистка *f* себестоимости; **-entwicklung** *f* динамика *f* себестоимости; **-ermittlung** *f* определение *n* себестоимости; **-kalkulation** *f* расчет *m* себестоимости; **-preis** *m* цена *f* по себестоимости; **-rechnung** *f* расчет *m* себестоимости; **-senkung** *f* снижение *n* себестоимости; **-steigerung** *f* повышение *n* себестоимости; **-veränderung** *f* изменение *n* себестоимости; **-vergleich** *m* сравнение *n* (сопоставление) себестоимости

Selbst|management *n* организация *f* и управление *n* собственной деятельности; **-prüfung** *f* самопроверка *f*, самоконтроль *m*; **-regulierung** *f* саморегулирование *n*

selbstschuldnerisch экспромиссорный; **-e Bürgschaft** экспромиссорное (абсолютное) поручительство *n*

Selbst|steuerung *f* автоматическое управление *n*; **-veranlagung** *f* установление *n* размера налога самим налогоплательщиком

Selbst|verbrauch *m* собственное потребление *n*; **-versicherung** *f* самострахование; **-versorgung** *f* самообеспечение *n*, самоснабжение *n*; **-versorgungsgrad** *m* степень *f* самообеспеченности

Selbstverwaltung *f* самоуправление *n*; **kommunale ~** органы *pl* коммунального самоуправления

Selbst|verwaltungsorgan *n* органы *pl* самоуправления; **-verwirklichung** *f* самореализация *f*

Selektion *f* выбор *m*, отбор *m*

selektiv селективный, избирательный; **-e Absatzpolitik** *f* политика *f* сбыта с учетом специфики рынка

Seltenheitswert *m* стоимость *f* уникальных товаров

senden посылать, отправлять; передавать по радио (телевидению); **Güter zur Ansicht ~** отправлять грузы (товары)

Sendung *f* партия *f* товара (груза); денежный перевод *m*; почтовое отправление *n*; радиопередача *f*, телепередача *f*; **-en anliefern** поставлять партии товаров; **ausgehende -en** отправляемые грузы *pl*; **eingehende -en** поступающие грузы *pl*; **postlagernde ~** почтовое отправление *n* до востребования

Sengschaden *m (Versich)* ущерб *m* от нагрева

Seniorchef *m* старший менеджер *m*, глава *m* фирмы

senken снижать, понижать, уменьшать; **den Verbrauch ~** уменьшать расход (потребление)

Senkung *f* снижение *n*, понижение *n*, уменьшение *n*; **~ des Diskontsatzes** снижение *n* ставки учетного процента

Sensal *m* маклер *m*, посредник *m*; брокер *m*

Sensalie *f* **(Sensarie *f*)** куртаж *m*, маклерские комиссионные *pl*

Sensivitätsanalyse *f* анализ *m* чувствительности (при инвестициях)

separat особый, отдельный, специальный

Sequester *m* секвестр *m*

Sequestration *f* секвестрация *f*, наложение *n* секвестра; **eine ~ durchführen** провести секвестрацию; **~ des Vermögens** секвестрация *f* имущества

sequestrieren накладывать секвестр, секвестрировать

Serie *f* серия *f*, партия *f* (изделий); **eine Anleihe in -n unterteilen** подразделить заем на серии; **in ~ fertigen (herstellen)** изготовлять серийно

Serien|anlauf *m* начало *n* серийного производства; **-artikel** *m* товар *m* (изделие *n*) массового производства; **-erzeugnis** *n* изделие *n* серийного производства, серийное изделие; **-fertigung** *f* серийное (массовое) производство *n*, серийный выпуск *m*; **-größe** *f* размер *m* серии (партии); **-güter** *pl* товары *pl* массового (серийного) производства; **-herstellung** *f* серийное производство *n*, серийный выпуск *m*; **-kalkulation** *f* калькуляция *f* серии продукции

serienmäßig серийный; сериями, серийно

Serien|nummer *f* серийный номер *m*; **-produkt** *n* серийное изделие *n*, продукт *m* массового производства; **-produktion** *f* серийное производство *f*, серийная продукция *f*; **-prüfung** *f* серийное испытание *n*, серийный контроль *m*; **-umfang** *m* размер *m* серии (партии)

serienweise серийный; сериями, партиями

Server *m (Comp)* сервер *m*

Server *m* **(Hardware)** *(Comp)* сервер *m* (аппаратное обеспечение *n*)

Server *m* **(Software)** *(Comp)* сервер *m* (приложение *n*)

Service *m* обслуживание *n*, услуги *pl*; сервис *m*; техническое обслуживание *n*; **einen ~ anbieten** предлагать услуги (сервис); **den ~ aufbauen** создать сервисную службу; **technischer ~** техническое обслуживание *n*

Service|abkommen *n* соглашение *n* об обслуживании; **-abteilung** *f* отдел *m* сервисных услуг; **-angebot** *m* предложение *n* сервисных услуг; **-aufgaben** *pl* задачи *pl* (функции) сервиса

servicefreundlich легкий в обслуживании (ремонте)

Service|freundlichkeit *f* легкость *f* в обслуживании (ремонте) услуги; **-kosten** *pl* издержки *pl* на сервисные услуги; **-leistungen** *pl* сервисные услуги (работы); **-pauschale** *f* общая (паушальная) сумма *f* затрат за сервис (получаемые услуги); **-politik** *f* политика *f* предприятия в области сервиса; **-qualität** *f* качество *n* сервиса; **-standard** *m* стандарт *m* сервиса (сервисных услуг); **-station** *f* станция *f* (пункт *m*) технического обслуживания; **-werkstatt** *f* мастерская *f* по ремонту; станция *f* технического обслуживания; **-zeit** *f* время *n* обслуживания

Servicezentrum *n* центр *m* технического обслуживания; **ein ~ errichten** создать центр технического обслуживания

Shareware *f* условно-бесплатное программное обеспечение *n*, ограниченная версия *f* программы

Shop *n* магазин *m*, лавка *f*

Shopping *n* покупка *f*; посещение *n* магазинов, шоппинг *m*

Shopping-Center *n* торговый центр *m*

shop-in-shop *(Handel)* магазин *m* в универмаге; «магазин в магазине»

Shorts *pl* краткосрочные ценные бумаги *pl*

Short Position *f* обязательства *pl* по срочным сделкам при игре на понижение

sicher надежный; безопасный; достоверный

Sicherheit *f* безопасность *f*; надежность *f*; гарантия *f*, обеспечение *n*; залог *m*; поручительство *n*; достоверность *f*; **~ fordern** требовать обеспечение (гарантии); **~ geben** дать гарантию (обеспечение); **~ gewähren** предоставить гарантию, дать поручительство; **Geld gegen -en leihen** ссужать деньги под залог (обеспечение); **~ leisten (stellen)** предоставить гарантию, дать поручительство; **~ am Arbeitsplatz** правила *pl* техники безопасности на рабочем месте; **~ der Arbeitsplätze** гарантия *f* занятости на данном предприятии; **bankübliche -en** обычная банковская гарантия *f*; **~ im Betrieb** охрана *f* труда на предприятии; **öffentliche ~** общественная безопасность *f*; **soziale ~** социальная защищенность *f*; **zur ~ hinterlegte Effekten** ценные бумаги *pl*, заложенные в качестве обеспечения

Sicherheits|anforderung *f* требование *n* безопасности (гарантии); **-architektur** *f (Comp)* архитектура *f* безопасности; **-arrest** *m* арест *m* должника; **-auflagen** *pl* нормы *pl* безопасности; требования *pl* обеспечения; **-ausschuss** *m* комиссия *f* по контролю за соблюдением правил техники безопасности; **-beauftragte** *m* ответственный *m* за соблюдение техники безопасности;

-bestand *m* резервный (страховой) запас *m*; **-bestimmungen** *pl* правила *pl* техники безопасности; **-datenblatt** *n* информационный лист *m* техники безопасности; **-erfordernisse** *pl* требования *pl* безопасности; **-ingenieur** *m* инженер *m* по технике безопасности; **-lager** *n* запасной склад *m*; **-leistung** *f* поручительство *n*, порука *f*; обеспечение *n*, гарантия *f*; залог *m*; **-mangel** *m* недостаточная безопасность *f* (надежность *f*); **-maßnahmen** *pl* меры *pl* безопасности (предосторожности), меры *pl* по обеспечению безопасности; **-meister** *m* мастер *m*, отвечающий за технику безопасности; **-normen** *pl* нормы *pl* техники безопасности; **-pfand** *m* залог *m*; **-prüfung** *f* проверка *f* (испытание) надежности; **-rabatt** *m* скидка *f* со страховой премии за меры предосторожности, снижающие риск страховщика; **-reserve** *f* **(-rücklage** *f***)** страховой (гарантийный) резерв *m*; **-standard** *m* норма *f* техники безопасности; **-technik** *f* техника *f* безопасности

sicherheitstechnisch с точки зрения техники безопасности; ~ **überprüfen** проверить с точки зрения техники безопасности

Sicherheits|vorkehrungen *pl* меры *pl* безопасности (надежности); **-vorlauf** *m* страховой задел *m*; **-vorrat** *m* резервный (страховой) запас *m*; **-vorschriften** *pl* инструкция *f* по технике безопасности; **-wechsel** *m* обеспечительский вексель *m*

sichern обеспечивать, гарантировать; охранять, защищать; **Arbeitsplätze ~** сохранить (обеспечить) рабочие места

sicherstellen обеспечивать, гарантировать; помещать на хранение

Sicherstellung *f* обеспечение *n*, гарантия *f*; предварительный арест *m*; **materielle ~** материальное обеспечение *n*; **~ der Versorgung** обеспечение *n* (гарантия *f*) снабжения; **~ von Zollgut** предварительный арест *m* таможенного груза

Sicherung *f* обеспечение *n*, гарантия *f*; предоставление *n* обеспечения (гарантии); **~ der Arbeitsplätze** сохранение *n* рабочих мест; **~ der Existenz** обеспечение *n* средствами существования; **fiduziarische ~** фидуциарный залог *m*; **finanzielle ~** финансовое обеспечение *n*; **~ der Qualität** обеспечение *n* (гарантия *f*) качества; **soziale ~** социальная защищенность *f*; **~ der Währung** обеспечение *n* устойчивости валюты

Sicherungs|abtretung *f* уступка *f* в обеспечение обязательства; **-eigentum** *n* собственность *f*, передаваемая на обеспечение кредита; залоговое имущество *n*

Sicherungsfonds *m* резервный (страховой) фонд *m*; **~ für das private Bankgewerbe** страховой фонд *m* частных банков

Sicherungs|geber *m* лицо *n*, передающее право собственности кредитору; **-gegenstand** *m* залог *m*, обеспечение; **-geschäft** *n* срочная сделка для страхования от возможного падения цен; **-grundschuld** *f* долг *m*, обеспеченный залогом недвижимости; **-gut** *n* залог *m*, обеспечение *n*; **-hypothek** *f* обеспечительная ипотека *f*; **-maßnahmen** *pl* меры *pl* по защите; **-nehmer** *m* лицо *n*, которому передается закладываемое имущество; **-übereignung** *f* передача *f* кредитору права собственности (на что-либо); **-verkäufe** *pl* продажа *f* ценных бумаг для страхования от возможного падения цен; **-vermögen** *n* *(Versich)* активы *pl* страховой компании для покрытия обязательств перед держателями полисов

Sicht *f* предъявление *n*; срок *m*; точка *f* зрения; видимость *f*; **auf ~** по предъявлении, по первому требованию; **bei ~** по предъявлении; по требованию; **nach ~ zahlbarer Wechsel** вексель *m*, оплачиваемый по предъявлении

Sichtakkreditiv *n (Bank)* аккредитив *m* с платежом по предъявлении
Sichteinlage *f* вклад *m* до востребования, бессрочный вклад *m*
sichten проверять; отбирать, классифицировать; **Dokumente ~** проверить документы
Sicht|guthaben *n* вклад *m* до востребования; бессрочный вклад *m*; текущий счет *m*; деньги на текущем счету; **-kurs** *m* валютный курс *m* по предъявительским траттам и чекам; **-papier** *n* предъявительский документ *m*; **-tratte** *f* переводной вексель *m* (тратта) на предъявителя; **-verbindlichkeiten** *pl* обязательства *pl*, выполняемые по первому требованию; **-vermerk** *m* виза *f*; **-verpackung** *f (V&M)* блистер-упаковка *f*; **-wechsel** *m* вексель *m* на предъявителя, безусловный вексель
Siedlung *f* населенный пункт *m*; поселок *m*; население *n*
Siegel *n* печать *f*, клеймо *n*; пломба *f*
Siegelung *f* опечатывание *n*, скрепление *n* печатью
Signatur *f* подпись *f*; сигнатура *f*, ярлык *m*; **digitale ~** *(Comp)* цифровая подпись *f*; **elektronische ~** *(Comp, Recht)* электронная подпись *f*
signifikant знаменательный; значительный; **-e Abweichungen** значительные отклонения
Silber *n* серебро *n*
Silberbarren *m* слиток *m* серебра, серебряный слиток *m*
Simulation *f* имитация *f*, моделирование *n*; **eine ~ durchführen** имитировать, моделировать
Simulationsmodell *n* имитационная модель *f*
simulieren имитировать, моделировать
Simulierung *f* имитация *f*, моделирование *n*
simultan синхронный, одновременный
Simultan|gründung *f* основание *n* акционерного общества, при котором учредители полностью распределяют между собой акции, создание *n* закрытого акционерного общества; **-übersetzung** *f* синхронный перевод *m*
S-investor *s.* **Sparkasseninvestor**
Singularversicherung *f* индивидуальное страхование *n*
sinken падать, понижаться, снижаться; уменьшаться
Sistierung *f* временное приостановление *n* дела; приостановление *n* работ над (строительным) проектом по указанию заказчика; задержания *pl* (для установления личности); приостановка *f* договора страхования (напр. из-за неплатежа)
Sitz *m* местопребывание *n*, резиденция *f*, юридический адрес *m*; главная контора *f*; местожительство *n*, домицилий *m*; место *n*, сидение *n*; **den ~ verlegen** изменить место нахождения; **mit ~ in** находящийся в; **~ der Gesellschaft** местонахождение *n* (юридический адрес *m*) компании (общества)
Sitzstreik *m* сидячая забастовка *f*
Sitzung *f* заседание *n*, совещание *n*, собрание *n*; слушание *n*; **eine ~ abhalten** провести заседание; **eine ~ anberaumen** (**ansetzen**, **einberufen**) назначить заседание; **an einer ~ teilnehmen** присутствовать на собрании; участвовать в заседании; **die ~ leiten** вести заседание (совещание), председательствовать на заседании; **nicht öffentliche ~** закрытое заседание *n* (собрание *n*); **öffentliche ~** открытое заседание *n* (слушание *n*)
Sitzungs|niederschrift *f* **(-protokoll** *n***)** протокол *m* заседания
Sitzverlegung *f* изменение *n* местопребывания фирмы
Skala *f* шкала *f*; градация *f*, последовательность *f*; **gleitende ~** подвижная шкала *f*
Skalen|effekt *m* эффект *m* масштаба; **-ertrag** *m* доход *m*, обусловленный ростом масштабов производства
skontieren предоставлять (удерживать) скидку; **eine Rechnung ~** предоставить скидку по счету
Skonto *n* сконто *n*, скидка *f* (при платеже наличными), скидка *f* (при

незамедлительной оплате); **bei Barzahlung ~ gewähren** предоставлять скидку при платеже наличными; **~ bei Barzahlung** скидка *f* при платеже наличными

Skonto|abzug *m* вычет *m* (удержание *n*) скидки; **-frist** *f* период *m* действия скидки; **-gewährung** *f* предоставление *n* скидки; **-satz** *m* ставка *f* (размер *m*) скидки

Skontration *f* запись *f* в учетной книге; ликвидационные сделки *pl*; зачет *m* взаимных требований

Skontrationsmethode *f* метод *m* учета и контроля запасов на складе по приходным и расходным ордерам

Skontro *n* вспомогательная бухгалтерская книга *f*; книга *f* учета поступающих и проданных товаров и наличных запасов

Slip *m* бланк *m*; расписка *f*; талон *m*, чек *m*

Slippage *n (Manag)* смещение *n* этапных сроков выполнения проекта

Slogan *m* рекламный девиз *m*

Slump *m* резкий экономический спад *m*, резкое падение *n* курсов ценных бумаг

small business малый бизнес *m*

sofort немедленно, тотчас, срочно; промпт; **~ liefern** поставлять немедленно (без задержки); **~ lieferbar** поставляемый немедленно, готовый к поставке; спот

Sofort|bedarf *m* непосредственный спрос *m*, немедленная потребность *f*; **-einstellung** *f* немедленное прекращение *n*; **-hilfe** *f* срочная (неотложная) помощь *f*

sofortig немедленный, срочный; **-e (Be)zahlung** немедленная оплата *f*; **-e Lieferung** срочная поставка *f*, поставка спот *m*

Sofort|lieferung *f* немедленная поставка *f*; **-maßnahme** *f* срочная (неотложная) мера *f*; **-programm** *n* программа *f* срочных (неотложных) мероприятий

Software *f* программное обеспечение *n*, средства *pl* программирования

Software-Akquisition *f (Comp)* поиск *m* подходящего (для проекта) программного пакета

Softwareentwicklung *f (Comp)* разработка *f* программного обеспечения, разработка *f* программных пакетов; **agile ~** гибкая методология *f* разработки (программного обеспечения)

Sola|klausel *f* оговорка *f* в тексте векселя о том, что данный вексель выставлен в одном экземпляре; **-wechsel** *m* соловексель *m*, простой вексель *m*

Sold *m (Soz)* оплата *f* военных и альтернативных военных служащих

Solidarhaftung *f* солидарная (совокупная) ответственность *f*

Solidarität *f* солидарность *f*

Solidaritätszuschlag *m (Steuer)* надбавка *f* к подоходному и корпоративному налогам; надбавка *f* солидарности

Solidarpakt *m* пакт *m* солидарности (закон о дополнительном финансировании экономики в бывшей ГДР)

Soll *n* дебет *m*, дебет *m* счета; норма *f*, плановое задание *n*; **im ~ buchen (ins ~ eintragen)** занести в дебет; **im ~ stehen** находиться на дебетовой стороне счета; **das ~ erfüllen** выполнить план, достичь цели; **~ eines Kontos** дебет *m* счета; **~ und Haben** *n* дебет *m* и кредит *m*

Soll|bestand *m* дебетовое сальдо *n*, остаток *m* по дебету; плановое наличие *n*; **-betrag** *m* запланированная сумма *f*; **-buchung** *f* занесение *n* в дебет счета; **-erfüllung** *f* выполнение *n* плана; **-ertragsbesteuerung** *f* налогообложение *n* фактического капитала и имущества; **-gewinn** *m* плановая прибыль *f*; **-größe** *f* номинальный размер *m*

Soll-Ist-Vergleich *m* сравнение *n* плановых показателей с фактическими

Soll|kaufmann *m* кандидат *m* в коммерсанты; **-kosten** *pl* номинальные (плановые) затраты *pl* (издержки *pl*); **-kostenrechnung** *f* расчет *m* плановых издержек (затрат); **-menge** *f* номинальное (плановое) количество *m*; **-saldo** *m* дебетовое сальдо *m*; **-seite** *f* дебетовая сторона *f* счета, дебет *m*; **-spanne** *f* скалькулированная торговая накидка *f*; **-umsatz** *m* плановый оборот *m*; дебетовый оборот *m*; **-versteuerung** *f* начисление *n* налога с оборота на основе согласованного эквивалента затрат; **-wert** *m* заданное (номинальное) значение *n*; номинальная стоимость *f*; **-zahlen** *pl* плановые показатели *pl*; **-zeit** *f* норма *f* времени; **-zinsen** *pl* проценты *pl* к получению, проценты *pl* по дебетовой части счета; **-zinssatz** *m* ставка *f* ссудного процента

Solvabilität *f (Versich)* обеспеченность *f* страховой компании собственными средствами, платежеспособность *f* страховой компании, сольвабильность *f*

Solvabilitäts|spanne *(Versich)* буфер *m* капитала страховой компании; **-verordnung** *f (Recht, Versich)* предписание *n* об обеспеченности финансовых институтов собственными средствами

solvent платежеспособный, состоятельный

Solvenz *f* платежеспособность *f*, состоятельность *f*

Sommer|preise *pl* летние (сезонные) цены *pl*; **-schlussverkauf** *m* осенняя распродажа *f*

Sonder|abgabe *f* особый (специальный) сбор *m* (налог *m*); **-abkommen** *n* особое (специальное) соглашение *n*; **-abschreibungen** *pl* амортизационные отчисления *f* специального назначения; **-anfertigung** *f* специальное исполнение *n*, исполнение *n* по заказу; **-angebot** *n* специальное предложение *n*, предложение *n* товаров по низким ценам, акционная распродажа *f*; **-aufschlag** *m* специальная (дополнительная) наценка *f*; **-auftrag** *m* специальный заказ *m*

Sonder-Ausfuhrerklärung *f* особая (специальная) экспортная декларация *f*

Sonder|ausführung *f* специальное исполнение *n*, исполнение *n* по заказу; **-ausgabe** *f* специальный выпуск *m*; специальные расходы *pl*

Sonderausgaben *pl* специальные (особые) расходы *pl*; **steuerlich absetzbare** ~ отдельные виды *pl* расходов, которые не учитываются при определении величины подоходного налога

Sonder|ausschüttung *f* дополнительный дивиденд *m*; **-ausstattung** *f* специальное оснащение *n* (оборудование *n*), оборудование *n*, сделанное по заказу; **-bedingung** *f* особое условие *n*; **-bestellung** *f* специальный (особый) заказ *m*; **-bestimmung** *f* специальное положение *n* (условие *n*); **-betriebsvermögen** *n* имущество *n* компаньонов; **-bezeichnung** *f* специальное обозначение *n*, специальная маркировка *f*; **-bilanzen** *pl* балансы *pl*, составляемые по особому случаю; **-bonus** *m* специальная (дополнительная) премия *f*, специальный дополнительный) бонус *m*; **-depot** *n* специальное депонирование *n* ценных бумаг; **-dividende** *f* дополнительный дивиденд *m*

Sondereinzelkosten *pl* специальные (дополнительные) переменные издержки *pl*, специальные прямые издержки *pl*; ~ **der Fertigung** особые издержки *pl* производства; ~ **des Vertriebs** особые издержки *pl*, связанные со сбытом

Sonder|erhebung *f* специальная перепись *f*; **-fertigung** *f* специальное изготовление *n*, изготовление *n* по заказу

Sonderfaktoren *pl s.* **Sonderposten** *m*

Sonder|genehmigung *f* специальное разрешение *n*; **-geschäft** *n* особая сделка *f*; **-gut** *n* отдельное имущество *m*; **-konkurs** *m* конкурсное производство *n*, охватывающее лишь часть имущества должника; **-kontingent** *n* специальная квота *f*; **-konto** *n* специальный (особый) счет *m*; **-lasten** *pl* особые (дополнительные) издержки *pl* (затраты *pl*); **-markierung** *f* спецмаркировка *f*; **-nachlass** *m* специальная особая скидка *f*; **-posten** *m* специальная статья *f* (баланса); **-posten mit Rücklagenanteil** *s.* **Sonderrücklage** *f*; **-prämie** *f* дополнительная премия *f*;

-preis *m* временная льготная цена *f*; **-prüfung** *f* специальная (внеочередная) ревизия *f*; **-rabatt** *m* специальная скидка *f*; **-recht** *n* особое право *n*, привилегия *f*; **-regelungen** *pl* специальные (особые) правила *pl* (нормы *pl*); **-rücklage** *f* специальный резерв *m*; **-stellung** *f* особое положение *n*; **-tarif** *m* особый (специальный) тариф *m*; **-umlage** *f* установление *n* специальных налоговых ставок; **-unterstützung** *f* дополнительное пособие *n*; **-urlaub** *m* внеочередной отпуск *m*; **-veranstaltung** *f* специальное мероприятие *n* по стимулированию торговли; **-verkauf** *m* распродажа *f* товаров по сниженным ценам; **-vermögen** *n* особое имущество *n* государства; особое имущество *n* инвестиционного фонда (капитал вкладчиков фонда); особое имущество *n* пенсионных касс людей свободных профессий; **-verwahrung** *f* хранение *n* ценных бумаг клиента в индивидуальном сейфе, нумерованное депонирование *n*; **-vollmacht** *f* особые полномочия *pl*; специальная доверенность *f*; **-zahlungen** *pl* специальные платежи *pl*; **-ziehungsrechte** *pl* специальные права *pl* заимствования; **-zuteilung** *f* дополнительная норма *f* выдачи

Sonnenenergie *f* солнечная энергия *f*

Sonntagsarbeit *f* работа *f* в воскресные дни

Sonn- und Feiertagsarbeit *f* работа *f* в воскресные и праздничные дни

sonstig прочий, другой; **-e Verbindlichkeiten** *pl* прочие обязательства *pl*

Sorgfalt *f* добросовестность *f*, тщательность *f*, точность *f*; честность *f*; **mit der ~ eines ordentlichen Kaufmanns** с добросовестностью порядочного и солидного бизнесмена (коммерсанта); **verkehrsübliche ~** принятая (обычная) тщательность *f* (добросовестность *f*); **~ in eigenen Angelegenheiten** необходимая (подобающая) добросовестность *f*

Sorgfaltspflicht *f (Bank)* обязанность *f* соблюдать Кодекс банковской этики

Sorte *f* сорт *m*; вид *m*; тип *m*; качество *n*; **ertragreiche ~** урожайный сорт *m*

Sorten *pl* иностранная валюта *f* в форме наличных денег (банкнот и монет)

Sorten|bezeichnung *f* наименование *n* сорта; **-geschäft** *n* обмен *m* наличной иностранной валюты; **-handel** *m* торговля *f* наличной иностранной валютой; **-kalkulation** *f* калькуляция *f* изделий в зависимости от сорта; **-kurs** *m* курс *m* обмена наличной иностранной валюты; **-liste** *f* перечень *m* сортов семян; **-preis** *m* цена *f*, дифференцированная по сортам; **-produktion** *f* производство *n* продукции широкого ассортимента; **-verzeichnis** *n* ассортиментный перечень *m* товаров; **-wahl** *f* выбор *m* (отбор *m*) сорта; сортимент *m*; **-wechselkosten** *pl* издержки *pl*, связанные с переходом на другой вид продукции; **-zettel** *m* бюллетень *m* курсов иностранной валюты

sortieren сортировать; классифицировать

Sortieren *n* сортировка *f*; классификация *f*

Sortiment *n* ассортимент *m*; сортимент *m*, сортамент *m*; **ein breites ~ erstellen** производить широкий ассортимент товаров; **ein breites ~ führen** иметь широкий ассортимент товаров; **in das ~ aufnehmen** включать в ассортимент; **umfangreiches ~** обширный (широкий) ассортимент *m*

Sortiments|änderung *f* изменение *n* ассортимента; **-ausweitung** *f* расширение *n* ассортимента; **-bereinigung** *f* упорядочение *n* ассортимента; **-beschränkung** *f* ограничение *n* (уменьшение *n*) ассортимента; **-breite** *f* широта *f* ассортимента; **-ergänzung** *f* пополнение *n* ассортимента; **-erweiterung** *f* расширение *n* ассортимента; **-gestaltung** *f* формирование *n* ассортимента; **-großhandel** *m* оптовая торговля *f* широким ассортиментом товаров; **-pla-**

nung *f* планирование *n* ассортимента продукции; **-politik** *f* политика *f* в области определения ассортимента; **-struktur** *f* структура *f* товарного ассортимента; **-tiefe** *f* полнота *f* ассортимента; **-zusammensetzung** *f* ассортимент *m* изделий

sozial социальный, общественный; **-er Ausgleich** *m* субсидии *pl* (дотации) малоимущим слоям; социальная защита *f* населения; **-e Aufwendungen** *pl* расходы *pl* (затраты *pl*) на социальные нужды; **-e Marktwirtschaft** *f* социальная рыночная экономика *f*; **-er Wohnungsbau** жилищное строительство *n*, субсидируемое государством (муниципальными органами)

Sozial|abbau *m* сокращение *n* расходов на социальные нужды; **-abgaben** *pl* отчисления *pl* (взносы *pl*) предпринимателя в фонд социального страхования (социального обеспечения); **-amt** *n* отдел *m* социального обеспечения; **-arbeit** *f* оказание *n* социальной помощи; **-arbeiter** *m* **(-arbeiterin** *f***)** работник *m* (работница *f*) сферы социального обеспечения; **-ausgaben** *pl* расходы *pl* на социальные нужды (цели); **-bericht** *m* раздел *m* отчета предприятия, содержащий данные социального характера; **-bilanz** *f* социально значимый итог *m* деятельности предприятия; **-budget** *m* ассигнование *n* на социальные цели; **-dumping** *n* социальный демпинг *m*; **-einrichtung** *f* учреждение *n* системы социального обеспечения; **-etat** *m* расходы *pl* бюджета на социальные цели; **-fonds** *m* фонд *m* социального обеспечения; **-gericht** *n* суд *m* по социальным вопросам; **-gesetzbuch** *n (Recht, Soz)* Социальный кодекс *m*; **-gesetzgebung** *f* социальное законодательство *n*; **-haushalt** *m* бюджетные ассигнования *pl* на социальные цели; **-hilfe** *f* социальная помощь *f*, пособие *n* по социальному обеспечению

sozialhilfe|bedürftig нуждающийся в социальной помощи; **-berechtigt** имеющий право на получение социальной помощи

Sozialhilfe|empfänger *m* получатель *m* социальной помощи; **-leistungen** *pl* пособие *n* по социальному обеспечению; **-träger** *m* учреждение *n* системы социального обеспечения; **-vergabe** *f* распределение *n* социальной помощи

Sozialinvestitionen *pl* капиталовложения *pl* на социальные цели

sozialisieren социализировать, обобществлять, национализировать

Sozialisierung *f* социализация *f*, обобществление *n*, национализация

Sozialismus *m* социализм *m*

Sozial|kapital *n* общественный (социальный) капитал *m*; **-klausel** *f* статья *f* договора, оговаривающая право квартиросъемщика

Sozialkosten *pl* расходы *pl* предпринимателя по социальному страхованию; **freiwillige ~** добровольные отчисления *pl* предприятия по социальному страхованию; **gesetzliche ~** отчисления *pl* предприятия по социальному страхованию, предусмотренные законом

Sozial|lasten *pl* бремя *n* социальных расходов; **-leistungen** *pl* социальные услуги *pl*, выплаты *pl* пособий по социальному обеспечению; **-lohn** *m* заработная плата *f*, выплачиваемая с учетом социальных факторов; **-mieter** *m* съемщик *m* государственной (муниципальной) квартиры; **-mietwohnung** *f* государственная (муниципальная) квартира *f*, сдаваемая внаем; **-ökonomie** *f* политическая (социальная) экономия *f*

sozialökonomisch социально-экономический; **-e Ziele** *pl* социально-экономические цели *pl*

Sozial|ordnung *f* общественный строй *m*; **-organisation** *f* социальная (общественная) организация; **-partner** *pl* социальные партнеры *pl*; **-plan** *m* план *m* социальных мероприятий, план *m* наименее болезненного для сотрудников сокращения штатов; **-politik** *f* социальная политика *f*

sozialpolitisch социально-политический; **-e Ziele** *pl* социально-политические цели *pl*
Sozial|produkt *n* национальный (общественный) продукт; **-programm** *n* социальная программа *f*; **-quote** *f* квота *f* социальных выплат; **-recht** *n* социальное право *n*
sozialrechtlich социально-правовой
Sozial|reform *f* социальная реформа *f*; **-rente** *f* государственная пенсия *f*; **-staat** *m* государство *n*, оказывающее материальную поддержку социальных слоев с низким уровнем доходов; **-struktur** *f* социально-экономическая структура *f*; **-vermögen** *n* имущество *n* предприятия, служащее удовлетворению социальных потребностей его работников; **-versicherung** *f* социальное страхование *n*; **-versicherungsbeiträge** *pl* взносы *pl* на социальное страхование
sozialversicherungsbeitragsfrei свободный от отчислений на социальное страхование
Sozialversicherungsfonds *m* фонд *m* социального страхования
Sozialversicherungsleistungen *pl* пособия *pl* по социальному обеспечению
sozialversicherungspflichtig обязанный делать взносы на социальное страхование
Sozial|wesen *n* система *f* социального обеспечения; **-wohnung** *f* государственная (муниципальная) квартира *f*; квартира *f*, плата за которую субсидируется государством; **-zulage** *f* надбавка *f* к тарифу на социальные нужды
Sozietät *f* кооператив *m*; общество *n*; товарищество *n*
soziieren объедиинять, делать участником (партнером)
Sozius *m* компаньон *m*, участник *m*, партнер *m*
Spalte *f* колонка *f*, столбец *m*; графа *f*; рубрика *f*
Spaltung *f* разделение *n*, раздробление *n*; **~ von Unternehmen** разделение предприятий
SPAM *m (Comp)* спам *m*
Spanne *f* разница *f*; диапазон *m*, колебание *n* цены; торговая накидка *f*; **~ zwischen Kauf- und Verkaufskursen** разница *f* между курсами покупки и продажи ценных бумаг
Spar|anlage *f* помещение *n* капитала на сберегательную книжку; **-anreiz** *m* стимул *m* к сбережению (накоплению); **-anteil** *m* доля *f* сбережений; **-aufkommen** *n* сумма *f* вкладов на сберегательных счетах; **-bereitschaft** *f* готовность *f* хранить сбережения в сберегательной кассе; **-brief** *m* сберегательный (депозитный) сертификат *m*; **-buch** *n* сберегательная книжка *f*; **-depositen** *pl* сберегательные вклады *pl*; **-eckzins** *m* базисная (средняя) процентная ставка *f* по вкладам
Spareinlage *f* сберегательный вклад *m*; **~ mit gesetzlicher Kündigung** сберегательный вклад *m* с установленным законом сроком уведомления об изъятии; **~ mit vereinbarter Kündigungsfrist** сберегательный вклад *m* с оговоренным сроком уведомления об изъятии
sparen копить, откладывать деньги; беречь, экономить
Sparen *n* накопление *n* денег; хранение *n* денег в сберегательной кассе; **~ mit täglicher Verfügungsmöglichkeit** бессрочное хранение *n* сбережений; **~ mit vereinbarter Kündigungsfrist (Laufzeit)** хранение *n* сбережений в течение обусловленного срока; **privates ~** частные сбережения *pl*
Sparer *m* вкладчик *m* сберегательной кассы
Sparer|freibeitrag *m* часть *f* дохода, не облагаемая налогом; **-rente** *f* доход *m* с капитала, образовавшегося в результате сбережения
Spar|fähigkeit *f* способность *f* копить (экономить); **-form** *f* форма *f* хранения сбережений (в сберегательной кассе); **-förderung** *f* стимулирование *n* сбережений; **-gelder** *pl* сумма *f* вкладов на сберегательных счетах; сбережения *pl*; **-girokonto** *n* жиросчет *m*, переводно-чековый счет;

-giroverkehr *m* жирорасчет *m* в системе сберегательных касс; **-guthaben** *n* текущий счет *m* в сберегательной кассе; кредитовое сальдо *n* на счете в сберегательной кассе; **-haushalt** *m* бюджет *m*, отражающий режим экономии; **-kapital** *n* капитал *m* в виде сбережений (накоплений), накопленный капитал *m*; **-kasse** *f* сберегательная касса *f*, сберегательный банк *m*

Sparkassen|brief *m* сертификат *m* сберегательного банка; **-buch** *n* сберегательная книжка *f*; **-einlage** *f* сберегательный вклад *m*, вклад *m* в сберегательную кассу; **-prüfung** *f* **(-revision** *f***)** ревизия *f* сберегательной кассы; **-wesen** *n* система *f* сберегательных касс

Spar|konto *n* лицевой счет *m* в сберегательной кассе, депозитный счет *m*; **-kurs** *m (Pol, WiWi)* курс *m* жесткой экономии; **-maßnahmen** *pl* меры *pl* по экономии; **-möglichkeit** *f* возможность *f* сбережения (накопления); **-paket** *n* пакет *m* мероприятий по экономии; **-plan** *m* график сбережений, план *m* экономии; **-posten** *m* статья *f* экономии; **-prämie** *f* премия *f* активным вкладчикам; **-programm** *n* программа *f* сбережений (экономии); **-quote** *f* часть *f* дохода, идущая на вклады; норма *f* сбережений; **-rate** *f* очередной взнос *m* в сберегательную кассу

sparsam бережливый, экономный; ~ **wirtschaften** экономно хозяйствовать

Sparsamkeit *f* бережливость *f*, экономность *f*; хозяйственность *f*

Spar|schwelle *f* точка *f* безубыточности (самоокупаемости); **-summe** *f* сумма *f* сберегательного вклада; **-tätigkeit** *f* помещение *n* населением денег на вклады в сберегательных кассах

Sparte *f* отрасль *f*; отдел *m*, подразделение *n*; область *f*; раздел *m*

Spartentrennung *f (Recht, Versich)* разделение *n* сфер страхования (запрет *m* на страхование жизни, больничного страхования и страхования материального ущерба)

Spartencontroller *m* контроллер *m* подразделения предприятия

Spartip *m* совет *m* (консультация *f*) относительно формы и места хранения сбережений

Spar- und Darlehenskasse *f* ссудосберегательная касса *f*

Spar|verein *m* общество *n* взаимного кредита; **-verkehr** *m* оборот *m* сберегательной кассы; сберегательные операции *pl*

Spar|versicherung *f (Fin, Versich)* безрисковое страхование *n* с целью накопления; **-vertrag** *m* договор *m* с учреждением, хранящим сберегательные вклады; **vermögenswirksamer** ~ договор *m* о создании накоплений для увеличения имущества

Spar|ziel *n* цель *f* сбережений (накопления); **-zinsen** *pl* проценты *pl* по сберегательным вкладам; **-zulage** *f* надбавка *f* к заработной плате за экономию

Spät|schalter *m* окошечко *n* банка, работающее до позднего вечера; **-schicht** *f* вечерняя (ночная) смена *f*

Special drawing rights *s.* **Sonderziehungsrechte**

spedieren отправлять, посылать; **Güter** ~ отправлять грузы

Spediteur *m* экспедитор *m*, транспортный агент *m*, отправитель *m*

Spediteur|bedingungen *pl* отправительские условия *pl*; **-haftung** *f* ответственность *f* (гарантия *f*) экспедитора; **-konnossement** *n* экспедиторский коносамент *m*; **-offerte** *f* предложение *n* (оферта *f*) экспедитора; **-pfandrecht** *n* залоговое право *n* экспедитора; **-sammelgutverkehr** *m* перевозки *pl* сборного груза через экспедитора

Spediteur-Übernahmebescheinigung *f* расписка *f* экспедитора в получении груза

Spedition *f (Transp)* отправка *f* грузов, транспортно-экспедиторская деятельность *f* (операция *f*); транспортно-экспедиторское агенство *n*; автотранспортное предприятие *n*

Speditions|auftrag *m (Transp)* транспортное поручение *n*; **-betrieb** *m* экспедиционное предприятие *n*; **-buch** *n* книга *f* регистрации заказов на экспедицию и их исполнения; **-dienste** *pl* экспедиторские услуги *pl*; **-gebühren** *pl* расходы *pl* по отправке грузов; **-geschäft** *n* транспортно-экспедиционная деятельность *f*; **-gewerbe** *n* экспедиционный промысел *m* (бизнес *m*); **-kosten** *pl* экспедиционные расходы *pl*; **-unternehmen** *n (Transp)* автотранспортное предприятие *n*, транспортно-экспедиторское предприятие *n*; **-versicherung** *f* страхование *n* перевозимого груза; **-vertrag** *m* договор *m* перевозки

Speicher *m (Transp)* склад *m*; *(Comp)* память *f* (компьютера); *(Comp)* **optischer ~** оптический диск *m*

Speicherkapazität *f (Lager)* вместимость *f* склада; *(Comp)* объем *m* памяти

Speicherkarte *f (Comp)* карта *f* памяти Memory Card

speichern хранить на складе; накапливать; запоминать (хранить) информацию; записать в память (компьютера)

Speicherung *f (Transp)* хранение *n*; *(Comp)* накапливание *n*; запоминание *n*, запись *f* в память компьютера

Spekulant *m* спекулянт *m*, биржевой маклер *m*; лицо *n*, играющее на бирже

Spekulation *f* спекуляция *f*, биржевая игра *f*, торговля *f* ценными бумагами; **~ mit Grundstücken** спекуляция *f* земельными участками; **~ der Wertpapiere** спекуляция *f* ценными бумагами

Spekulations|besteuerung *f* налогообложение *n* краткосрочных биржевых сделок; **-frist** *f* спекулятивный срок *m* (по истечении которого доход от биржевой сделки не облагается налогом); **-gelder** *pl* спекулятивные деньги *pl* (средства *pl*); **-geschäft** *n* спекулятивная сделка *f*; **-gewinn** *m* спекулятивная прибыль *f*; **-handel** *m* торговля *f* с целью извлечения прибыли за счет разницы цен купли и продажи; **-kasse** *f* кассовая наличность *f* для спекулятивных сделок; **-käufe** *pl* спекулятивные покупки *pl*; **-kredit** *m* кредит *m* на покупку ценных бумаг для последующей спекуляции ими; **-objekt** *n* объект *m* спекуляции; **-papiere** *pl* ценные бумаги *pl*, служащие объектом спекулятивных сделок; **-pflicht** *f* обязанность *f* держать ценные бумаги определенный срок (или платить повышенный налог на прибыль от досрочной продажи); **-verkäufe** *pl* спекулятивные продажи *pl*; **-werte** *pl* спекулятивные ценные бумаги *pl*

spekulativ спекулятивный; **-e Anlage** спекулятивное (рискованное) капиталовложение *n*

spekulieren спекулировать; играть на бирже; **an der Börse ~** спекулировать (играть) на бирже; **auf Baisse ~** играть на понижение; **auf Hausse ~** играть на повышение; **in Aktien ~** спекулировать (торговать) акциями

Spende *f* пожертвование *n*, взнос *m*; дар *m*; **eine ~ empfangen** получить пожертвования (дар); **eine ~ steuerlich absetzen** вычесть сумму пожертвования (взноса) из налога

spenden пожертвовать, подавать; дарить

Spenden|bereitschaft *f* готовность *f* произвести пожертвование; **-konto** *n* счет *m* пожертвований; **-liste** *f* список *m* пожертвований; **-volumen** *n* объем *m* пожертвований

Spender *m* пожертвователь *m*, даритель *m*

Sperrdepot *n* блокированный вклад *m* (депозит *m*)

Sperre *f* наложение *n* ареста, блокирование *n*; эмбарго *n*; запрет *m*; **eine ~ aufheben** снять запрет *m* (эмбарго *n*); **eine ~ verhängen** наложить запрет *m* (эмбарго *n*)

sperren блокировать, останавливать; замораживать; накладывать; **ein Guthaben ~** заморозить вклад (авуары); **ein Konto ~** блокировать счет; **einen Scheck ~** приостановить платеж по чеку

Sperr|frist *f* ограничительный период *m* (срок *m*), срок *m* действия запрета; *(Bö)* срок *m* запрета на продажу акций; **-gebiet** *n* запретная зона *f*; **-gut** *n* громоздкий груз *m*; **-jahr** *n* одногодичный срок *m* запрета на распределение имущества ликвидируемого акционерного общества; **-klausel** *f* запретительная оговорка *f*; **-minorität** *f* меньшинство *n*, блокирующее принятие решений; блокирующее меньшинство *n*; **-stücke** *pl* блокированные ценные бумаги *pl*

Sperrung *f* блокирование *n*, приостановка *f*, замораживание *n*, наложение *n*; **~ eines Kontos** блокирование *n* счета; **~ eines Schecks** приостановка *f* платежа по чеку

Sperr|vermerk *m* извещение *n* (уведомление *n*) о блокировании (запрете); **-vorrichtung** *f* блокирующее устройство *n*; **-zeit** *f* ограничительный период *m*

Spesen *pl* издержки *pl*, накладные расходы *pl*; *(Bö)* комиссионные *pl* за сделку с ценными бумагами; **~ berechnen** производить расчет издержек; **die ~ erstatten** возмещать издержки (расходы); **~ machen** производить расходы; **über ~ abrechnen** отчитываться о произведенных расходах; **einschließlich der ~** включая издержки (накладные расходы)

Spesenabrechnung *f* отчет *m* о (командировочных) издержках (расходах)

spesenfrei без издержек, без накладных расходов

Spesen|nachweis *m* подтверждение *n* произведенных затрат; **-plätze** *pl* населенные пункты *pl*, в которых нет отделений банков, производящих инкассацию; **-rechnung** *f* счет *m* издержек (накладных расходов); **-vergütung** *f* возмещение *n* произведенных расходов

Spezial|anfertigung *f* специальное исполнение *n*, исполнение *n* по заказу; **-ausführung** *f* специальное исполнение *n*, специальная конструкция *f*; **-bank** *f* специализированный банк *m*; **-bilanzen** *pl* балансы *pl*, составляемые по особому случаю; **-börse** *f* специализированная биржа *f*; **-erzeugnis** *n* специальное изделие *n*; **-fonds** *m* особый (специальный) фонд *m* (не доступный широкой публике, рассчитанный на институциональных инвесторов); **-gebiet** *n* особая область *f* (сфера *f*); **-geschäft** *n* специализированный магазин *m*; **-großhandel** *m* специализированная оптовая торговля *f*; **-handel** *m* специализированная торговля *f*

spezialisieren, sich специализироваться

spezialisiert специализированный, специализирующийся; **auf den Vertrieb -e Firma** *f* фирма *f*, специализирующаяся на сбыте

Spezialisierung *f* специализация *f*

Spezialisierungskartell *n* картельное соглашение *n* о специализации

Spezialist *m* специалист *m*

Spezialität *f* фирменное блюдо *n*

Spezialitätenfonds *m* инвестиционный фонд *m*, специализирующийся на вложение капитала в прибыльные, но рискованные операции

Spezial|service *m* специализированный сервис *m*; **-tarif** *m* льготный тариф *m*; **-vereinbarung** *f* специальное соглашение *n*; **-verpackung** *f* специальная упаковка *f*; **-vollmacht** *f* особые полномочия *pl*; **-werte** *pl* ценные бумаги *pl*, представляющие интерес как источник спекулятивной прибыли; *(Bö)* акции *pl* мелких и средних предприятий

Spezies *pl* товары *pl* определенных видов

Spezies|kauf *m* покупка *f* определенных товаров; **-schuld** *f* долг *m*, погашаемый передачей определенного товара (предмета)

Spezifikation *f* спецификация *f*; технические условия *pl* (требования *pl*); **eine ~ erarbeiten** разработать спецификацию; **nach einer ~ fertigen** изготовлять согласно спецификации

Spezifikationskauf *m* торговая сделка *f* по условиям покупателя

spezifisch специфический; ~ **er Verbrauch** *m* удельный расход *m*
spezifizieren специфицировать, точно определять, указывать в отдельности
spezifiziert специфицированный; **-e Rechnung** *f* фактура-спецификация *f*
Sphäre *f* сфера *f*, среда *f*; круг *m* (область *f*) деятельности
Spielbankabgabe *f*, **Spielbankenabgabe** *f* *(Steuer)* налог *m* (сбор *m*) с игорных домов
Spielwaren|geschäft *n* магазин *m* игрушек; **-industrie** *f* промышленность *f*, производящая детские игрушки
Spill-over-Effekt *m* эффект *m* переключения (перемещения); ~ **zusätzlicher Nachfrage** эффект *m* переключения дополнительного спроса на другие рынки
Spinnwebtheorem *n* теорема *f* "паутины"
Spitze *f* вершина *f*, высшая точка *f*, максимум *m*; руководство *n*; остаток *m*; **an der ~ der Firma stehen** возглавлять фирму, руководить фирмой; ~ **des Konzerns** высшее руководство *n* концерна
Spitzen *pl* нереализованные акции *pl*; остатки *pl*, излишки *pl*
Spitzen|bedarf *m* максимальная потребность *f*, максимальный спрос *m*; **-belastung** *f* максимальная нагрузка *f*; **-beträge** *pl* излишние (остаточные) суммы *pl*; **-einkommen** *n* максимальный доход *m*; **-erzeugnis** *n* изделие *n* высшего качества; **-last** *f* пиковая (максимальная) нагрузка *f*; **-leistung** *f* максимальная мощность *f* (производительность *f*, выработка *f*); **-modell** *n* модель *f* высшего класса, лучшая модель *f*; **-position** *f* руководящее положение *n*, ведущая позиция *f*; **-preis** *m* максимальная цена *f*; **-produkt** *n* продукт *m* высокого качества; **-qualität** *f* высшее качество *n*; **-refinanzierungsfazilität** *f* кредитная линия *f* ЕЦБ коммерческим банкам ЕС; **-refinanzierungssatz** *m* однодневная ставка *f* рефинансирования; **-regulierung** *f* урегулирование *n* вопроса о нереализованных акциях; **-reiter** *m* лидер *m*; **-stellung** *f* ведущее (ключевое) положение *n*; **-steuersatz** *m* наивысшая (максимальная) налоговая ставка *f*; **-technologie** *f* высокая (передовая) технология *f*; **-verband** *m* головное объединение *n*; **-verbrauch** *m* пиковое (наивысшее) потребление *n*; **-verdiener** *m* лицо *n*, получающее максимальную заработную плату; **-wert** *m* максимальное значение *n*, максимум; **-werte** *pl* акции *pl*, пользующиеся наибольшим спросом; **-zeit** *f* пиковое время *n*, часы *pl* пик
Splitting *m* *(Steuer)* система *f* налогообложения совместного дохода супругов; *(Bö, Fin)* сплит *m*, дробление *n* акций
Splittingsystem *n* *(Steuer)* система *f* налогового обложения совместного дохода супругов
Sponsor *m* спонсор *m*, финансирующее лицо *n* (организация *f*)
Sponsoring *n* финансирование *n* проекта спонсорами, оказание *n* финансовой помощи, спонсорство *n*
Sponsoring|konzept *n* концепция *f* финансирования проекта спонсорами; **-projekt** *m* проект *m*, финансируемый спонсорами
Spontankauf *m* непредвиденная (импульсивная) покупка *f*
Spot delivery поставка *f* с немедленной оплатой
Spot|geschäft *n* сделка *f* на наличный товар с немедленной его поставкой; кассовая сделка *f*; **-kurs** *m* цена *f* при продаже за наличные с немедленной поставкой товара; **-markt** *m* рынок *m* наличного товара
spottbillig за бесценок
Spottpreis *m* ничтожно малая цена *f*
Spread *(Börse)* спрэд, разница *f* между курсом продавцов и курсом покупателей
Sprecher *m* представитель *m*, делегат *m*, уполномоченный *m*
Sprecherausschuss *m* комиссия *f* представителей
Sprechstunde *f* прием *m*, приемное время

Spritverbrauch *m* расход *m* топлива (автомобилем)
Spruch *m* решение *n*; приговор *m*; ~ **der Einigungsstelle** решение *n* согласительной комиссии (арбитража)
sprunghaft скачкообразный, резкий
Sprung|kosten *pl* расходы *pl*, связанные с приобретением нового оборудования; **-regress** *m* **(-rückgriff** *m*) обратное требование *n*, предъявляемое в порядке очередности
Spyware *f (Comp)* шпионская программа *f*, шпионское программное обеспечение *n*, программа-шпион *f*
Staat *m* государство *n*, страна *f*
staatlich государственный; **-e Beihilfe** *f* дотация *f* со стороны государства; **-er Eingriff** *m* **in das Wirtschaftsleben** государственное вмешательство *n* в экономику; **-e Förderung** *f* оказание *n* поддержки со стороны государства; ~ **geprüft** имеющий государственный сертификат (диплом); **unter -er Aufsicht** под контролем государства; **-er Zuschuss** *m* государственная субсидия *f* (дотация *f*)
Staats|angehörige *m (f)* гражданин *m* (гражданинка *f*); подданный *m* (подданная *f*); **-angehörigkeit** *f* гражданство *n*; подданство *n*; **-anleihe** *f* государственный заем *m*; **-aufsicht** *f* государственный контроль *m* (надзор *m*); **-auftrag** *m* государственный (правительственный) заказ *m*; **-ausgaben** *pl* государственные расходы *pl*; **-bank** *f* государственный эмиссионный банк *m*; **-bankrott** *m* финансовое банкротство *n* государства; **-beamte** *m* государственный служащий *m*, чиновник *m*; **-besitz** *m* собственность *f* государства, государственная собственность *f*; **-beteiligung** *f* участие *n* государства; **-betrieb** *m* государственное предприятие *n*; **-bürgerschaft** *f* гражданство *n*, подданство *n*; **-diener** *m* государственный служащий *m*
staatseigen государственный; **-e Industrie** *f* государственный сектор *m* промышленности
Staats|eigentum *n* государственная собственность *f*, собственность *f* государства; **-einnahmen** *pl* государственные доходы *pl*, доходы *pl* государства, доходы *pl* бюджета; **-finanzen** *pl* государственные финансы *pl*; **-gebiet** *n* территория *f* государства; **-gewalt** *f* государственная власть *f*; **-haftung** *f* государственная гарантия *f*, ответственность *f* государства; **-handel** *m* государственная торговля *f*; **-haushalt** *m* государственный бюджет *m*; **-hoheit** *f* суверенитет *m* государства, государственный суверенитет *m*; **-holding** *f* холдинг *m* с участием государства; **-intervention** *f* вмешательство *n* государства; **-kasse** *f* государственная казна *f*, государственные финансы *pl*; **-konzern** *m* государственный концерн *m*; **-lasten** *pl* государственные долги *pl* (обязательства *f*); **-macht** *f* государственная власть *f*; **-monopol** *n* государственная монополия *f*; **-obligation** *f* облигация *f* государственного займа; **-ordnung** *f* государственное устройство *n*; **-organ** *n* орган *m* государственной власти; **-papiere** *pl* государственные ценные бумаги *pl*; **-quote** *f* доля *f* государственных расходов в валовом общественном продукте; **-schulden** *pl* государственный долг *m*; **-schuldbuch** *n* книга *f* государственного долга; **-schuldverschreibung** *f* государственная облигация *f*; **-tätigkeit** *f* деятельность *f* государства; **-titel** *pl* государственные ценные бумаги *pl*; **-unternehmen** *n* государственное предприятие *n*; **-verbrauch** *m* государственное потребление *n*; **-vermögen** *n* государственное имущество *n*; **-verschuldung** *f* государственная задолженность *f*; **-vertrag** *m* государственный договор *m*; **-verwaltung** *f* государственное управление *n*; **-wirtschaft** *f* национальная экономика *f*; государственный сектор *m* экономики
Stab *m* штаб *m*, штабной (совещательный) орган *m* управления предприятием; **einen ~ einrich-**

ten создать штабной орган управления

stabil стабильный, устойчивый; **-e Währung** *f* устойчивая валюта *f*

stabilisieren стабилизировать; **die Wirtschaftslage ~** стабилизировать экономическое положение

Stabilisierung *f* стабилизация *f*; **~ der Konjunktur** стабилизация *f* конъюнктуры

Stabilisierungs|papiere *pl* беспроцентные кратко- и среднесрочные казначейские обязательства *pl*; **-politik** *f* политика *f* стабилизации; **-programm** *n* программа *f* стабилизации

Stabilität *f* устойчивость *f*, стабильность *f*; **finanzielle ~** финансовая стабильность *f*; **~ des Geldwertes** устойчивость *f* стоимости денег (индекса цен); **wirtschaftliche ~** экономическая стабильность *f*

Stabilitätsgesetz *n* Закон *m* о стабильности (экономики в ФРГ)

stabilitätsorientiert ориентированный на сохранение стабильности; **-e Geldpolitik** *f* финансовая политика *f*, ориентированная на сохранение стабильности

Stabilitätspolitik *f* политика *f* стабильности

stabilitätspolitisch относящийся к политике стабильности; **-e Ziele** *pl* цели *pl* политики стабильности

Stabilitäts- und Wachstumspakt *m* Европейский пакт *m* стабильности и роста

Stabilitätsziel *n* цель *f* сохранения (обеспечения) стабильности

Stablinienorganisation *f* отношения *pl* между штабами и структурными подразделениями предприятия

Stabs|personal *n* работники *pl* штабного органа; **-stelle** *f* штаб *m*, штабной (совещательный) орган *m* управления

Stadt *f* город *m*

Stadt|anleihe *f* муниципальный (коммунальный) заем *m*; **-bevölkerung** *f* городское население *n*; **-haushalt** *m* муниципальный бюджет *m*; **-kasse** *f* муниципальные (городские) финансы *pl*; **-plan** *m* план *m* (карта *f*) города; **-planung** *f* планировка *f* (проектирование *n*) города; **-verkehr** *m* городской транспорт *m*, городское уличное движение *n*; **-verwaltung** *f* муниципальное управление *n*; **-werke** *pl* предприятия *pl* коммунального хозяйства

Staffel|anleihe *f* заем *m* с дифференцированной процентной ставкой; **-beteiligung** *f* приообретение *n* большей части паев кооператива; **-konto** *n* штафельный (сальдовый) счет *m*; **-miete** *f* договор *m* о пересмотре размера квартирной платы

staffeln дифференцировать, градуировать

Staffel|preise *pl* дифференцированные (скользящие) цены *pl*; **-rechnung** *f* штафельный метод *m* начисления процентов; учет *m* по стадиям производства; **-spannen** *pl* дифференцированные торговые накидки *pl* на цены; **-tarif** *m* дифференцированный тариф *m*

Staffelung *f* дифференциация *f*, градация *f*

Staffelzinsen *pl* дифференцированные проценты *pl*

Stagflation *f* стагфляция *f*

Stagnation *f* стагнация *f*, застой *m*; **wirtschaftliche ~** застой в экономике

stagnieren стагнировать, переживать застой

stagnierend застойный, стагнирующий; **-er Absatz** *m* стагнация *f* сбыта; **-e Wirtschaft** *f* экономическая стагнация *f*

Stahl|bau *m* строительство *n* из стальных конструкций; **-erzeugnis** *n* стальное изделие *n*; изделие *n* из стали; **-erzeugung** *f* производство *n* (выплавка *f*) стали; **-erzeugungsquoten** *pl* квоты *pl* на производство (выплавку) стали; **-industrie** *f* сталелитейная промышленность *f*; **-werk** *n* сталелитейный завод *m*

Stamm|aktie *f* обыкновенная (ординарная) акция *f*; **-arbeiter** *m* кадровый рабочий *m*; **-belegschaft** *f* кадровый (постоянный) состав *m* работников; **-daten** *pl* основные (постоянные) данные *pl*; **-einlage** *f* вклад *m* члена общества с ограниченной ответственностью в основной капитал; **-haus** *n* основная (материнская) фирма *f*; **-kapital** *n* основной капитал *m* общества с ограниченной ответственностью; **-kunde** *m* постоянный клиент *m* (покупатель); **-kundschaft** *f* постоянная клиентура *f*; **-personal** *n* постоянный (основной) штат *m* (персонал *m*); **-prioritäten** *pl* привилегированные акции *pl*; **-rechte** *pl* права *f*, связанные с владением акциями

Stand *m* положение *n*, состояние *n*; уровень *m*; стенд *m*; сословие *n*; **auf den aktuellen ~ bringen** довести до современного уровня; **~ am Jahresanfang** состояние *n* на начало года; **niedriger ~ der Arbeitslosigkeit** низкий уровень *m* безработицы; **~ der Technik** *(Pat, QM)* уровень *m* техники; **~ zum 31. Dezember** состояние *n* на тридцать первое декабря

Standard *m* стандарт *m*, норма *f*; уровень *m*; **einen ~ einhalten** соблюдать стандарт (норму); **einen ~ festlegen** определить (установить) стандарт (норму); **-s harmonisieren** согласовывать стандарты; **-s setzen** устанавливать стандарты (нормы); **unter dem ~ liegen** не соответствовать стандарту; **internationaler ~** международный стандарт *m*; **technische -s** технические стандарты, технический уровень *m*

Standard|abweichung *f* стандартное отклонение *n*, отклонение *n* от стандарта; **-arbeitszeit** *f* установленная структура *f* рабочего времени; **-aktien** *pl* акции *pl*, пользующиеся устойчивым спросом; **-artikel** *m* стандартный (обычный) товар *m*; **-ausführung** *f* стандартная конструкция *f*, стандартное (типовое) исполнение *n*; **-containereinheit** *f (Transp)* стандартная единица *f* измерения контейнерных грузов; **-formular** *n* стандартный бланк *m* (формуляр *m*); **-größe** *f* стандартный размер *m*

standardisieren стандартизировать

Standardisierung *f* стандартизация *f*

Standard|kalkulation *f* стандартная (типовая) калькуляция *f*; **-klauseln** *pl* стандартные (обычные) оговорки *pl* (статьи *pl* договора); **-kosten** *pl* плановые (нормативные) издержки *pl*; **-kostenrechnung** *f* расчет *m* плановых (нормативных) издержек; **-modell** *n* стандартная модель *f*, стандартный образец *m*; **-papiere** *pl* ценные бумаги *pl*, пользующиеся устойчивым спросом; **-preis** *m* стандартная цена *f*; **-produkt** *n* стандартный продукт *m*; **-verfahren** *n* стандартная технология *f*; **-vertrag** *m* типовой (стандартный) договор *m*; **-ware** *f* стандартный товар *m*; **-werte** *pl* ценные бумаги *pl*, пользующиеся устойчивым спросом; **-zeit** *f* нормы *pl* времени при расчете плановых издержек

Standby-Kredit *m* резервный кредит *m*, предоставляемый Международным валютным фондом своим членам для сальдирования платежных балансов

Ständer *m* стенд *m*, стойка *f*; прилавок *m*

Standleitung *f (Comp, Media)* выделенная линия *f* (связи)

Standmiete *f* плата *f* за ларек (киоск); плата *f* за хранение груза; плата *f* за простой

ständig постоянный, длительный; **-er Wohnsitz** *m* постоянное местожительство *n*

Standort *m* местоположение *n*, место *n* расположения (размещения); **einen ~ bestimmen** определить место расположения (резмещения); **den ~ schließen** закрывать предприятие в данном месте; **den ~ sichern** сохранить место расположения предприятия; **arbeitsorientierter ~** место *n* размещения производства, выбранное с учетом наличия трудовых ресурсов

Standortanalyse *f* анализ *m*, проводимый при выборе местоположения предприятия

standortbedingt обусловленный местом размещения (предприятия)

Standort|bedingungen *pl* условия *pl* места размещения (предприятия); **-besonderheit** *f* особенность *f* места размещения предприятия; **-bestimmung** *f* определение *n* места расположения предприятия; **-faktor** *m* фактор *m*, учитываемый при выборе места расположения предприятия

standortgebunden привязанный к месту расположения предприятия

Standort|genehmigung *f* разрешение *n* на размещение предприятия; **-orientierung** *f* ориентирование *n* на определенные факторы при выборе места размещения предприятия; **-planung** *f* планирование *n* размещения производства; **-politik** *f* политика *f* размещения производственных сил; **-spaltung** *f* децентрализация *f* управления предприятием; **-suche** *f* поиск *m* места размещения производства; **-verlegung** *f* изменение *n* места размещения производства; **-wahl** *f* выбор *m* места размещения предприятия

Standzeit *f* время *f* простоя

Stapel *m* штабель *m*; кипа *f*, стопка *f*; стапель *m*, склад *m*; **vom ~ laufen** сходить со стапелей

Stapel|artikel *pl* массовые товары *pl*, основные предметы торговли; **-bestände** *pl* немобильные портфели ценных бумаг

stapeln складывать, штабелировать; **eine Ladung ~** складывать (штабелировать) груз

Stapelwaren *pl* массовые товары *pl*, предметы *pl* первой необходимости

Staplerschein *m* права *pl* водителя автопргрузчика

Stärke *f* сила *f*; толщина *f*; численность *f*

Stärken-Schwächen-Analyse *f* анализ *m* сильных и слабых сторон

Starterdarlehen *n* ссуда создателю нового предриятия

Start|guthaben *n* стартовый капитал *m* (на счету в банке); **-hilfe** *f* помощь *f* в начинании; **-kapital** *n* начальный (исходный, стартовый) капитал *m*

Statistik *f* статистика *f*; статистические данные *pl*; **eine ~ aufstellen** собирать статистические данные; **eine ~ auswerten** обобщать (оценивать) статистические данные; **eine ~ vorlegen** предоставить статистические данные; **amtliche ~** официальная статистика *f*; **betriebswirtschaftliche ~** производственная статистика *f*

statistisch статистический; учетный; **-e Erhebungen** *pl* сбор *m* статистических данных; **-e Meldungen** *pl* статистические сведения *pl*

Stätte *f* место *n*

Status *m* (имущественное) положение *n*, состояние *n*; статус *m*, правовое (общественное) положение *n*; **einen ~ geben** придать статус; **finanzieller ~** финансовое положение *n*; **sozialer ~** социальный статус *m*, социальное положение *n*

Status quo *m* статус-кво *m*, существующее положение *n*; **den ~ erhalten** сохранить статус-кво

Statussymbol *n* символ *m* общественного положения

Statut *n* устав *m*, статут *m*; положение *n*, правило *n*; **das ~ ändern** изменить устав; **ein ~ aufstellen** разработать устав; **das ~ einhalten** соблюдать устав; **das ~ verletzen** нарушить устав

Statuten|änderung изменение *n* устава; **-entwurf** *m* проект *m* устава

statuten|gemäß (-mäßig) уставной, соответствующий уставу

statutenwidrig противоречащий уставу, не по уставу

statutgebunden уставной, по уставу

stauen грузить, размещать грузы в трюме

Stauen *n* погрузка *f*, укладка *f* груза

Stau|gut *n* укладываемый груз *m*; **-kosten** *pl* стоимость *f* погрузки (укладки) груза

Stauungs|attest *n* **(-schein** *m***)** погрузочная квитанция *f*

steigen расти, повышаться, увеличиваться; подниматься; **um 15 auf 50 Punkte ~** повыситься (подняться) на 15 до 50 пунктов

Steigen *n* рост *m*, повышение *n*; увеличение *n*; подъем *m*

steigend возрастающий, повышающийся, увеличивающийся; **-e Kurse** *pl* повышение *n* курсов; **-e Preise** *pl* повышающиеся (возрастающие) цены *pl*

steigern увеличивать, повышать, усиливать; **den Umsatz ~** увеличить оборот *m*

Steigerung *f* увеличение *n*, повышение *n*; **~ der Produktivität** повышение *n* производительности

Steigerungs|betrag *m* прогрессирующая сумма *f*; **-faktor** *m* коэффициент *m*, на который умножается рабочая стоимость при аналитической оценке труда; **-rate** *f* темп *m* прироста

Steine und Erden *pl* нерудные ископаемые *pl* (материалы *pl*)

Stein|kohle *f* каменный уголь *m*; **-kohleneinheit** *f* условное топливо *n*; **-kohlenförderung** *f* добыча *f* каменного угля

Stellage *f* стеллажная сделка *f*, двойной опцион *m*

Stellage|geschäft *n* стеллажная сделка *f*; **-käufer** *m* получатель *m* двойного опциона; **-verkäufer** *m* лицо *n*, предлагающее двойной опцион

Stelle *f* место *n*, положение *n*, пункт *m*; штатная единица *f*, ставка *f*; должность *f*, рабочее место *m*; инстанция *f*, учреждение *n*; орган *m* управления; **-n abbauen** сокращать рабочие места; **eine ~ anbieten** предлагать должность (рабочее место); **eine ~ annehmen** принимать должность (рабочее место), поступать на службу; **eine ~ aufgeben** отказаться от должности (места); уволиться; **eine ~ ausschreiben** объявить конкурс на замещение вакантной должности; **eine ~ besetzen** занимать должность (рабочее место); **seine ~ verlieren** потерять свое рабочее место; **-n streichen** сокращать рабочие места; **sich um eine ~ bewerben** добиваться места (должности), предлагать свои услуги; **eine ~ vermitteln** посредничать в получении работы (места); **amtliche ~** официальная инстанция *f*; **besetzte ~** занятая должность *f*, занятое место *n*; **halbe ~** половина *f* ставки; **offene ~** вакансия *f*, вакантная должность *f*; **öffentliche -n** правительственные учреждения *pl*; **zu besetzende ~** замещаемая вакантная должность *f*; **zuständige ~** компетентная инстанция *f*

Stellen|abbau *m* сокращение *n* рабочих мест; **-angebot** *n* предложение *n* работы (вакантных должностей); **-anzeige** *f* обявление *n* (в газете) о найме на работу; **-ausschreibung** *f* объявление *n* конкурса на замещение вакантных должностей; **-beschreibung** *f* описание *n* должностных функций, должностная инструкция *f*; **-besetzung** *f* замещение *n* должностей; **-bewerber** *m* претендент *m* на должность (место); **-bewerbung** *f* заявление *n* о приеме на работу; **-bezeichnung** *f* наименование *n* должности; **-bildung** *f* создание *n* рабочих мест; **-gemeinkosten** *pl* цеховые накладные расходы *pl*; **-gesuch** *n* заявление *n* о предоставлении работы; завление *n* о приеме на работу; **-inhaber** *m* человек *m*, занимающий вакантную должность, имеющий постоянную работу; **-markt** *m* рынок *m* труда; **-nachweis** *m* биржа *f* труда; **-plan** *m* штатное расписание *n*; **-suche** *f* поиск *m* работы; **-suchende** *m* ищущий *m* работу; **-übersicht** *f* перечень *m* имеющихся рабочих мест; **-vermittlung** *f* бюро *n* трудоустройства, служба *f* занятости; **-wechsel** *m* смена *f* работы (должности); **-zuordnung** *f* распределение *n* по рабочим местам

Stell|geld *n* премия *f* по стеллажной сделке; **-geschäft** *n* стеллажная сделка *f*; **-kurs** *m* курс *m* по стеллажным сделкам

Stellung *f* положение *n*; должность *m*, пост *m*, рабочее место *m*; позиция *f*; **eine ~ anbieten** предлагать должность (пост); **die ~ antreten** вступить в должность; **die ~ aufgeben** отказаться от должности; **eine ~ bekleiden** занять должность (пост);

eine ~ innehaben занимать должность (пост); **~ nehmen** занять позицию, высказать свое мнение; **berufliche ~** профессиональное (служебное) положение *n*; **leitende ~** руководящая должность *f*, руководящий пост *m*; **marktbeherrschende ~** доминирующее положение *n* на рынке; **rechtliche ~** правовой статус *m*, правовое положение *n*; **soziale ~** социальное положение *n*, социальный статус *m*; **untergeordnete ~** подчиненное положение *n*

Stellungnahme *f* точка *f* зрения, оценка *f*, выражение *n* своего мнения (отношение); **eine ~ abgeben** высказать мнение

Stellungs|suchende *m* ищущий *m* работу; **-wechsel** *m* перемена *f* места работы

stellvertretend замещающий; (временно) исполняющий; **-er Direktor** *m* заместитель *m* директора; **-er Vorstandsvorsitzender** *m* заместитель *m* председателя правления

Stellvertreter *m* заместитель *m*, исполняющий *m* обязанности; представитель *m*; **einen ~ ernennen** назначить заместителя (представителя)

Stellvertretung *f* заместительство *n*, исполнение *n* обязанностей, представительство *n*

Stempel *m* штемпель *m*, печать *f*, штамп *m*, клеймо *n*

Stempelgebühr *f* гербовый сбор *m*

stempeln штемпелевать, ставить печать (клеймо), маркировать; **~ gehen** получать пособие по безработице; **den Scheck ~** проштемпелевать чек

Stempel|steuer *f* гербовый сбор *m*; **-uhr** *f* контрольные часы *pl*

Stenotypistin *f* машинистка *f*, стенографистка *f*

Sterbe|geld *n* страховое пособие *n*, выплачиваемое в случае смерти застрахованного; пособие *n* на похороны; **-geldversicherung** *f (Versich)* страхование *n* издержек на похороны; **-tafel** *f* таблица *f* смертности населения

Sterling|block *m* стерлинговый блок *m*; **-guthaben** *n* авуары *pl* в фунтах стерлингах

Steuer *f* налог *m*; **-n abbauen** отменять налоги; **-n abführen** уплачивать налоги; **-n abwälzen** перелагать налоговое бремя; **-n abziehen** удерживать (вычитать) налоги; **-n anrechnen** зачислять в сумму налогообложения; **eine ~ auferlegen** облагать налогом; **-n berechnen** начислять налоги; **die -n einbehalten** удерживать налоги; **eine ~ einführen** вводить налог, облагать налогом; **die -n eintreiben, -n einziehen** взимать налоги; **-n entrichten** платить налоги; **-n erheben** взимать налоги; **eine ~ erhöhen** повысить налог; **die -n ermitteln** определить сумму налогообложения; **-n erstatten** возвращать уплаченные налоги; **eine ~ festsetzen** определить (установить) размер налога; **eine ~ herabsetzen** снизить (уменьшить) налог; **die -n hinterziehen** уклоняться от уплаты налогов; **mit -n belasten** облагать налогами; **-n nachzahlen** доплатить оставшуюся сумму налогов; **-n senken** уменьшать (снижать) налоги; **die ~ stunden** отсрочить уплату налога; **eine ~ überwälzen** перелагать налог; **-n umgehen** уклоняться от уплаты налогов; **der ~ unterliegen** подлежать налогообложению; **von der ~ absetzen** вычитать (удерживать) из суммы налога; **von -n befreien** освобождать от уплаты налогов; **-n zahlen** платить (уплачивать) налоги; **direkte ~** прямой налог *m*; **geschuldete ~** налог *m*, срок уплаты которого наступил; **hinterzogene ~** неуплаченный налог *m*; **im Abzugswege erhobene -n** налоги *pl*, взимаемые (вычитаемые) по месту получения доходов; **indirekte ~** косвенный налог *m*; **kommunale -n** коммунальные (муниципальные) налоги *pl*; **latente -n** *pl (Buchh, Steuer)* скрытые налоги *pl* (балансовая разница между налоговыми затратами в соотв. с налоговым и торговым балансами); **nach -n** после удержания (выплаты) налогов; **progressive** ~ прогрессивный налог *m*; **regressive** ~ регрессивный налог *m*; **rückständige** ~ задолженность *f* по уплате налога; **staatliche** ~ государственный налог *m*; **veranlagte** ~ установленная ставка *f* налога; ~ **auf Vermögen** налог *m* на имущество (собственный капитал); **vor -n** до уплаты налогов

Steuer|abgrenzung *f* разграничение *n* налогов; **-abwälzung** *f* перекладывание *n* налогового бремени; **-abwehr** *f* сокрытие *n* размера доходов от налогообложения, стремление *n* избежать уплаты налогов; **-abzug** *m* вычет *m* (удержание *n*) налога; **-amortisation** *f* погашение *n* задолженности по налогу; **-änderung** *f* изменение *n* налоговой ставки; **-angleichung** *f* выравнивание *n* (согласование) налогового обложения (налогового законодательства); **-anhebung** *f* повышение *n* размера налога; **-anmeldung** *f* налоговая декларация *f*; **-anrechnung** *f* зачет *m* налогов, уплачиваемых за границей; **-anreize** *pl* налоговые стимулы *pl*; **-anspruch** *m* требование *n* об уплате налога; **-art** *f* вид *m* налога; **-aufkommen** *n* налоговые поступления *pl*; **-aufsicht** *f* налоговая инспекция *f*; **-aufwendungen** *pl* налоговые (фискальные) расходы *pl*; **-ausfall** *m* налоговые недоимки *pl*; **-ausländer** *m* налогоплательщик-гражданин *m* другой страны; **-ausweichung** *f* уклонение *n* от уплаты налогов

steuerbar облагаемый налогом; управляемый

steuerbefreit освобожденный от уплаты налогов; беспошлинный

Steuerbefreiung *f* освобождение *n* от уплаты налога

steuerbegünstigt пользующийся налоговыми льготами; **-es Sparen** *n* накопление *n* денежных средств в сберегательной кассе, стимулируемое налоговыми льготами; **-e Zone** *f* зона *f* действия налоговых льгот

Steuer|begünstigung *f* налоговая льгота *f*; **-behörden** *pl* финансовые (налоговые) ведомства *pl*; **-beitreibung** *f* взимание *n* (взыскание *n*) налогов; **-belastung** *f* налоговое обложение *n*; обложение *n* налогами; налоговое бремя *n*; **-bemessungsgrundlage** *f* базис *m* налоговых расчетов; **-berater** *m* консультант *m* по налоговым вопросам; **-beratung** *f* консультация *f* по налоговым вопросам; **-berechnung** *f* исчисление *n* (вычисление *n*) налога; **-bescheid** *m* платежное извещение *n* налогового управления; **-betrag** *m* сумма *f* налога; **-betrug** *m* введение *n* в заблуждение налоговых органов; **-bevollmächtigte** *m* уполномоченный по налоговым вопросам; **-bilanz** *f* налоговый баланс *m*, баланс *m* предприятия, составленный для определения суммы налогового обложения; **-degression** *f* налоговая дегрессия *f*; **-delikt** *n* нарушения *pl* налогового законодательства; **-destinatar** *m* налогоплательщик *m*, определяемый законодательством; **-einheit** *f* единица *f* налогового обложения; **-einholung** *f* повышение *n* выработки с целью компенсировать налоговое бремя; **-einnahmen** *pl* налоговые поступления *pl*; **-entlastung** *f* освобождение *n* от уплаты налогов; налоговая скидка *f*; **-erhebung** *f* взимание *n* (сбор *m*) налогов; **-erhöhung** *f* повышение *n* налогов; **-erklärung** *f* налоговая декларация *f*; **-erlass** *m* освобождение *n* от уплаты налогов; **-erleichterung** *f* уменьшение *n* (снижение *n*) налогов; **-ermäßigung** *f* налоговая льгота *f*; снижение *n* налогов; **-ersparnis** *f* экономия *f* за счет уменьшения налоговых платежей; **-erstattung** *f* возврат *m* налога; **-ertrag** *m* доходы *pl* от поступления налогов; **-experte** *m* эксперт *m* в области налогообложения; **-fahndung** *f* расследование *n* (обнаружение *n*) случаев нарушения налогового законодательства; **-fälligkeit** *f (Steuer)* срок *m* уплаты налогов; **-festsetzung** *f* установление *n* размера налога; **-flucht** *f* уклонение *n* от уплаты налогов; переезд *m* налогоплательщика за рубеж с целью избежать уплаты налогов; **-flüchtling** *m* лицо *n*, переезжающее в другую страну с целью избежать уплаты налогов; **-forderung** *f* требование *n* уплаты налогов

steuerfrei не облагаемый налогом; **-e Einnahmen** *pl* доходы *pl*, не облагаемые налогом

Steuer|freibetrag *m (Steuer)* сумма *f* не облагаемая налогом, не облагаемый налогом минимум; **-freigrenze** *f* предел *m* (лимит *m*) суммы, не облагаемой налогом; **-freistellung** *f* освобождение *n* от налогов; **-gefälle** *n* различия *pl* в размерах налогов; **-gegenstand** *m* объект *m* налогообложения; **-geheimnis** *n* налоговая тайна *f*; **-gerechtigkeit** *f* требование *n* соблюдения принципа справедливости при распределении налогового бремени; **-geschenk** *m* налоговый подарок *m*; **-gesetze** *pl* законы *pl* о налогах; **-gesetzgebung** *f* налоговое законодательство *n*; **-gläubiger** *m* налоговый кредитор *m*; **-grundsätze** *pl* принципы *pl* налогообложения; **-gruppe** *f* группа *f* налогообложения; **-gutschein** *m* налоговый сертификат *m*; **-harmonisierung** *f* согласование *n* налоговых систем разных стран; **-häufung** *f* переложение *n* налогов на одного субъекта налогообложения; **-hehlerei** *f* укрывательство *n* доходов от налогового обложения; **-herabsetzung** *f* уменьшение *n* (снижение *n*) налогов; **-hinterziehung** *f* уклонение *n* от уплаты налогов; **-hoheit** *f* налоговый суверенитет *m*, право *n* на сбор налогов; **-inzidenz** *f* распределение *n* налогового бремени, воздействие налога; **-jahr** *n* финансовый год *m*; **-kapitalisierung** *f* вычет *m* капитализированной суммы ежегодного налога из покупной цены имущественного объекта, налог на который уже уплачен; **-keil** *m* налоговый клин; **-klasse** *f* разряд *m* (класс *m*) налогообложения; **-kraft** *f* способность *f* платить налоги; **-kurswert** *m* официальная курсовая стоимость *f* ценных бумаг, служащая основанием для исчисления налога; **-last** *f* налоговое бремя *n*; **-lastquote** *f* доля *f* налогов в совокупном общественном продукте; **-leistung** *f* мощность *f* двигателя при исчислении налога с владельца автомобиля

steuerlich *(Steuer)* налоговый; **-e Belastung** *f* налоговое бремя *n*, обложение *n* налогами; **-e Rahmenbedingungen** *pl* общие налоговые условия *pl*; **-e Vergünstigungen** *pl* налоговые льготы *pl*

Steuer|marke *f (Steuer)* марка *f* гербового сбора; **-mehreinnahmen** *pl* дополнительные (сверхплановые) налоговые поступления *pl*; **-messbetrag** *m* базис *m* для расчета прямых налогов; **-messzahl** *f* процентная ставка *f* для определения базиса при прямом налогообложении; **-multiplikator** *m* налоговый мультипликатор *m*

steuern управлять, регулировать; руководить, направлять

Steuer|nachforderung *f (Steuer)* дополнительное установление *n* налоговых ставок; **-nachlass** *m* налоговая скидка *f*; **-nachzahlungen** *pl* дополнительная уплата *f* налога; **-nummer** *f* кодовый номер *m* налогоплательщика; **-oase** *f* налоговый оазис *m*; **-objekt** *n* объект *m* налогообложения; **-ordnung** *f* положение *n* об уплате налогов; **-ordnungswidrigkeit** *f* нарушение *n* налогового законодательства; **-paradies** *n* налоговый рай *m*

Steuerpflicht *f (Steuer)* налоговая повинность *f*; **beschränkte ~** обязанность *f* уплаты налогов с доходов, получаемых внутри страны; **unbeschränkte ~** обязанность *f* резидента платить налоги с доходов, получаемых как внутри страны, так и за границей

steuerpflichtig подлежащий налогообложению, обязанный платить налоги

Steuer|pflichtige *m (Steuer)* налогоплательщик *m*, налоговый резидент *m*; **-planung** *f* планирование *n* налоговых поступлений;

-politik *f* налоговая политика *f*; **-progression** *f* система *f* прогрессивных налогов; **-prüfer** *m* налоговый инспектор *m*; **-prüfung** *f* налоговая инспекция *f*, проверка *f* правильности начисления (уплаты) налога; **-quelle** *f* источник *m* налогов; **-quote** *f* доля *f* налогов в валовом национальном продукте; **-recht** *n* налоговое право *n*

steuerrechtlich по налоговому праву; **-er Gewinn** *m* прибыль *f*, облагаемая налогом в соответствии с налоговым правом; **-e Vorschriften** *pl* положения *pl* налогового права

Steuer|reform *f (Steuer)* налоговая реформа *f*; **-regression** *f* система *f* регрессивных налогов; **-richtlinien** *pl* нормы *pl* применения налогового права; **-rückerstattung** *f* возврат *m* уплаченного налога; **-rückstände** *pl* задолженность *f* по налогам; **-rückstellungen** *pl* резервные отчисления *pl* на выплату налогов; **-rückzahlung** *f* возврат *m* уплаченного налога; **-satz** *m* налоговая ставка *f*; **-schätzung** *f* предварительный подсчет *m* суммы налогов; **-schuld** *f* задолженность *f* по налогу, обязанность уплатить налог; **-schuldner** *m* налогоплательщик *m*, обязанный уплатить налог; **-senkung** *f* снижение *n* налогов; **-statistik** *f* налоговая статистика *f*; **-straftaten** *pl* финансовые (налоговые) преступления *pl*; **-stufe** *f* разряд *m* (класс *m*) налогообложения; **-stundung** *f* отсрочка *f* уплаты налогов; **-subjekt** *n* субъект *m* налогообложения; **-system** *n* налоговая система *f*; **-tabelle** *f* налоговая таблица *f*; **-tarif** *m* тариф *m* (ставка *f*) налогообложения; **-termin** *m* срок *m* уплаты налога; **-träger** *m* носитель *m* налога, фактический плательщик *m* налогов; **-überwälzung** *f* переложение *n* налога; **-überzahlung** *f* переплата *f* налога; **-umgehung** *f* уклонение *n* от уплаты налогов, обход *m* налогового законодательства

Steuerung *f* управление *n*, регулирование *n*, руководство *n*; **operative** ~ оперативное управление *n*; **rechnergestützte** ~ автоматическая система *f* управления

Steuer|veranlagung *f* определение *n* суммы налогов; **-vergünstigung** *f* налоговая льгота *f*; **-vergütung** *f* возврат *m* уплаченных налогов; **-verjährung** *f* давность *f* требования уплаты налогов; **-verkürzung** *f* занижение *n* суммы налога; **-vermeidung** *f* уклонение *n* от уплаты налогов; **-verwaltung** *f* налогово-финансовое ведомство *n*; **-voranmeldung** *f* подача *f* предварительной налоговой декларации; **-vorauszahlung** *f* выплата *f* налогов авансом; **-vorrichtung** *f* устройство *n* управления; **-vorteil** *m* налоговое преимущество *n*, налоговая выгода *f*; **-widerstand** *m* ответная реакция *f* налогоплательщика на увеличение налогового бремени; **-wirkungen** *pl* влияние *n* налогов или изменения налогового права на экономику; **-zahler** *m* налогоплательщик *m*; **-zahlung** *f* уплата *f* налогов; **-zeichen** *n* штамп *m* (марка *f*) об уплате налогов; **-zuschlag** *m* доплата *f* налога; **-zweck** *m* социально-политические цели *pl* налогообложения

Stich|coupon *m s.* **Stichkupon**; **-jahr** *n* базисный год *m*; **-kupon** *m (Bö)* пролонгационный (последний) купон *m* купонного листа; **-kurs** *m* базисный курс *m*; **-probe** *f* выборочная проверка *f*, выборочный контроль *m*; образец *m*, проба *f*

Stichproben|ergebnis *n* результат *m* выборочной проверки, результат *m* выборки; **-erhebung** *f (QM)* выборочный контроль *m*, выборочное исследование *n*, исследование *n* проб (образцов); **-fehler** *m* ошибка *f* (погрешность *f*) выборочного контроля; **-prüfung** *f* выборочный контроль *m*; **-verfahren** *n* метод *m* выборочного контроля

Stichtag *m* срок *m* уплаты, день *m* платежа; день *m* выполнения, референционный день *m*; день *m*, на который составляется баланс

Stichtags|bestand *m* наличие *n* (запас

m) на определенный день; **-inventur** *f* инвентаризация *f* на определенную дату; **-prinzip** *n* принцип *m* учета при составлении баланса только тех операций, которые фактически произведены

stiften учреждать, основывать; делать пожертвования; **einen Verein ~** основать (учредить) общество

Stifter *m* основатель *m*, учредитель *m*

Stiftung *f* основание *n*, учреждение *n*; (благотворительный) фонд *m*; пожертвование *n*, дар *m*; **eine ~ errichten (gründen)** основать (учредить) фонд; **~ des öffentlichen Rechts** фонд *m* публичного права; **~ des Privatrechts** фонд *m* частного права

Stiftungs|aufsicht *f* контроль *m* за деятельностью фонда; **-fonds** *m* фонд *m* пожертвований; **-vermögen** *n* имущество *n* фонда; **-verwaltung** *f* управление *n* делами фонда, администрация *f* фонда; **-vorstand** *m* правление *n* фонда

still скрытый, негласный; **-e Beteiligung** *f* негласное участие *n*; **-e Gesellschaft** *f* негласное (анонимное) товарищество *n*; **-e Reserven** *pl* скрытые резервы *pl*; **-er Teilhaber** *m* негласный компаньон *m*; **-e Zession** *f* негласная уступка *f* требования (без предупреждения должника)

Stillhalteabkommen *n* соглашение *n* о моратории

Stillhalter *m* продавец *m* опциона; **~ in Geld** продавец *m* опциона на продажу; **~ in Wertpapieren** продавец *m* опциона на покупку

stilllegen свертывать, останавливать (работу); закрывать; прекращать движение; ставить судно на прикол; **den Betrieb ~** закрывать предприятие; **die Produktion ~** свертывать (останавливать) производство

Stilllegung *f* свертывание *n*, остановка *f*; закрытие *n*; прекращение *n* движения; постановка *f* судна на прикол; **~ der Produktion** свертывание *n* (остановка *f*) производства

Stilllegungsprämie *f* премия *f* за закрытие производства

stillschweigend подразумеваемый, предполагаемый; молчаливый; **-e Genehmigung** *f* молчаливое одобрение *n*; **-e Zustimmung** *f* молчаливое согласие *n*

Stillstand *m* застой *m*; простой *m*; остановка *f*, прекращение *n*; стагнация *f*; **zum ~ bringen** остановить, прекратить; **zum ~ kommen** остановиться, прекратиться; **technisch bedingter ~** простой *m* по техническим причинам; **wirtschaftlicher ~** экономическая стагнация *f*

Stillstands|kosten *pl* расходы *pl*, связанные с простоем (остановкой производства); **-zeit** *f* время *n* простоя

Stimm|abgabe *f* голосование *n*; **-auszählung** *f* подсчет *m* голосов

stimmberechtigt имеющий право голоса; **-e Aktie** *f* акция *f*, дающая право голоса

Stimme *f* голос *m*; **die ~ abgeben** голосовать; **eine ~ haben** иметь право голоса; **sich der ~ enthalten** воздержаться от голосования; **abgegebene ~** отданный голос *m*; **mit beratender ~** с правом совещательного голоса

Stimmen|gleichheit *f* равное число *n* голосов при голосовании; **-mehrheit** *f* большинство *n* голосов

Stimmenthaltung *f* воздержание *n* от голосования

Stimmenverhältnis *n* соотношение *n* голосов

Stimmrecht *n* право *n* голоса; **das ~ ausüben** воспользоваться правом голоса

Stimmrechts|aktie *f* акция *f*, дающая владельцу право голоса; **-ausübung** *f* голосование *n*, использование права голоса; **-beschränkung** *f* ограничения *pl* права голоса акционера; **-bindung** *f* договорное обязательство *n* акционера голосовать за определенное решение

stimmrechtslos не имеющий (дающий) право голоса; **-e Vorzugsaktie** *f* акция *f*, не дающая право голоса

Stimmrechts|vertreter *m* представитель *m* с правом голоса; **-vollmacht** *f* доверенность *f* (полномочие *n*) на право голосования; **-zettel** *m* бюллетень *m* для голосования

Stimmschein *m* нотариально заверенный документ *m*, подтверждающий право голоса акционера

Stimmung *f* настроение *n*, конъюнктура *f* рынка

Stimmungsbarometer *n* барометр *m* конъюнктуры

stimulieren стимулировать, побуждать; поощрять

Stimulierung *f* стимулирование *n*; поощрение *n*

Stimulus *m* стимул *m*, побуждение *n*

Stock *m* (товарные) запасы *pl*; основной капитал *m*; ценные бумаги *pl*; **auf den -s sitzen** иметь нераспроданные запасы товаров; **~ von Aktien** контрольный пакет *m* акций

Stockdividende *f* дивиденд *m* в форме акций

stock exchange фондовая биржа *f*

Stockmaster *m* информационное табло *n* на бирже

Stockung *f* застой *m*; затор *m*, пробка *f*

Stoff *m* вещество *n*, материал *m*; материя *f*, ткань *f*

Stoff|bilanz *f* материальный баланс *m*; **-gewinnung** *f* добыча *f* сырья; **-kosten** *pl* стоимость *f* сырья и материалов; **-kostenplanung** *f* планирование *n* затрат на сырье и материалы; **-umwandlung** *f* переработка *f* сырья и материалов

Stopp|kurs *m* твердый курс *m*; **-preis** *m* регулируемая цена *f*; твердо установленная цена *f*

stornieren сторнировать; аннулировать; исправить запись в бухгалтерских книгах; **einen Auftrag (eine Bestellung) ~** аннулировать заказ; **eine Buchung ~** сторнировать (исправить) бухгалтерскую запись (проводку)

Stornierung *f* сторнирование *n*; отмена *f*, аннулирование *n*; **~ eines Auftrags** аннулирование *n* заказа; **~ einer Buchung** сторнирование *n* (исправление *n*) бухгалтерской записи (проводки)

Storno *m n* сторно *n*; аннулирование *n*, контруказание *n*

Storno|abschlag *m* **abzug** *m* сбор *m* за расторжение (договора страхования); **buchung** *f* сторно *n*, обратная (противоположная) запись *f*; **-haftung** *f* ответственность *f* за сторнирование; **-quote** *f (Versich)* доля *f* расторжения долгосрочных договоров (страхования и т.п.); **-recht** *n* право *n* сторнировать записи

Störung *f* нарушение *n*; неисправность *f*, повреждение *n*, неполадка *f*, помеха *f*; сбой *m*; **-en beheben (beseitigen)** устранять неполадки; **technische -en** технические неполадки *pl*

Störungs|beseitigung *f* устранение *n* помех (неполадок); **-meldung** *f* регистрация *f* помех (неполадок); **-überwachung** *f* контроль *m* неисправного состояния

Straddle *m (Bö)* стеллаж *m*

Straf|anzeige *f* заявление *m* о преступлении, обвинение *n* в преступлении; **-befehl** *m* распоряжение *n* о наложении штрафа

Strafe *f* наказание *n*, взыскание *n*; штраф *m*; **mit einer ~ belegen** наложить штраф; **eine ~ zahlen** уплатить штраф

Straffung *f* организационное усиление *n* (укрепление *n*)

Straf|prozess *m* уголовный процесс *m*; **-recht** *n* уголовное право *n*; **-tat** *f* преступление *n*; **-verfahren** *n* производство *n* по уголовному делу

Straße *f* улица *f*; дорога *f*; шоссе *n*

Straßen|bau *m* дорожное строительство *n*; **-fahrzeug** *n* (дорожный) автомобиль *m*; **-güterverkehr** *m* транспортировка *f* грузов по шоссейным дорогам; **-handel** *m* уличная торговля *f*; **-produktion** *f* поточное производство *n*; **-schild** *m* табличка *f* с названием улицы; **-verkauf** *m* продажа *f* на улице; **-verkehr** *m* уличное (дорожное) движение *n*; перевозки *pl* по шоссейным дорогам; **-werbung** *f* дорожная реклама *f*; **-wesen** n вопросы *pl* дорожного строительства, движения и безопасности на дорогах

Strategie *f* стратегия *f*; **eine ~ beraten** обсудить стратегию; **eine ~ entwi-**

ckeln (erarbeiten) разработать стратегию; **künftige ~** будущая стратегия *f*

Strategiewechsel *m* смена *f* стратегии

strategisch стратегический; **-e Lücke** *f* недостатки *pl* стратегии развития предприятия; **-e Planung** *f* стратегическое планирование *n*

Strazze *f* мемориал *m*; черновая тетрадь *f*

Strecken|geschäft *n* **(-großhandel** *m***)** прямая поставка *f* товара по указанию оптовой организации; **-großhändler** *m* оптовое предприятие *n*, передающее заказ для исполнения другой фирме; **-netz** *n* сеть *f* дорог (ж/д), сеть *f* авиалиний; **-satz** *m* тарифная ставка *f* за доставку ста килограммов груза по железной дороге; **-verkehr** *m* сообщение *n* между несколькими отдаленными пунктами

streichen вычеркивать, зачеркивать; аннулировать, отменять; сокращать, урезать

Streichung *f* вычеркивание *n*; аннулирование *n*, отмена *f*; сокращение *n*, урезание *n*; **eine ~ vornehmen** производить сокращение, сокращать

Streifband *n* бандероль *f*

Streifband|depot *n* хранение *n* ценных бумаг в сейфе под бандеролью; **-sendung** *f* бандероль *f*; **-verwahrung** *f (Bank)* особое (нумерованное) хранение *n* (ценных бумаг клиента в банке)

Streifensteuer *f* бандерольный сбор *m*

Streik *m* забастовка *f*, стачка *f*; **einen ~ abbrechen** отменить забастовку; **einen ~ ausrufen** объявить забастовку

Streik|aufruf *m* призыв *m* к забастовке; **-bewegung** *f* забастовочное движение *n*; **-brecher** *m* штрейкбрехер *m*

streiken бастовать

Streik|gelder *pl* пособие *n* бастующим; **-kasse** *f* стачечная касса *f*; **-posten** *m* стачечный пикет *m*

Streit *m* спор, разногласие; **einen ~ beilegen** уладить спор

Streit|beilegung *f* улаживание *n* спорного вопроса; **-fall** *m* спор *m*, конфликт *m*; **-gegenstand** *m* предмет *m* спора (иска)

streitig спорный, оспариваемый

Streitigkeit *f* спор *m*, спорный вопрос *m*, конфликт *m*; **-en schlichten** улаживать спорные вопросы; **geschäftliche -en** разногласия *pl* по коммерческим (деловым) вопросам; **vermögensrechtliche ~** имущественный спор *m*

Streitwert *m* стоимость *f* спорного обекта; оспариваемая сумма *f* денег

Streubesitz *m (Bö)* незначительные (менее 5%) пакеты *pl* акций в свободном обращении

streuen распределять; диверсифицировать; распространять

Streu|kosten *pl* издержки *pl* при размещении рекламы в нескольких средствах массовой информации; **-plan** *m* план *m* размещения (распространения) рекламных материалов

Streuung *f* распределение *n*; диверсификация *f*; распространение *n*; **~ des Aktienbesitzes** диверсификация *f* портфеля акций; **~ von Wertpapieren** диверсификация *f* ценных бумаг

Strichcode *m* штриховый код *m*, штриховая маркировка *f*

Strohmann *m* подставное лицо *n*

Strohmann|gesellschaft *f* фиктивная компания *f*; **-gründung** *f* основание *n* фиктивной компании

Strom *m* поток *m*; (электрический) ток *m*, электроэнергия *f*; река *f*

Strom|abnehmer *m* потребитель *m* электрической энергии; **-anschluss** *m* подключение *n* к сети тока; **-ausfall** *m* нарушение *n* подачи электроэнергии; **-bedarf** *m* потребность *f* в электроэнергии; **-erzeuger** *m* производитель *m* электроэнергии; **-erzeugung** *f* производство *n* (выработка *f*) электрической энергии; **-größe** *f* показатель *m* развития народного хозяйства за определенный период времени; **-kosten** *pl* расходы *pl* на электроэнергию; **-preis** *m* цена *f*

электрической энергии; **-rechnung** *f* счет *m* на электроэнергию; **-tarif** *m* тариф *m* на электроэнергию; **-verbrauch** *m* потребление *n* (расход *m*) электроэнергии; **-versorgung** *f* снабжение *n* электроэнергией
Struktur *f* структура *f*; строение *n*; устройство *n*; **marktwirtschaftliche ~** структура *f* рыночной экономики
Struktur|analyse *f* структурный анализ *m*; **-änderungen** *pl* структурные изменения *pl* (сдвиги *pl*); **-anpassung** *f* структурное приспособление *n* (регулирование *n*); **-beitrag** *m* премия *f* за срочные вклады и кредиты на рынке капитала
strukturell структурный; **-e Schwäche** неразвитость структуры
Struktur|fonds *m* фонд *m* развития структуры; **-förderung** *f* программа *f* развития структуры; **-forschung** *f* исследование *n* структуры; **-hilfe** *f* структурная помощь *f*
Strukturierung *f* структурирование *n*, создание *n* структуры; **~ der Organisation** определение *n* структуры организации
Struktur|krise *f* структурный кризис *m*; **-politik** *f* структурная политика *f*; **-reform** *f* структурная реформа *f*, реформа *f* структуры
strukturschwach с неразвитой структурой; **-e Länder** *pl* страны *pl* со слаборазвитой структурой
Struktur|veränderung *f* изменение *n* структуры; **-verkauf** *m* структурный сбыт *m*; **-verbesserung** *f* совершенствование *n* структуры; **-wandel** *m* изменение *n* структуры, реструктурирование *n*
Stück *n* часть *f*, кусок *m*; штука *f*
Stückaktie *f (Bö)* долевая акция *f*, акуция *f* без номинальной стоимости
Stücke *pl* акции *pl*; облигации *pl*; ценные бумаги *pl*; купюры *pl*; **nasse ~** неразмещенные ценные бумаги *pl*; **reine ~** ценные бумаги *pl*, отвечающие требованиям биржи
stückeln делить акции (купюры) по достоинству
Stückelung *f* деление *n* (дробление *n*) акций (купюр) по достоинству
Stück|erfolg *m* коммерческий результат *m* от продажи единицы продукции; **-erlös** *n* выручка *f* от продажи единицы продукции
Stücke|mangel *m* дефицит *m* ценных бумаг, предлагаемых к продаже; **-verzeichnis** *n* список *m* (перечень *m*) ценных бумаг, предлагаемых к продаже; **-zuteilung** *f* распределение *n* (размещение) ценных бумаг
Stück|geldakkord *m* сдельная аккордная заработная плата *f*; **-gut** *n* штучный товар *m*; генеральный груз *m*; штучный груз *m*; тарный груз *m*; мелкая партия *f* груза
Stückgut|frachter *m* грузовое судно *n* для перевозки генерального (смешанного) груза; **-sendung** *f* единичный груз *m*; мелкая партия *f* груза, партия *f* груза меньшая чем вместимость вагона; **-umschlag** *m* перевалка *f* (переработка *f*) генерального груза (мелких партиий груза); **-verkehr** *m* перевозка *f* генерального груза (мелких партий груза); **-versand** *m* отправка *f* груза мелкими партиями; **-vertrag** *m* шаблонный (типовой) договор *m*
Stück|kauf *m* покупка *f* определенных (оговоренных договором) товаров; **-kosten** *pl* издержки *pl* в расчете на единицу продукции; **-kostenkalkulation** *f* калькуляция *f* издержек в расчете на единицу продукции; **-kurs** *m* курс *m* определенной ценной бумаги; **-liste** *f* спецификация *f*
Stücklohn *m* сдельная заработная плата *f*, сдельная оплата *f* труда; **im ~ arbeiten** работать сдельно
Stücklohn|arbeit *f* сдельная работа *f*; **-berechnung** *f* расчет *m* сдельной оплаты труда; **-satz** *m* расценка *f* на сдельную работу; **-system** *m* система *f* сдельной оплаты труда
Stück|notierung *f* котировка *f* определенной (отдельной) ценной бумаги; **-notiz** *f s.* **Stücknotierung** *f* котировка *f* в евро на 1 акцию; **-nummer** *f* номер *m* свидетельства на акцию; номер облигации; **-preis** *m* цена *f* за штуку (единицу продукции), поштучная цена; **-rechnung** *f* расчет *m* результата от продажи

единицы продукции, поштучный учет *m*; **-schuld** *f* долг *m*, погашаемый передачей определенной вещи; **-verkauf** *m* поштучная продажа *f*

stückweise поштучно; частями

Stück|wertaktie *f* индивидуально котируемая акция *f*; **-zahl** *f* объем *m* продукции в штуках, количество изделий в штуках; **-zeit** *f* время *n* на изготовление единицы продукции; **-zeitakkord** *m* повременно-сдельная заработная плата *f*; **-zinsen** *pl* накопленные проценты *pl* (на ценные бумаги с твердым процентом), гарантированные проценты *pl*

Studie *f* исследование *n*; **eine ~ durchführen** провести исследование

Studien|finanzierung *f (Soz)* финансирование *n* учебы в вузе; **-gebühr** *f* плата *f* за обучение; **-platz** *m* место *n* (вакансия) в учебном заведении; **-reise** *f* стажировка *f*

Studium *n* изучение *n*; учение *n*, учеба *f*

Stufe *f* ступень *f*; фаза *f*, этап *m*, период *m*, стадия *f*, уровень *m*; **auf gleicher ~** на одном уровне

Stufen|ausbildung *f* поэтапное обучение *n*; **-erzeugnis** *n* промежуточное изделие *n*, полуфабрикат *m*; **-gründung** *f* поэтапное основание *n* общества (компании); **-plan** *m* поэтапный план *m*; **-preise** *pl* ступенчатые цены *pl*; **-rabatt** *m* ступенчатая скидка *f*; **-tarif** *m* ступенчатый тариф *m*; **-verfahren** *n* оценка *f* результатов труда по балльной системе

stufenweise постепенный, последовательный; поэтапно

Stunde *f* час *m*

stunden отсрочивать, пролонгировать, продлить; **befristet ~** давать отсрочку на определенный срок; **den Kaufpreis ~** предоставить отсрочку для уплаты стоимости покупки; **Verbindlichkeiten ~** отсрочить выплату задолженности; **die Zahlung ~** пролонгировать платеж

Stunden|honorar *n* почасовая ставка *f* гонорара; **-leistung** *f* часовая выработка *f* (производительность *f*); **-lohn** *m* почасовая оплата *f* труда; **-satz** *m* почасовая ставка *f* заработной платы; **-satzkalkulation** *f* калькуляция *f* почасовой ставки заработной платы; **-verdienst** *m* почасовой заработок *m*

Stundung *f* отсрочка *f*, пролонгирование *n*; мораторий; **~ gewähren** предоставить отсрочку платежа; **~ von Steuerzahlungen** отсрочка *f* выплаты налогов

Stundungs|frist *f* срок *m* отсрочки (продления); **-vergleich** *m* соглашение *n* (мировая сделка *f*) об отсрочке; **-zinsen** *pl* проценты *pl* за предоставление отсрочки

stützen поддерживать, укреплять; **Preise ~** поддерживать (субсидировать) цены; **ein Unternehmen ~** оказать предприятию финансовую поддержку

Stütz|preis *m* регулируемая цена *f*; **-punkt** *m* филиал *m*, опорный пункт, опорная база *f*

Stützung *f* дотация *f*, субсидия *f*, субвенция *f*; помощь *f*, поддержка *f*; **~ der Preise** поддержка *f* (субсидирование *n*) цен

Stützungs|fonds *m* фонд *m* помощи (дотаций); **-käufe** *pl* покупка *f* акций для поддержания их курса; **-konsortium** *n* синдикат *m* (консорциум) для финансирования обеспечения); консорциум-гарант *m*; **-kurs** *m* исскуственно поддерживаемый курс *m*; **-maßnahmen** *pl* меры *pl* по оказанию помощи; **-preis** *m* регулируемая цена *f*; **-system** *n* система *f* поддержки (субсидирования); **-verpflichtungen** *pl* обязательства *f* по оказанию помощи

Subagent *m* субагент *m*

subjektiv субъективный; **~ er Wert** субъективная стоимость *f*

Subjektsteuern *pl* личные налоги *pl*

Sublieferant *m* субпоставщик *m*

Submission *f* вскрытие *n* конвертов (с предложениями) при проведении тендера; **-termin** *m* срок *m* вскрытия конвертов (при проведении тендера)

Submissions|angebot *n* тендер *m*, торги *pl*; предложение *n* о заключении контракта; **-bedingungen** *pl* условия *pl* тендера (торгов); **-kartell** *m* картель *m* предпринимателей, в рамках которого распределяются подряды; **-termin** *m* срок *m* подачи заявок на открытый конкурс (торги); **-verfahren** *n* процедура *f* торгов (открытого конкурса); **-wesen** *n* система *f* проведения торгов

Submittent *m* участник *m* торгов, лицо *n*, делающее предложение (заявку на подряд); подрядчик *m*

submittieren подавать предложения (заявки); быть участником торгов

Subprime-Krise *f* кризис *m* «второсортных» кредитов

Subrogation *f (Recht, Versich)* суброгация *f*

subsidiär субсидиарный, дополняющий, вспомогательный, поглощаемый более приоритетным

Subsidiaritätsprinzip *n (Admin, Pol, Recht)* принцип *m* субсидиарности, принцип *m* невмешательства сверху без необходимости

Subskription *f (Bö)* окончание *n* подписки на ценные бумаги

substantiell существенный, значительный, материальный

Substanz *f* субстанция *f*, вещество *n*, материя *f*; имущество *n*, материальные активы *pl*, физический (основной) капитал *m*; **die Dividende aus der ~ zahlen** платить дивиденд из основного капитала; **die ~ erhalten** сохранить основной капитал (имущество); **die ~ stärken** увеличить основной капитал; **bauliche ~** здания *pl*, постройки *pl*, сооружения *pl*; **~ eines Unternehmens** основной капитал *m* предприятия

Substanz|besteuerung *f* обложение *n* налогом имущества (основного капитала); **-bewertung** *f* оценка *f* стоимости имущества (основного капитала); **-erhaltung** *f* сохранение *n* материальных активов, поддержание *n* (сохранение *n*) стоимости; **-steuer** *f* реальный налог *m*; **-verlust** *m* потеря *f* (убытки *pl*) основного капитала; **-verringerung** *f* уменьшение *n* стоимости реального основного капитала в результате истощения природных ресурсов; **-verzehr** *m* износ *m* основного капитала; **-wert** *m* реальная стоимость *f* предприятия, стоимость *f* материальных активов (имущества); нетто-капитал *m*, нетто-активы *pl*; **-methode** *f (Buchh)* метод *m* балансовой стоимости

Substituierbarkeit *f* заменимость *f*; **~ der Produktionsfaktoren** взаимозаменяемость *f* факторов производства

Substitut *m* субститут *m*, заменитель *m*

Substitution *f* замещение *n*, замена *f*

Substitutions|elastizität *f* относительная легкость *f* замены труда и капитала как факторов производства; **-güter** *pl* товары-заменители *pl*; заменители *pl*, суррогаты *pl*; **-konto** *n* счет *m* обмена валютных резервов на особые права заимствования; **-kredit** *m* акцептный кредит *m*; гарантийный кредит *m*, кредит *m* по поручительству; **-lücke** *f* разграничение *n* рынка для оферентов конкурирующих товаров; **-prinzip** *n* принцип *m* возможности замещения при выборе или использовании средств производства

Sub|system *n* подсистема *f*; **-unternehmer** *m* субподрядчик *m*

Subvention *f* субвенция *f*, субсидия *f*, дотация *f*; пособие *n*, денежная помощь *f*; **-en gewähren** предоставлять субсидии; **-en kürzen** сокращать субсидии; **-en zahlen** выплачивать пособия; **rückzahlbare -en** субсидии *pl*, подлежащие погашению

subventionieren субсидировать, предоставлять дотацию; выплачивать пособие, оказывать денежную помощь; **Energiekosten ~** предоставить субсидии для оплаты расходов на электроэнергию; **ein Unternehmen ~** субсидировать предприятие

Subventionierung *f* субсидирование *n*, предоставление *n* дотаций

Subventions|abbau *m* сокращение *n* субсидий; **-bericht** *m* отчет *m* федерального правительства о размерах и назначении выделенных субсидий; **-betrag** *m* сумма *f* субсидий; **-empfänger** *m* получатель *m* субсидиий (пособия); **-fonds** *m* фонд *m* субсидий; **-kürzungen** *pl* сокращение *n* субсидий; **-regelung** *f* порядок *m* предоставления субсидий

Suchmaschine *f (Comp, Media)* поисковая машина *f*, поисковая система *f*

Suchmaschinenmarketing *n (Comp, V&M)* поиск *m* клиентов с помощью поисковых машин, поисковый маркетинг *m*

Suggestivwerbung *f* внушающая реклама *f*

Sukzessiv|gründung *f* поэтапное основание *n* компании; **-lieferungsvertrag** *m* договор *m* на поставку частями (партиями); **-planung** *f* поэтапное планирование

summarisch суммарный; итоговый

Summe *f* сумма *f*, итог *m*, результат *m*; **geringfügige** ~ незначительная сумма *f*; **runde** ~ круглая сумма *f*

Summen|aktie *f* акция *f* на твердо установленную сумму; **-bilanz** *f* бухгалтерский баланс *m*, в котором по каждой статье приводится оборот за соответствующий период; **-depot** *n* хранение *n* ценных бумаг в банке, приобретающем право собственности на них и обязанном вернуть клиенту по его требованию ценные бумаги на ту же сумму; **-versicherung** *f* страхование *n* на твердо установленную страховую сумму

summieren суммировать, подытожить, подводить итог

Super|dividende *f* дополнительный дивиденд *m*, бонус *m*; **-markt** *m* супермаркет *m*, универсам *m*; **-marktkette** *f* сеть *f* супермаркетов (универсамов)

Supplement дополнение *n*, добавление *n*, тематическое иллюстрированное приложение *n*

Surplus *n* избыток *m*, излишек *m*, превышение *n*

suspendieren (временно) освобождать (отстранять); **vom Amt** ~ освободить (отстранить) от деятельности

Suspendierung *f* уничтожение *n*, отмена *f*, исключение *n*

Swap *n* (**Swap-Geschäft** *n*) своп *m*, одновременное проведение *n* кассовой и срочной сделки

Swap|politik *f* политика *f* центрального банка по регулированию ликвидности и резервов коммерческих банков; **-satz** *m* процентная ставка *f* по сделкам своп; **-vereinbarung** *f* соглашение *n* о сделке своп

SWIFT Международная Межбанковская электронная система *f* платежей, СВИФТ

Swing (**Swingkredit** *m*) свинг *m*, беспроцентный овердрафт *m*

Switchgeschäft *n* свитч *m*, внешнеторговая сделка *f*, при которой происходит переуступка остатка на клиринговом счете третьей стране

SWOT-Analyse *f (V&M)* СВОТ-анализ *m*, СВОТ анализ *m*

Symbol *n* символ *m*, знак *m*, обозначение *n*

Sympathiestreik *m* забастовка *f* солидарности

Symposium *n* симпозиум *m*; **ein ~ veranstalten** организовать (провести) симпозиум

Synchronfertigung *f* производство *n*, строго синхронизированное с поставками и сбытом

Syndikat *m* синдикат *m*, консорциум *m* (группа *f*) банков (фирм); картель *m*; **sich zu einem ~ zusammenschließen** объединяться в синдикат

Syndikus *m* синдик *m*, юрисконсульт *m* фирмы

syndizieren объединяться в консорциум или синдикат

Synergie *f* синергия *f*, синергизм *m*; **-n nutzen** использовать эффект синергии

Synergie|effekt *m* эффект *m* синергии; **-planung** *f* планирование *n* оптимального использования возможностей имеющихся мощностей; **-potential** *n* синергетический потенциал *m*

System *n* система *f*; устройство *n*, строй *m*; **ein ~ aufbauen** построить (создать) систему; **ein ~ ausbauen** расширить систему; **geschlossenes ~** замкнутая система *f*; **offenes ~** открытая система *f*; **starres ~** жесткая (застывшая) система *f*

Systemanalyse *f* системный анализ *m*

Systematik *f* систематика *f*; классификация *f*; номенклатура *f*; **eine ~ erstellen** разработать (составить) классификацию

systematisieren систематизировать; классифицировать

Systematisierung *f* систематизация *f*; классификация *f*

System|audit *m* системная ревизия *f*; **-aufruf** *m (Comp)* системный вызов *m*; **-auswahl** *f* выбор *m* технических средств и программного обеспечения компьютерной системы; **-distributor** *m* системный дистрибутор *m*; **-geschäft** *n* продажа *f* пакета товаров и услуг; **-planung** *f* системное планирование *n*; **-prüfung** *f* системная проверка *f*; **-software** *f (Comp)* системное программное обеспечение *n*; **-steuerung** *f* управление *n* системой, системное управление *n*; **-überwachung** *f* системный контроль *m*; **-wissen** *n* системные знания *pl*

Szenario *n* сценарий *m*; **ein ~ erstellen** разработать (составить) сценарий

SZR *s.* **Sonderziehungsrechte** *pl*

SZR-Zuteilung *f* распределение *n* квот на специальные права заимствования

T

Tabak|erzeugnisse *pl (Steuer, V&M)* табачные изделия *pl*; **-steuer** *f* акциз *m* (налог *m*) на табак

tabellarisch *(Comp, Stat)* табличный; в форме (виде) таблицы; **-e Form** *f* табличная форма *f*, форма *f* таблицы

Tabelle *f (Comp, Stat)* таблица *f*, табель *m*; график *m*; **eine ~ anlegen (erstellen)** располагать данные в виде таблицы; сводить в таблицу

Tabellen|angaben *pl* табличные данные *pl*, данные *pl* таблицы; **-auszug** *m* выписка *f* из списка требований конкурсных кредиторов; **-buchhaltung** *f* табличная форма *f* бухгалтерского учета; **-form** *f* табличная форма *f*, форма *f* таблицы; **-kalkulation** *f* табличная калькуляция *f*, калькулирование *n* в форме таблицы; **-werte** *pl* табличные значения *pl*

tabellieren табулировать, составлять таблицы, сводить в таблицы

Tabulator *m (Comp)*табулятор *m*

Tachograph *m (Transp)* тахограф *m*

Tadelsantrag *m (Pol)* инициатива *f* депутатов о выражении вотума недоверия

Tafelgeschäft *n* приобретение *n* клиентом ценных бумаг в банке за наличные

Tag *m* день *m*; сутки *pl*; дата *f*; **unter -e arbeiten** работать под землей (в шахте); **arbeitsfreier ~** нерабочий день *m*

Tage|baubetrieb *m* открытая горная разработка *f*, карьер *m*; **-buch** *n* журнал *m*, мемориал *m*; дневник *m*; **-geld** *n* суточные (деньги) *pl*; **-geldleistungen** *pl* выплаты *pl* суточных (командировочных расходов)

tagen заседать, проводить заседания

Tages|ablauf *m* распорядок *m* (режим *m*) дня; **-abschluss** *m* ежедневное заключение *n* записей; **-abstimmung** *f* ежедневная сверка *f* бухгалтерских записей с документами; **-arbeit** *f* дневная работа *f* (смена *f*); дневная выработка *f*; **-aufgabe** *f* дневное задание *n*, дневная (суточная) норма *f*; **-ausstoß** *m* дневная (суточная) выработка *f*; **-auszug** *m* выписка *f* из текущего счета за один день; отчет *m* о состоянии счета на определенный день *m*; **-bedarf** *m* суточная потребность *f*; **-bestand** *m* дневной запас *m*; **-bilanz** *f* баланс *m* на определенный день; **-durchschnitt** *m* средний дневной (суточный) показатель *m*; **-einlagen** *pl* вклады *pl* до востребования; **-einnahmen** *pl* **(-erlös** *m***)** дневные поступления *pl*, дневная выручка *f*; **-endwert** *m (Bö)* заключительный курс *m*; **-förderung** *f* суточная добыча *f*; **-geld** *n (Bank)* однодневная (суточная) ссуда *f*; межбанковские краткосрочные займы *pl*; бессрочный вклад *m* с процентами; **-geldkonto** *n (Bank)* счет *m* с ежедневным начислением процентов; **-geldmarkt** *m (Bank)* рынок *m* межбанковских краткосрочных займов, денежный рынок *m*; **-geldsatz** *m* ставка *f* процента по однодневной ссуде; **-geschäft** *n* кассовая сделка *f*; **-geschehen** *n* текущие события *pl*; текучка *f*; **-gespräch** *n* телефонный разговор *m* в дневное время; **-hoch** *n* максимальный дневной показатель *m*; **-kasse** *f* дневной оборот *m*, дневная выручка *f*; **-kauf** *m* кассовая сделка *f*; сделка *f* за наличные с уплатой в день совершения сделки или на следующий день; **-kurs** *m (Bö)* курс *m* ценной бумаги на день исполнения сделки; курс *m* дня; обменный курс *m* валют на определенный день; **-leistung** *f* дневная выработка *f*, суточная выработка *f*; **-notierung** *f* котировка *f* дня, котировка *f* на определенный день; **-order** *m (Bö)* поручение *n* на день

Tagesordnung *f* повестка *f* дня; **auf die ~ setzen** ставить в повестку дня; **auf der ~ stehen** стоять в повестке дня; **die ~ festsetzen** определить повестку дня; **von der ~ absetzen** снять с повестки дня

Tagesordnungspunkt *m* пункт *m* повестки дня

Tages|plan *m* распорядок *m* (режим *m*) дня; **-preis** *m* цена *f* текущего дня; обычная цена *f*; **-preisprinzip** *m* принцип *m* калькулирования издержек по ценам текущего дня; **-produktion** *f* дневная (суточная) выработка *f*; **-satz** *m* дневная ставка *f*; **-soll** *m* норма *f* дневной выработки; **-spitze** *f* суточный пик *m* нагрузки; **-umsatz** *m* дневной (суточный) оборот *m*; **-verbrauch** *m* дневное (суточное) потребление *n*; дневной (суточный) расход *m*; **-verdienst** *m* дневной заработок *m*; **-wechsel** *m* дато-вексель *m*, вексель *m* со сроком, исчисленным со дня выдачи; **-wert** *m* стоимость *f* на текущий день; текущая рыночная стоимость *f*; **-ziel** *n* дневное задание *n*; **-zinsen** *pl* проценты *pl* по ежедневным балансам

tageweise поденно, по дням, за каждый день

Tagewerk *n* рабочий день *m*; работа *f* за день

Tagfertigkeit *f (Buchh, Fin)* актуальность *f* баланса, ажур *m*

täglich ежедневный; **-es Geld** *n* ссуда *f* до востребования, бессрочная ссуда *f*; **~ fällig** подлежащий уплате (исполнению) по первому требованию; **~ kündbar** до востребования, подлежащий погашениию (расторжению) по первому требованию

Tag- und Nachtarbeit *f* круглосуточная работа *f*

Tagung *f* заздание *n*, совещание *n*; конференция *f*; **eine ~ durchführen** провести заседание (совещание)

Tagwechsel *m* дато-вексель *m*, вексель *m* с фиксированным сроком действия

Takt *m* ритм *m*; такт *m*, цикл *m*

Takt|arbeit *f* ритмичная поточная работа *f*; **-produktion** *f* поточное производство *n*; **-straße** *f* автоматическая поточная линиия *f*; **-verfahren** *n* поточный метод *m*; **-verkehr** *m* движение *n* транспорта с определенным интервалом; **-zeit** *f* время *n* цикла

Talon *m* талон *m*; пролонгационный купон *m*; корешок *m* купонного листа

Talsohle *f* самая низкая точка *f* деловой активности; **eine ~ durchschreiten** перейти самую низкую точку спада; **die ~ erreichen** достичь самой низкой точки спада; **~ auf dem Arbeitsmarkt** состояние *n* депрессии на рынке труда

Tanker|markt *m* танкерный фрахтовый рынок *m*; **-rate** *f* фрахтовая ставка *f* на танкеры

Tank|schiff *n* танкер *m*; **-stelle** *f* заправочная станция *f*; **-wagen** *m* автоцистерна *f*

Tantieme *f* тантьема *f*, процент *m* от

прибыли предприятия; вознаграждение менеджерам фирмы; авторский гонорар *m*; **eine ~ beziehen** получать вознаграждение (гонорар)

Tara *f* тара *f*, упаковка *f*; вес *m* упаковки; **die ~ vergüten** делать скидку на тару

Tara|gewicht *n* вес *m* тары; **-satz** *m* тарный тариф *m*; **-vergütung** *f* скидка *f* на тару

tarieren тарировать; определять вес тары

Tarif *m* тариф *m*; расценка *f*; **-e erhöhen** повышать тарифы (расценки); **-e senken** снижать тарифы (расценки); **-e verhandeln** вести переговоры о тарифных договорах; **allgemeingültiger ~** общий тариф *m*; **degressiver ~** понижающийся тариф *m*; **ermäßigter ~** льготный тариф *m*; **gleichbleibender ~** пропорционалый тариф *m*; **gleitender ~** скользящий тариф *m*; **gültiger ~** действующий тариф *m*; **laut ~** согласно тарифу; **-progressiver ~** прогрессивно нарастающий тариф *m*; **proportionaler ~** пропорциональный тариф *m*

Tarifabkommen *n* (перс.) тарифное соглашение *n*; **ein ~ schließen** заключить тарифное соглашение

Tarif|abschluss *m* (перс.) заключение *n* коллективного тарифного соглашения; **moderater -abschluss** заключение *n* умеренного тарифного соглашения; **-anhebung** *f* увеличение *n* (повышение *n*) тарифных ставок

tarifär тарифный; **-e Anpassung** тарифное регулирование *n*

Tarif|art *f* вид *m* тарифа; **-aufsicht** *f* контроль *m* за соблюдением тарифных соглашений; **-auseinandersetzung** *f* соглашение *n* о тарифах; **-ausschuss** *m* тарифная комиссия *f*; **-autonomie** *f* тарифная автономия *f*, автономия *f* в заключении коллективных договоров

tarifbesteuert облагаемый налогом по установленным тарифам; **-e Wertpapiere** *pl* ценные бумаги *pl*, облагаемые налогом по установленным тарифам

Tarifbesteuerung *f (Fin, Steuer)* налогобложение *n* доходов от ценных бумаг согласно тарифу

Tarif|bestimmung *f* положение *n* о тарифах; **-bildung** *f* тарификация *f*; **-bindung** *f* тарифные обязательства *pl*, обязательства *pl* согласно тарифному договору; **-differenzierung** *f* дифференциация *f* тарифов; **-einheit** *f* единство *n* по вопросу о тарифах; **-einigung** *f* соглашие *n* о тарифных ставках; **-einkommen** *n* размер *m* заработной платы и жалования, определенный коллективным договором о тарифах; **-erhöhung** *f* повышение *n* тарифной ставки; **-ermäßigung** *f* понижение *n* тарифной ставки

tariffähig могущий (имеющий право) заключить коллективный договор о тарифных ставках; **-e Partei** *f* сторона *f*, имеющая право заключать тарифные соглашения

Tariffähigkeit *f* право *n* заключать тарифные соглашения; **~ einer Partei** право *n* стороны заключать тарифные соглашения

Tarif|festsetzung *f* определение *n* (расчет *m*) тарифов; **-gebiet** *n* зона *f* действия тарифа

tarifgebunden обязанный выполнять коллективный договор; **-er Arbeitgeber** *m* работодатель *m*, связанный обязательствами по коллективному договору

Tarif|gebundenheit *f* обязательства *pl* согласно коллективному договору; **-gehalt** *n* тарифный овлад *m*, тарифная ставка *f*; **-gemeinschaft** *f* объединение *n* предприятий общественного транспорта с целью выработки единой тарифной системы; **-gestaltung** *f* определение *n* тарифных ставок, тарификация *f*; **-gruppe** *f* тарифный разряд *m*; **-herabsetzung** *f* снижение *n* тарифных ставок; **-hoheit** *f* тарифный суверенитет *m*

tarifieren тарифицировать, устанавливать тарифы

Tarifierung *f* тарификация *f*, определение *n* (установление *n*) тарифных ставок

Tarif|klasse *f* тарифный класс *m*, тарифная группа *f*; **-koeffizient** *m* тарифный коэффициент *m*; **-kommission** *f* тарифная комиссия *f* для разработки тарифов на автомобильные грузовые перевозки; **-kompromiss** *m* компромисс *m* в вопросах о тарифных ставках; **-konflikt** *m* тарифный конфликт *m*; **-kontrahent** *m* сторона *f* в переговорах об установлении тарифных ставок; **-korridor** *m (Soz)* тарифный коридор *m*; **-kündigung** *f* прекращение *n* действия коллективного договора (по предварительньму уведомлению)

tariflich по (согласно) тарифу (коллективному договору); **-e Arbeitszeit** *f* продолжительность *f* рабочего времени согласно коллективному договору; **-e Regelung** *f* регулирование *n* согласно тарифному соглашению

Tarif|lohn *m* заработная плата *f*, предусмотренная тарифным соглашением; **-lohnerhöhung** *f* повышение *n* заработной платы, предусмотренной тарифным соглашением; **-netz** *n* сеть *f* тарифов; **-normen** *pl* правовые нормы *pl* регулирования отношений сторон, заключивших тарифное соглашение; **-partei** *f* сторона *f* в коллективном договоре; **-partner** *m* партнер *m* (сторона *f*) в коллективном договоре; **-pflicht** *f* обязанность *f* транспортныхпредприятий по публикованию тарифных ставок; **-politik** *f* политика *f* в области тарифов

tarifpolitisch относящийся к политике в области тарифов; **-e Angelegenheiten** *pl* вопросы *pl* тарифной политики

Tarif|progression *f* система *f* прогрессивного налогообложиия; **-recht** *n* тарифное право *n*; **-register** *n* книга *f* регистрации коллективных соглашений; **-runde** *f* раунд *m* (тур *m*) переговоров о заключении тарифного соглашения; **-satz** *m* тарифная ставка *mf* заработной платы; фрахтовая ставка *f*; **-senkung** *f* снижение *n* тарифных ставок; **-steuern** *pl* налоги *pl*, взимаемые по установленным тарифам; **-streik** *m* забастовка *f* с требованием пересмотра тарифного соглашения; **-streitigkeit** *f* тарифный конфликт *m*; **-stufe** *f* тарифный разряд *m*; **-system** *n* тарифная система *f*; **-überwachung** *f* контроль *m* за соблюдением тарифных соглашений; **-verdienst** *m* заработок *m* согласно коллективному договору; **-vereinbarung** *f* тарифное соглашение *n*; **-verhandlungen** *pl* переговоры *pl* по тарифам

Tarifvertrag *m* тарифное соглашение *n*, коллективный трудовой договор *m*; **einen ~ abschließen** заключить тарифное соглашение; **den ~ ändern** изменить (пересмотреть) тарифное соглашение; **den ~ aufheben** аннулировать тарифное соглашение; **einen ~ aushandeln** вести переговоры о заключении коллективного договора; **den ~ einhalten** соблюдать положения коллективного договора

tarifvertraglich по тарифному соглашению; **~ vereinbarte Löhne** *pl* заработная плата *f* согласно тарифному соглашению

Tarifvertrags|gesetz *n* закон *m* о тарифных соглашениях, закон *m* о порядке заключения коллективных трудовых договоров; **-partei** *f* сторона *f* в коллективном договоре; **-recht** *n* право *n* на заключение коллективного договора

Tarif|vorrang *m* приоритет *m* тарифного договора над коллективным договором на предприятии; **-werte** *pl* акции *pl* предприятий электро-, водо- и газоснабжения; **-zuständigkeit** *f* полномочие *n* на заключение коллективного договора

Tarnwerbung *f* закамуфлированная реклама *f*

tätig деятельный, активный; занятый, работающий; **~ sein** работать; **beruflich ~** работающий по специальности

Tätige *m* работающий *m*, работник *m*; **freiberuflich -r** лицо *n* свободной профессии; **in der Landwirtschaft -r** работник *m* сельского хозяйства;

selbständig -r занятый *m* собственным делом (бизнесом), работающий *m* не по найму; **unselbständig -r** наемный работник *m*

tätigen совершеть, осуществлять, заключать, **eine Bestellung ~** совершить заказ, заказать; **ein Geschäft ~** заключить сделку; **einen Kauf ~** произвести (совершить) покупку; заключить сделку купли-продажи; **Verkäufe ~** осуществлять продажу

Tätigkeit *f* деятельность *f*; работа *f*; занятие *n*; **eine ~ aufnehmen** начать работу (деятельность); **eine ~ ausüben** заниматься работой (деятельностью); **berufliche ~** производственная (профессиональная) деятельность *f*, работа *f* по специальности; **bisherige ~** прежняя работа *f*; **ehrenamtliche ~** работа *f* на общественных началах; **freiberufliche ~** самостоятельная работа *f* (деятельность *f*), работа *f* не по найму, свободнопрофессиональная деятельность *f*; **geschäftliche ~** коммерческая деятельность *f*, занятие бизнесом; **gewerbliche ~** *(Fin, Steuer)* коммерческая предпринимательская деятельность *f*; **~ in der Industrie** работа *f* в промышленности; **~ in der Landwirtschaft** работа *f* в сельском хозяйстве; **selbständige ~** занятие *n* самостоятельным делом (бизнесом), работа *f* не по найму; **unselbständige ~** работа *f* по найму; **vorübergehende ~** временная работа *f*; **wirtschaftliche ~** экономическая деятельность *f*

Tätigkeits|bereich *m* сфера *f* (область *f*) деятельности; **-bericht** *m* отчет *m* о деятельности; **-dauer** *f* трудовой стаж *m*; **-gebiet** *n* сфера *f* (область *f*) деятельности; **-zeit** *f* рабочее время *n*

Tatsache *f* факт *m*; **-n angeben** сообщать (приводить) факты; **-n darlegen** излагать факты; **den -n entsprechen** соответствовать фактам; **anerkannte ~** признанный факт *m*; **feststehende ~** установленный факт *m*; **wesentliche -n** важные факты *pl*

Tatsachen|bericht *m* сообщение *n* (отчет *m*) на основе фактического материала; **-entscheidung** *f* решение *n*, принимаемое на основе фактических данных; **-feststellung** *f* констатация *f* фактов, обнаружение *n* фактов

tatsächlich фактический, действительный; **-e Auslagen** фактическая сумма *f* расходов; **-e Börsentransaktion** реальная биржевая сделка *f*

Tausch *m* обмен *m*, мена *f*; компенсационная (бартерная) сделка *f*; **einen ~ abschließen** заключить компенсационную сделку; **einen ~ durchführen (tätigen)** произвести обмен *m*, обменять

Tausch|angebot *n* предложение *n* обмена; **-anzeige** *f* объявление *n* об обмене; **-depot** *n* хранение *n* ценных бумаг в банке с правом их обмена

tauschen менять, обменивать; обменивать, меняться; **Waren ~** обмениваться товарами

Tausch|gegenstand *m* предмет *m* (объект *m*) обмена; **-geschäft** *n* бартерная (компенсационная) сделка *f*, свич *m*; **-gut** *n* предмет *m* обмена; **-handel** *m* бартерная торговля *f*, торговля *f* на компенсационной основе; **-mittel** *n* средство *n* обмена; **-mittelfunktion** *f* функция *f* средства обмена; **-objekt** *n* предмет *m* (объект *m*) обмена; **-transaktion** *f* бартерная (компенсационная) сделка *f*, свич *m*

Täuschung *f* обман *m*, введение *n* в заблуждение; заблуждение *n*, ошибка *f*

Täuschungsabsicht *f* намерение *n* ввести в заблуждение

Tauschverwahrung *f* хранение *n* ценных бумаг в банке с правом их замены

tauschweise путем обмена

Tauschwert *m* меновая стоимость *f*

Taxation *f* оценка *f*, определение *n* стоимости, таксация *f*, таксировка *f*

Taxations|gebühr *f* оценочный сбор *m*;

-liste *f* **(-verzeichnis** *n***)** оценочная ведомость *f*

Taxator *m* таксатор *m*, эксперт *m* по оценке, оценщик *m*

Taxe *f* такса *f*; расценка *f*; сбор *m*; **eine ~ bezahlen (entrichten)** уплатить таксу (расценку, сбор); **laut ~** по таксе

taxen оценивть, таксировать

Tax-Free-Cheque *m* чек *m* (квитанция *f*) на получение суммы уплаченного налога на добавленную стоимость

taxieren определять стоимость, оценивать, таксировать; **den Anteil ~** оценить долю; **ein Grundstück ~** определить стоимость земельного участка; **den Wert ~** определить стоимость

Taxierung *f* оценка *f*, определение *n* стоимости, таксация *f*, таксировка *f*

Taxkurs *m* цена *f* (стоимость *f*) согласно оценке, оценочная стоимость *f*

Tax-Refund возврат *m* на (таможне) уплаченного налога на добавленную стоимость

Taxwert *m* оценочная стоимость *f*, стоимость *f* согласно оценке

Team *n* команда *f*, коллектив *m*, группа *f* специалистов, связанная выполнением работ по проекту; **ein ~ aufbauen** создать коллектив (группу) для работы над проектом; **ein ~ zusammenstellen** составить коллектив (группу) для работы над проектом

Team|arbeit *f* работа *f*, проводимая группой специалистов в рамках проекта; **-besprechung** *f* собрание *n* коллектива (группы) специалистов; обсуждение проблем в коллективе (группе) специалистов; **-entwicklung** *f* становление *n* (развитие *n*) коллктива; **-fähigkeit** *f* способность *f* к работе в коллективе; **-management** *n* управление *n* командой (группой) специалистов; **-organisation** *f* организация *f* команды (группы) специалистов; **-work** работа *f*, проводимая группой специалистов в рамках проекта

Technik *f* техника *f*; технические средства *f*; технология *f*; **moderne ~** coвеременная техника *f*

Techniken *pl* методы *pl*; приемы *pl*; методика *f*; **~ der Entscheidung** методика *f* принятия решения; **~ der Führung** методы *pl* (приемы *pl*) руководства

Technik|kompetenz *f* техническая компетенция *f*, компетентность *f* в области техники; **-verständnis** *n* понимание *n* технических проблем

technisch технический; **-e Abschreibung** *f* метод *m* начисления износа пропорционально объему выполненной работы; **-e Angaben** *pl* технические данные *pl*; **-e Beratung** *f* техническая консультация *f*, консультация *f* по техническим вопросам; **-er Fortschritt** *m* технический прогресс *m*; **-e Kurserholung** *f* оживление *n* (на рынке), вызываемое текущми рыночными факторами

technisieren внедрять технику, механизировать

Technisierung *f* внедрение *n* техники, механизация *f*

Technologie *f* технология *f*; **eine ~ einführen** внедрять (новую) технику; **eine ~ entwickeln** развивать (новую) технологию; **fortschrittliche ~** передовая (прогрессивная) технология *f*; **führende ~** ведущая (передовая) технология *f*

Technologie-Aktien *pl (Bö, Fin)* технологические акции *pl*

Technologie|austausch *m* обмен *m* технологиями; **-beratung** *f* консультация *f* по проблемам технологий; **-entwicklung** *f* развитие *n* технологии; **-export** *m* экспорт *m* технологии; **-förderung** *f* стимулирование *n* развития технологии; **-hilfe** *f* технологическая помощь *f*; **-management** *n* руководство *n* технологической политикой; **-politik** *f* технологическая политика *f*; **-transfer** *m* передача *f* технологии; **-wettlauf** *m* соревнование *n* в области технологии

technologisch технологический; **-es Know-how** *n* технологическое ноу-хау *n*, ноу-хау в области технологии; **-er Rückstand** *m* отставание *n* в области технологии; **-er Vorsprung**

m превосходство *n* (преимущество *n*) в технологии

Teesteuer *f* акциз *m* (налог *m*) на чай

Teil *m* часть *f*, доля *f*; акция *f*; сторона *f*; **in gleichen -en** равными частями; **zu gleichen -en** поровну, равными частями; **zum ~** частично; **vertragsschließender ~** договаривающаяся сторона *f*

Teil *n* деталь *f*; элемент *m*; **bezogene -e** поставляемые детали *pl*; **ersetztes ~** замененная деталь *f*; **mangelhaftes ~** дефектная деталь *f*

Teil|abnahme *f* принятие *n* (приемка *f*) только части товаров; **-abrechnung** *f* частичный бухгалтерский учет *m*; **-adressierung** *f* *(V&M)* адресация для массовой рассылки; **-abtretung** *f* частичная уступка *f*; **-akzept** *n* частичный (неполный) акцепт *m*; **-anspruch** *m* частичное требование *n*; **-aufgabe** *f* частная задача *f*, подзадача *f*; **-auflösung** *f* частичная ликвидация *f*; **-auftrag** *m* частичный заказ *m*; **-ausführung** *f* частичное (неполное) исполнение *n*, *(Bö)* выполнение *n* поручения не за одну трансакцию, неполное исполнение *n* (поручения); **-ausschreibung** *f* приглашение *n* принять участие в конкурсе, рассылаемое ограниченному числу фирм; **-automatisierung** *f* частичная автоматизация *f*; **-belastung** *f* частичная загрузка *f* (нагрузка *f*); **-bereich** *m* отдел *m*, подразделение *n*; участок *m*; **-betrag** *m* часть *f* суммы; частичный платеж *m*, взнос *m*; часть *f* (серия *f*) займа; **-betrieb** *m* часть *f* предприятия, работающая на полном хозрасчете; **-bilanz** *f* частичный (промежуточный) баланс *m*; **-charter** *m* договор *m* фрахтования части судна

Teile|austausch *m* замена *f* (дефектных) деталей; **-fertigung** *f* производство *n* (изготовление *n*) деталей; **-hersteller** *m* предприятие *n* (изготовитель *m*) деталей

Teil|eigentum *n* долевая собственность *f*; **-eigentümer** *m* долевой собственник *m*

teileingezahlt частично оплаченный; **-e Aktien** *pl* частично оплаченные акции *pl*

Teil|einlösung *f* частичный выкуп *m*, частичная уплата *f*; **-emission** *f* частичный выпуск *m*, частичная эмиссия *f*

teilen делить, подразделять, разделять; **Kosten ~** делить расходы

Teil|entschädigung *f* частичное возмещение *n*, частичная компенсация *f*; **-erfassung** *f* частичный учет *m*; **-ergebnis** *n* частичный (промежуточный) результат *m*; **-erhebung** *f* частичный учет *m*; частичное взимание *n* налогов; **-erlass** *m* частичное освобождение *n* (от налогов); **-erzeugnis** *n* полуфабрикат *m*; комплектующее изделие *n*; **-finanzierung** *f* частичное финансирование *n*; **-forderung** *f* частичное требование *n*; **-funktion** *f* частная функция *f*; **-gewinnabführungsvertrag** *m* договор *m* о переводе части прибыли другому предприятию

teilhaben участвовать, быть участником (пайщиком)

Teilhaber *m* пайщик *m*, компаньон *m*, совладелец *m*; участник *m*; **als ~ aufnehmen** принимать в качестве компаньона; **den ~ auszahlen** выкупить долю партнера; **als ~ eintreten** входить в дело на правах компаньона; **die ~ auskaufen** выкупить пай компаньонов; **stiller ~** негласный компаньон *m*

Teilhaberpapiere *pl* ценные бумаги *pl*, являющиеся долей участия и подтверждающие право на совладение

Teilhaberschaft *f* участие *n*; членство *n*; партнерство *n*; товарищество; **stille ~** негласное товарищество *n* (участие *n*)

Teilhaberversicherung *f* страхование *n* жизни компаньонов

Teil|hafter *m* член *m* товарищества с ограниченной ответственностью, коммандитист *m*; **-haftung** *f* ограниченная (частичная) ответственность *f*; **-indossament** *n* неполный (частичный) индоссамент *m*; **-kapazität** *f* частичные мощности *pl*; **-kaskoversicherung** *f* частичное страховние *n* транспортных средств; **-konnossement** *n* коносамент *m* на одну партию товара; **-konzern** *m* субконцерн *m*, частичный концерн *m*; **-kosten** *pl* частичные издержки *pl*; **-kostenkalkulation** *f* **(-kostenrechnung** *f* **)** частичный расчет *m* затрат; прямое отнесение *n* на продукт накладных расходов; **-kündigung** *f* изменение *n* некоторых условий трудового соглашения; **-ladung** *f* частичный груз *m*; **-leistung** *f* частичное исполнение *n*, частичная выработка *f*; **-lieferung** *f* частичная поставка *f*, поставка *f* частями; **-markt** *m* частичный рынок *m*, часть *f* рынка; **-montage** *f* пооперационная сборка *f*

Teilnahme *f* участие *n*; соучастие *n*; **die ~ zusagen** дать согласие на участие; **~ an der Betriebsversammlung** участие *n* в собрании трудового коллектива

Teilnahme|antrag *m* заявка *f* на участие; **-bedingungen** *pl* условия *pl* участия

teilnahmeberechtigt имеющий право на участие

Teilnahmegebühr *f* плата *f* за участие, организационный сбор *m*

Teilnehmer *m* участник *m*

Teilnehmer|ausweis *m* удостоверение *n* участника; **-land** *n* странаучастница *f*; **-verzeichnis** *n* список *m* участников

Teil|nichtigkeit *f* недействительность *f* части правовой сделки; **-plan** *m* часть *f* (раздел) плана; **-privatisierung** *f* частичная приватизация *f*; **-prozess** *m* отдельная фаза *f* процесса; **-rente** *f* пенсия *f* при частичной утрате трудоспособности; **-reparatur** *f* частичный ремонт *m*; **-rückzahlung** *f* частичное погашение долга; **-schaden** *m* частичный убыток *m* (ущерб *m*); **-schuldner** *m* долевой должник *m*; **-schuldverschreibung** *f* долговое обязательство *n*; парциальная облигация *f*; **-sendung** *f* поставка *f* частями; **-system** *n* подсистема *f*; **-übernahme** *f* частичная покупка *f*; принятие *n* на себя части обязательств

Teilung *f* деление *n*, разделение *n*, раздел *m*; **~ des Nachlasses** раздел *m* наследства; **~ des Unternehmens** разделение *n* предприятия

Teilungs|abkommen *n* соглашение *n* о распределении ответственности за нанесенный ущерб; **-anordnung** *f* завещательное распоряжение *n* о разделе наследства; **-beschluss** *m* решение *n* о разделе; **-klage** *f* иск *m* о разделе общей собственности; **-kosten** *pl* расходы *pl*, связанные с разделом; **-masse** *f* масса *f*, подлежащая распределению между кредиторами; **-plan** *m* план *m* распределения выручки от продажи на аукционе; **-versteigerung** *f* принудительная продажа *f* с аукциона с целью ликвидации общества

Teil|urlaub *m* частичный отпуск *m*; **-verladung** *f* частичная отгрузка *f*; **-verkauf** *m* частичная продажа *f*; **-verlust** *m* частичный убыток *m*; **-versand** *m* отгрузка *f* (отправка *f*) партиями; **-wert** *m* частичная стоимость *f*; стоимость *f* фирмы, работа которой будет продолжаться после ее приобретения; **-wertabschreibung** *f* частичное списание *n* стоимости

Teilzahlung *f* уплата *f* в рассрочку; частичный взнос *m* (платеж *m*); **auf ~ kaufen** покупать в рассрочку; **-en einhalten** соблюдать сроки уплаты в рассрочку; **~ einräumen** предоставить возможность уплаты в рассрочку; **-en leisten** платить в рассрочку, вносить частичные взносы при уплате в рассрочку; **monatliche ~** ежемесячный взнос *m* при уплате в рассрочку

Teilzahlungs|bank *f* банк *m* потребительского кредита; **-geschäft** *n* бизнес *m* на условиях платежа в рассрочку; сделка *f* на условиях платежа в рассрочку; **-kauf** *m* покупка *f* в рассрочку; **-kredit** *m* кредит *m* (ссуда *f*) с погашением в рассрочку; **-preis** *m* цена *f* при покупке товаров в рассрочку; **-rate** *f* частичный платеж *m*, очередной взнос *m*

Teilzeit *f* неполное рабочее время *n*, работа *f* на неполную ставку

Teilzeit|arbeit *f* работа *f* неполный рабочий день, неполная занятость *f*; **-arbeitnehmer** *m* работник *m*, занятый неполный рабочий день; **-arbeitsplatz** *m* рабочее место *n* (работа *f*) на неполный рабочий день; **-beschäftigte** *m* работник *m*, занятый неполный рабочий день; **-beschäftigung** *f* неполная занятость *f*; **-job** *m* работа *f* неполный рабочий день

Teilzuteilung *f* распределение *n* ценных бумаг (при избыточной подписке)

Telebanking *n (Bank)* банковские операции *pl*, осуществляемые с помощью средств телекоммуникации, телебанкинг *m*

Telefax *n* телефакс *m*

Telefonat *n* телефонный разговор *m*; телефонограмма *f*

Telefon|anschluss *m* телефонная связь *f*; подключение *n* телефона; **-buch** *n* телефонный справочник *m*; **-gebühren** *pl* плата *f* за пользование телефоном; **-gespräch** *n* телефонный разговор *m*, разговор *m* по телефону; **-handel** *m* торговля *f* по телефонным заказам; внебиржевая торговля *f* ценными бумагами, внебиржевой рынок *m* ценных бумаг

telefonieren звонить по телефону, передавать по телефону

telefonisch телефонный; по телефону; **~ anfragen** запрашивать по телефону; **~ durchgeben** передавать по телефону; **~ erteilter Auftrag** *m* заказ *m*, сделанный по телефону

Telefon|kurs *m* курс *m* ценных бумаг на внебиржевом рынке; **-marketing** *n* маркетинг *m*, проводимый по телефону; **-netz** *n* телефонная сеть *f*; **-rechnung** *f* счет *m* за пользование телефоном; **-verkauf** *m* продажа *f*, производимая по телефону

Telefonverkehr *m* телефонная связь *f*; внебиржевой рынок *m* ценных бумаг; **im ~ handeln** проводить операции на внебиржевом рынке ценных бумаг

Telefonwerte *pl* ценные бумаги *pl* внебиржевого рынка

telegrafieren телеграфировать, передавать по телеграфу

telegrafisch телеграфный, по телеграфу; **Geld ~ überweisen** переводить деньги по телеграфу

Telegramm *n* телеграмма *f*; **ein ~ aufgeben** передать телеграмму

Tele|handel *m* торговля *f* с использованием средств телекоммуникации; **-kommunikation** *f* телекоммуникация *f*

Telekommunikations|dienstleistungen *pl* телекоммуникационные услуги *pl*; **-infrastruktur** *f* телекоммуникационная инфраструктура *f*; **-mittel** *n* средства *pl* телекоммуникации; **-netz** *n* сеть *f* телекоммуникации; **-unternehmen** *n* телекоммуникационное предприятие *n*

Telemarketing *n* телемаркетинг *m*

Telex *n* телекс *m*

Telexverkehr *m* телексная связь *f*

Telquel|klausel *f* оговорка *f* в договоре, при которой качество товара не гарантируется; **-kurs** *m* валютный курс *m* "тель-кель", валютный курс *m* без процентов и прочих издержек

Tempo *f* темп *m*, скорость *f*; **das ~ einhalten** соблюдать темп (скорость); **das ~ erhöhen** повысить темп (скорость); **das ~ verlangsamen** замедлить темп (скорость)

Tempo|erhöhung *f* повышение *n* (увеличение *n*) скорости; **-rückgang** *m* снижение *n* скорости (темпа), отставание *n*

Tendenz *f* тенденция *f*; **die ~ war behauptet** тенденция сохранилась; **die ~ war freundlich** тенденция была благоприятной; **fallende ~** тенденция *f* к понижению, понижательная тенденция; **feste ~** тенденция *f* к стабилизации, устойчивая тенденция *f*; **leichtere ~** тенденция *f* к понижению; **sinkende ~** тенденция *f* к понижению, понижательная тенденция *f*; **steigende ~** тенденция *f* к повышению, повышательная тенденция *f*; **vorherrschende** ~ доминирующая тенденция *f*

Tendenzbetrieb *m* предприятие *n*, преследующее главным образом некоммерческие цели

Tender *m* тендер *m*, объявление *n* открытого конкурса на размещение заказов (подрядов)

Tenderverfahren *n* проведение *n* торгов (по распространению выпуска ценных бумаг)

tendieren иметь (проявлять) тенденцию; **fest** ~ иметь устойчивую тенденцию; **fester** ~ проявлять тенденцию к укреплению; **freundlich** ~ иметь благоприятную (повышательную) тенденцию; **leichter** ~ проявлять тенденцию к понижению; **nach oben** ~ иметь тенденцию к росту; **nach unten** ~ иметь тенденцию к понижению; **schwächer** ~ проявлять тенденцию к понижению

Termin *m* (установленный, назначенный) срок *m*, дата *f*; (назначенная) встреча *f*; заседание *n* суда; слушание *n* дела; **einen ~ abstimmen** согласовать срок; **einen ~ anberaumen** назначить срок (встречу); **den ~ bekanntgeben** объявить срок, сообщить о сроке; **den ~ einhalten** соблюсти установленный срок; **einen ~ festsetzen** определить (установить) срок; **per ~ kaufen** покупать на срок (с будущей поставкой); **per ~ verkaufen** продавать на срок (с будущей поставкой); **einen ~ setzen** установить срок; **sich auf einen ~ einigen** договориться о сроке; **einen ~ vorschlagen** предложить срок (встречу); **einen ~ wahrnehmen** соблюдать установленный срок, выполнить договоренность о встрече; **äußerster** ~ крайний срок *m*; **bindender** ~ обязательный срок *m*; **fester** ~ твердый срок *m*; **festgesetzter** ~ назначенный (установленный) срок *m*; **frühester ~ für die Fertigstellung** ранний срок *m* окончания работ; **letzter** ~ последний срок *m*; **vorgesehener** ~ намеченный срок *m*; намеченная встреча *f*; **~ zur mündlichen Verhandlung** дата *f* слушания дела

Termin|ablauf *m* окончание *n* срока; **-abschluss** *m* контракт *m* (сделка *f*) на срок, срочная сделка *f*, срочный контракт *m*; **-änderung** *f* изменение *n* срока; **-arbeit** *f* работа *f*, выполнение которой запланировано к определенному сроку; **-bestimmung** *f* определение *n* сроков; **-börse** *f* срочная (фьючерская) биржа *f*, биржа *f* срочных сделок; **-darlehen** *n* срочная ссуда *f*; **-devisen** *pl* валюта *f*, продаваемая и покупаемая на срок; **-dollar** *pl* доллары *pl*, продаваемые и покупаемые на срок; **-einhaltung** *f* соблюдение *n* намеченного срока; **-einlagen** *pl* *(Bank, Fin)* срочные вклады *pl* (депозиты *pl*); краткосрочные депозиты *pl*; **-engagements** *pl* срочные обязательства *pl*, обязательства *pl* по срочным поставкам

termingebunden связанный установленным сроком

Termingelder *pl* срочные вклады *pl*; **~ mit Befristung bis unter 3 Monaten** срочные вклады *pl* (депозиты *pl*) на срок менее 3 месяцев; **~ mit Laufzeiten von 2 Jahren** срочные вклады *pl* (депозиты *pl*) на срок 2 года

Termingeld|konto *f* счет *m* срочного вклада; **-markt** *m* рынок *m* срочного капитала

termingemäß своевременный, в (установленный) срок; **-e Lieferung** *f* поставка *f* в срок

tremingerecht своевременный, в (установленный) срок; **-e Zahlung** *f* платеж *m* в установленный срок

Termingeschäft *n* срочная (фьючерская) сделка *f*, сделка *f* на срок; **bedingtes** ~ срочная сделка *f* с премией (неустойкой); **festes** ~ твердая сделка *f* на срок, твердая срочная сделка *f*

Terminhandel *m* купля-продажа *f* на срок; **~ in Devisen** срочные сделки *pl* с иностранной валютой; **-in Wertpapieren** срочные сделки *pl* с ценными бумагами

Terminierung *f* установление *n* срока; контемпоризация *f*

Termin|kalender *n* календарь-памятка *m*; **-karte** *f* контрольная карта *f* сроков исполнения заказов; **-kauf** *m* покупка *f* на срок, покупка с будущей поставкой; **-käufer** *m* покупатель *m* на срок; **-konto** *n* счет *m* срочного вклада; **-kontrakt** *m* срочный контракт *m*; **-kontrolle** *f* контроль *m* за соблюдением сроков; **-koordination** *f* координация *f* сроков; **-kurs** *m* курс *m* по срочным сделкам; долгосрочная учетная ставка *f*; **-lieferung** *f* срочная поставка *f*; **-markt** *m* рынок *m* срочных сделок; **-marktkontrakt** *m* контракт *m* на рынке срочных сделок; **-not** *f* нехватка *f* времени для исполнения в срок; **-notierung** *f* котировка *f* срочных сделок (контрактов); **-papiere** *pl* ценные бумаги *pl*, продающиеся с условием будущей поставки; ценные бумаги *pl* рынка срочных сделок; **-plan** *m* календарный план *m*, план-график *m*; **-planung** *f (Manag)* календарное планирование *n*, планирование *n* сроков, составление *n* план-графика; **-prämie** *f* премия *f* за соблюдение сроков исполнения; **-sicherung** *f* страхование *n* срочных сделок, страхование *n* на рынке срочных сделок; **-spekulation** *f* спекуляция *f* срочными сделками; **-steuerung** *f* контроль *m* за соблюдением сроков; **-treue** *f* соблюдение *n* сроков; **-überschreitung** *f* нарушение *n* сроков; **-überwachung** *f* контроль *m* за соблюдением сроков

Terminus *m* термин *m*, понятие *n*; срок *m* вступления в силу

Termin|vereinbarung *f* согласование *n* срока, договоренность *f* о встрече; **-verfolgung** *f* соблюдение *n* сроков; **-verkauf** *m* продажа *f* на срок, продажа *f* с будущей поставкой, срочная продажа *f* для страхования от возможного падения цен; **-verlängerung** *f* продление *n* срока, отсрочка *f*, пролонгация *f*; **-verletzung** *f* нарушение *n* сроков; **-verschiebung** *f* отсрочка *f*, продление *n* срока, пролонгация *f*; **-vorsprung** *m* опережение *n* срока; **-ware** *f* товар *m*, продаваемый по срочным сделкам; **-werte** *pl* ценные бумаги *pl* рынка срочных сделок; **-wesen** *n* планирование *n* и соблюдение *n* сроков; **-zusage** *f* согласие *n* на встречу (предложенный срок)

terms of payment срок *m* и условия *pl* платежа

term of trade условия *pl* (внешней) торговли

Tertiawechsel *m* вексель *m* терция, третий экземпляр *m* переводного векселя

Terzo *n* сделка *f* трех участников за совместный счет и риск

Test *m* тест *m*, проверка *f*; испытание *n*, проба *f*

Testament *n* завещание *n*; **sein ~ machen** сделать завещание; **eigenhändiges ~** собственоручное (холографическое) завещание *n*; **gemeinschaftliches ~** общее завещание *n* супругов

Testament|anfechtung *f* оспаривание *n* завещания; **-erbe** *m* наследник *m* по завещанию; **-eröffnung** *f* вскрытие *n* завещания; **-vollstreckung** *f* исполнение *n* завещания

Testat *n* заключение *n* ревизора по результатам проверки баланса

Test|markt *m* пробный рынок *m* для новых продуктов; **-verfahren** *n* метод *m* проверки (испытания)

teuer дорогой, дорого, по высокой цене; **~ kaufen** покупать по высокой цене

Teuerung *f* подорожание *n*, повышение *n* цен; дороговизна *f*; **anhaltende ~** непрекращающееся повышение *n* цен

Teuerung|rate *f* темп *m* роста дороговизны; **-tendenz** *f* тенденция *f* к повышению цен; **-welle** *f* волна *f* повышения цен; **-zulage** *f* **(-zuschlag** *m***)** надбавка *f* к заработной плате в связи с повышением цен

Text *m* текст *m* (рекламы)

Text|editor *m (Comp)* текстовый редактор *m*; **-datei** *(Comp)* текстовый файл; **-linktausch** *m (Comp)* обмен *m* текстовыми ссылками

texten сочинять (составлять) тексты (для рекламы)

Texter *m* составитель *m* рекламных текстов

Textverarbeitung *f* обработка *f* текста

Textverarbeitungsprogramm *n (Comp)* текстовый процессор *m*

Textil|erzeugnisse *pl* текстильные изделия *pl*; **-fabrik** *f* текстильная фабрика *f*

Textilien *pl* текстиль *m*, текстильные товары *pl*; **~ führen** торговать текстильными товарами

Textil|industrie *f* текстильная промышленность *f*; **-kaufmann** *m* торговец *m* текстильными товарами; **-waren** *pl* текстильные товары *pl*; **-wirtschaft** *f* текстильная промышленность *f*

Theorie *f* теория *f*; **in ~ und Praxis** в теории на практике; **~ vom abnehmenden Bodenertrag** теория *f* убывающего плодородия почвы

thesaurieren тезаврировать, накапливать; удерживать, сохранять

Thesaurierung *f* тезаврирование *n*, накопление *n*; удержание *n*, сохранение *n*; **~ der Erträge** накопление *n* (сохранение *n*) доходов; **~ von Gewinnen** удержание *n* прибылей от распределения

Thesaurierungsfonds *m* фонд *m* накопления

Ticket *n* билет *m*

Tief *n* спад *m*; застой *m*; **ein ~ erleben** переживать период спада (застоя)

Tief|bau *m* подземные работы *pl*, подземное строительство *n*; **-kühlkost** *f* продукты *pl* питания подвергающиеся глубокому замораживанию; **-kühlung** *f* глубокое замораживание *n* (охлаждение *n*)

Tiefpunkt *m* низшая точка *f*; **den ~ erreichen** достичь низшей точки; **den ~ überwinden** перейти (преодолеть) низшую точку; **~ der Rezession** низшая точка *f* экономического спада

Tiefstand *m* низкий уровень *m*; депрессия *f*, неблагоприятная конъюнктура *f*

Tiefstkurs *m* самый низкий курс *m*

Tiefststand *m* самый низкий (низший) уровень *m*; **den ~ erreichen** достичь самого низкого уровня

Tier|haltung *f* содержание *n* скота; **-transport** *m (Transp)* перевозка *f* скота; **-zucht** *f* жиивотноводство *n*

tilgbar погашаемый, подлежащий погашению

tilgen погашать, возвращать (уплачивать) долг; **eine Anleihe vorzeitig ~** досрочно погасить заем; **Schulden ~** уплатить долги, погасить задолженность

Tilgung *f* погашение *n*, уплата *f* долга; **zur ~ aufrufen** потребовать предъявления ценных бумаг на погашение; **~ der Anleihe** погашение займа; **~ einer Hypothek** выкуп *m* закладной, погашение *n* ипотеки; **~ einer Schuld** погашение *n* (уплата *f*) долга; **~ von Krediten** погашение *n* кредитов

Tilgungs|anleihe *f* заем *m*, погашение которого происходит разными частями в различные сроки; **-aufforderung** *f* требование *n* предъявить ценные бумаги для погашения; **-aussetzung** *f* прекращение *n* погашения; **-bedingungen** *pl* условие *n* погашения; **-beginn** *m* начало *n* погашения; **-betrag** *m* сумма *f* взноса в счет погашения; **-darlehen** *s.* **Ratendarlehen**; **-dauer** *f* срок *m* (период *m*) погашения; **-fonds** *m* фонд *m* погашения, амортизационный фонд *m*

tilgungsfrei свободный (освобожденный) от погашения; **-e Jahre** *pl* годы *pl*, в которые погашение не предусмотрено

Tilgungs|frist *f* срок *m* (дата *f*) погашения; **-gewinn** *m* прибыль *f* при выкупе долговых обязательств по курсу ниже номинала, прибыль *f* от погашения; **-hypothek** *f* амортизационная ипотека *f*, залоговое обязательство *n*, погашаемое регулярными равными платежами; **-kapital** *n* амортизационный капитал *m*; **-leistung** *f* платеж *m* в счет погашения долга; **-plan** *m* план *m* (график *m*) погашения; **-rate** *f* процент *m* (доля *f*) погашения, платеж *m* в погашение; **-rücklage** *f* резерв *m* для погашения долга; **-streckung** *f* отсрочка *f* погашения, пролонгация *f* кредита; **-termin** *m* срок *m* (дата *f*) погашения; **-verpflichtungen** *pl* обязательства *pl* по погашению; **-versicherung** *f* страхование *n* жизни, при котором страховая сумма используется для погашения ипотечной ссуды; **-zahlung** *f* платеж *m* в погашение задолженности; **-zeitraum** *m* период *m* погашения

Time|management *n* организация *f* рабочего времени; **-sharing** распределение *n* времени; **-sheet** табель *f*, ведомость *f* учета времени, потраченного на погрузку и выгрузку судна

Tipp *m* совет *m*, указания *pl*; **einen ~ geben** дать совет, посоветовать

TIR (Transports Internationaux Routiers) международные перевозки *pl* по автострадам Европы

Titel *m* титул *m*; право *n* на имущество; заглавие *n*; название *n*; статья *f*; ценная бумага *f*; **des Etats ~** статья *f* бюджета; **vollstreckbarer ~** полагающееся к исполнению решение *n* суда; **zinssensitive ~** ценные бумаги *pl*, курс которых зависит от процентной ставки

Titelschutz *m* защита *f* авторского права на название

TMT-Aktien *pl s.* **Technologie-Aktien** *pl*

Tochter *f* дочернее предприятие *n*, дочерняя фирма *f* (компания *f*)

Tochtergesellschaft *f* дочерняя компания *f* (фирма *f*), филиал *m*; **inländische -en ausländischer Unternehmen** местные филиалы *pl* иностранных предприятий

Tochterunternehmen *n* дочернее предприятие *n*

Todesfallversicherung *f* страхование *n* на случай смерти

Toleranz *f* допуск *m*; терпимость *f*; **-en einhalten** соблюдать допуски

Toleranz|grenze *f* предельный допуск *m*, граница *f* допуска; **-klausel** *f* оговорка *f* о допустимом отклонении от договорного количества (качества)

tolerierbar допустимый; терпимый; **-e Planabweichungen** *pl* допустимые отклонения *pl* от плана

Tombstone публикация *f* в прессе о размещении выпуска ценных бумаг

Tools инструментарий

Tonnage *f* тоннаж *m*; грузоподъемность *f* в тоннах

Tonnagebedarf *m* потребность *f* в тоннаже

Tonne *f* тонна *f*

Tonnenkilometer *n* тонно-километр *m*

Tontine *f (Versich)* тонтина *f*

topaktuell сверхактуальный; **-e Information** *f* сверхактуальная информация *f*

Top|manager *m* топ-менеджер *m*, управляющий *m* высшего уровня; **-position** *f* высшее положение *n*, высшая должность *f*; **-produkt** *n* продукт *m* высшего качества; **unser -produkt** лучший (лучше всего идущий на рынке) продукт *m* нашей фирмы; **-qualität** *f* высшее качество *n*

total тотальный, всеобщий, полный; итого, всего

Total|ausverkauf *m* полная распродажа *f*; **-erfassung** *f* сплошной учет *m*; **-erhebung** *f* сплошное наблюдение *n*

Totalisatorsteuer *f (Steuer)* налог *m* на тотализатор

Total|rechnung *f* учет *m* результатов деятельности за все время существования предприятия; **-schaden** *m* полный (общий) ущерб *m*; конструктивная гибель *f* (имущества, автомобиля); **-verlust** *m* общий убыток *m*; безвозвратная потеря *f*

Totlast *m* вес *m* порожняка

Touren|optimierung *f* оптимизация *f* маршрутов движения; **-planung** *f* планирование *n* использования транспортных средств; **-verwaltung** *f* организация *f* и управление туристическими поездками

Touristenklasse *f* второй класс *m* (на международных авиалиниях)

Truckverbot *m* запрет *m* оплаты труда натурой

trade mark торговая марка *f*, товарный знак *m*

Trader *m (Bö)* трейдер *m*

Traditions|haus *n* фирма *f* с богатыми традициями; **-papier** *n* (товаро) распорядительный документ *m*;

-unternehmen *n* предприятие *n* с богатыми традициями
Trafik *f* киоск *m*
tragbar посильный, приемлемый; переносной; портативный; **-e Kosten** *pl* посильные (приемлемые) расходы *pl*; **sozial ~** приемлемый (допустимый) с социальной точки зрения
tragen нести, приносить; **Verluste ~** нести (терпеть) убытки
Träger *m* носитель *m*; представитель *m*; исполнитель *m*; обладатель *m*; организатор *m*; орган *m* (власти); бюро *n*; учреждение *n*; организация-исполнитель *f*; **öffentliche ~** государственные (муниципальные, общественные) учреждения *pl*; **~ öffentlicher Belange** учреждение *n*, выражающее общественные интересы; **~ der Sozialversicherung** организация *f* социального страхования; **~ von Rechten und Pflichten** субъект *m* прав и обязанностей; **~ der wirtschaftlichen Entscheidungen** лицо *n*, принимающей экономические решения
Trägerkapital *n s.* **Stammkapital** *n*
tragfähig способный нести нагрузку; эффективный; **-e Wirtschaftsordnung** *f* эффективный экономический строй *m*
Tragfähigkeit *f* грузоподъемность *f*; допустимая нагрузка *f*; несущая способность *f*; **finanzielle ~** финансовая состоятельность *f*
Trainee *m* обучаемый *m*, стажер *m*
Trainer *m* инструктор *m*, преподаватель *m*
Training *n* обучение *n*, подготовка *f*; **~ off the job** обучение *n* вне предприятия; **~ on the job** обучение *n* по месту работы; **~ des Personals** обучение *n* персонала
Trainingsaufwand *m* затраты *pl* на обучение (подготовку)
Tramp|fahrt *f* трамповое плавание *n*, трамповый рейс *m*; **-schiff** *n* трамповое судно *n*
Tranche *f* тираж *m*, серия *f*; часть *f*; **~ einer Anleihe** серия *f* займа; **~ eines Kontingents** часть *f* квоты
Transaktion *f* сделка *f*, операция *f*
Transaktionkasse *f* трансакционный мотив *m*
Transfer *m* передача *f*; трансферт *m*; перевод *m*; **~ des Kapitals** перевод *m* (перемещение *n*) капитала; движение *n* капитала; **~ der Technologie** передача *f* технологии; **~ von Know-how** передача *f* ноу-хау
Transfer|abkommen *n* соглашение *n* о трансферте (валютных операциях); **-einkommen** *n* доход *m*, поступивший из-за границы; **-erleichterungen** *pl* льготы *pl* при переводе (трансферте); **-garantie** *f* гарантия *f* перевода (трансферта); **-gebühr** *f* сбор *m* с зарубежных денежных переводов
transferieren передавать; переводить; **Gelder auf ein Auslandskonto ~** переводить деньги на счет в зарубежном банке
Transfer|klausel *f* оговорка *f* о переводе (трансферте); **-leistungen** *pl* государственные субсидии *pl* нуждающимся; переводные (трансфертные) платежи *pl*; **-moratorium** *n* одностороннее прекращение *n* переводов (трансферта); **-preis** *m* расчетная цена *f* поставок и платежей между предприятиями концерна, расположенными в разных странах; **-risiko** *n* трансфертный риск *m*
Transfers *pl* (**Transferzahlungen** *pl*) государственные субсидии *pl* частным лицам и предприятиям
Transit *m* транзит *m*; провоз *m*; **im ~ transportieren** провозить транзитом
Transit|abgabe *f* транзитный сбор *m*; **-abkommen** *n* соглашение *n* о транзите; **-ausfuhr** *f* экспорт *m*, осуществляемый через территорию третьих стран; **-einfuhr** *f* импорт *m*, осуществляемый через территорию третьих стран; **-erklärung** *f* транзитная таможенная декларация *f*; **-geschäft** *n* транзитная операция *f*, транзитные перевозки *pl*; **-gut** *n* транзитный груз *m*; **-hafen** *m* транзитный порт *m*; **-handel** *m* транзитная торговля *f*
transitieren проводить транзитом,

осуществлять транзитные перевозки

Transit|kosten *pl* расходы *pl* (затраты *pl*) по транзитной перевозке; **-lager** *n* склад *m* для транзитного груза; **-land** *n* страна *f* транзита

transitorisch переходящий; **-e Aktiva** *pl* расходы *pl* будущих периодов; **-e Passiva** *pl* переходящие пассивы *pl*, доходы будущих периодов; **-e Posten** *pl* переходящие статьи *pl* балансов

Transitorium *n* переходящая статья *f*

Transit|route *f* транзитный маршрут *m*; **-schein** *m* транзитный сертификат *m*; **-sendung** *f* партия *f* транзитного груза; **-tarif** *m* транзитный тариф *m*; **-verkehr** *m* транзитные перевозки *pl*, транзитное движение *n*; **-versand** *m* отправка *f* транзитного товара; **-ware** *f* транзитный товар *m*; **-zoll** *m* транзитная пошлина *f*

transnational транснациональный; **-es Unternehmen** *n* транснациональная корпорация *f* (компания *f*)

transparent прозрачный; наглядный; доступный; четкий; **~ machen** делать наглядным (доступным); **-e Ziele** *pl* ясные (четкие) цели *pl*

Transparenz *f* прозрачность *f*; допустимость *f* (для наблюдения, анализа), наглядность *f*, четкость *f*

Transport *m* транспорт *m*, средства *pl* сообщения, перевозка *f*, провоз *m*, транспортировка *f*; **mit dem ~ beauftragen** поручить перевозку груза; **den ~ übernehmen** браться за перевозку груза; **den ~ übertragen** поручить перевозку груза; **~ auf dem Luftwege** перевозка *f* воздушным путем (транспортом); **~ auf dem Seewege** перевозка *f* морским путем (транспортом); **auf dem ~ befindliche Waren** грузы *pl* в пути; **auf dem ~ beschädigt** поврежденный во время перевозки; **innerbetrieblicher ~** перевозки *pl* внутри предприятия; **~ mit Carnet TIR** перевозки *pl* с таможенной сопроводительной книжкой; **~ per Bahn** перевозки *pl* по железной дороге, железнодорожные перевозки *pl*; **~ per LKW** перевозки *pl* на грузовых автомобилях, автомобильные перевозки *pl*; **~ von Gütern** перевозка *f* грузов; **~ der Ware** перевозка *f* товара

transportabel годный к перевозке, транспортабельный

Transport|abkommen *n* соглашение *n* о транспортных перевозках; **-anweisungen** *pl* указания *pl* (инструкция *f*) по перевозке; **-art** *f* вид *m* (способ *m*) перевозки; **-aufkommen** *n* вся масса *f* грузов, поступивших для перевозки; **-auftrag** *m* транспортное поручение *n*; **-bedarf** *m* потребность *f* в перевозках; **-bedingungen** *pl* условия *f* перевозки; **-behälter** *m* контейнер *m*; **-belastungen** *pl (Transp)* воздействия *pl* на товар при транспортировке; **-berechtigung** *f (Transp)* право *n* на транспортировку (опасных грузов); **-bescheinigung** *f* транспортная накладная *f*; **-betrieb** *m* транспортное предприятие *n*; **-dokument** *n* транспортная накладная *f*

transportfähig годный к первозке, транспортабельный

Transportfähigkeit *f* провозная (пропускная) способность *f*

Transport|gefahr *f* транспортный риск *m*; **-geschäft** *n* сделка *f* на перевозку (транспортировку); **-gewerbe** *n* транспорт *m*, транспортно-экспедиционное дело *n*

Transport|haftung *f* ответственность *f* перевозчика груза за сохранность груза

transportieren перевозить, транспортировать

Transport|kapazität *f* провозная (пропускная) способность *f*; **-koordinierung** *f* координация *f* перевозок; **-kosten** *pl* расходы *pl* (издержки *pl*) на перевозку, транспортные расходы *pl*; плата *f* за провоз; **-leistungen** *pl* транспортные услуги *pl*; **-los** *n* транспортная партия *f*; **-menge** *f* объем *m* перевозок; **-mittel** *pl* транспортные средства *pl*; **-möglichkeiten** *pl* возможности *pl* перевозки; **-optimierung** *f* оптимизация *f* транспортных перевозок; **-papiere** *pl* погрузочные (транспортные) документы *pl*; **-plan** *m* план *m* перевозок; **-planung** *f* планирование *n* перевозок; **-risiko** *n* транспортный риск *m*; **-schaden** *m* повреждение *n* груза при перевозке; **-tarif** *m* транспортный тариф *m*; **-übernahme** *f* принятие *n* груза к перевозке; **-unternehmen** *n* транспортное предприятие *n* (общего пользования), транспортный подрядчик *m*; **-verpackung** *f* упаковка *f*, пригодная для транспортировки груза; **-versicherung** *f* страхование *n* от транспортного риска, транспортное страхование *n*; **-vertrag** *m* контракт *m* на перевозку; **-volumen** *n* объем *m* перевозок; **-weg** *m* маршрут *m* перевозки; **-wesen** *n* транспортное дело *n*

Trassant *m* трассант *m*; лицо *n*, выставляющее переводной вексель (тратту)

Trassat *m* трассат *m*; лицо *n*, обязанное уплатить по переводному векселю (тратте)

trassieren трассировать, выставлять тратту, представлять вексель к акцептованию

trassiert трассированный, представленный к акцептованию; **-er Wechsel** *m* вексель *m*, представленный к акцептованию

Trassierung *f* выставление *n* тратты (векселя)

Trassierungskredit *m* акцептно-рамбурсный кредит *m*, кредит *m* под залог переводного векселя

Tratte *f* переводной вексель *m*, тратта *f*; **eine ~ ankaufen** инкассировать (учесть) переводной вексель; **eine ~ einlösen** оплатить (акцептовать) тратту; **eine ~ einziehen** инкассировать тратту; **eine ~ mit einem Akzept versehen** акцептовать тратту

Tratten|ankauf *m* учет *m* переводных векселей; **-avis** *n (m)* извещение *n* трассантом трассата о пуске тратты в оборот; **-buch** *n* вексельная книга *f*, журнал *m* учета переводных векселей; **-inkasso** *n* инкассо *n* (инкассирование *n*) тратты; **-kauf** *m* банковский кредит *m*, осуществляемый путем учета документированных тратт

Travellerscheck *m* дорожный (туристический) чек *m*; аккредитив *m*

Treasury-Bond *m* казначейский вексель *m*

Treffen *n* встреча *f*

Treffpunkt *m* место *n* встречи

treiben заниматься; **Handel ~** торговать, заниматься торговлей

Treibstoff *m* топливо *n*, горючее *n*; **fester ~** твердое топливо *n*; **flüssiger ~** жидкое топливо *n*

Treibstoff|einsparung *f* экономия *f* топлива; **-mangel** *m* нехватка *f* (дефицит *m*) топлива; **-steuer** *f* налог *m* на топливо; **-vorrat** *m* запас *m* топлива

Trend *m* тренд *m*, тенденция *f*; **den ~ aufgreifen** уловить тенденцию; **im ~ liegen** учитывать тенденции развития; **den ~ ermitteln** определять (выявлять) тенденцию; **technologischer ~** направление *n* развития технологии

Trend|ermittlung *f* выявление *n* тенденции развития; **-linie** *f (Bö)* линия *f* тенденции, линия *f* тренда; **-prognose** *f* прогноз *m* тенденции развития; **-wende** *f* изменение *n* тенденции развития

Trennung *f* отделение *n*; разделение *n*; расторжение *n*; **~ der Entgelte** раздельное указание *n* видов платежей и выручки при уплате налога с оборота

Trennungs|entschädigung *f* неустойка *f*; выходное пособие *n*; **-geld** *n* **(-zulage** *f***)** командировочные *pl*

Treppenzins *m (Bank, Fin)* ступенчатая процентная ставка *f*

Tresor *m* банковское хранилище *n*; сейф *m*

Tresor|fach *n* сейф *m*; **-fachmiete** *f* плата *f* за пользование сейфом

Treue|pflicht *f* обязанность *f* добросовестно выполнять служебные обязанности; **-rabatt** *m* скидка *f* с цены за длительные деловые связи

Treu|geber *m* лицо *n*, передающее право собственности на имущество кредитору; **-gut** *n* имущество *n*, управляемое по доверенности;

-hand *f* опека *f*, управление имуществом по доверенности

Treuhand|anstalt *f* опекунский совет *m*; ведомство *n* по управлению государственной собственностью в новых землях ФРГ; **-betrieb** *m* предприятие *n*, находящееся в ведении опекунского совета; **-eigentum** *m* собственность *f*, находящаяся на ответственном хранении; имущество *n*, управляемое по доверенности; **-einlagen** *pl* вклады *pl*, находящиеся в управлении по доверенности

Treuhänder *m* доверенное лицо *n*, опекун *m*; лицо *n*, которому передается право управления имуществом по доверенности; **als ~ verwalten** управлять по доверенности; **einen ~ bestellen** назначить доверенное лицо (опекуна)

Treuhänderdepot *n* ценные бумаги *pl*, переданные на хранение доверенным лицом их владельца

treuhänderisch по доверенности; **~ verwalten** управлять по доверенности; **-e Verwaltung** *f* управление *n* по доверенности

Treuhand|gelder *pl* капитал *m*, переданный в доверительное управление; **-geschäft** *n* фидуциарная (трастовая) сделка *f*; **-gesellschaft** *f* трастовая компания *f*, траст-компания *f*; **-giroverkehr** *m* жирооборот *m*, объектом которого являются долговые требования; **-gut** *n* имущество *n*, управляемое по доверенности; **-konto** *n* счет *m*, управляемый по доверенности; **-kredit** *m* доверительный кредит *m*, переходящий кредит *m*

Treuhand|stelle *f* организация-посредник *f*, действующая в интересах доверителя; **-unternehmen** *n* предприятие *n*, находящееся в ведении опекунского совета; **-verhältnis** *n* фидуциарные отношения *pl*, опека *f*; **-vermögen** *n* имущество *n*, управляемое по доверенности; **-vertrag** *m* договор *m* об учреждении траста; **-verwaltung** *f* *(Fin, Manag)* управление *n* по доверенности, доверительное управление *n*

Treu|nehmer *m* доверенное лицо *n*, опекун *m*; лицо *n*, которому передается право управления имуществом по доверенности; **-pflicht** *f* обязанность *f* добросовестно выполнять условия договора

Treu und Glauben добросовестность *f* при истолковании и исполнении обязательств; **in ~ handeln** действовать добросовестно; **gegen ~** вопреки принципу добросовестности (недобросовестно)

Trillion *f* триллион *m*

trimmen укладывать, распределять; **Ladung ~** укладывать груз

Trimmkosten *pl* расходы *pl* по укладке груза, плата *f* за укладку груза

Trocken|fracht *f* сухой груз *m*; **-frachter** *m* сухогруз *m*, сухогрузное судно *n*; **-gewicht** *n* сухой вес *m*

Trödel|handel *m* торговля *f* подержанными вещами; **-händler** *m* торговец *m* подержанными вещами

Troygewicht *n* тройский вес *m*

Troy-Unze *f* тройская унция *f*

Trust *m* траст *m*; опека *f*; управление *n* имуществом по доверенности

TUL-Prozesse *pl* (Transportieren, Umschlagen, Lagern) *(Transp)* процессы *pl* транспортировки, перевалки, хранения

Turbulenzen *pl (Bö)* резкие неожиданные скачки курсов на бирже

Turnus *m* цикл *m*, оборот *m*; очередность *f*, очередь *f*

turnusmäßig регулярно, в порядке очередности; **-er Amtswechsel** *m* служебная ротация *f*

TÜV (Technischer Überwachungsverein) служба *f* государственного технического надзора

Typ *m* тип *m*, образец *m*, стандарт *m*

typen типизировать, стандартизировать, унифицировать

Typen|ausführung *f* типовое (стандартное) исполнение *n*; **-beschränkung** *f* ограничение *n* числа типоразмеров; **-muster** *n* стандарт *m*, типовой образец *m*; **schild** *n* табличка *f* с заводской характеристикой

typisieren типизировать, стандартизировать, унифицировать

Typisierung *f* типизация *f*, стандартизация *f*, унификация *f*

Typklasse *f (Versich)* типовой класс *m* (автомобилей при страховании)

U

Überabschreibung *f* амортизационные отчисления *pl* выше фактического износа

überaltert устаревший, изношенный

Überalterung *f* устаревание *n*, износ *m*; старение *n*; **demographische ~** старение *n* населения; **technische ~** износ *m* техники

Überangebot *n* избыточное предложение *n*, превышение *n* предложения над спросом

Überarbeit *f* сверхурочная работа *f*, переработка *f*

überarbeiten перерабатывать; переделывать

Überarbeitung *f* переделка *f*; переработка *f*

Überbau *m* надстройка *f*

Überbelastung *f* перегрузка *f*

Überbeschäftigung *f* сверхзанятость *f*

Überbestand *m* излишек *m*, излишние запасы *pl*

überbetrieblich межзаводской

Überbevölkerung *f* перенаселение *n*

überbewerten переоценивать, оценивать с завышением, устанавливать слишком высокую стоимость

Überbewertung *f* переоценка *f*, завышенная оценка *f*, установление *n* слишком высокой стоимости; **~ von Aktiva** завышение *n* стоимости активов; **~ von Passiva** завышение *n* стоимости пассивов

überbieten предлагать (давать) более высокую цену; превосходить; превышать; перевыполнять; **ein Angebot ~** сделать более выгодное предложение

Überbord|ablieferung *f* сдача *f* груза с одного судна на другое; **-werfen** *n* выбрасывание *n* груза за борт для облегчения или спасения судна, джеттисон *m*

überbringen передавать, доставлять

Überbringer *m* податель *m*, предъявитель *m*; **auf den ~ lautend** выставленный на предъявителя

Überbringer|klausel *f* оговорка *f* о выплате предъявителю; **-scheck** *m* чек *m* на предъявителя, предъявительский чек *m*

Überbrückung *f* преодоление *n*; сглаживание *n*; **~ der Liquiditätsengpässe** преодоление *n* дефицита ликвидности

Überbrückungs|beihilfe *f* временная помощь *f*, бюджетная дотация *f*; **-darlehen** *n* краткосрочная ссуда *f* для преодоления временных финансовых трудностей; **-finanzierung** *f* промежуточное (краткосрочное) финансирование *n*, бридж-финансирование *n*; **-hilfe** *f* краткосрочная финансовая помощь *f*, краткосрочная ссуда *f*, бюджетная дотация *f*; **-kredit** *m* краткосрочный кредит *m* для преодоления временных затруднений, промежуточный кредит *m*

Überdeckung *f* перекрытие *n*, превышение *n*; **~ der Kosten** превышение расчетных издержек над фактическими

Überdividende *f* дополнительный дивиденд *m*, бонус *m*

überdurchschnittlich выше среднего; *(Bö)* выше среднерыночного; **-er Gewinn** *m* прибыль *f* выше обычного уровня

übereignen передавать право собственности; **ein Grundstück ~** передать право собственности на земельный участок

Übereignung *f* передача *f* права собственности; **~ von beweglichen Sachen** передача *f* права собственности на движимое имущество

Übereinkommen *n* соглашение *n*, договор *m*; конвенция *f*; договоренность *f*; **ein ~ erzielen (treffen)** придти к соглашению, договориться

übereinstimmen совпадать; соответствовать; согласовывать; **mit dem Muster ~** совпадать с образцом; соответствовать образцу
Übereinstimmung *f* соответствие *n*; согласование *n*; согласие *n*, консенсус *m*, соглашение *n*; **eine ~ erzielen** достичь согласия, согласовать; **in ~ mit** в соответствии
Überemission *f* выпуск *m* ценных бумаг сверх намеченного количества
Übererfüllung *f* перевыполнение *n*
überfällig просроченный
Überfälligkeit *f* нарушение *n* срока
Überfinanzierung *f* завышенная оценка *f* основного капитала предприятия
Überfluss *m* избыток *m*, изобилие *n*; излишек *m*; **~ an Kapital** избыток *m* капитала
überfremden допускать усиленный приток иностранного капитала
Überfremdung *f* усиление *n* иностранного влияния; усиленное проникновение *n* иностранного капитала
überführen переводить, передавать; внедрять
Überführung *f* перевод *m*, передача *f*; внедрение *n*; **~ von Waren in den freien Verkehr** выпуск *m* товаров в свободное обращение
Übergabe *f* передача *f*; сдача-приемка *f*, поставка *f*; передача *f* имущества; **~ des Amtes** передача *f* должности (служебных обязанностей); **bei ~ der Dokumente** при предъявлении документов
Übergabe|bescheinigung *f* расписка *f* в получении; **-bilanz** *f* баланс *m*, составляемый при слиянии предприятий; **-nachweis** *m* сдаточная ведомость *f*; **-termin** *m* срок *m* передачи
Übergang *m* переход *m*; переходное состояние *n*; **~ eines Unternehmens auf den Nachfolger** переход *m* предприятия в собственность наследника (преемника)
Übergangs|bestimmung *f* временное положение *n* (распоряжение *n*); **-geld** *n* *(Soz)* пособие *n* по социальному страхованию, предоставляемое на период лечения; **-konto** *n* переходный расчетный счет *m*, промежуточный (вспомогательный) счет *m*, счет *m* переходящих сумм; **-lösung** *f* временное решение *n*; **-maßnahme** *f* временная мера *f*; **-vorschrift** *f* временное положение *n*, временная инструкция *f*; **-zeitraum** *m* переходный период *m*
übergeben передавать; сдавать; вручать; **die Ware ~** вручить товар
Übergebot *n* предложение *n* более высокой цены
übergehen переходить; приступать; обойти
übergeordnet вышестоящий; **-e Instanz** вышестоящая инстанция *f*; **-es Ziel** высшая цель *f*
Übergewicht *n* избыточный (лишний) вес *m*
Übergewichten *n* *(Bö)* рейтинг *m* акций «повышенный вес»
Übergewinn *m* сверхприбыль *f*
Überhang *m* превышение *n*; избыток *m*; перевес *m*, преобладание *n*; **einen ~ abbauen** ликвидировать излишки; **personeller ~** избыточная численность *f* персонала
Überhitzung *f* перегрев *m*; **~ der Konjunktur** перегрев *m* конъюнктуры
überhöht завышенный, чрезмерный; **-e Preise** завышенные (вздутые) цены *pl*
Überholung *f* опережение *n*, обгон *m*; ремонт *m*; тщательный (технический) осмотр *m*
Überkapazität *f* избыточные производственные мощности *pl*; **-en abbauen** сокращать избыточные производственные мощности
Überkapitalisierung *f* завышенная оценка *f* основного капитала предприятия
Überkompensation *f* превышение *n* закупок над продажами при встречных сделках
Überkreuz|beteiligung *f* взаимное (перекрестное) долевое участие *n* предприятий; **-kompensation** *f* принцип *m* компенсации расходов и доходов между различными отделами кредитных институтов; **-verflechtung** *f* взаимное участие *n* од-

них и техже менеджеров в руководстве нескольких акционерных обществ
Überladung *f* перегрузка *f*
überlassen уступать, отдавать; предоставлять, передавать; **Arbeitnehmer** ~ уступать (предоставлять) работников внаем
Überlassung *f* уступка *f*; предоставление *n*, передача *f*; ~ **von Arbeitnehmern** предоставление *n* работников внаем, лизинг персонала
Überlast *f* перегрузка *f*, непосильное бремя *n*
überlasten перегружать, перенапрягать
Überlebenschance *f* шанс *m* на выживание
Überlegenheit *f* превосходство *n*, преимущество *n*; **technische** ~ техническое превосходство *n*
Überleitung *f* перевод *m*, переход *m*; внедрение *n*; освоение *n* производства; ~ **neuer Produkte in die Fertigung** освоение *n* производства новой продукции
Überliege|geld *n* демередж *m*, плата *f* за простой судна; **-zeit** *f* излишнее время *n* простоя судна
Überliquidität *f* избыточная ликвидность *f*
Übermaß *n* избыток *m*, излишек *m*
übermäßig чрезмерный, непомерный; избыточный; **-er Bedarf** *m* чрезмерный (повышенный) спрос *m*, чрезмерные потребности *pl*
Übernachtungs|geld *n* плата *f* за ночлег (в гостинице); **-kosten** *pl* стоимость *f* проживания (в гостинице)
Übernahme *f* приемка *f*; покупка *f*, взятие *n* под свой контроль и управление; принятие *n* на себя; *(Bö)* поглощение; ~ **einer Emission** гарантия *f* размещения выпуска ценных бумаг; ~ **einer Garantie** предоставление *n* гарантии; ~ **eines Geschäfts** взятие *n* дела под свой контроль и управление; **feindliche** ~ *(Börse, Fin)* враждебное поглощение *n*; **freundliche** ~ *(Börse, Fin)* дружеское поглощение *n*; **teilweise** ~ частичная приемка *f*, частичное приобретение *n*; ~ **eines Unternehmens durch dessen Management** выкуп *m* предприятия его руководством; ~ **der Verluste** оплата *f* убытков
Übernahme|angebot *n (Bö)* предложение *n* о покупке акций, *(Bö)* предложение *n* о поглощении; заявка *f* на торгах; **-bedingungen** *pl* условия *pl* приемки-сдачи; **-garantie** *f* гарантия *f* размещения займа; **-gewinn** *m* балансовая прибыль *f*, образующаяся при изменении правовой формы общества; **-gründung** *f* основание *n* акционерного общества, при котором все акции остаются во владении учредителей; **-konnossement** *n* коносамент *m* на груз, принятый к перевозке, но еще не отгруженный; **-konsortium** *n* синдикат *m* (консорциум *m*), размещающий выпуск ценных бумаг; **-kurs** *m* эмиссионный курс *m* ценных бумаг; **-plan** *m* план *m* покупки (слияния предприятий); план *m* размещения ценных бумаг; **-preis** *m* эмиссионный курс *m* ценных бумаг; **-protokoll** *n* протокол *m* приемки-сдачи; **-satz** *m* расходы *pl* по перевозке груза, определяемые договором между экспедитором и грузоотправителем; **-termin** *m* срок *m* приемки-сдачи; **-verhandlungen** *pl* переговоры *pl* о покупке (слиянии); **-verlust** *m* балансовые убытки *pl* при изменении правовой формы предпприятия; **-verpflichtung** *f* обязательство *n* по размещению ценных бумаг; **-vertrag** *m* договор *m* о покупке предприятия; договор *m* о размещении ценных бумаг на рынке; договор *m* о кредите; **-wert** *m* инвентарная (передаточная) стоимость *f*
übernehmen получать, принимать, брать на себя; **einen Auftrag** ~ принимать заказ; **eine Bürgschaft** ~ предоставить поручительство (гарантию); **die Geschäftsführung** ~ взять на себя руководство (управление делами); **mehrheitlich** ~ приобрести контрольный пакет акций; **das Risiko** ~ взять на себя риск; **die Vertretung** ~ взять на себя

представительство, взять на себя управление представительством; **den Vertrieb** ~ заняться сбытом, взять на себя руководство сбытом

Überorganisation *f* заорганизованность *f*

Überpari|emission *f* выпуск *m* ценных бумаг по курсу выше номинала; **-kurs** *m* курс *m* выше номинала

Überproduktion *f* перепроизводство *n*

überproduzieren производить избыток продукции

überproportional в большей пропорции; ~ **ansteigen** увеличиваться в большей пропорции

überprüfen проверять, контролировать; пересматривать, ревизовать; **den Lagerbestand** ~ контролировать (проверить) складские запасы

Überprüfung *f* проверка *f*, контроль *m*; испытание *n*; пересмотр *m*, ревизия *f*; **bei näherer** ~ при ближайшем рассмотрении; **periodische** ~ периодический контроль *m*

übersättigen перенасыщать

Übersättigung *f* перенасыщение *n*; ~ **des Marktes** перенасыщение *n* рынка

Überschlag *m* ориентировочная смета *f*, ориентировочный расчет *m*

überschlagen составлять ориентировочную смету, делать ориентировочный расчет

Überschlagsrechnung *f* ориентировочный расчет *m*, ориентировочная оценка *f*; **überschreiben** переписывать (на другое имя); передавать (заказ); **ein Grundstück notariell** ~ нотариально переписать земельный участок на другое имя

überschreiten перевыполнять; превышать, перекрывать; не соблюдать; **eine Frist** ~ нарушить срок, просрочить; **die Vollmacht** ~ превысить полномочия

Überschreitung *f* перевыполнение *n*; перекрытие *n*; превышение *n*; перерасход *m*; несоблюдение *n*; ~ **des Liefertermins** несоблюдение *n* срока поставки

überschulden чрезмерно обременять долгами

überschuldet чрезмерно обремененный долгами; ~ **sein** иметь чрезмерную задолженность

Überschuldung *f* чистая задолженность *f*, превышение *n* пассивов над активами

Überschuldungsbilanz *f* баланс *m*, отражающий чистую задолженность предприятия

Überschuss *m* избыток *m*, излишек *m*, остаток *m* (суммы); превышение *n*, увеличение *n*; **einen** ~ **abbauen** сокращать излишки; **einen** ~ **ausweisen** отразить превышение (прибыль) в отчете; **einen** ~ **erwirtschaften** получить прирост (прибыль) в результате хозяйственной деятельности; ~ **der Leistungsbilanz** активное сальдо *n* баланса по текущим операциям; ~ **der Zahlungsbilanz** активное сальдо *n* платежного баланса

Überschuss|bestände *pl* избыточные запасы *pl*; **-bildung** *f* образование *n* излишков; **-einkommen** *n* доход *m*, представляющий собой разницу между выручкой и затратами; **-einkünfte** *pl* доходы *pl*, определяемые как превышение поступлений над (служебными или производственными) расходами; **-nachfrage** *f* превышение *n* спроса над предложением; **-politik** *f* меры *pl* по обузданию инфляции путем изъятия излишков денежной массы из оборота; **-rechnung** *f* расчет *m* доходов и расходов; **-reserven** *pl* избыточные резервы *pl*

Übersee|filiale *f* заграничный филиал *m*; **-fracht** *f* океанский фрахт *m* (груз *m*); **-handel** *m* межконтинентальная (трансатлантическая) торговля *f*; **-markt** *m* заокеанский рынок *m*; **-tratte** *f* переводной вексель *m*, выставленный на импортера за океаном

übersenden пересылать, переводить, отправлять, посылать, передавать

Übersendung *f* пересылка *f*, перевод *m*, отправка *f*, передача *f*; ~ **der Ware** отправка *f* товара

Übersetzung *f* перевод *m*; **automatische** ~ автоматический перевод *m*, машинный перевод *m*; **computerunterstützte** ~ автоматизированный перевод *m*; **maschinelle** ~ *s.* **automatische Übersetzung** *f*

Übersicht *f* обзор *m*, обозрение *n*, сводка *f*

Übersichtsplan *m* общий план *m*

übersteigen превышать, превосходить

Überstunden *pl* сверхурочные часы *pl*, сверхурочное время *n*; ~ **leisten** работать сверхурочно; ~ **vergüten** оплачивать сверхурочную работу

Überstunden|vergütung *f* оплата *f* сверхурочной работы; **-zuschlag** *m* надбавка *f* к заработной плате за сверхурочную работу

übertariflich превышающий тариф; **-e Zulage** *f* надбавка *f* к заработной плате, превышающая установленный тариф

Überteuerung *f* завышение *n* цен

Übertrag *m* перенос *m* суммы

übertragbar передаваемый, оборотный; **nicht** ~ без права передачи

übertragen переносить, передавать; **Aufgaben** ~ делегировать функции (обязанности); **die Geschäftsführung** ~ передать (поручить) ведение дел (руководство фирмой); **eine Vertretung** ~ доверить руководство представительством, назначить представителем

Übertragung *f* перенос *m*; передача *f*; переложение *n*; переадресование *n*; уступка *f*, цессия *f*; трансферт *m*; ~ **von Aufgaben** делегирование *n* функций; ~ **von Anteilen** передача *f* доли участия в обществе

Übertragungs|bilanz *f* баланс *m* переводов и платежей, баланс *m* передаточных (трансфертных) платежей, составляемый при слиянии компаний; **-buchführung** *f* перенос *m* (разнесение) бухгалтерских записей; книжная форма *f* бухгалтерского учета; **-einkommen** *n* доходы *pl*, не связанные с хозяйственной деятельностью; **-gewinn** *m* доход *m* (прибыль *f*) в результате передачи активов; **-vermerk** *m* передаточная надпись *f*, индоссамент *m*

Übertretung *f* нарушение *n* (закона)

Überversicherung *f* страхование *n* на сумму, превышающую фактическую стоимость страхового объекта

übervorteilen обманывать; обсчитывать, обвешивать, обмеривать

Übervorteilung *f* обман *m*, обсчет *m*, обвес *m*

überwachen контролировать, наблюдать; **Preise** ~ регулировать цены

Überwachung *f* наблюдение *n*, контроль *m*, надзор *m*; **der** ~ **unterliegen** подлежать (подвергаться) контролю; **technische** ~ технический контроль *m* (надзор *m*); **zollamtliche** ~ таможенный контроль *m* (надзор *m*)

Überwachungs|daten *pl* данные *pl* контроля; **-organ** *n* контрольный орган *m*; **-recht** *n* право *n* контроля; **-system** *n* система *f* контроля

überwälzen перекладывать

Überwälzung *f* переложение *n* (налогов); ~ **der Umsatzsteuer** переложение *n* (перекладывание *n*) налога с оборота на потребителя

überweisen переводить, перечислять; **einen Geldbetrag auf das Konto** ~ перевести (перечислить) сумму денег на счет

Überweisung *f* перевод *m*, перечисление *n*; трансферт *m*; **eine** ~ **anordnen** поручить банку произвести перевод (перечисление); **eine** ~ **erhalten** получить перевод; **eine** ~ **vornehmen** произвести перевод (перечисление); ~ **auf ein Konto** перевод *m* (перечисление) на счет; **nicht ausgeführte** ~ неосуществленный перевод *m*; **rückläufige** ~ поручение *n* банку производить периодические платежи

Überweisungs|auftrag *m* платежное поручение *n*, жироприказ *m*; **-formular** *n* бланк *m* перевода; **-gebühr** *f* плата *f* (сбор *m*) за перевод; **-sammelauftrag** *m* сводное платежное поручение *n*, сводный жироприказ *m*; **-scheck** *m* расчетный чек *m*; **-träger** *m* субъект *m* платежного поручения; **-verfahren** *n* метод *m* безналичных расчетов; **-verkehr** *m*

безналичный расчет *m*, жирооборот *m*
überzahlen переплачивать
Überzahlung *f* переплата *f*
überzeichnen превышать лимит подписки; **eine Anleihe ~** превышать лимит подписки на заем
Überzeichnung *f* превышение *n* лимита подписки
überziehen превысить остаток счета (размер кредита)
Überziehung *f* перерасход *m*, превышение *n* остатка на счете (размера кредита); овердрафт *m*; **~ eines Kontos** получение *n* с текущего счета суммы, превышающей остаток на нем
Überziehungs|kredit *m* разрешенный овердрафт *m*, превышение *n* размера кредита; **-provision** *f* комиссия *f* за овердрафт
überzogen превышенный; **-es Konto** *n* счет *m*, с которого получена сумма сверх остатка
Ubiquitäten *pl* блага *pl*, запас которых практически не ограничен
üblich обычный, привычный, обыкновенный, принятый
Übungsfirma *f* фирма *f*, являющаяся местом производственного обучения
U-Commerce вездесущая коммерция *f*, всепроникающая коммерция *f*
Ultimo *m* ультимо *n*, последний биржевой день месяца; **per (zum) ~** в конце месяца
Ultimo|differenz *f* разница *f* между курсом срочных сделок и ликвидационным курсом; **-geld** *n* ссуда *f*, которая должна быть погашена в последний день месяца; **-geschäft** *n* сделка *f* на ультимо
ultimogültig действительный до конца месяца
umarbeiten переделывать, перерабатывать
Umarbeitung *f* переделка *f*, переработка *f*
umbesetzen определять (назначать) на должность нового работника
Umbrella Fonds *m* зонтичный фонд *m*
umbuchen переносить бухгалтерские записи с одного счета на другой, перечислять с одного счета на другой; **den Flug ~ lassen** перебронировать билет на другой авиарейс
Umbuchung *f* перенесение *n* бухгалтерский записей с одного счета на другой, перечисление *n* на другой счет
umdisponieren переустраивать, размещать заново, реорганизовывать, делать новые распоряжения
Umfang *m* объем *m*; размер *m*; величина *f*; вместимость *f*; емкость *f*; **~ eines Auftrags** величина *f* (объем) заказа; **~ der Investitionen** объем *m* инвестиций; **~ der Vollmacht** объем *m* полномочий
Umfeld *n* окружение *n*; среда *f*; обстановка *f*; условия *pl*; **gesellschaftspolitisches ~** общественно-политическая обстановка *f*; **wirtschaftliches ~** экономические условия *pl*
Umfinanzierung *f* перекредитование *n*
umfirmieren переименовывать фирму
Umfirmierung *f* переименование *n* фирмы
umformen изменять форму, видоизменять, преобразовывать
Umformung *f* изменение *n* формы, видоизменение *n*, преобразование *n*
Umfrage *f* опрос *m*, исследование *n* мнения; **eine ~ durchführen** организовать (провести) опрос; **repräsentative ~** репрезентативный (представительный) опрос *m*
Umgang *m* обращение *n*; обслуживание *n*; **sparsamer ~** экономное (бережное) обращение *n*
umgehen обходить, избегать, нарушать
umgehend срочный, немедленный; **~ erledigen** срочно выполнить; **mit -er Post** с обратной почтой
Umgehungsgeschäft *n* незаконная (фиктивная) сделка *f*
umgerechnet в пересчете
umgestalten преобразовывать; реорганизовывать; перестраивать
Umgestaltung *f* преобразование *n*; реорганизация *f*; перестройка *f*

umgründen изменять правовую форму предприятия
Umgründung *f* изменение *n* правовой формы предприятия
umgruppieren перегруппировывать; перераспределять
Umgruppierung *f* перегруппировка *f*; перераспределение *n*
Umkehrwechsel *m s.* **Akzeptantenwechsel** *m*
Umlade|anlage *f* оборудование *n* для перегрузки; **-gebühren** *pl* плата *f* за перегрузку; **-güter** *pl* перегружаемые товары *pl*
umladen перегружать, делать перевалку; **Güter ~** перегружать грузы (товары)
Umladung *f* перегрузка *f*, перевалка *f*
Umlage *f* сбор *m*; налог *m*; взнос *m*; раскладка *f*, распределение *n*; оценка *f* имущества в целях налогообложения; **~ der Gemeinkosten** раскладка *f* (распределение *n*) накладных расходов; **~ von Kosten** распределение *n* издержек по местам их возникновения
Umlage|beitrag *m* сбор *m*, взнос *m*; **-höhe** *f* размер *m* налога; **-kosten** *pl* расходы *pl*, подлежащие распределению; **-satz** *m* налоговая ставка *f* (квота *f*); **-schlüssel** *m* принцип *m* распределения издержек; **-verfahren** *n* метод *m* распределения издержек, метод *m* перераспределения доходов
Umlauf *m* обращение *n*, хождение *n*; циркуляция *f*; оборот *m*; **in ~ bringen** вводить в обращение; **im ~ sein** находиться в обращении
umlaufen находиться в обращении
umlauffähig пригодный к обращению
Umlauffähigkeit *f* обращаемость *f* денежных знаков
Umlauf|geschwindigkeit *f* обращаемость *f*, скорость *f* обращения; оборачиваемость *f*; **-grenze** *f* максимальный размер *m* суммы выпускаемых ипотечным банком закладных и облигаций муниципального займа, предел *m* эмиссии; **-markt** *m* рынок *m* ценных бумаг, находящихся в обращении; фондовая биржа *f*; **-rendite** *f* доход *m* с оборота ценных бумаг; **-vermögen** *n* оборотный капитал *m*, оборотные средства *pl*; ликвидные активы *pl*, текущие активы *pl*; **-volumen** *n* объем *m* денег в обращении
umlegen распределять, раскладывать
Umlegung *f* распределение *n*; раскладка *f*
Umleitung *f* объезд *m*; изменение *n* направления
umordnen изменять порядок (распределение), переставлять
umorganisieren реорганизовывать, производить реорганизацию; **die Produktion ~** произвести реорганизацию производства
Umorganisation *f* реорганизация *f*
Umpackung *f* переупаковка *f*
umrechnen пересчитывать, производить перерасчет; переводить; **in eine andere Währung ~** произвести перерасчет в другой валюте
Umrechnung *f* перерасчет *m*, пересчет *m*; перевод *m*; **die ~ einer ausländischer Währung vornehmen** произвести перерасчет в иностранной валюте
Umrechnungs|faktor *m* коэффициент *m* перерасчета; **-kurs** *m* курс *m* перерасчета; обменный курс *m* валют, коэффициент *m* перерасчета
Umrüstkosten *pl* расходы *pl* на переналадку и переоборудование
Umrüstung *f* переналадка *f*, переоборудование *n*
Umsatz *m* оборот *m*, товарооборот *m*, объем *m* продаж; заключенные сделки *pl* по продаже ценных бумаг; **einen ~ erwirtschaften** получить оборот; **einen ~ erzielen** достичь оборота (объема продаж); **der ~ geht zurück** оборот сокращается; **den ~ konsolidieren** консолидировать объем продаж; **den ~ steigern** увеличить оборот; **einen ~ tätigen** заключить сделку на продажу ценных бумаг; **erwarteter ~** ожидаемый (прогнозируемый) оборот *m*; **gewerblicher ~** коммерческий оборот *m*; **konsolidierter ~** консолидированный оборот *m*; **~ aus Liefe-**

rungen und Leistungen объем *m* продаж продуктов и услуг; **~ pro Arbeitnehmer** оборот *m* предприятия в пересчете на одного работника; **~ pro Unternehmen** оборот *m* в расчете на одно предприятие; **rückläufiger ~** уменьшение *n* оборота (объема продаж); **stagnierender ~** стагнирующий оборот *m*

Umsatz|analyse *f* анализ *m* оборота; **-anstieg** *m* увеличение *n* оборота; **-anteil** *m* доля *f* оборота; **-ausfall** *m* уменьшение *n* (сокращение *n*) оборота; **-ausweitung** *f* расширение *n* объема продаж; **-beitrag** *m* доля *f* продукта в общем обороте, превышение *n* определенной доли выручки с оборота над издержками, соотносимыми с реализованными продуктами; **-belebung** *f* оживление *n* торговли (продажи); **-besteuerung** *f* обложение *n* налогом с оборота; **-bilanz** *f* предварительный баланс *m*, баланс *m* оборота; **-boom** *m* рост *m* оборота (объема продаж); **-daten** *pl* данные *pl* об обороте; **-dividende** *f* дивиденд *m* с оборота в кооперативах; **-einbuße** *f* уменьшение *n* (сокращение *n*) оборота; **-einbruch** *m* снижение *n* товарооборота; **-entwicklung** *f* динамика *f* оборота; **-erlös** *m* выручка *f* с оборота; **-ertrag** *m* доход *m* с оборота; **-erwartungen** *pl* прогноз *m* оборота; **-geschäfte** *pl* операции *pl* по покупке и продаже товаров и ценных бумаг; **-größe** *f* объем *m* (размер *m*) оборота; **-geschwindigkeit** *f* **(-häufigkeit** *f***)** скорость *f* оборота, оборачиваемость *f*; **-höhe** *f* объем *m* (размер *m*) оборота; **-kosten** *pl* издержки *pl* по обороту; **-kostenverfahren** *n* метод *m* противопоставления издержек по обороту выручке с оборота; **-kredit** *m* кредит *m* для покрытия потребности предприятия в оборотных средствах

umsatzmäßig оборотный, в соответствии с оборотом (объемом продаж); **-er Marktanteil** *m* доля *f* рынка в соответствии с оборотом

Umsatz|messung *f* учет *m* объема продаж; **-minus** *m* снижение *n* (сокращение *n*) оборота; **-plan** *m* план *m* (товаро)оборота; **-planung** *f* планирование *n* (товаро)оборота; **-plus** *n* увеличение *n* объема продаж; **-potential** *n* возможности *pl* увеличения объема продаж; **-prämie** *f* премия *f* за увеличение объема продаж; **-provision** *f* комиссионные *pl* с оборота; **-prozess** *m* процесс *m* реализации оборота; **-rabatt** *m* оптовая скидка *f*; **-rendite, -rentabilität** *f* рентабельность *f* оборота, отношение *n* прибыли к общей сумме оборота; **-rückgang** *m* уменьшение *n* (товаро) оборота; **-schätzung** *f* оценка *f* (прогноз *m*) объема продаж (оборота); **-schwäche** *f* снижение *n* объема оборота; **-schwankungen** *pl* колебание *n* объема оборота; **-stagnation** *f* стагнация *f* оборота; **-statistik** *f* статистика *f* товарооборота; **-steigerung** *f* рост *m* оборота (объема продаж); рост *m* числа сделок по продаже ценных бумаг; **-steuer** *f* налог *m* с оборота; налог *m* на добавленную стоимость

Umsatzsteuer|erklärung *f* декларация *f* на уплату налога с оборота; **-harmonisierung** *f* согласование *n* законов о налоге с оборота; **-recht** *n* правовые предписания *pl* по вопросам обложения налогом с оборота; **-satz** *m* ставка *f* налога с оборота; **-verteilung** *f* распределение *n* поступлений налога с оборота между федеральной казной и землями; **-voranmeldung** *f* налоговая декларация *f* на уплату налога с оборота за календарный месяц; **-zahllast** *f* положительная разница *f* между суммой налога с оборота и суммой предварительно уплаченного налога

Umsatz|struktur *f* структура *f* товарооборота (продаж); **-tätigkeit** *f* торговля *f* ценными бумагами, заключение *n* сделок; **-träger** *m* сбытовая организация *f*; **-volumen** *n* объем *m* товарооборота; **-vorschau** *f* прогноз *m* товарооборота; **-wachstum** *n (Buchh, Fin)* рост *m* оборота (предприятия), *(Handel, V&M)* рост *m* товарооборота; **-warnung** *f (Bö)* уведомление *n* о снижении оборота предприятия, котирующего на бирже; **-zahlen** *pl* показатели *pl* товарооборота; **-ziel** *n* намеченный объем *m* продаж; **-zuwachs** *m* прирост *m* товарооборота

umschichten перегруппировать, перераспределять, перекладывать, переводить

Umschichtung *f* перегруппировка *f*, перераспределение *n*; переложение *n*, перевод *m*; ~ **von Haushaltsmitteln** перераспределение *n* бюджетных средств

Umschichtungsfinanzierung *f* перераспределение *n* задолженности (обязательств), пересмотр *m* условий кредита

Umschlag *m* переработка *f* грузов, перевалка *f*, перегрузка *f*; оборот *m*; конверт *m*; ~ **von Gütern** перевалка *f* грузов

umschlagen перегружать, обрабатывать грузы; **Güter** ~ обрабатывать (перегружать) грузы

Umschlags|anlagen *pl* погрузочно-разгрузочные устройства *pl*; **-betrieb** *m* предприятие *n* по складированию и перевалке грузов; **-dauer** *f* период *m* реализации продукта; **-geschwindigkeit** *f* скорость *f* перевалкигрузов, скорость *f* оборота; **-gut** *n* обрабатываемый груз *m*; **-hafen** *m* порт *m* перевалки груза; **-häufigkeit** *f* скорость *f* оборота, оборачиваемость *f*; **-kapazität** *f* мощности *pl* по переработке грузов; **-kennzahlen** *pl* показатели *pl* оборачиваемости; **-kosten** *pl* стоимость *f* перевалочных работ; **-lager** *n* перевалочный склад *m*; **-platz** *m* место *n* перегрузки (перевалки)

Umschließung *f* упаковка *f*

umschreiben переписывать; передавать, уступать; **Namensaktien** ~ передавать именные акции

Umschreibung *f* переписывание *n*; передача *f*, уступка *f*; ~ **von Namensaktien** передача *f* именных акций

Umschuldung *f* пересмотр *m* условий кредита (погашения задолженности); рефинансирование *n* задолженности; конверсия *f* (перевод) долга; консолидация *f* долгов; реструктуризация задолженности

Umschuldungs|abkommen *n* соглашение *n* о пересмотре условий кредита; **-verhandlungen** *pl* переговоры *pl* о пересмотре условий и сроков погашения задолженности

umschulen переквалифицировать, переобучать; **Arbeitnehmer** ~ давать работникам другую квалификацию

Umschulung *f* переквалификация *f*, переобучение *n*, переподготовка *f*; **berufliche** ~ профессиональная переподготовка *f*, переквалификация *f*

umsetzbar обратимый; способный к обращению; осуществимый

umsetzen пускать в оборот (обращение); превращать, обменивать; реализовывать; осуществлять; **Projekte** ~ реализовывать (осуществлять) проекты; **Produkte** ~ реализовывать (сбывать) продукты

Umsetzung *f* реализация *f*, осуществление *n*; превращение *n*; перевод *m*; ~ **von Unternehmenszielen** реализация *f* целей предприятия; ~ **von Plänen in Aktionen** превращение *n* планов в дела

umsiedeln переселять; переселиться

Umsiedlung *f* переселение *n*

umsortieren пересортировывать

Umstände *pl* обстоятельства *pl*

umstellen перестраивать, переключать, переводить; переставлять; **die Produktion** ~ перейти на выпуск новой продукции

Umstellung *f* перестройка *f*, переключение *n*, перевод *m*, переход *m*, конверсия *f*, реорганизация *f*; **eine** ~ **durchführen** проводить реорганизацию (конверсию); ~ **der Produktion** конверсия *f* производства, переход *m* на выпуск новой продукции

Umstellungsinvestition *f* инвестиции *pl* для адаптации предприятия к требованиям рынка

Umstempelung *f* перештемпелевание *n* ценных бумаг

umstrukturieren перетруктурировать, изменить

структуру, перестраивать; **ein Unternehmen ~** реорганизовать фирму, изменить структуру фирмы

Umstrukturierung *f* изменение *n* структуры, реорганизация *f*

Umtausch *m* обмен *m*, мена *f*; **sich den ~ vorbehalten** оговорить себе право обмена

Umtausch|angebot *n* предложение *n* об обмене (акций); **-anweisung** *f* поручение *n* на обмен (услугами)

Umtauschbarkeit *f* обратимость *f*, конвертируемость *f*

umtauschen обменивать, менять

Umtausch|frist *f* период *m* обмена; **-kurs** *m* курс *m* обмена; **-recht** *n* право *n* обмена; **-transaktion** *f* операция *f* (сделка *f*) по обмену, сделка *f* своп; **-verhältnis** *n* отношение *n* обмена, меновая пропорция

umverteilen перераспределять

Umverteilung *f* перераспределение *n*; **~ des Einkommens** перераспределение *n* дохода

Umverteilungsvolumen *n* объем *m* перераспределяемых средств

umwandeln превращать, преобразовывать, изменять

Umwandlung *f* превращение *n*, преобразование *n*, изменение *n*; конверсия *f*; **~ der Gesellschaftsform** изменение *n* правовой формы общества; **~ einer Personen- in eine Kapitalgesellschaft** преобразование *n* товарищества в общество (компанию); **~ von Staatsbetrieben in private Unternehmen** превращение *n* государственных предприятий в частные

Umwandlungs|bilanz *f* баланс *m*, составляемый при изменении правовой формы предприятия; **-geschäft** *n* операция *f* банка по преобразованию предприятий в акционерные общества; **-gewinn** *m* прибыль *f*, возникающая при слиянии или преобразовании предприятий; **-prüfung** *f* ревизия *f* предприятия, изменившего свою правовую форму; **-verkehr** *m* обработка *f* грузов под контролем таможенных органов

umwechseln менять, обменивать, разменивать; **Rubel in Dollar ~** обменивать (менять) рубли на доллары

Umwelt *f* окружающая среда *f*, окружение *n*, внешний мир *m*; **die ~ erhalten** сохранять окружающую среду; **die ~ schützen** сберегать окружающую среду; **die ~ verbessern** улучшать экологическую обстановку; **die ~ verschmutzen** загрязнять окружающую среду

Umwelt|abgabe *f* налог *m* за пользование окружающей средой и ресурсами; **-auflagen** *pl* экологические нормы *pl*; **-bedingungen** *pl* условия *pl* окружающей среды; **-belastung** *f* загрязнение *n* окружающей среды; **-bewertung** *f* оценка *f* экологического состояния; **-bewußtsein** *n* экологическое сознание *n*; **-einfluss** *m* влияние *n* окружающей среды; **-erfordernisse** *pl* требование *n* к охране окружающей среды

umweltfreundlich экологически чистый; **-e Produkte** *pl* экологически чистые продукты *pl*

umweltgefährdend представляющий угрозу окружающей среде

Umwelt|gestaltung *f* формирование *n* окружающей среды; **-haftpflicht** *f* *(Versich)* ответственность *f* за нанесение вреда окружающей среде; **-haftpflichtversicherung** *f* *(Versich)* экологическое страхование *n*, страхование *n* ответственности за причинение вреда окружающей среде; **-katastrophe** *f* *(Umwelt, Versich)* экологическая катастрофа *f*; **-management** *n* управление *n* охраной окружающей среды; **-politik** *f* экологическая политика *f*; **-programm** *n* программа *f* охраны окружающей среды; **-recht** *n* *(Recht, Umwelt)* законодательство *n* в области охраны окружающей среды, экологическое право *n*; **-sanierung** *f* устранение *n* загрязнения окружающей среды; **-schaden** *m* ущерб *m* окружающей среде; **-schutz** *m* охрана *f* окружающей среды; **-schutzmaßnahmen** *pl* мероприятия *pl* в области охраны окружающей среды; **-technologie** *f* экологически

чистая технология *f*; **-verschmutzung** *f* загрязнение *n* окружающей среды
umweltverträglich экологически безвредный; **-e Güter** *pl* экологически безвредные товары *pl*; **-e Wirtschaft** *f* экономика *f*, не загрязняющая окружающую среду
Umwelt|verträglichkeit *f* экологическая совместимость *f*; **-verträglichkeitsprüfung** *f* контроль *m* за экологическими последствиями хозяйственной деятельности; **-zerstörung** *f* экоцид *m*, разрушение окружающей среды
Umwertung *f* переоценка *f*
umziehen переезжать
Umzug *m* переезд *m*
Umzugs|geld *n* подъемные деньги *pl*; **-gut** *n* домашнее имущество *n*, движимое имущество *n*; **-kosten** *pl* расходы *pl* по переезду
unabänderlich неизменный; **-er Beschluss** *m* неизменное решение *n*
unabdingbar обязательный, не подлежащий пересмотру
Unabdingbarkeit *f* обязательность *f*
unabhängig независимый
Unabhängigkeit *f* независимость *f*
unabwendbar неизбежный, неминуемый, неотвратимый; **-es Ereignis** *n* неминуемое (неотвратимое) событие *n*
unanfechtbar неоспоримый, неопровержимый; не подлежащий обжалованию
unangemeldet непрописанный; необъявленный, незаявленный; без уведомления (предупреждения)
unangemessen несоответствующий, несоразмерный, неадекватный
unannehmbar неприемлимый
Unantastbarkeit *f* неприкосновенность *f*; **~ des Eigentums** неприкосновенность *f* собственности
unaufgefordert незатребованный
unausgeglichen несбалансированный, невыровненный
unausgelastet незагруженный; **-e Kapazität** *f* неиспользованные (незагруженные) мощности *pl*
unausgereift незрелый; несовершенный; **-e Produkte** *pl* (технически) несовершенные продукты *pl*
unbar безналичный; **-er Zahlungsverkehr** безналичный расчет *m*
unbebaut незастроенный; **-e Grundstücke** *pl* незастроенные земельные участки *pl*
Unbedenklichkeitsbescheinigung *f* свидетельство *n* финансового управления об отсутствии у налогоплательщика задолженности по налогам
unbefristet бессрочный, не ограниченный сроком, без указания срока; **-es Darlehen** *n* бессрочная ссуда *f*
unbefugt некомпетентный; неправомочный; неуполномоченный, не имеющий права; **-er Firmengebrauch** *m* неправомочное использование *n* названия фирмы
unbegrenzt неограниченный
unbegründet необоснованный
unbelastet без груза, ненагруженный; свободный от долгов
unberechtigt неправомочный, не имеющий права; незаконный, необоснованный
unberücksichtigt оставленный без внимания, неучтенный
unbeschadet без ущерба для; **~ der Vorschrift** не нарушая инструкции
unbeschädigt неповрежденный, невредимый, целый
unbeschränkt неограниченный; **~ haftbar** с неограниченной ответственностью; **~ Steuerpflichtiger** *m* лицо *n*, имущество и все доходы которого подлежат налогообложению по месту жительства без ограничений
unbesetzt незанятый, вакантный; **-e Stelle** *f* вакантная должность *f*, вакантное место *n* работы
unbestätigt неподтвержденный; **-es Akkreditiv** *n* неподтвержденный аккредитив *m*
unbestellt незаказанный
unbestimmt неопределенный; **auf -e Zeit** на неопределенное время
unbestritten бесспорный, неоспоримый, несомненный; **-e Forderung**

неоспоримое требование; **-es Recht** неоспоримое право
unbeweglich неподвижный, недвижимый; **-es Vermögen** недвижимое имущество
unbezahlt неоплаченный; **-e Rechnung** неоплаченный счет
unbrauchbar непригодный
undatiert недатированный, не помеченный датой, без даты
Underlying *m (Bö)* базовая стоимость *f*, базовый актив *m* (биржевых или срочных сделок)
Underwriting андеррайтинг *m*, гарантирование *n* размещения займа
Underwriter андеррайтер *m*, гарант *m* размещения займа
Undkonten *pl* совместные счета *pl*
unecht ненастоящий, фиктивный
uneinbringlich не подлежащий взысканию, безнадежный; **-e Forderungen** *pl* безнадежные требования *pl*; **-e Schuld** *f* безнадежный долг *m*
uneingeschränkt неограниченный; безусловный, безоговорочный; **-er Bestätigungsvermerk** *m* безоговорочное заключение *n* аудиторов
uneinheitlich беспорядочный, нерегулярный; **die Tendenz war** ~ тенденция (на рынке акций) была беспорядочной
unentgeltlich бесплатный, безвозмездный; **-e Leistungen** *pl* передаточные (трансфертные) платежи *pl*
unerlaubt недозволяющий, запретный; **-e Handlung** *f* правонарушение *n*, деликт *m*
unerledigt невыполненный, неоконченный; **-er Auftrag** *m* невыполненный заказ *m*
Unfall *m* травма *f*, несчастный случай *m*; авария *f*, крушение *n*; **einen ~ erleiden** потерпеть аварию; получить травму; **~ mit Sachschaden** авария с материальным ущербом
Unfall|anzeige *f* сообщение *n* о происшедшем несчастном случае на производстве; **-entschädigung** *f* возмещение *n* ущерба, возникшего в результате несчастного случая (аварии); **-ersatztarif** *m (Versich)* тариф *m* за арендованный автомобиль, предоставленный взамен арендованного и попавшего в аварию
unfallfrei безаварийный, без несчастных случаев
Unfall|gefahr *f* опасность *f* аварии (несчастного случая); **-haftung** *f* ответственность *f* за аварию (несчастный случай); **-kasse** *f (Versich)* страховщик *m* (страховая компания *f*) несчастных случаев на государственной (муниципальной службе) или госпредприятиях; **-merkblatt** *n (Transp)* аварийная карточка *f* (при перевозке опасных грузов); **-quote** *f* коэффициент *m* травматизма; **-rente** *f* пенсия *f* по инвалидности; **-risiko** *n* риск *m* наступления несчастного случая; **-schaden** *m* убыток *m* от аварии; телесное повреждение в результате несчастного случая; **-schutz** *m* профилактика *f* несчастных случаев (производственного травматизма); **-verhütung** *f* мероприятия *pl* по предупреждению несчастных случаев
Unfallversicherung *f (Versich)* страхование *n* от несчастных случаев; страхование *n* от несчастных случаев на производстве; **gesetzliche** ~ обязательное страхование *n* от несчастных случаев на производстве; **private** ~ индивидуальное страхование *n* от (любых) несчастных случаев
Unfallversicherungsträger *m (Versich)* страховщик *m* (страховая компания *f*), несущий(ая) страховые расходы при несчастных случаях
unfallversichert *(Versich)* застрахованный от несчастных случаев
unfertig незавершенный, неготовый; **-e Erzeugnisse** *pl* незавершенная продукция *f*
unfrei фрахт, подлежащий уплате грузополучателем в порту назначения
unfundiert необеспеченный, необоснованный; **-e Schulden** *pl* текущая (краткосрочная) задолженность *f*; неконсолидированные долги *pl*
ungedeckt необеспеченный, непо-

крытый; **-e Ausgaben** *pl* непокрытые расходы *pl*; **-er Kredit** *m* кредит *m* без обеспечения; **-er Scheck** *m* непокрытый чек *m*

ungekündigt неуволенный; **in -er Stellung sein** иметь постоянную работу

ungelernt необученный, неквалифицированный; **-er Arbeiter** *m* неквалифицированный рабочий *m*

ungenutzt неиспользованный; **-e Kapazität** *f* неиспользованные мощности *pl*

ungerechtfertigt необоснованный, неоправданный, несправедливый; **-e Bereicherung** *f* незаконное обогащение *n*

Ungleichgewicht *n* неравновесие *n*, дисбаланс *m*, неравенство *n*; **außenwirtschaftliches ~** пассивный баланс *m* внешней торговли

ungleichmäßig неравномерный

ungleichwertig неравноценный, неэквивалентный

ungültig недействительный, не имеющий силы; **-er Vertrag** *m* договор *m*, не имеющий силы

ungünstig неблагоприятный

unifizieren унифицировать; консолидировать; **Staatsanleihen ~** консолидировать государственные займы

Unifizierung *f* унификация *f*; консолидация *f*

Union *f* союз *m*, объединение *n*

Unisex-Tarif *m (Versich)* страховой тариф *m*, не зависящий от пола страхователя

Universal|bank *f* универсальный банк *m*; **-erbe** *m* единственный наследник *m*; **-versammlung** *f* общее собрание *n* акционеров

Uniwagnis *f (Versich)* база *f* данных о подозреваемых в страховом мошенничестве, «черный список» *m* страхователей

Unkenntnis *f* незнание *n*, неосведомленность *f*

unkontrolliert бесконтрольный

unkoordiniert нескоординированный, несогласованный

unkündbar не подлежащий погашению, несрочный

unlauter недобросовестный, нечестный; **-e Werbung** *f* нечестные методы *pl* рекламы; **-er Wettbewerb** *m* недобросовестная конкуренция *f*

unlimitiert неограниченный, нелимитированный; **-e Börsenaufträge** *pl* нелимитированные приказы *pl* маклеру на продажу (покупку) ценных бумаг

unmöglich невозможный, невыполнимый; **-e Leistung** *f* объективно невозможное исполнение *n* договора

Unmöglichkeit *f* невозможность *f*; **~ der Leistung** невозможность *f* исполнения условий договора

unnotiert не котирующийся на бирже; находящийся во внебиржевом обороте; **-e Werte** *pl* ценные бумаги *pl*, не котирующиеся на бирже

unpfändbar не подлежащий аресту (судебному исполнению)

Unpfändbarkeit *f* освобождение *n* от ареста части имущества должника

unproduktiv непроизводительный, непродуктивный; **-e Kapitalanlagen** *pl* мертвые активы *pl*, непроизводительные инвестиции *pl*; **-er Lohn** *m* заработная плата *f* обслуживающего персонала и вспомогательных рабочих

unpünktlich неточный, неаккуратный; **-e Lieferung** *f* поставка *f* с нарушением срока

unrealisiert нереализованный, неполученный

unrechtmäßig незаконный, неправомерный

unredlich нечестный, недобросовестный

unregelmäßig нерегулярный; **-e Vergütung** *f* нерегулярная оплата *f* труда

unrentabel убыточный; нерентабельный, не приносящий прибыли

unsachgemäß ненадлежащий, неправильный, не надлежащим образом; **-e Bedienung** *f* неправильное обслуживание *n* (пользование *n*)

unselbständig несамостоятельный, зависимый; **~ Erwerbstätiger** *m* лицо *n* наемного труда; **-e Tätigkeit** *f* работа *f* по найму

unsicher ненадежный, сомнительный, неопределенный; **-e Forderung** *f* сомнительное требование *n*; **-e Kapitalanlage** *f* ненадежное капиталовложение *n*; **-e Wirtschaftslage** *f* непрочное экономическое положение *n*

Unsicherheit *f* ненадежность *f*, неопределенность *f*; неуверенность *f*; **~ am Aktienmarkt** неустойчивость *f* (нестабильность *f*) на рынке акций

unsichtbar невидимый; **-er Handel** *m* торговля *f* по невидимым статьям

unstabil нестабильный, неустойчивый

Unstimmigkeit *f* разногласие *n*, противоречие *n*; несоответствие *n*, ошибка *f*

unteilbar неделимый, целостный

Unterabteilung *f* подотдел *m*, подразделение *n*

Unteragent *m* субагент *m*

unter Aufgabe (u.A.) "сообщите о дебетовании счета", при уведомлении

Unterauftrag *m* субподряд *m*

Unterausschuss *m* подкомитет *m*

Unterbeschäftigung *f* неполная занятость *f*

Unterbeteiligung *f* уступка *f* части квоты эмиссии; долевое участие *n* третьего лица в пае общества

unterbewerten оценивать ниже номинальной стоимости, давать заниженную оценку

Unterbewertung *f* заниженная оценка *f*; оценка *f* ниже фактической стоимости; **~ von Aktiva** занижение *n* стоимости активов; **~ von Passiva** занижение *n* стоимости пассивов

unterbezahlt низкооплачиваемый

unterbieten снижать (сбивать) цену; предлагать по более низкой цене; делать предложение более низкой цены; **Preise ~** снижать (сбывать) цены

Unterbietung *f* снижение *n* (сбивание *n*) цены; предложение *n* более низкой цены

Unterbilanz *f* пассивный платежный баланс *m*

unterbrechen прерывать, приостанавливать

Unterbrechung *f* перерыв *m*, остановка *f*; нарушение *n*, временное прекращение *n*; **~ der Handelsbeziehungen** разрыв *m* (прекращение *n*) торговых отношений

unterbreiten представлять (на рассмотрение)

unterbringen помещать, размещать, распределять; **eine Anleihe ~** размещать заем

Unterbringung *f* помещение *n*; размещение *n*, распределение *n*; **~ von Wertpapieren** размещение *n* ценных бумаг

Unterdeckung *f* недостаточное (неполное) покрытие *n* (обеспечение *n*); **~ der Kosten** превышение *n* фактических затрат над расчетными

unterdurchschnittlich ниже среднего

unterentwickelt слаборазвитый

Unterforderung *f (Pers)* недостаточная нагрузка *f*, работа *f* ниже уровня квалификации

Unterfrachtführer *m* фрахтовщик *m*, продолжающий перевозку груза

Unterfrachtvertrag *m* субподряд *m* на перевозку груза

Untergang *m* гибель *f*; потеря *f*; утрата *f*; **~ der Ware** утрата *f* товара

untergeordnet подчиненный; **-es Ziel** *n* подцель *f*, второстепенная цель *f*

Untergesellschaft *f* дочернее предприятие *n*

Untergewicht *n* недовес *m*, недостача *f* в весе

Untergewichten *n (Bö)* рейтинг *m* ценных бумаг «пониженного веса»

Unterhalt *m* обеспечение *n*, содержание *n*, средства *pl* существования, алименты *pl*; **für seinen ~ aufkommen** обеспечить себе средства существования; **~ gewähren** предоставить обеспечение (помощь); **~ zahlen** платить алименты (средства существования)

unterhalten содержать; вести, управлять; **eine Familie ~** содержать семью

Unterhaltsanspruch *m* право *n* на получение материальной помощи

unterhaltsbedürftig нуждающийся в материальной помощи

Unterhaltsbeihilfe *f* пособие *n*, материальная помощь

unterhaltsberechtigt имеющий право на материальную помощь
Unterhalts|empfänger *m* иждивенец *m*, получатель *m* алиментов; **-forderung** *f* требование *n* материальной помощи (алиментов); **-geld** *n* пособие *n*, материальная (денежная) помощь *f*; **-klage** *f* иск *m* о взыскании алиментов; **-gewährung** *f* обеспечение *n* материальной помощью; **-kosten** *pl* расходы *pl* по содержанию, средства *pl* на содержание; **-leistungen** *pl* выплата *f* материальной помощи; **-pflicht** *f* обязанность *f* содержания (обеспечения); **-zahlung** *f* выплата *f* пособия (содержания)
Unterhaltung *f* техническое обслуживание *n*, текущий ремонт *m*, уход *m*, поддержание в исправном состоянии
Unterhaltungs|arbeiten *pl* ремонтные работы *pl*, работы *pl* по текущему ремонту; **-elektronik** *f* бытовая электроника *f*; **-industrie** *f* индустрия *f* развлечений; **-kosten** *pl* расходы *pl* по текущему ремонту
unterkapitalisiert недостаточно капитализированный, имеющий недостаточный оборотный капитал
Unterkapitalisierung *f* недостаточность *f* оборотного капитала; заниженная оценка *f* имущества и активов
Unterkonsortium *n* субсиндикат *m*, субконсорциум *m*
Unterlagen *pl* данные *pl*, документация *f*, документы *pl*; **~ bereitstellen** подготовить документацию; **~ einsehen** просмотреть документацию; **~ erarbeiten** разработать документацию; **~ vorlegen** представить документацию; **~ zusammenstellen** составить документацию; **betriebliche ~** внутрипроизводственная (деловая) документация *f* **geschäftliche ~** деловая документация *f*; **technische ~** техническая документация *f*
Unterlassung *f* упущение *n*; неисполнение *n* обязанностей; неиспользование *n*; **auf ~ klagen** подать иск на неисполнение обязательств; **die ~ erzwingen** принуждать к исполнению обязательств
Unterlastung *f* недостаточная нагрузка *f*
Untermakler *m* промежуточный маклер *m*
Untermiete *f* поднаем *m*, субаренда *f*; **zur ~ wohnen** снимать помещение у основного съемщика
Untermieter *m* субквартирант *m*, субарендатор *m*
unternehmen предпринимать
Unternehmen *n* предприятие *n*; деловое предприятие *n*, дело *n*; фирма *f*, компания *f*; **an einem ~ beteiligt sein** иметь долю (пай) в предприятии (деле); **ein ~ auflösen** ликвидировать предприятие; **ein ~ ausbauen** развивать (расширять) предприятие; **aus dem ~ ausscheiden** выйти из дела; **ein ~ bewerten** оценивать предприятие; **ein ~ errichten** построить (создать) предприятие; **ein ~ erwerben** приобрести (купить) предприятие; **ein ~ führen** руководить (управлять) предприятием, вести дело; **ein ~ gründen** основать предприятие; **ein ~ leiten** руководить (управлять) предприятием; **ein ~ liquidieren** ликвидировать предприятие; **ein ~ planen** планировать работу предприятия; **ein ~ sanieren** провести санацию (реорганизацию) предприятия; **ein ~ unterhalten** руководить предприятием, вести дело; **ein ~ verwalten** управлять предприятием; **beteiligtes ~** предприятие *n*, имеющее долевое участие в другом предприятии; **börsenfähiges ~** предприятие *n*, котирующееся на бирже; **emissionsfähiges ~** эмитирующее предприятие *n* (акционерное общество *n*), предприятие-эмитент *n*; **gemeinnütziges ~** некоммерческое предприятие *n*; **gewerbliches ~** коммерческое предприятие *n*; промысловое предприятие *n*; **herrschendes ~** основное (головное) предприятие *n*, холдинг-компания *f*, материнская компания *f*, компания-держатель *f* контрольного пакета;

kleines ~ малое предприятие *n*; **kommunales** ~ коммунальное предприятие *n*; **marktbeherrschendes** ~ предприятие *n*, занимающее монопольное положение на рынке; **marktführendes** ~ предприятие *n*, занимающее ведущие позиции на рынке; **multinationales** ~ международная корпорация *f*; ~ **des öffentlichen Rechts** публично-правовое предприятие; **öffentliches** ~ государственное (муниципальное) предприятие *n*; **staatliches** ~ государственное предприятие *n*; **verbundenes** ~ дочернее предприятие *n*, предприятие *n*, входящее в концерн

Unternehmens|aktivitäten *pl* деятельность *f* предприятия; **-anleihe** *f (Fin)* корпоративный заем *m*, корпоративный вексель *m*; **-anteile** *pl* доли *pl* (паи) предприятия; акции *pl* предприятия; **-aufspaltung** *f* разделение *n* предприятия; **-befragung** *f* опрос *m* предприятий; **-belegschaft** *f* персонал *m* предприятия; **-berater** *m* консультант *m* по проблемам менеджмента (организации производства); **-beratung** *f* консультация *f* по вопросам менеджмента (организации производства); **-bereich** *m* подразделение *n* предприятия; **-bericht** *m* отчет *m* предприятия; **-besteuerung** *f* налогообложение *n* предприятий; **-beteiligungen** *pl* долевые участия *pl* в других предприятиях; **-bewertung** *f* оценка *f* предприятия; **-bezeichnung** *f* название *n* предприятия; **-controlling** *n* контроллинг *m* деятельности предприятия; **-darstellung** *f* представление *n* (описание *n*) предприятия; **-daten** *pl* данные *pl* о предприятии, производственные данные *pl*; **-ebene** *f* уровень *m* предприятия; **-einheit** *f* организационная единица *f* предприятия; подразделение *n*, филиал *m*; **-einkommen** *n* доходы *pl* от эксплуатации предприятия без статуса юридического лица; **-entscheidung** *f* решение *n*, принимаемое предприятием; **-eintwicklung** *f* развитие *n* предприятия; **-erfolg** *m* результат *m* деятельности предприятия; **-ergebnis** *n* результат *m* деятельности предприятия, прибыль предприятия; **-ertrag** *m* доход *m* предприятия; **-erweiterung** *f* расширение *n* предприятия; **-finanzierung** *f* корпоративное финансирование *n*, финансирование *n* предприятия; **-form** *f* правовая форма *f* предприятия; **-forschung** *f* исследование *n* операций предприятия, операциональный анализ *m*; **-führung** *f* управление *n* предприятием, менеджмент; **-funktion** *f* функция предприятия; **-gegenstand** *m* предмет *m* деятельности предприятия; **-gewinn** *m* прибыль *f* предприятия; **-gliederung** *f* организационная структура *f* предприятия; **-größe** *f* размер *m* предприятия; **-grundsätze** *pl* принципы *pl* предпринимательства; **-gründung** *f* основание *n* (учреждение *n*) предприятия; **-gruppe** *f* концерн *m*, группа предприятий; **-hierarchie** *f* иерархическая структура *f* предприятия; **-identität** *f* отождествление *n* своих целей с целями предприятия; **-image** *n* имидж *m* (репутация *f*) фирмы

unternehmensintern внутрифирменный, внутренний; **-e Daten** *pl* внутренние данные *pl*, внутрифирменная информация *f*

Unternehmens|kauf *m* покупка *f* предприятия; **-konsolidierung** *f* слияние *n* (объединение *n*) предприятий; **-kontrolle** *f* контроль *m* за деятельностью предприятия; **-konzentration** *f* концентрация производства; **-konzept** *n* концепция *f* предприятия; **-kooperation** *f* деловое сотрудничество *n*, сотрудничество *n* предприятий; **-krise** *f* кризис *m* работы предприятия; **-kultur** *f* культура *f* предприятия, предпринимательская культура *f*; **-leitbild** *n* концепция *f* (философия *f*) предприятия; **-leiter** *m* управляющий *m* предприятием, руководитель *m* предприятия; **-leitung** *f* руководство *n* (управление *n*) предприятием; **-liquidität** *f* ликвидность *f* предприятия; **-logistik** *f* логистика *f* предприятия; **-mitbestimmung** *f* участие *n* в управлении предприятием; **-nachfolge** *f* преемничество *n* предприятий; **-organisation** *f* организация *f* (организационная структура *f*) предприятия; **-philosophie** *f* философия *f* бизнеса, основные принципы *pl* предпринимательства; **-plan** *m* план *m* работы предприятия; **-planspiel** *n* деловая игра *f*; **-planung** *f* планирование *n* в рамках отдельного предприятия; **-politik** *f* политика *f* предприятия; **-sicherung** *f* сохранение *n* (сохранность *f*) дела (предприятия), обеспечение *n* предпринимательской деятельности; **-sprecher** *m* представитель *m* предприятия (трудового коллектива); **-spitze** *f* высшее руководство *n*, высшая администрация *f*; **-steuerung** *f* управление *n* предприятием; **-strategie** *f* стратегия *f* предприятия

unternehmensübergreifend выходящий за рамки одного предприятия

Unternehmens|übernahme *f* приобретение *n* (покупка *f*) предприятия; **-verbindung** *f* связь *f* между предприятиями; **-verbund** *m* объединение *n* предприятий, концерн; **-verfassung** *f* правовые нормы *pl* предпринимательства; **-verkauf** *m* продажа *f* предприятия; **-vermögen** *n* имущество *n* (активы *pl*) предприятия; **-vertrag** *m* соглашение *n* между предприятиями; **-wert** *m* стоимость *f* предприятия; **-ziel** *n* цель *f* предприятия (бизнеса); **-zusammenschluss** *m* объединение *n* (слияние *n*) предприятий; **-zweck** *m* цель *f* предрията

Unternehmer *m* предприниматель *m*, владелец *m* предприятия, бизнесмен *m*; подрядчик *m*

Unternehmer|einkommen *n* доход *m* предпринимателя, предпринимательский доход *m*; **-gewinn** *m* предпринимательская прибыль *f*; **-haftung** *f* ответственность *f* предпринимателя; **-initiative** *f* предпринимательская инициатива *f*

unternehmerisch предпринимательский; предприимчивый; **-e Entscheidungsfreiheit** *f* свобода *f* принятия решений предпринимателем; **-e Verantwortung** *f* ответственность *f* предпринимателя

Unternehmerlohn *m* предпринимательское вознаграждение *n*; **kalkulatorischer ~** расчетная оплата *f* деятельности предпринимателя

Unternehmer|pfandrecht *n* залоговое право *n* предпринимателя; **-tätigkeit** *f* предпринимательская деятельность *f*

Unternehmertum *n* предпринимательство *n*; бизнес *m*; **freies ~** свободное предпринимательство *n*

Unternehmer|verband *m* союз *m* (объединение *n*) предпринимателей; **-wagnis** *n* предпринимательский риск *m*

Unternehmung *f* предприятие *n*

Unternehmungs|ergebnis *n* результат *m* деятельности предприятия; прибыль *f* предприятия; **-leitung** *f* управление *n* (руководство *n*) предприятием; **-mehrwert** *m* гудвилл *m*, стоимость *f* деловых связей и репутации фирмы; **-politik** *f* политика *f* предприятия; **-wert** *m* стоимость *f* предприятия; **-ziel** *n* цель *f* предприятия

Unterordnung *f* подчинение *n*, субординация *f*

Unterorganisation *f* неэффективная организационная структура *f*

Unter-Pari-Emission *f* размещение *n* ценных бумаг (облигаций) по эмиссионному курсу ниже номинала

unterproportional уменьшающийся, дегрессивный, в меньшей пропорции

Unterredung *f* разговор *m*, беседа *f*, переговоры *pl*; **vertrauliche ~** конфиденциальная беседа *f*

unterrichten осведомлять, информировать

Unterrichtung *f* сообщение *n*; информирование *n*; инструкция *f*; **~ in wirtschaftlichen Angelegenheiten** информация *f* по экономическим проблемам

Unterrichtungspflicht *f* обязанность *f* предоставления информации; **~ des Arbeitgebers** обязанность *f* работодателя предоставлять необходимую информацию

Unterrichtungsrecht *n* право *n* на получение информации; **~ des Betriebsrats** право *n* совета предприятия на получение информации

untersagen запрещать, воспрещать

Untersagung *f* запрет *m*, запрещение *n*; **~ des Gewerbebetriebes** запрет на занятие промыслом (бизнесом)

unterschätzen недооценивать

Unterschied *m* разница *f*, различие *n*, расхождение *n*; отличие *n*; **strukturelle -e** структурные отличия *pl* (различия *pl*)

unterschiedlich различный, разный; **-e Behandlung** дискриминация

Unterschiedsbetrag *m* разность *f*, разница *f*

unterschlagen утаивать, скрывать; присваивать; растрачивать; **Geld ~** присваивать (чужие) деньги, растрачивать деньги

Unterschlagung *f* сокрытие *n*, утайка *f*; присвоение *n*; растрата *f*; **eine ~ begehen** совершить растрату

unterschreiben подписывать, ставить подпись, подписываться; **eigenhändig ~** подписать(ся) собственноручно; **einen Vertrag ~** подписать договор

unterschreiten не израсходовать, не использовать; **den Voranschlag ~** занизить смету, не израсходовать смету

Unterschrift *f* подпись *f*; **eine ~ leisten** подписаться; **seine ~ unter einen Vertrag setzen** поставить свою подпись под договором; **die ~ verweigern** отказаться подписать; **zur ~ vorlegen** представить на подпись; **beglaubigte ~** заверенная подпись *f*; **eigenhändige ~** собственноручная подпись *f*; **notariell beglaubigte ~** нотариально заверенная подпись *f*

Unterschriften|karte *f* формуляр *m* открытия счета; **-verzeichnis** *n* бланк *m* с образцами подписей ответственных лиц

Unterschrifts|beglaubigung *f* удостоверение *n* подписи; **-berechtigung** *f* право *n* подписи; **-bestätigung** *f* подтверждение *n* (удостоверение *n*) подписи; **-blatt** *n* бланк *m* с образцами подписей; **-probe** *f* образец *m* подписи

unterstehen подчиняться

unterstellt подчиненный; **-er Mitarbeiter** сотрудник, находящийся в подчинении

Unterstellung *f* подчинение *n*; **direkte ~** прямое подчинение *n*

unterstützen поддерживать, оказывать поддержку (помощь); **finanziell ~** оказывать финансовую поддержку (помощь); **ein Vorhaben ~** поддержать (финансировать) проект

Unterstützung *f* поддержка *f*, помощь *f*; пособие *n*; **eine ~ anbieten** предложить помощь (поддержку); **eine ~ erhalten** получать пособие; **eine ~ gewähren** дать (предоставить) пособие; **~ zusichern** заверить в поддержке, гарантировать помощь; **gegenseitige ~** взаимопомощь *f*; **öffentliche ~** государственная субсидия *f*; **staatliche ~** государственная помощь *f* (субсидия *f*); **~ von Existenzgründungen** помощь *f* при основании нового дела

Unterstützungs|beihilfe *f* пособие *n*, дотация *f*; **-empfänger** *m* получатель *m* пособия; **-kasse** *f* касса *f* взаимопомощи; **-zahlung** *f* выплата *f* пособия

untersuchen исследовать, изучать

Untersuchung *f* исследование *n*, изучение *n*; расследование *n*, следствие *n*; **eine ~ durchführen** провести исследование; **amtliche ~** официальное исследование *n*; **statistische ~** статистическое наблюдение *n*; **zollamtliche ~** таможенный досмотр *m*

Untersuchungs|ergebnis *n* результат *m* исследования; **-zeitraum** *m* период *m* исследования; **-ziel** *n* цель *f* исследования

Untertagearbeiten *pl* подземные работы *pl*

untertariflich ниже тарифа; **-e Bezahlung** *f* оплата *f* по ставкам ниже тарифных

Untervercharterung *f* саблет *m*

untervermieten сдавать в поднаем

Untervermietung *f* поднаем *m*, субаренда *f*

Unterverpachtung *f* подаренда *f*, поднаем *m*

unterversichern страховать на сумму ниже стоимости страхового объекта

Unterversicherung *f* неполное страхование *n*, страхование *n* на сумму ниже стоимости страхового объекта

Unterversorgung *f* недостаточное снабжение *n*

Untervertreter *m* субагент *m*

Untervertretung *f* субагенство *n*

Untervollmacht *f* передача *f* части доверенности (полномочий)

unterweisen обучать, инструктировать; **Mitarbeiter ~** обучать сотрудников

Unterweisung *f* обучение *n*, инструктирование *n*; **innerbetriebliche ~** обучение *n* на предприятии

unterzeichnen подписывать; подписываться; **einen Vertrag ~** подписать договор

Unterzeichnung *f* подписание *n*, подписывание *n*; подпись *f*; *(Bö)* недостаточная подписка *f* (на новую эмиссию ценных бумаг); **~ eines Vertrages** подписание *n* договора

Unterzeichnungsrecht *n* право *n* подписи

untilgbar не подлежащий погашению (выкупу)

Untreue *f* измена *f*; злоупотребление *n* доверием

Untreueverdacht *m* подозрение *n* в злоупотреблении доверием

unverantwortlich безответственный

unveräußerlich непродажный; неотъемлемый

unverbindlich необязательный, без обязательства; **-es Angebot** *n* предложение *n* без обязательств, свободное предложение *n*; **-e Preisempfehlung** *f* указание *n* цены без обязательств

unverbrieft не гарантированный, не подтвержденный документально

Unverfallbarkeit *f* сохранение *n* прав на пенсионное обеспечение со стороны предприятий

unvergleichbar несравнимый, несопоставимый

unverhältnismäßig несоразмерный, непропорциональный

unverkäuflich непродажный, непродаваемый; не для продажи; **-es Muster** *n* образец *m* не для продажи

Unvermögen *n* невозможность *f*; **~ des Schuldners zur Leistung** невозможность *f* исполнения обязательства должником

unvermögend бедный, неимущий

unverschuldet без долгов, не имеющий долгов; незаложенный; незаслуженный

unversehrt невредимый, целый

unverzinslich беспроцентный; **-e Anleihe** *f* бепроцентный заем *m*; **-e Vorschüsse** *pl* беспроцентные авансы *pl*

unverzollt беспошлинный, не оплаченный пошлиной; **-e Waren** *pl* товары *pl*, не облагаемые пошлиной; товары *pl*, не оплаченные пошлиной

unverzüglich незамедлительно, немедленно, без задержки, безотлагательно

unvorteilhaft невыгодный; **-e Bedingungen** *pl* невыгодные условия *pl*

unwiderruflich безотзывный, не подлежащий отзыву (отмене); **-es Akkreditiv** *n* безотзывный аккредитив *m*

Unwirksamkeit *f* недейственность *f*, неэффективность *f* недействительность *f*, аннулирование *n*; **~ einer Kündigung** недействительность *f* увольнения; **~ eines Rechtsgeschäftes** недействительность *f* правовой сделки

unwirtschaftlich бесхозяйственный;

неэкономный; неэкономичный, нерентабельный
unzulänglich недостаточный, несоответствующий; неудовлетворительный
Unzulänglichkeit *f* недостаток *m*, несоответствие *n*, несовершенство *n*
unzulässig недопустимый, непозволительный
unzureichend недостаточный, неудовлетворительный
unzuständig некомпетентный, несведущий; не отвечающий за данный вопрос
Urablader *m (Transp)* первичный грузоотправитель *m* (изготовитель *m* товара)
Urabstimmung *f (Soz)* голосование *n* о проведении забастовки
urbar возделанный, пахотный
Urbeleg *m* первичный документ *m*
Urerzeuger *m* первичный производитель *m*, производитель сырья
Urerzeugung *f* добывающая промышленность и сельское хозяйство
Urheber *m* инициатор *m*; автор *m*
Urheber|recht *n* авторское право *n*; **-rechtsinhaber** *m* владелец *m* (субъект *m*) авторского права; **-rechtsschutz** *m* защита *f* авторских прав; **-rechtsverletzung** *f* нарушение *n* авторских прав; **-schutz** *m* защита *f* авторских прав
Urkunde *f* документ *m*, акт *m*, удостоверение *n*; **eine ~ aufsetzen** составить документ (акт); **eine ~ ausfertigen** составить (оформить) документ; **eine ~ ausstellen** выдать (выписать) документ; **eine ~ beglaubigen** заверить документ; **eine ~ einsehen** проверить документ (удостоверение); **eine ~ errichten** составить (оформить) документ; **notarielle ~** нотариальный акт *m*; **öffentlich beglaubigte ~** нотариально заверенный документ *m*; **öffentliche ~** официальный документ *m*; **vollstreckbare ~** исполнительный лист *m*
Urkunden|beweis *m* документально обоснованное доказательство *n*; **-fälschung** *f* подделка *f* документов; **-vorlegung** *f* представление *n* документов
urkundlich документальный
Urlaub *m* отпуск *m*; **den ~ antreten** уйти в отпуск; **den ~ beantragen** подать заявление о предоставлении отпуска; **den ~ gewähren** предоставить отпуск; **~ in Anspruch nehmen** использовать отпуск; **bezahlter ~** оплачиваемый отпуск *m*; **im ~** в отпуске; **unbezahlter ~** отпуск *m* без сохранения содержания
Urlaubs|anspruch *m* право *n* на отпуск; **-arbeit** *f* работа *f* в период отпуска; **-dauer** *f* продолжительность *f* отпуска; **-entgelt** *n* отпускные деньги *pl*; **-geld** *n* отпускные деньги *pl*; компенсация *f* за неиспользованный отпуск; **-gewährung** *f* предоставление *n* отпуска; **-plan** *m* график *m* отпусков; **-regelung** *f* регулирование *n* времени и продолжительности отпусков; **-reise** *f* путешествие *n* (поездка *f*) во время отпуска; **-rückstellung** *f* резервный фонд *m* для выплаты отпускных; **-verkehr** *m* движение *n* транспорта в период массовых отпусков; **-verlängerung** *f* продление *n* отпуска; **-vertretung** *f* замещение *n* на время отпуска
Urmaterial *n* первичный статистический материал *m*
Urprodukt *n* первичный продукт *m*, сырье *n*
Urproduktion *f* добывающая промышленность *f* и сельское хозяйство *n*; производство *n* первичной продукции
Ursache *f* причина *f*; **die ~ ermitteln** исследовать причину
Ursachen|forschung *f* исследование *n* причины; **-zusammenhang** *m* причинная связь *f*
Urschrift *f* оригинал *m*, оригинальный текст *m*
Ursprung *m* происхождение *n*, источник *m*
ursprünglich первоначальный
Ursprungs|bestimmung *f* определение *n* происхождения товара; **-bezeichnung** *f* обозначение *n* страны

происхождения товара, указание *n* о происхождении; **-drittland** *n* страна *f* происхождения, не входящая в Европейское сообщество; **-erklärung** *f* декларация *f* о происхождении товара; **-kennzeichnung** *f* маркировка *f* страны происхождения товара; **-land** *n* страна *f* происхождения товара; **-nachweis** *m* документальное подтверждение *n* происхождения товара; **-prinzip** *n* принцип *m* верховенства международного права; **-waren** *pl* оригинальные товары *pl*; **-zeugnis** *n* сертификат *m* происхождения товара

Urteil *n* приговор *m*, решение *n* (постановление *n*) суда; **ein ~ aufheben** отменить приговор (решение суда); **ein ~ erlassen** вынести приговор; **ein ~ vollstrecken** исполнить приговор (решени суда)

Urteils|verfahren *n* процедура *f* вынесения решения (приговора); **-verkündung** *f* объявление *n* приговора (решения суда)

Usance *f* узанс *m*, (торговый) обычай *m*; установленный порядок *m*; деловая практика *f*; **~ der Branche** деловая практика *f*, принятая в данной отрасли

Usancen|handel *m* торговля *f* иностранной валютой по курсу биржи третьей страны; **-kurs** *m* кросс-курс *m*

usancenmäßig соответствующий (торговым) обычаям, согласно торговым обычаям

U-Schätze *pl* беспроцентные казначейские обязательства *f*

Uso|tara *f* узотара *f*; **-wechsel** *m* вексель *m* на срок, установленный торговым обычаем

Usus *m* обычай *m*

Utensilien *pl* принадлежности *pl*, инструменты *pl*, оборудование *n*

V

Vakatstrich *m* зигзагообразный прочерк *m* на пустых листах и листах бухгалтерской документации

Validität *f* валидность *f*, релевантность *f*

Valoren *pl (Bank)* деньги *pl*, ценные бумаги *pl*; ценности *pl*

Valoren|nummer *f* номер *m* ценной бумаги; **-register** *n* регистр *m* ценных бумаг; **-versicherung** *f* транспортное страхование *n* ценностей

Valorisation *f* валоризация *f*

value added tax (VAT) налог *m* на добавленную стоимость

Valuta *f* валюта *f*; дата *f* зачисления денег на счет; **in ~ zahlen** платить валютой; **konvertierbare ~** конвертируемая валюта *f*; **mit ~ vom ...** со сроком зачисления платежа на счет от ...; **nicht konvertierbare ~** неконвертируемая валюта *f*; **~ der Zahlung** валюта *f* платежа

Valuta|abwertung *f* девальвация *f*; **-akzept** *n* вексель *m*, выставленный в иностранной валюте; **-anleihe** *f* заем *m* в иностранной валюте; **-aufwertung** *f* ревальвация *f*; **-bewirtschaftung** *f* валютное регулирование *n*; **-beschränkungen** *pl* валютные ограничения *pl*; **-dumping** *n* валютный демпинг *m*; **-einnahmen** *pl* валютные поступления *pl*; **-erklärung** *f* валютная декларация *pl*; **-erlös** *m* валютная выручка *f*; **-forderung** *f* требование *n* в иностранной валюте; **-geschäft** *n* валютная операция *f* (сделка *f*); валютные сделки *pl*; **-klausel** *f* валютная оговорка *f*; **-konto** *n* счет *m* в иностранной валюте; **-kontrolle** *f* валютный контроль *m*; **-kredit** *m* кредит *m* в иностранной валюте; **-krise** *f* валютный кризис *m*; **-kupon** *m* купон *m*, оплачиваемый в иностранной валюте; **-mangel** *m* нехватка *f* валюты; **-notierung** *f* валютная котировка *f*, котировка *f* валют; **-papiere** *pl* ценные бумаги *pl* в иностранной валюте; **-politik** *f* валютная политика *f*; **-position** *f* валютная позиция *f*; **-reserven** *pl* валютные резервы *pl*; **-risiko** *n* риск *m* потери на колебаниях валютных курсов; **-rückfluss** *m* обратный приток *m* валюты, валютная окупаемость *f*; **-schuld** *f* валютная задолженность *f*; **-sturz** *m* падение *n* валютного курса; **-tag** *m* дата *f* зачисления денег на счет; **-umrechnung** *f* пересчет *m* валют; **-versicherung** *f* страхование *n*, предусматривающее выплату страховой суммы в иностранной валюте; **-wechsel** *m* вексель *m*, выписанный в иностранной валюте; **-zoll** *m* запретительная пошлина *f*

Valuten *pl* иностранные валюты *pl*, девизы *pl*; ценные бумаги *pl* в иностранной валюте

Valuten|änderung *f* изменение *n* даты зачисления денег на счет; **-arbitrage** *f* валютный арбитраж *m*; **-konto** *n* валютный счет *m*

valutieren валютировать, установить дату зачисления денег на счет

Valutierung *f* валютирование *n*, установление *n* даты зачисления денег на счет

Valutierungs|frist *f* срок *m* определения стоимости; **-tag** *m* дата *f* зачисления денег на счет; дата *f* кредита

variabel переменный, непостоянный, меняющийся

Variable *f* переменная (величина) *f*

Velovignette *f (Versich)* страховая виньета *f* велосипедиста

Venture-Kapital *n* капитал *m*, вкладываемый в предприятие, связанное с риском, венчурный капитал

Verabredung *f* договоренность *f*, соглашение *n*; **eine ~ einhalten** соблюдать договоренность (соглашение); **eine ~ treffen** договориться

verabredungsgemäß согласно договоренности, в соответствии с соглашением

verabschieden принимать, утверждать; **Gesetze ~** принимать законы; **den Haushaltsplan ~** принять (утвердить) бюджет

Verabschiedung *f* принятие *n*, утверждение *n*

Verallgemeinerung *f* обобщение *n*

veraltet устаревший, несовременный; изношенный; **-e Maschinen** *pl* устаревшие машины *pl* (станки *pl*)

veränderlich переменный, изменчивый

Veränderung *f* изменение *n*, перемена *f*; **-en vornehmen** произвести (внести) изменения; **strukturelle -en** структурные сдвиги *pl*; **technische -en** технические изменения *pl*

veranlagen устанавливать размер налога; оценивать, исчислять; **Steuern ~** установить размер налога

Veranlagung *f* установление *n* размера налога, начисление *n* налога; **gemeinsame ~** начисление *n* налога на совместный доход супругов; **getrennte ~** раздельное начисление *n* налога на доходы супругов; **umsatzsteuerliche ~** установление *n* размера налога с оборота

Veranlagungs|bescheid *m* извещение *n* об установленном размере налога; платежное извещение *n* налогового органа; **-jahr** *n* налоговый год *m*, год *m*, за который начисляются налоги; **-steuern** *pl* установленный размер *m* налога; **-verfahren** *n* метод *m* начисления налогов; **-zeitraum** *m* налоговый период *m*

veranschlagen составлять смету; калькулировать; предварительно подсчитывать

Veranschlagung *f* (предварительная) смета *f*; расчет *m*, (предварительная) калькуляция *f*; **~ der Kosten** калькуляция *f* (предварительный расчет) расходов

veranstalten организовывать, проводить, устраивать; **eine Konferenz ~** провести конференцию; **ein Seminar ~** устроить (провести) семинар

verantworten отвечать, нести ответственность

verantwortlich ответственный; **~ zeichnen** подписывать как ответственное лицо, нести ответственность

Verantwortlichkeit *f* ответственность

f, чувство *n* ответственности; **-en festlegen** определить обязанности; **persönliche** ~ личная ответственность *f*

Verantwortung *f* ответственность *f*; **die ~ ablehnen** снять с себя ответственность; **in die ~ nehmen** взять под свою ответственность; **in eigener ~ handeln** действовать на свой страх и риск; **~ tragen** нести ответственность; **~ übernehmen** взять на себя ответственность; **~ übertragen** возложить ответственность; **zur ~ ziehen** привлечь к ответственности; **persönliche** ~ личная ответственность *f*

Verantwortungsbereich *m* круг *m* ответственности, сфера *f* ответственности

verantwortungsbewußt сознательный, сознающий свою ответственность; **~ handeln** действовать с сознанием своей ответственности

Verantwortungsträger *m* ответственное лицо *n* (учреждение *n*)

verantwortungsvoll ответственный; **-e Position** *f* ответственное положение *n*, ответственная должность *f*

verarbeiten перерабатывать, обрабатывать

Verarbeitung *f* переработка *f*; обработка *f*

Verarbeitungs|anlage *f* установка *f* для переработки (обработки); **-betrieb** *m* перерабатывающее (обрабатывающее) предприятие *n*; **-fehler** *m* дефект *m* переработки (обработки); **-industrie** *f* обрабатывающая промышленность *f*; **-kapazität** *f* мощности *pl* по переработке (обработке); **-kosten** *pl* затраты *pl* на обработку, стоимость обработки; **-qualität** *f* качество *n* обработки; **-stufe** *f* стадия *f* обработки

veräußerlich отчуждаемый; реализуемый, продаваемый

veräußern отчуждать; реализовать, продавать; **einen Anteil** ~ продавать долю (пай)

Veräußerung *f* продажа *f*, реализация *f*, алиенация *f*, отчуждение *n*; **~ eines Betriebes** продажа *f* предприятия; **~ von Beteiligungen** продажа *f* долевого участия; **~ von Grundstücken** продажа *f* земельных участков; **~ von Vermögensgegenständen** продажа *f* собственности

Veräußerungs|gewinn *m* прибыль *f* от продажи (реализации); **-preis** *m* продажная цена *f*; **-verbot** *n* запрет *m* на отчуждение (реализацию); **-verlust** *m* убытки *pl* от продажи (реализации); **-wert** *m* цена *f* продажи (реализации)**Verband** *m* союз *m*, общество *n*, объединение *n*, ассоциация *f*, федерация *f*; **einen ~ gründen** основать союз (объединение)

Verbands|aufgaben *pl* задачи *pl* союза; **-buch** *n* *(Admin, Pers)* книга *f* регистрации несчастных случаев (на производстве); **-kasse** *f* касса *f* союза; **-leitung** *f* правление *n* союза; **-prüfung** *f* ревизия *f* деятельности союза; **-statistik** *f* статистический учет *m* в рамках отраслевых союзов; статистика *f* отраслевой ассоциации; **-struktur** *f* структура *f* союза; **-tarifvertrag** *m* тарифный договор *m*, заключенный с объединением работодателей; **-versammlung** *f* собрание *n* членов союза; **-vertreter** *m* представитель *m* союза; **-vorstand** *m* правление *n* союза; **-wesen** *n* система *f* объединений (союзов); **-zeichen** *n* единый товарный знак *m*; логотип *m* объединения

verbessern улучшать, совершенствовать; рационализировать; исправлять; повышать; **die Qualität** ~ повысить качество

Verbesserung *f* улучшение *n*; усовершенствование *n*; рационализация *f*; исправление *n*; повышение *n*; **technische -en** технические усовершенствования *pl*

Verbesserungsprozess *m*: **kontinuierlicher** ~ *(QM)* система *f* постоянных улучшений «кайзен»

Verbesserungsvorschlag *m* предложение *n* по усовершенствованию, рационализаторское предложение *n*

verbilligen удешевлять, снижать цену; **Exporte ~** снижать экспортные цены; **die Produktion ~** удешевить производство

verbilligt по сниженной цене

Verbilligung *f* удешевление *n*, снижение *n* цены; **~ der Einfuhren** удешевление *n* импорта, снижение *n* импортных цен

verbindlich обязательный; **für ~ erklären** объявить имеющим обязательную силу

Verbindlichkeit *f* обязательство *n*; задолженность *f*; **seinen -en nachkommen** выполнять свои обязательства; **-en übernehmen** брать на себя обязательства

Verbindlichkeiten *pl* обязательства *pl*; долги *pl*; задолженность *f*; пассивы *pl*; **~ eingehen** брать на себя обязательства, брать в долг; **~ tilgen** погашать долги (обязательства); **~ aus Lieferungen und Leistungen** обязательства *pl* (задолженность *f*) по поставкам и услугам; **fällige ~** обязательства *pl*, подлежащие погашению; **~ gegenüber Dritten** обязательства *pl* по отношению к третьим лицам; **kurzfristige ~** краткосрочные обязательства *pl*; **langfristige ~** долгосрочные обязательства *pl*; **mittelfristige ~** среднесрочные обязательства *pl*; **sonstige ~** прочие обязательства *pl*

Verbindung *f* связь *f*; соединение *n*; отношение *n*; контакт *m*; **eine ~ aufnehmen** вступать в контакт, устанавливать отношения (связи); **-en ausbauen** расширять связи (отношения); **in ~ treten** вступить в контакт, установить отношения (связи); **geschäftliche -en** деловые связи *pl*

verbodmen получать заем (ссуду) под залог судна и груза

Verböserung *f* изменение *n* первоначального решения налогового органа в ущерб лицу, опротестовавшему его

Verbot *n* запрещение *n*, запрет *m*; **ein ~ aufheben** снять (отменить) запрет; **ein ~ beachten** соблюдать запрет; **ein ~ erlassen** наложить запрет; **ein ~ übertreten** нарушить запрет; **einem ~ unterliegen** подлежать запрету; **ein ~ verletzen** нарушить запрет

Verbrauch *m* потребление *n*, расход *m*, расходование *n*; **den ~ decken** покрывать расход; **den ~ einschränken** ограничить потребление (расход); **~ an Gütern und Dienstleistungen** потребление товаров и услуг; **persönlicher ~** личное потребление *n*; **privater ~** личное потребление *n*, потребление *n* в частном секторе; **steigender ~** возрастающее потребление *n*

verbrauchen потреблять, расходовать; израсходовать, истощить; **Energie ~** расходовать (потреблять) энергию; **Mittel ~** расходовать средства

Verbraucher *m* потребитель *m*

Verbraucher|ausgaben *pl* потребительские издержки *pl*; **-bank** *f* банк *m* потребительского кредита; **-befragung** *f* опрос *m* потребителей; **-befriedigung** *f* удовлетворение *n* потребностей потребителей; **-beratung** *f* консультация *f* для потребителей, консультационные услуги *pl* для потребителей; **-beratungsstelle** *f* служба *f* консультации для потребителей; **-beschwerden** *pl* жалобы *pl* (претензии *pl*) потребителей; **-erwartung** *f* ожидание *n* потребителей; **-genossenschaft** *f* потребительская кооперация *f*; **-gewohnheit** *f* привычки *pl* потребителей; **-gruppe** *f* категория *f* клиентов (потребителей); **-interessen** *pl* интересы *pl* потребителей; **-kredit** *m* потребительский кредит *m*; **-markt** *m* рынок *m* потребителей; **-politik** *f* политика *f* защиты интересов потребителей; **-preis** *m* конечная цена *f*, цена *f* потребителя; **-rechte** *pl* права *pl* потребителей; **-schutz** *m* защита *f* (прав) потребителей; **-struktur** *f* структура *f* потребителей; **-test** *m* оценка *f* спроса; **-umfrage** *f* исследование *n* потребительского спроса; **-verband**

m союз *m* (объединение *n*) потребителей; **-verhalten** *n* поведение *n* потребителей; **-vorteil** *m (V&M)* польза *f* для потребителя; **-wünsche** *pl* пожелания *pl* потребителей; **-zentrale** *f* Центр *m* защиты прав потребителей

Verbrauchs|anstieg *m* рост *m* потребления; **-artikel** *pl* предметы *pl* потребления, потребительские товары *pl*; **-ausgaben** *pl* потребительские расходы *pl*; **-belebung** *f* оживление *n* потребительского спроса; **-besteuerung** *f* налогообложение *n* потребительских товаров; **-deckung** *f* удовлетворение *n* спроса; **-ermittlung** *f* определение *n* потребностей; **-expansion** *f* рост *m* (увеличение *n*) потребления; **-folgefiktion** *f*, **-folgeverfahren** *n* способ *m* учета материально-производственных запасов по очередности убытия, уточнение *n* стоимости запасов; **-forschung** *f* изучение *n* потребления; **-funktion** *f* функция *f* потребления; **-gewohnheiten** *pl* привычки *pl* потребителей; **-güter** *pl (WiWi)* потребительские товары *pl*, предметы *pl* широкого потребления; **-güterindustrie** *f* промышленность *f* потребительских товаров; **-gütermarkt** *m* рынок *m* товаров широкого потребления; **-land** *m* страна-потребитель *f*; **-menge** *f* потребляемое (расходуемое) количество *n*; **-niveau** *n* уровень *m* потребления; **-planung** *f* планирование *n* потребления (расхода); **-quote** *f* норма *f* потребления; **-regelung** *f* регулирование *n* потребления (расхода); **-rückgang** *m* сокращение *n* потребления; **-schätzung** *f* оценка *f* (прогноз *m*) потребления; **-schwankungen** *pl* изменения *pl* (колебания *pl*) спроса; **-statistik** *f* статистика *f* потребления; **-steuern** *pl* акцизы *pl*, акцизные сборы *pl*; налоги на предметы потребления; **-verlust** *m* убытки *pl* от перерасхода сырья, материалов, энергии; **-vorgang** *m* процесс *m* потребления; **-zahlen** *pl* показатели *pl* потребления; **-zunahme** *f* рост *m* потребления

Verbreitung *f* распространение *n*

verbriefen подтверждать документом, письменно заверять (гарантировать)

Verbriefung *f (Fin)* создание *n* ценных бумаг (на будущие платежи), секьюритизация *f*

verbrieft подтвержденный документально, гарантированный; **-es Recht** *n* гарантированное (законное) право *n*

verbuchen регистрировать; вносить записи в бухгалтерские книги; отмечать; выявлять; **als Einnahme ~** приходовать, записать в приход; **einen Gewinn ~** зарегистрировать прибыль; **einen Verlust ~** зарегистрировать убытки

Verbuchung *f* перенос *m* в бухгалтерскую книгу, бухгалтерская запись *f*; проводка *f*; регистрация *f*; **~ von Abschreibungen** проводка *f* амортизационных списаний

verbunden связанный, соединенный, ассоциированный; **-e Lebensversicherung** *f* страхование *n* жизни двух или более лиц; **-e Produkte** *pl* совместно производимые (сопряженные) продукты *pl*; сопутствующие продукты *pl*; **-e Produktion** *f* производство *n* взаимосвязанных продуктов; **-es Unternehmen** *n* ассоциированное предприятие *n*

Verbund|geschäft *n* связанная сделка *f*; **-kosten** *pl* накладные расходы *pl*; **-leistungen** *pl* совокупные платежи *pl* социального характера; **-produkt** *n* сопряженный (побочный) продукт *m*; **-tarif** *m* единый (комбинированный) тариф *m*; **-werbung** *f* совместная рекламная деятельность *f* нескольких предприятий; **-wirtschaft** *f* вертикальная интеграция *f*; хозяйство *n* нескольких предприятий, деятельность *f* которых кооперируется по вертикали

verbürgen ручаться, поручаться, гарантировать; **einen Kredit ~** гарантировать кредиты, поручиться за кредиты

verbürgt гарантированный, достоверный; **-er Kredit** *m* гарантированный кредит *m*

verdeckt скрытый; **-e Stellvertretung** *f* сделка *f*, заключаемая представителем от своего имени, но за чужой счет

verderblich портящийся, подверженный порче; **leicht -e Lebensmittel** *pl* скоропортящиеся продовольственные товары *pl* (продукты *pl* питания)

verdienen зарабатывать; **seinen Lebensunterhalt ~** зарабатывать себе на пропитание, зарабатывать средства к жизни

Verdienst *m* заработок *m*, заработная плата *f*; доход *m*; заслуга *f*; **effektiver ~** фактический заработок *m*; **entgangener ~** упущенный заработок *m*; **zusätzlicher ~** дополнительный заработок *m*

Verdienst|ausfall *m* уменьшение *n* заработка, потеря *f* в заработке; **-bescheinigung** *f* справка *f* о стаже и размере заработка; **-grenze** *f* максимальная ставка *f* заработной платы; **-möglichkeiten** *pl* возможности *pl* зарабатывать деньги; **-quelle** *f* источник *m* дохода; **-spanne** *f* шкала *f* заработной платы; чистый доход *m*

Verdingung *f* конкурс *m* на размещение заказов; размещение *n* заказов по открытому конкурсу; подряд *m*, выдача *f* подрядов; работа *f* по найму

Verdingungs|kartell *n* картель *m*, в рамках которого распределяются заказы; **-ordnung** *f* порядок *m* проведения конкурса (тендера) на размещение заказа

Verdingungsordnung *f* **für freiberufliche Leistungen (VOF)** Нормативные положения *pl* о размещение госзаказов на услуги представителей свободных профессий

Verdingungsordnung *f* **für Leistungen (VOL)** Нормативные положения *pl* о размещении госзаказов на поставки и работы (за исключением строительных работ)

Verdingungs|unterlagen *pl* документация *f* по конкурсным заказам

Verdrängungs|preis *(V&M)* цена *f* вытеснения; **-strategie** *f* стратегия *f* вытеснения; **-wettbewerb** *m* конкуренция *f* на вытеснение с рынка

veredeln дорабатывать, облагораживать, перерабатывать

Veredelung *f* доработка *f*, облагораживание *n*, переработка *f*

Veredelungs|erzeugnis *n* переработанный продукт *m*; **-grad** *m* глубина *f* переработки; **-kosten** *pl* издержки *pl* (стоимость *f*) переработки (обработки); **-verkehr** *m* (внешне)торговый оборот *m*, связанный с переработкой сырья; реэкспорт *m* или реимпорт *m* товаров, прошедших облагораживание (обработку); **-wirtschaft** *f* обрабатывающая промышленность *f*

vereidigt присяжный; **-er Buchprüfer** присяжный ревизор *m* (контролер *m*, аудитор *m*)

Verein *m* союз *m*, общество *n*, объединение *n*; **einen ~ gründen** основать союз (общество); **in einen ~ eintreten** вступить в члены союза (общества); **eingetragener ~** зарегистрированное общество *n* (объединение *n*); **nicht rechtsfähiger ~** неправоспособное общество *n*; **privatrechtlicher ~** общество, образованное в соответствии с нормами частного права; **rechtsfähiger ~** правоспособное общество *n*

vereinbaren согласовывать, регулировать; **Löhne ~** согласовывать вопрос о заработной плате; **Preise ~** согласовать (оговорить) цены; **vertraglich ~** согласовать (оговорить) в договоре

vereinbart согласованный; оговоренный; **-e Laufzeit** *f* согласованный (оговоренный) срок *m* действия; **-er Preis** *m* согласованная (оговоренная) цена *f*; **-e Qualität** *f* оговоренное качество *n*; **sofern (nicht anders) nichts Gegenteiliges ~ ist** если не оговорено иного

Vereinbarung *f* соглашение *n*, договоренность *f*, сделка *f*; **eine ~ abschließen** заключить соглашение; **eine ~ einhalten** соблюдать соглашение (договоренность); **eine ~**

erzielen достичь соглашения (договоренности); **eine ~ treffen** заключить соглашение; **die ~ verletzen** нарушить соглашение (договоренность); **abweichende ~** изменение *n* условий соглашения; **ergänzende ~** дополнительное соглашение *n*, дополнительная договоренность; **gemäß (laut) ~** согласно соглашению (договоренности); **schriftliche ~** письменная договоренность *f*; **vertragliche ~** договор *m*

Vereinbarungsdarlehen *n* ссуда *f*, основанная не на передаче денежной суммы, а на превращении другого обязательства в ссуду

vereinfachen упрощать

vereinheitlichen унифицировать, стандартизировать, делать единообразным

Vereinheitlichung *f* унификация *f*, стандартизация *f*; **~ der Handelspolitik** согласование *n* торговой политики

vereinigen объединять

Vereinigung *f* объединение *n*, союз *m*, корпорация *f*; слияние *n*; **eine ~ bilden** образовать объединение; **berufsständische ~** профессиональное объединение *n*, профессиональный союз *m*

vereinnahmen собирать, получать; взимать

vereinnahmt полученный, взысканный; **-e Entgelte** *pl* фактически полученные доходы *pl*

Vereins|beitrag *m* членский взнос *m*; **-freiheit** *f* свобода *f* образования коалиций; **-kasse** *f* касса *f* (денежные средства *pl*) союза; **-register** *n* реестр *m* союзов; **-satzung** *f* устав *m* союза (объединения); **-vermögen** *n* имущество *n* (активы *pl*) союза (общества); **-zugehörigkeit** *f* членство *n* в союзе (обществе)

Vereinzelungspunkt *m (Transp)* точка *f* разбиения (крупной партии товара на более мелкие)

Verelendung *f* обнищание *n*, обеднение *n*

vererben завещать, оставлять наследство; **ein Vermögen ~** завещать имущество (состояние)

Verfahren *n* метод *m*, способ *m*; процесс *m*; процедура *f*; технология *f*; производство *n* дела, судебное разбирательство *n*; **ein ~ durchführen** вести судебное разбирательство; **ein ~ einleiten** возбуждать уголовное дело; **~ einstellen** прекратить (судебное) дело; **ein ~ entwickeln** разработать метод (технологию); **kapitalwertorientiertes ~** доходный подход *m*; **kostenorientiertes ~** затратный подход *m*; **lizenziertes ~** лицензионная технология *f*; **marktpreisorientiertes ~** сравнительный подход *m*; **patentiertes ~** запатентованная технология *f*; **vereinfachtes ~** упрощенная процедура *f*; **~ zur Herstellung** технология *f* производства

Verfahrens|auswahl *f* выбор *m* технологии (метода); **-beschreibung** *f* описание *n* метода (технологии); **-entwicklung** *f* развитие *n* (разработка *f*) технологий; **-forschung** *f* исследование *n* операций; **-innovation** *f* технологическая инновация *f*; **-kosten** *pl* расходы *pl* (издержки *pl*) по судебному разбирательству; **-lizenz** *f* лицензия *f* на производство; **-planung** *f* планирование *n* перехода на новую технологию; **-technik** *f* технология *f*; **-techniken** *pl* технологическое ноу-хау *n*

Verfall *m* наступление *n* срока исполнения обязательства; падение *n*; разрушение *n*; потеря *f* права; окончание *n*, истечение *n* срока; **~ der Aktienkurse** падение *n* курсов акций; **~ eines Wechsels** наступление *n* срока оплаты векселя

Verfalldatum *n* срок *m* годности

verfallen подлежать погашению (уплате); оканчиваться, истекать, терять силу (право); разрушаться, приходить в упадок; **die Kaution ~ lassen** потерять право на залог; **eine Option ~ lassen** отказаться от опциона (сделки с премией); **der Wechsel verfällt am ...** вексель подлежит уплате (такого-то числа)...

verfallen просроченный; **-er Scheck** *m* просроченный чек *m*
Verfall|erklärung *f* заявление *n* о просрочке векселя; **-frist** *f* срок *m* наступления платежа по векселю; **-klausel** *f* оговорка *f* о потере денежного залога (взноса); **-tag** *m* дата *f* (срок *m*) платежа (погашения); **-zeit** *f* срок *m* наступления платежа по векселю
verfälschen подделывать, фальсифицировать; **Lebensmittel ~** фальсифицировать продукты питания
Verfälschung *f* подделка *f*, фальсификация *f*
Verfallstermin *m (Bö, Fin)* дата *f* истечения срока опциона
Verfassung *f* состояние *n*, положение *n*; Конституция *f*; **feste ~ der Märkte** устойчивая тенденция *f* на рынке; **schwache ~** понижательная тенденция *f*
Verflechtung *f* сращивание *n*, переплетение *n*; **~ der Volkswirtschaften** взаимозависимость *f* экономики отдельных стран; **wirtschaftliche ~** взаимозависимость *f* экономики отдельных стран, экономическая взаимозависимость *f*
verfolgen преследовать, следовать; выполнять, вести, проводить; **einen Plan ~** выполнять план, следовать плану; **eine Ziel ~** преследовать цель; **einen Zweck ~** иметь целью
Verfolgung *f* преследование *n*, следование *n*; реализация *f*, выполнение *n*; **~ gemeinsamer Ziele** преследование *n* (реализация *f*) общих целей; **~ individueller Ziele** преследование *n* (реализация *f*) личных целей
verfrachten перевозить, отправлять груз; фрахтовать; **Waren ~** перевозить (отправлять) товары
Verfrachter *m* грузовое судно *n*; фрахтовщик *m*, экспедитор *m*
Verfrachtung *f* перевозка *f* (транспортировка *f*) грузов морским путем; отправка грузов
verfügbar имеющийся в распоряжении, наличный; **-es Einkommen** *n* наличный доход *m* после уплаты налогов
Verfügbarkeit *f* возможность *f* располагать (пользоваться); наличие *n*; безотказность *f* в эксплуатации, доступность *f* (надежность *f*) оборудования; *(Fin)* обязанность *f* инвестиционного фонда в любой момент вернуть клиенту его долю; **eine hohe ~ erreichen** достичь высокой степени надежности; **mangelnde ~** недостаточное наличие *n*
verfügen иметь в своем распоряжении, распоряжаться, располагать; постановлять; предписывать, приказывать; решать; **über Mittel ~** иметь в распоряжении средства
Verfügung *f* распоряжение *n*; постановление *n*, предписание *n*, приказ *m*; **eine ~ aufheben** отменить постановление (решение); **eine ~ erlassen** издать (сделать) постановление (распоряжение); **zur ~ stehen** иметься (быть) в распоряжении; **zur ~ stellen** предоставлять в распоряжение; **einstweilige ~** (временное, до окончательного решения) определение *n* суда об обеспечении иска; **nachträgliche ~** дополнительное распоряжение *n*
verfügungsberechtigt правомочный, имеющий право распоряжаться
Verfügungs|beschränkung *f* ограничение *n* возможности распоряжаться; **-geschäft** *n* распорядительная сделка *f*; **-gewalt** *f* полномочия *pl* (право *n*) распоряжаться; **-kredit** *m* разрешенный овердрафт *m*; **-recht** *n* право *n* распоряжаться
Vergabe *f* выдача *f*, размещение *n*, распределение *n*; **freihändige ~** выдача *f* заказов (подрядов) без конкурса; размещение *n* заказа без проведения конкурса, размещение *n* заказа на свое усмотрение; **~ von Aufträgen** размещение *n* (выдача *f*) заказов (подрядов); **~ von Fördermitteln** выделение *n* средств; **~ von Lizenzen** выдача *f* (предоставление *n*) лицензии
Vergabe- und Vertragsordnung *f* **für Bauleistungen (VOB)** Нормативные положения о размещении госзаказов на строительные работы

Vergabe|kammer *n* судебная палата *f* по вопросам проведения тендеров; тендерная палата *f*; **-recht** *n* тендерное право *n*; **verfahren** *n* процедура *f* выдачи (размещения) заказов; **-verhandlung** *f* переговоры *pl* о выдаче (размещении) заказов

vergeben предоставлять, передавать, раздавать, распределять; **einen Auftrag ~** разместить заказ, выдать подряд; **durch Ausschreibung ~** выдать (разместить) заказ по (открытому) конкурсу

Vergeltung *f* реторсия *f*, ответные меры *pl*, месть *f*

Vergeltungszoll *m* реторсионная (штрафная) пошлина *f*

Vergleich *m* соглашение *n*, компромисс *m*, мировая сделка *f*; сравнение *n*; сопоставление *n*; **einen ~ (ab)schließen** договориться, пойти на компромисс; **einen ~ durchführen** провести сравнение; **einen ~ erzielen** достичь соглашения (компромисса); **einen ~ vorschlagen** предложить компромисс; **zum ~ heranziehen** привлечь к сравнению; **außergerichtlicher ~** внесудебная мировая сделка *f*; **gerichtlicher ~** примирение *n* через суд; **~ über die Zahlung von Schulden** соглашение *n* об уплате долгов; **zwischenbetrieblicher ~** сопоставительный анализ *m* деятельности предприятия

vergleichbar сравнимый, сопоставимый; **-e Waren** сопоставимые товары

Vergleichbarkeit *f* сравнимость *f*, сопоставимость *f*; **~ der Preise** сопоставимость *f* цен

vergleichen сопоставлять, сравнивать; сверять; **sich außergerichtlich ~** прийти к соглашению без суда; **sich gerichtlich ~** прийти к соглашению через суд

Vergleichindex *m (Bö)* сравнительный индекс *m*

Vergleichs|abschluss *m* заключение *n* компромисса (мировой сделки); **-analyse** *f* сопоставительный (сравнительный) анализ *m*; **-angaben** *pl* сравнительные (сопоставительные) данные *pl*; **-angebot** *n* предложение *n* о заключении соглашения (компромисса); **-antrag** *m* заявление *n* об открытии судебного производства о предотвращении банкротства; **-bereitschaft** *f* готовность *f* к компромиссам; **-bilanz** *f* (финансовый) отчет *m* по итогам ревизии; (ревизорский) бухгалтерский баланс *m* обанкротившегося предприятия; **-einkommen** *n* доход *m*, берущийся для сравнения; **-eröffnung** *f* открытие *n* судебного разбирательства для предотвращения (торговой) несостоятельности; **-gläubiger** *m* кредитор *m*, участвующий в судебном производстве для нахождения компромиссного решения; **-jahr** *n* год *m*, взятый для сравнения; **-kurs** *m* уравнительный курс *m*; **-liste** *f* сличительная ведомость *f*; **-möglichkeit** *f* возможность *f* достижения компромисса; **-muster** *n* образец *m*, эталон *m*; **-ordnung** *f* правовые нормы *pl* для проведения судебных разбирательств по предотвращению банкротства; **-quote** *f* квота *f* кредитора при урегулировании вопроса о задолженности; **-rechnung** *f* сравнительный расчет *m*; **-schuldner** *m* должник *m*, относительно имущества которого открывается примирительное судебное разбирательство; **-termin** *m* срок *m* открытия примирительного судебного разбирательства; **-übersicht** *f* сравнительная таблица *f* финансов и отчетов компаний; **-verfahren** *n* судебное производство *n* для нахождения компромиссного соглашения (для предотвращения банкротства); **-verwalter** *m* лицо *n*, назначаемое судом для управления имуществом должника; **-wert** *m* сравнительная (сопоставимая) величина *f* (стоимость *f*); **-zahlen** *pl* сравнительные (сопоставимые) числа *pl* (показатели *pl*); **-zeitraum** *m* сравнительный (сопоставимый) период *m*

Vergnügungssteuer *f* налог *m* на до-

ходы со зрелищных и увеселительных мероприятий
vergriffen распроданный
vergrößern увеличивать, укрупнять; **seinen Betrieb ~** укрупнять (расширять) свое предприятие (дело)
Vergünstigung *f* льгота *f*; уступка *f*; **eine ~ einräumen** предоставить льготу; **eine ~ erhalten** получить льготу; **eine ~ gewähren** предоставить льготу; **steuerliche -en** налоговые льготы *pl*
vergüten возмещать, вознаграждать; премировать; оплачивать; **Leistungen ~** оплатить услуги, вознаградить за услуги; **Lieferungen ~** оплатить поставки
Vergütung *f* возмещение *n*; вознаграждение *n*; премия *f*; бонификация *f*; оплата *f*; **eine ~ bemessen** установить (вычислить) размер вознаграждений; **eine ~ entrichten** выплатить вознаграждение; **eine ~ erhalten** получить вознаграждение (оплату); **eine ~ gewähren** предоставить возмещение; **eine ~ zahlen** выплатить вознаграждение; **einmalige ~** единовременное вознаграждение *n*; **angemessene ~** соответствующее (приемлемое) вознаграждение *n*; **feste ~** постоянное вознаграждение *n*, постоянная оплата *f*; **vereinbarte ~** оплата *f* согласно договоренности; **zusätzliche ~** дополнительная оплата *f*, дополнительное вознаграждение *n*
Vergütungs|anspruch *m* требование *n* оплаты (вознаграждения); **-gruppe** *f* тарифный разряд *m*; **-ordnung** *f* положение *n* об оплате труда; **-satz** *m* размер *m* оплаты (вознаграждения); **-verfahren** *n* возврат *m* предварительно уплаченной избыточной суммы налога
Verhalten *n* поведение *n*, образ *m* действий; **abgestimmtes ~** согласованные действия *pl*; **vertragswidriges ~** действия *pl*, противоречащие условиям договора
Verhaltens|änderung *f* изменение *n* своего поведения; **-kodex** *m* кодекс *m* поведения; **-normen** *pl* нормы *pl* поведения; **-weise** *f* образ *m* действий
Verhältnis *n* соотношение *n*, пропорция *f*; отношение *n*; отношения *pl*; относительное число *n*, коэффициент *m*; **prozentuales ~** процентное отношение *n*; **zahlenmäßiges ~** количественное отношение *n*; **~ zwischen Angebot und Nachfrage** соотношение *n* спроса и предложения
verhältnismäßig относительный, пропорциональный
Verhältnisse *f* отношения *pl*; условия *pl*, обстоятельства *pl*; **bestehende ~** существующие отношения (условия); **finanzielle ~** финансовые (материальные) условия *pl*; **soziale ~** общественные отношения *pl*; **wirtschaftliche ~** экономические отношения *pl* (условия *pl*)
Verhältnis|wert *m* относительная величина *f*; **-zahl** *f* соотносительное число *n*, коэффициент *m*
verhandeln вести переговоры, договариваться; **über einen Kauf ~** вести переговоры о заключении договора купли-продажи; **über die Lieferung einer Ware ~** договариваться о поставке товара; **über einen Vertrag ~** вести переговоры о заключении договора
Verhandlung *f* переговоры *pl*; ведение *n* переговоров; слушание *n* дела; судебное разбирательство *n*; **die ~ abbrechen** прервать переговоры; **die ~ abschließen** завершить переговоры; **-en aufnehmen** приступить к переговорам; **die ~ fortsetzen** продолжить переговоры; **die ~ führen** вести переговоры; **in -en eintreten** вступить в переговоры; **die -en leiten** руководить переговорами; **die ~ unterbrechen** прервать переговоры; **zu -en bereit sein** быть готовым к переговорам
Verhandlungs|abbruch *m* прекращение *n* переговоров; **-angebot** *n* предложение *n* начать переговоры; **-führung** *f* ведение *n* переговоров; **-paket** *n* комплекс *m* (пакет *m*) вопросов, являющихся предметом переговоров; **-partner** *m* партнер *m*

по переговорам, участник *m* переговоров; **-position** *f* позиция *f* на переговорах; **-protokoll** *n* протокол *m* переговоров; **-runde** *f* раунд *m* (тур *m*) переговоров; **-sache** *f* предмет *m* переговоров; **-techniken** *pl* приемы *pl* ведения переговоров; **-termin** *m* срок *m* (дата *f*) проведения переговоров; **-verpflichtung** *f* обязанность *f* ведения переговоров (сторон в тарифном соглашении); **-vollmacht** *f* полномочия *pl* на ведение переговоров

Verhinderung *f* предотвращение *n*; препятствие *n*, помеха *f*; задержка *f*, срыв *m*; **vorübergehende ~** временное препятствие *n*

verhüten предотвращать, предупреждать, предохранять; **einen Schaden ~** предотвратить ущерб (убыток)

Verhütung *f* предотвращение *n*, предупреждение *n*, профилактика *f*; **~ eines Schadens** предотвращение *n* ущерба (убытка); **~ von Arbeitsunfällen** профилактика *f* (предупреждение *n*) несчастных случаев на производстве

verifizieren верифицировать; свидетельствовать, удостоверять, сверять

Verität *f* **der Forderung** (правовое) наличие *n* требования

verjähren терять силу за давностью

verjährt просроченный, потерявший силу за давностью; **-er Anspruch** *m* просроченное требование *n*

Verjährung *f* исковая давность *f*; истечение *n* срока; право *n* давности; **~ einwenden** возражать против исковой давности; **die ~ hemmen** приостановить истечение срока исковой давности; **die ~ unterbrechen** прервать истечение срока исковой давности; **der ~ unterliegen** подлежать действию закона об исковой давности

Verjährungs|beginn *m* начало *n* срока исковой давности; **-frist** *f* срок *m* давности; **-hemmung** *f* приостановление *n* срока давности; **-unterbrechung** *f* прерывание *n* срока давности

verkalkulieren, sich ошибиться в подсчетах, просчитаться

Verkauf *m* продажа *f*, реализация *f*, сбыт *m*; **einen ~ abschließen** заключить сделку купли-продажи; **einen ~ anzeigen** объявить о продаже; **zum ~ anbieten** предложить на продажу; **zum ~ ausstellen** выставить на продажу; **zum ~ bestimmen** предназначать на продажу; **~ auf Baisse** продажа *f* при спекуляции (игре) на понижение; **~ auf Kommissionsbasis** продажа на комиссионных началах; **~ auf Ziel** продажа *f* в кредит, продажа *f* с отсрочкой платежа; **direkter ~** продажа *f* без посредников; **~ eines Grundstücks** продажа *f* земельного участка; **freier ~** свободная продажа *f*; **freihändiger ~** продажа *f* без посредников, продажа *f* по частному соглашению; **~ gegen Kasse** продажа *f* за наличный расчет; **~ im Einzelhandel** продажа *f* в розницу, розничная продажа *f*; **~ im Großhandel** продажа *f* оптом, оптовая торговля *f*; **~ mit Zahlungsziel** продажа *f* с отсрочкой платежа; **öffentlicher ~** публичная продажа *f*; **~ ohne Deckung** продажа *f* без покрытия на срок; **~ unter Einstandspreis** продажа *f* по цене ниже закупочной; **~ unter Vorbehalt** условная продажа *f*; **~ von Forderungen an den Factor** факторинг *m*, продажа *f* требований должника; **zum ~** на продажу

verkaufen продавать, реализовывать; **auf Termin ~** продавать на срок (с будущей поставкой); **auf Ziel ~** продавать в кредит; **bestens ~** продавать по наивысшей цене (наилучшему курсу); **direkt ~** продавать без посредников; **gegen Barzahlung ~** продавать за наличный расчет; **gemäß Muster ~** продавать по образцу; **Geschäftsanteile ~** продавать долю в деле (пай); **im Freiverkehr ~** продавать вне биржи; **ohne Deckung ~** продавать без покрытия на срок; **zu ermäßigten Preisen ~** продавать с уступкой; **zu**

Einkaufspreisen ~ продавать по своей цене

Verkäufer *m* продавец *m*, торговец *m*

Verkäufer|markt *m* рынок *m* продавцов; **-schulung** *f* обучение *n* продавцов

verkäuflich продающийся, предлагаемый к продаже

Verkaufs|abrechnung *f* учет *m* продаж; брокерская записка *f* о совершенной сделке; **-abschluss** *m* заключение *n* сделки на продажу; **-absicht** *f* намерение *n* продать; **-abteilung** *f* отдел *m* сбыта; **-agent** *m* агент *m* по сбыту (продаже) (через виртуальную торговую площадку eBay); **-agentur** *f* торговое агентство *n*; **-analyse** *f* анализ *m* сбыта (реализации); **-angebot** *n* предложение *n* на продажу; **-anreiz** *m* стимул *m* (побуждение *n*) к продаже; **-anstieg** *m* увеличение *n* объема продаж; **-anzeige** *f* объявление *n* о продаже; **-argument** *n (V&M)* аргумент *m* для продажи; **-artikel** *m* продаваемый товар *m*; **-auftrag** *m* заказ *m* (приказ *m*) на продажу; **-aufwand** *m* торговые издержки *pl*; **-außendienst** *m* торговые агенты *pl* предприятия; **-aussichten** *pl* перспективы *pl* торговли; **-ausstellung** *f* выставка-продажа *f*; **-automat** *m* торговый автомат *m*; **-bedingungen** *pl* условия продажи; **-berater** *m* консультант *m* по маркетингу (по сбыту); **-beratung** *f* консультация *f* по маркетингу; **-berichte** *pl* отчеты *pl* о продаже; **-bezirk** *m* район *m* сбыта; **-büro** *n* отдел *m* сбыта; **-datum** *n* дата *f* продажи; **-direktor** *m* коммерческий директор *m*; начальник *m* отдела сбыта; **-einrichtung** *f* торговое предприятие *n*, торговая точка *f*; **-erfahrung** *f* опыт *m* работы в торговле; **-ergebnis** *n* результат *m* продаж (реализации); **-erwartungen** *pl* прогноз *m* объема продаж; **-fläche** *f* площадь *f* торгового помещения

verkaufsfördernd стимулирующий продажу; **-e Maßnahmen** *pl* меры *pl* по стимулированию сбыта (продажи)

Verkaufs|förderung *f (V&M)* стимулирование *n* сбыта (продажи); **-förderungsmaßnahmen** *pl* меры *pl* по стимулированию сбыта (продажи); **-gebiet** *n* район *m* сбыта; **-geschäft** *n* сделка *f* купли-продажи; **-gespräch** *n (V&M)* разговор *m* при продаже; консультации *pl* со стороны продавца; **-gewinn** *m* прибыль *f* от продаж; **-jahr** *n* хозяйственный год *m* в торговле; **-kampagne** *f* кампания *f* по сбыту; **-kartell** *n* сбытовой картель *m*; **-kommission** *f* продажа *f* (сбыт *m*) на комиссионных началах; **-kommissionär** *m* агент *m* по сбыту, работающий на комиссионных началах; комиссионер *m*; **-konsortium** *n* сбытовой синдикат *m*; **-kontingent** *n* квота *f* на продажу; **-konto** *n* счет *m* продаж; **-kontor** *n* сбытовая контора *f*; **-kosten** *pl* издержки *pl* продажи (реализации); **-kräfte** *pl* торговые работники *pl*; **-kurs** *m* курс *m* продавца; **-lager** *n* склад *m* реализуемых товаров; **-leistung** *f* характеристика *f* реализации; **-leiter** *m* начальник *m* (руководитель) отдела сбыта; **-leitung** *f* отдел *m* сбыта, управление *n* сбытовой деятельностью; **-liste** *f* список *m* продаваемых объектов; **-management** *n (V&M)* управление *n* продажами; **-menge** *f* объем *m* продаж; **-methode** *f* метод *m* продажи (сбыта); **-möglichkeit** *f* возможность *f* продажи (сбыта); **-monopol** *n* монополия *f* на продажу; **-muster** *n* торговый (товарный) образец *m*; **-netz** *n* сбытовая сеть *f*; **-niederlassung** *f* сбытовое (торговое) отделение *n* фирмы; **-offerte** *f* предложение *n* на продажу

Verkaufsoption *f* право *n* продать (ценные бумаги за фиксированную цену); ~ **auf Aktien** право *n* продать акции за фиксированную цену

Verkaufs|order *f* приказ *m* на продажу; **-organisation** *f* торговый аппарат *m* фирмы, торговая организация *f*; **-personal** *n* торговые работники *pl*, персонал *m* службы сбыта; **-plan** *m* план *m* реализации; **-planung** *f* планирование *n* объема продаж; **-platz** *m* торговая площадка *f*; место *n* совершения продажи; **-politik** *f* политика *f* продажи (сбыта); **-praktiken** *pl* методы *pl* (приемы *pl*) продажи (сбыта); **-preis** *m* продажная цена *f*; **-programm** *n* программа *f* продаж; **-prospekt** *m (Fin)* проспект *m* выпуска ценных бумаг, предлагаемых на продажу; проспект *m* эмиссии ценных бумаг; **-provision** *f* комиссия *f* (комиссионный сбор) за продажу; **-psychologie** *f (V&M) f* психология *f* продаж; **-punkt** *m (Comp, Handel)* место *n* совершения покупки; терминал *m*, на котором производится оплата карточкой; **-quote** *f* сбытовая квота *f*, квота *f* продаж; **-rabatt** *m* торговая скидка *f*, скидка *f* при продаже; **-raum** *m* торговое помещение *n*, торговый зал *m*; **-rechnung** *f* счет *m* на проданные товары; отчет *m* комиссионера о продаже товара; **-rechnungspreis** *m* расчетная продажная цена *f*; **-repräsentant** *m* агент *m* по продаже (сбыту); **-rückgang** *m* снижение *n* объема продаж; **-schätzung** *f* оценка *f* (прогноз) продаж; **-schulung** *f* подготовка *f* (обучение *n*) торговых работников; **-signal** *m (Bö)* сигнал *m* к продаже; **-spanne** *f* торговая наценка *f*; **-spesen** *pl* торговые издержки *pl*; **-stand** *m* ларек *m*, (торговая) палатка *f*, киоск *m*; **-stelle** *f* магазин *m*, торговая точка *f*; агент *m* по подписке на ценные бумаги; **-stellennetz** *m* торговая сеть *f*; **-syndikat** *m* сбытовой картель *m*; **-tag** *m* дата *f* продажи; **-tätigkeit** *f* сбытовая деятельность *f*; **-termin** *m* срок *m*, установленный для продажи; **-technik** *f* умение *n* торговать, методы *pl* торговли; техника *f* торговли; **-verbot** *m* запрет *m* (эмбарго *n*) на торговлю; **-verhandlungen** *pl* переговоры *pl* о продаже; **-vertreter** *m* агент *m* по продаже (сбыту); **-vertretung** *f* торговое представительство *n*; **-vollmacht** *f* полномочие *n* на продажу (сбыт); **-volumen** *n* объем *m* продаж; **-vorführung** *f* демонстрация *f* товара, выставленного на продажу; **-wagen** *m* автолавка *f*; автомагазин *m*; **-werbung** *f* торговая реклама *f*; **-wert** *m* продажная стоимость *f*, стоимость *f* по продажной цене; **-wettbewerb** *m* торговая конкуренция *f*; **-zahlen** *pl* показатели *pl* продаж; **-zeit** *f* время *n*, необходимое для продажи; часы *pl* торговли; **-ziel** *n* план *m* по товарообороту

Verkehr *m* движение *n*; транспорт *m*; перевозки *pl*; связь *f*, сообщение *n*; коммуникация *f*; деловые отношения *pl* (связи *pl*); коммерческие сделки *pl*; обращение *n*, оборот *m*; **aus dem ~ ziehen** изъять из обращения; **in den ~ bringen** ввести в оборот (обращение), выбросить товары на рынок; **den ~ regeln** регулировать (контролировать) движение; **zum ~ zulassen** разрешать торговые операции; допускать транспортное средство к использованию; **direkter ~** прямое сообщение *n*, прямая связь *f*; **freier ~** свободное обращение *n*, свободный оборот *m*; **geschäftlicher ~** деловые отношения *pl* (связи *pl*); **gewerblicher ~** коммерческий транспорт *m*, коммерческие перевозки *pl*; **grenzüberschreitender ~** перевозки *pl* за пределы государственной границы; **internationaler ~** международное сообщение *n*; **kombinierter ~** смешанные перевозки *pl*; **~ mit Gold** коммерческие операции *pl* с золотом, торговля *f* золотом; **öffentlicher ~** общественный транспорт *m*; **~ von Dienstleistungen** оборот *m* услуг; **~ von Kapital** оборот *m* (движение *n*) капитала; **~ von Waren** товарооборот *m*

Verkehrs|abwicklung *f* осуществление *n* перевозок; **-aufkommen** *n* интенсивность *f* движения транспорта, количество *n* транспортных средств (за определенный период); **-betrieb** *m* транспортное предприятие *n*; **-dichte** *f* интенсивность *f* движения; **-finanzierung** *f* финансирование *n* развития транспорта; **-flugzeug** *n* пассажирский (или грузовой) самолет *m*, самолет *m* коммерческого назначения; **-fluss** *m* транспортный поток *m*; **-gewerbe** *n* транспортное дело *n*, извоз *m*; **-hypothek** *f* обычная (простая) ипотека *f*; **-infrastruktur** *f* транспортная инфраструктура *f*; **-konzept** *n* концепция *f* развития транспорта; **-koordination** *f* координация *f* перевозок; **-lage** *f* местоположение *n* относительно путей сообщения; **-leistung** *f* объем *m* перевозок; **-mittel** *n* транспортное средство *n*, средство *n* сообщения; **-netz** *n* транспортная сеть *f*, сеть *f* путей сообщения; **-notstand** *m* запущенное состояние *n* транспорта; **-ordnung** *f* правила *pl* дорожного движения; **-planung** *f* планирование *n* транспортных потоков; **-politik** *f* политика *f* в области транспорта; **-probleme** *pl* транспортные проблемы *pl*; **-projekt** *n* проект *m* развития транспорта; **-rückgang** *m* уменьшение *n* перевозок (движения); **-schild** *m* дорожный знак *m*; **-sicherheit** *f* безопасность *f* движения; **-sitte** *f* торговый обычай *m*; **-statistik** *f* статистика *f* перевозок, транспортая статистика *f*; **-steuern** *pl (Steuer)* налоги *pl* на операции с имуществом, налоги *pl* на коммерческие операции; **-stockung** *f (Transp)* пробка *f* (затор *m*) в движении; **-tarif** *m* тариф *m* на перевозку, транспортный тариф *m*; **-teilnehmer** *m* участник *m* (дорожного) движения; **-träger** *m* вид *m* (тип *m*) транспорта; транспортное предприятие *n*; **-unfall** *m* (дорожно-)транспортное происшествие *n*, ДТП, несчастный случай *m* на транспорте; **-verbindung** *f* транспортное сообщение *n*; **-verein** *m* туристическое бюро *n*; **-vorschriften** *pl* правила *pl* движения; **-wege** *pl* транспортные артерии *pl*, дороги *pl*

Verkehrswert *m* реальная рыночная стоимость *f*, стоимость *f* в текущих ценах; **den ~ ansetzen** установить (назначить) рыночную стоимость; **den ~ ermitteln** определить стоимость в текущих ценах

Verkehrswesen *n (Transp)* транспортное дело *n*

Verkehrszeichen *n (Transp)* дорожный знак *m*

verklagen предъявить иск, подавать жалобу; **auf Schadenersatz ~** предъявить иск о возмещении ущерба

Verklarung *f* морской протест *m*, сбор *m* доказательств о морской аварии, заявление *n* о наличии аварии

Verknappung *f* нехватка *f*, дефицит *m*; **~ am Geldmarkt** напряженность *f* на денежном рынке; **~ des Angebots** дефицит *m* предложения

Verkündung *f* опубликование *n*, обнародование *n*; объявление *n*; **~ eines Gesetzes** опубликование *n* закона; **~ eines Urteils** объявление *n* приговора

verkürzen сокращать, уменьшать; **die Lieferfrist ~** сократить срок поставки

Verkürzung *f* сокращение *n*, уменьшение *n*; **~ der Arbeitszeit** сокращение *n* времени работы (рабочего времени)

Verlade|anlage *f* погрузочное устройство *n*, погрузочные механизмы *pl*; **-anzeige** *f* извещение *n* о погрузке (отгрузке); **-arbeiten** *pl* погрузочные работы *pl*; **-bestimmungen** *pl* правила *pl* погрузки; **-datum** *n* дата *f* погрузки (отправки); **-dokumente** *pl* погрузочные документы *pl*; **-gebühren** *pl* расходы *pl* по погрузке (отправке); **-kosten** *pl* расходы *pl* по погрузке (отгрузке)

verladen погружать, отгружать; **Güter ~** грузить товары; **in Container ~** грузить в контейнеры

Verladepapiere *pl* погрузочные документы *pl*

Verlader *m* грузоотправитель *m*, заказчик *m*, для которого перевозятся грузы

Verladetermin *m* дата *f* погрузки

Verladung *f* погрузка *f*, отгрузка *f*

Verlag *m* издательство *n*

verlagern перемещать; изменять; **Waren ~** перемещать товары; **ein Werk ~** перемещать завод на новое место

Verlagerung *f* перемещение *n*, перестановка *f*; перебазирование *n*; изменение *n*, сдвиг *m*; **~ der Aufgaben** изменение *n* задач

Verlags|buchhandel *m* книготорговля *f*, осуществляемая самим издательством; **-geschäft** *n* издательское дело *n*; **-kosten** *pl* издержки *pl* на издание; **-recht** *n* издательское право *n*; **-vertrag** *m* договор *m* с издательством, договор на издание

verlängern продлевать, пролонгировать; возобновлять; **ein Abonnement ~** продлить абонемент (подписку); **die Lieferfrist ~** продлить срок поставки

Verlängerung *f* продление *n*, пролонгирование *n*; отсрочка *f*; возобновление *n*; **eine ~ vereinbaren** заключить соглашение о продлении; **~ der Abgabefrist** продление *n* срока сдачи; **~ des Akkreditivs** продление *n* срока действия аккредитива; **~ eines Darlehens** продление *n* срока возврата ссуды; **~ des Vertrags** продление *n* действия договора

Verlängerungsklausel *f* оговорка *f* (статья *f*) о продлении срока действия договора

verlegen перемещать, переносить, перебазировать, издавать (книгу); **auf einen späteren Termin ~** перенести на более поздний срок; **einen Betrieb ins Ausland ~** перемещать (передислоцировать) предприятие за границу; **einen Termin ~** перенести срок (встречи)

Verleger *m* издатель *m*

Verlegung *f* перемещение *n*, перебазирование *n*; **~ von Betrieben** передислокация *f* предприятий

Verleih *m* прокат *m*, аренда *f*; пункт *m* проката

verleihen давать взаймы, ссужать; выдавать на прокат, сдавать внаем; награждать, присуждать; **Geld ~** ссужать деньги; **einen Preis ~** присудить премию

Verleiher *m* ссудодатель *m*, арендатор *m*; лицо *n*, сдающее внаем

Verleih|firma *f* фирма *f* проката; фирма *f*, лизинга рабочей силы; **-gebühr** *f* плата *f* за прокат; **-geschäft** *n* прокатное (арендное) дело *n*; сделка *f* (операция *f*) по аренде (сдаче внаем)

verletzen нарушать; ранить; **die Vorschriften ~** нарушить инструкцию (предписания); **ein Warenzeichen ~** нарушить закон о товарных знаках

Verletztengeld *n (Soz)* пособие *n* по нетрудоспособности **(**вследствие несчастного случая на производстве или профессиональной болезни**)**

Verletzung *f* нарушение *n*; ранение *n*; **~ eines Patents** нарушение *n* патента; **~ des Urheberrechts** нарушение *n* авторского права; **~ einer Vertragsbestimmung** нарушение *n* (положения) договора

Verlosung *f* погашение *n* ценных бумаг; проведение *n* лотереи, розыгрыш *m* приза

Verlosungsliste *f* тираж *m* облигаций, список *m* погашенных облигаций

Verlust *m* убыток *m*, ущерб *m*, потеря *f*; **am ~ teilnehmen** участвовать в покрытии убытков; **einen ~ aufweisen** нести убытки; **-e ausgleichen** компенсировать убытки; **einen ~ ausweisen** иметь убытки, показать убытки в отчете; **einen ~ bringen** принести убыток; **den ~ decken** покрыть (компенсировать) убыток; **einen ~ erleiden** потерпеть убыток; **einen ~ ersetzen** возместить убыток; **-e erwirtschaften, erzielen** понести (потерпеть) убытки; **für den ~ entschädigen** возместить убыток; **-e kompensieren** компенсировать убытки; **-e minimieren** сводить убытки к минимуму; **mit (einem) ~ abschließen** закончить хозяйственный год с убытками; **mit ~ verkaufen** продавать с убытком; **einen ~ tragen** понести убыток; **-e verursachen** вызывать убытки; **-e verzeichnen** зарегистрировать убытки, понести убытки; **-e wettmachen** компенсировать убытки; **~ aus Wertpapiergeschäften** убытки от операций с ценными бумагами; **buchmäßiger ~** балансовый убыток *m*; **eingetretener ~** действительный убыток *m*; **erlittener ~** понесенный ущерб *m* (убыток *m*); **finanzieller ~** финансовые потери *pl*; **~ einer Kaution** потеря *f* залога; **operativer ~** убытки *pl* от основной деятельности; **~ eines Rechts** утрата *f* права; **teilweiser ~** частичный убыток *m*; **unwiederbringbarer ~** безвозвратные потери *pl*; **volkswirtschaftlicher ~** народнохозяйственные потери *pl*; **~ von Marktanteilen** потеря *f* доли рынка

Verlust|abzug *m* вычет *m* убытков из налогооблагаемой суммы; **-anzeige** *f* извещение *n* об убытках; **-ausgleich** *m* возмещение *n* (компенсация *f*) убытка (ущерба); **-ausweis** *m* данные *pl* об убытках; **-berechnung** *f* подсчет *m* убытков; **-beteiligung** *f* участие *n* в убытках предприятия; **-betrieb** *m* убыточное (нерентабельное) предприятие *n*

verlustbringend убыточный, нерентабельный

Verlust|deckung *f* покрытие *n* (возмещение *n*) убытков; **-geschäft** *n* убыточное дело *n* (предприятие *n*), убыточная сделка *f*; **-jahr** *n* год *m*, принесший убытки; **-konto** *n* счет *m* убытков; **-quelle** *f* источник *m* убытков; **-rechnung** *f* счет *m* убытков

verlustreich с большими потерями

Verlust|risiko *n* риск *m* получения убытков; **-rücktrag** *m* зачет *m* убытков при уплате налога за прошлый период; **-teilnahme** *f* участие *n* в покрытии убытков; **-träger** *m* носитель *m* убытков; **-übernahme** *f* принятие *n* на себя убытков; **-umlage** *f* распределение *n* убытков

Verlustverrechnung *f* зачет *m* убытков при уплате налогов

Verlustvortrag *m* перенос *m* убытков, итоговые убытки *pl*; **~ aus dem Vorjahr** перенос *m* убытков за предшествующий год

Verlustzone *f* период *m* работы предприятия с убытками; **in die ~ rutschen** работать с убытками

Verlustzuweisung *f* распределение *n* убытков

vermachen завещать, оставлять наследство

Vermächtnis *n* напутствие *n* потомкам, завет *m*

vermarkten сбывать, продавать, реализовывать

Vermarktung *f* продажа *f*, сбыт *m*, реализация *f*; **die ~ fördern** стимулировать сбыт (продажу); **~ von Produkten** сбыт продуктов; **~ von Agrarprodukten** сбыт (реализация) сельскохозяйственных продуктов

Vermarktungs|bedingungen *pl* условия *pl* сбыта (продажи); **-betrieb** *m* сбытовое предприятие *n*; **-einrichtung** *f* сбытовое предприятие *n*, торговая точка *f*; **-kapazitäten** *pl* мощности *pl* по сбыту (реализации); **-prämie** *f* премия *f* за реализацию; **-struktur** *f* сбытовая структура *f*

Vermerk *m* заметка *f*, отметка *f*; запись *f*, проводка *f*; индоссамент *n*; надпись *f* на обороте; **durch ~ bestätigen** подтвердить индоссаментом

vermieten сдавать внаем (в аренду); отдавать напрокат; **Anlagen ~** сдавать напрокат (в аренду) оборудование; **ein Geschäft ~** сдать магазин в аренду

Vermieter *m* арендодатель *m*, сдающий внаем (в аренду), наймодатель *m*

Vermieterpfandrecht *n* право *n* удержания арендодателем имущества арендатора за долги

Vermietung *f* сдача *f* внаем (в аренду); прокат *m*; **~ der Anlagen** сдача *f* оборудования в аренду (напрокат); **~ von Maschinen** сдача *f* машин в аренду (напрокат)

vermindern уменьшать, сокращать; снижать; **Ausgaben ~** сокращать расходы

Verminderung *f* уменьшение *n*, сокращение *n*; снижение *n*; **~ der Einnahmen** уменьшение *n* доходов; **~ des Wertes** уменьшение *n* (снижение *n*) стоимости

vermitteln посредничать, быть посредником; получать, приобретать, закупать; сообщать, передавать; способствовать, содействовать; **ein Abkommen ~** посредничать при заключении соглашения; **den Abschluss von Geschäften ~** посредничать при заключении сделок; **eine Anleihe ~** получить заем, заключить соглашение о займе; **Fertigkeiten ~** обучать навыкам; **einen Kauf ~** посредничать в сделке купли-продажи; **eine Stelle ~** оказать посредничество при поиске места работы; **den Verkauf ~** посредничать при продаже

Vermittler *m* посредник *m*

Vermittlerrichtlinie *f*: **Europäische Vermittlerrichtlinie** *f (EU, Versich)* директива *f* Европейского Парламента и Совета о страховом посредничестве

Vermittlung *f* посредничество *n*, маклерство *n*; посредническая служба *f* (контора *f*); передача *f*; содействие *n*; **eine ~ betreiben** заниматься посредничеством; **um ~ ersuchen** просить о посредничестве; **~ eines Darlehens** предоставление *n* ссуды; **~ des Knowhows** передача *f* ноу-хау; **~ von Arbeitskräften** посредничество *n* при поиске работников; **~ von Börsengeschäften** заключение *n* (маклером) биржевых сделок

Vermittlungs|geschäft *n* брокерское (маклерское) дело *n*; **-makler** *m* торговый посредник *m*; **-monopol** *n* монополия *f* на трудоустройство безработных; **-provision** *f* брокерская комиссия *f* за совершение сделки, куртаж; **-verfahren** *n* посредничество *n*, процедура *f* улаживания разногласий; **-versuch** *m* попытка *f* посредничества

Vermögen *n* имущество *n*, состояние *n*, капитал *m*, активы *pl*; богатство *n*; способность *f*, возможность *f*; **ein ~ erben** унаследовать состояние; **ein ~ erhalten** получить состояние; **das ~ in Wertpapieren anlegen** вкладывать капитал в ценные бумаги; **mit seinem ganzen ~ haften** нести ответственность всем своим имуществом (капиталом); **das ~ pfänden** наложить арест на имущество; **sein ~ übertragen** передать (уступить) свое имущество; **sein ~ verlieren** потерять свое состояние (богатство); **sein ~ verteilen** разделить (распределить) свое имущество (состояние); **ein ~ vererben** передать имущество (состояние) по наследству; **das ~ vermehren** увеличить состояние (богатство); **das ~ verwalten** управлять имуществом (состоянием); **beschlagnahmtes ~** арестованное имущество *n*; имущество *n*, на которое наложен арест; **betriebsnotwendiges ~** имущество *n*, необходимое для нормальной деятельности предприятия; **bewegliches ~** движимое имущество *n*, движимость *f*; **flüssiges ~** имущество *n* в ликвидной форме; **gemeinsames ~** совместное имущество *n*; **immaterielles ~** неосязаемая собственность *f*, нематериальные активы *pl*; **kommunales ~** муниципальная собственность *f*; **neutrales ~, öffentliches ~** государственная собственность *f*, собственность *f* государственных органов власти; **persönliches ~** личное имущество *n*; частная собственность *f*; **steuerpflichtiges ~** имущество *n*, облагаемое налогами; **unbewegliches ~** недвижимое имущество *n*, недвижимость *f*

vermögend состоятельный, зажиточный, имущий, богатый

Vermögens|abgabe *f* налог *m* на имущество (капитал); **-änderungen** *pl* изменения *pl* в имущественном состоянии; **-angabe** *f* декларация *f* об имущественном положении; **-angelegenheiten** *pl* имущественные (финансовые) дела *pl*; **-anlage** *f* капиталовложения *pl*, инвестиции *pl*; **-arten** *pl* виды *pl* имущества; **-aufbau** *m* структура *f* имущества (капитала), создание *n* (накопление *n*) имущества (состояния); **-aufspaltung** *f* диверсификация *f* капиталовложений; **-aufstellung** *f* опись *f* имущества, ведомость *f* активов и пассивов; баланс *m* (обанкротившегося предприятия); портфель *m* ценных бумаг; налоговый кадастр *m*; **-auseinandersetzung** *f* распределение *n* акционерного капитала;

-berater *m* консультант *m* по вопросам капиталовложений; **-beratung** *f* консультация *f* по вопросам капиталовложений; **-beschlagnahme** *f* наложение *n* ареста на имущество; **-bestand** *m* фактическое состояние *n* (наличие *n*) имущества; **-besteuerung** *f* обложение *n* имущества налогом; **-betreuung** *f* управление *n* имуществом; **-bewertung** *f* оценка *f* имущества; **-bilanz** *f* баланс *m* активов и пассивов предприятия; **-bildung** *f* образование *n* собственности и имущества наемных работников путем целенаправленных платежей работодателя; **-bildungspolitik** *f* политика *f*, направленная на образование собственности и имущества у наемных работников; **-delikt** *m* имущественное преступление *n*; **-einkommen** *n* доходы *pl* от предоставления капитала и имущества в аренду; **-entwicklung** *f* развитие *n* (динамика *f*) имущественного положения; **-ertrag** *m* доход *m* от имущества (капиталовложений)

Vermögensgegenstände *pl* имущество *n*, имущественные ценности *pl*; **immaterielle ~** неосязаемые (нематериальные) активы *pl* (ценности *pl*); **materielle ~** материальные активы *pl* (ценности *pl*)

Vermögens|haushalt *m* имущественный бюджет *m*; **-lage** *f* имущественное положение *n*; **-losigkeit** *f* имущественная несостоятельность *f*; **-management** *n* управление *n* имуществом; **-masse** *f* сумма *f* баланса; **-mehrung** *f* увеличение *n* (прирост *m*) имущества (капитала); **-minderung** *f* уменьшение *n* имущества (капитала); **-nachweis** *m* опись *f* наличного имущества; **-politik** *f* политика *f*, направленная на улучшение имущественного положения и перераспределение доходов; **-position** *f* имущественное положение *n*; **-rechnung** *f* имущественный счет *m*; **-recht** *n* имущественное право *n*; **-schaden** *m* имущественный ущерб *m*; **-schadenhaftpflichtversicherung** *f (Versich)* страхование *n* ответственности за нанесение имущественного ущерба; **-sicherung** *f* сохранение *n* имущества; **-status** *m* имущественное состояние *n*; **-steuer** *f* налог *m* на имущество (собственность); **-struktur** *f* структура *f* активов и пассивов (предприятия); **-teil** *m* часть *f* имущества; **-übergang** *m* переход *m* собственности; **-übernahme** *f* принятие *n* имущества (на баланс); **-übersicht** *f* баланс *m* имущественного состояния; **-übertragung** *f* передача *f* собственности (имущества) при слиянии предприятий; **-umschichtung** *f* перегруппировка *f* (перераспределение *n*) активов; **-veräußerung** *f* продажа *f* (реализация *f*) имущества; **-vergleich** *m* сравнение *n* имущественного положения; **-verhältnisse** *pl* имущественное положение *n* (состояние *n*); **-verlust** *m* потеря *f* (утрата *f*) имущества (состояния); **-vermehrung** *f* умножение *n* состояния; **-versicherung** *f* страхование *n* имущества; **-verwalter** *m* управляющий *m* имуществом; **-verwaltung** *f* управление *n* имуществом, управление *n* активами, инвестиционный менеджмент *m*; **-verzeichnis** *n* опись *f* имущества; **-wert** *m* стоимость *f* имущества (активов); **-werte** *pl* имущество *n*, имущественные ценности *pl*; **-wertversicherung** *f* страхование *n* имущества

vermögenswirksam стимулирующий образование капитала; **~ anlegen** выгодно вкладывать капитал; **-e Leistungen** *pl* платежи *pl*, направленные на образование капитала

vernachlässigen пренебрегать, не уделять внимание, запустить; **seine Pflichten ~** пренебрегать своими обязанностями

vernetzen связывать, соединять

Vernetzung *f* связь *f*, соединение *n*, *(Comp)* объединение *n* в (компьютерную) сеть

Vernichtungswettbewerb *m* конкуренция *f*, направленная на разорение конкурента

Veröffentlichung *f* опубликование *n*, публикация *f*; **~ des Jahresab-**

schlusses опубликование *n* годового отчета
Veröffentlichungspflicht *f* обязанность *f* публиковать годовые отчеты
Verordnung *f* распоряжение *n*, постановление *n*, приказ *m*; **eine ~ aufheben** отменить постановление; **eine ~ erlassen (verabschieden)** издать постановление
verpachten сдавать в аренду (внаем); **ein Grundstück ~** сдавать в аренду земельный участок
Verpächter *m* арендодатель *m*
Verpächterpfandrecht *n* право *n* арендодателя на арест имущества арендатора
Verpachtung *f* сдача *f* в аренду (внаем); **~ eines Unternehmens** сдача *f* предприятия в аренду
verpacken упаковывать; **in Kisten ~** упаковывать в ящики; **Waren ~** упаковывать товары
Verpacker *m* упаковщик *m*
Verpackung *f* упаковка *f* (расфасовка *f*); тара *f*, упаковка *f*; **die ~ beschädigen** повредить упаковку; **mangelhafte ~** дефектная упаковка *f*; **sachgemäße ~** надлежащая упаковка *f*; **wieder verwendbare ~** многооборотная (возвратная) тара *f*
Verpackungs|anweisung *f* инструкция *f* по упаковке; **-art** *f* вид *m* (метод) упаковки; **-datum** *n* дата *f* упаковки; **-gruppe** *f (Transp)* группа *f* упаковки; **-gewicht** *n* вес *m* упаковки (тары); **-kosten** *pl* расходы *pl* по упаковке; **-liste** *f* упаковочный лист *m*; **-maschine** *f* упаковочная машина *f*; **-material** *n* упаковочный материал *m*; **-technik** *f (Transp)* техника *f* упаковки, технология *f* упаковки
verpfänden закладывать, отдавать в залог
Verpfänder *m* закладчик *m*, залогодатель *m*
Verpfändung *f* заклад *m*, передача *f* в залог; установление *n* залогового права; **abermalige ~** перезаклад *m*; **~ von Forderungen** передача *f* требований в залог
Verpflegung *f* продовольственное снабжение *n*, питание *n*
Verpflegungsmehraufwand *m (Steuer)* дополнительные затраты *pl* на питание (в командировке)
verpflichten обязывать; **sich ~** обязываться, взять на себя обязательство; **sich vertraglich ~** взять на себя договорные обязательства; **sich zur Abnahme der Ware ~** взять на себя обязательство принять товар
Verpflichtung *f* обязанность *f*; обязательство *n*; **-en auferlegen** возложить обязанности; **-en aufheben** аннулировать обязательства; **-en begründen** обосновать обязательства; **-en beschränken** ограничить обязательства (обязанности); **eine ~ eingehen** взять на себя обязательство; **eine ~ erfüllen** выполнять обязательство; **eine ~ übernehmen** взять на себя обязательство; **die ~ verletzen** нарушить обязательство; **~ aus dem Vertrag** обязательство *n* по договору; **bindende ~** связывающее обязательство *n*; **eingegangene -en** взятые обязательства *pl*; **fällige ~** обязательство *n*, срок исполнения которого наступил; **finanzielle ~** финансовое обязательство *n*; **~ gegenüber Kunden** обязательство *n* перед клиентами; **langfristige ~** долгосрочное обязательство *n*; **übernommene ~** взятое обязательство *n*; **vertragliche ~** договорное обязательство *n*; **~ zum Schadenersatz** обязательство *n* возместить ущерб (убыток)
Verpflichtungs|geschäft *n* правовая сделка *f*, обосновывающая обязательство, обязательственная сделка *f*; **-klage** *f* иск *m* по неисполнению административного акта
verplomben запломбировать
Verprobung *f* проверка *f* правильности бухгалтерского учета
verrechnen ставить в (на) счет; засчитывать; рассчитываться; рассчитывать, производить расчет; перечислять, списывать; **im Clearing ~** осуществить клиринг (чеков); **sich ~** просчитаться, ошибиться в расчетах
Verrechnung *f* расчет *m*, подсчет *m*;

взаимный расчет *m*; клиринг *m*; перерасчет *m*; перечисление *n*, списание *n*; **eine ~ durchführen** сделать расчет (подсчет); **gegenseitige ~** взаимный расчет *m*; **nur zur ~** только для перечисления

Verrechnungs|abkommen *n* соглашение *n* о клиринговых расчетах; **-abweichung** *f* изменение *n* плановых расчетных издержек; **-auftrag** *m* расчетное поручение *n*; **-bedingungen** *pl* условия *pl* расчета; **-dollar** *m* расчетный доллар *m*; **-einheit** *f* условная расчетная единица *f*; **-geschäft** *n* клиринговая операция *f*, взаимный расчет *m*; **-gewinn** *m* расчетная прибыль *pl*; **-guthaben** *n* сальдо *n* расчетов по клирингу; **-klausel** *f* оговорка *f* в тарифном соглашении о зачете добровольных платежей работодателя; **-konto** *n* расчетный (клиринговый) счет *m*; **-kurs** *m* расчетный курс *m*; **-länder** *pl* страны *pl*, с которыми платежный оборот осуществляется через расчетные (клиринговые) счета; **-netz** *n* сеть *f* жироцентралов; **-posten** *m* расчетная статья *f*; **-preis** *m* расчетная (твердая) цена *f*; **-saldo** *m* сальдо *n* расчетов по клирингу; **-scheck** *m* кроссированный чек *m*, чек *m* с подписью (отметкой) "только для перечисления"

Verrechnungsstelle *f* расчетное бюро *n*; **anwaltliche ~** расчетное бюро *n* для адвокатов; **privatärztliche ~** расчетное бюро *n* за врачебные услуги частным пациентам

Verrechnungsverfahren *n* порядок *m* расчетов

Verrechnungsverkehr *m* расчетные (клиринговые) операции *pl*; **bilateraler ~** двусторонние расчеты *pl*; **internationaler ~** международные (клиринговые) расчеты *pl*; **multilateraler ~** многосторонние расчеты *pl*

Verrechnungszeitraum *m* расчетный период *m*

Verrichtungsprinzip *n* функциональный принцип *m*

verringern уменьшать, сокращать, снижать; **die Ausgaben ~** уменьшить (сократить) расходы

Verringerung *f* уменьшение *n*, сокращение *n*; снижение *n*; **~ des Risikos** уменьшение *n* степени риска

Versagung *f* отказ *m*, отклонение *n*; **~ einer Erlaubnis** отказ *m* на выдачу разрешения

Versammlung *f* собрание *n*; **eine ~ durchführen** провести собрание; **eine ~ einberufen** созвать собрание; **eine ~ leiten** вести собрание, председательствовать на собрании

Versand *m* отправка *f*, отгрузка *f*, отсылка *f*; **Waren zum ~ bringen** отправить товары; **~ in Containern** отправка *f* грузов в контейнерах; **termingemäßer ~** отправка *f* в срок; **zum sofortigen ~** для немедленной отправки

Versand|abfertigung *f* экспедиция *f*; **-anschrift** *f* адрес *m* отгрузки; **-anweisung** *f* инструкция *f* по отгрузке

Versandanzeige *f* уведомление *n* об отправке; **eine ~ erhalten** получить уведомление об отправке; **eine ~ schicken** послать уведомление об отправке

Versand|art *f* вид *m* отгрузки (отправки); **-auftrag** *m* накладная *f* на отгрузку; **-bestimmungen** *pl* порядок *m* отгрузки; **-datum** *n* дата *f* отправки; **-dokumente** *pl* отгрузочные документы *pl*; **-gebühren** *pl* сбор *m* за отправку; **-geschäft** *n* посылочная торговля *f* (по почте), рассылка *f* товаров покупателям (по почте); **-gewicht** *n* вес *m* груза брутто; **-großhandel** *m* посылочная оптовая торговля *f*; **-handel** *m* посылочная торговля *f*; **-handelsunternehmen** *n* посылочная торговая фирма *f*; **-haus** *n* посылочная торговая фирма *f*

Versandhauskatalog *m* каталог *m* посылочной торговой фирмы

Versand|kosten *pl* расходы *pl* по отправке, стоимость *f* пересылки; **-kostenanteil** *m* доля *f* расходов по отправке в общих расходах; **-land** *n* *(Imp/Exp)* государство *n* отправления; **-mitteilung** *f* уведомление *n* об отправке; **-papiere** *pl* отгрузочные документы *pl*; **-rechnung** *f* счет *m* на отгрузку; **-schein** *m* отгрузочная накладная *f*; **-spediteur** *m* экспедитор *m* по доставке сборного груза; **-spesen** *pl* расходы *pl* по отправке; **-stelle** *f* экспедиция *f*; **-termin** *m* дата *f* отправки (отгрузки); **-verfahren** *n* процедура *f* транзита; **-verkauf** *m* посылочная торговля *f*; **-vorschriften** *pl* инструкции *pl* по отправке; **-zettel** *m* накладная *f* по отправке

versäumen упустить, не воспользоваться; **die Frist ~** не соблюсти установленного срока

Versäumnis *f* упущение *n*, невыполнение *n*

Verschachtelung *f* инкорпорация *f*

verschicken отправлять, посылать, рассылать, направлять; **Rechnungen ~** рассылать счета

verschieben сдвигать, передвигать, откладывать, отсрочивать, переносить; **den Liefertermin ~** перенести срок поставки

Verschiebung *f* передвижение *n*, перемещение *n*; отсрочка *f*, перенесение *n* (срока); **~ eines Termins** перенесение *n* срока

verschiffen грузить; отгружать, отправлять; **Waren ~** отгружать (отправлять) товары

Verschiffung *f* отгрузка *f*, отправка *f*

verschlechtern ухудшать; **sich in der Qualität ~** ухудшаться по качеству

Verschleierung *f* маскировка *f*, завуалирование *n*, сокрытие *n*; **~ der Bilanz** завуалирование *n* баланса

Verschleiß *m* износ *m*, изнашивание *n*; **technischer ~** технический износ *m*; **vorzeitiger ~** преждевременный износ *m*

Verschleißerscheinungen *pl* признаки *pl* износа

Verschluss *m* запор *m*, замок; печать *f*, пломба *f*; **unter ~ lagern** помещать на таможенный склад (до уплаты пошлины); **unter zollamtlichen ~** находящийся в залоге на таможенном складе

verschlüsseln кодировать, зашифровывать

Verschluss|anerkenntnis *n* допуск *m* таможенными органами средств для транспортировки грузов под пломбой; **-güter** *pl* грузы *pl*, находящиеся в залоге на таможенном складе; **-verletzung** *f* нарушение *n* правил хранения таможенных грузов, взлом таможенных пломб

Verschmelzung *f* объединение *n*, слияние *n*, сращивание *n*; консолидация *f*

Verschmelzungs|bilanz *f* баланс *m* предприятий после слияния; **-verlust** *m* убытки *pl* фирмы, прозводящей слияние; **-vertrag** *m* договор *m* о слиянии (объединении)

Verschmutzung *f* загрязнение *n*; **~ der Gewässer** загрязнение *n* водоемов

Verschmutzungsgrad *m* степень *f* загрязненности

Verschönerung der Bilanz приукрашивание *n* баланса

verschulden задолжать, быть виноватым (в чем-либо); **sich ~** иметь долги, взять на себя обязательства

Verschulden *n* вина *f*; **ein ~ nachweisen** доказать вину; **ohne ~ haften** нести ответственность, не будучи виновным; **durch ~ des Käufers** по вине покупателя

verschuldet имеющий долги, задолжавший; **-es Unternehmen** *n* предприятие *n*, обремененное долгами

Verschuldung *f* задолженность *f*, долги *pl*; накопление *n* долгов; **die ~ abbauen** сокращать задолженность; **~ der öffentlichen Hand** долги *pl* органов государственной власти; **~ des Staates** задолженность *f* государства

Verschuldungs|bilanz *f* баланс *m* задолженности предприятия; **-grad** *m* *(Fin)* степень *f* (уровень *m*) задолженности, доля *f* заемного капитала, коэффициент *m* капитализации, коэффициент *m* финансового левереджа; **-grenze** *f* предел *m* (государственной) задолженности; **-koeffizient** *m* отношение *n* заемного капитала к собственному капиталу; **-politik** *f* контроль *m* задолженности; политика *f* в сфере государственной задолженности; **-quote** *f* доля *f* задолженности в общих расходах государства; **-situation** *f* положение *n* с задолженностью

Verschwendung *f* расточительство *n*,

расточительное использование *n*, транжирство *n*, разбазаривание *n*; ~ **der Produktionsfaktoren** расточительное использование *n* факторов производства; **volkswirtschaftliche** ~ расточительство *n* в рамках национальной экономики

Verschwiegenheitspflicht *f* запрет *m* на передачу сведений

versehen снабжать, обеспечивать; **mit Akzept** ~ акцептовать

verselbständigen, sich стать самостоятельным (независимым); основать собственное дело (предприятие)

Verselbständigung *f* обособление *n*, отделение *n*; **rechtliche** ~ получение *n* статуса юридического лица

versenden отправлять; доставлять; **mit der Bahn** ~ отправлять по железной дороге

Versender *m* (грузо)отправитель *m*

Versendungs|anzeige *f* уведомление *n* об отправке; **-kauf** *m* поставка *f* товара в место иное чем место заключения договора; **-kosten** *pl* расходы *pl* по доставке груза

versetzen перемещать, переставлять; переводить на новое место работы; отдавать в залог, закладывать

Versetzung *f* перевод *m*, перемещение *n*, перестановка *f*

versicherbar *(Versich)* подлежащий страхованию, могущий быть застрахованным; **-es Risiko** *n* страхуемый риск *m*

Versicherer *m (Versich)* страховщик *m*

versichern *(Versich)* страховать; уверять, заверять; **Risiken** ~ застраховать коммерческие риски; **sein Leben** ~ страховать свою жизнь; **sich gegen Diebstahl** ~ застраховаться от кражи; **den Transport der Ware** ~ застраховать транспортировку товара

versichert *(Versich)* застрахованный; ~ **sein** быть застрахованным; ~ **gegen Transportschäden** застрахованный от повреждений при транспортировке (перевозке); **-e Person** *f* застрахованное лицо *n*

Versicherte *m (Versich)* страхователь *m*, застрахованный *m*; **freiwillig -r** добровольный страхователь *m*; **gesetzlich -r** застрахованный *m* согласно закону

Versicherung *f (Versich)* страхование *n*; договор *m* страхования, страховая сумма *f*; страховое общество *n*; уверение *n*, заверение *n*; **eine** ~ **abschließen** заключить договор страхования, застраховаться; **die** ~ **kündigen** расторгнуть договор страхования; **-en vermitteln** посредничать при заключении договоров страхования; **abgelaufene** ~ договор *m* страхования, срок которого истек; ~ **auf den Erlebensfall** страхование *n* на дожитие; ~ **auf erstes Risiko** страхование *n* первого риска; ~ **auf den Todesfall** страхование *n* на случай смерти; ~ **auf den Todes- und Erlebensfall** смешанное страхование *n*; ~ **auf zweites Risiko** страхование *n* второго риска; **freiwillige** ~ добровольное страхование *n*; ~ **für fremde Rechnung** страхование *n* с выплатой страховой суммы третьими лицами; **gekündigte** ~ договор *m* страхования, срок которого истек; **gesetzliche** ~ окладное страхование *n*, обязательное (государственное) страхование *n*; **laufende** ~ действующее страхование *n*, действующий договор *m* страхования; ~ **mit festem Auszahlungstermin** страхование *n* жизни с выплатой страховой суммы к установленному договором сроку; ~ **mit Gewinnbeteiligung** страхование *n* с участием в прибылях компании; **prämienfreie** ~ страхование *n* без уплаты взносов; ~ **der Transportgüter** страхование *n* перевозимых грузов

Versicherungs|ablauf *m (Versich)* истечение *n* срока действия договора страхования; **-abschluss** *m* заключение *n* договора страхования, получение *n* страхового полиса; **-agent** *m* страховой агент *m*; **-agentur** *f* страховое агенство *n*; **-aktien** *pl* акции *pl* страховых компаний; **-amt** *n* муниципальное страховое ведомство *n* (по вопросам обязательного государственного страхования); **-angebot** *n* предложение *n* страховых услуг; **-angestellte** *m* служащий *m* (клерк *m*) страховой компании; **-anspruch** *m* заявление *n* о выплате страхового возмещения, право *n* на выплату страхового возмещения; **-anstalt** *f* государственное страховое общество *n*; **-antrag** *m* страховое заявление *n*; **-arten** *pl* виды *pl* страхования; **-aufsicht** *f* страховой надзор *m*; **-aufsichtsgesetz** *n* закон *m* о страховом надзоре; **-außendienst** *m* работа *f* сотрудников страхового общества среди населения, штат *m* страховых агентов; **-bedarf** *m* спрос *m* на услуги по страхованию; **-bedingungen** *pl* условия *pl* страхования; **-beginn** *m* момент *m* вступления в договорные отношения со страховым обществом, начало *n* периода страхования; **-behörden** *pl* учреждения *pl* социального страхования; **-beitrag** *m* страховой взнос *m*, страховая премия *f*; **-berater** *m* консультант *m* по вопросам страхования; **-beratung** *f* консультация *f* по вопросам страхования; **-berechtigung** *f* право *n* на добровольное страхование; **-bestimmungen** *pl* положения *pl* о порядке заключения договоров страхования; **-bestand** *m* страховой портфель *m*, портфель *m* договоров страхования; **-bestätigung** *f* свидетельство *n* о страховке (автомобиля); **-betrag** *m* страховая сумма *f*; **-betrug** *m* обман *m* с целью получения страховки; **-dauer** *f* продолжительность *f* (срок *m*) страхования, время *n* несения риска; **-ende** *n* момент *m* окончания договорных отношений со страховым обществом; **-entschädigung** *f* страховое возмещение *n*; **-fachmann** *m* специалист *m* в области страхования, страховой специалист *m*; **-fall** *m* страховой случай *m*

versicherungsfrei *(Versich)* без обязательного страхования; **-e Beschäftigung** *f* работа *f*, не предполагающая обязательного страхования

Versicherungs|freiheit *f (Versich)* освобождение *n* от обязательного социального страхования

versicherungsfremde Leistungen *pl (Versich)* страховые выплаты *pl* или льготы *pl*, не обоснованные страховыми взносами

Versicherungs|gegenstand *m (Versich)* объект *m* страхования; **-geschäft** *n* страхование *n*, страховое дело *n*; **-gesellschaft** *f* страховая компания *f*; **-gewerbe** *n* страховое дело *n*, страхование *n*; **-grenze** *f* предел *m* страховых выплат; **-gruppe** *f* страховой концерн *m*; **-holding** *f* страховой холдинг *m*; **-jahr** *n* страховой год *m*; **-karte** *f* карточка *f* социального страхования; **-kaufmann** *m* страховой агент *m*; **-konzern** *m* страховой концерн *m*; **-kosten** *pl* расходы *pl* по страхованию; **-kunde** *m* страхователь *m*, клиент *m* страховой компании; **-kündigung** *f* выход *m* из страхования; **-leistungen** *pl* выплаты *pl* страхового возмещения; **-makler** *m* страховой брокер *m*; **-markt** *m* рынок страхования, страховой рынок *m*; **-mathematik** *f* актуарные расчеты *pl*; **-nehmer** *m* страхователь *m*; **-nummer** *f* страховой номер *m*; **-ort** *m* место *n* страховки движимого имущества; **-periode** *f* периодичность *f* уплаты страхового взноса; **-pflicht** *f* обязательность *f* страхования

versicherungspflichtig *(Versich)* подлежащий обязательному страхованию

Versicherungs|pool *m (Versich)* пул *m* страховщиков; **-police** *f (Versich)* страховой полис *m*, страховое свидетельство *n*; **-prämie** *f* страховой взнос *m*; **-recht** *n* страховое право *n*; **-rückkauf** *m* страховое возмещение *n*; **-schein** *m* страховой полис *m*, страховое свидетельство *n*; **-schutz** *m* страховая защита *f*, объем *m* страховой ответственности; **-steuer** *f m* налог *m* на страховые взносы; **-summe** *f* страховая сумма *f*; **-tarif** *m* страховой тариф *m*; **-träger** *m* страховая организация *f*, страховщик *m*; **-unterlagen** *pl* страховая документация *f*; **-unternehmen** *n* страховая компания *f*; **-verein** *m* **auf Gegenseitigkeit** общество *n* взаимного страхования; **-vergleich** *m* сравнение *n* страховых предложений; **-verlauf** *m* справка *f* о выполнении условий страхования; **-vermittlung** *f* посредничество *n* при заключении договоров страхования; **-vertrag** *m* договор *m* страхования; **-vermittlungsverordnung** *f* *(Recht, Versich)* предписание *n* о страховом посредничестве; **-vertreter** *m* страховой агент *m*; **-wert** *m* страховая (актуарная) стоимость *f*; **Versicherungsvertreter** *m* **(mit Abschlussvollmacht)** *(Versich)* страховой маклер *m*; **-werte** *pl* акции *pl* страховых компаний; **-wirtschaft** *f* страхование *n*, страховое дело *n*; **-zertifikat** *n* страховое свидетельство *n*

Versicherungs-Zweckgesellschaft *f* *(Versich)* компания *f* по секьюритизации страховых рисков

Versicherungszweig *m* *(Versich)* вид *m* страхования

versiegeln скреплять печатью; опечатывать; пломбировать

Versilberung *f* покрытие *n* серебром; превращение *n* имущества в наличные

Versilberungswert *m* ликвидационная стоимость *f* предприятия

Version *f*: **abgespeckte** ~ укороченная версия *f*

versorgen снабжать, обеспечивать; **den Markt** ~ снабжать рынок, поставлять товары на рынок

Versorgung *f* снабжение *n*, обеспечение *n*; **die ~ durchführen** снабжать, обеспечивать; **die ~ sichern** гарантировать (обеспечивать) снабжение; **berufsständige** ~ основанное на обязательном членстве пенсионное обеспечение *n* людей свободных профессий; **~ mit Nahrungsmitteln** обеспечение *n* продуктами питания; **regelmäßige** ~ регулярное снабжение *n*; **sichere** ~ надежное снабжение *n*

Versorgungs|anwartschaft *f* право *n* на получение пенсии (пенсионное обеспечение *n*) по истечении определенного срока; **-anspruch** *m* право *n* на обеспечение; **-ausgleich** *m* выравнивание *n* уровней снабжения (обеспечения); **-bereich** *m* район *m* обслуживания (обеспечения); **-betriebe** *pl* коммунальные предприятия *pl*; **-bezüge** *pl* выплата *f* пенсии; **-bilanz** *f* баланс *m* снабжения населения промышленными товарами; **-einrichtung** *f* коммунальное учреждение *n*; **-engpass** *m* дефицит *m* (недостатки *pl*) снабжения; **-freibetrag** *m* сумма *f* пенсии или наследства, не облагаемая налогом; **-gebiet** *n* область *f* обслуживания; **-kasse** *f* пенсионная касса *f*, касса *f* взаимопомощи; **-krise** *f* кризис *m* снабжения (обеспечения); **-lage** *f* положение *n* со снабжением; **-leistungen** *pl* выплата *f* пенсии, услуги коммунальных предприятий; **-niveau** *n* уровень *m* снабжения; **-rente** *f* пенсия *f* по старости, пенсия *f* вдовам; **-schwierigkeiten** *pl* трудности *pl* со снабжением; **-sicherheit** *f* надежность *f* снабжения; **-träger** *m* лицо *n* (предприятие *n*), осуществляющее снабжение; **-unternehmen** *n* коммунальное предприятие *n*; **-wert** *m* *(Bö)* компания *f* по энергоснабжению; **-wirtschaft** *f* коммунальные предприятия *pl* и транспорт *m*, коммунальное хозяйство *n*; **-zusage** *f* обязательство *n* по пенсионному обеспечению

Verspätung *f* опоздание *n*; задержка *f*

Verspätungszuschlag *m* пеня *f* за просрочку уплаты налога

verspekulieren, sich потерять деньги на спекуляциях

Versprechen *n* обещание *n*; **das ~ einhalten** выполнить обещание; **bindendes** ~ обязательство *n*

verstaatlichen национализировать; **einen Betrieb** ~ национализировать предприятие

verstaatlicht национализированный; **-e Industrie** *f* национализированная промышленность *f*

Verstaatlichung *f* национализация *f*

Verständigung *f* взаимопонимание *n*,

договоренность *f*; извещение *n*; **eine ~ erzielen** достичь взаимопонимания

Versteigerer *m* аукционист *m*

versteigern продавать с аукциона (торгов); **meistbietend ~** продавать предлагающему большую цену; **öffentlich ~** продавать с публичных торгов

Versteigerung *f* аукцион *m*, публичная продажа *f*, продажа *f* с торгов; **die ~ beantragen** подать заявку на проведение аукциона (торгов); **eine ~ durchführen** провести аукцион (торги); **zur ~ kommen** продаваться (идти) с молотка; **freiwillige ~** добровольный аукцион *m*; **öffentliche ~** публичные торги *pl*

Versteigerungs|ankündigung *f* извещение *n* о проведении аукциона; **-bedingungen** *pl* условия *pl* продажи с аукциона; **-beschluss** *m* решение *n* суда о принудительной продаже с аукциона; **-erlös** *m* выручка *f* от продажи с аукциона; **-gebühr** *f* аукционный сбор *m*; **-kosten** *pl* расходы *pl* по проведению аукциона; **-liste** *f* каталог *m* аукциона; **-preis** *m* аукционная цена *f*; **-termin** *m* дата *f* проведения аукциона; **-vermerk** *m* пометка *f* в поземельном кадастре о том, что земельный участок находиться в принудительной продаже

versteuerbar облагаемый налогом

versteuern уплачивать налоги; **(Kurs)-gewinne ~** уплачивать налог с (курсовой) прибыли; **sein Einkommen ~** уплатить подоходный налог

Versteuerung *f* уплата *f* налогов

Verstoß *m* (право)нарушение *n*; **~ gegen geltende Bestimmungen** нарушение *n* существующих положений (правил)

Verstrickung *f* лишение *n* права владения из-за наложения ареста

Versuch *m* опыт *m*, эксперимент *m*, проба *f*, испытание *n*; попытка *f*

Versuchs|abteilung *f* экспериментальный цех *m*; **-anlage** *f* экспериментальная установка *f*; **-auswertung** *f* анализ *m* и обобщение результатов опыта; **-daten** *pl* опытные данные *pl*; **-kauf** *m* покупка *f* на пробу; **-muster** *n* опытный образец *m*; **-privileg** *n (Pat)* допустимость *f* использования запатентованного объекта для проведения научного исследования или эксперимента над этим объектом; **-serie** *f* опытная серия *f*

versuchsweise в виде опыта, на пробу

vertagen переносить на другой срок; **die Verhandlung ~** перенести переговоры на другой срок

Vertagung *f* отсрочка *f*, перенесение *n* на другой срок; **~ auf unbestimmte Zeit** отсрочка *f* на неопределенное время

Verteidiger *m* защитник *m*

Verteidigungsausgaben *pl* расходы *pl* на оборону

verteilen распределять; раздавать; выдавать; **den Gewinn ~** распределять прибыль; **die Kosten ~** распределять расходы; **neu ~** перераспределять

Verteiler *m (Pers, Comp)* перечень *m* адресатов (сообщения, циркуляра)

Verteilerschlüssel *m* ключ *m* для расчета при распределении издержек

Verteilung *f* распределение *n*; раздача *f*, выдача *f*; **anteilmäßige ~** пропорциональное распределение *n*; **~ der Arbeitszeit** распределение *n* рабочего времени; **~ der Konkursmasse** распределение *n* конкурсной массы; **~ des Restvermögens** распределение *n* имущества, оставшегося после ликвидации общества; **ungleichmäßige ~** неравномерное распределение *n*

Verteilungs|funktion *f* функция *f* распределения; **-gerechtigkeit** *f* справедливость *f* распределения; **-lager** *n* оптовый склад *m*; **-plan** *m* план *m* распределения; **-politik** *f* политика *f* в области распределения доходов; **-quote** *f* квота *f* распределения; **-rechnung** *f (WiWi)* распределение *n* национального дохода по видам доходов, распределительный метод *m* расчета ВВП; **-schlüssel** *m* ключ *m* для расчета при распределении издержек; **-termin** *m* срок *m* уплаты цены, предложенной покупателем на аукционе; **-verfahren** *n* метод *m* (процедура *f*) распределения

Verteilzeit *f* время *n* на изготовление и переналадку оборудования

verteuern повышать цену; **die Ausfuhren ~** повышать цены на экспортные товары

Verteuerung *f* подорожание *n*, повышение *n* стоимости, рост *m* цен; **~ der Ausfuhren** повышение *n* цен на экспортные товары

vertikal вертикальный; **-e Absprachen** *pl* вертикальные договоренности *pl*; **-e Konkurrenz** *f* вертикальная конкуренция *f*; **-es Marketing** *n* вертикальная система *f* маркетинга; **-e Preisbildung** *f* поддержание *n* цен при перепродаже товаров; поддержание *n* розничных цен

Vertikalkonzern *m* вертикальный концерн *m*

Vertrag *m* договор *m*, контракт *m*; соглашение *n*; **einen ~ abfassen** составить договор; **einen ~ abschließen** заключить договор; **einen ~ ändern** изменить условия договора; **den ~ annehmen** принять договор; **den ~ befristen** заключить договор на определенный срок; **einen ~ aufsetzen** составить договор; **einen ~ aushandeln** заключить договор; **einen ~ außer Kraft setzen** расторгнуть (аннулировать) договор; **einem ~ beitreten** присоединиться к договору; **einen ~ brechen** нарушить договор; **den ~ einhalten** соблюдать условия договора; **einen ~ erfüllen** выполнить условия договора; **den ~ gegenzeichnen** подписать (завизировать) договор; **den ~ genehmigen** одобрить договор; **in den ~ aufnehmen** включить в текст договора; **den ~ kündigen** прекратить действия договора, расторгнуть договор; **den ~ neufassen** составить новый текст договора; **einen ~ schließen** заключить договор; **der ~ tritt in Kraft** договор вступает в силу; **einen ~ verhandeln** вести переговоры по заключению договора; **den ~ verlängern** возобновить (пролонгировать) договор; **den ~ verletzen** нарушить договор; **vom ~ zurücktreten** отказаться от договора, объявить договор недействительным; **befristeter ~** договор *m*, действие которого ограничено определенным сроком; **fester ~** твердый договор *m*; **formbedürftiger ~** договор *m*, составляемый по определенной форме; **gegenseitiger ~** взаимный договор *m*; **gültiger ~** действующий договор *m*; **internationaler ~** международный договор *m*; **kündbarer ~** договор *m*, действие которого ограничено сроком; **kurzfristiger ~** краткосрочный договор *m*; **langfristiger ~** долгосрочный договор *m*; **mündlicher ~** устный договор *m*; **nichtiger ~** договор *m*, утративший силу; **privatrechtlicher ~** частно-правовой договор *m*; **schriftlicher ~** договор *m* в письменном виде; **unbefristeter ~** бессрочный договор *m*; **wirksamer ~** действующий договор *m*; **~ zugunsten Dritter** договор *m* в пользу третьих лиц; **zweiseitiger ~** двусторонний договор *m*; **unvollkommen zweiseitiger ~** двусторонний договор *m* с односторонним обязательством; **vollkommen zweiseitiger ~** двусторонний договор *m*

Vertrag *m* **über eine Verfassung für Europa** *(EU)* Договор *m* о введении Конституции для Европы

vertraglich договорной; по (согласно) договору, в договорном порядке; **~ binden** обязать согласно договору; **~ festlegen** определить (установить) в договорном порядке; **~ vereinbaren** согласовать (оговорить) в договоре; **~ verpflichtet sein** иметь обязательства согласно договору; **~ begründete Ansprüche** *pl* права *pl*, вытекающие из условий договора

Vertrags|ablauf *m* истечение *n* срока договора; **-abschluss** *m* заключение *n* договора; **-abwicklung** *f* выполнение *n* работ по договору; **-änderung** *f* изменение *n* условий договора, внесение *n* в договор изменений; **-angebot** *n* предложение *n* о заключении договора; **-annahme** *f* принятие *n* договора; **-anpassung** *f* адаптация *f* договора; **-artikel** *m* статья *f* договора; **-aufhebung** *f* отмена *f* (расторжение *n*) договора; **-auflösung** *f* прекращение *n* действия договора, расторжение *n* договора; **-basis** *f* контрактная основа *f*; **-bedingungen** *pl* положения *pl* (условия *pl*) договора; **-bestand** *m* портфель *m* договоров; **-bestimmungen** *pl* положения *pl* (условия *pl*) договора; **-beziehungen** *pl* договорные отношения *pl*; **-bindung** *f* договорное обязательство *n*; **-bruch** *n* нарушение *n* договора

vertragsbrüchig нарушающий договор; ~ **sein** нарушить договор

Vertrags|dauer *f* срок *m* действия договора; **-ende** *n* окончание *n* действия договора; **-entwurf** *m* проект *m* договора; **-erfüllung** *f* выполнение *n* условий договора, исполнение *n* договора; **-ergänzung** *f* дополнение *n* к договору; **-firma** *f* фирма *f*, работающая по контракту; фирма-подрядчик *f*; **-freiheit** *f* свобода *f* заключения договоров; **-gebiet** *n* территория *f* действия договора; **-gegenstand** *m* предмет договора

vertragsgemäß договорной; по (согласно) договору

Vertrags|händler *m* уполномоченный посредник *m* (торговец *m*); **-hilfe** *f* отсрочка *f* или отмена *f* выполнения договорных обязательств; **-klausel** *f* пункт *m* договора; **-konzern** *m* концерн *m*, члены которого связаны исключительно договорными отношениями; **-laufzeit** *f* срок *m* действия договора; **-pflichten** *pl* обязанности *pl* согласно договору; **-prüfung** *f* проверка *f* условий договора; **-punkt** *m* пункт *m* (статья *f*) договора; **-rechte** *pl* права *pl* согласно договору; **-sanktionen** *pl* договорные санкции *pl*

Vertragsschluss *m* заключение *n* договора (контракта); **schriftlicher** ~ заключение *n* договора (контракта) в письменном виде; ~ **unter Abwesenden** заключение *n* договора между отсутствующими

Vertrags|strafe *f* неустойка *f*, конвенциональный (договорной) штраф *m*; заранее оцененные убытки *pl*; **-streitigkeiten** *pl* разногласия *pl* по договору; **-tarif** *m* конвенционный (договорной) тариф *m*; **-teil** *n* раздел *m* договора; сторона *f* в договоре; **-text** *m* текст *m* договора; **-treue** *f* договорная дисциплина *f*; **-übernahme** *f* принятие *n* на себя исполнения договора; **-unterlagen** *pl* договорная документация *f*; **-unterzeichnung** *f* подписание *n* договора; **-urkunde** *f* акт *m*, скрепленный подписями и печатями сторон; **-verhältnis** *n* договорные отношения *pl*; **-verhandlungen** *pl* переговоры *pl* по заключению договора; **-verlängerung** *f* продление *n* срока действия договора; **-verletzung** *f* нарушение *n* договора; **-verpflichtung** *f* договорное обязательство *n*; **-verstoß** *m* нарушение *n* договора; **-verwaltung** *f* управление *n* работами по договору; **-werk** *n* договор *m*; **-werkstatt** *f* мастерская *f* гарантийного ремонта; **-wert** *m* сумма *f* договора, стоимость *f* сделки по договору; **-wettbewerb** *m* *(Soz)* конкурс *m* на заключение договоров (в медицинском обслуживании)

vertragswidrig противоречащий договору, не соответствующий условиям договора; **-es Verhalten** *n* действия *pl*, противоречащие условиям договора

Vertrags|widrigkeit *f* несоответствие *n* условиям договора; **-ziel** *n* цель *f* договора; **-zoll** *m* конвенционная пошлина *f*; **-zollsatz** *m* договорной таможенный тариф *m*; ставка *f* конвенционной пошлины

Vertrauen *n* доверие *n*

Vertrauens|bruch *m* обман *m*; **-entzug** *m* лишение *n* доверия

Vertrauensmann *m* доверенное лицо *n*, цеховой профсоюзный уполномоченный *m*; **freigestellter** ~ освобожденный цеховой уполномоченный *m*

Vertrauens|person *f* доверенное лицо *n*; **-schaden** *m* ущерб *m* от неправомерных действий сотрудников предприятия; **-stellung** *f* ответственная должность *f*; **-verhältnis** *n* доверительное отношение *n*; **-verlust** *m* потеря *f* доверия

vertrauenswürdig достойный (заслуживающий) доверия; добросовестный; кредитоспособный

vertraulich конфиденциальный, секретный, доверительный; **~ behandeln** относиться (подходить) доверительно; **-er Bericht** *m* секретный отчет *m*; **-e Unterlagen** *pl* конфиденциальные документы *pl*; **-e Unterredung** *f* конфиденциальная беседа *f*

Vertraulichkeit *f* конфиденциальность *f*, секретность *f*; **mit aller ~ behandeln** подходить (относиться) со всей конфиденциальностью; **~ vereinbaren** договориться о конфиденциальности

vertreiben продавать, сбывать, реализовывать; изгонять; **Waren ~** сбывать товары

vertretbar заменяемый, заменимый, замещаемый; допустимый, возможный; оправданный; **finanziell ~** оправданный в финансовом отношении; **-es Risiko** *n* оправданный (допустимый) риск *m*; **-er Standpunkt** *m* оправданная точка *f* зрения; **wirtschaftlich ~** экономически оправданный

vertreten представлять, быть представителем, защищать; заменять, замещать; **den Mangel zu ~ haben** нести ответственность за дефект; **durch einen Anwalt ~ sein** быть представленным адвокатом; **im Aufsichtsrat ~ sein** иметь представительство в наблюдательном совете; **sich durch einen Anwalt ~ lassen** быть представленным адвокатом; **allein ~** быть единственным представителем; **außergerichtlich ~** представлять (фирму) во внесудебных делах; **gerichtlich ~** представлять (фирму) на суде; **uneingeschränkt ~** иметь право на единоличное представительство

Vertreter *m* (торговый) представитель *m*, агент *m*, коммивояжер *m*; заместитель *m*, замещающее лицо *n*; **einen ~ abberufen** отозвать представителя; **einen ~ bestellen** назначить представителя; **als ~** в качестве представителя; **bevollmächtigter ~** полномочный представитель *m*, поверенный *m*; **~ Dritter** представитель *m* третьих лиц; **gesetzlicher ~** законный представитель *m*; **~ ohne Vertretungsmacht** представитель *m* без полномочий

Vertreter|abkommen *n* соглашение *n* о представительстве; **-bericht** *m* отчет *m* о работе представителя (агента); **-besuch** *m* визит *m* представителя (торгового агента) к клиенту; **-bezirk** *m* территория *f* деятельности торгового агента; **-kosten** *pl* представительские расходы *pl*; **-provision** *f* комиссионное вознаграждение *n* торговому агенту; **-tätigkeit** *f* деятельность *f* (работа *f*) в качестве представителя; **-versammlung** *f* собрание *n* представителей членов кооператива; **-vertrag** *m* договор *m* на представительство (о представительстве)

Vertretung *f* представительство *n*, агенство *n*; замещение *n*, исполнение *n* обязанностей других лиц; **eine ~ aufgeben** отказаться от представительства, закрыть представительство; **mit der ~ beauftragen** поручить (доверить) представительство; **die ~ übergeben** передать представительство; **die ~ übernehmen** взять на себя представительство фирмы; **die ~ übertragen** передать представительство; **zur ~ befugt sein** иметь право на представительство; **alleinige ~** единоличное представительство *n*; **~ gegenüber Dritten** представительство *n* перед третьими лицами; **gemeinschaftliche ~** совместное представительство *n*; **gesetzliche ~** законное представительство *n*; **in ~** исполняющий обязанности; **~ in Gemeinschaft** совместное представительство *n*; ~ **der Interessen** представительство *n* интересов; ~ **ohne Vertretungsmacht** представительство *n* без полномочий; ~ **vor Gericht** представительство *n* в суде

Vertretungsbefugnis *f* полномочие *n* на представительство

vertretungsberechtigt имеющий право на представительство; **-es Organ** *n* представительный орган *m*

Vertretungsmacht *f* полномочие *n* на представительство; **im Rahmen der ~ handeln** действовать в рамках полномочий на представительство; **seine ~ überschreiten** превышать свои полномочия

Vertretungs|ordnung *f* порядок *m* представительства; **-organ** *n* представительный орган *m*; **-verhältnis** *n* взаимоотношение *n* между доверителем и его представителем

Vertrieb *m* продажа *f*, сбыт *m*; **mit dem ~ beauftragen** поручить управление сбытовой деятельностью; **den ~ übergeben** передать управление сбытовой деятельностью; **den ~ übernehmen** взять на себя сбыт продукции; **den ~ übertragen** передать управление сбытовой деятельностью; **exklusiver ~** исключительное право *n* сбыта; ~ **von Produkten** сбыт *m* продукции

Vertriebs|absprache *f* соглашение *n* о сбыте; **-abteilung** *f* отдел *m* сбыта; **-aktivitäten** *pl* сбытовая деятельность *f*; **-analyse** *f* анализ *m* сбыта (рынка), маркетинг *m*; **-aufwendungen** *pl* затраты *pl* (расходы *pl*) на сбыт; **-aussichten** *pl* перспективы *pl* сбыта; **-beauftragte** *m* торговый представитель *m*, агент *m* по продаже; **-berater** *m* консультант *m* по маркетингу; **-beratung** *f* консультация *f* по маркетингу; **-bereich** *m* территория *f* (рынок *m*) сбыта; отдел *m* сбыта; **-bindung** *f* обязательства *pl* по ограничению сбыта; **-büro** *n* отдел *m* сбыта; **-einrichtung** *f* организационно-техническая база *f* сбыта; **-einzelkosten** *pl* прямые издержки *pl*, связанные со сбытом; **-erfolgsrechnung** *f* результат *m* хозяйственной деятельности торгового предприятия; **-ergebnis** *n* итоги *pl* торгово-сбытовой деятельности; **-erlaubnis** *f* разрешение *n* на сбыт; **-firma** *f* сбытовая фирма *f*; **-förderung** *f* стимулирование *n* сбыта; **-gemeinkosten** *pl* накладные расходы *pl* по сбыту; **-gesellschaft** *f* сбытовая (торговая) фирма *f*, торгово-сбытовая фирма *f*; **-händler** *m* оптовый торговец *m*, дистрибьютор *m*; **-kalkulation** *f* расчет *m* объема сбыта; **-kanal** *m* канал *m* сбыта; **-kartell** *n* сбытовой картель *m*; **-konsortium** *n* сбытовой консорциум *m*; **-kooperation** *f* кооперация *f* в сфере сбыта; **-kosten** *pl* расходы *pl* (затраты *pl*) по сбыту, внепроизводственные расходы; **-kostenrechnung** *f* учет *m* издержек по сбыту; **-kostenstelle** *f* место *n* возникновения сбытовых расходов; **-leitung** *f* управление *n* сбытом; **-lizenz** *f* лицензия *f* на сбыт; **-manager** *m* руководитель *m* отдела сбыта, менеджер *m* по сбыту; **-methoden** *pl* методы *pl* обеспечения сбыта; **-monopol** *n* монополия *f* на рынке сбыта, монополия на сбыт; **-netz** *n* сбытовая сеть *f*; **-organisation** *f* организация *f* сбыта; **-partner** *m* партнер *m* по сбыту; **-planung** *f* планирование *n* сбыта; **-politik** *f* политика *f* в области сбыта; **-programm** *n* программа *f* сбыта; **-recht** *n* право *n* на продажу (сбыт); **-schwierigkeiten** *pl* трудности *pl* сбыта; **-service** *m* сервисные услуги *pl* по сбыту; **-stelle** *f* торговая точка *f*; отдел *m* сбыта; **-steuerung** *f* управление *n* сбытом (сбытовой деятельностью); **-stützpunkt** *m* торгово-сбытовой филиал *m*; **-techniken** *pl* приемы *pl* (способы *pl*) сбыта, маркетинг *m*; **-unternehmen** *n* торгово-сбытовое предприятие *n*; **-vereinbarung** *f* соглашение *n* о сбыте; **-vertrag** *m* договор *m* с фирмой на ведение операций по сбыту; **-weg** *m* канал *m* сбыта

Vertriebszentrale *f* централизованное управление *n* сбытом; головная фирма по сбыту

veruntreuen растрачивать, расхищать; присваивать; **Gelder ~** растрачивать деньги
Veruntreuung *f* растрата *f*, хищение *n*; незаконное присвоение *n*
verursachen вызывать, причинять, быть причиной; **Kosten ~** вызывать расходы (издержки)
Verursacher *m* виновный *m* (в каком-либо эффекте), вызвавший *m* (эффект), причинитель *m*
Verursacherprinzip *n* принцип *m* компенсации ущерба за счет виновного
Verursachungsprinzip *n* принцип *m* материальной ответственности
vervielfältigen размножать
Vervielfältigungsrecht *n* право *n* на размножение
Verwahrung *f* хранение *n*; договом хранения; протест *m*, возражение *n*; **in ~ geben** поместить на хранение; **in ~ nehmen** брать на хранение; **zur ~ überlassen** передать на хранение; **amtliche ~** официальное хранение *n*; **~ von Wertpapieren** хранение *n* ценных бумаг (в банке)
Verwahrungs|buch *n* книга *f* депозитов банка; **-gebühr** *f* плата *f* за хранение; **-geschäft** *n* операция *f* (сделка *f*) по хранению; **-lager** *n* склад *m* временного хранения (СВХ); **-schein** *m* сохранное свидетельство *n*; **-vertrag** *m* договор *m* хранения
verwalten управлять, руководить, заведовать; распоряжаться; администрировать; **Anlagen ~** управлять капиталовложениями; **im eigenen (fremden) Namen ~** управлять (распоряжаться) от собственного (чужого) имени; **Vermögen ~** управлять (распоряжаться) имуществом
Verwalter *m* управляющий *m*, заведующий *m*; менеджер *m*, администратор *m*
Verwaltung *f* управление *n*, заведование *n*; менеджмент *m*; администрация *f*, правление *n*; **die ~ durchführen** управлять, заведовать; **die ~ übernehmen** взять на себя управление; **~ der Anlagen** управление капиталовложениями; **betriebliche ~** управление *n* предприятием; **hauptamtliche ~** управление *n*, осуществляемое на основной должности; **kaufmännische ~** коммерческое руководство *n*; **kommunale ~** орган *m* муниципального управления; **öffentliche ~** публично-правовой орган *m* управления; **treuhänderische ~** *(Fin, Manag)* доверительное управление *n*; **~ von Kapitalanlagen** управление *n* инвестициями; **~ von Vermögen** управление *n* имуществом
Verwaltungs|abkommen *n* соглашение *n* о распределении полномочий; **-akt** *m* административный акт *m*; **-aktien** *pl* акции *pl*, находящиеся в распоряжении администрации, *(Bö, Buchh, Fin)* нереализованные акции *pl*, неразмещенные акции *pl* в доверительном управлении; **-angelegenheiten** *pl* управленческие дела *pl*; **-angestellte** *m* служащий *m* органов управления; **-apparat** *m* административный (управленческий) аппарат *m*, аппарат *m* правления; **-aufgaben** *pl* задачи *pl* (функции *pl*) управления; **-behörde** *f* орган *m* управления, ведомство *n*; **-beirat** *m* консультативный совет *m*; **-bereich** *m* сфера *f* управления; **-bezirk** *m* административный район *m* (округ *m*); **-direktion** *f* правление *n*; **-direktor** *m* директор *m* правления, управляющий *m*; **-einheit** *f* административная единица *f*; **-gebühr** *f* административный сбор *m*, комиссия *f* за управление; **-gemeinkosten** *pl* административнохозяйственные расходы *pl*; **-gericht** *n* административный суд *m*; **-gesellschaft** *f* управляющая фирма *f* (компания *f*); **-haushalt** *m* административный бюджет *m*, бюджет *m* органов управления; **-hoheit** *f* административный суверенитет *m*; **-kosten** *pl* административные расходы *pl*, расходы *pl* на управление; **-kostenstelle** *f* место *n* возникновения административных (управленческих) расходов; **-organ** *n* орган *m* управления, руководящий орган *m*; **-personal** *n* административно-

управленческий персонал *m*; **-protektionismus** *m* административный протекционизм *m*; **-rat** *m* административный совет *m*; совет *m* директоров; правление *n*; **-recht** *n* административное право *n*; **-stelle** *f* административное учреждение *n*; правление *n*, администрация *f*; **-struktur** *f* структура *f* управления; **-tätigkeit** *f* управленческая деятельность *f*; **-träger** *m* правление *n*, руководство *n*, администрация *f*; менеджмент *m*; **-verfahren** *n* административная процедура *f*; **-vermögen** *n* имущество *n* государственных и муниципальных учреждений; **-vorschrift** *f* инструкция *f* по управлению; **-vorsitzende** *m* председатель *m* правления

Verwaltungs|weg *m* административный канал *m*; **auf dem** ~ по административным каналам; **-zentrum** *n* центр *m* администрирования

verwässert разводненный; **-es Grundkapital** *n* разводненный основной (акционерный) капитал *m*

Verwässerung *f* дилюция *f*, разводнение *n*; ~ **des Aktienkapitals** разводнение *n* акционерного капитала

Verwässerungsschutz *m (Bö, Fin)* защита *f* от разводнения акционерного капитала

verweigern отказываться, отвергать; отклонять; **die Annahme** ~ отказаться от приемки (акцептования); **die Unterschrift** ~ отказаться поставить свою-подпись

Verweigerung *f* отказ *m*; отклонение *n*; ~ **einer Auskunft** отказ *m* от предоставления информации; ~ **eines Kredits** отказ *m* предоставить кредит

Verweildauer *f (Comp)* продолжительность *f* просмотра (веб-сайта)

verweisen отсылать; ссылаться, делать ссылку

Verweisung *f* отсылка *f*, передача *f*; ссылка *f*

verwendbar пригодный, применимый, используемый; **wieder** ~ используемый повторно; **vielseitig** ~ универсально применимый

Verwendbarkeit *f* пригодность *f*, применимость *f*; практическая полезность *f*

verwenden использовать, употреблять, применять

Verwender *m* пользователь *m*, потребитель *m*

Verwendung *f* использование *n*, употребление *n*, применение *n*; **die bestimmungsgemäße ~ nachweisen** документально подтвердить использование по назначению; ~ **alternativer Rohstoffe** использование *n* альтернативных видов сырья; ~ **des Gewinns** употребление *n* (использование *n*) прибыли; **ordnungswidrige** ~ неправильное применение *n* (использование *n*); **universelle** ~ универсальное применение *n*; **zweckentsprechende** ~ использование *n* по назначению

Verwendungs|beschränkung *f* запрет *m* на заключение договоров, ограничивающих конкуренцию; **-klausel** *f* оговорка *f* относительно ограничения применения железнодорожных льготных тарифов; **-möglichkeit** *f* возможность *f* применения; **-nachweis** *m* отчет *m* об использовании средств; **-rechnung** *f (WiWi)* расчет *m* национального продукта по виду использования произведенных товаров и услуг, расходный метод *m* расчета ВВП; **-zweck** *m* цель *f* применения

verwerfen отвергать, отклонять; отводить; **einen Vorschlag** ~ отвергнуть предложение

Verwerfung *f* отказ *m*, отклонение *n*; отвод *m*; ~ **der Buchführung** отказ *m* финансовых органов признать данные бухгалтерского учета

verwertbar могущий быть использованным, пригодный для использования

verwerten использовать, применять, реализовывать; утилизуровывать; **Abfälle** ~ утилизуровать отходы; **ein Patent** ~ использовать патент

Verwertung *f* использование *n*, применение *n*; реализация *f*; утилизация *f*; **gewerbliche** ~ коммерческое использование *n* (применение *n*); ~

eines Pfandes реализация *f* залога; **~ von Abfällen** утилизация *f* отходов

Verwertungs|aktien *pl* выпущенные акции *pl*, находящиеся в резерве акционерного общества; резервные акции *pl*; **-gesellschaft** *f* общество *n*, осуществляющее совместное использование прав нескольких авторов; **-konsortium** *n* консорциум *m* по размещению ценных бумаг; **-möglichkeit** *f* возможность *f* использования (утилизации); **-recht** *n* право *n* на использование (реализацию) авторских прав

verwirken лишаться, терять; **einen Anspruch ~** потерять право

Verwirklichung *f* осуществление *n*, реализация *f*

Verwirkung *f* лишение *n*, потеря *f*; утрата *f* права; **~ eines Anspruchs** потеря *f* права

verwirtschaften разбазаривать (растрачивать) в результате плохого управления делами

Verzehr *m* потребление *n*, расходование *n*; **~ von Produktionsfaktoren** потребление *n* (расход *m*) факторов производства

verzehren потреблять, расходовать

verzeichnen заносить (в список), регистрировать; заносить на счет; определять, устанавливать; **einen hohen Zuwachs ~** зарегистрировать высокий прирост

Verzeichnis *n* список *m*, опись *f*, реестр *m*; перечень *m*; **ein ~ aufstellen** составить список; **~ des Vermögens** опись *f* имущества

Verzicht *m* отказ *m*, отречение *n*; **den ~ erklären** заявить об отказе; **~ leisten** отказываться, отрекаться; **~ auf Schadenersatzansprüche** отказ *m* от прав на возмещение убытка (ущерба)

verzichten отказываться; отрекаться; **auf vertragliche Rechte ~** отказаться от своих прав по договору

Verzichtserklärung *f* заявление *n* об отказе

verzinsen платить проценты, начислять проценты; **Anleihen ~** платить проценты по займам; **variabel ~** установить изменяющуюся процентную ставку

Verzinsung *f* уплата *f* процентов; доход *m* в форме процента; процентная ставка *f*; **eine ~ vornehmen** произвести уплату процентов; **~ einer Anleihe** уплата процентов по займу; **feste ~** твердая процентная ставка *f*; **~ des Kapitals** прибыль *f* на собственный капитал; **variable ~** изменяющаяся процентная ставка *f*

verzögern задерживать, затягивать; просрочивать

Verzögerung *f* задержка *f*, запаздывание *n*, затягивание *n*; просрочка *f*; **-en vermeiden** избегать (исключать) задержки; **zeitliche ~** задержка *f* во времени, просрочка

verzollen оплачивать (платить) таможенную пошлину; забирать товары с таможни; **Waren ~** оплатить пошлину за товар

Verzollung *f* уплата *f* пошлины; таможенная очистка *f*, обложение *n* пошлиной; **zur ~ anmelden** заявлять товары на таможенную очистку

Verzollungs|kosten *pl* расходы *pl* по таможенной очистке; **-maßstäbe** *pl* критерии *pl*, используемые в системе таможенного обложения; **-verfahren** *n* порядок *m* таможенной очистки

Verzug *m* задержка *f*, запаздывание *n*, затяжка *f*; отсрочка *f*, просрочка *f*; **in ~ geraten** задерживать (просрочивать); **mit der Lieferung im ~ sein** задерживать поставку

Verzugs|kosten *pl* издержки *pl*, связанные с отсрочкой; **-schaden** *m* ущерб *m* (убыток *m*), наносимый задержкой во времени или невыполнением в срок; **-zinsen** *pl* проценты *pl*, взимаемые за неуплату (неисполнение) в срок

Vieh *n* скот *m*; **~ halten** держать (иметь) скот; **~ züchten** разводить (выращивать) скот

Vieh|bestand *m* поголовье *n* скота; **-haltung** *f* содержание *n* скота, животноводство; **-handel** *m* торговля *f* скотом; **-kauf** *m* покупка *f* скота; **-markt** *m* рынок *m* скота, скотный рынок *m*; **-wirtschaft** *f* животно-

водство *n*; **-zählung** *f* учет *m* поголовья скота; **-zucht** *f* разведение *n* скота, животноводство *n*
Vier-Augen-Prinzip *n (Manag)* принцип *m* «четырех глаз»
Viereck *n*: **magisches ~** магический четырехугольник *m*
Vierteljahres|abschluss *m* квартальный баланс *m*; **-bericht** *m* квартальный отчет *m*; **-rate** *f* поквартальный платеж *m* при уплате в рассрочку
vierteljährlich (еже)квартальный
Vignette *f* виньета *f*; стикер *n*, свидетельствующий об оплате (за пользование автомагистралью)
Vinkulation *f* превращение *n* предъявительских ценных бумаг в именные
Vinkulationsgeschäft *n* финансирование *n* транспортировки экспортных или импортных товаров по железной дороге
vinkulieren превращать предъявительские ценные бумаги в именные
Virement *n* перераспределение *n* бюджетных средств
Vision *f* мировоззрение *n*, видение *n*; перспективное планирование *n*; **unternehmerische ~** предпринимательское видение *n* развития предприятия
Visitenkarte *f* визитная карточка *f*
Visualisierungsprogramm *n (Comp)* визуализатор *m*
Visum *n* виза *f*; **ein ~ ausstellen** выдать визу; **ein ~ beantragen** ходатайствовать о выдаче визы; **ein ~ erteilen** выдать визу
Visum|antrag *m* ходатайство *n* о выдаче визы; **-gebühr** *f* сбор *m* за выдачу визы; **-verlängerung** *f* продление *n* визы; **-zwang** *m* обязательное наличие *n* визы
Vize|generaldirektor *m* заместитель *m* генерального директора; **-präsident** *m* вице-президент *m*
Volatilität *f* изменчивость *f*, непостоянство *n*; степень *f* изменчивости (курсов акций), волатильность *f*; **~ der Aktienkurse** изменчивость *f* (колебание *n*) курсов акций
Völkerrecht *n* международное право
Volks|aktien *pl (Bö)* «народные» акции *pl*, широко рассеянные акции *pl* от приватизации федерального имущества; **-bank** *f (Bank, Fin)* кооперативный банк *m*; **-einkommen** *n* доходы *pl* населения (личные доходы); **-entscheid** *m* референдум *m*, всенародный опрос *m*; **-vermögen** *n* общенародное достояние *n*, национальное богатство *n*; **-wirt** *m* экономист *m*, специалист *m* по политической экономии; **-wirtschaft** *f* народное хозяйство *n*, экономика *f*
volkswirtschaftlich народнохозяйственный, экономический; **-e Erträge** *pl* общественные доходы *pl*; **-e Gesamtplanung** *f* планирование *n* народного хозяйства; **-e Kosten** *pl* общественные издержки *pl* (расходы *pl*)
Volkswirtschafts|lehre *f* политическая экономия *f*; **-planung** *f* планирование *n* национальной экономики; **-politik** *f* экономическая политика *f*
Volkszählung *f* перепись *n* населения
voll полный; абсолютный; целый; полностью; **~ abgeschrieben** полностью списанный; **~ abzugsfähig** подлежащий полному отчислению; **~ beladen** полностью загруженный; **~ eingezahltes Kapital** *n* полностью внесенный акционерный капитал *m*; **~ haftbar** неограниченно ответственный
Voll|auslastung *f* полная загрузка *f*; **-belastung** *f* полная нагрузка *f*; **-beschäftigte** *m* занятый *m* полный рабочий день; **-beschäftigung** *f* полная занятость *f*
Vollbeschäftigungs|grad *m* уровень *m* занятости; **-politik** *f* политика *f* обеспечения полной занятости
Vollcharter *m* договор *m* о фрахтовании всего судна
Vollendung *f* завершение *n*, окончание *n*; **~ des Binnenmarktes** завершение *n* создания внутреннего рынка
Voll|erhebung *f (QM)* стопроцентный контроль *m* качества; **-hafter** *m* член *m* товарищества, несущий неогра-

ниченную ответственность; **-indossament** *n* полный (именной) индоссамент *m*; **-invalidität** *f* полная инвалидность *f*; **-jährigkeit** *f* совершеннолетие *n*; **-kaskomentalität** *f* ожидание *n* полного обеспечения со стороны государства; **-kaskoversicherung** *f* страхование *n* от всех рисков, связанных с использованием транспортных средств; **-kaufmann** *m* коммерсант *m*, обладающий всеми правами и атрибутами согласно торговому кодексу

vollkommen совершенный, законченный; **-e Konkurrenz** *f* совершенная конкуренция *f*

vollkonsolidiert полностью консолидированный; **-es Unternehmen** *n* полностью консолидированное предприятие *n*

Voll|konsolidierung *f* полная консолидация *f*; **-kosten** *pl* полные затраты *pl* (издержки *pl*); **-kostenansatz** *m* оценка *f* (смета *f*) полных затрат; **-kostenrechnung** *f* учет *m* полных затрат; **-kostenrechnungsmethode** *f* метод *m* включения затрат в себестоимость

Vollmacht *f* полномочие *n*, доверенность *f*; **eine ~ ausstellen** выдать доверенность; **die ~ entziehen** лишить полномочий, изъять доверенность; **eine ~ erhalten** получить полномочие (доверенность); **eine ~ erteilen** выдать (предоставить) доверенность (полномочие); **im Rahmen der ~ handeln** действовать в рамках своих полномочий; **die ~ vorlegen** предьявить (представить) доверенность; **die ~ übergeben** передать полномочия; **-die ~ überschreiten** превысить полномочия; **die ~ widerrufen** отменить (аннулировать) доверенность; **erloschene ~** полномочия *pl*, потерявшие свою силу; **mit ~** наделенный полномочиями; **schriftliche ~** доверенность *f*; **unbeschränkte ~** неограниченные полномочия *pl*; **widerrufliche ~** полномочия *pl*, могущие быть отозванными

Vollmacht|erteilung *f* выдача *f* (предоставление *n*) доверенности (полномочий); **-geber** *m* доверитель *m*, лицо *n*, выдающее полномочие (доверенность)

Vollmachts|indossament *n* представительский индоссамент *m*, поручительская надпись *f*; **-inhaber** *m* уполномоченное лицо *n*; **-schein** *m* доверенность *f*

Vollmachtstimmrecht *n* использование *n* банком права голоса акционера по его поручению

Vollmachtsurkunde *f* доверенность *f*

Voll|mitgliedschaft *f* полное членство *n*; **-pension** *f* полный пансион *m*

vollständig полный, законченный, совершенный; **-e Tilgung** *f* полное погашение *n*; **-e Zahlung** платеж *m*, произведенный полностью

Vollständigkeitserklärung *f* заявление *n* относительно полноты представленной для ревизии документации

vollstrecken приводить в исполнение; **aus einem Titel ~** исполнять приговор (решение) суда

Vollstreckung *f* приведение *n* в исполнение; **die ~ aus einem Titel betreiben** приводить приговор (решение суда) в исполнение

Vollstreckungs|bescheid *m* ордер *m* на выполнение судебного постановления; **-gericht** *n* суд *m*, выносящий постановление; **-gläubiger** *m* кредитор *m*, в пользу которого проводится исполнение судебного постановления; **-schuldner** *m* должник *m*, на имущество которого накладывается арест по постановлению суда; **-schutz** *m* защита *f* должника от несправедливо сурового исполнения кредитором судебного постановления; **-titel** *m* исполнительный документ *m*

Volltextsuche *f (Comp)* поиск *m* по полному тексту

Vollversammlung *f* общее собрание *n* акционеров

Vollversicherung *f (Versich)* комплексное страхование *n* (медицинское, пенсионное и от несчастных случаев) (Австрия)

vollwertig полноценный

Vollwertversicherung *f* страхование *n*

на сумму, равную полной стоимости страхуемого объекта

vollzeitbeschäftigt занятый полный рабочий день; **-er Arbeitnehmer** *m* работник *m*, занятый полный рабочий день

Vollzeit|beschäftigung *f* занятость *f* в течение полного рабочего дня; **-kräfte** *pl* работники *pl*, занятые полный рабочий день; **-stelle** *f* рабочее место *n* с занятостью в течение полного рабочего дня

vollziehen осуществлять, приводить в исполнение; выполнять, исполнять

Vollziehung *f* осуществление *n*, приведение *n* в исполнение

Vollzugs|aufschub *m* отсрочка *f* исполнения; **-frist** *f* срок *m* исполнения; **-planung** *f* планирование *n* исполнения

Volontär *m* ученик *m* (стажер *m*), работающий без вознаграждения

Volume объем *m* сделок с сырьем

Volumen *n* объем *m*; **~ der Einlagen** объем *m* вкладов клиентов; **~ des Umsatzes** объем *m* оборота

Volumenprozent *n* объемный процент *m*

Vomhundertsatz *m* процентная ставка *f*, одна сотая часть *f*

Vomtausendsatz *m* ставка *f* в промилле, одна тысячная часть *f*

von Haus-zu-Haus-Klausel *f* оговорка *f* о поставке товара непосредственно на фирму

Vorab|druck *m* формуляр *m*, бланк *m*; **-entscheidung** *f* предварительное решение *n*; **-kontrolle** *f* предварительный контроль *m*; **-reservierung** *f* бронирование *n*, предварительный заказ *m*

Vorankündigung *f* предварительное сообщение *n* (извещение *n*); **~ einer Veranstaltung** предварительное извещение *n* о проведении мероприятия

Voranmeldung *f* предварительная декларация *f* на налог с оборота

Voranschlag *m* предварительная смета *f* (калькуляция *f*); оценка *f*; **einen ~ erstellen** произвести предварительную калькуляцию, составить смету; **den ~ überschreiten** превысить смету

Voranzeige *f* предварительное уведомление *n*

Vorarbeiter *m* мастер *m*, бригадир *m*, прораб *m*

Voraus *n* выделенная из наследства доля *f* супруга

Vorausabtretung *f* глобальная уступка *f*

vorausberechnen предварительно рассчитывать (подсчитывать)

vorausbestellen предварительно заказывать, резервировать

vorausbezahlen заранее (предварительно) оплачивать

Vorausbezahlung *f* предварительная оплата *f*, авансовый платеж *m*

Vorausinvestitionen *pl* предварительные инвестиции *pl*

Vorauskasse *f* предварительная оплата *f*; **gegen ~ liefern** производить поставку при условии предварительной оплаты

Vorausleistung *f* предварительный платеж *m*

Vorauslieferung *f* досрочная поставка *f*

vorausplanen планировать на перспективу

Vorausplanung *f* планирование *n* на предстоящий период

voraussagen предсказывать, прогнозировать; **die Marktentwicklung ~** прогнозировать динамику рынка

Vorausschätzung *f* прогнозная оценка *f*

Vorausschau *f* прогноз *m*, предвидение *n*

Voraussetzung *f* условие *n*, предпосылка *f*; **-en erfüllen** выполнять условия; **-en schaffen** создавать предпосылки

voraussichtlich предполагаемый, ожидаемый, предварительный; **-er Bedarf** *m* ожидаемый спрос *m*; **-e Kosten** *pl* предполагаемые расходы *pl*

Vorauswahl *f* предварительный выбор *m*

vorauszahlbar с оплатой вперед; **-e**

Fracht *f* фрахт *m*, оплачиваемый предварительно
vorauszahlen платить авансом; **den Kaufpreis** ~ уплатить покупную цену авансом
Vorauszahlungskredit *s.* **Kundenanzahlung** *f*
Vorbehalt *m* оговорка *f*; условие *n*; ограничение *n*; **geheimer** ~ мысленная (подразумеваемая) оговорка *f*, тайная статья *f* договора; **mit** ~ с оговоркой (условием); **ohne** ~ без оговорок; **unter dem** ~ с оговоркой (условием)
vorbehalten, sich оговаривать; ограничивать; **sich das Recht** ~ оговорить себе право; **sich bis zur Zahlung das Eigentum** ~ сохранять право собственности до поступления платежа
vorbehalten с условием; **alle Rechte** ~ с сохранением всех прав
vorbehaltlich с условием, что; при условии, если; в зависимости; ~ **der Bestimmungen des Vertrags** в соответствии с условиями договора
Vorbehalts|güter *pl* товары *pl*, на вывоз которых требуется разрешение; **-klausel** *f* оговорка *f* о предоставлении лицензии на экспорт (импорт); статья *f* договора, содержащая оговорку
Vorbehandlung *f* предварительная обработка *f*
vorbereiten подготавливать, готовить
Vorbereitung *f* подготовка *f*, подготовительная работа *f*; **-en treffen** провести подготовку (подготовительные работы)
Vorbereitungs|arbeiten *pl* подготовительные работы *pl*; **-kosten** *pl* расходы *pl* на подготовку и завершение рабочих операций; **-zeit** *f* время *n* на подготовку (наладку)
Vorbesichtigung *f* предварительный осмотр *m*
Vorbesitzer *m* прежний владелец *m*
vorbestellen предварительно заказывать; бронировать, резервировать; **die Ware** ~ заказать товар заранее
Vorbestellung *f* предварительный заказ *m*; резервирование *n*, бронирование *n*; **eine ~ tätigen** делать предварительный заказ, бронировать
Vorbeugung *f* предотвращение *n*; предупреждение *n*, профилактика *f*
Vorbeugungsmaßnahme *f* предупредительная (профилактическая) мера *f*
Vorbörse *f* сделки *pl*, заключаемые до официального открытия биржи
vorbringen предъявлять, предоставлять; **einen Anspruch** ~ предъявить претензию; **Beweise** ~ предъявить доказательства
vordatieren датидовать предстоящим (завтрашним) числом; **die Rechnung** ~ датировать счет предстоящим числом; **einen Scheck** ~ датировать чек предстоящим числом
Vordatierung *f* датирование *n* предстоящим (завтрашним) числом
vordringlich срочный, безотлагательный, неотложный; **-er Bedarf** *m* неотложные потребности *pl*, первичный спрос *m*; **-e Ziele** *pl* наиболее важные цели *pl*
Vordruck *m* формуляр *m*, бланк *m*
Voreigentumer *m* предшествующий владелец *m*
Vorentscheidung *f* предварительное решение *n*
Vorentwurf *m* предварительный проект *m*
Vorerbe *m* предшествующий наследник *m*
Vorfall *m* операция *f*; случай *m*; **geschäftlicher** ~ хозяйственная операция *f*
Vorfälligkeitsentschädigung *f* компенсация *f* за досрочное погашение кредита
Vorfertigung *f* подготовка *f* к основному производству; изготовление *n* заводским способом частей (деталей) для дальнейшей сборки
Vorfinanzieren предварительно финансировать
Vorfinanzierung *f* предварительное финансирование *n*; **die ~ übernehmen** взять на себя предварительное финансирование
vorführen демонстрировать,

показывать, предъявлять; **ein neues Produkt ~** демонстрировать новый продукт
Vorführung *f* демонстрация *f*, презентация *f*; показ *m*, предъявление *n*
Vorführwagen *m* демонстрационный автомобиль *m*
Vorgabe *f* (плановое) задание *n*, норма *f*; цель *f*; контрольный перечень *m*; **-n festlegen** установить задания (нормы); **sich an -n halten** придерживаться норм
Vorgabe|ermittlung *f* определение *n* нормативных показателей; **-kosten** *pl* нормативные издержки *pl*; плановые затраты *pl*; **-leistung** *f* нормативная производительность *f*; **-wert** *m* заданный показатель *m*; **-zeit** *f* норма *f* времени, нормативное время *n*
Vorgang *m* документ *m*, дело *n*; процесс *m*, операция *f*; сделка *f*; **einen ~ bearbeiten** обрабатывать документ (дело); **amtlicher ~** официальный документ *m*; **arbeitsintensiver ~** трудоемкий процесс *m*
Vorgänger *m* предшественник *m*
Vorgangskette *f* последовательность *f* производственных операций
vorgehen действовать; обращаться; поступать
Vorgehen *n* подход *m*, действие *n*; **gemeinsames ~** общий подход *m*, общие действия *pl*; **planmäßiges ~** планомерный подход *m*
Vorgehens|modell *n*, **-weise** *f* подход *m*; **produktorientierte ~** подход *m*, ориентированный на продукт; **zielorientierte ~** подход *m*, ориентированный на цель
vorgelagert стоящий (расположенный) спереди; **-er Betrieb** *m* предприятие *n*, находящееся в технологической цепочке перед другим
Vorgesellschaft *f* фактически основанное общество *n*, но еще не внесенное в торговый реестр
Vorgesetzte *m* начальник *m*, шеф *m*
Vorgespräche *pl* предварительные беседы *pl* (переговоры *pl*)
Vorgriff *m* опережение *n*, предупреждение *n*, предвосхищение *n*; **in (im) ~ auf** в ожидании
Vorhaben *n* намерение *n*, замысел *m*; план *m*; проект *m*; **ein ~ durchführen** реализовывать проект; **gemeinsames ~** совместный проект *m*
Vorhand *f* преимущество *n*, право *n* преимущественной покупки
vorhanden имеющийся, наличный; **~ sein** иметься, быть в наличии; **falls ~** при наличии
Vorherrschaft *f* господство *n*, преобладание *n*, засилие *n*
Vorhersage *f* предсказание *n*, прогноз *m*
vorindustriell прединдустриальный; **-e Gesellschaft** *f* прединдустриальное общество *n*
Vorjahr *n* предыдущий (прошлый, предшествующий) год *m*; **gegenüber dem ~** по сравнению с прошлым годом
Vorjahres|ergebnis *n* результат *m* предыдущего года; **-stand** *m* уровень *m* предыдущего года; **-umsatz** *m* объем *m* продаж (оборот *m*) за предыдущий год
Vorkalkulation *f* предварительная калькуляция *f*
Vorkasse *f* предварительная оплата *f*; **gegen ~** при условии предварительной оплаты
Vorkaufsrecht *n* право *n* преимущественной покупки, право *n* первого отказа (выбора); **ein ~ haben** иметь право первого выбора; **das ~ zugesichert bekommen** получить гарантию на право первого выбора
Vorkehrung *f* мера *f* предосторожности, мероприятие *n*; **-en treffen** принять меры предосторожности
Vorkontrolle *f* предварительный контроль *m*
Vorlage *f* представление *n*, предъявление *n*; подача *f*; образец *m*; оригинал *m*; проект *m*, предложение *n*; **eine ~ einbringen** внести проект на рассмотрение; **bei ~ der Dokumente** по предъявлении документов; **~ des Geschäftsberichts** представление *n* отчета о состоянии дел; **~ des Jahresabschlusses** представление *n* годового (заключительного) баланса; **sofort bei ~** по первому требованию; **unter**

~ по предъявлении; ~ **zum Inkasso** предъявление *n* на инкассирование
Vorlasten *pl* предварительные издержки *pl*
Vorlauf *m* опережение *n*; задел *m*; **einen ~ erarbeiten** нарабатывать задел; **einen ~ erzielen** добиться опережения
vorläufig предварительный, первоначальный; временный; **-e Berechnung** *f* предварительный расчет *m* (подсчет *m*); **-e Steuerfestsetzung** *f* предварительное установление *n* размера налога; **-er Versicherungsschutz** *m* временный страховой полис *m*
vorlegen представлять, предъявлять; подавать; **den Geschäftsbericht ~** представить отчет о состоянии дел; **einen Scheck zur Einlösung ~** предъявлять чек к оплате; **einen Wechsel zur Annahme (Zahlung) ~** представить вексель на акцептование (оплату)
Vorlegung *f* представление *n*, предъявление *n*; **~ von Urkunden** предъявление *n* документов; **~ zur Zahlung** предъявление *n* на оплату
Vorlegungs|anspruch *m* требование *n* предъявить документы на проверку; **-frist** *f* срок *m* действия (предъявления); **-gebot** *n* требование *n* индоссанта предъявить вексель к акцептованию; **-klausel** *f* отметка *f* на векселе о предъявлении его к акцепту; **-verbot** *n* запрет *m* на предъявление векселя к акцептованию; **-vermerk** *m* протест *m*, нотариальный акт о неплатеже по векселю в срок или об отказе в его акцептовании
Vorleistung *f* авансовый платеж *m*, аванс *m*; досрочная поставка *f*; подготовительные работы *pl*, задел *m*, заготовки *pl*; **-en erbringen** провести предварительную работу
vormerken намечать; регистрировать, записывать; **sich ~ lassen** заранее записываться, зарегистрироваться
Vormerkung *f* заметка *f*, запись *f*; регистрация *f* в поземельном кадастре; заявка *f*
Vormonat *m* предыдущий (прошлый) месяц *m*
Vormontage *f* предварительный монтаж *m*, предварительная сборка *f*
Vormund *m* опекун *m*
Vormundschaft *f* опека *f*; **unter ~ stellen** ставить под опеку, устанавливать опеку
Vornahme *f* выполнение *n*, проведение *n*; **~ der Geschäfte** совершение *n* (проведение *n*) сделок; **~ einer Handlung** совершение *n* действия
vornehmen проводить, производить; **ein Geschäft ~** совершить сделку
vornotieren предварительно записывать (регистрировать)
Vornotierung *f* предварительная запись *f*; предварительная котировка *f*
vor Ort на месте
Vorpfändung *f* извещение *n* о предстоящем наложении ареста на требования
Vorprämie *f* премия *f*, уплачиваемая в сделке с опционом; опцион *m* колл; предварительная премия *f*; **eine ~ kaufen** купить опцион колл; **eine ~ verkaufen** продать опцион колл
Vorprämien|geschäft *n* сделка *f* с предварительной премией; **-kurs** *m* курс *m* по сделкам с премией (опционом)
Vorprodukt *n* исходный продукт *m*, полуфабрикат *m*
Vorproduktion *f* изготовление *n* комплетующих деталей
Vorprüfung *f* предварительная проверка *f*, предварительное испытание *n*
Vorrang *m* приоритет *m*; преимущественное право *n*, преимущество *n*; порядок *m* очередности; **den ~ erhalten** получить преимущество (приоритет); **~ haben** иметь преимущество (приоритет); **~ des Gesetzes** приоритет *m* закона; **~ von Gläubigern** очередность *f* удовлетворения кредиторов
vorrangig преимущественный; **einen Auftrag ~ behandeln** выполнять заказ в первую очередь; **-e Ziele** *pl* первоочередные цели *pl*
Vorrangstellung *f* преимущественное

(главенствующее) положение *n*; превосходство *n*; **wirtschaftliche ~** экономическое превосходство *n*

Vorrat *m* запас *m*, резерв *m*; **auf ~ kaufen** покупать впрок (про запас); **einen ~ haben** иметь запас

Vorräte *pl* запасы *pl*; товарно-материальные запасы *pl*; **~ abbauen** сокращать запасы; **~ anlegen** запасать, образовывать запасы; **~ an Waren** товарные запасы *pl*; **abbauwürdige ~** *(Umwelt)* промышленно значимое месторождение *n*, экономически оправданная разработка *f* месторождения

Vorräteversicherung *f* страхование *n* товарно-материальных запасов

vorrätig имеющийся в запасе, заготовленный; **~ haben** иметь (держать) в запасе; **-e Artikel** *pl* товары *pl*, имеющиеся в запасе; **nicht mehr ~** нет в наличии, распродано

Vorrats|abbau *m* сокращение *n* запасов; **-aktien** *pl s.* **Verwaltungsaktien**; резервные акции *pl*; выпущенные акции *pl*, находящиеся во владении акционерного общества; **-bewertung** *f* оценка *f* складских запасов; **-bildung** *f* образование *n* (создание *n*) запасов; **-entnahme** *f* расходование *n* запасов; **-grundstücke** *pl* земельные участки *pl*, приобретенные для расширения предприятия в будущем; **-haltung** *f* содержание *n* (хранение *n*) запасов; **-investitionen** *pl* капиталовложения *pl* (инвестиции *pl*) в товарно-материальные запасы; **-kauf** *m* покупка *f* для создания запасов (в запас); **-lager** *n* склад *m* для хранения запасов; **-plan** *m* план *m* создания запасов, смета *f* на создание запасов; **-politik** *f* политика *f* в области создания и расходования запасов; **-produktion** *f* производство *n* с целью создания запасов; **-raum** *m* помещение *n* для склада; **-reserven** *pl* резервный (страховой) запас *m*; **-veränderungen** *pl* изменение *n* количества запасов; **-verminderung** *f* уменьшение *n* запасов; **-vermögen** *n* товары *pl* и материалы *pl* на складе; **-verzeichnis** *n* опись *f* (инвентарная ведомость *f*) товаров и материалов на складе; **-wirtschaft** *f* создание *n* и ведение *n* учета запасов

vorrechnen насчитывать, высчитывать, подсчитывать

Vorrecht *n* преимущество *n*, привилегия *f*; **-e aufheben** отменить привилегии; **-e entziehen** лишать привилегий

Vorrechts|aktie *f* привилегированая акция *f*; **-gläubiger** *m* преимущественный кредитор *m*

Vorrichtung *f* приспособление *n*, устройство *n*

Vorruhestand *m* преждевременный выход *m* на пенсию, преждевременная отставка; **in den ~ gehen** уходить на пенсию ранее положенного срока

Vorruhestands|geld *n* пособие *n* при выходе на пенсию ранее положенного срока; **-leistung** *f* расчет *m* в связи с выходом на пенсию ранее положенного срока; **-regelung** *f* порядок *m* выхода на пенсию ранее положенного срока

Vorsaison *f* время *n* до начала (разгара) сезона

Vorsatz *m* намерение *n*, умысел *m*; план *m*, проект *m*

vorsätzlich преднамеренный, умышленный

Vorschau *f* взгляд *m* на перспективу; прогноз

vorschießen выдавать аванс, авансировать; ссужать

Vorschlag *m* предложение *n*, проект *m*; выдвижение *n*, назначение *n*; **einen ~ ablehnen** отклонить предложение; **einen ~ annehmen** принять предложение; **einen ~ ausarbeiten** разработать (выработать) предложение; **einen ~ einbringen** внести (представить) предложение; **einen ~ erarbeiten** разработать предложение; **einen ~ machen** внести (сделать) предложение; **einen ~ unterbreiten** представить предложение на рассмотрение; **einen ~ unterstützen** поддержать предложение

vorschlagen предлагать, выдвигать (выставлять) кандидатуру

Vorschlags|liste *f* список *m* кандидатов; **-recht** *n* право *n* вносить предложения; **-wesen** *n* рационализаторство *n* и изобретательство *n*
vorschreiben предписывать, направлять, диктовать; **gesetzlich ~** устанавливать в законодательном порядке
Vorschrift *f* предписание *n*, положение *n*; инструкция *f*; правило *n*; **-en befolgen** следовать инструкциям, соблюдать положения; **eine ~ durchführen** выполнять инструкцию; **eine ~ einhalten** соблюсти инструкцию; **-en erlassen** издать инструкции; **gegen die -en verstoßen** нарушить инструкции; **eine ~ übertreten** нарушить инструкцию (положение); **allgemeine ~** общая инструкция *f*, общее положение *n*; **besondere ~** особая инструкция *f*, особое положение *n*; **geltende ~** действующее положение *n* (правило *n*); **nach Maßgabe der ~** в соответствии с инструкцией
Vorschuss *m* аванс *m*, авансовый платеж *m*; задаток *m*, предварительный взнос *m*; ссуда *f*; **~ abrechnen** выплатить аванс; **~ beantragen** попросить выдать аванс; **~ berechnen** сделать расчет аванса; **~ gewähren** предоставить аванс; **abzurechnender ~** подотчетная сумма *f*; **als ~** авансом, в виде аванса; **fester ~** срочный аванс *m*; **gegen ~** под аванс; **rückzahlbarer ~** погашаемая ссуда *f*
Vorschuss|akkrediditiv *n (Bank)* кредит *m* с красным условием; **-bewilligung** *f* разрешение *n* на выдачу аванса; **-zahlung** *f* задаток *m*, авансовый платеж *m*; **-zinsen** *pl* штраф *m*, начисляемый за снятие средств со срочного вклада до истечения срока
Vorsicht *f* осторожность *f*, осмотрительность *f*
Vorsichts|kasse *f* резервный запас *m* наличности в банке, мотив *m* предосторожности (для наличия денег); **-markierung** *f* предупредительная маркировка *f*; **-maßnahmen** *pl* меры *pl* предосторожности; **-prinzip** *n* принцип *m* осторожности в оценке имущества
Vorsitz *m* председательство *n*; **den ~ führen** председательствовать; **den ~ niederlegen** сложить с себя обязанности председателя; **den ~ übernehmen** принять на себя председательство; **stellvertretender ~** заместитель *m* председателя; **unter dem ~** под председательством
vorsitzen председательствовать; **der Versammlung ~** председательствовать на собрании, вести собрание
Vorsitzende *m* председатель *m*; **zum -n ernennen** назначить председателем; **~ des Aufsichtsrates** председатель *m* наблюдательного совета
Vorsorge *f* предусмотрительность *f*; заблаговременная подготовка *f*; **~ treffen** позаботиться заранее (обо всем необходимом)
Vorsorge|aufwendungen *pl* страховые и сберегательные взносы *pl*; **-leistungen** *pl* платежи *pl* в пенсионный фонд; **-maßnahmen** *pl* меры *pl* предусмотрительности; **-pauschale** *f* минимальная сумма *f* страховых и сберегательных взносов; **-prinzip** *n* принцип *m* сохранения среды обитания; **-untersuchung** *f* профилактический осмотр *m*
Vorsprache *f* визит *m*, посещение *n*
vorsprechen нанести визит, посетить
Vorsprung *m* превосходство *n*, преимущество *n*, опережение *n*; **den ~ abgeben** уступить лидерство
Vorstand *m* правление *n*, руководящий орган *m*; президиум *m*; председатель *m*; **den ~ entlasten** одобрить деятельность правления; **den ~ führen** председательствовать; **in den ~ berufen** назначить членом правления, ввести в состав правления; **im ~ sein** быть членом правления; **in den ~ eintreten** войти в состав правления; **einen ~ wählen** выбрать правление (президиум); **~ einer AG** правление *n* (руководящий орган *m*) акционер-

ного общества; ~ **eines Vereins** правление *n* союза

Vorstands|assistent *m* референт *m* председателя правления; **-beratung** *f* совещание *n* правления; **-beschluss** *m* решение *n* правления; **-bezüge** *pl* гонорары *pl* (доходы *pl*) членов правления

Vorstandsmitglied *n* член *m* правления; **ordentliches** ~ основной член *m* правления; **stellvertretendes** ~ запасной член *m* правления

Vorstands|ressort *n* сфера *f* компетенций правления; **-sitzung** *f* заседание *n* правления; **-sprecher** *m* представитель *m* (член *m*) правления; **-tantieme** *f* тантьема *f* членам правления; **-vergütung** *f* вознаграждение *n* членам правления

vorstehen возглавлять, заведовать; быть во главе; **einer Gesellschaft** ~ управлять фирмой; **einer Stiftung** ~ управлять (благотворительным) фондом

vorstellen представлять, демонстрировать; **neue Produkte** ~ представлять (демонстрировать) новые продукты

Vorstellung *f* представление *n*, демонстрация *f*; знакомство *n*; собеседование *n*; **persönliche** ~ личное знакомство *n* (собеседование *n*)

Vorstellungsgespräch *n* собеседование *n* при приеме на работу

Vorsteuer *f* предварительный налог *m*

Vorsteuer|abzug *m* вычет *m* предварительного налога из суммы задолженности по уплате налогов; **-berichtigung** *f* корректировка *f* размера предварительного налога; **-pauschalierung** *f* определение *n* всей суммы предварительного налога

Vortagesnotierung *f* котировка *f* предшествующего дня

Vorteil *m* польза *f*, выгода *f*, прибыль *f*; преимущество *n*, превосходство *n*; достоинство *n*; **-e bieten** давать преимущества; **-e bringen** приносить выгоду (преимущества); **-e erlangen** добиться преимуществ (выгоды); **-e nutzen** использовать преимущества; **einen** ~ **verschaffen** получить преимущество; **seinen** ~ **wahrnehmen** блюсти свою выгоду; **zum gegenseitigen** ~ **handeln** действовать с соблюдением взаимной выгоды; **absoluter** ~ абсолютная выгода *f*; **beiderseitiger** ~ взаимная (обоюдная) выгода *f*; **wirtschaftlicher** ~ экономическая выгода *f*

vorteilhaft выгодный, полезный, благоприятный; ~ **einkaufen** делать выгодные закупки; ~ **verkaufen** продавать с выгодой; **-es Angebot** выгодное предложение

Vorteilsausgleichung *f* соблюдение *n* принципа справедливости при возмещении ущерба

Vortrag *m* перенос *m* суммы на новый счет; перенесенная сумма *f*; доклад *m*, лекция *f*

vortragen переносить на новый счет (новую страницу); переносить с предыдущей страницы **den Verlust** ~ перенести убытки на новый счет

vorübergehend временный, преходящий; ~ **geschlossen** временно закрыто

Vorumsatz *m* предварительный оборот *m*

Voruntersuchung *f* предварительное исследование *n*

Vorverfahren *n* предварительное судебное разбирательство *n*

Vorverhandlungen *pl* предварительные переговоры *pl*

Vorverkauf *m* предварительная продажа *f*, продажа *f* авансом

vorverlegen перенести на более ранний срок; **einen Termin** ~ перенестивстречу на более ранний срок

Vorvertrag *m* предварительный договор *m*, предварительное соглашение *n*

Vorwegnahme *f* антиципация *f*

vorweisen предъявлять, представлять; **die Vollmacht** ~ предъявить доверенность

vorzeigen предъявлять, представлять

Vorzeigung *f* предъявление *n*

vorzeitig досрочный, заблаговременный, преждевременный; **-e Kündigung** *f* **eines Kredits** требование *n* погашения кредита до истечения срока; **-e Lieferung** *f* **der Ware** досрочная поставка *f* товара; **-e Tilgung** досрочное погашение *n*

vorziehen помечать задним числом; помечать более поздним числом; предпочитать, отдавать предпочтение; **Bestellungen ~** отдавать предпочтение одним заказам перед другими

Vorzimmer *n* приемная *f*

Vorzug *m* предпочтение *n*; преимущество *n*; привилегия *f*, преференция *f*; приоритет *m*; **den ~ geben** отдать предпочтение; **den ~ haben** иметь преимущество

Vorzugsaktie *f* привилегированная акция *f*; **~ mit Stimmrecht** привилегированная акция *f* с правом голоса; **~ ohne Stimmrecht** привилегированная акция *f* без права голоса

Vorzugs|angebot *n* особо выгодное предложение *n*; **-bedingungen** *pl* льготные условия *pl*; **-behandlung** *f* преференциальный (льготный) режим *m*; обслуживание *n* с приоритетом; **-dividende** *f (Bö, Fin)* дивиденд *m* по привилегированной акции; **-konditionen** *pl* льготные условия *pl*; **-kurs** *m* льготный курс *m*, льготная цена *f*; **-obligation** *f* привилегированная облигация *f*; **-preis** *m* льготная цена *f*; **-zinsen** *pl* льготные проценты *pl*; **-zinssatz** *m* льготная процентная ставка *f*; **-zoll** *m* преференциальная пошлина *f*; **-zollsatz** *m* ставка *f* преференциальных пошлин

Vostrokonto *n* счет *m* востро, востроконто *n*

votieren голосовать

Votum *n* вотум *m*

VW-Gesetz *n* закон *m* о преобразовании компании Volkswagenwerk GmbH в акционерное общество (с целью сохранения влияния государства на автопроизводителя)

W

wachsen расти, возрастать, увеличиваться

Wachstum *n* рост *m*, увеличение *n*; **das ~ fördern** стимулировать рост; **das ~ planen** планировать рост (прирост); **ein ~ prognostizieren** прогнозировать рост; **das ~ sichern** обеспечить рост; **angemessenes ~** соответствующий (соразмерный) рост *m*; **dauerhaftes ~** длительный рост *m*; **durchschnittliches ~** средние показатели *pl* роста; **gleichmäßiges ~** равномерный рост *m*; **kontinuierliches ~** непрерывный рост *m*; **nominelles ~** номинальный рост *m*; **~ der Produktion** рост *m* производства; **wirtschaftliches ~** экономический рост *m*; **zyklisches ~** циклический рост *m*

Wachstums|aktien *pl* акции *pl* быстрорастущих компаний; **-aussichten** *pl* перспективы *pl* роста; **-beschleunigung** *f* ускорение *n* роста; **-faktor** *m* фактор *m* роста; **-fonds** *m (Fin)* накопительный (инвестиционный) фонд *m* без выплаты дивидендов

wachstumsfördernd стимулирующий рост *m*

Wachstums|industrie *f* быстроразвивающаяся промышленность *f*; **-jahre** *pl* годы *pl* развития (роста); **-kurve** *f* кривая *f* роста; **-markt** *m* быстроразвивающийся рынок *m*; **-modell** *n* модель *f* развития; **-möglichkeiten** *pl* возможности *pl* развития

wachtumsorientiert ориентированный на рост; **~ anlegen** проводить капиталовложения (инвестиции), направленные на увеличение темпов роста

Wachstums|phase *f* фаза *f* развития (роста); **-periode** *f* период *m* развития (роста); **-planung** *f* планирование *n* роста; **-politik** *f* политика *f* роста; **-potential** *n* потенциал *m* роста; **-prognose** *f* прогноз *m* роста; **-prozess** *m* процесс *m* роста; **-rate** *f* темп *m* роста; **-rückgang** *m* снижение *n* темпов роста; **-schwäche** *f* слабый рост *m*; **-strategie** *f* стратегия *f* роста; **-tempo** *n* темп *m* роста (развития); **-werte** *pl* акции *pl* предприятий с доходами выше средних

Waffen|geschäft *n* оружейный магазин *m*; сделка *f* на поставку оружия; **-industrie** *f* оружейная промышленность *f*, промышленность *f* по производству вооружения; **-schein** *m* разрешение *n* на право иметь оружие; **-technik** *f* военная техника *f*; **-verkauf** *m* торговля *f* оружием

Wagen *m* автомобиль *m*; вагон *m*; **einen ~ mieten** взять автомобиль напрокат

Wagen|besitzer *m* владелец *m* автомобиля; **-ladung** *f* грузовместимость *f* автомобиля (вагона), партия *f* груза на автомобиль (вагон); **-park** *m* парк *m* автомобилей, вагонный парк *m*; **-standgeld** *n* штраф *m* за простой вагона; **-vermietung** *f* прокат *m* автомобилей

Waggon *m* вагон *m*; **einen ~ ausladen** разгружать вагон; **einen ~ bestellen** заказать вагон; **die Waren in den ~ verladen** погрузить товары в вагон; **frei ~** франко-вагон *m*, фор *m*; **gedeckter ~** крытый вагон *m*

Waggon|bau *m* вагоностроение *n*; **-bedarf** *m* потребность *f* в вагонах, спрос *m* на вагоны; **-bestand** *m* вагонный парк *m*; **-bestellung** *f* заказ *m* на вагоны

Waggonladung *f* грузовместимость *f* вагона, партия *f* груза на вагон, загрузка *f* вагона; **volle ~** полная загрузка *f* вагона, партия *f* груза на целый вагон; **keine volle ~** партия *f* груза, меньшая чем грузовместимость вагона

Waggonstandgeld *n* штраф *m* за простой вагона

Wagnis *n* риск *m*; рискованное дело *n* (предприятие *n*); **ein ~ auf sich nehmen** взять на себя риск; **ein ~ eingehen** пойти на риск; **kalkulatorisches ~** надбавки *pl* к цене за риск, калькуляционный риск *m*

Wagnis|beurteilung *f* оценка *f* степени риска; **-deckung** *f* покрытие *n* (обеспечение *n*) на случай риска; **-finanzierung** *f* финансирование *n* рискованного предприятия; **-kapital** *n (Fin)* капитал *m*, вкладываемый в рискованное предприятие, венчурный капитал *m*; **-kennziffer** *pl (Versich)* параметры *pl* риска (в автостраховании); **-kosten** *pl* издержки *pl* на покрытие рисков; **-prüfung** *f* проверка *f* возможности и степени покрытия риска; **-verluste** *pl* убытки *pl* от риска; **-zuschlag** *m* надбавка *f* (премия *f*) на риск

Wahl *f* выбор *m*, право *n* выбора; сорт *m*, качество *n*; выборы *pl*, голосование *n*; **-en durchführen** провести выборы; **keine ~ haben** не иметь выбора; **eine ~ treffen** сделать выбор; **dritte ~** третий сорт *m*; **erste ~** первый сорт *m*; **geheime -en** тайные выборы *pl*; **nach Käufers ~** по усмотрению покупателя; **unmittelbare -en** прямые выборы *pl*; **Waren erster (zweiter) ~** товары *pl* первого (второго) сорта

wahlberechtigt имеющий право голоса; **-er Arbeitnehmer** *m* работник *m*, имеющий право голоса

Wahlberechtigung *f* право *n* на участие в выборах

wählen выбирать, избирать; голосовать; набирать номер; **in geheimer Wahl ~** избирать тайным голосованием; **mit einfacher Stimmenmehrheit ~** избрать простым большинством голосов

Wähler *m* избиратель *m*

Wählerliste *f* список *m* избирателей

Wahl|beteiligung *f* участие *n* в выборах; **-ergebnis** *n* результаты *pl* выборов

Wahl|möglichkeit *f* возможность *f* выбора; **-recht** *n* избирательное право *n*; **-schuld** *f* альтернативное обязательство *n*; **-vermächtnis** *n* альтернативное завещание *n*; **-vorbereitung** *f* подготовка *f* к выборам; **-vorgang** *m* процедура *f* выборов; **-vorschlag** *m* выдвижение *n* кандидатов на выборы; **-vorschriften** *pl* правила *pl* проведения выборов; **-vorstand** *m* избирательная комиссия *f*; **-zettel** *m* бюллетень *m* для голосования

wahren хранить, сохранять; охранять; **Interessen** ~ соблюдать интересы

Wahrheitstreue *f* достоверность *f*, истинность *f*

wahrnehmen использовать; соблюдать; защищать; **Aufgaben** ~ выполнять задачи; **Befugnisse** ~ действовать в рамках полномочий; **Geschäfte** ~ проводить сделки; **Interessen** ~ соблюдать интересы; **die Leitung** ~ осуществлять руководство; **Termine** ~ соблюдать намеченные сроки

Wahrnehmung *f* использование *n*; соблюдение *n*, защита *f*; **mit der** ~ **der Geschäfte beauftragen** поручить ведение дел; ~ **der Aufgaben** выполнение *n* задач

Wahrscheinlichkeit *f* вероятность *f*

Wahrscheinlichkeits|modell *n* вероятностная модель *f*; **-rechnung** *f* расчет *m* степени вероятности

Wahrung *f* сохранение *n*, соблюдение *n*; охрана *f*; ~ **der Interessen** соблюдение *n* интересов

Währung *f* валюта *f*; совокупность *f* платежных средств страны; **eine** ~ **abwerten** девальвировать валюту; **eine** ~ **aufwerten** ревальвировать валюту; **in eine andere** ~ **umrechnen** произвести перерасчет в другой валюте; **auf fremde** ~ **lautend** в иностранной валюте; **ausländische** ~ иностранная валюта *f*; **frei konvertierbare** ~ свободно конвертируемая валюта *f*; **fremde** ~ иностранная валюта *f*; **harte** ~ твердая валюта *f*; **in ausländischer** ~ **gerechnet** в пересчете на иностранную валюту; **inländische** ~ валюта *f* данной страны; **konvertierbare** ~ конвертируемая валюта *f*; **nicht konvertierbare** ~ неконвертируемая валюта *f*; **schwache** ~ слабая (неустойчивая) валюта *f*; **stabile** ~ твердая (устойчивая) валюта *f*; **weiche** ~ слабая (неустойчивая) валюта *f*

Währungs|abkommen *n* валютное соглашение *n*; **-abwertung** *f* девальвация *f* валюты; **-angleichung** *f* выравнивание *n* (регулирование *n*) обменных курсов валют; **-anleihe** *f* заем *m* в иностранной валюте; **-anpassung** *f* пересмотр *m* (согласованние *n*) валютных курсов; **-aufwertung** *f* ревальвация *f* валюты; **-ausgleichsbetrag** *m* сумма *f* денежной компенсации; **-ausgleichsfonds** *m* фонд *m* выравнивания обменных курсов валют; **-behörden** *pl* ведущие денежно-кредитные учреждения *pl*; **-beziehungen** *pl* валютные (денежно-кредитные) отношения *pl*; **-chaos** *n* валютный хаос *m*; **-deckung** *f* валютное покрытие *n*; **-disparität** *f* валютная разница *f*, разница *f* курсов валют; **-dumping** *n* валютный демпинг *m*

Währungseinheit *f* валютная единица *f*; **Europäische** ~ Европейская валютная единица *f*, евро

Währungseinlagen *pl* валютные вклады *pl* (депозиты *pl*)

Währungsfonds *m* валютный фонд *m*; **Internationaler** ~ Международный валютный фонд *m*

Währungs|gebiet *n* валютная зона *f*; **-gewinn** *m* курсовая прибыль *f* при обмене валюты; **-gleichgewicht** *n* валютный (кредитно-денежный) баланс *m*; **-gold** *n* монетарное золото *n*; **-guthaben** *n* вклад *m* в иностранной валюте; **-instabilität** *f* нестабильность *f* валют; **-klausel** *f* валютная оговорка *f*, условие *n* антиревальвации; **-konto** *n* валютный счет *m*; **-konvertibilität** *f* конвертируемость *f* валют; **-korb** *m* валютная корзина *f*; **-krise** *f* валютный кризис *m*, валютно-финансовый кризис *m*; **-mechanismus** *m* валютный (валютно-финансовый) механизм *m*; **-parität** *f* валютный паритет *m*; **-politik** *f* монетарная (валютная) политика *f*

währungspolitisch относящийся к валютной политике; **-e Zusammenarbeit** *f* сотрудничество *n* в области валютной политики

Währungs|raum *m* валютное пространство *n*; **-rechner** *m* конвертор *m* валют; **-reform** *f* валютно-финансовая реформа *f*; **-reserven** *pl* валютные запасы *pl* (резервы *pl*);

-risiko *n* риск *m* потерь на изменении курса валют; **-scheck** *m* чек *m* в иностранной валюте; **-schuld** *f* валютная задолженность *f*; **-schwankungen** *pl* колебания *pl* курсов валют; **-schwierigkeiten** *pl* валютно-финансовые затруднения *pl*; **-sicherungsklausel** *f* оговорка *f* о валютном обеспечении; **-spekulationen** *pl* валютные спекуляции *pl*; **-stabilität** *f* стабильность *f* (устойчивость *f*) валюты; **-swap** *n* валютный своп *m*, продажа *f* и покупка *f* валюты на условиях своп; **-system** *n* валютная (валютно-финансовая) система *f*; **-umrechnung** *f* пересчет *m* валют; **-umstellung** *f* реформа *f* валютно-финансовой системы; **-ungleichgewicht** *n* валютный (кредитно-денежный) дисбаланс *m*; **-union** *f* валютный союз *m*; **-verfall** *m* разрушение *n* валютной системы; **-verhandlungen** *pl* переговоры *pl* по валютно-финансовым проблемам; **-verluste** *pl* потери *pl* валюты; потери *pl* на разнице валютных курсов; **-zone** *f* валютная зона *f*

Waisengeld *n* пенсия *f* сиротам

Wandel *m* перемена *f*, изменение *n*; **~ auf den internationalen Märkten** изменение *n* конъюнктуры на международных рынках; **technischer ~** технические перемены *pl*; **technologischer ~** изменение *n* технологии

Wandel|anleihe *f* конверсионный заем *m*; **-genussschein** *m (Bö, Fin)* сертификат *m* с правом конвертирования на акции, конвертируемая облигация *f*; **-geschäft** *n* срочная биржевая сделка *f* с правом востребования; **-obligation** *f* конвертируемая облигация *f*, облигация *f* конверсионного займа; **-parität** *f* конверсионный паритет *m*; **-preis** *m* конвертируемая цена *f*; **-recht** *n* право *n* конвертирования (обмена) облигаций на акции; **-schuldverschreibung** *f* конвертируемая облигация *f*

Wandelung *f* отмена *f*, расторжение *n*, аннулирование *n*; расторжение *n* договора купли-продажи

Wander|gewerbe *n* разъездная торговля *f*; отхожий промысел *m*; **-lager** *n* временный склад *m*

Wanderung *f* миграция *f*; перемещение *n*

Wanderungs|politik *f* миграционная политика *f*; **-statistik** *f* статистика *f* миграции населения

Wandlung *f* отмена *f*, расторжение *n*, аннулирование *n*; перемена *f*, изменение *n*; превращение *n*

Wandlungs|kurs *m* курс *m* акций, на который имеет право владелец конвертируемых облигаций; **-recht** *n* право *n* конвертирования (обмена)

Wand|protest *m* предъявление *n* векселя лицу, обязанному по векселю, в его отсутствие; **-reklame** *f* настенная реклама *f*; **-tresor** *m* стенной сейф *m*

Ware *f* товар *m*; **-n abfertigen** принимать и отправлять товары; **~ abholen** вывозить (забирать) товар; **-n abnehmen** принимать товары; **~ abrufen** требовать поставки товара; **-n absenden** отправлять (отсылать) товары; **-n absetzen** сбывать (реализовывать) товары; **-n anbieten** предлагать товары; **-n annehmen** принимать товары; **~ auf Lager haben** иметь товар на складе; **~ auf einer Messe ausstellen** выставлять (экспонировать) товар на выставке; **~ auf den Markt bringen** виводщь товар на рынок; **-n ausführen** вывозить (экспортировать) товары; **-n auslegen** выставлять (раскладывать) товары (на продажу); **-n ausliefern** поставлять товары; **-n ausstellen** выставлять товары; **-n austauschen** обмениваться товарами; **~ beschädigen** повреждать товар; **~ beschauen** контролировать (рассматривать) товар; **~ bestellen** заказывать товар; **~ beziehen** получать товар; **~ einführen** импортировать товар; **eine ~ führen** иметь товар в продаже, торговать товаром; **~ in Kommission geben** сдавать товар на комиссию; **~ in Kommission nehmen** брать товар на комиссию; **-n in Verschluss tun** помещать товары на таможенный склад; **-n kaufen** покупать товары; ~ **liefern** поставлять товар; **-n mit Preis auszeichnen** указывать цену товара; **-n einführen** импортировать (ввозить) товары; **den Empfang der ~ quittieren** расписаться в приемке товара; **die ~ reklamieren** подать рекламацию на товар; **-n sortieren** сортировать товары, устанавливать сортность товаров; **die ~ übergeben** сдать (продать) товар; **-n veräußern (verkaufen)** продавать (реализовывать) товары; **~ verladen** грузить (отгружать) товар; **~ verpacken** упаковывать товар; **~ verpfänden** закладывать товар под обеспечение; **~ versenden** отсылать (отправлять) товары; **~ verzollen lassen** очищать товар от таможенных формальностей; **-n zum Verkauf bringen** поставлять товар на продажу; **die ~ zurückgeben** возвратить товар; **eine ~ zurücklegen** запасать (откладывать) товар; **~ zurücknehmen** принимать возвращенный товар; **~ zurücksenden** отсылать товар обратно, возвращать товар; **~ zur Verzollung anmelden** заявить товары на таможенную очистку; **abgeholte ~** вывезенный (затребованный) товар *m*; **abgepackte ~** упакованный (фасованный) товар *m*; **ausgesuchte ~** изысканный товар *m*; **austauschbare ~** заменимый товар *m*; **beschädigte ~** поврежденный товар *m*; **beschlagnahmte ~** конфискованный товар *m*; **bewirtschaftete ~** рационируемый товар *m*; **disponible ~** наличный товар *m*; **eingeführte ~** импортированный товар *m*; **eingelagerte ~** товары *pl*, хранящиеся на складе; **einheimische ~** товар *m* отечественного производства; **~ erster Wahl** высококачественный товар *m*, товар *m* первого сорта; **erstklassige ~** первоклассный товар *m*; **etikettierte ~** товар *m*, снабженный этикетками; товар *m* с этикеткой; **exportierte ~** экспортный товар *m*; товар *m*, поставленный на экспорт; **fakturierte ~** фактурированный товар *m*; **fehlerhafte ~** бракованный (недоброкачественный) товар *m*; **gängige ~** ходкий товар *m*; **gebundene ~** товар *m*, находящийся на таможенном складе; **geringwertige ~** низкокачественный товар *m*; **geschmuggelte ~** контрабандный товар *m*; **halbfertige ~** полуфабрикат *m*; **herabgesetzte ~** товар *m* по сниженной цене; **hochwertige ~** высококачественный товар *m*; **inländische ~** товар *m* отечественного производства; **konkurrenzfähige ~** конкурентоспособный товар *m*; **kontingentierte ~** рационируемый (контингентируемый) товар *m*; **lagerfähige ~** товар *m*, выдерживающий длительное хранение; **lebenswichtige ~** товар *m* первой необходимости; **leichtverderbliche ~** скоропортящийся товар *m*; **lose ~** товар *m*, поставляемый навалом; **mangelhafte ~** недоброкачественный товар *m*; **minderwertige ~** низкокачественный товар *m*; **~ mittlerer Qualität** товары *pl* среднего качества; **preisgebundene ~** товар *m* цены на который субсидируются; **preisgünstige (preiswerte) ~** товар *m* по умеренной (сходной) цене; **reklamierte ~** товар *m*, на который поступила рекламация; **rollende ~** товар *m*, перевозимый автомобильным или железнодорожным транспортом; **sofort lieferbare ~** товар *m*, готовый к немедленной поставке; наличный товар *m*; **sortierte ~** товар *m*, рассортированный по качеству; **~ des täglichen Bedarfs** товар *m* повседневного спроса; **~ unbestimmten Ursprungs** товар *m* неопределенного происхождения; **unterwegs befindliche ~** товар *m* в пути; **~ unter Zollverschluss (unter Zollverschluss liegende ~)** товар *m*, находящийся на таможенном складе; **unverkäufliche ~** товар *m*, не находящий сбыта; товар *m*, не подлежащий продаже; **unverzollte ~** товар *m*, за который не оплачена таможенная пошлина; **veraltete ~** устаревшие (несовременные) товары *pl*; **verknappte ~** дефицитный товар *m*; **verpackte ~**

упакованный товар *m*; **versandte ~** отправленный (отосланный, отгруженный) товар *m*; **vertretbare ~** заменимый товар *m*; **verzollte ~** товары *pl* с оплаченной таможенной пошлиной; **weiße ~** *(Handel, V&M)* безымянный продукт *m*, частная марка *f*, торговая марка *f*; бытовая техника *f* (белого цвета); **zollfreie ~** товар *m*, не облагаемый таможенной пошлиной; **zollpflichtige ~** товар *m*, подлежащий обложению пошлиной; **~ zur Ansicht** товар *m*, посылаемый на ознакомление; **zurückgekommene ~** возвращенный товар *m*; **zurückgelegte ~** товар *m*, имеющийся в запасе (резерве); товар *m*, отложенный на время; **zurückgenommene ~** товар *m*, принятый назад; **zurückgesandte ~** возвращенный товар *m*; **~ zweiter Qualität** второсортный товар *m*

Warenabgang *m (Transp)* уход *m* материалов (со склада); убытие товаров

Warenabkommen *n* торговое соглашение *n*, соглашение *n* на поставку товаров; **internationales ~** международное торговое соглашение

Waren|abnahme *f* приемка *f* товаров; **-abnehmer** *m* покупатель *m* товаров; **-absatz** *m* сбыт *m* товаров; **-akkreditiv** *n* документарный (товарный) аккредитив *m*; **-angebot** *n* предложение *n* товара; ассортимент *m*; **-anmeldung** *f* декларация *f* на товары для уплаты таможенной пошлины; **-annahme** *f* приемка *f* товара, отдел *m* приемки товара; **-art** *f* вид *m* (категория) товара; **-aufzug** *m* грузовой лифт *m*; **-ausfuhr** *f* экспорт *m* товаров; **-ausgabe** *f* выдача *f* (отпуск) товаров; **-ausgabestelle** *f* контроль *m* и выдача *f* покупок (в магазине); **-ausgang** *m* отпуск *m* товаров; реализация *f* товаров

Warenausgangs|buch *n* журнал *m* учета продаж; **-konto** *n* счет *m* продаж; **-meldung** *f* запись *f* (извещение *n*) об отпуске товаров; **-rechnung** *f* счет *m* продаж

Waren|auslage *f* выкладка *f* (показ *m*) товаров; **-ausstattung** *f* внешний вид *m* (оформление *n*) товара; **-ausstellung** *f* выставка *f* товаров; **-austausch** *m* товарообмен *m*, бартер *m*

Warenaustausch|abkommen *n* соглашение *n* о товарообмене; **-geschäft** *n* сделка *f* (операция *f*) по товарообмену, бартерная сделка *f*

Waren|auswahl *f* выбор *m* (отбор *m*) товаров; ассортимент *m* (набор *m*) товаров; **-auszeichnung** *f* маркировка *f* товаров; **-automat** *m* торговый автомат *m*; **-bedarf** *m* спрос *m* на товары; **-beförderung** *f* перевозка *f* (доставка *f*) товаров; **-begleitschein** *m* товаросопроводительный документ *m*, накладная *f*; **-beleihung** *f* ссуживание *n* товара; товарная (подтоварная) ссуда *f*; **-belieferung** *f* снабжение *n* (обеспечение *n*) товарами, завоз *m* товаров; **-beschaffung** *f* закупка *f* (заготовка *f*) товаров; **-beschaffungskredit** *m* кредит *m* для закупки товаров; **-bescheinigung** *f* товаросопроводительная накладная *f*; **-beschreibung** *f* описание *n* (характеристика *f*) товара; **-beschriftung** *f* маркировка *f* товаров, нанесение *n* торговой марки; **-bestand** *m* товарные запасы *pl*, запасы *pl* товарно-материальных ценностей; **-bestandskonto** *n* счет *m* учета товарных запасов; **-bestandsprüfung** *f* ревизия *f* товарных запасов; **-bestellung** *f* требование-заказ *m*, требование-накладная *f*; **-bewegung** *f* движение *n* (обращение *n*) товаров; грузопоток *m*; **-bewertung** *f* оценка *f* товаров; **-bewirtschaftung** *f* рационирование *n* товаров; **-bezeichnung** *f* наименование *n* товара; **-bezug** *m* закупка *f* товаров; **-bezugskosten** *pl* транспортно-заготовительные расходы *pl*; **-bilanz** *f* торговый (товарный) баланс *m*; **-börse** *f* товарно-сырьевая биржа *f*; **-defizit** *n* дефицит *m* (нехватка *f*) товаров; **-durchfuhr** *f* транзитный провоз *m* товаров; **-einfuhr** *f* импорт *m* (вывоз *m*) товаров; **-eingang** *m* поступление *n* товаров

Wareneingangs|bescheinigung *f* подтверждение *n* поступления товаров; **-buch** *n* журнал *m* учета закупок (поступления товаров); **-konto** *n* счет *m* закупок; **-kontrolle** *f* контроль *m* за поступлением товаров; **-meldung** *f* извещение *n* о получении (поступлении) товара; **-rechnung** *f* счет *m* закупок; **-schein** *m* накладная *f* на поступление товаров, приходная накладная *f*; **-stelle** *f* отдел *m* поступления товаров; отдел приемки товара; **-überwachung** *f* контроль *m* за поступлением товаров

Waren|einheitsversicherung *f* комбинированное страхование *n* товаров от риска; **-einkauf** *m* покупка *f* (закупка *f*) товаров; **-einkaufskonto** *n* счет *m* закупок; **-einlage** *f* вклад *m* (в предприятие) в товарной форме; **-einlagerung** *f* складирование *n* товаров; **-einsatz** *m* объем *m* (стоимость *f*) товаров, выпущенных в продажу; расход *m* товаров; **-einstandspreis** *m* заготовительная цена *f* товара; **-einstufung** *f* определение *n* сортности товаров; **-einteilung** *f* классификация *f* товаров; **-empfang** *m* получение *n* (приемка *f*) товаров; **-empfänger** *m* получатель *m* товаров; **-empfangsschein** *m* расписка *f* в получении товаров; **-etikett** *n* этикетка *f*, наклейка *f*; **-export** *m* экспорт *m* (вывоз *m*) товаров; **-finanzierungskredit** *m* подтоварный кредит *m*; **-fluss** *m* поток *m* (движение *n*) товаров, товарный поток *m*; **-führer** *m* перевозчик *m* грузов, транспортная компания *f*; **-gattung** *f* категория *f* (род *m*) товара; номенклатура *f* товаров; **-geld** *n* товарные деньги *pl*, товар *m* в роли денег; **-genossenschaft** *f* товарный кооператив *m*; **-geschäfte** *pl* сделки *pl* (операции *pl*) с товарами, торговля *f* товарами; **-gestaltung** *f* придание *n* товарного вида, оформление *n* товаров; **-gruppe** *f* группа *f* (категория *f*) товаров, товарная группа *f*

Warengruppen|spanne *f* торговая накидка *f* по группам товаров; **-verzeichnis** *n* перечень *m* товарных групп

Waren|handel *m* торговля *f* товарами; **-handelsbetrieb** *m* торговое предприятие *n*; **-haus** *n* универсальный магазин *m*, универмаг *m*; **-hauskette** *f* сеть *f* универмагов; **-hauskonzern** *m* концерн *m*, объединяющий универсальные магазины; **-import** *m* импорт *m* (вывоз *m*) товаров; **-kalkulation** *f* расчет *m* цены на товар; **-katalog** *m* каталог *m* товаров; **-kennzeichnung** *f* маркировка *f* товаров; **-knappheit** *f* дефицит *m* (нехватка *f*) товаров, товарный дефицит *m*; **-kontingent** *n* квота *f* на товары; **-konto** *n* счет *m* закупок (продаж) товаров, товарный счет *m*; **-kontrolle** *f* контроль *m* качества товаров, бракераж; **-korb** *m* потребительская корзина *f*, набор *m* потребительских товаров и услуг для расчета индекса цен; **-kredit** *m* коммерческий (подтоварный) кредит *m*; аванс *m* (ссуда *f*) под товары

Warenkredit|abkommen *n* соглашение *n* о коммерческом (товарном) кредите; **-brief** *m* товарный аккредитив *m*; **-versicherung** *f* страхование *n* коммерческого (товарного) кредита, страхование *n* делькредере

Waren|kunde *f* товароведение *n*; **-lager** *n* товарный склад *m*; запасы *pl* товаров, торговые запасы *pl*; **-lagerung** *f* хранение *n* товаров (на складе); **-lieferant** *m* поставщик *m* товаров; **-lieferung** *f* поставка *f* товаров; **-liste** *f* перечень *m* товаров; **-lombard** *m* подтоварная ссуда *f*, ломбардные операции *pl* с товарами; **-mangel** *m* дефицит *m* (нехватка *f*) товаров; **-marke** *f* товарный знак *m*; **-menge** *f* количество *n* товаров, товарная масса *f*; **-merkmal** *n* товарный признак *m*

Warenmuster *n* коммерческий образец *m* товара; **~ ohne Handelswert** образец *m* товара без указания стоимости, неторговый образец *m* товара

Waren|nebenkosten *pl* торговые накладные расходы *pl*; **-papiere** *pl* товаросопроводительные документы *pl*; **-partie** *f* партия *f* товаров; **-plazierung** *f* позиционирование *n* товара на рынке; **-posten** *m* партия *f* товаров; **-präsentation** *f* презентация *f* (представление *n*) товара; **-preis** *m* цена *f* товара, цена *f* на товар; **-preisklausel** *f* оговорка *f* о цене товара; **-probe** *f* образец *m* товара; **-produktion** *f* производство *n* товаров, товарное производство *n*; **-prüfung** *f* контроль *m* качества товаров, бракераж *m*; **-rabatt** *m* торговая скидка *f*; **-rechnung** *f* учет *m* товаров; товарный счет *m*; фактура *f*; **-rohgewinn** *m* валовая прибыль *f* от продажи; **-rücksendung** *f* возврат *m* товара (продавцу); **-rückvergütung** *f* возмещение *n* товарами; **-schein** *m* товарная квитанция; **-schulden** *pl* коммерческая (товарная) задолженность *f*; обязательства *pl* по поставкам товаров; **-schwund** *m* убыль *f* (усушка *f*, утруска *f*) товара; **-sendung** *f* партия *f* товара; образец *m* товара, посылаемый по почте по сниженной цене; **-sortierung** *f* сортировка *f* товаров по качеству; **-sortiment** *n* ассортимент *m* товаров; **-stapel** *m* товар *m*, уложенный в штабеля; **-strom** *m* поток *m* (движение *n*) товаров, товаропоток *m*; **-systematik** *f* номенклатура *f* товаров; **-tausch** *m* обмен *m* товарами, бартер *m*; **-terminbörse** *f* товарная биржа *f* по сделкам на срок; **-termingeschäft** *n* срочная сделка *f* на поставку товара; **-terminhandel** *m* заключение *n* срочных сделок на поставку товара; **-terminkontrakt** *m (Bö, Handel)* товарный фьючерс; **-test** *m* проверка *f* качества товаров и соответствия цене; **-transit** *m* транзитный провоз *m* товаров; **-transport** *m* перевозка *f* (транспортировка *f*) товаров; **-transportversicherung** *f* транспортное страхование *n* грузов; **-überfluss** *m* избыток *m* товаров; **-umsatz** *m* товарооборот *m*; **-umschlag** *m* переработка *f* (обработка *f*) грузов; перевалка *f* грузов; **-umschließung** *f* упаковка *f* товара; тара *f*; **-umtausch** *m* замена *f* (обмен *m*) товаров

Waren|ursprung *m* происхождение *n* товара; **-verderb** *m* порча *f* (гибель *f*) товаров; **-verkauf** *m* продажа *f* товаров; **-verkaufsbuch** *n* книга *f* учета продаж; **-verkaufskonto** *n* счет *m* продаж

Warenverkehr *m* торговля *f* товарами; движение *n* товаров, товарное обращение *n*; торговые отношения *f*; **den ~ ausweiten** развивать торговлю; **den ~ fördern** стимулировать (облегчать) товарообмен (торговлю); **zum ~ zulassen** допустить к торговле; **freier ~** свободное движение товаров; **laufender ~** текущие торговые операции *pl*

Waren|verknappung *f* дефицит *m* (нехватка *f*) товаров; **-versand** *m* отправка *f* (пересылка *f*) товаров; **-versandkosten** *pl* расходы *pl* по отправке (пересылке) товаров; **-versicherung** *f* страхование *n* грузов; **-versorgung** *f* снабжение *n* товарами; **-verteilung** *f* распределение *n* товаров, продажа *f* товаров оптовым покупателям; **-verteilzentren** *pl* оптовые товарные склады *pl*; **-verzeichnis** *n* перечень *m* (список *m*) товаров; **-volumen** *n* объем *m* товарооборота; **-vorräte** *pl* товарные запасы *pl*; **-vorschüsse** *pl* краткосрочные банковские кредиты *pl* под залог товаров

Warenwechsel *m* коммерческий (товарный) вексель *m*; **bankgirierter ~** товарный вексель *m*, индоссированный банком; **prima ~** первоклассный вексель *m*

Warenwertpapiere *pl* товарораспорядительные документы *pl*

Warenzeichen *n* товарный знак *m*, торговый знак *m*; фабричная марка *f*; **ein ~ eintragen (lassen)** зарегистрировать товарный знак; **mit einem ~ versehen** маркировать товарным знаком; **ein ~ verletzen** нарушать торговую марку; **eingetragenes ~** зарегистрированный товарный знак *m*

Warenzeichen|anmeldung *f* заявка *f* на

регистрацию товарного знака; **-eintragung** *f* регистрация *f* товарного знака; **-gebühr** *f* сбор *m* за регистрацию товарного знака; **-inhaber** *m* собственник *m* товарного знака; **-lizenz** *f* лицензия *f* на пользование товарным знаком; **-löschung** *f* аннулирование *n* товарного знака; **-recht** *n* право *n*, регулирующее пользование товарным знаком; **-rolle** *f* реестр *m* товарных знаков; **-schutz** *m* охрана *f* товарных знаков; **-verletzung** *f* нарушение *n* товарного знака (торговой марки)

Warenzusammenstellung *f* набор *m* (комплект *m*) товаров

Wärmekraft|werk *n* тепловая электростанция *f*; **-kopplung** *f* использование *n* тепла и электроэнергии

Wärmerückgewinnung *f* использование *n* отходящего тепла

warnen предостерегать, предупреждать

Warnstreik *m* предупредительная забастовка *f*

Warnung *f* предостережение *n*, предупреждение *n*

Warrant *m (Bö, Fin)* опцион *m*, варрант *m*

Warteliste *f* список *m* очередников

warten содержать в исправности, поддерживать в исправном состоянии; ожидать, ждать; **Anlagen ~** проводить профилактический осмотр оборудования, проводить техобслуживание

Wartentarif *m* запасной (резервный) тариф *m*

Warteschlange *f* очередь *f*

Wartezeit *f* время *n* простоя (ожидания)

Wartung *f* уход *m*, техническое обслуживание *n*, технический надзор *m*; **eine ~ durchführen** проводить техническое обслуживание; **laufende ~** текущее (межремонтное) техническое обслуживание *n*; **sorgfältige ~** тщательный уход *m*; **technische ~** технический осмотр *m*, техническое обслуживание *n*; **unsachgemäße ~** неквалифицированное обслуживание *n*; **~ von Anlagen** технический осмотр *m* (техническое обслуживание *n*) оборудования

Wartungsarbeiten *pl* работы *pl* по техническому обслуживанию

wartungs|frei не требующий ухода (технического обслуживания); **-freundlich** удобный в обслуживании

Wartungs|freundlichkeit *f* удобство *n* (легкость *f*) технического обслуживания; **-kosten** *pl* расходы *pl* по техническому обслуживанию; **-personal** *n* обслуживающий персонал *m*; **-plan** *m* график *m* технического обслуживания; **-vertrag** *m* договор *m* на техническое обслуживание; **-zeit** *f* время *n* (межремонтного) обслуживания

Wäscherei *f* прачечная *f*

Waschmittel *n* моющее средство *n*

Wasser|aktien *pl* разводненные акции *pl*, разводненный акционерный капитал *m*; **-bedarf** *m* потребность *f* в воде; **-gewinnungsgebiet** *n* водозаборная зона *f*; **-güte** *f* качество *n* воды; **-knappheit** *f* нехватка *f* воды; **-kosten** *pl* расходы *pl* по водоснабжению; **-kraftwerk** *n* гидроэлектростанция *f*; **-nutzung** *f* водопользование *n*; **-reinhaltung** *f* поддержание *n* чистоты воды; **-schadenversicherung** *f* страхование *n* от наводнений; страхование *n* от порчи товаров водой; **-straße** *f* водный путь *m*; **-transport** *m* перевозки *pl* водным путем, водный транспорт *m*; **-uhr** *f* прибор *m* регистрации расхода воды, водомер *m*; **-verbrauch** *m* потребление *n* (расход *m*) воды;**-verdrängung** *f* водоизмещение *n* (судна); **-verknappung** *f* нехватка *f* воды, истощение *n* запасов воды; **-verschmutzung** *f* загрязнение *n* воды; **-versorgung** *f* водоснабжение; **-vorrat** *m* запасы *pl* воды; **-weg** *m* водный путь *m*; **-wirtschaft** *f* водное хозяйство *n*

Webhosting *n (Comp)* хостинг *m*

Webseite *f (Comp)* веб-страница *f*

Website *f (Comp)* веб-сайт *m*

Websponsoring *n (Comp, V&M)* спонсирование *n* веб-сайта

Wechsel *m* вексель *m*; тратта *f*; долговое обязательство *n*; перемена *f*, изменение *n*; смена *f*, чередование *n*; размен *m*; обмен *m*; **einen ~ akzeptieren** акцептовать вексель; **einen ~ ankaufen** учесть вексель в банке; **die Annahme eines -s verweigern** отказать в акцептовании векселя; **einen ~ annehmen** акцептовать вексель; **einen ~ aufkaufen** учесть вексель; **einen ~ ausgeben** выпустить вексель (в обращение); **einen ~ ausstellen** выставить (трассировать, выдать) вексель; **einen ~ begeben** пускать в обращение вексель путем индоссирования; **einen ~ bei Fälligkeit zahlen** оплатить вексель в срок; **einen ~ bezahlen** оплатить вексель, принять вексель к оплате; **einen ~ diskontieren** учесть (дисконтировать) вексель; **einen ~ diskontieren lassen** представить вексель к учету; **einen ~ domizilieren** домицилировать вексель; **einen ~ einlösen** оплатить вексель, принять вексель к оплате; **einen ~ einreichen** предъявить вексель к оплате; **einen ~ einziehen** инкассировать вексель; **einen ~ girieren** индоссировать вексель; **einen ~ in Diskont nehmen** принять вексель к учету; **einen ~ indossieren** индоссировать вексель; **einen ~ lombardieren** отдать вексель под залог ссуды; **mit einem ~ bezahlen** оплатить с помощью векселя; **einen ~ platzen lassen** отклонить вексель; **einen ~ präsentieren** предъявить вексель к акцепту (оплате); **einen ~ prolongieren** пролонгировать вексель; **einen ~ protestieren lassen** опротестовать вексель; **einen ~ rediskontieren** переучесть вексель; **einen ~ sperren** приостановить платеж по векселю; **einen ~ trassieren** выставить (трассировать) вексель; **einen ~ verfallen lassen** просрочить вексель; **einen ~ verlängern** пролонгировать вексель; **einen ~ vor Fälligkeit einlösen** оплатить вексель до истечения срока; **einen ~ vorlegen** предъявить вексель к акцепту (оплате); **der ~ wird fällig** срок уплаты по векселю истекает; **die Zahlung eines -s einklagen** подать в суд на оплату векселя; **die Zahlung eines -s verweigern** отказать в оплате вексель; **einen ~ ziehen** выставить (трассировать) вексель; **einen ~ zu Protest gehen lassen** опротестовать вексель; **einen ~ zum Diskont (herein)nehmen** принять вексель к учету; **einen ~ zum Inkasso (herein)nehmen** принять вексель для инкассирования; **einen ~ zur Annahme (Zahlung) vorlegen** предъявить вексель к акцепту (оплате); **abgelaufener ~** просроченный вексель *m*; **akzeptierter ~** акцептованный вексель *m*; **angekaufter ~** учтенный вексель *m*; **~ an einen anderen Standort** переезд *m* на новое место; перевод *m* предприятия на новое место; **~ an eigene Order** вексель *m* собственному приказу; **~ an fremde Order** вексель *m* чужому приказу; **~ der Arbeitsstelle** смена *f* места работы; **avalierter ~** вексель *m* с поручительством; **auf das Ausland gezogener ~** иностранный вексель *m*; **ausländischer ~** иностранный (заграничный) вексель *m*; **begebener ~** пущенный в обращение индоссированный вексель *m*; **betagter ~** просроченный вексель *m*; **bezahlter ~** оплаченный вексель *m*; **diskontfähiger ~** учетоспособный вексель *m*; **diskontierter ~** учтенный вексель *m*; **diskontunfähiger ~** неучетоспособный вексель *m*; **domizilierter ~** домицилированный вексель *m*; **eigener ~** простой вексель *m*; **eingelöster ~** оплаченный вексель *m*; **fälliger ~** вексель *m*, срок оплаты по которому наступил; **gefälschter ~** поддельный вексель *m*; **geplatzter ~** опротестованный вексель *m*; **gezogener ~** переводной вексель *m*, тратта *f*; **~ in der Betriebsführung** изменение *n* в руководстве предприятием; **indossierter ~** индоссированный вексель *m*; **inländischer ~** отечественный вексель *m*; вексель *m*, оплачиваемый в отечественной валюте; ~ **in mehrfacher Ausfertigung** вексель *m*, выписанный в комплекте; **kurzfristiger** ~ краткосрочный вексель *m*; **langfristiger** ~ долгосрочный вексель *m*; **lombardierter** ~ вексель *m*, представленный в залог под ссуду; **mittelfristiger** ~ среднесрочный вексель *m*; **nicht bezahlter (nicht eingelöster)** ~ неоплаченный вексель *m*; **nicht diskontfähiger** ~ неучетоспособный вексель *m*; **notleidender** ~ неоплаченный (просроченный) вексель *m*; **offener** ~ бланковый вексель *m*; **protestierter** ~ опротестованный вексель *m*; **rediskontierter** ~ переучтенный вексель *m*; **trassierter** ~ переводной вексель *m*, тратта *f*; **überfälliger** ~ просроченный вексель *m*; **ungedeckter** ~ непокрытый вексель *m*; **verfallener** ~ просроченный вексель *m*; **weiterbegebener** ~ выпущенный в обращение индоссированный вексель *m*; **zu Protest gegangener** ~ опротестованный вексель *m*; **zu zahlende** ~ векселя *pl* к уплате

Wechsel|abschrift *f* копия *f* векселя; **-agent** *m* вексельный маклер *m*; **-akzept** *n* акцепт *m* (акцептование *n*) векселя, принятие *n* векселя к платежу; **-allonge** *f* аллонж *m*, дополнительный лист *m* бумаги к векселю; **-angaben** *pl* вексельные реквизиты *pl*; **-annahme** *f* акцепт *m* (акцептование *n*) векселя, принятие *n* векселя к платежу

Wechselausfertigung *f* экземпляр *m* (переводного) векселя; **erste** ~ первый экземпляр *m* векселя; **zweite** ~ второй экземпляр *m* векселя; **dritte** ~ третий экземпляр *m* векселя

Wechsel|aussteller *m* векселедатель *m*, трассант *m*; **-ausstellung** *f* выставление *n* (трассирование *n*, выдача *f*) векселя; **-bank** *f* учетный банк *m*; **-begebung** *f* передача *f* векселя путем совершения передаточной надписи; **-bestand** *m* вексельный портфель *m*, портфель *m* векселей (ликвидов); **-betrag** *m* сумма *f* векселя, вексельная сумма *f*; **-beziehung** *f* взаимосвязь *f*, взаимозависимость *f*; **-bezogene** *m* плательщик *m* по векселю, трассант *m*; **-blankett** *n* бланковый вексель *m*; **-buch** *n* книга *f* регистрации поступающих векселей; книга *f* регистрации просроченных векселей; книга *f* векселей; **-bürge** *m* поручитель *m* по векселю, авалист *m*; **-bürgschaft** *f* поручительство *n* по векселю, аваль *m*; **-deckung** *f* покрытие *n* (обеспечение *n*) векселя; **-diskont** *m* дисконт *m*, учетный процент *m*; **-diskontierung** *f* дисконтирование *n* (учет *m*) векселей; **-diskontkredit** *m* учетный (дисконтный) кредит *m*; **-domizil** *n* домициль *f* (место *n* платежа) по векселю; **-duplikat** *n* дубликат *m* векселя; **-einlösung** *f* платеж *m* по векселю, оплата *f* векселя; **-einrede** *f* ответные претензии *pl* должника по векселю к векседателю; **-einzug** *m* инкассирование *n* (инкассо *n*) векселя; **-fähigkeit** *f* способность *f* к конвертируемости, вексельная дееспособность *f*; **-fälligkeit** *f* истечение *n* срока платежа по векселю; **-fälschung** *f* подлог *m* (подделка *f*) векселей; **-forderung** *f* векселя *pl* и акцепты *pl* к получению, требование *n* по векселю; **-formular** *n* вексельный бланк *m*; **-garantie** *f* гарантия *f* по векселю; **-geld** *n* разменные деньги *pl*, мелочь *f*; **-geschäft** *n* вексельные операции *pl*; вексельная операция *f*; **-girant** *m* вексельный жирант *m*, индоссант *m*; **-giro** *n* передаточная надпись *f* на векселе, индоссамент *m*, жиро *n*; **-haftung** *f* ответственность *f* по векселю; **-handel** *m* операции *pl* с векселями; **-hereinnahme** *f* акцепт *m* (акцептование *n*) векселя, принятие *n* векселя к платежу; **-indossament** *n* передаточная надпись *f* на векселе, индоссамент *m*, жиро *n*; **-inhaber** *m* векселедержатель *m*; **-inkasso** *n* инкассирование *n* (инкассо *n*) векселей; **-inkassogeschäft** *n* операции *pl* (операция *f*) банка по инкассации векселей; **-intervention** *f* вексельная интервенция *f*; акцепт *m* векселя для спасения кредита векселедателя; оплата *f* векселя третьим лицом для реабилитации векселедателя; **-klage** *f* иск *m* по векселю; **-kommission** *f* покупка *f* и продажа *f* векселей на комиссионных началах; **-konto** *n* счет *m* векселей; **-kopie** *f* копия *f* векселя; **-kopierbuch** *n* книга *f* векселей; **-kredit** *m* вексельный кредит *m*, акцептный (дисконтный) кредит *m*

Wechselkurs *m* валютный курс *m*, обменный курс *m*, курс *m* валют; **den ~ freigeben** ввести плавающий (свободно колеблющийся) валютный курс *m*; **~ am Bilanzstichtag** валютный курс *m* на день составления баланса; **amtlicher ~** официальный валютный курс *m*; **fester ~** твердый валютный курс *m*; **festgelegter ~** искуственно установленный (поддерживаемый) валютный курс *m*; **flexibler ~** гибкий (свободный) курс *m* (обмена) валют; **freier ~** свободный валютный курс *m*; **gespaltener ~** множественный валютный курс *m*; **gleitender ~** плавающий курс *m* валют; **günstiger ~** благоприятный валютный курс *m*; **hoher ~** высокий валютный курс *m*; **multipler ~** множественный валютный курс *m*; **niedriger ~** низкий валютный курс *m*; **stabiler ~** стабильный (устойчивый) валютный курс *m*

Wechselkurs|änderung *f* изменение *n* валютного курса, изменение *n* валютного паритета; **-anpassungen** *pl* регулирование *n* валютных курсов в сторону равновесия; **-arbitrage** *f* арбитраж *m* по вопросам валютных курсов; **-bandbreite** *f* диапазон *m* колебания валютного курса; **-berechnung** *f* расчет *m* валютного курса; **-differenz** *f* разница *f* обменных курсов; **-entwicklung** *f* движение *n* (динамика *f*) валютных курсов; **-freigabe** *f* введение *n* плавающего валютного курса; **-garantie** *f* гарантия *f* возмещения убытков в случае изменения валютного курса; **-gewinn** *m* курсовая прибыль *f*, прибыль *f* от изменения валютного курса; **-mechanismus** *m* механизм *m* валютного курса; **-notierung** *f* котировка *f* валютного курса; **-parität** *f* паритет *m* валютных курсов; **-politik** *f* политика *f* в области регулирования валютных курсов; **-regelung** *f* регулирование *n* валютных курсов; **-risiko** *n* курсовой риск *m*, риск *m* изменения валютного курса; **-schwankungen** *pl* колебания *pl* валютных курсов; **-spekulation** *f* спекулятивные сделки *pl*, связанные с изменением валютных курсов; **-stabilisierung** *f* стабилизация *f* валютных курсов; **-stabilität** *f* стабильность *f* (устойчивость *f*) валютных курсов; **-steuer** *f s.* **Stempelsteuer** *f*; **-system** *n* система *f* валютных (обменных) курсов; **-verhältnis** *n* соотношение *n* валютных курсов; **-verlust** *m* курсовые потери *pl*, убытки *pl* от изменения валютного курса; **-zettel** *m* бюллетень *m* курсов иностранных валют

Wechsel|lombard *m* выдача *f* ссуд под залог векселей; **-makler** *m* вексельный маклер *m*; **-moratorium** *n* отсрочка *f* платежа по векселю

wechseln обменивать; разменивать, менять; переходить, менять место работы; **Devisen ~** обменивать валюту; **Geld ~** разменивать деньги; **seinen Beruf ~** сменить профессию

Wechsel|nehmer *m* ремитент *m*, покупатель *m* платежа по векселю; **-obligo** *n* обязательство *n* по векселям, задолженность *f* по векселю; **-ordnung** *f* вексельный устав *m*; **-pari** *n* паритетный курс *m*, номинальная котировка *f*; **-pensionsgeschäft** *n* операция *f* по предоставлению ссуды под залог векселей; **-prolongation** *f* пролонгирование *n* векселя, пролонгация *f* векселя; **-protest** *m* протест *m* векселя; **-provision** *f* комиссия *f* за операции с векселями; **-prozess** *m* упрощенное судебное производство *n* по вексельным делам; **-rechnung** *f* счет *m* векселей; **-recht** *n* вексельное право *n*; право *n* обмена; **-rediskont** *m* **(-rediskontierung** *f***)**

переучет *m* векселей; **-regreß** *m* вексельный регресс *m*, обратное требование *n* по векселю; **-reiterei** *f* операции *pl* с дутыми векселями; **-rembours** *m* документарный (акцептный) кредит *m*; **-rückgriff** *m* вексельный регресс *m*; **-schalter** *m* окно *n* обмена валюты; **-schicht** *f* скользящая смена *f*; **-schuld** *f* долг *m* по векселю; **-schuldner** *m* должник *m* по векселю

wechselseitig взаимный; ~ **beteiligte Unternehmen** *pl* предприятия *pl*, связанные долевым участием; **-e Geschäfte** *pl* взаимные сделки *pl*

Wechsel|sekunda *f* второй экземпляр *m* векселя; **-sensal** *m* вексельный маклер *m*; **-skontro** *n* книга *f* учета векселей; **-spekulation** *f* спекуляция *f* векселями; **-spesen** *pl* расходы *pl* по дисконтированию (учету) векселей; **-stelle** *f* пункт *m* обмена валюты; **-steuer** *f* вексельный налог *m* (сбор *m*); **-strenge** *f* иск *m* через регистр, вексельная строгость *f*; **-stube** *f* отделение *n* банка, занимающееся обменом валюты; **-summe** *f* вексельная сумма *f*, сумма *f* векселя; **-übernahme** *f* индоссирование *n* векселей; **-übernehmer** *m* индоссант *m*; **-übertragung** *f* передача *f* векселя путем индоссирования; **-umlauf** *m* вексельный оборот *m*, вексельное обращение *n*; **-valuta** *f* валюта *f* векселя; **-verbindlichkeiten** *pl* обязательства *pl* по векселям; **-verfall** *m* наступление *n* срока уплаты по векселю; **-verkehr** *m* вексельный оборот *m*, вексельное обращение *n*; **-verpflichtete** *m* имеющий обязательство по векселю; **-verpflichtung** *f* обязательство *n* по векселю; **-wert** *m* стоимость *f* векселя; **-wirkung** *f* взаимодействие *n*; **-zahlung** *f* платеж *m* по векселю, оплата *f* векселя; **-zedent** *m* индоссант *m*; **-zieher** *m* векселедатель *m*, трассант *m*; **-ziehung** *f* выставление *n* (трассирование *n*, выдача *f*) векселя; **-zinsen** *pl* проценты *pl*, выплачиваемые по векселю; **-zweitschrift** *f* второй экземпляр *m* векселя

Weg *m* путь *m*, дорога *f*; канал *m*; способ *m*; **in die -e leiten** организовать, инициировать; **auf gerichtlichem -e** судебным порядком, через суд; **auf gütlichem -e** мирным путем; **im -e der Klage** путем предъявления иска

Wege|bau *m* дорожное строительство *n*; **-geld** *n* дорожные расходы *pl*; **-unfall** *m* несчастный случай *m* по дороге на работу (с работы домой)

Wegfall *m* отсутствие *n*, отмена *f*, упразднение *n*; ~ **der Geschäftsgrundlage** изменение *n* обстоятельств, послуживших основой заключения договора

Weglassung *f* пропуск *m*, опущение *n*

Wegnahme *f* изъятие *n*, конфискация *f*

Wegnahmerecht *n* право *n* на изъятие

Wegweiser *m* дорожный указатель *m*

Wegwerfgesellschaft *f* общество *n*, не отдающее вещи в ремонт; общество выбрасывания

Wegwerfpackung *f* одноразовая упаковка *f*, тара *f* разового пользования

Weihnachts|geld *n* рождественское денежное вознаграждение *n*; **-geschäft** *n* рождественская распродажа *f*, предрождественский объем *m* сбыта; **-gratifikation** *f* рождественское денежное вознаграждение *n*

Weisung *f* указание *n*, инструкция *f*, предписание *n*, распоряжение *n*, директива *f*; **-en befolgen** выполнять указания; **-en entgegennehmen** получать указания; **-en erteilen** давать указания; **gegen -en handeln** действовать вопреки указаниям; **gemäß (nach)** ~ по (согласно) указанию (инструкции); **Schriftliche** ~ *(Transp)* Письменные указания *pl* *s.* **Unfallmerkblatt** *n*

Weisungsrecht *n* право *n* распоряжаться, право *n* давать указания

Weiterbeförderung *f* переотправка *f*

Weiter|behandlung *f* дальнейшая обработка *f*; **-beschäftigung** *f* продолжение *n* работы; **-bezug** *m* продление *n* подписки

weiterbilden повышать квалификацию

Weiterbildung *f* повышение *n* квалификации, переподготовка *f*; **berufliche ~** повышение *n* профессиональной квалификации; **~ von Führungskräften** повышение *n* квалификации руководящих кадров

weiterentwickeln совершенствовать, модернизировать

Weiterentwicklung *f* дальнейшее развитие *n*, совершенствование *n*, модернизация *f*

Weiterführung *f* продолжение *n* ведения дел; **~ des Betriebs** продолжение *n* управления предприятием; **~ eines Geschäfts** продолжение *n* ведения дел; **~ von Projekten** продолжение *n* работ над проектами

Weitergabe *f* передача *f*; **unbefugte ~** неправомочная передача *f*; **~ von Erfahrungen** передача *f* опыта; **~ von Geschäftsgeheimnissen an Dritte** передача *f* (раскрытие *n*) коммерческих секретов третьим лицам

weitergeben передавать, отдавать другому; **eine Bestellung ~** передать заказ (другому исполнителю); **Informationen ~** передавать информацию; **einen Wechsel ~** переучесть вексель

Weitergewährung *f* продолжение *n* выплаты

weitersenden переотправлять, переадресовывать

Weitersendung *f* переотправка *f*, переадресовка *f*

Weitertransport *m* переотправка *f*; дальнейшая перевозка

weiterverarbeiten проводить дальнейшую переработку (обработку); **Waren ~** проводить дальнейшую обработку товаров

Weiter|verarbeitung *f* дальнейшая обработка *f* (переработка *f*); **-veredelung** *f* дополнительная обработка *f* (облагораживание *n*); **-veräußerung** *f* **(-verkauf** *m***)** перепродажа *f*

weiterverkaufen перепродавать

weitervermieten пересдавать, сдавать в поднаем, передавать в субаренду

Weiter|vermietung *f* сдача *f* в поднаем, передача *f* в субаренду; **-versicherung** *f* продление *n* договора страхования; **-zahlung** *f* продолжение *n* выплаты

weit|verbreitet широко распространенный; **-verzweigt** широко разветвленный

Welt|abschluss *m* балансовый отчет *m* транснационального концерна; **-agrarmarkt** *m* мировой рынок *m* сельскохозяйственной продукции; **-ausfuhr** *f* мировой экспорт *m*; **-ausstellung** *f* всемирная выставка *f*; **-bank** *f* Всемирный банк *m*; **-einfuhr** *f* мировой импорт *m*; **-energiemarkt** *m* мировой энергетический рынок *m*; **-erdölreserven** *pl* мировые запасы *pl* нефти; **-erdölmarkt** *m* мировой рынок *m* нефти; **-ernährungslage** *f* положение *n* с продовольствием в мире; **-ernährungssicherheit** *f* гарантия *f* обеспечения продовольствием в мире; **-erzeugung** *f* мировое производство *n*; **-fördermenge** *f* мировая добыча *f*; **-geltung** *f* мировое значение *n*; **-handel** *m* мировая (международная) торговля *f*; **-handelsgüter** *pl* товары *pl*, пользующиеся спросом на мировом рынке; **-handelskonferenz** *f* конференция *f* ООН по торговле и развитию; **-konjunktur** *f* конъюнктура *f* мирового рынка; **-konzern** *m* международный концерн *m*; **-kulturerbe** *n* всемирное культурное наследие *n*; **-marke** *f* фирменная марка *f* (продукция *f*), пользующаяся мировой известностью

Weltmarkt *m* мировой рынок *m*; **auf dem ~ mithalten** удерживать свои позиции на мировом рынке; **sich auf dem ~ behaupten** утвердить свои позиции на мировом рынке

Weltmarkt|anteil *m* доля *f* мирового рынка; **-erfolg** *m* успех *m* на мировом рынке; **-führer** *m* лидер *m* на мировом рынке; **-preis** *m* цена *f* на мировом рынке; **-volumen** *n* объем *m* мирового рынка

Welt|nachfrage *f* мировой спрос *m*; **-niveau** *n* мировой уровень *m*; **-ölversorgung** *f* мировое снабжение *n* нефтью; **-organisation** *f* международная (всемирная) организация *f*;

-produktion *f* мировое производство *n*; **-rangliste** *f* список *m* лучших фирм в мире; **-reserven** *pl* мировые запасы *pl*; **-rohstoffmarkt** *m* мировой рынок *m* сырья; **-ruf** *m* репутация *f* в мире; **-spitze** *f* мировой уровень *m*, мировой стандарт *m*

Welt|umsatz *m* мировой оборот *m*; **-urheberrechtsabkommen** *n* Всемирное соглашение *n* по охране авторских прав; **-verbrauch** *m* мировое потребление *n*; **-vertriebsrecht** *n* право *n* продажи во всех странах мира; **-vorräte** *pl* мировые запасы *pl*; **-währungsfonds** *m* Международный валютный фонд *m*

weltweit охватывающий весь мир, по всему миру

Weltwirtschaft *f* мировая экономика *f*, мировое хозяйство *n*

Weltwirtschafts|krise *f* мировой экономический кризис *m*; **-lage** *f* ситуация *f* (положение *n*) в мировой экономике; **-ordnung** *f* мировой экономический порядок *m*

Wende *f* поворот *m*, перемена *f*; рубеж *m*; воссоединение *n* Германии

Wendepunkt *m* поворотная точка *f*, перелом *m*; ~ **der Konjunktur** изменение *n* конъюнктуры, перелом *m* в деловой активности

wenig мало, немного; ~ **Geschäfte** вялый бизнес *m*, деловое затишье *n*

Werbe|abteilung *f (V&M)* рекламный отдел *m*, отдел *m* рекламы; **-agentur** *f* рекламное агентство *n*; **-aktion** *f* рекламная кампания *f*; **-argument** *n* рекламный аргумент *m*; **-artikel** *m* рекламируемый товар *m*; **-aufschrift** *f* рекламная надпись *f*; **-auftrag** *m* заказ *m* на рекламу; **-auftraggeber** *m* рекламодатель *m*; **-banner** *m* *(Comp)* рекламный баннер *m*; **-beilage** *f* рекламное приложение *n*; **-berater** *m* консультант *m* по рекламе; **-berufe** *pl* профессии *pl* работников рекламного дела; **-botschaft** *f* рекламное сообщение *n*, рекламная информация *f*; **-branche** *f* рекламное дело *n*, бизнес *m* в области рекламы; **-brief** *m* рекламное письмо *n*; **-broschüre** *f* рекламная брошюра *f*, рекламный буклет *m*; **-büro** *n* рекламная контора *f*; **-budget** *n* смета *f* расходов на рекламу; **-drucksachen** *pl* рекламные материалы *pl*; **-effekt** *m* эффект *m* рекламы; **-erfolg** *m* успех *m* рекламной деятельности; **-erfolgskontrolle** *f* проверка *f* эффективности воздействия рекламы; **-erfolgsprognose** *f* прогноз *m* эффективности водействия рекламы; **-etat** *m* смета *f* расходов на рекламу; **-fachmann** *m* специалист *m* по рекламе; **-faltblatt** *n* рекламная несшитая брошюра *f*; **-feldzug** *m* рекламная кампания *f*; **-fernsehen** *n* передача *f* рекламных объявлений по телевидению; коммерческое телевидение *n*; **-figur** *f* рекламный персонаж *m*; **-film** *m* рекламный фильм *m* (ролик *m*); **-forschung** *f* изучение *n* методов рекламы; **-fotografie** *f* рекламная фотография *f*; **-funk** *m* рекламное (коммерческое) радиовещание *n*, передача *f* рекламных объявлений по радио; **-gabe** *f* рекламный сувенир *m*; **-gemeinschaft** *f* объединение *n* фирм для совместной рекламы; **-geschenk** *n* рекламный подарок *m* (сувенир *m*); **-graphiker** *m* художник *m* (дизайнер *m*) в области рекламы; **-grundsätze** *pl* принципы *pl* рекламы; **-idee** *f* идея *f* рекламы; **-industrie** *f* индустрия *f* рекламы; **-katalog** *m* рекламный каталог *m*; **-kaufmann** *m* специалист *m* по рекламе; **-kodex** *m* кодекс *m* правил рекламной деятельности; **-konzeption** *f* концепция *f* рекламы; **-kosten** *pl* расходы *pl* на рекламу; **-kostenzuschuss** *m* рекламная поддержка *f* (торговому предприятию); **-leistung** *f* эффективность *f* рекламы; **-leistungen** *pl* рекламные услуги *pl*; **-leiter** *m* руководитель *m* отдела рекламы; **-maßnahmen** *pl* рекламные мероприятия *pl*; **-material** *n* рекламный материал *m*; **-methoden** *pl* методы *pl* ведения рекламной деятельности; **-mittel** *n* рекламные средства *f*, средства *f* рекламы; **-muster** *n* рекламный образец *m*

werben рекламировать, осуществлять рекламную деятельность; вербовать; **für neue Produkte** ~ рекламировать новые продукты; **Kunden** ~ вербовать (привлекать) клиентов; **um private Anleger** ~ вербовать (привлекать) частных инвесторов

Werbe|neuheit *f* рекламная новинка *f*; **-plakat** *n* рекламный плакат *m*; **-plan** *m* план *m* рекламных мероприятий; **-planung** *f* планирование *n* рекламных мероприятий; **-praktiken** *pl* методы *pl* (приемы *pl*) рекламы; **-preis** *m* рекламная цена *f*, цена *f* при введении товара на рынок; **-programm** *n* программа *f* рекламных мероприятий; **-prospekt** *m* рекламный проспект *m*; **-rabatt** *m* скидка *f* с рекламной целью; **-regeln** *pl (V&M)* правила *pl* размещения рекламы; **-schild** *m (V&M)* вывеска *f*; **-schrift** *f* рекламное издание *n*, рекламная брошюра *f*; **-schriften** *pl* рекламные материалы *pl*; **-sendung** *f* рекламная передача *f*; **-slogan** *m* рекламный девиз *m*; **-spot** *m* рекламная вставка *f* в теле-или радиопередачах; **-spruch** *m* рекламный девиз *m*; **-strategie** *f* стратегия *f* рекламной деятельности; **-text** *m* рекламный текст *m*; **-texter** *m* составитель *m* рекламных текстов; **-träger** *m* лицо *n* (предприятие *n*), проводящее рекламу; средство *n* рекламы, носитель *m* рекламы; **-unterlagen** *pl* рекламные материалы *pl*, рекламная документация *f*; **-unternehmer** *m* предприниматель *m*, занимающийся рекламой; **-veranstaltung** *f* рекламное мероприятие *n*; **-verbot** *m* запрет *m* на рекламу; **-verkauf** *m* продажа *f* в рекламных целях; **-vorschlag** *m* рекламное предложение *n*; **-wert** *m* стоимость *f* рекламы; **-wirksamkeit** *f* действенность *f* (эффективность *f*) рекламы; **-wirkung** *f* действие *n* (воздействие *n*) рекламы; **-wirtschaft** *f* рекламное дело *n* (реклама *f*), рекламный бизнес *m*; **-zeichner** *m* художник *m* (дизайнер *m*) в области рекламы; **-zeiten** *pl* время *n*, отведенное для рекламы; **-ziel** *n* цель *f* рекламного мероприятия; **-zugabe** *f* рекламный подарок *m*; **-zweck** *m* цель *f* рекламы

Werbung *f* реклама *f*; рекламирование *n*; вербовка *f*, привлечение *n*; ~ **durchführen** заниматься рекламной деятельностью, рекламировать; ~ **an öffentlichen Verkehrsmitteln** реклама *f* в общественном транспорте; ~ **durch Plakate** реклама *f* на плакатах; ~ **für neue Produkte** реклама *f* новых изделий; ~ **im Fernsehen** реклама *f* по телевидению, телевизионная реклама *f*; ~ **im Rundfunk** реклама *f* по радио, радиореклама *f*; ~ **in Zeitungen** реклама *f* в газетах, газетная реклама *f*; **irreführende** ~ реклама *f*, вводящая покупателя в заблуждение; **lautere** ~ корректная (добросовестная) реклама *f*; **persönliche** ~ персоальная реклама *f*; **unlautere** ~ недобросовестная реклама *f*

Werbungs|kosten *pl* расходы *pl* на рекламную деятельность, предпринимательские (профессиональные) расходы *pl*; расходы *pl*, связанные с получением дохода, служебные расходы *pl*; **-mittler** *m s.* **Werbeagentur** *f*

Werft *f* верфь *f*

Werftarbeiter *m* рабочий *m* верфи, судостроительный рабочий *m*

Werk *n* завод *m*, предприятие *n*; дело *n*, труд *m*, работа *f*; произведение *n*; **ab** ~ **verladen** франко завод-поставщик с включением расходов по погрузке; **ein** ~ **errichten** построить завод; **ein** ~ **schließen** закрыть завод; **ein** ~ **unterhalten** управлять заводом

Werkbahn *f* внутризаводская железная дорога *f*

werkeigen заводской, являющийся собственностью завода

Werk|küche *f* заводская кухня *f*; **-leistung** *f* производство *n* продукции из материала заказчика; **-leitung** *f* орган *m* правления муниципальным предприятием; **-lieferung** *f* закупка *f* предпринимателем основных материалов для изготовления предмета поставки; **-lieferungsvertrag** *m* договор *m* подряда на выполнение заказа из материала изготовителя; **-lohn** *m* плата *f* за выполнение работ по договору подряда

Werks|angehörige *m* член *m* коллектива завода, работник *m* завода; **-direktion** *f* дирекция *f* (администрация *f*) завода (фабрики); **-direktor** *m* директор *m* завода (фабрики)

werkseigen заводской, являющийся собственностью завода; **-e Niederlassung** *f* филиал *m* завода

Werks|einrichtungen *pl* заводское оборудование *n*; **-ferien** *pl* отпускной период *m* на предприятии; **-gelände** *n* территория *f* завода; **-grundstück** *n* земельный участок *m*, на котором находится предприятие; **-handel** *m* продажа *f* изделий предприятия собственным работникам

werksintern внутризаводской

Werks|kantine *f* заводская столовая *f*; **-laden** *m* магазин *m* при заводе; **-leiter** *m* директор *m* завода (фабрики), руководитель *m* предприятия; **-normen** *pl* внутризаводские нормы *pl*; **-prüfung** *f* заводской контроль *m*; **-spionage** *f* промышленный шпионаж *m*; **-tarifvertrag** *m* тарифное соглашение *n* предпринимателя с коллективом предприятия

Werkstatt *f* цех *m* завода (фабрики); мастерская *f*; ~ **für Behinderte** мастерская *f* для инвалидов

Werk|stattauftrag *m* заводской (цеховой) заказ-наряд *m*; **-stätte** *f* цех *m* завода (фабрики); мастерская *f*

Werkstatt|fertigung *f* цеховой принцип *m* производства; **-kosten** *pl* стоимость *f* ремонта в мастерской; **-organisation** *f* цеховая организация *f*; **-produktion** *f* цеховой принцип *m* производства; **-steuerung** *f* оперативное планирование *n* и управление *n* предприятием

Werkstoffe *pl* материалы *pl*; сырье *n* и материалы *pl*

Werkstoff|kosten *pl* стоимость *f* (сырья и) материалов; **-planung** *f* планирование *n* расхода (сырья и) материалов; **-prüfung** *f* испытание *n* материалов; **-verbrauch** *m* расход *m* (сырья и) материалов

Werkstück *n* заготовка *f*, обрабатываемая деталь *f*

Werks|vertrag *m* договор *m* на исполнение (напр. ремонтных, строительных) работ; **-vertreter** *m* представитель *m* завода; **-wohnung** *f* заводская квартира *f*; квартира *f*, принадлежащая заводу

Werktag *m* рабочий (будничный) день *m*

werk|täglich рабочий (будничный); **-tags** по рабочим (будничным) дням; **-tätig** работающий, трудящийся

Werk|verkehr *m* перевозка *f* грузов транспортными средствами предприятия

Werkvertrag *m* договор *m* подряда; **auf Grund eines -s arbeiten** работать по договору подряда

Werkvertragsrecht *n* законодательство *n*, регулирующее подрядную деятельность

Werkzeug *n* инструмент *m*; оснастка *f*

Werkzeug|bau *m* производство *n* инструментов (штампов); **-industrie** *f* инструментальная промышленность *f*; **-kosten** *pl* расходы *pl* на оснастку; **-maschine** *f* станок *m*; **-maschinenbau** *m* станкостроение *n*, станкостроительная промышленность *f*; **-maschinenhersteller** *m* станкостроительная фирма *f*; **-maschinenindustrie** *f* станкостроительная промышленность *f*

wert стоящий; ~ **sein** стоить

Wert *m* стоимость *f*, цена *f*; ценность *f*, значение *n*; величина *f*; оценка *f*; **den ~ angeben** указать (объявить) стоимость; **den ~ ansetzen** устанавливать (назначить) цену, оценить; **an ~ gewinnen** возрасти (увеличиться) по стоимости; **an ~ verlieren** обесцениться; **an ~ zunehmen** возрасти (увеличиться) по стоимости; **den ~ beeinträchtigen** уменьшать стоимость, снижать ценность; **den ~ ermitteln** произвести оценку, определить стоимость, оценить; **den ~ festsetzen** оценить (определить) стоимость; **den ~**

feststellen установить (определить) стоимость; ~ **haben** иметь стоимость (ценность, значение); **im ~ fallen (sinken)** падать в цене (по стоимости); обесцениваться; **im ~ steigen** подниматься в цене (по стоимости); **den ~ schätzen** оценить (определить) стоимость; **unter dem ~ verkaufen** продавать по заниженной цене; **absoluter** ~ абсолютная стоимость *f*; **angemeldeter** ~ объявленная (заявленная) стоимость *f*; **angemessener** ~ соразмерная (приемлемая) цена *f*; ~ **erhalten** валюта получена; **festgesetzter** ~ оценочная стоимость *f*, стоимость *f* по оценке; **fiktiver** ~ фиктивная стоимость *f*; **gemeiner** ~ общая стоимость *f*; **im ~ von** стоимостью; ~ **in Rechnung** валюта получена; ~ **je Erzeugniseinheit** индивидуальная стоимость *f* продукции; **konstanter** ~ постоянная стоимость *f* (величина); **tatsächlicher** ~ фактическая стоимость *f*; **über (dem)** ~ выше (фактической) стоимости; **unter (dem)** ~ ниже (фактической) стоимости; **variabler** ~ переменная величина *f*; **veranschlagter** ~ сметная (оценочная) стоимость *f*; **vereinbarter** ~ договорная цена *f*; **voller** ~ полная стоимость *f*; **vorgegebener** ~ заданная величина *f*; **zulässiger** ~ допустимое значение *n*

Wert|analyse *f* анализ *m* стоимости; **-änderung** *f* изменение *n* стоимости; **-angabe** *f* указание *n* (обозначение *n*) цены, оценка *f*; **-ansatz** *m* стоимостная оценка *f*; **-anstieg** *m* увеличение *n* стоимости; **-anteil** *m* доля *f* стоимости; **-aufbewahrung** *f* сохранение *n* (сбережение *n*) стоимости (ценности); **-ausdruck** *m* стоимостное выражение *n*; **-ausgleich** *m* выравнивание *n* стоимости (по стоимости); **-bemessung** *f* определение *n* (оценка *f*) стоимости

wertberichtigen уточнять (корректировать) стоимость

Wertberichtigung *f (Buchh, Fin)* корректировка *f* стоимости; резерв *m* по переоценке активов; амортизационный резерв *m*; ~ **auf zweifelhafte Forderungen** резерв *m* для покрытия сомнительных требований

Wertberichtigungsposten *m* регулирующая статья *f* баланса

wertbeständig имеющий постоянную стоимость, со стабильной стоимостью

Wert|beständigkeit *f* стабильность *f* (постоянство *n*) стоимости; **-bestimmung** *f* оценка *f* (определение *n*) стоимости

wertbezogen стоимостный

wertbildend создающий стоимость

Wertbrief *m* ценное письмо *n*; гарантийное письмо *n*

Werte *pl* ценности *pl*; ценные бумаги *pl*; **amtlich notierte** ~ ценные бумаги *pl*, котирующиеся на бирже; **an Börsen gehandelte** ~ ценные бумаги *pl*, находящиеся в биржевом обороте; **ausländische** ~ иностранные ценные бумаги *pl*; **einheimische** ~ отечественные ценные бумаги *pl*; **exotische** ~ экзотические ценные бумаги *pl*; **immaterielle** ~ нематериальные ценности *pl* (блага *pl*); **materielle** ~ материальные ценности *pl* (блага *pl*); **notierte** ~ ценные бумаги *pl*, имеющие котировку; **variable** ~ ценные бумаги *pl* со свободно колеблющейся ценой; **zinsreagible** ~ ценные бумаги *pl*, курс которых зависит от процентной ставки

Wert|einbuße *f* потеря *f* стоимости (ценности);**-entwicklung** *f* движение *n* (динамика *f*) стоимости

Werterhaltung *f* сохранение *n* стоимости (ценностей); поддержание *n* в сохранности; ~ **unterlassen** не производить работ по сохранению стоимости (ценностей); ~ **der Produktionsmittel** сохранение *n* стоимости средств производства

Wert|erhöhung *f* повышение *n* стоимости, удорожание *n*; **-erklärung** *f* декларация *f* стоимости; **-ermittlung** *f* определение *n* стоимости, оценка *f*; **-ersatz** *m* возмещение *n* стоимости; **-fortschreibung** *f* установление *n* новой стоимости объекта налогообложения; **-gegenstand** *m* объект *m* стоимости, стоимостный объект *n*, ценная вещь *f*, ценный предмет *m*

wertgemindert неполноценный, уцененный

Wert|gutachten *n* экспертная оценка *f* стоимости; **-haftung** *f* оценка *f*, ценностная позиция *f*; **-herabsetzung** *f* снижение *n* стоимости, уценка *f*

Wertigkeit *f* ценность *f*, значимость *f*

wertlos обесцененный; не имеющий цены (стоимости)

Wertmarke *f* дорогая марка *f* (модель *f*)

wertmäßig стоимостный; в стоимостном выражении; **-e Leistung** *f* **pro Arbeitnehmer** выработка *f* в стоимостном выражении на одного работника

Wertminderung *f* снижение *n* (уменьшение *n*) стоимости; девальвация; **~ durch Verschleiß** износ *m* (основных средств); **~ der Ware** обесценение *n* товара

Wertpapier *n* титул *m*, ценная бумага *f*; **festverzinsliches** ~ ценная бумага *f* с твердым процентом; **forderungsbesichertes** ~ ценная бумага *f*, обеспеченная активами

Wertpapier|absatz *m* продажа *f* ценных бумаг; **-abteilung** *f* фондовый отдел *m*, отдел *m* ценных бумаг; **-analyse** *f* анализ *m* ценных бумаг; **-ankauf** *m* покупка *f* ценных бумаг; **-anlage** *f* капиталовложения *pl* (инвестиции *pl*) в ценные бумаги; **-anlageberatung** *f* консультация *f* по инвестициям в ценные бумаги; **-anleger** *m* инвестор *m*, вкладывающий капитал в ценные бумаги; **-arbitrage** *f* фондовый арбитраж *m*; **-aufsicht** *f* *(Bö, Fin)* надзор *m* за операциями с ценными бумагами; **-beleihung** *f* передача *f* ценных бумаг под залог; предоставление *n* ссуды под залог ценных бумаг; **-berater** *m* консультант *m* по ценным бумагам; **-bereinigung** *f* урегулирование *n* расчетов по ценным бумагам; **-berichtigung** *f* корректировка *f* стоимости ценных бумаг; **-besitzer** *m* держатель *m* (владелец *m*) ценных бумаг; **-bestand** *m* портфель *m* ценных бумаг; **-börse** *f* фондовая биржа *f*; **-depot** *n* депонирование *n* ценных бумаг; депозит *m* в виде ценных бумаг

Wertpapiere *pl* ценные бумаги *pl*; **~ an der Börse notieren** официально зарегистрировать ценные бумаги на бирже; **~ anlegen** вкладывать (помещать) ценные бумаги; **~ außer Kurs setzen** изымать ценные бумаги из обращения; **~ der Bankkunden verwalten** управлять портфелями ценных бумаг клиентов; **~ beleihen** отдавать ценные бумаги под залог; выдавать ссуду под залог ценных бумаг; **~ besitzen** владеть ценными бумагами; **~ einziehen** погашать ценные бумаги; **~ emittieren** выпускать ценные бумаги; **~ für kraftlos erklären** объявить ценные бумаги утратившими силу; **~ lombardieren** отдавать ценные бумаги под залог; **~ lombardieren lassen** получить ссуду под залог ценных бумаг; **sein Geld in -n anlegen** вкладывать (помещать) свой капитал в ценные бумаги; **~ übertragen** передавать ценные бумаги; **~ unterbringen** размещать ценные бумаги; **~ verkaufen** продавать ценные бумаги; **~ verwahren** депонировать (хранить) ценные бумаги; **~ zeichnen** подписываться на ценные бумаги; **außer Kurs gesetzte** ~ ценные бумаги *pl*, изъятые из обращения; **beleihungsfähige** ~ ценные бумаги *pl*, могущие служить залогом; **beliehene** ~ ценные бумаги *pl*, помещенные под залог; **börsengängige** ~ ценные бумаги *pl*, котирующиеся на бирже; **erstklassige** ~ первоклассные ценные бумаги *pl*; **fest verzinsliche** ~ ценные бумаги *pl*, приносящие твердый процент; **im Freiverkehr gehandelte** ~ ценные бумаги *pl*, находящиеся во внебиржевом обороте; **inländische** ~ ценные бумаги *pl* отечественных компаний; **lombardierte** ~ ценные бумаги *pl*, помещенные под залог; **~ mit hoher Rendite** высокодоходные ценные бумаги *pl*; **mündelsichere** ~ первоклассные ценные бумаги *pl*;

notleidende ~ ненадежные ценные бумаги *pl*; **übertragbare** ~ передаваемые ценные бумаги *pl*

Wertpapier|einlage *f* вклад *m* в виде ценных бумаг; **-emission** *f* выпуск *m* ценных бумаг; **-emissionsgeschäft** *n* андеррайтинг *m*, гарантирование *n* размещения ценных бумаг; **-emittent** *m* эмитент *m* ценных бумаг; **-ertrag** *m* доход *m* от ценных бумаг; **-erwerb** *m* приобретение *n* ценных бумаг; **-finanzierung** *f* финансирование *n* через ценные бумаги; **-fonds** *m* инвестиционный фонд *m* ценных бумаг

Wertpapiergeschäft *n* операция *f* (сделка *f*) с ценными бумагами; торговля ценными бумагами; ~ **am Bankschalter** приобретение *n* ценных бумаг в банке за наличные; ~ **der Banken** межбанковские операции *pl* с ценными бумагами

Wertpapier|giroverkehr *m* жирооборот *m* ценных бумаг; клиринговые операции *pl* с ценными бумагами; **-guthaben** *n* авуары *pl* в ценных бумагах; **-handel** *m* торговля *f* ценными бумагами; **-händler** *m* дилер *m* по операциям с ценными бумагами; **-kaufabrechnung** *f* извещение *n* (дилера) о совершении сделки на покупку ценных бумаг; **-käufer** *m* покупатель *m* ценных бумаг; **-kennnummer** *f* кодовый номер *m* ценной бумаги; **-kurs** *m* курс *m* ценных бумаг; **-leihe** *f (Bö, Fin)* одалживание *n* ценных бумаг; **-linie** *f* линия *f* рынка ценных бумаг; **-lombardierung** *f* передача *f* ценных бумаг под залог; предоставление *n* ссуды под залог ценных бумаг

Wertpapiermarkt *m* рынок *m* ценных бумаг; **außerbörslicher** ~ неофициальный рынок *m* ценных бумаг

Wertpapier-Mitteilungen *pl* информация *f* о ценных бумагах

Wertpapier|notierung *f* котировка *f* ценных бумаг; **-numerierung** *f* нумерация *f* ценных бумаг; **-order** *f (Bö)* поручение *n* о покупке или продаже ценной бумаги; **-pensionsgeschäft** *n* сделка *f* РЕПО, осуществляемые эмиссионным банком, *s. auch:* **Hauptrefinanzierungsgeschäft** *n*; **-plazierung** *f* размещение *n* ценных бумаг; **-portefeuille** *n* портфель *m* ценных бумаг; **-register** *n* реестр *m* ценных бумаг; **-rendite** *f* доход *m* от ценных бумаг; **-sammelbanken** *pl (Bank, Bö, Fin)* централизованные банки-хранители *pl* ценных бумаг; в Германии Deutsche Börse Clearing AG; **-scheck** *m* чек *m* на передачу ценных бумаг; **-sparen** *n (Fin)* вложение *n* накопленных денег в ценные бумаги; **-spekulation** *f* спекуляция *f* ценными бумагами; **-steuer** *f* налог *m* на ценные бумаги; **-stückelung** *f* установление *n* достоинства ценных бумаг; **-tausch** *m* обмен *m* (своп) ценных бумаг

Wertpapier-Terminhandel *m* заключение *n* срочных сделок на куплю-продажу ценных бумаг

Wertpapier|tilgung *f (Fin)* погашение *n* ценных бумаг; **-transaktion** *f* операция *f* (сделка *f*) с ценными бумагами; **-übertragung** *f* передача *f* ценных бумаг; **-umlauf** *m* обращение *n* (оборот *m*) ценных бумаг; **-umschreibung** *f* передача *f* именных ценных бумаг другому лицу; **-unterbringung** *f* размещение *n* ценных бумаг; **-verkaufsabrechnung** *f* извещение *n* (дилера) о совершении сделки на продажу ценных бумаг; **-verkehr** *m* торговля *f* ценными бумагами; **-versicherung** *f* страхование *n* ценных бумаг; **-verwahrung** *f* хранение *n* (депонирование *n*) ценных бумаг; **-verzeichnis** *n* перечень *m* ценных бумаг

Wertrechte *pl* долговые требования *pl*, занесенные в государственную долговую книгу

Wert|sachen *pl* ценности *pl*, ценные вещи *pl*; драгоценности *pl*; **-sachenversicherung** *f* страхование *n* ценных бумаг (драгоценностей, ценных вещей)

Wertschöpfung *f* создание *n* добавленной стоимости, добавленная стоимость *f*; ~ **erzielen** получить добавленную стоимость; **betriebliche** ~ добавленная стоимость *f*

(продукция *f*), созданная на производстве; **nominelle ~** номинальная добавленная стоимость *f*; **reale ~** реальная продукция *f* (добавленная стоимость *f*)

Wertschöpfungs|kette *f* цепочка *f* создания добавленной стоимости; **-prämie** *f* премия *f* за выпуск продукции; **-prozess** *m* процесс *m* создания добавленной стоимости; **-rechnung** *f* учет *m* добавленной стоимости

Wertschriften *pl* ценные бумаги *pl*

Wertschriftenbestand *m* портфель *m* ценных бумаг

Wert|schwankungen *pl* колебание *n* стоимости (цены); **-sendung** *f* ценное (почтовое) отправление *n*; **-sicherung** *f* гарантия *f* стоимости (цены); **-sicherungsklausel** *f* оговорка *f* о стабильности цен; **-steigerung** *f* повышение *n* стоимости, ревальвация *f*

Wertstellung *f* **(-stellungsdatum** *n***)** валютирование *n*, дата *f* зачисления денег на счет; **~ auf dem Bankkonto** дата *f* зачисления денег на счет в банке

Wertverlust *m* потеря *f* стоимости; **~ des Sachvermögens** потеря *f* стоимости основного капитала

Wert|vermehrung *f* увеличение *n* стоимости; **-verzehr** *m* потеря *f* стоимости вследствие износа

wertvoll ценный

Wert|wechsel *m* изменение *n* стоимости; **-zeichen** *n* знак *m* оплаты (на почтовых отправлениях); **-zoll** *m* адвалорная (стоимостная) пошлина *f*; **-zunahme** *f* увеличение *n* стоимости

Wertzuwachs *m* возрастание *n* (прирост *m*) стоимости; **einen ~ erfahren** увеличиться по стоимости, увеличить свою стоимость; **einen ~ verzeichnen** зафиксировать прирост стоимости

Wertzuwachssteuer *f* налог *m* на прирост стоимости

wesentlich существенный, значительный, важный; **~ Beteiligte** *pl* крупные акционеры *pl*; **-e Vertragserfordernisse** *pl* важные положения *pl* (требования *pl*) договора

Westrickformel *f (Soz)* формула *f* расчета фактического повышения зарплаты (по тарифному соглашению)

Wettbewerb *m* конкуренция *f*, конкурентная борьба *f*; соперничество *n*; соревнование *n*, конкурс *m*; **auf den ~ verzichten** отказаться от конкурентной борьбы; **den ~ ausschalten** исключить конкуренцию; **einen ~ ausschreiben** проводить конкурс; **in ~ treten** вступать в конкурентную борьбу; **einem scharfen ~ ausgesetzt sein** столкнуться с острой конкуренцией; **sich auf den ~ einlassen** вступить в конкурентную борьбу; **unlauteren ~ betreiben** вести недобросовестную конкурентную борьбу; **den ~ verfälschen** нарушать правила конкурентной борьбы; **den ~ verhindern** предотвращать конкуренцию; **den ~ verzerren** нарушать правила конкурентной борьбы; **eingeschränkter ~** ограниченная конкуренция *f*; **fairer ~** (добросовестная) конкуренция *f*; **freier ~** свободная конкуренция *f*; **internationaler ~** международная конкуренция *f*; **ruinöser ~** разорительная конкурентная борьба *f*; **unlauterer ~** недобросовестная конкуренция *f*

Wettbewerber *m* конкурент *m*, соперник *m*; **eine Firma als ~ ausschalten** вытеснить конкурентную фирму с рынка

Wettbewerbs|anreiz *m* стимул *m* в конкурентной борьбе; **-bedingungen** *pl* условия *pl* конкуренции (конкурса); **-beschränkung** *f* ограничение *n* конкуренции, барьер для конкуренции; **-chancen** *pl* шансы *pl* на выживание в конкурентной борьбе; **-druck** *m* пресс *m* конкурентной борьбы, давление *n* со стороны конкурентов; **-einschränkung** *f* ограничение *n* конкуренции

wettbewerbsfähig конкурентоспособный; **wieder ~ werden** восстановить конкурентоспособность; **-e Industrie** *f* конкурентоспособная отрасль *f* промышленности; **-e Preise** *pl* конкурентоспособные цены *pl*

Wettbewerbsfähigkeit *f* конкурентоспособность *f*; **die ~ erhalten** поддерживать (сохранять) конкурентоспособность; **die ~ der Industrie sicherstellen** обеспечить конкурентоспособность промышленности; **die ~ steigern (verbessern)** повышать конкурентоспособность; **~ der Industrie** конкурентоспособность *f* промышленности

wettbewerbsfördernd стимулирующий конкуренцию; **-e Bedingungen** *pl* условия *pl*, стимулирующие конкуренцию

Wettbewerbs|freiheit *f* свобода *f* конкуренции; **-gesellschaft** *f* общество *n* свободной конкуренции; **-gleichgewicht** *n* равновесие *n* в конкурентной борьбе; **-klausel** *f* оговорка *f* о недопущении конкуренции; **-kriterien** *pl* критерии *pl* конкурентоспособности; **-lage** *f* конкурентоспособность *f*; **-nachteil** *m* неблагоприятные условия *pl* конкуренции; **-ordnung** *f* правила *pl* конкурентной борьбы; **-politik** *f* политика *f* в области конкуренции, политика *f* обеспечения здоровой конкуренции в бизнесе; **-position** *f* конкурентоспособность *f*; **-recht** *n* законодательство *n* в области конкуренции; **-regeln** *pl* правила *pl* конкурентной борьбы, нормы *pl*, регулирующие конкурентную борьбу; **-schutz** *m* защита *f* права на ведение добросовестной конкуренции; **-stellung** *f* конкурентоспособность *f*; **-teilnehmer** *m* конкурент *m*; **-tarif** *m* конкурирующий (конкурентоспособный) тариф *m*; **-umfeld** *n* конкуренты *pl*

wettbewerbsunfähig неконкурентоспособный

Wettbewerbsverbot *m* запрещение *n* конкуренции (между наемным работником и его работодателем); **entgeltliches ~** запрещение *n* конкуренции при условии выплаты компенсации; **geheimes ~** тайное запрещение *n* конкуренции; **gesetzliches ~** легальный запрет *m* на конкуренцию; **nachvertragliches ~** запрещение *n* конкуренции после окончания действия договора; **vertragliches ~** запрещение *n* конкуренции, зафиксированное в договоре (контракте)

Wettbewerbs|vereinbarung *f* соглашение *n* между конкурентами о правилах ведения конкурентной борьбы; **-verzerrungen** *pl* нарушения *pl* правил конкурентной борьбы; **-vorschriften** *pl* нормы *pl*, регулирующие конкуренцию; **-vorsprung** *m* преимущество *n* перед конкурентами

wettbewerbswidrig антиконкурентный, противоречащий правилам добросовестной конкуренции; **-e Absprache** *f* соглашение *n* об ограничении конкуренции; **-e Praktiken** *pl* методы *pl* нечестной конкуренции, практика *f* ограничения конкуренции

Wetter-Derivate *pl (Bö)* погодные деривативы *pl*

Wetterschaden *m* убыток *m* (ущерб *m*), причиненный непогодой

Wichtung *f* взвешивание *n*; установление *n* значимости; значимость *f*

Widerklage *f* встречный иск *m*; встречная жалоба *f*; **~ erheben** подать встречный иск

widerrechtlich противозаконный; противозаконно; **sich ~ aneignen** незаконно приобрести

Widerruf *m* отмена *f*; ревокация *f*; аннулирование *n*; **~ der Anweisung** аннулирование *n* платежного поручения; **~ eines Auftrags** аннулирование *n* (отмена *f*) заказа; **~ der Beschlüsse** отмена *f* решений; **bis auf ~** до отмены; **~ einer Erklärung** отзыв *m* (аннулирование *n*) заявлений; **~ eines Verrechnungsdokumentes** аннулирование *n* (ревокация *f*) расчетного документа; **~ einer Vollmacht** отмена *f* (аннулирование *n*) доверенности; **~ einer Warenbestellung** отмена *f* заказа на товар

widerrufen отменять, отзывать; **ein Angebot ~** аннулировать предложение

widerruflich отзывный, могущий быть отмененным; **-es Akkreditiv** *n* отзывный аккредитив *m*

Widerrufs|anspruch *m* требование *n* отказа; **-recht** *n* право *n* на отказ
widersprechen возражать, противоречить; **der Kündigung ~** возражать против увольнения
Widerspruch *m* противоречие *n*, расхождение *n*, возражение *n*, протест *m*; **~ erheben** возражать (против предъявленного иска), протестовать; **~ gegen die Eintragung eines Warenzeichens** протест *m* против регистрации товарного знака; **im ~** противоречивый
Widerspruchs|klage *f* иск *m* об исключении имущества из описи; **-recht** *n* право *n* на обжалование
Widmung *f (Admin)* придание *n* дорожке статуса дороги общего пользования
Wiederanlagerabatt скидка *f* реинвестору
wiederanlegen реинвестировать; **Gewinne ~** реинвестировать прибыль в предприятие
Wiederanpassung *f* реадаптация *nf*; **berufliche ~** профессиональная реадаптация *f*
Wiederanschaffungswert *m* восстановительная стоимость *f*
Wiederaufbau *m* восстановление *n*, реконструкция *f*; **wirtschaftlicher ~** восстановление *n* экономики
Wiederaufbereitung *f* переработка *f*, регенерация *f*
wiederauffüllen восполнять, пополнять; **das Lager ~** пополнять складские запасы; **seine Reserven ~** пополнять свои запасы
Wiederaufnahme *f* возобновление *n*; **~ der Dividendenzahlung** возобновление *n* выплаты дивидендов; **~ der Produktion** возобновление *n* производства; **~ des Verfahrens** возобновление *n* слушания дела; **~ der Zahlungen** возобновление *n* платежей
wiederaufnehmen возобновлять; **die Lieferungen ~** возобновлять поставки
Wiederaufschwung *m* оживление *n*; **wirtschaftlicher ~** оживление *n* экономической конъюнктуры
Wiederausfuhr *f* реэкспорт *m*
Wiederausfuhr|anmeldung *f* документ *m* на реэкспорт товаров; **-behandlung** *f* таможенная очистка *f* реэкспортируемых товаров; **-erklärung** *f* декларация *f* на реэкспортируемые товары
wiederausführen реэкспортировать
Wiederbelebung *f* оживление *n*; **~ der Wirtschaft** оживление *n* экономики
wiederbeschaffen приобретать вновь; восстанавливать, пополнять; заменять
Wiederbeschaffung *f* новоприобретение *n*, замещение *n*, замена *f*
Wiederbeschaffungs|kosten *pl* издержки *pl* на восстановление (основного капитала)
Wiedereingliederung *f* реабилитация *f*; **berufliche ~** профессиональная реабилитация *f* (инвалидов)
wiedereinrichten воссоздавать, восстанавливать; **bäuerliche Familienbetriebe ~** воссоздавать семейные фермерские хозяйства
Wiedereinrichter *m* вновь организующий *m* свое производство
wiedereinstellen восстанавливать на работе (службе)
wiedererstatten возмещать, компенсировать; **die Auslagen ~** возместить расходы; **den Betrag ~** возместить сумму
Wiedererstattung *f* возмещение, компенсация
Wiedergewinnung *f* восстановление *n*, повторное использование *n*; регенерация *f*
wiedergutmachen возмещать, компенсировать
Wiedergutmachung *f* возмещение *n*, компенсация *f*
wiederherstellen восстанавливать, реставрировать; **gute Beziehungen ~** восстановить хорошие отношения (связи)
Wiederherstellung *f* восстановление *n*, реставрация *f*; **~ der früheren Arbeitsbedingungen** восстановление *n* прежних условий труда; **~ des Zahlungsbilanzgleichgewichts** восстановление *n* равновесия платежного баланса
Wiederherstellungs|kosten *pl* расходы

pl по восстановлению; **-wert** *m* восстановительная стоимость *f*

wiederholt повторный, неоднократный

Wiederholungskurs *m* повторительный курс *m*

Wiederinbetriebnahme *f* повторный ввод *m* в эксплуатацию

Wiederindienststellung *f* повторная сдача *f* в эксплуатацию, возвращение в строй

Wiederinstandsetzung *f* восстановление *n*, ремонт *m*

Wiederkauf *m* выкуп *m*, повторная покупка *f*, покупка *f* (ранее проданного товара)

wiederkaufen покупать снова, выкупать

wiederkehrend периодический, повторяющийся; **-e Ausgaben** *pl* повторяющиеся (периодические) расходы *pl*; **-e Leistungen** *pl* повременные платежи *pl* (повинности *pl*); **-e Zahlungen** *pl* периодические платежи *pl*

Wiederverkauf *m* перепродажа *f*

wiederverkaufen перепродавать

Wiederverkäuferrabatt *m* торговая (розничная) скидка *f*

Wiederverkaufs|preis *m* цена *f* товара при перепродаже; **-verbot** *n* запрет *m* на перепродажу; **-wert** *m* стоимость *f* товара при перепродаже

wiederverladen переотправлять

wiederverwendbar годный для повторного использования

wiederverwenden повторно использовать, перерабатывать отходы, утилизовывать

Wiederverwendung *f* вторичное (повторное) использование *n*; переработка *f* отходов, утилизация *f*

wiederverwertbar годный для повторного использования (переработки); **-e Produkte** *pl* продукты *pl*, пригодные для переработки

Wiederverwertung *f* повторное (вторичное) использование *n*; переработка *f* отходов, утилизация *f*; **~ von Altpapier** переработка *f* макулатуры

Wiedervorlage *f* повторное предъявление *n*

Wiederwahl *f* переизбрание *n*; **~ für eine weitere Amtsperiode** переизбрание *n* на новый срок

Wiege|bescheinigung *f* аттестация *f* веса; **-gebühren** *pl* **(-kosten** *pl***)** весовой сбор *m*

wiegen взвешивать; весить

Wikipedia *f* свободная энциклопедия *f* в Интернете

Willenserklärung *f* декларация *f* о намерениях, волеизъявление *n*

Window dressing *s.* **Verschönerung der Bilanz**

Windprotest *m* протест *m* векселя в случае невозможности найти обязанного по векселю по указанным адресам

Winter|ausfallgeld *n (Soz)* компенсация *f* заработной платы за простой из-за плохой погоды; **-dienst** *m* служба *f* уборки дорог в зимнее время; **-preis** *m* зимняя (сезонная) цена *f*; **-schlussverkauf** *m* весенняя распродажа *f* товаров; **-vorräte** *pl* запасы *pl* на зиму; **-zuschlag** *m* накидка *f* к цене в зимний период; зимняя надбавка *f* к морскому фрахту

wirksam эффективный, действенный; **-e Maßnahmen** *pl* эффективные меры *pl*

Wirksamkeit *f* эффективность *f*; действенность *f*; действие *n*, деятельность *f*; **mit ~ vom 1. Juli** действительный (вступающий в силу) с 1 июля

Wirkung *f* действие *n*; воздействие *n*, влияние *n*; последствие *n*, результат *m*; **mit ~ für die Zukunft** имеющий значение для будущего; **mit sofortiger ~** немедленно вступающий в силу; **mit ~ vom 1. Januar** действительный (вступающий в силу) с 1 января

Wirkungs|bereich *m* сфера *f* влияния; круг обязанностей; **-dauer** *f* продолжительность *f* действия; **-feld** *n* сфера *f* деятельности; **-grad** *m* коэффициент *m* полезного действия, эффективность *f*; **-kreis** *m* круг *m* обязанностей

Wirtschaft *f* экономика *f*; торговля *f* и промышленность *f*; (сельское) хозяйство *n*; гостиница *f*; ресторан *m*; **die ~ ankurbeln** стимулировать развитие экономики; **die ~ aufbauen** создавать экономику; **die ~ fördern** стимулировать развитие экономики; **die ~ führen** вести (домашнее) хозяйство; **die ~ sanieren** санировать (оздоровлять) экономику; **einheimische ~** национальная экономика *f*; **extensive ~** экстенсивное сельское хозяйство *n*; **freie ~** свободная экономика *f*; частные предприятия *pl*; **gelenkte ~** управляемая (плановая) экономика *f*; **gemischte ~** смешанная экономика *f*; **gewerbliche ~** торговля *f* и промышленность *f*; **intensive ~** интенсивное сельское хозяйство *n*; **liberale ~** либеральная экономика *f*; **öffentliche ~** государственный сектор *m* экономики; **oligopolistische ~** олигополистическая экономика *f*; **verbraucherorientierte ~** экономика *f*, ориентированная на потребителя

wirtschaften управлять делами; вести (домашнее) хозяйство; хозяйствовать; **eigenverantwortlich ~** вести дела (управлять) под собственную ответственность; **sparsam ~** экономно хозяйствовать

Wirtschaften *n* хозяйствование *n*

wirtschaftlich экономический, хозяйственный; экономный, бережливый; прибыльный; **~ handeln** действовать экономно, сберегать; **~ abhängig** экономически зависимый; **-e Aktivitäten** *pl* экономическая активность *f*; **-e Gesundung** *f* экономическое оздоровление *n*, оживление *n* экономики; **-e Leistungen** *pl* экономические достижения *pl*; **-e Leistungsfähigkeit** *f* экономический потенциал *m*; **-er Niedergang** *m* спад *m* в экономике; **-e Organisationsformen** *pl* формы *pl* организации хозяйства; **~ rentabel** экономически рентабельный; **-e Sanierung** *f* оздоровление *n* (реорганизация *f*) экономики; **-es Ungleichgewicht** *n* экономический дисбаланс *m*; **-e Verflechtungen** *pl* экономическая интеграция *f*; **~ vertretbar** экономически оправданный (целесообразный)

Wirtschaftlichkeit *f* экономичность *f*; бережливость *f*; эффективность *f*; прибыльность *f*, рентабельность *f*; хозяйственность *f*; **die ~ untersuchen** изучать (анализировать) эффективность работы; **die ~ verbessern** повысить (поднять) эффективность (прибыльность)

Wirtschaftlichkeits|analyse *f* анализ *m* эффективности; **-berechnung** *f* расчет *m* (экономической) эффективности; **-prinzip** *n* принцип *m* рентабельности; **-prüfung** *f* контроль *m* эффективности (рентабельности); **-rechnung** *f* расчет *m* экономической эффективности

Wirtschafts|abkommen *n* экономическое (торговое) соглашение *n*; **-ablauf** *m* экономический процесс *m*; развитие *n* экономики; **-abschwung** *m* экономический спад *m*; **-analyse** *f* анализ *m* хозяйственной деятельности; **-ankurbelung** *f* форсирование *n* (стимулирование *n*) развития экономики; **-aufbau** *m* хозяйственное строительство *n*; **-aufschwung** *f* экономический подъем *m*; **-ausblick** *m* перспективы *pl* развития экономики; **-ausschuss** *m* экономическая комиссия *f*; **-aussichten** *pl* перспективы *pl* развития экономики; **-barometer** *n* экономический барометр *m*; **-bauten** *pl* хозяйственные постройки *pl*; **-bedingungen** *pl* экономические условия *f*; **-begriffe** *pl* экономические понятия *f*; **-belebung** *f* оживление *n* экономики; **-berater** *m* консультант *m* по экономическим вопросам

Wirtschaftsbereich *m* отрасль *f* (сфера *f*) экономики; **kapitalintensiver ~** капиталоемкая отрасль *f* экономики

Wirtschafts|bericht *m* экономический (хозяйственный) отчет *m*; **-betrieb** *m* предприятие *n*; **-beziehungen** *pl* экономические (хозяйственные) отношения *pl*

wirtschaftsbezogen экономический, хозяйственный; **-e Maßnahmen** *pl* экономические (хозяйственные) меры *pl* (мероприятия *pl*)

Wirtschafts|blockade *f* экономическая

блокада *f*; **-boom** *m* экономический бум *m*; **-boykott** *m* экономический бойкот *m*; **-delegation** *f* (торговая) делегация *f*; **-delikt** *m* хозяйственное (экономическое) преступление *n*; **-einbruch** *m* резкий спад *m* экономики; **-einheit** *f* хозяйственная единица (организация); **-entwicklung** *f* экономическое развитие *n*, развитие *n* экономики; **-erholung** *f* экономический подъем *m*; **-experte** *m* **(-fachmann** *m***)** эксперт *m* (специалист *m*) по экономическим вопросам; **-flaute** *f* застой *m* в экономике, депрессия, рецессия; **-förderung** *f* стимулирование *n* развития экономики; **-form** *f* экономический уклад *m*, экономическая система *f*; **-forschung** *f* экономическое исследование *n*, экономический анализ *m*; **-fragen** *pl* экономические вопросы *pl* (проблемы *pl*); **-führer** *m* экономический (промышленный) лидер *m*; хозяйственный руководитель *m*; **-führung** *f* управление *n* экономикой; ведение *n* дел, управление *n* делами; ведение *n* (домашнего) хозяйства; **-gebäude** *n* постройка *f* хозяйственного назначения, хозяйственная постройка *f*; **-gebiet** *n* экономическая территория *f*; сектор *m* экономики; **-gefüge** *n* экономическая структура *f*; **-geld** *n* деньги *pl* на хозяйственные расходы; **-gemeinschaft** *f* экономическое сообщество *n*; **-genossenschaft** *f* кооператив *m*; **-geschehen** *n* экономические процессы *pl*; **-gesetzgebung** *f* законодательство *n* в области экономики; **-gespräche** *pl* экономические переговоры *pl*; беседы *pl* на экономические темы; **-gipfel** *m* саммит *m* в верхах по вопросам экономики; **-gut** *n* имущество *n*, собственность *f*

Wirtschaftsgüter *pl* имущество *n*; активы *pl*; материальные блага *pl*; ~ **anschaffen** приобретать имущество (активы); ~ **bestellen** заказывать имущество (активы); ~ **herstellen** производить имущественные ценности (активы); **abnutzbare** ~ изнашиваемые в процессе эксплуатации средства *pl* производства; ~ **des Anlagevermögens** основные средства *pl*; недвижимое имущество *n*; **bewegliche** ~ движимое имущество *n*, движимые материальные ценности *pl*; **geringwertige** ~ малоценные средства *pl* производства, *(Buchh)* малоценное имущество *n*; **kurzlebige** ~ товары *pl* кратковременного пользования; краткосрочные активы *pl*; **langlebige** ~ потребительские товары *pl* длительного пользования; активы *pl* длительного пользования; ~ **des Umlaufvermögens** оборотные средства *pl*; текущие активы *pl*

Wirtschafts|hilfe *f* экономическая помощь *f*; **-informatik** *f (WiWi)* экономическая информатика; **-information** *f* экономическая информация *f*; **-ingenieur** *m* инженер-экономист *m*; **-interessen** *pl* экономические интересы *pl*; **-jahr** *n* хозяйственный год *m*; **-jurist** *m* юрист *m*, специализирующийся на проблемах экономики; **-klima** *n* экономический климат *m*; **-kommission** *f* экономическая комиссия *f* (ООН); **-konferenz** *f* конференция *f* по экономическим вопросам (ООН); **-kreise** *pl* деловые круги *pl*; **-kreislauf** *m* экономический цикл *m*; **-krieg** *m* экономическая война *f*; **-kriminalität** *f* хозяйственные преступления *pl*, экономические преступления *pl*, экономическая преступность *f*; **-krise** *f* экономический кризис *m*; **-lage** *f* экономическое положение *n*; экономическая конъюнктура *f*; **-leben** *n* экономика *f*, экономическая (хозяйственная) жизнь *f*; **-leistung** *f* производительность *f*, мощность *f*; **-macht** *f* экономическая мощь *f*; экономическая держава *f*; **-mathematik** *f* математическая экономика *f*

wirtschaftsmathematisch математикоэкономический; **-e Methoden** *pl* методы *pl* математической экономики; **-es Modell** *n* математико-экономическая модель *f*

Wirtschaftsmechanismus *m* экономический (хозяйственный) механизм *m*

Wirtschafts|minister *m* министр *m* экономики; **-ministerium** *n* министерство *n* экономики; **-misere** *f* бедственное положение *n* экономики; **-moral** *f* деловая мораль *f*; **-nachwuchs** *m* молодые кадры *pl* для экономики, молодые менеджеры *pl*

wirtschaftsnah приближенный к потребностям производства; **-e Forschung** *f* научные исследования *pl*, направленные на решение проблем производства

Wirtschaftsordnung *f* экономический строй *m* (порядок *m*), экономическая система *f*; **freiheitliche ~** свободный экономический строй *m*, свободная экономическая система *f*; **funktionsfähige ~** эффективная экономическая система *f*

Wirtschafts|organisation *f* организация *f* экономики (хозяйства); **-plan** *m* хозяйственный план *m* предприятия; **-planung** *f* план *m* экономического развития, планирование *n* экономики; **-politik** *f* экономическая (хозяйственная) политика *f*; **-politiker** *m* деятель *m* в области экономической политики

wirtschaftspolitisch политико-экономический, относящийся к экономической политике; **-e Instrumente** *pl* инструменты *pl* экономической политики

Wirtschafts|potential *n* экономический потенциал *m*; **-prognose** *f* экономический прогноз *m*; **-prozess** *m* экономический (хозяйственный) процесс *m*; **-prüfer** *m* аудитор *m*, бухгалтер-ревизор *m*, эксперт *m* по анализу балансов в финансовой отчетности; **-prüfung** *f* аудит; проверка *f* (ревизия *f*) хозяйственной деятельности предприятия; **-prüfungsgesellschaft** *f* аудиторская фирма *f*; **-prüfungswesen** *n* аудиторство *n*, ревизионная деятельность *f*; **-psychologie** *f* экономическая (промышленная) психология *f*; **-rat** *m* экономический совет *m*; **-raum** *m* экономическое пространство *n*

Wirtschafts|recht *n* хозяйственное право *n*; **-reform** *f* экономическая реформа *f*; **-sanktionen** *pl* экономические санкции *pl*; **-sektor** *m* сектор *m* экономики; **-spionage** *f* промышленный шпионаж *m*; **-standort** *n* место *n* размещения предприятий, место *n* размещения экономики, экономические условия *pl* региона; **-stagnation** *f* экономическая стагнация *f*; **-statistik** *f* экономическая статистика *f*; **-strafrecht** *n* хозяйственное уголовное право *n*; **-straftat** *f* хозяйственное (уголовное) преступление *n*

Wirtschaftsstruktur *f* структура *f* экономики, экономическая структура *f*; **regionale ~** региональная структура *f* экономики

Wirtschafts|stufe *f* ступень *f* (стадия *f*) экономического развития; **-subjekt** *n* субъект *m* экономической деятельности, хозяйствующий субъект *m*; **-system** *n* экономическая система *f*; **-tätigkeit** *f* хозяйственная (экономическая) деятельность *f*

Wirtschafts- und Sozialausschuss *m* комиссия *f* по экономическим и социальным вопросам

Wirtschafts- und Sozialunion *f* экономический и социальный союз *m*

Wirtschafts- und Währungsunion *f* экономический и валютный союз *m*; **die ~ schaffen** создать экономический и валютный союз

Wirtschafts|union *f* экономический союз *m*; **-unternehmen** *n* предприятие *n* преследующее коммерческие цели, коммерческое предприятие *n*; **-verband** *m* объединение *n* (торгово-)промышленных предприятий; отраслевая ассоциация *f*, отраслевой союз *m*; **-verbindungen** *pl* экономические связи *pl*; **-verbrechen** *n* хозяйственное (экономическое) преступление *n*; **-vereinigung** *f* объединение *n* локальных предприятий для проведения совместных рекламных акций; **-verfassung** *f* состояние *n* экономики; **-verflechtungen** *pl* экономические связи *pl*; **-vergehen** *n* нарушение *n* хозяйственного (экономического) права; **-vergleich** *m* сравнение *n* экономических показателей; **-verhandlungen** *pl* переговоры *pl* по экономическим вопросам; **-verkehr** *m* бизнес *m*; коммерция *f*; коммерческие операции *pl*; **-vertrag** *m* хозяйственный договор *m*; **-vertreter** *m* (торговый) представитель *m*; представитель *m* деловых кругов

Wirtschaftswachstum *n* экономический рост *m*; рост *m* экономики; **angemessenes** ~ соразмерный рост *m* экономики; **ausgewogenes** ~ сбалансированный рост *m* экономики; **beschleunigtes** ~ ускоренный рост *m* экономики; **dauerhaftes** ~ длительный (продолжительный) экономический рост *m*; **geringes** ~ незначительный экономический рост *m*; **stetiges** ~ постоянный (устойчивый) рост *m* экономики

Wirtschafts|wege *pl* дороги *pl* на территории хозяйства (фермы); **-welt** *f* деловые круги *pl*; **-werbung** *f* коммерческая реклама *f*; **-wert** *m* хозяйственный актив *m* (предмет *m* имущества); **-wissenschaften** *pl* экономические науки *pl*; экономика *f*; политэкономия *f*; **-wissenschaftler** *m* экономист *m*, экономист-теоретик *m*; **-wörterbuch** *n* экономический словарь *m*; **-wunder** *n* экономическое чудо *n*; **-zahlen** *pl* экономические показатели *pl*; **-zeitschrift** *f* экономический журнал *m*; **-zone** *f* экономическая зона *f*; **-zweig** *m* отрасль *f* экономики; **-zyklus** *m* экономический цикл *m*

Wissen *n* знание *n*; познания *pl*; **ein fachspezifisches ~ vermitteln** передавать знания по специальности; **technisches** ~ технические знания *pl*

Wissenschaft *f* наука *f*

wissenschaftlich научный; **-e Betriebsführung** научное управление *n* производством

Wissenstransfer *m* передача *f* знаний и опыта

Wochen|arbeitszeit *f* продолжительность *f* рабочей недели; **-ausweis** *m* еженедельный финансовый отчет *m* (баланс *m*) банка; еженедельная сводка *f*; **-endverkehr** *m* дорожное движение *n* в конце рабочей недели; **-lohn** *m* недельная заработная плата *f*; **-markt** *m* еженедельный рынок *m* (базар *m*); **-verdienst** *m* недельный заработок *m*

wöchentlich еженедельный; еженедельно; ~ **abrechnen** производить еженедельный расчет

Wohl *n* благо *n*; благополучие *n*; **allgemeines ~ (~ der Allgemeinheit)** благо *n* общества

Wohlfahrt *f* благосостояние *n*, благоденствие *n*; благотворительность *f*; **ökonomische** ~ экономическое благосостояние *n*

Wohlfahrt|funktion *f* функция *f* благотворительности; **~ marke** *f* почтовая марка *f* с надбавкой на благотворительные цели; **-pflege** *f* благотворительная помощь *f*, оказание *n* благотворительной помощи; **-staat** *m* государство *n* всеобщего благоденствия (благосостояния), социальное государство *n*

wohlhabend (wohlsituiert) состоятельный, зажиточный

Wohlstand *m* благосостояние *n*, процветание *n*; **den ~ vermehren** повышать благосостояние; **allgemeiner** ~ всеобщее благосостояние *n*; **wachsender** ~ растущее благосостояние *n*

Wohlstands|entwicklung *f* динамика *f* (развитие *n*) благосостояния; **-gebiete** *pl* процветающие регионы *pl*; **-gesellschaft** *f* общество *n* всеобщего благоденствия (благосостояния); **-indikatoren** *pl* индикаторы *pl* благосостояния

wohltätig благотворительный; благотворный, полезный; **-e Zwecke** благотворительные цели *pl*

Wohltätigkeit *f* благотворительность *f*

Wohltätigkeits|organisation *f* благотворительная организация *f*; **-verkauf** *m* продажа *f* с благотворительными целями

Wohn|bedingungen *pl* жилищные условия *pl*; **-bevölkerung** *f* наличное население *n*; **-block** *m* жилой блок *m*, жилое здание *n*; **-dauer** *f* период *m* проживания; **-eigentum** *n*

собственность *f* на занимаемое жилье

wohnen жить, проживать; **möbliert ~** жить в меблированной комнате; **zur Miete ~** снимать жилое помещение

Wohn|fläche *f* жилая площадь *f*; **-gebäude** *n* жилое здание *n*; **-gebäudeversicherung** *f (Versich)* страхование *n* жилых зданий; **-gegend** *f* жилой район *m*; **-geld** *n* пособие *n* для покрытия расходов по найму жилых помещений, пособие *n* (малоимущим) на аренду жилья; **-geldgesetz** *n (Recht, Soz)* Закон *m* о предоставлении дотации на аренду жилья

Wohn|haus жилой дом *m*; **-kosten** *pl* расходы *pl* по проживанию; **-kostenbelastung** *pl* доля *f* расходов по проживанию в общих доходах; **-lage** *f* месторасположение *n* жилого дома; **-mobil** *n* трейлер *m*; **-ort** *m* место *n* проживания, местожительство *n*, населенный пункт *m*; **-raum** *m* жилая площадь *f*, жилое помещение *n*; **-recht** *n* право *n* проживания

Wohnraumvermietung *f* сдача *f* жилых помещений внаем

Wohnsitz *m* местожительство *n*, место *n* пребывания, местонахождение *n*; резиденция *f*; **seinen ~ verlegen** переехать на местожительство в другое место; **ehelicher ~** местожительство *n* супругов; **fester ~** постоянное местожительство *n*; **ständiger ~** постоянное местожительство *n*; **steuerlicher ~** местожительство *n* (юридический адрес *m*) для налоговых целей

Wohnsitz|land *n* страна *f* местожительства (местопребывания); **-wechsel** *m* перемена *f* местожительства

Wohnung *f* квартира *f*; жилье *n*; **~ mit allem Komfort** квартира *f* со всеми удобствами; **~ und Verpflegung** полный пансион *m*

Wohnungsbau *m* жилищное строительство *n*, строительство *n* жилья; **den ~ fördern** развивать жилищное строительство

Wohnungsbau|darlehen *n* ссуда *f* на постройку жилья; **-finanzierung** *f* финансирование *n* жилищного строительства; **-genehmigung** *f* разрешение *n* на строительство жилья; **-investitionen** *pl* ссуда *f* на строительство жилья под залог недвижимости; **-kosten** *pl* расходы *pl* на жилищное строительство; **-kredit** *m* кредит *m* на цели финансирования жилищного строительства; **-prämie** *f* премия *f* за строительство жилья, премия *f* за создание накоплений на строительство жилья; **-preise** *pl* цены *pl* на строительство жилья

Wohnungs|bedarf *m* потребность *f* в жилье; **-eigentum** *n* собственность *f* на квартиру, кондоминиум *m*; **-eigentümer** *m* собственник *m* жилья; **-einrichtung** *f* обстановка *f* квартиры; **-frage** *f* жилищный вопрос *m*; **-fonds** жилищно-инвестиционный фонд *m*; **-genossenschaft** *f* товарищество *n* собственников жилья; **-inhaber** *m* владелец *m* квартиры, квартиросъемщик *m*; **-knappheit** *f* дефицит *m* жилья; **-kosten** *pl* расходы *pl* по содержанию жилья (квартиры); **-markt** *m* рынок *n* жилья; **-not** *f* дефицит *m* (нехватка *f*) жилья, жилищный кризис *m*; **-politik** *f* жилищная политика *f*; **-recht** *n* жилищное право *n*; право *n* пользования жильем; **suche** *f* поиски *pl* жилья; **-tausch** *m* объем *m* квартир; **-wesen** *n* вопросы *pl* жилищного обеспечения; **-wirtschaft** *f* жилищное хозяйство *n*; **-zertifikat** *n* жилищный сертификат *n*

Wohn|verhältnisse *pl* жилищные условия *pl*; **-viertel** *n* жилой квартал *m*; **-wagen** *m* жилой прицеп *m* (фургон *m*), трейлер *m*

Workshop *m* рабочая группа *f*, семинар *m*; мастерская *f*, уоркшоп *m*; **einen ~ veranstalten** организовать семинар

Wortmarke *f (V&M)* словесный бренд *m*

Wucher *m* ростовщик *m*

Wucherei *m* ростовщик *m*

Wucherdarlehen *n* ссуда *f* под ростовщические проценты

Wucherer *m* ростовщик *m*

Wuchergeschäft *n* ростовщическая сделка *f*
wucherisch ростовщический; **-e Bedingungen** *pl* ростовщические условия *pl*; **-e Zinsen** *pl* ростовщические проценты *pl*
wuchern давать в рост, наживаться, заниматься ростовщичеством
Wucher|preis *m* ростовщическая цена *f*; **-zinsen** *pl* ростовщические проценты *pl*
Wunsch|gehalt *n* желаемый размер *m* оклада; **-liste** *f* список *m* пожеланий, список *n* товаров на экспорт (импорт)
Wurfsendung *f* доставка *f* рекламных материалов по почте; доставка *f* почтового отправления в почтовый ящик

X

XETRA электронная система *f* торговли Немецкой биржи
XYZ-Analyse *f (Lager, WiWi)* XYZ-анализ *m*

Y

Yankee Bonds долларовые займы *pl* иностранных банков в США

Z

Zahl *f* число *n*, цифра *f*; количество *n*, численность *f*; показатель *m*; **in den roten -en sein** работать с убытком (убыточно), иметь задолженность; **in rote -en kommen** начать работать с убытком (убыточно); **in den schwarzen -en sein** работать с прибылью, получать прибыль; **in schwarze -en kommen** начать работать с прибылью, получать прибыль; **mit schwarzen -en arbeiten** работать с прибылью; **rote -en schreiben** работать с убытком (убыточно); **schwarze -en schreiben** работать с прибылью, получать прибыль
zahlbar подлежащий оплате (уплате); с платежом; ~ **an den Überbringer** подлежащий оплате предъявителю; ~ **bei Bestellung** оплата при выдаче заказа; ~ **bei (Ab-, Aus-) Lieferung** оплата при доставке; ~ **bei Sicht** подлежащий оплате по предъявлении; ~ **bei Verfall** к уплате по наступлении срока; ~ **bei Vorlage (Vorlegung, Vorzeigung)** подлежащий оплате по предъявлении; **im Voraus** ~ оплата авансом (вперед); **in bar** ~ оплата наличными; ~ **innerhalb 4 Wochen netto** подлежащий уплате в течение 4 недель без скидки; **in Raten** ~ оплата в рассрочку; ~ **nach Erhalt der Ware** оплата после получения товара; ~ **sofort** оплата немедленно без скидки, **vierteljährlich** ~ оплата поквартально
zählbar поддающийся учету, исчисляемый
Zahlbarstellung *f* домицилирование *n* (векселя)
zahlen платить, оплачивать; выплачивать; **bar** ~ платить наличными; **gegen Rechnung** ~ оплачивать по предъявлении счета; **in Raten** ~ платить в рассрочку; **mit Kreditkarte** ~ оплачивать с помощью кредитной карточки; **pünktlich** ~ платить в срок; **sofort** ~ оплатить немедленно; **unter Vorbehalt** ~ платить с условием (оговоркой); **vereinbarungsgemäß** ~ уплатить согласно договоренности; **vor Fälligkeit (vorzeitig)** ~ оплатить до наступления срока; **zuviel** ~ переплачивать
zählen считать, подсчитывать, высчитывать, отсчитывать; **sein Geld** ~ подсчитать свои деньги
zahlenmäßig числовой, численный, количественный; ~ **feststellen** определять количественно; **-es Verhältnis** *n* количественное соотношение *n*
Zahler *m* плательщик *m*; **pünktlicher** ~ пунктуальный (аккуратный) плательщик *m*; **säumiger** ~ неисправный плательщик *m*
Zähler *m* счетчик *m*

Zahlkarte *f* почтово-чековый переводной бланк *m*

Zahl|last *f* сумма *f* налогов; **-schalter** *m* касса *f*, место *n* платежа; **-schein** *m* квитанция *f*, расписка *f*; **-stelle** *f* касса *f*; место *n* платежа, домицилий *m*; платежный агент *m*; **-stellengeschäft** *n* операции *pl* по оплате банком процентных и дивидендных купонов; **-stellenwechsel** *m* домицилированный вексель *m*; **-tag** *m* день *m* платежа; день *m* выдачи зарплаты

Zahlung *f* платеж *m*, уплата *f*; взнос *m*; (денежный) перевод *m*; **die ~ anmahnen** напомнить о необходимости произвести платеж; **auf ~ klagen** предъявить иск об уплате (долга); **~ aufschieben** отсрочить платеж; **-en ausführen** производить платежи; **-en aussetzen** приостанавливать платежи; **die ~ avisieren** уведомить (известить) о производстве платежа; **die -en einstellen** прекращать (приостанавливать) платежи; **-en entgegennehmen** получать платежи; **-en entrichten** производить платежи; **die ~ erfolgt in bar** платеж производится наличными; **-en erhalten** получать платежи; **~ erzwingen** вынудить совершить платеж; **die -en gehen schleppend ein** платежи поступают с задержкой; **in ~ geben** дать в уплату; **in ~ nehmen** принимать к оплате (в качестве частичной оплаты); **~ leisten** произвести платеж; **mit der ~ im Verzug sein** запаздывать с платежом, просрочить платеж; **einen Scheck zur ~ vorlegen** предъявить чек на оплату; **~ stunden** отсрочить платеж (выплату); **die ~ veranlassen** распорядиться об исполнении платежа; **die ~ verlangen** требовать исполнения платежа; **~ verzögern** задерживать выплату (платеж); **~ vornehmen** произвести платеж; **zur ~ auffordern** потребовать платеж (уплату); **zur ~ vorlegen** предъявить к уплате; **-en an Lieferanten** расчеты *pl* с поставщиками; **aufgeschobene ~** отсроченный платеж *m*; **bargeldlose ~** безналичный расчет *m*, платеж *m* по безналичному расчету; **~ bei Erhalt der Rechnung** платеж *m* по получении счета; **~ bei Lieferung** оплата *f* при доставке; **~ bei Vorlage des Wechsels** оплата *f* при предъявлении векселя; **eingegangene -en** поступившие (полученные) платежи *pl*; **einmalige ~** единовременный взнос *m*; разовый платеж *m*; **fällige ~** платеж *m*, по которому наступил срок; **~ gegen Dokumente** платеж *m* наличными против документов; **~ des Gehalts** выплата *f* заработной платы, оклада; **~ gesperrt** платеж *m* приостановлен; **gestundete ~** отсроченный платеж *m*; **~ im Voraus** авансовый платеж *m*; **~ in bar** платеж *m* наличными; **~ in Raten** оплата *f* в рассрочку; **~ kompensiert** платеж компенсирован встречным исполнением; **laufende -en** текущие платежи *pl*; **mangels ~** из-за неуплаты; **nachträgliche ~** последующий (дополнительный) платеж *m*, доплата *f*; **pauschale ~** единовременная выплата *f*, единовременный (паушальный) платеж *m*; **~ per Akkreditiv** оплата *f* посредством аккредитива; **pünktliche ~** пунктуальный платеж *m*, платеж *m* в срок; **~ der Rechnung** уплата *f* по счету; **regelmäßige -en** регулярные платежи *pl*; **rückständige ~** просроченный платеж *m*; **sofortige ~** немедленный платеж *m*; **überfällige ~** просроченный платеж *m*; **übertarifliche ~** оплата *f* выше оговоренной в коллективном договоре (тарифном соглашении); **unregelmäßige ~** нерегулярный платеж *m*, нерегулярная выплата *f*; **~ von Versicherungsbeiträgen** уплата *f* страховых взносов; **~ von Zuschüssen** субсидирование *n*; **vorzeitige ~** оплата *f* до наступления срока; **wiederkehrende ~** периодический платеж *m*

Zählung *f* счет *m*, подсчет *m*, учет *m*, перепись *f* (населения)

Zahlungs|abkommen *n* платежное соглашение *n*; **-abwicklung** *f* осуществление *n* (производство *n*) платежей; **-anspruch** *m* требование *n* произвести платеж; **-anweisung** *f* платежное поручение *n*, поручение *n* произвести платеж; **-anzeige** *f* извещение *n* о платеже; **-art** *f* вид *m* (способ *m*) платежа; **-aufforderung** *f* требование *n* произвести платеж, напоминание *n* о платеже (уплате)

Zahlungsaufschub *m* отсрочка *f* платежа; **~ gewähren** предоставить отсрочку платежа; **befristeter ~** отсрочка *f* платежа на определенный срок

Zahlungsauftrag *m* платежное поручение *n* (указание *n*); **einen ~ ausführen** выполнить платежное поручение

Zahlungs|ausfall *m* неполучение *n* платежей; **-ausgang** *m* платеж *m*, выплата *f*; **-ausgleich** *m* выравнивание *n* (балансировка *f*) платежей; расчеты *pl*; **-bedingungen** *pl* условия *pl* платежа; **-beleg** *m* денежный оправдательный документ *m*; документ *m* о проведении платежа; расписка *f* в получении платежа; **-bereitschaft** *f* готовность *f* произвести платеж; **-bestätigung** *f* уведомление *n* о получении платежа

Zahlungsbilanz *f* платежный баланс *m*; **aktive ~** активный платежный баланс *m*; **ausgeglichene ~** сбалансированный платежный баланс *m*; **passive ~** пассивный платежный баланс *m*

Zahlungsbilanz|ausgleich *m* выравнивание *n* (сальдирование *n*) платежного баланса; **-defizit** *n* дефицит *m* платежного баланса; **-gleichgewicht** *n* равновесие *n* платежного баланса; **-lücke** *f* дефицит *m* платежного баланса; **-politik** *f* политика *f* в области достижения равновесия платежного баланса; **-überschuss** *m* активное сальдо *n* платежного баланса; **-ungleichgewicht** *n* неравновесие *n* платежного баланса

Zahlungs|datum *n* дата *f* платежа; **-eingang** *m* поступление *n* платежа; **-eingangsbuch** *n* книга *f* регистрации поступающих платежей; **-einstellung** *f* приостановка *f* (прекращение *n*) платежей; **-eintreibung** *f* взыскание *n* платежей; **-empfänger** *m* получатель *m* платежа; ремитент *m*; **-erlass** *m* освобождение *n* от уплаты; **-erleichterung** *f* облегчение *n* (улучшение *n*) условий платежа; **-ermächtigung** *f* полномочие *n* на исполнение платежа

zahlungsfähig платежеспособный; ликвидный

Zahlungsfähigkeit *f* платежеспособность *f*; ликвидность *f*; **sich nach der ~ eines Kunden erkundigen** запросить информацию о платежеспособности клиента; **zweifelhafte ~** сомнительная платежеспособность *f*

Zahlungsfrist *f* срок *m* платежа; **die ~ einhalten** соблюдать срок платежа; **eine ~ einräumen (gewähren)** предоставить срок погашения платежа; **die ~ verlängern** продлить срок погашения платежа, отсрочить платеж

Zahlungs|garantie *f* гарантия *f* платежа, платежная гарантия *f*; **-gewohnheiten** *pl* платежные обычаи *pl* (правила *pl*); **-karte** *f* платежная карточка *f*; **-klausel** *f* пункт *m* договора о порядке платежей

zahlungskräftig платежеспособный

Zahlungsmittel *pl* средство *n* платежа; **ausländische ~** девизы *pl*; **inländische ~** национальная валюта *f*

Zahlungs|mittelumlauf *m* денежное обращение *n*; **-modalitäten** *pl* условия *pl* платежа; **-modus** *m* способ *m* платежа; порядок *m* платежей; **-möglichkeiten** *pl* возможности *pl* (средства *pl*) платежа; **-moral** *f* платежная мораль *f* (дисциплина *f*); **-moratorium** *n* приостановка *f* (отсрочка *f*) платежей; **-nachweis** *m* подтверждение *n* платежа; **-ort** *m* место *n* (домицилий *m*) платежа; **-pflicht** *f* обязанность *f* произвести платеж; **-pflichtige** *m* плательщик *m*, должник *m*; **-plan** *m* план *m* погашения платежей; оценка кэшфлоу; **-reihe** *f* цепочка *f* платежей; **-risiko** *n* риск *m* неплатежей; **-rückstände** *pl* задолженность *f* по платежам; **-scheck** *m* чек *m*, оплачиваемый наличными

Zahlungsschwierigkeiten *pl* затруднения *pl* с проведением платежей; **in ~ geraten** испытывать затруднения с проведением платежей

Zahlungs|sicherung *f* обеспечение *n* (гарантирование *n*) платежей; **-sperre** *f* запрет *m* на проведение платежей; **-stockung** *f* **(-stopp** *m***)** приостановка *f* платежей

Zahlungsstrom *m* поток *m* платежей (платежных операций), кэш-флоу *m*; **abgezinster ~** дисконтированный (приведенный) денежный поток *m*

Zahlungstag *m* день *m* платежа

Zahlungstermin *m* дата *f* (срок *m*) платежа; **den ~ einhalten** соблюсти дату (срок) платежа; **den ~ festlegen** определить (назначить) дату (срок) платежа

Zahlungsüberschuss *m* денежный поток *m*, кэш-флоу *m*

zahlungsunfähig неплатежеспособный, несостоятельный, обанкротившийся; **für ~ erklären** объявить банкротом; **~ werden** обанкротиться; **-er Kunde** *m* несостоятельный (неплатежеспособный) клиент *m*

Zahlungs|unfähigkeit *f* несостоятельность *f*, неплатежеспособность *f*, банкротство *n*; **-unterbrechung** *f* приостановка *f* (прекращение *n*) платежей; **-verbot** *n* запрет *m* на проведение платежа; **-vereinbarung** *f* соглашение *n* о платежах

Zahlungsverkehr *f* платежные операции *pl*; платежный оборот *m*; система *f* расчетов; **bargeldloser ~** безналичный расчет *m*; **elektronischer ~** электронная система *f* расчетов; **internationaler ~** международные расчеты *pl*; **interner ~** внутрибанковские расчеты *pl*

Zahlungsvermerk *m* отметка *f* об уплате (поступлении платежа)

Zahlungsverpflichtung *f* обязательство *n* произвести платеж; **-en eingehen** взять на себя финансовые обязательства; **seine -en erfüllen** выполнить свои финансовые обязательства

Zahlungs|versprechen *n* обещание *n* произвести платеж; **-verweigerung** *f* отказ *m* произвести платеж; **-verzögerung** *f* отсрочка *f* (задержка *f*) платежа; **-verzug** *m* задержка *f* (просрочка *f*) платежа; **-vorgang** *m* платежная операция *f* (платеж *m*); **-weise** *f* способ *m* платежа; **-willigkeit** *f* согласие *n* (готовность *f*) произвести платеж; **-zeitpunkt** *m* срок *m* платежа

Zahlungs|ziel *n* срок *m* платежа, отсрочка *f* платежа; **ein ~ gewähren** предоставить (определить) срок погашения платежа; **ein ~ verlängern** продлить срок платежа

Zeche *f* шахта *f*, рудник *m*; **eine ~ stilllegen** закрыть шахты

Zechenschließung *f* закрытие шахт

Zechpreller *m* лицо *n*, уклоняющееся от уплаты по векселю

Zedent *m* цедент *m*, физическое (юридическое) лицо *n*, уступающее свои права; кредитор *m*

zedieren передавать, переуступать; **eine Forderung ~** переуступить требование

Zehner-Club клуб *m* Десяти

Zeichen *n* знак *m*, символ *m*; метка *f*; товарный знак *m*; **mit einem ~ versehen** маркировать

Zeichen|büro *n* чертежное (конструкторское) бюро *n*; **-inhaber** *m* владелец *m* товарного знака; **-rolle** *f* реестр *m* товарных знаков; **-schutz** *m* охрана *f* товарных знаков; **-steuer** *f* бандерольный сбор *m*

zeichnen подписывать, ставить подпись; подписываться; маркировать; чертить; **Aktien ~** подписываться на акции; **eine Anleihe ~** подписаться на заем; **für eine Firma ~** подписывать (документ) от имени фирмы; **verantwortlich ~** иметь право подписи

Zeichner *m* подписчик *m*

Zeichnerliste *f* список *m* подписчиков

Zeichnung *f* подписка *f*; подпись *f*, подписание *n*; чертеж *m*, рисунок *m*, схема *f*, *(Bö, Fin)* подписка *f* (на акции); **eine Anleihe zur ~ auflegen** объявить подписку на заем; **für eine ~ werben** привлекать подписчиков; **eine ~ schließen** закончить подписку; **zur ~ aufliegen** предлагаться для подписи; **~ zusagen** дать согласие на подписку; **~ der Anleihe** подписка *f* на заем; ~ **von Aktien** подписка *f* на акции

Zeichnungsangebot *n* объявление *n* подписки (на ценные бумаги); заявление *n* о подписке (на ценные бумаги); **ein ~ auf eine öffentliche Anleihe abgeben** объявить о подписке на государственный заем; **öffentliches ~** публичное предложение *n* ценных бумаг; публичное размещение *n* ценных бумаг; **~ von Optionsscheinen** объявление *n* о подписке на опционы; **zur Abgabe eines -es auffordern** пригласить к участию в подписке

Zeichnungsbedingungen *pl* условия *pl* подписки

zeichnungsberechtigt имеющий право подписки (подписи)

Zeichnungs|berechtigung *f* право *n* подписки (подписи); **-betrag** *m* сумма *f* подписки; **-einladung** *f* приглашение *n* к подписке (на заем); **-ergebnis** *n* результат *m* подписки; **-formular** *n* бланк *m* подписки; **-frist** *f* срок *m* (период *m*) подписки; **-gründung** *f* учреждение *n* акционерного общества путем распространения акций по подписке; **-kurs** *m* курс *m* ценных бумаг при подписке; **-liste** *f* список *m* подписчиков; **-preis** *m* цена *f* подписки; **-prospekt** *m* проспект *m*, выписка *f*; объявление *n* о выпуске ценных бумаг; **-recht** *n* право *n* подписи; **-schein** *m* подписанное свидетельство *n* (обязательство *n*); бланк *m* подписки; **-schluss** *m* завершение *n* подписки; **-stelle** *f* банк *m*, принимающий подписку на новые ценные бумаги; **-vollmacht** *f* полномочия *pl* на подпись, право *n* подписи; **-volumen** *n* объем *m* эмиссии; **-zertifikat** *n* сертификат *m* на участие в подписке

Zeile *f* строка *f*

Zeilenhonorar *n* построчный гонорар *m*

Zeit *f* время *n*; период *m*; срок *m*; **~ gewinnen** выигрывать время; **~ messen** хронометрировать; **aufgewendete ~** затраченное время *n*; **freie ~** свободное время *n*; **~ je Erzeugniseinheit** время *n*, затраченное на производство единицы продукции; **vereinbarte ~** согласованное время *n*; **vor kurzer ~** недавно, некоторое время тому назад; **zur festgesetzten ~** в назначенное время, в назначенный срок

zeitabhängig зависимый от времени, в зависимости от времени

Zeit|ablauf *m* ход *m* (течение *n*) времени; **-abschreibung** *f* амортизация *f* в зависимости от срока службы; **-akkord** *m* повременно-сдельная заработная плата *f*; **-arbeit** *f* предоставление *n* работников на время, временная работа *f*; **-aufnahme** *f* хронометраж *m*; **-aufstellung** *f* таймшит *m*, ведомость *f* учета времени; **-aufwand** *m* затраты *pl* времени; **-ausfall** *m* простой *m*; **-bedarf** *m* требуемое количество *n* времени; **-charter** *m* чартер *m* на срок; **-dauer** *f* продолжительность *f*; **-depositen** *pl* срочные вклады *pl*; **-druck** *m* нехватка *f* времени, цейтнот *m*; **-einheit** *f* единица *f* времени; **-einsparung** *f* экономия *f* времени; **-einteilung** *f* распределение *n* (организация *f*) времени

Zeiten *pl* нормы *pl* времени

Zeit|entgelt *n* *(Soz)* принцип *m* повременной оплаты; **erfassung** *f* **(-ermittlung** *f***)** хронометраж *m*; **-ersparnis** *f* экономия *f* времени; **-fracht** *f* фрахт *m*, размер *m* которого зависит от времени фрахтования; **-geschäft** *n* сделка *f* на срок, срочная (фьючерская) сделка *f*; **-grad** *m* отношение *n* заданного времени к фактически затраченному; **-karte** *f* сезонный (проездной) билет *m*; абонемент *m*; **-kauf** *m* покупка *f* на срок; **-kontrolle** *f* хронометрирование *n*

zeitlich временный, временной; **~ begrenzen** ограничивать по времени; **-e Verzögerung** *f* задержка *f* во времени

Zeit|lohn *m* повременная заработная плата *f*, повременная система *f* оплаты труда; **-management** *n* организация *f* (рабочего) времени;

-managementsystem *n* система *f* управления и оптимизации рабочего времени (сотрудников); **-mangel** *m* дефицит *m* (нехватка *f*) времени; **-messung** *f* **(-nahme** *f***)** хронометраж *m*; **-nehmer** *m* хронометрист *m*; **-not** *f* нехватка *f* времени, цейтнот *m*

Zeitplan *m* план-график *m*, календарный график *m*; **einen ~ aufstellen** составить календарный график; **einen ~ einhalten** соблюдать календарный график

Zeitplanung *f* календарное планирование *n*, планирование *n* сроков

Zeitpunkt *m* момент *m*; дата *f*; срок *m*; **den richtigen ~ verpassen** упустить подходящий момент; **den richtigen ~ wählen** выбрать подходящий момент

zeitraubend трудоемкий, требующий больших затрат времени

Zeit|raum *m* период *m*, промежуток *m* времени; **-reihe** *f* временной ряд *m*; **-reihenanalyse** *f* анализ *m* временных рядов; **-rente** *f* рента *f*, ограниченная сроком, срочная рента *f*

Zeitschrift *f* журнал *m*; периодическое издание *n*

Zeitschriften|abonnent *m* подписчик *m* на журнал; **-werbung** *f* реклама *f* в журналах

Zeitspanne *f* период *m* (интервал *m*) времени

zeitsparend с экономией времени, сберегающий время

Zeitstudien *pl* анализ *m* затрат времени и трудовых движений

zeitunabhängig независимый от времени

Zeitungs|abonnent *m* подписчик *m* на газету; **-annonce** *f* **(-anzeige** *f***)** объявление *n* в газете; **-gebühr** *f* подписная плата *f* за газету; **-werbung** *f* газетная реклама *f*

Zeit|vergleich *m* сравнение *n* (сопоставление *n*) показателей за разные периоды времени; **-vorgabe** *f* временная норма *f*

zeitweilig временный; **-e Rabatte** *pl* временные скидки *pl*

Zeitwert *m* текущая стоимость *f*; текущая рыночная стоимость *f*; временная стоимость *f* опциона; **~ des Geldes** стоимость *f* денег с учетом фактора времени

Zeit|wertverfall *m (Bö, Fin)* падение *n* стоимости опциона; **-wertversicherung** *f* страхование *n* по текущей стоимости; **-wirtschaft** *f* организация *f* (рабочего) времени

Zentner *m* центнер *m* (100 кг)(Россия), 50 килограмм *m* (ФРГ)

zentral центральный, главный; **-er Einkauf** централизованные закупки

Zentralbank *f (Bank, Fin)* центральный (эмиссионный) банк *m*

zentralbankfähig принимаемый центральным банком к учету

Zentralbank|geld *n* наличность *f* и вклады, хранимые в центральном банке; **-menge** *f* денежная масса *f* центрального банка; **-politik** *f* политика *f* центрального банка; **-rat** *m* совет *m* (правление *n*) центрального банка

Zentralbörse *f (Bö, Fin)* центральная биржа *f* страны

Zentrale *f* штаб-квартира *f*, правление *n*; ведомство *n*; диспетчерская *f*

Zentral|einkauf *m* централизованные закупки *pl*, централизованный отдел *m* снабжения; **-genossenschaften** *pl* центральные (головные) кооперативы *pl*

Zentralisation *f* **(Zentralisierung** *f***)** централизация *f*

Zentral|kasse *f* центральная (главная) касса *f*; **-markt** *m* центральный (главный) рынок *m*; **-notenbank** *f* центральный эмиссионный банк *m*; **-stelle** *f* центральный орган *m* (организации), центральное бюро *n*; **-verband** *m* центральное объединение *n*; **-verwaltung** *f* централизованное управление *n*

Zerlegung *f* расчленение *n*, раздробление *n*

Zerobond *m* бескупонная (беспроцентная) облигация *f*

Zerrüttung *f* разруха *f*; расстройство *n*

Zerschlagung *f* ликвидация *f*, дробление *n*; **~ des Unternehmens** ликвидация *f* предприятия

Zerschlagungswert *m* стоимость *f*

предприятия при продаже его по частям

Zersplitterung *f* распыление *n*; раздробление *n*; раздробленность *f*, разобщенность *f*

Zertifikat *n* свидетельство *n*; удостоверение *n*; сертификат *m*; **ein ~ ausstellen** оформить (выдать) сертификат; **ein ~ erteilen** выдать сертификат; **-e der Investmentsfonds** сертификаты *pl* инвестиционных фондов

Zertifikats|erteilung *f* выдача *f* сертификата; **-inhaber** *m* владелец *m* сертификата; **-rückgabe** *f* возврат *m* сертификата

zertifizieren выдавать сертификат, сертифицировать

Zertifizierungsaudit *n* проверка *f* (ревизия *f*) с целью выдачи сертификата

Zession *f* цессия *f*, уступка *f* права требования; **fiduziarische** ~ фидуциарная уступка *f* требования; **offene** ~ открытая уступка *f* требования; **stille** ~ негласная уступка *f* требования

Zessionar *m* правопреемник *m*, цессионарий *m*; лицо *n*, которому передано право; новый кредитор *m*

Zessionskredit *m* кредит *m*, гарантируемый передачей долговых обязательств; кредит *m* под уступку требований

Zettel *m* карточка *f*; записка *f*; этикетка *f*; ведомость *f*; расписка *f*; бланк *m*, листок *m* бумаги

Zeuge *m* свидетель *m*

Zeugnis *n* свидетельство *n*, удостоверение *n*; справка *f*, аттестат *m*; характеристика *f*, рекомендация *f*; сертификат *m*; (свидетельское) показание *n*; **ein ~ ausstellen** оформить (выдать) свидетельство; **seine -se vorlegen** представить характеристики (рекомендации, документы об образовании)

ziehen трассировать, выставлять; извлекать; подводить; привлекать; **Banknoten aus dem Verkehr ~** изымать банкноты из обращения; **die Bilanz ~** подводить баланс (итог), выводить сальдо; **Geld aus einem Geschäft ~** изымать деньги из предприятия; **Konsequenzen ~** делать выводы; **einen Nutzen ~** извлекать пользу; **einen Wechsel ~** выставить (трассировать) вексель

Ziehung *f* трассирование *n*; заимствование *n*; тираж *m*, розыгрыш *m* (лотереи)

Ziehungs|ermächtigung *f* право *n* на выставление векселей; **-liste** *f* тиражная таблица *f*; **-recht** *n* право *n* заимствования (в Международном валютном фонде)

Ziel *n* цель *f*; пункт *m* назначения; задание *n*; срок *m* платежа; **-e abstecken** наметить цели; **ein ~ angeben** указать цель (срок платежа); **ein ~ anstreben** стремиться к цели; **auf ~ kaufen** покупать в кредит; **das ~ aufstellen** поставить цель; **das ~ bestimmen** определить цель, определить срок платежа; **das ~ einhalten** соблюдать срок; **sein ~ erreichen** достичь своей цели; **das ~ formulieren** сформулировать цель; **das ~ realisieren** выполнять задание; **das ~ überschreiten** просрочить платеж, нарушить срок платежа; **ein ~ verfolgen** стремиться к поставленной цели; **das ~ vorgeben** дать задание (план); **langfristiges** ~ долгосрочная цель *f*; **operatives** ~ оперативная цель *f*; **strategisches** ~ стратегическая цель *f*; **vorrangiges** ~ главная (приоритетная) цель *f*; **wirtschaftliches** ~ экономическая цель *f*

Ziel|abweichung *f* отклонение *n* от цели (плана); **-bahnhof** *m* станция *f* назначения; **-entgelt** *n* оплата *f* в зависимости от достижения поставленных целей; **-erfüllung** *f* выполнение *n* поставленной цели; **-erfüllungsgrad** *m* степень *f* достижения цели; **-erreichung** *f* достижение *n* цели; **-formulierung** *f* формулирование *n* (формулировка *f*) задания; **-geschäft** *n* срочная сделка *f*; **-größe** *f* конечная величина *f*; **-gruppe** *f* целевая группа *f*, потребительская группа *f*; **-hierarchie** *f* иерархия *f* целей; **-kauf** *m* покупка *f* в кредит (на срок); **-konflikt** *m* конфликт *m* целей; **-konkurrenz** *f* конкуренция *f* целей; **-markt** *m* целевой рынок *m*; **-planung** *f* целевое планирование *n*; **-realisierung** *f* реализация *f* целей

Zielsetzung *f* постановка *f* цели; цель *m*, целевая установка *f*; **eine ~ erarbeiten** разработать целевую установку, определить цель; **eine ~ erfüllen** выполнить целевую установку

Zielüberschreitung *f* нарушение *n* срока платежа

Zielvereinbarung *f (Pers)* согласование *n* целей

Zigarettensteuer *f (Steuer)* налог *m* на сигареты

Zillmerung *f (Versich)* вычет *m* затрат на заключение договора страхования из страховой суммы в первые годы страхового периода, неравномерное распределение *n* затрат на заключение договора страхования в течение страхового периода

Zins *m* ссудный процент *m*; **effektiver ~** фактический (реальный) процент *m*; **fester (fixer) ~** твердый процент *m*; **variabler ~** изменяющаяся (плавающая) процентная ставка *f*; **vertragsmäßiger ~** договорной процент *m*

Zinsabbau *m* понижение *n* процентной ставки

zinsabhängig зависящий от процентной ставки

Zins|abkommen *n* соглашение *n* о процентах (по кредиту); **-abrechnung** *f* расчет *m* процентов; **-abschlag** *m*, **-abschlagssteuer** *f (Fin, Steuer)* налог *m* на проценты по вкладам; **-abschnitt** *m* купон *m* ценной бумаги; **-absprache** *f* соглашение *n* о процентах (по кредиту); **-abzug** *m* удержание *n* процента; **-änderungsrisiko** *n* риск *m* изменения процентной ставки; **-anhebung** *f* повышение *n* процентной ставки; **-anleihe** *f* процентный заем *m*; заем *m*, погашаемый целиком в установленный срок *m*; **-anpassung** *f* корректировка *f* процентной ставки; **-anspruch** *m* право *n* на получение процентов; **-anstieg** *m* повышение *n* процентной ставки; **-arbitrage** *f* процентный арбитраж *m*, проценты *pl* в арбитражных операциях; **-aufwand** *m* **(-aufwendungen** *pl***)** расходы *pl* по выплате процентов; расходы *pl* по долговым обязательствам; **-ausfall** *m* потеря *f* процентов; **-ausgleich** *m* выравнивание *n* процентных ставок; **-ausstattung** *f* **(-bedingungen** *pl***)** условия *pl* начисления процентов; **-beihilfen** *pl* субсидии *pl* для выплаты процентов; **-belastung** *f* выплата *f* процентов, расходы *pl* по выплате процентов; **-berechnung** *f* исчисление *n* (расчет *m*) процентов; **-berechnungsmethode** *f (Bank, Fin)* метод *m* исчисления процентов по вкладам; **-besteuerung** *f* обложение *n* процентов налогом; **-betrag** *m* сумма *f* (начисленных) процентов; **-bindung** *f* (государственное) регулирование *n* процентных ставок; **-bogen** *m* купонный лист *m*

zinsbringend приносящий проценты; **sein Geld ~ anlegen** помещать свои деньги под проценты

Zins|darlehen *n* ссуда *f* под проценты; **-differenz** *f* разница *f* процентных ставок; **-differenzgeschäft** *n* сделка *f* (операция *f*) с учетом разницы процентных ставок; **-druck** *m* негативное *n* воздействие процентных ставок; **-einbuße** *f* потеря *f* процентов

Zinseinkünfte *pl* доходы *pl* от процентов; **steuerbefreite ~** доходы *pl* от процентов, не облагаемые налогом

Zinseinnahmen *pl* доходы *pl* от процентов

zinsempfindlich зависящий от изменения процентной ставки; **-e Papiere** *pl* ценные бумаги *pl*, курс которых зависит от изменения процентной ставки

Zinsen *pl* проценты *pl*; **~ abbauen** уменьшать (понижать) процентную ставку; **~ anpassen** регулировать (корректировать) процентную ставку; **~ auszahlen** выплачивать проценты; **die ~ berechnen** начислять проценты; **~ bezahlen** выплачивать проценты; **~ beziehen**

получать проценты; ~ **erbringen (bringen)** приносить (давать) проценты; ~ **erhalten** получать проценты; ~ **erheben** взимать проценты; ~ **erhöhen** повышать процентную ставку; ~ **ermäßigen** понижать (уменьшать) процентную ставку; ~ **festlegen** определять (устанавливать) процентную ставку; ~ **gutschreiben lassen** оприходовать полученные проценты; ~ **kapitalisieren** превращать проценты в капитал; **mit ~ zurückzahlen** возвратить (долг) с процентами; ~ **senken** понижать (уменьшать) процентную ставку; ~ **steigern** повышать процентную ставку; ~ **verlangen** назначить проценты; ~ **verrechnen** произвести расчет процентной ставки; ~ **zahlen** выплачивать проценты; ~ **zurückzahlen** возвращать проценты; **abzüglich der ~** за вычетом процентов; **angefallene ~** наросшие (накопленные) проценты *pl*; **anteilige ~** пропорциональные проценты *pl*; ~ **auf der Basis von 360 Tagen** процент *m*, исчисленный на базе 360 дней в году; ~ **auf der Basis von 365 Tagen** процент *m*, исчисленный на базе 365 дней в году; ~ **auf Geldkapital** ссудный процент *m*; **ausstehende ~** невыплаченные проценты *pl*; **berechnete ~** исчисленная процентная ставка *f*, начисленные проценты *pl*; **effektive ~** реальные (фактические) проценты *pl*; **errechnete ~** исчисленная процентная ставка *f*, начисленные проценты *pl*; **fallende ~** понижающаяся процентная ставка *f*; **fällige ~** проценты *pl*, подлежащие уплате за наступлением срока; **feste ~** твердая процентная ставка *f*; **gesetzliche ~** официальная процентная ставка *f*, установленная законом; **jährliche ~** годовые проценты *pl*; **kalkulatorische ~** проценты *pl* на собственный капитал, включаемые в калькуляцию; **laufende ~** текущая процентная ставка *f*; **mit ~** с процентами, включая проценты; **niedrige ~** низкие проценты *pl*; **ohne ~** без процента, исключая проценты; **rückständige ~** неуплаченные (просроченные) проценты *pl*; **sinkende ~** понижающаяся процентная ставка *f*; **steigende ~** повышающаяся процентная ставка *f*; **vereinbarte ~** договорные проценты *pl*; **zu niedrigen ~** по низкой процентной ставке

Zinsendienst *m* выплата *f* процентов

Zins|entwicklung *f* динамика *f* (развитие *n*) процентных ставок; **-ergebnis** *n* сумма *f* полученных процентов; **-erhöhung** *f* повышение *n* процентной ставки (процента); **-erleichterungen** *pl* льготы *pl* по выплате процентов; **-ermäßigung** *f* понижение *n* процентной ставки; **-errechnung** *f* исчисление *n* процентной ставки; **-ersparnis** *f* экономия *f* на процентах; **-erstattung** *f* возврат *m* процентов; **-ertrag** *m* доход *m* от процентов; **-ertragsbilanz** *f* баланс *m* доходов и расходов по процентам; **-ertragsteuer** *f* налог *m* на доход от процентов

Zinseszins *m* сложные (композиционные) проценты *pl*, *(Bank, Fin)* сложная процентная ставка *f*

Zinseszinsrechnung *f* исчисление *n* (расчет *m*) сложных процентов

Zinsforderung *f* требование *n* уплаты процентов

zinsfrei беспроцентный; **-es Darlehen** *n* беспроцентный заем *m*

Zinsfuß *m* процентная ставка *f*, уровень *m* (размер *m*) процента; **den ~ berechnen** исчислить процентную ставку; **fester ~** твердая процентная ставка *f*; **interner ~** внутренняя процентная ставка *f*; **kalkulatorischer ~** расчетная процентная ставка *f*

Zins|garantie *f* гарантия *f* получения установленного процента; гарантия *f* уплаты процентов; **-gefälle** *n* разница *f* в уровнях процентной ставки; **-gefüge** *n* структура *f* процентной ставки; **-gewährung** *f* предоставление *n* процентов, установление *n* процентной ставки; **-gewinn** *m* прибыль *f* от процентов; **-gleitklausel** *f* оговорка *f* об изменении процентной ставки

zinsgünstig под выгодный (льготный) процент; **-es Darlehen** *n* ссуда *f* под выгодный (льготный) процент

Zins|gutschrift *f* запись *f* о начислении процентов (на сберегательные вклады); **-herabsetzung** *f* понижение *n* процентной ставки; **-höchstsatz** *m* максимальная процентная ставка *f*; **-höhe** *f* уровень *m* (ставка *f*) процента; **-inversion** *f* превышение *n* процентной ставки рынка краткосрочных кредитов над процентной ставкой рынка долгосрочных кредитов; **-kapitalisierung** *f* капитализация *f* процентов; **-konditionen** *pl* условия *pl* начисления процентов; **-konversion** *f* снижение *n* процентной ставки займа путем обмена его облигаций на облигации займа с более низкой процентной ставкой; **-kosten** *pl* издержки *pl* по оплате процентов; **-last** *f* бремя *n* расходов по выплате процентов; **-leiste** *f (Bö, Fin) s.* **Talon** *m*; **-leistung** *f* уплата *f* процентов

zinslos беспроцентный, без процентов; **~ stunden** давать отсрочку без уплаты процентов; **-es Darlehen** *n* беспроцентная ссуда *f*

Zins|marge *f* маржа *f* процентной ставки, разница *f* в уровнях процентной ставки; **-meldung** *f* сообщение *n* о процентной ставке; **-nachzahlung** *f* выплата *f* задолженности по процентам; **-niveau** *n* уровень *m* процентной ставки; **-note** *f* авизо *n* о начислении процентов; **-periode** *f* период *m* начисления процентов; **-optionsschein** *m* процентный опцион *m* (варрант *m*)

zinspflichtig обязанный платить проценты

Zins|politik *f* процентная политика *f*, политика *f* в области процентных ставок; **-rate** *f* процентная ставка *f*

zinsreagibel зависящий от изменения процентной ставки

Zins|rechnung *f* исчисление *n* (расчет *m*) процентной ставки; **-reduktion** *f* понижение *n* процентной ставки; **-risiko** *n* риск *m* изменения процентной ставки; **-rückerstattung** *f* возврат *m* процентов; **-rückgang** *m* понижение *n* (падение *n*) процентной ставки; **-rückstände** *pl* неуплаченные проценты *pl*

Zinssatz *m* процентная ставка *f*; **den ~ erhöhen** превышать процентную ставку; **den ~ ermäßigen (herabsetzen)** понижать процентную ставку; **den ~ festsetzen** устанавливать процентную ставку; **~ bei 10jähriger Bindung** процентная ставка *f* при предоставлении кредита сроком на 10 лет; **erhöhter ~** повышенная процентная ставка *f*; **ermäßigter ~** льготная процентная ставка *f*; **fester ~** твердая процентная ставка *f*; **~ für festverzinsliche Wertpapiere** процентная ставка *f* по ценным бумагам с твердым процентом; **~ für kurzfristige (langfristige) Kredite** процентная ставка *f* по краткосрочным (долгосрочным) кредитам; краткосрочная (долгосрочная) процентная ставка *f*; **gesetzlicher ~** процентная ставка *f*, установленная законом; **vertraglich vereinbarter ~** договорная процентная ставка *f*

Zinssatz|angleichung *f* выравнивание *n* процентных ставок; **-anpassung** *f* **(-regulierung** *f***)** корректировка *f* (регулирование *n*) процентных ставок

Zins|schein *m* процентный купон *m*, купон *m* на оплату процентов; **-scheinbogen** *m* купонный лист *m*; **-senkung** *f* понижение *n* процентной ставки; **-spanne** *f* разница *f* между процентными ставками; банковская маржа *f*; маржа *f* от процентов; **-spannenrechnung** *f* расчет *m* маржи от процентов; исчисление *n* разницы между процентными ставками; **-spekulation** *f* спекуляция *f* на разнице процентных ставок; **-stabilisierung** *f* стабилизация *f* процентных ставок; **-steigerung** *f* повышение *n* процентной ставки; **-struktur** *f* структура *f* процентных ставок; соотношение *n* процентных ставок между собой; **-stundung** *f* отсрочка *f* выплаты процентов; **-stützung** *f* поддержание *n* уровня процентной ставки; **-swap** *(Bank, Fin)* процентный своп *m*; **-tage** *pl* дни *pl*, за которые начисляются проценты; **-tender** *m* процентный тендер *m*; **-termin** *m* срок *m* уплаты процентов; **-termingeschäft** *n* срочная сделка *f* под определенный процент

zinsunempfindlich независящий от изменения процентной ставки

Zinsunterschiede *pl* различия *pl* в уровнях процентных ставок

zinsverbilligt по сниженной процентной ставке; **-es Darlehen** *n* ссуда *f* под низкие проценты

Zinsverbilligung *f* понижение *n* процентной ставки; **~ gewähren** предоставить льготную процентную ставку

Zins|vereinbarung *f* соглашение *n* о процентных ставках; **-vergünstigung** *f* предоставление *n* льготной процентной ставки; **-vergütung** *f* скидка *f* с процентной ставки; **-verlust** *m* потеря *f* процентов; **-verzicht** *m* отказ *m* от взимания процентов

Zinsvorauszahlungen *pl* уплата *f* процентов авансом; **~ leisten** уплачивать проценты авансом

Zins|vorteil *m* преимущество *n* одного процентного курса перед другим; **-wucher** *m* ростовщичество *m*

Zinszahlung *f* уплата *f* процентов; **-en leisten** уплачивать проценты; **mit der ~ im Verzug sein** просрочить уплату процентов; **fällige ~** уплата *f* процентов, срок которых наступил

Zinszuschüsse *pl* субсидии *pl* для уплаты процентов

Zirkaauftrag *m* поручение маклеру с предоставлением ему определенной свободы действий

Zirkular|angebot *n* циркулярное письмо *n* с предложением услуг; **-kreditbrief** *m* циркулярный аккредитив *m*

Zirkulation *f* обращение *n*

Zivil|dienst *m (Recht)* альтернативная военная служба *f*; **-gericht** *n* суд *m* по гражданским делам; **-gesetzgebung** *f* гражданское законодательство *n*; **-klage** *f* гражданский иск *m*; **-luftfahrt** *f* гражданская авиация *f*; **-recht** *n* гражданское право *n*

Zoll *m* (таможенная) пошлина *f*; таможенный тариф *m*; таможня *f*; **~ abbauen** уменьшать пошлину; **~ abschaffen (aufheben)** отменить пошлину; **beim ~ anmelden** заявить (товар) на таможне; **beim ~ einlagern** поместить на таможенном складе; **~ einziehen** взимать пошлину; **~ entrichten** уплатить пошлину; **~ erheben** взимать пошлину; **~ erhöhen** повысить размер пошлины; **~ ermäßigen (herabsetzen)** уменьшить размер пошлины; **~ hinterziehen** уклоняться от уплаты пошлины; **den ~ passieren** проходить таможенный контроль; **~ rückerstatten** возвратить пошлину; **~ senken** понизить размер пошлины; **dem ~ unterliegen** подлежать обложению пошлиной; **~ zahlen** уплатить пошлину; **spezifischer ~** специфическая пошлина *f*

Zoll|abbau *m* уменьшение *n* (снижение *n*) пошлины; **-abfertigung** *f* таможенный досмотр *m*, таможенная очистка *f*, клиранс *m*

Zollabfertigungs|gebühr *f* таможенные сборы *pl*; **-kosten** *pl* сбор *m* за вывоз товара со склада таможни; **-papiere** *pl* таможенные документы *pl*; **-stelle** *f* таможня *f*; **-verfahren** *n* порядок *m* очистки от пошлин

Zoll|abgaben *pl* таможенные сборы *pl*; **-abkommen** *n* таможенная конвенция *f*, соглашение *n* о таможенных тарифах; **-abwicklung** *f* таможенная очистка *f*

Zollager *n* таможенный склад *m*

Zollagergut *n* товары *pl*, находящиеся на таможенном складе

Zollamt *n* таможня *f*

zollamtlich таможенный; **Waren ~ abfertigen** произвести таможенную очистку товаров; **-e Abfertigung** *f* таможенный досмотр *m*, таможенная очистка *f*; **~ verschlossen** на таможенном складе, под таможенной пломбой

Zoll|anmeldung *f* таможенная декларация *f*; **eine ~ abgeben** подать таможенную декларацию; **~ zum Zollgutversand** таможенная декларация *f* на осуществление таможенного транзита

Zoll|anschlüsse *pl* таможенные анклавы *pl*; **-aufkommen** *n* поступление *n* таможенных сборов; **-aufschlag** *m* добавочная пошлина *f*; **-aufsicht** *f* таможенный контроль *m* (досмотр *m*); **-ausfuhrerklärung** *f* таможенная декларация *f* на экспорт; таможенная декларация *f* по отходу (судна); **-ausgaben** *pl* таможенные расходы *pl*; **-auskunft** *f* справка *f* (информация *f*) таможенного органа о таможенных тарифах; **-ausland** *n* зарубежные страны *pl*, не входящие в таможенные границы данной страны, и открытое море; **-ausschlüsse** *pl* части *pl* государственной территории, не входящие в таможенные границы данной страны; **-banderole** *f* таможенная бандероль *f*; **-barrieren** *pl* таможенные барьеры *pl*; **-beamte** *m* таможенный служащий *m* (чиновник *m*); **-befreiung** *f* освобождение *n* от уплаты пошлины; **-befreiungsschein** *m* свидетельство *n* об освобождении от пошлины; **-befund** *m* заключение *n* о результатах таможенного досмотра; **-begleitpapier** *n* **(-begleitschein** *m***)** таможенная накладная *f*; **-begünstigung** *f* таможенные льготы *pl*; **-behandlung** *f* таможенная обработка *f*; **-behörde** *f* таможенный орган *m*; **-belastung** *f* обложение *n* таможенными пошлинами и сборами; **-beschau** *f* таможенный досмотр *m*; **-bescheid** *m* таможенное извещение *n* о размере пошлины; **-beschlagnahme** *f* таможенная конфискация *f*; **-bestimmungen** *pl* таможенные правила *pl*; **-betrag** *m* размер *m* пошлины; **-broker** *m* таможенный брокер *m*; **-brokerlizenz** *f* лицензия *f* на осуществление деятельности таможенного брокера; **-bürgschaft** *f* поручительство *n* по задолженности таможенным органам; **-deklarant** *m* податель *m* таможенной декларации; **-deklaration** *f* таможенная декларация *f*; **-dienststelle** *f* таможенный орган *m*, таможня *f*; **-disparitäten** *pl* различие *n* между таможенными тарифами различных стран; **-dokumente** *pl* таможенные документы *pl*; **-einfuhrschein** *m* таможенное ввозное свидетельство *n* (судна); **-einkünfte** *pl* таможенные доходы *pl*; **-erhebung** *f* взимание *n* пошлины; **-erhöhung** *f* повышение *n* пошлины; **-erklärung** *f* таможенная декларация *f*; **-erlass** *m* освобождение *n* от таможенных пошлин; **-ermäßigung** *f* снижение *n* (понижение *n*) пошлины; **-erstattung** *f* возврат *m* пошлин; **-fahndung** *f* борьба *f* с контрабандой, таможенный розыск *m*; **-fahndungsdienst** *m* таможенная служба *f* по борьбе с контрабандой; **-faktura** *f* таможенный счет *m*; **-formalitäten** *pl* таможенные формальности *pl*; **-formular** *n* бланк *m* таможенной декларации

zollfrei беспошлинный, не облагаемый пошлиной; ~ **einführen** импортировать (ввозить) без уплаты пошлин; **-e Waren** *pl* товары *pl*, не облагаемые пошлиной

Zollfreigabe *f* выпуск *m* товаров (в свободное обращение)

Zollfreigebiet *n* зона *f*, свободная от таможенного обложения

Zollfreiheit *f* освобождение *n* от уплаты таможенных пошлин

Zoll|freistellung *f* свидетельство *n* об освобождении от таможенных пошлин; **-garantie** *f* таможенная гарантия *f*; **-gebiet** *n* таможенная зона *f* (территория *f*); **-gesetz** *n* закон *m* о таможнях; **-gewicht** *n* таможенный вес *m*, вес *m*, подлежащий таможенному обложению; **-grenze** *f* таможенная граница *f*; **-gut** *n* таможенный груз *m*, груз *m* на таможенном складе

Zollgut|lager *n* таможенный склад *m*; **-lagerung** *f* хранение *n* груза на таможенном складе; **-versand** *m* таможенный транзит *m*

Zoll|harmonisierung *f* выравнивание *n* таможенных пошлин; **-hehlerei** *f* утаивание *n* грузов (багажа) от обложения таможенной пошлиной; **-herabsetzung** *f* понижение *n* таможенных пошлин (тарифов); **-hinterziehung** *f* уклонение *n* от уплаты пошлины; **-hoheit** *f* таможенный суверенитет *m*; **-inhaltserklärung** *f* таможенная декларация *f*; **-inland** *n* государственная территория *f* страны, исключая части этой территории, не входящие в ее таможенные границы; **-kartell** *n* картельное соглашение *n* об условиях оплаты таможенных пошлин; **-klarierung** *f* очистка *f* товаров от пошлины; **-kontigent** *n* контингент *m* товаров, на которые распространяются таможенные льготы; доля *f* товаров, облагаемых пошлиной

Zollkontrolle *f* таможенный досмотр *m* (контроль *m*); **eine ~ vornehmen** произвести таможенный досмотр

Zoll|mitverschluss *m* совместное хранение *n* грузов на таможенном складе; **-nachforderung** *f* дополнительное взимание *n* пошлин; **-niederlage** *f* (приписной) таможенный склад *m*; **-ordnungswidrigkeit** *f* нарушение *n* таможенного законодательства; **-papiere** *pl* таможенные документы *pl*; **-passierschein** *m* таможенный пропуск *m* для автомашин; **-pflicht** *f* обязанность *f* уплаты таможенных пошлин

zollpflichtig обязанный уплатить таможенную пошлину; **-e Waren** *pl* товары *pl*, подлежащие обложению таможенной пошлиной

Zoll|plombe *f* пломба *f* таможни; **-politik** *f* таможенная политика *f*

Zollpräferenz *f* таможенные льготы *pl*, льготные ставки *pl* таможенных тарифов; **-en aufheben** отменить таможенные льготы; **-en genießen** пользоваться таможенными льготами

Zoll|quittung *f* квитанция *f* об уплате таможенной пошлины; **-rechnung** *f* таможенный счет *m*; **-recht** *n* таможенное право *n*; **-regelung** *f* таможенное регулирование *n*; **-rückerstattung** *f* возврат *m* пошлины; **-runde** *f* тарифный раунд *m*

Zollsatz *m* ставка *f* таможенной пошлины; **ermäßigter ~** сниженная ставка *f* таможенной пошлины; **pauschaler ~** единая ставка *f* таможенной пошлины

Zoll|schranke *f* таможенный барьер *m*; **-schuld** *f* таможенный долг *m*; **-schuldner** *m* лицо *n*, обязанное уплатить таможенную пошлину; **-schuppen** *m* таможенный ангар *m*; **-senkung** *f* снижение *n* таможенных пошлин (тарифов); **-spediteur** *m* таможенный перевозчик *m*; **-stelle** *f* таможня *f*; **-strafe** *f* таможенный штраф *m*; **-stunden** *pl* время *n* на таможенный досмотр

Zolltarif *m* таможенный тариф *m*; **ausgehandelter ~** конвенционный таможенный тариф *m*; **-e für gewerbliche Waren** таможенные тарифы *pl* на промышленные товары

Zolltarif|angleichung *f* выравнивание *n* таможенных тарифов; **-auskunft** *f* справка *f* таможенного органа о таможенных тарифах; **-herabsetzung** *f* снижение *n* таможенных тарифов; **-nummer** *f* номер *m* таможенного тарифа; **-satz** *m* ставка *f* таможенного тарифа

Zoll|übereinkommen *n* таможенная конвенция *f*; **-überwachung** *f* таможенный надзор *m*; **-union** *f* таможенный союз *m*; **-unterlagen** *pl* таможенные документы *pl*; **-urkunde** *f* таможенное свидетельство *n*; **-veredelungsverkehr** *m* ввоз *m* и вывоз *m* сырья, предназначенного для переработки по льготным таможенным тарифам; **-verfahren** *n* таможенная процедура *f*; таможенный режим *m*; **-vergehen** *n* нарушение *n* таможенных правил; **-vergünstigung** *f* таможенная льгота *f*; **-verkehr** *m* таможенные операции *pl*; **-versand** *m* таможенный транзит *m*; **-versandgut** *n* грузы *pl*, перевозимые таможенным транзитом; **-versandschein** *m* разрешение *n* на транзит груза с таможенного склада

Zollverschluss *m* хранение *n* на таможенном складе; таможенный склад *m*; таможенная пломба *f*; **einen ~ anlegen** пломбировать таможенной пломбой; **unter ~ stehen** находиться на таможенном складе; **Waren aus**

dem ~ (heraus) nehmen забирать товары с таможенного склада; **Waren unter ~ einlagern** помещать товары на таможенный склад

Zoll|vertrag *m* таможенный договор *m*; **-verwaltung** *f* администрация *f* таможни; **-vorschriften** *pl* таможенные правила *pl* (инструкции *pl*); **-wert** *m* стоимость *f* (цена *f*) товара, взятая за основу для начисления пошлины, таможенная стоимость *f*; **-wertfeststellung** *f* таможенная оценка *f* стоимости товара; **-zuschlag** *m* дополнительная пошлина *f*, надбавка *f* к пошлине

Zone *f* зона *f*; район *m*; **eine steuerbegünstigte ~ einrichten** создать зону с льготным налогообложением

Zonentarif *m* поясной (зональный) тариф *m*

Zubehör *n* принадлежности *pl*; арматура *f*; сопутствующие товары *pl*; **handelsübliches ~** обычный торговый инвентарь *m*

Zubringer|dienst *m* служба *f* доставки (пассажиров в аэропорт); **-verkehr** *m* движение *n* местного транспорта, согласованное с движением транспорта дальнего следования

Zucht *f* разведение *n*, выращивание *n*; порода *f* (животных)

Zufallauswahl *f* случайная выборка *f*

Zufluss *pl* приток *m*; наплыв *m*; прилив *m*; **~ von ausländischem Kapital** приток *m* иностранного капитала

Zufriedenheit *f* удовлетворение *n*, удовлетворенность *f*; **~ der Kunden** удовлетворенность *f* клиентов; **mangelnde ~** неудовлетворенность *f*

zufriedenstellen удовлетворять; **den Kunden ~** удовлетворить клиента

zufriedenstellend удовлетворительный; **-es Ergebnis** *n* удовлетворительный результат *m*

Zufuhr *f* подвоз *m*, завоз *m*; доставка *f*, снабжение *n*; отчисление *n*

zuführen подвозить, доставлять; снабжать; отчислять; **den Rücklagen Mittel ~** отчислять (направлять) средства в резервный фонд

Zuführungen *pl* отчисления *pl*; **~ von Mitteln** отчисления *pl* средств

Zugabe *f* (рекламный) подарок *m*; премия *f*; бесплатное приложение *n*; выступление *n* на бис

Zugabe|verordnung *f* распоряжение *n* о запрете рекламных подарков; **-werbung** *f* реклама *f* с помощью выдачи подарков к покупкам

Zug *m* поезд *m*; **~ um Zug** непрерывно, встречно

Zugang *m* доступ *m*; поступление *n*, пополнение *n*; прирост *m*; **~ erhalten (erlangen)** получить доступ; **~ gewähren** предоставить доступ; **freier ~** свободный доступ *m*; **~ von Anlagegegenständen** прирост *m* основных средств; **~ zum Betrieb** доступ *m* на предприятие; **~ zum Markt** доступ *m* к рынку

Zugänge *pl* поступления *pl*, прирост *m*; **~ im Anlagevermögen** прирост *m* основного капитала; **~ und Abgänge** *pl* поступления *pl* и выбытия *pl*; **~ zum Lager** поступления *pl* на склад, увеличение складских запасов

Zugangs|barrieren *pl*, **-beschränkungen** *pl (V&M)* барьеры *pl* для вхождения в отрасль

zugeben соглашаться; давать в придачу (при покупке)

Zugehörigkeit *f* принадлежность *f*, членство *n*; **~ zum Betrieb** работа *f* на предприятии

zugelassen допущенный; разрешенный; **amtlich ~** официально допущенный, имеющий официальное разрешение (лицензию); **-er Anwalt** *m* адвокат *m*, допущенный к практике; **an der Börse -e Wertpapiere** *pl* ценные бумаги *pl*, имеющие котировку на бирже

zugesagt обещанный; **-er Kredit** *m* обещанный кредит *m*

zugesichert гарантированный

Zugeständnis *n* уступка *f*; **ein ~ machen** пойти на уступку, сделать уступку; **gegenseitige -se** взаимные уступки

zugestehen уступать, давать согласие; **einen Rabatt ~** сделать скидку, согласиться на скидку

Zugewinngemeinschaft *f (Fin, Recht)* сообщество *n*, нажившее имущество совместно

Zugriff *m* доступ *m*, подход *m*

Zugriffs|kontrolle *f (Comp, Manag)* контроль *m* доступа *f*; **-recht** *n (Comp)* право *n* доступа
Zug-um-Zug-Leistung *f* встречное исполнение *n* обязательств
Zug-um-Zug-Zahlung *f* платеж *m* непосредственно против встречного исполнения
zugunsten в пользу
Zukauf *m* дополнительная покупка *f*; **einen ~ tätigen** произвести дополнительную покупку
Zukunft *f* будущее *n*; будущность *f*; перспектива *f*; **die ~ sichern** обеспечить будущее
zukünftig будущий, перспективный
Zukunfts|aussichten *pl* виды *pl* на будущее, перспективы; **-branche** *f* отрасль *f* (промышленности) будущего, перспективная отрасль *f* (промышленности); **-entwicklung** *f* перспективное развитие *n*, развитие *n* в будущем; **-industrie** *f* промышленность *f*, ориентированная на будущее; **-markt** *m* перспективный рынок *m*, рынок *m* будущего
zukunftsorientiert ориентированный на будущее, перспективный; **-e Produkte** *pl* перспективные продукты *pl*, продукты *pl* будущего
Zukunfts|produkt *n* перспективный продукт *m*, продукт *m* будущего; **-sicherung** *f* гарантия *f* на будущее, обеспечение *n* в будущем; **-szenario** *n* сценарий *m* будущего развития; **-technologie** *f* технология *f* будущего
zukunftsträchtig перспективный
zukunftsweisend указывающий путь в будущее, открывающий широкие горизонты
Zuladung *f* дополнительная нагрузка *f*, дополнительный груз *m*, попутная загрузка *f*
Zulage *f* надбавка *f*, прибавка *f*; дополнительная плата *f*; **eine ~ erhalten** получить надбавку (дополнительную плату); **übertarifliche ~** надбавка *f* сверх тарифа
zulassen разрешать, допускать; регистрировать; **ein Auto ~** зарегистрировать автомобиль
zulässig допустимый; **-e Belastung** *f* допустимая нагрузка *f*; **-e Höchstgeschwindigkeit** *f* допустимая максимальная скорость *f*
Zulassung *f* допуск *m*, прием *m*; (официальное) разрешение *n*; лицензия; регистрация; **die ~ beantragen** ходатайствовать о допуске (выдаче разрешения); **die ~ entziehen** лишать лицензии (разрешения); отказать в допуске; **die ~ erhalten** получить разрешение (допуск); **die ~ erteilen** выдать разрешение; **~ neuer Personenkraftwagen** регистрация *f* новых легковых автомобилей; **~ von Wertpapieren zur amtlichen Notierung** допуск *m* ценных бумаг к официальной котировке
Zulassungs|antrag *m* заявление *n* на допуск (регистрацию) ценных бумаг; **-ausschuss** *m (Bö, Fin)* комиссия *f* по допуску ценных бумаг; **-beschränkung** *f* ограничение *n* допуска (регистрации); **-prospekt** *m* проспект *m* для допуска ценных бумаг к котировке; **-stelle** *f* биржевой комитет *m*, ведающий допуском ценных бумаг к котировке; инспекция *f* по регистрации автомобилей; **-urkunde** *f* свидетельство *n* о допуске (регистрации); **-verfahren** *n* процедура *f* допуска к котировке; процедура *f* таможенной очистки
Zuliefer|abkommen *n* соглашение *n* о выполнении работ по субподрядам; соглашение *n* о поставке комплектующих деталей; **-aufträge** *pl* заказы *pl* на выполнение субподрядных работ; **-betrieb** *m* предприятие-субпоставщик *n* (смежник *m*)
Zulieferer *m* поставщик *m* (комплектующих деталей); субпоставщик *m*; субподрядчик *m*
Zuliefer|firma *f* фирма-(суб)поставщик *f* (субподрядчик *m*, смежник *m*); **-industrie** *f* смежное производство *n*; промышленность *f*, поставляющая комплектующие изделия
zuliefern поставлять
Zulieferteil *m* комплектующая деталь *f*
Zulieferung *f* поставка *f* (комплектующих изделий); поставки *pl* со стороны субподрядчиков; **-en beziehen** получать поставки комплектующих изделий; **produktions-**

synchrone ~ поставки *pl* комплектующих изделий, производимые синхронно с изготовлением конечной продукции; поставки *pl*, синхронные с производством

Zulieferunternehmen *n* предприятие-(суб)поставщик *n*

Zunahme *f* прирост *m*; приращение *n*; увеличение *n*; **absolute** ~ абсолютный прирост *m*; ~ **der Aufträge** увеличение *n* числа заказов; **durchschnittliche** ~ средний прирост *m*; ~ **des Geschäftsvolumens** увеличение *n* размера оборота фирмы; **prozentuale** ~ ежегодный прирост *m* в процентах; ежегодный процент *m* прироста

Zunahmerate *f* темп *m* прироста

zunehmen возрастать, увеличиваться; **an Wert** ~ возрастать по стоимости

zuordnen включать; распределять; упорядочивать; соотносить

Zuordnung *f* распределение *n*; упорядочение *n*; соотнесение *n*

zurechenbar причисляемый, относимый на счет; **indirekt** ~ косвенно относимый на счет

zurechnen прибавлять; причислять, включать; приписывать, относить на счет

Zurechnung *f* прибавление *n*, причисление *n*, включение *n*; отнесение *n* на счет

Zurückbehalt *m* приостановка *f*; удержание *n*; ~ **der Ware** приостановка *f* поставки товара продавцом

zurückbehalten удерживать, оставлять за собой (себе)

Zurückbehaltungsrecht *n* право *n* удержания (ареста) имущества (товаров); **kaufmännisches** ~ коммерческое право *n* удержания товара

zurück|bekommen возвращать, получать назад; **-datieren** датировать задним числом; **-erstatten** возмещать, возвращать; **-fordern** требовать обратно (возврата); **-geben** возвращать, вернуть

zurückgehen понижаться, снижаться, падать; возвращаться; **Waren** ~ **lassen** вернуть товары; **die Preise gehen zurück** цены снижаются

zurückgehend понижающийся, уменьшающийся; возвращающийся; **-e Preise** *pl* понижающиеся цены *pl*; **-e Waren** *pl* возвращающиеся товары *pl*

zurückhalten удерживать; резервировать; **sich mit Käufen** ~ воздерживаться от покупок

Zurückhaltung *f* сдержанность *f*, пассивность *f*; выжидательное настроение *n*; ограничение *n*; ~ **der Anleger** пассивность *f* инвесторов; ~ **bei der Auftragserteilung** ограничение *n* числа выдаваемых заказов; ~ **bei Investitionen** осторожность *f* в проведении капиталовложений

zurückkaufen выкупать; **Pfandbriefe** ~ выкупать закладные свидетельства

zurücklegen резервировать, приберегать

Zurücknahme *f* отзыв *m*, изъятие *n*; отмена *f*, аннулирование *n*; ~ **von Investmentanteilen** погашение *n* инвестиционных сертификатов

zurücknehmen отказываться, изымать; отменять, аннулировать; **die beschädigte Ware** ~ принять поврежденный товар обратно; **eine Bestellung** ~ отменить заказ

zurück|rufen отзывать; отменять, аннулировать; изымать; **-senden** возвращать, отсылать обратно

zurückstellen откладывать, переносить, отсрочивать; **Investitionen** ~ отложить проведение инвестиций

Zurückstellung *f* отсрочка *f*; ~ **des Wechsels** вексельная грация *f*

zurücktreten отказаться, аннулировать; **von seinen Amt** ~ уйти со службы, оставить пост; **vom Vertrag** ~ расторгнуть договор

zurückverlangen требовать обратно, требовать возвращения

zurückweisen отклонять, отвергать; отказывать; **die Lieferung** ~ отказаться от приемки поставки; **eine Reklamation** ~ отказаться признать обоснованность рекламации

zurückzahlen возвращать; погашать; выплачивать; **eine Anleihe ~** погашать заем; **Schulden ~** погашать (выплачивать) долги

Zurückzahlung *f* возврат *m* (денег); погашение *n*; уплата *f*

zurückziehen брать обратно; отменять, аннулировать; отказываться; **den Antrag ~** забрать заявление обратно; **sich vom Geschäft ~** выйти из дела

Zusage *f* обещание *n*; согласие *n*; обязательство *n*; **die ~ einhalten** сдержать обещание, выполнить обязательство; **die ~ einlösen** выполнить обязательство; **die ~ erhalten** получить согласие; **die ~ erfüllen** выполнить обязательство; **seine ~ geben** дать свое согласие; **die ~ verweigern** не дать согласие; **die ~ zurückziehen** отказаться от выполнения обязательства

zusagen обещать; давать согласие; подходить, понравиться; **einen Kredit ~** обещать предоставить кредит; **Ihr Angebot sagt uns zu** Ваше предложение нам подходит (нас устраивает)

Zusammenarbeit *f* сотрудничество *n*, совместная работа *f*; **eine ~ anstreben** стремиться к сотрудничеству; **eine ~ fördern** стимулировать совместную работу; **eine ~ vereinbaren** договориться о сотрудничестве; **gleichberechtigte ~** равноправное сотрудничество *n*; **in ~ mit...** в сотрудничестве с; **internationale ~** международное сотрудничество *n*; **technische ~** техническое сотрудничество *n*; **wissenschaftliche ~** научное сотрудничество *n*

zusammenarbeiten сотрудничать, работать совместно; **geschäftlich ~** вести деловое сотрудничество

Zusammenballung *f* концентрация *f*, сосредоточение *n*; агломерация *f*

Zusammenbau *m* монтаж *m*, сборка *f*

Zusammenbruch *m* банкротство *n*; крах *m*; катастрофа *f*; **vor dem ~ stehen** стоять на краю банкротства; **finanzieller ~** финансовый крах *m*; **~ einer Firma** банкротство *n* фирмы

zusammenfassen соединять, объединять; обобщать, подводить итоги, суммировать; **Gesellschaften ~** объединять (сливать) фирмы; **Organisationen ~** объединять организации

Zusammenfassung *f* объединение *n*; сосредоточение *n*, концентрация *f*; выводы *pl*, подведение *n* итогов, резюме *n*; **~ der Vertriebsaktivitäten** концентрация *f* маркетинговых усилий

zusammengefasst сводный; подводя итоги, обобщая

Zusammenhang *m* связь *f*, зависимость *f*; **wirtschaftlicher ~** экономические связи *pl*

zusammenlegen объединять, соединять; сливать

Zusammenlegung *f* объединение *n*; слияние *n*; укрупление *n*; **~ von Aktien** снижение *n* акционерного капитала; **~ von Unternehmen** слияние предприятий

zusammenrechnen подсчитывать, суммировать, складывать; сводить вместе; укрупнять

zusammenschließen, sich соединяться, объединяться; сливаться; **sich mit einem anderen Unternehmen ~** слиться (объединиться) с другим предприятием; **sich zu einem Konsortium ~** объединиться в консорциум

Zusammenschluss *m* объединение *n*; слияние *n*; концентрация *f*; **freiwilliger ~** добровольное объединение *n*; **horizontaler ~** горизонтальное слияние *n*; **kartellmäßiger ~** картельное объединение *n*; **vertikaler ~** вертикальное слияние *n*; **~ von Unternehmungen** слияние *n* предприятий

zusammensetzen собирать, составлять; агрегировать

Zusammensetzung *f* состав *m*, структура *f*; компоновка *f*; агрегирование *n*; **~ der Bevölkerung** структура *f* населения; **~ eines Depots** структура *f* вклада (депозита); **~ des Fondsvermögens** структура *f* имущества (капитала) фонда; **~ des Portfeuilles** состав *m* портфеля

zusammenstellen составлять;

подбирать; собирать; **eine Rechnung** ~ составить (выписать) счет; **eine Sammlung** ~ собрать коллекцию

Zusammenstellung *f* составление *n*; подбор *m*; сводка *f*; список *m*

zusammen|treffen встречать; встречаться; совпадать; **-treten** собираться, встречаться

zusammenzählen подсчитывать, складывать, суммировать

Zusatz *m* добавление *n*, дополнение *n*; добавка *f*; приписка *f*

Zusatz|abkommen *n* дополнительное соглашение *n*; **-aktie** *f* дополнительная акция *f*; **-auftrag** *m* дополнительный заказ *m*; **-bedarf** *m* дополнительный спрос *m*, дополнительные потребности *pl*; **-bedingungen** *pl* дополнительные условия *pl*; **-belastung** *f* дополнительная нагрузка *f*; **-dividende** *f* дополнительный дивиденд *m*; **-einkommen** *n* дополнительный доход *m*; **-kapital** *n* дополнительный капитал *m*; **-kontingent** *n* дополнительная квота *f*; **-kosten** *pl* дополнительные затраты *pl* (расходы *pl*); **-last** *f* дополнительное налоговое бремя *n*; **-leistungen** *pl* дополнительные выплаты *pl*

zusätzlich дополнительный, добавочный; **-es Personal** *n* дополнительный персонал *m*; **-e Zahlung** *f* дополнительный платеж *m*, доплата *f*

Zusatz|nutzen *m* дополнительная польза *f*; **-patent** *m (Pat)* дополнительный патент *m*; **-sortiment** *n* дополнительный ассортимент *m*; **-stoffe** *pl* добавки *pl*; **-vereinbarung** *f* дополнительное соглашение *n*; **-vergütung** *f* дополнительное вознаграждение *n*; **-versicherung** *f* дополнительное страхование *n*

Zuschlag *m* наценка *f*, надбавка *f*, накидка *f*; приплата *f*, доплата *f*; дополнительный сбор *m*; последний удар *m* молотка аукциониста; выдача *f* заказа (подряда); **den ~ erhalten** стать обладателем вещи, продаваемой на аукционе, получить конкурсный заказ, выиграть тендер; **den ~ erteilen** ударом молотка объявить товар проданным; выдать заказ (подряд)

zuschlagen прибавлять, набавлять, делать наценку; **zu dem Preis ~** сделать наценку

Zuschlags|beschluss *m* объявление *n* о продаже товара на аукционе; **-empfänger** *m* победитель *m* торгов (конкурса); **-ermittlung** *f* определение *n* надбавки (наценки); **-erteilung** *f* продажа *f* товара на аукционе; удар *m* молотка, извещающий о продаже товара; **-kalkulation** *f* постатейная калькуляция *f*; попередельный метод *m* калькулирования; метод *m* косвенного расчета

zuschlagspflichtig обязанный уплатить дополнительный сбор

Zuschlags|prämie *f* дополнительная страховая премия *f*; **-satz** *m* размер *m* надбавки (доплаты)

zuschreiben относить на счет

Zuschreibung *f* увеличение *n* балансовой стоимости основных средств

Zuschuss *m* денежное пособие *n*; прибавка *f*, доплата *f*; субсидия *f*, дотация *f*; (безвозвратная) ссуда *f*; **einen ~ auszahlen** выплатить пособие (дотацию); **einen ~ beantragen** подать заявление на выплату пособия (дотации); **einen ~ bewilligen** дать разрешение на выдачу дотации (субсидии); **einen ~ erhalten** получить дотацию (субсидию); **einen ~ gewähren** предоставить дотацию (субсидию); **einen ~ zahlen** выплатить пособие (субсидию); **~ für Existenzgründer** дотация *f* для предпринимателей, открывающих собственное дело; **nicht rückzahlbarer ~** безвозвратная ссуда *f*; **staatlicher ~** государственная дотация *f* (субсидия *f*); **~ zum Mutterschaftsgeld** доплата *f* к пособию по уходу за ребенком

Zuschüsse *pl* доплаты *pl*; субсидии *pl*, дотации *pl*; **~ zahlen** субсидировать, предоставлять субсидии; **öffentliche ~** государственные дотации *pl* (субсидии *pl*)

zuschussfähig субсидируемый; **-e Investitionen** *pl* субсидированные инвестиции *pl*
Zuschuss|bescheid *m* извещение *n* о предоставлении дотаций; **-höhe** *f* размер *m* субсидий; **-rente** *f* дополнительная пенсия *f*
zusenden присылать, доставлять; отправлять; **Waren ~** отправлять товары
Zusendung *f* отправка *f*, доставка *f*; отправка *f* на консигнацию
zusichern заверять; обещать; гарантировать; **die Geheimhaltung ~** гарантировать конфиденциальность; **die Qualität der verkauften Ware ~** гарантировать качество проданного товара
Zusicherung *f* заверение *n*, обещание *n*; гарантия *f*; **eine ~ einhalten** выполнить обещание; **~ einer Eigenschaft** гарантия *f* определенных свойств (определенного качества)
Zustand *m* состояние *n*; **in beschädigtem ~** в поврежденном состоянии; **einwandfreier ~** безупречное состяние *n*
zuständig компетентный; подсудный; ответственный; **-es Gericht** *n* компетентный суд *m*; **örtlich ~** компетентный (ответственный) по месту нахождения; **sachlich ~** компетентный по конкретному вопросу, ответственный за определенное дело; **-e Stelle** *f* компетентная инстанция *f* (служба *f*)
Zuständigkeit *f* принадлежность *f*; компетенция *f*, компетентность *f*; круг *m* полномочий; подсудность *f*, юрисдикция *f*; **die ~ bestreiten** оспаривать компетентность; **seine ~ überschreiten** превысить свою компетенцию; **unter die ~ fallen** подпадать под юрисдикцию; **ausschließliche ~** исключительная юрисдикция *f* (сфера *f* полномочий); **örtliche ~** местная юрисдикция *f*; **sachliche ~** подсудность *f* дела
Zuständigkeitsbereich *m* компетенция *f*, сфера *f* ответственности; **in den ~ des Bundes fallen** подпадать под компетенцию федерального правительства
zustehen причитаться, полагаться; принадлежать по праву
zustellen доставлять; вручать; **kostenlos ~** доставлять бесплатно; **ein Telegramm ~** доставлять телеграмму
Zustellgebühr *f* сбор *m* (платеж *m*) за доставку
Zustellung *f* доставка *f*; вручение *n*; **~ durch die Post** доставка *f* по почте; **~ gegen Empfangsbestätigung** сдача *f* (товара) под расписку; **öffentliche ~** официальная доставка *f* (почты)
zustimmen соглашаться, одобрять; **einer Entschließung ~** одобрить резолюцию
Zustimmung *f* согласие *n*, одобрение *n*; **der ~ bedürfen** подлежать утверждению; **eine ~ einholen** запросить согласие; **die ~ erhalten** получить согласие; **die ~ erteilen (geben)** дать согласие; **die ~ verweigern (vorenthalten)** не дать согласия; **nachträgliche ~** согласие *n* задним числом; **vorherige ~** предварительное согласие *n*; **~ zur Kündigung** согласие *n* на увольнение
zustimmungsbedürftig требующий согласия (одобрения)
Zustrom *m* приток *m*, прилив *m*, наплыв *m*
zuteilen распределять, выдавать; поручать; назначать; **Aktien ~** распределять акции; **eine Aufgabe ~** поручить задание; **Quoten ~** распределять квоты
Zuteilung *f* распределение *n*, выдача *f*; рационирование *n*; назначение *n*; разнарядка *f*; продажа *f* ценных бумаг по определенной шкале цен; *(Bö)* распределение *n* ценных бумаг при избыточной подписке; **~ von Wertpapieren** распределение *n* (распространение) ценных бумаг
Zuteilungs|kurs *m* курс *m*, по которому распространяются (распределяются) ценные бумаги; **-quote** *f* квота *f* на распространение (распределение)
Zutritt *m* доступ *m*; вход *m*; **den ~ erhalten** получить доступ; **~ zu Märkten** доступ *m* на рынки

Zu- und Abgänge *pl* поступления *pl* и выбытия *pl*; **~ erfassen** вести учет поступлений и выбытий; **~ von Vermögen** поступления и выбытия основных средств
zuverdienen прирабатывать
Zuverdienst *m* приработок *m*
zuverlässig надежный, верный, достоверный; **-e Firma** *f* солидная (надежная) фирма *f*, фирма *f* с хорошей репутацией; **-e Quelle** *f* надежный источник *m*; **-e Unterlagen** *pl* достоверная документация *f*
Zuverlässigkeit *f* надежность *f*, достоверность *f*; **~ des Produkts** надежность *f* изделия
Zuwachs *m* прирост *m*, приращение *n*; увеличение *n*, рост *m*; **einen ~ aufweisen** показывать прирост; **einen ~ erreichen (erzielen)** достичь прироста; **einen ~ verzeichnen** зарегистрировать прирост; **einen ~ voraussagen** прогнозировать прирост; **jährlicher** ~ среднегодовой прирост *m*; **~ der Industrieproduktion** прирост *m* промышленной продукции; **niedriger** ~ низкий прирост *m*; **~ des Vermögens** увеличение *n* богатства, рост *m* активов
Zuwachs|rate *f* темп *m* прироста; **-steuern** *pl* налоги *pl* на прирост имущества (капитала)
zuwandern иммигрировать
Zuwanderer *m* иммигрант *m*
Zuwanderung *f* иммиграция *f*, приток *m* (населения)
zuweisen отчислять, перечислять; ассигновать, направлять; предоставлять, распределять; **Mittel an Rücklagen ~** отчислять (перечислять) средства в резервный фонд
Zuweisung *f* отчисление *n*; перечисление *n*; ассигнование *n*; направление *n*; назначение *n*; распределение *n*; предоставление *n*; **~ an die Reserven (Rücklagen)** отчисления *pl* в резервные фонды; **~ eines Arbeitsbereiches** определение *n* круга обязанностей; **~ von Geldmitteln** распределение *n* денежных средств; **zusätzliche ~** дополнительное отчисление *n*
zuwenden ассигновать
Zuwendung *f* дотация *f*, ассигнование *n*; пособие *n*; пожертвование *n*, дар *m*; **-en bewilligen** одобрить выделение дотаций; **-en empfangen (erhalten)** получать пособия (дотации); **die ~ gewähren** предоставить пособие (дотацию); **die ~ in voller Höhe zurückzahlen** возвращать дотацию (ссуду) в полном размере; **einmalige** ~ единовременное пособие *n*; **nicht rückzahlbare ~** безвозратное ассигнование *n*
Zuwendungs|bescheid *m* решение *n* о предоставлении пособия (дотации); **-empfänger** *m* получатель *m* пособия (дотации)
zuwendungsfähig дотируемный, субсидируемый; **-er Betrieb** *m* дотируемое предприятие *n*
Zuwendungs|verfahren *n* процедура *f* выделения дотаций; **-volumen** *n* объем *m* дотаций; **-voraussetzungen** *pl* условия *pl* выдачи (получения) дотации
zuwiderhandeln нарушать; противодействовать; **den Vorschriften ~** нарушать инструкции
Zuwiderhandlung *f* нарушение *n*; противодействие *n*; **~ gegen die Wettbewerbsregeln** нарушение *n* правил конкуренции
zuzahlen доплачивать, уплачивать дополнительную сумму; **einen Betrag ~** уплатить дополнительную сумму, доплатить
Zuzahlung *f* доплата *f*, дополнительный платеж *m*; *(Versich)* доля *f* участия в издержках при наступлении страхового случая; **unter ~** с доплатой, при условии доплаты
zuziehen привлекать; **zur Beratung ~** привлечь для консультации
zuzüglich включая, включительно; **~ Zinsen** плюс проценты
Zwang *m* принуждение *n*; давление *n*; нажим *m*; наличие *n*; необходимость *f*; **mit ~ durchsetzen** пробивать (достигать) с помощью нажима (принуждения)
Zwangs|abfindung *f (Fin, Recht)* принудительный выкуп *m* акций у мелких акционеров; **abgabe** *f*

принудительный сбор *m*; **-anleihe** *f* принудительный заем *m*; **-auflösung** *f* принудительная ликвидация *f*; **-beitrag** *m* обязательный взнос *m*; **-beitreibung** *f* принудительное взыскание; **-besteuerung** *f* принудительное налогообложение *n*

Zwangseinziehung *f* принудительное изъятие *n* из обращения; **~ von Aktien** принудительное изъятие *n* из обращения акций; **~ von GmbH-Geschäftsanteilen** принудительное изъятие *n* доли (пая) в ООО

Zwangs|geld *n* штраф *m*; **-hypothek** *f* принудительная ипотека *f*; **-kartell** *n* принудительный картель *m*; **-kurs** *m* принудительный обменный курс *m*; **-lizenz** *f* принудительная лицензия *f*; **-maßnahme** *f* принудительная мера *f*, санкция *f*; репрессия *f*; **-mittel** *pl* средства *pl* принуждения; **-mitgliedschaft** *f* обязательное членство *n*; **-regulierung** *f* принудительная ликвидация *f* биржевой сделки; **-reserven** *pl* обязательные резервы *pl*; **-schlichtung** *f* принудительное решение *n* (улаживание *n*) конфликтов; **-sparen** *n* вынужденные сбережения *pl*; обязательное образование *n* (формирование *n*) сбережений; **-strafe** *f* административный штраф *m*, административное наказание *n*; **-syndikat** *n* принудительный синдикат *m*; **-vergleich** *m* принудительный компромисс *m* (должника с кредитором); **-verrentung** *f* принудительная отправка *f* на пенсию; **-versicherung** *f* обязательное (принудительное) страхование *n*; **-versteigerung** *f* принудительная продажа *f* с торгов; **-versteigerungsverfahren** *n* процедура *f* принудительной продажи с торгов; **-verwaltung** *f* секвестрация *f*, принудительное управление *n* недвижимостью, внешнее управление *n*

Zwangsvollstreckung *f* принудительное приведение *n* в исполнение судебного решения; **~ betreiben** выполнять судебное постановление; **der ~ unterliegen** подлежать принудительному приведению в исполнение судебного решения; **~ in bewegliche Sachen** арест *m* движимого имущества должника; **~ in Grundbesitz** арест *m* недвижимости должника

Zweck *m* цель *f*; назначение *n*; смысл *m*; **den ~ erfüllen** соответствовать цели (назначению); **den ~ erreichen** достичь цели; **für geschäftliche -e** для коммерческих целей; **~ des Unternehmens** цель *f* (предмет *m*) предприятия; **wirtschaftlicher ~** экономическая цель *f*

Zweckaufwand *m* целевые затраты *pl*

zweckbestimmt целевой

Zweckbestimmung *f* целевое назначение *n*

zweck|dienlich целесообразный; **-entfremdet** используемый не по назначению; **-entsprechend** целесообразный

Zweckerfüllung *f* соответствие *n* цели

zweckgebunden целевой; **-es Darlehen** *n* целевая ссуда *f*; **-es Kapital** *n* целевой капитал *m*

Zweckgebundenheit *f* целевое назначение *n*

Zweckgesellschaft *f (Fin)* (дочерняя или юридически связанная) компания *f* специального назначения (напр. с целью секьюритизации активов)

zweckmäßig целесообразный

Zweck|spareinlage *f* целевой сберегательный вклад *m*; **-sparen** *n* накопление *n* сбережений для определенной цели; **-sparguthaben** *n* целевой сберегательный вклад *m*; **-verband** *m* объединение *n* для выполнения определенных работ; **-vermögen** *n* фонд *m* специального назначения; **-zuweisung** *f* дотация *f* целевого назначения

Zweidrittelmehrheit *f* большинство *n* в две трети

Zweig *m* отрасль *f*

Zweigbetrieb *m* филиал *m* предприятия; **einen ~ eröffnen** открыть филиал

Zweig|büro *n* филиал *m* бюро (агенства); **-niederlassung** *f* филиал *m*; отделение; **-stelle** *f* филиал *m*;

отделение *n*; **-stellenleiter** *m* руководитель *m* филиала (отделения)

Zweigstellennetz *n* сеть *f* филиалов (отделений); **ein ~ aufbauen** создавать сеть филиалов (отделений); **das ~ ausbauen** расширять сеть филиалов (отделений)

Zwei|manngesellschaft *f* общество *n*, состоящее из двух компаньонов; **-schichtarbeit** *f* работа *f* в две смены, двухсменная работа *f*

Zweitausfertigung *f* дубликат *m*, копия *f*, второй экземпляр *m*; секунда *f*; **~ eines Wechsels** дубликат *m* векселя, секунда *f*

Zweitmarkt *m* **für Lebensversicherungen** *(Versich)* вторичный рынок *m* страховых полисов (накопительного страхования жизни)

Zweit|schrift *f* дубликат *m*, копия *f*, второй экземпляр *m*; **-wohnsitz** *m* второе местожительство *n*

Zwischen|abrechnung *f* промежуточный отчет *m* о состоянии счетов; **-abschluss** *m* промежуточный итог *m* (счет *m*); **-aktionär** *m* предыдущий держатель *m* акций акционера, исключенного за неоплату акций; **-ausweis** *m* промежуточный баланс *m* банка; **-auswertung** *f* предварительное подведение *n* итогов; **-bericht** *m* промежуточный отчет *m*; **-bescheid** *m* предварительное уведомление *n*

zwischenbetrieblich между предприятиями

Zwischen|bilanz *f* промежуточный (предварительный) баланс *m*; **-dividende** *f* предварительный дивиденд *m*; **-ergebnis** *n* промежуточный результат *m*; **-erzeugnis** *n* промежуточное изделие *n*

zwischenfinanzieren проводить промежуточное финансирование

Zwischen|finanzierung *f* промежуточное финансирование *n*; **-handel** *m* посредническая торговля *f*; **-händler** *m* торговый посредник, комиссионер; **-kalkulation** *f* предварительная калькуляция *f*; **-kredit** *m* промежуточный кредит *m* (заем *m*); **-lager** *n* склад *m* для кратковременного хранения; **-lagerung** *f* промежуточное (кратковременное) хранение *n*; **-makler** *m* агент *m*, являющийся доверенным лицом торгового маклера; **-produkt** *n* промежуточный продукт *m*, полуфабрикат *m*; **-prüfung** *f* промежуточная ревизия *f* (проверка *f*); **-rechnung** *f* промежуточный (вспомогательный) счет *m*; **-saldo** *m* промежуточное сальдо *n*; **-schaltung** *f* посредничество *n*; **-schein** *m* временный сертификат *m*; **-verkauf** *m* посредническая продажа *f*; **-vermietung** *f* субаренда *f*; **-verwahrung** *f* передача *f* одним кредитором права хранения ценных бумаг другому; **-ziel** *n* промежуточная цель *f*; **-zinsen** *pl* промежуточные проценты *pl*

Zwölfmonatsgeld *n* ссуда *f* на двенадцать месяцев

zyklisch циклический

Zyklus *m* цикл *m*

Anhang
Приложение

Inhalt
Содержание

Russische Abkürzungen
Краткий список русских сокращений

ААМ	Американская ассоциация маркетинга Amerikanischer Marketingverband, AMA
АБЕКОР	Ассоциированные банки Европейской корпорации Associated Banks of Europe Corporation, ABECOR
АБР	Азиатский Банк Развития Asian Development bank, ADB
АГС	Альтернативная гражданская служба Zivildienst
АДР	Американская депозитарная расписка American Depositary Receipt, ADR
АИС	Автоматизированная информационная система automatisiertes Informationssystem, AIS
АО	акционерное общество Aktiengesellschaft, AG
АОС	Автоматизированная обучающая система automatisiertes Schulungssystem
АПК	агропромышленный комплекс Agrarindustrie-Komplex
АРМ	Автоматизированное рабочее место automatisierter Arbeitsplatz
АРП	Автоматизированная расчетная палата automatisiertes Clearinghaus
АС	Автоматизированная система automatisiertes System
АСЕАН	Ассоциация ГосударствЮго-Восточной Азии Verband Südostasiatischer Nationen (engl.: Association of Southeast Asian Nations), ASEAN
АСУ	автоматизированная система управления automatisiertes Steuerungssystem
АТР	Азиатско-Тихоокеанский регион Asiatisch-Pazifische Raum, APAC
АТЭС	Азиатско-Тихоокеанское экономическое сотрудничество Asiatisch-Pazifische wirtschaftliche Zusammenarbeit, Asiatisch-Pazifische Wirtschaftsgemeinschaft, Asiatisch-Pazifisches Wirtschaftsforum, Asien-Pazifik Wirtschafts-Kooperationsrat (engl. Asia-Pacific Economic Cooperation), APEC
АфБР	Африканский банк развития Afrikanische Entwicklungsbank, AfEB
АЭС	Атомная электростанция Atomkraftwerk, AKW

БД	База данных Datenbank
БИН	Банковский идентификационный номер Bankleitzahl, BLZ
БКБН	Базельский комитет по банковскому надзору Basler Ausschuss (engl. Basel Committee on Banking Supervision)
БКИ	Бюро кредитных историй Büro für Kreditgeschichten
БМР	Банк международных расчетов Bank für Internationalen Zahlungsausgleich (engl. Bank for International Settlements, BIS), BIZ
БТИ	Бюро Технической Инвентаризации Büro für Technische Inventur
ВАК РФ	Высший аттестационный комитет РФ Oberste Attestationskommission der RF, OAK RF
ВБ	Всемирный банк Weltbank
ВВП	валовой внутренний продукт Bruttoinlandsprodukt, BIP
ВИФ	Венчурный инновационный фонд Venture-Fonds
ВНП	валовой национальный продукт Bruttonationaleinkommen, BNE
ВОЗ	Всемирная организация здравоохранения Weltgesundheitsorganisation, WHO
ВОИС	Всемирная организация интеллектуальной собственности Weltorganisation für geistiges Eigentum (engl. World Intellectual Property Organization), WIPO
ВОП	валовой общественный продукт gesellschaftliches Gesamtprodukt
ВТБ	Внешторгбанк Vneshtorgbank, VTB-Bank
ВТО	Всемирная таможенная организация Weltzollorganisation, WZO (auch WCO)
ВТО	Всемирная Торговая Организация Welthandelsorganisation (engl.World Trade Organization), WTO
вуз	высшее учебное заведение Hochschule
ВЦ	Вычислительный центр Rechenzentrum
ВЦИОМ	Всероссийский Центр Изучения Общественного Мнения Allrussisches Zentrum für Meinungsforschung
ВЭД	внешнеэкономическая деятельность außenwirtschaftliche Tätigkeit

ГАТС	Генеральное соглашение по торговле услугами Allgemeines Abkommen über den Handel mit Dienstleistungen (engl. General Agreement on Trade in Services), GATS
ГАТТ	Генеральное соглашение о тарифах и о торговле Allgemeines Zoll- und Handelsabkommen (engl. General Agreement of Tariffs and Trade), GATT
ГДР	Глобальные депозитарные расписки Global Depositary Receipt, GDR
ГИБДД	государственная инспекция безопасности дорожного движения Staatliche Inspektion für Verkehrssicherheit, GIBDD
ГКО	Государственная краткосрочная облигация staatliche kurzfristige Obligation
ГЛ	Германский Ллойд Germanischer Lloyd, GL
ГЛОНАС	глобальная навигационная система Globales Navigationssystem, GLONAS
ГМО	генно-модифицированные организмы Genmanipulierte Organismen
ГОСТ	государственный стандарт staatlicher Standard, GOST
ГОСТ Р	государственный стандарт РФ staatlicher Standard der RF, GOST R
ГРЭ	Гарантия риска экспорта Exportrisikogarantie, ERG
ГС	Гармонизированная система описания и кодирования товаров Harmonisierten Systems zur Bezeichnung und Codierung der Waren, HS
гсм	горюче-смазочные материалы Brenn- und Schmierstoffe
ГТД	грузовая таможенная декларация Zollerklärung
ГТК	России Государственный таможенный комитет Российской Федерации Staatliches Zollkomitee der Russischen Föderation
ГУВД	Главное управление внутренних дел Hauptverwaltung für Inneres
ГУП	Государственное унитарное предприятие staatliches unitarisches Unternehmen
ДТП	дорожно-транспортное происшествие Verkehrsunfall
ЕАПВ	Евразийского патентного ведомства Eurasische Patentamt, EAPA

ЕАСТ	Европейская ассоциация свободной торговли Europäische Freihandelsassoziation (engl. European Free Trade Association), EFTA
ЕБРР	Европейский Банк Реконструкции и Развития European Europäische Bank für Wiederaufbau und Entwicklung (engl. Bank for Reconstruction and Development), EBWE
ЕврАзЭС	Евразийское Экономическое Сообщество Eurasische Wirtschaftsgemeinschaft, EAWG
ЕВС	Европейская валютная система, Европейский валютный союз Europäische Währungsunion, EWU
ЕВФ	Европейский валютный фонд Europäischer Währungsfonds, EWF
ЕГ	единый государственный экзамен einheitliches Staatsexamen
ЕГРИП	Единый государственный реестр индивидуальных предпринимателей Einheitliches staatliches Register der Einzelunternehmer, EGRIP
ЕГРН	Единый государственный реестр налогоплательщиков Einheitliches staatliches Register der Steuerzahler, EGRN
ЕГРП	Единый государственный реестр прав на недвижимое имущество и сделок с ним Einheitliches staatliches Register für Immobilienrechte und Immobilienrechtsgeschäfte, EGRP
ЕГРЮЛ	Единый государственный реестр юридических лиц Einheitliches staatliches Register juristischer Personen, EGRJuL
ЕИБ	Европейский инвестиционный банк Europäische Investitionsbank, EIB
ЕНВД	Единый налог на вмененный доход Einheitliche Steuer auf Einkommenspauschale
ЕПО	Европейская патентная организация Europäische Patentorganisation, EPO
ЕПС	Европейский Платежный Совет Europäischer Zahlungsverkehrsausschuss (engl. European Payments Council), EPC
ЕПС	Европейское Политическое сотрудничество Europäische Politische Zusammenarbeit, EPZ
ЕС	Европейский Союз Europäische Union, EU
ЕСН	Единый социальный налог einheitliche Sozialsteuer, Sozialabgabe
ЕСФ	Европейский социальный фонд Europäischer Sozialfonds, ESF

ЕСЦБ	Европейская Система Центральных Банков Europäisches System der Zentralbanken, ESZB
ЕТС	Единая тарифная сетка Einheitliche Tariftabelle für staatliche Angestellten
ЕФВС	Европейский фонд валютного сотрудничества Europäischer Fonds für Währungszusammenarbeit, EFWZ
ЕЦБ	Европейский Центральный Банк Europäische Zentralbank, EZB
ЕЭВС	Европейский экономический и валютный союз Europäische Wirtschafts- und Währungsunion, EWWU
ЕЭК ООН	Европейская Экономическая Комиссия ООН Wirtschaftskommission der Vereinten Nationen für Europa, UNECE
ЕЭС	Европейское Экономическое Сообщество Europäische Wirtschaftsgemeinschaft, EWG
ЖКХ	жилищно-коммунальное хозяйство Wohnungs- und Kommunalwirtschaft
ЗАО	закрытое акционерное общество geschlossene Aktiengesellschaft, ZAO
ИАТА	Международная ассоциация воздушного транспорта Internationale Flug-Transport-Vereinigung (engl. International Air Transport Association), IATA
ИИ	Искусственный интеллект künstliche Intelligenz, KI
ИКАО	Международная организация гражданской авиации Internationale Luftfahrtorganisation Internationale Zivilluftfahrt-Organisation (engl. International Civil Aviation Organization), ICAO
ИКТ	Информационно-коммуникационные технологии Informations- und Kommunikationstechnologie, IKT
ИМО	Международная Морская Организация Internationale Maritime Organisation der Vereinten Nationen, IMO
ИНСТАР	Межбанковские базовые ставки по краткосрочным кредитам (engl. Interbank Short-Term Actual Rate), INSTAR
ИПИФ	Интервальный паевой инвестиционный фонд offener Investmentfonds mit Intervallzahlungen
ИПС	Информационно-поисковая система Informations-Suchsystems
ИПЯ	Информационно-поисковый язык Informationsrecherchesprache, IRSp
ИРК	сектор инновационных и растущих компаний innovative, schnellst wachsende Unternehmen
ИСО	Международная Организация по Стандартизации International Standard Organization, ISO

ИТ	информационные технологии Informationstechnik, IT
ИФАД	Международный фонд сельскохозяйственного развития Internationaler Fonds für landwirtschaftliche Entwicklung, IFAD
КДПГ	Конвенция о договоре международной дорожной перевозки грузов Internationale Vereinbarung über Beförderungsverträge auf Straßen (Convention relative au contrat de transport international de marchandises par route), CMR
КМСФО	Комитет по международным стандартам финансовой отчетности International Accounting Standard Committee, IASC
КоАП РФ	Кодекс РФ об административных правонарушениях Verwaltungsgesetzbuch der Russischen Föderation
КТТФ	Комиссия по торговле товарными фьючерсами Commodity Futures Trading Commission, CFTC
ЛИБИД	средняя процентная ставка крупнейших лондонских банков при покупке межбанковских кредитов London Interbank Bid Rate, LIBID
ЛИБОР	Лондонская межбанковская ставка предложения London Interbank Offered Rate, LIBOR
МАБР	Межамериканский Банк Развития Inter-American Development Bank, IADB
МАГАТЭ	Международное Агентство по Атомной Энергии Internationale Atomenergieorganisation, IAEO (engl. International Atomic Energy Agency, IAEA)
МАИГ, МИГА	Многостороннее агентство по гарантиям инвестиций Multilateral Investment Guarantee Agency, MIGA
МАКО	Международная Ассоциация Классификационных Обществ Internationaler Verband der Klassifikationsgesellschaften (International Association of Classification Societies) IACS
МАР	Международная ассоциация развития Internationale Entwicklungsorganisation, IDA
МБРР	Международный банк реконструкции и развития, Мировой банк Internationale Bank für Wiederaufbau und Entwicklung (International Bank for Reconstruction and Development) IBRD
МБЭС	Международный банк экономического сотрудничества International Bank for Economic Cooperation, IBEC
МВД	России Министерство внутренних дел Российской Федерации Innenministerium der Russischen Föderation, MWD
МВЗ	место возникновения затрат Kostenstelle, KST

МВФ	Международный валютный фонд Internationaler Währungsfonds, IWF
МДР	Международная депозитарная расписка International Depository Receipt, IDR
МИАКР	средневзвешенная по объемам фактических сделок процентная ставка по предоставлению межбанковских кредитов коммерческими банками Moscow Interbank Actual Credit Rate, MIACR
МИБИД	средняя процентная ставка от ежедневно заявляемых крупнейшими московскими банками ставок привлечения межбанковских кредитов Moscow Interbank Bid Rate, MIBID
МИБОР	средняя процентная ставка от ежедневно заявляемых крупнейшими московскими банками ставок размещения межбанковских кредитов Moscow Interbank Offered Rate, MIBOR
МИД	Министерство иностранных дел Российской Федерации Außenministerium der Russischen Föderation, MID
Минздрав-соцразвития	Министерство здравоохранения и социального развития Российской Федерации Ministerium für Gesundheitswesen und soziale Entwicklung der Russischen Föderation
Минкультуры	Министерство культуры и массовых коммуникаций Российской Федерации Ministerium für Kultur und Massenkommunikation der Russischen Föderation
Минобрнауки России	Министерство образования и науки Российской Федерации Ministerium für Bildung und Wissenschaft der Russischen Föderation
Минрегион, Минрегион-развития	Министерство регионального развития Российской Федерации Ministerium für regionale Entwicklung der Russischen Föderation
Минсельхоз	Министерство сельского хозяйства Российской Федерации Ministerium für Landwirtschaft der Russischen Föderation
Минтранс России	Министерство транспорта Российской Федерации Ministerium für Transport der Russischen Föderation
Минфин	России Министерство финансов Российской Федерации Ministerium für Finanzen der Russischen Föderation
Минэконом-развития	Министерство экономического развития и торговли Российской Федерации Ministerium für Handel und wirtschaftliche Entwicklung der Russischen Föderation

МКМПОГ	Международный Кодекс Морской Перевозки Опасных Грузов International Maritime Code for Dangerous Goods, IMDG-Code
МКСП	Международная Конфедерация Свободных Профсоюзов International Confederation of Free Trade Unions, ICFTU
МКУБ	Международный Кодекс по Управлению Безопасностью ISM-Code, International Safety Management Code
ММВБ	Московская межбанковская валютная биржа Moscow Interbank Currency Exchange, MICEX
МНБ	Международная нефтяная биржа International Petroleum Exchange, IPE
МНН	Международное непатентованное название International Nonproprietary Name, INN
МОАР	Международное общество анализа риска International Society of Risk Analysis, ISRA
МОТ	Международная организация труда Internationale Arbeitsorganisation (engl. International Labour Organisation), ILO
МОФФ	предоставление права выбора наиболее удобной валюты для финансирования проекта Multiple option financing facility, MOFF
МПП	Мировая продовольственная программа World Food Programm, WFP
МПР	России Министерство природных ресурсов Российской Федерации Ministerium für Naturressorcen der Russischen Föderation
МПС	Международная Палата Судоходства International Chamber of Shipping, ICS
МРОТ	минимальный размер оплаты труда Mindestlohn
МСФО	Международные стандарты финансовой отчётности internationale Rechnungslegungsvorschriften, (engl.: International Financial Reporting Standards), IFRS
МСЭ	Международный союз электросвязи Internationale Fernmeldeunion (engl. International Telecommunication Union Internationale Fernmeldeunion), ITU
МТП	Международная Торговая Палата International Internationale Handelskammer (engl. International Chamber of Commerce), ICC
МУП	Муниципальное унитарное предприятие munizipales unitarisches Unternehmen
МФК	Международная финансовая корпорация Internationale Finanz-Corporation, IFC
МФС	Международная Федерация Судовладельцев International Shipping Federation, ISF

МФСР	Международный фонд сельскохозяйственного развития International Fund for Agricultural Development, IFAD
МЦРИС	Международный центр по разрешению инвестиционных споров (engl. International Centre for Settlement of Investment Disputes), ICSID
МЦУИС	Международный центр по урегулированию инвестиционных споров (engl. International Centre for Settlement of Investment Disputes), ICSID
МЧС России	Министерство России по делам гражданской обороны, чрезвычайным ситуациям и ликвидации последствий стихийных бедствий Zivilschutzministerium (Ministerium für Außerordentliche Situationen)
МЭРТ, Минэконом-развития	министерство экономического развития и торговли Российской Федерации Ministerium für Wirtschaftsentwicklung und Handel der Russischen Föderation
НАЙМЕКС	Нью-йоркская товарная биржа New York Mercantile Exchange, NYMEX
НАУФОР	Национальная ассоциация участников фондового рынка Nationale Vereinigung der Wertpapierhändler, NAUFOR
НАФТА	Североамериканское соглашение о свободной торговле Nordamerikanisches Freihandelsabkommen (engl. North American Free Trade Agreement), NAFTA
НГД	нефтегазодобывающие предприятия erdöl- und gasgewinnende Unternehmen
НД	национальный доход Nationaleinkommen
НДПИ	налог на добычу полезных ископаемых Steuer auf Gewinnung von Bodenschätzen
НДПК	Налог на Доходы от Прироста Капитала Kapitalertragsteuer
НДС	Налог на добавленную стоимость Mehrwertsteuer, MwSt
НИИ	научно-исследовательский институт wissenschaftliches Forschungsinstitut
НИОКР	научно-исследовательские и опытно-конструкторские работы Forschungs- und Entwicklungsarbeiten
НПБ	Нормы пожарной безопасности Brandschutzordnung
НПО	научно-производственное объединение wissenschaftliche Produktionsvereinigung
НПО	негосударственное пенсионное обеспечение private Renteversicherung

НПТК	Научно-производственный территориальный комплекс wissenschaftlicher territorialer Produktionskomplex
НСФО	Национальная организация по стандартам финансовой отчетности National Organization for Financial Accounting and Reporting Standards, NOFA Foundation
НТИ	научно-техническая информация wissenschaftlich-technische Information
НТР	научно-техническая революция wissenschaftlich-technische Revolution
НФА	Национальная фондовая ассоциация Nationale Wertpapiervereinigung
НФА	Национальная фьючерсная ассоциация National Futures Association, NFA
НФП	Негосударственный пенсионный фонд nicht-staatlicher Rentenfonds
НЭП	Новая экономическая политика Neue Ökonomische Politik, NÖP
ОВС	общество взаимного страхования Versicherungsverein auf Gegenseitigkeit (VVaG)
ОГК	отдел главного конструктора Abteilung des Chefkonstrukteurs
ОГРН	Основной Государственный Регистрационный Номер Nummer im staatlichen Register juristischer Personen, OGRN
ОГТ	отдел главного технолога Abteilung des Cheftechnologen
ОКВЭД	Общероссийский классификатор видов экономической деятельности Allgemeine russische Klassifikation der Wirtschaftstätigkeit, OKVED
ОКДП	Общероссийский классификатор видов экономической деятельности, продукции и услуг Allgemeine russische Klassifikation der Wirtschaftszweige, Produkte und Dienstleistungen, OKDP
ОКЗ	Общероссийский классификатор занятий Allgemeine russische Klassifikation der wirtschaftlichen Tätigkeit
ООН	Организация Объединенных Наций Vereinte Nationen VN UNO
ООО	общество с ограниченной ответственностью Gesellschaft mit beschränkter Haftung, GmbH
ОПЕК	Организация стран-экспортеров нефти Organisation of the Petroleum Exporting Countries, OPEC
ОПИФ	Открытый паевой инвестиционный фонд offener Investmentfonds
ОС	Операционная система Betriebssystem

ОС РВ	Операционная система реального времени Betriebssystem im Echtzeitbetrieb
ОСАГО	обязательное страхование автогражданской ответственности KFZ-Haftpflichtversicherung
ОСП	Общая система преференций Allgemeines Präferenzsystem, APS
ОТЗ	отдел труда и зарплаты Abteilung für Arbeit und Lohn
ОТК	отдел технического контроля Abteilung für Qualitätskontrolle
ОУП	Общие условия поставок Allgemeine Lieferbedingungen
ОХВ	опасные химические вещества gefährliche Chemikalien
ОЭС	особая экономическая зона besondere Wirtschaftszone
ПАСЕ	Парламентская Ассамблея Совета Европы Parlamentarische Versammlung des Europarates (engl. Parliamentary Assembly of the Council of Europe), PACE
ПИБОР	процентная ставка, ежедневно устанавливаемая в межбанковких операциях парижских банков Paris Interbank Offered Rate, PIBOR
ПИФ	Паевой инвестиционный фонд offener Investmentfonds
ПО	Программное обеспечение Software
ППП	Пакет прикладных программ Anwendungsprogramme
ППП	Поставка против платежа Zug um Zug Delivery versus payment DVP
ППС	Паритет покупательной способности (engl. Purchasing power parity, PPP) Kaufkraftparität, KKP
ПРООН	Программа развития Организации Объединенных Наций Entwicklungsprogramm der Vereinten Nationen (engl. United Nations Development Programme), UNDP
ПХГ	подземное хранилище газа unterirdisches Gaslager
P/E коэффициент	Коэффициент цена/прибыль P/E ratio Price/earnings ratio
РАВИ	Российская Ассоциация Венчурного Инвестирования Russian Private Equity and Venture Capital Association, RVCA
РБН	Российская биржа недвижимости Russische Immobilienbörse
РД	Располагаемый доход verfügbares Einkommen (engl. Disposable income), DI

РЖД	Российские железные дороги Russische Eisenbahn
РКЦ	Расчетно-кассовый центр Kassen-Verrechnungszentrum
РосАтом, Росэнерго-атом	Федеральное агентство по атомной энергии России Föderale Agentur für Atomenergie Russlands Rosatom, Rosenergoatom
РСБУ	Российские Стандарты Бухгалтерского Учёта Russische Standards der Buchführung, RSBU
РСПП	Российский союз промышленников и предпринимателей Russischer Verband der Industriellen und Unternehmer, RSPP
РФ	Российская Федерация Russische Föderation, RF
РФС	Российский форум секьюритизации Russischer Verbriefungsforum (engl. Russian Securitisation Forum), RSF
РФФИ	Российский фонд федерального имущества Russischer Föderaler Vermögensfonds, RFFI
СВИФТ	Сообщество всемирных межбанковских финансовых телекоммуникаций (engl. Society for Worldwide Interbank Financial Telecommunications), SWIFT
СВР РФ	Служба внешней разведки Российской Федерации Auslandsnachrichtendienst der Russischen Föderation
СИБОР	Сингапурская межбанковская ставка предложения Singapore Interbank Offered Rate, SIBOR
СМГС	Соглашения о международном железнодорожном грузовом сообщении Abkommen über den Internationalen Eisenbahngüterverkehr, SMGS
СМИ	Средства массовой информации Massenmedien
СМО	структурированные ипотечные облигации strukturierte Hypothekenobligationen
СМУ	строительно-монтажное управление Bau- und Montageunternehmen
СПЗ	Специальные права заимствования Special drawing rights, SDR
СТМ	Собственная торговая марка Eigene Handelsmarke
СУБД	Система управления базами данных Datenbankmanagementsystem, DBMS
ТЗ	техническое задание Pflichtenheft, Lastenheft
ТМ	торговая марка Handelsmarke

ТН ВЭД	Товарная номенклатура внешнеэкономической деятельности Warenverzeichnis für den Außenhandel
ТПЗК	точка привязки заказа клиента Customer Order Decoupling Point, CODP
ТПК	Территориально-производственный комплекс territorialer Produktionskomplex
ТРИПС-соглашение	соглашение по торговым аспектам прав интеллектуальной собственности Übereinkommen über handelsbezogene Aspekte der Rechte am geistigen Eigentum, TRIPS-Abkommen
ТРК	Телерадиовещательная компания Rundfunkgesellschaft
ТЭК	топливно-энергетический комплекс Heizstoff- und Energiewirtschaft
ТЭО	технико-экономическое обоснование Feasibility Study
УСН	упрощенная система налогообложения vereinfachtes Steuersystem
ФАО	Продовольственная и сельскохозяйственная организация Объединенных Наций Ernährungs- und Landwirtschaftsorganisation der Vereinten Nationen, Welternährungsorganisation (engl. Food and Agriculture Organization), FAO
ФАС	федеральная антимонопольная служба Föderaler Antimonopoldienst
ФВОП	Федеральное ведомство по охране природы Föderaler Naturschutzamt
ФГУ	Федеральное государственное учреждение föderale staatliche Einrichtung
ФГУП	Федеральное государственное унитарное предприятие föderales staatliches unitarisches Unternehmen
ФМС	Федеральная миграционная служба Föderaler Migrationsdienst
ФНС	Федеральная налоговая служба Föderaler Steuerdienst
ФСБ	Федеральная служба безопасности Российской Федерации Bundesagentur für Sicherheit der Russischen Föderation, Föderaler Dienst für Sicherheit der Russischen Föderation FSB
ФСФР	Федеральная служба по финансовым рынкам Föderaler Dienst für die Finanzmärkte
ФТС	федеральная таможенная служба Föderaler Zolldienst
ФЭП	Фонд эффективной политики Fonds für effiziente Politik

ЦБ РФ	Центральный банк Российской Федерации Zentralbank der Russischen Föderation ZB RF
ЦИК РФ	Центральная избирательная комиссия Zentrale Wahlkommission der Russischen Föderation
ЦФО	Центральный федеральный округ Zentraler Föderalbezirk
ЧКВ	Частично конвертируемая валюта teilweise konvertierbare Währung
ЧНП	Чистый национальный продукт Netto-Nationaleinkommen
ЧОД	чистый операционный доход Reinertrag
ЧСА	Чистая стоимость активов на акцию Net assets value, NAV
ЭД	электронный документ elektronischer Dokument
ЭДО	электронный документооборот elektronischer Dokumentenumlauf
ЭКОСОС	Экономический и Социальный Совет ООН Wirtschafts- und Sozialrat der Vereinten Nationen (engl.: Economic and Social Council), ECOSOC
ЭКЮ	Европейская валютная единица European Currency Unit, ECU
ЭС	Экспертная система Expertensystem
ЭЦП	Электронная цифровая подпись Elektronische Digitalunterschrift (engl. Electronic digital signature)
ЮНЕП	Программа ООН по окружающей среде Umweltprogramm der Vereinten Nationen (engl. United Nations Environment Programme), UNEP
ЮНЕСКО	Организация Объединённых Наций по вопросам образования, науки и культуры Organisation der Vereinten Nationen für Erziehung, Wissenschaft und Kultur (United Nations Educational, Scientific and Cultural Organization), UNESCO
ЮНИДО	Организация Объединенных Наций по промышленному развитию Organisation der Vereinten Nationen für industrielle Entwicklung (engl. United Nations Industrial Development Organisation), UNIDO
ЮНИСЕФ	Детский фонд Организации Объединенных Наций Kinderhilfswerk der Vereinten Nationen (engl. United Nations International Children´s Emergency Fund), UNICEF
ЮНКТАД	Конференция ООН по торговле и развитию Handels- und Entwicklungskonferenz der Vereinten Nationen, UNCTAD

ЮНСИТРАЛ	Комиссия ООН по праву международной торговли Kommission der Vereinten Nationen für internationales Handelsrecht (engl. United Nations Commission on International Trade Law, UNCITRAL)
ЮНФПА	Фонд Организации Объединенных Наций в области народонаселения Bevölkerungsfonds der Vereinten Nationen, UNFPA

Deutsche Abkürzungen
Краткий список немецких сокращений

a	anno Jahr год
a	Ar ар
a.a.	ad acta zu den Akten приобщить к делу
a.A.	auf Abruf по отзыву, по требованию
a.A.	auf Anfrage по запросу
a.a.r.	against all risks, gegen alle Risiken от всех рисков
a.d.	after date от сего числа (надпись на векселе)
a.D.	außer Dienst в отставке
a.G.	auf Gegenseitigkeit на основе взаимности
a.v.	a vista bei Sicht по предъявлении
a.v.	ad valorem im Werte von с заявленной стоимости
a.W.	ab Werk франко-завод
a/c	a conto account Rechnung в счет платежа
A/C	account current Kontokorrent расчетный счет
A/S	alongside (längsseite Schiff) вдоль борта судна
AA	always afloat (allzeit fließend) всегда на плаву
AA	Auswärtiges Amt министерство иностранных дел
AAA	American Accounting Association Американская бухгалтерская ассоциация, Американская ассоциация бухгалтерского учета
AAB	Allgemeine Auftragsbedingungen für Wirtschaftsprüfer und Wirtschaftsprüfungsgesellschaften Общие условия выполнения заказов для аудиторов и аудиторских компаний
AAB	Allgemeine Ausführungsbestimmungen общие положения о применении (закона)

AAG	Aufwendungsausgleichsgesetz Закон о компенсации затрат работодателей
AAP	Ausbildung am Arbeitsplatz обучение на рабочем месте
AAV	Arbeitsaufenthaltsverordnung Положения о выдаче рабочей визы
AAZ	Allrussisches Ausstellungszentrum Всероссийский выставочный центр, ВВЦ
aba	Arbeitsgemeinschaft für betriebliche Altersversorgung e. V. Сообщество по пенсионному обеспечению на предприятиях
ABB	Allgemeine Bausparbedingungen Общие условия заключения договоров о стройнакоплениях
Abb.	Abbildung рисунок, иллюстрация
Abb.	Abbuchung списание со счета
ABDA	Bundesvereinigung Deutscher Apothekerverbände Федеральное объединение аптечных союзов Германии
ABE	Allgemeine Bedingungen für die Elektronikversicherung Общие условия страхования электронной техники
ABECOR	Associated Banks of Europe Corporation Ассоциированные банки Европейской корпорации
ABGB	Allgemeines Bürgerliches Gesetzbuch der Republik Österreich Гражданский кодекс Австрии
AbgH.	Abgangshafen порт отправления
AbgSt.	Abgangsstation станция отправления
ABH	Allgemeine Bedingungen für Haushaltversicherungen Общие условия страхования домашнего хозяйства
Abk.	1. Abkommen соглашение;
	2. Abkürzung сокращение
ABL	Allgemeine Bedingungen für die Lebensversicherung Общие условия страхования жизни
Abl.	Amtsblatt der Europäischen Union „Официальный журнал Европейского Союза“
ABl.	Amtsblatt Официальный бюллетень
Abl.EG	Amtsblatt der Europäischen Gemeinschaften Официальный журнал Европейского Сообщества
Abl.EPA	Amtsblatt des Europäischen Patentamtes Официальное издание Европейского патентного ведомства

ABM	Arbeitsbeschaffungsmassnahmen мероприятия по созданию рабочих мест для безработных, меры по обеспечению занятости
Abo	Abonnement подписка; абонемент
ABS	(engl. Asset-Backed Securities) ценные бумаги, обеспеченные активами
Abs.	Absatz абзац
Abs.	Absender отправитель, адрес отправителя
ABU	Allgemeine Bedingungen für die Bauwesenversicherung von Unternehmerleistungen Общие условия страхования строительно-монтажных работ
AbwAG	Abwasserabgabengesetz Закон о налоге на сброс сточных вод в водоемы
ABWL	Allgemeine Betriebswirtschaftslehre Общее учение об экономике предприятий
abz., abzgl.	abzüglich за вычетом
AC	Assessment Center метод комплексной оценки персонала
AD	Außendienst внешняя служба
ADAC	Allgemeiner Deutscher Automobil-Club Всеобщий Германский автоклуб
ADB	Adressbuch für den deutschsprachigen Buchhandel Каталог адресов немецкоязычной книготорговли
ADB	Allgemeine Deutsche Binnentransport-Versicherungsbedingungen Общие условия сухопутного транспортного страхования в Германии
ADB	Asian Development Bank Азиатский банк развития, АБР
ADN	Europäisches Übereinkommen über die Beförderung gefährlicher Güter auf Wasserstraßen Европейское соглашение о международных перевозках опасных грузов по внутренним водным путям, ВОПОГ
AdöR	Anstalt des öffentlichen Rechts учреждение публичного права (орган исполнительной власти)
ADR	Europäisches Übereinkommen über die Beförderung gefährlicher Güter auf der Straße Европейское соглашение о международных перевозках опасных грузов автотранспортом
ADR-Klasse	ADR s. o. класс опасности

ADS	Allgemeine Deutsche Seeversicherungsbedingungen Общие условия морского страхования в Германии
ADSp	Allgemeine Deutsche Spediteurbedingungen Общие условия деятельности немецких экспедиторов
AdV	Arbeitsgemeinschaft der Vermessungsverwaltungen der Länder der Bundesrepublik Deutschland Рабочее сообщество геодезических управлений земель Федеративной Республики Германии
ADV	Arbeitsgemeinschaft Deutscher Verkehrsflughäfen Ассоциация аэропортов Германии
AE	Auftragseingang поступление заказов
AE	Aufwandsentschädigung возмещение расходов
AE	Ausfuhrerklärung таможенная декларация
AEMR	Allgemeine Erklärung der Menschenrechte Всеобщая декларация прав человека
AentG	Arbeitnehmer-Entsendegesetz Закон о порядке направления работников на работу по найму
AEP	Agrarstrukturelle Entwicklungsplanung планирование аграрно-структурного развития
AF	Aktienfonds акционерный фонд
AfA	Absetzung für Abnutzung амортизационное списание износа (основных средств)
AfA	Arbeitsgemeinschaft für Arbeitnehmerfragen Рабочее сообщество по делам наемных работников
AfaA	Absetzung für außergewöhnliche technische oder wirtschaftliche Abnutzung ускоренное амортизационное списание технического или экономического износа
AFBG	Aufstiegsfortbildungsförderungsgesetz (Meister-BaföG) Закон о стимулировании профессиональной переподготовки и повышения квалификации
AFDB	Afrikanische Entwicklungsbank Африканский банк развития, АБР
AFFG	Ausfuhrfinanzierungsförderungsgesetz Закон о стимулировании экспорта (Австрия)
AFG	Arbeitsförderungsgesetz Закон о стимулировании занятости и роста экономики
AFP	Agrarinvestionsförderungsprogramm Программа стимулирования инвестиций в аграрный сектор
AfS	Absetzung für Substanzverringerung амортизационное списание на истощение запасов полезных ископаемых

AFTA	ASEAN-Freihandelszone зона свободной торговли АСЕАН
AG	Aktiengesellschaft акционерное общество, АО
AG	Amtsgericht участковый суд
AG	Arbeitgeber работодатель
AG	Arbeitsgemeinschaft рабочее сообщество
AGA	AuslandsGeschäftsAbsicherung страхование внешнеторговых сделок
AGB	Allgemeine Geschäftsbedingungen общие коммерческие условия (ОКУ)
AGBG	Gesetz zur Regelung des Rechts der Allgemeinen Geschäftsbedingungen Закон о регулировании общих коммерческих условий
AGV	Angestelltenversicherungsgesetz закон о страховании служащих
AGV	Arbeitgeberverband союз работодателей
AgV	Arbeitsgemeinschaft der Verbraucherverbände Объединение союзов потребителей
AHK	Außenhandelskammer внешнеторговая палата
AHSt	Außenhandelsstelle внешнеторговый филиал
AIDOS	automatisiertes Informations- und Dokumentationssystem автоматизированная система информации и документации
AK	Aktienkapital акционерный капитал
AK	Arbeitskraft работник
AKA	Ausfuhrkredit-Gesellschaft mbH консорциум банков по кредитованию экспорта
AktG	Aktiengesetz закон об операциях с ценными бумагами
AKV	Allgemeine Kreditvereinbarungen Общие соглашения о кредитовании МВФ
AKW	Atomkraftwerk атомная электростанция
ALB	Allgemeine Bedingungen für die Lebensversicherung общие условия страхования жизни
ALB	Allgemeine Lagerbedingungen Общие условия складского хранения

ALB	Allgemeine Leistungsbeschreibungen Общее описание работ и услуг
ALB	Allgemeine Lieferbedingungen Общие условия поставок
Alg	Arbeitslosengeld пособие по безработице
ALV	Arbeitslosenversicherung страхование безработных
AMoB	Allgemeine Montageversicherungs-Bedingungen Общие условия страхования монтажных работ
AN	Auftragnehmer подрядчик
ANSpZ	Arbeitnehmer-Sparzulage субсидии государства с целью образования сбережений у наемных работников
AO	Abgabenordnung налоговое законодательство; порядок взыскания налогов, сборов и пошлин
AOC	Appellation d´Origine contrlôlée Markenschutz-Kennzeichnung маркировка защищенности торговой марки
AOK	Allgemeine Ortskrankenkasse Общая местная касса медицинского страхования
APS	Allgemeines Präferenzsystem Общая система преференций, ОСП
AQL	(engl. Acceptable Quality Level) Annehmbare Qualitätsgrenzlage приемлемый уровень качества
AR	Aufsichtsrat наблюдательный совет
ARB	Allgemeine Rechtsschutzversicherungsbedingungen Общие условия страхования судебных издержек
ArbGG	Arbeitsgerichtsgesetz Закон о судах по трудовым спорам
ArbStättV	Arbeitsstättenverordnung Предписания о предприятиях
ARD	Arbeitsgemeinschaft der öffentlich-rechtlichen Rundfunkanstalten der Bundesrepublik Deutschland Объединение публично-правовых телерадиостанций ФРГ
ARGE	Arbeitsgemeinschaft рабочее сообщество
Art.	Artikel параграф, пункт, статья (договора, закона); товар; артикул
ASCII	(American Standard Code for Information Interchange) 7-Bit-Code zur Darstellung alphanumerischer Zeichen американский стандартный код для обмена информацией, код ASCII
ASEAN	(engl.: Association of Southeast Asian Nations) Ассоциация ГосударствЮго-Восточной Азии, АСЕАН

AsiG	Arbeitssicherheitsgesetz закон о безопасности труда
AStG	Außensteuergesetz Закон о налогообложении физических и юридических лиц, работающих в стране и за рубежом
AT-Ange-stellte	außertariflich Angestellte внетарифный сотрудник
ATV	Allgemeine Technische Vertragsbedingungen Общие технические условия контракта
AUMA	Ausstellungs- und Messeausschuss der Deutschen Wirtschaft e.V. Комитет выставок и ярмарок немецкой экономики
AuslInvG	Auslandsinvestitionsgesetz закон о зарубежных инвестициях
AVB	Allgemeine Versicherungsbedingungen Общие условия страхования
AVG	Angestelltenversicherungsgesetz Закон о страховании служащих
AvmG	Altersvermögensgesetz Закон о стимулировании финансового обеспечения старости
AWG	Außenwirtschaftsgesetz закон о внешнеэкономической деятельности
AWIDAT	Abfallwirtschaftsdatenbank справочная база данных по видам и переработке отходов
AWV	Außenwirtschaftsverordnung правила внешнеэкономической деятельности
AzA	Anweisung zum Arbeitsschutz указания по технике безопасности
AZO	Allgemeine Zollordnung Общие таможенные правила
B/D	bank draft банковская тратта
B/L	Bill of lading Konnossement коносамент
B2B	Business-To-Business Бизнес для Бизнеса
B2C	Business-To-Consumer Бизнес для Потребителя
BA	Bundesagentur für Arbeit Федеральное агентство по трудоустройству
BAB	Betriebsabrechnungsbogen ведомость производственного учета
BAB	Bundesautobahn федеральная автомагистраль
BADV	Bundesamt für zentrale Dienste und offene Vermögensfragen Федеральное ведомство центральных служб и открытых имущественных вопросов

BAFA	Bundesamt für Wirtschaft und Ausfuhrkontrolle Федеральное ведомство экономики и экспортного контроля
BaFin	Bundesanstalt für Finanzdienstleistungsaufsicht Федеральное ведомство по надзору за финансовой деятельностью
BAFl	Bundesamt für die Anerkennung ausländischer Flüchtlinge (bis 2004) Федеральное Ведомство по вопросам признания иностранных беженцев
BAföG	Bundesausbildungsförderungsgesetz Федеральный закон о стимулировании образования
BAG	Bundesamt für Güterverkehr Федеральное ведомство по грузовым перевозкам (ФРГ)
BAG	Bundesarbeitsgemeinschaft der Mittel- und Großbetriebe des Einzelhandels Федеральное сообщество средних и крупных предприятий розничной торговли
BAG	Bundesarbeitsgericht Федеральный суд по трудовым вопросам
BAK	Bauartklasse класс строительства
BAKred	Bundesaufsichtsamt für das Kreditwesen Федеральное ведомство по надзору за деятельностью кредитных учреждений
BAM	Bundesanstalt für Materialforschung und -prüfung Федеральное ведомство по исследованиям и испытаниям материалов
BAMF	Bundesamt für Migration und Flüchtlinge Федеральное Ведомство по вопросам миграции и беженцев
BArch	Bundesarchiv Федеральный архив
BASt	Bundesanstalt für Straßenwesen Федеральный центр дорожных исследований
BAT	Bundesangestelltentarifvertrag (bis 01.10.2005) Тарифное соглашение для федеральных служащих (до 01.10.2005)
BAuA	Bundesanstalt für Arbeitsschutz und Arbeitsmedizin Федеральный институт по охране труда производственной медицине
BAV	Bruttoanlagevermögen основные производственные фонды
BAW	Bundesanstalt für Wasserbau Федеральный институт водного строительства
BAWe	Bundesaufsichtsamt für den Wertpapierhandel (bis 01.05.2002) Федеральное ведомство по надзору за торговыми операциями с ценными бумагами

BAWV	Bundesamt für Wehrverwaltung Федеральное военное управление
BAZ	Bundesamt für den Zivildienst Федеральное ведомство по альтернативной службе
BBA	Biologische Bundesanstalt für Land- und Forstwirtschaft Федеральное ведомство по биологии сельского и лесного хозяйства
BBE	Bundesverband BioEnergie e.V. Федеральное объединение „БиоЭнергия"
BBiG	Berufsbildungsgesetz Закон о профессиональном образовании (ФРГ)
BBK	Bundesamt für Bevölkerungsschutz und Katastrophenhilfe Федеральное ведомство по защите населения и помощи при катастрофах
BBk	Deutsche Bundesbank Немецкий Федеральный банк
BBR	Bundesamt für Bauwesen und Raumordnung Федеральное ведомство по строительству и землеустройству
BD, BRD	Blu-ray Disc (engl. blue ray – голубой луч, disc – диск) следующее поколение формата оптических дисков
BDA	Bundesvereinigung der Deutschen Arbeitgeberverbände Федеральное объединение союзов работодателей Германии
BDI	Bundesverband der Deutschen Industrie e.V. Федеральный союз немецкой промышленности
BDLV	Bund Deutscher Lohnsteuerzahlerverbände e.V. Объединение союзов немецких налогоплательщиков
BDSG	Bundesdatenschutzgesetz Федеральный закон о защите данных
BDÜ	Bundesverband der Dolmetscher und Übersetzer Федеральный союз переводчиков
BDU	Bundesverbandes Deutscher Unternehmensberater e.V. Федеральный союз немецких консультантов предприятий
BeschA	Beschaffungsamt des BMI Ведомство закупок министерства внутренних дел
Best.-Nr.	Bestellnummer номер заказа
BetrSichV	Betriebssicherheitsverordnung Закон о безопасности производства
Bez.	Bezirk район, округ
Bez.	Bezeichnung название, наименование; обозначение; маркировка
Bf.	Bahnhof вокзал
bfai	Bundesagentur für Außenwirtschaft Федеральное агентство внешнеэкономических связей

BfArM	Bundesinstitut für Arzneimittel und Medizinprodukte Федеральный институт лекарственных препаратов и изделий медицинского назначения
BfB	Bundesmonopolverwaltung für Branntwein Федеральное управление по обеспечению монополии на спирт
BFB	Bundesverband der Freien Berufe Федеральный союз представителей Свободных Профессий
BfF	Bundesamt für Finanzen (bis 01.01.2006) Федеральное ведомство финансов
BFH	Bundesfinanzhof Федеральный финансовый суд (ФРГ)
BfJ	Bundesamt für Justiz Федеральное ведомство юстиции
BFN	Bundesamt für Naturschutz Федеральное ведомство по охране природы
BfR	Bundesinstitut für Risikobewertung Федеральный институт оценки рисков
BfS	Bundesamt für Strahlenschutz Федеральное ведомство по защите от излучения
BFU	Bundesstelle für Flugunfalluntersuchung Федеральное бюро по расследованию авиакатастроф
BfV	Bundesamt für Verfassungsschutz Федеральное ведомство по защите конституции
BGA	Bundesverband des deutschen Groß- und Außenhandels Федеральный союз немецкой оптовой и внешней торговли
BGB	bürgerliches Gesetzbuch Гражданский кодекс
BGB	Bürgerliches Gesetzbuch Гражданский кодекс
BGBl	Bundesgesetzblatt „Федеральный вестник законов"
BGH	Bundesgerichtshof Федеральный верховный суд
BGR	Bundesanstalt für Geowissenschaften und Rohstoffe Федеральное ведомство по геонаукам и сырьевым материалам
BGS	Bundesgrenzschutz Федеральная пограничная охрана
BHKW	Blockheizkraftwerk теплоэлектростанция, ТЭЦ
BHO	Bundeshaushaltsordnung Положение о федеральном бюджете
BIBB	Bundesinstitut für Berufsbildung Федеральный институт по вопросам профессионального образования

BIC	Bank Identifier Code международный идентификационный код банка
BImA	Bundesanstalt für Immobilienaufgaben Федеральное агентство по управлению недвижимостью
BIP	Bruttoinlandsprodukt валовой внутренний продукт
BIZ	Bank für Internationalen Zahlungsausgleich банк международных расчетов, БМР
BKA	Bundeskriminalamt Федеральное ведомство криминальной полиции
BKartA	Bundeskartellamt Федеральное ведомство по картелям
BKG	Bundesamt für Kartographie und Geodäsie Федеральное ведомство картографии и геодезии
BKV	Berufskrankheiten-Verordnung Положение о профессиональных заболеваниях
BKV	Betriebskollektivvertrag (DDR) коллективный договор
BLE	Bundesanstalt für Landwirtschaft und Ernährung Федеральное ведомство по сельскому хозяйству и продовольствию
BLK	Bund-Länder-Kommission für Bildungsplanung und Forschungsförderung Комиссия Федерации и Земель по планированию образования и стимулированию научных исследований
BLZ	Bankleitzahl Банковский идентификационный номер, БИН
BM	Bundesministerium Федеральное министерство
BMAS	Bundesministerium für Arbeit und Soziales Федеральное министерство по труду и социальным вопросам
BMBF	Bundesministerium für Bildung und Forschung федеральное министерство образования и научных исследований
BMELV	Bundesministerium für Ernährung, Landwirtschaft und Verbraucherschutz федеральное министерство пищевой промышленности, сельского хозяйства и защиты прав потребителей
BMF	Bundesministerium der Finanzen, Bundesfinanzministerium Федеральное министерство финансов
BMFSFJ	Bundesministerium für Familie, Senioren, Frauen und Jugend федеральное министерство по делам семьи, пенсионеров, женщин и молодежи
BMG	Bundesministerium für Gesundheit федеральное министерство здравоохранения
BMI	Bundesministerium des Innern Федеральное министерство внутренних дел

BMJ	Bundesministerium der Justiz Федеральное министерство юстиции
BMU	Bundesministerium für Umwelt, Naturschutz und Reaktorsicherheit федеральное министерство охраны окружающей среды, охраны природы и безопасности ядерных реакторов
BMVBS	Bundesministerium für Verkehr, Bau und Stadtentwicklung Федеральное министерство транспорта, строительства и городского развития
BMVg	Bundesministerium der Verteidigung Федеральное министерство обороны
BMW	Bayerische Motorenwerke „БМВ" (марка автомобиля и автомобильный концерн)
BMZ	Bundesministerium für wirtschaftliche Zusammenarbeit und Entwicklung Федеральное министерство экономического сотрудничества и развития
BND	Bundesnachrichtendienst Федеральная разведывательная служба
BNE	Bruttonationaleinkommen (bis 1999 Bruttosozialprodukt BSP) Валовой национальный продукт ВНП
BNetzA	Bundesnetzagentur für Elektrizität, Gas, Telekommunikation, Post und Eisenbahnen, (kurz:) Bundesnetzagentur Федеральное сетевое агентство
BÖGA	Börsengeschäftsabwicklung прямой электронный интерфейс для реализации биржевых сделок
BörsG	Börsengesetz Закон о биржах
BPA	Presse- und Informationsamt der Bundesregierung, Bundespresseamt Ведомство печати и информации федерального правительства
BpatG	Bundespatentgericht Федеральный патентный суд
bpb	Bundeszentrale für politische Bildung Федеральный центр политического образования
BPI	Bundesverband der Pharmazeutischen Industrie Федеральный союз фармацевтической промышленности
BRH	Bundesrechnungshof Федеральная счетная палата
BRT	Bruttoregistertonne брутто-регистровая тонна
BSA	Bundessortenamt федеральное ведомство по сертификации сортов сельскохозяйственных культур

BSC	Balanced Scorecard Сбалансированная система показателей, ССП
BSG	Bundessozialgericht Федеральный суд по социальным вопросам
BSH	Bundesamt für Seeschifffahrt und Hydrographie Федеральное ведомство морского судоходства и гидрографии
BSHG	Bundessozialhilfegesetz федерального Закона о социальной помощи
BSI	Bundesamt für Sicherheit in der Informationstechnik Федеральное ведомство информационной безопасности
BSL	Bundesverband Spedition und Logistik (früher, jetzt DSLV) Федеральный союз предприятий экспедиции и логистики
BSP	Bruttosozialprodukt валовой социальный продукт, ВСП
BsprA	Bundessprachenamt Федеральное бюро иностранных языков
BSV	Bausparvertrag договор со стройсберкассой
BTL	below-the-line неклассические методы рекламы
BVA	Bundesversicherungsamt Федеральное ведомство по социальному страхованию госслужащих
BVA	Bundesverwaltungsamt Федеральное административное ведомство
BVB	Besondere Versicherungsbedingungen особые условия страхования
BVB	Besondere Vertragsbedingungen особые условия договора
BverfG	Bundesverfassungsgericht Федеральный конституционный суд
BVK	Bundesverband Deutscher Kapitalbeteiligungsgesellschaften (engl. German Private Equity and Venture Capital Association e.V.) Федеральное объединение Германских компаний венчурного капитала
BVL	Bundesamt für Verbraucherschutz und Lebensmittelsicherheit Федеральное ведомство защиты здоровья потребителя и безопасности пищевых продуктов
BVW	Betriebliche Vorschlagwesen система рацпредложений на производстве
BWB	Bundesamt für Wehrtechnik und Beschaffung Федеральное ведомство военных технологий и поставок
BWL	Betriebswirtschaftslehre учение об экономике, организации и управлении предприятиями

BWO	Bundesamt für Wohnungswesen Федеральное ведомство по обеспечению жильем (Швейцария)
BZSt	Bundeszentralamt für Steuern Центральное федеральное налоговое ведомство
C.A.F., c.a.f., CAF	cost and freight стоимость и фрахт
C2B	Consumer-To-Business Потребитель для Бизнеса
C2C	Consumer-To-Consumer Потребитель для Потребителя
CAD	Cash Against Documents наличные против документов
CAD	Computer Aided Design Система автоматизированного проектирования САПР; Система автоматизированного конструирования
CBL	Cross-Border-Leasing международный лизинг
CC	Cash and Carry оптовый магазин самообслуживания
CD	Compact Disc компакт-диск
CDAX	composite DAX композитный индекс (биржевой индекс в Германии)
cdm	Kubikdezimeter кубический дециметр
CDU	Christlich Demokratische Union Deutschlands Христианско-демократический союз (Германия)
CEN	Europäisches Normungskomitee, Europäisches Komitee für Normung Европейский комитет по стандартизации
CEO	Chief Executive Officer генеральный директор
CFR	Cost and Freight (... named port of destination) Стоимость и фрахт (... название порта назначения)
CFTC	Commodity Futures Trading Commission Комиссия по торговле товарными фьючерсами, КТТФ
CHE	Centrum für Hochschulentwicklung Центр по развитию высшей школы
ChemG	Chemikaliengesetz закон о защите от химических веществ
CI, c.i.	cost and insurance стоимость и страхование
CIF	Cost, Insurance and Freight стоимость, страхование и фрахт

CIP	Carriage and Insurance Paid To фрахт/перевозка и страхование оплачены до
cl	Zentiliter сантилитр
cm	Zentimeter сантиметр
CML	(engl. Capital Market Line) Kapitalmarktlinie линия рынка капитала
CMR	(Convention relative au contrat de transport international de marchandises par route) Internationale Vereinbarung über Beförderungsverträge auf Straßen Конвенция о договоре международной дорожной перевозки грузов, КДПГ
COPA	Ausschuss der berufsständischen landwirtschaftlichen Organisationen Комитет сельскохозяйственных организаций
CPT	- Carriage Paid To Фрахт/перевозка оплачены до
CSD	UNO-Kommission für Nachhaltige Entwicklung Комиссия ООН по устойчивому развитию
CSS	Cascading Style Sheets Таблицы Каскадных Стилей
CVP	capital value process цепочка создания стоимости
D	Dividende дивиденд
DA	Dienstanweisung служебная инструкция
DA	documents against acceptance Dokumente gegen Akzept документы против акцепта
DAAD	Deutscher Akademischer Austausch Dienst Германская служба академических обменов
DAF	- Delivered At Frontier Поставка до границы
DAG	Deutsche Angestellten-Gewerkschaft Германский профсоюз служащих, ГПС
DAI	Deutsches Aktieninstitut Немецкий институт по исследованию фондового рынка
DAX	Deutscher Aktienindex главный биржевой индекс Германии
DB	Deutsche Bahn AG Немецкие железные дороги
DBB	Deutscher Beamtenbund Германский профсоюз чиновников
DBMS	Datenbankmanagementsystem Система управления базами данных (СУБД)

DBV	Deutsche Bibliotheksverband Немецкий библиотечный союз
DCF	Discounted Cash-Flow дисконтированный денежный поток
DDP	Delivered Duty Paid Поставка с оплатой пошлины
DDU	Delivered Duty Unpaid Поставка без оплаты пошлины
DepotG	Depotgesetz Закон о депозитарной деятельности
DEQ	Delivered Ex Quay Поставка с пристани
DES	Delivered Ex Ship Поставка с судна
DESTATIS	Statistisches Bundesamt Федеральное статистическое ведомство
DFG	Deutsche Forschungsgemeinschaft Германское научно-исследовательское сообщество
DGB	Deutscher Gewerkschaftsbund Объединение немецких профсоюзов, ОНП
DGRV	Deutscher Genossenschafts- und Raiffeisenverband Германский кооперативный союз Райффайзен
DHV	Deutscher Hochschulverband Немецкий союз высших школ
DIHK	Deutsche Industrie- und Handelskammertag Объединение Торгово-промышленных палат Германии, ДИХК
DIN	Deutsches Institut für Normung Немецкий институт по стандартизации
Div	Dividende дивиденд
DivDAX	Index der dividentenstärksten 15 DAX-Aktien немецкий биржевой индекс, охватывающий акции 15-и компаний индекса DAX с наибольшей дивидендной доходностью
DLRG	Deutsche Lebens-Rettungs-Gesellschaft Немецкое общество по спасению на водах
DM	Deutsche Mark Немецкая марка (ФРГ)
DMR	(engl. Digital Rights Management) digitaler Rechtsmanagement, Digitale Rechteverwaltung Технические средства защиты авторских прав
DPG	Deutsche Physikalische Gesellschaft Немецкое физическое общество
DPMA	Deutsches Patent- und Markenamt Немецкое ведомство по патентам и товарным знакам

DRSC	Deutsches Rechnungslegungs Standards Committee Немецкий комитет по стандартам финансовой отчетности
DSE	Deutsche Stiftung für internationale Entwicklung Германский фонд международного развития
DSLV	Deutscher Speditions- und Logistikverband e.V. Немецкая ассоциация операторов транспортно-логистических услуг
DtA	Deutsche Ausgleichsbank Германский компенсационный банк
DTB	Deutsche Terminbörse Немецкая фьючерсная биржа
DVD	Digital Video Disc Digital, Versatile Disc цифровой видеодиск
DVFA	Deutsche Vereinigung für Finanzanalyse und Asset Management Немецкая Ассоциация финансовых аналитиков
DWD	Deutscher Wetterdienst Метеорологическая служба Германии
e.V.	eingetragener Verein зарегистрированное общество (объединение), зарегистрированный союз; некоммерческая организация
EAI	Enterprise Application Integration Unternehmensanwendungsintegration, UAI технология интеграции прикладных систем
EAWG	Eurasische Wirtschaftsgemeinschaft Евразийское Экономическое Сообщество ЕврАзЭС
EBA	Eisenbahn-Bundesamt Федеральное ведомство железных дорог
EBF	European Banking Federation Европейская банковская федерация, ЕБФ
Ebit	Ergebnis vor Abzug von Zinsen und Steuern (Earnings before interest and taxes) прибыль до уплаты процентов и налогов
Ebitda	Ergebnis vor Abzug von Zinsen, Steuern, Abschreibungen auf Sachanlagen und Abschreibungen auf immaterielle Vermögenswerte (Earnings before interest, taxes, depreciation and amortisation) прибыль до вычета процентов, налогов и амортизационных отчислений
EBL	Europäische Behörde für Lebensmittelsicherheit Европейское ведомство по безопасности пищевых продуктов
EBRD	European Bank for Reconstruction and Development - Europäische Bank für Wiederaufbau- und Entwicklungshilfe Европейский банк реконструкции и развития (ЕБРР)
EBWE	Europäische Bank für Wiederaufbau und Entwicklung Европейский банк реконструкции и развития, ЕБРР
ECM	Enterprise-Content-Management управление неструктурированной корпоративной информацией

ECOSOC	(engl.: Economic and Social Council) Wirtschafts- und Sozialrat der Vereinten Nationen Экономический и Социальный Совет ООН, ЭКОСОС
EDV	elektronische Datenverarbeitung электронная обработка данных
EEA	Einheitliche Europäische Akte закон „О единой Европе“
EEF	Europäischer Entwicklungsfonds Европейский фонд развития, ЕФР
EFP	Exchange for physical обмен на физические активы
EFQM	(European Foundation for Quality Management) Европейский фонд по управлению качеством
EFQM-Modell	Modell der European Foundation for Quality Management модель делового совершенства, модель EFQM
EFTA	(engl. European Free Trade Association) Europäische Freihandelsassoziation Европейская ассоциация свободной торговли, ЕАСТ
EFWZ	Europäischer Fonds für Währungszusammenarbeit Европейский фонд валютного сотрудничества, ЕФВС
eG	eingetragene Genossenschaft зарегистрированный кооператив
EG	Europäische Gemeinschaft Европейское Сообщество
EGKS	Europäische Gemeinschaft für Kohle und Stahl Европейское объединение угля и стали, ЕОУС
EIB	Europäische Investitionsbank Европейский инвестиционный банк, ЕИБ
EKR	Eigenkapitalrentabilität, Eigenkapitalrendite рентабельность собственного капитала
ELER	Europäische Landwirtschaftsfonds für die Entwicklung des ländlichen Raums Европейский фонд сельскохозяйственного развития
EMEA	Europa, Mittlerer Osten und Afrika Европа Ближний Восток и Африка
EMRK	Europäische Menschenrechtskonvention Европейская Конвенция о защите прав человека и основных свобод
EMTN	European Medium Term Notes среднесрочные евроноты
EPA	Europäisches Patentamt Европейское патентное ведомство ЕПВ
EPC	European Payments Council Europäischer Zahlungsverkehrsausschuss Европейский Платежный Совет, ЕПС

EPO	Europäische Patentorganisation Европейская патентная организация, ЕПО
EPS	Gewinn je Aktie (Earning per Share) прибыль на акцию
EPÜ	Europäisches Patentübereinkommen Европейская патентная конвенция
EPZ	Europäische Politische Zusammenarbeit Европейское Политическое сотрудничество, ЕПС
ERA	Einheitlichen Richtlinien und Gebräuche für Dokumentenakkreditive Унифицированные правила и обычаи для документарных аккредитивов
ERA	EntgeltRahmenTarifvertrag, EngeltRahmenAbkommen рамочное тарифное соглашение об оплате труда
Erg Gew Gesch	Ergebnis der gewöhnlichen Geschäftstätigkeit Результат от обычной хозяйственной деятельности
ERI-Cards	Emergency Response Intervention Cards Карточки правил безопасности при перевозке опасных грузов
ERRE	Europäischer Fonds für regionale Entwicklung Европейский фонд регионального развития, ЕФРР
ESF	Europäischer Sozialfonds Европейский Социальный Фонд
ESt	Einkommensteuer подоходный налог
EstG	Einkommensteuergesetz Закон о подоходном налоге
ESZB	Europäisches System der Zentralbanken Европейская Система Центральных Банков, ЕСЦБ
ETFs	Exchange Traded Funds фонды, торгуемые на бирже
EU	Europäische Union Европейский союз, ЕС
EuGH	Europäischen Gerichtshof Европейский суд
EURATOM	Europäische Atomgemeinschaft Европейское Сообщество по атомной энергии
Eurex	gemeinsame Handelsplattform für Optionen und Futures im Computerhandel крупнейшая в мире биржа по торговле деривативами
EuRH	Europäischer Rechnungshof Европейская счетная палата
EURIBOR	(engl. Euro-Interbank Offered Rate) Interbankenzinssatz für den Euro Европейская межбанковская ставка предложения
euwax	European Warrants Exchange торговый сегмент биржи в Штутгарте

EVCA	European Private Equity & Venture Capital Association Европейская Ассоциация Прямого и Венчурного Инвестирования
EWF	Europäischer Währungsfonds Европейский валютный фонд, ЕВФ
EWG	Europäische Wirtschaftsgemeinschaft Европейское Экономическое Сообщество, ЕЭС
EWR	Europäischer Wirtschaftsraum Европейской экономическое пространство
EWU	Europäische Währungsunion Европейский валютный союз, Европейская валютная система, ЕВС
EWWU	Europäische Wirtschafts- und Währungsunion Европейский экономический и валютный союз, ЕЭВС
Ex	Ex Dividende без дивиденда
EXGZ	Existenzgründungszuschuss субсидия на создание единоличного предприятия
EXW	- Ex Works Франко завод
EZB	Europäische Zentralbank Европейский центральный банк, ЕЦБ
EZU	Europäische Zahlungsunion Европейская платежная система
FA	Finanzamt налоговое ведомство
FAO	(engl. Food and Agriculture Organization) Ernährungs- und Landwirtschaftsorganisation der Vereinten Nationen, Welternährungsorganisation Продовольственная и сельскохозяйственная организация ООН, ФАО
FAQ	frequently asked questions häufig gestellte Fragen часто задаваемые вопросы
FAS	- Free Alongside Ship Франко вдоль борта судна
FCA	- Free Carrier Франко перевозчик
FDGB	Freier Deutscher Gewerkschaftsbund Объединение свободных немецких профсоюзов, ОСНП
FDP	Freie Demokratische Partei Свободная демократическая партия Германии
FE	Forschung und Entwicklung научно-исследовательские и конструкторские работы
FGO	Finanzgerichtsordnung Положение о финансовом судопроизводстве
FIFO	First In - First Out Первым поступил - первым используется

FinDAG	Gesetz über die integrierte Finanzdienstleistungsaufsicht Закон об интегрированном надзоре за финансовой деятельностью	
FK	Finanzkasse налогово-финансовая касса	
FMCG	Fast Moving Consumer Goods товары широкого потребления	
FNA	Fundstellennachweis перечень правовых актов	
FOB	- Free On Board Франко борт	
FÖJ	Freiwilliges Ökologisches Jahr Добровольный экологический год	
FRA	Forward Rate Agreement Соглашение о будущей процентной ставке	
FSF	Free Software Foundation Фонд свободного программного обеспечения	
FSJ	Freiwilliges Soziales Jahr Добровольный социальный год	
FUK	Feuerwehr-Unfallkasse государственная компания по личному страхованию работников общественной пожарной охраны	
FVG	Finanzverwaltungsgesetz Закон о налогово-финансовых ведомствах (ФРГ)	
FWB	Frankfurter Wertpapierbörse Франкфуртская фондовая биржа	
G	Gewinn прибыль	
GAA	Geldausgabeautomat банкомат	
GAP	Gemeinsame Agrarpolitik Совместная аграрная политика, САП	
GASP	Gemeinsame Außen- und Sicherheitspolitik Общая внешняя политика и политика безопасности Европейского Союза	
GATT	Allgemeines Zoll- und Handelsabkommen Генеральное соглашение по тарифам и торговле	
GBO	Grundbuchordnung Порядок ведения поземельной книги (ФРГ)	
GDCh	Gesellschaft Deutscher Chemiker e.V. Немецкое химическое общество	
GDL	Lokführergewerkschaft Профсоюз водителей локомотивов	
GDV	Gesamtverband der Deutschen Versicherungswirtschaft Германский Страховой Союз	

GefStoffV	Gefahrstoffverordnung Правила обращения с опасными веществами
Ges.	Gesellschaft компания, общество
GEX	(engl. German Entrepreneurial Index) Mittelstandsindex der Deutschen Börse индекс акций компаний средней руки, руководимых владельцами, и котирующихся на Немецкой бирже
GF	Geschäftsführer управляющий делами
GG	Grundgesetz für die Bundesrepublik Deutschland Основной Закон Федеративной Республики Германии
gGmbH	gemeinnützige GmbH общественно-полезное ООО
GGV	Gefahrgutverordnung Правила перевозки опасных грузов
GGVBinS-ch	Gefahrgutverordnung Binnenschifffahrt Правила перевозки опасных грузов по внутренним водным путям
GGVE	Gefahrgutverordnung Eisenbahn Правила перевозки опасных грузов по железной дороге
GGVS	Gefahrgutverordnung Straße Правила перевозки опасных грузов автотранспортом
GGVSE	Gefahrgutverordnung Straße und Eisenbahn Правила перевозки опасных грузов сухопутным путем (автотранспортом и по железной дороге)
GGVSee	Gefahrgutverordnung See Правила перевозки опасных грузов морским путем
GIS	Geoinformationssystem Геоинформационная система ГИС
GKV	gesetzliche Krankenversicherung обязательное медицинское страхование
GL	Germanischer Lloyd Германский Ллойд, ГЛ
GmbH	Gesellschaft mit beschränkter Haftung общество с ограниченной ответственностью, ООО
GmbH& Co.KG	(Sonderform der Kommanditgesellschaft) особая форма коммандитного товарищества
GOB	Grundsätze ordnungsmäßiger Buchführung принципы ведения бухгалтерского учета
GPRS	General Packet Radio Service Allgemeiner paketorientierter Funkdienst (Mobilfunkstandard) пакетная радиосвязь общего пользования
GPS	Global (satellite) Positioning System Глобальная (спутниковая) Система Определения Местоположения

GSM	Global System for Mobile Communication Mobilfunkstandard глобальный цифровой стандарт для мобильной сотовой связи
GTZ	Deutsche Gesellschaft für Technische Zusammenarbeit GmbH Немецкое общество по техническому сотрудничеству
GUAM	Sicherheitsallianz der Staaten Georgien, Ukraine, Aserbaidschan und Moldawien межгосударственная организация государств Грузии, Украины, Азербайджан и Молдавиии, ГУАМ
GUS	Gemeinschaft Unabhängiger Staaten Содружество Независимых Государств, СНГ
GUV	gesetzliche Unfallversicherung обязательное страхование несчастных случаев
GuV	Gewinn- und Verlustrechnung Отчёт о прибылях и убытках
GVZ	Güterverkehrszentrum центр логистики
GZR	Gewerbezentralregister центральный реестр предприятий, имевших проблемы с законом
H	Haben приход, кредит счета
HABM	Harmonisierungsamt für den Binnenmarkt (Marken, Muster und Modelle) Ведомство по гармонизации внутреннего рынка
Hbf.	Hauptbahnhof главный вокзал
HDAX	Aktienindex aller Werte aus DAX, M-DAX und Tec-DAX (110 Aktien) биржевой индекс акций из DAX, M-DAX и Tec-DAX (акции 110 крупнейших компаний)
HDE	Hauptverband des Einzelhandels Генеральное объединение предприятий розничной торговли (в основном мелких и средних)
HGB	Handelsgesetzbuch Торговый кодекс
HGrG	Haushaltsgrundsätzegesetz Закон об общих принципах бюджетной системы
HoReCa	HOtel/REstaurant/CAfé отели, рестораны, кафе
HR	Handelsregister торговый реестр
HRK	Hochschulrektorenkonferenz Конференция ректоров высших школ
HV	Hauptversammlung собрание акционеров
HzLu, HzL, HLU	Hilfe zum Lebensunterhalt пособие на проживание (для обеспечение социокультурного минимума)

i.A.	im Auftrag по поручению
IAA	Internationale Automobil-Ausstellung Международный автосалон
IACS	(International Association of Classification Societies) Internationaler Verband der Klassifikationsgesellschaften Международная Ассоциация Классификационных Обществ, МАКО
IAEO	Internationale Atomenergieorganisation (engl. International Atomic Energy Agency, IAEA) Международное Агентство по Атомной Энергии, МАГАТЭ
IAO	Internationale Arbeitsorganisation Международная организация труда
IAS	International Accounting Standards s. IFRS
IASC	International Accounting Standards Committee Комитет по Международным стандартам финансовой отчетности, КМСФО
IATA	(engl. International Air Transport Association) Internationale Flug-Transport-Vereinigung Международная ассоциация воздушного транспорта, ИАТА
IBAN	International Bank Account Number международный номер банковского счёта, код IBAN
IBIS	Inter-Banken-Informations-System межбанковская информационная система
IBWE	Internationale Bank für Wiederaufbau und Entwicklung Международный банк реконструкции и развития, ЕБРД
ICAO	Internationale Luftfahrtorganisation Internationale Zivilluftfahrt-Organisation (engl. International Civil Aviation Organization) Международная организация гражданской авиации, ИКАО
ICC	International Chamber of Commerce Internationale Handelskammer Международная Торговая Палата
ICMA	International Capital Markets Association Международная ассоциация рынков капитала
ICS	International Chamber of Shipping Международная Палата Судоходства, МПС
ICSID	International Centre for Settlement of Investment Disputes Международный центр по разрешению инвестиционных споров, МЦРИС
IDA	(engl. International Development Association) Internationale Entwicklungsorganisation Международная ассоциация развития, МАР
IDR	International Depositary Receipt Международная депозитарная расписка
IDW	Institut deutscher Wirtschaftsprüfer Институт аудиторов Германии

IFRS	International Financial Reporting Standards, vormals International Accounting Standards (IAS) Международные стандарты финансовой отчётности, МСФО
IG	Industriegewerkschaft промышленный профессиональный союз
IGH	Internationaler Gerichtshof Международный суд ООН
IGW	Internationale Grüne Woche Выставка Международная „Зеленая неделя“ в Берлине
IHK	Industrie- und Handelskammer Торгово-промышленная палата
IK	Institutionskennzeichen идентификационный номер учета граждан в системе социального страхования
IKRK	Internationale Rotkreuz- und Rothalbmond-Bewegung Международный комитет Красного Креста, МККК
IKS	integriertes Kontrollsystem интегрированная система контроля
ILA	Internationale Luft- und Raumfahrtausstellung Международный аэрокосмический салон в Берлине
IMDG-Code	International Maritime Code for Dangerous Goods Международный Кодекс Морской Перевозки Опасных Грузов, МКМПОГ
IMO	Internationale Maritime Organisation der Vereinten Nationen Международная Морская Организация, ИМО
IMS	integriertes Managementsystem интегрированная система менеджмента, ИСМ
INN	International Nonproprietary Name Международное непатентованное название, МНН
INSTI	Innovationsstimulierung стимулирование инноваций
InvG	Investmentgesetz Закон об инвестиционных компаниях
IPO	(engl. Initial Public Offering) Börsengang первичное публичное предложение, первоначальная публичная эмиссия
IRZ	Deutsche Stiftung für internationale rechtliche Zusammenarbeit Германский фонд международного правового сотрудничества
ISA	International Standards on Auditing международные стандарты аудита
ISBP	International Standard Banking Practice международные стандарты банковской практики
ISF	International Shipping Federation Международная Федерация Судовладельцев, МФС
ISM-Code	(engl. International Safety Management Code) Международный Кодекс по Управлению Безопасностью, МКУБ

ISO	International Standard Organization Международная Организация по Стандартизации, ИСО
IT	Informationstechnik информационные технологии
ITU	engl. International Telecommunication Union Internationale Fernmeldeunion Международный союз электросвязи, МСЭ
IVD	Immobilienverband Deutschland (Bundesverband der Immobilienberater, Makler, Verwalter und Sachverständigen e.V.) Союз риэлтеров Германии (Федеральное объединение консультантов по торговле недвижимостью, маклеров, администраторов и экспертов)
IWF	Internationaler Währungsfonds Международный валютный фонд, МВФ
JIS	Just-in-Sequence „в нужной последовательности"
JIT	Just-in-time „точно в срок"
Jr.	Junior младший партнер, сын владельца фирмы
JV	Joint Venture совместное предприятие
JVA	Justizvollzugsanstalt тюрьма
KAG	Kapitalanlagegesellschaft инвестиционный траст
KBA	Kraftfahrt-Bundesamtes Федеральное ведомство автомобильного транспорта
KCV	Kurs-Cash-Flow-Verhältnis соотношение курс-кэш флоу
KESt	Kapitalertragssteuer налог на доходы с вложенного капитала
KEZ	Kontenevidenzzentrale центр досмотра банковских счетов
KfW	Kreditanstalt für Wiederaufbau Кредитный институт по восстановлению экономики, heute: „Банковская группа КфВ"
Kfz	Kraftfahrzeug автомобиль, транспортное средство
KG	Kommanditgesellschaft коммандитное товарищество
KgaA	Kommanditgesellschaft auf Aktien коммандитное товарищество на акциях
KGG	Kreditgarantiegemeinschaften банки-поручители
KGV	Kurs-Gewinn-Verhältnis рентабельность акции

KKW	Kernkraftwerk атомная электростанция
KLAR	Kosten- und Leistungsrechnung управленческий учёт
KMU	kleine und mittlere Unternehmen мелкие и средние предприятия
KonTraG	Gesetz zur Kontrolle und Transparenz im Unternehmensbereich Закон о контроле и прозрачности на предприятиях
KostO	Kostenordnung Закон о судебных и нотариальных издержках
KoWi	Koordinierungsstelle EG der Wissenschaftsorganisationen координационное бюро научно-исследовательских организаций ЕС
KrW-/AbfG	Kreislaufwirtschafts- und Abfallgesetz Закон об управлении утилизацией отходов в рамках замкнутой экосистемы
KSchG	Kündigungsschutzgesetz Закон о защите от необоснованных увольнений
KSt	Körperschaftssteuer налог с юридических лиц
KST	Kostenstelle место возникновения затрат, МВЗ
KStG	Körperschaftsteuergesetz закон о налогообложении юридических лиц (ФРГ)
KSV	Künstlersozialversicherung социальное страхование творческих работников
KUV	Kurs-Umsatz-Verhältnis Коэффициент Цена/Продажи
KV	Krankenversicherung медицинское страхование
KVP	Kontinuierlicher Verbesserungsprozess система постоянных улучшений Кайзен
KW	Kalenderwoche календарная неделя
KW	Kraftwerk электростанция
KWG	Kreditwesengesetz Закон о кредитовании
L.C., L/C	letter of credit аккредитив
LAG	Lastenausgleichsgesetz Gesetz über den Lastenausgleich Закон о компенсации гражданам ФРГ ущерба, причиненного войной
LAN	Local Area Network локальная вычислительная сеть

LBA	Luftfahrt-Bundesamt Федеральное ведомство гражданской авиации
LBO	Leveraged Buy Out выкуп за счет кредита
lfd.	laufende текущий (месяц), погонный (метр)
LFGB	Lebensmittel-, Bedarfsgegenstände- und Futtermittelgesetzbuch Свод законов в сфере продовольственных товаров, предметов первой необходимости и кормов
LG	Landgericht земельный суд
LIBOR	London Interbank Offered Rate (Interbankenzinssatz für Fremdwährungen an der Londoner Börse) Лондонская межбанковская ставка предложения
LKW	Lastkraftwagen грузовой автомобиль, грузовик
LOI	Letter of Intent протокол о намерениях
LVS	Lagerverwaltungssystem система управления складом
LZB	Landeszentralbank Центральный земельный банк (ФРГ)
m	Meter м, метр
M&A	Mergers & Acquisitions, Fusionen und Übernahmen Слияния и поглощения
MACD	Moving Average Convergence - Divergence Схождение/Расхождение Скользящих Средних
MAE	Mehraufwandsentschädigung компенсация дополнительных затрат (безработным)
MAN	Metropolitan Area Network городская вычислительная сеть
MBA	Master of Business Administration Магистр делового администрирования, МДА; Магистр бизнес-администрирования, МБА
MBI	Management Buy In выкуп внешними управляющими, внешний управленческий выкуп
MBO	Management Buy Out выкуп внутренними управляющими, внутренний управленческий выкуп
MC	Mobile Commerce мобильная коммерция
Mdax	Midcap Index серединный индекс
MdB	Mitglied des Bundestages депутат бундестага

MDK	Medizinischer Dienst der Krankenversicherung Медицинская служба больничного страхования
MdL	Mitglied des Landtages депутат ландтага
MEZ	mitteleuropäische Zeit среднеевропейское время
MICEX	Moscow Interbank Currency Exchange Московская межбанковская валютная биржа, ММВБ
Mio.	Million миллион
MIS	Management-Informationssystem информационная система менеджмента
MitbestG	Mitbestimmungsgesetz закон о праве участия работников в управлении предприятием
MLM	Multi Level Marketing многоуровневый маркетинг
MOEL	Mittel- und Osteuropäische Länder страны Центральной и Восточной Европы
MOG	gemeinsame Marktordnung совместное регулирование национальных рынков
MPA	master of public administration Мастер государственного управления
MPG	Medizinproduktegesetz Закон о медицинских изделиях
Mrd.	Milliarde миллиард
muH, m.u.H.	mit unbeschränkter Haftung с неограниченной ответственностью
MWSt	Mehrwertsteuer налог на добавочную стоимость
NachwV	Nachweisverordnung Положение о ведении доказательной документации
NAFTA	North American Free Trade Agreement Североамериканское соглашение о свободной торговле, НАФТА
NASDAQ	National Association of Securities Dealers Automated Quotation американская фондовая биржа, специализирующаяся на акциях высокотехнологичных компаний
NAV	Net Asset Value стоимость чистых активов
Nr.	Nummer номер, №
nSt	nach Steuern после вычета налогов

NWC	Net Working Capital чистый оборотный капитал
NYMEX	New York Mercantile Exchange Нью-йоркская товарная биржа, НАЙМЕКС
NYSE	New York Stock Exchange Нью-Йоркская фондовая биржа
o.O.	ohne Obligo „без оборота на меня“ (надпись на векселе)
oecd	(engl. Organisation for Economic Co-operation and Development) Organisation für wirtschaftliche Zusammenarbeit und Entwicklung Организация экономического сотрудничества и развития (ОЭСР)
OHG	offene Handelsgesellschaft открытое торговой общество
OLG	Oberlandesgericht верховный земельный суд
OPEC	(engl. Organization of the Petroleum Exporting Countries) Organisation Erdöl exportierender Länder Организация стран-экспортеров нефти, ОПЕК
ÖPG	öffentlich-rechtliche Kreditanstalt публично-правовой кредитный институт
ÖPNV	öffentlicher Personennahverkehr общественный городской пассажирский транспорт
OSZE	Organisation für Sicherheit und Zusammenarbeit in Europa Организация по безопасности и сотрудничеству в Европе, ОБСЕ
OTC	Over the Counter Über den Schalter внебиржевая сделка
PAF	Preis-Absatz-Funktion, Nachfragefunktion функция зависимости спроса от цены, функция спроса, закон спроса
PAM	Plant Asset Management управление активами предприятия
PAN	Personal Area Network персональная сеть
PCT	(engl. Patent Cooperation Treaty) Patentübereinkommen Договор о патентной кооперации
PDO	Protected Designation of Origin географически защищенное название
PER	Price-Earnings-Ratio s. KGV Kurs-Gewinn-Verhältnis
PfandBG	Pfandbriefgesetz Закон об ипотечных облигациях
PflVG	Pflichtversicherungsgesetz Закон об страховании гражданской ответственности владельцев транспортных средств

PJZS	Polizeilich-Justizielle Zusammenarbeit in Strafsachen Полицейское и правовое сотрудничество в уголовной сфере
PKV	private Krankenversicherung частное медицинское страхование
PKW	Personenkraftwagen легковой автомобиль
PLZ	Postleitzahl почтовый индекс
PM	Projektmanagement проектный менеджмент
POS	Point of Sale POS терминал, место уплаты (кредитной карточкой)
PPP	(engl. Public Private Partnership) Öffentlich-Private Partnerschaft частно-государственное партнёрство
PR	Public Relations связи с общественностью
Pre-IPO	Vorbereitende Zeit vor dem Börsengang eines Unternehmens подготовительный период перед первичным публичным размещением
PSA	Public Securities Association Ассоциация дилеров по государственным ценным бумагам
PTB	Physikalisch-Technische Bundesanstalt Федеральный физико-технический институт
PVS	Privatärztliche VerrechnungsStelle Расчетное бюро за врачебные услуги по частным счетам
QIS	Qualitätsinformationssystem система сбора информации по качеству
QMS	Qualitätsmanagementsystem система управления качеством
RAM	(engl. Random Access Memory) Arbeitsspeicher eines Computers запоминающее устройство с произвольным доступом, ЗУПД
rd.	rund округленно, приблизительно
RMP	Relative Import Penetration Index индекс относительной зависимости от импорта
ROCE	Return on Capital Employed; Rendite auf das eingesetzte Kapital рентабельность (доходность) инвестированного капитала
RoE	(engl. Return on Equity) Eigenkapitalrendite рентабельность собственного капитала
ROI	Return on Investment рентабельность вложенного капитала
Rona	Return on Net Assets Rentabilität des eingesetzten Kapitals рентабельность чистых операционных активов
RV	Rentenversicherung пенсионное страхование

S.W.I.F.T.	Society for Worldwide Interbank Financial Telecommunication Всемирная межбанковская финансовая телекоммуникационная сеть, СВИФТ
S/E	Stick Exchange фондовая биржа
SB	Selbsbedienung самообслуживание
Schufa	Schutzgemeinschaft für allgemeine Kreditsicherung Германское бюро кредитных историй
SDR	Special drawing rights Специальные права заимствования, СПЗ
SEC	Securities an Exchange Commission US-amerikanische Aufsichtsbehörde für den Wertpapierhandel Комиссия по ценным бумагам и биржам США
SEPA	Single Euro Payments Area Einheitlicher Euro-Zahlungsverkehrsraum Единое европейское платежное пространство
SGB	Sozialgesetzbuch Социальный кодекс
SKU	(engl. Stock-Keeping Unit) Bestandseinheit складская единица
SLVS	Speditions-, Logistik- und Lagerversicherungsschein страховой полис гражданской ответственности экспедитора
SMI	Swiss Market Index главный биржевой индекс Швейцарии
SML	(engl. Securities market line) Wertpapierlinie линия рынка ценных бумаг
SMS	(engl. Short Message Service) Kurzmitteilungsdienst über Handy служба коротких (текстовых) сообщений (через сотовый телефон)
SolvV	Solvabilitätsverordnung предписание об обеспеченности финансовых институтов собственными средствами
SOP	Start of Production начало производства
SPD	Sozialdemokratische Partei Deutschlands Социал-демократическая партия Германии, СДПГ
Sr.	Senior старший партнер, владелец
SRF	Spitzenrefinanzierungsfazilität кредитная линия ЕЦБ коммерческим банкам ЕС
SRS	Spitzenrefinanzierungssatz однодневная ставка рефинансирования
St.	Stück штука
StA	Stammaktie обыкновенная акция

StB	Steuerberater консультант по вопросам налогообложения, налоговый консультант
Std.	Stunde час
StGB	Strafgesetzbuch Уголовный кодекс
StVO	Straßenverkehrsordnung правила дорожного движения
StWG	Stabilitäts- und Wachstumsgesetz Закон о содействии стабильности и росту экономики
SZR	Sonderziehungsrechte специальные права заимствования;
t	Tonne тонна
Tab.	Tabelle таблица
TARIC	(Tarif intégré des Communautés européennes) Integrierter Tarif der Europäischen Gemeinschaften единый таможенный тариф ЕС
TecDax	deutscher Aktienindex der Technologiewerte технологический индекс TecDax Франкфуртской фондовой биржи
TEU	(engl. Twenty foot equivalent unit) Standardcontainereinheit стандартная единица измерения контейнерных грузов
TH	Technische Hochschule технический вуз
THW	Bundesanstalt Technisches Hilfswerk Федеральная служба технической помощи
TMT-Aktien	(Technologie, Medien, Telekommunikation) технологические акции
TQM	Total Quality Management всеобщее управление качеством
TRIPS-Abkommen	Übereinkommen über handelsbezogene Aspekte der Rechte am geistigen Eigentum соглашение по торговым аспектам прав интеллектуальной собственности, ТРИПС-соглашение
TSI	True Sale Initiative инициатива банков по секьюритизации кредитов
TÜV	Technischer Überwachungsverein служба государственного технического надзора
TÜV Cert	TÜV-Zertifizierungsgemeinschaft e. V. служба государственной технической сертификации
TVG	Tarifvertragsgesetz закон о тарифных соглашениях

TVöD	Tarifvertrag für den öffentlichen Dienst Тарифное соглашение для работников государственных и муниципальных предприятий
UBA	Umweltbundesamt Федеральное ведомство по охране окружающей среды
UFK	Ungebundene Finanzkredite несвязанные финансовые кредиты
UIC	Internationale Eisenbahnverband Международный союз железных дорог, МСЖД
ULA	Deutscher Führungskräfteverband союз немецких менеджеров
UMB	Unfallmerkblatt аварийная карточка (при перевозке опасных грузов)
UMTS	Universal Mobile Telecommunications System, Mobilfunkstandard der dritten Generation третье поколение мобильной телефонии, UMTS
UNECE	Wirtschaftskommission der Vereinten Nationen für Europa Экономическая комиссия ООН для Европы, ЕЭК ООН
Uni	Universität университет
UNICEF	Kinderhilfswerk der Vereinten Nationen (engl. United Nations International Children´s Emergency Fund) Детский фонд ООН, ЮНИСЕФ
UN-Nummer	Stoffnummer Номер химического вещества по списку ООН, номер ООН
UNO	Organisation der Vereinten Nationen Организация Объединенных Наций, ООН
UrhG	Urheberrechtsgesetz, Gesetz über Urheberrecht und verwandte Schutzrechte Закон об авторском праве и смежных правах (ФРГ)
Urk.	Urkunde документ, грамота, свидетельство
URL	(engl. Uniform Resource Locator) единообразный локатор (определитель местонахождения) ресурса
US-GAAP	(engl. United States Generally Accepted Accounting Principles) Allgemein anerkannte Rechnungslegungsgrundsätze in den USA Общепринятые принципы бухгалтерского учета (в США)
Ust.	Umsatzsteuer налог с оборота
UstG	Umsatzsteuergesetz закон о налоге с оборота
UV	Unternehmensverband союз предпринимателей
UWG	Gesetz gegen den unlauteren Wettbewerb Закон о недобросовестной конкуренции

VA	Vermittlungsausschuss Посредническая комиссия (между бурдестагом и бундесратом)
VAG	Versicherungsaufsichtsgesetz закон о страховом надзоре
VC	Venture-Capital венчурный капитал
VCs	Venture Capital Gesellschaften компании венчурного капитала
VDA	Verband Deutscher Arbeitgeber союз работодателей Германии
VDAX	Volatilitätsindex der Deutschen Börse AG индекс волатильности Немецкой биржи АГ
VDE	Verband der Elektrotechnik, Elektronik und Informationstechnik предприятий и специалистов электротехники, электроники и информационных технологий
VDI	Verein Deutscher Ingenieure Союз немецких инженеров, СНИ
VDMA	Verband Deutscher Maschinen- und Anlagebau Союз немецких машиностроителей
VdTÜV	Verband der Technischen Überwachungsvereine Объединение служб государственного технического надзора
VDW	Verband der Deutschen Wirtschaft Союз Немецкой Экономики СНЭ
Vers.	Versicherung страхование
VersVermV	Versicherungsvermittlungsverordnung Положение о страховом посредничестве
VFE	Vorfälligkeitsentschädigung компенсация за досрочное погашение кредита
VGH	Verwaltungsgerichtshof административный суд
VGR	Volkswirtschaftliche Gesamtrechnung народнохозяйственный учет
VJ	Vierteljahr квартал
Vj	Vorjahr предыдущий год
Vm	Vormonat предыдущий месяц
VOB	Vergabe- und Vertragsordnung für Bauleistungen Нормативные положения о размещении госзаказов на строительные работы
VOF	Verdingungsordnung für freiberufliche Leistungen Нормативные положения о размещение госзаказов на услуги представителей свободных профессий

VOL	Verdingungsordnung für Leistungen Нормативные положения о размещении госзаказов на поставки и работы (за исключением строительных работ)
Vq	Vorquartal предыдущий квартал
vSt	vor Steuern до вычета налогов
VSV	Vertrauensschadenversicherung страхование от неправомерных действий сотрудников предприятия
VVaG	Versicherungsverein auf Gegenseitigkeit общество взаимного страхования
VVE	Vertrag über eine Verfassung für Europa Договор о введении Конституции для Европы
VVG	Versicherungsvertragsgesetz Закон о договоре страхования
VW	Volkswagen „Фольксваген" (марка автомобиля и автомобильный концерн)
Vz	Vorzugsaktie привилегированная акция
WAN	Wide Area Network глобальная вычислительная сеть, ГВС
WAP	(engl. Wireless Application Protocol) mobiler Handy-Internet-Dienst „протокол беспроводного доступа"
WEG	Wirtschaftsverband Erdöl- und Erdgasgewinnung Экономический союз производителей нефти и газа
WEU	Westeuropäische Union Западно-Европейский Союз, ЗЕС
WfM	Workflow-Management управление бизнес-процессами
WIPO	(engl. World Intellectual Property Organization) Weltorganisation für geistiges Eigentum Всемирная организация интеллектуальной собственности, ВОИС
WKN, WPKN	Wertpapierkennnummer идентификатор ценной бумаги
WKV	Waren-Kreditversicherung страхование делькредере
WKW	Wasserkraftwerk гидроэлектростанция
WKZ	Werbekostenzuschuss рекламная поддержка (производителя торговому предприятию)
WMS	(engl. Warehouse Management System) Lagerverwaltungssystem система управления складом

WoP	Wohnungsbauprämie премия за создание накоплений на строительство жилья
WpHG	Wertpapierhandelsgesetz Закон о торговле ценными бумагами
WPK	Wirtschaftsprüferkammer Палата аудиторов
WpÜG	Wertpapiererwerbs- und Übernahmegesetz Закон о приобретении ценных бумаг и о поглощениях
WPV	Weltpostverein Всемирный почтовый союз, ВПС
WSV	Wasser- und Schifffahrtsverwaltung des Bundes Федеральное управление водных путей и судоходства
WTO	(engl. World Trade Organization) Welthandelsorganisation Всемирная торговая организация, ВТО
WWF	World Wild Fund for Nature Всемирный фонд дикой природы
WZO	(auch WCO) Weltzollorganisation Всемирная таможенная организация, ВТО
XETRA	(engl. Exchange Electronic Trading) Elektronisches Handelssystem der Deutschen Börse электронная система торговли ценными бумагами Немецкой биржи
ZA	Zollamt таможенное бюро
ZDH	Zentralverband des Deutschen Handwerks Центральный Союз немецких ремесленников
ZEW	Zentrum für Europäische Wirtschaftsforschung Центр Европейских экономических исследований
ZG	Zollgesetz Закон о таможне
ZIVIT	Zentrum für Informationsverarbeitung und Informationstechnik Центр обработки информации и информационной техники
ZKA	Zentraler Kreditausschuss Центральная кредитная комиссия
ZKM	Zentrum für Kunst und Medientechnologie Центр искусства и медиатехнологий
ZKMA	Zentraler Kapitalmarktausschuss Центральная комиссия по финансовым рынкам
zvE	zu versteuerndes Einkommen налогоблагаемый доход
ZVEI	Zentralverband Elektrotechnik- und Elektronikindustrie e.V. Центральный союз электротехнической и электронной промышленности
ZWB	Zugelassener Wirtschaftsbeteiligter авторизованный субъект экономической деятельности